部首	読み	ページ
皿	さら	415
目	め・めへん	417
矛	ほこ	424
矢	や・やへん	424
石	いし・いしへん	425
示（礻）	しめす・しめすへん	431
内	ぐうのあし	437
禾	のぎへん	437
穴	あなかんむり	443
立	たつ	446
*氺（水）	したみず	335
		381
		484
		548
		449
		437
		404
羊（⺷）	ひつじ	486
羽	はね	488
老（耂）	おいかんむり	490
而	しかして	491
耒（耒）	すきへん	492
耳	みみ・みみへん	492
聿	ふでづくり	495
肉（月）	にく・にくづき	495
自	みずから	506
至	いたる	507
臼（臼）	うす	508
舌	した	508
舛（舛）	まいあし	509
舟	ふね・ふねへん	509
艮	うしとら・こん	511
色	いろ	511
艸（艹）（艹）	くさかんむり	512
虍	とらがしら	536
虫	むし・むしへん	537
血	ち	545
行	ぎょうがまえ	546
衣（衤）	ころも	548
襾（覀）（西）	かなめのかしら	556
*瓜（瓜）	うり	396
7画		
臣	しん	557
見	みる	558
角	つのへん	561
言	ごんべん	563
谷	たにへん	581
豆	まめへん	581
豕	いのこ	582
豸	むじなへん	583
貝	かいへん	583
赤	あか	591
走	そうにょう	592
足（⻊）	あし・あしへん	594
身	み・みへん	599
車	くるまへん	600
辛	からい	605
辰	しんのたつ	606
辵（⻌）（⻍）	しんにょう	607
邑（阝）	おおざと	623
酉	とり・ひよみのとり	626
釆	のごめ	630
里	さとへん	631
*臼（臼）	うす	508
*舛（舛）	まいあし	509
*麦（麥）	むぎ・むぎへん	708
8画		
金	かねへん	632
長	ながい	646
門	もんがまえ	646
阜（阝）	こざとへん	651
隶	れいのつくり	659
隹	ふるとり	659
雨	あめかんむり	663
青（青）	あおへん	668
非	あらず	669
*食（食）	しょくへん	680
*斉（齊）	せい	712
9画		
面	めん	669
革	かくのかわ	670
韋（韋）	なめしがわ	672
韭	にら	672
音	おと	672
頁	おおがい	673
風	かぜ	678
飛	とぶ	680
食（食）（飠）	しょくへん	680
首	くび	684
香	かおり	685
10画		
馬	うま・うまへん	686
骨	ほね・ほねへん	690
高	たかい	691
髟	かみがしら	692
鬥	とうがまえ	693
鬯	においざけ	693
鬲	れき	694
鬼	おに・きにょう	694
*韋（韋）	なめしがわ	672
*竜（龍）	りゅう	714
11画		
魚	うお・うおへん	695
鳥	とり	701
鹵	しお	707
鹿	しか	707
麦（麦）	むぎ・むぎへん	708
麻（麻）	あさ	709
*黄（黄）	きいろ	709
*黒（黒）	くろ	710
*亀（龜）	かめ	714
12画		
黃（黃）	きいろ	709
黍	きび	710
黑（黑）	くろ	710
黹	ち・ぬいとり	711
*歯（齒）	は・はへん	713
13画		
黽	おおがえる	711
鼎	かなえ	711
鼓	つづみ	712
鼠	ねずみ	712
14画		
鼻（鼻）	はなへん	712
齊（斉）	せい	712
15画		
齒（歯）	は・はへん	713
16画		
龍（竜）	りゅう	714
龜（亀）	かめ	714
17画		
龠	やく	714

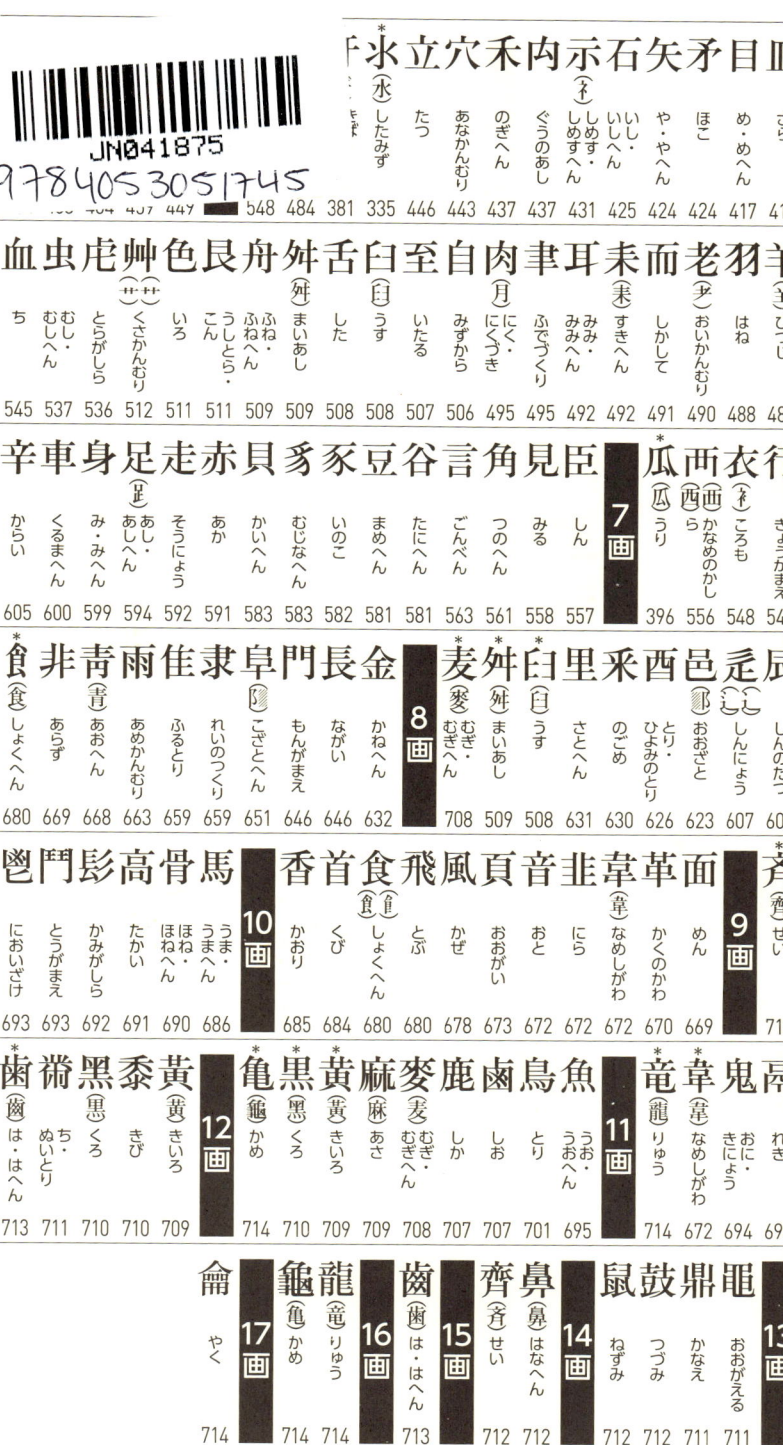

大きな字の

常用漢和辞典

改訂第五版　美装版

石井庄司 編

Monet version

Gakken

表紙の絵

睡蓮の池

クロード・モネ

1900

装丁　武本勝利［LYCANTHROPE Design Lab.］

この辞典を利用される方へ

文学博士　石井庄司

社会にはパソコンやスマートフォンなどの電子機器が普及しております。それらを使って手紙や文書を作成するときには、文脈の意味に合った漢字を選んだり、字形の似た漢字を区別したりする必要があり、以前よりいっそう強く漢字を意識せざるを得なくなっています。

一方、漢字は私たちにとって身近な存在なので、つい、あいまいに覚えたままにしておくことが多いものです。しかし、ちょっと辞典を引いて確かめれば、正しい漢字を身につけることができます。

この辞典は、このような情況を考慮に入れてこのたび全面的に改訂し、現代の言語生活にふさわしい、〝書く〟場合にも役立つ辞典にしました。

そのため、ＪＩＳ第一・第二水準の漢字及び新人名用漢字はすべて収録しました。たとえば、パソコンで使われる「掴」は甚だしい省略字体ですが、これも、正しい字体の「摑」（カク・つかむ）とともに収録しました。また、「勧める・薦める」「侵入・浸入」など、まちがいやすい同訓異字や同音類義語の使い方の違いも解説しました。そのほか、ページの上の欄外には、同じ画数の部首を並べた部首引きインデックスを設けて、辞典を引きやすくしました。

この辞典を座右に置いて、ビジネスに日常生活に十二分に活用されることを願っております。

※改訂第四版のまえがきを訂して再録した。

凡例

一　編集方針

1この辞典は、一般の社会人が文書・手紙を作成する場で、漢字の字体や字形・読み・送り仮名・筆順・使い分けなどを確かめるときに使用できるように編集したものである。

2この辞典には、現代生活に用いられる漢字約八〇〇〇字と、精選した熟語約一〇〇〇〇語を収録した。

(1)親字（単字の見出し）には、次の範囲のものが含まれる。

①常用漢字二一三六字。この中にはいわゆる学習漢字（教育漢字）一〇二六字が含まれている。

②人名用漢字（二〇〇四年制定）八六一字。

③ＪＩＳ第一・第二水準の漢字六三五五字。（日本工業規格　情報交換用符号化漢字集合 X0208:1997）及び、ＪＩＳ第三・第四水準の漢字の一部。（日本工業規格　情報交換用符号拡張漢字集合 X0213:2000 含 2004 追補）

④そのほか、日常生活に必要と思われる漢字。

⑤日常生活で、使用度の高い国字。

⑥右の①~⑤の漢字に対する旧字・異体字。異体字には許容字体や簡易慣用字体も含まれている。

(2)熟語は、日常で使われる文章語を中心に、故事成語・四字熟語や漢語的な成句を収録した。

3文書・手紙などを書くときに役立つよう、以下の工夫をした。

(1)親字には、日常生活で広く用いられる実用的な字形を立項した。その際、本来の正字は下に示した。

(2)紛らわしい同訓の漢字の書き分けや、意味の類似した同音語の使い分けなどを、**使い分け** のコラムを設け、特別に解説した。

(3)常用漢字表に認められていない音訓や、常用漢字以外の漢字の音訓も明示した。

(4)常用漢字や人名用漢字には筆順を詳しく示した。

(5)すべての親字に行書体を掲げ、模範的な崩し方を示した。

(6)間違えやすい誤用や別字について注意点を収録した。

4ページ上部の欄外には、同画数の部首を並べた部首引きインデックスを設け、現在位置を知り見当をつけられるよう工夫した。

二　親字

1 親字の配列

(1)親字（単字の見出し）は次のように配列した。

(ア)部首順。

(イ)同一部首内では、部首を除いた部分の画数順。

(ウ)最初に示された、漢字音（音がなければ訓）の五十音順。

(エ)同音（訓）の場合は、学習漢字→学習漢字以外の常用漢字→人名用漢字→表外漢字体表に示された字（いわゆる印刷標準字体）→その他の漢字の順。

(オ)右の条件が重なる場合は、JIS区点コード→ユニコードの順。

(2)旧字体・異体字の見出しや、部首の紛らわしい漢字の検索用の見出し（〖　〗）などは、同画数の漢字の末尾に配列した。

2 親字の見出し

(1)親字は次のような形式で掲げた。

a—人4
b—【会】
c—(6)
d—2年
訓　音
e—あう　カイ・エ
f—旧字 日9 會 (13)
g—会

a…部首と、部首を除いた部分の画数
b…親字（単字の見出し）
c…総画数
d…漢字情報（漢字の種別）
e…親字の読み（音・訓）
f…正字、旧字、異体字、略字など
g…行書体

(2)漢字情報

常用漢字・学習漢字・人名用漢字や国字などの種別を、わかりやすい略号によって示した。

・学習漢字は、3年のように小学校で学習する際の配当学年によって示した。

・常用は常用漢字、許容は許容字体、人名は人名用漢字、印標は印刷標準字体、簡慣は簡易慣用字体、〈国字〉は国字であることを表す。

(3)親字に、字形・画数が著しく異なる旧字・異体字がある場合は、おおむね漢字情報の欄の下部に、その旧字を旧字、異体字を異体として示した。異体字のうち、点画を大幅に省略し、日常手書き用としてよく使われる俗字・略字を略字として示した。

(4)親字の読み（音・訓）

(ア)音はカタカナで音の欄に、訓はひらがなで訓の欄に示した。

(イ)常用漢字の場合、「常用漢字表」内の音訓は太字で示し（但し、訓の送り仮名部分は細字、送り仮名以外の部分を太字としている）、「常用漢字表」外の音訓は細字で示した。

(ウ)常用漢字以外の漢字の音訓は細字で示した。

(5)音や訓がない場合、また音や訓が日常生活にあまり必要がない場合は、それを音 訓の欄に「——」で示した。

3 筆順とペン字

(1)常用漢字・人名用漢字には筆順を示した。示した筆順は文部省「筆順指導の手びき」によるか、それに準じたものである。

(2)親字の下部には、ペン字を行書体で示した。

4 解説

(1)意味は、熟語の構成要素となるときの意味を先に記述し、訓読みされるときの意味は次に記述した。

(2)反対・対照の意味の漢字は【↕】のもとに示した。

(3)語義解説を補うために用例を「　」の中に示した。用例には、親字が上に付く熟語、下に付く熟語や、親字を含んだ成句などを収録した。

(4)参考には、慣用読み、同訓異字による別表記、同音の漢字による書き換えなど、参考になる事柄を解説した。

(5)**注意**には、字形が似ていて紛らわしい別字や、書き誤りやすい点画などの注意事項を解説した。

(6)**使い分け**では、紛らわしい同訓異字の書き分けについて解説した。その索引は後見返しに付けた。

(7)名付には、一般に人名として用いられている読み方だけをあげた。音訓索引からも検索できる。

5 検索用の見出し

検索用の見出し（〖　〗の見出し）を設け、辞書を引いたときに部首を間違えやすい漢字の検索の便を図った。記号の意味は次のとおり。

〖為〗▶火5 — 火部5画

ノ9〖乗〗▶乗㊐ — 「乗」の旧字

㊜…異体字　㊣…正字
㊛…略字　㊖…許容字体

三　熟語

1 熟語の配列

熟語は、読みの五十音順に配列した。

※表示される熟語の書体が親字書体と異なる場合があるが、それらは明朝体活字のデザイン差によるものである。

2 熟語の読み

(1)熟語の読みは、語を構成する要素によって二行に分けて示した。外国語からの音訳語は、その音の区切りによって二行にわけ、当て字などで要素に分けられない場合は一行で示した。

(2)読み方が二つ以上あって、読みの違いによって語義が異なる場合は、㊀㊁…によって分けた。

3 解説

(1)用例は「 」の中に示した。見出しに当たる部分は「―」で示した。
(2)▽のもとに、その熟語の用法や原義、故事による語源、書き換えなどを解説した。
(3)参考 では、同音で似た意味の熟語を解説した。
(4)注意 では、書き誤り・読み誤り・誤用法についての注意点を解説した。
(5)使い分け では、類義の同音語の使い分けについて解説した。その索引は後見返しに付けた。

四 参考熟語

意味はわかりやすいが、当て字などで読みの難しい熟語がある場合、その主なものを参考熟語 のもとに示した。その際、熟語の読みは、語構成を無視して二行で示した。

参考熟語 西貢（サイゴン） 西瓜（すいか） 西班牙（スペイン・イスパニア） 西蔵（チベット・せいぞう）

編者 石井庄司 元東京教育大学教授・文学博士
執筆協力 新船孝 飯田和明
ペン字 山内庸子
図版 三枝愛彦 有限会社ジェット 高品吹夕子 もちつきかつみ
図版校閲 中村威也
編集協力 奎文館 岡部佳子 岩崎美穂 平本智弥 松尾美樹 鈴木瑞穂 中村文武 畑仲基希
紙面デザイン 佐藤かおり（株式会社クラップス）
組版 図書印刷株式会社 鈴木栄一郎 斉藤諒 久富隆洋 プリプレス本部制作G
製作管理 山口敏宏 中野忠昭
営業・販売 森康文 冨澤嵩史
企画・編集 森川聡顕 松橋研 田沢あかね

音訓索引

- この索引には、本辞典に収録した親字（見出し漢字）が、親字の下に示された音と訓、また名付欄の中に示された音と訓によって五十音順に配列され、そのページが示されている。
- 同音内は総画順とし、さらに常用漢字（漢数字は学年配当、その他は常）、人名用漢字（人）、印刷標準字体（印）、簡易慣用字体（簡）の順で並べた。音はカタカナ、訓はひらがなで示した。
- 漢字の上の算用数字は総画数を示し、下の算用数字は本文のページを示す。

あ

ア
7 亜 常 19
8 亞 人 19
阿 人 652
10 唖 簡 109
11 啞 印 109
堊 127
婀 152
12 蛙 印 539
椏 309
13 痾 408
15 鴉 印 702
16 錏 639
閼 650
鵶 702
20 鐚 644

あ
7 吾 人 102

ああ
3 于 印 17
6 吁 98
16 噫 116

アイ
7 阨 651
9 哀 常 106
娃 人 150
哇 107
10 挨 常 250
埃 印 127
11 欸 324
13 愛 四 224
隘 657
15 鞋 印 671
16 噯 116
噫 116
17 曖 常 286
18 瞹 423
19 藹 535
20 藹 535
24 靄 印 667
鱫 700
25 靉 667

あい
6 会 二 27
合 二 99
9 相 三 419
姶 150
11 逢 人 614
12 間 二 648
集 三 660
遇 常 616
閒 648
18 藍 常 535
19 藍 535

あいだ
12 間 二 648
閒 648

あう
6 会 二 27
合 二 99
9 相 三 419
10 逢 614
11 逢 人 614
12 遇 常 616
13 會 27
遇 616
14 遭 常 621
15 遭 621
17 邂 623

あえ
7 肖 常 496
22 饗 人 684

あえぐ
12 喘 印 112

あえて
12 敢 常 268

あえる
8 和 三 105
19 韲 713
23 齏 713

あお
8 青 一 668
靑 668
14 碧 人 429

あおい
4 壬 人 135
8 青 一 668
靑 668
12 葵 人 524
13 蒼 人 528
葵 524
14 碧 人 429
蒼 528

あおぎり
11 梧 人 307

あおぐ
6 仰 常 28
10 扇 常 238
扇 238

あおさば
23 鯖 700

あおる
8 呷 104
14 煽 印 376
煽 376

あか
4 丹 常 12
6 朱 常 294
7 赤 一 591
8 明 二 279
9 紅 六 465
垢 126

あかい
7 赤 一 591
9 紅 六 465
14 緋 人 476
赫 592
16 赭 592

あか（続）
11 淦 351
14 銅 五 637
緋 人 476
16 赭 592

あかがね
14 銅 五 637

あかぎれ
14 皸 415
皹 415

あかざ
18 藜 535
19 藜 535

あかし
4 丹 常 12
12 証 五 566

あかす
8 明 二 279
明 279
12 証 五 566

あかし（続）
13 飽 常 682
14 飽 682
19 證 566

あがた
9 県 三 419
16 縣 人 419

あかつき
12 暁 常 282
16 曉 人 282

あがなう
17 購 常 590
購 590
22 贖 591

あかね
9 茜 人 518
10 茜 518

あがめる
11 崇 常 180

あからむ
7 赤 一 591
8 明 二 279
明 279

あからめる
7 赤 一 591
12 赧 592

あかり
8 明 二 279
明 279

あかる
8 明 二 279

あがる
3 上 一 5
10 挙 四 248
12 揚 常 258
16 擧 248
17 擧 248
20 騰 常 689
騰 689

あかるい
8 明 二 279
明 279

あかるむ
8 明 二 279
明 279

あき
2 了 常 16
3 士 五 135
4 文 一 270
日 一 276
夫 四 142
5 介 常 22
右 一 96
白 一 412
礼 三 432
丙 常 9
旦 常 277
6 光 二 54
西 二 556
印 四 88
在 五 123
壮 常 135
旭 人 277
7 見 一 558
言 二 563
亨 人 20
8 明 二 279
知 二 424
表 三 548
旺 常 278
尭 人 55
昂 人 278
昌 人 278
9 秋 二 438
食 二 680
昭 三 280

発 三 411
研 三 426
信 四 40
紀 五 465
映 六 279
洞 常 346
亮 人 21
烋 438
10 値 六 44
朗 六 290
哲 常 108
晃 人 281
晄 人 281
晋 人 282
晟 人 282
11 商 三 109
章 三 447
著 六 522
郷 六 625
紹 常 470
彬 人 203
晨 人 282
淳 人 352
12 陽 三 657
覚 四 559
敬 六 268
揚 常 258
暁 常 282
晶 常 283
畳 常 404
卿 人 89
瑛 人 393
皓 人 414
13 愛 四 224
照 四 375
義 五 487
誠 六 569
詮 常 569
飽 常 682
暉 人 284
煌 人 375
14 精 五 462
彰 常 203
徴 常 209
銘 常 637
聡 人 493
15 璃 常 395
監 常 416
箸 常 456
諒 人 574
16 融 常 543
諦 常 576
燎 人 378
穐 438
17 瞭 常 423
聴 常 494
謙 常 577
18 観 四 561
顕 常 677
19 鏡 四 643
顛 人 678
20 耀 人 490
21 龝 438
23 鑑 常 644

あきたりない
13 慊 228
14 歉 325

あぎと
18 顎 常 676

あきなう
11 商 三 109
13 賈 587

あきら
2 了 常 16
3 士 五 135
4 丹 常 12
壬 人 135
5 右 一 96
正 一 326
白 一 412
央 三 143
礼 三 432
旦 常 277
卯 人 88
6 名 一 100
光 二 54
在 五 123
存 六 156
旭 人 277
7 見 一 558
良 四 511
吟 常 101
抑 常 243
亨 人 20
8 学 一 156
明 二 279
東 二 298
知 二 424
命 三 105
表 三 548
果 四 297
的 四 413
英 四 514
述 五 609
享 常 20
旺 常 278
侃 人 36
坦 人 126
昂 人 278
昌 人 278
9 昼 二 280
秋 二 438
昭 三 280
発 三 411
信 四 40
省 四 419
映 六 279
看 六 419
威 常 150
洞 常 346
亮 人 21
玲 人 392
10 値 六 44
党 六 56
朗 六 290
剣 常 73
哲 常 108
泰 常 342
祥 常 435
晃 人 281
晄 人 281
晟 人 282
11 章 三 447
翌 六 489
著 六 522
郷 六 625
啓 常 109
爽 常 380
彪 人 203
彬 人 203
12 陽 三 657
景 四 282
覚 四 559
復 五 208
証 五 566
揚 常 258
暁 常 282
晶 常 283
卿 人 89
惺 人 227
斐 人 271
智 人 283
瑛 人 393
皓 人 414
13 新 二 273
電 二 664
照 四 375
聖 六 493
誠 六 569
詮 常 569
飾 常 682
飽 常 682
幌 人 188
暉 人 284
滉 人 359
14 察 四 166
徳 四 209
精 五 462
僚 常 51
彰 常 203
徴 常 209
翠 人 489
聡 人 493
15 確 五 430
審 常 166
徹 常 209
監 常 416
箸 常 456
輝 常 603
慧 人 229
16 頭 二 676
憲 六 231
融 常 543
諦 常 576
叡 人 95
燎 人 378
17 擦 常 264
瞳 常 423
瞭 常 423
聴 常 494
鮮 常 697
曙 人 286
燦 人 378
18 曜 二 286
簡 六 458
顕 常 677
19 鏡 四 643
離 常 663
麗 常 708
20 耀 人 490
21 露 常 667
23 鑑 常 644

あきらか
8 明 二 279
明 279
杲 297
9 昭 三 280
亮 人 21
10 朗 六 290
哲 常 108
晃 人 281
晟 人 282
11 章 三 447
朗 人 290
晟 282
朖 290
12 晶 常 283
晰 印 283
晢 283
13 煥 374
14 彰 常 203
16 叡 人 95
17 瞭 常 423
燦 人 378
18 顕 常 677
23 顯 人 677

あきらめる
16 諦 常 576

あきる
13 飽 常 682
14 厭 91
飽 682

あきれる
7 呆 印 103
11 惘 224

アク
11 悪 三 220
堊 127
12 握 常 257
惡 人 220
渥 人 354
幄 188
24 齷 714

あく
8 空 一 443
明 二 279
明 279
空 443
12 開 三 647

あくた

読み	漢字	画数	区分	ページ
	芥	7	人	513
	芥	8		513
あくつ	圷	6		123
あくび	欠	4	四	324
	缺	10		324
あくる	明	8	二	279
	明			279
あけ	朱	6	常	294
	明	8	二	279
	南	9	二	86
	暁	12	常	282
	煌	13	人	375
	緋	14	人	476
	綳			474
	曙	17	人	286
あげつらう	論	15	六	574
あけぼの	曙	17	人	286
	曙	18		286
あけみ				
	朱	6	常	294
あける	空	8	一	443
	明		二	279
	明			279
	空			443
	開	12	三	647
あげる	上	3	一	5
	挙	10	四	248
	揚	12	常	258
	擧	16		248
	擧	17		248
あけん	妛	6		177
あご	頤	15		676
	頷	16	印	675
	頥	17		676
	顎	18	常	676
あこがれる	憬	15	常	231
	憧		常	231
あこめ	衵	9		549
	袙	10		550
あさ	元	4	二	53
	旦	5	常	277
	浅	9	四	346
	晁	10		282
	麻	11	常	709
	麻			709
	朝	12	二	291
	朝			291
あざ	字	6	一	156
	痣	12		408
あさい	浅	9	四	346
	淺	11		346
あさがお	蕣	15		530
	蕣	16		530
あざける	嘲	15	常	116
	嘲			116
あざな	字	6	一	156
あざなう	糺	7		464
	糾	8		465
	糾	9	常	465
あさひ	旭	6	人	277
あざみ	莇	10		521
	莇	11		521
	薊	16		532
	薊	17		532
あざむく	欺	12	常	325
	詒			567
あざやか	鮮	17	常	697
あさり	蜊	13		541
	鯏	18		697
あさる	漁	14	四	361
	餈	16		683
あし	足	7	一	594
	芦		人	536
	脚	11	常	501
	葭	12		524
	葮			525
	葦	13	人	526
	葭			524
	葮			525
	葦			526
	蘆	19	印	536
	蘆	20		536
あじ	味	8	三	105
	鯵	19		700
	鰺	22	印	700
あしうら	蹠	18		597
あじか	簣	18		458
あしかせ	桎	10		305
あした	旦	5	常	277
	晨	11	人	282
	朝	12	二	291
	朝			291
あじわう	味	8	三	105
あずかる	与	3	常	7
	預	13	六	675
	與		人	7
あずける	預	13	六	675
あずさ	梓	11	人	307
あずま	東	8	二	298
	春	9	二	280
	雷	13	常	664
あせ	汗	6	常	336
あぜ	畔	10	常	402
	畔			402
	畦	11		404
あせる	焦	12	常	373
	褪	15		555
あそびめ	娼	11	印	152
あそぶ	遊	12	三	618
	游			358
	遊	13		618
あだ	仇	4	印	22
	徒	10	四	206
	冦			164
	寇	11		164
	敵	15	六	269
	讐	23	印	580
	讎			580
あたい	直	8	二	418
	価		五	36
	値	10	六	44
	價	15	人	36
あたう	能	10	五	500
あたえ	与	3	常	7
あたえる	与	3	常	7
	予	4	三	16
	付	5	四	26
	與	13	人	7
	豫	16		16
あたか	恰	9	人	219
あたかも	宛	8	常	159
	恰	9	人	219
あたたか	温	12	三	355
	暖	13	六	284
	溫		人	355
	暖			284
	煖			375
あたたかい	温	12	三	355
	暖	13	六	284
	溫		人	355
	暖			284
	煖			375
あたたまる	温	12	三	355
	暖	13	六	284
	溫		人	355
	暖			284
あたためる	温	12	三	355
	暖	13	六	284
	溫		人	355
	暖			284
	煖			375
あたま	頭	16	二	676
あたらしい	新	13	二	273
あたり	辺	5	四	607
	邉	17		607
	邊	19		607
あたる	中	4	一	10
	方		二	274
	当	6	二	171
	任		五	30
	抵	8	常	245
	當	13		171
アツ	圧	5	五	123
	軋	8	印	600
	遏	13		615
	斡	14	人	272
	閼	16		650
	壓	17		123
あつ	匹	4	常	83
	同	6	二	100
	充		常	54
	孜	7	人	156
	宏		人	159
	京	8	二	20
	阜		四	651
	届		六	174
	忠		六	214
	抵		常	245
	昌		人	278
	竺		人	449
	厚	9	五	90
	衷		常	550
	配	10	三	627
	純		六	467
	強	11	二	200
	商		三	109
	惇		人	223
	淳		人	352
	暑	12	三	282
	温		三	355
	富		四	165
	敬		六	268

音訓索引

貴 六 586
喧 人 112
敦 人 269
13 農 三 606
豊 五 581
暖 六 284
較 常 602
酬 常 628
14 徳 四 209
適 五 621
15 熱 四 377
諄 人 572
醇 人 629
16 積 四 442
濃 常 366
篤 常 457
20 纂 人 483

あつい
9 厚 五 90
10 热 377
11 惇 人 223
淳 人 352
12 暑 三 282
敦 人 269
渥 人 354

13 暑 人 282
15 熱 四 377
16 篤 常 457

あつかう
6 扱 常 239
7 扱 239

あつし
7 孜 人 156
8 阜 四 651
忠 六 214
竺 人 449
9 重 三 631
厚 五 90
専 六 168
10 純 六 467
11 陸 四 655
惇 人 223
淳 人 352
12 温 三 355
富 四 165
復 五 208
敦 人 269
渥 人 354
湛 人 357
13 睦 常 422

14 徳 四 209
15 醇 人 629
16 濃 常 366
篤 常 457

あっぱれ
13 適 615

あつまる
12 集 三 660
14 聚 印 493

あつむ
6 同 二 100
伍 人 29
8 侑 人 38
9 専 六 168
10 修 五 43
13 蒐 人 527
16 輯 人 604
20 鐘 常 644

あつめる
12 集 三 660
13 彙 常 202
蒐 人 527
14 聚 印 493
蒐 527
16 輯 人 604

あつもの
15 羹 488
19 羹 488

あつらえる
13 誂 569

あて
8 宛 常 159
12 貴 六 586

あでやか
19 艶 常 512
24 艷 512

あてる
5 充 54
6 当 二 171
充 常 54
8 宛 常 159
13 當 171

あと
3 与 常 7
7 址 印 125
阯 125
9 後 二 205
10 迹 610
11 痕 常 407
趾 印 594

13 跡 常 595
14 墟 133
15 墟 印 133
18 蹟 人 597

あとう
3 与 常 7
16 錫 人 639

あな
4 孔 常 155
5 穴 六 443
7 坑 常 124
坎 124
14 窩 印 445
18 壙 印 135

あながち
11 強 二 200
12 强 200

あなどる
8 侮 常 38
9 侮 人 38
13 傲 常 49
14 慢 常 230

あに
5 兄 二 53
10 豈 581

あによめ
12 嫂 153
13 嫂 153

あね
8 姉 二 149
姊 149
姐 149

あの
8 彼 常 204

あばく
9 発 三 411
12 發 411
15 暴 五 285

あばら
6 肋 人 496

あばれる
15 暴 五 285

あびせる
10 浴 四 349

あひる
20 鶩 705

あびる
10 浴 四 349

あぶ
9 虻 印 538

15 蝱 538

あぶく
8 泡 常 344
泡 344

あぶない
6 危 六 88
危 88

あぶみ
20 鐙 644

あぶら
8 油 三 344
肪 常 497
10 脂 常 500
14 膏 人 503

あぶる
8 炙 370
9 炮 371
12 焙 373

あふれる
13 溢 人 358
溢 358

あま
4 天 一 141
5 尼 常 173
8 雨 一 663

13 塰 131
蜑 540

あまい
5 甘 常 397

あまえる
5 甘 常 397

あまざけ
20 醴 630

あます
7 余 五 35
16 餘 35

あまつさえ
11 剰 常 74
12 剩 人 74

あまね
8 周 四 104

あまねし
9 洽 345
12 普 常 283
遍 常 618
13 溥 360
遍 618

あまやかす
5 甘 常 397

あまり

11 剰 常 74
12 剩 人 74

あまる
7 余 五 35
11 剰 常 74
12 剩 人 74
16 餘 35

あみ
14 網 常 476

あむ
15 編 五 479
篇 人 456
編 479

あめ
4 天 一 141
8 雨 一 663
13 飴 682
14 飴 印 682

あめのうお
18 鯇 697

あや
4 文 一 270
5 礼 三 432
6 朱 常 294
7 言 二 563

8 技 五 240
英 四 514
奇 常 143
采 常 379
9 郁 人 624
10 純 六 467
恵 常 218
紋 常 468
11 理 二 393
章 三 447
彩 常 202
彪 人 203
彬 人 203
琢 人 393
彩 202
12 順 四 674
随 常 656
斐 人 271
絢 人 472
綺 人 475
14 綾 人 477
綵 475

あやうい
6 危 六 88
危 88

あやかる 肖 7 常 496 肖 496
あやしい 妖 7 常 148 怪 8 常 215 恠 9 215 異 11 六 403 異 12 403
あやしむ 怪 8 常 215 恠 9 215 異 11 六 403 異 12 403
あやつる 操 16 六 262
あやぶむ 危 6 六 88 危 88
あやまち 过 6 616 過 12 五 616 過 13 616
あやまつ 过 6 616 過 12 五 616 過 13 616
あやまる 誤 14 六 570 誤 570 錯 16 常 639 謝 17 五 577 謬 18 印 578
あやめ 菖 11 人 522
あやる 斐 12 人 271
あゆ 肖 7 常 496 鮎 16 人 696
あゆみ 歩 8 二 327
あゆむ 歩 7 人 327 歩 8 二 327
あら 改 7 四 265 荒 9 常 517 粡 12 462 新 13 二 273 糖 16 六 463 [illegible] 20 698 [illegible] 21 698
あらい 荒 9 常 517 荒 10 517 粗 11 常 461 麁 13 708 麤 33 708
あらう 沐 7 340 洗 9 六 346 洒 印 345 浣 10 347 澣 16 365 濯 17 常 367 濯 367
あらがう 抗 7 常 240
あらかじめ 予 4 三 16 預 13 六 675 豫 16 16
あらがね 砿 10 431 鉱 13 五 635 礦 20 431 鑛 23 635
あらき 殯 18 330
あらし 嵐 12 常 180
あらす 荒 9 常 517 荒 10 517
あらず 非 8 五 669
あらそう 争 6 四 17 爭 8 人 17 諍 15 573
あらた 新 13 二 273
あらたま 璞 16 395
あらたまる 改 7 四 265 革 9 六 670
あらためる 改 7 四 265 更 常 287 革 9 六 670 悛 10 221
あらゆる 凡 3 常 64 凡 64
あられ 霰 20 印 667
あらわ 露 21 常 667
あらわす 呈 7 常 102 呈 102 表 8 三 548 現 11 五 392 著 六 522 著 13 人 522 彰 14 常 203 顕 18 常 677 露 21 常 667 顯 23 人 677
あらわれる 見 7 一 558 表 8 三 548 現 11 五 392 顕 18 常 677 露 21 常 667 顯 23 人 677
あり 也 3 人 15 可 5 五 96 有 6 三 289 在 五 123 存 六 156 茂 8 常 517 益 10 五 415 現 11 五 392 満 12 四 358 順 四 674 徳 14 四 209 蟻 19 印 544
ある 有 6 三 289 在 五 123 存 六 156 有 289 或 8 人 235
あるいは 或 8 人 235
あるく 歩 7 人 327 歩 8 二 327
あるじ 主 5 三 12 主 12
あれ 彼 8 常 204
あれる 荒 9 常 517 荒 10 517 蕪 15 人 531 蕪 16 531
あろう 濯 17 常 367
あわ 泡 8 常 344 沫 人 344 泡 344 淡 11 常 353 粟 12 人 462
あわい 淡 11 常 353
あわし 淡 11 常 353
あわじ 淡 11 常 353
あわす 合 6 二 99
あわせ 袷 11 551
あわせる 合 6 二 99 并 簡 191 協 8 四 85 併 常 38 幷 印 191 恊 9 85 倂 10 38 勠 13 80
あわただしい 慌 12 常 226 慌 13 226 遽 17 印 623
あわてる 慌 12 常 226 慌 13 226
あわび 蚫 11 539 鮑 16 696 鰒 20 699
あわれ 哀 9 常 106
あわれむ 哀 9 常 106 愍 13 227 憫 15 印 231 憐 232 憐 16 人 232
アン 行 6 二 546 安 三 158 杏 7 人 295 按 9 人 247 案 10 四 303 晏 人 281 庵 11 人 194 菴 521 菴 12 521 暗 13 三 283 罨 484 鞍 15 人 671 諳 16 575 闇 17 常 650 餡 683 鮟 696 黯 21 711
あんず 杏 7 人 295

い

イ 已 3 人 184 口 118 以 5 四 24 衣 6 四 548 伊 人 27 夷 人 143 医 7 三 83 位 四 31 囲 五 120 矣 424 委 8 三 149 易 五 277 依 常 35 怡 214 苡 514 胃 9 六 498 威 常 150 為 常 370 畏 常 401

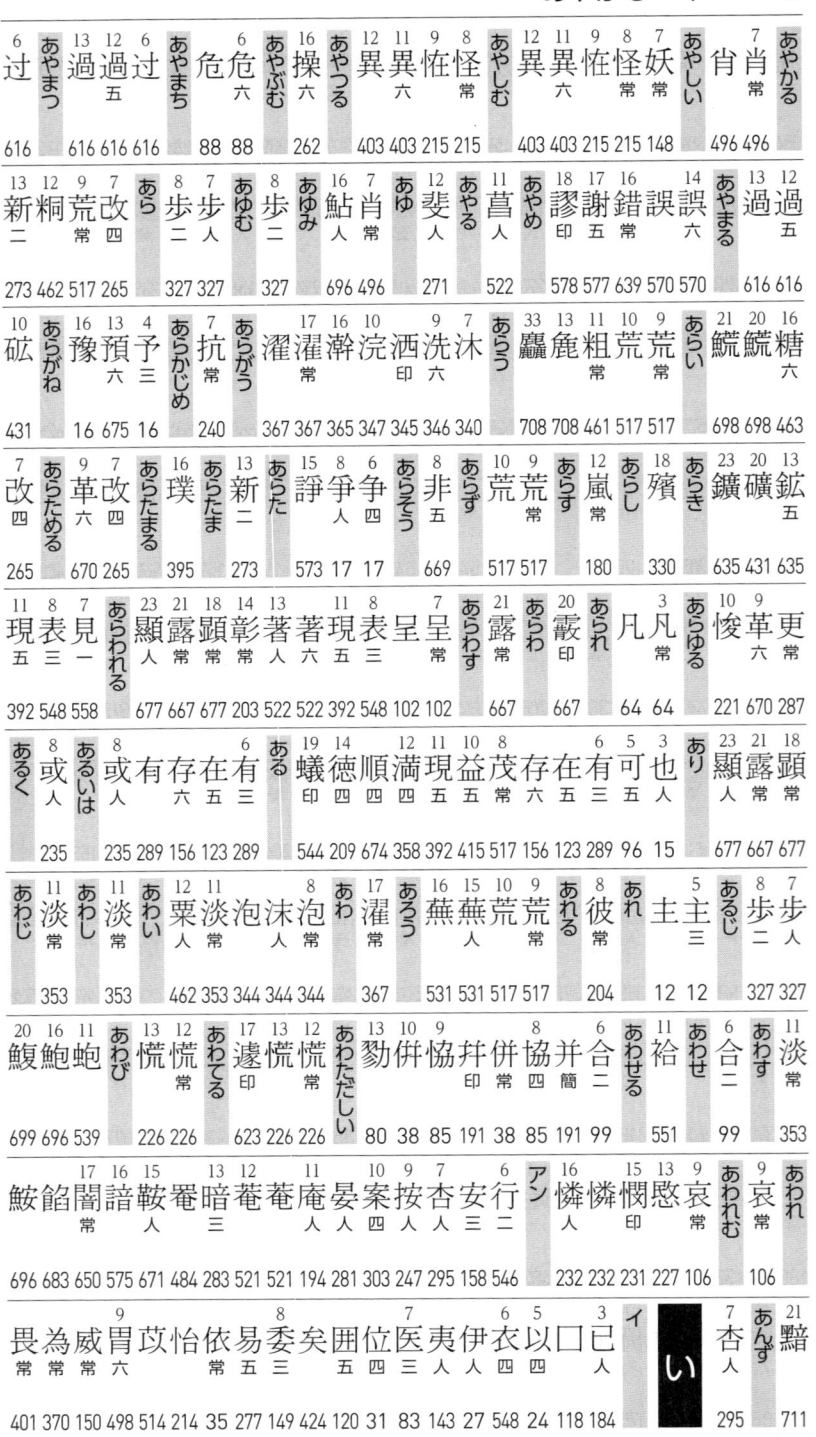

姨 150　洟 344　苡 514　韋 672　10 韋 印 672　倚 42　恚 217　11 移 五 439　異 六 403　唯 常 110　尉 常 169　萎 常 521　惟 人 222　帷 印 187　偉 47　猗 386　痍 407　12 偉 常 47　椅 常 309　爲 人 370　圍 120　幃 188　渭 355　異 403　萎 521
詒 567　貽 585　透 614　13 意 三 224　彙 常 202　違 常 619　葦 人 526　痿 408　肄 495　葦 526　違 619　飴 682　14 維 常 474　飴 印 682　15 遺 六 621　慰 常 228　緯 479　蝟 541　頤 676　16 緯 常 479　謂 人 575　噫 116　彝 202　縊 479　遺 621
17 瞶 423　頤 676　18 醫 83　彝 202　20 鰄 698　21 饐 684　22 懿 234

い
4 五 一 18　井 四 18　5 生 一 398　6 亥 人 20　7 似 五 32　8 居 五 174　炊 常 370　9 祝 四 433　泉 六 341　胆 常 498　10 射 六 169　11 猪 人 387　12 集 三 660　斐 人 271　猪 人 387　16 豬 582　17 膽 498

19 藺 535　20 藺 535

いい
7 良 四 511　12 飯 四 681　13 飯 681　16 謂 人 575

いう
4 云 人 17　7 言 二 563　16 謂 人 575

いえ
4 戸 二 237　6 宅 六 158　8 舎 五 37　邸 常 624　9 室 二 161　屋 三 174　10 家 二 162　宮 三 162　11 宿 三 164　捨 六 253　12 厦 195　13 廈 195　14 塾 常 132

15 寮 常 166　廟 人 196

いえづと
21 轢 605

いえども
17 雖 印 662

いえる
14 瘉 409　18 癒 常 410　癒 410

いお
11 魚 二 695

いおり
11 庵 人 194　菴 521　12 菴 521　19 廬 印 196

いが
11 毬 人 333

いかし
17 厳 六 210

いかす
5 生 一 398　9 活 二 345

いかずち
13 雷 常 664

いかだ
11 桴 308　12 筏 印 453　18 艠 510

いかで
9 怎 214

いかでか
9 怎 214

いがむ
11 啀 109

いかめしい
17 厳 六 210　20 嚴 人 210

いかり
13 碇 印 429　14 鈾 636　16 錨 640　17 錨 640

いかる
8 忿 214　9 怒 常 216　10 恚 217　13 嗔 114　慍 228

15 瞋 422　17 嚇 常 117　18 鵤 704

いかるが
18 鵤 704

イキ
11 域 六 127　16 閾 印 650

いき
5 生 一 398　7 寿 常 168　10 息 三 219　粋 常 460　14 粹 人 460　19 蘇 人 535

いきおい
10 勢 80　13 勢 五 80

いきどおる
15 憤 常 231　16 憤 231

いきる
5 生 一 398　9 活 二 345

いきれ
10 热 377　15 熱 四 377

イク
7 育 496　8 育 三 496　9 郁 人 624　14 毓 496　15 賣 588　17 燠 378　18 礇 431　19 賣 588　22 鬻 694

いく
5 生 一 398　6 行 二 546　如 常 147　8 往 五 204　往 204　徃 204　9 活 二 345　10 逝 常 611　11 逝 611　12 幾 常 191

いくさ
9 軍 四 600

战 236　13 戦 四 235　16 戰 人 236

いけ
6 池 二 337

いけにえ
9 牲 常 382　17 犠 常 383　20 犧 383

いける
5 生 一 398　9 活 二 345

いこい
15 憇 230　16 憩 常 230

いこう
10 息 三 219　15 憇 230　16 憩 常 230

いさ
5 功 四 76　8 武 五 327　9 勇 四 78　軍 四 600　15 勲 常 80

17 績 五 481　22 驍 人 690

いさお
2 力 一 76　4 公 二 57　5 功 四 76　9 勇 四 78　10 烈 常 372　11 庸 常 195　14 徳 四 209　魁 人 694　15 勲 常 80　16 勳 人 80　17 績 五 481

いさおし
5 功 四 76　15 勲 常 80　16 勳 人 80

いさかう
15 諍 573

いさぎよい
15 潔 五 364　潔 364

いさご
7 沙 常 338

砂 9 六 426
いさざ 魦 15 695 鮽 16 696
いささか 些 8 人 19 聊 11 印 493
いざなう 誘 14 常 572
いさみ 勇 9 四 78 敢 12 常 268 矯 17 常 425
いさむ 力 2 一 76 制 8 五 71 武 五 327 勇 9 四 78 俠 人 39 勇 78 浩 10 人 347 偉 12 常 47 敢 常 268 魁 14 人 694
いさめる 諫 15 575 諌 16 印 575
いさる 漁 14 四 361
いざる 躄 20 598
いし 石 5 一 425
いしずえ 礎 18 常 431
いしだたみ 甃 14 397
いしぶみ 碑 13 人 429 碑 14 常 429 碣 429
いしゆみ 弩 8 199
いじる 弄 7 常 197
いず 五 4 一 18 出 5 一 66 何 7 二 31 厳 17 六 210
いすか 鶍 19 704
いずくんぞ 安 6 三 158 烏 10 人 371 焉 11 印 372
いずみ 泉 9 六 341
いずる 出 5 一 66
いずれ 何 7 二 31 孰 11 157
いそ 石 5 一 425 勤 12 六 79 勲 15 常 80 磯 17 人 431 礒 18 431
いそがしい 忙 6 常 213 忙 213
いそぐ 急 9 三 215 急 215
いそし 克 7 常 55 勤 12 六 79
いた 板 8 三 298 戚 11 常 235
いたい 痛 12 六 408
いだく 抱 8 常 246 抱 246 懐 16 常 232 擁 常 263 懐 19 人 232
いたす 致 9 507 致 10 常 507
いだす 出 5 一 66
いたずら 徒 10 四 206
いただき 頂 11 六 673 巓 22 182
いただく 頂 11 六 673 戴 17 常 236
いたち 鼬 18 712 鼬 712
いたむ 惨 11 常 222 悼 常 223 悽 223 痛 12 六 408 惻 227 傷 13 六 50 愴 228 慘 14 222
いためる 炒 8 印 370 痛 12 六 408 傷 13 六 50
いたる 及 3 常 13 之 人 12 至 6 六 507 周 8 四 104 効 五 78 到 常 72 格 10 五 303 造 五 612 純 六 467 致 常 507 達 12 四 617 暢 14 人 284 徹 15 常 209 親 16 二 560 薄 常 532
いたわる 労 7 四 77 勞 12 77
イチ 一 1 一 1 弌 4 1 壱 7 常 135 逸 11 常 614 逸 12 人 614 壹 135
いち 市 5 二 185 単 9 四 209 都 11 三 625
いちご 苺 8 人 516 苺 9 516 莓 11 516
いちじるしい 著 11 六 522 著 13 人 522
イツ 一 1 一 1 乙 常 14 弌 4 1 聿 6 495 壱 7 常 135 佚 31 逸 11 常 614 逸 12 人 614 壹 135 軼 602 溢 13 人 358 溢 358 鴪 16 703 䮐 703 鎰 18 642 鷸 23 706
いつ 五 4 一 18 伍 6 人 29 動 11 三 79 斎 常 713 敬 12 六 268 厳 17 六 210
いつき 済 11 六 351 斎 常 713 樹 16 六 320 厳 17 六 210
いつく 斎 11 常 713 齋 17 713
いつくしむ 慈 13 常 226 慈 14 226
いつつ 五 4 一 18
いつわる 佯 8 38 偽 11 常 45 詐 12 常 566 詭 13 568 僞 14 人 45 誕 573 誕 15 六 573 譎 19 579
いてる 冱 6 62 凍 10 常 63
いと 文 4 一 270 糸 6 一 464 系 7 六 465 弦 8 常 199 純 10 六 467 絃 11 人 469 絲 12 464 綸 14 人 477 滰 15 364
いとう 厭 14 91
いとぐち 緒 14 常 475 緒 15 人 475
いとけない 稚 13 常 440 穉 17 440
いとしい 愛 13 四 224
いとなむ 営 12 五 210 營 17 210
いとま 暇 13 常 284 遑 616
いどむ 挑 9 常 249
いな 否 7 六 103 稲 14 常 441 稻 15 人 441 鯔 19 698 鰡 20 698
いなご 蝗 15 542
いなずま 電 13 二 664
いなだ 鰍 20 699
いななく 嘶 15 115
いなむ 否 7 六 103
いにしえ 古 5 二 97

いぬ
犬 4 一 384
戍 6 印 234
狗 8 印 385
いぬい
乾 11 常 16
いね
禾 5 人 437
稲 14 常 441
稻 15 人 441
いのこ
家 7 582
いのしし
猪 11 人 387
猪 12 人 387
豬 16 582
いのち
命 8 三 105
いのる
祈 8 常 432
祈 9 人 432
祷 11 人 436
禱 19 人 436
いばら
茨 9 四 518
荊 印 517
荆 517
荊 10 517
茨 518
棘 12 印 310
楚 13 人 313
いびき
鼾 17 712
いぶかる
訝 11 印 565
訝 12 565
いぶす
熏 14 378
燻 18 378
いぼ
肬 8 497
疣 9 406
いま
今 4 二 22
未 5 四 293
いまし
乃 2 人 13
いましめる
戒 7 常 235
誡 14 570
警 19 六 578
警 20 578
います
在 6 五 123
坐 7 人 125
いまだ
未 5 四 293
いまわしい
忌 7 常 212
いみな
諱 16 576
諱 17 印 576
いむ
忌 7 常 212
諱 16 576
諱 17 印 576
いも
芋 6 常 512
芋 7 512
妹 8 二 150
薯 16 534
薯 17 印 534
薯 18 534
藷 535
藷 19 印 535
藷 20 535
いもうと
妹 8 二 150
いや
礼 5 三 432
未 四 293
弥 8 常 199
嫌 13 常 153
微 常 208
嫌 153
厭 14 91
彌 17 人 199
いやしい
卑 8 人 86
卑 9 常 86
俚 42
陋 653
賎 13 589
鄙 14 印 626
賤 15 印 589
いやしくも
苟 8 516
苟 9 516
いやしむ
卑 8 人 86
卑 9 常 86
いやしめる
卑 8 人 86
卑 9 常 86
いやす
医 7 三 83
瘉 14 409
療 17 常 410
癒 18 常 410
醫 83
瘉 410
いよ
弥 8 常 199
いよいよ
弥 8 常 199
兪 9 56
愈 13 印 227
愈 227
逾 618
彌 17 人 199
いら
苛 8 常 515
苛 9 515
いらか
甍 15 397
甍 16 397
いり
入 2 一 56
圦 5 123
杁 6 294
射 10 六 169
いる
入 2 一 56
冶 7 常 62
居 8 五 174
炒 印 370
要 9 四 556
要 556
射 10 六 169
煎 13 常 375
煎 375
鋳 15 常 638
熬 376
鑄 22 人 638
いるる
容 10 五 163
いれる
入 2 一 56
容 10 五 163
納 六 467
納 467
淹 11 350
いろ
色 6 二 511
いろどる
彩 11 常 202
彩 202
いろり
炉 8 常 370
爐 20 370
いわ
石 5 一 425
岩 8 二 177
嵒 12 180
磐 15 人 430
厳 17 六 210
巖 20 人 181
いわい
祝 9 四 433
斎 11 常 713
いわう
祝 9 四 433
祝 10 人 433
斎 11 常 713
齋 17 713
いわお
岩 8 二 177
嵒 12 180
磐 15 人 430
巌 20 人 181
巖 23 人 181
いわく
曰 4 印 287
いわし
鰮 20 699
鰯 21 人 699
鰯 699
鰮 699
いわや
窟 13 常 445
いわれ
謂 16 人 575
いわんや
況 7 341
况 8 常 341
イン
廴 3 196
引 4 二 198
允 人 53
尹 印 172
印 6 四 88
因 五 119
阴 7 654
阥 654
音 9 一 672
咽 常 106
姻 常 150
胤 人 498
貟 107
茵 517
員 10 三 107
院 三 653
殷 印 330
恁 219
氤 335
茵 517
蚓 538
淫 11 常 350
陰 常 654
寅 人 163
婬 152
淫 350
飲 12 三 681
堙 129
堙 129
湮 355
湮 355
陰 654
隕 13 印 657
韵 673
飲 681
隠 14 常 658
蔭 人 529
慇 227
殞 330
酳 628
蔭 15 529
隱 17 658
韻 19 常 673
贇 591
霪 666
鸚 28 印 706
インチ
吋 6 100

う

ウ
于 3 印 17
右 5 一 96
羽 6 二 488

音訓索引

有 三 289　宇 六 158　芋 常 512　吁 98　有 289　羽 488　迂 607　7 迂 人 607　芋 512　8 雨 一 663　盂 印 415　9 胡 人 498　翊 247　禹 437　紆 465　芧 517　10 烏 人 371　芧 517　13 傴 49　14 嫗 154　17 優 六 52　24 齲 714

う
5 生 一 398　卯 人 88　夘 88　7 兎 人 55　8 侑 人 38　9 祐 人 434　11 得 五 207　18 鵜 人 704

ウイ
9 茴 517　10 茴 517

うい
7 初 四 69　13 裛 230　15 憂 常 230

うえ
3 上 一 5　10 高 二 691　12 筌 452

うえのきぬ
10 袍 551

うえる
10 栽 常 305　飢 常 681　11 飢 681　12 植 三 310　15 餓 常 683　16 樹 六 320　餓 683　21 饑 684

うお
10 𩵋 695　11 魚 二 695

うがい
14 嗽 115

うかがう
7 伺 常 32　10 候 四 43　11 偵 常 47　12 覗 印 560　16 窺 人 446

うがつ
9 穿 人 444　10 穿 444　28 鑿 645

うかぶ
7 泛 339　10 浮 常 348　浮 348

うかべる
7 泛 339　10 浮 常 348　浮 348

うかる
8 受 三 94

うかれる
10 浮 常 348　浮 348

うきくさ
11 萍 523　12 萍 523

うく
8 受 三 94　10 浮 常 348　浮 348

うぐい
18 鯎 697

うぐいす
16 鴬 705　21 鶯 印 705

うくる
13 稟 人 441

うけ
8 受 三 94　承 六 240　9 食 二 680　12 筌 452

うけたまわる
8 承 六 240

うける
8 受 三 94　承 六 240　享 常 20　15 請 常 573　請 573

うごかす
11 動 三 79　16 撼 262

うごく
11 動 三 79

うごめく
21 蠢 545

うさ
7 兎 人 55

うさぎ
7 兎 人 55　8 兔 55　兔 55

うし
4 牛 二 381　丑 人 7

うじ
4 氏 四 333　8 姓 常 150　11 蛆 539

うしお
15 潮 六 365　潮 365

うしとら
6 艮 511

うしなう
5 失 四 143　12 喪 常 112

うしろ
9 後 二 205

うす
6 臼 常 508　13 碓 人 429　碄 428　16 薄 常 532

うず
4 太 二 141　9 珍 常 391　12 渦 常 355

うすい
11 淡 常 353　菲 523　12 菲 523　16 薄 常 532　17 薄 532

うずく
10 疼 印 407　疼 407

うずくまる
15 踞 596　19 蹲 598

うずたかい
11 堆 常 128

うすづく
11 舂 508

うすまる
16 薄 常 532　17 薄 532

うずまる
10 埋 常 127

うすめる
16 薄 常 532　17 薄 532

うずめる
10 埋 常 127　13 塡 常 132　填 132

うずもれる
10 埋 常 127

うずら
19 鶉 705

うすらぐ
16 薄 常 532　17 薄 532

うすれる
16 薄 常 532　17 薄 532

うせる
5 失 四 143

うそ
14 嘘 115　15 噓 印 115　17 鴵 703　24 鷽 706

うそぶく
16 嘯 116

うた
10 唄 常 108　哥 107　11 唱 四 110　12 詠 常 566　13 詩 三 568　14 歌 二 325　17 謌 325

うたい
16 謡 常 576　17 謠 人 576

うたう
7 吟 常 101　10 唄 常 108　11 唱 四 110　12 詠 常 566　14 歌 二 325　16 謡 常 576　17 謠 人 576　謌 325　18 謳 印 578

うたがう
14 疑 六 406

うたげ
10 宴 常 162

うたた
11 転 三 601　18 轉 人 601

うだつ
11 梲 308

うち
4 中 一 10　内 二 60　內 60　10 家 二 162　12 奥 常 145　裡 人 553　13 裏 六 553　14 管 四 454

うちぎ
11 袿 551

ウツ
14 蔚 529　15 熨 376　蔚 529　25 欝 693　29 鬱 常 693

うつ
4 内 二 60　5 打 三 239　6 全 三 29　伐 常 30　7 扑 242　8 拍 常 246　10 射 六 169　討 六 564

音訓索引

（うつ）搏 13 260　撃 15 常 260　撲 常 262　撻 16 263　擊 17 人 260　擣 264
うつぎ　梲 12 311
うつく　寵 19 人 167
うつくし　寵 19 人 167
うつくしい　妍 7 151　美 9 三 486　娃 人 150　姸 印 151　娟 10 151
うつけ　腔 15 599
うつし　現 11 五 392
うつす　写 5 三 61　迁 6 622　映 9 六 279　移 11 五 439　暎 12 279　冩 14 61　遷 15 常 622　寫 61　遷 622　謄 17 常 578　謄 578
うったえる　訟 11 常 565　訴 12 常 567　愬 14 228
うつつ　現 11 五 392
うつぼ　笂 9 449　靫 12 印 670　靫 670　靭 670　靱 670　鱓 23 700
うつむく　俯 10 印 45
うつる　写 5 三 61　迁 6 622　映 9 六 279　移 11 五 439　徙 207　暎 12 279　冩 14 61　遷 15 常 622　寫 61　遷 622
うつろ　空 8 一 443　空 443　虚 11 常 536　虛 12 人 536
うつわ　器 15 四 115　噐 115　器 16 人 115
うで　腕 12 常 502　膊 14 504
うてな　台 5 二 98　萼 12 印 524　萼 13 524　臺 14 98　蕚 15 524
うとい　疎 12 常 405　疏 人 405　踈 14 405
うとむ　疎 12 常 405　疏 人 405　踈 14 405
うながす　促 9 常 40　催 13 常 49
うなぎ　鰻 22 印 700
うなされる　魘 24 695
うなじ　項 12 常 673
うなずく　頷 16 印 675
うなる　唸 11 印 110
うね　釆 8 常 379　畆 9 402　畝 10 常 402　畦 11 404
うば　姆 8 150　姥 9 人 151
うばう　奪 14 常 145　簒 16 456　簒 17 456
うばら　楚 13 人 313
うぶ　初 7 四 69　産 11 四 399　產 399
うべ　宜 8 常 159
うべなう　肯 8 常 497　諾 15 常 573　諾 16 573
うま　午 4 二 84　肥 8 五 497　美 9 三 486　馬 10 二 686
うまい　甘 5 常 397　旨 6 常 277　甜 11 398　甛 398
うまし　味 8 三 105　美 9 三 486
うまや　厩 12 91　廐 13 91　駅 14 三 686　厩 人 91　廏 91　廄 91　驛 23 686
うまる　生 5 一 398　埋 10 常 127
うまれる　生 5 一 398　産 11 四 399　產 399
うみ　海 9 二 344　洋 三 347　海 10 人 344　膿 17 印 505
うむ　生 5 一 398　倦 10 人 42　娩 人 152　産 11 四 399　倦 42　娩 152　產 399　孳 12 157　孳 13 157　績 17 五 481　膿 印 505
うめ　梅 10 四 306　埋 常 127　梅 11 人 306　楳 13 306
うめく　呻 8 印 104
うめる　埋 10 常 127　堙 12 129　堙 129
うもれる　埋 10 常 127
うや　礼 5 三 432　恭 10 常 218　敬 12 六 268
うやうやしい　恭 10 常 218
うやまう　敬 12 六 268　敬 13 268
うら　卜 2 人 87　末 5 四 293　占 常 87　浦 10 常 349　裡 12 人 553　裏 13 六 553　賓 15 常 589
うらなう　卜 2 人 87　占 5 常 87
うらみ　怨 9 常 214
うらむ　怨 9 常 214　恨 常 219　憾 16 常 232
うらめしい　恨 9 常 219
うらやましい　羨 13 常 487
うらやむ　羨 13 常 487
うららか　麗 19 常 708
うり　瓜 5 396　瓜 6 人 396
うる　売 7 二 136　得 11 五 207　售 109　閏 12 人 649　潤 15 常 364　賣 人 136
うるう　閏 12 人 649　閏 13 649　潤 15 常 364
うるお　潤 15 常 364
うるおう　潤 15 常 364　霑 16 666
うるおす　沾 8 342　潤 15 常 364
うるさい　煩 13 常 375
うるし　漆 14 常 362
うるち　粫 12 461　稉 462　粳 13 462
うるむ　潤 15 常 364
うるわしい　麗 19 常 708
うれい

11 患 常 221
13 愁 常 226
慁 230
15 憂 常 230

うれえる
11 患 常 221
戚 常 235
13 愁 常 226
慁 230
15 憂 常 230

うれしい
15 嬉 人 154

うれる
7 売 二 136
15 熟 六 377
賣 人 136

うろ
11 虚 常 536
12 虛 人 536

うろくず
23 鱗 701
24 鱗 人 701

うろこ
23 鱗 701
24 鱗 人 701

うわ
3 上 一 5

うわぐすり
12 釉 人 631

うわごと
21 囈 117
22 囈 117

うわさ
15 噂 人 116
噂 116

うわばみ
15 蟒 542
17 蟒 542
18 蟒 542

うわる
12 植 三 310

ウン
4 云 人 17
7 吽 101
10 紜 466
耘 492
耺 493
12 雲 二 664
温 三 355
運 三 615
13 溫 人 355
慍 227
暈 284
運 615
16 薀 531
17 薀 531
醞 629
18 縕 482
19 轀 683
蘊 535
20 轀 683
蘊 535

うん
8 呼 六 104

え

エ
5 囘 119
6 会 二 27
回 二 119
衣 四 548
8 依 常 35
廻 196
9 廻 人 196
10 恵 常 218
廻 609
11 淮 354
12 絵 二 471
恵 人 218
13 會 27
慧 人 229
15 慧 229
16 衛 五 548
壊 常 134
衞 人 548
18 穢 印 443
19 壞 人 134
繪 471

え
5 兄 二 53
丙 常 9
6 守 三 158
朽 常 294
江 常 337
8 姉 二 149
画 二 401
枝 五 297
苗 常 516
9 負 三 584
重 三 631
柄 常 302
柄 302
荏 518
10 家 二 162
笑 四 450
荏 518
11 得 五 207
12 畫 401
14 德 四 209
榎 人 315
餌 682
15 餌 常 682
18 穫 常 443

エイ
5 永 五 335
6 曳 人 287
7 曳 287
8 泳 三 340
英 四 514
泄 印 341
咏 103
9 栄 四 299
映 六 279
洩 印 344
盈 415
英 514
10 郢 625
12 営 五 210
詠 常 566
瑛 人 393
暎 279
13 裔 印 552
塋 131
楹 312
瑛 393
14 榮 人 299
睿 422
15 影 常 203
鋭 常 638
潁 361
瑩 395
銳 638
16 衛 五 548
叡 人 95
衞 人 548
穎 印 442
頴 簡 442
殪 330
霙 666
17 嬰 印 155
翳 印 490
營 210
霙 666
19 瀛 368
20 瀛 368
蠑 545
贏 591
21 贏 591
23 纓 483

えい
9 哉 人 106
23 鱏 700

えがく
8 画 二 401
11 描 常 256
12 描 256
畫 401

エキ
6 亦 人 20
7 役 三 204
8 易 五 277
9 疫 常 406
奕 144
10 益 五 415
益 415
11 液 五 350
掖 252
12 腋 印 502
14 駅 三 686
蜴 541
16 懌 232
19 繹 482
鯣 697
23 驛 686

えくぼ
23 靨 670

えぐる
7 抉 印 240
8 刳 70
10 剔 74

えさ
14 餌 682
15 餌 常 682

えそ
23 鱛 700

えぞ
6 夷 人 143

えだ
6 朶 294
7 条 五 295
8 枝 五 297
9 柄 常 302
11 條 人 295
13 幹 五 191
15 標 四 319
16 繁 常 480

エツ
4 曰 印 287
5 戉 234
9 咽 常 106
10 悦 常 220
悅 220
12 越 常 593
粤 461
13 鉞 634
15 謁 常 572
閲 常 650
噎 115
閱 650
16 謁 人 572

えな
9 胞 常 499
胞 499
15 褜 554

えにし
15 縁 常 477
緣 人 477

えのき
14 榎 人 315

えび
12 蛯 539
15 蝦 人 541
16 蝫 542
20 鰕 699

えびす
6 夷 人 143
戎 234
7 狄 385
9 胡 人 498
12 蛮 常 540
25 蠻 540

えびら
14 箙 456
箙 456

えみ
10 笑 四 450

えむ
10 笑 四 450

えら
13 腮 677

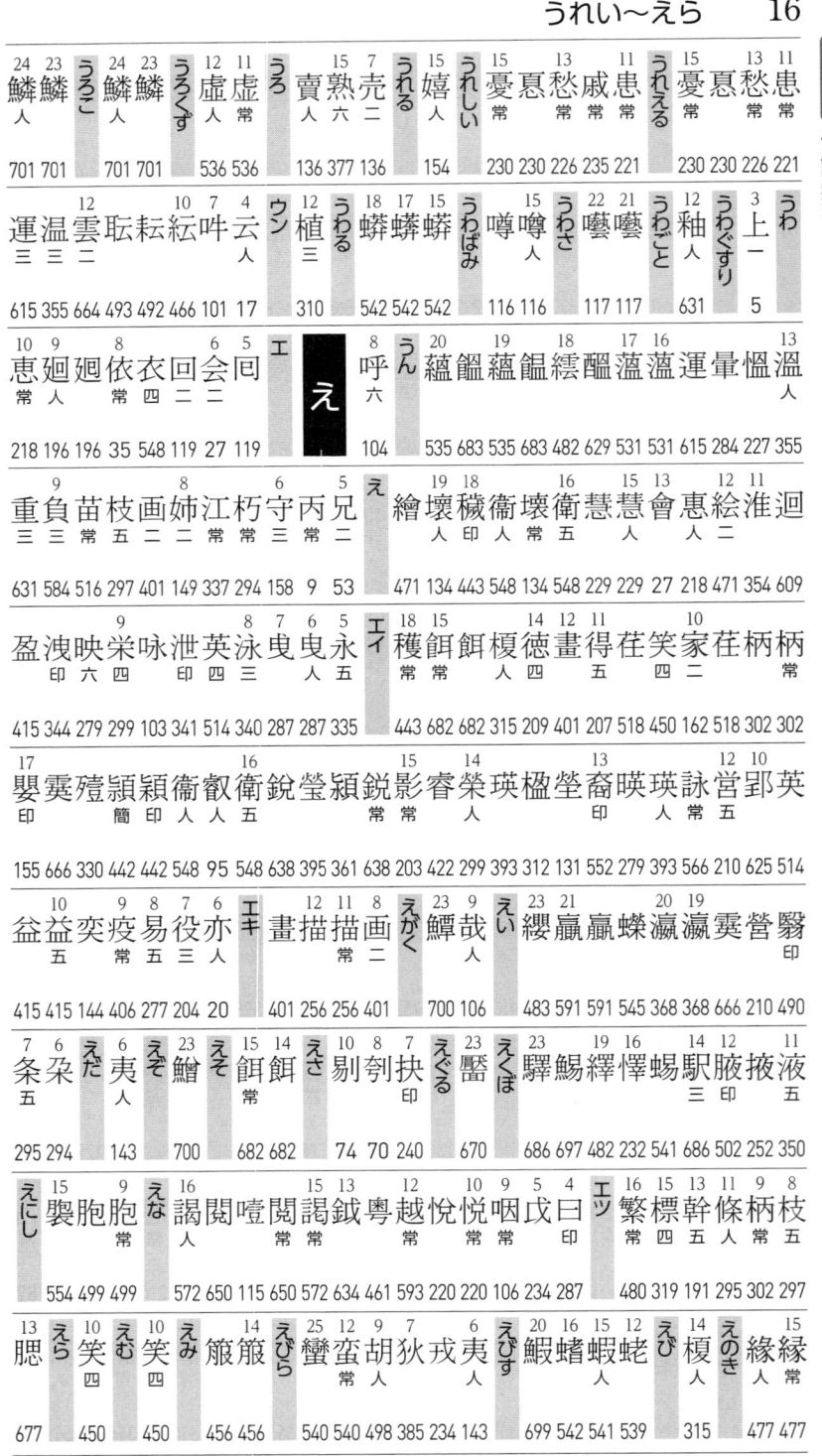

音訓索引

画数	漢字	区分	ページ
18	題		677
20	鰓	印	699
	えらい		
11	偉		47
12	偉	常	47
	えらぶ		
7	択	常	241
15	選	四	622
	撰	人	261
	撰		261
16	擇		241
	選		622
	えらむ		
7	択	常	241
15	撰	人	261
	えり		
9	衿	人	549
13	魞		695
14	領	五	675
18	襟	常	555
	える		
11	得	五	207
	彫	常	203
	彫		203
15	選	四	622
16	獲	常	389
	選		622
	雕		662
17	獲		389
21	鐫		644
	エン		
4	円	一	59
7	延		196
8	延	六	196
	沿	六	340
	宛	常	159
	炎	常	370
	奄	人	143
	苑	人	514
9	咽	常	106
	垣	常	126
	怨	常	214
	爰		379
	苑		514
	衍		547
10	俺	常	42
	宴	常	162
	冤	印	62
	袁	印	549
	娟		151
	悁		221
	捐		250
	涎		348
	烟		374
	莚		520
11	婉	印	152
	焉	印	372
	偃		45
	寃		62
	掩		252
	淹		350
	渕		355
	渊		355
	焔		372
	莚		520
12	媛	四	153
	援	常	257
	堰	人	129
	淵	人	355
	焰	人	372
	媛		153
	掾		257
	援		257
	湲		355
	猨		388
13	園	二	122
	遠	二	619
	塩	四	131
	煙	常	374
	猿	常	388
	羨	常	487
	鉛	常	634
	圓	人	59
	筵	印	453
	煙		374
	蜒		540
14	演	五	361
	鳶	人	702
	厭		91
	嫣		154
	熖		372
	蜿		541
	遠		619
15	縁	常	477
	緣	人	477
	蝘		541
	豌		581
16	薗	人	122
	燕	人	377
	閻	印	650
	圜		122
	鋺		639
	閹		650
	鴛		703
17	檐		321
	篶		457
	轅		604
19	艶	常	512
	嚥	印	117
	櫞		322
	簷		458
20	臙		506
22	鼹		712
	鼴		712
23	讌		580
24	艷		512
	魘		695
25	鹽		131
26	黶		711
	えんじゅ		
14	槐		315
	お		
	オ		
6	汚	常	336
	汙		336
8	和	三	105
	於	人	274
10	烏	人	371
11	悪	三	220
	唹		109
	淤		350
12	惡	人	220
13	嗚	印	113
	塢		131
	お		
1	乙	常	14
3	大	一	139
	小	一	170
	士	五	135
4	方	二	274
	夫	四	142
5	生	一	398
	広	二	192
	丘	常	9
	乎	人	14
	弘	人	199
6	百	一	413
7	男	一	401
	良	四	511
	臣	四	557
	均	五	124
	伯	常	34
	尾	常	174
8	房	常	237
	苧		516
9	音	一	672
	勇	四	78
	保	五	41
	郎	常	625
	彦	人	202
	臥	人	558
	苧		516
10	家	二	162
	朗	六	290
	峰	常	179
11	魚	二	695
	隆	常	656
	麻	常	709
	御		207
	痲		709
12	陽	三	657
	報	五	130
	御	常	207
	越	常	593
	雄	常	660
13	節	四	454
14	緒	常	475
	綸	人	477
15	穂	常	442
	緒	人	475
20	巌	人	181
	おい		
6	老	四	490
9	負	三	584
	姪	人	151
10	笈	人	449
12	甥	人	399
	おいて		
8	於	人	274
	おいる		
6	老	四	490
	オウ		
3	尢		172
4	王	一	390
5	央	三	143
	圧	五	123
	凹	常	66
7	応	五	211
	汪		337
8	往	五	204
	押	常	243
	旺	常	278
	欧	常	324
	殴	常	330
	往		204
	往		204
	怏		214
	枉		297
	泱		340
	泓		340
9	皇	六	414
	姶		150
	殃		329
	瓮		397
10	桜	五	303
	翁	常	488
	秧		438
	翁		488
11	黄	二	709
	凰	人	65
12	奥	常	145
	黄	人	709
	湟		356
13	奧	人	145
	媼		153
	蓊		526
14	嘔	印	114
	媼		154
	蓊		526
	鞅		670
15	横	三	317
	鴎	簡	706
	歐		324
	毆		330
16	横	人	317
	鴨	人	703
	墺		134
	懊		232
	澳		365
	甌		397
	鴦		703
	鴬		705
17	應	人	211
	壓		123
	襖		555
18	襖	人	555
	甕	印	397
	謳	印	578
19	鏖		643

20 嚶 117
罌 484
21 櫻 人 303
鶯 印 705
鷂 705
22 鷗 人 706
24 鷹 人 706
28 鸚 印 706

おう
5 生 一 398
9 負 三 584
追 三 610
負 584
10 逐 常 612
追 610
11 逐 612
16 諺 人 575

おうぎ
10 扇 常 238
扇 238

おうご
6 朸 294
11 梻 307

おうち
13 楝 315
15 樗 319

おうな
13 媼 153
14 嫗 154

おえる
4 卆 86
8 卒 四 86
11 終 三 470
終 470

おお
3 大 一 139
4 太 二 141
5 巨 常 11
6 多 二 138
9 洪 常 345

おおい
6 多 二 138
夛 138
10 被 常 550
浩 人 347
11 眾 546
12 衆 六 546
偉 常 47

おおいに
3 大 一 139

おおう
10 被 常 550
11 掩 252
盖 526
12 葢 526
13 蓋 常 526
14 蔭 人 529
蓋 526
15 蔽 常 531
16 蔽 531
18 覆 常 557
覆 557

おおかみ
10 狼 人 386

おおき
3 大 一 139

おおきい
3 大 一 139
5 巨 常 11
巨 11
7 尨 172
尨 172
14 碩 人 429

おおし
6 多 二 138

おおじか
17 麋 707

おおせ
6 仰 常 28

おおとり
11 凰 人 65
14 鳳 人 702
17 鴻 人 703
19 鵬 人 705
鵬 705

おおぼら
17 鮠 696

おおみず
9 洪 常 345

おおむね
14 概 常 315
15 概 315

おおやけ
4 公 二 57

おか
5 丘 常 9
8 岡 四 178
阜 四 651
岳 常 177
邱 印 624
11 陸 四 655
堆 常 128
陵 常 656
崗 印 178
19 壟 135

おかす
3 干 六 189
5 犯 五 384
8 冐 420
9 侵 常 40
冒 常 420
侵 40
冒 420

おがむ
8 拝 六 245
9 拜 人 245

おき
4 云 人 17
5 生 一 398
処 六 65
6 気 一 334
印 四 88
冲 339
7 住 三 32
沖 四 339
8 宋 人 159
知 二 424
典 四 59
居 五 174
宙 六 160
9 発 三 411
10 起 三 592
恩 六 217
翁 常 488
11 設 五 565
12 陽 三 657
奥 常 145
幾 常 191
13 意 三 224
業 三 313
置 四 485
15 熙 人 376
澚 364
16 興 五 508
熾 印 377
澳 365
17 燠 378

おぎ
10 荻 人 521
11 荻 521
17 獲 534
18 獲 534

おきて
11 掟 印 256

おきな
9 叟 95
10 翁 常 488
叟 印 95
翁 488

おぎなう
12 補 六 552

おきる
10 起 三 592
起 592

オク
5 肊 505
9 屋 三 174
15 億 四 51
16 憶 常 232
17 臆 常 505
檍 321

おく
5 処 六 65
11 措 常 255
處 65
12 奥 常 145
13 置 四 485
奧 人 145
14 閣 六 649
15 遺 六 621
17 擱 263

おくび
16 噯 116

おくみ
9 衽 549
11 袵 549

おくらす
12 遅 常 617
16 遲 617

おくりな
16 諡 576
17 謚 576

おくる
9 送 三 610
10 送 610
18 贈 常 591
19 贈 人 591

おくれる
9 後 二 205
12 遅 常 617
16 遲 617

おけ
9 姥 人 151
11 桶 人 308
15 槽 常 318

おけら
5 朮 292

おける
8 於 人 274

おこす
7 作 二 31
10 起 三 592
起 592
11 做 31
16 興 五 508

おごそか
17 厳 六 210
20 嚴 人 210
22 儼 53

おこたる
9 怠 常 216
12 惰 常 227
14 慢 常 230
16 懈 232
19 嬾 155
懶 233

おこなう
6 行 二 546

おこり
14 瘧 409

おこる
7 作 二 31
9 怒 常 216
10 起 三 592
起 592
11 做 31
16 興 五 508

おごる
8 侈 37
10 倨 42
11 敖 268
12 奢 印 145
13 傲 常 49
14 僭 50
僣 50
22 驕 690

おさ
4 尹 印 172
5 正 一 326
6 吏 常 101

音訓索引

（おさ） 伯 7 常 34 ／ 長 8 二 646 ／ 受 三 94 ／ 官 四 159 ／ 治 四 341 ／ 易 五 277 ／ 孟 人 157 ／ 首 9 二 684 ／ 政 五 267 ／ 紀 五 465 ／ 修 10 五 43 ／ 容 五 163 ／ 脩 11 人 501 ／ 順 12 四 674 ／ 意 13 三 224 ／ 筬 454 ／ 総 14 五 476 ／ 領 五 675 ／ 綜 人 475 ／ [illegible] 454 ／ 養 15 四 682

おさえる 圧 5 五 123 ／ 抑 7 常 243 ／ 押 8 常 243 ／ 壓 17 123

おさない 幼 5 六 191 ／ 稚 13 常 440 ／ 穉 17 440

おさまる 収 4 六 92 ／ 收 6 人 92 ／ 治 8 四 341 ／ 修 10 五 43 ／ 納 六 467 ／ 納 467

おさむ 一 1 一 1 ／ 乃 2 人 13 ／ 士 3 五 135 ／ 収 4 六 92 ／ 平 5 三 189 ／ 司 四 97 ／ 成 6 四 234 ／ 伊 人 27 ／ 医 7 三 83 ／ 乱 六 15 ／ 攻 常 266 ／ 京 8 二 20 ／ 治 四 341 ／ 制 五 71 ／ 秋 9 二 438 ／ 紀 五 465 ／ 修 10 五 43 ／ 耕 五 492 ／ 納 六 467 ／ 倫 常 45 ／ 宰 常 162 ／ 理 11 二 393 ／ 経 五 468 ／ 脩 人 501 ／ 道 12 二 618 ／ 順 四 674 ／ 税 五 440 ／ 統 五 473 ／ 貯 五 586 ／ 敦 人 269 ／ 摂 13 常 259 ／ 督 常 422 ／ 靖 人 668 ／ 蔵 15 六 531 ／ 徹 常 209 ／ 整 16 三 270 ／ 磨 常 430 ／ 鎮 18 常 642 ／ 穣 人 443

おさめ 道 12 二 618

おさめる 収 4 六 92 ／ 收 6 人 92 ／ 攻 7 常 266 ／ 治 8 四 341 ／ 修 10 五 43 ／ 納 六 467 ／ 納 467 ／ 理 11 二 393 ／ 脩 人 501 ／ 蔵 15 六 531 ／ 斂 17 270 ／ 藏 18 人 531 ／ 藏 19 531

おし 印 6 四 88 ／ 忍 7 常 213

おしい 惜 11 常 223

おしえ 教 11 二 268

おしえる 訓 10 四 564 ／ 教 11 二 268 ／ 教 268

おしはかる 揣 12 257

おしむ 吝 7 103 ／ 惜 11 常 223

おじる 怖 8 常 217

おす 圧 5 五 123 ／ 牡 7 人 382 ／ 押 8 常 243 ／ 推 11 六 254 ／ 排 常 256 ／ 捺 人 256 ／ 雄 12 常 660 ／ 壓 17 123

おそい 晏 10 人 281 ／ 晚 11 人 283 ／ 晩 12 六 283 ／ 遅 常 617 ／ 遲 16 617

おそう 襲 22 常 556 ／ 襲 556

おぞましい 悍 10 印 221

おそれ 虞 13 常 537 ／ 虞 537

おそれる 怖 8 常 217 ／ 怕 217 ／ 畏 9 常 401 ／ 恐 10 常 217 ／ 恐 217 ／ 惧 11 常 222 ／ 惴 12 226 ／ 慴 14 229 ／ 懍 16 233 ／ 懼 21 印 234 ／ 懾 234

おそろしい 怖 8 常 217 ／ 恐 10 常 217 ／ 恐 217

おそわる 教 11 二 268 ／ 教 268

おだてる 煽 14 印 376 ／ 煽 376

おだやか 穏 16 常 442 ／ 穩 19 442

オチ 越 12 常 593

おち 落 12 三 525 ／ 遠 13 二 619 ／ 遠 14 619

おちいる 陥 10 常 653 ／ 陷 11 人 653

おちる 落 12 三 525 ／ 堕 常 130 ／ 隕 13 印 657 ／ 落 525 ／ 墜 15 常 133 ／ 墮 130 ／ 墜 133

オツ 乙 1 常 14 ／ 越 12 常 593 ／ 榲 14 315 ／ 膃 503

おっしゃる 仰 6 常 28

おっと 夫 4 四 142

おと 乙 1 常 14 ／ 己 3 六 184 ／ 男 7 一 401 ／ 声 二 135 ／ 弟 二 199 ／ 吟 常 101 ／ 呂 常 103 ／ 音 9 一 672 ／ 韻 19 常 673 ／ 響 20 常 673

おとうと 弟 7 二 199

おとがい 頤 15 676 ／ 頤 17 676

おどかす 脅 10 常 499

おとこ 夫 4 四 142 ／ 男 7 一 401

おとこだて 侠 8 39 ／ 俠 9 人 39

おどし 縅 15 478

おとしいれる 陥 10 常 653 ／ 陷 11 人 653

おとしめる 貶 11 585

おとす 落 12 三 525 ／ 落 13 525 ／ 墜 15 常 133 ／ 墜 133

おどす 威 9 常 150 ／ 恫 220 ／ 脅 10 常 499 ／ 縅 15 478 ／ 嚇 17 常 117

おとずれる 訪 11 六 565

おとり 囮 7 120

おどり 踊 14 常 596 ／ 踴 16 596

おとる 劣 6 常 77

おどる 跳 13 常 596 ／ 踊 14 常 596 ／ 踴 16 596 ／ 躍 21 常 598 ／ 躍 598

おとろえる 衰 10 常 549

おどろかす 驚 22 常 689 ／ 驚 23 689

おどろく 愕 12 印 225 ／ 駭 16 688

音訓索引

22 驚 常 689 ／ 23 驚 689

おなじ 5 仝 25 ／ 6 同 二 100

おに 10 鬼 常 694

おの 4 斤 常 272 ／ 6 自 二 506 ／ 8 斧 人 272

おのおの 6 各 四 98

おのこ 7 男 一 401

おのずから 6 自 二 506

おののく 9 战 236 ／ 13 戦 四 235 ／ 慄 常 227 ／ 16 戰 人 236

おのれ 3 己 六 184

おば 9 姨 150

おび 10 帯 四 187 ／ 11 帶 人 187

おびえる 8 怯 印 215 ／ 10 脅 常 499

おびただしい 14 夥 139

おびやかす 7 劫 人 77 ／ 刧 77 ／ 10 脅 常 499 ／ 13 剽 75

おびる 8 佩 38 ／ 10 帯 四 187 ／ 11 帶 人 187

おぼえる 12 覚 四 559 ／ 16 憶 常 232 ／ 20 覺 559

おぼす 9 思 二 215

おぼれる 13 溺 常 360 ／ 溺 360

おぼろ 17 朦 印 291 ／ 18 朦 291 ／ 20 朧 292

おみ 7 臣 四 557

おも 5 主 三 12 ／ 主 12 ／ 9 面 三 669

おもい 9 思 二 215 ／ 重 三 631

おもう 8 念 四 214 ／ 9 思 二 215 ／ 11 惟 人 222 ／ 13 意 三 224 ／ 想 三 227 ／ 16 憶 常 232 ／ 懐 常 232 ／ 謂 人 575 ／ 19 懷 人 232

おもえらく 16 謂 人 575

おもかげ 9 俤 39

おもし 9 重 三 631

おもて 8 表 三 548 ／ 9 面 三 669

おもねる 7 佞 34 ／ 8 阿 人 652 ／ 佞 34

おもむき 15 趣 常 594

おもむく 9 赴 常 592 ／ 15 趣 常 594 ／ 17 趨 印 594

おもむろ 10 徐 常 206

おもり 16 錘 人 640

おもんぱかる 15 慮 常 230

おや 9 祖 五 434 ／ 10 祖 人 434 ／ 16 親 二 560

おやゆび 8 拇 246

おゆ 6 老 四 490

およぐ 8 泳 三 340 ／ 12 游 358

およそ 3 凡 常 64 ／ 凡 64

および 3 及 常 13 ／ 4 及 13

およぶ 3 及 常 13 ／ 4 及 13 ／ 11 逮 常 615 ／ 12 逮 615

およぼす 3 及 常 13 ／ 4 及 13

おり 6 宅 六 158 ／ 7 折 四 241 ／ 8 居 五 174 ／ 13 滓 印 359 ／ 14 槞 323 ／ 16 澱 印 366 ／ 18 織 五 482 ／ 19 檻 印 322 ／ 20 櫳 323

おりる 3 下 一 3 ／ 9 降 653 ／ 10 降 六 653

おる 5 処 六 65 ／ 7 折 四 241 ／ 8 居 五 174 ／ 11 處 65 ／ 18 織 五 482

おれ 10 俺 常 42

おれる 7 折 四 241

おろか 13 愚 常 226 ／ 痴 常 409 ／ 惷 226 ／ 19 癡 409

おろし 8 卸 89 ／ 9 卸 常 89 ／ 12 颪 679

おろす 3 下 一 3 ／ 8 卸 89 ／ 9 卸 常 89 ／ 降 653 ／ 10 降 六 653 ／ 12 堕 常 130 ／ 15 墮 130

おろそか 12 疎 常 405 ／ 14 疏 405

おわす 6 在 五 123

おわる 2 了 常 16 ／ 4 卆 86 ／ 7 完 四 159 ／ 8 卒 四 86 ／ 10 畢 人 402 ／ 訖 564 ／ 11 終 三 470 ／ 竟 印 447 ／ 畢 402 ／ 終 470 ／ 12 竣 人 448

オン 7 阴 654 ／ 阥 654 ／ 8 苑 人 514 ／ 9 音 一 672 ／ 怨 常 214 ／ 苑 514 ／ 10 恩 六 217 ／ 11 陰 常 654 ／ 12 温 三 355 ／ 飲 三 681 ／ 陰 654 ／ 13 園 二 122 ／ 遠 二 619 ／ 溫 人 355 ／ 飮 681 ／ 14 隠 常 658 ／ 厭 91 ／ 遠 619 ／ 15 瘟 409 ／ 褞 555 ／ 16 穏 常 442 ／ 薗 人 122 ／ 17 隱 658 ／ 19 穩 442 ／ 20 鰛 699 ／ 21 鰮 699

おん 11 御 207 ／ 12 御 常 207 ／ 雄 常 660

おんな 3 女 一 146 ／ 11 婦 五 152 ／ 婦 152

か

カ 3 下 一 3 ／ 个 10 ／ 4 火 一 369 ／ 化 三 82 ／ 化 82 ／ 戈 234 ／ 5 加 四 76 ／ 可 五 96 ／ 禾 人 437 ／ 瓜 396 ／ 6 仮 五 27 ／ 瓜 人 396 ／ 襾 556 ／ 过 616 ／ 7 花 一 512 ／ 何 二 31 ／ 伽 人 31 ／ 找 240 ／ 8 和 三 105 ／ 果 四 297 ／ 価 五 36 ／ 河 五 340 ／ 佳 常 36 ／ 苛 常 515 ／ 茄 人 515 ／ 呵 印 103 ／ 卦 87 ／ 架 143 ／ 花 512

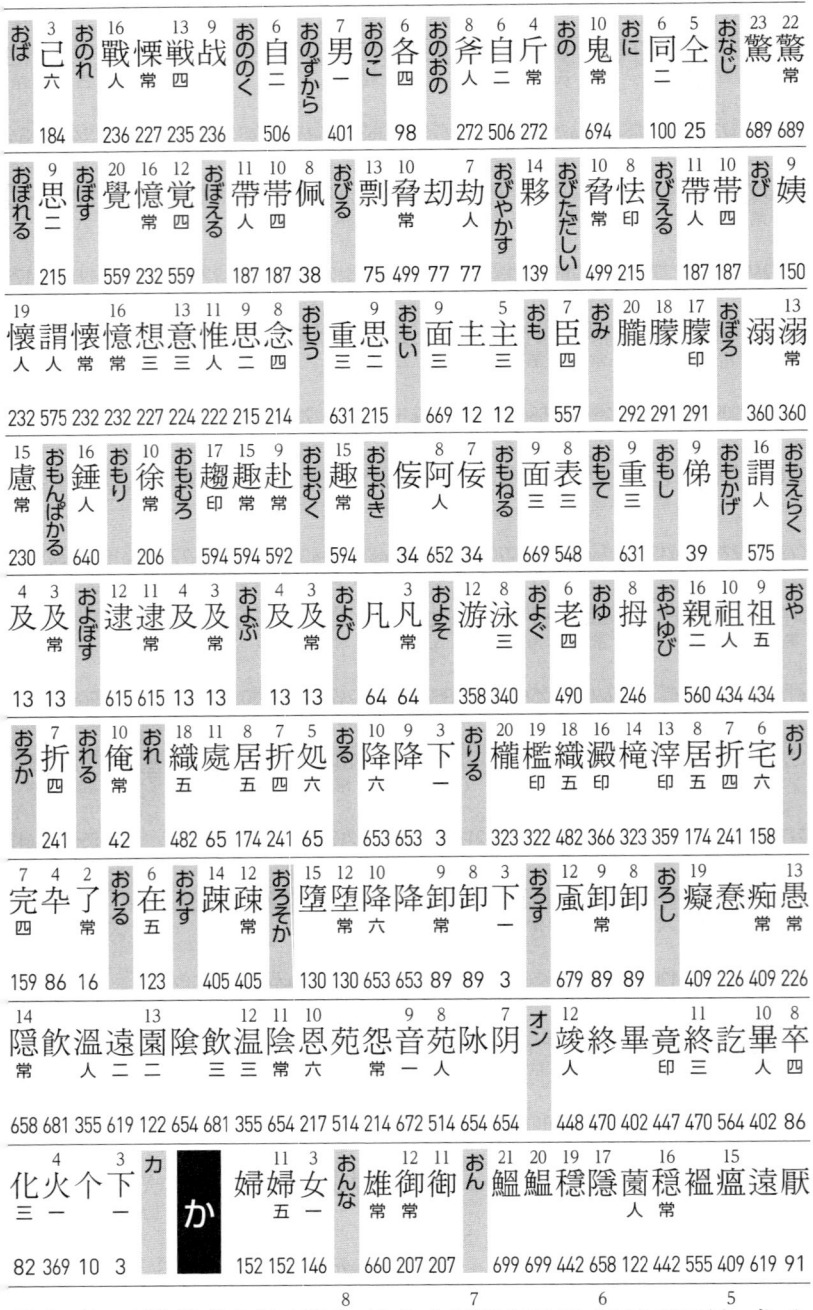

					11									10									9	
哗	假	訛	菓	掛	貨	痂	崋	哗	哥	華	個	荷	家	夏	苛	茄	柯	枷	迦	珈	珂	架	科	迦
		印	常	常	四					常	五	三	二	二					人	人	人	常	二	
107	27	565	521	252	584	406	179	107	107	520	42	520	162	137	515	515	300	300	608	391	391	300	438	608

			13													12								
靴	禍	暇	嫁	軻	谺	萪	葭	菓	華	渮	厦	堝	跏	訶	渦	過	貨	谺	荷	舸	笳	渮	崋	啝
常	常	常	常										印	印	常	五								
670	435	284	153	602	581	524	524	521	520	350	195	129	595	566	355	616	584	581	520	509	450	350	179	109

				15											14									
駕	蝦	價	稼	課	裹	蜾	夥	窩	禍	樺	榎	嘉	箇	寡	歌	遐	過	賈	萪	葭	廈	嗬	瑕	嘩
人	人	人	常	四				印	人	人	人	人	常	常	二								印	人
687	541	36	441	572	553	541	139	445	435	315	315	114	454	166	325	616	616	587	524	524	195	113	394	113

	8		7	6		5	4	1		20		19							17	16				
彼	金	芳	赤	圭	乎	甲	日	一	か	鰕	譁	譌	鍜	譁	罅	謌	顆	霞	鍋	樺	踝	蝌	嘩	蝸
常	一	常	一	人	人	常	一	一									印	人	常					印
204	632	514	591	123	14	400	276	1		699	577	565	641	577	484	325	676	666	641	315	596	542	113	542

	9			8			7		5	4		20	19	17	13	12	11	10					9	
臥	俄	芽	芽	画	呀	伽	我	牙	瓦	牙	ガ	馨	蘭	歟	雅	賀	鹿	蚊	麻	郁	哉	香	神	庚
人	人		四	二		人	六		常	常		人	人		常	四	四	常		人	人	四	三	人
558	39	515	515	401	101	31	235	381	396	381		685	535	326	661	586	707	538	193	624	106	685	433	193

5			4			18	16			15			13				12		11					10
回	夬	丐	介	カイ	鵞	鵝	餓	駕	蝦	餓	衙	蛾	雅	雅	訝	畫	賀	莪	訝	莪	峩	娥	哦	峨
			常					人	人	常	印	印	常				四		印					人
119	141	7	22		704	704	683	687	541	683	547	540	661	661	565	401	586	520	565	520	179	151	107	179

					9								8				7						6	
恢	廻	皆	悔	界	海	芥	拐	廻	届	乖	拐	怪	届	芥	戒	快	改	灰	价	亥	灰	回	会	岁
人	人	常	常	三	二					印	常	常	六	人	常	五	四			人	六	二	二	
217	196	414	217	402	344	513	243	196	174	14	243	215	174	513	235	213	265	369	28	20	369	119	27	177

								12				11					10							
椢	揩	喙	傀	堺	街	階	開	絵	偕	晦	掛	械	廻	晦	海	桧	悔	疥	盻	枴	恢	恠	咼	徊
				人	四	三	三	二		人	常	四			人	人	人							印
318	257	111	48	129	547	656	647	471	45	282	252	307	609	282	344	321	217	406	402	300	217	215	106	204

						16		15					14										13	
薤	獪	懈	廨	諧	懐	壊	槶	潰	誡	誨	瑰	槐	魁	隗	詼	觧	褂	嵬	匯	會	楷	塊	解	蛔
				常	常	常		常					人								常	常	五	
531	389	232	196	575	232	134	318	364	570	570	395	315	694	657	567	562	553	181	82	27	312	131	562	539

	9	8	7	6		5	4	2		18	15	7		24					19					17
垓	咳	劾	苅	亥	艾	外	刈	乂	ガイ	櫂	養	貝	かい	鱠	蠏	繪	蟹	懷	壞	醢	邂	薤	膾	檜
	印	常		人		二	常			人	四	一					人	人	人					人
126	106	77	67	20	512	137	67	13		322	682	583		700	544	471	544	232	134	629	623	531	505	321

読み	画数	漢字	区分	ページ
		孩		157
	10	害	四	162
		害		162
		豈		581
	11	崖	常	179
		涯	常	350
		啀		109
		崕		179
		盖		526
	12	街	四	547
		凱	人	65
		剴		75
		葢		526
	13	慨	常	228
		蓋	常	526
		該	常	567
		愾		228
		睚		422
		碍		428
	14	概	常	315
		慨		228
		漑		364
		蓋		526
	15	漑	印	364
		槪		315
		皚		414
		磑		430
	16	骸	常	691
		駭		688
	17	鮠		696
	18	鎧	人	642
	19	礙		428
かいこ	10	蚕	六	538
	24	蠶		538
	26	蠺		538
かいな	12	腕	常	502
かいらぎ	20	鰄		698
かいり	10	浬	人	349
かう	4	支	五	265
	6	交	二	20
	12	買	二	587
	13	飼	五	682
	14	飼		682
かえす	4	反	三	93
	7	返	三	608
		还		623
	8	返		608
	9	皈		186
	10	帰	二	186
	12	復	五	208
	14	孵	印	157
	16	還	常	623
	17	還		623
	18	歸		186
かえって	7	却	常	88
	9	卻		88
かえで	13	楓	人	314
かえりみる	9	省	四	419
	21	顧	常	678
		顧		678
かえる	4	反	三	93
	5	代	三	25
		囘		119
	6	回	二	119
	7	返	三	608
		更	常	287
		还		623
	8	易	五	277
		返		608
	9	変	四	136
		皈		186
	10	帰	二	186
	12	復	五	208
		換	常	257
		替	常	289
		蛙	印	539
	14	孵	印	157
	16	還	常	623
	17	還		623
	18	歸		186
	23	變		136
がえんずる	8	肯	常	497
かお	18	顔	二	677
		顏		677
かおり	9	香	四	685
	20	馨	人	685
かおる	7	芳	常	514
	9	香	四	685
		郁	人	624
	16	薫	常	531
	17	薫	人	531
	18	薰	人	531
	20	馨	人	685
かかあ	17	嚊		117
		嬶		155
かかえる	8	抱	常	246
		抱		246
かかげる	11	掲	常	253
	12	揭	人	253
かかと	16	踵	印	597
かがみ	19	鏡	四	643
	23	鑑	常	644
		鑒		644
かがむ	8	屈	常	174
かがめる	8	屈	常	174
かがやき	15	輝	常	603
かがやく	13	暉	人	284
	15	輝	常	603
	18	燿	人	379
		燿		379
	20	耀	人	490
		耀		490
かかり	9	係	三	39
	11	掛	常	252
かがり	16	篝	印	457
		篝		457
かかる	9	係	三	39
		架	常	300
	11	掛	常	252
	16	罹	印	485
	17	繫		482
	19	繋	人	482
	20	懸	常	233
かがる	16	縢		480
		縢		480
かかわる	8	拘	常	244
	9	係	三	39
	14	関	四	649
	19	關		649
かき	9	垣	常	126
		柿	常	301
		柹		301
	11	堵		130
	12	堅	常	129
		堵	人	130
	13	硴		428
		硴		428
	16	墻		380
	17	牆		380
	25	籬	印	459
かぎ	12	鈎		635
	13	鉤	印	635
	17	鍵	常	641
	25	鑰		645
かぎる	9	限	五	652
カク	6	各	四	98
	7	角	二	561
	8	画	二	401
		拡	六	243
	9	客	三	161
		革	六	670
		咯		106
		恪		217
		挌		247
		狢		385
		茖		517
	10	格	五	303
		核	常	304
		埆		127
		茖		517
	11	殻	常	331
		脚	常	501
		郭	常	625
		掴		260
		桷		307
		隺		705
	12	覚	四	559
		喀	印	111
		椁		318
		殼		331
		畫		401
	13	較	常	602
		隔	常	657
		塙	人	131
		貉		583
		隔		657
	14	閣	六	649
		摑	人	260
		廓	印	195
		劃		75
		幗		189
		愨		228
		膈		503
		赫		592
	15	確	五	430
		撹	簡	265
		槨		318
		膕		504
	16	獲	常	389
		霍		666
		骼		691
	17	嚇	常	117
		擱		263
		獲		389
		馘		685
	18	穫	常	443
		擴		243
		穫		443
	19	蠖		544
		覈		557
	20	矍		423
		蠖		544
		覺		559
	21	鶴	常	705
		癨		410
	22	鶴		705
	23	攪	印	265
		攫		265
	28	钁		645
かく	4	欠	四	324
	8	画	二	401
		爬	印	379
	9	舁		508
	10	書	二	288
		缺		324
	11	描	常	256
		搔	簡	259

舁 508
12 斯 人 273
描 256
畫 401
13 搔 印 259
15 篇 人 456
17 虧 537

かぐ
13 嗅 常 113

ガク
7 斈 156
8 学 一 156
岳 常 177
9 咢 106
12 愕 印 225
蕚 印 524
鄂 626
13 楽 二 312
蕚 524
15 樂 人 312
蕚 524
16 諤 印 575
學 156
17 壑 134
嶽 177
鍔 641
18 額 五 676
顎 常 676
20 鰐 印 699
鶚 705
24 鷽 706
齶 714

かくす
10 匿 常 83
11 匿 83
14 隠 常 658
17 隱 658

かくまう
10 匿 常 83
11 匿 83

かくれる
14 隠 常 658
17 隱 658

かぐわしい
9 香 四 685
20 馨 人 685

かけ
15 賭 590
16 賭 常 590

かげ
7 阴 654
阥 654
9 柿 常 301
11 陰 常 654
12 景 四 282
晩 六 283
陰 654
14 蔭 人 529
15 影 常 203
蔭 529
17 翳 印 490

がけ
9 垳 126
11 崖 常 179
崕 179

かけい
13 筧 454

かけす
18 鵥 704

かけはし
10 桟 常 305
11 梯 人 308
12 棧 305

かける
4 欠 四 324
9 架 常 300
挂 248
10 缺 324
11 掛 常 252
12 翔 人 489
翔 489
14 駆 常 686
15 駈 人 686
賭 590
16 賭 常 590
17 虧 537
18 闕 651
20 懸 常 233
21 驅 686

かげる
7 阴 654
阥 654
11 陰 常 654
12 陰 654
17 翳 印 490

かご
16 篭 459
22 籠 常 459

かこう
7 囲 五 120
12 圍 120

かこつ
10 託 常 564
12 喞 111
唧 111

かこつける
10 託 常 564

かこむ
7 囲 五 120
12 圍 120

かさ
4 仐 48
11 笠 人 451
痒 印 407
12 傘 常 48
塁 常 131
13 嵩 人 181
暈 284
15 瘡 印 409

かざ
9 風 二 678

かささぎ
19 鵲 704

かざす
17 翳 印 490

かさなる
9 重 三 631
14 層 六 176
15 層 人 176

かさぬ
9 重 三 631

かさね
9 重 三 631
22 襲 常 556
襲 556

かさねる
9 重 三 631
11 累 常 471
14 複 五 554
22 襲 常 556
襲 556

かさぶた
10 痂 406

かさむ
13 嵩 人 181

かざり
15 錺 638
16 錺 638

かざる
13 飾 常 682
14 飾 682
16 錺 682

かし
14 樢 315
15 播 人 262
16 樫 人 319
17 橿 印 321

かじ
9 柁 302
11 梶 人 308
舵 人 510
13 楫 313
17 鍛 常 641
18 櫂 人 322

かじか
16 鮖 696
20 鰍 699
22 [illegible] 700

かしぐ
8 炊 常 370
13 傾 常 49
29 爨 379

かしげる
13 傾 常 49

かしこい
9 畏 常 401
16 賢 常 590

かしこまる
9 畏 常 401

かしずく
12 傅 48

かしましい
9 姦 印 150

かしら
14 魁 人 694
16 頭 二 676

かじる
15 噛 簡 117
18 嚙 印 117
21 齧 713
24 囓 713

かしわ
9 柏 人 302
10 栢 302
15 槲 318

かしわで
16 膳 常 504

かす
11 粕 印 461
12 貸 五 586
渣 356
13 滓 印 359
17 糟 463

かず
1 一 一 1
2 七 一 3
九 一 14
二 一 17
八 一 57
十 一 83
3 三 一 4
千 一 84
万 二 6
4 五 一 18
円 一 59
収 六 92
5 冬 二 136
主 三 12
司 四 97
6 年 一 190
会 二 27
多 二 138
毎 二 332
件 五 28
7 利 四 70
良 四 511
応 五 211
壱 常 135
寿 常 168
8 和 三 105
参 四 91
法 四 343
効 五 78
枚 六 299
沓 人 339
9 春 二 280
計 二 563
品 三 107
重 三 631
政 五 267
紀 五 465
弧 常 200
胤 人 498
貟 107
10 員 三 107
起 三 592
料 四 271
師 五 187
兼 常 59
般 常 509

倭 人 45
11 教 二 268
12 運 三 615
量 四 632
順 四 674
策 六 452
葛 常 524
雄 常 660
13 数 二 269
業 三 313
14 算 二 455
種 四 441
15 選 四 622
數 269
16 積 四 442
憲 六 231
17 頻 常 676
19 麗 常 708

かずえ
9 計 二 563

かすか
9 幽 常 191
13 微 常 208
微 208

かすがい
14 銖 636
16 鍄 640
18 鎹 642

かずき
17 闔 650

かずく
10 被 常 550

かずとり
20 籌 459

かずのこ
18 鯑 697

かすみ
17 霞 人 666

かすむ
17 霞 人 666

かすめる
11 掠 人 257
13 勦 80

かずら
11 葛 524
12 葛 常 524
13 葛 524
14 蔓 人 530
15 蔓 530
20 蘰 536
21 鬘 印 693
蘰 536

かすり
12 絣 印 473
13 綛 474
綛 474
14 絣 473
緕 483
20 纃 483

かする
11 掠 人 257

かせ
9 枷 300
10 桛 304
糹戸 466
11 械 四 307
13 綛 474
綛 474

かぜ
9 風 二 678

かせぐ
15 稼 常 441

かぞえる
13 数 二 269
14 算 二 455
15 數 269

かた
1 一 一 1
4 方 二 274
片 六 381
5 礼 三 432
斥 常 272
6 名 一 100
7 声 二 135
形 二 202
良 四 511
8 岩 二 177
和 三 105
固 四 121
肩 常 497
肩 497
9 型 五 126
10 容 五 163
兼 常 59
剛 常 73
11 陳 常 655
捧 人 256
12 結 四 471
象 五 582
敬 六 268
傍 常 48
堅 常 129
普 常 283
犀 人 383
13 豊 五 581
該 常 567
14 像 五 50
態 五 228
豪 常 582
貌 常 583
銘 常 637
15 器 四 115
潟 四 364
確 五 430
質 五 589
毅 人 331
16 鋼 六 639
賢 常 590
17 謙 常 577
18 鎌 常 643
20 議 四 579
23 鑑 常 644

かたい
7 牢 印 382
8 固 四 121
12 堅 常 129
硬 常 428
15 犖 671
犖 671
18 難 六 662
19 難 人 662

かたがた
10 旁 274

かたき
4 仇 印 22
15 敵 六 269

かたくな
13 頑 常 674

かたし
4 介 常 22
8 固 四 121
9 重 三 631
10 剛 常 73
拳 常 248
12 堅 常 129
硬 常 428
15 確 五 430

かたじけない
8 忝 214
10 辱 常 606

かたち
7 形 二 202
状 五 384
皃 583
8 狀 人 384
10 容 五 163
12 象 五 582
象 582
14 像 五 50
貌 常 583

かたどる
12 象 五 582
象 582
14 模 六 317
15 模 317
16 糢 317

かたな
2 刀 二 67

かたびら
11 絺 468

かたまり
13 塊 常 131

かたまる
8 固 四 121

かたみ
12 筐 451
13 筺 451

かたむ
8 固 四 121

かたむく
13 傾 常 49

かたむける
13 傾 常 49

かためる
8 固 四 121

かたよる
11 偏 常 47
偏 47

かたらう
14 語 二 570

かたり
14 語 二 570
15 談 三 573

かたる
8 拐 常 243
拐 243
14 語 二 570
15 談 三 573
19 騙 印 689
騙 689

かたわら
10 旁 274
11 側 四 47
12 傍 常 48

カチ
13 褐 常 553
14 褐 553

かち
10 徒 四 206
13 褐 常 553
14 褐 553

カツ
8 刮 70
劼 78
9 活 二 345
括 常 247
曷 288
11 喝 常 109
渇 常 350
戛 235
葛 524
12 割 六 75
葛 常 524
渴 人 350
筈 人 451
割 75
喝 109
戞 235
聒 493
蛞 539
13 滑 常 359
褐 常 553
猾 388
葛 524
14 褐 553
15 噶 115
瞎 422
磆 430
羯 488
蝎 542
16 噶 115
17 轄 常 604
闊 印 650
豁 581
轄 604
18 濶 650
鞨 671
黠 711
19 蠍 544

かつ

- 1 一 一 1
- 3 万 二 6
- 5 功 四 76
- 且 常 9
- 甲 常 400
- 7 克 常 55
- 8 坦 人 126
- 9 柿 常 301
- 亮 人 21
- 10 剋 印 72
- 桂 人 304
- 尅 72
- 11 強 二 200
- 健 四 46
- 曽 常 288
- 捷 人 254
- 12 勝 三 79
- 遂 常 617
- 雄 常 660
- 勝 79
- 13 搗 260
- 14 徳 四 209
- 豪 常 582
- 15 糅 463
- 16 積 四 442
- 17 優 六 52

カツ
- 6 合 二 99

ガツ
- 4 月 一 289
- 月 289
- 歹 328

ガッ
- 6 合 二 99

かつえる
- 10 飢 常 681
- 飢 681
- 11 飢 681
- 15 餓 常 683
- 16 餓 683

かつお
- 23 鰹 印 700

かつぐ
- 8 担 六 245
- 9 舁 508
- 11 舁 508
- 16 擔 245

かつて
- 11 曽 常 288
- 12 曾 人 288
- 13 甞 115
- 14 嘗 人 115

かつみ
- 7 克 常 55
- 11 黄 二 709

かつら
- 10 桂 人 304
- 12 葛 常 524
- 13 楢 313
- 18 藤 常 534
- 21 鬘 印 693

かて
- 13 粮 464
- 18 糧 常 464

かど
- 6 圭 人 123
- 7 角 二 561
- 8 門 二 646
- 12 葛 常 524
- 13 廉 常 195
- 稜 人 441
- 廉 195
- 15 閾 常 650

かどわかす
- 8 拐 常 243
- 拐 243

かな
- 7 矣 424
- 8 金 一 632
- 9 奏 六 145
- 哉 人 106
- 15 鉅 638

かない
- 5 叶 人 96

かなう
- 5 叶 人 96
- 8 協 四 85
- 9 恊 85
- 14 適 五 621
- 15 適 621

かなえ
- 10 鬲 694
- 13 鼎 人 711

かなお
- 14 適 五 621

かなしい
- 9 哀 常 106
- 12 悲 三 224

かなしむ
- 9 哀 常 106
- 12 悲 三 224

かなでる
- 9 奏 六 145

かなまり
- 16 鋺 639

かなめ
- 4 中 一 10
- 9 要 四 556
- 紀 五 465
- 要 556
- 12 最 四 288

かならず
- 5 必 四 211

かに
- 11 掃 常 255
- 19 蟹 人 544
- 蠏 544

かぬ
- 5 包 四 81
- 9 侶 常 42
- 10 兼 常 59

かね
- 4 尺 六 173
- 5 包 四 81
- 6 印 四 88
- 8 金 一 632
- 周 四 104
- 易 五 277
- 宝 六 161
- 9 侶 常 42
- 封 常 169
- 10 兼 常 59
- 矩 人 425
- 矩 425
- 11 務 五 79
- 12 統 五 473
- 詠 常 566
- 13 鉄 三 635
- 鉱 五 635
- 誠 六 569
- 該 常 567
- 鼎 人 711
- 鉦 印 635
- 14 銀 三 636
- 説 四 571
- 銅 五 637
- 銕 635
- 15 監 常 416
- 16 懐 常 232
- 錦 常 639
- 17 厳 六 210
- 謙 常 577
- 18 鎌 常 643
- 19 鏡 四 643
- 20 鐘 常 644
- 21 鐵 635
- 鐵 635
- 23 鑑 常 644

かねる
- 10 兼 常 59
- 兼 59

かの
- 8 彼 常 204

かのう
- 5 叶 人 96
- 8 和 三 105
- 協 四 85
- 14 適 五 621
- 16 諧 常 575

かのえ
- 8 庚 人 193

かのしし
- 11 鹿 四 707

かのと
- 7 辛 常 605

かば
- 13 蒲 人 528
- 14 樺 人 315
- 蒲 528
- 16 樺 315

かばう
- 7 庇 人 193

かばね
- 3 尸 172
- 8 姓 常 150
- 9 屍 印 175

かばん
- 14 鞄 人 670
- 鞄 670

かび
- 4 牙 常 381
- 23 黴 711

かびる
- 23 黴 711

かぶ
- 10 株 六 305
- 15 蕪 人 531
- 16 蕪 531

かぶと
- 5 甲 常 400
- 9 冑 61
- 11 兜 人 56

かぶら
- 15 蕪 人 531
- 16 蕪 531
- 19 鏑 643

かぶる
- 9 冠 常 62
- 10 被 常 550

かべ
- 16 壁 常 134

かま
- 10 釜 常 633
- 釜 633
- 15 窯 常 446
- 窰 446
- 鉅 638
- 17 竈 446
- 18 鎌 常 643
- 鎌 643
- 21 竈 印 446

がま
- 13 蒲 人 528
- 14 蒲 528

かまう
- 14 構 五 315
- 構 315

かまえる
- 13 搆 259
- 搆 259
- 14 構 五 315
- 構 315

かます
- 5 叺 96
- 15 魳 695

かまち
- 10 框 304
- 档 306
- 17 檔 306

かまど
- 17 竈 446
- 21 竈 印 446

かまびすしい
- 12 喧 人 112
- 13 嘩 人 113
- 14 噌 116
- 15 噌 人 116
- 嘩 113
- 16 諠 575
- 17 譁 577
- 19 譁 577

音訓索引

音訓索引

21 囂 117
かみ 3 上 一 5 ／ 5 正 一 326 ／ 6 守 三 158 ／ 7 伯 常 34 ／ 帋 466 ／ 9 首 二 684 ／ 神 三 433 ／ 10 紙 二 466 ／ 神 人 433 ／ 11 頁 六 673 ／ 13 漢 三 359 ／ 督 常 422 ／ 14 髪 常 692 ／ 15 髮 人 692 ／ 16 頭 二 676 ／ 19 顚 人 678
かみこ 12 [illegible] 552
かみしも 11 裃 551
かみなり 13 雷 常 664
かむ 8 咀 104 ／ 9 咬 印 106 ／ 15 噛 簡 117 ／ 18 嚙 印 117 ／ 21 嚼 117 ／ 齧 713 ／ 24 囓 713
かむろ 7 禿 印 437
かめ 9 瓮 397 ／ 11 瓶 常 397 ／ 亀 常 714 ／ 13 瓶 397 ／ 16 龜 714 ／ 18 甕 印 397
かも 16 鴨 人 703
かもじ 13 髢 692
かもす 16 醗 630 ／ 17 醞 629 ／ 19 醱 印 630 ／ 20 醸 常 630 ／ 24 釀 人 630
かもめ 15 鴎 簡 706 ／ 22 鷗 人 706
かや 8 茅 人 517 ／ 9 茅 517 ／ 12 萱 人 524 ／ 13 萱 524 ／ 14 榧 316 ／ 18 蟵 544
かゆ 12 粥 人 461 ／ 22 鬻 694
かゆい 11 痒 印 407
かよう 10 通 二 612 ／ 11 通 612
から 8 空 一 443 ／ 空 443 ／ 10 唐 常 108 ／ 唐 108 ／ 11 殻 常 331 ／ 12 殼 331
がら 13 漢 三 359 ／ 幹 五 191 ／ 漢 人 359 ／ 14 韓 672 ／ 17 韓 672 ／ 18 韓 常 672 ／ 9 柄 常 302 ／ 柄 302
からい 7 辛 常 605 ／ 8 苛 常 515 ／ 9 苛 515 ／ 20 鹹 707
からうす 13 碓 人 429
からかう 12 揶 印 258 ／ 揄 印 258
からかさ 4 仐 48 ／ 12 傘 常 48
からげる 11 紮 印 469 ／ 12 絡 常 473
からしな 7 芥 人 513
からす 9 枯 常 300 ／ 10 烏 人 371 ／ 15 鴉 印 702 ／ 16 鴉 702
からだ 7 体 二 33 ／ 11 躯 599 ／ 12 躰 33 ／ 18 軀 印 599 ／ 20 軆 33 ／ 23 體 33
からたち 9 枳 300
からまる 12 絡 常 473
からむ 12 絡 常 473
からむし 8 苧 516 ／ 9 苧 516
からめる 12 絡 常 473
かり 13 搦 259 ／ 6 仮 五 27 ／ 9 狩 常 385 ／ 11 假 27 ／ 12 雁 人 660 ／ 13 債 常 49 ／ 鳫 660 ／ 15 鴈 702
かりる 10 借 四 43 ／ 17 藉 534 ／ 18 藉 534
かる 4 刈 常 67 ／ 7 苅 67 ／ 9 狩 常 385 ／ 11 猟 常 387 ／ 12 軽 三 602 ／ 14 駆 常 686 ／ 15 駈 人 686 ／ 16 薙 人 532 ／ 17 薙 532 ／ 18 獵 387 ／ 21 驅 686
かるい 12 軽 三 602 ／ 14 輕 602
かれ 8 彼 常 204
かれい 15 餉 682 ／ 20 鰈 699
かれいい 15 餉 682
かれる 9 枯 常 300 ／ 11 渇 常 350 ／ 涸 印 351 ／ 12 渴 人 350 ／ 13 嗄 113
かろやか 12 軽 三 602 ／ 14 輕 602
ガロン 7 呏 102
かわ 3 川 一 182 ／ 巛 182 ／ 5 皮 三 414 ／ 8 河 五 340 ／ 9 革 六 670 ／ 11 側 四 47
がわ 11 側 四 47
かわうそ 19 獺 389
かわかす 11 乾 常 16
かわく 11 乾 常 16 ／ 渇 常 350 ／ 12 渴 人 350 ／ 17 燥 常 378
かわごろも 13 裘 552
かわす 6 交 二 20 ／ 13 躱 599
かわず 12 蛙 印 539
かわや 11 厠 195 ／ 12 廁 195
かわら 5 瓦 常 396 ／ 10 航 509 ／ 16 磧 430
かわる 5 代 三 25 ／ 8 易 五 277 ／ 9 変 四 136 ／ 12 換 常 257 ／ 替 常 289 ／ 23 變 136
カン 2 凵 65 ／ 3 干 六 189 ／ 5 刊 五 68 ／ 甘 常 397 ／ 甲 常 400 ／ 丱 11 ／ 刋 68 ／ 6 汗 常 336 ／ 缶 常 483 ／ 奸 印 146 ／ 扞 239 ／ 7 完 四 159 ／ 串 常 11 ／ 肝 常 496 ／ 旱 印 277 ／ 坎 124 ／ 杆 294 ／ 罕 484 ／ 还 623 ／ 8 官 四 159 ／ 侃 人 36 ／ 函 人 66 ／ 卷 人 184 ／ 坩 125 ／ 拑 243 ／ 邯 624 ／ 9 巻 六 184 ／ 看 六 419 ／ 冠 常 62 ／ 柑 人 300 ／ 竿 人 449 ／ 咸 印 106 ／ 姦 印 150 ／ 凾 66 ／ 奐 144 ／ 柬 300 ／ 10 陥 常 653 ／ 栞 人 304 ／ 莞 人 520

画数	漢字	区分	ページ
	宦	印	162
	悍	印	221
	桓	印	304
	捍		250
	浣		347
	疳		406
11	乾	常	16
	勘	常	79
	患	常	221
	貫	常	584
	菅	人	521
	陥	人	653
	涵	印	350
	桿		294
	欵		325
	淦		351
	莞		520
	蚶		538
12	間	二	648
	寒	三	165
	喚	常	111
	堪	常	129
	換	常	257
	敢	常	268
	棺	常	309
	款	常	325
	閑	常	648
	嵌	印	180
	喊		111
	寒		165
	揀		257
	渙		355
	湲		355
	皖		414
	稈		440
	菅		521
	蒄		524
	酣		628
	啣		636
	閒		648
13	感	三	225
	漢	三	359
	幹	五	191
	勧	常	80
	寛	常	165
	鉗	印	634
	戡		235
	煥		374
	蒄		524
	豢		582
	馯		688
	骭		690
14	管	四	454
	関	四	649
	慣	五	229
	寛	人	165
	漢	人	359
	潅		368
	箝		455
	銜		636
15	歓	常	325
	監	常	416
	緩	常	478
	澗	印	364
	嫻		154
	嫺		154
	寬		165
	篏		180
	樌		318
	澗		364
	緩		478
	緘		478
	羹		488
	諫		575
16	館	三	683
	憾	常	232
	還	常	623
	翰	印	490
	諌	印	575
	圜		122
	寰		167
	撼		262
	橄		319
	澣		365
	燗		377
	燗		377
	盥		417
	翰		490
	舘		683
17	環	常	395
	瞰	印	423
	歛		326
	環		395
	癇		410
	癇		410
	艱		511
	還		623
	韓		672
	舘		683
	駻		688
	鼾		712
18	観	四	561
	簡	六	458
	韓	常	672
	簡		458
	鯇		697
19	檻	印	322
	瀚		368
	羹		488
	關		649
20	灌	印	368
	勸		80
	懽		234
	轗		605
	鰔		699
	鹹		707
21	艦	常	511
	懽		234
	歡		325
	灌		368
	鐶		644
	鰥		699
22	歡		325
23	鑑	常	644
	罐		484
	鑒		644
	鬟		693
24	罐		484
	觀		561
	讙		580
	觀		561
25	讙		580
	鑵		645
26	鑵		645
	顴		678
27	顴		678
	驩		690
28	驩		690
	鸛		707
29	鸛		707

かん

画数	漢字	区分	ページ
9	神	三	433
	垣	常	126
10	神	人	433

ガン

画数	漢字	区分	ページ
2	厂		89
3	丸	二	12
4	元	二	53
7	含	常	101
8	岩	二	177
	岸	三	178
	玩	常	391
10	莟		520
11	眼	五	421
	偐		45
12	雁	人	660
	嵒		180
13	頑	常	674
	鳫		660
15	翫	印	489
	翫		489
	鴈		702
16	頷	印	675
17	癌		410
18	顔	二	677
	顏		677
19	願	四	678
	贋	印	591
20	巌	人	181
22	龕		714
23	巖	人	181

かんがえる

画数	漢字	区分	ページ
6	考	二	491
	攷		265
10	校	一	304
11	勘	常	79
15	稽	常	442
16	稽		442

かんがみる

画数	漢字	区分	ページ
23	鑑	常	644
	鑒		644

かんざし

画数	漢字	区分	ページ
11	釵		633
18	簪		459
20	簪		459

かんな

画数	漢字	区分	ページ
13	鉋		636

かんなぎ

画数	漢字	区分	ページ
7	巫	人	183
14	覡		560

かんぬき

画数	漢字	区分	ページ
9	閂		647

かんばし

画数	漢字	区分	ページ
7	芳	常	514

かんばしい

画数	漢字	区分	ページ
7	芳	常	514
8	芳		514
9	香	四	685
20	馨	人	685

かんばせ

画数	漢字	区分	ページ
18	顔	二	677
	顏		677

かんむり

画数	漢字	区分	ページ
9	冠	常	62

き

キ

画数	漢字	区分	ページ
2	几	印	64
3	己	六	184
	乞	常	15
4	旡		275
	气		334
5	卉	印	85
6	気	一	334
	危	六	88
	机	六	294
	企	常	28
	伎	常	28
	肌	常	496
	㐂		10
	卉		85
	危		88
7	汽	二	337
	岐	四	177
	希	四	185
	忌	常	212
	妓	印	148
	圻		124
	杞		294
	弃		313
	沂		337
	祁		432
8	季	四	157
	奇	常	143
	祈	常	432
	其	人	58
	祁	人	432
	亟		19
9	紀	五	465
	軌	常	600
	祈	人	432
	竒		143
	皈		186
	枳		300
	癸		411
10	帰	二	186
	記	二	564
	起	三	592
	姫	常	151
	既	常	275

飢 常 681
鬼 常 694
氣 人 334
者 印 491
倚 42
剞 73
唏 107
屓 175
豈 581
起 592
(11) 埼 四 128
崎 四 179
基 五 127
寄 五 163
規 五 559
亀 常 714
悸 印 222
姫 151
嵜 179
掎 252
既 275
既 275
晞 282
欷 324
淇 351
跂 594
飢 681
馗 685
(12) 期 三 291
喜 五 111
揮 六 257
貴 六 586
幾 常 191
棋 常 309
稀 人 440
葵 人 524
揆 印 257
喟 111
嵜 179
﨑 179
既 275
期 291
朞 291
棊 309
欹 325
逵 615
(13) 棄 常 313
毀 常 331
暉 人 284
愧 228
毀 331
畸 405
碕 428
祺 435
稘 440
葵 524
詭 568
跪 595
跪 595
(14) 旗 四 275
箕 人 455
綺 人 475
僖 50
匱 82
槶 315
熈 376
(15) 器 四 115
畿 常 405
輝 常 603
嬉 人 154
槻 人 318
毅 人 331
熙 人 376
噐 115
熈 376
麾 709
(16) 機 四 319
器 人 115
窺 人 446
冀 59
徽 209
憙 230
曁 286
熹 377
諱 576
龜 714
(17) 徽 人 209
磯 人 431
諱 印 576
冀 59
燬 378
瞶 423
禧 436
虧 537
覬 560
(18) 騎 常 688
櫃 印 322
歸 186
簣 458
騏 688
(19) 麒 人 707
譏 578
餽 683
(21) 饋 684
饑 684
鰭 699
(22) 羇 486
(24) 屭 175
羈 486
(25) 覊 486
(26) 驥 690
(27) 驥 690

き
(1) 乙 常 14
(3) 大 一 139
(4) 木 一 292
(5) 生 一 398
甲 常 400
疋 人 405
(6) 行 二 546
妃 常 147
(7) 来 二 296
材 四 295
芸 四 513
技 五 240
杖 人 295
玖 人 391
(8) 杵 人 297
(9) 城 四 126
柝 302
(10) 酒 三 627
城 126
(11) 黄 二 709
(12) 黃 人 709
(13) 幹 五 191
(16) 興 五 508
樹 六 320
(18) 礎 常 431

ギ
(6) 伎 常 28
(7) 技 五 240
妓 印 148
沂 337
(8) 宜 常 159
祇 433
(9) 祇 人 433
(11) 偽 常 45
萱 522
(12) 欺 常 325
萓 522
(13) 義 五 487
(14) 疑 六 406
僞 人 45
(15) 儀 常 51
戯 常 236
誼 人 572
(16) 嶬 181
羲 488
(17) 擬 常 263
犠 常 383
戲 人 236
(18) 魏 印 695
礒 431
(19) 蟻 印 544
艤 510
(20) 議 四 579
曦 286
犧 383
(21) 巍 182

ぎ
(7) 岐 四 177
(15) 毅 人 331

きえる
(10) 消 三 347
消 347

きぎす
(13) 雉 印 661

キク
(11) 菊 常 522
掬 人 252
(12) 椈 309
菊 522
毱 671
(15) 麹 簡 709
(17) 鞠 人 671
(18) 鞫 671
(19) 麴 印 709

きく
(7) 利 四 70
(8) 効 五 78
(10) 效 78
(14) 聞 二 494
(17) 聴 常 494
(22) 聽 人 494

きくいただき
(19) 鶎 704

きこえる
(14) 聞 二 494

きこり
(16) 樵 320

きさ
(16) 蟚 542

きさき
(6) 后 六 99
妃 常 147

きささげ
(13) 楸 313

きざし
(6) 兆 四 55
(11) 萌 人 523
萠 人 523
(12) 萌 523

きざす
(6) 兆 四 55
(11) 萌 人 523
萠 人 523
(12) 萌 523

きざはし
(10) 陛 六 654
(12) 階 三 656

きざむ
(8) 刻 六 71

きし
(8) 岸 三 178
岓 178

きじ
(13) 雉 印 661

きしむ
(8) 軋 印 600

きしる
(8) 軋 印 600
(17) 轣 604
(22) 轢 印 605

きす
(23) 鱚 700

きず
(11) 疵 印 407
痍 407
(12) 創 六 75
(13) 傷 六 50
瑕 印 394
(15) 瘢 409

きずく
(16) 築 五 457
築 457

きずな
(11) 絆 人 471
紲 470
(15) 緤 478

きせる

着 12 三 487
きそう
競 20 四 449
競 22 449
きた
北 5 二 82
朔 10 人 290
きたえ
鍛 17 常 641
きたえる
鍛 17 常 641
きたす
来 6 296
来 7 二 296
來 8 人 296
徠 11 人 296
懐 16 常 232
きたない
汚 6 常 336
汙 336
きたる
来 6 296
来 7 二 296
來 8 人 296
徠 11 人 296

儀 15 常 51
キチ
吉 6 常 98
吉 98
キツ
乞 3 常 15
吉 6 常 98
吃 印 99
屹 印 177
吉 98
迄 607
迄 7 人 607
佶 8 36
契 9 常 144
拮 印 248
契 144
桔 10 人 304
訖 564
喫 12 常 111
喫 111
詰 13 常 568
頡 15 675
橘 16 人 320
きっさき
鋒 15 人 638

きつね
狐 8 385
狐 9 印 385
きぬ
衣 6 四 548
表 8 三 548
帛 印 186
侯 9 常 39
砧 10 人 426
絹 12 471
絹 13 六 474
きぬた
砧 10 人 426
碪 14 429
きね
杵 8 人 297
きのえ
甲 5 常 400
きのこ
茸 9 人 518
茸 10 518
菌 11 常 522
菌 12 522
蕈 15 530
蕈 16 530

きのと
乙 1 常 14
きば
牙 4 常 381
牙 5 381
きはだ
檗 17 322
蘗 20 322
きび
黍 12 710
稷 15 442
きびしい
酷 14 常 628
酷 628
厳 17 六 210
嚴 20 人 210
きびす
踵 16 印 597
きびなご
⿰魚長 19 698
きまる
決 6 338
決 7 三 338
きみ
王 4 一 390

公 二 57
仁 六 23
正 5 一 326
后 6 六 99
江 常 337
君 7 三 101
官 8 四 159
侯 9 常 39
竜 10 常 714
卿 89
卿 12 人 89
卿 89
鉄 13 三 635
きめる
決 6 338
決 7 三 338
極 12 四 309
きも
肝 7 常 496
胆 9 常 498
膽 17 498
キャ
伽 7 人 31
脚 11 常 501
キャク

却 7 常 88
客 三 161
卻 9 88
格 10 五 303
脚 11 常 501
ギャク
逆 9 五 609
虐 常 536
虐 536
屰 179
逆 609
瘧 14 409
謔 16 575
キュウ
九 2 一 14
弓 3 二 198
久 五 13
及 常 13
仇 4 印 22
及 13
旧 5 五 276
丘 常 9
休 6 一 28
吸 六 99
扱 常 239

朽 常 294
臼 常 508
究 7 三 443
求 四 338
汲 人 336
灸 人 369
玖 人 391
吸 99
岌 177
扱 239
皀 413
糺 464
泣 8 四 341
穹 人 443
咎 印 104
邱 印 624
咎 104
疚 406
糾 465
急 9 三 215
級 三 465
糾 常 465
柩 印 300
急 215
赳 593

韭 672
宮 10 三 162
笈 人 449
赳 人 593
躬 印 599
烋 372
㤥 372
級 465
球 11 三 392
救 五 267
毬 人 333
蚯 538
逑 611
給 12 四 471
韮 印 672
厩 91
翕 489
嗅 13 常 113
鳩 人 701
舅 印 508
廐 91
裘 552
貅 583
韮 672
廏 14 人 91

廐 91
廏 91
窮 15 常 445
樛 318
歙 16 326
舊 18 276
鬮 26 693
ギュウ
牛 4 二 381
きよ
人 2 一 21
井 4 四 18
白 5 一 412
圭 6 人 123
青 8 一 668
刷 四 71
斉 常 712
洋 9 三 347
政 五 267
洗 六 346
浄 常 346
除 10 六 653
粋 常 460
屑 人 175
清 11 四 353

淑 常 352
淳 人 352
陽 12 三 657
湛 人 357
聖 13 六 493
廉 常 195
舜 人 509
静 14 四 668
精 五 462
養 15 四 682
潔 五 364
摩 常 261
澄 常 365
磨 16 常 430
檻 19 印 322
馨 20 人 685
キョ
去 5 三 91
巨 常 11
巨 11
居 8 五 174
拒 常 244
拠 常 244
拒 244
苣 515

読み	画数	漢字	区分	ページ
	9	炬	印	370
		苣		515
	10	挙	四	248
		倨		42
		秬		438
		袪		550
	11	許	五	565
		据	常	252
		虚	常	536
	12	距	常	595
		虛	人	536
		渠	印	355
		距		595
	13	裾	常	553
		筥		453
		鉅		635
	14	嘘		115
		墟		133
	15	噓	印	115
		墟	印	133
		踞		596
	16	鋸	人	639
		據		244
		擧		248
		歔		326
	17	遽	印	623
		擧		248
	20	醵		630
	21	櫸	印	323
ギョ				
	10	圄		122
		𩵋		695
	11	魚	二	695
		圉		122
		御		207
	12	御	常	207
		馭		686
	14	語	二	570
		漁	四	361
	16	禦		436
きよい				
	9	浄	常	346
		洌		347
	11	清	四	353
		淨	人	346
		清		353
	15	潔	五	364
		潔		364
キョウ				
	3	廾		197
	4	凶	常	65
	5	兄	二	53
		叶	人	96
		叫		99
	6	向	三	99
		共	四	58
		叫	常	99
		匡	人	82
		匈	印	81
		兇		54
	7	孝	六	156
		狂	常	384
		亨	人	20
		劫	人	77
		杏	人	295
		刧		77
		夾		143
		抂		240
		况		341
	8	京	二	20
		協	四	85
		供	六	36
		享	常	20
		況	常	341
		怯	印	215
		侠		39
		羌		486
	9	香	四	685
		峡	常	178
		挟	常	248
		狭	常	385
		俠	人	39
		亰		20
		恊		85
		姜		151
		恟		218
		拱		248
		洶		345
		矜		424
	10	校	一	304
		胸	六	499
		恐	常	217
		恭	常	218
		脅	常	499
		脇	常	499
		峽	人	178
		狹	人	385
		莢	印	520
		卿		89
		恐		217
		挾		248
		框		304
		陜		653
	11	強	二	200
		教	二	268
		経	五	468
		郷	六	625
		梗	常	307
		竟	印	447
		教		268
		梟		307
		莢		520
	12	敬	六	268
		卿	人	89
		喬	人	111
		卿		89
		强		200
		筺		451
		蛩		539
		蛩		539
		蛬		539
	13	敬		268
		筐		451
		經		468
		跫		595
		跫		595
		鄕		625
		鄉		625
	14	境	五	132
		僑	印	50
		兢		56
		摎		260
		誑		570
	15	蕎	人	530
		嬌	印	154
		鋏	印	638
		僵		51
		篋		456
		鞏		671
		鞏		671
		頬		675
	16	橋	三	320
		興	五	508
		頰	常	675
		彊		201
		徼		209
		蕎		530
		薑		531
		襁		555
		遻		622
	17	矯	常	425
		橿	印	321
		繈		481
		薑		531
	18	竅		446
		繦		481
	19	鏡	四	643
		疆	印	405
		嚮		117
		嚮		117
		轎		605
	20	競	四	449
		響	常	673
		饗		684
	22	驚	常	689
		響	人	673
		饗	人	684
		競		449
		響		673
		饗		684
		驕		690
	23	驚		689
		鱜		701
	24	鱜		701
きょう				
	12	軽	三	602
	20	馨	人	685
ギョウ				
	6	行	二	546
		仰	常	28
		刑	常	68
	7	形	二	202
	8	尭	人	55
	12	暁	常	282
		堯	人	55
	13	業	三	313
	14	僥		50
	15	嶢		181
		澆		364
	16	凝	常	64
		曉	人	282
	18	翹		490
		蟯		544
	22	驍	人	690
キョク				
	6	曲	三	287
		旭	人	277
	7	局	三	173
	8	亟		19
	9	洫		345
	11	勖		79
		勗		79
	12	極	四	309
		棘	印	310
	14	跼		596
	15	蕀		530
	16	髷	印	692
		蕀		530
ギョク				
	5	玉	一	390
	17	嶷		181
きよし				
	5	白	一	412
	6	圭	人	123
	8	明	二	279
	9	美	三	486
		泉	六	341
		浄	常	346
	10	純	六	467
		浩	人	347
	11	健	四	46
		清	四	353
		淑	常	352
		粛	常	495
		淳	人	352
	12	晴	二	283
		陽	三	657
	13	廉	常	195
		靖	人	668
	14	精	五	462
		徴	常	209
		碧	人	429
	15	潔	五	364
		澄	常	365
	19	簾	人	458
きよまる				
	11	清	四	353
		淸		353
きよみ				
	11	雪	二	663
きよむ				
	11	雪	二	663
	15	澄	常	365
きよめる				
	11	清	四	353
		淸		353
きらう				
	13	嫌	常	153
		嫌		153
きらめく				

煌 13 人 375　燦 17 人 378
きり 桐 10 人 306　雰 12 常 664　錐 16 人 640　霧 19 常 666
きる 切 4 二 67　伐 6 常 30　服 8 三 290　服 290　著 11 六 522　斬 常 272　剪 74　着 12 三 487　著 13 人 522　截 14 印 236　翦 15 489　鑽 23 645　鑽 27 645
きれ 巾 3 常 185　布 5 五 185　裂 12 常 552
きれる 切 4 二 67
キログラム 瓩 8 396
キロメートル 粁 9 460
キロリットル 竏 8 447
きわ 極 12 四 309　際 14 五 658
きわまる 谷 7 二 581　極 12 四 309　窮 15 常 445
きわみ 極 12 四 309
きわむ 究 7 三 443　極 12 四 309　窮 15 常 445
きわめ 格 10 五 303　極 12 四 309
きわめる 究 7 三 443　極 12 四 309　窮 15 常 445
キン 巾 3 常 185　今 4 二 22　斤 常 272　近 7 二 608　均 五 124　芹 人 513　忻 213　金 8 一 632　欣 人 324　芹 513　近 608　衿 9 人 549　矜 424　訓 10 四 564　衾 549　菌 11 常 522　菫 人 522　掀 252　軽 12 三 602　勤 六 79　筋 六 451　琴 常 393　欽 人 325　僅 49　窘 445　菌 522　菫 522　鈞 634　釿 634　禁 13 五 435　僅 常 49　勤 人 79　禽 人 437　箘 14 455　箟 455　輕 602　緊 15 常 478　槿 318　瑾 395　錦 16 常 639　噤 116　擒 262　謹 17 常 577　懃 232　襟 18 常 555　謹 人 577　覲 561　麕 19 708　饉 20 印 683　釁 25 630
きん 公 4 二 57
ギン 吟 7 常 101　听 101　垠 9 126　崟 11 180　銀 14 三 636　憖 16 230　懃 17 232　齦 21 714

く

ク 九 2 一 14　口 3 一 96　工 二 182　久 五 13　公 4 二 57　区 三 83　孔 常 155　功 5 四 76　句 五 96　叨 68　吁 6 98　究 7 三 443　玖 人 391　吼 印 102　佝 31　劬 77　苦 8 三 515　供 六 36　狗 印 385　紅 9 六 465　垢 126　枸 300　苦 515　宮 10 三 162　庫 三 193　貢 常 584　倶 人 42　矩 人 425　倶 42　栩 304　矩 425　區 11 83　躯 599　煦 13 375　駆 14 常 686　嶇 181　箜 455　駒 15 常 687　駈 人 686　窶 16 446　軀 18 印 599　瞿 423　懼 21 印 234　驅 686　衢 548　齲 24 714
く 来 7 二 296
グ 弘 5 人 199　求 7 四 336　具 8 三 59　供 六 36　具 59　紅 9 六 465　禺 437　俱 10 人 42　倶 42　救 11 五 267　惧 常 222　愚 13 常 226　虞 常 537　虞 537　颶 17 680
くい 杙 7 296　杭 8 人 297
くいぜ 株 10 六 305
くいる 悔 9 常 217　悔 10 人 217　懴 18 234　懺 20 印 234
クウ 空 8 一 443　空 443
くう 食 9 二 680　食 680　喫 12 常 111　喰 人 112　喫 111　喰 112
グウ 禺 9 437　宮 10 三 162　偶 11 常 46　遇 12 常 616　隅 常 656　寓 人 165　嵎 180　遇 13 616　耦 18 534　藕 19 534
くが 陸 11 四 655
くき 茎 8 常 516　莖 11 516
くぎ 釘 10 人 633
くぐい 鵠 18 印 704　鵠 704
くくる 括 9 常 247
くぐる 潜 15 常 365　潜 365　潛 19 365
くける 絎 12 472
くご [illegible] 14 529　[illegible] 15 529
くごい [illegible] 14 529　[illegible] 15 529
くさ 草 9 一 518　草 10 518　種 14 四 441
くさい 臭 9 常 507　臭 10 人 507
くさび 楔 13 印 313　轄 17 常 604　轄 604
くさむら 叢 18 人 95

くさめ 17 嚔 117／18 嚏 117
くさらす 14 腐 常 502
くさり 18 鎖 常 642／鎖 642／鎖 642／19 鏁 642／鏈 643
くさる 14 腐 常 502
くされる 14 腐 常 502
くし 7 串 常 11／8 奇 常 143／9 竒 143／14 髪 常 692／15 髮 人 692／17 櫛 322／19 櫛 人 322／檻 印 322／櫛 322
くじ 21 籤 459／23 籤 459／26 鬮 693
ぐし 8 罕 382
くじく 10 挫 常 250
くしげ 7 匣 82
くしけずる 11 梳 308／17 櫛 322／19 櫛 人 322／櫛 322
くじける 10 挫 常 250
くしゃみ 17 嚔 117／18 嚏 117
くじら 19 鯨 常 697
くしろ 11 釧 人 634
くす 8 奇 常 143／13 楠 人 314／15 樟 人 318／16 薬 三 533
くず 10 屑 人 175／屑 175／11 葛 524／12 葛 常 524／13 葛 524
くずおれる 16 頽 印 676
くすぐる 18 擽 264
くすし 16 薬 三 533
くずす 11 崩 常 180／崩 180
くすのき 13 楠 人 314／15 樟 人 318
くすぶる 14 熏 378／18 燻 378
くすべる 14 熏 378／18 燻 378
くすり 16 薬 三 533／18 藥 人 533／19 藥 533
くずれる 8 垉 126／11 崩 常 180／崩 180／16 頽 印 676
くせ 6 曲 三 287／18 癖 常 410
くそ 9 屎 印 175／17 糞 印 464
くだ 14 管 四 454
くだく 9 砕 常 426／13 碎 人 426／14 摧 260
くだける 9 砕 常 426／13 碎 人 426
くださる 3 下 一 3
くだす 3 下 一 3／9 降 653／10 降 六 653
くたびれ 11 萪 522／12 萪 522
くたびれる 11 萪 522／12 萪 522
くだる 3 下 一 3／9 降 653／10 降 六 653
くだん 6 件 五 28
くち 3 口 一 96
くちすすぐ 14 漱 人 363／嗽 115
くちなし 11 梔 308
くちばし 12 喙 111／13 觜 562／16 嘴 116
くちばみ 15 蝮 542
くちびる 7 吻 人 103／10 唇 常 108／11 脣 108
くちる 6 朽 常 294
クツ 8 屈 常 174／10 倔 42／11 堀 常 128／掘 常 252／崛 180／13 窟 常 445
くつ 8 沓 人 339／13 靴 常 670／15 履 常 176／17 鞜 671
くつがえす 18 覆 常 557／覆 557
くつがえる 18 覆 常 557／覆 557
くつばみ 12 啣 636／14 銜 636／22 轡 605
くつろぐ 13 寛 常 165／14 寬 人 165／15 寛 165
くつわ 11 勒 印 79／12 啣 636／14 銜 636／22 轡 605
くて 12 湫 356
くどい 15 諄 人 572
くに 1 乙 常 14／3 囗 118／6 地 二 124／州 三 182／7 邦 常 624／宋 人 159／邑 人 623／邦 624／8 国 二 121／明 二 279／刹 常 72／9 城 四 126／洲 人 345／圀 121／10 訓 四 564／郡 四 625／恕 人 219／晋 人 282／11 第 三 451／都 三 625／域 六 127／國 人 121／12 圍 122／13 業 三 313／漢 三 359
くぬぎ 10 栩 304／11 桾 307／12 椚 310／椡 310／椢 318／15 槶 318／17 櫟 323／19 櫟 印 323／20 櫪 323
くばる 10 配 三 627
くび 9 首 二 684／14 頚 675／16 頸 印 675／17 馘 685
くびき 11 軛 601
くびきる 17 馘 685
くびす 13 跟 595／16 踵 印 597
くびる 16 縊 479
くびれる 9 括 常 247／16 縊 479
くべる 12 焼 四 372／16 燒 人 372
くぼ 14 窪 人 445
くぼむ 5 凹 常 66／14 窪 人 445
くま 6 曲 三 287／8 阿 人 652／12 隈 人 657／嵎 180／14 熊 四 376
くみ 3 与 常 7／6 伍 人 29／7 汲 人 338／10 紐 人 467／11 組 二 470
くみする

与 3 常 7
與 13 人 7
くむ 汲 7 人 338　酌 10 常 627　酌 627　組 11 二 470　斟 13 271
くめ 粂 9 460
くも 雲 12 二 664
くもる 曇 16 常 286
くやしい 悔 9 常 217　悔 10 人 217
くやむ 悔 9 常 217　悔 10 人 217
くら 車 7 一 600　位 四 31　府 8 四 193　峅 178
食 9 二 680　庫 10 三 193　倉 四 44　掠 11 人 257　椋 12 人 312　蔵 15 六 531　鞍 人 671　廩 16 196　藏 18 人 531　藏 19 531
くらい 位 7 四 31　昏 8 人 278　杳 299　罔 484　昧 9 常 280　冥 10 常 62　晦 282　晦 11 人 282　暗 13 三 283　蒙 人 528　溟 360　暝 14 285　蒙 528　瞑 15 印 422
曖 17 常 286　闇 常 650　曚 286　曚 286　矇 18 423　矇 19 423
くらう 食 9 二 680　食 680　啖 11 印 110　啗 110　喰 12 人 112　喰 112
くらす 暮 14 六 285　暮 15 285
くらべる 比 4 五 332　校 10 一 304　較 13 常 602　競 20 四 449　競 22 449
くらます 晦 10 282　晦 11 人 282
くらむ 眩 10 印 420
グラム 瓦 5 常 396
くり 栗 10 人 307
くりや 庖 8 印 193　庖 193　厨 12 人 91　厨 14 91　廚 15 91
くる 耒 6 296　来 7 二 296　來 8 人 296　刳 70　徠 11 人 296　牽 人 383　幹 13 五 191　繰 19 常 482
くるう 狂 7 常 384
くるおしい 狂 7 常 384
くるしい 苦 8 三 515　苦 9 515
くるしむ 苦 8 三 515　苦 9 515
くるしめる 苦 8 三 515　苦 9 515
くるぶし 踝 15 596
くるま 車 7 一 600　俥 9 39
くるみ (木+丸) 7 295　楜 13 313
くるむ 包 5 四 81　包 81
くるる 枢 8 常 297　樞 15 297
くるわ 郭 11 常 625　廓 14 印 195
くれ 呉 7 常 101　吳 101　吴 101　紅 9 六 465　(土+会) 134　(木+守) 10 304　晩 11 人 283　晩 12 六 283　塊 13 常 131　榑 14 316　(土+會) 16 134
くれない 紅 9 六 465
くれる 呉 7 常 101　吳 101　吴 101　暮 14 六 285　暮 15 285
くろ 玄 5 常 389　(土+丸) 6 123　畔 10 常 402
畔 402
くろい 黒 11 二 710　黑 12 人 710　(黑+玄) 17 710
くろがね 黒 11 二 710　黑 12 人 710　黎 15 人 710　(黑+玄) 17 710
鉄 13 三 635　銕 14 635　鐵 20 635　鐵 21 635
くろべ (木+鼠) 17 321
くわ 桒 9 306　(来+米) 460　桑 10 常 306　鍬 17 人 641
くわえる 加 5 四 76　咥 9 107　啣 12 636　銜 14 636
くわし 細 11 二 469　精 14 五 462
くわしい 委 8 三 149　細 11 二 469　詳 13 常 569　精 14 五 462　精 462
くわだてる 企 6 常 28
くわわる 加 5 四 76
クン 君 7 三 101　訓 10 四 564　桾 11 307　葷 12 524　裙 552　葷 13 524　熏 14 378　皸 415　皹 415　勲 15 常 80
薫 16 常 531　勳 人 80　薫 17 人 531　燻 18 378　薰 531　醺 21 630
グン 軍 9 四 600　郡 10 四 625　群 13 四 488　琿 394　羣 488

け

ケ 化 4 三 82　介 常 22　化 82　気 6 一 334　仮 五 27　希 7 四 185　快 五 213　芥 人 513　佳 8 常 36　怪 常 215
卦 87　芥 513　悔 9 常 217　恠 215　家 10 二 162　華 常 520　悔 人 217　氣 人 334　袈 11 人 550　假 27　稀 12 人 440　華 520　懈 16 232　懸 20 常 233
け 毛 4 二 333　斗 常 271　圭 6 人 123　茄 8 人 515　桂 10 人 304　餉 15 682　褻 17 555　蹴 19 常 598
ゲ 下 3 一 3

(ゲ)
- 4 牙 常 381
- 5 外 二 137
- 牙 381
- 10 夏 二 137
- 11 偈 印 46
- 13 解 五 562
- 鮮 562
- 15 戯 常 236
- 17 戲 人 236

ケイ
- 2 冂 59
- 匚 83
- 3 彐 202
- 厶 202
- 4 兮 57
- 5 兄 二 53
- 6 刑 常 68
- 圭 人 123
- 7 形 二 202
- 系 六 465
- 8 冏 61
- 京 二 20
- 径 四 204
- 茎 常 516
- 枅 297
- 9 計 二 563
- 係 三 39
- 型 五 126
- 契 常 144
- 勁 人 78
- 奎 人 145
- 荊 印 517
- 京 20
- 剄 72
- 契 144
- 挂 248
- 炯 370
- 盻 419
- 荆 517
- 迴 608
- 10 恵 常 218
- 桂 人 304
- 珪 印 392
- 勍 78
- 卿 89
- 奚 145
- 徑 204
- 枅 297
- 笄 450
- 荊 517
- 11 経 五 468
- 啓 常 109
- 掲 常 253
- 渓 常 351
- 蛍 常 538
- 頃 常 673
- 脛 印 501
- 啓 109
- 逕 204
- 烱 370
- 畦 427
- 硅 404
- 絅 469
- 莖 516
- 袿 551
- 12 軽 三 602
- 景 四 282
- 敬 六 268
- 卿 人 89
- 惠 人 218
- 揭 人 253
- 痙 印 407
- 卿 89
- 笄 450
- 13 傾 常 49
- 携 常 259
- 継 常 474
- 詣 常 568
- 敬 268
- 溪 351
- 熒 375
- 經 468
- 罫 484
- 14 境 五 132
- 禊 印 436
- 夐 137
- 綮 475
- 綮 475
- 輕 602
- 閨 649
- 頚 675
- 15 慶 常 229
- 憬 常 231
- 稽 常 442
- 慧 人 229
- 慧 229
- 憇 230
- 16 憩 常 230
- 頸 印 675
- 髻 印 693
- 檠 320
- 磬 430
- 稽 442
- 薊 532
- 螢 538
- 17 蹊 印 597
- 鮭 印 696
- 檠 320
- 繫 482
- 薊 532
- 谿 581
- 18 瓊 396
- 蟪 544
- 謦 578
- 雞 704
- 19 警 六 578
- 鶏 常 704
- 繋 人 482
- 醯 630
- 20 競 四 449
- 馨 人 685
- 繼 474
- 警 578
- 21 鷄 人 704
- 攜 259
- 22 競 449

ゲイ
- 7 芸 四 513
- 迎 常 608
- 8 迎 608
- 10 倪 42
- 11 猊 386
- 13 睨 印 422
- 15 貎 583
- 16 霓 666
- 18 藝 人 513
- 19 鯨 常 697
- 藝 513
- 鯢 698
- 麑 708
- 20 黥 711
- 21 囈 117
- 22 囈 117

けがす
- 6 汚 常 336
- 汙 336
- 10 涜 367
- 18 瀆 印 367

けがらわしい
- 6 汚 常 336
- 汙 336

けがれる
- 6 汚 常 336
- 汙 336
- 18 穢 印 443

ゲキ
- 9 逆 五 609
- 10 屐 175
- 逆 609
- 郤 625
- 12 戟 人 235
- 13 隙 常 658
- 14 覡 560
- 隙 658
- 15 劇 六 75
- 撃 常 260
- 駃 702
- 16 激 六 366
- 17 擊 人 260
- 檄 321
- 闃 650
- 18 鬩 693
- 鵙 704
- 21 鷁 705

けさ
- 9 祇 人 433
- 11 袈 人 550
- 畩 404

けしかける
- 14 嗾 115

けす
- 10 消 三 347
- 消 347
- 15 銷 638

けずる
- 7 删 69
- 刪 69
- 8 刮 70
- 9 削 常 72
- 削 72

けた
- 10 桁 常 305

けだし
- 11 盖 526
- 12 葢 526
- 13 蓋 常 526
- 14 蓋 526

けだもの
- 16 獣 常 389
- 19 獸 人 389

ケチ
- 6 血 三 545
- 10 挈 248
- 12 結 四 471
- 21 纈 483

ケツ
- 1 亅 16
- 3 孑 155
- 4 欠 四 324
- 夬 141
- 5 穴 六 443
- 6 血 三 545
- 刔 68
- 决 338
- 7 決 三 338
- 抉 印 240
- 8 杰 49
- 9 契 常 144
- 頁 人 673
- 契 144
- 10 桔 人 304
- 挈 248
- 桀 307
- 缺 324
- 訐 564
- 11 訣 人 565
- 偈 印 46
- 桀 307
- 12 結 四 471
- 傑 49
- 厥 91
- 13 傑 常 49
- 歇 325
- 14 碣 429
- 竭 448
- 15 潔 五 364
- 蕨 人 530
- 潔 364
- 獗 389
- 頡 675
- 16 蕨 530
- 18 闕 651
- 19 譎 579
- 蹶 598
- 20 蘖 536
- 襭 556
- 21 纈 483
- 蘗 536
- 24 齧 713
- 囓 713

音訓索引

ゲツ
3 孑 155
4 月 一 289
月 289
20 蘖 536
21 蘗 536
齧 713
24 囓 713

けなす
11 貶 585

げに
8 実 三 160
14 實 人 160

けぬき
26 鑷 645

けば
12 毳 333

けぶい
10 烟 374
13 煙 常 374
煙 374

けぶる
10 烟 374
13 煙 常 374
煙 374

けみする
15 閲 常 650
閱 650

けむ
10 烟 374
13 煙 常 374
煙 374

けむい
10 烟 374
13 煙 常 374
煙 374

けむり
10 烟 374
13 煙 常 374
煙 374

けむる
10 烟 374
13 煙 常 374
煙 374

けもの
16 獣 常 389
19 獸 人 389

けやき
21 欅 印 323

けり
9 鳬 702
13 鳧 702

ける
19 蹴 常 598

けわしい
8 岨 178
10 峻 人 179
峭 179
11 険 五 655
16 險 人 655
嶮 181

ケン
4 犬 一 384
6 件 五 28
玕 190
权 318
7 見 一 558
姸 151
8 券 六 70
肩 常 497
巻 人 184
呟 印 104
券 70
劵 78
肩 497
9 県 三 419
研 三 426
建 四 197
巻 六 184
姸 印 151
俔 39
10 倹 常 42
兼 常 59
剣 常 73
拳 常 248
軒 常 600
倦 人 42
兼 59
娟 151
拳 248
涓 347
狷 386
痃 406
虔 536
11 健 四 46
険 五 655
乾 常 16
圏 人 122
捲 人 253
牽 人 383
倦 42
劔 73
釼 73
惓 222
眷 421
硏 426
12 間 二 648
検 五 310
圏 常 122
堅 常 129
喧 人 112
硯 人 428
絢 人 472
萱 人 524
愃 227
捲 253
閒 648
13 絹 六 474
嫌 常 153
献 常 387
遣 常 620
腱 印 502
嫌 153
愆 226
慊 228
暄 284
筧 454
萱 524
蒹 527
蜆 540
14 搴 259
歉 325
甄 397
甄 397
綣 475
蒹 527
蜷 541
遣 620
15 權 六 318
儉 人 42
劍 人 73
慳 231
16 憲 六 231
賢 常 590
縣 人 419
險 人 655
劔 73
劒 73
嶮 181
憲 231
諠 575
黔 710
17 謙 常 577
鍵 常 641
檢 人 310
臉 505
謙 577
謇 577
蹇 597
18 験 四 688
繭 常 482
顕 常 677
瞼 印 423
繝 482
羂 485
鵑 704
19 鹼 簡 707
繭 482
20 懸 常 233
獻 387
騫 689
21 譴 580
22 權 318
23 顯 人 677
驗 人 688
鰹 印 700
24 鹼 印 707
26 顴 678
27 顴 678

ゲン
3 广 192
4 元 二 53
幻 常 191
5 玄 常 389
7 見 一 558
言 二 563
芫 513
还 623
阮 651
8 弦 常 199
芫 513
9 限 五 652
彦 人 202
彥 202
10 原 二 90
拳 常 248
眩 印 420
拳 248
11 現 五 392
眼 五 421
舷 常 509
絃 人 469
訮 印 565
減 355
衒 547
12 減 五 355
訮 565
13 源 六 359
嫌 常 153
嫌 153
鉉 635
14 愿 228
16 還 常 623
諺 人 575
諺 575
17 厳 六 210
還 623
18 験 四 688
20 嚴 人 210
22 儼 53
23 驗 人 688

げん
20 巌 人 181

こ

コ
3 己 六 184
个 10
4 戸 二 237
戶 237
5 古 二 97
去 三 91
巨 常 11
乎 人 14
巨 11
6 夸 143
虍 536
7 估 31
杞 294
帍 536
8 固 四 121
居 五 174
呼 六 104
拠 常 244
股 常 497
虎 常 536
刳 70
呱 106
姑 149
孤 157

画数	漢字	区分	ページ
	弧		200
	怙		215
	沽		341
	狐		385
9	故	五	267
	孤	常	157
	弧	常	200
	枯	常	300
	胡	人	498
	炬	印	370
	狐	印	385
	呱		106
	柧		304
10	庫	三	193
	個	五	42
	凅		63
	柧		304
	桍		304
	罟		484
	胯		500
11	虚	常	536
	袴	人	551
	涸	印	351
	壷		136
	扈		238
	扈		238
	瓠		396
	蛄		539
12	湖	三	356
	雇	常	660
	琥	人	393
	虛	人	536
	壺	印	136
	菰	印	524
	菰		524
	葫		524
	觚		561
	詁		566
	辜		606
	雇		660
13	誇	常	568
	鼓	常	712
	瑚	人	394
	跨	人	595
	楜		313
	痼		408
	葫		524
	賈		587
	鈷		635
14	箇	常	454
	滬		362
	滬		362
	滸		362
	箍		455
	皷		712
15	糊	人	463
	蝴		542
16	錮	常	639
	據		244
	鴣		703
18	瞽		423
	餬		683
21	顧	常	678
	顧		678
23	蠱		545
こ			
3	三	一	4
	女	一	146
	子	一	155
	小	一	170
4	木	一	292
5	仔	人	24
6	此	人	327
7	児	四	55
8	兒	人	55
10	粉	五	460
11	黄	二	709
12	黃	人	709
ゴ			
4	五	一	18
	午	二	84
	牛	二	381
	互	常	18
6	后	六	99
	伍	人	29
	冱		62
	冴		62
7	呉	常	101
	冴	人	62
	吾	人	102
	吳		101
	吴		101
	忤		213
	沍		338
9	後	二	205
	胡	人	498
10	娯	常	151
	悟	常	221
	唔		107
	圄		122
	娛		151
	茣		520
11	梧	人	307
	圉		122
	御		207
	晤		282
	牾		383
	珸		393
12	期	三	291
	御	常	207
	棋	常	309
	朞		291
	棊		309
13	碁	常	428
	瑚	人	394
	蜈		540
14	語	二	570
	誤	六	570
	寤		166
	誤		570
15	篌		456
16	醐	人	629
17	檎	人	322
18	麌		707
20	護	五	579
	鼯		712
	鼯		712
21	護		579
22	齬	印	714
こい			
10	恋	常	220
16	濃	常	366
18	鯉	人	697
23	戀		220
こいしい			
10	恋	常	220
23	戀		220
こいねがう			
7	希	四	185
16	冀		59
17	冀		59
コウ			
3	口	一	96
	工	二	182
4	公	二	57
	勾	常	81
	孔	常	155
	亢	印	19
	爻		380
5	広	二	192
	功	四	76
	尻	常	173
	巧	常	182
	甲	常	400
	弘	人	199
	㓚		68
	叩		97
6	交	二	20
	光	二	54
	考	二	491
	行	二	546
	向	三	99
	好	四	146
	后	六	99
	仰	常	28
	江	常	337
	亙	人	19
	亘	人	19
	伉		29
	扣		239
	扛		239
	攷		265
7	孝	六	156
	坑	常	124
	抗	常	240
	攻	常	266
	更	常	287
	亨	人	20
	劫	人	77
	宏	人	159
	吼	印	102
	肛	印	496
	佝		31
	刧		77
	匣		82
	吭		102
	杠		295
	汞		337
	肓		496
8	幸	三	190
	岡	四	178
	効	五	78
	岬	常	178
	拘	常	244
	肯	常	497
	庚	人	193
	昂	人	278
	昊	人	278
	杭	人	297
	肴	人	497
	佼		37
	呷		104
	怐		215
	杲		297
	狎		385
	矼		426
	肱		497
	苟		516
9	後	二	205
	香	四	685
	厚	五	90
	皇	六	414
	紅	六	465
	侯	常	39
	恒	常	218
	洪	常	345
	荒	常	517
	虹	常	538
	郊	常	625
	巷	人	184
	恆	人	218
	恰	人	219
	洸	人	345
	咬	印	106
	恍	印	219
	狡	印	385
	哄		106
	哈		106
	垢		126
	峇		178
	巷		184
	昻		278
	昿		286
	洽		345
	缸		484
	畊		492
	胛		498
	苟		516
	降		653
10	校	一	304
	高	二	691
	候	四	43
	格	五	303
	耕	五	492
	航	五	509
	降	六	653
	剛	常	73
	桁	常	305
	耗	常	492
	貢	常	584

倖 人 43
晃 人 281
晄 人 281
浩 人 347
紘 人 466
胱 印 500
倥 43
傚 48
冓 61
冓 61
效 78
哽 107
哮 108
冦 164
峺 179
栲 305
浩 347
浤 347
烋 372
烋 372
皋 414
盍 415
砿 431
羔 486
耕 492
耗 492
耿 493
荒 517
蚣 538
訌 564
逅 609
11
黄 二 709
康 四 194
控 常 253
梗 常 307
皐 人 414
崗 印 178
啌 109
寇 164
淆 351
皎 414
晧 414
紘 483
袷 551
釦 633
髙 691
12
港 三 356
喉 常 112
慌 常 226
硬 常 428
絞 常 472
項 常 673
皓 人 414
腔 人 502
黄 人 709
蛤 印 539
傚 48
徨 208
惶 226
棡 310
椌 310
港 356
湟 356
猴 388
皓 414
窖 445
稉 462
絳 472
絖 472
絎 472
蛟 539
鉤 635
隍 656
13
鉱 五 635
溝 常 359
較 常 602
幌 人 188
滉 人 359
煌 人 375
鉤 印 635
堽 131
媾 153
媾 153
慌 226
搆 259
搆 259
溝 359
溘 359
粳 462
蒿 527
詬 568
遑 616
閘 649
頏 674
14
構 五 315
綱 常 475
酵 常 628
膏 人 503
閤 人 649
敲 印 269
睾 印 422
媏 154
慷 229
摎 260
構 315
槁 316
槓 316
犒 376
犒 383
蒿 527
誥 570
遘 620
遘 620
閧 650
15
稿 常 442
廣 人 192
膠 印 504
嚙 簡 117
撹 簡 265
槹 318
槀 442
篁 456
蝗 542
靠 669
餃 682
16
興 五 508
鋼 六 639
衡 常 548
縞 人 479
篝 印 457
薨 印 532
嚆 116
篝 457
鬨 693
17
講 五 577
購 常 590
藁 人 534
鴻 人 703
糠 印 463
鮫 印 696
嚆 116
磽 431
薨 532
覯 561
覯 561
講 577
購 590
鍠 641
鵁 703
鴿 703
18
嚙 印 117
壙 印 135
簧 458
藁 534
鎬 642
闔 651
鯁 697
19
曠 印 286
嚮 117
嚮 117
鵁 704
20
礦 431
鏗 644
鰉 699
21
纐 483
纊 483
22
鱇 700
23
攪 印 265
鑛 635
25
黌 709

こう

3
乞 常 15
6
边 76
8
享 常 20
9
神 三 433
10
恋 常 220
神 人 433
13
督 常 422
15
請 常 573
請 573
23
戀 220

ゴウ

5
号 三 97
6
合 二 99
仰 常 28
7
迎 常 608
劫 人 77
刧 77
8
迎 608
9
拷 常 248
降 653
10
降 六 653
剛 常 73
11
強 二 200
郷 六 625
毫 印 333
敖 268
盒 415
裹 605
12
强 200
13
業 三 313
傲 常 49
號 97
鄉 625
鄕 625
14
豪 常 582
嗷 114
15
噛 簡 117
熬 376
遨 620
17
壕 人 134
濠 印 367
螯 543
18
嚙 印 117
21
轟 人 605
囂 117
22
鰲 711
24
鼇 711

こうがい

10
笄 450
12
筓 450

こうし

19
犢 384

こうじ

13
糀 462
14
糀 462
15
麹 簡 709
19
麴 印 709

こうぞ

13
楮 印 314

こうのとり

28
鸛 707
29
鸛 707

こうばしい

7
芳 常 514
8
芳 514
9
香 四 685
20
馨 人 685

こうべ

9
首 二 684
16
頭 二 676

こうむる

10
被 常 550
13
蒙 人 528
14
蒙 528

こえ

7
声 二 135
吟 常 101
8
肥 五 497
12
越 常 593

17 聲 135

こえる
8 肥 五 497
12 越 常 593
超 常 593
13 逾 618
16 踰 597

こおり
5 氷 三 335
6 冰 335
10 郡 四 625

こおる
5 氷 三 335
6 冰 335
10 凍 常 63
16 凝 常 64

こおろぎ
12 蛩 539
蛩 539
13 蜱 540

こがす
12 焦 常 373

こがらし
6 凩 65

こがれる
12 焦 常 373

コク
5 石 一 425
7 谷 二 581
告 五 102
克 常 55
告 102
8 国 二 121
刻 六 71
9 剋 印 72
圀 121
10 哭 印 108
尅 72
釛 633
11 黒 二 710
國 人 121
斛 271
梏 307
12 黑 人 710
圛 122
14 穀 六 441
酷 常 628
酷 628
15 穀 人 441
槲 318
17 轂 604
18 鵠 印 704
鵠 704

こく
6 扱 常 239
7 扱 239

こぐ
14 漕 人 362

ゴク
6 曲 三 287
12 極 四 309
14 獄 常 389

こけ
8 苔 人 516
9 苔 516
20 蘚 536
21 蘚 536

こけら
8 柿 298
杮 298
23 鱗 701
24 鱗 人 701

こける
10 倒 常 44
11 転 三 601
18 轉 人 601

こげる
12 焦 常 373

ここ
2 九 一 14
6 此 人 327
9 茲 518
10 茲 518

こごえる
10 凍 常 63

ここに
9 爰 379
茲 518
10 茲 518

ここの
2 九 一 14

ここのつ
2 九 一 14

こごる
16 凝 常 64

こころ
4 心 二 210
13 意 三 224

こころざし
7 志 五 212

こころざす
7 志 五 212

こころみる
13 試 四 568

こころよい
7 快 五 213

ござ
13 蓙 527
14 蓙 527

ござる
2 ム 91

こし
12 越 常 593
13 腰 常 503
腰 503
17 輿 人 604

こしき
16 甑 397
17 甑 印 397
轂 604

こしらえる
9 拵 249

こじり
21 鐺 644

こす
7 沪 簡 368
12 越 常 593
超 常 593
14 漉 印 363
18 濾 印 368

こずえ
8 表 三 548
11 梢 人 308
梢 308
14 槙 人 316
15 標 四 319

こする
17 擦 常 264

こぞる
10 挙 四 248
16 擧 248
17 擧 248

こたえ
12 答 二 452

こたえる
7 対 三 168
応 五 211
12 答 二 452
堪 常 129
14 對 168
17 應 人 211

こだま
11 谺 581
12 谺 581

こだわる
8 拘 常 244

こち
17 鮲 696
18 鯒 697
䱶 697

コツ
3 乞 常 15
兀 53
8 忽 人 214
10 骨 六 690
笏 450
11 惚 人 222
13 滑 常 359
14 榾 316
21 鶻 705

ゴツ
3 兀 53

こて
19 鏝 643
鏝 643

こと
3 士 五 135
5 功 四 76
7 言 二 563
事 17
叓 94
8 事 三 17
服 三 290
承 六 240
采 常 379
9 思 二 215
紀 五 465
10 特 四 382
殊 常 329
11 異 六 403
12 詞 六 566
琴 常 393
異 403
箏 455
13 辞 四 606
載 常 602
14 説 四 571
肇 人 495
箏 印 455
15 勲 常 80
16 誼 人 572
謀 常 576
諺 人 575
縡 479

ごと
6 毎 二 332
7 每 人 332

ことごとく
6 尽 常 173
8 侭 52
11 悉 人 221
14 盡 人 173
16 儘 印 52

ごとし
6 如 常 147
8 若 六 516
9 若 516

ことば
12 詞 六 566
13 辞 四 606
19 辭 606

ことぶき
7 寿 常 168
14 壽 人 168

ことほぐ
7 寿 常 168
14 壽 人 168

ことわざ
16 諺 人 575
諺 575

ことわり
11 理 二 393

ことわる
11 断 五 272
17 謝 五 577
18 斷 272

こな
10 粉 五 460

こなれる
15 熟 六 377

こねる
10 捏 印 251

この
6 好 四 146
此 人 327
9 是 常 280
10 這 611
11 這 人 611
12 斯 人 273

このしろ

音訓索引

音訓索引

鮗 16 696
鮗 696
鰶 22 700

このましい
好 6 四 146

このむ
好 6 四 146
喜 12 五 111

このもしい
好 6 四 146

こはぜ
鞐 15 671

こばむ
拒 8 常 244
拒 244

こび
媚 12 印 153

こびる
媚 12 印 153

こぶ
瘤 15 印 409

こぶし
拳 10 常 248
拳 248

こぼす
零 13 常 665

こぼつ
毀 13 常 331
毀 331

こぼれる
零 13 常 665

こま
狛 8 385
駒 15 常 687
齣 20 713

こまか
細 11 二 469

こまかい
細 11 二 469

こまぬく
拱 9 248

こまねく
拱 9 248

ごまめ
鱓 23 700

こまやか
濃 16 常 366

こまる
困 7 六 120

ごみ
埖 10 127
埖 11 127

こみち
蹊 17 印 597

こむ
込 5 常 607
込 6 607
混 11 五 351

こむら
腓 12 502

こめ
米 6 二 459

こめる
込 5 常 607
込 6 607
篭 16 459
籠 22 常 459

こも
荸 10 520
荸 11 520
菰 12 印 524
菰 524
薦 16 常 532
薦 17 532

こもる
篭 16 459
籠 22 常 459

こやし
肥 8 五 497

こやす
肥 8 五 497

こゆる
超 12 常 593

こよみ
暦 14 常 285
曆 16 人 285

こらえる
怺 8 215
堪 12 常 129
躵 14 599

こらしめる
懲 18 常 233
懲 19 人 233

こらす
凝 16 常 64
懲 18 常 233
懲 19 人 233

こり
梱 11 307

ごり
鮴 17 696

こりる
懲 18 常 233
懲 19 人 233

こる
凝 16 常 64

これ
之 3 人 12
云 4 人 17
以 5 四 24
穴 六 443
只 人 97
自 6 二 506
伊 人 27
此 人 327
官 8 四 159
是 9 常 280
惟 11 人 222
這 人 611
斯 12 人 273
維 14 常 474
誰 15 常 573

ころ
比 4 五 332
頃 11 常 673

ころがす
転 11 三 601
轉 18 人 601

ころがる
転 11 三 601
轉 18 人 601

ころげる
転 11 三 601
轉 18 人 601

ころす
殺 10 五 331
殺 11 331
劉 15 人 76
戮 印 236

ころぶ
転 11 三 601
轉 18 人 601

ころも
衣 6 四 548

こわ
声 7 二 135
強 11 二 200
聲 17 135

こわい
怖 8 常 217
剛 10 常 73
強 11 二 200
强 12 200

こわし
剛 10 常 73
毅 15 人 331

こわす
毀 13 常 331
毀 331
壊 16 常 134
壞 19 人 134

こわれる
壊 16 常 134
壞 19 人 134

コン
今 4 二 22
艮 6 511
近 7 二 608
困 六 120
金 8 一 632
昆 常 278
昏 人 278
坤 125
近 608
建 9 四 197
恨 常 219
很 205
狠 385
根 10 三 305
悃 221
衮 550
混 11 五 351
婚 常 152
痕 常 407
紺 常 469
崑 180
梱 307
菎 522
衮 550
渾 12 人 356
棍 310
棔 310
焜 372
菎 522
献 13 常 387
壼 136
溷 359
琿 394
蒟 527
跟 595
魂 14 常 694
褌 印 554
滾 362
蒟 527
閫 15 650
墾 16 常 134
諢 575
懇 17 常 232
鯀 18 697
鯤 19 698
獻 20 387
鶤 705

ゴン
权 6 318
言 7 二 563
欣 8 人 324
勤 12 六 79
琴 常 393
勤 13 人 79
権 15 六 318
厳 17 六 210
嚴 20 人 210
權 22 318

さ

サ
叉 3 人 92
屮 176
左 5 一 183
乍 14
再 6 五 60
扠 240
作 7 二 31
佐 四 31
沙 常 338
些 8 人 19
茶 9 二 519
査 五 300
砂 六 426
柤 301
差 10 四 183
唆 常 108
紗 人 466
娑 印 151
荼 519
莎 521
做 11 31
梭 307
莎 521
詐 12 常 566

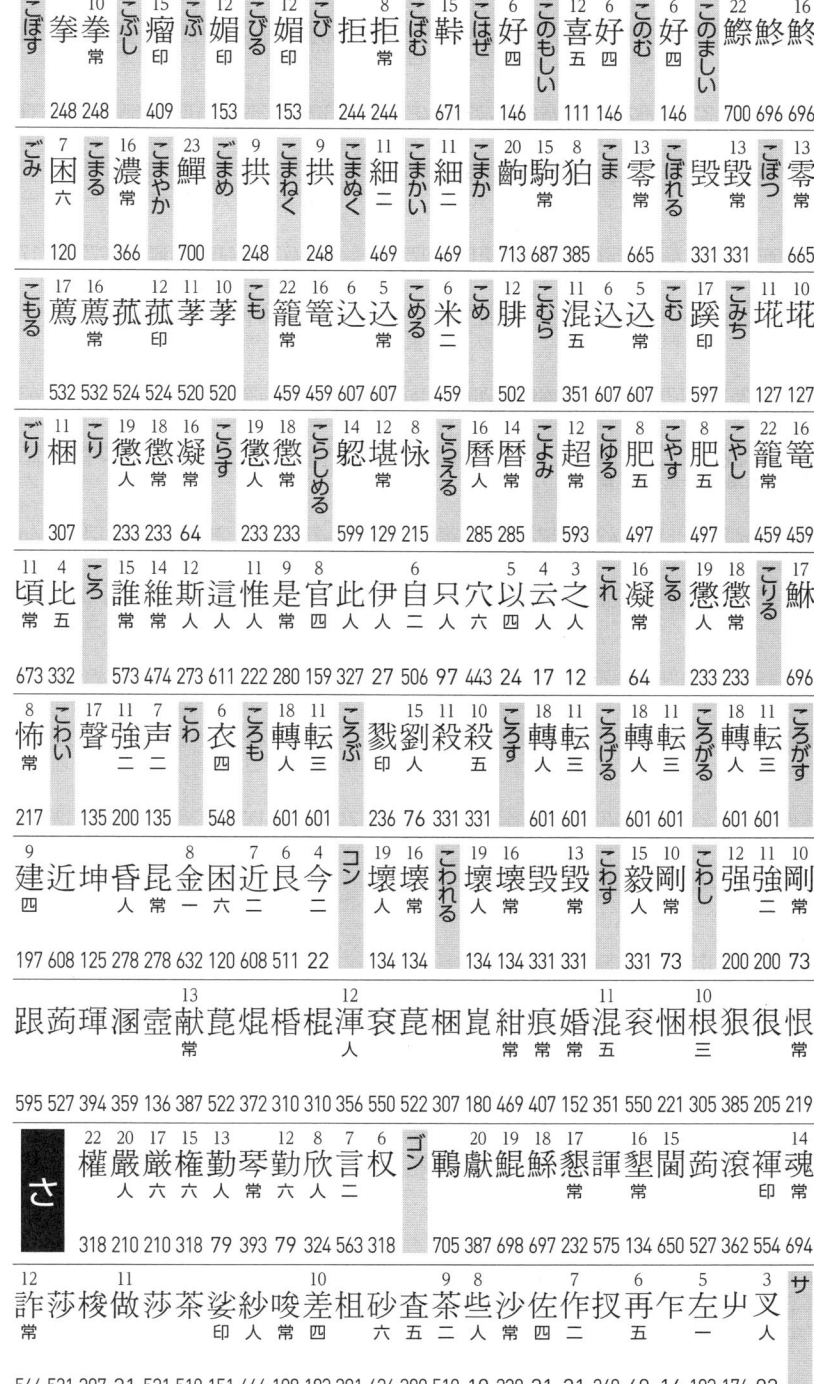

（サ・続き）13画 渣 356／嵯 人 181／蓑 人 527／裟 人 552／嗟 印 113／嗄 113／嵳 181／搓 259／14画 瑳 人 395／槎 316／瑣 395／蓑 527／15画 磋 印 430／魦 695／16画 縒 479／簑 527／鮓 696／17画 簔 527／蹉 597／18画 鎖 常 642／鎖 642／鎻 642／鯊 697／19画 鏁 642

さ 2画 二 一 17／3画 小 一 170／6画 早 一 277／9画 勇 四 78／11画 爽 常 380／12画 然 四 373／善 六 112／14画 総 五 476／聡 人 493／16画 積 四 442

ザ 7画 坐 人 125／8画 坐 125／10画 座 六 194／挫 常 250／13画 蓙 527／14画 蓙 527

ざ 12画 葬 524／13画 葬 524

サイ 3画 才 二 238／4画 切 二 67／6画 西 二 556／再 五 60／伜 43／犲 583／7画 材 四 295／災 五 369／8画 妻 五 149／采 常 379／采 379／9画 砕 常 426／哉 人 106／洒 印 345／10画 殺 五 331／財 五 584／宰 常 162／栽 常 305／晒 人 281／柴 人 305／倅 43／豺 583／11画 細 二 469／祭 三 434／菜 四 522／採 五 253／済 六 351／彩 常 202／斎 常 713／偲 人 46／砦 人 427／埣 128／崔 180／彩 202／採 253／殺 331／淬 351／猜 387／眥 421／眦 421／賊 584／釵 633／12画 最 四 288／裁 六 551／犀 人 383／菜 522／靫 670／13画 債 常 49／催 常 49／塞 常 131／歳 常 328／載 常 602／碎 人 426／滓 印 359／歳 328／腮 677／14画 際 五 658／截 印 236／寨 166／摧 260／綵 475／蔡 529／15画 蔡 529／16画 儕 52／榱 320／縡 479／17画 賽 印 590／濟 351／穄 442／齋 713／18画 臍 印 505／檇 322／顋 677／20画 鰓 印 699／22画 灑 368／鰶 700／23画 纔 483

さい 8画 幸 三 190／斉 常 712／11画 埼 四 128／(阝+采) 655／14画 骰 690／17画 穧 442

ザイ 3画 才 二 238／6画 在 五 123／7画 材 四 295／10画 財 五 584／剤 常 74／11画 戝 584／13画 罪 五 484／16画 劑 74

さいなむ 14画 嘖 114

さいわい 8画 幸 三 190／祉 常 433／9画 祉 人 433／10画 祥 常 435／倖 人 43／11画 祥 人 435／13画 福 三 436／14画 福 人 436

さえ 7画 冴 人 62／10画 朗 六 290／11画 (阝+采) 655

さえぎる 14画 遮 常 620／15画 遮 620

さえずる 10画 哢 109／21画 囀 印 118

さえる 6画 冴 62／7画 冴 人 62

さお 9画 竿 人 449／12画 棹 印 311／16画 操 六 262

さおとめ 11画 腰 291

さか 4画 尺 六 173／7画 坂 三 125／阪 四 651／9画 栄 四 299／逆 五 609／10画 酒 三 627／祥 常 435／逆 609／12画 属 五 175／16画 賢 常 590

さが 8画 性 五 216

さかい 9画 界 三 402／畍 402／12画 堺 人 129／14画 境 五 132／19画 疆 印 405

さかえ 6画 光 二 54／7画 秀 常 437／8画 昌 人 278／9画 栄 四 299／12画 富 四 165／復 五 208／15画 潤 常 364

さかえる 9画 栄 四 299／14画 榮 人 299

さかき 13画 榊 316／14画 榊 人 316

さかし 12画 智 人 283／16画 賢 常 590

さかしい 16画 賢 常 590

さがす 5画 扒 239／10画 捜 常 250／11画 探 六 255／12画 搜 人 250／13画 搜 250

さかずき 8画 杯 常 298／9画 盃 人 298／13画 盞 416

さかな 8画 肴 人 497／10画 魚 695／11画 魚 二 695

さかのぼる 8画 泝 342／13画 遡 620／溯 620／14画 遡 常 620

さかほこ 18画 鐩 642

さからう 7画 忤 213／9画 逆 五 609／10画 逆 609

さかり 6画 壮 常 135／11画 盛 六 416

さかる 5画 戊 人 234／11画 盛 六 416／12画 盛 416

さがる 3画 下 一 3

さかん 5画 史 五 97／6画 壮 常 135／7画 壮 人 135／8画 旺 常 278／昌 人 278／10画 殷 印 330／11画 盛 六 416／隆 常 656

属 12 五 175
盛 416
隆 656
興 16 五 508
熾 印 377
屬 21 175

さき
兄 5 二 53
先 6 一 54
早 一 277
幸 8 三 190
前 9 二 72
咲 常 107
前 72
祥 10 常 435
埼 11 四 128
崎 四 179
嵜 179
象 12 五 582
割 六 75
嵜 179
﨑 179
福 13 三 436
鋒 15 人 638
曩 21 286
朔 人 290
索 10 常 466
柞 301
削 72
炸 印 371
柵 常 301
削 常 72
昨 9 四 279
咋 8 104
作 7 二 31
册 60
冊 5 六 60

サク

さきわう
幸 8 三 190

さきに
嚮 19 117
曏 117

さきがける
魁 14 人 694

さきがけ
魁 14 人 694

さぎ
雀 11 人 660
鷺 24 人 706

（サク）
窄 人 445
朔 290
做 11 31
策 12 六 452
酢 常 628
搾 13 常 259
筰 454
筴 454
遡 620
溯 620
遡 14 常 620
嘖 114
槊 316
醋 15 629
錯 16 常 639
簀 17 印 457
齪 22 714
鑿 28 645

さく
尺 4 六 173
析 8 常 298
拆 245
咲 9 常 107
咲 107
剖 10 常 74

割 12 六 75
裂 常 552
割 75
劈 15 76
擘 17 263

さくら
桜 10 五 303
櫻 21 人 303

さぐる
探 11 六 255

ざくろ
榴 14 印 317

さけ
酒 10 三 627
鮭 17 印 696

さげすむ
蔑 14 常 529
蔑 15 529

さけぶ
号 5 三 97
叫 99
叫 6 常 99
喊 12 111
號 13 97

さける
裂 12 常 552
避 16 常 623
避 17 623

さげる
下 3 一 3
提 12 五 258

さこ
峠 8 178
浴 9 63
塔 10 127
迫 11 611
硲 12 428

さこう
栄 9 四 299
荘 常 519

ささ
小 3 一 170
細 11 二 469
笹 人 450
讃 22 人 580

ささえる
支 4 五 265

ささげる
捧 11 人 256
献 13 常 387
獻 20 387

さざなみ
漣 13 363
漣 14 人 363

ささやく
囁 21 印 117

ささら
筅 12 452
簓 17 457

ささる
刺 8 常 71

さざれ
細 11 二 469

さし
挟 9 常 248
緡 15 479

さじ
匕 2 82
匙 11 82

さしはさむ
挟 9 常 248
挿 10 常 250
挾 248
插 12 250

さす
刺 8 常 71
指 9 三 248
差 10 四 183
射 六 169
挿 常 250
剳 11 74
劄 12 74
插 250
螫 17 543

さすが
遉 13 617

さずかる
授 11 五 254

さずく
授 11 五 254

さずける
授 11 五 254

さする
摩 15 常 261
摩 261
擦 17 常 264

さぞ
嘸 15 116

さそう
唀 9 106
誘 14 常 572

さそり
蝎 15 542
蠍 19 544

さた
莫 10 人 521

さだ
正 5 一 326
必 四 211
弁 五 197
会 6 二 27
安 三 158
成 四 234
存 六 156
決 7 三 338
完 四 159
判 五 69
定 8 三 160
治 四 341
制 五 71
帖 人 186
為 9 常 370
貞 常 583
員 10 三 107
真 三 420
晏 人 281
断 11 五 272
済 六 351
勘 常 79
渉 常 352
覚 12 四 559
節 13 四 454
塡 常 132
禎 人 436
憲 16 六 231

さだか
定 8 三 160

さだまる
定 8 三 160

さだむ
処 5 六 65
成 6 四 234
定 8 三 160
莫 10 人 521
理 11 二 393
断 五 272
勘 常 79
禎 13 人 436
毅 15 人 331

さだめ
定 8 三 160

さだめる
定 8 三 160

さち
士 3 五 135
吉 6 常 98
幸 8 三 190
征 常 204
祥 10 常 435
葛 12 常 524
禄 人 435
福 13 三 436
禎 人 436

サツ
扎 4 239
札 5 四 292
冊 六 60
册 60
刷 8 四 71
刹 常 72
拶 9 常 248
殺 10 五 331
紮 11 印 469
殺 331
察 14 四 166

颯 人 680
笥 455
劄 455
15 撮 常 261
撒 人 261
17 擦 常 264
薩 人 534
薩 534
18 薩 534

サッ
6 早 一 277

ザッ
14 雑 五 661
17 襍 661
18 雜 人 661

さつき
11 皐 人 414

さて
6 扠 240
扨 240
11 偖 46

さと
6 吏 常 101
7 里 二 631
利 四 70
8 邑 人 623
学 一 156
知 二 424
9 怜 人 217
県 三 419
郊 常 625
俐 人 42
彦 人 202
10 郡 四 625
哲 常 108
恵 常 218
悟 常 221
敏 常 267
11 都 三 625
郷 六 625
12 答 二 452
覚 四 559
達 四 617
量 四 632
惺 人 227
智 人 283
13 聖 六 493
詮 常 569
郷 625
鄉 625
14 徳 四 209
聡 人 493
15 慧 人 229
16 諭 常 576
賢 常 590
19 識 五 579

さとい
8 怜 人 217
10 敏 常 267
11 敏 人 267
12 智 人 283
14 聡 人 493
15 慧 人 229
慧 229
16 叡 人 95
17 聰 493

さとき
15 鋭 常 638

さとし
7 里 二 631
邑 人 623
8 知 二 424
怜 人 217
9 俐 人 42
10 哲 常 108
恵 常 218
悟 常 221
敏 常 267
秩 常 439
11 啓 常 109
捷 人 254
12 覚 四 559
達 四 617
敬 六 268
暁 常 282
惺 人 227
智 人 283
13 聖 六 493
詮 常 569
14 聡 人 493
15 鋭 常 638
慧 人 229
16 諭 常 576
賢 常 590
叡 人 95

さとす
16 諭 常 576
諭 576

さとる
2 了 常 16
4 仏 五 23
8 学 一 156
知 二 424
9 俠 人 39
10 哲 常 108
悟 常 221
11 済 六 351
12 覚 四 559
達 四 617
暁 常 282
惺 人 227
智 人 283
13 解 五 562
聖 六 493
詮 常 569
14 聡 人 493
15 慧 人 229
16 賢 常 590
叡 人 95
20 覺 559

さな
10 真 三 420

さながら
8 宛 常 159

さなぎ
13 蛹 541

さね
4 仁 六 23
5 以 四 24
7 志 五 212
壱 常 135
8 学 一 156
実 三 160
尚 常 172
9 信 四 40
10 真 三 420
修 五 43
核 常 304
11 情 五 223
12 期 三 291
13 愛 四 224
誠 六 569
14 銑 人 637
15 諄 人 572
16 積 四 442

さば
19 鯖 印 698
鯖 698
23 [illegible] 700

さばく
10 捌 印 251
12 裁 六 551

さばける
10 捌 印 251

さび
11 寂 常 164
15 銹 638
16 錆 人 640
錆 640
19 鏥 638

さびしい
11 寂 常 164
淋 人 354
13 寞 166
14 寥 印 166
寞 166

さびる
16 錆 人 640
錆 640

さびれる
11 寂 常 164

さぶ
3 三 一 4
9 珊 人 391

さぶらう
8 侍 常 37
10 候 四 43

さま
14 様 三 317
15 樣 人 317

さます
7 冷 四 63
12 覚 四 559
20 覺 559

さまたげる
7 妨 常 148
13 碍 428
19 礙 428

さまよう
7 彷 印 203
9 徊 印 204
11 徘 印 207
12 徨 208

さむ
3 三 一 4
10 祥 常 435
12 寒 三 165

さむい
12 寒 三 165
寒 165

さむらい
3 士 五 135
8 侍 常 37

さむる
16 醒 常 629

さめ
8 雨 一 663
16 醒 常 629
17 鮫 印 696

さめる
7 冷 四 63
12 覚 四 559
14 寤 166
16 醒 常 629
20 覺 559

さや
8 居 五 174
10 莢 印 520
11 爽 常 380
莢 520
16 鞘 人 671
鞘 671

さより
26 鱵 701

さら
5 皿 三 415
7 更 常 287
9 祐 人 434
13 新 二 273

さらい
8 杷 人 298

さらう
10 浚 347
12 渫 357
23 攫 265

さらす
10 晒 人 281
14 漂 常 363
19 曝 人 286

さる
5 去 三 91
申 三 400
10 除 六 653
12 猴 388
猨 388
13 猿 常 388

ざる
10 笊 450

ざれる
15 戯 常 236

音訓索引

17 戯 人 236
さわ
7 沢 常 338
11 爽 常 380
16 澤 338
さわぐ
16 噪 116
18 騒 常 689
20 騷 人 689
躁 印 598
さわす
15 醂 629
さわやか
11 爽 常 380
さわら
13 椹 314
20 鰆 699
さわる
13 触 常 562
14 障 六 658
20 觸 562
サン
3 三 一 4
山 一 176
彡 202
4 仐 48
6 汕 337
7 杉 常 295
刪 69
删 69
芟 513
8 参 四 91
戔 235
芟 513
衫 549
9 珊 人 391
閂 647
10 蚕 六 538
桟 常 305
11 産 四 399
惨 常 222
參 91
產 399
釤 633
12 散 四 268
傘 常 48
喰 人 112
喰 112
棧 305
跚 595
13 盞 416
粲 462
蒜 527
14 算 二 455
酸 五 629
慘 222
蒜 527
15 賛 五 588
撒 人 261
撰 人 261
撰 261
槧 318
潸 364
16 餐 印 683
篡 456
17 燦 人 378
簒 456
18 攅 265
簪 459
繖 482
19 贊 588
20 纂 人 483
霰 印 667
簪 459
21 纉 483
驂 689
22 讃 人 580
攢 印 265
23 鑚 645
24 蠶 538
25 纘 483
26 蠶 538
讃 580
27 鑽 645
29 爨 379
ザン
10 残 四 329
11 惨 常 222
斬 常 272
12 殘 329
14 塹 132
嶄 181
慘 222
慚 229
15 暫 常 285
慙 229
18 懺 234
竄 446
19 鏨 643
20 懺 印 234
巉 181
24 讒 580
さんじゅう
4 卅 85
サンチ
9 珊 人 391

し

シ
2 厶 91
3 子 一 155
士 五 135
之 人 12
巳 人 184
尸 172
4 止 二 326
氏 四 333
支 五 265
5 四 一 118
市 二 185
矢 二 424
仕 三 24
司 四 97
史 五 97
示 五 431
仔 人 24
只 人 97
卮 88
6 糸 一 464
自 二 506
次 三 324
死 三 328
至 六 507
旨 常 277
芝 常 512
弛 人 199
此 人 327
朿 294
次 324
7 志 五 212
私 六 437
伺 常 32
孜 人 156
址 印 125
巵 88
阯 125
时 281
沚 338
帋 466
芝 512
8 姉 二 149
使 三 37
始 三 149
枝 五 297
侍 常 37
刺 常 71
祉 常 433
肢 常 497
祀 印 432
侈 37
姉 149
泗 341
9 思 二 215
食 二 680
指 三 248
茨 四 518
姿 六 151
施 常 274
柿 常 301
祉 人 433
屍 印 175
屎 印 175
俟 39
呰 107
咨 107
茈 107
姿 151
柹 301
秄 438
食 680
10 時 二 281
紙 二 466
差 四 183
師 五 187
恣 常 219
脂 常 500
砥 人 426
祠 印 433
翅 印 489
舐 印 508
祗 433
茨 518
蚩 538
11 視 六 559
偲 人 46
梓 人 307
疵 印 407
笥 印 450
趾 印 594
匙 82
厠 195
徙 207
梔 308
笶 450
耜 492
12 歯 三 713
詞 六 566
紫 常 472
斯 人 273
視 人 559
覗 印 560
啻 112
孳 157
廁 195
弑 198
揣 257
痣 408
竢 448
粢 461
絲 464
葹 524
13 詩 三 568
試 四 568
資 五 587
飼 五 682
嗣 常 114
獅 人 388
蒔 人 527
嗜 印 114
滓 印 359
嗤 114
孶 157
肆 495
葹 524
蓍 527
觜 562
資 587
貲 587
鉈 635
14 誌 六 570
漬 常 362
雌 常 662
厮 195
緇 475
緕 483
蒔 527
蓍 527
飼 682
15 摯 常 260

賜 常 588
幟 印 189
嘶 115
廝 195
撕 261
緇 475
輜 603
駟 687
駛 687
齒 713
16 諮 常 576
熾 印 377
髭 印 693
嘴 116
篩 457
縒 479
諮 576
謚 576
輜 603
錙 639
鴟 703
17 鮨 印 696
謚 576
錙 639
鵄 703
18 贅 印 591
19 識 五 579
[illegible] 599
鯔 698
20 [illegible] 483
鯔 698
21 鰤 699
22 鷙 706

し
3 下 一 3
5 白 一 412
石 一 425
8 岻 178
11 崇 常 180
14 蔓 人 530
17 磯 人 431

ジ
2 二 一 17
5 仕 三 24
示 五 431
尼 常 173
弍 17
尓 380
6 字 一 156
耳 一 492
地 二 124
寺 二 167
自 二 506
次 三 324
弐 常 198
而 人 491
次 324
7 児 四 55
似 五 32
亊 17
时 281
8 事 三 17
治 四 341
侍 常 37
兒 人 55
岻 178
怩 216
迩 623
9 持 三 249
峙 印 178
恃 219
茲 518
10 時 二 281
除 六 653
珥 392
茲 518
11 痔 印 407
貳 198
瓷 397
畤 404
12 滋 四 356
孶 157
貳 198
13 辞 四 606
慈 常 226
蒔 人 527
塒 132
孳 157
滋 356
14 磁 六 429
爾 人 380
慈 226
蒔 527
餌 682
15 餌 常 682
磁 429
16 膩 504
17 鮞 697
18 邇 印 623
19 璽 常 396
辭 606
21 轜 605

じ
3 下 一 3
士 五 135
9 柱 三 302
柱 302
12 道 二 618
13 路 三 596
15 賛 五 588

しあわせ
8 幸 三 190

シイ
12 弑 198

しい
12 椎 常 311

じい
13 爺 印 380

しいたげる
9 虐 常 536
虐 536

しいな
9 秕 438
10 粃 438
18 [illegible] 464

しいら
24 鱰 701

しいる
11 強 二 200
12 强 200
14 誣 572

しお
2 入 一 56
6 汐 人 337
11 鹵 707
13 塩 四 131
15 潮 六 365
潮 365
17 臨 558
25 鹽 131

しおからい
20 鹹 707

しおり
10 栞 人 304

しおれる
11 萎 常 521
12 萎 521

しか
6 而 人 491
11 鹿 四 707
12 然 四 373
14 爾 人 380

ジカ
8 直 二 418

しかし
8 併 常 38
10 倂 38
12 然 四 373

しかして
6 而 人 491

しかた
17 [illegible] 599

しかと
14 聢 494

しかばね
3 尸 172
9 屍 印 175

しかめる
18 蹙 597
24 顰 678

しかも
6 而 人 491

しがらみ
9 柵 常 301

しかり
5 尓 380
12 然 四 373
14 爾 人 380

しかる
5 叱 常 97
叱 97
8 呵 印 103
11 喝 常 109
12 然 四 373
喝 109

しかるに
6 而 人 491

シキ
6 色 二 511
式 三 198
8 耻 494
18 織 五 482
職 五 494
19 識 五 579

しき
3 及 常 13
15 敷 常 270

しぎ
16 鴫 703
23 鷸 706

ジキ
8 直 二 418
9 食 二 680
食 680

しきい
16 閾 印 650

しきみ
11 梻 308
15 樒 319
閾 650
16 閾 印 650
18 櫁 319

しきりに
16 頻 676
17 頻 常 676

しきる
16 頻 676
17 頻 常 676

しく
5 布 五 185
6 如 常 147
15 舗 常 51
敷 常 270
蕃 人 531
舗 51
敷 270
鋪 638

ジク
7 忸 213
8 竺 人 449
9 衂 546
10 衄 546
11 舳 510
12 軸 常 602

しげ
2 十 一 83
3 子 一 155
4 木 一 292
方 二 274
5 兄 二 53
以 四 24
卯 人 88
戊 人 234
6 列 三 69
成 四 234
芝 常 512
7 臣 四 557
林 一 299
8 受 三 94
枝 五 297

茂 常 517
9 草 一 518
発 三 411
重 三 631
信 四 40
城 四 126
栄 四 299
為 常 370
甚 常 398
10 挙 四 248
従 六 206
恵 常 218
柴 人 305
11 習 三 489
盛 六 416
隆 常 656
12 滋 四 356
賀 四 586
達 四 617
順 四 674
董 人 525
13 義 五 487
誠 六 569
彙 常 202
慈 常 226
誉 常 569
14 種 四 441
精 五 462
維 常 474
15 調 三 574
蕃 人 531
諄 人 572
16 樹 六 320
繁 常 480
薫 常 531
17 頻 常 676
18 鎮 常 642
穣 人 443
23 鑑 常 644

しげし
9 重 三 631
11 彬 人 203
12 滋 四 356
16 繁 常 480

しげみ
8 茂 常 517
10 竜 常 714
16 繁 常 480
17 繁 人 480

しげり
15 蕃 人 531

しげる
3 子 一 155
5 申 三 400
卯 人 88
戊 人 234
6 成 四 234
7 秀 常 437
8 林 一 299
垂 六 125
茂 常 517
9 重 三 631
栄 四 299
茂 517
11 盛 六 416
12 森 一 311
滋 四 356
復 五 208
殖 常 330
董 人 525
13 慈 常 226
蒼 人 528
滋 356
15 蕃 人 531
16 繁 常 480
蕃 531
17 繁 人 480

しこ
17 醜 常 630

しこうして
6 而 人 491

しごく
6 扱 常 239
7 扱 239

しころ
16 錏 639
錣 640
鞠 671

じさ
16 橲 320

しさる
9 退 六 610
10 退 610

しざる
9 退 六 610
10 退 610

しし
6 肉 二 495
7 宍 159
11 鹿 四 707

じじ
12 猪 人 387
猪 人 387
14 榻 316

じじい
13 爺 印 380

しじみ
13 爺 印 380
13 蜆 540

しず
5 玄 常 389
10 倭 人 45
11 康 四 194
寂 常 164
12 閑 常 648
13 靖 人 668
賎 589
14 静 四 668
寧 常 166
15 賤 印 589
16 穏 常 442
靜 人 668
17 謙 常 577
18 鎮 常 642

しずか
5 玄 常 389
8 坦 人 126
11 康 四 194
寂 常 164
12 閑 常 648
惺 人 227
淵 人 355
14 静 四 668
16 靜 人 668
17 謐 578

しずく
11 雫 人 664
14 滴 常 363

しずまる
14 静 四 668
16 靜 人 668
18 鎮 常 642
鎭 人 642

しずむ
7 沈 常 339
没 常 339
沒 339
11 淪 354
18 鎮 常 642

しずめ
18 鎮 常 642

しずめる
7 沈 常 339
14 静 四 668
16 靜 人 668
18 鎮 常 642
鎭 人 642

した
3 下 一 3
6 舌 六 508
18 簀 458

しだ
12 萪 524
13 萪 524

したう
14 慕 常 228
15 慕 228

したうず
19 襪 556
20 襪 556

したがう
4 从 206
9 徇 205
10 従 六 206
殉 常 329
11 從 人 206
扈 238
扈 238
12 順 四 674
循 常 208
随 常 656
15 遵 常 622
16 遵 622
隨 656

したがえる
4 从 206
10 従 六 206
11 從 人 206

したぐつ
19 襪 556
20 襪 556

したしい
16 親 二 560

したしむ
16 親 二 560

したたか
11 強 二 200
健 四 46
12 强 200

したためる
14 認 六 571
認 571

したたる
14 滴 常 363

シチ
2 七 一 3
11 質 589
15 質 五 589

シツ
2 七 一 3
5 失 四 143
叱 常 97
叱 97
8 虱 538
9 室 二 161
10 疾 常 406
桎 305
11 執 常 128
悉 人 221
質 589
12 湿 常 356
蛭 印 540
13 嫉 常 153
瑟 394
14 漆 常 362
15 質 五 589
膝 常 504
蝨 538
17 濕 人 356
櫛 322
蟋 543
隰 659
隲 689
19 櫛 人 322
櫛 322
20 騭 689

しつ
9 後 二 205

ジツ
4 日 一 276
8 実 三 160
9 昵 280
衵 549
10 暱 420
14 實 人 160

じつ
2 十 一 83

ジッ
2 十 一 83

音訓索引

しつけ 躾 16 599
しつける 躾 16 599
しつらえる 設 11 五 565
しで 椣 12 310 / 幣 15 常 189
しと 尿 7 常 173
しとぎ 粢 12 461
しとど 鵐 18 704
しとね 茵 9 517 / 茵 10 517 / 蓐 13 527 / 蓐 14 527 / 褥 15 印 555
しとみ 蔀 14 530 / 蔀 15 530
しとやか 淑 11 常 352
しな 科 9 二 438 / 品 三 107 / 級 三 465 / 姿 六 151 / 等 12 三 452 / 標 15 四 319
しなう 撓 15 262
しなびる 萎 11 常 521 / 萎 12 521
しなやか 靭 12 印 670 / 靱 670 / 靭 670
しぬ 死 6 三 328 / 歿 8 329 / 殁 329
しね 稲 14 常 441
しの 忍 7 常 213 / 信 9 四 40 / 筱 13 457 / 篠 16 457 / 篠 17 人 457
しのぎ 鎬 18 642
しのぐ 凌 10 人 64 / 陵 11 常 656
しのばせる 忍 7 常 213 / 忍 213
しのぶ 忍 7 常 213 / 忍 213 / 偲 11 人 46 / 躵 14 599 / 毅 15 人 331
しば 芝 6 常 512 / 芝 7 512 / 柴 10 人 305
しばし 暫 15 常 285
しばしば 亟 8 19 / 屡 12 176 / 数 13 二 269 / 屢 14 印 176 / 數 15 269
しばたく 瞬 17 423 / 瞬 18 常 423
しばたたく 瞬 17 423 / 瞬 18 常 423
しばらく 暫 15 常 285
しばる 縛 16 常 480 / 縛 480
しび 鮪 17 697 / [illegible] 23 700
しびれる 痺 13 印 409
しぶ 渋 11 常 351 / 澁 15 人 351 / 澀 17 351
しぶい 渋 11 常 351 / 澁 15 人 351 / 澀 17 351
しぶる 渋 11 常 351 / 澁 15 人 351 / 澀 17 351
しべ 蕊 15 530 / 蕋 530 / 蕊 530 / 蘂 16 19 530
しぼむ 凋 10 63 / 萎 11 常 521 / 萎 12 521
しぼる 絞 12 常 472 / 搾 13 常 259
しま 洲 9 人 345 / 島 10 三 179 / 陦 654 / 嶋 14 人 179 / 嶌 179 / 縞 16 人 479 / 縞 479 / 嶼 17 181 / 隝 654
しまる 閉 11 六 647 / 閇 647 / 絞 12 常 472 / 緊 15 常 478 / 締 常 479
しみ 染 9 六 301 / 蟫 18 544
しみる 沁 7 印 338 / 染 9 六 301 / 凍 10 常 63 / 滲 14 印 362
しむ 令 5 四 26
しめ 〆 1 13 / メ 2 13 / 示 5 五 431 / 占 常 87 / [illegible] 13 617 / 標 15 四 319
しめす 示 5 五 431 / 告 7 五 102 / 宣 9 六 161 / 湿 12 常 356 / 濕 17 人 356 / 観 18 四 561
しめる 占 5 常 87 / 閉 11 六 647 / 閇 647 / 湿 12 常 356 / 絞 常 472 / 緊 15 常 478 / 締 常 479 / 濕 17 人 356
しも 下 3 一 3 / 霜 17 常 666
しもと 楚 13 人 313
しもべ 僕 14 常 51
シャ 叉 3 人 92 / 写 5 三 61 / 車 7 一 600 / 社 二 432 / 沙 常 338 / 者 8 三 491 / 舎 五 37 / 社 人 432 / 舍 37 / 卸 89 / 姐 149 / 炙 370 / 砂 9 六 426 / 卸 常 89 / 柘 人 301 / 者 人 491 / 洒 印 345 / 借 10 四 43 / 射 六 169 / 紗 人 466 / 娑 印 151 / 這 611 / 捨 11 六 253 / 斜 常 271 / 赦 常 592 / 這 人 611 / 偖 46 / 捨 253 / 鉈 633 / 煮 12 常 372 / 奢 印 145 / 畲 404 / 畬 404 / 硨 428 / 煮 13 人 372 / 蛼 540 / 遮 14 常 620 / 寫 61 / 蔗 529 / 寫 15 61 / 蔗 529 / 遮 620 / 赭 16 592 / 謝 17 五 577 / 藉 534 / 瀉 18 367 / 藉 534 / 灑 22 368 / 鷓 706
しゃ 裟 13 人 552
ジャ 邪 7 624 / 邪 8 常 624 / 蛇 11 常 539 / 闍 17 印 650 / 麝 21 708
シャク 勺 3 人 80 / 勺 80 / 尺 4 六 173 / 石 5 一 425 / 妁 6 147 / 妁 147 / 芍 512 / 赤 7 一 591 / 折 四 241 / 灼 人 370 / 杓 印 295 / 杓 295 / 灼 370 / 芍 512 / 昔 8 三 278

斫 9 272
借 10 四 43
酌 常 627
笏 450
迹 610
酌 627
惜 11 常 223
釈 常 630
跡 13 常 595
綽 14 印 475
錫 16 人 639
爵 17 常 380
爵 18 380
爍 19 379
釋 20 630
嚼 21 117
癪 410
鑠 23 645

ジャク
若 8 六 516
𥐥 9 426
若 516
弱 10 二 200
弱 200
寂 11 常 164
雀 人 660
着 12 三 487
惹 人 222
惹 13 222
搦 259
蒻 528
蒻 14 528
擲 18 264
鰙 19 698
鵲 704
鰙 20 698
鶸 21 705

じゃく
迪 8 人 609

しゃけ
鮭 17 印 696

しゃち
鯱 19 698

しゃちほこ
鯱 19 698

しゃべる
喋 12 人 113

シュ
手 4 一 238
殳 330
主 5 三 12
主 三 12
守 6 三 158
朱 常 294
取 8 三 94
侏 38
首 9 二 684
狩 常 385
洙 345
茱 518
酒 10 三 627
修 五 43
株 六 305
殊 常 329
珠 常 392
茱 518
娶 11 印 152
娵 152
眾 546
衆 12 六 546
須 常 673
棕 310
数 13 二 269
腫 常 502
椶 310
溲 359
種 14 四 441
銖 636
趣 15 常 594
撞 人 261
諏 人 572
數 269
輸 16 五 604
輸 604
麈 707
鐘 20 常 644
繻 483
鬚 22 印 693

しゅ
脩 11 人 501

ジュ
入 2 一 56
从 4 206
戍 6 234
寿 7 常 168
受 8 三 94
呪 常 104
咒 104
従 10 六 206
授 11 五 254
從 人 206
就 12 六 172
頌 13 人 674
需 14 常 665
壽 人 168
竪 人 448
綬 印 475
聚 印 493
誦 印 570
樹 16 六 320
儒 常 52
豎 582
濡 17 人 367
嬬 155
孺 158
臑 505
襦 19 印 555
鷲 23 人 706

シュウ
収 4 六 92
囚 5 常 118
州 6 三 182
舟 常 509
收 人 92
秀 7 常 437
周 8 四 104
宗 六 160
周 104
岫 178
泅 341
秋 9 二 438
拾 三 249
祝 四 433
臭 常 507
柊 人 301
洲 人 345
酋 印 626
柊 301
秌 438
酋 626
修 10 五 43
袖 常 550
祝 人 433
臭 人 507
週 11 二 615
終 三 470
習 三 489
執 常 128
崇 常 180
羞 常 486
脩 人 501
售 109
終 470
習 489
眾 546
遒 617
集 12 三 660
就 六 172
衆 六 546
萩 人 524
葺 人 524
啾 112
愀 226
湫 356
週 615
愁 13 常 226
酬 常 628
蒐 人 527
楸 313
楫 313
綉 482
萩 524
葺 524
蓚 527
遒 617
聚 14 印 493
甃 397
蒐 527
蓚 527
皺 15 印 415
緝 478
銹 638
輯 16 人 604
穐 438
蕺 532
褶 555
醜 17 常 630
鍬 人 641
繍 簡 482
蕺 532
螽 543
螽 543
鞦 18 671
蹴 19 常 598
繡 人 482
鏥 638
鰍 20 699
鰌 699
穐 21 438
襲 22 常 556
襲 556
鷲 23 人 706
讐 印 580
讎 580
驟 24 690

ジュウ
十 2 一 83
中 4 一 10
廿 人 85
什 23
从 206
汁 5 常 336
充 54
充 6 常 54
戎 234
住 7 三 32
住 32
狃 384
拾 9 三 249
重 三 631
柔 常 301
従 10 六 206
渋 11 常 351
從 人 206
絨 12 印 472
揉 13 258
銃 14 637
銃 常 637
澁 15 人 351
糅 463
縦 16 六 480
獣 常 389
蹂 597
縱 17 人 480
澀 351
鞣 18 671
獸 19 人 389

しゅうと
姑 8 149
舅 13 印 508

しゅうとめ
姑 8 149

シュク
夙 6 138
叔 8 常 95
祝 9 四 433
祝 10 人 433
俶 44
宿 11 三 164
淑 常 352

			12		13	14	15	17	18		11	14	15		4	5	8	17	20		5	6	8	
粛	儵	菽	粥	菽	肅	蓿	蓿	縮	蹙	ジュク	孰	塾	熟	シュツ	卆	出	卒	蟀	齣	ジュツ	朮	戌	述	怵
常			人					六				常	六			一	四					印	五	
495	386	522	461	522	495	529	529	481	597		157	132	377		86	66	86	543	713		292	234	609	216

9		11			6	9			10			11	12			13				15		16	17	
恤	述	術	術	シュン	旬	春	俊	洵	峻	悛	浚	逡	竣	皴	舜	舜	詢	惷	隽	儁	蕣	蕣	駿	濬
		五			常	二	常	人	人				人			人	人						人	
219	609	547	547		277	280	39	345	179	221	347	611	448	415	509	509	569	226	661	51	530	530	688	367

		18	20	21		6		7	9					10							11		12	
瞬	鍷	瞬	鰆	蠢	ジュン	巡	旬	巡	盾	洵	徇	恂	荀	純	准	殉	隼	笋	荀	惇	淳	順	循	閏
		常				常	常		常	人				六	常	常	人			人	人	四	常	人
423	641	423	699	545		182	277	182	419	345	205	219	518	467	63	329	659	452	518	223	352	674	208	649

		13					14	15					16	19		12		5		7	8			
準	筍	準	楯	詢	馴	閏	蓴	潤	遵	諄	醇	蓴	遵	鶉	じゅん	絢	ショ	処	且	初	所	杵	所	苴
		五	人	人	人			常	常	人	人					人		六	常	四	三	人		
359	452	359	313	569	686	649	529	364	622	572	629	529	622	705		472		65	9	69	237	297	237	516

9				10		11				12			13			14				15				16
俎	爼	胥	苴	書	砠	庶	渚	處	蛆	暑	渚	黍	署	暑	雎	緒	署	墅	蔗	諸	緒	蔗	諸	薯
				二		常	人			三	人		六	人		常	人			六	人		人	
40	40	498	516	288	426	194	352	65	539	282	352	710	484	282	661	475	484	132	529	572	475	529	572	534

17		18				19	20	24		10		3	6		7			9			10			
曙	薯	嶼	曙	薯	藷	藷	藷	鱮	しょ	恕	ジョ	女	如	汝	助	序	抒	叙	洳	茹	除	徐	恕	茹
人	印					印				人		一	常	人	三	五	印	常			六	常	人	
286	534	181	286	534	535	535	535	701		219		146	147	337	77	192	240	95	346	518	653	206	219	518

	11			12		13		15		3		4					5			6			7	
莇	敍	敘	莇	絮	舒	耡	蜍	鋤	ショウ	上	小	少	井	升	从	爿	正	生	召	匠	丞	庄	声	床
	人							印		一	一	二	四	常			一	一	常	常	人	人	二	常
521	95	95	521	472	509	492	540	638		5	170	171	18	85	206	380	326	398	98	82	10	192	135	192

						8																		9
抄	肖	劭	呏	妝	肖	青	松	性	招	承	姓	尚	昇	沼	昌	妾	炒	尚	政	枩	牀	邵	青	星
常	常					一	四	五	五	六	常	常	常	常	人	印	印							二
240	496	77	102	148	496	668	297	216	244	240	150	172	278	341	278	149	370	172	267	297	380	624	668	280

									10															
乗	昭	相	省	政	咲	荘	唉	庠	消	笑	将	従	宵	症	祥	称	乘	哨	渉	秤	莊	倡	哨	宵
三	三	三	四	五	常	常			三	四	六	六	常	常	常	常	人	人	人	人	人			
14	280	419	419	267	107	519	107	193	347	450	169	206	163	406	435	438	14	108	352	439	519	44	108	163

							11																	
峭	悚	悄	消	浹	秤	陞	商	章	唱	清	接	渉	紹	訟	將	從	捷	梢	祥	笙	菖	娼	逍	梢
							三	三	四	四	五	常	常	常	人	人	人	人	人	人	人	印	印	
179	221	221	347	348	439	654	109	447	110	353	255	352	470	565	169	206	254	308	435	450	522	152	611	308

																		12						
愀	勝	鈔	竦	椒	廂	翔	湘	詔	粧	硝	焦	晶	掌	装	象	証	焼	勝	荘	春	猖	清	淌	淞
		印	印	印	印	人	人	常	常	常	常	常	常	六	五	五	四	三						
226	79	634	448	310	195	489	356	567	462	428	373	283	254	551	582	566	372	79	519	508	387	353	352	352

																13								
聖	篠	甞	勦	剿	蒋	鉦	蛸	睫	頌	裝	詳	摂	奨	聖	傷	照	象	菖	翔	稍	硝	猩	椄	敞
					簡	印	印	印	人	人	常	常	常	六	六	四								
493	457	115	80	75	529	635	540	422	674	551	569	259	145	493	50	375	582	522	489	440	428	388	311	269

			15																				14	
請	衝	憧	賞	韶	誚	蕭	精	稱	摺	慯	慴	廠	嶂	誦	裳	蔣	摺	獎	嘗	彰	障	精	像	蛸
常	常	常	五											印	人	人	人	人	人	常	六	五	五	
573	547	231	589	673	571	532	462	438	260	229	229	195	181	570	553	529	260	145	115	203	658	462	50	540

								16																
樵	嘯	踵	薔	蕭	鞘	錆	燒	縦	餉	霄	銷	請	蔣	璋	殤	樅	憔	慫	廠	廠	獎	漿	蕉	樟
		印	印	印	人	人	人	六														印	人	人
320	116	597	532	532	671	640	372	480	682	665	638	573	529	395	330	318	231	229	195	195	145	362	530	318

			18													17								
蹤	觴	聶	醬	薔	蕭	牆	燮	檣	聲	醤	鍾	聳	縱	篠	礁	償	鞘	霎	錆	蕉	篠	瘴	墻	橡
			人							簡	印	印	人	人	常	常								
597	563	494	630	532	532	380	378	322	135	630	641	494	480	457	431	52	671	666	640	530	457	409	380	320

		4		3		15	8		27	26	23		22		21		20					19		
仍	𠀋	冗	丈	上	ジョウ	箱	征	しょう	顳	鱶	鷦	[illegible]	鱆	懾	攝	瀟	鐘	鏘	證	艢	簫	瀟	鮹	鬆
		常	常	一		三	常								人		常							
23	6	61	6	5		456	204		678	701	706	708	700	234	259	368	644	643	566	511	458	368	697	693

	11							10						9			8				7		6	5
情	常	茸	烝	弉	奘	城	乘	娘	拯	茸	貞	浄	城	乗	狀	帖	定	成	杖	状	条	丞	成	仗
五	五						人	常		人	常	常	四	三	人	人	三		人	五	五	人	四	
223	187	518	372	145	145	126	14	151	249	518	583	346	126	14	384	186	160	234	295	384	295	10	234	24

16			15						14				13				12							
壌	蕘	樔	縄	蒸	滌	嫦	塲	嘗	静	條	嫋	甞	蒸	盛	剩	畳	場	情	掟	淨	條	尉	剰	盛
常			四					人	四				六		人	常	二		印	人	人	常	常	六
134	530	319	478	527	362	154	130	115	668	474	154	115	527	416	74	404	130	223	256	346	295	169	74	416

	24				22		21					20	19			18		17						
釀	讓	禳	疊	穰	疊	饒	囁	壞	攘	孃	醸	譲	繩	繞	擾	穣	襄	[illegible]	遶	蕘	疂	靜	錠	嬢
人	人			人	人	印	印		印	人	常	常			印	人						人	常	常
630	580	436	404	443	404	684	117	134	264	154	630	580	478	482	264	443	555	155	622	530	404	668	640	154

	13						12	11			9	8		6		15	12	10	8	4		27	26	25
触	続	寔	喞	唧	殖	属	植	埴	食	拭	食	耻	式	色	ショク	諚	掾	晟	忠	允	じょう	驤	鑷	躡
常	四				常	五	三	人		常	二		三	二				人	六	人				
562	474	165	111	111	330	175	310	128	680	249	680	494	198	511		573	257	282	214	53		690	645	599

飾 常 682　蜀 印 540　嗇 114　軾 603　14 蝕 542　飾 682　15 嘱 常 115　蝕 印 542　禝 436　稷 442　16 餝 682　17 燭 人 378　謖 578　18 織 五 482　職 五 494　穡 443　20 觸 562　21 屬 175　續 474　22 贖 591　24 囑 115　26 矚 424　【しょく】 19 識 五 579　【ジョク】

9 浊 366　10 辱 常 606　13 溽 360　蓐 527　14 蓐 527　15 褥 印 555　16 濁 常 366　縟 480　【しら】 5 白 一 412　【しらげる】 14 精 五 462　精 462　【しらせる】 12 報 五 130　【しらべる】 9 査 五 300　12 検 五 310　15 調 三 574　調 574　17 檢 人 310　【しらみ】 8 虱 538　15 蝨 538　【しり】

5 尻 常 173　6 尻 173　17 臀 印 505　【しりがい】 18 鞦 671　【しりぞく】 7 却 常 88　9 退 六 610　屏 簡 175　卻 88　10 退 610　11 屛 印 175　【しりぞける】 5 斥 常 272　9 退 六 610　10 退 610　17 擯 264　【シリング】 7 志 五 212　【しる】 5 汁 常 336　6 印 四 88　8 知 二 424　10 訓 四 564　19 識 五 579

【しるし】 6 印 四 88　9 首 二 684　13 瑞 人 394　14 徴 常 209　15 標 四 319　徵 人 209　16 徽 209　17 徽 人 209　18 験 四 688　19 璽 常 396　23 驗 人 688　【しるす】 7 志 五 212　9 紀 五 465　10 記 二 564　14 誌 六 570　銘 常 637　16 録 四 641　錄 人 641　19 識 五 579　【しるべ】 15 導 五 170　16 導 170　【しれる】

13 痴 常 409　19 癡 409　【しろ】 4 太 二 141　5 白 一 412　代 三 25　9 城 四 126　背 六 498　10 素 五 467　城 126　【しろい】 5 白 一 412　11 皓 414　12 皓 人 414　皓 414　【しろがね】 14 銀 三 636　【しろし】 5 白 一 412　10 素 五 467　【しわ】 12 皴 415　15 皺 印 415　【しわがれる】 13 嗄 113

【しわぶき】 18 謦 578　【シン】 4 心 二 210　5 申 三 400　7 身 三 599　臣 四 557　伸 常 32　芯 常 513　辛 常 605　辰 人 606　沁 印 338　岑 177　忱 214　8 参 四 91　呻 印 104　抻 244　芯 513　9 神 三 433　信 四 40　侵 常 40　津 常 346　侵 40　哂 107　怎 214

矧 425　10 真 三 420　針 六 633　唇 常 108　娠 常 152　振 常 250　浸 常 348　晋 人 282　眞 人 420　神 人 433　秦 人 439　宸 印 163　疹 印 406　晉 282　浸 348　昣 402　袗 550　11 深 三 352　進 三 615　清 四 353　紳 常 470　晨 人 282　參 91　脣 108　淸 353

12 森 一 311　診 常 567　裑 552　軫 602　進 615　13 新 二 273　寝 常 165　慎 常 228　愼 人 228　蜃 印 540　嗔 114　斟 271　罧 485　蓁 527　14 寢 人 165　榛 人 316　槙 人 316　槇 人 316　賑 人 588　滲 印 362　蓁 527　蔘 529　15 審 常 166　請 常 573　震 常 665

瞋 422　箴 456　蔘 529　請 573　16 親 二 560　薪 常 532　縉 480　臻 508　17 鍼 印 641　薪 532　駸 688　齔 713　18 瀋 367　19 譖 579　譛 579　21 襯 556　24 讖 581　26 鱵 701　【ジン】 2 人 一 21　儿 53　3 刃 常 67　刃 67　刄 67　4 仁 六 23

壬 人 135　5 仭 24　仞 24　仞 24　6 尽 常 173　迅 常 607　7 臣 四 557　沈 常 339　迅 607　8 侭 52　9 神 三 433　甚 常 398　荏 518　衽 549　10 陣 常 654　神 人 433　訊 人 564　恁 219　烬 379　荏 518　11 袵 549　12 尋 常 169　靭 印 670　尋 169　棯 311

靭 670　靱 670　13 腎 常 503　14 盡 人 173　塵 印 133　15 潯 364　椹 463　蕈 530　蕁 530　16 儘 印 52　蕈 530　蕁 530　18 燼 379　21 贐 591　23 鱏 700
じん　6 任 五 30　7 妊 常 148　11 [illegible] 647　13 稔 人 441
しんがり　13 殿 常 331
しんし　22 籡 459

す

ス　3 子 一 155　4 手 一 238　5 主 三 12　主 12　6 守 三 158　朱 常 294　7 寿 常 168　10 素 五 467　11 笥 印 450　12 須 常 673　13 数 二 269　14 壽 人 168　15 諏 人 572　數 269　19 蘇 人 535　蘓 535　20 蘇 535
す　6 州 三 182　9 春 二 280　洲 人 345　10 栖 人 306
11 進 三 615　巣 四 210　巢 人 210　雀 人 660　12 順 四 674　酢 常 628　14 酸 五 629　15 醋 629　17 簀 印 457　18 鬆 693　19 簾 人 458　簾 458
ズ　7 図 二 120　豆 三 581　杜 人 296　事 17　8 事 三 17　受 三 94　10 途 常 613　荳 521　逗 613　11 逗 人 613　荳 521　途 613
12 厨 人 91　14 厨 91　圖 120　15 廚 91　16 頭 二 676
ず　4 不 四 7　8 治 四 341　9 津 常 346　21 鶴 常 705
スイ　3 夊 136　4 水 一 335　5 出 一 66　7 吹 常 102　忰 223　8 垂 六 125　炊 常 370　隹 659　9 帥 常 186　10 粋 常 460　衰 常 549　祟 印 434　埀 125　翆 489
11 推 六 254　酔 常 627　彗 人 202　悴 223　捶 254　萃 522　陲 655　12 遂 常 617　萃 522　13 睡 常 422　瘁 409　綏 474　遂 617　14 粋 人 460　翠 人 489　榱 316　翠 489　15 穂 常 442　誰 常 573　醉 人 627　膵 印 504　16 錘 人 640　錐 人 640　隧 印 659　膵 504
17 穗 人 442　燧 378　18 邃 623　邃 623　雖 689
すい　12 酢 常 628　14 酸 五 629　15 醋 629
ズイ　9 陏 657　12 随 常 656　隋 印 657　惴 226　13 瑞 人 394　15 蕊 530　蕋 530　16 隧 印 659　蕊 530　隨 656　17 膸 691　19 髄 常 691　蘂 530　23 髓 691
スウ　8 枢 常 297　10 芻 印 513　11 崇 常 180　菘 522　陬 655　菘 522　12 数 二 269　13 嵩 人 181　蒭 513　鄒 626　15 數 269　樞 297　17 趨 印 594　18 雛 人 662
すう　6 吸 六 99　7 吸 99　吮 102
すえ　3 与 常 7　巳 人 184　5 末 四 293　7 形 二 202　尾 常 174　8 季 四 157
5 居 五 174　11 副 四 74　陶 常 655　12 淵 人 355　13 裔 印 552　15 標 四 319
すえる　11 据 常 252　21 饐 684
すが　11 清 四 353　菅 人 521　12 菅 521　13 廉 常 195
すかす　10 透 常 613　11 透 613　17 賺 590
すがた　9 相 三 419　姿 六 151　姿 151
すがめ　9 眇 420
すがめる　9 眇 420
すがる　16 縋 480
すき　6 耒 492　10 透 常 613　11 犁 383　12 犂 383　13 隙 常 658　14 隙 658　15 鋤 印 638　17 鍬 人 641
すぎ　7 杉 常 295　杦 295　12 椙 311　14 榲 315
ずき　14 嗌 115
すぎる　6 过 616　12 過 五 616　13 過 616
スク　11 宿 三 164
すく　6 好 四 146　7 抄 常 240　8 奇 常 143　10 透 常 613　11 梳 308　透 613　13 耡 492　14 漉 印 363　15 鋤 印 638
すぐ　8 直 二 418
ずく　14 銑 人 637
すくう　7 抄 常 240　抔 242　9 拯 249　11 巣 四 210　救 五 267　済 六 351　巢 人 210　掬 人 252　17 濟 351
すくな

少 4 二 171

すくない
少 4 二 171
尠 13 172
寡 14 常 166
鮮 17 常 697

すくむ
竦 12 印 448

すくも
粄 11 461
粭 12 462
蒅 525
蒅 13 525
糘 16 463

すぐる
克 7 常 55
英 8 四 514
俊 9 常 39
逸 11 常 614
捷 人 254
勝 12 三 79
精 14 五 462
賢 16 常 590
驍 22 人 690

すぐれ
勝 12 三 79

すぐれる
杰 8 49
俊 9 常 39
勝 12 三 79
傑 49
勝 79
傑 13 常 49
優 17 六 52

すぐろ
勝 12 三 79

すけ
又 2 常 92
友 4 二 94
方 二 274
介 常 22
右 5 一 96
左 一 183
如 6 常 147
丞 人 10
助 7 三 77
佐 四 31
良 四 511
芸 四 513
伴 常 34
扶 常 242
佑 人 34
甫 人 400
育 8 三 496
典 四 59
延 六 196
承 六 240
昌 人 278
相 9 三 419
為 常 370
亮 人 21
哉 人 106
宥 人 162
祐 人 434
席 10 四 187
理 11 二 393
副 四 74
救 五 267
涼 常 354
陪 常 655
補 12 六 552
援 常 257
棟 常 311
棚 常 312
款 常 325
裕 常 553
淵 人 355
弼 201
資 13 五 587
督 常 422
虞 常 537
維 14 常 474
輔 人 603
養 15 四 682
賛 五 588
播 人 262
融 16 常 543
翼 17 常 490

すげ
菅 11 人 521
菅 12 521
管 14 四 454

すけとうだら
鯳 19 698

すける
透 10 常 613
透 11 613

すごい
凄 10 常 63
淒 11 353

すこし
少 4 二 171

すごす
过 6 616
過 12 五 616
過 13 616

すこぶる
頗 14 人 675

すこやか
健 11 四 46

すさ
莇 7 513
莇 8 513

すさぶ
荒 9 常 517
荒 10 517
遊 12 三 618
遊 13 618

すさまじい
凄 10 常 63
淒 11 353

すさむ
荒 9 常 517
荒 10 517

すし
鮓 16 696
鮨 17 印 696

すじ
脉 9 500
脈 10 五 500
脈 500
筋 12 六 451

すじめ
文 4 一 270

すす
進 11 三 615
煤 13 人 375

すず
宰 10 常 162
紗 人 466
鈴 13 常 636
錫 16 人 639
篶 17 457

すすき
芒 6 印 512
芒 7 512
薄 16 常 532
薄 17 532

すずき
鱸 27 701

すすぐ
雪 11 二 663
雪 663
漱 14 人 363
滌 362
濯 17 常 367
濯 367

すずし
冷 7 四 63

すずしい
涼 10 人 354
涼 11 常 354

すずな
菘 11 522
菘 12 522

すずみ
進 11 三 615

すすむ
一 1 一 1
二 2 一 17
上 3 一 5
万 二 6
収 4 六 92
生 5 一 398
先 6 一 54
年 一 190
存 六 156
丞 人 10
亨 7 人 20
孜 人 156
歩 二 327
効 8 五 78
延 六 196
享 常 20
昇 常 278
侑 人 38
函 人 66
迪 人 609
廸 609
前 9 二 72
軍 四 600
迪 609
益 10 五 415
将 六 169
敏 常 267
貢 常 584
晋 人 282
晉 282
進 11 三 615
乾 常 16
粛 常 495
亀 常 714
皐 人 414
達 12 四 617
湊 人 357
進 615
新 13 二 273
勧 常 80
奨 常 145
督 常 422
漸 14 常 362
範 15 常 456
謹 17 常 577

すずむ
涼 10 人 354
涼 11 常 354

すずめ
雀 11 人 660

すすめる
侑 8 人 38
進 11 三 615
進 615
勧 12 常 80
奨 13 常 145
奬 14 人 145
獎 15 145
薦 16 常 532
薦 17 532
勸 20 80

すずり
硯 12 人 428

すすりなく
欷 11 324
歔 16 326

すする
啜 11 印 110
歃 13 325

すそ
裾 13 常 553

すだま
魑 21 695

すたる
廃 12 常 195
廢 15 195

すだれ
簾 19 人 458
簾 458

すたれる
廃 12 常 195
廢 15 195

音訓索引

ずつ　8 宛 常 159
すっぽん　25 鼈 711
すて　11 捨 六 253
すでに　3 已 人 184　10 既 常 275　11 既 275　既 275　12 既 275
すてる　7 弃 313　10 捐 250　11 捨 六 253　捨 253　13 棄 常 313　15 撤 常 261
すな　7 沙 常 338　9 砂 六 426　11 淳 人 352
すなお　6 朴 常 294　8 直 二 418　忠 六 214　侃 人 36　9 政 五 267　是 常 280　10 素 五 467　純 六 467　11 惇 人 223　淳 人 352　12 温 三 355　順 四 674　13 廉 常 195　15 質 五 589
すなどる　14 漁 四 361
すなわち　2 乃 人 13　7 即 常 88　9 便 四 41　則 五 73　卽 人 88　廼 610　10 迺 610　14 輒 603　15 輙 603
すね　11 強 二 200　脛 印 501　18 臑 505　19 髄 常 691
すねる　8 拗 印 247
すばしり　18 鯐 697
すはま　15 𡿺 182
すばる　9 昴 人 280
すぶる　14 総 五 476
すべ　9 皇 六 414　11 術 五 547　術 547
すべからく　12 須 常 673
すべて　3 凡 常 64　凡 64　6 全 三 29　全 29　14 総 五 476　17 總 476
すべる　5 辷 607　11 統 473　12 統 五 473　13 滑 常 359　14 総 五 476　綜 人 475　17 總 476
すぼむ　10 窄 人 445
すぼめる　10 窄 人 445
すまう　7 住 三 32　住 32
すます　11 済 六 351　15 澄 常 365　澂 365　17 濟 351
すみ　2 了 常 16　5 処 六 65　7 角 二 561　住 三 32　邑 人 623　8 宜 常 159　9 炭 三 371　紀 五 465　炭 371　10 純 六 467　恭 常 218　栖 人 306　11 清 四 353　済 六 351　淑 常 352　12 統 五 473　奥 常 145　隅 常 656　13 誠 六 569　14 墨 常 133　徴 常 209　維 常 474　15 潜 常 365　澄 常 365　墨 人 133　16 篤 常 457
ずみ　9 泉 六 341
すみか　10 栖 人 306
すみやか　10 速 三 612　11 速 612
すみやかに　8 亟 19
すみれ　11 菫 人 522　12 菫 522
すむ　7 住 三 32　住 32　10 栖 人 306　11 清 四 353　済 六 351　12 棲 人 311　15 澄 常 365　澂 365　17 濟 351
すめ　9 皇 六 414
すめら　9 皇 六 414
すめる　12 統 五 473　15 澄 常 365
すもも　7 李 人 296
ずら　12 葛 常 524
する　8 刷 四 71　抹 常 247　9 為 常 370　10 梓 306　11 掏 256　12 爲 人 370　13 搨 260　14 摺 人 260　摺 260　15 摩 常 261　摩 261　16 磨 常 430　擂 263　磨 430　17 擦 常 264
ずるい　9 狡 印 385
するどい　6 尖 人 171　15 鋭 常 638　鋭 638
するめ　19 鯣 697
すれる　17 擦 常 264
すわる　7 坐 人 125　8 坐 125　10 座 六 194　11 据 常 252
スン　3 寸 六 167

せ

セ　5 世 三 9　丗 9　9 施 常 274　10 勢 80　13 勢 五 80
せ　9 背 六 498　畝 402　10 畝 常 402　脊 常 500　19 瀬 常 368　瀨 人 368　22 灘 人 369
ゼ　9 是 常 280
セイ　4 井 四 18　5 正 一 326　生 一 398　世 三 9　丼 常 13　丗 9　6 西 二 556　成 四 234　7 声 二 135　成 234　8 青 一 668　制 五 71　性 五 216　姓 常 150　征 常 204　斉 常 712　政 267　靑 668　9 星 二 280　城 四 126　省 四 419　政 五 267　牲 常 382　砌 426　穽 444　10 凄 常 63　逝 常 611　晟 人 282　栖 人 306　勢 80　城 126　11 清 四 353　情 五 223　済 六 351　盛 六 416　情 223　悽 223　旌 275　晟 282　晢 282

淒 353
清 353
菁 522
萋 522
逝 611
12 晴 二 283
婿 常 153
惺 人 227
棲 人 311
甥 人 399
貰 人 586
壻 153
掣 254
晴 283
盛 416
菁 522
萋 522
13 勢 五 80
聖 六 493
誠 六 569
歳 常 328
靖 人 668
歳 328
睛 422
筬 454
聖 493
腥 503
靖 668
14 静 四 668
精 五 462
製 五 553
誓 常 571
齊 人 712
蜻 印 541
聟 153
精 462
誠 569
15 請 常 573
嘶 115
撕 261
請 573
16 整 三 270
醒 常 629
錆 人 640
靜 人 668
儕 52
錆 640
17 聲 135
擠 264
濟 351
瀞 368
薺 534
18 臍 印 505
薺 534
19 瀞 印 368
鯖 印 698
鯖 698
韲 713
21 躋 598
齎 713
22 霽 667
23 齏 713
せい
9 背 六 498
14 嵴 181
ゼイ
10 脆 印 501
蚋 538
12 税 五 440
毳 333
稅 440
13 筮 454
蛻 540
14 説 四 571
說 571
16 噬 116
18 贅 印 591
せがれ
6 伜 43
7 忰 223
10 倅 43
11 悴 223
躮 599
セキ
3 夕 一 137
4 尺 六 173
5 石 一 425
斥 常 272
6 汐 人 337
7 赤 一 591
8 昔 三 278
刺 常 71
析 常 298
9 炻 371
10 席 四 187
射 六 169
脊 常 500
隻 常 659
迹 610
11 責 五 585
寂 常 164
惜 常 223
戚 常 235
釈 常 630
淅 353
12 晰 印 283
晳 283
跖 595
13 跡 常 595
勣 80
皙 414
蓆 528
鉐 635
14 碩 人 429
蓆 528
蜥 541
15 潟 四 364
槭 318
瘠 409
16 積 四 442
磧 430
17 績 五 481
藉 534
螫 543
蹐 597
18 蹟 人 597
藉 534
蹠 597
20 籍 常 459
籍 459
釋 630
21 鶺 706
せき
8 岩 二 177
9 咳 印 106
12 堰 人 129
13 塞 常 131
14 関 四 649
碩 429
19 關 649
セク
22 齪 714
せく
9 急 三 215
急 215
せぐくまる
14 跼 596
セチ
13 節 四 454
15 節 人 454
節 454
セツ
2 卩 88
4 切 二 67
7 折 四 241
8 刹 常 72
拙 常 244
泄 印 341
9 窃 常 444
洩 印 344
10 殺 五 331
屑 人 175
浙 印 348
屑 175
11 雪 二 663
接 五 255
設 五 565
啜 印 110
晢 282
梲 308
殺 331
紲 470
雪 663
12 椄 311
渫 357
絏 472
13 節 四 454
摂 常 259
楔 印 313
14 説 四 571
截 印 236
說 571
15 節 人 454
節 454
緤 478
16 薛 532
17 薛 532
褻 555
21 攝 人 259
22 竊 444
ゼツ
6 舌 六 508
12 絶 五 472
絕 472
ぜに
14 銭 六 637
16 錢 637
せばまる
9 狭 常 385
10 狹 人 385
せばめる
9 狭 常 385
10 狹 人 385
せまい
7 阨 651
9 狭 常 385
10 狹 人 385
13 隘 657
せまる
8 迫 常 609
9 迫 609
12 逼 618
13 逼 印 618
16 薄 常 532
17 薄 532
せみ
15 蝉 544
18 蟬 人 544
せめぐ
18 鬩 693
せめる
7 攻 常 266
11 責 五 585
せり
7 芹 人 513
8 迫 常 609
芹 513
9 迫 609
25 糶 464
せる
20 競 四 449
22 竸 449
25 糶 464
ゼロ
13 零 常 665
せわしい
6 忙 常 213
忙 213
セン
3 千 一 84
山 一 176
川 一 182
巛 182
5 仙 常 24
占 常 87
仟 24
6 先 一 54
亘 人 19
尖 人 171
舛 509

画数	漢字	区分	ページ
	迁		622
	阡		651
7	串	常	11
	吮		102
	芟		513
8	苫	印	516
	戔		235
	疝		406
	茇		513
9	浅	四	346
	宣	六	161
	専	六	168
	染	六	301
	泉	六	341
	洗	六	346
	穿	人	444
	茜	人	518
	战		236
	苫		516
	荐		518
10	扇	常	238
	栓	常	306
	閃	人	647
	陝	印	654
	倩		44
	扇		238
	旃		274
	栓		306
	栴		306
	栫		306
	穿		444
	舩		510
	茜		518
	荐		518
11	船	二	510
	旋	常	275
	專	人	168
	釧	人	634
	剪		74
	淺		346
	痊		407
	笘		450
12	揃	人	258
	孱		157
	愃		227
	揃		258
	湶		357
	筅		452
	筌		452
	牋		455
13	戦	四	235
	煎	常	375
	羨	常	487
	腺	常	503
	詮	常	569
	践	常	596
	亶		21
	僉		50
	僊		50
	尠		172
	煎		375
	朁		428
	賎		589
	跣		596
14	銭	六	637
	箋	常	455
	銑	人	637
	煽	印	376
	僊		50
	僭		50
	僣		50
	煽		376
	綫		478
	銓		637
	銛		637
15	線	二	478
	選	四	622
	潜	常	365
	遷	常	622
	撰	人	261
	箭	印	456
	賤	印	589
	嬋		154
	撰		261
	潛		365
	潺		365
	箭		456
	翦		489
	蟬		544
	踐		596
	遷		622
16	薦	常	532
	戰	人	236
	擅		262
	暹		286
	甎		397
	磚		430
	選		622
	錢		637
17	纎	常	481
	鮮	常	697
	氈		333
	薦		532
	餞		683
18	蟬	人	544
	擶		264
	擶		264
	濺		367
	燹		379
	瞻		423
19	殱		330
	潛		365
	簽		458
	羶		488
	蟾		544
20	孅		155
	蘚		536
	譫		580
	贍		591
	闡		651
21	殲		330
	籤		459
	纖		481
	蘚		536
	鐫		644
	饌		684
22	癬	印	411
	顫		678
23	纖	人	481
	籤		459
	鱓		700
24	韆		672
せん			
19	簾	人	458
ゼン			
5	冉		60
6	全	三	29
	全		29
8	苒		516
9	前	二	72
	前		72
	苒		516
10	涎		348
12	然	四	373
	善	六	112
	喘	印	112
13	禅	常	436
14	漸	常	362
15	髯		692
	髯		692
16	膳	常	504
17	禪	人	436
18	繕	常	482
20	譱		112
	蟮		545
センチグラム			
14	瓩		397
センチメートル			
15	糎		463
センチリットル			
14	竰		448
セント			
13	聖	六	493
	聖		493
ぜんまい			
16	薇		533
17	薇		533
そ			
ソ			
5	処	六	65
	且	常	9
7	初	四	69
8	狙	常	385
	阻	常	652
	咀		104
	姐		149
	岨		178
	徂		204
	泝		342
	沮		342
	爼		712
9	祖	五	434
	俎		40
	爼		40
	胙		498
10	素	五	467
	租	常	439
	祖	人	434
	疽	印	407
	祚		434
11	組	二	470
	措	常	255
	粗	常	461
	處		65
	梳		308
12	疎	常	405
	訴	常	567
	疏	人	405
	甦	印	399
	詛		567
	酥		628
13	想	三	227
	塑	常	132
	楚	人	313
	鼠	印	712
	塑		132
	塐		132
	遡		620
	溯		620
	麁		708
14	遡	常	620
	噌		116
	愬		228
	踈		405
	蔬		529
15	噌	人	116
	蔬		529
16	錯	常	639
18	礎	常	431
19	蘇	人	535
	蘓		535
20	齟	印	713
	蘇		535
22	囎		118
33	麤		708
そ			
2	十	一	83
3	三	一	4
8	征	常	204
12	酢	常	628
22	襲	常	556
ゾ			
11	曽	常	288
12	曾	人	288
そい			
11	酘		628
ソウ			
4	双	常	93
	爪	常	379
	卅		85
5	匆		81
	匝		82
6	早	一	277
	争	四	17
	壮	常	135
	庄	人	192
	艸		512
	辵		592
7	走	二	592

音訓索引

壮 人 135
宋 人 159
妝 148
抓 241
8 宗 六 160
争 人 17
帚 印 186
刱 73
9 草 一 518
相 三 419
送 三 610
奏 六 145
荘 常 519
剏 73
叟 95
怱 216
桒 306
10 倉 四 44
捜 常 250
挿 常 250
桑 常 306
莊 人 519
叜 印 95
蚤 印 538
笊 450
草 518
送 610
11 巣 四 210
窓 六 445
掃 常 255
曹 常 288
曽 常 288
爽 常 380
巢 人 210
掻 簡 259
偬 46
崢 180
菷 186
埽 255
掫 255
棇 308
淙 353
莊 519
12 創 六 75
装 六 551
喪 常 112
痩 常 408
粧 常 462
葬 常 525
惣 人 223
搜 人 250
曾 人 288
湊 人 357
葱 印 525
嫂 153
愡 227
插 250
棕 310
棗 311
窗 445
筝 455
13 想 三 227
僧 常 50
蒼 人 528
裝 人 551
搔 印 259
剿 75
勦 80
嫂 153
愴 228
搜 250
搶 259
槡 310
㪢 325
溲 359
滄 360
葬 525
葱 525
14 総 五 476
層 六 176
遭 常 621
僧 人 50
槍 人 316
漕 人 362
漱 人 363
綜 人 475
聡 人 493
箒 印 455
箏 印 455
嗾 115
嗽 115
噌 116
粽 463
蔥 525
蒼 528
15 箱 三 456
槽 常 318
踪 常 596
噌 人 116
層 人 176
瘦 人 408
瘡 印 409
槭 319
艘 510
諍 573
遭 621
鯒 695
16 操 六 262
艘 印 510
薔 印 532
噪 116
懆 233
澡 366
甑 397
艙 510
薮 534
輳 604
錚 640
17 燥 常 378
霜 常 666
甑 印 397
竈 446
簇 457
糟 463
總 476
聰 493
艚 510
薔 532
蹌 597
18 贈 常 591
騒 常 689
叢 人 95
藪 印 534
雙 93
鎗 642
19 繰 常 482
藻 常 535
贈 人 591
藪 534
鰺 700
20 騷 人 689
躁 印 598
孀 155
藻 535
譟 580
21 囃 印 117
竈 印 446
籔 459
22 鰺 印 700
23 髞 692

そう
3 三 一 4
8 沿 六 340
11 副 四 74
添 常 354
14 颯 人 680

ゾウ
10 造 五 612
11 曹 常 288
造 612
12 象 五 582
象 582
13 賍 591
14 像 五 50
増 五 133
雑 五 661
憎 常 229
慥 229
15 蔵 六 531
增 人 133
憎 人 229
臧 558
17 襍 661
18 贈 常 591
藏 人 531
雜 人 661
19 臓 六 506
贈 人 591
藏 531
22 臟 人 506
贓 591
23 臟 506

ぞう
3 三 一 4

そうけ
11 笟 450

そうとめ
11 腰 291

そうろう
10 候 四 43

そえ
11 副 四 74
添 常 354
酘 628
18 儲 人 53

そえる
11 添 常 354

そぎ
8 枌 299

ソク
4 仄 印 23
7 足 一 594
束 四 295
即 常 88
8 昃 279
9 則 五 73
促 常 40
卽 人 88
10 息 三 219
速 三 612
捉 常 251
11 側 四 47
速 612
12 測 五 357
喞 111
喞 111
惻 227
13 塞 常 131
14 熄 376
蔟 529
15 蔟 529
16 壥 134
17 燭 人 378

そぐ
10 殺 五 331
11 殺 331

ゾク
9 俗 常 40
11 族 三 275
12 属 五 175
粟 人 462
13 続 四 474
賊 常 587
賊 587
14 蔟 529
15 蔟 529
17 簇 457
19 鏃 643
21 屬 175
續 474

そこ
8 底 四 193

そこなう
10 害 四 162
害 162
13 損 五 259
賊 常 587
賊 587

そこねる
13 損 五 259

そしる　誹(15・印)574　謗(17・印)578　譏(19)578
そそぐ　沃(7・常)340　注(8・三)342　注342　雪(11・二)663　雪663　漑(14)364　淹368　漑(15・印)364　瀉(18)367　濺367　灌(20・印)368　灌(21)368　灑(22)368
そそのかす　唆(10・常)108　嗾(14)115
そぞろ　漫(14・常)363
そだつ　育(7)496　育(8・三)496　毓(14)496
そだてる　育(7)496　育(8・三)496　毓(14)496
ソツ　卆(4)86　伜(6)43　卒(8・四)86　帥(9・常)186　倅(10)43　率(11・五)390　埣128　猝387　率390
そで　袖(10・常)550
そと　外(5・二)137
そなう　備(12・五)48
そなえる　具(8・三)59　供(六)36　具(五)59　備(12・五)48　饌(21)684
そなわる　備(12・五)48
そね　埆(10)127　埣(11)128
そねむ　妬(8・常)150　猜(11)387　嫉(13・常)153
その　其(8・人)58　苑(人)514　苑514　圃(10・人)122　厥(12)91　園(13・二)122　薗(16・人)122
そのう　弁(5・五)197
そば　岨(8)178　側(11・四)47　傍(12・常)48
そばだつ　屹(6・印)177　峙(9・印)178
そばだてる　側(11・四)47　欹(12)325
そびえる　聳(17・印)494
そほ　赭(16)592
そま　杣(7・印)296　[illegible](11)353
そまる　染(9・六)301
そむく　反(4・三)93　乖(8・印)14　背(9・六)498　叛(印)95　叛95
そむける　背(9・六)498
そめ　染(9・六)301
そめる　初(7・四)69　染(9・六)301
そもそも　抑(7・常)243
そら　天(4・一)141　空(8・一)443　宙(六)160　穹(人)443　空443
そらす　反(4・三)93
そらんずる　諳(16)575
そり　[illegible](8)608　橇(16)321　艝(17)510　轌(18)605
そる　反(4・三)93　剃(9・印)73
それ　夫(4・四)142　其(8・人)58　厥(12)91
それがし　某(9・常)302
それる　逸(11・常)614　逸(12・人)614
そろい　揃(12・人)258　揃258
そろう　揃(12・人)258　揃258
そろえる　揃(12・人)258　揃258
ソン　存(6・六)156　忖212　村(7・一)296　邨296　拵(9)249　孫(10・四)157　栫306　尊(12・六)170　巽(人)184　尊170　巽184　損(13・五)259　遜620　遜(14・常)620　噂(15・人)116　噂116　墫321　樽(16・人)321　樽321　蹲(19)598　鱒(23・人)700　鱒700
ゾン　存(6・六)156

た

タ　太(4・二)141　他(5・三)24　它158　多(6・二)138　夛138　汰(7・常)338　佗33　岔177　侘(8・印)38　咜107　咤(9・印)107　詑(12)567　詫(13・人)569　躱599　駄687　駄(14・常)687
た　手(4・一)238　田(5・一)400　北(二)82　為(9・常)370　咫107
ダ　打(5・三)239　朶(6)294　妥(7・常)148　兌55　妥148　陀(8・人)652　沱342　拏(9)249　柁302　拿(10・印)249　荼(印)521　娜152　娜152　粏460　唾(11・常)110　蛇(常)539　梛(人)308　舵(人)510　雫(人)664　梛308　荼521　堕(12・常)130　惰(常)227　楕(13・人)314　駄687　駄(14・常)687　墮(15)130　駝687　橢(16)314　駝703　懦(17)233　騨(19)690　糯(20)464　儺(21)53　驒(22・印)690
だ　田(5・一)400
ダース　打(5・三)239
タイ　大(3・一)139　太(4・二)141　台(5・二)98　代(三)25　体(7・二)33　対(三)168　汰(常)338　兌55　苔(8・人)516　垈126　岱178　抬264　隶659　待(9・三)205　退(六)610　帝(常)186　怠(常)216

音訓索引

耐 常 492／胎 常 498／殆 人 329／泰 216／玳 391／苔 516／10 帯 四 187／泰 常 342／退 610／11 堆 常 128／袋 常 550／逮 常 615／帶 人 187／紿 470／12 隊 四 657／貸 五 586／替 常 289／躰 33／蔕 529／詒 567／逮 615／隊 657／13 滞 常 360／碓 人 429／瑇 394
腿 504／14 態 五 228／滯 人 360／腿 印 504／臺 98／對 168／蔕 529／颱 680／15 褪 555／駘 687／16 諦 常 576／黛 人 710／頽 印 676／17 戴 常 236／擡 264／黛 710／20 軆 33／鐓 644／23 體 33／24 靆 667

たい
9 度 三 193／12 敦 人 269／15 確 五 430／19 鯛 人 698

ダイ
2 乃 人 13／3 大 一 139／4 内 二 60／內 60／才 451／5 台 二 98／代 三 25／7 弟 二 199／9 廼 610／10 迺 610／11 第 三 451／12 提 五 258／棣 311／14 臺 98／16 醍 人 629／餒 683／18 題 三 677

だい
10 悌 人 221

だいだい
16 橙 人 321

たいら
5 平 三 189／8 坦 人 126

たえ
5 布 五 185／巧 常 182／6 当 二 171／任 五 30／7 克 常 55／妙 常 148／9 係 三 39／10 栲 305／12 堪 常 129

たえる
9 耐 常 492／12 絶 五 472／堪 129／絕 472

たお
9 垰 127／13 嵶 181

たおす
10 倒 常 44／19 顚 人 678／顛 678

たおやか
13 嫋 154

たおれる
4 仆 23／10 倒 常 44／16 殪 330／18 斃 印 270／19 顚 人 678／顛 678

たか
1 乙 常 14／3 子 一 155／山 一 176／万 二 6／4 公 二 57／太 二 141／方 二 274／比 五 332／升 常 85／5 右 一 96／正 一 326／生 一 398／立 一 446／丘 常 9／6 竹 一 449／考 二 491
共 四 58／好 四 146／任 五 30／宇 六 158／仰 常 28／7 位 四 31／良 四 511／応 五 211／孝 六 156／伯 常 34／廷 常 196／8 学 一 156／空 一 443／岩 二 177／幸 三 190／卒 四 86／固 四 121／官 四 159／阜 四 651／宝 六 161／享 常 20／卓 常 86／宜 常 159／尚 常 172／岳 常 177
茂 常 517／尭 人 55／昂 人 278／穹 人 443／9 栄 四 299／飛 四 680／専 六 168／垣 常 126／威 常 150／珍 常 391／荘 常 519／10 高 二 691／挙 四 248／剛 常 73／峰 常 179／恭 常 218／峻 人 179／隼 人 659／11 教 二 268／理 二 393／章 三 447／貨 四 584／堂 五 129／険 五 655／啓 常 109
堆 常 128／崇 常 180／猛 常 387／累 常 471／隆 常 656／陵 常 656／捧 人 256／琢 人 393／皐 人 414／髙 691／12 登 三 412／陽 三 657／象 五 582／尊 六 170／敬 六 268／貴 六 586／堅 常 129／揚 常 258／棟 常 311／雄 常 660／喬 人 111／13 節 四 454／誠 六 569／楼 常 315／誉 常 569
嵩 人 181／楚 人 313／稜 人 441／14 旗 四 275／鳳 人 702／15 賞 五 589／稼 常 441／毅 人 331／16 橋 三 320／懐 常 232／賢 常 590／17 厳 六 210／爵 常 380／18 顕 常 677／19 軅 599／24 鷹 人 706

たが
14 箍 455／21 ⿱竹輪 459

たかい
8 尭 人 55／10 高 二 691／11 隆 常 656／髙 691／12 堯 人 55
喬 人 111／隆 656／17 嶷 181／21 巍 182

たがい
4 互 常 18

たがう
10 差 四 183／13 違 常 619／違 619

たがえる
13 違 常 619／違 619

たかし
3 上 一 5／大 一 139／山 一 176／4 天 一 141／5 立 一 446／丘 常 9／仙 常 24／凸 常 66／6 任 五 30／充 常 54／7 孝 六 156

8 京 二 20
宗 六 160
宝 六 161
卓 常 86
尚 常 172
岳 常 177
尭 人 55
昂 人 278
穹 人 443
9 亭 常 21
俊 常 39
荘 常 519
郁 人 624
10 高 二 691
剛 常 73
峰 常 179
恭 常 218
峻 人 179
11 陸 四 655
密 六 164
崇 常 180
隆 常 656
梁 人 309
12 最 四 288
尊 六 170
敬 六 268
貴 六 586
棟 常 311
喬 人 111
13 節 四 454
幹 五 191
誠 六 569
傑 常 49
誉 常 569
嵩 人 181
15 賞 五 589
蕎 人 530
17 駿 人 688
22 驍 人 690

たかどの
13 楼 常 315
14 閣 六 649
15 樓 315

たがね
19 鏨 643
23 鑚 645
27 鑽 645

たかぶる
4 亢 印 19
8 昂 人 278
9 昻 278

たかまる
10 高 二 691
11 髙 691

たかむしろ
18 簟 458
簟 458

たかむら
15 篁 456

たかめる
10 高 二 691
11 髙 691

たがやす
9 畊 492
10 耕 五 492
耕 492

たから
8 宝 六 161
10 財 五 584
11 戝 584
13 聖 六 493
19 寶 161
20 寳 161

たき
13 滝 常 361
18 瀑 印 367
19 瀧 人 361

たきぎ
16 薪 常 532
17 薪 532

たぎる
14 滾 362

タク
6 宅 六 158
托 人 240
7 択 常 241
沢 常 338
8 卓 常 86
拓 常 245
拆 245
9 度 三 193
柝 302
10 託 常 564
啄 人 108
倬 44
11 琢 人 393
啄 108
啅 110
12 琢 人 393
鈬 644
15 磔 430
16 擇 241
澤 338
磔 430
17 濯 常 367
擢 人 264
擢 264
濯 367
18 戳 236
謫 578
21 鐸 印 644

たく
3 干 六 189
8 炊 常 370
12 焚 人 373

ダク
9 浊 366
15 諾 常 573
16 濁 常 366
諾 573

だく
8 抱 常 246
抱 246
12 跑 595

たぐい
10 倫 常 45
18 類 四 677
19 類 人 677

たぐう
18 類 四 677
19 類 人 677

たぐえる
18 類 四 677
19 類 人 677

たくま
11 逞 人 613

たくましい
11 逞 人 613
逞 613

たくみ
3 工 二 182
5 巧 常 182
6 匠 常 82

たくむ
3 工 二 182
5 巧 常 182

たくらむ
6 企 常 28

たくわえる
10 畜 常 402
12 貯 五 586
13 蓄 常 528
14 蓄 528

たけ
3 丈 常 6
4 丈 6
5 広 二 192
矛 常 424
6 竹 一 449
全 三 29
壮 常 135
7 兵 四 58
伯 常 34
8 長 二 646
武 五 327
宝 六 161
岳 常 177
虎 常 536
孟 人 157
9 勇 四 78
建 四 197
威 常 150
茸 人 518
10 剛 常 73
烈 常 372
赳 人 593
茸 518
11 強 二 200
健 四 46
盛 六 416
猛 常 387
彪 人 203
12 貴 六 586
偉 常 47
雄 常 660
13 節 四 454
義 五 487
献 常 387
獅 人 388
14 豪 常 582
15 毅 人 331
17 嶽 177

たけお
11 猛 常 387

たけき
11 猛 常 387

たけし
3 大 一 139
6 壮 常 135
8 長 二 646
英 四 514
武 五 327
孟 人 157
9 勇 四 78
建 四 197
威 常 150
洸 人 345
赳 593
10 馬 二 686
剛 常 73
烈 常 372
赳 人 593
11 健 四 46
断 五 272
乾 常 16
猛 常 387
彪 人 203
12 雄 常 660
13 傑 常 49
滝 常 361
14 豪 常 582
15 毅 人 331
16 諺 人 575
17 矯 常 425
22 驍 人 690

たけなわ
12 酣 628
17 闌 651

たけのこ
10 笋 452
12 筍 452

たける
8 長 二 646
武 五 327
9 建 四 197
威 常 150
10 哮 108
11 猛 常 387
17 闌 651

たこ
5 凧 人 65
13 蛸 印 540
蛸 540
18 鮹 697

たしか
14 慥 229
15 確 五 430

たしかめる
15 確 五 430

たしなむ

13 嗜 印 114

たしなめる
12 窘 445

たじひ
12 夐 388

たす
7 足 一 594

たず
11 寉 705
21 鶴 常 705
22 鸖 705

だす
5 出 一 66

たすかる
7 助 三 77

たすき
15 襷 556
22 襷 印 556

たすく
2 又 常 92
4 比 五 332
介 常 22
5 右 一 96
6 丞 人 10
匡 人 82

たすけ
7 助 三 77
佐 四 31
佑 人 34
9 相 三 419
祐 人 434
10 将 六 169
11 救 五 267
12 補 六 552
13 資 五 587
14 輔 人 603
15 賛 五 588
17 翼 常 490

たすける
14 輔 人 603

5 左 一 183
6 丞 人 10
7 助 三 77
佐 四 31
扶 常 242
佑 人 34
8 侑 人 38
9 相 三 419
祐 人 434
10 祐 人 434
12 援 常 257
幇 188
弼 201
援 257
14 輔 人 603
17 翼 常 490
幫 188
18 翼 490

たずさえる
13 携 常 259
21 攜 259

たずさわる
13 携 常 259
21 攜 259

たずな
12 幉 188

たずねる
10 訊 人 564
11 訪 六 565
12 温 三 355
尋 常 169
尋 169
13 溫 人 355

ただ
1 一 一 1
2 九 一 14
十 一 83
3 三 一 4
子 一 155
士 五 135
也 人 15
4 中 一 10
公 二 57
内 二 60
止 二 326
孔 常 155
允 人 53
5 正 一 326
兄 二 53
由 三 400
只 人 97
疋 人 405
6 地 二 124
伝 四 29
任 五 30
江 常 337
伊 人 27
匡 人 82
沃 62
7 位 四 31
均 五 124
伸 常 32
但 常 33
妙 常 148
廷 常 196
8 直 二 418
例 四 38
周 四 104
忠 六 214
斉 常 712
侃 人 36
帖 人 186
9 品 三 107
度 三 193
単 四 209
政 五 267
紀 五 465
帝 常 186
糾 常 465
衷 常 550
訂 常 563
貞 常 583
10 真 三 420
孫 四 157
徒 四 206
格 五 303
宰 常 162
恭 常 218
祥 常 435
挺 人 251
11 理 二 393
問 三 110
産 四 399
規 五 559
済 六 351
唯 常 110
渉 常 352
粛 常 495
惟 人 222
12 覚 四 559
達 四 617
評 五 567
款 常 325
喬 人 111
欽 人 325
萱 人 524
董 人 525
13 督 常 422
跡 常 595
雅 常 661
禎 人 436
14 精 五 462
彰 常 203
端 常 448
維 常 474
肇 人 495
15 縄 四 478
質 五 589
蔵 六 531
監 常 416
16 薫 常 531
賢 常 590
隣 常 659
叡 人 95
鍃 640
17 矯 常 425
18 蹟 人 597

たたう
12 湛 人 357

たたえ
12 湛 人 357

たたえる
10 称 常 438
12 湛 人 357
14 稱 438

15 賛 五 588
19 贊 588
22 讃 人 580
26 讚 580

たたかう
9 战 236
13 戦 四 235
16 戰 人 236
18 闘 常 651
20 鬪 651

たたく
5 叩 97
14 敲 印 269

ただし
4 中 一 10
公 二 57
方 二 274
仁 六 23
允 人 53
5 正 一 326
旦 常 277
6 匡 人 82
7 位 四 31
但 常 33
8 直 二 418
延 六 196
忠 六 214
征 常 204
斉 常 712
侃 人 36
9 政 五 267
紀 五 465
律 六 206
是 常 280
糾 常 465
荘 常 519
衷 常 550
貞 常 583
10 真 三 420
格 五 303
将 六 169
恭 常 218
矩 人 425
11 理 二 393
規 五 559
淳 人 352
12 覚 四 559
善 六 112
喬 人 111
董 人 525
13 義 五 487
廉 常 195
雅 常 661
禎 人 436
14 徳 四 209
精 五 462
端 常 448
肇 人 495
15 質 五 589
儀 常 51
16 憲 六 231
賢 常 590
鍃 640

ただしい
5 正 一 326
9 貞 常 583

ただす
4 尹 印 172
5 正 一 326
6 匡 人 82
7 孜 人 156
糺 464
8 直 二 418
治 四 341
忠 六 214

音訓索引

征 常 204
迪 人 609
糾 465
政 9 五 267
律 六 206
糾 常 465
訂 常 563
貞 常 583
格 10 五 303
矩 人 425
理 11 二 393
規 五 559
質 589
温 12 三 355
弾 常 201
董 人 525
督 13 常 422
端 14 常 448
質 15 五 589
彈 人 201
憲 16 六 231

たたずむ
佇 7 印 33
竚 10 447

ただちに
直 8 二 418

ただに
啻 12 112

たたみ
畳 12 常 404
疂 16 404
疊 22 人 404
疉 404

たたむ
畳 12 常 404
疂 16 404
疊 22 人 404
疉 404

ただよう
漂 14 常 363
漾 363

たたる
祟 10 印 434

ただれる
糜 17 464
爛 21 印 379

タチ
达 6 617
達 12 四 617
達 617
達 13 617

たち
質 11 589
楯 13 人 313
質 15 五 589
館 16 三 683
舘 683
館 17 683

たちばな
橘 16 人 320

たちまち
忽 8 人 214

タツ
达 6 617
達 12 四 617
達 617
達 13 617
撻 16 263
燵 17 印 378
闥 21 651
韃 22 672

たつ
立 5 一 446
辰 7 人 606
長 8 二 646
武 五 327
発 9 三 411
建 四 197
起 10 三 592
挙 四 248
竜 常 714
起 592
健 11 四 46
断 五 272
経 五 468
絶 12 五 472
裁 六 551
發 411
絶 472
經 13 468
竪 14 人 448
截 印 236
樹 16 六 320
龍 人 714
斷 18 272

ダツ
妲 8 150
怛 216
脱 11 常 501
脫 501
奪 14 常 145
獺 19 389
韃 22 672

たつき
樹 16 六 320

たつぎ
鐇 20 644

たっとい
崇 11 常 180
尊 12 六 170
貴 六 586
尊 170

たっとぶ
尚 8 常 172
尚 172
崇 11 常 180
尊 12 六 170
貴 六 586
尊 170

たつみ
巽 12 人 184
巽 184

たつる
立 5 一 446
建 9 四 197

たて
干 3 六 189
立 5 一 446
建 9 四 197
盾 常 419
健 11 四 46
達 12 四 617
楯 13 人 313
竪 14 人 448
館 16 三 683
縦 六 480
舘 683
縱 17 人 480
館 683

たで
蓼 14 印 530
蓼 15 530

だて
婲 10 152
婲 11 152

たていと
経 11 五 468
經 13 468

たてがみ
鬣 25 693

たてまつる
奉 8 常 144
献 13 常 387
獻 20 387

たてる
立 5 一 446
卓 8 371
点 9 二 371
建 四 197
樹 16 六 320
點 17 371

たとえ
譬 20 580

たとえる
例 8 四 38
喩 12 常 113
譬 20 580

たどる
辿 6 607
辿 7 人 607

たな
店 8 二 193
桟 10 常 305
棚 12 常 312
棚 312

たなご
鱮 24 701

たなごころ
掌 12 常 254

たに
谷 7 二 581
峪 10 179
渓 11 常 351
溪 13 351
壑 17 134
谿 581

だに
蜱 14 541

たぬき
狸 10 印 386

たね
物 8 三 382
苗 常 516
胤 9 人 498
留 10 五 403
栽 常 305
植 12 三 310
殖 常 330
誠 13 六 569
種 14 四 441
稼 15 常 441

たのし
予 4 三 16
喜 12 五 111
楽 13 二 312

たのしい
愉 12 常 227
愉 227
楽 13 二 312
樂 15 人 312

たのしむ
佚 7 31
娯 10 常 151
娛 151
愉 12 常 227
愉 227
楽 13 二 312
樂 15 人 312

たのむ
怙 8 215
恃 9 219
嘱 15 常 115
頼 16 常 676
賴 人 676
囑 24 115

たのもしい
頼 16 常 676
賴 人 676

たば
束 7 四 295
把 常 242

たばこ
莨 10 521
莨 11 521

たばねる
束 7 四 295

たび
度 9 三 193
旅 10 三 275
旅 275

たぶ
椨 12 311
椨 311
椨 13 311

たぶさ
髻 16 印 693

たぶらかす
誑 14 570

たべる
食 9 二 680

食 680

たぼ
15 髱 692

たま
5 玉 一 390
6 圭 人 123
7 玖 人 391
灵 665
9 玲 人 392
10 珠 常 392
11 球 三 392
12 弾 常 201
13 瑞 人 394
瑶 人 394
14 適 五 621
魂 常 694
瑤 394
15 賜 常 588
霊 常 665
彈 人 201
適 621
17 環 常 395
18 璧 常 395
瓊 396
24 靈 665

たまう
12 給 四 471
15 賜 常 588
16 錫 人 639

たまき
17 環 常 395
環 395

たまご
7 卵 六 89

たまさか
14 適 五 621
15 適 621

たましい
7 灵 665
14 魂 常 694
15 霊 常 665
魄 694
24 靈 665

だます
16 瞞 印 423
19 騙 印 689
騙 689

たまたま
11 偶 常 46
14 適 五 621
15 適 621

たまつばき
17 檍 233

たまもの
15 賜 常 588

たまや
15 廟 人 196
廟 196

たまる
13 溜 人 361
15 澑 361

だまる
15 黙 常 710
16 默 人 710

たまわる
12 給 四 471
15 賜 常 588

たみ
2 人 一 21
5 民 四 334
13 農 三 606
15 黎 人 710

たむろ
4 屯 常 176

ため
9 為 常 370
12 爲 人 370

ためし
8 例 四 38

ためす
13 試 四 568
18 験 四 688
23 驗 人 688

ためらう
11 逡 611
21 躊 印 598

ためる
12 貯 五 586
13 溜 人 361
15 澑 361
17 矯 常 425

たも
12 楙 311
13 楙 311
19 櫤 322

たもう
15 賜 常 588

たもつ
4 方 二 274
6 有 三 289
任 五 30
存 六 156
7 完 四 159
寿 常 168
扶 常 242
9 保 五 41
俠 人 39
10 将 六 169
11 惟 人 222
14 維 常 474

たもと
9 袂 印 550

たやす
12 絶 五 472
絕 472

たより
9 便 四 41

たよる
16 頼 常 676
賴 人 676

たら
15 樰 319
22 鱈 700

たらい
16 盥 417

たらす
8 垂 六 125
10 埀 125
14 誑 570

たらのき
13 楤 314
14 楤 314

たり
7 足 一 594
8 垂 六 125
11 粛 常 495
12 給 四 471
13 溜 人 361

たりる
7 足 一 594

たる
7 足 一 594
8 垂 六 125
枢 常 297
9 神 三 433
11 健 四 46
12 善 六 112
13 福 三 436
幹 五 191
稜 人 441

たる（続き）
15 墫 321
16 樽 人 321
罇 321

だるい
9 怠 常 216
16 懈 232

たるき
11 桷 307
13 椽 314
14 榱 316

たるむ
6 弛 人 199

たれ
8 垂 六 125
11 孰 157
15 誰 常 573

だれ
15 誰 常 573

たれる
8 垂 六 125
10 埀 125
14 滴 常 363

たわ
4 乢 177
13 嵶 181

たわける
15 戯 常 236
17 戲 人 236

たわむ
15 撓 262
16 橈 321

たわむれる
15 戯 常 236
16 譃 575
17 戲 人 236

たわら
10 俵 六 45

タン
4 反 三 93
丹 常 12
5 旦 常 277
7 但 常 33
8 担 六 245
坦 人 126
9 炭 三 371
単 四 209
段 六 330
胆 常 498
象 202
炭 371
眈 420
10 耽 人 493
疸 印 407
站 447
袒 550
11 探 六 255
淡 常 353
啖 印 110
蛋 印 539
啗 110
酖 628
12 短 三 425
堪 常 129
單 人 209
湛 人 357
毯 333
湍 357
猯 388
覃 557
赧 592
13 嘆 常 114
痰 印 409
亶 21
蜑 540
14 端 常 448
綻 常 476
嘆 人 114
慱 230
摶 261
歎 326
襌 555
誕 573
靼 670
15 誕 六 573
歎 人 326
憚 印 231
槫 319
潭 365
潭 365
簞 458
緞 478
鄲 626
16 壇 常 134
憺 233
擔 245
殫 330
澹 366
17 鍛 常 641
膽 498
蘊 534

襌 555　賺 590　餤 683　18 簞 人 458　藫 534　蟫 544　19 譚 印 579　壜 135　譚 579　20 鐔 644　鐔 644　22 攤 265　罎 484

ダン　5 旦 常 277　6 団 五 120　7 男 一 401　9 段 六 330　11 断 五 272　12 弾 常 201　葮 525　13 暖 六 284　暖 284　椴 314　煖 375　葮 525　14 團 人 120　15 談 三 573　彈 人 201　16 壇 常 134　17 檀 人 322　18 斷 272　21 灘 369　22 灘 人 369

だんまり　15 黙 常 710　16 默 人 710

ち

チ　3 夂 136　6 地 二 124　池 二 337　弛 人 199　7 豸 583　8 知 二 424　治 四 341　岻 178　胝 498　9 致 507　10 値 六 44　恥 常 219　致 常 507　耻 219　袮 550　11 笞 451　貭 589　12 遅 常 617　智 人 283　黹 711　13 置 四 485　痴 常 409　稚 常 440　馳 人 686　雉 印 661　輊 603　14 蜘 541　15 質 五 589　褫 555　踟 596　16 緻 常 480　遲 617　17 穉 440　19 癡 409　21 魑 695　22 躓 598　23 黐 710

ち　1 一 一 1　3 千 一 84　5 市 二 185　6 血 三 545　8 乳 六 15　茅 人 517　乳 15　9 為 常 370　茅 517　12 道 二 618

ちいさい　3 小 一 170

ちか　2 九 一 14　力 一 76　3 子 一 155　寸 六 167　及 常 13　凡 常 64　4 元 二 53　分 二 68　比 五 332　允 人 53　5 用 二 399　央 三 143　史 五 97　6 年 一 190　次 三 324　至 六 507　7 見 一 558　弟 二 199　近 二 608　局 三 173　身 三 599　判 五 69　亨 人 20　8 京 二 20　直 二 418　知 二 424　味 三 105　和 三 105　参 四 91　周 四 104　附 常 652　9 前 二 72　発 三 411　促 常 40　俠 人 39　哉 人 106　殆 人 329　10 真 三 420　速 三 612　恭 常 218　浮 常 348　11 務 五 79　規 五 559　庶 常 194　戚 常 235　這 人 611　12 間 二 648　登 三 412　集 三 660　幾 常 191　13 新 二 273　愛 四 224　義 五 487　寛 常 165　慈 常 226　慎 常 228　睦 常 422　14 誓 常 571　爾 人 380　15 慶 常 229　畿 常 405　遵 常 622　16 親 二 560　懐 常 232　衡 常 548　隣 常 659　17 謹 常 577　19 鯅 698

ちかい　7 近 二 608　近 608　8 迩 623　18 邇 印 623

ちかう　5 矢 二 424　13 盟 六 416　14 誓 常 571

ちがう　13 違 常 619　違 619

ちがえる　13 違 常 619　違 619

ちかし　2 九 一 14　5 史 五 97　7 即 常 88　8 周 四 104　11 悠 常 221　12 幾 常 191　13 愛 四 224　睦 常 422　14 爾 人 380　16 親 二 560

ちかづく　9 昵 280

ちがや　8 茅 人 517　9 茅 517

ちから　2 力 一 76　6 边 76　10 能 五 500　12 税 五 440

ちぎる　9 契 常 144　契 144

チク　6 竹 一 449　10 畜 常 402　逐 常 612　11 逐 612　12 筑 人 452　筑 452　13 蓄 常 528　14 蓄 528　16 築 五 457　築 457　24 矗 424

ちこう　5 矢 二 424

ちち　4 父 二 380　8 乳 六 15　乳 15　10 秩 常 439

ちぢまる　17 縮 六 481

ちぢむ　17 縮 六 481

ちぢめる　17 縮 六 481

ちぢらす　17 縮 六 481

ちぢれる　17 縮 六 481

チツ　8 帙 186　10 秩 常 439　11 窒 常 445　13 膣 504　15 膣 印 504　17 蟄 543

ちどり　17 鵆 703

ちなみ　6 因 五 119

ちなむ　6 因 五 119

ちはや　16 襅 555

ちびる　7 禿 印 437

ちまき　14 粽 463

ちまた　9 巷 人 184　巷 184　24 衢 548

チャ
9 茶 二 519
10 茶 519

チャク
11 著 六 522
12 着 三 487
13 著 人 522
14 嫡 常 154
17 擲 264

チュ
1 、 12
12 蛛 印 540

チュウ
1 、 12
4 中 一 10
丑 人 7
6 虫 一 537
仲 四 29
冲 339
7 沖 四 339
肘 常 496
狆 384
8 注 三 342
宙 六 160
忠 六 214
抽 常 245
注 342
9 昼 二 280
柱 三 302
衷 常 550
胄 印 498
冑 61
柱 302
紂 466
10 酎 常 627
紐 人 467
11 晝 人 280
紬 人 470
偸 47
惆 223
12 厨 人 91
註 人 567
蛛 印 540
畴 405
鈕 634
13 誅 印 569
稠 440
14 廚 91
綢 476
15 鋳 常 638
駐 常 687
廚 91
駐 687
16 儔 52
鍮 640
17 鍮 642
18 蟲 537
19 疇 印 405
籀 458
20 籌 459
21 躊 印 598
籒 458
22 鑄 人 638

ちゅう
16 鍮 640

チュツ
17 黜 711

チョ
7 佇 印 33
8 杼 298
苧 516
9 苧 516
10 竚 447
11 著 六 522
猪 人 387
紵 471
12 貯 五 586
猪 人 387
13 著 人 522
楮 印 314
14 緒 常 475
箸 456
15 箸 常 456
緒 人 475
樗 319
潴 368
躇 598
16 豬 582
17 儲 53
18 儲 人 53
瀦 368
19 瀦 印 368
躇 印 598

チョウ
2 丁 三 3
4 弔 常 199
5 打 三 239
庁 六 192
6 兆 四 55
吊 印 100
7 町 一 401
甼 401
疔 406
8 長 二 646
帖 人 186
佻 38
9 重 三 631
挑 常 249
逃 常 611
昶 280
迢 609
迯 611
10 挺 人 251
冢 62
凋 63
晁 282
逃 611
鬯 693
11 鳥 二 701
帳 三 188
張 五 201
頂 六 673
彫 常 203
眺 常 421
釣 常 634
彫 203
悵 223
掉 256
梃 308
窕 445
萇 523
釣 634
12 朝 二 291
塚 常 130
貼 常 587
超 常 593
喋 人 113
脹 人 502
朝 291
萇 523
貂 583
13 腸 六 503
跳 常 596
牒 人 381
塚 130
楪 314
誂 569
14 徴 常 209
暢 人 284
肇 人 495
蔦 人 529
趙 印 594
漲 363
肇 495
蜩 541
輒 603
銚 637
15 調 三 574
潮 六 365
嘲 常 116
澄 常 365
徵 人 209
蝶 人 542
嘲 116
樢 319
潮 365
澂 365
膓 503
蔦 529
調 574
輙 603
髫 692
16 諜 印 576
雕 662
17 聴 常 494
18 懲 常 233
19 寵 人 167
懲 人 233
鯛 人 698
鯛 698
20 廳 192
鰈 699
齠 713
22 聽 人 494
25 廳 人 192
糶 464

チョク
8 直 二 418
9 勅 常 78
10 捗 常 251
陟 654
11 敕 78
捗 251
13 稙 440
飭 681
20 躅 598

ちょく
10 値 六 44

ちらかす
12 散 四 268

ちらかる
12 散 四 268

ちらす
12 散 四 268

ちり
14 塵 印 133

ちりばめる
19 鏤 644

ちる
12 散 四 268

チン
6 灯 四 369
7 沈 常 339
8 枕 常 298
9 亭 常 21
珍 常 391
珎 391
10 朕 常 290
砧 人 426
朕 290
11 陳 常 655
12 趁 594
13 賃 六 588
椿 人 314
椹 314
14 碪 429
15 鴆 702
16 燈 人 369
17 鍖 642
18 鎮 常 642
鎭 人 642
闖 651

ちん
7 狆 384

つ

ツ
10 通 二 612
11 都 三 625
通 612
12 都 人 625

つ
9 津 常 346
18 藤 常 534
21 鶴 常 705

ツイ
7 対 三 168
9 追 三 610
10 追 610
11 堆 常 128

音訓索引

（ツイ）椎 12 常 311　槌 13 316　槌 14 人 316　對 168　墜 15 常 133　墜 133　縋 16 480　鎚 17 643　鎚 18 印 643

ついえる 費 12 五 587　潰 15 常 364

ついたち 朔 10 人 290　朔 290

ついで 序 7 五 192　秩 10 常 439

ついに 終 11 三 470　竟 印 447　終 470　遂 12 常 617　遂 13 617

ついばむ 啄 10 人 108　啄 11 108

ついやす 費 12 五 587

ツウ 通 10 二 612　通 11 612　痛 12 六 408

つえ 杖 7 人 295

つか 束 7 四 295　柄 9 常 302　柄 302　恭 10 常 218　冢 62　策 12 六 452　塚 常 130　墓 13 五 132　塚 130

つが 栂 9 302　樛 15 318

つがい 番 12 二 404

つかう 仕 5 三 24　使 8 三 37　遣 13 常 620　遣 14 620

つがう 番 12 二 404

つかえ 痞 12 408

つかえる 支 4 五 265　仕 5 三 24　事 7 17　事 8 三 17　閊 11 647

つがえる 番 12 二 404

つかさ 士 3 五 135　元 4 二 53　主 5 三 12　司 四 97　吏 6 常 101　良 7 四 511　長 8 二 646　典 四 59　官 四 159　師 10 五 187　宰 常 162　曹 11 常 288　衙 13 印 547　寮 15 常 166

つかさどる 司 5 四 97　宰 10 常 162　掌 12 常 254

つかす 尽 6 常 173　盡 14 人 173

つかぬ 束 7 四 295

つかね 束 7 四 295　緯 16 常 479

つかねる 束 7 四 295

つかまえる 捕 10 常 251

つかまつる 仕 5 三 24

つかまる 捕 10 常 251

つかむ 掴 11 260　摑 14 人 260　摯 15 常 260　攫 23 265

つからす 疲 10 常 407

つかる 浸 10 常 348　浸 348　漬 14 常 362

つかれる 労 7 四 77　疲 10 常 407　倦 人 42　倦 11 42　勞 12 77　弊 15 常 197　弊 197　憊 16 231

つかわす 遣 13 常 620　遣 14 620

つき 月 4 一 289　月 289　坏 7 125　筑 12 人 452　噬 14 115　調 15 三 574　槻 人 318　欟 22 323　欟 28 323　欟 29 323

つぎ 乙 1 常 14　二 2 一 17　月 4 一 289　世 5 三 9　次 6 三 324　存 六 156　次 324　系 7 六 465　亜 常 19　胤 9 人 498　連 10 四 614　族 11 三 275　副 四 74　接 五 255　著 六 522　紹 常 470　番 12 二 404　続 13 四 474　嗣 常 114　継 常 474　調 15 三 574　衝 常 547　襲 22 常 556

つきる 尽 6 常 173　盡 14 人 173

つく 付 5 四 26　吐 6 常 100　即 7 常 88　委 8 三 149　突 常 444　附 常 652　卽 9 人 88　柘 人 301　突 人 444　著 11 六 522　舂 508　釻 634　着 12 三 487　属 五 175　就 六 172　著 13 人 522　搗 260　箸 15 常 456　衝 常 547　謁 常 572　諾 常 573　撞 人 261　築 16 五 457　憑 印 231　築 457　擣 17 264　屬 21 175

つぐ 二 2 一 17　子 3 一 155　壬 4 人 135　世 5 三 9　次 6 三 324　伝 四 29　次 324　告 7 五 102　亜 常 19　知 8 二 424　受 三 94　注 三 342　治 四 341　承 六 240　亞 人 19　庚 人 193　注 342　紀 9 五 465　胤 人 498　従 10 六 206　倫 常 45　貢 常 584　族 11 三 275　接 五 255　著 六 522　訳 六 566　紹 常 470　番 12 二 404　報 五 130　続 13 四 474　蒸 六 527　嗣 常 114　継 常 474　禎 人 436　頌 人 674　語 14 二 570　説 四 571　静 四 668　漸 常 362　緒 常 475　調 15 三 574　縄 四 478　諾 常 573　講 17 五 577　鞠 人 671　譜 19 常 579　麗 常 708　繫 人 482　繼 20 474

つくえ 几 2 印 64　机 6 六 294　卓 8 常 86

つくす 尽 6 常 173　盡 14 人 173　竭 448

つくだ

佃 7 人 34

つくづく 熟 15 六 377

つぐなう 賠 15 常 589 / 償 17 常 52

つくねる 捏 10 印 251

つくばう 蹲 19 598

つぐみ 鶇 19 705 / 鶫 20 705

つぐむ 拑 8 243 / 噤 16 116

つくり 作 7 二 31 / 旁 10 274 / 傍 12 常 48

つくる 作 7 二 31 / 造 10 五 612 / 做 11 31 / 造 612

創 12 六 75 / 製 14 五 553

つくろう 繕 18 常 482

つける 付 5 四 26 / 附 8 常 652 / 坿 126 / 奌 371 / 点 9 二 371 / 着 12 三 487 / 就 14 六 172 / 漬 14 常 362 / 點 17 371

つげる 告 7 五 102 / 吿 102

つごもり 晦 10 282 / 晦 11 人 282

つじ 辻 5 607 / 辻 6 人 607

つた 伝 6 四 29

蔦 14 人 529 / 蔦 15 529

つたう 伝 6 四 29 / 傳 13 人 29

つたえ 伝 6 四 29

つたえる 伝 6 四 29 / 傳 13 人 29

つたない 拙 8 常 244

つたわる 伝 6 四 29 / 傳 13 人 29

つち 土 3 一 122 / 地 6 二 124 / 坤 8 125 / 椎 12 常 311 / 槌 13 316 / 槌 14 人 316 / 壊 16 常 134 / 壊 常 134 / 鎚 17 643

鎚 18 印 643 / 壞 20 134

つちかう 培 11 常 129

つちのえ 戊 5 人 234

つちのと 己 3 六 184

つつ 土 3 一 122 / 砲 10 常 427 / 砲 427 / 筒 12 常 453 / 銃 13 637 / 銃 14 常 637

つつが 恙 10 220

つづき 統 12 五 473

つつく 啄 10 人 108 / 啄 11 108

つづく 続 13 四 474 / 續 21 474

つづける 続 13 四 474 / 續 21 474

つつしむ 虔 10 536 / 粛 11 常 495 / 欽 12 人 325 / 慎 13 常 228 / 愼 人 228 / 肅 495 / 愿 14 228 / 謹 17 常 577 / 謹 18 人 577

つつましい 慎 13 常 228 / 愼 人 228

つづまやか 約 9 四 466 / 約 466 / 倹 10 常 42 / 儉 15 人 42

つつみ 坡 8 126 / 陂 126 / 堤 12 常 130

塘 13 132 / 塘 132

つづみ 鼓 13 常 712 / 皷 14 712

つつむ 包 5 四 81 / 包 81 / 温 12 三 355 / 裹 14 553

つづめる 約 9 四 466 / 約 466

つづら 葛 11 524 / 葛 12 常 524 / 葛 13 524 / [illegible] 20 536 / [illegible] 21 536

つづる 綴 14 人 476

つて 伝 6 四 29 / 傳 13 人 29

つと 苞 8 印 517 / 苴 516 / 苴 9 516 / 苞 517 / 朝 12 二 291 / 髱 15 692

つどい 集 12 三 660

つとう 伝 6 四 29

つどう 集 12 三 660

つとに 夙 6 138

つとまる 務 11 五 79 / 勤 12 六 79 / 勤 13 人 79

つとむ 力 2 一 76 / 工 3 二 182 / 功 5 四 76 / 司 四 97 / 伝 6 四 29 / 努 7 四 77

励 常 77 / 孜 人 156 / 事 8 三 17 / 孟 人 157 / 勉 10 三 78 / 格 五 303 / 耕 五 492 / 剣 常 73 / 拳 常 248 / 敏 常 267 / 強 11 二 200 / 務 五 79 / 乾 常 16 / 勤 12 六 79 / 敦 人 269 / 義 13 五 487 / 奨 常 145 / 精 14 五 462 / 魁 人 694 / 勲 15 常 80 / 墾 16 常 134 / 薫 常 531

つとめる 力 2 一 76 / 努 7 四 77

孜 人 156 / 勉 9 人 78 / 勉 10 三 78 / 務 11 五 79 / 勖 79 / 勗 79 / 勤 12 六 79 / 勤 13 人 79

つな 卓 8 常 86 / 紀 9 五 465 / 純 10 六 467 / 道 12 二 618 / 統 五 473 / 斯 人 273 / 維 14 常 474 / 綱 常 475 / 縄 15 四 478 / 繫 19 人 482

つながる 繋 17 482 / 繫 19 人 482

つなぐ 維 14 常 474 / 繋 17 482

繫 19 人 482

つぬ 角 7 二 561

つね 久 3 五 13 / 凡 常 64 / 比 4 五 332 / 平 5 三 189 / 永 五 335 / 玄 常 389 / 毎 6 二 332 / 式 三 198 / 序 7 五 192 / 寿 常 168 / 長 8 二 646 / 例 四 38 / 典 四 59 / 法 四 343 / 英 四 514 / 則 9 五 73 / 恒 常 218 / 恆 人 218 / 倫 10 常 45 / 秩 常 439 / 矩 人 425

常 11 五 187　経 五 468　庸 常 195　曽 常 288　道 12 二 618　統 五 473　幹 13 五 191　継 常 474　雅 常 661　歴 14 五 328　積 16 四 442　懐 常 232　職 18 五 494　鎮 常 642　識 19 五 579
つねる　抓 7 241
つの　角 7 二 561
つのる　募 12 常 80　募 13 80
つば　唾 11 常 110　鍔 17 641　鐔 20 644　鐔 644
つばき　椿 13 人 314
つばくら　燕 16 人 377
つばくらめ　燕 16 人 377
つばくろ　燕 16 人 377
つばさ　翼 17 常 490　翼 18 490
つばめ　燕 16 人 377
つび　屎 9 175
つぶ　粒 11 常 461　螺 17 人 543
つぶさに　具 8 三 59　具 59　備 12 五 48
つぶす　潰 15 常 364
つぶて　礫 20 印 431
つぶやく　呟 8 印 104
つぶら　円 4 一 59　圓 13 人 59
つぶる　瞑 15 印 422
つぶれる　潰 15 常 364
つぼ　坪 8 常 126　坩 125　坪 126　壷 11 136　壺 12 印 136
つぼね　局 7 三 173
つぼみ　莟 10 520　蕾 16 人 533　蕾 17 533
つま　爪 4 常 379　妻 8 五 149　褄 13 554　嬬 17 155
つまき　蒸 13 六 527
つまごと　鞢 16 395
つましい　倹 10 常 42　儉 15 人 42
つまずく　跌 12 595　蹉 17 597　躓 22 598
つまびらか　詳 13 常 569　審 15 常 166
つまむ　抓 7 241　摘 14 常 261　撮 15 常 261
つまる　詰 13 常 568
つみ　祇 9 人 433　辜 12 606　罪 13 五 484　摘 14 常 261　積 16 四 442
つむ　万 3 二 6　紡 10 常 468　詰 13 常 568　摘 14 常 261　積 16 四 442　錘 人 640
つむぎ　紬 11 人 470
つむぐ　紡 10 常 468
つむじかぜ　飄 20 680　飃 680　飆 21 680
つめ　爪 4 常 379
つめたい　冷 7 四 63
つめる　詰 13 常 568
つもる　万 3 二 6　積 16 四 442
つや　釉 12 人 631　艶 19 常 512　艷 24 512
つゆ　露 21 常 667
つよ　侃 8 人 36　威 9 常 150　烈 10 常 372　強 11 二 200　健 四 46　務 五 79　豪 14 常 582　毅 15 人 331
つよい　侃 8 人 36　勁 9 人 78　剛 10 常 73　悍 印 221　勍 78　強 11 二 200　强 12 200　毅 15 人 331　彊 16 201
つよき　毅 15 人 331
つよし　丁 2 三 3　劥 6 76　侃 8 人 36　耐 9 常 492　勁 人 78　剛 10 常 73　強 11 二 200　健 四 46　彪 人 203　堅 12 常 129　幹 13 五 191　豪 14 常 582　毅 15 人 331　驍 22 人 690
つよまる　強 11 二 200　强 12 200
つよめる　強 11 二 200　强 12 200
つら　汁 5 常 336　行 6 二 546　列 三 69　役 7 三 204　位 四 31　忠 8 六 214　享 常 20　面 9 三 669　連 10 四 614　班 六 392　烈 常 372　般 常 509　陣 常 654　偏 11 常 47　貫 常 584　陳 常 655　寅 人 163　属 12 五 175　葛 常 524　綿 14 五 476　編 15 五 479　諸 六 572　頬 16 常 675　頻 17 常 676　羅 19 常 485　離 常 663
つらい　辛 7 常 605
つらつら　倩 10 44　熟 15 六 377
つらなる　列 6 三 69　連 10 四 614　連 11 614　聯 15 494　聯 17 494
つらぬく　貫 11 常 584
つらねる　列 6 三 69　連 10 四 614　連 11 614　聯 15 494　聯 17 494
つり　釣 11 常 634
つる　弔 6 印 100　弦 8 常 199　釣 11 常 634　絃 人 469　釣 634　寉 705　敦 12 人 269　鉉 13 635　蔓 14 人 530　蔓 15 530　鶴 21 常 705　鶴 22 705　攣 23 印 265　靍 27 667　靎 668　靏 29 668
つるぎ　剣 10 常 73　剱 11 73　釼 73　劍 15 人 73　劒 16 73　劔 73
つるす

音訓索引

6 吊 印 100
つるばみ
16 橡 320
つれる
10 連 四 614
11 連 614
つわもの
7 兵 四 58

て

て
4 手 一 238
弖 199
弖 199
デ
7 弟 二 199
で
4 手 一 238
5 出 一 66
テイ
2 丁 三 3
4 才 451
5 汀 人 336
叮 98
7 体 二 33
弟 二 199
低 四 34
呈 常 102
廷 常 196
呈 102
廷 196
8 定 三 160
底 四 193
抵 常 245
邸 常 624
低 204
9 亭 常 21
帝 常 186
訂 常 563
貞 常 583
剃 印 73
柢 302
牴 382
酊 626
10 庭 三 194
逓 常 613
悌 人 221
挺 人 251
釘 人 633
涕 348
11 第 三 451
停 五 47
偵 常 47
梯 人 308
逞 人 613
梃 308
羝 487
逞 613
12 提 五 258
程 五 440
堤 常 130
啼 印 113
躰 33
幀 188
棣 311
渟 357
睇 422
程 440
觝 562
詆 567
13 艇 常 510
禎 人 436
鼎 人 711
碇 印 429
楴 314
裼 554
遉 617
髢 692
14 禎 人 436
綴 人 476
遞 613
醍 629
15 締 常 479
鄭 人 626
鄭 626
霆 665
16 諦 常 576
薙 人 532
蹄 人 597
17 嚔 117
薙 532
騁 688
18 鵜 人 704
嚔 117
19 蟶 544
20 軆 33
23 體 33
てい
4 壬 人 135
7 杖 人 295
デイ
8 泥 常 342
9 祢 人 436
10 袮 436
17 濔 367
18 禰 436
19 禰 人 436
デカグラム
7 瓧 396
てかせ
11 梏 307
デカメートル
8 籵 460
デカリットル
7 竍 447
テキ
3 彳 203
7 狄 385
8 的 四 413
迪 人 609
的 413
廸 609
9 迪 609
10 荻 人 521
俶 44
剔 74
11 笛 三 451
荻 521
逖 613
14 適 五 621
嫡 常 154
摘 常 261
滴 常 363
15 敵 六 269
適 621
17 擢 人 264
擢 264
18 擲 264
19 鏑 643
22 糴 464
覿 561
躑 598
デキ
13 溺 常 360
溺 360
14 滌 362
てぐるま
15 輦 604
てこ
7 杆 294
11 桿 294
梃 308
14 槓 316
デシグラム
9 瓰 397
デシメートル
10 粉 五 460
デシリットル
9 竕 447
てすり
20 欄 常 323
21 欄 人 323
てだて
11 術 五 547
テツ
8 迭 常 609
9 姪 人 151
咥 107
垤 127
迭 609
10 哲 常 108
12 耋 491
跌 595
13 鉄 三 635
啜 405
14 綴 人 476
銕 635
15 徹 常 209
撤 常 261
輟 603
16 錣 640
18 餮 683
19 轍 印 605
20 鐵 635
21 鐵 635
てつ
14 槌 人 316
デツ
10 捏 印 251
涅 印 348
涅 348
てら
6 寺 二 167
てらう
11 衒 547
てらし
13 照 四 375
てらす
13 照 四 375
18 曜 二 286
てる
5 央 三 143
6 光 二 54
旭 人 277
8 明 二 279
英 四 514
9 昭 三 280
栄 四 299
映 六 279
10 晃 人 281
晄 人 281
晟 人 282
12 晴 二 283
瑛 人 393
皓 人 414
13 照 四 375
暉 人 284
煌 人 375
15 監 常 416
輝 常 603
熙 人 376
16 燕 人 377
18 曜 二 286
顕 常 677
燿 人 379
20 耀 人 490
でる
5 出 一 66
てれる
13 照 四 375
テン
4 天 一 141
6 伝 四 29
辿 607
7 辿 人 607
8 店 二 193
典 四 59
忝 214
沾 342
奌 371
9 点 二 371
恬 219
殄 329
10 展 六 175
11 転 三 601
添 常 354
唸 印 110
甜 398
甛 398
12 貼 常 587

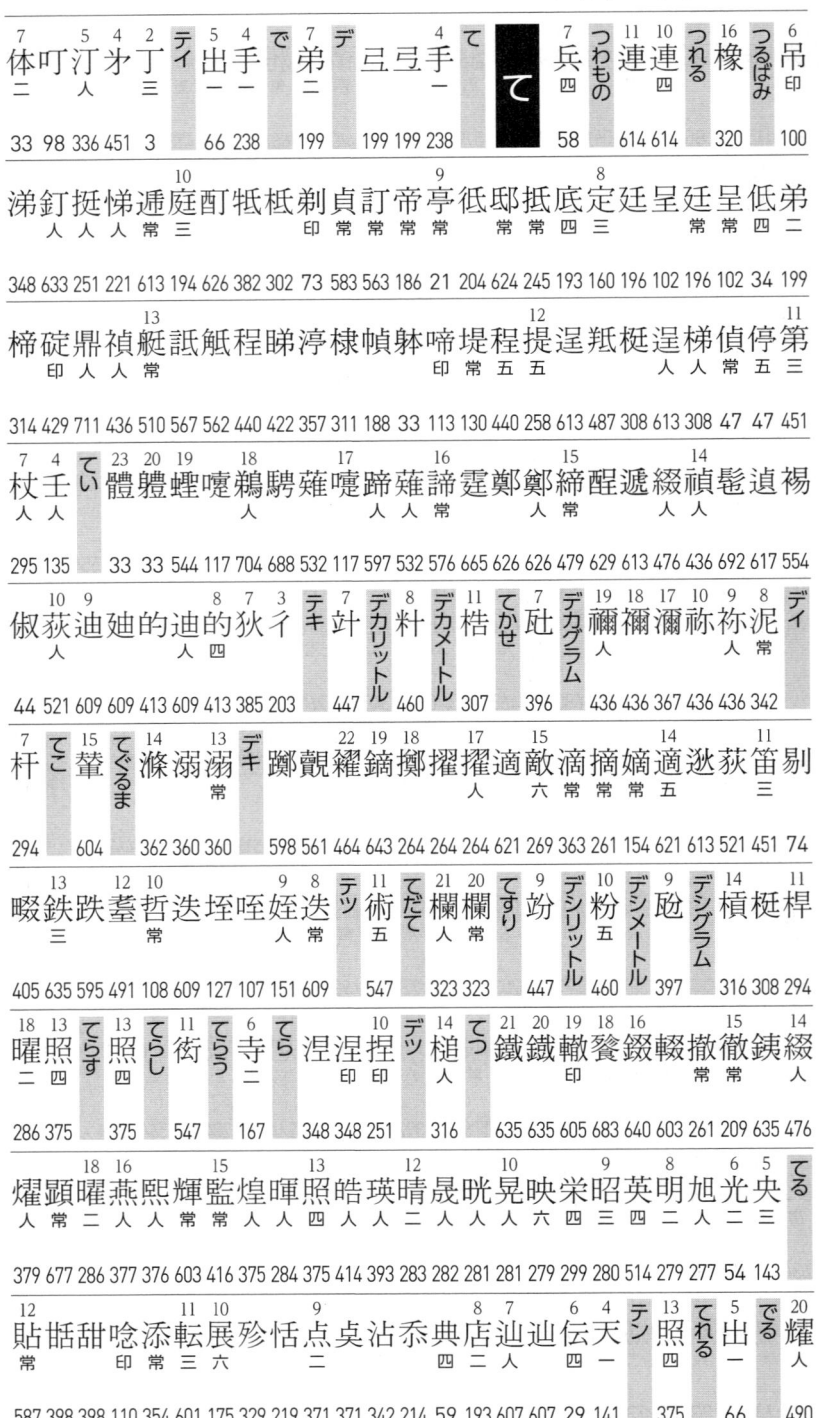

音訓索引

奠 145 / 腆 502 / 覘 560
13 塡 常 132 / 殿 常 331 / 傳 人 29 / 塡 132 / 椽 314
15 篆 印 456 / 廛 195 / 碾 430 / 諂 574
16 霑 666 / 靦 670
17 點 371 / 輾 604
18 轉 人 601 / 簞 458 / 簟 458
19 顛 人 678 / 顚 678
20 壥 195
21 纏 人 483 / 囀 印 118 / 鷏 706 / 鷆 706
22 巓 182 / 纏 483 / 躔 598
24 癲 411

てん
12 貂 583 / 貼 583
14 槇 人 316

デン
5 田 一 400
6 伝 四 29
7 佃 人 34 / 甸 401
8 沺 342
9 畋 402
11 淀 人 354
12 奠 145
13 電 二 664 / 殿 常 331 / 傳 人 29 / 鈿 636
16 鮎 人 696 / 澱 印 366
17 臀 印 505
18 癜 410

と

ト
3 土 一 122
4 斗 常 271
6 吐 常 100
7 図 二 120 / 兎 人 55 / 杜 人 296 / 肚 496
8 妬 常 150 / 兔 55 / 兔 55
9 度 三 193
10 徒 四 206 / 途 常 613 / 荼 印 521 / 莵 525 / 蚪 538
11 都 三 625 / 堵 130 / 屠 176 / 荼 521 / 菟 525 / 途 613
12 登 三 412 / 渡 常 357 / 堵 人 130 / 都 人 625 / 屠 印 176 / 莬 525 / 菟 525
13 塗 常 132
14 圖 120 / 睹 422 / 跿 596
15 賭 590
16 頭 二 676 / 賭 常 590 / 覩 422
17 鍍 642
22 蠹 545
24 蠧 545

と
1 乙 常 14
2 人 一 21 / 十 一 83
3 士 五 135
4 太 二 141 / 戸 二 237 / 止 二 326 / 仁 六 23 / 戸 237
5 外 二 137
6 年 一 190 / 百 一 413 / 任 五 30
7 利 四 70
8 門 二 646 / 表 三 548 / 杈 298
9 音 一 672
10 留 五 403 / 敏 常 267 / 砥 人 426
11 鳥 二 701
12 富 四 165 / 達 四 617
13 豊 五 581 / 跡 常 595
16 橙 人 321

ド
3 土 一 122
5 奴 常 146
7 努 四 77
8 呶 104 / 拏 157 / 帑 186 / 弩 199
9 度 三 193 / 怒 常 216
15 駑 688

ど
8 所 三 237

とい
11 問 三 110
14 樋 319
15 樋 人 319

どい
11 𡌛 129

トウ
2 刀 二 67 / 亠 19
4 斗 常 271
5 冬 二 136 / 叨 98 / 冬 136
6 当 二 171 / 灯 四 369 / 吋 100 / 朷 294
7 投 三 241 / 豆 三 581 / 抖 242
8 東 二 298 / 到 常 72 / 宕 人 161 / 沓 人 339 / 荅 516
9 洞 常 346 / 逃 常 611 / 苳 516 / 苔 519 / 迯 611
10 島 三 179 / 党 六 56 / 納 六 467 / 討 六 564 / 倒 常 44 / 凍 常 63 / 唐 常 108 / 桃 常 306 / 透 常 613 / 套 人 145 / 桐 人 306 / 疼 印 407 / 唐 108 / 档 306 / 涛 367 / 疼 407 / 納 467 / 荅 519 / 荳 521 / 逃 611 / 逗 613 / 釖 633 / 陦 654 / 鬥 693
11 悼 常 223 / 盗 常 416 / 陶 常 655 / 兜 人 56 / 桶 人 308 / 祷 人 436 / 逗 人 613 / 淘 印 354 / 偸 47 / 剳 74 / 啅 110 / 掏 256 / 掉 256 / 梼 322 / 統 473 / 荳 521 / 透 613 / 酘 628
12 答 二 452 / 道 二 618 / 湯 三 357 / 登 三 412 / 等 三 452 / 統 五 473 / 塔 常 130 / 搭 常 258 / 棟 常 311 / 痘 常 408 / 筒 常 453 / 盜 人 416 / 董 人 525 / 棹 印 311 / 剳 74 / 棠 311 / 粡 462
13 塔 130 / 塘 132 / 塘 132 / 當 171 / 搭 258 / 搗 260 / 搨 260 / 滔 360 / 溏 360 / 罩 485 / 董 525 / 道 618
14 読 二 571 / 稲 常 441 / 嶋 人 179 / 嶌 179 / 榻 316 / 樋 319 / 箚 455 / 劄 455 / 綯 476 / 骰 690
15 踏 常 597 / 樋 人 319 / 稻 人 441 / 蕩 印 531

嶝 181
幢 189
滕 360
滕 360
潼 365
蝪 542
16 頭 二 676
糖 六 463
橙 人 321
燈 人 369
橦 321
橈 321
糖 463
縢 480
縢 480
蕩 531
17 謄 常 578
濤 印 367
擣 264
檔 306
盪 417
磴 431
薹 534
螳 543
謄 578
蹈 597
隯 654
鞜 671
18 藤 常 534
鬪 常 651
櫂 人 322
檮 印 322
礑 431
薹 534
襠 555
鞳 671
鼕 712
19 禱 人 436
藤 534
蟷 544
鞳 671
韜 672
鶇 705
20 騰 常 689
黨 56
竇 446
蘯 531
鐙 644
鬭 651
韜 672
騰 689
21 籐 459
籐 459
鐺 644
22 儻 53
籐 459
讀 571
饕 684
24 纛 483

とう
6 任 五 30
10 純 六 467
11 問 三 110
訪 六 565
12 勝 三 79
13 漢 常 360

ドウ
4 仂 23
5 仝 25
6 同 二 100
8 呶 104
9 洞 常 346
恫 220
10 胴 常 500
桐 人 306
11 動 三 79
堂 五 129
萄 人 523
12 道 二 618
童 三 448
棠 311
萄 523
13 働 四 50
嫐 154
道 618
閙 693
14 銅 五 637
僮 51
慟 230
15 導 五 170
憧 常 231
撞 人 261
幢 189
撓 262
潼 365
鬧 693
16 導 170
橈 321
瞠 423
耨 492
17 瞳 常 423
獰 389
18 艟 510
20 鐃 644

とうげ
9 峠 常 179

とうとい
12 尊 六 170
貴 六 586
尊 170

とうとぶ
12 尊 六 170
貴 六 586
尊 170

とお
2 十 一 83
5 永 五 335
6 曳 人 287
7 迂 人 607
8 延 六 196
9 拾 三 249
柔 常 301
10 通 二 612
莫 人 521
11 野 二 631
13 深 三 352
遠 二 619
寛 常 165
14 貌 常 583
16 融 常 543
20 懸 常 233

とおい
13 遠 二 619
14 遠 619

とおし
13 遠 二 619

とおす
10 通 二 612
11 通 612
15 徹 常 209

とおる
4 公 二 57
6 亘 人 19
7 利 四 70
亨 人 20
8 明 二 279
阜 四 651
9 亮 人 21
10 通 二 612
泰 常 342
透 常 613
竜 常 714
11 済 六 351
貫 常 584
通 612
透 613
12 博 四 87
達 四 617
超 常 593
疏 人 405
14 関 四 649
暢 人 284
15 徹 常 209
澄 常 365
16 融 常 543

とが
8 咎 印 104
咎 104
杦 298
9 科 二 438
栂 302
15 樛 318

とかす
11 梳 308
13 解 五 562
溶 常 361
觧 562
14 熔 印 376
16 融 常 543
18 鎔 643
23 鑠 645

とがの
8 杦 298

とがめる
4 尤 人 172
8 咎 印 104
咎 104
21 譴 580

とがる
6 尖 人 171

とき
5 世 三 9
可 五 96
示 五 431
6 兆 四 55
旬 常 277
迅 常 607
7 言 二 563
辰 人 606
时 281
8 国 二 121
昔 三 278
季 四 157
刻 六 71
宗 六 160
其 人 58
9 春 二 280
秋 二 438
発 三 411
祝 四 433
則 五 73
侯 常 39
勅 常 78
秌 438
10 時 二 281
候 四 43
訓 四 564
11 常 五 187
釈 常 630
斎 常 713
晨 人 282
牽 人 383
12 朝 二 291
期 三 291
暁 常 282
13 凱 人 65
農 三 606
節 四 454
解 五 562
睦 常 422
14 説 四 571
聡 人 493
閧 650
15 論 六 574
稽 常 442
鋭 常 638
鴇 702
16 穐 438
鬨 693
17 鴻 人 703
鴾 703
鵇 704
齋 713
21 龝 438

とぎ
7 伽 人 31
8 炊 常 370

ときわ
8 松 四 297
11 常 五 187

トク 禿 7 印 437 / 特 10 四 382 / 匿 常 83 / 涜 367 / 得 11 五 207 / 匿 83 / 悳 12 209 / 督 13 常 422 / 読 14 二 571 / 徳 四 209 / 慝 228 / 德 15 人 209 / 慝 228 / 篤 16 常 457 / 瀆 18 印 367 / 牘 19 381 / 犢 384 / 讀 22 571 / 黷 27 711
とく 列 6 三 69 / 釈 11 常 630 / 解 13 五 562 / 溶 常 361 / 觧 562 / 説 14 四 571 / 說 571 / 融 16 常 543 / 釋 20 630
とぐ 研 9 三 426 / 硏 426 / 磨 16 常 430 / 磨 430
ドク 毒 8 五 332 / 独 9 五 386 / 読 14 二 571 / 獨 16 386 / 讀 22 571 / 髑 23 691
どく 退 9 六 610 / 退 10 610
とげ 朿 6 294 / 刺 8 常 71 / 棘 12 印 310
とける 解 13 五 562 / 溶 常 361 / 觧 562 / 熔 14 印 376 / 融 16 常 543 / 鎔 18 643 / 鑠 23 645
とげる 遂 12 常 617 / 遂 13 617
とこ 床 7 常 192 / 常 11 五 187 / 輞 13 603 / 徳 14 四 209
とこしえ 永 5 五 335 / 常 11 五 187
ところ 処 5 六 65 / 攸 7 266 / 所 8 三 237 / 所 237 / 處 11 65
とざす 閉 11 六 647 / 閇 647 / 鎖 18 常 642 / 鎖 642 / 鎖 642 / 鏁 19 642
とし 子 3 一 155 / 才 二 238 / 牛 4 二 381 / 冬 5 二 136 / 世 三 9 / 代 三 25 / 平 三 189 / 禾 人 437 / 年 6 一 190 / 迅 常 607 / 言 7 二 563 / 利 四 70 / 系 六 465 / 寿 常 168 / 亨 人 20 / 甫 人 400 / 明 8 二 279 / 知 二 424 / 命 三 105 / 和 三 105 / 季 四 157 / 英 四 514 / 斉 常 712 / 星 9 二 280 / 秋 二 438 / 勇 四 78 / 要 四 556 / 紀 五 465 / 俊 常 39 / 威 常 150 / 哉 人 106 / 校 10 一 304 / 記 二 564 / 倫 常 45 / 恵 常 218 / 振 常 250 / 敏 常 267 / 翁 常 488 / 峻 人 179 / 莫 人 521 / 隼 人 659 / 理 11 二 393 / 章 三 447 / 健 四 46 / 淑 常 352 / 粛 常 495 / 逸 常 614 / 惇 人 223 / 捷 人 254 / 捺 人 256 / 敏 人 267 / 淳 人 352 / 牽 人 383 / 逞 人 613 / 答 12 二 452 / 期 三 291 / 等 三 452 / 順 四 674 / 勤 六 79 / 敬 六 268 / 暁 常 282 / 智 人 283 / 禄 人 435 / 福 13 三 436 / 鉄 三 635 / 幹 五 191 / 準 五 359 / 資 五 587 / 聖 六 493 / 歳 常 328 / 詮 常 569 / 稔 人 441 / 舜 人 509 / 馳 人 686 / 歲 328 / 暦 14 常 285 / 豪 常 582 / 肇 人 495 / 蔵 15 六 531 / 趣 常 594 / 鋭 常 638 / 毅 人 331 / 銳 638 / 録 16 四 641 / 憲 六 231 / 穏 常 442 / 繁 常 480 / 賢 常 590 / 叡 人 95 / 聴 17 常 494 / 齢 常 713 / 駿 人 688 / 鏡 19 四 643 / 齡 20 713 / 驚 22 常 689
としなが 寿 7 常 168
どじょう 鰍 19 698 / 鰌 20 699
とじる 封 9 常 169 / 閉 11 六 647 / 閇 647 / 綴 14 人 476 / 緘 15 478
とせ 年 6 一 190 / 歳 13 常 328
とち 杤 7 302 / 栃 9 四 302 / [illegible] 247 / 橡 16 320 / 構 17 321 / 構 321
トツ 凸 5 常 66 / 吶 7 103 / 突 8 常 444 / 咄 印 104 / 突 9 人 444 / 柮 302 / 訥 11 565
ドツ 肭 8 497
とつぐ 嫁 13 常 153
とても 迚 8 608
とと 斗 4 85
とど 椴 13 314 / 魹 15 695
とどく 届 8 六 174 / 屆 174
とどける 届 8 六 174 / 屆 174
とどこおる 滞 13 常 360 / 滯 14 人 360
ととのう 調 15 三 574 / 調 574 / 整 16 三 270
ととのえる 斉 8 常 712 / 齊 14 人 712 / 調 15 三 574 / 調 574 / 整 16 三 270
とどまる 畄 8 403 / 留 10 五 403 / 逗 613 / 停 11 五 47 / 逗 613 / 駐 15 常 687 / 駐 687
とどむ 乙 1 常 14 / 止 4 二 326 / 停 11 五 47
とどめる 畄 8 403

（承前）
10 留 五 403
11 停 五 47
15 駐 常 687
駐 687

とどろく
11 軣 605
21 轟 人 605

となう
11 唱 四 110

となえる
10 称 常 438
11 唱 四 110
14 誦 印 570
稱 438

となり
15 隣 659
鄰 659
16 隣 常 659

となる
15 隣 659
鄰 659
16 隣 常 659

との
5 外 二 137
13 殿 常 331

どの
13 殿 常 331

とばす
9 飛 四 680

どばと
17 鴿 703

とばり
11 帳 三 188
帷 印 187
12 幄 188
幃 188

とび
14 鳶 人 702
16 鴟 703
17 鵄 703
鵈 704

とびら
12 扉 常 238
扉 238

とぶ
9 飛 四 680
12 翔 人 489
翔 489
13 跳 常 596
14 蜚 541

どぶ
13 溝 常 359
溝 359

とほ
9 廻 人 196

とぼしい
4 乏 常 14

とぼす
8 奌 371
9 点 二 371
17 點 371

とぼそ
8 枢 常 297
15 樞 297

とま
8 苫 印 516
9 苫 516
11 笘 450
17 篷 457

とます
12 富 四 165

とまる
4 止 二 326
8 泊 常 343
畄 403
10 留 五 403
11 停 五 47

とみ
2 十 一 83
6 多 二 138
吉 常 98
7 臣 四 557
8 宝 六 161
9 美 三 486
11 冨 人 165
12 登 三 412
富 四 165
禄 人 435
13 福 三 436
寛 常 165
14 徳 四 209
聡 人 493
賑 人 588

とみに
13 頓 常 674

とむ
11 冨 人 165
12 富 四 165

とむらう
4 弔 常 199

とめ
4 止 二 326
5 末 四 293
9 姥 人 151
10 留 五 403

とめり
12 富 四 165

とめる
4 止 二 326
8 泊 常 343
畄 403
10 留 五 403
11 停 五 47
12 富 四 165

とも
3 大 一 139
与 常 7
4 文 一 270
公 二 57
友 二 94
比 五 332
匹 常 83
云 人 17
巴 人 184
5 以 四 24
付 四 26
末 四 293
6 交 二 20
同 二 100
全 三 29
有 三 289
共 四 58
7 作 二 31
言 二 563
伯 常 34
伴 常 34
呂 常 103
那 常 624
侔 34
8 知 二 424
具 三 59
和 三 105
委 三 149
例 四 38
肥 五 497
述 五 609
供 六 36
宝 六 161
奉 常 144
茂 常 517
孟 人 157
朋 人 290
朋 290
9 相 三 419
栄 四 299
侶 常 42
皆 常 414
10 流 三 349
郡 四 625
納 六 467
倫 常 45
兼 常 59
致 常 507
倶 人 42
悌 人 221
舮 511
11 張 五 201
情 五 223
曹 常 288
寅 人 163
舳 510
12 朝 二 291
登 三 412
等 三 452
階 三 656
量 四 632
備 五 48
衆 六 546
智 人 283
13 群 四 488
幹 五 191
義 五 487
誠 六 569
寛 常 165
睦 常 422
詮 常 569
禎 人 436
鞆 670
14 僚 常 51
蓬 人 530
賑 人 588
鞆 670
15 寮 常 166
輩 常 603
諄 人 572
16 興 五 508
18 類 四 677
19 鵬 人 705
22 艫 511

ともえ
4 巴 人 184

ともがら
11 曹 常 288
15 輩 常 603
16 儕 52

ともしび
6 灯 四 369
16 燈 人 369
17 燭 人 378

ともす
6 灯 四 369
8 奌 371
9 点 二 371
16 燈 人 369
17 點 371

ともづな
28 纜 483

ともなう
7 伴 常 34
侔 34
11 偕 45

ともに
10 倶 人 42
俱 42
11 偕 45

どもる
6 吃 印 99
7 吶 103

とよ
12 富 四 165
13 豊 五 581
18 豐 581

とら
5 玄 常 389
7 乕 536
8 虎 常 536
11 寅 人 163
13 寛 常 165

とらえる
5 囚 常 118
8 拘 常 244
10 捉 常 251
捕 常 251

とらわれる
5 囚 常 118
10 捕 常 251

とり
7 酉 人 626
8 取 三 94
11 鳥 二 701

禽 13 人 437 / 雞 18 704 / 鶏 19 常 704 / 鷄 21 人 704 / 鷄 23 706
とりこ 俘 9 41 / 虜 12 人 537 / 虜 13 常 537 / 擒 16 262
とりで 砦 11 人 427 / 塁 12 常 131 / 堡 130 / 塞 13 常 131 / 寨 14 166 / 壘 18 人 131
とる 把 7 常 242 / 取 8 三 94 / 采 常 379 / 采 379 / 捕 10 常 251 / 採 11 五 253 / 執 常 128 / 採 253 / 摂 13 常 259 / 撮 15 常 261 / 獲 16 常 389 / 獲 17 389 / 穫 18 常 443 / 穫 19 443 / 攝 21 人 259
ドル 弗 5 199
とろ 瀞 17 368 / 瀞 19 印 368
どろ 泥 8 常 342
トン 屯 4 常 176 / 団 6 五 120 / 沌 7 人 339 / 砘 9 397 / 豚 11 常 582 / 惇 人 223 / 敦 12 人 269 / 遁 618 / 頓 13 常 674 / 遁 人 618 / 團 14 人 120 / 遯 15 621 / 噸 16 116 / 暾 286 / 燉 377
とん 問 11 三 110
ドン 呑 7 人 103 / 吞 103 / 貪 11 常 585 / 鈍 12 常 634 / 飩 13 681 / 嫩 14 154 / 緞 15 478 / 曇 16 常 286
どん 丼 5 常 13
とんび 鳶 14 人 702 / 鴟 16 703 / 鵄 17 703 / 鵈 704
どんぶり 丼 5 常 13

な

ナ 那 7 常 624 / 那 624 / 奈 8 四 144 / 南 9 二 86 / 納 10 六 467 / 納 467 / 梛 11 人 308 / 梛 308 / 儺 21 53
な 七 2 一 3 / 中 4 一 10 / 勿 人 81 / 名 6 一 100 / 多 二 138 / 汝 人 337 / 声 7 二 135 / 和 8 三 105 / 阜 四 651 / 称 10 常 438 / 魚 11 二 695 / 菜 四 522 / 捺 人 256 / 無 12 四 373 / 菜 522 / 銘 14 常 637
ナイ 乃 2 人 13 / 内 4 二 60 / 內 60
ない 亡 3 六 19 / 亾 19 / 无 4 275 / 罔 8 484 / 無 12 四 373
ないがしろ 蔑 14 常 529 / 蔑 15 529
なう 綯 14 476
なえ 苗 8 常 516 / 苗 9 516
なえる 萎 11 常 521 / 萎 12 521 / 痿 13 408
なお 三 3 一 4 / 公 4 二 57 / 正 5 一 326 / 巨 常 11 / 有 6 三 289 / 如 常 147 / 朴 常 294 / 而 人 491 / 君 7 三 101 / 均 五 124 / 亨 人 20 / 犹 388 / 直 8 二 418 / 実 三 160 / 尚 常 172 / 斉 常 712 / 侃 人 36 / 尙 172 / 修 10 五 43 / 挺 人 251 / 野 11 二 631 / 順 12 四 674 / 復 五 208 / 猶 常 388 / 董 人 525 / 猶 388 / 竪 14 人 448 / 縄 15 四 478
なおき 直 8 二 418
なおし 良 7 四 511 / 直 8 二 418 / 道 12 二 618
なおす 直 8 二 418 / 治 四 341
なおる 直 8 二 418 / 治 四 341
なか 中 4 一 10 / 心 二 210 / 支 五 265 / 半 5 二 85 / 央 三 143 / 弁 五 197 / 考 6 二 491 / 仲 四 29 / 件 五 28 / 判 7 五 69 / 尚 8 常 172 / 莫 10 人 521 / 務 11 五 79 / 陽 12 三 657 / 極 四 309 / 髄 19 常 691
なが 大 3 一 139 / 久 五 13 / 元 4 二 53 / 永 5 五 335 / 存 6 六 156 / 良 7 四 511 / 呂 常 103 / 寿 常 168 / 亨 人 20 / 酉 人 626 / 直 8 二 418 / 長 二 646 / 命 三 105 / 延 六 196 / 孟 人 157 / 栄 9 四 299 / 修 10 五 43 / 祥 常 435 / 套 人 145 / 掲 11 常 253 / 隆 常 656 / 脩 人 501 / 温 12 三 355 / 遊 三 618 / 備 五 48 / 詠 常 566 / 増 14 五 133 / 暢 人 284 / 隣 16 常 659
ながい 永 5 五 335 / 長 8 二 646 / 昶 9 280 / 脩 11 人 501
ながえ 轅 17 604
ながき 修 10 五 43
なかし 仲 6 四 29
ながし 永 5 五 335 / 良 7 四 511 / 長 8 二 646 / 修 10 五 43 / 亀 11 常 714
ながす 流 9 349 / 流 10 三 349
なかだち 媒 12 常 153
なかば 中 4 一 10 / 半 5 二 85 / 央 三 143 / 半 85
ながめる 眺 11 常 421
ながら 乍 5 14
ながらい 半 5 二 85
ながらえる 存 6 六 156

読み	画数	漢字	区分	ページ
なかれ	4	勿	人	81
		毋		331
	10	莫	人	521
	11	莫		521
ながれる	9	流		349
	10	流	三	349
なぎ	6	凪	人	65
	7	[illegible]		177
	8	和	三	105
	11	梛	人	308
		梛		308
	12	椥		312
	14	彅		201
	17	[illegible]		534
	18	[illegible]		534
	20	[illegible]		323
	21	[illegible]		323
なぎさ	5	汀	人	336
	11	渚	人	352
	12	渚	人	352
なく	8	泣	四	341
	10	哭	印	108
	12	啼	印	113
		啾		112
	14	鳴	二	702
なぐ	6	凪	人	65
	16	薙	人	532
	17	薙		532
なぐさむ	15	慰	常	228
なぐさめる	15	慰	常	228
なぐる	8	殴	常	330
	15	撲	常	262
		毆		330
	18	擲		264
なげうつ	7	抛		247
	8	抛		247
	18	擲		264
なげかわしい	13	嘆	常	114
	14	嘆	人	114
なげく	12	喟		111
	13	嘆	常	114
		慨	常	228
		嗟	印	113
	14	嘆	人	114
		慨		228
		慟		230
		歎		326
	15	歎	人	326
なげる	7	投	三	241
なごむ	8	和	三	105
なごやか	8	和	三	105
なさけ	11	情	五	223
		情		223
なし	10	莫	人	521
	11	梨	四	308
		莫		521
	12	無	四	373
なじる	13	詰	常	568
なす	6	成	四	234
	7	作	二	31
		成		234
	8	茄	人	515
	9	為	常	370
		茄		515
	11	済	六	351
		做		31
	12	為	人	370
	17	濟		351
なずな	17	薺		534
	18	薺		534
なすび	8	茄	人	515
	9	茄		515
なずむ	8	泥	常	342
なする	17	擦	常	264
なぞ	16	謎		578
	17	謎	常	578
なぞらえる	10	准	常	63
	12	準		359
	13	準	五	359
	17	擬	常	263
なぞる	17	擦	常	264
なた	5	屶		177
	13	鉈		635
	14	鈾		636
	15	[illegible]		638
なだ	21	灘		369
	22	灘	人	369
なだめる	9	宥	人	162
ナツ	11	捺	人	256
なつ	10	夏	二	137
ナッ	10	納	六	467
		納		467
なっ	11	捺	人	256
なつかしい	16	懐	常	232
	19	懷	人	232
なつかしむ	16	懐	常	232
	19	懷	人	232
なつく	16	懐	常	232
	19	懷	人	232
なづく	5	号	三	97
	6	名	一	100
なつける	16	懐	常	232
	19	懷	人	232
なつめ	12	棗		311
なでる	15	撫	人	262
など	7	抔		242
	12	等	三	452
なな	2	七	一	3
ななつ	2	七	一	3
ななめ	11	斜	常	271
なに	7	何	二	31
	8	奈	四	144
	10	奚		145
なにがし	9	某	常	302
なの	2	七	一	3
なびく	19	靡	印	669
なぶる	17	嬲		155
なべ	17	鍋	常	641
なま	5	生	一	398
なまぐさい	13	腥		503
なまける	9	怠	常	216
なまじ	16	憖		230
なまじい	16	憖		230
なます	17	膾		505
	24	鱠		700
なまず	15	鮎		695
	18	癜		410
	19	鯰		698
なまめかしい	7	妖	常	148
	15	嬌	印	154
	19	艶	常	512
	24	艷		512
なまり	11	訛	印	565
	13	鉛	常	634
	19	譌		565
なまる	11	訛	印	565
	12	鈍	常	634
	19	譌		565
なみ	6	次	三	324
		因	五	119
		次		324
	7	甫	人	400
	8	波	三	342
		並	六	10
	9	南	二	86
		洋	三	347
	10	浪	常	350
		竝		10
		涛		367
	12	淵	人	355
	14	漣	人	363
	17	濤	印	367
	20	瀾	印	368
なみだ	8	泪		350
	10	涙	常	350
		涕		348
	11	淚	人	350
なめしがわ	9	韋		672
	10	韋	印	672
	14	靼		670
	18	鞣		671
なめす	18	鞣		671
なめらか	13	滑	常	359
なめる	10	舐	印	508
	13	嘗		115
	14	嘗	人	115
なもみ	12	葹		524
	13	葹		524
なやます	10	悩	常	221
	12	惱		221
なやむ	10	悩	常	221
	12	惱		221
	16	懊		232
なら	13	漢	三	359
		楢	人	314
		楢		314
ならう	10	倣	常	45
		俲		48
	11	習	三	489

習 489
温 12 三 355
倣 48

ならす
均 7 五 124
馴 13 人 686
鳴 14 二 702
慣 五 229

ならびに
并 6 簡 191
並 8 六 10
拼 印 191
竝 10 10

ならぶ
双 4 常 93
并 6 簡 191
並 8 六 10
併 常 38
拼 印 191
竝 10 10
倂 38
駢 16 688
雙 18 93
騈 688

ならべる
比 4 五 332
並 8 六 10
竝 10 10

ならわす
慣 14 五 229

なり
也 3 人 15
本 5 一 292
生 一 398
平 三 189
礼 三 432
令 四 26
功 四 76
成 6 四 234
作 7 二 31
体 二 33
形 二 202
位 四 31
均 五 124
克 常 55
亨 人 20
育 8 三 496
往 五 204
忠 六 214
宜 常 159
尚 常 172
苗 常 516
斉 常 712
音 9 一 672
発 三 411
城 四 126
約 四 466
威 常 150
柔 常 301
為 常 370
校 10 一 304
記 二 564
容 五 163
造 五 612
教 11 二 268
得 五 207
救 五 267
規 五 559
済 六 351
曽 常 288
登 12 三 412
然 四 373
備 五 48
就 六 172
絡 常 473
業 13 三 313
愛 四 224
勢 五 80
誠 六 569
慈 常 226
雅 常 661
稔 人 441
鳴 14 二 702
徳 四 209
震 15 常 665
整 16 三 270
諧 常 575
謹 17 常 577

なる
去 5 三 91
平 三 189
功 四 76
考 6 二 491
成 四 234
完 7 四 159
成 234
育 8 三 496
阱 652
為 9 常 370
済 11 六 351
登 12 三 412
遂 常 617
爲 人 370
愛 13 四 224
誠 六 569
稔 人 441
鳴 14 二 702
徳 四 209
震 15 常 665
親 16 二 560
燕 人 377

なれ
馴 13 人 686

なれる
狎 8 385
馴 13 人 686
慣 14 五 229

なろう
準 13 五 359

なわ
苗 8 常 516
苗 9 516
縄 15 四 478
繩 19 478

なわて
暇 13 405

ナン
男 7 一 401
南 9 二 86
納 10 六 467
娚 152
納 467
軟 11 常 601
喃 12 113
楠 13 人 314
難 18 六 662
難 19 人 662

なん
何 7 二 31

なんじ
乃 2 人 13
尓 5 380
汝 6 人 337
爾 14 人 380

なんぞ
曷 9 288
奚 10 145
盍 415
闔 18 651

なんど
抔 7 242

なんなんとする
垂 8 六 125
埀 10 125

に

ニ
二 2 一 17
仁 4 六 23
尼 5 常 173
弍 17
尓 380
弐 6 常 198
児 7 四 55
兒 8 人 55
貮 11 198
貳 12 198
爾 14 人 380

に
于 3 印 17
丹 4 常 12
似 7 五 32
荷 10 三 520
荷 11 520
蛭 539
瓊 18 396

にい
蛭 11 539
新 13 二 273

にえ
沸 8 常 343
錵 15 638
錵 16 638
贄 18 印 591

にえる
煮 12 常 372
煮 13 人 372

にお
勾 4 常 81
匂 常 81
鳰 13 701
薫 16 常 531

におい
匂 4 常 81
臭 9 常 507
臭 10 人 507

におう
匂 4 常 81
臭 9 常 507
臭 10 人 507

にがい
苦 8 三 515
苦 9 515

にがす
逃 9 常 611
迯 611
逃 10 611

にがる
苦 8 三 515
苦 9 515

にかわ
膠 15 印 504

にき
熟 16 378

にぎ
和 8 三 105

にぎやか
賑 14 人 588

にぎる
握 12 常 257

にぎわう
賑 14 人 588

ニク
肉 6 二 495
宍 7 159
辱 10 常 606

にくい
憎 14 常 229
憎 15 人 229
難 18 六 662
難 19 人 662

にくしみ
憎 14 常 229
憎 15 人 229

にくむ
悪 11 三 220
惡 12 人 220
憎 14 常 229
憎 15 人 229

にくらしい
憎 14 常 229
憎 15 人 229

にげる
逃 9 常 611
迯 611
逃 10 611
遁 12 618
遁 13 人 618

にごす

9 浊 366 / 16 濁 常 366
にごる 9 浊 366 / 16 濁 常 366
にし 6 西 二 556 / 17 螺 人 543
にじ 9 虹 常 538 / 16 霓 666
にしき 16 錦 常 639
にじむ 14 滲 印 362
にじゅう 4 廿 人 85
にじる 23 躙 598 / 26 躪 598
にしん 19 鯡 698 / 20 鰊 印 699
にせ 11 偽 常 45 / 14 僞 人 45 / 19 贋 印 591
ニチ 4 日 一 276
にな 14 蜷 541
になう 8 担 六 245 / 10 荷 三 520 / 11 荷 520 / 16 擔 245
にび 12 鈍 常 634
にぶい 12 鈍 常 634
にぶる 12 鈍 常 634
ニャ 8 若 六 516 / 9 若 516
ニャク 8 若 六 516 / 9 若 516 / 10 弱 二 200 / 弱 200
ニャク 13 蒻 528 / 14 蒻 528
にやす 12 煮 常 372 / 13 煮 人 372
ニュウ 2 入 一 56 / 8 乳 六 15 / 乳 15 / 9 柔 常 301
ニョ 3 女 一 146 / 6 如 常 147
ニョウ 3 女 一 146 / 7 尿 常 173 / 16 遶 622 / 18 繞 482 / 20 鐃 644
にら 9 韭 672 / 12 韮 印 672 / 13 韮 672
にらぐ 11 淬 351
にらむ 9 眈 420 / 13 睨 印 422 / 睥 422
にる 7 似 五 32 / 肖 常 496 / 肖 496 / 11 烹 372 / 12 煮 常 372 / 13 煮 人 372
にれ 13 楡 印 314
にわ 10 庭 三 194
にわか 9 俄 人 39 / 17 遽 印 623
にわたずみ 15 潦 365
にわとり 18 雞 704 / 19 鶏 常 704 / 21 鷄 人 704
ニン 2 人 一 21 / 儿 53 / 3 刃 常 67 / 刄 67 / 刅 67 / 4 仁 六 23 / 壬 人 135 / 6 任 五 30 / 7 妊 常 148 / 忍 常 213 / 忍 213 / 9 姙 148 / 10 荵 521 / 11 荵 521 / 14 認 六 571 / 認 571

ぬ

ヌ 5 奴 常 146 / 9 怒 常 216
ぬ 11 野 二 631
ぬい 16 縫 常 480
ぬいとり 19 繡 人 482 / 13 綉 482 / 17 繍 簡 482 / 19 繡 人 482
ぬう 16 縫 常 480 / 17 縫 480
ぬえ 19 鵼 704 / 鵺 705
ぬか 10 粐 460 / 17 糠 印 463 / 18 額 五 676
ぬかす 7 抜 常 242 / 8 拔 人 242
ぬかる 7 抜 常 242 / 8 拔 人 242
ぬき 11 貫 常 584 / 15 緯 479 / 16 緯 常 479
ぬきんでる 8 抽 常 245 / 17 擢 人 264 / 擢 264
ぬく 7 抜 常 242 / 抽 常 245 / 8 拔 人 242
ぬぐ 11 脱 常 501 / 脫 501
ぬぐう 9 拭 常 249
ぬけがら 13 蛻 540
ぬける 7 抜 常 242 / 8 拔 人 242 / 11 脱 常 501 / 脫 501
ぬげる 11 脱 常 501 / 脫 501
ぬさ 11 麻 常 709 / 15 幣 常 189 / 幣 189 / 幣 189
ぬし 5 主 三 12 / 主 12
ぬすむ 9 窃 常 444 / 11 盗 常 416 / 偸 47 / 12 盜 人 416 / 22 竊 444
ぬた 6 汢 337 / 8 垈 126
ぬで 16 橳 321
ぬなわ 14 蓴 529 / 15 蓴 529
ぬの 5 布 五 185
ぬま 8 沼 常 341
ぬめ 12 絖 472
ぬめかわ 15 𩋡 671
ぬる 13 塗 常 132
ぬれる 17 濡 人 367

ね

ネ 9 祢 人 436 / 10 涅 印 348 / 涅 348 / 祢 436 / 18 禰 436 / 19 禰 人 436
ね 3 子 一 155 / 8 直 二 418 / 泥 常 342 / 9 音 一 672 / 10 根 三 305 / 値 六 44 / 峰 常 179 / 14 稲 常 441
ネイ 17 嶺 人 181
ネイ 7 佞 34 / 8 侫 34 / 14 寧 常 166 / 寧 166 / 17 嚀 117 / 濘 367 / 18 檸 322 / 20 聹 495
ねがう 19 願 四 678
ねかす 13 寝 常 165 / 14 寢 人 165
ねぎ 12 葱 印 525 / 13 葱 525 / 14 蔥 525
ねぎらう 7 労 四 77 / 12 勞 77 / 14 犒 383
ねぐら 13 塒 132

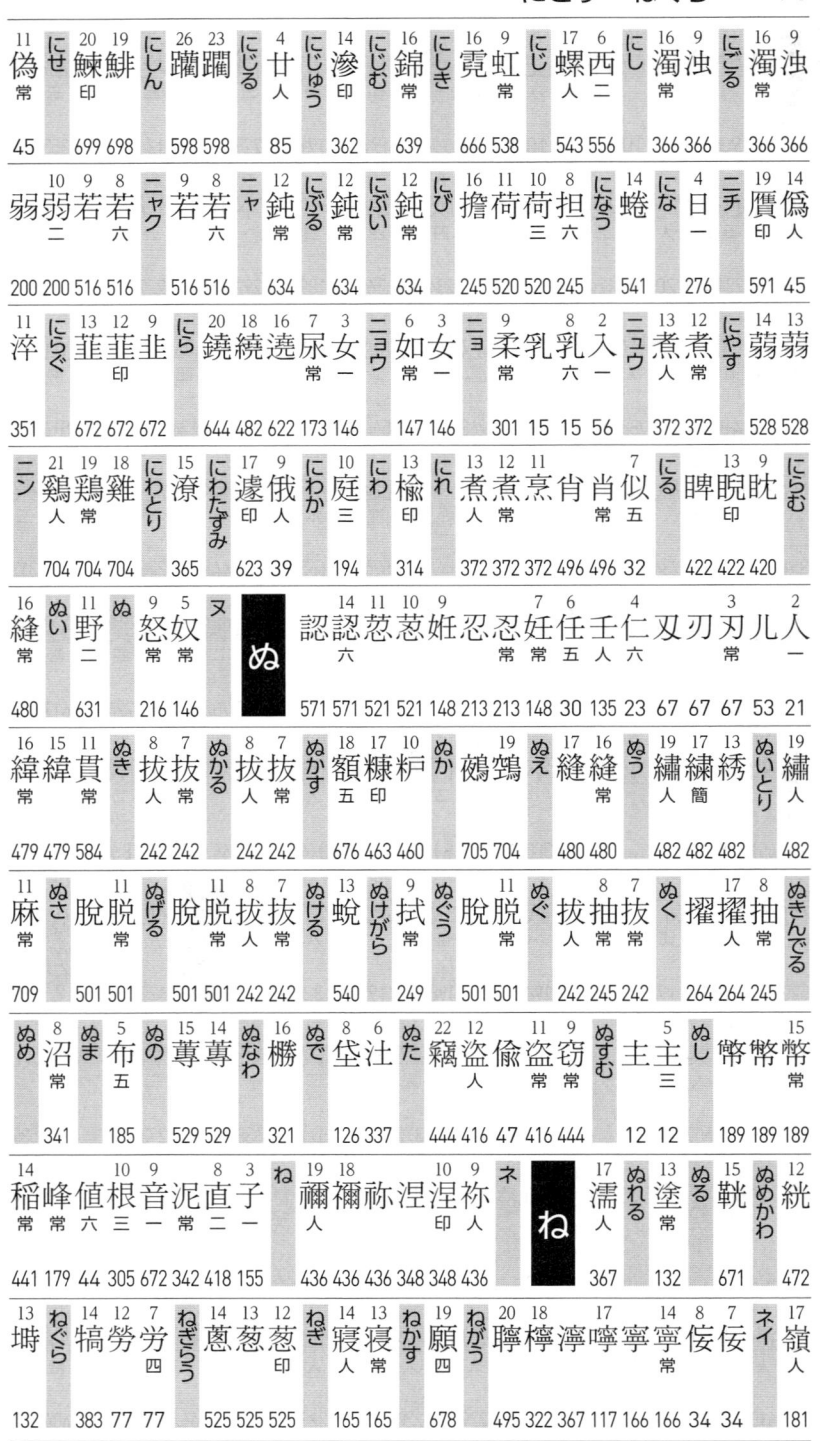

ねこ 猫 11 常 387　猫 12 387
ねじける 拗 8 印 247
ねじる 拗 8 印 247　捩 10 252　捻 11 常 256　捩 252
ねずみ 鼡 8 712　鼠 13 印 712
ねたむ 妬 8 常 150　悋 10 222　嫉 13 常 153
ネツ 捏 10 印 251　热 377　熱 15 四 377
ねばる 粘 11 常 461　黏 17 461
ねぶる 舐 10 印 508
ねむい 眠 10 常 421　睡 13 常 422
ねむる 眠 10 常 421　睡 13 常 422
ねや 閨 14 649
ねらう 狙 8 常 385　躵 14 599
ねり 練 14 三 477
ねる 寐 12 165　煉 376　寝 13 常 165　煉 人 376　練 三 477　寢 14 人 165　練 15 人 477　錬 16 常 640　鍊 17 人 640
ネン 年 6 一 190　念 8 四 214　拈 245　捻 11 常 256　粘 常 461　然 12 四 373　稔 13 人 441　撚 15 印 262　燃 16 五 378　黏 17 461
ねんごろ 懇 17 常 232　嚀 117

の

の 乃 2 人 13　之 3 人 12　廼 9 610　[illegible] 10 127　迺 610　野 11 二 631　埜 人 631　箆 14 457　篦 16 457
ノウ 衲 9 550　能 10 五 500　納 六 467　悩 常 221　納 467　脳 11 六 501　惱 12 221　農 13 三 606　瑙 394　腦 501　儂 15 51　濃 16 常 366　膿 17 印 505　嚢 18 118　曩 21 286　囊 22 印 118
のう 生 5 一 398　娚 10 152　喃 12 113
のがす 逃 9 常 611　迯 611　逃 10 611
のがれる 逃 9 常 611　迯 611　逃 10 611　遁 12 618　遁 13 人 618
のき 宇 6 六 158　退 9 六 610　軒 10 常 600　廡 15 196　檐 17 321　簷 19 458
のぎ 禾 5 人 437　芒 6 印 512　芒 7 512
のく 退 9 六 610　退 10 610
のける 除 10 六 653
のこ 鋸 16 人 639
のこぎり 鋸 16 人 639
のこす 残 10 四 329　殘 12 329　遺 15 六 621　遺 16 621
のこる 残 10 四 329　殘 12 329　遺 15 六 621　遺 16 621
のし 熨 15 376
のす 熨 15 376
のせる 乗 9 三 14　乘 10 人 14　搭 12 常 258　載 13 常 602　搭 258
のぞく 除 10 六 653　覗 12 印 560　覘 560
のぞむ 望 11 四 291　望 291　臨 18 六 558
のたまう 宣 9 六 161
のたまわく 曰 4 印 287
のち 后 6 六 99　後 9 二 205　終 11 三 470
ノット 節 13 四 454　節 15 人 454　節 454
のっとる 法 8 四 343　則 9 五 73
のと 衲 8 433
のど 吭 7 102　咽 9 常 106　喉 12 常 112
のどか 和 8 三 105　温 12 三 355　閑 常 648
ののしる 詈 12 567　罵 15 常 485
のばす 伸 7 常 32　延 196　延 8 六 196
のびる 伸 7 常 32　延 196　延 8 六 196　展 10 六 175　舒 12 509　暢 14 人 284
のぶ 一 1 一 1　山 3 一 176　与 常 7　円 4 一 59　文 一 270　引 二 198　仁 六 23　申 5 三 400　布 五 185　永 五 335　禾 人 437　同 6 二 100　列 三 69　伝 四 29　存 六 156　江 常 337　亘 人 19　曳 人 287　言 7 二 563　身 三 599　返 三 608　応 五 211　伸 常 32　寿 常 168　更 常 287　辰 人 606　長 8 二 646　命 三 105　治 四 341　述 五 609　延 六 196　宜 常 159　彼 常 204　房 常 237　発 9 三 411　信 四 40　宣 六 161　叙 常 95　施 常 274　洵 人 345　席 10 四 187　修 五 43　将 六 169　展 六 175　悦 常 220　進 11 三 615　常 五 187　移 五 439　経 五 468　設 五 565　啓 常 109　堆 常 128　庸 常 195　曹 常 288　陳 常 655　寅 人 163

画数	漢字	学年	ページ
	惟	人	222
	脩	人	501
12	葉	三	525
	達	四	617
	順	四	674
	備	五	48
	喜	五	111
	揚	常	258
	殖	常	330
	敦	人	269
	淵	人	355
	董	人	525
13	業	三	313
	誠	六	569
	寛	常	165
	睦	常	422
	羨	常	487
	靖	人	668
	頌	人	674
14	説	四	571
	演	五	361
	総	五	476
	暢	人	284
15	選	四	622
	養	四	682
	誕	六	573
	慮	常	230
	敷	常	270
	緩	常	478
	遵	常	622
	震	常	665
	劉	人	76
	撰	人	261
	諄	人	572
16	整	三	270
	薫	常	531
のぶる			
7	伸	常	32
	辰	人	606
8	直	二	418
	述	五	609
	延	六	196
9	信	四	40
	宣	六	161
11	陳	常	655
14	暢	人	284
のべる			
7	伸	常	32
	抒	印	240
	延		196
8	述	五	609
	延	六	196
9	宣	六	161
	叙	常	95
	述		609
10	展	六	175
11	陳	常	655
	敍	人	95
	敘		95
12	舒		509
14	演	五	361
のぼす			
3	上	一	5
10	陞		654
のぼせる			
3	上	一	5
のぼり			
8	昇	常	278
15	幟	印	189
のぼる			
3	上	一	5
4	升	常	85
7	伸	常	32
8	昇	常	278
	昂	人	278
10	陞	六	654
	陞		654
	陟		654
12	登	三	412
13	豊	五	581
14	徳	四	209
20	騰	常	689
	騰		689
のみ			
3	已	人	184
6	耳	一	492
7	呑	人	103
10	蚤	印	538
12	[illegible]		473
28	鑿		645
のむ			
7	呑	人	103
	呑		103
12	飲	三	681
	喫	常	111
	喫		111
13	飲		681
19	嚥	印	117
のり			
2	了	常	16
3	士	五	135
	寸	六	167
4	中	一	10
	文	一	270
	方	二	274
	父	二	380
	化	三	82
	仁	六	23
	升	常	85
	斤	常	272
5	代	三	25
	礼	三	432
	以	四	24
	令	四	26
	功	四	76
	永	五	335
	仙	常	24
	玄	常	389
6	行	二	546
	式	三	198
	伝	四	29
	任	五	30
	伐	常	30
	刑	常	68
	舟	常	509
7	言	二	563
	里	二	631
	位	四	31
	児	四	55
	芸	四	513
	似	五	32
	応	五	211
	孝	六	156
	伯	常	34
	甫	人	400
8	学	一	156
	明	二	279
	知	二	424
	命	三	105
	実	三	160
	典	四	59
	周	四	104
	官	四	159
	法	四	343
	制	五	71
	忠	六	214
	宜	常	159
	昇	常	278
9	後	二	205
	乗	三	14
	品	三	107
	度	三	193
	発	三	411
	祝	四	433
	則	五	73
	政	五	267
	紀	五	465
	宣	六	161
	律	六	206
	威	常	150
	珍	常	391
	軌	常	600
	廻	人	196
	祇	人	433
10	記	二	564
	訓	四	564
	修	五	43
	師	五	187
	格	五	303
	益	五	415
	能	五	500
	納	六	467
	倫	常	45
	准	常	63
	哲	常	108
	恭	常	218
	致	常	507
	恕	人	219
	矩	人	425
	矩		425
11	教	二	268
	理	二	393
	章	三	447
	基	五	127
	得	五	207
	率	五	390
	経	五	468
	規	五	559
	険	五	655
	視	六	559
	郷	六	625
	剰	常	74
	勘	常	79
	啓	常	109
	庸	常	195
12	道	二	618
	勝	三	79
	期	三	291
	登	三	412
	賀	四	586
	順	四	674
	程	五	440
	統	五	473
	勤	六	79
	敬	六	268
	幾	常	191
	御	常	207
	閑	常	648
	雄	常	660
	卿	人	89
	斯	人	273
	智	人	283
13	意	三	224
	業	三	313
	路	三	596
	愛	四	224
	節	四	454
	準	五	359
	義	五	487
	誠	六	569
	寛	常	165
	慎	常	228
	詮	常	569
	誉	常	569
	載	常	602
	雅	常	661
14	徳	四	209
	製	五	553
	模	六	317
15	縄	四	478
	権	六	318
	論	六	574
	儀	常	51
	慰	常	228
	慶	常	229
	稽	常	442
	範	常	456
	毅	人	331
	熙	人	376
	糊	人	463
	駕	人	687
16	機	四	319
	憲	六	231
	賢	常	590
	頼	常	676
	憲		231
17	講	五	577
	謹	常	577
	謙	常	577
18	騎	常	688

音訓索引

音訓索引

識 19 五 579　議 20 四 579　鑑 23 常 644
のりあい　⿰舟寄 17 510
のる　宜 8 常 159　乗 9 三 14　乘 10 人 14　搭 12 常 258　載 13 常 602　搭 258　騎 18 常 688
のろ　麕 19 708　麞 22 708
のろい　鈍 12 常 634
のろう　呪 8 常 104　咒 104　詛 12 567
のろける　惚 11 人 222
のろし　烽 11 372
ノン　暖 13 六 284　煖 284

は

ハ　巴 4 人 184　叭 5 98　把 7 常 242　波 8 三 342　杷 人 298　爬 印 379　坡 126　陂 126　怕 217　派 9 六 346　泒 346　玻 391　破 10 五 427　笆 450　耙 492　⿰米皮 11 461　菠 523　琶 12 人 393　菠 523　葩 525　跛 595　碆 13 429　葩 525　頗 14 人 675　播 15 人 262　覇 19 常 557　簸 458　覇 557　霸 21 557
は　刃 3 常 67　刃 67　刄 67　羽 6 二 488　羽 488　春 9 二 280　垪 127　華 10 常 520　葉 12 三 525　歯 三 713　葉 13 525　端 14 常 448　齒 15 713
バ　么 3 91　芭 7 人 513　芭 8 513　馬 10 二 686　婆 11 常 152　罵 15 常 485　碼 430
ば　庭 10 三 194　場 12 二 130　葉 三 525　塲 14 130　蕃 15 人 531
ハイ　吠 7 印 103　坏 125　沛 339　拝 8 六 245　杯 常 298　佩 38　柿 298　杮 298　肺 499　背 9 六 498　肺 六 499　拜 人 245　盃 人 298　胚 印 499　配 10 三 627　俳 六 44　悖 221　旆 274　珮 392　敗 11 四 268　排 常 256　徘 印 207　廃 12 常 195　牌 印 381　湃 357　琲 394　稗 13 印 440　牌 381　碚 429　醅 528　稗 14 440　醅 528　裴 554　輩 15 常 603　廢 195　霈 665　憊 16 231　癈 410　擺 18 264　鞴 19 671　韛 672
はい　灰 6 六 369　灰 369　鮠 17 696
バイ　貝 7 一 583　売 二 136　枚 8 六 299　苺 人 516　莓 9 516　倍 10 三 45　梅 四 306　唄 常 108　狽 印 386　培 11 常 129　陪 常 655　梅 人 306　莓 516　買 12 二 587　媒 常 153　焙 373　煤 13 人 375　楳 306　賠 15 常 589　賣 人 136　霾 22 667　黴 23 711
はいたか　鷂 21 706
はいる　入 2 一 56
はう　這 10 611　這 11 人 611
はえ　栄 9 四 299　榮 14 人 299　蝿 15 545　鮠 17 696　蠅 19 印 545
はえる　生 5 一 398　栄 9 四 299　映 六 279　暎 12 279　榮 14 人 299
はか　伯 7 常 34　果 8 四 297　博 12 四 87　墓 13 五 132　塋 131　墓 14 132
はが　埖 11 129
はがす　剝 10 常 74　剥 74
ばかす　化 4 三 82　化 82
はかどる　捗 10 常 251　捗 11 251
はかない　儚 15 51　儚 16 51
はがね　鋼 16 六 639
はかま　袴 11 人 551
はからう　計 9 二 563
はかり　秤 10 人 439　秤 439　量 12 四 632　衡 16 常 548
ばかり　許 11 五 565
はかりごと　謀 16 常 576
はかる　斗 4 常 271　平 5 三 189　成 6 四 234　忖 212　図 7 二 120　法 8 四 343　計 9 二 563　度 三 193　咨 107　料 10 四 271　恕 人 219　商 11 三 109　量 12 四 632　測 五 357　詢 13 人 569　猷 印 388　猷 388　圖 14 120　銓 637　億 15 四 51　諮 16 常 576　謀 常 576　諮 576　議 20 四 579
はがれる　剝 10 常 74　剥 74
はぎ　脛 11 印 501　萩 12 人 524　萩 13 524　獲 17 534　獲 18 534　穫 19 536　穫 24 536
ハク

5 白 一 412
7 伯 常 34
8 拍 常 246
泊 常 343
迫 常 609
帛 印 186
佰 38
岶 178
狛 385
9 柏 人 302
珀 人 392
迫 609
陌 653
10 剝 常 74
毫 21
剥 74
栢 302
11 舶 常 510
粕 印 461
12 博 四 87
愽 87
13 慱 87
搏 260
貊 583
雹 664
14 箔 人 455
膊 504
駁 687
15 魄 694
16 薄 常 532
璞 395
駮 688
17 擘 263
薄 532

はく
6 吐 常 100
8 刷 四 71
帚 印 186
佩 38
9 穿 人 444
10 穿 444
11 掃 常 255
菷 186
掃 255
14 嘔 印 114
15 履 常 176

はぐ
9 矧 425
10 剝 常 74
剥 74

バク
7 麦 二 708
10 莫 人 521
袙 550
11 莫 521
麥 708
12 博 四 87
博 87
13 幕 六 188
漠 常 360
慱 87
寞 166
獏 389
貊 583
14 寞 166
幕 188
漠 360
獏 389
駁 687
15 暴 五 285
16 縛 常 480
縛 480
17 檗 322
藐 534
貘 583
18 瀑 印 367
藐 534
貘 583
19 爆 常 379
曝 人 286
20 蘗 322
21 驀 689
驀 689

はぐくむ
7 孚 156
育 496
8 育 三 496
10 哺 常 108
14 毓 496

はぐさ
10 莠 521
11 莠 521

はけ
8 岾 178
10 [illegible] 127

はげ
7 禿 印 437

はげしい
10 烈 常 372
14 厲 91
15 劇 六 75
厲 91
16 激 六 366

はげます
7 励 常 77
14 厲 91
15 厲 91
17 勵 77

はげむ
6 百 一 413
7 励 常 77
14 厲 91
15 厲 91
17 勵 77

はける
10 捌 印 251

はげる
7 禿 印 437
10 剝 常 74
剥 74

ばける
4 化 三 82
化 82

はこ
7 匣 82
8 函 人 66
9 函 66
12 筐 451
13 筺 451
筥 453
15 箱 三 456
篋 456

はこぶ
12 運 三 615
13 搬 常 260
運 615

はさ
6 [illegible] 608

はざ
6 [illegible] 608

はざま
6 [illegible] 608
9 峡 常 178
10 峽 人 178
12 硲 428

はさまる
9 挟 常 248
10 挾 248

はさみ
15 鋏 印 638
17 螯 543

はさむ
7 夾 143
9 挟 常 248
10 挾 248

はし
9 美 三 486
10 陛 六 654
11 梯 人 308
12 階 三 656
14 端 常 448
箸 456
15 箸 常 456
16 橋 三 320
18 [illegible] 431

はじ
10 恥 常 219
辱 常 606
耻 219

はじかみ
12 椒 印 310
16 薑 531
17 薑 531

はじく
12 弾 常 201
15 彈 人 201

はしけ
13 艀 510

はしご
11 梯 人 308

はしこい
10 敏 常 267
11 敏 人 267

はした
14 端 常 448

はしたか
21 鷂 706

はしばみ
14 榛 人 316

はじまる
8 始 三 149

はじむ
1 一 一 1
4 元 二 53
8 孟 人 157
11 基 五 127
12 創 六 75
14 肇 人 495

はじめ
1 一 一 1
3 大 一 139
4 元 二 53
5 本 一 292
玄 常 389
6 吉 常 98
7 児 四 55
初 四 69
孜 人 156
甫 人 400
8 東 二 298
始 三 149
叔 常 95
孟 人 157
斧 人 272
9 春 二 280
首 二 684
祝 四 433
祖 五 434
紀 五 465
哉 人 106
10 原 二 90
素 五 467
朔 人 290
11 基 五 127
啓 常 109
12 朝 二 291
順 四 674
創 六 75
13 新 二 273
業 三 313
源 六 359
14 端 常 448
肇 人 495
肇 495

はじめて
7 初 四 69

はじめる
8 始 三 149
12 創 六 75
14 肇 人 495
肇 495

はしら
9 柱 三 302
柱 302

はじらう
10 恥 常 219
耻 219
11 羞 常 486

はしる
6 赱 592
7 走 二 592

音訓索引

奔 8 常 144
奔 9 144
趨 17 印 594

はじる
忸 7 213
怩 8 216
恥 10 常 219
耻 219
羞 11 常 486
愧 13 228
慚 14 229
慙 15 229

はす
芙 7 人 514
芙 8 514
蓉 13 人 528
蓮 人 528
蓮 15 528

はず
筈 12 人 451

はずかしい
恥 10 常 219
耻 219

はずかしめる
辱 10 常 606

はずす
外 5 二 137

はずむ
弾 12 常 201
彈 15 人 201

はずれる
外 5 二 137

はぜ
枦 8 323
鯊 18 697
櫨 20 323
糠 21 464

はせる
馳 13 人 686

はぜる
爆 19 常 379

はそう
𤭯 14 397

はた
果 8 四 297
畑 9 三 402
将 10 六 169
畠 人 402
秦 人 439
旆 274
泰 434
將 11 人 169
旌 275
傍 12 常 48
旗 14 四 275
端 常 448
幡 15 人 189
幢 189
機 16 四 319
旙 275
旛 18 275
礑 431
簱 458
籏 20 459

はだ
肌 6 常 496
膚 15 常 504

はだえ
肌 6 常 496
膚 15 常 504

はだか
裸 13 常 554

はたけ
畑 9 三 402
畠 10 人 402

はだし
跣 13 596

はたす
果 8 四 297
殺 15 人 331

はたはた
鰰 21 700
鱩 24 701

はだら
豹 10 人 583

はたらく
仂 4 23
働 13 四 50

ハチ
八 2 一 57
捌 10 印 251
鉢 13 常 636

はち
蜂 13 常 540

バチ
罰 14 常 485
撥 15 印 262
罸 485

ばち
枹 9 302
桴 11 308
駢 16 688

はちす
蓮 13 人 528
蓮 15 528

ハツ
癶 5 411
発 9 三 411
捌 10 印 251
秡 439
釟 633
溌 12 365
發 411
鉢 13 常 636
髪 14 常 692
髮 15 人 692
撥 印 262
潑 印 365
醗 16 630
醱 19 印 630

はつ
初 7 四 69
逸 11 常 614
肇 14 人 495

ハッ
法 8 四 343

バツ
末 5 四 293
伐 6 常 30
抜 7 常 242
拔 8 人 242
筏 12 印 453
跋 印 595
罰 14 常 485
閥 常 650
罸 15 485
魃 695

ばつ
茉 8 人 517

はった
礑 18 431

はて
果 8 四 297
涯 11 常 350

はてる
果 8 四 297

はと
鳩 13 人 701
鴿 17 703

はとば
埠 11 129

はな
花 7 一 512
芳 常 514
英 8 四 514
花 512
洟 9 344
華 10 常 520
華 520
鼻 14 三 712
鼻 712

はなし
咄 8 印 104
話 13 二 570
噺 16 印 117

はなじる
洟 9 344

はなす
放 8 三 266
話 13 二 570
離 19 常 663

はなだ
縹 17 481

はなつ
放 8 三 266
発 9 三 411
發 12 411

はなはだ
甚 9 常 398

はなはだしい
甚 9 常 398

はなひる
嚔 17 117
嚏 18 117

はなぶさ
英 8 四 514
英 9 514

はなむけ
餞 17 683
贐 21 591

はなれる
放 8 三 266
離 19 常 663

はなわ
塙 13 人 131

はに
土 3 一 122
赤 7 一 591
埴 11 人 128

はにう
赤 7 一 591

はね
羽 6 二 488
羽 488
翅 10 印 489

はねる
刎 6 69
跳 13 常 596
撥 15 印 262

はは
母 5 二 332

はば
巾 3 常 185
掵 11 256
幅 12 常 188
椧 312

ばば
婆 11 常 152

はばかる
憚 15 印 231

ははき
帚 8 印 186
菷 11 186

はばき
鈨 12 634
鎺 18 643

ははそ
柞 9 301

はばむ
阻 8 常 652
沮 342

はぶく
省 9 四 419
略 11 五 404
畧 404

はふり
祝 9 四 433
祝 10 人 433

はべり
侍 8 常 37

はべる
侍 8 常 37

はま
浜 10 常 348
濱 17 348

はまぐり
蚌 10 538
蛤 12 印 539

はみ
啣 12 636

音訓索引

衒 14 636
はむ
食 9 二 680
食 680
はめる
嵌 12 印 180
篏 15 180
はも
[illegible] 19 698
鱧 24 701
はや
早 6 一 277
迅 常 607
快 7 五 213
勇 9 四 78
赴 常 592
速 10 三 612
剣 常 73
敏 常 267
隼 人 659
逸 11 常 614
捷 人 254
敬 12 六 268
頓 13 常 674
頻 17 常 676
鮠 696
はやい
早 6 一 277
迅 常 607
迅 7 607
速 10 三 612
疾 常 406
捷 11 人 254
速 612
駿 17 人 688
はやお
駿 17 人 688
はやし
林 8 一 299
速 10 三 612
敏 常 267
捷 11 人 254
馳 13 人 686
駿 17 人 688
囃 21 印 117
はやす
生 5 一 398
囃 21 印 117
はやと
隼 10 人 659
はやぶさ
隼 10 人 659
鶻 21 705
はやまる
早 6 一 277
速 10 三 612
速 11 612
はやみ
速 10 三 612
はやめる
早 6 一 277
速 10 三 612
速 11 612
はやる
逸 11 常 614
逸 12 人 614
はら
肚 7 496
胎 9 常 498
原 10 二 90
腹 13 六 503
はらう
払 5 常 239
拂 8 人 239
祓 10 印 434
掃 11 常 255
掃 255
攘 20 印 264
はらか
鰚 20 699
はらす
晴 12 二 283
晴 283
腫 13 常 502
はらむ
孕 5 印 155
妊 7 常 148
胎 9 常 498
姙 148
娠 10 常 152
はららご
鮞 17 697
はらわた
腸 13 六 503
膓 15 503
はり
針 10 六 633
梁 11 人 309
榛 14 人 316
鍼 17 印 641
はりつけ
磔 15 430
磔 16 430
はりねずみ
蝟 15 541
はる
大 3 一 139
日 4 一 276
元 二 53
内 二 60
令 5 四 26
玄 常 389
会 6 二 27
全 三 29
花 7 一 512
良 四 511
青 8 一 668
東 二 298
知 二 424
始 三 149
治 四 341
孟 人 157
春 9 二 280
昭 三 280
美 三 486
栄 四 299
施 常 274
珍 常 391
流 10 三 349
敏 常 267
華 常 520
晏 人 281
浩 人 347
帳 11 三 188
張 五 201
啓 常 109
脩 人 501
晴 12 二 283
温 三 355
開 三 647
陽 三 657
給 四 471
喜 五 111
貼 常 587
遇 常 616
喧 人 112
暖 13 六 284
詮 常 569
閣 14 六 649
榛 人 316
覇 19 常 557
蘇 人 535
はるか
永 5 五 335
玄 常 389
迥 9 608
悠 11 常 221
遥 12 人 619
遙 14 人 619
敻 137
遼 15 人 622
遼 16 622
はるき
開 12 三 647
はれ
晴 12 二 283
はれる
晴 12 二 283
脹 人 502
晴 283
腫 13 常 502
霽 22 667
ハン
凡 3 常 64
凡 64
反 4 三 93
半 5 二 85
犯 五 384
氾 常 336
半 85
帆 6 常 185
汎 常 337
帆 185
坂 7 三 125
阪 四 651
判 五 69
伴 常 34
伴 34
判 69
泛 339
釆 630
板 8 三 298
版 五 381
拌 246
范 516
叛 9 印 95
叛 95
胖 499
范 516
班 10 六 392
畔 常 402
般 常 509
袢 印 550
畔 402
販 11 常 585
絆 人 471
笵 451
飯 12 四 681
斑 常 271
鈑 634
搬 13 常 260
煩 常 375
頒 常 675
飯 681
範 15 常 456
幡 人 189
蕃 人 531
樊 319
潘 365
瘢 409
繁 16 常 480
播 275
燔 378
膰 505
蕃 531
繁 17 人 480
藩 18 常 534
旛 275
繙 482
攀 19 印 264
藩 534
蘩 20 536
鐇 644
蘩 21 536
はん
垣 9 常 126
バン
万 3 二 6
坂 7 三 125
判 五 69
伴 常 34
伴 34
判 69
板 8 三 298
挽 10 人 251
悗 221
晩 11 人 283
絆 人 471
挽 251
番 12 二 404

晩 六 283
蛮 常 540
萬 人 6
13 萬 6
14 槃 印 316
輓 603
15 盤 常 417
幡 人 189
播 人 262
磐 人 430
蕃 人 531
16 蕃 531
18 蟠 544
20 礬 431
21 鑁 644
23 鷭 706
25 蠻 540

はんぞう
13 楾 314
14 [illegible] 397

ひ

ヒ
2 匕 82
4 比 五 332
5 皮 三 414
丕 9
6 妃 常 147
7 否 六 103
批 六 242
庇 人 193
屁 印 174
妣 148
8 肥 五 497
非 五 669
彼 常 204
披 常 246
泌 常 343
卑 人 86
狒 385
9 飛 四 680
卑 常 86
砒 印 426
胐 290
秕 438
10 秘 六 439
疲 常 407
被 常 550
祕 人 439
匪 82
粃 438
紕 468
11 婢 152
菲 523
豼 583
12 悲 三 224
費 五 587
扉 常 238
斐 人 271
脾 印 502
扉 238
痞 408
腓 502
菲 523
賁 587
13 碑 人 429
痺 印 409
蓖 528
裨 554
賁 587
14 碑 常 429
緋 人 476
鄙 印 626
榧 316
翡 489
蓖 528
蜚 541
蜱 541
鞁 670
15 罷 常 485
誹 印 574
16 避 常 623
霏 666
17 臂 印 505
嚊 117
貔 583
避 623
18 髀 691
19 羆 485
鯡 698
鵯 705
20 譬 580
21 贔 591
22 轡 605

ひ
1 一 一 1
4 日 一 276
火 一 369
5 氷 三 335
6 灯 四 369
冰 335
7 阳 657
阦 657
8 昆 常 278
杼 298
9 負 三 584
10 桧 人 321
11 梭 307
12 陽 三 657
13 暘 284
14 樋 319
15 樋 人 319
16 燈 人 369
17 檜 人 321
19 [illegible] 645
23 [illegible] 645

ビ
5 未 四 293
7 尾 常 174
8 弥 常 199
枇 人 299
9 美 三 486
眉 常 420
毘 人 332
弭 200
毗 332
11 梶 人 308
12 備 五 48
琵 人 394
媚 印 153
寐 165
嵋 180
13 微 常 208
微 208
14 鼻 三 712
鼻 712
16 糒 463
薇 533
17 彌 人 199
糜 464
縻 481
薇 533
蘗 707
19 靡 印 669
20 瀰 368

ひいず
5 禾 人 437
7 秀 常 437

ひいでる
7 秀 常 437

ひいらぎ
9 柊 人 301
柊 301

ひうち
17 燧 378

ひえ
13 稗 印 440
14 稗 440
16 薭 533
17 薭 533

ひえる
7 冷 四 63

ひがい
20 鰉 699

ひかえる
11 控 常 253

ひかがみ
15 膕 504

ひがし
8 東 二 298

ひがむ
15 僻 印 51

ひかり
6 光 二 54
13 電 二 664
15 輝 常 603

ひかる
5 玄 常 389
6 光 二 54
10 晃 人 281
12 皓 人 414
13 暉 人 284
14 熙 376
15 輝 常 603
煕 人 376
熈 376
18 燿 人 379

ヒキ
5 疋 人 405

ひき
4 引 二 198
匹 常 83
匹 83
5 疋 人 405
11 牽 人 383
16 蟇 印 543
蟆 543
17 蟇 543

ひきいる
9 帥 常 186
10 将 六 169
11 率 五 390
將 人 169
率 390

ひきづな
11 紼 471

ひく
4 引 二 198
6 曳 人 287
7 曳 287
8 抽 常 245
9 退 六 610
10 挽 人 251
退 610
11 牽 人 383
挽 251
12 弾 常 201
惹 人 222
掣 254
13 惹 222
14 輓 603
15 彈 人 201
碾 430
22 轢 印 605

ひくい
7 低 四 34

ひぐま
19 羆 485

ひくまる
7 低 四 34

ひくめる
7 低 四 34

ひぐらし
14 蜩 541

ひげ
15 髯 692
髥 692
16 髭 印 693
22 鬚 印 693

ひける
4 引 二 198

ひこ
3 久 五 13
7 位 四 31
9 彦 人 202
彥 202
10 孫 四 157

ひこばえ
20 蘗 536
21 蘖 536

ひさ
2 九 一 14
3 久 五 13
4 文 一 270
引 二 198
比 五 332
5 古 二 97
央 三 143
旧 五 276
永 五 335
6 向 三 99
7 良 四 511
寿 常 168
8 玖 人 391
学 一 156
長 二 646
昔 三 278
往 五 204
尚 常 172
弥 常 199
奄 人 143
9 栄 四 299
宣 六 161
契 常 144
恒 常 218
10 胡 人 498
修 五 43
留 五 403
能 五 500
剛 常 73
桐 人 306
11 常 五 187
悠 常 221
販 常 585
亀 常 714
12 富 四 165
喜 五 111
14 説 四 571

ひざ
15 膝 常 504

ひさぐ
11 販 常 585
15 賣 588
19 賣 588
22 鬻 694

ひさげ
12 提 五 258

ひさご
11 匏 82
瓠 396
17 瓢 人 396

ひさし
2 十 一 83
3 久 五 13
4 仁 六 23
5 央 三 143
永 五 335
7 序 五 192
寿 常 168
庇 人 193
8 長 二 646
尚 常 172
弥 常 199
9 栄 四 299
恒 常 218
11 常 五 187
悠 常 221
亀 常 714
12 廂 印 195
15 廡 196

ひさしい
3 久 五 13
8 尚 常 172
尙 172

ひざまずく
13 跪 595
跪 595

ひし
11 菱 人 523
12 菱 523
14 蔆 523
20 樻 323

ひじ
3 土 一 122
7 肘 常 496
8 肱 497
17 臂 印 505

ひしお
17 醤 簡 630
醢 629
18 醬 人 630

ひしぐ
8 拉 常 247

ひしくい
17 鴻 人 703

ひしめく
12 犇 383

ひしゃく
7 杓 印 295
杓 295

ひじり
13 聖 六 493
聖 493

ひずむ
9 歪 印 327

ひそか
7 私 六 437
9 窃 常 444
11 密 六 164
22 竊 444

ひそむ
15 潜 常 365
潜 365
19 潛 365

ひそめる
24 顰 678

ひた
8 直 二 418
11 牽 人 383
14 漬 常 362

ひだ
16 褶 555
19 襞 印 555

びた
20 鐚 644

ひたい
18 額 五 676

ひたき
21 鶲 705

ひたす
10 浸 常 348
浸 348
11 涵 印 350

ひだり
5 左 一 183

ひたる
10 浸 常 348
浸 348
14 漬 常 362

ヒチ
17 篳 457

ヒツ
4 匹 常 83
匹 83
5 必 四 211
疋 人 405
8 泌 常 343
10 畢 人 402
11 畢 402
12 筆 三 453
弼 201
逼 618
13 逼 印 618
17 謐 578
18 蹕 597

ひつ
18 櫃 印 322

ひつぎ
9 柩 印 300
12 棺 常 309

ひつじ
5 未 四 293
6 羊 三 486

ひつじさる
8 坤 125

ひづめ
16 蹄 人 597

ひで
1 一 一 1
3 之 人 12
5 未 四 293
禾 人 437
6 成 四 234
任 五 30
7 求 四 336
寿 常 168
秀 常 437
8 東 二 298
幸 三 190
季 四 157
英 四 514
昆 常 278
9 品 三 107
栄 四 299
11 淑 常 352
彬 人 203
13 愛 四 224
継 常 474
14 静 四 668
豪 常 582
15 標 四 319
16 薫 常 531
衡 常 548

ひでし
7 秀 常 437

ひでり
7 旱 印 277

ひでる
8 英 四 514

ひと
1 一 一 1
2 人 一 21
3 士 五 135
4 仁 六 23
云 人 17
弌 1
5 民 四 334
仙 常 24
8 者 三 491
9 客 三 161
10 倫 常 45
翁 常 488
13 寛 常 165
16 儒 常 52

ひどい
14 酷 常 628
酷 628

ひとえ
9 単 四 209
12 單 人 209

ひとえに
11 偏 常 47
偏 47

ひとし
1 一 一 1
2 人 一 21
3 与 常 7
4 文 一 270
仁 六 23
5 平 三 189
6 同 二 100
旬 常 277
伍 人 29
7 均 五 124
8 和 三 105
斉 常 712
坦 人 126
9 恒 常 218
10 将 六 169
倫 常 45
11 陸 四 655
斎 常 713
12 等 三 452
結 四 471
欽 人 325
13 準 五 359
雅 常 661
舜 人 509
14 精 五 462
15 徹 常 209

16 整 三 270
衡 常 548

ひとしい
7 均 五 124
8 斉 常 712
12 等 三 452
鈞 634
14 齊 人 712

ひとつ
1 一 一 1
4 弌 1
7 壱 常 135
12 壹 135

ひとみ
11 眸 人 421
13 睛 422
17 瞳 常 423

ひとや
14 獄 常 389

ひとり
9 独 五 386
16 獨 386

ひな
6 夷 人 143
14 鄙 印 626
18 雛 人 662

ひねくる
8 拈 245

ひねる
8 拈 245
11 捻 常 256
15 撚 印 262

ひのえ
5 丙 常 9
丙 9

ひのき
10 桧 人 321
17 檜 人 321

ひのくち
13 閘 649

ひのと
2 丁 三 3

ひび
14 皸 415
皹 415
17 罅 484

ひびき
20 響 常 673

ひびく
20 響 常 673
22 響 人 673
響 673

ひま
12 閑 常 648
13 暇 常 284
14 隙 常 658
隙 658

ひめ
6 妃 常 147
10 姫 常 151
11 姬 151
12 媛 四 153
媛 153
17 嬪 155

ひめる
10 秘 六 439
祕 人 439

ひも
10 紐 人 467
18 襟 常 555

ひもとく
18 繙 482

ひもろぎ
9 胙 498
16 膰 505

ひや
7 冷 四 63

ひやかす
7 冷 四 63

ヒャク
6 百 一 413
8 佰 38
9 陌 653

ビャク
5 白 一 412
8 佰 38
21 闢 651

ひやす
7 冷 四 63

ビュウ
17 繆 481
18 謬 印 578

ヒョウ
2 冫 62
5 平 三 189
氷 三 335
平 189
冰 335
6 兵 四 58
8 表 三 548
拍 常 246
凭 65
10 俵 六 45
秤 人 439
豹 人 583
秤 439
豹 583
髟 692
11 票 四 435
彪 人 203
殍 330
12 評 五 567
評 567
馮 686
13 剽 75
14 漂 常 363
嫖 154
慓 230
15 標 四 319
16 憑 印 231
瘭 409
17 瓢 人 396
縹 481
20 飄 680
飃 680
21 飆 680
驃 689
22 鰾 700
30 驫 690

ひょう
13 雹 664

ビョウ
5 平 三 189
平 189
8 苗 常 516
杪 299
9 秒 三 438
屏 簡 175
眇 420
苗 516
10 病 三 407
病 407
11 描 常 256
猫 常 387
屛 印 175
12 描 256
渺 357
猫 387
15 廟 人 196
廟 196
16 緲 479
錨 640
17 藐 534
錨 640
18 藐 534

びょう
15 鋲 638

ひよこ
18 雛 人 662

ひよどり
19 鵯 705

ひら
4 片 六 381
5 平 三 189
平 189
6 行 二 546
夷 人 143
7 位 四 31
均 五 124
8 英 四 514
枚 六 299
拍 常 246
披 常 246
坦 人 126
迪 人 609
9 勃 常 78
10 挙 四 248
11 啓 常 109
12 開 三 647
15 敷 常 270
16 衡 常 548

ひらき
11 啓 常 109
12 開 三 647

ひらく
8 拓 常 245
披 常 246
9 発 三 411
10 通 二 612
11 推 六 254
啓 常 109
啓 109
12 開 三 647
16 墾 常 134
21 闢 651

ひらける
12 開 三 647

ひらたい
9 扁 印 238
扁 238

ひらめ
16 鮃 696

ひらめく
10 閃 人 647

ひる
3 干 六 189
9 昼 二 280
11 晝 人 280
12 蛭 印 540
13 蒜 527
14 蒜 527
19 簸 458

ひるがえす
18 翻 常 490
翻 490
20 飄 680
飃 680
21 飜 人 490

ひるがえる
18 翻 常 490
翻 490
20 飄 680
飃 680
21 飜 人 490

ひるむ
8 怯 印 215

ひれ
16 蝔 542
21 鰭 699

ひろ
3 大 一 139
丈 常 6
4 公 二 57
太 二 141
戸 二 237
丑 人 7
5 外 二 137
広 二 192
央 三 143
礼 三 432
玄 常 389
弘 人 199
6 光 二 54
汎 常 337
7 完 四 159
宏 人 159
8 明 二 279
門 二 646
官 四 159
拡 六 243

弥 常 199
拓 常 245
披 常 246
坦 人 126
昊 人 278
穹 人 443
9 拾 三 249
洋 三 347
栄 四 299
厚 五 90
勃 常 78
洪 常 345
洞 常 346
宥 人 162
彦 人 202
恢 人 217
洸 人 345
祇 人 433
10 容 五 163
展 六 175
泰 常 342
倶 人 42
恕 人 219
浩 人 347
紘 人 466
11 野 二 631
転 三 601
都 三 625
啓 常 109
郭 常 625
12 博 四 87
景 四 282
達 四 617
測 五 357
敬 六 268
衆 六 546
尋 常 169
普 常 283
裕 常 553
淵 人 355
皓 人 414
尋 169
13 解 五 562
豊 五 581
寛 常 165
漠 常 360
滉 人 359
14 聞 二 494
演 五 361
漫 常 363
嘉 人 114
碩 人 429
碩 429
15 勲 常 80
潤 常 364
緩 常 478
播 人 262
熙 人 376
16 衛 五 548
衡 常 548
17 優 六 52
鴻 人 703
18 簡 六 458

ひろい
5 広 二 192
弘 人 199
6 汎 常 337
7 宏 人 159
10 浩 人 347
紘 人 466
浩 347
12 博 四 87
博 87
13 寛 常 165
滉 人 359
博 87
14 寛 人 165
熙 376
15 廣 人 192
熙 人 376
寛 165
熈 376
17 闊 印 650
豁 581
濶 650

ひろう
9 拾 三 249

ひろがる
5 広 二 192
15 廣 人 192

ひろげる
5 広 二 192
8 拡 六 243
15 廣 人 192
18 擴 243

ひろし
3 大 一 139
4 仁 六 23
5 広 二 192
央 三 143
礼 三 432
末 四 293
弘 人 199
6 光 二 54
汎 常 337
亘 人 19
7 完 四 159
寿 常 168
宏 人 159
8 京 二 20
周 四 104
宙 六 160
拡 六 243
拓 常 245
坦 人 126
昊 人 278
9 洋 三 347
厚 五 90
洪 常 345
洸 人 345
10 容 五 163
泰 常 342
恕 人 219
浩 人 347
紘 人 466
11 啓 常 109
12 湖 三 356
博 四 87
敬 六 268
尋 常 169
普 常 283
裕 常 553
皓 人 414
13 豊 五 581
寛 常 165
滉 人 359
14 演 五 361
15 潤 常 364
熙 人 376
17 鴻 人 703

ひろまる
5 広 二 192
15 廣 人 192

ひろむ
5 弘 人 199
6 汎 常 337
8 拡 六 243
坦 人 126
11 啓 常 109
12 博 四 87
15 熙 人 376

ひろめる
5 広 二 192
弘 人 199
15 廣 人 192

ひわ
21 鶸 705

ヒン
6 牝 印 382
9 品 三 107
10 浜 常 348
11 貧 五 585
彬 人 203
12 斌 271
13 稟 人 441
禀 441
14 賓 人 589
15 賓 常 589
16 頻 676
17 頻 常 676
嬪 155
擯 264
濱 348
18 殯 330
19 瀕 人 368
蘋 535
20 瀕 368
繽 483
蘋 535
24 顰 678

ビン
8 岷 178
旻 279
泯 343
9 便 四 41
10 敏 常 267
秤 人 439
罠 印 484
秤 439
紊 468
11 貧 五 585
瓶 常 397
敏 人 267
梹 322
12 閔 649
13 愍 227
甁 397
黽 711
15 憫 印 231
緡 479
16 頻 676
17 頻 常 676
18 檳 322
24 鬢 印 693

びん
19 壜 135
22 罎 484

ふ

フ
4 父 二 380
不 四 7
夫 四 142
仆 23
5 付 四 26
布 五 185
7 扶 常 242
巫 人 183
歩 人 327
芙 人 514
孚 156
8 歩 二 327
府 四 193
阜 四 651
怖 常 217
附 常 652
斧 人 272
咐 105
坿 126
拊 246
芣 514
苻 516
9 風 二 678
負 三 584
訃 常 564
赴 常 592
俘 41
俛 41
枹 302
柎 302
趺 402
罘 484
荷 516
負 584
鳧 702
10 浮 常 348
釜 常 633
俯 印 45
浮 348
郛 625

釜 633 ／ 11 婦 五 152 ／ 符 常 451 ／ 冨 人 165 ／ 埠 129 ／ 婦 152 ／ 桴 308 ／ 殍 330 ／ 趺 594 ／ 麸 708 ／ 12 富 四 165 ／ 補 六 552 ／ 普 常 283 ／ 腑 印 502 ／ 傅 48 ／ 13 溥 360 ／ 艀 510 ／ 蜉 540 ／ 鳧 702 ／ 14 腐 常 502 ／ 孵 印 157 ／ 榑 316 ／ 誣 572 ／ 15 敷 常 270 ／ 膚 常 504

賦 常 590 ／ 敷 270 ／ 麩 708 ／ 16 鮒 印 696 ／ 麬 708 ／ 17 賻 590 ／ 19 譜 常 579 ／ 黼 711 ／ 20 譜 579

ふ

2 二 一 17 ／ 4 双 常 93 ／ 5 生 一 398 ／ 7 甫 人 400 ／ 13 節 四 454 ／ 14 輔 人 603

ブ

4 分 二 68 ／ 不 四 7 ／ 无 275 ／ 毋 331 ／ 7 步 人 327 ／ 8 歩 二 327 ／ 武 五 327 ／ 侮 常 38 ／ 奉 常 144 ／ 9 侮 人 38 ／ 10 捕 常 251 ／ 11 部 三 626 ／ 12 無 四 373 ／ 葡 人 525 ／ 13 豊 五 581 ／ 蒲 人 528 ／ 葡 525 ／ 14 舞 509 ／ 蒲 528 ／ 誣 572 ／ 15 舞 常 509 ／ 撫 人 262 ／ 蕪 人 531 ／ 嘸 116 ／ 廡 196 ／ 憮 231 ／ 16 蕪 531 ／ 錻 640 ／ 18 豐 581 ／ 鵡 704

ぶ

2 二 一 17 ／ 5 生 一 398

フィート

7 巫 人 183 ／ 7 呎 103

ふいご

19 鞴 671 ／ 韛 672

フウ

4 夫 四 142 ／ 9 風 二 678 ／ 封 常 169 ／ 11 冨 人 165 ／ 12 富 四 165 ／ 殕 330 ／ 13 楓 人 314 ／ 14 瘋 409 ／ 16 諷 印 576

ふえ

11 笛 三 451 ／ 笙 人 450 ／ 22 鰾 700

ふえる

12 殖 常 330 ／ 14 増 五 133 ／ 15 增 人 133 ／ 蕃 人 531 ／ 16 蕃 531

ふか

5 玄 常 389 ／ 8 底 四 193 ／ 9 甚 常 398 ／ 11 深 三 352 ／ 12 奥 常 145 ／ 淵 人 355 ／ 26 鱶 701

ふかい

11 深 三 352

ふかし

5 玄 常 389 ／ 7 沖 四 339 ／ 9 洸 人 345 ／ 11 深 三 352 ／ 淑 常 352 ／ 12 淵 人 355 ／ 湛 人 357

ふかす

7 更 常 287 ／ 13 蒸 六 527 ／ 14 蒸 527

ふかまる

11 深 三 352

ふかめる

11 深 三 352

ふき

7 吹 常 102 ／ 8 苳 516 ／ 9 苳 516 ／ [illegible] 550 ／ 12 葺 人 524 ／ 16 蕗 人 533 ／ 17 蕗 533

フク

6 伏 常 30 ／ 8 服 三 290 ／ 服 290 ／ 11 副 四 74 ／ 匐 82 ／ 袱 552 ／ 12 復 五 208 ／ 幅 常 188 ／ 愎 227 ／ 13 福 三 436 ／ 腹 六 503 ／ 14 複 五 554 ／ 福 人 436 ／ 箙 456 ／ 蔔 529 ／ 15 蔔 529 ／ 蝠 542 ／ 蝮 542 ／ 16 輻 604 ／ 輹 604 ／ 18 覆 常 557 ／ 覆 557 ／ 馥 685 ／ 20 鰒 699

ふく

7 吹 常 102 ／ 9 拭 常 249 ／ 12 富 四 165 ／ 葺 人 524 ／ 13 葺 524 ／ 15 噴 常 116 ／ 16 噴 116

ふぐ

20 鰒 699

ブク

9 茯 519 ／ 10 茯 519

ふくべ

11 匏 82 ／ 瓠 396 ／ 17 瓢 人 396

ふくむ

7 含 常 101 ／ 10 哺 常 108 ／ 12 啣 636 ／ 14 銜 636

ふくめる

7 含 常 101

ふくらむ

12 脹 人 502 ／ 16 膨 常 505

ふくれる

12 脹 人 502 ／ 16 膨 常 505

ふくろ

11 袋 常 550 ／ 18 嚢 118 ／ 22 囊 印 118

ふくろう

11 梟 307

ふける

6 老 四 490 ／ 7 更 常 287

ふご

10 耽 人 493

ふさ

10 畚 403

ふさ

4 方 二 274 ／ 5 旧 五 276 ／ 6 成 四 234 ／ 7 角 二 561 ／ 芳 常 514 ／ 8 英 四 514 ／ 房 常 237 ／ 房 237 ／ 9 亮 人 21 ／ 10 記 二 564 ／ 11 章 三 447 ／ 寅 人 163 ／ 12 番 二 404 ／ 葉 三 525 ／ 幾 常 191 ／ 隅 常 656 ／ 惣 人 223 ／ 13 業 三 313 ／ 14 種 四 441 ／ 総 五 476 ／ 維 常 474 ／ 15 緩 常 478 ／ 蕃 人 531 ／ 16 薫 常 531 ／ 17 總 476

ふさがる

8 奄 人 143 ／ 13 塞 常 131

ふさぐ

8 奄 人 143 ／ 11 窒 常 445 ／ 13 塞 常 131 ／ 16 壅 134 ／ 25 欝 693 ／ 29 鬱 常 693

ふし

6 伏 常 30 ／ 13 節 四 454 ／ 15 節 人 454 ／ 節 454

ふじ

12 葛 常 524 ／ 18 藤 常 534 ／ 19 藤 534

ふす

6 伏 常 30

臥 9 人 558
俛 41

ふすま
被 10 常 550
衾 549
麸 11 708
麩 15 708
麬 16 708
襖 17 555
襖 18 人 555

ふせ
防 7 五 651

ふせぐ
防 7 五 651
捍 10 250
禦 16 436

ふせる
伏 6 常 30
臥 9 人 558
俯 10 印 45
偃 11 45

ふた
二 2 一 17
双 4 常 93
弍 5 17
盖 11 526
葢 12 526
蓋 13 常 526
蓋 14 526
雙 18 93

ふだ
札 5 四 292
槧 15 318
簡 18 六 458
簡 458
簽 19 458

ぶた
豚 11 常 582

ふたたび
再 6 五 60

ふたつ
二 2 一 17
弍 5 17
両 6 三 10
弐 常 198
兩 8 10
貮 11 198
貳 12 198

ふち
俸 10 常 45
渕 11 355
渊 355
淵 12 人 355
縁 15 常 477
緣 人 477
潯 364
潭 365
潭 365

ぶち
斑 12 常 271

フツ
仏 4 五 23
払 5 常 239
弗 199
佛 7 人 23
沸 8 常 343
拂 人 239
彿 204
怫 217
祓 10 印 434
髴 15 692
黻 17 711

ブツ
仏 4 五 23
佛 7 人 23
物 8 三 382

ぶつ
勿 4 人 81
打 5 三 239

ふで
筆 12 三 453

ふと
大 3 一 139
太 4 二 141

ふとい
太 4 二 141

ふところ
懐 16 常 232
懷 19 人 232

ふとし
大 3 一 139
太 4 二 141

ふとる
太 4 二 141
肥 8 五 497

ふな
舟 6 常 509
舩 10 510
船 11 二 510
鮒 16 印 696

ぶな
椈 12 309
橅 16 321

ふなぐら
艙 16 510

ふなばた
舷 11 常 509

ふね
舟 6 常 509
舩 10 510
船 11 二 510
艘 15 510
艘 16 印 510

ふひと
史 5 五 97

ふびと
史 5 五 97

ふまえる
踏 15 常 597

ふみ
文 4 一 270
史 5 五 97
冊 六 60
册 60
典 8 四 59
美 9 三 486
奎 人 145
郁 人 624
書 10 二 288
記 二 564
章 11 三 447
詞 12 六 566
履 15 常 176
録 16 四 641
簡 18 六 458
籍 20 常 459
籍 459

ふむ
文 4 一 270
枚 8 六 299
践 13 常 596
履 15 常 176
踏 常 597
踐 596
蹂 16 597
蹈 17 597

ふもと
梺 11 308
麓 19 常 708

ふやす
殖 12 常 330
増 14 五 133
增 15 人 133

ふゆ
冬 5 二 136
冬 136
寒 12 三 165

ぶゆ
蚋 10 538

ぶよ
蚋 10 538

フラン
法 8 四 343

ふり
風 9 二 678
振 10 常 250

ぶり
鰤 21 699

ふる
古 5 二 97
旧 五 276
雨 8 一 663
昔 三 278
故 9 五 267
降 653
降 10 六 653
振 常 250
経 11 五 468
歴 14 五 328
嘗 人 115

ぶる
陣 10 常 654

ふるい
古 5 二 97
旧 五 276
故 9 五 267
篩 16 457
舊 18 276

ふるう
振 10 常 250
掉 11 256
揮 12 六 257
震 15 常 665
奮 16 六 145
篩 457

ふるえる
震 15 常 665
顫 22 678

ふるす
古 5 二 97

ふれる
牴 9 382
振 10 常 250
触 13 常 562
觸 20 562

フン
分 4 二 68
刎 6 69
吻 7 人 103
扮 印 242
吩 103
汾 339
芬 514
忿 8 214
枌 299
氛 335
芬 514
粉 10 五 460
紛 常 468
雰 12 常 664
焚 人 373
噴 15 常 116
墳 常 133
憤 常 231
濆 365
奮 16 六 145
噴 116
墳 133
憤 231
濆 365
糞 17 印 464

ブン
文 4 一 270
分 二 68
蚊 10 常 538
紊 468
聞 14 二 494
馼 687

ふんどし
褌 14 印 554

へ

へ
戸 4 二 237
戸 237
屁 7 印 174

べ
辺 5 四 607
畔 10 常 402
部 11 三 626

17 邉 607 / 19 邊 607

ヘイ
5 平 三 189 / 丙 常 9 / 丙 9 / 平 189 / 6 并 簡 191 / 7 兵 四 58 / 8 並 六 10 / 併 常 38 / 坪 常 126 / 拼 印 191 / 坪 126 / 秉 438 / 苹 516 / 9 柄 常 302 / 屏 簡 175 / 柄 302 / 炳 371 / 苹 516 / 10 病 三 407 / 陛 六 654 / 竝 10 / 倂 38 / 俾 45 / 娉 152 / 病 407 / 11 閉 六 647 / 瓶 常 397 / 屏 印 175 / 萍 523 / 閇 647 / 12 塀 常 130 / 敝 269 / 萍 523 / 13 聘 印 493 / 甁 397 / 睥 422 / 14 塀 130 / 箆 457 / 餅 682 / 15 幣 常 189 / 弊 常 197 / 蔽 常 531 / 餅 常 682 / 幣 189 / 幤 189 / 弊 197 / 16 嬖 154 / 箆 457 / 蔽 531 / 薜 533 / 鮃 696 / 17 薜 533 / 餠 682 / 18 斃 印 270

ベイ
5 皿 三 415 / 6 米 二 459 / 9 袂 印 550

ページ
9 頁 人 673

ヘキ
13 辟 606 / 14 碧 人 429 / 15 僻 印 51 / 劈 76 / 16 壁 常 134 / 18 璧 常 395 / 癖 常 410 / 甓 397 / 19 襞 印 555 / 20 躄 598 / 21 霹 667 / 24 鷩 706 / 鸊 706

ベキ
2 冖 61 / 6 糸 一 464 / 7 汨 339 / 11 覓 559 / 12 絲 464 / 13 幎 188 / 15 冪 62 / 16 冪 62 / 18 羃 62

ヘクトグラム
11 瓸 397

ヘクトメートル
12 粨 462

ヘクトリットル
11 竡 447

へこむ
5 凹 常 66

へさき
10 舮 511 / 11 舳 510 / 22 艫 511

べし
5 可 五 96 / 12 須 常 673

へそ
18 臍 印 505

へた
12 蒂 529 / 14 蔕 529

へだたる
12 距 常 595 / 距 595 / 13 隔 常 657 / 隔 657

へだてる
12 距 常 595 / 距 595 / 13 隔 常 657 / 隔 657

ベチ
7 別 四 70

ヘツ
1 丿 13 / 16 瞥 286

ベツ
7 別 四 70 / 14 蔑 常 529 / 15 蔑 529 / 17 瞥 人 423 / 瞥 423 / 19 襪 556 / 20 襪 556 / 23 韈 672 / 24 韤 672 / 25 鼈 711

へっつい
17 竈 446 / 21 竈 印 446

へつらう
15 諂 574 / 諛 574 / 16 諛 574

べに
9 紅 六 465

へび
11 蛇 常 539

へら
14 箆 457 / 16 篦 457

へらす
11 減 355 / 12 減 五 355

へり
15 縁 常 477 / 緣 人 477

へりくだる
13 遜 620 / 14 遜 常 620 / 17 謙 常 577 / 謙 577

へる
10 耗 常 492 / 耗 492 / 11 経 五 468 / 減 355 / 12 減 五 355 / 13 經 468 / 14 歴 五 328 / 16 歷 人 328

ヘン
4 片 六 381 / 5 辺 四 607 / 7 返 三 608 / 8 返 608 / 9 変 四 136 / 扁 印 238 / 扁 238 / 10 胼 500 / 11 偏 常 47 / 偏 47 / 貶 585 / 12 遍 常 618 / 胼 500 / 13 遍 618 / 14 褊 554 / 褊 554 / 15 編 五 479 / 篇 人 456 / 篇 456 / 編 479 / 翩 489 / 翩 489 / 蝙 542 / 蝙 542 / 16 諞 576 / 諞 576 / 17 邉 607 / 19 騙 印 689 / 邊 607 / 騙 689 / 23 變 136

ベン
3 宀 158 / 4 卞 87 / 5 弁 五 197 / 7 抃 242 / 汴 339 / 汳 339 / 9 便 四 41 / 勉 人 78 / 俛 41 / 眄 420 / 10 勉 三 78 / 娩 人 152 / 11 冕 61 / 娩 152 / 16 辨 197 / 辧 197 / 駢 688 / 18 鞭 人 671 / 駢 688 / 19 瓣 197 / 20 辮 483 / 21 辯 197

ペンス
4 片 六 381

ほ

ホ
4 父 二 380 / 5 布 五 185 / 7 歩 人 327 / 甫 人 400 / 8 步 二 327 / 9 保 五 41 / 匍 81 / 畆 402 / 10 哺 常 108 / 捕 常 251 / 浦 常 349 / 畝 常 402 / 圃 人 122 / 埔 127 / 11 脯 502 / 逋 613 / 12 補 六 552 / 葡 人 525 / 堡 130 / 葆 525 / 13 蒲 人 528 / 葡 525

画数	漢字	区分	頁
	葆		525
14	輔	人	603
	蒲		528
15	舗	常	51
	舖		51
	鋪		638
16	餔		683
18	鯆		697
19	黼		711

ほ

画数	漢字	区分	頁
4	火	一	369
6	帆	常	185
	帆		185
7	伯	常	34
	秀	常	437
13	鉢	常	636
14	蓬	人	530
15	穂	常	442
16	頬	常	675
17	穗	人	442

ボ

画数	漢字	区分	頁
5	母	二	332
	戊	人	234
7	牡	人	382
8	姆		150
	拇		246
9	姥	人	151
11	菩	人	523
12	募	常	80
	菩		523
13	墓	五	132
	募		80
	媽		154
	[illegible]		458
14	暮	六	285
	模	六	317
	慕	常	228
	墓		132
15	慕		228
	暮		285
	模		317
16	糢		317
17	謨		578
18	謨		578
19	簿	常	458
	簿		458

ホイ

画数	漢字	区分	頁
12	焙		373

ホウ

画数	漢字	区分	頁
2	勹		80
	匚		82
4	方	二	274
	乏	常	14
5	包	四	81
	包		81
7	芳	常	514
	邦	常	624
	呆	印	103
	彷	印	203
	抔		242
	抛		247
	邦		624
8	放	三	266
	法	四	343
	宝	六	161
	奉	常	144
	抱	常	246
	泡	常	344
	朋	人	290
	庖	印	193
	苞	印	517
	咆		105
	垉		126
	庖		193
	怦		217
	抱		246
	抛		247
	朋		290
	枋		299
	泡		344
	泙		344
	芳		514
9	封	常	169
	胞	常	499
	炮		371
	胞		499
	苞		517
10	倣	常	45
	俸	常	45
	剖	常	74
	峰	常	179
	砲	常	427
	峯	人	179
	疱	印	407
	皰		415
	砲		427
	舫		509
	袍		551
	迸		611
	逄		614
11	訪	六	565
	崩	常	180
	捧	人	256
	萌	人	523
	萠	人	523
	逢	人	614
	匏		82
	堋		129
	堋		129
	崩		180
	弸		201
	弸		201
	烹		372
	烽		372
	蚫		539
12	報	五	130
	傍	常	48
	棚	常	312
	絣	印	473
	堡		130
	幇		188
	彭		203
	棚		312
	焙		373
	琺		394
	萌		523
	葆		525
	跑		595
	逬		611
13	豊	五	581
	蜂	常	540
	飽	常	682
	榑		314
	硼		429
	硼		429
	葆		525
	蓬		530
	鉋		636
14	蓬	人	530
	鞄	人	670
	鳳	人	702
	絣		473
	蔀		530
	褓		555
	靤		670
	鞄		670
	飽		682
	髣		692
15	褒	常	554
	鋒	人	638
	澎		365
	磅		430
	蓬		530
	蔀		530
	髱		692
	魴		695
	鴇		702
16	縫	常	480
	鮑		696
	麭		709
17	幫		188
	篷		457
	縫		480
	繃		481
	繃		481
	襃		554
18	豐		581
19	鵬	人	705
	寳		161
	鵬		705
20	寶		161

ほう

画数	漢字	区分	頁
16	薫	常	531

ボウ

画数	漢字	区分	頁
3	亡	六	19
	亾		19
4	乏	常	14
5	矛	常	424
	卯	人	88
	夘		88
6	妄	常	147
	忙	常	213
	芒	印	512
	妄		147
	忙		213
	网		484
7	防	五	651
	忘	六	213
	坊	常	125
	妨	常	148
	呆	印	103
	尨		172
	尨		172
	忘		213
	芒		512
	皃		583
8	房	常	237
	肪	常	497
	茅	人	517
	房		237
	氓		334
	冐		420
	茆		517
9	某	常	302
	冒	常	420
	昴	人	280
	茫	印	519
	虻	印	538
	厖		90
	冒		420
	茅		517
	茆		517
10	剖	常	74
	紡	常	468
	旁		274
	旄		274
	桙		307
	茫		519
	蚌		538
11	望	四	291
	眸	人	421
	萌	人	523
	萠	人	523
	梦		139
	惘		224
	望		291
	袤		551
12	貿	五	587
	棒	六	312
	傍	常	48
	帽	常	188
	帽		188
	萌		523
13	夢	五	139
	楙		314
	滂		360
	蒡		528
14	貌	常	583
	榜	印	316
	膀	印	504
	鉾	印	637
	夢		139
	蒡		528
	鋩		637
	髦		692
15	暴	五	285
	傍		51
	犛		383
	甍		397
	蝱		538

蟒 542
鋩 637
16 膨 常 505
謀 常 576
傍 51
甍 397
17 謗 印 578
懋 233
蟒 542
鴾 704
18 蟒 542
ほうき
8 帚 印 186
11 菷 186
14 箒 印 455
ほうむる
12 葬 常 525
13 塟 525
ほうる
8 放 三 266
ほえる
7 吼 印 102
吠 印 103
8 咆 105
10 哮 108
ほお
6 朴 常 294
15 頬 675
16 頰 常 675
ほおひげ
15 髯 692
髥 692
ほか
5 外 二 137
他 三 24
ぼかす
13 暈 284
ほがら
10 朗 六 290
ほがらか
10 朗 六 290
11 朗 人 290
朖 290
12 嘵 113
ほき
6 [illegible] 177
ほぎ
7 寿 常 168
ホク
5 北 二 82
ほぐ
9 祝 四 433
10 祝 人 433
ボク
2 卜 人 87
4 木 一 292
仆 23
支 265
攵 265
5 目 一 417
6 朴 常 294
8 牧 四 382
12 殕 330
13 睦 常 422
14 僕 常 51
墨 常 133
15 撲 常 262
墨 人 133
16 樸 321
穆 442
17 濮 367
18 瀑 367
19 蹼 598
20 鶩 705
ほくそ
14 梗 316
ぼけ
13 楙 314
ぼける
11 惚 人 222
ほこ
4 戈 234
5 矛 常 424
仗 24
10 桙 307
12 戟 人 235
14 槍 人 316
鉾 印 637
15 鋒 人 638
ほこさき
15 鋒 人 638
ほこら
10 祠 印 433
ほこり
10 埃 印 127
ほこる
8 侘 印 38
13 誇 常 568
ほころびる
14 綻 常 476
ほころぶ
14 綻 常 476
ほし
9 星 二 280
ほしい
11 欲 六 324
16 糒 463
ほしいい
16 糒 463
ほしいまま
10 恣 常 219
16 縦 六 480
擅 262
17 縱 人 480
ほじし
11 脯 502
ほす
3 干 六 189
11 乾 常 16
ほず
3 上 一 5
5 末 四 293
7 秀 常 437
ほぞ
18 臍 印 505
ほそい
11 細 二 469
ほそる
11 細 二 469
ほだ
9 柮 302
14 榾 316
ほたる
11 蛍 常 538
16 螢 538
ボタン
11 釦 633
12 鈕 634
ホツ
5 払 常 239
8 拂 人 239
9 発 三 411
12 發 411
ホッ
8 法 四 343
ボツ
7 没 常 339
孛 156
沒 339
8 歿 329
殁 329
9 勃 常 78
12 渤 358
ボッ
7 坊 常 125
ほっけ
18 𩸽 697
19 𩸽 697
ほっする
11 欲 六 324
ほてる
10 热 377
15 熱 四 377
ほど
12 程 五 440
程 440
13 節 四 454
ほとぎ
6 缶 常 483
23 罐 484
24 罐 484
ほどく
13 解 五 562
觧 562
ほとけ
4 仏 五 23
7 佛 人 23
16 [illegible] 52
ほどこす
9 施 常 274
ほとばしる
10 迸 611
12 迸 611
ほとり
5 辺 四 607
10 畔 常 402
畔 402
14 滸 362
17 邉 607
19 邊 607
ほとんど
9 殆 人 329
12 幾 常 191
ほね
10 骨 六 690
ほのお
8 炎 常 370
11 焔 372
12 焰 人 372
14 熖 372
ほのか
4 仄 印 23
ほばしら
17 檣 322
ほふる
11 屠 176
12 屠 印 176
ほほ
15 頬 675
16 頰 常 675
ほぼ
11 略 五 404
粗 常 461
畧 404
ほまる
13 誉 常 569
ほまれ
13 誉 常 569
20 譽 569
ほむら
8 炎 常 370
11 焔 372
12 焰 人 372
14 熖 372
ほめる
13 誉 常 569
頌 人 674
15 賞 五 589
褒 常 554
17 襃 554
20 譽 569
22 讃 人 580
26 讚 580
ほら
7 秀 常 437
9 洞 常 346
ぼら
19 鯔 698
20 鯔 698
21 鰡 700
ほり
11 堀 常 128
14 塹 132
17 壕 人 134
濠 印 367
ほる
11 彫 常 203
掘 常 252
彫 203
21 鐫 644

ほれる
惚 11 人 222

ほろ
袰 11 551
幌 13 人 188
縨 16 481

ぽろ
幌 13 人 188

ほろびる
亡 3 六 19
亾 19

ほろぼす
滅 13 常 360
勦 80
殱 19 330
殲 21 330

ホン
反 4 三 93
本 5 一 292
夲 292
奔 8 常 144
品 9 三 107
叛 印 95
叛 95
奔 144
畚 10 403
笨 11 451
犇 12 383
賁 587
賁 13 587
翻 18 常 490
繙 482
翻 490
飜 21 人 490

ボン
凡 3 常 64
凢 64
犯 5 五 384
盆 9 常 415
悗 10 221
梵 11 印 308
煩 13 常 375

ポン
椪 12 312

ポンド
听 7 101
磅 15 430

ま

マ
么 3 91
馬 10 二 686
麻 11 常 709
麻 709
痲 409
嘛 14 115
麼 709
麽 709
摩 15 常 261
摩 261
磨 16 常 430
蟇 印 543
磨 430
蟆 543
蟇 17 543
魔 21 常 695
魔 695

ま
午 4 二 84
目 5 一 417
直 8 二 418
馬 10 二 686
真 三 420
眞 人 420

まー
間 12 二 648
閒 648
隙 13 常 658
増 14 五 133

マイ
毎 6 二 332
米 二 459
売 7 二 136
毎 人 332
妹 8 二 150
枚 六 299
昧 9 常 280
埋 10 常 127
眛 421
瑁 13 394
賣 15 人 136
邁 16 印 622
邁 17 622

まい
舞 14 509
舞 15 常 509

まいない
賂 13 常 588
賄 常 588

マイル
哩 10 人 109

まいる
参 8 四 91
參 11 91

まう
舞 14 509
舞 15 常 509

まえ
前 9 二 72
前 72

まがい
擬 17 常 263

まがう
紛 10 常 468

まがき
籬 25 印 459

まかし
任 6 五 30

まかす
任 6 五 30
負 9 三 584
負 584

まかせる
任 6 五 30

まかなう
賄 13 常 588

まがり
勾 4 常 81

まかる
罷 15 常 485

まがる
勾 4 常 81
曲 6 三 287

まき
牧 8 四 382
巻 人 184
巻 9 六 184
真 10 三 420
蒔 13 人 527
槙 14 人 316
槇 人 316
薪 16 常 532
薪 17 532
纏 21 人 483

まぎらす
紛 10 常 468

まぎらわしい
紛 10 常 468

まぎらわす
紛 10 常 468

まぎれる
紛 10 常 468

マク
幕 13 六 188
寞 166
膜 14 常 504
寞 166
幕 188
膜 15 504

まく
巻 8 人 184
巻 9 六 184
捲 11 人 253
捲 12 253
蒔 13 人 527
蒔 14 527
撒 15 人 261
播 人 262

まぐさ
秣 10 439

まくら
枕 8 常 298

まぐろ
鮪 17 697
鱑 23 700

まげ
髷 16 印 692

まける
負 9 三 584
負 584

まげる
曲 6 三 287
枉 8 297

まご
孫 10 四 157

まこと
一 1 一 1
丹 4 常 12
允 人 53
任 6 五 30
充 常 54
良 7 四 511
命 8 三 105
実 三 160
周 四 104
卓 常 86
信 9 四 40
亮 人 21
洵 人 345
恂 219
真 10 三 420
純 六 467
眞 人 420
惇 11 人 223
淳 人 352
欽 12 人 325
董 人 525
節 13 四 454
誠 六 569
慎 常 228
睦 常 422
詢 人 569
精 14 五 462
實 人 160
誠 569
諄 15 人 572
諒 人 574

まことに
洵 9 人 345
寔 12 165

まさ
上 3 一 5
大 一 139
元 4 二 53
公 二 57
内 二 60
方 二 274
予 三 16
仁 六 23
允 人 53
壬 人 135
正 5 一 326
礼 三 432
巨 常 11
多 6 二 138
当 二 171
全 三 29
各 四 98
成 四 234
存 六 156
壮 常 135
匡 人 82
庄 人 192
利 7 四 70
完 四 159
求 四 336
芸 四 513
均 五 124
応 五 211
直 8 二 418

（まさ）
長 二 646／和 三 105／宜 常 159／尚 常 172／征 常 204／斉 常 712／昌 人 278／9 客 三 161／相 三 419／信 四 40／栄 四 299／政 五 267／荘 常 519／柾 人 302／祇 人 433／10 真 三 420／連 四 614／修 五 43／容 五 163／格 五 303／将 六 169／倭 人 45／晟 人 282／11 理 二 393／済 六 351
粛 常 495／逸 常 614／12 道 二 618／勝 三 79／順 四 674／備 五 48／属 五 175／晶 常 283／款 常 325／裕 常 553／萱 人 524／董 人 525／13 幹 五 191／絹 六 474／聖 六 493／誠 六 569／預 六 675／督 常 422／雅 常 661／綿 五 476／14 適 五 621／端 常 448／維 常 474／暢 人 284／15 縄 四 478
縁 常 477／諒 人 574／16 整 三 270／賢 常 590／叡 人 95／鴨 人 703／榀 321／17 優 六 52／18 鎮 常 642／20 譲 常 580

まさかり
5 戉 234／13 鉞 634

まさき
9 柾 人 302

まさし
1 一 一 1／4 方 二 274／仁 六 23／允 人 53／5 正 一 326／礼 三 432／6 匡 人 82／8 昌 人 278／9 政 五 267

まさに
6 当 二 171／7 応 五 211／10 将 六 169／11 將 人 169／13 當 171／17 應 人 211
（前行より）13 雅 常 661／14 精 五 462

まさり
9 俊 常 39／13 雅 常 661

まさる
3 大 一 139／5 平 三 189／甲 常 400／6 多 二 138／7 克 常 55／8 長 二 646／果 四 297／卓 常 86／昌 人 278／9 俊 常 39／10 勉 三 78／11 健 四 46／捷 人 254／12 勝 三 79／最 四 288／智 人 283／勝 79／13 雅 常 661／15 潤 常 364／16 賢 常 590／17 優 六 52

まざる
6 交 二 20／11 混 五 351／14 雑 五 661／17 襍 661／18 雜 人 661

まし
10 益 五 415

まじえる
6 交 二 20／14 雑 五 661／17 襍 661／18 雜 人 661

まじない
8 呪 常 104／咒 104

ましら
12 猨 388／13 猿 常 388

まじる
6 交 二 20／11 混 五 351／淆 351／14 雑 五 661／16 錯 常 639／17 襍 661／18 雜 人 661

まじろぐ
17 瞬 423／18 瞬 常 423

まじわる
6 交 二 20

ます
3 丈 常 6／4 太 二 141／升 常 85／斗 常 271／5 加 四 76／6 牟 人 382／7 坐 人 125／8 和 三 105／尚 常 172／弥 常 199／昌 人 278／枡 印 299／9 祐 人 434／10 倍 三 45／勉 三 78／真 三 420／益 五 415／益 415／11 副 四 74／済 六 351／偶 常 46／剰 常 74／培 常 129／曽 常 288／陪 常 655／桝 簡 299／12 滋 四 356／満 四 358／殖 常 330／13 塡 常 132／滋 356／14 増 五 133／15 潤 常 364／増 人 133／16 賢 常 590／錫 人 639／鱒 人 700／23 鱒 700

まず
6 先 一 54

まずい
8 拙 常 244

ますがた
枅 297／枅 297

まずしい
11 貧 五 585

ますます
10 益 五 415／益 415

まぜる
6 交 二 20／11 混 五 351／14 雑 五 661／17 襍 661／18 雜 人 661

また
2 又 常 92／3 也 人 15／又 人 92／6 全 三 29／亦 人 20／7 完 四 159／8 定 三 160／股 常 497／9 派 六 346／俁 人 41／10 益 五 415／胯 500／11 𦛨 502／12 復 五 208／椏 309

まだ
5 未 四 293

またがる
13 跨 人 595

またぐ
13 跨 人 595

またし
7 完 四 159

またたく
17 瞬 423／18 瞬 常 423

まだら
12 斑 常 271

まち
5 市 二 185／7 町 一 401／坊 常 125／畀 401／8 茉 人 517／9 待 三 205／12 街 四 547／14 需 常 665／18 襠 555

マツ
5 末 四 293／8 抹 常 247／沫 人 344／茉 人 517／9 茉 517／10 秣 439／14 韈 671

まつ
8 松 四 297／枩 297／9 待 三 205／俟 39

音訓索引

遅 12 常 617
須 常 673
竢 448
まつげ
睫 13 印 422
まったく
全 6 三 29
仝 29
まったし
完 7 四 159
まっとうする
完 7 四 159
まつり
祭 11 三 434
まつりごと
政 8 五 267
政 9 267
まつる
祀 8 印 432
祭 11 三 434
まつわる
纏 21 人 483
纒 22 483
まで
鮲 17 696
蟶 19 544
まで
迄 6 607
迄 7 人 607
まと
的 8 四 413
的 413
まど
円 4 一 59
窓 11 六 445
窗 12 445
まとい
纏 21 人 483
纒 22 483
まとう
纏 21 人 483
纒 22 483
まどう
惑 12 常 224
まどか
円 4 一 59
団 6 五 120
圓 13 人 59
まとむ
纏 21 人 483
まな
真 10 三 420
愛 13 四 224
まないた
俎 9 40
爼 40
まなこ
眼 11 五 421
まなじり
眥 11 421
眦 421
睚 13 422
まなぶ
仕 5 三 24
斈 7 156
学 8 一 156
學 16 156
まにまに
随 12 常 656
隨 16 656
まぬかれる
免 7 55
免 8 常 55
まぬがれる
免 7 55
免 8 常 55
まねく
招 8 五 244
まばたく
瞬 17 423
瞬 18 常 423
まばゆい
眩 10 印 420
まばら
疎 12 常 405
踈 14 405
まぶし
蔟 14 529
簇 15 529
まぶしい
眩 10 印 420
まぶす
塗 13 常 132
まぶた
瞼 18 印 423
まぼろし
幻 4 常 191
まま
圸 6 124
侭 8 52
垠 9 134
飯 12 四 681
随 常 656
継 13 常 474
飯 681
墹 15 134
儘 16 印 52
隨 656
壗 17 134
繼 20 474
まみ
猯 12 388
貒 14 583
まみえる
見 7 一 558
謁 15 常 572
謁 16 人 572
覲 18 561
まみれる
塗 13 常 132
まむし
蝮 15 542
まめ
豆 7 三 581
菽 11 522
菽 12 522
まもり
衛 16 五 548
まもる
士 3 五 135
守 6 三 158
戍 234
役 7 三 204
孜 人 156
保 9 五 41
葵 12 人 524
養 15 四 682
衛 16 五 548
衡 常 548
衞 人 548
鎮 18 常 642
護 20 五 579
護 21 579
まゆ
眉 9 常 420
黛 16 人 710
繭 18 常 482
繭 19 482
まゆずみ
黛 16 人 710
黛 17 710
まゆみ
檀 17 人 322
まよう
迷 9 五 611
迷 10 611
まり
毬 11 人 333
椀 12 人 312
毱 671
鞠 17 人 671
まる
丸 3 二 12
円 4 一 59
筒 12 常 453
圓 13 人 59
斡 14 人 272
盤 15 常 417
まるい
丸 3 二 12
円 4 一 59
圓 13 人 59
まるめる
丸 3 二 12
まれ
希 7 四 185
稀 12 人 440
まろ
丸 3 二 12
満 12 四 358
麿 18 人 709
麿 709
まろうど
賓 14 人 589
賓 15 常 589
まろぶ
転 11 三 601
轉 18 人 601
まわす
囘 5 119
回 6 二 119
廻 8 196
廻 9 人 196
まわり
周 8 四 104
周 104
まわる
囘 5 119
回 6 二 119
廻 8 196
廻 9 人 196
マン
万 3 二 6
卍 6 85
曼 11 印 288
満 12 四 358
萬 人 6
萬 13 6
慢 14 常 230
漫 常 363
蔓 人 530
幔 189
幔 189
滿 358
蔓 15 530
瞞 16 印 423
縵 17 481
縵 481
澫 18 233
謾 578
謾 578
蹣 597
鏝 19 643
鏝 643
饅 20 印 683
鬘 21 印 693
鰻 22 印 700
まん
幡 15 人 189
まんじ
卍 6 85
まんま
飯 12 四 681
飯 13 681

み

ミ
未 5 四 293
味 8 三 105
弥 常 199
美 9 三 486
眉 常 420
微 13 常 208
微 208
魅 15 常 695
彌 17 人 199
み
三 3 一 4
子 一 155
巳 人 184

音訓索引

（み）
4 文 一 270　水 一 335　太 二 141　心 二 210　仁 六 23　壬 人 135
5 生 一 398　申 三 400　民 四 334　史 五 97　巨 常 11
6 耳 一 492　好 四 146　充 常 54
7 角 二 561　身 三 599　臣 四 557　巫 人 183　甫 人 400
8 実 三 160　参 四 91　並 六 10
9 海 二 344　洋 三 347　相 三 419　省 四 419　泉 六 341　皆 常 414　胤 人 498
10 真 三 420　酒 三 627　扇 常 238　珠 常 392　躬 印 599
11 深 三 352　現 五 392　視 六 559　御 207
12 堅 常 129　御 常 207　湊 人 357
13 幹 五 191　誠 六 569
14 實 人 160　箕 人 455
15 質 五 589　監 常 416　毅 人 331
16 親 二 560
17 覧 六 561
18 観 四 561　臨 六 558
21 顧 常 678
23 鑑 常 644

みえる
7 見 一 558

みお
16 澪 人 366

みがく
9 研 三 426
11 琢 人 393　研 426
12 琢 人 393
14 瑳 人 395
15 磋 印 430
16 磨 常 430　磨 430

みかど
9 帝 常 186

みき
13 幹 五 191
16 樹 六 320

みぎ
5 右 一 96

みぎり
9 砌 426

みぎわ
5 汀 人 336
11 涯 常 350　渚 人 352
12 渚 人 352

みけ
9 食 二 680

みこ
7 巫 人 183

みこと
8 命 三 105
12 尊 六 170　尊 170

みことのり
9 勅 常 78
11 敕 78
12 詔 常 567

みごろ
12 裑 552

みさ
13 節 四 454
16 操 六 262

みさお
9 貞 常 583
13 節 四 454
16 操 六 262

みさき
8 岬 常 178
11 崎 四 179　嵜 179
12 嵜 179　﨑 179

みさご
20 鶚 705

みささぎ
11 陵 常 656

みじかい
12 短 三 425

みじめ
11 惨 常 222
14 慘 222

みす
19 簾 人 458

みず
4 水 一 335
13 瑞 人 394

みずうみ
12 湖 三 356

みずかき
19 蹼 598

みずから
6 自 二 506
10 躬 印 599
16 親 二 560

みずくま
12 湾 常 358

みずち
12 蛟 539
15 劉 人 76

みずのえ
4 壬 人 135

みずのと
9 癸 411

みずら
23 鬟 693

みせ
8 店 二 193
15 舗 常 51　舖 51

みせる
7 見 一 558

みぞ
12 渠 印 355
13 溝 常 359　溝 359

みそか
11 密 六 164

みそぎ
14 禊 印 436

みぞれ
16 霙 666
17 霙 666

みたす
5 充 54
6 充 常 54
12 満 四 358
14 滿 358

みだす
7 乱 六 15
13 亂 15
15 撹 簡 265
23 攪 印 265

みだら
9 姦 印 150
11 淫 常 350　婬 152　淫 350
12 猥 印 388

みだり
6 妄 常 147　妄 147
12 猥 印 388
14 漫 常 363
18 濫 常 367

みだれる
7 乱 六 15
10 紊 468
13 亂 15
18 擾 印 264

みち
4 方 二 274　孔 常 155
5 田 一 400　礼 三 432
6 交 二 20　行 二 546　有 三 289　至 六 507　充 常 54
7 利 四 70　岐 四 177　孝 六 156　伯 常 34　芳 常 514　亨 人 20　吾 人 102
8 学 一 156　命 三 105　典 四 59　参 四 91　径 四 204　宙 六 160　宝 六 161　享 常 20　庚 人 193　迪 人 609　廸 609
9 俗 常 40　皆 常 414　迪 609
10 通 二 612　訓 四 564　修 五 43　能 五 500　倫 常 45　途 常 613　恕 人 219　徑 204
11 教 二 268　理 二 393　進 三 615　康 四 194　陸 四 655　務 五 79　術 五 547　菱 人 523　逕 204　途 613
12 道 二 618　達 四 617　順 四 674　裕 常 553　随 常 656
13 路 三 596　義 五 487　塗 常 132　跡 常 595　道 618
14 総 五 476　碩 人 429
15 導 五 170　徹 常 209　慶 常 229　衝 常 547

融 16 常 543　講 17 五 577　巌 20 人 181
みちびく　導 15 五 170　導 16 170
みちる　充 5 54　充 6 常 54　盈 9 415　満 12 四 358　滿 14 358
ミツ　密 11 六 164　蜜 14 常 541　樒 15 319　櫁 18 319
みつ　三 3 一 4　円 4 一 59　屯 常 176　允 人 53　弘 5 人 199　光 6 二 54　米 二 459
全 6 三 29　充 常 54　完 7 四 159　臣 四 557　即 常 88　明 8 二 279　実 三 160　参 四 91　肥 五 497　弥 常 199　苗 常 516　美 9 三 486　映 六 279　看 六 419　叙 常 95　架 常 300　通 10 二 612　益 五 415　恭 常 218　称 常 438　晃 人 281　參 11 91　温 12 三 355　満 四 358　順 四 674
備 五 48　御 常 207　塡 13 常 132　詳 常 569　溢 人 358　舜 人 509　漫 14 常 363　暢 人 284　潤 15 常 364　蕃 人 531　鞠 17 人 671　題 18 三 677
みつぎ　租 10 常 439　貢 常 584　税 12 五 440　調 15 三 574
みつぐ　貢 10 常 584
みつし　溢 13 人 358
みっつ　三 3 一 4
みつる　允 4 人 53
光 6 二 54　充 常 54　富 12 四 165　満 四 358　溢 13 人 358　暢 14 人 284　爾 人 380　碩 人 429
みとめる　認 14 六 571　認 571
みどり　翆 10 489　緑 14 三 477　碧 人 429　綠 人 477　翠 人 489　翠 489
みどりご　嬰 17 印 155
みな　水 4 一 335　汎 6 常 337　南 9 二 86　皆 常 414
咸 印 106　備 12 五 48　僉 13 50　慣 14 五 229　蜷 541　講 17 五 577
みなぎる　漲 14 363
みなごろし　鏖 19 643
みなと　港 12 三 356　湊 人 357　港 356
みなみ　南 9 二 86
みなもと　源 13 六 359
みにくい　醜 17 常 630
みね　岑 7 177　峰 10 常 179　峻 人 179　峯 人 179
棟 12 常 311　節 13 四 454　嶺 17 人 181　巌 20 人 181
みの　蓑 9 520　蓑 10 520　蓑 13 人 527　蓑 14 527　簑 16 527　簑 17 527
みのる　升 4 常 85　年 6 一 190　成 四 234　利 7 四 70　秀 常 437　酉 人 626　実 8 三 160　季 四 157　秋 9 二 438　登 12 三 412　豊 13 五 581　稔 人 441　實 14 人 160
穂 15 常 442　穫 18 常 443　穰 人 443　穣 22 人 443
みはる　瞠 16 423
みひろ　穹 8 人 443
みまかる　薨 16 印 532　薨 17 532
みみ　耳 6 一 492
みや　宮 10 三 162
ミャク　脉 9 500　脈 10 五 500　脈 500
みやこ　京 8 二 20　京 9 20　都 11 三 625　都 12 人 625　畿 15 常 405
みやつこ　造 10 五 612　造 11 612
みやび　雅 12 661　雅 13 常 661
みやびやか　雅 12 661　雅 13 常 661
みゆき　幸 8 三 190
みよ　候 10 四 43
ミョウ　名 6 一 100　妙 7 常 148　明 8 二 279　命 三 105　苗 常 516　明 279　苗 9 516　茗 520　冥 10 常 62　茗 520　猫 11 常 387
猫 12 387
みょう　萌 11 人 523
ミリグラム　瓱 9 397
ミリメートル　粍 10 460
ミリリットル　竓 9 447
みる　見 7 一 558　相 9 三 419　看 六 419　視 11 六 559　訪 六 565　診 12 常 567　視 人 559　察 14 四 166　徵 常 209　箕 人 455　睹 422　監 15 常 416　覩 16 422　覧 17 六 561　観 18 四 561
覽 22 人 561　鑑 23 常 644　觀 24 561　觀 25 561
ミン　民 5 四 334　明 8 二 279　岷 178　明 279　眠 10 常 421
みんな　皆 9 常 414

む

ム　无 4 275　毋 331　矛 5 常 424　牟 6 人 382　武 8 五 327　務 11 五 79　梦 139　無 12 四 373　夢 13 五 139　夢 14 139

15 嘸 116
16 謀 常 576
19 霧 常 666
鵡 印 705

む
4 六 一 58
7 身 三 599
巫 人 183
11 陸 四 655
13 睦 常 422

むい
4 六 一 58

むか
6 向 三 99

むかう
6 向 三 99
19 嚮 117
嚮 117

むかえる
7 迎 常 608
8 迎 608
17 邀 623

むかし
8 昔 三 278

むき
6 向 三 99

むぎ
7 麦 二 708
11 麥 708

むく
6 向 三 99
7 尨 172
尨 172
10 剝 常 74
剥 74
12 椋 人 312

むくいる
12 報 五 130
13 酬 常 628

むくげ
15 槿 318

むぐら
12 葎 526
13 葎 526

むくろ
16 骸 常 691

むける
6 向 三 99

むこ
12 婿 常 153
壻 153
14 聟 153

むごい
11 惨 常 222
14 酷 常 628
慘 222
酷 628

むこう
6 向 三 99

むさぼる
11 貪 常 585

むし
6 虫 一 537
18 蟲 537

むじな
9 狢 385
13 貉 583

むしばむ
14 蝕 542
15 蝕 印 542

むしる
8 毟 333
9 挘 250
11 [illegible] 333

むしろ
10 席 四 187
莚 520
11 莚 520
13 筵 印 453
蓆 528
14 寧 常 166
寧 166
蓆 528

むす
5 生 一 398
10 烝 372
11 産 四 399
產 399
13 蒸 六 527
14 蒸 527

むずかしい
18 難 六 662
19 難 人 662

むずかる
15 憤 常 231
16 憤 231

むすぶ
11 掬 人 252
12 結 四 471

むすめ
3 女 一 146
10 娘 常 151
16 嬢 常 154
20 孃 人 154

むせぶ
9 咽 常 106
15 噎 115

むせる
15 噎 115

むだ
4 冗 常 61
10 徒 四 206

むち
11 笞 451
18 鞭 人 671

むちうつ
18 鞭 人 671

むつ
4 六 一 58
11 陸 四 655
13 睦 常 422
16 輯 人 604
19 鯥 698

むつき
17 繈 481
18 繦 481

むっつ
4 六 一 58

むつぶ
13 睦 常 422

むつまじい
13 睦 常 422

むつみ
13 睦 常 422

むつむ
13 睦 常 422

むな
10 胸 六 499
12 棟 常 311

むながい
14 鞅 670

むなぎ
12 棟 常 311

むなしい
8 空 一 443
空 443
9 昿 286
11 虚 常 536
12 虛 人 536
19 曠 印 286

むね
4 心 二 210
6 至 六 507
旨 常 277
7 志 五 212
8 念 四 214
宗 六 160
肯 常 497
斉 常 712
10 胸 六 499
致 常 507
11 梁 人 309
12 極 四 309
統 五 473
棟 常 311
13 意 三 224
寛 常 165
14 領 五 675
概 常 315
15 縁 常 477

むべ
8 宜 常 159

むら
4 屯 常 176
5 疋 人 405
7 村 一 296
邑 人 623
邨 296
9 県 三 419
城 四 126
軍 四 600
祐 人 434
10 郘 625
11 域 六 127
12 奥 常 145
紫 常 472
13 群 四 488
羣 488
16 樹 六 320
18 叢 人 95

むらがる
17 簇 457
18 叢 人 95

むらさき
12 紫 常 472

むらじ
10 連 四 614
11 連 614

むらす
13 蒸 六 527
14 蒸 527

むれ
9 軍 四 600
13 群 四 488
羣 488

むれる
13 群 四 488
蒸 六 527
羣 488
14 蒸 527

むろ
9 室 二 161
13 榁 314

むろあじ
20 鰘 699

め

メ
10 馬 二 686
14 瑪 395
碯 395
15 碼 430

め
2 人 一 21
3 女 一 146
5 目 一 417
奴 常 146
8 芽 四 515
芽 515
9 要 四 556
10 梅 四 306
11 眼 五 421
萌 人 523
14 雌 常 662

メイ
6 名 一 100
8 明 二 279
命 三 105
明 279
9 迷 五 611
茗 520
10 冥 常 62
茗 520
迷 611
13 盟 六 416
溟 360
酩 628
14 鳴 二 702
銘 常 637
瞑 285

模 317
瞑 15 印 422
螟 16 543
謎 578
謎 17 常 578

めい
芽 8 四 515
姪 9 人 151

メートル
米 6 二 459

めおと
娚 10 152

めかけ
妾 8 印 149

めぐみ
仁 4 六 23
恩 10 六 217
恵 常 218
萌 11 人 523

めぐむ
仁 4 六 23
恵 10 常 218
惠 12 人 218
愛 13 四 224
徳 14 四 209
寵 19 人 167

めぐる
囘 5 119
回 6 二 119
巡 常 182
巡 7 182
廻 8 196
廻 9 人 196
迴 10 609
週 11 二 615
旋 常 275
運 12 三 615
週 615
運 13 615
圜 16 122
環 17 常 395
環 395
繞 18 482
邏 23 623

めし
召 5 常 98
飯 12 四 681
飯 13 681

めす
召 5 常 98
牝 6 印 382
徴 14 常 209
雌 常 662
徵 15 人 209

めずらしい
奇 8 常 143
珍 9 常 391
竒 143
珎 391

メツ
滅 13 常 360

めでる
愛 13 四 224

めどぎ
筮 13 454
蓍 527
蓍 14 527

めとる
娶 11 印 152

めみ
萌 11 人 523

メン
免 7 55
免 8 常 55
面 9 三 669
俛 41
棉 12 312
湎 358
綿 14 五 476
緜 15 476
緬 479
麪 709
麺 16 常 709
麵 20 709

めん
雌 14 常 662

も

モ
母 5 二 332
茂 8 常 517
茂 9 517
𢭏 11 257
𢭏 12 257
摸 13 260
模 14 六 317
摸 260
麼 709
麽 709
模 15 317
糢 16 317

も
百 6 一 413
面 9 三 669
雲 12 二 664
最 四 288
喪 常 112
裳 14 人 553
藻 19 常 535
藻 20 535

モウ
亡 3 六 19
亡 19
毛 4 二 333
妄 6 常 147
妄 147
网 484
盲 8 常 418
孟 人 157
盲 418
冒 420
罔 484
冒 9 常 420
冐 420
莽 520
耗 10 常 492
毫 491
耗 492
望 11 四 291
猛 常 387
望 291
莽 12 520
蒙 13 人 528
黽 711
網 14 常 476
蒙 528
濛 16 366
朦 17 印 291
曚 286
檬 322
濛 366
曚 18 286
朦 291
檬 322
矇 423
魍 695
矇 19 423
艨 511
艨 20 511

もうける
設 11 五 565
儲 17 53
儲 18 人 53

もうす
白 5 一 412
申 三 400
奏 9 六 145
啓 11 常 109
啓 109

もうでる
詣 13 常 568

もえ
萌 11 人 523

もえる
萌 11 人 523
萠 人 523
萌 12 523
燃 16 五 378

もがさ
痘 12 常 408

もがり
殯 18 330

モク
木 4 一 292
目 5 一 417
沐 7 340
苜 8 517
苜 9 517
黙 15 常 710
默 16 人 710

もく
杢 7 296

もぐさ
艾 5 512

もぐる
潜 15 常 365
潛 365
濳 19 365

もし
若 8 六 516
若 9 516
儻 22 53

もじ
綟 13 474
綟 14 474

もしくは
若 8 六 516
若 9 516

もじる
捩 10 252
捩 11 252

もす
燃 16 五 378

もず
鴃 15 702
鵙 18 704

もたい
缶 6 常 483
罐 23 484
罐 24 484

もだえる
悶 12 印 224
懣 18 233

もたげる
抬 8 264
擡 17 264

もだす
黙 15 常 710
默 16 人 710

もたらす
齎 21 713

もたれる
凭 8 65
靠 15 669

モチ
勿 4 人 81

もち
用 5 二 399
平 三 189
以 四 24
会 6 二 27
行 二 546
有 三 289
含 7 常 101
杖 人 295
往 8 五 204
卓 常 86
抱 常 246
茂 常 517
或 人 235
持 9 三 249
保 五 41
挟 常 248
荷 10 三 520
挺 人 251
望 11 四 291
庸 常 195
捧 人 256
望 291
復 12 五 208

費 五 587
握 常 257
須 常 673
13 虞 常 537
14 餅 682
15 餠 常 682
16 操 六 262
懐 常 232
17 餅 682
23 黐 710

もちいる
5 用 二 399
11 庸 常 195
12 須 常 673

もちう
11 庸 常 195

もちごめ
20 糯 464

モツ
7 没 常 339
沒 339
8 物 三 382

もつ
9 持 三 249
保 五 41

もっこ
10 畚 403

もって
5 以 四 24

もっとも
4 尤 人 172
12 最 四 288

もっぱら
9 専 六 168
11 專 人 168

もつれる
17 縺 481

もて
11 [illegible] 257
12 [illegible] 257
[illegible] 311
13 [illegible] 311

もてあそぶ
7 弄 常 197
8 玩 常 391
15 翫 印 489
翫 489

もてなす
20 饗 684
22 饗 人 684
饗 684

もと
1 一 一 1
3 下 一 3
大 一 139
干 六 189
4 元 二 53
太 二 141
心 二 210
止 二 326
5 本 一 292
台 二 98
司 四 97
民 四 334
旧 五 276
夲 292
6 企 常 28
如 常 147
牟 人 382
7 体 二 33
身 三 599
初 四 69
求 四 336
扶 常 242
甫 人 400
8 林 一 299
始 三 149
服 三 290
固 四 121
府 四 193
宗 六 160
茂 常 517
其 人 58
孟 人 157
9 故 五 267
祖 五 434
紀 五 465
泉 六 341
柄 常 302
胎 常 498
祇 人 433
10 原 二 90
帰 二 186
修 五 43
師 五 187
素 五 467
株 六 305
倫 常 45
索 常 466
倶 人 42
朔 人 290
11 部 三 626
基 五 127
規 五 559
許 五 565
酛 628
12 順 四 674
統 五 473
智 人 283
13 楽 二 312
意 三 224
幹 五 191
資 五 587
源 六 359
誠 六 569
寛 常 165
誉 常 569
雅 常 661
資 587
14 慕 常 228
端 常 448
15 質 五 589
16 親 二 560
18 職 五 494
舊 276

もとい
11 基 五 127

もとき
7 材 四 295
13 幹 五 191

もどき
17 擬 常 263

もとし
7 材 四 295

もどす
7 戻 常 237
8 戾 237

もとどり
16 髻 印 693

もとむ
7 求 四 336
9 要 四 556
12 須 常 673

もとめ
14 需 常 665

もとめる
7 求 四 336
10 索 常 466
14 需 常 665

もとより
8 固 四 121

もとる
7 戻 常 237
8 戾 237
10 悖 221

もどる
7 戻 常 237
8 戾 237

もぬけ
13 蛻 540

もの
8 物 三 382
者 三 491
9 者 人 491

ものうい
19 懶 233

もみ
9 紅 六 465
籾 人 460
粈 460
15 樅 318
17 蟐 543

もみじ
11 椛 人 308
12 椛 308

もむ
12 揉 258

もも
6 百 一 413
7 李 人 296
8 股 常 497
10 桃 常 306
13 腿 504
14 腿 印 504
18 髀 691

もや
24 靄 印 667

もやい
10 舫 509

もやう
10 舫 509

もやす
16 燃 五 378

もゆ
11 萌 人 523

もよおす
13 催 常 49

もらう
10 啝 107
11 啝 107
12 貰 人 586

もらす
9 洩 印 344
14 漏 常 363

もり
4 収 六 92
5 主 三 12
司 四 97
6 名 一 100
守 三 158
壮 常 135
7 労 四 77
囲 五 120
杜 人 296
8 林 一 299
典 四 59
9 保 五 41
10 容 五 163
宴 常 162
11 盛 六 416
執 常 128
隆 常 656
12 森 一 311
閑 常 648
13 豊 五 581
該 常 567
14 関 四 649
銛 637
15 蕃 人 531
16 積 四 442
衛 五 548
17 謹 常 577
20 護 五 579

もる
11 盛 六 416
12 盛 416
14 漏 常 363

もれ
6 守 三 158

もれる
8 泄 印 341
9 洩 印 344
14 漏 常 363

もろ
4 支 五 265
双 常 93
6 両 三 10
7 壱 常 135
10 師 五 187
紛 常 468

倶 人 42 / 11 庶 常 194 / 12 衆 六 546 / 14 認 六 571 / 15 諸 六 572 / 16 諸 人 572 / 18 雙 93 / 19 艶 常 512

もろい
10 脆 印 501

もろこし
10 唐 常 108 / 唐 108

もろみ
18 醪 630

もろもろ
11 庶 常 194 / 15 諸 六 572 / 16 諸 人 572

モン
4 文 一 270 / 8 門 二 646 / 10 紋 常 468 / 們 45 / 11 問 三 110 / 捫 257 / 12 悶 印 224 / 14 聞 二 494 / 18 懣 233

もんめ
4 匁 人 81

や

ヤ
3 也 人 15 / 7 冶 常 62 / 8 夜 二 139 / 9 耶 人 493 / 11 野 二 631 / 埜 人 631 / 12 揶 印 258 / 13 椰 人 314 / 爺 印 380 / 19 鵺 705

や
2 八 一 57 / 5 矢 二 424 / 乎 人 14 / 7 谷 二 581 / 8 舎 五 37 / 舎 37 / 弥 常 199 / 9 屋 三 174 / 哉 人 106 / [illegible] 449 / 10 家 二 162 / 12 陽 三 657 / 13 数 二 269 / 15 箭 印 456 / 箭 456 / 16 輻 604 / 17 彌 人 199 / 歟 326 / 19 禰 人 436

ヤード
15 碼 430

やいと
7 灸 人 369

やいば
3 刃 常 67 / 刃 67 / 刄 67

やか
6 宅 六 158 / 10 家 二 162

やかた
16 館 三 683 / 舘 683 / 17 館 683

やがて
24 軈 600

やかましい
12 喧 人 112 / 16 諠 575

やから
11 族 三 275 / 15 輩 常 603

ヤク
4 厄 常 90 / 6 亦 人 20 / 7 役 三 204 / 扼 242 / 阨 651 / 9 約 四 466 / 疫 常 406 / 約 466 / 10 益 五 415 / 益 415 / 11 訳 六 566 / 軛 601 / 12 葯 525 / 13 葯 525 / 16 薬 三 533 / 17 龠 714 / 18 藥 人 533 / 19 藥 533 / 20 譯 566 / 21 躍 常 598 / 躍 598 / 23 籥 459 / 25 鑰 645

やく
7 灼 人 370 / 灼 370 / 10 烙 372 / 12 焼 四 372 / 焚 人 373 / 16 燒 人 372

やぐら
19 櫓 人 323

やけ
6 宅 六 158

やける
12 焼 四 372 / 16 燒 人 372

やさしい
8 易 五 277 / 14 誮 572 / 15 誮 572 / 17 優 六 52

やし
13 椰 人 314

やしき
8 邸 常 624

やしなう
15 養 四 682 / 養 682

やじり
19 鏃 643

やしろ
7 社 二 432 / 8 社 人 432

やす
2 又 常 92 / 3 子 一 155 / 4 文 一 270 / 方 二 274 / 予 三 16 / 5 叶 人 96 / 6 休 一 28 / 考 二 491 / 行 二 546 / 全 三 29 / 安 三 158 / 存 六 156 / 伏 常 30 / 7 快 五 213 / 妥 常 148 / 那 常 624 / 8 和 三 105 / 定 三 160 / 育 三 496 / 協 四 85 / 居 五 174 / 易 五 277 / 宜 常 159 / 弥 常 199 / 抵 常 245 / 昆 常 278 / 侃 人 36 / 坦 人 126 / 庚 人 193 / 9 便 四 41 / 要 四 556 / 保 五 41 / 怠 常 216 / 柔 常 301 / 甚 常 398 / 彦 人 202 / 10 倍 三 45 / 息 三 219 / 席 四 187 / 連 四 614 / 修 五 43 / 容 五 163 / 益 五 415 / 耕 五 492 / 能 五 500 / 宴 常 162 / 徐 常 206 / 恭 常 218 / 恵 常 218 / 泰 常 342 / 烈 常 372 / 祥 常 435 / 倭 人 45 / 悌 人 221 / 晏 人 281 / 11 健 四 46 / 康 四 194 / 救 五 267 / 術 五 547 / 済 六 351 / 尉 常 169 / 庸 常 195 / 逸 常 614 / 12 温 三 355 / 運 三 615 / 属 五 175 / 換 常 257 / 裕 常 553 / 閑 常 648 / 湛 人 357 / 13 資 五 587 / 預 六 675 / 塡 常 132 / 廉 常 195 / 虞 常 537 / 誉 常 569 / 楊 人 315 / 靖 人 668 / 鳩 人 701 / 14 徳 四 209 / 静 四 668 / 綿 五 476 / 寧 常 166 / 遜 常 620 / 隠 常 658 / 15 億 四 51 / 養 四 682 / 慰 常 228 / 慶 常 229 / 縁 常 477 / 緩 常 478 / 撫 人 262 / 16 憩 常 230 / 懐 常 232 / 穏 常 442 / 賢 常 590 / 燕 人 377 / 錫 人 639 / 18 鎮 常 642

やすい
6 安 三 158 / 8 易 五 277 / 10 泰 常 342 / 11 康 四 194 / 13 廉 常 195 / 靖 人 668 / 廉 195

靖 668
14 寧 常 166
寧 166

やすき
16 穏 常 442

やすし
4 予 三 16
仁 六 23
6 安 三 158
存 六 156
夷 人 143
7 寿 常 168
8 和 三 105
易 五 277
坦 人 126
欣 人 324
9 保 五 41
10 恭 常 218
泰 常 342
悌 人 221
晏 人 281
11 康 四 194
術 五 547
12 湛 人 357
13 靖 人 668
14 静 四 668
寧 常 166
16 燕 人 377
18 簡 六 458
鎮 常 642

やすまる
6 休 一 28

やすむ
6 休 一 28
13 寝 常 165
14 寢 人 165

やすめる
6 休 一 28

やすらか
16 憺 233

やすり
23 鑢 645

やすんずる
9 保 五 41
13 靖 人 668
綏 474
靖 668

やせる
12 痩 常 408
15 瘦 人 408
瘠 409

やち
11 萢 523
12 萢 523

やつ
2 八 一 57
5 奴 常 146

やつがれ
14 僕 常 51

やっこ
5 奴 常 146

やつす
16 窶 446

やっつ
2 八 一 57

やつれる
7 悴 223
11 悴 223
15 憔 231
16 窶 446

やど
11 宿 三 164

やとう
12 雇 常 660
雇 660
13 傭 人 50

やどす
11 宿 三 164

やどる
6 次 三 324
8 舎 五 37
舎 37
11 宿 三 164

やな
11 梁 人 309
17 簗 457

やなぎ
9 柳 常 303
13 楊 人 315

やに
10 脂 常 500

やね
11 梁 人 309

やはず
7 抜 常 242

やぶ
16 薮 534
18 藪 印 534
19 藪 534

やぶさか
7 吝 103

やぶる
10 破 五 427

やぶれる
10 破 五 427
11 敗 四 268
12 敝 269

やま
3 山 一 176
8 岾 178

やまい
10 病 三 407
疾 常 406
病 407

やましい
8 疚 406

やましな
12 斛 180

やまと
10 倭 人 45

やまぶき
10 桛 307

やみ
13 暗 三 283
17 闇 常 650

やむ
3 已 人 184
4 止 二 326
10 息 三 219
病 三 407
病 407
歇 325
熄 376
14 罷 常 485

やめる
4 止 二 326
13 辞 四 606
15 罷 常 485
輟 603
19 辭 606

やもお
21 鰥 699

やもめ
14 寡 常 166
20 孀 155

やや
12 稍 440

ややもすれば
11 動 三 79

やり
14 槍 人 316
18 鎗 642
21 鑓 644
22 鑓 印 644
23 鑓 645

やる
13 遣 常 620
14 遣 620

やわ
8 和 三 105
9 柔 常 301

やわら
8 和 三 105

やわらか
9 柔 常 301
11 軟 常 601

やわらかい
9 柔 常 301
11 軟 常 601

やわらぐ
8 和 三 105

やわらげる
8 和 三 105

ゆ

ユ
5 由 三 400
8 油 三 344
9 兪 56
臾 508
12 遊 三 618
喩 常 113
愉 常 227
揄 印 258
愉 227
渝 358
萸 525
13 愈 印 227
楡 印 314
愈 227
瑜 394
腴 503
萸 525
逾 618
遊 618
14 瘉 409
15 蝓 542
諛 574
16 輸 五 604
諭 常 576
覦 560
諛 574
諭 576
踰 597
輸 604
18 癒 常 410
癒 410

ゆ
3 夕 一 137
弓 二 198
7 佑 人 34
9 柚 人 303
11 悠 常 221
12 湯 三 357

ユイ
5 由 三 400
11 唯 常 110
惟 人 222
15 遺 六 621
16 遺 621

ゆい
12 結 四 471

ユウ
2 又 常 92
4 友 二 94
尤 人 172
5 右 一 96
由 三 400
6 有 三 289
有 289
7 佑 人 34
邑 人 623
酉 人 626
攸 266
犹 388
8 油 三 344
侑 人 38
肬 497
9 勇 四 78
幽 常 191
宥 人 162
柚 人 303
祐 人 434
勇 78
囿 121
疣 406
10 祐 人 434
悒 222
莠 521
11 郵 六 626

音訓索引

（ユウ）
悠 常 221
莠 521
蚰 539
12 遊 三 618
湧 常 358
猶 常 388
裕 常 553
雄 常 660
釉 人 631
揖 258
游 358
猶 388
13 楢 人 314
猷 印 388
[illegible] 230
楢 314
猷 388
遊 618
14 熊 四 376
誘 常 572
15 憂 常 230
蕕 531
蝣 542
16 融 常 543
蕕 531
17 優 六 52
鮪 697
黝 711
18 鼬 712
鼬 712

ゆう
3 夕 一 137
11 菱 人 523
12 結 四 471
13 蓉 人 528

ゆえ
9 故 五 267

ゆか
7 床 常 192
15 縁 常 477

ゆがむ
9 歪 印 327

ゆかり
6 因 五 119
15 縁 常 477

ゆき
3 千 一 84
之 人 12
4 文 一 270
元 二 53
公 二 57
介 常 22
升 常 85
5 由 三 400
礼 三 432
以 四 24
6 行 二 546
至 六 507
如 常 147
而 人 491
7 来 二 296
言 二 563
走 二 592
役 三 204
判 五 69
志 五 212
孝 六 156
亨 人 20
迂 人 607
8 幸 三 190
放 三 266
服 三 290
往 五 204
届 六 174
享 常 20
到 常 72
征 常 204
侑 人 38
9 促 常 40
是 常 280
為 常 370
10 通 二 612
起 三 592
恭 常 218
敏 常 267
致 常 507
透 常 613
恕 人 219
晋 人 282
11 教 二 268
雪 二 663
章 三 447
進 三 615
偏 常 47
逞 人 613
裄 552
雪 663
12 道 二 618
運 三 615
遊 三 618
順 四 674
喜 五 111
就 六 172
敬 六 268
循 常 208
普 常 283
超 常 593
随 常 656
13 勧 常 80
廉 常 195
詣 常 568
14 歴 五 328
適 五 621
維 常 474
15 潔 五 364
徹 常 209
樰 319
膤 504
16 薫 常 531
諧 常 575
19 鵬 人 705

ゆぎ
12 靫 印 670
靱 670
靭 670
靭 670

ゆく
3 之 人 12
于 印 17
6 行 二 546
8 放 三 266
往 五 204
征 常 204
往 204
徃 204
9 赴 常 592
10 逝 常 611
11 許 五 565
逝 611
12 雲 二 664
款 常 325
巽 人 184
14 適 五 621
15 衝 常 547
謁 常 572
適 621
16 邁 印 622
17 邁 622

ゆさぶる
12 揺 常 258
13 搖 人 258

ゆず
9 柚 人 303

ゆすぶる
12 揺 常 258
13 搖 人 258

ゆずり
12 棡 310
20 譲 常 580

ゆずりは
13 楪 314
16 [illegible] 321
17 [illegible] 321

ゆする
12 揺 常 258
13 搖 人 258

ゆずる
14 遜 常 620
17 謙 常 577
20 譲 常 580
24 讓 人 580

ゆた
4 支 五 265
11 逞 人 613

ゆたか
3 大 一 139
7 完 四 159
8 肥 五 497
担 六 245
坦 人 126
10 泰 常 342
浩 人 347
11 隆 常 656
12 温 三 355
富 四 165
最 四 288
裕 常 553
13 豊 五 581
寛 常 165
14 碩 人 429
16 錫 人 639
17 優 六 52
18 穣 人 443
豐 581
21 饒 印 684

ゆだねる
8 委 三 149

ゆでる
9 茹 518
10 茹 518

ゆはず
9 弭 200

ゆばり
7 尿 常 173

ゆび
9 指 三 248

ゆみ
3 弓 二 198

ゆめ
7 努 四 77
11 梦 139
13 夢 五 139
14 夢 139

ゆらぐ
12 揺 常 258
13 搖 人 258

ゆり
8 岼 178
12 𡋽 113
閖 649

ゆる
12 揺 常 258
13 搖 人 258

ゆるい
6 弛 人 199
15 緩 常 478
緩 478

ゆるがせ
8 忽 人 214

ゆるぐ
12 揺 常 258
13 搖 人 258

ゆるす
7 免 55
8 免 常 55
9 宥 人 162
10 容 五 163
恕 人 219
11 許 五 565
赦 常 592
17 聴 常 494
22 聽 人 494

ゆるむ
6 弛 人 199
15 緩 常 478
緩 478

ゆるめる
15 緩 常 478
緩 478

ゆるやか

13 寛 常 165
14 寬 人 165
15 緩 常 478
寛 165
緩 478

ゆれる
12 揺 常 258
13 搖 人 258

ゆわえる
12 結 四 471

よ

ヨ
3 与 常 7
4 予 三 16
7 余 五 35
9 舁 508
11 舁 508
13 預 六 675
誉 常 569
與 人 7
飫 印 681
16 豫 16
餘 35
蕷 533
17 輿 人 604
歟 326
蕷 533
20 譽 569

よ
5 四 一 118
生 一 398
世 三 9
代 三 25
丗 9
6 吉 常 98
8 夜 二 139
昌 人 278
9 美 三 486
勇 四 78
俗 常 40
10 帯 四 187
11 淑 常 352
13 福 三 436
節 四 454
16 頼 常 676
17 齢 常 713

よい
5 令 四 26
6 好 四 146
吉 常 98
吉 98
7 良 四 511
8 佳 常 36
9 美 三 486
10 宵 常 163
宵 163
12 善 六 112
14 嘉 人 114
15 慶 常 229
20 譱 112

ヨウ
3 么 91
幺 191
4 夭 142
5 用 二 399
幼 六 191
孕 印 155
6 羊 三 486
7 妖 常 148
沃 常 340
甬 400
阳 657
阦 657
8 拗 印 247
佯 38
杳 299
殀 329
9 洋 三 347
要 四 556
俑 42
姚 151
昜 281
旺 286
要 556
10 容 五 163
涌 印 349
恙 220
珱 396
窈 445
11 庸 常 195
痒 印 407
12 葉 三 525
陽 三 657
揚 常 258
揺 常 258
湧 常 358
遥 人 619
13 溶 常 361
腰 常 503
傭 人 50
搖 人 258
楊 人 315
瑤 人 394
蓉 人 528
徭 209
暘 284
煬 376
腰 503
葉 525
蛹 541
雍 661
14 様 三 317
瘍 常 409
踊 常 596
遙 人 619
熔 印 376
慂 228
慵 230
曄 285
榕 317
漾 363
瑤 394
蓉 528
15 養 四 682
影 常 203
窯 常 446
様 人 317
窰 446
蝿 545
養 682
16 擁 常 263
謡 常 576
壅 134
曄 285
踴 596
17 謠 人 576
膺 505
[illegible] 599
邀 623
18 曜 二 286
燿 人 379
曜 286
瀁 367
燿 379
鎔 643
19 蠅 印 545
20 耀 人 490
癢 410
耀 490
21 廱 196
瓔 396
鷂 706
23 癰 411
24 鷹 人 706

よう
2 八 一 57
9 酊 626
11 酔 常 627
13 酩 628
15 醉 人 627
21 醺 630

ようやく
14 漸 常 362

よき
10 能 五 500
11 移 五 439

よぎる
6 过 616
12 過 五 616
13 過 616

ヨク
3 弋 197
7 抑 常 243
沃 常 340
杙 296
10 浴 四 349
峪 179
11 欲 六 324
翌 六 489
翌 489
翊 489
15 慾 230
16 閾 印 650
17 翼 常 490
18 翼 490

よく
7 克 常 55
10 能 五 500

よける
10 除 六 653
16 避 常 623
17 避 623

よこ
15 横 三 317
16 横 人 317

よこいと
15 緯 479
16 緯 常 479

よこしま
6 奸 印 146
7 邪 624
8 邪 常 624

よごす
6 汚 常 336
汙 336

よごれる
6 汚 常 336
汙 336

よし
2 力 一 76
3 与 常 7
之 人 12
已 人 184
4 中 一 10
文 一 270
元 二 53
仁 六 23
介 常 22
孔 常 155
壬 人 135
5 正 一 326
兄 二 53
平 三 189
由 三 400
礼 三 432
令 四 26
可 五 96
巧 常 182
甘 常 397
6 休 一 28
兆 四 55
好 四 146
成 四 234
任 五 30
因 五 119
至 六 507
吉 常 98
伊 人 27
圭 人 123
7 君 三 101
佐 四 31
利 四 70
良 四 511
芸 四 513
快 五 213
孝 六 156
克 常 55
寿 常 168
攻 常 266

狂 常 384
秀 常 437
芳 常 514
甫 人 400
芦 人 536
辰 人 606
8 明 二 279
和 三 105
幸 三 190
表 三 548
典 四 59
治 四 341
英 四 514
往 五 204
宝 六 161
承 六 240
佳 常 36
叔 常 95
奉 常 144
宜 常 159
尚 常 172
弥 常 199
玩 常 391
昌 人 278
欣 人 324
芳 514
9 美 三 486
栄 四 299
省 四 419
祝 四 433
香 四 685
紀 五 465
宣 六 161
洗 六 346
俊 常 39
是 常 280
為 常 370
珍 常 391
衷 常 550
亮 人 21
彦 人 202
祐 人 434
10 時 二 281
記 二 564
候 四 43
特 四 382
修 五 43
容 五 163
益 五 415
能 五 500
純 六 467
剛 常 73
哲 常 108
宴 常 162
恭 常 218
恵 常 218
悦 常 220
敏 常 267
泰 常 342
烈 常 372
祥 常 435
致 常 507
悌 人 221
桂 人 304
11 理 二 393
康 四 194
済 六 351
淑 常 352
陳 常 655
斎 常 713
彬 人 203
惟 人 222
淳 人 352
逞 人 613
12 勝 三 79
温 三 355
富 四 165
最 四 288
覚 四 559
賀 四 586
達 四 617
順 四 674
備 五 48
喜 五 111
営 五 210
善 六 112
敬 六 268
貴 六 586
堅 常 129
款 常 325
雄 常 660
凱 人 65
巽 人 184
斐 人 271
欽 人 325
湛 人 357
禄 人 435
董 人 525
葭 524
葮 525
13 楽 二 312
意 三 224
福 三 436
愛 四 224
節 四 454
幹 五 191
義 五 487
豊 五 581
源 六 359
誠 六 569
預 六 675
僅 常 49
寛 常 165
微 常 208
慎 常 228
督 常 422
睦 常 422
禅 常 436
羨 常 487
誉 常 569
禎 人 436
舜 人 509
葦 人 526
馴 人 686
葭 524
葮 525
葦 526
14 練 三 477
徳 四 209
静 四 668
精 五 462
穀 六 441
徴 常 209
嘉 人 114
15 養 四 682
潔 五 364
編 五 479
賛 五 588
賞 五 589
権 六 318
蔵 六 531
儀 常 51
慶 常 229
歓 常 325
稽 常 442
縁 常 477
褒 常 554
霊 常 665
嬉 人 154
撫 人 262
毅 人 331
誼 人 572
16 衛 五 548
膳 常 504
融 常 543
賢 常 590
頼 常 676
叡 人 95
燕 人 377
17 厳 六 210
謙 常 577
徽 人 209
18 類 四 677
職 五 494
19 艶 常 512
麗 常 708
寵 人 167
蘆 印 536
20 巌 人 181
馨 人 685
蘆 536

よしみ
6 交 二 20
好 四 146
10 修 五 43

よじる
14 嘉 人 114
15 誼 人 572
16 親 二 560
19 攀 印 264

よすが
15 縁 常 477
緣 人 477

よせる
11 寄 五 163

よそう
12 装 六 551
13 裝 人 551

よそおう
12 装 六 551
粧 常 462
13 裝 人 551

よだれ
10 涎 348

よつ
5 四 一 118

よっつ
5 四 一 118

よど
11 淀 人 354

よどむ
11 淀 人 354
16 澱 印 366

よなげる
11 淘 印 354

よね
6 米 二 459

よぶ
8 呼 六 104
12 喚 常 111

よぼろ
2 丁 三 3

よみ
13 幹 五 191
14 読 二 571

よみがえる
12 甦 印 399
19 蘇 人 535
蘓 535
20 蘇 535

よみする
14 嘉 人 114

よむ
10 訓 四 564
12 詠 常 566
14 読 二 571
22 讀 571

よめ
11 娵 152
13 嫁 常 153

よもぎ
5 艾 512
13 蓬 530
14 蓬 人 530
15 蓬 530

より
4 方 二 274
屯 常 176
从 206
5 代 三 25
由 三 400
可 五 96
6 自 二 506
因 五 119
7 形 二 202
8 和 三 105
典 四 59
居 五 174
若 六 516
依 常 35

奇 常 143
尚 常 172
附 常 652
9 保 五 41
為 常 370
亮 人 21
10 帰 二 186
時 二 281
席 四 187
従 六 206
陛 六 654
倣 常 45
託 常 564
11 寄 五 163
率 五 390
移 五 439
異 六 403
從 人 206
12 道 二 618
階 三 656
順 四 674
備 五 48
偉 常 47
閑 常 648
随 常 656
寓 人 165
13 愛 四 224
幹 五 191
義 五 487
資 五 587
14 適 五 621
15 選 四 622
縁 常 477
遵 常 622
16 親 二 560
頼 常 676
17 聴 常 494
18 職 五 494
19 麗 常 708

よる
4 仍 23
5 由 三 400
仗 24
6 因 五 119
8 夜 二 139
依 常 35
拠 常 244
附 常 652
凭 65
10 倚 42
11 寄 五 163
12 寓 人 165
13 搓 259
15 選 四 622
縁 常 477
緣 人 477
撚 印 262
16 頼 常 676
賴 人 676
據 244
縒 479
選 622

よろい
5 甲 常 400
9 冑 61
18 鎧 人 642

よろう
18 鎧 人 642

よろこぶ
8 欣 人 324
怡 214
10 悦 常 220
悅 220
12 賀 四 586
喜 五 111
14 僖 50
15 慶 常 229
歓 常 325
16 憙 230
21 歡 325
22 懽 325
27 驩 690
28 驩 690

よろし
8 宜 常 159

よろしい
8 宜 常 159

よろず
3 万 二 6
12 萬 人 6
13 萬 6

よわい
10 弱 二 200
弱 200
12 歯 三 713
15 齒 713
17 齢 常 713
懦 233
20 齡 713

よわまる
10 弱 二 200
弱 200

よわめる
10 弱 二 200
弱 200

よわる
10 弱 二 200
弱 200

よん
5 四 一 118

ら

ラ
8 拉 常 247
12 喇 113
13 裸 常 554
17 螺 人 543
19 羅 常 485
21 蠡 545
騾 689
22 蘿 536
23 蘿 536
邏 623
27 鑼 645

ら
7 良 四 511
9 荒 常 517
12 等 三 452

ライ
5 礼 三 432
6 耒 296
耒 492
7 来 二 296
戻 常 237
8 來 人 296
戾 237
10 萊 523
11 徠 人 296
萊 人 523
萊 523
雷 常 664
13 磊 430
15 賚 590
頼 常 676
蕾 人 533
賴 人 676
擂 263
儡 53
17 蕾 533
18 禮 人 432
19 瀬 常 368
瀨 人 368
櫑 323
20 藾 535
藾 535
21 癩 411
罍 484
22 籟 459

らい
10 莉 人 521

ラク
9 洛 人 347
10 烙 372
珞 392
12 落 三 525
絡 常 473
13 楽 二 312
酪 常 628
落 525
14 犖 383
15 樂 人 312
16 駱 688
18 擽 264

ラチ
10 埒 印 127
埓 127

ラツ
8 拉 常 247
9 剌 73
10 埒 印 127
埓 127
12 喇 113
溂 358
14 辣 常 606

らる
10 被 常 550

ラン
7 乱 六 15
卵 六 89
11 婪 152
12 嵐 常 180
13 亂 15
17 覧 六 561
儖 53
闌 651
18 濫 常 367
藍 常 535
19 蘭 人 535
嬾 155
懶 233
藍 535
20 欄 常 323
瀾 印 368
襤 556
21 欄 人 323
爛 印 379
籃 459
蘭 535
繿 556
22 覽 人 561
巒 182
襴 556
23 欒 323
25 攬 265
26 欖 323
27 鑾 645
28 纜 483
30 鸞 印 707

り

リ
6 吏 常 101
7 里 二 631
利 四 70
李 人 296
9 俐 人 42
俚 人 42
10 哩 人 109
浬 人 349
莉 人 521
狸 印 386
悧 222
莅 521
11 理 二 393
梨 四 308
犂 383
莉 521
莅 521
12 痢 常 408
裡 人 553
犁 383
詈 567
13 裏 六 553
蜊 541
漓 363
14 貍 583
15 履 常 176
璃 常 395
16 罹 印 485
18 鯉 人 697

釐 632　離 19 常 663　籬 25 印 459　驪 29 690

り
亥 6 人 20

リキ
力 2 一 76　篥 16 457

リク
六 4 一 58　陸 11 四 655　淕 354　勠 13 80　戮 15 印 236　鯥 19 698

リチ
律 9 六 206

リツ
立 5 一 446　律 9 六 206　栗 10 人 307　率 11 五 390　率 390　葎 12 526　慄 13 常 227

リットル
立 5 一 446

リャク
略 11 五 404　掠 人 257　畧 404　暦 14 常 285　曆 16 人 285　擽 18 264

リュウ
立 5 一 446　畄 8 403　苙 517　柳 9 常 303　流 349　苙 517　流 10 三 349　留 五 403　竜 常 714　琉 393　粒 11 常 461　隆 常 656　琉 人 393　笠 人 451　硫 12 常 428　隆 656　溜 13 人 361　旒 275　鉚 636　榴 14 印 317　劉 15 人 76　瘤 印 409　嶐 181　澑 361　龍 16 人 714　窿 17 446　嚠 18 117　瀏 367　霤 666　鏐 19 643　餾 683　鰡 21 700

りゅう
瑠 14 常 395

リョ
呂 7 常 103　侶 9 常 42　旅 10 三 275　旅 275　虜 12 人 537　虜 13 常 537　絽 474　膂 14 504　慮 15 常 230　閭 650　鑢 23 645

リョウ
了 2 常 16　令 5 四 26　両 6 三 10　冷 7 四 63　良 四 511　伶 人 35　灵 665　兩 8 10　苓 517　亮 9 人 21　苓 517　料 10 四 271　竜 常 714　凌 人 64　涼 人 354　倆 45　涼 11 常 354　猟 常 387　陵 常 656　崚 人 180　梁 人 309　菱 人 523　聊 印 493　量 12 四 632　椋 人 312　喨 113　菱 523　稜 13 人 441　楞 315　楞 315　粱 462　粮 464　裲 554　輛 603　漁 14 四 361　領 五 675　僚 常 51　綾 人 477　寥 印 166　蓼 印 530　廖 195　蔆 523　寮 15 常 166　霊 常 665　諒 人 574　遼 人 622　撩 262　蓼 530　輛 603　燎 16 人 378　龍 人 714　暸 286　稜 533　遼 622　鍄 640　療 17 常 410　瞭 常 423　稜 533　糧 18 常 464　獵 387　繚 482　魎 695　鐐 20 644　鷯 23 706　靈 24 665　鬣 25 693　鱺 26 701

りょう
怜 8 人 217　玲 9 人 392

リョク
力 2 一 76　朸 6 294　緑 14 三 477　綠 人 477

リン
吝 7 103　林 8 一 299　侖 38　厘 9 常 90　倫 10 常 45　悋 222　淋 11 人 354　淪 354　菻 524　琳 12 人 394　棆 312　菻 524　鈴 13 常 636　稟 人 441　痳 409　禀 441　綸 14 人 477　輪 15 四 603　凜 人 64　凛 人 64　醂 629　隣 659　鄰 659　隣 16 常 659　廩 196　懍 233　燐 378　霖 666　燐 17 印 378　臨 18 六 558　藺 19 535　藺 20 535　躙 23 598　鱗 701　麟 708　鱗 24 人 701　麟 人 708　躪 26 598

る

ル
畄 8 403　流 9 349　流 10 三 349　留 五 403　琉 393　琉 11 人 393　婁 152　屡 12 176　僂 13 50　瑠 14 常 395　屢 印 176　瘻 16 印 410　瑠 395　褸 555　縷 17 481　鏤 19 644

る
児 7 四 55　被 10 常 550

ルイ
泪 8 350　涙 10 常 350　累 11 常 471　淚 人 350　塁 12 常 131　誄 13 569　瘰 16 410　縲 17 481　類 18 四 677　壘 人 131　類 19 人 677　羸 20 488　羸 488

ルーブル
畄 8 403　留 10 五 403

るつぼ
堝 12 129

るり
瑠 14 常 395

れ

レイ
礼 5 三 432　令 四 26　冷 7 四 63　励 常 77　戻 常 237　伶 人 35

画数	字	区分	ページ
	灵		665
8	例	四	38
	怜	人	217
	囹		121
	戻		237
	苓		517
9	玲	人	392
	苓		517
	茘		520
10	唳		109
	砺		431
	茘		520
11	羚	人	487
	蛉	印	539
	唳		109
	聆		493
	蛎		545
13	鈴	常	636
	零	常	665
	綟		474
14	厲		91
	綟		474
15	霊	常	665
	黎	人	710
	厲		91
16	隷	常	659
	澪	人	366
	鴒		703
17	齢	常	713
	嶺	人	181
	勵		77
	癘		410
	隸		659
18	禮	人	432
	癘		410
	藜		535
19	麗	常	708
	礪		431
	藜		535
20	蠣	印	545
	礪		431
	糲		464
	醴		630
	齡		713
21	儷		53
	櫺		323
	糲		464
	蠣		545
	蠡		545
24	靈		665
	醴		701
	れい		
10	莉	人	521
	レキ		
10	鬲		694
14	歴	五	328
	暦	常	285
16	曆	人	285
	歷	人	328
17	櫟		323
19	櫟	印	323
	瀝		368
20	礫	印	431
	櫪		323
21	癧		411
22	轢	印	605
23	轣		605
24	靂		667
	レツ		
6	列	三	69
	劣	常	77
8	冽		63
9	洌		347
10	烈	常	372
	捩		252
11	捩		252
12	裂	常	552
	レン		
10	連	四	614
	恋	常	220
11	連		614
12	煉		376
13	廉	常	195
	煉	人	376
	蓮	人	528
	廉		195
	楝		315
	漣		363
14	練	三	477
	漣	人	363
	奩		82
	嗹		115
15	練	人	477
	匳		82
	憐		232
	聯		494
	蓮		528
	輦		604
16	錬	常	640
	憐	人	232
	濂		367
17	鍊	人	640
	斂		270
	縺		481
	聯		494
18	鎌	常	643
	鎌		643
19	簾	人	458
	簾		458
	鏈		643
20	鰊	印	699
	瀲		368
23	攣	印	265
	戀		220
25	臠		506

ろ

画数	字	区分	ページ
	ロ		
7	呂	常	103
	芦	人	536
	沪	簡	368
8	炉	常	370
	枦		323
10	舮		511
11	梠		309
	鹵		707
12	鈩		645
13	路	三	596
	賂	常	588
	絽		474
	輅		603
14	滷		363
15	魯	人	696
16	蕗	人	533
	盧		417
17	蕗		533
18	濾	印	368
19	櫓	人	323
	廬	印	196
	蘆	印	536
	櫚		323
	瀘		368
20	櫨		323
	爐		370
	臚		506
	蘆		536
21	露	常	667
	艪		511
	髏		691
22	艫		511
23	轤		605
24	鷺	人	706
	鑪		645
25	顱		678
26	驢		690
27	鱸		701
	ろ		
9	亮	人	21
	ロウ		
6	老	四	490
7	労	四	77
	弄	常	197
	牢	印	382
9	郎	常	625
	咾		107
	柆		303
	陋		653
10	朗	六	290
	浪	常	350
	狼	人	386
	郎	人	625
	哢		109
	莨		521
11	朗	人	290
	婁		152
	朖		290
	琅		393
	莨		521
12	廊	常	195
	勞		77
13	楼	常	315
	滝	常	361
	廊	人	195
	僂		50
	榔		317
	粮		464
14	漏	常	363
	榔	印	317
	蝋	簡	545
	槞		323
	瑯		393
	踉		596
15	撈		262
	樓		315
	潦		365
16	瘻	印	410
	蔞	印	533
	篭		459
	蔆		533
	蔞		533
	螂		543
17	癆		410
	簍		458
	蔆		533
	蔞		533
	螻		544
18	糧	常	464
	醪		630
19	瀧	人	361
	臘	印	506
	壟		135
	蘢		536
	鏤		644
	隴		659
20	朧		292
	櫳		323
	瓏		396
	蘢		536
21	露	常	667
	蠟	人	545
22	籠	常	459
	聾	印	495
23	鑞		645
	ろう		
7	良	四	511
	ロク		
4	六	一	58
	仂		23
6	肋	人	496
11	陸	四	655
	鹿	四	707
	勒	印	79
12	禄	人	435
13	祿	人	435
	碌		429
14	緑	三	477
	綠	人	477
	漉	印	363
16	録	四	641
	錄	人	641
18	轆		605
19	麓	常	708
	ロン		
11	崙		180
	崘		180
15	論	六	574

わ

画数	字	区分	ページ
	ワ		
8	和	三	105

9 哇 107
10 倭 人 45
12 咼 526
13 話 二 570
萵 526
14 窪 人 445

わ
2 八 一 57
7 我 六 235
8 沫 人 344
15 輪 四 603
磐 人 430
17 環 常 395
環 395

ワイ
9 歪 印 327
11 淮 354
12 隈 人 657
猥 印 388
13 賄 常 588
矮 425
16 薈 533
17 薈 533
18 穢 印 443

わか
4 分 二 68
5 幼 六 191
6 件 五 28
8 若 六 516
13 稚 常 440

わが
7 吾 人 102

わかい
4 少 二 171
夭 142
8 若 六 516
9 若 516
14 嫩 154

わかさぎ
19 鰙 698
20 鰙 698

わかす
8 沸 常 343

わかつ
2 八 一 57
4 分 二 68
7 別 四 70
判 五 69
判 69
13 頒 常 675
14 劃 75

わがねる
14 綰 477

わかる
4 分 二 68
7 判 五 69
判 69
13 解 五 562
鮮 562

わかれる
4 分 二 68
7 別 四 70
岐 四 177
11 訣 人 565

わき
7 別 四 70
10 脇 常 499
11 掖 252
12 傍 常 48
腋 印 502
15 [illegible] 504

わきまえる
5 弁 五 197
16 辨 197
辧 197
19 辦 197
21 辯 197

ワク
8 或 人 235
12 惑 常 224

わく
7 別 四 70
8 若 六 516
枠 常 299
沸 常 343
10 涌 印 349
12 湧 常 358
13 稚 常 440
15 潰 365
16 潰 365

わけ
5 弁 五 197
7 別 四 70
11 訳 六 566
20 譯 566

わげ
16 髷 印 692

わける
4 分 二 68
7 別 四 70
判 五 69
判 69
10 剖 常 74
13 頒 常 675

わざ
6 伎 常 28
7 技 五 240
8 事 三 17
13 業 三 313
14 態 五 228

わざおぎ
7 伶 人 35
妓 印 148
10 俳 六 44
倡 44

わさだ
13 稙 440

わざわい
4 厄 常 90
7 災 五 369
9 殃 329
13 禍 常 435
14 禍 人 435

わし
15 儂 51
23 鷲 人 706

わずか
12 僅 49
13 僅 常 49
23 纔 483

わずらう
11 患 常 221
13 煩 常 375

わずらわす
13 煩 常 375

わすれる
7 忘 六 213
忘 213
15 遺 六 621
16 遺 621

わた
12 棉 312
13 腸 六 503
14 綿 五 476
15 緜 476
膓 503

わだかまる
18 蟠 544

わたくし
7 私 六 437

わたし
7 私 六 437

わたす
11 済 六 351
12 渡 常 357

わだち
19 轍 印 605

わたり
5 辺 四 607
8 弥 常 199
11 済 六 351
渉 常 352
12 渡 常 357
17 邉 607
19 邊 607

わたる
6 亙 人 19
亘 人 19
8 弥 常 199
9 度 三 193
10 航 五 509
涉 人 352
11 移 五 439
済 六 351
渉 常 352
12 道 二 618
渡 常 357

わな
10 罠 印 484

わに
7 赤 一 591
20 鰐 印 699

わび
7 佗 33
8 侘 印 38

わびしい
8 侘 印 38

わびる
8 侘 印 38
13 詫 人 569

わめく
12 喚 常 111

わら
12 稈 440
17 藁 人 534
18 稾 534

わらう
9 咲 常 107
咲 107
哂 107
10 笑 四 450
13 嗤 114

わらび
15 蕨 人 530
16 蕨 530

わらべ
12 童 三 448

わらわ
8 妾 印 149
12 童 三 448

わらわやみ
14 瘧 409

わり
12 割 六 75
割 75

わる
12 割 六 75
割 75

わるい
11 悪 三 220
12 惡 人 220

わるがしこい
13 猾 388

われ
4 予 三 16
7 余 五 35
我 六 235
吾 人 102
10 朕 常 290
朕 290
16 豫 16
餘 35

われる
12 割 六 75
割 75

ワン
9 弯 簡 201
12 湾 常 358
腕 常 502
椀 人 312
13 碗 人 429
14 綰 477
16 鋺 639
22 彎 印 201
25 灣 358

を

を
3 于 印 17

総画索引

●この索引には、本辞典に収録した親字（見出し漢字）が、総画数順に配列され、そのページが示されている。
●同画数内は部首順とし、漢字の上にその漢字の部首を示した。下の算用数字は本文のページを示す。
●同画数・同部首の場合は、常用漢字（漢数字は学年配当、その他は常）、人名用漢字（人）、印刷標準字体（印）、簡易慣用字体（簡）の順とした。

1画

部首	漢字	区分	ページ
一	一	一	1
丶	丶		12
	乀		12
	⺄		12
丿	丿		13
	乄		13
乙	乙	常	14
亅	亅		16

2画

部首	漢字	区分	ページ
一	七	一	3
	丁	三	3
丿	乃	人	13
	乂		13
	メ		13
乙	九	一	14
亅	了	常	16
二	二	一	17
亠	亠		19
人	人	一	21
儿	儿		53
入	入	一	56
八	八	一	57
冂	冂		59
冖	冖		61
冫	冫		62
几	几	印	64
凵	凵		65
刀	刀	二	67
力	力	一	76
勹	勹		80
匕	匕		82
匚	匚		82
匸	匸		83
十	十	一	83
卜	卜	人	87
卩	卩		88
厂	厂		89
厶	厶		91
又	又	常	92

3画

部首	漢字	区分	ページ
一	下	一	3
	三	一	4
	上	一	5
	万	二	6
	丈	常	6
	与	常	7
丨	个		10
丶	丸	二	12
	之	人	12
丿	久	五	13
	及	常	13
	々		14
乙	乞	常	15
	也	人	15
二	于	印	17
亠	亡	六	19
	亡		19
儿	兀		53
几	凡	常	64
	凡		64
刀	刃	常	67
	刃		67
	刄		67
勹	勺	人	80
	勺		80
十	千	一	84
厶	么		91
又	叉	人	92
口	口	一	96
囗	囗		118
土	土	一	122
士	士	五	135
夂	夂		136
	夊		136
夕	夕	一	137
大	大	一	139
女	女	一	146
子	子	一	155
	孑		155
宀	宀		158
寸	寸	六	167
小	小	一	170
尢	尢		172
尸	尸		172
屮	屮		176
山	山	一	176
巛	川	一	182
	巛		182
工	工	二	182
己	己	六	184
	已	人	184
	巳	人	184
巾	巾	常	185
干	干	六	189
幺	幺		191
广	广		192
廴	廴		196
廾	廾		197
弋	弋		197
弓	弓	二	198
彐	彐		202
	彑		202
彡	彡		202
彳	彳		203
手	才	二	238

4画

部首	漢字	区分	ページ
一	不	四	7
	丑	人	7
	丈		6
	丏		7
丨	中	一	10
丶	丹	常	12
	丬		451
丿	乏	常	14
亅	予	三	16
二	五	一	18
	井	四	18
	互	常	18
	云	人	17
亠	亢	印	19
人	今	二	22
	仏	五	23
	仁	六	23
	介	常	22
	仇	印	22
	仄	印	23
	什		23
	仍		23
	仂		23
	仆		23
	仐		48
	从		206
儿	元	二	53
	允	人	53
入	内		60
八	六	一	58
	公	二	57
	兮	一	57
冂	円	一	59
	内	二	60
冖	冗	常	61
凵	凶	常	65
刀	切	二	67
	分	二	68
	刈	常	67
勹	勾	常	81
	匂	常	81
	勿	人	81
	匁	人	81
匕	化	三	82
	化		82
匚	区	三	83
	匹	常	83
	匹		83
十	午	二	84
	升	常	85

小	子					大	士					又	厂	卜				
少	孔	夭	夬	夫	太	天	壬	及	双	収	反	友	厄	卞	卆	斗	卅	廿
二	常			四	二	一	人		常	六	三	二	常					人
171	155	142	141	142	141	141	135	13	93	92	93	94	90	87	86	85	85	85

支		手		戸	戈	心				弓	弋	幺	己	山	屮		尸	尢
支	扎	手	戶	戸	戈	心	彐	彑	弔	引	弌	幻	巴	屮	屯	尹	尺	尤
五		一		二		二			常	二		常	人		常	印	六	人
265	239	238	237	237	234	210	199	199	199	198	1	191	184	177	176	172	173	172

比	毋	殳	歹	止	欠	木		月	日	日		无	方	斤	斗	文		攴
比	毋	殳	歹	止	欠	木	月	月	曰	日	无	旡	方	斤	斗	文	攵	攴
五				二	四	一		一	印	一			二	常	常	一		
332	331	330	328	326	324	292	289	289	287	276	275	275	274	272	271	270	265	265

		一		玉	犬	牛	牙	片	爿	爻	父	爪	火	水	气	氏	毛
且	丘	世	**5画**	王	犬	牛	牙	片	爿	爻	父	爪	火	水	气	氏	毛
常	常	三		一	一	二	常	六			二	常	一	一		四	二
9	9	9		390	384	381	381	381	380	380	380	379	369	335	334	333	333

							人		丿			丶		丨				
仔	仙	令	付	以	代	他	仕	乍	乎	主	丼	主	丱	巨	丙	丕	丗	丙
人	常	四	四	四	三	三	三		人		常	三		常				常
24	24	26	26	24	25	24	24	14	14	12	13	12	11	11	9	9	9	9

		凵		几	冫	冖				冂		儿						
凸	凹	出	凧	処	冬	写	回	冉	册	冊	充	兄	仝	仟	仞	仭	仮	仗
常	常	一	人	六		三				六		二						
66	66	66	65	65	136	61	119	60	60	60	54	53	25	24	24	24	24	24

口	厶			卩	卜			十	匚	匕			勹		力			刀
右	去	夘	卮	卯	占	半	卉	半	匝	北	包	匆	包	功	加	㓛	刋	刊
一	三			人	常		印	二		二			四	四	四			五
96	91	88	88	88	87	85	85	85	82	82	81	81	81	76	76	68	68	68

口																		
四	叫	叭	叨	叮	叱	叩	叺	只	叶	召	叱	史	句	可	司	号	台	古
一								人	人	常	常	五	五	五	四	三	二	二
118	99	98	98	98	97	97	96	97	96	98	97	97	96	96	97	97	98	97

巾			工	山		尸	小	宀	子	女			大	夕	夂		土	
市	巨	巧	左	屶	尼	尻	尓	它	孕	奴	夲	失	央	外	冬	圦	圧	囚
二		常	一		常	常			印	常		四	三	二	二		五	常
185	11	182	183	177	173	173	380	158	155	146	292	143	143	137	136	123	123	118

	日	斤			手		戈	心		弓	弋	廾		广	幺		干	
旦	旧	斥	扒	払	打	戉	戊	必	弗	弘	弎	弁	庁	広	幼	平	平	布
常	五	常		常	三		人	四		人		五	六	二	六		三	五
277	276	272	239	239	239	234	234	211	199	199	17	197	192	192	191	189	189	185

総画索引

瓦	瓜	玉	玄	犬	牙					水	氏	毋	止					木
瓦	瓜	玉	玄	犯	牙	汀	氾	汁	永	氷	民	母	正	朮	未	末	札	本
常		一	常	五		人	常	常	五	三	四	二	一		四	四	四	一
396	396	390	389	384	381	336	336	336	335	335	334	332	326	292	293	293	292	292

禾		示	石	矢	矛	目	皿	皮	白	癶	疋				田	用	生	甘
禾	示	礼	石	矢	矛	目	皿	皮	白	癶	疋	甲	由	申	田	用	生	甘
人	五	三	一	二	常	一	三	三	一		人	常	三	三	一	二	一	常
437	431	432	425	424	424	417	415	414	412	411	405	400	400	400	400	399	398	397

		亠		二	亅			一					辵	艸	肉	立	穴
亥	亦	交	亘	亙	争	㐂	丞	両	**6画**	辻	辷	込	辺	艾	肊	立	穴
人	人	二	人	人	四		人	三				常	四			一	六
20	20	20	19	19	17	10	10	10		607	607	607	607	512	505	446	443

儿																		人
先	伜	伉	价	伍	伊	伏	伐	仰	伎	企	任	件	仮	伝	仲	全	会	休
一				人	人	常	常	常	常	常	五	五	五	四	四	三	二	一
54	43	29	28	29	27	30	30	28	28	28	30	28	27	29	29	29	27	28

			刀		几						冫	冂	八	入				
刎	刔	刑	列	凩	凪	冲	决	冰	冴	沃	冱	再	共	全	兇	充	兆	光
		常	三		人							五	四			常	四	二
69	68	68	69	65	65	339	338	335	62	62	62	60	58	29	54	54	55	54

								口			卩		十		匚	勹		力
叫	吉	后	吸	各	向	同	合	名	危	危	印	卍	卉	匡	匠	匈	[illegible]	劣
常	常	六	六	四	三	二	二	一		六	四			人	常	印		常
99	98	99	99	98	99	100	99	100	88	88	88	85	85	82	82	81	76	77

	夕	士						土			囗							
夙	多	壮	圸	[illegible]	圷	圭	在	地	団	因	回	吋	𠮷	吁	吊	吃	吏	吐
	二	常				人	五	二	五	五	二				印	印	常	常
138	138	135	124	123	123	123	123	124	120	119	119	100	98	98	100	99	101	100

小	寸				宀		子								女		大	
当	寺	宅	宇	守	安	存	字	妄	妁	妁	奸	妄	妃	如	好	夸	夷	夛
二	二	六	六	三	三	六	一				印	常	常	常	四		人	
171	167	158	158	158	158	156	156	147	147	147	146	147	147	147	146	143	143	138

	心	弓		弋	广			干		巾		巛			山		尸	
忖	忙	弛	弐	式	庄	幵	并	年	帆	帆	巡	州	屶	[illegible]	屹	屁	尽	尖
	常	人	常	三	人		簡	一		常	常	三			印		常	人
212	213	199	198	198	192	190	191	190	185	185	182	182	177	177	177	173	173	171

日				日		攴							手				戈	
曲	旭	旬	旨	早	攷	收	扨	扠	扛	扣	扦	托	扱	戎	戌	戍	成	忙
三	人	常	常	一		人						人	常			印	四	
287	277	277	277	277	265	92	240	240	239	239	239	240	239	234	234	234	234	213

毋	歹	止		欠											木		月	
毎	死	此	次	次	权	耒	朸	朷	朶	朿	杁	朴	朱	朽	机	有	有	曳
二	三	人		三								常	常	常	六		三	人
332	328	327	324	324	318	296	294	294	294	294	294	294	294	294	294	289	289	287

白	瓜	犬		牛			火										水	气
百	瓜	犲	牝	牟	灰	灰	灯	汢	汕	汙	汐	汝	汎	江	汗	汚	池	気
一	人		印	人		六	四				人	人	常	常	常	常	二	一
413	396	583	382	382	369	369	369	337	337	336	337	337	337	337	336	336	337	334

至	自			肉	聿	耳	耒	而		老		羽	羊	网	缶	糸	米	竹
至	自	肋	肌	肉	聿	耳	耒	而	老	考	羽	羽	羊	网	缶	糸	米	竹
六	二	人	常	二		一		人	四	二		二	三		常	一	二	一
507	506	496	496	495	495	492	492	491	490	491	488	488	486	484	483	464	459	449

走		襾	衣	行	血	虫	虍					艸	色	艮	舟	舛	舌	臼
辵	襾	西	衣	行	血	虫	虍	芍	艸	芒	芝	芋	色	艮	舟	舛	舌	臼
		二	四	二	三	一				印	常	常	二		常		六	常
592	556	556	548	546	545	537	536	512	512	512	512	512	511	511	509	509	508	508

亠	二	亅	乙	丿	丨	7画	阜										辵
亨	亜	事	乱	乕	串		阡	迁	达	过	迴	辿	迄	迂	込	辻	迅
人	常		六		常											人	常
20	19	17	15	536	11		651	622	617	616	608	607	607	607	607	607	607

																		人
伶	佑	佃	伽	佛	伴	伯	但	伸	伺	余	似	低	佐	位	住	体	作	何
人	人	人	人	人	常	常	常	常	常	五	五	四	四	四	三	二	二	二
35	34	34	31	23	34	34	33	32	32	35	32	34	31	31	32	33	31	31

			冫	冂	八					儿								
况	冴	冶	冷	冏	兵	免	兌	兎	克	児	伴	佞	佗	住	估	佝	佚	佇
	人	常	四		四			人	常	四								印
341	62	62	63	61	58	55	55	55	55	55	34	34	33	32	31	31	31	33

	卩	匚	匚							力								刀
却	卵	医	匣	劭	劬	劫	励	労	努	助	刧	判	删	刪	判	利	別	初
常	六	三				人	常	四	四	三					五	四	四	四
88	89	83	82	77	77	77	77	77	77	77	77	69	69	69	69	70	70	69

																口	又	
吽	吸	呆	吠	吼	吻	呑	吾	呂	呈	吹	呉	吟	含	否	告	君	叓	即
		印	印	印	人	人	人	常	常	常	常	常	常	六	五	三		常
101	99	103	103	102	103	103	102	103	102	102	101	101	101	103	102	101	94	88

土				囗														
坂	囮	困	囲	図	吝	吩	呎	吞	呐	呈	吮	[illegible]	吿	吭	吴	吳	听	呀
三		六	五	二														
125	120	120	120	120	103	103	103	103	103	102	102	102	102	102	101	101	101	101

					女	大				士								
妓	妖	妙	妨	妊	妥	夾	壯	壱	売	声	坏	圻	坎	址	坐	坊	坑	均
印	常	常	常	常	常		人	常	二	二				印	人	常	常	五
148	148	148	148	148	148	143	135	135	136	135	125	124	124	125	125	125	124	124
	尸		尢		寸				宀					子				
尿	局	尨	尨	寿	対	宍	宋	宏	完	孝	孛	孚	孜	孝	妍	妣	妥	妝
常	三			常	三		人	人	四				人	六				
173	173	172	172	168	168	159	159	159	159	156	156	156	156	156	151	148	148	148
		廴			广		巾	己	工	巛						山		
延	廷	廷	庇	床	序	帋	希	巵	巫	巡	妛	岌	岔	岑	岌	岐	屁	尾
		常	人	常	五		四		人							四	印	常
196	196	196	193	192	192	466	185	88	183	182	177	177	177	177	177	177	174	174
												心		彳	彡	弓		廾
忰	忱	忸	忤	忻	忘	忍	忍	忌	忘	快	志	応	彷	役	形	弟	弃	弄
							常	常	六	五	五	五	印	三	二	二		常
223	214	213	213	213	213	213	213	212	213	213	212	211	203	204	202	199	313	197
														手	戸			戈
扱	扮	抒	抉	抑	扶	抜	把	択	抄	抗	批	技	折	投	戻	成	戒	我
	印	印	印	常	常	常	常	常	常	常	六	五	四	三	常		常	六
239	242	240	240	243	242	242	242	241	240	240	242	240	241	241	237	234	235	235
			木		日		日			攴								
束	材	来	村	曳	更	时	旱	攸	攻	改	抛	扼	抔	抃	抖	抓	抂	找
四	四	二	一		常		印		常	四								
295	295	296	296	287	287	281	277	266	266	265	247	242	242	242	242	241	240	240
母	止																	
毎	歩	杤	杙	杢	杈	杓	杠	杋	杞	杆	杣	杓	李	杜	杖	杏	杉	条
人	人										印	印	人	人	人	人	常	五
332	327	302	296	296	295	295	295	295	294	294	296	295	296	296	295	295	295	295
																		水
沚	沍	沂	汪	汞	沪	沁	沌	汲	沃	没	沈	沢	汰	沙	沖	求	決	汽
					簡	印	人	人	常	常	常	常	常	常	四	四	三	二
338	338	337	337	337	368	338	339	338	340	339	339	338	338	338	339	336	338	337
			犬		牛					火								
狆	狃	狂	状	牢	牡	灵	灼	灼	灸	災	沐	沒	汳	汴	汨	汾	泛	沛
		常	五	印	人			人	人	五								
384	384	384	384	382	382	665	370	370	369	369	340	339	339	339	339	339	339	339
		禾		示	矢		白	疒				田		用	瓦	玉		
禿	秀	私	祁	社	矣	皃	皀	疔	甸	甹	町	男	甬	甫	瓩	玖	犹	狄
印	常	六		二							一	一		人		人		
437	437	437	432	432	424	583	413	406	401	401	401	401	400	400	396	391	388	385

				艸	艮								肉	网		糸	立	穴
芥	芳	芯	芸	花	良	育	肚	肖	肓	肛	肘	肖	肝	罕	糺	系	竍	究
人	常	常	四	一	四					印	常	常	常			六		三
513	514	513	513	512	511	496	496	496	496	496	496	496	496	484	464	465	447	443

豆	谷	言	角	見	臣													
豆	谷	言	角	見	臣	芬	苆	芟	芫	芒	芍	芝	芋	苅	芦	芙	芭	芹
三	二	二	二	一	四										人	人	人	人
581	581	563	561	558	557	514	513	513	513	512	512	512	512	67	536	514	513	513

邑								辵	辰	辛	車	身	足	走	赤	貝	豸	豕
那	还	迅	辿	迄	迂	迎	返	近	辰	辛	車	身	足	走	赤	貝	豸	豕
常			人	人	人	常	三	二	人	常	一	三	一	二	一	一		
624	623	607	607	607	607	608	608	608	606	605	600	599	594	592	591	583	583	582

麥									阜	里	釆	酉						
麦	队	阳	[illegible]	阴	阮	阨	阯	防	阪	里	采	酉	邪	邦	那	邨	邑	邦
二								五	四	二		人					人	常
708	657	657	654	654	651	651	125	651	651	631	630	626	624	624	624	296	623	624

8画

							人		亠			二	亅		乙	丿	一
侍	佳	依	供	舎	価	例	使	享	京	亟	些	亞	事	乳	乳	乖	並
常	常	常	六	五	五	四	三	常	二		人	人	三		六	印	六
37	36	35	36	37	36	38	37	20	20	19	19	19	17	15	15	14	10

儿																		
免	侭	侠	侖	佯	佰	佩	佻	侏	侈	佼	佶	侫	侘	來	侑	侃	併	侮
常													印	人	人	人	常	常
55	52	39	38	38	38	38	38	38	37	37	36	34	38	296	38	36	38	38

					刀	凵	几	冫	冂				八	入				
刹	刺	刻	券	制	刷	函	凭	冽	冐	具	其	典	具	兩	兎	免	尭	兒
常	常	六	六	五	四	人					人	四	三				人	人
72	71	71	70	71	71	66	65	63	420	59	58	59	59	10	55	55	55	55

	又	厶		卩	卜				十				力					
受	取	参	卸	巻	卦	卑	卓	卒	協	劵	劼	劾	効	勑	券	刳	刮	到
三	三	四		人		人	常	四	四			常	五					常
94	94	91	89	184	87	86	86	86	85	78	78	77	78	73	70	70	70	72

																	口	
咀	周	咒	咋	呷	咎	咏	咄	呻	呟	咎	呵	呪	呼	周	和	命	味	叔
							印	印	印	印	印	常	六	四	三	三	三	常
104	104	104	104	104	104	103	104	104	104	104	103	104	104	104	105	105	105	95

										土			口					
垉	坪	坿	坡	垈	坤	坩	坐	坦	坪	垂	囹	固	国	咜	呱	咆	咐	呶
								人	常	六		四	二					
126	126	126	126	126	125	125	125	126	126	125	121	121	121	107	106	105	105	104

										女							大	夕
姐	姊	姑	妾	妬	姓	妻	始	委	妹	姉	奌	⿱加大	奄	奔	奉	奇	奈	夜
			印	常	常	五	三	三	二	二			人	常	常	常	四	二
149	149	149	149	150	150	149	149	149	150	149	371	143	143	144	144	143	144	139

尸		小									宀					子		
居	尙	尚	宕	宜	宛	宝	宙	宗	官	定	実	孤	孥	孟	季	学	姆	妲
五		常	人	常	常	六	六	六	四	三	三			人	四	一		
174	172	172	161	159	159	161	160	160	159	160	160	157	157	157	157	156	150	150

															山			
岼	岾	岷	岶	岻	岱	岨	岫	⿰山半	峅	⿰山斥	岬	岳	岡	岸	岩	屆	屈	届
											常	常	四	三	二		常	六
178	178	178	178	178	178	178	178	178	178	178	178	177	178	178	177	174	174	174

		弓			廴						广		干					巾
弩	弥	弦	廸	廻	延	庖	庖	庚	府	底	店	幷	幸	帑	帙	帛	帚	帖
	常	常			六		印	人	四	四	二	印	三			印	印	人
199	199	199	609	196	196	193	193	193	193	193	193	191	190	186	186	186	186	186

							心	⺍									彳	
怯	怜	忽	怖	怪	忠	性	念	単	彿	彽	徂	徃	彺	彼	征	往	径	弧
印	人	人	常	常	六	五	四							常	常	五	四	
215	217	214	217	215	214	216	214	712	204	204	204	204	204	204	204	204	204	200

			戸		戈													
所	戾	房	所	戔	或	怦	怫	怕	怛	怵	怩	怺	怐	怙	怏	怡	忩	忝
		常	三		人													
237	237	237	237	235	235	217	217	217	216	216	216	215	215	215	214	214	214	214

																	手	
抹	抱	披	拍	抵	抽	拓	拙	拘	拠	拒	拐	押	拝	担	拡	承	招	房
常	常	常	常	常	常	常	常	常	常	常	常	常	六	六	六	六	五	
247	246	246	246	245	245	245	244	244	244	244	243	243	245	245	243	240	244	237

斤		攴																
斧	政	放	抬	拋	抱	拇	拊	拌	拈	拆	抻	拒	拑	拐	拗	拔	拂	拉
人		三													印	人	人	常
272	267	266	264	247	246	246	246	246	245	245	244	244	243	243	247	242	239	247

木				月													日	方
林	朋	服	朋	服	明	旻	昃	昌	昊	昂	昏	昇	昆	旺	易	昔	明	於
一			人	三				人	人	人	人	常	常	常	五	三	二	人
299	290	290	290	290	279	279	279	278	278	278	278	278	278	278	277	278	279	274

枅	枉	杰	枡	枇	杷	杵	杭	枠	杯	枕	析	枢	枚	枝	松	果	板	東
			印	人	人	人	人	常	常	常	常	常	六	五	四	四	三	二
297	297	49	299	299	298	297	297	299	298	298	298	297	299	297	297	297	298	298

殳			歹		止		欠											
殴	殀	殁	歿	武	歩	欣	欧	枦	杳	枋	枌	杪	杭	枾	枚	杼	枩	杲
常				五	二	人	常											
330	329	329	329	327	327	324	324	323	299	299	299	299	298	298	298	298	297	297

														水	气	氏	毛	母
沸	泌	泊	泥	沼	況	沿	河	法	治	泣	油	波	注	泳	氛	氓	毟	毒
常	常	常	常	常	常	六	五	四	四	四	三	三	三	三				五
343	343	343	342	341	341	340	340	343	341	341	344	342	342	340	335	334	333	332

泪	泙	泡	泯	沺	沾	泩	沱	沮	泝	泅	泗	沽	泓	泱	泄	沫	沓	泡
															印	人	人	常
350	344	344	343	342	342	342	342	342	342	341	341	341	340	340	341	344	339	344

				犬			牛	片	爿				爪					火
狛	狎	狗	狀	狙	[illegible]	牧	物	版	牀	采	爬	爭	采	炙	炒	炉	炊	炎
		印	人	常		四	三	五			印	人	常		印	常	常	常
385	385	385	384	385	382	382	382	381	380	379	379	17	379	370	370	370	370	370

		示	石	矢			目	皿		白		疒		田	瓦	玉		
祁	祉	祈	矼	知	盲	盲	直	盂	的	的	疝	疚	畄	画	瓩	玩	狐	狒
人	常	常		二		常	二	印		四				二		常		
432	433	432	426	424	418	418	418	415	413	413	406	406	403	401	396	391	385	385

	肉	耳	老	羊	网	糸	米	竹	立				穴	禾				
肥	育	[illegible]	者	羌	罔	糾	籵	竺	竏	空	穹	突	空	秉	衲	祇	祀	社
五	三		三					人			人	常	一				印	人
497	496	494	491	486	484	465	460	449	447	443	443	444	443	438	433	433	432	432

						艸	舌											
苗	茎	苛	若	芽	英	苦	舎	肺	肬	肭	肱	肩	肴	肪	肢	肯	股	肩
常	常	常	六	四	四	三							人	常	常	常	常	常
516	516	515	516	515	514	515	37	499	497	497	497	497	497	497	497	497	497	497

芬	芙	芭	苆	芯	芟	芫	芹	芥	花	苞	苫	茉	茅	苺	苔	茄	苑	茂
										印	印	人	人	人	人	人	人	常
514	514	513	513	513	513	513	513	513	512	517	516	517	517	516	516	515	514	517

衣	虫	虍																
表	虱	虎	苓	苙	苴	茆	苹	苻	范	苳	苧	苒	苴	苟	苣	芽	苡	芳
三		常																
548	538	536	517	517	517	517	516	516	516	516	516	516	516	516	515	515	514	514

			邑										辵	車				
邯	邱	邸	邪	迩	迦	返	迚	[illegible]	迎	近	迪	迫	迭	述	軋	衦	[illegible]	衫
	印	常	常								人	常	常	五	印			
624	624	624	624	623	608	608	608	608	608	608	609	609	609	609	600	549	549	549

部首	字	区分	ページ
	邵		624
金	金	一	632
長	長	二	646
門	門	二	646
阜	阜	四	651
	阻	常	652
	附	常	652
	阿	人	652
	陀	人	652
	陂		126
	⿰阝平		652
隶	隶		659
隹	隹		659
雨	雨	一	663
青	青	一	668
	靑		668
非	非	五	669
齊	斉	常	712

9画

部首	字	区分	ページ
ノ	乗	三	14
亠	亭	常	21
	亮	人	21
	京		20
人	係	三	39
	信	四	40
	便	四	41
	保	五	41
	侯	常	39
	俊	常	39
	侵	常	40
	促	常	40
	俗	常	40
	侶	常	42
	侮	人	38
	俄	人	39
	侠	人	39
	俣	人	41
	俐	人	42
	俤		39
	俥		39
	俔		39
	俟		39
	侵		40
	俎		40
	俘		41
	俛		41
	俑		42
	俚		42
入	兪		56
冂	冑		61
	冒		420
冖	冠	常	62
冫	⿰冫谷		63
凵	函		66
刀	前	二	72
	則	五	73
	削	常	72
	剋	印	72
	剃	印	73
	到		72
	削		72
	前		72
	剏		73
	剌		73
	荆		517
力	勇	四	78
	勅	常	78
	勃	常	78
	勁	人	78
	勉	人	78
	勇		78
勹	匍		81
十	南	二	86
	卑	常	86
卩	卸	常	89
	即	人	88
	卻		88
厂	厚	五	90
	厘	常	90
	厖		90
又	叙	常	95
	叛	印	95
	叛		95
	叟		95
口	品	三	107
	哀	常	106
	咽	常	106
	咲	常	107
	哉	人	106
	咳	印	106
	咸	印	106
	咬	印	106
	咤	印	107
	咼		106
	咯		106
	咢		106
	呱		106
	哄		106
	哈		106
	哘		106
	呰		107
	咨		107
	咫		107
	咲		107
	哂		107
	咥		107
	咾		107
	哇		107
囗	圀		121
	囿		121
土	城	四	126
	型	五	126
	垣	常	126
	垓		126
	垳		126
	垠		126
	垢		126
	垰		127
	垤		127
	垪		127
	⿰土会		134
	⿰土尽		134
夊	変	四	136
大	奏	六	145
	契	常	144
	奎	人	145
	奔		144
	奕		144
	奐		144
	契		144
女	姿	六	151
	威	常	150
	姻	常	150
	娃	人	150
	姪	人	151
	姥	人	151
	姦	印	150
	姸	印	151
	姙		148
	姨		150
	姶		150
	姜		151
	姿		151
	姚		151
子	孤	常	157
	孩		157
宀	室	二	161
	客	三	161
	宣	六	161
	宥	人	162
寸	専	六	168
	封	常	169
尸	屋	三	174
	屍	印	175
	屎	印	175
	屏	簡	175
	⿸尸呆		175
山	峡	常	178
	峠	常	179
	峙	印	178
	峇		178
己	巻	六	184
	巷	人	184
	巷		184
巾	帥	常	186
	帝	常	186
幺	幽	常	191
广	度	三	193
	庲		193
	庠		193
廴	建	四	197
	廻	人	196
	廼		610
弓	弧	常	200
	弯	簡	201
	弭		200
ヨ	彖		202
彡	彦	人	202
	彥		202
彳	後	二	205
	待	三	205
	律	六	206
	徊	印	204
	很		205
	徇		205
⺍	単	四	209
心	思	二	215
	急	三	215
	怨	常	214

恃	恟	恪	㤜	忝	怱	急	恠	怎	恊	恍	恰	恆	恢	恨	恒	悔	怒	怠
										印	人	人	人	常	常	常	常	常
219	218	217	217	216	216	215	215	214	85	219	219	218	217	219	218	217	216	216

											手		戸	戈				
拮	按	拜	挑	拭	拶	拷	挟	括	拾	持	指	扁	扁	战	恫	恬	恂	恤
印	人	人	常	常	常	常	常	常	三	三	三		印					
248	247	245	249	249	248	248	248	247	249	249	248	238	238	236	220	219	219	219

						日	方	斤		攴								
是	映	昨	昭	昼	星	春	施	斫	政	故	捞	拏	挎	拯	挂	拱	挌	挧
常	六	四	三	二	二	二	常		五	五								
280	279	279	280	280	280	280	274	272	267	267	250	249	249	249	248	248	247	247

								木	月	日								
柿	柵	枯	架	染	査	栃	栄	柱	朏	曷	昿	旺	昜	昶	昵	昻	昴	昧
常	常	常	常	六	五	四	四	三									人	常
301	301	300	300	301	300	302	299	302	290	288	286	286	281	280	280	278	280	280

柞	柤	枸	枳	柬	枴	柯	枷	柩	柚	柾	柏	柊	柘	柑	柳	某	柄	柔
								印	人	人	人	人	人	人	常	常	常	常
301	301	300	300	300	300	300	300	300	303	302	302	301	301	300	303	302	302	301

殳			歹	止														
段	殄	殃	殆	歪	枽	柧	柆	柄	柎	枹	柮	柢	栂	柱	柝	柁	柊	柹
六			人	印														
330	329	329	329	327	306	304	303	302	302	302	302	302	302	302	302	302	301	301

																水		比
洒	洩	洛	洵	洲	洸	洞	津	浄	洪	派	洗	泉	浅	洋	活	海	毗	毘
印	印	人	人	人	人	常	常	常	常	六	六	六	四	三	二	二		人
345	344	347	345	345	345	346	346	346	345	346	346	341	346	347	345	344	332	332

								火										
炳	炭	炻	炯	炸	炬	為	炭	点	浊	流	洌	派	洳	洙	洽	洫	洶	洟
				印	印	常	三	二										
371	371	371	370	371	370	370	371	371	366	349	347	346	346	345	345	345	345	344

						玉							犬		牛	爻	爪	
玳	玲	珀	珊	珈	珂	珍	狠	狢	狡	狐	狩	狭	独	牴	牲	爼	爰	炮
	人	人	人	人	人	常			印	印	常	常	五		常			
391	392	392	391	391	391	391	385	385	385	385	385	385	386	382	382	40	379	371

癶			疒								田	甘				瓦		
発	疣	疥	疫	畊	畆	畉	畋	畍	畏	畑	界	甚	瓩	瓲	瓰	瓮	玻	珎
三			常						常	三	三	常						
411	406	406	406	492	402	402	402	402	401	402	402	398	397	397	397	397	391	391

総画索引

矛											目			皿			白	
矜	眄	眇	眈	盻	冒	眉	盾	看	省	相	県	盈	盃	盆	眅	皆	皇	癸
					常	常	常	六	四	三	三		人	常		常	六	
424	420	420	420	419	420	420	419	419	419	419	419	415	298	415	186	414	414	411

	禾		内								示						石	矢
秋	科	禺	禹	祢	祐	祉	祇	祈	祖	祝	神	砌	砍	砒	砕	砂	研	矧
二	二			人	人	人	人	人	五	四	三			印	常	六	三	
438	438	437	437	436	434	433	433	432	434	433	433	426	426	426	426	426	426	425

				米			竹			立				穴				
籾	耒	粂	粁	籾	笉	笂	竿	竓	竕	竒	穽	穿	突	窃	秕	秌	秄	秒
				人			人					人	人	常				三
460	460	460	460	460	449	449	449	447	447	143	444	444	444	444	438	438	438	438

				肉	耳	而	老	羊	网	缶								糸
胆	胎	肺	背	胃	耶	耐	者	美	罘	缸	紈	紂	紆	糾	紅	紀	約	級
常	常	六	六	六	人	常	人	三						常	六	五	四	三
498	498	499	498	498	493	492	491	486	484	484	466	466	465	465	465	465	466	465

		艸		臼	至	自												
茨	茶	草	舁	臾	致	臭	脉	胞	胖	胝	胙	胥	胛	胚	冑	胡	胤	胞
四	二	一				常								印	印	人	人	常
518	519	518	508	508	507	507	500	499	499	498	498	498	498	499	498	498	498	499

苔	苒	苫	苴	若	苟	苦	苣	苛	茄	苑	英	苡	茫	荊	茜	茸	荘	荒
													印	印	人	人	常	常
516	516	516	516	516	516	515	515	515	515	514	514	514	519	517	518	518	519	517

茖	茴	茡	茵	苓	苙	苜	茂	茉	茆	茅	苞	苹	苻	苗	范	苺	苳	苧
517	517	517	517	517	517	517	517	517	517	517	517	516	516	516	516	516	516	516

衣	行	血		虫		虍												
衷	衍	衂	虻	虹	虐	虐	茘	莽	茗	茭	茯	荅	荐	茬	茹	荀	茱	茲
常			印	常		常												
550	547	546	538	538	536	536	520	520	520	520	519	519	518	518	518	518	518	518

車		走				貝			言	臣		襾						
軍	赳	赴	負	貟	貞	負	訃	訂	計	臥	要	要	衹	衲	衽	衵	袂	衿
四		常			常	三	常	常	二	人		四					印	人
600	593	592	584	107	583	584	564	563	563	558	556	556	550	550	549	549	550	549

酉			邑														辵	
酋	郁	郎	郊	迸	迫	迭	迪	迢	述	迥	迦	逃	退	迷	逆	追	送	軌
印	人	常	常								人	常	六	五	五	三	三	常
626	624	625	625	611	609	609	609	609	609	608	608	611	610	611	609	610	610	600

総画索引

	食	飛	風	頁	音	韭	韋	革	面					阜	門	里		
食	食	飛	風	頁	音	韭	韋	革	面	陏	降	陋	陌	限	門	重	酊	酋
	二	四	二	人	一			六	三					五		三		
680	680	680	678	673	672	672	672	670	669	657	653	653	653	652	647	631	626	626

											人	亠	ノ		鳥	香	首
倒	倹	俺	俵	俳	値	修	個	倉	借	候	倍	亳	乗	**10画**	鳬	香	首
常	常	常	六	六	六	五	五	四	四	四	三		人			四	二
44	42	42	45	44	44	43	42	44	43	43	45	21	14		702	685	684

倩	倡	俶	倅	倥	倪	倔	倶	倨	倚	倂	俯	倭	倖	倦	倶	倫	俸	倣
											印	人	人	人	人	常	常	常
44	44	44	43	43	42	42	42	42	42	38	45	45	43	42	42	45	45	45

				冫				冖		冂		八	儿					
凉	凌	凍	凄	准	冦	冢	冤	冥	冓	冓	乘	兼	党	[illegible]	倆	們	俾	倬
人	人	常	常	常			印	常				常	六					
354	64	63	63	63	164	62	62	62	61	61	59	59	56	48	45	45	45	44

口	又	厂	卩	匸	匚			力								刀		
員	叟	原	卿	匿	匪	勢	勍	勉	剝	剔	剞	剖	剥	剤	剛	剣	凋	凅
三	印	二		常				三				常	常	常	常	常		
107	95	90	89	83	82	80	78	78	74	74	73	74	74	74	73	73	63	63

哨	哮	哽	唔	唏	哦	[illegible]	哥	唖	哭	哩	啄	哨	哺	唄	唐	哲	唇	唆
								簡	印	人	人	人	常	常	常	常	常	常
108	108	107	107	107	107	107	107	109	108	109	108	108	108	108	108	108	108	108

大	夊												土		口			
套	夏	埒	埔	[illegible]	[illegible]	[illegible]	埖	埆	城	垂	埓	埃	埋	圄	圃	哼	唳	唐
人	二										印	印	常		人			
145	137	127	127	127	127	127	127	127	126	125	127	127	127	122	122	109	109	108

	宀	子														女		
宮	家	孫	娉	娚	[illegible]	娜	娜	娛	娟	娥	娑	娩	娠	娘	娯	姫	奘	奚
三	二	四									印	人	常	常	常	常		
162	162	157	152	152	152	152	152	151	151	151	151	152	152	151	151	151	145	145

	山					尸			寸									
峰	島	屑	屐	屓	屑	展	尅	将	射	宵	害	宸	宦	宵	宰	宴	容	害
常	三				人	六		六	六			印	印	常	常	常	五	四
179	179	175	175	175	175	175	72	169	169	163	162	163	162	163	162	162	163	162

廾			广				巾	工										
弉	座	庭	庫	師	帯	席	帰	差	峪	峭	峺	[illegible]	峩	崋	峯	峻	峨	峡
	六	三	三	五	四	四	二	四							人	人	人	人
145	194	194	193	187	187	187	186	183	179	179	179	179	179	179	179	179	179	178

												心				彳		弓
恕	悔	悩	悟	悦	恋	恥	恣	恵	恭	恐	恩	息	徑	徐	従	徒	弱	弱
人	人	常	常	常	常	常	常	常	常	常	六	三		常	六	四		二
219	217	221	221	220	220	219	219	218	218	217	217	219	204	206	206	206	200	200

戶																		
扇	恷	恪	悧	悒	悗	悖	悄	悚	悛	悃	悁	悅	恙	恁	恐	恚	悍	悌
常																	印	人
238	372	222	222	222	221	221	221	221	221	221	221	220	220	219	217	217	221	221

																	手	
拳	挈	挾	捌	捏	拿	挽	挺	捕	捗	捉	挿	捜	振	挫	挨	拳	挙	扇
			印	印	印	人	人	常	常	常	常	常	常	常	常	常	四	
248	248	248	251	251	249	251	251	251	251	251	250	250	250	250	250	248	248	238

					日	无						方	斗		支			
晋	晒	晄	晃	晏	時	既	旅	旄	旁	旆	旃	旅	料	效	敏	捩	捍	捐
人	人	人	人	人	二	常						三	四		常			
282	281	281	281	281	281	275	275	274	274	274	274	275	271	78	267	252	250	250

								木					月	日				
桁	核	株	格	桜	梅	案	根	校	朕	朔	朔	朕	朗	書	晦	晁	晉	晟
常	常	六	五	五	四	四	三	一			人	常	六	二				人
305	304	305	303	303	306	303	305	304	290	290	290	290	290	288	282	282	282	282

栩	框	桛	栢	枅	桓	桧	栗	桐	栖	柴	桔	桂	栞	桃	桑	栓	桟	栽
					印	人	人	人	人	人	人	人	人	常	常	常	常	常
304	304	304	302	297	304	321	307	306	306	305	304	304	304	306	306	306	305	305

气		殳			歹													
氣	殷	殺	殉	殊	残	桀	桩	桙	档	栫	梅	栓	[illegible]	桎	栲	桍	柧	[illegible]
人	印	五	常	常	四													
334	330	331	329	329	329	307	307	307	306	306	306	306	306	305	305	304	304	304

																	水	
浣	涌	涅	浙	涉	浬	浩	海	浪	涙	浦	浮	浜	浸	泰	浴	流	消	氤
	印	印	印	人	人	人	人	常	常	常	常	常	常	常	四	三	三	
347	349	348	348	352	349	347	344	350	350	349	348	348	348	342	349	349	347	335

					火													
烟	烙	烝	烋	烏	烈	涜	涛	浮	涅	涕	涎	浸	浹	消	浚	浤	浩	涓
				人	常													
374	372	372	372	371	372	367	367	348	348	348	348	348	348	347	347	347	347	347

		田								玉					犬	牛		
畔	畜	留	珱	琉	珞	珮	珥	珪	珠	班	狷	狸	狽	狼	狹	特	烬	热
常	常	五						印	常	六		印	印	人	人	四		
402	402	403	396	393	392	392	392	392	392	392	386	386	386	386	385	382	379	377

												疒						
疼	痃	痏	痂	疱	疼	疸	疽	疹	疲	症	疾	病	畚	畔	畛	畢	畠	畝
				印	印	印	印	印	常	常	常	三				人	人	常
407	406	406	406	407	407	407	407	406	407	406	406	407	403	402	402	402	402	402

				石		矢						目			皿	皮	白	
砠	砧	砥	砲	破	矩	矩	眛	眤	眩	眞	眠	真	盍	益	益	皰	皋	病
	人	人	常	五		人			印	人	常	三			五			
426	426	426	427	427	425	425	421	420	420	420	421	420	415	415	415	415	414	407

		禾													示			
租	称	秘	祢	泰	祚	祗	祓	祟	祠	祕	祐	祖	神	祝	祥	砿	砺	砲
常	常	六					印	印	印	人	人	人	人	人	常			
439	438	439	436	434	434	433	434	434	433	439	434	434	433	433	435	431	431	427

				竹			立			穴								
笊	笏	笄	笈	笑	站	竚	竝	窈	穿	窄	秣	秡	秤	秬	秧	秦	秤	秩
			人	四						人						人	人	常
450	450	450	449	450	447	447	10	445	444	445	439	439	439	438	438	439	439	439

										糸						米		
紐	紗	紘	紋	紡	紛	索	納	純	素	紙	粍	粐	粏	粃	粋	粉	笋	笆
人	人	人	常	常	常	常	六	六	五	二					常	五		
467	466	466	468	468	468	466	467	467	467	466	460	460	460	438	460	460	452	450

		耒		老				羽	羊		网	缶						
耘	耗	耕	耄	耆	翆	翁	翅	翁	羔	罟	罠	缺	紊	紕	納	紵	紜	級
	常	五		印			印	常			印							
492	492	492	491	491	489	488	489	488	486	484	484	324	468	468	467	466	466	465

											肉				耳			
胼	胯	脆	脁	胴	脊	脂	脇	脅	胸	脈	能	耿	耺	耻	耽	耗	耙	耕
		印	印	常	常	常	常	常	六	五	五				人			
500	500	501	500	500	500	500	499	499	499	500	500	493	493	219	493	492	492	492

								艸						舟	舌	至	自	
莢	芻	莉	莫	荻	莞	莊	華	荷	舮	舩	舫	航	般	航	舐	致	臭	脈
印	印	人	人	人	人	人	常	三					常	五	印	常	人	
520	513	521	521	521	520	519	520	520	511	510	509	509	509	509	508	507	507	500

荅	荼	草	荐	茜	荏	茸	茹	荀	茱	茲	茨	荒	荊	茖	茴	荢	茵	荼
																		印
519	519	518	518	518	518	518	518	518	518	518	518	517	517	517	517	517	517	521

莵	莱	莨	莅	莠	荵	荳	莇	莎	莩	莫	莟	莪	莚	荔	茗	荖	茫	茯
525	523	521	521	521	521	521	521	521	520	520	520	520	520	520	520	520	519	519

							衣	血									虫	虍
衮	袪	衾	袢	袁	被	袖	衰	衄	蚌	蚪	蚋	蚩	蚣	蚓	蚤	蚊	蚕	虔
			印	印	常	常	常								印	常	六	
550	550	549	550	549	550	550	549	546	538	538	538	538	538	538	538	538	538	536

	貝			豸	豆								言					
貢	財	豹	豺	豹	豈	訌	訐	訖	訊	託	討	訓	記	袍	袙	袮	袒	袗
常	五			人					人	常	六	四	二					
584	584	583	583	583	581	564	564	564	564	564	564	564	564	551	550	550	550	550

												辵	辰	車	身			走
迹	逅	逆	迴	透	途	逓	逐	逝	造	連	速	通	辱	軒	躬	起	赳	起
				常	常	常	常	常	五	四	三	二	常	常	印		人	三
610	609	609	609	613	613	613	612	611	612	614	612	612	606	600	599	592	593	592

		酉						邑										
酌	配	酒	郞	郛	郤	郢	郎	郡	逢	逗	這	迷	迸	逃	追	迺	退	送
常	三	三					人	四										
627	627	627	625	625	625	625	625	625	614	613	611	611	611	611	610	610	610	610

								阜	門							金		
陸	陜	陝	陣	陥	陛	除	降	院	閃	釡	釟	釖	釛	釘	釜	針	酌	酎
		印	常	常	六	六	六	三	人					人	常	六		常
654	653	654	654	653	654	653	653	653	647	633	633	633	633	633	633	633	627	627

乙	11画		龍	魚	鬼	鬲	鬯	鬥	髟	高	骨	馬	食	韋		隹		
乾			竜	奐	鬼	鬲	鬯	鬥	髟	高	骨	馬	飢	韋	隼	隻	陦	陟
常			常		常					二	六	二	常	印	人	常		
16			714	695	694	694	693	693	692	691	690	686	681	672	659	659	654	654

																		人
偏	偸	偬	偖	偐	偕	偃	倦	做	假	偈	偲	偏	偵	偶	偽	停	側	健
										印	人	常	常	常	常	五	四	四
47	47	46	46	45	45	45	42	31	27	46	46	47	47	46	45	47	47	46

	勹						力					刀	几	冫	冖	冂	儿	
匏	匐	勗	勖	勒	勘	務	動	剳	剪	剱	剰	副	凰	減	冨	冕	兜	偉
				印	常	五	三				常	四	人		人		人	
82	82	79	79	79	79	79	79	74	74	73	74	74	65	355	165	61	56	47

													口	厶	厂		匚	匕
唳	啄	[illegible]	唸	啖	啜	啞	唯	唾	啓	喝	唱	問	商	參	厠	匿	區	匙
			印	印	印	印	常	常	常	常	四	三	三					
109	108	107	110	110	110	109	110	110	109	109	110	110	109	91	195	83	83	82

							土			口								
培	堆	執	堀	域	堂	基	埼	圉	圏	國	啗	啅	售	啌	啓	啀	啝	唹
常	常	常	常	六	五	五	四		人	人								
129	128	128	128	127	129	127	128	122	122	121	110	110	109	109	109	109	109	109

					女	夕	士											
娼	娶	婉	婆	婚	婦	梦	壷	堵	堋	堋	埠	[illegible]	堀	埣	堊	埖	埜	埴
印	印	印	常	常	五												人	人
152	152	152	152	152	152	139	136	130	129	129	129	129	129	128	127	127	631	128

寸							宀	子										
尉	寇	寃	寅	寂	密	寄	宿	孰	婁	婪	婦	婢	娵	娙	婀	娩	婲	姫
常			人	常	六	五	三											
169	164	62	163	164	164	163	164	157	152	152	152	152	152	152	152	152	152	151

														山		尸		
崩	崢	崔	崑	崛	崟	嵜	崕	崋	崗	崚	崩	崇	崖	崎	屠	屛	將	專
									印	人	常	常	常	四		印	人	人
180	180	180	180	180	180	179	179	179	178	180	180	180	179	179	176	175	169	168

		彡	ヨ				弓				广				巾	巛		
彪	彫	彩	彗	弸	弸	張	強	庵	庸	庶	康	帷	帶	常	帳	巢	崘	崙
人	常	常	人			五	二	人	常	常	四	印	人	五	三	人		
203	203	202	202	201	201	201	200	194	195	194	194	187	187	187	188	210	180	180

								心	⺍						彳			
悉	悼	惜	惨	惧	悠	患	情	悪	巣	御	徙	徘	徠	從	得	彫	彩	彬
人	常	常	常	常	常	常	五	三	四			印	人	人	五			人
221	223	223	222	222	221	221	223	220	210	207	207	207	296	206	207	203	202	203

			手		戸		戈											
捨	接	授	採	扈	扈	戛	戚	惘	悵	惆	悽	悴	情	惓	悸	惇	惚	惟
六	五	五	五				常								印	人	人	人
253	255	254	253	238	238	235	235	224	223	223	223	223	223	222	222	223	222	222

掟	掠	捧	捺	捷	捲	掬	描	排	捻	掃	措	控	掲	掘	据	掛	探	推
印	人	人	人	人	人	人	常	常	常	常	常	常	常	常	常	常	六	六
256	257	256	256	254	253	252	256	256	256	255	255	253	253	252	252	252	255	254

掴	捫	掝	掄	掉	掏	掫	掃	捶	捨	採	掀	掎	掩	掖	捩	挽	捗	掻
																		簡
260	257	257	256	256	256	255	255	254	253	253	252	252	252	252	252	251	251	259

日		无			方		斤		斗									攴
晝	既	旣	旌	旋	族	斬	断	斛	斜	敖	敎	敍	敕	敏	敘	救	敗	教
人				常	三	常	五		常					人	人	五	四	二
280	275	275	275	275	275	272	272	271	271	268	268	95	78	267	95	267	268	268

		木					月			日								
梗	梨	械	望	脮	朖	朗	望	曼	曽	曹	晧	晢	晤	晞	晟	晩	晨	晦
常	四	四				人	四	印	常	常						人	人	人
307	308	307	291	291	290	290	291	288	288	288	414	282	282	282	282	283	282	282

桀	桾	梟	桷	楞	桿	梻	梵	梁	椛	梶	桶	梯	梛	梢	梓	梧	梅	條
						箇	印	人	人	人	人	人	人	人	人	人	人	人
307	307	307	307	307	294	299	308	309	308	308	308	308	308	308	307	307	306	295

		欠																
欷	欸	欲	梹	梼	梠	梺	桴	梃	梛	梍	梳	梲	梢	栟	梔	梭	梱	梏
		六																
324	324	324	322	322	309	308	308	308	308	308	308	308	308	308	308	307	307	307

											水			毛		殳	歹	
渉	淑	渋	渓	渇	涯	淫	済	混	液	清	深	捲	毫	毬	殺	殻	殍	欵
常	常	常	常	常	常	常	六	五	五	四	三		印	人		常		
352	352	351	351	350	350	350	351	351	350	353	352	333	333	333	331	331	330	325

淇	淦	渮	淤	淹	淫	淺	淘	涸	涵	淋	淀	渚	淳	淚	淨	涼	添	淡
							印	印	印	人	人	人	人	人	人	常	常	常
351	351	350	350	350	350	346	354	351	350	354	354	352	352	350	346	354	354	353

				火														
焔	烽	烹	烱	焉	渊	渕	淮	淪	淕	淩	淙	淅	淸	淒	淌	淞	淬	淆
				印														
372	372	372	370	372	355	355	354	354	354	353	353	353	353	353	352	352	351	351

		玉		玄										犬			牛	爻
現	球	理	率	率	猝	猖	猜	猊	猗	倏	猪	猟	猛	猫	犁	牾	牽	爽
五	三	二		五							人	常	常	常			人	常
392	392	393	390	390	387	387	387	386	386	386	387	387	387	387	383	383	383	380

						田		生		甘			瓦	瓜				
畧	畤	畩	畦	畢	異	略	產	産	甛	甜	瓸	瓷	瓶	瓠	琅	珸	琉	琢
					六	五		四					常				人	人
404	404	404	404	402	403	404	399	399	398	398	397	397	397	396	393	393	393	393

						目				皿		白						疒
眾	眦	眥	眷	眸	眺	眼	盖	盒	盗	盛	皎	皐	痊	痍	痒	痔	疵	痕
				人	常	五			常	六		人			印	印	印	常
546	421	421	421	421	421	421	526	415	416	416	414	414	407	407	407	407	407	407

				竹			立			穴	禾				示			石
笙	笹	符	笛	第	竡	竟	章	窕	窒	窓	移	祷	祥	票	祭	硅	研	砦
人	人	常	三	三		印	三		常	六	五	人	人	四	三			人
450	450	451	451	451	447	447	447	445	445	445	439	436	435	435	434	427	426	427

				糸					米									
紺	経	終	組	細	粄	粕	粒	粘	粗	笨	笵	笞	笽	笘	笶	笳	笥	笠
常	五	三	二	二		印	常	常	常								印	人
469	468	470	470	469	461	461	461	461	461	451	451	451	450	450	450	450	450	451

総画索引

		羊																
羝	羚	羞	紘	統	綾	紵	紿	紲	終	絅	絺	紮	絆	紬	絃	累	紳	紹
	人	常										印	人	人	人	常	常	常
487	487	486	483	473	471	471	470	470	470	469	468	469	471	470	469	471	470	470
臼									肉	聿		耳	耒					羽
舁	朕	脯	脫	脣	脛	脩	脱	脚	脳	粛	聆	聊	耜	翊	翌	習	翌	習
					印	人	常	常	六	常		印					六	三
508	502	502	501	108	501	501	501	501	501	495	493	493	492	489	489	489	489	489
											艸						舟	
萌	菩	萄	菖	菫	菅	菌	菊	菓	萎	著	菜	舳	舸	舵	舶	舷	船	舂
人	人	人	人	人	人	常	常	常	常	六	四			人	常	常	二	
523	523	523	522	522	521	522	522	521	521	522	522	510	509	510	510	509	510	508
葱	荳	荻	荼	莇	莎	莩	莢	莞	莪	荷	莛	莊	莓	莖	蒂	菱	萊	萠
																人	人	人
521	521	521	521	521	521	520	520	520	520	520	520	519	516	516	186	523	523	523
萢	萍	菲	菠	萇	萋	菁	菘	萃	菽	菎	[illegible]	萓	菴	萛	莅	莉	莠	莫
523	523	523	523	523	522	522	522	522	522	522	522	522	521	521	521	521	521	521
	行												虫		虍			
衕	術	蛎	蚰	蚫	蛙	蛆	蛄	蚯	蚶	蛉	蛋	蛇	蛍	處	虚	菟	葛	菻
	五									印	印	常	常		常			
547	547	545	539	539	539	539	539	538	538	539	539	539	538	65	536	525	524	524
		言			見												衣	
訪	設	許	覓	視	規	裄	袱	袷	袿	裃	袰	袤	衰	袵	袴	袈	袋	衒
六	五	五		六	五										人	人	常	
565	565	565	559	559	559	552	552	551	551	551	551	551	550	549	551	550	550	547
									貝	豸	豕	谷						
貶	貨	戝	貳	販	貪	貫	貧	責	貨	豼	豚	谺	訥	訝	訛	訣	訟	訳
				常	常	常	五	五	四		常			印	印	人	常	六
585	584	584	198	585	585	584	585	585	584	583	582	581	565	565	565	565	565	566
							辵				車		身			足	赤	
逢	逗	逞	這	逮	逸	進	週	叀	軛	軟	転	躯	躮	趺	跂	趾	赦	貭
人	人	人	人	常	常	三	二			常	三					印	常	
614	613	613	611	615	614	615	615	605	601	601	601	599	599	594	594	594	592	589
	邑																	
部	都	逎	連	逋	透	途	逖	逞	通	逐	速	造	逝	逡	逧	逑	逕	逍
三	三																	印
626	625	617	614	613	613	613	613	613	612	612	612	612	611	611	611	611	204	611

門									金	里	釆				酉			
閉	釻	釣	釶	[illegible]	釵	釦	釼	釧	釣	野	釈	酛	酘	酖	酔	郭	郵	郷
六								人	常	二	常				常	常	六	六
647	634	634	633	633	633	633	73	634	634	631	630	628	628	628	627	625	626	625

	雨		隹												阜			
雫	雪	隺	雀	陬	陲	[illegible]	陷	陵	隆	陪	陶	陳	陰	険	陸	閇	閊	兩
人	二		人				人	常	常	常	常	常	常	五	四			
664	663	705	660	655	655	655	653	656	656	655	655	655	654	655	655	647	647	647

	龜	齊	黑	黃		麻		麥	鹿	鹵	鳥	魚	高	首	食		頁	
	亀	斎	黒	黄	麻	麻	麸	麥	鹿	鹵	鳥	魚	髙	馗	飢	頃	頂	雪
	常	常	二	二		常			四		二	二				常	六	
	714	713	710	709	709	709	708	708	707	707	701	695	691	685	681	673	673	663

12画

力						刀	几	冫									人
勝	割	剴	剳	剩	創	割	凱	凖	傑	僅	傅	傚	傀	傍	傘	偉	備
三				人	六	六	人							常	常	常	五
79	75	75	74	74	75	75	65	359	49	49	48	48	48	48	48	47	48

						口				厂		卩		十				
喩	喪	喉	喫	喚	善	喜	厦	厩	厥	厨	卿	卿	博	博	勝	勞	募	勤
常	常	常	常	常	六	五				人		人		四			常	六
113	112	112	111	111	112	111	195	91	91	91	89	89	87	87	79	77	80	79

喃	啾	啻	喰	喫	喟	喊	喞	喞	喙	喝	啼	喘	喀	單	喋	喰	喧	喬
											印	印	印	人	人	人	人	人
113	112	112	112	111	111	111	111	111	111	109	113	112	111	209	113	112	112	111

											土			口				
堰	堯	塁	塀	塔	堤	塚	堕	堅	堪	報	場	圍	圍	圏	啣	喨	喇	[illegible]
人	人	常	常	常	常	常	常	常	常	五	二			常				
129	55	131	130	130	130	130	130	129	129	130	130	122	120	122	636	113	113	113

子						女			大			士						
孳	嫂	媛	媚	媒	婿	媛	奠	奢	奥	壻	壹	壺	堡	堝	堙	堙	堵	堺
			印	常	常	四		印	常			印					人	人
157	153	153	153	153	153	153	145	145	145	153	135	136	130	129	129	129	130	129

			山			尸	尢				寸						宀	
崎	嵜	嵌	嵐	屢	屠	属	就	尊	尋	尋	尊	寐	寔	寒	寓	富	寒	孱
		印	常		印	五	六			常	六				人	四	三	
179	179	180	180	176	176	175	172	170	169	169	170	165	165	165	165	165	165	157

			广	幺								巾		己				
廁	廂	廊	廃	幾	帽	幇	幀	幉	幃	幄	帽	幅	巽	巽	嵙	嵋	嵎	嵒
	印	常	常	常							常	常		人				
195	195	195	195	191	188	188	188	188	188	188	188	188	184	184	180	180	180	180

								心	⺍				彳	彡			弓	弋
惣	惹	惡	惠	愉	惰	慌	惑	悲	営	徨	循	御	復	彭	弼	强	弾	弑
人	人	人	人	常	常	常	常	三	五		常	常	五				常	
223	222	220	218	227	227	226	224	224	210	208	208	207	208	203	201	200	201	198

	手		戸		戈													
揮	提	扉	扉	戞	戟	愉	愎	惻	惚	愃	惴	愀	惶	惱	悳	愕	悶	惺
六	五		常		人											印	印	人
257	258	238	238	235	235	227	227	227	227	227	226	226	226	221	209	225	224	227

援	搣	描	掣	捲	插	揄	揶	揆	揃	掲	搜	揺	揚	搭	換	援	握	掌
						印	印	印	人	人	人	常	常	常	常	常	常	常
257	257	256	254	253	250	258	258	257	258	253	250	258	258	258	257	257	257	254

日	无	斤			文						攴							
晴	既	斯	斌	斐	斑	敝	敞	敦	敢	敬	散	揖	揄	揉	揣	揀	揩	掾
二		人		人	常			人	常	六	四							
283	275	273	271	271	271	269	269	269	268	268	268	258	258	258	257	257	257	257

			月			日												
朞	期	期	朝	曾	替	最	暃	晢	晴	暎	晰	智	普	晶	暁	晩	景	暑
		三	二	人	常	四					印	人	常	常	常	六	四	三
291	291	291	291	288	289	288	283	283	283	279	283	283	283	283	282	283	282	282

																	木	
棧	棹	椒	棘	椀	椋	棲	棚	棟	椎	棋	棺	椅	棒	検	極	植	森	朝
	印	印	印	人	人	人	常	常	常	常	常	常	六	五	四	三	一	
305	311	310	310	312	312	311	312	311	311	309	309	309	312	310	309	310	311	291

[illegible]	[illegible]	椨	棗	椄	椙	棯	棕	𣗳	棔	棍	椌	棡	椡	椚	椈	棊	椏	椛
311	311	311	311	311	311	311	310	310	310	310	310	310	310	310	309	309	309	308

殳			歹				欠											
殼	殕	殘	殖	欹	欽	欺	款	椁	椢	榜	棆	棉	椪	棚	椧	椥	棠	棣
			常		人	常	常											
331	330	329	330	325	325	325	325	318	318	312	312	312	312	312	312	312	311	311

															水			毛
渥	渚	渴	湾	湧	渡	湿	渦	測	減	満	滋	湯	港	湖	温	毱	毯	毳
人	人	人	常	常	常	常	常	五	五	四	四	三	三	三	三			
354	352	350	358	358	357	356	355	357	355	358	356	357	356	356	355	671	333	333

湍	湶	渫	湫	渣	湟	港	湲	渙	湮	湮	滑	渮	渠	湛	湊	湘	渾	淵
													印	人	人	人	人	人
357	357	357	356	356	356	356	355	355	355	355	355	350	355	357	357	356	356	355

									火									
煉	焙	焜	焚	焰	焦	煮	無	然	焼	溌	渕	游	渝	湎	渤	渺	湃	渟
			人	人	常	常	四	四	四									
376	373	372	373	372	373	372	373	373	372	365	358	358	358	358	358	357	357	357

		玉										犬			牛		片	爪
瑛	琢	琴	猨	猶	猯	[illegible]	猩	猴	猫	猥	猪	猶	犂	犇	犀	牋	牌	爲
人	人	常								印	人	常			人		印	人
393	393	393	388	388	388	388	388	388	387	388	387	388	383	383	383	455	381	370

	疒		疋							田		生						
痩	痛	疏	疎	畴	畭	畬	異	畫	畳	番	甦	甥	琺	琲	琳	琵	琶	琥
常	六	人	常						常	二	印	人			人	人	人	人
408	408	405	405	405	404	404	403	401	404	404	399	399	394	394	394	394	393	393

			石	矢	目		皿	皮			白		癶					
硯	硫	硝	硬	短	睇	盛	盗	皴	皓	皖	皓	發	登	痞	痣	痤	痢	痘
人	常	常	常	三			人				人		三			印	常	常
428	428	428	428	425	422	416	416	415	414	414	414	411	412	408	408	407	408	408

		立			穴								禾	示				
竦	竣	童	窖	窘	窗	稉	程	稅	稍	稈	稀	程	税	禄	硲	硝	碑	硴
印	人	三									人	五	五	人				
448	448	448	445	445	445	462	440	440	440	440	440	440	440	435	428	428	428	428

	米																竹	
粥	粧	筝	筑	筌	筅	筍	筐	笄	筏	筑	筈	筒	策	筋	筆	等	答	竢
人	常								印	人	人	常	六	六	三	三	二	
461	462	455	452	452	452	452	451	450	453	452	451	453	452	451	453	452	452	448

											糸							
絲	絣	絨	絢	絡	紫	絞	統	絶	結	給	絵	粨	粡	粭	粢	粤	粫	粟
	印	印	人	常	常	常	五	五	四	四	二							人
464	473	472	472	473	472	472	473	472	471	471	471	462	462	462	461	461	461	462

				肉	耳	老			羽	羊								
脾	腋	脹	腔	腕	聒	耋	翔	翕	翔	着	[illegible]	絕	絏	絮	絎	絖	絳	[illegible]
印	印	人	人	常					人	三								
502	502	502	502	502	493	491	489	489	489	487	473	472	472	472	472	472	472	471

												艸	舛	舌				
菰	萼	葡	董	葺	萩	萱	葵	萬	葬	葛	落	葉	舜	舒	腓	腆	腁	腑
印	印	人	人	人	人	人	人	人	常	常	三	三						印
524	524	525	525	524	524	524	524	6	525	524	525	525	509	509	502	502	500	502

菁	菘	萃	菖	菽	菜	菎	[illegible]	菫	菌	菊	萓	菅	菓	萎	菴	華	莽	葱
																		印
522	522	522	522	522	522	522	522	522	522	522	522	521	521	521	521	520	520	525

葬	葫	菰	葷	蒄	萪	葭	菻	菱	萊	萢	萌	菩	萍	菲	菠	萄	萇	萋
524	524	524	524	524	524	524	524	523	523	523	523	523	523	523	523	523	523	522

			虫		虍													
蛭	蛤	蛙	蛮	虜	虚	蒂	葢	萵	葎	萸	葯	葆	葩	菟	莵	葮	葉	葹
印	印	印	常	人	人													
540	539	539	540	537	536	529	526	526	526	525	525	525	525	525	525	525	525	524

								衣	行	血								
裑	裙	𧛧	裡	裕	裂	補	装	裁	街	衆	蛟	蛬	蛩	蛩	蛞	蛔	蛯	蛛
			人	常	常	六	六	六	四	六								印
552	552	552	553	553	552	552	551	551	547	546	539	539	539	539	539	539	539	540

											言		角				見	襾
詁	訝	訶	註	訴	診	詔	詐	詠	詞	評	証	觝	觚	覘	覗	視	覚	覃
		印	人	常	常	常	常	常	六	五	五				印	人	四	
566	565	566	567	567	567	567	566	566	566	567	566	562	561	560	560	559	559	557

							貝		豸		豕	谷						
貼	貴	貿	費	貯	貸	賀	[illegible]	[illegible]	貂	象	象	谺	詈	評	詆	詒	詑	詛
常	六	五	五	五	五	四	二				五							
587	586	587	587	586	586	586	587	583	583	582	582	581	567	567	567	567	567	567

車	身									足			走	赤				
軽	躰	跑	跛	跌	跖	跚	距	跋	跏	距	趁	超	越	赧	賁	貽	貳	貰
三								印	印	常		常	常					人
602	33	595	595	595	595	595	595	595	595	595	594	593	593	592	587	585	198	586

													辵	辛				
逵	逶	逬	遥	逸	遍	遅	遂	遇	過	達	遊	運	道	辜	軫	軻	軼	軸
			人	人	常	常	常	常	五	四	三	三	二					常
615	614	611	619	614	618	617	617	616	616	617	618	615	618	606	602	602	602	602

					金	里	釆			酉		邑						
鈨	鈕	釿	鈞	鈔	鈍	量	釉	酥	酣	酢	鄂	都	逼	遁	逹	逮	進	週
				印	常	四	人			常		人						
634	634	634	634	634	634	632	631	628	628	628	626	625	618	618	617	615	615	615

							阜							門				
陰	隋	隈	随	隅	隊	陽	階	閖	閔	閒	閏	閑	開	間	鈩	釲	鈎	鈑
	印	人	常	常	四	三	三				人	常	三	二				
654	657	657	656	656	657	657	656	649	649	648	649	648	647	648	645	644	635	634

		頁	韭				革		雨					隹				
須	項	順	韮	靱	靭	靫	靭	雰	雲	雅	雇	雁	雄	雇	集	隊	隍	隆
常	常	四	印				印	常	二			人	常	常	三			
673	673	674	672	670	670	670	670	664	664	661	660	660	660	660	660	657	656	656

風	颪		679
食	飲	三	681
	飯	四	681
馬	馭		686
	馮		686
黃	黃	人	709
黍	黍		710
黑	黑	人	710
黹	黹		711
齒	歯	三	713
13画			
乙	亂		15
亠	亶		21
人	働	四	50
	傷	六	50
	僅	常	49
	傾	常	49
	傑	常	49
	傲	常	49
	債	常	49
	催	常	49
	僧	常	50
	傳	人	29
	傭	人	50
	傴		49
	僉		50
	僂		50
	僊		50
刀	剿		75
	剽		75
力	勢	五	80
	勧	常	80
	勤	人	79
	募		80
	勣		80
	勦		80
	勠		80
匚	匯		82
厂	厩		91
口	嗅	常	113
	嗣	常	114
	嘆	常	114
	嘩	人	113
	嗚	印	113
	嗟	印	113
	嗜	印	114
	𠹭		113
	嗄		113
	嗤		114
	嗇		114
	嗔		114
	嘗		115
囗	園	二	122
	圓	人	59
土	塩	四	131
	墓	五	132
	塊	常	131
	塞	常	131
	塑	常	132
	塡	常	132
	塗	常	132
	塙	人	131
	塚		130
	塔		130
	塰		131
	塋		131
	塢		131
	堽		131
	塒		132
	塑		132
	塱		132
	填		132
	塘		132
	塘		132
士	壺		136
夕	夢	五	139
大	奨	常	145
	奥	人	145
女	嫁	常	153
	嫌	常	153
	嫉	常	153
	嫂		153
	媼		153
	嫌		153
	媾		153
	媾		153
	嫋		154
	嫐		154
	媽		154
子	孳		157
宀	寛	常	165
	寝	常	165
	寞		166
小	尠		172
山	嵯	人	181
	嵩	人	181
	嵬		181
	嵳		181
	嵶		181
巾	幕	六	188
	幌	人	188
	幎		188
干	幹	五	191
广	廉	常	195
	廊	人	195
	廈		195
	廉		195
弓	彁		201
彐	彙	常	202
彳	微	常	208
	微		208
	徭		209
心	意	三	224
	感	三	225
	想	三	227
	愛	四	224
	愚	常	226
	慈	常	226
	愁	常	226
	慄	常	227
	慨	常	228
	慎	常	228
	愼	人	228
	愈	印	227
	愽		87
	惹		222
	愆		226
	慌		226
	惷		226
	愍		227
	愈		227
	慍		227
	愾		228
	愧		228
	慊		228
	愴		228
	㥯		230
戈	戦	四	235
	戡		235
手	損	五	259
	携	常	259
	搾	常	259
	摂	常	259
	搬	常	260
	搖	人	258
	搔	印	259
	搜		250
	搭		258
	搆		259
	搆		259
	搓		259
	搦		259
	搶		259
	搗		260
	搨		260
	搏		260
	摸		260
攴	数	二	269
	敬		268
斗	斟		271
斤	新	二	273
方	旒		275
日	暗	三	283
	暖	六	284
	暇	常	284
	暑	人	282
	暉	人	284
	暈		284
	暄		284
	暖		284
	暘		284
日	會		27
木	楽	二	312
	業	三	313
	楷	常	312
	棄	常	313
	楼	常	315
	楯	人	313
	楚	人	313
	楕	人	314
	椿	人	314
	楠	人	314
	楓	人	314
	椰	人	314
	楢	人	314
	楊	人	315
	楔	印	313
	楮	印	314
	楡	印	314

榁	楙	榑	楾	椽	楴	椹	楪	椴	梳	楫	楸	楜	楿	楹	楲	椨	椶	楳
314	314	314	314	314	314	314	314	314	314	313	313	313	313	312	311	311	310	306

				水			殳		止		欠							
溝	滑	源	準	漢	毀	殿	毀	歳	歳	歃	歇	榔	槌	榊	楝	楞	楞	楢
常	常	六	五	三		常	常		常									
359	359	359	359	359	331	331	331	328	328	325	325	317	316	316	315	315	315	314

溽	溲	溷	溘	溝	溢	滋	渓	滓	溜	滉	溢	溫	滝	溶	滅	漠	溺	滞
								印	人	人	人	人	常	常	常	常	常	常
360	359	359	359	359	358	356	351	359	361	359	358	355	361	361	360	360	360	360

									火									
煥	煙	煉	煤	煌	煮	煩	煎	煙	照	溯	漣	溟	滂	溥	溏	滔	溺	滄
		人	人	人	人	常	常	常	四									
374	374	376	375	375	372	375	375	374	375	620	363	360	360	360	360	360	360	360

			玉							犬		片	父					
瑕	瑶	瑞	瑚	獏	猾	猷	猷	獅	猿	献	牌	牒	爺	煬	煖	煎	煢	煦
印	人	人	人				印	人	常	常		人	印					
394	394	394	394	389	388	388	388	388	388	387	381	381	380	376	375	375	375	375

							疒			田	瓦							
痳	瘁	痼	痿	痾	痺	痰	痴	畷	畸	當	瓶	瑜	瑁	瑙	瑇	瑟	琿	瑛
					印	印	常											
409	409	408	408	408	409	409	409	405	405	171	397	394	394	394	394	394	394	393

					石	矢								目		皿	白	
碇	碑	碗	碓	碎	碁	矮	睥	睛	睚	睫	睨	睦	督	睡	盞	盟	皙	痲
印	人	人	人	人	常					印	印	常	常	常		六		
429	429	429	429	426	428	425	422	422	422	422	422	422	422	422	416	416	414	409

禾	内								示									
稚	禽	禀	祺	禎	禄	禅	禍	禁	福	碌	硼	硼	碚	碆	碕	碍	碁	硴
常	人			人	人	常	常	五	三									
440	437	441	435	436	435	436	435	435	436	429	429	429	429	429	428	428	428	428

										竹	穴							
𥮾	筱	筮	筬	筴	筰	筧	筥	筐	筳	節	窟	稙	稠	稘	稗	稜	稔	稟
									印	四	常				印	人	人	人
458	457	454	454	454	454	454	453	451	453	454	445	440	440	440	440	441	441	441

		网											糸					米
署	罪	置	綉	絽	綟	綏	絛	綛	綛	經	継	絹	続	粮	粱	粲	糀	粳
六	五	四									常	六	四					
484	484	485	482	474	474	474	474	474	474	468	474	474	474	464	462	462	462	462

			肉			聿			耳	耒				羊				
腎	腫	腹	腸	肆	肄	肅	聖	聘	聖	耡	羣	羨	義	群	罩	罧	罫	罨
常	常	六	六					印	六			常	五	四				
503	502	503	503	495	495	495	493	493	493	492	488	487	487	488	485	485	484	484

			艸		舟	舛		臼										
著	蓄	蓋	蒸	艀	艇	舜	舅	與	腮	腔	腿	腰	腴	腥	腦	腱	腰	腺
人	常	常	六		常	人	印	人								印	常	常
522	528	526	527	510	510	509	508	7	677	504	504	503	503	503	501	502	503	503

葷	葵	蒄	葛	萼	萪	葭	萬	萬	蒋	蓮	蓉	蒙	蒲	蒼	蒐	蒔	蓑	葦
									簡	人	人	人	人	人	人	人	人	人
524	524	524	524	524	524	524	513	6	529	528	528	528	528	528	527	527	527	526

葎	落	葉	萸	葯	葆	葡	葩	董	葮	葱	葬	蒅	葺	萩	葹	葬	葫	萱
526	525	525	525	525	525	525	525	525	525	525	525	525	524	524	524	524	524	524

虍																		
虞	蓬	蒡	蓖	蓜	蒻	蓆	蓁	蓐	蓚	蓍	蒜	蓙	蒟	蒿	蒹	蓊	葦	蒿
常																		
537	530	528	528	528	528	528	527	527	527	527	527	527	527	527	527	526	526	526

															虫			
蜊	蛹	蜉	蚤	蛻	蛸	蜍	蜱	蜈	蜆	蜒	蜃	蜀	蛸	蛾	蜂	虞	號	虜
											印	印	印	印	常			常
541	541	540	540	540	540	540	540	540	540	540	540	540	540	540	540	537	97	537

言				角													衣	行
話	觜	觧	触	解	裲	裨	裼	褄	褂	裘	裔	裟	装	裸	裾	褐	裏	衙
二			常	五							印	人	人	常	常	常	六	印
570	562	562	562	562	554	554	554	554	553	552	552	552	551	554	553	553	553	547

豆																		
豊	誄	誂	詬	詭	詼	誅	詫	詢	誉	詮	詳	誇	詣	詰	該	誠	試	詩
五						印	人	人	常	常	常	常	常	常	常	六	四	三
581	569	569	568	568	567	569	569	569	569	569	569	568	568	568	567	569	568	568

		足												貝			豸	豕
践	跡	路	賍	賎	賊	貲	資	賈	貰	賄	賂	賊	賃	資	貊	貅	貉	豢
常	常	三								常	常	常	六	五				
596	595	596	591	589	587	587	587	587	587	588	588	587	588	587	583	583	583	582

辰		辛							車	身								
農	辟	辞	輌	輅	[illegible]	輊	軾	載	較	躱	跣	跟	跫	跫	跪	跪	跨	跳
三		四						常	常								人	常
606	606	606	603	603	603	603	603	602	602	599	596	595	595	595	595	595	595	596

部首	漢字	区分	頁
辵	遠	二	619
	違	常	619
	遣	常	620
	遁	人	618
	逼	印	618
	遏		615
	適		615
	運		615
	過		616
	遐		616
	遇		616
	遑		616
	[illegible]		617
	遒		617
	遂		617
	達		617
	遉		617
	道		618
	遍		618
	逾		618
	遊		618
	逹		619
	遡		620
	遜		620
邑	鄉		625
	鄕		625
	鄒		626
酉	酬	常	628
	酪	常	628
	酩		628
金	鉄	三	635
	鉱	五	635
	鉛	常	634
	鉢	常	636
	鈴	常	636
	鉗	印	634
	鉤	印	635
	鉦	印	635
	鉞		634
	鉅		635
	鉉		635
	鈷		635
	鉈		635
	鉐		635
	鈿		636
	鉋		636
	鉚		636
	銃		637
門	閨		649
	閘		649
	閙		693
阜	隔	常	657
	隙	常	658
	隕	印	657
	隘		657
	隗		657
	隔		657
隹	雅	常	661
	雉	印	661
	雋		661
	雎		661
	雍		661
雨	電	二	664
	雷	常	664
	零	常	665
	雹		664
青	靖	人	668
	靖		668
革	靴	常	670
	靹		670
非	韮		672
音	韵		673
頁	預	六	675
	頑	常	674
	頓	常	674
	頒	常	675
	頌	人	674
	頏		674
食	飼	五	682
	飾	常	682
	飽	常	682
	飫	印	681
	飲		681
	飭		681
	飩		681
	飯		681
	飴		682
馬	馴	人	686
	馳	人	686
	駄		687
	馯		688
骨	骭		690
髟	髢		692
魚	魞		695
鳥	鳩	人	701
	鳫		660
	鳰		701
	鳧		702
鹿	麁		708
黽	黽		711
鼎	鼎	人	711
鼓	鼓	常	712
鼠	鼠	印	712
14画			
人	像	五	50
	僕	常	51
	僚	常	51
	僞	人	45
	僧	人	50
	僑	印	50
	僖		50
	僥		50
	僊		50
	僭		50
	僣		50
	僮		51
儿	兢		56
冖	寫		61
刀	劃		75
匚	匱		82
厂	厩	人	91
	厨		91
	厭		91
	厲		91
	厮		195
	厰		195
口	嘆	人	114
	嘉	人	114
	嘗	人	115
	嘔	印	114
	嗷		114
	嘖		114
	嗾		115
	嗽		115
	[illegible]		115
	嘛		115
	嗹		115
	嘘		115
	噌		116
囗	團	人	120
	圖		120
土	境	五	132
	増	五	133
	塾	常	132
	墨	常	133
	塵	印	133
	塲		130
	塀		130
	墓		132
	塹		132
	墅		132
	墟		133
士	壽	人	168
夊	夐		137
夕	夢		139
	夥		139
大	奪	常	145
	奬	人	145
	奩		82
女	嫡	常	154
	嫗		154
	嫣		154
	嫦		154
	嫩		154
	嫖		154
子	孵	印	157
宀	察	四	166
	寡	常	166
	寧	常	166
	實	人	160
	寬	人	165
	寢	人	165
	寥	印	166
	寞		166
	寤		166
	寨		166
	寧		166
寸	對		168
尸	層	六	176
	屢	印	176
山	嶋	人	179
	嶌		179
	嶇		181
	嶄		181
	嶂		181
	[illegible]		181
巾	幕		188
	幗		189
	幔		189

									心		彳	彡	弓				广	
愨	慨	慇	慈	慘	慢	憎	慕	慣	態	徴	徳	彰	彍	廖	廏	廐	廓	幔
					常	常	常	五	五	常	四	常					印	
228	228	227	226	222	230	229	228	229	228	209	209	203	201	195	91	91	195	189

				手	戈													
摸	搴	摺	摑	摘	截	慵	慓	慟	慱	慥	慯	慴	慚	慷	慂	慝	愬	愿
		人	人	常	印													
260	259	260	260	261	236	230	230	230	230	229	229	229	229	229	228	228	228	228

						木					日	方	斗	攴				
樺	榎	榮	概	模	構	様	曄	暝	暢	暦	暮	旗	斡	敲	摶	摺	摧	摎
人	人	人	常	六	五	三			人	常	六	四	人	印				
315	315	299	315	317	315	317	285	285	284	285	285	275	272	269	261	260	260	260

榾	槓	槁	構	榿	槝	槐	榲	𣘺	榔	榴	榜	槃	槌	槍	槇	槙	榛	榊
									印	印	印	印	人	人	人	人	人	人
316	316	316	315	315	315	315	315	314	317	317	316	316	316	316	316	316	316	316

	水	毋	歹	止			欠											
演	漁	毓	殞	歷	歎	歉	歌	槞	樋	榕	榠	梗	榑	榧	榻	榱	槊	槎
五	四			五			二											
361	361	496	330	328	326	325	325	323	319	317	317	316	316	316	316	316	316	316

滸	滬	滬	漠	滿	漉	滲	漣	漱	漕	滯	漢	漏	漫	漂	滴	漸	漆	漬
					印	印	人	人	人	人	人	常	常	常	常	常	常	常
362	362	362	360	358	363	362	363	363	362	360	359	363	363	363	363	362	362	362

牛	爻									火								
犒	爾	熏	熙	熄	煽	熕	熖	熔	煽	熊	滝	漑	滷	漓	漾	漲	滌	滾
	人							印	印	四								
383	380	378	376	376	376	376	372	376	376	376	368	364	363	363	363	363	362	362

		疒	疋					瓦							玉		犬	
瘋	瘧	瘍	疑	甈	甅	甃	甄	甄	瑪	瑣	瑰	瑤	瑯	瑳	瑠	獏	獄	犖
		常	六											人	常		常	
409	409	409	406	397	397	397	397	397	395	395	395	394	393	395	395	389	389	383

		示								石			目	皿			皮	
福	禎	禍	碪	碵	碣	碯	碧	碩	碑	磁	睹	睿	睾	盡	皷	皹	皸	瘉
人	人	人					人	人	常	六			印	人				
436	436	435	429	429	429	395	429	429	429	429	422	422	422	173	712	415	415	409

						竹				立		穴					禾	
箒	箔	箕	箋	箇	管	算	竮	竭	竪	端	窩	窪	稗	稱	稲	穀	種	禊
印	人	人	常	常	四	二			人	常	印	人			常	六	四	印
455	455	455	455	454	454	455	448	448	448	448	445	445	440	438	441	441	441	436

総画索引

糸					米													
緑	粽	精	糀	粹	精	箆	箸	箙	箙	劄	箚	箍	箜	箟	箘	箝	簑	箏
三				人	五													印
477	463	462	462	460	462	457	456	456	456	455	455	455	455	455	455	455	454	455

綟	絣	綬	綽	綸	綠	綾	緋	綴	綜	綺	網	綻	緒	綱	維	綿	総	練
		印	印	人	人	人	人	人	人	人	常	常	常	常	常	五	五	三
474	473	475	475	477	477	477	476	476	475	475	476	476	475	475	474	476	476	477

		耳			羽		网											
聚	聡	聞	翡	翠	翠	署	罰	緕	綫	綰	綯	綢	緇	綵	綣	緊	緊	綳
印	人	二			人	人	常											
493	493	494	489	489	489	484	485	483	478	477	476	476	475	475	475	475	475	474

			艸	舛	至									肉		聿		
蔦	蔣	蔭	蔑	舞	臺	膂	膊	膈	膃	膀	腿	膏	膜	腐	肇	肇	聢	聟
人	人	人	常							印	印	人	常	常		人		
529	529	529	529	509	98	504	504	503	503	504	504	503	504	502	495	495	494	153

蓐	蒸	蓚	蒐	蓍	蒔	蒜	蓙	蓑	蒟	蒿	蒹	蓋	蓊	蒽	蔆	蓼	蔓	蓬
																印	人	人
527	527	527	527	527	527	527	527	527	527	527	527	526	526	525	523	530	530	530

蔬	蔘	蓴	蓿	蔗	蔡	[illegible]	蔚	蓉	蒙	蒡	蒲	蓖	蓜	蒻	蓄	蒼	蓆	蓁
529	529	529	529	529	529	529	529	528	528	528	528	528	528	528	528	528	528	527

衣													虫					
製	蝕	蜱	蜚	蜩	蜘	蜥	蜷	蜾	蜿	蜴	蝋	蜻	蜜	蕭	蔀	蔔	蔕	蔟
五											簡	印	常					
553	542	541	541	541	541	541	541	541	541	541	545	541	541	532	530	529	529	529

							言	見										
誘	誓	認	誌	誤	説	読	語	覡	褝	褓	褊	褊	裴	褐	裹	褌	裳	複
常	常	六	六	六	四	二	二									印	人	五
572	571	571	570	570	571	571	570	560	555	555	554	554	554	553	553	554	553	554

赤		貝		豸	豕													
赫	賓	賑	貍	貌	豪	誕	誂	誣	認	說	誚	誥	誤	誑	誡	誨	誠	誦
	人	人		常	常													印
592	589	588	583	583	582	573	572	572	571	571	571	570	570	570	570	570	569	570

						辵	辛				車	身					足	走
遞	遥	遭	遮	遜	遡	適	辣	輓	輒	輕	輔	躵	踉	跣	跼	踈	踊	趙
	人	常	常	常	常	五	常				人						常	印
613	619	621	620	620	620	621	606	603	603	602	603	599	596	596	596	405	596	594

総画索引

							金						酉	邑				
銕	鉾	銑	銘	銃	銭	銅	銀	酲	酷	酳	酷	酵	酸	鄙	遘	遘	遣	遠
	印	人	常	常	六	五	三				常	常	五	印				
635	637	637	637	637	637	637	636	629	628	628	628	628	629	626	620	620	620	619
隹				阜						門								
雑	隙	隠	障	際	閧	閨	閤	閥	閣	関	鋩	銚	銛	銓	銖	銜	鉨	鈾
五		常	六	五			人	常	六	四								
661	658	658	658	658	650	649	649	650	649	649	637	637	637	637	636	636	636	636
	食		風			頁	音							革	面	青	雨	
飼	飴	颱	颯	頚	頗	領	韶	靺	鞄	鞁	鞆	靼	鞅	鞄	靤	静	需	雌
	印		人		人	五								人		四	常	常
682	682	680	680	675	675	675	673	671	670	670	670	670	670	670	670	668	665	662
麻			鳥		鬼			髟	骨					馬				
麼	鳳	鳶	鳴	魁	魂	髦	髣	髪	骰	駁	駮	駄	駆	駅	餅	餌	飽	飾
	人	人	二	人	常			常				常	常	三				
709	702	702	702	694	694	692	692	692	690	687	687	687	686	686	682	682	682	682
	冫	冖										人			齊		鼻	
凛	凜	冪	僂	儂	儁	僵	僻	儉	價	舗	儀	億	15画		齊	鼻	鼻	麽
人	人						印	人	人	常	常	四			人		三	
64	64	62	51	51	51	51	51	42	36	51	51	51			712	712	712	709
											口	厂	匚	力				刀
噐	噶	噎	嘩	噛	嘘	噂	噌	噴	嘲	嘱	器	厲	匳	勲	劈	劉	劍	劇
				簡	印	人	人	常	常	常	四			常		人	人	六
115	115	115	113	117	115	116	116	116	116	115	115	91	82	80	76	76	73	75
				女										土				
嬋	嫻	嫺	嬌	嬉	墸	墫	墹	墜	墮	墟	墨	增	墳	墜	嘸	嘲	噂	嘶
			印	人						印	人	人	常	常				
154	154	154	154	154	598	321	134	133	130	133	133	133	133	133	116	116	116	115
	广						巾	巛			山		尸	寸				宀
廟	廣	幤	幣	幢	幟	幡	幣	巤	嶐	嶝	嶢	層	履	導	寬	寫	寮	審
人	人				印	人	常					人	常	五			常	常
196	192	189	189	189	189	189	189	182	181	181	181	176	176	170	165	61	166	166
			心			彳	彡	弓		廾								
慮	憂	慶	慰	德	徵	徹	影	彈	弊	弊	廡	廟	廛	廠	廠	廝	廢	廚
常	常	常	常	人	人	常	常	人		常								
230	230	229	228	209	209	209	203	201	197	197	196	196	195	195	195	195	195	91
戈																		
戯	憐	憮	憔	慳	憇	慾	慫	慙	慧	慕	慝	憫	憚	憎	慧	憤	憧	憬
常												印	印	人	人	常	常	常
236	232	231	231	231	230	230	229	229	229	228	228	231	231	229	229	231	231	231

																	手	
撓	撰	撕	摩	撹	撥	撚	撫	播	撞	撰	撒	撲	撤	撮	摩	摯	撃	戮
				簡	印	印	人	人	人	人	人	常	常	常	常	常	常	印
262	261	261	261	265	262	262	262	262	261	261	261	262	261	261	261	260	260	236

									木			日				支		
樞	樋	樟	槻	樣	樂	槽	権	標	横	暮	暫	暴	敷	數	敷	敵	撈	撩
	人	人	人	人	人	常	六	四	三		常	五			常	六		
297	319	318	318	317	312	318	318	319	317	285	285	285	270	269	270	269	262	262

樊	樢	樗	槫	樰	樸	槭	樅	槧	槲	槹	槿	樛	樌	槨	槶	模	槪	樓
319	319	319	319	319	319	318	318	318	318	318	318	318	318	318	318	317	315	315

											水		殳	歹			欠	
潑	澗	漑	漿	澁	澄	潜	潤	潰	潮	潔	潟	毆	毅	殤	歐	歎	歓	槢
印	印	印	印	人	常	常	常	常	六	五	四		人			人	常	
365	364	364	362	351	365	365	364	364	365	364	364	330	331	330	324	326	325	319

潘	潼	澂	潮	潭	潭	潺	潛	潯	潸	潔	澆	澗	澳	滰	潁	潿	滕	滕
365	365	365	365	365	365	365	365	364	364	364	364	364	364	364	361	361	360	360

田	瓦				玉		犬	牛						火				
畿	甍	璋	瑾	瑩	璃	獗	獎	犛	熬	熈	熨	熙	熟	熱	潴	潦	澎	濆
常					常							人	六	四				
405	397	395	395	395	395	389	145	383	376	376	376	376	377	377	368	365	365	365

					石			目		皿	皮	白						疒
硝	磑	磁	磋	磐	確	瞋	瞎	瞑	盤	監	皺	皚	瘢	瘠	瘟	瘤	瘡	瘦
			印	人	五			印	常	常	印					印	印	人
430	430	429	430	430	430	422	422	422	417	416	415	414	409	409	409	409	409	408

竹			穴									禾	示					
箱	窰	窯	窮	穃	稷	稾	稻	穀	穂	稿	稽	稼	禝	磔	磊	碼	磅	碾
三		常	常				人	人	常	常	常	常						
456	446	446	445	442	442	442	441	441	442	442	442	441	436	430	430	430	430	430

			米															
粳	糂	糅	糊	簞	篇	箭	箴	篁	篌	篋	節	篏	篆	箭	篇	節	範	箸
			人										印	印	人	人	常	常
463	463	463	463	458	456	456	456	456	456	456	454	180	456	456	456	454	456	456

																		糸
緲	緞	緤	緝	緘	緩	縅	縣	緇	緣	練	緒	締	緊	緩	縁	編	縄	線
									人	人	人	常	常	常	常	五	四	二
479	478	478	478	478	478	478	476	475	477	477	475	479	478	478	477	479	478	478

総画索引

部首	漢字	区分	ページ
	緡		479
	編		479
	緬		479
	緯		479
网	罵	常	485
	罷	常	485
	罸		485
羊	羯		488
	羮		488
羽	翫	印	489
	翫		489
	翦		489
	翩		489
	翩		489
耳	聯		494
肉	膝	常	504
	膚	常	504
	膠	印	504
	膵	印	504
	膣	印	504
	膓		503
	膜		504
	膕		504
	[月+亀]		504
	膤		504
舌	舗		51
舛	舞	常	509
舟	艘		510
艸	蔵	六	531
	蔽	常	531
	蕎	人	530
	蕨	人	530
	蕉	人	530
	蕃	人	531
	蕪	人	531
	蕩	印	531
	[艹+尊]		524
	蓮		528
	蔭		529
	蔚		529
	[艹+紬]		529
	蔡		529
	蔗		529
	蓿		529
	蓴		529
	蔣		529
	蔘		529
	蔬		529
	蔟		529
	蔦		529
	蔔		529
	蔑		529
	蓬		530
	蔀		530
	蔓		530
	蓼		530
	蕀		530
	蕣		530
	蕘		530
	蕈		530
	蕁		530
	蕊		530
	蕋		530
	蕕		531
虫	蝦	人	541
	蝶	人	542
	蝸	印	542
	蝕	印	542
	蝨		538
	蝱		538
	蝟		541
	蝘		541
	蝌		542
	蝎		542
	蝴		542
	蝗		542
	蝪		542
	蝠		542
	蝮		542
	蝙		542
	蝙		542
	蟒		542
	蝓		542
	蝣		542
	蝉		544
	蝿		545
行	衝	常	547
衣	褒	常	554
	褥	印	555
	褜		554
	褞		555
	褪		555
	褫		555
	[衤+𢍏]		556
臣	臧		558
言	談	三	573
	調	三	574
	課	四	572
	諸	六	572
	誕	六	573
	論	六	574
	謁	常	572
	誰	常	573
	請	常	573
	諾	常	573
	誼	人	572
	諏	人	572
	諄	人	572
	諒	人	574
	誹	印	574
	誮		572
	諚		573
	請		573
	諍		573
	調		574
	諂		574
	諛		574
	諫		575
豆	豌		581
豸	貌		583
貝	賛	五	588
	質	五	589
	賞	五	589
	賜	常	588
	賠	常	589
	賓	常	589
	賦	常	590
	賣	人	136
	賤	印	589
	𧶠		588
	賚		590
	賭		590
走	趣	常	594
足	踪	常	596
	踏	常	597
	踐		596
	踝		596
	踞		596
	踟		596
身	躻		599
車	輪	四	603
	輝	常	603
	輩	常	603
	輙		603
	輜		603
	輟		603
	輛		603
	輦		604
辵	選	四	622
	遺	六	621
	遵	常	622
	遷	常	622
	遼	人	622
	遨		620
	遮		620
	遭		621
	適		621
	遯		621
	遷		622
邑	鄭	人	626
	鄲		626
	鄭		626
	鄰		659
酉	醉	人	627
	醇	人	629
	醋		629
	醂		629
金	鋭	常	638
	鋳	常	638
	鋒	人	638
	鋏	印	638
	鋤	印	638
	鋩		637
	銳		638
	錺		638
	[金+邑]		638
	銹		638
	銷		638
	[金+男]		638
	錵		638
	鋲		638
	鋪		638
門	閲	常	650
	閲		650
	閫		650
	閭		650
阜	隣		659
雨	震	常	665
	霊	常	665
	霄		665

部首	字	区分	ページ
	霆		665
	霈		665
非	靠		669
革	鞍	人	671
	鞋	印	671
	鞏		671
	鞏		671
	鞐		671
	䩬		671
頁	頡		675
	頬		675
	頤		676
食	養	四	682
	餌	常	682
	餅	常	682
	餓	常	683
	餃		682
	餉		682
	養		682
馬	駒	常	687
	駐	常	687
	駈	人	686
	駕	人	687
	駟		687
	駛		687
	駝		687
	駘		687
	駐		687
	駑		688
髟	髮	人	692
	髯		692
	髯		692
	髱		692
	髻		692
	鬀		692
門	鬧		693
鬼	魅	常	695
	魄		694
	魃		695
魚	魯	人	696
	魦		695
	魳		695
	魹		695
	魸		695
	魴		695
鳥	鴉	印	702
	鴎	簡	706
	鴈		702
	鴃		702
	鴆		702
	鴇		702
麥	麹	簡	709
	麩		708
	麪		709
麻	麾		709
黍	黎	人	710
黑	黙	常	710
齒	齒		713
16画			
人	儒	常	52
	儘	印	52
	儚		51
	儕		52
	儔		52
	僵		52
八	冀		59
冖	冪		62
冫	凝	常	64
刀	劔		73
	劒		73
	劑		74
	辨		197
力	勲	人	80
又	叡	人	95
口	器	人	115
	噺	印	117
	噶		115
	噴		116
	噯		116
	噫		116
	噤		116
	嚆		116
	嘴		116
	嘯		116
	噬		116
	噪		116
	噸		116
口	圜		122
土	壊	常	134
	墾	常	134
	壌	常	134
	壇	常	134
	壁	常	134
	墳		133
	墺		134
	[illegible]		134
	[illegible]		134
	壅		134
	墻		380
大	奮	六	145
女	嬢	常	154
	嬖		154
	嬬		155
子	學		156
宀	寰		167
寸	導		170
山	嶬		181
	嶮		181
广	廨		196
	廩		196
弓	彊		201
ヨ	彝		202
彳	徼		209
	徽		209
心	憲	六	231
	憩	常	230
	憶	常	232
	懐	常	232
	憾	常	232
	憐	人	232
	憑	印	231
	憙		230
	憖		230
	憲		231
	憊		231
	憤		231
	懌		232
	懊		232
	懈		232
	懆		233
	憺		233
	懍		233
戈	戰	人	236
手	操	六	262
	擁	常	263
	擇		241
	據		244
	擔		245
	撼		262
	擒		262
	擅		262
	撻		263
	擂		263
攴	整	三	270
方	旛		275
日	曇	常	286
	曉	人	282
	曆	人	285
	曄		285
	暨		286
	暹		286
	暾		286
	暼		286
	暸		286
木	橋	三	320
	機	四	319
	樹	六	320
	横	人	317
	樫	人	319
	橘	人	320
	樽	人	321
	橙	人	321
	橢		314
	樺		315
	橄		319
	檠		320
	樶		320
	橲		320
	樵		320
	橡		320
	橇		321
	樽		321
	橦		321
	橈		321
	[illegible]		321
	橳		321
	橅		321
	樸		321
	榀		321
	[illegible]		321
欠	歙		326
	歔		326
止	歷	人	328
歹	殪		330
	殫		330
水	激	六	366
	濁	常	366
	濃	常	366
	濡	人	366

									火									
燉	熹	燗	燗	熾	燎	燕	燒	燈	燃	濂	濛	澹	澡	澣	澳	濆	澤	澱
				印	人	人	人	人	五									印
377	377	377	377	377	378	377	372	369	378	367	366	366	366	365	365	365	338	366

			疒	田				瓦			玉				犬			
瘰	瘭	瘴	瘻	畳	甑	甎	甌	甍	璞	獒	璢	獪	獨	獲	獣	燐	燔	熒
			印											常	常			
410	409	409	410	404	397	397	397	397	395	395	395	389	386	389	389	378	378	378

	穴						禾	示						石		目		皿
窶	窺	穆	稽	穐	穎	穏	積	禦	磨	磔	磚	磧	磬	磨	瞠	瞞	盧	盥
	人				印	常	四							常		印		
446	446	442	442	438	442	442	442	436	430	430	430	430	430	430	423	423	417	417

	糸					米												竹
緯	縦	糒	糖	糘	糢	糖	簣	篭	篠	篥	篦	築	篩	篝	篡	篝	篤	築
常	六					六										印	常	五
479	480	463	463	463	317	463	527	459	457	457	457	457	457	457	456	457	457	457

羊	网																	
羲	罹	緄	縛	縢	縢	縋	縉	縟	[illegible]	縒	縡	縊	縞	縣	縫	繁	縛	緻
	印												人	人	常	常	常	常
488	485	481	480	480	480	480	480	480	479	479	479	479	479	419	480	480	480	480

			艸		舟	舌		臼	至						肉	耒		羽
薦	薪	薫	薬	艙	艘	舘	擧	興	臻	臈	膰	膩	臂	膨	膳	耨	翰	翰
常	常	常	三		印			五						常	常			印
532	532	531	533	510	510	683	248	508	508	533	505	504	504	505	504	492	490	490

蕩	蕊	蕁	蕈	蕘	蕉	蕣	蕨	蕀	蕎	蕅	薔	蕭	蕘	蕗	蕾	薙	薗	薄
										印	印	印	印	人	人	人	人	常
531	530	530	530	530	530	530	530	530	530	533	532	532	532	533	533	532	122	532

虫																		
融	藪	薯	薈	薐	蕷	薜	薭	薇	薛	蕺	薊	薑	薤	薀	蕕	蔽	蕪	蕃
常																		
543	534	534	533	533	533	533	533	533	532	532	532	531	531	531	531	531	531	531

	言			見				衣			行							
諮	諧	覦	覩	親	褸	褌	褶	襁	衞	衡	衛	螂	螟	蟆	螫	[illegible]	螢	蟇
常	常			二					人	常	五							印
576	575	560	422	560	555	555	555	555	548	548	548	543	543	543	542	542	538	543

諢	諺	諠	謔	諳	諛	諾	諷	諜	諫	諤	諺	謂	諸	謁	謡	諭	謀	諦
							印	印	印	印	人	人	人	人	常	常	常	常
575	575	575	575	575	574	573	576	576	575	575	575	575	572	572	576	576	576	576

				足	赤			貝		豕	豆							
踰	蹂	踴	踵	蹄	赭	頼	賭	賢	豬	豫	豎	謎	諱	諭	諞	諞	諡	諮
			印	人		人	常	常										
597	597	596	597	597	592	676	590	590	582	16	582	578	576	576	576	576	576	576

									辵	辛							車	身
遼	選	遶	遵	遻	遺	遲	邁	避	還	辨	輸	輹	輻	輳	輜	輯	輸	躾
							印	常	常							人	五	
622	622	622	622	622	621	617	622	623	623	197	604	604	604	604	603	604	604	599

														金				酉
錺	錢	錄	錆	錐	錘	錫	鋸	錬	錠	錯	錮	錦	鋼	録	醗	醍	醐	醒
		人	人	人	人	人	人	常	常	常	常	常	六	四		人	人	常
638	637	641	640	640	640	639	639	640	640	639	639	639	639	641	630	629	629	629

			阜				門											
隨	隧	險	隣	閹	閼	閾	閻	鍄	錻	錨	錣	鍃	錚	錆	錙	鋺	錏	錵
	印	人	常			印	印											
656	659	655	659	650	650	650	650	640	640	640	640	640	640	640	639	639	639	638

				頁			革	面	青							雨	隹	隶
頸	頷	頼	頰	頭	鞘	鞛	鞘	靦	靜	霖	霏	霑	霎	霓	霍	霙	雕	隷
印	印	常	常	二			人		人									常
675	675	676	675	676	671	671	671	670	668	666	666	666	666	666	666	666	662	659

	骨						馬								食			
骼	骸	駲	駱	駢	駻	駮	駭	餔	餧	餓	餈	餝	餘	餐	館	頻	頴	頽
	常													印	三		簡	印
691	691	688	688	688	688	688	688	683	683	683	683	682	35	683	683	676	442	676

					鳥									魚	鬥			髟
鴦	鴛	鴃	鴆	鴉	鴨	鮑	鮃	鮓	鮗	鮗	鮖	鮲	鮒	鮎	鬨	髭	髻	髷
					人								印	人		印	印	印
703	703	703	703	702	703	696	696	696	696	696	696	696	696	696	693	693	693	692

	人		龜	龍			黑			麥	鹿						
償	優	**17画**	龜	龍	黔	黛	默	麭	麬	麺	麈	鴬	鴿	鴕	鴫	鴟	鴣
常	六			人		人	人			常							
52	52		714	714	710	710	710	709	708	709	707	705	703	703	703	703	703

				女				土					口	力	八			
嬪	嬲	嬬	嬶	嬰	壗	壑	壓	壕	嚔	嚊	嚀	嚆	嚇	勵	冀	儲	儖	儡
				印				人					常					
155	155	155	155	155	134	134	123	134	117	117	117	116	117	77	59	53	53	53

	手		戈						心	⺍	彳	弓	巾				山	子
擦	擬	戲	戴	懦	懋	懜	懃	應	懇	厳	徽	彌	幫	嶼	嶷	嶽	嶺	孺
常	常	人	常					人	常	六	人	人					人	
264	263	236	236	233	233	233	232	211	232	210	209	199	188	181	181	177	181	158

総画索引

		木	月			日	攴											
檎	檜	檢	朦	曚	曙	曖	斂	擯	擣	擢	[illegible]	擡	擠	擱	擘	擧	擢	擊
人	人	人	印		人	常											人	人
322	321	310	291	286	286	286	270	264	264	264	264	264	264	263	263	248	264	260

水	毛		欠															
濯	氈	歟	歛	櫟	櫛	檬	檗	檣	檄	[illegible]	檍	檐	檏	構	檠	檔	橿	檀
常																	印	人
367	333	326	326	323	322	322	322	322	321	321	321	321	321	321	320	306	321	322

			火															
燵	燭	燦	燥	濶	瀞	濮	濔	濘	濯	濬	濛	澀	濟	濱	濤	濠	濡	濕
印	人	人	常												印	印	人	人
378	378	378	378	650	368	367	367	367	367	367	366	351	351	348	367	367	367	356

			疒	瓦	瓜		玉		犬	牛	爿	爪						
癌	癎	癇	療	甑	瓢	環	環	獰	獲	犠	牆	爵	燧	燮	燬	燠	營	燐
			常	印	人		常			常		常						印
410	410	410	410	397	396	395	395	389	389	383	380	380	378	378	378	378	210	378

禾		示				石	矢							目	皿			
穗	禧	禪	磴	磽	磯	礁	矯	瞬	瞥	瞶	瞰	瞥	瞭	瞳	盪	癆	癘	癈
人		人			人	常	常				印	人	常	常				
442	436	436	431	431	431	431	425	423	423	423	423	423	423	423	417	410	410	410

			米											竹		穴		
糜	糟	糞	糠	簑	簍	簗	篷	簞	簇	簓	篶	簒	簣	篠	竃	窿	穝	穉
		印	印										印	人				
464	463	464	463	527	458	457	457	457	457	457	457	456	457	457	446	446	442	440

																		糸
縺	縲	縷	縵	縵	繃	繃	縹	繆	縻	繈	縫	總	繍	繁	縱	繊	縮	績
													簡	人	人	常	六	五
481	481	481	481	481	481	481	481	481	481	481	480	476	482	480	480	481	481	481

舟									肉					耳		羽	缶	
艚	膸	膺	臉	膾	膽	臂	膿	臀	臆	聯	聰	聲	聳	聴	翳	翼	罅	縶
						印	印	印	常				印	常	印	常		
510	691	505	505	505	498	505	505	505	505	494	493	135	494	494	490	490	484	482

															艸	艮		
薙	薦	薜	薪	薔	蕭	蕺	薨	薊	薑	薤	薀	薯	薩	藁	薫	艱	艢	艝
												印	人	人	人			
532	532	532	532	532	532	532	532	532	531	531	531	534	534	534	531	511	510	510

虍																		
虧	藐	藭	薹	藎	薺	藉	薩	[illegible]	薈	[illegible]	薐	蕗	蕾	蕷	薜	薭	薇	薄
537	534	534	534	534	534	534	534	534	533	533	533	533	533	533	533	533	533	532

					衣													虫
襆	襖	襌	褻	襄	褱	螻	蟐	螳	蟄	螫	蟀	螽	螽	蟋	螯	蟇	蟒	螺
																		人
661	555	555	555	555	554	544	543	543	543	543	543	543	543	543	543	543	542	543

													言				見	臣
謇	謙	譁	謚	謌	謗	諱	謠	謎	謄	謙	謹	謝	講	覯	覯	覬	覧	臨
					印	印	人	常	常	常	常	五	五				六	
577	577	577	576	325	578	576	576	578	578	577	577	577	577	561	561	560	561	558

			足	走					貝		豸		谷					
蹐	蹉	蹇	蹊	趨	賻	賺	購	賽	購	貔	貘	谿	豁	謨	謐	膽	謖	講
			印	印				印	常									
597	597	597	597	594	590	590	590	590	590	583	583	581	581	578	578	578	578	577

		酉							辵						車	身		
醞	醤	醜	邀	避	還	邂	邁	邉	遽	輾	轂	轄	轅	輿	轄	[illegible]	蹈	蹌
	簡	常							印					人	常			
629	630	630	623	623	623	623	622	607	623	604	604	604	604	604	604	599	597	597

門																	金	
闇	鎚	鍍	鍖	[illegible]	[illegible]	鍠	鍔	鍜	錨	錙	鍼	鍾	鍬	鍊	鍛	鍵	鍋	醢
常											印	印	人	人	常	常	常	
650	643	642	642	642	641	641	641	641	640	639	641	641	641	640	641	641	641	629

	頁	韋		革			雨	隹	隶				阜					
顆	頻	韓	鞜	鞠	霙	霞	霜	雖	隷	隲	隰	隱	隯	闌	闃	闉	闍	闊
印	常			人		人	常	印									印	印
676	676	672	671	671	666	666	666	662	659	689	659	658	654	651	650	650	650	650

						魚				馬	首					食	風	
鮠	鮱	鮟	鮨	鮫	鮭	鮮	騁	駸	駻	駿	馘	餤	餞	館	餡	餅	颶	頤
			印	印	印	常				人								
696	696	696	696	696	696	697	688	688	688	688	685	683	683	683	683	682	680	676

			黑	黍	鹿									鳥				
黜	黛	黖	點	黏	麋	鴾	鵈	鴇	衞	鵄	鴿	鵁	[illegible]	鴻	鮪	鮞	鮴	鮲
														人				
711	710	710	371	461	707	704	704	703	703	703	703	703	703	703	697	697	696	696

心	彐		土				口	又	人		龠		齒	齊	鼻	黹	
懲	彝	壙	壘	嚢	嚠	嚔	嚙	叢	儲	18画	龠	齔	齢	齋	鼾	黻	黝
常		印	人				印	人	人				常				
233	202	135	131	118	117	117	117	95	53		714	713	713	713	712	711	711

月				日	方	斤	支								手	戈		
朦	曜	曚	曙	曜	旛	斷	斃	攢	擽	擺	擲	擶	擶	擴	擾	戳	懺	懣
				二			印								印			
291	286	286	286	286	275	272	270	265	264	264	264	264	264	243	264	236	234	233

								水	歹	止								木
瀁	濹	濺	瀋	瀉	濾	瀑	瀆	濫	殯	歸	檳	檸	[illegible]	檬	櫁	檮	櫃	櫂
					印	印	印	常								印	印	人
367	367	367	367	367	368	367	367	367	330	186	322	322	322	322	319	322	322	322
目					疒		瓦		玉	犬	爪					火		
瞬	癒	癜	癘	癒	癖	甓	甕	瓊	璧	獵	爵	燿	燹	燼	燻	燿	瀦	瀏
常				常	常		印		常							人		
423	410	410	410	410	410	397	397	396	395	387	380	379	379	379	378	379	368	367
	穴				禾		示					石						
竄	竅	穡	穢	穰	穫	禰	禮	[illegible]	礑	礒	礇	礎	曚	瞻	瞽	瞿	瞹	瞼
			印	人	常		人					常						印
446	446	443	443	443	443	436	432	431	431	431	431	431	423	423	423	423	423	423
							糸		米									竹
繞	繖	繝	繧	繦	繕	繭	織	[illegible]	糧	簪	簱	簟	簟	簧	簣	簡	簞	簡
					常	常	五		常								人	六
482	482	482	482	481	482	482	482	464	464	459	458	458	458	458	458	458	458	458
			艸		舟	臼		肉		耳				羽		网		
藝	藍	藩	藤	艟	艠	舊	臑	臍	聶	職	翻	翹	翼	翻	羂	冪	繚	繙
人	常	常	常					印		五				常				
513	535	534	534	510	510	276	505	505	494	494	490	490	490	490	485	62	482	482
	虫																	
蟲	蟬	藷	藜	藕	藐	藭	薹	藎	薺	薯	藉	薩	藁	[illegible]	薰	藪	藥	藏
	人															印	人	人
537	544	535	535	534	534	534	534	534	534	534	534	534	534	534	531	534	533	531
			言	角		見	臣		襾			衣						
謨	謬	謳	謹	觴	覲	観	臨	覆	覆	襠	襖	襟	蟠	蟫	蟪	蟯	蟵	蟒
	印	印	人			四	六		常		人	常						
578	578	578	577	563	561	561	558	557	557	555	555	555	544	544	544	544	544	542
		車	身						足			貝	豸	豆				
轆	轌	轉	軀	蹣	蹕	蹠	蹤	蹙	蹟	贅	贄	贈	貘	豐	謾	謾	謫	謦
		人	印						人	印	印	常						
605	605	601	599	597	597	597	597	597	597	591	591	591	583	581	578	578	578	578
											金	里			酉			辵
[illegible]	鎻	鎖	鎬	鎹	鎰	鎚	鎭	鎧	鎌	鎮	鎖	釐	醪	醫	醬	邃	邃	邇
						印	人	人	常	常	常				人			印
642	642	642	642	642	642	643	642	642	643	642	642	632	630	83	630	623	623	623
				革	雨					隹				門				
鞣	鞦	鞫	鞨	鞭	霤	雞	雙	雛	雜	難	闖	闔	闕	闘	鎌	鎔	鎺	鎗
				人				人	人	六				常				
671	671	671	671	671	666	704	93	662	661	662	651	651	651	651	643	643	643	642

部首	漢字	区分	頁
	鞳		671
韋	韓	常	672
頁	顔	二	677
	題	三	677
	類	四	677
	額	五	676
	顎	常	676
	顕	常	677
	顏		677
	顋		677
食	餬		683
	餮		683
	饂		683
香	馥		685
馬	験	四	688
	騎	常	688
	騒	常	689
	駢		688
	騏		688
	騅		689
骨	髀		691
髟	鬆		693
門	鬩		693
鬼	魏	印	695
	魍		695
	魎		695
魚	鯉	人	697
	鯏		697
	鯎		697
	鯑		697
	鯇		697
	鯁		697
	鯒		697
	⿰魚角		697
	鯀		697
	鯊		697
	鮹		697
	鯐		697
	鯆		697
	𩸽		697
鳥	鵜	人	704
	鵠	印	704
	鵤		704
	鵝		704
	鵞		704
	鵟		704
	鵙		704
	鵑		704
	鵠		704
	鵐		704
鹿	麌		707
麻	麿	人	709
	麿		709
黒	黠		711
鼓	鼕		712
鼠	鼬		712
	鼬		712

19画

部首	漢字	区分	頁
口	嚥	印	117
	嚮		117
	嚮		117
土	壞	人	134
	壜		135
	壟		135
女	嬾		155
宀	寵	人	167
	寳		161
广	廬	印	196
心	懷	人	232
	懲	人	233
	懶		233
手	攀	印	264
日	曝	人	286
	曠	印	286
木	櫛	人	322
	櫓	人	323
	檻	印	322
	櫟	印	323
	櫞		322
	櫛		322
	⿰木箭		322
	櫑		323
	櫚		323
歹	殲		330
水	瀬	常	368
	瀧	人	361
	瀕	人	368
	瀨	人	368
	瀞	印	368
	瀦	印	368
	濳		365
	瀛		368
	瀚		368
	瀟		368
	瀝		368
	瀘		368
火	爆	常	379
	爍		379
片	牘		381
牛	犢		384
犬	獸	人	389
	獺		389
玉	璽	常	396
瓜	瓣		197
田	疆	印	405
	疇	印	405
疒	癡		409
目	矇		423
石	礙		428
	礪		431
示	禱	人	436
	禰	人	436
禾	穩		442
	穫		443
竹	簿	常	458
	簾	人	458
	簷		458
	簫		458
	簽		458
	籀		458
	簸		458
	簿		458
	簾		458
糸	繰	常	482
	繫	人	482
	繡	人	482
	繪		471
	繩		478
	繭		482
	繹		482
网	羅	常	485
	羆		485
羊	羹		488
	羶		488
	羸		488
肉	臓	六	506
	臘	印	506
舟	艤		510
	艢		511
	艨		511
色	艶	常	512
艸	藻	常	535
	蘇	人	535
	蘭	人	535
	藷	印	535
	蘆	印	536
	藝		513
	蘂		530
	藏		531
	藥		533
	藕		534
	藪		534
	藤		534
	藩		534
	藍		535
	藜		535
	藹		535
	蘊		535
	蘓		535
	蘋		535
	藾		535
	藺		535
	龍		536
	穐		536
虫	蟹	人	544
	蟻	印	544
	蠅	印	545
	蠏		544
	蠖		544
	蠍		544
	蟾		544
	蟶		544
	蟷		544
衣	襞	印	555
	襦	印	555
	襪		556
襾	覇	常	557
	覈		557
	覇		557
言	識	五	579
	警	六	578
	譜	常	579
	譚	印	579
	譌		565
	證		566
	譁		577
	譏		578
	譎		579
	譛		579
	譖		579

	酉	辵	辛		車		身					足					貝	
醯	醱	邊	辭	轎	轍	軅	[illegible]	蹼	蹲	蹶	躇	蹴	贇	贊	賷	贋	贈	譚
	印				印						印	常				印	人	
630	630	607	606	605	605	599	599	598	598	598	598	598	591	588	588	591	591	579

雨		隹	阜	門														金
霧	難	離	隴	關	[illegible]	鏤	鏈	鏐	鏝	鏝	鏑	鏃	鏘	鏨	鏖	鏁	[illegible]	鏡
常	人	常																四
666	662	663	659	649	645	644	643	643	643	643	643	643	643	643	643	642	638	643

骨			馬			食				頁	音	韭		韋		革	非	
髄	騨	騗	騙	餾	餽	饇	顛	顚	類	願	韻	韲	韛	韜	鞴	鞳	靡	霪
常			印					人	人	四	常						印	
691	690	689	689	683	683	683	678	678	677	678	673	713	672	672	671	671	669	666

																		魚
鯥	鯡	[illegible]	鯰	[illegible]	鯛	鯅	鯖	鯳	鯱	鰙	鯤	鯔	鯢	鯣	𩸽	鯖	鯛	鯨
																印	人	常
698	698	698	698	698	698	698	698	698	698	698	698	698	698	697	697	698	698	697

				鹿	鹵												鳥	
麑	麕	麒	麓	麗	鹼	[illegible]	鵬	鵯	鶇	鶉	鵲	鵼	[illegible]	鶍	鵡	鵬	鶏	鯵
		人	常	常	簡										印	人	常	
708	708	707	708	708	707	705	705	705	705	705	704	704	704	704	705	705	704	700

		心	广		山	宀			女		土		口	力		黹	麥
懽	懺	懸	廰	巉	巖	寶	孀	孅	孃	壚	壤	嚶	嚴	勸	**20画**	黼	麴
	印	常			人				人				人				印
234	234	233	192	181	181	161	155	155	154	195	134	117	210	80		711	709

犬	牛	火							水						木	月	日	手
獻	犧	爐	瀲	瀰	瀕	瀟	瀛	瀾	灌	櫳	櫨	櫪	櫝	[illegible]	欄	朧	曦	攘
								印	印						常			印
387	383	370	368	368	368	368	368	368	368	323	323	323	323	323	323	292	286	264

		糸		米					竹	立	穴				石	目	疒	玉
纃	繼	纂	糲	糯	籏	籌	籍	簪	籍	競	竇	礬	礦	礪	礫	矍	癢	瓏
		人							常	四					印			
483	474	483	464	464	459	459	459	459	459	449	446	431	431	431	431	423	410	396

							艸	舟		肉	耳		羽	羊	缶			
蘋	蘇	藻	藷	蘊	藹	蘯	蘗	艨	臚	臙	聹	耀	耀	羸	罌	辮	繽	繻
													人					
535	535	535	535	535	535	531	322	511	506	506	495	490	490	488	484	483	483	483

言	角	見			衣				虫									
議	觸	覺	襤	襭	襪	蠕	蠑	蠖	蠣	蘩	[illegible]	蘚	蘖	蘰	蘢	蘆	藺	藾
四									印									
579	562	559	556	556	556	545	545	544	545	536	536	536	536	536	536	536	535	535

漢字	部首	区分	ページ
護		五	579
譲		常	580
譱			112
譯			566
譽			569
警			578
譜			579
譫			580
譟			580
譬			580
贏	貝		591
贍			591
躁	足	印	598
躅			598
躄			598
軆	身		33
轗	車		605
醸	酉	常	630
醵			630
醴			630
釋	釆		630
鐘	金	常	644
鐵			635
鐚			644
鏗			644
鐓			644
鐔			644
鐔			644
鐙			644
鐃			644
鐇			644
鐐			644
闡	門		651
霰	雨	印	667
韜	韋		672
響	音	常	673
飄	風		680
飃			680
饉	食	印	683
饅		印	683
饗			684
馨	香	人	685
騰	馬	常	689
騒		人	689
騫			689
驁			689
騰			689
驀			689
鬪	鬥		651
鰐	魚	印	699
鰓		印	699
鰊		印	699
鰡			698
鰙			698
[illegible]			698
鰔			698
鰕			699
鰄			699
鰉			699
鰍			699
鰌			699
鰆			699
鰈			699
鰚			699
鰒			699
鰘			699
鰛			699
鶚	鳥		705
鶤			705
鶇			705
鶩			705
鹹	鹵		707
麵	麥		709
黨	黑		56
黥			711
鼯	鼠		712
齬			712
齟	齒	印	713
齣			713
齠			713
齡			713

21画

漢字	部首	区分	ページ
儺	人		53
儷			53
囁	口	印	117
囃		印	117
囀		印	118
囈			117
囂			117
嚼			117
屬	尸		175
巍	山		182
廱	广		196
懼	心	印	234
懽			234
懾			234
攝	手	人	259
攜			259
曩	日		286
櫻	木	人	303
欄		人	323
欅		印	323
櫟			323
櫺			323
歡	欠		325
殲	歹		330
灌	水		368
灘			369
爛	火	印	379
瓔	玉		396
癨	疒		410
癪			410
癩			411
癧			411
穐	禾		438
竈	穴	印	446
籀	竹		458
籔			459
[illegible]			459
籐			459
籘			459
籃			459
籤			459
糲	米		464
[illegible]			464
纏	糸	人	483
續			474
纖			481
纈			483
纇			483
纊			483
纘			483
繿			556
罍	缶		484
艦	舟	常	511
艪			511
蘭	艸		535
蘰			536
蘗			536
蘚			536
藷			536
蘩			536
蠟	虫	人	545
蠣			545
蠢			545
蠡			545
襯	衣		556
辯	言		197
護			579
譴			580
贏	貝		591
贐			591
贔			591
躍	足	常	598
躊		印	598
躋			598
躍			598
轟	車	人	605
轢			605
轜			605
醺	酉		630
鐸	金	印	644
鐵			635
鐶			644
鐫			644
鐺			644
鑁			644
鑓			644
闥	門		651
闢			651
露	雨	常	667
霸			557
霹			667
顧	頁	常	678
顧			678
飆	風		680
飜	飛	人	490
饒	食	印	684
饐			684
饋			684
饑			684
饌			684
驅	馬		686
驀			689
驂			689
驃			689
騾			689
髏	骨		691
鬘	髟	印	693

						鳥									魚			鬼
鶸	鶻	鷂	鶲	鶯	鷄	鶴	鰡	鰰	鰤	鰭	鰥	鰮	鰨	鯱	鰯	魔	魑	魔
				印	人	常									人			常
705	705	705	705	705	704	705	700	700	699	699	699	699	699	698	699	695	695	695

弓		山			口		人			齒	齊	黑	鹿					
彎	巒	巓	囎	囈	囊	儻	儼	22画	齦	齧	齎	黯	麝	鷂	鷏	鷆	鶺	
印					印													
201	182	182	118	117	118	53	53		714	713	713	711	708	706	706	706	706	

			竹	立	穴	禾	示	疒		田		水	欠		木		手	心
籟	簽	籐	籠	競	竊	穰	禳	癬	疊	疊	灑	灘	歡	欟	權	攤	攢	懿
			常			人		印		人		人					印	
459	459	459	459	449	444	443	436	411	404	404	368	369	325	323	318	265	265	234

貝		言		見				衣	虫	艸	舟	肉		耳	网	缶	糸	米
贖	讀	讃	覿	覽	襴	襲	襷	襲	蠹	蘿	艫	臟	聾	聽	羇	罎	纏	糴
		人		人			印	常				人	印	人				
591	571	580	561	561	556	556	556	556	545	536	511	506	495	494	486	484	483	464

	馬			食	頁		音	革		雨		金		車			足	
驍	驚	饗	饕	饗	顫	響	響	韃	霾	霽	鑓	鑄	轡	轢	躔	躑	躓	贓
人	常			人			人				印	人		印				
690	689	684	684	684	678	673	673	672	667	667	644	638	605	605	598	598	598	591

鼠	鹿				鳥									魚	鬲	髟		
鼴	麞	鷓	鷙	鶴	鷗	鼇	鰾	鱈	鱆	鰶	鱇	鯨	鰻	鰺	鬻	鬚	驕	驒
					人								印	印		印		印
712	708	706	706	705	706	711	700	700	700	700	700	700	700	700	694	693	690	690

缶			糸		竹	疒	木			手	心	山			龍		齒	
罐	纔	纓	纖	籥	籤	癰	欒	攫	攪	攣	戀	巖	23画		龕	齪	齬	鼹
			人						印	印		人					印	
484	483	483	481	459	459	411	323	265	265	265	220	181			714	714	714	712

							金	辵		車	足				言	虫	艸	肉
鑞	鑢	鐀	鑼	鑠	鑒	鑛	鑑	邏	轤	轣	躙	讎	讌	變	讐	蠱	蘿	臟
							常								印			
645	645	645	645	645	644	635	644	623	605	605	598	580	580	136	580	545	536	506

						魚	髟	高			骨			馬	頁	革	面	
鱓	鱏	鱚	鱠	鱥	鰹	鱒	鬟	髞	髑	髓	體	驚	驛	驗	顯	韈	靨	鑽
					印	人								人	人			
700	700	700	700	700	700	700	693	692	691	691	33	689	686	688	677	672	670	645

尸		口			齊	黑	黍	鹿						鳥				
屭	囓	囑	24画		齏	黴	黐	麟	鸇	鷸	鸚	鷦	鷭	鷺	鱗	鱜	鱧	鱘
														人				
175	713	115			713	711	710	708	706	706	706	706	706	706	701	701	700	700

総画索引

部首	漢字	区分	頁
疒	癲		411
目	矗		424
糸	纛		483
缶	罐		484
网	羈		486
色	艷		512
艸	蘒		536
虫	蠶		538
	蠹		545
行	衢		548
見	觀		561
言	讓	人	580
	讙		580
	讒		580
	讖		581
身	軈		600
酉	釀	人	630
金	鑪		645
雨	靄	印	667
	靈		665
	靆		667
	靂		667
革	韈		672
	韆		672
頁	顰		678
馬	驟		690
髟	鬢	印	693
鬼	魘		695
魚	鱗	人	701
	鱫		700
	鱠		700
	鱜		701
	鱰		701
	鱮		701
	鱩		701
	鱧		701
鳥	鷹	人	706
	鷺	人	706
	鷽		706
	鷿		706
	鸊		706
鹵	鹼	印	707
鹿	麟	人	708
黽	鼇		711
齒	齷		714
	齲		714
	齶		714

25画

部首	漢字	区分	頁
广	廳	人	192
手	攬		265
木	欝		693
水	灣		358
竹	籬	印	459
米	糶		464
糸	纘		483
肉	臠		506
虫	蠻		540
襾	覊		486
見	觀		561
言	讙		580
足	躡		599
酉	釁		630
金	鑵		645
	鑰		645
雨	靉		667
頁	顱		678
髟	鬣		693
鹵	鹽		131
黃	黌		709
黽	鼈		711

26画

部首	漢字	区分	頁
木	欖		323
目	矚		424
虫	蠶		538
言	讚		580
足	躪		598
金	鑵		645
	鑷		645
頁	顴		678
馬	驥		690
	驢		690
鬥	鬮		693
魚	鱶		701
	鱵		701
	鱲		701
黑	黶		711

27画

部首	漢字	区分	頁
金	鑽		645
	鑼		645
	鑾		645
雨	靍		667
	靎		668
頁	顴		678
	顳		678
馬	驥		690
	驤		690
	驩		690
魚	鱸		701
黑	黷		711

28画

部首	漢字	区分	頁
木	欞		323
糸	纜		483
金	钁		645
	鑿		645
馬	驩		690
鳥	鸚	印	706
	鸛		707

29画

部首	漢字	区分	頁
木	欟		323
火	爨		379
雨	靏		668
馬	驪		690
鬯	鬱	常	693
鳥	鸛		707

30画

部首	漢字	区分	頁
馬	驫		690
鳥	鸞	印	707

33画

部首	漢字	区分	頁
鹿	麤		708

一の部 いち

一0 【一】 (1) 1年 音 イチ・イツ 訓 ひと・ひとつ

異体 弋1 弌 (4)

筆順 一

意味 ❶数で、ひとつ。また、順番で、いちばんめ。「万一・逐一」❷あるひとつの。別の。「一説」❸同じもののひとまとまり。また、等しい。「一致・画一」❹全体。すべて。「一座・一切(いっさい)」❺ただそれだけ。「一途(いちず)・専一(せんいつ)」 名付 いち・いつ・おさむ・か・かず・かた・かつ・すすむ・ただ・ち・のぶ・はじむ・はじめ・ひ・ひで・ひと・ひとし・まこと・まさし・もと

参考 証書などでは「壱」と書くことがある。

【一意専心】(いちいせんしん) ほかのことを行わず、そのことだけをいっしょうけんめいに行うこと。「―、事業に精進する」

【一衣帯水】(いちいたいすい) 一筋の帯のように狭い川や海。▽互いに川や海を隔てて距離が近いことを表す。

【一概】(いちがい) 個々の区別をせずにまとめて取り扱うさま。一様に。おしなべて。「―に悪いとはいえない」

【一言居士】(いちげんこじ) なにごとにも意見をいわずにはいられない性格の人。注意「いちごんこじ」と読み誤らないように。

【一見識】(いちけんしき・いっけんしき) そのことについてのあるすぐれた考え。

【一期】(いちご) ①人間が生まれてから死ぬまでの間。一生。②臨終。最期。

【一言半句】(いちごんはんく) ちょっとしたわずかなことば。「―もゆるがせにしない」

【一日千秋】(いちじつせんしゅう・いちにちせんしゅう) 早く実現しないかと非常に待ち遠しく感ずること。「―の思い」▽「一日会わないと千年も会わないように思う」の意。

【一日の長】(いちじつのちょう) 経験が多くて知識・技能などがすこしすぐれていること。▽もと「年齢が少し上である」の意。注意「いちにちのちょう」と読み誤らないように。

【一汁一菜】(いちじゅういっさい) ①一杯のしると、一品の菜だけのそまつな食事。②簡素でそまつな食事。

【一生面】(いちせいめん・いっせいめん) その分野で新しく切り開かれた方面。新機軸。「―を開く」

【一存】(いちぞん) その団体の公の考えではなく、その人個人の考え。「私の―では決められない」

【一堂】(いちどう) ある一つの建物・へや。「―に会する」

【一部始終】(いちぶしじゅう) ①始めから終わりまで。②詳しい細かな事情。「―を話す」

【一瞥】(いちべつ) ちょっと見ること。「―を与える」

【一抹】(いちまつ) ほんの少しの分量。わずか。「―の不安」▽もと「筆のひとなすり」の意。

【一脈】(いちみゃく) ①細く長いつながり。ひとすじ。②わずかに似ているところ。「―相通ず」

【一面識】(いちめんしき) 一度会ったことがあって、その人を知っていること。「―もない」

【一網打尽】(いちもうだじん) 一度に多くの敵や一味の悪人を全部捕らえること。▽「一度打った網で魚を取りつくす」の意。

【一目散】(いちもくさん) 急いでいっしょうけんめいに逃げたり走ったりするさま。

【一目瞭然】(いちもくりょうぜん) だれにでもわかるほど非常にはっきりしていること。

【一陽来復】(いちようらいふく) ①しばらく続いたよくないことが終わって、やっとよいほうに向かうこと。②陰暦十一月のこと。また、冬至(とうじ)のこと。▽易では、十月を陰(いん)の最盛時とし、十一月になって一つの陽(よう)がめぐってくるとする。注意「一陽来福」と書き誤らないように。

【一利一害】(いちりいちがい) 利益・利点がある反面、害になるところもあって完全でないこと。

【一律】(いちりつ) ①調子ややり方などが単調で変化がなく、おもしろくないこと。「千編―」②全体に対して同じ基準で行うこと。「―に値上げする」注意「一率」と書き誤らないように。

【一縷の望み】(いちるののぞみ) たくさんのことを期待できないわずかな希望。▽「一縷」は「一本の糸筋」の意。

【一蓮托生】(いちれんたくしょう) ①いっしょに行動し、よしあしにかかわらず運命をともに受けること。②死後、極楽浄土(ごくらくじょうど)で同じはすの花の上に生まれること。▽「一蓮託生」とも書く。

【一介】(いっかい) つまらない平凡なひとり。「―のサラリーマン」▽「介」は「ごみくず」の意。

【一攫千金】(いっかくせんきん) 苦労せずに一度に大金をもうけること。一獲千金。▽「攫」は「つかむ」の意。

【一家言】(いっかげん) ①その人独自のすぐれた意見・主張。②他の人のものではない、自分の意見・主張。

【一喝】(いっかつ) 大声でどなってしかること。

【一括】(いっかつ) たくさんのものをひとまとめにすること。「法案を―上程する」

【一喜一憂】(いっきいちゆう) 物事の様子の変わるごとに喜んだり心配したりすること。

【一気呵成】(いっきかせい) ①長い詩文などを休まずに作りあげること。▽凍った筆や硯に息を吹きかけて暖め、詩文を書くということから。②物事を一気に成し遂げること。

【一騎当千】(いっきとうせん) ひとりで千人の敵を相手にできるほど強いこと。「―のつわもの」

【一挙一動】(いっきょいちどう) 一つ一つのこまごまとした動作。「あの人の―が気になる」

【一挙手一投足】(いっきょしゅいっとうそく) ①手足をちょっと動かすこと。また、それほどのわずかな労力。「―の労をおしむ」②一つ一つのこまごまとした動作。一挙一動。

【一挙両得】(いっきょりょうとく) 一つのことを行うことで、同時に二つの利益を得ること。一石二鳥。

【一顧】(いっこ) ちょっとふりかえって見ること。また、ちょっと注意して見ること。「―だにしない」

【一刻千金】(いっこくせんきん) ひとときが千金に値するほどたいせつなこと。▽蘇軾の詩の句「春宵一刻価千金」から。

【一再】(いっさい) 一度や二度。「注意は―にとどまらない」

【一切合切】(いっさいがっさい) 何もかもすべて。▽「一切合財」とも書く。「一切」を強めたことば。

【一札】(いっさつ) 一枚の書き物。「―入れる(謝罪や約束などを記した文書を相手に差し出す)」

【一視同仁】(いっしどうじん) すべての人を、差別せずに平等に待遇すること。

【一瀉千里】(いっしゃせんり) ①物事がすみやかにはかどること。②文章や弁舌が勢いよくてよどみがないこと。▽「川の流れが速く、ひとたび流れだすとたちまち千里も走る」の意。

【一蹴】(いっしゅう) ①相手の申し出などをすげなく断ること。②勝負ごとなどで、相手を簡単に負かすこと。

【一宿一飯】(いっしゅくいっぱん) 旅の途中で一晩泊めてもらい、一度食事の世話を受けること。「―の恩義」

【一笑】(いっしょう) ちょっと笑うこと。「破顔―」「―に付する(価値のないものとして問題にしない)」

【一生懸命】(いっしょうけんめい) 「一所懸命」に同じ。

【一触即発】(いっしょくそくはつ) 物事の有様が、ちょっと触れただけで爆発しそうなほどに危険なこと。

【一所懸命】(いっしょけんめい) 命がけでするさま。一生懸命。▽「一か所の領地に命をかける」の意から。

【一矢を報ゆ】(いっしをむくゆ) 相手の反対論に対して、ひと言、効果的に反撃する。▽敵の攻撃に対して、一本の矢を射かえす意。

【一進一退】(いっしんいったい) 情勢がよくなったり悪くなったりすること。

【一心同体】(いっしんどうたい) 考え・気持ちが同じになって深く互いにかかわり合うこと。注意「一身同体」と書き誤らないように。

【一心不乱】(いっしんふらん) 心を乱さず、そのことだけに熱中していっしょうけんめいになること。

【一炊の夢】(いっすいのゆめ) 人の世の栄枯盛衰のはかないことのたとえ。▽中国の唐代に、盧生という青年が邯鄲の旅宿で道士から枕を借りて眠り、出世をして栄華の一生をおくる夢を見たが、目ざめてみると、炊きかけていた黄粱が、まだ煮えていないほどの短い時間だったという故事から。「邯鄲の夢」「盧生の夢」ともいう。

【一石二鳥】(いっせきにちょう) 一つの物事をして同時に二つの利益を得ること。一挙両得。▽「一つの石を投げて二羽の鳥を得る」の意。

【一掃】(いっそう) ふつごうなものを残らず取り除くこと。「疑いを―する」

【一知半解】(いっちはんかい) 知識が浅薄で、その物事をよく知らないこと。

【一朝一夕】(いっちょういっせき) わずかの日時。「―にはできあがらない」

【一徹】(いってつ) がんこで、思いこんだらそれだけでおし通そうとすること。かたくな。いっこく。「老いの―」

【一頭地を抜く】(いっとうちをぬく) 多くの人よりいっそうすぐれていること。▽「一頭地を出す」ともいう。

【一刀両断】(いっとうりょうだん) ①刀などの一切りでまっ二つに切ること。②物事をすっぱりと処理すること。

【一敗地に塗れる】(いっぱいちにまみれる) 再起できないほどに徹底的に負けること。

【一斑】(いっぱん) 全体のうちの一部分。「見解の―を述べる」▽もと「豹の毛皮の一つのまだら」の意。

【一辺倒】(いっぺんとう) 趣味・思想などの傾向が一方だけ

にかたよること。▽毛沢東の論文のことばから。

【一廉】きわだってすぐれているさま。また、その名に値するだけの内容をそなえているさま。「—の人物」

【一入】いっそう。ひときわ。▽「染め物を一度染め汁にひたす」の意。

【一人】人の数で、一つ。「—前」参考「独り」は自分だけであること。

使い分け「ひとり」

一人…人数に重点がある場合に使う。「社員の一人・一人息子・一人っ子」

独り…連れがない。単独・独立・孤独の意味の場合に使う。「独りで暮らす・独り決め・独り者・独り舞台・まだ独りである」

参考熟語 一見(いちげん・いっけん) 一途(いちず・いっと) 一物(いちもつ・いちぶつ) 一向(いっこう・ひたすら) 一昨日(いっさくじつ・おととい) 一昨年(いっさくねん・おととし) 一端(いっぱし・いったん) 一寸(ちょっと・いっすん) 一日(ついたち・いちじつ・いちにち) 一七日(ひとなのか・ひとなぬか・いちしちにち)

一1 **【七】**(2) 1年 音 **シチ・シツ** 訓 **なな・ななつ・なの**

筆順 一七

意味 ❶数で、ななつ。しち。「七転八倒」❷昔の時刻の名。午前または午後四時。七時(ななつどき)。名付 かず・しち・な・なな

【七転八起】何度失敗しても屈せず、奮闘努力すること。七転び八起き。▽「七顛八起」とも書く。

【七転八倒】非常に苦しみもだえて転げまわること。▽「七顛八倒」の書き換え。

【七堂伽藍】種々の建物を備えたりっぱな寺院。▽「伽藍」は「寺院」の意。

【七宝】①表面に琺瑯を使い、絵や模様を焼きつけた陶器や銅器。七宝焼。②仏典にいう七種の宝。金・銀・瑠璃・瑪瑙・硨磲・玻璃・珊瑚の七つ。七珍。▽異説もある。

参考熟語 七七日(しちしちにち・なななのか・なななぬか) 七五三縄(しめなわ) 七夕(たなばた・しちせき) 七種(ななくさ)

一1 **【丁】**(2) 3年 音 **チョウ・テイ** 訓 ひのと・よぼろ

筆順 一丁

意味 ❶働き盛りの男性。「丁年・壮丁」❷下働きの男性。「丁稚(でっち)・馬丁」❸公役に使われる人夫。よぼろ。「正丁・仕丁(しちょう)」❹十干(じっかん)の第四番め。五行で火に属する。ひのと。❺ばくちなどで、さいころの目の偶数のこと。ちょう。⇔半。「丁半」❻書物で、表裏の二ページ。ちょう。「落丁」❼市街地の区分を表すことば。ちょう。「一丁目」❽豆腐、また、注文の料理を数えることば。ちょう。「ラーメン一丁」名付 ちょう・つよし・てい・よぼろ

参考「丁重」の「丁」は「鄭」が、「一丁」の「丁」は「挺」が、「符丁」の「丁」は「牒」が、「装丁」の「丁」は「釘」が、それぞれ書き換えられたもの。「丁寧」は「叮嚀」が書き換えられたもの。

【丁丁発止】刀などで、激しく打ち合う音の形容。▽互いに激しく議論して譲らないことにもたとえる。「打打発止」とも書く。

【丁重】礼儀正しくて、ていねいであるさま。また、手厚いこと。▽「鄭重」の書き換え字。

参考熟語 丁度(ちょうど) 丁髷(ちょんまげ) 丁幾(チンキ) 丁抹(デンマーク)

一2 **【下】**(3) 1年 音 **カ・ゲ** 訓 **した・しも・もと・さげる・さがる・くだる・くだす・くださる・おろす・おりる**

筆順 一丅下

意味 ❶位置で、低いほう。した。しも。⇔上。「下方・天下」❷順序で、あとのほう。しも。⇔上・中。「下流・下略」❸地位・身分や程度が低く劣っている。した。しも。⇔上・中。「下等・下人(げにん)」❹支配・影響を受ける範囲や地位。もと。「灯下・部下・勇将の下に弱卒なし」❺そのあたり。もと。「机下」❻低いほうに行く。さがる。くだる。おりる。また、低いほうに行かせる。さげる。くだす。おろす。「下車(げしゃ)・落下」名付 か・し・じ・

使い分け「さげる」

下げる…下の方へ移す。つるす。「頭を下げる・値段を下げる・男を下げる・軒に風鈴を下げる」

提げる…つるすようにして手に持つ。「かばんを提げる・手提げ袋・手鍋提げても・大作を引っ提げる」

した・しも・もと

参考 ⑴おりる⇩「降」の〔使い分け〕。⑵もと⇩「元」の〔使い分け〕。

【下学上達】(かがくじょうたつ) 手近な基本から学んで、しだいに高度でむずかしい段階に達すること。

【下賜】(かし) 天皇・皇族など、身分の高い人から物をたまわること。「御―品」

【下情】(かじょう) 一般民衆の考えや生活の状態。

【下付】(かふ) 政府・役所などから書類や金銭を一般の人に渡し与えること。▽「下附」とも書く。

【下命】(かめい) 下位の者に命令すること。また、下位の者に下した命令。

【下問】(かもん) ①上位の人が、わからないことを目下の者に問うこと。②他の人から自分が受けた質問を、自分を卑下していうことば。

【下血】(げけつ) 血が肛門から流出すること。

【下向】(げこう) ①都から地方へ行くこと。②参拝した寺や神社から帰ること。③高いほうから低いほうに向かうこと。

【下克上】(げこくじょう) 下位の者が、勢力が強くなって上位の者をしのぐこと。▽「下剋上」の書き換え字。

【下剤】(げざい) 便通をよくする薬。

【下知】(げじ・げち) 命令したりさしずしたりすること。また、さしず。

【下手人】(げしゅにん) 犯罪をおかした者。特に、殺人犯。

【下乗】(げじょう) ①車や馬などの乗り物から降りること。②特に社寺に対して慎み、その境内に馬車を乗り入れないこと。

【下世話】(げせわ) 世間で普通に話されることばや話。「―な話で恐縮です」

【下賤】(げせん) 生まれ・育ちや身分などが卑しいこと。また、そのような人。

【下足】(げそく) 芝居小屋やふろ屋などで、脱いだはきもの。「―入れ」「―番」

【下馬評】(げばひょう) その物事に直接関係のない人が行う、あて推量やうわさ。▽もと、「下馬先(馬をつないでおく所)で主人を待っている供の者たちがする評判」の意。

【下野】(げや) 高い地位の官職をやめて民間の人になること。また、政権を失って野党になること。

【下落】(げらく) ①値段・相場が下がること。②価値や等級が下がること。

【下劣】(げれつ) 人柄・考えなどが卑しくてよくないこと。

【下郎】(げろう) ①身分の低い、男性の召使。②男の人をののしっていうことば。

参考熟語 下戸(げこ) 下司(げす) 下衆(げす) 下種(げす) 下駄(げた) 下手物(げてもの) 下卑(げび)る 下枝(しずえ) 下端(したっぱ) 下下(しもじも)・下手(へた・した・したて・しもて)

一2 【三】(3) 1年 音 サン 訓 み・みっ・みっつ

三

筆順 一 二 三

意味 ❶数で、みっつ。みつ。「三角・三脚」❷回数で、みたび。「三嘆・再三」名付 かず・こ・さぶ・さむ・さん・そ・そう・ぞう・ただ・なお・み・みつ

参考 ⑴証書などでは「参」と書くことがある。⑵カタカナ「ミ」のもとになった字。

【三猿】(さんえん) 目・耳・口をそれぞれ手でおおった三匹のさる。▽「見ざる・聞かざる・言わざる」の象徴。

【三界】(さんがい) ①仏教であらゆる生き物が生き変わり死に変わりしてさまようという三つの世界。欲界(色欲・食欲などの欲望の強いものの住む世界)・色界(しきかい)(欲望は弱いが、まだ物質や肉体に執着を持っているものの住む世界)・無色界(肉体や物質への執着から離れた世界)の三つ。②仏教で、過去・現在・未来のこと。③遠く離れた場所。「アメリカ―」

【三寒四温】(さんかんしおん) 冬、三日間ぐらい寒い日が続き、そのあと四日間ぐらい暖かい日が続くという現象。

【三傑】(さんけつ) その分野で特にすぐれている三人の人物。

【三弦】(さんげん) ①三味線(しゃみせん)。②雅楽で用いる三種の弦楽器。琵琶(びわ)・箏(そう)・和琴(わごん)。▽「三絃」とも書く。

【三顧の礼をとる】(さんこのれいをとる) 目上の人やすぐれた人に仕事を頼むとき、その人を尊敬してていねいな態度で依頼すること。▽昔、中国の蜀(しょく)の天子である劉備(りゅうび)が、賢人の諸葛亮(しょかつりょう)を三度たずねて自分の軍に軍師として参加してもらったという故事から。

【三三九度】(さんさんくど) 結婚式で、夫婦の縁を結ぶために、新郎新婦が一つの杯で三度ずつ酒を飲み、三つ組の杯で合計九度飲みあうこと。

【三三五五】(さんさんごご) ①多くの人がそれぞればらば

らに物事をするさま。②多くの人が小人数の集まりになって散在しているさま。

【三舎を避く】(さんしゃをさく) 相手を恐れはばかって避けること。▽もと中国で、「軍が三日で行軍する距離だけ退く」の意。

【三十六計逃ぐるに如かず】(さんじゅうろっけいにぐるにしかず) めんどうなときや不利なときは、その物事を避けるのがいちばんよいということ。▽「三十六計」は、昔の兵法にある三十六種の計略のこと。

【三世】㊀(さんせい・さんぜ) 祖父・父・子の三代。また、父・子・孫の三代。㊁(さんぜ) 仏教で、前世・現世・来世のこと。また、過去・現在・未来のこと。

【三跡】(さんせき) 平安時代の三人の能書家。小野道風(おののとうふう)・藤原佐理(ふじわらのすけまさ)・藤原行成(ゆきなり)のこと。▽「三蹟」とも書く。

【三遷の教え】(さんせんのおしえ) 教育には環境の感化が重大であるという教え。▽孟子(もうし)の母が孟子の教育環境をよいものにするために、三度引っ越して三度めに環境が整ったという故事から。

【三拝九拝】(さんぱいきゅうはい) ①人にものを頼むときに何度もおじぎをすること。②ていねいなへりくだった態度で人にものを頼むこと。

【三百代言】(さんびゃくだいげん) ①いいかげんな弁護士。▽「三百」とは、三百文で、値うちのないことのたとえ。②こじつけの論議をする者。

【三宝】(さんぼう) 仏教で、最も尊敬すべき三つのもの。仏・法(仏の教え)・僧の三つ。

【三方】(さんぼう) 神仏に供え物をするときに、品物をのせる四角い台。前と左右の三面に穴があいている。▽前後左右の四面に穴があいているものを四方(しほう)という。

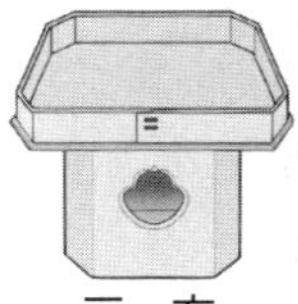

三 方

【三昧】(さんまい) ①他のことに関心を持たず、そのことだけに熱中すること。「読書—」②心のままにすること。「ぜいたく—」▽上にことばを伴う場合は「ざんまい」と読む。

【三位一体】(さんみいったい) ①キリスト教で、父なる神・その子キリスト・聖霊は、一つの神の現れであるという考え。②三者が考えを同じくして協力すること。[注意]「三身一体」と書き誤らないように。

【三面六臂】(さんめんろっぴ) ひとりで多方面に数人分のすぐれた活動をすること。「—の大活躍」▽「三つのからだに三つの顔と六本の腕とを持っている」の意。

【三里】(さんり) 灸(きゅう)をすえる急所の一つ。ひざの下の外側の少しくぼんだ所。

【三和土】(たたき) セメント、砂利、土などで固めた玄関・風呂場・台所口などの土間。▽「叩(たた)き土」の意。

[参考熟語] 三箇日(さんがにち) 三途(さんず)の川(かわ) 三一(さんぴん) 三味線(しゃみせん・さみせん) 三鞭酒(シャンペン・シャンパン) 三行半(みくだりはん) 三十日(みそか・さんじゅうにち) 三十一文字(みそひともじ) 三日(みっか・さんにち)

一2

【上】(3)

1年

[音] ジョウ・ショウ

[訓] うえ・うわ・かみ・あげる・あがる・のぼる・のぼせる・のぼす

上

筆順 丨 ト 上

[意味] ❶位置で、高いほう。うえ。かみ。⇔下。「上方・頂上」❷順序で、先のほう。うえ。かみ。⇔中・下。「上流・上巻」❸価値がすぐれている。⇔中・下。「上等・最上」❹そのあたり。「江上・途上」❺高いほうに行く。あがる。のぼる。また、高いほうに行かせる。あげる。のぼらせる。「上昇・進上」❻中央の地に行く。のぼる。「上京・上洛」❼それに関して・それをする点での意を表すことば。「一身上・研究上」[名付] うえ・かみ・じょう・すすむ・たかし・のぼる・ほず・まさ

[参考] のぼる⇩「昇」の[使い分け]。

使い分け 「あがる」

上がる…下から上へ移る。「壇上に上がる・ふろから上がる・利益が上がる・地位が上がる・雨が上がる」

挙がる…もち上げて目立たせる。検挙する。「例が挙がる・名が挙がる・犯人が挙がる」

揚がる…空中に高くのぼる。わきあがる。油で調理する。「花火が揚がる・歓声が揚がる・てんぷらが揚がる」

【上意】(じょうい) ①上位の人や政府などの考え・命令。「—下達」②主君の命令・考え。

【上告】(じょうこく) ①法律で、第二審の判決に不服があるとき、上級裁判所に最終の審理を申し立てること。②上位の人や機関に対して申し立てること。

【上巳】(じょうし・じょうみ) 五節句の一つ。陰暦三月三日の

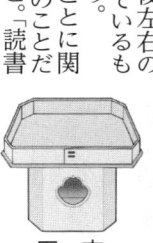

1画

節句。桃の節句。

【上梓】じょうし 書物を出版すること。▽昔、印刷に用いる版木の材として梓（あずさ）の木を用いたことから。

【上場】じょうじょう ある物件・株券を市場での売買の対象とするために取引所に登録すること。

【上申】じょうしん 上級の官庁や上役（うわやく）に意見や事情を申し述べること。「―書」

【上手】㊀じょうず 技術や芸などが巧みなこと。また、そのような人。㊁うわて ①上のほう。②才能・地位が他人よりすぐれていること。また、そのような人。㊂かみて ①上のほう。②客席から見て舞台の右のほう。

【上訴】じょうそ 法律で、判決に不服なとき、上級裁判所に対して再審を申し立てること。▽控訴・上告・抗告の三種がある。

【上長】じょうちょう 年齢や地位が上の人。

【上程】じょうてい 議案を会議にかけること。

【上棟】じょうとう 家を建てるとき、柱や梁（はり）などを組み立ててその上に棟木（むなぎ）を上げること。また、それを祝って行う儀式。棟上（むねあ）げ。「―式」

【上人】しょうにん ①仏道に精進（しょうじん）して知徳をかね備えた高僧。②僧を敬っていうことば。「日蓮（にちれん）―」

【上納】じょうのう ①政府や上部の組織に、定められた物を納めること。「―米」②年貢米（ねんぐまい）のこと。

【上聞】じょうぶん 君主が臣下や民衆の事情・考えを聞くこと。「―に達す」

【上洛】じょうらく 地方から京都に行くこと。▽「洛」は中国の都の洛陽（らくよう）のことで、都の雅名に用いる。

【上覧】じょうらん 天皇や身分の高い人が見物することを、それらの人を尊敬していうことば。「―試合」

参考熟語 上枝（うわえ・ほつえ） 上方（かみがた・じょうほう） 上達部（かんだちめ・かんだちべ） 上戸（じょうご） 上手（じょうず・かみて・うわて）

一2 【丈】(3) 常用 音 ジョウ 訓 たけ

異体 一3 丈(4)

筆順 一 ナ 丈

意味 ❶尺貫法の長さの単位。一丈（じょう）は一尺の十倍で約三・〇三メートル。「丈六」❷身長。また、長さ。たけ。「丈夫・背丈（せたけ）」❸長老・年長者を敬ってつけることば。「岳丈」❹歌舞伎（かぶき）などの役者の芸名に添えることば。「菊五郎丈」❺助詞「だけ」にあてた字。だけ。

名付 じょう・たけ・ひろ・ます

【丈夫】㊀じょうふ・ますらお ①一人前の男性。②男性をほめていうことば。㊁じょうぶ ①健康であること。②しっかりしていてこわれにくいこと。堅固。

一2 【万】(3) 2年 音 マン・バン 訓 よろず

旧字 艸9 萬(13)

異体 艸9 萬(12) 人名

筆順 一 フ 万

意味 ❶数の単位。一万（まん）は千の十倍。まん。「万一」❷数が非常に多いこと。よろず。「万病・万民（ばんみん）・巨万・万代（ばんだい・よろず）」❸すべて。いっさい。また、完全に。よろず。「万事・万全・万屋（よろずや）」❹どうしても。何としても。ばん。「万（ばん）やむをえず行う」

名付 かず・かつ・すすむ・たか・つむ・つもる・ばん・まん・よろず

参考 ❸は「ばん」と読む。

【万巻】ばんかん・まんがん 書物の数が非常に多いこと。また、たくさんの本。「―の書を蔵する」

【万感】ばんかん 心に起こるさまざまな思い。「―胸に迫る」

【万機】ばんき 政治上の種々のたいせつな事柄。「―公論に決すべし」

【万策】ばんさく あらゆる手だて。すべての方法。「―尽きる」

【万死】ばんし 助かる見込みがなくて必ず死ぬこと。「―に一生を得る」

【万事】ばんじ すべての事柄。「―休す」

【万障】ばんしょう いろいろのさしつかえ。「―お繰り合わせの上、御参加ください」

【万丈】ばんじょう 非常に高いこと。「波瀾（はらん）―」「―の気を吐く」▽「一万丈の高さ」の意。

【万世一系】ばんせいいっけい 天皇の血統が永遠に一つの系統として続くこと。

【万世不易】ばんせいふえき いつまでもずっと変わらないこと。永久不変。▽「万古（ばんこ）不易」「万代（ばんだい）不易」ともいう。

【万全】ばんぜん まったく落ち度がなく完全であること。「―を期する」

【万朶】ばんだ たくさんの枝。「―の桜」▽「朶」は「枝」

1画

の意。

【万端】(ばんたん) ある物事に関するあらゆる事柄・手段。「準備―整う」

【万難】(ばんなん) あらゆる困難。「―を排して臨む」

【万万】(ばんばん) ①じゅうぶんに。すべて。②万一にも。「―あるまい」

【万般】(ばんぱん) すべての事柄。「―の準備」

【万物の霊長】(ばんぶつのれいちょう) はかり知れない不思議な能力を持っている、この世のあらゆるもののかしら。▽人類についていう。

【万雷】(ばんらい) たくさんの雷。「―の拍手」▽激しく大きく鳴る音のたとえに用いる。

【万緑叢中紅一点】(ばんりょくそうちゅうこういってん) 多くの男性の中に女性がひとりまじっていることを形容することば。▽「一面の緑の草むらの中にただ一つ紅色の花が咲いている」の意。

【万一】(まんいち) ①ほとんどないが、ほんの少しあること。②もしも。ひょっとして。

【万言】(まんげん) 多くのことば。「―を費やす」

【万力】(まんりき) 工作で、材料をはさんで固定する道具。バイス。

参考熟語 万年青(おもと) 万歳(ばんざい・まんざい) 万能(ばんのう・まんのう)

一2 【与】(3) 常用　旧字 臼6 與 (13) 人名

音 ヨ　訓 あたえる・あずかる・くみする

筆順 一 与 与

意味 ❶あたえる。「与奪・付与・給与・天与」❷仲間になっていっしょに事を行う。くみする。あずかる。「与党・関与・参与」名付 あたえ・あと・あとう・くみ・すえ・とも・のぶ・ひとし・よ・よし

参考 ひらがな「よ」、カタカナ「ヨ」のもとになった字。

【与奪】(よだつ) 与えることと、奪い取ること。「生殺―の権」

【与党】(よとう) 野党に対して、内閣を組織している政党。

参考熟語 与太者(よたもの)

一3 【丐】(4)

音 カイ　訓 ―

意味 物ごいする。頼む。「丐命(かいめい)(命ごいすること)」

一3 【丑】(4) 人名

音 チュウ　訓 うし

筆順 フ 丑 丑 丑

意味 十二支の第二番め。動物では牛にあてる。時刻では午前二時、またはその前後二時間にあてる。方角では北北東にあてる。うし。「丑寅(うしとら)・丑三つ(うしみつ)」名付 うし・ちゅう・ひろ

【丑寅】(うしとら) 十二支を配当した方位の一つ。北東のこと。俗に鬼門(きもん)とされる。

一3 【不】(4) 4年

音 フ・ブ　訓 ず

筆順 一 ア 不 不

意味 ❶打ち消しを表すことば。ず。「不利・不賛成」❷悪いの意を表すことば。「不届(ふとど)き・不器量(ぶきりょう)」名付 ず・ふ

参考 ひらがな「ふ」、カタカナ「フ」のもとになった字。

【不一】(ふいつ) 手紙の末尾に添える挨拶のことば。不乙(ふいつ)。▽「じゅうぶんに述べることができなかった」の意。

【不乙】(ふいつ) 「不一」と同じ。

【不易】(ふえき) 物事が長い年月の間変わらないこと。不変。「万古―」▽「易」は「変化する」の意。

【不穏】(ふおん) 情況や態度などが、今にも事件などを起こしそうで危険なこと。「―な言辞」

【不快】(ふかい) ①快くない。不愉快。②病気のこと。

【不可解】(ふかかい) 事情が複雑だったり普通の道理に合わなかったりして理解できないこと。「―な言動」

【不可欠】(ふかけつ) なくてはならず、絶対に必要であること。「―の条件」

【不可抗力】(ふかこうりょく) 天災など、人の力ではどうすることもできず、その人には責任のない事柄。

【不可避】(ふかひ) よくない事柄を避けることができず、必ずそれが起こること。「二大国の衝突は―だ」

【不可分】(ふかぶん) 互いの関係が、分けることができないほど密接であること。「―の関係」

【不帰の客となる】(ふきのきゃくとなる) 死ぬことを遠まわしにいうことば。▽「この世に帰らない人となる」の意。

【不朽】(ふきゅう) すぐれていていつまでも滅びず、長く後世まで残ること。「―の名作」

【不況】（ふきょう） 経済活動が活発でなく、景気が悪いこと。不景気。

【不行跡】（ふぎょうせき） 身持ちがよくないこと。

【不遇】（ふぐう） すぐれた才能・人格を持っていながら、運が悪くてふさわしい地位や境遇を得ていないこと。

【不倶戴天】（ふぐたいてん） 同じ世界にいっしょには生存できないと思うほどに激しく相手を恨み憎むこと。「—の敵」▽「ともに天をいただかない」の意。

【不屈】（ふくつ） 困難な状態になってもくじけないこと。

【不言実行】（ふげんじっこう） あれこれと文句や理屈をいわないで、よいと思うことを実際に行うこと。

【不二】（ふじ） ①二つとはなく、ただそれだけであること。②手紙の末尾に添える挨拶のことば。▽「じゅうぶんに述べつくすことができなかった」の意。

【不悉】（ふしつ） 手紙の末尾に添える挨拶のことば。▽「思いをすっかり述べつくせなかった」の意。

【不肖】（ふしょう） ①父親に似ず愚かなこと。「—の子」②へりくだって自分のことを形容することば。「—私が」「—ながら」▽「肖」は「似る」の意。

【不浄】（ふじょう） ①物がよごれていて清潔でないこと。②心がけがれていて、行いが正しくないこと。③便所のこと。④大便・小便のこと。⑤月経のこと。

【不祥事】（ふしょうじ） 喜ばしくないできごと。

【不承不承】（ふしょうぶしょう） やりたくないが、しかたがなくてするさま。いやいやながら。

【不尽】（ふじん） 手紙の末尾に添える挨拶のことば。▽「じゅうぶんに述べつくせなかった」の意。

【不随】（ふずい） からだが思うように動かないこと。「半身—」

【不世出】（ふせいしゅつ） 世にめったに現れ出ないほど、非常にすぐれていること。「—の天才」

【不善】（ふぜん） 正しくないこと。「小人（しょうじん）間居して—を為す（つまらない人間は暇になると悪いことをするものだ）」

【不測】（ふそく） そのようになることをあらかじめ知ることができないこと。「—の事態」

【不即不離】（ふそくふり） 二つのものが、つきもせず離れもしない関係であること。

【不遜】（ふそん） 相手を見下した態度をとり、思い上がっていること。

【不退転】（ふたいてん） 堅く信じて、どんな困難にあっても怠りなく行うこと。「—の決意」

【不治】（ふじ・ふち） 病気が治らないこと。「—の病（やまい）」

【不定】一（ふてい） まだ決まっていず、一定していないこと。「住所—の人」二（ふじょう） 人の寿命は決まっていず、定めのないこと。「老少—（老人が先に死に、若者があとに死ぬとは限らず、人の命は定めがないということ）」

【不逞】（ふてい） 規則を守らず、わがままにふるまうこと。「—の輩（やから）」

【不撓不屈】（ふとうふくつ） 困難にあっても、くじけずに最後までやり通すこと。

【不徳】（ふとく） ①人としてすぐれていず、ほかの人を敬服させる力が足りないこと。「—の致（いた）す所」②人として行うべき道理にそむくこと。

【不得要領】（ふとくようりょう） 返事などがあいまいでよくわからないこと。

【不如意】（ふにょい） ①人生や世の中が思うままにならないこと。②特に、家計が苦しいこと。「手もと—」

【不抜】（ふばつ） 意志がしっかりしていて動揺しないこと。「堅忍—」

【不備】（ふび） ①準備がじゅうぶんに整っていないこと。②手紙の末尾に添える挨拶のことば。▽この場合は「文章がじゅうぶんに整っていない」の意。

【不憫】（ふびん） たよりなげに思われてかわいそうなこと。あわれ。不便（ふびん）。▽「不愍」とも書く。

【不服】（ふふく） 相手の命令・話・態度が納得できず、不満に思うこと。

【不文律】（ふぶんりつ） ①文書の形にはなっていないが、文書になっている法律に準ずる効力をもつ規則や習慣。②互いに暗黙のうちに了解しあって守っているきまり。

【不偏】（ふへん） 立場などが一方にかたよらないこと。「—不党（どちらにも味方しないで公正中立の立場をとること）」**注意**「不遍」と書き誤らないように。

【不本意】（ふほんい） その物事が自分のほんとうの気持ち・希望とちがっていて合わないこと。「—ながら引き受ける」

【不眠不休】（ふみんふきゅう） 眠ったり休んだりしないでいっしょうけんめいに物事を行うこと。「—の努力」

【不毛】（ふもう） 作物が十分に育たないこと。また、

1画

そのような土地。

【不問】(ふもん) 事情などを考慮してあえて問いたださないこと。「—に付する」

【不用】(ふよう) 用いないこと。また、用がないこと。「—の品」参考「不要(ふよう)」は必要でないこと。

使い分け「ふよう」

不用…用いないこと。「入用」の対。「不用の品」

不要…必要がないこと。「必要」の対。「不要の説明・返事は不要である・不要不急の外出」

【不埒】(ふらち) 考えや行いなどが道理にはずれていて無礼なこと。

【不立文字】(ふりゅうもんじ) 仏教で、悟りは、心で行うべきもので、文字やことばを通して教えるものではないということ。

【不慮】(ふりょ) 悪いことが思いがけなく起こること。「—の死をとげる」

【不倫】(ふりん) 人が行うべき道理にはずれていて、よくないこと。▽特に、男女の関係についていう。

【不老不死】(ふろうふし) ①老衰せず、死なないこと。②非常に長命なこと。

【不惑】(ふわく) 四十歳のこと。▽論語の「四十にして惑わず」による。

参考熟語 不知不識(しらずしらず) 不知火(しらぬい) 不死身(ふじみ) 不束(ふつつか) 不貞腐(ふてくさ)れる 不図(ふと) 不如帰(ほととぎす・ふじょき) 不味(まず)い

【五】▶二2

一3【丈】▶丈 異

一4【丘】(5) 常用 音 キュウ 訓 おか

筆順 ノ 亻 亻 斤 丘

意味 小高く盛り上がった土地。おか。「丘陵・砂丘」名付 お・おか・きゅう・たか・たかし

【丘陵】(きゅうりょう) 小高い山。おか。

丘

一4【且】(5) 常用 音 ショ・ソ 訓 かつ

筆順 丨 冂 月 月 且

意味 その上さらに。かつ。「且又(かつまた)」名付 かつ・しょ

且

一4【世】(5) 3年 音 セイ・セ 訓 よ　異体 一4 丗 (5)

筆順 一 十 廾 廾 世

意味 ❶よのなか。よ。「世界・世間・時世」❷人の一生。「後世(ごせ)」❸時代。「中世・近世」❹百年。「世紀」❺家督の一代。「世代・二世」❻とき。「来世・現世」名付 せ・つぎ・つぐ・とき・とし・よ

参考 ひらがな「せ」、カタカナ「セ」のもとになった字。

【世故】(せこ) 世間のならわし。世の中の俗事。「—にたける(世俗に詳しい)」

【世辞】(せじ) 相手に喜ばれようとして使う、必要以上にあいそのよいことば。「お—をつかう」

世

使い分け「よ」

世…世の中。世間。人間社会。「世渡り・世が世ならば・世に聞こえる・あの世とこの世」

代…ある支配者が国を統治している期間。時代。「徳川の代・武家の代・君が代・神代」

※たとえば、「明治の世(=明治時代の世の中)」、「明治の代(=明治天皇の治世下にある)」のように使い分ける。

【世襲】(せしゅう) その家に属する財産・仕事などを先祖から受け継ぎ、子孫へ伝えること。▽「襲」は「あとを受けつぐ」の意。

【世上】(せじょう) 世間。世の中。「—のうわさ」参考「世情(せじょう)」は、世間の事情。

【世帯】(せたい) 一戸をかまえて独立して営む生計。また、その一家。所帯。

【世論】(せろん・よろん) ①世間の人々の意見。輿論(よろん)。②世間の出来事についての話。

参考熟語 世知辛(せちがら)い

一4【丕】(5) 音 ヒ 訓 —

意味 りっぱですぐれている。「丕業」

丕

一4【丙】(5) 常用 音 ヘイ 訓 ひのえ　旧字 一4 丙 (5)

筆順 一 一 丆 丙 丙

意味 ❶十干(じっかん)の第三番め。ひのえ。五行では火に属し、方角では南にあてる。「丙午(ひのえうま)」❷

丙

順序で、第三位。「甲乙丙」名付 あき・え・ひのえ・へい

【丙午】(ひのえうま・へいご) 干支(えと)の四三番目。また、それにあたる年。この年には火災が多いという迷信がある。

【日】▶日1　二4【丗】▶世 異

一5【㐂】(6)〈国字〉音キ 訓—

意味「喜」に同じ。▽多く人名などに用いる。

参考「喜」の草書体を楷書化した字形。草書では左下の七が十となり、七十七に見えることから、七七歳の長寿の祝いを喜寿という。

一5【丞】(6) 人名 音ショウ・ジョウ 訓たすける

筆順 フ 了 孑 孑 丞 丞

意味 補佐し助ける。たすける。「丞相」名付 じょう・すけ・すすむ・たすく

【丞相】(じょうしょう) ①昔、日本で大臣のこと。②昔、中国で天子を補佐して政治を行った大臣。

一5【両】(6) 3年 音リョウ 訓ふたつ　旧字 入6【兩】(8)

筆順 一 丆 冂 币 両 両

意味 ❶相対して一組みとなるものの双方。りょう。ふたつ。「両親・両立・一挙両得・一両日・両(りょう)の手」❷列車。また、列車などを数えることば。「車両」❸昔の金貨の単位。りょう。「千両箱」❹昔の重さの単位。一両(りょう)は一斤(きん)の十六分の一。りょう。名付 もろ・りょう

参考「両・車両」などの「両」は「輛」が書き換えられたもの。

【両三】(りょうさん) 二つ三つ。二、三。「—日」

【両次】(りょうじ) 一次と二次の二回。「—の大会を見ると」

【両成敗】(りょうせいばい) 争いごとを起こした双方に罪があるとして、双方を罰すること。「けんか—」

【両断】(りょうだん) 勢いよく物をまっ二つに断ち切ること。「一刀—に切りすてる」

【両度】(りょうど) 二度。再度。「—に及ぶ」

【両雄】(りょうゆう) ふたりのすぐれた人物。「—並び立たず」

一7【並】(8) 6年　旧字 立5【竝】(10)

音ヘイ 訓なみ・ならべる・ならぶ・ならびに

筆順 丶 丷 䒑 丫 并 䒑 並

意味 ❶ならべる。また、そのようになる。ならぶ。「並行・並列」❷ならんだ物。また、ならんだ状態。ならび。なみ。「並木(なみき)・町並み・歯並び」❸普通の程度であること。なみ。「並幅(なみはば)・並製(なみせい)・並の人間」❹その水準と同じ程度であること。なみ。「人並み・十人並み・世間並み」❺両方ともであることを表すことば。ならびに。「紳士並びに淑女諸君」名付 なみ・へい・み

【並行】(へいこう) ①交わらずに並んで行くこと。②同様の物事が同時にそれぞれ行われること。

参考 ⇩「平行(へいこう)」の〔使い分け〕。

【並立】(へいりつ) 二つ以上の物が同等に並んだりいっしょに存在したりすること。

【並列】(れつ) ①順序よく並ぶこと。また、並べること。「—乗車」②電気で、直列に対して、同じ極どうしをつなぎ合わせること。

【昼】▶日5

丨の部　ぼう　たてぼう

丨2【个】(3) 音カ・コ 訓—

意味 物を数えることば。

参考「箇」の略字。

丨3【中】(4) 1年 音チュウ・ジュウ 訓なか・あたる・うち

筆順 丨 口 口 中

意味 ❶まんなか。なか。↕上・下。「中心・正中」❷物と物との間。「中間・中継」❸どちらにも片寄らない。「中立・中正」❹うちがわ。うち。「中庭・胸中」❺あたる。「中毒・的中」❻ちょうど今、それをしている状態である。「試験中・睡眠中」❼期間。「中退・寒中」❽仲間。「連中」❾おとしいれる。「中傷」❿中学校のこと。「小中高・付属中」⓫中国のこと。「日中」名付 あたる・かなめ・ただ・ただし・ちゅう・な・なか・なかば・のり・

1画

よし

使い分け「なか」

中…「外」の対。内側。内部。ある範囲の内。中間。「家の中・心の中・クラスの中で一番頭が良い・雨の中を並んで歩く・二人の中に入る」

仲…人と人との間柄。「仲がいい・仲を取り持つ・仲たがいする・話し合って仲直りする・犬猿の仲」

【中陰】（ちゅういん）①「中有（ちゅうう）」に同じ。②仏教で、人の死後、四十九日間。また、四十九日目にあたる日。七七日（しちしちにち・なななぬか）。

【中有】（ちゅうう）仏教で、人が死んで次の生を受けるまでの間。中陰（ちゅういん）。

【中堅】（ちゅうけん）①その団体などで、中心となって活躍する人。②野球で、センター。「—手」

【中原の鹿】（ちゅうげんのしか）多くの人が互いに競争してまでも得ようとする、すぐれた価値のあるもの。

【中興】（ちゅうこう）衰えていた物事を中ごろに盛んにし、しばらくそれを維持すること。「—の祖」

【中座】（ちゅうざ）集会の途中で席をはずすこと。

【中軸】（ちゅうじく）①物の中央を通る軸。②物事の中心となる大事なところ。

【中傷】（ちゅうしょう）根拠のないことをいって相手の名誉・立場などを傷つけ悪くすること。

【中枢】（ちゅうすう）中心となる、最もたいせつな所。中心部。「事件の—」「—神経」

【中絶】（ちゅうぜつ）①物事を途中でやめること。②「妊娠中絶」の略。

【中途】（ちゅうと）①道のりの中ほど。②物事が進行する中ほど。

【中毒】（ちゅうどく）薬物・毒物などを体内にとりこんで悪い反応を起こすこと。▽「毒に中（あ）たる」の意。

【中盤】（ちゅうばん）①囲碁・将棋などで、序盤に続いて勝負が本格的になる、なかほどの局面。「—戦」②中くらいの大きさの盤。

【中風】（ちゅうふう・ちゅうぶ）脳卒中の後遺症による手足のまひや言語障害などの症状。中気。

【中庸】（ちゅうよう）考えや行動がどちらにもかたよらず、つりあいのとれていること。「—をえた考え」

【中葉】（ちゅうよう）その時代のなかごろの時期。

【中和】（ちゅうわ）異なった性質をもった物質がまざって、互いにもとの性質を失うこと。

参考熟語 中心（なかご・ちゅうしん） 中日（なかび・ちゅうにち）

〔弔〕→弓1

丨4 **【丱】**(5) 音 カン 訓 —

意味 髪を左右に分けて耳の上で輪を作る、子どもの髪型。あげまき。「丱頭」

丨4 **【巨】**(5) 常用 旧字 工2 【巨】(5)

音 キョ・コ 訓 おおきい

筆順 丨 ｢ 戸 戸 巨

意味 非常に大きい。また、非常に多い。おおきい。「巨人・巨細（こさい・きょさい）・巨匠・巨万・巨費」

名付 おお・きょ・なお・まさ・み

参考 左側の縦画と上の横画との筆順は、横画を先に書いてもよい。

【巨魁】（きょかい）海賊・反逆者などの首領。▽「魁」は「かしら」の意。「渠魁」とも書く。

【巨漢】（きょかん）体が普通の人以上に大きい男性。大男。

【巨視的】（きょしてき）「微視的」に対して、社会・経済などの現象を、個別にとらわれずに全体をとらえて分析したり判断したりする態度であること。

【巨星】（きょせい）形が大きく、強く光る恒星。「—墜（お）つ（すぐれた人物の死去を惜しむことば）」

【巨頭】（きょとう）その組織や分野の重要な地位にいる、すぐれた指導者。「—会談」

【巨利】（きょり）大きな利益。「—を得る」

【巨細】（きょさい・こさい）①それに関した、重大な事柄と、価値のないつまらない事柄。「—漏らさず」②すべてにわたって詳しいこと。「—に調べる」

〔旧〕→日1

丨6 **【串】**(7) 常用 音 カン・セン 訓 くし

筆順 丶 口 口 吕 吕 串

意味 食物などを刺し通すための、鉄・竹などでできた、先のとがった細い棒。くし。「串柿（くしがき）・竹串」

1画

丶の部　てん

丶0 【丶】(1) 音 チュ・チュウ 訓 —

意味 読点。てん。

丶0 【ゝ】(1) 音 — 訓 —

意味 繰り返し符号。仮名に用いられる。

丶0 【〻】(1) 音 — 訓 —

意味 繰り返し符号。二(に)の字点。字訓の繰り返しに用いる。「愈々(いよいよ)」

丶2 【丸】(3) 2年 音 ガン 訓 まる・まるい・まるめる

筆順 丿 九 丸

意味 ❶球または円の形をしている。まるい。また、円。まる。「丸薬・丸木(まるき)」❷全体。「丸損(まるぞん)」❸銃・砲などのたま。「銃丸」❹刀・船などの名前につけることば。まる。名付 がん・まる・まろ

【丸薬】(がんやく) 練って粒にした飲み薬。丸剤。

丶2 【之】(3) 人名 音 シ 訓 これ・の・ゆく

筆順 丶 ㇇ 之

意味 ❶話し手に近い関係にある物事を指示することば。これ。❷助詞「の」にあてた字。の。❸至る。ゆく。名付 いたる・これ・し・の・ひで・ゆき・よし

参考 ひらがな「し」、カタカナ「シ」のもとになった字。

使い分け「まるい」

丸い…球形である。角がなく穏やかである。「地球は丸い・背中が丸くなる・丸く収める・人がらが丸くなった」

円い…円の形である。円満である。「円い月が見える・円い池・画用紙を円く切り抜く・人柄が円い」

※「丸い」は立体的な球体をいうときに、「円い」は平面的な円形をいうときに使う。人がらについては、一般的にどちらを使ってもよい。

丶3 【丹】(4) 常用 音 タン 訓 あか・に

筆順 丿 冂 冂 丹

意味 ❶赤い色。あか。「丹青・丹塗(にぬ)り」❷飾りのないまごころ。「丹誠・丹念」❸赤土。に。❹練って作った薬。「仙丹(せんたん)・万金丹」名付 あかし・あきら・たん・に・まこと

【丹精】(たんせい) まごころをこめて細かなところまで注意して行うこと。「—して作る」▽「丹誠」とも書く。

【丹青】(たんせい) ①色彩。「—の妙(みょう)」②絵画。▽「赤い色と青い色」の意から。

【丹田】(たんでん) へそのすぐ下のあたり。「臍下(せいか)—に力を入れる(下っ腹に力を入れて元気や勇気をだす)」

【丹念】(たんねん) 注意深く、ていねいに行うさま。

丶3 〔才〕▶第㊥

丶4 【主】(5) 3年 旧字 丶4 【主】(5)

音 シュ・ス 訓 ぬし・おも・あるじ

筆順 丶 亠 亍 干 主

意味 ❶その団体の中心となる長。しゅ。あるじ。ぬし。⇔従。「主人(しゅじん)・主(あるじ)・主従・君主」❷その物事を中心になって行う。おもに。また、その人。あるじ。「主催・坊主(ぼうず)」❸客を受け入れる側。あるじ。⇔客。「主客」❹中心となっていて重要である。しゅ。おもな。「主要・主義・主産地・主(しゅ)たる目的」❺所有者。ぬし。「持ち主」❻キリスト教で、神のこと。また、イエスのこと。しゅ。名付 かず・しゅ・す・つかさ・ぬし・もり

【主客転倒】(しゅかくてんとう) たいせつなこととそうでないことを取り違えること。「—も甚だしい」▽「転倒」は「顛倒」の書き換え字。

【主幹】(しゅかん) その仕事の中心となって働き、部下を指導・指揮する人。「編集—」

【主管】(しゅかん) 中心となって責任を負い、その仕事を管理すること。また、その役の人。

【主眼】(しゅがん) 物事のいちばん大切なところ。「—点」

【主計】(しゅけい) 会計の仕事。また、その係の人。

【主権】(しゅけん) 国家をおさめる、最高の独立した権力。「―在民」

【主査】(しゅさ) 主となってある事柄を取り調べること。また、その役の人。

【主催】(しゅさい) 中心となって会や催し物などをとり行うこと。また、その人。「会を―する」

【主宰】(しゅさい) 中心となって物事をまとめたり推し進めたりすること。また、その人。「俳句雑誌を―する」

【主旨】(しゅし) 文章や話などの要点。「文章の―をとらえる」参考「趣旨(しゅし)」は、物事の目的や文章の述べている事柄。

【主治医】(しゅじい) ①関係する医者の中で、主となってその病人の治療をする医者。②かかりつけの医者。

【主唱】(しゅしょう) 中心になって意見・主義を世間にはっきりと主張すること。参考「首唱(しゅしょう)」は、いちばん先にいいだすこと。

【主席】(しゅせき) ①第一位の席次。首席。②会議・団体などの代表者。③主人の席。

【主張】(しゅちょう) 自分の意見・説を強く述べること。また、その意見・説。

【主潮】(しゅちょう) その時代の中心的な思潮。

【主導権】(しゅどうけん) 他を抑えつけ主となって行動・指導する権力。「―争い」

【主筆】(しゅひつ) 新聞・雑誌の記事を書く人のうちで、重要な位置にある者。首席記者。

【主賓】(しゅひん) 宴会・会食などで、正式に招待された人のうち、おもだった人。正客。

【主流】(しゅりゅう) ①川の本流。②中心をなす思潮・傾向。③党派・組織などの中心を形成する勢力。

丶4 【丼】(5) 常用 音セイ 訓どんぶり・どん

筆順 一 二 ナ 井 丼

意味 大きくて厚みのある、陶製の食器。どんぶり。「丼鉢(どんぶりばち)」

ノの部

ノ0 【丿】(1) 音ヘツ 訓―

意味 右から左へ曲がる。

ノ1 【乂】(2) 音ガイ 訓―

意味 ❶草木を刈りとる。❷おさめる。また、おさまる。

ノ1 【乄】(2) 〈国字〉 音― 訓しめ 異体 ノ0 〆(1)

意味 ❶全部をまとめた数量。合計。しめ。❷手紙の封緘(ふうかん)に用いる記号。❸束ねたものを数えることば。しめ。

ノ1 【乃】(2) 人名 音ダイ・ナイ 訓すなわち・なんじ・の

筆順 ノ 乃

意味 ❶お前。なんじ。「乃公(だいこう)(わがはい)」❷上を受けて下を起こすことば。すなわち。「乃至(ないし)」❸助詞「の」にあてた字。の。名付 いまし・おさむ・だい・ない・の 参考 ひらがな「の」、カタカナ「ノ」のもとになった字。

【九】▶乙1

ノ2 【久】(3) 5年 音キュウ・ク 訓ひさしい

筆順 ノ ク 久

意味 時間が非常に長い。ひさしい。「久遠(くおん)・永久・耐久・久久(ひさびさ)」名付 きゅう・く・つね・なが・ひこ・ひさ・ひさし 参考 ひらがな「く」、カタカナ「ク」のもとになった字。

【久闊を叙する】(きゅうかつをじょする) 久しぶりに会ったり便りをしたりして、長い間の無沙汰(ぶさた)の挨拶を述べること。

【久遠】(くおん) ①長い間いつまでも続くこと。永遠。「―の彼方(かなた)」②はるかに遠い昔。注意「くえん」と読み誤らないように。

ノ2 【及】(3) 常用 旧字 又2 及(4) 音キュウ 訓およぶ・および・およぼす

筆順 ノ 乃 及

1画

意味 ❶ある範囲以上に行き渡る。およぶ。また、そのようにする。およぼす。「及第・普及・追及・過不及」❷目的のとおりに行える。およぶ。「及ぶ所ではない・及ばぬ恋」❸上に述べた事柄と対等の関係でつけ加えることを表すことば。および。「日本及びアメリカ」 名付 いたる・きゅう・しき・ちか

ノ2 【々】(3) 音 ― 訓 ―
意味 繰り返し符号。同じ字または語を書くことを省略するときに用いる。踊り字・重ね字・重字・畳字などともいう。▽仝(同)の略字ともいわれるが、固有の音や意味を持たないので漢字ではない。

【千】▶十1

ノ3 【乏】(4) 常用 音 **ボウ**・ホウ 訓 **とぼ**しい
筆順 ノ ｨ 乏 乏
意味 少なくて不足している。とぼしい。「貧乏・欠乏」

【壬】▶士1

ノ4 【乎】(5) 人名 音 コ 訓 か・や
筆順 ノ 〻 亠 乎 乎
意味 ❶状態を表すことば。「断乎・確乎」❷疑問を表すことば。か。❸感嘆や反語を表すことば。や。 名付 お・か・こ・や
参考 カタカナ「ヲ」のもとになった字。

ノ4 【乍】(5) 音 サ 訓 ながら
意味 二つの動作が同時に行われる意を表すことば。しながら。ながら。

ノ6 【乕】▶虎 異

ノ7 【乖】(8) 印標 音 カイ 訓 そむく
意味 逆らって従わない。そむく。「乖離」
【乖離】りかい 結びつきのあるものが互いにそむき離れること。「理想と現実が―する」

ノ8 【乗】(9) 3年 旧字 ノ9 乘 (10) 人名
音 **ジョウ**・ショウ 訓 **の**る・**の**せる
筆順 一 二 千 千 乖 乖 乗 乗
意味 ❶交通機関にのる。また、のせる。「乗車・便乗」❷勢いのままに物事をする。じょうずる。のる。「気が乗る・脂(あぶら)が乗る」❸のりもの。「万乗・下乗」❹ある数を掛ける。じょうずる。また、掛け算。「乗除・自乗」❺仏法。「大乗・小乗」❻歴史の書物。「野乗」 名付 じょう・のり

使い分け「のる」
乗る…物の上に上がる。乗り物の中に身を置く。「踏み台に乗る・電車に乗る・リズムに乗る・電波に乗る・時流に乗る・相談に乗る」
載る…上に置かれる。掲載される。「机に載っている本・トラックに載った荷物・新聞に載る・名簿に載る」

【為】▶火5
【重】▶里2
ノ9 【乘】▶乗 旧

乙(乚)の部 おつ おつにょう

乙0 【乙】(1) 常用 音 **オツ**・イツ 訓 おと・きのと
筆順 乙
意味 ❶十干(じっかん)の第二番め。木にあてる。きのと。❷いくつかある物事のうちの二番めのもの。おつ。「甲と乙と」❸しゃれていて趣がある。おつ。「乙なことをいう」 名付 いつ・お・おつ・おと・き・くに・たか・つぎ・と・とどむ
【乙女】おとめ ①少女。②未婚の女性。

乙1 【九】(2) 1年 音 **キュウ**・**ク** 訓 **ここの**・**ここの**つ
筆順 ノ 九
意味 ❶数で、ここのつ。きゅう。く。ここのつ。「九品(くほん)・九死に一生を得る」❷数が多いこと。「九拝」 名付 かず・きゅう・く・ここ・ただ・ちか・ち

1画

かし・ひさ

【九牛の一毛】(きゅうぎゅうのいちもう) 多数の中の、非常にわずかなもの。▽「多くの牛の中の一本の毛」の意。

【九仞の功を一簣に欠く】(きゅうじんのこうをいっきにかく) 長い間努力してあとわずかで成功しようとするときに、ちょっとしたまちがいや油断などをしてすべてが失敗してしまうこと。▽「九仞(一仞は八尺)の高さの築山(つきやま)を築くときに、最後の簣(もっこ)一杯の土が欠けただけで完成しない」の意。

【九星】(きゅうせい) 陰陽道(おんみょうどう)で、吉凶・運勢をうらなうための九つの星。一白(いっぱく)・二黒(じこく)・三碧(さんぺき)・四緑(しろく)・五黄(ごおう)・六白(ろっぱく)・七赤(しちせき)・八白(はっぱく)・九紫(きゅうし)のこと。

【九分九厘】(くぶくりん) ほんの少しを残して、ほとんど全部。「―まちがいない」

【九品】(くほん) 仏教で、極楽浄土の九つの等級。上品(じょうぼん)・中品(ちゅうぼん)・下品(げぼん)の三品(さんぼん)をさらに三つずつに分けたもの。

【九十九折り】(つづらおり) 葛藤(つづら)のつるのように、いくえにも折れ曲がった坂道。

参考熟語 九年母(くねんぼ) 九重(ここのえ) 九十九髪(つくもがみ)

【之】▼丶2

乙2 【乞】(3) 常用 音 キ・キツ・コツ 訓 こう

筆順 ノ 𠂉 乞

意味 願い求める。こう。「乞食(こじき・こつじき)・乞巧奠(きこうでん・きっこうでん)(たなばたのこと)」

参考 こう⇩「請」の[使い分け]。

乙2 【也】(3) 人名 音 ヤ 訓 なり

筆順 ㇇ 乜 也

意味 ❶断定を示すことば。である。なり。「一金参万円也」❷疑問・反語を表すことば。や。❸呼びかけに用いることば。や。 名付 あり・ただ・なり・また・や

参考 ひらがな「や」、カタカナ「ヤ」のもとになった字。

乙6 【乱】(7) 6年 旧字 乙12 亂(13) 音 ラン 訓 みだれる・みだす

筆順 ノ 二 千 千 舌 舌 乱

意味 ❶整った秩序・系統などがこわれる。みだれる。また、こわす。みだす。「乱用・混乱・一心不乱」❷戦争。らん。「内乱・応仁(おうにん)の乱」

名付 おさむ・らん

参考 「腐乱」は「腐爛」が書き換えられたもの。

【乱獲】(らんかく) 魚や鳥・獣をむやみにとること。▽「濫獲」とも書く。

【乱行】(らんぎょう・らんこう) 道徳に反したみだらな行為をすること。「―の限りをつくす」

【乱杙】(らんぐい) ふぞろいに打ちこんだ、くい。「―歯(ば)(ふぞろいな歯並びの歯)」▽「乱杭」とも書く。

【乱掘】(らんくつ) 石炭や鉱石などを無計画にむやみに掘り取ること。▽「濫掘」とも書く。

【乱世】(らんせい・らんせ) 乱れた世。正しい道理が行われず、騒動などがおこる不安な世の中のこと。

【乱造】(らんぞう) 粗悪品などをむやみにつくること。▽「濫造」の書き換え字。

【乱伐】(らんばつ) 無計画に山林の木を切り倒すこと。▽「濫伐」の書き換え字。

【乱発】(らんぱつ) ①紙幣や債券などをしきりに発行すること。②弾丸などをむやみに発射すること。▽「濫発」の書き換え字。

【乱筆】(らんぴつ) 手紙で、自分の筆跡や書き方を謙遜していうことば。「―乱文ごめんください」

【乱舞】(らんぶ) ①おおぜいの人が入り乱れて舞うこと。②乱れ舞うこと。「狂喜―する」

【乱脈】(らんみゃく) 秩序が守られず、だらしがないこと。「―な計理」

【乱用】(らんよう) むやみやたらに使うこと。▽「濫用」の書き換え字。

【乱立】(らんりつ) ①建物などが無秩序にたち並ぶこと。②候補者などがやたらに多くたつこと。▽「濫立」の書き換え字。

乙7 【乳】(8) 6年 音 ニュウ 訓 ちち・ち 旧字 乙7 乳(8)

筆順 ノ 〃 〆 爫 孚 孚 孚 乳

意味 ❶子を養うために母体から分泌する白い液体。ちち。ち。「乳児・母乳」❷ちぶさ。ちち。「乳癌(にゅうがん)」 名付 ち・にゅう

1画

【乳臭児】(にゅうしゅうじ) 若者をあざけっていうときのことば。青二才。

【乳鉢】(にゅうばち・にょうばち) 薬をすりつぶして粉末にしたり、二種以上の薬品をすりまぜたりするときに用いる小型のはち。

【乳酪】(にゅうらく) 牛乳の脂肪から製造した固形の食品。バターやチーズなど。▽「牛酪(ぎゅうらく)」ともいう。

参考熟語 乳母(うば・めのと) 乳人(めのと)

乙10 【乾】(11) 常用 音 カン・ケン 訓 かわく・かわかす・いぬい・ほす

筆順 乾

意味 ❶水気がなくなる。かわく。また、水気をなくす。かわかす。ほす。「乾燥・乾杯・乾物・乾し魚・舌の根の乾かぬうちに」❷地に対する天のこと。「ケン」と読む。↔坤(こん)。「乾坤(けんこん)(天地のこと)」❸方角で、北西。「ケン」と読む。いぬい。
名付 かん・けん・すすむ・たけし・つとむ

使い分け「かわく」
乾く…水分がなくなる。ものに潤いが感じられなくなる。「洗濯物が乾く・乾いた空気・乾いた笑い声・乾いた咳」
渇く…喉に潤いがなくなる。ひどく欲しがる。「喉が渇く・渇きを覚える・心の渇き・親の愛情に渇いた心」

【乾物】(かんぶつ) 乾燥して作った保存用食品。かんぴょう・こんぶ・煮干しなど。

【乾留】(かんりゅう) 固体有機物を、空気を入れないで加熱分解し、揮発分を回収すること。▽「乾溜」の書き換え字。

【乾坤一擲】(けんこんいってき) 成功するかどうかはわからないが、自分の将来の運命をかけて大きな物事を行うこと。「—の大事業」▽「天下をかけて、ばくちのさいころを投げる」の意。注意「かんこんいってき」と読み誤らないように。

参考熟語 乾分(こぶん) 乾児(こぶん) 乾葉(ひば) 乾海鼠(ほしこ)

乙12 【亂】▼乱(旧)

亅の部 はねぼう

亅0 【亅】(1) 音 ケツ 訓 —
意味 ひっかけるためのかぎの形。かぎ。

亅1 【了】(2) 常用 音 リョウ 訓 おわる・さとる

筆順 了

意味 ❶物事がすっかりまとまり、おしまいになる。おわる。「完了・読了」❷よくわかる。さとる。また、そのこと。りょう。「了解・了承・了とする」
名付 あき・あきら・さとる・すみ・のり・りょう
参考 「了・了解・了承」などの「了」は「諒」が書き換えられたもの。

【了解】(りょうかい) 物事の意味や道理を理解し納得すること。さとること。▽「諒解」の書き換え字。

【了簡】(りょうけん) ①考え。気持ち。「—が狭い」②がまんして許すこと。「—がならぬ」▽「了見」「料簡」とも書く。

【了察】(りょうさつ) 相手のことを思いやって同情すること。「御—いたします」▽「諒察」「亮察」とも書く。

亅3 【予】(4) 3年 旧字 豕9 【豫】(16) 音 ヨ 訓 あたえる・あらかじめ・われ

筆順 予

意味 ❶前から用意しておくこと。前もって。あらかじめ。「予算・予約・予後」❷人に与える。あたえる。「予奪」❸自分。われ。
名付 たのし・まさ・やす・やすし・よ
参考 ❷❸の意味のときは、新旧字体の区別がなく、もともと「予」である。

【予期】(よき) 何かが起こることを前もって推測し期待すること。また、覚悟すること。

【予後】(よご) ①病気が治ったあとの状態。「—に注意」②病気の、今後の進行状況についての見通し。「医者に—を尋ねる」注意「余後」と書き誤らないように。

【予餞会】(よせんかい) 卒業の前に行う送別会。▽「餞」は「はなむけ」の意。

【予断】(よだん) 物事がおこる前に、その物事について前もって判断すること。「—を許さない」

1画

【予兆】あらかじめ現れるきざし。前ぶれ。

亅5【争】(6) 4年 旧字 爪4 爭(8) 人名

音ソウ 訓あらそう

筆順 ノ ク 乌 乌 刍 争

意味❶優劣を競う。あらそう。あらそい。「争奪・論争・争えない(隠しおおせない)」❷いさめる。「争臣・争友」

【争議】意見を主張し合って争うこと。「労働━」

【争奪】競技や戦争などで互いに奪い合うこと。「━戦」

【争覇】覇者になろうとして争うこと。

亅6【爭】▶争 異

亅7【事】(8) 3年 異体 亅6 亊(7)

音ジ・ズ 訓こと・つかえる

筆順 一 ㇀ 亓 亘 写 写 写 事

意味❶ことがら。こと。「事態・事実・出来事・事によっては」❷人の行為。こと。「事業・俗事・当事者・事を急ぐ」❸奉仕する。つかえる。「師事・事大主義」名付 こと・じ・つとむ・わざ

【事宜】①物事の都合がちょうどよいこと。「━にかなう」②ちょうどよいおり。適切な時機。時宜。「━を得た宣伝」注意「事宜」と書き誤らないように。

【事業】一定の目的・計画のもとに行う経営活動。

【事後承諾】前もって許可を得ておくべきところを、物事が終わってから許可を求めること。

【事象】実際に起こるいろいろな事柄。現実の事柄。「現代日本の社会的━」

【事態】変化・進行する物事の様子。「━を重視する」▽「事体」とも書く。

【事大主義】確固とした信念もなく、権力や財力のあるものに従う考え方。

【事由】物事の事情・理由。「━の如何にかかわらず」

【事例】①前例となる、物事。②実例。

二の部 に

二0【二】(2) 1年 異体 弋2 弍(5)

音ニ・ジ 訓ふた・ふたつ

筆順 一 二

意味❶数で、ふたつ。に。ふたつ。「無二」❷順序で、二番め。に。「二世・二の次・二の舞(他人と同じ失敗をすること)」❸匹敵するものが並ぶ。「二尊・二王」名付 かず・さ・じ・すすむ・つぎ・つぐ・に・ふ・ぶ・ふた

参考 (1)証書などでは「弐」と書くことがある。(2)カタカナ「ニ」のもとになった字。

【二者択一】二つのうちどちらか一つを選ばなければならないこと。

【二束三文】数は多いが、値は非常に安いこと。「━で売り払う」▽「二束で三文(文は、昔の貨幣の小さな単位)」の意。

【二律背反】①一つの判断から導き出された二つの判断が、互いに矛盾して両立しないこと。②あることに関した二つの事柄が互いに矛盾し、一方が成立すれば他方が成立しないこと。

【二六時中】一日中。終日。四六時中。▽かけ算の二六十二と、一昼夜十二刻(昔の時刻は昼六時、夜六時)とをかけた。

【二股膏薬】しっかりした信念もなく、どちらにもついて従うこと。また、そういう人。▽「内股膏薬」ともいう。参考 内股に貼った膏薬は、右側についたり左側についたりするため。

参考熟語 二進も三進も 二十重 二十 二十歳 二十日 二重 二人 二日

二1【于】(3) 印標

音ウ 訓ああ・ゆく・に・を

意味❶感嘆を表すことば。ああ。「于嗟」❷ゆく。❸場所や対象を表すことば。に。を。

二2【云】(4) 人名

音ウン 訓いう

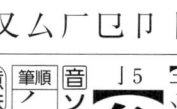

筆順 一 二 云 云

と

意味 いう。「云云(うんぬん)」 名付 おき・これ・とも・ひ

【云云】(うんぬん) ①必要な部分を引用し、そのあとを省略するときに用いることば。「発表は明日にします―といった」②中心になる事柄だけを取り上げ、それ以外を省略するときに用いることば。「この際、予算―は重要ではない」③その事柄についていろいろいうこと。「私生活を―する」

二2

【五】(4)

1年 音 ゴ 訓 いつ・いつつ

五

筆順 一 丆 五 五

意味 数で、いつつ。ご。いつつ。「五穀・五節句・五里霧中・三三五五」 名付 い・いず・いつ・かず・ご

参考 証書などでは「伍」と書くことがある。

【五戒】(ごかい) 仏教で、信者の守るべき五つの戒め。殺生(せっしょう)・偸盗(ちゅうとう)・邪淫(じゃいん)・妄語(もうご)・飲酒(おんじゅ)の五つをしてはいけないという戒め。

【五経】(ごきょう) 儒学における五種の経典。易経(えききょう)・書経(しょきょう)・詩経(しきょう)・春秋(しゅんじゅう)・礼記(らいき)の五つ。

【五穀】(ごこく) ①五種類の穀物。米・黍(きび)・粟(あわ)・麦・豆のこと。②穀物のこと。「―豊穣(ほうじょう)(穀物が豊かに実ること)」

【五十歩百歩】(ごじっぽひゃっぽ) 二つの事柄が、少しの相違はあっても本質的には変わりがなく、ともにたいしてよくないこと。似たり寄ったり。大同小異。▽昔、中国で、戦場から逃げるとき、五十歩逃げた者が百歩逃げた者をおくびょうだとしてあざわらったが、距離に違いはあっても逃げたという点においては同じであるという批評があったという故事から。

【五臓六腑】(ごぞうろっぷ) ①漢方で、肺臓・心臓・肝臓・脾臓(ひぞう)・腎臓(じんぞう)の五臓と、大腸・小腸・胃・胆(たん)・三焦(さんしょう)・膀胱(ぼうこう)の六腑のこと。②腹の中のすべての内臓。「―にしみわたる」

【五体】(ごたい) ①頭・首・胸・手・足のこと。また、全身。②篆(てん)・隷(れい)・楷(かい)・行(ぎょう)・草(そう)書の五書体。

【五風十雨】(ごふうじゅうう) (五日めごとに風が吹き、十日めごとに雨が降るように)気候が順調であること。

【五里霧中】(ごりむちゅう) 物事の手がかりがなく、どうしたらよいのかわからず困ること。▽昔、中国の後漢(ごかん)の張楷(ちょうかい)は、魔法にすぐれていて、五里四方にわたって霧をおこすことができ、この霧の中にはいると方向がわからなくなってしまったということから。注意「五里夢中」と書き誤らないように。

【五倫】(ごりん) 儒教で、人として守るべき五つの道理。君臣の義・父子の親・夫婦の別・長幼の序・朋友(ほうゆう)の信の五つ。五教。

参考熟語 五加(うこぎ) 五月蠅(うるさ)い 五月(さつき)・(ごがつ) 五月雨(さみだれ) 五倍子(ふし)・(ごばいし)

二2

【互】(4)

常用 音 ゴ 訓 たがい

互

筆順 一 工 互 互

意味 ❶相対する関係にある両者がそれぞれに。たがいに。「互選・相互・交互」❷両者がある点で同じであること。たがい。「お互いさま」

名付 ご

【互角】(ごかく) 実力・能力が互いに同じ程度であって、優劣がないこと。「―の勝負」▽「牛の二本の角に大小・長短の違いがない」の意から。「牛角」とも書く。注意「互格」と書き誤らないように。

【互換】(ごかん) 互いに交換すること。互いに交換しても差しつかえないこと。「―性がある部品」

【互恵】(ごけい) 互いに特別の利益や恩恵などを与え合うこと。「―条約」

【互助】(ごじょ) 互いに助け合うこと。相互扶助(そうごふじょ)。

【互譲】(ごじょう) 互いに譲り合うこと。「―の精神」

【互選】(ごせん) 同じ資格を持った仲間どうしが、その中から互いに選挙しあうこと。「委員長を―する」

二2

【井】(4)

4年 音 セイ・ショウ 訓 い

井

筆順 一 二 ナ 井

意味 ❶地面を掘り下げて地下水をくみ上げるようにしたところ。いど。い。また、その周りに組んで作ったけた。いげた。「油井(ゆせい)・天井(てんじょう)・井戸」❷町。「市井(しせい)」 名付 い・きよ・せい

参考 カタカナ「キ」のもとになった字。

2画

【井蛙】(あせい) 見聞が狭く見通しのきかない人のこと。「―の見(けん)」▽「井戸の底にすむかえる」の意。
【井然】(せいぜん) 区画が正しくて整っているさま。「町並みが―としている」▽「整然」とも書く。

〔元〕▼儿2　〔巨〕▼丨4

二4【亙】(6) 人名 音コウ 訓わたる
筆順 一 丆 万 万 亙 亙
意味 張りわたす。また、こちらからむこうまでわたる。
参考「亘(こう)」と混用されることがある。

二4【亘】(6) 人名 音セン・コウ 訓わたる
筆順 一 丆 丙 亘 亘 亘
意味 ❶めぐる。「セン」と読む。❷窮(きわ)める。また、行き渡る。わたる。「コウ」と読む。「亘古(こうこ)(昔から今まで)」名付 こう・とおる・のぶ・ひろし・わたる
参考 ❷は「亙(こう)」と似ていて混同された用法。

二5【亜】(7) 常用　旧字 二6【亞】(8) 人名
音ア 訓つぐ
筆順 一 丆 丙 亓 亜 亜
意味 ❶二番め。つぎ。「亜子・亜相」❷似ている。「亜流・亜熱帯」❸外国語の音訳で「ア」にあてて使う字。「亜米利加(アメリカ)」❹アジアのこと。「東亜」名付 あ・つぎ・つぐ
【亜聖】(あせい) ①聖人につぐすぐれた人。②孔子を聖人としたとき、孟子(もうし)または顔回(がんかい)のこと。
【亜流】(ありゅう) 一流の人のまねばかりしていて自分の独創的な意見や行為を示さないこと。また、そのような人。エピゴーネン。
参考熟語 亜細亜(アジア)　亜弗利加(アフリカ)　亜刺比亜(アラビア)　亜爾然丁(アルゼンチン)

二6【些】(8) 人名 音サ 訓いささか
筆順 丨 ト 卜 止 止 此 此 些
意味 すこし。いささか。「些少」
【些細】(ささい) 物事がほんのちょっとしたことで、重要でなくつまらないこと。「―なできごと」▽「瑣細」とも書く。
【些事】(さじ) 重要でなくてつまらない事柄。「―にこだわる」▽「瑣事」とも書く。
【些少】(さしょう) 人に物を上げるとき、その物の分量について謙遜していうことば。「―ですが、受け取ってください」注意「些小」と書き誤らないように。

二6【亟】(8) 音キョク・キ 訓すみやかに・しばしば
意味 ❶すみやかに。急いで。❷しばしば。しきりに。

二6〔亞〕▼亜(旧)

2画

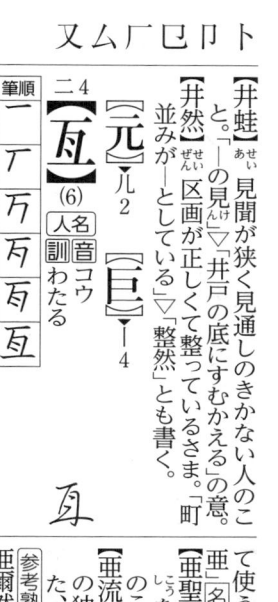

亠の部　けいさんかんむり　なべぶた

亠0【亠】(2) 音トウ 訓―
意味 漢字の部首の一つ。なべぶた。

亠1【亡】(3) 6年　旧字 亠1【亾】(3)
音ボウ・モウ 訓ない・ほろびる
筆順 丶 亠 亡
意味 ❶栄えていたものが衰えてなくなる。ほろびる。「亡国・滅亡」❷逃げる。「亡命・逃亡」❸死ぬ。ない。「亡父・亡者(もうじゃ)・死亡」
参考 ない⇩「無」の〔使い分け〕。
【亡羊の嘆】(ぼうようのたん) どうしていいのかわからなくて迷うこと。多岐(たき)亡羊。▽「嘆」は「歎」の書き換え字。逃げた羊を追いかけたが、分かれ道が多いため羊を見失って、途方に暮れたという故事から。
【亡霊】(ぼうれい) ①死んだ人の魂。亡魂。②幽霊。
【亡者】(もうじゃ) ①成仏(じょうぶつ)しないで冥途(めいど)で迷っている、死者の魂。②欲などに心を奪われて物事の道理を正しく見分けられない者。「金の―」
参考熟語 亡骸(なきがら)

亠2【亢】(4) 印標 音コウ 訓たかぶる

意味 上にあがる。また、気持ちがたかぶる。たかぶる。「亢進・亢奮」
参考 「亢奮」の「亢」は「興」に書き換える。
【亢進(こうしん)】ある状態が、ますます激しくなること。「心悸(しんき)—」▽「昂進」「高進」とも書く。
【亢竜悔いあり(こうりょうくいあり・こうりゅうくいあり)】天にのぼりつめた竜は、あとは下るだけになるので後悔するという。同じように、最高の身分になった人は深く慎まないと、身を滅ぼすことにもなるというましめ。

【六】▼八2

亠4 【亦】(6) 人名 音 エキ・ヤク 訓 また
筆順 丶 亠 亣 亣 亦 亦
意味 やはり。また。「きょうも亦雨である」
名付 えき・また

亠4 【亥】(6) 人名 音 ガイ・カイ 訓 い
筆順 丶 亠 亥 亥 亥 亥
意味 十二支の第十二番め。動物ではいのしし。方角では北北西、時刻では午後十時およびその前後二時間、五行では水にあてる。い。「戌亥(いぬい)(北西)」
名付 い・がい・り

亠4 【交】(6) 2年 音 **コウ** 訓 **まじ**わる・**まじ**える・**まじ**る・**ま**ざる・**ま**ぜる・**か**う・**か**わす
筆順 丶 亠 六 亣 交 交
意味 ❶人と付き合う。まじわる。「交際・交友」❷物が入り組む。まじる。「交差・交戦」❸入れかわる。かう。また、行き違えて入れかえる。かわす。「交代・交換・行き交(か)う・ことばを交(か)わす」❹時節の変わりめのころ。こう。「夏秋の交」
名付 こう・とも・みち・よしみ
参考 「混交」は「混淆」が書き換えられたもの。

使い分け「まじる」
交じる…はいり込んで入り組む。「白髪が交じる・漢字と仮名が交じる・若手が交じった会合」
混じる…別種のものがはいり込んで一体になる。「雑音が混じる・においが混じる・異物が混じる」

【交歓(こうかん)】ふだんは、あまり付き合いをしていない人たちが集まり、うちとけて楽しみながらひとときを過ごすこと。「日米学生の—会」▽「歓」は「驩」が書き換えられたもの。

【交誼(こうぎ)】友人としての親しい交際。「—を結ぶ」

【交錯(こうさく)】幾つかのものがいりまじって混乱した状態になること。

【交渉(こうしょう)】①人とのかかわりあい。②目的を達するために相手と話しあうこと。談判。

【交配(こうはい)】違う種類の雌雄をかけあわせること。

【交付(こうふ)】役所や団体などが、金銭・品物や書類などを引き渡すこと。

【交遊(こうゆう)】友人として付き合うこと。

参考熟語 交喙(いすか) 交交(こもごも)

亠5 【亨】(7) 人名 音 キョウ・コウ 訓 とおる
筆順 丶 亠 亠 古 亨 亨 亨
意味 運がよくて支障なく行われる。とおる。「亨運(よい運勢)」
名付 あき・あきら・きょう・すすむ・ちか・とおる・とし・なお・なが・なり・みち・ゆき

亠6 【京】(8) 2年 音 **キョウ**・**ケイ** 訓 みやこ
異体 亠7 亰(9)
筆順 丶 亠 亠 古 古 亨 京 京
意味 ❶都。みやこ。「京洛・京師(けいし)・上京」❷東京のこと。「京浜(けいひん)」❸京都のこと。きょう。「京阪神・京の五条」❹数の単位。一京(けい)は、一兆の一万倍。けい。
名付 あつ・おさむ・きょう・けい・たかし・ちか・ひろし
【京洛(きょうらく・けいらく)】①京都のこと。②天皇が住み、首都となっているみやこのこと。
【京阪(けいはん)】京都と大阪のこと。「—神(しん)(京都・大阪・神戸のこと)」

亠6 【享】(8) 常用 音 **キョウ** 訓 うける
筆順 丶 亠 亠 古 古 亨 亨 享
意味 供えられたものを受け入れる。うける。また、自分のものとして身に受ける。「享受・享

楽・享年」名付 あきら・きょう・こう・すすむ・たか・つら・みち・ゆき

【享受】(きょうじゅ) ①積極的に接してそのもののよさを受けとって自分のものにすること。②芸術作品の美などを楽しみ味わうこと。

【享年】(きょうねん) 死んだときのその人の年齢。「一八十二」▽「この世で受けた年数」の意。「行年(ぎょうねん)」ともいう。

【享楽】(きょうらく) 快楽を思いのままに楽しむこと。

〔卒〕▶十6　〔夜〕▶夕5　〔斉〕▶齊0

亠7

【亭】(9)

常用　音 テイ・チン　訓 ―

筆順 亠 亠 亠 古 古 亭 亭 亭

意味 ❶宿屋。「亭主・旅亭」❷庭園内に設けた小さな建物。あずまや。ちん。❸まっすぐ伸びる。「亭亭」❹旅館・料理屋などの名につけることば。❺文人・芸人などの名につけることば。「二葉亭」

名付 たかし・てい

【亭主関白】(ていしゅかんぱく) 一家のあるじが、その家で絶対的権力を持ち、いばっていること。

【亭亭】(ていてい) 木などが、まっすぐに高く伸びているさま。「―たる大木」

亠7

【亮】(9)

人名　音 リョウ　訓 あきらか・すけ

筆順 丶 亠 亠 古 古 亭 亭 亮

意味 ❶心が明るい。また、光があって明るい。あきらか。「明亮」❷昔、四等官の制で、坊・職の第二等官。すけ。

名付 あき・あきら・かつ・すけ・とおる・ふさ・まこと・よし・より・りょう・ろ

〔哀〕▶口6　〔変〕▶夂6　亠7〔京〕▶京異

亠8

【亳】(10)

音 ハク　訓 ―

意味 中国の殷(いん)の湯王(とうおう)が置いたとされる都の名。

〔商〕▶口8　〔率〕▶玄6　〔畝〕▶田5

〔衷〕▶衣4　〔高〕▶高0　〔斎〕▶齊3

亠11

【亶】(13)

音 タン・セン　訓 ―

意味 ❶おおい。❷まことに。❸ほしいままに。もっぱら。

〔豪〕▶豕7

人（亻）（𠆢）の部　ひと・ひとやね　にんべん

人0

【人】(2)

1年　音 ジン・ニン　訓 ひと

筆順 ノ 人

意味 ❶ひと。また、社会生活を営むひと。「人類・商人」❷世間のひと。また、ほかのひと。ひと。「人のいうことを聞く」❸ひとがら。ひと。「人が悪い」❹ひとの数を数えることば。「にん」と読む。

名付 きよ・じん・たみ・と・にん・ひと・ひとし・め

【人為】(じんい) 自然に対して、人間の力で行うこと。「―的（物事の自然な成り行きではなく、人間が働きかけてそうするさま）」

【人外】㊀(じんがい) 人が住む世界の外。「―境」㊁(にんがい)・行いなどが人としての道理にはずれていること。

【人海戦術】(じんかいせんじゅつ) 機械や技術の進歩向上によって処理するのではなく、動員したたくさんの人の力で物事を処理するやり方。

【人格】(じんかく) ①その人にそなわっている性格。人柄。②社会の義務・責任・権利をもつ個人。③意識を総括する統一体としての個人。

【人間】㊀(じんかん) 人が住んでいる世間。世の中。「―到(いた)る処(ところ)青山(せいざん)あり（故郷から広い世の中に出て活躍すべきであるということ）」㊁(にんげん) ①社会生活をするものとしての人。また、単に、人。②人としての性格・人格。「―ができている」

【人権蹂躙】(じんけんじゅうりん) 強い立場にある者が弱い立場の者の人権を無視して不当な取り扱いをすること。

【人口に膾炙する】(じんこうにかいしゃする) （うまいなますやあぶり肉はだれでもが食べるように）物事のよさ・おもしろさが広く世間の人に知れ渡り、もてはやされること。▽「膾」はなますのこと。

「炙」はあぶり肉のこと。

【人後に落ちない】(じんごにおちない) ほかの人に負けないこと。

【人災】(じんさい) 天災に対して、人の不注意でおこる災いや事故。

【人事】 一(じんじ) ①人間社会の煩わしいできごと。②人のなすべき事柄。また、人のなしうる事柄。「—を尽くして天命を待つ」③団体の中で個人の身分・能力に関する事柄。「—異動」 二(ひとごと) 自分には関係のない、他人に関した事柄。「—とは思えない」▽「他人事」とも書く。

【人日】(じんじつ) 陰暦正月七日のこと。この日に七草粥(ななくさがゆ)を食べる風習がある。

【人事不省】(じんじふせい) 昏睡(こんすい)状態になり、意識を失うこと。「—におちいる」

【人跡】(じんせき) 人がそこを通った跡。また、人がそこを通ったこと。「—未踏(みとう)」

【人徳】(じんとく) その人の人格に備わっているよさ。

【人品】(じんぴん) 身なりや行いなどに現れている、その人の上品な様子。「—骨柄(こつがら)」

【人文科学】(じんぶんかがく) ①人類の文化に関する学問。文化科学。②①の内、特に文学・歴史学・哲学・言語学など。▽「人文」は「人類のつくった文化」の意。

【人望】(じんぼう) 世間の人々が持つ、すぐれた人に対する尊敬・信頼。

【人面獣心】(じんめんじゅうしん) 顔形は人間だが、心は道理・人情を解さないけだものと同じであること。

【人倫】(じんりん) ①人間として守るべき道義。②人と人との順序・秩序などの関係。③人類。

【人間万事塞翁が馬】(にんげんばんじさいおうがうま) 人生の幸・不幸は予測しがたいというたとえ。▽「塞翁が馬」ともいう。昔、中国北辺の塞(とりで)の近くに住む老人の飼い馬が逃げ、老人は嘆き悲しんだが、まもなくその馬が多くの良馬を引き連れてもどってきたので老人は喜んだ。ところが老人の子どもが落馬して大けがをしたが、そのためにかえって徴兵を免れて、戦死しないですんだという故事から。

【人三化七】(にんさんばけしち) 人間とは思えないほど醜い顔の人。▽「人間三分、化け物七分」の意。

【人非人】(にんぴにん) 人間らしい心のない、人並み以下の人。人でなし。

【人身御供】(ひとみごくう) ①いけにえとして、人の体を神に供えること。②他人の欲望を成就させるための犠牲となること。

参考熟語 人気(にんき・じんき・ひとけ) 人参(にんじん) 人伝(ひとづて)

人2 【介】(4) 常用 音 カイ・ケ 訓 すけ

筆順 ノ 𠆢 介 介

意味 ❶間にはさまる。また、仲立ちする。かいする。「介入・媒介」❷助ける。「介抱・介錯(かいしゃく)」❸甲ら。また、堅い。「介心・魚介」❹よろい。「介冑(かいちゅう)」❺ひとり。また、つまらないもの。「狷介(けんかい)・一介」❻昔、四等官の制で、国の第二等官。すけ。 名付 あき・かい・かたし・すけ・たすく・ゆき・よし

参考 カタカナ「ケ」のもとになった字。

【介在】(かいざい) 二つのものの間に存在すること。「困難が—する」

【介錯】(かいしゃく) 切腹を見届けて、その人の首を切ること。また、その役の人。

【介入】(かいにゅう) ①事件などに当事者以外の人がむりに関係すること。「武力—」②自ら取り引きや事務処理などの主体となること。「—権」

【介抱】(かいほう) ①人を助けて親切に世話をすること。②病人などを看病すること。

参考熟語 介添(かいぞえ)

人2 【仇】(4) 印標 音 キュウ 訓 あだ・かたき

意味 ❶恨んでいる相手。あだ。かたき。❷「徒(あだ)(真心がない・はかない)」のあて字。あだ。「仇浪(あだなみ)」

【仇敵】(きゅうてき) 恨み憎んでいる相手。かたき。あだ。

参考熟語 仇名(あだな)

人2 【今】(4) 2年 音 コン・キン 訓 いま

筆順 ノ 𠆢 亼 今

意味 ❶この時。また、この時代。いま。「今昔・古今(ここん・こきん)」❷近い過去。また、近い将来。このごろ。いま。「当今・昨今」❸このたび。「今回・今夜」 名付 いま・きん

【今上】(きんじょう) ①現在の天皇。②現在、天皇の位についていること。「—天皇」

【今昔の感】(こんじゃくのかん) 現在と昔とを思い比べて、その変化の激しさによって起こる驚きの感

概。「―に堪えない」

【今生】(こんじょう)今、生きているこの世。「―の思い出」

【今般】(こんぱん)このたび。今回。

参考熟語 今際(いまは・いまわ) 今日(きょう・こんにち) 今朝(けさ・こんちょう) 今年(ことし・こんねん) 今宵(こよい・こんしょう) 今春(こんぱる・こんしゅん)

人2 【什】(4) 音ジュウ 訓―

意味 ❶いろいろな物がたくさんある。「什器」❷数で、とお。十。「篇什(へんじゅう)(詩編)」

【什器】(じゅうき)日常、家庭で使用する家具・道具。

【什宝】(じゅうほう)秘蔵している宝物。什物(じゅうもつ)。

【什物】(じゅうもつ・じゅうぶつ)①日常使う器具・道具。②秘蔵している宝物。什宝(じゅうほう)。

人2 【仍】(4) 音ジョウ 訓よる

意味 ❶もとづく。よる。❷かさなる。❸なお。依然として。

人2 【仁】(4) 6年 音ジン・ニ・ニン 訓ひと

筆順 ノ イ 仁 仁

意味 ❶思いやり。また、その心。「仁政・仁俠(にんきょう)」❷徳を備えた人。ひと。「御仁(ごじん)」❸果実の中の柔らかい部分。「杏仁(きょうにん)」 名付 きみ・さね・じん・ただし・と・のぶ・のり・ひさし・ひと・ひとし・ひろし・まさ・まさし・み・めぐみ・めぐむ・やすし・よし

参考 ひらがな「に」のもとになった字。

【仁義】(じんぎ)①人が守り行うべき道徳。②他人に対して行うべき礼儀。③やくざなどの間で行われる初対面の挨拶。「―を切る」④やくざ仲間の親分と子分の間で守るべき道徳・おきて。

【仁俠】(にんきょう)苦しんでいる弱い立場の人を助け味方する気風。また、そういう気風の人。おとこだて。▽「任俠」とも書く。

参考熟語 仁王(におう)

人2 【仄】(4) 印標 音ソク 訓ほのか

意味 ❶かすかなこと。ほのか。「仄聞」❷漢字の四声のうち、平声(ひょうしょう)に比べて声調に変化のある、上声(じょうしょう)・去声(きょしょう)・入声(にっしょう)のこと。「平仄(ひょうそく)」

【仄聞】(そくぶん)うわさなどでそのことをかすかに聞くこと。▽「側聞」とも書く。

人2 【仂】(4) 音ドウ・ロク 訓はたらく

意味 はたらく。「労仂」

参考 (1)「働」の略字として用いる。(2)もと、「ロク」と読んで、はしたの数の意。

人2 【仆】(4) 音ボク・フ 訓たおれる

意味 たおれる。たおれ死ぬ。

人2 【仏】(4) 5年 旧字 人5 佛 (7) 人名

音ブツ・フツ 訓ほとけ

筆順 ノ イ 仏 仏

意味 ❶釈迦(しゃか)。また、その教え。ほとけ。「仏道・念仏」❷釈迦の教えを修行して悟りを得た人。ほとけ。❸仏像のこと。ほとけ。❹「ふつ」と読んで、フランスのこと。「仏語・英仏」 名付 さとる・ぶつ

【仏縁】(ぶつえん)①仏教で、仏との間に結ばれる、仏道修行をするようになる縁。②仏の力による引き合わせ。

【仏閣】(ぶっかく)①寺の建物。②寺。「神社―」

【仏語】一(ぶつご)①仏教で用いる語。仏教用語。②仏教で、仏がいった、教えのことば。二(ふつご)フランス語。

【仏舎利】(ぶっしゃり)釈迦(しゃか)の遺骨。舎利。

【仏陀】(ぶっだ)①悟りを得た円満な聖者。ほとけ。②特に、釈迦(しゃか)のこと。

【仏頂面】(ぶっちょうづら)ぶあいそうで怒ったような顔つき。ふくれっつら。▽仏頂尊の顔にたとえたことば。

【仏法僧】(ぶっぽうそう)①仏教で、三宝としてとうとばれる、仏と、その教えを説いた経典と、その教えを説く僧のこと。②鳥の一種。このはずくの鳴き声とまちがえられて「ブッポウソウ(仏・法・僧)」と鳴くとされ、霊鳥視された。三宝鳥。③このはずくのこと。

【仏滅】(ぶつめつ)①陰陽道(おんみょうどう)で、すべてにわたって凶であって非常に悪いとされる日。仏滅日(ぶつめつにち)。②釈迦(しゃか)が死んだこと。

参考熟語 仏掌薯(つくねいも) 仏蘭西(フランス)

人2 【仐】▼傘 略　人2 【从】▼従 異

人3 **【以】**(5) 4年 音イ 訓もって

筆順 ｜ ｜ ﾚ ﾚ' 以

意味 ❶範囲・方向・程度などの基点・基準を表すことば。「以前・以上」❷思う。「以っての外(ほか)」❸それを用いて・それを理由にしての意を表すことば。もって。「所以(ゆえん)・以心伝心・実力を以ってすれば・お陰を以ちまして」❹それを区切りとして。また、それによって。もって。「本日を以って・以って瞑(めい)すべし」❺その上に。かつ。もって。「明敏で以って容貌(ようぼう)がすぐれている」

名付 い・これ・さね・しげ・とも・のり・もち・ゆき

参考 ひらがな「い」のもとになった字。

【以往】(いおう) ①その時代よりのち。以後。「明治―百年」②その時代より前。以前。

【以心伝心】(いしんでんしん) ①ことばで表さなくても、互いに気持ちが通じあうこと。②禅宗で、ことばや文字で説明できない仏法の神髄を心から心に伝えわからせること。注意「意心伝心」と書き誤らないように。

参考熟語 以為(おもえ)らく

以

人3 **【仕】**(5) 3年 音シ・ジ 訓つかえる・つかまつる

筆順 ノ 亻 仁 什 仕

意味 ❶官職に就いて勤める。また、身分のある人に従ってその人のために働く。つかえる。「仕官・給仕(きゅうじ)」❷動詞「する」の連用形「し」にあてて用いる字。し。「仕方・仕事」❸「する」をへりくだっていうことば。つかまつる。「失礼仕りました」

名付 し・つかう・まなぶ

【仕儀】(しぎ) 物事の成り行き・結果。「とうとうこうした―となった」

参考熟語 仕来(しきた)り　仕種(しぐさ)　仕度(したく)　仕舞屋(しもたや)　仕業(しわざ)

仕

人3 **【仔】**(5) 人名 音シ 訓こ

筆順 ノ 亻 仃 仔 仔

意味 小さいこども。転じて、小さくて細かいさま。「仔牛(こうし)・仔細」

【仔細】(しさい) ①詳しい事情。「―を語る」「―に及ばず（いうまでもない）」②さしつかえとなる事柄。「―あるまい」③説明が詳しいこと。「―な解説」▽「子細」とも書く。

仔

人3 **【仗】**(5) 音ジョウ 訓ほこ・よる

意味 ❶武器。ほこ。「兵仗」❷君主・宮殿などの護衛。「儀仗兵」❸頼む。よる。

仗

人3 **【仭】**(5) 音ジン 訓―

正字 人3 仞(5)　異体 人3 仞(5)

意味 深さや高さの単位。一仭は周代の七尺または八尺（一尺は二二・五センチメートル）にあたる。

仭

人3 **【仙】**(5) 常用 音セン 訓―

筆順 ノ 亻 仆 仙 仙

意味 ❶俗界を離れて、山にこもり、不老不死の術を修めた人。「仙人・神仙」❷世俗を離れた高尚な人。「酒仙・歌仙」

名付 せん・たかし・のり・ひと

【仙境】(せんきょう) ①仙人が住むという所。②俗世間を離れていて閑寂でけしきの美しい所のこと。▽「仙郷」とも書く。

【仙丹】(せんたん) 飲めば不老不死になるという不思議な薬。仙薬(せんやく)。

【仙洞】(せんとう) ①上皇の御所。仙洞御所。②上皇のこと。▽もと「仙人の住まい」の意。

【仙薬】(せんやく) ①飲めば不老不死になるという不思議な薬。仙丹(せんたん)。②転じて、すばらしいききめのある薬。

参考熟語 仙人掌(サボテン・シャボテン)

仙

人3 **【仟】**(5) 音セン 訓―

意味 ❶千人の部隊。また、そのかしら。❷数の千。

参考 証書などで「千」の代用をすることがある。

仟

人3 **【他】**(5) 3年 音タ 訓ほか

筆順 ノ 亻 仂 他 他

他

意味 それ以外のものであること。また、それ以外の別のもの・人。た。ほか。「他国・自他・他(た)・他(ほか)の人」名付 た
参考 ほか⇩「外」の〔使い分け〕。

【他意】(たい) 人に話した考え以外の、秘密にしているよくない考え・気持ち。「特に―はない」

【他界】(たかい) 死ぬこと。▽遠回しにいうことば。

【他郷】(たきょう) 故郷以外の地方。異郷。

【他見】(たけん) ①見せてはいけない秘密の物を人に見せること。「―をはばかる書類」②見てはいけない物を見ること。

【他言】(たごん・たげん) 知らせてはいけない秘密にしておくべきことを人に話すこと。「―を禁ず」

【他山の石】(たざんのいし) 自分をすぐれたものにするために役立つ、他人の言動。「私の苦言を―として下さい」▽詩経(しきょう)の「他山の石以(もっ)て玉を攻(おさ)むべし」による。

【他事】(たじ) ①その事柄に関係のない、ほかの事柄。②自分には関係のない事柄。よそごと。余事。「―ながら御安心下さい」

【他生の縁】(たしょうのえん) 前世から定められている、人と人との関係。「袖(そで)振り合うも―」▽「多生の縁」とも書く。

【他薦】(たせん) 他人がその人を候補者として推薦すること。

【他年】(たねん) 将来のいつかの年。

【他念】(たねん) ほかのことを考える、余裕のある心。「―ない」

【他聞】(たぶん) 秘密の話などを他人に聞かれること。「―をはばかる」

【他力本願】(たりきほんがん) ①仏教で、阿弥陀仏(あみだぶつ)の本願(いっさいの人を救おうとして立てた願い)の力にすがって成仏すること。②他人にたよって物事をしようとすること。

参考熟語 他人事(ひとごと)　他所(よそ・たしょ)　他処(よそ)

人3 【代】(5)

3年　音 ダイ・タイ　訓 かわる・かえる・よ・しろ

筆順 ノ イ 仁 代 代

意味 ❶いれかわる。かわる。また、いれかえる。かえる。「代理・交代」❷かわりをつとめる人。「城代・所司代」❸商品を買ったり労力を得たりするかわりに与える金銭。しろ。「代金・地代・身の代金(みのしろきん)」❹歴史上の時期の区分。よ。「古代・現代」❺地位を受け継いでその地位にいる期間。よ。「代代・歴代」❻かわりや基礎となってその働きをするもの。しろ。「形代(かたしろ)・糊代(のりしろ)」❼十歳を単位として年齢の範囲を示すことば。「十代」名付 しろ・だい・とし・のり・よ・より
参考 よ⇩「世」の〔使い分け〕。

【代言】(だいげん) ①本人に代わっていう。②「代言人(弁護人の旧称)」の略。

【代参】(だいさん) 本人に代わって他の人が神仏にお参りすること。また、その人。

【代謝】(たいしゃ) 新しくてよいものが古くてよくないものと入れ代わること。「新陳―」

【代署】(だいしょ) 本人に代わって署名すること。また、そうして記された署名。参考「代書(だいしょ)」は、本人に代わって文書を書くこと。

使い分け「かわる」
- **代わる**…代理・代役の意。「部長に代わって説明する・身代わり・親代わり・その代わり」
- **変わる**…変化の意。「季節が変わる・考えが変わる・変わった服装・心変わり・声変わり」
- **換わる**…交換の意。「絵が金に換わる・席を換わる・書き換わる」
- **替わる**…交替の意。「大臣が替わる・年度が替わる・替わって運転する・歯が抜け替わる」

【代償】(だいしょう) ①他人が与えた損害をその人に代わって償うこと。②他人に与えた損害の償いとしてその人に渡し与えなければならないもの。

【代替】(だいたい) 他のものでそのものの代わりをさせること。「―品」

【代筆】(だいひつ) 本人にかわって書類・手紙などを書くこと。また、その書いた物。

【代弁】(だいべん) ①その人に代わって意見・希望を述べること。②その人に代わって弁償すること。③その人に代わって事務を処理すること。▽「弁」の旧字体は、①は「辯」、②③は「辨」。

参考熟語 代物(しろもの・だいぶつ)

人3 【仝】(5)

音 ドウ　訓 おなじ

意味 ❶「同」に同じ。❷姓や名に用いる字。「盧仝(ロドウ)」は、中唐の詩人。

参考 踊り字「々」は仝の略字といわれる。

【付】 人3 (5)

4年 音 フ 訓 つける・つく・あたえる

筆順 ノ 亻 仁 付 付

意味 ❶添えて加える。つける。また、添え加わる。つく。「付属・添付・身に付く」❷与え渡す。あたえる。「付託・交付」❸それが付属していること、またはそれに付属していることを表すことば。つき。「保証付き・社長付き」名付 とも・ふ

使い分け「つく」

付く…くっつく。「泥が付く・条件が付く・知識が身に付く・味方に付く・目に付く」
就く…ある位置に身を置く。「会長の座に就く・家路に就く・床(とこ)に就く・任務に就く・眠りに就く」
着く…目的の所に達する。届く。「東京に着く・手紙が着く・席に着く・落ち着く・船が岸に着く」

【付加】(ふか) 今あるものに付け加えること。「―税」▽「附加」とも書く。

【付会】(ふかい) 話などをむりに関係づけること。こじつけ。「牽強(けんきょう)―(事実に合わないのに自分に都合のよいようにこじつけること)」▽「附会」とも書く。

【付記】(ふき) 本文につけ加えて記すこと。また、そのつけ加えた部分。▽「附記」とも書く。

【付近】(ふきん) 近くのところ。あたり。近所。▽「附近」とも書く。

【付言】(ふげん) それに付け加えていうこと。また、そのことば。▽「附言」とも書く。

【付随】(ふずい) ①ある物事がほかの物事に関連していること。「―して生じた現象」②ある物がほかの物に従属した関係にあること。「―した書類」▽「附随」とも書く。

【付箋】(ふせん) 用件を書いたり目印としたりするために書物や書類にはる、小さな紙。▽「附箋」とも書く。

【付則】(ふそく) その規則を補うために付け加えた規則。▽「附則」とも書く。

【付帯】(ふたい) 主たるものに常に伴うこと。「―工事」▽「附帯」とも書く。

【付託】(ふたく) その物事の決定・処理などを他の人に任せること。▽「附託」とも書く。

【付与】(ふよ) 権利・資格・財産などを与えること。▽「附与」とも書く。

【付和雷同】(ふわらいどう) 自分にしっかりと決まった考え・主張がなく、軽々しく他人の意見に従うこと。▽「附和雷同」とも書く。注意「不和雷同」と書き誤らないように。

参考熟語 付子(ぶす・ぶし)

【令】 人3 (5)

4年 音 レイ・リョウ 訓 よい・しむ

筆順 ノ 人 亼 今 令

意味 ❶いいつけ。また、おきて。「令状・号令・法令・律令(りつりょう)」❷長官。「県令」❸よい。「令名・巧言令色」❹相手を尊敬してその人の身内をいうことば。「令息・令夫人」❺使役を表すことば。しむ。名付 なり・のり・はる・よし・れい

【令兄】(れいけい) その人を尊敬して、その人の兄をいうことば。

【令閨】(れいけい) その人を尊敬して、その人の妻をいうことば。令室。令夫人。

【令姉】(れいし) その人を尊敬して、その人の姉をいうことば。

【令室】(れいしつ) 「令夫人」と同じ。

【令嬢】(れいじょう) ①その人を尊敬して、その人の娘をいうことば。②身分の高い人の娘を尊敬していうことば。

【令状】(れいじょう) ①役所が発行する命令書。②出頭・捜査・押収などのために、裁判所が発行する命令書。

【令息】(れいそく) その人を尊敬して、その人の息子をいうことば。

【令孫】(れいそん) その人を尊敬して、その人の孫をいうことば。

【令弟】(れいてい) その人を尊敬して、その人の弟をいうことば。

【令夫人】(れいふじん) ①その人を尊敬して、その人の妻をいうことば。令室。令閨。②身分の高い人の妻を尊敬していうことば。

【令妹】(れいまい) その人を尊敬して、その人の妹をいうことば。

【令名】(れいめい) すぐれているというよい評判。名声。「―が高い」

人3【仞】▶仭 異

人4【伊】(6) 人名 音イ 訓――

筆順 ノ イ 亻 伊 伊 伊

意味 ❶イタリアのこと。「日伊」❷昔の、伊賀国のこと。「伊州」名付 い・おさむ・これ・ただ・よし

参考 (1)❶は「伊太利（イタリー）」の略から。(2)カタカナ「イ」のもとになった字。

参考熟語 伊呂波（いろは） 伊達（だて）

人4【仮】(6) 5年 音カ・ケ 訓かり　旧字 人9 假 (11)

筆順 ノ イ 亻 仮 仮 仮

意味 ❶臨時のまにあわせである。かり。かりに。「仮設・仮定・仮領収書・仮の処置」❷本物でなくてにせである。かり。「仮面・仮病（けびょう）」❸借りる。「仮借（かしゃく・かしゃ）」❹事実でないことを想定するときのことば。もしも。たとえば。かりに。

【仮寓】（かぐう）旅に出ているときや本拠地を離れているときなどに一時的に滞在している宿舎。▽「寓」は「かりずまい」の意。

【仮構】（かこう）実際にはないことを、仮にあるとすること。

【仮借】㊀（かしゃく）罰すべきものをみのがしたり許したりすること。「―なき追及」参考「呵責」は、きびしくとがめること。㊁（かしゃ・かしゃく）漢字の六書（りくしょ）の一つ。漢字を、その本来の意味に関係なく、同音の他の語を表すために用いる用法。たとえば、そむくの意の「北（ほく）」を方角の「きた」の意に用いるなど。

【仮称】（かしょう）仮に名付けてそう呼んでおくこと。また、その名。

【仮設】（かせつ）設備などを一時的につくること。

【仮想】（かそう）物事を進行させるために、事実でないことを仮にそうであると考えること。「―敵国」

【仮託】（かたく）責任をのがれたりほかの物事をしたりするために本当らしい理由を設けること。かこつけること。「経営の失敗を経済界の不況に―する」

【仮定】（かてい）事実・現実でないことを一応そうであるとして考えること。また、その考え。

【仮名】㊀（かめい）本名を隠すときなどに、仮につける名。㊁（かな）日本語を書きあらわすための表音文字。ひらがなと、かたかながある。▽「名」は文字の意。漢字から仮りた字の意で、真名（まな）(漢字の一名)に対する呼び方。

【仮病】（けびょう）病気でないのに病気のふりをすること。

参考熟語 仮初（かりそめ） 仮令（たとい・たとえ）

人4【会】(6) 2年 音カイ・エ 訓あう　旧字 日9 會 (13)

筆順 ノ 人 𠆢 亼 会 会

意味 ❶人とあう。また、できごとなどを経験する。あう。「会話・面会・再開・会者定離（えしゃじょうり）」❷ある目的を持って人々が集まる。かいする。また、そのために作った団体。かい。「司会・閉会・法会（ほうえ）・音楽会・一堂に会する」❸よく理解する。「会得（えとく）・理会」❹出あった時・場合。「機会」❺数える。「会計」❻絵。「図会（ずえ）」名付 あい・かい・かず・さだ・はる・もち

使い分け「あう」

会う…人とあう。一般に広く使う。「客と会う・人に会う・立ち会う」

合う…合致する。互いに…する。「計算が合う・目が合う・好みに合う・話し合う」

遭う…思わぬできごとにあう。「にわか雨に遭う・ひどいめに遭う・事故に遭う」

【会釈】（えしゃく）軽く挨拶をすること。また、軽い挨拶。

【会者定離】（えしゃじょうり）仏教で、会う者は必ず別れる運命を持つということ。

【会得】（えとく）物事の本質やこつなどをよく理解して自分のものにすること。

【会計】（かいけい）①金銭・物品の出入りを管理すること(人)。②代金の支払い。

【会稽の恥】（かいけいのはじ）戦いに敗れた恥。▽中国の春秋時代に、越王（えつおう）の勾践（こうせん）が呉王（ごおう）の夫差（ふさ）と戦って敗れ、会稽（かいけい）山でついに降伏し恥を受けたという故事から。

【会所】（かいしょ）①集会をする所。「碁―」②江戸時代、商業上の取引所。

【会食】（かいしょく）たくさんの人が集まっていっしょに

食事をすること。

【会心】(かいしん) 行いの結果にじゅうぶんに満足して気に入ること。「—のできばえ」 注意 「快心」と書き誤らないように。

【会席】(かいせき) ①集会の席。②茶道・連歌(れんが)・俳諧(はいかい)を行う席。③日本料理で、酒宴のときに出す料理。

【会戦】(かいせん) 双方の軍が出あって戦うこと。また、その戦闘。

【会葬】(かいそう) 葬式に参列すること。

【会頭】(かいとう) 大きな団体・組織の代表者。「商工会議所—」

人4 **【价】**(6) 音 カイ 訓 —

意味 すぐれていて立派である。よい。

人4 **【企】**(6) 常用 音 **キ** 訓 **くわだてる**・たくらむ

筆順 ノ 人 𠆢 个 企 企

意味 計画する。たくらむ。くわだてる。また、その計画。たくらみ。くわだて。「企画・企図」

名付 き・もと

【企画】(きかく) 「企図」に同じ。

【企及】(ききゅう) 努力してすぐれた人と同じ程度になること。「凡人の—するところではない」

【企業】(きぎょう) ①事業をくわだてて、おこすこと。②営利を目的とする経済活動。また、その活動体。「中小—」

【企図】(きと) 目的の実現のためにある物事を計画することと。また、その計画。「—するところがある」

人4 **【伎】**(6) 常用 音 **キ・ギ** 訓 わざ

筆順 ノ 亻 仁 什 伎 伎

意味 ❶腕前。また、才能。わざ。「伎能」❷俳優。

名付 き・ぎ・わざ

【伎倆】(ぎりょう) 実際に物事を行うときのうまさ。腕前。▽「技量」とも書く。

人4 **【休】**(6) 1年 音 **キュウ** 訓 **やすむ・やすまる・やすめる**

筆順 ノ 亻 仁 什 休 休

意味 ❶仕事をやめて心身を楽にする。やすむ。また、そうすること。やすみ。「休息・定休・昼の休み」❷物事の活動を一時やめる。きゅうす。やすむ。「休刊・休止・運休・万事休す」❸寝る。やすむ。やすみ。「お休みになりました」❹おだやかなこと。「休戚(きゅうせき)」

名付 きゅう・やす・やすむ・よし

【休暇】(きゅうか) つとめや学校などの休み。

【休閑地】(きゅうかんち) ①土地の地力回復のために一時栽培をやめている耕地。②利用されないでいる土地。

【休憩】(きゅうけい) していることを一時中止して、休むこと。休息。

【休職】(きゅうしょく) 会社員や公務員などが、その身分を失うことなく一定期間勤務を休むこと。

【休心】(きゅうしん) 心配事がなくなって安心すること。「他事ながら御—下さい」▽手紙で相手を気づかっていうことば。「休神」とも書く。

【休眠】(きゅうみん) 生物が、環境条件が悪化したときなどに発育や活動をほとんどやめて不良な環境に耐えること。「審議会は—状態である」▽機関・施設がその活動を一時ほとんどやめていることにたとえることもある。

人4 **【仰】**(6) 常用 音 **ギョウ・コウ**・ゴウ 訓 **あおぐ・おおせ**・おっしゃる

筆順 ノ 亻 亻 仰 仰 仰

意味 ❶上を向く。あおぐ。「仰天・俯仰(ふぎょう)」❷尊敬して慕う。あおぐ。「仰望・信仰」❸身分の高い人がいう。おっしゃる。また、その人が下した命令。おおせ。

名付 こう・たか

【仰臥】(ぎょうが) あおむけに寝ること。

【仰視】(ぎょうし) 顔や目を上げて見ること。

【仰天】(ぎょうてん) 非常に驚くこと。「びっくり—」▽「天を仰ぐほど驚く」の意。

参考熟語 仰有(おっしゃ)る 仰(の)け反(ぞ)る

人4 **【件】**(6) 5年 音 **ケン** 訓 くだん

筆順 ノ 亻 亻 仁 件 件

意味 ❶事柄。「事件・条件」❷前述した事柄。くだん。「よって件の如し」❸すでに話題にした

2画

事柄を指し示すことば。例の。くだん。「件の話」❹事柄などを数えることば。「一件」名付 かず・けん・なか・わか

人4 【伍】(6) 人名 音 ゴ 訓 くみ

筆順 ノ 亻 仁 仃 伍 伍

伍

意味 ❶組。また、仲間。くみ。「隊伍・落伍」❷同等の位置に身を置く。ごする。名付 あつむ・いつ・くみ・ご・ひとし

参考 証書などで「五」の代用をすることがある。

人4 【伉】(6) 音 コウ 訓 ―

伉

意味 ❶対等の相手。❷まっすぐに立つ。

人4 【全】(6) 3年 旧字 入4 全(6)

全

音 ゼン 訓 まったく・すべて

筆順 ノ 入 亼 仝 全 全

意味 ❶すべて。みな。ぜん。まったく。「全体・全然・全焼・全六巻・全く理解できない」❷その範囲の中のものが例外なくすべて。「全国・全社員」❸欠点や傷がない。「全人・完全」❹純粋でまじりけがない。「全糖」❺すべてを果たす。まっとうする。「命を全うする」名付 うつ・ぜん・たけ・とも・はる・まさ・また・みつ・やす

【全潰・全壊】(ぜんかい) 建物などがすっかりこわれること。「―家屋」

【全身全霊】(ぜんしんぜんれい) 自分の持っている体力や精神力のすべて。「―をささげる」

【全盛】(ぜんせい) 物事が非常に盛んなこと。まっさかり。

【全治】(ぜんち・ぜんじ) 病気やけががすっかり治ること。

【全知全能】(ぜんちぜんのう) ①すべてのことに通じている知恵と、どんなことでもできる力。「―の神」②知能が完全無欠であること。

【全般】(ぜんぱん) ある事柄が及ぶすべて。全体。「―的」「家事―」

【全豹】(ぜんぴょう) ①豹(ひょう)の皮全体の模様。「一斑を見て―を卜(ぼく)す(物事の一部分の様子から全体の様子を推測する)」②転じて、その物事全体の様子。

【全幅】(ぜんぷく) すべて。ありったけ。「―の信頼をおく」

【全貌】(ぜんぼう) 物事の全体の様子。全容。

【全容】(ぜんよう) 物事の全体の様子・内容。

人4 【仲】(6) 4年 音 チュウ 訓 なか

筆順 ノ 亻 仆 仲 仲 仲

仲

意味 ❶人と人との間柄。なか。「仲介・仲裁・仲良し」❷兄弟のなかで第二番め。「仲兄・伯仲」↔孟・季。❸その季節を三つに分けた第二番め。「仲秋」名付 ちゅう・なか・なかし

参考 なか⇩「中」の[使い分け]。

【仲介】(ちゅうかい) ①両者の間にはいって物事を取り次いだりまとめたりすること。仲立ち。「売買の―をする」②紛争当事国の間にはいって調停・解決するために一定の条件を提出して斡旋(あっせん)すること。

【仲裁】(ちゅうさい) ①争っている両者の間にはいって世話をし仲直りをさせること。調停。②第三者あるいは第三国が当事者の間にはいり、和解条件を示して争いを調停すること。「―裁判」注意「仲栽」と書き誤らないように。

【仲秋】(ちゅうしゅう) 秋の三か月のうち、まん中の月。陰暦八月にあたる。参考「中秋(ちゅうしゅう)」は、月が美しいとされる陰暦八月十五日のこと。

【仲人】(一)(ちゅうにん) 争っている両者の中にはいって仲直りをさせる人。仲裁人。(二)(なこうど) 結婚の仲だちをする人。

【仲買】(なかがい) 問屋と小売商、または、生産者と問屋の間で商品を売買し、利益を得ること。また、それを職業とする人。ブローカー。

参考熟語 仲間(ちゅうげん・なかま) 仲合(なからい) 仲人(なこうど・ちゅうにん)

人4 【伝】(6) 4年 旧字 人11 傳(13) 人名

伝

音 デン・テン 訓 つたわる・つたえる・つたう・つて

筆順 ノ 亻 仁 仁 伝 伝

意味 ❶知らせる。つたえる。また、いい広められる。つたわる。「伝言・宣伝」❷受け継ぐ。つたえる。また、受け継がれる。つたわる。「伝授・遺伝」❸いいつたえ。また、人の一代記。「伝説・自伝」❹次々に送る。「伝馬(てんま)・駅伝」❺古典の注釈書。「経伝・古事記伝」❻やりかた。でん。「いつもの伝で」❼自分の希望・目的を実現させる

ために世話をしてくれる人。てづる。つて。「就職の伝(つ)て」名付 ただ・つぐ・つた・つたう・つたえ・つとう・つとむ・でん・のぶ・のり

【伝家の宝刀】(でんかのほうとう) 重大な情勢を切り抜けるため以外にはむやみに用いない、すぐれた威力のある決め手。「―を抜く」▽もと「代々家に伝わっているたいせつな刀」の意。

【伝奇】(でんき) 珍しくて怪奇な話。また、それを題材にした小説。

【伝承】(でんしょう) 古くからある制度・信仰・習俗・伝説などを受け継いで伝えていくこと。また、その事柄。「民間―」

【伝導】(でんどう) ①伝え導くこと。②熱・電気が物体の中を移動する現象。参考「伝動(でんどう)」は、動力を他の部分や他の機械に伝えること。

【伝道】(でんどう) その宗教を広めるために教義を世の中の人々に説いて信者をふやそうとすること。「―師」▽多く、キリスト教の教義を説くことをいう。

【伝播】(でんぱ) ①人々の間で次から次へと伝わって広まること。「病気の―」②科学で、波動が広がって行くこと。▽「播」は「広がる」の意。
注意「でんぱん」と読み誤らないように。

【伝聞】(でんぶん) 直接見聞きするのではなく、人から伝え聞くこと。「―証拠」

【伝法】(でんぼう) ①乱暴で平気で暴力を用いること。また、そのような人。②男気があって威勢がよいこと。「―肌」

【伝来】(でんらい) ①外国から伝わってくること。「中国から―した壺(つぼ)」②先祖から代々受け継いでくること。「父祖―の名刀」

【伝令】(でんれい) 命令を伝える。また、その役の人。

参考熟語 伝手(つて) 伝馬船(てんません)

人4 【任】(6) 5年 音ニン 訓まかせる・まかす

筆順 ノ イ 仁 仟 任

任

意味 ❶役目を務める。にん。「任務・任期・責任」❷役目を与える。にんずる。「任命・選任」❸自分でしないでほかの人に自由にさせる。まかせる。「委任・放任」名付 あたる・じん・たえ・たか・たかし・ただ・たもつ・と・とう・にん・のり・ひで・まかし・まこと・よし

【任意】(にんい) 特別の制限がなく、その人の考え通りに自由に行うこと。「―出頭」

【任侠】(にんきょう) 弱い立場の人を助け味方する気風。また、そういう気風の人。おとこだて。▽「仁侠」とも書く。

【任地】(にんち) 仕事を務めるためにいる土地。任所。

【任用】(にんよう) その人を上位の職務につけること。

人4 【伐】(6) 常用 音バツ 訓うつ・きる

筆順 ノ イ 仁 代 伐 伐

伐

意味 ❶樹木などを切り倒す。きる。「伐採・乱伐」❷敵を攻め滅ぼす。うつ。「征伐・討伐」❸人を殺す。「殺伐・誅伐(ちゅうばつ)」名付 のり・ばつ

参考 きる⇩「切」の〔使い分け〕。

【伐採】(ばっさい) 山などから木をきり出すこと。

人4 【伏】(6) 常用 音フク 訓ふせる・ふす

筆順 ノ イ 仁 什 伏 伏

伏

意味 ❶姿勢を低くする。また、はらばいになる。ふせる。「起伏・平伏」❷下に隠れる。ふくする。ふす。また、隠す。ふせる。「伏兵・潜伏」❸従う。ふくする。また、従わせる。「降伏・調伏(ちょうぶく)」❹下のほうへ向ける。ふせる。「目を伏せる」名付 ふく・ふし・やす

【伏在】(ふくざい) 物事の表面に現れないで隠れていること。「原因が―している」

【伏線】(ふくせん) 小説などで、あとで述べる事柄や筋の展開の準備として前もってほのめかしておく事柄。「―を敷く」

【伏魔殿】(ふくまでん) 陰謀などをたくらんでいる悪事の根拠地。「政界の―」▽「悪魔が住んでいるりっぱな御殿」の意。

【伏流】(ふくりゅう) 砂地などの地下をくぐって流れる水。

【伏竜鳳雛】(ふくりゅうほうすう) すぐれた才能を持ちながら世間に知られていない人物のこと。▽「水の中に隠れている竜と、成長して天を駆けるであろう鳳凰(ほうおう)(想像上の鳥の名)のひな」の意。

人4 【伜】▼倅 異

人5 **【位】**(7) 4年 音イ 訓くらい

筆順 ノ 亻 亻' 亻十 亻立 位

意味 ❶身分・等級。また、品格。くらい。「位階・即位・品位・名人位」❷置かれるべき場所。「位置・地位・方位」❸物を数えるときの基準。また、数値を表すためのけた。くらい。「単位・百の位」❹相手を敬っていうときのことば。「各位」❺大体の数量・程度を表すことば。ぐらい。くらい。

名付 い・くら・たか・ただ・ただし・つら・なり・のり・ひこ・ひら

【位階(いかい)】 功績のあった人に与える位や等級。正(しょう)一位から従(じゅ)八位まで十六段階ある。「―勲等」

【位牌(いはい)】 死者の俗名・戒名(かいみょう)を書いて祭る木の札。注意「遺牌」と書き誤らないように。

位

人5 **【佚】**(7) 音イツ 訓たのしむ

意味 ❶失う。「佚書・散佚」❷遊びなまける。また、楽しみ安んずる。たのしむ。「安佚」❸のがれ隠れる。「佚民」

参考「安佚」の「佚」は「逸」に書き換える。

【佚民(いつみん)】 ①俗世間を離れて気楽に生活している人。「泰平の―」②官職につかず、民間で生活している人。▽「逸民」とも書く。

佚

人5 **【何】**(7) 2年 音カ 訓なに・なん・いずれ

何

筆順 ノ 亻 亻一 亻丁 何 何 何

意味 ❶不定の事物の名前・実体を問うときのことば。なに。「何者・誰何(すいか)」❷不定の事物をさすときのことば。どれ。どちら。いずれ。「何れ劣らぬ」❸はっきりいえない、またははっきりいわない事物をさすときのことば。なに。「何を何してくれ」❹どういう経過であっても結局。どうせ。いずれ。「何れわかることだ」

名付 いず・か・なに

参考熟語 何如(いかん)・(いかが) 何方(いずかた) 何処(いずこ)・(どこ) 何時(いつ)・(なんじ) 何奴(どいつ)・(なにやつ) 何所(どこ) 何方(どちら) 何故(なぜ)・(なにゆえ) 何某(なにがし)・(なにぼう) 何呉(なにくれ) 何卒(なにとぞ) 何分(なにぶん)・(なんぷん) 何条(なんじょう)

人5 **【伽】**(7) 人名 音カ・ガ・キャ 訓とぎ

筆順 ノ 亻 亻フ 伪 伽 伽 伽

意味 ❶梵語(ぼんご)の「キャ」「カ」「ガ」の音を表すのに用いた字。「伽羅(きゃら)・伽藍(がらん)」❷人の退屈を慰めるために話相手をしたり共寝をしたりすること。とぎ。「御伽噺(おとぎばなし)・夜伽(よとぎ)」

名付 か・が・きゃ・とぎ

【伽藍(がらん)】 寺院。また、寺院の建物。「七堂―」

【伽羅(きゃら)】 ①香木の一種。東南アジアに産する。沈香(じんこう)。②「伽羅①」から取った黒色の香料。③木の一種。いちいの変種。観賞用。伽羅木。

伽

人5 **【佝】**(7) 音ク・コウ 訓―

佝

意味 背が曲がって小さいさま。「佝僂(くる)」

人5 **【估】**(7) 音コ 訓―

意味 ❶あきなう。また、商人。❷値段を見積もる。また、価。

估

人5 **【佐】**(7) 4年 音サ 訓すけ・たすける

筆順 ノ 亻 亻一 什 佐 佐 佐

意味 ❶手助けする。たすける。また、そのこと。たすけ。「佐幕・補佐」❷旧軍隊および自衛隊で、将に次ぐ階級。「大佐・陸佐」❸昔、四等官の制で、兵衛府(ひょうえふ)・衛門府(えもんふ)の第二等官。すけ。

名付 さ・すけ・たすく・よし

【佐幕(さばく)】 江戸時代の末期、勤王(きんのう)派に対抗して、幕府の政策を支持し、幕府を助けたこと。また、その派。

佐

人5 **【作】**(7) 2年 異体 人9 做(11) 音サク・サ 訓つくる・おこす・おこる・なす

筆順 ノ 亻 亻' 作 作 作 作

意味 ❶物を新しくこしらえる。つくる。また、こしらえたもの。「作品・作製・傑作」❷活動して物事を行う。なす。また、活動やふるまい。「作為・作法(さほう)・動作」❸穀物・野菜・草花などを栽培する。つくる。また、そのできぐあい。「作物(さくもつ)・豊作」❹盛んになる。おこる。また、盛ん

作

2画

にする。おこす。「作興・振作(しんさく)」名付 さく・つくり・つくる・とも・なり

使い分け「つくる」

作る…抽象的なものを含めて、こしらえる。広く、使う。「料理を作る・詩を作る・米を作る・記録を作る・機会を作る・笑顔を作る」

造る…大規模な物や具体的な物を工業的にこしらえる。「建造・造船・造園・酒造」などの熟語を思い出すとよい。「船を造る・庭園を造る・貨幣を造る・酒を造る」

創る…新しく何かをこしらえる。「新しい文化を創る・画期的な商品を創り出す」

【作意】(さくい) ①たくらみの心。②芸術作品を作り出す作者の意図・動機・趣向。

【作為】(さくい) ①よく見せかけるために、わざとものを変えたりこしらえたりすること。「—のあとが見られる」②法律で、積極的な行為や動作。

【作成】(さくせい) 書類や文章などを作ること。また、計画などを立てること。「予定表を—する」参考「作製(さくせい)」は、物品を作ること。

使い分け「さくせい」

作成…書類・図表・計画などを作り上げる。「レポートの作成・法案を作成する」

作製…物を作る。製作。「本棚の作製・模型を作製する」

【作物】一(さくぶつ) 美術・文学などの作品。二(さくもつ) 田畑で栽培する穀物・野菜・草花のこと。

【作用】(さよう) ①あるものが他のものに影響を及ぼすこと。また、その働き。②物理学で、物体が他の物体に力を及ぼし影響を与えること。

人5

【伺】(7)

常用 音 **シ** 訓 **うかがう**

筆順 ノ イ 仃 仃 伺 伺 伺

意味 ❶様子をたずねる。うかがう。「伺候」❷人に聞く。うかがう。また、上の人の指示を求めること。うかがい。「伺書(うかがいしょ)」❸人を訪問する。うかがう。「社長のお宅に伺う」名付 し

【伺候】(しこう) ①身分の高い人のそばに近くに仕えること。②目上の人のご機嫌伺いに行くこと。▽「祗候」とも書く。

人5

【似】(7)

5年 音 **ジ** 訓 **にる**

筆順 ノ イ 亻 亻 仏 似 似

意味 互いに同じように見える。にる。また、互いに同じに見えるようにする。にせる。「似顔(にがお)・類似」名付 い・じ・に・のり

【似而非】一(えせ)「似非」と同じ。二(にてひ) ちょっと見るとよく似ているが、実際はまったく違っていること。

【似非】(えせ) 外見は本物とよく似ているが、実際は本物より劣っていることを表すことば。似而非(えせ)。「—学者」

参考熟語 似我蜂(じがばち)

人5

【住】(7)

3年 音 **ジュウ** 訓 **すむ・すまう**

旧字 人5 住(7)

筆順 ノ イ 亻 亻 仁 住 住

意味 ❶家を定めてそこで生活する。じゅうする。すまう。すむ。また、そのための家。すまい。「住宅・衣食住・住めば都」❷一か所にとどまる。じゅうする。「去住」❸寺の住職のこと。「先住・当住」名付 おき・じゅう・すみ

【住持】(じゅうじ) 寺のかしらである僧。住僧。住職。

【住職】(じゅうしょく)「住持」と同じ。

参考熟語 住居(すまい・じゅうきょ) 住家(すみか・じゅうか) 住処(すみか)

人5

【伸】(7)

常用 音 **シン** 訓 **のびる・のばす・のべる**

筆順 ノ イ 亻 仃 伯 伸 伸

意味 ❶まっすぐになって長くなる。のびる。また、そのようにする。のばす。↔縮。「伸縮・屈伸・欠伸(あくび)」❷勢力が盛んになる。のびる。また、そのようにする。のばす。「才能を伸ばす」❸述べる。「追伸」名付 しん・ただ・のびる・のぶ・のぶる・のぼる

【伸縮】(しんしゅく) 伸びたり縮んだりする。また、伸ばしたり縮めたりする。「—自在」

【伸張】(しんちょう) ①勢力が盛んになって及ぶ範囲が広がること。また、そのようにすること。「勢

2画

使い分け「のびる」

伸びる…物が長くなる。伸長。「背が伸びる・勢力が伸びる・記録が伸びる・暑さで伸びる」

延びる…時間的に長くなる。距離が長くなる。広がる。「会議が延びる・寿命が延びる・出発が延びる・鉄道が郊外まで延びる・クリームが延びる」

力を—する」②物体が伸びて長くなること。「—率」

【伸長】しんちょう ①伸びて長さが長くなること。また、伸ばして長くすること。②勢力・実力が盛んになること。盛んにすること。伸張。▽「伸暢」の書き換え字。

【伸展】しんてん 発展して規模が大きくなったり、勢力が盛んになって及ぶ範囲が広くなったりすること。「事業が—する」

使い分け「しんてん」

伸展…勢力・規模などが広がること。「経済力の伸展・事業が伸展する」

進展…物事が進行して発展すること。「事件が進展する・文化の進展・科学技術のめざましい進展」

人5 【佗】(7) 音 タ 訓 わび

意味 ❶ほか。❷茶道・俳句などで、質素で物静かな趣。わび。

参考 ❷はふつう「侘」と書く。

人5 【体】(7) 2年 音 タイ・テイ 訓 からだ

旧字 骨13 體(23)　異体 身5 躰(12)　異体 身13 軆(20)

筆順 ノ 亻 仁 什 休 休 体

意味 ❶からだ。たい。「体力・体験・肉体・五体」❷他のものと区別して特徴づける形。たい。「体系・文体・体を成さない」❸外から見たありさま。てい。「体裁（ていさい）・風体（ふうてい）・体（てい）よく断る」❹ある形をもったもの。たい。「体積・物体」❺働きのもととなるもの。たい。「体言・主体・名は体を表す」❻理解して自分のものとする。たいする。「体得」❼目上の人からいわれたことを守り実行する。たいする。「社長の意を体して交渉する」❽神仏の像を数えることば。たい。 名付 たい・なり・もと

【体軀】たいく からだつき。▽「軀」も「からだ」の意。

【体系】たいけい ①個々別々のものを系統的にまとめた組織。②一定の原理で矛盾のないように組織された理論や思想の全体。

【体験】たいけん 自分で行動して実際に経験すること。また、その経験。

【体現】たいげん 抽象的な事柄を具体的な形に表すこと。「理想を—した人」

【体臭】たいしゅう ①からだから出るにおい。②その人独特の気分や、くせ。「作者の—がにじみでた文章」

【体制】たいせい あるまとまった働きをする（社会の）しくみ。

【体勢】たいせい からだの構え。

使い分け「たいせい」

大勢…物事や社会のおおまかな成り行き。「大量得点で試合の大勢が決まる・反対意見が大勢を占める」

体制…（社会などの）あるまとまった働きをするしくみ。「民主主義体制・来期のチームの体制・反体制」

体勢…運動などにおける、体の構え・姿勢。「土俵際の体勢・つまずいて体勢を崩す」

態勢…物事に対する身構え・態度。「出動の態勢・警戒態勢・受け入れ態勢」

【体得】たいとく ①ある物事を理解して完全に自分のものにすること。②実際に体験してみてわかること。

【体面】たいめん 人が世間に対して持っている名誉や、恥の気持ち。

人5 【但】(7) 常用 音 タン 訓 ただし

筆順 ノ 亻 亻丨 亻冂 亻日 但 但

意味 条件をつけ加えたり例外の場合を示したりするときに用いることば。ただし。「但書・いってもよろしい。但し夜はまずい」 名付 ただ・たん

人5 【佇】(7) 印標 音 チョ 訓 たたずむ

意味 立ち止まる。また、待つ。たたずむ。「佇立」

【佇立】(ちょりつ) 立ち止まる。立ち止まったまま、しばらく動かないでいること。

人5 **【低】** (7) 4年

音 テイ
訓 ひくい・ひくめる・ひくまる

筆順 ノ イ … 低

意味 高さがひくい。また、程度が劣っている。↔高。「低劣・高低」名付 てい

参考「低回」は「低徊」が書き換えられたもの。

【低回】(ていかい) 物思いにふけりながらゆっくりと歩きまわること。▽「低徊」の書き換え字。

【低湿】(ていしつ) 土地が低くて湿気が多いこと。

【低迷】(ていめい) ①悪い状態から抜け出せずにそこに長くとどまること。「貧窮のどん底に—している」②雲が低い所をさまようこと。「暗雲—」

【低落】(ていらく) ①物価・相場などが下がって悪くなること。②評判・人気などが悪くなること。

【低劣】(ていれつ) 能力・価値などの程度が低く、劣っていること。

【低廉】(ていれん) 値段が安いこと。

人5 **【佃】** (7) 人名

音 デン
訓 つくだ

筆順 ノ イ … 佃

意味 人が耕作する田。つくだ。

【佃煮】(つくだに) あさり・のり・小魚などをしょうゆで煮つめてつくった食品。▽江戸の佃島(つくだじま)でつくり始めたことから。

人5 **【佞】** (7)

音 ネイ
訓 おもねる

異体 人6 侫 (8)

意味 ❶うわべはすなおだが、心がねじけていること。「佞人・奸佞(かんねい)」❷目上の人にへつらう。おもねる。「佞言・讒佞(ざんねい)」

【佞奸】(ねいかん) うわべはすなおに見せかけているが、口先ばかりたくみで、心がねじけていること。▽「佞姦」とも書く。

人5 **【伯】** (7) 常用

音 ハク
訓 かみ

筆順 ノ イ … 伯

意味 ❶父や母の兄または姉。↔叔。「伯父(おじ)・伯母(おば)」❷伯・仲・叔・季に分けた兄弟の順の第一番め。「伯兄・伯仲」❸その技芸にすぐれている人。「画伯」❹もと、公・侯・伯・子・男の五等級に分けた爵位の第三番め。「伯爵」❺昔、四等官の制で、神祇(じんぎ)官の第一等官。かみ。❻ブラジルのこと。「日伯」名付 お・おさ・たか・たけ・とも・のり・はか・はく・ほ・みち

参考 ❻は「伯剌西爾(ブラジル)」の略から。

使い分け「おじ・おば」

伯父(おじ)・伯母(おば)…「伯」は、最年長の兄の意。父母の年上のきょうだい。

叔父(おじ)・叔母(おば)…「叔」は、年少の弟の意。父母の年下のきょうだい。

【伯仲】(はくちゅう) 両者の実力・勢力がともにすぐれていて優劣の差をつけにくいこと。「実力が—する」▽「長男と次男」の意。

【伯楽】㊀(はくらく) 馬の素質をよく見分ける人。▽すぐれた素質の持ち主を見つけてりっぱな人に育てることがじょうずな人にたとえることもある。中国の周代、馬の良否をたくみに見分けたという人の名から。㊁(ばくろう) 牛馬の仲買いを職業とする人。博労。馬喰。

参考熟語 伯林(ベルリン)

人5 **【伴】** (7) 常用

旧字 人5 伴 (7)

音 ハン・バン
訓 ともなう・とも

筆順 ノ イ … 伴

意味 ❶いっしょに行く。また、連れて行く。ともなう。「伴侶・同伴」❷つき従う。ともなう。また、その人。とも。「伴奏・随伴」❸それに応じて起こる。ともなう。「収入に伴わない生活」名付 すけ・とも・はん・ばん

【伴食】(ばんしょく) 正客の相手をしてごちそうになること。陪食(ばいしょく)。お相伴(しょうばん)。「—大臣(実権・実力の伴わない大臣をあざけっていうことば)」

【伴侶】(はんりょ) いっしょに物事をする仲間。「人生の—(配偶者のこと)」

人5 **【佑】** (7) 人名

音 ユウ
訓 たすける

筆順 ノ イ … 佑

意味 天や神が助ける。たすける。また、その助け。「佑助・神佑・天佑」名付 すけ・たすく・ゆ・

2画

ゆう
【佑助】(ゆうじょ) 天や神が人間を手助けすること。「天の—」▽「祐助」とも書く。

人5 【余】(7) 5年 旧字 食7 餘(16)

音 ヨ 訓 あまる・あます・われ

筆順 ノ 人 亼 亽 今 余 余

意味 ❶使われないで残る。あまる。また、使わないで残す。あます。「余分・余暇・身に余る光栄」❷残った物。あまり。「残余・余りある(それをするのにはじゅうぶんである)」❸数がそれよりは少し多いことを表すことば。あまり。「月余・二十余年・百名余り」❹ほか。よ。「余人・余の儀」❺漢文的な文章で、男性が自分のことをさすことば。私。われ。名付 よ・われ

参考 ❺は新旧字体の区別がなく、もともと「余」である。

【余韻】(よいん) ①鐘などを鳴らし終えてもあとに残って聞こえる、鐘の響き。余音(よいん)。②物事が終わっても心に残る、その物事のすぐれた趣。③詩や文章などで、直接ことばに表されていなくて心に感じられるすぐれた味わい。

【余韻嫋嫋】(よいんじょうじょう) 鐘の音などが低く長く響くこと。注意「よいんじゃくじゃく」と読み誤らないように。

【余暇】(よか) 余った暇な時間。

【余寒】(よかん) 暖かくなってくるはずの立春ののちまで続いている寒さ。

【余儀】(よぎ) 行うべき他の方法・手段。「—無い(ほかに行うべき方法がなく、しかたがない)」

【余技】(よぎ) 専門の事柄以外にできる技能や趣味。

【余事】(よじ) ①本来行うべき物事の暇にする物事。「—に忙しい」②本来行うべき事柄以外の事柄。「—については関知しない」

【余日】(よじつ) ①ある期日になるまでに残っている日数。②ほかの日。「—に伺います」

【余剰】(よじょう) 必要な分を使ったり除いたりした余り。剰余。「—農産物」

【余情】(よじょう) 物事が終わっても心に残っているしみじみとした趣・味わい。

【余人】(よじん) その事柄に関係のないほかの人。「—は知らず私はそう考えない」

【余燼】(よじん) 火事が消えても消え残ってくすぶっている火。▽「燼」は「燃え残り」の意。

【余勢】(よせい) 物事をうまくなしとげてはずみのついた勢い。「—を駆って攻める」

【余生】(よせい) 老人の、世間の活動から退いたのちの生活。

【余喘を保つ】(よぜんをたもつ) ①死にかかっているが、やっと生き長らえていること。②滅びそうなものがかろうじて続いていること。▽「余喘」は「死にぎわの絶え絶えの息」の意。

【余得】(よとく) ある地位や職業にあることで得られる、正規の収入以外の利益。余禄(よろく)。

【余念】(よねん) その物事をするのにじゃまになる、その物事について以外の考え。「仕事に—がない」

【余白】(よはく) 紙の、文字などを書いた部分以外の空白の部分。

【余病】(よびょう) ある病気にかかっているときに起こる他の病気。「—を併発する」

【余聞】(よぶん) 「余話」と同じ。

【余命】(よめい) それ以後に生き長らえる命。「—いくばくもない」

【余裕綽綽】(よゆうしゃくしゃく) 落ち着いていてゆったりとしていること。▽「綽綽」は、「ゆったりとして落ち着いたさま」の意。

【余禄】(よろく) 「余得」と同じ。

【余録】(よろく) おもな記録からもれた事柄を記録したもの。

【余話】(よわ) あるできごとや話題についてまだ一般には知られていない話。こぼれ話。余聞。

参考熟語 余所(よそ) 余波(なごり・よは)

人5 【伶】(7) 人名

音 リョウ・レイ 訓 わざおぎ

筆順 ノ イ 亻 仒 伶 伶

意味 ❶音楽を奏する人。また、俳優。わざおぎ。「伶人」❷賢い。「伶悧(れいり)」名付 りょう・れい・わざおぎ

【坐】▸土4

【巫】▸工4

人5【佛】▸仏(旧)

人6 【依】(8) 常用

音 イ・エ 訓 よる

筆順 ノ イ 亻 仁 仗 依 依 依

意味 ❶力として頼みにする。よる。「依頼・帰依(きえ)」❷根拠として頼みにする。よる。「依拠・依頼」❸もとのまま。「依然」名付 い・より

【依願】(いがん) 命令・強制ではなく、本人の願いに基づくこと。「―免官」

【依拠】(いきょ) よりどころとしてそれに基づくこと。また、よりどころ。

【依嘱】(いしょく) たよりとして頼むこと。「―作品」

【依然】(いぜん) もとのままであって少しも変わらないこと。「旧態―」「―として変わらない」

【依存】(いそん・いぞん) 他のものにたよって、それに基づいて生存・成立すること。「相互―」

【依託】(いたく) ①他の人に預けて任せること。「―学生」②物にもたせかけてよりどころとすること。「―射撃」参考「委託(いたく)」は、他の人に任せ、自分の代わりにやってもらうこと。

【依怙地】(えこじ・いこじ) いじっぱりで、がんこなこと。

【依怙贔屓】(えこひいき) 自分がすきなものや自分と関係のあるものだけを、ひいきすること。公平でないこと。

【依代】(よりしろ) 神意をあらわすために、神霊が降りて宿る媒介物。樹木・石など。

参考熟語 依怙(えこ)

人6
【価】(8) 5年
旧字 人13 價 (15) 人名

音 カ 訓 あたい

筆順 ノ 亻 仁 仼 価 価 価 価

意味 ❶物の値段。また、事物の値打ち。あたい。「価格・価値・評価・物価」❷数学で、文字・式などが表す数値。あたい。

参考 あたい⇩「値」の[使い分け]。

【価格】(かかく) 貨幣の値打ちに換算してあらわした、物の値打ち。値段。

人6
【佳】(8) 常用

音 カ・ケ 訓 よい

筆順 ノ 亻 仁 什 佳 佳 佳 佳

意味 ❶すぐれていてよろしい。よい。「佳作・佳日」❷女が美しい。よい。「佳人・佳麗」名付 か・よし

【佳境】(かきょう) ①物事が進行して興味深くなってくるおもしろい部分。「話が―にはいる」②けしきのよい所。

【佳肴】(かこう) うまいごちそうのこと。▽「うまい酒のさかな」の意。「嘉肴」とも書く。

【佳日】(かじつ) 縁起のよいめでたい日。▽「嘉日」とも書く。

【佳辰】(かしん) 縁起のよいめでたい日。▽「辰」は「日」の意。「嘉辰」とも書く。

【佳人】(かじん) 顔形・姿の美しい女性のこと。美人。「才子―」

【佳人薄命】(かじんはくめい) 美人はとかく不幸で若死にしやすいということ。

【佳節】(かせつ) 祝うべきめでたい日。祝日。「天長の―」▽「嘉節」とも書く。

【佳良】(かりょう) 作品などの程度が特にすぐれてはいないが、水準以上であること。

人6
【侃】(8) 人名

音 カン 訓 つよい

筆順 ノ 亻 个 仲 们 侃 侃 侃

意味 意志などが正しく強い。つよい。「侃侃諤諤(かんかんがくがく)」名付 あきら・かん・すなお・ただ・ただし・つよ・つよし・なお・やす

【侃侃諤諤】(かんかんがくがく) 正しいと信ずることを遠慮せずにいうさま。また、さかんに論議するさま。
注意 「喧喧諤諤」と書き誤らないように。

人6
【佶】(8)

音 キツ 訓 ―

意味 →佶屈聱牙(きっくつごうが)

【佶屈聱牙】(きっくつごうが) 文章がむずかしく読みにくいこと。▽「詰屈聱牙」とも書く。「佶屈」は「かたくるしい」、「聱牙」は「聞きにくい」の意。

人6
【供】(8) 6年

音 キョウ・ク・グ 訓 そなえる・とも

筆順 ノ 亻 仁 什 世 供 供 供

意味 ❶神仏に物をささげる。そなえる。「供養(くよう)・供物(くもつ)」❷役立ててもらうために差し出す。きょうする。そなえる。「供給・提供・閲覧に供する」❸ごちそうする。「供応」❹事情を述べる。「供述・自供」❺従者。とも。また、従者として付き従う。「供奉(ぐぶ)」❻複数を表すことば。ども。「子供」名付 きょう・とも

参考 ⑴「供応」の「供」は「饗」が書き換えられたもの。⑵そなえる⇩「備」の[使い分け]。

【供応】(きょうおう) 酒や食事を出して人をもてなすこと。▽「饗応」の書き換え字。

【供給】(きょうきゅう) 需要に対して、販売・交換のために物資を市場に出すこと。

【供述】(きょうじゅつ) 裁判所や警察の尋問に答えて申し述べること。「―書」

【供託】(きょうたく) 金銭・有価証券または物件などを特定の機関や人に差し出して保管してもらうこと。

【供与】(きょうよ) ある目的のために利益・物品などを相手に与えること。また、そのような行為。

【供花】(くげ・きょうか) 仏前に花を供えること。また、その花。▽「供華」とも書く。

【供奉】(ぐぶ) 行幸などの供をすること。また、供の人。

【供物】(くもつ) 神仏に供える物。お供え。

【供養】(くよう) 死者の霊に物を供えて、冥福(めいふく)を祈ること。「追善―」 注意「供要」と書き誤らないように。

人6 **【佼】**(8) 音コウ 訓―
意味 なまめかしくて美しい。「佼人」

人6 **【使】**(8) 3年 音シ 訓つかう
筆順 ノ イ 仁 仁 佢 佢 使 使
意味 ❶物・金銭・時間などを用いる。また、人を働かせて用事をさせる。つかう。「使用・行使」❷人を行かせて用事をさせる。つかう。また、行かされる人。つかい。「使命・急使」❸道具・術などをあやつり用いる。つかう。また、その人。つかい。「魔法使い」

使い分け「つかう」
使う…使用する。「はさみを使う・社員を使う・大金を使う・弁当を使う・仮病を使う・召し使う・魔法使い」
遣う…役に立つように工夫して用いる。「気を遣う・人形を遣う・心遣い・仮名遣い・息遣い・金遣い・上目遣い」

【使役】(しえき) ①人を使って仕事をさせること。②人にある行為をさせること。③文法で、人にある行為をさせるの意味を表す用法。

【使嗾】(しそう) ある物事をするようにと人をそそのかすこと。▽「嗾」は「扇動する」の意。「指嗾」とも書く。

【使徒】(しと) ①世の中をよくしようとして努力し、世の中のために働く人。「平和の―」②キリストが福音(ふくいん)を世の中に伝えるために選んだ十二人の弟子。十二使徒。

【使途】(しと) お金などの使いみち。「―不明」

【使命】(しめい) 使者として与えられた任務・命令。「―感」

人6 **【侈】**(8) 音シ 訓おごる
意味 ぜいたくをする。おごる。「奢侈(しゃし)」

人6 **【侍】**(8) 常用 音ジ・シ 訓さむらい・さぶらう・はべり・はべる
筆順 ノ イ 仁 仕 仕 侍 侍 侍
意味 ❶身分の高い人のそば近く仕える。じする。さぶらう。はべる。「侍従・近侍」❷武士。さむらい。「侍所(さむらいどころ)」❸古文で、ある・いるの意を表す謙遜・ていねいのことば。はべり。 名付 じ
【侍医】(じい) 天皇・皇族・貴人などの診察・治療を受け持つ医師。
【侍史】(じし) 手紙で、あて名のわきに書き添えて、相手に対する敬意を表すことば。▽「直接渡すことを遠慮し、侍史(書記役)を通して差し上げる」の意。
【侍従】(じじゅう) 天皇のそば近くに仕える役の人。

人6 **【舎】**(8) 5年 旧字 舌2 舍(8) 音シャ 訓や・やどる
筆順 ノ 人 亼 今 全 舎 舎 舎
意味 ❶かりに泊まる。やどる。また、その家。「舎営・客舎・旅舎」❷一時期使用する建物。また、広く、建物。「官舎・校舎・田舎(でんしゃ)・寄宿舎」❸自分の目下の親族を謙遜していうことば。「舎弟」❹昔、中国で、軍隊の一日の行程を数えることば。一舎(いっしゃ)は三十里で、約一二キロメートル。「三舎を避く」❺寄宿舎のこと。「舎監」❻雅号などに付けることば。や。「気吹之舎(いぶきのや)(平田篤胤(ひらたあつたね)の号)」 名付 いえ・しゃ・や・やどる
【舎監】(しゃかん) 寄宿舎の監理役。また、その人。

【舎弟】人に対して自分の弟をいうことば。
【舎利】①仏陀・聖者などの遺骨。仏舎利。②火葬にして残った遺骨のこと。③米粒または米飯のこと。

人6 【侏】(8) 音シュ 訓―

意味 背が低い人。こびと。「侏儒」

【侏儒】①背たけが低い人。こびと。②見識のない者をあざけっていうことば。▽「朱儒」とも書く。

人6 【侘】(8) 印標 音タ 訓ほこる・わび・わびしい・わびる

意味 ❶みすぼらしくてつらい。わびしい。「侘び住居」❷寂しく思う。わびる。また、寂しくて物悲しい。わびしい。「侘び寝」❸物静かな趣を楽しむ。わびる。また、物静かで趣がある。わびしい。❹茶道・俳句などで、質素で物静かな趣。わび。「侘びのある句」❺実現されないのでつらく思う。わびる。「待ち侘びる」❻誇る。ほこる。

人6 【佻】(8) 音チョウ 訓―

意味 軽はずみでうわついている。↔篤・厚。「軽佻浮薄」

人6 【佩】(8) 音ハイ 訓おびる・はく

意味 ❶装飾品や刀などを身につける。おびる。はく。また、身につけた装飾品や刀。「佩刀・佩用」❷心に深く感ずること。また、深く感じて忘れないこと。「感佩」

【佩刀】刀などを身につけること。また、身につけた刀。佩剣。

人6 【佰】(8) 音ハク・ヒャク・ビャク 訓―

意味 ❶百人の隊。また、そのかしら。❷数の百。

参考 証書などでは「百」の代わりに書くことがある。

人6 【侮】(8) 常用 旧字 人7 侮(9) 人名 音ブ 訓あなどる

筆順 ノ 亻 仁 仁 仁 侮 侮 侮

意味 相手を軽く扱ってばかにする。あなどる。「侮辱・軽侮」

【侮辱】人を見下してはずかしめること。
【侮蔑】人をばかにして軽く扱うこと。

人6 【併】(8) 常用 旧字 人8 倂(10) 音ヘイ 訓あわせる・しかし・ならぶ

筆順 ノ 亻 亻 亻 亻 亻 併 併

意味 ❶ふたつのものが並ぶ。ならぶ。また、ふたつのものを並べる。ならべる。「併肩・併立」❷合わせて一つにする。あわせる。「併用・合併」❸しかしながら。しかし。

参考 あわせる⇩「合」の〔使い分け〕。

【併記】二つ以上の事柄を並べて一か所に書きしるすこと。
【併合】いくつかのものを合わせて一つにすること。合併。
【併称】二つのものを並べていうこと。また、特に、二つのものがともにすぐれているとき、いっしょにほめること。
【併呑】他国の領地などを自分の勢力の中に入れること。
【併発】ある病気にかかっているところに、他の病気が同時に起こること。「余病を―する」

人6 【侑】(8) 人名 音ユウ 訓すすめる・たすける

筆順 ノ 亻 亻 仁 什 侑 侑 侑

意味 ❶人に飲食をすすめる。すすめる。❷かばい、助ける。

名付 あつむ・う・すすむ・ゆう・ゆき

人6 【佯】(8) 音ヨウ 訓いつわる

意味 いつわる。ふりをする。「佯狂」

人6 【侖】(8) 音リン 訓―

意味 きちんとそろっている。また、そろったもの。

人6 【例】(8) 4年 音レイ 訓たとえる・ためし

筆順 ノ 亻 仁 伢 伢 伢 例 例

意味 ❶決められている事柄。「条例・凡例」❷手本・標準とされている事柄・ならわし。ためし。れい。「例会・慣例・例になっている」❸

2画

実際にあった、同じような事柄。れい。ためし。たとえ。「類例・例がない」❹いつもそうであって一定していること。また、そのような事柄。れい。「例年・定例・例によって例の如し」❺よく知っていたり、はっきりいうのを避けていったりするとき、その事柄をさすことば。れい。「例の件」❻証拠や手がかりとして示す具体的な事物。れい。また、そういうものをあげて説明するとの意を表すことば。たとえば。「例示・事例・例を引く」名付 ただ・つね・とも・れい

【例言】①書物の初めの部分につけて、その書物の内容上の注意事項や約束事などを述べることば。②説明するために例として示して述べること。

【例刻】いつもの決まった時刻。

【例証】例を示して証明すること。また、証拠として示す例。「理論を―する」

人6【侫】▼佞異 人6【侠】▼俠異 人6【侭】▼儘異

人6【來】▼来旧

人7【俤】(9)〈国字〉音― 訓おもかげ

意味 心の中に浮かぶ姿や様子。また、だれかに似た姿・顔つき。おもかげ。

俤

人7【俄】(9) 人名 音ガ 訓にわか

筆順 亻 亻 仁 仟 仟 俄 俄 俄

意味 急に変化するさま。にわか。「俄然・俄雨」

【俄然】急に。突然。「―はりきって机に向かった」

俄

人7【俠】(9) 人名 音キョウ 訓おとこだて 異体 人6 侠 (8)

筆順 亻 亻 亻 亻 亻 亻 俠 俠

意味 ❶男らしい気質の人。おとこぎ。おとこだて。「俠気・任俠」❷おてんばな女性。おきゃん。名付 いさむ・さとる・たもつ・ちか

【俠客】江戸時代、俠気のあることをたてまえとして世渡りをした、ばくち打ち・やくざなど。

【俠気】男らしい気質。おとこぎ。

俠

人7【俥】(9)〈国字〉音― 訓くるま

意味 人力車。くるま。

俥

人7【係】(9) 3年 音ケイ 訓かかる・かかり・かかわる

筆順 亻 亻 亻 亻 係 係 係 係

意味 ❶その事物につながりを持つ。かかわる。かかる。「係累・関係」❷その事物を担当する人。かかり。「係員・受付係」名付 けい・たえ

参考 (1)「係船・係争・係属・係留」などの「係」は「繫」が書き換えられたもの。(2)かかる⇩「掛」の[使い分け]。

【係争】ある事件の当事者双方が、法律上の問題として争うこと。▽「繫争」の書き換え字。

【係属】法律で、事件が訴訟中であること。▽「繫属」の書き換え字。

【係留】つなぎとめておくこと。▽「繫留」の書き換え字。

【係累】両親・妻子など、自分が世話しなければならない家族たち。▽「繫累」とも書く。

係

人7【俔】(9) 音ケン 訓―

意味 うかがい見る。

俔

人7【侯】(9) 常用 音コウ 訓きみ

筆順 亻 亻 亻 亻 亻 侯 侯

意味 ❶封建時代の領主。大名・小名など。「諸侯・君侯」❷五等の爵位の第二位。「侯爵」

名付 きぬ・きみ・こう・とき

侯

人7【俟】(9) 音シ 訓まつ

意味 頼みにする。期待する。まつ。

俟

人7【俊】(9) 常用 音シュン 訓すぐれる

筆順 亻 亻 亻 亻 亻 俊 俊

意味 才知が他の人よりまさっている。すぐれる。また、その人。「俊才・俊敏」名付 しゅん・

俊

2画

すぐる・たかし・とし・まさり・まさる・よし

【俊才】（しゅんさい）すぐれた才能。また、その持ち主。▽「駿才」の書き換え字。

【俊秀】（しゅんしゅう）才能がすぐれていること。また、その人。

【俊敏】（しゅんびん）頭の働きが鋭くて行動がすばしこいこと。

人7 【信】(9) 4年 音 シン 訓 まこと

筆順 亻 亻 亻 仁 信 信 信 信 信

意味 ❶本当であると思って疑わない。しんずる。「信用・信念・自信」❷うそをいわない。約束を守る。まこと。「信義・背信」❸手紙。また、合図。「音信・信号」❹宗教を信ずること。信仰。「信心・信徒」 名付 あき・あきら・さね・しげ・しの・しん・のぶ・のぶる・まこと・まさ

【信書】（しんしょ）個人間における手紙。「—の秘密」

【信条】（しんじょう）①日常、正しいと信じて実行している事柄。「倹約を—とする」②信仰の箇条。

【信賞必罰】（しんしょうひつばつ）功績があれば必ずほめ、罪があれば必ず罰して賞罰をはっきりさせること。

【信託】（しんたく）信用して財産の管理・処分を他人に任せること。「—銀行」 注意 「信托」と書き誤らないように。

【信任】（しんにん）その人を信頼して物事を任せること。

【信憑】（しんぴょう）話などの内容が確かで信頼できること。「—性がある」

【信望】（しんぼう）人から信用され、尊敬されること。「—を集める」

参考熟語 信天翁（あほうどり）

2画

人7 【侵】(9) 常用 音 シン 訓 おかす 旧字 人7 侵(9)

筆順 亻 亻 亻 亻 亻 伊 伊 侵 侵

意味 他の領分にはいりこむ。おかす。「侵入・侵食」また、はいりこんで害を与える。

参考 おかす⇩「犯」の[使い分け]。

【侵害】（しんがい）他人の利益や権利を侵して損害を与えること。「人権—」

【侵攻】（しんこう）他国に侵入して攻めること。

【侵食】（しんしょく）他の領分などをしだいに侵していくこと。▽「侵蝕」の書き換え字。 参考 「浸食」は、水がしみこんでしだいに物をそこなうこと。

【侵入】（しんにゅう）他の領分などにむりにはいりこむこと。

使い分け 「しんにゅう」

侵入…相手の領分にむりにはいりこむこと。「侵」はおかすの意。「隣国に侵入する・家宅侵入罪・不法侵入」

浸入…水が建物などにはいること。「浸」は水がしみこむの意。「海水の浸入・濁流の浸入を防ぐ」

【侵犯】（しんぱん）他の領土や権利などを侵すこと。

【侵略】（しんりゃく）他国に侵入して、その土地を奪い取ること。▽「侵掠」の書き換え字。

人7 【俎】(9) 異体 爻5 俎(9)

音 ソ・ショ 訓 まないた

意味 まないた。「俎上」

【俎上に載せる】（そじょうにのせる）批判するために、問題として取り上げること。▽「俎上にのぼす」ともいう。

人7 【促】(9) 常用 音 ソク 訓 うながす

筆順 亻 亻 亻 们 伊 伊 伊 促 促

意味 ❶急がせる。せきたてる。うながす。「促進・催促」❷間が狭くなる。「促音」 名付 そく・ちか・ゆき

【促音】（そくおん）「はっきり」「マッチ」などの「っ」「ッ」で書き表される部分の音。つまる音。

【促進】（そくしん）物事がはかどるように、うながし進めること。「販売—」

【促成】（そくせい）野菜や果物などを人工的に早く成長させること。「—栽培」 参考 「速成（そくせい）」は急いで仕上げること。

人7 【俗】(9) 常用 音 ゾク 訓 —

筆順 亻 亻 亻 仫 伀 俗 俗 俗 俗

意味 ❶世の中の習慣。ならわし。「風俗・習俗」

❷世間普通でありふれていること。また、あくせくしていて卑しい。ぞく。「俗論・低俗」❸出家した僧に対して、出家していない人。「俗名(ぞくみょう)・還俗(げんぞく)」名付 ぞく・みち・よ
【俗化】(ぞっか) 事物のもつ上品さがなくなり、しだいにありふれた安っぽいものになってゆくこと。「古都の―を防ぐ」

【俗事】(ぞくじ) 俗世間の、いろいろな雑事。俗用。「―に追われる」

【俗字】(ぞくじ) 正しい形ではないが、民間に通用している漢字。耻(恥)、竒(奇)の類。

【俗臭】(ぞくしゅう) 世間一般にありふれた俗っぽい気風。「―芬々(ふんぷん)としている」

【俗塵】(ぞくじん) 世間のわずらわしい事柄。「―を避けて生活する」

【俗物】(ぞくぶつ) 理想・趣味などが低俗で、名声や利欲のみを求める卑しい人。

【俗務】(ぞくむ) あまり重要でない、こまごまとしたわずらわしい仕事。「毎日を―に追われる」

【俗界】(ぞっかい) わずらわしいことの多いこの世の中。

人7【俘】(9) 音 フ 訓 とりこ
意味 敵にいけどられた人。とりこ。また、とらえてとりこにする。「俘虜・俘獲」
【俘虜】(ふりょ) 戦争で、敵方にいけどりにされた者。捕虜(ほりょ)。俘囚(ふしゅう)。

人7【俛】(9) 音 フ・ベン・メン 訓 ふす
意味 ❶頭をたれる。うつむく。ふす。❷努め励む。

人7【便】(9) 4年 音 ベン・ビン 訓 たより・すなわち
筆順 亻 亻 仁 佰 佰 佰 便 便
意味 ❶都合がよい。また、よいついで。びん。「便船(びんせん)・簡便」❷手紙。たより。また、手紙や荷物を運ぶ手段。びん。「便箋(びんせん)・郵便・客車便」❸くそなどの排泄(はいせつ)物。べん。「便通・検便」❹すぐに。すなわち。名付 びん・べん・やす
【便乗】(びんじょう) ①ほかの人が船や車に乗るのを利用して、相乗りすること。②たくみに機会をとらえて、自分のために利用すること。「時局に―する」
【便箋】(びんせん) 手紙を書くための紙。
【便覧】(びんらん・べんらん) 内容などが一見してわかるように、わかりやすくまとめた書物。
【便宜】(べんぎ・びんぎ) ①都合がよいこと。②特別なとりはからい。
【便便】(べんべん) ①むだに時間を過ごすさま。「―と日を送る」②ふとって腹が出ているさま。「―たる太鼓腹」
【便法】(べんぽう) ①便利なやり方。②その場だけのまにあわせの方法。「一時の―にすぎない」

人7【保】(9) 5年 音 ホ 訓 たもつ・もつ・やすんずる
筆順 亻 亻 仃 仴 但 伻 保 保
意味 ❶長くもちこたえる。もつ。たもつ。「保存・保持」❷世話をする。やすんずる。「保育・保護」❸責任をもって引き受ける。ほする。「保証・担保」名付 お・たもつ・ほ・まもる・もち・もり・やす・やすし・より
参考 ⑴「保育」の「保」は「哺」が書き換えられたもの。⑵ひらがな「ほ」、カタカナ「ホ」のもとになった字。
【保管】(ほかん) 物をあずかり、安全に保存すること。
【保釈】(ほしゃく) 法律で、勾留(こうりゅう)中の刑事被告人を一定の保証金を納めさせて釈放すること。
【保障】(ほしょう) 危害のないようにうけあうこと。「安全―」参考「保証(ほしょう)」は、責任をもってうけあうこと。

使い分け「ほしょう」
保証…責任をもってうけあうこと。「人物を保証する・保証書・保証金・保証の限りではない」
保障…危険から保護すること。「障」はさえぎるの意。「安全を保障する・社会保障」
補償…損害をつぐなうこと。「償」はつぐなうの意。「損害を補償する・災害補償」

【保全】(ほぜん) 安全に保つこと。「輸送の―」

【保養】(ほよう) からだを休めて健康を保つこと。

【保留】(ほりゅう) その場ですぐに決めず、のちにのばしておくこと。

人7【俣】(9) 人名 〈国字〉 音 ― 訓 また
筆順 亻 亻 仃 仴 但 俣 俣 俣

2画

意味 一つのもとから二つ以上に分かれているところ。また。名付 また

人7【俑】(9) 音ヨウ 訓—
意味 死者を葬るとき、いっしょに埋めた人形。「兵馬俑(へいばよう)」
俑

人7【俐】(9) 人名 音リ 訓—
筆順 亻 亻 仁 仟 仟 休 俐 俐
意味 賢い。名付 さと・さとし
俐

人7【俚】(9) 音リ 訓いやしい
意味 いなかじみている。卑しく俗っぽい。いやしい。「俚謡・鄙俚(ひり)」
参考「俚謡」の「俚」は「里」に書き換える。
【俚諺(りげん)】民衆の間から生まれて使われることわざ。
俚

人7【侶】(9) 常用 音リョ 訓とも
筆順 亻 亻 伫 伫 伫 侶 侶
意味 仲間。とも。また、仲間となる。「伴侶・僧侶」名付 かぬ・かね・とも
侶

人7【侮】▼侮(旧)

人8【倚】(10) 音イ・キ 訓よる
意味 ❶人、または物を頼みとする。たよる。また、物によりかかる。よる。「倚託(いたく)・倚門(いもん)」❷不思議で珍しいこと。また、身体が不自由なこと。「倚人(きじん)」
【倚門之望(いもんのぼう)】子の帰りを待ちわびる母親の気持ち。▽「家の門によりかかって待つ」の意から。
倚

人8【俺】(10) 常用 音エン 訓おれ
筆順 亻 仁 仵 佇 佇 佮 佮 俺
意味 主として男性が自分のことをいうことば。おれ。「俺たち」
俺

人8【倨】(10) 音キョ 訓おごる
意味 おうへいな態度をとっていばる。おごる。「倨傲(きょごう)」
倨

人8【倶】(10) 人名 音ク・グ 訓ともに
異体 人8 俱(10)
筆順 亻 亻 们 伊 俱 俱 倶 倶
意味 みんなでいっしょに。ともに。また、つれだつ。「倶発」名付 とも・ひろ・もと・もろ
【倶発(ぐはつ)】二つ以上のことが同時に発生・発覚すること。
【倶楽部(くらぶ)】同じ趣味や目的をもつ人々によって組織された団体。▽clubの音訳と意訳による。
参考熟語 倶楽部(クラブ) 倶利伽羅(くりから)
倶

人8【倔】(10) 音クツ 訓—
意味 意地が強くて屈しない。「倔強」
倔

人8【倪】(10) 音ゲイ 訓—
意味 ❶末端。はし。「端倪(たんげい)」❷細目ですかして見る。
倪

人8【倹】(10) 常用 音ケン 訓つづまやか・つましい
旧字 人13 儉(15) 人名
筆順 亻 亻 亽 伶 伶 伶 倹 倹
意味 むだをはぶくこと。また、簡素なさま。つづまやか。つましい。「倹約・勤倹」名付 けん
【倹約(けんやく)】むだを省き、出費を減らすこと。
倹

人8【倦】(10) 人名 音ケン 訓つかれる・うむ
異体 人9 倦(11)
筆順 亻 亻 亻 伴 佚 倦 倦 倦
意味 ❶疲労する。つかれる。あきる。うむ。❷同じ状態が長く続いていやになる。あきる。うむ。「倦怠」
【倦怠(けんたい)】①飽きていやになること。「—期」②疲れてだるく感じること。「—感」
倦

人8【個】(10) 5年 音コ・カ 訓—
筆順 亻 亻 们 们 們 們 個 個
個

2画

意味 ❶一つ。また、ひとり。「個体・個条(かじょう)・別個」❷ものを数えることば。「こ」と読む。

【個所(かしょ)】①物事のその部分。②特定の限られた場所を数えることば。▽「箇所」とも書く。

【個個(ここ)】一つ一つ。また、めいめい。おのおの。

人8 【候】(10) 4年 音 コウ 訓 そうろう・うかがう・さぶらう

筆順 亻 … 候

意味 ❶そっと様子を見る。うかがう。また、その人。「斥候」❷まつ。まちうける。「候補」❸身分の高い人のそば近くにいて仕える。さぶらう。「伺候・参候」❹物事の手がかり・きざし。「徴候・気候」❺「ある」「いる」のていねい語。そうろう。「候文(そうろうぶん)」 名付 こう・とき・みよ・よし

人8 【倖】(10) 人名 音 コウ 訓 さいわい

筆順 亻 仁 仕 … 倖

意味 思いもよらない幸運。さいわい。「僥倖(ぎょうこう)」 名付 こう・さいわい 参考「倖・薄倖・射倖心」などの「倖」は「幸」に書き換える。

人8 【倥】(10) 音 コウ 訓 ――

意味 ❶中身がない。愚か。❷あわただしい。

人8 【倅】(10) 異体 人4 伜(6) 音 サイ・ソツ 訓 せがれ

意味 自分のむすこを他人にいうとき、謙遜して使うことば。せがれ。

人8 【借】(10) 4年 音 シャク・シャ 訓 かりる

筆順 亻 仁 什 … 借

意味 ❶他人のものを使わせてもらったり、援助を受けたりする。かりる。また、そのこと。かり。「借金・貸借」❷まにあわせに。かりに。「借問」

【借財(しゃくざい)】借金。

【借覧(しゃくらん)】書物などを借りて見ること。

【借款(しゃっかん)】国と国との間の金銭の貸し借り。

【借景(しゃっけい)】遠い山並みや周囲の木立などを、庭のながめの一部として借りること。また、その景色。

人8 【修】(10) 5年 音 シュウ・シュ 訓 おさめる・おさまる

筆順 亻 亻 … 修

意味 ❶学問・技芸などを身につける。おさめる。また、学んで自己を高める。しゅうする。「修業・必修」❷飾る。「修飾・修辞」❸直しつくろう。しゅうする。「修繕・修理・補修」❹まとめて書物にする。「修史・編修」❺儀式を行う。しゅうする。「修祓(しゅうばつ)」 名付 あつむ・おさ・おさむ・さね・しゅう・なお・なが・ながき・ながし・のぶ・のり・ひさ・まさ・みち・もと・やす・よし・よしみ 参考 おさまる⇩「収」の[使い分け]。

【修業(しゅうぎょう)】学問・技芸を習い修めること。

【修辞(しゅうじ)】ことばをうまく使って美しく表現すること。「―学」

【修整(しゅうせい)】写真の原板に手を加えて、悪い所などをよくすること。 参考「修正(しゅうせい)」は、誤り・欠点などを直して正しくすること。

使い分け「しゅうせい」

修整…よく見えるように整えること。「整」の意味に対応している。「写真を修整する・ネガの修整」

修正…直して正しくすることで、正しくすることに重点がある。「字句の間違いを修正する・方針を修正する・修正案」

【修繕(しゅうぜん)】こわれたものをつくろって直すこと。修理。

【修得(しゅうとく)】習ってよく理解し、自分のものとすること。「医学を―する」 参考「習得(しゅうとく)」は、習っておぼえこむこと。

【修祓(しゅうばつ・しゅうふつ)】神道で、けがれをはらい清めるため、みそぎを行うこと。

【修復(しゅうふく)】破損したところを修理して、もとどおりにすること。

【修養(しゅうよう)】①人としての道理をおさめ、徳を養うこと。②りっぱな人になるために努力すること。

【修了(しゅうりょう)】一定の学業や課程をおさめ終えること。 参考「終了(しゅうりょう)」は、物事がすっかり終わること。

【修行(しゅぎょう)】①仏教で、僧が悟りを求める心を

2画

起こし、苦行によってそれを実践すること。②学問・技芸などをねりきたえること。

注意「しゅうぎょう」と読み誤らないように。

使い分け「しゅぎょう」

修行…きたえて、武芸・学芸を身につけること。「武者修行・仏道を修行する・修行僧」

修業…わざを習って身につけること。「業」はわざの意。「花嫁修業・板前の修業をする」

【修羅場】一（しゅらじょう）戦闘や争乱のあった血なまぐさい場所。二（しゅらば）芝居・講談などで、戦闘・争乱などの場面。

人8 **【俶】**(10) 音シュク・テキ 訓―

意味 ❶身なりをととのえる。「俶装（しゅくそう）」❷はじめて。❸すぐれている。「俶儻（てきとう）」

人8 **【倡】**(10) 音ショウ 訓わざおぎ

意味 ❶芸人。わざおぎ。❷遊女。「倡家」❸となえる。「倡和」

人8 **【倩】**(10) 音セン 訓つらつら

意味 ❶すっきりとして美しい。❷つくづく。つらつら。

人8 **【倉】**(10) 4年 音**ソウ** 訓**くら**

筆順 ノ 𠆢 亼 今 今 仓 倉 倉

意味 ❶米または物を入れておく建物。くら。「倉庫・船倉」❷あわてる。「倉卒・倉皇」名付 くら・そう

参考「倉皇・船倉」の「倉」はそれぞれ「蒼」「艙」が書き換えられたもの。

使い分け「くら」

倉…穀物を納めるくら。のち、広く、倉庫の意。「穀物倉・倉荷・倉敷料・倉渡し」

蔵…貴重なものを隠しておく建物。土蔵。「蔵屋敷・蔵出し・酒蔵・米蔵・お蔵入り」

庫…兵器・財宝などを納めるくら。「武器庫」

【倉皇】（そうこう）あわただしくて落ち着きがないさま。「―たる態度」▽「蒼惶」の書き換え字。

【倉卒】（そうそつ）あわただしくて時間のゆとりがないさま。▽「怱卒」「草卒」とも書く。

人8 **【倬】**(10) 音タク 訓―

意味 ひときわ高い。他にぬきんでている。

人8 **【値】**(10) 6年 音**チ** 訓**ね・あたい**

筆順 亻 仁 什 付 佔 佶 值 値

意味 ❶ねだん。ね。あたい。「価値・値打ち・春宵一刻値（あたい）千金」❷数学で、文字や式などのあらわす数量。「平均値」名付 あき・あきら・あたい・ち・ちょく・ね

使い分け「あたい」

値…ねうち。かち。数量。「称賛に値する・値千金・xの値を求める」

価…値段。価格。「双方が納得する価を付ける」

【値段】（ねだん）品物のあたい。価格。

人8 **【倒】**(10) 常用 音**トウ** 訓**たおれる・たおす**・こける

筆順 亻 仁 任 侄 侄 倒 倒

意味 ❶さかさま。「倒立・転倒」❷ひっくり返る。たおれる。また、ひっくり返す。たおす。「倒閣・卒倒」❸状態の激しいさまをあらわすことば。「圧倒・傾倒」

【倒潰・倒壊】（とうかい）建物が倒れてこわれること。

【倒閣】（とうかく）内閣を倒すこと。

【倒錯】（とうさく）①ひっくり返って逆になること。②頭の中で記憶の順序が混乱すること。

【倒幕】（とうばく）幕府を滅ぼして、王政にかえそうとすること。

人8 **【俳】**(10) 6年 音**ハイ** 訓わざおぎ

筆順 亻 们 付 付 俏 俳 俳 俳

意味 ❶芸をする人。わざおぎ。「俳優（はいゆう・わざおぎ）」❷俳諧（はいかい）または俳句のこと。「俳文・俳友」

【俳諧】（はいかい）①俳句・連句のこと。②滑稽味を主とした和歌の一つの型。俳諧連歌。▽「誹諧」とも書く。

【俳号】（はいごう）俳句人が用いる風流な呼び名。

2画

人8 **【倍】**(10) 3年 音 **バイ** 訓 ます

筆順 倍

意味 同じ数を二回、またはそれ以上加える。ばいする。また、多くする。ます。「倍増・二倍」

名付 ばい・ます・やす

【倍旧】ばいきゅう これまでよりもいっそう程度を増すこと。「―のお引き立て」

倍

人8 **【俵】**(10) 6年 音 **ヒョウ** 訓 **たわら**

筆順 俵

意味 ❶わらなどを編んで作った、米・炭などを入れるための袋。たわら。「米俵」❷たわらの中に入れたものを数えることば。ひょう。

俵

人8 **【俯】**(10) 印標 音 フ 訓 うつむく・ふせる

意味 うつむく。ふせる。「俯仰・俯伏」

【俯瞰】ふかん 高い所から見おろすこと。「―図」▽「瞰」は「上から見おろす」の意。

【俯仰】ふぎょう うつむくことと、あおぐこと。

俯

人8 **【俾】**(10) 音 ヘイ 訓 ―

意味 見おろす。「俾倪(へいげい)」

俾

人8 **【倣】**(10) 常用 音 **ホウ** 訓 **ならう**

筆順 倣

意味 まねて行う。ならう。「模倣」 名付 ほう・より

参考 **ならう**⇩「習」の〔使い分け〕。

倣

人8 **【俸】**(10) 常用 音 **ホウ** 訓 ―

筆順 俸

意味 職務に対して受ける給料。「俸給・俸禄」

名付 ふち・ほう

【俸禄】ほうろく 昔、武士が米で支給された給料。

俸

人8 **【們】**(10) 音 モン 訓 ―

意味 中国で、人の複数を表すことば。「我們(ウォメン)（わたしたち）」

們

人8 **【倆】**(10) 音 リョウ 訓 ―

意味 腕まえ。わざ。「技倆(ぎりょう)」

参考 「技倆」の「倆」は「量」に書き換える。

倆

人8 **【倫】**(10) 常用 音 **リン** 訓 たぐい

筆順 倫

意味 ❶人として守るべき道理。「倫理・人倫」❷比べものになる相手。たぐい。「比倫・絶倫」

名付 おさむ・つぐ・つね・とし・とも・のり・ひと・ひとし・みち・もと・りん

【倫理】りんり 人として行うべき道。道徳。

参考熟語 倫敦(ロンドン)

倫

人8 **【倭】**(10) 人名 音 ワ 訓 やまと

筆順 倭

意味 ❶昔、中国で日本を呼んだことば。「倭人・倭寇(わこう)」❷日本のこと。やまと。「倭歌(やまとうた)」

名付 かず・しず・まさ・やす・やまと・わ

倭

人8 〔倂〕▼併（旧）

人8 〔俲〕▼倣（異）

人9 **【偃】**(11) 音 エン 訓 ふせる

意味 寝ころぶ。また、倒す。ふせる。「偃臥(えんが)」

偃

人9 **【偕】**(11) 音 カイ 訓 ともなう・ともに

意味 いっしょに行う。ともなう。また、いっしょに。ともに。「偕老同穴」

【偕老同穴】かいろうどうけつ ①いっしょに年老いるまで生き、死んでからは同じ墓穴に葬られるほど、夫婦の契りが堅いこと。②海綿動物の一種。細長い筒形で、体内に小えびが住んでいることがある。

偕

人9 **【偐】**(11) 音 ガン 訓 ―

意味 にせもの。

偐

人9 **【偽】**(11) 常用　旧字 人12 【僞】(14) 人名

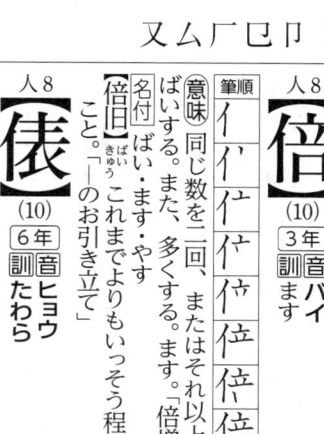

音 **ギ** 訓 **いつわる・にせ**

偽

筆順 亻 亻 亻ソ 伊 伪 偽 偽 偽

意味 ❶事実らしく、または本物らしく見せかけてだます。いつわる。また、そうすること。いつわり。「偽作・真偽」❷本物そっくりに作ること。また、本物そっくりに作った、本物でないもの。にせ。「偽名・偽札(にせさつ)」

【偽悪】(ぎあく) 自分を実際以上に悪人であるかのように見せかけるくせがあること。「—家」▽「偽善」に基づいて作られたことば。

【偽証】(ぎしょう) 裁判所や国会で、証人が故意に偽って証言を行うこと。「—罪」

【偽善】(ぎぜん) 悪い本心を隠して見せかけの善行をすること。「—者」

【偽装】(ぎそう) 外観を他の物と紛らわしくして人をごまかすこと。カムフラージュ。▽「擬装」とも書く。

【偽筆】(ぎひつ) その人が書いたように見せかけるために、その人の書きぶりに似せて書いた書や絵画。

人9 【偶】(11) 常用 音 グウ 訓 たまたま

筆順 亻 亻冂 亻日 亻甲 偶 偶 偶

意味 ❶二つで対になる。また、二つで一そろいになるもの。「配偶・対偶」❷人がた。人形。「偶像・土偶」❸思いがけなく起こること。たまたま。「偶然・偶感」❹二で割り切れる。↔奇。「偶数」

名付 ぐう・ます

参考 似た字(偶・隅・遇)の覚え方「ひと(亻)、さと(阝)に行き(辶)てたまたま(偶)すみ(隅)にあう(遇)」

【偶詠】(ぐうえい) ふと心に思ったままを詠んでできた詩歌。偶吟(ぐうぎん)。

【偶感】(ぐうかん) その時々にふと浮かんだ感想。

【偶作】(ぐうさく) ちょっとした機会にふと詩歌を作ること。また、そのようにして作った詩歌。

【偶発】(ぐうはつ) 事件などが思いがけなく起こること。「—的なできごと」注意「遇発」と書き誤らないように。

人9 【偈】(11) 印標 音 ゲ・ケツ 訓 —

意味 仏の徳をほめたたえる韻文体の経文。げ。「偈頌(げしょう)」

人9 【健】(11) 4年 音 ケン 訓 すこやか・したたか・たけし

筆順 亻 亻フ 亻ヨ 亻聿 健 健 健

意味 ❶心身が強くじょうぶなこと。たけし。すこやか。「健康・健児・保健」❷程度が普通以上である。「健闘・健忘症」❸程度・分量がはなはだしいさま。したたか。「酒を健かに飲んだ」

名付 かつ・きよし・けん・たけ・たけし・たつ・たて・たる・つよ・つよし・とし・まさる・やす

【健脚】(けんきゃく) 足がじょうぶで、長距離や険しい道を歩いたりできること。また、そのような人。「—を誇る」

【健康】(けんこう) ①からだがじょうぶで元気なこと。②からだの状態。「—診断」

【健在】(けんざい) ①病気などをしないでじょうぶで暮らしていること。②組織・団体に異状がなく、適切に機能を果たせる状態であること。

【健勝】(けんしょう) (相手が)健康で元気なこと。▽手紙文や改まったときなどに使うことば。

【健啖】(けんたん) 盛んに食べることを、健康のしるしとしてほめていうことば。「—家」▽「啖」は「食べる」の意。注意「けんえん」と読み誤らないように。

【健筆】(けんぴつ) ①字を書くことがうまいこと。②文章・詩などをうまく数多く書くこと。「—を振るう」

【健忘】(けんぼう) 忘れっぽいこと。また、よくもの忘れすること。「—症」

参考熟語 健駄羅(ガンダーラ) 健気(けなげ)

人9 【偲】(11) 人名 音 サイ・シ 訓 しのぶ

筆順 亻 亻冂 亻田 亻田 偲 偲 偲

意味 ❶なつかしく思い出して慕う。しのぶ。❷才能があって賢い。

名付 さい・し・しのぶ

参考 しのぶ⇩「忍」の〔使い分け〕。

人9 【偖】(11) 音 シャ 訓 さて

意味 ❶上の文を軽く受けて続けるときのことば。それから。さて。❷今までの話題を変えるときのことば。ところで。さて。

人9 【傯】(11) 音 ソウ 訓 —

意味 あわただしくて落ち着かない。「倥偬(こうそう)」

人9 **【側】**(11) 4年 音 **ソク** 訓 **がわ**・かわ・かたわら・そば・そばだてる

筆順 亻 亻 仂 仴 但 俱 側 側

意味 ❶人・物の横や近くの所。かたわら。そば。「側近・君側」❷対立するものの一方の方向・方面・立場。かわ。「右側」❸事物の前面・後面でない方面。かわ。「側面・舷側(げんそく)」❹一方にかたよる。また、物の一端を高く立てる。そばだてる。「側目・枕を側てる」❺かすかである。「側聞」

【側側(そくそく)】①悲しみいたむさま。「―として心を打つ」②寒さなどが身にしみるさま。▽「惻惻」とも書く。

【側聞(そくぶん)】うわさなどでかすかに聞くこと。「―するところによれば」▽「仄聞」とも書く。

【側近(そっきん)】主君や身分の高い人のそば近く仕えること。また、その人。

人9 **【停】**(11) 5年 音 **テイ** 訓 とどまる・とどめる・とまる・とめる

筆順 … 停

意味 途中で一時的に動かなくなる。とどまる。とまる。また、途中でやめさせる。とどめる。とめる。「停止・停泊・調停」名付 てい・とどむ

参考 「停泊」の「停」は「碇」が書き換えられたもの。

【停滞(ていたい)】物事が進行しないで滞っていること。

【停頓(ていとん)】物事が行き詰まってうまく進行しなくなること。「交渉は―状態である」▽「頓」は「一か所にとどまって動かない」の意。

人9 **【偵】**(11) 常用 音 **テイ** 訓 うかがう

筆順 … 偵

意味 相手の様子を探る。うかがう。また、その人。「偵察・探偵」名付 うかがう・てい

人9 **【偸】**(11) 音 チュウ・トウ 訓 ぬすむ

意味 人の物をぬすむ。また、盗人。「偸盗」

【偸盗(ちゅうとう・とうとう)】ぬすむこと。また、盗人。

人9 **【偏】**(11) 常用 旧字 人9 偏(11)

音 **ヘン** 訓 **かたよる**・ひとえに

筆順 亻 亻 仁 伊 伊 侷 偏 偏

意味 ❶一方にだけかたよっていて中正でない。かたよる。「偏見・偏屈・不偏不党」❷漢字の字形の構成要素で、左側にあるもの。へん。↔旁(つくり)。「偏旁・人偏(にんべん)」❸ひたすらに。また、むやみに。ひとえに。名付 つら・へん・ゆき

参考 似た字(遍・偏)の覚え方「道(辶)はあまねし(遍)、人(亻)はかたよる(偏)」

【偏愛(へんあい)】あるものだけを特に愛すること。「長男を―する親」

【偏狭(へんきょう)】①心が狭くて強情で、人の考えを受け入れないこと。「―な性格」②土地が狭いこと。

【偏屈(へんくつ)】性質がすなおでなく、ねじけていること。偏窟。注意「変屈」と書き誤らないように。

【偏向(へんこう)】考え方などが一方にだけかたよること。また、そのような悪い傾向。

【偏差(へんさ)】一定の数値・位置・方向などからかたよってずれていること。「平均値からの―を調べる」

【偏在(へんざい)】物がある場所にだけかたよって存在して都合が悪いこと。「富の―」参考「遍在(へんざい)」は、物が全体にわたって広く存在すること。

【偏執(へんしつ・へんしゅう)】がんこで、かたよった中正でない考えを持ち、人の意見を受け入れないこと。

【偏食(へんしょく)】食べ物に好ききらいが多く、選りごのみして食べること。

【偏重(へんちょう)】ある部分だけを重んじること。「学歴―」

【偏平(へんぺい)】ひらべったいこと。「―な形」▽「扁平」とも書く。

人9【假】▸仮(旧)

人9【做】▸作(異)

人9【倦】▸倦(異)

人9【偉】▸偉(旧)

人10 **【偉】**(12) 常用 音 **イ** 訓 **えら**い 旧字 人9 偉(11)

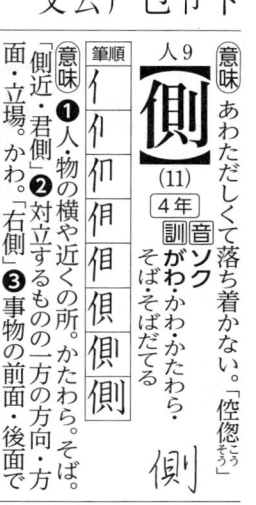

筆順

意味 ❶すぐれている。えらい。また、規模が大きくてりっぱである。「偉人・偉業」❷普通の人とは違っていて珍しい。「容貌魁偉《かいい》」 名付 い・いさむ・おおい・たけ・より

参考 「韋」の部分の画数は、新字体では四画、旧字体では三画。

【偉観】《いかん》 内容が充実している、堂々とした光景。

【偉丈夫】《いじょうふ》 たくましい体をしたりっぱな男性。

【偉容】《いよう》 堂々としたりっぱな姿。参考 「威容」は、いかめしくて力強い様子。

人10【傀】(12) 音 カイ 訓 ――

意味 ❶あやつり人形。「傀儡《かいらい》」❷偉大なさま。「傀然」

【傀儡】 一 かいらい・くぐつ あやつり人形。二 かいらい 表面では勢力や権力があるように見えて、他の人の思うままに利用されている人。「―政権」

人10【傚】(12) 音 コウ 訓 ならう 異体 人8 俲(10)

意味 ❶手本として従う。ならう。❷学ぶ。

人10【傘】(12) 常用 略字 人2 仐(4)

音 サン 訓 **かさ**・からかさ

筆順

意味 ❶柄《え》がついていて、日光や雨などを防ぐために頭の上にかざす物。かさ。「傘下・落下傘」❷雨がさ。からかさ。名付 かさ・さん

【傘下】《さんか》 勢力があって中心になる人物・団体の支配を受ける立場。「A党―の人」

【傘寿】《さんじゅ》 八十歳。また、八十歳の祝い。▽「傘」の略字「仐」が「八十」と読めることから。

人10【備】(12) 5年

音 **ビ** 訓 **そな**える・**そな**わる・つぶさに

筆順

意味 ❶前もって用意する。そなえる。また、用意や警戒。そなえ。「備品・準備・軍備」❷足りない物がなく、そろっている。そなわる。「完備・具備」❸詳しいさま。また、全部そろっているさま。つぶさに。名付 そなう・とも・なが・なり・のぶ・び・まさ・みつ・みな・よし・より

使い分け「そなえる」

備える…準備する。持っている。「台風に備える・老後に備える・台所に消火器を備える・音楽の才能を備(具)えている」

供える…神や仏などに物をささげる。「墓前に花を供える・御神酒を供える・鏡餅を供える・お供え物」

※身についている才能・能力は、「具える」とも書く。

【備荒作物】《びこうさくもつ》 米・麦などの収穫量が少ない年でも収穫できる作物。ひえ・さつまいもなど。救荒作物。

【備忘録】《びぼうろく》 忘れたときに役立てるために、あらかじめ要点などを書いておく帳面。メモ。

人10【傅】(12) 音 フ 訓 かしずく

意味 ❶つき添って世話をする。かしずく。また、助ける。「傅育」❷くっつける。「傅会」

【傅育】《ふいく》 世話をし大切に育てること。

人10【傍】(12) 常用

音 **ボウ**・ホウ 訓 **かたわら**・そば・はた・わき・つくり

筆順

意味 ❶近くのところ。はた。わき。そば。かたわら。「傍観・近傍・傍若無人」❷漢字の字形の構成要素で、右側のもの。旁《つくり》。つくり。「偏傍」❸ある物事をしながら一方では、の意を表すことば。かたわら。「仕事の傍ら趣味に熱中する」

名付 かた・ぼう

【傍観】《ぼうかん》 何もしないで見ていること。「―的態度」

【傍系】《ぼうけい》 直系に対して、もとになる直接の系統から分かれ出た系統。「―会社」

【傍若無人】《ぼうじゃくぶじん》 周りの人に迷惑をかけることなどは考慮せず、かって気ままにふるまうこと。▽「傍《かたわ》らに人無《な》きが若《ごと》し」の意。注意「ぼうじゃくむじん」「暴若無人」と誤らないように。

【傍受】《ぼうじゅ》 無線通信で、直接の相手でない者が、偶然または故意に通信を受信すること。

【傍証】ぼうしょう 直接に証明はしないが、証明をより強固にするのに役立つ証拠。
【傍聴】ぼうちょう 当事者でない人が会議・公判などを会場・裁判所などに行って聞くこと。「―席」
参考熟語 傍惚おかぼれ 傍焼おかやき

人10【傑】▶傑 旧
人10【僅】▶僅 異

人11【傴】(13)
音 ウ
訓 ―
意味 背が曲がって小さいさま。「傴僂うる」

傴

人11【僅】(13) 常用
音 キン
訓 わずか
異体 人10 僅(12)
筆順 僅
意味 ❶わずか。わずかに。「僅少・僅僅」❷やっとそれを行うさま。わずかに。名付 きん・よし
【僅僅】きんきん 量がほんの少しであること。たった。
【僅少】きんしょう 量がほんの少しであること。「―の差」

僅

人11【傾】(13) 常用
音 ケイ
訓 かたむく・かたむける・かしぐ・かしげる
筆順 傾
意味 ❶かたむく。かしぐ。また、かたむける。かしげる。「傾斜・左傾」❷衰える。かたむく。また、衰えさせる。かたむける。「傾国・傾覆」❸一つのことに集中する。かたむける。「傾倒・傾注」❹少しその性質を持っている。かたむく。また、自然のなりゆき。かたむき。「傾向・柔弱に傾く」
名付 けい
【傾国】けいこく 美人のこと。傾城けいせい。▽「国を滅ぼす」の意。昔、中国で、武帝の后きさきの美しさをほめて詩人が「一顧いっこすれば人城を傾け、再顧さいこすれば人国を傾く」といったことから。
【傾城】けいせい ①美人のこと。傾国。▽「城を滅ぼす」の意。↓傾国。②遊女のこと。
【傾注】けいちゅう 一つの物事に心を集中すること。「研究に全力を―する」
【傾聴】けいちょう 熱心に聞くこと。「―に値する」
【傾倒】けいとう ①ある人物に深く興味を持ち、影響を受けるほどに熱中すること。「サルトルに―する」②ある物事に深く興味を持ち、そのための仕事を熱心に行うこと。「人種問題に―する」注意 「傾到」と書き誤らないように。

傾

人11【傑】(13) 常用
音 ケツ
訓 すぐれる
旧字 人10 傑(12)
異体 木4 杰(8)
筆順 傑
意味 ほかよりすぐれている。すぐれる。また、そのような人。「傑作・高傑」名付 けつ・たかし・たけし
参考 「⺕」の部分の画数は、新字体では四画、旧字体では三画。
【傑作】けっさく 非常にすぐれたできばえの作品。
【傑出】けっしゅつ 多くの人の中で特にすぐれていること。
【傑物】けつぶつ 普通の人にはまねのできないような物事を行うことができる、勢力があって有能な人物。

傑

人11【傲】(13) 常用
音 ゴウ
訓 あなどる・おごる
筆順 傲
意味 ❶高ぶってわがままなふるまいをする。また、自分の才能・権力などを人に示していばる。おごる。「傲然」❷高ぶって人を軽く扱う。あなどる。「傲慢」
【傲岸】ごうがん おごり高ぶっていばること。「―不遜ふそん」▽「岸」は「高くそそりたつ」の意。
【傲然】ごうぜん 自分をすぐれたものと考え、おごり高ぶっていばるさま。「―たる態度」
【傲慢】ごうまん 自分をすぐれたものと考え、おごり高ぶって人をあなどること。「―無礼な態度」

傲

人11【債】(13) 常用
音 サイ
訓 かり
筆順 債
意味 ❶借りた金。また、果たすべき義務。かり。「債務・債券・負債」❷貸した金。かし。「債権」
【債鬼】さいき しつこく借金の取り立てに来る人。「―に責められる」

債

人11【催】(13) 常用
音 サイ
訓 もよおす・うながす

催

筆順 亻 仙 𠈇 𠈇 併 催 催

意味 ❶せき立てる。うながす。「催促・催告」❷しむける。うながす。また、その気になる。もよおす。「催涙・催眠」❸行事や会合を行う。もよおす。また、計画や行事・会合。もよおし。「主催・開催・催し物」名付 さい

【催告】さいこく 法律で、債権者が債務者に対して債務の履行を求める通知。

人11 **【傷】**(13) 6年 音 ショウ 訓 **きず・いたむ・いためる**

筆順 亻 亻 亻 伯 伯 伯 傷 傷

意味 ❶けが。きず。「傷病者・死傷・軽傷・打撲傷」❷きずをつける。いためる。きずつける。また、きずがつく。きずつく。「傷害・損傷」❸悲しくつらい思いをする。いたむ。きずつく。また、そのようにさせる。いためる。きずつける。「傷心・感傷」❹人の死を悲しみ惜しむ。いたむ。

参考 **いたむ**⇨「痛」の[使い分け]。

傷

人11 **【僉】**(13) 音 セン 訓 みな

意味 いっしょにそろって。「僉議せんぎ」

僉

人11 **【僧】**(13) 常用 旧字 人12 僧(14) 人名

音 ソウ 訓 ——

筆順 亻 亻 亻 伫 伫 僧 僧

僧

意味 仏教の修行をする人。そう。「僧侶・禅僧」

【僧形】そうぎょう けさ・ころもを身につけて頭髪をそった、僧の姿。

【僧俗】そうぞく 出家して僧になった人と、普通の人。

【僧坊】そうぼう 寺院に付属した、僧の住む建物。▽「僧房」とも書く。

人11 **【働】**(13) 4年 〈国字〉 音 **ドウ** 訓 **はたらく**

筆順 亻 亻 亻 亻 俥 俥 俥 働

意味 ❶はたらく。また、はたらき。「労働・稼働かどう」❷作用・活動する。はたらく。また、機能・才能や功績。はたらき。「引力が働く・頭の働き」

働

人11 **【傭】**(13) 人名 音 ヨウ 訓 やとう

筆順 亻 亻 广 庐 庐 傦 傦 傭

意味 人を雇う。やとう。また、雇われる。「傭兵・雇傭」

参考 「雇傭」の「傭」は「用」に書き換える。

【傭船】ようせん 船を船員といっしょに雇い入れること。また、その船。チャーター船。

【傭兵】ようへい 給料や服務年限を契約して、兵として雇われた人。

傭

人11 **【僂】**(13) 音 ル・ロウ 訓 ——

意味 背をまるくかがめる。「佝僂くる・傴僂うる」

僂

人11 【傳】▸伝㊐

人11 【僊】▸僊㊣

2画

人12 **【僖】**(14) 音 キ 訓 よろこぶ

意味 よろこび楽しむ。

僖

人12 **【僑】**(14) 印標 音 キョウ 訓 ——

意味 外国に仮住まいする人。「華僑かきょう」

僑

人12 **【僥】**(14) 音 ギョウ 訓 ——

意味 幸いを願う。「僥倖」

【僥倖】ぎょうこう 思いがけなく偶然に得る幸福。

僥

人12 **【僊】**(14) 音 セン 訓 —— 正字 人11 僊(13)

意味 仙人。

僊

人12 **【僭】**(14) 音 セン 訓 おごる 異体 人12 僣(14)

意味 下位の者が、その分際・権限を越えて上位の者だけが行うべきことをする。おごる。「僭上・僭越・僭称」

参考 旁つくりの上部の二つの部分はそれぞれ四画。

【僭越】せんえつ 役職や実力以上に過ぎたことをすること。

【僭称】せんしょう 身分や実力を越えて、かってに上級のまたは実力以上の称号を名のること。また、その称号。「日本一を—する」

【僭上】せんじょう 権限以上のかってなふるまいをすること。「—のそしりを免れない」

僭

人12 **【像】**(14) 5年 音 **ゾウ**・ショウ 訓 かたち

像

筆順 像

意味 ❶姿や形。かたち。ぞう。「実像・現像」❷神仏や人などの形に似せて作ったもの。かたち。ぞう。「仏像・偶像」❸似る。「像法(ぞうぼう)」名付 かた・しょう・ぞう

【像法】(ぞうぼう) 仏教で、正法と末法の間の千年間の時代のこと。信仰は形式化し、真の悟りが得られなくなるという。像法時。

人12【僮】(14) 音ドウ 訓―

意味 ❶雑用をする使用人。召使。「僮僕(どうぼく)」❷子ども。

人12【僕】(14) 常用 音ボク 訓しもべ・やつがれ

筆順 僕

意味 ❶男性の召使。しもべ。「公僕」❷男性が自分のことをさしていうことば。私。ぼく。❸謙遜して自分のことをさしていうことば。やつがれ。名付 ぼく

人12【僚】(14) 常用 音リョウ 訓―

筆順 僚

意味 ❶役人。「官僚・幕僚(ばくりょう)」❷同じ仕事をしている仲間。「僚友・同僚」名付 あきら・とも・りょう

【僚友】(りょうゆう) 同じ職場で働く仲間。

人12【僞】▼偽㊐　人12【僣】▼僭㊊　人12【僧】▼僧㊐

人13【億】(15) 4年 音オク 訓―

筆順 億

意味 ❶数の単位。一億(おく)は一万の一万倍。おく。❷非常に数が多いこと。「巨億・億万長者」❸推しはかる。「億測・億断」名付 おく・はかる・やす

【億劫】(おっくう) めんどうで、物事をしたいと思わないこと。

人13【儀】(15) 常用 音ギ 訓のり

筆順 儀

意味 ❶一定のやり方に従った式典。ぎ。のり。「儀式・婚儀」❷ふるまいの手本。のり。「儀表・礼儀」❸天体観測や測量に用いる道具。「地球儀」❹以前に述べた事柄。ぎ。「その儀ばかりは」❺その人に関しての意味を表すことば。「私儀(わたくしぎ)」名付 ぎ・きたる・ただし・のり・よし

【儀仗兵】(ぎじょうへい) もと、天皇・国賓などにつけられた武装兵。▽「儀仗」は、飾りをつけた武器。

【儀典】(ぎてん) ①儀式についての決まり。②儀式。

【儀礼】(ぎれい) 世の中の習慣として決まっていて守らなければならない礼法・礼儀。「―的」

人13【僵】(15) 音キョウ 訓―

意味 体がこわばって倒れる。

人13【儁】(15) 音シュン 訓―

意味 ひときわ高くすぐれている。「儁異」

人13【儂】(15) 音ノウ 訓わし

意味 おもに男性の老人や力士が、自分のことをいうとき使うことば。わたし。わし。

人13【僻】(15) 印標 音ヘキ 訓ひがむ

意味 ❶かたよっていて正しくない。「僻見・僻説」❷中央から遠く離れた不便な地方。「僻地・僻村」❸ねじけて考える。ひがむ。「僻心(ひがごころ)」

【僻遠】(へきえん) 中央から遠く離れていること。また、その地方。

【僻見】(へきけん) かたよった正しくない考え。

人13【舗】(15) 常用 音ホ 訓しく・みせ　旧字 舌9【舖】(15)

筆順 舗

意味 ❶みせ。「店舗・老舗(ろうほ・しにせ)」❷敷き並べる。しく。「舗石・舗装」

参考 (1)旧字体「舖」は、もと「鋪」の異体字。(2)「舗装」の「舗」は「鋪」が書き換えられたもの。

【舗道】(ほどう) 舗装した道路。舗装道路。

人13【儚】(15) 音ボウ 訓はかない　正字 人14【儚】(16)

2画

意味 確かでない。また、頼みにならない。はかない。「儚い望み」

人13【價】▶価㊐

人13【儉】▶倹㊐

人14【儒】(16) 常用 音ジュ 訓—

筆順

意味 孔子(こうし)が唱えた政治・道徳の教えを受けつぐ学派。また、その学者。「儒学・儒者」 名付 じゅ・ひと

【儒学】(じゅがく) 儒教を研究する学問。また、儒教の教え。「—者(しゃ)」

【儒教】(じゅきょう) 古代中国の孔子(こうし)を祖とする、政治・道徳の学問。また、その教え。中心思想は仁(じん)(思いやりの心)と礼(社会秩序)。四書五経を経典とする。

参考熟語 儒艮(じゅごん)

人14【儘】(16) 印標 異体 人6 侭(8)

音ジン 訓ことごとく・まま

意味 ❶その状態どおりにしておくこと。また、成り行きに任せること。まま。「水の流れの儘に」❷自分の思うとおりにすること。まま。「儘ならぬ人生・我が儘」❸そこにあるものすべて。ことごとく。

参考 ❸は多く「悉く」「尽く」とも書く。

人14【儕】(16) 音セイ・サイ 訓ともがら

意味 仲間。ともがら。「儕輩」

人14【儔】(16) 音チュウ 訓—

意味 仲間。とも。

人14【[亻+覀+国]】(16) 〈国字〉 音— 訓ほとけ

意味 ほとけ。▽地名に用いる字。「[亻+覀+国]沢(ほとけさわ)」は、青森県の地名。

人15【償】(17) 常用 音ショウ 訓つぐなう

筆順

意味 ❶功労・努力に対して報いる。「報償」❷相手に与えた損害の補いとして代わりの金品を差し出す。つぐなう。また、そのための金品。つぐない。「償金・弁償」❸犯した罪・あやまちを反省して埋め合わせをする。つぐなう。また、つぐない。「償罪・賠償・失敗を償う」

【償還】(しょうかん) 借りていた金銭・土地・施設・公債などを返すこと。「—期限」

【償却】(しょうきゃく) ①使用や時の経過によって生じる固定資産の価格の減少を、使用各年に割りあてて積み立て回収すること。▽「減価償却」の略。②負債などを返すこと。

人15【優】(17) 6年 音ユウ・ウ 訓やさしい・すぐれる・まさる

筆順

意味 ❶親切で思いやりがある。やさしい。「優遇・優待」❷上品である。また、穏やかである。やさしい。「優雅」❸ほかのものよりりっぱである。まさる。すぐれる。↔劣。「優位・優良」❹役者。「俳優・名優」 名付 かつ・ひろ・まさ・まさる・ゆう・ゆたか

使い分け「やさしい」

優しい…思いやりがある。素直で大人しい。上品で美しい。「優しい言葉をかける・優しく接する・姉は気立てが優しい・優しい顔立ち・優しい色合い」

易しい…「難しい」の対。たやすい。分かりやすい。「易しい問題・誰でも易しく操作できる・易しく解説する・易しい読み物」

【優越】(ゆうえつ) 価値などが他よりすぐれていること。「—した立場」

【優柔不断】(ゆうじゅうふだん) 決断力が乏しく、なかなか決断しないこと。「—な男」 注意 「優柔普段」と書き誤らないように。

【優勝劣敗】(ゆうしょうれっぱい) すぐれた者が勝ち、おとった者が敗れること。

【優勢】(ゆうせい) 劣勢に対して、勢いが他よりすぐれていること。

【優待】(ゆうたい) 他に比べて特に有利にもてなすこと。「—な立場に立つ」

【優退】(ゆうたい) 何試合かに連続して勝った人・チームが規約によって試合を退くこと。参考 「勇退(ゆうたい)」は、下位の者をじゅうぶんに働かせるために、自分から職をやめること。

参考熟語 優曇華(うどんげ)

人15【儡】(17) 音ライ 訓―
意味 土で作った人形。「傀儡（かいらい）」

人15【儖】(17) 音ラン 訓―
意味 みにくい。

人15〔儲〕▼儲(異)

人16【儲】(18) 人名 音チョ 訓もうける
異体 人15 儲 (17)
筆順 亻 仁 信 佶 偖 偖 儲 儲
意味 ❶天皇の子で、その位を継ぐ人。皇太子。「儲君（ちょくん）」❷利益や得を自分の物にする。もうける。また、その利益や得。もうけ。「儲け口」❸子供を得る。「一男一女を儲ける」名付 そえ

人19【儺】(21) 音ダ・ナ 訓―
意味 疫病の鬼を追い払う行事。追儺（ついな）。

人19【儷】(21) 音レイ 訓―
意味 二つ並ぶ。そろう。「駢儷体（べんれいたい）（対句を基本とした文体）」

人20【儼】(22) 音ゲン 訓おごそか
意味 いかめしい。おごそか。「儼然（げんぜん）」
参考 「儼然」の「儼」は「厳」に書き換える。

人20【儻】(22) 音トウ 訓もし
意味 もし。もしくは。

儿の部 ひとあし にんにょう

儿0【儿】(2) 音ニン・ジン 訓―
意味 人間。ひと。

儿1【兀】(3) 音コツ・ゴツ 訓―
意味 高く突き出ている。高い。「突兀（とっこつ）」

儿2【允】(4) 人名 音イン 訓まこと・じょう
筆順 ㇜ ム 㐬 允
意味 ❶誠。まこと。また、ほんとうに。まことに。「允恭」❷許し認める。「允可」❸昔、四等官の制で、主殿寮（とのもづかさ）の第三等官。じょう。名付 いん・ただ・ただし・ちか・まこと・まさ・まさし・みつ・みつる

【允可（いんか）】聞きとどけること。許可。

儿2【元】(4) 2年 音ゲン・ガン 訓もと・はじめ
筆順 一 二 テ 元
意味 ❶物事のいちばんはじめ。もと。「元気・根元」❷作用の起こるところ。もと。「元素・元利（がんり）」❸かしら。「元首・元老」❹代数方程式の未知数。「二元一次方程式」❺年号の最初の年。「紀元・元号」❻中国の貨幣の単位。げん。
名付 あさ・がん・げん・ちか・つかさ・なが・はじむ・はる・まさ・もと・ゆき・よし

使い分け「もと」
元…発生するところ。最初のもの。以前。「元に戻す・身元・火事の元・スープの元・元栓・元社長」
下…影響・制約の範囲。「青空の下の運動会・指導の下・法の下の平等・一言の下に」
本…根本。根源。「農は国の本・国政の本を正す」
基…基礎。よりどころ。「国の基を築く・判断の基になる資料」

【元朝（がんちょう）】一月一日の朝。元旦。
【元本（がんぽん）】利益・収入などを生ずる基礎となる財産や権利。
【元凶（げんきょう）】悪人仲間の中心人物。▽「元兇」の書き換え字。
【元勲（げんくん）】国家に尽くした大きな功績。また、その手柄を立てた人。
【元帥（げんすい）】軍人の最高位。大将の上の位。注意「元師」と書き誤らないように。

儿3【兄】(5) 2年 音ケイ・キョウ 訓あに・え
筆順 丨 口 口 尸 兄
意味 ❶あに。けい。↔弟。「兄弟（きょうだい）・（けいてい）・長兄・義兄・兄（にい）さん・兄（あに）さん・兄（けい）たり難く弟（てい）たり難し（優劣がつけにくい）」❷男性が先輩・同輩や友人な

2画

どを敬ってよぶことば。「大兄・貴兄」❸五行を十干(じっかん)に配するとき、二つに分けたうちの一方。え。↔弟(と)。「木兄(きのえ)(甲)」名付 あに・え・きょう・けい・さき・しげ・ただ・よし

【兄事】(けいじ) ある人を自分よりまさっている人として兄に対するように敬い接すること。

儿3〖充〗▶充㊐

儿4【兇】(6) 音キョウ 訓——

意味 人を傷つけるようなことをして、悪い。また、悪者。「兇漢・兇暴・元兇」

参考「兇・兇悪・兇漢・兇器・兇行・兇刃・兇変・兇暴・元兇」などの「兇」は「凶」に書き換える。

【兇状】(きょうじょう) 犯罪の経歴。▽「凶状」とも書く。

【兇弾】(きょうだん) 悪者が発した弾丸。▽「凶弾」とも書く。

儿4【光】(6) 2年 音コウ 訓ひかる・ひかり

筆順 丨 丷 ⺌ 业 𫩏 光

意味 ❶輝いてあたりを明るくする。ひかる。また、その輝き。ひかり。「光輝・夜光」❷美しくてりっぱに見える姿・形・色・つや。「光沢・光彩」❸月日。時間。「光陰・消光」❹名誉。ほまれ。「栄光・光栄」名付 あき・あきら・こう・さかえ・てる・ひかり・ひかる・ひろ・ひろし・みつ・みつる

【光陰矢の如し】(こういんやのごとし) 月日の経過するのが非常に早いことを形容することば。▽「光は矢のようである」の意。

【光輝】(こうき) ①光。かがやき。②ほまれ。名誉。「—ある生涯」

【光彩陸離】(こうさいりくり) 美しく輝く光が入り乱れてきらめくこと。▽非常にすぐれていて美しいものを形容するときに用いる。

【光頭】(こうとう) はげ頭のこと。

【光風霽月】(こうふうせいげつ) 心が清らかに澄みきってわだかまりがないこと。「—の心境」▽「光風」は「さわやかな風」、「霽月」は「雨あがりの晴れた空にある月」の意。

【光明】(こうみょう) ①明るく輝く光。「一筋の—を見出す」②仏教で、仏や菩薩(ぼさつ)の心身から発する徳の光。

【光臨】(こうりん) 身分の高い人を尊敬してその来訪をいうことば。「御—を仰ぐ」

儿4【充】(6) 常用 旧字 儿3 充(5) 音ジュウ 訓あてる・みたす・みちる

筆順 丶 亠 𠫔 𠫓 㐬 充

意味 ❶内容・中身がいっぱいになる。みちる。また、いっぱいにする。みたす。「充実・充電・拡充」❷足りないところにあてはめる。あてる。「充当・補充」名付 あつ・じゅう・たかし・まこと・み・みち・みつ・みつる

参考 あてる⇩「当」の[使い分け]。

【充足】(じゅうそく) 望みや条件などをじゅうぶんに満たすこと。また、満ち足りること。「欲望の—」

【充当】(じゅうとう) 物をある目的のために別の方面に使うこと。「利益の一部を損失処理に—する」

【充満】(じゅうまん) ある物の中に、他の物が満ちていっぱいになること。

儿4【先】(6) 1年 音セン 訓さき・まず

筆順 ノ 𠂉 ⺧ 生 𠂒 先

意味 ❶時間・順序で前である。さき。「先客・先着」❷過去になったもの。「先月・先刻」❸最初。いちばん早いもの。「先祖・優先」❹それより前。せん。「先から知っていた」❺さしあたり。まず。❻末端。さき。名付 さき・すすむ・せん

参考「先端・先鋭」などの「先」は「尖」が書き換えられたもの。

【先覚】(せんかく) ①人より先に物事の道理や世の推移などを見抜く人。「—者」②学問や見識のある先輩。

【先駆者】(せんくしゃ) 人に先立って物事をする人。

【先見の明】(せんけんのめい) 将来を見通すすぐれた知恵。

【先蹤】(せんしょう) 手本となる、先人の行いのあと。▽「蹤」は「あと」の意。注意「せんじゅう」と読み誤らないように。

【先達】(せんだつ) 一 ある専門的な方面での先輩。二 (せんだつ・せんだち) ①修験者(しゅげんじゃ)が修行のために山にはいるとき、その人を案内する人。②案内者。

【先端】(せんたん) ①物のいちばん先の部分。②時代・流行の先頭。「時代の—」▽「尖端」の書き換え

え字。

【先途】成功するかしないかのせとぎわ。「ここを―とがんばる」

【先入観】「先入主」に同じ。

【先入主】前もって知っていることにもとづいて作られた固定的な考え。先入見。先入観。

【先般】さきごろ。このまえ。

【先鞭】人に先んじて着手すること。「―をつける」

【先鋒】戦闘・行動・主張などの先頭に立って進むこと。「―をつとめる」

儿4 **【兆】** (6) 4年 音 **チョウ** 訓 **きざす・きざし**

筆順 丿 丬 ㇀ 兆 兆 兆

意味 ❶数の単位。一兆は一億の一万倍。ちょう。❷まえぶれ。ちょう。きざし。また、物事が起ころうとする。きざす。「兆候・前兆」❸数が多い。「億兆」名付 ちょう・とき・よし

【兆候】物事の起こる前ぶれ。きざし。「危険な―を示す」▽「徴候」とも書く。

儿5 **【克】** (7) 常用 音 **コク** 訓 かつ・よく

筆順 一 十 十 古 古 声 克

意味 ❶努力して相手に打ち勝つ。かつ。「克己・克服」❷物事を成し遂げる。よくする。「克明・克復」名付 いそし・かつ・かつみ・こく・すぐる・たえ・なり・まさる・よし

参考 「下克上・相克」などの「克」は「剋」が書き換えられたもの。

【克復】悪い状態を乗り越えて、平和なもとの状態を取り戻すこと。

【克服】困難に打ち勝つこと。

【克明】一つ一つに注意を払ってていねいに行うさま。「―に記す」

【克己】自分の欲望やよこしまな心に打ち勝つこと。「―心」

儿5 **【児】** (7) 4年 旧字 儿6 兒 (8) 人名

音 ジ・ニ 訓 こ

筆順 丨 ‖ 川 旧 旧 児 児

意味 ❶幼い子。こ。「児童・幼児・小児」❷親に対して、子ども。こ。「児孫・豚児」❸若者。「健児・風雲児」名付 じ・のり・はじめ・る

【児戯】子どもの遊び。「―に等しい」

儿5 **【兌】** (7) 音 ダ・タイ 訓 ―

意味 取り替える。「兌換」

儿5 **【兎】** (7) 人名 音 ト 訓 うさぎ 異体 儿6 兔 (8) 異体 儿6 兎 (8)

筆順 ノ ㇇ 丆 白 叧 兎 兎

意味 ❶うさぎ。「兎馬（ろば）・脱兎」❷月のこと。月にはうさぎがいるという伝説から。「玉兎」名付 う・うさ・うさぎ

参考熟語 兎角（とかく）

儿5 【兔】▸免 旧

儿6 **【尭】** (8) 人名 旧字 土9 堯 (12) 人名

音 ギョウ 訓 たかい

筆順 一 十 土 圥 垚 垚 尭 尭

意味 ❶けだかい。たかい。❷中国古代の伝説上の帝王の名。舜とともに理想的な天子とされる。名付 あき・ぎょう・たか・たかし

儿6 **【免】** (8) 常用 旧字 儿5 免 (7)

音 **メン** 訓 **まぬか**れる・まぬがれる・ゆるす

筆順 ノ ク ク 各 各 备 争 免

意味 ❶都合の悪いことを避けてのがれる。まぬかれる。まぬがれる。「免税・免除」❷許して自由にさせる。ゆるす。「免許・放免」❸職などをやめさせる。「免職・任免」

【免疫】①病気に感染しない抵抗力があること。②物事に慣れてしまって平気なこと。

【免罪】罪を許すこと。「―符」

【免責】①責任を免れること。②法律で、債務者の債務の一部または全部が消滅すること。

2画

儿6【兒】▶児㊐

儿6【兔】▶兎㊡

儿6【兎】▶兎㊡

儿8【党】(10) 6年 音トウ 訓― 旧字 黑8 黨(20)

筆順 丶 丷 ⺍ 𫩏 尚 尝 党

意味 ❶ある目的のために人々が集まって作った集団。とう。「党派・徒党・政党・残党・党を結ぶ」❷特に、政党のこと。とう。「党首・党籍・野党・与党・入党」❸同じ村里に集まって住む人々。「郷党」名付 あきら・とう

【党人】とうじん ①政党に所属する人。党員。②官僚出身の国会議員に対して、政党出身の国会議員。

【党是】とうぜ その党として決めた根本方針。

【党派】とうは 主義・主張などを同じくする仲間。党。「超―」

【党利党略】とうりとうりゃく 他のもののことを考えない、その党派・政党のためだけの利益・計略。

儿9【兜】(11) 人名 音トウ 訓かぶと

筆順 ノ 亻 𠂉 白 㒳 兜 兜

意味 頭にかぶる防護用の武具。かぶと。「兜巾・兜を脱ぐ(自分の力が相手に及ばなくて降参する)」

儿12【兢】(14) 音キョウ 訓―

意味 ❶恐れる。「兢兢・兢戒」❷互いに競う。

参考「戦々兢々」の「兢」は「恐」に書き換える。

注意「競」は別字。

入の部 いりがしら いりやね

入0【入】(2) 1年 音ニュウ・ジュ 訓いる・いれる・はいる・しお

筆順 ノ 入

意味 ❶外から中に持って来る。いれる。また、外から中に移動する。いる。はいる。⇔出。「入場・入水(じゅすい・にゅうすい)・納入」❷必要である。いる。「入らぬ世話」❸染料にひたす回数を表すことば。しお。「一入(ひとしお)」名付 いり・いる・にゅう

使い分け「いる」

入る…中にはいる。ある状態になる。動詞の下について意味を強める。「飛んで火に入る夏の虫・入り江・気に入る・恐れ入る・悦に入る・聞き入る・寝入る」

要る…必要である。「金が要る・許可が要る・何も要らない」

居る…人や物がそこにある。「父が家に居る・枝に鳥が居る・午前中は居ない」

【入魂】㊀じっこん 親しくつきあって、心やすいこと。「―の間柄」▽「昵懇」とも書く。㊁にゅうこん 精魂を注ぎこむこと。「一球―」

【入水】㊀じゅすい 水中に飛びこんで自殺すること。「―自殺」㊁にゅうすい 水泳の飛び込み競技などで、空中から水にはいること。

【入木道】じゅぼくどう 書道のこと。▽東晋(とうしん)の王羲之(おうぎし)の筆力が強く、字を書いた木に墨が深々としみこんでいたという故事による。

【入獄】にゅうごく 刑務所・ろうやに入れられること。下獄。

【入札】にゅうさつ・いれふだ もっともよい条件のものと契約するために、希望者に見積もり価格を記入させて差し出させること。

【入寂】にゅうじゃく 僧が死ぬこと。入滅。

【入定】にゅうじょう ①仏教で、静座して精神を統一する修行にはいること。▽「定」は「禅定(ぜんじょう)(姿勢・呼吸をととのえて心を集中する)」の意。②聖者が死去すること。入滅。

【入籍】にゅうせき 婚姻関係などによって、その家の戸籍に籍を入れること。

【入念】にゅうねん 十分に注意して、ていねいに行うこと。念を入れること。また、念入り。

【入梅】にゅうばい つゆの入り。また、つゆの季節。

【入滅】にゅうめつ 聖者が死去すること。入定。

【入来】じゅらい・にゅうらい 訪問のためにそこにはいってくること。「御―」

【両】▶一5　【全】▶人4　【内】▶冂2

入6【兩】▶両㊐

入7【兪】(9) 音ユ 訓いよいよ

意味 ❶承諾の返事を表すことば。❷いよいよ。

2画

ますます。

八の部 はち はちがしら

八0 【八】(2) 1年 音 ハチ 訓 や・やっ・やっつ・よう

筆順 ノ 八

意味 ❶数で、やっつ。やっつ。「八卦(はっけ)・八景(はっけい)・尺八・八日(ようか)」❷昔の時刻の名。今の午前および午後二時ごろ。やつ。やつ。名付 かず・はち・や・やつ・わ・わかつ

参考 カタカナ「ハ」のもとになった字。

【八面玲瓏】(はちめんれいろう) ①どの方面も美しくすきとおっていること。②心になんのわだかまりもなくてすがすがしいこと。▽「玲瓏」は「すきとおって美しくかがやく」の意。

【八面六臂】(はちめんろっぴ) ひとりの人が多方面にわたってすぐれた活躍をすること。「―の大活躍」▽「臂」はひじのことで、もと「八つの顔と六つの腕をもつ仏像」の意。

【八紘】(はっこう) 全世界のこと。天下。「―一宇(世界中が一つの家族のように仲よくすること)」▽「四方と四すみ」の意。

【八方美人】(はっぽうびじん) だれに対しても要領よく付き合う人。

参考熟語 八百長(やおちょう) 八百屋(やおや) 八百万(やおよろず) 八十路(やそじ)

八2 【兮】(4) 音 ケイ 訓 ―

意味 感嘆や強調を表すことば。

八2 【公】(4) 2年 音 コウ・ク 訓 おおやけ・きみ

筆順 ノ 八 公 公

意味 ❶広く一般に関係があること。おおやけ。↔私。「公衆・公共・公開」❷役所・朝廷や仕事に関係があること。おおやけ。「公務・公式・公の費用」❸かたよらず、正しい。「公正・公明」❹広く通用する。「公理・公約数」❺身分の高い人。きみ。「公家(くげ)・公卿(くぎょう・こうけい)」❻五等級に分けた爵位の第一番め。「公爵」❼身分の高い人や年長者を尊敬してつけることば。「貴公・楠公(なんこう)」❽親しみや軽蔑の気持ちでその人の名前の略称の下につけることば。「熊公(くまこう)」名付 いさお・きみ・きん・こう・たか・ただ・ただし・とおる・とも・なお・ひろ・まさ・ゆき

【公益】(こうえき) 社会一般の利益。公共の利益。

【公器】(こうき) 世間一般の人々のためにある機関。「新聞は社会の―」

【公許】(こうきょ) 官公庁が与えた許可。

【公告】(こうこく) 政府・公共団体などが広告・掲示などの方法で国民一般に通達事項を知らせること。「官報に―する」

【公事】一(こうじ) 私事に対して、公の仕事。二(くじ) ①朝廷の政務や儀式。②訴え。訴訟(そしょう)。

【公示】(こうじ) 政府・公共団体などが、国民一般に発表して示すこと。

【公述】(こうじゅつ) 公聴会で意見を述べること。「―人」

【公序】(こうじょ) 公共の秩序。「―良俗」

【公人】(こうじん) 公職についている人。

【公正】(こうせい) 公平で正しいこと。

使い分け 「こうせい」

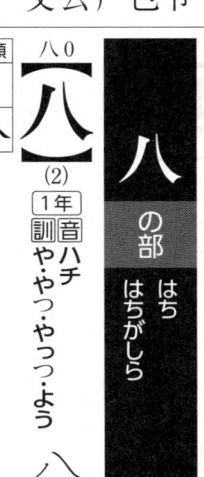

公正…公平で正しいこと。「公」はかたよらないの意。「公正な判断・公正取引委員会」

更正…税額などの誤りを正しく改めること。「更」は改めるの意。「登記事項を更正する・更正予算」

更生…もとの正常な状態にもどること。「更」は変わるの意。「悪の道から更生する・自力更生・会社更生法」

厚生…健康を保ち、生活を豊かにすること。「厚」はゆたかにするの意。「福利厚生施設・厚生年金」

【公然】(こうぜん) かくさずおおっぴらなようす。

【公訴】(こうそ) 検察官が裁判所に対して被疑者の有罪の判決を求めること。

【公聴会】(こうちょうかい) 重要な事柄を決めるため、利害関係者や学識経験者などを集めて意見を聞く会。

【公判】(こうはん) 公開した法廷で裁判すること。また、その裁判。

【公憤】(こうふん) 公共のことに対する、正義感によるいきどおり。義憤。「―を覚える」

【公文書】(こうぶんしょ) 官庁・公共団体が発行する文書。

【公平無私】(こうへいむし) 非常に公平な態度で扱い、自分だけの利益になることをしないこと。

【公僕】(こうぼく) 公務員など、社会一般の人のために奉仕する人。

【公明正大】(こうめいせいだい) 誰が見てもやましいところがなく、公平で正しい様子。

参考熟語 公孫樹(いちょう・こうそんじゅ) 公魚(わかさぎ)

八2 **【六】** (4) 1年 音 ロク・リク 訓 む・むっ・むっつ・むい

筆順 丶 亠 六 六

意味 ❶数で、むっつ。むつ。「六法・六芸(りくげい)・丈六・双六(すごろく)・六日(むいか)」 ❷昔の時刻の名。今の午前および午後六時ごろ。むつ。 名付 む・むつ・ろく

参考 証書などでは「陸」と書くことがある。

【六書】(りくしょ) ①漢字の構成と使用についての六つの法。象形(しょうけい)・指事・会意(かいい)・形声・転注・仮借(かしゃ)のこと。②漢字の六つの書体。大篆(だいてん)・小篆(しょうてん)・八分(はっぷん)・隷書(れいしょ)・草書(そうしょ)・行書(ぎょうしょ)のこと。六体(りくたい)。

【六根清浄】(ろっこんしょうじょう) 信仰のために霊山に登るときや寒参り(かんまいり)をするときにとなえることば。

【六法】(ろっぽう) 憲法・刑法・民法・商法・刑事訴訟法・民事訴訟法の六種の法律。「―全書」

参考熟語 六十路(むそじ)

八4 **【共】** (6) 4年 音 キョウ 訓 とも

筆順 一 十 廾 廾 共 共

意味 ❶いっしょにする。ともに。「共同・共学・公共」 ❷共産主義のこと。また、共産党のこと。「反共・中共」 名付 きょう・たか・とも

【共感】(きょうかん) 人の主張・意見に同感・共鳴すること。

【共益】(きょうえき) 共同の利益。「―費」

【共済】(きょうさい) 力を合わせて助け合うこと。

【共存】(きょうそん・きょうぞん) 異質のものが共に生存すること。「―共栄」

【共同】(きょうどう) ①いっしょに利用すること。②同じ資格・立場で行うこと。「―研究」

使い分け「きょうどう」

共同…物事に対等の立場でかかわる場合に使う。「共」はいっしょにの意。「水道を共同で使う・共同研究・共同戦線・共同募金」

協同…一つにまとまり、力を合わせて行うこと。「協」は力を合わせるの意。「両国が協同で開発する・産学協同・協同一致・協同組合」

【共犯】(きょうはん) 二人以上の者が共に罪を犯すこと。

【共謀】(きょうぼう) 共同で悪事をたくらむこと。

【共鳴】(きょうめい) ①他人の意見や行動などに強く同感すること。②発音体が他からの音波を受けて自然に鳴り出す現象。ともなり。

八5 **【兵】** (7) 4年 音 ヘイ・ヒョウ 訓 つわもの

筆順 ノ 丆 F 斤 丘 乒 兵

意味 ❶軍人。つわもの。へい。「兵隊・将兵・雑兵(ぞうひょう)」 ❷軍隊。へい。また、戦争。「兵法・兵衛(ひょうえ)」 ❸武器。「兵戈(へいか)・兵馬」 ❹もと日本の軍隊で、最下級の階級。「兵長」 名付 たけ・ひょう・へい

【兵糧】(ひょうろう) ①陣中の軍隊の食糧。「―攻め(食糧を補給する方法を断って敵を飢えさせ、戦争に勝とうとする攻め方)」②一般に、食糧のこと。

【兵営】(へいえい) 兵士が寝泊まりする所。陣営。

【兵役】(へいえき) 義務として軍務に服すること。

【兵站】(へいたん) 戦場の後方にあって戦闘に必要な物質の補給や輸送などの任務にあたる機関。▽「站」は「うまや」の意。

【兵端】(へいたん) 戦いの起こるきっかけ。「―を開く」

【兵法】(へいほう・ひょうほう) 戦争のしかた。戦術。「―書」「生―(なまびょうほう)(なまかじりの技術や知識)」

【兵児帯】(へこおび) 男性のしごき帯。▽「兵児」は鹿児島県地方の方言で、若者の意。

八6 **【其】** (8) 人名 音 キ 訓 その・それ

筆順 一 十 廾 廾 甘 其 其 其

意味 ❶人・事物をさすときに使うことば。その。❷すでに述べた事柄をさし示すときに使うことば。その。それ。「其のことはすでに知っている」 名付 その・とき・もと

参考熟語 其奴(そいつ・そやつ) 其処(そこ) 其方(そなた)

2画

八6 **【具】**(8) 3年 旧字 八6 具(8)

音 グ 訓 そなえる・つぶさに

筆順 丨 冂 冃 月 目 且 具 具

意味 ❶常にそろっている器物。また、そなえつけの品物。「道具・家具」❷そろえる。そなえる。また、そなわっている。❸詳しく述べること。つぶさに。「具申」❹料理で、汁物などの中に入れる材料。ぐ。❺衣服・器具などの一そろいになっているものの数を表すことば。ぐ。「よろい三具」名付 ぐ・とも

参考 **そなえる**⇩「備」の[使い分け]。

【具現】(ぐげん) 具体的な形に表すこと。

【具象】(ぐしょう) 形に現れていること。具体。

【具申】(ぐしん) 目上の人に意見・希望などを細かに申し上げること。

【具陳】(ぐちん) 目上の人に意見や事情を詳しく述べること。

【具備】(ぐび) 必要なものが完全に備わっていること。「―すべき条件」

八6 **【典】**(8) 4年

音 テン 訓 のり

筆順 丨 冂 巾 巾 曲 曲 典 典

意味 ❶手本とすべき書物。また、単に、書物。「仏典・古典・辞典」❷よりどころがあって正しい。「典拠・典雅・出典」❸手本となる不変の規則・規準。のり。「典例・典型」❹儀式。てん。「典礼・祭典・華燭(かしょく)の典」名付 おき・すけ・つかさ・つね・てん・のり・ふみ・みち・もり・よし・より

参考 「香典」の「典」は「奠」が書き換えられたもの。

【典雅】(てんが) 上品でみやびなさま。

【典拠】(てんきょ) もととなった正しいよりどころ。

【典範】(てんぱん) 手本となる正しい事柄。また、それを定めた法律。「皇室―」

【典礼】(てんれい) ①一定の儀式。また、その作法。②儀式をつかさどる役。

【酋】▸酉2

八8 **【兼】**(10) 常用 旧字 八8 兼(10)

音 ケン 訓 **か**ねる

筆順 丷 䒑 ⺕ 当 当 兰 兼 兼 兼

意味 ❶二つ以上のものをいっしょに行う。かねる。「兼任・兼行・委員長兼書記局長」❷前もって用意する。かねて。「兼題・兼ねてより御案内の件」❸そうすることがなかなかできないの意を表すことば。かねる。「見るに見兼ねる」名付 かず・かた・かね・かぬ・けん・とも

【兼愛】(けんあい) 自他の別なく平等に愛すること。

【兼行】(けんこう) ①夜も昼も休まず急いで行うこと。「昼夜―」②二つ以上の事柄をひとりで行うこと。

【兼帯】(けんたい) ①一つのもので二つ以上の役に立てること。「―で使う」②二つ以上の職務をかねること。兼任。

【兼題】(けんだい) 和歌や俳句の会で、あらかじめ準備するように出してあった題。

【兼備】(けんび) 二つ以上のすぐれた性質・能力などをかね備えること。「才色(才気と美貌(びぼう))―」

【兼補】(けんぽ) 本職のほかに別の職務につけられること。

【兼務】(けんむ) 同時に二つ以上の職務を、あわせ持つこと。兼任。

【曾】▸日8

八14 **【冀】**(16) 正字 八15 冀(17)

音 キ 訓 こいねがう

意味 強く希望する。こいねがう。「冀求・冀(こいねが)わくは幸多(さちおお)からんことを」

冂 の部 けいがまえ まきがまえ

冂0 **【冂】**(2)

音 ケイ 訓 ―

意味 はるか遠い境界の地。

冂2 **【円】**(4) 1年 旧字 口10 圓(13) 人名

音 エン 訓 **まる**い・まる・つぶら・まどか

筆順 丨 冂 円 円

意味 ❶輪または球の形である。まどか。つぶら。まるい。また、そのような形の物。えん。まる。「円

2画

周・円筒・外接円・関東一円」❷なめらかで欠けたところがない。まどか。まるい。「円満・円滑・円くおさめる」❸日本の通貨の単位。えん。「円本・金円・日本円」名付 えん・かず・つぶら・のぶ・まど・まどか・まる・みつ

参考 まるい⇩「丸」の[使い分け]。

【円滑】(えんかつ) 物事が滞らずに、順調にすらすらと進行するさま。「―な運営」

【円弧】(えんこ) 円周の一部を成す、弓形に曲がった部分。弧。

【円熟】(えんじゅく) ①物事の技術や芸などが上達してうまくなり、欠点がないこと。②人格や知識が豊かになり、穏やかなすぐれた人間になること。

【円卓会議】(えんたくかいぎ) ①上下の差別をつけずに協議するためにまるいテーブルを囲んで行う会議。②席順などを決めずに行うなごやかな会議。

【円転滑脱】(えんてんかつだつ) 物事を滞らせずにたくみに処理・進行させるさま。「―な司会ぶり」

冂2 **【内】**(4) 2年 音 ナイ・ダイ 訓 うち　旧字 入2 內(4)

筆順 丨 冂 内 内

意味 ❶ある一定の範囲の中。うち。↔外。「内部・内室・体内・参内(さんだい)」❷表向きでない。うち。「内定・内内・内祝(うちいわい)」❸仲間の中。「内乱・内争」名付 うち・うつ・ただ・ない・はる・まさ

【内閲】(ないえつ) 内々で閲覧または検閲すること。

【内規】(ないき) 団体の内部だけに通用するきまり。

【内儀】(ないぎ) ①商家の主婦。おかみさん。②内密のこと。

【内宮】(ないくう) 三重県伊勢(いせ)にある皇大神宮。

【内攻】(ないこう) ①病気がからだの表面に出ないで内部に広がること。②心の中にある思いが自分の中に向かってたまること。「―した不満」

【内訌】(ないこう) その組織・団体の内部の争い。内紛 ▽「訌」は「うちわもめ」の意。

【内済】(ないさい) 表ざたにしないで、内密に処理してすませること。

【内示】(ないじ) 公式に発表する前に決定事項などを非公式に知らせること。

【内室】(ないしつ) 身分の高い人の妻の尊敬語。

【内申】(ないしん) 希望を内々に報告すること。「―書」

【内親王】(ないしんのう) 天皇の子・孫にあたる皇女。

【内省】(ないせい) 自分のことについて反省すること。「―的な態度」

【内諾】(ないだく) 正式には決まっていないが、非公式に承諾すること。

【内通】(ないつう) ①ある団体の中にいて、その内部の事情などをひそかに外部の者に知らせること。②男女がひそかに通じ合うこと。密通。

【内偵】(ないてい) こっそり相手の様子を探ること。

【内紛】(ないふん) 団体の仲間どうしの間に起きた争い。内輪もめ。内訌(ないこう)。

【内聞】(ないぶん) ①身分の高い人が非公式に聞くこと。「―に達する」②表ざたにしないこと。内分。「―にすます」

【内包】(ないほう) その性質・状態を備えていること。「可能性を―する」

【内憂外患】(ないゆうがいかん) 国内の心配事と、外国から圧迫や攻撃を受ける心配。「―こもごも至る」

【内乱】(ないらん) 国内の反乱・騒乱。

【内覧】(ないらん) 非公式に文書などを見ること。

参考熟語 内法(うちのり)・内裏(だいり) 内証(ないしょ・ないしょう)

冂3 **【冊】**(5) 6年 音 サツ・サク 訓 ふみ　旧字 冂3 册(5)

筆順 丨 冂 冂 冊 冊

意味 ❶書物。ふみ。「冊子・書冊」❷書きつけの用紙。「短冊(たんざく)」❸書物を数えることば。さつ。

名付 さく・さつ

【冊子】一(さっし・そうし) 巻物に対して、紙を糸でとじて作った書物。とじ本。二(さっし) 書物のこと。「小―」三(そうし) ①昔の、仮名書きの日記・随筆・物語のこと。②さし絵を多く入れた、江戸時代の大衆小説。▽「草子」「草紙」「双紙」とも書く。

冂3 **【冉】**(5) 音 ゼン 訓 ―

意味 ❶しなやかである。❷じわじわと進む。

冂3 【册】▸冊(旧)　冂3 【冋】▸回(異)

冂4 **【再】**(6) 5年 音 サイ・サ 訓 ふたたび

筆順 一 厂 冂 币 再 再

意味 もう一度。ふたたび。また、くりかえす。ふたたびする。「再度・再発・再来年(さらいねん)」

【再建】㊀(さいけん) ①こわれた建造物を建て直すこと。②滅びかけた家系・国家をまた盛んにすること。㊁(さいこん)神社や寺院を建て直すこと。

【再考】(さいこう) もう一度よく考えること。「―の余地はない」

【再興】(さいこう) 衰えたもの・滅びたものが勢いを盛んにすること。また、そうなること。「国を―する」

【再三】(さいさん) いくたびも。「―再四(さいし)」(「再三」を強調することば)

【再燃】(さいねん) ①一度解決してうまく治まった物事がまた問題になること。「憲法改正論が―する」②消えていたように見えた火が再び燃え上がること。

【再拝】(さいはい) ①二度くり返して礼拝すること。②手紙で、終わりに書く挨拶のことば。「頓首(とんしゅ)―」

【再来】(さいらい) ①昔いた偉大な人物がまたこの世に現れること。「キリストの―」②以前あった状態がまた現れること。「暗黒時代の―」

参考熟語 再従兄弟(はとこ)　再従姉妹(はとこ)

【冋】▶口3

冂5 **【冏】**(7) 音 ケイ 訓 ―

意味 きらきら輝くさま。あきらか。

【周】▶口5　【岡】▶山5　冂6【冐】▶冒㊀異

冂7 **【冑】**(9) 音 チュウ 訓 かぶと・よろい

意味 ❶昔、頭にかぶった武具。かぶと。「冑甲」❷昔、からだにつけた武具。よろい。

参考「かぶと」は「兜」、「よろい」は「鎧」とも書く。

注意「胄(ちゅう)(跡継ぎの人)」は別字。

冂7【冒】▶冒㊐旧

冂8 **【冓】**(10) 音 コウ 訓 ―　正字 冂8 冓(10)

意味 木や竹を組んで積む。

冂9 **【冕】**(11) 音 ベン 訓 ―

意味 天子から大夫(たいふ)までの、礼装用のかんむり。

冖の部 わかんむり

冖0 **【冖】**(2) 音 ベキ 訓 ―

意味 上からかぶせて、おおう。

冖2 **【冗】**(4) 常用 音 ジョウ 訓 むだ

筆順

意味 ❶役に立たない。また、不必要である。むだ。「冗員・冗談」❷長くてわずらわしい。「冗長・冗漫」

【冗員】(じょういん) 必要以上にいる、むだな人員。

【冗長】(じょうちょう) 文章や話などがとりとめがなくて必要以上に長いこと。「講演が―に流れる」

【冗費】(じょうひ) むだに使われた費用。「―節約」

【冗漫】(じょうまん) 話や文章がくどくてまとまりがないこと。「―な文章」 注意「冗慢」と書き誤らないように。

冖3 **【写】**(5) 3年 音 シャ 訓 うつす・うつる　旧字 宀12 寫(15)　異体 冖12 冩(14)

筆順

意味 ❶もとのとおりに書き取る。うつす。また、もとのとおりに書き取って作った絵・文書。うつし。「写本・筆写・模写・証明書の写し」❷絵や文章で表現する。うつす。「写真・写生」❸撮影する。うつす。また、撮影して像が現れる。うつる。「映写・接写・写真を写す」❹すけて裏側の物が見える。うつる。

使い分け「うつる」

写る…撮影されて形が現れる。すけて見える。そのとおりに書く。「写真に写る・窓ガラスに人影が写る・書類を写す」

映る…反射して像が現れる。よく似合う。「鏡に映る・テレビに映る・着物がよく映る人」

【写実】(しゃじつ) 実際の状態をそのまま絵・文章などで表現すること。「―主義」

2画

冖7
【冠】(9)
常用 音 カン 訓 かんむり・かぶる

筆順 冖 冖 冖 冖 冗 冠 冠 冠

意味 ❶身分・地位のしるしとして頭にかぶるもの。かんむり。「王冠・戴冠(たいかん)」❷冠をかぶり元服する。かぶる。「冠者・弱冠・冠婚葬祭」❸上にかぶる。かぶる。「冠水」❹漢字の字形の構成で、上部にあるもの。かんむり。「草冠」❺ほかよりすぐれた地位にあること。かん。「冠絶・世界に冠たり」

【冠婚葬祭】(かんこんそうさい) 出産・結婚・葬儀など、世の中の習慣として決まっている慶弔の儀式。▽「冠」は元服、「婚」は結婚、「葬」は葬式、「祭」は先祖の祭りの意。

【冠省】(かんしょう) 手紙で、時候の挨拶などをのべる前文を省略するときに用いることば。前略。

【冠絶】(かんぜつ) 最もすぐれていること。「世界に—する」

参考熟語 冠木門(かぶきもん)

【〔軍〕】▼車2

冖8
【冤】(10)
印標 音 エン 訓 ——

異体 宀8【寃】(11)

意味 無実の罪。また無実の罪を受ける。「冤罪」

【冤罪】(えんざい) 無実の罪。冤枉(えんおう)。「—を晴らす」

冖8
【冢】(10)
音 チョウ 訓 つか

意味 土を盛りあげた墓。つか。

冖8
【冥】(10)
常用 音 メイ・ミョウ 訓 くらい

筆順 冖 冖 冖 冃 冃 冐 冥 冥

意味 ❶光がなくて暗い。くらい。「冥暗・冥冥」❷道理をよく知らない。無知。くらい。「頑冥」❸心の奥底。「冥想」❹死者の行く世界。あの世。「冥界・冥土」❺目に見えない、神仏の作用。「冥利(みょうり)・冥加(みょうが)」

【冥加】(みょうが) ①知らず知らずのうちに受ける神仏の助け。おかげ。冥利(みょうり)。②不思議なほどに幸運であること。「命—な奴」

【冥利】(みょうり) ①その立場・職業の人間として受ける最もすぐれた幸福。「商売—」②仏教で、善行の報いの結果として受ける現世の幸福。

【冥界】(めいかい) 死者が行くという、やみの世界。冥途(めいど)。「—の人となる」

【冥想】(めいそう) 目を閉じて心を静め、深く考えること。「—に耽(ふけ)る」▽「瞑想」とも書く。

【冥土】(めいど) 「冥途」と同じ。

【冥途】(めいど) 仏教で、死者が行くという、やみの世界。あの世。冥界。冥府。冥土。「—の旅」

【冥福】(めいふく) 死者の、死後の幸福。「—を祈る」

冖8【〔冦〕】▼寇 異

冖9【〔冨〕】▼富 異

冖12【〔冩〕】▼写 異

冖13
【冪】(15)
音 ベキ 訓 ——

正字 冖14【冪】(16)
異体 罒13【羃】(18)

意味 数学で、等しい数の相乗数を示す数字。「冪数」

冫の部 にすい

冫0
【冫】(2)
音 ヒョウ 訓 ——

意味 こおる。また、こおり。

【〔冬〕】▼夂2

冫3【〔冬〕】▼冬 旧

冫4
【冱】(6)
音 ゴ 訓 いてる

意味 こおる。いてつく。「冱寒」

冫4
【冫夭】(6)
〈国字〉 音 —— 訓 ただ

意味 ただ。▽人名に用いる字。

【〔次〕】▼欠2

冫4【〔冴〕】▼冴 旧

冫4【〔冰〕】▼氷 異

冫4【〔决〕】▼決 異

冫4【〔冲〕】▼沖 異

冫5
【冴】(7)
人名 音 ゴ 訓 さえる

旧字 冫4【冴】(6)

筆順 丶 冫 冫 冫 汀 冴 冴

意味 ❶非常に寒い。さえる。「冴寒」❷音・色などが澄む。さえる。

名付 ご・さえ

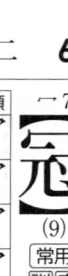

冫5
【冶】(7)
常用 音 ヤ 訓 いる

筆順 丶 冫 冫 冫 冶 冶 冶

意味 ❶金属を溶かす。また、金属を溶かして器物を作る。いる。「冶金・鍛冶(かじ・たんや)」❷鍛えて練る。「陶冶」❸なまめかしい。「遊冶郎」 名付 や

【冶金】(やきん) 鉱石から金属をとりだしたり、金属を精製加工したりすること。 注意 「治金」と書き誤らないように。

冫5

【冷】(7)

4年 音 レイ・リョウ 訓 つめたい・ひえる・ひや・ひやす・ひやかす・さめる・さます

筆順 丶 冫 冫 冫 冷 冷 冷

意味 ❶感じとして温度が低い。ひややか。つめたい。また、涼しくてすがすがしい。↕暖。「冷気・清冷・冷汗(ひやあせ)」❷熱が下がってつめたくなる。さめる。ひえる。また、そのようにする。さます。ひやす。↕暖。「冷却・空冷」❸思いやりがない。ひややか。つめたい。また、気持ちが高ぶっていない。「冷淡・冷静」❹興味・愛情がうすらぐ。さめる。また、そのようにする。さます。 名付 すずし・れい

参考 さめる⇩「覚」の[使い分け]。

【冷眼】(れいがん) 相手をさげすんで見る冷淡な目つき。「―視する」

【冷厳】(れいげん) ①物事を処理する態度が冷静できびしいさま。「―な態度で判決を下す」②事実などが、無視できないほど重大できびしいさま。「―な現実」

【冷笑】(れいしょう) さげすんで笑うこと。あざ笑い。「―を浴びせる」

【冷然】(れいぜん) 思いやりがなく冷淡なさま。「―として顧みない」

【冷徹】(れいてつ) 冷静な態度で物事をしっかり見通しているさま。「―な識見」

【冷涼】(れいりょう) 冷え冷えとして涼しいこと。「―な大気」

冫5 〔況〕▼況 異

冫6

【冽】(8)

音 レツ 訓 ―

意味 ❶水がつめたくて澄んでいるさま。「清冽」❷寒さがぴりっときびしいさま。「凜冽(りんれつ)」

冫7

【冫谷】(9)

〈国字〉 音 ― 訓 さこ

意味 さこ。▽地名に用いる字。

冫8

【凅】(10)

音 コ 訓 ―

意味 固くこおりつく。こおる。

冫8

【准】(10)

常用 音 ジュン 訓 なぞらえる

筆順 丶 冫 冫 冫 准 准 准 准 准 准

意味 ❶本格的なものと同じ資格として扱う。準ずる。なぞらえる。「准尉」❷許す。「批准」❸なぞらえる。それを基準としてつりあいを取る。準ずる。❹よりどころとする。「准拠」 名付 じゅん・のり

参考 もと「準」の異体字。

【准拠】(じゅんきょ) 「準拠」に同じ。

冫8

【凄】(10)

常用 音 セイ 訓 すごい・すさまじい

筆順 丶 冫 冫 冫 凄 凄 凄 凄 凄 凄

意味 ❶恐ろしいようである。すごい。すさまじい。「凄絶」❷寒々としていて寂しい。「凄涼」❸程度が激しい。すごい。すさまじい。「凄惨」

参考 「淒」とも書く。

【凄惨】(せいさん) 目をそむけたくなるほどむごたらしいこと。「―な情景」▽「淒惨」とも書く。

【凄絶】(せいぜつ) むごたらしくて非常にすさまじいこと。「―な死闘」▽「淒絶」とも書く。

冫8

【凋】(10)

音 チョウ 訓 しぼむ

意味 草木などがしぼみ衰える。しぼむ。「凋落」

【凋落】(ちょうらく) ①草木などがしぼみ衰えること。②人間などが落ちぶれること。「―の一途(いっと)をたどる」

冫8

【凍】(10)

常用 音 トウ 訓 こおる・こごえる・しみる・いてる

筆順 丶 冫 冫 冫 冫 冫 冫 凍 凍 凍

意味 ❶水が冷たくなってこおる。しみる。いてる。「凍結・凍土・冷凍」❷からだが冷えて感覚がなくなる。しみる。いてる。こごえる。「凍

2画

傷・凍死」

参考 ❶の意味では「氷る」とも書く。

【凍結】とうけつ ①寒さのために凍りつくこと。②資産・資金などの運用や移動を禁ずること。また、進行中の計画や事業を一時中止すること。「資産を―する」

【凍土帯】とうどたい 凍結した土壌からなる、寒帯の荒原。夏に地表部が溶ける。ツンドラ。凍原。

冫8 【凌】 (10) 人名 音 リョウ 訓 しのぐ

筆順 冫 冫 冫 冫 冫 冫 凌 凌

意味 ❶相手を乗り越えて上位になる。しのぐ。「凌駕りょうが」❷侵し傷つける。しのぐ。「凌辱」

名付 しのぐ・りょう

参考 「陵」とも書く。

【凌駕】りょうが 他のすぐれた地位・価値をさらに上回って上位になること。「昨年を―する実績」▽「陵駕」とも書く。

【凌辱】りょうじょく ①あなどった態度で人をはずかしめること。②女性を暴力で犯すこと。▽「陵辱」とも書く。

参考熟語 凌霄花のうぜんかずら

冫8 〔凉〕▶涼 異

冫9 〔减〕▶減 異

冫10 〔凖〕▶準 異

冫13 【凜】 (15) 人名 異体 冫13 凛 (15) 人名

音 リン 訓 ―

筆順 冫 冫 㓇 凜 凜 凜 凜 凜

意味 ❶身にしみて寒い。「凜冽りんれつ」❷きびしくてきりっとしている。「凜然・凜とした姿」 名付 りん

【凜然】りんぜん 態度などが引き締まっていてきびしいさま。「―たる態度」

【凜凜】りんりん ①激しい勢いがあって勇ましいさま。「勇気―」②寒さが身にしみるほどきびしいさま。「―たる夜気」

【凜冽】りんれつ 寒さが激しくきびしいこと。「寒気―」▽「冽」も「寒い」の意。

参考熟語 凜凜りりしい

冫14 【凝】 (16) 常用 音 ギョウ 訓 こる・こらす・こごる

筆順 冫 冫 凝 凝 凝 凝 凝 凝

意味 ❶集まり固まって堅くなる。こごる。こる。また、じっとしていて動かない。「凝血・凝縮・凝立」❷熱中する。こる。また、心・考えを集中させる。こらす。「凝視・競馬に凝る」❸工夫して変わった趣向にする。こる。「凝こり性しょう・凝った図案」 名付 ぎょう・こおる

【凝議】ぎょうぎ 熱心に相談すること。

【凝固】ぎょうこ 液体・気体が固体になること。

【凝脂】ぎょうし 女性の、なめらかでつやのある、白い美しい肌のたとえ。

【凝視】ぎょうし それだけをじっと見つめること。「一点を―する」

【凝集】ぎょうしゅう ばらばらになっていたものが集まって固まること。▽「凝聚」とも書く。

【凝然】ぎょうぜん じっとしたまま動かないさま。「―と見つめる」

几 の部 きにょう つくえ

几0 【几】 (2) 印標 音 キ 訓 つくえ

意味 机。また、ひじかけ。「几案・床几しょうぎ」

【几帳】きちょう 昔、室内の仕切りに用いた道具。台に柱を立て横木を渡し、横木から布を垂れ下したもの。

【几帳面】きちょうめん 性格や態度、物事の処理が規則正しくきちんとしている様子。「―な人」

几1 【凡】 (3) 常用 旧字 几1 凡 (3)

音 ボン・ハン 訓 およそ・すべて・あらゆる

筆順 丿 几 凡

意味 ❶あらまし。およそ。また、おしなべて一般に。すべて。あらゆる。およそ。「凡例はんれい・凡百」❷普通である。また、ありふれていてつまらない。「凡才・平凡」 名付 ちか・つね・ぼん

【凡眼】ぼんがん 物事を見分ける、平凡な能力。

【凡百】ぼんぴゃく・ぼんびゃく 種々さまざまであること。「―の人間」

【凡夫】ぼんぷ ①特にすぐれた才能などを持っていない、普通の人。「―のなし得る所ではない」②仏教で、仏道修行が未熟で、まだ悟れず

に迷っている人。

【凡庸】(ぼんよう) 特にすぐれたところがなく、ごくありふれていること。また、そういう人。

【凡慮】(ぼんりょ) 普通の人の平凡な考え。

【冗】→冖2

【処】
几3 (5) 6年 旧字 虍5 處(11)

音 ショ・ソ　訓 おく・おる・ところ

筆順 ノ ク 夂 夂 処

意味 ❶一定の場所・境遇や地位にとどまっている。おる。しょする。また、家にいる。「処世・出処・処女・難局に処する」❷とりさばいておさめる。おく。しょする。「処置・処理・処罰」❸場所。ところ。「各処・居処」❹刑罰を与える。しょする。「死刑に処する」名付 おき・さだむ・しょ・すみ・ところ

参考 ❸の「ところ」は「所」とも書く。

【処遇】(しょぐう) 人を評価してそれに適した待遇をすること。また、その待遇。

【処決】(しょけつ) ①はっきりと処置すること。②覚悟を定めること。

【処断】(しょだん) 取りさばいてはっきりと処置・処理を決めること。

【処罰】(しょばつ) 刑罰に処すること。罰を加えること。

【処方】(しょほう) 医師が、患者に与える薬品の調合のしかたや服用のしかたなどを書いて指示すること。「—箋(せん)」注意「処法」と書き誤らないように。

【凧】
几3 (5) 人名 〈国字〉

音 —　訓 たこ

筆順 ノ 几 凧 凧 凧

意味 細竹を骨として紙を張り、糸をつけて風を利用して空に飛ばすおもちゃ。たこ。

【凩】
几4 (6) 〈国字〉

音 —　訓 こがらし

意味 秋の末から冬の初めにかけて激しく吹く冷たい風。木枯らし。こがらし。

【凪】
几4 (6) 人名 〈国字〉

音 —　訓 なぎ・なぐ

筆順 ノ 几 凪 凪 凪 凪

意味 風がやんで海が穏やかになる。なぐ。また、そうなること。なぎ。「夕凪」名付 なぎ

【凭】
几6 (8)

音 ヒョウ　訓 もたれる・よる

意味 ❶よりかかる。よる。もたれる。❷食べた物が胃につかえる。もたれる。

【凰】
几9 (11) 人名

音 オウ　訓 おおとり

筆順 几 凡 凡 凰 凰 凰 凰 凰

意味 想像上の、めすの霊鳥。「鳳凰(ほうおう)」

【凱】
几10 (12) 人名

音 ガイ　訓 —

筆順 山 山 岂 岂 岂 豈 凱 凱

意味 戦いに勝つこと。「凱歌・凱旋」名付 がい・とき・よし

参考 「愷」とも書く。

【凱歌】(がいか) 勝利を祝って歌う歌。「—をあげる」

【凱旋】(がいせん) 勝って得意げに帰ること。

凵の部　かんがまえ かんにょう

【凵】
凵0 (2)

音 カン　訓 —

意味 くぼむ。また、あな。

【凶】
凵2 (4) 常用

音 キョウ　訓 —

筆順 ノ メ 区 凶

意味 ❶よこしまで悪い。また、悪人。「凶悪・元凶」❷縁起が悪い。また、縁起が悪くて起こる災難。↔吉。「凶事・吉凶」❸作物のできが悪い。↔豊。「凶作・凶年」

参考 「凶・凶悪・凶漢・凶器・凶行・凶刃・凶変・凶暴・元凶」などの「凶」は「兇」が書き換えられたもの。

【凶漢】(きょうかん) 残忍な悪人。▽「兇漢」の書き換え字。

【凶作】(きょうさく) 農作物のできが非常に悪いこと。不作。

【凶事】(きょうじ) 戦争や死など、縁起の悪い不吉なできごと。「—出来(しゅったい)」

2画

【凶状】(きょうじょう) 殺人・傷害などの罪の経歴。「―持ち(前科者)」▽「兇状」とも書く。

【凶刃】(きょうじん) 人を殺すのに使われた刃物。「―に倒れる」▽「兇刃」の書き換え字。

【凶弾】(きょうだん) 悪人が撃った弾丸。「―に倒れる」▽「兇弾」とも書く。

【凶兆】(きょうちょう) よくない物事が起こる不吉な前ぶれ。

【凶報】(きょうほう) ①死去・敗戦などの悪い知らせ。②特に、死去の知らせ。「―に接する」

【凶暴】(きょうぼう) 乱暴で非常に残忍なこと。▽「兇暴」の書き換え字。参考「狂暴(きょうぼう)」は、普通では考えられないほど乱暴なこと。

凵3
【凹】(5)
常用 音 オウ 訓 くぼむ・へこむ
筆順
意味 まん中の部分が低くなる。くぼむ。へこむ。⇔凸(とつ)。「凹地・凸凹(でこぼこ・とつおう)」
凹

凵3
【出】(5)
1年 音 シュツ・スイ 訓 でる・だす・いだす
筆順
意味 ❶ある範囲の外へ行く。でる。また、そうさせる。いだす。だす。⇔入。「出入・出動・出納(すいとう)・輸出」❷物事の表面に現れる。でる。また、現す。いだす。だす。「出火・出現・選出・出汁(だし)」❸ある家柄・身分・地方に生まれ育ったこと。で。「出身・貴族の出(で)」名付 いず・いずる・しゅつ・で
出

【出棺】(しゅっかん) 葬式の際、棺を家から送り出すこと。

【出御】(しゅつぎょ) 天皇・皇后が行事の場所へお出かけになること。

【出家】(しゅっけ) ①仏門にはいって仏道の修行をすること。②僧のこと。

【出獄】(しゅつごく) 刑期を終えたり、罪を許されたりした者が、獄(刑務所)を出る。

【出自】(しゅつじ) その人が生まれた家の家柄・身分。

【出処】㊀(しゅっしょ) 辞職すべきか職に留まるべきかという、職務上の身の振り方。「―進退」㊁(でどころ・でどこ) ①その事物が現れたもとの所。「うわさの―」②その人の生まれた所。㊂(でどころ・でどこ) ①出口。②物事の表面に現れるべき時期。「―をまちがえる」▽㊁㊂は「出所」とも書く。

【出所】㊀(しゅっしょ) 刑期を終えて刑務所を出ること。㊁(でどころ・でどこ) 「出処」と同じ。

【出色】(しゅっしょく) 他に比べて特にすぐれていること。「―のできばえ」

【出陣】(しゅつじん) 戦いの場に出向くこと。

【出征】(しゅっせい) 軍隊の一員として戦地に行くこと。

【出来】㊀(しゅったい・しゅつらい) ①事件が起こること。「一大事―」②物ができ上がること。㊁(でき) ①できること。また、できた具合。できばえ。「―のよい生徒」「上―」②農作物の実り具合。「麦の―が悪い」③取引所で、売買が成立すること。「―高」


【出廷】(しゅってい) 裁判に関係のある人が法廷に出ること。

【出典】(しゅってん) 故事や引用文などの出所となった書物。

【出頭】(しゅっとう) ①裁判所・官庁などに出向くこと。②他のものに比べてすぐれていること。「―人」

【出馬】(しゅつば) ①地位の高い人が自分から現場に行くこと。「社長が―して指揮を取る」②選挙に立候補すること。③身分の高い人が馬に乗ってその場に出かけること。

【出没】(しゅつぼつ) ふつごうな人・獣などが時々現れること。「狐狸(こり)の類(たぐい)が―する」

【出奔】(しゅっぽん) 住んでいた家・土地から逃げ出して、ゆくえを知られないようにすること。「主人の金を盗んで―する」

【出藍の誉れ】(しゅつらんのほまれ) 弟子がその師よりもすぐれている名誉。▽「青(あお)は藍(あい)より出(い)でて藍より青し」という、「荀子(じゅんし)」の中のことばによる。

凵3
【凸】(5)
常用 音 トツ 訓 ―
筆順
意味 まん中の部分が突き出ている。⇔凹(おう)。「凹凸(おうとつ)・凸面鏡」参考熟語 凸凹(でこぼこ・とつおう) 名付 たかし・とつ
凸

凵6
【函】(8)
人名 音 カン 訓 はこ
異体 凵7 凾(9)
函

2画

筆順 一 了 了 了 孑 孑 函 函

意味 文書や手回り品を入れる小箱。「投函」
名付 すすむ

凵7 【凾】▸函㊜

刀（刂）の部 かたな りっとう

刀0 【刀】(2) 2年 音 トウ 訓 かたな

筆順 フ 刀

意味 人や物を切る細長い刃物。また、特に、身につけていて武器として用いた刃物。かたな。「刀剣・小刀(しょうとう・こがたな)」 名付 かたな・とう

【刀匠(とうしょう)】刀を作ることを職業としている人。刀工(とうこう)。

刀1 【刃】(3) 常用 音 ジン・ニン 訓 は・やいば
旧字 刀1 刄(3) 異体 刀1 刅(3)

筆順 フ 刀 刃

意味 ❶刀の、物を切れるようにした部分。やいば。は。また、物を切ることができる武器。「凶刃・刃物(はもの)」❷刀などで切り殺す。「自刃・刃傷(にんじょう)」

【刃傷(にんじょう)】刃物で人を傷つけること。「―沙汰(ざた)」

刀1 【刄】▸刃㊜

刂2 【刈】(4) 常用 音 ガイ 訓 かる
異体 艸4 苅(7)

筆順 ノ メ 刈 刈

意味 草などを切り取って除く。また、切って取り入れる。かる。「刈除(がいじょ)・草刈(くさか)り」

参考熟語 刈萱(かるかや)

刀2 【切】(4) 2年 音 セツ・サイ 訓 きる・きれる

筆順 一 七 切 切

意味 ❶刃物などで別々にしたり、今までの関係をやめたりする。きる。また、そのようになる。きれる。「切断・縁が切れる」❷差し迫っていて程度がはなはだしい。せつに。「切迫・切望・適切・一切(いっさい)・切に願う」❸下限を決めたり、その下限を下回ったりする。きる。また、そのようになる。きれる。「品切れ」❹鋭くてよく働く。きれる。「切れ者」❺きったものの断片。また、衣服の材料にする反物(たんもの)。きれ。「紙切れ」❻物事のくぎりになる終わり。きり。「切狂言・切りがない」

【切磋琢磨(せっさたくま)】熱心な学問修養によって本来の素質をさらに向上させること。また、仲間どうしが互いに励まし合って修業し向上すること。▽「切磋」は「骨や象牙(ぞうげ)を刀で切り、やすりでみがいて美しくする」の意。「琢磨」は「宝石を原石からうちで打ち出し、砂石でみがいて美しくする」の意。

使い分け「きる」

切る…一般的に広く使う。「大根を切る・縁を切る・電話を切る」
斬る…特に、刀で人をきる。一般に「切る」と書く。また、鋭く批判する。「人を斬り殺す・斬り死に・斬り込み隊長・世相を斬る」
伐る…立ち木などをきる。一般に「切る」と書く。「山で木を伐る」

【切実(せつじつ)】①差し迫った事柄がその人に直接に影響があって重大なさま。「―な問題」②身にしみて深く感じるさま。「―な感情」

【切歯扼腕(せっしやくわん)】激しく怒ったり、くやしがったりすること。▽「切歯」は「歯ぎしりする」の意。「扼腕」は「自分の腕を強くにぎりしめる」の意。

【切除(せつじょ)】人体の悪い部分や動物・植物の余分な部分を切って取り除くこと。

【切切(せつせつ)】①真心がこもっているさま。②思いが真実で、それに感じるさま。「悲しみは―と胸に迫る」

【切迫(せっぱく)】①時期・期限が近づくこと。「期日が―する」②物事が重大な状態になって緊張すること。「―した情勢」 注意 「接迫」と書き誤らないように。

【切望(せつぼう)】熱心に望むこと。「君の自重を―する」

参考熟語 切籠(きりこ) 切支丹(キリシタン) 切羽詰(せっぱつ)まる

刀2

【分】

(4) 2年

音 ブン・フン・ブ

訓 わける・わかれる・わかる・わかつ

筆順 ノ 八 分 分

意味 ❶離して別々にする。わかつ。わける。また、離れて別々になる。わかれる。「分家・分岐(ぶんき)・細分・袂(たもと)を分かつ」❷全体の中で割りあてられたもの・地位・役め。また、全体に対する一部。ぶん。「分際(ぶんざい)・成分・増加分」❸程度や状態。ぶん。「気分・この分なら」❹仮に定めた関係。「親分・兄弟分」❺物事を理解する。また、事柄が明らかになる。わかる。「分別(ふんべつ)・話の分かる人」❻優勢や利益の程度。歩(ぶ)。ぶ。「分が悪い」❼平たい物の厚さの程度。ぶ。「分厚い」❽時間の単位。一分は一時間の六十分の一。「ふん」と読む。「時分」❾角度の単位。一分は一度の六十分の一。「ふん」と読む。❿尺貫法の重さの単位。一分は一匁(もんめ)の十分の一。「ふん」と読む。「分銅」⓫数量や割合で、一や一割の十分の一を表すことば。「ぶ」と読む。歩(ぶ)。「五分五分」⓬尺貫法の長さの単位。一分は一寸の十分の一。「ぶ」と読む。⓭足袋(たび)の寸法の単位。一分は一文の十分の一。「ぶ」と読む。⓮昔の貨幣の単位。一分は一両の十分の一。「ぶ」と読む。 名付 ちか・ぶ・ふん・ぶん・わか

【分陰(ふんいん)】わずかの時間。寸陰。「―を惜しむ」

【分化(ぶんか)】進歩・発達してしだいに複雑になってゆくこと。「生産過程の―」

使い分け「わかれる」

分かれる…一つのものが二つ以上になる。「道が二つに分かれる・意見が分かれる・勝敗の分かれ目」

別れる…いっしょにいた者が別々になる。「駅で友人と別れる・死に別れる・物別れ・別れ話」

【分科(ぶんか)】研究・討論・業務などで、専門ごとに分けた科目。「―会」

【分外(ぶんがい)】その人の身分・権限の範囲を越えていること。「―の光栄」

【分轄(ぶんかつ)】いくつかに分けて管轄すること。

【分限(ぶんげん)】①世の中における地位・身分。②金持ちの人。「俄(にわか)―」

【分散(ぶんさん)】ばらばらに分かれる。

【分掌(ぶんしょう)】事務を分けて受け持つこと。

【分譲(ぶんじょう)】土地・家などを分けて売ること。

【分身(ぶんしん)】①一つのからだや組織から分かれ出たもの。②仏が衆生(しゅじょう)を救うためにいろいろな形を取って現れること。

【分銅(ふんどう)】天秤(てんびん)ばかりで目方をはかるとき、比較の基準として使う金属のおもり。

【分泌(ぶんぴつ・ぶんぴ)】動物の体内で、腺(せん)が特有の液を作って他の器官や体液中に放出すること。「内(ない)―」 注意「分沁」と書き誤らないように。

【分筆(ぶんぴつ)】一区画の土地として登記されている土地を幾つかに分けること。「―登記」

【分秒(ふんびょう)】非常に短い時間のこと。「―を争う」

【分別】一(ふんべつ)物事の善悪・是非を判断すること。また、その力。二(ぶんべつ)物を種類によって分けること。

【分娩(ぶんべん)】子を産むこと。出産。

【分与(ぶんよ)】財産・権利などを分けて与えること。

【分立】一(ぶんりつ・ぶんりゅう)分かれて別々に存在すること。「三権―」二(ぶんりつ)分けて別に設立すること。

刂3

【刊】

(5) 5年

音 カン

訓 ―

異体 刂3 刋 (5)

筆順 一 二 干 刊 刊

意味 書物を出版する。「刊行・週刊・令和二年刊」

参考「刋」は「刊」の誤字。

刀3

【㓛】

(5)

音 コウ・ク

訓 ―

意味 ❶「功」に同じ。❷短い鎌。

〔召〕→口2

刂4

【刑】

(6) 常用

音 ケイ・ギョウ

訓 ―

筆順 一 二 チ 开 刑 刑

意味 罪を犯した者に罰を加える。また、その罰。けい。「刑罰・刑部(ぎょうぶ)・処刑」 名付 けい・のり

刂4

【刔】

(6)

音 ケツ

訓 ―

意味 えぐる。

刂4 **【刎】**(6) 音フン 訓はねる

意味 刀で首を切る。はねる。「刎死・自刎」

【刎頸の交わり】(ふんけいのまじわり) 首をはねられて殺されても後悔しないほどの親しい交際。

刎

刂4 **【列】**(6) 3年 音**レツ** 訓つらなる・つらねる

筆順 一 ア 万 歹 歹 列

意味 ❶順に並んで続く。つらなる。また、順に並べる。つらねる。「列車・陳列」❷順に長く並んだもの。れつ。「行列・前列・列を乱す」❸多数であること。「列国・列強」❹参加する。つらなる。「列席・参列」名付 しげ・つら・とく・のぶ・れつ

【列記】(れっき) 項目や氏名などの一つ一つを並べて書きしるすこと。

【列挙】(れっきょ) 省略せず、一つ一つを示すこと。

【列強】(れっきょう) 強いといわれる国々。「世界の―」

【列席】(れっせき) 儀式や会合に出席すること。

【列伝】(れつでん) 何人かの個人の伝記を書き並べたもの。「史記―」

列

刂5 **【删】**(7) 音サン 訓**けずる** 正字 刂5 刪(7)

意味 余分な字句を取り除く。けずる。「删定」

删

刀5 **【初】**(7) 4年 音**ショ・ソ** 訓**はじめ・はじめて・はつ・うい・そめる・うぶ**

初

筆順 丶 ラ ネ ネ ネ 初 初

意味 ❶物事のもと。また、ある期間・段階のうちのはやい時期・段階。はじめ。「初期・最初」❷物事を行い出したばかりであること。「初歩・初学」❸いちばん先の段階である。そめる。また、そのような段階。はつ。そめ。はじめ。「初雪(はつゆき)・書き初(ぞ)め」❹その時がその物事のいちばん先である。うい。はじめて。「初産(ういざん)・初めての経験」❺世間ずれがしていない。うぶ。名付 しょ・はじめ・はつ・もと

使い分け「はじめ」

初め…最初の意。時間について使う。「年の初め・秋の初め・初めに思ったこと・初めからやり直す」

始め…開始・起こりの意。物事について使う。「仕事始め・手始め・国の始め・会長を始めとして」

【初一念】(しょいちねん) 物事の最初の段階で心に決めた考え・望み。初志。「―を貫く」

【初学】(しょがく) 学問・技芸を学びはじめたばかりであること。また、そのような人。「―者」

【初見】(しょけん) ①その人に初めて会うこと。「―の人」②その物を初めて見ること。「この書は―である」

【初志】(しょし) 物事の最初の段階で心にいだいた考え・望み。「―を貫徹する」

【初潮】(しょちょう) はじめての月経。

【初頭】(しょとう) 継続する期間や季節の初めのころ。

【初老】(しょろう) 盛りを過ぎて老人になりかけた年ごろ。「―の紳士」▽もと四十歳のこと。

参考熟語 初子(ういご・はつご・はつね) 初心(うぶ・しょしん) 初端(しょっぱな)

刂5 **【判】**(7) 5年 音**ハン・バン** 訓わかつ・わかる・わける 旧字 刂5 判(7)

判

筆順 丶 丷 丷 兰 半 判 判

意味 ❶けじめをつける。わかつ。わける。また、けじめがついて明らかになる。わかる。「判明・審判」❷印鑑。はん。「印判」❸物事の勝敗・優劣・善悪などのけじめ。はん。「判を下す」❹紙や書物の大きさ。「判型・A5判」❺昔の金貨。「大判」名付 さだ・ちか・なか・はん・ゆき

参考「はん」という読みは、昔、「ん」の音を「う」と表記したことから「はう(ほう)」と読むことがある。

【判官贔屓】(はんがんびいき・ほうがんびいき) 弱い者や負けた者に同情する、第三者の一般的な気持ち。▽九郎判官源義経(みなもとのよしつね)を非運の英雄として同情することから。

【判然】(はんぜん) はっきりとしているさま。「結果は―としている」

【判読】(はんどく) わかりにくい文章や読みにくい文字があるとき、その意味や字形を前後の関係などから推察して読むこと。

【判別】(はんべつ) 違いを見分けて区別すること。「是非を―する」

【判明】(はんめい) よくわからなかった事柄がはっきりと

わかること。

刂5 【別】(7) 4年 音 ベツ・ベチ 訓 わかれる・わかつ・わける

筆順 丶 ロ ロ 号 另 別 別

意味 ❶けじめを立ててほかの物と分ける。わかつ。わける。また、そのけじめ。べつ。「区別・識別・年齢別・男女の別」❷離れて会わなくなる。わかれる。わかれ。また、そのこと。わかれ。「別離・送別・長(なが)の別れ」❸特に他と違うこと。べつ。「別名・特別・別の家」名付 べつ・わき・わく・わけ

参考 わかれる⇨「分」の[使い分け]。

【別格】(べっかく) 扱い方などが決められた格式以外、または以上であること。「―の扱い」

【別儀】(べつぎ) ほかの事柄。他の要件。「―ではないが」

【別言】(べつげん) いい方や見方を変えていうこと。

【別個】(べっこ) ①ほかのものといっしょに扱えないほど異なっていること。「―の問題」②それぞれ別々に扱うこと。「―に考える」▽「別箇」とも書く。

【別懇】(べっこん) 特別に親しくしていること。「―の間がら」

【別事】(べつじ) 心配したり処理したりしなければならない、特別の事柄。「―なく暮らす」

【別条】(べつじょう) 普通と違った、よくない事柄。「―なく暮らしている」

【別状】(べつじょう) 普通と違った様子。「命に―はない」

【別途】(べっと) 今までのとは異なる方面や方法。

【別嬪】(べっぴん) 美しい女性。美人。

刂5 【利】(7) 4年 音 リ 訓 きく・とし

筆順 ノ 二 千 禾 禾 利 利

意味 ❶鋭くてよく切れる。とし。「利剣・鋭利」❷行動がすばやい。とし。「利口・利発」❸都合のよい状態である。また、その状態。り。「利敵・便利・地の利」❹もうけ。り。「利益・利息・権利・漁夫の利」名付 かず・さと・と・とおる・とし・まさ・みち・みのる・よし・り

参考 (1)「利口」は「悧巧」が書き換えられたもの。(2)ひらがな「り」、カタカナ「リ」のもとになった字。

使い分け「きく」

利く…能力や働きがじゅうぶんに発揮される。「鼻が利く・機転が利く・無理が利く」

効く…ききめがある。ききめがあらわれる。「薬が効く・宣伝が効く・風刺の効いた作品」

【利害】(りがい) 利益を得ることと、損をすること。「―関係」

【利器】(りき) ①便利ですぐれた機械・器具。「文明の―」②鋭くてよく切れる刃物。また、鋭い武器。

【利権】(りけん) ①利益を専有する権利。②業者が政治家・役人などと結託して得る権利や利益。「―屋」

【利潤】(りじゅん) 総収入から経費を差し引いて利益として残ったもの。もうけのこと。

【利殖】(りしょく) 利子や利益を得ることによって財産をふやすこと。注意「利植」と書き誤らないように。

【利敵】(りてき) その言動が敵に利益になること。「―行為」

【利得】(りとく) 利益として得ること。また、その利益。

【利発】(りはつ) その年ごろの子どもとしては頭の働きがすぐれていて賢いこと。▽「悧発」とも書く。

【利便】(りべん) 便利で都合がよいこと。「―を図る」

【利欲】(りよく) 利益を得てもうけようとする心。「―に目がくらむ」▽「利慾」とも書く。

参考熟語 利鎌(とがま) 利益(りやく・りえき)

刂5 【删】▶刪(正)

刀5 【刧】▶劫(異)

刂6 【刮】(8) 音 カツ 訓 けずる

意味 けずる。また、こする。「刮目」

【刮目】(かつもく) 注意してよく見ること。「―に値する成果」

刂6 【刳】(8) 音 コ 訓 えぐる・くる

意味 刃物などを突き刺して穴をあける。くる。えぐる。また、切り裂く。「刳腹」

参考 「えぐる」は「抉る」「剔る」とも書く。

刀6 【券】(8) 6年 音 ケン 訓 ―

旧字 刀6 【劵】(8)

2画

筆順 、 丷 䒑 兰 关 券 券 券

意味 ❶切符。切手。けん。「郵券(郵便切手)・入場券・乗車券」❷信用証書。「債券・旅券・沽券《こけん》にかかわる(体面や名誉に関係する)」

刂6

【刻】(8) 6年 音 コク 訓 きざむ

刻

筆順 丶 亠 亡 亥 亥 亥 亥 刻

意味 ❶彫りつける。こくする。きざむ。「刻印・彫刻」❷むごい。また、きびしい。「刻薄・深刻」❸昔、一昼夜の時間を十二に分けて十二支に配したもの。また、それを上・中・下の三つに分けたもの。こく。「丑《うし》の刻・中刻」❹時間。「刻限・時刻」名付 こく・とき

【刻一刻】こくいっこく 時間がたつにつれてしだいに変化するさま。「事態は―と悪化する」

【刻舟】こくしゅう 昔の通りに行っていて、物事の変化や推移を知らないことのたとえ。▽舟から水中に剣を落とした人が、後で探すために舟べりに目印を付けたが、舟が移動することに気づかなかったという故事から。

【刻薄】こくはく むごくて思いやりがないこと。「―非道」▽「酷薄」とも書く。

【刻下】こっか 当面している現在。「―の急務」

【刻苦勉励】こっくべんれい 非常な苦労をして学問や仕事に努力すること。

【刻刻】こっこく 時間がたつにつれて、物が少しずつ近づいたり物事の状態が少しずつ変化したりするさま。「危機が―と近づく」

刂6

【刷】(8) 4年 音 サツ 訓 する・はく

刷

筆順 フ コ 尸 尸 吊 刷 刷 刷

意味 ❶文字や絵を版にし、インキをつけて写し取る。する。「印刷・縮刷・色刷り」❷こすってきれいにする。また、悪いものを取り除く。はく。「刷新・刷子《はけ・さっし》」名付 きよ・さつ

参考 する⇩「擦」の〔使い分け〕。

【刷新】さっしん それまでの悪い状態のものをすっかり新しいものに改めてよいものにすること。「政界の―を図る」注意 「刷進」と書き誤らないように。

参考熟語 刷毛《はけ・ブラシ》

刂6

【刺】(8) 常用 音 シ・セキ 訓 さす・ささる・とげ

刺

筆順 一 厂 両 市 朿 朿 刺 刺

意味 ❶針などで突く。また、刃物などで突いて殺す。さす。「刺激・刺客《しかく・せきかく》」❷鋭くとがった細い突起物。とげ。「棘刺《きょくし》」❸心を傷つけるようなことをいう。「風刺」❹名前を書いた札。し。「名刺」名付 し

参考 さす⇩「差」の〔使い分け〕。

【刺客】しかく・せきかく 暗殺者。しきゃく。

【刺殺】しさつ 刺し殺すこと。

【刺傷】ししょう 刺して傷を与えること。また、その傷。刺し傷。

参考熟語 刺草《いらくさ》 刺青《いれずみ・しせい》 刺身《さしみ》

刂6

【制】(8) 5年 音 セイ 訓 ―

制

筆順 ノ ⺈ 𠂉 午 缶 串 制 制

意味 ❶行為を抑える決まり・おきて。せい。また、それを作る。せいする。「制度・統制・旧制」❷行為をやめさせる。せいする。また、力で抑えつける。「制限・制止・抑制」❸作る。「制作」❹天子の命令。せい。「応制」名付 いさむ・おさむ・さだ・せい・のり

参考 ❸の意味では「製」とも書く。

【制圧】せいあつ 強い威力で相手の勢力を抑えつけること。「暴動を―する」

【制御】せいぎょ 抑えつけてあやつり、望みどおりの状態にすること。「自動―装置」▽「制馭」「制禦」の書き換え字。

【制裁】せいさい 道徳・法律・慣習・おきてなどにそむいた者をこらしめること。また、そのための罰。「―を加える」注意 「制栽」と書き誤らないように。

【制作】せいさく 絵画・彫刻などの芸術作品を作ること。参考 ⇩「製作《せいさく》」の〔使い分け〕。

【制覇】せいは ①他を抑えて支配の権力を得ること。「武力―」②スポーツ競技などで、競争相手を負かして優勝すること。

【制約】せいやく ①条件をつけて自由に活動させないこと。②ある物事が成り立つために必要な

条件や決まり。「入社の―を守る」

刂6 【刹】(8) 常用 音 サツ・セツ 訓 ―

筆順 ノ ㄨ 㐅 丮 杀 杀 刹 刹

意味 ❶寺。「仏刹・名刹」❷短い時間。「刹那(せつな)」名付 くに・せつ

【刹那】(せつな) ①非常に短い時間のこと。②物事が起きたその時。瞬間。「その―のできごとだった」

【刹那主義】(せつなしゅぎ) その時々の生活や気分を満足させるために行動する主義。

刂6 【到】(8) 常用 音 トウ 訓 いたる

筆順 一 ㇀ 𠫔 𠫔 至 至 到 到

意味 ❶目的の場所に行き着く。いたる。「到着・到達・殺到」❷心が行き届く。「周到」名付 いたる・とう・ゆき

参考 似た字(倒・到)の覚え方「たおれる人(イ)あり(倒)、いたる人(イ)なし(到)」

【到来】(とうらい) ①時機がやってくること。「時節―」②贈り物などが届くこと。「―物」

〔兎〕▸儿6　刀6〔扨〕▸刱(異)

刂7 【剄】(9) 音 ケイ 訓 ―

意味 刀で首をかき切る。「剄死」

刂7 【剋】(9) 印標 音 コク 訓 かつ　異体 寸7 尅(10)

意味 抑えて優位に立つ。かつ。「相剋・下剋上」

参考 「下剋上・相剋」などの「剋」は「克」に書き換える。

刂7 【削】(9) 常用 音 サク 訓 けずる　旧字 刂7 削(9)

筆順 丨 ⺌ ⺌ 𫝀 肖 肖 肖 削 削

意味 物を薄く切って取り除く。また、取り除いて減らす。けずる。「削除・削減・添削」

参考 「掘削・開削」などの「削」は「鑿」が書き換えられたもの。

【削減】(さくげん) 数量などを減らすこと。「予算を―する」

【削除】(さくじょ) けずって、とり除くこと。除くこと。

刂7 【前】(9) 2年 音 ゼン 訓 まえ・さき　旧字 刂7 前(9)

筆順 丷 䒑 䒑 𫩏 前 前 前 前 前

意味 ❶物の正面に向いている方向。また、物の正面にあたるところ。まえ。↔後。「前部・前進・門前」❷ある時点より早い時点。さき。まえ。↔後。「前日・以前・紀元前」❸順序で、早いほう。さき。まえ。↔後。「前任・前項・前大臣」❹過去。「前歴・空前」❺それに相当するもの。また、りっぱなもの。まえ。「腕前・男前・一人前」❻午前のこと。また、紀元前のこと。ぜん。「前二世紀」

名付 さき・すすむ・ぜん・ちか

【前衛】(ぜんえい) ①戦場で、敵に最も近いところの守備。②芸術活動・社会運動などで、時代の流れのさきがけとなって活動すること。また、そのような人。「―書道」③テニス・バレーボールなどの競技で、自分の陣の前方で攻撃・守備をする競技者。

【前掲】(ぜんけい) 前に述べ示したこと。

【前言】(ぜんげん) すぐ前に話したこと。また、すぐ前に述べた話。「―をひるがえす」

【前後不覚】(ぜんごふかく) 意識を失って周囲や物事の状況がわからなくなること。

【前古未曾有】(ぜんこみぞう) 昔から今までまだ一度もあったことがなく、非常に珍しいこと。

【前述】(ぜんじゅつ) 前に述べたこと。また、前に述べた事柄。「―の如(ごと)く」

【前哨戦】(ぜんしょうせん) ①本格的な戦闘の前に行われる小規模の戦闘。②本格的な活動の前に行われる準備的な活動。

【前身】(ぜんしん) ①その人が今の身分・職業につく以前の身分・経歴。「―を洗う」②その組織・団体が今のような規模や事業に変わる以前の形。「本大学の―は師範学校である」

【前人】(ぜんじん) 昔の人。また、昔から今までの人。「―未踏(今までだれも行ったことがないこと)」

【前世】(ぜんせ・ぜんせい) 仏教で、現世・後世(ごせ)に対して、この世に生まれてくる前の世。「―からの因縁」

【前代未聞】(ぜんだいみもん) 今までに聞いたことがないような、珍しくて驚くべきこと。「―のできごと」

【前兆】(ぜんちょう) できごとなどが起ころうとするとき、その前触れとして起こり現れるもの。「地震の—」

【前提】(ぜんてい) ①ある物事が成り立つための基礎となる事柄・事情。「可能であることを—として話をする」②論理学で、推理を行うとき、結論の基礎となる条件。

【前轍を踏む】(ぜんてつをふむ) 他の人がしたことと同じような失敗をすること。▽「前轍」は「前に通った車の車輪のあと」の意。「前車の轍(てつ)を踏む」ともいう。

【前途有為】(ぜんとゆうい) すぐれた才能があって将来りっぱな仕事をしそうなこと。「—の青年」

【前途洋洋】(ぜんとようよう) 将来が希望に満ちているさま。

【前途遼遠】(ぜんとりょうえん) ①行き着くべき目的地が離れていて非常に遠いこと。②将来の目的・幸福を実現するためには、長い時間がかかり、多くの困難・苦労が予想されること。

【前非】(ぜんぴ) 以前に犯した罪。先非。「—を悔いる」

【前略】(ぜんりゃく) ①手紙で、前文として初めに書くべき時候の挨拶などを省略することを伝える、挨拶のことば。②文章などを引用するとき、引用する文章の前の部分を省略すること。

【前歴】(ぜんれき) 今までに経てきた職業・役職などの事柄。

参考熟語 前栽(せんざい)

刀7 **【剏】**(9) 音ソウ 訓—　異体 刀6 刱(8)

意味 ❶つくりはじめる。❷傷つける。また、傷。

刂7 **【則】**(9) 5年 音ソク 訓すなわち・のっとる・のり

筆順 丨 冂 月 目 目 貝 貝 則 則

意味 ❶決まり。おきて。のり。「規則・原則」❷手本として従う。のっとる。「則天去私」❸それをするときはいつでも。すなわち。「戦えば則ち勝つ」❹列挙した事柄を数えることば。条。名付 そく・つね・とき・のり

【則天去私】(そくてんきょし) 運命のままに行動し、物事に対する私心をなくするという立場。▽「天に則(のっと)り私を去る」の意。夏目漱石(なつめそうせき)が晩年の人生観を表すことばとして用いた。

刂7 **【剃】**(9) 印標 音テイ 訓そる

意味 髪・ひげなどを削り取る。そる。「剃髪・剃刀(かみそり)」

【剃髪】(ていはつ) 僧となって仏道修行をすること。▽「髪をそって出家する」の意。

刂7 **【剌】**(9) 音ラツ 訓—

意味 元気よく飛びはねるさま。「潑剌(はつらつ)」

刂8 **【剞】**(10) 音キ 訓—

意味 小刀やのみでほる。

刂8 **【剣】**(10) 常用 音ケン 訓つるぎ

旧字 刂13 劍(15) 人名　異体 刀14 劒(16)　異体 刀9 剱(11)　異体 金3 釼(11)　異体 刀14 劔(16)

筆順 ノ 𠆢 亽 合 佥 㑒 剣

意味 両刃でまっすぐな刀。けん。つるぎ。また、刀。「剣術・剣豪・刀剣・剣(けん)を習う」名付 あきら・けん・つとむ・つるぎ・はや

【剣戟】(けんげき) 刀剣を用いた戦闘。「たちまち起こる—の響き」▽「剣とほこ」の意。

刂8 **【剛】**(10) 常用 音ゴウ・コウ 訓こわい・つよい

筆順 冂 冂 冂 冈 岡 岡 剛 剛

意味 強くて堅い。また、気性が激しく意志が強い。ごう。つよい。こわい。⇔柔。「剛健・金剛(こんごう)・剛の者」名付 かた・かたし・ごう・こわし・たか・たかし・たけ・たけし・つよし・ひさ・よし

【剛毅】(ごうき) 意志が強くて物事に屈しない性質であること。

【剛健】(ごうけん) 心もからだも強くて少しのことでは弱らないこと。「質実—」

【剛胆】(ごうたん) 大胆で、物事に驚いたり恐れたりせず、落ち着いていること。「—無比」▽「豪胆」とも書く。

【剛力】(ごうりき) ①力が非常に強いこと。「—無双」②登山者の荷物を持って、山の案内をするガイド。▽「強力」とも書く。

刂8
【剤】(10) 常用 音ザイ 訓― 旧字 刂14 劑(16)

筆順 剤

意味 ❶材料を混ぜ合わせる。「配剤」❷いろいろな薬を調合したもの。「薬剤・錠剤・消化剤」

刂8
【剔】(10) 音テキ 訓えぐる

意味 刃物などを突き刺して穴をあける。えぐる。また、取り除く。「剔出・剔抉(てっけつ)」参考「えぐる」は「抉る」「刳る」とも書く。

【剔出】(てきしゅつ) 治療のために患部を切り開いて中から取り出すこと。参考「摘出(てきしゅつ)」は、手術をして悪い部分を取り除くこと。

【剔抉】(てっけつ) 秘密や悪事などをあばき出すこと。「不正を—する」

刂8
【剝】(10) 常用 異体 刂8 剥(10)

音ハク 訓はがす・はぐ・はがれる・はげる・むく

筆順 剝

意味 ❶上をおおっている物を取り除く。はぐ。また、そのようにして取り除いて中の物を現す。むく。「剝製・剝奪・追い剝ぎ」❷上をおおっている物が取れて離れる。はがれる。はげる。むける。「剝落・剝離」

【剝奪】(はくだつ) 資格・権利などを権力で無理に取り上げること。「官位を—する」

【剝落】(はくらく) 表面の物がはげて落ちること。

【剝離】(はくり) はがれて離れること。また、はがして離すこと。「名画から絵の具が—する」

2画

刂8
【剖】(10) 常用 音ボウ・ホウ 訓さく・わける

筆順 剖

意味 二つに切り分ける。わける。また、切り裂く。さく。「剖検・解剖」

【帰】▶巾7

刂9
【剰】(11) 常用 旧字 刂10 剩(12) 人名

音ジョウ 訓あまる・あまり・あまつさえ

筆順 剰

意味 ❶余分にある。あまる。また、余分にあって残す。あます。「剰員・過剰」❷余分にあって残ったもの。あまり。「余剰」❸その上に。おまけに。あまつさえ。「雨が強くなり、剰え風も出てきた」名付 じょう・のり・ます

【剰員】(じょういん) 制限された人数よりも多くて余分になっている人員。

【剰余】(じょうよ) ①必要以上にあって残ったもの。「—物資」②割り算で、割り切れずに残った数。余り。

刀9
【剪】(11) 音セン 訓きる

意味 切って整える。きる。「剪刀・剪定」

【剪定】(せんてい) 果樹の生育を均一にしたり庭木の形を整えたりするために、枝の一部を切り取ること。「—ばさみ」

【剪断】(せんだん) 切って断つこと。はさみ切ること。

刂9
【剳】(11) 音トウ 訓さす 正字 刂10 劄(12)

意味 つきさしてとめる。さす。

刂9
【副】(11) 4年 音フク 訓そう

筆順 副

意味 ❶主になるものを助けるためにそばに従う。そう。また、助けるために従わせる。そえる。「副官・副読本」❷ある物事に伴って起こる。「副作用・副産物」❸本物の代わりになる予備のもの。ふく。そえ。「副本」名付 すえ・すけ・そえ・つぎ・ふく・ます

【副啓】(ふくけい) 手紙で、追って書きの初めにつけることば。二伸。追伸。参考「復啓(ふくけい)」は、手紙の返事の初めに書く挨拶のことば。

【副次的】(ふくじてき) ①中心になる物事に伴って起こるさま。「—な現象」②最も重要な事柄に比べて、重要さの程度が少し低いさま。「—な問題」

【副本】(ふくほん) 予備として原本の記載事項をそのまま写し取って作った文書。

刀9
【剱】▶剣(異)

刂10 **【剴】**(12) 音ガイ 訓―
意味 ❶刃物で切る。❷近づく。あてはまる。「剴切(がいせつ)(あてはまって適切であるさま)」

刂10 **【割】**(12) 6年　旧字 刂10 割(12)
音カツ 訓わる・わり・われる・さく
筆順 丶 宀 宀 宀 宝 害 割
意味 ❶分けて別々にする。さく。わる。また、そのようになる。われる。「割譲・分割・水割り」❷基準になるものに対してそれが占める程度。また、比較したときの損得の程度。わり。「割合・値段の割によい」❸区別してそれぞれに当てたもの。わり。「部屋(へや)割り」❹わりざんをする。わる。❺基準になるものの十分の一を単位とすることを表すことば。わり。名付 かつ・さき
参考 さく⇩「裂」の〔使い分け〕。

【割愛】(かつあい) 惜しいと思うものを思い切って手放したり省略したりすること。「文章を―する」▽もとは仏教語で、「愛着の気持ちを断ち切る」の意。

【割拠】(かっきょ) 多数の人が、よりどころになるものを中心にしてそれぞれ勢力を持つこと。「群雄―」

【割譲】(かつじょう) 領土の一部について主権を他国に譲渡すること。

【割賦】(かっぷ) 分割払い。

【割烹】(かっぽう) 食物を料理すること。「―着(ぎ)」▽「烹」は「煮る」の意。

刂10 **【創】**(12) 6年 音ソウ 訓つくる・きず・はじめる
筆順 ノ 𠆢 今 今 今 倉 倉 創
意味 ❶刃物などによって受けた傷。きず。「創傷・刀創・絆創膏(ばんそうこう)」❷物事をはじめる。また、初めて作る。つくる。はじめる。「創業・創造・独創」名付 そう・はじむ・はじめ
参考 つくる⇩「作」の〔使い分け〕。

【創案】(そうあん) 今までになかったものを初めて考え出すこと。また、初めて考え出された工夫。

【創意】(そうい) 新しく考え出したり作り出したりしようとする意欲。「―工夫」「―に満ちた作品」

【創痍】(そうい) からだに受けた切り傷。「満身―」

【創見】(そうけん) 今までになかった、新しくてすぐれた意見。「―に満ちた論文」

【創作】(そうさく) ①自分の思想や想像力によって作品をつくり出すこと。②小説。

【創始】(そうし) 新しく物事をはじめること。「―者」

【創傷】(そうしょう) 刃物などで体に受けた傷。

【創造】(そうぞう) はじめてつくり出すこと。

【創立】(そうりつ) 学校・会社などを初めて設けること。

刂10 〔剩〕▸剰㊊

刂11 **【剿】**(13) 音ソウ・ショウ 訓―
意味 滅ぼす。「剿滅」
参考 「剿滅」の「剿」は「掃」に書き換える。

刂11 **【剽】**(13) 音ヒョウ 訓おびやかす
意味 ❶おどして奪う。おびやかす。「剽盗」❷強くて荒々しい。「剽悍(ひょうかん)」

【剽悍】(ひょうかん) 動作がすばやくて性質が荒々しいさま。「―な盗賊」

【剽軽】(ひょうきん) ほがらかな性格で、こっけいなことを言ったりしたりすること。

【剽窃】(ひょうせつ) 他人の作品や文章をまねて作り、自作と偽ること。

参考熟語 剽軽(ひょうきん)

刂12 **【劃】**(14) 音カク 訓わかつ
意味 くぎりをつける。わかつ。「劃然・区劃」
参考 「劃・劃然・劃期的・区劃」などの「劃」は「画」に書き換える。

刂13 **【劇】**(15) 6年 音ゲキ 訓はげしい
筆順 卜 广 卢 卢 虍 虏 豦 劇
意味 ❶程度がはなはだしい。また、非常に強い。はげしい。「劇職・劇薬・繁劇」❷芝居。げき。「劇場・演劇」

【劇甚】(げきじん) 損害・被害などの程度が非常にはなはだしいこと。「―な被害を与える」▽「激甚」とも書く。

【劇通】(げきつう) 演劇についてよく知っている人。演劇通。

【劇的】(げきてき) 劇を見ているように、激しい感激や

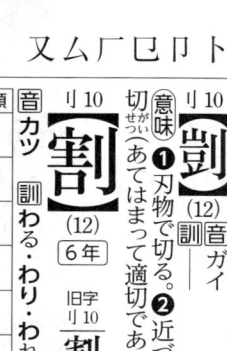

2画

強い緊張を感じさせるさま。ドラマチック。「—な再会」

【劇毒】(げきどく) 激しく作用する強い毒。猛毒。

【劇薬】(げきやく) 使用量や使用法を誤ると生命に危険を与える薬。注意「激薬」と書き誤らないように。

刂13【劈】(15) 音ヘキ 訓さく
意味 破って裂く。さく。「劈開・劈頭」
【劈頭】(へきとう) その物事がはじまった最初。まっさき。「—の挨拶」

刂13【劉】(15) 人名 音リュウ 訓ころす
筆順 丶 亠 ⺈ 卯 ... 劉
意味 ばらばらに切り離して殺す。名付 のぶ・みずち

刂13【劍】▶剣(旧)
刀14【劒】▶剣(異)
刀14【劔】▶剣(異)
刂14【劑】▶剤(旧)

力の部 ちから

力0【力】(2) 1年 音リョク・リキ 訓ちから・つとめる
筆順 フ力
意味 ❶他を動かして何かをさせる働き。つとめる。ちから。「能力・体力」❷力を出してはげむ。つとめる。「尽力・努力」名付 いさお・いさむ・ちか・ちから・つとむ・よし・りき
【力説】(りきせつ) 力をつくして主張すること。
【力量】(りきりょう) 物事をやりとげる能力の程度。
【力行】(りっこう) いっしょうけんめいに努力すること。「苦学—」

力3【加】(5) 4年 音カ 訓くわえる・くわわる
筆順 フカか加加
意味 ❶つけ添える。また、こうむらせる。くわえる。「加算・追加・害を加える」❷仲間になる。くわわる。「加入・加盟・参加」❸カナダのこと。「日加会談」名付 か・ます
参考 (1)❸は「加奈陀(カナダ)」の略から。(2)ひらがな「か」、カタカナ「カ」のもとになった字。

【加護】(かご) 神仏が助け守ること。また、その助け。

【加餐】(かさん) 食べ物に注意して養生すること。「時節がら御—ください」▽「餐」は「食べ物」の意。

【加重】(かじゅう) 重さ・負担がさらに加わること。

【加担】(かたん) 助勢して味方をすること。▽「荷担」とも書く。

【加筆】(かひつ) 詩や文章に手を加えて直すこと。

【加盟】(かめい) 組織や団体に加わること。「—店」

【加療】(かりょう) 病気・けがを治療して治すこと。

参考熟語 加之(しかのみならず) 加答児(カタル) 加奈陀(カナダ) 加比丹(カピタン) 加留多(カルタ)

使い分け「かじゅう」
加重…重さ・負担が加わることで、「軽減」の対。「加重課税・加重をかける」
荷重…外部から加わる力。「荷物の荷重制限」
過重…重さ・負担が重すぎるの意で、「過」の意に対応している。「過重な期待・過重労働」

力3【功】(5) 4年 音コウ・ク 訓いさお・いさおし
筆順 一T工巧功
意味 ❶てがら。こう。いさおし。いさお。「功労・功績」❷ききめ。しるし。「功用・功徳(くどく)」名付 いさ・いさお・いさおし・かつ・こう・こと・つとむ・なり・なる・のり
【功徳】(くどく) ①仏教で、神仏のめぐみ。ごりやく。②他人のためにするよい行い。「—をほどこす」
【功罪】(こうざい) 功績と罪悪。「—相半(あいなか)ばする」
【功績】(こうせき) てがら。注意「功積」「巧績」と書き誤らないように。
【功名】(こうみょう) てがらを立てて有名になること。
【功利主義】(こうりしゅぎ) 幸福と利益を人生の最大の目的として追求する倫理思想。実利主義。

力4【⿺辶力】(6) 〈国字〉 音— 訓こう・ちから・つよし
意味 こう。ちから。つよし。▽人名に用いる字。

2画

力4 **【劣】**(6) 常用 音 **レツ** 訓 **おと**る

筆順 亅 ⺌ 小 少 劣 劣

意味 ❶力が足りない。おとる。「劣性・優劣」❷品格がいやしい。「劣悪・愚劣」

【劣悪】(れつあく) 質がひどく劣っていて、よくないこと。

【劣勢】(れっせい) 他より勢力が劣っていること。

【劣等感】(れっとうかん) 他人に比べて自分のほうが劣っていると思い込むこと。コンプレックス。

劣

力5 **【劬】**(7) 音 ク 訓 ―

意味 せっせと働く。また、働いて疲れる。

劬

力5 **【劫】**(7) 人名 異体 刀5 刧(7) 音 ゴウ・キョウ・コウ 訓 おびやかす

筆順 一 十 土 去 去 劫 劫

意味 ❶仏教で、きわめて長い時間。ごう。「永劫」❷力ずくでおどす。おびやかす。「劫奪」❸囲碁で、対局者が一目の石を互いに取ることができる場合、取られた者が他に一手打ったあとでなければ取り返せない形。こう。

【劫火】(ごうか) 仏教で、世界の滅亡のときに起こるという大火。参考「業火(ごうか)」は、悪業の報いとして生ずる苦しみ。

劫

力5 **【助】**(7) 3年 音 **ジョ** 訓 **たす**ける・**たす**かる・**すけ**

筆順 丨 冂 月 月 目 助 助

意味 ❶うまくいくように力を添える。たすける。また、その力添え。たすけ。「助言・救助」❷主となるものの控えとなって働く。たすける。「助手・助役」❸他のことばにつけて、人名らしくいうことば。すけ。「飲み助」❹昔、四等官の制で、寮の第二等官。すけ。名付 じょ・すけ・たすく

【助言】(じょげん) そばから口をきいて、助けること。口添え。

【助勢】(じょせい) 力を添えて手助けすること。また、それをする人。

【助成】(じょせい) 物事の完成を助けること。「―金」

【助長】(じょちょう) ①成長させるために力を添えてたすけること。「自立を―する」②ある傾向・性質などを発達させること。「不安を―する」

助

力5 **【劭】**(7) 音 ショウ 訓 ―

意味 ❶つとめる。がんばる。❷うるわしい。「劭美(しょうび)」

劭

力5 **【努】**(7) 4年 音 **ド** 訓 **つと**める・ゆめ

筆順 ㄑ 女 女 奴 奴 努 努

意味 ❶力をつくして働く。つとめる。「努力」❷決して。また、少しも。まったく。ゆめ。「努努(ゆめゆめ)」名付 つとむ・ど

参考 **つとめる**⇩「勤」の〔使い分け〕。

努

力5 **【励】**(7) 常用 旧字 力15 勵(17) 音 **レイ** 訓 **はげ**む・**はげ**ます

筆順 一 厂 厂 厉 厉 励 励

意味 意欲を起こして努力する。はげむ。はげます。「励行・奨励」名付 つとむ・れい

【励行】(れいこう) 規律・約束などを定められた通りに実行するよう努力すること。

励

力5 **【労】**(7) 4年 旧字 力10 勞(12) 音 **ロウ** 訓 つかれる・いたわる・ねぎらう

筆順 丶 丷 ⺍ 𭕄 労 労

意味 ❶いっしょうけんめいに働く。ろうする。また、そのこと。ろう。「労働・勤労・労をいとわない」❷つかれる。また、つかれ。「疲労・心労」❸感謝してなぐさめる。いたわる。ねぎらう。「慰労」❹労働者・労働組合のこと。「労農・労資」名付 もり・ろう 参考「漁労」の「労」は「撈」が書き換えられたもの。

【労咳】(ろうがい) 漢方医学で、肺結核のこと。▽「癆痎」とも書く。

【労作】(ろうさく) 苦心して作った作品。

労

力6 **【劾】**(8) 常用 音 **ガイ** 訓 ―

劾

筆順 丶 亠 亡 亥 亥 亥 劾 劾

意味 罪などを追及する。「弾劾」

劾

力6 【劼】(8) 音 カツ 訓 ―

意味 かたく引きしめる。つつしむ。

劼

力6 【劵】(8) 音 ケン 訓 ―

意味 つかれる。

劵

力6 【効】(8) 5年 音 **コウ** 訓 **きく** 旧字 攴6 效(10)

筆順 丶 亠 亠 六 交 交 効 効

意味 作用・働きがじゅうぶんに現れる。きく。また、ききめ。こう。きき。「効果・特効・薬石効なく」 名付 いたる・かず・こう・すすむ

参考 **きく**⇩「利」の[使い分け]。

【効験】(こうげん) ある行為の結果として現れるききめやしるし。

【効力】(こうりょく) ①法律や規制などの働き。②薬などのききめ。

効

【協】▼十6

力7 【勁】(9) 人名 音 ケイ 訓 つよい

筆順 一 〈 巛 巠 巠 巠 勁 勁

意味 力が強い。つよい。「勁敵・古勁」 名付 けい・つよし

勁

2画

力7 【勅】(9) 常用 旧字 攴7 敕(11) 音 **チョク** 訓 みことのり

筆順 一 ｢ 戸 戸 申 束 剌 勅

意味 天皇のことば・命令。ちょく。みことのり。「勅命・詔勅」 名付 ちょく・とき

【勅撰】(ちょくせん) 勅命によって、文章や詩・歌などを多くのものの中から選び出して書物を作ること。「―和歌集」 注意 「勅選」と書き誤らないように。

【勅命】(ちょくめい) 天子の命令。勅令。

勅

力7 【勃】(9) 常用 音 **ボツ** 訓 ―

筆順 一 十 㐄 孛 孛 孛 勃 勃

意味 急に起こる。「勃発・勃起」 名付 ひら・ひろ

【勃興】(ぼっこう) 急激に勢いを得て盛んになること。

【勃発】(ぼっぱつ) 事件などが突然起こること。「事件の―」

参考熟語 勃牙利(ブルガリア)

勃

力7 【勇】(9) 4年 音 **ユウ** 訓 **いさ**む 旧字 力7 勇(9)

筆順 ㇇ マ 丙 甬 甬 甬 勇 勇

意味 ❶精神力が強く盛んで恐れない。いさましい。また、そのような意気。ゆう。「勇敢・剛勇・勇を鼓する」❷心がふるい立つ。いさむ。「勇み肌」 名付 いさ・いさお・いさみ・いさむ・お・さ・たけ・たけし・とし・はや・ゆう・よ

【勇壮】(ゆうそう) いさましく、意気盛んなようす。「―活発」

【勇往邁進】(ゆうおうまいしん) ためらうことなく、いさみたって目的に向かって進むこと。

【勇姿】(ゆうし) 勇ましい姿。

【勇退】(ゆうたい) いさぎよく職をやめること。

【勇躍】(ゆうやく) 新しい物事に向かってよろこび勇んでふるい立つこと。「歓喜―」

勇

力7 【勉】▼勉㊐

力8 【勍】(10) 音 ケイ 訓 つよい

意味 がっしりして力強い。

勍

力8 【勉】(10) 3年 旧字 力7 勉(9) 人名 音 ベン 訓 つとめる

筆順 ク 乃 名 名 争 免 免 勉

意味 力を出して励む。つとめる。「勉強・勤勉」 名付 つとむ・べん・まさる・ます

【勉学】(べんがく) 学問にはげむこと。勉強。

【勉励】(べんれい) その事だけにつとめ励むこと。「刻苦―」

勉

力8 【勢】▼勢㊮

力9 【勘】(11) 常用 音カン 訓かんがえる

筆順 一 廾 甘 其 其 甚 甚 勘 勘

意味 ❶考えあわせてよく調べる。かんがえる。「勘定・校勘」❷五感では感じないことを感じる能力。第六感。かん。「山勘(やまかん)・勘がよい」❸罪を問いただす。「勘当・勅勘」 名付 かん・さだ・さだむ・のり

【勘案】(かんあん) あれこれと考えあわせること。「双方の事情を―する」

勘

力9 【勖】(11) 音キョク 訓つとめる 異体 力9 勗(11)

意味 まめまめしく働く。つとめる。

勖

力9 【動】(11) 3年 音ドウ 訓うごく・うごかす・ややもすれば

筆順 ノ 二 旨 亘 重 重 重 動 動

意味 ❶位置・場所・状態を変える。うごく。また、うごき。どう。「動向・激動・移動・静中動(どう)あり」❷目的をもって働かせる。うごかす。「動力・動員」❸人のふるまい。「動作・言動」❹普通の状態でなくなる。また、さわぎ。「動乱・暴動」❺落ち着きを失う。どうずる。「物に動じない」❻ともすると。ややもすれば。 名付 いつ・どう

【動悸】(どうき) 心臓の鼓動がいつもより激しくうつこと。▽「悸」は「どきどきする」の意。

【動機】(どうき) ある結果をひきおこす、きっかけ。

動

【動向】(どうこう) 物事の情勢の動き。また、その動く方向。

【動静】(どうせい) 物事の活動の様子・ありさま。「敵の―をさぐる」

【動態】(どうたい) 物事が時間の経過とともに変化している状態。「―調査」

【動揺】(どうよう) 動いて、不安定な状態になること。「人心が―する」

力9 【務】(11) 5年 音ム 訓つとめる・つとまる

筆順 マ ヌ 予 矛 矛 矜 矜 務 務

意味 しなくてはならない仕事。つとめ。また、その仕事をする。つとめる。「義務・公務」

名付 かね・ちか・つとむ・つよ・なか・みち・む

参考 つとめる⇨「勤」の[使い分け]。

務

力9 【勒】(11) 印標 音ロク 訓くつわ

意味 馬の口にかませて、たづなをつける金具。くつわ。

勒

力10 【勤】(12) 6年 旧字 力11 勤(13) 人名

音キン・ゴン 訓つとめる・つとまる

筆順 艹 芇 昔 革 堇 堇 勤 勤

意味 ❶力を尽くして働く。つとめる。また、そうしなければならない事柄。つとめ。「勤務・勤行(ごんぎょう)・忠勤」❷会社などで働く。つとめる。また、そのこと。つとめ。「勤続・夜勤・勤め先」

名付 いそ・いそし・きん・つとむ・とし・のり

勤

使い分け「つとめる」

勤める…与えられた仕事を毎日のように行う。勤務。「会社に勤める・姑(しゅうと)に勤める・読経に勤める」

努める…努力する。「解決に努める・学問に努める」

務める…与えられた役目や任務にあたる。「司会を務める・主役を務める・市長を務める」

【勤勉】(きんべん) 仕事や勉強に、つとめはげむこと。また、こまめで熱心なこと。

【勤行】(ごんぎょう) 僧が仏前で経を読み、念仏をとなえて仏行に励むこと。おつとめ。 注意 「きんぎょう」と読み誤らないように。

力10 【勝】(12) 3年 旧字 力10 勝(12)

音ショウ 訓かつ・まさる・すぐれる

筆順 月 月' 月'' 胖 胖 胖 勝 勝

意味 ❶相手を負かす。かつ。「勝利・優勝」❷他よりすぐれている。すぐれる。まさる。「景勝・殊勝・健勝」 名付 かつ・しょう・すぐる・すぐれ・すぐろ・とう・のり・まさ・まさる・よし

参考 似た字(勝・騰・謄)の覚え方「力でかつ(勝)、馬でのぼる(騰)、ことばでうつす(謄)」

【勝機】(しょうき) 戦闘や競技などで、勝てる機会。「―

勝

をのがす」「—をつかむ」

【勝算】しょうさん 勝つ見込み。「われに—あり」

力10 **【募】**(12) 常用 音ボ 訓つのる 旧字 力11 募(13)

筆順

意味 ❶広く呼び集める。つのる。「募集・応募」❷ますますはげしくなる。つのる。「わがままが募る」名付 つのる・ぼ

力10 【劳】▶労 旧

力11 **【勧】**(13) 常用 旧字 力18 勸(20)

音カン 訓すすめる

筆順

意味 そうするようにいう。すすめる。また、すすめ。「勧業・勧告・勧誘・勧善懲悪」名付 かん・すすむ・ゆき

使い分け「すすめる」

勧める…勧誘・勧告の意。「入会を勧める・結婚を勧める・酒を勧める」

薦める…推薦の意。「先生が薦める辞典・学長に文学部長を薦める」

進める…前や先に移動させる。「車を進める・時計を進める・作業を進める」

【勧業】かんぎょう 産業・事業をすすめ、励ますこと。

【勧奨】かんしょう よいこととして、すすめ励ますこと。

【勧請】かんじょう ①神仏の来臨を請い願うこと。②神仏の霊を別の場所に移して祭ること。

【勧進】かんじん ①仏教で、人々に仏道を信仰するように勧めて善に導こうとすること。②社寺・仏像の建立や修理などのために寄付を募ること。勧化。

【勧善懲悪】かんぜんちょうあく 善をすすめ悪をこらしめること。勧懲。

【勧誘】かんゆう すすめて誘うこと。「入会を—する」「保険の—」

力11 **【勢】**(13) 5年 異体 力8 势(10)

音セイ・セ 訓いきおい

筆順

意味 ❶他に影響を及ぼす力。いきおい。「勢力・権勢・優勢」❷物事のなりゆき。「大勢・情勢」❸軍隊。ぜい。せい。「無勢・軍勢・敵の勢(せい・ぜい)」❹男子の性器。睾丸(こうがん)。「去勢」名付 せい・なり

【勢望】せいぼう 勢力と人望。「—高い家系」参考「声望(せいぼう)」は、よい評判と人望。

参考熟語 勢子(せこ)

力11 **【勣】**(13) 音セキ 訓—

意味 手がら。いさお。

力11 **【勦】**(13) 音ソウ・ショウ 訓かすめる・ほろぼす

意味 ❶かすめる。かすめとる。「勦窃(そうせつ)」❷殺す。ほろぼす。「勦滅」

力11 **【勠】**(13) 音リク 訓あわせる

意味 力を合わせ一つにする。あわせる。

力11 【勤】▶勤 旧

力13 **【勲】**(15) 常用 旧字 力14 勳(16) 人名

音クン 訓いさお・いさおし

筆順

意味 国のために尽くした功績。いさおし。いさお。「勲功・勲章・武勲」名付 いさ・いさお・いそ・くん・こと・つとむ・ひろ

【勲功】くんこう 国家・君主などに尽くした、名誉あるてがら。

【勲等】くんとう 功績に対し、国家が与える等級。

力14 【勳】▶勲 旧

力15 【勵】▶励 旧

力18 【勸】▶勧 旧

勹 の部 つつみがまえ

勹0 **【勹】**(2) 音ホウ 訓—

意味 包む。

勹1 **【勺】**(3) 人名 音シャク 訓— 旧字 勹1 勺(3)

筆順 ノ 勹 勺

意味 ❶尺貫法の容積の単位。一勺(しゃく)は一合の十分の一で、約〇・〇一八リットル。しゃく。❷尺貫法の、面積の単位。一勺(しゃく)は一坪の百分の一で、約〇・〇三平方メートル。しゃく。

勹2 **【勾】**(4) 常用 音 **コウ** 訓 まがる

筆順 ノ 勹 勾 勾

意味 ❶まがる。「勾玉(まがたま)」❷とらえる。「勾留」

名付 にお・まがり

【勾配(こうばい)】 傾斜。また、傾斜の度合い。

【勾留(こうりゅう)】 被告人・被疑者を一定の場所に留置すること。▽有罪が未確定の者に行う。

勹2 **【匂】**(4) 常用 〈国字〉 音 ― 訓 **におう・におい**

筆順 ノ 勹 匀 匂

意味 嗅覚(きゅうかく)を快く刺激する。におう。また、その快い刺激。におい。「匂い袋・匂うばかりの美しさ」 名付 にお

勹2 **【勿】**(4) 人名 音 モチ 訓 なかれ

筆順 ノ 勹 勿 勿

意味 禁止を表すことば。なかれ。「死ぬ勿れ」

名付 な・ぶつ

使い分け「におい」

匂い…主に良いにおい。「キンモクセイの匂い・おいしそうな匂い・下町の匂いが感じられる」

臭い…主に不快なにおい。「食べ物の腐った臭い・ガスもれのくさい臭い・犯罪の臭いがする街」

【勿怪の幸い(もっけのさいわい)】 思いがけない幸い。▽「物怪の幸い」とも書く。

参考熟語 勿論(もちろん) 勿忘草(わすれなぐさ)

勹2 **【匁】**(4) 人名 〈国字〉 音 ― 訓 もんめ

筆順 ノ 勹 勿 匁

意味 ❶尺貫法の重さの単位。一匁は一貫の千分の一で、三・七五グラム。目(め)。もんめ。❷江戸時代の貨幣の単位。一匁は小判一両の六十分の一。もんめ。

参考 「もんめ」は「匁目」とも書く。

勹3 **【匆】**(5) 音 ソウ 訓 ―

意味 いそがしい。また、あわただしい。「匆匆」

【匆匆(そうそう)】 ①いそがしいさま。②簡略なさま。③急なために十分ていねいにできないさま。④手紙で、末尾に書き添えることば。▽①~④はともに「草草」とも書く。

勹3 **【包】**(5) 4年 音 **ホウ** 訓 **つつむ**・くるむ 旧字 勹3 包(5)

筆順 ノ 勹 匀 匂 包

意味 おおう。くるむ。つつむ。「包囲・包含・内包」

名付 かぬ・かね・ほう

参考 「包丁」の「包」は「庖」が書き換えられたもの。また、「包帯」の「包」は「繃」が書き換えられたもの。

【包括(ほうかつ)】 一つにまとめること。「―的に述べる」 注意 「抱括」と書き誤らないように。

【包含(ほうがん)】 それを中に含むこと。

【包摂(ほうせつ)】 論理学で、ある概念がそれより広い概念の中に含まれている関係。

【包帯(ほうたい)】 傷口やはれものなどの患部を保護するために巻く布。▽「繃帯」とも書く。

【包丁(ほうちょう)】 料理に使う薄い刃物。▽もとは「料理人」の意。「庖丁」の書き換え字。

【包容(ほうよう)】 ①つつみ入れること。②人の失敗や欠点などを許して相手を受け入れること。「―力」

【句】→口2

勹4 **【匈】**(6) 印標 音 キョウ 訓 ―

意味 ❶心がさわぐ。「匈匈(きょうきょう)」❷中国西北方からモンゴル高原にかけて住んでいた遊牧民族。また、その国家。異民族。匈奴(きょうど)。

勹7 **【匍】**(9) 音 ホ 訓 ―

意味 はらばう。「匍匐(ほふく)」

【匍匐(ほふく)】 はらばいになってはうこと。「―前進」

〔芻〕▶艸4

勹9 【匐】(11) 音フク 訓―
意味 はらばう。「匍匐（ほふく）」

勹9 【匏】(11) 音ホウ 訓ふくべ・ひさご
意味 ❶ひょうたんの実をくりぬいて作った容器。ひさご。ふくべ。❷ゆうがおの一変種。ふくべ。「匏瓜（ほうか）」

匕の部 さじ ひ

匕0 【匕】(2) 音ヒ 訓さじ
意味 ❶さじ。❷短剣。「匕首（ひしゅ・あいくち）」

匕2 【化】(4) 3年 音カ・ケ 訓ばける・ばかす 旧字 匕2 化(4)
筆順 ノ イ イ' 化
意味 ❶別のものになる。かする。かわる。また、そうする。かする。かえる。「化石・化身（けしん）・俗化・焼土と化する」❷影響を与える。また、そのこと。「文化・感化」❸別人または異様な姿になる。ばける。ばかす。「化け物」❹化学のこと。
名付 か・のり
【化膿（かのう）】傷が菌によってうむこと。
【化粧（けしょう）】①紅やおしろいなどをつけて顔を美しく飾ること。②外観をきれいに飾ること。「―板」
【化身（けしん）】①神仏が姿を変えてこの世に現れたもの。また、その姿。②形のないものが、形をとって現れたもの。「美の―」

匕3 【北】(5) 2年 音ホク 訓きた
筆順 ‐ ㇐ 㐅 北 北
意味 ❶方位の一つ。きた。↔南。「北極・東北」❷背を向けてにげる。「敗北」
名付 きた・た・ほく
【北辰（ほくしん）】北極星のこと。▽「辰」は「星」の意。
参考熟語 北京（ペキン） 北叟笑む（ほくそえむ）

匕9 【匙】(11) 音シ 訓さじ
意味 スプーン。さじ。「茶匙」

匚の部 はこがまえ

匚0 【匚】(2) 音ホウ 訓―
意味 四角形の容器。はこ。

匚3 【匝】(5) 音ソウ 訓―
意味 めぐる。めぐり。

匚4 【匡】(6) 人名 音キョウ 訓ただす
筆順 一 二 干 王 匡
意味 正しくする。ただす。「匡正」
名付 きょう・たすく・ただ・ただし・ただす・まさ・まさし
【匡正（きょうせい）】誤りをただすこと。

匚4 【匠】(6) 常用 音ショウ 訓たくみ
筆順 一 丆 ア 斤 斤 匠
意味 ❶大工や木工の職人。また、一般に、職人のこと。たくみ。「工匠・鵜匠（うじょう）」❷工芸・学術にすぐれた人。「名匠・巨匠」❸考案。「意匠」
名付 しょう・たくみ

匚5 【匣】(7) 音コウ 訓くしげ・はこ
意味 ふたのついた小箱。はこ。また、化粧道具を入れる小箱。くしげ。

匚8 【匪】(10) 音ヒ 訓―
意味 わるもの。「匪賊」

匚11 【匯】(13) 音カイ 訓―
意味 水がぐるぐるまわる。また、集まる。

匚12 【匱】(14) 音キ 訓―
意味 大きい木箱。櫃（ひつ）。

匚13 【匳】(15) 音レン 訓― 異体 大11 奩(14)
意味 手回りのものを入れる小箱。

2画

匸の部　かくしがまえ

匸0 【匸】(2) 音ケイ 訓―
意味 おおいかくす。

匸2 【区】(4) 3年 音ク 訓― 旧字 匸9 區(11)
筆順 一 フ ヌ 区
意味 ❶くぎる。「区分・区画」❷一つ一つ違う。「区区」❸大都市の行政区画の名。く。「区民・区政」
【区画】場所を仕切って分けること。また、仕切った場所。
【区区】㊀一つ一つ違っているさま。さまざま。「考え方が―だ」㊁①わずかなさま。少し。「―たる相違」②価値がなくつまらないさま。また、こせこせしたさま。「―の心」

匸2 【匹】(4) 常用 音ヒツ 訓ひき 旧字 匸2 匹(4)
筆順 一 ア 兀 匹
意味 ❶対になる。「匹敵・好匹」❷つまらない一人の。「匹夫」❸魚・獣・虫類などを数えることば。ひき。❹布地二反を単位として数えることば。一匹は約二一・二八メートル。ひき。
名付 あつ・とも・ひつ
【匹敵】競争相手として程度が同じくらいであること。注意「匹適」と書き誤らないように。
【匹夫の勇】思慮分別がなく、むちゃな行動をしたがるつまらない勇気。
【匹夫匹婦】身分の低い夫婦。また、庶民。

【巨】▸工4

匸5 【医】(7) 3年 音イ 訓いやす 旧字 酉11 醫(18)
筆順 一 ア ア 王 矢 矢 医
意味 ❶病気を治す。いやす。いする。また、そのこと。い。「医療・医師・医薬・渇を医する・医は仁術」❷病気を治す人。医者。「名医・女医・軍医」名付 い・おさむ
【医方】病気を治す技術。医術。

匸8 【匿】(10) 常用 音トク 訓かくす・かくまう 旧字 匸9 匿(11)
筆順 一 二 丗 丗 丗 丗 若 匿
意味 隠す。かくまう。かくす。また、隠れる。かくれる。「匿名・隠匿」名付 とく
【匿名】本名を他人に知られないように別の名まえを名のること。また、その名。

匸9 【區】▸区㊐

十の部　じゅう

十0 【十】(2) 1年 音ジュウ・ジッ 訓とお・と
筆順 一 十
意味 ❶数で、とお。「十干」❷完全。また、全部。「十分・十中八九」❸数が多いこと。「十目・十人十色」名付 かず・しげ・じつ・じゅう・そ・ただ・と・とお・とみ・ひさし
参考 証書などでは「拾」と書くことがある。
【十誡】キリスト教で、モーゼが神から授かったという十か条の戒め。参考「十戒」は、仏教で、修行上守るべき十の戒め。
【十干】木・火・土・金・水の五行を兄と弟に分け、年月を表すのに用いたもの。甲(きのえ・木の兄)・乙(きのと・木の弟)・丙(ひのえ・火の兄)・丁(ひのと・火の弟)・戊(つちのえ・土の兄)・己(つちのと・土の弟)・庚(かのえ・金の兄)・辛(かのと・金の弟)・壬(みずのえ・水の兄)・癸(みずのと・水の弟)の十種。普通、十二支と組み合わせて用いられる。
【十指に余る】十本の指では足りないほど数が多いこと。
【十指の指す所】多くの人の判断が一致する、まちがいのない考え。
【十中八九】おおかた。たいてい。▽「十

のうちの八か九まで」の意。

【十哲】(じってつ) 偉大な人物の、すぐれた十人の弟子。「蕉門(しょうもん)(芭蕉(ばしょう)門下)の―」

【十悪】(じゅうあく) 仏教で、十種の悪事。

【十全】(じゅうぜん) 落ち度がなくて完全なこと。「―の準備」

【十二支】(じゅうにし) 陰陽道(おんみょうどう)で、方位・時刻を表すのに用いた十二の呼び名。子(ね)・丑(うし)・寅(とら)・卯(う)・辰(たつ)・巳(み)・午(うま)・未(ひつじ)・申(さる)・酉(とり)・戌(いぬ)・亥(い)のこと。これらにそれぞれ、ねずみ・うし・とら・うさぎ・たつ・へび・うま・ひつじ・さる・とり・いぬ・いのししの十二種の生き物をあてて用いる。⇩七二六ページ「時刻・方位」。

【十人十色】(じゅうにんといろ) 好み・考え・性格などが人によって異なること。

【十年一日の如し】(じゅうねんいちじつのごとし) ①長い間、同じことをくり返していても少しも進歩しないことを形容することば。②長い間、同じことをくり返して飽きないことを形容することば。▽「十年の長さが一日のようである」の意。

【十能】(じゅうのう) 炭火などを入れて持ち運ぶ、柄のついた金属製の道具。

【十目の見る所】(じゅうもくのみるところ) 多くの人がそろって認める、まちがいのない観察。▽「十目」は「多くの人の目」の意。

参考熟語 十六夜(いざよい・いざよい) 十姉妹(じゅうしまつ) 十八番(おはこ) 十露盤(そろばん) 十重二十重(とえはたえ)

十能

2画

十1 【千】 (3) 1年 音 セン 訓 ち

筆順 ノ 二 千

意味 ❶数で、百の十倍。せん。「千人・千載一遇」❷数が多いこと。「千古・千草(ちぐさ)」 名付 かず・せん・ち・ゆき

参考 ⑴証書などでは「阡」「仟」と書くことがある。⑵カタカナ「チ」のもとになった字。

【千客万来】(せんきゃくばんらい・せんかくばんらい) 多くの客が入れかわりたちかわり訪ねてくること。「―の忙しさ」

【千鈞の重み】(せんきんのおもみ) 発言が非常に価値があることを形容することば。「―がある一言」▽「鈞」は重さの単位で、「非常に重い重さ」の意。

【千軍万馬】(せんぐんばんば) ①たくさんの兵と軍馬。「―の間(かん)(戦場のこと)」②戦闘を数多く経験していて慣れていること。「―の強者(つわもの)」③たくさんの経験があり、慣れていて巧みなこと。「―のベテラン」

【千言万語】(せんげんばんご) 非常に多くのことば。

【千古】(せんこ) ①大昔。太古。②永遠。永久。「―不易(ふえき)の真理」

【千載一遇】(せんざいいちぐう) めぐり合った機会が非常によいものであること。また、そのような機会。「―のチャンス」▽「千年に一度しかめぐり合えない」の意。

【千差万別】(せんさばんべつ・せんさまんべつ) たくさんの種類があっていろいろに違っていること。「人の性格は―である」

千

【千思万考】(せんしばんこう) 一つの事柄についていろいろな方面からよく考えること。

【千紫万紅】(せんしばんこう) ①さまざまの美しい花の色。②色彩のあざやかなたくさんの花が咲き乱れること。「―の春の野」▽「千紅万紫」とも。

【千姿万態】(せんしばんたい) さまざまな姿や形。

【千秋楽】(せんしゅうらく) 興行の最終の日。楽(らく)。

【千尋】㊀(せんじん) 山や崖(がけ)が非常に高いこと。また、海や谷が非常に深いこと。千仭。「―の谷」▽「尋」は中国の長さの単位で、一尋は約一・八メートル。㊁(ちひろ) 非常に深い・長いこと。

【千辛万苦】(せんしんばんく) いろいろなつらい苦労をすること。また、その苦労。「―を嘗(な)める」

【千波万波】(せんぱばんぱ) 次から次へと押し寄せる波。

【千篇一律】(せんぺんいちりつ) どれも同じ調子で変化や個性がなく、おもしろみがないこと。▽「千篇の詩がいずれも同じ調子である」の意。「千編一律」とも書く。

【千変万化】(せんぺんばんか) 物事がさまざまに変化すること。

【千万】㊀(せんまん・ちよろず) 非常に数が多いこと。また、さまざまであること。「―人(せんまんにん)といえども我(われ)行かん」㊁(せんばん) はなはだしいこと。「迷惑―」

【千慮の一失】(せんりょのいっしつ) ①賢人でも時にはまちがいをすることもあるということ。②思いがけない失策。

参考熟語 千木(ちぎ) 千千(ちぢ) 千歳(ちとせ) 千屈菜(みそはぎ)

十2 【午】 (4) 2年 音 ゴ 訓 うま

午

筆順 ノ 𠂉 𠂉 午

意味 十二支の第七番め。方角では真南、時刻では真昼、月では陰暦五月、動物ではうまにあてる。うま。「午前・端午・子午線」名付 うま・ご・ま

【午餐】ごさん 昼食。▽「餐」は「食べ物」の意。

【午睡】ごすい 昼寝。

十2【廿】(4) 人名 音ジュウ 訓にじゅう

筆順 一 十 廾 廿

意味 にじゅう。二十。

十2【升】(4) 常用 音ショウ 訓ます

筆順 ノ 亻 チ 升

意味 ❶尺貫法の、容量の単位。一升(しょう)は一斗の十分の一で、約一・八リットル。しょう。❷穀物や液体の量をはかる四角の道具。ます。「升酒(ますざけ)」名付 しょう・たか・のぼる・のり・ます・みのる・ゆき

参考 ❷の意味では「枡」とも書く。

十2【卅】(4) 音ソウ 訓さんじゅう

意味 さんじゅう。三十。

十2【斗】(4)〈国字〉音―― 訓とと

意味 とと。▽人名に用いる字。「斗木(ととき)」

2画

十2【卆】▼卒略

十3【卉】(5) 印標 音キ 訓――

意味 くさ。「花卉(かき)(草花)」

異体 十4 卉(6)

十3【半】(5) 2年 音ハン 訓なかば

旧字 十3 半(5)

筆順 丶 丷 䒑 兰 半

意味 ❶二つに分けたものの片方。はん。なかば。また、まん中・途中。なかば。「半分・折半(せっぱん)・半永久的・一時間半・話の半ば」❷なし終えず、完全でない。「半端(はんぱ)・半可通」❸小形である。「半弓・半鐘」❹ばくちなどで、さいころの目の奇数のこと。はん。⇔丁(ちょう)。「丁半」名付 なか・なかば・なからい・はん

【半壊】はんかい 建物などが半分ぐらいこわれること。

【半可通】はんかつう よく知らないのに知っているようなそぶりをすること。「―を振りまわす」

【半旗】はんき とむらいの気持ちをあらわす旗。弔旗(ちょうき)。

【半減】はんげん ①半分に減ること。また、半分に減らすこと。②かなり少なくなること。「興味が―する」

【半死半生】はんしはんしょう 半ば死に、半ば生きていること。今にも死にそうな状態。生死の境。

【半信半疑】はんしんはんぎ ほんとうかどうかがわからず、迷うこと。▽「半ば信じ、半ば疑う」の意。

【半身不随】はんしんふずい 病気などで左右いずれかの半身が動かなくなること。

【半生】㊀はんせい それまでの生涯。「苦難の―を語る」㊁はんしょう 死にかかっていること。「半死―の状態」

【半濁音】はんだくおん 「ぱ・ぴ・ぷ・ぺ・ぽ・ぴゃ・ぴゅ・ぴょ」の八つの音。

【半纏】はんてん 羽織に似た形で、えりの折り返しのない上着。

【半途】はんと ①物事の途中。半ば。「事業が―にして挫折(ざせつ)する」②道のりの途中。「―で引き返す」

【半農半漁】はんのうはんぎょ 農業も漁業も行っていること。

【半風子】はんぷうし しらみのこと。▽「虱(しらみ)の字は風の半分」の意。

参考熟語 半被(はっぴ)

【平】▼干2

十4【卍】(6) 音マン 訓まんじ

意味 「卍」形の形や紋所。まんじ。「卍巴(まんじともえ)」

参考 もと、仏書で用いて数の万を表した字。

【卍巴】まんじともえ たくさんのものが互いに入り乱れること。「―の乱闘」▽「巴」は「うずまき」の意。

【克】▼儿5

十4【卉】▼卉異

十6【協】(8) 4年 音キョウ 訓あわせる・かなう

異体 忄6 恊(9)

筆順 一 十 忄 怮 協 協 協 協 協

意味 ❶合わせて一つにする。あわせる。「協力・協会・協議・協定」❷調子が合って穏やかになる。かなう。「協和・妥協」名付 かのう・きょう・やす

【協賛】きょうさん 計画・事業などに賛同して実現のために助力すること。

【協定】きょうてい 互いに相談して守るべき約束事を取り決めること。また、その約束事。「―を結ぶ」

【協同】きょうどう 互いに助け合って物事をすること。「―組合」参考「共同(きょうどう)」は、二人以上の人が物事をいっしょに行うこと。⇩「共同(きょうどう)」の[使い分け]。

【協約】きょうやく 団体などが互いに約束すること。また、その約束や約束を記した文書。「労働―」

十6
【卒】(8) 4年

略字 十2 卆 (4)

音 ソツ・シュツ 訓 おえる・おわる

筆順 丶 亠 广 㐬 苁 苁 卒 卒

意味 ❶成し遂げる。おえる。おわる。「卒業・高卒・平成十七年度卒」❷身の回りの用をする召使。また、下級の兵士。「従卒・兵卒」❸にわかであること。「卒倒・卒爾(そつじ)・倉卒」❹身分の高い人が死ぬ。しゅっする。そっする。「卒去(そっきょ・しゅっきょ)」名付 そつ・たか

参考 ❸の意味では「率」とも書く。

【卒爾】そつじ 人に尋ねたり話しかけたりすることが、突然であって軽々しく失礼なこと。卒然。「―ながら」

【卒寿】そつじゅ 九十歳。また、九十歳の祝い。▽「卒」の略字「卆」が九十と読めるため。

【卒然】そつぜん にわかに起こるさま。「―と悟る」▽「率然」とも書く。

参考熟語 卒塔婆(そとば・そとうば)

十6
【卓】(8) 常用

音 タク 訓 つくえ

筆順 丨 ト ⺊ 占 占 卣 卓 卓

意味 ❶物を置く台。テーブル。つくえ。たく。「卓上・食卓・卓(たく)をたたく」❷他より非常にすぐれている。「卓越・卓見」名付 たか・たかし・たく・つな・まこと・まさる・もち

【卓越】たくえつ 他よりはるかにすぐれていること。「―した才能」

【卓説】たくせつ 非常にすぐれた考え・説。「名論―」

【卓抜】たくばつ 他のものよりもはるかにすぐれていること。「―な技術」

【卓見】たっけん 着眼点がよく、問題を解決するのに非常に有効なすぐれた考え。

参考熟語 卓袱(しっぽく) 卓袱台(ちゃぶだい)

【直】▸目3 十6【卑】▸卑㊐

十7
【南】(9) 2年

音 ナン・ナ 訓 みなみ

筆順 一 十 广 冂 内 冇 南 南 南

意味 方位で、みなみ。↔北。「南下・南極・指南」名付 あけ・なみ・なん・みな・みなみ

【南無阿弥陀仏】なむあみだぶつ 浄土宗・浄土真宗で、阿弥陀仏(あみだぶつ)への帰依(きえ)を表すためにとなえることば。

【南無三宝】なむさんぼう 失敗したときや、驚いたときに発することば。しまった。大変だ。南無三。

【南下】なんか 北上に対して、南のほうに移動すること。また、南のほうに勢力を伸ばすこと。

【南進】なんしん 南に向けて進むこと。

【南船北馬】なんせんほくば 方々を忙しく旅して回ること。▽中国では、川の多い南部は船で、山野の多い北部は馬で旅をすることが多かったことから。

【南蛮】なんばん ①室町時代から江戸時代にかけて貿易の相手となった東南アジアのこと。②「南蛮①」に植民地を持っていたポルトガルやスペインのこと。「―渡り」③昔、中国で、南方の異民族のこと。④とうがらしの別称。

参考熟語 南瓜(かぼちゃ)

十7
【卑】(9) 常用

旧字 十6 卑 (8) 人名

音 ヒ 訓 いやしい・いやしむ・いやしめる

筆順 ′ 丨 白 白 由 臾 卑 卑

意味 ❶身分・地位が低くて劣っている。いやしい。「卑賤(ひせん)・尊卑」❷心や趣味などが下品で

劣っている。いやしい。「卑劣・卑俗・卑怯・野卑」❸相手をさげすみ軽んずる。いやしむ。いやしめる。「男尊女卑」❹へりくだる。「卑下・卑見」

参考「野卑」は「野鄙」が書き換えられたもの。

【卑近】身近であってわかりやすいこと。「―な例」

【卑屈】心がいやしくていじけていること。

【卑下】自分をいやしいとして下げすむこと。必要以上にへりくだること。

【卑見】自分の意見を謙遜していうことば。▽「鄙見」とも書く。

【卑俗】下品でいやしいこと。参考「鄙俗」は、いなかびていること。

【卑属】血縁関係において、尊属に対して、本人より下の系列に属する者。子・孫・おい・めいなど。

【卑猥】みだらで下品なこと。▽「鄙猥」とも書く。

【率】▸玄6　【真】▸目5

十10 【博】(12) 4年 音ハク・バク 訓ひろい

旧字 十10 博(12)　異体 忄10 愽(13)

筆順 十 忄 恒 愽 博 博 博 博

意味 ❶あまねく行き渡る。また、よく知っている。ひろい。「博愛・博識・博士・該博」❷かけごと。「博奕・博徒・賭博」❸一人だけで得る。はくする。「巨利を博する」❹博士のこと。また、博覧会のこと。「文博・万国博」

名付 とおる・はか・はく・ひろ・ひろし・ひろむ

参考 ❷の意味では多く「ばく」と読む。

【博引旁証】書物を書き著すときなどに、自説の証拠としてたくさんの例を示して論じること。▽「旁」は「広く行き渡る」の意。注意「博引傍証」と書き誤らないように。

【博学】学問をし、いろいろな事柄について詳しく知っていること。「―多識」

【博識】いろいろな分野の物事についてよく知っていて知識が豊かなこと。「―を誇る」

【博聞強記】広く物事を聞き知っていて、それをよく記憶していること。

【博覧強記】書物をたくさん読み、その内容をよく記憶していて忘れないこと。

参考熟語 博打　博労

【傘】▸人10　【幹】▸干10　【斡】▸斗10

【準】▸水10

卜の部　ぼく　ぼくのと

卜0 【卜】(2) 人名 音ボク 訓うらなう

筆順 丨 卜

意味 将来の成り行きや吉凶をうらなう。また、うらない。「卜占・卜筮(うらない)・売卜」

名付 うら

参考 「うらなう」は「占う」とも書く。

卜2 【卞】(4) 音ベン 訓―

意味 ❶布でつくった冠。❷せっかちである。

卜3 【占】(5) 常用 音セン 訓しめる・うらなう

筆順 丨 卜 卜 占 占

意味 ❶将来の成り行きや吉凶を判断し予言する。うらなう。また、うらない。「占術・占星術・卜占」❷ある範囲のものを、自分のものとして所有したり支配したりする。しめる。「占有・占領・独占・座を占める」名付 うら・しめ・せん

参考 ❶の「うらなう」「うらない」は「卜う」「卜い」とも書く。

【占拠】①ある場所を占有してそこに立てこもること。②占領すること。

【占有】自分の所有とすること。参考「専有」は、一人だけで所有すること。

【占用】公共のものを特にその人だけが使用すること。参考「専用」は、ある特定の人だけが使用すること。

卜6 【卦】(8) 音カ・ケ 訓―

意味 易で、算木に現れた、吉凶を判断する

もととなる形。陰陽の組み合わせから成る。か け。「八卦(はっか・はっけ)」

卩(㔾)の部 ふしづくり

卩0
【卩】(2) 音セツ 訓―
意味 しるし。割り符。

卩3
【卮】(5) 音シ 訓― 異体 㔾4 巵(7)
意味 四升入る大杯。また、広く、さかずき。

卩3
【卯】(5) 人名 音ボウ 訓う 異体 卩3 夘(5)
筆順 卯
意味 ❶十二支の第四番め。動物ではうさぎ、方角では東、時刻では午前六時または午前五時から七時までの間、五行では木にあてる。う。❷茂る。名付 あきら・う・しげ・しげる・ぼう
参考熟語 【卯月(うづき)】陰暦四月のこと。卯木(うつぎ)

卩4
【印】(6) 4年 音イン 訓**しるし**
筆順 印
意味 ❶はんこ。判(はん)。いん。「印鑑・実印・調印」❷他と区別するための形。しるし。「三角印」❸抽象的なものを表す具体的なもの。しるし。「友情の印」❹しるしをつけたり書いたりする。しるす。「印象」❺版で刷る。「印刷・影印」❻仏教で、指先で作って法徳を示す形。いん。「印を結ぶ」❼インドのこと。「印綿・日印・滞印」名付 あき・いん・おき・おし・かね・しる
参考 ❼は「印度(インド)」の略から。
【印影(いんえい)】紙などに押した印章の形。
【印刻(いんこく)】はんこを彫ること。
【印璽(いんじ)】天皇の印。また、日本国の国印のこと。
【印税(いんぜい)】出版物などの発行部数や売上部数に応じて、発行者が著者・編者などに支払う金。
【印肉(いんにく)】はんこを押すために、印材につける顔料。朱肉。印泥(いんでい)。
【印判(いんばん)】はんこ。印形(いんぎょう)。印章。

卩4
【危】(6) 6年 旧字 卩4 危(6)
音**キ** 訓**あぶ**ない・**あや**うい・**あや**ぶむ
筆順 危
意味 ❶非常に不安定で心配である。あぶない。あやうし。あやうい。「危機・危険・危篤・安危」❷不安に思う。「危惧(きぐ)」❸害する。「危害」❹悪い結果になりそうであると心配する。あやぶむ。「成功を危ぶむ」❺やっと。また、もう少しで。あぶなく。あやうく。
【危機一髪(ききいっぱつ)】もう少しで悪い結果になるほどに物事が危険な状態であること。▽「髪の毛一本ほどのわずかの違いで危険な状態になる」の意。注意「危機一発」と書き誤らないように。
【危急存亡(ききゅうそんぼう)】危険な事態が差し迫っていて、生き残れるか滅びるかにかかわる重大なせとぎわ。「国家の—の秋(とき)にあたり」
【危惧(きぐ)】悪い結果になりはしないかと心配し恐れること。「—の念をいだく」
【危殆に瀕する(きたいにひんする)】非常に危険な状態になること。▽「危殆」は「あぶないこと」の意。
【危地(きち)】あぶない所。あぶない状態。
【危篤(きとく)】病気が非常に重くて今にも死にそうなこと。▽「篤」は「病気が重い」の意。

卩5
【却】(7) 常用 異体 卩7 卻(9)
音**キャク** 訓かえって・しりぞく
筆順 一 十 土 去 去 却 却
意味 ❶拒んで受け付けない。しりぞける。「却下・棄却」❷後ろにさがる。しりぞく。「退却」❸すっかりなくしてしまう。「売却・返却・焼却・消却」❹予想・期待とは反対の結果になるさま。かえって。「却って悪い結果になった」
【却下(きゃっか)】官庁・裁判所などが訴訟・申請などを取り上げずに差し戻すこと。「申請を—する」

卩5
【即】(7) 常用 旧字 卩7 卽(9) 人名

2画

音ソク　訓すなわち・つく

筆順

意味 ❶地位につく。また、接する。つく。「即位・不即不離・即物的」❷すぐに行うこと。また、すぐにそうなること。「即刻・即断・即妙・即死」❸それがそのまま。すなわち。「色即是空」

名付 そく・ちかし・みつ

【即応】（そくおう）その時の状態や目的にぴったり当てはまること。「時流に―する」

【即座】（そくざ）その場ですぐに物事を行うこと。「―に支払う」注意「速座」と書き誤らないように。

【即時】（そくじ）すぐそのとき。すぐさま。即刻。「―解決」

【即製】（そくせい）その場ですぐに作ること。「―の料理」参考「速成（そくせい）」は、短期間に物事を成し遂げること。「促成（そくせい）」は、作物などを早く生長させること。

【即戦即決】（そくせんそっけつ）長い間戦わず、ひといきに勝敗を決めてしまうこと。

【即断】（そくだん）その場ですぐに決めること。「―即決」

使い分け「そくだん」

即断…その場で決めること。「即」の意味に対応している。「即断しかねる問題・即断即決」

速断…すばやく判断して決めること。「速」の意味に対応している「速断を避ける」

【即答】（そくとう）すぐその場で答えること。また、その答え。参考「速答（そくとう）」は、すみやかに答えること。

【即物的】（そくぶってき）主観的な感情を交えずに、対象物の本質にのっとって考えるようす。

【即妙】（そくみょう）物事に直面して素早く機転を働かせるようす。「当意―」

【即興】（そっきょう）その場の興味に乗って即座に詩歌などを作ったり、曲や劇を演じたりすること。「―詩」

【即決】（そっけつ）その場ですぐに決定・裁決すること。「即戦―」参考「速決（そっけつ）」は、短い時間のうちにすみやかに決定すること。

【即効】（そっこう）効果がすぐに現れること。参考「速効（そっこう）」は、ききめが早いこと。

【即刻】（そっこく）すぐその時。すぐさま。即時。「―返答せよ」注意「速刻」と書き誤らないように。

卩5

【卵】（7）

6年　音ラン　訓たまご

筆順

意味 ❶たまご。「卵生・鶏卵・産卵・累卵」❷特に、鶏のたまご。たまご。❸まだ未熟・未発達で一人前でないもの。たまご。「医者の卵・台風の卵」

参考 筆順は、左の部分を閉じてから点を打つ順でもよい。また、「卯」を書いたあとに点を書いてもよい。

【卵生】（らんせい）胎生に対して、卵が母体外に産み出され、体外で発育してかえるもの。

卩6 【巻】▶巻㊐

卩7

【卸】（9）

常用　音シャ　訓おろす・おろし

旧字 卩6 卸（8）

筆順

意味 ❶問屋が商品を小売店に売る。おろす。また、おろし。「卸売・卸問屋」❷調理法の一つとして大根（だいこん）などをすりくだく。おろす。また、おろし。「卸（お）ろし金（がね）」

卩7 【卻】▶却㊀

卩7 【卽】▶即㊐

卩10

【卿】（12）

人名　音キョウ・ケイ　訓きみ

旧字 卩10 卿（12）

異体 卩8 卿（10）

筆順

意味 ❶大臣。また、貴族。「卿相・公卿（くぎょう）」❷身分の高い人が同輩またはそれ以下の人を尊敬してよぶことば。けい。❸爵位のある人の姓に添えて尊敬の意を表すことば。きょう。「ウィンザー卿」

名付 あき・あきら・きみ・のり

厂の部　がんだれ

厂0

【厂】（2）

音ガン　訓―

2画

意味 切りたったがけや岸。
参考 筆記のときに「雁」「歴」「暦」などの略字としても用いられる。

厂2
【厄】
(4) 常用 音 ヤク 訓 わざわい

筆順 一 厂 厅 厄

意味 ❶苦しみや災難。やく。「厄介・災厄」❷災難にあうので注意すべきであるという年齢のこと。厄年。

【厄年】(やくどし) ①陰陽道(おんみょうどう)で、災難にあうので注意すべきであるという年齢。数え年で男性は二十五・四十二・六十歳、女性は十九・三十三歳。②災難の多い年。

【厄難】(やくなん) 身にふりかかる災い。災難。

〔反〕▶又2

厂7
【厚】
(9) 5年 音 コウ 訓 あつい

筆順 一 厂 厂 厅 后 厚 厚 厚

意味 ❶物の表と裏との隔たりが大きい。あつい。↔薄。「厚板(あついた)・厚手(あつで)・厚物(あつもの)」❷真心がこもっていてねんごろである。あつい。また、そのようにする。あつくする。↔薄。「厚情・厚生・温厚・礼を厚くする」❸程度がはなはだしい。「厚顔・濃厚」名付 あつ・あつし・こう・ひろ・ひろし

使い分け「あつい」
厚い…物のあつみや、人情に使う。「厚い本・厚化粧・手厚い看護」
暑い…不快な気温に使う。「暑い日差し・蒸し暑い」
熱い…物の温度や、高まった感情に使う。「熱い湯・熱い思い・熱い血潮」
篤い…病気やまごころに使う。「篤(厚)い人情・篤い病気・篤(厚)い信仰心」

【厚意】(こうい) 人から受ける親切な気持ち。厚情。「御―、感謝いたします」参考 ⇩「好意(こうい)」の〔使い分け〕。

【厚顔無恥】(こうがんむち) あつかましくて恥を知らないさま。

【厚誼】(こうぎ) 手厚い親しみの気持ち。「―に甘んじる」

【厚遇】(こうぐう) 待遇をよくして手厚くもてなすこと。

【厚情】(こうじょう) 「厚意」と同じ。

【厚生】(こうせい) 健康を増進し、生活を豊かにすること。「―施設」参考 ⇩「公正(こうせい)」の〔使い分け〕。

厂7
【厖】
(9) 音 ボウ 訓 ―

意味 非常に大きい。「厖大」
参考 「厖大」の「厖」は「膨」に書き換える。

厂7
【厘】
(9) 常用 音 リン 訓 ―

筆順 一 厂 厂 厅 后 厍 厍 厘

意味 ❶貨幣の単位。一厘(いちりん)は一銭の十分の一で、一円の千分の一。りん。❷尺貫法の、長さの単位。一厘は一分(ぶ)の十分の一で、一尺の千分の一。りん。❸尺貫法の、重さの単位。一厘は一匁(もんめ)の百分の一。りん。❹一または一割の百分の一を表すことば。「九分九厘」

厂8
【原】
(10) 2年 音 ゲン 訓 はら・もと

筆順 厂 厂 厂 历 盾 原 原 原

意味 ❶物事の始め。また、物事の基礎。もと。「原始・原理・原本・起原・原住民」❷平らで広い土地。はら。「原野・高原・火口原」❸原子力のこと。「原爆・原潜」名付 げん・はじめ・もと

【原価】(げんか) ①製品の製造に要した実費。②利益を含まない、仕入れの値段。▽「元価」とも書く。

【原型】(げんけい) 製作物のもとになる型。「洋裁の―」参考 「原形(げんけい)」は、もとの形。

【原告】(げんこく) 民事訴訟を起こして裁判を請求した人。

【原初】(げんしょ) その物のいちばん初め。「―形態」

【原状】(げんじょう) その物の最初の状態。また、変化する以前の状態。「―に復する」

【原寸】(げんすん) 実物の寸法。「―大の模型」

【原則】(げんそく) 多くの場合に適用される規則・法則。

【原典】(げんてん) 引用・翻訳・改作などのよりどころとなったもとの書物。

【原野】(げんや) 人間の手が加えられていない、自然

のままの野原。

厂9 〔厠〕▼廁㊡

厂10 【厥】(12) 音ケツ 訓その・それ

意味 ❶その。それ。❷つかえてもどす。❸かぎ型に曲げる。

厥

厂10 【厨】(12) 人名 音チュウ・ズ 訓くりや　旧字 广12 廚(15)　異体 广12 㕑(14)

筆順 一 厂 厂 戸 后 后 厍 厨 厨

意味 ❶飲食物を調理する所。くりや。「厨房」❷箱。「厨子」

【厨子】ずし ①両とびらの小さな入れ物。②仏像・経典などを安置する、二枚とびらで堂形をした箱。

厨子②

【厨房】ちゅうぼう 飲食物を調理する所。調理室。

〔雁〕▼隹4　厂10 〔厦〕▼廈㊡

厨

厂12 【厭】(14) 音エン・オン 訓あきる・いとう・いや

意味 ❶飽きていやになる。あきる。また、いやになってその物事を避ける。いとう。「厭世・嫌厭」❷気に入らず、それ以上を望まない。いや。「厭というほど」

厭

【厭世】えんせい 生きていることをいやに思うこと。

【厭戦】えんせん 戦争に飽きていやに思うこと。

【厭離穢土】えんりえど・おんりえど 仏教で、汚れたこの世をいやに思って離れること。▽「穢土」は、仏教で、汚れているとされている現世のこと。

厂12 【厩】(14) 人名 音キュウ 訓うまや　旧字 广11 廐(14)　異体 广11 廏(14)　異体 广11 廄(13)　異体 广10 厩(12)

厩

筆順 厂 厂 厂 厂 厂 厂 厩 厩

意味 馬を飼っておく小屋。うまや。「厩舎」

【厩舎】きゅうしゃ 馬を飼う小屋。馬屋。

厂12 【厲】(14) 正字 厂13 厲(15) 音レイ 訓はげしい・はげます・はげむ

意味 ❶おごそかできびしい。はげしい。「厲行」❷励ます。また、励む。「厲色・厲声」

厲

〔暦〕▼日10　〔歴〕▼止10　厂12 〔厮〕▼廝㊡

厂12 〔厰〕▼廠㊡　厂12 〔廚〕▼厨㊡

ム の部 む

ム0 【ム】(2) 音シ 訓ござる

意味 ❶わたくしごと。❷…であります。ござる。

ム

〔公〕▼八2

ム1 【么】(3) 音ヨウ・バ・マ 訓――

意味 ❶「幺」に同じ。❷「麼」の簡体字に用いる。「什么(なに)」

么

ム3 【去】(5) 3年 音キョ・コ 訓さる

筆順 一 十 土 去 去

意味 ❶遠ざかる。さる。「退去・死去・去る者は追わず」❷ある時期が経過する。また、ある時点から前にさかのぼる。さる。「去年・過去・去る十月七日・今を去る十年前」❸取り除く。さる。「去勢・除去」名付 きょ・さる・なる

【去就】きょしゅう その重要な地位や職を退くことと、そこにとどまること。また、味方して従う態度をとることと、反対して背く態度をとること。「―に迷う」▽「去ることと、とどまること」の意。

【去来】きょらい ある感情が心の中に現れたり消えたりすること。「胸中を―する思い」

参考熟語 去年こぞ・きょねん

去

〔会〕▼人4　〔台〕▼口2　〔弁〕▼廾2

ム6 【参】(8) 4年　旧字 ム9 參(11)　音サン・シン 訓まいる・みつ

参

2画

筆順 厶 厶 厽 㕘 矣 叅 参 参

意味 ❶さらに加わる。また、さらに加える。「参考・参照」❷仲間として加わる。「参加・参政・参謀」❸そこへ行く。まいる。また、特に、寺社や目上の人のところに行く。まいる。「参上・参詣(さんけい)・日参・見参(げんざん)・墓に参る」❹「行く・来る」を謙遜していうことば。まいる。❺数で、みっつ。みつ。「一金参万円也」 名付 かず・さん・しん・ちか・み・みち・みつ

参考 証書などでは「三」の代わりに用いることがある。

【参賀】(さんが) 皇居に行って祝いのことばを述べたり記帳したりすること。

【参事】(さんじ) 役所・団体などで、ある業務にたずさわる、地位の高い役職。また、その役職にある人。

【参酌】(さんしゃく) 物事を行うとき、情況や他の人の意見などを参考にすること。斟酌(しんしゃく)。「実情を—して決定する」

【参上】(さんじょう) 訪問することをへりくだっていうことば。参ること。

【参拝】(さんぱい) 神社や寺にお参りして拝むこと。

【参与】(さんよ) ①その物事に関係し協力すること。「政治に—する」②行政事務などの役職名。「市—」

【参列】(さんれつ) 儀式などに参加すること。

【参籠】(さんろう) 神社や寺にこもって祈願すること。

〔能〕▸肉6　ム9〔參〕▸参(旧)

2画

又の部 また

又0 【又】(2) 常用 音 ユウ 訓 また

筆順 フ 又

意味 ❶もう一度。ふたたび。また。「又とない機会」❷同じく。また。「それも又よかろう」❸別であること。また。「山又山」「又の日」❹その上に。そのほかに。また。❺間接であることを表すことば。また。「又聞・又貸し」 名付 すけ・たすく・また・やす・ゆう

又

又1 【叉】(3) 人名 音 サ・シャ 訓 また

筆順 フ 又 叉

意味 ❶先が二つに分かれていること。ふたまた。また。「音叉・交叉」❷両手を組み合わせる。「叉手(さしゅ・さで)」

参考 「交叉」の「叉」は「差」に書き換える。

叉

又2 【収】(4) 6年　旧字 攴2 收(6) 人名

音 シュウ 訓 おさめる・おさまる

筆順 丨 丩 収 収

意味 ❶取り入れて自分のものにする。おさめる。「収穫・没収・成果を収める」❷中に入れる。おさめる。「収監」❸縮む。「収縮」❹中にはいってもとの安定した状態になる。おさまる。

名付 おさむ・かず・しゅう・すすむ・もり

参考 「収集」は「蒐集」が書き換えられたもの。

収

使い分け「おさまる」

収まる…その中にきちんとはいる。落ち着く。「箱に収まる・丸く収まる」
治まる…乱れがしずまる。苦痛がなくなる。「内乱が治まる・痛みが治まる」
修まる…よくなる。「素行が修まる」
納まる…納入される。地位・境遇に落ち着く。「国庫に納まる・社長に納まる」

【収益】(しゅうえき) 利益を得ること。また、自分のものになった利益。

【収穫】(しゅうかく) ①農作物をとり入れること。「—期」②とり入れた作物。③物事を行って得たよい結果。成果。 注意 「収獲」と書き誤らないように。

【収受】(しゅうじゅ) 金品などを受け取って自分のものにすること。「賄賂(わいろ)—」

【収拾】(しゅうしゅう) 混乱した物事をまとめて正しい状態にすること。「—がつかない」

【収集】(しゅうしゅう) 趣味・研究などのために物を集めること。▽「蒐集」の書き換え字。

【収縮】(しゅうしゅく) ひきしまって、ちぢむこと。

【収蔵】(しゅうぞう) ①自分のものとして保管すること。「美術館の—品」②農作物を取り入れてたくわえておくこと。

使い分け「しゅうしゅう」
収拾…混乱状態をおさめまとめること。「事態を収拾する・収拾がつかない」
収集…特定の物を集めること。「ごみの収集・切手の収集癖《へき》」

【収束《しゅうそく》】①広がった物事がまとまり、しめくくりがつくこと。「事態が―する」②光が一点に集まること。集束《しゅうそく》。

【収得《しゅうとく》】自分のものとすること。「―罪」参考「拾得《しゅうとく》」は、落とし物などを拾うこと。

【収納《しゅうのう》】①金銭や品物を受けとっておさめること。「―伝票」②押し入れや家具・調度品などにものをしまいこむこと。「―箱」③作物をとり入れること。

【収攬《しゅうらん》】多くの人の考えなどを理解し、自分の思いどおりになるようにすること。「人心を―する」▽「攬」は「集めて取る」の意。

【収斂《しゅうれん》】①物をちぢめること。また、物がちぢむこと。収縮。「血管が―する」「―剤」▽「斂」は「ひきしめる」の意。②多くの物が一か所に集まること。「意見を―する」

【収録《しゅうろく》】①記事として書物・雑誌などに載せること。②録音・録画すること。

【収賄《しゅうわい》】賄賂《わいろ》を受け取ること。

又2

【双】

(4) 常用 旧字 隹10 雙(18)

音 ソウ 訓 ふた・ならぶ・もろ

双

筆順 フ ヌ ヌフ 双

意味 ❶両方。もろ。ふたつ。ふた。「双方・双肩・双生児・双葉《ふたば》・双手《もろて》」❷二つのものがいっしょに存在する。ならぶ。また、匹敵するもの。ならび。「双璧《そうへき》・無双」❸一対になっているものを、それを一組みとして数えることば。そう。

名付 そう・ならぶ・ふ

参考 ❶の意味の「もろ」は普通「諸」と書く。

【双肩《そうけん》】物をになうべき、左右の肩。「責任を―にになう」

【双書《そうしょ》】ある広い分野に関する書物を同一の体裁・形式によって継続して刊行するもの。シリーズ。▽「叢書」とも書く。

【双頭《そうとう》】一つのからだに並んでついている、二つの頭。「―の鷲《わし》」▽同時に存在しているふたりの権力者にたとえることもある。

【双璧《そうへき》】優劣のない、二つのすぐれたもの。▽「一対の宝玉」の意。注意「双璧」と書き誤らないように。

参考熟語 双六《すごろく》

又2

【反】

(4) 3年

音 ハン・ホン・タン 訓 そる・そらす・かえす・かえる・そむく

反

筆順 一 厂 厂ノ 反

意味 ❶もとのほうにもどる。また、そのようにする。「反射・反映・反省・往反」❷何度も行う。「反復・反芻《はんすう》」❸従わずに離れる。はんする。そむく。また、一致しない。「反対・反逆・違反・謀反《むほん》・規則に反する」❹表裏・上下が逆になる。かえる。また、そのようにする。かえす。「反故《ほうご・ほご》・掌《たなごころ》を反《かえ》すが如《ごと》し」❺物が弓状に曲がる。そる。また、そのようにする。そらす。「反り身・反り橋」❻予想・期待とは反対の結果になるさま。かえって。「反って損をした」❼弁証法の論理で、ある命題に対立するとされるもう一方の命題。はん。⇔正。「正反合」❽布の長さの単位。一反《たん》は、鯨尺《くじらじゃく》で二丈八尺(約一〇・六メートル)の長さ。❾尺貫法の、田畑・山林の面積の単位。一反《たん》は三百歩《ぶ》で、一町の十分の一(約一〇アール)。段《たん》。❿昔の距離の単位。一反《たん》は六間《けん》で、約一一メートル。段《たん》。

参考「反・反乱・反旗・反逆・離反」などの「反」は「叛」が書き換えられたもの。

【反感《はんかん》】相手をきらって、反発・反抗する感情。「―を買う」

【反間《はんかん》】敵の内部で仲間割れを起こすようにし向けること。「―苦肉の策(自分を犠牲にして敵を欺き、敵を仲間割れさせる計略)」

【反旗《はんき》】むほんを起こした者が反抗のしるしとして立てる旗。「―を翻す(目上の人に対して反抗しそむく)」▽「叛旗」の書き換え字。

【反語《はんご》】①疑問の形で述べながら、反対の意味を強調する言い方。「忘れることがあろうか(=決して忘れない)」の類。②ことばの裏に反対の意味をこめる皮肉な言い方。「おめでたい人」の類。

【反抗《はんこう》】権威・権力をもって迫ってくるものに、さからうこと。

【反骨】（はんこつ）世間一般のありふれた考え方や権威に反抗する気持ち。「―精神」「―の作家」▽「叛骨」とも書く。

【反魂香】（はんごんこう）たくと、死んだ人がその煙の中に現れるという香。▽昔、中国で、漢の武帝が、特別の香を作らせてその香の煙の中に死んだ夫人の姿を見たという故事から。

【反照】（はんしょう）①照り返した光。②夕日を受けて照り輝くこと。また、その光。夕映え。

【反芻】（はんすう）①牛・鹿・らくだなどが、食べて一度胃に入れた食物を口の中に戻し、かみ砕いて再びのみこむこと。②くりかえし考え味わうこと。「教えを―する」▽「芻」は「まぐさ」の意。

【反転】（はんてん）①ひっくりかえること。また、ひっくりかえすこと。②進行方向と逆の方向にかえること。

【反駁】（はんばく）他の人から受けた非難や反対の主張に対していい返すこと。▽「駁」は「論じ非難する」の意。

【反哺の孝】（はんぽのこう）成人してから、養い育ててくれた親の恩に報いる孝行。▽からすの子が成長して、親に食物を口移しに与え、親の恩に報いるということから。

【反目】（はんもく）仲が悪くて対立すること。

【反乱】（はんらん）むほんをおこして世を乱すこと。▽「叛乱」の書き換え字。

【反吐】（へど）一度飲食したものを吐きもどすこと。また、吐きもどしたもの。げろ。

【反古】（ほご）書き損じた紙。不要な紙。転じて、無用のもの。「―にする（約束などを無効にする）」

参考熟語 反っ歯（そっぱ）

又2 【友】(4)

2年　音 ユウ　訓 とも

筆順 一 ナ 方 友

意味 ❶ともだち。とも。「友人・友達（ともだち）・旧友・類は友を呼ぶ」❷ともだちとしての親しみ。「友情・友好」 名付 すけ・とも・ゆう

【友愛】（ゆうあい）友人や他人に対して親しい愛情を持つこと。「―の情」

【友誼】（ゆうぎ）友だちとしての親しいつきあい。「―を重ねる」▽「誼」は「親しい交わり」の意。

友

又5 【叓】(7)

〈国字〉　音 ―　訓 こと

意味 こと。▽人名などに用いる字。姓に「叓子（ことじ）」がある。

叓

又6 【取】(8)

3年　音 シュ　訓 とる

筆順 一 丅 F F E 耳 耳 取 取

意味 ❶手に持つ。とる。「物を取る・手を取って教える」❷自分のものとする。とる。「取捨・進取・奪取・名を捨てて実（じつ）を取る」❸手で除く。とる。「痛みを取る」 名付 しゅ・とり・とる

【取捨選択】（しゅしゃせんたく）たくさんのものの中から必要なものを選び出して用い、不必要なものは捨てて用いないこと。注意「取拾選択」と書き誤らないように。

【取得】（しゅとく）自分の物とすること。「免許を―する」

取

使い分け「とる」

取る…手で持つ。自分のものにする。「電話を取る・資格を取る・年を取る・コピーを取る」
捕る…つかまえる。「魚を捕る・生け捕る」
執る…手に持って使う。物事を処理する。「筆を執る・指揮を執る・事務を執る」
採る…さがして集める。選んで使う。「昆虫を採る・社員を採る・この案を採る・光を採る」
撮る…撮影する。「写真を撮る・街角を撮る」

又6 【受】(8)

3年　音 ジュ・ズ　訓 うける・うかる

筆順 ⺈ ⺈ 爫 爫 爫 爫 受 受

意味 ❶差し出された物をもらう。また、向かってくる物に応じる。うける。「受賞・拝受」❷他からの働きかけに応じる。うける。「受信・受諾」❸人気・好評を得る。うける。また、人気・評判。うけ。「芝居が受ける」 名付 うく・うけ・おさ・しげ・じゅ・つぐ

【受益】（じゅえき）利益を受けること。「―者」

【受給】（じゅきゅう）配給・給与など、与えられるものを受け取ること。

【受講】（じゅこう）講義・講習を受けること。

受

2画

使い分け「うける」

受ける…うけとめる。こうむる。さずかる。「ボールを受ける・損害を受ける・引き受ける」

請ける…保証してひきうける。ひきとる。「急ぎの仕事を請ける・請け負う・質草を請ける」

【受胎】じゅたい 母胎に子ができること。みごもること。

【受託】じゅたく ①処理などを頼まれて任されること。②頼まれて金品などを預かること。

【受注】じゅちゅう 発注に対して、商品などの注文を受けること。▽「受註」とも書く。

【受動】じゅどう 能動(のうどう)に対して、他からの作用・働きかけを受ける立場であること。受け身。「―的立場」

【受難】じゅなん 災難にあうこと。ひどいめにあうこと。

【受納】じゅのう 贈り物などを受け取ること。「どうぞ御―下さい」

【受理】じゅり 書類などを、その内容を認めて受けつけること。「辞表を―する」

又6 **【叔】**(8) 常用 音 **シュク** 訓 ―

筆順 丨 ト 上 卡 未 叔 叔

意味 ❶父母の弟・妹。「叔父(おじ・しゅくふ)・叔母(おば・しゅくぼ)」❷伯・仲・叔・季の兄弟の順で、第三番め。

名付 しゅく・はじめ・よし

参考 **おじ・おば**⇩「伯(はく)」の〔使い分け〕。

又7 **【叙】**(9) 常用 音 **ジョ** 訓 のべる　旧字 攴7 敍(11) 人名　異体 攴7 敘(11)

筆順 ノ 人 亼 今 全 余 叙 叙

意味 ❶述べる。のべる。「叙述・叙事・詳叙」❷位を授ける。じょする。「叙任・叙勲・昇叙」❸書物などのはしがき。じょ。「叙説」

名付 じょ・のぶ・みつ

参考 「叙情」は「抒情」が書き換えられたもの。

【叙勲】じょくん 国家が勲等に任じ、勲章を与えること。

【叙事】じょじ 叙情に対して、事件・事実をありのままに述べること。「―詩」

【叙述】じょじゅつ 物事の様子を順序正しく述べること。また、その述べたもの。

【叙情】じょじょう 叙事に対して、自分の感情を述べ表すこと。「―詩」▽「抒情」の書き換え字。

【叙説】じょせつ 本論・本題にはいる前に述べる論。叙論。▽「序説」とも書く。

又7 **【叛】**(9) 印標 音 ハン・ホン 訓 そむく　異体 又7 叛(9)

意味 従っていた者が逆らって手向かう。そむく。「叛乱・謀叛(むほん)」

参考 「叛・叛乱・叛旗・叛逆・離叛」などの「叛」は「反」に書き換える。

又8 **【叟】**(10) 印標 音 ソウ 訓 おきな　異体 又7 叟(9)

意味 老人。おきな。また、長老。

注意 「臾」と書き誤らないように。

又14 **【叡】**(16) 人名 音 エイ 訓 さとい・あきらか

筆順 丶 ト 占 卢 卢 睿 睿 叡

意味 ❶物事の道理をよく知っている。あきらか。また、賢い。さとい。「叡智」❷尊敬して天皇に関する事柄につけることば。「叡覧」

名付 あきら・えい・さとし・さとる・ただ・とし・まさ・よし

参考 「叡智」は「英知」に書き換える。

【叡覧】えいらん 天皇を尊敬して天皇が観覧することをいうことば。「―に供する」

又16 **【叢】**(18) 人名 音 ソウ 訓 くさむら・むらがる

筆順 业 丵 丵 丵 丵 叢 叢

意味 ❶草木の茂み。くさむら。「竹叢(竹やぶ)」❷たくさんのものが集まる。むらがる。「叢林・叢書・淵叢」

名付 むら

【叢書】そうしょ 同じ分野に関係している著作を同一の形式・体裁で刊行し、全体で一つのまとまったものとするもの。シリーズ。「古典文学―」▽「双書」「総書」とも書く。

【叢林】そうりん ①木が群がり生えた林。②禅宗の寺のこと。

口の部　くち　くちへん

口0
【口】
(3) 1年 音 コウ・ク 訓 くち

筆順 丨 冂 口

意味 ❶くち。「口内・口臭」❷ものをいう。「口調(くちょう)・悪口」❸出入りするところ。「口径・突破口」❹人の数。「人口」❺剣・器具などの数を数えることば。「こう」と読む。❻一定金額の単位。くち。「一口千円」名付 くち・こう

参考 「利口」は「悧巧」が書き換えられたもの。

【口舌】一(くぜつ・くぜち) ①おしゃべり。②口げんか。いい合い。二(こうぜつ) ことば。口さき。

【口調】(くちょう) ことばの調子。言い回し。

【口伝】(くでん・こうでん) ①いい伝えられたもの。②秘密に伝えられたものを次へと伝えること。

【口角泡を飛ばす】(こうかくあわをとばす) 激しく論じることを形容することば。▽「口のすみからあわを飛ばす」の意。

【口腔】(こうこう) 口からのどにかけての空所。口の中。▽医学では「こうくう」という。

【口述】(こうじゅつ) 口頭で述べること。「—筆記」

【口承】(こうしょう) 人から人へと語り伝えること。「—文学」

【口唇】(こうしん) くちびる。

【口頭】(こうとう) 口で話して相手に伝えること。

【口腹】(こうふく) ①食べたい・飲みたいという欲。②口でいうことと、心で思っていること。

【口吻】(こうふん) 気持ち・考えなどがそれから感じられるようないい方・話し方。話しぶり。

【口約】(こうやく) 口約束。参考 「公約(こうやく)」は、国民に政策を実行するという約束。

参考熟語 口惜(くや)しい

口2
【右】
(5) 1年 音 ウ・ユウ 訓 みぎ

筆順 ノ ナ 𠂇 右 右

意味 ❶方向でみぎ。みぎ。⇔左。「右折(うせつ)・左右」❷尊ぶ。「右文(ゆうぶん)」❸保守的なこと。「右傾」❹文書などで、前に述べた事柄のこと。みぎ。「右のとおり」名付 あき・あきら・う・すけ・たか・たすく・みぎ・ゆう

【右往左往】(うおうさおう) うろたえて多くの人があっちへ行ったりこっちへ来たりして混乱すること。

【右顧左眄】(うこさべん) 世間の評判や周囲のことを気にしてためらい、意見・態度を決められないこと。▽「左顧右眄(さこうべん)」ともいう。

【右翼】(うよく) ①鳥・飛行機の、右のつばさ。②並んだ列の右側。③本隊の右のほうに陣をとっている軍隊。④政治で、保守的なこと。また、その人々。⑤野球で、本塁から見て右側の外野。ライト。

口2
【可】
(5) 5年 音 カ 訓 べし

筆順 一 丁 丆 𠮛 可

意味 ❶よいと認めて許す。また、そのこと。か。「可決・許可・可もなし不可もなし」❷なし得る。「可能・可燃性」❸義務・可能・推量・命令・決意などを表すことば。べし。「行く可し」名付 あり・か・とき・よし・より

【可及的】(かきゅうてき) できるだけ。なるべく。「—速(すみ)やかに実行する」

【可否】(かひ) ①物事のよしあし。是非(ぜひ)。②賛成と反対。注意 「可非」と書き誤らないように。

参考熟語 可惜(あたら・あったら) 可愛(かわい)い 可哀相(かわいそう)

口2
【叶】
(5) 人名 音 キョウ 訓 かなう

筆順 丨 冂 口 口一 叶

意味 望みどおりになる。かなう。「願いが叶う」

名付 かない・かなう・かのう・きょう・やす

口2
【叺】
(5) 〈国字〉 音 — 訓 かます

意味 穀物や石炭などを入れる袋。むしろで作る。かます。

口2
【句】
(5) 5年 音 ク 訓 —

筆順 ノ 勹 勺 句 句

意味 ❶ことばや文章の一くぎり。く。「字句・句点・句読点(くとうてん)」❷俳句のこと。また、俳句の中の一くぎり。く。「名句・句集」

3画

口2 **【古】** (5) 2年 音 コ 訓 ふるい・ふるす・いにしえ

筆順 一 十 十 古 古

意味 ❶久しく年月がたつこと。また、過ぎ去ったむかし。いにしえ。「古今・太古」❷久しい年月がたっている。ふるい。ふるす。「古木・古書・古臭い」 名付 こ・ひさ・ふる

【古希】(こき) 七十歳のこと。▽「古稀」の書き換え字。中国の詩人杜甫(とほ)の詩の一句「人生七十古来稀(まれ)なり」から。

【古豪】(こごう) 経験が豊かで老練であって、強くすぐれている人。

【古今東西】(ここんとうざい) 昔から現在に至るまで。また、世界中。

【古今無双】(ここんむそう) 昔から現在に至るまでにそれに匹敵するものがないほどすぐれていること。

【古色蒼然】(こしょくそうぜん) いかにも古びているさま。

【古拙】(こせつ) 技巧はすぐれていないが、古風でどことなく味わいがあること。

【古文書】(こもんじょ) 歴史学上の史料として使われる、昔の文書・書物。 注意 「こぶんしょ」と読み誤らないように。

口2 **【叩】** (5) 音 コウ 訓 たたく

意味 ❶物を打つ。たたく。「叩き売り」❷ていねいに拝む。「叩頭」

【叩頭】(こうとう) 頭が地につくほど深くおじぎをすること。叩首(こうしゅ)。

口2 **【号】** (5) 3年 音 ゴウ 訓 さけぶ 旧字 虍7 號 (13)

筆順 丶 口 口 旦 号

意味 ❶大声をあげて呼ぶ。ごうする。さけぶ。また、大声で泣く。さけぶ。「号泣・呼号」❷合図する。また、合図のしるし。「号令・信号・記号」❸よび名。ごう。また、そのよび名で呼ぶ。ごうする。「称号・雅号・芭蕉(ばしょう)と号する」❹船・列車などの名の下に添えることば。「はやぶさ5号」❺発行の順番。ごう。また、順位・等級を表すことば。「号外」 名付 ごう・なづく

【号泣】(ごうきゅう) 非常な悲しみから大声で泣くこと。

【号笛】(ごうてき) 合図に鳴らす笛。

口2 **【司】** (5) 4年 音 シ 訓 つかさ・つかさどる

筆順 ㇆ ㇆ 司 司 司

意味 ❶公的な仕事として取り扱う。つかさどる。また、その責任者。「司令・司会」❷公的な仕事をするところ。役所。つかさ。「菓子司」❸ある組織で、公的役目を持つ人。「司書・国司」 名付 おさむ・かず・し・つかさ・つとむ・もと・もり

【司祭】(しさい) カトリック教の僧職名の一つ。司教の次位。儀式などを担当する。

【司直】(しちょく) 裁判官のこと。「―の手にゆだねる」

【司法】(しほう) 立法・行政に対して、国家が法律に基づいて行う民事・刑事上の裁判。「―権」

【司令】(しれい) 軍隊・艦隊を指揮・監督すること。また、その人。「―官」

口2 **【史】** (5) 5年 音 シ 訓 ふびと・ふみ・さかん

筆順 丶 口 口 中 史

意味 ❶世の中の移り変わり。し。また、それを書きしるした書物。ふみ。「史実・史料・歴史・史(し)に名をとどめる」❷上代、朝廷に仕えて記録をつかさどった役人。ふびと。「侍史」❸昔、四等官の制で、太政官(だいじょうかん)・神祇官(じんぎかん)の第四等官。さかん。 名付 し・ちか・ちかし・ふひと・ふみ・み

【史跡】(しせき) 歴史に残る事件や建物などのあったところ。▽「史蹟」の書き換え字。

【史料】(しりょう) 歴史の研究の材料とする文書。 参考 「資料(しりょう)」は、広く、研究・判断の基礎となる材料。

口2 **【只】** (5) 人名 音 シ 訓 ただ

筆順 丶 口 口 尸 只

意味 ❶無料。ただ。「只で映画をみる」❷特別に変わったところがないこと。普通。「只事(ただごと)」❸ばかり。ただ。「只今(ただいま)・只管(ひたすら)」 名付 これ・し・ただ

口2 **【叱】** (5) 常用 音 シツ 訓 しかる 異体 口2 叱 (5)

3画

筆順 丨 ㇆ 口 口' 叱

意味 きびしく責める。しかる。「叱正・叱責」

【叱正】(しっせい) 批判をしてもらうことを、相手に対してへりくだっていうことば。「御—を乞(こ)う」

【叱責】(しっせき) 人をしかってその行為を責めること。

【叱咤】(しった) ①大声でしかること。②戦いなどで、大声をあげて味方を励まし、指図すること。「—激励」

口2 【召】(5) 常用 音 ショウ 訓 めす

筆順 フ 刀 刀' 召 召

意味 ❶地位の高い者が地位の低い者を呼び寄せる。めす。「召喚・応召」❷その人の食う・着る・乗ることを尊敬していうことば。めし。めす。「召しあがる」 名付 しょう・めし

【召喚】(しょうかん) 裁判所が、訴えられた被告人や証人・弁護士などを一定の場所へ呼び出すこと。

【召還】(しょうかん) 他へ行かせた人を呼びもどすこと。「大使を本国に—する」

【召集】(しょうしゅう) 召し集めること。 参考 ⇩「招集」の[使い分け]。

口2 【台】(5) 2年 音 ダイ・タイ 訓 うてな 旧字 至8 臺(14)

筆順 ㇜ ム ム' 台 台

意味 ❶高く築いたところ。また、見晴らしのきく高い建物。うてな。「灯台・舞台(ぶたい)」❷基礎となるもの。だい。「台本・土台」❸ものをのせたり、人がすわったりするもの。だい。「台座・鏡台」❹車や機械などを数えることば。だい。❺おおよその範囲をいうときに使うことば。だい。「大台・二千円台」❻相手を尊敬していうときに使うことば。「貴台・尊台」❼暴風。「台風(たいふう)」

名付 だい・もと

参考 「台風」は「颱風」が書き換えられたもの。

参考熟語 台詞(せりふ・だいし)

口2 【叮】(5) 音 テイ 訓 —

意味 →叮寧(ていねい)

参考 「叮寧」は「丁寧」に書き換える。

【叮寧】(ていねい) ①礼儀正しくて親切なこと。②注意が行き届いていること。▽「丁寧」に書き換える。

口2 【叨】(5) 音 トウ 訓 —

意味 ❶いじきたなく欲しがる。むさぼる。❷みだりに。

口2 【叭】(5) 音 ハ 訓 —

意味 「喇叭(らっぱ)」は管楽器の一種。

〔兄〕▸儿3 〔占〕▸卜3 口2〔叫〕▸叫(旧)

口3 【吁】(6) 音 ウ・ク 訓 ああ

意味 驚いたり悲しんだりしたときに発することば。ああ。「吁嗟(ああ)」

口3 【各】(6) 4年 音 カク 訓 おのおの

筆順 ノ ク 夂 夂' 各 各

意味 ❶ひとつびとつ。めいめい。おのおの。「各人・各様」❷それぞれの。「各大臣」 名付 かく・まさ

【各様】(かくよう) いろいろさまざまであること。「各人—」

参考熟語 各各(おのおの)

口3 【吉】(6) 常用 音 キチ・キツ 訓 よい 異体 口3 𠮷(6)

筆順 一 十 士 吉' 吉 吉

意味 めでたい。よい。「吉例・吉報・不吉」

名付 きつ・さち・とみ・はじめ・よ・よし

参考 「吉」は俗字。

【吉方参り】(えほうまいり) 元旦に、その年の干支(えと)によって決められている、よい方角の神社に参拝して、幸運を祈ること。▽「恵方参り」とも書く。

【吉祥】(きっしょう・きちじょう) めでたいことが起こるという前知らせ。

【吉左右】(きっそう) ①めでたいことの知らせ。吉報。②よいか、悪いか、また、どうなったのかという知らせ。「合格・不合格のどちらでも、—を知らせてほしい」

【吉相】(きっそう) ①幸運が表れているという人相。②よいことが起こるという前知らせ。

【吉兆】(きっちょう) めでたいことが起こりそうだというしるし。

口3 **【吃】**(6) 印標 音キツ 訓どもる

意味 話すときに、声がつまったり同じ音をくり返したりする。どもる。「吃音」
参考 「吃水」の「吃」は「喫」に書き換える。
【吃音】(きつおん) どもる音声。
参考熟語 吃逆(しゃっくり) 吃驚(びっくり・きっきょう)

口3 **【吸】**(6) 6年 音**キュウ** 訓**すう** 旧字 口4 吸(7)

筆順 丨 ロ 口 叨 吸 吸

意味 ❶口・鼻から気体・液体をからだの中に入れる。すう。「吸入・呼吸」❷液体を他のものの中にしみこませる。すう。「地面に水が吸いこまれる」

【吸引】(きゅういん) ①吸いこむこと。②引きつけること。

【吸着】(きゅうちゃく) ぴったりと吸いつくこと。

【吸盤】(きゅうばん) ①たこ・いかなどの足にある、他のものに吸いつく器官。②壁面に吸いつかせて物をとりつける道具。

口3 **【叫】**(6) 常用 音**キョウ** 訓**さけ**ぶ 旧字 口2 叫(5)

筆順 丨 ロ 口 叫 叫 叫

意味 ❶大きな声をあげて呼ぶ。さけぶ。「叫喚・絶叫」❷大きな声で泣く。「叫号」
【叫喚】(きょうかん) 大声でさけびわめくこと。「阿鼻(あび)―」(非常にむごたらしい状態を形容することば)」

口3 **【向】**(6) 3年 音**コウ**・キョウ 訓**むく**・**むける**・**むかう**・**むこう**

筆順 ノ 丿 门 向 向 向

意味 ❶ある方へ行く。むく。むかう。「向上・向暑・傾向」❷つき従う。「向背」❸今より先。「向後(こうご・きょうこう)」 名付 こう・ひさ・むか・むかう・むき
参考 「意向」の「向」は「嚮」が書き換えられたもの。

【向学】(こうがく) 学問をしようとすること。「―心」 参考 「好学(こうがく)」は、学問を好むこと。

【向寒】(こうかん) 寒い季節が近づくこと。

【向後】(こうご・きょうこう) これから先。今から後。

【向背】(こうはい) ①味方になることと、そむくこと。「―常ならず」②物事のなりゆき。

参考熟語 向日葵(ひまわり)

口3 **【后】**(6) 6年 音**コウ**・ゴ 訓きさき・のち

筆順 一 厂 斤 斤 后 后

意味 ❶天皇の妻。きさき。「皇后・皇太后」❷あと。のち。「午后(ごご)」 名付 きみ・こう

口3 **【合】**(6) 2年 音**ゴウ**・**ガッ**・**カッ** 訓**あう**・**あわす**・あわせる

筆順 ノ 人 亼 亼 合 合

意味 ❶いっしょになる。あう。また、そのようにする。あわせる。「合流・合宿(がっしゅく)・結合」❷尺貫法の、容積の単位。一合(ごう)は一升の十分の一で、約〇・一八リットル。❸尺貫法の、土地の面積の単位。一合(ごう)は一坪の十分の一で、約〇・三三平方メートル。❹山の頂上までの道のりを十区分した単位。「ごう」と読む。❺ふたのついている器物を数えることば。「ごう」と読む。❻試合や戦いなどの回数を数えることば。「数合」
名付 あい・ごう
参考 **あう**⇨「会」の[使い分け]。

使い分け「あわせる」
合わせる…複数のものをあうようにさせる。そろえる。「力を合わせる・着物に合わせて帯を選ぶ・時計を合わせる・話を合わせる・歩調を合わせる」
併せる…複数のものを一つにする。両立させる。「二つの会社を併せる・隣国を併せ統治する・両者を併せ考える・清濁併せのむ」

【合掌】(がっしょう) 胸のあたりで両方のてのひらを合わせること。また、そのようにして拝むこと。

【合従連衡】(がっしょうれんこう) 中国の戦国時代、蘇秦(そしん)が唱えた、六国が同盟して強大国の秦(しん)に対抗する外交政策(合従)と、張儀(ちょうぎ)が唱え

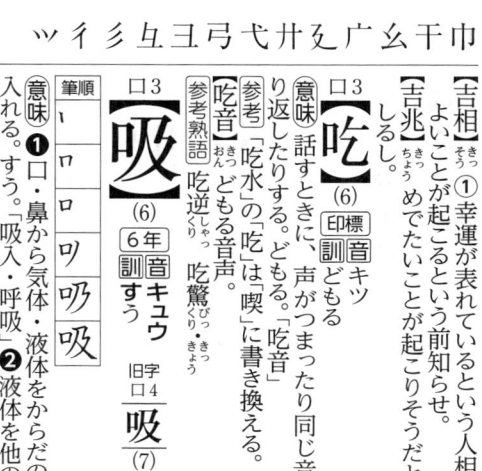

3画

た、秦が六国それぞれと同盟する外交政策（連衡）のこと。▽強い相手に対抗するために行う、国家・派閥《はばつ》間の同盟にたとえる。

【合戦】《かっせん》敵味方が出会って戦うこと。戦い。

【合致】《がっち》ぴったり合うこと。

【合併】《がっぺい》同種のものが一つに合わさること。

【合祀】《ごうし》二つ以上の神を一つの神社に合わせて祭ること。

【合法】《ごうほう》法規に反していないこと。適法。

【合目的的】《ごうもくてきてき》ある事物が、一定の目的にかなったしかたで存在しているさま。

【合理】《ごうり》道理にかなっていること。

参考熟語 合羽《かっぱ》 合点《がてん・がってん》 合歓木《ねむのき》

口3

【吊】

(6) 印標 音 チョウ 訓 つる・つるす

意味 上からぶら下げる。つる。つるす。「吊り棚」

口3

【吐】

(6) 常用 音 ト 訓 はく・つく

筆順 丨 口 口 口一 口十 吐

意味 ❶口・胃の中にはいっている物を口から出す。つく。はく。「吐血・嘔吐《おうと》」❷いってはいけないことをいう。つく。はく。「大言を吐《は》く」

【吐瀉】《としゃ》口から吐きもどすことと、腹からくだすこと。▽「瀉」は「腹からくだる」の意。

【吐露】《とろ》心に思っていることを隠さず述べること。「真情を―する」

口3

【吋】

(6) 音 トウ 訓 インチ

意味 ヤードポンド法の、長さの単位。一吋《インチ》は約二・五センチメートル。インチ。

口3

【同】

(6) 2年 音 ドウ 訓 おなじ

筆順 丨 冂 冂 同 同 同

意味 ❶等しくて別のものではない。おなじ。また、そのようにする。おなじくする。「同意・同級・異同・協同」❷以前と変わらない。「同社・同氏・同年同月」❸集まる。「付和雷同」❹仲間。「一同」

名付 あつ・あつむ・どう・とも・のぶ・ひとし

【同一視】《どういつし》同じであると見なして差別なく取り扱うこと。同視。

【同慶】《どうけい》相手と同様によろこばしいこと。「御―の至りに存じます」

【同好】《どうこう》趣味・興味が同じであること。また、そのような人。「―の士」

【同行】[一]《どうこう》いっしょに行くこと。また、その人。道づれ。[二]《どうぎょう》①仏教で、同じく仏道を修行する者。②いっしょに参詣《さんけい》する人。

【同工異曲】《どうこういきょく》①少し違っているだけで、だいたい同じであってつまらないこと。大同小異。②音楽や詩文などで、手ぎわやうまさはほとんど変わりないが、味わいや趣が違うこと。

【同士】《どうし》同じ種類である人。仲間。「いとこ―」

【同志】《どうし》自分と同じ志を持つ、仲間である人。

【同床異夢】《どうしょういむ》いっしょに一つの物事をしながら、思わくが互いに違うこと。「―の野党連合」▽夫婦がいっしょに寝ながら、それぞれ違った夢をみることから。

【同勢】《どうぜい》いっしょに行く人々。「―十人」

【同断】《どうだん》状態や内容などが前と同じであること。「以下―」

【同伴】《どうはん》①いっしょに行くこと。②ついて行くこと。また、連れて行くこと。

【同病相憐れむ】《どうびょうあいあわれむ》同じ悩みや苦しみを味わっている人は互いに同情しあうということ。

【同胞】《どうほう・どうぼう》①兄弟・姉妹のこと。▽「同じ腹から生まれた者」の意。②同じ国民・民族。

【同盟罷業】《どうめいひぎょう》ストライキ。スト。

【同僚】《どうりょう》同じ職場の仲間。

使い分け 「どうし」

同士…同じ種類の仲間。「好き合った同士・同士討ち・恋人同士・男同士」

同志…同じ主義・主張を持っている仲間。「志《こころざし》を同じくする」の意味から。「革命の同志・同志の人々・同志諸君」

口3

【名】

(6) 1年 音 メイ・ミョウ 訓 な

筆順 ノ ク タ タ 名 名

意味 ❶人・事物のよびな。な。「氏名・本名《ほんみょう》・名前《なまえ》」❷りっぱなこと。また、りっぱであるという評判。「名誉・名著・名利《みょうり》・有名」❸昔、課税の対象となった田地。「みょう」と読

3画

む。「名主・大名」❹人数を数えることば。「めい」と読む。「数名」名付 あきら・かた・な・なづく・めい・もり

【名代】（みょうだい）㊀目上の人の代理として公的なところへ出ること。㊁（なだい）有名なこと。

【名利】（みょうり・めいり）名声と利益。

【名鑑】（めいかん）人や物の名を分類して作った名簿。「俳優—」

【名義】（めいぎ）①書類などに記入される名前。「他人の—を借りる」②名に応じて立てる義理。「—が立つ」

【名士】（めいし）世間で有名なりっぱな人。

【名声】（めいせい）すぐれているというよい評判。「—が高い」

【名聞】（めいぶん・みょうもん）世間の評判。

【名望】（めいぼう）世間の評判がよく、多くの人から尊敬されること。

参考熟語 名残（なごり）

口3 【吏】(6) 常用 音リ 訓つかさ

筆順 一 一 亓 亓 吏 吏

意味 役人。つかさ。「吏員・官吏」名付 おさ・さと・つかさ・り

【吏員】（りいん）国や地方公共団体につとめる職員。公務員。

口4 【吽】(7) 音ウン 訓—

意味 口を閉じて出す音声。「阿吽（あうん）」

口4 【呀】(7) 音ガ 訓—

意味 ❶口を大きく開けて声を出す。❷感嘆したときに発することば。ああ。

口4 【含】(7) 常用 音ガン 訓ふくむ・ふくめる

筆順 ノ 人 亼 今 今 含 含

意味 ❶口の中にものを入れる。ふくむ。「水を含む」❷全体の中にその要素がはいっている。ふくむ。「含有」❸事情を心の中にとどめておく。ふくむ。また、外に現れない事情・意味。ふくみ。「事情をお含み下さい」名付 がん・もち

【含蓄】（がんちく）表面に現れているよりも、深い内容や意味をもっていること。注意「含畜」と書き誤らないように。

【含味】（がんみ）①食べ物をかみしめてよく味わうこと。②内容を深く考え味わうこと。「熟読—」▽「玩味」とも書く。

参考熟語 含嗽（うがい・がんそう） 含羞草（おじぎそう） 含羞（はにかむ）

口4 【吟】(7) 常用 音ギン 訓うたう

筆順 丨 口 口 叺 吟 吟 吟

意味 ❶口の中で声を長く引く。くちずさむ。ぎんずる。うたう。「吟誦（ぎんしょう）・朗吟」❷詩歌をつくる。ぎんずる。また、その詩歌。ぎん。「吟遊・吟詠」名付 あきら・おと・ぎん・こえ

【吟味】（ぎんみ）①内容や品質などを細かに調べること。②罪状を詳しく取り調べること。

口4 【听】(7) 音ギン 訓ポンド

意味 ヤードポンド法の、重さの単位。一听（ポンド）は一六オンスで、約四五三グラム。封度（ポンド）。

口4 【君】(7) 3年 音クン 訓きみ

筆順 フ ヲ ヨ 尹 尹 君 君

意味 ❶すぐれた人。きみ。「名君・主君」❷同輩以下の人の名前につけて、親しみ・敬意などを表すことば。くん。「田中君」❸話し手が同輩以下をさして呼ぶことば。きみ。名付 きみ・くん・なお・よし

【君臨】（くんりん）①統治者が国を支配すること。②その分野で絶対的な地位を占めること。

口4 【呉】(7) 常用 音ゴ 訓くれ・くれる

旧字 口4 吳(7)　略字 口4 吴(7)

筆順 丨 口 口 呉 呉 呉 呉

意味 ❶物を与える。くれる。「本を呉れる」❷他の人のためにある物事をする。くれる。「買い物に行って呉れる」❸昔、中国のこと。くれ。❹昔、中国から渡来したもの。「呉服・呉竹（くれたけ）」名付 くれ・ご

【呉越同舟】(ごえつどうしゅう) 互いに仲の悪い者が同じところにいること。▽「呉」「越」は、昔の中国の国名。互いに戦い合った呉と越の者どうしが同じ舟に乗り合わせたという故事から。

【呉音】(ごおん) 漢字音の一つ。五、六世紀ごろ日本に伝わった、当時の中国江南(呉地方)の発音。仏教語などに多い。「経文(きょうもん)」「兄弟(きょうだい)」と読むなど。

【呉下の阿蒙】(ごかのあもう) 少しも進歩しない人や学問教養のない人のこと。▽昔、中国の呉の地方にいた呂蒙(りょもう)が、無学を恥じて学問に打ち込んだところ、ある人が再会して、君はもう呉にいた時の蒙さんではないと感心したという故事から。「阿」は親しみをこめるときに人名につけることば。

参考熟語 呉呉(くれぐれ)

口4 【吾】(7) 人名 音 ゴ 訓 われ・わが

筆順 一 丆 五 五 五 吾 吾

吾

意味 ❶話し手が自分をさしていうことば。自分。わが。われ。「吾人」❷友人・同輩に対して親しみを表すとき使うことば。「吾兄」 名付 あ・ご・みち・わが・われ

【吾人】(ごじん) われわれ。われら。

【吾輩】(わがはい) 男子が自分をいうことば。わたくし。

参考熟語 吾木香(われもこう) 吾亦紅(われもこう)

口4 【吼】(7) 印標 音 コウ・ク 訓 ほえる

吼

意味 猛獣がほえる。ほえる。「獅子吼(ししく)」

口4 【吭】(7) 音 コウ 訓 のど

吭

意味 のどぶえ。のど。

口4 【告】(7) 5年 音 コク 訓 つげる 旧字 口4 告(7)

告

筆順 ノ 𠂉 牛 生 生 告 告

意味 ❶ことばで相手にわからせる。「告白・告知・告別・忠告」❷下の者から上の者に伝える。つぐ。つげる。「申告・上告」 名付 こく・しめす・つぐ

【告示】(こくじ) 官庁などが一般の人に公的に必要事項をしらせること。また、その文書。「新条例を―する」

【告訴】(こくそ) 被害者が、犯罪人を取り調べて罰することを当局へ申したてること。

参考熟語 告天子(ひばり)

口4 【呏】(7) 〈国字〉 音 ショウ 訓 ガロン

呏

意味 ヤードポンド法の、体積の単位。一英呏(えいガロン)は約四・五五リットル。一米呏(べいガロン)は約三・八リットル。ガロン。

口4 【吹】(7) 常用 音 スイ 訓 ふく

吹

筆順 丨 口 口 口' 吖 吵 吹

意味 ❶風が動く。ふく。「息吹(いぶき)」❷煙や息を口・鼻などから出す。ふく。❸楽器を鳴らす。ふく。「吹奏」❹おおげさなことをいう。ふく。「吹聴・ほらを吹く」 名付 すい・ふき

使い分け「ふく」

吹く…空気が流れ動く。口をすぼめて息を出す。表面に現れる。「風が吹く・笛を吹く・ほらを吹く・鯨が潮を吹(噴)く・粉が吹いた柿・吹き出物・不満が吹(噴)き出す・汗が吹(噴)き出る」

噴く…気体や液体などが、内部から勢いよく出る。「火山が煙を噴く・機関銃が火を噴く・石油が噴き出す・味噌汁が噴きこぼれる」

※「噴」は「吹」よりも勢いが強いことを表す。鯨がふく「潮」、「不満」や「汗」などは、程度によって「吹」「噴」を使いわけることが可能。

【吹聴】(ふいちょう) 他人の悪口などをいいひろめること。

参考熟語 吹雪(ふぶき)

口4 【吮】(7) 音 セン 訓 すう

吮

意味 口で吸う。すう。

口4 【呈】(7) 常用 旧字 口4 呈(7)

呈

音 テイ 訓 あらわす

筆順 丶 口 口 旦 早 呈 呈

意味 ❶差し上げる。「贈呈・進呈」❷隠さずに

示す。あらわす。また、隠さずに示される。あらわれる。「呈示・露呈」名付 てい

【呈示】(ていじ) わかるように差し出して示すこと。

【呈上】(ていじょう) 相手に物を差し上げること。

口4 **【吶】** (7) 音 トツ 訓 どもる

意味 ❶口ごもる。どもる。「吶吶(とつとつ)」❷ときの声をあげる。「吶喊(とっかん)」

【吶喊】(とっかん) 戦闘などで、大きな声を出して敵陣に突入すること。

【吶吶】(とつとつ) 口ごもりながら話すさま。

口4 **【呑】** (7) 人名 音 ドン 訓 のむ　異体 口4 吞(7)

筆順 一 二 チ 天 夭 呑 呑

意味 ❶丸のみにする。のむ。「呑舟」❷おそれない。のむ。「敵を呑む」❸受けいれる。のむ。「要求を呑む」名付 どん・のみ

【呑舟の魚】(どんしゅうのうお) 大人物のたとえ。▽「舟を丸のみするほどの大きな魚」の意。

参考熟語 呑気(のんき)

口4 **【吠】** (7) 印標 音 ハイ 訓 ほえる

意味 犬や猛獣などが鳴く。ほえる。「遠吠(とおぼ)え」

口4 **【否】** (7) 6年 音 **ヒ** 訓 **いな**・いなむ

筆順 一 ア 不 不 不 否 否

意味 ❶打ち消す。また、そのこと。ひ。「否定・否認・否とする」❷反対の意味を表すことば。「安否・適否」❸ことわる。こばむ。いなむ。「否めない」

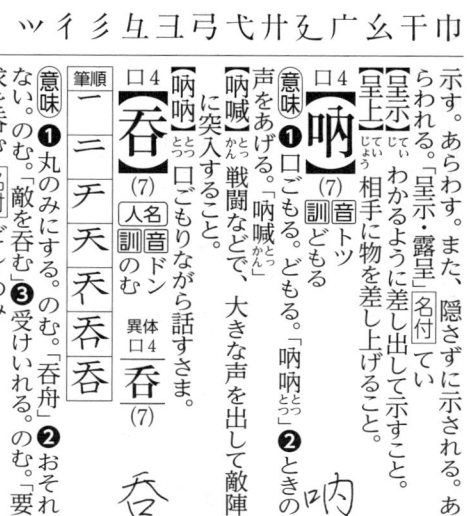

【否決】(ひけつ) 認めないという決定をすること。

【否認】(ひにん) 認めないこと。注意「非認」と書き誤らないように。

参考熟語 否否(いやいや) 否応(いやおう)

口4 **【呎】** (7) 〈国字〉 音 ― 訓 フィート

意味 ヤードポンド法の、長さの単位。一呎(フィート)は一二インチで、約三〇・四センチメートル。フィート。

口4 **【吻】** (7) 人名 音 フン 訓 くちびる

筆順 丨 口 口 口' 吖 吻 吻

意味 くちびる。「接吻・口吻」

口4 **【吩】** (7) 音 フン 訓 ―

意味 ふっと息を出す。

口4 **【呆】** (7) 印標 音 ホウ・ボウ 訓 あきれる

意味 ❶事の意外さにあっけにとられる。あきれる。「呆然」❷おろか。「阿呆」

【呆然】(ぼうぜん) あまりにも意外なので、あきれてぼんやりしているさま。「―とたたずむ」

参考熟語 呆気無(あっけな)い

口4 **【呂】** (7) 常用 音 **ロ**・リョ 訓 ―

筆順 丨 口 口 尸 尸 呂 呂

意味 雅楽の音の調子の一つ。りょ。「呂律(ろれつ)」名付 おと・とも・なが・りょ・ろ

参考 ひらがな「ろ」、カタカナ「ロ」のもとになった字。

【呂律】 一 (ろれつ) 話すときの調子。「―が回らない(舌がうまく動かず、よくしゃべれない)」 二 (りょりつ) 音楽の調子。

参考熟語 呂宋(ルソン)

口4 **【吝】** (7) 音 リン 訓 おしむ・やぶさか

意味 ❶ものおしみする。おしむ。「吝嗇(りんしょく)・吝(けち)」❷おしむさま。やぶさか。「協力するに吝かでない」

口4 【吸】▸吸 旧

口4 【呉】▸呉 略

口5 **【咏】** (8) 音 エイ 訓 ―

意味 ❶声を引いて嘆息する。「咏嘆(えいたん)」❷声を長く引いて歌う。「咏歌」

口5 **【呵】** (8) 印標 音 カ 訓 しかる

意味 ❶大声でしかる。「呵責(かしゃく)」❷はっはっと笑う。「呵呵大笑(かかたいしょう)」❸はあと息をはく。「一気呵成(かせい)」

【呵呵大笑】(かかたいしょう) 愉快そうに大声で笑うこと。

【呵責】(かしゃく) きびしく責めしかること。「良心の―」

口5 【咎】(8) 印標　異体 口5 咎 (8)
音 キュウ　訓 とが・とがめる
意味 ❶あやまち。また、罪。とが。「罪咎（つみとが）」❷あやまち・罪を非難し責める。また、あやしんで問いただす。とがめる。「咎（とが）め立て」

口5 【呟】(8) 印標
音 ケン　訓 つぶやく
意味 小さな声でひとりごとをいう。つぶやく。

口5 【呼】(8) 6年
音 コ　訓 よぶ
筆順 … 呼
意味 ❶大声で叫ぶ。また、声をかける。よぶ。「呼応・点呼・歓呼」❷人を自分のところに来させる。よぶ。「医者を呼ぶ」❸名づける。よぶ。「呼称・称呼・蝦夷富士（えぞふじ）と呼ばれる山」❹息を吐く。「呼吸・呼気」名付 うん・こ・よぶ
【呼応】（こおう）①前もって相談しておいていっしょに同様の行動を起こすこと。「動きに—して変化する」②文法で、前にある特定の語句に応じた一定の語句がそのあとにくること。
【呼集】（こしゅう）あちこちにいる人々を呼び集めること。
【呼称】（こしょう）物事にそのように名前をつけて呼ぶこと。また、その呼び名。

口5 【呷】(8)
音 コウ　訓 あおる
意味 酒や水を一気に飲む。あおる。

口5 【咋】(8)
音 サク　訓 —
意味 音を立てて食べる。

口5 【呪】(8) 常用　異体 口5 咒 (8)
音 ジュ　訓 のろう・まじない
筆順 … 呪
意味 ❶恨みのある人に災難があるように、神仏に祈る。また、激しく恨む。のろう。「呪詛（じゅそ）・世を呪う」❷まじない。「呪文（じゅもん）・呪術」
【呪詛】（じゅそ）人に災いが起こるように神仏に祈り、のろうこと。「—のことばを吐く」▽「呪咀」とも書く。
【呪縛】（じゅばく）まじないやのろいをかけて、相手のからだの自由がきかないようにすること。

口5 【周】(8) 4年　旧字 口5 周 (8)
音 シュウ　訓 まわり
筆順 … 周
意味 ❶物のふち。まわり。「周囲・池の周り」❷物のまわりをめぐる。まわる。「一周する」❸まわって何年めかになる。めぐる。「周年」❹すみずみまで広く行きわたる。「周知・周到」
名付 あまね・いたる・かね・しゅう・ただ・ちか・ちかし・のり・ひろし・まこと
参考 まわり⇩「回」の[使い分け]。
【周忌】（しゅうき）人の死後、毎年めぐってくる、その人の死んだ月日。祥月命日（しょうつきめいにち）。
【周航】（しゅうこう）船で各地をめぐること。
【周章狼狽】（しゅうしょうろうばい）あわて、うろたえること。▽「狼狽」も「あわてる」の意。
【周旋】（しゅうせん）交渉が成立するよう世話すること。
【周知】（しゅうち）世間に広く知れわたっていること。「—の事実」
【周到】（しゅうとう）細かなところまで注意が行き届いて手落ちがないこと。「用意—」
【周遊】（しゅうゆう）ほうぼう旅をして歩くこと。「—券」
参考熟語 周章（あわ）てる

口5 【呻】(8) 印標
音 シン　訓 うめく
意味 苦しくてうなる。うめく。「呻吟」
【呻吟】（しんぎん）①苦しくてうめくこと。「腹痛で—する」②苦しみ悩むこと。「獄窓に—する」

口5 【咀】(8)
音 ソ　訓 かむ
意味 食物をかみ砕く。かむ。「咀嚼（そしゃく）」
【咀嚼】（そしゃく）①食物をよくかみ砕くこと。②文章などの内容を深く理解して自分のものにすること。「師の教えを—する」

口5 【呶】(8)
音 ド・ドウ　訓 —
意味 やかましくいうさま。「呶呶」

口5 【咄】(8) 印標
音 トツ　訓 はなし
意味 ❶話。はなし。「咄家（はなしか）・一口咄」❷意外な物事にあって驚いたときに発する声。「咄嗟（とっさ）」

3画

【咄嗟】(とっさ) 非常に短い時間。「―に身をかわす」

口5
【咐】
(8) 音フ 訓―

意味 息を吐き出す。

口5
【咆】
(8) 音ホウ 訓ほえる

意味 獣が怒ってほえる。ほえる。「咆哮(ほうこう)」▽「咆吼」とも書く。

【咆哮】(ほうこう) 猛獣などが激しくほえること。

口5
【味】
(8) 3年 音ミ 訓**あじ・あじ**わう

筆順 丨 ㄇ 口 口一 口二 口ニ 吽 味 味

意味 ❶甘い・辛いなどの感じ。あじ。また、その深さ。あじわい。「味覚・珍味」❷物事の趣。あじわい。あじ。「興味・趣味・貧乏の味」❸物事の内容。「意味・正味」❹飲食物のあじを楽しむ。また、物事の趣をよく考え楽しむ。あじわう。「味読・吟味・俳句を味わう」❺体験する。あじわう。「苦しみを味わう」❻気がきいている。また、そのこと。あじ。「味なまね」 名付 あじ・うまし・ちか・み

【味読】(みどく) 内容をよく味わいながら、文章を読むこと。

口5
【命】
(8) 3年 音**メイ・ミョウ** 訓**いのち**・みこと

筆順 ノ 人 𠆢 亼 合 合 命 命

意味 ❶いいつける。めいずる。また、いいつけ。めい。「命令・君命・宣命(せんみょう)」❷天から与えられた巡り合わせ。めい。「運命・宿命・使命」❸生のもとになるもの。めい。いのち。「命日・生命・寿命(じゅみょう)・命(めい)、旦夕(たんせき)に迫る」❹名づける。めいずる。「命名」❺ある地位に任ずる。めいずる。「営業部部長を命ずる」❻戸籍簿。「亡命」❼神の名の下に添えて尊敬を表すことば。「みこと」と読む。「大国主命(おおくにぬしのみこと)」 名付 あきら・とし・なが・のぶ・のり・まこと・みこと・みち・めい

【命運】(めいうん) 巡り合わせ。運命。「―尽きて滅びる」

【命数】(めいすう) 天から与えられた命の長さ。寿命。「―が尽きる」

【命脈】(めいみゃく) 絶えずに続いている命。「―を保つ」

口5
【和】
(8) 3年 音**ワ・オ**・カ 訓**やわらぐ・やわらげる・なごむ・なご**やか・あえる・なぎ・にぎ

筆順 丿 二 千 禾 禾 和 和 和

意味 ❶のどかで穏やかである。にぎ。なごやか。「温和・和御魂(にぎみたま)」❷静まって穏やかになる。やわらぐ。なごむ。やわらぐ。また、そのようにする。やわらげる。「和解・平和・和して同ぜず」❸互いに仲よくすること。わ。「付和雷同・人の和」❹音楽や声などの調子を合わせる。わする。「和音(わおん・かおん)・唱和」❺日本のこと。倭(わ)。また、日本語のこと。「和風・英和」❻二つ以上の数を加えた値。わ。「総和」❼風・波がやんで海が穏やかになること。なぎ。❽野菜・魚介などに酢・みそ・ごまなどをまぜ合わせて調理する。あえる。「和え物」 名付 かず・かた・かのう・ちか・とし・とも・な・のどか・ひとし・まさ・ます・やす・やすし・やわ・やわら・よし・より・わ

参考 ⑴❼は「凪」とも書く。⑵❽は「韲える」とも書く。ひらがな「わ」、カタカナ「ワ」のもとになった字。

【和尚】㊀(おしょう) ①僧を尊敬していうことば。②寺の住職のこと。㊁(おしょう・かしょう・わじょう) 修行を積んだ高徳の僧のこと。▽禅宗で「おしょう」、天台宗で「かしょう」、真言宗で「わじょう」という。

【和議】(わぎ) ①戦争をやめて仲直りをするために行う相談。②法律で、債務者が破産の宣告を受けそうなとき、債務者と債権者との間で決められる、債務整理についての契約。

【和気藹藹】(わきあいあい) 集まりなどで人と人とがむつまじくてなごやかなさま。「―たる同窓会」

【和敬清寂】(わけいせいじゃく) 態度が穏やかで慎み深く、心が清らかで静かなこと。▽茶道で重んぜられる精神を表したことば。

【和語】(わご) 日本語。漢語、外来語に対し、日本固有のことば。やまとことば。

【和合】(わごう) 互いに親しみ仲よくして円満にやってゆくこと。「夫婦―の道」

【和光同塵】(わこうどうじん) 自分の才能・知恵や徳を隠して俗世間にまじること。

【和魂漢才】(わこんかんさい) 日本固有の精神を持ち、かつ中国伝来の学問や教養を身につけること。

【和平】(わへい) 国と国とが仲直りをして平和になる

こと。「―交渉」

【和洋折衷】わようせっちゅう 日本と西洋との二つの違った様式・風習を程よく調和させること。

参考熟語 和蘭オランダ 和蘭陀オランダ 和毛にこげ 和布わかめ

〔含〕▶人6 〔尚〕▶小5 〔知〕▶矢3

口5〔咒〕▶呪 異 口5〔呱〕▶呱 正 口5〔咜〕▶咤 異

口6
【哀】(9)
常用 音 アイ 訓 **あわれ・あわれむ**・かなしい・かなしむ

筆順 亠 亣 亩 古 亨 亨 哀 哀 哀

意味 ❶悲しい。かなしい。また、悲しいと思う。かなしむ。「哀愁・哀願・悲哀」❷かわいそうに思う。あわれむ。また、その気持ち。あわれ。「哀憐あいれん・哀れを催す」❸かわいそうである。また、みじめでみすぼらしい。あわれ。❹しみじみとした感動。あわれ。「ものの哀れ」

【哀歓】あいかん 悲しみと喜び。「―を共にする」

【哀愁】あいしゅう もの悲しい感じ。また、もの悲しさ。「―を帯びた音色」

【哀惜】あいせき 人の死などを悲しみ惜しむこと。「―の念に堪えない」参考「愛惜あいせき」は、たいせつなものとして大事にすること。

【哀切】あいせつ ひどくかわいそうでもの悲しいこと。▽「切」は、程度がはなはだしいことを表すことば。

【哀悼】あいとう 人の死を悲しみ惜しむこと。「つつしんで―の意を表する」

哀

口6
【咽】(9)
常用 音 **イン・エツ・エン** 訓 **のど・むせぶ**

筆順 丨 口 叩 叩 叩 呬 咽 咽

意味 ❶のど。「咽喉いんこう」❷物事の急所。のど。「敵国の咽を押さえる」❸物をのみこむ。「咽下えんか・えんげ」❹声がつまる。むせぶ。また、のどがつまってせきが出る。むせぶ。「嗚咽おえつ・咽び泣き」

参考 ❶❷は「喉」とも書く。❸は「嚥」とも書く。❹の「むせぶ」は「噎ぶ」とも書く。

【咽喉】いんこう ①のど。「耳鼻―科」②交通の要所になっている狭い通路。

咽

口6
【咼】(9)
音 カイ 訓 ―

意味 口がゆがむ。

咼

口6
【咳】(9)
印標 音 ガイ 訓 せき

意味 せき。「咳唾・咳嗽がいそう・咳払い」

【咳唾】がいだ せきと、つば。「―珠たまを成す(何げないことばがそのまますぐれた詩文になっている)」

咳

口6
【咯】(9)
音 カク 訓 ―

意味 のどにつかえたものを吐き出す。「咯血かっけつ」

咯

口6
【咢】(9)
音 ガク 訓 ―

意味 遠慮せずにいい争う。「侃侃咢咢かんかんがくがく」

咢

口6
【咸】(9)
印標 音 カン 訓 みな

咸

意味 みんなあわせて。みな。すべて。

口6
【呱】(9)
音 コ 訓 ― 正字 口5 呱(8)

意味 赤ん坊の泣き声。「呱呱ここ」

【呱呱の声を上げる】ここのこえをあげる ①赤ん坊が生まれること。②組織・団体などが新しくできること。「新しい雑誌が―」

呱

口6
【咬】(9)
印標 音 コウ 訓 かむ

意味 物をかじる。かむ。「咬傷」

咬

口6
【哄】(9)
音 コウ 訓 ―

意味 大声で笑う。「哄笑」

【哄笑】こうしょう 大声を出して激しく笑うこと。注意「きょうしょう」と読み誤らないように。

哄

口6
【哈】(9)
音 コウ 訓 ―

意味 「はは」という笑い声。

参考熟語 哈爾浜ハルピン・ハルビン

哈

口6
【哉】(9)
人名 音 サイ 訓 かな・や

筆順 一 十 土 吉 吉 哉 哉 哉

意味 ❶感動の気持ちを表すことば。かな。「快哉・楽しき哉かな、人生」❷疑問・反語の意を表すことば。や。「行く人哉ある」名付 えい・か・かな・さい・すけ・ちか・とし・はじめ・や

哉

口6
【哘】(9)
〈国字〉 音 ― 訓 さそう

意味 誘う。さそう。▽「哘平さそたい」は、青森県の

哘

3画

地名。

口6【呰】(9) 音シ 訓―
意味 ❶そしる。せめる。❷きず。欠点。

口6【咨】(9) 音シ 訓はかる
意味 意見を出し合って相談する。はかる。

口6【咫】(9) 音シ 訓た
意味 ❶昔の中国の、長さの単位。一咫(し)は八寸。❷日本の古代の、長さの単位。親指と中指とを開いた間隔の長さ。た。「八咫鏡(やたのかがみ)」

【咫尺】(しせき) 非常に近い距離。「―の間(かん)」「―を弁ぜず(暗くて近くの物の見分けがつかない)」

口6【咲】(9) 常用 音ショウ 訓さく・わらう 旧字 口6 咲(9)
筆順 丶 口 口 口 口 口 咲 咲
意味 花が開く。わらう。さく。「咲き残り」
名付 さき・さく・しょう

口6【哂】(9) 音シン 訓わらう
意味 ほほえむ。また、失笑する。わらう。

口6【咤】(9) 印標 音タ 訓― 異体 口5 吒(8)
意味 大声でしかる。「叱咤(しった)」

口6【咥】(9) 音テツ 訓くわえる
意味 口で軽く挟む。くわえる。
参考 「くわえる」は「銜える」とも書く。

呰 咨 咫 咲 哂 咤 咥

口6【品】(9) 3年 音ヒン・ホン 訓しな
筆順 丶 口 口 口 品 品 品 品 品
意味 ❶物。また、特に、商売の対象となる物。しな。「物品・商品・食料品・天下一品」❷よしあしの程度・等級。ひん。しな。「品質・上品(じょうひん・じょうぼん)・人品・品定め」❸物の種類。しな。「品種・品目」❹昔、親王・内親王に与えた位。「ほん」と読む。「一品(いっぽん)親王」❺仏典の中の編や章。「ほん」と読む。「普門品(ふもんぼん)」
名付 かず・しな・ただ・のり・ひで・ひん

【品位】(ひんい) ①その人・物に備わっているすぐれた感じ。「―を保つ」②金銀の地金や金貨・銀貨に含まれている金銀の割合。

【品行】(ひんこう) よい・悪いの立場から考えた、行いの程度やあり方。「―方正」

【品性】(ひんせい) 道徳的価値の面からみた、その人の性質。

口6【咾】(9) 音ロウ 訓―
意味 文末の助字。▽「咾別(いかんべつ)」は、北海道の地名。「咾分(おとなぶん)」は、佐賀県の地名。

口6【哇】(9) 音ワ・アイ 訓―
意味 ❶吐き出す。❷笑い声や、歌声、また子どもの声。

品 咾 哇

口7【員】(10) 3年 音イン 訓かず 異体 貝2 貟(9)
筆順 丶 口 口 目 目 目 員 員
意味 ❶人数。かず。「員数・員外・定員・満員」❷団体に属している人。また、団体に属していてある役目を行う人。「会員・議員・委員・会社員」
名付 いん・かず・さだ

【員数】(いんずう) 定められている人や物の数。

口7【哥】(10) 音カ 訓うた
意味 ❶歌のこと。うた。❷親しい間柄で、年上の男性を呼ぶことば。あに。

口7【⿰口花】(10) 〈国字〉 音カ 訓もらう 正字 口8 嘩(11)
意味 ❶「喧⿰口花(ケンカ)」は、「喧嘩」に同じ。❷もらう。

口7【哦】(10) 音ガ 訓―
意味 詠む。歌う。

口7【唏】(10) 音キ 訓―
意味 かぼそい声を出す。「唏泣(ききゅう)(すすり泣くこと)」

口7【唔】(10) 音ゴ 訓―
意味 「吱唔(しご)」は、いいよどむこと。

口7【哽】(10) 音コウ 訓―
意味 悲しさで声がつまる。

員 哥 ⿰口花 哦 唏 唔 哽

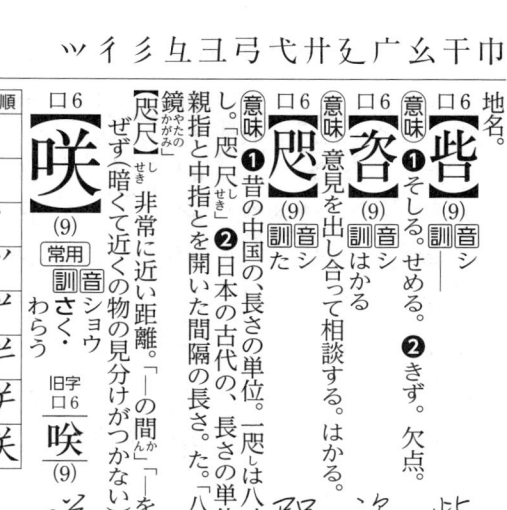

3画

口7 **【哮】**(10) 音コウ 訓たける・ほえる

意味 猛獣がほえたてる。たける。ほえる。「咆哮(ほうこう)」

口7 **【哭】**(10) 印標 音コク 訓なく

意味 嘆いて大声をあげて泣く。なく。「哭泣(こっきゅう)(大声で泣き叫ぶこと)・慟哭(どうこく)」

口7 **【唆】**(10) 常用 音サ 訓**そそのか**す

筆順 口 … 唆

意味 それとなく教え、自然にそれを行うようにしむける。そそのかす。「教唆・示唆」

口7 **【哨】**(10) 人名 音ショウ 訓― 異体 口7 哨(10)

筆順 口 … 哨

意味 警戒して番をすること。「哨戒・歩哨」

【哨戒】(しょうかい) 敵襲に対し、見張りして警戒すること。「―機」

口7 **【唇】**(10) 常用 音シン 訓**くちびる** 異体 肉7 脣(11)

筆順 厂 … 唇

意味 くちびる。「唇歯・朱唇」 名付 くちびる・しん

【唇歯輔車】(しんしほしゃ) くちびると歯、および ほお骨と歯ぐき。「―の間柄」▽利害関係があって互いに助け合わなければならないことにたとえる。

口7 **【啄】**(10) 人名 音タク 訓つつく・ついばむ 旧字 口8 啄(11)

筆順 口 … 啄

意味 鳥がくちばしで物をつついて食う。ついばむ。 名付 たく

参考熟語 啄木(きつつき・たくぼく) 啄木鳥(きつつき)

口7 **【哲】**(10) 常用 音**テツ** 訓あきらか

筆順 扌 … 哲

意味 ❶道理をよく知っていて才知がすぐれている。あきらか。また、そのような人。「哲人・哲学・十哲(じってつ)・先哲」❷哲学のこと。「印哲(インド哲学)」 名付 あき・あきら・さと・さとし・さとる・てつ・のり・よし

【哲人】(てつじん) ①すぐれた見識・思想を持ち、物事の道理に通じている人。②哲学者のこと。

口7 **【唐】**(10) 常用 音**トウ** 訓**から**・もろこし 旧字 口7 唐(10)

筆順 亠 … 唐

意味 ❶昔、中国にあった国。とう。「唐詩」❷中国のこと。また、外国のこと。もろこし。から。「唐人・唐紙(からかみ)・毛唐(けとう)」❸内容がない。「荒唐無稽(こうとうむけい)」❹にわかである。「唐突」 名付 から・とう

【唐草模様】(からくさもよう) つる草がはったりからんだりしている様子を図案化した模様。

【唐獅子】(からじし) ①獅子(しし)(ライオンをもとにした、中国の想像上の動物)のこと。②獅子の形を図案化したもの。

【唐音】(とうおん) 漢字音の一つ。中国の宋代以後に行われた発音。唐宋音。「行灯(あんどん)」「普請(ふしん)」と読むなど。

【唐土】(とうど・もろこし) 昔、中国をいったことば。

【唐突】(とうとつ) 突然で思いがけないさま。「―な訪問」

【唐本】(とうほん) 昔、中国から渡ってきた書物。漢籍(かんせき)。

参考熟語 唐黍(もろこし・とうきび)

口7 **【唄】**(10) 常用 音バイ 訓**うた**・うたう

筆順 口 … 唄

意味 ❶歌。うた。また、うたう。「長唄(ながうた)・船唄(ふなうた)」❷仏の功徳(くどく)をほめたたえる歌。「梵唄(ぼんばい)」 名付 うた・ばい

参考 **うた**⇩「歌」の〔使い分け〕。

口7 **【哺】**(10) 常用 音**ホ** 訓はぐくむ・ふくむ

筆順 口 口一 叮 叮 叮 哺 哺

意味 口の中に食物をふくむ。また、そうして口移しに食物を与えて育てる。はぐくむ。「哺乳類・反哺」

参考 「哺育」の「哺」は「保」に書き換える。

【哺乳】ほにゅう 乳を飲ませて子を育てること。

口7 【哩】(10) 人名 音リ 訓マイル

筆順 口 口 叩 叩 呾 呷 哩 哩

意味 ヤードポンド法の、距離の単位。一哩(マイル)は、一七六〇ヤードで、約一・六キロメートル。英里。マイル。

口7 【唳】(10) 音レイ 訓——　正字 口8 唳(11)

意味 鶴(つる)・かりが鳴く。また、その鳴き声。「鶴唳(かくれい)」

口7 【哢】(10) 音ロウ 訓さえずる

意味 鳥が美しい声で鳴く。さえずる。

口8 【啞】(11) 印標 音ア 訓——　異体 口7 唖(10) 簡慣

意味 発音できないこと。また、そのような人。「啞然・聾啞(ろうあ)」

【啞然】あぜん あきれて物もいえないさま。「—とする」

口8 【唹】(11) 音オ 訓——

意味 ❶笑う。❷地名・人名などに用いる字。「嚙唹(そお)」とは、鹿児島県にある地名。▽現在は「曽於」と書く。

口8 【啝】(11) 音カ 訓——

意味 ❶したがう。❷子供が泣く。

口8 【啀】(11) 音ガイ 訓いがむ

意味 獣がかみあう。いがむ。また、憎んで互いに争う。いがみあう。

口8 【喝】(11) 常用 音カツ 訓しかる　旧字 口9 喝(12)

筆順 口 口 叩 叩 叩 喝 喝 喝

意味 ❶大きな声を出してとがめる。かっする。しかる。「喝破・一喝」❷大きな声を出す。「喝采」❸おどす。「恐喝」 名付 かつ・しかる

【喝采】かっさい 感心し、声をあげて盛んにほめること。「拍手—」

【喝破】かっぱ ①誤っている意見を否定し、正しい考えを説くこと。②物事の本質を指摘して、はっきりいい表すこと。「事件の性格を—する」

口8 【啓】(11) 常用 音ケイ 訓ひらく・もうす　旧字 口8 啓(11)

筆順 一 ヨ ヨ 戸 户 戸 戸 啓

意味 ❶教え導く。ひらく。「啓発・啓示・啓蒙(けいもう)」❷申し上げる。もうす。「啓上・啓白・拝啓・謹啓」❸貴人の行列の先払いをする。「行啓」❹明けの明星(みょうじょう)のこと。「啓明」 名付 あきら・けい・さとし・たか・のぶ・のり・はじめ・はる・ひら・ひらき・ひらく・ひろ・ひろし・ひろむ

【啓上】けいじょう 申し上げること。「一筆—」▽手紙文に用いることば。

【啓蟄】けいちつ 陰暦二月の上旬のころ。陽暦の三月五、六日ごろ。▽「冬ごもりしていた虫が、春先になって動き出し外に出るころ」の意。二十四節気の一つ。

【啓発】けいはつ 知識を与えて教え導き、新しいすぐれた段階・立場にまで向上させること。「自己—」

【啓蒙】けいもう 無知な者に知識を与えて教え導くこと。「—運動」▽「蒙」は「道理を知らない」の意。

口8 【啌】(11) 音コウ 訓——

意味 ❶しかる。❷口をすすぐ。

口8 【售】(11) 音シュウ 訓うる

意味 あきないをする。売る。

口8 【商】(11) 3年 音ショウ 訓あきなう・はかる

筆順 亠 ㅗ 产 产 商 商 商 商

意味 ❶物を売り買いする。あきなう。また、そのこと。あきない。「商売・商品・商業・行商」❷物を売り買いして生計を立てる人。「豪商・

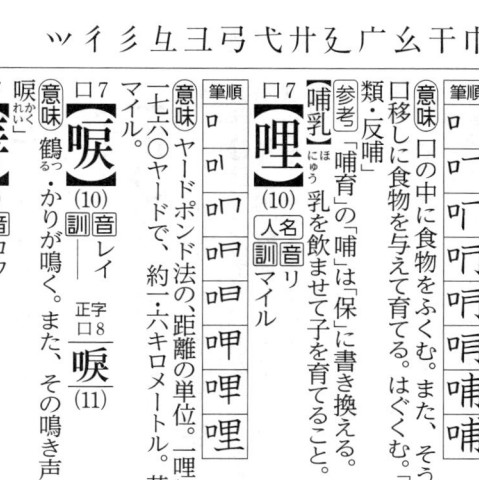

3画

隊商・貿易商」❸物事の適否・是非などを推測する。はかる。「商議・商量」❹ある数を他の数で割って得た数値。しょう。名付 あき・あつ・しょう

【商機】(しょうき) ①もうけるのによい機会。「―を逸する」②商売や取り引きの上での機密。

【商議】(しょうぎ) 物事を相談すること。協議。

【商況】(しょうきょう) 売れぐあいや値段の上がり下がりなどの状況。「―が不振である」

【商標】(しょうひょう) 自分の商品であることを示すためにつける、一定のしるし。トレードマーク。「登録―」

【商量】(しょうりょう) あれこれと考えはかること。「比較―」

参考熟語 商人(あきんど・あきゅうど・しょうにん)

【唱】 口8 (11)
4年 音 ショウ 訓 となえる・うたう

筆順 唱

意味 ❶節(ふし)をつけていう。となえる。「唱和・吟唱・万歳三唱」❷節をつけて歌う。うたう。「唱歌・合唱・二重唱」❸主張する。となえる。「唱導・提唱」名付 うた・しょう・となう

参考 「吟唱・暗唱」などの「唱」は「誦」が書き換えられたもの。

【唱導】(しょうどう) ①仏の教えを説いて人を仏道に導くこと。唱道。②ある物事を主張し、人を導くこと。

【唱道】(しょうどう) ①その物事の最初からあることを主張すること。②「唱導」と同じ。

【唱名】(しょうみょう) 仏教で、仏を信仰し、仏の名を唱えること。▽「称名」とも書く。

【唱和】(しょうわ) ①一人が先にいい、それに続いて同じことばを大勢がとなえること。「万歳を―する」②一方が作った詩歌に答えて他方が詩歌を作ること。

【啜】 口8 (11)
印標 音 セツ 訓 すする

意味 ❶液状の物をすする。すする。「茶を啜る」❷鼻汁を息といっしょに吸う。すする。「啜(すす)り泣き」

【唾】 口8 (11)
常用 音 ダ 訓 つば

筆順 唾

意味 ❶口中に分泌されるつばき。つば。「唾液・咳唾(がいだ)」❷つばを吐く。また、さげすむ。「唾棄」

【唾棄】(だき) 汚らわしく思って軽蔑し、きらうこと。

【啅】 口8 (11)
音 タク・トウ 訓 ―

意味 ❶くちばしでつつく。❷鳥がさえずる。

【啖】 口8 (11)
印標 音 タン 訓 くらう

意味 ❶むさぼり食う。くらう。「健啖」❷↓啖呵(たんか)

【啖呵】(たんか) 相手の勢いを押さえつけるためにいう、鋭くて歯切れのよいことば。「―を切る」

【啗】 口8 (11)
音 タン 訓 くらう

意味 たくさん食べる。くらう。

【唸】 口8 (11)
印標 音 テン 訓 うなる

意味 ❶低くて長く引いた声を出す。うなる。「唸るほどある(たくさんある)」❷感心して思わず低い声を出す。うなる。「観客を唸らせる演技」❸浄瑠璃(じょうるり)・浪曲などをへたな節(ふし)・声で歌う。うなる。「浪曲を唸る」

【問】 口8 (11)
3年 音 モン 訓 とう・とい・とん

筆順 問

意味 ❶人に聞く。とう。また、そのこと。とい。↔答。「問答(もんどう)・疑問・学問・学歴を問わず」❷人を尋ねる。また、見舞う。「訪問・慰問」❸きびしく責めて調べる。また、そうして罪を負わせる。とう。「問責・訊問(じんもん)・責任を問う」❹考えて答えを求めるべき事柄。とい。↔答。「難問・設問・第一問」名付 ただ・もん

【問責】(もんせき) 責任を問い詰めること。「―決議」

参考熟語 問屋(といや・とんや)

【唯】 口8 (11)
常用 音 ユイ・イ 訓 ただ

筆順 唯

意味 ❶応答のことば。「唯唯諾諾」❷そのものだけで、それ以外に特にないこと。ただ。「唯一・唯物論・唯(ただ)泣くばかり」❸特にいうほどの価

3画

値がないこと。ただ。「唯事(ただごと)・唯の人」❹程度・数量がわずかであること。ただ。「唯の一本」
名付 い・ただ・ゆい
参考 ❸❹の意味のときは「只」とも書く。
【唯唯諾諾(いいだくだく)】物事の是非・善悪にかかわらず、他人の意見に従うさま。「―として従う」
【唯一(ゆいいつ・ゆいつ)】それ一つだけであること。「―無二(むに)」
【唯我独尊(ゆいがどくそん)】宇宙で、自分がただひとりの存在であるということ。▽昔、釈迦(しゃか)が生誕したとき、自らいったという「天上天下(てんじょうてんげ)唯我独尊」の略。うぬぼれや自負にたとえることもある。

口8〔啄〕▼啄(旧)

口8〔唳〕▼唳(正)

口9【喙】(12) 音 カイ 訓 くちばし
意味 くちばし。「容喙(ようかい)」

口9【喀】(12) 印標 音 カク 訓 ――
意味 のどにつまった血やたんを吐く。「喀血・喀痰(かくたん)」

口9【喞】(12) 音 ショク・ソク 訓 かこつ　異体 口9 喞 (12)
意味 身の上を嘆く。かこつ。
参考熟語 喞筒(ポンプ)

口9【喚】(12) 常用 音 カン 訓 よぶ・わめく
筆順 口 口' 口ク 口⺈ 口⺈ 口⺈ 口⺈ 喚
意味 ❶大声を出して叫ぶ。わめく。「喚声・叫喚・泣き喚く」❷声をかけて呼び寄せる。よぶ。「喚問・召喚」
【喚起(かんき)】今まで気づかなかったことに気づかせ自覚させること。「注意を―する」注意「換起」と書き誤らないように。
【喚声(かんせい)】驚いたり興奮したりして出す叫び声。「―をあげる」参考「歓声(かんせい)」は、喜び発する叫び声。
【喚問(かんもん)】裁判所などが人を呼び出して問いただすこと。「証人―」注意「換問」と書き誤らないように。

口9【喊】(12) 音 カン 訓 さけぶ
意味 いっせいに大声で叫ぶ。さけぶ。「喊声・吶喊(とっかん)」

口9【喜】(12) 5年 音 キ 訓 よろこぶ
筆順 一 十 士 吉 吉 吉 壴 喜
意味 ❶満足してうれしく思う。よろこぶ。また、そのこと。よろこび。「喜悦・欣喜(きんき)」❷めでたい事柄。また、それを祝うことば。よろこび。「お喜びを申し上げる」名付 き・このむ・たのし・のぶ・はる・ひさ・ゆき・よし
【喜捨(きしゃ)】進んで、寺に寄付したり貧しい人にほどこしたりすること。
【喜寿(きじゅ)】七十七歳。また、七十七歳になったときに行う、長命を祝う祝い。喜の字の祝い。▽「喜」の字の草書体が「七十七」に見えることから。
【喜色満面(きしょくまんめん)】喜んでうれしく思う気持ちを顔全体に表していること。
【喜怒哀楽(きどあいらく)】喜び・怒り・悲しみ・楽しみ。また、人間のさまざまな感情。「―の情を押し殺す」

口9【喟】(12) 音 キ 訓 なげく
意味 嘆いてため息をつく。なげく。「喟然」

口9【喫】(12) 常用 音 キツ 訓 くう・のむ　旧字 口9 喫 (12)
筆順 口 口一 口十 口圭 口刧 口刧 口契 喫
意味 飲んだり食べたりしてのどを通す。くう。のむ。きっする。「喫茶・喫煙・喫緊・満喫・大敗を喫する」
参考「喫水」は「吃水」が書き換えられたもの。
【喫驚(きっきょう・びっくり)】非常に驚くこと。▽「吃驚」とも書く。
【喫緊(きっきん)】差し迫っていて非常にたいせつなこと。「―事」▽「吃緊」とも書く。

口9【喬】(12) 人名 音 キョウ 訓 たかい
筆順 ノ 二 チ 夭 呑 呑 喬 喬
意味 木などがそびえ立っていて高い。たかい。「喬木」名付 きょう・たか・たかし・ただ・ただし

3画

【喬木】きょうぼく 幹が堅く、直立して三メートル以上になる木のこと。▽今は「高木」という。

口9 【喧】(12) 人名
音 ケン 訓 かまびすしい・やかましい
筆順 喧
意味 ❶いろいろな声や音が響いてうるさい。かまびすしい。やかましい。「喧噪(けんそう)・喧喧囂囂(けんけんごうごう)」❷こまごましていて煩わしい。やかましい。「喧しい規則」名付 あつ・はる
【喧喧囂囂】けんけんごうごう 多くの人がやかましく騒ぎ立てるさま。注意「喧喧諤諤(けんけんがくがく)」と書き誤らないように。
【喧噪】けんそう 多くの物音・声のために騒がしく、落ち着きがないこと。「―を極める」▽「噪」は「騒がしい」の意。「喧騒」とも書く。
【喧伝】けんでん 世の中に盛んにいいはやすこと。「世間に―される」注意「せんでん」と読み誤らないように。

口9 【喉】(12) 常用
音 コウ 訓 のど
筆順 喉
意味 口の奥にあって食道・気管に通ずる部分。のど。「喉頭・咽喉・喉笛(のどぶえ)」
参考「のど」のときは「咽」とも書く。

口9 【喰】(12) 人名 〈国字〉 異体 口9 喰(12)
音 サン 訓 くう・くらう
筆順 喰
意味 物を食べる。くう。くらう。
参考「食べる」の意の俗な表現。

口9 【啻】(12)
音 シ 訓 ただに
意味 ただ単に。ただに。

口9 【啾】(12)
音 シュウ 訓 なく
意味 かぼそい声で泣く。なく。「啾啾(しゅうしゅう)」
【啾啾】しゅうしゅう かぼそい声でしくしく泣くさま。「鬼哭(きこく)―」

口9 【善】(12) 6年 異体 言13 譱(20)
音 ゼン 訓 よい
筆順 善
意味 ❶道徳にかなっていて正しい。よい。また、正しい行い。ぜん。↔悪。「善人・善良・偽善・善は急げ」❷じゅうぶんに行う。よくする。「善用・善戦・凡人の善(よ)くするところではない」❸仲よくする。「善隣・親善」名付 さ・ぜん・ただし・たる・よし
参考 よい⇩「良」の[使い分け]。
【善意】ぜんい ①正直なよい心。「―の人」②他の人のためになるようにしようとするよい心。「―がかえって仇(あだ)となる」③物事のよい点だけを取りあげようとする考え方・見方。「―に解釈する」④法律で、法律の効力に影響を与えるような事実を知らないでする行為者の意思。「―の第三者」
【善後策】ぜんごさく 今後の計画などに支障がないようにする方策。注意「前後策」と書き誤らないように。
【善哉】ぜんざい ①関西で、つぶしあんのしるこのこと。②関東で、餅(もち)に濃いあんをかけたもの。③ほめたり祝ったりするときに発することば。
【善処】ぜんしょ ふつごうな物事が起きたとき、適切な処置をしてうまく処理すること。「苦情を―する」
【善男善女】ぜんなんぜんにょ 神仏を信仰している正直な人々。注意「ぜんだんぜんじょ」と読み誤らないように。
【善隣】ぜんりん 隣国と仲よくすること。また、その国。「―外交」
参考熟語 善知鳥(うとう)

口9 【喘】(12) 印標
音 ゼン 訓 あえぐ
意味 ❶苦しそうに呼吸する。あえぐ。「喘息(ぜんそく)」❷うまくゆかなくて苦しむ。あえぐ。「経営難に喘ぐ」

口9 【喪】(12) 常用
音 ソウ 訓 も・うしなう
筆順 一 十 喪
意味 ❶人が死んだとき、一定期間行いを慎んで悲しみの意を表す礼。も。「喪家・喪中(もちゅう)・

3画

国喪・喪(も)に服する」❷なくす。うしなう。「喪失・阻喪」

【喪家の狗(そうかのいぬ)】喪中の家の、世話をしてもらえずにやせ衰えた飼い犬。▽落ちぶれてやつれた人を形容するときに用いる。

【喪失(そうしつ)】なくすこと。「自信を―する」

口9 【喋】(12) 人名 音 チョウ 訓 しゃべる

筆順 口 口一 口卄 口廿 呭 呭 喋 喋

意味 話す。また、特に口数多くしゃべる。「喋喋」

【喋喋(ちょうちょう)】口数多くしゃべるさま。「―と論じる」

【喋喋喃喃(ちょうちょうなんなん)】男女が小声で楽しそうにしゃべるさま。

喋

口9 【啼】(12) 印標 音 テイ 訓 なく

意味 ❶涙を流し、声をあげて泣く。なく。「啼泣・悲啼」❷鳥や虫が鳴く。なく。「啼鳥」

【啼泣(ていきゅう)】涙を流して泣くこと。▽「涕泣」とも書く。

啼

口9 【喃】(12) 音 ナン 訓 のう

意味 ❶ぺちゃくちゃしゃべる。「喋喋喃喃(ちょうちょうなんなん)」❷呼びかけることば。のう。❸同意を促す気持ちを表すことば。のう。「寒い喃」

喃

口9 【喩】(12) 常用 音 ユ 訓 たとえる

筆順 口 叺 吟 哈 喻 喻 喩 喩

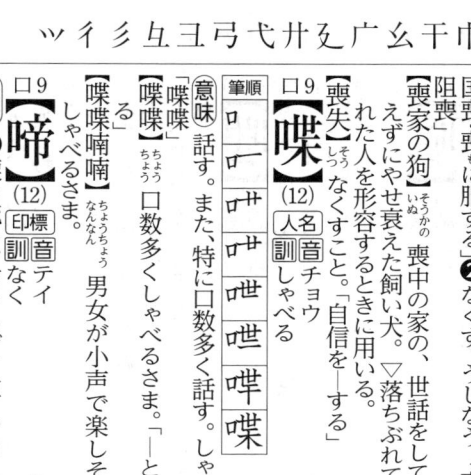

意味 ❶似ている物事を引き合いに出す。たとえる。また、たとえたもの。たとえ。「譬喩(ひゆ)・陰喩」❷例を示して説明する。たとえる。また、その例。たとえ。

喩

口9 【⿱百合】(12) 〈国字〉 音 ― 訓 ゆり

意味 ゆり。▽人名に用いる字。

⿱百合

口9 【喇】(12) 音 ラ・ラツ 訓 ―

意味 ❶→喇叭(らっぱ) ❷→喇嘛教(ラマきょう)

【喇叭(らっぱ)】①先端が朝顔形の管に息を吹き入れて音を出す楽器。「進軍―」②金管楽器のこと。

【喇嘛教(ラマきょう)】チベットを中心に行われている仏教の一派。チベット仏教。

喇

口9 【喨】(12) 音 リョウ 訓 ほがらか

意味 澄んだ音が遠くまで響くさま。ほがらか。「喨喨」

【喨喨(りょうりょう)】管楽器の澄んだ音が遠くまで響くさま。「―たるらっぱの音」

喨

口9 〔喝〕▶喝㊐　口9 〔喞〕▶喞㊪　口9 〔單〕▶単㊐

口9 〔啣〕▶銜㊪

口10 【嗚】(13) 印標 音 オ 訓 ―

意味 ため息の声。「嗚呼(ああ)・嗚咽(おえつ)」

【嗚咽(おえつ)】のどをつまらせて泣くこと。

嗚

口10 【嘩】(13) 人名 音 カ 訓 かまびすしい　旧字 口12 譁(15)

筆順 口 口一 口卄 口芔 口芔 口荓 嘩

意味 わあわあと騒ぐ。やかましい。かまびすしい。「譁」と同じ。

嘩

口10 【𠹭】(13) 〈国字〉 音 カ 訓 ―

意味 音訳字。「𠹭囉仿謨(コロロホルム)」とは、薬の名。

𠹭

口10 【嗅】(13) 常用 音 キュウ 訓 かぐ

筆順 口 口ノ 口白 口白 口臭 嗅 嗅

意味 においを鼻で感じ取る。かぐ。「嗅覚」

【嗅覚(きゅうかく)】鼻の、においをかぎ分ける働き。

注意「しゅうかく」と読み誤らないように。

嗅

口10 【嗟】(13) 印標 音 サ 訓 なげく

意味 ❶嘆き悲しむ。なげく。また、嘆き。「嗟嘆・怨嗟(えんさ)」❷非常に短い間。「咄嗟(とっさ)」❸感嘆したり嘆き悲しんだりするときに発することば。「嗟乎(ああ)」

嗟

口10 【嗄】(13) 音 サ 訓 かれる・しわがれる

意味 声がかすれる。かれる。しわがれる。「嗄(しわが)れ声」

【嗄声(させい)】しわがれ声。かれた声。かせい。

嗄

3画

口10 【嗣】(13) 常用 音シ 訓つぐ

筆順

意味 あとを受け継ぐ。つぐ。また、あとを受け継ぐ人。「嗣人・嫡嗣」名付 し・つぎ・つぐ

【嗣子】(しし) 親のあとを継いでその家の主人となる子。あととり。あとつぎ。

口10 【嗜】(13) 印標 音シ 訓たしなむ

意味 ❶ある物を好み、それに親しむ。たしなむ。また、その好み。たしなみ。「嗜好・嗜虐・酒を嗜む」❷行いを慎む。たしなむ。また、その慎み・心がけ。たしなみ。「身嗜み」❸芸事などを学んで身につける。たしなむ。また、芸事などの心得。たしなみ。「和歌を嗜む」

【嗜好】(しこう) ある飲食物を好み、日頃しばしば飲んだり食べたりすること。また、その好み。「―品」

口10 【嗤】(13) 音シ 訓わらう

意味 あざけり笑う。わらう。「嗤笑」

口10 【嗇】(13) 音ショク 訓―

意味 けち。「吝嗇(りんしょく)・(ちけ)(極端にものおしみすること。けち)」

口10 【嗔】(13) 音シン 訓いかる

意味 激しくいきどおる。いかる。

3画

口10 【嘆】(13) 常用

旧字 口11 嘆(14) 人名

音タン 訓なげく・なげかわしい

筆順

意味 ❶悲しんだり怒ったりする。たんずる。なげく。また、その悲しみや怒りの気持ち。たん。なげき。「嘆願・悲嘆・慨世(がいせい)の嘆(たん)」❷非常に感心する。たんずる。また、そのこと。たん。「嘆声・詠嘆・嘆(たん)を発する」

参考 「嘆・嘆願」の「嘆」は「歎」が書き換えられたもの。

【嘆願】(たんがん) 事情を述べ、聞き入れてくれるよう熱心に頼むこと。「―書」▽「歎願」の書き換え。

【嘆称】(たんしょう) 「嘆賞」と同じ。▽「歎称」とも書く。

【嘆賞】(たんしょう) 感心してそのすばらしさをほめること。嘆称(たんしょう)。「名画を―する」▽「歎賞」とも書く。

【嘆声】(たんせい) 感心したり嘆いたりして出す声のこと。「―をもらす」▽「歎声」とも書く。

【嘆息】(たんそく) 悲しんだり心配したりしてため息をつくこと。また、そのため息。▽「歎息」とも書く。

【嘆美】(たんび) 感心してほめたたえること。▽「歎美」とも書く。

口10 〔甞〕▶嘗 異

口11 【嘔】(14) 印標 音オウ 訓はく

意味 口・胃の中に入れた物や中にたまっている物を口から外に出す。はく。「嘔吐・嘔き気」

【嘔吐】(おうと) 胃の中の物を口から吐き出すこと。

口11 【嘉】(14) 人名 音カ 訓よい・よみする

筆順

意味 ❶めでたい。また、すぐれている。よい。「嘉言・嘉辰(かしん)・きょうの嘉き日にあたり」❷よいとし、喜んで行う。また、よいとしてほめる。よみする。「嘉納・嘉賞・功績を嘉(よみ)する」名付 か・ひろ・よし・よしみ

【嘉肴】(かこう) りっぱなうまいごちそう。「珍味―」▽「佳肴」とも書く。

【嘉日】(かじつ) めでたい行事などが行われる、よい日。▽「佳日」とも書く。

【嘉辰】(かしん) めでたい物事が行われる、めでたい日。▽「辰」は「時」の意。「佳辰」とも書く。

【嘉節】(かせつ) 人々がみんなで祝うべきめでたい日。「天長の―」▽「佳節」とも書く。

【嘉納】(かのう) 下の者からの進言または贈り物などを、喜んで受け入れること。「御―にあずかる」

【嘉例】(かれい) 手本とすべきすぐれた前例。▽「佳例」とも書く。

口11 【嗷】(14) 音ゴウ 訓―

意味 大声でやかましい。かまびすしい。「嗷然」

口11 【嘖】(14) 音サク 訓さいなむ

意味 ❶責めしかる。さいなむ。❷→嘖嘖(さくさく)

【嘖嘖】(さくさく) すぐれているという評判を人々が盛んにいいはやすさま。「—たる名声」「好評—」
注意「悪評嘖嘖」は誤り。

口11【嘗】(14) 人名 異体 口10 甞(13)
音 ショウ・ジョウ 訓 かつて・なめる
筆順 丶 ⺍ 𫩏 尚 尚 嘗 嘗 嘗
意味 ❶舌でなでる。また、かまずに舌で味わう。なめる。「臥薪嘗胆(がしんしょうたん)」❷つらい物事を経験する。なめる。「辛苦を嘗める」❸相手をあなどる。なめる。❹以前に。曽(かつ)て。かつて。❺新穀を神に供える、秋の祭り。「新嘗祭(にいなめさい・しんじょうさい)」
参考 ❶〜❸の「なめる」は「舐める」とも書く。
名付 ふる

口11【嗾】(14) 音 ソウ 訓 そそのかす・けしかける
意味 けしかける。そそのかす。「使嗾(しそう)」

口11【嗽】(14) 音 ソウ 訓 うがい・くちすすぐ
意味 ❶口の中を水で清める。くちすすぐ。また、そのこと。うがい。「嗽薬・含嗽(がんそう・うがい)」❷せき。「咳嗽(がいそう)(せき)」

口11【噌】(14) 〈国字〉 音 — 訓 つき・ずき
意味 つき。ずき。▽人名に用いる字。「池噌(いけずき・いけつき)」

口11【嘛】(14) 音 マ 訓 —
意味 チベット語の「マ」の音訳字。「喇嘛教(ラマきょう)」

口11【嗹】(14) 音 レン 訓 —
意味 印刷用紙を数える単位。一嗹は全紙五百枚または千枚。連(れん)。れん。
参考熟語 嗹馬(デンマーク)

【鳴】▼鳥3　口11【嘆】▼嘆(旧)

口12【噎】(15) 音 エツ 訓 むせぶ・むせる
意味 ❶のどがつかえて、息がつまりそうになったりせきが出たりする。むせぶ。むせる。「煙にむせる」❷むせるようになりながら泣く。むせぶ。「噎び泣き」
参考「咽ぶ」「咽せる」とも書く。

口12【噶】(15) 音 カツ 訓 — 正字 口13 噶(16)
意味 ❶が—という音を表す擬音語。❷音訳字。「吐噶喇(トカラ)」は、鹿児島県の列島の名。

口12【器】(15) 4年 音 キ 訓 うつわ
旧字 口13 器(16) 人名 異体 口12 噐(15)
筆順 口 吅 吅 哭 哭 器 器 器
意味 ❶入れ物。うつわ。「器物(きぶつ・うつわもの)・食器」❷簡単な道具。「器具・楽器・消火器」❸すぐれた才能・能力。き。うつわ。また、そのような才能・能力の持ち主。うつわ。「器量・大器・社長の器(うつわ)・きではない」
名付 かた・き

【器械】(きかい) 練習や実験・測定に用いる簡単なしくみの道具。「—体操」「医療—」参考 ⇩「機械(きかい)」の[使い分け]。
【器機】(きき) 機械・器具のこと。▽「機器」とも書く。
【器材】(きざい) ①器具を作る材料。②器具と材料。
【器用貧乏】(きようびんぼう) 何でも要領よくできる人は、多方面に手を出したり重宝がられたりして、一つのことに徹することができず、かえって大成しないこと。
【器量】(きりょう) ①その高い地位について仕事をなし得るすぐれた才能。「会長としての—に乏しい」②美醜の立場から見た、女性の顔かたち。「—よし」

口12【噓】(15) 印標 音 キョ 訓 うそ 異体 口11 嘘(14)
意味 述べた内容が真実・事実でないこと。また、そのような内容のことば。うそ。「噓言・噓字(うそじ)」

口12【嘶】(15) 音 セイ・シ 訓 いななく
意味 馬が声高く鳴く。いななく。また、その鳴き声。いななき。「嘶きが聞こえる」

口12【嘱】(15) 常用 音 ショク 訓 たのむ 旧字 口21 囑(24)
筆順 口 叮 叮 呢 呢 喔 嘱 嘱
意味 ❶頼んで任せる。たのむ。「嘱託・委嘱」❷他にくっ付ける。「嘱目」
【嘱託】(しょくたく) ①臨時に仕事を担当するように依

3画

頼すること。また、その依頼を受けて仕事をする人。②頼んで仕事を任せること。「―殺人」

【嘱望】(しょくぼう) 相手の将来・前途に期待すること。

【嘱目】(しょくもく) ①期待し、関心をもって見守ること。「将来を―される作家」②自然と目にとまって見えること。「―の景」▽「属目」とも書く。

口12 【噌】(15) 人名 異体 口11 噌(14)

音 ソウ・ソ 訓 かまびすしい

筆順 ロ ロハ ロ㕣 ロ㕣 ロ噌 ロ噌 噌 噌

意味 ❶かまびすしい。❷「味噌(みそ)」は調味料の一つ。

口12 【噂】(15) 人名 異体 口12 噂(15)

音 訓 ソン うわさ

筆順 ロ ロハ ロ㕣 ロ㕣 噂 噂 噂 噂

意味 ❶ある人の身の上や物事について話すこと。また、その話。うわさ。「噂話」❷世間の無責任な評判。うわさ。「噂が広まる」

口12 【嘲】(15) 常用 異体 口12 嘲(15)

音 チョウ 訓 あざける

筆順 ロ ロ一 ロ十 ロ古 啅 嘲 嘲 嘲

意味 人を軽蔑して悪口をいったり笑ったりする。あざける。「嘲笑・自嘲」

【嘲笑】(ちょうしょう) ばかにして笑うこと。「―を買う」

【嘲弄】(ちょうろう) 人をばかにしてからかうこと。

参考熟語 嘲笑(あざわら)う

口12 【嘸】(15) 音 ブ・ム 訓 さぞ

意味 きっと。さだめし。さぞ。「嘸暑いだろう」

口12 【噴】(15) 常用 旧字 口13 噴(16)

音 訓 フン ふく

筆順 ロ ロ一 ロ十 ロ士 ロ卉 ロ卉 噴 噴

意味 中から勢いよく出る。ふく。また、そのようにする。はく。ふく。「噴出・噴火・噴煙・潮を噴く」

参考 ふく⇩「吹」の[使い分け]。

【噴射】(ふんしゃ) 気体や液体などを勢いよくふき出させること。

【噴飯】(ふんぱん) ばかばかしくておかしいこと。「―物(もの)」▽「食べかけて口に入れた飯をふき出す」の意。

口12 〖嘩〗▼嘩 旧

口12 〖噐〗▼器 異

口12 〖噛〗▼嚙 異

口13 【噯】(16) 音 アイ 訓 おくび

意味 げっぷ。おくび。

【噯気】(おくび) げっぷ。「―にも出さない(秘密にしていて話もしないし気配にも示さない)」

口13 【噫】(16) 音 イ・アイ 訓 ああ

意味 ❶嘆息を表すことば。ああ。「噫乎(ああ)」❷げっぷ。おくび。

口13 【噤】(16) 音 キン 訓 つぐむ

意味 口を閉じて物をいわない。つぐむ。「噤口」

口13 【嚆】(16) 音 コウ 訓 ― 正字 口14 嚆(17)

意味 矢が飛びながら鳴り響く。「嚆矢」

【嚆矢】(こうし) 物事のはじまり。最初。「民主主義運動の―」▽もと、「かぶら矢(射ると大きな音をたてて飛んでいく矢)」の意。昔、戦闘を始めるとき、まずかぶら矢を射たことから。

口13 【嘴】(16) 音 シ 訓 くちばし

意味 鳥の、とがった堅い口さき。くちばし。「砂嘴(湾などの中に突き出た砂の堤)」

口13 【嘯】(16) 音 ショウ 訓 うそぶく

意味 ❶詩歌を歌う。うそぶく。「長嘯」❷獣などがほえる。うそぶく。「猿嘯(えんしょう)・虎(とら)が嘯く」❸とぼけて知らないふりをする。うそぶく。「何食わぬ顔で嘯く」

口13 【噬】(16) 音 ゼイ 訓 ―

意味 かみつく。「反噬(はんぜい)(恩人にはむかうこと)」

口13 【噪】(16) 音 ソウ 訓 さわぐ

意味 騒ぐ。さわぐ。また、騒がしい。「喧噪(けんそう)」

口13 【噸】(16) 〈国字〉 音 ― 訓 トン

意味 ❶重さの単位。一噸(トン)は、メートル法で

3画

一〇〇〇キログラム、ヤードポンド法で二二四〇ポンド（英トン。約一〇一六キログラム）、または二〇〇〇ポンド（米トン。約九〇七キログラム）。トン。❷船の積載能力を容積・重量で表す単位。トン。
参考「屯」「瓲」とも書く。

口13【噺】(16) 印標 〈国字〉 音― 訓はなし
意味 ❶古くから語り伝えられている話。はなし。「昔噺・御伽噺(おとぎばなし)」❷落語のこと。はなし。「噺家」
参考「咄」とも書く。
【噺家(はなしか)】落語家。▽「咄家」とも書く。

口13〔噐〕▸器㊐

口13〔噴〕▸噴㊐

口14【嚇】(17) 常用 音カク 訓いかる・おどす
筆順

意味 ❶激しくおこる。いかる。「赫怒」❷おどかす。おどす。「威嚇」

口14【嚀】(17) 音ネイ 訓ねんごろ
意味 親切で手厚い。ねんごろ。「叮嚀(ていねい)」
参考「叮嚀」は「丁寧」に書き換える。

口14【嚊】(17) 音ヒ 訓かかあ
意味 自分の妻や他の人の妻を親しみをこめていうことば。かかあ。「嚊天下」
参考「嬶」とも書く。

口14〔嚔〕▸嚏異

口15【嚙】(18) 印標 異体 口12 噛 (15) 簡慣
音ゴウ・コウ 訓かむ・かじる
意味 歯を合わせて物をはさむ。かむ。また、歯を強く合わせて押し砕く。かじる。かむ。「岩を嚙む激流・嚙んで含める」

口15【嚏】(18) 異体 口14 嚔 (17)
音テイ 訓くしゃみ・くさめ・はなひる
意味 くしゃみ。くさめ。また、くしゃみをする。はなひる。

口15【嚠】(18) 音リュウ 訓―
意味 楽器の音色がさえわたるさま。「嚠喨(りゅうりょう)」
【嚠喨(りゅうりょう)】管楽器の音がさえわたるさま。「嚠喨たるらっぱ」▽「嚠亮」とも書く。

口15〔囊〕▸嚢異

口16【嚥】(19) 印標 音エン 訓のむ
意味 飲食物をのみ込む。のむ。「嚥下・誤嚥」
参考「咽」とも書く。
【嚥下(えんげ・えんか)】食物などをのみ込むこと。

口16【嚮】(19) 正字 口16 嚮 (19)
音キョウ・コウ 訓むかう・さきに
意味 ❶あるものに対して向く。むかう。「嚮背・意嚮(いこう)」❷響く。「嚮応」❸以前に。さきに。
参考「意嚮」の「嚮」は「向」に書き換える。
【嚮応(きょうおう)】（響きが声に応ずるように）ある人がすることにすぐに応じて行動すること。
参考「饗応(きょうおう)」は、酒・食事などをごちそうしてもてなすこと。
【嚮導(きょうどう)】先に立って人々を案内すること。また、案内者。▽「嚮道」とも書く。

口17【嚶】(20) 音オウ 訓―
意味 鳥が調子よく鳴く。

口17〔嚴〕▸厳㊐

口18【囈】(21) 正字 口19 囈 (22)
音ゲイ 訓うわごと
意味 うわごと。

口18【囂】(21) 音ゴウ 訓かまびすしい
意味 騒がしい。かまびすしい。「囂囂」
【囂囂(ごうごう)】いろいろといい立てて騒がしいさま。「喧喧(けんけん)―」「―たる非難」

口18【嚼】(21) 音シャク 訓かむ
意味 物をかんで砕く。かむ。「咀嚼(そしゃく)」

口18【囁】(21) 印標 音ジョウ 訓ささやく
意味 小声でひそひそと話す。ささやく。また、そのこと。ささやき。「囁き声」

口18【囃】(21) 印標 音ソウ 訓はやし・はやす

3画

意味 ❶笛・太鼓などの楽器を用いて調子を合わせたり歌謡の伴奏をしたりする。はやす。また、その音楽。はやし。「囃子（はやし）」❷手を打ったり声を出したりして音楽の調子を取る。はやす。❸ほめたりあざけったりするために声をあげる。はやす。「どっと囃し立てる」

口18 【囀】(21) 印標 音 テン 訓 さえずる

意味 小鳥がさえずる。また、その鳴き声。さえずり。

口19 【囎】(22) 〈国字〉 音 ソ 訓 ―

意味 地名などに用いる字。「囎唹（そお）」は、鹿児島県の地名。▽現在は「曽於」と書く。

口19 【囊】(22) 印標 音 ノウ 訓 ふくろ　異体 口15 嚢 (18)

意味 大きな袋。ふくろ。「嚢中（袋や財布の中）・土嚢・知嚢」

【嚢中の錐（のうちゅうのきり）】才能があれば必ず外に現れることのたとえ。▽錐は袋の中に入れても先端が外に突き出てわかることから。

口21 【囑】▶嘱 旧　口21 【囓】▶齧 異

囗 の部 くにがまえ

口0 【囗】(3) 音 イ 訓 くに

意味 ❶かこむ。❷「国（國）」の略字。くに。

3画

口2 【四】(5) 1年 音 シ 訓 よ・よっ・よっつ・よん

筆順 丨 冂 冂 四 四

意味 ❶数で、よっつ。よん。よつ。し。「四季・四角・再三再四」❷あたり。よも。「四囲・四海」❸昔の時刻の名。今の午前十時および午後十時にあたる。よつ。 名付 し・よ・よつ

【四海（しかい）】①国の周囲を取り囲む海。「―波静か」②全世界。天下。「―に並びなき名人」

【四海兄弟（しかいけいてい）】「四海同胞（しかいどうほう）」と同じ。

【四海同胞（しかいどうほう）】世界中の人々は、みんな兄弟姉妹のように親しみ、仲よくすべきであるということ。四海兄弟（しかいけいてい）。

【四角四面（しかくしめん）】①ま四角なこと。②非常にまじめで堅苦しいこと。「―な態度」▽やや俗なことば。

【四苦八苦（しくはっく）】物事がうまくゆかず、非常に苦しむこと。「借金が払えず―する」

【四君子（しくんし）】蘭、竹、梅、菊のこと。多く南画の題材とされる。▽上品な様子を君子にたとえていう。

【四散（しさん）】①分かれて別々の方向に行くこと。②まとまっていた物が乱雑にちらばること。

【四聖（しせい）】釈迦、キリスト、孔子、ソクラテスのこと。

【四通八達（しつうはったつ）】道路がいろいろな方面に通じていて交通の便がよいこと。「―の地」 注意 「四通発達」と書き誤らないように。

【四天王（してんのう）】①その人の弟子・部下の中で、すぐれている四人のこと。②仏教で、帝釈天（たいしゃくてん）に仕えて四方を守るという四神。持国天・増長天・広目天・多聞天（たもんてん）のこと。

【四半（しはん）】四分の一の意を表すことば。「―期」

【四分五裂（しぶんごれつ）】一つにまとまっていたものがばらばらに分かれること。また、秩序がなくなること。

【四面楚歌（しめんそか）】周囲の人がみんな敵・反対者であって孤立すること。▽昔、中国で、楚（そ）の項羽が、漢の高祖の軍隊に包囲されたとき、項羽が、漢の軍中に起こった楚の歌を聞いて、楚の人民までが漢に降参したのかと嘆き悲しんだという故事から。

【四友（しゆう）】ものを書き記すのに必要な文房具の、筆、紙、硯（すずり）、墨のこと。▽「四人の友人」の意で、雅語的なことば。

【四六時中（しろくじちゅう）】①それが一日じゅう続くさま。②いつも。▽掛け算で「四×六」が二十四であることから「二十四時間じゅう」の意。

【四方山（よもやま）】世間の色々な方面にわたっていること。「―話」

参考熟語 四阿（あずまや）　四十雀（しじゅうから）　四十路（よそじ）　四方（よも・しほう）

口2 【囚】(5) 常用 音 シュウ 訓 とらえる・とらわれる

筆順 丨 冂 冈 囚 囚

意味 ❶捕らえて牢（ろう）に入れておく。とらえる。

また、牢に入れられる。とらわれる。「囚人・幽囚」❷捕らえられて牢に入れられた人。「俘囚(ふしゅう)・死刑囚」

参考熟語 囚人(めしうど・めしゅうど・しゅうじん)

口3
【因】(6)
5年 音 イン 訓 よる・ちなむ

筆順 丨 冂 冂 冃 因 因

意味 ❶今までの事物に基づく。よる。「因習・因循・前例に因って行う」❷そこに物事が起こるもとがある。よる。また、そのもと。いん。⇔果。「因果(いんが)・原因・勝因・不注意に因る事故」❸それに関係がある。ちなむ。よる。また、その関係。ちなみ。「時と場合に因っては・会社創立に因(ちな)んだ行事」❹ついでにいえば。ちなみに。「因みに申し添えますと」❺それを根拠・理由として。よって。「因ってこれを賞します」名付 いん・ちなみ・ちなむ・なみ・ゆかり・よし・より・よる

【因果(いんが)】①原因と、そのために起こる結果。「—関係」②仏教で、前の行為がのちの運命を決定するということ。また、特に、前世の悪い行いの結果として現世で受ける悪い報い。③巡り合わせが悪く、不幸であること。「—な身の上」

【因果応報(いんがおうほう)】①仏教で、前世の行為の善悪に応じて現世で報いを受けるということ。②悪い行いをした人は必ず悪い報いを受けるということ。

【因業(いんごう)】①行いが残酷でむごいこと。「—な仕打ち」②頑固(がんこ)で無情なこと。「—おやじ」

【因子(いんし)】ある結果を成り立たせるもととなる要素。ファクター。

【因習(いんしゅう)】昔からの悪い習慣・しきたり。因襲。

【因襲(いんしゅう)】「因習」と同じ。

【因循(いんじゅん)】①今までの古めかしい習慣・方法に従っているだけで、それを改めようとしないこと。「—姑息(こそく)（旧習を改めず、一時しのぎのやり方でまにあわせること）」②決断ができず、ぐずぐずしていること。「—な態度」▽「循」は「従う」の意。

【因縁(いんねん)】①定まっていて変えられない運命。②運命によって結びつけられた関係。③物事がそうなったわけ。由来。「いわれ—」

口3
【回】(6)
2年 異体 冂3 囘(5)
音 カイ・エ 訓 まわる・まわす・かえる・めぐる

筆順 丨 冂 冂 冋 冋 回

意味 ❶ぐるぐる動かす。めぐらす。まわす。また、そのように動く。めぐる。まわる。「回覧・転回」❷順序に従って移す。まわす。また、順序や周囲に沿って動く。めぐる。まわる。「回答・回向(えこう)・巡回」❸もとの所にもどる。かえる。めぐる。また、もとのほうに向ける。めぐらす。「回復・回想・起死回生・因果は回(めぐ)る」❹あちこちを移動する。めぐる。まわる。「回(めぐ)り歩く・見て回る」❺周囲。また、近い所。まわり。「身の回り」❻まわる度数を数えることば。「まわり」「かい」と読む。

参考 「回・回送・回転・回廊」などの「回」は「廻」が書き換えられたもの。また、「回復」の「回」、「回虫」の「回」、「低回」の「回」はそれぞれ「恢」「蛔」「徊」が書き換えられたもの。

使い分け「まわり」

回り…まわること。まわる範囲。「火の回り・回り灯籠(どうろう)・得意先回り・遠回り・胴の回り・身の回り」

周り…周囲。周辺。「池の周り・周りの人・周りがうるさい」

【回向(えこう)】法要を行って死者の冥福(めいふく)を祈ること。

【回教(かいきょう)】「イスラム教」の古い呼称。

【回顧(かいこ)】過ぎ去った昔のことを思い出すこと。「—録」参考 ⇩「懐古(かいこ)」の[使い分け]。

【回収(かいしゅう)】配られたり売られたりした物を取りもどして集めること。「廃品—」

【回診(かいしん)】病院で医師が順々に患者をまわって、診察すること。

【回想(かいそう)】過ぎ去った昔のことをなつかしく思い出すこと。「—録」

【回漕(かいそう)】船で荷物を運送すること。「—問屋」▽「漕」は「船で運ぶ」の意。「廻漕」とも書く。

【回送(かいそう)】①送り届けられてきた物を本来のあて先・目的地に送ること。②車両を目的地に運ぶために客や貨物をのせずに列車・電車・バスなどを走らせること。「—車」▽「廻送」の書き換え字。

【回答】(かいとう) 質問や要求に対して返事をすること。また、その返事。参考「解答(かいとう)」は、問題を解いて答えを出すこと。

使い分け「かいとう」
回答…質問や照会に対して、自分の考えなどを伝えること。「アンケートに回答する・要求に対する回答」
解答…試験・クイズなどの設問に答えること。「試験問題の解答・模範解答」

【回避】(かいひ) よけてさけること。「責任を―する」
【回遊】(かいゆう) ①各地を旅行して回ること。「―船」②魚が集団で季節によって移動すること。「―魚」▽②は「回游」「廻游」とも書く。
【回覧】(かいらん) ①順に渡して文書・書物などを読むこと。「―板」②あちこちを見て歩くこと。
【回廊】(かいろう) 建物の外側にめぐらした、長くて折れ曲がった廊下。▽「廻廊」の書き換え字。

囗3 **【団】** (6) 5年 旧字 囗11 團 (14) 人名
音 ダン・トン 訓 ―
意味 ❶丸い。また、穏やかなこと。「団子(だんご)・団欒(だんらん)・蒲団(ふとん)・大団円」❷一つのところに集まり。だん。「団地・団結」❸ある目的を持った人々の集まり。だん。「団員・劇団・視察団」名付 だん・まどか
【団塊】(だんかい) 石や土などのかたまり。
【団交】(だんこう) 労働者が、労働条件の改善のために団結して使用者と交渉すること。▽「団体交渉」の略。
【団欒】(だんらん) 親しい人たちが集まってなごやかに楽しむこと。「一家―」▽「欒」は「人が集まって楽しむ」の意。
【団居】(まどい) ①多くの人々が集まって円形にすわること。②親しい人々が集まって楽しく過ごすこと。▽「円居」とも書く。
参考熟語 団扇(うちわ) 団栗(どんぐり)

囗4 **【囲】** (7) 5年 旧字 囗9 圍 (12)
音 イ 訓 かこむ・かこう
意味 ❶周りを取り巻く。かこう。また、そうして中と外の交通ができないようにしたもの。かこい。かこみ。「囲繞(いにょう・いじょう)・包囲」❷かこまれた周り。「周囲・範囲」❸人などを隠しておく。また、妾(めかけ)として養う。かこう。「犯人を囲う・愛人を囲う」名付 い・もり
【囲碁】(いご) 白と黒との石を用いて盤上の面積をとり合う勝負事。碁。
【囲繞】(いにょう・いじょう) 周りをすっかり取り囲むこと。▽「繞」は、「巡らせる」の意。
【囲炉裏】(いろり) 部屋の床を四角に切り抜き、暖房用・炊事用に火を燃やす所。

囗4 **【囮】** (7) 音 ― 訓 おとり
意味 ❶誘い出して捕らえるために利用する、同類の鳥獣や魚。おとり。❷人を誘い出して自分の都合のよいように利用するもの。おとり。「囮捜査」

囗4 **【困】** (7) 6年
音 コン 訓 こまる
意味 ❶処置に迷って苦しむ。こまる。また、その苦しみ。「困難・困苦・貧困・困った男だ」❷貧乏で生活に苦しむ。「生活に困る」
【困窮】(こんきゅう) ①処置の方法がわからず、非常に困ること。「対策に―する」②貧乏で生活に苦しむこと。
【困苦】(こんく) ①つらい苦しみ。②貧乏でつらいめにあうこと。「―のうちに育つ」
【困憊】(こんぱい) 疲れて非常に弱ること。「疲労―」▽「憊」は「疲れる」の意。
【困惑】(こんわく) どうしてよいかわからず、非常に困ること。「はたと―する」

囗4 **【図】** (7) 2年 旧字 囗11 圖 (14)
音 ズ・ト 訓 はかる
意味 ❶物の形・形態などを描いたもの。ず。「図形・図解・地図・設計図」❷いろいろ考えて計画する。はかる。また、その計画。「雄図・意図」❸考えどおりであること。ず。「図星(ずぼし)・図に当たる(予想したとおりになる)」❹本。「図書」名付

3画

ず・と・はかる

【参考】はかる⇩「計」の〔使い分け〕。

【図会】(えず) ある事柄を絵・写真・表・グラフなどによって説明をする書物。「名所—」

【図説】(ずせつ) 絵・写真・表・グラフなどによって説明すること。また、そのようにした書物。

【図譜】(ずふ) 同種の物を分類し、絵・写真などによって説明をした書物。

【参考熟語】図図(ずうずう)しい　図体(ずうたい)

口5 【固】(8)

4年　音 コ　訓 かためる・かたまる・かたい・もとより

筆順

意味 ❶強くてじょうぶである。また、しっかりしていて安定している。かたい。「固定・堅固」❷融通がきかない。かたい。「固陋(ころう)・頑固(がんこ)・頭が固い」❸寄せ集めて一つにする。かためる。また、そのようになる。かたまる。「固体・凝固」❹もとからそうであるさま。もとより。「固有・固より賛成です」❺確実なものにする。かためる。また、そのようになる。かたまる。「固めの杯」

【名付】かた・かたし・かたむ・こ・たか・もと

【参考熟語】固唾(かたず)

【固持】(こじ) 自分の主義・主張などをかたく持ち続けて変えないこと。「自説を—する」

【固辞】(こじ) かたく辞退すること。

【固執】(こしつ・こしゅう) 自分の意見などを、変えずに主張し押し通そうとすること。「自説に—する」▽「こしつ」は「こしゅう」の慣用読み。

使い分け「かたい」

固い…外から入れないほど強い。「固い餅(もち)・決意が固い・固く辞退する・優勝は固い」

堅い…質がしまって割れにくく、折れにくい。堅実。確実。「堅い材質・堅い商売・義理堅い・堅い話」

硬い…「軟」の対。石のように、くだけたり裂けたりしない。「硬い宝石・硬い表現・硬い表情」

難い…「易」の対。むずかしい。「想像に難くない・許し難い」

【固疾】(こしつ) なかなか治らない病気。持病(じびょう)。▽「痼疾」とも書く。

【固体】(こたい) 液体・気体に対して、一定の形と体積とを持ち変形しない物体。

【固有】(こゆう) 他のものにはなく、そのものにだけあること。「—名詞」注意「個有」と書き誤らないように。

【固陋】(ころう) 見聞が狭く、かたくなで古くさいこと。「頑迷(がんめい)—」▽「陋」は「心や知識が狭い」の意。

口5 【国】(8)

2年　音 コク　訓 くに

旧字 口8 國 (11) 人名　異体 口6 圀 (9)

筆順

意味 ❶くに。「国家・国際・国破れて山河在(あ)り」❷ふるさと。くに。「郷国」❸昔の行政上の区画。くに。「国郡・国家老(くにがろう)」❹日本に関していること。「国史・国学」

【名付】くに・こく・とき

【国際場裏】(こくさいじょうり) 国家と国家とが交際し、外交官が活躍するところ。▽「国際場裡」とも書く。

【国策】(こくさく) 国家の目的を達成するために行う政策。「—事業」

【国事】(こくじ) 国や国の政治に関係のある、重要な事柄。「天皇の—行為」

【国璽】(こくじ) 国家のしるしとしての印章。国の印。

【国辱】(こくじょく) その国家の名誉にかかわる恥。

【国粋】(こくすい) その国家・国民特有の長所や美点。「—主義」

【国是】(こくぜ) 国としての政治の方針。▽「是」は「正しいと認めて決めた事がら」の意。

【国勢】(こくせい) 人口・産業・資源などの状態から見た、その国の国力。「—調査」

【国賊】(こくぞく) 国の政治に反対し、害を与える人。

【国都】(こくと) その国の政府のある都市。首都。

【国賓】(こくひん) 国家が国の客として接待する外国人。

【国母】(こくぼ・こくも) ①皇太后(天皇の母)のこと。②皇后のこと。

【国論】(こくろん) 国民全体の意見。「—を統一する」

口5 【囹】(8)

音 レイ　訓 —

意味 牢屋(ろうや)。ひとや。「囹圄(れいご・れいぎょ)」

口6 【囿】(9)

音 ユウ　訓 —

3画

意味 垣で囲んだ庭園。御苑(ぎょえん)。

囗6【⿴囗方】▶国 異

囗7【圄】(10) 音 ギョ・ゴ 訓 —
意味 牢屋(ろうや)。ひとや。「囹圄(れいご・れいぎょ)」

囗7【圃】(10) 人名 音 ホ 訓 —
筆順 冂 冂 冂 冃 冃 甫 甫 圃
意味 野菜や果樹を栽培する畑。「田圃(でんぽ・たんぼ)」
名付 その・ほ

囗8【圉】(11) 音 ギョ・ゴ 訓 —
意味 牢屋(ろうや)。ひとや。

囗8【國】▶国 旧

囗9【⿴囗皇】(12) 〈国字〉 音 コク 訓 くに
意味 皇国としてのくに。「⿴囗皇体明徴(こくたいめいちょう)」

囗9【圏】(12) 常用　旧字 囗8 圈 (11) 人名
音 ケン 訓 —
筆順 冂 冂 冎 冎 冎 冎 圏 圏
意味 ❶限られた区域・範囲。「圏外・北極圏」 ❷周りを囲ったもの。「圏点」
【圏点】(けんてん) 文章の要点・注意点になるところを示すために文字のわきにつける、小さな丸じるし。傍点。

囗9【圍】▶囲 旧

囗10【園】(13) 2年　異体 艸13 薗 (16) 人名
音 エン・オン 訓 その
筆順 丨 冂 冂 冂 冂 冂 園 園
意味 ❶くだもの・野菜などを栽培するところ。その。「園芸・田園」 ❷人々を楽しませる場所。「公園・動物園」 ❸子どもを教育する施設。「学園・幼稚園」
名付 えん・その
参考 「園地」は「苑地」が書き換えられたもの。
【園丁】(えんてい) 公園などの手入れ・整備をする人。
【園遊会】(えんゆうかい) 身分の高い人が客を招いて庭園で行う、祝賀・披露などの会。 注意 「宴遊会」と書き誤らないように。

囗10【圓】▶円 旧

囗11【團】▶団 旧

囗11【圖】▶図 旧

囗13【圜】(16) 音 カン・エン 訓 めぐる
意味 ❶ぐるぐる回る。めぐる。❷まるい。まる。

土 の部　つち・つちへん どへん

土0【土】(3) 1年 音 ド・ト 訓 つち
筆順 一 十 土
意味 ❶つち。また、地面。「土足・土壌・土地(とち)・沃土(よくど)・異国の土(つち)となる(他国で死ぬ)」 ❷その地方。「国土・領土・焦土」 ❸人が住んでいるところ。「土着・土俗・土産(みやげ・どさん)」 ❹土曜日のこと。 ❺語頭につけて、程度がはなはだしいことを表すことば。「ど」と読む。「土根性」

名付 つち・つつ・と・ど・はに・ひじ
【土偶】(どぐう) 土で作った人形。特に、縄文時代の土人形。

【土下座】(どげざ) ひざまずいて深く頭を下げて礼をすること。「—して謝意を表す」

【土砂】(どしゃ・どさ) 土と砂。「—崩れ」

【土壌】(どじょう) ①作物栽培の基礎となる土。②才能・能力を育成するために必要な条件をじゅうぶんに備えた環境のたとえ。

【土俗】(どぞく) その土地のひなびた風俗・習慣。

【土壇場】(どたんば) 差し迫った最後の場面。「—で勢いを盛り返す」▽もと「首切りの刑場」の意。

【土着】(どちゃく) その土地に長く住みつくこと。

【土嚢】(どのう) 積み上げて出水や弾丸などを防ぐのに用いる、土を入れた袋。

【土用】(どよう) ①立春・立夏・立秋・立冬の前の十八日間のこと。②特に、夏の土用(立秋前の十八日間)のこと。「—波」

【土産】(みやげ・どさん) ①旅先などから持ち帰る品物。②訪問先に持っていく品物。

参考熟語 土耳古(トルコ) 土瀝青(アスファルト) 土器(かわらけ・どき) 土龍(土竜)(もぐら・むぐら) 土筆(つくし) 土塊(つちくれ・どかい)

土2 **【圧】**(5) 5年　旧字 土14 壓(17)

音 アツ・オウ　訓 おさえる・おす

筆順 一 厂 圧 圧 圧

意味 ❶物を向こうにやる力を加える。おす。また、そうして向こうにやったり動けなくしたりする。あっする。おさえる。「圧縮・圧力・威圧・鎮圧・敵を圧する」❷おさえる力。「気圧・高圧・空気圧」

【圧延】あつえん 熱した金属のかたまりを、ローラーの間に通して圧力でのばすこと。

【圧巻】あっかん 全体の中で最もすぐれていてはなやかな部分。「十三ラウンドの打ち合いが試合の—だった」▽昔、中国で、官吏登用試験の最優秀の答案を他の答案のいちばん上にのせたことから。

【圧搾】あっさく ①中の物をしぼり出すために、機械で強く押しつけること。②気体などに圧力を加えて容積を減らすこと。圧縮。「—空気」

【圧殺】あっさつ ①押しつけて殺すこと。②圧迫して相手の勢いなどを無力・無効にすること。「反対意見を—する」

【圧死】あっし おしつぶされて死ぬこと。

【圧勝】あっしょう 勢力・実力で相手をすっかり抑えつけ、大差をつけて楽に勝つこと。「10対0で対戦相手に—した」

【圧制】あっせい 権力で他の人の言動をむりに抑えつけること。「軍閥の—」

【圧政】あっせい 権力で無理に抑えつけて、人民の自由な言動を許さない政治。

【圧倒】あっとう すぐれた勢力・実力で他を抑えつけること。「—的（程度が比較にならないほどはなはだしいさま）」注意「圧到」と書き誤らないように。

【圧迫】あっぱく ①物を押しつけること。「胸に—を感じる」②権威や威厳によって、相手を恐れさせ抑えつけること。「—感を覚える」

土2 **【圦】**(5)〈国字〉　音 —　訓 いり

意味 川の水を通すために堤防の下にうめた管。いり。

土3 **【圷】**(6)〈国字〉　音 —　訓 あくつ

意味 低い土地。あくつ。▽地名・人名に用いられる。

土3 **【坃】**(6)〈国字〉　音 —　訓 くろ

意味 くろ。▽地名などに用いる字。「二ツ坃・狐坃・坃中」は岡山県倉敷市の地名。

土3 **【圭】**(6) 人名　音 ケイ　訓 たま

筆順 一 十 土 圭 圭 圭

意味 諸侯の身分を示す玉。たま。「圭角」

名付 か・かど・きよ・きよし・け・けい・たま・よし

【圭角】けいかく 言動・態度にある、他の人と調和しないとげとげしさ。「—が取れる」

土3 **【在】**(6) 5年　音 ザイ　訓 ある・います・おわす

筆順 一 ナ 𠂇 在 在 在

意味 ❶そこにいる。ある。「在野・在留・在米・存在」❷都会・町から少し離れたいなか。ざい。「在所・近在・東京の在」❸その行為をする人を尊敬して「ある」「いる」「行く」「来る」をいうことば。います。おわす。

名付 あき・あきら・あり・ざい

参考 ある⇩「有」の［使い分け］。

【在郷】ざいきょう・ざいごう 郷里に住んでいること。「—の両親」「—軍人（予備役または退役の軍人）」

【在庫】ざいこ 商品の手持ちがあること。▽「倉の中にある」の意。

【在住】ざいじゅう その土地に住んでいること。

【在所】ざいしょ ①郷里であるいなか。②いなか。

【在世】ざいせ・ざいせい 故人が生きていた間。「故人の—中はお世話になりました」

【在籍】ざいせき 組織・団体などに公式に所属していること。

【在野】ざいや ①すぐれた人物が、公の職につかず民間にいること。②政党が野党の立場にあること。

【在来】ざいらい それがこれまでに普通に行われていたこと。「—の方法」

【在留】ざいりゅう 外国人がその土地・国に滞在・居住すること。「—邦人」「日本—のアメリカ人」

参考熟語 在処(ありか)

【地】

土3 (6) 2年 音チ・ジ 訓つち

筆順 一 十 土 圵 圽 地

意味 ❶陸。ち。つち。↔天。「地球・地面・大地」❷限られた場所。ち。「地域・安住の地」❸よりどころとする立場。ち。「地位・境地」❹荷物・書物などの下のほう。ち。↔天。「天地無用」❺本来のままであること。じ。「地力(じりき)・下地(したじ)」❻中心になるものの基礎となるもの。じ。「地肌(じはだ)・素地(そじ)」❼その土地のものであること。じ。「地酒(じざけ)」❽実際。じ。「小説を地で行く」❾碁で、石で囲んで自分のものとした空所。じ。名付 くに・ただ・ち・つち

参考 ❷〜❹は「ち」と読み、❺〜❾は「じ」と読む。

地

【地所】(じしょ) 敷地・財産としての土地。

【地蔵】(じぞう) 釈迦(しゃか)の死後、弥勒菩薩(みろくぼさつ)の出現までの間、衆生(しゅじょう)を教化・済度するという菩薩。日本では旅人や子どもを守るとされる。地蔵尊。地蔵菩薩。

地蔵

【地盤】(じばん) ①建造物の基礎となる土地。「─沈下」②活動のよりどころとなる勢力範囲。「農村を─として立候補する」

【地味】一(じみ) ①はなやかでなく、控えめなこと。②飾り気がなく、質素なこと。「─な生活」二(ちみ) 作物を栽培する土質の良否。「─の肥えた土地」

【地異】(ちい) 地震・洪水・噴火など、地上に起こる災害。「天変─」

【地祇】(ちぎ) 地上・国土を守るという神。

【地誌】(ちし) その地方の地理をしるした書物。

【地勢】(ちせい) 土地全体のありさま。土地の高低や、山や川などの配置のぐあい。

【地籍】(ちせき) 土地の所在・使用目的・所有関係などの記録。土地の戸籍。「─簿」

【地租】(ちそ) 土地に課される租税。地税。

【地変】(ちへん) 噴火・地震・陥没など、災害として地上に現れる大地の変動。「天災─」

【地歩】(ちほ) そのものが占めている、他のものより優勢なすぐれた地位・立場。「確固たる─を占める」

【地目】(ちもく) 土地の使用目的による区分。▽不動産登記法では、田・畑・宅地・山林などの二十一区分が定められている。

【地力】一(ちりょく) 土地の、農作物を育てる力。二(じりき) その人の本来の力。

【圸】

土3 (6) 〈国字〉 音─ 訓まま

意味 切りたった土地。まま。▽地名などに用いる字。「圸上(ままのうえ)」は、山形県にある地名。

圸

【寺】▸寸3

【坎】

土4 (7) 音カン 訓あな

坎

意味 落とし穴。あな。「坎穽(かんせい)」

【坎穽】(かんせい) ①落とし穴。②人を陥れる計略。▽「穽」も「落とし穴」の意。

【圻】

土4 (7) 音キ 訓─

意味 都の近くの領土。「圻内(きない)(畿内)」

圻

【均】

土4 (7) 5年 音キン 訓ならす・ひとしい

筆順 一 十 土 圴 均 均

意味 ❶高低・凹凸がないようにする。ならす。また、そのこと。ならし。「均衡・平均・土地を均す」❷同じであって差がない。ひとしい。「均一・均質」名付 お・きん・ただ・なお・なり・ひとし・ひら・まさ

参考 「ひとしい」は「等しい」「斉しい」とも書く。

【均衡】(きんこう) 二つまたはそれ以上のものの間に差がなくてつり合っていること。「収支の─を保つ」注意 「均衝」と書き誤らないように。

【均整】(きんせい) 各部分の間のつり合いがとれ、全体が安定していて美しいこと。均斉。

【均等】(きんとう) 二つまたはそれ以上のものの間で数量・程度が等しくて差がないこと。「機会─」

【均分】(きんぶん) 平等に幾つかに分けること。「─相続」

均

【坑】

土4 (7) 常用 音コウ 訓あな

筆順 一 十 土 圹 圹 坑

坑

3画

意味 鉱物を掘り出すための穴。あな。「炭坑・廃坑」
【坑道】(こうどう) ①地下道。②鉱山などの、坑内の通路。

土4 【坐】(7) 人名 音ザ 訓すわる　異体 土5 坐(8)

筆順 ノ 人 人ノ 从 坐 坐 坐

意味 ❶ひざを折り曲げて席に着く。また、席に腰をおろす。ざする。すわる。「坐禅・正坐・行住坐臥(ぎょうじゅうざが)」❷じっとしていて動かない。すわる。「坐視・坐食」❸他人の罪に関係して罰せられる。ざする。「連坐」❹すわる場所。ざ。
名付 います・ます
参考 (1)もと、「坐」は「すわる」の意で動詞的に用い、「座」は「すわる場所」の意で名詞的に用いた。(2)「坐・坐視・坐礁・端坐・連坐」などの「坐」は「座」に書き換える。
【坐乗】(ざじょう) 海軍で、司令官などが艦船に乗り込んで指揮をすること。▽「座乗」とも書く。
【坐職】(ざしょく) 家にすわっていて仕事をする職業。▽「座職」とも書く。

土4 【址】(7) 印標 音シ 訓あと　異体 阜4 阯(7)

意味 ❶残っている、昔の事物のあと。あと。「城址」❷物事の土台。「基址」

土4 【坏】(7) 音ハイ 訓つき

意味 飲食物を盛る器。つき。「高坏(たかつき)」
注意 「杯」と書き誤らないように。

土4 【坂】(7) 3年 音ハン・バン 訓さか

筆順 一 十 土 圹 圻 坂 坂

意味 傾斜した道。さか。「急坂・坂道(さかみち)」 名付 さか・はん
【坂東】(ばんどう) 関東地方のこと。▽相模(さがみ)・駿河(するが)の境にある足柄峠(足柄坂)の東の意。
【坂東太郎】(ばんどうたろう) 利根(とね)川の別称。

土4 【坊】(7) 常用 音ボウ・ボッ 訓まち

筆順 一 十 土 圹 圹 坊 坊

意味 ❶僧のこと。ぼう。「坊主(ぼうず)・武蔵坊弁慶・師の坊」❷僧の住むところ。「僧坊・本坊」❸区分されたまち。まち。「坊間・坊城(みやこ)」❹皇太子の御殿。「東宮坊・春坊」❺男の子の幼い子を呼ぶことば。「坊や・坊(ぼっ)ちゃん」❻親しみ・あざけりの気持ちを表すことば。「寝坊・赤ん坊・たあ坊」

土5 【坩】(8) 音カン 訓つぼ

意味 土製のつぼ。つぼ。「坩堝(るつぼ・かんか)」
【坩堝】(るつぼ・かんか) 金属・ガラスなどを高熱で熱して溶解する容器。「興奮の—と化する」▽激して熱狂した場内にたとえることもある。

土5 【坤】(8) 音コン 訓つち・ひつじさる

意味 ❶大地。つち。❷女性。「坤徳」⇔乾(けん)。❸方角で、南西。ひつじさる。「坤輿(こんよ)・乾坤一擲(けんこんいってき)」
【坤輿】(こんよ) 大地のこと。

土5 【垂】(8) 6年 音スイ 訓たれる・たらす・なんなんとする　異体 土7 埀(10)

筆順 一 二 三 乒 乕 垂 垂 垂

意味 ❶上から下にさがる。たれる。また、そのようにする。たらす。「垂直・垂涎(すいぜん)・懸垂」❷目下の者に与える。たれる。「垂範・教えを垂れる」❸今にもそうなろうとする。なんなんとする。「垂死・半日に垂んとする会議」❹国の果ての地。辺境。「辺垂・四垂」 名付 しげる・すい・たり・たる・たれ
【垂訓】(すいくん) 徳の高いすぐれた人が一般の人に教え・方針を示すこと。また、その教え・方針。「山上の—」
【垂迹】(すいじゃく) 神は、仏・菩薩(ぼさつ)が民衆を救うために姿を変えて、この世に現れたものであるということ。「本地(ほんじ)—」▽「あとを垂(た)れる」の意。
【垂涎】(すいぜん・すいえん) 非常に強く物をほしがること。「—の的(まと)」▽「食べたくてよだれを垂(た)らす」の意。「すいえん」は誤読が慣用化したもの。
【垂範】(すいはん) 自分で行って手本を示すこと。「率先—」
参考熟語 垂柳(しだれやなぎ・すいりゅう) 垂乳根(たらちね) 垂木(たるき)

3画

土5 【垈】(8) 〈国字〉 音タイ 訓ぬた
意味 沼地。湿地。ぬた。▽地名に用いる字。「大垈(おおぬた)・藤垈(ふじぬた)」は、山梨県の地名。

土5 【坦】(8) 人名 音タン 訓たいら
筆順 一 十 土 圦 坦 坦 坦 坦
意味 ❶土地・道路が平らである。「坦坦・平坦」❷心が広くてゆったりしている。「虚心坦懐」
名付 あきら・かつ・しずか・たいら・ひとし・ひら・ひろ・ひろし・ひろむ・やす・やすし・ゆたか
【坦坦(たんたん)】①土地などが平らで広々としているさま。「試合は—と進む」②変わったことがなく、物事が進むこと。
注意 「担担」と書き誤らないように。

土5 【坡】(8) 音ハ 訓つつみ 異体 阜5 陂(8)
意味 ❶坂。さか。❷土手。堤防。つつみ。

土5 【坿】(8) 音フ 訓つける
意味 ❶つけ加える。つける。❷石英。

土5 【坪】(8) 常用 音ヘイ 訓つぼ 旧字 土5 坪(8)
筆順 一 十 土 圢 圻 坘 坪 坪
意味 ❶尺貫法の、土地の面積の単位。一坪(ひとつぼ)は六尺四方の面積で、約三・三平方メートル。一歩(ぶ)に当たる。「坪刈(つぼがり)・建坪(たてつぼ)」❷尺貫法の、土砂などの体積の単位。一坪は六尺立方で、約六・〇二立方メートル。❸御殿の内庭。また、御殿の中のへや。つぼ。
名付 つぼ・へい
【坪庭(つぼにわ)】屋敷内の、建物に囲まれた庭。

土5 【垉】(8) 〈国字〉 音ホウ 訓くずれる
意味 くずれる。▽地名に用いる字。「垉六(ほうろく)」は愛知県にある地名。

【卦】▸卜6 【幸】▸干5 土5【坐】▸坐(異)

土6 【垣】(9) 常用 音エン 訓かき
筆順 一 十 土 圢 圻 垣 垣 垣 垣
意味 家と家との間の囲いや仕切り。かき。「垣籬(えんり)・垣根(かきね)」
名付 えん・かき・かん・たか・はん
参考熟語 垣間見(かいまみ)る

土6 【垓】(9) 音ガイ 訓—
意味 ❶さいはての地。❷数の単位。一垓(いちがい)は億の千倍。がい。

土6 【垳】(9) 〈国字〉 音— 訓がけ
意味 がけ。▽地名に用いる字。「垳(がけ)」は、埼玉県の地名。

土6 【垠】(9) 音ギン 訓—
意味 限り。果て。「垠際」

土6 【型】(9) 5年 音ケイ 訓かた
筆順 二 チ 开 开 刑 刑 型 型 型
意味 ❶同種の物のもとになる形。また、同種のものに共通する様式。かた。「原型・類型・型紙(かたがみ)・古い型の自動車」❷手本となるもの。「典型」❸武道・芸道・スポーツなどで、守らねばならない一定の形式。かた。
名付 けい
参考 かた⇩「形」の[使い分け]。
参考熟語 型録(カタログ)

土6 【垢】(9) 音コウ・ク 訓あか
意味 ❶皮膚のよごれ。また、心や美しいもの・神聖なものの汚れ。あか。「無垢(むく)・垢離(こり)」❷器などの底に水の中の不純物が固まってついた物。あか。「水垢(みずあか)」
【垢離(こり)】神仏に祈願するとき、水を浴びてからだや心を清めること。「水—」

土6 【城】(9) 4年 音ジョウ・セイ 訓しろ・き 旧字 土7 城(10)
筆順 一 土 圹 圹 坊 城 城 城 城
意味 ❶防備のために築いた建物。しろ。また、さくを巡らしたところ。き。「城壁・落城」❷君主が住み、多くの人々が集まっているところ。「王城・不夜城」
名付 き・くに・しげ・じょう・しろ・なり・むら

3画

【城郭】(じょうかく) ①城。②城の周囲に設けた囲い。▽「城廓」とも書く。
【城塞】(じょうさい) 敵を防ぐ、城やとりで。▽「塞」は「とりで」の意。「城砦」とも書く。
【城址】(じょうし)・(しろあと) 昔、城があった所。▽「址」は「物のあったあと」の意。「しろあと」は「城跡」とも書く。

土6 【垰】(9) 〈国字〉 音 — 訓 たお
意味 峠。たお。▽地名・人名に用いる字。「垰市(たおいち)」は、山口県の地名。

土6 【垤】(9) 音 テツ 訓 —
意味 ありづか。「蟻垤(ぎてつ)」

土6 【垪】(9) 〈国字〉 音 — 訓 は
意味 地名・人名に用いる字。「垪和(はが)」は、岡山県の地名。

〔封〕▼寸6

土6 〔𡊣〕▼增(異)

土6 〔𡉴〕▼壗(異)

土7 【埃】(10) 印標 音 アイ 訓 ほこり
意味 空中に飛び散る細かいごみ。ほこり。「塵埃(じんあい)」
参考熟語 埃及(エジプト)

土7 【埆】(10) 音 カク 訓 そね
意味 やせた土地。やせ地。そね。

土7 【埖】(10) 〈国字〉 音 — 訓 ごみ
正字 土8 埖 (11)
意味 ごみ。ちり。ほこり。▽地名に用いる字。「埖渡(ごみわたり)」は、青森県の地名。

土7 【𡋽】(10) 〈国字〉 音 — 訓 さこ
意味 山間の小さな谷あい。さこ。はざま。▽多く地名・人名に用いる。

土7 【𡌛】(10) 〈国字〉 音 — 訓 の
意味 野。の。▽多く人名などに用いる。

土7 【𡋗】(10) 〈国字〉 音 — 訓 はけ
意味 はけ。▽地名に用いる字。「𡋗下(はけした)・大𡋗(おおはけ)」は、埼玉県の地名。

土7 【埔】(10) 音 ホ 訓 —
意味 「柬埔寨(かんぼさい)」は、カンボジアのこと。

土7 【埋】(10) 常用 音 マイ 訓 うめる・うまる・うもれる・うずまる・うずめる・うずもれる
筆順 土 圵 圵 坰 坦 坤 埋 埋
意味 ❶穴の中にうずめる。うめる。また、うまる。「埋葬・埋蔵」❷物におおわれる。うずまる。うずもれる。うもれる。「埋没・埋(う)もれ木」❸あいている所を満たしたり、不足を補ったりする。うずめる。うめる。また、そのようになる。うずまる。うまる。「埋め合わせ」 名付 うめ・まい
【埋設】(まいせつ) 地下や海底にうずめて設備すること。「下水管の―工事」
【埋葬】(まいそう) 死者を土の中にうめて、葬ること。
【埋蔵】(まいぞう) ①地中にうずめて隠すこと。「―金」②天然資源が地中にうずまっていること。「石油の―量」
【埋没】(まいぼつ) ①うずもれて見えなくなること。②価値のあるものが世に知られないこと。

土7 【埒】(10) 印標 音 ラチ・ラツ 訓 —
異体 土7 埓 (10)
意味 ❶物事の範囲。らち。「埒内・不埒(ふらち)・放埒(ほうらつ)・埒が明かない(はかどらない)・埒もない(とりとめもない)」❷馬場の周囲に設けたさく。らち。

土7 〔埀〕▼垂(異)

土7 〔城〕▼城(旧)

土7 〔埓〕▼埒(異)

土8 【堊】(11) 音 ア・アク 訓 —
意味 白い土。白い石灰など。「白堊(はくあ)」

土8 【域】(11) 6年 音 イキ 訓 —
筆順 土 圠 圸 坷 坷 域 域 域
意味 ❶限られた広さの場所。範囲。「域内・職域」❷特定の地方。「異域・西域」 名付 いき・くに・むら

土8 【基】(11) 5年 音 キ 訓 もと・もとい
筆順 一 十 廾 甘 甘 其 其 基

3画

意味 ❶物事が成り立つ土台となるもの。もと。もとい。「基礎・基地・基準・開基・培養基」❷物事がそれを土台にして起こる。もとづく。「基因・法律に基づく」❸化学で、それぞれは化学反応をせず、全体で一原子のように反応する原子団。き。「塩基・メチル基」❹灯籠(とうろう)・墓石・厨子(ずし)・旋盤など、すえつけてある物を数えることば。「き」と読む。名付 き・のり・はじむ・はじめ・もと・もとい

参考 もと⇨「元」の〔使い分け〕。

【基幹】(きかん) 全体の中で土台・中心となっているもの。「—産業」

【基金】(ききん) ①事業の基礎として準備してある資本・財産。②ある公の目的に使うために準備しておく資金。「難民救済の—」

【基準】(きじゅん) 物事のよりどころとする標準。

【基礎】(きそ) ①建物の土台。いしずえ。②物事のもとになる事柄。

【基調】(きちょう) ①作品や思想・行動などの根底となっているもの。②音楽で、楽曲の中心となっている調子。主調。

【基点】(きてん) ①距離の測定のとき、よりどころとなる地点。②図形を描くとき、よりどころとなる点。参考「起点(きてん)」は、物事が始まるおおもとのところ。

【基盤】(きばん) その物事の土台となるもの。

参考熟語 基督(キリスト)

土8

【埼】

(11) 4年 音キ 訓さい・さき

埼

筆順

意味 陸地が海に突き出たところ。みさき。さき。

参考 地名に用いるほかは、一般には「崎」を用いる。

土8

【堀】

(11) 常用 音クツ 訓ほり

筆順

意味 土を掘って水をためた所。ほり。「堀割」

名付 くつ・ほり

堀

土8

【埣】

(11) 音ソツ・サイ 訓そね

意味 やせた土地。やせ地。そね。▽多く地名に用いる字。「上埣(かみそね)・中埣(なかそね)」は、宮城県の地名。

埣

土8

【執】

(11) 常用 音シツ・シュウ 訓とる

筆順

意味 ❶手に持つ。とる。「執刀・筆を執る」❷責任をもって行う。「執務」❸こだわる。また、しつこくする。「執拗(しつよう)・執念(しゅうねん)・固執」名付 しつ・しゅう・もり

参考 とる⇨「取」の〔使い分け〕。

執

【執行】(しっこう) 決められた事柄を実際に執り行うこと。「—猶予」

【執事】(しつじ) ①身分の高い人の家や社寺などで、家事や事務を監督し、さしずをする人。②身分の尊い人にあてた手紙のわきづけに使うことば。

【執刀】(しっとう) 医者がメスを使って、手術を行うこと。

【執筆】(しっぴつ) 文字や文章を書くこと。

【執務】(しつむ) 事務をとること。事務の仕事につくこと。

【執拗】(しつよう) ねばり強くて、しつこいこと。

【執心】(しゅうしん) ①物事に強く引かれて忘れられないこと。「金銭に—する」②異性を熱心に恋い慕うこと。「彼女にご—だ」

【執着】(しゅうちゃく・しゅうじゃく) そのことばかり心に思っていて、忘れられないこと。

【執念】(しゅうねん) 一つのことに深く思いこんだ気持ち。

土8

【埴】

(11) 人名 音ショク 訓はに

筆順

意味 粘土。はに。「埴土・埴輪(はにわ)」名付 しょく・はに

【埴生】(はにゅう) きめの細かい粘土質の土地。「—の宿(土を塗っただけのみすぼらしい家)」

埴

土8

【堆】

(11) 常用 音タイ・ツイ 訓うずたかい

筆順

意味 積み重なって高い。うずたかい。「堆積・堆肥・堆朱(ついしゅ)(朱漆(しゅうるし)を塗り重ねた工芸)」

堆

名付 おか・たか・のぶ

【堆積】たいせき ①物がうず高く積み重なること。また、そのもの。②土・砂などが、風・雨・水・氷河などによって運ばれて積み重なること。 注意「ついせき」と読み誤らないように。

【堆肥】たいひ 草・わらなどを積み重ねて、腐らせた肥料。つみごえ。

土8 【⿰土居】(11) 〈国字〉 音 ― 訓 どい

意味 どい。▽人名に用いる字。「⿰土居田どいだ」

土8 【堂】(11) 5年 音 ドウ 訓 ―

筆順

意味 ❶公事を行う場所。「殿堂」❷神仏を祭ってある建物。「堂塔・聖堂」❸多くの人が集まるための建物。どう。「講堂・公会堂」❹いかめしく、りっぱである。「堂堂」❺他人の母や相手を尊敬していうことば。「母堂・尊堂」❻屋号・雅号・建物の名などに添えることば。「大雅堂」 名付 たか・どう

【堂宇】どうう 寺社の大きな建物。

土8 【培】(11) 常用 音 バイ 訓 つちかう

筆順

意味 草木を養い育てる。つちかう。「培養・栽培」

名付 ばい・ます

【培養】ばいよう 草木や微生物などを養い育てること。 注意「倍養」と書き誤らないように。

土8 【⿰土並】(11) 〈国字〉 音 ― 訓 はが

意味 鳥を捕らえる道具。はが。▽人名などに用いる字。

土8 【埠】(11) 音 フ 訓 はとば

意味 船着き場。はとば。「埠頭」

【埠頭】ふとう 港で、船を横づけして旅客の乗降や荷物の積みおろしなどをするところ。波止場。

土8 【堋】(11) 音 ホウ 訓 ― 正字 土8 【堋】(11)

意味 ❶棺を土の中に埋める。❷川をせきとめるせき。

土8 【堵】▼堵(異)

土8 【埜】▼野(異)

土9 【堙】(12) 音 イン 訓 うめる 正字 土9 【堙】(12)

意味 埋める。また、隠して見えなくする。

土9 【堰】(12) 人名 音 エン 訓 せき

筆順

意味 水流をせきとめたり調節したりする仕切り。せき。「堰堤・堰を切ったよう」

【堰堤】えんてい 貯水・発電などの目的で、川などの水をせきとめるために構築した堤防。ダム。

土9 【堝】(12) 音 カ 訓 るつぼ

意味 金属を溶かすときに用いるつぼ。「坩堝かんか・るつぼ」

土9 【堺】(12) 人名 音 カイ 訓 さかい

筆順

意味 土地の区切り。さかい。また、区域。

土9 【堪】(12) 常用 音 カン・タン 訓 たえる・こらえる・こたえる

筆順

意味 ❶つらいことや怒り、重さ、圧力などをがまんする。こらえる。もちこたえる。たえる。「堪忍」❷物事にすぐれている。「堪能」 名付 かん・たえ

参考 たえる⇩「耐」の〔使い分け〕。

【堪忍】かんにん ①がまんしてたえ忍ぶこと。②怒りをおさえて他人のあやまちを許すこと。勘弁。 注意「勘忍」と書き誤らないように。

【堪能】一 かんのう 才能・技術がすぐれていること。二 たんのう ①その分野の事柄についてよく知っていて上手なこと。②ある事物に満足すること。

土9 【堅】(12) 常用 音 ケン 訓 かたい

筆順

意味 ❶質が強くて、容易に形・状態が変わら

3画

ない。かたい。また、そのこと・物。けん。「堅固・堅塁・中堅・堅を誇る」❷誠実である。「堅実」❸がんこで融通がきかない。かたい。「堅物(かたぶつ)」❹そう考えてまちがいはない。かたい。「成功は堅い」名付 かき・かた・かたし・けん・たか・つよし・み・よし

参考 かたい⇩「固」の〔使い分け〕。

【堅固(けんご)】①かたくてこわれないさま。堅牢。②健康で丈夫なさま。「―で暮らす」

【堅持(けんじ)】ある態度や考えを持ってそれを変えないこと。

【堅忍不抜(けんにんふばつ)】つらいことにもがまん強く堪えてしっかりとして心を動かさないこと。

【堅牢(けんろう)】堅くてじょうぶなこと。▽「牢」も「かたい」の意。

土9 **【場】**(12) 2年 音 ジョウ 訓 ば 異体 土11 塲(14)

筆順 場

意味 ❶物事を行うところ。じょう。ば。「場内・工場」❷演劇で、筋の展開のひとくぎり。ば。「場面(ばめん)」

【場裏(じょうり)】その物事が行われている範囲。「国際―」▽「場裡」とも書く。

土9 **【堕】**(12) 常用 音 ダ 訓 おちる・おろす 旧字 土12 墮(15)

筆順 堕

意味 ❶こわれて落ちる。おちる。また、落とす。おろす。「堕胎」❷品行が悪くなる。だする。「堕落」

【堕胎(だたい)】胎児を人工的に流産させること。妊娠中絶。

【堕落(だらく)】①品行や物事が不健全で悪い状態になること。②僧などが神仏を信仰する心を失って俗人と同じような生活をすること。

土9 **【塚】**(12) 常用 音 チョウ 訓 つか 旧字 土10 塚(13)

筆順 塚

意味 ❶土を小高く盛り上げた墓。つか。「古塚」❷土を小高く盛りあげたところ。つか。「蟻塚(ありづか)・一里塚」名付 ちょう・つか

土9 **【堤】**(12) 常用 音 テイ 訓 つつみ

筆順 堤

意味 水をせき止める土手。つつみ。「堤防・防波堤」

注意 「提」と書き誤らないように。

土9 **【堵】**(12) 人名 音 ト 訓 かき 異体 土8 堵(11)

筆順 堵

意味 家のまわりのかきね。かき。「堵列・安堵」

名付 かき・と

土9 **【塔】**(12) 常用 音 トウ 訓 ― 旧字 土10 塔(13)

筆順 塔

意味 ❶死者の骨をおさめる高い建物。とう。「石塔・仏塔」❷高くそびえ立つ建物。とう。「尖塔(せんとう)・テレビ塔」

【塔頭(たっちゅう)】①本寺の境内(けいだい)にある小さな寺。わきでら。②禅宗で、教えを開いた祖師の遺骨を納めた塔。

【塔婆(とうば)】死者を供養するために墓地に立てる、塔の形をした細長い板。▽「卒塔婆(そとうば)」の略。

土9 **【塀】**(12) 常用 音 ヘイ 訓 ― 旧字 土11 塀(14)

筆順 塀

意味 家や敷地の境目につくる仕切り。へい。「土塀・板塀」名付 へい

土9 **【堡】**(12) 音 ホ・ホウ 訓 とりで

意味 土や石を積んだ小城。とりで。「堡塁・海堡」

土9 **【報】**(12) 5年 音 ホウ 訓 むくいる・しらせる

筆順 報

意味 ❶受けたうらみ・恩などの返しをする。むくいる。また、行いの結果として身に受けるもの。むくい。「報恩・応報・前世の報い」❷知らせる。ほうじる。また、知らせ。「報告・警報」
名付 お・つぐ・ほう

【報謝】(ほうしゃ) ①受けた恩に感謝して、その人の利益になる物事を行うこと。②仏事を行ってくれた僧や巡礼に金品を贈ること。「巡礼に御―」

【報酬】(ほうしゅう) 仕事に対する謝礼として受けとる金銭や物品。

【報償】(ほうしょう) 国家や地方公共団体が、損害を与えた相手にそのつぐないをすること。

【報奨】(ほうしょう) 奨励するために、よい行いに対して金品を与えること。「―金」

【報道】(ほうどう) 新聞・テレビなどで、社会の出来事を広く知らせること。また、そのニュース。

【報復】(ほうふく) 受けた恨みを相手にやり返すこと。仕返し。

土9 **【塁】** (12) 常用 旧字 土15 壘 (18) 人名

音 ルイ 訓 とりで

筆順

意味 ❶敵の攻撃を防ぐための、壁などの構築物。とりで。「城塁・敵塁」❷野球で、ベースのこと。るい。「塁審・満塁・残塁」 名付 かさ・るい

【塁壁】(るいへき) とりでの壁。また、とりで。

塁

土9 **【堯】** ▸尭(旧)

土10 **【塰】** (13) 〈国字〉 音 ― 訓 あま

意味 海人(あま)。あま。▽多く地名・人名に用いる字。「塰泊(あまどまり)」は、鹿児島県の地名。

塰

土10 **【塋】** (13) 音 エイ 訓 はか

意味 墓地。はか。「塋地(えいち)」

塋

土10 **【塩】** (13) 4年 音 エン 訓 しお 旧字 鹵14 鹽 (25)

筆順

意味 ❶しお。「塩分・塩田・製塩・食塩・塩辛(しおから)い」❷気体元素の一つ。「塩素・塩化・塩酸」❸酸の水素原子を金属原子で置き換えた化合物。えん。「塩類・塩基・硫酸塩」 名付 えん・しお

【塩蔵】(えんぞう) 魚や肉などを塩づけにして保存すること。

【塩田】(えんでん) 海水から塩をとるためにつくった砂地。

参考熟語 塩梅(あんばい)

塩

土10 **【塢】** (13) 音 オ 訓 ―

意味 水をせきとめる土手。

塢

土10 **【塊】** (13) 常用 音 カイ 訓 かたまり・くれ

塊

筆順

意味 ❶かたまっているもの。くれ。かたまり。「塊茎・肉塊・石塊(せっかい・いしくれ)」❷ある性質・傾向が極端な人。かたまり。「欲の塊」

土10 **【塙】** (13) 人名 音 カク 訓 はなわ

筆順

意味 山のさし出た所。はなわ。▽多く人名・地名に用いる字。 名付 はなわ

塙

土10 **【堽】** (13) 音 コウ 訓 ―

意味 岡。おか。▽地名に用いる字。「堽内(ひさぎうち)」は、大分県の地名。

堽

土10 **【塞】** (13) 常用 音 サイ・ソク 訓 ふさぐ・ふさがる・とりで

筆順

意味 ❶あいているものを閉じる。ふさぐ。また、そのようになる。ふさがる。「閉塞・逼塞(ひっそく)」❷とりで。「要塞・防塞」❸国境の地方。「辺塞」❹気分がすぐれない。ふさぐ。 名付 せき

【塞翁が馬】(さいおうがうま) 人生の幸・不幸は予測しがたいことのたとえ。▽「人間万事塞翁が馬」ともいう。昔、中国北境の塞(とりで)の近くに住んでいた老人の飼い馬が逃げたが、良馬を連れて帰った。その老人の子がこの良馬に乗って落馬し、足を引きずるようになり、その

塞

3画

ために兵役をまぬがれたという故事から。

土10 【塒】(13) 音ジ 訓ねぐら
意味 鳥や人間のすみか。ねぐら。

土10 【塑】(13) 常用 音**ソ** 訓——
旧字 土10 塑(13)
筆順 丷 䒑 屰 屰 朔 朔 塑
意味 土をこねて作ったもの。「塑像・彫塑」
【塑像】そぞう 粘土・石膏(せっこう)などで作った像。

土10 【⿱祖土】(13) 〈国字〉 音ソ 訓——
意味 人名に用いる字。

土10 【塡】(13) 常用
異体 土10 填(13)
音テン 訓うずめる
筆順 圹 圹 圻 垍 埴 塡 塡
意味 ❶足りない物を満たす。うずめる。「塡字・補塡」❷太鼓を打つ音。「塡然」 名付 さだ・ます・みつ・やす

土10 【塗】(13) 常用 音**ト** 訓**ぬる・まみれる・まぶす**
筆順 氵 氵 汄 氽 汵 涂 涂 塗
意味 ❶物の面にすりつける。まぶす。ぬる。「塗布・塗料」❷通り道。「道聴塗説」❸どろでよごれる。まみれる。「塗炭の苦しみ」 名付 と・みち
【塗装】とそう 塗料を塗ったり吹きつけたりすること。
【塗炭の苦しみ】とたんのくるしみ 非常な苦しみ。▽「どろにまみれ、火に焼かれるような苦しみ」の意。
【塗布】とふ 塗料・薬品などを一面に塗ること。
【塗抹】とまつ ①表面にぬりつけること。②ぬりつぶすこと。

土10 【塘】(13) 音トウ 訓つつみ
正字 土10 塘(13)
意味 堤防のこと。つつみ。「池塘(池の堤。また池)」

土10 【墓】(13) 5年 音**ボ** 訓**はか**
旧字 土11 墓(14)
筆順 艹 艹 苩 苩 莫 莫 墓
意味 死者を埋葬するところ。また、そこに立てる木や石。はか。「墓参・墳墓」 名付 つか・ぼ
【墓穴】ぼけつ・はかあな 遺体や遺骨を葬るための穴。「—を掘る(自分で破滅の原因を作る)」
【墓誌銘】ぼしめい 死者の生前の経歴や業績などを墓石に刻みしるした文章。
【墓碑銘】ぼひめい 墓石や記念碑に死者の生前の経歴や業績を刻んだ文章。

土10 【塚】▸塚(旧)

土11 【境】(14) 5年 音**キョウ・ケイ** 訓**さかい**
筆順 圤 圹 垃 垃 垴 培 培 境
意味 ❶地域のくぎりめ。さかい。「境界・国境」❷くぎられた地域。範囲。「境地・境内(けいだい)・異境」❸その人の立場や状態・ありさま。「心境・逆境」❹めぐりあわせ。「境遇・環境」 名付 きょう・さかい
参考 「辺境」は「辺疆」が書き換えられたもの。
【境涯】きょうがい 生きてゆく上での立場。
【境遇】きょうぐう 世の中でその人の生活している身のまわりや運命などの情況。注意「境偶」と書き誤らないように。
【境地】きょうち ①置かれている立場。②心の状態。「さとりの—」
【境内】けいだい 神社・寺院の敷地のなか。注意「けいない」「きょうない」と読み誤らないように。

土11 【塹】(14) 音ザン 訓ほり
意味 城のまわりのほり。「塹壕(ざんごう)」
【塹壕】ざんごう 戦場で、敵の弾丸を避け、身を守るために掘るほり。▽「壕」も「ほり」の意。

土11 【塾】(14) 常用 音**ジュク** 訓——
筆順 亠 古 亨 享 孰 孰 塾
意味 学問を教える私設の学校。「塾生・学習塾」 名付 いえ・じゅく

土11 【墅】(14) 音ショ 訓——

3画

意味 収穫物を入れる小屋。また、休息用の小さい家。「別墅(べっしょ)(別荘)」

土11 【塵】(14) 印標 音ジン 訓ちり

意味 ❶土ぼこり。また、ごみ。ちり。「塵土・砂塵」❷けがれたこの世の中。俗世間。「俗塵」❸仏道修行のさまたげとなるもの。「六塵」

【塵埃】(じんあい) ①ちりと、ほこり。②けがれた俗世間。

【塵芥】(じんかい・ちりあくた) ごみ。▽つまらないものにたとえることもある。「芥」は「ごみ」の意。

土11 【増】(14) 5年　旧字 土12 增 (15) 人名

音ゾウ 訓ます・ふえる・ふやす

筆順 … 増

意味 ❶ふえる。ます。また、そのようにする。ふやす。ます。「増加・倍増」❷おごりたかぶる。「増上」 名付 ぞう・なが・ま・ます

使い分け「ふえる」

増える…「減る」の対。同じものが加わって、全体が多くなる。「人数が増える・体重が増える・消費が増える」

殖える…それ自体の力で、全体が多くなる。生物や財産が多くなる。「資産が殖える・家畜が殖える・株分けで殖える」

※「殖える」は「増える」で代用されることも多い。

【増援】(ぞうえん) 人をふやして援助すること。「―部隊」

【増上慢】(ぞうじょうまん) ①仏教で、まだじゅうぶんに悟りを得ていないのに、悟ったと思っておごり高ぶること。②転じて、うぬぼれていばっていること。

【増殖】(ぞうしょく) ①ふえて多くなること。②細胞や生物などがふえること。

【増設】(ぞうせつ) 今までにある施設・設備などに加えて、さらに建設・設備すること。

【増長】(ぞうちょう) ①高慢になること。②悪い傾向がしだいにはなはだしくなること。

【増補】(ぞうほ) 書物などで、内容を補ったりふやしたりすること。「―版」

参考熟語 増増(ますます)

土11 【墨】(14) 常用　旧字 土12 墨 (15) 人名

音ボク 訓すみ

筆順 … 黒 墨

意味 ❶書画をかく、すみ。また、それをすって作った、黒色の汁。すみ。「墨汁」❷書画をかくこと。また、そのもの。「水墨画」❸黒い色のもの。すみ。「墨染め」❹いれずみ。昔、五刑の一つ。「墨刑」❺中国の思想家墨子(ぼくし)のこと。「墨守」❻隅田川(すみだがわ)のこと。「墨東」

【墨守】(ぼくしゅ) 昔からのやり方や自分の考えをがんこに守って変えないこと。▽昔、中国の墨子(ぼくし)が城をかたく守り通したという故事から。

【墨汁】(ぼくじゅう) 墨をすってできた汁(しる)。

【墨書】(ぼくしょ) 墨を含ませた筆で書くこと。また、そうして書いたもの。

【墨蹟】(ぼくせき) 高徳の禅僧が書いた書。

【墨池】(ぼくち) すった墨をためる、すずりのくぼみ。すずりの海。

【墨客】(ぼっかく・ぼっきゃく) 書や絵をかく風流な人。「文人―」

【墨痕】(ぼっこん) 筆で書いた墨のつきぐあい。「―鮮やか」

参考熟語 墨西哥(メキシコ)

土11 【塲】▸場(異)

土11 【塀】▸塀(旧)

土12 【墟】(15) 印標 音キョ 訓あと　異体 土11 墟 (14)

意味 もと建物などのあった荒れ果てた所。あと。「廃墟・殷墟(いんきょ)」

土12 【墜】(15) 常用 音ツイ 訓おちる・おとす　旧字 土12 墜 (15)

筆順 … 墜

意味 ❶上から落ちる。おちる。また、落とす。おとす。「墜落・撃墜」❷衰えて失う。「失墜」

土12 【墳】(15) 常用 音フン 訓―　旧字 土13 墳 (16)

筆順 … 墳

意味 ❶土を高く盛り上げた墓。「墳墓・古墳」❷土が盛り上がる。「墳起」

【墳墓の地(ふんぼのち)】①先祖代々の墓のあるふるさと。②そこで一生を終えるつもりの場所。

土12 【墹】(15)〈国字〉 音 — 訓 まま
意味 がけ。まま。▽地名に用いる字。「墹之上(まのうえ)」は、静岡県にある地名。

墹

土12〔墮〕▶堕㊐
土12〔增〕▶増㊐
土12〔墨〕▶墨㊐
土12〔墫〕▶樽㊀

土13 【墺】(16) 音 オウ 訓 —
意味 ❶陸地。❷オーストリアのこと。「日墺」
参考 ❷は「墺太利(オーストリア)」の略から。

墺

土13 【壊】(16) 常用 旧字 土16 壞(19) 人名
音 カイ・エ 訓 こわす・こわれる
筆順 扌 圹 坾 坾 坾 坾 壊 壊 壊
意味 ❶くずして役に立たなくする。こわす。また、そのようになる。こわれる。「壊滅・破壊・金剛不壊(こんごうふえ)」❷正常な働きを失わせる。こわす。「壊死(えし)・腹を壊す」 名付 かい・つち
参考 「壊滅・壊乱・全壊・崩壊・倒壊・決壊」などの「壊」は「潰」が書き換えられたもの。
【壊死(えし)】からだの組織の一部がだめになること。
【壊疽(えそ)】からだの組織の一部が死滅し、褐色に変わった状態。脱疽(だっそ)。
【壊滅(かいめつ)】めちゃめちゃにこわれて機能を失うこと。▽「潰滅」の書き換え字。

壊

土13 【𡑮】(16)〈国字〉 音 — 訓 くれ 異体 土6 垥(9)
意味 くれ。▽地名・人名に用いる字。

𡑮

土13 【墾】(16) 常用 音 コン 訓 ひらく
筆順 丿 ㇰ 𠂊 乎 豸 豸ヨ 貇 墾
意味 荒れ地を切り開いて耕す。ひらく。「墾田・開墾」 名付 こん・つとむ・ひらく

墾

土13 【壌】(16) 常用 旧字 土17 壤(20)
音 ジョウ 訓 つち
筆順 扌 圹 坾 坾 坾 壌 壌 壌
意味 ❶耕作に適する柔らかい肥えた土地。つち。「土壌」❷大地。「天壌」 名付 じょう・つち

壌

土13 【𡓳】(16)〈国字〉 音 ソク 訓 —
意味 漆工芸で、漆を塗った麻布を素地にはり、乾かしてから何度も塗る手法。夾紵(キョウチョ)。乾漆(カンシツ)。

𡓳

土13 【壇】(16) 常用 音 ダン・タン 訓 —
筆順 扌 圹 圹 坾 坾 坾 壇 壇
意味 ❶土を盛って高く作った場所。だん。「祭壇・演壇・土壇場(どたんば)」❷専門家の仲間。「文壇・画壇」

壇

土13 【壁】(16) 常用 音 ヘキ 訓 かべ
筆順 ㇆ コ 尸 启 启 辟 辟 壁
意味 ❶かべ。「壁画・土壁」❷防御のための囲い。「城壁」❸険しい岸・がけ。「絶壁」 名付 かべ・へき
参考 似た字(壁・璧・癖)の覚え方「かべは土なる辟(べき)(壁)、たまは玉なる辟(璧)、くせは病(やまい)なる辟(癖)」
参考熟語 壁蝨(だに)

壁

土13 【壅】(16) 音 ヨウ 訓 ふさぐ
意味 中に閉じ込める。ふさぐ。

壅

土13〔墳〕▶墳㊐
土13〔墻〕▶牆㊀
土13〔墸〕▶躇㊀

土14 【壑】(17) 音 ガク 訓 たに
意味 山中のくぼんだ所。谷。

壑

土14 【壕】(17) 人名 音 ゴウ 訓 ほり
筆順 扌 圹 坾 坾 坾 壕 壕 壕
意味 土を深く掘ったみぞ。ほり。また、城の周りのほり。「塹壕(ざんごう)・防空壕」▽水を満たしたものは「濠」と書く。

壕

土14 【壗】(17)〈国字〉 音 — 訓 まま 異体 土6 𡉏(9)

壗

3画

意味 がけ。まま。▽地名に用いる字。「壗下(ままし た)」は、神奈川県の地名。

土14 【壓】▶圧 旧

土15 【壙】(18) 印標 音 コウ 訓 あな

意味 ❶穴。また、墓穴。❷がらんとしている。

土15 【壘】▶塁 旧

土16 【壜】(19) 音 タン 訓 びん

意味 液体を入れる、とっくり形の容器。びん。「酒壜・薬壜・壜詰め」

土16 【壟】(19) 音 ロウ 訓 おか

意味 土地の小高い所。おか。「壟断」

【壟断(ろうだん)】利益や権利を独占すること。ひとりじめ。▽昔、ある商人が高所にのぼって市場を見渡し、自分の品物を売るのに都合のよい場所を見つけて、そこで利益を独占したという故事から。

土16 【壞】▶壊 旧

土17 【壤】▶壌 旧

土17 【壥】▶廛 異

士 の部 さむらい

土0 【士】(3) 5年 音 シ 訓 さむらい

筆順 一 十 士

意味 ❶りっぱな男性。し。「士女・紳士・名士・同好の士」❷ある資格をもつ人。「学士・栄養士」❸軍人のこと。し。さむらい。「士官・武士」 名付 あき・あきら・お・おさむ・こと・さち・し・じ・ただ・つかさ・と・のり・ひと・まもる

【士気(しき)】最後まで戦おうとする、兵士の意気ごみ。参考「志気(しき)」は、あることをしようとする人々の意気ごみ。

土1 【壬】(4) 人名 音 ジン・ニン 訓 みずのえ

筆順 一 二 千 壬

意味 十干(じっかん)の第九番め。みずのえ。五行では水、方角では北にあてる。「壬申(じんしん・みずのえさる)」 名付 あおい・あきら・つぐ・てい・まさ・み・よし

土3 【壮】(6) 常用 旧字 士4 壯 (7) 人名

音 ソウ 訓 さかん

筆順 丨 丬 丬 丬一 丬十 壮

意味 ❶規模が大きくてりっぱである。そう。「壮大・壮観・志を壮とする」❷盛んで勇ましい。さかん。「壮快・剛壮」❸元気な若者。そう。「壮年・少壮・壮にして」 名付 あき・さかり・さかん・そう・たけ・たけし・まさ・もり

【壮観(そうかん)】規模が大きい、りっぱなながめ。

【壮挙(そうきょ)】規模の大きな勇ましいくわだて。

【壮健(そうけん)】じょうぶで元気なさま。

【壮士(そうし)】①働きざかりの男性。②血気さかんな若者。

【壮絶(そうぜつ)】非常に勇ましくて勢いが激しいこと。

【壮図(そうと)】規模の大きな勇ましい計画。

【壮途(そうと)】冒険・探検など、勇ましい物事をしようとしての意気の盛んな出発。「—につく」

【壮麗(そうれい)】雄大でうるわしいこと。

【壮烈(そうれつ)】勇ましくてりっぱで、勢いが激しいこと。

土4 【壱】(7) 常用 旧字 士9 壹 (12)

音 イチ・イツ 訓 ひとつ

筆順 一 十 士 声 声 壱 壱

意味 数で、ひとつ。いち。「金壱千円也」 名付 いち・いつ・かず・さね・もろ

参考 証書などでは「一」の代わりに用いることがある。

土4 【声】(7) 2年 旧字 耳11 聲 (17)

音 セイ・ショウ 訓 こえ・こわ

筆順 一 十 士 吉 声 声 声

意味 ❶こえ。「声帯・発声・大音声(だいおんじょう)・声色(こわいろ)」❷ことばを出す。「声明・声涙」❸世間の評判。うわさ。「声名・声望・名声」❹中国語のアクセント。「四声」 名付 おと・かた・せい・な

【声援(せいえん)】わきから声をかけてはげますこと。

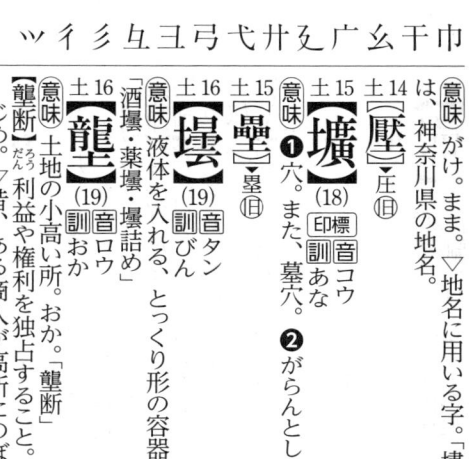

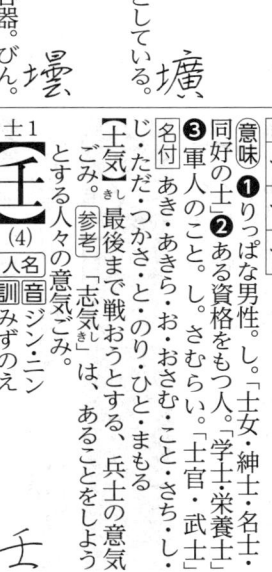

【声価】せいか その人・事物に対するよい評判。

【声調】せいちょう ①歌うときの声の調子。②詩歌の調子。③四声のこと。

【声望】せいぼう よい評判と、すぐれた人望。

【声名】せいめい よい評判。名声。「―頓(とみ)に上がる」

【声涙倶に下る】せいるいともにくだる 感激して涙をこぼしながら話すことを形容することば。

士4 **【売】** (7) 2年　旧字 貝8 賣 (15) 人名

音 バイ・マイ　訓 うる・うれる

筆順 一 十 士 𠮷 声 売 売

意味 ❶代金を取ってうる、または商品がさばける。うる。うれる。↔買。「売買・売店・商売・売僧(まいす)・非売品」❷ひろく知らせる。うる。また、そのようになる。うれる。「売名」❸利益のために裏切る。うる。「売国」

【売却】ばいきゃく 売り払うこと。

【売国】ばいこく 私利のため、自国の不利益になるようなことをして敵国の利益を図ること。「―奴(ど)」

【売文】ばいぶん 暮らしのために、文章を書いて売ること。

【売約】ばいやく 売る約束。「―済み」

【売僧】まいす 僧をののしっていうことば。

士4【壯】▶壮 旧

士9 **【壺】** (12) 印標　音 コ　訓 つぼ　異体 士8 壷 (11)

意味 ❶口が狭くて胴のふくれた形の容器。水などを入れる。また、それに似た形のもの。つぼ。「壺中(こちゅう)・茶壺(ちゃつぼ)・滝壺(たきつぼ)」❷物事の要点。また、灸(きゅう)をすえて効果がある所。つぼ。「壺をおさえる」❸宮殿の中庭。つぼね。つぼ。「桐壺(きりつぼ)」

注意「壼(こん)」は別字。

【壺中の天】こちゅうのてん 理想の世界のこと。▽昔、中国で、壺公(ここう)という薬売りの老人が、商売が終わるといつも店頭の壺の中に姿を消すので、市場の役人がいっしょに中に入ってみると、壺の中に宮殿があり、たくさんの酒やさかなのある別天地があったという故事から。

【鼓】▶鼓0　士9【壹】▶壱 旧　士9【壻】▶婿 異

士10 **【壼】** (13)　音 コン　訓 ―

意味 宮中の奥向き。また、そこに仕える女性。

注意「壺(こ)(つぼ)」は別字。

【嘉】▶口11　【隷】▶隶8　士11【壽】▶寿 旧

夂(夊)の部　ふゆがしら・ちかんむり(なつあし・すいにょう)

夂0 **【夂】** (3)　音 チ　訓 ―

意味 足が遅れる。

参考 部首名は「ふゆがしら」「ちかんむり」。「夊(すい)」は別字だが、のち混同した。

夊0 **【夊】** (3)　音 スイ　訓 ―

意味 ゆっくり行く。

参考 部首名は「なつあし」「すいにょう」。「夂(ち)」は別字だが、のち混同した。常用漢字・人名用漢字では、すべて「夂」になったので、同一場所にまとめた。

【処】▶几3　【麦】▶麦0

夂2 **【冬】** (5) 2年　音 トウ　訓 ふゆ　旧字 冫3 冬 (5)

筆順 ノ ク 夂 冬 冬

意味 四季の一つ。ふゆ。「冬眠・初冬・旧冬」

名付 かず・とう・とし・ふゆ

【冬至】とうじ 太陽が一年のうちで最も南に傾き、北半球では昼が最も短い日。陽暦十二月二十一、二十二日ごろ。二十四節気の一つ。

参考熟語 冬瓜(とうがん) 冬葱(わけぎ)

夂6 **【変】** (9) 4年　旧字 言16 變 (23)

音 ヘン　訓 かわる・かえる

筆順 亠 亣 亦 亦 亦 弯 変 変

意味 ❶状態などが違ったものになる、またはそのようにする。へんじる。へんずる。かわる。かえる。また、違った状態や差異。へん。かわり。「変化(へんか・へんげ)・変心・急変・千変万化(せんぺんばんか)」❷今ま

3画

でと違ったよくない物事が起こること。また、災い・事件。へん。「変乱・政変・天変地異・本能寺の変」❸普通と違う。かわる。また、そうして正常でない。へん。「変事・変死・変な話」❹音楽で、音の高さを半音低くすること。フラット。へん。↕嬰(えい)。「変ロ短調」

参考 かわる⇩「代」の[使い分け]。

【変異】へんい ①普通と違ったよくないできごと。異変。②生物学で、個体が同種の生物と違った形態的・生理的性質を現すこと。また、その違い。「突然—」

【変移】へんい 変化して他の状態になること。

【変改】へんかい・へんがい 状態・様子をすっかり変えて新しくすること。また、そうなること。

【変革】へんかく 体制・制度などを根本から変えて新しくすること。

【変幻】へんげん 姿が消えたり現れたりすること。「—自在」

【変死】へんし 普通でない死に方をすること。災難・自殺・他殺などをいう。

【変心】へんしん 考えや気持ちがかわること。また、かえること。心がわり。

【変節】へんせつ それまでの主張や態度を変えること。「—漢」

【変遷】へんせん 物事が次々に移り変わること。

【変装】へんそう 顔や身なりをかえること。

【変則】へんそく 普通の規定・方法と違っていて正常でないこと。「—的」

【変体】へんたい 同種の普通のものと体裁(ていさい)が違うこと。また、その体裁。「—仮名(がな)」

【変態】へんたい ①普通と違った異常な状態。「—性欲」②性的行為や性欲の対象が異常である人。③動物が発育の途中で形態の変化を行うこと。

【変体仮名】へんたいがな 現在使われている平仮名とは異なる字体の仮名。▽一九〇〇年の小学校令施行規則で一字一音、四十八文字に定められた以外の仮名。

【変転】へんてん まったく違った状態に移り変わること。「—きわまりない」

【変貌】へんぼう 姿かたちなどがすっかり変わること。「めざましい—を遂げる」

【変乱】へんらん 内乱・事件などによって起こる、世の中の乱れ。

参考熟語 変梃(へんてこ)

夂7

【夏】(10)

2年 音 カ・ゲ 訓 なつ

筆順 一 丆 丆 丙 百 頁 夏

意味 ❶四季の一つ。なつ。「夏季・夏至(げし)・初夏」❷中国古代の王朝の名。か。名付 か・なつ

【夏炉冬扇】かろとうせん 事物が時節はずれで役に立たないこと。▽夏に用いる火ばちと、冬に用いるおうぎは、ともに季節はずれである、ということから。

【夏至】げし 二十四節気の一つ。一年中で太陽が最も北に寄り、北半球では昼がいちばん長い日。陽暦六月二十一、二十二日ごろ。

参考熟語 夏蚕(なつご)

【愛】▼心9

夂11

【夐】(14)

音 ケイ 訓 はるか

【憂】▼心11

意味 遠くへだたっている。はるか。「夐古(けいこ)」

夕 の部

ゆう ゆうべ

夕0

【夕】(3)

1年 音 セキ 訓 ゆう

筆順 ノ ク 夕

意味 日が暮れるころ。ゆうべ。ゆう。↕朝。「旦夕(たんせき)・一朝一夕・夕日(ゆうひ)」名付 せき・ゆ・ゆう

【夕餉】ゆうげ 夕方の食事。

夕2

【外】(5)

2年 音 ガイ・ゲ 訓 そと・ほか・はずす・はずれる

筆順 ノ ク 夕 夘 外

意味 ❶範囲・建物から出たところ。そと。ほか。↕内。「外界・屋外・思いの外(ほか)」❷物事のうわべ・表面。そと。↕内。「外面・外科(げか)・内外」❸よそのもの。ほか。「外国・外典(げてん)」❹のけものにする。はずす。「除外・疎外」❺妻の方の身内。「外戚・外祖父」名付 がい・そと・と・との・ひろ・ほか

3画

使い分け「ほか」

外…ある範囲の外側。「思いの外・想像の外・もっての外・殊の外」
他…それ以外のもの。「他の方法を探す・その他に選択肢はない・他の人にも尋ねる・社長他数名の社員が出席する」

【外因】(がいいん) 物事が起きたとき、外部から作用した、そのもの自体には関係のない原因。

【外延】(がいえん) 論理学で、内包に対して、概念の適用されるべき対象の範囲。

【外苑】(がいえん) 御所(ごしょ)や神社などの外まわりに設けられている庭。▽「苑」は「庭」の意。

【外界】(がいかい) ①そのものをとり巻く、まわりの事物や環境。②よその世界。

【外郭】(がいかく) 外側をかこむ構造物。「―団体」▽「外廓」の書き換え字。

【外患】(がいかん) 外国または他人から圧迫を受ける心配。「内憂―(内部・外部両面から受ける心配)」

【外舅】(がいきゅう) 妻の父。

【外交】(がいこう) ①外国との交際や交渉。②社外や店外でする勧誘・商売などの仕事。また、その人。外交員。

【外向】(がいこう) 性格として、自分自身のことよりも、外部の事柄に関心が向く傾向。「―的な性格」

【外柔内剛】(がいじゅうないごう) 態度はものやわらかだが、心はしっかりしていること。

【外戚】(がいせき) 母方(ははかた)の親類。

【外孫】(がいそん・そとまご) 親からみて、他家にとついだ娘が産んだ子。

【外聞】(がいぶん) ①外部に評判がたつこと。「―をはばかる」②世間の評判。「恥も―もない」

【外用】(がいよう) 内用に対して、皮膚や粘膜に薬をぬること。「―薬」

【外題】(げだい) 語り物や芝居などの、題目。

【外道】(げどう) ①仏教で、仏教以外の宗教の教え。②真理にはずれた道理。また、それを信じる人。③釣りで、目的以外の魚がつれたとき、その魚のこと。

参考熟語 外売(ういろう) 外連(けれん) 外方(そっぽ) 外様(とざま) 外国(とつくに・がいこく)

夕3 **【夙】**(6) 音 シュク 訓 つとに

意味 ❶朝。また、朝早くから。「夙夜」❷以前から。つとに。

【夙夜】(しゅくや) 朝早くから夜遅くまで。「―の憂い」

夕3 **【多】**(6) 2年 音 タ 訓 おお・おおい 異体 夕3 夛(6)

筆順 ノ ク タ 夕 多 多

意味 ❶たくさんある。おおい。↔少。「多数・多大・雑多」❷程度がすぐれていること。た。「多とする」 名付 おお・おおし・かず・た・とみ・な・まさ・まさる

参考 カタカナ「タ」のもとになった字。

【多寡】(たか) ①多いことと、少ないこと。②分量。

【多感】(たかん) 感受性が強いこと。

【多岐】(たき) ①物事がたくさんの分野と関係があること。「複雑―」②その物事と関係のあるいろいろな分野。「―にわたる」▽「岐」は「ふたまたに分かれる」の意。

【多岐亡羊】(たきぼうよう) 行うべき事柄がいろいろあって、あれこれと思い迷うこと。また、学問で研究すべき事柄があまりに多方面にわたっていて、真理をきわめるのが非常にむずかしいこと。▽「亡羊の嘆」ともいう。逃げた羊を追いかけたところ、道がいくすじにも分かれていて羊を見失ってしまったという故事から。

【多幸】(たこう) 非常に幸せであること。「御―を祈る」

【多恨】(たこん) うらむ気持ちがつきないこと。「多情―」

【多彩】(たさい) ①色とりどりで美しいこと。②種類や変化が多くてはなやかなこと。

【多才】(たさい) いろいろな方面にすぐれた才能を持っていること。

【多士済済】(たしせいせい・たしさいさい) すぐれた人材が多数いること。「―の同窓生」▽「さいさい」は誤用が慣用化した読み。

【多事多端】(たじたたん) ①行うべき事柄が多くて忙しいこと。②事件が多くて世の中がさわがしいこと。

【多事多難】(たじたなん) 事件などが多くて、つらいこと。

【多謝】(たしゃ) ①深く感謝すること。②深くわびるときにいうことば。

【多種多様】(たしゅたよう) いろいろさまざまであること。

【多祥】(たしょう) 非常に幸せであること。

【多情多感】(たじょうたかん) 物事に感じやすく、人情にもろいこと。

【多情多恨】(たじょうたこん) 物事に感じやすいため恨みや悩みが多いこと。

【多多】(たた) 数が多いこと。たくさん。「欠点も—あるだろう」

【多大】(ただい) 程度・量などが普通以上であること。「—の恩恵」

【多多益弁ず】(たたますますべんず) ①多ければ多いほど都合がよいということ。②腕前がすぐれていて余裕があるということ。

【多端】(たたん) ①仕事が多くて忙しいこと。多忙。「事務—」②事件が多いこと。

【多難】(たなん) 困難・災難などが多いこと。「前途—」

【多能】(たのう) いろいろなすぐれた才能をもっていること。多才。「多芸—」

【多弁】(たべん) 口数が多くておしゃべりであること。

夕5
【夜】
(8) 2年 音 ヤ 訓 よ・よる

筆順 丶 亠 广 亣 疒 夜 夜 夜

意味 日没から日の出までの間。よ。よる。「夜会・夜半(やはん)・昨夜(さくや・ゆうべ)・夜昼(よるひる)・夜(よ)を日に継いで」名付 や・よ・よる
【夜陰】(やいん) 夜のくらがり。「—に乗じる」
【夜営】(やえい) 夜、軍隊が陣営を設けて宿泊すること。参考「野営(やえい)」は、野外にテントなどを張って宿泊すること。

【夜気】(やき) ①夜の冷たい空気。②夜の静かな気配。

【夜行】(やこう) ①夜、出て歩くこと。夜行(やぎょう)。「百鬼—」②「夜行列車」の略。

【夜襲】(やしゅう) 夜間に敵を不意に攻撃すること。また、その攻撃。

【夜色】(やしょく) 夜のけしき。夜景。

【夜来】(やらい) 前の晩からずっと引き続いて今まで。ゆうべから。「—の雨」

【夜郎自大】(やろうじだい) 自分の力のほどを知らないで、いばっていること。▽昔、中国の漢代に、夜郎という小部族が、漢の強大なことを知らずに自分の国が最も強いとうぬぼれていたという故事から。

【夜話】(やわ) 夜間にする話。よばなし。また、それが書かれている本。

夕8 【梦】▼夢 異

夕10
【夢】
(13) 5年 音 ム・ボウ 訓 ゆめ

旧字 夕11 夢(14) 異体 夕8 梦(11)

筆順 艹 卄 䒑 苎 苗 苗 萝 夢 夢

意味 ❶ゆめ。「夢幻・夢中・悪夢・夢にも」❷空想的な願い。ゆめ。「夢を追う」❸実現させたいと思う事柄。ゆめ。「店を持つのが夢だ」名付 ぼう・ゆめ
【夢幻】(むげん) 夢と、まぼろし。▽はかない物事にたとえる。

【夢幻泡影】(むげんほうえい) はかない物事のたとえ。▽「夢・まぼろし・水のあわ・ものの影」の意。

【夢精】(むせい) 睡眠中に射精すること。

【夢想】(むそう) とりとめもない事柄を心に思うこと。「—家」「—だにしない」

【夢寐】(むび) 眠って夢を見る間。「—にも忘れない」▽「寐」は「寝る」の意。

夕11
【夥】
(14) 音 カ 訓 おびただしい

意味 非常におおい。おびただしい。「夥多」
【夥多】(かた) 非常に多いこと。あまた。

大 の部 だい

大0
【大】
(3) 1年 音 ダイ・タイ 訓 おお・おおきい・おおいに

筆順 一 ナ 大

意味 ❶おおきい。また、そのこと・もの。だい。⇔小。「大小・巨大・拡大・大形(おおがた)・声を大にする」❷すぐれている。また、そのこと。だい。「大家・偉大・功績は大である」❸多い。「大群・大食・寛大」❹細部を除いた全体。「大意・大勢」❺盛んである。おおいに。だい。「大繁盛(だいはんじょう)・大の仲よし」❻ものの大きさ。だい。「等身大」❼大学のこと。「私大・女子大」名付 お・おお・おおき・き・だい・たかし・たけし・とも・なが・はじめ・は

3画

る・ひろ・ひろし・ふと・ふとし・まさ・まさる・もと・ゆたか

【大御所】(おおごしょ) ①ある方面で勢力を持っている権威者。「棋界の―」②将軍の隠居所。また、隠居した将軍。③特に、徳川家康・家斉(いえなり)のこと。

【大八洲】(おおやしま) 日本のこと。

【大童】(おおわらわ) 懸命に奮闘するさま。「準備に―だ」

【大安】(たいあん・だいあん) ①大いに安らかなこと。②陰陽道(おんみょうどう)で、すべてのことによいとされている日。大安日。

【大意】(たいい) 物事のだいたいの意味。

【大往生】(だいおうじょう) 苦痛もなく安らかに死ぬこと。また、りっぱに死ぬこと。

【大音声】(だいおんじょう) 遠くまで響く大きな声。

【大家】㊀(たいか) ある方面について特にすぐれた知識や技術をもっている人。㊁(たいけ・たいか) 金持ちの家。また、尊い家柄の家。㊂(おおや) 貸家の持ち主。やぬし。

【大過】(たいか) 目立った失敗。「―なくすごす」

【大喝】(だいかつ) 大声でどなったり、しかりつけたりすること。「―一声」

【大患】(たいかん) ①重い病気。大病。②大変な心配事。

【大観】(たいかん) 物事の全体を広く見渡すこと。また、そうして大局を判断すること。

【大願】(たいがん・だいがん) ①大きな願い。「―成就(じょうじゅ)」②仏教で、仏が人々を救おうとする願い。

【大寒】(だいかん・たいかん) 二十四節気の一つ。陽暦一月二十、二十一日ごろ。また、その日から節分までの十五日間。最も寒いとされる。

【大儀】(たいぎ) ①大変な労力のかかること。苦労。②面倒でおっくうなこと。③目下の人の苦労を慰めるときのことば。

【大器晩成】(たいきばんせい) 大人物は若いころは目立たないが、年を経るに従って真価を発揮し、のちに大成するということ。

【大義名分】(たいぎめいぶん) ①人として守らなければならない、身分に応じた道徳やけじめ。②物事をするときの、一応筋の通った理由。「―が立つ」**注意**「大義明分」と書き誤らないように。

【大挙】(たいきょ) 多数で同時に行動すること。「―して攻め込む」

【大凶】(だいきょう) 縁起や運勢が非常に悪いこと。

【大局】(たいきょく) 物事を全体的に見渡したときの、動きや成り行き。「政治の動向を―的に見る」

【大兄】(たいけい) 同輩または少し年輩の男性を、男性が敬いの気持ちでいうことば。▽おもに手紙に使われる。

【大慶】(たいけい) 非常にめでたいこと。「―至極(しごく)」

【大系】(たいけい) ある分野の著作を広く集めた一連の書物に付ける名称。「文化史―」

【大計】(たいけい) 将来を見通した大規模な計画。「国家百年の―」

【大言壮語】(たいげんそうご) 自分の実力以上のできそうにないことをいうこと。また、そのことば。

【大綱】(たいこう) 物事の重要な点。

【大黒】(だいこく) ①「大黒天」の略。②僧侶(そうりょ)の妻。

【大黒天】(だいこくてん) 七福神の一つ。頭巾(ずきん)をかぶり、打出(うちで)の小づちを右手にもち、左肩に大きな袋をかついでいる。福の神。

【大黒柱】(だいこくばしら) ①家の中央にある特別にふとい柱。②家・国・団体をささえている中心的な人。

【大冊】(たいさつ) ページ数の多い、りっぱな書物。

【大姉】(だいし) 女性の戒名(かいみょう)の下に添えることば。

【大字】㊀(だいじ) ①大きな文字。②「一・二・三」などの代わりに使う「壱・弐・参」などの漢字。㊁(おおあざ) 町村内のいくつかの小字(こあざ)を含めた広い区画。

【大死一番】(たいしいちばん) すぐれたことをするために死んだつもりになること。

【大慈大悲】(だいじだいひ) すべての人に恩恵を与えるという観世音菩薩(かんぜおんぼさつ)の広大な慈悲。

【大赦】(たいしゃ) 恩赦(おんしゃ)の一種。国に慶事があったとき、国が罪の種類を定め、赦免すること。

【大暑】(たいしょ) 二十四節気の一つ。陽暦七月二十二、二十三日ごろ。最も暑い時とされる。

【大所高所】(たいしょこうしょ) こまごまとした事にこだわらず、広い視野で物事を見渡すこと。「―からすれば」

【大酔】(たいすい) ひどく酒に酔うこと。

【大勢】㊀(たいせい) 物事のだいたいの形勢。「―が決した」**参考** **たいせい**⇩「体勢」の[使い分け]。㊁(おおぜい・たいぜい) 人数が多いこと。多人数。**注意**「おおぜい」は「多勢」と書き誤らないように。

【大成】(たいせい) ①学問・人格のすぐれた人物になること。②長い間かかって一つのすぐれた仕事を成し遂げること。③多くの資料などを集めて一つの書物などをまとめること。

【大宗】(たいそう) その分野で最高の権威者。「画壇の―」

【大腿】(だいたい) ふともも。

【大大的】(だいだいてき) 目立つほどに規模が大きいこと。

【大団円】(だいだんえん) 劇・小説・事件などで、めでたく終わろうとする最後の場面。

【大著】(たいちょ) ①内容のりっぱな著述。②ページ数や冊数の多い、すぐれた著述。

【大度】(たいど) 度量が広いこと。

【大同小異】(だいどうしょうい) 細かな違いはあっても、全体的にはほとんど同じであってどちらもたいして価値がないこと。似たりよったり。

【大日如来】(だいにちにょらい) 真言密教の本尊。宇宙を照らす太陽で、万物の慈母とされる。毘盧遮那仏(びるしゃなぶつ)。

【大任】(たいにん) 重大な任務。重い役。

【大磐石】(だいばんじゃく) 物事の基礎がしっかりしていて確かなこと。「―の構え」

【大枚】(たいまい) 金額が多いこと。「―をはたく」

【大望】(たいもう・たいぼう) 身分や年齢にふさわしくないほどの大きな望み。「―をいだく」

【大厄】(たいやく) ①大きな災難。②厄年(やくどし)の中で特に注意すべきであるとされる厄年。男性は四十二歳、女性は三十三歳。

【大要】(たいよう) ①その物事の本質に関したたいせつな点。②その物事のあらまし。

【大欲】(たいよく) ①大きな欲望や望み。②非常に欲の深いこと。また、その人。▽「大慾」の書き換え字。

【大略】(たいりゃく) 物事のおおよそ。あらまし。

参考熟語 大仰(おおぎょう) 大晦(おおつごもり) 大晦日(おおみそか・おおつごもり) 大凡(およそ) 大鋸屑(おがくず) 大人(おとな) 大原女(おはらめ) 大蛇(おろち・だいじゃ) 大角豆(ささげ) 大豆(だいず) 大蒜(にんにく) 大和(やまと)

大1 【夬】 (4)

音 カイ・ケツ　訓 ―

意味 どちらかに決める。

大1 【太】 (4) 2年

音 タイ・タ　訓 ふと(い)・ふと(る)

筆順 一 ナ 大 太

意味 ❶肥えている。ふとい。また、肥える。ふとる。❷同類の中で特別に大きい。「太極・太鼓・丸太(まるた)」❸特別にはなはだしい。「太古・太平」❹幅が広い。ふとい。❺尊い。「太后・太守」

名付 うず・おお・しろ・た・たい・たか・と・ひろ・ふと・ふとし・ます・み・もと

参考 ひらがな「た」のもとになった字。

【太陰暦】(たいいんれき) 太陽暦に対して、月の満ち欠けを基礎にしてつくった暦。陰暦。

【太古】(たいこ) 有史以前の大昔のこと。

【太閤】(たいこう) ①関白をその子に譲った人。また、特に、豊臣秀吉(とよとみひでよし)のこと。②摂政(せっしょう)・太政(だいじょう)大臣のこと。

【太公望】(たいこうぼう) 釣りをする人のこと。▽俗世間を避けて毎日釣りをしていた呂尚(りょしょう)に周の文王が会い、これこそ太公(文王の父)が望んでいた賢人であるとして「太公望」と呼んだという故事から。

【太鼓判】(たいこばん) 非常に大きな判。「―を押す(絶対にまちがいないと保証することを形容することば)」

【太平楽】(たいへいらく) 好きかってなことをいっていること。「―をならべる」

【太陽暦】(たいようれき) 太陰暦に対して、地球が太陽を一周する約三六五日の日数を一年とした暦。陽暦。

参考熟語 太刀(たち)

大1 【天】 (4) 1年

音 テン　訓 あめ・あま

筆順 一 二 チ 天

意味 ❶空。てん。あま。あめ。⇔地。「天下・天地・晴天・天下り」❷万物を支配する神。「天帝・天罰」❸大自然の力。てん。「天災・天然(てんねん)」❹生まれつきであること。「天職・天性・先天的」❺荷物・本などの上部。てん。「天地無用」❻天麩羅(てんぷら)のこと。てん。「天丼(てんどん)」

名付 そら・たか・てん

参考 ひらがな「て」、カタカナ「テ」のもとになった字。

【天衣無縫】(てんいむほう) ①詩や文章が、技巧をこらさず自然のままで美しいこと。▽「天人の着物には縫い目のような人工的な作為がない」の意。②むじゃきなこと。天真爛漫(てんしんらんまん)。「―な態度」

【天涯孤独】(てんがいこどく) 身寄りがなく、世の中でひとりっきりであること。▽「天涯」は「故郷を遠く離れた土地」の意。

【天下無双】(てんかむそう) 比較するものがないほどすぐれていること。

【天眼鏡】(てんがんきょう) 柄のついた大型の凸(とつ)レンズ。

【天空海闊】(てんくうかいかつ) 天や海が広々としているように、気持ちが広く大きいこと。

【天啓】(てんけい) 神のみちびき。天の啓示。

【天恵】(てんけい) 天の神が人間に与えるといわれるめぐみ。天のめぐみ。

【天険】(てんけん) 山・がけなどの、けわしい所。

【天災】(てんさい) 人災に対して、自然のもたらす災い。地震・洪水(こうずい)など。

【天竺】(てんじく) 昔、インドを指して言った語。

【天寿】(てんじゅ) 天から授かったという寿命。「―を全うする」

【天授】(てんじゅ) ①天から授かること。また、授かったもの。②それが生まれつきであること。「―の才能」

【天助】(てんじょ) 天の神が下す助け。「神佑(しんゆう)―」

【天壌無窮】(てんじょうむきゅう) 天地は永久に存続し、なくなることがないということ。▽「天壌」は「天と地」、「無窮」は「きわまることがない」の意。

【天職】(てんしょく) ①天の神から与えられた神聖な職務。②その人に最も適した職業。

【天神地祇】(てんしんちぎ) 天や地の神々。

【天真爛漫】(てんしんらんまん) 純真で、むじゃきなこと。天衣無縫。▽「生まれたままの純真な性質がきらきらと輝いている」の意。

【天性】(てんせい) 自然に備わった性質。生まれつき。「―の才」「―音楽を好む」

【天成】(てんせい) ①自然にそうできていること。「―の詩人」②才能などが生まれつきであること。

【天体】(てんたい) 天にある太陽・月・星などの総称。

【天地開闢】(てんちかいびゃく) 世界のはじめ。「―以来のできごと」▽「開闢」は「ひらけはじまる」の意。

【天誅】(てんちゅう) 天の神に代わって罰を加えること。また、天の神の下す罰。天罰。

【天敵】(てんてき) ある生物にとって害敵となる生物。

【天道】一(てんどう) ①天地自然の道理。②天体運行の道。二(てんとう) ①天地を支配する神。②太陽。

【天王山】(てんのうざん) 勝敗の分かれめとなる大事な機会。▽天王山は、京都府乙訓(おとくに)郡にある山。明智光秀(あけちみつひで)と羽柴秀吉(はしばひでよし)(豊臣秀吉)とがこの山の占領を争い、秀吉が勝ったことによって両軍の最後の勝敗を決したということから。

【天罰覿面】(てんばつてきめん) 犯した悪事に対して天の神の罰がまちがいなく下ること。

【天秤】(てんびん) はかりの一種。物を載せる皿(さら)と、分銅(ふんどう)を載せる皿とをつりあわせて重さをはかる。

【天賦】(てんぷ) 才能などが、生まれつき備わっていること。「―の才」▽「天から与えられたもの」の意。

【天分】(てんぶん) 天から与えられたという、生まれつきの才能・能力。

【天変地異】(てんぺんちい) 自然界に起こる異変。

【天幕】(てんまく) ①テント。②天井にさげて飾りとする幕。

【天佑】(てんゆう) 天の助け。▽「天祐」とも書く。「佑」「祐」ともに「たすける」の意。

【天与】(てんよ) 天から与えられたもの。「―の才能」

【天来】(てんらい) 天からくること。「―の妙音」

【天籟】(てんらい) 自然に鳴る風などの物音。▽作為がなく自然で美しい詩や文章にたとえることもある。「籟」は「笛(ふえ)」の意。

【天覧】(てんらん) 天皇が御覧になること。「―試合」

【天領】(てんりょう) ①天皇の領地。②江戸時代、幕府直轄の領地。

参考熟語 天晴(あっぱれ) 天漢(あまのがわ・てんかん) 天蚕糸(てぐす) 天辺(てっぺん) 天道虫(てんとうむし) 天井(てんどん) 天麩羅(てんぷら) 天鵞絨(ビロード)

大1 【夫】(4)

4年 音 フ・フウ 訓 おっと・おとこ・それ

筆順 一 ニ チ 夫

意味 ❶配偶者としての男性。おっと。↔妻。「夫妻・夫婦」❷成人した男性。おとこ。「匹夫」❸肉体労働にたずさわる男性。「農夫」❹発語の助字。それ。

名付 あき・お・ふ

【夫唱婦随】(ふしょうふずい) 夫がいい出したことに対して妻がそれに従うこと。▽「夫倡婦随」とも書く。

参考熟語 夫役(ぶやく・ぶえき) 夫婦(みょうと・めおと・ふうふ)

大1 【夭】(4)

音 ヨウ 訓 わかい

意味 年齢が若い。わかい。「夭逝」

【夭逝】(ようせい) すぐれた才能・能力のある人が、その才能・能力を発揮しないで若いうちに死ぬこと。夭死。夭折。「―した詩人」

3画

【天折】ようせつ 「天逝」と同じ。

大2【央】(5) 3年 音オウ 訓なか・なかば

筆順 丨 冂 口 央 央

意味 物のまんなか。なか。「中央」名付 あきら・おう・ちか・てる・なか・なかば・ひさ・ひさし・ひろ・ひろし

央

大2【失】(5) 4年 音シツ 訓うしなう・うせる

筆順 ノ ⺈ 𠂉 牛 失

意味 ❶持っていたものをなくす。しっする。うせる。うしなう。「失明・失敬・紛失・失ぅせ物・時機を失する」❷あやまち。しつ。また、しくじる。「失敗・過失」❸過ぎる。しっする。「寛大に失する」

【失火】しっか あやまっておこした火災。
【失格】しっかく 資格をうしなうこと。
【失脚】しっきゃく その地位や立場を失うこと。
【失効】しっこう 権利や法律の効力を失うこと。
【失策】しっさく 物事をしくじること。失敗。失錯。
【失笑】しっしょう 思わず笑いだしてしまうこと。「―を買う（他人からとんでもないとして笑われる）」
【失神】しっしん ショックなどを受けて意識を失うこと。▽「失心」とも書く。
【失踪】しっそう 行方がわからなくなること。

失

【失態】しったい 失敗や不体裁な行い。「―を演ずる」▽「失体」とも書く。
【失調】しっちょう 物事の状態や調子がつりあいを失うこと。「栄養―」
【失墜】しっつい 名誉や信用などを失うこと。
【失念】しつねん うっかり忘れること。
【失費】しっぴ 予想外の物事がおきて費用がかかること。また、かかった費用。ものいり。

大2【夲】▼本 異

大3【夷】(6) 人名 音イ 訓えぞ・えびす

筆順 一 ヨ ヨ 弓 夷 夷

意味 ❶北海道のこと。また、昔、関東以北に住んでいた民族。えぞ。えびす。「蝦夷えぞ」❷昔、中国で、東方の未開民族のこと。「東夷」名付 ひな・ひら・やすし

【夷狄】いてき 未開の蛮族。野蛮人。▽「狄」は「北方の未開の民」の意。

夷

大3【夸】(6) 音コ 訓―

意味 自慢して大げさにいう。

夸

大4【夾】(7) 音キョウ 訓はさむ

意味 ❶物と物との間に挟まる。また、挟む。「夾撃」❷まじる。「夾雑物」

【夾撃】きょうげき 挟み撃ち。▽「挟撃」とも書く。
【夾雑】きょうざつ ある一つの物質の中に必要でないものがまじりこむこと。

夾

大5【奄】(8) 人名 音エン 訓ふさぐ・ふさがる

筆順 一 ナ 大 夵 夻 奄 奄

意味 ふさぐ。ふさがる。通じなくなる。名付 えん・ひさ

【奄奄】えんえん 息がたえだえなさま。「気息―」

奄

大5【⿱加大】(8) 音カ 訓―

意味 未詳。▽地名に用いる字。「伊⿱加大留我いかるが」は三重県の地名。

⿱加大

大5【奇】(8) 常用 音キ 訓めずらしい・くし

異体 立4 竒(9)

筆順 一 ナ 大 㐅 夳 夻 奇 奇

意味 ❶普通とちがっている。めずらしい。き。また、そのこと。き。「奇形・珍奇・奇をてらう」❷あやしげで不思議である。くし。「奇術・怪奇」❸普通よりすぐれている。「奇才」❹思いがけない。「奇襲」❺二で割り切れない整数。↔偶。「奇数」名付 あや・き・くし・くす・すく・より

参考 「奇・奇形」などの「奇」は「畸」が、また、「奇談」の「奇」は「綺」がそれぞれ書き換えられたもの。

【奇異】きい 普通とようすが違っていて不思議な感じがするさま。「―に感ずる」
【奇貨】きか ①思いがけない利益を得る見こみのある品物。「―居ぉくべし（得がたい機会だか

奇

3画

ら、うまく利用すべきだ」②珍しい品物。

【奇奇怪怪】(ききかいかい) 普通では理解できないほど、非常に不思議なさま。▽「奇怪」を強めていうことば。

【奇矯】(ききょう) 言行が普通と変わっていて変なこと。

【奇遇】(きぐう) 普通では考えられないような出会い。

【奇計】(きけい) 普通は思いつかないような、うまい計略。

【奇行】(きこう) 風変わりな行動。

【奇骨】(きこつ) 一風変わった性格。

【奇才】(きさい) 珍しいほどの、すぐれた才知。また、その才知をもった人。

【奇術】(きじゅつ) 人の目を巧妙にまどわし、普通では不可能なことをやって見せる術。

【奇跡】(きせき) 常識では考えられない不思議な出来事。▽「奇蹟」とも書く。

【奇想天外】(きそうてんがい) 普通では考えられないほど奇抜なさま。「―なくふう」

【奇天烈】(きてれつ) 非常に奇妙なこと。「奇妙―」

【奇特】(きとく・きどく) 特にすぐれていて、行いや心がけがいいこと。

【奇抜】(きばつ) 思いもよらないほど、考えや様子が変わっていて風変わりなさま。「―な着想」

参考熟語 奇怪(きっかい) 奇天烈(きてれつ) 奇麗(きれい)

大5 **【奈】** (8) 4年 音 ナ 訓 ―

筆順 一 ナ 大 太 夳 夸 奈 奈

意味 ❶野生のりんご。カラナシ。❷どのように。いかん。「奈何(いかん)」 名付 な・なに

参考 ひらがな「な」、カタカナ「ナ」のもとになった字。

【奈落】(ならく) ①地獄。②どん底。③劇場の舞台や花道の下の地下室。舞台装置がある。

大5 **【奉】** (8) 常用 音 ホウ・ブ 訓 たてまつる

筆順 一 二 三 夫 夫 奏 奏 奉

意味 ❶物を差し上げる。たてまつる。「奉納」❷つかえる。「奉仕・奉公・供奉(ぐぶ)」❸身に受け入れて行う。「奉行(ぶぎょう)・信奉」 名付 とも・ほう・よし

【奉賀】(ほうが) つつしんで祝いのことばを述べること。

【奉加帳】(ほうがちょう) 神社や寺などの寄付に加わった人の名やその金品などをしるす帳面。

【奉職】(ほうしょく) 官職などにつくこと。

【奉戴】(ほうたい) ①身分の尊い人に団体の長になってもらうこと。②つつしんで承ること。

【奉奠】(ほうてん) 神前にうやうやしくささげ供えること。▽「奠」は「そなえる」の意。

【奉納】(ほうのう) 神仏に物を差し上げること。

大5 **【奔】** (8) 常用 音 ホン 訓 はしる 旧字 大6 奔 (9)

筆順 一 ナ 大 太 本 夲 夲 奔

意味 ❶勢いよく走る。はしる。「奔走・奔流・狂奔」❷逃げる。はしる。「出奔」

【奔走】(ほんそう) 忙しく走り回って世話をすること。

【奔馬】(ほんば) 荒れ狂って走る馬。▽激しい勢いにたとえることもある。

【奔放】(ほんぽう) しきたりなどを無視して思うままにふるまうこと。「自由―」▽「放」は「ほしいまま」の意。

【奔命】(ほんめい) 忙しく走り回ること。「―に疲れる」

【奔流】(ほんりゅう) 勢いの激しい流れ。

大5 **【[奌]】** ▶点(略)

大6 **【奕】** (9) 音 エキ 訓 ―

意味 ❶重なって続く。❷囲碁(いご)。「博奕(ばくえき)・(ばくち)」

大6 **【奐】** (9) 音 カン 訓 ―

意味 ❶明らかである。❷取り換える。

大6 **【契】** (9) 常用 旧字 大6 契 (9)

音 ケイ・キツ・ケツ 訓 ちぎる

筆順 一 十 丰 丰 刧 却 契 契 契

意味 ❶約束する。ちぎる。「契約・黙契」❷わりふ。「契合」❸きざむ。「契断(けつだん)」❹きっかけ。「契機」 名付 けい・ちぎる・ひさ

【契機】(けいき) ①ものの変化・発展の過程を決定する要素。モメント。②きっかけ。

3画

【契約】けいやく ①とり決め。約束。②私法上の効果を生じるための、二人以上の意思の合致。

大6 【奎】(9) 人名 音ケイ 訓―

筆順 一 ナ 大 太 夳 夳 夳 奎

意味 二十八宿の一つ。文章をつかさどる。とかき。 名付 けい・ふみ

大6 【奏】(9) 6年 音ソウ 訓かなでる・もうす

筆順 一 三 夫 夫 夫 夫 奏 奏

意味 ❶目上の人に申し上げる。そうする。「奏上・伝奏」❷楽器をひく。かなでる。「奏楽・合奏」 名付 かな・そう

【奏功】そうこう 物事を目的通りに成し遂げること。「説得が―した」

【奏効】そうこう ききめがあらわれること。

【奏覧】そうらん 天皇に御覧に入れること。

大6 〔奔〕▼奔㊐

大7 【奚】(10) 音ケイ 訓なに・なんぞ

意味 疑問や反語を表すことば。なに。なんぞ。

大7 【奘】(10) 音ジョウ 訓― 異体 廾7 弉(10)

意味 大きくて堂々としている。

大7 【套】(10) 人名 音トウ 訓―

筆順 一 大 夵 夵 夵 套 套 套

意味 ❶おおうもの。さや。「外套」❷使い古されている。「常套語」 名付 なが

大9 【奥】(12) 常用 音オウ 訓おく 旧字 大10 奧(13) 人名

筆順 ノ 冂 冂 冂 冂 冂 冂 奥

意味 ❶表からは見えない深いところ。おく。「奥行ゆき・奥底」❷簡単に人に知らせたり、見せたりしない大切な意味のあるところ。おく。「秘奥・心の奥」 名付 うち・おう・おき・おく・すみ・ふか・むら

【奥義】おうぎ・おくぎ 学問・技芸などで、それを得ればすべてを得たことになる、なかなか人に知らせない大事なところ。

大9 【奢】(12) 印標 音シャ 訓おごる

意味 ❶ぜいたくな状態になる。おごる。また、ぜいたく。おごり。「奢侈しゃし・奢りをきわめる」❷人にごちそうする。おごる。またそのこと。おごり。「コーヒーを奢る」

【奢侈】しゃし 身分に合わない、非常なぜいたくをすること。▽「侈」も「おごる」の意。

大9 【奠】(12) 音テン・デン 訓―

意味 ❶祭り。「祭奠さいてん・乞巧奠きこうでん」❷そなえる。また、そなえもの。「香奠」❸定める。「奠都」

参考 「香奠」の「奠」は「典」に書き換える。

大10 【奨】(13) 常用 音ショウ 訓すすめる 旧字 大11 奬(14) 人名 異体 犬11 獎(15)

筆順 丨 丬 丬 丬 丬 丬 将 奨

意味 すすめ励ましてそうさせる。すすめる。また、そのこと。「奨学・推奨」 名付 しょう・すすむ・つとむ

【奨励】しょうれい そうするようにすすめ励ますこと。

大11 【奪】(14) 常用 音ダツ 訓うばう

筆順 大 大 衣 夲 奔 奞 奞 奪

意味 無理にとりあげる。うばう。「奪取・強奪・心を奪われる」

【奪回】だっかい 相手に奪われた物を奪い返すこと。

【奪還】だっかん 相手に奪われた物を力で取り返すこと。

【奪取】だっしゅ 相手の物をむりに奪い取ること。

【奪略】だつりゃく 他人の財産などをむりに奪い取ること。略奪。▽「奪掠」の書き換え字。

大11 〔奩〕▼匳㊕

大11 〔奬〕▼奨㊐

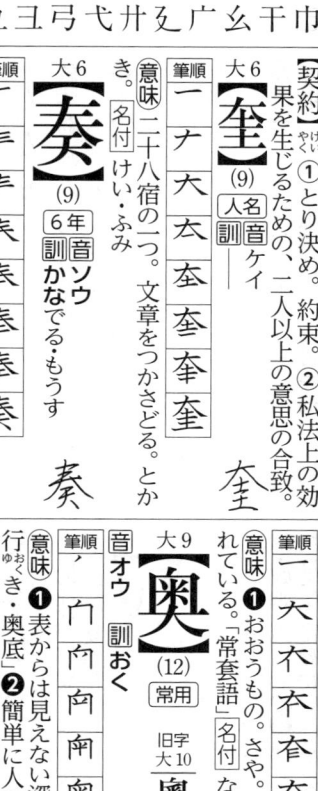

大13 【奮】(16) 6年 音フン 訓ふるう

筆順 大 奞 奮

意味 元気を出す。また、そうさせる。ふるう。「奮闘・奮発・興奮」

参考 ふるう⇩「振」の〔使い分け〕。

【奮起】ふるいたつこと。「―一番」

【奮迅】いきおい激しくふるいたつこと。「獅子―」▽「迅」は「はげしい」の意。

【奮戦】ふるいたって戦うこと。奮闘。

【奮励】元気を出していっしょうけんめいにはげむこと。「―努力する」

女 の部　おんな　おんなへん

女0

【女】(3)

1年　音 ジョ・ニョ・ニョウ　訓 おんな・め・むすめ

筆順 く 女 女

意味 ❶婦人。め。おんな。↕男。「女性・女流・妻女・貞女・女房・大原女」❷未婚のおんな。また、おんなの子ども。むすめ。「女婿・長女・養女」❸おんなの俳人などが俳号の下に添えることば。「じょ」と読む。「加賀の千代女」名付 こ・じょ・め

参考 ひらがな「め」、カタカナ「メ」のもとになった字。

【女将】客商売をしている家の女主人。

【女形】歌舞伎で、女役を演じる男性の役者。

【女手】平仮名のこと。▽主として女が用いたことから。漢字を男手というのに対していう。

【女傑】知恵や勇気と、すぐれた業績をもつ女性。

【女史】学問・芸術・政治などの方面ですぐれていて世に知られている女性。また、そのような女性の名に添えて、尊敬の意を表すことば。

【女丈夫】しっかりとした女性。男まさりの人。

【女色】①女性としての魅力。「―に迷う」②情事。いろごと。「―に溺れる」

【女流】社会的な活動をしている女性。「―作家」

【女衒】江戸時代、女性を遊女として売りつける周旋を職としていた者。

【女人禁制】①女性が寺院内にはいることを許さないこと。②ある一定の場所に女性がはいることを許さないこと。

参考熟語 女郎花

女2

【奴】(5)

常用　音 ド・ヌ　訓 め・やつ・やっこ

筆順 く 夂 女 奴 奴

意味 ❶自由のない下層の使用人。やっこ。「奴隷・奴婢・農奴」❷卑しい者。「売国奴」❸人・物などを乱暴にいうことば。やつ。「いい奴だ」❹江戸時代、武家に召し使われた下男。中間。やっこ。「奴凧」❺江戸時代の侠客。やっこ。「町奴」❻相手をののしる気持ちを表すことば。め。また、自分を卑下する気持ちを表すことば。「畜生奴・こいつ奴・私奴」

参考 ひらがな「ぬ」、カタカナ「ヌ」のもとになった字。

女3

【奸】(6)

印標　音 カン　訓 よこしま

意味 道理にはずれていて悪い。よこしま。「奸知・奸物」

参考 「姦」とも書く。

【奸計】悪だくみ。悪計。▽「姦計」とも書く。

【奸知】悪賢くてよこしまな知恵。「―にたける」▽「奸智」「姦智」とも書く。

【奸物】心のねじけた悪者。▽「姦物」とも書く。

女3

【好】(6)

4年　音 コウ　訓 このむ・すく・このましい・このもしい・よい・よしみ

筆順 く 夂 女 女 好 好

意味 ❶心が引かれて、ほしいと思う。このむ。すく。また、そのこと。このみ。「好物・愛好・いけ好かない」❷よい感じがして心が引かれる。このましい。このもしい。よい。「好漢・好人物」❸親しいつきあい。よしみ。「好誼・好を結ぶ」❹心が引きつけられるさま。また、思い通りにするさま。すき。「好きな人・好きにしろ」名付

こう・この・このむ・たか・み・よし・よしみ
参考 ❸の「よしみ」は「誼」とも書く。

【好意】(こうい) 人に対する親切・親愛の心。

使い分け「こうい」
好意…好感・親しみの気持ち。自分にも他人にも使う。「彼女に好意を抱く・彼の好意に甘える」
厚意…情にあつい心。自分の気持ちには使わない。「御厚意に感謝する・厚意を無にする」

【好一対】(こういっつい) 調和してよい組み合わせになった一対のもの。「―の夫婦」

【好悪】(こうお) 好ききらい。「―の感情」

【好学】(こうがく) 学問をすることが好きなこと。「―の士」参考「向学(こうがく)」は、学問に励もうと思うこと。

【好漢】(こうかん) 能力があり、さっぱりした性格のりっぱな男性。「―自重(じちょう)せよ」

【好奇】(こうき) 珍しくて変わった事物などに興味を持つこと。「―心」

【好機】(こうき) その物事をするのに非常によい機会。絶好のチャンス。「―を逸する」

【好誼】(こうぎ) 交際によって生まれた親しみ。参考「交誼(こうぎ)」は、親しいつきあい。「高誼(こうぎ)」は、相手から自分が受ける友情・厚意のこと。

【好個】(こうこ) その物が目的に合っていてちょうどよいこと。「―の題材」▽「個」は助辞。「好箇」とも書く。


【好古】(こうこ) 昔の物事を好み、なつかしがること。「―趣味」

【好好爺】(こうこうや) 人がよくてやさしい、男の老人。

【好事】㊀(こうじ) ①めでたくてよい事柄。「―魔多し(よいことにはじゃまがはいりやすく、うまくゆかないものである)」②ほめられるべきよい行い。「―門を出(い)でず(善行は世間に知られにくい)」㊁(こうず) 変わった物を好むこと。「―家」

【好餌】(こうじ) 獣などがすぐに食いつくうまいえさ。「―をもって人を誘う」▽人をうまく誘う手段や簡単に人の欲望の犠牲になるものにたとえる。

【好尚】(こうしょう) 物事に対する好み。「時代の―」

【好事家】(こうずか) ①変わった物に興味を持つ物好きな人。②風流ごとを好む人。注意「こうじか」と読み誤らないように。

【好敵手】(こうてきしゅ) 試合や勝負ごとなどで、力量が同じ程度のよい競争相手。

女3 **【妁】**(6) 音 シャク 訓 ― 正字 女3 妁(6) 妁
意味 仲人(なこうど)。「媒妁人」

女3 **【如】**(6) 常用 音 **ジョ・ニョ** 訓 ごとし・しく 如
筆順 く 夂 女 如 如 如
意味 ❶その物に似ている。また、前に述べた例や内容のとおりである。ごとし。「如実(にょじつ)・右の如く定める」❷語調を整えることば。「欠如・突如・鞠躬如(きっきゅうじょ)」❸相当する。しく。「子を見ること親に如かず・如くはなし」❹疑問の意を表すことば。「如何(いかん・いか・いかが)」名付 いく・じょ・すけ・なお・もと・ゆき
参考 ❶は「にょ」、❷は「じょ」と読む。
【如月】(きさらぎ) 陰暦二月のこと。
【如才】(じょさい) 手抜かり。「―無(な)い(注意が行き届いていてあいそがいい)」
【如上】(じょじょう) すぐ前に述べたとおりであること。「―の条件によって」
【如意】(にょい) 自分の思いどおりになること。「不―」
【如実】(にょじつ) 実際のとおりであること。「―に物語る」
【如来】(にょらい) 仏を尊敬していうことば。「阿弥陀(あみだ)―」

女3 **【妃】**(6) 常用 音 **ヒ** 訓 きさき 妃
筆順 く 夂 女 妃 妃 妃
意味 皇族・王などの妻・きさき。「王妃・妃殿下」
名付 き・ひ・ひめ

女3 **【妄】**(6) 常用 音 **モウ・ボウ** 訓 みだり 旧字 女3 妄(6) 妄
筆順 丶 亠 亡 妄 妄 妄
意味 ❶考えが浅くて言動に秩序・筋道がない。みだり。「妄想(もうそう)・妄挙(ぼうきょ)・迷妄・妄りに立ち入るな」❷うそ。「妄語・虚妄」

3画

【参考】「妄動」の「妄」は「盲」に書き換えてもよい。

【妄言】(もうげん・ぼうげん) 出任せにいった根拠のないことば。

【妄執】(もうしゅう) 心の迷いにとらわれて起こる、物に執着する心。

【妄信】(もうしん) 是非・善悪を考えず、むやみに信じること。▽「盲信」とも書く。

【妄想】(もうそう) ①想像を、事実として判断・確信すること。また、事実として確信してしまった想像。「誇大―」②事実・真理と合わない、でたらめな判断。

【妄動】(もうどう) よく考えずに行う、軽率な行動。「軽挙―」▽「妄」は「盲」に書き換えてもよい。

【妄評】(もうひょう・ぼうひょう) ①でたらめな批評。②自分の批評をへりくだっていうことば。「―多罪」

女4 **【妓】**(7) 印標 音キ・ギ 訓わざおぎ
意味 遊芸を職業とする女性。わざおぎ。「妓女・芸妓」
【妓楼】(ぎろう) 遊女屋。女郎屋。
妓

女4 **【妝】**(7) 音ショウ・ソウ 訓―
意味 よそおう。化粧。よそおい。
妝

女4 **【妥】**(7) 常用 音ダ 訓― 旧字 女4 妥(7)
筆順 ノ 〳 〴 〵 妥 妥
意味 穏やかである。また、安定する。「妥協・妥当」名付 だ・やす
【妥協】(だきょう) ①互いに譲り合って両者が納得できる結論にまとめること。「―案」②勢力・権力に負けてやむをえず自分の主張や考え方・態度を引き下げ、相手に従うこと。「世間と―する」
【妥結】(だけつ) 互いに譲り合って交渉をまとめること。
【妥当】(だとう) その判断や手段が、物事にあてはまっていて適当であること。「―な行動」
妥

女4 **【妊】**(7) 常用 音ニン 訓はらむ 異体 女6 姙(9)
筆順 く 女 女 女 妊 妊 妊
意味 胎児をやどす。みごもる。はらむ。「妊娠・懐妊」名付 じん・にん
参考「はらむ」は「孕む」とも書く。
【妊婦】(にんぷ) 妊娠している女性。
妊

女4 **【妣】**(7) 音ヒ 訓―
意味 亡母。↕考(亡父)。「先妣(せんぴ)」
妣

女4 **【妨】**(7) 常用 音ボウ 訓さまたげる
筆順 く 女 女 女 女 妨 妨
意味 じゃまをする。さまたげる。また、そのこと。さまたげ。「妨害」
【妨害】(ぼうがい) 他の人の活動・行いのじゃまをすること。「交通―」▽「妨碍」の書き換え字。注意「防害」と書き誤らないように。
妨

女4 **【妙】**(7) 常用 音ミョウ 訓たえ
筆順 く 女 女 女 女 妙 妙
意味 ❶不思議なほどすぐれている。たえ。また、そのこと。みょう。「妙技・巧妙・当意即妙・妙(たえ)なる音楽・演技の妙」❷若くて美しい。「妙齢」❸不可思議である。みょう。「奇妙・珍妙・妙な事件」名付 たえ・ただ・みょう
【妙案】(みょうあん) すばらしい思いつき。名案。
【妙趣】(みょうしゅ) 建造物・作品など、物の非常にすぐれた趣・味わい。
【妙味】(みみ) 物事の非常にすぐれた趣やおもしろみ。
【妙薬】(みょうやく) 不思議なほどよくきく、すぐれた薬。
妙

女4 **【妖】**(7) 常用 音ヨウ 訓あやしい・なまめかしい
筆順 く 女 女 女 女 妖 妖
意味 ❶異様で気味が悪い。あやしい。「妖怪・面妖」❷女性が美しくて色っぽい。なまめかしい。「妖艶(ようえん)」
参考 (1)❷の「なまめかしい」は「艶かしい」とも書く。(2)あやしい⇩「怪」の[使い分け]。
【妖艶】(ようえん) なまめかしくて美しいこと。妖婉(ようえん)。
【妖怪】(ようかい) 化け物など、異様で不思議なもの。「―変化(へんげ)(化け物)」
妖

【妖気】(ようき) 悪いことが起こりそうな無気味なけはい。

【妖術】(ようじゅつ) 人をたぶらかすあやしい術。

【妖精】(ようせい) 森・湖・鳥獣・草花などの自然物の精が人の姿になって現れたもの。西洋の伝説や童話に登場することが多い。フェアリー。

女4 【妍】▼妍 異

女5 【委】(8) 3年 音 イ 訓 ゆだねる・くわしい

筆順 ノ 二 千 禾 禾 秂 委 委

委

意味 ❶人に処置を任せる。ゆだねる。「委任・委員・委嘱・委棄」❷こまごましていて詳しい。くわしい。「委細・委曲」❸委員会のこと。「中労委」 名付 い・つく・とも

【委細】(いさい) ①こまごました詳しい事情。「―かまわず（どういう事情があってもかまわず）」②すべて。万事。「―承知しました」

【委譲】(いじょう) 権限などを他に譲ること。「権利の―」

【委嘱】(いしょく) 部外の人に頼んでやってもらうこと。参考「依嘱(いしょく)」は、たよりとして頼むこと。

【委託】(いたく) 他の人に任せてやってもらうこと。「―販売」参考「依託(いたく)」は、他の人に預けて任せること。

女5 【姑】(8) 音 コ 訓 しゅうと・しゅうとめ

姑

意味 ❶夫または妻の母。しゅうと。しゅうとめ。↔舅(しゅうと)。「外姑(妻の母)」❷「姨(い)」(母の姉妹)に対して、父の姉妹。おば。❸一時的であること。「姑息」

【姑娘】(クーニャン) 年若くて美しい少女のこと。▽中国語から。

【姑息】(こそく) 一時的なやり方でまにあわせること。「因循―」「―な手段」▽「しばらく休む」の意。

女5 【妻】(8) 5年 音 サイ 訓 つま

筆順 一 ㇖ ヨ ヨ 事 妻 妻 妻

妻

意味 ❶配偶者である女性。さい。つま。↔夫。「妻子(さいし)・妻帯・正妻」❷料理のそばに添える海草・野菜のこと。つま。 名付 さい・つま
【妻女】(さいじょ) ①妻のこと。②妻と娘。
【妻帯】(さいたい) 妻を持つこと。「―者」

女5 【姉】(8) 2年 音 シ 訓 あね 異体 女5 姊(8)

筆順 く 女 女 女' 女亠 女亡 姉 姉

姉

意味 ❶あね。↔妹。「姉妹・令姉・姉(ね)さん」❷女性を親しみ尊敬していうことば。「大姉・貴姉」 名付 あね・え・し
【姉婿】(しせい) 姉の夫。あねむこ。

女5 【始】(8) 3年 音 シ 訓 はじめる・はじまる・はじめ

筆順 く 女 女 女ム 女ム 始 始 始

始

意味 ❶新しくやり出す。はじめる。また、新しく起こる。はじまる。「始業・開始」❷物事をはじめること。はじめ。また、物事がはじまること。はじまり。「始終(しじゅう)・終始」❸物事がはじまったばかりの段階・部分。はじめ。「原始・年始・御用始め」❹物事の起こり。はじめ。また、もとになった物事。はじまり。「国の始め」 名付 し・はじめ・はる・もと
参考 はじめ⇩「初」の〔使い分け〕。

【始原】(しげん) 物事のはじめ。原始。

【始祖】(しそ) ①その物事を、昔最初に始めた人。元祖。②その家の第一代の祖先。

【始末】(しまつ) ①物事の締めくくりをすること。「―をつける」②物事の結果として起きた悪い状態。「酒を飲むとあの―だ」③むだのないように使うこと。「―屋」④始めから終わりまでの成り行き・事情。「事の―を話す」 注意「仕末」と書き誤らないように。

女5 【姐】(8) 音 シャ・ソ 訓 あね

姐

意味 親分の妻、または年上の女性のこと。また、料理屋・旅館などで働く女性のこと。あね。「姐御(あねご)・姐(ね)さん」

女5 【妾】(8) 印標 音 ショウ 訓 めかけ・わらわ

妾

意味 ❶正妻のほかに愛し養う女性。めかけ。「妾宅・愛妾・妻妾」❷女性がへりくだって自分をさすことば。わらわ。

3画

【妾腹】妾から生まれたこと。また、その子。妾出。「―の子」

女5 **【姓】**(8) 常用 音 **セイ・ショウ** 訓 かばね

筆順 

意味 ❶その家の名。名字。せい。「姓名・旧姓・山田の姓を名乗る」❷血族の集団。「百姓・異姓」❸古代、氏族の家柄や職業を表した称号。臣・連など。かばね。「八姓」 名付 うじ・しょう・せい

女5 **【妲】**(8) 音 ダツ 訓 ―

意味 「妲己」は、殷の紂王のきさき。

女5 **【妬】**(8) 常用 音 **ト** 訓 **ねたむ**・そねむ

筆順 

意味 相手をうらやましく思って憎む。そねむ。ねたむ。「妬心・嫉妬」 参考 「ねたむ」「そねむ」は「嫉む」とも書く。

女5 **【姆】**(8) 音 ボ 訓 うば

意味 母親代わりに子どもにつき添い育てる女性。うば。

女5 **【妹】**(8) 2年 音 **マイ** 訓 **いもうと**・いも

筆順 

意味 ❶いもうと。↔姉。「姉妹・弟妹」❷昔、男性が親しい女性を呼ぶことば。いも。「妹背」 名付 いも・まい

【妹婿】妹の夫。いもうとむこ。

女6 **【娃】**(9) 人名 音 アイ 訓 うつくしい

筆順 

意味 女性が美しいさま。

女6 **【威】**(9) 常用 音 **イ** 訓 おどす

筆順 

意味 ❶力で恐れさせる。おどす。「威圧・威勢・脅威」❷人を恐れ従わせる勢い。い。「威光・権威・猛威・虎の威を借る狐」❸人を驚かす。おどす。 名付 あきら・い・たか・たけ・たけし・たける・つよ・とし・なり・のり

参考 「おどす」は「嚇す」「脅す」とも書く。

【威嚇】武力・勢力などによって相手をおどすこと。「―射撃」▽「嚇」も「おどす」の意。

【威儀】作法にかなった、おごそかな態度・動作。「―を正す」 注意 「威義」と書き誤らないように。

【威厳】他の人を威圧するような、堂々としたさま。「―を保つ」 注意 「偉厳」と書き誤らないように。

【威信】権威と、それに伴って人から寄せられる信頼。

【威容】おごそかで堂々としたさま。「軍隊の―を示す」 参考 「偉容」は、りっぱな姿。

女6 **【姨】**(9) 音 イ 訓 おば

意味 「姑」(父の姉妹)に対して、母の姉妹。おば。

女6 **【姻】**(9) 常用 音 **イン** 訓 ―

筆順 

意味 ❶結婚して夫婦になること。「婚姻」❷結婚してできた親類。「姻戚・姻族」

【姻戚】結婚によってできた、血のつながりのない親類。姻族。▽「戚」は「身内」の意。

女6 **【姶】**(9) 音 オウ 訓 あい

意味 ❶女性が美しいさま。❷あい。▽地名に用いる字。

女6 **【姦】**(9) 印標 音 カン 訓 かしましい・みだら

意味 ❶男女の関係が正しくない。みだら。また、女性を犯す。かんする。「姦婦・強姦」❷道理にはずれていて悪い。よこしま。「姦臣・姦悪」❸よくしゃべってやかましい。かしましい。 参考 ❶の意味の「みだら」は「淫ら」「猥ら」とも書く。❷の意味では「奸」とも書く。

【姦淫】男女が道徳にそむいた肉体関係を結

ぶこと。「―罪」▽「姦婬」とも書く。

【姦智】(かんち) 悪賢くて邪悪な知恵。▽「奸智」「奸知」とも書く。

【姦通】(かんつう) ①男女が不義の関係を結ぶこと。②特に、夫のある女性が、夫以外の男性と関係すること。

女6 【姜】 (9) 印標

音 キョウ　訓 ―

意味 姓の一つ。春秋時代の斉(せい)の国の王室の姓。

女6 【妍】 (9) 印標　異体 女4 妍 (7)

音 ケン　訓 うつくしい

意味 あでやかで美しい。また、その美しさ。けん。「妍麗・妍を競う」

女6 【姿】 (9) 6年　旧字 女6 姿 (9)

音 シ　訓 **すがた**

筆順 冫 ン 次 次 次 姿 姿

意味 ❶からだのようす。すがた。「姿勢・雄姿・艶姿(えんし・あですがた)・姿見(すがたみ)」❷物のありさま。すがた。「世の姿」 名付 し・しな

【姿勢】(しせい) 全体としてのからだの構え・かっこう。また、あるものに対する精神的な態度。

【姿態】(したい) からだの様子・かっこう。 注意 「姿体」と書き誤らないように。

女6 【姪】 (9) 人名

音 テツ　訓 めい・おい

筆順 く 女 女 女 姪 姪 姪 姪

意味 ❶兄弟姉妹の娘。めい。「姪甥(てっそう)」❷自分の兄弟の息子。おい。 参考 日本では❷の意味はない。 名付 めい

女6 【姥】 (9) 人名

音 ボ　訓 うば

筆順 く 女 女 女 姥 姥 姥 姥

意味 年老いた女性。うば。「姥桜(うばざくら)・姥捨山(うばすてやま)」 名付 おけ・とめ

女6 【姚】 (9)

音 ヨウ　訓 ―

意味 スリムで美しい。

【要】▸襾3

女6 【姙】▸妊(異)

女7 【娥】 (10)

音 ガ　訓 ―

意味 女性が美しい。「娥眉(がび)」

【娥眉】(がび) ①美しい女性のまゆ。②美人のこと。▽「蛾眉」とも書く。

女7 【姫】 (10) 常用　旧字 女8 姬 (11)

音 キ　訓 **ひめ**

筆順 女 女 女 女 姫 姫 姫 姫

意味 ❶身分の尊い人の娘。また、身分の尊い女性。ひめ。「寵姫(ちょうき)・姫君(ひめぎみ)」❷女子の美称。ひめ。「舞姫(まいひめ)」❸小さくて愛らしいの意を表す接頭語。ひめ。「姫百合(ひめゆり)」 名付 き・ひめ

女7 【娟】 (10)

音 ケン・エン　訓 うつくしい

意味 しなやかで美しい。「嬋娟(せんけん・せんえん)」

女7 【娯】 (10) 常用　旧字 女7 娛 (10)

音 ゴ　訓 たのしむ

筆順 女 女 如 如 娯 娯 娯 娯

意味 慰みとして楽しむ。たのしむ。「娯楽」

女7 【娑】 (10) 印標

音 サ・シャ　訓 ―

意味 ❶→娑婆(しゃば)・娑羅(さら・しゃら)❷→娑羅双樹(さらそうじゅ・しゃらそうじゅ)

【娑羅双樹】(さらそうじゅ・しゃらそうじゅ) 釈迦(しゃか)が入滅するとき、寝床の四方に二本ずつ生えていたという娑羅の木(なつつばきの別名)。▽「沙羅双樹」とも書く。

【娑婆】(しゃば・さば) ①仏教で、苦悩が多く、釈迦(しゃか)が教化する人間界。②軍隊・刑務所にいる人々の立場から見た、一般人の自由な社会のこと。

女7 【娘】 (10) 常用

音 ジョウ　訓 **むすめ**

筆順 女 女 女 女 女 娘 娘 娘

意味 ❶その人の子である女性。むすめ。「愛娘(まなむすめ)」❷若い女性。むすめ。「娘子軍・娘心(むすめごころ)」 名付 じょう

【娘子軍】(じょうしぐん) ①軍隊で、女性だけで組織された部隊。婦人部隊。②女性の集団のこと。▽慣用で「ろうしぐん」とも読む。

3画

女7 【娠】(10) 常用 音シン 訓はらむ

筆順 女 … 娠

意味 胎児をやどす。はらむ。「妊娠」

女7 【娜】(10) 音ダ 訓― 正字 女7 娜(10)

意味 なまめかしくて美しい。「婀娜(あだ)」

女7 【婲】(10) 〈国字〉 音― 訓だて 正字 女8 婲(11)

意味 だて。はでな装いをして人目をひくこと。

女7 【娚】(10) 音ナン 訓のう・めおと

意味 ❶口ごもってしゃべる。❷人に呼びかけて発することば。のう。❸めおと。▽地名・人名に用いる字。「娚杉(めおとすぎ)」は、石川県にある地名。

女7 【娉】(10) 音ヘイ 訓―

意味 嫁に迎える。めとる。

女7 【娩】(10) 人名 音ベン 訓うむ 異体 女8 娩(11)

筆順 女 … 娩

意味 子を産む。「分娩」

女8 【婀】(11) 音ア 訓―

意味 女性がしなやかで美しい。「婀娜(あだ)」

【婀娜】(あだ) 女性がなまめいていて色っぽいさま。「―な姿」▽「娜」も「しなやかで美しい」の意。

女8 【婬】(11) 音イン 訓みだら

意味 男女関係が乱れている。みだら。「婬乱」

女8 【婉】(11) 印標 音エン 訓―

意味 ❶女性がしなやかで美しい。「婉然・妖婉(ようえん)」❷遠回しである。「婉曲」

【婉曲】(えんきょく) 表し方が穏やかで遠回しなさま。

【婉然】(えんぜん) 女性がしとやかで美しいさま。参考「嫣然(えんぜん)」は、女性がにっこり笑うさま。

【婉麗】(えんれい) しとやかで美しいさま。

女8 【婚】(11) 常用 音コン 訓―

筆順 女 … 婚

意味 縁組みをして夫婦になる。こんする。また、そのこと。「婚姻・婚儀・婚礼・新婚・略奪婚」

【婚家】(こんか) 嫁または婿に行った先の家。

女8 【娶】(11) 印標 音シュ 訓めとる

意味 結婚して嫁をもらう。めとる。「婚娶」

女8 【娵】(11) 音シュ 訓よめ

意味 息子の妻。また、結婚相手の女性。よめ。「娵入り(よめいり)」

参考 「よめ」はふつう「嫁」と書く。

女8 【娼】(11) 印標 音ショウ 訓あそびめ

意味 遊女。あそびめ。「娼婦・公娼」

参考 「倡」とも書く。

【娼家】(しょうか) 遊女屋。女郎屋。

女8 【婆】(11) 常用 音バ 訓ばば

筆順 丶 … 婆

意味 ❶年老いた女性。ばば。「老婆・産婆」❷梵語(ぼんご)「バ」の音訳字。「婆羅門(バラモン)・娑婆(しゃば)」

名付 ば・ばば

女8 【婢】(11) 音ヒ 訓―

意味 召使の女性。下女。「婢僕(ひぼく)・下婢」

女8 【婦】(11) 5年 音フ 訓おんな 旧字 女8 婦(11)

筆順 女 … 婦

意味 ❶つま。また、よめ。「婦徳・主婦・貞婦」❷成人した女性。おんな。「婦女・家政婦」

【婦女子】(ふじょし) ①女性。②女性と、子ども。

女8 【婪】(11) 音ラン 訓―

意味 際限なく欲しがる。むさぼる。「貪婪(どんらん)(非常に欲深いようす)」

女8 【婁】(11) 音ル・ロウ 訓―

意味 ❶引き寄せる。❷ちりばめる。❸二十八宿の一つ。たたらぼし。

女8【娩】▶娩（異）

女8【姫】▶姫（旧）

女9【媛】(12)

4年　音エン　訓ひめ　旧字 女9 媛(12)

筆順 媛

意味 ❶しとやかなゆかしい女性。美人。「才媛」 ❷身分の尊い女性。また、身分の高い女性をうやまって呼ぶことば。ひめ。「弟橘媛(おとたちばなひめ)」

名付 えん・ひめ

参考 ❷の意味では「姫」とも書く。

女9【婿】(12)

常用　音セイ　訓むこ　異体 士9 壻(12)　異体 耳8 聟(14)

筆順 婿

意味 娘の夫。むこ。「女婿・婿(むこ)取り・花婿(はなむこ)」

女9【嫂】(12)

音ソウ　訓あによめ　正字 女10 嫂(13)

意味 兄の嫁。あによめ。

女9【媒】(12)

常用　音バイ　訓なかだち

筆順 媒

意味 両者の間にいて両者を関係づけること。また、それをする人・物。なかだち。「媒酌・媒介・触媒・風媒」

【媒介(ばいかい)】二つのものの間にあって両者を関係づけること。また、それをする人・物。

【媒酌(ばいしゃく)】結婚の仲立ちをすること。また、その人。「―人」▽「媒妁」とも書く。

【媒体(ばいたい)】広い範囲に行き渡らせるための手段となるもの。メディア。「宣伝の―」

女9【媚】(12)

印標　音ビ　訓こび・こびる

意味 ❶なまめかしい表情や態度をする。こびる。また、そのこと。こび。「媚態・媚薬・媚(こ)びを売る」 ❷へつらう。こびる。 ❸けしきが美しい。「風光明媚」

【媚態(びたい)】①男性の心を引きつけようとする、女性のなまめかしい態度。②人に気に入られようとしてとる、へつらう態度。

【媚薬(びやく)】性欲を起こさせる薬。ほれぐすり。

女10【媼】(13)

音オウ　訓おうな

意味 年老いた女性。おうな。「老媼・翁媼」

参考 「おうな」は「嫗」とも書く。

女10【嫁】(13)

常用　音カ　訓よめ・とつぐ

筆順 嫁

意味 ❶息子の妻。また、結婚の相手である女性。よめ。「嫁女(よめじょ)・花嫁(はなよめ)」 ❷よめに行く。かする。とつぐ。「嫁資・降嫁・許嫁(いいなずけ・きょか)」 ❸罪や責任を他の人に押しつける。かする。「転嫁」

参考 ❶の意味では「娵」とも書く。

女10【嫌】(13)

常用　音ケン・ゲン　訓きらう・いや　旧字 女10 嫌(13)

筆順 嫌

意味 ❶好ましくないと思う。また、いやがる。きらう。「嫌悪(けんお)・機嫌(きげん)・所嫌わず」 ❷疑う。また、疑い。「嫌疑」 ❸いやに思うこと。きらい。「好き嫌い・嫌いな人」 ❹そういう傾向。きらい。「独断の嫌いがある」

【嫌悪(けんお)】憎んでひどくきらうこと。「―の情」

【嫌忌(けんき)】忌みきらうこと。

【嫌疑(けんぎ)】犯罪などをしたのではないかという疑い。

女10【媾】(13)

音コウ　訓―　正字 女10 媾(13)

意味 ❶国どうしが仲直りする。「媾和」 ❷性交する。「媾合」

参考 「媾和」の「媾」は「講」に書き換える。

参考熟語 媾曳(あいびき)

女10【嫉】(13)

常用　音シツ　訓そねむ・ねたむ

筆順 嫉

意味 うらやましく思って憎む。ねたむ。そねむ。「嫉妬(しっと)・嫉視」

参考 「そねむ」「ねたむ」は「妬む」とも書く。

3画

【嫉視(しっし)】自分よりすぐれている相手をうらやましく思って憎むこと。
【嫉妬(しっと)】①自分よりすぐれている相手を憎みうらやむこと。②他の異性に心を引かれた相手を恨み憎むこと。

女10【嫋】(13) 音ジョウ 訓たおやか
意味 ❶美しくてしなやかである。たおやか。「嫋竹(なよたけ)」❷→嫋嫋(じょうじょう)
【嫋嫋(じょうじょう)】①風がそよぐさま。②なよなよとしているさま。③音声が細く長く続いてとぎれないさま。「余韻(よいん)―」

女10【嫐】(13) 音ドウ 訓―
意味 悩む。また、悩ましい。

女10【媽】(13) 音ボ 訓―
意味 母親。お母さん。▽現代中国語では「マ」と読む。「媽媽(まま)」

女10【嫌】▶嫌(旧)　女10【嫂】▶嫂(正)

女11【嫗】(14) 音ウ・オウ 訓おうな
意味 年老いた女性。老女。おうな。「翁嫗(おうおう)」
参考「おうな」は「媼」とも書く。

女11【嫣】(14) 音エン 訓―
意味 女性がにこやかで美しい。「嫣然」
【嫣然(えんぜん)】女性があでやかににっこりとほほえむさま。

女11【嫦】(14) 音ジョウ・コウ 訓―
意味「嫦娥(じょうが・こうが)」は、月に住むという美人の名。

女11【嫡】(14) 常用 音チャク・テキ 訓―
筆順 女 … 嫡
意味 ❶系統が直系であること。また、そのような系統。「嫡男・嫡出・嫡流」❷正妻。「正嫡」❸正妻から生まれた子。また、正妻から生まれた、家を継ぐべき男子。↔庶。「嫡庶」
【嫡子(ちゃくし・てきし)】①その家を継ぐ男の子。②庶子に対して、正妻が産んだ子。
【嫡室(ちゃくしつ)】正妻。本妻。
【嫡出子(ちゃくしゅつし)】正式に結婚した夫婦の間に生まれた子。
【嫡流(ちゃくりゅう)】①本家の系統。「源氏の―」②正統の流派。

女11【嫩】(14) 音ドン 訓わかい
意味 若くてしなやかである。わかい。「嫩葉(どんよう・わかば)」

女11【嫖】(14) 音ヒョウ 訓―
意味 気軽に女遊びをする。「嫖客(ひょうかく)」
【嫖客(ひょうかく)】女郎遊びをする男。遊女買いの客。

女12【嫺】(15) 音カン 訓―　異体 女12 嫻(15)
意味 上品で美しいこと。みやびやか。「嫺雅(かんが)(おっとりとして美しいこと)」

女12【嬉】(15) 人名 音キ 訓うれしい
筆順 女 … 嬉
意味 ❶楽しみ喜ぶ。「嬉嬉」❷満足で喜ばしい。うれしい。「嬉し泣き」名付 き・よし
【嬉嬉(きき)】子どもがうれしそうに遊び楽しむさま。「―として戯れる」

女12【嬋】(15) 音セン 訓―
意味 姿があでやかで美しい。「嬋娟(せんけん・せんえん)」

女12【嬌】(15) 印標 音キョウ 訓なまめかしい
意味 あでやかで色っぽい。なまめかしい。また、愛らしい。「嬌声・愛嬌」
【嬌態(きょうたい)】こびを含んだ、女性のなまめかしいさま。「―を尽くす」

女13【嬢】(16) 常用　旧字 女17 孃(20) 人名
音ジョウ 訓むすめ
筆順 女 … 嬢
意味 ❶若い女性。少女。むすめ。「令嬢・老嬢・案内嬢・お嬢(じょう)さん」❷未婚の女性、または他人のむすめの名前の下につける敬称。「山田嬢」

女13【嬖】(16) 音ヘイ 訓―

意味 身分の低い人を愛しかわいがる。へいする。また、そのかわいがられる人。「嬖臣・寵嬖(ちょうへい)」

女13【⿰女雷】(16)〈国字〉 音 ― 訓 ―
意味 「⿰女雷髪」は「おんななるかみ」と読み、歌舞伎の外題(げだい)に使われる。

女14【嬰】(17) 印標 音 エイ 訓 みどりご
意味 ❶赤ん坊。みどりご。「嬰児」❷固め守る。「保守退嬰」❸音楽で、本来の音を半音高くすることを表す記号。シャープ。↔変。
【嬰児】(じえい) 赤ん坊のこと。みどりご。

女14【嬶】(17)〈国字〉 音 ― 訓 かかあ
意味 自分の妻や他の人の妻を親しんでいうことば。かかあ。「嬶天下」
参考 「嚊」とも書く。

女14【嬬】(17) 音 ジュ 訓 つま
意味 妻。女房。つま。「嬬人」

女14【嬲】(17) 音 ジョウ 訓 なぶる
意味 おもしろがって苦しめたりからかったりする。なぶる。「嬲り殺し」

女14【嬪】(17) 音 ヒン 訓 ひめ
意味 女性の美称。ひめ。「貴嬪・別嬪」

女16【嬾】(19) 音 ラン 訓 おこたる
意味 なまける。おこたる。「嬾惰(らんだ)」

女17【孅】(20) 音 セン 訓 ―
意味 ほっそりとしていて、かよわい。

女17【孀】(20) 音 ソウ 訓 やもめ
意味 夫を亡くした女性。やもめ。

女17【孃】▶嬢㊐

子の部　こ　こへん

子0【子】(3) 1年 音 シ・ス 訓 こ・ね
筆順 ㇇ 了 子
意味 ❶こども。こ。「子孫・息子」❷十二支の第一番め。方角では北、動物ではねずみにあてる。ね。「甲子(かっし・きのえね)」❸小さいもの。「原子・粒子」❹学徳のある人を尊敬していうときのことば。「君子・孔子」❺孔子のこと。し。「子、のたまわく」❻動物の卵。また、植物の実。「卵子・種子」❼五等級に分けた爵位の第四番め。「子爵」❽ものを表すことば。「帽子・様子」❾その行為をする人に対する親しみや謙遜の気持ちを表すことば。「読書子・編集子」 名付 こ・し・しげ・しげる・たか・ただ・ちか・つぐ・とし・ね・み・やす
【子細】(しさい) ①細かくて詳しいこと。「―に申し述べる」②細かい事情。仔細。「―ありげな顔」「―もあるまい」③物事をするときのさしつかえ。
【子息】(しそく) 他人のむすこ。▽改まったときの文語的ことば。
【子子孫孫】(ししそんそん) 長く続いてゆく子孫。▽「子孫」を強めたいいかた。
【子女】(しじょ) ①子ども。▽「むすことむすめ」の意から。②女の子。
【子弟】(してい) 年少者。
参考熟語 子規(ほととぎす・しき)

子0【孑】(3) 音 ゲツ・ケツ 訓 ―
意味 ↓孑孑(ぼうふら)
【孑孑】(ぼうふら・けつけつ・げつげつ) 蚊の幼虫。▽「孑孓(けっきょう・げっきょう)(ぼうふら)」の誤用が慣用化されたもの。

子1【孔】(4) 常用 音 コウ・ク 訓 あな
筆順 ㇇ 了 孑 孔
意味 ❶つきぬけている穴。「孔版・瞳孔」❷昔、中国で、儒教を教え開いた孔子のこと。「孔門・孔孟(こうもう)」 名付 こう・ただ・みち・よし
【孔版】(こうはん) 謄写版による印刷のこと。
参考熟語 孔雀(くじゃく)

子2【孕】(5) 印標 音 ヨウ 訓 はらむ
意味 ❶妊娠する。体内に子どもをもつ。はらむ。❷中に何かを含んでもつ。はらむ。「嵐を孕

3画

んだ情勢」

子3 **【字】**(6) 1年 音ジ 訓あざ・あざな

筆順

意味 ❶もじ。じ。「字幕・文字」❷筆跡。じ。「きれいな字」❸人の、実名以外のよびな。あざな。❹町・村の内の小さな区域。あざ。「大字(おおあざ)」

名付 じ

【字画(じかく)】漢字を構成している点や線のこと。また、漢字一字を構成する点や線の数。

子3 **【存】**(6) 6年 音ソン・ゾン 訓ある・ながらえる

筆順

意味 ❶そこにある、いる。そんする。ある。「存在」❷生きている。そんする。ながらえる。「存命・生存」❸そのままにしておく。ある。そんする。「存置・保存」❹思う。また、知っている。ぞんずる。「存外・存分・存じません」名付 あきら・あり・さだ・すすむ・そん・ぞん・たもつ・つぎ・なが・のぶ・まさ・やす・やすし

【存意(ぞんい)】考え。また、意見。

【存続(そんぞく)】存在しつづけること。

【存念(ぞんねん)】常に考えている事柄。考え。所存。

【存廃(そんぱい)】制度・習慣を、現在のままにしておくかそれともなくしてしまうかということ。

【存否(そんぴ)】①物事があるかないかということ。また、人が生きているかいないかということ。②人が健在であるかどうかということ。

【存命(ぞんめい)】この世に生きていること。

【存立(そんりつ)】国家・社会・団体などが、滅びずに成り立つこと。

子4 **【孝】**(7) 6年 音コウ・キョウ 訓—

筆順

意味 父母を大切にすること。こう。「孝行・孝子」名付 こう・たか・たかし・のり・みち・ゆき・よし

【孝行(こうこう)】親を大切にし、子として力を尽くすこと。

【孝養(こうよう・きょうよう)】父母を養い、孝行すること。「—を尽くす」

子4 **【孜】**(7) 人名 音シ 訓つとめる

筆順

意味 つとめ励む。「孜孜」名付 あつ・あつし・すすむ・ただす・つとむ・はじめ・まもる

【孜孜(しし)】仕事などにつとめ励むさま。

子4 **【孚】**(7) 音フ 訓はぐくむ

意味 ❶大切に育てる。はぐくむ。「孚育(ふいく)」❷まこと。

子4 **【孛】**(7) 音ボツ 訓—

子5 **【学】**(8) 1年 音ガク 訓まなぶ

旧字 子13 學(16)

異体 子4 斈(7)

意味 むっとする。また、意気ごむ。

筆順

意味 ❶教えを受けてならう。まなぶ。まなび。がく。「学習・学生・見学」❷知識の体系。がく。「学徳・科学・学がある」❸教えを受けたり研究したりするための施設・機関。「学校・入学」❹研究する人。「後学」名付 あきら・がく・さと・さとる・さね・たか・のり・ひさ・まなぶ・みち

【学識(がくしき)】学問と知識。学力と、物事に対する見識。

【学舎(がくしゃ)】学校のこと。学び舎(や)。

【学殖(がくしょく)】学問上の深い知識。「豊かな—」

【学閥(がくばつ)】同じ学校の出身者や同じ学派によってつくられる、排他的な性質をもつ派閥。

【学科(がっか)】①学問を専門別に分けた科目。②学習内容によって分けた科目。教科。

【学課(がっか)】学習すべき課程。

使い分け「がっか」

学科…学問を専門別に分けた種類。「科」は科目の意。「国文学科・英文学科」

学課…割り当てられた、修得すべき学業・課程。「課」は割り当ての意。「全学課とも合格」

3画

子5 【季】(8) 4年 音キ 訓すえ

筆順 一 二 千 千 禾 季 季 季

意味 ❶春・夏・秋・冬のそれぞれの時節。また、気候によって区分した時節。「季節・四季」❷順序で、最後に属するもの。末。すえ。「季春（陰暦三月）」❸一年を単位として年月を区分するときのことば。「半季・年季奉公」❹俳句で、句に詠みこむ四季折々の風物・事柄。また、それを表すことば。き。「季語」名付 き・すえ・とき・とし・ひで・みのる

【季語】ごき 俳句などで、季節感を表すために句の中に詠みこむように定められた、特定のことば。季題。

子5 【孥】(8) 音ド 訓―

意味 夫や父に対して、妻や子。

子5 【孟】(8) 人名 音モウ 訓はじめ

筆順 乛 了 子 子 孟 孟 孟 孟

意味 ❶季節のはじめ。はじめ。「孟春・孟夏」❷中国の思想家孟子(もうし)のこと。「孟母」名付 おさ・たけ・たけし・つとむ・とも・なが・はじむ・はじめ・はる・もう・もと

【孟母三遷】もうぼさんせん 子の教育にはよい環境が大切であるということ。三遷の教え。▽孟子の母が、墓地の近く、市場の近く、学校の近くと住居を三回も変えて、よい環境で孟子を教育しようとした故事から。

【孟母断機】もうぼだんき 学問や事業を途中でやめてはいけないということ。▽孟子が学問を途中で投げ出し帰郷した。孟子の母が織っていた織物を断ち切り、学問を途中でやめるのは、織りかけの織物を断ち切るのと同じで、役に立たないと戒めた故事から。

子6 【孩】(9) 音ガイ 訓―

意味 おさない子ども。ちのみご。「孩児」

子6 【孤】(9) 常用 音コ 訓― 旧字 子5 【孤】(8)

筆順 乛 子 孑 孑 孤 孤 孤 孤

意味 ❶両親を失ったもの。こ。「孤児(こじ・みなしご)」❷ひとりであること。こ。「孤立・孤高」

【孤影】こえい ただひとりの、さびしい感じを与える姿。「―悄然(しょうぜん)（ひとり、しょんぼりしているさま）」

【孤軍奮闘】こぐんふんとう 他からの助けもなく、ひとりで力の限りたたかうこと。

【孤閨】こけい 夫が不在のときの妻がひとりで寝るへや。「―を守る」▽「閨」は「婦人の寝室」の意。

【孤高】ここう ひとりだけすぐれていてけだかいこと。「―の詩人」「―を持する」

【孤城落日】こじょうらくじつ 孤立無援の城に、沈もうとする太陽の光がさしていること。▽勢いが衰えて心細くたよりないことを形容することば。

【孤独】こどく ひとりぼっちであること。

子7 【孫】(10) 4年 音ソン 訓まご

筆順 了 子 孑 孖 孫 孫 孫

意味 ❶子の子ども。まご。「外孫・曽孫(そうそん)・孫引き」❷祖先の血すじを受けるもの。「王孫・子孫」名付 そん・ただ・ひこ・まご

子8 【孰】(11) 音ジュク 訓いずれ・たれ

意味 ❶どちら。どれ。いずれ。「孰れが勝つか」❷だれ。たれ。

子9 【孳】(12) 音ジ・シ 訓うむ 正字 子10 【孶】(13)

意味 子どもを産んで子孫を増やす。また、繁殖する。

子9 【孱】(12) 音セン 訓―

意味 小さくて貧弱である。「孱弱(せんじゃく)」

子11 【孵】(14) 印標 音フ 訓かえす・かえる

意味 卵をあたためて雛(ひな)や子どもにする。かえす。また、卵が雛や子どもになる。かえる。「孵化・孵卵」

【孵化】ふか 卵が雛(ひな)や子どもになること。また、卵を雛や子どもにすること。

子13 【學】▸学㊐

3画

子14 【孺】(17) 音ジュ 訓—
意味 おさない子ども。ちのみご。「幼孺」

宀 の部 うかんむり

宀0 【宀】(3) 音ベン 訓—
意味 屋根。また、おおい。

宀2 【它】(5) 音タ 訓—
意味 ほかの。別の。他。

宀3 【安】(6) 3年 音アン 訓やすい・いずくんぞ
筆順 丶 丷 宀 它 安 安
意味 ❶心配・危険・困難がなくて穏やかである。やすい。やすらか。「安全・平安」❷落ち着けて、穏やかにする。やすんずる。「安心・安息・慰安」❸値段が低い。やすい。「安価・安売(やすう)り」❹手軽である。やすい。「安易・お安い御用」❺状態・理由などを問うことば。焉(いずく)んぞ。いずくんぞ。「安んぞ知らん」名付 あん・さだ・やす・やすし
参考 ひらがな「あ」のもとになった字。

【安逸】(あんいつ) 仕事などをせず、無計画に毎日を送ること。▽「安佚」の書き換え字。

【安閑】(あんかん) ①安らかで静かなこと。②大事なときに、何もせずのんきにしていること。「—としてはいられない」

【安心立命】(あんしんりつめい・あんじんりゅうめい・あんじんりゅうみょう) すべてを運命に任せて、心を穏やかにしていること。

【安泰】(あんたい) 安全で、なんの危険もないこと。

【安置】(あんち) ①尊ぶべきものをたいせつに置くこと。②神仏の像などを寺社や仏間にすえて置くこと。

【安直】(あんちょく) ①値段が安くて手軽なこと。②気軽であること。

【安堵】(あんど) ①物事が無事にすんで安心すること。「—の胸をなでおろす」②鎌倉・室町時代、幕府が土地所有を公認したこと。「所領—」▽もと「かきねをめぐらした中で安心して暮らす」の意。

【安寧】(あんねい) 世の中が穏やかで平和なこと。「—秩序」

【安穏】(あんのん) 状態が穏やかで安心できること。

【安排】(あんばい) 他との調和を考えながら物事を適切に処理すること。▽「案排」とも書く。

【安否】(あんぴ) 無事であるかないかということ。

注意 「安非」と書き誤らないように。

宀3 【宇】(6) 6年 音ウ 訓—
筆順 丶 丷 宀 宀 宁 宇
意味 ❶建物などのやね。「屋宇」❷建物のこと。「殿宇」❸天地四方。「宇宙」❹たましい。「気宇」❺建物を数えることば。名付 う・たか・のき
参考 ひらがな「う」、カタカナ「ウ」のもとになった字。

宀3 【守】(6) 3年 音シュ・ス 訓まもる・もり・かみ
筆順 丶 丷 宀 宁 守 守
意味 ❶他から侵されないように防ぐ。まもる。また、そのための備え。まもり。もり。「守備・留守(るす)・子守(こもり)」❷決められた事柄を持ち続ける。まもる。「厳守」❸昔、四等官の制で、国の長官。かみ。名付 え・しゅ・す・まもる・もり・もれ
【守旧】(しゅきゅう) 前からのしきたりを守ること。「—派」
【守株】(しゅしゅ) 古い習慣にこだわっていて進歩がないこと。▽木の切り株にうさぎがぶつかって死んだのを見た農夫が、また同じようにしてうさぎが得られると思って働くのをやめ、毎日その切り株を見守っていたという故事から。
【守勢】(しゅせい) 敵の攻撃を防ぎ守る立場。「—に立つ」
【守成】(しゅせい) 完成した事業・仕事を受けつぎ、それを衰えさせず、発展させること。
【守銭奴】(しゅせんど) けちな人。けちんぼう。
参考熟語 守宮(やもり)

宀3 【宅】(6) 6年 音タク 訓—

3画

筆順

意味 ❶起居する所。住居。「宅地・宅配・住宅・帰宅」❷他人に対して妻が自分の夫をさしていうことば。主人。たく。❸相手の家や相手、またはその家族などをさしていうことば。たく。「お宅はいかがですか」名付 いえ・おり・たく・やか・やけ

【字】▸子3

宀4
【完】
(7) 4年 音 カン 訓 おわる・まったし・まっとうする

筆順

意味 ❶おわる。また、おわり。かん。「完了・未完・前編完」❷足りないところがない。まったし。また、そのようにする。まっとうする。「完全・完備・完納」名付 かん・さだ・たもつ・なる・ひろ・ひろし・まさ・また・またし・みつ・ゆたか

【完遂】かんすい 物事を完全にやりとげること。「目的を―する」注意「かんつい」と読み誤らないように。

【完全無欠】かんぜんむけつ 完全で欠けるところや足りないところがまったくないこと。

【完膚無きまで】かんぷなきまで 相手に対する攻撃・非難が徹底的であること。

【完璧】かんぺき 欠点や足りないところがなく、完全ですぐれていること。▽「璧」は「宝石」の意。注意「完壁」と書き誤らないように。

宀4
【宏】
(7) 人名 音 コウ 訓 ひろい

筆順

意味 規模が大きい。ひろい。「宏大・恢宏(かいこう)」
名付 あつ・こう・ひろ・ひろし
参考 「宏・宏壮・宏大」などの「宏」は「広」に書き換える。

【宏量】こうりょう 心が大きくて豊かなこと。▽「広量」とも書く。

宀4
【宋】
(7) 人名 音 ソウ 訓 ――

筆順

意味 ❶中国の春秋時代の国の名。そう。❷中国の南北朝時代の国の名。そう。❸中国の王朝の名。そう。名付 おき・くに

宀4
【宍】
(7) 音 ニク 訓 しし

意味 動物の肉。しし。▽多く姓・地名に用いられる。

【牢】▸牛3

宀5
【宛】
(8) 常用 音 エン 訓 あてる・あて・ずつ・あたかも・さながら

筆順

意味 ❶よく似ているさま。まるで。さながら。あたかも。「宛然」❷わりあて。あて。ずつ。「ひとり宛(あて)二枚・二個宛(づつ)」❸当てはめる。あてる。「宛先・宛名」
参考 あてる⇩「当」の[使い分け]。

【宛然】えんぜん ほとんど同じであるさま。さながら。

参考熟語 宛行(あてが)う

宀5
【官】
(8) 4年 音 カン 訓 つかさ

筆順

意味 ❶役所。かん。「官立・官庁」❷役人。かん。つかさ。「官吏・長官」❸役人の地位。「官職・免官」❹一定の働きをもつ。また、そのようなもの。「官能・器官」名付 おさ・かん・きみ・これ・たか・のり・ひろ

【官衙】かんが 官庁。▽「衙」は「役所」の意。

【官尊民卑】かんそんみんぴ 政府や官吏をたっとんで、民間や人民をいやしむこと。

【官途】かんと 官吏の地位・職務。「―につく」

【官房】かんぼう 内閣・各省・都道府県庁で、長官に直属し、機密事項・人事などを取り扱う部局。

宀5
【宜】
(8) 常用 音 ギ 訓 よろしい・うべ・むべ

筆順

意味 ❶都合がよい。よろしい。「便宜・適宜」❷もっともである。うべ。むべ。「宜なるかな・宜(う)べなう(同意する)」❸そうしたほうがよい。よろ

しく…べし。「宜しく学業に励むべし」名付 ぎ・すみ・たか・なり・のぶ・のり・のる・まさ・やす・よし・よろし

宀5 【実】(8) 3年 旧字 宀11 實 (14) 人名

音 ジツ 訓 み・みのる・まこと・げに

筆順 実

意味 ❶草木の、み。また、種子。み。「果実・結実」❷物事の中身がじゅうぶんにある。また、物事の内容。じつ。「実質・充実・名を捨てて実を取る」❸いつわりのない心。じつ。まこと。「実直・誠実・実を尽くす」❹本当であること。じつ。げに。「実行・実の親子」名付 さね・じつ・なお・のり・まこと・み・みつ

【実効】(じっこう) 実際の効力・効果。実際のききめ。「—支配」

【実証】(じっしょう) 証拠・事実によって証明すること。また、証明するための証拠。

【実績】(じっせき) ①実際にあげた成績・成果。②これまでにやってきた仕事の成績。注意「実積」と書き誤らないように。

【実践】(じっせん) 自分で実際に行うこと。実行。「—躬行(こう)（みずから実際に行動すること）」

【実体】(じったい) ものの本当の姿。本体。

【実態】(じったい) 物事の実際の状態。実情。

【実直】(じっちょく) まじめで正直なこと。

【実否】(じっぴ・じっぷ) 事実であるかないかということ。「うわさの—を確かめる」

使い分け「じったい」

実体…ものの本当の姿。本体。「委員会の実体を問う・実体のない組織」

実態…物事の実際の状態。ありのままの姿。「家計の実態・政治の実態を探る・実態調査」

宀5 【宗】(8) 6年

音 シュウ・ソウ 訓 むね

筆順 宗

意味 ❶一族の祖先。また、一族の本家。「宗廟(そうびょう)・宗室」❷芸道などのおおもとの家。家元。「宗家・大宗」❸人々の中心になる人。「宗長・宗匠」❹中心になるもの。むね。そう。「宗祀(そうし)・宗主」❺信仰の教え。「宗教・宗派・邪宗」❻仏教の流派。「宗旨・天台宗」名付 しゅう・そう・たかし・とき・むね・もと

参考 ❺❻は「しゅう」と読む。

【宗旨】(しゅうし) ①その宗派の中心となる教え。②その人が信仰している宗教のなかの流派。宗門。

【宗徒】(しゅうと) 仏教の、ある宗派の信者。

【宗家】(そうけ) ①一族の本家。②茶道の一派の中心になる家。家元(いえもと)。

【宗主】(そうしゅ) 中心として人々に尊ばれる首長。

【宗主権】(そうしゅけん) ある国が他国の内政・外交を管理する特別の権力。

【宗匠】(そうしょう) ①茶道・和歌・連歌(れんが)・俳諧(はいかい)などの先生。②一般に、師として尊ばれる人。

宀5 【宙】(8) 6年

音 チュウ 訓 そら

筆順 宙

意味 ❶天地の広がり。空間。「宇宙」❷空中。ちゅう。「宙返り・宙に舞う」❸暗記すること。そら。「宙でおぼえる」名付 おき・ちゅう・ひろし・みち

宀5 【定】(8) 3年

音 テイ・ジョウ 訓 さだめる・さだまる・さだか

筆順 定

意味 ❶決まる。さだまる。また、変わらないようにする。さだめる。「定刻・定義・決定・必定(ひつじょう)」❷決まり。さだめ。「規定」❸いつもそうであること。じょう。「定例・定席(じょうせき)」❹その通りであること。じょう。「案の定」❺雑念を断って心を集中すること。じょう。「入定(にゅうじょう)」名付 さだ・さだむ・さだめ・じょう・てい・また・やす

【定席】(じょうせき) ①いつもの決まった座席。②常設の寄席(よせ)。

【定石】(じょうせき) ①囲碁で、最もよいとされる、一定の石の打ち方。②物事を行うときによいとされる、一定のやり方。

【定跡】(じょうせき) 将棋で、昔からの研究によって最もよいとされている、一定のこまの動かし方。

【定紋】(じょうもん) 家ごとに決まっている紋章。

【定款】(ていかん) 会社・協同組合などの、組織や活動についての根本になる規則。また、それを記した文書。▽「款」は、「法令・条文などの箇条書き」の意。

【定型】(ていけい) 一定の決まった型。「—詩」参考「定形(ていけい)」は、一定のかたちのこと。

【定見】(ていけん) 自分自身のはっきりした意見。「無—」

【定礎】(ていそ) 建物の工事にとりかかること。「—式」▽「礎石(土台となる石)をすえる」意から。

【定足数】(ていそくすう) 会議で、議事を進め議決をするために必要であるとして規定された最小限の人数。「—に達する」

【定年】(ていねん) 退官・退職するようにきめられている、その年齢。▽「停年」とも書く。

【定評】(ていひょう) 世間一般で定まった評価・評判。

宀5 【宕】(8) 人名 音 トウ 訓 —
筆順 丶 丶 宀 宀 宀 宀 宕 宕
意味 ❶ほら穴。いわや。❷勝手気ままなさま。

宀5 【宝】(8) 6年 音 ホウ 訓 たから
旧字 宀17 寶(20) 異体 宀16 寳(19)
筆順 丶 丶 宀 宀 宀 宇 宝 宝
意味 ❶めずらしくて価値のあるもの。たから。「宝物(ほうもつ・たからもの)・財宝」❷たからとして、とうとぶ。また、とうとい。「宝塔・宝典」名付 かね・たか・たかし・たから・たけ・とみ・とも・ほう・みち・よし
【宝庫】(ほうこ) 宝物を入れる倉。「知識の—」▽よい産物を多量に産出する地方や有用なものを多く供給するところにたとえることもある。
【宝典】(ほうてん) ①貴重な書物。②使って便利な本。宝鑑。

【空】▼穴3
【突】▼穴3

宀6 【客】(9) 3年 音 キャク・カク 訓 —

筆順 丶 丶 宀 宀 宀 灾 客 客 客
意味 ❶訪問してくる人。また、商売の相手。きゃく。↔主。「客間・乗客・主客(しゅかく)」❷自分以外のもの。「客観(きゃっかん)・客体」❸主人以外の特別の待遇の人や地位。「客員(きゃくいん・かくいん)・客演」❹そのような性質の人。「俠客・墨客」❺他の地方に旅に出ていること。また、その人。「客死(かくし)・旅客」❻過ぎ去ったことを表すことば。「客年(かくねん)・客臘(かくろう)」名付 かく・きゃく・ひと・まさ
【客員】(かくいん・きゃくいん) 団体などで、外部から迎えられて客分の扱いを受ける人。

【客死】(かくし) 旅先や、旅先の他国で死ぬこと。

【客舎】(かくしゃ・きゃくしゃ) 旅先で泊まる旅館。

【客体】(かくたい・きゃくたい) 主体に対して、認識・行為の対象となるすべてのもの。

【客観】(きゃっかん・かっかん) 主観に対して、認識・行為の対象となり、だれでもがその存在を認めることのできるすべてのもの。「—的」

参考熟語 客人(まろうど・きゃくじん)

宀6 【室】(9) 2年 音 シツ 訓 むろ
筆順 丶 宀 宀 宀 宀 宀 室 室 室
意味 ❶へや。しつ。「室内・寝室」❷同じ家庭に属する人。家族。「皇室」❸身分の高い人の妻。しつ。「側室・令室」❹物をたくわえる穴。むろ。「氷室・石室」名付 いえ・しつ・むろ

宀6 【宣】(9) 6年 音 セン 訓 のたまう・のべる
筆順 丶 丶 宀 宀 宀 宀 宣 宣 宣
意味 ❶はっきり述べる。せんする。のべる。また、ひろく告げ知らせる。のべる。「宣告・宣伝」❷天皇や神がことばを下し伝える。のたまう。また、天皇や神の下されたことば。「宣旨・託宣」名付 しめす・せん・のぶ・のぶる・のり・ひさ・よし
【宣言】(せんげん) ①世間一般に広く意見を述べること。②団体や個人が意志・方針を発表すること。
【宣誓】(せんせい) ①誠意を示すための誓いのことば。また、それを述べて誓うこと。②式典などで、誓いのことばを述べること。「選手—」
【宣撫】(せんぶ) 占領地区の住民に自国の方針・政策を知らせて人心を安定させること。「—工作」
【宣揚】(せんよう) 広く世に知らせて盛んにすること。

3画

「国威を—する」

宀6
【宥】(9)
人名 音 ユウ 訓 なだめる・ゆるす

筆順 宥

宥

意味 ❶罪・失敗などをみのがす。ゆるす。「宥免」❷とりなしておだやかにさせる。なだめる。「宥和」 名付 すけ・ひろ・ゆう

【宥恕】(ゆうじょ) 寛大な心で相手を許すこと。

【宥和】(ゆうわ) 相手の態度を寛大な態度で許しやわらげて、仲良くすること。「—政策」

〔穿〕▶穴4 〔窃〕▶穴4

宀7
【宴】(10)
常用 音 エン 訓 うたげ

筆順 宴

宴

意味 酒盛り。また、その会合。えん。うたげ。「宴会・宴楽・酒宴・花の宴(えん)」 名付 えん・もり・やす・よし

宀7
【家】(10)
2年 音 カ・ケ 訓 いえ・や・うち

筆順 家

家

意味 ❶人が住む建物。うち。いえ。や。「家屋・家畜・隣家・空家(あきや)」❷一族が集まって住むところ。うち。いえ。「家族・家計・出家・家中(うちじゅう)・(いえじゅう)」❸血筋のつながりのある一門。また、その血筋。いえ。「家臣・家来(けらい)・実家・本家(ほんけ)」❹学問・技芸の流派。また、あることを専門・職業とする人。「作家・大家・専門家」❺身分・氏族を表すことば。「平家・将軍家」❻店の名・雅号に添えることば。「け」と読む。「や」と読む。

名付 いえ・え・お・か・や・やか

参考 や⇩「屋」の〔使い分け〕。

【家業】(かぎょう) ①一家の生活をささえている職業。②その家で代々行ってきた職業。

【家禽】(かきん) 人の家で飼われる鳥類のこと。

【家訓】(かくん) 代々家に伝わっていて守るべき教訓。

【家財】(かざい) ①家にある道具。②家にある財産。

【家産】(かさん) その一家の財産。「—を傾ける」

【家蔵】(かぞう) 自分が所有し、家にしまって持っていること。また、そのような物。

【家伝】(かでん) その家に代々伝わってきたこと。「—の妙薬」

【家督】(かとく) ①家を継ぐ者。②戸主としての地位・財産や権利・義務。「—相続」

【家風】(かふう) その家の伝統的なならわし・しきたり。

【家名】(かめい) ①家の名。「—を継ぐ」②家の名誉。「—を汚す」

参考熟語 家鴨(あひる)

宀7
【害】(10)
4年 旧字 宀7 害(10)
音 ガイ 訓 そこなう

筆順 害

害

意味 ❶悪い状態にする。がいする。そこなう。「害虫・損害」❷災難。また悪い結果・影響。がい。「水害・災害・害がある」❸さまたげる。「妨害」❹殺す。がいする。「自害・殺害」

参考 「妨害・障害」などの「害」は「碍」が書き換えられたもの。

宀7
【宦】(10)
印標 音 カン 訓 —

宦

意味 ❶役人となって仕事をする。また、役人の官職。「宦事・仕宦」❷去勢されて後宮に仕える人。「宦官(かんがん)」

宀7
【宮】(10)
3年 音 キュウ・グウ・ク 訓 みや

筆順 宮

宮

意味 ❶神社。みや。「宮司・神宮・外宮(げくう)・お宮参り」❷神や天皇の御殿。また、そこに住んでいる皇族。みや。「宮殿・宮廷・王宮・東宮(とうぐう)・宮内庁(くないちょう)」❸皇族を尊敬していうことば。みや。「宮家(みやけ)」 名付 いえ・きゅう・みや

参考 ❶は「ぐう」「くう」と読む。

【宮廷】(きゅうてい) 天皇・国王などが住んでいるところ。

宀7
【宰】(10)
常用 音 サイ 訓 つかさ・つかさどる

筆順 宰

宰

意味 担当して仕事を行う。つかさどる。また、担当して仕事を行う役人・大臣。つかさ。「宰相・

3画

主宰」名付 おさむ・さい・すず・ただ・つかさ

【宰相】(さいしょう) 総理大臣のこと。

【宰領】(さいりょう) ①団体で旅行する人々を取り締まったり世話をしたりすること。また、その役の人。②運送する荷物を取り締まること。また、その役の人。

宀7 **【宵】**(10) 常用 音 ショウ 訓 よい　旧字 宀7 宵(10)

筆順 … 宵

意味 ❶日が暮れて暗くなるころ。よい。「春宵・宵闇(よいやみ)」❷夜。よい。「徹宵・宵越し」名付 しょう・よい

【宵闇】(よいやみ) ①陰暦の十六日から二十日ごろまでの間の宵のうち、月が出なくて暗いこと。②ゆうやみ。

宀7 **【宸】**(10) 印標 音 シン 訓 ——

意味 ❶天子の住まい。「紫宸殿」❷天子に関する語の上に添えて敬意を表すことば。「宸筆・宸襟(しんきん)」

【宸襟】(しんきん) 天子の心。「—を悩ます」

【宸筆】(しんぴつ) 天子直筆の手紙・文書。宸翰(しんかん)。宸章(しんしょう)。

宀7 **【容】**(10) 5年 音 ヨウ 訓 いれる・かたち・ゆるす

筆順 … 容

意味 ❶中に入れる。いれる。また、入れた中身。「容器・容積・収容・内容」❷姿。また、ふるまい。よう。かたち。「容貌(ようぼう)・儀容・形容・容(よう)を正す」❸聞き入れて許す。また、受け入れる。「容赦(ようしゃ)・容共・寛容」❹簡単でやさしい。「容易」❺ゆったりしている。「従容(しょうよう)」名付 いるる・おさ・かた・なり・ひろ・ひろし・まさ・もり・やす・よう・よし

【容喙】(ようかい) 関係のない人がよけいな口出しをすること。▽「くちばし(喙)を容(い)れる」の意。

【容疑】(ようぎ) 罪を犯した疑い。「—が晴れる」

【容共】(ようきょう) 反共に対して、共産主義を認めて受け入れること。

【容姿】(ようし) 顔かたちと、からだつき。「—端麗」

【容赦】(ようしゃ) ①許してとがめないこと。「御—ください」②同情して手加減すること。「情け—なく責める」▽この場合は「用捨」とも書く。

【容色】(ようしょく) 顔かたちの美しさ。「—が衰える」

【容体】(ようだい) ①姿かたち。身なり。②病気の様子。病状。▽「容態」とも書く。

【容認】(ようにん) よいとして許し認めること。

【容貌魁偉】(ようぼうかいい) 顔つきがいかめしく、体格が大きくてたくましいこと。

参考熟語 容気(かたぎ) 容易(たやす)い 容子(ようす)

宀8 **【寅】**(11) 人名 音 イン 訓 とら

筆順 … 寅

意味 十二支の第三番め。時刻では午前四時またはその前後の二時間、方角では東北東、動物では虎(とら)にあてる。とら。「丑寅(うしとら)」名付 いん・つら・とも・とら・のぶ・ふさ

宀8 **【寄】**(11) 5年 音 キ 訓 よる・よせる

筆順 … 寄

意味 ❶頼んで世話を任せる。よせる。「寄宿・寄生」❷預け任せる。「寄付・寄託」❸集めたり近づけたりする。よせる。また、そのようになる。よる。「三人寄れば文殊(もんじゅ)の知恵」❹途中でついでに訪れる。よる。「寄港」❺相手に送る。よせる。「寄稿」名付 き・より

【寄港】(きこう) 航海中の船が、途中で目的の港以外の港に寄ること。寄航。

【寄稿】(きこう) 新聞・雑誌などに載せるために原稿を送ること。また、その原稿。寄書。

【寄航】(きこう) ①航空機が、途中で目的の空港以外の空港に寄ること。②「寄港」と同じ。

【寄食】(きしょく) 他の人の家に泊まって世話になること。

【寄進】(きしん) 神社や寺などに金品を寄付すること。

【寄贈】(きぞう・きそう) 品物を他人に贈り与えること。

【寄託】(きたく) 物品を他の人に預け任せて処理・保管を頼むこと。

【寄与】(きよ) 役立つことをして貢献すること。

【寄留】(きりゅう) 一時的によその土地や他人の家に住むこと。

参考熟語 寄居虫(やどかり) 寄生木(やどりぎ) 寄席(よせ)

宀8
【寇】(11)
音 コウ 訓 あだ
異体 宀8 寇(10)

意味 ❶外国から攻めてくる敵。「外寇」❷かたき。また、仕返し。あだ。「恩を寇で返す」

参考 ❷の意味では多く「仇」と書く。

宀8
【宿】(11)
3年 音 シュク・スク 訓 やど・やどる・やどす

筆順

意味 ❶泊まる。しゅくする。やどる。また、泊まらせる。やどす。「宿泊・寄宿」❷そこにとどまって動かない。やどる。また、そこにとどめる。やどす。「露が宿る」❸旅先で泊まる家。また、住む家。やど。「宿駅・旅宿」❹前からそうであること。「宿願・宿命」❺年をとっていて多くの経験がある。「宿将・耆宿(きしゅく)」❻昔、やどや人馬を設備したところ。しゅく。「小田原の宿(しゅく)」

名付 いえ・しゅく・やど

【宿痾(しゅくあ)】以前からかかっていてなかなか治らない病気。▽「痾」は「病気」の意。

【宿怨(しゅくえん)】以前からいだき続けてきた激しい恨み。宿恨。「—を晴らす」

【宿縁(しゅくえん)】前世からの因縁。

【宿願(しゅくがん)】以前から持ち続けている願い。

【宿将(しゅくしょう)】経験を積んで戦闘についてよく知っている大将。▽経験を積んだ老練な人にたとえる。

【宿直(しゅくちょく)】勤めている人が交替で当番となって泊まり、警戒すること。また、その人。

【宿敵(しゅくてき)】以前からの敵・かたき。「—打倒」

【宿弊(しゅくへい)】昔からあった、よくない習慣。

【宿望(しゅくぼう)】長い間持ち続けている望み。

【宿命(しゅくめい)】定まっていて変えられない運命。

【宿世(すくせ・しゅくせ)】①前世。②前世からの因縁。

参考熟語 宿直(とのい・しゅくちょく) 宿酔(ふつかよい)

宀8
【寂】(11)
常用 音 ジャク・セキ 訓 さび・さびしい・さびれる・しずか

筆順

意味 ❶ひっそりしている。せき。しずか。さびれる。また、ひっそりしていて心細い。さびしい。「寂寥(せきりょう・じゃくりょう)・静寂・寂(せき)として声なし」❷僧が死ぬ。じゃくする。「寂滅・入寂」❸物静かで落ち着いた趣。さび。

名付 しず・じゃく・せき

【寂滅(じゃくめつ)】仏教で、現世の迷いから抜け出ること。「—為楽(いらく)(寂滅が真の安楽であるということ)」

【寂光浄土(じゃっこうじょうど)】仏教で、仏が住んでいてすべての人が悟りを得るという世界。浄土。

【寂莫(せきばく・じゃくまく)】ひっそりとしていて物寂しいこと。寂漠。寂寞。

【寂寥(せきりょう・じゃくりょう)】物寂しいこと。

宀8
【密】(11)
6年 音 ミツ 訓 ひそか・みそか

筆順

意味 ❶ぎっしり集まっている。また、内容がたくさんあって行き届いている。みつ。⇔疎。「密生・厳密・密な計画・人口が密だ」❷すきまなく触れ合っていて関係が深い。みつ。「密接・密閉・親密」❸他の人に知られずにこっそり行うさま。みつ。みそか。ひそか。「密談・秘密・密輸入・はかりごとは密なるをもってよしとする」❹密教のこと。⇔顕。「顕密・三密」

名付 たかし・ひそか・みつ

【密議(みつぎ)】人に知られないように行う秘密の相談。

【密行(みっこう)】人に知られないようにして目的地に行ったり活動したりすること。

【密集(みっしゅう)】一か所に多くのものがびっしりと集まること。

【密生(みっせい)】草木などがすきまなく生えていること。

【密接(みっせつ)】①ぴったりとくっついていること。②関係が非常に深いこと。「—な関係」注意「密切」と書き誤らないように。

【密通(みっつう)】結婚していない男女が、または結婚している男女が他の異性と、こっそり関係を結ぶこと。

【密偵(みってい)】秘密探偵。スパイ。

【密封(みっぷう)】すきまのないように厳重に封をすること。

【密約(みつやく)】秘密に約束・条約を結ぶこと。また、そうして結んだ約束・条約。

参考熟語 密夫(まおとこ・みそかお・みっぷ)

〔窓〕▼穴6

〔窒〕▼穴6

宀8 〔寃〕▼冤㊖

宀9 **【寒】**(12) 3年 音 カン 訓 さむい

旧字 宀9 寒 (12)

筆順

意味 ❶さむい。また、さむさ。「寒冷・寒流・厳寒・心胆を寒からしめる」❷恐れてぞっとする。さむい。「寒心」❸人気(ひとけ)がなくて寂しい。「寒村・貧寒」❹冬のうちで最も寒いとされる約三十日間のこと。かん。「寒中・大寒・寒垢離(かんごり)・寒の入り」名付 かん・さむ・ふゆ

【寒月(かんげつ)】さえ渡って見える、冬の寒々とした月。

【寒山拾得(かんざんじっとく)】中国、唐代の二人の高徳の僧。寒山と拾得のこと。▽それぞれ、文殊(もんじゅ)・普賢(ふげん)の二菩薩の生まれかわりとされ、しばしば画題にされる。

【寒心(かんしん)】今後の状態を恐れたり心配したりしてぞっとすること。「―にたえない」

【寒村(かんそん)】さびれて人気(ひとけ)の少ない貧しい村。

参考熟語 寒蟬(つくつくぼうし)

宀9 **【寓】**(12) 人名 音 グウ 訓 よる

筆順

意味 ❶仮に身を寄せてそこに住む。ぐうする。よる。また、一時の住まい。「寓居・寄寓」❷へりくだって自分の家をいうことば。「山田寓」❸他のものにかこつけてほのめかす。ぐうする。「寓意・寓話」名付 より・よる

【寓意(ぐうい)】他の物事にかこつけてある意味をほのめかすこと。また、その意味。

【寓居(ぐうきょ)】①仮に住んでいる住まい。②謙遜して自分の家をいうことば。「―にお立ち寄り下さい」

【寓話(ぐうわ)】教訓や風刺を含んだ、たとえ話。

宀9 **【寔】**(12) 音 ショク 訓 まことに

意味 ❶本当に。まことに。❷これ。この。

宀9 **【寐】**(12) 音 ビ 訓 ねる

意味 眠る。また、横になって休む。ねる。「夢寐」

参考 「ねる」はふつう「寝る」と書く。

宀9 **【富】**(12) 4年 音 フ・フウ 訓 とむ・とみ

異体 冖9 冨 (11) 人名

筆順

意味 ❶財産を多く持つ。とむ。また、そのようにすること。とます。⇕貧。「富豪・富貴(ふうき・ふっき)」❷じゅうぶんにあって豊かである。とむ。⇕貧。「豊富・経験に富む」❸財産としての金品。また、役立つ資源・物資。とみ。「巨富・巨万の富」❹富籤(とみくじ)のこと。とみ。名付 あつ・あつし・さかえ・と・とます・とみ・とめり・とめる・とよ・ひさ・ふ・ふう・ふく・みつる・ゆたか・よし

【富貴(ふうき・ふっき)】財産があり、身分も高いこと。

【富岳(ふがく)】富士山のこと。「―百景」

【富国強兵(ふこくきょうへい)】国の経済力を豊かにし、強力な軍備を持つこと。

【富裕(ふゆう)】財産を持ち生活が豊かなこと。裕福。

宀10 **【寛】**(13) 常用 音 カン 訓 ひろい・ゆるやか・くつろぐ

旧字 宀12 寬 (15)　異体 宀11 寛 (14) 人名

筆順

意味 ❶心が広くてゆとりがある。ひろい。また、穏やかで他の人に対する態度がきびしくない。ゆるやか。「寛大・寛仁」❷ゆったりとする。くつろぐ。名付 かん・ちか・とお・とみ・とも・とら・のぶ・のり・ひと・ひろ・ひろし・むね・もと・ゆたか・よし

【寛厳(かんげん)】人に対する態度がゆるやかなことと、きびしいこと。寛大と厳格。「―よろしきを得る」

【寛恕(かんじょ)】心が広くて思いやりがあり、過失などを許すこと。「御―を請う」

【寛仁(かんじん)】心が広くて情け深いこと。「―大度(たいど)」

【寛容(かんよう)】心が広く、過失をとがめだてせずに人の言動を受け入れること。

宀10 **【寝】**(13) 常用 音 シン 訓 ねる・ねかす・やすむ

旧字 宀11 寢 (14) 人名

筆順

意味 ❶眠る。また、横になって休む。やすむ。ねる。「寝室・不寝番」❷眠ること。しん。ね。「就寝・午寝・寝(しん)につく」

【寝食(しんしょく)】日常の生活に必要な、寝ることと食べること。「―を忘れる(一つのことに熱中する)」

参考熟語 寝所(しんじょ・ねどこ) 寝相(ねぞう)

宀10 **【寞】**(13) 音 バク・マク 訓 さびしい　正字 宀11 寞(14)

意味 ひっそりとしていて静かである。さびしい。「寂寞・索寞」

【塞】▶土10

宀11 **【寡】**(14) 常用 音 カ 訓 すくない・やもめ

筆順 寡

意味 ❶数が少ない。すくない。また、そのこと。「寡聞・寡人・多寡・寡(か)をもって衆に当たる」❷配偶者をなくして独身でいる者。やもめ。「寡婦・寡居」

【寡居(かきょ)】夫または妻をなくして独身で暮らすこと。やもめぐらし。

【寡作(かさく)】作家や芸術家が、作品を少ししかつくらないこと。

【寡聞(かぶん)】見聞が狭くて知識が少ないこと。

【寡黙(かもく)】口数が非常に少ないこと。

宀11 **【寤】**(14) 音 ゴ 訓 さめる

意味 目が覚める。さめる。「寤寐(ごび)」

宀11 **【寨】**(14) 音 サイ 訓 とりで

意味 外敵を防ぐとりで。とりで。

宀11 **【察】**(14) 4年 音 サツ 訓 みる

筆順 察

意味 ❶詳しく調べて明らかにする。みる。「観察・明察・警察」❷人の気持ちや事情を推しはかる。さっする。また、そのこと。さっし。「察知・推察」 名付 あきら・さつ

宀11 **【寧】**(14) 常用 音 ネイ 訓 むしろ・やすい　旧字 宀11 寧(14)

筆順 寧

意味 ❶穏やかで安らかである。やすい。「寧日・安寧」❷親切に行う。「丁寧」❸どちらかといえば。むしろ。「生きているより寧ろ死んだほうがいい」 名付 しず・ねい・やす・やすし

参考 「丁寧」は、「叮嚀」が書き換えられたもの。

【寧日(ねいじつ)】平穏無事な安らかな日。「折衝に―ない日々」

宀11 **【寥】**(14) 印標 音 リョウ 訓 さびしい

意味 静かでひっそりしている。また、ひっそりしていて心細い。さびしい。「寂寥・寥寥」

【寥寥(りょうりょう)】数が少なくて物寂しいさま。「参会者は―たるものだった」

【窪】▶穴9

宀11 【實】▶実(旧)

宀11 【寬】▶寛(異)

宀11 【寢】▶寝(旧)

宀12 **【審】**(15) 常用 音 シン 訓 つまびらか

筆順 審

意味 ❶調べて是非を明らかにする。「審判・審理・不審」❷細かくて詳しい。つまびらか。「審らかにする(調べてはっきりさせる)」❸審理・裁判のこと。「予審・第一審」❹審判員のこと。「主審・塁審」 名付 あきら・しん

参考 ❷の意味の「つまびらか」は「詳らか」とも書く。

【審議(しんぎ)】詳しく討議して可否を検討すること。「―未了」

【審美(しんび)】美醜を見分けること。「―眼」

【審問(しんもん)】①事情を詳しく問いただすこと。②裁判所が当事者や利害関係人などに陳述の機会を与えて聞くこと。

【審理(しんり)】①事実や筋道を詳しく調べること。②裁判で、裁判所が事実関係や法律関係を調べて明らかにすること。

宀12 **【寮】**(15) 常用 音 リョウ 訓 つかさ

筆順 宀 宀 宊 宊 宊 寮 寮 寮

意味 ❶会社・学校などの宿舎。りょう。「寮母・学寮・独身寮」❷昔、省(しょう)に属した役所。つかさ。「図書寮(ずしょりょう・としょりょう)」❸別荘。また、茶室。りょう。「茶寮」❹別荘・寄宿舎・茶室などの名の下につけることば。 名付 いえ・とも・りょう

【窮】▶穴10　【窯】▶穴10　【賓】▶貝8

宀12【寫】▶写㊐　宀12【寬】▶寛㊐

宀13
【寰】(16) 音カン 訓—

意味 ❶世界。天下。❷ある範囲内の地。「人寰(じんかん)(人間の住むところ)」

【憲】▶心12　【窺】▶穴11

宀16
【寵】(19) 人名 音チョウ 訓めぐむ

筆順 宀 宀 宵 宵 宵 寵 寵 寵

意味 上位の人が特別にかわいがり愛する。ちょうする。めぐむ。また、上位の人から与えられる愛情。ちょう。「寵愛・寵臣・恩寵・寵を受ける」 名付 うつくし・うつく・よし

【寵愛(ちょうあい)】上位の人が目下の者を特別にかわいがること。 注意 「りゅうあい」と読み誤らないように。

【寵児(ちょうじ)】親に特別にかわいがられている子ども。「時代の—」▽時運に合って世間でもてはやされている人にたとえることもある。

宀16【寳】▶宝㊙　宀17【寶】▶宝㊐

寸の部 すん

寸0
【寸】(3) 6年 音スン 訓—

筆順 一 寸 寸

意味 ❶尺貫法の、長さの単位。一寸(いっすん)は一尺の十分の一で、約三・〇三センチメートル。「寸尺」❷長さ。すん。「寸法・寸詰まり」❸非常にわずかである。「寸鉄・寸刻・寸毫(すんごう)」 名付 すん・ちか・のり

参考 ひらがな「す」のもとになった字。

【寸陰(すんいん)】わずかな時間。寸刻。寸時。「—を惜しむ」

【寸暇(すんか)】あいていて自由に使える、わずかな時間。寸隙(すんげき)。「—を盗む」

【寸劇(すんげき)】座興で演じる即席の短い劇。

【寸毫(すんごう)】非常にわずかであること。「—の疑いもない」▽「毫」は「細い毛」の意。

【寸刻(すんこく)】わずかの時間。寸時。寸陰。「—を惜しむ」

【寸志(すんし)】①自分の志をへりくだっていうことば。②自分からの贈り物をへりくだっていうことば。

【寸借(すんしゃく)】少額の金を少しの間借りること。「—詐欺」

【寸尺(すんしゃく)】①わずかの長さ。「—を争う」②長さ。また、物の寸法。

【寸書(すんしょ)】自分の手紙をへりくだっていうことば。▽「短い手紙」の意。

【寸善尺魔(すんぜんしゃくま・すんぜんせきま)】世の中にはよいことが少なく、悪いことが多いということ。

【寸断(すんだん)】細かくずたずたに切ること。

【寸鉄(すんてつ)】①短い小さな刃物。「身に—を帯びず」②短いが、真実をいい当てたことば。警句。「—人を刺す(鋭い警句で相手の急所をつく)」

【寸評(すんぴょう)】短い批評。

【寸分(すんぶん)】非常にわずかであること。「—も違わない」

参考熟語 寸胴(ずんどう)

寸3
【寺】(6) 2年 音ジ 訓てら

筆順 一 十 土 圭 寺 寺

意味 ❶僧が住み、仏像を安置して仏道修行や仏事を行うところ。てら。「寺院・本寺・国分寺」❷特に、三井(みい)寺のこと。てら。⇔山(やま)(延暦寺(えんりゃくじ))。

【寺号(じごう)】山号の下につける寺の名前。たとえば、比叡山延暦寺(ひえいざんえんりゃくじ)の場合、「比叡山」が山号で、「延暦寺」が寺号。

【寺子屋(てらこや)】江戸時代、庶民の子どもに読み

書き・そろばんなどを教えた施設。注意「寺小屋」と書き誤らないように。

寸4 【寿】 (7) 常用 旧字 士11 壽 (14) 人名 寿

音 ジュ・ス 訓 ことぶき・ことほぐ

筆順 一 二 三 声 声 寿 寿

意味 ❶いのち。「寿命・長寿」❷めでたいことを祝う。ことほぐ。また、そのこと。ことぶき。「寿詞・喜寿」名付 いき・かず・ことぶき・じゅ・たもつ・つね・とし・としなが・なが・のぶ・ひさ・ひさし・ひで・ひろし・ほぎ・やすし・よし

【寿詞】一 (じゅし) 長生きを祝うことば。二 (よごと) 祝詞(のりと)の一つ。天皇の御代(みよ)が長く久しく栄えることを祝うことば。

寸4 【対】 (7) 3年 旧字 寸11 對 (14) 対

音 タイ・ツイ 訓 こたえる

筆順 丶 亠 ナ 文 文 対 対

意味 ❶向かい合う。たいする。また、返答する。こたえる。「対生・対応・応対」❷相手とする。たいする。「対立・対等・対日・敵対・対校戦」❸比べ合わせる。たいする。また、比や点数の比較を表すことば。「対照・絶対・二対四」❹二つで一組みになっていること。また、そのようなもの。つい。「対句・一対」

参考 ❹の意味では「つい」と読む。

【対価】(たいか) 他人に財産・労力を与えたり利用させたりした報酬として受け取る利益。

【対義語】(たいぎご) たがいに意味が相対的な関係の語。略して「対語(ついご)」とも。反義語。反意語。

【対局】(たいきょく) 碁・将棋の勝負をすること。

【対座】(たいざ) ふたりで向かい合ってすわること。▽「対坐」とも書く。

【対峙】(たいじ) ①高くて大きい山・建物などが向かい合ってそびえていること。②互いに敵意を持っている両者が対立したままそこを動かないこと。▽「峙」は「そびえる」の意。

【対処】(たいしょ) 物事に応じて適当な処置を行うこと。「新しい情勢に―する」

【対蹠】(たいしょ・たいせき) ①正反対の位置にあること。「―点」②意見や関係などが正反対で対立すること。「―的」▽「たいしょ」は「たいせき」の慣用読み。「蹠」は「足の裏」の意。

【対照】(たいしょう) ①二つの事物を比べ合わせること。「比較―」②二つのものの違いがはっきりしていること。「―的(性質がはっきりと違っているさま)」

【対称】(たいしょう) ①数学で、ある点・線を境にして二つの点・線・図形が向き合う位置にあること。②文法で、第二人称のこと。

【対象】(たいしょう) ①目標・目当てとなる相手。②精神作用の目的物として人と対立して存在するもの。

【対比】(たいひ) 相違などをはっきりさせるために二つのものを比べ合わせること。

【対句】(ついく) 詩や文章で、同じ構造で意味が相対する句を並べて用いたもの。「花笑い、鳥歌う」など。

使い分け「たいしょう」

対照…比べ合わせること。「照」はてらし合わせるの意。「新旧を対照する・好対照・比較対照」

対称…向き合ってつり合うこと。「称」はつり合うの意。「対称図形・左右対称」

対象…行動の目当て。「象」は形・様子の意。「読者対象・研究の対象・批判の対象」

寸6 【専】 (9) 6年 旧字 寸8 專 (11) 人名 専

音 セン 訓 もっぱら

筆順 一 丆 戸 亘 亩 亩 亩 専 専

意味 ❶一つのことだけを行って他のことをしない。もっぱら。「専任・専門・専らのうわさ」❷ひとり占めにする。また、ひとりでかってに行う。もっぱら。「専用・専横・権勢を専らにする」❸専門学校のこと。「工専」名付 あつし・あつむ・せん・たか

参考 「専断」の「専」は「擅」が書き換えられたもの。

【専一】(せんいつ) そのことだけをいっしょうけんめいに行うこと。「勉学を―にする」

【専横】(せんおう) 態度・ふるまいなどが、わがままでかってなこと。「―をきわめる」

【専行】(せんこう) 自分だけの判断でかってに行うこと。「独断―」

【専修】せんしゅう そのことだけを研究すること。
【専従】せんじゅう その仕事にだけ従事すること。また、その人。「組合―」
【専心】せんしん 心をそのことだけに集中して一生懸命に行うこと。「一意―」
【専念】せんねん 一つのことを、心を集中して行うこと。専心。「仕事に―する」
【専門】せんもん ある一つの学問・職業だけを研究・担当すること。また、その学問・職業。「―家」 参考 覚え方「専門のもんには口はいらねども訪問の時は口がいるなり」 注意 「専問」と書き誤らないように。
【専有】せんゆう ひとりだけで所有すること。ひとり占め。「利益を―する」 参考 「占有（せんゆう）」は、自分の所有物とすること。

寸6 **【封】**(9) 常用 音 フウ・ホウ 訓 とじる

筆順 十 土 圭 圭 圭 封 封

封

意味 ❶閉じてふさぐ。とじる。ふうずる。また、そのこと。ふう。「封書・封入・密封」❷出入りできないようにしたり活動を禁止したりする。ふうずる。「封鎖・封殺・言論を封ずる」❸領地を与えて大名にする。ほうずる。また、その領地。 参考 ❸の意味では「ほう」と読む。「封建（ほうけん）・素封家」 名付 かね・ふう・ほう
【封印】ふういん 閉じたしるしとして封じ目に押した印。また、その印を押すこと。
【封緘】ふうかん 手紙などの封をすること。▽「緘」も「とじる」の意。
【封鎖】ふうさ ①閉ざして出入りや出し入れができないようにさえぎること。「海上―」「預金の―」②経済の活動をやめさせること。
参考熟語 封度（ポンド）

〔耐〕▸而3

寸7 **【射】**(10) 6年 音 シャ・セキ 訓 いる・さす・うつ

筆順 ′ 亻 自 自 身 身 射 射

射

意味 ❶弓の矢や銃砲の弾丸を発する。うつ。いる。「射撃・発射」❷気体・液体などを勢いよく発する。また、光があたる。さす。「射出・放射」❸ねらって命中させる。いる。「射的・射殺」❹弓術。「射芸・騎射」 名付 い・いり・しゃ
【射幸心】しゃこうしん 偶然の利益・成功を得ようとする考え・気持ち。▽「射倖心」の書き換え字。
【射程】しゃてい 弾丸が届く範囲。「―距離」
【射的】しゃてき ①的をねらって弓を射たり銃で撃ったりすること。②コルク・ゴムなどを弾丸とした空気銃で的を撃つ遊技。「―場」

寸7 **【将】**(10) 6年 旧字 寸8 將 (11) 人名 音 ショウ 訓 ひきいる・まさに・はた

筆順 丨 丬 丬 丬 丬 丬 将 将

将

意味 ❶軍隊を統率・指揮する。ひきいる。また、その人。しょう。「将軍・武将・将を射んとせばまず馬を射よ」❷軍隊や自衛隊で、最上位の階級。「大将・陸将」❸今にもそうしようとしている。まさに。「将来・将に出発しようとしている」❹あるいは。はた。 名付 しょう・すすむ・たすく・ただし・たもつ・のぶ・はた・ひとし・まさ
【将校】しょうこう 軍隊で、少尉以上の軍人。
【将兵】しょうへい 将校と兵士。将卒。

〔辱〕▸辰3 寸7〔尅〕▸剋異

寸8 **【尉】**(11) 常用 音 イ・ジョウ 訓 ―

筆順 ㇇ コ 尸 尸 尸 尉 尉

尉

意味 ❶軍隊や自衛隊で、将校の最下位の階級。「大尉」❷昔、四等官の制で、兵衛府（ひょうえふ）・衛門府（えもんふ）・検非違使（けびいし）の第三等官。じょう。❸能楽で、老人をかたどった面。じょう。 名付 い・じょう・やす
【尉官】いかん 大尉・中尉・少尉のこと。

寸8〔專〕▸専旧 寸8〔將〕▸将旧

寸9 **【尋】**(12) 常用 旧字 寸9 尋 (12) 音 ジン 訓 たずねる・ひろ

筆順 ㇇ ヨ ヨ ヨ ヨ 尋 尋

尋

意味 ❶捜し求める。また、人に聞く。たずねる。

3画

「尋問・尋ね人」❷人を訪問する。たずねる。❸普通であって他と違わない。「尋常」❹水深や縄の長さの単位。一尋(ひろ)は、両手を左右に広げたときの間隔で、六尺(約一・八一メートル)。ひろ。「千尋(ちひろ)」名付 じん・ひろ・ひろし

参考 (1)「尋問」の「尋」は「訊」が書き換えられたもの。(2)たずねる⇩「訪」の[使い分け]。

【尋問】(じんもん) 裁判官・警察官などが、調べるために容疑者・証人・被告人などに口頭で尋ねること。「不審―」▽「訊問」の書き換え字。

寸9 **【尊】**(12) 6年 旧字 寸9 尊(12)

尊

音 ソン 訓 **たっとい・とうとい・たっとぶ・とうとぶ・みこと**

筆順 丷 … 酋 尊

意味 ❶価値があり重んずべきである。とうとい。たっとい。また、そういうものとして大事に扱う。とうとぶ。たっとぶ。↔卑。「尊重・尊大・自尊」❷たっとぶべきすぐれた人。「釈尊・至尊・地蔵尊」❸相手への敬意を表すことば。「尊顔・尊父」❹神や身分の高い人を敬い、その名につけることば。みこと。「日本武尊(やまとたけるのみこと)」名付 そん・たか・たかし

【尊翰】(そんかん) 相手を敬ってその人から来た手紙をいうことば。尊書。

【尊顔】(そんがん) 相手を敬ってその人の顔をいうことば。「―を拝する(お目にかかる)」

【尊厳】(そんげん) 尊くて権威があり、おごそかなこと。「―を傷つける」

使い分け「とうとい」

尊い…大切なものとして、尊重すべきである。「尊い教え・尊い神・尊い犠牲・平和の尊さ」

貴い…価値が上で、貴重である。「貴い人命・貴い身分・貴い経験・和をもって貴しとなす」

【尊崇】(そんすう) 神や身分の高い人を尊び敬うこと。

【尊属】(そんぞく) 親等で、卑属に対して、父母と同列、またはそれより目上の親族。「―殺人」

【尊大】(そんだい) いばって偉そうな態度をすること。

【尊堂】(そんどう) ①相手を敬ってその家をいうことば。お宅。②相手を敬っていうことば。あなた様。

【尊皇攘夷】(そんのうじょうい) 皇室を尊んで幕府を退け、外国人を追い払おうとする、江戸時代末期の倒幕派の思想。尊攘。▽「尊王攘夷」とも書く。

【尊父】(そんぷ) 相手を敬ってその父をいうことば。「御―様の逝去を悼(いた)みます」

【尊容】(そんよう) 相手を敬ってその人の顔・姿をいうことば。「―に接し」

【奪】▶大11　寸11【對】▶対㊐

寸12 **【導】**(15) 5年 旧字 寸13 導(16)

導

音 ドウ 訓 **みちびく・しるべ**

筆順 丷 首 道 導 導

意味 ❶先に立って案内する。みちびく。また、そのこと。しるべ。みちびき。「導入・先導・誘導」❷手引きして教える。みちびく。また、そのこと。みちびき。「導師・指導」❸熱・電気・火を伝える。「導体・導火線」名付 どう・みち

【導師】(どうし) 葬式や法会(ほうえ)をとり行う僧。

【導入】(どうにゅう) よりすぐれた状態・段階にするために、その物を引き入れること。「外資―」

小の部 しょう・しょうがしら なおがしら

小0 **【小】**(3) 1年

小

音 **ショウ** 訓 **ちい**さい・**こ**・**お**・さ

筆順 亅 小 小

意味 ❶ちいさい。また、そのこと。しょう。↔大。「小人・小心・弱小・群小・小人物・大(だい)は小(しょう)を兼ねる」❷へりくだって自分に関する事物につけることば。「小生・小社」❸一か月の日数が、陽暦では三十一日より、陰暦では三十日より少ない月。しょう。↔大。❹ちいさい・わずかであるの意を表すことば。「こ」「お」と読む。「小川(おがわ)・小雨(こさめ)・小ざっぱり」❺分量が不足しているが、大体それに近いの意を表すことば。「こ」と読む。「小一時間」❻語調を整えて美化することば。「お」「さ」と読む。「小田(おだ)・小夜(さよ)」名付 お・こ・さ・ささ・しょう

【小体】(こてい) こぢんまりとして質素なさま。「―に

3画

暮らす」

【小春日和】(こはるびより) 陰暦十月ごろの、春のように暖かくて快い日より。注意「春の日和」の意に用いるのは誤り。

【小兵】(こひょう) 体が小さいこと。また、その人。

【小夜】(さよ) 夜のこと。「—嵐(あらし)(夜のあらし)」

【小異】(しょうい) 両者を比べたときのわずかの違い。「大同—(細かい点が少し違うだけでだいたい同じであり、ともに平凡であること)」

【小寒】(しょうかん) 二十四節気の一つ。陽暦一月五、六日ごろ。また、その日から節分までの三十日間のうち、前半の十五日間。

【小閑】(しょうかん) 自分の自由にできる、わずかばかりの時間。「—を得る」▽「少閑」とも書く。

【小康】(しょうこう) 病気の危険な状態がおさまって少しよくなること。「—を保つ」注意「少康」と書き誤らないように。

【小暑】(しょうしょ) 二十四節気の一つ。陽暦七月七日ごろ。

【小心翼翼】(しょうしんよくよく) 気が小さく、物事を恐れてびくびくしていること。

【小生】(しょうせい) 男性が謙遜して自分をさすことば。

【小品】(しょうひん) ①絵・彫刻などのちょっとした作品。②短くまとめて写生風に書いた文章。

【小用】(しょうよう・こよう) ①ちょっとした用事。②小便。

参考熟語 小豆(あずき) 小路(こうじ) 小雀(こがら) 小波(さざなみ・しょうは) 小火(ぼや・しょうか)

小1 【少】(4) 2年 音ショウ 訓すくない・すこし・わかい

筆順 亅 小 小 少

意味 ❶すくない。わずかである。すこし。↔多。「少数・少量・軽少・僅少(きんしょう)」❷年齢がすくない。わかい。「少女(しょうじょ・おとめ)・幼少・老少」❸減る。また、減らす。「減少」❹同じ職務の中で位の低いほう。「少尉・少納言」名付 しょう・すくな

【少閑】(しょうかん) 「小閑」に同じ。

【少時】(しょうじ) ①幼い時。②しばらくの間。「—お待ちいただければ幸いです」

【少壮】(しょうそう) 若くて元気にあふれていること。

小2 【尓】▼爾 異

小3 【尖】(6) 人名 音セン 訓するどい・とがる

筆順 亅 小 小 尐 尖 尖

意味 ❶物の先が細く鋭くなる。とがる。また、そうなっていて鋭い。するどい。「尖鋭・尖塔」❷物の端。「尖兵・肺尖」

参考 「尖端・尖鋭」などの「尖」は「先」に書き換える。

【尖兵】(せんぺい) 部隊の前方を進んで敵の攻撃を警戒する小部隊。

小3 【当】(6) 2年 旧字 田8 當(13) 音トウ 訓あたる・あてる・まさに

筆順 丨 ⺌ ⺌ 当 当 当

意味 ❶あたる。あてる。また、そのこと。あたり。あて。「当惑・当面」❷ある結果、特によい結果になる、またはそのようにさせる。あたる。あてる。またそのこと。あたり。あて。「当選・一騎当千」❸仕事として引き受ける。あたる。また、そのようにさせる。あてる。「当直・担当・勘当(かんどう)・当事者」❹道理に合っていて正しいこと。とう。「当然・穏当・当を得る」❺問題になっていること。とう。「当地・当座・当人・当の相手」❻道理に合っていてそうすべきであることを表すことば。まさに。「当に謝罪すべきである」名付 たえ・とう・まさ

使い分け「あてる」

当てる…くっつける。作用を受けさせる。「胸に手を当てる・日に当てる・くじを当てる・仮名に漢字を当てる」

充てる…充当する。ふりむける。「予算の一部を旅費に充てる・余暇を読書に充てる」

宛てる…手紙などを出す。「先生に宛てた手紙」

【当意即妙】(とういそくみょう) その場にふさわしい機転を即座にきかすこと。

【当該】(とうがい) その事物に直接の関係があること。

【当今】 一(とうこん) ただいま。現今。当節。二(とうぎん) 当代の天皇。今上(きんじょう)。

【当座】(とうざ) ①さしあたっての今。その場しのぎ。「—のこづかい」②しばらくの間。一時。「—しのぎ」③「当座預金」の略。

【当初】(とうしょ) その物事の最初の時期。初め。

【当籤】(とうせん) くじに当たること。
【当否】(とうひ) ①正しいか正しくないかということ。②適当であるか適当でないかということ。
【当惑】(とうわく) 物事をするとき、処置に困って迷うこと。

小5 【尚】(8) 常用　旧字 小5 尙(8)
音 ショウ 訓 たっとぶ・なお・ひさしい
筆順 丨 丷 尚 尚 尚 尚 尚 尚
意味 ❶重んじる。たっとぶ。「尚古・好尚」❷程度が高い。「高尚」❸古くからある。ひさしい。❹相変わらず。やはり。なお。「尚早・尚続ける」❺その上、さらに。なお。「尚美しい」❻前に述べたことにいい添えるときのことば。なお。
名付 さね・しょう・たか・たかし・なお・なか・なり・ひさ・ひさし・まさ・ます・よし・より
参考 ❹～❻の意味の「なお」は「猶」とも書く。
【尚古】(しょうこ) 昔をよいとし、昔の思想・文化・政治などを尊ぶこと。「―癖」
【尚歯】(しょうし) 老人を尊敬すること。敬老。▽「歯」は「年齢」の意。
【尚早】(しょうそう) まだその時機になっていず、それを行うには早すぎること。「時機―」

【党】▶儿8

小10 【尠】(13) 音 セン 訓 すくない
意味 すくない。わずか。「尠少(せんしょう)」

尢の部 まげあし おうにょう

尢0 【尢】(3) 音 オウ 訓 ―
意味 足が曲がる。

尢1 【尤】(4) 人名 音 ユウ 訓 とがめる・もっとも
筆順 一 ナ 尢 尤
意味 ❶普通と違っていて非常にすぐれている。ゆう。「尤物・尤なる物」❷非難する。とがめる。❸道理にかなっていて正しいこと。もっとも。「尤も千万・尤もらしい」❹そうではあるが、しかし。もっとも。
【尤物】(ゆうぶつ) ①多くのものの中で特にすぐれたもの。②美人のこと。

尢4 【尨】(7)　正字 尢4 尨(7)
音 ボウ 訓 むく・おおきい
意味 ❶獣の、長くてふさふさとした毛。むく。❷大きい。「尨大」
【尨大】(ぼうだい) 規模や量が非常に大きいこと。▽「厖大」とも書く。

尢9 【就】(12) 6年 音 シュウ・ジュ 訓 つく・つける
筆順 亠 古 亨 京 京 就 就 就
意味 ❶そのほうに行って離れないようにする。つく。また、そのようにさせる。つける。「去就・先生に就いて習う」❷ある地位・位置・状態に身を置く。つく。また、そのようにさせる。つける。「就任・就寝・帰途に就く・職に就ける」❸物事をやり遂げる。「成就(じょうじゅ)」
名付 しゅう・なり・ゆき
参考 つく⇩「付」の[使い分け]。
【就航】(しゅうこう) 船・飛行機が初めて航行につくこと。
【就床】(しゅうしょう) 床にはいって寝ること。
【就労】(しゅうろう) 仕事にとりかかること。また、仕事についていること。「―時間」
【就中】(なかんずく) たくさんある事物の中でも特に。▽「中に就く」の音便から。

尸の部 しかばね

尸0 【尸】(3) 音 シ 訓 しかばね・かばね
意味 ❶死体。かばね。しかばね。❷祭礼のとき、霊の代わりになるもの。形代(かたしろ)。「尸位素餐(そさん)」
【尸位素餐】(しいそさん) 徳も才能もないのに高い地位につき、給料をもらうだけでその職務を果たさないこと。▽「人が形代(かたしろ)になって神の地位につき、何もしないで食う」の意。

尸1 【尹】(4) 印標 音 イン 訓 おさ・ただす
意味 ❶役所の長官。おさ。❷理非を明らか

3画

にして正す。ただす。❸昔、弾正台(だんじょうだい)の長官。いん。

尸1

【尺】(4)

6年 音 シャク・セキ 訓 ――

筆順 ㇇ ㇇ 尸 尺

意味 ❶尺貫法の、長さの単位。一尺(しゃく)は十寸で、約三〇・三センチメートル。「尺八」❷長さ。また、たけ。しゃく。「尺が足りない」❸ものさし。しゃく。「尺度・曲尺(かねじゃく)」❹わずかの長さ。「尺寸・咫尺(しせき)」❺手紙。「尺牘(せきとく)」名付 かね・さか・さく・しゃく・せき

【尺寸(しゃくすん・せきすん)】ほんのすこしであること。「―の功」

【尺牘(せきとく)】書状のこと。手紙。▽特に漢文で書かれたものをいい、かな文で書かれた消息(しょうそく)と区別する。「尺」は手紙。「牘」は文字を書きつける木札。

尸2

【尻】(5)

常用 音 コウ 訓 しり

筆順 ㇇ ㇇ 尸 尸 尻

意味 ❶こしの後ろの、下の部分。けつ。しり。「尻餅・尻押し」❷物の後ろ。しり。「尻足(しりあし)」❸長く続く物の終わりのほう。また、物事のよくない結末。しり。「尻拭(ぬぐ)い・帳尻(ちょうじり)」

参考 ❶の意味の「しり」は「臀」とも、また、❷の意味の「しり」は「後」とも書く。

参考熟語 尻尾(しっぽ)

尸2

【尼】(5)

常用 音 ニ・ジ 訓 あま

筆順 ㇇ ㇇ 尸 尸 尼

意味 ❶出家して仏道修行をする女性。あま。「尼僧・修道尼・比丘尼(びくに)」❷あまの名の下に添えることば。「池禅尼」

尸3

【𡰶】(6)

〈国字〉 音 ―― 訓 しり

意味 しり。▽人名に用いる字。

尸3

【尽】(6)

常用 旧字 皿9 盡(14) 人名

音 ジン 訓 つくす・つきる・つかす・ことごとく

筆順 ㇇ ㇇ 尸 尺 尽 尽

意味 ❶すっかり出しきる。つくす。また、そのこと。つくし。「尽力・心尽くし」❷すっかりなくなる、またはそのようにする。つきる。つかす。また、そのこと。つき。「無尽蔵・愛想(あいそ)を尽かす」❸すべて。ことごとく。「一網打尽」❹月の終わりの日。「大尽(陰暦の三十日)」

参考 「蝕甚」は「食尽」に書き換える。

【尽日(じんじつ)】①一日じゅう。②その月または年の終わりの日。

【尽力(じんりょく)】ある限りの力を出して努力すること。「―のかいもなく」

3画

尸4

【局】(7)

3年 音 キョク 訓 つぼね

筆順 ㇇ ㇇ 尸 月 局 局 局

意味 ❶限る。また、限られた部分。「局外・局限・大局」❷一定の職務を行うところ。「局長・薬局・交通局」❸郵便局・放送局など、局と名のつく施設。きょく。「市外局番」❹碁・将棋・すごろくなどの盤面。また、碁・将棋などの勝負。「棋局・対局・一局」❺当面している事態・場面。きょく。「局面・終局・その局に当たる」❻御殿の中の仕切られたへや。つぼね。名付 きょく・ちか

【局限(きょくげん)】一定の範囲に限定すること。また、限定された一定の範囲。「参加者を―する」

参考 「極限(きょくげん)」は、物事の最後のところ。

【局地(きょくち)】限られた土地・地域。

【局部(きょくぶ)】①全体のうちの限られた一部分。「―麻酔」②陰部のこと。局所。

【局面(きょくめん)】①勝負が行われている碁盤・将棋盤の表面。また、その勝負の形勢。②物事の情勢。「―の打開を図る」

尸4

【尿】(7)

常用 音 ニョウ 訓 ゆばり・しと

筆順 ㇇ ㇇ 尸 尸 尿 尿 尿

意味 小便。しと。ゆばり。にょう。「尿道・検尿」

【尿瓶(しびん)】病人・老人などが、寝床のそばに置いて小便をする容器。▽「溲瓶」とも書く。

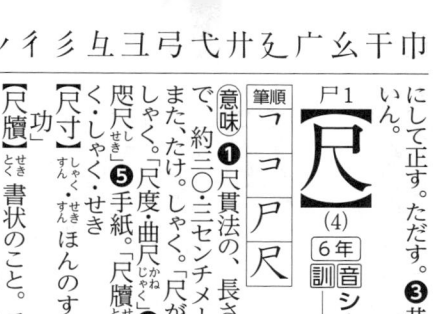

【尿意】いにょう 小便がしたいという感覚。

尸4 【屁】(7) 印標 音ヒ 訓へ

意味 おなら。価値のない物・まとまりのない物にもたとえる。へ。「放屁・屁理屈へりくつ」

尸4 【尾】(7) 常用 音ビ 訓お

筆順 ㇆ コ 尸 尸 尸 尾

意味 ❶しっぽ。お。「尾骨・交尾・竜頭蛇尾りゅうとうだび」❷物の後ろのほう。また、終わりの部分。「尾行・末尾・徹頭徹尾」❸魚を数えることば。「び」と読む。名付 お・すえ・び

【尾大掉わず】びだいふるわず 上位者より下位の者の勢力が強くて治めにくいこと。▽「尾が大きすぎてその動物自身で振り動かすことができない」の意。

【尾籠】びろう ㊀話が大小便・へど・汚物などに関係があって人前をはばかるべきであること。「―な話ですが」㊁おこ 愚かしくてばかげていること。「―の沙汰さた」

尸5 【届】(8) 6年 旧字 尸5 屆(8) 音カイ 訓とどける・とどく

筆順 ㇆ コ 尸 尸 屇 届 届 届

意味 ❶目的のところに行き着く。とどく。また、そのようにする。とどける。「届け先」❷注意などが行き渡る。とどく。「世話が届く」❸目上の人や公の機関に申し出る。とどける。また、そのための書類。とどけ。「欠勤届・届け出」

名付 あつ・かい・ゆき

尸5 【居】(8) 5年 音キョ・コ 訓いる・おる

筆順 ㇆ コ 尸 尸 居 居 居 居

意味 ❶住む。おる。いる。また、住まい。きょ。「居住・同居・居を構える」❷そこにとどまる。おる。いる。また、すわる。「居留・居士こじ・起居」❸何の努力もしない。「居然」❹家の名につける雅号。「惜春居」名付 い・おき・おり・きょ・さや・すえ・やす・より

参考 いる⇩「入」の[使い分け]。

【居宅】きょたく 住んでいる家。すまい。

【居留】きょりゅう ①一時的にその土地に住むこと。②条約によって外国人などが一定の区域内に居住すること。「―地」

【居士】こじ ①仏教で、男性の戒名かいみょうの下につける号。②出家せずに仏道を修行する男性。

尸5 【屈】(8) 常用 音クツ 訓かがむ・かがめる

筆順 ㇆ コ 尸 尸 屈 屈 屈 屈

意味 ❶折れ曲がる。くっする。かがむ。かがまる。また、折り曲げる。くっする。かがめる。「屈曲・屈指・後屈・身を屈する」❷しゃがんでうずくまる。かがむ。かがまる。❸負けて従う。また、負かして従わせる。くっする。「屈伏・退屈」❹強い。「屈強」❺尽きる。「窮屈」

参考 「理屈」は「理窟」が書き換えられたもの。

【屈強】くっきょう 意志や体力が強くて忍耐力があること。

【屈指】くっし 同類の中で特に取り上げなければならないほどにすぐれていること。指折り。「財界で―の人物」▽「指を折り曲げて数える」の意。

【屈従】くつじゅう 権力や力の強い者に、自分の考えに反して従うこと。

【屈辱】くつじょく 服従させられている恥ずかしさ。「―感」

【屈伸】くっしん かがむことと、伸びること。「―運動」

注意 「屈身」と書き誤らないように。

【屈折】くっせつ ①折れ曲がること。②光波や音波などが他の媒質にはいるとき、その境界面で進む方向が変わること。

【屈託】くったく ①気にかけて、悩み心配すること。「―がない」②疲れていやになること。

【屈伏】くっぷく 相手の勢い・力に負けて相手に従うこと。屈服。

尸5 【[屆]】▸届㊊

尸6 【屋】(9) 3年 音オク 訓や

筆順 ㇆ コ 尸 尸 层 层 层 屋

3画

意味 ❶家。や。「屋内・家屋・廃屋・空屋(あきや)」❷やね。おく。「屋上、屋を架す」❸その職業の家または人であることを表すことば。「や」と読む。「酒屋・果物屋・闇屋(やみや)」❹人の性質・行為や職務を表すことばに添えてその人を表すことば。「わからず屋・事務屋」❺屋号・雅号の下に添えることば。「音羽屋(おとわや)」 名付 いえ・おく・や

使い分け「や」

屋…建物。また、ことばの下について、職業、屋号、性質を表す。「長屋・屋敷・パン屋・八百屋・三河屋・技術屋・わからず屋・頑張り屋」

家…人が生活する住まい。「貸家・我が家・借家住まい・一軒家・家主・家賃・空き家」

【屋上屋を架す】(おくじょうおくをかす) 屋根の上にさらに屋根をかけること。▽すでにやった物事と同じであるむだな物事をすることのたとえ。「屋下に屋を架す」とも。

【屋号】(やごう) 商店や歌舞伎(かぶき)役者などの家の、おもに「屋(や)」を添えた称号。

尸6 **【屍】** (9) 印標 音 シ 訓 かばね・しかばね

意味 死んだ人のからだ。かばね。しかばね。「屍体」

参考 「屍体」の「屍」は「死」に書き換える。

尸6 **【屎】** (9) 印標 音 シ 訓 くそ

意味 大便のこと。くそ。「屎尿(しにょう)」

参考 「くそ」は「糞」とも書く。「―処理場」

【屎尿】(しにょう) 大便と小便。

尸6 **【屄】** (9) 〈国字〉 音 ― 訓 つび

意味 つび。▽女性の性器。陰門。

尸6 **【屏】** ▸屛 異

尸7 **【屓】** (10) 音 キ 訓 ― 正字 尸21 屭 (24)

意味 「贔屓(ひいき)」は、普通の人以上に引き立てたり援助したりすること。

尸7 **【屐】** (10) 音 ゲキ 訓 ―

意味 はきもの。「屐履(げきり)(はきもの)」

尸7 **【屑】** (10) 人名 音 セツ 訓 くず 異体 尸7 屑 (10)

筆順 屑

意味 ❶役に立たなくなった、物の切れ端・かけら。くず。「屑籠(くずかご)・紙屑(かみくず)」❷苦労し働く。「屑屑(せつせつ)」 名付 きよ

尸7 **【展】** (10) 6年 音 テン 訓 のびる・のべる

筆順 展

意味 ❶見せるために並べる。「展示・展覧」❷広げる。のべる。また、広がる。のびる。「展性・展開」❸広く見渡す。「展望」❹範囲が広くなって物事が盛んになる。「発展・進展」❺展覧会のこと。「書道展」 名付 てん・のぶ・ひろ

【展転】(てんてん) 何度も寝返りをすること。「―反側」▽「輾転」とも書く。

【展望】(てんぼう) ①遠くのけしきなどを広く見渡すこと。また、そのときのけしき。「―がきく」②その分野のできごとなどのすべてを見渡すこと。「スポーツ界―」③現在の情況をもとにして立てた、今後の予測。「長期的な―を欠く」

尸8 **【屛】** (11) 印標 音 ヘイ・ビョウ 訓 しりぞく 異体 尸6 屏 (9) 簡慣

意味 ❶家や土地の境めに作った囲い。へい。また、ついたて。「屛風(びょうぶ)」❷遠ざける。しりぞける。❸遠ざかる。しりぞく。「屛居・屛息」

【屛息】(へいそく) 恐れて、行いなどを慎むこと。▽もと、「息をひそめる」の意。

尸9 **【属】** (12) 5年 音 ゾク・ショク 訓 つく・さかん 旧字 尸18 屬 (21)

筆順 属

意味 ❶付き従う。つく。ぞくする。また、ある範囲・種類の中にはいる。ぞくする。「属性・属国・専属・隷属」❷任せて頼む。「属望・属託」❸仲間。「眷属(けんぞく)・金属」❹生物分類上の階級の一つ。種(しゅ)の上位で、科の下位。ぞく。「いぬ科いぬ属」❺昔、四等官の制で、職(しき)・寮の第四等官。さかん。 名付 さか・ぞく・つら・まさ・やす

参考 ❷は「しょく」と読む。

3画

【属託】しょくたく ①正式の職員ではないが、頼まれて職員と同じ業務を担当すること。また、その身分の人。「―社員」②頼んで仕事をしてもらうこと。▽「嘱託」とも書く。

【属望】しょくぼう その人の将来を期待すること。▽「嘱望」とも書く。

【属目】しょくもく ①注意してよく見ること。注目。「万人の―の的」②自然と目に見えること。「―吟」▽「嘱目」とも書く。

【属性】ぞくせい そのものにもともと備わっている独自の性質。

【属吏】ぞくり 下級の役人。属官。

尸9 【屠】(12) 印標 音ト 訓ほふる 異体 尸8 屠(11)

意味 ❶食用などにするために家畜を殺す。ほふる。「屠畜」❷殺して切り裂く。「屠腹」❸戦いで敵を皆殺しにする。ほふる。

【屠蘇】とそ ①屠蘇散(とそさん)(さんしょう・にっけいなどを調合した薬)をひたした酒。正月に飲むと、その年の邪気を払い長生きするという。②正月に新年を祝って飲む酒。

尸11 【層】(14) 6年 旧字 尸12 層(15) 人名

音ソウ 訓かさなる

筆順 ㇕ コ 尸 屈 屛 屛 層 層

意味 ❶何重にも積み重なる。かさなる。「層楼・高層」❷何重にも積み重なったもの。また、その一つ一つ。そう。「層雲・階層・上層・婦人層・層をなす」

尸11 【屢】(14) 印標 異体 尸9 屡(12)

音ル 訓しばしば

意味 何度もくり返して。しばしば。「屢次・屢屢(しばしば)」

【屢次】るじ 何度もあること。しばしば。「―の災害」

尸12 【履】(15) 常用 音リ 訓はく・くつ・ふむ

筆順 ㇕ 尸 屄 屄 屈 屐 屐 履 履

意味 ❶はきもの。くつ。「弊履・草履(ぞうり)」❷実際に行う。ふむ。「履行・履歴」❸足で押さえつける。ふむ。❹下駄(げた)・草履・靴などをはく。「履き物」 名付 ふみ・り

【履行】りこう 約束などをそのとおり実行すること。「債務を―する」

【履修】りしゅう 一定の学科や課程を修得すること。

【履歴】りれき その人がこれまでに経てきた学業・職業などの経歴。「―書」

尸18 【屬】▸属(旧) 尸21 【屭】▸屓(正)

屮の部 てつ めばえ

屮0 【屮】(3) 音サ 訓―

意味 左の手。

屮1 【屯】(4) 常用 音トン 訓たむろ

筆順 一 匚 屯 屯

意味 ❶人が群れ集まる。たむろする。また、集まった場所。「屯所・駐屯」❷重さの単位、トンのこと。トン。 名付 たむろ・とん・みつ・むら・より

【屯所】とんしょ 兵士たちが集まっているところ。屯営。

【屯田兵】とんでんへい 辺境に土着し、平時は農業を行い、戦時は武器をもって守備をする兵士。

山の部 やま やまへん

山0 【山】(3) 1年 音サン・セン 訓やま

筆順 丨 山 山

意味 ❶やま。「山脈・登山」❷山野に自生するもの。「山桜・山独活(やまうど)」❸比叡山延暦寺(ひえいざんえんりゃくじ)のこと。また、寺院のこと。やま。「開山・山法師」 名付 さん・たか・たかし・のぶ・やま

【山紫水明】さんしすいめい 山や川のある自然の風景が非常に美しいこと。

【山水】さんすい ①けしきの美しい、山と川。また、それがある美しい風景を描いた東洋画。②

築山と池とがある庭園。

【山積】(さんせき・やまづみ) ①たくさんの物をうず高く積み上げること。②未解決の問題などがたくさんたまること。

【山巓】(さんてん) 山のいただき。山頂。▽「巓」は「てっぺん」の意。

【山門】(さんもん) ①寺院の正門。②寺門（園城寺(おんじょうじ)）に対して、延暦寺(えんりゃくじ)のこと。

【山容】(さんよう) 山の形。

【山稜】(さんりょう) 山頂から山頂へつながっている尾根。

【山陵】(さんりょう) 天皇・皇后などの墓のこと。みささぎ。御陵。

【山家】(さんか・やまが) 山の中。または、山里にある家。

参考熟語 山梔子(くちなし) 山茶花(さざんか) 山査子(さんざし) 山車(だし) 山毛欅(ぶな) 山羊(やぎ) 山雀(やまがら) 山葵(わさび)

山1 【乢】(4) 〈国字〉 音 — 訓 たわ

意味 山の尾根のたわんで低くなった部分。たわ。▽多く地名に用いる字。

山2 【屶】(5) 〈国字〉 音 カイ 訓 なた

意味 薪などを割ったりする刀物。なた。▽主に地名・人名に用いる字。

山3 【妛】(6) 〈国字〉 音 — 訓 あけん

意味 あけん。▽地名に用いる字。「妛原(あけんばら)」は、滋賀県にある地名。

山3 【屹】(6) 印標 音 キツ 訓 そばだつ

意味 ❶山などが高くそびえる。そばだつ。「屹立・屹然」❷→屹度

【屹度】(きっと) ①まちがいなく。必ず。▽「急度」とも書く。②いかめしくてきびしいさま。「—申し付ける」

【屹立】(きつりつ) 山などが高くそびえ立っていること。「—する高峰」

山3 【[山/川]】(6) 〈国字〉 音 — 訓 ほき

意味 ほき。山腹などの険しいところ。がけ。▽多く人名などに用いる字。

〔両〕→一 5

山4 【岐】(7) 4年 音 キ 訓 わかれる

筆順 丨 山 山 山一 山十 岐 岐

意味 道などがえだわかれする。わかれる。また、えだわかれした道。枝道。「岐路・分岐・多岐」

名付 き・ぎ・みち

【岐路】(きろ) 分かれ道。「—に立つ」

山4 【岌】(7) 音 キュウ 訓 —

意味 山が高い。

山4 【岑】(7) 音 シン 訓 みね

意味 山の峰。みね。

山4 【岔】(7) 音 タ 訓 —

意味 分かれ道。

山4 【[山/犮]】(7) 〈国字〉 音 — 訓 なぎ

意味 なぎ。▽地名に用いる字。「[山/犮]ノ下(なぎのした)」は愛知県加茂郡にある地名。現在は「崩ノ下」と書く。

山4 【[山/女]】(7) 音 — 訓 —

意味 音訓・意味ともに未詳。

山5 【岳】(8) 常用 音 ガク 訓 たけ 旧字 山14 嶽(17)

筆順 ノ 亻 𠂉 斤 丘 乒 岳 岳

意味 ❶高くて大きな山。たけ。「山岳・巨岳」❷妻の父。「岳父」

名付 おか・がく・たか・たかし・たけ

【岳父】(ふがく) 妻の父。しゅうと。

山5 【岩】(8) 2年 音 ガン 訓 いわ

筆順 丨 山 山 屮 岩 岩 岩 岩

意味 ❶大きな石。いわ。「岩石・巨岩」❷大地を構成する鉱物の集合体。「火成岩・安山岩」

名付 いわ・いわお・かた・がん・せき・たか

【岩塩】(がんえん) 粒状に結晶して産する天然の塩。

【岩窟】(がんくつ) 岩にできたほら穴。

【岩漿】(がんしょう) 地殻の下にある高温の物質。マグマ。

【岩礁】(がんしょう) 海水中に見え隠れする岩。隠れ岩。

3画

参考熟語 岩魚(いわな)

山5 【岸】(8) 3年 音 ガン 訓 きし

筆順 丶 山 山 屵 屵 岸 岸 岸

意味 ❶水と陸とが接するところ。みぎわ。きし。「岸壁・海岸・岸辺(きしべ)」❷きりたって高い。「傲岸(ごうがん)」

名付 がん・きし

山5 【岓】(8) 〈国字〉 音 — 訓 きし

意味 きし。▽人名に用いる字。

山5 【峅】(8) 〈国字〉 音 — 訓 くら

意味 谷。くら。▽地名に用いられる字。「芦峅寺(あしくらじ)・岩峅寺(いわくらじ)」は、富山県にある地名。

山5 【岬】(8) 常用 音 コウ 訓 みさき

筆順 丨 山 山 屽 岬 岬 岬 岬

意味 陸地が海または湖に突き出た所。みさき。

名付 こう・みさき

山5 【岡】(8) 4年 異体 山8 崗 (11) 印標

音 コウ 訓 おか

筆順 丨 冂 冂 冈 冈 岡 岡 岡

意味 ❶小高く盛り上がった土地。おか。❷直接関係しないで、物事をするの意を表すことば。「岡焼(おかや)き」

【岡目八目(おかめはちもく)】そばで見ている者の方が当事者よりも正しく判断できるということ。▽碁の勝負をそばで見ている人は、対局者より八目も先を読むことができるということから。

山5 【⿰山半】(8) 〈国字〉 音 — 訓 さこ

意味 山間の谷。はざま。さこ。▽多く地名・人名に用いる字。

山5 【岫】(8) 音 シュウ 訓 —

意味 いわあな。

山5 【岨】(8) 音 ソ 訓 けわしい・そば

意味 ❶険しい。「嶮岨(けんそ)」❷山の険しい所。そば。

参考 「嶮岨」は「険阻」に書き換える。

山5 【岱】(8) 音 タイ 訓 —

意味 泰山(たいざん)のこと。中国五岳の一つ。

山5 【岻】(8) 音 チ・ジ 訓 し

意味 中国の山の名。

山5 【岶】(8) 音 ハク 訓 —

意味 「⿰山莫岶(ばくはく)」は、山に草木が密生するさま。

山5 【岷】(8) 音 ビン・ミン 訓 —

意味 ❶中国の山の名。四川(しせん)省と甘粛(かんしゅく)との境にある。岷山(びんざん)。❷中国の川の名。四川省を流れ、長江に合流する。岷江(びんこう)。

山5 【岾】(8) 〈国字〉 音 — 訓 やま・はけ

意味 やま。はけ。▽地名に用いる字。「帖」の誤字か。「岾野(はけの)」「大岾(おおはけ)」は、埼玉県にある地名。

山5 【岼】(8) 〈国字〉 音 — 訓 ゆり

意味 山間の平地。ゆり。▽人名・地名に用いる字。

山6 【峡】(9) 常用 旧字 山7 峽 (10) 人名

音 キョウ 訓 はざま

筆順 丨 山 山一 山二 山三 峡 峡 峡 峡

意味 ❶狭い谷あい。はざま。「峡谷」❷川や海などの両岸が狭くなっているところ。「海峡」

名付 きょう

【峡谷(きょうこく)】山と山にはさまれた深い谷間。

【峡湾(きょうわん)】氷河の浸食によってできた、陸地に深くはいり込んだ狭い入り江。フィヨルド。

山6 【峇】(9) 音 コウ 訓 —

意味 ほら穴。

山6 【峙】(9) 印標 音 ジ 訓 そばだつ

意味 ひときわ高くそびえる。そばだつ。「峙立・対峙」

3画

山6 【峠】(9) 常用 〈国字〉 音 ― 訓 とうげ

筆順 丨 山 山' 山ト 山上 山卡 峠 峠 峠

意味 ❶山の、とうげ。❷物事の最高の時期。とうげ。「寒さも峠を越した」

【炭】▶火5

山7 【崋】(10) 音 カ 訓 ― 正字 山8 崋(11)

意味 「崋山(かざん)」は中国の山の名。陝西(せんせい)省にある。五岳の一つ。華山。

山7 【峨】(10) 人名 音 ガ 訓 ― 異体 山7 峩(10)

筆順 山 山' 山仁 山乎 山手 山我 峨 峨

意味 ❶山が高く険しいさま。「峨峨」❷「峨眉(がび)山」は中国の山の名。四川(しせん)省にある。峨眉山。

【峨峨】(がが) 山や岩が高く険しくそびえているさま。「―たる山脈」

山7 【⿱山屰】(10) 〈国字〉 音 ギャク 訓 ―

意味 地名に用いる字。「⿱山屰台(ぎゃくだい)」は福島県にある地名。

山7 【峺】(10) 音 コウ 訓 ―

意味 さえぎる。

山7 【峻】(10) 人名 音 シュン 訓 けわしい

筆順 山 山' 山ム 山夂 山允 山夋 峻 峻

意味 ❶山が高くて険しい。けわしい。「峻嶺・急峻」❷非常にきびしい。「峻別・峻厳」 名付 しゅん・たか・たかし・とし・みね

【峻険】(しゅんけん) 山などが高く険しいさま。

【峻厳】(しゅんげん) ①おごそかできびしいこと。②高く険しいさま。

【峻別】(しゅんべつ) 他のものと厳格に区別すること。また、その区別。

【峻烈】(しゅんれつ) 態度がきびしく激しいさま。「―な非難」

山7 【峭】(10) 音 ショウ 訓 けわしい

意味 山が険しい。けわしい。「峭峻(しょうしゅん)」

山7 【島】(10) 3年 音 トウ 訓 しま 異体 山11 嶋(14) 人名 異体 山11 嶌(14)

筆順 ' 丿 户 户 白 自 鳥 島

意味 四方を海で囲まれた陸地。しま。「島民・半島・孤島・無人島・島流し」 名付 しま・とう

【島嶼】(とうしょ) 島々。▽「嶼」は「小さい島」の意。

【島台】(しまだい) 婚礼などの儀式で使う飾り。

山7 【峰】(10) 常用 音 ホウ 訓 みね 異体 山7 峯(10) 人名

筆順 山 山' 山ク 山夂 山夆 峰 峰 峰

意味 ❶山のいただき。みね。「連峰(れんぽう)・霊峰」❷刀の刃の背。みね。「峰打(みねう)ち」 名付 お・たか・たかし・ね・ほう・みね

参考 「みね」は「嶺」とも書く。

山7 【峪】(10) 音 ヨク 訓 たに

意味 山あいの谷。たに。

山7 【峽】▶峡 旧

山8 【崖】(11) 常用 音 ガイ 訓 がけ 異体 山8 崕(11)

筆順 山 屵 岸 岸 岸 崖 崖 崖

意味 陸地が険しくそそり立っている所。がけ。「断崖・懸崖・崖道(がけみち)」

山8 【崎】(11) 4年 音 キ 訓 さき・みさき 異体 山9 ⿱山竒(12) 異体 山8 嵜(11) 異体 山9 﨑(12)

筆順 丨 山 山' 山ナ 山大 山立 崎 崎

意味 陸地が海に突き出た所。さき。みさき。「観音崎」 名付 き・さき

注意 「埼」は別字。

【崎嶇】(きく) ①山道がけわしいさま。②世渡りの苦労が多いさま。

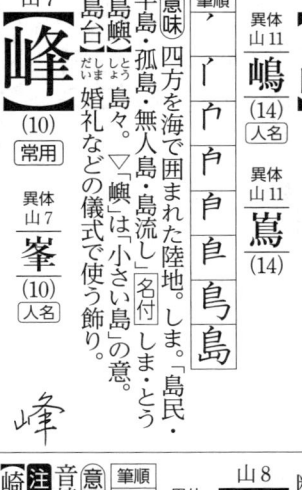

山8 【崟】(11) 音ギン 訓―
意味 山がごつごつとして険しいさま。

山8 【崛】(11) 音クツ 訓―
意味 山が高くそそりたつ。

山8 【崑】(11) 音コン 訓―
意味 ❶「崑崙(こんろん)」は中国の西方にあり、仙女の西王母(せいおうぼ)が住むとされた伝説上の山。❷チベット自治区と新疆(しんきょう)ウイグル自治区の境にある崑崙山脈のこと。

山8 【崔】(11) 音サイ 訓―
意味 山が高くて険しい。

山8 【崇】(11) 常用 音スウ・シュウ 訓あがめる・たっとい・たっとぶ
筆順 丶 山 山 屮 岀 岢 崇 崇
意味 ❶すぐれている。たっとい。「崇高」 ❷尊敬する。たっとぶ。あがめる。「崇拝・尊崇」
名付 し・しゅう・すう・たか・たかし
注意 「崇(すう)」は「祟(たたり)」に似ていてまちがいやすい。
【崇敬】(すうけい) 立派であるとしてあがめ敬うこと。
【崇高】(すうこう) けだかくて、すぐれていること。「―な精神」「―美」
【崇拝】(すうはい) ①偉い人として、あがめ敬うこと。②信仰して神やその象徴をあがめ敬うこと。「偶像―」

山8 【崢】(11) 音ソウ 訓―
意味 山が険しくそびえる。

山8 【崩】(11) 常用 旧字 山8 崩(11)
音ホウ 訓くずれる・くずす
筆順 丶 山 屵 岸 崩 崩 崩 崩 崩
意味 ❶ものがこわれたり乱れたりする。くずれる。また、そのようにする。くずす。「崩壊・崩し字・山崩(やまくず)れ」❷天皇・皇后などを敬ってその死をいうことば。「崩御(ほうぎょ)」
【崩壊・崩潰】(ほうかい) くずれこわれて、だめになること。
【崩御】(ほうぎょ) 天皇・皇后・皇太后・太皇太后を敬って、その死をいうことば。
【崩殂】(ほうそ) 天子の死をいうことば。
【崩落】(ほうらく) ①ものがくずれ落ちること。②相場が急激に下落すること。

山8 【崚】(11) 人名 音リョウ 訓―
筆順 山 山 山 岐 峻 峻 崚 崚
意味 山が高くそびえて重なるさま。
名付 りょう

山8 【崙】(11) 音ロン 訓― 異体 山8 崘(11)
意味 ❶「崑崙(こんろん)」は中国の西方にあり、仙女の西王母(せいおうぼ)が住むとされた伝説上の山。❷チベット自治区と新疆(しんきょう)ウイグル自治区の境にある崑崙山脈のこと。

山8 【崗】▸岡(異) 山8 【崋】▸崋(正)

山9 【嵌】(12) 印標 音カン 訓はめる 異体 竹9 篏(15)
意味 ❶ぴったりと入れ込む。はめる。また、はまる。「象嵌(ぞうがん)」❷おとしいれる。はめる。また、はまる。「計画に嵌める」
参考 「象嵌」の「嵌」は「眼」に書き換える。

山9 【嵒】(12) 音ガン 訓いわ・いわお
意味 岩石。いわお。いわ。

山9 【嵎】(12) 音グウ 訓くま
意味 山のくぼんだ所。くま。

山9 【嵋】(12) 音ビ 訓―
意味 「峨嵋(がび)山」は中国の山の名。四川(しせん)省にある。峨眉山。

山9 【嵙】(12)〈国字〉 音― 訓やましな
意味 やましな。

山9 【嵐】(12) 常用 音ラン 訓あらし
筆順 山 岸 岚 岚 嵐 嵐 嵐 嵐
意味 ❶あらし。「小夜嵐(さよあらし)」❷山にたちこめるあおあおとした気。山気。「青嵐(せいらん・あおあらし)」(青葉のころに吹く、さわやかな風)・翠嵐(すいらん)」
名付 あらし・らん

山9【嵜】▶崎異　山9【﨑】▶崎異

山10【嵬】(13) 音カイ 訓―
意味 山が高くて険しい。

山10【嵯】(13) 人名 音サ 訓―　異体 山10 嵳(13)
筆順 山 … 嵯
意味 山がぎざぎざしていて険しい。「嵯峨(さが)(山などが高くけわしいさま)」 名付 さ

山10【嵩】(13) 人名 音スウ 訓かさ・かさむ
筆順 山 … 嵩
意味 物の大きさや分量。かさ。また、かさむ。「水嵩・荷物の嵩・嵩にかかる」 名付 すう・たか・たかし

山10【嵶】(13) 〈国字〉 音― 訓たお・たわ
意味 山の尾根のたわんで低くなってるところ。峠。鞍部。たお。たわ。▽地名に用いる字。

山11【嶇】(14) 音ク 訓―
意味 山道が険しい。「崎嶇」

山11【嶄】(14) 音ザン 訓―
意味 ぬきんでていて人目につく。「嶄然」

【嶄然(ざんぜん)】①山がひときわ高いさま。②多くの人の中で、きわだってすぐれているさま。

山11【嶂】(14) 音ショウ 訓―
意味 そびえたって、さえぎっている山。

山11【〔山+都〕】(14) 〈国字〉 音― 訓せい
意味 せい。▽地名に用いる字。「投〔山+都〕(とせい)」は、徳島県の地名。

山11【嶋】▶島異　山11【嶌】▶島異

山12【嶢】(15) 音ギョウ 訓―
意味 山が高くて険しい。

山12【嶝】(15) 音トウ 訓―
意味 山を登る坂道。

山12【嶐】(15) 音リュウ 訓―
意味 山が隆起したさま。

山13【嶬】(16) 音ギ 訓―
意味 山が高くて険しい。

山13【嶮】(16) 音ケン 訓けわしい
意味 ❶山や坂道が急である。けわしい。「嶮岨(けんそ)」❷荒々しくてきつい。けわしい。「嶮しい顔つき」❸情勢が困難である。けわしい。「前途は嶮しい」
参考 (1)「けわしい」は「険しい」とも書く。(2)「嶮岨」は「険阻」に書き換える。

山14【嶷】(17) 音ギョク 訓たかい
意味 高くそびえる。ぬきんでる。

山14【嶼】(17) 音ショ 訓しま
意味 小さな島。しま。「島嶼(とうしょ)」

山14【嶺】(17) 人名 音レイ 訓みね・ね
筆順 山 … 嶺
意味 ❶山のいただき。みね。「秀嶺・雪嶺・高嶺(たかね)・分水嶺」❷刀の背。みね。 名付 ね・みね・れい
参考 「みね」は「峰」とも書く。

山14【嶽】▶岳旧

山17【巌】(20) 人名 音ガン 訓いわお　旧字 山20 巖(23) 人名
筆順 山 … 巌
意味 ❶けわしい。「巌阻」❷大きな石。いわお。「巌石・巌窟」 名付 いわ・いわお・お・がん・げん・みち・みね・よし
【巌窟(がんくつ)】岩にできたほら穴。岩あな。▽「岩窟」とも書く。

山17【巉】(20) 音ザン 訓―
意味 山がごつごつとして切り立つさま。

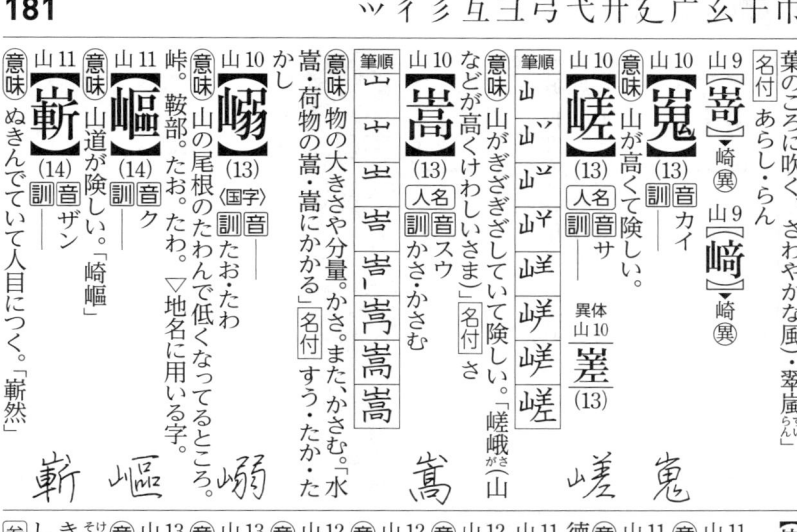

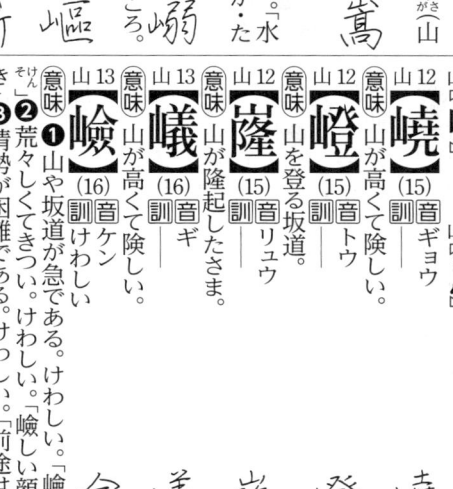

3画

山18 【巍】(21) 音 ギ 訓 たかい

意味 山が高く大きいさま。「巍然・巍巍」

【巍巍(ぎぎ)】山などが高く大きくて雄大なさま。「山容―として」

山19 【巓】(22) 音 テン 訓 いただき

意味 山頂。いただき。「山巓(さんてん)」

山19 【巒】(22) 音 ラン 訓 ―

意味 連なる山々。「翠巒(すいらん)」

巛(川)の部 かわ

巛0 【川】(3) 1年 音 セン 訓 かわ 異体 巛0 巛(3)

筆順 丿 川 川

意味 自然の水が集まった流れ。かわ。「河川・川底(かわぞこ)」 名付 かわ・せん

参考 (1)「かわ」は「河」とも書く。(2)ひらがな「つ」、カタカナ「ツ」のもとになった字。

参考熟語 川獺(かわうそ) 川面(かわも) 川原(かわら)

巛3 【州】(6) 3年 音 シュウ 訓 す

筆順 丶 リ 小 州 州 州

意味 ❶アメリカ・オーストラリアなどの行政区画。しゅう。「州知事」❷昔、日本で各行政単位としての国のこと。しゅう。「甲州(甲斐国(かいのくに))」❸大陸を主体とする区分。しゅう。「アジア州」❹海・湖・川などの水面にできた、土砂の堆積地(たいせきち)。す。「三角州」 名付 くに・しゅう・す

参考 「州」は「洲」が書き換えられたもの。

巛3 【巡】(6) 常用 音 ジュン 訓 めぐる 旧字 巛4 巡(7)

筆順 く 巛 巛 丶巛 巡 巡

意味 ❶周囲に沿ってまわる。めぐる。「池を巡る」❷ひとまわりしてもとにもどる。めぐる。「巡回・一巡」❸見てまわる。「巡視・巡察」❹あちこちを訪ね歩く。めぐる。「巡礼・巡業」 名付 じゅん

【巡航(じゅんこう)】①飛行機や船で各地をめぐること。②飛行機や船が普通の速度で航行すること。「―速度」

【巡視(じゅんし)】各地を視察してまわること。

【巡礼(じゅんれい)】諸国をめぐり歩いて霊場に参詣(さんけい)すること。また、その人。▽「順礼」とも書く。

【巡歴(じゅんれき)】めぐり歩くこと。「古寺―」

参考熟語 お巡(まわ)りさん

〔順〕▶頁3 巛8〔巢〕▶巣㊐

巛12 【𡿺】(15) 〈国字〉 音 ― 訓 すはま

意味 州(す)が出入りしている浜辺。すはま。

工の部 たくみ こう

工0 【工】(3) 2年 音 コウ・ク 訓 たくみ・たくむ

筆順 一 丅 工

意味 ❶物を作り出す。また、その仕事。こう。「工業・工夫(くふう)・加工」❷物を作る職人。「名工・職工・大工(だいく)」❸工業のこと。「工学・商工」❹大工のこと。たくみ。❺効果を出すためにわざと行う。たくむ。 名付 こう・たくみ・つとむ

参考 ❹の「たくみ」は「匠」とも書く。また、❺の「たくむ」は「巧む」とも書く。

【工廠(こうしょう)】兵器・弾薬などを製造する工場。

【工程(こうてい)】①作業や仕事の進行の順序・段階。「生産―」②作業の進行の状態。

【工房(こうぼう)】美術家・工芸家などが仕事をするへや。アトリエ。

参考熟語 工合(ぐあい)

工2 【巧】(5) 常用 音 コウ 訓 たくみ・たくむ

筆順 一 丅 工 工一 巧

意味 ❶じょうずで、できあがりがよい。たくみ。また、そのこと。こう。「巧妙・精巧・巧(こう)を誇る」

3画

❷効果を出すためにわざと行う。たくむ。「巧まざる美しさ」[名付] こう・たえ・たくみ・よし
[参考] ⑴❷の意味の「たくむ」は「工む」とも書く。⑵「悧巧」は「利口」に書き換える。

【巧言令色】(こうげんれいしょく) 相手に気に入られようとして、うまく話したり愛想をよくしたりしてこびへつらうこと。**注意**「好言令色」と書き誤らないように。

【巧拙】(こうせつ) じょうずなことと、へたなこと。「作品の—は問わない」

【巧緻】(こうち) 細かい所までうまくできていて、手ぎわがよくじょうずなこと。「細工は—をきわめる」▽「緻」は「細かい」の意。

【巧遅】(こうち) 拙速に対して、じょうずではあるが時間がかかること。「—は拙速に如(し)かず(うまくて遅いよりは、へたでも速いほうがよい)」

【巧妙】(こうみょう) 非常にやり方がうまいこと。

工2 **【左】** (5) [1年] [訓][音] **サ** **ひだり**・たすける

[筆順] 一 ナ 左 左 左

(意味) ❶ひだり。さ。↔右。「左右・左舷(さげん)・左(ひだり)に掲げる文」❷証拠。「左証・証左」❸地位の低いほう。「左遷」❹思想・政治などで、共産主義・社会主義の立場。また、その立場であること。ひだり。↔右。「左傾・極左」❺助ける。たすける。「左輔(さほ)」[名付] さ・すけ

[参考] ひらがな「さ」のもとになった字。

【左顧右眄】(さこうべん) →右顧左眄(うこさべん)

【左遷】(させん) それまでの地位からより低い地位に落とすこと。また、そうされること。

【左袒】(さたん) 賛成して味方すること。▽「左の肩をはだぬぎする」の意。昔、中国で、呂氏(りょし)の反乱軍を鎮定しようとした漢の周勃(しゅうぼつ)が、朝廷に味方する者は左袒せよと自軍に命じた故事から。

【左党】(さとう) ①革新的な政党のこと。②酒が好きでよく飲む人のこと。

【左翼】(さよく) ①鳥や飛行機などの左側の翼。②社会主義や共産主義の立場。また、そういう立場の団体。③戦闘の陣形で、左側に位置する軍隊。④野球で、本塁から見て左側の外野。レフト。

[参考熟語] 左右(そう・さう・さゆう) 左手(ゆんで・ひだりて)

【功】▸力3

工2 **【巨】**▸巨㊐

工4 **【巫】** (7) [人名] [訓][音] **フ** かんなぎ・みこ

[筆順] 一 丆 丌 丌 巫 巫 巫

(意味) 祈禱(きとう)などによって神の意志を伝える未婚の女性。かんなぎ。みこ。「巫女(ふじょ・みこ)・巫術」
[名付] み・みこ・ふ・ぶ・む
[参考熟語] 巫山戯(ふざけ)る 巫子(みこ)

【攻】▸攴3

工7 **【差】** (10) [4年] [訓][音] **サ・シ** **さす**・たがう

[筆順] 丶 丷 䒑 䒑 羊 羊 差 差

(意味) ❶性質・状態の違い。さ。「差異・大差」❷ある数から他の数を引き去った残り。さ。「差額・誤差」❸使いの人をやる。「差配」❹まちがえる。たがう。「誤差」❺そこにはいってきて物事を起こす。さす。「光が差す」❻手を伸ばして加え入れる。さす。「油差し・状差し」❼舞の曲数を数えることば。「さし」と読む。[名付] さ

[参考] 「交差」の「差」は「叉」が書き換えられたもの。

使い分け「さす」

差す…はいりこむ。生じる。「朝日が差す・赤みが差す・嫌気が差す・傘を差す」
刺す…先のとがった細いもので突く。刺激をあたえる。「虫が刺す・雑巾(ぞうきん)を刺す・鼻を刺すにおい」
指す…ゆびで、ある方向をさし示す。「出口を指す・時計が九時を指す・北を指して進む」
挿す…すきまにつき入れる。「かんざしを挿す・花瓶に花を挿す・挿し絵」

【差異】(さい) 性質・状態・働きなどの違い。差違。

【差配】(さはい) ①何人かの人に手分けして仕事をさせること。②持ち主に代わって、貸家・貸地などを管理すること。また、その人。

[参考熟語] 差障(さしさわ)り 差支(さしつか)える

【貢】▸貝3 **【項】**▸頁3

3画

己 の部 おのれ

己0 【已】(3) 人名 音 イ 訓 すでに・のみ・やむ

筆順 ㇕ ㇠ 已

意味 ❶以前に。また、もはや。すでに。「已然形・已(すで)に遅し」❷やめる。また、終わる。やむ。「已(や)むなく・已んぬるかな」❸範囲などの基点を示すことば。「已下・已前」❹限定を表すことば。のみ。名付 すえ・よし

参考 似た字(巳・已・己)の覚え方「み・しは上(巳)、やむ・いは既(すで)に半ばなり(已)、おのれ・つちのと・こは下につく(己)」

【已往】(いおう) ①その時代・時点よりのち。②その時代・時点より前。以前。▽「以往」とも書く。②は誤用が慣用化したもの。

己0 【己】(3) 6年 音 コ・キ 訓 おのれ・つちのと

筆順 ㇕ ㇠ 己

意味 ❶自分。おのれ。「自己・克己(こっき)」❷十干(じっかん)の第六番め。土にあてる。つちのと。❸目下の者をさしていうことば。おのれ。名付 おと・き・こ

参考 (1)ひらがな「こ」、カタカナ「コ」のもとになった字。(2)似た字(巳・已・己)の覚え方⇩「已」の 参考 を見よ。

参考熟語 己惚(うぬぼ)れ

己0 【巳】(3) 人名 音 シ 訓 み

筆順 ㇕ ㇠ 巳

意味 十二支の第六番め。動物ではへび、方角では南南東、時刻では午前十時およびその前後二時間にあてる。み。名付 し・み

参考 似た字(巳・已・己)の覚え方⇩「已」の 参考 を見よ。

己1 【巴】(4) 人名 音 ハ 訓 ともえ

筆順 ㇕ ㇕ ㇕ 巴

意味 水が渦(うず)を巻く様子を表した模様。ともえ。名付 とも・ともえ・は

参考熟語 巴奈馬(パナマ) 巴里(パリ)

【改】▶攴3

己4 【巵】▶卮 異

己6 【巻】(9) 6年 旧字 卩6 【卷】(8) 人名 音 カン・ケン 訓 まく・まき

筆順 丷 䒑 兰 类 券 券 巻

意味 ❶丸く折りたたむ。また、周りを囲むようにする。まく。「巻尺(まきじゃく)・遠巻き」❷書画を表装して軸にまいたもの。まきもの。また、広く、書物。かん。「巻頭・万巻・古筆の巻(かん)」❸丸く曲がる。「巻曲(けんきょく)」❹まき物・書物・フィルム・テープなどを数えたり順序を示したりするときのことば。「上巻・上下二巻」名付 かん・けん・まき

【巻頭言】(かんとうげん) 書物・雑誌などの初めに掲載することば。

【巻土重来】(けんどじゅうらい・けんどちょうらい) 一度失敗したり負けたりした人が、勢力を強くしたり実力をつけたりして、もう一度行うこと。▽「捲土重来」とも書く。

参考熟語 巻繊汁(けんちんじる)

己6 【巷】(9) 人名 音 コウ 訓 ちまた 異体 己6 【巷】(9)

筆順 一 十 廾 井 共 共 巷 巷

意味 ❶街中(まちなか)。ちまた。「巷間・巷説・巷(ちまた)の声」❷たくさんの人が出入りするところ。ちまた。「流血の巷と化する」❸道が分かれるところ。ちまた。「生死の巷」

参考 「ちまた」は「衢」とも書く。

【巷間】(こうかん) 世間のこと。「—のうわさ」

【巷説】(こうせつ) 世間のうわさ。「—にのぼる」

【巷談】(こうだん) 世間のうわさ話。

己9 【巽】(12) 人名 音 ソン 訓 たつみ 旧字 己9 【巽】(12)

筆順 ㇕ ㇠ 己 巳 巳巳 巽 巽 巽

意味 ❶十二支を配当した方位の一つ。東南のこと。たつみ。❷昔、江戸の深川(ふかがわ)のこと。たつみ。「巽芸者」名付 そん・たつみ・ゆく・よし

巾の部 はば・はばへん きんべん

【巾】 巾0 (3)

常用 音 キン 訓 きれ・はば

筆順 丨 冂 巾

意味 ❶物をぬぐう小さな布。きれ。「布巾・茶巾」❷かぶって頭部などをおおうもの。「頭巾(ずきん)・領巾(ひれ)」❸俗に「はば」の意の「幅」の代わりに用いる字。はば。

【市】 巾2 (5)

2年 音 シ 訓 いち

筆順 丶 亠 亣 市 市

意味 ❶物品の売買・交易などをする所。いち。「市場(いちば)・朝市」❷物品の売買。「市場(しじょう)・市況」❸人が多く集まって生活する所。し。いち。「市街・都市」❹地方公共団体の一つ。し。「市立・京都市」名付 いち・し・ち・まち

【市街】(しがい) ①人家・商店が並んでいる所。「―戦」②町のにぎやかな通り。

【市井】(しせい) 人家が集まっていて多くの人が住む所。まち。「―の人(一般の庶民)」

【布】 巾2 (5)

5年 音 フ・ホ 訓 ぬの・きれ・しく

筆順 ノ ナ 才 右 布

意味 ❶織物のこと。きれ。ぬの。「布巾(ふきん)・布衣(ほい)・綿布」❷一面に広げる。しく。「布陣・散布」❸広く行き渡らせる。また、広く行き渡る。「布告・流布(るふ)」名付 しく・たえ・ぬの・のぶ・ふ・ほ

【布衍】(ふえん) ①意味のわからない所をやさしいことばで詳しく説明すること。「―して述べる」②考え方・論理を、次の段階まで押し広めたり他の物事に当てはめたりして考えること。▽「敷衍」とも書く。

【布告】(ふこく) ①官庁などが広く一般の人に知らせること。②国家が重大な事項を公式に知らせること。「宣戦―」③政府が出した法律や命令。

【布石】(ふせき) ①囲碁で、対局の初めの、碁石の配置。②将来の物事に備えてする準備。「選挙への―」

【布令】(ふれ) 官庁などが一般の人々に広く知らせること。また、その知らせ。「お―」

参考熟語 布哇(ハワイ) 布団(ふとん) 布袋(ほてい)

【帆】 巾3 (6)

常用 音 ハン 訓 ほ　旧字 巾3 帆 (6)

筆順 丨 冂 巾 巾 帆 帆

意味 ❶船を進ませるための幕。ほ。また、それがついた船。「帆船・帆走」❷帆をあげて船を出す。「出帆」名付 はん・ほ

【帆走】(はんそう) 船が帆を張って走ること。また、帆を張って船を走らせること。

【希】 巾4 (7)

4年 音 キ・ケ 訓 こいねがう・まれ

筆順 ノ メ 㐅 产 肴 希

意味 ❶めったになくて珍しい。まれ。「希少・希有(けう)」❷濃度が薄い。「希薄・希硫酸」❸願い望む。こいねがう。「希求・希望」❹ギリシャ(希臘)のこと。名付 き・まれ

参考 「希・希元素・希釈・希少・希代・希薄・希硫酸・古希」などの「希」は「稀」が書き換えられたもの。

【希求】(ききゅう) ほしいと激しく思い、願い求めること。▽「冀求」とも書く。

【希釈】(きしゃく) 溶液に水や溶媒を加えて薄めること。▽「稀釈」の書き換え字。

【希少】(きしょう) 数が少なくて非常に珍しいこと。「―価値」▽「稀少」の書き換え字。

【希代】(きたい・きだい) ①すぐれていて非常にまれなこと。「―の怪盗」②考えられないほどに不思議なこと。「―なことをいう」▽①は多く「きだい」、②は多く「きたい」という。「稀代」の書き換え字。

【希薄】(きはく) ①濃度や密度が薄いこと。②熱意が足りないこと。「―な意欲」▽「稀薄」の書き換え字。

【希有】(けう) めったになくて非常に珍しいこと。「稀有」とも書く。注意「きう」と読み誤らないように。

巾4【帋】▼紙 (異)

巾5【帚】(8) 印標 異体 艸8【菷】(11)
音 ソウ 訓 はく・ははき・ほうき
意味 ❶掃くための用具。ははき。ほうき。「帚木(ははきぎ・ほうきぎ)」❷掃く。はく。
参考 ❶の意味の「ははき」「ほうき」は「箒」とも書く。

帚

巾5【帙】(8) 音 チツ 訓 —
意味 書物を包んで保護するためのおおい。ちつ。「書帙・巻帙」

帙

巾5【帖】(8) 人名 音 チョウ・ジョウ 訓 —
筆順 丨 冂 巾 … 帖
意味 ❶帳面。「手帖・画帖」❷習字の手本。「法帖(ほうじょう)・墨帖(ぼくじょう)」❸屏風(びょうぶ)・楯(たて)・畳などを数えることば。「じょう」と読む。❹紙・海苔(のり)などを数えることば。美濃紙(みのがみ)は四十八枚、半紙は二十枚、ちり紙は百枚、海苔は十枚を単位とする。「じょう」と読む。名付 さだ・ただ
参考 「手帖」の「帖」は「帳」に書き換える。

帖

巾5【帑】(8) 音 ド 訓 —
意味 金蔵(かねぐら)。「内帑金(ないどきん)」(君主の手もと金)」

帑

巾5【帛】(8) 印標 音 ハク 訓 きぬ
意味 ❶上質の美しい絹織物。きぬ。「布帛・裂帛」❷神に供える絹布。「幣帛」

帛

巾6【帥】(9) 常用 音 スイ・ソツ 訓 ひきいる
筆順 ノ 亻 … 帥
意味 ❶軍隊を率いる。ひきいる。また、そのかしら。将軍。「元帥・統帥」❷昔、大宰府(だざいふ)の長官のこと。そち。そつ。「大宰帥(だざいのそつ・だざいのそち)」
名付 すい・そつ
注意 「師(し)(先生)」は、別字。

帥

巾6【帝】(9) 常用 音 テイ・タイ 訓 みかど
筆順 亠 … 帝
意味 ❶天の神。「上帝・天帝」❷天皇。また、王。みかど。「帝位・帝王・皇帝・聖武(しょうむ)帝」名付 ただ・てい
【帝政】(ていせい) 皇帝が行う政治やその制度。「—ロシア」
【帝都】(ていと) 皇居のある都市。帝京。
参考熟語 帝釈天(たいしゃくてん)

帝

巾7【帰】(10) 2年 旧字 止14【歸】(18) 異体 白4【皈】(9)

音 キ 訓 かえる・かえす
筆順 丨 リ … 帰
意味 ❶もとの所にもどる。かえる。また、もとの所に行かせる。かえす。「帰国・帰省(きせい)・復帰・帰らぬ人となる」❷あるべきところにおさまる。「帰結・帰納」❸従う。「帰化・帰順」名付 き・もと・より
参考 かえる⇩「返」の[使い分け]。

【帰依】(きえ) 神仏を信仰してひたすらたより従うこと。

【帰化】(きか) ①他の国の国籍を得てその国の国民になること。②外国から来た動植物が野生化すること。

【帰郷】(ききょう) 故郷に帰ること。

【帰結】(きけつ) いろいろな考え・議論・行動などが最後に一つにまとまること。また、一つにまとまった結論・結果。注意 「帰決」と書き誤らないように。

【帰心】(きしん) なつかしくなって起こる、早く家や故郷に帰りたいという心。「—矢の如(ごと)し」

【帰趨】(きすう) 物事の変化してゆく成り行きが落ち着くところ。「情勢の—」▽「趨」は「走る」の意。

【帰属】(きぞく) ①構成員や部下としてある特定の団体や人などに従うこと。②財産や権利などがある団体や人の所有になること。

【帰着】(きちゃく) ①もとの所に帰り着くこと。②いろいろな意見や問題が、いろいろな過程をたどって結局ある状態に落ち着くこと。

【帰朝】(きちょう) 外国から日本へ帰ってくること。

【帰途】(きと) 帰る途中。帰り道。

【帰納】(きのう) 演繹(えんえき)に対して、個々の具体的事物に共通する点を求め、それに基づいて一般的

帰

な原理・法則を見つけ出すこと。

巾7
【師】
(10) 5年 音シ 訓―

筆順 ノ 亻 户 自 𠂤 𠂤一 𠂤厂 𠂤帀 師

意味 ❶先生。し。「師匠・師弟・恩師・牧師」❷軍隊。し。「師団・出師(すいし)」❸みやこ。「京師(けいし)」❹専門の技術を身につけている人。「医師・調教師」❺学者・芸術家・芸能人などの名の下に添えて敬意を表すことば。名付 かず・し・つかさ・のり・もと・もろ

注意「帥(すい)(将軍)」は、別字。

【師事(しじ)】その人を師として教えを受けること。「著名な書家に―する」▽「事」は「仕える」の意。

【師資相承(ししそうしょう)】弟子が師からその教えを受け継ぐこと。▽「師資」は「師弟関係」の意。

【師範(しはん)】①学問や技芸を教え授ける人。「柔道の―」②すぐれていて手本・模範となる人。「世の―となる」③師範学校のこと。もと、小学校教員の養成を目的とした公立学校。

参考熟語 師走(しわす・しはす)

巾7
【席】
(10) 4年 音セキ 訓むしろ

筆順 亠 广 户 庐 庐 庐 席 席

意味 ❶すわる場所。むしろ。せき。「席順・着席・上席・指定席・席の暖まる暇(いとま)がない(非常に忙しいこと)」❷多くの人が集まる会場。むしろ。せき。「席料・宴席・うたげの席(むしろ)」❸草などで編んで作った敷物。むしろ。また、広く、敷物のこと。せき。「席巻(せっけん)」❹落語・講談などを演ずる場所。せき。「席亭」名付 すけ・せき・のぶ・やす・より

参考 ❸の意味の「むしろ」は「筵」「蓆」とも書く。

【席次(せきじ)】①座席の順序。席順。②成績の順位。

【席巻(せっけん)】むしろを巻くように、片端から激しい勢いで土地を攻め取ってゆくこと。▽「席捲」とも書く。

巾7
【帯】
(10) 4年 旧字 巾8 帶 (11) 人名
音タイ 訓おびる・おび

筆順 一 十 卄 卅 卌 丗 帯 帯

意味 ❶腰のあたりに巻いて結ぶ細長い布。また、物に巻きつける細長い物。おび。「着帯・包帯」❷腰につけて持つ。また、身につけて持つ。たいする。おびる。「帯刀・携帯・剣を帯(たい)する」❸自分に属する物として持つ。おびる。「妻帯・世帯・帯分数・任務を帯びる」❹その傾向がある。おびる。「帯電・酒気を帯びる」❺いっしょに行動する。「帯同・連帯」❻性質が同じで一まとまりになっている地域。「地帯・熱帯・火山帯」名付 おび・たい・よ

参考 ❷の「腰につけて持つ」の意味の「おびる」は「佩びる」とも書く。

【帯出(たいしゅつ)】そこに備えてある用具や図書などを持ち出すこと。

【帯同(たいどう)】目下の者を連れていっしょに行くこと。「禁―」

巾8
【帷】
(11) 印標 音イ 訓とばり

意味 室内に下げて隔てとする幕。とばり。「帷幄(いあく)・帷子(かたびら)・夜の帷(とばり)」

参考「とばり」は「帳」とも書く。

【帷幄(いあく)】①軍の作戦を立てる所。本営。▽昔、陣営に垂れ幕(帷)や引き幕(幄)を張り巡らしたことから。②参謀。

【帷子(かたびら)】①夏に着る、麻や絹で作ったひとえもの。②几帳(きちょう)やとばりなどに用いる薄い布。

巾8
【常】
(11) 5年 音ジョウ 訓つね・とこ・とこしえ

筆順 丨 丷 ⺌ 𠁼 尚 常 常 常

意味 ❶いつも同じで変わらない。つね。また、いつまでも変わらない。とこ。とこしえ。「常設・常温・恒常・非常・常夏(とこなつ)」❷変わったところがなく普通である。つね。「常識・通常・異常」❸ふだん。つね。「日常・平常」❹守るべき不変の道徳。「五常・綱常」名付 じょう・つね・とき・ときわ・とこ・のぶ・ひさ・ひさし

【常軌を逸する(じょうきをいっする)】常識にはずれた普通でない行いをすること。

【常住坐臥(じょうじゅうざが)】ふだん。いつも。▽「行住坐臥(ぎょうじゅうざが)」との混用からできたことば。「常住

3画

座臥」とも書く。

【常駐】常に駐在していること。

【常套】同じ仕方・手段をいつも用いてありふれていること。「―手段」

【常道】①一定していて変わらない道理。「天下の―」②いつも行う、普通のやり方。

【常備】いつでも準備しておくこと。「―薬」

【常用】①いつも普通に使うこと。「―漢字」②続けていつも使うこと。「―する薬」

【常連】なじみの客。▽「定連」とも書く。

参考熟語 常磐(ときわ) 常盤(ときわ)

巾8 【帳】(11) 3年 音 チョウ 訓 とばり

筆順 巾 巾 帄 帄 帳 帳 帳 帳

意味 ❶屋内を区切る幕。とばり。「開帳・蚊帳(かや)・夜の帳(とばり)」❷書き込んだりする紙をとじたもの。「帳面・手帳」 名付 ちょう・はる

参考 (1)❶の「とばり」は「帷」とも書く。(2)「手帳」の「帳」は「帖」が書き換えられたもの。

【帳尻】収支の決算の結果。「―が合わない」▽物事の、相殺した損得の結果にもたとえる。

【帳場】商店や旅館などで、帳簿をつけたり会計をしたりするところ。

巾8 【帯】▶帯㊐

巾9 【幄】(12) 音 アク 訓 とばり

意味 たれ下げて仕切りとする幕。また、陣営に張る幕。とばり。「幄舎(あくしゃ)・帷幄(いあく)」

巾9 【幃】(12) 音 イ 訓 とばり

意味 まわりをかこむ幕。「幃幄(いあく)」

巾9 【幉】(12) 〈国字〉 音 ― 訓 たずな

意味 たずな。▽歌舞伎の外題(げだい)に用いる。

巾9 【幀】(12) 音 テイ 訓 ―

意味 物を仕立てるために、絵を書いた絹地を張りつける。「装幀」

参考 「装幀」の「幀」は「丁」に書き換える。

巾9 【幅】(12) 常用 音 フク 訓 はば

筆順 冂 巾 巾 帀 帄 帄 幅 幅 幅

意味 ❶物の横の長さ。はば。「幅員・振幅・全幅(ぜんぷく)・道幅(みちはば)」❷かけもの。また、かけものを数えることば。「書幅・三幅対」❸物のへり。「辺幅」

参考 ❶の「はば」は俗に「巾」と書くこともある。

【幅員】道路・橋などの横の長さ。

巾9 【幇】(12) 音 ホウ 訓 たすける 異体 巾14 幫(17)

意味 力を添えて助ける。「幇助・幇間(ほうかん)」

【幇間】酒宴の席などで、客のきげんをとったり座のとりもちをしたりすることを職業とする男性。太鼓持ち。

【幇助】手助けをすること。「自殺―」

巾9 【帽】(12) 常用 音 ボウ 訓 ― 旧字 巾9 帽(12)

筆順 冂 巾 巾 帀 帄 帄 帽 帽 帽

意味 頭にかぶって、頭を保護したり容儀を整えたりする物。「帽子・帽章・制帽・脱帽・登山帽」

巾10 【幌】(13) 人名 音 コウ 訓 ほろ

筆順 巾 帄 帄 帄 幌 幌 幌 幌

意味 日よけ・雨よけのために車につけるおおい。ほろ。「幌馬車」 名付 あきら・ほろ・ぽろ

巾10 【幎】(13) 音 ベキ 訓 ―

意味 死者の顔をおおう布。

巾10 【幕】(13) 6年 音 マク・バク 訓 ― 旧字 巾11 幕(14)

筆順 艹 苩 莒 莫 莫 幕 幕

意味 ❶仕切り・装飾などにする広くて長い布。まく。「天幕・幕内(まくうち)」❷芝居で、場面転換・休憩・終了などのときに舞台の前面に張る布。まく。「開幕・暗幕」❸芝居で、演技の一段落。「一幕物」❹将軍が政務を行うところ。また、特に、幕府のこと。「幕府・幕臣・佐幕」❺相撲で、幕内のこと。まく。

参考 ❹の意味では「ばく」と読む。

【幕僚】ばくりょう 軍隊で、長官に所属して重要な計画を立てる幹部将校。
【幕間】まくあい 芝居で、ある場面が終わって幕をおろしている間。「—劇」注意「まくま」と読み誤らないように。

巾11【幗】(14) 音カク 訓—
意味 女性の髪をつつむ、飾りの布。

巾11【幔】(14) 音マン 訓— 正字 巾11 幔(14)
意味 左右に引いて張り渡す幕。「幔幕」
【幔幕】まんまく 式場などの周囲に張りめぐらした幕。

巾12【幟】(15) 印標 音シ 訓のぼり
意味 ❶目印の旗。「旗幟鮮明」❷一端をさおに通して立てる細長い旗。のぼり。❸こいのぼりのこと。

巾12【幢】(15) 音トウ・ドウ 訓はた
意味 目印や飾りとする旗。はた。「経幢きょうどう」

巾12【幡】(15) 人名 音ハン・バン 訓はた
筆順 巾 巾' 巾⺍ 巾平 巾釆 幡 幡 幡
意味 のぼり。はた。「幡幟はんし(しるしの旗)」
名付 はた・まん

巾12【幣】(15) 常用 音ヘイ 訓ぬさ
筆順 ⺌ 㡀 㡀 㡀 㡀 敝 幣 幣
旧字 巾12 幣(15) 異体 巾12 幣(15)
意味 ❶通貨。おかね。「貨幣・紙幣」❷神に供える物。ぬさ。「幣帛へいはく・御幣ごへい」❸たいせつな客への贈り物。「幣物」
名付 しで・ぬさ・へい
参考 似た字(幣・弊)の覚え方「紙幣は布きれ(巾)、やぶるは両手(廾)」
【幣帛】へいはく 神に供える、布・金銭のこと。また、広く、神に供える供物のこと。幣束へいそく。幣物へいもつ。▽「帛」は「上質の絹」の意。

巾14【幫】▶幇 異

干の部 かん

干0【干】(3) 6年 音カン 訓ほす・ひる・おかす
筆順 一 二 干
意味 ❶かわく。ひる。また、かわかす。ほす。「干潮・干害・干物ひもの」❷限度を越えてかかわる。おかす。「干与・干渉・干犯」❸えと。「干支えと・十干じっかん」❹刀・矢などからからだを守る武具。たて。「干戈かんか・干城」
名付 かん・たく・たて・ほす・もと
参考 「干害・干天」などの「干」は「旱」が書き換えられたもの。
【干支】えと・かんし 十干じっかんと十二支を組み合わせて、年月日・時刻・方位などを表すもの。
【干戈】かんか 武器のこと。「—を交える(戦争をする)」▽「たてと、ほこ」の意。
【干害】かんがい ひでりで水が不足して農作物に起こる災害。▽「旱害」の書き換え字。
【干渉】かんしょう ①自分に直接関係がない事柄に口出しをすること。「内政—」②物理で、二つの波動が重なり合って、強め合ったり弱め合ったりする現象。注意「干捗」と書き誤らないように。
【干天】かんてん ①ひでりのときの、雨を降らせてくれない空。「—の慈雨」②夏の、暑さのきびしい時節の空。▽「旱天」の書き換え字。
【干与】かんよ 関係して携わること。関与。
【干物】ひもの 魚や貝などを干した食べ物。

干2【平】(5) 3年 音ヘイ・ビョウ・ヒョウ 訓たいら・ひら
旧字 干2 平(5)
筆順 一 丆 冖 立 平
意味 ❶たいらか。たいら。ひらたい。「平原・平仄ひょうそく・平等・水平」❷変わったことがなくて穏やかである。たいらか。また、普通である。「平常・平凡・和平」❸わかりやすい。ひらたい。「平易・平たいえば」❹厚みが少なくて横に広い。ひらたい。「平板・平皿ひらざら」❺その組織・団体で特別の役職についていないこと。ひら。「平社員・

3画

平の重役」❻面積であることを表す平方のこと。「へい」と読む。「平米(へいべい)(平方メートル)」
名付 おさむ・たいら・つね・とし・なり・なる・はかる・ひとし・ひょう・ひら・へい・まさる・もち・よし

【平仄(ひょうそく)】漢字の、平声(ひょうしょう)と仄声(そくしょう)との区別。「—が合わない（物事のつじつまが合わない）」

【平仮名(ひらがな)】漢字の草書体から発達してできた表音文字。女手(おんなで)。

【平穏(へいおん)】事件などが起きず、穏やかで静かなこと。「—無事」**注意**「平隠」と書き誤らないように。

【平滑(へいかつ)】なめらかで、でこぼこがないこと。

【平行(へいこう)】いくら延長しても交わらないこと。

【平衡(へいこう)】つりあいがとれていること。また、つりあい。「—感覚」

使い分け「へいこう」

平行…交わらないこと。「平行線・平行棒」

平衡…つりあいがとれていること。「衡」はつりあいの意。「平衡を保つ・平衡感覚」

並行…並んで行くこと。「並」の意味に重点がある。「電車がバスと並行して走る・並行審議」

【平時(へいじ)】戦争などがない、平和な時。

【平信(へいしん)】急用や変事以外の、時候見舞い・近況報告などの普通の手紙。

【平身低頭(へいしんていとう)】からだをかがめて頭を下げること。「—してあやまる」▽ひたすらわびることを形容することば。

【平平凡凡(へいへいぼんぼん)】おもしろみやすぐれたところがなく、非常に平凡なこと。「—の毎日」

【平明(へいめい)】わかりやすくてはっきりしていること。

【平癒(へいゆ)】病気が治って平常の健康体になること。

干3 【幵】(6)

音 ケン 訓 —

意味 平ら。

干3 【年】(6)

1年 音 ネン 訓 とし

筆順

意味 ❶一月から十二月までの十二か月間のこと。ねん。とし。また、その長さを単位とする時間。「年月・年次・年鑑・暦年」❷ある長さの時代。「年代・永年」❸その人が生まれてからそれまでに経過した時間。とし。「年齢・年長・老年」❹穀物が実る。「祈年祭」名付 かず・すすむ・ちか・と・とし・とせ・ねん・みのる

参考 ❸の意味の「とし」は「歳」とも書く。

【年季(ねんき)】一年間を一季として奉公人が勤める約束の年限。「—奉公」

【年忌(ねんき)】人の死後、毎年巡って来る、その人の死亡月日。また、その日にいとなむ法事。年回。回忌。

【年功(ねんこう)】①長い間勤めたという功労。「—序列」②長い間訓練して得たすぐれた技術。「—を積む」

【年年歳歳(ねんねんさいさい)】来る年も来る年も同じように。毎年。「—、花、相似(あいに)たり」

【年輩(ねんぱい)】①年齢のおおよその程度。年のころ。「同—」②世間のことをよくわきまえた年ごろ。「—の紳士」③年上。▽「年配」とも書く。

【年譜(ねんぷ)】経歴を年月の順に記録したもの。

【年俸(ねんぽう)】一年間の給料。年給。「—制」

【年来(ねんらい)】何年も前から。「—の望み」

参考熟語 年魚(あゆ) 年増(としま)

干5 【幸】(8)

3年 音 コウ 訓 さいわい・さち・しあわせ・さきわう

筆順

意味 ❶巡り合わせがよくて満足である。また、そのような巡り合わせ。こう。さち。しあわせ。さいわい。「幸福・幸先(さいさき)・幸あれかし」❷天皇を尊敬してその外出をいうことば。「行幸(ぎょうこう)・巡幸(みゆき)」❸愛しかわいがる。「幸臣・寵幸」❹しあわせにあって栄える。さきわう。名付 こう・さい・さき・さち・たか・ひで・みゆき・ゆき・よし

参考 ⑴❶の「しあわせ」は「仕合わせ」とも書く。⑵「幸・射幸心・薄幸」などの「幸」は「倖」が書き換えられたもの。

【幸甚(こうじん)】自分にとって非常にしあわせであるということ。「—の至り」

【幸便(こうびん)】①都合のよいついで。「—に託する」②手紙を人にことづけて直接持って行かせるとき、封筒に書く挨拶のことば。

干5 【幷】(8) 印標　異体 干3 并 (6) 簡慣

音 ヘイ　訓 あわせる・ならぶ・ならびに

意味 ❶一つにする。あわせる。「合幷(がっぺい)」❷並ぶ。ならぶ。並べる。❸および。また。ならびに。「姓名幷びに職業」

干10 【幹】(13) 5年　音 カン　訓 みき

筆順 一 十 古 卓 卓 卓 卓 幹

意味 ❶樹木の、みき。❷物事のもとになる重要な部分。みき。「幹事・幹部・基幹」❸物事を処理する能力。「才幹」名付 えだ・から・かん・き・くる・たかし・たる・つね・つよし・とし・とも・まさ・み・みき・もと・もとき・よし・よみ・より

【幹線(かんせん)】鉄道・道路・電話・水道などの中心となる重要な線。「―道路」

幺の部　いとがしら

幺0 【幺】(3)　音 ヨウ　訓 ――

意味 小さい。また、幼い。

幺1 【幻】(4) 常用　音 ゲン　訓 まぼろし

筆順 く 幺 幺 幻

意味 ❶人を惑わす。「幻惑・幻術・変幻」❷実在しないのに、実在するように見えること。また、そのようなもの。まぼろし。「幻想・幻影・夢幻・幻の名著」

【幻影(げんえい)】①実在しないのに、実在するように見えること。また、そのもの。まぼろし。②心の中に思い浮かべる、とりとめのない姿やかたち。

【幻覚(げんかく)】実際にはなにもないのに、なにかが聞こえたり見えたりすること。

【幻滅(げんめつ)】期待していたことと現実とのくいちがいを知ってがっかりすること。

【幻惑(げんわく)】人の心を惑わしだますこと。

幺2 【幼】(5) 6年　音 ヨウ　訓 おさない

筆順 く 幺 幺 幻 幼

意味 年齢が少なくて成熟していない。おさない。「幼少・幼稚・乳幼児・幼(よう)にして学に長ずる」名付 よう・わか

【幼弱(ようじゃく)】幼いこと。また、幼い子ども。▽「弱」も「幼い」の意。

幺6 【幽】(9) 常用　音 ユウ　訓 かすか

筆順 丨 ⺈ ⺈ ⺈ 𢆶 𢆶 幽 幽

意味 ❶奥深くて物静かである。「幽玄・幽谷」❷隠れて人に知られないようにする。また、隠し閉じ込める。ゆうする。「幽居・幽閉」❸死後の世界。あの世。「幽界・幽霊」❹わずかである。かすか。「幽冥(ゆうめい)」

参考 ❹の「かすか」は「微か」とも書く。

【幽鬼(ゆうき)】死んだ人の霊魂。亡霊。

【幽玄(ゆうげん)】①奥深くて微妙であり、すぐれていること。「―な思想」②日本の中世文学、特に和歌・連歌で、言外に深い余情・情趣があること。

【幽谷(ゆうこく)】山の奥深い所にある静かな谷。「深山―」

【幽閉(ゆうへい)】閉じ込めて出られないようにすること。

【幽明(ゆうめい)】死後に行くという世界と、生きているこの世。「―境(さかい)を異にする(死んであの世に行く)」

【胤】▶肉5

幺9 【幾】(12) 常用　音 キ　訓 いく・ほとんど

筆順 幺 幺 𢆶 𢆶 幾 幾 幾 幾

意味 ❶数を問うことば。また、数が不定であることを表すことば。いく。「幾日・幾人(いくにん・いくたり)・幾つ」❷非常に多数であること。「いく」と読む。「幾多(いくた)・幾千万・幾久しく」❸願う。「庶幾」❹前ぶれ。「幾微」❺もう少しのところで。ほとんど。名付 いく・おき・き・ちか・ちかし・のり・ふさ

3画

参考 ひらがな「き」、カタカナ「キ」のもとになった字。

【幾許(いくばく)】①少し。幾何(いくばく)。「―かの金・余命―もない」②どれほど。幾何(いくばく)。

【幾何】㊀(きか) 数学の一部門。物の形・大きさ・位置関係などを研究する学問。㊁(いくばく)「幾許」と同じ。

参考熟語 幾許(いくばく) 幾何(いくばく・きか)

广 の部 まだれ

广0 **【广】**(3) 音 ゲン 訓 ―

意味 屋根。

广2 **【広】**(5) 2年 旧字 广12 廣(15) 人名

音 コウ 訓 **ひろ**い・**ひろ**まる・**ひろ**める・**ひろ**がる・**ひろ**げる

筆順 丶 亠 广 広 広

意味 ❶面積が大きい。ひろい。↕狭。「広大・広間」❷及ぶ範囲が大きい。ひろい。また、そのようになる。ひろまる。ひろめる。ひろがる。ひろげる。「広義・知識が広い」 名付 お・こう・たけ・ひろ・ひろし

参考「広・広壮・広大」などの「広」は「宏」が、「広報」の「広」は「弘」が、「広野」の「広」は「曠」が、それぞれ書き換えられたもの。

【広角(こうかく)】レンズのうつす角度が広いこと。

【広軌(こうき)】鉄道で、レール幅が国際基準の一・四三五メートルより広いもの。

【広義(こうぎ)】広く解釈したときの意味。広い意味。

【広言(こうげん)】相手構わず、大きなことをいうこと。「―を吐く」 参考「高言(こうげん)」は、いばって大きなことをいうこと。「公言(こうげん)」は、おおっぴらにいうこと。

【広壮(こうそう)】建物などが広大でりっぱなさま。「―な邸宅」▽「宏壮」の書き換え字。

【広大無辺(こうだいむへん)】はてしなく続いていること。▽「広大」は「宏大」の書き換え字。

【広汎・広範(こうはん)】範囲が広いさま。広い範囲。「―な地域」

广2 **【庁】**(5) 6年 旧字 广22 廳(25) 人名 異体 广17 廰(20)

音 **チョウ** 訓 ―

筆順 丶 亠 广 庁 庁

意味 ❶役所。ちょう。「庁舎・官庁」❷総理府や各省の外局として置かれる行政機関。「国税庁」

广3 **【庄】**(6) 人名 音 ショウ・ソウ 訓 ―

筆順 丶 亠 广 庁 庄 庄

意味 昔、荘園(しょうえん)の名を受け継いだ地域。「庄屋」 名付 しょう・そう・まさ

广4 **【序】**(7) 5年 音 **ジョ** 訓 ついで

筆順 丶 亠 广 户 庐 序 序

意味 ❶書物のはしがき。まえがき。じょ。↕跋(ばつ)。「序文・自序・序の口」❷演劇・楽曲などの最初の部分。「序幕・序曲」❸次第。じょ。ついで。「序列・順序・公序良俗・長幼の序(じょ)」 名付 じょ・つね・ひさし

【序言(じょげん)】書物で、前書きとして述べる文章。

【序破急(じょはきゅう)】①話や文章で、構成の仕方とその速い遅いの調子。②舞や能などの構成で、初め(序)と、中間のゆるやかな部分(破)と、終わりの急速な部分(急)のこと。

【序盤(じょばん)】①碁・将棋で、対局の初めの段階。②物事の始まってまもない時期のこと。「野球の―戦」

【序論(じょろん)】本論を述べる前に導入部分として述べる一般的な説明。序説。

广4 **【床】**(7) 常用 音 **ショウ** 訓 **とこ・ゆか**

筆順 丶 亠 广 户 庁 床 床

意味 ❶寝るための場所。とこ。「起床・病床・苗床(なえどこ)」❷物をささえる土台。とこ。「床几(しょうぎ)・銃床・鉱床・川床(かわどこ)」❸室内の板敷きの部分。ゆか。「床下(ゆかした)」❹とこのま。「床柱(とこばしら)」 名付 しょう・とこ・ゆか

【床几】ぎしょう ①昔、陣中・狩り場などで使われた、おりたたみ式の腰かけ。②細長い板に脚をつけた簡単な腰かけ。▽「牀机」「将几」とも書く。

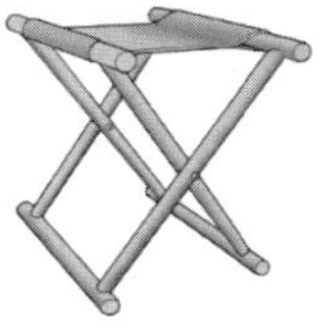
床几①

广4 【庇】(7) 人名 音 ヒ 訓 かばう・ひさし

筆順

意味 ❶他から害を受けたり不利な状態にならないように守る。かばう。「庇護」❷雨や直射日光などを防ぐための小さな屋根。また、そのような形をしたもの。ひさし。「雪庇・帽子の庇」

【庇護】ひご 害を受けないようにかばい守ること。「親の―」

【応】▼心3

广5 【庚】(8) 人名 音 コウ 訓 かのえ

筆順

意味 十干じっかんの第七番め。五行ごぎょうで金に配し、方角では西、季節では秋にあてる。かのえ。「庚申こうしん」 名付 か・かのえ・つぐ・みち・やす

广5 【底】(8) 4年 音 テイ 訓 そこ

筆順

意味 ❶いちばん下の部分。そこ。「底流・水底・心底」❷行きとどまる。「徹底」❸表面に現れない奥深いところ。そこ。「底意・底力そこぢから」❹書物の原本。「底本」 名付 てい・ふか

参考 「根底」の「底」は「柢」が書き換えられたもの。

广5 【店】(8) 2年 音 テン 訓 みせ・たな

筆順

意味 ❶品物をならべて商売をするところ。みせ。「店員・売店」❷貸家。また、借家。たな。「店子たなこ・店賃たなちん」

广5 【府】(8) 4年 音 フ 訓 ―

筆順

意味 ❶役所。「政府」❷人の多く集まる所。「都府・首府」❸地方自治体の一つ。ふ。「都道府県・府下」❹物事の中心となるところ。ふ。「学問の府」 名付 くら・ふ・もと

广5 【庖】(8) 印標 音 ホウ 訓 くりや　異体 广5 庖(8)

意味 ❶台所。くりや。「庖厨ほうちゅう」❷調理人のこと。また、調理。「庖丁ほうちょう」

参考 「庖丁」の「庖」は「包」に書き換える。

广6 【⿸广朿】(9) 〈国字〉 音 ― 訓 か

意味 か。▽人名などに用いる字。

广6 【庠】(9) 音 ショウ 訓 ―

意味 学校。

广6 【度】(9) 3年 音 ド・ト・タク 訓 たび・たい・はかる

筆順

意味 ❶基準とすべきもの。きまり。「制度・法度はっと・度外視」❷物事の標準的なほどあい。ど。「程度・限度」❸数ではかれるもの。また、回数・角度・温度・酒のアルコール容量などの単位を表すことば。たび。ど。「毎度」❹心の大きさ。「度量・度胸」❺ものさしをあててはかる。はかる。「度量衡」❻心の中でおしはかる。「忖度そんたく」❼仏教で、悟りの境地にはいること。また、僧になること。「得度」❽希望する意を表す。たい。

名付 ただ・ど・のり・わたる

【度外視】どがいし 無視して問題にしないこと。

【度量】どりょう 人のいい分などを受け入れる寛大な心。「―の大きい人」

【度量衡】どりょうこう 物をはかる、長さ・容積・重さなどの規準。▽「量」は「ます」、「衡」は「はかり」の意。

广7 【庫】(10) 3年 音 コ・ク 訓 くら

筆順 亠 广 户 庐 肩 肩 庫

意味 ❶ものをしまっておく建物。くら。「倉庫・宝庫」❷→庫裏(くり) 名付 くら・こ

参考 くら⇩「倉」の[使い分け]。

【庫裏】(くり) ①寺の台所。②寺の住職や家族が住んでいる建物。▽「庫裡」とも書く。

广7

【座】(10)

6年 音 ザ 訓 すわる

座

筆順 亠 广 广 広 広 座 座 座

意味 ❶席に着く。すわる。また、すわる場所。ざ。「座視・座席」❷劇場・劇団など。ざ。「座長・中村座」❸星の集まり。「星座」❹身分や地位。ざ。「王座・妻の座」❺物をすえつける台。「砲座・座金(ざがね)」❻江戸時代、幕府が金銭などを作らせた公の場所。「金座」❼祭神・仏像・山などを数えるのに使うことば。ざ。

参考「座・座視・座礁・端座・連座」などの「座」は「坐」が書き換えられたもの。

使い分け「すわる」

座る…腰を下ろす。ある地位に就く。「椅子に座る・最前列に座る・社長の座に座る」

据わる…安定する。動かない状態になる。「赤ん坊の首が据わる・目が据わる・度胸が据わる」

【座下】(かざ) 手紙のあて名の左わきに書き添えて、敬意を表すことば。▽「座席のそば」の意から。

【座興】(ざきょう) ①宴席で、その場をなごやかにするために行う芸や遊戯。②その場だけの一時の冗談。

【座視】(ざし) 直接関係せず、黙って見ていること。「—するに忍びない」▽「坐視」の書き換え字。

【座礁】(ざしょう) 船が暗礁に乗りあげること。▽「坐礁」の書き換え字。

【座職】(ざしょく) ⇩「坐職」と同じ。

【座禅】(ざぜん) 禅宗で行う修行の一つ。静座して精神を統一し、悟りの道を求めること。また、その姿勢をとること。▽「坐禅」とも書く。

参考熟語 座頭(ざがしら・ざとう) 座主(ざす)

广7

【庭】(10)

3年 音 テイ 訓 にわ

庭

筆順 广 广 庄 庄 庄 庄 庭 庭

意味 ❶建物の中にある空地。にわ。また、そのように広い場所。「庭園・校庭・戦(いくさ)の庭」❷一家の中。「家庭・庭訓(ていきん)」名付 てい・にわ・ば

【庭訓】(ていきん) 家庭での教育。▽昔、中国で、孔子が子どもの伯魚に対し庭で教訓したという故事から。注意「ていくん」と読み誤らないように。

[唐]▸口7

[席]▸巾7

广8

【庵】(11)

人名 音 アン 訓 いおり

庵

筆順 广 户 庐 庐 庐 庵 庵 庵

意味 ❶草や木などで作ったそまつな小屋。また、特に、僧侶(そうりょ)などが世を避けて住む小屋のこと。いおり。「草庵」❷文人・茶人などの雅号や、それらの人の住居の雅号、または料理店などの屋号などを表すのに用いることば。「竹庵」名付 いおり

【庵主】(あんしゅ・あんじゅ) 庵室の主人。

广8

【康】(11)

4年 音 コウ 訓 やすい

康

筆順 广 户 庐 庚 庚 康 康

意味 ❶無事である。やすい。「小康」❷からだがじょうぶである。「健康」名付 こう・しず・しずか・みち・やす・やすし・よし

广8

【庶】(11)

常用 音 ショ 訓 もろもろ

庶

筆順 亠 广 广 庐 庐 庐 庶 庶

意味 ❶いろいろ。もろもろ。「庶務・庶政」❷大衆。人民。「庶民・衆庶」❸正妻でない女性から生まれること。↔嫡。「庶子・庶出」❹願う。

名付 しょ・ちか・もろ

【庶子】(しょし) ①正妻でない女性から生まれた子。めかけばら。②正式の婚姻関係にない男女の間に生まれた子のこと。

【庶務】(しょむ) 雑多な事務。また、会社などで、それを扱う係。

参考熟語 庶幾(こいねが)う

3画

广8 【庸】(11) 常用 音ヨウ 訓つね・もちいる

筆順 广 户 户 户 庐 肩 肩 庸

意味 ❶人をある役目につかせる。もちいる。「登庸」❷平凡なこと。つね。「庸愚・凡庸」❸かたよっていない。「中庸」❹律令(りつりょう)時代の税の一つ。労役の代わりとして、糸・布・米などの物品を納めたこと。また、そのもの。よう。「租庸調」

名付 いさお・つね・のぶ・のり・もち・もちう・やす・よう

【鹿】▶鹿0

【麻】▶麻0

广9 【廁】(12) 音シ 訓かわや　異体 广9 厠(11)

意味 便所のこと。かわや。

广9 【廂】(12) 印標 音ショウ 訓ひさし

意味 窓や出入り口などの上に付けた、雨や直射日光などを防ぐ小さな屋根。ひさし。

广9 【廃】(12) 常用　旧字 广12 廢(15)

音ハイ 訓すたれる・すたる

筆順 广 庐 庐 庐 庐 庐 庭 廃

意味 ❶古くなって役に立たなくなる。はいする。すたれる。すたる。「廃物・荒廃」❷不要になって使わなくなる。はいする。「廃止・撤廃」

【廃棄】(はいき) やめて使わないこと。「―処分」

【廃墟】(はいきょ) 建物や町などのこわれて荒れ果てた跡。「―と化する」

【廃水】(はいすい) 使用して役に立たなくなった水。▽⇩「排水(はいすい)」の[使い分け]。

【廃絶】(はいぜつ) あとを継ぐ者がいなくて家系などがほろびて絶えること。

【廃仏毀釈】(はいぶつきしゃく) 仏教を排斥すること。▽「廃仏」は仏教をしりぞける、「毀釈」は「釈迦(しゃか)の教えをすてる」意。

广9 【廊】(12) 常用　旧字 广10 廊(13) 人名

音ロウ 訓―

筆順 广 广 庁 庐 庐 庐 廊 廊

意味 建物やへやなどをつなぐ通路。ろう。「廊下・画廊」

广12 【廚】▶厨 異

广10 【廈】(13) 音カ 訓いえ　異体 广10 厦(12)

意味 大きな屋根の家。「大廈(たいか)(大きないえ)」

广10 【廉】(13) 常用 音レン 訓かど・やすい　旧字 广10 廉(13)

筆順 广 户 卢 庐 庐 庐 廉 廉

意味 ❶心が正しく無欲である。「廉恥・清廉」❷値段が安い。やすい。「廉価・廉売」❸取り上げて問題とする点。理由。かど。「不審の廉により調べる」

名付 かど・きよ・きよし・すが・すなお・ただし・やす・ゆき・れん

【廉恥】(れんち) 心が清くて不正な行いを恥じること。

【廉売】(れんばい) 安売り。「歳末大―」

广11 【廓】(14) 印標 音カク 訓くるわ

意味 ❶外回り。また、囲まれた場所。「廓大・外廓・輪廓」❷広々としている。「廓然」❸遊女が集まり商売をしている一定地域。くるわ。「遊廓」

参考 「廓・廓大・外廓・輪廓」などの「廓」は「郭」に書き換える。

广11 【廖】(14) 音リョウ 訓―

意味 人名に用いる字。

【塵】▶土11

【腐】▶肉8

广11 【廐】▶厩 旧

广11 【廏】▶厩 異

广12 【廝】(15) 音シ 訓―　異体 广12 廝(14)

意味 召使。

广12 【廠】(15) 音ショウ 訓―　正字 广12 廠(15)　異体 广12 厰(14)

意味 ❶四方に囲いがない、簡単でそまつな家。「廠舎」❷仕事場。「工廠」

广12 【廛】(15) 音テン 訓―　異体 土17 壥(20)

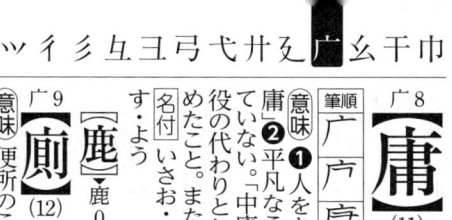

3画

意味 ❶屋敷。住宅。❷店。

广12 【廟】(15) 人名 音ビョウ 訓たまや　異体 广12 廟(15)

筆順 广 庐 庐 庐 庐 廟 廟

意味 ❶祖先の霊を祭っておく建物。たまや。「廟堂・霊廟」❷朝廷。また、政治を行うところ。「廟議」 名付 いえ

【廟堂】びょうどう ①祖先や貴人の霊を祭るところ。みたまや。②朝廷。

广12 【廡】(15) 音ブ 訓のき・ひさし
意味 のき。ひさし。

【慶】▶心11　【摩】▶手11　广12【廣】▶広 旧

广12【廢】▶廃 旧

广13 【廨】(16) 音カイ 訓—
意味 役所。

广13 【廩】(16) 音リン 訓くら
意味 米蔵(こめぐら)。「倉廩(そうりん)」

【磨】▶石11　【麿】▶麻7

广16 【廬】(19) 印標 音ロ 訓いおり
意味 草木で作ったそまつな小屋。いおり。「草廬」
参考 「いおり」は「庵」とも書く。

广17【廰】▶庁 異

广18 【廱】(21) 音ヨウ 訓—
意味 やわらぐ。

【魔】▶鬼11　广22【廳】▶庁 旧

廴の部 えんにょう いんにょう

廴0 【廴】(3) 音イン 訓—
意味 長くひきのばすこと。

廴4 【廷】(7) 常用 音テイ 訓—　旧字 廴4 廷(7)

筆順 ノ 二 千 壬 ⺄壬 廷 廷

意味 ❶裁判を行う場。「廷吏・法廷・出廷」❷昔、政治をとった場所。「廷臣・朝廷・宮廷」
名付 たか・ただ・てい

廴4【延】▶延 旧

廴5 【延】(8) 6年 音エン 訓のびる・のべる・のばす　旧字 廴4 延(7)

筆順 ノ 亻 千 正 正 ⺄正 延 延

意味 ❶長くなる。広くなる。のびる。のべる。のばす。「延長・延焼・蔓延(まんえん)・圧延」❷時間や期限がおくれる。のびる。のべる。のばす。「延期・延着・遅延」❸それぞれ場合の違うものをまとめて計算した合計。のべ。「延人員・延日数」
名付 えん・すけ・すすむ・ただし・とお・なが・のぶ・のぶる
参考 ⑴「止」部分の画数は新字体は四画、旧字体は三画。⑵のびる⇩「伸」の[使い分け]。
注意 「廷」と書き誤らないように。

【延引】えんいん 進行が長びいて遅れること。「事故による工事の—」
【延焼】えんしょう 火事が火元から他へ燃えうつること。「工場が—した」
【延滞】えんたい 物事の進行がはかどらないで、期日より遅れること。

廴5【廻】▶廻 異　廴5【廸】▶迪 異

廴6 【廻】(9) 人名 音エ・カイ 訓まわる・めぐる・まわす　異体 廴5 廻(8)

筆順 丨 冂 冂 回 回 ⺄回 廻 廻

意味 ❶輪のようにぐるぐる動く。まわる。「廻り舞台」❷ものの外側をまわる。めぐる。❸順序に従って移す。まわす。「廻文・廻覧」 名付 かい・とほ・のり
参考 「廻・廻送・廻転・廻廊」などの「廻」は「回」に書き換える。

【廻船】かいせん 旅客や貨物を運送する船。▽「回船」

3画

とも書く。

【廻漕(かいそう)】船で運送すること。運漕。「—業」▽「回漕」とも書く。

廴6 **【建】**(9) 4年 音 ケン・コン 訓 たてる・たつ

筆順 ㇇ ヨ ヨ 聿 聿 聿 建 建

意味 ❶家屋をつくり設ける。たてる。たつ。「建築・建設・土建・建物(たてもの)」❷はじめてつくる。たてる。たつ。「建国・建策・創建」❸寺院・塔などを設ける。たてる。たつ。「建立(こんりゅう)」名付 けん・たけ・たけし・たける・たつ・たつる・たて

参考 たつ⇩「立」の[使い分け]。

【建言(けんげん)】官庁・上司などに意見を申し立てること。また、その意見。

【建白(けんぱく)】政府や上部機関などに意見を申し立てること。また、その意見を書いた書面。

【建立(こんりゅう)】寺院・塔などを建築すること。

注意「けんりつ」と読み誤らないように。

参考熟語 建水(けんすい・こぼし)

廴6【廼】▼迺(異)

廾の部 にじゅうあし

廾0 **【廾】**(3) 音 キョウ 訓 —

意味 両手で物をささげる。

廾2 **【弁】**(5) 5年 旧字 言14 辯(21) 旧字 刀14 辨(16) 旧字 瓜14 瓣(19) 異体 辛9 辧(16)

音 ベン 訓 わきまえる

筆順 ㇜ ム ム 弁 弁

意味 ❶述べる。べんずる。また、話。べん。「弁舌・雄弁」❷方言。「関西弁」❸理屈に合っているものとそうでないものとを見わける。べんずる。わきまえる。「弁別・弁証」❹ある用にあてる。べんずる。「弁当・弁償」❺はなびら。「花弁」❻液体や気体の出入りを調節するもの。べん。「弁膜・安全弁」名付 さだ・そのう・なか・べん・わけ

参考 旧字体は、❶❷は「辯」、❸❹は「辨」、❺❻は「瓣」。

【弁済(べんさい)】①借りたものを返すこと。②債務を履行して債権を消滅させること。

【弁才天(べんざいてん)】七福神の一。弁舌・音楽・財福・知恵をつかさどる女神。▽「弁財天」とも書く。また、「弁天」ともいう。

【弁舌(べんぜつ)】人を納得させる話しぶり。

【弁疏(べんそ)】いいわけをすること。弁解。

【弁別(べんべつ)】本質を見抜いて善悪・是非を区別すること。

廾4 **【弄】**(7) 常用 音 ロウ 訓 もてあそぶ・いじる

筆順 一 T 王 王 弄 弄

意味 ❶思い通りにする。ろうする。「翻弄・詭弁(きべん)を弄する」❷心のなぐさみとして興じる。もてあそぶ。「骨董(こっとう)を弄ぶ」❸ばかにする。ろうする。「愚弄」❹手に持ってむやみに扱う。もてあそぶ。「凶器を弄ぶ」

廾4【弃】▼棄(異)

廾7【弉】▼奘(異)

廾12 **【弊】**(15) 常用 旧字 廾12 弊(15)

音 ヘイ 訓 つかれる

筆順 ㇀ 㡀 㡀 㡀 㡀 敝 敝 弊

意味 ❶古くなってもとの強さ・新しさなどがなくなる。また、弱る。つかれる。「弊衣・疲弊」❷悪い習慣。また、悪い。「弊害・旧弊」❸謙遜の意味を表すことば。「弊店・弊社」

参考 似た字(幣・弊)の覚え方「紙幣は布きれ(巾)、やぶるは両手(廾)」

【弊衣破帽(へいいはぼう)】ぼろの衣服と、破れた帽子。

参考 旧制高等学校の生徒に多くみられた服装。

弋の部 しきがまえ よく

弋0 **【弋】**(3) 音 ヨク 訓 —

3画

意味 獲物をからめとる。「遊弋」

弋1【弌】▶一㊀異　弋2【弍】▶二㊀異

弋3【弐】(6) 常用 音ニ・ジ 訓ふたつ
旧字 貝5 貳(12)　異体 貝4 貮(11)

筆順 一 二 三 弐 弐 弐

意味 数で、ふたつ。に。ふた。ふたつ。「弐心」

参考 証書などで「二」の代用をすることがある。名付 じ・に

弋3【式】(6) 3年 音シキ・ショク 訓のり

筆順 一 二 亍 亍 式 式

意味 ❶ある決まったやり方。「形式・新式」❷一定の作法で行う行事。しき。「式典・式次・儀式」❸計算などのやり方を文字や符号で表したもの。しき。「数式」名付 しき・つね・のり

【武】▶止4

弋9【弑】(12) 音シイ・シ 訓——

意味 目下の者が目上の者を殺す。しいする。「弑逆」

【弑逆】自分の主君や父を殺すこと。▽「弑虐」とも書く。

弓の部 ゆみ ゆみへん

3画

弓0【弓】(3) 2年 音キュウ 訓ゆみ

筆順 ㇆ コ 弓

意味 ❶武器の一種。ゆみ。「弓術・半弓・洋弓」❷ゆみ形の物。また、弦楽器の糸をこすって音を出す物。ゆみ。「弓状・胡弓」名付 きゅう・ゆ・ゆみ

【弓箭】①武具のこと。②武術。また、兵事のこと。「—の家(武家)」▽「弓と矢」の意。

【弓馬】弓術と馬術。「—の道(武道)」

参考熟語 弓筈　弓形　弓勢　弓手

弓1【引】(4) 2年 音イン 訓ひく・ひける

筆順 ㇆ コ 弓 引

意味 ❶自分のほうに近づける。ひく。「引見・引力・牽引・綱引き」❷連れてゆく。ひく。「引率・誘引」❸他の例を借りる。ひく。「引用・援引」❹しりぞく。ひく。ひける。「引退」❺身に負う。「引責・承引」❻長く伸ばす。また、長く続く。ひく。「延引・血筋を引く」❼必要なものを取り出す。ひく。「引き算」名付 いん・のぶ・ひき・ひさ

使い分け「ひく」

引く…手前に寄せる。導き入れる。長くのばす。「綱を引く・手を引く・電話を引く・風邪を引く・例を引く・線を引く」
退く…しりぞく。「身を退く・第一線を退く・現役を退く・潮が退く」
挽く…のこぎりで切る。細かくする。「木を挽く・のこぎりを挽く・コーヒー豆を挽く」
弾く…ピアノや弦楽器などを鳴らす。「ピアノを弾く・琴を弾く」
碾く…すりくだく。「大豆を碾く・臼を碾く」
轢く…車輪でおしつぶして通る。「車に轢かれる・轢き逃げ」

【引見】地位・身分などの上位の人が下位の人を呼び入れて面会すること。「—の栄に浴する」

【引証】証拠として引用すること。

【引責】責任を自分の身に引き受けること。

【引率】多くの人を引き連れて行くこと。

【引退】活躍していた仕事や地位をやめること。

使い分け「いんたい」

引退…活躍の場からしりぞくことで、しりぞくの意に重点がある。「現役を引退する・引退した横綱」
隠退…活動から身を引いて静かに暮らすことで、「隠」の意に対応している。「老齢のため隠退する・政界から隠退する」

【引導を渡す】①仏教で死者を葬るとき、死者の魂が極楽に迷わずに行けるように経文を唱えること。②相手にとって不都合な最終的な決定を申し渡すこと。また、その例。

【引例】例としてあげること。

弓1 **【弔】**(4) 常用 音 **チョウ** 訓 **とむらう**

筆順 ㇇ コ 弓 弔

意味 ❶その人の死を悲しみいたむこと。とむらい。また、喪に服している人を慰める。ちょうする。とむらう。「弔問・弔電・哀弔・弔いのことば」❷死者の霊を慰めるために供養をする。とむらう。また、そのこと。とむらい。「慶弔・弔い合戦」

【弔意】人の死を悲しみいたむ気持ち。

【弔慰】死者を弔い、遺族の悲しみを慰めること。「—金」

【弔辞】死者をとむらうことば。弔詞。

【弔問】遺族を訪問して悔やみや慰めのことばを述べること。

弓1 **【弖】**(4) 音 — 訓 て　正字 弓1【弖】(4)

意味 助詞「て」にあてた字。て。「弖爾乎波」

参考 氏の異体字から変化したもの。

弓2 **【弘】**(5) 人名 音 コウ・グ 訓 ひろい・ひろめる

筆順 ㇇ コ 弓 弘 弘

意味 ❶広くて大きい。ひろい。「弘遠・弘大」❷大きくする。広く遠くまで行き渡らせる。ひろめる。「弘法・弘報・弘誓」名付 お・こう・ひろ・ひろし・ひろむ・みつ

参考「弘報」の「弘」は「広」に書き換える。

【弘誓】衆生を救おうという、仏の大きな誓い。「—の船」

弓2 **【弗】**(5) 音 フツ 訓 ドル

意味 ❶アメリカの貨幣単位ドルにあてた字。ドル。「弗箱」❷→弗素

【弗素】ハロゲン族元素の一つ。

弓3 **【弛】**(6) 人名 音 シ・チ 訓 ゆるい・ゆるむ・たるむ

筆順 ㇇ コ 弓 弛 弛 弛

意味 ❶締め方・締まり方がゆったりしている。ゆるい。「帯が弛い」❷締まっていたもの・緊張していたものがゆるくなる。たるむ。ゆるむ。また、そのようにする。ゆるめる。「弛緩・気が弛む」

【弛緩】ゆるむこと。また、だらしなくなること。「精神が—する」▽「ちかん」は慣用読み。

弓4 **【弟】**(7) 2年 音 **テイ・ダイ・デ** 訓 **おとうと**・おと

筆順 丶 丷 㐅 当 弚 弟 弟

意味 ❶おとうと。てい。↔兄。「弟妹・兄弟・義弟・異母弟・兄たり難く、弟たり難し(優劣がつけにくい)」❷師について習う者。「弟子・門弟・高弟」❸おとうと、または妹のこと。また、末子のこと。おと。「弟子(末子)・弟姫(妹の姫)」名付 おと・ちか・てい

弓5 **【弦】**(8) 常用 音 **ゲン** 訓 **つる**

筆順 ㇇ コ 弓 弓' 弘 弦 弦 弦

意味 ❶弓に張った糸。げん。つる。「鳴弦・弦音・上弦の月」❷楽器に張ってこすって鳴らす糸。げん。「弦歌・管弦楽」❸数学で、円周上の二点を結ぶ線分。げん。また、直角三角形の斜辺。「正弦・余弦」名付 いと・げん・つる

参考「弦・管弦楽・弦歌・三弦」などの「弦」は「絃」が書き換えられたもの。

【弦月】上弦または下弦の月のこと。弓張り月。

弓5 **【弩】**(8) 音 ド 訓 いしゆみ

意味 ばねじかけで石や矢を発射した、昔の武器。いしゆみ。

弓5 **【弥】**(8) 常用 音 ビ・ミ 訓 **や**・いや・いよいよ　旧字 弓14【彌】(17) 人名

筆順 ㇇ コ 弓 弓' 弘 弥 弥 弥

意味 ❶広く行き渡る。「弥漫」❷梵語の音訳字。「み」と読む。「弥勒・阿弥陀」❸さ

らにいっそう。いや。いよいよ。「弥増(いやまさ)る・弥(いよいよ)激しくなる」名付 いや・いよ・び・ひさ・ひさし・ひろ・ます・み・みつ・や・やす・よし・わたり・わたる

【弥縫】(びほう) 欠点や失敗をとりつくろって一時的にまにあわせること。「—策」

【弥勒】(みろく) 弥勒菩薩(みろくぼさつ)のこと。釈迦(しゃか)入滅の五十六億七千万年後にこの世に現れて衆生(しゅじょう)を教化すると信じられている。

【弥生】(やよい) 陰暦三月のこと。

参考熟語 弥弥(いよいよ) 弥撒(ミサ) 弥(や)の明後日(あさって)

弓6 【弧】(9) 常用 音コ 訓— 旧字 弓5 弧(8)

筆順 弧

意味 ❶弓形に曲がった形。こ。「弧状・弧灯(アーク灯)・括弧・弧を描く」❷数学で、円周または曲線の一部のこと。こ。「円弧」名付 かず・こ

弓6 【弭】(9) 音ビ 訓ゆはず

意味 弓の両端の弦(つる)をかけるところ。ゆはず。

参考 「ゆはず」は「弓筈」とも書く。

弓6 [弯] ▼彎(異)

弓7 【弱】(10) 2年 旧字 弓7 弱(10)

音ジャク・ニャク 訓よわい・よわる・よわまる・よわめる

筆順 弱

意味 ❶よわい。↔強。「弱小・弱点・虚弱・弱肉強食」❷年が少ない。「弱年・弱冠」❸よわめる。また、よわまる。よわる。「弱り目に祟(たた)り目」❹端数のない数を表すことばにつけて、それよりいくらか少ないことを表すことば。「じゃく」と読む。↔強。「五百円弱」

【弱体】(じゃくたい) ①団体などの体制・機構などが、じゅうぶんではなくて頼りないこと。「内閣の—化」②からだが弱いこと。また、そのようなからだ。

【弱肉強食】(じゃくにくきょうしょく) ①弱いものが強いもののえじきになること。②強いものが、弱いものを犠牲にして栄えること。「—の経済界」

【弱年】(じゃくねん) 年が若いこと。また、年が若くてまだ一人前でないこと。弱齢。▽「若年」とも書く。

【弱輩】(じゃくはい) 年が若く、経験が少なくて未熟な者。「—ですのでよろしく」▽「若輩」とも書く。

【弱冠】(じゃっかん) すぐれた才能・能力を持つ者としては年が若いこと。「—十八歳の優勝者」▽もと「二十歳」の意。注意 「若冠」と書き誤らないように。

参考熟語 弱竹(なよたけ) 弱法師(よろぼうし)

弓8 【強】(11) 2年 異体 弓9 强(12)

音キョウ・ゴウ 訓つよい・つよまる・つよめる・しいる・こわい・したたか・あながち

筆順 強

意味 ❶つよい。こわい。また、そのようなもの。↔弱。「強大・強敵・強情(ごうじょう)・列強・強意見(こわいけん)」❷つよめる。また、つよまる。「増強・補強」❸むりに行う。また、他の人にむりにさせる。「強制・強引(ごういん)・勉強」❹程度・分量がはなはだしいさま。したたか。「強かに打たれる」❺必ずしも。あながち。❻端数のない数を表すことばにつけて、それよりいくらか多いことを表すことば。「きょう」と読む。↔弱。「三〇メートル強」名付 あつ・かつ・きょう・こわ・すね・たけ・つとむ・つよ・つよし

参考 ⑴❹の意味の「したたか」は「健か」とも書く。⑵「強固」の「強」は「鞏」が書き換えられたもの。

【強固】(きょうこ) 意志が強くて固いさま。▽「鞏固」の書き換え字。

【強硬】(きょうこう) 主張などを押し通そうとし、なかなか屈したり妥協したりしないこと。

【強行】(きょうこう) 反対を押し切って、むりやり行うこと。

【強豪】(きょうごう) 強くて手ごわいこと。また、そのような人。▽「強剛」とも書く。

【強襲】(きょうしゅう) 激しい勢いで不意に攻撃すること。

【強靱】(きょうじん) しなやかでねばり強いこと。「—な体力」

【強請】一(きょうせい)・(ごうせい) そうするように要求してむりに頼むこと。「援助の—」参考 「強制(きょうせい)」は、相手の意志を無視してむりにやらせること。

【二】ゆすり おどしたり、いいがかりをつけたりして金品をねだり取ること。

【強迫観念】きょうはくかんねん 打ち消そうとしても心に浮かんでくる、いやな考えや不安な気持ち。
注意 「脅迫観念」と書き誤らないように。

【強弁】きょうべん むりに理屈をつけていいたてること。

【強要】きょうよう ある行為を無理に要求すること。「寄付を—する」

【強奪】ごうだつ 人の金品を、おどしや暴力を用いてむりやりに奪うこと。

【強欲】ごうよく 非常に欲が深く、欲心に限りがないこと。「—非情な人」▽「強慾」の書き換え字。

【強飯】こわめし もち米を蒸した飯。あずきを混ぜて赤飯にし、祝いのときに使う。おこわ。

【強面】こわもて こわい表情をすること。また、意見を押しつけるなどの強い態度にでること。▽「怖面」とも書く。

弓8 **【張】** (11) 5年 音 チョウ 訓 はる

張

筆順 弓 引 弡 弫 張 張 張 張

意味 ❶一面にまたはいっぱいに広がる。また、そのようにする。はる。「緊張・伸張」❷盛んになる。盛んにする。はる。「誇張・主張」❸一面におおう。はる。「氷が張る」❹構え設ける。はる。「出張・論陣を張る」❺のりなどでつける。はる。「張り紙」❻弓・琴などの弦をはった物や幕などを数えることば。「ちょう」と読む。❼弓・ちょうちん・幕などを数えることば。「はり」と読む。

名付 ちょう・とも・はる

参考 ❺の意味の「はる」は「貼る」とも書く。

使い分け 「はる」

張る…おおう。たるみなく、のび広げる。押し通す。「氷が張る・根が張る・張りのある声・テントを張る・板張りの廊下・意地を張る」

貼る…くっつける。「ポスターを貼る・切手を貼る・貼り紙」

※一般的に「張る」が用いられるが、平面にくっつける意味では、「貼る」が使われることも多い。

【張本人】ちょうほんにん ある事件を起こした、おおもとの人。

弓8 **【弸】** (11) 音 ホウ 訓 — 正字 弓8 弸 (11)

弸

意味 ❶弓が強く張っている。❷満ちる。

弓9 **【弾】** (12) 常用 旧字 弓12 彈 (15) 人名

音 ダン 訓 **ひく・はずむ・たま**・ただす・はじく

弾

筆順 フ コ 弓 … 弾

意味 ❶銃や砲などの、たま。「弾丸・砲弾・照明弾」❷はね返したりはねとばしたりする。はずむ。はじく。また、はずみ。「弾力・弾性」❸罪を指摘して責める。ただす。また、責めて抑えつける。「弾劾・弾圧・糾弾」❹弦楽器をかなでる。だんずる。ひく。「弾奏・連弾」

参考 ⑴**ひく**⇩「引」の〔使い分け〕。⑵**たま**⇩「玉」の〔使い分け〕。

【弾圧】だんあつ 権力などによって相手の行動・思想を抑えつけること。「言論の—」

【弾劾】だんがい 公の立場にある人の犯した罪や不正をあばき、その責任を追及すること。

弓9 **【弼】** (12) 音 ヒツ 訓 すけ・たすける

弼

意味 ❶正しい方へ進むように付き添って助ける。たすける。「輔弼ほひつ」❷昔、四等官の制で、弾正台だんじょうだいの第二等官。すけ。

弓9 【强】▼強(旧)

弓10 **【彁】** (13) 音 — 訓 —

彁

意味 音訓・意味ともに未詳。

弓11 **【彅】** (14) 〈国字〉 音 — 訓 なぎ

彅

意味 なぎ。▽多くは姓に用いる字。

弓13 **【彊】** (16) 音 キョウ 訓 つよい

彊

意味 じょうぶで強い。つよい。

弓14 【彌】▼弥(旧)

弓19 **【彎】** (22) 印標 異体 弓6 弯 (9) 簡慣

音 ワン 訓 —

彎

意味 弓なりに曲がる。「彎曲・彎入」

参考 「彎曲・彎入」などの「彎」は「湾」に書き換える。

ヨ（彑）（ヨ）の部　けい　けいがしら

ヨ0 **【ヨ】**(3) 音ケイ 訓―― 異体 ヨ0 彑(3)

意味 動物の頭。

【当】▶小3

ヨ6 **【彖】**(9) 音タン 訓――

意味 太った豚。

ヨ8 **【彗】**(11) 人名 音スイ 訓――

筆順 一 二 三 丰 … 彗 彗 彗

意味 →彗星(すいせい)

【彗星】(すいせい) 天体の一種。長い尾を引いて運行する。ほうき星。

ヨ10 **【彙】**(13) 常用 音イ 訓あつめる

筆順 … 彙 彙

意味 同類のものを集める。また、その集まり。「語彙(ごい)」 名付 い・しげ

【彙報】(いほう) 種類別にして集めた報告。

ヨ15 **【彝】**(18) 音イ 訓―― 異体 ヨ13 彜(16)

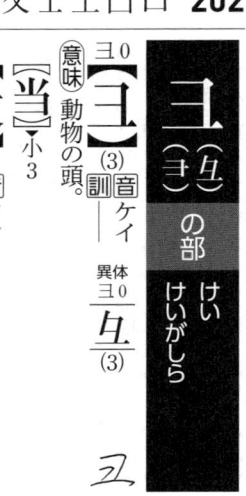

意味 ❶宗廟(そうびょう)（みたまや）に酒を入れて供える器。「彝器」❷不変の格式。「彝訓」

彡の部　さんづくり

彡0 **【彡】**(3) 音サン 訓――

意味 糸や毛の飾り。

彡4 **【形】**(7) 2年 音ケイ・ギョウ 訓かた・かたち・なり

筆順 一 二 チ 开 开 形 形

意味 ❶物のかっこう。かた。かたち。「形態・形状・円形・図形」❷人の姿や容貌(ようぼう)。なり。「形相(ぎょうそう)・人形(にんぎょう)・形振(なりふ)り」❸作り上げる。「形成・形容」 名付 かた・けい・すえ・なり・より

使い分け「かた」

形…目に見える形状。「跡形・弓形・服の形が崩れる・小形の模様・コの字形」

型…形をつくる、もとになるもの。タイプ。パターン。「型紙・大型車・血液型・大型の台風・型破り」

【形相】㊀(ぎょうそう) 顔つき。「ものすごい―」㊁(けいそう) 事物の形・ありさま。

【形影相伴う】(けいえいあいともなう) 夫婦などがむつまじくていつもいっしょで離れないことを形容することば。▽「物の形とその影が常に伴っていて離れない」の意。

【形骸】(けいがい) 精神を別にした、外形だけのからだ。また、内容のない、形だけの事物。「―化」

【形而上】(けいじじょう) 形がなくて理性や直観によってだけとらえられる、精神的で奥深いもの。「―的な話」

【形象】(けいしょう) 事物が備えている形・姿。

【形勢】(けいせい) 進行する物事のその時々のありさま。

【形跡】(けいせき) 物事があったことを示す跡。▽「形迹」とも書く。

彡6 **【彦】**(9) 人名 音ゲン 訓ひこ 旧字 彡6 彥(9)

筆順 丶 亠 立 产 产 彦 彦

意味 男性をほめていうことば。ひこ。 名付 お・げん・さと・ひこ・ひろ・やす・よし

彡8 **【彩】**(11) 常用 音サイ 訓いろどる・あや 旧字 彡8 彩(11)

筆順 ノ … 采 采 彩

意味 ❶きれいに色を塗る。いろどる。また、塗った美しい色。あや。いろどり。「彩色・色彩・水彩」❷多くの美しい色の物を取り合わせて飾る。いろどる。「テーブルを彩る花」❸姿や様子。「神彩」 名付 あや・さい

参考 「いろどる」は「色取る」とも書く。

【彩雲】(さいうん) 光に照りはえて美しい雲。

【彩色】(さいしき) 絵などに美しく色をつけること。また、その色取り。「極―(ごくさいしき)」

彡8 【彫】(11) 常用 音 チョウ 訓 ほる・える

旧字 彡8 彫 (11)

筆順 丿 冂 月 円 周 周 周 彫 彫

意味 像を表したり模様をつけたりするために、刃物で刻む。える。ほる。「彫刻・彫像・木彫・彫り物」

【彫心鏤骨】ちょうしんるこつ 詩や文章を非常に苦心して作ること。▽「心に刻み、骨にちりばめる」の意。

【彫塑】ちょうそ ①彫刻と塑像。また、それを作ること。②彫刻の原型としての塑像。

【彫琢】ちょうたく ①宝石などを刻みみがくこと。②転じて、文章や詩を直してりっぱなものにすること。▽「琢」は「みがく」の意。

彡8 【彪】(11) 人名 音 ヒョウ 訓 あや

筆順 ⺊ ⺊ 广 卢 虍 虎 虎 彪

意味 模様。あや。また、虎(とら)の皮のあざやかなしま模様。 名付 あきら・あや・たけ・たけし・つよし・ひょう

彡8 【彬】(11) 人名 音 ヒン 訓 —

筆順 一 十 木 木 村 林 林 彬

意味 →彬彬(ひんぴん) 名付 あき・あきら・あや・しげし・ひで・ひん・よし

【彬彬】ひんぴん 外形と実質とがともに整っていて盛んなさま。「文質—」

彡9 【彭】(12) 音 ホウ 訓 —

意味 ❶太鼓やつづみの音。❷ふくれる。

【須】▶頁3

彡11 【彰】(14) 常用 音 ショウ 訓 あきらか・あらわす

筆順 亠 立 立 音 音 章 章 彰

意味 ❶りっぱさが表面に現れる。あらわれる。また、そのようにする。あらわす。「彰徳・表彰」❷表面に現れて明らかである。あきらか。

名付 あき・あきら・しょう・ただ

【彰徳】しょうとく 徳を世間に現すこと。

彡12 【影】(15) 常用 音 エイ・ヨウ 訓 かげ

筆順 口 日 日 旦 旦 早 景 景 影

意味 ❶物体が光線をさえぎってできる暗いもの。かげ。「影響・陰影・暗影」❷遠くにあってぼんやり見える形。また、水面・鏡などに映って見える形。かげ。「船影・人影(ひとかげ)」❸姿・形。かげ。「影像・影向(ようごう)・撮影・近影」❹太陽・月・星・灯火などの光。かげ。「星影(ほしかげ)・月影(つきかげ)」 名付 えい・かげ

参考 「暗影・陰影」などの「影」は「翳」が書き換えられたもの。

使い分け「かげ」

影…光線をさえぎってできる、物の形。すがた。「影が映る・影も形もない・影法師・月影」

陰…日のあたらない所。物の裏側。「山陰・ドアの陰・陰の実力者・陰ながら」

【影印】えいいん 筆写本などを写真にとって複製印刷すること。また、そうして作った本。「—本」

【影向】ようごう 神仏が、姿を一時的にこの世に現すこと。

彳の部 ぎょうにんべん

彳0 【彳】(3) 音 テキ 訓 —

意味 進み出る。

【行】▶行0

彳4 【彷】(7) 印標 音 ホウ 訓 さまよう

意味 ❶あてもなく歩く。さまよう。「彷徨」❷→彷彿(ほうふつ)

【彷徨】ほうこう あてもなくさまよい歩くこと。▽「徨」も「さまよう」の意。

【彷彿】ほうふつ ①そのものを思い出させるほどによく似ていること。②はっきりと思い浮かべること。「—として今なお眼前にある」▽「髣髴」とも書く。

参考熟語 彷徨う(さまよう)

彳4 【役】(7) 3年 音 ヤク・エキ 訓 ―

筆順 ノ ク 彳 彳ノ 役 役 役

意味 ❶引き受けた仕事・任務。やく。「役人・重役・相談役」❷他の人を働かせる。えきする。「使役・雑役・荷役(にやく)」❸人民に労働を課する。えきする。また、その労働。えき。「役務・服役・兵役」❹戦争。えき。「戦役・後三年の役」❺芝居で、俳優が登場人物になってする受け持ちの仕事。やく。「子役・一人二役」名付 えき・つら・まもる・やく・ゆき

【役得(やくとく)】その役目についているために特に得られる利益。

役

彳5 【往】(8) 5年 音 オウ 訓 いく・ゆく

旧字 彳5 往(8) 異体 彳5 徃(8)

筆順 ノ ク 彳 彳丶 彳一 行 往 往

意味 ❶進む。また、そこを過ぎ去る。いく。ゆく。「往来・往生(おうじょう)・来往」❷時が過ぎ去る。いく。ゆく。また、過ぎ去った昔。「往時・往昔・既往・往く春」名付 おう・なり・ひさ・もち・ゆき・よし

【往往(おうおう)】しばしばあるさま。時々。「―にして」

【往還(おうかん)】①人などが行き来すること。②人が行き来する通り道。

【往年(おうねん)】過ぎ去った昔。「―の名選手」

往

3画

彳5 【径】(8) 4年 音 ケイ 訓 みち

旧字 彳7 徑(10) 異体 辵7 逕(11)

筆順 ノ ク 彳 彳フ 彳ス 径 径 径

意味 ❶細い道。また、単に、道。みち。「径路・小径」❷円・球のさしわたし。けい。「直径・口径・径三〇センチメートル」❸思ったままに行う。「径行」名付 けい・みち

【径行(けいこう)】思った通り直ちに行うこと。「直情―」

【径路(けいろ)】その物事がその段階になるまでにたどってきた筋道。経路。「入手―」

径

彳5 【征】(8) 常用 音 セイ 訓 ゆく

筆順 ノ ク 彳 彳一 行 征 征 征

意味 ❶攻め滅ぼす。せいする。「征伐・征服」❷攻め滅ぼすために出かける。ゆく。「征旅・出征・遠征」名付 さち・しょう・せい・そ・ただし・ただす・まさ・ゆき・ゆく

【征途(せいと)】戦争や試合などにおもむくこと。「―に就く」▽「戦いに行く道」の意。

【征服(せいふく)】攻めうって、服従させること。

征

彳5 【徂】(8) 音 ソ 訓 ―

意味 過ぎてゆく。また、死ぬ。「徂逝(そせい)」

徂

彳5 【彽】(8) 音 テイ 訓 ―

意味 →彽徊(ていかい)

【彽徊(ていかい)】考え事をしながらゆっくりと歩き回ること。▽「低回」に書き換える。

彽

彳5 【彼】(8) 常用 音 ヒ 訓 かれ・かの・あの・あれ・か

筆順 ノ ク 彳 彳丿 彳厂 彼 彼 彼

意味 ❶話し手から遠くにある人・物・事柄をさし示すことば。あの。かの。「彼岸・彼女(かのじょ)・彼方(かなた)」❷話し手から遠くにある人・物・事柄を指示することば。あれ。か。かれ。「彼我・彼是(あれこれ)・彼誰時(かわたれどき)」❸話し手・聞き手以外の男性を指示することば。かれ。名付 のぶ・ひ

【彼我(ひが)】相手と自分。「―の勢力を比べる」

【彼岸(ひがん)】①春分・秋分の前後七日間。また、そのときに行う法要。彼岸会(ひがんえ)。②仏教で、悟りの境地。

参考熟語 彼奴(あいつ・きゃつ) 彼処(あそこ・かしこ) 彼方(かなた・あなた)

彼

彳5 【彿】(8) 音 フツ 訓 ―

意味 にかよう。「彷彿(ほうふつ)」

彿

彳5 〔徃〕▶往 異

彳6 【徊】(9) 印標 音 カイ 訓 さまよう

意味 あてもなく歩く。さまよう。「徘徊(はいかい)・彽

徊

徊(ていかい)」

参考 「低徊」は「低回」に書き換える。

彳6

【後】(9) 2年

音 ゴ・コウ 訓 のち・うしろ・あと・おくれる

筆順 ノ 彳 … 後

意味 ❶物の背面。あと。うしろ。↕前・先。「後見(こうけん)・後光・背後」❷物事が起こってからであること。ご。あと。のち。↕前・先。「後日・後悔(こうかい)・戦後・空前絶後」❸続いているものの終わり。また、行われずに残った部分。あと。↕前・先。「後継・後列」❹基準の時点より未来のほう。あと。のち。↕前・先。「後世・以後(いご)・十分後」❺他のものといっしょにならずに取り残される。おくれる。「後家(ごけ)・後進国」❻基準の時点より過去のほう。あと。「話を後(あと)に戻す」 名付 ご・しつ・のち・のり

参考 おくれる⇩「遅」の〔使い分け〕。

使い分け 「あと」

後…空間・時間的な後続。「前」「先」の対。「後になり先になり・後五分たつと・後がない・後戻り」

跡…痕跡(こんせき)・事跡。家督。「タイヤの跡(痕)・城の跡・跡を付ける・苦心の跡が見える・跡継ぎ」

痕…きずあと。物のあと。「傷痕(跡)・弾丸の痕(跡)」

【後衛(こうえい)】①テニス・バレーボールなどの球技で、自軍の後方にあって守備・攻撃にあたる役。また、その役の競技者。②軍隊で、本隊の後方を警備する部隊。

【後裔(こうえい)】身分や地位の高い人の子孫。

【後援(こうえん)】①物事の背後にいて手助けすること。「―会」②あとから来る援軍。

【後学(こうがく)】①将来役に立つ知識や経験。「―のために見ておく」②その人のあとから研究し学んでくる学者。

【後見(こうけん)】①未成年者や成年被後見人を保護し、その財産などを管理すること。②能・歌舞伎(かぶき)などの舞台で、役者の後ろにいて世話をする役の人。

【後顧の憂い(こうこのうれい)】自分のあとの人がその物事をうまく処置して維持・発展させるかどうかという心配。「―がない」

【後室(こうしつ)】身分の貴い人の未亡人。

【後身(こうしん)】前身に対して、境遇や物の状態がすっかり変化・発展したあとのありさま。「Y会社はA工場の―である」

【後進(こうしん)】①物事の筋道をあとから進んでくる人。後輩。「―に道を開く」②先進に対して、進歩が遅れていること。「―国」③前進に対して、車・船などが後ろへ進むこと。

【後塵を拝する(こうじんをはいする)】①他人に先を越されて、劣り負けること。②地位や権力のある人をうらやましく思うこと。▽「後塵」は、人や馬車が通ったあとに立つ土ぼこりのこと。

【後天的(こうてんてき)】先天的に対して、生まれてからのちに学習・経験などによって取得したものであるさま。

【後難(こうなん)】物事をした結果として、あとで相手から受ける災い。「―を恐れる」

【後光(ごこう)】仏や菩薩(ぼさつ)のからだから発するという光。「―がさす」 参考 仏教の「光背(こうはい)」はこれをかたどったもの。

【後生(ごしょう)】㊀①仏教で、死後に生まれるという世界。来世。②人に熱心に哀願するときのことば。「―だから許してくれ」㊁(こうせい)①あとから生まれること。②若い人。青年。「―畏(おそ)るべし」

【後生大事(ごしょうだいじ)】価値があるものとして非常にたいせつにすること。「―に持っている」

【後生楽(ごしょうらく)】①後生(ごしょう)の安楽を頼みにして安心すること。②苦労や心配をしないでのんきにしていること。「―をきめこむ」

参考熟語 後退(あとずさ・あとじさ)り・後朝(きぬぎぬ) 後方(しりえ・こうほう) 後込(しりご)み

彳6

【很】(9)

音 コン 訓 ―

意味 強情を張る。「很戻(こんれい)」

彳6

【徇】(9)

音 ジュン 訓 したがう

意味 主となるものに従う。「徇死(じゅんし)」

彳6

【待】(9) 3年

音 タイ 訓 まつ

筆順 ノ 彳 … 待

意味 ❶まつ。「期待・待合(まちあい)」❷もてなす。「接

待」名付 たい・まち・まつ

【待機】(きたい) 機会が来るのを準備を整えて待つこと。

【待遇】(たいぐう) ①人をもてなすこと。また、もてなしの程度。②職場で働く人の、身分や給料などに関する取り扱い。注意「待偶」と書き誤らないように。

【待避】(たいひ) 危険なものが過ぎ去るまで待つこと。「一所」参考⇨「退避(たいひ)」の[使い分け]。

彳6

【律】(9)

6年 音 リツ・リチ 訓 —

筆順 … 律

意味 ❶守るべき決まり。りつ。「律令(りつりょう)・規律」❷法則。「因果律」❸音階のこと。「律動・旋律」❹八句からなる漢詩。りつ。「律詩・五言律」❺ある規準・規則で制限・処理する。りっする。「他律・自己を律する」名付 ただし・ただす・のり・りつ

【律儀】(りちぎ) 道理を堅く守り、まじめで正直なこと。「一者(もの)」▽「律義」とも書く。注意「律気」と書き誤らないように。

【律動】(りつどう) ある動作が規則正しくくり返されること。「一的」

彳7

【従】(10)

6年 音 ジュウ・ショウ・ジュ 訓 したがう・したがえる・より

旧字 彳8 從(11) 人名 異体 人2 从(4)

筆順 … 従

意味 ❶人について行く。したがう。また、人を引き連れる。したがえる。「従軍・従者・随従・追従」❷供の人。「従僕・主従」❸逆らわないでそのとおりにする。したがう。また、思うとおりにさせる。したがえる。「従順・服従」❹その仕事をする。「従事・従業・専従」❺中心になるものに次いで重要なこと。じゅう。⇔主。「こちらを従とする」❻ゆったりとしていること。また、思いどおりであること。「従容(しょうよう)・放従(ほうしょう)」❼起点・経過点を表すことば。より。「従来・従前」❽位階の一つの等級を二つに分けたときの低いほうであることを表すことば。⇔正。「従三位(じゅさんみ)」名付 しげ・じゅう・つぐ・より

【従順】(じゅうじゅん) 素直で、人に逆らわないこと。参考「柔順(じゅうじゅん)」は、おとなしくて素直なこと。

【従属】(じゅうぞく) 主となるものにつき従うこと。「一国」

【従僕】(じゅうぼく) 男性の召使。下男。

【従容】(しょうよう) ゆったりとして落ち着いていること。「一として死に就く」

参考熟語 従兄(いとこ・じゅうけい) 従姉(いとこ・じゅうし) 従弟(いとこ・じゅうてい) 従妹(いとこ・じゅうまい) 従兄弟(いとこ) 従姉妹(いとこ)

彳7

【徐】(10)

常用 音 ジョ 訓 おもむろ

筆順 … 徐

意味 ゆっくりとしていて静かである。おもむろ。「徐徐」名付 じょ・やす

参考 似た字(徐・除)の覚え方「行く(彳)ことのおもむろに(徐)、階段(阝)あればのぞく(除)」

【徐行】(じょこう) 乗り物などがゆっくりと進むこと。「一運転」注意「除行」と書き誤らないように。

彳7

【徒】(10)

4年 音 ト 訓 あだ・いたずら・かち・ただ・むだ

筆順 … 徒

意味 ❶歩く。また、そのこと。かち。「徒歩・徒競走・徒跣(かちはだし)」❷それだけの効果がない。むだ。また、そうしてむなしい。あだ。いたずら。「徒労・徒然・徒話(むだばなし)」❸手に何も持たない。「徒手空拳(としゅくうけん)」❹弟子。また、従う人々。と。「徒弟・生徒・信徒・学問の徒」❺罪人。また、仲間。「徒刑・暴徒・無頼(ぶらい)の徒」❻普通で平凡であること。ただ。「徒事(ただごと)・徒の人」名付 かち・と

参考 ❻の「ただ」は「只」「唯」とも書く。

【徒手空拳】(としゅくうけん) ①武器を携えるべきときに武器を持っていないこと。「一で敵地に乗り込む」②必要な資金などを持っていないことのたとえ。

【徒食】(としょく) 仕事もしないで遊び暮らすこと。

【徒党】(ととう) よくないたくらみのために集まった仲間・集団。「一を組む」「一味一の者」

【徒労】(とろう) 苦心して物事をしてもそれが役に立

たないこと。「―に終わる」

参考熟語 徒事（ただごと・むだごと・あだごと・いたずらごと） 徒然（つれづれ・とぜん）

彳7 〔徑〕▼径旧

彳8 **【徙】**（11） 音シ 訓うつる

意味 場所をかえる。うつる。「遷徙」

彳8 **【得】**（11） 5年 音**トク** 訓**える・うる**

筆順 彳 彳 彳 彳 得 得 得 得 得

意味 ❶自分のものにする。うる。える。「得意・得失・取得・所得・名声を得る」❷理解してわかる。「得心・納得・会得（えとく）」❸もうける。とくする。また、もうけた利益。とく。「得策・損得・一挙両得」❹できるの意を表すことば。うる。える。「実行し得る」名付 う・え・とく・なり・のり

【得失（とくしつ）】利益と損失。損得。「利害―」

【得心（とくしん）】相手のいい分を理解して承知すること。「―ずく」

【得得（とくとく）】得意になっているさま。「―として話す」

彳8 **【徘】**（11） 印標 音ハイ 訓さまよう

意味 あてもなく歩き回る。さまよう。「徘徊（はいかい）」

【徘徊（はいかい）】あてもなく歩き回ること。

〔術〕▼行5　彳8〔從〕▼従旧　彳8〔御〕▼御旧

彳8 〔徠〕▼来異

彳9 **【御】**（12） 常用 音**ギョ・ゴ** 訓**おん**・お・み

旧字 彳8 御（11）

筆順 彳 彳 彳 彳 彳 彳 彳 御

意味 ❶うまく扱う。また、世を治める。ぎょする。「御者・制御・統御・御しがたい人物」❷防ぐ。「防御」❸天皇に関することにつけて、尊敬の意を表すことば。「御物・崩御（ほうぎょ）・供御（くご）」❹相手に関する事物を表すことばにつけて、尊敬の意を表すことば。お。み。おん。「御意（ぎょい）・御前・御姿（おすがた・みすがた）・御疲れ様・御礼（おんれい・おれい）」❺謙遜・ていねい・親しみの意を表すことば。お。ご。「御飯・御殿（ごてん）・御花」❻相手の身内の人を表すことばにつけて、尊敬の意を表すことば。ご。「嫁御」名付 お・ぎょ・ご・のり・み・みつ

参考 「御・御者・制御」などの「御」は「馭」が書き換えられたもの。また、「防御」の「御」は「禦」が書き換えられたもの。

【御家芸（おいえげい）】①じょうずで自信があり、その人が得意としている技芸ややり方。②芸能を伝える家に伝わる、専門の芸。

【御許（おもと・おんもと）】女性の手紙で、あて名に書き添えることば。「―に」

【御歴歴（おれきれき）】世間によく知られた、身分・地位の高い人々。

【御曹司（おんぞうし）】名門の家の息子。▽「曹司」は「へや」の意。「御曹子」とも書く。

【御大（おんたい）】一家の主人や、仲間・団体などの統率者を親しんで呼ぶことば。「―みずからの出場」

【御身（おんみ）】相手を敬ってその健康をいうことば。「―御大切に」▽多く手紙で用いることば。

【御意（ぎょい）】①目上の人を敬ってその考えや命令などをいうことば。お考え。おぼしめし。「主君の―のままに働く」②目上のその人のいうとおりであるの意を表す、返事・相づちのことば。「―にござります」

【御璽（ぎょじ）】天皇の印。玉璽（ぎょくじ）。

【御製（ぎょせい）】天皇の作った詩歌。

【御物（ぎょぶつ・ごもつ）】皇室の所有品。

【御所（ごしょ）】①天皇が住む所。皇居。また、天皇のこと。②上皇・皇太后・親王などが住む所。また、上皇・皇太后・親王のこと。③昔、将軍・大臣が住む所。また、将軍・大臣のこと。

【御足労（ごそくろう）】相手に出向いてもらうことをお礼の気持ちをこめていうことば。「―をかけます」▽「足労」は「足を運ぶ」の意。

【御破算（ごはさん）】①そろばんで、珠（たま）をはらって零（れい）の状態にすること。②今までやってきた物事を否定し、なかったことにすること。「計画を―にする」注意「御破産」と書き誤らないように。

【御幣（ごへい）】紙や布を切って細長い木にはさんで垂らした、神事に用いる道具。「―担ぎ（迷信や縁起のよしあしを気にかける人）」注意「御弊」と書き誤らないように。

【御用達（ごようたし）】官公庁などに出入りして商品を

3画

納める商人。「宮内庁—」

【御来光】(ごらいこう) 高山の山頂から見る荘厳(そうごん)な日の出。御来迎(ごらいごう)。

【御利益】(ごりやく) 神仏が人間に与える恵み。

【御門】(みかど) 天皇のこと。▽「帝」とも書く。

参考熟語 御侠(おきゃん) 御髪(おぐし・みぐし) 御転婆(おてんば) 御御御付(おみおつけ) 御神酒(おみき) 御目出度(おめでた) 御芽出度(おめでた) 御灯(みあかし) 御酒(みき)

彳9 【徨】(12) 音 コウ 訓 さまよう

意味 あてもなく歩き回る。さまよう。「彷徨(ほうこう)」

彳9 【循】(12) 常用 音 ジュン 訓 したがう

筆順 循

意味 ❶ぐるぐる回る。めぐる。「循環・循行」❷決められたことに服し従う。したがう。「因循」❸なでて安心させる。「撫循(ぶじゅん)」 名付 じゅん・ゆき

【循環】(じゅんかん) 一定の場所を起点から終点へぐるぐる回ること。 注意 「循還」と書き誤らないように。

彳9 【復】(12) 5年 音 フク 訓 かえす・かえる・また

筆順 復

意味 ❶もとにもどる。ふくする。かえる。また、そのようにさせる。ふくする。かえす。「復元・回復・一陽来復・正常に復する」❷行った道をもどる。かえる。↔往。「復路・往復」❸しかえしをする。ふくする。「復讐(ふくしゅう)・報復」❹くり返す。ふくする。「復習・反復」❺返答する。ふくする。「復命・拝復」❻さらにもう一度。また。 名付 あきら・あつし・さかえ・しげる・なお・ふく・また・もち

参考 ❻の意味の「また」は「又」とも書く。

【復啓】(ふっけい) 返事の手紙の書き出しにしるす、挨拶のことば。

【復唱】(ふくしょう) 確認するために、命令されたり伝達されたりしたことを、同じ口調でいうこと。「命令を—する」▽「復誦」とも書く。

【復調】(ふくちょう) もとのよい調子にもどること。

【復帰】(ふっき) もとの地位・状態などにもどること。

【復旧】(ふっきゅう) こわれた物をもとどおりに直すこと。また、そうなること。「—工事」

【復古】(ふっこ) 昔の制度にもどすこと。「王政—」

【復興】(ふっこう) 一度衰えたものがまたもとのように盛んになること。また、そのようにすること。

参考熟語 復習(さら)う

【街】▸行6

彳10 【微】(13) 常用 音 ビ・ミ 訓 かすか 旧字 彳10 微(13)

筆順 微

意味 ❶非常に小さくて細かい。また、そのこと。び。「微細・微塵(みじん)・極微・微生物・微に入り細に入(い)る」❷非常にわずかである。かすか。「微量・微笑(びしょう)・陰微・微微」❸目立たないようにそっと行うさま。「微行」❹身分が卑しい。「微賤(びせん)」❺衰える。「衰微」 名付 いや・び・よし

【微意】(びい) 自分の気持ち・考えをへりくだっていうことば。「—の存する所」

【微温的】(びおんてき) 物事のやり方や態度が中途はんぱで徹底していないさま。

【微苦笑】(びくしょう) 軽いにが笑い。

【微醺を帯びる】(びくんをおびる) かすかに酒に酔った状態になること。

【微行】(びこう) 身分の高い人が身分を隠してひそかによそへ行くこと。お忍び。

【微視的】(びしてき) ①顕微鏡などを用いて初めて見分けられるほどに小さいさま。②巨視的に対して、物事の細かい所まで観察・理解しようとするさま。

【微衷】(びちゅう) 尽力しようとする自分の気持ちをへりくだっていうことば。「なにとぞ—をお察し下さい」

【微微】(びび) 量や勢力がわずかで問題にするほどでないさま。「—たる利益」

【微妙】(びみょう) こみ入っていて、簡単にはことばでいい表せないさま。 注意 「徴妙」と書き誤らないように。

【微力】(びりょく) 自分の勢力・腕前をへりくだっていうことば。「—ながら」

【微塵】(みじん) ①非常に細かい物。「木端(こっ)—」②非常にわずかの量。少し。「そんなことは—も

3画

考えない」

参考熟語 微風（そよかぜ・びふう） 微温湯（ぬるまゆ・びおんとう） 微笑（ほほえみ） 微酔（ほろよい）

彳10 【徭】(13) 音 ヨウ 訓 ―

意味 公の土木工事のための労役。「徭役（ようえき）」

彳11 【徴】(14) 常用 旧字 彳12 徵 (15) 人名

音 チョウ 訓 しるし・めす

筆順 彳 彳' 彳'' 彳山 彳𡈼 徴 徴

意味 ❶取り立てる。また、要求して求める。ちょうする。「徴収・徴税・追徴・意見を徴する」❷公のために呼び出す。ちょうする。めす。「徴用・徴兵」❸存在を証明するしるし。また、そのようなしるしを求める。ちょうする。「特徴・象徴・歴史に徴して明らかである」❹物事の前触れ。ちょう。しるし。「徴候・瑞徴（ずいちょう）」 名付 あき・あきら・きよし・すみ・ちょう・みる・よし

【徴候】（ちょうこう） 物事が起こりそうなきざし。「回復の―が見える」▽「兆候」とも書く。

【徴収】（ちょうしゅう） ①役所などが税金や手数料などを取り立てること。②団体などで、規約によって会費などを集めること。

【徴集】（ちょうしゅう） 国や地方公共団体が人や物品を強制的に集めること。

【徴発】（ちょうはつ） ①軍隊が人民から強制的に物資を取り立てること。②ある仕事に従事させるために強制的に人を召し出すこと。

彳11 【徳】(14) 4年 旧字 彳12 德 (15) 人名 異体 心8 悳 (12)

音 トク 訓 ―

筆順 彳 彳十 彳卄 彳忐 彳徳 徳 徳

意味 ❶正しい道理を行う品性。とく。「徳性・徳望・人徳」❷人によい影響を与える行い。とく。「徳政・恩徳・徳とする（ありがたいと思い感謝する）」❸正しい道理を身に備えた、すぐれた人。「大徳」❹利益。とく。「徳用・十徳」 名付 あきら・あつ・あつし・あり・いさお・え・かつ・さと・ただし・とく・とこ・とみ・なり・なる・のぼる・のり・めぐむ・やす・よし

【徳育】（とくいく） 道徳的に正しい人間を育てるための教育。▽知育・体育とともに教育の三大要素の一つ。

【徳望】（とくぼう） 徳が高くて人から信頼されること。また、そのような徳・信頼。「―家」

参考熟語 徳利（とっくり・とくり）

彳12 【徹】(15) 常用

音 テツ 訓 とおる・とおす

筆順 彳 彳亠 彳产 彳育 徹 徹 徹

意味 最後まで突き通す。てっする。とおす。また、貫き通って、最後までまたはすみずみまで届く。てっする。とおる。「徹底・徹夜・貫徹・眼光紙背に徹する」 名付 あきら・いたる・おさむ・てつ・とおる・ひとし・みち・ゆき

【徹底】（てってい） ①すみずみまで行き渡ること。「報告が―しない」②行動や考えが、一つの考え・態度で貫かれていること。「―した利己主義者」

【徹頭徹尾】（てっとうてつび） 初めから終わりまでそうであるさま。「―試合を有利に進めた」 注意 「撤頭撤尾」と書き誤らないように。

【衝】▶行9　彳12【徵】▶徴 旧　彳12【德】▶徳 旧

彳13 【徼】(16) 音 キョウ 訓 ―

意味 むりに求める。「徼幸（きょうこう）」

【衛】▶行10　【衡】▶行10

彳14 【徽】(17) 人名 異体 彳13 徽 (16)

音 キ 訓 しるし

筆順 彳 彳山 彳山' 彳微 徽 徽 徽

意味 旗じるし。しるし。「徽章」 名付 き・よし

参考 「徽章」の「徽」は「記」に書き換える。

ツ の部 つ つかんむり

【労】▶力5　ツ5【鼡】▶鼠 異　【学】▶子5

ツ6 【単】(9) 4年 旧字 口9 單 (12) 人名

音 タン 訓 ひとえ

筆順 単

㊉意味 ❶ただ一つであること。↕複。「単一・単身・単行本」❷一様で変化がない。「単純・単調・簡単」❸物事の基礎となる一まとまり。「単位・単元・単語」❹裏をつけていない着物。ひとえ。「単衣《ひとえ・たんい》」名付 いち・ただ・たん

【単一《たんいつ》】①それ一つだけであること。「—の行動」②その種類のものだけで、他のものが交じっていないこと。「—民族」

【単価《たんか》】品物一つあたりの値段。

【単騎《たんき》】馬に乗ってひとりだけで行くこと。

【単行本《たんこうぼん》】雑誌・全集などと違って、それだけで一冊の書物として出版される書物。

【単身《たんしん》】ただひとり。ひとりみ。「—赴任」

【単刀直入《たんとうちょくにゅう》】前置きや遠回しの言い方をせず、すぐに本題に入ること。「—の質問」▽もと「ひとふりの刀を持ってひとりで敵陣に切りこむ」の意。

〔挙〕▼手6　〔栄〕▼木5

ツ8

【巣】

(11) 4年

旧字 巛8 巢 (11) 人名

音 ソウ　訓 す・すくう

筆順 巣

意味 ❶鳥・獣・虫・魚などのすみか。す。また、それを作って住む。すくう。「営巣・巣箱」❷人が生活を営む所。す。「愛の巣」名付 す・そう

【巣窟《そうくつ》】悪者や賊が根拠地として隠れ住んでいる場所。かくれが。「悪者の—」

ツ9

【営】

(12) 5年

旧字 火13 營 (17)

音 エイ　訓 いとなむ

筆順 営

意味 ❶仕事をする。いとなむ。また、そのこと。いとなみ。「経営・国営」❷作り整える。「営繕・造営」❸はかりおさめる。「営利」❹軍隊のとどまる所。「兵営」名付 えい・よし

【営為《えいい》】事業などをいとなむこと。「人間の—」

【営営《えいえい》】仕事などをいっしょうけんめいに行うさま。「—として働く」

【営業《えいぎょう》】事業を営むこと。また、その事業。

【営繕《えいぜん》】建物を新築したり修理したりすること。

【営利《えいり》】金もうけ。

【営林《えいりん》】森林の保護や育成を営むこと。

〔覚〕▼見5　〔誉〕▼言6

ツ14

【厳】

(17) 6年

旧字 口17 嚴 (20) 人名

音 ゲン・ゴン　訓 おごそか・きびしい・いかめしい

筆順 厳

意味 ❶いい加減なことを許さない態度である。げん。きびしい。「厳格・尊厳・戒厳・警戒を厳《げん》にする」❷程度がはなはだしい。きびしい。「厳冬・厳寒・暑さ厳しき折」❸圧迫されるようで近寄りにくい。げん。いかめしい。おごそか。「威厳・荘厳《そうごん》」❹父親のこと。「家厳」名付 いかし・いず・いつ・いつき・いわ・かね・げん・たか・よし

参考「厳然」は「儼然」が書き換えられたもの。

【厳寒《げんかん》】激しく寒い。きびしい寒さ。

【厳禁《げんきん》】きびしく差し止めること。

【厳君《げんくん》】他人の父の敬称。厳父。

【厳守《げんしゅ》】約束などをかたく守ること。「時間—」

【厳粛《げんしゅく》】①重大でおごそかであるさま。「—な事実」②態度がまじめできびしいさま。

【厳正《げんせい》】いい加減なことをせず、態度が非常にきびしくて正しいこと。

【厳正中立《げんせいちゅうりつ》】いずれにも肩入れせず、きびしく公正な立場を守ること。

【厳然《げんぜん》】いかめしくて、近寄りにくいほどきびしいさま。「—たる態度」▽「儼然」の書き換え字。

【厳存《げんそん》】事実として確かに存在すること。「証拠が—する」▽「儼存」とも書く。

【厳罰《げんばつ》】きびしい処罰。

【厳父《げんぷ》】①きびしい父。②他人の父の敬称。

心（忄）（⺗）の部

こころ・りっしんべん
したごころ

心0

【心】

(4) 2年

音 シン　訓 こころ

筆順 丶 心 心 心

意味 ❶感情・意志・思考などのもとになるもの。精神。しん。こころ。「心身・心情・本心・感心・愛国心」❷中心になってささえている部分。しん。「心随・中心・帯心(おびしん)」❸考え・気持ち。また、意志。こころ。「心外・心変わり」❹物事の意味・趣。こころ。「絵心(えごころ)・歌の心」❺心臓のこと。「心悸(しんき)・強心剤」 名付 しん・なか・み・むね・もと

参考 「肝心」の「心」は「腎」が書き換えられたもの。

【心外】(しんがい) 考えと違って残念なこと。また、思いもよらないこと。「そんなふうにいわれるのは―だ」

【心肝】(しんかん) 心の底。また、そこにある真心。「―に徹する」▽もと「心臓と肝臓」の意。

【心眼】(しんがん) 物事の本質を見分ける、心のすぐれた働き。「―を開く」

【心機一転】(しんきいってん) あることをきっかけにして今までの心をよいほうにすっかり変えること。「―してがんばる」 注意 「心気一転」と書き誤らないように。

【心悸亢進】(しんきこうしん) 興奮や過労などで心臓の動悸(どうき)が激しくなること。▽「心悸」は「心臓の鼓動(こどう)」の意。「心悸高進」「心悸昂進」とも書く。

【心境】(しんきょう) その時の気持ち・精神状態。「―の変化」

【心血を注ぐ】(しんけつをそそぐ) その物事に精神力のすべてを傾け、いっしょうけんめいに行うこと。

【心魂】(しんこん) その人の心のすべて。「―を傾ける」▽「神魂」とも書く。

【心中】一(しんじゅう) ふたり以上の人がいっしょに自殺すること。二(しんちゅう) 心のうち。「―穏やかでない」

【心証】(しんしょう) ①その言動が他の人に与える印象。「―を害する」②裁判官が訴訟の審理の中で証拠について得た確信や認識。

【心象】(しんしょう) 感覚・記憶などが心の中に形を取って現れたもの。イメージ。「―風景」

【心身】(しんしん) 心と体。▽「身心」とも書く。

【心神喪失】(しんしんそうしつ) 自分の行為の善悪について判断する能力を欠いている状態。

【心酔】(しんすい) その人・物事をよいものとし、見習おうとして熱中すること。「夏目漱石(なつめそうせき)に―する」

【心髄】(しんずい) ①まんなかにある髄。②物事の中心になる重要な所。③心の中。 参考 「神髄(しんずい)」「真髄(しんずい)」は、その物事の中心になるよさ。

【心胆を寒からしめる】(しんたんをさむからしめる) 相手を心から恐れさせること。

【心痛】(しんつう) 心配して心を悩ますこと。「―のあまり寝込んでしまった」

【心頭】(しんとう) 感情・感覚のもとになるという心のこと。「怒り―に発する」「―を滅却すれば火もまた涼し(どんな苦しみも、精神を集中してそれを超越すれば苦しみを感じることはないということ)」

【心腹の友】(しんぷくのとも) 信頼している友人。親友。

【心労】(しんろう) 心配して起こる、心の疲れ。気苦労。

参考熟語 心地(ここち) 心算(つもり・しんさん) 心太(ところてん) 心天(ところてん)

心1 【必】 (5) 4年 音 ヒツ 訓 かならず

筆順 丶 ソ 义 必 必

必

意味 ❶まちがいなくそうであること。かならず。「必然・必勝」❷そうしなければならないこと。「必要・必修・必罰」 名付 さだ・ひつ

参考 筆順は、左払い→交差した右払い→上の点→左の点→右の点の順でもよい。また、左の点→右払い→上の点→交差した左払い→右の点の順でもよい。「心」に交差した左払いを書く筆順は熟していない。

【必携】(ひっけい) 必ず持っていなければならないこと。また、そのような物。「学生―の書」

【必死】(ひっし) ①必ず死ぬこと。「―の覚悟」②(死を覚悟するほどの)激しい気持ちで全力を尽くすこと。「―に追いかける」

【必至】(ひっし) 必ずそうなること。「敗北は―だ」

【必需】(ひつじゅ) その品物・道具などが必要で、なくてはならないこと。「―品」

【必定】(ひつじょう) 必ずそうなると決まっていること。「倒産は―」

【必須】(ひっす・ひっしゅ) 必要であって、なくてはならないこと。「―条件」「―の知識」

心3 【応】 (7) 5年 旧字 心13 應 (17) 人名

音 オウ 訓 こたえる・まさに

応

筆順 丶 亠 广 广 広 応 応

意味 ❶返事としての答え・行動をする。おうずる。「応答・応接・呼応」❷他からの働きかけを受けて行動・変化する。おうずる。こたえる。「応急・応戦・適応・反応(はんのう)・激励に応(こた)える」❸それにふさわしい行動をする。おうずる。「応用・照応・収入に応じた生活」❹痛み・刺激などを感じてつらい影響を受ける。こたえる。「寒さが身に応(こた)える」❺当然そうであるさま。まさに。

名付 おう・かず・たか・のぶ・のり・まさ

参考 こたえる⇩「答」の[使い分け]。

【応急】(おうきゅう) 急な場合の間にあわせ。「—処置」

【応需】(おうじゅ) 要求に応ずること。「入院—」▽「需」は「求める」の意。

【応酬】(おうしゅう) ①相手に負けまいとしてやり返すこと。「負けずに—する」②意見や杯などのやりとり。

【応対】(おうたい) 人の相手になって話を聞き、受け答えをすること。注意「応待」と書き誤らないように。

【応諾】(おうだく) 頼み・申し込みを承知し引き受けること。「講演の—を得る」

【応分】(おうぶん) 身分・能力に合っていてふさわしいこと。「—の寄付」

【応変】(おうへん) 急に起きた思いがけないできごとを適切に処理すること。「臨機—」「—の処置」

【応報】(おうほう) 仏教で、前世の善悪の行いに応じた報いを現世で受けること。「因果—(過去・前世の行いに応じて報いがあること)」

【応用】(おうよう) 技術・理論を実際の場合にあてはめて利用すること。

心3 **【忌】**(7) 常用 音 キ 訓 いむ・いまわしい

筆順 ㇕ コ 己 己 己 忌 忌

意味 ❶恐れきらって避ける。いむ。また、いやである。いまわしい。「忌避・禁忌・忌み詞(ことば)」❷人の死後、一定の期間行いを慎むこと。いみ。「忌中」❸死者の命日。「忌日・年忌・桜桃忌」

【忌諱】(いき・きき) 忌みきらって避けている事柄。「—に触れる(人が忌みきらっていることをいったりしたりして相手の感情を害する)」▽「きい」は慣用読み。

【忌憚】(きたん) いうことを遠慮して差し控えること。「—のない意見」「—なくいえば」

【忌日】(きにち・きじつ) 人が死んだ日と同じ日付の日。供養を行う。命日(めいにち)。

【忌避】(きひ) きらってそれを避けること。「徴兵—」

【忌引】(きびき) 近親者の死のため、学校や勤務を休むこと。

参考熟語 忌忌(いまいま)しい

心3 **【志】**(7) 5年 音 シ 訓 こころざす・こころざし・シリング

筆順 一 十 士 士 志 志 志

意味 ❶目的を実現しようとする。こころざす。また、その気持ち。こころざし。「意志・初志・闘志」❷歴史などを書きしるしたもの。「三国志」❸人から受ける親切。こころざし。「厚志・志を無にする」❹相手への感謝の気持ち。また、それを表すための贈り物。こころざし。「寸志」❺イギリスの貨幣の単位。シリング。名付 さね・し・しるす・むね・ゆき

【志学】(しがく) 十五歳のこと。▽論語にある「吾(われ)十有五(十五歳)にして学に志す」から。

【志願】(しがん) 自分から進んで願い出ること。「ボランティアに—する」

【志気】(しき) その物事をやり遂げようとする気持ち。参考「士気(しき)」は、その物事をやり遂げて成功させようとする、人々の意気込み。

【志向】(しこう) 心や意志をある方向に向けて目的をめざすこと。「文学を—する」

【志操】(しそう) 堅く守って変えない主義や気持ち。「—堅固」注意「思操」と書き誤らないように。

使い分け「しこう」

志向…心が目標・目的に向かうこと。「志」の意味に対応している。「民主国家を志向する・アウトドア志向・権力志向」

指向…ある方向をめざすこと。「光が一点を指向する・指向性マイク」

忄3 **【忖】**(6) 音 ソン 訓 はかる

意味 人の心を推しはかる。はかる。「忖度」

【忖度】(そんたく) 他人の気持ち・考えを推しはかること。▽「度」も「はかる」の意。注意「すんたく」

4画

と読み誤らないように。

【忍】

心3 (7) 常用　旧字 心3 忍(7)

音 ニン　訓 しのぶ・しのばせる

筆順 フ 刀 刃 刃 忍 忍 忍

意味 ❶がまんする。しのぶ。「忍耐・忍苦・堪忍」❷むごい。「残忍」❸人に知られないように行動する。しのぶ。また、隠す。しのばせる。「忍術・人目を忍ぶ」名付 おし・しの・しのぶ・にん

使い分け「しのぶ」

忍ぶ…人に知られないようにする。がまんする。「縁の下に忍ぶ・忍び寄る・人目を忍ぶ・恥を忍ぶ」

偲ぶ…なつかしく思う。したう。「故人を偲ぶ・故郷を偲ぶ・教養のほどが偲ばれる」

【忍従】(にんじゅう) じっと我慢してたえること。「—の生活」

【忍耐】(にんたい) つらさや苦しさをじっとがまんすること。

参考熟語 忍冬(すいかずら・にんどう)

【忘】

心3 (7) 6年　旧字 心3 忘(7)

音 ボウ　訓 わすれる

筆順 丶 亠 亡 亡 忘 忘 忘

意味 ❶記憶からなくなる。また、そのようにする。わすれる。「忘却・忘恩・備忘・忘れ形見」❷意識しない状態になる。わすれる。「忘我・寝食を忘れる」❸うっかりして物を置いてくる。わすれる。「忘れ物」

【忘恩】(ぼうおん) 受けた恩を忘れること。「—の徒」

【忘我】(ぼうが) 自分の存在を忘れるほど、物事に熱中すること。「—の境」

【忘却】(ぼうきゃく) 忘れてしまうこと。「—の彼方(かなた)」

【忙】

忄3 (6) 常用　旧字 忄3 忙(6)

音 ボウ　訓 いそがしい・せわしい

筆順 丶 丶丶 忄 忄 忙 忙

意味 仕事が多くてゆっくり休む暇がない。せわしい。いそがしい。「忙殺・忙事・多忙・繁忙」

【忙殺】(ぼうさつ) 非常に忙しいこと。「仕事に—される」▽「殺」は、意味を強めることば。

【忙中閑有り】(ぼうちゅうかんあり) 忙しい時にも、自然と心のゆとりのもてる時間はあるものだということ。

【快】

忄4 (7) 5年

音 カイ・ケ　訓 こころよい

筆順 丶 丶丶 忄 忄 忄 快 快

意味 ❶気持ちがよい。かい。こころよい。また、その気持ち。かい。「快感・快適・快楽(かいらく・けらく)・愉快・快(かい)なるかな」❷すぐれていてすばらしい。「快速・快走・快男児」❸病気がよくなる。「快方・全快」名付 かい・はや・やす・よし

【快活】(かいかつ) 性質などがほがらかで元気がよいさま。▽「快闊」の書き換え字。

【快気】(かいき) 病気がよくなること。「—祝い」

【快挙】(かいきょ) 気持ちがさっぱりするような、思い切ったすばらしい行為。

【快哉を叫ぶ】(かいさいをさけぶ) 胸がすくような楽しい気持ちを叫び表すこと。▽「快哉」は「快なるかな」の意。

【快諾】(かいだく) 申し出などを快く引き受けること。

【快刀乱麻を断つ】(かいとうらんまをたつ) 切れ味のよいすぐれた刀で、もつれた麻を断ち切ること。▽込み入った物事をあざやかに処理することにたとえる。

【快復】(かいふく) 病気が治ること。参考「回復(かいふく)」は、病気が治ってもとの健康な状態にもどること。

【快癒】(かいゆ) 病気やけがが完全に治ること。全快。▽「癒」は「病気が治る」の意。

【忻】

忄4 (7)

音 キン　訓 —

意味 心はればれと喜ぶ。

【忤】

忄4 (7)

音 ゴ　訓 さからう

意味 逆の方向に向かう。さからう。

【忸】

忄4 (7)

音 ジク　訓 はじる

意味 恥ずかしく思う。はじる。「忸怩(じくじ)」

【忸怩】(じくじ) 恥ずかしく思うさま。「内心—たるものがある」▽「怩」も「恥じる」の意。

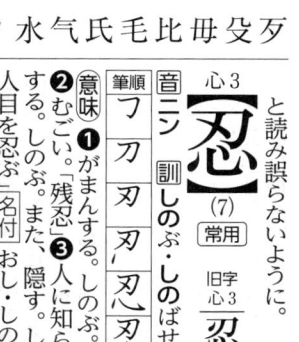

忄4 【忱】(7) 音シン 訓――
意味 真心。まこと。

心4 【忽】(8) 人名 音コツ 訓たちまち・ゆるがせ
筆順 ノ 勹 勺 勿 勿 忽 忽 忽
意味 ❶物事が急に起こるさま。たちまち。「忽然・忽ち起こる拍手」❷物事をいいかげんにすること。ゆるがせ。「粗忽・忽せにしない」
注意 「怱(あわただしい)」は、別字。
【忽然】(こつぜん・こつねん) 物が急に現れたり消えたりするさま。忽焉(こつえん)。「―と現れる」

心4 【忠】(8) 6年 音チュウ 訓じょう
筆順 丶 口 口 中 中 忠 忠 忠
意味 ❶約束や職務を真心をもって行うこと。ちゅう。「忠実・職務に忠である」❷君主・主人・国家などに対して務めを果たすこと。ちゅう。また、そうしようとする真心。「忠義・忠臣・不忠」❸昔、四等官の制で、弾正台の第三等官。じょう。
名付 あつ・あつし・じょう・すなお・ただ・ただし・ただす・ちゅう・つら・なり・のり
【忠勤】(ちゅうきん) 主君・国家・会社などに対して誠意をもってまじめにつとめること。「―を励む」
【忠言】(ちゅうげん) 相手のためを思っていさめることば。「―耳に逆らう(いさめのことばは、聞く人にとっては快く聞き入れにくいものである)」
【忠告】(ちゅうこく) 相手のためを思ってその人の欠点などを指摘し、直すようにいうこと。また、そのことば。注意「注告」と書き誤らないように。
【忠節】(ちゅうせつ) まじめに仕えて自分の務めを果たそうとする、変わらない真心。
参考熟語 忠実(まめ)

小4 【忝】(8) 音テン 訓かたじけない
意味 ❶好意・親切をありがたく思う。かたじけない。❷恐れ多くてもったいない。かたじけない。

心4 【念】(8) 4年 音ネン 訓おもう
筆順 ノ 人 𠆢 今 今 念 念 念
意味 ❶心の中の思い・考え。ねん。「念頭・信念・残念・憎悪の念」❷それを深く思う。ねんずる。おもう。「念仏・念願・専念」❸注意を払うこと。ねん。「入念」❹祈り唱える。ねんずる。「経を念ずる」❺「廿(にじゅう)(二十)」にあてて用いる字。「念五日(二十五日)」
名付 ねん・むね
【念願】(ねんがん) 常に願い望んでいること。また、その願い。
【念珠】(ねんじゅ・ねんず) 数珠(じゅず)のこと。
【念書】(ねんしょ) 確認したり後日の証拠としたりするために、約束を書きしるして相手に渡す文書。
【念頭】(ねんとう) 物事を考えるときの心。「―にない」
【念力】(ねんりき) 必ずやり遂げようとする、意志の力。「思う―岩をも通す」

心4 【忿】(8) 音フン 訓いかる
意味 激しくおこる。いかる。「忿懣(ふんまん)・激忿」
【忿怒】(ふんぬ) 激しく怒ること。「―の形相(ぎょうそう)」
【忿懣】(ふんまん) 激しく怒ってその気持ちが抑えられないこと。「―やるかたない」▽「懣」は「怒りもだえる」の意。「憤懣」とも書く。

忄4 【忰】▼悴(異)

忄5 【怡】(8) 音イ 訓よろこぶ
意味 喜び楽しむ。「怡然」

心5 【怎】(9) 音シン 訓いかで・いかでか
意味 どうして。いかで。いかでか。

心5 【怨】(9) 常用 音エン・オン 訓うらみ・うらむ
筆順 ノ ク 夕 夘 夗 夗 怨 怨
意味 相手を憎む。うらむ。また、そのように思う心。うらみ。「怨恨・怨敵(おんてき)・私怨・宿怨」
【怨恨】(えんこん) 恨み。「―による殺人」
【怨敵】(おんてき) 深いうらみのある敵。「―退散」
【怨霊】(おんりょう) 人にたたりをする生霊(いきりょう)や死霊(しりょう)。

忄5 【怏】(8) 音オウ 訓――

4画

意味 ↓快快(おうおう)

【快快】(おうおう) 満足せず、気がふさいでいるさま。「—として楽しまない」

忄5 【怪】(8) 常用 異体 忄6 恠 (9)

音 カイ・ケ 訓 あやしい・あやしむ

筆順

意味 ❶普通と違っていて気味が悪い。あやしい。また、そのような事柄。かい。「怪談・怪奇・怪鳥(かいちょう・けちょう)・奇怪・奇奇怪怪」❷化け物。かい。「妖怪(ようかい)・狐狸(こり)の怪」❸非常にすぐれている。「怪力・怪童」❹不思議に思って警戒する。あやしむ。

使い分け「あやしい」

怪しい…気味が悪い。疑わしい。はっきりしない。「怪しい人影・怪しい物音がする・挙動が怪しい・あの男が怪しい・雲行きが怪しい」

妖しい…なまめかしい。神秘的である。「妖しい魅力・妖しく笑う・桜が妖しく咲き乱れる」

【怪異】(かいい) ①異様で非常に不思議なこと。②化け物。「—談」

【怪傑】(かいけつ) すぐれた能力を持った、不思議な人物。

【怪腕】(かいわん) ①非常にすぐれた腕まえ。「—をふるう」②非常に強い腕力。

心5 【急】(9) 3年 旧字 心5 急 (9)

音 キュウ 訓 いそぐ・せく

筆順

意味 ❶差し迫っている。また、そのような危険な状態。きゅう。「急迫・急使・緊急・風雲急を告げる」❷速度が速い。きゅう。「急速・急性・性急」❸突然起こること。きゅう。「急変・急病・急停車」❹険しい。きゅう。「急峻(きゅうしゅん)・急傾斜」❺早くする。せく。いそぐ。また、そのこと。いそぎ。「急がば回れ」❻能楽・舞楽の三段の構成で、拍子の速い最後の段。きゅう。↔序・破。

【急遽】(きゅうきょ) 状況が変わって急ぎあわてて物事を行うさま。「—、会議を開く」

【急峻】(きゅうしゅん) 山や坂道などが非常に険しいこと。▽「峻」は「けわしい」の意。

【急所】(きゅうしょ) ①からだの中で、そこを害すると生命にかかわるようなたいせつな部分。②物事の要点。

【急進】(きゅうしん) 理想・目的を実現しようとし、現状を考えずに行うこと。「—主義」

【急逝】(きゅうせい) 突然死ぬこと。急死。

【急先鋒】(きゅうせんぽう) 物事の先頭に立って激しい勢いで行動すること。また、その人。

【急追】(きゅうつい) ①逃げる者を激しい勢いで追うこと。②責任などをきびしい態度で激しく追及すること。

【急転】(きゅうてん) 急に変化すること。「事態が—する」

【急転直下】(きゅうてんちょっか) 急に状況が変わって結末がつくこと。「事件は—の解決をみた」

【急騰】(きゅうとう) 物価や相場が急にあがること。

【急迫】(きゅうはく) 事態が差し迫って重大な状況になること。 参考「窮迫(きゅうはく)」は、金銭・物資が不足して非常に困ること。

【急務】(きゅうむ) 差し迫っていて急いで処理をしなければならない仕事。「刻下の—」

参考熟語 急度(きっと)

忄5 【怯】(8) 印標

音 キョウ 訓 おびえる・ひるむ

意味 こわがってびくびくする。おびえる。また、いくじがない。「怯懦(きょうだ)・卑怯」

参考「おびえる」は「脅える」とも書く。

【怯懦】(きょうだ) おくびょうで意志が弱いこと。▽「懦」は「いくじがない」の意。

忄5 【怙】(8)

音 コ 訓 たのむ

意味 当てにする。たのむ。

忄5 【怐】(8)

音 コウ 訓 —

意味 愚かなさま。

忄5 【怺】(8) 〈国字〉

音 — 訓 こらえる

意味 がまんする。こらえる。「怒りを怺える」

参考「堪える」とも書く。

心5 【思】(9) 2年

音 シ 訓 おもう・おぼす

筆順

意味 ❶考える。おもう。また、その考え。おもい。「思考・思想・沈思」❷人を慕う。おもう。また、その気持ち。おもい。「思慕・相思」❸心に深く感じる。おもう。また、そうして得る感じ。おもい。「秋思・旅思・恐ろしく思う」❹❶の尊敬語。おぼす。「思し召し」名付 おもい・こと・し

【思案】しあん ①いろいろ考えること。「―に暮れる」「―に余る」②心配して思い悩むこと。「―の種」

【思惟】しい 物事について深く考えること。思考。

【思考】しこう 深く考えること。「―力」

【思索】しさく 筋道を立てて物事を深く考えること。

【思潮】しちょう その時代の思想傾向。

【思慮】しりょ 深く考え、いろいろと思いめぐらすこと。また、その考え。「―分別」

参考熟語 思惑おもわく

忄5 【怩】(8) 音 ジ 訓 はじる

意味 引け目を感じる。恥じる。「忸怩じくじ」

忄5 【怵】(8) 音 ジュツ 訓 ―

意味 恐れてびくびくする。「怵惕じゅってき」

忄5 【性】(8) 5年 音 セイ・ショウ 訓 さが

筆順 … 性

意味 ❶もともと持っている特徴。さが。しょう。せい。「性質・性能・性分しょうぶん・天性・女の性さが」❷男女・雌雄の区別。また、それに基づいて起こる本能の働き。せい。「性別・性欲・女性じょせい・女性にょしょう」❸五行を人の生年月日に配して吉凶を占うもの。しょう。「相性あいしょう」❹そのような特徴・状態であることを表すことば。「酸性・可能性」

名付 しょう・せい

【性急】せいきゅう 気みじかでせっかちなこと。

【性向】せいこう 性質上の傾向。気性。

【性行】せいこう 性質と行い。

【性情】せいじょう 人の生まれつきの性質。

【性状】せいじょう ①人の性質とふだんの行い。②物の性質と状態。

【性癖】せいへき 性質上に見られる偏り。くせ。

心5 【怱】(9) 音 ソウ 訓 ―

意味 忙しくてあわただしい。「怱卒・怱怱」

注意 「怱(たちまち)」は、別字。

【怱卒】そうそつ あわただしくて落ち着きがないこと。「―の間かん」▽「倉卒」「草卒」とも書く。

心5 【怠】(9) 常用 音 タイ 訓 おこたる・なまける・だるい

筆順 … 怠

意味 ❶行うべきことをしない。おこたる。また、そうしてむだに過ごす。なまける。「怠惰・怠納・倦怠けんたい」❷からだを動かすのがつらい。だるい。

名付 たい・やす

参考 「なまける」は「懶ける」とも書く。

【怠業】たいぎょう ①仕事をなまけること。②サボタージュ。

【怠惰】たいだ たるんで、だらしがないこと。

【怠納】たいのう 金や物資を期日が過ぎても納めないこと。「授業料を―する」▽「滞納」とも書く。

【怠慢】たいまん 仕事や責任を果たさないでなまけること。「職務―」注意 「怠漫」と書き誤らないように。

小5 【㤗】(9) 〈国字〉 音 タイ 訓 ―

意味 「泰」の誤記か。人名に使う字。

忄5 【怛】(8) 音 ダツ 訓 ―

意味 心をいためる。

心5 【怒】(9) 常用 音 ド・ヌ 訓 いかる・おこる

筆順 … 怒

意味 ❶おこる。いかる。また、そのこと。いかり。「怒号・怒気・激怒・憤怒ふんぬ・ふんど・怒いかり心頭に発する」❷勢いが激しい。「怒張・怒濤どとう」

【怒気】どき 怒った気持ち。「―を含んだ顔」

【怒号】どごう 怒ってどなること。また、その声。「―がとぶ」

【怒濤】どとう 荒れ狂ったような大波。「疾風しっぷう―」▽「濤」は「大波」の意。

【怒髪天を衝く】どはつてんをつく 怒りのために逆立った髪の毛が天をつき上げること。▽激しく怒ったときの形相ぎょうそうを形容することば。

忄5 **【怕】**(8) 音ハ 訓おそれる

意味 心配する。おそれる。

忄5 **【怖】**(8) 常用 音フ 訓**こわ**い・おじる・おそれる・おそろしい

筆順

意味 不安・心配で避けたいと思う。おじる。おそれる。また、そのような気持ちである。おそろしい。こわい。「恐怖・畏怖(いふ)・怖じ気(おじけ)」

参考 「おそれる」は「恐れる」とも、「おそろしい」は「恐ろしい」とも、「こわい」は「恐い」とも書く。

参考熟語 怖怖(おずおず・こわごわ)

忄5 **【怫】**(8) 音フツ 訓―

意味 怒る。「怫然」

忄5 **【怦】**(8) 音ホウ 訓―

意味 心がせわしくて落ち着かない。

忄5 **【怜】**(8) 人名 音レイ 訓さとい

筆順

意味 賢い。さとい。「怜悧(れいり)」 名付 さと・さとし・りょう・れい

【怜悧】(れいり) りこうで賢いこと。▽「伶俐」とも書く。

心6 **【恚】**(10) 音イ 訓いかる

意味 激しく腹を立てる。いかる。「瞋恚(しんい)」

心6 **【恩】**(10) 6年 音**オン** 訓―

筆順

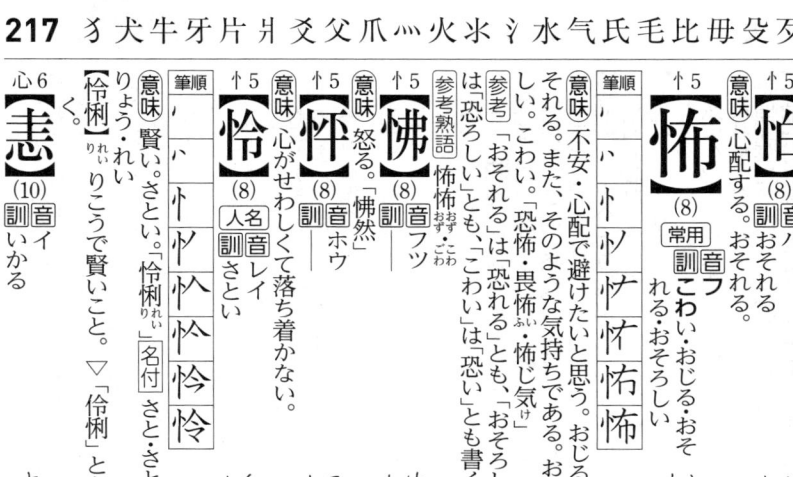

意味 人から受ける情け。おん。また、情けを与えること。「恩恵・恩讐・恩人・師恩・報恩・恩に着る」 名付 おき・おん・めぐみ

【恩義】(おんぎ) 報いるべき義理のある恵みや情け。「あの男には―を感じている」▽「恩誼」の書き換え字。

【恩顧】(おんこ) 恵みを与え、世話をし援助すること。

【恩賜】(おんし) 天皇からいただくこと。また、天皇からいただいた物。注意「御賜」と書き誤らないように。

【恩赦】(おんしゃ) 国家の祝事や皇室の慶事などのとき、裁判で決定した刑罰を軽くしたり許したりすること。

【恩典】(おんてん) 情けのある特別な取り計らい。「―に浴する」

忄6 **【悔】**(9) 常用 旧字 忄7 悔(10) 人名

音**カイ**・ケ 訓**く**いる・**く**やむ・**くや**しい

筆順

意味 ❶自分の行いを残念に思う。くいる。くやむ。くやしい。また、そのこと。くい。「悔悟・後悔・懺悔(ざんげ)」❷人の死を残念に思い、慰めのことばをいう。くやむ。また、そのことば。くやみ。「お悔やみを述べる」

【悔恨】(かいこん) あやまちを後悔して残念に思うこと。

【悔悛】(かいしゅん) 犯した罪やあやまちを後悔して心を改めること。「―の情」▽「改悛」とも書く。「悛」は「あやまちを改める」の意。

忄6 **【恢】**(9) 人名 音カイ 訓― 異体 忄6 恢(9)

筆順

意味 広げ盛んにする。「恢復」 名付 ひろ

参考 「恢復」の「恢」は「回」に書き換える。

忄6 **【恪】**(9) 音カク 訓―

意味 まじめに仕える。「恪勤」

【恪勤】(かっきん) まじめに職務に励むこと。「精励―」

心6 **【恐】**(10) 常用 旧字 心6 恐(10)

音**キョウ** 訓**おそ**れる・**おそ**ろしい

筆順

意味 ❶こわがる。おそれる。また、その気持ち。おそれ。「恐怖・恐慌」❷尊いものを敬い慎む。おそれる。「恐縮・恐悦・恐れ多い」❸こわがらせる。おどす。「恐喝(きょうかつ)」❹よくないことがおこるのを心配する。おそれる。「失敗を恐れる」❺驚くべきである。「末恐ろしい」

参考 ⑴「おそれる」は「怖れる」とも、「おそろしい」は「怖ろしい」とも書く。⑵「戦戦恐恐」の「恐」

は「兢」が書き換えられたもの。

使い分け「おそれる・おそれ」

恐れる…こわがる気持ち。「死への恐れ・報復を恐れて逃亡する・失敗を恐れる」
畏れる…うやまい、もったいなく思う気持ち。「師を畏れ敬う・神を畏(恐)れる・畏(恐)れ多いお言葉」
※「虞(おそれ)」は、よくないことが起こることへの心配・懸念。「高波の虞がある・延焼の虞」。憲法では、「虞」の形で使われるが、「心配・懸念」の意では、一般的に「恐れ」で代用する。また、「畏怖」の意では、「恐れる」「畏れる」共に使う。

【恐悦】(きょうえつ) 目上の人の喜び事を自分も慎んで喜ぶこと。「―至極(しごく)に存じます」▽「恭悦」とも書く。

【恐喝】(きょうかつ) 人の弱みにつけこんでおどしつけること。**注意**「脅喝」と書き誤らないように。

【恐恐謹言】(きょうきょうきんげん) 手紙で、結びなどに用いる挨拶のことば。恐惶(きょうこう)謹言。▽「恐れかしこまって申し上げました」の意。

【恐懼】(きょうく) 自分より地位などが非常に高い人に対し恐れ入ること。「―して退く」

【恐慌】(きょうこう) ①都合の悪い物事が起きて恐れあわてること。「政界人が―を来たす」②不景気になったときに起こる、経済界の激しい混乱状態。パニック。

【恐惶謹言】(きょうこうきんげん) 「恐恐謹言」と同じ。

【恐縮】(きょうしゅく) 恵みを受けたり相手に迷惑をかけたりして、申し訳なく思い恐れ入ること。「―千万(せんばん)」

参考熟語 恐恐(おずおず)

【恭】 小6 (10) 常用

音 キョウ　訓 うやうやしい

筆順 一 艹 廾 丗 共 共 恭 恭

意味 人に対して礼儀正しくて慎み深い。うやうやしい。「恭順・恭賀新年」名付 うや・きょう・すみ・たか・たかし・ただ・ただし・ちか・つか・のり・みつ・やす・やすし・ゆき・よし
【恭悦】(きょうえつ) 目上の人の喜び事を自分も慎んで喜ぶこと。「―至極(しごく)に存じます」▽「恐悦」とも書く。
【恭順】(きょうじゅん) 上からの命令にすなおに服従すること。

【恟】 忄6 (9)

音 キョウ　訓 ―

意味 ↓恟恟(きょうきょう)
【恟恟】(きょうきょう) 恐れてびくびくするさま。「人心―」

【恵】 心6 (10) 常用　旧字 心8 惠 (12) 人名

音 ケイ・エ　訓 めぐむ

筆順 一 𠂆 冖 百 亩 亩 亩 恵

意味 ❶情けをかける。また、同情して金品を与える。めぐむ。「恵与・恵沢・恵方(えほう)・慈恵」❷めぐむこと。めぐみ。「恩恵・神の恵み」❸賢い。「知恵」名付 あや・え・けい・さと・さとし・しげ・とし・めぐみ・めぐむ・やす・よし
参考 ⑴「知恵」は「智慧」を書き換たもの。⑵ひらがな「ゑ」、カタカナ「ヱ」のもとになった字。

【恵方】(えほう) その年の干支(えと)にもとづいて縁起がよいとされる方角。「―参り」▽「吉方」とも書く。

【恵贈】(けいぞう) 「恵与」と同じ。

【恵存】(けいそん) 他人に自分の著書などを贈るとき、先方の名前のわきに書き添えることば。▽「お手もとにお置きくだされば幸いです」の意を表すことば。

【恵投】(けいとう) 「恵与」と同じ。

【恵与】(けいよ) ①金品をめぐみ与えること。②人から物を贈られることを、その人を敬って感謝の気持ちでいうことば。恵投。恵贈。

参考熟語 恵比須(えびす)　恵比寿(えびす)

【恒】 忄6 (9) 常用　旧字 忄6 恆 (9) 人名

音 コウ　訓 つね

筆順 丶 忄 忄 忊 怕 恒 恒 恒

意味 ❶いつもかわらない。つね。「恒星・恒温・恒常」❷久しい。「恒久」名付 こう・つね・ひさ・ひさし・ひとし
【恒久】(こうきゅう) ずっと変わらず続くこと。「―平和」

【恒産】(こうさん) 安定した一定の職業や財産。

【恒常】(こうじょう) いつも一定していて変わらないこと。

【恒例】(こうれい) 行事や儀式などがしきたりとして必ず行われること。「―の定期総会」

忄6 **【恰】**(9) 人名 音 コウ 訓 あたかも

筆順

意味 ❶まるで。あたかも。「恰も雨のように降る花」❷ちょうどその時に。あたかも。「時(とき)と恰も八月十五日」 名付 あたか・こう

【恰幅】(かっぷく) からだつき。「—がよい」

参考熟語 恰好(かっこう) 恰度(ちょうど)

忄6 **【恍】**(9) 印標 音 コウ 訓 —

意味 心がひきつけられてうっとりとする。「恍惚(こうこつ)」

【恍惚】(こうこつ) 心をうばわれてうっとりとすること。

忄6 **【恨】**(9) 常用 音 コン 訓 うらむ・うらめしい

筆順

意味 ❶人を憎む。うらむ。うらめしい。また、その心。うらみ。「怨恨(えんこん)・多情多恨」❷残念に思う。うらむ。また、そのような点。うらみ。「恨事・悔恨・恨むらくは(残念なことには)」

参考 ❶は「怨む」「怨み」とも書き、❷は「憾む」「憾み」とも書く。

心6 **【恣】**(10) 常用 音 シ 訓 ほしいまま

筆順

意味 かって気ままにふるまうさま。ほしいまま。「恣意・放恣・権力を恣にする」

【恣意】(しい) 自分だけの気ままな考え。「—的」

忄6 **【恃】**(9) 音 ジ 訓 たのむ

意味 当てにする。たのむ。「矜恃(きょうじ)」

忄6 **【恤】**(9) 音 ジュツ 訓 —

意味 困っている人に同情して金品を与える。「賑恤(しんじゅつ)」

忄6 **【恂】**(9) 音 ジュン 訓 まこと

意味 行き届いた真心。まこと。

心6 **【恕】**(10) 人名 音 ジョ 訓 ゆるす

筆順

意味 ❶思いやり。❷寛大に扱う。ゆるす。「寛恕(かんじょ)」 名付 くに・しょ・じょ・のり・はかる・ひろ・ひろし・みち・ゆき・ゆるす

心6 **【恁】**(10) 音 ジン・イン 訓 —

意味 こんな。そのように。「恁麽(いんも・じんも)(どのように)」

心6 **【息】**(10) 3年 音 ソク 訓 いき・いこう・やむ

筆順

意味 ❶呼吸。いき。また、呼吸する。「嘆息・大息・息切れ」❷生活を続ける。「生息・消息」❸活動をやめて休む。いこう。「休息・姑息(こそく)」❹活動が終わる。やむ。「息災・終息」❺子ども。また、特に、むすこ。そく。「息女・子息・愚息・山田氏の息」❻利子。「利息」 名付 いき・そく・やす

参考 「終息」の「息」は「熄」が書き換えられたもの。

【息災】(そくさい) 健康で無事なこと。「無病—」

【息女】(そくじょ) ①身分の貴い人のむすめ。②相手の人を敬ってその人のむすめをいうことば。

参考熟語 息吹(いぶき) 息子(むすこ・そくし)

心6 **【恥】**(10) 常用 異体 耳4 耻(10)

音 チ 訓 はじる・はじ・はじらう・はずかしい

筆順

意味 ❶はじる。はじらう。はずかしい。また、そのような気持ちにさせるもの。はじ。「恥辱・恥部・羞恥(しゅうち)・破廉恥・名に恥じない」❷世間に対して体裁悪く思う気持ち。はじ。「無恥・恥の上塗り」

【恥辱】(ちじょく) 不名誉になるはずかしめ。「—を受ける」

【恥部】(ちぶ) ①知られたり見られたりされたくない部分。恥となるところ。②陰部。

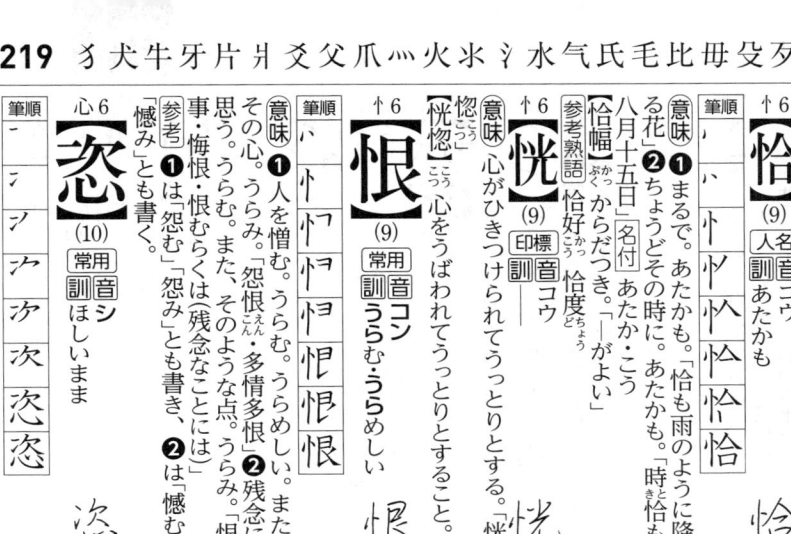

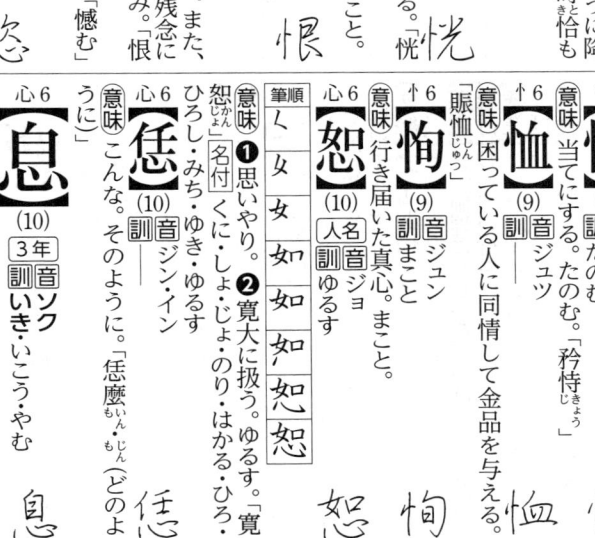

忄6 **【恬】**(9) 音 テン 訓 —

意味 気持ちがさっぱりしていて物事にこだわ

らない。「恬然」

【恬然】(てんぜん) 何ごとにも動じないで平然としているさま。「―とした態度でいる」

【恬淡】(てんたん) 「恬澹」と同じ。

【恬澹】(てんたん) 物事にこだわらず、あっさりしていること。恬淡。「無欲―」

忄6 【恫】(9) 音 ドウ 訓 おどす

意味 大声でおどす。「恫喝(どうかつ)」

【恫喝】(どうかつ) おどしておびやかすこと。

心6 【恙】(10) 音 ヨウ 訓 つつが

意味 ❶けだにの幼虫。つつが虫。つつが虫病病原体を媒介する。つつがむし。つつが。「恙虫(つつがむし)」❷病気などによる災難。つつが。「微恙・恙無い」

心6 【恋】(10) 常用 旧字 心19 戀(23)

音 レン 訓 こう・こい・こいしい

筆順 亠 亣 亣 亦 亦 亦 恋 恋

意味 ❶強く慕う。こう。また、こいしい。「恋愛・恋慕」❷相手を慕う気持ちを持つこと。こい。「失恋・悲恋」

【恋情】(れんじょう) 異性を恋い慕う心。

【恋慕】(れんぼ) 恋い慕うこと。また、恋いこがれること。

【恋恋】(れんれん) ①その異性が恋しくて忘れられないさま。「―たる思い」②地位・職に対するあきらめが悪く、未練がましいさま。「理事職に―とする」

忄6 【恊】▼協 異

忄6 【恠】▼怪 異

心6 【恷】▼休 異

心7 【悪】(11) 3年 旧字 心8 惡(12) 人名

音 アク・オ 訓 わるい・にくむ

筆順 一 亖 亜 亜 亜 悪 悪

意味 ❶道徳・法律的によくない。わるい。また、そのこと。あく。↔善。「悪行・凶悪・悪の道」❷質が劣っている。わるい。「悪貨・悪筆・粗悪」❸相手を快く思わない。にくむ。「悪意・好悪(こうお)」❹好ましい状態ではない。わるい。また、そのこと。あく。「悪戦苦闘・必要悪」

【悪意】(あくい) ①相手に害を与えようとする心。②善意に対して、相手のことをわざと悪く解釈する見方。

【悪縁】(あくえん) ①関係を絶とうとしてもなかなかそうできない男女の仲。②悪い縁。

【悪逆】(あくぎゃく) 倫理にそむいた悪い行い。「―無道」

【悪行】(あくぎょう) 悪い行為。

【悪業】(あくぎょう・あくごう) 前世で行った、仏の教えに背く行い。

【悪食】(あくじき) ふつう食べない変わった物を食べること。

【悪事千里を走る】(あくじせんりをはしる) 悪い行いは隠していてもすぐに世間に知れ渡るということ。

【悪所】(あくしょ) ①道などの、危険だったり険しかったりして進むのが困難な場所。②遊郭のこと。「―通い」

【悪性】㊀(あくしょう) 身持ちが悪いこと。㊁(あくせい) 病気などのたちが悪いこと。

【悪心】㊀(あくしん) 人に危害・損害を加えようとたくらむような悪い心・考え。㊁(おしん) はきけを催すこと。

【悪戦苦闘】(あくせんくとう) 不利な情況の中で非常に苦しい闘いや努力をすること。また、その闘いや努力。

【悪相】(あくそう) ①恐ろしい人相。②不吉な様子。

【悪態】(あくたい) 口ぎたなく人をののしること。「―をつく」

【悪徳】(あくとく) 道徳に反した悪い行い。「―業者」

【悪筆】(あくひつ) 達筆に対して、字がへたなこと。また、そのような字。

【悪名】(あくめい・あくみょう) 悪いという評判。「―高い男」

【悪辣】(あくらつ) たちが悪く、やり方などがあくどいこと。

【悪寒】(おかん) 発熱などによる不快な寒け。注意 「あくかん」と読み誤らないように。

参考熟語 悪戯(いたずら) 悪阻(つわり・おそ)

忄7 【悦】(10) 常用 旧字 忄7 悅(10)

音 エツ 訓 よろこぶ

筆順 丶 忄 忄 忄 怡 悅 悦

意味 希望通りになったりして、うれしく思う。よろこぶ。また、そのこと。「悦楽・満悦・悦に入る(いる)」

名付 えつ・のぶ・よし

4画

忄7 **【悁】**(10) 音 エン 訓 —

意味 心配する。うれえる。「悁悁(えんえん)」

心7 **【患】**(11) 常用 音 **カン** 訓 **わずら**う・うれい・うれえる

筆順 丶 口 吕 吕 串 串 患 患

意味 ❶病気になる。わずらう。また、病気。わずらい。「患者・急患・疾患」❷心配する。うれえる。また、心配ごと。うれい。うれえ。「患難・外患・憂患」

参考 **わずらう**⇩「煩」の[使い分け]。

【患者(かんじゃ)】病気になり医者に治療を受けている人。

忄7 **【悍】**(10) 印標 音 カン 訓 つよい・おぞましい

意味 ❶性質があらあらしく強い。つよい。「悍馬・精悍」❷不快でひどくいやである。おぞましい。

忄7 **【悟】**(10) 常用 音 **ゴ** 訓 **さと**る

筆順 丶 忄 忄 忏 忓 悟 悟 悟

意味 ❶事情や性質がはっきりわかる。さとる。また、そのこと。さとり。「悟性・覚悟・悟りを開く」❷気がつく。さとる。「様子を悟って逃げる」名付 ご・さと・さとし・さとる

【悟性(ごせい)】哲学で、認識した事柄を整理しまとめて、判断したり推論したりする能力。

【悟得(ごとく)】迷いから抜け出して悟りを得て真理を理解すること。

忄7 **【悃】**(10) 音 コン 訓 —

意味 真心。まこと。「悃願(こんがん)(心から願う)」

心7 **【悉】**(11) 人名 音 シツ 訓 ことごとく

筆順 丿 乊 立 乎 釆 悉 悉 悉

意味 ❶あるものすべてに及ぶ。「知悉・詳悉」❷あるものすべて。ことごとく。「悉皆」

【悉皆(しっかい)】あるものすべて。みな。残らず。

忄7 **【悛】**(10) 音 シュン 訓 あらためる

意味 あやまちを正す。あらためる。「改悛(かいしゅん)」

忄7 **【悚】**(10) 音 ショウ 訓 —

意味 びくびくして恐れる。「悚然」

忄7 **【悄】**(10) 音 ショウ 訓 —

意味 元気がなくなる。「悄然」

【悄然(しょうぜん)】しおれて元気のないさま。「孤影—」

参考熟語 悄気(しょげ)る

忄7 **【悌】**(10) 人名 音 テイ 訓 —

筆順 丶 忄 忄 忄 忄 悌 悌

意味 兄弟や長幼の間の仲がよい。「孝悌」

名付 だい・てい・とも・やす・やすし・よし

忄7 **【悩】**(10) 常用 旧字 忄9 惱(12)

音 ノウ 訓 **なや**む・**なや**ます

筆順 忄 忄 忄 忄 忄 悩 悩

意味 精神的に苦しむ、または苦しめる。なやむ。なやます。また、そのような苦しみ。なやみ。「悩殺・苦悩」

【悩殺(のうさつ)】女性が美しさや性的魅力で男性の心をなやますこと。▽「殺」は意味を強めることば。

忄7 **【悖】**(10) 音 ハイ 訓 もとる

意味 道理にそむき逆らう。もとる。「悖徳・悖戻(はいれい)」

参考 (1)「もとる」は「戻る」とも書く。(2)「悖徳」の「悖」は「背」に書き換える。

忄7 **【悗】**(10) 音 バン・ボン 訓 —

意味 ❶ぼんやりする。❷忘れる。

心7 **【悠】**(11) 常用 音 **ユウ** 訓 はるか

筆順 ノ 亻 亻 亻 攸 攸 悠

意味 ❶遠い。はるか。「悠久」❷ゆったりとしている。「悠然・悠悠」名付 ちかし・はるか・ひさ・ひさし・ゆ・ゆう

【悠久(ゆうきゅう)】年月がかぎりなく長く続くこと。

4画

永遠。「—の自然」

【悠然】(ゆうぜん) ゆったりとおちついていてあわてないさま。「—たる態度」

【悠長】(ゆうちょう) 物事が切迫していてものんびりとおちついているさま。「—に構えてはいられない」「—な話」

【悠悠閑閑】(ゆうゆうかんかん) のんびりとおちついているさま。「老後を—と暮らす」▽「閑閑」は「静かでおちついているさま」の意。

【悠悠自適】(ゆうゆうじてき) うるさくめんどうな世俗を避けて、おちついた心で日々を過ごすこと。「—の老人」

忄7 【悒】(10) 音ユウ 訓——
意味 気がふさぐ。うれえる。

忄7 【悧】(10) 音リ 訓——
意味 賢い。「悧巧(りこう)・怜悧(れいり)」
参考 「悧巧」は「利口」に書き換える。

忄7 【悋】(10) 音リン 訓ねたむ
意味 ❶惜しむ。「悋嗇(りんしょく)」❷嫉妬(しっと)する。ねたむ。また、その気持ち。ねたみ。やきもち。「悋気」

【悋気】(りんき) 男女間のねたみ。やきもち。

【悋嗇】(りんしょく) 普通以上に物惜しみをすること。「—家」▽「吝嗇」とも書く。

忄7 【悔】▸悔(旧)

忄8 【惟】(11) 人名 音イ・ユイ 訓おもう・これ・ただ
筆順 丶 忄 … 惟
意味 ❶よく考える。おもう。「思惟(しい・しゆい)」❷調子を整えたり強調したりすることば。これ。それだけ。ただ。❸ 名付 い・これ・ただ・たもつ・のぶ・ゆい・よし

忄8 【悸】(11) 印標 音キ 訓——
意味 恐れて胸がどきどきする。「動悸(どうき)」

忄8 【惧】(11) 常用 音グ 訓おそれる
筆順 丶 忄 … 惧
意味 おそれる。びくびくする。「危惧」
参考 もと懼の異体字。

忄8 【惓】(11) 音ケン 訓——
意味 真心を尽くすさま。ねんごろ。

忄8 【惚】(11) 人名 音コツ 訓のろける・ほれる・ぼける
筆順 丶 忄 … 惚
意味 ❶すばらしさにうっとりする。ほれる。「恍惚(こうこつ)・聞き惚れる」❷異性を恋いしたう。ほれる。「惚れた女」❸その人のすばらしさに感心して好きになる。ほれる。「人柄に惚れる」❹夫・妻・恋人などに関したことを、他の人にうれしそうに話す。のろける。「惚け話」❺頭の働きが鈍くなる。ぼける
参考熟語 惚気(のろけ)

忄8 【惨】(11) 常用 音サン・ザン 訓みじめ・いたむ・むごい
旧字 忄11 慘(14)
筆順 丶 忄 … 惨
意味 ❶いたましい。さん。また、そのように思う。いたむ。「惨憺(さんたん)・悲惨・惨として声なし」❷残酷である。むごい。「惨殺・惨虐(ざんぎゃく)」❸見るに忍びないほどあわれである。みじめ。「惨敗・惨めな姿」

【惨禍】(さんか) 天災・戦災などで受けた無惨な被害。

【惨劇】(さんげき) むごい事件。また、むごい筋書きの芝居。

【惨殺】(ざんさつ) むごいやり方で殺すこと。「—死体」

【惨状】(さんじょう) むごくていたましい状態。

【惨憺】(さんたん) ①ある物事の状態がいたましく、見るにしのびないほどひどいさま。「—たる事故現場」②心をなやまして苦心するさま。「苦心—する」▽「惨澹」「惨胆」とも書く。

【惨敗】(ざんぱい) みじめな負け方をすること。また、そのような負け方。

心8 【惹】(12) 人名 音ジャク 訓ひく
異体 心9 (13)
筆順 艹 … 惹
意味 さそい出す。また、引き起こす。ひく。「惹起・事件を惹き起こす」

4画

【惹起】じゃっき 事件や問題などを引き起こすこと。

忄8【情】(11) 5年
音 ジョウ・セイ　訓 なさけ　旧字 忄8 情(11)

筆順

意味 ❶物事に感じて起こる心の動き。なさけ。じょう。「情熱・心情・懐旧の情」❷思いやり。なさけ。じょう。「同情」❸快・不快などの感情。じょう。「表情・好悪(こうお)の情」❹特定の異性を思う気持ち。じょう。「恋情」❺ほんとうのありさま。じょう。「情報・事情」❻まごころ。「真情・無情」❼おもしろみ。なさけ。「情趣・風情(ふぜい)」 名付 さね・じょう・とも

【情義】じょうぎ 師弟・友人などの間における交遊の真心。「—に厚い人」▽「情誼」の書き換え字。

【情死】じょうし 愛し合う男女がともに自殺すること。

【情実】じょうじつ 公平な判断ができなくなる個人的な感情や義理。「—に訴える」

【情趣】じょうしゅ 物事から受けるしみじみとした味わい。

【情状酌量】じょうじょうしゃくりょう 裁判官が、犯罪人の犯行の気の毒な事情を考えて、その刑罰を軽くすること。

【情勢】じょうせい 物事の様子。▽「状勢」とも書く。

【情操】じょうそう 真理や正義を重んじたり美を愛したりする豊かな心の働き。

【情緒】じょうちょ・じょうしょ ①静かでしみじみとした気持ち。また、その気持ちをおこさせる雰囲気。「—豊か」②刺激されて急激におこる一時的な感情。「—不安定」▽「じょうちょ」は慣用読み。

【情調】じょうちょう ①ロマンチックな趣。「異国—」②感覚の刺激によって生じる快・不快の気分。

【情念】じょうねん ものに感じてわき起こる感情。

【情婦】じょうふ 妻以外で、肉体関係がある女性。

【情理】じょうり 人情と道理。「—を尽くして説く」

忄8【悴】(11)
音 スイ　訓 やつれる・せがれ　異体 忄4 忰(7)

意味 ❶やせ衰える。やつれる。「憔悴(しょうすい)」❷むすこ。せがれ。

参考 「せがれ」は普通「倅」と書く。

忄8【悽】(11)
音 セイ　訓 いたむ

意味 あわれに感じて悲しむ。いたむ。「悽惨・悽愴」

【悽惨】せいさん 見ていられないほど、むごたらしくいたましいこと。▽「凄惨」とも書く。

【悽愴】せいそう 非常にいたましいこと。

忄8【惜】(11) 常用
音 セキ・シャク　訓 おしい・おしむ

筆順

意味 それが失われることを残念に思う。おしむ。また、そうなって残念である。おしい。「惜別・哀惜(あいせき・あいじゃく)」

【惜春】せきしゅん 過ぎ去る春を惜しむこと。

【惜別】せきべつ 別れをつらく残念に思うこと。「—の情」

心8【惣】(12) 人名
音 ソウ　訓 —

筆順

意味 全体として。すべて。そうじて。「惣領・惣菜」 名付 そう・ふさ

参考 「惣・惣菜」などの「惣」は「総」に書き換える。

忄8【惆】(11)
音 チュウ　訓 —

意味 当てが外れてがっかりする。

忄8【悵】(11)
音 チョウ　訓 —

意味 悲しみ嘆く。「悵然」

忄8【悼】(11) 常用
音 トウ　訓 いたむ

筆順

意味 人の死をかなしむ。いたむ。「悼辞・哀悼」

参考 いたむ⇩「痛」の[使い分け]。

【悼辞】とうじ 死者をいたみ悲しむ気持ちを表すことばや文章。

忄8【惇】(11) 人名
音 トン・ジュン　訓 あつい

筆順

意味 情にあつく真心がある。あつい。 名付 あつ・あつし・じゅん・すなお・とし・とん・まこと

心8 【悲】(12) 3年 音ヒ 訓かなしい・かなしむ

筆順

意味 ❶かなしい。また、そのように感じる。かなしむ。「悲壮・悲運」❷仏教で、あわれみの心。「慈悲」

参考 ❶の意味の「かなしい」「かなしむ」は「哀しい」「哀しむ」とも書く。

【悲哀】(ひあい) 悲しさやあわれさの入り混じった感情。

【悲運】(ひうん) 不幸で悲しい運命。参考「非運(ひうん)」は、運が悪いこと。

【悲観】(ひかん) ①物事が望みどおりにならず、気落ちしてしまうこと。②楽観に対して、人生や物事をすべて自分に不利な方向で考えること。「—的」

【悲喜】(ひき) 悲しみと喜び。「—交々(こもごも)至る」

【悲惨】(ひさん) 悲しくいたましいこと。▽「悲酸」とも書く。

【悲愴】(ひそう) 悲しくいたましいさま。

【悲嘆】(ひたん) 悲しみなげくこと。「—に暮れる」▽「悲歎」とも書く。

【悲痛】(ひつう) 心に痛く感じるほど悲しいさま。

【悲憤】(ひふん) 道理に合わないことに出会い、悲しむとともに怒りを感じること。「—慷慨(こうがい)」

忄8 【惘】(11) 音ボウ 訓あきれる

意味 ❶失望して気が抜ける。「惘然(ぼうぜん)(ぼんやりするさま)」❷意外さにひどく驚く。あきれる。

心8 【悶】(12) 印標 音モン 訓もだえる

意味 ひどく悩み苦しむ。もだえる。また、そのこと。もだえ。「悶悶・苦悶・煩悶・身悶え」

【悶死】(もんし) もだえ苦しんで死ぬこと。

【悶絶】(もんぜつ) もだえ苦しんで気絶すること。

【悶着】(もんちゃく) もめごと。争いごと。「一—起こす」

【悶悶】(もんもん) 悩み苦しむさま。「—と日々を過ごす」

心8 【惑】(12) 常用 音ワク 訓まどう

筆順

意味 ❶分別・判断がつかないで困る。まどう。また、そのこと。まどい。「惑乱・当惑」❷よくない方面に心がうばわれる。まどう。「金に惑わされる」❸仏教で、正道のさまたげとなるもの。煩悩(ぼんのう)。「惑障・三惑」

【惑溺】(わくでき) よくない物事に心をうばわれて判断力を失うこと。「酒や女に—する」

【惑乱】(わくらん) 物事に心がまどい乱れること。また、そうさせること。「人心を—する」

心8 【悳】▸徳 異　心8 【惠】▸恵 旧　心8 【惡】▸悪 旧

心9 【愛】(13) 4年 音アイ 訓いとしい・まな・めでる

筆順

意味 ❶かわいいと思う。まな。いとしい。また、かわいがる。めでる。あいする。「愛児・親愛・愛娘(まなむすめ)・花を愛でる」❷異性を思い慕う。あいする。また、その気持ち。あい。「愛欲・恋愛」❸物事を好む。あいする。また、その気持ち。あい。「愛書・愛好」❹かけがえのないものとして、大切に扱う。あいする。「愛護・自愛」名付 あい・あき・さね・ちか・ちかし・なり・なる・のり・ひで・めぐむ・よし・より

【愛玩】(あいがん) 慰みとして動物などをかわいがり大事にすること。「—動物」

【愛顧】(あいこ) 商店や芸人などを客がひいきし引き立てること。「永年(ながねん)の御—」

【愛唱】(あいしょう) 気に入っている歌を好んでうたったり口ずさんだりすること。▽「愛誦」とも書く。

【愛惜】(あいせき・あいじゃく) その物の価値を認めてたいせつにすること。

【愛着】(あいちゃく・あいじゃく) 物事に愛情がわいて、それから離れがたいこと。▽「愛著」とも書く。

【愛別離苦】(あいべつりく) 親・兄弟・夫婦などの愛する人と別れる苦しみ。▽「愛別離＋苦」の語構成。

【愛撫】(あいぶ) その子どもや異性を深く愛してなでかわいがること。

【愛弟子】(まなでし) かわいがって、特別に指導している弟子。

参考熟語 愛敬(あいきょう) 愛蘭(アイルランド)

心9 【意】(13) 3年 音イ 訓おもう・こころ

4画

筆順

意味 ❶心に思う。おもう。また、その気持ち・考え。こころ。い。「意見・任意・悪意・意を尽くす」❷何かしようという気持ち。「意気・意欲」❸ことばや文章が示す内容。い。「意味・大意」

名付 い・おき・おさ・のり・むね・もと・よし

【意外】(いがい) 思っていることと実際とがひどくちがうこと。思いのほか。

【意気軒昂】(いきけんこう) 希望に満ちて、元気盛んなさま。

【意気消沈】(いきしょうちん) がっかりして元気がなくなること。▽「消沈」は「銷沈」の書き換え字。

【意気衝天】(いきしょうてん) 意気込みが天をつくほど盛んなこと。「—の勢い」注意「意気昇天」と書き誤らないように。

【意気投合】(いきとうごう) 互いの気持ちが一致すること。

【意気揚揚】(いきようよう) 得意で元気いっぱいなさま。「—と引き上げる」

【意向】(いこう) その物事を行うについての考え。「相手の—をただす」▽「意嚮」の書き換え字。

【意志】(いし) ある物事をしようとする積極的な考え。

【意思】(いし) なにかをしようと思う気持ち。「—表示」

【意趣】(いしゅ) 人からひどく扱われたことに対する恨み。「—返し(しかえし)」

【意匠】(いしょう) ①趣向。②商品の外観を美しくするために、形・色・模様などにくふうをこらすこと。また、そのくふう。デザイン。

使い分け「いし」

意志…物事をしようとする積極的な意欲。「意志が固い・神の意志・意志薄弱」

意思…何かをしたいと思う考え。ふつう法律で使われる。「承諾の意思がある・意思表示・意思尊重」

【意中】(いちゅう) 心の中に思っていること。心の中。「—を明かす」「—の人」

【意図】(いと) その物事をしようと考えること。また、その考えの内容。

【意馬心猿】(いばしんえん) 欲心が激しく起こってどうにも抑えられないこと。▽駆ける馬や騒ぐ猿をおしとどめることが難しいことにたとえたことば。

【意表を突く】(いひょうをつく) だれもが予想もしないようなことを突然行うこと。

【意味深長】(いみしんちょう) 表面に表れない意味を奥に含んでいるようす。注意「深長」を「慎重」と書き誤らないように。

【意訳】(いやく) 外国語を翻訳するとき、一字一句にこだわることなく、全体の意味をとらえて翻訳すること。▽「直訳」「逐語(ちくご)訳」に対していう。

参考熟語 意気地(いくじ・いきじ)

忄9 **【愕】** (12) 印標 訓音 ガク

意味 びっくりする。おどろく。おどろく。「愕然・驚愕」

【愕然】(がくぜん) 突然のできごとにあって非常に驚くさま。「実情を聞かされて—とする」

心9 **【感】** (13) 3年 訓音 カン

筆順

意味 ❶事柄に接して生じる気持ち。かん。「好感・無常感・感に堪えない」❷強く気持ちが動く。また、刺激を知覚する。かんずる。「感想・感覚」

【感慨】(かんがい) 身にしみて感じる思い。「—をあらたにする」注意「感概」と書き誤らないように。

【感慨無量】(かんがいむりょう) しみじみと感じて胸が一杯になること。

【感泣】(かんきゅう) 深く感激して泣くこと。

【感興】(かんきょう) おもしろみを感じて起こる興味。「—をそそる」

【感受】(かんじゅ) 外界の刺激を受けて強い印象を持ち、それに影響されること。「—性」

【感傷】(かんしょう) ちょっとした物事にも感情が動かされ心を痛めること。また、そういう傾向。「—的」

【感状】(かんじょう) 功績をほめて上位者が与える賞状。

【感嘆】(かんたん) すぐれたものに激しく感心すること。▽「感歎」とも書く。

【感得】(かんとく) 本質・真理を悟り体得すること。

【感服】(かんぷく) 感心して心から敬服すること。

【感冒】(かんぼう) 冷気などにあたって鼻水やせきなどの出る病気。かぜ。「流行性—」

【感銘】(かんめい) 深く感動を受けること。また、その感動。▽「肝銘」とも書く。

【感涙】(かんるい) 深く感動して出る涙。「―にむせぶ」

心9 【愚】(13) 常用 音グ 訓おろか

筆順 冂 日 日 月 禺 禺 禺 愚

意味 ❶知恵が足りず劣っている。おろか。また、そのこと。ぐ。「暗愚・愚の骨頂(こっちょう)」❷自分や自分に関することを謙遜していうことば。ぐ。「愚息・愚、思えらく」

【愚挙】(ぐきょ) 愚かな行い。愚行。

【愚見】(ぐけん) 自分の意見を謙遜していうことば。

【愚考】(ぐこう) 自分の考え、または自分で考えることを謙遜していうことば。

【愚妻】(ぐさい) 自分の妻を謙遜していうことば。

【愚策】(ぐさく) しても効果のない計画。「―を弄(ろう)する」

【愚僧】(ぐそう) 僧が自分のことを謙遜していうことば。

【愚直】(ぐちょく) 正直すぎて気がきかないこと。ばか正直。「―だが、信用に足る」

【愚鈍】(ぐどん) 思考力がにぶく、行動もまが抜けていること。のろま。

【愚民】(ぐみん) おろかな国民。

【愚劣】(ぐれつ) ばかばかしく、くだらないこと。「―な行為」

【愚弄】(ぐろう) 相手をばかにしてからかうこと。

心9 【愆】(13) 音ケン 訓―

意味 過失をおかす。「愆怠(けんたい)(失敗と怠り)」

忄9 【慌】(12) 常用 旧字 忄10 慌 (13)

音コウ 訓あわてる・あわただしい

筆順 忄 忄 忙 忙 忙 怏 慌 慌

意味 あわてる。また、そのようになって落ち着かない。あわただしい。「恐慌」

参考 「あわてる」は「周章てる」とも書く。

忄9 【惶】(12) 音コウ 訓―

意味 恐れかしこまる。また、恐れあわてる。「蒼惶(そうこう)」

参考 「蒼惶」は「倉皇」に書き換える。

心9 【慈】(13) 常用 旧字 心10 慈 (14)

音ジ 訓いつくしむ

筆順 丷 䒑 䒑 玄 玄 玆 兹 慈

意味 かわいがって大事にする。いつくしむ。また、そのこと。いつくしみ。「慈父・慈愛・慈善・恵慈」名付 じ・しげ・しげる・ちか・なり

【慈愛】(じあい) かわいがってたいせつにすること。

【慈雨】(じう) 待ち望んでいたときに降って、農作物などをほどよくうるおす雨。「旱天(かんてん)の―」

【慈悲】(じひ) 苦しみ悩む人に対するあわれみの心。なさけ。「―深い」

【慈父】(じふ) ①思いやりがあって心のやさしい父。②父親を親しんでいうことば。

【慈母】(じぼ) ①思いやりがあって心のやさしい母。②母親を親しんでいうことば。

参考熟語 慈姑(くわい)

心9 【愁】(13) 常用 音シュウ 訓うれえる・うれい

筆順 二 千 禾 利 秒 秋 秋 愁 愁

意味 ものさびしさを感じて、しんみりする。うれえる。また、その気持ち。うれい。「愁傷・郷愁・愁いに沈む」

参考 うれえる⇩「憂」の[使い分け]

【愁色】(しゅうしょく) 心配や悲しみなどが表れた顔つき。

【愁訴】(しゅうそ) ①苦しみや悲しみを嘆き訴えること。②からだの不調を訴えること。

【愁嘆場】(しゅうたんば) 芝居で、悲しみ嘆くしぐさをする場面。▽実生活での悲劇的局面にも言う。

【愁眉を開く】(しゅうびをひらく) 心配がなくなって安心すること。▽「愁眉」は「心配そうにひそめたまゆ」の意。

心9 【惷】(13) 音シュン 訓おろか

意味 鈍くて愚かである。

忄9 【愀】(12) 音ショウ・シュウ 訓―

意味 心配なさま。「愀然(しゅうぜん・しょうぜん)」

忄9 【惴】(12) 音ズイ 訓おそれる

意味 恐れて、びくびくする。「惴恐」

4画

忄9 【惺】(12) 人名 音セイ 訓さとる

筆順 丶 丷 忄 忄日 忄旦 忄旱 惺 惺

意味 はっと悟る。さとる。「惺悟」 名付 あきら・さと・さとし・さとる・しずか

忄9 【愃】(12) 音セン・ケン 訓―

意味 心が広い。

心9 【想】(13) 3年 音ソウ・ソ 訓おもう

筆順 十 木 朩 相 相 相 想 想

意味 ❶心の中でいろいろと思う。おもう。「想像・予想」❷過ぎ去ったことを思い出す。おもう。「追想・回想」❸考え。おもい。そう。「感想・思想・想を練る」

【想起】そうき 過去に経験した事を思い起こすこと。

【想像】そうぞう 実際に経験していないことを、推し量って心にうかべること。

【想定】そうてい ある場面・条件などを仮に考えること。

忄9 【愡】(12) 音ソウ 訓―

意味 せわしいさま。「愡恫(そうどう)」

忄9 【惻】(12) 音ソク 訓いたむ

意味 嘆き悲しむ。いたむ。「惻惻・惻隠」

【惻隠】そくいん 人が困っているのをかわいそうに思って同情すること。「―の情」

【惻惻】そくそく 悲しみ痛ましく感じるさま。「胸に―として迫る」

忄9 【惰】(12) 常用 音ダ 訓おこたる

筆順 丶 忄 忄一 忄ナ 忄左 忄有 惰 惰

意味 ❶なまける。おこたる。「惰弱・怠惰」❷ある状態がそのまま続くこと。「惰力・惰性」

【惰弱】だじゃく いくじがないこと。▽「懦弱」とも書く。

【惰眠】だみん なまけて眠っていること。「―を貪(むさぼ)る（行うべきことをせずに、だらしなく日々を送る）」

心9 【愍】(13) 音ビン 訓あわれむ

意味 かわいそうに思う。あわれむ。「愍然・不愍」

忄9 【愎】(12) 音フク 訓―

意味 強情で人に逆らう。「剛愎(ごうふく)」

忄9 【愉】(12) 常用 旧字 忄9 【愉】(12)

音ユ 訓たのしい・たのしむ

筆順 丶 忄 忄ノ 忄人 忄今 愉 愉 愉

意味 不平・不満がなく喜ばしい。たのしい。また、そのように思う。たのしむ。「愉快・歓愉」

【愉悦】ゆえつ 心から楽しみよろこぶこと。

心9 【愈】(13) 印標 音ユ 訓いよいよ 異体 心9 【兪心】(13)

意味 ❶以前よりもいっそう。いよいよ。「愈知りたくなる」❷とうとう。いよいよ。「愈、君ともお別れだ」

参考 「いよいよ」は「弥」とも書く。

参考熟語 愈愈(いよいよ)

心9 【惱】▸悩㊐　心9 【𢝊】▸憂㊕

心10 【慇】(14) 音イン 訓―

意味 ていねいなこと。「慇懃(いんぎん)」

【慇懃】いんぎん ①礼儀正しくてていねいなこと。「―な態度」②親しい交際。③男女の情交。「―を通ずる」

【慇懃無礼】いんぎんぶれい ①表面はていねいだが、実際は相手を見下していて無礼であること。「―なやり方」②ていねいすぎて、かえって失礼であること。

忄10 【慍】(13) 音ウン 訓―

意味 むっとして、いかる。

忄10 【慄】(13) 常用 音リツ 訓おののく

筆順 丶 丷 忄 忄襾 慄 慄 慄 慄

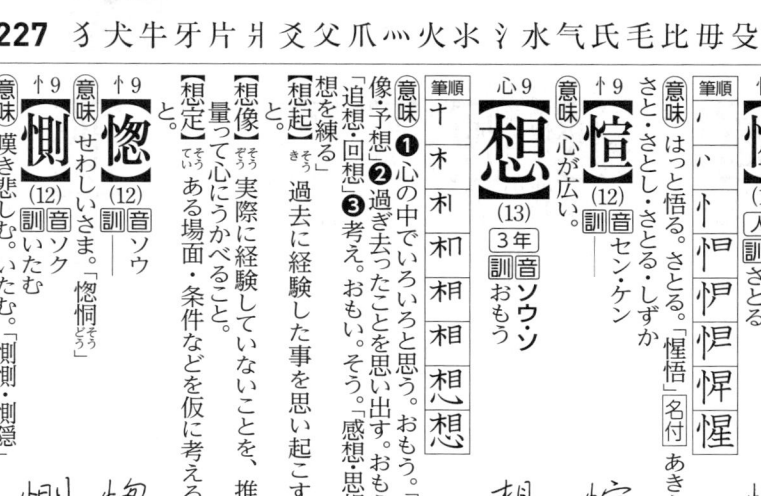

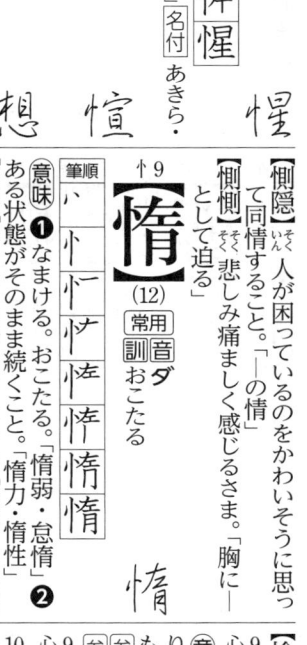

意味 ❶恐れてすくむ。おそれる。おののく。「慄然」❷恐れなどのためにふるえる。おののく。「戦慄」

【慄然】りつぜん 非常に恐ろしくてぞっとするさま。「—として立ちすくむ」

忄10 【慨】(13) 常用 音ガイ 訓なげく 旧字 忄11 慨(14)

筆順 忄 忄 忄ヨ 恨 恨 慨 慨 慨

意味 思うようにならず恨み嘆く。なげく。がいする。「慨嘆・憤慨」

【慨嘆】がいたん いきどおり嘆いて心配すること。▽「慨歎」とも書く。

忄10 【愾】(13) 音ガイ 訓いかる

意味 かっといかる。「敵愾心」

心10 【愨】(14) 音カク 訓—

意味 きまじめであるさま。「愨実かくじつ」

忄10 【愧】(13) 音キ 訓はじる

意味 自分の見苦しさを恥ずかしく思う。はじる。「愧死・愧赧きたん」

忄10 【慊】(13) 音ケン 訓あきたりない

意味 ❶満足しない。あきたりない。❷満足する。

【慊焉】けんえん ①不満に思うさま。②満足に思うさま。

心10 【愿】(14) 音ゲン 訓つつしむ

意味 まじめくさる。つつしむ。「謹愿きんげん」

忄10 【慎】(13) 常用 旧字 忄10 愼(13) 人名

音シン 訓つつしむ・つつましい

筆順 忄 忄 忄 忄 恃 慎 慎 慎 慎

意味 ❶行いに注意する。つつましい。つつしむ。また、そうしようとする気持ち。つつしみ。「慎重しんちょう・謹慎」❷深く敬意を表す。つつしむ。

名付 しん・ちか・のり・まこと・よし

使い分け「つつしむ」

慎む…ひかえる。「身を慎む・酒を慎む・言葉を慎む」

謹む…かしこまる。「謹んで承る・謹んで祝意を表する・謹んでお悔やみ申し上げます」

【慎重】しんちょう 注意深く、軽々しく行動しないこと。「—を期する」注意「深重」と書き誤らないように。

心10 【愬】(14) 音ソ 訓うったえる

意味 不平不満を告げる。うったえる。

忄10 【愴】(13) 音ソウ 訓いたむ

意味 悲しくて心がいたむ。「悲愴ひそう」

心10 【態】(14) 5年 音タイ 訓わざ

筆順 ㇜ ム 育 育 能 能 能 態

意味 ❶物事の様子。「形態・常態・生態」❷身構え。また、ふるまい。「態度・態勢・媚態びたい」❸故意に。わざと。「態態わざわざ・態と負ける」

名付 かた・たい

【態勢】たいせい 物事に対する身構え・準備。「受け入れ—」参考「体勢たいせい」は、物事に対するからだの構え。⇩「体勢たいせい」の[使い分け]。

心10 【慝】(14) 音トク 訓— 正字 心11 慝(15)

意味 内密の悪事。隠し事。

小10 【慕】(14) 常用 音ボ 訓したう 旧字 小11 慕(15)

筆順 艹 苷 苩 莫 莫 慕 慕 慕

意味 ❶なつかしく思う。また、その人に思いを寄せる。したう。「慕情・恋慕・母を慕う」❷尊敬して見習おうとする。したう。「敬慕・学風を慕う」

名付 ぼ・もと

【慕情】ぼじょう 恋いしたう気持ち。

心10 【慂】(14) 音ヨウ 訓—

意味 そうするよう誘う。「慫慂しょうよう」

忄10 [慱]▸博(異)

心10 [慈]▸慈(旧)

心11 【慰】(15) 常用 音イ 訓なぐさめる・なぐさむ

筆順 ㇆ コ 尸 尸 屄 尉 尉 慰

4画

意味 ❶心を安らかにさせる。なぐさめる。また、そのこと。なぐさめ。「慰安・慰問・弔慰・慰め顔」❷悲しみ・不満などがなくなって心が晴れる。なぐさむ。また、そのこと。なぐさみ。「慰み物」

名付 い・のり・やす

【慰安】(いあん) 心を慰めて、安らかにさせること。

【慰謝料】(いしゃりょう) 自由・名誉などを不法に侵害されたとき、それによって生ずる精神的損害に対して支払われる賠償金。▽「慰藉料」の書き換え字。

【慰問】(いもん) 見舞いなぐさめること。

【慰留】(いりゅう) 地位や職業を退こうとする人をなだめて思いとどまらせること。「部下の辞任を―する」

【慰霊】(いれい) 死者の霊を慰めること。「―祭」

忄11 【慣】(14) 5年 音 カン 訓 なれる・ならす・ならわす

筆順 忄 忄ㄇ 忄毌 忄毌 忄貫 慣 慣 慣

意味 ❶たびたび経験して、なれる。また、そのようにさせる。ならす。「慣用・慣熟」❷いつもそうすることになっている。ならわす。また、そのような事柄。ならわし。「慣習・旧慣・いい慣わす・昔の慣わし」名付 かん・みな

参考 ❷の「ならわし」は「習わし」とも書く。

【慣行】(かんこう) 古くからならわしとして行われていること。また、そのようなならわし。

【慣熟】(かんじゅく) その物事に慣れてじょうずになること。

【慣例】(かんれい) ならわし。しきたり。「―に従う」

心11 【慶】(15) 常用 音 ケイ 訓 よい・よろこぶ

筆順 广 户 庐 声 声 應 慶 慶

意味 ❶めでたく思う。けいする。よろこぶ。また、めでたい事柄。よろこび。「慶弔・同慶・御慶(ぎょけい)」❷めでたい。よい。「きょうの慶き日にあたり」名付 けい・ちか・のり・みち・やす・よし

【慶祝】(けいしゅく) めでたいこととして喜び祝うこと。慶賀。

【慶弔】(けいちょう) 喜び祝うべき事柄と、悲しみとむらうべき事柄。慶事と弔事。

忄11 【慷】(14) 音 コウ 訓 ―

意味 怒り嘆く。「慷慨」

【慷慨】(こうがい) 世の不正を怒り嘆くこと。「悲憤―」

心11 【慧】(15) 人名 旧字 心11 【慧】(15) 音 ケイ・エ 訓 さとい

筆順 彐 丰 丰彐 丰丰 彗 彗 慧 慧

意味 理解力があって賢い。さとい。また、その理解力。「慧眼・智慧(ちえ)」名付 あきら・え・けい・さと・さとし・さとる

参考 「智慧」は「知恵」に書き換える。

【慧眼】(けいがん) 物事の本質を見抜くするどい力。

心11 【慙】(15) 音 ザン 訓 はじる 異体 忄11 【慚】(14)

意味 面目なくて恥ずかしく思う。はじる。「慙死・慙愧(ざんき)・無慙」

【慙愧】(ざんき) 自分の行いを深く後悔し恥じること。「―に堪えない」

心11 【慫】(15) 音 ショウ 訓 ―

意味 物事をするように勧める。「慫慂(しょうよう)」

【慫慂】(しょうよう) そばから誘いかけて勧めること。「知事選への立候補を―する」▽「慂」も「勧める」の意。

忄11 【慴】(14) 音 ショウ 訓 おそれる

意味 恐れおののく。「慴伏」

忄11 【慯】(14) 音 ショウ 訓 ―

意味 憂える。

忄11 【憎】(14) 常用 旧字 忄12 【憎】(15) 人名 音 ゾウ 訓 にくむ・にくい・にくらしい・にくしみ

筆順 忄 忄丷 忄㓁 忄曲 忄曾 憎 憎 憎

意味 ❶非常にきらう。にくむ。また、その気持ち。にくしみ。「憎悪(ぞうお)・愛憎」❷気に入らず、非常にいやである。にくい。にくらしい。

【憎悪】(ぞうお) 激しく憎みきらうこと。「―の念」

注意 「ぞうあく」と読み誤らないように。

忄11 【慥】(14) 音 ゾウ 訓 たしか

4画

意味 ❶まちがいがなくてしっかりしている。たしか。「慥かな話」❷調べてはっきりさせる。たしかめる。
参考 多く「確か」「確かめる」と書く。

忄11 【慱】(14) 音 タン 訓 ―
意味 憂える。「慱慱(たんたん)」

忄11 【慟】(14) 音 ドウ 訓 なげく
意味 大声で嘆き悲しむ。「慟哭(どうこく)」
【慟哭】(どうこく) ひどく悲しんで大声で泣きさけぶこと。▽「哭」は「声をあげて泣く」の意。

忄11 【慓】(14) 音 ヒョウ 訓 ―
意味 気性がきつくて、すばやい。「慓悍(ひょうかん)」

忄11 【慢】(14) 常用 音 マン 訓 あなどる・おこたる
筆順 忄 … 慢 慢
意味 ❶なまける。おこたる。「慢然・怠慢」❷他の人をばかにし、自分を誇る。あなどる。「慢心・自慢・高慢」❸進み方が遅い。「慢性・緩慢」
【慢心】(まんしん) 思い上がること。また、その心。
【慢性】(まんせい) 急には悪くならないが、長びいてなかなか治らないような、病気の状態。

心11 【憂】(15) 常用 略字 心9 ⿱一⿱自心(13)
音 ユウ 訓 うれえる・うれい・うい
筆順 一 … 憂 憂
意味 ❶心配し悲しむ。うれう。うれえる。また、その心配。うれえ。うれい。「憂慮・憂国・杞憂(きゆう)・内憂外患・後顧の憂い」❷悲しみ。うれい。「憂愁」❸思うままにならずつらい。うし。うい。「憂き世」

使い分け「うれえる」
憂える…悪いことが起こらないかと、心配する。「国を憂える・後顧の憂い・子供の将来を憂える・病状を憂える」
愁える…悲しさや寂しさから、心を痛める。「友の死を愁える・愁いに沈む」

【憂鬱】(ゆううつ) 気持ちが沈んで、はればれしないこと。
【憂国】(ゆうこく) 自分の国のことを心配すること。
【憂愁】(ゆうしゅう) 憂い。悲しみ。「―の色が濃い」
【憂色】(ゆうしょく) 心配そうな顔つき。「―をたたえる」
【憂慮】(ゆうりょ) 心配して気づかうこと。「―すべき事件」

忄11 【慵】(14) 音 ヨウ 訓 ―
意味 心に張りがなくて、ものうい。

心11 【慾】(15) 音 ヨク 訓 ―
意味 物をほしがる心。よく。また、特に、限度を越えて物をほしがる心。「慾心・慾情・食慾」
参考 「慾・名誉慾・大慾・性慾・愛慾・強慾・物慾・無慾・色慾・食慾」などの「慾」は「欲」に書き換える。

心11 【慮】(15) 常用 音 リョ 訓 おもんぱかる
筆順 ⺊ … 慮 慮
意味 深く考える。おもんぱかる。また、その考え。おもんぱかり。「慮外・思慮・遠慮」名付 のぶ・りょ
【慮外】(りょがい) ①思いがけないこと。意外。「―のできごと」②無礼。失礼。「―ながら一言申し述べます」

忄11 〔慘〕▶惨 旧
忄11 〔慨〕▶慨 旧
忄11 〔慚〕▶慙 異
心11 〔憇〕▶憩 異
心11 〔慝〕▶慝 正

心12 【憙】(16) 音 キ 訓 よろこぶ
意味 喜ぶ。よろこぶ。

心12 【憖】(16) 音 ギン 訓 なまじ・なまじい
意味 ❶願う。❷かえって。また、不十分なさま。なまじい。なまじ。

心12 【憩】(16) 常用 音 ケイ 訓 いこい・いこう 異体 心11 憇(15)
筆順 ニ 千 舌 舌 … 憩 憩
意味 休息する。いこう。また、休息して自由な時間を楽しむこと。いこい。「休憩・小憩・憩

4画

いの一時（ひととき）」名付 けい・やす

心12 【憲】(16) 6年 音 ケン 訓 のり 旧字 心12 憲(16)

筆順 宀 宀 宇 害 害 害 害 憲

意味 ❶基本のおきて。のり。「憲法」❷警察活動をつかさどる役人。「憲兵」名付 あきら・かず・けん・さだ・ただし・ただす・とし・のり

憲

忄12 【憬】(15) 常用 音 ケイ 訓 あこがれる

筆順 丶 忄 忄 忄 怛 憬 憬 憬

意味 ❶気がつく。❷あこがれる。「憧憬（しょうけい）」

名付 けい

憬

忄12 【慳】(15) 音 ケン 訓 —

意味 ❶惜しむ。「慳貪（けんどん）」❷むごい。「邪慳」

【慳貪（けんどん）】①無慈悲なこと。②けちで、欲深いこと。注意「慳貧」と書き誤らないように。

慳

忄12 【憔】(15) 音 ショウ 訓 やつれる

意味 やせ衰える。やつれる。「憔悴（しょうすい）」

【憔悴（しょうすい）】病気・心配・苦労などのためにやせ衰えること。注意「しょうそつ」と読み誤らないように。

憔

忄12 【憚】(15) 印標 音 タン 訓 はばかる

意味 ❶遠慮する。はばかる。また、遠慮。はばかり。「忌憚・他聞を憚る」❷気ままにふるまう。はばかる。「憎まれっ子、世に憚る」❸便所のこと。はばかり。

憚

忄12 【憧】(15) 常用 音 ショウ・ドウ 訓 あこがれる

筆順 忄 忄 忄 忙 愔 憧 憧 憧

意味 得たいと思って強く望む。あこがれる。また、その気持ち。あこがれ。「憧憬（しょうけい）・憧れの的」

名付 しょう・どう

【憧憬（しょうけい・どうけい）】あこがれること。「—をいだく」▽「どうけい」は慣用読み。

憧

心12 【憊】(16) 音 ハイ 訓 つかれる

意味 疲れる。つかれる。「困憊（こんぱい）」

憊

心12 【憑】(16) 印標 音 ヒョウ 訓 つく

意味 ❶よりどころとして頼む。「信憑性（しんぴょうせい）」❷悪霊・魔物などが乗り移る。つく。「憑依・狐憑（きつねつ）き」

【憑依（ひょうい）】悪霊や魔物などが人に乗り移ること。

憑

忄12 【憫】(15) 印標 音 ビン 訓 あわれむ

意味 かわいそうに思う。あわれむ。「憫察・憐憫（れんびん）」

【憫察（びんさつ）】相手を尊敬して、その人が自分の事情を思い察してくれることをいうことば。「御—を乞（こ）う」

憫

忄12 【憮】(15) 音 ブ 訓 —

意味 失望してぼんやりとすること。「憮然」

注意「撫（ぶ）（なでる）」と書き誤らないように。

【憮然（ぶぜん）】落胆してぼんやりするさま。「—たる表情」

憮

忄12 【憤】(15) 常用 音 フン 訓 いきどおる・むずかる 旧字 忄13 憤(16)

筆順 忄 忄 忄 忭 怦 愭 憤 憤

意味 ❶嘆き・恨みのために激しく怒る。いきどおる。また、その気持ち。いきどおり。「悲憤・公憤」❷ふるい立つ。「発憤」❸幼児が泣いたりすねたりする。むずかる。

【憤慨（ふんがい）】不正などに対して激しく憤ること。注意「憤概」と書き誤らないように。

【憤激（ふんげき）】不正などに対して激しく怒ること。「人々の—を買う」注意「噴激」と書き誤らないように。

【憤然（ふんぜん）】激しく怒るさま。「—として席を立つ」▽「忿然」とも書く。

【憤怒（ふんぬ・ふんど）】激しく怒ること。「—の形相（ぎょうそう）」▽「忿怒」とも書く。

【憤懣（ふんまん）】激しく怒っていらいらすること。「—やる方ない」▽「忿懣」とも書く。

憤

忄12 〔憎〕▼憎 旧

忄12 〔憐〕▼憐 異

忄13 **【憐】**(16) 人名 音 レン 訓 あわれむ 旧字 忄12 憐(15)

筆順

意味 ❶かわいそうに思う。あわれむ。また、その気持ち。あわれみ。「憐情・憐愍(れんびん)・同病、相憐れむ」❷かわいがる。あわれむ。「可憐」

【憐察(れんさつ)】相手を思いやって推察すること。

【憐愍(れんびん)】気の毒な人をかわいそうに思うこと。憐憫。「—の情」▽「愍」も「あわれむ」の意。 注意 「りんびん」と読み誤らないように。

【憐憫(れんびん)】「憐愍」と同じ。

忄13 **【懌】**(16) 音 エキ 訓 —

意味 しこりがなくなって心が晴れる。

忄13 **【懊】**(16) 音 オウ 訓 なやむ

意味 悩み苦しむ。「懊悩」

【懊悩(おうのう)】激しく悩み苦しむこと。 注意 「おくのう」と読み誤らないように。

忄13 **【憶】**(16) 常用 音 **オク** 訓 おぼえる・おもう

筆順

意味 ❶思いやる。また、考える。おもう。「憶念・追憶」❷心に留めて忘れない。おぼえる。「記憶」

名付 おく

参考 「憶説・憶測」などの「憶」は「臆」が書き換えられたもの。

【憶説(おくせつ)】想像や仮定によって述べるいいかげんな意見。▽「臆説」の書き換え字。

【憶測(おくそく)】想像でいいかげんに推測すること。また、その推測。▽「臆測」の書き換え字。

忄13 **【懐】**(16) 常用 旧字 忄16 懷(19) 人名

音 **カイ** 訓 **ふところ・なつ**かしい・**なつ**かしむ・**なつ**く・**なつ**ける・いだく・おもう

筆順

意味 ❶心に思う。おもう。また、その思い。おもい。「述懐」❷昔のことに心を引かれて慕わしい。なつかしい。また、なつかしむ。「追懐」❸慣れ親しむ。なつく。また、そうして従わせる。なつける。「懐柔」❹衣服と胸の間の部分。ふところ。「懐中」❺❹に入れて持つ。いだく。

名付 かい・かね・きたす・たか・ちか・つね・もち・やす

【懐疑(かいぎ)】うたがいをいだくこと。「—的」

【懐古(かいこ)】昔の事柄を思い出してなつかしむこと。懐旧。「—の情」

使い分け「かいこ」

懐古…昔のことをなつかしむこと。なつかしい気持ちに重点がある。「学生時代を懐古する・懐古の情」

回顧…以前のことを思い返すことで、なつかしく思っているとは限らない。「芸能界のこの一年を回顧する・回顧録」

【懐柔(かいじゅう)】自分の思うようにするために、相手を手なずけて従わせること。「—策」

【懐妊(かいにん)】みごもること。子をはらむこと。懐胎。▽「懐姙」とも書く。

忄13 **【懈】**(16) 音 カイ・ケ 訓 おこたる・だるい

意味 ❶なまけて怠る。おこたる。「懈怠(けたい・かいたい)」❷からだを動かすのがつらい。だるい。

忄13 **【憾】**(16) 常用 音 **カン** 訓 うらむ

筆順

意味 残念に思う。うらむ。また、不満な点。うらみ。「遺憾・憾むらくは(残念なことには)」

心13 **【懃】**(17) 音 キン・ギン 訓 —

意味 細かく心を尽くすさま。「慇懃(いんぎん)」

心13 **【懇】**(17) 常用 音 **コン** 訓 **ねんごろ**

筆順

意味 ❶親しい。ねんごろ。「懇意・懇親・昵懇(じっこん)」❷親切でていねいである。ねんごろ。「懇切・懇篤」❸心からそうするさま。「懇願・懇望」❹男女が親しくつきあうさま。ねんごろ。「懇ろになる」

名付 こん

【懇意(こんい)】互いに親しい間柄であること。「父が—にしている医者」

【懇願(こんがん)】事情を説明して、熱心に頼み願うこと。

【懇懇】こんこん よくわかるようにていねいに説明し教えるさま。「―とさとす」

【懇請】こんせい 礼をつくして熱心に頼むこと。

【懇切】こんせつ 気を配って非常に親切でていねいなこと。「―丁寧」

【懇望】こんぼう・こんもう 熱心に願い望むこと。

【懇話】こんわ 互いにうちとけて話し合うこと。「―会」

忄13 【懆】(16) 音 ソウ 訓 ―
意味 悩んで落ち着かない。

心13 【⿱椿心】(17)〈国字〉 音 ― 訓 たまつばき
意味 たまつばき。▽歌舞伎の外題げだいに用いる字。

忄13 【憺】(16) 音 タン 訓 やすらか
意味 心が落ち着いているさま。やすらか。「憺憺たんたん」

心13 【懋】(17) 音 ボウ 訓 ―
意味 心をこめて努力する。

忄13 【懍】(16) 音 リン 訓 おそれる
意味 危ぶみ恐れる。「懍然」

心13 〔應〕▼応 旧

忄13 〔憤〕▼憤 旧

忄14 【懦】(17) 音 ダ 訓 よわい
意味 気力がなくて弱々しい。よわい。「懦弱・懦夫」

【懦弱】だじゃく ①意志が弱くていくじがないこと。②からだが弱いこと。▽「惰弱」とも書く。

心14 【懲】(18) 常用　旧字 心15 懲(19) 人名
音 チョウ 訓 こりる・こらす・こらしめる
筆順 彳 … 徴 懲
意味 相手を責めしかって二度としないようにさせる。こらす。こらしめる。また、ひどいめにあって二度としまいと思う。こりる。「懲役ちょうえき・懲罰・勧善懲悪・羹あつものに懲りて膾なますを吹く(一度の失敗でいやになってひどくおじけづくことを形容することば)」

【懲戒】ちょうかい 不正・不当な行いをした者に罰を加えて戒めること。「―処分」

【懲罰】ちょうばつ 戒めるために不正・不当な行いをした者に罰を与えること。また、その罰。

心14 【懣】(18) 音 マン・モン 訓 もだえる
意味 怒りでもだえる。「憤懣ふんまん」

心15 〔懲〕▼懲 旧

忄15 〔懺〕▼懺 異

心16 【懸】(20) 常用 音 ケン・ケ 訓 かける・かかる
筆順 目 … 県 … 懸
意味 ❶ささえとめて落ちないようにする。かける。また、そのようになる。かかる。「懸案・懸賞・懸念けねん・懸け橋・優勝が懸かる」❷まっすぐに下がる。また、まっすぐに下がっていて険しい。「懸垂・懸崖がい」❸遠く隔たっている。「懸絶・懸隔」
名付 けん・とお
参考 かかる⇨「掛」の[使い分け]。

【懸想】けそう 異性に思いをかけること。恋すること。

【懸念】けねん 気がかりで不安に思うこと。

【懸案】けんあん 以前から問題になっていながら、まだ解決のついていない問題や議案。

【懸河】けんが 流れの非常にはやい川。「―の弁(すらすらとよどみなく話すこと)」

【懸崖】けんがい ①切り立った険しいがけ。②枝が根よりも下に下がる形に作った盆栽ぼんさい。「―づくりの菊」

【懸隔】けんかく 二つの物の間や両者の力の程度などがかけはなれていること。

【懸垂】けんすい 鉄棒にぶら下がり、腕を曲げたり伸ばしたりしてからだを上下すること。

【懸命】けんめい 自分の持っている力のすべてを出して努力すること。「一所―」

忄16 【懶】(19) 音 ラン 訓 おこたる・ものうい
意味 ❶めんどうに思っておこたる。「懶惰らんだ」❷けだるい。ものうい。

【懶惰】らんだ 物事をすることをめんどうに思ってなまけること。注意「らいだ」と読み誤らないように。

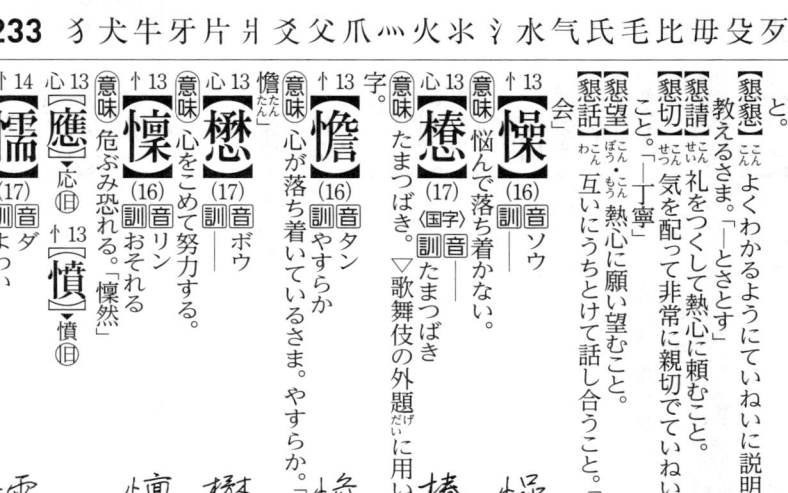

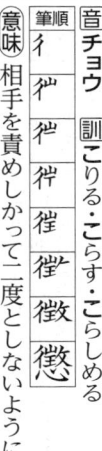

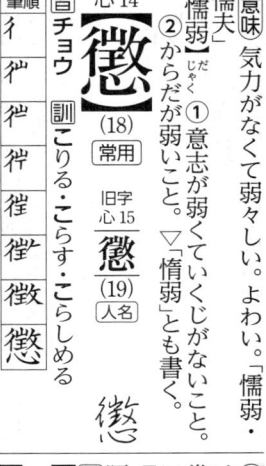

忄16【懷】▸懐㊐

忄17【懽】(20) 音カン 訓―― 正字 忄18 懽(21)
意味 喜ぶ。「懽娯(かんご)」

忄17【懺】(20) 印標 音ザン 訓くいる 異体 忄15 懴(18)
意味 罪を後悔して許しを求める。くいる。「懺悔」
【懺悔】(ざんげ・さんげ) 自分がおかした過去のあやまちや罪悪を神仏などに告白して、悔い改めること。

心18【懿】(22) 音イ 訓――
意味 立派である。また、美徳。「懿徳(いとく)」

忄18【懼】(21) 印標 音ク 訓おそれる
意味 心配して恐れる。おそれる。「恐懼(きょうく)・危懼(きぐ)」

忄18【懾】(21) 音ショウ 訓おそれる
意味 恐れておびえる。おそれる。「懾伏」

忄18【懽】▸懽㊣

心19【戀】▸恋㊐

戈 の部 ほこづくり ほこがまえ

戈0【戈】(4) 音カ 訓ほこ
意味 両刃の剣に長い柄をつけた武器。ほこ。「干戈・戈(ほこ)を収める(戦闘・攻撃をやめる)」
参考 「ほこ」は「矛」とも書く。
参考熟語 戈壁(ゴビ)

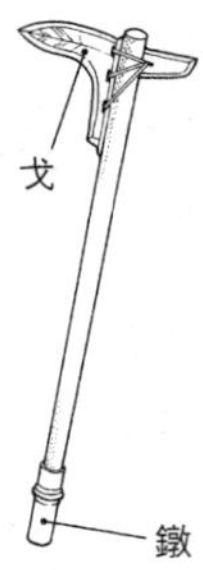

戈

戈1【戉】(5) 音エツ 訓まさかり
意味 まさかり。
参考 似た字(戉・戊・戌・戍)の覚え方。「土のうえ(戊)に、犬(戌)一匹で人まもる(戍)、斧(戉)振り上げりゃ、ボウ(戊)ジュツ(戌)ジュ(戍)エツ(戉)」「立てばうち(伐)、すわれば守る(戍)人と戈、土(戊)に一ひく犬(戌)の影かな」

戈1【戊】(5) 人名 音ボ 訓つちのえ
筆順 ノ 厂 戊 戊 戊
意味 十干(じっかん)の第五番め。五行では土、方角では中央、時刻では午前四時およびその前後二時間にあてる。つちのえ。「戊申(ぼしん・つちのえさる)」
名付 さかる・しげ・しげる
参考 似た字(戉・戊・戌・戍)の覚え方⇩「戉」を見よ。

戈2【戍】(6) 音ジュ 訓まもる
意味 国境を守る。まもる。また、国境の警備兵。まもり。「衛戍病院」
参考 似た字(戉・戊・戌・戍)の覚え方⇩「戉」を見よ。

戈2【戎】(6) 音ジュウ 訓えびす
意味 ❶野蛮人のこと。えびす。「戎狄(じゅうてき)(野蛮人)」❷兵士。「戎馬(軍馬)」

戈2【戌】(6) 印標 音ジュツ 訓いぬ
意味 十二支の第十一番め。動物では犬、方角では西北西、時刻では午後八時およびその前後二時間にあてる。いぬ。「戌亥(いぬい)」
参考 似た字(戉・戊・戌・戍)の覚え方⇩「戉」を見よ。

戈2【成】(6) 4年 旧字 戈3 成(7)
音セイ・ジョウ 訓なる・なす
筆順 ノ 厂 万 成 成 成
意味 ❶できあがる。なる。「成長・成仏(じょうぶつ)・完成」❷作り上げる。なす。「成功・成就(じょうじゅ)・養成・産を成す」❸組み立てられている。なる。「七章から成る小説」
名付 おさむ・さだ・さだむ・しげ・しげる・じょう・せい・なり・なる・はかる・ひで・ふさ・まさ・みのる・よし
【成就】(じょうじゅ) ①物事ができあがること。また、物事を成し遂げること。②望みがかなうこと。「大願―」 注意 「せいじゅ」と読み誤らないように。
【成算】(せいさん) 物事を行うときの成功の見込み。
【成績】(せいせき) 仕事や学業・試験などのできぐあい。

4画

注意 「成積」と書き誤らないように。

【成敗】 一 せいばい ①処罰すること。「喧嘩(けんか)両―」②さばくこと。裁判。 二 せいはい 成功と失敗。「―は時の運」

【成否】せいひ 物事が成功するか失敗するか。成功と失敗。

戈3 【我】(7) 6年 音 ガ 訓 われ・わ

筆順 ノ 二 千 手 我 我 我

意味 ❶自分をさし示すことば。われ。また、自分のこと。が。「自我・彼我」❷自分に属することを表すことば。わが。「我流・我田引水・我輩(わがはい)」❸自分に執着するかってな考え。が。「我意・我慢・我(が)が強い」

【我意】いが 自分勝手な考え・気持ち。「―を通す」

【我執】がしゅう 自分中心のせまい考え。

【我田引水】がでんいんすい 自分の利益になるように取り計らうこと。「―の議論」▽「自分の田に水を引き入れる」の意。

【我利】がり 自分だけの利益。「―我欲」

【我流】がりゅう 正統のやり方に合っていない、その人独特のやり方。自己流。

戈3 【戒】(7) 常用 音 カイ 訓 いましめる

筆順 一 二 ナ 开 戒 戒 戒

意味 ❶注意を与えたりこらしめたりする。いましめる。また、そのための注意・教えやこらしめ。かい。いましめ。「戒告・戒名(かいみょう)・訓戒・自戒」❷悪いことが起きないように用心する。いましめる。「警戒・戒厳令」

参考 「戒・戒告・訓戒」などの「戒」は「誡」が書き換えられたもの。また、「教戒」の「戒」は「誨」が書き換えられたもの。

【戒厳令】かいげんれい 戦時や非常事態のとき、全国あるいは一地区を軍隊が警備して治安の維持に当たることを宣告する政令。

【戒告】かいこく ①公務員などに対する処分の一つ。注意をいい渡すもの。②行政上の義務を履行するよう督促する通知。③いい渡して失敗などを厳重にいましめること。▽「誡告」の書き換え字。

【戒律】かいりつ ①僧や尼が守らなければならない規範。②おきて。

戈3 〔成〕▶成(旧)

戈4 【戔】(8) 音 セン・サン 訓 ―

意味 少ない。また、小さい。

戈4 【或】(8) 人名 音 ワク 訓 ある・あるいは

筆順 一 一 ロ 𠮛 亘 或 或 或

意味 ❶または。あるいは。「土曜日或いは日曜日」❷一様でない同類の事物を列挙するときのことば。あるいは。「或いは山へ、或いは海へ行く」❸不定の事物を示すことば。ある。「或る日」

名付 もち・わく

〔哉〕▶口6

〔栽〕▶木6

戈5 〔战〕▶戦(略)

戈7 【戛】(11) 音 カツ 訓 ― 異体 戈8 【戞】(12)

意味 金属・石が触れ合う音を表すことば。「戛戛(かつかつ)」

戈8 【戟】(12) 人名 音 ゲキ 訓 ほこ

筆順 一 十 吉 卓 𠦝 戟 戟 戟

意味 ❶両側に枝状の刃のついたほこ。ほこ。「剣戟」❷刺す。「刺戟」

参考 「刺戟」の「戟」は「激」に書き換える。

戈7 【戚】(11) 常用 音 セキ 訓 うれえる

筆順 ノ 厂 厂 斥 戚 戚 戚

意味 ❶みうち。親類。「親戚・外戚」❷心配して悲しむ。うれえる。「休戚(喜びと悲しみ)」

名付 いた・ちか

〔裁〕▶衣6

戈8 〔戞〕▶戛(異)

戈9 【戡】(13) 音 カン 訓 ―

意味 戦いに勝つ。「戡定(かんてい)」

戈9 【戦】(13) 4年 音 セン 訓 いくさ・たたかう・おののく

旧字 戈12 **戰** (16) 人名
略字 戈5 **战** (9)

筆順

意味 ❶武力・威力によって相手と撃ち合う。たたかう。また、たたかい。いくさ。「戦争・戦術・決戦・苦戦・論戦・戦(いく)さの庭(戦場)」❷試合や競争で勝とうとして張り合う。たたかう。また、たたかい。「リーグ戦・名人戦・宣伝戦」❸恐ろしかったりしてふるえる。おののく。また、おののき。「戦慄(せんりつ)・戦戦恐恐・恐怖に戦く」

使い分け「たたかう」
戦う…武力・実力で争う。「敵軍と戦う・決勝戦を戦う・選挙で戦う」
闘う…困難や障害などに勝とうとする。闘争する。「労使が闘う・難病と闘う・貧困と闘う」

【戦意】(せんい) 敵と戦おうとする意気込み。「―喪失」

【戦雲】(せんうん) 戦争が始まりそうな険悪なけはい。「―低く垂れこめる」

【戦火】(せんか) ①戦争によって引き起こされた火事。②戦争のこと。「―を交える」

【戦禍】(せんか) 戦争によるわざわい・被害。

【戦記】(せんき) 戦争の経過やありさまを書いた記録。

【戦塵】(せんじん) ①戦争によってひき起こされた世の中の混乱。「―を避ける」②戦場に立ちのぼる砂ぼこり。

【戦戦恐恐】(せんせんきょうきょう) よくない状態になりはしないかと思って恐れびくびくするさま。▽「戦戦兢兢」の書き換え字。

【戦端】(せんたん) 戦争・競技などのきっかけ。「―を開く」

【戦乱】(せんらん) 戦争が起こってその地域が混乱すること。「―の巷(ちまた)」

【戦慄】(せんりつ) 非常に恐ろしくてふるえること。「―をおぼえる」

【戦列】(せんれつ) ①戦闘に参加する部隊の列。「―を離れる」②戦いのために団結している組織のたとえ。

参考熟語 戦慄(おのの)く・戦(わなな)く

[載]▼車6

戈10 **【截】** (14) 印標 音 サイ・セツ 訓 きる・たつ

意味 物を勢いよく断ち切る。きる。たつ。「截然(せつぜん・さいぜん)・断截(だんせつ)」

【截然】(せつぜん・さいぜん) 物事の区別がはっきりとしているさま。「―たる違い」▽「さいぜん」は慣用読み。

【截断】(せつだん) 物を断ち切ること。注意「さいだん」と読み誤らないように。

截

戈11 **【戯】** (15) 常用
旧字 戈13 **戲** (17) 人名

音 ギ・ゲ 訓 たわむれる・ざれる・たわける

筆順

意味 ❶遊び興ずる。たわむれる。「遊戯・児戯」❷ふざけたり冗談をいったりする。ざれる。たわける。たわむれる。また、そのような軽い気持ちで物事をすること。ざれ。たわけ。たわむれ。「戯画・戯作(げさく)・悪戯(いたずら)・戯(たわむ)れの恋」❸芝居。「戯曲」

【戯作】(げさく) 慰みとして戯れに文章・作品などを書くこと。また、そうして作った作品。「―者」

戯

戈11 **【戮】** (15) 印標 音 リク 訓 ころす

意味 ❶むごたらしく殺す。ころす。「殺戮」❷人と力を合わせる。「戮力」

戮

戈12 [戰]▼戦(旧)

戈13 **【戴】** (17) 常用 音 タイ 訓 いただく

筆順

意味 ❶頭の上に物を載せる。また、頭上に高く差し上げる。いただく。「戴冠・不俱戴天(ふぐたいてん)」❷敬ってその人に仕える。いただく。「推戴・奉戴・主君として戴く」❸物をもらうこと。また、何かをしてもらうことをへりくだっていうことば。いただく。「戴き物・批評して戴く」❹食べる・飲むをへりくだっていうことば。いただく。

戴

戈13 [戲]▼戯(旧)

戈14 **【戳】** (18) 音 タク 訓 ―

戳

4画

意味 突く。

戶 の部 とかんむり とだれ

戸0
【戸】(4)
2年 音 コ 訓 と・へ
旧字 戶0 戶(4)

筆順 一 ヿ ヨ 戸

意味 ❶家の出入り口。また、そこのとびら。と。「戸外・門戸・戸口(とぐち)」❷家。へ。「戸籍・戸数」❸飲む酒の分量。「上戸(じょうご)・下戸(げこ)」❹家の数を表すことば。 名付 いえ・こ・と・ひろ

【戸籍】(こせき) 夫婦を中心にその家族の氏名・本籍・生年月日・続柄(つづきがら)などを示した、公式の帳簿。「―抄本」

参考熟語 戸惑(とまど)う

戸3
【戻】(7)
常用 旧字 戶4 戾(8)
音 レイ・ライ 訓 もどす・もどる・もとる

筆順 一 ヿ ヨ 戸 戸 戸 戻

意味 ❶道理にそむく。もとる。「背戻・暴戻」❷もとの場所・状態・所有者などに返す。もどす。また、そのようになる。もどる。「返戻・借りた物を戻す」❸引き返させる。もどす。また、引き返す。もどる。「家に戻る」

参考 ❶の「もとる」は「悖る」とも書く。

戸4
【所】(8)
3年 音 ショ 訓 ところ
旧字 戶4 所(8)

筆順 一 ヿ ヨ 戸 戸 所 所 所

意味 ❶物のある位置・地位。また、物事が行われる空間。ところ。「場所・名所・余所(よそ)」❷住んでいる地域や家。ところ。「住所・所番地(ところばんち)」❸特定の仕事をする施設・機関。「役所・便所(べんじょ)・事務所」❹動作・作用の内容を表すことば。ところ。「所感・所得・所謂(いわゆる)・聞く所によれば」❺事物の特定の部分。ところ。「悪い所がない」❻受け身を表すことば。「所載・所化(しょけ)」 名付 しょ・ど・ところ

参考 ❶〜❸は「処」とも書くことがある。

【所轄】(しょかつ) 支配・管理すること。また、その権限の範囲。「―の警察署」

【所感】(しょかん) ある物事によって引き起こされた、その物事についての感想。「年頭―」

【所管】(しょかん) そこで管理し取り扱うこと。また、その権限の範囲。「―官庁」

【所期】(しょき) そうなるだろうと期待すること。「―の目的を達成する」

【所業】(しょぎょう) 「所行」と同じ。

【所行】(しょぎょう) ふるまい。所業。「けしからぬ―」

【所見】(しょけん) ①それを見て得た感想・考え。「診断による―」②考えている意見。

【所作】(しょさ) ①ふるまい。また、身のこなし。「品のある―」②歌舞伎(かぶき)で、おもに長唄(ながうた)を伴奏としてする踊りまたは舞踊劇のこと。所作事(しょさごと)。

【所在】(しょざい) ①そのものがある所。また、その人がいる所。「責任の―」②すること。「―がない」

【所産】(しょさん) 行為・活動によって作り出されたもの。「研究の―」

【所信】(しょしん) 自分が信ずるところ。信念。「―表明」

【所蔵】(しょぞう) 自分の物としてしまって持っていること。また、その品物。「―の品」

【所存】(しょぞん) その物事について持っている考え・意見。

【所定】(しょてい) 形式として決まっていること。「―の用紙」

【所望】(しょもう) ほしいと望むこと。また、その品物。

【所与】(しょよ) 前提として与えられている、または存在すること。また、そのようなもの。「―の条件」

【所用】(しょよう) ①入り用。②用事。「―で外出する」

【所要】(しょよう) その物事に必要であること。「―時間」

参考熟語 所為(せい) 所以(ゆえん) 所縁(ゆかり・しょえん)

戸4
【房】(8)
常用 音 ボウ 訓 ふさ
旧字 戶4 房(8)

筆順 一 ヿ ヨ 戸 戸 戸 房 房

意味 ❶家。また、へや。「山房・冷房・厨房(ちゅうぼう)」❷寝室。「房事・閨房(けいぼう)」❸僧の住むへや。また、そこに住む僧。「僧房」❹へやのように区切られたもの。「子房」❺糸をたばねて先端を散らした飾り。また、たれさがって袋の形をしたもの。ふさ。「乳房(ちぶさ)・ぶどうの房」 名付 お・のぶ・

4画

ふさ・ぼう

〔肩〕▶肉4

戸4〔戾〕▶戸㊐

戸5【扁】(9) 印標 音ヘン 訓ひらたい　異体 戸5 扁(9)

意味 ❶小さい。「扁舟（へんしゅう）」❷平らで薄い。ひらたい。「扁平・扁桃腺（へんとうせん）」

【扁平（へんぺい）】ひらたいこと。「―足」▽「偏平」とも書く。

戸6【扇】(10) 常用 音セン 訓おうぎ・あおぐ　旧字 戸6 扇(10)

筆順 一 ㇇ ⺕ 戸 戸 房 扇 扇

意味 ❶風を起こす道具。おうぎ。また、風を起こす。あおぐ。「扇子（せんす）・扇風機・団扇（うちわ）」❷人をおだてて悪いことをさせる。「扇動・扇情」

名付 せん・み

参考 (1)❶の「あおぐ」は「煽ぐ」とも書く。(2)「扇動・扇情」などの「扇」は「煽」が書き換えられたもの。

【扇情（せんじょう）】情欲を起こさせること。「―的なポーズ」▽「煽情」の書き換え字。

【扇動（せんどう）】人の気持ちをあおり立てて、あることをするようにしむけること。「民衆を―する」▽「煽動」の書き換え字。

戸7【扈】(11) 音コ 訓したがう　正字 戸7 扈(11)

意味 身分の高い人の供をする。したがう。「扈従（こじゅう・こしょう）」

戸8【扉】(12) 常用 音ヒ 訓とびら　旧字 戸8 扉(12)

筆順 一 ㇇ ⺕ 戸 戸 扉 扉 扉

意味 ❶開き戸式の戸。ドア。とびら。「門扉」❷書物で、見返しの次にある、書名などを書くページ。とびら。 名付 とびら・ひ

〔雇〕▶隹4

手（扌）の部　て　てへん

扌0【才】(3) 2年 音サイ・ザイ 訓―

筆順 一 十 才

意味 ❶生まれつきの能力・働き。ざえ。さい。また、その能力のある人。「才能・才子・天才・語学の才」❷年齢を表すときに、俗に「歳」の代わりに用いる字。 名付 さい・とし

【才媛（さいえん）】①知恵や学問がすぐれている若い女性。②文学の才能がある女性。

【才覚（さいかく）】①頭のすばやい働き。「―がある人」②くふうして金銭を借り集めること。「―がつく」

【才気煥発（さいきかんぱつ）】頭の働きが鋭く、非常にすぐれていること。注意「才気換発」と書き誤らないように。

【才子（さいし）】頭の働きが鋭くてすぐれた能力のある人。「―多病」▽抜けめのない人を言うこともある。

【才色兼備（さいしょくけんび）】女性が、才能がすぐれていて顔かたちも美しいこと。

【才知（さいち）】すぐれた頭の働き。▽「才能と知恵」の意。「才智」とも書く。

手0【手】(4) 1年 音シュ・ス 訓て・た

筆順 ノ 二 三 手

意味 ❶腕から先の部分。また、器物の、人が持つための部分。て。「手芸・手足（しゅそく・てあし）・徒手・落手・取っ手」❷自分で行うこと。また、手で持つこと。「手記・手製（てせい）・手綱（たづな）」❸あるわざにすぐれている人。「名手・上手（じょうず）」❹その仕事・行為をする人。また、その仕事。て。「選手・運転手・好敵手・手数（てかず・てすう）」❺物事を処理する方法や能力。て。「手段・奥の手」 名付 しゅ・た・て・で

【手交（しゅこう）】公式の文書などを直接に渡すこと。

【手跡（しゅせき）】書かれてある文字。筆跡。▽「手蹟」の書き換え字。

【手沢本（しゅたくぼん）】①前の所有者が愛読して手あかのついた書物。②死んだ人が生前愛読していた書物。

【手練（てだれ）】一 熟練（しゅれん）した腕前。「―の早わざ」二 武術・技芸がすぐれていること。また、そ

のような人。▽「手足れ」とも書く。㊂(てれん) 人をだます手際。手管(てくだ)。

【手腕】(しゅわん) すぐれた腕前。「―をふるう」

【手綱】(たづな) 馬をあやつるために、轡(くつわ)につけて手にもつ綱。「―を締める(勝手な行動をしないように、きびしくする)」

【手水】㊀(ちょうず) ①手や顔を洗い清めるための水。②便所のこと。手水場。㊁(てみず) もちつきで、うすの中のもちをこねる人が手につける水。

【手鑑】(てかがみ) ①手本。模範。②文字のうまい昔の人の筆跡を集めて書物としたもの。

【手練手管】(てれんてくだ) 人をだまし、自分の思うようにその人を使うてぎわ。

【手風琴】(てふうきん) アコーディオンのこと。

参考熟語 手弱女(たおやめ) 手斧(ちょうな・ておの) 手薬煉引(てぐすねひ)く 手古摺(てこず)る 手子摺(てこず)る 手伝(てつだ)う 手巾(ハンカチ・ハンケチ)

扌1
【扎】(4)
音 サツ 訓 ―
意味 ❶抜き出す。❷ふだ。

扌2
【扖】(5) 〈国字〉
音 ― 訓 さがす
意味 さがす。

扌2
【打】(5) 3年
音 ダ・チョウ 訓 うつ・ダース・ぶつ
筆順 一 十 扌 扌 打
意味 ❶たたく。ぶつ。うつ。「打倒・安打・本塁打」❷ある行為をする。ぶつ。うつ。「打算・打電・碁を打つ」❸動詞の上につけて、意味を強めたり語調を整えることば。ぶっ。うち。「打開・打ち続く」❹十二個を一組みとして数えるときのことば。ダース。「半打(六個)」。
参考 うつ⇨「討」の〔使い分け〕。
【打開】(だかい) 行きづまった状態を解決すること。「窮状を―する」 注意 「打解」と書き誤らないように。
【打診】(だしん) ①医者の診断法の一つ。指先や打診器で患者の胸や背をたたいて、その音で内臓の状態を判断すること。②相手と交渉する前に相手の考え・気持ちをさぐること。「前もって―する」
【打破】(だは) ①攻撃して負かすこと。②悪い習慣や考え方をやめさせること。「封建制を―する」
【打撲】(だぼく) 体を強く打ちつけること。また、激しく打ったりなぐったりすること。「―傷」
【打擲】(ちょうちゃく) 人をなぐること。
参考熟語 打棄(うっちゃ)る

扌2
【払】(5) 常用
旧字 扌5 拂(8) 人名
音 フツ・ホツ 訓 はらう
筆順 一 十 扌 払 払
意味 ❶不必要な物を取り除く。はらう。また、すっかりなくなる。「払底・払拭(ふっしょく)・払子(ほっす)・厄払い」❷代金を渡す。はらう。また、そのこと。「支払い」❸行き渡らせる。はらう。「敬意を払う」
【払暁】(ふつぎょう) 夜明け方。
【払拭】(ふっしょく・ふっしき) 悪い物事をすっかり除き去ること。「旧弊を―する」
【払底】(ふってい) 物がすっかりなくなって不足すること。「人材が―する」

扌3
【扞】(6)
音 カン 訓 ―
意味 逆らう。「扞格(かんかく)(互いにこばみ合うこと)」

扌3
【扱】(6) 常用
旧字 扌4 扱(7)
音 キュウ 訓 あつかう・こく・しごく
筆順 一 十 扌 扐 扱 扱
意味 ❶物を手で使う。あつかう。また、そのやり方。あつかい。「取り扱い」❷担当して処理する。あつかう。「事務を扱う」❸人を待遇する。あつかう。また、そのもてなし。あつかい。「罪人扱い」❹手でかき落とす。こく。「稲を扱く」❺きびしく訓練する。しごく。

扌3
【扣】(6)
音 コウ 訓 ―
意味 差し引く。「扣除」
参考 「扣除」の「扣」は「控」に書き換える。

扌3
【扛】(6)
音 コウ 訓 ―
意味 持ち上げる。担ぎ上げる。「扛秤(ちぎ・ちぎばかり)(江戸時代、重い物をはかったさおばかり)」

【扠】扌3 (6) 音サ 訓さて

意味 ところで。さて。「扠又(さてまた)・扠、どうしたものか」

参考「扨」「偖」とも書く。

扠

【扨】扌3 (6) 〈国字〉 音— 訓さて

意味 ところで。さて。「扨、話は変わりますが」

参考「扠」「偖」とも書く。

扨

【托】扌3 (6) 人名 音タク 訓—

筆順 一 十 扌 扌 扌 托

意味 ❶たよりとして頼む。たくする。「委托・一蓮托生(いちれんたくしょう)」 ❷手に物をのせる。また、物をのせる台。「茶托」

【托鉢(たくはつ)】僧が経を唱えながら鉢(はち)を持って家々をまわり、米や金銭をもらうこと。 注意「たくはち」と読み誤らないように。

托

【找】扌4 (7) 音カ 訓—

意味 舟をこぐ。

找

【技】扌4 (7) 5年 音ギ 訓わざ

筆順 一 十 扌 扌 扌 扐 技

意味 物事をやり遂げる腕前。ぎ。わざ。「技術・技能・競技・妙技・技神(ぎしん)に入る」 名付 あや・き・ぎ・わざ

技

使い分け「わざ」

技…腕前。技術・技芸。格闘技などで相手を負かすための動作。「技を磨く・技を競う・技に切れがある・柔道の技・投げ技・必殺技」

業…行い。しわざ。仕事。「人間業ではない・神業・至難の業・物書きを業とする・業物」

【技巧(ぎこう)】効果をあげるための技術上のくふう。「―をこらす」 注意「枝巧」と書き誤らないように。

【技能(ぎのう)】腕前。「特殊―」▽「伎能」とも書く。

【技量(ぎりょう)】すぐれた能力。手腕。「―を発揮する」▽「技倆」の書き換え字。「伎倆」とも書く。

【抂】扌4 (7) 音キョウ 訓—

意味 乱れる。

抂

【抉】扌4 (7) 印標 音ケツ 訓えぐる

意味 刃物などを差し込んで回して穴をあける。えぐる。「剔抉(てっけつ)・肺腑(はいふ)を抉る」

参考「えぐる」は「剜る」「剔る」とも書く。

抉

【抗】扌4 (7) 常用 音コウ 訓あらがう

筆順 一 十 扌 扌 扩 抗

意味 逆らって張り合う。こうする。あらがう。「抗議・抗戦・抵抗・抗ヒスタミン剤」

【抗告(こうこく)】裁判所の決定・命令に対する不服を上級の裁判所に申し立てること。

【抗争(こうそう)】逆らって相手と争うこと。

【抗弁(こうべん)】相手の考えや論に逆らって自分の考えや論の正しさをいい張ること。

抗

【抒】扌4 (7) 印標 音ジョ 訓のべる

意味 思いを打ち明ける。のべる。「抒情」

参考「抒情」の「抒」は「叙」に書き換える。

抒

【承】手4 (8) 6年 音ショウ 訓うけたまわる・うける

筆順 フ 了 孑 孑 手 手 承 承

意味 ❶意志を受け入れる。うける。うけたまわる。「承知・承諾・委細承りました」 ❷受け継ぐ。うける。「承前・伝承・起承転結」 ❸「聞く」を謙遜していうことば。うけたまわる。「御意見を承りたい」 名付 うけ・こと・しょう・すけ・つぐ・よし

【承引(しょういん)】聞き入れて引き受けること。承諾。

【承前(しょうぜん)】あとに来る文章の文頭につけて前文を受け継いでいることを表すことば。

【承服(しょうふく)】相手のいい分を聞き入れて、それに従うこと。「―できない」▽「承伏」とも書く。

承

【抄】扌4 (7) 常用 音ショウ 訓すく・すくう

筆順 一 十 扌 扌 扌 抄 抄

意味 ❶抜き書きする。しょうする。また、抜

抄

き書きしたもの。しょう。「抄本・抄訳・詩抄」❷本に注釈をつける。また、注釈書。「論語抄」❸本を書き写す。しょうする。「手抄」❹紙を作る。しょうする。すく。「抄造・手抄き」❺液体などを汲み取る。すくう。❻容量の単位。一抄(しょう)は一勺の十分の一。しょう。

参考 ❶~❸は「鈔」とも書く。❹の「すく」は「漉く」とも書く。

【抄本】(しょうほん) ①原本となる書類から抜き書きして作った書類。「戸籍—」②ある書物から抜き書きして作った、別の書物。▽「鈔本」とも書く。

【抄訳】(しょうやく) 原文の一部を選び出して翻訳すること。また、その翻訳。▽「全訳」「完訳」に対していう。

【抄録】(しょうろく) 書物から必要な部分を抜き書きして写すこと。また、その書き写したもの。

扌4

【折】(7)

4年 音 セツ・シャク 訓 おる・おり・おれる

筆順 一 十 扌 扌 扩 折

意味 ❶曲げる。おる。また、曲がる。おれる。「屈折・曲折」❷くじける。また、くじく。「折衝・挫折(ざせつ)」❸分ける。「折半・折衷」❹あやまちを責める。「折檻(せっかん)」❺死ぬ。「夭折(ようせつ)」❻季節。また、時期。おり。「折節(おりふし)」 名付 おり・せつ

【折本】(おりほん) 和本で、横に長くつぎ合わせた紙を端から折りたたみ、綴(と)じないで装丁した本。習字の手本や仏教の経本に多い。

【折伏】(しゃくぶく) 悪人や迷いのある人を説き伏せて仏の教えに導くこと。

【折檻】(せっかん) きびしくいさめて叱ること。▽前漢の成帝が朱雲(しゅうん)の強いいさめに怒り、朝廷から引きずり出そうとしたが、朱雲は出されまいと檻(てすり)につかまったため、その檻が折れたという故事から。

【折衝】(せっしょう) 利害が対立する相手と交渉すること。また、その交渉。▽「敵が突いてくるほこ先をくじき止める」の意。注意「接衝」と書き誤らないように。

【折衷】(せっちゅう) 二つ以上の物事の利点を取り入れて調和のある別のものにすること。「二つの議案を—する」▽「折中」とも書く。

【折半】(せっぱん) 金や品物などを二等分して平等に受け持つこと。注意「切半」と書き誤らないように。

参考熟語 折敷(おしき) 折角(せっかく) 折へぎ板

扌4

【抓】(7)

音 ソウ 訓 つねる・つまむ

意味 ❶指先で皮膚を強くひねる。つねる。❷指先ではさんで持つ。つまむ。「鼻抓み」❸きつね・たぬきなどが人をばかす。つまむ。

参考 ❷の「つまむ」は、「撮む」「摘む」とも書く。

扌4

【択】(7)

常用 音 タク 訓 えらぶ

旧字 扌13 擇(16)

筆順 一 十 扌 扌 扌 択 択

意味 目的に合うよいものを選び出す。えらぶ。「採択・選択・二者択一(たくいつ)」 名付 えらむ・たく

扌4

【投】(7)

3年 音 トウ 訓 なげる

筆順 一 十 扌 扌 扔 投 投

意味 ❶物をほうる。とうずる。なげる。「投石・投下・投手」❷必要とするところに提供する。とうずる。「投稿・投薬」❸うまく合う。とうずる。「投合・好みに投ずる」❹あきらめてやめる。なげる。「投降」❺とどまる。とうずる。「投宿」❻つけ入る。とうずる。「投機」❼野球の、投手・投球のこと。「暴投・投飛」 名付 とう

【投函】(とうかん) 郵便物をポストに入れること。▽「函」は「手紙を入れる箱」の意。

【投棄】(とうき) 大量の物を捨てること。「海上—」

【投機】(とうき) ①成功すれば大きな利益となることを見込んで物事をすること。「—的」②相場の変動による差額の利益を得るために行う取り引き。

【投稿】(とうこう) 原稿を新聞社・雑誌社などに送ること。また、その原稿。

【投降】(とうこう) 敵に降参すること。「—の白旗」

【投獄】(とうごく) ろうやに入れること。

【投宿】(とうしゅく) 旅館にとまること。

【投書】(とうしょ) 新聞社・役所などに、意見・苦情などを書いた文書を送ること。また、その文書。

【投身】(とうしん) 高所より身を投げること。「—自殺」

【投擲】(とうてき) 物を遠くに投げること。「—競技」

【投了】(とうりょう) 碁・将棋で、一方が負けたことを認

めて勝負をやめること。

参考熟語 投網(とあみ)

扌4 **【抖】** (7) 音 トウ 訓 —

意味 身ぶるいする。

抖

扌4 **【把】** (7) 常用 音 ハ 訓 たば・とる

筆順 一 十 扌 扌 扌 扌 把

意味 ❶手でつかむ。とる。また、その部分。「把手(はしゅ・とって)・把握・銃把」❷たばねたもの。たば。また、それを数えることば。「は」と読む。「十把一からげ(じっぱひとからげ)」名付 とる・は

【把握】(はあく) 内容などをしっかりと理解すること。

把

扌4 **【抜】** (7) 常用 旧字 扌5 拔 (8) 人名

音 バツ 訓 ぬく・ぬける・ぬかす・ぬかる

筆順 一 十 扌 扌 扌 扐 抜

意味 ❶引っ張り出す。また、そうして除く。ぬく。「抜刀・抜本」❷離れてなくなる。ぬける。「抜け目」❸選び出す。ぬく。「抜粋・選抜」❹水準より高い。また、他よりすぐれている。「抜群・奇抜・海抜」❺突き通す。ぬく。また、そのようになる。ぬける。「踏み抜く」名付 ばつ・やはず 注意「抜郡」と書き誤らないように。

【抜群】(ばつぐん) 特にすぐれていること。

【抜山蓋世】(ばつざんがいせい) 山を引き抜くほどの力と、世間をおおいつくすほどの気力。「―の雄(ゆう)」▽力があって気力が雄大なことを形容することば。

【抜粋】(ばっすい) 書物や作品の中から必要部分を抜き出すこと。また、その抜き書き。▽「抜萃」の書き換え字。

【抜擢】(ばってき) 多くの者の中から特にすぐれた人を選び出して重要な役目につけること。

【抜本】(ばっぽん) 悪いことの根本原因を除くこと。「―的」

【抜本塞源】(ばっぽんそくげん) 悪いことを引き起こす根本の原因を取り除いて弊害が再び起こらないようにすること。▽「塞源」は「おおもとをふさぐ」の意。

抜

扌4 **【批】** (7) 6年 音 ヒ 訓 —

筆順 一 十 扌 扌 扌 批 批

意味 ❶比べて、よいわるいを決める。「批判・批評・高批」❷上奏した文書を君主が認める。「批准」

【批准】(ひじゅん) 外国との条約で、国家が条項を確認して最終的に同意すること。また、その手続き。注意「批準」と書き誤らないように。

【批正】(ひせい) 批判して誤りを正すこと。「御―を乞う」

批

扌4 **【扶】** (7) 常用 音 フ 訓 たすける

筆順 一 十 扌 扌 扌 扶 扶

意味 力の弱い者の世話をする。たすける。「扶養・扶助・扶持(ふち)・家扶」名付 すけ・たもつ・ふ・もと

【扶助】(ふじょ) 力を添えて助けること。「相互―」

【扶桑】(ふそう) 日本の別名。▽昔、中国で東方の海の、日の出るところにあるといわれた神木の名から。

【扶養】(ふよう) 自分で独立して生計を営むことができない人を養うこと。「―家族」

扶

扌4 **【扮】** (7) 印標 音 フン 訓 —

意味 身なりを装う。また、劇で、俳優がある登場人物になる。ふんする。「扮装」

扮

扌4 **【抃】** (7) 音 ベン 訓 うつ

意味 手をたたく。うつ。

抃

扌4 **【抔】** (7) 音 ホウ 訓 すくう・など・なんど

意味 ❶手で汲(く)み取る。すくう。❷例示するときに用いることば。なんど。など。

参考 ❷の意味の「など」「なんど」は「等」とも書く。

抔

扌4 **【扼】** (7) 音 ヤク 訓 —

意味 ❶押さえて締めつける。やくする。「扼殺・切歯扼腕」❷要点・要所を押さえる。やくする。「海峡を扼する要衝の地」

【扼殺】(やくさつ) 手で首をしめて殺すこと。

扼

4画

扌4
【抑】(7)
常用 音 ヨク 訓 おさえる・そもそも

抑

筆順 一 † 扌 扌 扌 抑 抑

意味 ❶押さえて自由にさせない。おさえる。また、その力。おさえ。「抑圧・抑揚」❷前に述べたことを受けて次を説き起こすときのことば。そもそも。「抑、私がいいたいことは」❸その物事の始め。そもそも。「抑の理由」名付 あきら・よく

使い分け「おさえる」

抑える…内部からもり上がってくるものをとめる。「物価を抑える・怒りを抑える・反乱を抑える」

押さえる…動かないように重みをかける。「手で押さえる・弱点を押さえる・財産を押さえる」

【抑圧】よくあつ おさえつけて自由を奪うこと。「言論を―する」

【抑鬱】よくうつ 心が晴れないこと。また、そうした感情。

【抑止】よくし 物事が限度を越えないようにおさえつけて、やめさせること。「―力」

【抑制】よくせい 物事が程度を越さないように、おさえてやめさせること。「感情を―する」

【抑揚】よくよう ①音楽や話し方などで、音や声の調子を上げたり下げたりすること。②文章の起伏。

【抑留】よくりゅう ①強制的にその場所にとどめておくこと。②特に、敗戦国の人々を戦勝国内に一時とどめておくこと。「捕虜を―する」

参考熟語 抑抑そもそも

扌4【扱】▸扱(旧)

扌4【抛】▸拋(異)

扌5
【押】(8)
常用 音 オウ 訓 おす・おさえる

押

筆順 一 † 扌 扌 扣 扣 押 押

意味 ❶圧して自由に動けないようにする。おす。おさえる。また、そのようにして他を従わせる力。おし。おさえ。「押収・押送・病気を押して出席する」❷力を加えて判の型をつける。おす。また、書き判。「押印・花押・判を押す」❸おす。詩で、韻を踏む。「押韻」❹動かそうとして力を加える。おす。「押しあける」名付 おう

参考 おさえる⇩「抑」の〔使い分け〕。

使い分け「おす」

押す…力を加えて動かす。上から力を加える。「車を押す・ボタンを押す」

推す…推薦・推量の意。「彼を会長に推す・あの様子から推すと・推し量る」

【押韻】おういん 詩歌で、句や行の末尾や初めに、同一または類似の音の語をくり返すこと。

【押収】おうしゅう 裁判所や税務署が法律にもとづいて証拠の品や財産をとりあげること。

【押送】おうそう 罪人を警護しながらよそに送ること。

【押捺】おうなつ 印判を押すこと。押印。

【押領】おうりょう 他人の物をむりやりに奪って自分の物とすること。横領。「財産を―する」

扌5
【拐】(8)
常用 異体 扌5 拐(8)
音 カイ 訓 かどわかす・かたる

拐

筆順 一 † 扌 扌 扣 扣 拐 拐

意味 ❶人の金品をだまし取る。かたる。「拐帯」❷だまして連れ出す。かどわかす。「誘拐」

参考「かどわかす」は「勾引かす」とも書く。

【拐帯】かいたい あずかった金品を持ったまま行方をくらますこと。「公金―」

扌5
【拡】(8)
6年 旧字 扌15 擴(18)
音 カク 訓 ひろげる

拡

筆順 一 † 扌 扌 扩 扩 拡 拡

意味 広くする。ひろげる。また、広くなる。「拡大・拡散・軍拡・拡声器」名付 かく・ひろ・ひろし・ひろむ

【拡散】かくさん ひろがって散らばること。

【拡充】かくじゅう 組織・設備などをひろげ、内容を充実させること。

【拡張】かくちょう 規模・範囲をひろげて大きくすること。

扌5
【拑】(8)
音 カン 訓 つぐむ

拑

意味 口を閉じる。つぐむ。「拑口(かんこう)」

扌5
【拒】
(8) 常用 音 キョ 訓 こばむ
旧字 扌5 拒 (8)

筆順 一 十 扌 扎 扩 扩 拒 拒

意味 相手からの申し出や働きかけをことわる。こばむ。「拒否・拒絶」

【拒否(きょひ)】頼み・要求をことわること。拒絶。

扌5
【拠】
(8) 常用 音 キョ・コ 訓 よる
旧字 扌13 據 (16)

筆順 一 十 扌 扌 扨 扨 拠 拠

意味 それを成立のもととする。よる。また、もととなるもの。「拠点・占拠・本拠・証拠(しょうこ)・拠り所」

【拠点(きょてん)】ある活動の足場となる重要な根拠地。

扌5
【拘】
(8) 常用 音 コウ 訓 かかわる・こだわる・とらえる

筆順 一 十 扌 扌 扚 拘 拘 拘

意味 ❶つかまえてとどめておく。とらえる。「拘束・拘留」❷必要以上に気にする。かかわる。こだわる。「拘泥(こうでい)」❸強く関係する。かかわる。「雨にも拘らず」

【拘禁(こうきん)】つかまえて、とじこめておくこと。監禁。

【拘置(こうち)】刑事被告人や死刑のいい渡しを受けた者などを監獄または拘禁所にとどめておくこと。

【拘泥(こうでい)】気持ちがとらわれて、こだわること。

【拘留(こうりゅう)】刑の一種。一日以上三十日未満の期間、留置場にとどめておく刑。

扌5
【招】
(8) 5年 音 ショウ 訓 まねく

筆順 一 十 扌 扌 扨 招 招 招

意味 ❶人を誘って呼び寄せる。まねく。「招待・招来」❷ある状態をもたらす。まねく。「招き猫・危険を招く」 名付 しょう

【招集(しょうしゅう)】会議などを開くために招き集めること。参考「召集(しょうしゅう)」は、上位者が呼び集めること。

使い分け「しょうしゅう」

招集…呼びかけて招き集めること。広く使う。「会議を招集する・役員に招集をかける」

召集…公的な立場で下位の者を呼び出し集めること。「召」は上位の人が呼び寄せるの意。「召集令状・国会を召集する」

【招請(しょうせい)】頼んですぐれた人に来てもらうこと。「—した科学者」

【招待(しょうたい)】客として招いてもてなすこと。参考「紹待」と書き誤らないように。

注意 覚え方「糸で合わせて(紹)、手(扌)でまねく(招)」

【招致(しょうち)】人を招いて来てもらうこと。

【招聘(しょうへい)】礼儀を尽くして人を招くこと。「教授に—する」

【招来(しょうらい)】①外国から伝わってくること。「仏教の—」②外国人を外国から招き寄せること。

扌5
【抻】
(8) 音 シン 訓 —

意味 引き伸ばす。

扌5
【拙】
(8) 常用 音 セツ 訓 つたない・まずい

筆順 一 十 扌 扎 扑 扑 拙 拙

意味 ❶へたである。せつ。まずい。つたない。また、そのこと。せつ。↔巧。「拙劣・巧拙・稚拙・拙の拙なるもの」❷自分のことをへりくだっていうことば。せつ。「拙者」

【拙作(せっさく)】①へたな作品。②謙遜して自分の作品をいうことば。

【拙策(せっさく)】①まずい計画・方法。②へりくだって自分の立てた計画をいうことば。

【拙僧(せっそう)】僧がへりくだって自分をいうことば。

【拙速(せっそく)】巧遅(こうち)に対して、でき上がりがへたでも仕事が速いこと。「—主義」

【拙宅(せったく)】謙遜して自分の家をいうことば。

【拙著(せっちょ)】つたない著作。自分の著作をへりくだっていうことば。

【拙劣(せつれつ)】へたで、質が悪いこと。「—な文章」

扌5
【拓】(8)
常用 音 タク 訓 ひらく

筆順 一 十 扌 扌 扩 扩 拓 拓

意味 ❶原野を切り開いて耕地にする。ひらく。「拓地・開拓」❷石碑の文字などを写し取る。「魚拓」

名付 たく・ひらく・ひろ・ひろし

【拓殖】(たくしょく) 未開の地を開拓し、人が住みつくこと。

【拓本】(たくほん) 木・石・金属器などに刻まれている文字・模様などを墨で紙に写し取ったもの。石摺(いしずり)。

拓

扌5
【拆】(8)
音 タク 訓 さく

意味 二つに分ける。さく。

拆

扌5
【担】(8)
6年 音 タン 訓 かつぐ・になう

旧字 扌13 擔 (16)

筆順 一 十 扌 扌 扣 担 担 担

意味 ❶肩に載せて背負う。になう。かつぐ。「担架」❷自分の責任として引き受ける。になう。「担当・負担・双肩に担う」❸上位に立つ人として押したてる。かつぐ。「会長に担ぎ出す」

名付 たん・ゆたか

参考 ❶❷の「になう」は「荷なう」とも書く。

【担架】(たんか) 傷病者をのせ、二人が前後をもって運ぶ道具。

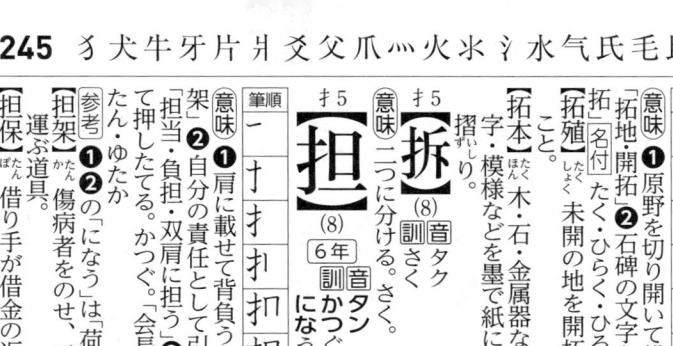

【担保】(たんぽ) 借り手が借金の返済の保証として貸し手にさし出す物品。抵当。かた。「—を取る」

参考熟語 担桶(たご)

担

扌5
【抽】(8)
常用 音 チュウ 訓 ぬきんでる・ぬく・ひく

筆順 一 十 扌 扌 扣 抽 抽 抽

意味 ❶多くのものの中から引っ張り出す。ぬく。「抽出・抽象・抽籤(ちゅうせん)」❷引っ張って手元に近づける。ひく。「抽斗(ひきだし)」❸他と比べて非常にすぐれている。ぬきんでる。「衆に抽んでる」

参考 ❸の「ぬきんでる」は「擢んでる」とも書く。

【抽出】㊀(ちゅうしゅつ) 多くの中から特定のものや要素をとり出すこと。「エキスを—する」「無作為—」㊁(ひきだし) 机やたんすについている物入れ。▽「抽斗」とも書く。

【抽象】(ちゅうしょう) 個々の具体的な事物から、共通する性質を抜き出し、一般的な一つの考えとしてまとめること。「—的な議論」「—画」

【抽籤】(ちゅうせん) くじびき。抽選。▽「籤」は「くじ」の意。

抽

扌5
【抵】(8)
常用 音 テイ 訓 あたる

筆順 一 十 扌 扌 扌 抵 抵 抵

意味 ❶向こうからの力に逆らう。「抵抗」❷物にぶつかって触れる。あたる。「抵触」❸相当する。あたる。「抵当」❹おおよそ。「大抵(たいてい)」

名付 あつ・てい・やす

参考 「抵触」の「抵」は「牴」「觝」が書き換えられたもの。

【抵抗】(ていこう) ①張りあって逆らうこと。「—運動」②快く受け入れられない気持ち。「—を感じる」③物理で、ある力の作用と反対の方向に働く力。

【抵触】(ていしょく) 規則などに違反すること。「法律に—しない範囲で行う」▽「牴触」「觝触」の書き換え字。

【抵当】(ていとう) 借り手が借金の返済の保証として貸し手にさし出す物品。担保(たんぽ)。かた。「—に入れる」

抵

扌5
【拈】(8)
音 ネン 訓 ひねくる・ひねる

意味 ❶指先でねじる。ひねる。「拈華微笑」❷いろいろ苦心して考え出す。ひねる。「拈出」❸指先でいじる。ひねくる。

参考 「捻」とも書く。

【拈華微笑】(ねんげみしょう) 禅宗で、話さなくても心が相手に通じること。以心伝心(いしんでんしん)。▽釈迦(しゃか)が説法したとき、黙って華(はな)を拈(ひね)ると、摩訶迦葉(まかかしょう)だけが釈迦の意を理解して微笑したということから。

【拈出】(ねんしゅつ) 「捻出」に同じ。

拈

扌5
【拝】(8)
6年 音 ハイ 訓 おがむ

旧字 手5 拜 (9) 人名

筆順 一 十 扌 扌 扌 扌 扌 拝

拝

4画

意味 ❶尊いものに対して礼をする。はいする。おがむ。「拝礼・参拝・遥拝(ようはい)・三拝九拝」❷官位・命令を受ける。はいする。「拝官・大命を拝する」❸自分の行為を表すことばにつけて、相手に尊意を表すことば。「拝見・拝観・拝啓」❹手紙の末尾で、自分の名前の下につけて相手に敬意を表すことば。「山田一郎拝」

【拝謁】(はいえつ) 天皇や皇族・主君など、身分の貴い人や目上の人にお目にかかること。

【拝顔】(はいがん) 目上の人に会うことの意の謙譲語。「―の栄に浴する」

【拝跪】(はいき) ひざまずいて礼拝すること。

【拝具】(はいぐ) 手紙で、末尾にしるす挨拶のことば。▽「つつしんで申す」の意。

【拝啓】(はいけい) 手紙で、初めに書く挨拶のことば。▽「つつしんで申し上げます」の意。

【拝察】(はいさつ) 目上の人の考え・気持ちなどを推察することの意の謙譲語。「御傷心のことと―致します」

【拝受】(はいじゅ) 命令や物を受け取ることの意の謙譲語。

【拝趨】(はいすう) 先方へ出かけて行くことの意の謙譲語。▽多く、手紙文などで用いられる。

【拝聴】(はいちょう) 相手の話などを聞くことの意の謙譲語。

【拝呈】(はいてい) ①人に物を与えることの意の謙譲語。②手紙文の最初に書く挨拶のことば。▽「つつしんでお手紙を差し上げます」の意。

【拝読】(はいどく) 他人の文書を読むことの意の謙譲語。

【拝眉】(はいび) 人に会うことの意の謙譲語。「いずれ―の上、申し上げます」

【拝復】(はいふく) 手紙で、返信の初めに書く挨拶のことば。▽「つつしんで御返事を申し上げます」の意。注意「拝複」と書き誤らないように。

【拝命】(はいめい) ①官職に任命されること。②目上の人から命令を受けたことの意の謙譲語。

【拝領】(はいりょう) 身分の貴い人から物をもらうこと。

【拝礼】(はいれい) 神仏に頭を深く下げておがむこと。

扌5
【拍】(8)
常用 音 ハク・ヒョウ 訓 うつ

筆順 一 十 才 扌′ 扪 拍 拍

拍

意味 ❶両手を打ち合わせて音を出す。また、手で物をたたく。うつ。「拍手・拍車・拍子(ひょうし)」❷音楽のリズムの単位。また、日本語の音節の単位。はく。名付 はく・ひら

【拍車】(はくしゃ) 乗馬用の靴(くつ)のかかとにつけてある金具。馬をより速く走らせるときに、腹をけって刺激する。「―を掛ける（物事の進行に一段と力を加える）」

【拍手】一(はくしゅ) 手をたたいてほめそやすこと。二(かしわで) 神社に参拝して手をうちあわせること。

【拍手喝采】(はくしゅかっさい) 拍手をしたり声を出したりして、ほめたり賛意をあらわしたりすること。

【拍子】(ひょうし) 規則正しくくり返される音の強弱。

扌5
【拌】(8)
音 ハン 訓 ―

意味 かきまぜる。「攪拌(かくはん・こうはん)」

拌

扌5
【披】(8)
常用 音 ヒ 訓 ひらく

筆順 一 十 才 扌 扩 扩 披 披

披

意味 ひらいて見る。ひらく。また、広げて人に見せる。「披見・披瀝(ひれき)・直披」名付 ひ・ひら・ひろ

【披見】(ひけん) 文書・手紙などを開いて読むこと。

【披講】(ひこう) 詩歌などの会で、作った詩や歌をよみあげること。また、その役。

【披瀝】(ひれき) 考えや気持ちを隠さずに打ち明けること。「胸のうちを―する」

【披露】(ひろう) 発表しておおぜいの人に知らせること。「結婚―宴」▽「露」は「あらわす」の意。

扌5
【拊】(8)
音 フ 訓 ―

意味 軽くたたく。

拊

扌5
【拇】(8)
音 ボ 訓 おやゆび

意味 おやゆび。「拇指・拇印」

【拇印】(ぼいん) 印のかわりに、おやゆびの腹部に印肉をつけ、指紋を押してつけたもの。

【拇指】(ぼし) おやゆび。

拇

扌5
【抱】(8)
常用 旧字 扌5 抱 (8)

音 ホウ 訓 だく・いだく・かかえる

筆順 一 十 才 扌 扚 扚 抱 抱

抱

4画

意味 ❶両手を回して持つ。いだく。かかえる。だく。「抱擁・介抱」❷心に思う。いだく。「抱負・辛抱」 名付 ほう・もち

【抱懐】(ほうかい) 心の中に思うこと。また、その考え。

【抱負】(ほうふ) 心の中に持っている希望や計画。

【抱腹絶倒】(ほうふくぜっとう) おかしくて今にも倒れそうなほどに大笑いすること。

【抱擁】(ほうよう) 抱き合うこと。

扌5 【抹】(8) 常用 音 マツ 訓 する

筆順 一 十 扌 扌 扌 扌 抹 抹

意味 ❶塗り消す。「抹消・抹殺」❷粉にする。まっする。「抹茶・抹香」❸なでる。まっする。する。「塗抹・一抹の不安」

【抹香】(まっこう) しきみの葉と皮をかわかして粉にした香。主として仏前の焼香に用いる。

【抹殺】(まっさつ) 無視してその存在を認めないこと。「球界から―される」

【抹消】(まっしょう) 記載事項を、不要として消すこと。

扌5 【拋】(8) 音 ホウ 訓 なげうつ　異体 扌4 抛 (7)

意味 ❶投げとばす。なげうつ。「抛棄・抛擲(ほうてき)」❷惜しまずに差し出して提供する。なげうつ。「財宝を抛つ」

参考 (1)❶❷の「なげうつ」は「擲つ」とも書く。(2)「抛棄・抛物線」などの「抛」は「放」に書き換える。

【抛棄】(ほうき) 不要のものとしてかえりみないこと。「権利を―する」▽「抛」は「放」に書き換える。

【抛擲】(ほうてき) やるべきことをしないでほうっておくこと。「事業を―する」▽「放擲」とも書く。

扌5 【拗】(8) 印標 音 ヨウ 訓 すねる・ねじける・ねじる

意味 ❶ひねり曲げる。ねじる。❷曲がりくねる。また、ひがんで素直でない。ねじける。「拗音」❸ふてくされて人に従わない。すねる。❹しつこい。「執拗」

【拗音】(ようおん) 日本語の音節の一種。かな書きするとき、「や」「ゆ」「よ」「わ」のかなを他のかなに添えた二字で表す一音節。「きゃ」「しゅ」「ちょ」「くゎ」など。

扌5 【拉】(8) 常用 音 ラ・ラッ 訓 ひしぐ

筆順 一 十 扌 扌 扌 扌 拉 拉

意味 ❶むりに引っ張って行く。「拉致(らち・らっち)」❷押しつぶす。また、勢いをくじく。ひしぐ。「鬼をも拉ぐ大力」

【拉致】(らち・らっち) 人をむりやりに連れて行くこと。

参考熟語 拉丁(ラテン)

扌5 【拂】▸払 旧

扌5 【拔】▸抜 旧

手5 【拜】▸拝 旧

手5 【拏】▸拿 異

扌5 【抬】▸擡 異

扌6 【按】(9) 人名 音 アン 訓 ―

筆順 一 十 扌 扌 扌 扌 按 按 按

意味 ❶考える。また、調べる。あんずる。「按分・按排・地図を按ずる」❷抑え止める。あんずる。「按摩・急所を按ずる」

参考 「按分」の「按」は「案」に書き換える。

【按排】(あんばい) 程よく処理すること。▽「按配」「案配」とも書く。 参考 「塩梅(あんばい)」は味や天候の具合のこと。

【按分】(あんぶん) 「案分」に同じ。

扌6 【挧】(9) 音 ウ 訓 とち

意味 とち。▽人名・地名に用いる字。「挧谷(とちだに)」は福井県の地名。

扌6 【挌】(9) 音 カク 訓 ―

意味 なぐり合って闘う。「挌闘」

参考 「挌闘」の「挌」は「格」に書き換える。

扌6 【括】(9) 常用 音 カツ 訓 くくる・くびれる

筆順 十 扌 扌 扌 扌 扌 括 括

意味 ❶全体をひとまとめにする。くくる。「括弧・総括・一括」❷一つにまとめて縛る。くくる。❸中ほどが細くなる。くびれる。

【括弧】(かっこ) 語・文・数式などの前後につけて他と区別するための記号。「 」( )〔 〕など。

【括約】(かつやく) しめくくること。よせ集めること。「―筋」

4画

扌6 **【拮】**(9) 印標 音キツ 訓—

意味 せめつける。「拮抗」

【拮抗】（きっこう） 対立する両者の勢力がほぼ同じ程度で、互いに対抗して張り合っていること。「実力が―する両チーム」

手6 **【挙】**(10) 4年 音キョ 訓あげる・あがる・こぞる

旧字 手13 擧(17) 異体 臼9 舉(16)

筆順 丶 丷 ⺍ 兴 兴 兴 举 挙

意味 ❶持ち上げる。あげる。また、下から上に移る。あがる。「挙手」❷目立つ物事を行う。あげる。また、その行い。きょ。「挙行・快挙・反撃の挙に出る・式を挙げる」❸ふるまい。「挙動・挙止」❹全員で行う。こぞる。あげる。「挙国・全市を挙げて」❺取り上げて用いる。また、取り上げて召す。あげる。「検挙・推挙・犯人を挙げる」❻取り上げて並べる。あげる。「挙証・列挙」

名付 きょ・しげ・たか・たつ・ひら

参考 あがる⇩「上」の[使い分け]。

【挙行】（きょこう） 行事や儀式などを公式に行うこと。

【挙国一致】（きょこくいっち） 国民全体がある目的を達するために同じ態度をとること。

【挙措】（きょそ） 立ち居ふるまい。「―を失する（取り乱してその場にふさわしくない行いをする）」

【挙動】（きょどう） ちょっとしたふるまい・動作。「―不審」

【挙用】（きょよう） 下位の者を上の位につけて使うこと。

扌6 **【挟】**(9) 常用 旧字 扌7 挾(10)

音キョウ 訓はさむ・はさまる・さしはさむ

筆順 扌 扌 扌 扌 扌 扌 挟 挟

意味 間に入れて両側からおさえる。さしはさむ。はさむ。また、そのようになる。はさまる。「挟撃・挟み将棋」 名付 きょう・さし・もち

【挟撃】（きょうげき） 敵を両側から攻撃すること。

扌6 **【拱】**(9) 音キョウ 訓こまぬく・こまねく

意味 中国で、礼として両手を胸の前で組み合わせる。また、単に、腕を組む。こまねく。こまぬく。「腕を拱く」

【拱手】（きょうしゅ） ①物事をしなければならないのに、何もしないでいること。「―傍観（ぼうかん）」②両手を胸の前で重ね合わせて行う、中国式の礼。

扌6 **【挂】**(9) 音ケイ 訓かける

意味 物をひっかける。かける。また、物がひっかかる。かかる。「挂冠（けいかん）」

【挂冠】（けいかん） 官職をやめること。▽脱いだ冠を城門にかけて国を去るの意から。

手6 **【挈】**(10) 音ケツ・ケチ 訓—

意味 ❶手に下げる。❷人を引き連れる。

手6 **【拳】**(10) 常用 音ケン・ゲン 訓こぶし

旧字 手6 拳(10)

筆順 丷 䒑 兰 兴 关 关 巻 拳

意味 ❶にぎりこぶし。こぶし。「拳銃・拳固（げんこ）・鉄拳・徒手空拳」❷手・指でいろいろな形を作ってする遊戯。けん。「狐拳（きつねけん）・藤八拳」❸うやうやしくするさま。けん。「拳拳服膺（けんけんふくよう）」 名付 かたし・けん・げん・つとむ

【拳拳服膺】（けんけんふくよう） 目上の教え・戒めを忘れず、普段から実行を心がけること。「師の教えを―する」

扌6 **【拷】**(9) 常用 音ゴウ 訓—

筆順 扌 扌 扌 扌 扌 拷 拷 拷

意味 白状させるために打ちたたく。「拷問」

【拷問】（ごうもん） からだに苦痛を与えて、問いつめること。

扌6 **【拶】**(9) 常用 音サツ 訓—

筆順 一 扌 扌 扌 扌 扌 拶 拶

意味 近くへ進む。せまる。「挨拶（あいさつ）」

扌6 **【指】**(9) 3年 音シ 訓ゆび・さす

筆順 扌 扌 扌 扌 指 指 指 指

意味 ❶手足のゆび。「指圧・食指・指輪（ゆびわ）」❷

方向・事物を示す。また、手をそのほうに出す。さす。「指示・指針・指図・将棋を指す」名付 し
参考 さす⇨「差」の[使い分け]。

【指向】ある一定の方向に向かうこと。「—性アンテナ」参考⇨「志向」の[使い分け]。

【指呼の間】呼べば答えるほどに、距離が近いこと。「島を—に望む」

【指事】漢字の六書の一つ。一・下・凹などのように、数量・位置・状態などの抽象概念を字形が直接さし示すもの。参考「指示」は、さし示すこと。また、指図すること。

【指針】①磁石盤・計器類の針。②物事を進めるべき方針。「—を示す」

【指数】①ある数の右肩に小さく書いて乗数を示す数。②物価・賃金・知能などの変動を、あるときを一〇〇とし、他のときの変動を示す数。「物価—」

【指嗾】けしかけてそそのかすこと。▽「使嗾」とも書く。「嗾」は「そそのかす」の意。

【指弾】人をきらって非難したり相手にしなかったりすること。「世の—を受ける」

【指摘】全体の中からそれだけを示すこと。「長所を—する」注意「指適」と書き誤らないように。

【指南】教え導くこと。「柔道—」▽昔、中国で、磁石を応用していつも指が南をさす木像を乗せた車のことを「指南車」といったことから。

【指標】比較の基準となる目じるし。

扌6
【持】
(9) 3年 音ジ 訓もつ

筆順 持

意味 ❶手に取る。また、身につける。もつ。「持参・所持」❷所有する。もつ。「持病・持論・力持ち」❸変わらずに保つ。じする。もつ。「持続・持久・加持・維持・満を持する(用意を整えて時機のくるのを待つ)」❹碁・将棋で、引き分け。じ。もち。名付 じ・もち

【持久】ある状態を長く持ちこたえること。

【持病】①全快しないで、いつも悩まされている病気。②なかなかなおらない悪い癖。

【持論】その人がいつも主張する意見。持説。注意「自論」と書き誤らないように。

扌6
【拾】
(9) 3年 音シュウ・ジュウ 訓ひろう・とお

筆順 拾

意味 ❶落ちている物を取り上げる。ひろう。「拾得・拾遺・拾い物」❷取り入れておさめる。「収拾」❸数で、とお。じゅう。「金拾万円也」名付 しゅう・じゅう・ひろ 参考 ⑴証書などでは、「十」の代わりに用いることがある。⑵似た字(拾・捨)の覚え方「合わせてひろい(拾)、土にすてる(捨)」

【拾遺】昔の人が文書・書物に書きもらしている事柄を探して集めること。

【拾得】落とし物をひろうこと。「—物」参考「収得」は、取り入れて自分の物にすること。

扌6
【拯】
(9) 音ジョウ 訓すくう

意味 救い上げる。すくう。

扌6
【拭】
(9) 常用 音ショク 訓ふく・ぬぐう

筆順 拭

意味 よごれを取り除く。ぬぐう。ふく。「払拭・手拭い」

扌6
【拵】
(9) 音ソン 訓こしらえる

意味 整え作り上げる。こしらえる。また、そうしてでき上がった状態。こしらえ。「洋服を拵える」

手6
【拿】
(10) 印標 音ダ 訓—
異体 手5 拏(9)

意味 つかまえる。「拿捕」

【拿捕】敵国の船、および領海を犯した外国船や、漁業制限などを犯した船などをとらえること。

扌6
【挑】
(9) 常用 音チョウ 訓いどむ

筆順 挑

意味 戦いをしかける。また、立ち向かう。いど

む。[名付]いどむ・ちょう

【挑戦】ちょうせん ①戦いをいどむこと。②新しい記録や仕事などに、立ち向かうこと。

【挑発】ちょうはつ 刺激して事件や欲情を起こすようにしむけること。「—的」▽「挑撥」とも書く。

扌6 **【挘】**(9)〈国字〉 音— 訓むしる

意味 つかんで引き抜いて取る。むしる。「毛を挘る」

参考「むしる」は「毟る」「𢭏る」とも書く。

扌7 **【挨】**(10) 常用 音アイ 訓—

意味 押し合う。「挨拶」

【挨拶】あいさつ ①人とあうときや別れるときなどに行う、礼にかなったことば・動作。②応接。また、返答。

筆順 扌 扌 扌 扌 扌 挨 挨

扌7 **【捐】**(10) 音エン 訓すてる

意味 ❶すてる。「捐棄」❷寄付する。「義捐金」

扌7 **【捍】**(10) 音カン 訓ふせぐ

意味 敵から身を守る。ふせぐ。

扌7 **【挫】**(10) 常用 音ザ 訓くじく・くじける

筆順 扌 扌 扌 扌 扌 挫 挫 挫

意味 ❶骨などをねじったりして痛める。くじく。「挫傷」❷勢いを弱くさせる。くじく。また、弱くなってだめになる。くじける。「挫折・頓挫とんざ」

【挫傷】ざしょう 打撲などで内部に傷を受けること。

【挫折】ざせつ 物事が中途でだめになること。くじけること。注意「座折」と書き誤らないように。

扌7 **【振】**(10) 常用 音シン 訓ふる・ふるう・ふれる

筆順 扌 扌 扌 扌 扌 振 振 振

意味 ❶揺り動かす。ふるう。ふる。また、そのこと。ふり。「振動・振幅・三振・振り子」❷充実した力を用いて物事をする。また、物事が盛んになる。ふるう。「振張・不振」❸刀を数えることば。ふり。[名付]しん・とし・ふり・ふる

使い分け「ふるう」

振るう…ふり動かす。発揮する。「刀を振るう・腕を振るう・暴力を振るう・熱弁を振るう」

震う…ふるえる。「体が震う・声を震わせる・身震い」

奮う…勇み立たせる。勇み立つ。「勇を奮う・奮って御参加下さい・奮い立つ」

【振興】しんこう 盛んにすること。また、盛んになること。

【振盪】しんとう 激しくふり動かすこと。「脳—」▽「盪」は「動かす」の意。「震盪」とも書く。

扌7 **【捜】**(10) 常用 音ソウ 訓さがす

旧字 扌10 搜(13) 異体 扌9 搜(12) 人名

筆順 扌 扌 扌 扌 扌 扌 捜 捜

意味 見つけようとして見回し求める。さがす。「捜査・捜索・捜し物・宝捜し」

使い分け「さがす」

捜す…見えなくなったものを見つけ出そうとする。「犯人を捜す・落とし物を捜す・家やを捜し」

探す…欲しい物を見つけ出そうとする。「職を探す・借家を探す・口実を探す」

【捜査】そうさ ①一つ一つ調べさがすこと。②犯人をさがしたり犯罪の証拠を集めたりすること。「—令状」

【捜索】そうさく ①行方ゆくえのわからないものをさがしもとめること。「家出人の—」②警察官が強制的に家やからだなどを取り調べること。「家宅かたく—」

扌7 **【挿】**(10) 常用 旧字 扌9 插(12)

音ソウ 訓さす・さしはさむ

筆順 扌 扌 扌 扌 扌 插 挿 挿

意味 物の間にさしいれる。さす。さしはさむ。「挿入・挿話・挿し絵」 名付 さす・そう

参考 さす⇩「差」の[使い分け]。

【挿花】(そうか) 花をいけること。いけ花。

【挿画】(そうが) 文章中にはさんでかかれた絵。挿し絵。

【挿入】(そうにゅう) 中にさし入れること。

【挿話】(そうわ) 文章や談話の途中に入れられる、本題と直接関係のない話。エピソード。

扌7 【捉】(10) 常用 音 ソク 訓 とらえる

筆順 扌 … 捉

意味 つかまえて逃がさないようにする。また、そうして自分のものとする。とらえる。「捕捉・把捉(はそく)」

参考 「とらえる」は「捕らえる」とも書く。**とらえる**⇩「捕」の[使い分け]。

扌7 【捗】(10) 常用 異体 扌8 捗(11)

音 チョク 訓 はかどる

筆順 扌 … 捗

意味 仕事がよく進行する。はかどる。「進捗」

扌7 【挺】(10) 人名 音 テイ・チョウ 訓 —

筆順 扌 … 挺

意味 ❶抜け出て先頭になって進む。「挺身」❷銃・くわ・墨・ろうそくなど細長い物を数えることば。また、駕籠(かご)・人力車などを数えることば。

参考 「一挺」の「挺」は「丁」に書き換える。「ちょう」と読む。 名付 ただ・なお・もち

【挺身】(ていしん) 他の人より先に積極的にその物事を行うこと。「—隊」

扌7 【捏】(10) 印標 音 ネツ・デツ 訓 こねる・つくねる

意味 ❶土や粉をねりあわせる。こねる。「小麦粉を捏ねる」❷事実でない事柄を事実のように作り上げる。「捏造」❸こねて丸くする。つくねる。

【捏造】(ねつぞう) 事実でない事柄を事実のように作りあげること。でっちあげること。

扌7 【捌】(10) 印標

音 ハチ・ハツ 訓 さばく・さばける・はける

意味 ❶数で、やっつ。はち。❷乱雑なものをうまく処理する。さばく。「手綱(たづな)捌き」❸商品を残らず売る。さばく。また、商品がよく売れる。はける。さばける。

参考 証書などで「八」の代用をすることがある。

扌7 【挽】(10) 人名 異体 扌8 挽(11) 音 バン 訓 ひく

筆順 扌 … 挽

意味 ❶引っ張ってもとにもどす。「挽回」❷死を悲しみ悼む。「挽歌」❸のこぎりを使って切る。ひく。「挽肉(ひきにく)・木挽(こびき)」

参考 **ひく**⇩「引」の[使い分け]。

【挽歌】(ばんか) ①人の死を悲しむ内容の詩歌。②葬送で、棺を引きながらうたう歌。▽「輓歌」とも書く。

【挽回】(ばんかい) もとのよい状態にもどすこと。

扌7 【捕】(10) 常用 音 ホ・ブ 訓 とらえる・とらわれる・とる・つかまえる・つかまる

筆順 扌 … 捕

意味 ❶取り押さえる。とる。つかまえる。とらえる。また、取り押さえられる。つかまる。「捕獲・逮捕・追捕(ついぶ)・捕(と)り物・犯人が捕(つか)まる」❷しっかりとつかむ。つかまえる。とらえる。つかまる。

参考 (1)❶の「とらえる」は「捉える」、❶❷の「つかまえる」「つかまる」は「摑まえる」「摑まる」とも書く。(2)**とる**⇩「取」の[使い分け]。

【捕獲】(ほかく) ①魚や獣などをとらえること。②戦時に敵国の船などをつかまえること。 注意 「捕穫」と書き誤らないように。

【捕捉】(ほそく) ①敵などを見つけ視界に置くこと。②本心や意味などをとらえ、よく理解すること。「真意は—しがたい」 注意 「補捉」と書き誤らないように。

【捕縛】(ほばく) とらえてしばること。「凶悪犯を—する」

【捕吏】(ほり) 罪人をめしとる役人。

【捕虜】(ほりょ) 戦争でとらえられた将兵。とりこ。

4画

使い分け「とらえる」

捕らえる…追いかけてしっかりとつかむ。「犯人を捕らえる・イノシシを捕らえる・密漁船を捕らえる」

捉える…心や目などにしっかりとおさめる。「要点を捉える・問題の捉え方・機会を捉えて話す・見る者の心を捉える・電波を捉える・言葉尻を捉える」

※「犯人を捉える」のように書くこともできるが、一般的には、人や獲物をとらえる場合以外に用いることが多い。

扌7 **【捩】** (10) 正字 扌8 捩 (11)

音 レツ 訓 ねじる・もじる

意味 ❶ひねって曲げる。また、ひねって動かす。ねじる。「捩じり鉢巻」❷有名なことばや作品などの調子をまねながら、滑稽(こっけい)な、または風刺的なものにつくり変える。もじる。また、そのもの。もじり。

参考熟語 捩子(ねじ)

扌7 **【挾】** ▸挟(旧)

扌8 **【掖】** (11)

音 エキ 訓 わき

意味 ❶わきの下。腋(わき)。わき。❷手を添えて助ける。

扌8 **【掩】** (11)

音 エン 訓 おおう

意味 おおい隠す。おおう。また、かばう。「掩護」

参考 「掩護」の「掩」は「援」に書き換える。

【掩蓋(えんがい)】 おおいかぶせるもの。おおい。

【掩蔽(えんぺい)】 おおい隠すこと。

扌8 **【掛】** (11) 常用

音 カ・カイ 訓 **かける・かかる・かかり**

筆順 扌 扌 扌 扌 扌 挂 掛 掛

意味 ❶ささえて落ちないようにする。かける。また、その物。「掛け軸・衣紋(えもん)掛け」❷かぶせる。かける。「掛け蒲団(ぶとん)」❸固定する。また、固定される。かける。「腰を掛ける」❹注ぐ。かける。「水を掛ける」❺作用をおよぼす。かける。また、およぶ。かかる。「迷惑を掛ける」❻時間や金を使う。かける。また費やされる。かかる。❼ある仕事を受け持つ役。また、その人。かかり。「案内掛」

参考 ❼の「かかり」はふつう「係」と書く。

使い分け「かかる」

掛かる…(一般的に)物・人などにひっかかる。「壁に絵が掛かる・鍵(かぎ)が掛かる・時間が掛かる・計略に掛かる」

係る…かかわる。関与する。「人命に係る・下の句に係る・名人の手に係る」

架かる…かけわたされる。「橋が架かる・虹(にじ)が架かる・電線が架かる」

罹る…病気になる。「結核に罹る」

懸かる…ぶらさがる。「月が中天に懸かる・雲が懸かる・会議に懸かる・優勝が懸かる」

扌8 **【掎】** (11)

音 キ 訓 ―

意味 引き止める。

扌8 **【掬】** (11) 人名

音 キク 訓 すくう・むすぶ

筆順 扌 扌 扚 扚 拘 掬 掬 掬

意味 ❶手やさじなどで取り上げる。きくする。むすぶ。すくう。「一掬・水を掬う」❷気持ちをおしはかる。きくする。「真情を掬する」❸急に持ち上げる。すくう。「足を掬う」

扌8 **【据】** (11) 常用

音 キョ 訓 **すえる・すわる**

筆順 扌 扌 扌 扌 护 护 据 据

意味 ❶その場所において動かないようにする。すえる。「据え膳(ぜん)・据え付け」❷そのままにしておく。すえる。「据え置き」

名付 きょ・すえる

参考 **すわる**⇨「座」の[使い分け]。

扌8 **【掀】** (11)

音 キン 訓 ―

意味 高くかかげる。

扌8 **【掘】** (11) 常用

音 **クツ** 訓 **ほる**

筆順 扌 扌 扌 护 护 掘 掘 掘

意味 地面などに穴をあける。ほる。「掘削・発掘」

【掘削(くっさく)】 岩石や土砂を掘り取ったり、地面に

4画

穴を掘ったりすること。▽「掘鑿」の書き換え字。

扌8
【掲】(11) 常用
旧字 扌9 揭(12) 人名

音 ケイ 訓 かかげる

筆順

意味 上に高くあげたりはっきりと示したりする。かかげる。「掲示・掲揚・前掲・政策に掲げる」

名付 けい・なが

【掲載】(けいさい) 新聞や雑誌などに、文章・写真・広告を載せること。

【掲示】(けいじ) 人々に知らせるために、文書などを高くかかげてはり出すこと。また、その文書。「—板」

【掲出】(けいしゅつ) よくわかるように掲示すること。

【掲揚】(けいよう) 目だつように高くかかげあげること。

扌8
【捲】(11) 人名
異体 扌9 捲(12)

音 ケン 訓 まく

筆順

意味 ❶まるく折りたたむ。まく。「捲土重来」❷まるくねじる。まく。「ぜんまいを捲く」

名付 けん・まく

【捲土重来】(けんどじゅうらい・けんどちょうらい) 負けたり失敗したりしたものがいったん引きさがって勢いを盛り返し、再び意気込んで同じことをしようとすること。▽「捲土」は「土を巻きあげる」の意。「巻土重来」とも書く。

扌8
【控】(11) 常用

音 コウ 訓 ひかえる

筆順

意味 ❶その場所で待つ。また、近くに位置する。ひかえる。「控え室・控えの選手」❷量を少なめにする。また、遠慮する。ひかえる。「酒を控える・発言を控える」❸書き留める。ひかえる。また、書き留めておくもの。ひかえ。「ノートに控える・控えをとる」❹さしひく。「控除」❺訴える。「控訴」

参考 「控除」は「扣除」が書き換えられたもの。

【控除】(こうじょ) 全体からある額などを差し引くこと。「基礎—」▽「扣除」の書き換え字。

【控訴】(こうそ) 第一審の判決が不服なとき、裁判の再審を上級裁判所に要求すること。

扌8
【採】(11) 5年
旧字 扌8 採(11)

音 サイ 訓 とる

筆順

意味 ❶草や木をつみとる。とる。「伐採」❷よいものだけを選び取る。とる。「採集・採炭・収採」❸利得をたしかめる。「採算」

名付 さい

参考 とる⇩「取」の[使い分け]。

【採掘】(さいくつ) 鉱山などで、地下の鉱物を掘り出すこと。

【採決】(さいけつ) 議案の採否を賛成者の多少によって決めること。

使い分け「さいけつ」

採決…議案の可否を、賛成・反対により決めること。「決(けつ)を採る」の意。「挙手によって採決する」

裁決…上位者が処置・処分を決めること。「裁いて決める」の意。「社長が裁決を下す・会長の裁決を仰ぐ」

【採光】(さいこう) 室内に光線をとり入れること。

【採算】(さいさん) 収入と支出のつりあい。「—が取れない」

【採択】(さいたく) よいものを選んで使用すること。

【採否】(さいひ) 採用するかしないかということ。

【採録】(さいろく) 必要な事柄をとりあげて記録すること。

扌8
【捨】(11) 6年
旧字 扌8 捨(11)

音 シャ 訓 すてる

筆順

意味 ❶必要のないものとしてすてる。「捨象・取捨・捨て子」❷神仏に金品を寄付する。「喜捨」

名付 いえ・しゃ・すて

参考 似た字(捨・拾)の覚え方「合わせてひろい(拾)、土にすてる(捨)」

【捨象】(しゃしょう) 哲学で、共通の性質を取り上げるため、それぞれの特殊な要素を取りのぞくこと。

【捨身】(しゃしん) ①仏門に入ること。出家。②仏の供養や仏道修行のために命を投げ出すこ

4画

と。

扌8 【授】(11) 5年 音 ジュ 訓 さずける・さずかる

筆順 授

意味 ❶目上の人などが与える。さずける。また、目上の人からいただく。さずかる。「授賞・授乳・天授」❷知識や秘法などを教える。さずける。「授業・伝授」名付 さずく・じゅ

【授産】(じゅさん) 失業者や貧困者に仕事を与えて生計を立てさせること。「―所」

【授受】(じゅじゅ) 与えたり受け取ったりすること。

【授与】(じゅよ) 公式に賞や証書などを与えること。

手8 【掌】(12) 常用 音 ショウ 訓 たなごころ・つかさどる

筆順 掌

意味 ❶手のひら。たなごころ。「掌握・合掌」❷その仕事を主として受け持つ。つかさどる。「職掌・車掌」名付 しょう

【掌握】(しょうあく) 力を及ぼして自分の思い通りに扱える状態にすること。「人心を―する」

【掌中】(しょうちゅう) 手のひらの中。「―に収める（自分のものにすることを形容することば）」

【掌中の珠】(しょうちゅうのたま) もっとも大切にしているもの。▽最愛の子どもにたとえる。

扌8 【捷】(11) 人名 音 ショウ 訓 かつ・はやい

筆順 捷

意味 ❶戦いに勝つ。かつ。「捷報」❷すばやい。はやい。「敏捷」❸近い。「捷径」名付 かつ・さとし・しょう・すぐる・とし・はや・はやし・まさる

【捷径】(しょうけい) ①近道。捷路(しょうろ)。②じょうずになるためのてっとりばやい方法。はや道。

扌8 【推】(11) 6年 音 スイ 訓 おす

筆順 推

意味 ❶わかっている事柄をもとにして考える。おしはかる。すいする。おす。「推理・類推」❷よいものとしてすすめる。おす。「推薦・推挙」❸物を後ろから押す。また、物事を進行させる。おす。「推進・推敲(すいこう)」名付 すい・ひらく

参考 おす⇩「押」の[使い分け]。

【推移】(すいい) 時間につれて移り変わってゆくこと。また、その移り変わりの状態。「時代の―」

【推挙】(すいきょ) 人をある地位・仕事につけるように他の人にすすめること。

【推計】(すいけい) 推定によって計算すること。

【推敲】(すいこう) 詩や文章をよくするために何度も字句や構成を直すこと。▽昔、中国で、唐(とう)の賈島(かとう)が自作の詩の一句「僧は推(お)す月下の門」で、「推す」にするか「敲(たた)く」にするかと、迷い苦しんだ故事から。

【推考】(すいこう) 事情や原因・理由などをおしはかって考えること。

【推察】(すいさつ) はっきりしない事柄や人の心などをおしはかって見当をつけること。

【推参】(すいさん) ①人を突然訪問すること。②無礼なこと。▽多くへりくだっていうことば。「―者(もの)」

【推奨】(すいしょう) 人や事物のすぐれている点を述べて、人にすすめること。「―品」

【推賞】(すいしょう) 人や事物をすぐれているとして人にほめてすすめること。▽「推称」とも書く。

【推薦】(すいせん) すぐれたものをおし出してすすめること。

【推測】(すいそく) まだわかっていない事柄を、すでにわかっている事柄をもとにおしはかること。

【推戴】(すいたい) 団体・集団などの長としてあおぎ仕えること。「会長として―する」

【推断】(すいだん) 推測によって判断すること。また、その判断。「勝手に―を下す」

【推輓】(すいばん) 人をある地位につけるように推薦すること。推挙。「恩師の―で会長に就く」▽もと「車を押したり引いたりする」の意。「推挽」とも書く。

【推量】(すいりょう) 人の気持ちや物事の事情を、おしはかり考えること。

扌8 【捶】(11) 音 スイ 訓 ―

意味 むち。また、むちで打つ。

手8 【掣】(12) 音 セイ 訓 ひく

意味 ひきとめて、自由にさせない。ひく。「掣肘(せいちゅう)・牽掣」

4画

【掣肘(せいちゅう)】干渉して自由に行動させないこと。▽「人のひじを押さえて自由に行動させない」の意。

扌8
【接】(11)
5年 音 セツ・ショウ 訓 つぐ

筆順 接

意味 ❶くっつける。せっする。つぐ。「接骨・接続・溶接」❷相手に近づく。近寄る。また、近づける。せっする。「接近・接戦」❸人をもてなす。「接待・接客・応接」名付 せつ・つぎ・つぐ

参考 つぐ⇩「継」の[使い分け]。

【接客(せっきゃく・せっかく)】①職業として客をもてなすこと。客にサービスすること。「—業」②客と応対する。「部長は—中です」

【接見(せっけん)】高貴な人が公の立場で客と面会すること。

【接合(せつごう)】物をつなぎ合わせてくっつけること。

【接種(せっしゅ)】病気の予防・治療・診断などのために、人間や動物の体内に病原菌や毒素を入れること。

【接収(せっしゅう)】国家などが強制的に国民の所有物を取り上げること。

【接触(せっしょく)】①ものとものとが近づいてふれ合うこと。②人と交渉したり交際したりすること。「海外企業と—をもつ」

【接待(せったい)】①客をもてなすこと。もてなし。②客に酒・食事などをふるまうこと。

【接吻(せっぷん)】相手に自分のくちびるをつけること。キス。▽「吻」は、くちびる。

参考熟語 接骨木(にわとこ)

接

扌8
【措】(11)
常用 音 ソ 訓 おく

筆順 措

意味 ❶途中でやめる。おく。「筆を措く」❷配置する。「措辞」❸処理する。「措置」❹除く。おく。「その議論は措いて次に移る」❺ふるまう。「挙措」

【措辞(そじ)】文章や詩歌での、ことばの使い方。

【措置(そち)】手続きをして取りはからうこと。また、その取りはからい。「臨時—」

措

扌8
【掃】(11)
常用 音 ソウ 訓 はく・はらう

旧字 扌8 掃(11)

筆順 掃

意味 ❶ほうきで、ごみ・ほこりなどを除く。はく。「掃除(そうじ)・清掃」❷じゃまな物をとり除く。はらう。「掃滅・一掃」❸はけなどで軽く塗る。はく。「まゆを掃く」名付 かに・そう

参考 「掃滅」の「掃」は「剿」が書き換えられたもの。

【掃射(そうしゃ)】機関銃などを左右に動かしながら連続的に打つこと。「機銃—」

【掃蕩(そうとう)】残っている敵などを攻撃して、すっかりほろぼすこと。掃討。

【掃討(そうとう)】「掃蕩」と同じ。

掃

扌8
【掫】(11)
音 ソウ 訓 ——

意味 夜警をする。

掫

扌8
【探】(11)
6年 音 タン 訓 さぐる・さがす

筆順 探

意味 ❶捜し求める。さがす。さぐる。「探索・探訪(たんぼう)・宝探し」❷相手に知られないように調べる。さぐる。「探偵」❸深く調べる。「探求・探究」❹美しい風景などを見に行く。さぐる。「探勝」

参考 さがす⇩「捜」の[使い分け]。

【探求(たんきゅう)】物品・物事をさがし求めること。

【探究(たんきゅう)】本質をさぐって明らかにすること。

使い分け 「たんきゅう」

探求…さがし求めること。「真実の探求・平和の探求・原因を探求する」

探究…調べて見きわめようとすること。「究」は「研究」の「究」。「美の探究・真理の探究」

【探査(たんさ)】様子・状態をさぐり調べること。

【探索(たんさく)】人や物品などをさがし求めること。

【探勝(たんしょう)】風景のよい所をたずねて見て歩くこと。

【探知(たんち)】さぐって知ること。「電波—器」

【探偵(たんてい)】①他人の秘密や行動をひそかにさぐること。また、それを職業にする人。②スパイ。

【探訪(たんぼう)】知られていない社会の実態を求めて、

探

実地にあちこちとたずね調べること。「社会—」

【掟】 扌8 (11) 印標
音 ジョウ 訓 おきて

意味 定められている決まり。おきて。「掟に背(そむ)く」

【掏】 扌8 (11)
音 トウ 訓 する

意味 他人の身につけているものをこっそりとすばやくぬすむ。する。「掏摸(すり)」

参考熟語 掏児(すり)

【掉】 扌8 (11)
音 チョウ・トウ 訓 ふるう

意味 振って動かす。ふる。ふるう。「掉尾」

【掉尾】(ちょうび・とうび) 物事の最後で活動の勢いが激しいこと。「—を飾る」▽もと「尾を振り動かす」の意。「とうび」は「ちょうび」の誤読が慣用化したもの。

【捺】 扌8 (11) 人名
音 ナツ 訓 おす

筆順 扌 … 捺

意味 押して型をつける。おす。「捺印・押捺」

名付 な・なっ・とし

【捺印】(なついん) 印判を押すこと。押印。「記名—する」

【捺染】(なっせん) 布に模様を染め出す染色方法。押し染め。型染め。プリント。

【捻】 扌8 (11) 常用
音 ネン 訓 ねじる・ひねる

筆順 扌 … 捻

意味 ❶ねじ曲げる。ねじる。ひねる。「スイッチを捻る」❷ねじって向きを変える。ひねる。「捻挫(ねんざ)」❸くふうして考え出す。ひねる。「捻出・俳句を一句捻る」

【捻挫】(ねんざ) 手足の関節をくじくこと。

【捻出】(ねんしゅつ) ①苦労して考え出すこと。②費用などをやりくりして整えること。▽「拈出」とも書く。

【捻転】(ねんてん) ねじれて向きが変わること。「腸—」

参考熟語 捻子(ねじ)

【排】 扌8 (11) 常用
音 ハイ 訓 おす

筆順 扌 … 排

意味 ❶不要なものを外へ出して除く。おす。はいする。「排水・排除・万難を排する」❷列にならべる。はいする。「排列・按排」 名付 はい

【排外】(はいがい) 外国人や外国の商品をしりぞけること。

【排撃】(はいげき) 強く非難してしりぞけること。

【排水】(はいすい) 不要な水を外に出すこと。

使い分け 「はいすい」

排水…「排」は押し出すの意。「排水ポンプ・排水口」

廃水…「廃」は不要になって捨てるの意。「工場廃水・廃水処理」

【排斥】(はいせき) よくないとしてしりぞけること。「—運動」▽「斥」は「とおざける」の意。注意「排斤」と書き誤らないように。

【排泄】(はいせつ) 生物が栄養をとった残りの不要物を、からだの外に出すこと。▽「泄」は「もらす」の意。

【排他的】(はいたてき) 他の人や他の考えを退ける傾向がある様子。

【掵】 扌8 (11) 〈国字〉
音 — 訓 はば

意味 はば。▽地名に用いられる字。「掵上(はばうえ)」「二ノ掵(にのはば)」は、秋田県湯沢市の地名。

【描】 扌8 (11) 常用
音 ビョウ 訓 えがく・かく

旧字 扌9 描 (12)

筆順 扌 … 描

意味 ❶絵や図でものの形・状態を書く。かく。えがく。「描写・素描・線描・弧を描く」❷写真・文章などで物事の状態をあらわす。えがく。

参考 かく⇩「書」の[使い分け]。

【捧】 扌8 (11) 人名
音 ホウ 訓 ささげる

筆順 扌 … 捧

意味 ❶両手で高くもちあげる。ささげる。「捧持」❷尊んでいるものに対してものを差し出す。ささげる。「神前に初穂を捧げる」❸かかえる。「捧腹絶倒」 名付 かた・たか・もち

【捧持】(ほうじ) ささげ持つこと。

4画

【捧呈】ほうてい ものを両手でささげ持って身分の高い人に差し上げること。

扌8 【⿰扌茂】(11) 〈国字〉 音 モ 訓 もて 正字 扌9 ⿰扌茂(12)
意味 もて。▽人名などに用いる字。

扌8 【捫】(11) 音 モン 訓 —
意味 手でなでる。

扌8 【掠】(11) 人名 音 リャク 訓 かすめる・かする
筆順 扌 扩 扩 扩 拧 拧 掠 掠
意味 ❶うばいとる。かすめる。「掠地・掠奪」 ❷ごまかす。かすめる。「目を掠める」 ❸すれすれで通りすぎる。かする。かすめる。「銃弾が額を掠める」 名付 くら
参考 「掠・掠奪・侵掠・奪掠」などの「掠」は「略」に書き換える。

扌8 〔捗〕▼捗 異

扌8 〔挽〕▼挽 異

扌8 〔掻〕▼搔 異

扌8 〔掴〕▼摑 異

扌8 〔捩〕▼捩 正

扌9 【握】(12) 常用 音 アク 訓 にぎる
筆順 扌 扌 扌 扌 扌 扌 握 握
意味 ❶手でつかみ持つ。にぎる。「握手・一握・握り拳(こぶし)」 ❷自分のものとして離さない。にぎる。「把握・掌握・証拠を握る」 ❸道具の、手で持つ部分。にぎり。 名付 あく・もち

扌9 【援】(12) 常用 旧字 扌9 援(12) 音 エン 訓 たすける
筆順 扌 扌 扌 扌 扌 扌 援 援
意味 うまくいくようにしてやる。たすける。「援助・援護・応援・声援」 名付 えん・すけ
参考 「援護」の「援」は「掩」が書き換えられたもの。
【援軍】えんぐん 助けの兵隊。援兵。
【援護】えんご ①助け守ること。②特に、味方の行動を敵の攻撃から守ること。▽「掩護」の書き換え字。
【援用】えんよう 自説の証拠・補助として、ほかの説や資料などを利用すること。

扌9 【掾】(12) 音 エン 訓 じょう
意味 ❶補佐役。じょう。❷昔、四等官の制で、国司の第三等官。じょう。

扌9 【揩】(12) 音 カイ 訓 —
意味 手でふきとる。

扌9 【換】(12) 常用 音 カン 訓 かえる・かわる
筆順 扌 扌 扌 扌 扌 扌 換 換
意味 他のものと取り替える。かえる。また、いれかわる。かわる。「換気・換算・交換」 名付 かん・やす
参考 かわる⇩「代」の[使い分け]。
【換言】かんげん 他のことばを用いて表現すること。
【換骨奪胎】かんこつだったい 他人の作品の着想・表現・構成などを少し変えて自分の作品を作ること。▽「骨を取り換え胎(こ)ぶくろを取って使う」の意。
【換算】かんさん ある単位であらわした数量を、別の単位の数量に計算し直すこと。

扌9 【揀】(12) 音 カン 訓 —
意味 選び出す。

扌9 【揮】(12) 6年 音 キ 訓 ふるう
筆順 扌 扌 扌 扌 扌 扌 揮 揮
意味 ❶ふりまわす。ふるう。「揮毫(きごう)」 ❷勢いなどが盛んになる。また、盛んに働かせる。ふるう。「発揮・腕を揮う」 ❸指図する。「指揮」 ❹まきちらす。「揮発」
【揮毫】きごう 書画をかくこと。▽「筆をふるう」の意。
【揮発】きはつ 常温で、液体が気体となること。

扌9 【揆】(12) 印標 音 キ 訓 —
意味 ❶やり方を考える。❷はかりごと。「一揆(いっき)」

扌9 【揣】(12) 音 シ 訓 おしはかる

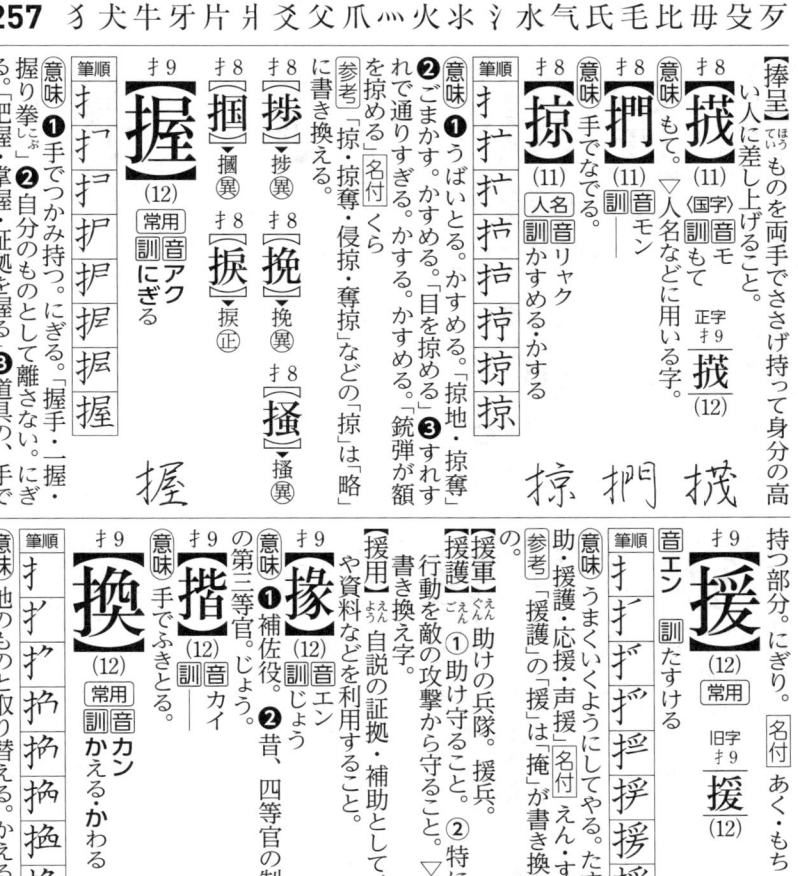

4画

意味 推量する。おしはかる。「揣摩」
【揣摩】しま 他人の考えや事情などをおしはかること。「—憶測」

扌9
【揉】(12) 音ジュウ 訓もむ
意味 ❶手でこすり合わせたりつまんだりする。また、手をこすり合わせる。もむ。「揉み手・揉み消す」❷入り乱れて押し合う。もむ。「みこしを揉む」❸意見の相違などで争いが起こる。もめる。「揉め事」

扌9
【揃】(12) 人名 音セン 訓そろい・そろう・そろえる
異体 扌9 揃(12)
筆順 揃
意味 ❶必要なものを集める。そろえる。また、集まる。そろう。「役者が揃う」❷同じ状態のものが集まる。そろう。そろえる。また、そうして集まったもの。そろい。「揃いの浴衣(ゆかた)」❸一致する。そろう。「考えが揃う」❹いくつかで一組みになっているものを数えることば。❺「同じものがそろっている・同じものばかりである」などの意を表すことば。ぞろい。「傑作揃い」

扌9
【提】(12) 5年 音テイ・ダイ 訓さげる・ひさげ
筆順 提
意味 ❶手にさげて持つ。さげる。「提琴・提灯(ちょうちん)」❷もち出す。「提出・提案」❸助け合う。「提携」❹統率する。「提督」❺つるのある、小形の銚子(ちょうし)。ひさげ。
参考 さげる⇩「下」の〔使い分け〕。
【提起】ていき 解決すべき問題をもち出すこと。
【提供】ていきょう 物品などを相手のためにさし出すこと。
【提琴】ていきん バイオリンのこと。
【提携】ていけい 協同して事業をすること。「業務—」
【提言】ていげん 問題の解決のための意見・考えを会議などに出すこと。また、その意見・考え。
【提唱】ていしょう 主張を発表して意義を説明すること。
【提訴】ていそ 訴訟を提起すること。
【提要】ていよう 物事の要点をあげて示すこと。また、それらを示した書物。
参考熟語 提子(ひさげ)

扌9
【搭】(12) 常用 音トウ 訓のる・のせる
旧字 扌10 搭(13)
筆順 搭
意味 乗り物に乗る。乗り物に乗せる。「搭乗・搭載」名付 とう
【搭載】とうさい 船・飛行機・車などに荷物を積み込むこと。「原爆—機」
【搭乗】とうじょう 船・飛行機などに、のりこむこと。

扌9
【揶】(12) 印標 音ヤ 訓からかう
意味 からかう。「揶揄」
【揶揄】やゆ 冗談などをいってからかうこと。

扌9
【揄】(12) 印標 音ユ 訓からかう
意味 からかう。「揶揄(やゆ)」

扌9
【揖】(12) 音ユウ 訓—
意味 両手を胸の前に組んで上下させる礼。「一揖」

扌9
【揚】(12) 常用 音ヨウ 訓あげる・あがる
筆順 揚
意味 ❶高く上げる。あげる。また、高く上がる。あがる。「揚水・抑揚・揚揚」❷盛んにひきたてる。また、ほめる。「発揚・称揚」❸油で煮る。あげる。また、油で煮たもの。あげ。「揚げ物」名付 あき・あきら・たか・のぶ・よう
参考 あがる⇩「上」の〔使い分け〕。
【揚揚】ようよう 勢いが盛んで得意なさま。「意気—」
【揚陸】ようりく ①貨物などを船から陸地へ運び上げること。②船から陸に上陸すること。

扌9
【揺】(12) 常用
旧字 扌10 搖(13) 人名
音ヨウ 訓ゆれる・ゆる・ゆらぐ・ゆるぐ・ゆする・ゆさぶる・ゆすぶる
筆順 揺
意味 前後・左右・上下に動く。ゆれる。ゆる。ゆらぐ。ゆるぐ。また、そのように動かす。ゆさ

4画

ぶる。ゆすぶる。ゆする。「揺籃(ようらん)・動揺・揺り籠(かご)」

【揺曳(ようえい)】①煙や旗などがゆらゆらなびくこと。②あとまで長く残って、なかなか消えないこと。

【揺籃(ようらん・ゆりかご)】幼児を入れ、揺らしてあやすかご。「―の地(ようらんのち)」▽物事が発展する初めにたとえる。

参考熟語 揺蕩(たゆた)う

扌9【搜】▸捜(異)　扌9【插】▸挿(旧)　扌9【揭】▸掲(旧)

扌9【捲】▸捲(異)

扌10【携】(13) 常用　異体 扌18 攜(21)

音 ケイ　訓 たずさえる・たずさわる

筆順 携

意味 ❶手に持つ。たずさえる。「携帯・携行・必携」❷協力する。「提携」❸いっしょに行く。たずさえる。「父子相携えて行く」❹その物事に関係・従事する。たずさわる。「政治に携わる」

【携行(けいこう)】用具などを身につけて持って行くこと。

手10【搴】(14) 音 ケン　訓 ―

意味 ❶抜き取る。❷高く上に持ち上げる。

扌10【搆】(13) 音 コウ　訓 かまえる　正字 扌10 搆(13)

意味 組み立てる。かまえる。

扌10【搓】(13) 音 サ　訓 よる

意味 手でもんで、ひもをよる。よる。

扌10【搾】(13) 常用〈国字〉音 サク　訓 しぼる

筆順 搾

意味 ❶強く圧して水分を出させる。しぼる。「搾取・搾乳」❷強く締めつける。「圧搾」

参考 しぼる⇩「絞」の[使い分け]。

【搾取(さくしゅ)】資本家が労働者を低賃金で働かせて、利益の一部または全部を自分のものとすること。

扌10【搦】(13) 音 ジャク　訓 からめる

意味 しばって動けなくする。からめる。

扌10【摂】(13) 常用　旧字 扌18 攝(21) 人名

音 セツ・ショウ　訓 とる

筆順 摂

意味 ❶自分のものとして持つ。また、中に取り入れる。とる。「摂取・摂理」❷助け行う。また、代行する。せっする。「摂政(せっしょう)・兼摂」名付 おさむ・せつ

【摂取(せっしゅ)】①栄養を体内に取り入れること。②新しい文化や知識を学んで自分のものとすること。「―不捨(ふしゃ)」③仏教で、仏の慈悲で人々を救うこと。

【摂政(せっしょう)】君主が幼年であるとき、または事故などの場合、君主の代行をする役・機関。

【摂生(せっせい)】健康に注意して病気にならないようにすること。注意「せっしょう」と読み誤らないように。

【摂理(せつり)】キリスト教で、世界を統制して善に導く神の意志・はからい。「神の―」

扌10【搶】(13) 音 ソウ　訓 ―

意味 ❶突き通す。❷奪い取る。

扌10【搔】(13) 印標　異体 扌8 掻(11) 簡慣

音 ソウ　訓 かく

意味 ❶指先・爪(つめ)などで強くこする。かく。「搔痒(そうよう)・搔爬(そうは)」❷物を押しのける。かく。「雪搔き」❸その状態を外部に現す。かく。「汗を搔く・恥を搔く」

【搔爬(そうは)】①体内の病的組織を取り出して除くこと。②人工妊娠中絶のこと。

【搔痒(そうよう)】かゆい所をかくこと。「隔靴(かっか)―の感」

扌10【損】(13) 5年　音 ソン　訓 そこなう・そこねる

筆順 損

意味 ❶少なくする。また、少なくなる。「損耗(そんもう・そんこう)・減損」❷不利益。そん。また、不利益になる。そんする。「損失・欠損・骨折り損」❸害

し傷つける。そんずる。そこねる。そこなう。「損傷・破損・機嫌を損ずる」名付 そん

【損壊】そんかい 建物や備品がこわれること。また、こわすこと。「家屋が―する」

【損傷】そんしょう 物を傷つけたりこわしたりすること。また、傷ついたりこわれたりすること。

【損耗】そんもう・そんこう 使われてすりへること。また、使ってへらすこと。「兵力の―」▽「そんもう」は慣用読み。

扌10 【搗】(13) 音 トウ 訓 かつ・つく

意味 米を臼(うす)に入れて杵(きね)で打つ。かつ。つく。また、そのこと。つき。「搗精・餅搗き・搗(か)ち栗(ぐり)」

扌10 【搨】(13) 音 トウ 訓 する

意味 石ずりにする。拓本(たくほん)をとる。「搨本(とうほん)」

【搨摹】とうも 筆跡を写す際、原本の上に紙を置き、字の輪郭を写しとった後、中を塗りつぶして模写すること。摹搨。双鉤塡墨(そうこうてんぼく)。▽「摹」は「手本をまねる」意。

扌10 【搏】(13) 音 ハク 訓 うつ

意味 手でたたく。うつ。「脈搏」

扌10 【搬】(13) 常用 音 ハン 訓 はこぶ

筆順 扌 扌 扌 扚 拍 搬 搬 搬

意味 物をほかの所に移動する。はこぶ。「搬入・運搬」

【搬出】はんしゅつ 会場から展示物を運び出すこと。また、運搬するために、大量の品物を運び出すこと。

【搬入】はんにゅう 会場に展示物を運び入れること。また、業者などが品物を運び入れること。

扌10 【摸】(13) 音 モ 訓 ― 正字 扌11 摸(14)

意味 ❶似せて作る。もする。「摸写・摸倣」❷手で探る。「摸索・掏摸(すり)」

参考 「摸・摸索」の「摸」は「模」に書き換える。

【摸倣】もほう まねること。▽「模倣」とも書く。

扌10 【搜】▸捜㊐ 扌10 【搖】▸揺㊐

扌11 【摑】(14) 人名 音 カク 訓 つかむ 異体 扌8 掴(11)

筆順 扌 扪 掴 掴 摑 摑 摑 摑

意味 ❶握り持つ。つかむ。「濡(ぬ)れ手で粟(あわ)の摑み取り(苦労せずに利益を得ること)」❷重要な点を自分のものにする。つかむ。「真意を摑む」

参考 「つかむ」は「攫む」とも書く。

手11 【撃】(15) 常用 旧字 手13 擊(17) 人名

音 ゲキ 訓 うつ

筆順 亘 車 車 軎 毄 毄 墼 撃

意味 ❶強く打ちつける。うつ。「撃剣・打撃」❷敵や相手を攻める。うつ。「撃沈・攻撃」❸弾丸などを発射する。うつ。「射撃」

参考 うつ⇩「討」の[使い分け]。

【撃退】げきたい ①攻めてくる敵を負かしてしりぞけること。②試合で、相手を負かすこと。

【撃破】げきは 攻撃してうちやぶること。「敵艦を―する」

【撃滅】げきめつ 攻撃して敵を滅ぼすこと。

扌11 【摎】(14) 音 コウ・キョウ 訓 ―

意味 絞める。絞め殺す。

扌11 【摧】(14) 音 サイ 訓 くだく

意味 砕く。くだく。また、砕ける。くだける。「破摧」

参考 「破摧」の「摧」は「砕」に書き換える。

手11 【摯】(15) 常用 音 シ 訓 つかむ

筆順 土 幸 幸 幸 執 執 埶 摯

意味 ❶手に持つ。つかむ。❷行き届いているさま。「真摯(しんし)」

扌11 【摺】(14) 人名 音 ショウ 訓 する 異体 扌11 摺(14)

筆順 扌 扌 扌 扌 摺 摺 摺 摺

意味 ❶折りたたむ。「摺本(しょうほん)」❷こすり合わせる。する。「摺り足」❸型にあて、模様・文字などを写し取る。する。「摺り本」

【摺本】しょうほん 和本などで、びょうぶのように折りたためる本。折本。

4画

扌11 **【摶】**(14) 音タン 訓―

意味 ❶まるめる。❷ほしいままにする。

摶

扌11 **【摘】**(14) 常用 音テキ 訓つむ・つまむ

筆順 扌 扩 扩 扩 扚 扚 摘 摘

意味 ❶指先ではさんで取る。つまむ。つむ。「摘出・摘芽・摘み草」❷選び出す。「摘要・指摘」❸悪事をあばき出す。「摘発」 名付 つみ・てき

【摘出】(てきしゅつ) ⑴中から取り出して除くこと。「―手術」⑵多くの中から選び出すこと。「誤りを―する」

【摘発】(てきはつ) 悪事をあばき出して公表すること。「不正を―する」

【摘要】(てきよう) 物事の重要な点を選び書き記すこと。また、その文書。 注意 「適要」と書き誤らないように。

摘

手11 **【摩】**(15) 常用 音マ 訓さする・する 旧字 手11 【摩】(15)

筆順 亠 广 庁 庥 麻 麽 摩 摩

意味 ❶強く触れ合わせて動かす。まする。する。「摩擦・按摩(あんま)」❷みがく。まする。「研摩」❸近づき迫る。まする。「摩天楼」❹手のひらなどを物の表面にあてたまま軽く動かす。さする。

名付 きよ・ま

参考 ⑴❹の「さする」は「擦る」とも書く。⑵「摩滅・研摩」などの「摩」は「磨」が書き換えられたもの。⑶する⇨「擦」の[使い分け]。

【摩訶不思議】(まかふしぎ) 非常に不思議なさま。

【摩天楼】(まてんろう) 高層建築のこと。▽「天に近づき迫る高殿」の意。

【摩滅】(まめつ) すり減ること。▽「磨滅」の書き換え。

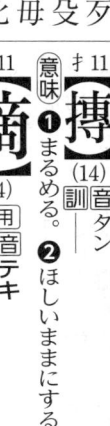

摩

扌12 **【撮】**(15) 常用 音サツ 訓とる・つまむ

筆順 扌 扌 押 捍 揖 揖 撮 撮

意味 ❶写真を写す。とる。「撮影」❷選んで抜き出す。つまむ。「撮要・かい撮んで話す」❸指先ではさんで持つ。また、そうして食べる。つまむ。「撮み洗い」

参考 ⑴「つまむ」は「摘む」「抓む」とも書く。⑵とる⇨「取」の[使い分け]。

【撮影】(さつえい) 写真や映画をとること。

撮

扌12 **【撒】**(15) 人名 音サツ・サン 訓まく

筆順 扌 扌 拱 拱 措 揹 撒 撒

意味 ❶あたり一面に散らす。まく。「撒水・撒布」❷人をはぐれさせる。まく。「尾行者を撒く」

参考 「撒水・撒布」などの「撒」は「散」に書き換える。

【撒播】(さっぱ・さんぱ) 田畑に種を一面にまくこと。

撒

扌12 **【撕】**(15) 音シ・セイ 訓―

意味 教え導く。

撕

扌12 **【撰】**(15) 人名 音セン・サン 訓えらぶ 異体 扌12 【撰】(15)

筆順 扌 扌 扌 押 揶 撰 撰 撰

意味 ❶詩文や書物を作る。せんする。「撰文・撰集・勅撰・杜撰(ずさん)」❷よい物を選ぶ。えらぶ。

名付 えらむ・のぶ

参考 ❷の「えらぶ」はふつう「選ぶ」と書く。

【撰修】(せんしゅう) ⑴書物を書き著すこと。⑵書物を編集すること。

【撰集】(せんしゅう・せんじゅう) 多くの人の詩歌・文章をえらび集めて編集すること。また、その書物。

撰

扌12 **【撤】**(15) 常用 音テツ 訓すてる

筆順 扌 扌 扌 扌 揹 揹 撤 撤

意味 取り除く。すてる。また、引き上げて退ける。てっする。「撤回・撤廃・撤兵」

【撤回】(てっかい) 前に述べた事柄を取り消すこと。

【撤去】(てっきょ) 建築物や施設などを取り除くこと。

【撤収】(てっしゅう) ⑴取り去ってしまい込むこと。⑵軍隊などが陣地を取り払って退却すること。

【撤退】(てったい) ⑴軍隊などが、陣地を取り払ってしりぞくこと。⑵その場から引きさがること。

【撤廃】(てっぱい) 今までの制度や規則などをやめること。

撤

扌12 **【撞】**(15) 人名 音シュ・ドウ 訓つく

撞

筆順 撞

意味 細長い物の先で強く打つ。また、強い勢いでぶつかる。つく。「撞着・撞木(しゅもく)・鐘を撞く」

【撞木】(しゅもく) ①仏具の一つ。鐘をたたいて鳴らす、T字型をした棒。②つり鐘をたたいて鳴らす棒。

【撞球】(どうきゅう) 室内遊戯の一つ。玉突き。ビリヤード。

【撞着】(どうちゃく) 前後がくいちがって一致しないこと。「自家—」▽「撞著」とも書く。

扌12 **【撓】** (15) 音 ドウ 訓 たわむ・しなう

意味 しなやかな物を曲げる。たわめる。また、そのようになる。しなう。たわむ。「屈撓・枝を撓める」

扌12 **【撚】** (15) 印標 音 ネン 訓 ひねる・よる

意味 ❶細長い物をねじってからませる。よる。「撚糸・紙撚(こより)」❷細長い物をねじり回す。ひねる。

参考 ❶の意味の「よる」は「縒る」とも書く。

【撚糸】(ねんし) 二本以上の糸をより合わせて作った糸。

扌12 **【撥】** (15) 印標 音 バチ・ハツ 訓 はねる

意味 ❶はじきとばす。はねる。「撥音・反撥」❷弦楽器の弦をはじいて鳴らす。また、そのための道具。ばち。「撥弦楽器」❸払うようにして上に上げる。はねる。❹琵琶(びわ)・三味線などをたたいて鳴らす棒。ばち。

参考 「反撥」の「撥」は「発」に書き換える。

【撥音】(はつおん) 日本語の発音で、息が鼻に抜ける音節。普通、「ん」「ン」と書く。「—便(びん)」

参考熟語 撥条(ねじ・ぜんまい・はつじょう)

扌12 **【播】** (15) 人名 音 ハ・バン 訓 まく

筆順 播

意味 ❶種を地面に散らし植える。まく。「播種(はしゅ)」❷広く及ぼす。「伝播(でんぱ)」❸昔の、播磨国(はりまのくに)のこと。「ばん」と読む。「播州」 名付 かし・すけ・ひろ

参考 ❶の「まく」は「蒔く」とも書く。

【播種】(はしゅ) 作物の種をまくこと。注意 「ばんしゅ」と読み誤らないように。

扌12 **【撫】** (15) 人名 音 ブ 訓 なでる

筆順 撫

意味 やさしくさする。また、そのようにしてかわいがる。「撫育・愛撫・撫で肩」 名付 やす・よし

参考熟語 撫子(なでしこ)

扌12 **【撲】** (15) 常用 音 ボク 訓 なぐる・うつ

筆順 撲

意味 強く相手を打つ。うつ。なぐる。「打撲・撲滅」

参考 「なぐる」は「殴る」「擲る」とも書く。

【撲殺】(ぼくさつ) なぐり殺すこと。

【撲滅】(ぼくめつ) 完全に滅ぼすこと。

扌12 **【撩】** (15) 音 リョウ 訓 —

意味 乱れもつれる。「撩乱」

【撩乱】(りょうらん) たくさんの花などが一面に美しく咲いて入り乱れているさま。「百花—」▽「繚乱」とも書く。

扌12 **【撈】** (15) 音 ロウ 訓 —

意味 水中の物をからげて取る。「漁撈」

参考 「漁撈」の「撈」は「労」に書き換える。

扌12 **【撹】** ▼攪(異)

扌13 **【撼】** (16) 音 カン 訓 うごかす

意味 揺り動かす。うごかす。「震撼(しんかん)」

扌13 **【擒】** (16) 音 キン 訓 とりこ

意味 とりこにする。また、とりこ。

扌13 **【擅】** (16) 音 セン 訓 ほしいまま

意味 自分の思うとおりにするさま。ほしいまま。「擅断・独擅場」

参考 「擅断」の「擅」は「専」に書き換える。

扌13 **【操】** (16) 6年 音 ソウ 訓 みさお・あやつる

筆順 … 操

意味 ❶堅く守って変えない主義・主張や志。みさお。「操行・貞操」❷うまく動かして扱う。あやつる。「操作・操業・操舵(そうだ)・体操」❸手に取る。「操觚(そうこ)」 名付 さお・そう・みさ・みさお・もち

【操行】(そうこう) その人のふだんの行い・生活態度。品行。

【操縦】(そうじゅう) ①機械を自由に動かすこと。また、飛行機などを運転すること。②他人を自分の思うとおりに使うこと。「部下を—する」

【操典】(そうてん) もと、陸軍で、訓練や戦闘の方法について記した、教則の書物。「歩兵—」

扌13 **【撻】** (16) 音 タツ 訓 うつ

意味 むちで打って励ます。むちうつ。「鞭撻(べんたつ)」

手13 **【擘】** (17) 音 ハク 訓 さく

意味 ❶左右に裂く。さく。❷親指。また、親分。

扌13 **【擁】** (16) 常用 音 ヨウ 訓 いだく

筆順 … 擁

意味 ❶抱きかかえる。ようする。いだく。「抱擁」❷助け守る。ようする。「擁護・擁立・幼帝を擁する」❸自分に属するものとして持つ。ようする。「大軍を擁する」

【擁護】(ようご) 害を受けないようにかばって守ること。「人権の—」 参考 「養護(ようご)」は、からだの弱い子どもを保護してその成長を助けること。

【擁立】(ようりつ) もりたてて、人を高い地位につかせること。「幼帝を—する」

扌13 **【擂】** (16) 音 ライ 訓 する

意味 砕いて細かくつぶす。する。「擂り鉢(すりばち)」

参考 「する」は「摺る」「擦る」とも書く。

参考熟語 擂り粉木(すりこぎ)

扌13 【擇】▶択(旧)　扌13 【擄】▶拠(旧)　扌13 【擔】▶担(旧)

手13 【擧】▶挙(旧)　手13 【擊】▶撃(旧)

扌14 **【擱】** (17) 音 カク 訓 おく

意味 手に持っているものを下に置く。おく。「擱筆」

【擱座】(かくざ) ①船が座礁すること。②こわれて戦車が動けなくなること。▽「擱坐」とも書く。

【擱筆】(かくひつ) 文を書き終わること。▽「閣筆」とも書く。

扌14 **【擬】** (17) 常用 音 ギ 訓 なぞらえる・まがい・もどき

筆順 … 擬

意味 ❶似たものとして仮にあてはめる。また、そうしてまねる。ぎする。なぞらえる。「擬人・擬態・模擬・古人に擬する」❷よく似ているさま。また、にせ物。まがい。「擬民主主義」❸武器などを人のからだに突きつける。ぎする。❹すでに決まっているかのように扱う。ぎする。「会長に擬する」❺似せて作ったもの。また、よく似ているもの。もどき。「芝居擬きのせりふ」

参考 ❶の「なぞらえる」は「準える」とも書く。また、❷の「まがい」は「紛い」とも書く。

【擬古文】(ぎこぶん) ①昔の文体をまねしてつくった文章。②江戸時代の国学者が、平安時代の文体をまねしてつくった文章。

【擬似】(ぎじ) よく似ていて紛らわしいこと。「—餌」▽「疑似」とも書く。

【擬人法】(ぎじんほう) 人間でないものを、人間にたとえて言い表す方法。「草木が喜ぶ」「ペンが走る」など。

【擬制】(ぎせい) ①本質はちがっていて、見せかけだけそうであること。②本質の異なるものを同一のものと見なして、法律上同じ効果を与えること。

【擬勢】(ぎせい) 見せかけだけの勢い・強がり。「—を張る」

【擬声語】(ぎせいご) 動物の声や物の音をまねて表した語。擬音語。オノマトペ。「わんわん」「ぽたぽた」など。

【擬装】(ぎそう) ごまかすために、他の物と紛らわしい形・色にすること。カムフラージュ。▽「偽装」とも書く。

【擬態】(ぎたい) ①他のものの様子に似せること。「—語」②動物が護身のために色や形を周囲に

似せること。

【擬態語】(ぎたいご) 物事の様子をそれらしく表した語。「きらきら」「きょろきょろ」「てきぱき」など。

参考熟語 擬宝珠(ぎぼし・ぎぼうしゅ・ぎぼうし)

扌14 【擦】(17)

常用 音 サツ 訓 する・すれる・こする・さする・なする・なぞる

筆順 扌 … 擦

意味 ❶強く触れ合わせたまま動かす。こする。また、そのようになる。こすれる。すれる。「擦過傷・摩擦」❷手のひらなどを物の表面にあてたまま軽く動かす。さする。❸こするようにして塗る。なする。❹文字・図形の上をたどって書く。なぞる。「擦り書き」 名付 あきら・さつ

使い分け「する」

擦る…こする。「摩る」と書くこともある。「マッチを擦る・薬を擦り込む・擦り傷・擦り切れる」

磨る・摩る…押しつけてこする。すりへらす。「墨をす(磨・摩)る・やすりです(磨・摩)る・財産をす(磨・摩)る」

刷る…印刷する。「紙幣を刷る・名刺を刷る」

【擦過傷】(さっかしょう) すりむいてできた傷。すりきず。

扌14 【擠】(17)

音 セイ 訓 ―

意味 並んで押し合う。おす。

扌14 【擡】(17)

音 タイ 訓 もたげる 異体 扌5 抬(8)

意味 頭などを持ち上げる。もたげる。「擡頭・勢力を擡げる」

【擡頭】(たいとう) 勢力を得て物事の表面に現れてくること。「新人の―」▽「台頭」とも書く。

扌14 【搩】(17)

〈国字〉 音 チャク 訓 ―

意味 →搩手(ちゃくしゅ)

【搩手】(ちゃくしゅ) 親指と中指を伸ばして測ること。仏像の高さを測るのに使うことば。

扌14 【擢】(17)

人名 音 タク・テキ 訓 ぬきんでる 異体 扌14 擢(17)

筆順 扌 … 擢

意味 ❶選び出して用いる。「擢用(たくよう)・抜擢(ばってき)」❷他のものと比べて非常にすぐれている。ぬきんでる。

扌14 【擣】(17)

音 トウ 訓 うつ・つく

意味 ❶棒でたたく。うつ。「擣衣(とうい)(砧(きぬた)で布をうつこと)」❷杵(きね)で餅(もち)をつく。つく。

扌14 【擯】(17)

音 ヒン 訓 しりぞける

意味 退けて除く。しりぞける。「擯斥」

扌15 【擾】(18)

印標 音 ジョウ 訓 みだれる

意味 世の中が乱れる。みだれる。また、世の中を乱す。「擾乱・騒擾」

【擾乱】(じょうらん) 戦争や事件で、世の中が乱れること。騒乱。注意「ゆうらん」と読み誤らないように。

扌15 【擶】(18)

音 セン 訓 ― 正字 扌15 擶(18)

意味 矢の曲がりをただす。

扌15 【擲】(18)

音 テキ・ジャク 訓 なぐる・なげうつ

意味 ❶投げつける。また、投げ捨てる。なげうつ。「放擲・乾坤一擲」❷惜しげもなく提供する。なげうつ。「私財を擲つ」❸強い力で打つ。なぐる。「打擲(ちょうちゃく)」

扌15 【擺】(18)

音 ハイ 訓 ―

意味 左右に押し開く。「擺開」

手15 【攀】(19)

印標 音 ハン 訓 よじる

意味 はうようにして登る。よじる。「登攀」

扌15 【擽】(18)

音 リャク・ラク 訓 くすぐる

意味 ❶むちでうつ。❷くすぐる。

扌15 〔擴〕▶拡(旧)

扌15 〔攅〕▶攢(異)

扌17 【攘】(20)

印標 音 ジョウ 訓 はらう

意味 追い払って退ける。「攘夷(じょうい)・撃攘」

【攘夷】(じょうい) 外国人を追い払って、国交をしないこと。「尊王―」▽「夷」は「野蛮人」の意。

扌18 〔攜〕▶携(異)

扌18 〔攝〕▶摂(旧)

4画

扌19 【攢】(22) 印標 音サン 訓— 異体 扌15 攅(18)
意味 ひと所に寄り集まる。「攢聚(さんしゅう)」

扌19 【攤】(22) 音タン 訓—
意味 広げ伸ばす。

手19 【攣】(23) 印標 音レン 訓つる
意味 ❶筋肉が急に収縮する。つれる。つる。「痙攣(けいれん)」❷からだの一部分が上に上がる。つれる。つる。「目を攣り上げる」

扌20 【攪】(23) 印標 異体 扌12 撹(15) 簡慣 音カク・コウ 訓みだす
意味 ❶かきみだす。「攪乱」❷かきまぜる。「—器」
【攪拌(かくはん・こうはん)】かきまわしてまぜること。▽「かくはん」は慣用読み。「拌」も「かきまぜる」の意。
【攪乱(かくらん・こうらん)】①かきまわして乱すこと。②相手を混乱させ惑わせること。▽「かくらん」は慣用読み。

扌20 【攫】(23) 音カク 訓さらう・つかむ
意味 ❶手でしっかりと握り持つ。つかむ。❷大事な事物をとらえて自分のものにする。つかむ。「要点を攫む」❸奪い去る。さらう。「子どもを攫う・人気を攫う」

扌22 【攬】(25) 音ラン 訓—
意味 取り集める。「収攬(しゅうらん)」

支の部 しにょう えだにょう

支0 【支】(4) 5年 音シ 訓ささえる・かう・つかえる
筆順 一 十 ㇇ 支
意味 ❶倒れそうなものを寄りかからせて防ぐ。かう。ささえる。「支持・支援・心の支え」❷分かれ出る。また、分かれ出たもの。「支流・気管支」❸分け与える。「支配・支出・収支・支払い」❹離れ離れになる。「支離滅裂」❺日・時刻・方角などの小区分。「干支・十二支」❻詰まったり滞ったりする。つかえる。「差し支え」❼かつて、中国のこと。「日支」名付 し・なか・もろ・ゆた
参考 (1)❻の「つかえる」は「閊える」とも書く。(2)❼は「支那(しな)(中国の古称)」の略から。
【支障(ししょう)】ある物事をするとき、じゃまになること。「—をきたす」
【支弁(しべん)】①金銭を支払うこと。②物事をとりはからって処理すること。
【支離滅裂(しりめつれつ)】①ばらばらで全体のまとまりがないさま。②話などの筋道が立たず、まとまりがないさま。注意「四離滅裂」と書き誤らないように。
参考熟語 支度(したく) 支那(しな)

【鼓】▶鼓0

4画

攴(攵)の部 ぼくにょう ぼくづくり

攴0 【攴】(4) 音ボク 訓—
意味 軽くたたく。

攵0 【攵】(4) 音ボク 訓—
意味 漢字の旁(つくり)の一。「攴」が変形したもの。

攵2 【攷】(6) 音コウ 訓かんがえる
意味 つきつめて考える。かんがえる。「論攷(ろんこう)」

攵2 【收】▶収(旧)

攵3 【改】(7) 4年 音カイ 訓あらためる・あらたまる
筆順 ㇇ コ 己 己' 己𠂉 改 改
意味 ❶新しくてよい物に変える。あらためる。また、そのようになる。あらたまる。「改造・改新・改宗(かいしゅう)・更改・朝令暮改」❷調べ検査する。あらためる。「改札」❸病気が急に重くなる。あらたまる。名付 あら・かい
【改革(かいかく)】制度や、やり方をよいものに変えること。
【改竄(かいざん)】文章や文字をかってになおすこと。「小切手の—」▽「竄」は「文字を書き改める」の意。

【改修】(かいしゅう) 道路や橋などを手入れしてなおすこと。

【改悛】(かいしゅん) 誤りを悟って考え・態度を変えること。改心。「―の情」注意「改俊」と書き誤らないように。

【改装】(かいそう) ①建物の装飾・設備などを変えてよくすること。「店舗―」②荷造りをしなおすこと。

【改定】(かいてい) 今までのものをやめて新しく取り決めること。「料金の―」

【改訂】(かいてい) 本の内容や文章を直してよくすること。

使い分け「かいてい」

改定…制度や決まりについて使う。金額や率の変更にも使う。「規約を改定する・定価の改定・改定運賃」

改訂…文章の内容・表現を改めることで、書物・文書などに使う。「教科書を改訂する・改訂版」

【改廃】(かいはい) 既に定まっている制度・法律などを改めたりやめたりすること。

攴3

【攻】

(7) 常用 音 **コウ** 訓 **せめる**・おさめる

筆順 一 丅 エ エ' エ' 巧 攻

意味 ❶相手に戦いをしかける。せめる。「攻防・攻撃・速攻・遠交近攻」❷一つのことをしっかりと研究する。おさめる。「攻究・専攻」名付 おさ・おさむ・こう・よし

使い分け「せめる」

攻める…「守る」の対。攻撃する。「城を攻める・相手チームを攻める・隣国に攻め込む・兵糧攻め・質問攻め」

責める…非難する。苦しめる。「失敗を責める・自分を責めるな・拷問で責められる」

【攻究】(こうきゅう) 学問を熱心に研究すること。

【攻略】(こうりゃく) ①敵の国や城などを攻めて占領すること。「要塞(ようさい)―」②試合・勝負などで、強い相手を攻めて負かすこと。

攴3

【攸】

(7) 音 ユウ 訓 ところ

意味 …すること。また、…するもの。ところ。

攴4

【放】

(8) 3年 音 **ホウ** 訓 **はなす**・**はなつ**・**はなれる**・**ほうる**

筆順 丶 亠 亠 方 方' 方' 放 放

意味 ❶遠くへ行かせる。はなつ。また、遠くへとばす。ほうる。はなつ。「放送・放水・追放・異彩を放つ」❷束縛を解く。はなつ。はなす。また、束縛が解ける。はなれる。「放任・解放」❸かって気ままにする。「放縦(じゅう)・(しょう)・奔放」❹そのままにしておく。ほうる。はなす。「放棄・放置」❺ある状態にする。はなつ。「放火」名付 ほう・ゆき・ゆく

参考 ⑴「放棄・放物線」などの「放」は「抛」が書き換えられたもの。⑵**はなれる**⇩「離」の[使い分け]。

【放棄】(ほうき) 不要として、捨ててそのままにすること。「戦争―」▽「抛棄」の書き換え字。

【放恣】(ほうし) 行い・生活などがかって気ままで節度のないこと。「―に流れる」▽「放肆」とも書く。

【放縦】(ほうじゅう・ほうしょう) 生活や行動がかって気ままなこと。▽「縦」は「みだらで限度がない」の意。

【放心】(ほうしん) ①突然のできごとにあって、驚きぼんやりすること。②心配がなくなり安心すること。放念。

【放置】(ほうち) おきっぱなしにすること。「―自転車」

【放逐】(ほうちく) 悪いことをした者を社会・団体などから追い払うこと。注意「放遂」と書き誤らないように。

【放擲】(ほうてき) ①投げ捨てること。②物事をそのままにしておいてかまわないこと。「いっさいを―する」

【放蕩】(ほうとう) 酒色にふけって品行が悪いこと。「―息子」

【放念】(ほうねん) 「放心」と同じ。

【放漫】(ほうまん) やり方などがでたらめで締まりがないこと。「―財政」注意「放慢」と書き誤らないように。

【放免】(ほうめん) ①無罪の被疑者を、自由にすること。②刑期を終えた罪人を出獄させ釈放すること。

【放埒】(ほうらつ・ほうらち) ①かって気ままで、行いがだらしないこと。②道楽にふけって品行が修まらないこと。▽「馬が馬場の囲いをとび出す」の

意。

【放列】（ほうれつ） 射撃できるように大砲を横に並べた隊形。「カメラの―を敷く」▽「砲列」とも書く。

攴4 【政】▼政㊐

攴5 【故】(9) 5年 音コ 訓ゆえ・もと・ふるい

筆順 十 十 古 古 古 古 故 故

故

意味 ❶以前からある。ふるい。また、昔の事柄。もと。「故事・典故」❷昔から知っている。「故郷・故旧」❸死んでいる。「故人・物故・故谷崎氏」❹普通と違った事柄。「故障・事故・世故」❺特に理由があっておこなう。「故意・故殺」❻そうなった特別の事情・理由・ゆえ。「故なくして」

名付 こ・ふる・もと

【故旧】（こきゅう） 昔からの知り合い。「―忘れ得べき」

【故紙】（こし） 一度使って不要になった紙。反故（ほご）。

【故事】（こじ） ①そうなったことについての、昔から伝えられているいわれ。②昔あった事柄。

【故実】（こじつ） 儀式作法・法律制度・衣食住などについての昔からのしきたり。「有職（ゆうそく）―（故実を研究する学問）」

【故事来歴】（こじらいれき） そうなったことについて昔から伝えられている、いわれや経過の次第。

【故知】（こち） 昔の人の用いた、すぐれたはかりごと。「―に学ぶ」▽「故智」とも書く。

【故老】（ころう） ①老人のこと。②昔の事柄をよく知っている老人。▽「古老」とも書く。

攴5 【政】(9) 5年 旧字 攴4 政 (8) 音セイ・ショウ 訓まつりごと

筆順 丅 下 正 正 正 政 政 政

政

意味 ❶人民・領土を治めること。まつりごと。「政治・政令・善政・行政・摂政（せっしょう）」❷物事を整え処理すること。「財政・農政・家政」❸人民・領土を治める形式。「王政・共和政」

名付 おさ・かず・きよ・しょう・すなお・せい・ただ・ただし・ただす・のり・まさ・まさし

【政見】（せいけん） 政治を行う者が持っている、政治についての意見。

【政談】（せいだん） ①政治についての議論・談話。②昔の、政治や裁判を取り扱った物語。「大岡（おおか）―」

【政略】（せいりゃく） ①政治上のはかりごと。②ある目的を達成するための、かけひき。「―結婚」

参考熟語 政所（まんどころ）

攴6 【敏】(10) 常用 旧字 攴7 敏 (11) 人名 音ビン 訓さとい・とし・はしこい

筆順 𠂉 𠂉 每 每 每 敏 敏 敏

敏

意味 ❶頭の働きがすばやくて賢い。びん。さとい。「敏活・鋭敏・機を見るに敏（びん）だ」❷すばしこい。とし。はしこい。「敏速・機敏」

名付 さと・さとし・すすむ・つとむ・と・とし・はや・はやし・はる・びん・ゆき・よし

参考 ❶の「さとい」は「聡い」とも書く。

【敏感】（びんかん） 物事を鋭く感じ取るさま。

【敏捷】（びんしょう） 動作がすばやくて、行動がてきぱきしていること。▽「捷」も「すばやい」の意。

【敏腕】（びんわん） 物事をすばやく正確に処理できるすぐれた腕前であること。「―家」

攴6 【效】▼効㊐

攴7 【救】(11) 5年 音キュウ・グ 訓すくう

筆順 寸 寸 才 求 求 求 救 救

救

意味 危険にあったり貧しかったりして困っている人を助ける。すくう。「救助・救急・救世（きゅうせい・ぐぜ）・救い主」

名付 きゅう・すけ・たすく・なり・やす

【救急】（きゅうきゅう） 急な病気や負傷などの手当てをすること。「―車」 注意 「急救」と書き誤らないように。

【救護】（きゅうご） 病人や負傷者を助け、手当てをすること。

【救荒】（きゅうこう） 飢饉（ききん）で困っている人々を飢えなどから救うこと。「―作物」

【救済】（きゅうさい） 災害などで困っている人を不幸な状態から救うこと。「―事業」

【救世】 一（きゅうせい） ①乱れた世の中を救うこと。②世の中の不幸・罪悪から人々を救うこと。「―主」 二（ぐぜ） 仏教で、世俗の人を苦悩から救う

4画

こと。「—観音(かんのん)」

【教】 支7 (11) 2年　旧字 支7 敎 (11)

音 キョウ　訓 おしえる・おそわる

筆順 教

意味 ❶習わせて導く。おしえる。「教育・教師・文教」❷おしえた戒め。また、特に、神仏の戒め。おしえ。「教義・教祖・宗教・布教」❸宗教のそれぞれの宗派。「キリスト教」❹人から習う。おそわる。名付 おしえ・かず・きょう・たか・なり・のり・みち・ゆき

【教皇】(きょうこう・きょうおう) ローマ・カトリック教会の最高位の聖職。法皇。法王。

【教唆】(きょうさ) 悪事をするように、人をそそのかすこと。

【教示】(きょうじ) 具体的な方法などを教えること。

【教条主義】(きょうじょうしゅぎ) 特定の権威者の述べた事柄を、すべての事物にあてはめようとする態度。

【教則本】(きょうそくぼん) その技芸の基本の技法をやさしいものから配列してわかりやすく解説した本。教本。

【教典】(きょうてん) ①宗教の教えが書かれている書物。②教育の内容・方法のよりどころとする法則。また、それが書かれている書物。

【教鞭】(きょうべん) 授業や講義をするときに、教師が使うむち。「—を執る(教師の仕事をする)」

【教練】(きょうれん) 軍隊または学校で、戦闘の練習をすること。また、その練習。「軍事—」

教

【敖】 支7 (11)

音 ゴウ　訓 おごる

意味 ❶気ままに出歩く。❷勝手に振る舞う。おごる。

敖

【敗】 支7 (11) 4年

音 ハイ　訓 やぶれる

筆順 敗

意味 ❶戦争や試合に負ける。やぶれる。また、そのこと。はい。↔勝。「敗戦・敗北・勝敗・大敗」❷戦争や試合で相手を負かす。やぶる。「敵を敗る・優勝候補を敗(やぶ)る」❸やりそこなう。「失敗・成敗」❹物事がだめになる。「敗壊・腐敗」

参考 やぶれる⇩「破」の[使い分け]。

【敗残】(はいざん) 戦争に負け、おちぶれて生き残ること。「—兵」「人生の—者」

【敗色】(はいしょく) 戦争や試合で、負けそうな形勢。「—が濃い」

【敗退】(はいたい) 戦争や試合に負けて退くこと。

敗

支7【敕】▶勅㊐

支7【敘】▶叙㊐

支7【敍】▶叙㊑

支7【敏】▶敏㊐

【敢】 支8 (12) 常用

音 カン　訓 あえて

筆順 敢

意味 ❶思い切って行う。あえてする。また、そのようなさま。あえて。「敢闘・果敢」❷思い切りがよい。「勇敢」❸特別に。あえて。「敢えて心配の必要はない」名付 いさみ・いさむ・かん

【敢行】(かんこう) 困難や危険を押し切って行うこと。

【敢然】(かんぜん) 決心して勇敢に物事をするさま。

敢

【敬】 支8 (12) 6年　旧字 支9 敬 (13)

音 ケイ・キョウ　訓 うやまう

筆順 敬

意味 つつしんで、目上の人・すぐれた人をたいせつにする。けいする。うやまう。「敬愛・敬具・不敬・尊敬・愛敬(あいきょう)・敬して遠ざける」名付 あき・あつ・いつ・うや・かた・けい・さとし・たか・たかし・とし・のり・はや・ひろ・ひろし・ゆき・よし

【敬具】(けいぐ) 手紙の終わりに用いる挨拶のことば。▽「つつしんで申し上げる」の意。

【敬虔】(けいけん) ①誠意をもって尊び、態度をつつしむさま。「—な態度」②神仏に、敬って仕えること。▽「虔」は「おごそかにつつしむ」の意。

【敬白】(けいはく) 手紙などの終わりに用いる挨拶のことば。▽「つつしんで申し上げる」の意。

【敬服】(けいふく) すぐれた能力・才能に感心すること。

敬

【散】 支8 (12) 4年

音 サン　訓 ちる・ちらす・ちらかす・ちらかる

筆順 散

散

4画

意味 ❶ばらばらに広がる。さんずる。ちらかる。ちる。また、そのようにする。さんずる。ちらかす。ちらす。「散在・散乱・散兵・解散」❷とりとめがない。また、自由である。「散漫・散文・閑散」❸こな薬。「散薬・胃散」❹薄くなって消える。さんずる。ちる。また、そのようにする。さんずる。ちらす。「毒が散る・鬱(うつ)を散ずる」 名付 さん

参考 ⑴「散水・散布」などの「散」は「撒」が書き換えられたもの。⑵カタカナ「サ」のもとになった字。

【散逸(さんいつ)】書物・文書などがばらばらになって、一部または全部がなくなること。散佚(さんいつ)。

【散華(さんげ)】①仏の供養のために花を散らすこと。特に、法会(ほうえ)のとき、蓮(はす)の花びらをかたどった五色の紙をまくこと。②戦死することを美化していうことば。▽「花と散る」の意から。

【散見(さんけん)】あちこちにちらほらと見えること。

【散財(さんざい)】多くの金を使うこと。「旅先で―する」

【散策(さんさく)】特別の目的もなく、ぶらぶら歩くこと。散歩。▽「策」は「つえをつく」の意。

【散発(さんぱつ)】物事がときどき起こること。

【散布(さんぷ)】粉・水・びらなどをあたり一面にまくこと。▽「撒布」の書き換え字。

【散漫(さんまん)】まとまりがなく、ひきしまっていないこと。「注意力―」

参考熟語 散楽(さるがく) 散切(ざんぎ)り 散散(さんざん)

支8 【敞】(12) 音 ショウ 訓 ―

意味 ❶土地が高く広々としているさま。❷広く開けて明るいさま。

敞

支8 【敦】(12) 人名 音 トン 訓 あつい

筆順 亠 古 [illegible] 亨 享 [illegible] [illegible] 敦

意味 誠意があってあつい。あつい。「敦厚」

名付 あつ・あつし・おさむ・たい・つとむ・つる・とん・のぶ

敦

支8 【敝】(12) 音 ヘイ 訓 やぶれる

意味 ❶破れてぼろぼろになる。やぶれる。「敝衣破帽」❷自分に関する事物を表すことばに冠して、自分のものをへりくだっていうことば。「敝居」

【敝衣(へいい)】破れた衣服。弊衣(へいい)。「―破帽」

【敝履(へいり)】はき古して破れたくつ。弊履。「―の如(ごと)く棄(す)てる(惜しげもなくすてる)」

敝

支9 【数】(13) 2年 旧字 支11 數(15)

音 スウ・ス・シュ 訓 かず・かぞえる・しばしば

筆順 丷 [illegible] 半 米 娄 [illegible] [illegible] 数

意味 ❶かず。すう。「数量・偶数・無数・回数」❷かずを調べる。かぞえる。また、そのこと。すう。「数学・計数・算数・数(すう)に明るい」❸かずが多いこと。かず。「数珠(じゅず・ずず)・数ある作品」❹成り行き・巡り合わせ。すう。「数奇・命数・勝敗の数」❺かずが、三、四または五、六であること。「数年・数メートル」❻はかりごと。「権謀術数」❼何度も。しばしば。 名付 かず・すう・や

数

参考 ❼の意味の「しばしば」は「屢」とも書く。

【数奇】㊀(すうき・さっき) 運命などがふしあわせでつらいこと。「―な運命」㊁(すき)「数寄」と同じ。

【数寄(すき)】風流を、特に茶の湯を好むこと。数奇(すき)。

参考熟語 数多(あまた) 数数(しばしば) 数寄屋(すきや) 数奇屋(すきや)

支10 【敲】(14) 印標 音 コウ 訓 たたく

意味 とんとんと打つ。たたく。「推敲」

敲

支11 【敵】(15) 6年 音 テキ 訓 かたき・あだ

筆順 亠 [illegible] [illegible] [illegible] 商 [illegible] [illegible] 敵

意味 ❶自分が恨み憎んでいる相手。あだ。かたき。また、自分を害するもの。てき。「敵意・敵視・宿敵・敵討(かたきう)ち」❷戦争や試合などの相手。てき。かたき。「敵国・対敵」❸対抗する。また、対抗できる。てきする。「敵対・匹敵・不敵・猛攻に敵しかねる」 名付 てき

敵

参考 ❶の意味の「あだ」は「仇」とも書く。

【敵愾心(てきがいしん)】敵に負けたくないと思い、敵と戦ったり張り合ったりしようとする意気。▽「愾」は「いきどおる」の意。注意「てきしん」と読み誤らないように。「敵慨心」と書き誤らないように。

【敵対(てきたい)】相手を敵として手向かうこと。「―行為」

【敵本主義】(てきほんしゅぎ) 目的が他にあるように見せかけて、途中から本来の目的を達成するために行動するやり方。▽昔、明智光秀(あけちみつひで)が「敵は本能寺にあり」といって織田信長(おだのぶなが)を討ったことから。

参考熟語 敵娼(あいかた)

攴11 **【敷】** (15) 常用 音 フ 訓 しく　旧字 攴11 敷 (15)

筆順

意味 ❶一面に行き渡るようにする。しく。「敷設・敷衍(ふえん)・背水の陣を敷く」❷平らに広げる。しく。「敷布(しきふ)・風呂敷(ふろしき)」❸一面に広がる。しく。「散り敷く」 名付 しき・しく・のぶ・ひら・ふ

参考 ❶の「しく」は「布く」とも書く。

【敷衍】(ふえん) ①意味のわかりにくいところを詳しく説明すること。②他のものにまで押し広げてあてはめること。「この問題を国際政治にまで―すると」▽「衍」は「広げる」の意。「布衍」とも書く。

【敷設】(ふせつ) 鉄道や水道などの設備・施設をその場所に備えつけること。「―工事」

攴11 【數】▸数(旧)

攴12 **【整】** (16) 3年 音 セイ 訓 ととのえる・ととのう

筆順

意味 きちんとした形にする。ととのえる。また、そのようになる。ととのう。「整理・整頓(せいとん)・調整」 名付 おさむ・せい・ととのう・なり・のぶ・ひとし・まさ

参考 ととのう⇩「調」の[使い分け]。

【整形】(せいけい) からだの一部を、手術などで正常な形に整えること。「―外科」 注意 「整型」と書き誤らないように。

【整合】(せいごう) ①物がぴったりと合うこと。②乱れているものをきちんと整えること。

【整然】(せいぜん) 数多くのものが正しくきちんと整っているさま。「―とした行進」

【整備】(せいび) すぐ使えるように、事物を整えること。また、準備が整っていること。

攴13 **【斂】** (17) 音 レン 訓 おさめる

意味 ひと所に集める。おさめる。「収斂(しゅうれん)」

【厳】▸⺍14

攴14 **【斃】** (18) 印標 音 ヘイ 訓 たおれる

意味 倒れて死ぬ。たおれる。「斃死・斃れて後已(や)む」

文の部 ぶん ぶんにょう

文0 **【文】** (4) 1年 音 ブン・モン 訓 ふみ・あや

筆順 丶 亠 ナ 文

意味 ❶ことばを連ねたもの。ぶん。「文芸・作文・経文(きょうもん)」❷学問・芸術など。ぶん。⇔武。「人文(じんぶん・じんもん)」❸もじ。また、書体。「文字(もじ・もんじ)・古文」❹書物。また、記録。「文献・文書(ぶんしょ・もんじょ)」❺物の表面の美しい模様。あや。「文質・文様(もんよう)・地文(じもん)」❻手紙。また、書物。ふみ。「文机(ふづくえ)・文目(あやめ)」❼昔の銭の最小の単位。一文(いちもん)は一貫の千分の一。もん。「二束三文」❽たび・靴などの大きさの単位。一文(ひともん)は約二・四センチメートル。もん。 名付 あき・あや・いと・すじめ・とも・のぶ・のり・ひさ・ひとし・ふみ・ふむ・ぶん・み・もん・やす・ゆき・よし

参考 ❺の「あや」は「綾」とも書く。

【文月】(ふみづき・ふづき) 陰暦七月のこと。

【文教】(ぶんきょう) 学問と教育に関する事柄。また、それを処理する行政。

【文豪】(ぶんごう) 非常にすぐれた文学者。

【文士】(ぶんし) 詩文を作ることを職業としている人。特に、小説家のこと。「三文―」

【文質彬彬】(ぶんしつひんぴん) 外観もりっぱであり、内容も充実していて調和がとれていること。

【文弱】(ぶんじゃく) 行いが学問・芸術の方面にかたよっていて気風が弱々しいこと。「―に流れる」

【文人】(ぶんじん) 詩文を作ることを職業としている人。また、楽しみとして詩文を作る人。「―墨客(ぼっかく)」

【文責】(ぶんせき) 書いて発表した文章に関して持つ責任。

【文壇】ぶんだん 文筆を仕事としている人々の社会。

【文筆】ぶんぴつ 文章を書くこと。「—に携わる」

【文物】ぶんぶつ 学問・芸術・宗教・制度など、その国、またはその民族の文化が生み出したもの。

【文房四宝】ぶんぼうしほう 筆、紙、墨、硯のこと。文房具の中で最も重要とされた四つ。▽「文房」は「書斎」の意。

【文民】ぶんみん 軍人ではない、一般の人々。

【文盲】もんもう 文字の読み書きができないこと。また、その人。▽今は「非識字(者)」という。「無学」

参考熟語 文身(いれずみ・ぶんしん) 文箱(ふばこ・ふみばこ)

【斉】▸齊0 【斎】▸齊3

文8

【斑】

(12) 常用 音 ハン 訓 ぶち・まだら

筆順 一 T Ŧ 王 玊 玟 玟 斑

意味 種々の色があちこちにまざってあること。また、そのようなもの。まだら。ぶち。「斑点・斑文・斑犬(まだらいぬ・ぶちいぬ)」

【斑紋】はんもん まだら模様。▽「斑文」とも書く。

参考熟語 斑鳩(いかる・いかるが・はんきゅう) 斑雪(はだれゆき)

文8

【斐】

(12) 人名 音 ヒ 訓 あや

筆順 丿 ヲ ヨ ヨ| 非 非 斐 斐

意味 あやがあって美しいさま。「斐然」 名付 あきら・あや・あやる・い・ひ・よし

文8

【斌】

(12) 音 ヒン 訓 —

意味 文と武とがよい具合に調和しているさま。

斗の部 とます ますづくり

斗0

【斗】

(4) 常用 音 ト・トウ 訓 ます

筆順 、 ⺀ 三 斗

意味 ❶尺貫法の、容積の単位。一斗(と)は十升で、約一八リットル。と。「斗酒・四斗樽(しとだる)」❷星の名。「泰斗・北斗」❸液体・穀物などの量をはかる容器。ます。また、特に、一斗入りのます。と。「胆、斗(と)の如(ごと)し(非常に大胆である)」❹柄のついたひしゃく。「漏斗(ろうと・じょうご)・科斗(おたまじゃくし)」❺俗に「闘」の代わりに用いる字。「斗争」 名付 け・と・はかる・ます

参考 ❸の「ます」は、ふつう「升」「枡」と書く。

【斗酒】としゅ 一斗の酒。多量の酒。「—なお辞せず」

斗6

【料】

(10) 4年 音 リョウ 訓 はかる

筆順 丶 丷 半 米 米 米 米 料

意味 ❶使用・加工に必要なもの。りょう。「料地・料理・原料・調味料・研究の料」❷推しはかって考える。はかる。「料簡(りょうけん)」❸代金。「料金・給料・有料・入場料」❹料理のこと。「料亭」

名付 かず・りょう

【料簡】りょうけん ①考え。分別。また、心がけ。「悪い—をおこす」「—が狭い」②がまんして許すこと。「ここはひとつ—してくれ」▽「了見」とも書く。

【料紙】りょうし 絵や書をかくことに使用する紙。用紙。

斗7

【斛】

(11) 音 コク 訓 —

意味 中国の容積の単位。一斛(こく)は十斗で、周代は一九・四リットル、隋(ずい)・唐代は五九リットル。

斗7

【斜】

(11) 常用 音 シャ 訓 ななめ

筆順 ノ 人 亼 亼 余 余 余 斜 斜

意味 ❶一方にずれて傾いている。しゃ。ななめ。「斜面・斜陽・傾斜・斜(しゃ)に構える」❷普通と違っている。ななめ。「御機嫌が斜めだ」

【斜陽】しゃよう 西に傾いて沈もうとしている太陽。「—産業」▽没落・衰退しそうなものにもたとえる。

参考熟語 斜交(はすかい)

斗9

【斟】

(13) 音 シン 訓 くむ

意味 相手のことを察して手かげんする。くむ。「斟酌」

【斟酌】しんしゃく ①相手の気持ち・事情を理解して手かげんすること。「—を加える」②あれこれ

4画

と参照して処理すること。「両者の主張を―する」❸遠慮して控えめにすること。「少しも―する必要はない」

斗10 **【斡】**(14) 人名 音 アツ 訓 ―

筆順 一 十 古 卓 卓 斡 斡 斡 斡

意味 ぐるぐる回る。また、ぐるぐる回す。「斡旋」

名付 まる

【斡旋】(あっせん) なかをとりもって、世話をすること。

注意 「斡旋」「斡施」と書き誤らないように。

斤の部　おの　おのづくり

斤0 **【斤】**(4) 常用 音 **キン** 訓 おの

筆順 ノ 厂 斤 斤

意味 ❶おの。❷重さの単位。普通、一斤(きん)は百六十匁で、六〇〇グラム。きん。「斤量」

名付 きん・のり

【斤量】(きんりょう) はかりではかったときの重さ。目方。

斤1 **【斥】**(5) 常用 音 **セキ** 訓 しりぞける

筆順 ノ 厂 斤 斤 斥

意味 ❶押しのける。しりぞける。「排斥・擯斥(ひんせき)」❷様子をさぐる。「斥候」 名付 かた・せき

【斥候】(せっこう) 敵軍の様子や陣地の地形などをひそかにさぐること。また、それをする将兵。

斤4 **【斧】**(8) 人名 音 フ 訓 おの

筆順 ノ ハ ク 父 父 斧 斧 斧

意味 分厚い刃に短い柄をつけた、木を割る道具。おの。「斧鉞(ふえつ)・蟷螂(とうろう)の斧」 名付 おの・はじめ

【斧鉞を加える】(ふえつをくわえる) 文章などを大きく修正すること。▽「斧鉞」は「おのと、まさかり」の意。

【斧正】(ふせい) 詩文などの添削を人にしてもらうこと。「―を請う」▽「おので正す」の意。

斤5 **【斫】**(9) 音 シャク 訓 ―

意味 刃物でたたききる。

【欣】▼欠4

斤7 **【斬】**(11) 常用 音 **ザン** 訓 **きる**

筆順 一 百 亘 車 車 斬 斬 斬

意味 切り殺す。また、短く切る。きる。「斬殺・斬新」

参考 **きる**⇩「切」の[使い分け]。

【斬罪】(ざんざい) 首を切り落として殺す刑罰。打ち首。

【斬殺】(ざんさつ) 刃物で人を切り殺すこと。

【斬新】(ざんしん) 物事が非常に新しくてすぐれているさま。「―な企画」 注意 「暫新」と書き誤らないように。

斤7 **【断】**(11) 5年　旧字 斤14 斷(18)

音 **ダン** 訓 **たつ・ことわる**

筆順 丷 半 米 迷 迷 断 断 断

意味 ❶切り離す。たつ。「断続・断水・横断・言語道断(ごんごどうだん)」❷決定する。だんずる。また、そのこと。だん。「断定・決断・独断・断を下す」❸思い切って行うさま。「断然・断固」❹申し出を受け入れない。ことわる。「断り状」❺前もって許しを得る。ことわる。「無断」 名付 さだ・さだむ・たけし・だん

使い分け「たつ」

断つ…切り離す。切断。「鎖を断つ・国交を断(絶)つ・関係を断(絶)つ・退路を断つ・酒を断つ」

絶つ…続いているものを終わらせる。断絶。「命を絶つ・交際を絶つ・消息を絶つ・後(あと)を絶たない」

裁つ…目的に合わせて切る。裁断。「服地を裁つ・着物を裁つ」

【断崖】(だんがい) きりたった険しいがけ。「―絶壁(ぜっぺき)」

【断簡】(だんかん) 一つの文書・手紙の、ばらばらになった一部分。「―零墨(れいぼく)(手紙や書きものの切れはし)」

【断金の交わり】(だんきんのまじわり) 金属をも断ち切るほど

4画

の強い友情で結ばれた交際。

【断乎】(だんこ) 強い態度できっぱりと行うさま。断固。「―として排除する」

【断固】(だんこ) 「断乎」と同じ。

【断交】(だんこう) 相手との交際をすっかりやめること。

【断行】(だんこう) 悪条件や反対を押し切って行うこと。

【断截】(だんさい・だんせつ) 紙を断ち切ること。断裁。▽「だんさい」は慣用読み。

【断裁】(だんさい) 「断截」と同じ。

【断食】(だんじき) 神仏に願(がん)をかけたり病気を治したりするために、一定期間食物を断つこと。「―療法」

【断絶】(だんぜつ) ①系統が絶えること。「家系が―する」②関係・交際・連絡などをやめること。「国交の―」

【断然】(だんぜん) ①押し切って物事を行うさま。②はっきりした態度をとってそれを変えないさま。「―これに決めた」③同類の中で程度がかけ離れているさま。「―トップだ」

【断腸】(だんちょう) 悲しみがはなはだしいこと。「―の思い」▽東晋(とうしん)の桓温(かんおん)が舟で三峡(さんきょう)を通ったとき、部下が子猿をつかまえた。母猿が、はるばる追いかけて舟にとび移り、やっと追いつくと、そこで息絶え、腸がずたずたに断ち切れていたという故事から。

【断念】(だんねん) 望みの行い・活動をあきらめること。

【断末魔】(だんまつま) 死ぬまぎわの苦痛。また、死にぎわ。臨終。▽「末魔」は触れると死ぬといわれる部分のこと。「断末摩」とも書く。

斤8

【斯】

(12) 人名 音 シ 訓 かく・この・これ

筆順 一 卄 甘 甘 其 其 斯 斯 斯

意味 ❶これ。この。「斯道・斯界」❷このように。かく。「斯(か)く斯(か)く然然(しかじか)」 名付 これ・つな・のり

【斯界】(しかい) その方面の専門の分野。「―の大物」

【斯学】(しがく) その方面の学問。「―の権威」

【斯業】(しぎょう) その方面の事業・業務。「―の発展に努力する」「―三十年」

【斯道】(しどう) その分野。「―の大家」

【斯文】(しぶん) ①儒教で、聖人が行うべき道理。②儒教のこと。▽「この学問」の意。

斤9

【新】

(13) 2年 訓 音 シン あたらしい・あらた・にい・さら

筆順 立 立 辛 亲 亲 新 新 新

意味 ❶あたらしい。⇔旧。「新古・新式・革新・新発見・新顔(しんがお)」❷はじめて成立するさま。また、今までのものをやめて改めて始めるさま。あらた。「新手(あらて)」❸新暦のこと。しん。⇔旧。「新の正月」❹あたらしいことを表すことば。さら。にい。「新妻(にいづま)・真っ新(さら)」 名付 あきら・あら・あらた・しん・すすむ・ちか・にい・はじめ

【新鋭】(しんえい) 新しく現れて力や勢いが強くてすぐれていること。また、そのような人。

【新開】(しんかい) 市街が新しく開けること。「―地」

【新奇】(しんき) 趣向などが目新しくて珍しいこと。

【新規】(しんき) 物事を新しくはじめること。「―蒔(ま)き直し(物事を最初からやり直すこと)」

【新機軸】(しんきじく) 今までとは違った、すぐれた工夫・方法。「―をうち出す」

【新興】(しんこう) 新たにおこり盛んになること。「―宗教」

【新秋】(しんしゅう) ①秋の初め。②陰暦七月のこと。

【新進】(しんしん) 新しくその分野に現れてきたこと。また、そのような人。「―気鋭」

【新生】(しんせい) ①新しく生まれること。「―児」②生まれ変わったような気持ちで、新しい生活を始めること。

【新生面】(しんせいめん) 物事をするときの新しい方面。新分野(しんぶんや)。「―を開く」

【新装】(しんそう) 新しい飾りや飾りつけ。「―成った会館」

【新陳代謝】(しんちんたいしゃ) ①新しくすぐれたものが、古くおとったものと入れかわること。②生物が生存に必要な物質を体内にとり入れ、不必要な物質を体外に排出すること。▽「代謝」は「新旧が入れかわる」の意。

【新風】(しんぷう) その分野に今までになかった、新しくてすぐれたやり方・考え方。「政界に―を吹き込む」

【新涼】(しんりょう) 初秋に感じる涼しさ。「―の候」

【新緑】(しんりょく) 初夏のころの若葉の、みずみずしい緑。「―の候」

参考熟語 新盆(にいぼん・あらぼん) 新嘉坡(シンガポール) 新嘗祭(にいなめさい・しんじょうさい) 新造(しんぞう) 新地(しんち・さらち) 新西蘭(ニュージーランド)

斤14 【斷】▼断 旧

方の部 ほう・ほうへん かたへん

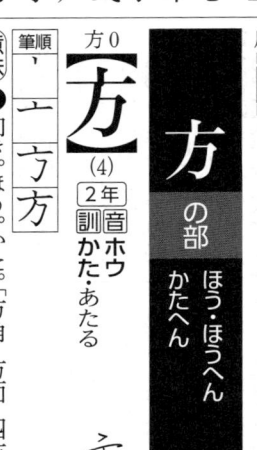

方0 **【方】**(4) 2年 音 ホウ 訓 かた・あたる

筆順 ˋ 亠 亍 方

意味 ❶向き。ほう。かた。「方角・方面・四方・遠方」❷四角。「方円・平方・正方形」❸一定の場所。「地方・方言」❹正しい。「方正」❺やりかた。かた。「方法・方外・処方・読み方」❻方面。部門。傾向。ほう。「まじめな方です」❼人の意味を表すことば。かた。「殿方(とのがた)・奥方(おくがた)・どこの方ですか」❽それをすべき時期である。あたる。「方今・出発に方って」名付 あたる・お・かた・しげ・すけ・たか・ただし・たもつ・のり・ふさ・ほう・まさ・まさし・みち・やす・より

【方円】(ほうえん) 四角と丸。「水は―の器に従う(水は器の形のとおりになる)」

【方策】(ほうさく) 物事をするための手段や方法についての計画。「―を講ずる」

【方術】(ほうじゅつ) ①仙人が使う不思議なわざ。②方法。

【方丈】(ほうじょう) ①一丈四方の広さ。また、その広さのへや。▽一丈は約三メートル。②禅宗の寺で、住職の住居。③寺のあるじの僧。住職。住持。

【方寸】(ほうすん) ①非常にせまいこと。▽一寸(約三センチメートル)四方の意。②心の中。

【方正】(ほうせい) 行いや心が正しいこと。「品行―」

【方便】(ほうべん) ①仏教で、仏が人々を救うための仮の手段。②目的達成のための便宜的な手段。「うそも―」

参考熟語 方舟(はこぶね) 片違(かたたがえ)

方4 **【於】**(8) 人名 音 オ 訓 おいて・おける

筆順 ˋ 亠 亍 方 方' 於 於 於

意味 ❶場所・時期を示すことば。おいて。「東京に於いて開催する」❷場合・関係を示すことば。おける。「会議に於ける発言」名付 お

参考 ひらがな「お」、カタカナ「オ」のもとになった字。

【放】▼攴4

方5 **【施】**(9) 常用 音 シ・セ 訓 ほどこす

筆順 亠 亍 方 方' 方ᐟ 方ᐟ 施 施

意味 ❶恵み与える。ほどこす。「施主・布施・施し物」❷おこなって広く行き渡らせる。ほどこす。「施設・施工(しこう・せこう)・実施・面目を施す」

名付 し・せ・のぶ・はる

参考 ❶の意味では「せ」と読む。

【施工】(しこう・せこう) 工事を実際に行うこと。

【施行】(しこう) ①多くの人々を対象とした物事を実際に行うこと。②法律を実際に用い始めること。▽官庁などでは「せこう」とも読む。

【施策】(しさく) 世の中の物事を適切に処理するために実行する計画。

【施政】(しせい) 政治を実際に行うこと。「―方針」

【施主】(せしゅ) ①法事・葬式などを中心となって行う人。②寺・僧などに物を施す人。

方6 **【旃】**(10) 音 セン 訓 ―

意味 ❶人々を招くのに用いた、赤い旗。❷毛織物。

方6 **【旆】**(10) 音 ハイ 訓 はた

意味 末端が二つに割れている、大将の旗。はた。

方6 **【旁】**(10) 音 ボウ 訓 かたがた・かたわら・つくり

意味 ❶漢字の構成で、字形の要素が左右二つに分かれるとき、その右側の部分。つくり。⇔偏。「偏旁」❷物のわきのほう。かたわら。「旁若無人(ぼうじゃくぶじん)」❸あることをするついでに。かたがた。

参考 ❷の意味では「傍」とも書く。

【旁若無人】(ぼうじゃくぶじん) 周囲の人の迷惑を考えず、かって気ままにふるまうこと。▽「傍若無人」とも書く。

方6 **【旄】**(10) 音 ボウ 訓 ―

意味 牛の尾で作った旗飾り。

4画

方6 **【旅】**(10) 3年 音 **リョ** 訓 **たび**
旧字 方6 旅(10)

筆順 方 方 方 方 方 旅 旅 旅

意味 ❶家から離れてよその土地へ一時的に行くこと。たび。「旅行・旅人(りょじん・たびびと)・逆旅(げきりょ)」❷軍隊。「旅団」名付 たび・りょ

【旅寝】(たびね) 旅さきで寝ること。旅枕(たびまくら)。「―の宿」

【旅愁】(りょしゅう) 旅さきで感じる、孤独なさびしさ。

【旅宿】(りょしゅく) ①宿屋のこと。②旅先で宿泊すること。

【旅程】(りょてい) 旅行の道のり。旅行の日程。

参考熟語 旅籠(はたご)

方7 **【旌】**(11) 音 セイ 訓 はた

意味 鳥の羽をつけた旗。はた。「旌旗(せいき)(旗)」

方7 **【旋】**(11) 常用 音 **セン** 訓 めぐる

筆順 方 方 方 方 旋 旋 旋 旋

意味 ❶ぐるぐるまわる。めぐる。「旋回・旋風・斡旋(あっせん)・螺旋(らせん)」❷もとにもどる。「凱旋(がいせん)」❸くり返す。「旋律」

【旋転】(せんてん) ぐるぐるとまわること。

【旋盤】(せんばん) 工作機械の一つ。工材を回転させながら刃物をあて、削ったり穴をあけたりする機械。

【旋律】(せんりつ) 音楽で、音の高低・長短の変化の連続した流れ。メロディー。

参考熟語 旋風(つむじかぜ・せんぷう) 旋毛(つむじ・せんもう) 旋花(ひるがお)

方7 **【族】**(11) 3年 音 **ゾク** 訓 やから

筆順 方 方 方 方 方 方 族 族

意味 ❶同じ血筋の者。やから。「一族・家族・民族」❷仲間の者。「貴族・水族館」❸群がり集まる。「族生」名付 ぞく・つぎ・つぐ

【族生】(ぞくせい) 草木などが群がってはえること。叢生(そうせい)。▽「簇生」の書き換え字。

方9 **【旒】**(13) 音 リュウ 訓 ―

意味 ❶旗のたれなびく部分。❷旗を数える語。「一旒の軍旗」

方10 **【旗】**(14) 4年 音 **キ** 訓 **はた**

筆順 方 方 方 方 旃 旃 旗 旗

意味 布や紙で作り、さおにつけて目じるしとするもの。はた。「旗手・旗下・国旗・弔旗・日章旗」名付 き・たか・はた

【旗下】(きか) その指揮者に属し、その指揮に従って働く人。▽「麾下」とも書く。

【旗幟】(きし) ①物事に対する自分の態度・主義。②昔、戦争などで、目じるしに使う旗。

【旗幟鮮明】(きしせんめい) 態度・主張などがはっきりしていること。

【旗色】(はたいろ) 勝敗の成り行き。「―が悪い」

方14 **【旛】**(18) 音 ハン 訓 はた
異体 方12 旙(16)

意味 広げてたらした旗。

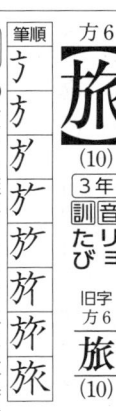

无の部 む・むにょう すでのつくり

无0 **【旡】**(4) 音 キ 訓 ―

意味 いっぱいになって詰まる。

无0 **【无】**(4) 音 ム・ブ 訓 ない

意味 無い。ない。

参考 ひらがな「ん」のもとになった字。

无5 **【既】**(10) 常用 音 **キ** 訓 **すでに**
旧字 无7 旣(11)
異体 无7 既(11)
異体 无7 旣(12)

筆順 ヨ 艮 艮 旣 旣 既 既

意味 ❶物事が起こってしまっている。すでに。↔未。「既定・既往・既得権」❷尽きる。「皆既日食」❸以前に。また、とっくに。すでに。

参考 ❸の「すでに」は「已に」とも書く。

【既往】(きおう) すでに過ぎ去ってしまっていること。また、昔の事柄。「―症(以前にかかったことのある病気)」「―はとがめず」

【既決】(きけつ) ①未決に対して、すでに決まってい

4画

ること。また、物事がすでに処理されていること。「―の書類」②未決に対して、裁判の判決がすでに決定していること。「―囚」

【既成】(きせい) すでにでき上がって実際に行われていること。「―事実」参考「既製(きせい)」は、製品などがすでに作製されていること。

使い分け「きせい」

既成…物事についていう。「既(すで)に成り立っている」の意。「既成概念・既成の事実」

既製…品物についていう。「既製品・既製の服」

【既存】(きそん) すでに存在していること。「―の権利」

【既知】(きち) 未知に対して、すでに知っていること。また、すでに知られていること。「―の事実」

【既得】(きとく) 権利などをすでに自分のものにしていること。「―権」

【既報】(きほう) すでに報告・報道してあること。

日 の部 ひ・ひへん にちへん

日0

【日】(4) 1年

音 ニチ・ジツ 訓 ひ・か

筆順 丨 冂 日 日

意味 ❶昼間。「日中・日夜」❷朝から晩までの一区切り。か。ひ。「日時・連日(れんじつ)・三日(みっか)」❸太陽のこと。ひ。「日光・落日(らくじつ)・日影(ひかげ)」❹ひにひに。「日進月歩」❺七曜の一つ。「日曜・土日」❻日本のこと。「日英」名付 あき・か・じつ・にち・はる・ひ

【日常茶飯】(にちじょうさはん) ありふれていて少しも珍しくないこと。「―事」▽「ふだんの食事」の意から。

【日輪】(にちりん) 太陽のこと。

【日参】(にっさん) ある目的のために毎日そこに通うこと。

【日照】(にっしょう) 太陽が地上を照らすこと。「―時間」

【日進月歩】(にっしんげっぽ) 休みなく、たえず進歩すること。「―の技術」注意「日新月歩」と書き誤らないように。

【日柄】(ひがら) その日の吉凶(きっきょう)のぐあい。「お―もよい」

【日賦】(ひぶ) 借金や支払い金などを一日ずつに割り当てて返済したり支払ったりしていくこと。

参考熟語 日雀(ひがら) 日向(ひなた・ひゅうが) 日和(ひより) 日済(ひな)し

日1

【旧】(5) 5年 旧字 臼12 舊(18)

音 キュウ 訓 ふるい・もと

筆順 丨 丨丨 丨冂 丨日 旧

意味 ❶昔から続いていて古い。ふるい。また、そのような知り合い。「旧家・旧年・故旧」❷昔のこと。「旧悪・旧師・懐旧」❸昔または以前のものである。もと。また、そのような事物。きゅう。「旧居・旧民法・旧に復する」❹古びている。古くさい。ふるい。「旧式・旧套(きゅうとう)」❺旧暦のこと。きゅう。「旧盆」名付 きゅう・ひさ・ふさ・ふる・もと

【旧悪】(きゅうあく) 以前に犯して今まで隠していた悪事。

【旧交】(きゅうこう) 昔の交際。また、昔からの交際。「―をあたためる」

【旧字体】(きゅうじたい) 一九四九年、「当用漢字字体表」で新たに定められた字体に対し、それ以前のもとの字体。旧字。康熙(こうき)字典体。

【旧跡】(きゅうせき) 昔の名高い建物や事件などのあったあと。「名所―」▽「旧蹟」の書き換え字。

【旧態】(きゅうたい) 昔の状態。

【旧態依然】(きゅうたいいぜん) 昔のままであって、少しも進歩や変化がないさま。「―たる生活」注意「旧態以前」と書き誤らないように。

【旧知】(きゅうち) 昔からの知り合いであること。また、その人。昔なじみ。「―の間柄」

【旧冬】(きゅうとう) 昨年の冬。▽新年にいうことば。

【旧套】(きゅうとう) 昔のままの古臭い手段・形式・やり方。「―を脱する」▽「套」は「重複する」の意。

【旧聞】(きゅうぶん) 以前に聞いていて耳新しくない話。「―に属する」

【旧弊】(きゅうへい) ①古くから行われていて少しも改められない悪いしきたり。②古臭い考えや習慣にとらわれているさま。「―な考え」

【旧遊】(きゅうゆう) その地に昔旅行したことがあること。

【旧臘】(きゅうろう) 昨年の十二月のこと。▽新年にいうことば。「臘」は「年の暮れ」の意。

日1

【旦】

(5) 常用 音 タン・ダン 訓 あした

筆順 丨 冂 日 日 旦

意味 ❶よあけ。あした。「旦夕・元旦」❷→旦那(だんな) 名付 あき・あきら・あさ・ただし・たん

【旦夕】(たんせき) ①朝晩。「命(めい)—に迫る」②つねづね。始終。

【旦那】(だんな) ①雇い主である主人。②自分、または他人の夫をさすことば。③商人が男性の客をよぶことば。▽「檀那」とも書く。

日2

【旭】

(6) 人名 音 キョク 訓 あさひ

筆順 ノ 九 九 旭 旭 旭

意味 朝、東からのぼる太陽。あさひ。「旭光・旭日」名付 あき・あきら・あさひ・きょく・てる

【旭日】(きょくじつ) 朝日。「—昇天の勢い」

【旭光】(きょっこう) 朝日の光。

日2

【旨】

(6) 常用 音 シ 訓 むね・うまい

筆順 ノ ヒ ヒ 旨 旨 旨

意味 ❶味がよい。うまい。❷いい表そうとしているおもな意味。むね。「旨趣・要旨」名付 し・むね

【旨趣】(ししゅ・しいしゅ) ①物事のおもむき・わけ。趣旨。②心の中の考え。

日2

【旬】

(6) 常用 音 ジュン・シュン 訓 —

筆順 ノ 勹 勹 旬 旬 旬

意味 ❶十日間。「旬日・旬刊・上旬」❷十年。「齢(よわい)七旬に余る」❸味のよい時期。しゅん。「旬の魚」名付 じゅん・とき・ひとし

【旬刊】(じゅんかん) 新聞・雑誌などを十日ごとに月三回発行すること。また、その新聞・雑誌。

【旬日】(じゅんじつ) 十日間。

日2

【早】

(6) 1年 音 ソウ・サッ 訓 はやい・はやまる・はやめる・さ

筆順 丨 冂 日 日 旦 早

意味 ❶夜明け。「早朝・早暁」❷普通よりも急である。はやい。また、そうなる、またはそうする。はやまる。はやめる。「早早(そうそう)・早早(はやばや)・早急(そうきゅう・さっきゅう)」❸適当な時期より前である。はやい。「早熟・早婚・尚早(しょうそう)」❹時節としてはやい。「早春・早晩・早稲(わせ)」❺若いの意を表すことば。さ。「早苗(さなえ)・早蕨(さわらび)」名付 さき・そう・はや

使い分け「はやい」

早い…時期・時刻が前である。時間が短い。「寝るのが早い・出発には早い・理解が早い」

速い…スピードがある。すみやか。「流れが速い・足が速い・決断が速い・速いテンポ」

【早急】(さっきゅう・そうきゅう) 非常に急ぐこと。「—に準備する」

【早速】(さっそく) すぐに。「—とりよせる」

【早暁】(そうぎょう) あけがた。

【早計】(そうけい) 早まったよくない考え。

【早世】(そうせい) 早死にすること。

【早晩】(そうばん) おそかれ早かれ。いずれそのうち。「—解決するだろう」

参考熟語 早乙女(さおとめ) 早少女(さおとめ) 早生(わせ)

日3

【旱】

(7) 印標 音 カン 訓 ひでり

意味 長い間、雨が降らないこと。ひでり。「旱魃(かんばつ)」

参考「旱害・旱天」などの「旱」は「干」に書き換える。

【旱魃】(かんばつ) 植えつけや発育の時期に雨の降らないこと。ひでり。▽「魃」は「ひでりを起こす悪神」の意。

日3

【时】→時 略

日4

【易】

(8) 5年 音 エキ・イ 訓 やさしい・かえる・かわる・やすい

筆順 丨 冂 日 日 月 易 易 易

意味 ❶手軽にできるさま。やすい。やさしい。また、そのこと。い。↕難。「容易・簡易・難易・易に就(つ)く」❷とりかえる。かえる。「貿易」❸変化する。かわる。「不易」❹うらない。えき。「易者・易断・占易」名付 えき・おさ・かね・やす・やすし

参考 やさしい⇩「優」の[使い分け]。
【易易】いい たやすいさま。「—たる交渉」

【旺】
日4 (8) 常用 音 オウ 訓 さかん

筆順 旺

意味 ❶勢いが盛んなさま。「旺盛」❷誤って「曜」の代用字としても使われる。名付 あき・あきら・おう・さかん
【旺盛】おうせい 元気があって勢いが非常に盛んなさま。「—な食欲」

【昏】
日4 (8) 人名 音 コン 訓 くらい

筆順 昏

意味 ❶日が暮れて暗い。くらい。また、日暮れ時。「黄昏（こうこん・たそがれ）」❷意識がはっきりしない。「昏倒・昏睡」
参考 「昏迷」の「昏」は「混」に書き換える。
【昏昏】こんこん ①暗いさま。②意識がないさま。③非常によく眠っているさま。
【昏睡】こんすい ①ぐっすりと寝込むこと。「—と眠る」②意識をうしなって、刺激に反応しなくなること。「—状態」
【昏倒】こんとう 目まいをおこして倒れること。

【昂】
日4 (8) 人名 音 コウ 訓 たかぶる　異体 日5 昻 (9)

筆順 昂

意味 ❶気持ちが激しくなる。たかぶる。「昂奮・軒昂」❷値があがる。「昂騰」名付 あき・あきら・こう・たか・たかし・のぼる
参考 「昂騰・昂揚」などの「昂」は「高」に、「昂奮」の「昂」は「興」にそれぞれ書き換える。
【昂進】こうしん 気がたかぶること。病気がひどくなること。「病勢が—する」「心悸（しんき）—症」▽「亢進」「高進」とも書く。
【昂然】こうぜん 意気が盛んで自信があるさま。「—たる意気」

【昊】
日4 (8) 人名 音 コウ 訓 —

筆順 昊

意味 大空。空。名付 ひろ・ひろし

【昆】
日4 (8) 常用 音 コン 訓 —

筆順 昆

意味 ❶むし。「昆虫」❷あに。「昆弟」❸→昆布
名付 こん・ひ・ひで・やす
【昆布】こんぶ・こぶ 海草の一種。食用。

【昇】
日4 (8) 常用 音 ショウ 訓 のぼる

筆順 昇

意味 ❶太陽が高くあがる。のぼる。「日が昇る」❷高い方へあがる。のぼる。「昇降・昇天・上昇」❸高い地位につく。のぼる。「昇級・昇格」名付 しょう・すすむ・のぼり・のぼる・のり
参考 「昇・昇叙」などの「昇」は「陞」が書き換えられたもの。

使い分け 「のぼる」
昇る…勢いよく上に上がる。「日が昇る・煙が昇る・天に昇る・大臣の位に昇る」
上る…上の方へ行く。「川を上る・坂を上る・気温が上る・話題に上る・参加者は五万人に上る」
登る…しだいに進みのぼる。「山に登る・木に登る・演壇に登る・よじ登る」

【昇華】しょうか ①固体が直接気体になること。②より高度な状態に高められること。「美に—する」
【昇叙】しょうじょ 上級の官位にのぼせられること。▽「陞叙」の書き換え字。

【昌】
日4 (8) 人名 音 ショウ 訓 さかん

筆順 昌

意味 いきおい盛んなさま。さかん。「繁昌」
名付 あき・あきら・あつ・さかえ・さかん・しょう・すけ・まさ・まさし・まさる・ます・よ・よし

【昔】
日4 (8) 3年 音 セキ・シャク 訓 むかし

筆順 昔

意味 以前。むかし。「昔日・往昔・今昔(こんじゃく)・十年一昔」 名付 せき・とき・ひさ・ふる

【昔年】(せきねん) 久しい以前。むかし。往年(おうねん)。

日4 **【昃】**(8) 音 ソク 訓 ―

意味 日が西に傾く。また、その時刻。

日4 **【旻】**(8) 音 ビン 訓 ―

意味 秋の空。また、広く、空。

日4 **【明】**(8) 2年 旧字 日4 明(8)

音 **メイ・ミョウ**・ミン 訓 **あかり・あかるい・あかるむ・あからむ・あきらか・あける・あく・あくる・あかす**

筆順 丨 冂 日 日 日) 明 明 明

意味 ❶あかるい。あかるむ。あからむ。また、そのこと。めい。↔暗。「明暗・光明(こうみょう)」❷光。あかり。また、光がつく。「明滅・灯明(とうみょう)」❸物を見る力。視力。めい。「失明」❹晴れ晴れとしている。あかるい。「明朗」❺はっきりしていて疑いがない。あきらか。「明記・明確」❻疑問点をはっきりさせる。あきらか。あかす。「説明・証明」❼賢くて見通す力がある。また、見通す力。めい。「賢明・先見の明」❽次の状態になる。あける。あくる。「明晩(みょうばん)・黎明(れいめい)・明くる日」❾現実の世界。また、神。「幽明」❿昔の中国の王朝の一つ。みん。 名付 あか・あかり・あかる・あき・あきら・あけ・きよし・くに・てる・とおる・とし・のり・ひろ・みつ・めい・よし

参考 ⑴**あく**⇩「開」の〔使い分け〕。⑵**あからむ**⇩「赤」の〔使い分け〕。

【明快】(めいかい) 筋道が明らかでわかりやすいさま。

【明鏡止水】(めいきょうしすい) こだわりがなくて安らかな心境。「―の境地」▽「曇りのない鏡と澄みきって静かな水」の意から。

【明察】(めいさつ) ①あきらかに真相や本質を見通すこと。②人の推察を敬っていうことば。お察し。「御―のとおり」

【明晰】(めいせき) 筋道が通っていて明らかではっきりしていること。「頭脳―」▽「晰」は「あきらか」の意。

【明窓浄机】(めいそうじょうき) 勉学に都合のよい、明るい窓と清らかな机。

【明媚】(めいび) 自然のけしきが清らかで美しいこと。「風光―」▽「媚」は「人の心をひきつける美しさ」の意。

【明敏】(めいびん) 賢明で、鋭い判断力をもっていること。

【明眸皓歯】(めいぼうこうし) 美人の、美しいひとみと、白い歯。

【明明白白】(めいめいはくはく) 非常にはっきりしていて少しの疑いもないさま。「―の事実」

【明瞭】(めいりょう) はっきりしていること。明白。「簡単―」

参考熟語 明後日(あさって・みょうごにち) 明日(あす・あした・みょうにち) 明明後日(しあさって)

【者】▶老4

日5 **【映】**(9) 6年 異体 日8 暎(12)

音 **エイ** 訓 **うつる・うつす・はえる**

筆順 丨 冂 日 日' 日ワ 日口 映 映 映

意味 ❶光があたって物の形があらわれる。えいずる。うつる。また、そのようにする。うつす。「映像・映画・上映」❷他の光を受けて輝く。はえる。「映発・反映」❸色などの配合が調和する。はえる。 名付 あき・あきら・えい・てる・みつ

参考 **うつる**⇩「写」の〔使い分け〕。

使い分け「はえる」

映える…光に照らされて輝く。調和して美しく見える。「山並みが夕日に映える・青空にヒマワリの黄色が映える」

栄える…立派に見える。目立つ。「栄えある賞・見事な出来栄(映)え・見栄(映)えがする」

※「栄えある(=名誉ある)…」の形で使われることが多い。「出来栄え」「見栄え」は、「出来映え」「見映え」とも書く。

日5 **【昨】**(9) 4年 音 **サク** 訓 ―

筆順 丨 冂 日 日' 日' 日午 昨 昨 昨

意味 ❶日・年などがすでに過ぎ去っていること。「昨年・昨日(さくじつ・きのう)・昨晩」❷昔。「昨今」

【昨今】さっこん 近ごろ。最近。

参考熟語 昨夜ゆうべ・さくや

日5 【昵】(9) 音ジツ 訓ちかづく

意味 なれ親しむ。ちかづく。ちかづく。「昵懇・親昵」

【昵懇】じっこん 心安くて親しいこと。懇意。「—の間柄」▽「入魂」とも書く。

日5 【春】(9) 2年 音シュン 訓はる

筆順 一 三 夫 夫 夫 春 春 春 春

意味 ❶四季の一つ。はる。「春季・春眠・立春・早春・春雨はるさめ」❷年の始め。「新春・賀春」❸血気さかんな年ごろ。「青春」❹男女の恋いしたう情。「春情・春機・思春期」❺年月。「春秋に富む」 名付 あずま・かず・しゅん・す・とき・は・はじめ・はる

【春寒】しゅんかん 春さきの寒さ。

【春日遅遅】しゅんじつちち 春の日がうららかなさま。

【春秋】㊀しゅんじゅう・はるあき 春と秋。㊁しゅんじゅう ①年月。「四十年の—を送る」②年齢。「—高し」

【春秋に富む】しゅんじゅうにとむ 年が若く将来性があること。

【春宵】しゅんしょう 春の夜。「—一刻値あたい千金(春の夜はおもむき深く、その一刻は千金のねうちがある)」

【春風駘蕩】しゅんぷうたいとう 春風がのどかに吹くさま。▽人柄が温和なことにたとえる。

【春雷】しゅんらい 春に鳴る雷。

参考熟語 春日かすが・しゅんじつ 春宮とうぐう

日5 【昭】(9) 3年 音ショウ 訓あきらか

筆順 丨 П 日 日フ 日刀 日口 昭 昭 昭

意味 ❶あきらか。「昭代」❷はっきりと現す。「顕昭」 名付 あき・あきら・しょう・てる・はる

日5 【是】(9) 常用 音ゼ 訓この・これ

筆順 丨 П 日 旦 早 早 昰 是 是

意味 ❶道理にかなって正しい。また、そのような事柄。ぜ。↔非。「是非・是認・是が非でも」❷定めた方針。「国是・社是」❸この。これ。また、判断の対象を強調して指示することば。これ。「是これすなわち」 名付 これ・すなお・ぜ・ただし・ゆき・よし

【是正】ぜせい あやまりを正すこと。「制度を—する」

【是是非非】ぜぜひひ 私情をまじえず、良いことは良いとし、悪いことは悪いとすること。「—主義」

【是認】ぜにん 良いとして認めること。

日5 【星】(9) 2年 音セイ・ショウ 訓ほし

筆順 丶 П 日 戸 旦 星 星 星 星

意味 ❶ほし。「星座・惑星・流星・明星みょうじょう・北極星」❷年月。「幾星霜」❸重要な位置にある人。「将星」❹目じるしとしてつける、小さな点。ほし。「的の星」 名付 せい・とし・ほし

【星霜】せいそう 年月。歳月さいげつ。「幾—」

日5 【昼】(9) 2年 旧字 日7 【晝】(11) 人名 音チュウ 訓ひる

筆順 ㇇ ㇕ 尸 尺 尽 昼 昼 昼 昼

意味 ❶ひるま。ひる。↔夜。「昼夜・昼間ちゅうかん・昼間ひるま・白昼」❷正午を中心とした時間。ひる。「昼飯ひるめし」 名付 あきら・ちゅう・ひる

【昼夜兼行】ちゅうやけんこう 昼も夜も休まず、急いで物事を行うこと。「—の突貫工事」

日5 【昶】(9) 音チョウ 訓ながい

意味 昼間が長い。また、日数が長い。ながい。

日5 【昴】(9) 人名 音ボウ 訓すばる

筆順 П 日 日 旦 昴 昴 昴 昴

意味 星座の名。すばる。「昴星」 名付 すばる・ぼう

日5 【昧】(9) 常用 音マイ 訓くらい

筆順 丨 П 日 日 日二 昧 昧 昧

意味 ❶夜明け前のほのぐらい時。「昧爽」❷知識がとぼしい。くらい。「愚昧」❸はっきりしない。

4画

「曖昧」

日5【昜】(9) 音ヨウ 訓――
意味 日がのぼる。

【音】▼音0

日5【昂】▼昂 異

日5【昿】▼曠 異

日5【旺】▼曜 略

日6【晏】(10) 人名 音アン 訓おそい

筆順 冂 日 日 旦 旵 晏 晏 晏

意味 ❶時間がおそい。おそい。❷やすらか。「晏如・清晏」名付 あん・さだ・はる・やす・やすし

【晏如】あんじょ やすらかで落ち着いているさま。

日6【晃】(10) 人名 音コウ 訓あきらか

筆順 冂 日 旦 旦 昃 昱 昇 晃

意味 光り輝く。また、明らかである。あきらか。「晃晃」名付 あき・あきら・こう・てる・ひかる・みつ

日6【晄】(10) 人名 音コウ 訓――

筆順 丨 冂 日 日' 日ｿ 日ｿ 昍 晄

意味 明るい。明らか。名付 あき・あきら・てる

日6【晒】(10) 人名 音サイ 訓さらす

筆順 丨 冂 日 日一 日丅 日丙 晒 晒

意味 ❶日光・雨風に当てたままにしておく。さらす。「風雨に晒される」❷布などを水洗いや日に当てることで白くする。さらす。また、そうして白くなったもの。さらし。「晒し木綿」❸多くの人に見せる。「恥晒し」

日6【時】(10) 2年 音ジ・シ 訓とき

略字 日3 时(7)

筆順 冂 日 日一 日十 日土 時 時 時

意味 ❶月日の移り変わり。また、一昼夜を二十四等分したもの。昔は十二等分であった。とき。「時間・時報・同時・片時（へんじ・へんし）」❷ある限られた範囲内の時間。とき。「時代・時流・当時」❸物事のちょうどよい機会。また、世の中の成り行き。とき。「時に従う」名付 じ・とき・よし・より

【時下】じか このごろ。当節。

【時季】じき ある物事が盛んに行われる季節。

使い分け 「じき」

時季…ある物事に適した季節。「紅葉（もみじ）狩りの時季・時季はずれ」

時期…何かを行う時。「試験の時期・時期尚早」

時機…何かを行うのにちょうどよいころ合い。「機」は機会の意。「攻撃の時機を失う・時機が熟する・時機到来」

【時期】じき 物事を行う時・期間。

【時機】じき その物事をするのにもっともよい時。「―を失する」

【時宜】じぎ ちょうどよい時。「―にかなう」

【時期尚早】じきしょうそう その物事をするには、情勢がそこまで至ってなくて、まだ早いこと。

【時局】じきょく その時の、国家・社会などの事情。

【時候】じこう 四季の気候。「―見舞い」

【時好に投ずる】じこうにとうずる 時代の好みに合うこと。

【時時刻刻】じじこっこく 時間の経過とともに。ときを追ってつぎつぎに。「―と移り変わる」

【時日】じじつ ①予定の時。日時。②かかる時間「短―」

【時世】じせい・じせ・ときよ ①時代。②その時代の世の中。③その時代の世の中の傾向。

【時勢】じせい その時代の、移り変わる成り行きの勢い。「―に流される」

【時節】じせつ ①季節。「新緑の―」②何かをするのにちょうどよい時。「―到来」③世の中の情勢。

【時代錯誤】じだいさくご 考え方が、現代の傾向や風潮とずれていること。また、時代の違うものを混同すること。アナクロニズム。「―も甚だしい主張」

【時評】じひょう ①その時のものについてその時に行う批評。「文芸―」②その当時の評判。

【時分】じぶん ①そのようなころ。「幼少の―」②ちょうどよい時期。ころあい。時機。「―を見はからう」

【時流】じりゅう その時代の風潮・傾向。「―に乗る」

4画

参考熟語 時雨(しぐれ)・時化(しけ)・時計(とけい)・時鳥(ほととぎす)

【晋】 日6 (10) 人名 音シン 訓すすむ 旧字 日6 晉(10)

筆順 一 丅 丌 亓 亚 晋 晋

意味 ❶進み出る。すすむ。❷古代中国の王朝の名。しん。名付 あき・くに・しん・すすむ・ゆき

【晟】 日6 (10) 人名 音セイ 訓あきらか 旧字 日7 晟(11)

筆順 冂 日 旦 昃 晟 晟 晟

意味 日が照っていて明るい。あきらか。名付 あき・あきら・じょう・せい・てる・まさ

【晁】 日6 (10) 音チョウ 訓あさ

意味 朝。

【晦】 日7 (11) 人名 音カイ 訓つごもり・くらい・くらます 異体 日6 晦(10)

筆順 日 日' 日ケ 日亡 晦 晦 晦 晦

意味 ❶陰暦で、月の最終日。つごもり。「晦日(みそか・かいじつ)」❷くらやみ。また、暗い。「晦冥(かいめい)」❸はっきりしない。くらます。「晦渋」

【晦渋(かいじゅう)】文章の表現がむずかしくて意味が理解しにくいこと。

【晞】 日7 (11) 音キ 訓—

意味 乾く。

【晤】 日7 (11) 音ゴ 訓—

意味 ❶互いに向き合う。「面晤(めんご)」❷賢い。

【晨】 日7 (11) 人名 音シン 訓あした

筆順 日 旦 𣅀 晨 晨 晨 晨 晨

意味 夜明け。あした。「晨明」名付 あき・あした・しん・とき

【晢】 日7 (11) 音セイ・セツ 訓—

意味 明るくてさわやかなさま。

日7 【晝】▶昼㊐

日7 【晟】▶晟㊐

日7 【晚】▶晩㊐

日7 【晧】▶皓㊙

【暁】 日8 (12) 常用 音ギョウ 訓あかつき 旧字 日12 曉(16) 人名

筆順 日 日一 日十 日土 日圭 暁 暁 暁

意味 ❶夜明け。あかつき。「暁天」❷よくわかっている。「通暁」❸願いが実現した時。あかつき。「成功の暁」名付 あかつき・あき・あきら・あけ・ぎょう・さとし・さとる・とき・とし

【暁星(ぎょうせい)】①夜明けの空に消えずに見える星。▽数が少ないものにもたとえる。②明けの明星。

【暁天(ぎょうてん)】①夜明けがたの空。「―の星(すぐれたものが数少ないことにたとえることば)」②夜明け。

【景】 日8 (12) 4年 音ケイ 訓—

筆順 冂 日 日 旦 早 昌 景 景

意味 ❶ながめ。けい。「景色(けしき)・風景」❷ありさま。ようす。「光景」❸めでたい。「景福」❹人を慕いあおぐ。「景仰」❺芝居で、まとまりのある場面。けい。「第一景」名付 あきら・かげ・けい・ひろ

【景観(けいかん)】けしき。みはらし。

【景勝(けいしょう)】風景がすぐれていること。また、そのような土地。「―の地」

【景物(けいぶつ)】①花鳥風月など、四季おりおりに趣を添える風流なもの。②その場に興を添えるもの。③商店で、客に贈る品物。景品。

【暑】 日8 (12) 3年 音ショ 訓あつい 旧字 日9 暑(13) 人名

筆順 日 旦 早 旱 昇 暑 暑

意味 ❶日光が照りつけて、あつい。また、そのこと。しょ。「暑気・炎暑・猛暑」❷あつい季節。「暑中」名付 あつ・しょ

参考 あつい⇩「厚」の[使い分け]。

【暑中(しょちゅう)】①夏の暑いあいだ。「―休暇」②夏の土用の十八日間。「―見舞」

4画

日8 **【晶】**(12) 常用 音 ショウ 訓 あきらか

筆順 丨 冂 日 日 昌 昌 晶 晶 晶 晶

意味 ❶明るくきらめく。あきらか。❷鉱石の一種。「水晶」❸鉱物がつくる一定の形。「結晶」
名付 あき・あきら・しょう・まさ

日8 **【晴】**(12) 2年 音 セイ 訓 はれる・はらす　旧字 日8 晴(12)

筆順 日 日一 日十 日丰 晴 晴 晴 晴

意味 ❶天気がよくなる。はれる。「晴天・快晴」❷悩みや疑いなどが解消する。はれる。はらす。「晴れの身」❸表立っていて、はなやかなこと。はれ。「晴れ着」
名付 きよし・せい・てる・はる・はれ

【晴耕雨読】せいこううどく 晴れた日には田畑を耕し、雨の日には読書をすること。▽悠々自適な生活のたとえ。
【晴嵐】せいらん 夏の晴れた日に山にたなびく霞(かすみ)。
【晴朗】せいろう 空が晴れわたり、うららかなこと。

日8 **【晰】**(12) 印標 音 セキ 訓 あきらか　異体 日8 晳(12)

意味 はっきりしているさま。あきらか。「明晰」

日8 **【智】**(12) 人名 音 チ 訓 さとい

筆順 ノ 𠂉 𠂉 午 矢 知 智 智

意味 ❶よく知っていて賢い。さとい。「智者・智識」❷すぐれた頭の働き。ち。「智能・智略・機智」
名付 あきら・さかし・さと・さとし・さとる・ち・とし・とも・のり・まさる・もと
参考 「智・智能・智謀・理智・無智・機智」などの「智」は「知」に書き換える。また、「智慧」「叡智」はそれぞれ「知恵」「英知」に書き換える。

【智囊】ちのう ①知恵がはいっているという袋。「―をしぼる(あるだけ全部の知恵を出す)」②すぐれた知恵の持ち主。知恵者。知恵袋。▽「知囊」とも書く。

日8 **【晩】**(12) 6年 音 バン 訓 おそい・くれ　旧字 日7 晚(11) 人名

筆順 日 日' 日'' 日⺈ 昀 晩 晩 晩

意味 ❶日が暮れてからあと。くれ。ばん。「晩景・晩酌・昨晩」❷時期がおそい。おそい。「晩学・晩春・晩年」
名付 かげ・くれ・ばん

【晩学】ばんがく 年をとってから学問を始めること。「―の人」
【晩餐】ばんさん ごちそうの出る、改まった夕食。「―会」▽「餐」は「食事」の意。
【晩熟】㊀ばんじゅく 成熟のおそい人。㊁おくて ①おそく成熟する作物や果物。②「晩熟㊀」に同じ。
【晩成】ばんせい ①年をとってから成功すること。「大器―」②おくれて完成すること。
【晩節】ばんせつ 晩年に至っても節操を変えず、正しい道を守り通すこと。「―を全うする」

参考熟語 晩生(おくて) 晩稲(おくて・ばんとう) 晩霜(おそじも・ばんそう)

日8 **【普】**(12) 常用 音 フ 訓 あまねし

筆順 丷 亠 䒑 並 並 並 普 普

意味 ❶広く行き渡っている。あまねし。「普及・普遍」❷ありふれていること。なみ。「普通・普段」❸プロシアのこと。「普仏」
名付 かた・ひろ・ひろし・ふ・ゆき
参考 ❸は「普魯西(プロシア)」の略から。

【普及】ふきゅう 広く一般に行き渡ること。「全国に―する」「―版」
【普請】ふしん 建築・土木の工事。
【普遍】ふへん ①広く行き渡ること。「―化」②哲学で、すべての場合にあてはまる共通の事柄。「―性」

日8 **【暃】**(12) 訓 ― 音 ―

意味 音訓・意味とも未詳。

【量】▶里5

日8 【暎】▶映㊮

日9 **【暗】**(13) 3年 音 アン 訓 くらい・やみ

筆順 丨 冂 日 日亠 日立 暗 暗 暗

意味 ❶くらい。↔明。「暗夜・暗室・明暗」❷知識が乏しく愚かである。くらい。「暗愚・世間に暗い」❸表面に現れない。「暗殺・暗礁」❹見

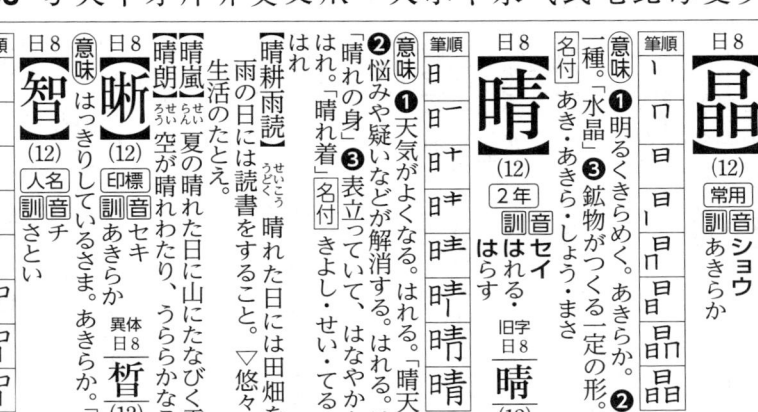

4画

たり書いたりしないで行う。「暗記・暗唱」❺色が黒ずんでいる。「暗紅色」❻はっきりと示さない。あんに。「暗に反対する」❼光がなくて何も見えない状態。やみ。「暗にまぎれる」
参考 ⑴❼の意味の「やみ」は「闇」とも書く。⑵「暗・暗夜」などの「暗」は「闇」が書き換えられたもの。

【暗暗裏】(あんあんり) 人には知らせずにひそかに行うこと。「―に準備をすすめる」▽「暗暗裡」とも書く。

【暗雲】(あんうん) 雨が降り出しそうな暗い雲。▽悪い物事が起きそうな気配にたとえる。

【暗影】(あんえい) ①よくない物事が起こりそうな不安な気持ち。「―を投ずる」②暗い影。▽「暗翳」の書き換え字。

【暗渠】(あんきょ) 地下に通した水路。▽「渠」は「みぞ」の意。

【暗合】(あんごう) 偶然に一致すること。参考「暗号(あんごう)」は、当事者だけの間で決めて通じ合うようにした記号。

【暗然】(あんぜん) 悲しくて心がふさぐさま。「―たる面持ち」

【暗澹】(あんたん) ①将来の見通しが立たず、希望がないさま。「―たる前途」②空の様子などが暗く不気味なさま。「―たる空」▽「澹」は「たよりない」の意。

【暗中飛躍】(あんちゅうひやく) ひそかに計画をめぐらして行動すること。暗躍。

【暗中模索】(あんちゅうもさく) ①暗がりの中で手さぐりで物を探すこと。②手がかりがなくあれこれとさがしてやってみること。▽「模索」は「摸索」の書き換え字。

【暗黙】(あんもく) 黙っていてしゃべらないこと。

【暗躍】(あんやく) ひそかに活動すること。暗中飛躍。

【暗流】(あんりゅう) はっきりと表面に現れない不穏な動き。

日9 **【暈】** (13) 音 ウン 訓 かさ・ぼかす

意味 ❶太陽や月のまわりに現れる光の輪。かさ。「月暈」❷めまい。「眩暈(げんうん・めまい)・船暈(ふなよい)」❸あいまいにする。ぼかす。「話の要点を暈す」

暈

日9 **【暇】** (13) 常用 音 カ 訓 **ひま**・いとま

筆順 日 … 暇

意味 ❶あいた時間。いとま。ひま。「寸暇・暇潰し(ひまつぶし)」❷休み。いとま。ひま。「休暇・暇(ひま)を取る」

暇

日9 **【暉】** (13) 人名 音 キ 訓 かがやく・ひかる

筆順 日 … 暉

意味 光。ひかり。また、輝き光る。かがやく。ひかる。名付 あき・あきら・き・てる・ひかる

暉

日9 **【暄】** (13) 音 ケン 訓 ―

意味 日の光が行き渡って暖かい。「暄暖」

暄

日9 **【暖】** (13) 6年 旧字 日9 暖 (13)

音 ダン・ノン 訓 **あたた**か・**あたた**かい・**あたた**まる・**あたた**める

筆順 日 … 暖

意味 ❶温度が程よくて快い。あたたか。あたたかい。また、そのこと。だん。「暖国・温暖・暖(だん)を取る」❷火をたいてあたたかくする。あたためる。また、そのようになる。あたたまる。「暖房・暖炉」名付 あつ・だん・はる

参考 「暖房・暖炉」などの「暖」は「煖」が書き換えられたもの。

暖

使い分け「あたたかい」

暖かい…気温・気象について使う。「暖かい春の日・暖かい部屋・暖かいコート」

温かい…触感や心づかいについて使う。「温かい御飯・温かい家庭・温かい心」

【暖衣飽食】(だんいほうしょく) 暖かい衣服を着、食べ物を腹いっぱい食べること。▽ぜいたくな暮らしにたとえる。

参考熟語 暖簾(のれん) 暖気(のんき)

日9 **【暘】** (13) 音 ヨウ 訓 ひ

意味 日の出。また、高くのぼった太陽。

暘

日9 【暑】▸暑(旧)

日10 **【暢】** (14) 人名 音 チョウ 訓 のびる

筆順 日 … 暢

暢

4画

意味 ❶草木が生長する。また、心がのびのびする。のびる。「暢達(文章などがのびのびしていること)・伸暢」❷つかえずに通る。「流暢」名付 いたる・ちょう・とおる・なが・のぶ・のぶる・まさ・みつ・みつる

参考 「伸暢」の「暢」は「長」に書き換える。

参考熟語 暢気(のんき)

日10 **【暮】** (14) 6年 音 ボ 訓 くれる・くらす　旧字 日11 暮 (15)

筆順 艹 苩 莒 莫 莫 莫 暮 暮

意味 ❶日が沈んで暗くなる。くれる。また、そのころ。くれ。「暮夜・暮色・薄暮・夕暮れ」❷年や季節が終わりになる。くれる。また、そのころ。くれ。「暮春・歳暮」❸生活してゆく。くらす。また、生活。くらし。

【暮秋】(ぼしゅう) ①ものさびしい、秋の末。晩秋。②陰暦九月のこと。

【暮春】(ぼしゅん) ①春の末。晩春。②陰暦三月のこと。

【暮色】(ぼしょく) ①夕暮れのとき、薄暗くてぼんやりと見えるけしき。②夕暮れの薄暗い色。「一蒼然(そうぜん)」

日10 **【暝】** (14) 音 メイ 訓 くらい

意味 暗くて見えない。くらい。「晦暝(かいめい)」

日10 **【曄】** (14) 音 ヨウ 訓 ――　正字 日12 曄 (16)

意味 明るく輝く。

日10 **【暦】** (14) 常用　旧字 日12 曆 (16) 人名

音 レキ・リャク 訓 こよみ

筆順 一 厂 厈 厍 厤 厤 厤 暦

意味 ❶一年間の季節・月・日や日の吉凶などを日の順にしるしたもの。「暦年・新暦・西暦・太陽暦」❷カレンダー。こよみ。名付 とし・れき

【暦日】(れきじつ) ①暦によって定められた日。②月日(つきひ)。③暦のこと。

【暦象】(れきしょう) ①太陽・月・星の運行の状態。②暦によって天体の運行をおしはかること。

【暦数】(れきすう) ①天体の運行の状態を測定して暦を作る方法。②自然に巡ってくる運命。③年数。年代。

【暦年】(れきねん) 暦で定められている一年。平年は三百六十五日、閏年(うるうどし・じゅんねん)は三百六十六日。

【嘗】▶口11

日11 **【暫】** (15) 常用 音 ザン 訓 しばらく・しばし

筆順 亘 車 軻 斬 斬 斬 暫 暫

意味 ❶少しの間。しばし。しばらく。「暫時」❷仮に。「暫定」❸少し長い間。しばらく。「暫く会わない」

【暫時】(ざんじ) しばらくの間。「一の猶予」注意 「漸時」と書き誤らないように。

【暫定】(ざんてい) 一時的に決めておくこと。「一的処置」

日11 **【暴】** (15) 5年 音 ボウ・バク 訓 あばく・あばれる

筆順 日 旦 早 昱 昗 暴 暴 暴

意味 ❶勢いが激しくて荒々しい。また、そのような行い。ぼう。「暴力・暴徒・乱暴」❷荒々しくて害を与える行いをする。あばれる。「暴政・暴利・横暴」❸むき出しにして見えるようにする。あばく。「暴露(ばくろ)」❹突然である。「暴発・暴落」❺素手で打つ。「暴虎馮河(ぼうこひょうが)」

参考 (1)❸は「ばく」と読む。(2)「暴露」の「暴」は「曝」が書き換えられたもの。

【暴露】(ばくろ) 秘密・悪事をあばき出すこと。また、あばかれること。「不正を一する」▽「曝露」の書き換え字。

【暴虐】(ぼうぎゃく) 行いが乱暴でむごいこと。暴謔。注意 「暴逆」と書き誤らないように。

【暴挙】(ぼうきょ) ①無謀な計画。②乱暴なふるまい。

【暴虎馮河】(ぼうこひょうが) 勇みたって無謀な行動をすること。「一の勇」▽「虎(とら)に素手で立ち向かい、黄河を徒歩で渡る」の意から。

【暴政】(ぼうせい) 乱暴な政治。

【暴騰】(ぼうとう) 物価・株価が急に大幅にあがること。注意 「暴謄」と書き誤らないように。

【暴勇】(ぼうゆう) 向こう見ずの勇気。

【暴論】(ぼうろん) 道理にはずれた、乱暴な内容の意見。

4画

日12 【暨】(16) 音キ 訓―

意味 ある所や時点まで及ぶ。

暨

日12 【暹】(16) 音セン 訓―

意味 太陽がのぼる。また、その太陽。

暹

日12 【暾】(16) 音トン 訓―

意味 朝日がのぼる。また、朝日。

暾

日12 【曇】(16) 常用 音**ドン** 訓**くも**る

筆順 曇

意味 ❶空が雲におおわれる。くもる。また、そのこと。くもり。「曇天・晴曇」❷透明でなくなったりつやがなくなったりする。くもる。「曇りガラス」

【曇天(どんてん)】くもり空。

曇

日12 【暼】(16) 音ヘツ 訓―

意味 「暼暼(へつへつ)」は、日の沈む勢い。

暼

日12 【暸】(16) 音リョウ 訓―

意味 明らかなさま。

暸

日12 [曉]▸暁 旧

日12 [曄]▸曄 正

日12 [曆]▸暦 旧

日13 【曖】(17) 常用 音**アイ** 訓くらい

筆順 曖

意味 暗い。くらい。「曖昧(あいまい)」

【曖昧(あいまい)】はっきりしないこと。「―模糊(もこ)(あやふやではっきりしないこと)」▽「昧」も「暗い」の意。注意「曖味」と書き誤らないように。

曖

日13 【曙】(17) 人名 音ショ 訓あけぼの

旧字 日14 曙 (18)

筆順 曙

意味 夜が明けるころ。あけぼの。「曙天・曙光」

名付 あきら・あけ・あけぼの・しょ

【曙光(しょこう)】夜明けの太陽の光。「平和の―」▽前途にわずかに持てる希望にたとえることもある。

曙

日13 【曚】(17) 音モウ 訓くらい

正字 日14 曚 (18)

意味 ❶日の光が薄暗い。くらい。❷物事の道理がよくわからない。くらい。「曚昧(もうまい)」

【曚昧(もうまい)】物事の道理をよく知らないこと。「無知―」▽「蒙昧」とも書く。

曚

日14 【曜】(18) 2年 音**ヨウ** 訓―

旧字 日14 曜 (18)

略字 日5 旺 (9)

筆順 曜

意味 ❶太陽・月・星のこと。「七曜」❷太陽・月と火・水・木・金・土の五星とを一週間の七日に割り当てて呼ぶことば。「曜日・月曜」

名付 あきら・てらす・てる・よう

参考 「旺」は誤って曜の意味に用いるが、本来は別字。

曜

日14 [曙]▸曙 旧

日15 【曠】(19) 印標 音コウ 訓むなしい

異体 日5 昿 (9)

意味 ❶広々としている。「曠野」❷広くて中に何もない。むなしい。また、むだにする。「曠世」

参考 「曠野」の「曠」は「広」に書き換える。

【曠日弥久(こうじつびきゅう)】価値のあることをしないで、長い年月をむだに送ること。

曠

日15 【曝】(19) 人名 音バク 訓さらす

筆順 曝

意味 ❶日光にあてる。さらす。「曝書」❷人々に見えるようにする。さらす。「曝露・曝し者」

参考 (1)「さらす」は「晒す」とも書く。(2)「曝露」の「曝」は「暴」に書き換える。

【曝書(ばくしょ)】書物を虫干しすること。

曝

日16 【曦】(20) 音ギ 訓―

意味 太陽の光。

曦

日17 【曩】(21) 音ノウ 訓さき

意味 ❶以前。昔。さき。「曩祖」❷以前に。さきに。

【曩祖(のうそ)】祖先。

曩

4画

4画

曰 の部 ひらび

曰0 **【曰】**(4) 印標 音 エツ 訓 いわく・のたまわく

意味 ❶いうことには。のたまわく。いわく。また、目上の人がいうことには。のたまわく。「古人曰く」❷そうするだけの事情・理由。いわく。「曰く付き・曰くがある」

〔甲〕▶田0 〔申〕▶田0 〔由〕▶田0

曰2 **【曳】**(6) 人名 音 エイ 訓 ひく　異体 曰3 曵(7)

筆順 丨 冂 日 日 电 曳

意味 ひきよせる。また、ひきずる。ひく。「曳航・揺曳」名付 えい・とお・のぶ

【曳航】（えいこう）船が他の船をひっぱって航行すること。

曰2 **【曲】**(6) 3年 音 **キョク**・ゴク 訓 **まがる**・**まげる**・くせ・くま

筆順 丨 冂 巾 巾 曲 曲

意味 ❶弓形になる。まがる。また、そのようにする。まげる。「曲線・屈曲」❷正しくない。悪い。くせ。また、事実や主張などにそむく。まげる。「歪曲（わいきょく）・曲者（くせもの）・曲げてお願いします」❸音楽のふし・調子。また、音楽の作品。きょく。「曲調・曲目・楽曲・交響曲」❹変化のあるおもしろみ。きょく。「曲がない」❺詳しい。「委曲」❻見えないすみ。くま。「心の曲（くま）」名付 きょく・くま

参考 ❷の「まげる」は「枉げる」とも書く。❻の「くま」は「隈」とも書く。

【曲学阿世】（きょくがくあせい）真理に反する学問で世間にこび、人気を得ようとすること。「—の徒」

【曲折】（きょくせつ）物事が経過する途中で、複雑に変化すること。また、複雑に入りくんだ事情。

【曲直】（きょくちょく）①まがっていることと、まっすぐなこと。②よくないことと、正しいこと。「理非—」

【曲解】（きょっかい）ねじまげて解釈すること。「同情を侮辱と—する」

参考熟語 曲尺（かねじゃく）　曲輪（くるわ）　曲玉（まがたま）

曰3 **【更】**(7) 常用 音 **コウ** 訓 **さら**・**ふける**・**ふかす**・あらためる・かえる

筆順 一 ｢ 戸 戸 百 更 更

意味 ❶新しくなる。あらたまる。また、新しくする。あらためる。「変更」❷入れ替わる。かわる。また、入れ替える。かえる。「更迭」❸夜が深くなる。ふける。また、夜おそくまで起きている。ふかす。「深更・夜更（よふか）し」❹その上にまた。さらに。❺新しいこと。さら。「更の帽子」❻一夜を五つに分けた、昔の時刻。こう。「初更」

名付 こう・さら・のぶ

参考 「更生」の「更」は「甦」が書き換えられたもの。

使い分け「ふける」

更ける…深まる。「夜が更ける・秋が更ける・こんな夜更けにどうしたの」

老ける…年を取る。「年齢より老けて見える・この二、三年で急に老けた」

耽る…一つのことに熱中する。「物思いに耽る・感慨に耽る・小説を読み耽る」

【更改】（こうかい）契約によって、すでにある債務を消滅させて新しい債務を成立させること。

【更新】（こうしん）すっかり変えて新しくすること。また、すっかり変わって新しくなること。「記録の—」

【更正】（こうせい）申告・登録などで、訂正して正しくすること。参考 ⇩「公正（こうせい）」の〔使い分け〕。

【更生】（こうせい）①今までの心・行いを改めて、正しい状態にもどること。②使えなくなった品に手を加えて使えるようにすること。「—品」③一度死んだものが生き返ること。④一度衰えたものが盛んになること。▽③④は「甦生」の書き換え字。注意「厚生」と書き誤らないように。参考 ⇩「公正（こうせい）」の〔使い分け〕。

【更迭】（こうてつ）ある地位にいる人を入れかえること。「大臣を—する」注意「こうそう」と読み誤らないように。

【更地】（さらち）建物・立ち木などがない空き地。

参考熟語 更衣（ころもがえ・こうい）　更紗（サラサ）

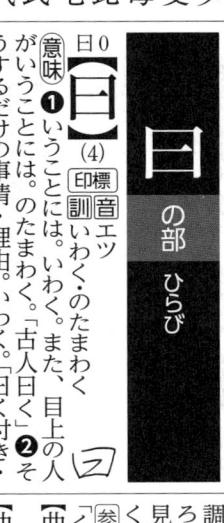

〔果〕▶木4 〔東〕▶木4 曰3〔曵〕▶曳㊖

曰5 【曷】(9) 音 カツ 訓 なんぞ

意味 どうして。なんぞ。

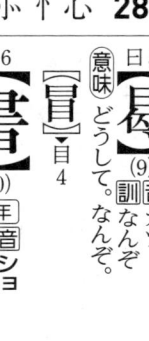

〔冒〕▼目4

曰6 【書】(10) 2年 音 ショ 訓 かく・ふみ

筆順

意味 ❶文章を作る。しょする。かく。「書記・清書」❷文字をかきしるしたもの。また、文字のかき方。しょ。「書画・書道・草書」❸本。しょ。「書庫・読書・座右の書」❹手紙。しょ。ふみ。「書簡・封書・信書」❺用件を書いたもの。「書類・報告書」

名付 しょ・ふみ

使い分け「かく」

書く…文字で記す。文章を作る。「漢字を書く・住所を書く・手紙を書く・小説を書く・顔に書いてある」

描く…絵や図を表す。「油絵を描く・風景を描く・地図を描く・漫画を描く・眉を描く」

【書院】しょいん ①床・違いだななどを設けた和風の客間。「―造り」②書斎のこと。

【書簡】しょかん てがみ。書状。

【書庫】しょこ 書物をしまっておく建物。

【書斎】しょさい 個人の家で、読書・研究・執筆などのときに用いるへや。書屋。注意「書斉」と書き誤らないように。

【書肆】しし 書店。本屋。

【書信】しょしん 手紙。

【書面】しょめん ①文書のこと。「―審理」②手紙のこと。「―で申し上げます」

【書林】しょりん 書店。▽「多くの書物がある所」の意。

曰7 【曹】(11) 常用 音 ソウ・ゾウ 訓 つかさ・ともがら

筆順

意味 ❶仲間。ともがら。「曹輩」❷法律事務を扱う人。「法曹界」❸へや。「曹司」名付 そう・とも・のぶ

【曹司】ぞうし ①平安時代、宮中や各役所にあった、女官や役人のへや。②まだ一家を構えることのできない、貴族の若者。曹子。「御―」

参考熟語 曹達ソーダ

曰7 【曽】(11) 常用 旧字 曰8 曾(12) 人名 音 ソウ・ゾ 訓 かつて

筆順

意味 ❶以前に。これまでに。かつて。「未曽有」❷直系の三親等。ひい。「曽孫・曽祖父」名付 かつ・つね・なり・ます

参考 ひらがな「そ」、カタカナ「ソ」のもとになった字。

【曽祖父】そうそふ 祖父母の父。ひいおじいさん。

【曽孫】そうそん 孫の子。ひまご。ひいまご。ひこ。

曰7 【曼】(11) 印標 音 マン 訓 ―

意味 ❶梵語の「マン」の音を表すのに用いる字。「曼陀羅・曼珠沙華」❷限りがない。「曼曼」

【曼陀羅】まんだら ①仏が得た悟りの境地。また、それを極彩色で絵にしたもの。②(曼陀羅のように)色彩のあざやかな絵図。▽「曼荼羅」とも書く。

曰8 【最】(12) 4年 音 サイ 訓 もっとも・も

筆順

意味 ❶程度がいちばん激しい。さい。もっとも。「最大・最愛・最恵国・最たるもの」❷まこと。正しい。いちばんの意を表すことば。「も」と読む。「最寄り」名付 かなめ・さい・たかし・まさる・も・ゆたか・よし

【最恵国】さいけいこく 通商条約を結んでいる国の中で、最も有利な取り扱いを受ける国。「―待遇」

【最期】さいご ①命が終わる時。②栄えていたものが滅びる時。参考「最後」は、事物のいちばん終わり。

【最高潮】さいこうちょう 人々がいちばん緊張し興奮するようになった状態・場面。クライマックス。注意「最高調」と書き誤らないように。

使い分け「さいご」

最期…死にぎわ。「期」は、限られた期間の意。「立派な最期を遂げる・非業(ひごう)の最期・最期を飾る」

最後…物事のおわり。「最後の授業・最後の頼み」

日8

【替】(12) 常用 音 **タイ** 訓 **かえる・かわる**

筆順 ニ チ 夫 夫 夫 扶 扶 替 替

意味 ❶今までのものをやめて違ったものにする。かえる。また、そのようになる。かわる。「代替・振替(ふりかえ)・為替(かわせ)」❷衰える。「衰替・隆替」

参考 **かわる**⇩「代」の[使い分け]。

【農】▶辰6　日8【曾】▶曽㊐　日9【會】▶会㊐

月の部　つき　つきへん

月0

【月】(4) 1年 音 **ゲツ・ガツ** 訓 **つき**

旧字 月0 月(4)

筆順 丿 刀 月 月

意味 ❶地球の衛星である天体。また、その光。つき。「月光・満月・月見(つきみ)」❷一年を十二に分けた区分。また、その一区間。つき。「月収・月日(がっぴ)・毎月・正月(しょうがつ)・一月(ひとつき)」❸七曜の一つ。「月曜日(げつようび)」名付 がつ・げつ・つき・つぎ

【月下氷人】(げっかひょうじん) なこうど。▽「月下老人」と「氷人(ひょうじん)」とを合わせた語。どちらも中国の故事から。

【月旦】(げったん) ①月の初めの日。ついたち。②人物批評のこと。月旦評。▽中国の後漢(ごかん)の許劭(きょしょう)が、毎月のついたちに人物批評をしたことから。

【月評】(げっぴょう) 毎月行う、その月のできごとや文芸作品についての批評。

【月輪】(げつりん) 月のこと。

【月例】(げつれい) 毎月一回決まって行われること。「―会」

参考熟語 月代(さかやき) 月次(つきなみ・げつじ)

月2

【有】(6) 3年 音 **ユウ・ウ** 訓 **ある**

旧字 月2 有(6)

筆順 ノ ナ 冇 有 有 有

意味 ❶存在する。ある。また、そのこと。ゆう。⇔無。「有益・有無(うむ)・固有・希有(けう)・有資格者」❷持つ。ゆうする。ある。また、そのこと。ゆう。「所有・専有・烏有(うゆう)に帰する」❸仏教で、迷いのこと。「有界・中有」❹さらにその上に。「十有余年」名付 あり・う・たもつ・とも・なお・みち・もち・ゆう

参考 ❸の意味のときは「う」と読む。

【有為転変】(ういてんぺん) ①世の中が激しく移り変わること。「―の世」②仏教で、すべての物事は常に変化し、変わらないものがないということ。

使い分け「ある」

有る…所有の意。「金が有る・才能が有る・結婚式が有る・有り体に言えば」

在る…存在の意。「城が在る・世に在る間・要職に在る・在りし日の面影」

【有卦に入る】(うけにいる) よい状態が続いて喜ぶこと。▽「幸運の年まわりになる」の意。

【有情】(うじょう) ①木石などを非情というのに対して、生きていて精神を持つとされる人や動物のこと。②仏に対して、普通の人のこと。

【有象無象】(うぞうむぞう) たくさんいるつまらない人々。

【有頂天】(うちょうてん) ①喜び得意になって夢中になること。「成功して―になる」②仏教で、形あるものの世界の最高のところとされる天。

注意 「有頂点」と書き誤らないように。

【有無】(うむ) ①あることと、ないこと。あるなし。②承諾することと、断ること。

【有為】 一(ゆうい) 才能があって役に立つこと。「―の人物」二(うい) 仏教で、無為に対して、因縁(いんねん)によって生じ、変化してやまない現実のありさま。

【有閑】(ゆうかん) ①暇があること。②財産があり、生活にゆとりがあって暇があること。「―マダム」

【有機的】(ゆうきてき) 多くの部分から成り、各部分が互いに密接な関連をもち影響しあうさま。「―な構成」

【有史】(ゆうし) 歴史として文字の記録があること。

4画

【有事】戦争・事件などが起こること。「―の際」

【有識】その人が学問や思慮があること。また、そのような人。「―者」

【有終の美】物事を最後までやり遂げてあげた、すぐれた成果。「―を成す」注意「優秀の美」と書き誤らないように。

【有償】受けた利益に対してそれに相当する財物を与えること。

【有数】とりたてて数えなければならないほどに非常にすぐれていて名高いこと。「世界―の工場」

【有職故実】朝廷や武家における昔からの儀式・規則・習慣などの先例・典拠を研究する学問。

【有名無実】名前や評判だけが高くて実際の様子・状態と合わないこと。

【有余】数がそれ以上であること。あまり。「百万―」

参考熟語 有難い 有耶無耶

月4 【服】(8) 3年 音フク 訓きる 旧字 月4 服(8)

筆順 服

意味 ❶着る物。また、特に、洋服。ふく。「服装・制服・作業服」❷身につける。きる。「服膺・着服」❸つき従う。また、従事する。ふくする。「服従・服務・屈服・喪に服する」❹薬・茶などを飲む。ふくする。「服用・服薬・頓服」❺薬・茶・たばこなどをのむ回数や、粉薬の包みを数えることば。「一服」名付 こと・ふく・もと・ゆき

【服役】兵役・懲役につくこと。

【服従】他人の命令・意志にそのまま従うこと。服属。

【服務】職務につくこと。執務。

【服喪】近親者の死後、一定期間身を慎むこと。

【服用】薬を飲むこと。服薬。

月4 【朋】(8) 人名 音ホウ 訓とも 旧字 月4 朋(8)

筆順 朋

意味 友だち。また、仲間。とも。「朋輩・同朋」名付 とも・ほう

【朋輩】①その人と同じ家に仕えている人。同僚。②その人と同じ先生についている人。

【朋友】友人。

【育】→肉4

月5 【朏】(9) 音ヒ 訓―

意味 陰暦三日ごろの月。三日月。

【胄】→冂7

月6 【朔】(10) 人名 音サク 訓ついたち 旧字 月6 朔(10)

筆順 朔

意味 ❶陰暦で、月の第一日。ついたち。「朔日・八朔」❷北の方角。「朔風・朔北」名付 きた・さく・はじめ・もと

【朔日】その月の第一日。ついたち。

【朔風】北風のこと。

月6 【朕】(10) 常用 音チン 訓われ 旧字 月6 朕(10)

筆順 朕

意味 天子の自称のことば。われ。ちん。

月6 【朗】(10) 6年 音ロウ 訓ほがらか・あきらか 旧字 月7 朗(11) 人名 異体 月7 朖(11)

筆順 朗

意味 ❶気持ちが明るく、元気がよい。また、空が晴れていて明るい。ほがらか。「朗報・明朗・晴朗」❷声が澄んでいてよく通る。「朗読・朗吟」❸清くてはっきりしている。あきらか。「清朗」名付 あき・あきら・お・さえ・ほがら・ろう

【朗詠】詩歌などを節をつけて声高くうたうこと。

【朗唱】詩文などを声高らかに読むこと。▽「朗誦」とも書く。

【朗読】声を出して読むこと。朗誦。

【朗報】喜ばしいよい知らせ。

【朗朗】①朗詠や朗読する声が大きくてよく澄んでいるさま。「音吐―」②月の光など

が明るくてさえ渡っているさま。「―たる名月」

月7【腰】(11)〈国字〉 音 ― 訓 さおとめ・そうとめ

意味 さおとめ。そうとめ。▽人名などに用いる字。

月7【望】(11) 4年 旧字 月7 望(11)

音 ボウ・モウ 訓 のぞむ・もち

筆順 亠 亡 … 望 望

意味 ❶遠くを見る。のぞむ。「望見・望郷・展望」❷願う。のぞむ。また、願い。のぞみ。「望外・希望・本望(ほんもう)」❸人々から信頼されて得る人気。「人望・名望」❹陰暦十五日の満月の夜。もち。「望月(ぼうげつ・もちづき)」名付 のぞむ・ぼう・もち

使い分け「のぞむ」

望む…遠くから眺める。願う。「山頂から海を望む・世界の平和を望む・一層の努力を望む・多くは望まない」

臨む…面する。参加する。対する。「海に臨む旅館・会議に臨む・試合に臨む・厳しい態度で臨む・難局に臨む」

※「望む」は「(ものやこと)を」、「臨む」は「(場所)に」が前につくことが多い。

【望外】(ぼうがい) 望んだ以上によい結果になること。「―の念」

【望郷】(ぼうきょう) 故郷をなつかしく思うこと。

【望月】(ぼうげつ・もちづき) 陰暦一五日の夜の月。満月。望(もち)。

【望見】(ぼうけん) はるか遠くからながめること。また、はるか遠くをながめること。

【豚】▶家4

月7【朗】▶朗(旧)

月7【朖】▶朗(異)

月8【期】(12) 3年 旧字 月8 期(12)

音 キ・ゴ 訓 ―

筆順 一 十 卄 甘 其 其 期 期

意味 ❶日時を約束する。きする。「期日」❷あてにして待ち設ける。ごする。きする。「期待・所期・必勝を期(き)する」❸決められている一区切りの日時。また、ある時点から他の時点までの間。き。「期末・次期・最期(さいご)」名付 き・ご・さね・とき・とし・のり

【期限】(きげん) 前もって定められた時期・期間。

【期成】(きせい) ある物事の成功を期待し、そのために人々が努力すること。「―同盟」

月8【朞】(12) 音 キ 訓 ―

意味 一か月、または一年。

月8【朝】(12) 2年 旧字 月8 朝(12)

音 チョウ 訓 あさ・あした

筆順 十 十 古 吉 卓 卓 朝 朝

意味 ❶あさ。あした。↔夕。「朝食・早朝」❷短い時間。「一朝の夢」❸天子・天皇が政治を行う所。ちょう。また、政府。↔野。「朝廷・廃朝」❹朝廷に参る。ちょうする。「朝貢」❺天子・天皇が治める国。「入朝・帰朝」❻一代の天子・天皇または一系統の王朝が国を治める期間。ちょう。「唐朝・推古(すいこ)朝」❼天皇が政治を行い、同一地方に都がおかれていた時代。「平安朝」名付 あさ・あした・ちょう・つと・とき・とも・はじめ

【朝貢】(ちょうこう) 諸侯や属国の使者が来朝して、みつぎものを献上すること。

【朝三暮四】(ちょうさんぼし) ①目前の差別にこだわっていて結局同じ結果になることに気づかないこと。②いいかげんな話で人をだますこと。▽昔、中国で、猿に木の実を朝三つ夕方四つ与えようと言ったら猿が怒ったので、朝四つ夕方三つにしようと言うと、非常に喜んだという故事から。

【朝廷】(ちょうてい) ①天子が政治をとる所。②(転じて)政治を行う機関としての天皇。

【朝野】(ちょうや) 政府・朝廷に関係のある人と、民間の人。「―をあげて(全国民が一致して)」

【朝令暮改】(ちょうれいぼかい) 命令・規則がつぎつぎと変わってあてにならないこと。▽「朝に出した命令が夕方には改められてしまう」の意から。

【朝露】(ちょうろ・あさつゆ) 朝、置かれてある露。▽はかないものにたとえることもある。

参考熟語 朝臣(あそん・あそみ・ちょうしん)

【勝】▶力10

【謄】▶言10

月13【朦】(17) 印標 音 モウ 訓 おぼろ 異体 月14 朦(18)

意味 月の光がぼんやりしているさま。おぼろ。「朦朧(もうろう)」

4画

【朦朦】(もうもう) 霧やほこりなどのためにかすんではっきり見えないさま。「—たる排気ガス」▽「濛濛」とも書く。

【朦朧】(もうろう) ①かすんで形がはっきり見えないさま。②意識がはっきりしないさま。▽「朧」も「おぼろ」の意。

月16 【朧】(20) 音ロウ 訓おぼろ

意味 かすんでぼんやりとしているさま。おぼろ。「朧月(ろうげつ・おぼろづき)・朧夜(ろうや・おぼろよ)・朦朧(もうろう)」

〔騰〕▶馬10

木の部 き きへん

木0 【木】(4) 1年 音ボク・モク 訓き・こ

筆順 一十才木

意味 ❶幹が堅い植物。き。「木石・樹木(じゅもく)・巨木・木立(こだち)」❷建築・器具製造などの用材。き。また、それで作られていること。「木刀・木製(もくせい)・土木・材木(ざいもく)」❸七曜の一つ。「木曜日」名付 き・こ・しげ・ぼく・もく

【木賃宿】(きちんやど) ①低料金のそまつな宿。②昔、燃料代(木賃)だけを払い自炊して泊まったそまつな宿。

【木端】(こっぱ) 木の切りくず。「—役人」▽取るに足りないつまらないものにたとえることもある。こなみじん。

【木端微塵】(こっぱみじん) こなごなに砕けること。

【木石】(ぼくせき) 木と石。人としての人情・感情を持たないものとされる。「—漢」

【木鐸】(ぼくたく) 木製の舌のついた鈴。昔、中国で法令を人民に知らせるときに鳴らした。▽世間に警告を発して世人を教え導く人にたとえる。

木 鐸

【木訥】(ぼくとつ) 無口で飾りけのないこと。▽「朴訥」とも書く。

【木履】(ぼっくり・ぼくり) 女児用の下駄(げた)の一種。厚い台の底をくりぬいて作った塗り下駄。

【木剣】(ぼっけん) 木で刀の形に作り、刀の代わりに使うもの。木刀(ぼくとう)。

【木乃伊】(みいら) 死体がくさらず乾いてかたまり、原形を保っているもの。▽ポルトガル語mirraの当て字。

【木綿】(もめん・きわた) ①きわたの実の中にある繊維。もめんわた。②もめん糸。また、それで織った織物。

参考熟語 木通(あけび) 木耳(きくらげ) 木偶(でく・もくぐう) 木賊(とくさ) 木瓜(ぼけ) 木菟(みみずく・ずく) 木槿(むくげ) 木綿(もめん・ゆう・きわた)

木1 【札】(5) 4年 音サツ 訓ふだ

筆順 一十才木札

意味 ❶字を書いてしるしとする小さな紙や板。ふだ。「表札・入札・守り札」❷文書。また、手紙。「書札・一札」❸紙幣。さつ。「金札・札束(さつたば)」❹乗車券。また、劇場などの入場券。「出札・改札」名付 さつ・ふだ

【札束】(さつたば) 紙幣をたくさん重ねてたばねたもの。また、多額の金銭。

木1 【朮】(5) 音ジュツ 訓おけら

意味 草の一種。キク科の薬草。うけら。おけら。

木1 【本】(5) 1年 音ホン 訓もと 異体 大2 夲(5)

筆順 一十才木本

意味 ❶書物。ほん。「刊本・原本」❷物事のはじまり。「本来・基本」❸もととなるもの。もと。また、それから起こる。「本籍・資本」❹中心となる。おもな。「本部・本論」❺はじめから備わっている。「本質・本能」❻正しくて、にせものでない。「本当・本妻」❼練習・略式ではなく本格的である。「本式・本番」❽現在問題にしている。この。「本人・本件」❾自分自身を表すことば。「本官・本校」❿細長い物を数えることば。⓫柔道・剣道などの勝負を数えることば。「一本勝負」名付 なり・はじめ・ほん・もと

参考 もと⇨「元」の[使い分け]。

【本意】(ほんい・ほい) ①本来の意志。また、ほんとうの

考え。本心。②物事のほんとうの目的・意味。

【本懐】(ほんかい) その人にとっての本来の願い。本望(ほんもう)。「男子の―」

【本拠】(ほんきょ) 活動のよりどころとなる場所。

【本卦還り】(ほんけがえり) 生まれた年と同じ干支の年がめぐってくること。数え年で六十一歳になること。還暦。▽「本卦帰り」とも書く。

【本地垂迹】(ほんじすいじゃく) 神道の神は、仏教の仏や菩薩(ぼさつ)が人々を救うために仮に神の姿になってあらわれたものであるということ。

【本性】(ほんしょう・ほんせい) ①表面に現れていない、もともとの性質。「―をあらわす」②正気(しょうき)。

【本然】(ほんぜん・ほんねん) 本来の姿。自然のまま。「―の姿」

【本尊】(ほんぞん) ①信仰の対象として寺に安置されている仏像。②物事の中心となる人物。本人。当人。

【本能】(ほんのう) 生まれつき持っている性質や能力。

【本復】(ほんぷく) 病気がすっかり治ること。全快。

【本舗】(ほんぽ) その系列の店で営業の中心となる店。

【本邦】(ほんぽう) 自分の国。わが国。

【本末】(ほんまつ) ①物のもとと、すえ。②物事の根本になっていて大事なものと、そうでないもの。「―転倒」

【本命】(ほんめい) 競馬・競輪などで、優勝の第一候補。

【本望】(ほんもう) ①以前から願っている望み。②望み通りになって満足に思うこと。「そうしていただければ―です」**注意** 「ほんぼう」と読み誤らないように。

【本領】(ほんりょう) その人の持っているすぐれた性質・技術。「―を発揮する」

【本論】(ほんろん) ①議論・論文で、中心となる部分。②(現在問題にしている)この論。

木1 **【末】** (5) 4年 音 マツ・バツ 訓 すえ・うら

筆順 一 二 丰 末 末

意味 ❶物の先のほう。すえ。「末席・本末・木末(こずえ)・末枯(うら)れ」❷続いている事物の終わりのほう。すえ。「末裔(まつえい)・末期・末子(まっし・ばっし)・始末」❸重要でない。「末輩・粗末(そまつ)」❹粉。「粉末」

名付 すえ・とめ・とも・ひろし・ほず・まつ

参考 ⑴ひらがな「ま」、カタカナ「マ」のもとになった字。⑵似た字(未・末)の覚え方「上の一、いまだ短く(未)、すえ長くなる(末)」

【末裔】(まつえい・ばつえい) 遠い子孫。▽「裔」は「衣のすそ」

【末期】(まっき) 一 終わりの時期。「―的症状」 二 (まつご) 人の死にぎわ。臨終。「―の水」

【末梢】(まっしょう) ①枝のさき。こずえ。②物の端。すえ。「―神経」参考「抹消(まっしょう)」は、消して除くこと。

【末世】(まっせ・まつせ) ①道徳や人情などが乱れた世の中。②仏法が衰えて正しい信仰心が失われた世の中。

【末席】(まっせき) ①会合などで、順位が下の席。下位の席。しもざ。末席(ばっせき)。②(転じて)低い地位・順位。

【末節】(まっせつ) 本筋から離れた、重要でない部分。「枝葉―」

【末輩】(まっぱい) 身分が低くてつまらない者。

【末筆】(まっぴつ) 手紙などで、用件の終わりのほうに書く文章。「―ながら」

【末法】(まっぽう) 仏法が衰え、信仰心が失われるという時期。「―思想」▽釈迦(しゃか)の死後を三時期に分け、正法(しょうぼう)・像法(ぞうぼう)につぐ一万年間の時代のこと。

【末葉】(まつよう・ばつよう) ①その時代の終わりの時期。末期。②子孫。

【末路】(まつろ) ①一生の終わり。②衰え没落した末の、哀れな最後。

木1 **【未】** (5) 4年 音 ミ・ビ 訓 いまだ・まだ・ひつじ

筆順 一 二 キ 才 未

意味 ❶まだ。いまだ。「未知・未練」❷十二支の第八番め。方角では南南西、時刻では午後二時およびその前後二時間、動物ではひつじにあてる。ひつじ。

名付 いま・いや・ひつじ・ひで・み

参考 似た字(未・末)の覚え方「上の一、いまだ短く(未)、すえ長くなる(末)」

【未詳】(みしょう) まだくわしくはわからないこと。

【未遂】(みすい) ①計画を立てたが、まだやり遂げていないこと。②実行したが、やり遂げられなかったこと。「殺人―」**注意** 「みつい」と読み誤らないように。

【未曽有】(みぞう) 今までに一度もなかったほど珍しくて重大なこと。「―のできごと」▽「いまだかつてあったことがない」の意。

【未到】まだ、だれも到達していないこと。「前人―」

【未踏】奥深かったり不便だったりしてまだだれも行ったことがないこと。「人跡―」

【未明】まだ夜がすっかり明けきらないころ。

【未聞】まだ聞いたことがないこと。「前代―」

【未来永劫】これから先、永遠に。「―変わらない」▽「永劫」は「非常に長い年月」の意。

【未了】まだ物事が終わらないこと。「審議―」

【未練】執着があり、あきらめきれないこと。心残り。

木2 **【杁】**(6) 〈国字〉 音― 訓いり

意味 水の出入りを調節する水門。いり。▽「杁ケ島・枠杁」は、愛知県の地名。

木2 **【机】**(6) 6年 音**キ** 訓**つくえ**

筆順 一 十 才 木 机 机

意味 つくえ。「机辺・机下」

【机下】手紙で、あて名の左下わきに書きそえて相手に敬意を表すことば。▽「几下」とも書く。「相手の机の下に差し出す」の意。

【机上の空論】実際には役に立たない理論・計画。

木2 **【朽】**(6) 常用 音**キュウ** 訓**くちる**

筆順 一 十 才 木 朽 朽

意味 腐って使いものにならなくなる。くちる。「朽廃・老朽・朽ち葉」 名付 え・きゅう

木2 **【朿】**(6) 音シ 訓とげ

意味 のぎ・いがなど、草や木のとげ。

木2 **【朱】**(6) 常用 音**シュ・ス** 訓あか・あけ

筆順 ノ ⺈ 二 牛 牛 朱

意味 ❶黄ばんだ赤色。しゅ。あけ。あか。「朱筆・朱色・朱に染まる・朱に交われば赤くなる」❷昔の貨幣の単位。一朱は一両の十六分の一。しゅ。銖。 名付 あけ・あけみ・あや・しゅ

【朱唇】女性の、口紅をつけた赤くて美しいくちびる。▽「朱脣」とも書く。

【朱筆】朱で書くための筆。また、朱で書き入れたもの。「―を入れる（文章を訂正すること）」

【朱雀】中国の四神の一。玄武・青竜・白虎とともに南方をつかさどる。

参考熟語 朱欒 朱鷺

木2 **【朶】**(6) 音ダ 訓えだ

意味 ❶木の枝・実・花などがたれさがる。「耳朶」❷花の付いた枝。えだ。「万朶の桜」

木2 **【朷】**(6) 音トウ 訓―

意味 ❶木の一種。❷木のしん。

木2 **【朴】**(6) 常用 音**ボク** 訓ほお

筆順 一 十 才 木 朴 朴

意味 ❶すなおで飾りけがない。「朴直・質朴」❷木の一種。げた・木版などに使う。ほおのき。ほお。 名付 すなお・なお・ぼく

【朴直】飾りけがなく、まじめなさま。▽「樸直」とも書く。

【朴訥】人柄に飾りけがなく、口数が少ないこと。▽「木訥」とも書く。

【朴念仁】人の気持ちや人情をわきまえない人。▽「樸念仁」とも書く。

木2 **【朸】**(6) 音リョク 訓おうご

意味 ❶木目。❷てんびん棒。おうご。

木2 【耒】▶来 異　木2 【权】▶権 略

木3 **【杆】**(7) 音カン 訓てこ　異体 木7 桿(11)

意味 ❶重い物を動かす棒。てこ。「槓杆」❷手すり。「欄杆」

木3 **【杞】**(7) 音キ・コ 訓―

意味 ❶中国の古代の国の一つ。き。「杞憂」❷木の一種。「枸杞」

【杞憂】無用の心配。とりこし苦労。▽昔、中国の杞の国の人が、天が崩れ落ちはしな

いかと心配したという故事から。

木3 【杏】(7) 人名 音 キョウ・アン 訓 あんず

筆順 一 十 才 木 本 杏 杏

意味 果樹の一種。果実は生食またはジャム・砂糖漬けなどにする。種子は薬用。あんず。「杏仁」 名付 あん・あんず・きょう

【杏仁】あんずの種子の核の中にある肉。漢方で薬用とする。

【杏林】医者のこと。▽中国の三国時代、名医の董奉が治療代のかわりに患者にあんずを植えさせたところ、数年後に立派なあんずの林になったという故事から。

参考熟語 杏子

杏

木3 【杁】(7) 〈国字〉 音 — 訓 くるみ

意味 くるみ。▽地名などに用いる字。

杁

木3 【杠】(7) 音 コウ 訓 —

意味 川に渡した、小さな橋。

杠

木3 【材】(7) 4年 音 ザイ・サイ 訓 —

筆順 一 十 才 木 木 村 材

意味 ❶建築などのもととなる丸太。ざい。「材木」❷原料となるもの。ざい。「材料・材質・鉄材」❸才能や能力。また、才能・能力のある人。ざい。「人材・適材適所・有為の材」 名付 き・ざい・もとき・もとし

【材質】①木材の性質。②材料の性質。

材

木3 【杉】(7) 常用 音 サン 訓 すぎ

筆順 一 十 才 木 杉 杉 杉

意味 常緑の針葉樹の一種。材は建築・器具用。すぎ。「杉戸・杉折」 名付 さん・すぎ

【杉形】杉の木のように、上がとがっていて下がしだいに広がっている形。

杉

木3 【杓】(7) 印標 音 シャク 訓 ひしゃく

異体 木3 杓(7)

意味 水などをくむ器具。しゃく。ひしゃく。「杓子・杓文字」

【杓子定規】一つの基準に当てはめて行い、応用がきかないこと。「—なお役所仕事」▽杓子の柄をものさしの代用にすることから。

杓

木3 【条】(7) 5年 旧字 木7 條(11) 人名

音 ジョウ 訓 えだ

筆順 ノ ク 夂 冬 冬 条 条

意味 ❶細い線。筋。「五条・一条の煙」❷物事の筋道。「条理」❸一項目ずつ書き分けてある文。じょう。「条文・条約・箇条」❹木の枝。えだ。「枝条・柳条」❺よって。ゆえに。じょう。 名付 えだ・じょう

【条項】箇条書きにした一つ一つの項目。箇条。

【条条】一つ一つの項目。

【条約】国家間で文書によってとりきめた約束。また、その文書。

【条理】物事の道理・筋道。

条

木3 【杖】(7) 人名 音 ジョウ 訓 つえ

筆順 一 十 才 木 木 杖 杖

意味 歩行の助けとして持つ細長い棒。また、罪人を打つ細長い刑具。つえ。「杖罪・錫杖・松葉杖」 名付 き・つえ・てい・もち

杖

木3 【杦】(7) 〈国字〉 音 — 訓 すぎ

意味 木の名。すぎ。▽人名などに用いる字。

杦

木3 【束】(7) 4年 音 ソク 訓 たば・たばねる・つか・つかねる

筆順 一 一 一 戸 申 束 束

意味 ❶ひとまとめにしてしばる。つかねる。たばねる。また、そうしたもの。たば。「束髪・約束・札束・手を束ねる」❷行動などの自由を制限する。「束縛・拘束」❸わずか。すこし。「束の間」❹たばねたものを数えることば。たば。❺四本の指を並べたほどの長さ。つか。❻稲十把・半紙十帖のこと。そく。 名付 そく・つか・つかぬ・つかね

【束縛】行動を制限して自由にさせないこと。

【束髪】髪をたばねて結ぶこと。また、その

束

髪型。
参考熟語 束子(たわし)

木3 【杣】(7) 印標 〈国字〉 音 ― 訓 そま
意味 材木を切り出す山。「杣山(そまやま)・杣人(そまびと)」
【杣人(そまびと)】木を切る職業の人。きこり。そま。

木3 【村】(7) 1年 音 ソン 訓 むら 異体 邑4 邨(7)
筆順 一 十 オ 木 木一 村 村
意味 ❶いなかで、農業・漁業などを営む人家が集まっている所。むら。「村落・農村・寒村・村里(むらざと)」❷地方公共団体の一つ。むら。「村民・村有」
名付 そん・むら
【村夫子(そんぷうし)】いなかの見識の狭い学者。▽見識の狭い学者をあざけっていうことば。

木3 【杜】(7) 人名 音 ト・ズ 訓 もり
筆順 一 十 オ 木 木一 杜 杜
意味 ❶閉じる。「杜絶」❷森。また、特に、神社にある森。もり。❸→杜撰(ずさん) 名付 と・もり
参考 「杜絶」の「杜」は「途」に書き換える。
【杜撰(ずさん・ずざん)】やり方に誤りや不注意な点が多くてぞんざいなこと。▽「杜黙(ともく)という人の作る詩」の意。中国の杜黙という人の詩が多く漢詩の律に合わなかったという故事から。
【杜漏(ずろう)】物事が粗雑で手おちが多いこと。「―な仕事」▽「杜撰(ずさん)脱漏」の意。

参考熟語 杜若(かきつばた・とじゅく) 杜氏(とうじ・とじ) 杜鵑(ほととぎす・とけん)

木3 【杢】(7) 〈国字〉 音 ― 訓 もく
意味 大工。

木3 【杙】(7) 音 ヨク 訓 くい
意味 地にうちこんで支えにする棒。くい。「棒杙(ぼうくい)」
参考 「くい」は「杭」とも書く。

木3 【来】(7) 2年 音 ライ 訓 くる・きたる・きたす
旧字 人6 來(8) 人名 異体 彳8 徠(11) 人名 異体 木2 耒(6)

筆順 一 丆 丆 丑 平 来 来
意味 ❶こちらに近づく。くる。「到来」❷季節・時期などが現在の次に現れる。きたる。くる。↔去。「来年・来春・来る三月」❸その時以後。「来歴・数日来」 名付 き・きたる・く・くる・ゆき・らい
【来意(らいい)】①客が訪問して来た用件。「―を告げる」②手紙で述べてよこした用件。

【来援(らいえん)】そこにやって来て応援したり助けたりすること。「選挙の―を依頼する」

【来往(らいおう)】人が訪問して来たり帰って行ったりすること。「使節の―がしきりである」

【来駕(らいが)】その人を尊敬してその人が自分のところにやって来ることをいうことば。「御―のほどお待ち致します」▽「駕」は「乗り物」の意。

【来簡(らいかん)】人から来た手紙。来状。来書。来翰(らいかん)。

【来客(らいきゃく)】たずねて・来た(来る)客。

【来旨(らいし)】相手がいってよこした用件・趣旨。「御―よくわかりました」

【来車(らいしゃ)】手紙で、その人を尊敬してその人がたずねて来ることをいうことば。

【来信(らいしん)】人から来た手紙。

【来世(らいせ・らいせい)】㊀仏教で、三世(さんぜ)の一つ。死後の世界。後世(ごせ)。㊁(らいせい)そののちの世。後代。

【来談(らいだん)】やって来て、話し合いをすること。「御不審の点は御―ください」

【来朝(らいちょう)】①外国人が日本にやって来ること。「フランスから使節団が―する」②外国人がその王国にやって来ること。

【来聴(らいちょう)】講演・演説を聞きに来ること。「―歓迎」

【来賓(らいひん)】招待されて式や会などに来た客。

【来遊(らいゆう)】趣味やレクリエーションを楽しむためにやって来ること。

【来臨(らいりん)】上位の人を尊敬してその人が行事などに出席することをいうことば。「御―を賜る」

【来歴(らいれき)】今のその物事がこれまで経てきた筋道。由来(ゆらい)。「故事―」

木3 【李】(7) 人名 音 リ 訓 すもも
筆順 一 十 オ 木 本 李 李
意味 果樹の一種。すもも。「桃李・李下」 名付

4画

もも・り

【李下の冠】りかのかんむり 疑われやすい行動はつつしまなければならないということ。▽「李下に冠を正さず」ともいう。すももの木の下で曲がった冠を直すと、すももを盗んだと疑われるということから。

木3 【〔朷〕】▶栃㊀

木4 【枉】(8) 音 オウ 訓 まげる

意味 ゆがむ、またはゆがめる。まがる。まげる。また、むりに行うさま。まげて。「枉死(横死)・枉駕」

【枉駕】おうが 人を敬ってその来訪をいうことば。▽「駕(乗り物)をまげる」の意。

木4 【果】(8) 4年 音 カ 訓 はたす・はてる・はて・はか

筆順 丨 冂 日 日 旦 甲 果 果

意味 ❶くだもの。また、木の実。「果実・青果」❷原因によって生じるもの。か。「果報・効果」❸物事を実行する。はたす。また、物事が終わりになる。はてる。「果たし合い」❹物事の終わり。また、物の末端。はて。「世界の果て」❺思い切りよく行う。「果断・果敢」❻思った通りになる。はたして。「果然」❼仕事の進んでいる程度。はか。「果が行く」 名付 あきら・か・はた・はたす・まさる

【果敢】かかん 思い切りがよくて大胆なこと。「勇猛—」

【果然】かぜん はたして。案のじょう。「—事実となった」

【果断】かだん 思い切って決心し、てきぱきと行動すること。「—な処置」

【果報】かほう ①前世の行いの結果として受ける報い。②その人に巡ってくる幸運。「—者」

参考熟語 果物くだもの

木4 【枅】(8) 音 ケイ 訓 ますがた 正字 木6 枅(10)

意味 柱の上にある、棟むねを支える木。ますがた。

木4 【杭】(8) 人名 音 コウ 訓 くい

筆順 一 十 才 木 朩 朾 杧 杭

意味 地にうちこんでささえにする細長い棒。くい。

参考 「くい」は「杙」とも書く。

木4 【杲】(8) 音 コウ 訓 あきらか

意味 太陽が白く輝くさま。あきらか。

木4 【枝】(8) 5年 音 シ 訓 えだ

筆順 一 十 才 木 朩 朩 枋 枝

意味 ❶木のえだ。「枝葉・楊枝ようじ」❷中心となるものから分かれたもの。えだ。「連枝・枝道えだみち」

名付 え・えだ・し・しげ

【枝葉】㊀しよう 本筋からはずれていて重要でない部分・事物。「—末節」㊁えだは 木の枝と葉。

参考熟語 枝折しおり 枝垂しだれ

木4 【杵】(8) 人名 音 ショ 訓 きね

筆順 一 十 才 木 朩 杧 杵 杵

意味 ❶臼うすに穀物などを入れてつく道具。きね。「杵柄きねづか」❷布を柔らかくするときに用いるきぬたのつち。「砧杵ちんしょ」 名付 き・きね

木4 【松】(8) 4年 音 ショウ 訓 まつ 異体 木4 枩(8)

筆順 一 十 才 木 朩 朩 松 松

意味 針葉樹の一種。材は建築・器具・パルプ材用。常緑樹。まつ。「松籟しょうらい・松風・松の内」

名付 しょう・ときわ・まつ

【松柏】しょうはく 松と、このてがしわ。ともに常緑樹。「—の操みさお」▽節を守り変わらないことにたとえる。

【松籟】しょうらい ①松林を吹く風。また、その音。松韻。②(松風の音にみたてて)茶がまの湯が煮えたぎる音。▽「籟」は「ひびき」の意。

【松明】たいまつ 昔、松のやにの多い部分などをたばね、火をつけて照明に用いるもの。

参考熟語 松魚かつお 松毬まつかさ・まつぼっくり

木4 【枢】(8) 常用 音 スウ 訓 くるる・とぼそ 旧字 木11 樞(15)

4画

意味 ❶物事をしめくくるたいせつな所。「枢要・中枢」❷開き戸を開閉するために梁《はり》と敷居にあけた穴。とぼそ。❸開き戸を開閉するための、戸の上下の短い棒とそれをはめこむ穴とからなるしかけ。くるる。❹戸の落とし桟。くるる。名付 すう・たる

【枢機】《すうき》①物事の中心となるたいせつな所。②政治上の重要なつとめ。

【枢軸】《すうじく》①活動の中心になる重要な部分。②政治・権力などの中心。

【枢密】《すうみつ》政治上、秘密にすべき重要な事柄。

【枢要】《すうよう》①事物のもっともたいせつな箇所。②物事のうちでいちばんたいせつであること。

木4 【析】(8) 常用 音 セキ 訓 さく

意味 ばらばらにきりはなす。さく。「析出・分析」

【析出】《せきしゅつ》①化合物を分析して特定の物質をとり出すこと。②液体・気体の中から固体が分離されて出てくること。

木4 【杼】(8) 音 チョ 訓 ひ

意味 機《はた》織《お》りで、横糸を通す道具。ひ。「杼機」

木4 【枕】(8) 常用 音 チン 訓 まくら

意味 まくら。「枕頭・就枕・草枕《くさまくら》」

【枕頭】《ちんとう》枕《まくら》もと。

木4 【𣏓】(8) 〈国字〉 音 —— 訓 と・とが・とがの

意味 と。とが。とがの。▽人名に用いる字。

木4 【東】(8) 2年 音 トウ 訓 ひがし・あずま

意味 ❶方角で、ひがし。ひがし。↕西。「東国・極東」❷東京のこと。❸日本の東部地方のこと。あずま。「東男《あずまおとこ》に京女《きょうおんな》」名付 あきら・あずま・とう・はじめ・はる・ひがし・ひで

【東雲】《しののめ・とううん》明け方。また、あかつき。あけぼの。

【東宮】《とうぐう》①皇太子の御所。②皇太子のこと。

【東上】《とうじょう》①西の地方から東方の都へ行くこと。②東京へ行くこと。

【東都】《とうと》江戸（東京）のこと。▽「東方の都」の意。

【東奔西走】《とうほんせいそう》あちこちを忙しく回って努力すること。東行西走。

参考熟語 東風《こち・とうふう・ひがしかぜ》

木4 【杷】(8) 人名 音 ハ 訓 さらい

意味 ❶土をならしたり穀物をかき集めたりするくまで。さらい。❷「枇杷《びわ》」は果樹の一種。また、その実。

木4 【杯】(8) 常用 音 ハイ 訓 さかずき

異体 皿4 【盃】(9) 人名

意味 ❶酒などをついでのむ器。はい。さかずき。「乾杯」❷わん・さじ・コップなどで物の量を計るときに使うことば。はい。❸いかなどを数えることば。はい。❹舟を数えることば。はい。

【杯盤狼藉】《はいばんろうぜき》盛んな酒宴が終わって、杯や皿などが宴席に散らばっていること。

木4 【杮】(8) 音 ハイ 訓 こけら

正字 木4 【𣏕】(8)

意味 ❶木の削りくず。こけら。「杮落とし（新しい劇場の最初の興行）」❷木材を薄くはいだもの。屋根をふくのに用いる。こけら。

注意 「柿《かき》（木部5画）」は、別字。

【杮落とし】《こけらおとし》新築した劇場の開場を祝う最初の興行。

木4 【板】(8) 3年 音 ハン・バン 訓 いた

意味 ❶木材を薄く平たく切ったもの。また、薄く平たくしたもの。いた。「合板・看板《かんばん》・掲示板」❷印刷のために絵・文字などを彫ったい

4画

た。はん。「板木・官板・開板」❸野球で、投手板のこと。マウンド。「登板(とうばん)」名付 いた・はん

【板木】㊀(はんぎ)印刷のために文字や絵などを彫りきざんだ板。▽「版木」とも書く。㊁(ぎばん)合図として打ちたたく板。

木4 【枇】(8) 人名 音 ビ 訓 —

筆順 一 十 才 木 木' 杧 杧 枇

意味「枇杷(びわ)」は果樹の一種。また、その実。

木4 【杪】(8) 音 ビョウ 訓 —

意味 ❶枝の先。こずえ。❷年や季節の終わり。

木4 【枌】(8) 音 フン 訓 そぎ

意味 木を薄くそいで作った板。そぎ。

木4 【枋】(8) 音 ホウ 訓 —

意味 木の名。まゆみの一種。

木4 【枚】(8) 6年 音 マイ・バイ 訓 ひら

筆順 一 十 才 木 朩 朩' 枚 枚

意味 ❶紙・田など、薄くて平たいものを数えることば。ひら。まい。「枚数」❷一つ一つ数える。「枚挙」❸昔、夜襲などのとき、兵にくわえさせて声を立てさせないようにした木。ばい。「枚(ばい)を銜(ふく)む(声を立てずに静かにしている)」❹金貨や銀貨。「大枚」名付 かず・ひら・ふむ・まい

【枚挙に遑がない】(まいきょにいとまがない) たくさんありすぎて、一つ一つ数えあげていてはきりがないことを形容することば。

木4 【枡】(8) 印標 〈国字〉 音 — 訓 ます

異体 木7 桝 (11) 簡慣

意味 ❶穀物・液体などの量をはかる、四角の器。ます。「枡目(ますめ)・一合枡」❷芝居・相撲などの小屋で、四角に区切られた座席。ます。

参考「升」とも書く。

木4 【杳】(8) 音 ヨウ 訓 くらい

意味 遠くてはっきりしない。くらい。「杳然・杳として」

【杳然】(ようぜん) 遠くかすかなさま。

木4 【林】(8) 1年 音 リン 訓 はやし

筆順 一 十 才 木 木一 村 材 林

意味 ❶木や竹が群がり生えている所。はやし。「林業・林間・森林・密林・防風林」❷人々または物事の集まっている所。「芸林・翰林(かんりん)」

名付 しげ・しげる・はやし・もと・もり・りん

【林立】(りんりつ) 林の中の群がり立つ木のように、たくさんのものが一か所に並び立つこと。

参考熟語 林檎(りんご)

木4 【枠】(8) 常用 〈国字〉 音 — 訓 わく

筆順 一 十 才 木 木' 朾 枠 枠

意味 ❶まわりを囲んでささえるもの。わく。「黒枠・窓枠」❷制約された範囲。わく。「枠内・予算の枠」名付 わく

木4 【杰】▼傑 異

木4 【枦】▼櫨 異

木5 【栄】(9) 4年 旧字 木10 榮 (14) 人名

音 エイ 訓 さかえる・はえ・はえる

筆順 丶 丷 ⺍ 𭕄 𦥯 学 栄 栄

意味 ❶富・権力を得て勢力が盛んになる。はえる。さかえる。「栄華・栄進・国の栄(さか)え」❷名誉。えい。はえ。「栄冠・虚栄・一身の栄(は)え」❸草木が盛んに繁る。「栄枯・繁栄」❹盛んにする。「栄養」名付 えい・さか・さかえ・さこう・しげ・しげる・たか・てる・とも・なが・はる・ひさ・ひさし・ひで・ひろ・まさ・よし

参考 はえる⇩「映」の[使い分け]。

【栄華】(えいが) ①権力や富を得て栄えること。「—の夢」②ぜいたくに暮らすこと。「栄耀(えいよう)—」

【栄冠】(えいかん) ①勝利や名誉を得た人がかぶる冠。②名誉ある地位。輝かしい勝利。「—を勝ち取る」

【栄枯盛衰】(えいこせいすい) 栄えたり衰えたりすること。

【栄辱】(えいじょく) 名誉になることと、恥になることと。

【栄進】(えいしん) 上級の地位・職務に進むこと。

【栄達】(えいたつ) 出世して高い地位につくこと。

4画

【栄典】えいてん ①めでたい儀式。②名誉のしるしとして与えられる爵位・勲章。
【栄転】えいてん 今までよりもよい地位に転任すること。
【栄誉】えいよ よい評判。ほまれ。
【栄耀】えいよう 権力・富を得てぜいたくな暮らしをすること。「―栄華」
【栄養】えいよう からだの健全を保ち、成長し活動するための必要な成分。滋養。
参考熟語 栄螺さざえ

木5 【架】(9) 常用 音カ 訓かける・かかる
筆順 フ カ カ 加 加 加 架 架
意味 ❶ささえて空中に作り設ける。かける。また、そのようになる。かかる。「高架・屋上、屋を架する」❷物を載せたり掛けたりする台。「書架・十字架」名付 か・みつ
参考 かかる⇩「掛」の[使い分け]。
【架橋】かきょう 橋をかけること。また、かけわたした橋。「本四―」
【架空】かくう ①空中にかけわたすこと。「―ケーブル」②事実でなく、想像でつくられたもの。「―の存在」注意「仮空」と書き誤らないように。
【架設】かせつ 宙に浮かせてかけ渡すこと。「電線を電柱に―する」

木5 【枷】(9) 音カ 訓かせ
意味 ❶昔の刑具の一つ。罪人の首や手足にはめて自由を束縛するもの。かせ。「首枷くびかせ」❷刈り取った穀物の穂を打って実を落とす道具。「連枷」

木5 【柯】(9) 音カ 訓―
意味 ❶斧おのの柄え。❷木の枝。

木5 【枴】(9) 音カイ 訓―
意味 老人用の、木のつえ。

木5 【柑】(9) 人名 音カン 訓―
筆順 一 十 木 木一 村 柑 柑 柑
意味 みかん類のこと。「柑子こうじ・かんし・蜜柑みかん」
【柑橘類】かんきつるい みかん科のうち、みかん属・きんかん属・からたち属の総称。また、その果実の総称。
【柑子】こうじ・かんし ①こうじみかんの略。小つぶで、酸味が強い。②からたちばなのこと。

木5 【柬】(9) 音カン 訓―
意味 選び出す。

木5 【枳】(9) 音キ 訓からたち
意味 木の一種。若枝にはとげがある。生け垣用。からたち。「枳殻きこく・からたち」

木5 【柩】(9) 印標 音キュウ 訓ひつぎ
意味 葬るために死体をいれるはこ。ひつぎ。「霊柩車」
意味 「ひつぎ」は「棺」とも書く。

木5 【枸】(9) 音ク 訓―
意味 →枸杞くこ
【枸杞】くこ 木の一種。葉と根は薬用。実は食用。
参考熟語 枸橘からたち

木5 【枯】(9) 常用 音コ 訓かれる・からす
筆順 十 才 木 木一 村 朴 枯 枯
意味 ❶草木がしおれて生気が失われる。かれる。また、そのようにする。からす。「枯死・枯木こぼく」❷水けがなくなる。かれる。「枯骨」❸円熟して、あっさりとしている。かれる。「枯淡・枯れた芸」❹衰える。「栄枯」
参考 「枯渇」の「枯」は「涸」が書き換えられたもの。
【枯渇】こかつ ①水がかれてなくなること。②尽き果てること。「才能が―する」▽「涸渇」の書き換え字。
【枯死】こし 草木が枯れてしまうこと。
【枯淡】こたん 俗っぽさがなく、あっさりしていてしみじみとした風情ふぜいがあること。「―の境地」

木5 【査】(9) 5年 音サ 訓しらべる
筆順 十 才 木 木 杏 杏 杳 査
意味 調べる。しらべる。「査定・調査・巡査」

4画

【査察(ささつ)】物事がまえもって定められた一定の規格にあっているかなどを調べること。

【査収(さしゅう)】よく調べてから受けとること。

【査証(さしょう)】①よく調査して証明すること。②旅券などの証明書。ビザ。

【査定(さてい)】調査した上で等級などを定めること。

【査問(さもん)】調査し問いただすこと。「―委員会」

木5 **【柤】**(9) 音 サ 訓 ―

意味 手すり。欄干(らんかん)。

木5 **【柵】**(9) 常用 音 **サク** 訓 しがらみ

筆順 一 十 木 朷 机 机 栅 栅 柵

意味 ❶竹や木を立て並べて作った垣根。さく。❷水流をせきとめるため、水中にくいをうち並べて竹を横に組み合わせたもの。しがらみ。

木5 **【柞】**(9) 音 サク 訓 ははそ

意味 なら・くぬぎ・かしわなどのこと。ははそ。「柞蚕」

【柞蚕(さくさん)】やままゆが科の褐色(かっしょく)で大形の蛾(が)。まゆからじょうぶで安価な絹糸がとれる。

木5 **【柿】**(9) 常用 音 シ 訓 **かき** 異体 木5 柹(9)

筆順 一 十 木 木' 朩 柿 柿 柿 柿

意味 果樹の一種。実は食用となり、渋柿の実から渋をとる。かき。「熟柿・渋柿(しぶがき)」名付 かき・かげ・かつ

注意 「柿(こけら、木部4画)」は、別字。

木5 **【柘】**(9) 人名 音 シャ 訓 ―

筆順 一 十 木 杧 杤 柘 柘 柘

意味 ❶→柘植(つげ) ❷→柘榴(ざくろ) 名付 しゃ・つく

【柘榴(ざくろ)】木の一種。球状の実は食用。根や皮は薬用。▽「石榴」とも書く。

【柘植(つげ)】木の一種。材は印判・くし用。▽「黄楊」とも書く。

木5 **【柊】**(9) 人名 音 シュウ 訓 ひいらぎ 旧字 木5 柊(9)

筆順 一 十 木 朾 柊 柊 柊 柊

意味 木の一種。葉のふちにとげがある。節分の夜、門口に小枝をさして魔よけとする。ひいらぎ。名付 しゅう・ひいらぎ

木5 **【柔】**(9) 常用 音 **ジュウ・ニュウ** 訓 **やわらか**・**やわらかい**

筆順 ㇇ マ 予 矛 柔 柔 柔 柔

意味 ❶しなやか。やわ。やわい。やわらか。やわらかい。また、そのこと。じゅう。↔剛。「柔軟・外柔内剛・柔肌(やわはだ)・柔(じゅう)よく剛(ごう)を制す」❷穏やかでやさしい。やわらか。やわらかい。「柔順・柔和(にゅうわ)」❸からだや心がしっかりしていず、弱い。やわ。やわい。「柔弱(じゅうじゃく)・優柔不断」❹安心させてなつける。やわらげる。やわら。「懐柔」❺日本の武術の一つ。やわら。「柔道・柔術」名付 じゅう・とお・なり・やす・やわ

使い分け「やわらかい」

柔らかい…しなやかで、弾力性がある。「柔らかい毛布・柔らかい日差し・人当たりが柔らかい」

軟らかい…力が加わると形がかわり、手ごたえがない。「地盤が軟らかい・軟らかいパン・軟らかい話」

【柔順(じゅうじゅん)】やさしくてすなおなさま。参考「従順(じゅうじゅん)」は、すなおで人に逆らわないさま。

【柔軟(じゅうなん)】柔らかで、しなやかなさま。

【柔弱(にゅうじゃく・じゅうじゃく)】体力・気力が弱々しいこと。

【柔和(にゅうわ)】やさしくなごやかなさま。

参考熟語 柔毛(にこげ・じゅうもう)

木5 **【染】**(9) 6年 音 **セン** 訓 **そめる**・**そまる**・**しみる**・**しみ**

筆順 丶 氵 氵 氿 氿 汣 柒 染

意味 ❶液体に浸したり塗ったりして色をつける。そめる。また、そのようになって色がつく。そむ。そまる。「染色・染織・汚染・染め物」❷影響を受ける。そむ。そまる。「感染・伝染」❸液体が物の中に深く通る。しみる。また、そうしてできたよごれ。しみ。「染み抜き・馴染(なじ)み」❹刺激を受けて痛く感じる。しみる。「身に染みる」名付 せん・そめ

4画

参考 ❸❹の「しみる」は「滲みる」とも書く。

【染織】せんしょく 布を染めることと、布を織ること。

【染色】せんしょく ①染料で色をつけること。②そめた色。

【染筆】せんぴつ 筆で書画を書くこと。

木5 **【柁】**(9) 音 ダ 訓 かじ

意味 舟のかじ。かじ。

木5 **【柝】**(9) 音 タク 訓 き

意味 拍子木。き。「柝きが入る」

木5 **【柱】**(9) 3年 旧字 木5 柱(9)

音 チュウ 訓 **はしら・じ**

筆順 十 才 木 木 木 杧 杧 柱

意味 ❶屋根をささえるために立てる細長い材。また、そのような形のもの。はしら。「支柱・門柱・貝柱かいばしら」❷中心になり全体をささえるもの。はしら。「柱石・一家の柱」❸琴こと・琵琶びわの胴の上に立てて弦をささえるもの。じ。「琴柱ことじ」❹神・霊などを数える語。はしら。 名付 ちゅう・はしら

【柱石】ちゅうせき 組織・団体などをささえている、重要な人。「国家の―」▽「柱と土台石」の意。

木5 **【栂】**(9) 〈国字〉 音 ― 訓 つが・とが

意味 木の一種。材は堅く、建築・器具用。樹皮からタンニンをとる。とが。つが。

柁 柝 柱 栂

木5 **【柢】**(9) 音 テイ 訓 ―

意味 木の根。また、転じて、物事の根本。「根柢こんてい」

参考 「根柢」の「柢」は「底」に書き換える。

木5 **【栃】**(9) 4年 〈国字〉 異体 木3 杤(7)

音 ― 訓 **とち**

筆順 一 十 木 木 木 木 杤 栃

意味 木の一種。実は食用。とちのき。とち。

参考 「とち」は「橡」とも書く。

木5 **【柮】**(9) 音 トツ 訓 ほだ

意味 燃やすための、木の切れ端。ほだ。

木5 **【柏】**(9) 人名 異体 木6 栢(10)

音 ハク 訓 かしわ

筆順 一 十 木 木 木 柏 柏 柏

意味 木の一種。葉は広く、餅もちなどを包むのに用いる。材はまき・炭用。かしわ。「松柏・竹柏・柏餅かしわもち」 名付 かしわ

参考 「かしわ」は「槲」「檞」とも書く。

木5 **【枹】**(9) 音 フ 訓 ばち

意味 太鼓を打ち鳴らす棒。ばち。

木5 **【柎】**(9) 音 フ 訓 ―

意味 花をささえる萼がく。うてな。

柢 栃 柮 柏 枹 柎

木5 **【柄】**(9) 常用 旧字 木5 柄(9)

音 ヘイ 訓 **がら・え・つか**

筆順 十 才 木 木 木 杤 柄 柄

意味 ❶器物のとって。え。また、刀などの手で握る部分。つか。「柄杓ひしゃく・柄頭つかがしら」❷話などの材料・基礎になるもの。「話柄・笑柄」❸勢力・権力。「権柄・横柄」❹性質・品格・体格。がら。「人柄ひとがら・作柄さくがら」❺模様。がら。「柄物がらもの」❻物の種類。「銘柄めいがら」 名付 え・えだ・つか・へい・もと

木5 **【某】**(9) 常用

音 **ボウ** 訓 それがし・なにがし

筆順 一 十 廾 廿 甘 甘 草 某

意味 ❶人の名前が不明の場合、またはわざと明らかにしない場合にその人をさし示していうことば。ぼう。それがし。なにがし。「某氏・某某・少年某・某それがし・某なにがしという人」❷事物・日時が不明確な場合、またはわざと明らかにしない場合に用いることば。「某所・某月某日」❸謙遜していう自称のことば。それがし。 名付 ぼう

【某月某日】ぼうげつぼうじつ ある月ある日。ある日ある時。

【某氏】ぼうし ある人。

【某某】ぼうぼう だれそれ。

木5 **【柾】**(9) 人名 〈国字〉 音 ― 訓 まさ・まさき

柄 某 柾

4画

筆順 一 十 木 木一 杠 杆 杆 柾

意味 ❶木材の、そろってまっすぐに通っている木目(もく)。まさ。「桐柾(きりまさ)」❷木の一種。常緑で、生け垣などに用いる。まさき。名付 まさ・まさき

参考 ❷の「まさき」は「正木」とも書く。

【柾目】(まさめ) まっすぐに縦に平行に通った木目。正目。

木5 **【柚】** (9) 人名 音 ユウ 訓 ゆず

筆順 一 十 木 木 杓 柚 柚 柚

意味 木の一種。果実は芳香がある。ゆず。「柚子(ゆず)」名付 ゆ・ゆう・ゆず

【柚子】(ゆず) みかん科の常緑小高木。香気と酸味とがある果実は香味料として用いる。柚(ゆ)。

柚

木5 **【柳】** (9) 常用 音 **リュウ** 訓 **やなぎ**

筆順 十 才 木 木 杉 柳 柳 柳

意味 木の一種。やなぎ。また、特に、しだれやなぎのこと。やなぎ。「柳糸・柳眉(りゅうび)・蒲柳(ほりゅう)」

【柳暗花明】(りゅうあんかめい) 柳が暗くなるほど茂り、花が明るく咲いていること。「―の巷(ちまた)(花柳界のこと)」

【柳眉】(りゅうび) 柳の葉のように細く美しい眉(まゆ)。「―を逆立てる(美人がおこることを形容することば)」

柳

参考熟語 柳葉魚(ししゃも)

木5 **【柆】** (9) 音 ロウ 訓 ―

意味 折れた木。

柆

【相】▸目4

木5【柧】▸柧(正)

木5【桒】▸桑(略)

木6 **【案】** (10) 4年 音 アン 訓 ―

筆順 丶 宀 宀 安 安 安 案 案

意味 ❶いろいろ考える。計画・意見。あんずる。また、そうしてできた考え・計画・意見。あん。「提案・名案・思案・一計を案ずる」❷下書き。あん。「草案・法案」❸予想。あん。「案外・案に相違して」❹いろいろと心配する。あんずる。「案ずるより産むがやすし」❺机。「案下・玉案」

参考「案分」は「按分」が書き換えられたもの。

【案下】(あんか) 手紙のあて名のわきにそえて、敬意を表すことば。▽「机の下」の意。

【案外】(あんがい) 予想していた以上(以下)であるさま。思いのほか。予想外。「―やさしい男だ」

【案件】(あんけん) ①問題にされていて調べて討議しなければならない事柄。②訴訟事件のこと。

【案出】(あんしゅつ) 工夫して考え出すこと。

【案分】(あんぶん) 一定の基準に比例した割合で、物を分けること。比例配分。▽「按分」の書き換え字。

【案文】(あんぶん) ①文章を考えること。②(公式文書の)下書きの文章。また、それを書いた文書。案文(あんもん)。

案

参考熟語 案山子(かかし)

木6 **【桜】** (10) 5年 旧字 木17 櫻 (21) 人名

音 **オウ** 訓 **さくら**

筆順 十 木 木 木 栏 栏 桜 桜

意味 ❶木の一種。春、白色または薄紅色の美しい花が咲く。実は食用にもなる。さくら。「桜花・観桜・桜狩り」❷食用の馬肉のこと。さくら。

名付 おう・さくら

参考熟語 桜桃(さくらんぼ・おうとう)

桜

木6 **【格】** (10) 5年 音 **カク・コウ**・キャク 訓 いたる

筆順 一 十 木 木 杪 枚 柊 格

意味 ❶きまり・標準。「格式(かくしき・きゃくしき)・格言(かくげん)・規格・格安(かくやす)」❷地位・身分や品位。かく。「格調・人格・価格」❸縦横の組み合わせ。「格子(こうし)」❹文法で、他のことばに対する関係。かく。「主格・格助詞」❺そこまで行き着く。いたる。「格物致知」❻撃つ。「格闘」名付 いたる・かく・きわめ・ただ・ただし・ただす・つとむ・のり・まさ

参考「格闘」の「格」は「挌」が、また、「骨格」の「格」は「骼」が書き換えられたもの。

【格言】(かくげん) 真理をとらえ、教え・戒めとなることば。

【格差】(かくさ) 資格・等級の違い。

格

【格調】(かくちょう) 詩歌・文章のもつ品位。「―が高い」

【格闘】(かくとう) ①組み合ってたたかうこと。②なしとげるために非常に苦労すること。「難問と―する」▽「挌闘」の書き換え字。

【格納】(かくのう) 物を整理・保管すること。「―庫」

【格物致知】(かくぶつちち) 物事の道理を究明して、自分の知識を深めること。

【格子】(こうし) 細い木をすきまをあけて縦横に組み合わせたもの。また、その形の模様。

木6 **【核】** (10) 常用 音 カク 訓 さね

筆順 十 木 木 杧 杧 杉 核 核

意味 ❶果実の種子を包んでいる堅いもの。かく。さね。❷物事や物の中心にあるたいせつなもの。かく。「核心・中核・結核・原子核」❸原子核のこと。また、核兵器のこと。かく。「核爆発・核の傘(かさ)」

【核心】(かくしん) 物事の中心になっているたいせつな部分。

木6 **【桛】** (10) 〈国字〉 音 ― 訓 かせ

意味 つむいだ糸を、かけてたばねるI型の道具。かせ。かせぎ。

木6 **【栞】** (10) 人名 音 カン 訓 しおり

筆順 二 千 千二 千千 玨 玨 栞 栞

意味 ❶本の読みかけの所にはさむ目じるし。しおり。❷わかりやすい説明書。手引書。しおり。❸山道などを行くとき、小枝を折って目じるしにするもの。しおり。名付 かん・しおり

木6 **【桓】** (10) 印標 音 カン 訓 ―

意味 中国の漢代、宿場のしるしとして立てた木。

木6 **【框】** (10) 音 キョウ 訓 かまち

意味 ❶床の端にわたす横木。かまち。「上がり框(かまち)」❷窓・戸・障子等の周囲のわく。かまち。

木6 **【栩】** (10) 音 ク 訓 くぬぎ

意味 木の一種。材は薪炭などに用いる。くぬぎ。

参考 「くぬぎ」はふつう「櫟」と書く。

木6 **【⿰木守】** (10) 〈国字〉 音 ― 訓 くれ

意味 くれ。人名などに用いる字。「⿰木守林(くればやし)」

木6 **【桂】** (10) 人名 音 ケイ 訓 かつら

筆順 十 木 木 杜 杜 桂 桂

意味 ❶木の一種。葉は秋に紅葉して美しい。材は良質で建築・家具用。かつら。❷すぐれた香木のこと。「肉桂」❸中国の伝説で、月にあるという樹木。かつら。「月桂」❹月桂樹(香木の一種)のこと。「桂冠」❺将棋の駒(こま)の桂馬(けいま)のこと。けい。名付 かつ・かつら・け・けい・よし

【桂冠】(けいかん) 月桂樹(香木の一種)の葉で作った冠。名誉のしるしとされた。月桂冠。

木6 **【桔】** (10) 人名 音 ケツ・キツ 訓 ―

筆順 一 十 木 木 杜 杜 桔 桔

意味 →桔梗(ききょう)

【桔梗】(ききょう・きっこう) 草の一種。初秋、青紫色のつり鐘の形をした花をつける。根は薬用。秋の七草の一つ。

木6 **【柧】** (10) 音 コ 訓 ―

意味 ❶木のかど。❷さかずき。

正字 木5 【柧】(9)

木6 **【桍】** (10) 音 コ 訓 ―

意味 ❶木の一種。❷むなしい。

木6 **【校】** (10) 1年 音 コウ・キョウ 訓 かんがえる・くらべる

筆順 十 木 木 杧 杧 杧 校 校

意味 ❶生徒を集めて教育する機関。「校医・学校・登校・出身校」❷比べ合わせて考える。こうする。かんがえる。くらべる。「校正・校合(きょうごう)」❸軍隊の指揮官。「将校」❹校正のこと。こう。「初校・校を重ねる」名付 こう・とし・なり

【校閲】(こうえつ) 文書や書物などの誤りを正したり、内容が適正かどうかを調べたりすること。

【校合】(こうごう・きょうごう) 誤りを訂正するために印刷物を原本・原稿と照合すること。

【校訂】古典などの字句の誤りをいろいろな伝本と比べて訂正すること。参考「更訂」は、本の内容を改め正すこと。
参考熟語 校倉

木6 【桁】(10) 常用 音コウ 訓けた

筆順 一 十 木 木 杧 杧 栫 桁 桁 桁

意味 ❶柱と柱の上にわたしてその上のものをささえる横木。けた。「橋桁」❷数の位。けた。「桁外れ」❸細い木を鳥居のように組んだもの。「衣桁」

桁

木6 【栲】(10) 音コウ 訓たえ

意味 かじのきの繊維で織った布。たえ。「白栲」

栲

木6 【根】(10) 3年 音コン 訓ね

筆順 十 木 村 村 村 相 根 根

意味 ❶植物の、ね。「根茎・球根」❷事物をささえている大もとのもの。ね。「根本・根絶・禍根・垣根・息の根」❸やり遂げる気力。こん。「根気・根性・精根」❹生命の働き。また、その原動力。「六根・男根」❺方程式を解いて得られる値。こん。❻ある数値を何乗かして得られる数値に対して、もとの数値。こん。「平方根」❼化学で、イオン化しやすい基。こん。名付 こん・ね

根

【根幹】物事の基本となる最も重要な部分。
【根気】①あきずに熱心に続ける気力。根。②「根気よく」で、一つの事を、あきずに熱心にするさま。
【根拠】行いのよりどころ・理由となるもの。
【根源】その物事を成り立たせている大もと。▽「根元」とも書く。
【根絶】すっかり滅ぼし絶やすこと。
【根治】病気を完全に治すこと。また、治ること。
【根底】その物事を成り立たせている、大もとのもの。「―からくつがえす」▽「根柢」の書き換え字。

木6 【栽】(10) 常用 音サイ 訓うえる

筆順 一 十 土 丰 栽 栽 栽 栽

意味 ❶苗木を植える。うえる。「栽培」❷うえこみ。「盆栽・前栽」名付 さい・たね
参考 似た字(栽・裁)の覚え方「木は栽る、衣裁つなり」

栽

【栽培】野菜・草木などを植えて育てること。参考 魚藻類の養殖の意にもいう。「―漁業」

木6 【柴】(10) 人名 音サイ 訓しば

筆順 丨 ト 止 止 止 此 此 柴

意味 たきぎなどにする、小さな雑木。「柴門」名付 しげ・しば

柴

木6 【桟】(10) 常用 旧字 木8 棧(12) 音サン 訓かけはし

筆順 十 木 朩 杧 杧 桟 桟 桟

意味 ❶木を組み合わせてかけ渡したもの。「桟橋・桟敷」❷板などがそるのを防ぐために裏や内部に取りつける細い木。さん。「障子の桟」❸がけにかけ渡した橋。かけはし。「桟道」名付 さん・たな

桟

【桟敷】①道路のわきに仮に作った見物席。②芝居小屋・相撲小屋などで、一段高く作った(上等の)見物席。
【桟道】山のがけなど切り立った場所に、棚のように板をかけ渡した、橋の道。掛け橋。
【桟橋】埠頭の一種。船を横づけにできるように、岸から水上につき出してつくった構築物。

木6 【桎】(10) 音シツ 訓あしかせ

意味 罪人の足にはめて自由を奪う刑具。あしかせ。「桎梏」

桎

【桎梏】自由を奪う束縛。「封建制の―」

木6 【株】(10) 6年 音シュ 訓かぶ・くいぜ

筆順 十 木 朩 杧 杧 株 株 株

株

4画

意味 ❶木を切り倒したあとに残った根もと。くいぜ。かぶ。「守株・切り株」❷草木の何本かに分かれた一まとまり。かぶ。「株分(かぶわ)け」❸特権的な地位・身分。また、それを得る権利。かぶ。「株式・年寄株・兄貴株」❹会社の株式・株券のこと。かぶ。名付 しゅ・もと

【株式(かぶしき)】①株式会社の資本を構成する単位。②株主権。③株券。

木6 【栖】(10) 人名 音 セイ 訓 すみか・すむ

栖

筆順 一 十 木 木一 木丆 杤 栖 栖

意味 ❶住む。また、特に、鳥獣がねぐらとして住む。すむ。「栖息」❷住むべき所。すみか。

名付 す・すみ・せい

参考 (1)❶は「棲」とも書く。❷の「すみか」は「住処」とも書く。(2)「栖息」の「栖」は「生」に書き換える。

【栖息(せいそく)】鳥獣などが住んで生活すること。▽「棲息」とも書く。「栖」は「生」に書き換える。

木6 【𣏐】(10) 〈国字〉 音 ― 訓 する

𣏐

意味 する。▽人名などに用いる字。

木6 【栓】(10) 常用 音 セン 訓 ― 旧字 木6 栓(10)

栓

筆順 十 木 木丿 木八 木亼 栓 栓 栓

意味 ❶びんなどの口にさしこんで中のものがこぼれないようにするもの。せん。「栓塞(せんそく)・密栓・血栓・栓抜き」❷水道管・ガス管などの、開閉して使用する部分。せん。「消火栓」名付 せん

木6 【栴】(10) 音 セン 訓 ―

栴

意味 →栴檀(せんだん)

【栴檀(せんだん)】①木の一種。おうち。果実は薬用。②インドネシア産の香木、白檀(びゃくだん)のこと。においがよい。「―は二葉より芳(かんば)し」

木6 【桑】(10) 常用 音 ソウ 訓 くわ 略字 木5 桒(9)

桑

筆順 フ ヌ ヌヌ 叒 叒 叒 桒 桑

意味 木の一種。葉は蚕の飼料とする。材は堅く、器具用。くわ。「桑園・蚕桑」名付 くわ・そう

【桑田変じて滄海となる(そうでんへんじてそうかいとなる)】(桑畑であった所が海に変わる意から)世の中の移り変わりがはげしいことのたとえ。滄海桑田。

【桑門(そうもん)】僧侶(そうりょ)のこと。

参考熟語 桑港(サンフランシスコ)

木6 【栫】(10) 音 ソン・セン 訓 ―

栫

意味 水中に柴(しば)を立て巡らして魚を捕るしかけ。

木6 【桃】(10) 常用 音 トウ 訓 もも

桃

筆順 十 木 木丿 杉 杉 材 桃 桃

意味 果樹の一種。四月ごろ、薄赤い花が咲く。実は食用。また、その実。もも。「桃李(とうり)・桜桃・桃割(ももわ)れ」名付 とう・もも

【桃源(とうげん)】俗世界を離れた理想郷。ユートピア。「―郷(理想の世界)」▽桃林の中のほら穴を抜けると別天地に行き着いたという、中国の古い話から。

木6 【桐】(10) 人名 音 トウ・ドウ 訓 きり

桐

筆順 十 木 木丨 村 桐 桐 桐 桐

意味 木の一種。材は軽くて柔らかく、たんす・琴・げたなどの材料とする。きり。「桐油(とうゆ)・梧桐(ごとう)」名付 きり・とう・どう・ひさ

木6 【档】(10) 音 トウ 訓 かまち 正字 木13 檔(17)

档

意味 ❶木の枠。かまち。❷「档案(とうあん)」は、官庁で保管される記録や文書。

木6 【梅】(10) 4年 音 バイ 訓 うめ 旧字 木7 梅(11) 人名 異体 木9 楳(13)

梅

筆順 十 木 木丿 木𠂉 柘 梅 梅 梅

意味 ❶果樹の一種。早春に花が咲く。実は食用。うめ。「梅花・梅林・紅梅」❷うめの実。うめ。「入梅」名付 うめ・ばい・め

【梅雨(ばいう・つゆ)】①六月から七月まで続く雨期。また、その雨。②梅雨の降るころの季節。梅雨期。

参考熟語 梅擬(うめもどき) 梅桃(ゆすらうめ・ゆすら)

木6【桙】(10) 音ボウ 訓ほこ
意味 敵を突き刺す、先のとがった武器。ほこ。
桙

木6【椛】(10)〈国字〉 音— 訓やまぶき
意味 やまぶき。▽人名などに用いる字。
椛

木6【栗】(10) 人名 音リツ 訓くり
筆順 一 丆 亓 襾 西 覀 覀 栗
意味 ❶木の一種。実は食用。また、その実。くり。❷くりの実の色。こげ茶色。くり。「栗毛(くりげ)」
名付 くり・りつ
注意 「粟(あわ)」と書き誤らないように。
参考熟語 栗鼠(りす)
栗

木6〔栟〕▶栟㊣

木6〔栢〕▶柏㊀異

木6〔桧〕▶檜㊀異

木6〔桀〕▶桀㊣

木7【𣑥】(11)〈国字〉 音— 訓おうご
意味 荷をになう棒。おうご。おうこ。▽多く地名などに用いる字。
𣑥

木7【械】(11) 4年 音カイ 訓かせ
筆順 木 朩 杧 枦 栯 械 械 械
意味 ❶からくり。しかけ。「機械」❷道具。「器械」「手械(てかせ)」❸罪人を自由にさせないための道具。かせ。
械

木7【桷】(11) 音カク 訓たるき
意味 ❶屋根・ひさしをささえる、棟(むね)から軒に渡した木。たるき。❷木の一種。ひめかいどう。
桷

木7【梟】(11) 音キョウ 訓ふくろう
意味 ❶鳥の一種。目は丸く大きく、夜よく物が見える。ふくろう。❷たけだけしい。つよい。「梟雄・梟名」❸罪人の首を切ってさらす。「梟首」

【梟首(きょうしゅ)】罪人の首を切ってさらすこと。さらし首。

【梟雄(きょうゆう)】残忍なやり方で権力を得た、たけだけしい人。

梟

木7【桾】(11) 音クン 訓くぬぎ
意味 ❶木の一種。さるがき。❷くぬぎ。▽地名に用いる字。
参考 「くぬぎ」はふつう「櫟」と書く。
桾

木7【桀】(11) 音ケツ 訓— 正字 木6 桀(10)
意味 中国古代の夏(か)王朝の、最後の王。悪逆な王とされた。けつ。
桀

木7【梧】(11) 人名 音ゴ 訓あおぎり
筆順 十 木 朩 杇 杇 梧 梧 梧
意味 ❶木の一種。材は楽器・家具用。青桐(あおぎり)。あおぎり。「梧桐」❷壮大なさま。「魁梧(かいご)」
名付 あおぎり・ご
【梧桐(ごとう)】あおぎりのこと。
梧

木7【梗】(11) 常用 音コウ・キョウ 訓—
筆順 一 十 木 朩 杇 桓 梗 梗
意味 ❶あらまし。「梗概(こうがい)」❷つまってふさがる。
【梗概(こうがい)】あらすじ。
【梗塞(こうそく)】つまってふさがること。「脳—」
梗

木7【梏】(11) 音コク 訓てかせ
意味 罪人の手にはめる刑具。てかせ。「桎梏(しっこく)」
梏

木7【梱】(11) 音コン 訓こり
意味 ❶竹などで編んだかご。こり。「梱包」❷荷づくりした貨物。荷物。
【梱包(こんぽう)】荷作りすること。また、荷作りした荷物。
梱

木7【梭】(11) 音サ 訓ひ
意味 機織りで、横糸を通す道具。ひ。
梭

木7【梓】(11) 人名 音シ 訓あずさ
筆順 十 木 朩 杧 栌 梓 梓 梓
意味 木の一種。昔、弓や版木の材として用いた。あずさ。「上梓(じょうし)・梓弓(あずさゆみ)」
名付 あずさ・し
梓

4画

木7 【梔】(11) 音シ 訓くちなし
意味 木の一種。夏、白い花が咲く。くちなし。「梔子(し し・くちなし)」

木7 【梻】(11) 〈国字〉 音― 訓しきみ
意味 木の一種。葉に香気があり、線香などの材料とする。枝を仏前に供える。しきみ。
参考 「しきみ」は「樒」とも書く。

木7 【梢】(11) 人名 音ショウ 訓こずえ 旧字 木7 梢(11)
筆順 十 木 … 梢
意味 木の枝の先の部分。こずえ。「梢頭・末梢神経」 名付 こずえ・しょう

木7 【棁】(11) 音セツ 訓うだつ
意味 梁(はり)の上の短い柱。うだつ。「棁が上がらない(常に重圧を受けてよい境遇になれない)」

木7 【梳】(11) 音ソ 訓くしけずる・すく・とかす
意味 くしを用いて髪の乱れを直す。くしけずる。すく。とかす。「梳毛・梳き櫛(ぐし)」
【梳毛(そもう)】羊などの動物の毛をすいて、平行に並べること。また、そのようにした毛。

木7 【梍】(11) 音ソウ 訓―
意味 ❶木の一種。さいかち。❷どんぐり。

木7 【梛】(11) 人名 音ダ・ナ 訓なぎ 旧字 木7 梛(11)
筆順 一 木 … 梛
意味 木の一種。まき科の常緑高木。なぎ。 名付 だ・なぎ

木7 【梯】(11) 人名 音テイ 訓はしご
筆順 一 木 … 梯
意味 ❶立て掛けて、高い所へのぼるための道具。はしご。「階梯・梯子(はしご)」 ❷数学で、台形のこと。「梯形(ていけい)」 名付 かけはし・はし

木7 【梃】(11) 音テイ・チョウ 訓てこ
意味 ❶重いものを動かすときに使う棒。てこ。「梃子(てこ)」 ❷銃・櫓(ろ)・駕籠(かご)などを数えることば。ちょう。
【梃子(てこ)】重いものの下にさし入れて、それを動かすために使う棒。梃(てこ)。

木7 【桶】(11) 人名 音トウ 訓おけ
筆順 一 十 木 … 桶
意味 木製で円形の容器。おけ。「湯桶(ゆとう)・風呂桶(ふろおけ)」

木7 【梶】(11) 人名 音ビ 訓かじ
筆順 一 木 … 梶
意味 ❶水をかいて船を進める道具。また、船尾につけて船の方向を定める道具。かじ。❷木の一種。皮の繊維は和紙の原料。かじのき。かじ。
名付 かじ

木7 【桴】(11) 音フ 訓いかだ・ばち
意味 ❶いかだ。❷太鼓を打つ棒。ばち。

木7 【梺】(11) 〈国字〉 音― 訓ふもと
意味 山の麓(ふもと)。ふもと。

木7 【梵】(11) 印標 音ボン 訓―
意味 ❶古代インドの言語。サンスクリット。「梵語・梵字」 ❷仏教に関することばに冠することば。「梵鐘」
【梵語(ぼんご)】古代インドの言語。仏教とともに、中国を通じて日本にも伝来した。サンスクリット。
【梵鐘(ぼんしょう)】寺のつり鐘。

木7 【椛】(11) 人名 〈国字〉 音― 訓もみじ 旧字 木8 椛(12)
筆順 一 木 … 椛
意味 ❶秋に樹木の葉が赤・黄色に変わること。また、そうなった葉。もみじ。❷かえでのこと。もみじ。
参考 ❶の意味では「紅葉」「黄葉」とも書く。

木7 【梨】(11) 4年 音リ 訓なし
筆順 二 千 禾 … 梨

意味 果樹の一種。また、その果実。なし。「梨花・梨園」名付 なし・り

【梨園】①なしの木の植えてある庭。②俳優の社会。演劇界。また、特に、歌舞伎俳優の社会。「—の名門」▽中国の唐の玄宗が宮中のなしばたけで、戯曲・音楽などの練習をさせた故事から。

参考熟語 梨子

木7 【梁】(11) 人名 音 リョウ 訓 はり・やな

筆順 氵 … 梁

意味 ❶柱の上にわたして屋根をささえる横木。はり。「梁上・棟梁」❷横木。「梁木・橋梁」❸川の中に木を立て並べて魚を捕らえる仕掛け。やな。「魚梁」名付 たかし・はり・むね・やな・やね

【梁山泊】豪傑や野心家の集まる場所のこと。▽昔、中国の山東省にある梁山のふもとに豪傑たちがたてこもったことから。

【梁上の君子】①盗人のこと。▽昔、中国で、陳寔が梁の上に隠れている盗人をそう呼んだことから。②ねずみのこと。

木7 【梠】(11) 音 ロ 訓 —

意味 のき。ひさし。

木7〔巣〕▶⺍8　木7〔麻〕▶麻0　木7〔桿〕▶杆異

木7〔條〕▶条旧　木7〔桝〕▶枡異　木7〔梅〕▶梅旧

木7〔梼〕▶檮異　木7〔梹〕▶檳異

木8 【椏】(12) 音 ア 訓 また

意味 木のまた。また。

木8 【椅】(12) 常用 音 イ 訓 —

筆順 木 … 椅

意味 腰かけ。「椅子」

木8 【棺】(12) 常用 音 カン 訓 ひつぎ

筆順 木 … 棺

意味 死体をおさめる箱。かん。ひつぎ。「出棺・納棺・棺を蓋いて事定まる（人の真価は死んではじめて決まること）」

木8 【棋】(12) 常用 音 キ・ゴ 訓 —

異体 木8 棊(12)

筆順 木 … 棋

意味 碁。ご。また、しょうぎ。「棋士・棋譜・将棋」名付 き

【棋士】碁・将棋をすることを職業とする人。

【棋譜】碁や将棋の試合経過を記録した図。

木8 【椈】(12) 音 キク 訓 ぶな

意味 木の一種。山地に自生。材は建築・器具用。ぶな。

参考 「ぶな」はふつう「橅」「山毛欅」と書く。

木8 【極】(12) 4年 音 キョク・ゴク 訓 きわめる・きわまる・きわみ・きめる

筆順 木 … 極

意味 ❶物事の果て。きょく。きわまり。きわみ。「極限・終極・至極・絶望の極」❷限度まで行って自分のものにする。きわめる。また、限度に達する。きわまる。「極度・極大・極道・位人臣を極める」❸一方の果て。「極地・極東・南極」❹普通の程度を越えているさま。ごく。きわめて。「極悪・極彩色・極つまらない」❺決定する。きめる。きまる。きわめる。「極印・月極め・極め付き」❻第一のもの。「皇極・太極」

名付 きょく・きわ・きわむ・きわめ・なか・むね

参考 きわめる⇩「究」の〔使い分け〕。

【極言】物事をはっきりさせるために、わざとおおげさに述べること。「今回は—すれば失敗だ」

【極限】物事の、ぎりぎりの程度。「—状況」参考 「局限」は、範囲を小さく限ること。

【極致】努力して到達した最終的な段階・境地。「美の—」注意 「極地」と書き誤らないように。

【極論】考えをはっきりさせるために、極端な言い方をすること。また、極端な意見。「君のいうのは—だ」

【極刑】(きょっけい) ①最も重い刑罰。②死刑。
【極悪】(ごくあく) (心や性質が)残忍(ざんにん)で非常に悪いこと。「―非道」
【極印】(ごくいん) 消しがたい証拠・証明。▽昔、偽物を防ぐために、金銀の貨幣や物品に押した印。
【極月】(ごくげつ) 陰暦十二月のこと。
【極彩色】(ごくさいしき) 濃厚な色どり。注意「ごくさいしょく」と読み誤らないように。
【極暑】(ごくしょ) 夏のきびしい暑さ。「―の候」
【極道】(ごくどう) 悪事をはたらいたり、酒色やばくちなどにふけったりすること。また、その人。
【極貧】(ごくひん) 非常に貧しくて生活が苦しいこと。

木8 【棘】 (12) 印標 音キョク 訓いばら・とげ
意味 ❶植物にある、鋭い突起物。いばら。とげ。❷とげのある、小さな木。いばら。「枳棘(ききょく)・棘(いばら)の道」
参考 ❶❷の「いばら」は「茨」「荊」とも書く。❶の「とげ」は「刺」とも書く。

木8 【椚】 (12) 〈国字〉 音― 訓くぬぎ
意味 木の一種。実は「どんぐり」といわれる。くぬぎ。
参考 「くぬぎ」はふつう「櫟」と書く。

木8 【椡】 (12) 〈国字〉 音― 訓くぬぎ
意味 木の一種。くぬぎ。▽地名に用いる字。「三ツ椡(みつくぬぎ)」は、新潟県の地名。
参考 「くぬぎ」はふつう「櫟」と書く。

木8 【検】 (12) 5年 旧字 木13 檢 (17) 人名
音ケン 訓しらべる
筆順 十 木 木 朩 朩 枍 梌 検
意味 ❶調べる。けんする。しらべる。「検査・検疫・点検」❷とりしまる。けんする。「検束」❸「検察庁」のこと。「地検・最高検」名付 けん
【検疫】(けんえき) 感染症の広がるのを防ぐため、外国から出入りする人や物を検査すること。
【検閲】(けんえつ) 基準に合うかどうかを調べること。
【検索】(けんさく) 目的のものをさがし求めること。
【検死】(けんし) 警察官が変死体を調べて自殺・他殺など死因を明らかにすること。検屍(けんし)。検視。
【検視】(けんし) ①よく観察して事実を見届けること。②「検死」と同じ。
【検証】(けんしょう) ①実際に物事を調べて、事実を明らかにすること。「実地―」②調べて証拠だてること。
【検分】(けんぶん) 実際に立ち会って実態を調べること。▽「見分」とも書く。
【検問】(けんもん) 犯罪や違反などをとりしまるために問いただして調べること。「―所」

木8 【棡】 (12) 音コウ 訓ゆずり
意味 ❶垣根や土塀(どべい)をささえる横木。❷地名に用いる字。ゆずり。

木8 【椌】 (12) 音コウ 訓―
意味 楽器の一種。▽地名に用いられる字。

木8 【棍】 (12) 音コン 訓―
意味 木でできた細長い棒。「棍棒(こんぼう)」
【棍棒】(こんぼう) ①長い棒きれ。棒。②新体操で使う、徳利の形をした木製の用具。

木8 【棔】 (12) 音コン 訓―
意味 「合棔(ごうこん)」は、ねむの木のこと。

木8 【椣】 (12) 〈国字〉 音― 訓しで
意味 木の一種。しで。▽地名に用いる字。「椣原(しではら)」は、奈良県の地名。

木8 【棕】 (12) 音シュ・ソウ 訓― 異体 木9 椶 (13)
意味 →棕櫚(しゅろ)
【棕櫚】(しゅろ) 木の一種。直立して高く、枝がなく、葉は幹の頂上の部分に扇状に群生。幹の毛は、ほうきやたわしに用いる。

木8 【椒】 (12) 印標 音ショウ 訓はじかみ
意味 さんしょう。はじかみ。「山椒・胡椒(こしょう)」

木8 【植】 (12) 3年 音ショク 訓うえる・うわる
筆順 木 木 村 村 村 植 植 植
意味 ❶草木の根を土中に埋めて立たせる。うえる。うわる。「植林・移植・植木(うえき)」❷草木の総称。「植物」❸開発するために新しい土地に

4画

人を移住させる。「植民・入植」❹はめこむ。うえる「植毛・誤植」名付 しょく・たね

【植毛】しょくもう 毛のないところに毛を植えつけること。

【植林】しょくりん 山野に木を植えること。植樹。

木8 【森】(12) 1年 音 シン 訓 もり

筆順 一 十 木 木 杢 李 森 森

意味 ❶樹木の茂っている所。もり。また、たくさんの木が茂っているさま。「森林・森森」❷おごそかなさま。「森厳」❸物音がせず静かなさま。「森閑」名付 しげる・しん・もり

【森閑】しんかん ひっそりとして物音がしないさま。▽「深閑」とも書く。

【森厳】しんげん 重々しくおごそかなこと。

【森羅万象】しんらばんしょう 宇宙に存在するすべてのもの。

木8 【棯】(12) 音 ジン 訓 うつぎ

意味 うつぎ。▽地名や姓に用いる字。「棯小野(うつぎおの)」は、山口県の地名。

木8 【椙】(12) 〈国字〉 音 — 訓 すぎ

意味 杉のこと。常緑で、幹は直立している。すぎ。

参考 「杉」とも書く。

木8 【棲】(12) 人名 音 セイ 訓 すむ

筆順 木 朩 柯 柯 栖 棲 棲 棲

意味 ❶鳥などが巣に住む。すむ。「棲息・両棲」❷人が住む。「同棲・隠棲」

参考 「棲息」の「棲」は「生」に書き換える。

【棲息】せいそく 鳥獣が住んでいること。▽「栖息」とも書く。「棲」は「生」に書き換える。

木8 【椄】(12) 音 セツ・ショウ 訓 —

意味 接ぎ木をする。また、接ぎ木をした木。

木8 【棗】(12) 音 ソウ 訓 なつめ

意味 ❶果樹の一種。実は食用・漢方薬用。なつめ。❷茶道で、抹茶を入れておく道具。形が、なつめの実に似ている。なつめ。

木8 【椨】(12) 〈国字〉 音 — 訓 たぶ

意味 木の一種。材は器具用。たぶ。たぶのき。

木8 【⿰木苻】(12) 〈国字〉 音 — 訓 たぶ 正字 木9 ⿰木苻 (13)

意味 たぶ。▽人名に用いる字。

木8 【⿰木⿱艹戈】(12) 〈国字〉 音 — 訓 たも・もて 正字 木9 ⿰木⿱艹戈 (13)

意味 たも。もて。▽地名・人名に用いる字。「⿰木⿱艹戈の木(たものき)」は、岩手県久慈市の地名。

木8 【椎】(12) 常用 音 ツイ 訓 しい・つち

筆順 木 朩 朩 朩 杵 杵 椎 椎

意味 ❶せぼね。「脊椎(せきつい)」❷柄のついた、物をたたく工具。つち。「鉄椎」❸木の一種。材は堅く、建築・器具・薪炭用。しいのき。しい。名付 しい・つい

参考 ❷の「つち」は「槌」「鎚」とも書く。

木8 【棣】(12) 音 テイ・ダイ 訓 —

意味 木の一種。にわうめの変種。にわざくら。

木8 【棟】(12) 常用 音 トウ 訓 むね・むな

筆順 木 朩 朩 柯 柯 柙 棟 棟

意味 ❶屋根の最も高い部分。また、そこの木材。むね。「棟木(むなぎ)・棟梁(とうりょう)・上棟」❷棟の長い建物。「病棟」❸建物を数えることば。むね。名付 すけ・たか・たかし・とう・みね・むなぎ・むね

【棟梁】とうりょう ①大工のかしら。②国や家に責務を負っている人。「一家の—」▽「建物の、むねとはり」の意。

【棟木】むなぎ 木造建築で、むねに使う材木。

木8 【棠】(12) 音 トウ・ドウ 訓 —

意味 ❶木の一種。からなし。❷「海棠(かいどう)」は木の一種。春、淡紅色の花が咲く。

木8 【棹】(12) 印標 音 トウ 訓 さお

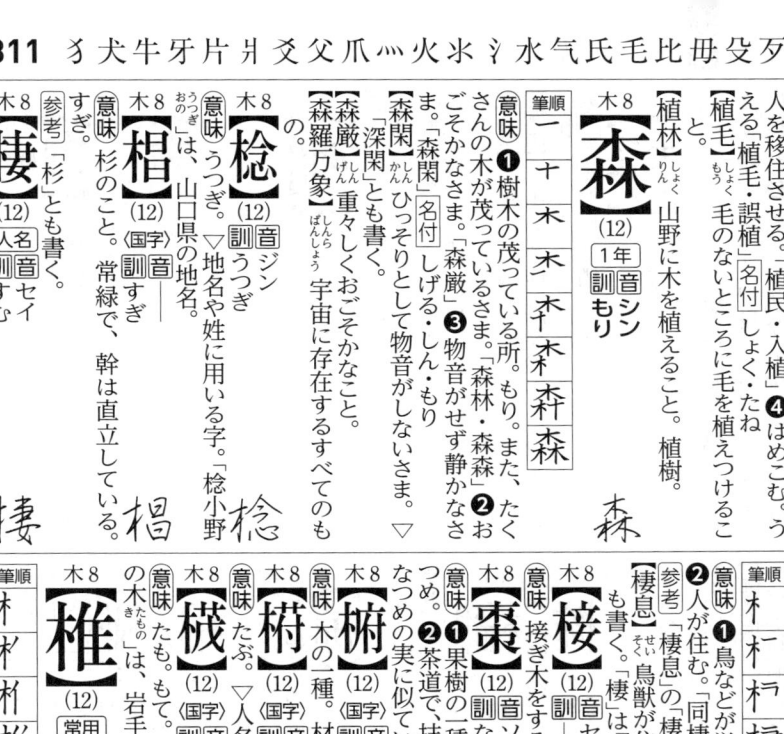

意味 ❶竹などでできた長い棒。さお。「棹秤(さおばかり)・竹棹(たけざお)」❷三味線の細長い部分。さお。「太

棹(ふとざお)」❸たんすなどを数えることば。さお。

参考 ❶の「さお」は「竿」とも書く。

木8 【椥】(12) 〈国字〉 音― 訓なぎ

意味 木の一種。なぎ。▽地名に用いる字。「椥ノ森(なぎのもり)」は、京都府の地名。

木8 【椧】(12) 〈国字〉 音― 訓はば

意味 はば。▽地名などに用いる字。「椧田(ばばた)」は、秋田県大仙市の地名。現地では「ばばた」と読む。

木8 【棚】(12) 常用 音ホウ 訓たな 旧字 木8 棚(12)

筆順 木 札 朷 朷 朷 棚 棚 棚

意味 物をのせるために板をわたしたもの。たな。「陸棚(りくほう)・書棚・棚浚(たなざら)え」 名付 すけ・たな・ほう

【棚雲(たなぐも)】横にたなびく雲。

【棚田(たなだ)】山の斜面に階段のようにつくった水田。

参考熟語 棚機(たなばた) 棚牡丹式(たなぼたしき)

木8 【棒】(12) 6年 音ボウ 訓―

筆順 木 木 木 木 栲 梼 棒 棒

意味 ❶木や竹等の細長いもの。ぼう。「鉄棒・棍棒(こんぼう)」❷まっすぐな太めの線。ぼう。「横棒・棒引き」❸無技巧でただそのままであること。「棒暗記・棒読み」

【棒暗記(ぼうあんき)】意味・内容を理解しないで、機械的に暗記すること。丸暗記。

木8 【椪】(12) 音ポン 訓―

意味 「椪柑(ぽんかん)」は、みかんの一種。

木8 【棉】(12) 音メン 訓わた

意味 草の一種。種子を包む繊維から綿を作る。綿(わた)。わた。「棉花」

参考 「棉花」の「棉」は「綿」に書き換える。

木8 【椋】(12) 人名 音リョウ 訓むく

筆順 十 木 木 杧 杧 椋 椋 椋

意味 木の一種。葉は物をみがくのに用いる。むく。 名付 くら・むく・りょう

木8 【棆】(12) 音リン 訓―

意味 木の一種。くすの木の類。

木8 【椀】(12) 人名 音ワン 訓―

筆順 木 木 杧 杧 椀 椀 椀 椀

意味 ❶飲食物を盛る食器。わん。「汁椀(しるわん)」❷わんに盛った飲食物を数えることば。わん。「一椀の汁」 名付 まり

【椀飯振舞(おうばんぶるまい)】盛大なごちそうをすること。▽「大盤振舞」とも書く。

木8 【[木+労]】(12) 音― 訓―

意味 音訓・意味ともに未詳。

【集】▶隹4

木8 【棧】▶桟(旧)

木8 【椢】▶槶(異)

木8 【椁】▶槨(異)

木9 【楹】(13) 音エイ 訓―

意味 丸く太い柱。

木9 【楷】(13) 常用 音カイ 訓―

筆順 木 杧 杧 杫 楷 楷 楷 楷

意味 ❶木の一種。かいのき。孔木(こうぼく)。❷漢字の書体の一つ。字形のきちんと整ったもの。かい。「楷書」

【楷書(かいしょ)】漢字の書体の一つ。隷書(れいしょ)の波磔(はたく)(うねりや装飾的な右はらい)を省いたくずさない書き方で、現在標準的なものとされている。真書。正書。▽「楷」は「範」の意。

木9 【楽】(13) 2年 音ガク・ラク 訓たのしい・たのしむ 旧字 木11 樂(15) 人名

筆順 ′ ń 白 泊 泊 泊 楽

意味 ❶音曲を演奏すること。がく。「楽譜・音楽・声楽・管弦楽・楽の音(ね)」❷苦労や心配がな

4画

くて快い。らく。たのしい。「楽園・安楽・苦あれば楽あり」❸物事のよさを味わったり、心身を休めたりする。たのしむ。「楽観・快楽」❹物事がたやすい。らく。「楽勝」❺興行の終わり、または終わりの日。らく。「楽の日」名付 がく・たのし・もと・よし・らく

参考 ❶は「がく」と読み、❷〜❺は「らく」と読む。

【楽聖】(がくせい) 尊敬して手本とすべき、偉大な音楽家。

【楽園】(らくえん) 苦悩がなく、楽しみの満ちた場所。楽土。

【楽勝】(らくしょう) 楽に勝つこと。

【楽天的】(らくてんてき) 物事をすべて明るく、よい方に考えるさま。のんきなさま。

【楽日】(らくび) 芝居・寄席などの興行期間の最後の日。千秋楽の日。

【楽観】(らっかん) 人生や、ものの成り行きなどを明るい見通しで考え、心配しないこと。「—的」

木9 【楿】(13) 〈国字〉 音 — 訓 かつら

意味 木の名。かつら。

木9 【棄】(13) 常用 音 キ 訓 すてる 異体 廾4 弃(7)

筆順 亠 士 㐬 弃 奋 奋 棄

意味 不用のものとして、すてる。「破棄・自暴自棄」

参考 「破棄」の「棄」は「毀」が書き換えられたもの。

【棄却】(ききゃく) ①裁判所が、申し立てを無効として受け付けないこと。②不用として採用しないこと。

【棄権】(きけん) 自分が持っている権利をすてて、使わないこと。特に、選挙権を行使しないこと。

【棄民】(きみん) 苦境にある人々を国が救おうとせず、見棄てること。また、見棄てられた人々。

木9 【業】(13) 3年 音 ギョウ・ゴウ 訓 わざ

筆順 〃 〻 㐅 业 业 业 業 業

意味 ❶生活のための仕事。ぎょう。「生業・失業・教師を業とする」❷行うべき仕事。わざ。ぎょう。「業務・作業・神業」❸仏教で、来世の運命を決めるという善悪の行い。ごう。「悪業・罪業・業が深い」❹怒りの心。ごう。「業を煮やす」名付 おき・かず・ぎょう・くに・なり・のぶ・のり・はじめ・ふさ

参考 (1)❸❹は「ごう」と読む。(2)わざ⇩「技」の[使い分け]。

【業火】(ごうか) 仏教で、悪業の報いとして受けなければならない、地獄の火。

【業腹】(ごうはら) しゃくにさわって非常に腹が立つさま。

【業病】(ごうびょう) 悪行の報いでかかるという難病。

木9 【楜】(13) 音 コ 訓 くるみ

意味 ❶木の一種。こしょうの木。❷木の名。くるみ。▽地名に用いる字。

木9 【楸】(13) 音 シュウ 訓 きささげ

意味 木の一種。さや状の実は薬用。きささげ。

木9 【楫】(13) 音 シュウ 訓 かじ

意味 艪・櫂など、水をかいて船を進める道具。かじ。

木9 【楯】(13) 人名 音 ジュン 訓 たて

筆順 木 木 杧 杤 柘 楯 楯

意味 敵の矢・槍・刀などを防ぐ、たて。「矛楯・楯に取る(口実とする)」名付 たち・たて

参考 「盾」とも書く。

木9 【楔】(13) 印標 音 セツ 訓 くさび

意味 V字形の木片・鉄片。木のさけ目や物のつなぎ目にさしこんで、木を割ったり物を締めつけたりするのに用いる。くさび。「楔形(せっけい)・楔形(くさびがた)」

【楔形】(せっけい・くさびがた) 楔に似た形。「—文字」

木9 【楚】(13) 人名 音 ソ 訓 いばら

筆順 一 木 林 林 梺 梺 楚

意味 ❶あざやかですっきりしている。「清楚・楚楚」❷中国の古代の国の名。「四面楚歌」❸とげのある低木の総称。いばら。名付 うばら・しもと・たか

【楚楚】(そそ) 飾りけがなく清潔で美しいさま。「—たる姿」

木9 【楕】(13) 人名 音ダ 訓— 異体 木12 橢(16)
筆順 木 木一 木ナ 木ナ 木左 楕 楕 楕
意味 細長くて丸みのある形。「楕円」
【楕円】(だえん) 長円のこと。

木9 【𣜌】(13) 〈国字〉 音— 訓たらのき 正字 木10 𣜌(14)
意味 たらのき。▽地名などに用いる字。「𣜌代(たらのきだい)」は、山形県東田川郡の地名。

木9 【椴】(13) 音ダン 訓とど
意味 木の一種。とどまつ。とど。「椴松(とどまつ)」

木9 【楮】(13) 印標 音チョ 訓こうぞ
意味 木の一種。樹皮は和紙を作る原料とする。こうぞ。「寸楮(すんちょ)」(自分の手紙をへりくだっていうことば)

木9 【楪】(13) 音チョウ 訓ゆずりは
意味 ❶小さな皿。小皿。❷木の一種。ゆずりは。

木9 【椿】(13) 人名 音チン 訓つばき
筆順 木 木一 木三 木夫 椿 椿 椿 椿
意味 ❶木の一種。春、紅・淡紅・白色の花が咲く。種子から油をとる。つばき。「椿油(つばきあぶら)」❷できごとなどが普通と違っていて珍しいこと。「椿事(ちんじ)」 名付 ちん・つばき
参考 ❶の「つばき」は「山茶」とも書く。
【椿事】(ちんじ) 思いがけなく起きた重大なできごと・事件。

木9 【椹】(13) 音チン 訓さわら
意味 木の一種。材で桶(おけ)・建具などを作る。さわら。

木9 【楴】(13) 音テイ 訓—
意味 かんざし。

木9 【椽】(13) 音テン 訓たるき
意味 棟(むね)から軒へわたして屋根を支える横木。たるき。
参考 「たるき」は「棰」「垂木」とも書く。
【椽大の筆】(てんだいのふで) 堂々たる内容のりっぱな文章。「—をふるう」▽「たるきの大きさの太い筆」の意。

木9 【楠】(13) 人名 音ナン 訓くす・くすのき
筆順 木 木一 木十 楠 楠 楠 楠 楠
意味 木の一種。全体に香気があり、樟脳(しょうのう)の原料となる。くす。くすのき。 名付 くす・くすのき・なん
参考 「くす」「くすのき」はともに「樟」とも書く。また、「くすのき」は「楠木」とも書く。

木9 【楾】(13) 〈国字〉 音— 訓はんぞう

意味 昔使われた、湯や水を注ぐ道具。注ぎ口が柄(え)を兼ねている。半挿(はんぞう)。はんぞう。

木9 【楓】(13) 人名 音フウ 訓かえで
筆順 木 木丿 木几 楓 楓 楓 楓 楓
意味 木の一種。秋に紅葉する。かえで。「楓林」 名付 かえで・ふう

木9 【𣗄】(13) 〈国字〉 音ホウ 訓—
意味 地名に用いる字。「𣗄木作(ほうのきざく)」は、福島県の地名。

木9 【楙】(13) 音ボウ 訓ぼけ
意味 ❶木が茂る。❷木の一種。ぼけ。

木9 【椌】(13) 〈国字〉 音— 訓むろ
意味 木の一種。黒く熟した果実は薬用。ねず。むろ。

木9 【椰】(13) 人名 音ヤ 訓やし
筆順 木 木厂 木F 木耳 椰 椰 椰 椰
意味 やしの木のこと。「椰子」 名付 や・やし

木9 【楡】(13) 印標 音ユ 訓にれ
意味 木の一種。高く太くなる。街路樹などにも用いる。材は建築・家具用。にれ。

木9 【楢】(13) 人名 音ユウ 訓なら 異体 木9 楢(13)

4画

筆順 楢

意味 木の一種。実はどんぐり。材は家具・薪炭に用いられる。なら。名付 なら

木9【楊】(13) 人名 音ヨウ 訓やなぎ

筆順 楊

意味 かわやなぎのこと。やなぎ。「楊柳・楊枝(ようじ)」名付 よう・やす・やなぎ

【楊柳(ようりゅう)】(かわやなぎ・やなぎ) かわやなぎと、しだれやなぎ。また、やなぎの総称。

木9【楞】(13) 音リョウ 訓― 正字 木9 楞(13)

意味 ❶四角な材木。❷かどばる。

木9【楝】(13) 音レン 訓おうち

意味 栴檀(せんだん)のこと。おうち。

参考「おうち」は「樗」とも書く。

木9【楼】(13) 常用 旧字 木11 樓(15)

音ロウ 訓たかどの

筆順 楼

意味 ❶高い建物。ろう。たかどの。「楼閣・高楼・摩天楼」❷ものみやぐら。「望楼」❸旅館・料理屋などの名につけることば。名付 たか・ろう

【楼閣(ろうかく)】高くてりっぱな建物。「砂上の―」

【楼門(ろうもん)】二階建ての門。

【禁】▼示8

木9【楳】▼梅異

木9【椶】▼棕異

木9【榊】▼榊異

木9【槌】▼槌異

木9【榔】▼榔異

木10【榲】(14) 音オツ 訓すぎ

意味 杉のこと。

木10【榎】(14) 人名 音カ 訓えのき

筆順 榎

意味 木の一種。材は器具・薪炭用。えのき。

名付 え・か

木10【樺】(14) 人名 音カ 訓かば 旧字 木12 樺(16)

筆順 樺

意味 ❶木の一種。高山地方に多い。樹皮は白色。かばの木。かんば。かば。「白樺(しらかば)」❷赤みをおびた黄色。かば。「樺色(かばいろ)」名付 か・かば

木10【槐】(14) 音カイ 訓えんじゅ

意味 木の一種。材は建築・器具用。庭木・街路樹としても植える。えんじゅ。

木10【概】(14) 常用 旧字 木11 槪(15)

音ガイ 訓おおむね

筆順 概

意味 ❶全体の大部分。おおむね。がいして。「概念・概況・概括・梗概(こうがい)・概ね良好である」❷人のありさま。がい。「気概・古武士の概がある」名付 がい・むね

【概括(がいかつ)】あらましをおおまかにまとめること。

【概観(がいかん)】①事実の大体の様子・内容。②要点を理解するために全体を大ざっぱに見ること。

【概況(がいきょう)】物事のおおよそのありさま。

【概要(がいよう)】全体を大ざっぱにまとめて得た要点。

【概略(がいりゃく)】物事の要点と大体の事情。

【概論(がいろん)】その分野の学問の大体の内容について述べた論文や書物。

木10【槝】(14) 〈国字〉 音― 訓かし

意味 木の一種。かしの木。かし。▽地名に用いる字。「槝之浦(かしのうら)」は、鹿児島県の地名。

木10【榿】(14) 音キ 訓―

意味 木の一種。はりのき。はんのき。▽地名に用いる字。「榿ノ木(はりのき)」は、京都府の地名。

木10【構】(14) 5年 旧字 木10 構(14)

音コウ 訓かまえる・かまう

筆順 構

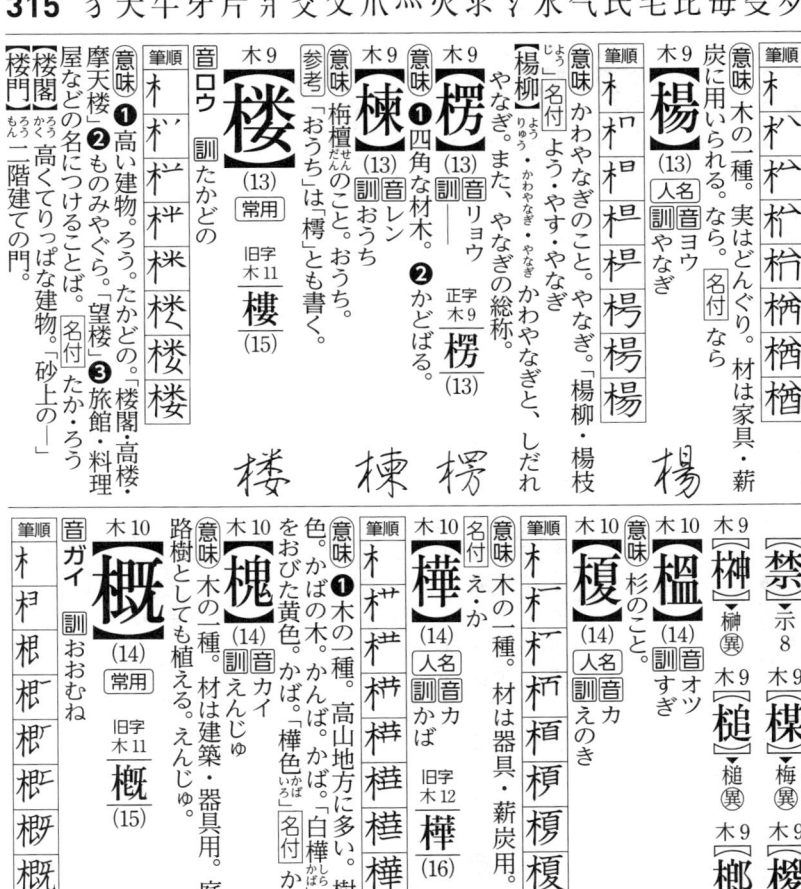

意味 ❶組み立てて形を整える。かまえる。「構造・構図・機構・虚構」❷建築物の範囲。「構内」

❸あるかのようにこしらえる。かまえる。「言を構える」❹建築物の作り方の様子。かまえ。「結構」❺働きかけを受ける準備。かまえ。「心構え」❻いろいろ世話をしたり心配したりする。かまう。「どうぞお構いなく」

【構図】(こうず) ①芸術作品で、主題・材料などの配置。②物事の全体の内容や姿。

【構想】(こうそう) その事柄について全体的な立場から進行・順序・手段などの考えをまとめること。

【構造】(こうぞう) 全体を形づくっている仕組み。くみたて。

【構築】(こうちく) 建物などを組み立てきずくこと。

木10 【槁】(14) 音 コウ 訓 ―
意味 木が枯れる。

木10 【槓】(14) 音 コウ 訓 てこ
意味 重い物を動かすのに用いる棒。てこ。「槓杆(こうかん)(てこ)」

木10 【榾】(14) 音 コツ 訓 ほだ
意味 たき火などにする木の切れ端。ほた。ほだ。

木10 【槎】(14) 音 サ 訓 ―
意味 いかだ。

木10 【榊】(14) 人名 〈国字〉 音 ― 訓 さかき 異体 木9 榊(13)
筆順 木 … 榊
意味 木の一種。常緑で、神木として枝葉を神に供える。さかき。
参考「賢木」とも書く。 名付 さかき

木10 【槊】(14) 音 サク 訓 ―
意味 馬上で使う、柄(え)の長いほこ。

木10 【榛】(14) 人名 音 シン 訓 はしばみ・はり
筆順 木 … 榛
意味 ❶木の一種。はしばみ。❷はんのきのこと。山野に自生。果実は染料とし、材は器具用。はり。 名付 しん・はしばみ・はり・はる

木10 【槙】(14) 人名 音 シン 訓 まき 旧字 木10 槇(14) 人名
筆順 木 … 槙
意味 ❶すぎ・ひのきのこと。まき。❷木の一種。材は建築・器具用。庭木とすることもある。まき。
名付 こずえ・しん・てん・まき
参考「まき」は「真木」とも書く。

木10 【榱】(14) 音 スイ 訓 たるき
意味 棟(むね)から軒にわたす横木。垂木(たるき)。たるき。

木10 【槍】(14) 人名 音 ソウ 訓 やり
筆順 木 … 槍
意味 ❶長い柄(え)の先に刃のついた武器。やり。「槍術・短槍・槍玉(やりだま)」❷将棋で、香車(きょうしゃ)のこと。やり。 名付 そう・ほこ
参考「やり」は「鎗」「鑓」とも書く。

木10 【槌】(14) 人名 音 ツイ 訓 つち 異体 木9 槌(13)
筆順 木 … 槌
意味 物をたたく道具。ハンマー。つち。「鉄槌・木槌(きづち)」 名付 つち・てつ
参考「鎚」とも書く。

木10 【榻】(14) 音 トウ 訓 しじ
意味 ❶長いす。また、寝台。❷牛車(ぎっしゃ)へ乗り降りするときに使う踏み台。しじ。

木10 【槃】(14) 印標 音 バン 訓 ―
意味 平たい木の鉢(はち)。

木10 【榧】(14) 音 ヒ 訓 かや
意味 木の一種。山野に自生。実は食用にしたり油をとったりする。かや。

木10 【榑】(14) 音 フ 訓 くれ
意味 切り出したままの丸太。くれ。

木10 【榜】(14) 印標 音 ボウ 訓 ―
意味 立て札。また、立て札などに掲げ示す。「標榜(ひょうぼう)」

木10 【[illegible]】(14) 〈国字〉 音 ― 訓 ほくそ
意味 木の燃えがら。ほくそ。▽地名に用いる字。

4画

「椣川ほくそがわ」は、和歌山県の地名。

木10【榠】(14) 音メイ 訓——

意味「榠樝かりん」は、かりん。からなし。

榠

木10【模】(14) 6年 音モ・ボ 訓かたどる

旧字 木11 模(15)　異体 米10 糢(16)

筆順 木 栉 栉 栉 档 档 模 模

意味 ❶手本。「模範・規模きぼ」❷手本に似せる。かたどる。「模倣・模造・模型」❸かざり。かたち。「模様」名付 のり・ぼ・も

参考「模・模索」などの「模」は「摸」が書き換えられたもの。

模

【模擬もぎ】その物事に似せて、実際と同じように行うこと。「—試験」▽「摸擬」とも書く。注意「模疑」と書き誤らないように。

【模糊もこ】はっきりとはわからないさま。「曖昧あいまい—」▽「糊」は「ぼんやりしたさま」の意。

【模索もさく】見当のつかない方法などをさがし求めること。「暗中—」▽「摸索」の書き換え字。

【模写もしゃ】①作品などを似せて描写すること。また、その描写したもの。②本物をまねて似せること。「声帯—」▽「摸写」とも書く。

【模造もぞう】よく似せてつくること。模作。

【模範もはん】見習うべき手本。規範。

【模倣もほう】まねをし、それに似せて作ること。▽「摸倣」とも書く。注意「模放」と書き誤らないように。

木10【様】(14) 3年 音ヨウ 訓さま

旧字 木11 樣(15) 人名

筆順 木 栏 栏 栏 样 样 样 様

意味 ❶事物の状態。さま。「様子ようす・同様・有様ありさま」❷図がら。「模様」❸形式。よう。「様式・今様いまよう」❹人の状態をののしっていうことば。ざま。「様を見ろ」❺その人に対する尊敬・ていねいの気持ちを表すことば。さま。「御苦労様・旦那だんな様・山田様」❻似ているの意を表すことば。よう。「雪の様な肌」❼目的を表すことば。よう。「まにあう様に出る・健康でありますように」

様

【様式ようしき】①自然に定まったやり方。「生活—」②一定の形式。「書類の—」③一定の表現形式。

【様相ようそう】外に現れる様子。「険悪の—を呈する」

【様態ようたい】物事のありさま・状態。

木10【榕】(14) 音ヨウ 訓——

意味 木の一種。熱帯に生える。ガジュマル。あこう。「榕樹ようじゅ(ガジュマル)」

榕

木10【榴】(14) 印標 音リュウ 訓ざくろ

意味 ざくろのこと。果実は球状で、熟すると裂けて淡紅色のたくさんの種子が現れる。「石榴ざくろ・榴散弾」

榴

木10【榔】(14) 印標 音ロウ 訓——

異体 木9 榔(13)

意味「檳榔樹びんろうじゅ」は木の一種。やしに似ている。実は薬用。

榔

【雑】▸隹6

木10【榮】▸栄旧

木10【樋】▸樋異

木10【槞】▸櫳異

木11【横】(15) 3年 音オウ 訓よこ

旧字 木12 橫(16) 人名

筆順 木 杧 栣 栣 栣 構 構 横

意味 ❶左右、または東西の方向。よこ。↔縦。「横断・縦横」❷よこにする。よこたえる。「横臥」❸かって気ままにする。「横着・横暴」❹正しくない。よこしま。「横死」❺満ちあふれる。「横溢」名付 おう・よこ

横

【横溢おういつ】みなぎりあふれるほど盛んなこと。「元気—」

【横臥おうが】①からだを横にして寝ること。②身をよこたえること。▽「臥」は「ふせる」の意。

【横行おうこう】①自由に歩き回ること。②悪者がかって気ままにふるまうこと。

【横死おうし】不慮の事故で死ぬこと。

【横着おうちゃく】できるだけ楽して、得しようとすること。

【横転おうてん】横に転がること。「トラックが—する」

【横柄おうへい】いばって人を見くだすようす。

4画

【横暴】（おうぼう） むりを押し通して自分勝手なこと。

【横領】（おうりょう） 他人・公共のものを不法に自分のものとすること。「公金―」

木11 【槶】(15) 音 カイ 訓 くぬぎ 異体 木8 【椢】(12)

意味 木の一種。実はどんぐり。材は薪炭用。くぬぎ。

参考 「くぬぎ」はふつう「櫟」と書く。

木11 【槨】(15) 音 カク 訓 ― 異体 木8 【椁】(12)

意味 棺を入れる外箱。「石槨（せっかく）」

木11 【樌】(15) 音 カン 訓 ―

意味 木が群がり生える。

木11 【槻】(15) 人名 音 キ 訓 つき

筆順 木 … 槻

意味 木の一種。材は弓を作るのに適している。つき。「槻弓（つきゆみ）」 名付 き・つき

木11 【樛】(15) 音 キュウ 訓 つが・とが

意味 ❶枝がもつれる。❷木の一種。栂（つが）。とが。つが。

木11 【槿】(15) 音 キン 訓 むくげ

意味 木の一種。夏・秋のころ花を開き、一日でしぼむ。むくげ。「木槿（むくげ）・槿花」

【槿花】（きんか） むくげの花。▽「槿花一朝（いっちょう）の夢」は、栄華のはかないことにたとえる。

木11 【権】(15) 6年 音 ケン・ゴン 訓 ― 旧字 木18 【權】(22) 略字 木2 【权】(6)

筆順 木 … 権

意味 ❶他の人を支配できる力。けん。「権力・政権・兵馬の権」❷他の人に対して主張・実行できる資格。「人権・選挙権」❸はかりごと。「権謀」❹仮のまにあわせであること。また、定員外の官であること。ごん。「権化（ごんげ）・権大納言（ごんだいなごん）」❺はかりのおもり。「権衡」 名付 けん・のり・よし

【権威】（けんい） ①他をおさえ従わせる力。②ある分野で、ぬきんでてすぐれた専門家。

【権限】（けんげん） ①国家や公共団体が法規に基づいて職権を行使できる範囲。②個人が行うことのできる権利の範囲。

【権謀術策】（けんぼうじゅっさく） 「権謀術数」と同じ。

【権謀術数】（けんぼうじゅっすう） 人を欺くためのはかりごと。権謀術策。「―をめぐらす」▽「権謀」は「その場に応じたはかりごと」の意。

【権化】（ごんげ） ①神仏が、人々を救うために仮にこの世に現れること。また、そうして現れたもの。②ある特徴・性質を非常に強く備えている人や物。

【権現】（ごんげん） ①神仏が人々を救うために姿を変えて現れること。また、その変えた姿。権化。②神に対する尊称。「根津―」

木11 【槹】(15) 音 コウ 訓 ―

意味 木の一種。もっこく。または、なんきんはぜ。

木11 【槲】(15) 音 コク 訓 かしわ

意味 木の一種。かしわ。

木11 【槧】(15) 音 サン 訓 ふだ

意味 ❶文字を書く、木の札。木簡（もっかん）。❷手紙。文書。

木11 【樟】(15) 人名 音 ショウ 訓 くす・くすのき

筆順 木 … 樟

意味 木の一種。材は堅く香気がある。樟脳（しょうのう）をとり、また、材は建築・器具用。くすのき。くす。「樟脳」 名付 くす・しょう

参考 「くすのき」「くす」は「楠」とも書く。また、「くすのき」は「楠木」とも書く。

木11 【樅】(15) 音 ショウ 訓 もみ

意味 木の一種。材は建築・器具用。また、パルプの原料。クリスマスツリーとして使用。もみ。

木11 【槭】(15) 音 セキ 訓 ―

意味 木の一種。かえで。

参考熟語 槭樹（かえで）

木11 【槽】(15) 常用 音 ソウ 訓 おけ

4画

筆順 木 朩 栭 栭 槽 槽 槽 槽

意味 ❶牛馬などの飼料を入れる器。おけ。「馬槽」❷液体などを入れる容器。おけ。「水槽・浴槽」❸中がくぼんだ形のもの。「歯槽」 名付 そう

木11【槡】(15) 音 ソウ・ジョウ 訓 ―

意味 ❶木の上の小屋。❷ねこそぎすくいとる。

木11【樰】(15) 〈国字〉 音 ― 訓 たら・ゆき

意味 たら。ゆき。▽姓に用いる字。

木11【槫】(15) 音 タン 訓 ―

意味 ❶ひつぎ車。❷まるい。

木11【樗】(15) 音 チョ 訓 おうち

意味 木の一種。材に香気があり、根・樹皮・実は薬用。せんだん。おうち。 参考 「おうち」は「楝」とも書く。

木11【樢】(15) 音 チョウ 訓 ―

意味 つる草の一種。蔦(つた)。

木11【樋】(15) 人名 音 トウ 訓 とい・ひ 異体 木10 樋(14)

筆順 木 朩 朩 杤 桶 桶 桶 樋 樋

意味 水を流すためにかけわたすもの。ひ。とい。「雨樋(あまどい)・懸樋(かけひ)」

木11【樊】(15) 音 ハン 訓 ―

意味 ❶鳥かご。❷竹・柴(しば)などで編んだ垣根。まがき。

木11【標】(15) 4年 音 ヒョウ 訓 しめ・しるし

筆順 木 朩 朩 栖 栖 標 標 標

意味 ❶目当てとするもの。しめ。しるし。「標識・標準・目標・墓標」❷よく見えるように外に現し示す。「標榜(ひょうぼう)・標本」❸標縄(しめなわ)(神域を他と区別するための縄)のこと。しめ。 名付 えだ・こずえ・しな・すえ・ひで・ひょう

【標記】(ひょうき) 題目として書くこと。また、その事柄。 参考 「表記(ひょうき)」は、物の表面に書くこと。

【標示】(ひょうじ) 目じるしとして人に示すこと。 参考 「表示(ひょうじ)」は、はっきりと表し示すこと。⇩「表示(ひょうじ)」の〔使い分け〕。

【標榜】(ひょうぼう) 主義・主張・目標などを人にわかるように公然と示すこと。▽「榜」は「かかげ示す」の意。

【標本】(ひょうほん) ①動物・植物・鉱物などの実物を示すものとして、保存されているもの。②見本。サンプル。

木11【樒】(15) 音 ミツ 訓 しきみ 異体 木14 櫁(18)

意味 木の一種。葉に香気があり、線香などの材料とする。枝を仏前に供える。しきみ。 参考 「しきみ」は「梻」とも書く。

木11【樞】▸枢 旧

木11【槪】▸概 旧

木11【樂】▸楽 旧

木11【樣】▸様 旧

木11【樓】▸楼 旧

木12【樫】(16) 人名 〈国字〉 音 ― 訓 かし

筆順 木 朩 朩 杝 杝 桱 樫 樫

意味 木の一種。木の質は堅い。実はどんぐりに似て小粒。かし。「赤樫」 名付 かし

木12【橄】(16) 音 カン 訓 ―

意味 →橄欖(かんらん)

【橄欖】(かんらん) 果樹の一種。オリーブ。

木12【機】(16) 4年 音 キ 訓 はた

筆順 木 朩 朩 栶 機 機 機 機

意味 ❶動力を備えた道具。「機械・機関・工作機」❷布を織る道具。はた。「機業・織機・機織(はたお)り」❸心・物事の働き。「機能・機知」❹大事なところ。かなめ。「機密・心機」❺きっかけ。また、ちょうどよいとき。き。「機会・動機・機に乗じて」❻飛行機のこと。き。「機首・爆撃機」❼飛行機を数えることば。き。 名付 き・のり・はた

【機運】(きうん) 物事がうまくいきそうなまわり合わせ。「―が熟する」 参考 ⇩「気運(きうん)」の〔使い分け〕。

4画

【機縁】(きえん) ある事が起こるようになるきっかけ。「これを―によろしくお願いします」

【機械】(きかい) 動力によって一定の仕事をする装置。

使い分け「きかい」

機械…規模の大きい複雑な装置で、動力で働かせる。「工作機械・精密機械・機械化部隊」

器械…簡単な装置で、一般に動力がない。「医療器械・測定器械・器械体操」

【機関】(きかん) ①火力・電力などのエネルギーを機械的な力にかえる装置。②ある目的を達するための組織。

【機器】(きき) 機械・器具の総称。

【機嫌】(きげん) ①心の、快不快の状態。気分。「―を取る」②いい気分。「御―になる」③人の安否。「―を伺う」注意「気嫌」と書き誤らないように。

【機先を制する】(きせんをせいする) 相手が動き出そうとする前に行動を起こして自分の方を有利にすること。

【機転】(きてん) すぐその事態に対処することができる、機敏な心の働き。「―がきく」▽「気転」とも書く。

【機能】(きのう) ある物のはたらき・作用。また、作用すること。活動の能力を発揮すること。

【機微】(きび) 表面には現れない微妙な事情・事柄。

【機敏】(きびん) 動作や頭の働きが鋭くてすばやいこと。

【機密】(きみつ) (国家・機関・組織などの)重要な秘密。

参考熟語 機関(からくり)

木12 **【橘】**(16) 人名 音キツ 訓たちばな

筆順 木 朩 … 橘 橘

意味 ❶みかんの木のこと。「柑橘(かんきつ)類」❷みかん・こうじの、昔の名。たちばな。「花橘(はなたちばな)」

名付 きつ・たちばな

橘

木12 **【橋】**(16) 3年 音キョウ 訓はし

筆順 木 朩 … 橋 橋

意味 川や道の上にかけ渡して通路としたもの。はし。「橋梁(きょうりょう)・鉄橋・陸橋・橋渡し」

名付 きょう・たか・はし

【橋頭堡】(きょうとうほ) 主要な橋を守るために、要所に築く陣地。また、敵地に作って、上陸してきた部隊を守り、以後の攻撃の拠点とする陣地。

【橋梁】(きょうりょう) 川や谷などにかけ渡した橋。「―の架設工事」▽「梁」も「はし」の意。

橋

木12 **【檠】**(16) 音ケイ 訓― 正字 木13 檠(17)

意味 ❶弓の曲がりを直す道具。ゆだめ。❷ともしびをのせる台。燭台(しょくだい)。「短檠(たんけい)」

檠

木12 **【樶】**(16) 音サイ 訓―

意味 木の節(ふし)。

樶

木12 **【橲】**(16) 〈国字〉 音― 訓じさ

意味 じさ。▽地名に用いる字。「橲原(じさばら)」は、福島県の地名。

橲

木12 **【樹】**(16) 6年 音ジュ 訓うえる・き・たてる

筆順 木 朩 … 樹 樹

意味 ❶立ち木。き。「樹木・樹皮・老樹」❷物事をうちたてる。たてる。「樹立」❸木を植える。うえる。

名付 いつき・き・しげ・じゅ・たつ・たつき・みき・むら

【樹陰】(じゅいん) 日の当たらない、立ち木の陰。こかげ。

【樹海】(じゅかい) 森林が一面に生い茂っていて、高い所から見下ろしたときに海面のように見えるもの。

【樹脂】(じゅし) 木から分泌される粘液。また、その固まったもの。「合成―」

【樹立】(じゅりつ) 物事がしっかりと成立すること。また、成立させること。「新政権の―」

樹

木12 **【樵】**(16) 音ショウ 訓きこり

意味 ❶山林の木を切り出す人。きこり。❷たきぎをとる。また、そのたきぎ。「薪樵」

樵

木12 **【橡】**(16) 音ショウ 訓とち・つるばみ

意味 ❶木の一種。実は食用。材は器具用。とち。❷くぬぎのこと。つるばみ。参考「とち」は「栃」とも書く。

橡

木12 【橇】(16) 音― 訓そり
意味 雪やどろの上を行くのに用いる乗り物。そり。

木12 【樽】(16) 人名 音ソン 訓たる
異体 土12 墫(15)　異体 木12 樽(16)
筆順 樽
意味 酒・しょうゆ・みそなどを入れておく、丸い大形の木製の容器。たる。「樽酒(たるざけ)・空樽(あきだる)」
名付 たる

木12 【橙】(16) 人名 音トウ 訓だいだい
筆順 橙
意味 みかんの一種。だいだい。 名付 と

木12 【橦】(16) 音トウ 訓―
意味 木の一種。中国の雲南地方に産する。羽毛状の花をつむいで布にする。

木12 【橈】(16) 音トウ・ドウ 訓たわむ
意味 曲がる。たわむ。また、曲げる。たわめる。「橈骨(とうこつ)」
参考 「たわむ」「たわめる」はふつう「撓む」「撓める」と書く。

木12 【[illegible]】(16)〈国字〉 音― 訓とち　正字 木13 [illegible](17)
意味 木の一種。とちのき。とち。▽多く人名などに用いる字。

木12 【橳】(16)〈国字〉 音― 訓ぬで
意味 ぬで。▽地名に用いる字。「橳島(ぬでしま)」は、群馬県前橋市の地名。

木12 【橅】(16) 音― 訓ぶな
意味 木の一種。材は家具・器具用。ぶな。

木12 【樸】(16) 音ボク 訓―
意味 ありのままで飾りけがない。「樸直・純樸・素樸」
参考 「朴」とも書く。
【樸直】(ぼくちょく) 飾りけがなく正直なこと。▽「朴直」とも書く。
【樸仁人】(ぼくねんじん) 無口で愛想のない人。▽「朴念仁」とも書く。

木12 【[illegible]】(16)〈国字〉 音― 訓まさ
意味 木材の、そろってまっすぐ通った木目(もくめ)。正目(まさめ)。柾(まさ)。まさ。

木12 【[illegible]】(16)〈国字〉 音― 訓ゆずりは　正字 木13 [illegible](17)
意味 木の一種。ゆずりは。▽多く地名・人名に用いる字。

木12 【楕】▼楕 異
木12 【樺】▼樺 旧
木12 【横】▼横 旧

木13 【檐】(17) 音エン 訓のき
意味 軒(のき)。のき。

木13 【檍】(17) 音オク 訓―
意味 木の一種。樹皮から鳥もちをとる。黐(もち)の木。

木13 【檜】(17) 人名 音カイ 訓ひ・ひのき
異体 木6 桧(10) 人名
筆順 檜
意味 木の一種。材は緻密(ちみつ)で耐水性がある。建築用。ひのき。ひ。「檜垣(ひがき)・檜扇(ひおうぎ)」

木13 【橿】(17) 印標 音キョウ 訓かし
意味 ❶木の一種。材は堅い。実はどんぐりに似て小粒。かし。❷中国で、黐(もち)の木。
参考 ❶の「かし」はふつう「樫」と書く。

木13 【[illegible]】(17)〈国字〉 音― 訓くろべ
意味 ひのき科の木の名。くろべ。建築用材。木曽の五木の一つ。

木13 【檄】(17) 音ゲキ 訓―
意味 敵の悪い点をあげ、自分の正しさを知らせて行動を促すための文書。げき。「檄文(げきぶん)・檄を飛ばす（自分の主張を広く知らせ、人々に決起を促すこと）」
【檄文】(げきぶん) 相手の悪い点を指摘して自分の信義・意見を述べ、人々に呼びかけて行動を促す文書。

4画

木13 【檎】(17) 人名 音ゴ 訓―
筆順 朩 朩 栓 栓 桧 檎 檎 檎 檎
意味「林檎(りんご)」は、果樹の一種。また、その果実。

木13 【檣】(17) 音ショウ 訓ほばしら
意味 船の帆をあげるための柱。マスト。帆柱。「檣頭」

木13 【檀】(17) 人名 音ダン 訓まゆみ
筆順 木 朩 柠 楠 楠 檀 檀 檀
意味 ❶木の一種。紅葉が美しい。材は細工物用。昔、弓の材料にした。まゆみ。❷香木。「白檀・紫檀」❸梵語(ぼんご)の音訳に用いた字。「檀那(だんな)」
名付 だん・まゆみ
【檀家(だんか)】一定の寺に属し、金品を寄付してその寺の維持を助ける信徒または家。
【檀那(だんな)】①寺や僧に寄付をする人。檀家。②男主人。③夫。④男性の客。▽「旦那」とも書く。
【檀林(だんりん)】僧が仏教の学問をする所。また、寺のこと。

木13 【檗】(17) 音バク 訓きはだ 異体 艸17 蘗(20)
意味 木の一種。黄色の樹皮は染料・薬などにする。きわだ。きはだ。「黄檗(おうばく)」

木13 【檬】(17) 音モウ 訓― 正字 木14 檬(18)
意味「檸檬(レモン・ねいもう)」は果樹の一種。

木13 【檔】▼档(正)

木13 【檢】▼検(旧)

木13 【櫛】▼櫛(異)

木13 【檪】▼櫟(異)

木14 【櫃】(18) 印標 音キ 訓ひつ
意味 ❶ふたつきの大きい箱。ひつ。「長櫃(ながびつ)・唐櫃(からびつ)・鎧櫃(よろいびつ)」❷飯を入れておく器。ひつ。

木14 【[木+進]】(18) 〈国字〉 音サイ 訓―
意味 人名に用いる字。

木14 【櫂】(18) 人名 音トウ 訓かい
筆順 朩 朻 栩 栩 椚 椚 櫂 櫂
意味 水をかいて船を進める道具。かい。
名付 かい・かじ

木14 【檮】(18) 印標 音トウ 訓― 異体 木7 梼(11)
意味 木を切ったあとの根株。株杭(くいぜ)。切り株。

木14 【檸】(18) 音ネイ 訓―
意味 →檸檬(レモン)
【檸檬(ねいもう・レモン)】果樹の一種。淡黄色の実は楕円形をしており、酸味・芳香がある。食用・香料用。▽英語lemonの音訳。

木14 【檳】(18) 音ビン 訓― 異体 木7 梹(11)
意味 →檳榔樹(びんろうじゅ)
【檳榔樹(びんろうじゅ)】木の一種。枝がなく、幹の先端の部分に葉が密生する。実は薬用。

木14 【櫁】▼樒(異)

木15 【櫞】(19) 音エン 訓―
意味「枸櫞(くえん)」は、レモンの類。また、果樹の、まるぶしゅかんのこと。

木15 【檻】(19) 印標 音カン 訓おり
意味 ❶橋・階段などのふちに渡した横木。てすり。「欄檻」❷罪人・獣などを入れる囲い。おり。
名付 きよ・くし

木15 【櫛】(19) 人名 音シツ 訓くし・くしけずる 異体 木13 櫛(17) 異体 木15 櫛(19)
筆順 朩 朩 栉 栉 栉 榨 櫛 櫛
意味 ❶髪の毛をすいたり、髪飾りにしたりする道具。くし。「櫛箱(くしばこ)」❷くしで髪の毛をすく。くしけずる。❸くしの歯のようにすきまなく並ぶ。
【櫛比(しっぴ)】くしの歯のように、ぎっしり並んでいること。
【櫛風沐雨(しっぷうもくう)】世間に出て苦労して活動すること。▽「風で髪をくしけずり、雨でからだを洗う」の意。

木15 【[木+箭]】(19) 〈国字〉 音― 訓たも

意味 たも。▽地名や人名に用いる字。

木15【櫑】(19) 音ライ 訓―
意味 雷雲の文様を彫った、大形の酒だる。

木15【櫟】(19) 印標 音レキ 訓くぬぎ 異体 木13 檪(17)
意味 木の一種。実はどんぐり。材は薪炭用。くぬぎ。

木15【櫓】(19) 人名 音ロ 訓やぐら
筆順 櫓
意味 ❶和船をこぎ進めるのに用いる道具。ろ。「櫓脚(ろあし)・逆櫓(さかろ)」❷相撲・芝居などの興行場で、太鼓を鳴らす高い台。やぐら。「櫓太鼓(やぐらだいこ)」❸物見などのために設けられた高い台。やぐら。「火の見櫓」

木15【櫚】(19) 音ロ 訓―
意味 「棕櫚(しゅろ)」は、木の一種。葉は扇状に開く。幹の毛をほうきやたわしに用いる。

〔麓〕▶鹿8

木16【[illegible]】(20)〈国字〉 音― 訓なぎ 正字 木17 [illegible](21)
意味 なぎ。▽人名などに用いる字。

木16【樻】(20)〈国字〉 音― 訓ひし
意味 ひし。▽地名などに用いる字。「樻輪田(ひしわだ)」は、岩手県の地名。

木16【欄】(20) 常用 音ラン 訓てすり 旧字 木17 欄(21) 人名
筆順 欄
意味 ❶橋・階段などのふちに渡した横木。てすり。「欄干・勾欄(こうらん)」❷新聞・雑誌などで、ある決まった種類の文章をのせるところ。また、本文などに囲みをつけた所。らん。「欄外・文芸欄・スポーツ欄」

【欄外】(らんがい) 新聞・書物などの紙面の、文章を囲んだわく・しきりの外。

【欄干】(らんかん) 橋・階段などのふちに、縦横に取り付けて、人や物が落ちるのを防いだり飾りにしたりするもの。

【欄間】(らんま) 天井(てんじょう)と鴨居(かもい)の間を、格子や透かし模様のある板などで飾ったもの。

木16【櫪】(20) 音レキ 訓くぬぎ
意味 木の一種。実はどんぐり。材は薪炭用。くぬぎ。
参考 「くぬぎ」はふつう「櫟」と書く。

木16【櫨】(20) 音ロ 訓はぜ 異体 木4 枦(8)
意味 木の一種。果皮からろうをとる。はぜのき。はぜ。

木16【櫳】(20) 音ロウ 訓おり 異体 木10 槞(14)
意味 獣を入れるおり。

木17【欅】(21) 印標 音キョ 訓けやき
意味 木の一種。材質はかたく、建築用・器具用として使われる。けやき。

木17【櫺】(21) 音レイ 訓―
意味 窓やてすりなどに一定の間隔をおいて、細い材をとりつけた格子。「櫺子(れんじ)」

【櫺子】(れんじ) 窓・欄間(らんま)などにとりつけた細い格子。▽「連子」とも書く。

木17〔櫻〕▶桜㊐

木17〔欄〕▶欄㊐

木18〔權〕▶権㊐

木18〔欟〕▶欟㊚

木19【欒】(23) 音ラン 訓―
意味 人が集まっていて、なごやかなさま。「団欒(だんらん)」

木21〔欝〕▶鬱㊚

木22【欖】(26) 音ラン 訓―
意味 「橄欖(かんらん)」は、果樹の一種。オリーブ。

木24【欟】(28)〈国字〉 音― 訓つき 正字 木25 欟(29) 異体 木18 欟(22)
意味 けやきのこと。槻(つき)。つき。

〔鬱〕▶鬯19

欠の部　あくび

欠0 【欠】(4) 4年　旧字 缶4 缺(10)

欠

音ケツ　訓かける・かく・あくび

筆順 ノ ⺈ ケ 欠

意味 ❶一部分がなくなって足りなくなる。かける。また、そのこと。けつ。「欠員・欠乏・残欠・欠を補う」❷なければならないものをなくす。かく。「欠勤・礼を欠く」❸参加しなければならないのに参加しないこと。けつ。「出欠」❹あくび。「欠伸」

参考 (1)❹の意味のときは新旧字体の区別がなく、もともと「欠」である。(2)「間欠」の「欠」は「歇」が書き換えられたもの。

【欠伸】(あくび) ①ねむくなったり飽きたりしたときなどに口が大きくあいておこる呼吸運動。②漢字の部首の一つ。「次」「歌」「欲」などの「欠」の称。

【欠員】(けついん) 定員にみたないこと。また、足りない人数。

【欠格】(けっかく) 必要な資格がないこと。

【欠陥】(けっかん) 事物のふじゅうぶんな部分。欠点。不備。

【欠如】(けつじょ) 必要なものが不足していること。「想像力の—」 注意 「欠除」と書き誤らないように。

【欠損】(けっそん) ①利益と損失とを相殺(そうさい)した金銭上の損失。②器物などの一部分がこわれること。 注意 「決損」と書き誤らないように。

欠2 【次】(6) 3年　旧字 欠2 次(6)

次

音ジ・シ　訓つぐ・つぎ・なみ

筆順 丶 冫 冫 次 次 次

意味 ❶二番め。つぎ。「次席・次子」❷あとに続く。つぐ。また、その順序。つぎ。「次第(しだい)・順次・次の間(ま)」❸回数・度数などを数えることば。「今次・二次会」❹宿場。つぎ。「宿次(しゅくつぎ)」❺物ごとに・時ごとにの意を表すことば。なみ。「日次(ひなみ)」

名付 じ・ちか・つぎ・つぐ・やどる

参考 つぐ⇩「継」の[使い分け]。

【次子】(じし) ①二番めに生まれた子。②次男。

【次席】(じせき) 二番目の地位(の人)。首席の次。

【次善】(じぜん) 最善の次。「—の策を講じる」

欠4 【欧】(8) 常用　音オウ　訓—　旧字 欠11 歐(15)

欧

筆順 一 フ ヌ 区 区 欧 欧 欧

意味 ヨーロッパのこと。「欧化・欧米・北欧・渡欧」

参考 「ヨーロッパ」のあて字「欧羅巴」の略から。

欠4 【欣】(8) 人名　音キン・ゴン　訓よろこぶ

欣

筆順 ノ 厂 F 斤 斤 欣 欣 欣

意味 喜ぶ。よろこぶ。また、喜び。「欣求(ごんぐ)・欣喜雀躍」

名付 きん・やすし・よし

【欣快】(きんかい) 非常にうれしく、気持ちのよいこと。「—の至り」

【欣喜雀躍】(きんきじゃくやく) 非常に喜ぶこと。▽「喜んでおどりあがる」の意。

【欣欣然】(きんきんぜん) 「欣然」と同じ。

【欣然】(きんぜん) 物事を喜んでするさま。欣欣然。

【欣求浄土】(ごんぐじょうど) 仏教で、死んでから浄土に行くことを願い求めること。「—として参加する」

欠7 【欸】(11) 音アイ　訓—

欸

意味 ❶のどをつまらせて嘆息する声をあらわすことば。ああ。❷なげく。

欠7 【欷】(11) 音キ　訓すすりなく

欷

意味 すすり泣く。「歔欷(きょき)」

欠7 【欲】(11) 6年　音ヨク　訓ほっする・ほしい

欲

筆順 ハ 父 谷 谷 谷 欲 欲

意味 ❶自分のものにしたいと思う。ほっする。「欲望・貪欲(どんよく)」❷満足したいと思う心。よく。「欲界・食欲・私欲・欲張(よくば)り」

参考 「欲・大欲・性欲・愛欲・強欲・無欲・物欲・色欲・食欲・名誉欲」などの「欲」は「慾」が書き

換えられたもの。

【欲得】（よくとく）激しく利益をほしがること。「―ずく」

【欲望】（よくぼう）何かをしたい、あるいは何かがほしい、という望み。また、満足感を得ようとする心。欲心。

欠8 **【款】**(12) 常用 音 カン 訓 ― 異体 欠7 欵(11)

筆順 士 圭 ... 款

意味 ❶規則を記した箇条書き。「定款・借款」❷金属器などにへこませて刻んだ文字。また、書画に押す印。「款識・落款」❸親しみ。かん。「交款・款を通ずる」❹予算などの編成で、部の下位、項の上位の単位。名付 かん・すけ・ただ・まさ・ゆく・よし

【款待】（かんたい）訪問してくれたことを喜び、親切にもてなすこと。▽「歓待」とも書く。

款

欠8 **【欹】**(12) 音 キ 訓 そばだてる

意味 物の一端を起こして高くする。そばだてる。

欹

欠8 **【欺】**(12) 常用 音 ギ 訓 あざむく

筆順 一 廾 甘 甘 其 其 欺 欺

意味 だます。あざむく。「欺瞞（ぎまん）・詐欺」

【欺瞞】（ぎまん）人をだましてごまかすこと。「―的行為」▽「瞞」も「あざむく」の意。注意 「偽瞞」「欺満」と書き誤らないように。

欺

欠8 **【欽】**(12) 人名 音 キン 訓 つつしむ

筆順 ... 欽

意味 ❶慎み敬う。つつしむ。「欽慕・欽仰（きんぎょう）」❷天子に関する事物を表すことばにつけて敬意を表すことば。「欽定憲法」名付 きん・ただ・ひとし・まこと・よし

【欽定】（きんてい）君主自身が制定すること。「―憲法」

【欽慕】（きんぼ）つつしんで敬い慕うこと。仰慕（ぎょうぼ）。

欽

欠9 **【歇】**(13) 音 ケツ 訓 やむ

意味 いったんやめる。やむ。「間歇（かんけつ）」

参考 「間歇」の「歇」は「欠」に書き換える。

歇

欠9 **【歃】**(13) 音 ソウ 訓 すする

意味 いけにえの血をすする。

歃

欠10 **【歌】**(14) 2年 音 カ 訓 うた・うたう 異体 言10 謌(17)

筆順 一 ... 歌

意味 ❶節をつけて唱える。うたう。「歌手・歌劇・謳歌（おうか）」❷うた。「歌謡・唱歌・流行歌」❸韻文。「和歌・詩歌」❹和歌のこと。うた。「歌論・歌枕（うたまくら）」名付 うた・か

【歌仙】（かせん）①和歌にすぐれている人。「六―」②連歌（れんが）・連句の一体。三十六句から成る。

【歌碑】（かひ）和歌を彫って立てた石碑。

【歌舞】（かぶ）楽しみとして歌ったり舞ったりすること。また、歌と舞。「―音曲（おんぎょく）」

【歌謡】（かよう）その時代の民衆の間に生まれ、広く節をつけて歌われた歌の総称。「記紀の―」

参考熟語 歌舞伎（かぶき）歌留多（かるた）

歌

使い分け「うた」

歌…節が付いたうた全般。また、和歌。「歌を歌う・美しい歌声・古今集の歌」

唄…特に、雅楽・長唄・小唄など、日本に古くからある音楽。「小唄の師匠・長唄の稽古・馬子唄」

使い分け「うたう」

歌う…ことばに節を付けて声を出す。「童謡を歌う・みんなで校歌を歌う・鼻歌を歌う」

謡う…謡（うたい）をうたう。「謡曲を謡う・高砂（たかさご）を謡う」

欠10 **【歉】**(14) 音 ケン 訓 あきたりない

意味 十分に満足しない。あきたらない。あきたりない。

参考 「あきたりない」はふつう「飽き足りない」と書く。

歉

欠11 **【歓】**(15) 常用 音 カン 訓 よろこぶ 旧字 欠18 歡(22) 異体 欠17 歡(21)

筆順 ... 歓

歓

4画

意味 ❶喜ぶ。よろこぶ。また、喜び。「歓迎・哀歓」❷楽しみ。「歓楽」❸親しみ。かん。「交歓・歓を尽くす」名付 かん・よし

参考 「交歓」は「交驩」が書き換えられたもの。

【歓喜】(かんき) 非常に喜ぶこと。また、大きな喜び。

【歓迎】(かんげい) よろこんで迎えること。また、よろこんで受け入れること。

【歓呼】(かんこ) 喜び、大声をあげること。「―の声」

【歓心を買う】(かんしんをかう) 自分の利益のために人に気に入られるようにふるまうこと。▽「歓心」は「喜んでうれしいと思う心」の意。注意 「歓心」を「勧心」と書き誤らないように。

【歓待】(かんたい) 人を手厚くもてなすこと。▽「款待」とも書く。注意 「観待」「歓対」と書き誤らないように。

【歓談】(かんだん) うちとけて楽しく語り合うこと。また、その話。▽「款談」とも書く。

【歓天喜地】(かんてんきち) 非常に喜ぶこと。▽「天に向かって喜び、地に向かって喜ぶ」の意。

【歓楽】(かんらく) 遊び・飲酒など、物質的な楽しみ。「―街」

欠11 【歎】(15) 人名 音 タン 訓 なげく 異体 欠10 歎(14)

筆順 一 卄 廿 苷 𦰩 歎 歎 歎

意味 ❶悲しみなげく。たんずる。なげく。「歎傷・悲歎・髀肉(ひにく)の歎」❷感心してほめる。たんずる。「歎声・賛歎」

参考 「歎・歎願」などの「歎」は「嘆」に書き換える。

【歎息】(たんそく) ①なげいてため息をつくこと。②非常に感心すること。▽「嘆息」とも書く。

【歎美】(たんび) 感心したり感動したりしてほめること。▽「嘆美」とも書く。

欠11 【歐】▶欧(旧)

欠12 【歙】(16) 音 キュウ 訓 ―

意味 息を吸いこむ。

【歙然】(きゅうぜん) いっせいにそろうさま。

欠12 【歔】(16) 音 キョ 訓 すすりなく

意味 すすり泣く。「歔欷(きょき)」

参考熟語 歔欷(すすりなく)

欠13 【歛】(17) 音 カン 訓 ―

意味 ものほしそうにする。のぞむ。

欠13 【歟】(17) 音 ヨ 訓 か・や

意味 疑問・反語・詠嘆を表すことば。…か。…や。

止 の部 とめる とめへん

止0 【止】(4) 2年 音 シ 訓 とまる・とめる・やむ・やめる

筆順 丨 ト 止 止

意味 ❶じっとして動かない。とまる。また、動かなくする。とめる。「止血・静止」❷物事が終わりになる。やむ。また、そのようにする。やめる。「終止・廃止・止むに止まれぬ」❸人の姿やふるまい。「挙止」名付 し・ただ・と・とどむ・とまる・とめ・もと

参考 (1)❶❷の「やむ」「やめる」は「已む」「罷む」「已める」「罷める」とも書く。(2)ひらがな「と」、カタカナ「ト」のもとになった字。

使い分け 「とまる」

止まる…動かなくなる。停止。「時計が止まる・息が止まる・水道が止まる・笑いが止まらない」

留まる…そこにいて動かない。固定。付着。「ポスターが画びょうで留まる・鳥が枝に留まる・目に留まる・お高く留まる」

泊まる…宿泊する。停泊する。「ホテルに泊まる。船が港に泊まる」

【止宿】(ししゅく) 宿屋や他の人の家に泊まること。

【止揚】(しよう) 矛盾・対立する二つの考えをより高い段階で一つにまとめること。揚棄(ようき)。アウフヘーベン。

止1 【正】(5) 1年 音 セイ・ショウ 訓 ただしい・ただす・まさ・かみ

筆順 一 丅 下 正 正

意味 ❶まちがいがない。ただしい。ただしい。⇔邪。「正義・正直(しょうじき)・公正」❷ただしくする。ただす。「正誤・

改正」❸本来からある。「正妻・正統・正体(しょうたい)」❹表向きで主となる。また、そのようなもの。せい。↔副・従。「正式・正客(せいかく・せいきゃく)・正攻法」❺まさしく。まさに。また、ちょうど。まさに。「正当・正午(しょうご)・正反対・正にそのとおりだ」❻役人などの長。かみ。「検事正」❼数の値が0より大きいこと。せい。↔負。「正数」❽同じ官位のうちで上であることを表すことば。しょう。↔従(じゅ)。「正一位」❾正月。「賀正(がしょう)」名付 あきら・おさ・きみ・さだ・しょう・せい・たか・ただ・ただし・ただす・なお・まさ・まさし・よし

【正真正銘】(しょうしんしょうめい) うそ・偽りがなくて本当・本物であること。注意「正真証明」と書き誤らないように。

【正念場】(しょうねんば) その人の真価を発揮すべきたいせつな場面・状態。

【正味】(しょうみ) ①包みや付属物などを除いたその物自体。また、その目方。②実際の数量。「—八時間」注意「正身」と書き誤らないように。

【正攻法】(せいこうほう) はかりごとを用いず、正々堂々と攻める方法。

【正鵠】(せいこく・せいこう) 物事の中心でいちばん重要なところ。「—を射る」▽「弓の的のまん中にある、射当てるべき黒点」の意。「せいこう」は慣用読み。

【正餐】(せいさん) 正式の献立による食事。

【正視】(せいし) まともに見ること。「—するに忍びない」

【正字】(せいじ) ①正しい点画の字。▽「誤字」に対していう。②字源的に正統と認められる漢字。▽「俗字」「略字」「新字体」に対していう。

【正数】(せいすう) 実数で0より大きい数。プラスの数。

【正大】(せいだい) 態度や行いなどが正しくて堂々としていること。「公明—」「天地—の気」

【正統】(せいとう) ①いちばん正しい血統・系統。②今までの正しい系統を忠実に受け継いでいること。「—的」

【正否】(せいひ) 正しいことと、正しくないこと。

止2 **【此】** (6) 人名 訓音 シ こ・ここ・この・これ

筆順 丨 ト 屮 止 止 此

意味 話し手に近い関係にある場所・事物・時間を指示することば。ここ。この。これ。「此岸・此(こ)の家」名付 この

【此岸】(しがん) 仏教で、彼岸(ひがん)に対して、迷いがある現世のこと。▽「こちら側の岸」の意。

参考熟語 此奴(こいつ) 此処(ここ) 此方(こなた) 此度(このたび・こたび)

止4 **【武】** (8) 5年 訓音 ブ・ム たけし

筆順 一 二 亍 亍 正 武 武

意味 ❶強くて勇ましい。たけし。「武名・勇武」❷軍事。また、軍事に関する技術。ぶ。↔文。「武力・武者(むしゃ)・文武」❸昔の武蔵国(むさしのくに)のこと。「武州・南武」名付 いさ・いさむ・たけ・たけし・たける・たつ・ぶ・む

参考 ひらがな「む」のもとになった字。

【武運】(ぶうん) 戦いの勝ち負けの運。「—長久」

【武勲】(ぶくん) 戦闘に参加してたてた功。「武功」

【武勇】(ぶゆう) 武術にすぐれ、勇ましいこと。「—伝」

【武力】(ぶりょく) 軍隊・武器を実際に用いる力。戦力。

【武者修行】(むしゃしゅぎょう) 昔、武芸者が武術の修行をするために諸国をめぐること。

止4 **【歩】** (8) 2年 旧字 止3 歩 (7) 人名

音 ホ・ブ・フ 訓 あるく・あゆむ

筆順 丨 ト 屮 止 屮 歩 歩 歩

意味 ❶足で進む。あゆむ。あるく。また、そのこと。ほ。あゆみ。「歩行・進歩・歩を運ぶ」❷物事の優劣・勝敗の形勢。ぶ。「国歩」❸利率。また、分配の割合。ぶ。「歩合(ぶあい)・日歩(ひぶ)」❹将棋の駒(こま)の一つ。ふ。❺尺貫法の、田畑・宅地の面積の単位。一歩(ぶ)は六尺平方で、一坪と同じ。ぶ。❻尺貫法ではかった面積に端数がないことを表すことば。「ぶ」と読む。「三町歩」❼利率の単位。一歩(ぶ)は一割の十分の一で、一分(ぶ)と同じ。ぶ。名付 あゆみ・あゆむ・すすむ・ほ

【歩合】(ぶあい) ①割合。②ある割合に当たる手数料。

【歩哨】(ほしょう) 見張り・警戒の役目にたずさわる兵士。

【歩武】(ほぶ) 歩くときの足どり。「—堂々」

【肯】▼肉4

止5 **【歪】** (9) 印標 訓音 ワイ ひずむ・ゆがむ

意味 形がねじ曲がる。ゆがむ。ひずむ。「歪曲」

【歪曲】(わいきょく) 偽って事実とちがったようにすること。注意 ①「ひきょく」と読み誤らないように。②「否曲」と書き誤らないように。

〔歯〕▼歯0

止9 【歳】(13) 常用 音 サイ・セイ 訓 とし 旧字 止9 歲(13)

筆順 止 广 产 岸 岸 歳 歳 歳

意味 ❶一か年。とし。「歳入・歳暮(せいぼ・さいぼ)」❷時間の経過。「歳月」❸年齢。とし。また、年齢を数えることば。「さい」と読む。「万歳」❹木星のこと。「歳星」名付 さい・とし・とせ

参考 年齢を表すとき、「歳」の代わりに「才」を用いることがある。

【歳時記】(さいじき) ①一年中の行事や自然の風物などについて書いた本。②俳句の季題を集めて分類し、例句を載せて解説をした書物。俳諧(はいかい)歳時記。

【歳出】(さいしゅつ) 一会計年度内における支出の総額。

【歳旦】(さいたん) ①新年になった一月一日の朝。元旦(がんたん)。②一月一日のこと。

【歳入】(さいにゅう) 一会計年度内における収入の総額。

【歳晩】(さいばん) 一年の終わりのころ。年のくれ。年末。

【歳費】(さいひ) ①国会議員に国家が支給する一年間の手当。②一年間に要する費用。

【歳暮】(せいぼ・さいぼ) ①一年の終わりのころ。年のくれ。②歳末の贈り物。

止9 〔歲〕▼歳(旧)

止10 【歴】(14) 5年 音 レキ 訓 へる 旧字 止12 歷(16) 人名

筆順 一 厂 厈 厤 厤 歴 歴 歴

意味 ❶通り過ぎる。へる。また、経験してきた事柄。「歴史・履歴」❷順のとおりに行ってゆく。「歴任・遍歴」❸長い年代を経る。また、代々にわたって続く。「歴世・歴朝」❹明らかではっきりしているさま。れき。「歴然・歴歴・歴とした証拠」名付 つね・ふる・ゆき・れき

【歴世】(れきせい) 代々。歴代。

【歴戦】(れきせん) 何回も戦闘に参加した勇ましい経歴があること。「—の勇士」

【歴然】(れきぜん) はっきりとしているさま。

【歴訪】(れきほう) 方々の土地や人を次々に訪れること。

【歴歴】(れきれき) ①明らかではっきりしているさま。「勝算—」②家柄や身分・地位などの高い人。「政財界のお—が集まる」

〔齢〕▼歯5

止14 〔歸〕▼帰(旧)

歹 の部 がつへん かばねへん

歹0 【歹】(4) 音 ガツ 訓 —

意味 割れて残った骨。

歹2 【死】(6) 3年 音 シ 訓 しぬ

筆順 一 厂 歹 歹 歹 死

意味 ❶命がなくなる。しぬ。また、そのこと。し。「死体・死去・決死・死して後(のち)已(や)む」❷活動しない。「死角・死火山」❸非常な危険を冒す。「死守・死地」❹野球で、アウトのこと。「二死満塁」

参考 「死体」は「屍体」が書き換えられたもの。

【死角】(しかく) ①弾丸がうちこめる範囲にありながら、弾丸のとどかない範囲。②ある物にさえぎられて、見えない範囲。視死角。③身近にあっても、目が届かない範囲。

【死活】(しかつ) 死ぬか生きるかということ。「—問題(生死に関係する重大な問題)」「—にかかわる」

【死屍】(しし) 死体。しかばね。「—に鞭(むち)うつ(死んだ人を非難する)」▽「屍」は「死体」の意。

【死守】(ししゅ) 命がけで守ること。

【死線】(しせん) ①生死にかかわる危険で重要な境遇。「重病で—をさまよう」②牢獄(ろうごく)や捕虜収容所などの周囲にあって、許可なしにそれを牢獄や捕虜収容所側から越えると銃殺される線。

【死蔵】(しぞう) 利用しないで、むだにしまっておくこと。「書物を—する」

【死地】(しち) 死ぬべき場所。「—に赴(おもむ)く」▽非常こ

危険な場所・状況にたとえることもある。

【死物】(しぶつ) ①生命のないもの。②役に立たないもの。

【死文】(しぶん) 書いてはあるが、実際の効力のない法令・規則。「―と化する」

【死没】(しぼつ) 死ぬこと。▽「死歿」の書き換え字。

【死命を制する】(しめいをせいする) 相手の急所を押さえて相手の運命を自分の自由にすること。

歹4 **【歿】**(8) 音ボツ 訓しぬ　異体 歹4 殁(8)

意味 人が死ぬ。しぬ。「歿年・死歿」

参考「歿・戦歿・死歿・病歿」などの「歿」は「没」に書き換える。

【歿年】(ぼつねん) ①死んだときの年齢。行年(ぎょうねん)。②死んだときの年代・年号。▽「没年」とも書く。

歹4 **【殀】**(8) 音ヨウ 訓―

意味 年が若くて死ぬこと。若死に。「殀折(ようせつ)」

歹5 **【殃】**(9) 音オウ 訓わざわい

意味 災難。わざわい。「余殃(よおう)」

歹5 **【殆】**(9) 人名 音タイ 訓ほとんど

筆順 一 ア 万 歹 歹ム 歹ム 歹ム 殆

意味 ❶大部分。ほとんど。「殆どが賛成した」❷もう少しのところで。ほとんど。「殆ど死ぬばかりだった」❸あぶない。「危殆」 名付 ちか

歹5 **【殄】**(9) 音テン 訓―

意味 ことごとく滅びる。すべて滅ぼす。「殄滅(てんめつ)」

歹6 **【残】**(10) 4年 音ザン 訓のこる・のこす　旧字 歹8 殘(12)

筆順 一 ア 万 歹 歹 残 残 残

意味 ❶余ってあとにとどまる。のこる。また、そのこと。ざん。のこり。「残留・残金・敗残・居残り」❷余してあとにとどまらせる。のこす。「残念・名を残す」❸むごい。「残酷・無残」❹傷つけてだめにする。「残害」

【残骸】(ざんがい) ①物が焼けたりこわれたりしたあとの、役に立たなくなったその物。「自動車の―」②戦場・災害地などに残されている死体。

【残虐】(ざんぎゃく) 相手に対する行いが非常にむごたらしいこと。注意「残逆」と書き誤らないように。

【残酷】(ざんこく) むごたらしいさま。やり方があまりにもひどいと感じさせるようなさま。残虐(ざんぎゃく)。残忍。

【残滓】(ざんし・ざんさい) ①なくならずに残った不用なかす。②滅びずに今まで続いている、よくない事物。「封建時代の―」▽「ざんさい」は慣用読み。

【残照】(ざんしょう) ①入り日の光。夕日。②太陽が沈んだあとにまだ照りはえている夕日の光。

【残存】(ざんそん) まだ残っていること。「―する勢力」

【残務】(ざんむ) 目的とする仕事が終わっても、まだ処理が終わらずに残っている事務。「―整理」

【残余】(ざんよ) 処置をして残ったもの。のこり。あまり。「―の予算」

【残留】(ざんりゅう) ①人々が離れ去っても、残っていてとどまること。②あとに残っていること。「―物」

歹6 **【殊】**(10) 常用 音シュ 訓こと

筆順 ア 万 歹 歹 歹 殊 殊 殊

意味 ❶普通と違って特別であること。こと。「殊勲・特殊・殊の外」❷多くのものの中でも特別に。ことに。「殊更(ことさら)」 名付 こと・しゅ

【殊勲】(しゅくん) 非常にすぐれたてがら。「―を立てる」

【殊勝】(しゅしょう) 目下の人の行い・態度がけなげで感心なさま。奇特(きとく)。「―な心がけ」

歹6 **【殉】**(10) 常用 音ジュン 訓したがう

筆順 ア 万 歹 歹 殉 殉 殉 殉

意味 ❶死者に従って死ぬ。したがう。じゅんずる。「殉死」❷ある物事を守るために死ぬ。「殉職・殉教」

【殉教】(じゅんきょう) 信じる宗教のために、命を投げ出すこと。

【殉死】(じゅんし) 主君が死んだとき、忠誠をつくすために妻や臣下・従者がそのあとを追って自殺すること。

【殉職】(じゅんしょく) 職務の遂行中に命を失うこと。

歹7 【殍】(11) 音 ヒョウ・フ 訓 ―
意味 飢え死に。餓死。

歹8 【殖】(12) 常用 音 ショク 訓 ふえる・ふやす
筆順 一 ア 歹 歹 歼 殖 殖 殖
意味 ❶数量が多くなる。ふえる。また、そのようにする。ふやす。「殖産・繁殖」❷豊かなたくわえ。「学殖」❸人を移住させる。「殖民」
名付 しげる・しょく・たね・のぶ・ます
参考 ⑴ふえる⇩「増」の[使い分け]。⑵❸の意味では「植」とも書く。
【殖財】(しょくざい) 利益をあげて財産をふやすこと。
【殖産】(しょくさん) ①生産物をふやすこと。②産業を盛んにすること。「―銀行」③財産をふやすこと。

歹8 【殕】(12) 音 フウ・ボク 訓 ―
意味 ❶物が腐る。❷倒れる。

歹10 【殞】(14) 音 イン 訓 ―
意味 ❶下に落ちる。❷命を落とす。死ぬ。

歹11 【殤】(15) 音 ショウ 訓 ―
意味 若死にする。

歹12 【殪】(16) 音 エイ 訓 たおれる
意味 殺す。たおす。また、死ぬ。たおれる。

歹12 【殫】(16) 音 タン 訓 ―
意味 ❶すっかりなくなる。❷ことごとく。

歹14 【殯】(18) 音 ヒン 訓 あらき・もがり
意味 埋葬するまでの間、遺体を棺におさめて安置しておくこと。あらき。もがり。「殯宮」

歹17 【殲】(21) 音 セン 訓 ほろぼす 異体 歹15 殱(19)
意味 皆殺しにする。ほろぼす。「殲滅」
【殲滅】(せんめつ) みな殺しにしてすっかり滅ぼすこと。

殳 の部 ほこづくり るまた

殳0 【殳】(4) 音 シュ 訓 ―
意味 武器の、ほこ。

殳4 【殴】(8) 常用 音 オウ 訓 なぐる 旧字 殳11 毆(15)
筆順 一 フ ヌ 区 区 区 殴 殴
意味 強く打つ。たたく。なぐる。「殴打」
【殴殺】(おうさつ) なぐり殺すこと。撲殺(ぼくさつ)。
【殴打】(おうだ) 激しくなぐること。注意 「欧打」と書き誤らないように。

殳5 【段】(9) 6年 音 ダン・タン 訓 ―
筆順 ノ 亻 F 阝 阝 阝 阝 段 段
意味 ❶上下に区切られた一つ一つの台。また、台を重ねたようになっていて昇り降りができるようにしたもの。だん。「石段・階段」❷まとまっているものの区切り。だん。「段落・前段」❸能力・品質の区分。だん。「格段・段違い」❹やり方。「手段・段取り」❺碁・将棋・武道などで、能力による等級。だん。「初段・有段者」❻事柄。だん。「無礼の段」❼場合。だん。「いざ書く段になると」❽田畑・山林などの面積の単位。一段(たん)は三百歩(ぶ)(坪)で、一町の十分の一。たん。
参考 ❽の意味では「反(たん)」とも書く。
【段落】(だんらく) ①長い文章中の内容上の切れ目。②転じて、物事のくぎり。

殳6 【殷】(10) 印標 音 イン 訓 さかん
意味 ❶盛んである。さかん。「殷賑(いんしん)・殷盛」❷大きな音が盛んに鳴り響く。「殷雷・殷殷」❸ていねいである。「殷勤(いんぎん)」❹中国の古代の王朝の名。夏(か)に次ぐ王朝で、紀元前一〇〇〇年ごろ滅びた。「殷鑑」
【殷殷】(いんいん) 雷や大砲などの大きな音が鳴り響くさま。「―たる砲声」
【殷鑑遠からず】(いんかんとおからず) 戒めとすべき失敗の前例は身近にあるということ。▽「鑑」は「戒めとすべき教え」の意。殷(いん)の紂王(ちゅうおう)にとって、前代の夏(か)の桀王(けつおう)の失敗は戒めとせねばならないということから。
【殷賑】(いんしん) 産業や繁華な町が、活気にあふれ栄えにぎわっていること。「―をきわめる」

殳6
【殺】(10) 5年
旧字 殳7 殺(11)

音 サツ・サイ・セツ 訓 ころす・そぐ

筆順 ノ メ 㐅 杀 杀 杀 杀 杀 殺 殺

意味 ❶生命を絶つ。ころす。「殺害・暗殺」❷減らす。また、なくす。そぐ。「抹殺・相殺(そうさい)」❸意味を強めることば。「忙殺・悩殺」

【殺傷】(さっしょう) 殺したり傷つけたりすること。

【殺到】(さっとう) 一度にたくさんの人や物が、勢いよく押し寄せること。「注文が―する」注意「殺倒」と書き誤らないように。

【殺伐】(さつばつ) 気風や気分が、温かみがなく荒々しいこと。▽「伐」は「討ち殺す」の意。

【殺風景】(さっぷうけい) ①けしきや様子などが無風流で趣がないこと。②おもしろみがなく、俗っぽいこと。

【殺戮】(さつりく) 多くの人々をむごたらしく殺すこと。▽「戮」も「殺す」の意。

【殺生】(せっしょう) ①生き物を殺すこと。▽仏教では十悪の一つ。②相手に対する行いがむごたらしいこと。「それは―な話だ」

参考熟語 殺陣(たて)

殳7
【殻】(11) 常用
旧字 殳8 殼(12)

音 カク 訓 から

筆順 士 声 声 壳 壳 壳 殻 殻

意味 ❶物をおおっている堅いもの。から。「地殻・甲殻・貝殻(かいがら)」❷中身がなくなって残った外側のもの。から。「籾殻(もみがら)・抜け殻」名付 かく・から

殳7〔殺〕▶殺㊐
殳8〔殼〕▶殻㊐

殳9
【毀】(13) 常用
異体 殳9 毀(13)

音 キ 訓 こぼつ・こわす

筆順 亻 们 臼 臼 臼 皇 毀 毀

意味 ❶こわして害を与える。こわす。こぼつ。「毀損・破毀」❷悪口をいう。そしる。「毀誉褒貶(きよほうへん)」

参考 「破毀」の「毀」は「棄」に書き換える。

【毀損】(きそん) ①物をこわすこと。また、物がこわれること。②名誉などを不当にけがすこと。「名誉―」

【毀誉褒貶】(きよほうへん) ①ほめることと、悪くいうこと。②さまざまな世評。▽「毀誉」は「悪口と、ほめことば」、「褒貶」は「ほめることと、けなすこと」の意。

殳9
【殿】(13) 常用

音 デン・テン 訓 との・どの・しんがり

筆順 尸 尸 屏 屈 展 展 殿 殿

意味 ❶大きくりっぱな建物。また、貴人の住居。「殿舎・殿中・神殿・御殿(ごてん)」❷主君・城主を敬って呼ぶことば。との。「殿様(とのさま)」❸男が相手の男を敬っていうことば。「貴殿」❹列や順番などのいちばんあと。しんがり。「殿軍」❺女が男を敬っていうことば。との。「殿方(とのがた)・殿御(とのご)」❻姓名・身分などを表すことばの下につけて、敬意を表すことば。どの。「社長殿・山田殿」

名付 でん・との

参考 「沈殿」の「殿」は「澱」が書き換えられたもの。

【殿堂】(でんどう) 大きく堂々としている建物。また、ある分野の中心となる建物。「美術の―」

【殿方】(とのがた) 女性が一般の男性をさしていう語。

殳11
【毅】(15) 人名

音 キ 訓 つよい

筆順 立 产 豸 豙 豙 豙 毅 毅

意味 意志が強くてしっかりしている。つよい。「剛毅」名付 かた・き・ぎ・こわし・さだむ・しのぶ・たか・たけ・たけし・つよ・つよき・つよし・とし・のり・はたす・み・よし

【毅然】(きぜん) 意志が強く、物事に動じないさま。

〔馨〕▶香11
殳11〔毆〕▶殴㊐

毋 の部 なかれ

毋0
【毋】(4)

音 ブ・ム 訓 なかれ

意味 禁止を表すことば。…してはいけない。…するな。なかれ。

参考「なかれ」はふつう「勿れ」と書く。

毋1
【母】
(5) 2年 音 ボ・モ 訓 はは

筆順 ㄑ ㄐ 母 母 母

意味 ❶女親。はは。また、女親に類する女。↕父。「母乳・父母・祖母・母上（ははうえ）」❷自分が所属するところ。また、自分の出身地。「母船・母校」❸物を作り出すもとになるもの。「母型・酵母」

参考「保母」の母は「姆」が書き換えられたもの。

【母型】（ぼけい）活字を鋳造する時に使う、金属製の字型。字母。

【母船】（ぼせん）一団の漁船がとった漁獲物を、加工処理または保存する設備をもった船。親船。

【母体】（ぼたい）①母親としての女性のからだ。②その団体などの現在の形のもとになっているもの。「大学を―とする高校」

【母胎】（ぼたい）母親の胎内。「発明の―」▽物事を作り出す元となるものにたとえることもある。

【母堂】（ぼどう）他人を敬ってその母をいうことば。

参考熟語 母衣（ほろ） 母さん（かあさん） 母屋（おもや・もや） 母家（おもや・もや） 母音（ぼいん・ぼおん）

母

毋2
【毎】
(6) 2年 旧字 毋3 每 (7) 人名

音 マイ 訓 ごと

筆順 ノ ⺈ 𠂉 毎 毎 毎

意味 ❶そのたびに。ごと。「毎度・毎日・一雨毎に」❷どれもみな。ごと。「家毎に」 名付 かず・つね・まい

毎

毋4
【毒】
(8) 5年 音 ドク 訓 ―

筆順 一 十 キ 主 圭 毒 毒 毒

意味 ❶生命や健康を害するもの。どく。「毒草・病毒・中毒・毒を以（もっ）て毒を制す」❷飲むと死ぬ危険がある薬物。毒薬。どく。「服毒・毒を仰ぐ」❸ためにならず、害になるもの。どく。「害毒」❹悪い影響を与え傷つける。どくする。「毒舌・毒婦・青少年を毒する」

【毒牙】（どくが）①毒液を出す、毒蛇（どくじゃ）などのきば。②邪悪で憎むべきしうち。毒手。「悪人の―にかかる」

【毒舌】（どくぜつ）辛辣（しんらつ）な皮肉や悪口。また、それをずけずけということ。「―家」

【毒筆】（どくひつ）悪意・皮肉を含んだ文章を書くこと。また、その文章。「―をふるう」

【貫】▶貝4　毋9【毓】▶育 異

毒

比 の部 くらべる

比0
【比】
(4) 5年 音 ヒ 訓 くらべる・ころ・ならべる

比

筆順 一 ヒ ヒ' 比

意味 ❶優劣・大小・相似などを調べ考える。ひする。くらべる。「比較・比喩（ひゆ）・対比」❷同類のもの。ひ。「比類・無比・その比を見ない」❸同類の物を並べる。ならべる。「比肩・比翼」❹ある数量の、他の数量に対する割合。ひ。「比例・比重」❺ある時刻の、漠然とした前後の時間。ころ。❻フィリピンのこと。「比国・日比」 名付 たか・たすく・ちか・つね・とも・ひ・ひさ

参考 (1)❺の「ころ」は「頃」とも書く。(2)❻は「比律賓（フィリピン）」の略から。(3)ひらがな「ひ」、カタカナ「ヒ」のもとになった字。

【比較】（ひかく）（第三者の立場から）くらべること。

【比肩】（ひけん）それに対等の関係で匹敵すること。「―する者がいない」

【比喩】（ひゆ）あるものごとを表現・説明するのに、似たところのある他のものごとを借りて述べること。

【比翼連理】（ひよくれんり）翼が一つで、雌雄が並んではじめて飛ぶことができる鳥と、くっついて一つになっている二本の木の枝。「―の契り」▽夫婦・男女の愛情が深くていつまでも変わらないことにたとえる。

【比類】（ひるい）他と比べられるもの。「―のない名作」

参考熟語 比目魚（ひらめ） 比律賓（フィリピン）

【昆】▶日4　【此】▶止2

比5
【毘】
(9) 人名 音 ビ 訓 ―

異体 比5 毗 (9)

毘

4画

筆順 毘

意味 梵語(ぼんご)の「ビ」の音を表すのに用いた字。「毘沙門(びしゃもん)」

【毘沙門】(びしゃもん)「毘沙門天」の略。七福神の一。

〔皆〕▼白4

毛の部 け

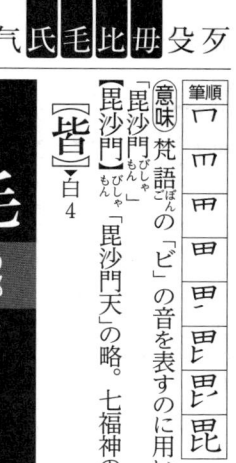

毛0 【毛】(4) 2年 音モウ 訓け

筆順 ノ 二 三 毛

意味 ❶人や動物のからだに生える、け。「毛髪・毛筆・羽毛・毛細管」❷作物ができること。「不毛・二毛作」❸織物の原料としての羊毛。また、羊毛製品。け。「純毛・毛織り」❹割合の単位。一毛(もう)は一割の千分の一。もう。❺尺貫法の、長さの単位。一毛(もう)は一寸の千分の一。もう。❻尺貫法の、重さの単位。一毛(もう)は一匁(もんめ)の千分の一。もう。❼昔の金銭の単位。一毛(もう)は一銭(せん)の百分の一で、一厘(りん)の十分の一。もう。名付 け・もう

参考 ひらがな「も」、カタカナ「モ」のもとになった字。

【毛氈】(もうせん) ひつじ・やぎ・らくだなどの毛を加工して布状にしたもの。敷物に用いる。

【毛頭】(もうとう) 少しも。決して。「そんなことは—ない」

参考熟語 毛莨(きんぽうげ)

〔尾〕▼尸4

毛4 【毟】(8) 〈国字〉 音— 訓むしる

意味 指でつかんで引き抜く。むしる。「毟り取る」

参考 「挘る」とも書く。

〔耗〕▼耒4

毛7 【毬】(11) 人名 音キュウ 訓いが・まり

筆順 ノ 彡 毛 毬

意味 ❶遊戯に用いる丸い球。まり。「打毬・毬藻(まりも)」❷くりなどの実を包むとげのある外皮。いが。

参考 ❶の「まり」は「鞠」とも書く。名付 きゅう・まり

【毬栗】(いがぐり) ①いがに包まれたままのくりの実。②「いがぐり頭(短く丸刈りにした頭)」の略。

毛7 【毫】(11) 印標 音ゴウ 訓—

意味 ❶非常に細い毛。「毫末」❷非常にわずかであること。ごう。「寸毫・毫も反省しない」❸筆のこと。「揮毫」❹尺貫法の、重さ・長さの単位。一毫(ごう)は一釐(り)の十分の一。ごう。

【毫末】(ごうまつ) ごくわずかなこと。「—の不安もない」

毛7 【⿰扌毟】(11) 〈国字〉 音— 訓むしる

意味 つかんで引きぬく。むしる。

毛8 【毳】(12) 音ゼイ 訓けば

意味 ❶薄く短く生えた柔らかい毛。❷こすれて紙・布などの表面にできた、細く柔らかい毛。けば。

参考 ❷の「けば」は「毛羽」とも書く。

毛8 【毯】(12) 音タン 訓—

意味 毛や綿で織った敷物。カーペット。「絨毯(じゅうたん)」

毛8 〔毱〕▼鞠 異

毛13 【氈】(17) 音セン 訓—

意味 毛で織った敷物。「毛氈」

参考熟語 氈鹿(かもしか)

氏の部 うじ

氏0 【氏】(4) 4年 音シ 訓うじ

筆順 ノ 𠂆 𠂉 氏

意味 ❶同一血族の集団。うじ。し。「氏族・氏名・姓氏・氏神(うじがみ)」❷人の姓につけて敬意を表すことば。し。「某氏・無名氏・山田氏」❸前に紹介した人をさし示すことば。し。「氏の言によれば」

名付 うじ・し

4画

【氏神】(うじがみ) ①一門一族の祖先として祭る神。②村や町などの一定の地域を守護する神。産土神(うぶすながみ)。

【氏族】(しぞく) 同じ祖先から出た人々の集まり。

氏1 【民】(5) 4年 音ミン 訓たみ

筆順 フ コ 巳 巳 民

意味 ❶官位などのない一般の人々。「民家・民営・住民・庶民・避難民」❷国家・社会を構成する人々。たみ。「民政・民主・国民・民の声(たみのこえ)」

名付 たみ・ひと・み・みん・もと

【民意】(みんい) 人民の意志。「—に問う」

【民営】(みんえい) 民間の経営であること。

【民事】(みんじ) 刑事に対して、私人と私人との間の生活関係に関する事柄。「—訴訟」

【民情】(みんじょう) 国民の生活の実際のありさま。

【民心】(みんしん) 国民の気持ち。「—が政府を離れる」

【民政】(みんせい) 軍政に対して、一般の人による政治。

【民生】(みんせい) 衣・食・住などの国民の生活。「—の安定」

【民俗】(みんぞく) 民間に古くから伝わる風俗・習慣など。

【民度】(みんど) 一般国民の生活程度。

【民望】(みんぼう) ①国民の希望。「—にこたえる」②国民から寄せられる信頼・人気。

氏4 【氓】(8) 音ボウ 訓—

意味 他国から流れてきた移住民。「蒼氓(そうぼう)」

气の部 きがまえ

4画

气0 【气】(4) 音キ 訓—

意味 水蒸気。また、湯気。

气2 【気】(6) 1年 旧字 气6 氣(10) 人名

音キ・ケ 訓—

筆順 ノ 𠂉 ⺈ 气 気 気

意味 ❶ガス。また、空間にあって目に見えないもの。き。「気体・気温・気運・生気・殺伐の気」❷風雨・寒暑などの自然現象。「気候・天気」❸呼吸。き。「気管・気息」❹心の働き・状態。き。「気力・気鋭・勇気・病気・悪気(わるぎ)」❺陰暦で、一年を二十四分した一期間。「二十四節気」❻そのような要素が感ぜられる様子。け。「色気(いろけ)・人気(ひとけ)・食い気」名付 おき・き・け

【気宇】(きう) 心・気構えの広さ。「—広大」

【気運】(きうん) そうなりそうな、世間一般の情勢。

使い分け「きうん」

気運…社会や人々の全体的な動きにいう。「戦争回避の気運が高まる・復興の気運が盛り上がる」

機運…物事をするよい時機にいう。「合併の機運が熟す」

【気鋭】(きえい) 意気込みが鋭いこと。「新進—」

【気炎万丈】(きえんばんじょう) 意気が非常に盛んであること。▽「意気の炎の高さが万丈である」の意。

【気化】(きか) 液体や固体から気体にかわること。

【気概】(きがい) 自分の信ずるところを堅く守り、物事をやり遂げようとする強い意気。「—のある青年」注意「気慨」と書き誤らないように。

【気候】(きこう) ある地域の、長期間にわたる温度・湿度・風向・晴雨などの天気の総合状態。

【気骨】㊀(きこつ) 正義や信念を守って自分の考えを変えない意気。「—のある人」㊁(きぼね) 心づかい。気苦労。「—が折れる(気疲れする)」

【気色】㊀(きしょく) ①顔に表れた、快・不快の気持ちのさま。「—をうかがう」②気分。「—が悪い」㊁(けしき) 態度・表情などに表れた、心の状態。「—ばむ」

【気随】(きずい) 気まま。好き勝手。「—気ままに暮らす」

【気息奄奄】(きそくえんえん) 衰えたり非常に苦しかったりして、今にも死にそうなさま。▽「奄奄」は息が絶えそうな様子を形容することば。

【気転】(きてん) すぐにうまい考えを出す、心の機敏な働き。「—がきく」▽「機転」とも書く。

【気魄】(きはく) 他に対して恐れたり屈したりしない激しい精神力。「—に満ちている」▽「魄」は「精神」の意。「気迫」とも書く。

【気脈を通ずる】(きみゃくをつうずる) 物事をするために互いの意志を通じ合わせること。▽「気脈」は「血が通う筋道」の意。

参考熟語 気障(きざ) 気質(きしつ・かたぎ) 気風(きふう・きっぷ) 気分

まぎれ

气4【氛】(8) 音フン 訓―

意味 ❶たちこめる、もや。❷気配。また、悪い気配。

气6【氤】(10) 音イン 訓―

意味 天地の気がたちこめるさま。

气6【氣】▼気㊐

水(氵)(氺)の部 みず・さんずい したみず

水0【水】(4) 1年 音スイ 訓みず

筆順 亅 刁 氺 水

意味 ❶みず。「水圧・水道・海水・断水・飲料水・水遊び」❷液状のもの。みず。「水銀・水薬(すいやく/みずぐすり)・化粧水・汗水(あせみず)」❸みずがたまったり流れたりする所。「水陸・水辺(すいへん/みずべ)・湖水・治水」❹水素のこと。「水爆・炭水化物」❺水曜日のこと。すい。名付 すい・み・みず・みな

【水運】(すいうん) 水路によって人や貨物を運送すること。

【水火】(すいか) ①火と水。「―の仲」▽仲が悪いことにたとえる。②洪水(こうずい)と、火事。「―の難」③水におぼれたり火に焼かれたりする苦しみ。「―も辞せず」

【水魚の交わり】(すいぎょのまじわり) 水と魚の関係のように、切り離すことのできない親密な関係のこと。▽中国の三国時代、蜀(しょく)の君主の劉備(りゅうび)が「みなしごのような私に親しい諸葛亮(しょかつりょう)がいるのは、ちょうど魚に水があるようなものだ」といったことから。

【水準】(すいじゅん) ①価値・働きの程度。また、その標準となる程度。「生活―」②地形・建物などの面が水平かどうかをはかり調べること。「―器」

【水都】(すいと) 川や湖があって生活にそれらを利用している、けしきのよい都市。

【水道】(すいどう) ①上水道・下水道の総称。②飲料水・工業用水などを供給する設備。上水道。③海峡。

【水泡】(すいほう・みなわ) 水のあわ。「―(すいほう)に帰する(せっかくの努力がむだになることを形容することば)」

【水利】(すいり) ①水上運送の便。②水を飲料・灌漑(かんがい)などに利用すること。

【水練】(すいれん) 水泳。また、水泳術。「畳の上の―(役に立たない物事)」

【水茎】(みずぐき・すいけい) ①筆。「―の跡(筆跡)」②手紙。

【水無月】(みなづき) 陰暦六月のこと。

参考熟語 水夫(かこ・すいふ) 水鶏(くいな) 水母(くらげ) 水際(みぎわ・みずぎわ)

水1【永】(5) 5年 音エイ 訓ながい・とこしえ

筆順 丶 亠 刁 永 永

意味 ❶時間が長く久しい。ながい。「永続・永日・日永(ひなが)」❷限りなく続くさま。とこしえ。「永久・永眠」名付 えい・つね・とお・なが・ながし・のぶ・のり・はるか・ひさ・ひさし

参考 ながい⇩「長」の[使い分け]。

【永劫】(えいごう) 非常に長い年月。「未来―」▽「劫」は、仏教で、非常に長い時間の単位。

【永日】(えいじつ) 昼間の長い、春の日のこと。

【永字八法】(えいじはっぽう) 「永」の字の字画に備わっている八種類の筆法。漢字を書くときの基本の筆法のすべてが含まれているという。

【永世】(えいせい) この世が続く限り。「―中立国」

【永続】(えいぞく) いつまでも長く続くこと。長続き。

【永代】(えいたい) 代々にわたって永久に続くこと。「―供養料」注意 「えいだい」と読み誤らないように。

【永眠】(えいみん) 人が死ぬこと。永逝(えいせい)。「―の地」

参考熟語 永遠(とこしえ・えいえん) 永久(とわ・とこしえ・とこしなえ・えいきゅう)

水1【氷】(5) 3年 異体 冫4【冰】(6) 音ヒョウ 訓こおり・ひ・こおる

筆順 亅 刁 刁 氵 氷

意味 水がこおる。また、こおり。ひ。「氷結・氷山・流氷・薄氷(はくひょう/うすごおり)・氷雨(ひさめ)」名付 ひ・ひょう

参考 「こおる」はふつう「凍る」と書く。

4画

【氷雨】(ひさめ) ①冷たい雨。②あられのこと。

【氷解】(ひょうかい) 氷が溶けてなくなるように、疑問や疑いがすっかりなくなること。氷釈。

【氷結】(ひょうけつ) 液体が氷になること。こおりつくこと。

【氷山の一角】(ひょうざんのいっかく) 表立って現れたことは、全体のほんの一部にすぎないことのたとえ。

【氷人】(ひょうじん) 男女の仲をとりもつ人。月下氷人。

【氷炭相容れず】(ひょうたんあいいれず) 氷と炭のように、性質がまったく異なっていて一致しないこと。

【氷嚢】(ひょうのう) 水や氷を入れて患部を冷やすふくろ。

参考熟語 氷柱(つらら・ひょうちゅう) 氷室(ひむろ)

水2
【求】(7)
4年 音 キュウ・グ 訓 もとめる

筆順 一 寸 寸 才 求 求 求

求

意味 ❶ほしいと望んで探す。もとめる。「求職・追求・欣求(ごんぐ)」❷他の人に望む。もとめる。「求刑・要求」
名付 きゅう・ひで・まさ・もと・もとむ
【求刑】(きゅうけい) 被告人に対する刑罰を、検察官が裁判長に請求すること。
【求道】(ぐどう・きゅうどう) 一 仏教で、真理を求めて修行すること。二 仏道の正しい道理を求めること。「―者(しゃ)」

氵2
【汁】(5)
常用 音 ジュウ 訓 しる

汁

筆順 、 ⺀ 氵 氵 汁

意味 ❶物の中の液体。また、それがにじみ出たり、それを絞り出したりしたもの。しる。「果汁・墨汁」❷吸い物。しる。「汁粉(しるこ)・味噌汁(みそしる)」
名付 じゅう・つら

氵2
【汀】(5)
人名 音 テイ 訓 なぎさ・みぎわ

筆順 、 ⺀ 氵 氵 汀

汀

意味 ❶波の打ち寄せるところ。なぎさ。「長汀曲浦(きょくほ)」❷川・海・湖などの、水のそば。みぎわ。
名付 てい・なぎさ・みぎわ
参考 ❶の「なぎさ」は「渚」とも書く。
【汀渚】(ていしょ) ①水ぎわ。なぎさ。②中州。

氵2
【氾】(5)
常用 音 ハン 訓 ―

筆順 、 ⺀ 氵 氵 氾

氾

意味 水があふれて広がる。「氾濫(はんらん)」
【氾濫】(はんらん) ①水があふれて洪水(こうずい)になること。②物がたくさん出回ること。「悪書の―」

氵3
【汚】(6)
常用 異体 氵3 汙(6)

汚

音 オ 訓 けがす・けがれる・けがらわしい・よごす・よごれる・きたない

筆順 、 ⺀ 氵 氵 氵 汚

意味 ❶どろ・ほこりなどがついたり乱雑・不当であったりして不快である。けがらわしい。きたない。「汚水・汚物・金に汚い」❷美しいもの・価値のあるものなどをきたなくする。よごす。けがす。また、そのようになる。よごれる。けがれる。「汚職・汚染・末席を汚(けが)す」

参考 ❷の「けがす」「けがれる」はそれぞれ「穢す」「穢れる」とも書く。

【汚職】(おしょく) 職権を利用して不正な利益をえること。▽「瀆職(とくしょく)」の言いかえ語。

【汚辱】(おじょく) 名誉をけがすこと。はずかしめ。

【汚染】(おせん) 空気・水・食料などが、細菌・放射能・ガスなどの有毒物質におかされること。「大気―」

【汚損】(おそん) よごして傷つけること。また、よごれて傷つくこと。

【汚濁】(おだく・おじょく) よごれてにごること。「―の世」▽「おじょく」は仏教関係での読み方。

【汚点】(おてん) ①よごれ。しみ。②不名誉な事柄。きず。「歴史に―を残す」

【汚名】(おめい) 不名誉な悪い評判。「―をすすぐ」

【汚穢】(おわい) きたないもの。特に大小便のこと。

氵3
【汗】(6)
常用 音 カン 訓 あせ

筆順 、 ⺀ 氵 氵 氵 汗

汗

意味 ❶暑いときなどに皮膚から出る分泌物。あせ。「汗顔・発汗・冷汗(れいかん・ひやあせ)」❷労働・運動をしてあせを出す。あせする。「汗牛充棟・額に

4画

汗する」❸蒙古(もうこ)族の首長の名につけたことば。「成吉思汗(ジンギスカン)」

【汗顔】(かんがん) 顔に汗をかくほどに、非常に恥ずかしく思うこと。「―の至り」

【汗牛充棟】(かんぎゅうじゅうとう) 個人の蔵書が非常に多いこと。▽「車に積んで牛に引かせると牛が汗を流し、室内にしまいこむとその高さは棟(むね)まで届く」の意。

【汗馬の労】(かんばのろう) 世話をして忙しくあちこちとかけまわる苦労。「―もいとわず」▽「汗馬」は「馬を走らせて汗をかかせる」の意。

参考熟語 汗疹(あせも・かんしん) 汗疣(あせも)

氵3 【江】(6) 常用 音 コウ 訓 え

筆順 江

意味 ❶大きな川。「江畔」❷海・湖が陸地にはいり込んだところ。え。「入り江」❸中国の長江(ちょうこう)のこと。「江湖・長江」 名付 え・こう・きみ・ただ・のぶ

参考 カタカナ「エ」のもとになった字。

【江湖】(こうこ) 世の中。世間。「―の批判を仰ぐ」▽中国の長江(ちょうこう)と洞庭湖(どうていこ)のことから。

参考熟語 江浦草(つくも)・揚子江(ようすこう)

水3 【汞】(7) 音 コウ 訓 ―

意味 水銀。「昇汞(しょうこう)」

氵3 【汕】(6) 音 サン 訓 ―

意味 魚が泳ぐさま。

氵3 【汝】(6) 人名 音 ジョ 訓 なんじ

筆順 汝

意味 同輩または目下の人を呼ぶときのことば。おまえ。なんじ。「汝輩(なんじがはい)・汝らに告ぐ」 名付 じょ・な

参考「なんじ」は「爾」とも書く。

氵3 【汐】(6) 人名 音 セキ 訓 しお

筆順 汐

意味 ❶海の水。しお。「潮汐・夕汐(ゆうしお)」❷物事をするのに最もよい機会。しお。 名付 しお・せき

参考 もと、「汐」は「夕しお」、「潮」は「朝しお」の意。

氵3 【池】(6) 2年 音 チ 訓 いけ

筆順 池

意味 地面を掘って水をためておく所。また、自然の窪地(くぼち)に河水などがたまったもの。いけ。「池沼・電池・貯水池・金城湯池」 名付 いけ・ち

【池沼】(ちしょう) 池と沼。

氵3 【汢】(6) 〈国字〉 音 ― 訓 ぬた

意味 沼地。湿地。ぬた。

氵3 【汎】(6) 常用 音 ハン 訓 ひろい

筆順 汎

意味 ❶広く全体にわたっている。ひろい。「汎用・汎論・広汎」❷水があふれる。「汎濫(はんらん)」❸全体の。「汎アメリカ主義」 名付 ひろ・ひろし・ひろむ・みな

参考「広汎」の「汎」は「範」に書き換えてもよい。

【汎称】(はんしょう) 同じ種類に属する物を一まとめにして呼ぶこと。また、そのときの名称。

【汎用】(はんよう) 広くいろいろな方面に使うこと。「―ソフト」

【汎論】(はんろん) ①全般に通ずる論。②その分野の全体にわたって述べた論。通論。

氵4 【汪】(7) 音 オウ 訓 ―

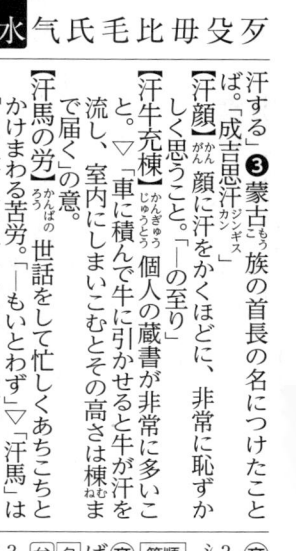

意味 ❶水量が豊かなさま。「汪洋」❷涙があふれるさま。

氵4 【汽】(7) 2年 音 キ 訓 ―

筆順 汽

意味 水の蒸発したもの。水蒸気。「汽船・汽笛」

【汽缶】(きかん) ボイラー。▽「汽罐」の書き換え字。

氵4 【沂】(7) 音 キ・ギ 訓 ―

意味 ❶川の名。中国の山東省を流れる。沂

水(すいぎ)。❷ふち。ほとり。

氵4
【汲】(7)
人名 音キュウ 訓くむ

筆順 丶 冫 氵 氵丿 汈 汲 汲

意味 ❶水などをすくう。くむ。また、そうして他の器に移す。くむ。「汲水・汐汲(しおくみ)」❷他人の事情や気持ちなどを推しはかる。くむ。❸↓汲汲(きゅうきゅう) 名付 きゅう・くみ

【汲汲】(きゅうきゅう) あくせくして、それだけをいっしょうけんめいに行うさま。「金もうけに―とする」

汲

氵4
【決】(7)
3年 音ケツ 訓きめる・きまる
異体 氵4 决(6)

筆順 丶 冫 氵 氵フ 氵コ 泱 決

意味 ❶一つのことに定める。けっする。きめる。また、そのようになる。けっする。きまる。「決定・決勝・解決・自決・意を決する」❷論議したあとに可否を定める。また、そのこと。けつ。「決議・採決・決を取る」❸堤が切れて水があふれ出る。けっする。「決潰・決壊・決裂」❹恐れずに思い切って行うさま。「決起・決然」名付 けつ・さだ

参考 ⑴「きめる」「きまる」は「極める」「極まる」とも書く。⑵「決起」の「決」は「蹶」が、また、「決別」の「決」は「訣」が書き換えられたもの。

【決潰・決壊】(けっかい) 堤防が切れてくずれること。
注意「欠壊」と書き誤らないように。

【決河の勢い】(けっかのいきおい) 堤防が切れて水があふれ出るような激しい勢い。▽「決河」は「大水などで河水が堤防を破ってあふれ出る」の意。

【決起】(けっき) ある目的のために行動を起こすこと。▽「蹶起」の書き換え字。

【決議】(けつぎ) 会議で、あることがらを決めること。また、決定した意見や条項。議決。

【決済】(けっさい) 代金を支払い売買を完了すること。

【決裁】(けっさい) 上位の者が部下の出した案のよしあしを決めること。裁決。

【決然】(けつぜん) きっぱりと覚悟を決めるさま。

【決着】(けっちゃく) 決まりがついて終わりになること。「ぎりぎり―」▽「結着」と書くこともある。

【決別】(けつべつ) 別れること。▽「訣別」の書き換え字。

【決裂】(けつれつ) 話し合いがつかず、会議や交渉が打ち切りになること。注意「欠裂」と書き誤らないように。

決

氵4
【沍】(7)
音ゴ 訓―

意味 水が凍る。「沍寒」

沍

氵4
【沙】(7)
常用 音サ・シャ 訓すな・いさご

筆順 丶 冫 氵 氵丨 氵小 沙 沙

意味 ❶すなはら。「沙漠(さばく)」❷すな。いさご。❸水で洗い分けて取り除く。「沙汰(さた)」名付 すな・さ

参考 ❶❷はふつう「砂」と書く。

【沙翁】(さおう) イギリスの作家シェークスピアのこと。

沙

【沙汰】(さた) ①たより・知らせ。「音(おと)―」②評判。うわさ。「取り―」③行い。また、普通ではないしわざ。「刃傷(にんじょう)―」④善悪・是非を論じ定めること。また、その結果としての命令・指示。「追って―する」▽「汰」も「水で洗って選び分ける」の意。

【沙門】(しゃもん) 出家して修行する人。僧侶。桑門。

【沙羅双樹】(さらそうじゅ・しゃらそうじゅ) ①木の一種。インド原産。沙羅樹。②釈迦(しゃか)が入滅したとき、その地に生えていたという「沙羅双樹①」。四方に二本ずつあったという。▽「娑羅双樹」とも書く。

参考熟語 沙子(いさご) 沙蚕(ごかい) 沙室(シャム) 沙魚(はぜ)

氵4
【沚】(7)
音シ 訓―

意味 川の中の小さな州(す)。中州。

沚

氵4
【沁】(7)
印標 音シン 訓しみる

意味 刺激を受けてつらいと思う。しみる。「沁沁(しみじみ)」

沁

氵4
【汰】(7)
常用 音タ・タイ 訓―

筆順 丶 冫 氵 氵一 汁 汏 汰

意味 水に入れ揺すって選び分ける。「淘汰(とうた)・沙汰(さた)」名付 た・たい

汰

氵4
【沢】(7)
常用 音タク 訓さわ
旧字 氵13 澤(16)

沢

4画

筆順 、 冫 氵 氵 沢 沢 沢

意味 ❶湿地。さわ。「山沢・沼沢」❷豊かな恵み。「恩沢・聖沢」❸数量が多い。「沢山・潤沢」❹つや。「光沢」❺山あいの谷。さわ。「沢歩き」

名付 さわ・たく

参考熟語 沢瀉(おもだか) 沢庵(たくあん・たくわん)

氵4 **【沖】** (7) 4年 音 チュウ 訓 おき

異体 氵4 冲 (6)

筆順 、 冫 氵 氵 沪 沪 沖

意味 ❶岸から遠く離れた海上または湖上。おき。「沖釣(おきづ)り」❷高く飛び上がる。ちゅうする。「沖天」❸推し流す。「沖積世」 名付 おき・ちゅう・ふかし

【沖天(ちゅうてん)】空高く上がること。「―の勢い」

氵4 **【沈】** (7) 常用 音 チン・ジン 訓 しずむ・しずめる

筆順 、 冫 氵 氵 沪 沈 沈

意味 ❶水中にしずむ。また、そのようにする。しずめる。「沈船・沈殿・撃沈」❷基準となる面から下がる。しずむ。「沈下・沈溺(ちんでき)・日が沈む」❸元気をなくす。しずむ。「沈痛・沈淪(ちんりん)・消沈」❹落ち着いている。「沈着・沈黙・沈思黙考」❺静かである。「沈沈」 名付 ちん

【沈香(じんこう)】香木の一種。熱帯に産する。

【沈鬱(ちんうつ)】気分がめいって沈みふさぐこと。

【沈思(ちんし)】深く考え込むこと。「―黙考」

【沈潜(ちんせん)】①水底に沈み隠れること。②心を落ち着けてその物事に熱中し、深く考えること。

【沈滞(ちんたい)】活気がなくて意気があがらないこと。

【沈着(ちんちゃく)】落ちついていて動じないこと。「冷静―」

【沈痛(ちんつう)】悲しみに沈んで、心を痛めるさま。

【沈溺(ちんでき)】物事に心を奪われて、それにふけること。

【沈淪(ちんりん)】おちぶれること。零落(れいらく)。「―の身を嘆く」▽「淪」も「沈む」の意。注意「ちんろん」と読み誤らないように。

【沈黙(ちんもく)】だまっていること。「―を破る」

参考熟語 沈丁花(じんちょうげ・ちんちょうげ)

水4 **【沓】** (8) 人名 音 トウ 訓 くつ

筆順 丨 刀 水 水 沓 沓 沓

意味 ❶重なり合って込み合う。「雑沓」❷履物。くつ。「沓脱(くつぬ)ぎ」 名付 かず

参考 「雑沓」の「沓」は「踏」に書き換える。

氵4 **【沌】** (7) 人名 音 トン 訓 ―

筆順 、 冫 氵 氵 沍 沍 沌

意味 万物が形をなさず、もやもやしたさま。「混沌」

氵4 **【沛】** (7) 音 ハイ 訓 ―

意味 ❶水が勢いよく流れるさま。また、雨が盛んに降るさま。「沛然」❷たおれる。「顚沛(てんぱい)」

注意 旁(つくり)を「市(5画)」と書かない。

【沛然(はいぜん)】雨などが激しく盛んに降るさま。「雨―と降る」「―たる驟雨(しゅうう)に見舞われる」▽「しぜん」と読み誤らないように。

氵4 **【泛】** (7) 音 ハン 訓 うかぶ・うかべる

意味 ❶うかぶ。また、うかべる。❷広くおおう。「泛称(汎称)」

参考熟語 泛子(うき)

氵4 **【汾】** (7) 音 フン 訓 ―

意味 川の名。中国の山西省を流れる。汾水(ふんすい)。

氵4 **【汨】** (7) 音 ベキ 訓 ―

意味 川の名。中国の湖南省に源を発する。汨水(べきすい)。中国、楚の詩人屈原(くつげん)が身投げした川。

氵4 **【汴】** (7) 音 ベン 訓 ―

異体 氵4 汳 (7)

意味 ❶川の名。中国の河南省を流れて黄河に注いでいた。❷中国の地名。今の河南省開封市。汴京(べんけい)。

氵4 **【没】** (7) 常用 音 ボツ・モツ 訓 しずむ

旧字 氵4 沒 (7)

筆順 、 冫 氵 氵 汐 没 没

意味 ❶はいり込んで見えなくなる。しずむ。

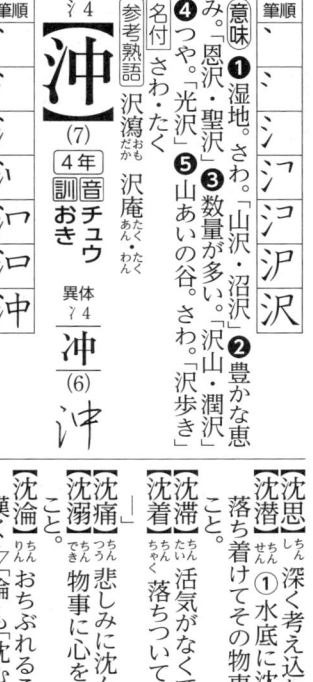

4画

ぼっする。また、そのようにする。ぼっする。「没頭・沈没・埋没・神出鬼没」❷なくす。また、なくなる。「没却・没我」❸おちぶれる。「没落」❹とりあげる。ぼっする。「没収」❺死ぬ。ぼっする。「没年・死没・昭和五年没」❻投書・投稿を採用しないこと。ぼつ。「没にする」❼それがないの意を表すことば。「没交渉・没趣味」

参考「没・死没・病没・戦没」などの「没」は「歿」が書き換えられたもの。

【没我】(ぼつが) 自分のことを意識しなくなるほど物事に打ち込み、熱中すること。「―の境」

【没却】(ぼっきゃく) ないものとして無視すること。「自己を―して公に尽くす」

【没交渉】(ぼっこうしょう) 交渉がなくて無関係なこと。▽ふつう「ぼっこうしょう」と読む。

【没収】(ぼっしゅう) 強制的に取り上げること。

【没頭】(ぼっとう) 精神をつぎこんで熱中すること。没入。

【没年】(ぼつねん) ①死んだ時の年齢。「―八〇歳」②死んだ年。▽「歿年」の書き換え字。

氵4 【沐】(7) 音モク 訓あらう

意味 髪を洗う。あらう。「沐浴・沐雨」

【沐浴】(もくよく) 湯や水を浴びて髪やからだを洗い清めること。「斎戒―」

沐

氵4 【沃】(7) 常用 音ヨク・ヨウ 訓そそぐ

筆順 … 沃

沃

意味 ❶地味がよい。「沃地・肥沃」❷水を注ぐ。❸ハロゲン元素の一。「沃素(ようそ)」

参考 ❸は「よう」と読む。

【沃野】(よくや) 作物がよくとれる、地味の肥えた平野。

参考熟語 沃度(ヨード)

氵4 【沪】▼濾(略)

氵5 【泳】(8) 3年 音エイ 訓およぐ

筆順 … 泳

意味 ❶およぐ。また、およぎ。「泳法・水泳・力泳」❷前のめりになってよろめく。およぐ。「はたかれて泳ぐ」

泳

氵5 【沿】(8) 6年 音エン 訓そう

筆順 … 沿

意味 ❶川や道などのふちから離れない。そう。「沿岸・沿線・川沿い」❷前例・習慣などに従う。そう。「沿革」❸基準から離れずにいる。そう。「方針に沿った教え」

【沿革】(えんかく) 物事の移り変わり。「会社の―」

沿

氵5 【泱】(8) 音オウ 訓―

意味 ❶わきおこるさま。❷水が流れずに、広く深くたまっているさま。

泱

使い分け「そう」

沿う…基準について行く。「川に沿う・方針に沿う・計画に沿って実行する」

添う…そばにくっついて離れない。「付き添う・寄り添う・期待に添う・目的に添う・趣旨に添う」

※期待・方針にそう場合、「沿」「添」どちらも使う。

氵5 【泓】(8) 音オウ 訓―

意味 水が広々として深いさま。

泓

氵5 【河】(8) 5年 音カ 訓かわ

筆順 … 河

意味 ❶大きな川。また、単に、川のこと。かわ。「河川・河口・運河・氷河」❷中国の黄河のこと。「河清・河北」▽長江を「江(こう)」とよぶのに対し、黄河を「河(か)」とよぶ。

名付 か・かわ

参考 ❶の「かわ」は「川」とも書く。

【河清を俟つ】(かせいをまつ) 中国の黄河の濁流が澄むのを待つこと。▽いくら望んでもかなえられる見込みがないことにたとえる。「百年河清を俟つ」とも。

【河畔】(かはん) 川のほとり。注意「川畔」と書き誤らないように。

参考熟語 河岸(かし・かわぎし) 河童(かっぱ) 河馬(かば) 河内(かわち・こうち・ハノイ) 河原(かわら) 河豚(ふぐ)

河

4画

氵5
【泣】(8)
4年 音キュウ 訓なく

筆順 丶 冫 氵 氵 汁 汁 泣 泣

意味 苦しみ・悲しみ・喜びなどのために、涙を流したり声をあげたりする。なく。「泣訴・号泣・感泣」

【泣訴】(きゅうそ) 泣いて訴えること。

泣

氵5
【況】(8)
常用 異体 冫5 况(7)

音キョウ 訓いわんや

筆順 丶 冫 氵 氵 沪 沪 沪 況

意味 ❶様子。ありさま。「状況・実況」❷いうまでもなく。まして。いわんや。「専門家でさえむずかしい、況んや素人(しろうと)においてをや」❸たとえ比べる。「比況」

況

氵5
【沽】(8)
音コ 訓—

意味 商品を売ったり買ったりすること。うる。かう。「沽券」

【沽券】(こけん) ①売り渡しの証文。②品位。体面。値うち。「—にかかわる」

沽

氵5
【泗】(8)
音シ 訓—

意味 ❶川の名。中国の山東省を流れる。このほとりで孔子(こうし)が弟子の教育をした。泗水(しすい)。❷鼻汁。「涕泗(ていし)(涙と鼻水)」

泗

氵5
【治】(8)
4年 音ジ・チ 訓おさめる・おさまる・なおる・なおす

筆順 丶 冫 氵 氵 氵 氵 治 治

意味 ❶うまく整え支配する。ちする。おさめる。また、そのようになる。おさまる。「治安・治水・治世・自治・政治(せいじ)」❷病気がよくなる。なおる。また、そのようにする。ちする。なおす。「治療・根治(こんじ)」❸平和であること。また、平和に保つすぐれた政治。ち。「延喜天暦(えんぎてんりゃく)の治・治に居て乱を忘れず」名付 おさ・おさむ・さだ・じ・ず・ただす・ち・つぐ・のぶ・はる・よし

参考 おさまる⇨「収」の[使い分け]。

使い分け「なおる」

治る…病気やけががよくなる。「病気が治る・風邪が治る・傷が治る」

直る…もとの正しい状態になる。「車が直る・故障が直る・機嫌が直る・仲が直る」

【治下】(ちか) ある政権の支配下にあること。統治下。「ナポレオン—のフランス」

【治外法権】(ちがいほうけん) 外国にいて、その国の法律の適用を受けない特権。

【治産】(ちさん) 自分の財産を管理・処分すること。

【治水】(ちすい) 河川に堤防を築くなど、河川のはんらんをふせいだり運輸・灌漑(かんがい)の便をはかったりすること。また、その行政。「治山—」

【治世】(ちせい) ①よく治まっている世。②国主として世を治めること。また、その期間。「—は二〇年に及ぶ」

【治癒】(ちゆ) 病気やけががすっかり治ること。

【治乱興亡】(ちらんこうぼう) 世の中が治まったり乱れたりすることと、国家が盛んになったり滅びたりすること。

治

氵5
【泅】(8)
音シュウ 訓—

意味 からだを水の上に浮かせて泳ぐ。

泅

氵5
【沼】(8)
常用 音ショウ 訓ぬま

筆順 丶 冫 氵 氵 沼 沼 沼 沼

意味 どろ深い池。ぬま。「沼沢・湖沼」名付 しょう・ぬま

【沼沢】(しょうたく) 沼と沢。「—地」

沼

氵5
【泄】(8)
印標 音セツ・エイ 訓もれる

意味 漏れ出る。もれる。また、押し出す。「漏泄(ろうえい・ろうせつ)・排泄」

泄

水5
【泉】(9)
6年 音セン 訓いずみ

筆順 ′ 亻 白 白 皁 皁 泉 泉

意味 ❶地中からわき出る水。また、その水がたまっている場所。いずみ。「泉水・源泉・温泉」❷温泉。「アルカリ泉・塩類泉」❸死後行くという所。めいど。「泉下・黄泉(こうせん・よみ)」❹貨幣のこと。「泉貨」名付 い・いずみ・きよし・ずみ・せん・み・

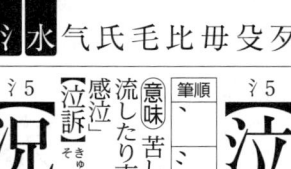

泉

もと

【泉下】（せんか） 死後に行くという、地下の世界。▽「黄泉（こうせん）の下」の意。

【泉水】（せんすい） ①庭にある池。②わきみず。いずみ。

氵5 【泝】(8) 音ソ 訓さかのぼる

意味 川の流れにさからって進む。さかのぼる。

泝

氵5 【沮】(8) 音ソ 訓はばむ

意味 ❶じゃまする。はばむ。「沮害」❷防ぎくいとめる。「沮止」

参考「沮・沮止・沮喪」などの「沮」は「阻」に書き換える。

沮

氵5 【沱】(8) 音ダ 訓――

意味 ❶川の名。中国の四川省を流れ、長江に注ぐ。沱江（だこう）。❷涙がとめどもなく流れるさま。「滂沱（ぼうだ）」

沱

水5 【泰】(10) 常用 音タイ 訓やすい

筆順 一 三 夫 夫 夫 泰 泰 泰 泰 泰

意味 ❶落ち着いていて何事もない。やすらか。やすい。「安泰」❷はなはだしい。「泰西」❸タイの国。タイ。

名付 あきら・たい・とおる・ひろ・ひろし・やす・やすし・ゆたか・よし

【泰西】（たいせい） 西洋。「―の名画」▽「西のはて」の意。

【泰然自若】（たいぜんじじゃく） 落ち着いていて物事に動じないで、いつもと態度・様子が変わらないさま。

泰

【泰斗】（たいと） ある方面で権威者として重んぜられる人。▽「泰山（中国の名山）」と「北斗星」の意から。

【泰平】（たいへい） 世の中が平和で、よく治まっていること。▽「太平」とも書く。

氵5 【注】(8) 3年 音チュウ 訓そそぐ・つぐ

旧字 氵5 【注】(8)

筆順 丶 丶 氵 氵 汁 汁 注 注

意味 ❶水を流し入れる。つぐ。そそぐ。また、水が流れ込む。そそぐ。「注水・注射」❷一点に集中する。そそぐ。「注意・注視」❸ことばの意味などを説明する。ちゅうする。また、その説明のことば。ちゅう。「注記・頭注」❹書きしるす。「注文・注進」

参考「注・注文・注釈・注解」などの「注」は「註」が書き換えられたもの。

【注解】（ちゅうかい） 注釈。▽「註解」の書き換え字。

【注記】（ちゅうき） 注を書きしるすこと。また、書きしるした注。▽「註記」の書き換え字。

【注釈】（ちゅうしゃく） 本文の語句・文章を取りあげてその意味・用法を説明すること。また、それを説明したもの。注解。▽「註釈」の書き換え字。

【注進】（ちゅうしん） 事件などを目上の人に報告すること。

参考熟語 注連縄（しめなわ）

注

氵5 【泥】(8) 常用 音デイ 訓どろ・なずむ

泥

筆順 丶 丶 氵 氵 氵 沪 沪 泥

意味 ❶水分を含む、柔らかい土。どろ。「泥土・泥沼（どろぬま）」❷どろのような状態になっているもの。「泥炭・金泥（きんでい・こんでい）」❸けがれ、にごる。「汚泥」❹いつまでもこだわる。なずむ。「拘泥」❺ひどく酒に酔う。「泥酔」❻どろぼうのこと。どろ。

名付 でい・どろ・ね

【泥酔】（でいすい） 正気を失うほどに酒に酔うこと。

【泥中の蓮】（でいちゅうのはす・でいちゅうのはちす） どろの中に美しく咲く、はすの花。▽けがれた環境に染まらないで、心や行いの清らかさを保つことにたとえる。

【泥仕合】（どろじあい） 互いに相手のみにくい点をあばきあうきたない争いのこと。「―を演ずる」

注意「泥試合」と書き誤らないように。

【泥沼】（どろぬま） ①どろぶかい沼。②泥沼のように、いったん入り込むとなかなか抜けられない、悪い環境・状態。

参考熟語 泥鰌（どじょう） 泥濘（ぬかるみ・でいねい）

氵5 【沾】(8) 音テン 訓うるおす

意味 水でぬれる。うるおう。また、ぬらす。うるおす。

沾

氵5 【沺】(8) 音デン 訓――

意味 川の水が広がっているさま。

沺

氵5 【波】(8) 3年 音ハ 訓なみ

波

4画

筆順 、 冫 氵 氵 汀 沪 波 波

意味 ❶なみ。「波浪・波紋・波及・余波」❷次々に押し寄せてくる流れ。なみ。「年波(としなみ)・時代の波」名付 なみ・は

参考 ひらがな「は」のもとになった字。

【波及】(はきゅう) 影響が、波のようにしだいに広がること。

【波紋】(はもん) ①水面に広がる波の模様。②周囲の人・事柄に、次々と動揺を起こさせるような影響。

【波乱】(はらん) 「波瀾(はらん)」と同じ。注意 「破乱」と書き誤らないように。

【波瀾】(はらん) ①物事が単調でなくて変化があること。「―に富んだ人生」②もめごと。騒ぎ。「平地に―を起こす」▽もと「小波と大波」の意。

【波瀾万丈】(はらんばんじょう) 局面が激しく変化し、解決・対応などが困難であること。「―の生涯(しょうがい)」▽「波が一万丈も高さがあって非常に高い」の意。

【波浪】(はろう) 水面のなみ。おもに、海の表面波をいう。

参考熟語 波止場(はとば) 波斯(ペルシャ) 波蘭(ポーランド)

氵5

【泊】(8)

常用 音 ハク 訓 とまる・とめる

筆順 、 冫 氵 氵 氵 泊 泊 泊

意味 ❶自宅以外のところで夜を過ごす。とまる。また、人に宿を貸す。とめる。「外泊・宿泊」❷いかりをおろして船がとまる。また、そのようにする。とめる。「泊地・停泊」❸さっぱりしていて欲がない。「淡泊」

参考 とまる⇩「止」の[使い分け]。

泊

氵5

【泌】(8)

常用 音 ヒツ・ヒ 訓 ―

筆順 、 冫 氵 氵 氵 泌 泌 泌

意味 液体がにじみでる。「分泌(ぶんぴつ・ぶんぴ)」

【泌尿器】(ひにょうき・ひつにょうき) 尿の生成・排泄(はいせつ)に関係する器官。腎臓・尿管・膀胱(ぼうこう)・尿道など。

泌

氵5

【泯】(8)

音 ビン 訓 ―

意味 滅んで、なくなる。

泯

氵5

【沸】(8)

常用 音 フツ 訓 わく・わかす・にえ

筆順 、 冫 氵 氵 沪 沪 沸 沸

意味 ❶熱せられてたぎる。わく。また、わかす。「沸騰・煮沸」❷人々が騒ぎ、興奮状態になる。わく。「場内が沸く」❸焼きによって刀の表面にできる模様。にえ。

【沸騰】(ふっとう) ①煮え立つこと。②議論・世論・人気などが、はげしくさかんにおこること。わき立つこと。

沸

氵5

【法】(8)

4年 音 ホウ・ハッ・ホッ 訓 のっとる・のり・フラン

法

使い分け「わく」

沸く…沸騰する。大勢が夢中になって騒ぐ。「湯が沸く・風呂が沸く・名演技に場内が沸く・好景気に沸く」

湧く…地中から噴き出る。ある気持ちが起こる。次々と起こる。「温泉が湧く・勇気が湧く・疑問が湧く・アイデアが湧く・雲が湧く・拍手や歓声が湧く・虫が湧く」

筆順 、 冫 氵 氵 汁 注 法 法

意味 ❶おきて・決まり。のり。ほう。「法律・合法・国際法」❷ふるまいのやり方。ほう。「法式・礼法」❸一定のやり方。「方法・戦法」❹手本。のり。また、手本として従う。のっとる。「法帖(ほうじょう)・前例に法る」❺仏の教え。ほう。「法師・仏法」❻裁判。「法廷・法服」❼割り算で、割る数。ほう。❽フランスの貨幣単位。フラン。名付 かず・つね・のり・はかる・ほう

参考 ❹の「のっとる」は「則る」とも書く。

【法度】(はっと) ①武家時代の法律。また、おきて。②禁じられていること。禁令。「歩行喫煙はご―」。

【法会】(ほうえ) ①人々を集めて仏の教えを説く会合。②死者をしのんで供養を行う集まり。法要。法事。

【法益】(ほうえき) 法律で保護されている利益。

【法悦】(ほうえつ) ①仏の教えを聞き、信ずることによって起こる喜び。「―にひたる」②うっとりとした喜び。

【法王】(ほうおう) ローマカトリック教の首長。教皇。

【法皇】(ほうおう) 出家した上皇(じょうこう)。「後白河―」

【法事】(ほうじ) 死者の供養のために行う仏事。

【法帖】(ほうじょう) 習字の手本とすべき古人の筆跡を集め、模写したり拓本にとったりした折本のこと。法書。墨帖。墨本。

【法曹界】(ほうそうかい) 司法官・弁護士など、法律事務に従事する人々の社会。

【法治】(ほうち) 法にもとづき政治を行うこと。「―国家」

【法典】(ほうてん) ①ある分野に関する法律を集めて配列・編集した書物。②おきて。のり。「ナポレオン―」

【法名】(ほうみょう) ①出家した人につける名。②俗名(ぞくみょう)に対して、死者につける名。

【法務】(ほうむ) 法律に関する事務。「―省」

【法網】(ほうもう) 法律のこと。「―をくぐって悪事を働く」▽法律をはりめぐらした網にたとえたことば。

【法要】(ほうよう) 仏教で、死者の冥福(めいふく)のために行う行事。**注意**「法養」と書き誤らないように。

【法体】(ほったい) 僧のすがた。

参考熟語 法被(はっぴ) 法蘭西(フランス) 法螺(ほら)

氵5 **【泡】**(8) 常用 音 ホウ 訓 あわ・あぶく　旧字 氵5 泡(8)

筆順 丶 冫 氵 氵' 汋 泃 泃 泡

意味 液体が気体を包んでできる丸い粒。あぶく。あわ。「泡沫(ほうまつ・うたかた)・水泡・泡銭(あぶくぜに)」 名付 あわ・ほう

【泡沫】(ほうまつ・うたかた) 水面に浮かぶあわ。「―(うたかた)の恋」▽はかなく消えやすいものにたとえることもある。

氵5 **【泙】**(8) 音 ホウ 訓 ―

意味 波がぶつかりあう。

氵5 **【沫】**(8) 人名 音 マツ 訓 あわ

筆順 丶 冫 氵 汀 汁 汼 沫 沫

意味 ❶水の飛び散ったもの。「飛沫」❷水のあわ。あわ。「泡沫(ほうまつ・うたかた)」 名付 まつ・わ

氵5 **【油】**(8) 3年 音 ユ・ユウ 訓 あぶら

筆順 丶 冫 氵 氵| 汩 油 油 油

意味 ❶燃えやすい液体。あぶら。「油田・油脂・石油・香油・油揚(あぶらあ)げ」❷→油然(ゆうぜん)

使い分け「あぶら」

油…植物や鉱物からとれる。常温で液体のもの。「油絵・油紙・油を売る・火に油を注ぐ」

脂…動物からとれる。常温で固体のもの。「脂汗・脂身・脂ぎる・選手として脂が乗っている」

【油然】(ゆうぜん) 激しい勢いで盛んにわき起こるさま。「―と雲が起こる」

【油彩】(ゆさい) 油絵の具で絵をかくこと。また、その絵。「―画」

【油井】(ゆせい) 石油をくみとるためにほった井戸。

【油断】(ゆだん) 安心したりうっかりしたりして必要な注意を怠ること。「―大敵」

氵5 **【泪】**▶涙(異)

氵6 **【洟】**(9) 音 イ 訓 はな・はなじる

意味 鼻汁(はなじる)。はな。「涕洟(ていい)(涙と鼻水)」

氵6 **【洩】**(9) 印標 音 エイ・セツ 訓 もらす・もれる

意味 あいているところから少しずつ出ていく。もれる。また、そのようにする。もらす。「漏洩(ろうえい・ろうせつ)・ガス洩れ」

氵6 **【海】**(9) 2年 音 カイ 訓 うみ　旧字 氵7 海(10) 人名

筆順 丶 冫 氵 氵' 汇 海 海 海

意味 ❶うみ。「海岸・航海・海原(うなばら)」❷広く大きいさま。「海容」❸物事の多く集まるところ。「学海・文海」 名付 うみ・かい・み

【海原】(うなばら) ひろびろと広がった海。

【海千山千】(うみせんやません) 世の中で苦労して、悪がしこくなっていること。また、そのような人。▽海に千年山に千年すんだへびは竜になるという伝説から。

【海容】(かいよう) 大きな度量で人の罪や失敗を許すこ

4画

と。「御―ください」

【海狸】《かいり・うみだぬき》 ビーバーのこと。

参考熟語 海豹《あざらし》 海驢《あしか》 海人《あま》 海女《あま》 海士《あま》 海豚《いるか》 海胆《うに》 海栗《うに》 海老《えび》 海月《くらげ》 海鼠腸《このわた》 海象《セイウチ・かいぞう》 海馬《セイウチ》 海馬《たつのおとしご》 海鼠《なまこ》 海苔《のり》 海牙《ハーグ》 海星《ひとで》 海鞘《ほや》 海松《みる》

氵6 【活】(9) 2年 音 カツ 訓 いかす・いきる・いける

筆順

意味 ❶いきいきしている。「活発・快活」❷生きる、または生かす。いきる。いかす。また、そのこと。かつ。「生活・死活・死中に活を求める」❸気絶したり元気を失った人をよみがえらせること。かつ。「活を入れる」❹草木の花や枝などを器にさす。いける。「活け花」名付 いく・かつ

参考 「快活」は「快闊」が書き換えられたもの。

【活眼】《かつがん》 本質を見抜く鋭い見識。「―を開く」

【活況】《かっきょう》 活気があって景気のよい様子。「―を呈する」

【活殺自在】《かっさつじざい》 生かすことも殺すことも自分の思いどおりにできること。

【活写】《かっしゃ》 いきいきと表現すること。「世相を―する」

【活性】《かっせい》 化学反応を起こしやすい活発な性質。

【活路】《かつろ》 苦境をきり抜けて命の助かる手段。「―を見いだす」

参考熟語 活花《いけばな》 活計《たずき・かっけい》

氵6 【洶】(9) 音 キョウ 訓 ―

意味 水が勢いよくわき出る。

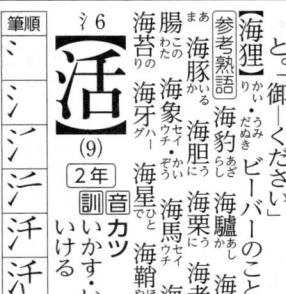

氵6 【洫】(9) 音 キョク 訓 ―

意味 田畑のまわりの通水路。

氵6 【洪】(9) 常用 音 コウ 訓 おおみず

筆順

意味 ❶川の水があふれること。おおみず。「洪水」❷広くて尽きないさま。「洪大」名付 おお・こう・ひろ・ひろし

【洪恩】《こうおん》 目上の人から受けた大きな恩。大恩。▽「鴻恩」とも書く。

【洪水】《こうずい》 ①川の水があふれ、水びたしになること。大水。②あふれるほどたくさんあること。「車の―」

参考熟語 洪牙利《ハンガリー》

氵6 【洸】(9) 人名 音 コウ 訓 ―

筆順

意味 水がひろく広がるさま。「洸洋」名付 こう・たけし・ひろ・ひろし・ふかし

氵6 【洽】(9) 音 コウ 訓 あまねし

意味 全部に行き渡る。全体をおおう。あまねし。

氵6 【洒】(9) 印標 音 サイ・シャ 訓 あらう

意味 ❶あらい清める。あらう。「洒掃《さいそう》」❷わだかまりがなく、さっぱりしているさま。「洒脱・洒落《しゃらく・しゃれ》」

【洒脱】《しゃだつ》 欲がなく、あっさりしてこだわらないさま。「―な趣味」注意 「酒脱」と書き誤らないように。

【洒落】《しゃれ・しゃらく》 ①機知にとんだこっけいな文句。②粋《いき》な服装をすること。また、その人。「お―な紳士」

参考熟語 洒落臭《しゃらくさ》い

氵6 【洙】(9) 音 シュ 訓 ―

意味 川の名。中国の山東省中部を流れ、泗水《しすい》に注ぐ。洙水《しゅすい》。

氵6 【洲】(9) 人名 音 シュウ 訓 す

筆順

意味 ❶土砂が盛り上がって、川・海・湖の水面に現れた所。す。「三角洲《さんかくす》」❷海に囲まれた大陸。「欧洲」名付 くに・しま・しゅう・す

参考 「洲」は「州」に書き換える。また、「坐洲」は「座洲」に書き換える。

氵6 【洵】(9) 人名 音 ジュン・シュン 訓 まことに

筆順

意味 ❶うずまく水。❷ほんとうに。まことに。
名付 しゅん・じゅん・のぶ・まこと

氵6 **【洳】**(9) 音 ジョ 訓 ―

意味 川の名。中国の河北省を流れる。洳河(じょか)。

氵6 **【浄】**(9) 常用 旧字 氵8 淨(11) 人名

音 **ジョウ** 訓 **きよい**

筆順 浄

意味 けがれがなく、清らかである。きよい。「清浄」 名付 きよ・きよ・きよし・じょう

参考 「洗浄」の「浄」は「滌」が書き換えられたもの。

【浄化】(じょうか) よごれをのぞき去ってきれいにすること。

【浄財】(じょうざい) 寺院や慈善のために寄付する金銭。

【浄書】(じょうしょ) きれいに書くこと。清書。浄写。▽「清書」は下書きをきれいに書き直すこと。「浄書」は下書きを前提としない。

【浄土】(じょうど) 仏教で、仏や菩薩(ぼさつ)が住む清らかな国土。

氵6 **【津】**(9) 常用 音 **シン** 訓 **つ**

筆順 津

意味 ❶船着き場。つ。「津津浦浦(つつうらうら)」❷→津津(しんしん) 名付 しん・ず・つ

【津津】(しんしん) 絶えずあふれ出るさま。「興味―」

【津津浦浦】(つつうらうら・つづうらうら) 全国いたる所。「―に知れわたる」▽「いたる所の港や入り江」の意。

氵6 **【浅】**(9) 4年 音 **セン** 訓 **あさい** 旧字 氵8 淺(11)

筆順 浅

意味 ❶あさい。↕深。「浅海・深浅・浅瀬(あさせ)」❷量・程度などがじゅうぶんでない。あさい。↕深。「浅学・浅見」❸色がうすい。あさい。「浅紅色・浅黄(あさぎ)」 名付 あさ・せん

【浅学非才】(せんがくひさい) 自分の学識や才能を謙遜していう語。▽「学問が浅く、才能にとぼしい」の意。

【浅見】(せんけん) あさはかな考え・意見。「―短慮」

【浅薄】(せんぱく) 知識や思慮があさはかで劣っていること。

【浅慮】(せんりょ) あさはかな考え。

参考熟語 浅葱(あさぎ) 浅傷(あさで)

氵6 **【洗】**(9) 6年 音 **セン** 訓 **あらう**

筆順 洗

意味 ❶水などを使ってよごれを落とす。あらう。「洗面・洗濯・洗礼・水洗」❷魚の刺身(さしみ)を冷水にひたし、ちぢまらせたもの。あらい。「鯉の洗い」 名付 きよ・せん・よし

【洗浄】(せんじょう) 水をかけて洗い、きれいにすること。▽「洗滌」の書き換え字。

【洗滌】(せんじょう・せんでき) →洗浄。▽「せんじょう」は慣用読み。

【洗面】(せんめん) 顔を洗うこと。洗顔。「―器」

【洗礼】(せんれい) ①キリスト教で信者となるための儀式。頭上に聖水をそそいだりする。②影響を受けるほどの特異な経験。「プロの―を受ける」

【洗練】(せんれん) いろいろ工夫して人格や詩歌・文章などをりっぱなものにすること。▽「洗煉」とも書く。

参考熟語 洗魚(あらい) 洗鱠(あらい)

氵6 **【洞】**(9) 常用 音 **ドウ・トウ** 訓 **ほら**

筆順 洞

意味 ❶ほらあな。ほら。「空洞」❷見抜く。「洞察」 名付 あき・あきら・どう・ひろ・ほら

【洞窟】(どうくつ) ほらあな。洞穴。

【洞穴】(どうけつ) ほらあな。

【洞察】(どうさつ・とうさつ) 鋭い識見で真相を見抜くこと。洞見。

氵6 **【派】**(9) 6年 音 **ハ** 訓 ― 旧字 氵6 派(9)

筆順 派

意味 ❶源から分かれ出る。また、分かれ出た

4画

もの。「派生・分派」❷他と分かれた系列。は。「派閥・学派・流派」❸命令して行かせる。はする。「派遣・派兵」[名付] は・また

【派遣】(はけん) 命令して、ある場所へ行かせること。

【派出】(はしゅつ) 仕事をさせるために人を出向かせること。「―所」

【派生】(はせい) 源となる物から分かれて生じること。

[参考熟語] 派手(はで)

氵6【洋】(9)

3年 音 ヨウ 訓 ―

筆順

[意味] ❶広い海。「洋上・大洋・北洋」❷満ちあふれるさま。よう。「洋洋」❸世界を東西二つに分けた部分。よう。「洋館・東洋・洋の東西」❹西洋。「洋式・洋食」[名付] うみ・きよ・なみ・ひろ・ひろし・み・よう

【洋琴】(ようきん) ピアノのこと。

【洋行】(ようこう) 欧米へ旅行(留学)すること。

【洋才】(ようさい) 洋学によって伝えられた知識。また、洋学に対する能力。「和魂―」

【洋洋】(ようよう) ①水が満ちているさま。②限りなく広がっているさま。「―たる海原(うなばら)」③将来が希望に満ちあふれているさま。「前途―」

[参考熟語] 洋灯(ランプ・ようとう)

氵6【洛】(9)

人名 音 ラク 訓 ―

筆順

[意味] 京都のこと。「洛中・京洛」

[参考] 昔、中国の首都が洛陽であったことから。特に、京都の市内と市外。

【洛中洛外】(らくちゅうらくがい) 都の中と都の外。

【洛陽の紙価を貴からしむ】(らくようのしかをたかからしむ) 書物の評判がよく、大いに売れること。▽昔、中国で左思(さし)が「三都賦(さんとのふ)」を作ったとき、都の洛陽ではこれを写す人が多くて紙の価格が高くなったという故事から。

氵6【洌】(9)

音 レツ 訓 きよい

[意味] 水や酒が澄んでいるさま。きよい。

氵6【流】▸流(旧)　氵6【浊】▸濁(略)

氵7【浣】(10)

音 カン 訓 あらう

[意味] 衣服やからだのあかをすすぐ。あらう。「浣腸」

【浣腸】(かんちょう) 大便の排出や栄養補給のため、肛門から薬物を腸内に注ぎ入れること。▽「灌腸」とも書く。

氵7【涓】(10)

音 ケン 訓 ―

[意味] ❶水がちょろちょろ流れるさま。「涓涓(けんけん)」❷しずく。水滴。

氵7【浩】(10)

人名 音 コウ 訓 ひろい　旧字 氵7 浩 (10)

筆順

[意味] ❶豊かで広々としている。ひろい。「浩然・浩浩」❷分量が豊かである。「浩瀚(こうかん)」[名付] いさむ・おおい・きよし・こう・はる・ひろ・ひろし・ゆたか

【浩瀚】(こうかん) ①書物の分量が多いこと。②書物のページ数・巻数が多いこと。▽「瀚」は「広い」の意。

【浩然】(こうぜん) 広々として大きく、ゆったりとしているさま。「―の気(天地に満ちている壮大な精神。また、おおらかでのびのびとしている気持ち)」

氵7【浤】(10)

音 コウ 訓 ―

[意味] 「浤浤(こうこう)」は、水が勢いよく広がるさま。

氵7【浚】(10)

音 シュン 訓 さらう

[意味] ❶川や井戸の底の土砂を取って深くする。さらう。「棚浚(たなざら)い」❷くり返し練習する。さらう。「お浚い」

【浚渫】(しゅんせつ) 港湾や河口などの水底にたまる土砂や泥をすくい取って深くすること。「―船」▽「渫」も「水底の泥などをさらい取る」の意。

氵7【消】(10)

3年 旧字 氵7 消 (10)

音 ショウ 訓 きえる・けす

筆順

[意味] ❶形がなくなったり見えなくなったりする。きえる。また、そのようにする。けす。「消滅・消毒・雲散霧消」❷少なくなったり、働きが減っ

たりする。きえる。また、そのようにする。けす。「消費・消灯・抹消(まっしょう)」❸火の気がなくなる。きえる。また、そのようにする。けす。「消火・消防」❹ひかえめである。「消極」

参考 「消・消夏・消却・消沈」などの「消」は「銷」が書き換えられたもの。

【消夏】(しょうか) 夏の暑さをしのぐこと。▽「銷夏」の書き換え字。

【消閑】(しょうかん) 退屈しのぎ。「―の具」

【消光】(しょうこう) 月日を過ごすこと。暮らすこと。「つつがなく―しております」▽「光」は「光陰(時間)」の意。主に手紙で自分の生活について使うことば。

【消息】(しょうそく) ①安否をたずねるたより。「―文」②人・物事の様子・事情。「―通(つう)」

【消長】(しょうちょう) 衰えることと、盛んになること。

【消毒】(しょうどく) 病原菌を薬品・熱・光などで殺すこと。

【消費】(しょうひ) 金や物、また時間や力などを、使ってなくすこと。

【消耗】(しょうもう・しょうこう) 使って減らすこと。また、使われて減ること。「―品」▽「しょうもう」は慣用読み。

氵7 【浹】(10) 音 ショウ 訓 ―

意味 全体に行き渡る。

氵7 【浸】(10) 常用 旧字 氵7 浸(10)

音 シン 訓 ひたす・ひたる・つかる

筆順 丶 氵 氵 氵ヨ 氵ヨ 氵ヨ 浔 浔 浸

意味 ❶液体の中に入れたままにする。ひたす。また、そのようになる。つかる。ひたる。「浸水・浸食・水浸し」❷液体でぬらす。ひたす。❸じゅうぶんにしみこむ。ひたる。「浸透・浸潤・酒に浸る」

参考 「浸透」は「滲透」が書き換えられたもの。

【浸潤】(しんじゅん) ①思想・雰囲気がだんだんに人々の間に行き渡って広がること。②からだの組織が他の物質によってしだいに冒されること。「肺―」

【浸食】(しんしょく) 風雨・波浪・流水などが岩石や土地をしだいに削っていくこと。▽「浸蝕」とも書く。

【浸透】(しんとう) ①液体がしみとおること。②主義や思想が人々にだんだんと行き渡って広がること。▽「滲透」の書き換え字。

【浸入】(しんにゅう) 建物・土地などに水がはいり込むこと。 参考 「侵入(しんにゅう)」は、むりやりはいり込むこと。⇩「侵入(しんにゅう)」の[使い分け]。

氵7 【浙】(10) 印標 音 セツ 訓 ―

意味 川の名。中国の浙江(せっこう)省を流れる。浙江(せっこう)。

氵7 【涎】(10) 音 ゼン・エン 訓 よだれ

意味 つば。よだれ。「垂涎(すいぜん・すいえん)・涎掛(よだれか)け」

氵7 【涕】(10) 音 テイ 訓 なみだ

意味 涙。なみだ。また、涙を流して泣く。「涕泣」

【涕泣】(ていきゅう) 涙を流して泣くこと。

氵7 【涅】(10) 印標 音 ネ・デツ 訓 ― 異体 氵7 湼(10)

意味 →涅槃(ねはん)

【涅槃】(ねはん) ①仏教で、すべての迷いや欲をはなれた、さとりの境地。②僧が死ぬこと。入寂。入滅。「―会(え)(釈迦(しゃか)が入滅した陰暦二月十五日に釈迦をしのんで行う法会)」

氵7 【浜】(10) 常用 音 ヒン 訓 はま 旧字 氵14 濱(17)

筆順 丶 氵 氵 氵′ 汇 沂 浜 浜 浜

意味 ❶岸に沿った砂地。はま。「海浜・浜辺(はまべ)」❷果て。ひん。「率土(そっと)の浜」❸横浜地方のこと。「京浜」 名付 はま・ひん

参考熟語 浜木綿(はまゆう)

氵7 【浮】(10) 常用 旧字 氵7 浮(10)

音 フ 訓 うく・うかれる・うかぶ・うかべる

筆順 丶 氵 氵 氵′ 氵⺈ 氵⺤ 浮 浮 浮

意味 ❶表面に出てくる。うかぶ。うかべる。うく。「浮上・浮力」❷しっかりしたところがない。「浮説・浮浪」❸心がうきうきする。うかれる。うく。「浮かぬ顔」❹うわついて軽々しい。うく。「軽浮・浮(うわ)つく」 名付 うかぶ・うく・ちか・ふ

【浮沈】(ふちん) ①浮いたり沈んだりすること。②栄

4画

えたり衰えたりすること。

【浮動】(ふどう) 安定せずに揺れ動くこと。「—票」

【浮薄】(ふはく) 考えや行動が浅はかで軽率なこと。軽薄。

【浮遊】(ふゆう) ①ふわふわと浮かび漂うこと。▽「浮游」とも書く。②のんびりと遊び歩くこと。

【浮揚】(ふよう) 浮かび上がること。また、浮かび上がらせること。「—力」

参考熟語 浮子(うき) 浮気(うわき) 浮塵子(うんか) 浮腫(むく)む

氵7

【浦】 (10)

常用 音 ホ 訓 うら

筆順

意味 ❶海や湖などの、陸地にはいり込んだ所。うら。「浦里(うらざと)・津津浦浦(つつうらうら)」❷海岸のこと。「曲浦」 名付 うら・ほ

浦

氵7

【涌】 (10)

印標 音 ヨウ 訓 わく

意味 ❶水が地上に現れ出る。わく。❷おどりあがる。❸虫などが発生する。❹ある考えが浮かぶ。

涌

氵7

【浴】 (10)

4年 音 ヨク 訓 あびる・あびせる

筆順

意味 ❶水や湯にからだをひたして洗う。よくする。「浴場・浴客・入浴」❷からだに注ぎかける。「日光浴」❸からだなどに受ける。あびる。よくする。また、あびせる。「恩恵に浴する」

浴

参考熟語 浴衣(ゆかた)

氵7

【浬】 (10)

人名 音 リ 訓 かいり

筆順

意味 海上の距離を表す単位。一浬は約一八五〇メートル。海里(かいり)。かいり。

浬

氵7

【流】 (10)

3年 旧字 氵6 流 (9)

音 リュウ・ル 訓 ながれる・ながす

筆順

意味 ❶液体がながれる。また、ながす。「流水・放流・逆流」❷ながれる川・潮・電気などの動き。ながれ。「支流・急流・電流」❸液体のながれに従って移動する。ながれる。「流木・浮流」❹ものが動いて行く。ながれる。「流星」❺世間に伝わる。ながれる。また、そのようにする。ながす。「流行・流言・うわさが流れる」❻あてもなくさまよう。ながれる。「流浪(るろう)」❼すらすらとゆく。「流暢(りゅうちょう)・流麗」❽形を成さずに終わる。ながれる。「流産・計画が流れる」❾刑罰として遠くの地に移す。ながす。「流刑(るけい)・流罪(るざい)」❿手法・様式などの系統。また、その様式。ながれ。「流派・草月流」⓫社会階層・等級を表すことば。「上流階級・一流」 参考 カタカナ「ル」のもとになった字。 名付 とも・はる・りゅう

流

【流儀】(りゅうぎ) ①その家・流派などに伝わるそれぞれのやり方・しきたり。②独特のやり方。「私なりの—」

【流言飛語】(りゅうげんひご) 根拠のない、いいかげんなうわさ。▽「飛語」は「蜚語」の書き換え字。

【流暢】(りゅうちょう) 話し方がなめらかでよどみがないこと。▽「暢」は「ことばの意味がすらすらとよくわかる」の意。 注意 「りゅうよう」と読み誤らないように。

【流派】(りゅうは) (技芸などで)それぞれ独自の主義や手法を持って分かれ立っている一派。

【流民】(りゅうみん・るみん) 故郷や本国をはなれ、各地をさすらい歩く人々。

【流離】(りゅうり・るり) よその国や土地をさまよい歩くこと。

【流麗】(りゅうれい) 文章や筆跡などがなだらかで美しく、品のあること。

【流露】(りゅうろ) 胸の思いが外に現れること。「愛情の—」

【流罪】(るざい) 昔、罪人を島流しなどの方法で遠い地方へ追放した刑。流刑(るけい)。

【流転】(るてん) ①移り変わってゆくこと。「—の人生を送る」②仏教で、生死(しょうじ)・因果が輪のように回って限りがないこと。「生々—」

【流布】(るふ) 世間に広く伝わって存在すること。

【流浪】(るろう) あてもなくあちこちの土地をさすらい歩くこと。

参考熟語 流石(さすが) 流離(さすら)う 流行(はや)る 流鏑馬(やぶさめ)

氵7 【涙】(10) 常用 音ルイ 訓なみだ

旧字 氵8 淚 (11) 人名　異体 氵5 泪 (8)

筆順 氵 氵 氵 氵 沪 沪 沪 涙 涙

意味 なみだ。「涙腺・血涙・感涙・嬉(うれ)し涙」

涙

氵7 【浪】(10) 常用 音ロウ 訓なみ

筆順 氵 氵 氵 氵 泊 泊 浪 浪 浪

意味 ❶なみ。「波浪・激浪」❷よりどころがない。「浪人・流浪(るろう)・放浪」❸節度がない。みだりに。「浪費」名付 なみ・ろう

参考 ❶の「なみ」はふつう「波」と書く。

【浪曲】(ろうきょく) 三味線の伴奏で歌い語る大衆演芸。

【浪費】(ろうひ) むだづかい。「―家」「時間を―する」

【浪浪】(ろうろう) ①あちこちをさまよっていること。②一定の職業がなくぶらぶらしていること。「―の身」

【浪漫】(ローマン) 現実からかけ離れた夢や空想にあこがれる感傷的な傾向。▽「浪曼」とも書く。フランス語romanにあてた字。

参考熟語 浪速(なにわ) 浪花節(なにわぶし)

浪

氵7 【酒】▸酉3

氵7 【海】▸海㊐

氵7 【涉】▸渉㊐

氵7 【涛】▸濤㊊

氵7 【涜】▸瀆㊊

氵8 【淫】(11) 常用 音イン 訓みだら

異体 氵8 淫 (11)

筆順 氵 氵 氵 氵 氵 沪 浮 浮 淫

意味 ❶男女関係が乱れていて正しくない。みだら。いん。「淫蕩(いんとう)・邪淫」❷道理にはずれていて正しくない。「淫祠」❸物事にふける。いんする。「淫雨」

参考 ❶❷の意味では「婬」とも書く。

【淫雨】(いんう) 作物に害を与える長雨。

【淫蕩】(いんとう) 酒色を好み、節度がないさま。

【淫靡】(いんび) 性的にみだらでだらしがないこと。

【淫猥】(いんわい) 情欲をそそるようでみだらなこと。

淫

氵8 【液】(11) 5年 音エキ 訓―

筆順 氵 氵 汁 汁 汸 汸 汸 液 液

意味 水状のもの。えき。「液体・液汁(えきじゅう)・液化・血液」

【液化】(えきか) 気体が液体になること。また、固体を液体にすること。

液

氵8 【淹】(11) 音エン 訓いれる

意味 ❶長い間そこにとどまる。「淹滞」❷お茶を、いれる。

淹

氵8 【淤】(11) 音オ 訓―

意味 詰まってたまった、どろ。

淤

氵8 【渮】(11) 音カ 訓―

正字 氵9 渮 (12)

意味 川の名。中国の山東省にあった。

渮

氵8 【涯】(11) 常用 音ガイ 訓はて

筆順 氵 氵 汀 汇 汇 沪 涯 涯

意味 ❶水ぎわ。「水涯」❷行き着く果て。はて。「涯際・天涯・生涯」名付 がい・はて・みぎわ

涯

氵8 【渇】(11) 常用 音カツ 訓かわく・かれる

旧字 氵9 渴 (12) 人名

筆順 氵 氵 氵 氵 沪 沪 渇 渇 渇

意味 ❶口の中がからからになって水がほしくなる。かっする。かわく。また、そのこと。かわき。かつ。「飢渇」❷激しくほしがる。かっする。また、そのこと。かつ。「渇望」❸水が尽きてなくなる。かれる。「枯渇」

参考 かわく⇩「乾」の[使い分け]。

【渇仰】(かつごう) ①仏道を深く信仰すること。②はげしく、あこがれ慕うこと。▽「渇(かっ)しては水を求め、山を見ては高きを仰ぐ」から。

【渇水】(かっすい) 雨が降らないため水がなくなること。

【渇望】(かつぼう) 激しくほしがって待ち望むこと。

渇

氵8 【涵】(11) 印標 音カン 訓ひたす

意味 水につける。ひたす。「涵養」

涵

【涵養】（かんよう）水が自然にしみ込むように、無理なく教え育てること。「人格を—する」

氵8 **【淦】**(11) 音カン 訓あか

意味 船底にたまった水。あか。

淦

氵8 **【淇】**(11) 音キ 訓—

意味 川の名。中国の河南省北部を流れ、衛河（えいが）に注ぐ。淇水（きすい）。

淇

氵8 **【渓】**(11) 常用 音**ケイ** 訓たに　旧字 氵10 溪(13)

筆順

意味 谷。また、谷川。たに。「渓谷・雪渓」

名付 けい・たに

【渓谷】（けいこく）(川が流れている)深い谷。谷間。

渓

氵8 **【涸】**(11) 印標 音コ 訓かれる

意味 水がなくなる。かれる。「涸渇」

参考 「涸渇」の「涸」は「枯」に書き換える。

涸

氵8 **【淆】**(11) 音コウ 訓まじる

意味 入りまじる。まじる。「玉石混淆（ぎょくせきこんこう）」

参考 「混淆」の「淆」は「交」に書き換える。

淆

氵8 **【混】**(11) 5年 音**コン** 訓**まじる・まざる・まぜる・こむ**

筆順

混

意味 ❶二種類以上のものをいっしょにする。こんずる。まぜる。また、そのようになる。こんずる。こむ。まざる。まじる。「混合・混線・混雑・混声合唱」❷いっしょになっていて区別がつけにくい。「混迷・混沌（こんとん）」

名付 こん

参考 ⑴❶の「まぜる」「まざる」「まじる」は、「雑ぜる」「雑ざる」「雑じる」とも書く。⑵「混迷」の「混」は「昏」が書き換えられたもの。⑶**まじる**⇩「交」の[使い分け]。

使い分け「こむ」

混む…混雑する。「電車が混(込)む・店内が混(込)み合う・人混(込)み」

込む…重なる。複雑に入り組む。「負けが込む・仕事が立て込む・込み入った話・手の込んだ細工」

※「混雑する」意では、もと「込む」が使われたが、「混雑」から連想し、慣用的に「混む」も使われるようになった。

【混交】（こんこう）二種以上のものが入りまじること。「玉石—」▽「混淆」の書き換え字。

【混在】（こんざい）他の物がまじって存在すること。「異なる思想が—する社会」

【混戦】（こんせん）敵味方が、入り乱れて戦うこと。乱戦。

【混濁】（こんだく）①にごりよごれること。「—の世」②意識が混乱してぼんやりすること。▽「溷濁」とも書く。

【混沌】（こんとん）物事が入りまじって見分けがつかないこと。▽「沌」は「けじめがつかない状態」の意。「渾沌」とも書く。

【混迷】（こんめい）①物事の道理がよくわからず、心が迷うこと。▽「昏迷」の書き換え字。②物事が入り乱れていて見通しがつかなくなること。

参考熟語 混凝土（コンクリート）

氵8 **【済】**(11) 6年　旧字 氵14 濟(17)

音**サイ・セイ** 訓**すむ・すます**・すくう・なす

筆順

意味 ❶成し遂げる。なす。すます。「未済・返済」❷助ける。すくう。「済世・救済・経済」❸終わる。すむ。また、終える。すます。❹→済済（せいせい）

名付 いつき・さい・さだ・さとる・すみ・せい・ただ・とおる・なり・なる・まさ・ます・やす・よし・わたす・わたり・わたる

【済済】（せいせい・さいさい）多くて盛んなさま。「多士—」

済

氵8 **【淬】**(11) 音サイ 訓にらぐ

意味 刀に焼きを入れる。にらぐ。

参考 「焠」とも書く。

淬

氵8 **【渋】**(11) 常用 音**ジュウ** 訓**しぶ・しぶい・しぶる**　旧字 氵12 澁(15) 人名　異体 氵14 澀(17)

筆順

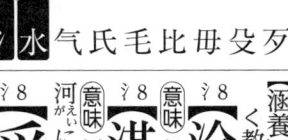

渋

意味 ❶うまくはかどらない。また、いやがって物事を進めない。しぶる。「渋滞・難渋・渋渋(しぶしぶ)」❷機嫌が悪かったりいやがったりする感じである。しぶい。「渋面・苦渋」❸味としてしぶい。また、そのような味。しぶい。しぶ。「渋柿(しぶがき)」❹地味で落ち着いている。しぶい。 名付 しぶ・じゅう

【渋滞(じゅうたい)】物事がとどこおって、はかどらないこと。

【渋面(じゅうめん)】不愉快でにがにがしい表情。

氵8 **【淑】**(11) 常用 音 シュク 訓 しとやか

筆順 淑

意味 ❶女性が上品で落ち着いている。しとやか。「淑女・淑徳・貞淑」❷尊敬して慕う。「私淑」 名付 きよ・きよし・しゅく・すみ・とし・ひで・ふかし・よ・よし

【淑徳(しゅくとく)】上品で貞淑な女性の美徳。

淑

氵8 **【淳】**(11) 人名 音 ジュン 訓 あつい

筆順 淳

意味 ❶真心がある。あつい。「淳良」❷飾りけがなくすなおである。「淳朴」 名付 あき・あつ・あつし・きよ・きよし・じゅん・すな・すなお・ただし・とし・まこと・よし

【淳朴(じゅんぼく)】人情に厚く飾りけがないさま。▽「淳樸」「純朴」「醇朴」とも書く。

【淳良(じゅんりょう)】飾りけがなく、すなおで人がよいさま。

淳

氵8 **【渚】**(11) 人名 旧字 氵9 渚(12) 人名 音 ショ 訓 なぎさ・みぎわ

筆順 渚

意味 波打ち際。みぎわ。なぎさ。「汀渚(ていしょ)」 名付 しょ・なぎさ 参考 「なぎさ」「みぎわ」は「汀」とも書く。

渚

氵8 **【渉】**(11) 常用 旧字 氵7 涉(10) 人名 音 ショウ 訓 わたる

筆順 渉

意味 ❶川を歩いて渡る。わたる。「徒渉・跋渉(ばっしょう)」❷経過する。「渉猟」❸関係する。「渉外・交渉」 名付 さだ・しょう・ただ・わたり・わたる

【渉外(しょうがい)】外部との連絡・交渉。

【渉猟(しょうりょう)】①広く捜し求めて歩くこと。②多くの書物を読みあさること。「国内外の文献を—する」

渉

氵8 **【淞】**(11) 音 ショウ 訓 —

意味 川の名。中国の太湖に源を発し、上海(シャンハイ)で黄浦江(こうほこう)に合流する。呉淞江(ごしょうこう・ウースンこう)。淞江(しょうこう)。

淞

氵8 **【淌】**(11) 音 ショウ 訓 —

意味 ❶大きい波。大波。❷水の流れるさま。

淌

氵8 **【深】**(11) 3年 音 シン 訓 ふかい・ふかまる・ふかめる・み

筆順 深

意味 ❶ふかい。↔浅。「深海・水深」❷内容がじゅうぶんにある。ふかい。「深奥・深山」❸程度が激しい。ふかい。「深夜・深紅」❹程度を激しくする。ふかめる。また、そのようになる。ふかまる。「印象を深める」❺奥深いことを表すことば。「み」と読む。「深山(みやま)・深雪(みゆき)」 名付 しん・とお・ふか・ふかし・み

【深遠(しんえん)】奥深くてはかりしれないこと。「—な思想」

【深奥(しんおう)】奥深くてなかなかわからないこと。また、そのようなところ。奥底。「人生の—にふれる」

【深更(しんこう)】夜ふけ。真夜中。深夜。▽「更」は、夜を五つにわけた時間の単位。

【深山幽谷(しんざんゆうこく)】人里からはなれた奥深い山や谷。

【深謝(しんしゃ)】①深く感謝すること。「御厚情を—いたします」②深くわびること。

【深深(しんしん)】[一]①夜が静かにふけてゆくさま。②寒さなどが身に深くはいり込んでくるさま。[二](ふかぶか)いかにも深く行うさま。

【深甚(しんじん)】気持ち・行いの意味などが非常に深いこと。「—なる謝意」

【深窓(しんそう)】広い家の奥深くにあるへや。「—に育つ」

深

【深長】(しんちょう) 意味が奥深くて複雑なこと。「意味―」

【深謀遠慮】(しんぼうえんりょ) 遠い将来のことまで、ふかく考えめぐらすこと。深慮遠謀。

【深慮】(しんりょ) 深くめぐらした考え。「遠謀―」

参考熟語 深山(みやま・しんざん) 深雪(みゆき・しんせつ)

氵8 【凄】(11) 音セイ 訓すごい・すさまじい

意味 ❶恐ろしいようである。すごい。すさまじい。「凄絶」❷程度が激しい。すごい。すさまじい。「凄惨」

【凄惨】(せいさん) むごたらしいこと。「―な事故現場」▽「悽惨」とも書く。

【凄絶】(せいぜつ) むごたらしくて非常にすさまじいこと。▽「悽絶」とも書く。

【凄愴】(せいそう) すさまじくて痛ましいこと。▽「悽愴」とも書く。

氵8 【清】(11) 4年 旧字 氵8 清(11)

音セイ・ショウ・シン 訓きよい・きよまる・きよめる

筆順 氵 氵 汁 汼 洼 清 清 清

意味 ❶澄んでいてきれいである。きよらか。きよい。「清流・清潔・清談」❷さっぱりしていて気持ちがよい。「清風・清清」❸けがれ・よごれを取り除く。またはそのようになる。きよめる。きよまる。また、整理する。「清掃・清算」❹中国の王朝の一つ。しん。「日清戦争」 名付 きよ・きよし・すが・すみ・すむ・せい

【清栄】(せいえい) 手紙で、相手の健康・繁栄などを祝うことば。「御―の段お喜び申し上げます」

【清算】(せいさん) 貸し借りを整理・差し引きして結末をつけること。「過去の生活を―する」▽今までのよくない関係に結末をつけることにたとえることもある。

使い分け「せいさん」
清算…貸し借りに結末をつけること。「清」はきれいにするの意。「借金の清算・過去を清算する」
精算…費用をこまかく計算すること。「精」はくわしくするの意。「料金の精算・精算所」

【清勝】(せいしょう) 手紙で、相手が健康で元気なことを喜ぶ、挨拶のことば。

【清祥】(せいしょう) 手紙で、相手が健康で幸福に暮らしていることをいうことば。「御―の段大慶に存じます」

【清浄】一(せいじょう) 清らかでけがれがないこと。二(しょうじょう) 仏教で、迷いがなく、心が清らかなこと。「六根―」

【清新】(せいしん) 新しくてさわやかなこと。「文壇に―の気を吹き込む」

【清楚】(せいそ) 清らかですっきりとしていること。

【清爽】(せいそう) さわやかですがすがしいこと。「―の気」

【清濁】(せいだく) ①澄んでいてきれいなことと、濁っていてきたないこと。「―併(あわ)せ呑(の)む(度量が大きくてだれでも受け入れる)」②清音と濁音。

【清談】(せいだん) ①昔、中国で老荘の思想にもとづく談論。②俗世間をはなれた、学問・芸術に関する談話。

【清聴】(せいちょう) 相手が自分の話を聞いてくれることを敬っていうことば。「御―を感謝します」

参考「静聴(せいちょう)」は、静かに聞くこと。

【清貧】(せいひん) 貧しくても、心が清く行いが正しいこと。

【清涼】(せいりょう) すがすがしいこと。「―剤」

【清廉潔白】(せいれんけっぱく) 心が清らかで私利私欲がなく、行動に不正がないこと。

参考熟語 清水(しみず・せいすい) 清白(すずしろ)

氵8 【淅】(11) 音セキ 訓―

意味 川の名。中国の河南省西部に源を発し、漢水に注ぐ。

氵8 【淙】(11) 音ソウ 訓―

意味 水が流れるさま。また、水が流れる音の形容。「淙淙」

氵8 【[illegible]】(11) 〈国字〉 音― 訓そま

意味 そま。▽人名などに用いる字。

氵8 【淡】(11) 常用 音タン 訓あわい・うすい

筆順 氵 氵 氵 氵 沙 沙 淡 淡

意味 ❶色や味などがうすい。あわい。⇔濃。「淡

4画

彩・濃淡」❷あっさりしている。また、かすかである。あわい。「淡淡・枯淡・淡雪(あわゆき)」❸塩分を含まない。「淡水」名付 あわ・あわし・あわじ・たん

【淡彩(たんさい)】あっさりした、薄いいろどり。

【淡淡(たんたん)】①趣・感じがあっさりとしているさま。②さっぱりとしていて物事にこだわらないさま。「—とした態度」注意「単単」と書き誤らないように。

【淡泊(たんぱく)】①趣や味・色などがあっさりしていること。「—な味付け」②物事にこだわらず、性質がさっぱりしていること。「金銭に—な人」▽「淡白」とも書く。

氵8 【添】(11) 常用 音テン 訓そえる・そう

筆順 氵 氵 汀 沃 沃 添 添 添

意味 つけ加える。そえる。また、つけ加わる。そわる。そう。「添加・添削・連れ添う」名付 そえ・てん

参考 そう⇩「沿」の〔使い分け〕。

【添加(てんか)】そえ加えること。「食品—物」

【添削(てんさく)】人の文章や答案などを直してよくすること。▽「字句を書き添えたり削ったりする」の意。

【添書(てんしょ)】①物を贈るときや使いにやるときなどに、そのことを書いて持たせる手紙。②人を紹介するとき、本人に持たせてやる紹介状。

添

氵8 【淀】(11) 人名 音デン 訓よど・よどむ

筆順 氵 氵 氵 泞 泞 淀 淀

意味 ❶川などの、流れがとまって水がたまっている所。よど。よどみ。❷川や物事の流れがとまって動かない。よどむ。「淀みなく話す」

名付 よど

参考 ❶の「よどみ」、❷の「よどむ」は「澱み」「澱む」とも書く。

淀

氵8 【淘】(11) 印標 音トウ 訓よなげる

意味 よいものを選び分ける。よなげる。「淘汰」

【淘汰(とうた)】①不適当なものや不必要なものを取り除くこと。「悪質な業者が—される」②環境に適したものが栄え、適しないものが滅びること。「自然—」▽「汰」は「選び分けて除き去る」の意。注意「陶汰」と書き誤らないように。

淘

氵8 【淕】(11) 音リク 訓—

意味 みぞれのうるおい。

淕

氵8 【涼】(11) 常用 異体 氵8 凉(10) 人名 音リョウ 訓すずしい・すずむ

筆順 氵 氵 氵 汁 沽 涥 涼 涼

意味 ❶ひややかで快い。すずしい。また、そのこと。りょう。「涼風・納涼・涼を取る」❷ものさびしい。「荒涼」❸暑さをしのぐ。すずむ。また、そのこと。すずみ。「夕涼み」名付 すけ・りょう

涼

【涼気(りょうき)】涼しげな気配・気分。

【涼秋(りょうしゅう)】①涼しげな秋。②陰暦九月のこと。

【涼味(りょうみ)】涼しくて快い感じ。涼しさ。「—満点」

氵8 【淋】(11) 人名 音リン 訓さびしい

筆順 氵 氵 汁 沐 沐 淋 淋 淋

意味 ❶水がしたたる。「淋漓(りんり)」❷性病の一種。「淋病」❸もの悲しい。また、静かである。さびしい。

参考 ❸の「さびしい」は「寂しい」とも書く。

【淋漓(りんり)】①水や汗がしたたりおちるさま。「流汗—」②筆勢や元気などが盛んなさま。「墨痕(ぼっこん)—」

参考熟語 淋巴腺(リンパせん)

淋

氵8 【淪】(11) 音リン 訓しずむ

意味 おちぶれる。しずむ。「淪落・沈淪」

【淪落(りんらく)】おちぶれて堕落すること。「—の女性」

淪

氵8 【淮】(11) 音ワイ・エ 訓—

意味 川の名。中国の河南省に源を発し、江蘇(こうそ)省で海に注ぐ。淮水(わいすい)。

淮

氵8 〔淨〕▸浄(旧)　氵8 〔淺〕▸浅(旧)　氵8 〔淚〕▸涙(旧)

氵9 【渥】(12) 人名 音アク 訓あつい

渥

筆順 氵 氵 沪 沪 沪 泥 泥 渥

意味 ❶手厚い。あつい。「優渥(ゆうあく)」❷うるおう。

名付 あく・あつ・あつし

氵9 【渭】(12) 音イ 訓—

意味 川の名。中国の甘粛(かんしゅく)省に源を発し、黄河に合流する。渭水(いすい)。

渭

氵9 【湮】(12) 音イン 訓— 正字 氵9 湮(12)

意味 うずもれる。また、うずめ隠す。「湮滅」

【湮滅(いんめつ)】あとかたもなく消してしまうこと。また、消えてなくなること。「証拠—」▽「堙滅」とも書く。

湮

氵9 【淵】(12) 人名 音エン 訓ふち 異体 氵8 渕(11) 異体 氵8 渊(11)

筆順 氵 氵 氵 氵 淵 淵 淵 淵

意味 川などの、水が動かないで深くたまっている所。ふち。「淵源・深淵・絶望の淵に沈む」

名付 しずか・すえ・すけ・なみ・のぶ・ふか・ふかし・ふち・ひろ

【淵源(えんげん)】その物事の根源になるもの。

渕

氵9 【温】(12) 3年 旧字 氵10 溫(13) 人名

音 オン・ウン 訓 あたたか・あたたかい・あたたまる・あたためる・たずねる

温

筆順 氵 氵 汀 沪 沪 泪 渭 温

意味 ❶寒さ・暑さなどの感じがほどよくて快い。あたたか。あたたかい。「温暖・温気(うんき)・微温」❷心がやさしい。あたたか。あたたかい。「温厚・温和」❸温度。「気温・低温」❹復習する。たずねる。「温習・温故知新」❺たいせつにする。「温存」❻あたたかになる。あたたかにする。あたためる。あたたまる。また、あたたか。

名付 あつ・あつし・おん・すなお・ただす・つつむ・なが・ならう・のどか・はる・みつ・やす・ゆたか・よし

参考 **あたたかい**⇩「暖」の[使い分け]。

【温気(うんき)】むっとするような暑さ。むしあつさ。

【温顔(おんがん)】穏やかでやさしい顔つき。

【温厚(おんこう)】性質が穏やかで誠実なさま。注意「温好」と書き誤らないように。

【温故知新(おんこちしん)】古い事柄を調べて新しい知識・見解を得ること。▽「故(ふる)きを温(たず)ねて新しきを知る」の意。注意「温古知新」と書き誤らないように。

【温習(おんしゅう)】芸事などをくり返して習うこと。「—会」

【温床(おんしょう)】適当な温熱を加えて苗を育てる苗床(なえどこ)。フレーム。「悪の—」▽悪事の発生・助長につごうのよい環境・条件にたとえることもある。

【温情(おんじょう)】思いやりのあるやさしい心。「—主義」注意「恩情」と書き誤らないように。

【温存(おんぞん)】使わずに、だいじにしまっておくこと。「主力選手を—する」

【温容(おんよう)】穏やかな顔つき・様子。

参考熟語 温泉(いでゆ・おんせん) 温突(オンドル)

氵9 【渦】(12) 常用 音 **カ** 訓 **うず**

筆順 氵 氵 汀 泗 泗 泗 渦 渦

意味 螺旋(らせん)状に回る水の流れ。うず。「戦渦・渦潮(うずしお)」

名付 うず・か

【渦中(かちゅう)】事件・もめごとなどの騒ぎの中。「—に巻き込まれる」▽「渦巻の中」の意。

渦

氵9 【渙】(12) 音カン 訓—

意味 ❶水が溶け散る。「渙然」❷易(えき)の卦(か)の一つ。物が離れ散るさまを表す。「渙発」

渙

氵9 【湲】(12) 音カン・エン 訓—

意味 水がさらさら流れるさま。

湲

氵9 【渠】(12) 印標 音キョ 訓みぞ

意味 ❶水を流す、みぞ。「暗渠」❷集団の長。「渠魁」

参考 ❶の意味の「みぞ」はふつう「溝」と書く。

渠

氵9 【減】(12) 5年 音 **ゲン** 訓 **へる**・**へらす** 異体 氵9 减(11)

減

筆順 氵 氵 汇 汇 派 減 減 減

意味 ❶少なくなる。げんずる。へる。また、そのようにする。げんずる。へらす。↔増。「減少・

4画

減食・削減・軽減」❷へること。また、へらすこと。げん。「自然減・一割の減」❸ある数から他のある数を引く。げんずる。↔加。「減法・加減乗除」

名付 げん
【減価償却】(げんかしょうきゃく) 時の経過や使用によってそこなわれる家屋・機械などの価値を、費用として計上して少しずつ償却してゆくこと。**注意**「原価償却」と書き誤らないように。

【減殺】(げんさい) 減らして少なくすること。▽「殺」も「へらす」の意。**注意**「げんさつ」と読み誤らないように。

【減衰】(げんすい) しだいに減少してゆくこと。

【減退】(げんたい) 体力や勢いなどが衰えること。

【減免】(げんめん) 負担の軽減と免除。

参考熟語 減張(めりはり)

【湖】
氵9 (12) 3年 音 コ 訓 みずうみ
筆順 湖
意味 ❶池・沼より大きい水たまり。みずうみ。「湖上・湖沼・火口湖」❷中国の洞庭(どうてい)湖のこと。「湖南」名付 こ・ひろし
【湖畔】(こはん) 湖のほとり。

【港】
氵9 (12) 3年 音 コウ 訓 みなと
旧字 氵9 港(12)
筆順 港
意味 みなと。「港外・入港・漁港・港町(みなとまち)」
名付 こう・みなと
【港湾】(こうわん) 船の出入り・貨物の積みおろし・乗客の乗降などのために必要な設備をもっている水域と、その施設。

【湟】
氵9 (12) 音 コウ・オウ 訓 ―
意味 ❶城のまわりの堀。❷川の名。中国の青海省に源を発する。

【渾】
氵9 (12) 人名 音 コン 訓 ―
筆順 渾
意味 ❶水のわき出る音の形容。また、水がさかんに流れるさま。「渾渾」❷にごる。「渾濁」❸すべて。まったく。「渾身」名付 こん
【渾名】(あだな) (その人の特徴を表した) 本名のほかにつけて呼ぶ名。ニックネーム。▽「仇名」とも書く。
【渾身】(こんしん) からだ全体。全身。満身。「―の力」
【渾然】(こんぜん) 異なったものが溶け合って区別がなくなっていること。「―一体」

【渣】
氵9 (12) 音 サ 訓 かす
意味 汁を除いたあとに残ったもの。かす。「残渣」

【滋】
氵9 (12) 4年 音 ジ 訓 しげる・ます
旧字 氵10 滋(13)
筆順 滋
意味 ❶水分や養分を得てうるおう。また、うるおす。「滋雨・滋養」❷草木が茂る。しげる。また、ふえる。ます。名付 じ・しげ・しげし・しげる・ます
【滋雨】(じう) よい時期にほどよく降る雨。慈雨。「干天の―」
【滋味】(じみ) ①うまい味わい。②心を豊かにする深い内容。「―掬(きく)すべき作品」
【滋養】(じよう) 栄養。「―分」

【湿】
氵9 (12) 常用 音 シツ 訓 しめる・しめす
旧字 氵14 濕(17) 人名
筆順 湿
意味 ❶水分を吸って少しぬれる。しめる。また、そのようにする。しめす。「湿潤・湿地・多湿・湿り気」❷しめること。また、ほどよく降る雨。しめり。「お湿り」
【湿潤】(しつじゅん) 気候や土地などが湿り気が多いこと。
【湿地】(しっち) しめりけの多い土地。じめじめした土地。
参考熟語 湿気(しけ)る 湿気(しっけ・しっき) 湿地(しめじ)

【湫】
氵9 (12) 音 シュウ 訓 くて
意味 ❶小さな池。❷低くてじめじめした土地。くて。

【湘】
氵9 (12) 人名 音 ショウ 訓 ―

4画

筆順

意味 川の名。中国の湖南省を流れ、洞庭湖(どうていこ)に注ぐ。湘江(しょうこう)。湘水(しょうすい)。「湘南」

氵9
【渫】(12)
音 セツ　訓 さらう

意味 水底の泥やごみなどを除く。さらう。「浚渫(しゅんせつ)」

氵9
【湶】(12)
音 セン　訓 ―

意味 いずみ。

氵9
【湊】(12)
人名　音 ソウ　訓 みなと

筆順

意味 ❶船着き場。みなと。❷物や人が集まる。「輻湊(ふくそう)」 名付 すすむ・み・みなと

氵9
【測】(12)
5年　音 **ソク**　訓 **はかる**

筆順

意味 ❶重さ・長さ・量などを調べる。はかる。「測量・観測」❷大体を想像する。はかる。「推測・予測」 名付 そく・ひろ

参考 **はかる**⇩「計」の[使い分け]。

【測定】(そくてい) 物の大きさ・量などを調べて知ること。

【測量】(そくりょう) ある所の位置・形・面積・高さなどを測ること。

氵9
【湛】(12)
人名　音 タン　訓 たたえる

筆順

意味 水を満たす。たたえる。「湛湛(水が満ちているさま)・笑(え)みを湛える」 名付 あつし・きよ・たたう・たたえ・ふかし・やす・やすし・よし

氵9
【湍】(12)
音 タン　訓 ―

意味 川の流れの早いところ。瀬(せ)。「飛湍」

氵9
【渟】(12)
音 テイ　訓 ―

意味 水がたまる。

氵9
【渡】(12)
常用　音 **ト**　訓 **わたる**・**わたす**

筆順

意味 ❶向こう側に行く。わたる。「渡海・渡米・渡来・渡り鳥」❷向こう側に届かせる。わたす。「渡し船」❸経過してゆく。また、生活してゆく。わたる。「渡世・過渡期」❹他の人に移ってその人の所有物となる。わたる。また、そのようにする。わたす。「譲渡」❺そこまで及ぶ。わたる。「私事に渡る・一週間に渡る」 名付 と・わたり・わたる

参考 ❺の「わたる」は「亙る」とも書く。

【渡河】(とか) 川を渡ること。「―戦」

【渡御】(とぎょ) 天皇・みこしなどがお出かけになること。

【渡渉】(としょう) 川を渡ること。

【渡世】(とせい) ①世渡り。くらし。生活。②生業。

【渡来】(とらい) (新しい品物・技術・文化などが)外国から海を渡ってはいってくること。舶来(はくらい)。

氵9
【湯】(12)
3年　音 **トウ**　訓 **ゆ**

筆順

意味 熱を加えられて熱くなった水。また、ふろ・温泉のこと。ゆ。「湯治・熱湯・葛根湯(かっこんとう)・湯気(ゆげ)・煮え湯」 名付 とう・ゆ

【湯治】(とうじ) 温泉に入り、病気やけがをなおすこと。

【湯湯婆】(ゆたんぽ) 中に湯を入れて、寝床やからだをあたためる道具。

【湯桶読み】(ゆとうよみ) 重箱(じゅうばこ)読みに対して、「湯桶(ゆトウ)」のように、漢字二字から成る熟語を上の字を訓で、下の字を音(おん)で読む読み方。「稲作(いなサク)」「野宿(のジュク)」など。▽「湯桶」は、飲用の湯を入れる器。

参考熟語 湯麵(タンメン)　湯女(ゆな)

氵9
【湃】(12)
音 ハイ　訓 ―

意味 水がぶつかりあうさま。「澎湃(ほうはい)」

氵9
【渺】(12)
音 ビョウ　訓 ―

意味 水面が広々として果てしない。「渺茫(びょうぼう)」

【渺渺】(びょうびょう) 遠くまで広々として果てしないさ

ま。

【渺茫】びょうぼう 広く果てしないさま。「―たる大草原」

氵9 【渤】(12) 音ボツ 訓―

意味 ❶水や波がわきたつさま。❷「渤海ぼっかい」は、海の名。中国の北東にある。また、国の名。中国の東北地方にあった。

氵9 【満】(12) 4年 音マン 訓みちる・みたす 旧字 氵11 滿(14)

筆順 氵 氵一 氵艹 氵艹 満 満 満 満

意味 ❶いっぱいになる。みちる。また、そのようにする。みたす。「満水・満期・充満・干満」❷いっぱいでじゅうぶんな状態である。また、そのこと。まん。「満足・満面・豊満・不満・満を持じする」❸それまで経てきた年月の長さをちょうどの数で表すこと。まん。「満年齢・満で十歳」❹満州のこと。「満蒙まんもう・ソ満」名付 あり・ます・まろ・まん・みつ・みつる

【満悦】まんえつ 満足して非常に喜ぶこと。「御―の体てい」

【満艦飾】まんかんしょく 祝賀のため、軍艦が万国旗などで艦全体を飾ること。「洗濯物の―」▽女性が着飾ることや、洗濯物を一面に並べることなどにもたとえる。

【満喫】まんきつ 十分に味わい楽しむこと。「自由を―する」

【満腔】まんこう 心からそう思ったりしたりすること。「―の敬意」▽「からだじゅう」の意。注意「まんくう」と読み誤らないように。

【満座】まんざ その場にいる人すべて。

【満身】まんしん からだじゅう。「―創痍そうい(からだじゅうが傷だらけであること)」

【満天】まんてん 空いっぱいに満ちていること。「―の星」

【満天下】まんてんか 世の中全体。「―の人々」

【満幅】まんぷく 最大限の状態にすること。「―の信頼」▽「幅いっぱい」の意。

【満満】まんまん あふれるほどにたくさんあるさま。「自信―」「―と水をたたえる」

【満面】まんめん 顔全体。顔いっぱい。「―の笑み」

参考熟語 満天星どうだんつつじ 満更まんざら

氵9 【湎】(12) 音メン 訓―

意味 物事に熱中する。心をうばわれる。「沈湎ちんめん」

氵9 【渝】(12) 音ユ 訓―

意味 中身が入れかわる。また、入れかえる。

氵9 【湧】(12) 常用 音ユウ・ヨウ 訓わく

筆順 氵 氵丆 氵マ 氵丙 氵甬 氵甬 氵甬 湧

意味 ❶水が地上に現れ出る。わく。「湧き水」❷おどりあがる。❸虫などが発生する。❹考えが浮かぶ。名付 ゆう・よう・わく

参考 わく⇩「沸」の[使い分け]。

【湧出】ゆうしゅつ・ようしゅつ 水などが地中からわき出ること。▽「ゆうしゅつ」は慣用読み。

氵9 【游】(12) 音ユウ 訓あそぶ・およぐ

意味 ❶泳ぐ。およぐ。また、浮かぶ。「游泳・浮游」❷他国を旅行する。あそぶ。「游子」

参考 「遊」とも書く。

【游泳】ゆうえい 泳ぐこと。水泳。「―術」▽世渡りにたとえることもある。「遊泳」とも書く。

氵9 【溂】(12) 〈国字〉 音ラツ 訓―

意味 「潑溂はつらつ」は、活発で元気がよいこと。

氵9 【湾】(12) 常用 音ワン 訓― 旧字 氵22 灣(25)

筆順 氵 氵亠 氵ナ 氵亦 氵亦 氵恋 湾

意味 ❶陸地にはいり込んだ海。わん。「湾内・港湾」❷弓形に曲がる。「湾曲」名付 みずくま・わん

参考 「湾・湾入・湾曲」などの「湾」は「彎」が書き換えられたもの。

【湾曲】わんきょく 弓形に曲がっていること。▽「彎曲」の書き換え字。

氵9 【渴】▸渇㊐

氵9 【渚】▸渚㊐

氵9 【溌】▸潑㊜

氵10 【溢】(13) 人名 音イツ 訓あふれる 異体 氵10 溢(13)

筆順 氵 氵八 氵氺 氵兴 氵洫 溢 溢

4画

意味 水がいっぱいになってこぼれる。あふれる。「溢血・横溢」名付 いつ・みつ・みつし・みつる

【溢血】(いっけつ) 体の組織内や、皮膚・粘膜などに起こる比較的小さな出血。「脳―」

氵10
【滑】(13) 常用
音 カツ・コツ 訓 すべる・なめらか

筆順 氵 … 滑 滑

意味 ❶滞りがない。なめらか。「滑脱・円滑・潤滑」❷なめらかに動いてゆく。すべる。「滑走」❸→滑稽(こっけい)

【滑走】(かっそう) ①すべるように進むこと。②飛行機が離着陸の時に、地上・水上を走ること。「―路」

【滑脱】(かつだつ) よどみなく自由自在に変化するさま。「円転―(物事がなめらかに運んで滞りのないさま)」

【滑稽】(こっけい) ばかばかしくておかしいこと。

氵10
【漢】(13) 3年
旧字 氵11 漢(14) 人名

音 カン 訓 から

筆順 氵 … 漢 漢

意味 ❶男性。「好漢・酔漢・無頼漢」❷中国のこと。また、中国に関した事柄。から。「漢文・漢才・漢意(からごころ)」❸中国の王朝の一つ。秦(しん)のあとの国。かん。❹天の川のこと。「銀漢・天漢」

名付 かみ・かん・くに・なら

【漢音】(かんおん) 漢字音の一つ。七、八世紀ごろ日本に伝わった、当時の長安周辺の発音。「経典(けいてん)」「兄弟(けいてい)」と読むなど。

【漢籍】(かんせき) 中国の書物。また、漢文で書かれた書物。

【漢方】(かんぽう) 中国から伝わった医術。「―薬」注意 「漢法」と書き誤らないように。

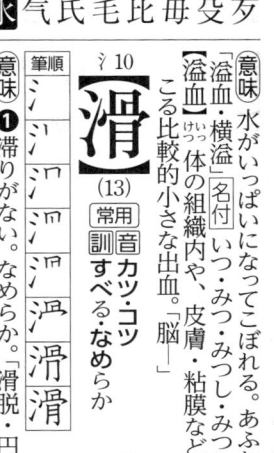

氵10
【源】(13) 6年
音 ゲン 訓 みなもと

筆順 氵 … 源 源

意味 ❶物事のはじめ。根本。みなもと。「源泉・起源・財源」❷源氏のこと。「源平(げんぺい)」名付 げん・はじめ・もと・よし

【源泉】(げんせん) 水のわき出るもと。「悪の―」▽物事が生ずるもとにたとえることもある。「原泉」とも書く。

【源泉課税】(げんせんかぜい) 所得税の課税法の一種。所得が支払われる段階で個別に課税する方法。

氵10
【溝】(13) 常用
音 コウ 訓 みぞ・どぶ

旧字 氵10 溝(13)

筆順 氵 … 溝 溝

意味 ❶用水路。みぞ。「排水溝」❷雨水・汚水などが流れる小さな水路。どぶ。「溝川(どぶがわ)」

名付 こう・みぞ

氵10
【滉】(13) 人名
音 コウ 訓 ひろい

筆順 氵 … 滉 滉

意味 水が深くて広いさま。ひろい。名付 あきら・こう・ひろ・ひろし

氵10
【溘】(13)
音 コウ 訓 ―

意味 たちまち。急に。にわかに。「溘死(こうし)(急死)」

氵10
【溷】(13)
音 コン 訓 ―

意味 ❶よごれる。にごる。❷便所。

氵10
【滓】(13) 印標
音 サイ・シ 訓 かす・おり

意味 ❶選び取った残りの、不要なもの。かす。「残滓(ざんし)」❷容器の底に沈みたまった不純物。おり。かす。

参考 「さい」は慣用読み。

氵10
【溲】(13)
音 シュ・ソウ 訓 ―

意味 ❶水を垂らす。❷小便。「溲瓶(しびん・しゅびん)」

氵10
【準】(13) 5年
異体 氵10 凖(12)

音 ジュン 訓 なぞらえる

筆順 氵 … 準 準

意味 ❶水平か否かをしらべる道具。水盛り。「規矩準縄(きくじゅんじょう)」❷めやすとなるもの。「準則・水準」❸手本として従う。じゅんずる。「準拠」❹そなえる。「準備」❺それに次ぐものとして扱う。じゅんずる。なぞらえる。「準会員・準決勝」

❻仮にそう考える。なぞらえる。名付 じゅん・とし・なろう・のり・ひとし

参考 ❺の意味の「なぞらえる」は「擬える」とも書く。

【準拠】(じゅんきょ) ある基準をよりどころとして従うこと。また、よりどころになった基準。

【準則】(じゅんそく) 基準とすべき規則。

【準備】(じゅんび) 予測をたててする用意。したく。

氵10 **【溽】**(13) 音 ジョク 訓 —

意味 ❶むし暑い。「溽暑」❷味が濃い。

氵10 **【滄】**(13) 音 ソウ 訓 —

意味 ❶あおあおとして広い。「滄茫(そうぼう)」❷あおうなばら。うみ。「滄海」

【滄海】(そうかい) あおうなばら。▽「蒼海」とも書く。

氵10 **【滞】**(13) 常用 旧字 氵11 滯(14) 人名

音 タイ 訓 **とどこお**る

筆順 氵 氵一 氵卄 氵卅 洪 滞 滞

意味 ❶つかえて進まなくなる。とどこおる。「滞貨・滞納・沈滞・渋滞」❷そこにとどまる。「滞在・滞米」

【滞貨】(たいか) ①輸送ができず、たまった貨物。②売れないでたまった商品。

【滞在】(たいざい) よその土地・家にしばらくとどまること。

【滞納】(たいのう) きめられた期日を過ぎても納めないこと。

【滞留】(たいりゅう) ①旅先で長くとどまること。②物事が滞ること。

氵10 **【溺】**(13) 常用 異体 氵10 溺(13)

音 デキ 訓 **おぼ**れる

筆順 氵 氵' 氵ﾞ 沔 浰 溺 溺

意味 おぼれる。「溺死」❷度を越して熱中する。おぼれる。「溺愛・耽溺(たんでき)・酒色に溺れる」

【溺愛】(できあい) 子どもなどをむやみにかわいがること。

【溺死】(できし) 水におぼれて死ぬこと。

氵10 **【滔】**(13) 音 トウ 訓 —

意味 →滔滔(とうとう)

【滔滔】(とうとう) ①水がさかんに流れるさま。「—たる大河」②よどみなく話すさま。「—と弁じたてる」

氺10 **【滕】**(15) 音 トウ 訓 — 正字 氺10 滕(15)

意味 ❶中国の春秋・戦国時代の国の名。今の山東省、滕県。❷水がわきでる。

氵10 **【溏】**(13) 音 トウ 訓 —

意味 池のつつみ。

氵10 **【漠】**(13) 常用 音 バク 訓 — 旧字 氵11 漠(14)

筆順 氵 氵一 氵卄 浩 漠 漠 漠

意味 ❶すなはら。「砂漠」❷広々として果てしない。「漠漠・広漠」❸はっきりせず、とりとめがない。ばく。「漠然・空漠・漠としている」

名付 とう・ばく・ひろ

【漠然】(ばくぜん) ぼんやりとしていて不明確なこと。「—たる疑惑」注意「莫然」と書き誤らないように。

【漠漠】(ばくばく) ①広々として果てしがないさま。②とりとめがないさま。

氵10 **【溥】**(13) 音 フ 訓 あまねし

意味 広く行き渡る。広い。あまねし。「溥天」

氵10 **【滂】**(13) 音 ボウ 訓 —

意味 ❶水がさかんに流れるさま。「滂沱(ぼうだ)」❷広々としているさま。

【滂沱】(ぼうだ) ①涙がとめどもなくあふれ出るさま。②雨が激しく降るさま。

氵10 **【溟】**(13) 音 メイ 訓 くらい

意味 ❶小雨が降って辺りが暗い。くらい。「溟濛(めいもう)」❷海。「溟海」

氵10 **【滅】**(13) 常用 音 メツ 訓 **ほろ**びる・**ほろ**ぼす

筆順 氵 氵厂 沪 涙 滅 滅 滅

意味 ❶絶えてなくなる。めっする。まろびる。

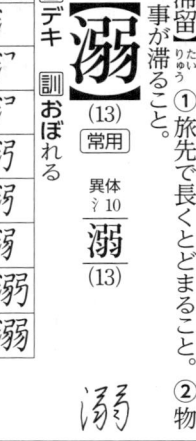

4画

また、絶やしてなくす。めっする。ほろぼす。「滅亡・滅菌・破滅・不滅」❷仏の死。また、僧の死。「滅後・入滅」❸あかりが消える。「明滅」

【滅却】(めっきゃく) 消滅すること。また、消滅させること。「心頭―すれば火もまた涼し」

【滅菌】(めっきん) 熱・薬品などで、細菌を死滅させること。

【滅私奉公】(めっしほうこう) 私利私欲を捨て公に尽くすこと。

【滅亡】(めつぼう) (国家や民族などが)滅びること。

参考熟語 滅入(めい)る 滅金(めっき) 滅多(めった)

氵10 **【溶】** (13) 常用 音 ヨウ 訓 とける・とかす・とく

筆順 溶

意味 液状になる。とける。また、液状にする。とかす。とく。「溶液・溶接・溶鉱炉・水溶性」

参考 「溶・溶岩・溶接」などの「溶」、「溶・溶解・溶鉱炉」などの「溶」は、それぞれ「熔」「鎔」が書き換えられたもの。

使い分け「とく」

溶く…固まっている物を液状にする。「絵の具を溶く・お湯で溶く・溶き卵」

解く…一つにまとまっている物を別々にする。「包みを解く・着物を解く・警戒を解く・緊張を解く・謎を解く」

【溶解】(ようかい) ①物質が液体中に溶け込んでまじりあうこと。②金属が熱によって溶けて液状になること。▽「鎔解」「熔解」の書き換え字。

【溶接】(ようせつ) 金属を熱で溶かしてその部分を接合すること。▽「熔接」の書き換え字。

【溶融】(ようゆう) ①溶かすこと。また、溶けること。②固体が熱によって溶けて液体となること。融解。

氵10 **【溜】** (13) 人名 異体 氵12 澑 (15) 音 リュウ 訓 たまる・ためる

筆順 溜

意味 ❶水がしたたり落ちる。また、したたり。「水溜」❷集まってたまる。ためる。また、たくさんのものが集まった所、または集めた所。たまり。ため。「溜飲・溜め息」❸純粋な成分をとる。「蒸溜・乾溜」 名付 たまる・たり

参考 「蒸溜・乾溜」の「溜」は「留」に書き換える。

【溜飲】(りゅういん) 胃の不消化のため、すっぱい液が出てくる症状。「―が下がる(気分がさっぱりする)」

氵10 **【滝】** (13) 常用 旧字 氵16 瀧 (19) 人名 音 ロウ 訓 たき

筆順 滝

意味 ❶流水が高い所から激しく流れ落ちるもの。たき。「滝壺(たきつぼ)」❷急流。はやせ。 名付 たき・たけし・ろう

【滝壺】(たきつぼ) 滝の水が落ちこむ深いふち。

氵10 【溪】▼渓 旧

氵10 【溫】▼温 旧

氵10 【滋】▼滋 旧

氵10 【漣】▼漣 異

氵10 【溯】▼遡 異

水11 **【潁】** (15) 音 エイ 訓 ―

意味 川の名。中国の河南(かなん)省に源を発し、安徽(あんき)省で淮河(わいが)に注ぐ。潁河(えいが)。潁川(えいせん)。潁水(えいすい)。

氵11 **【演】** (14) 5年 音 エン 訓 のべる

筆順 演

意味 ❶おし広めて述べる。のべる。また、説く。えんずる。「演繹(えんえき)・講演」❷実地にあてはめて行う。えんずる。「演習」❸実際に行う。えんずる。「演劇・演出」 名付 えん・のぶ・ひろ・ひろし

【演繹】(えんえき) 論理学で、帰納に対して、一般的原理に基づいて他の特殊な事象を推定し説明すること。

【演算】(えんざん) 計算。運算。

【演説】(えんぜつ) 多くの人の前で、自分の意見などを述べること。また、その話。

氵11 **【漁】** (14) 4年 音 ギョ・リョウ 訓 あさる・いさる・すなどる

筆順 漁

意味 ❶魚をとる。すなどる。いさる。「漁船・

漁師(りょうし)・不漁(ふりょう)」❷捜し求める。また、むさぼり求める。あさる。「漁色(ぎょしょく)」

【漁獲】(ぎょかく) 魚介類をとること。また、そのとれたもの。注意「魚獲」と書き誤らないように。

【漁色】(ぎょしょく) 次々と女性を求めること。「―家」

【漁父の利】(ぎょふのり) 両者が争っているうちに、第三者が横取りして得た利益のたとえ。▽鷸(しぎ)と蚌(どぶがい)が争っているところへ老漁夫が来て、苦もなく両者を捕らえたという中国の故事から。「漁夫の利」とも書く。「鷸蚌(いつぼう)の争い」ともいう。

【漁労】(ぎょろう) 職業として水産物をとること。▽「漁撈」の書き換え字。

参考熟語 漁火(いさりび)

氵11 【滬】(14) 音コ 訓―　正字 氵11 滬(14)

意味 川の名。中国の呉淞江(ごしょう)の下流で、上海(シャンハイ)市の北東を流れる。

氵11 【滸】(14) 音コ 訓ほとり

意味 水辺(みずべ)。ほとり。「水滸(すいこ)」

氵11 【滾】(14) 音コン 訓たぎる

意味 ❶水がさかんに流れるさま。「滾滾」❷水がわきたつ。たぎる。

【滾滾】(こんこん) 水がわき出て尽きないさま。▽「渾渾」とも書く。

氵11 【漬】(14) 常用 音シ 訓つける・つかる・ひたる

筆順

意味 ❶つけものにする。つける。「漬け物・塩漬け」❷水の中に入れてぬらす。つける。ひたす。また、そのようになる。ひたる。名付 し・ひた

氵11 【漆】(14) 常用 音シツ 訓うるし

筆順

意味 ❶木の一種。触れるとかぶれる。樹液から塗料を作る。うるし。❷うるしの樹皮からとった黒い塗料。うるし。「漆器・漆工」❸うるしのように黒い。「漆黒」

参考 証書などで「七」の代用をすることがある。

【漆工】(しっこう) うるし塗りの職人。塗り物師。塗師(ぬし)。

【漆黒】(しっこく) 黒くてつやのあること。「―の髪」

参考熟語 漆喰(しっくい)

水11 【漿】(15) 印標 音ショウ 訓―

意味 内部にある液体。しる。「漿果・脳漿」

氵11 【滌】(14) 音ジョウ・デキ 訓すすぐ

意味 水をかけて洗う。すすぐ。「洗滌(せんじょう・せんでき)」

参考 (1)「じょう」は慣用読み。(2)「洗滌(せんじょう)」の「滌」は「浄」に書き換える。

氵11 【滲】(14) 印標 音シン 訓しみる・にじむ

意味 ❶液体が中に深くはいり込む。しみる。「滲透」❷液体が表面に少しずつ広がったり現れたりする。にじむ。「滲出」❸刺激を受けて痛く感ずる。しみる。「傷薬が滲みる」

参考 (1)❶❸の「しみる」は「染みる」とも書く。(2)「滲透」の「滲」は「浸」に書き換える。

【滲出】(しんしゅつ) 液体がにじみ出ること。▽「浸出」とも書く。

【滲透】(しんとう) ①液体がしみ通ること。②主義や思想などがしだいに行き渡ること。「民主主義が―する」▽「滲」は「浸」に書き換える。

注意「さんとう」と読み誤らないように。

氵11 【漸】(14) 常用 音ゼン 訓ようやく

筆順

意味 しだいに進む。また、だんだんとそうなるさま。ようやく。「漸次・漸増・東漸」名付 すすむ・ぜん・つぐ

注意「暫(ざん)(しばらく)」と書き誤らないように。

【漸次】(ぜんじ) しだいに。だんだん。

【漸進】(ぜんしん) 順を追って少しずつ進むこと。「―主義」

氵11 【漕】(14) 人名 音ソウ 訓こぐ

筆順

意味 ❶舟を進める。こぐ。「漕艇・力漕」❷船で貨物を運ぶ。「運漕」

【漕艇】(そうてい) 競技用のボートをこぐこと。

4画

氵11
【漱】(14)
人名 音 ソウ 訓 くちすすぐ・すすぐ

筆順

意味 水などで口を洗い清める。くちすすぐ。すすぐ。また、そのこと。うがい。「含漱(がんそう)」 名付 すすぐ・そう

氵11
【漲】(14)
音 チョウ 訓 みなぎる

意味 ❶水が満ちあふれる。みなぎる。❷あふれるばかりに感ぜられる。みなぎる。「若さが漲る」

氵11
【滴】(14)
常用 音 **テキ** 訓 **しずく・したたる**・たれる

筆順

意味 水がたれて落ちる。たれる。したたる。また、そのこと・粒。しずく。したたり。「滴下・点滴・水滴」

【滴下】(てっか・てきか) しずくとなってしたたること。したたらせて落とすこと。

氵11
【漂】(14)
常用 音 **ヒョウ** 訓 **ただよう**・さらす

筆順

意味 ❶浮かび流れる。ただよう。「漂流・漂泊」❷水につけて白くする。さらす。「漂白」

【漂泊】(ひょうはく) 土地から土地へとさすらい歩くこと。

【漂白】(ひょうはく) 脱色して白くすること。さらすこと。

【漂流】(ひょうりゅう) ①風や潮のままに流され、海上をただようこと。②あてもなくさまよい歩くこと。

氵11
【漫】(14)
常用 音 **マン** 訓 そぞろ・みだり

筆順

意味 ❶海などが果てしなく広い。「漫漫」❷一面に広がりはびこる。「瀰漫(びまん)」❸とりとめがない。みだり。「漫談・放漫・冗漫」❹なんとなく。そぞろ。「漫然」 名付 ひろ・まん・みつ

【漫然】(まんぜん) 何の目的・意識もなく、とりとめのないさま。ぼんやり。注意「慢然」と書き誤らないように。

【漫談】(まんだん) ①とりとめもない話。②こっけいな話術に批判・風刺をおりまぜて語る話術演芸。

【漫漫】(まんまん) 果てしなく広いさま。「―たる大海」

【漫遊】(まんゆう) 気の向くままに方々を旅行すること。

【漫録】(まんろく) 感想などを気楽にしるした文章。漫筆。

氵11
【漾】(14)
音 ヨウ 訓 ただよう

意味 水がゆれ動く。ただよう。また、浮かべ漂わせる。

氵11
【漓】(14)
音 リ 訓 ―

意味 ❶しみこむ。「淋漓(りんり)」❷したたる。

氵11
【漣】(14)
人名 音 レン 訓 さざなみ
異体 氵10 漣(13)

筆順

意味 細かに立つ波。さざなみ。名付 なみ・れん

参考 「さざなみ」は「小波」「細波」とも書く。

氵11
【滷】(14)
音 ロ 訓 ―

意味 ❶塩分を含んだ土地。❷塩水。

氵11
【漏】(14)
常用 音 **ロウ** 訓 **もる・もれる・もらす**

筆順

意味 ❶水がこぼれ出る。もる。もれる。また、そのようにする。もらす。「漏水」❷すきまからこぼれる。もれる。「漏電」❸秘密がばれる。また、抜け落ちる。もれる。「漏洩(ろうせつ・ろうえい)・遺漏・脱漏」❹水時計。「漏刻」

【漏泄】(ろうせつ・ろうえい) ①気体や液体が容器の外に漏れること。②秘密が漏れること。また、秘密を漏らすこと。▽「ろうえい」は慣用読み。「漏洩」とも書く。

【漏洩】(ろうせつ・ろうえい) 「漏泄」と同じ。▽「ろうえい」は慣用読み。

【漏電】(ろうでん) 電流がもれ流れること。「―火災」

参考熟語 漏斗(ろうと・じょうご)

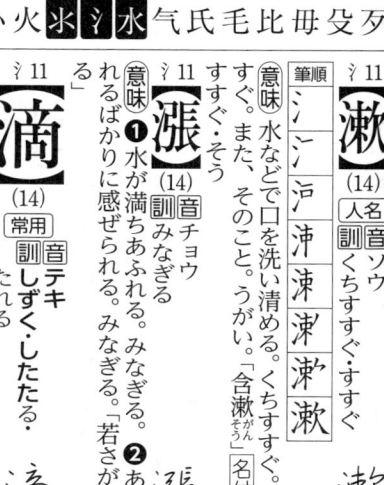

氵11
【漉】(14)
印標 音 ロク 訓 こす・すく

意味 ❶すきまを通してかすを取り除く。こす。「漉し餡（あん）・裏漉し」❷溶かした原料を薄く敷いて紙を作る。すく。「漉き返し」
参考 ❶の「こす」は「濾す」とも書く。また、❷の「すく」は「抄く」とも書く。

氵11【滿】▶満 旧

氵11【漢】▶漢 旧

氵11【滯】▶滞 旧

氵11【潅】▶灌 異

氵12【滰】(15) 〈国字〉 音 ― 訓 いと
意味 いと。▽人名などに用いる字。

氵12【澚】(15) 〈国字〉 音 ― 訓 おき
意味 おき。沖。

氵12【潰】(15) 常用 音 カイ 訓 つぶす・つぶれる・ついえる
筆順
意味 ❶戦いに負け総くずれになる。ついえる。「潰走・潰滅」❷計画・希望などがすっかりだめになる。ついえる。つぶれる。「崩潰」❸くずれる。つぶれる。「決潰」
参考 「潰滅・潰乱・全潰・決潰・崩潰・倒潰」などの「潰」は「壊」に書き換えてもよい。
【潰瘍】（かいよう） 皮膚・粘膜がくずれ、ただれたもの。「胃―」

氵12【漑】(15) 印標 音 ガイ 訓 そそぐ 旧字 氵11 溉 (14)
意味 水を掛ける。そそぐ。「灌漑（かんがい）」

氵12【澗】(15) 印標 音 カン 訓 ― 異体 氵12 㵎 (15)
意味 ❶谷。また、谷川。❷川の名。中国の河南省に源を発し、洛水（らくすい）に合流する。澗水（かんすい）。

氵12【澆】(15) 音 ギョウ 訓 ―
意味 ❶水を注ぐ。❷人情などが薄い。「澆季」
【澆季】（ぎょうき） 道徳が衰え人情が薄くなった、末の世。

氵12【潔】(15) 5年 音 ケツ 訓 いさぎよい・きよい 旧字 氵12 潔 (15)
筆順
意味 ❶清らかである。きよい。「潔白・清潔・純潔」❷気持ちがさっぱりしていて未練がない。いさぎよい。 名付 きよ・きよし・けつ・ゆき・よし
【潔斎】（けっさい） 神事の前に飲食その他の行為をつつしんで心身を清めること。「精進（しょうじん）―」
【潔白】（けっぱく） 心や行いにやましいことがないこと。
【潔癖】（けっぺき） 不潔なものや不正なことを極度にきらうさま。また、そのような性質。

氵12【潸】(15) 音 サン 訓 ―
意味 ❶涙が流れるさま。❷雨が降るさま。「潸潸」
【潸潸】（さんさん） ①涙がはらはらと流れるさま。②雨がぱらぱらと降るさま。
【潸然】（さんぜん） さめざめと涙を流すさま。

氵12【潤】(15) 常用 音 ジュン 訓 うるおう・うるおす・うるむ
筆順
意味 ❶水分をふくむ。うるおう。また、そのようにする。うるおす。「潤筆・浸潤・湿潤」❷つやがあってりっぱに見える。「潤色・潤沢」❸しめりけを帯びて曇ったようになる。うるむ。「声が潤む（涙声になる）」 名付 うる・うるう・うるお・さかえ・じゅん・ひろ・ひろし・まさる・ます・みつ
【潤滑】（じゅんかつ） 機械などの触れ合う部分の摩擦を少なくすること。「―油」
【潤色】（じゅんしょく） 文章などをおもしろく作り替えること。
【潤沢】（じゅんたく） 物が豊富にあるさま。
【潤筆】（じゅんぴつ） 頼まれて、書や絵を書くこと。「―料」▽「筆をしめす」の意。

氵12【潯】(15) 音 ジン 訓 ふち
意味 水を深くたたえたところ。ふち。

氵12【潟】(15) 4年 音 セキ 訓 かた
筆順

4画

意味 ❶砂丘などによって外海と分かれてできた湖や沼。かた。❷海岸で、満潮のときは隠れ、潮が引くと現れる所。ひがた。「干潟」名付 せき・かた

【潟湖】せきこ 海岸の近くで、海の一部分が区切られてできた湖や沼。

氵12 【潜】(15) 常用 音セン 訓ひそむ・もぐる・くぐる 旧字 氵12 潛(15) 異体 氵16 濳(19)

筆順 氵 氵 氵 浐 浐 涔 涔 漭 潜

意味 ❶水中や物の下にはいり込む。くぐる。もぐる。「潜水」❷外部に現れずに隠れている。ひそむ。「潜入・潜在」❸心を静かに落ち着かせる。「沈潜」名付 すみ・せん・ひそむ

【潜在】せんざい 表面に現れず、内部にひそんで存在すること。「—意識」

【潜入】せんにゅう 気づかれないよう、こっそりはいりこむこと。もぐりこむこと。「敵地に—する」

【潜伏】せんぷく ①病気に感染していながら症状が現れないこと。「—期間」②隠れひそむこと。「—キリシタン」

氵12 【潺】(15) 音セン 訓—

意味 水がさらさらと流れるさま。「潺湲せんかん」

氵12 【潭】(15) 音タン 訓ふち 正字 氵12 潭(15)

意味 水を深くたたえたところ。ふち。「碧潭へきたん」

氵12 【潮】(15) 6年 音チョウ 訓しお・うしお 旧字 氵12 潮(15)

筆順 氵 氵 汁 洁 淖 淖 淖 潮 潮

意味 ❶海の水。うしお。しお。「潮流・潮しおの香」❷海水の満ち引きする現象。しお。「潮汐ちょうせき・干潮」❸よい機会。しお。「潮時しおどき」❹世の中の情勢や考え方などの動き。「風潮・思潮」名付 うしお・しお・ちょう

【潮汐】ちょうせき 潮の干満。▽「汐」は「ゆうしお」の意。

【潮流】ちょうりゅう ①潮の干満によって起こる海水の流れ。②世の中の動き。時勢の傾向。「時代の—に乗る」

氵12 【澄】(15) 常用 音チョウ 訓すむ・すます 異体 氵12 澂(15)

筆順 氵 氵 氵 氵 氵 氵 澄 澄

意味 ❶くもりや濁りがなくなり透き通る。すむ。また、そのようにする。すます。「澄明・清澄・上澄うわずみ・耳を澄ます」❷まじめそうな顔や自分には無関係だという態度をする。すます。「澄ました顔」名付 きよ・きよし・きよむ・すみ・すむ・すめる・ちょう・とおる

【澄明】ちょうめい すみきっていて明らかなこと。

氵12 【潼】(15) 音ドウ・トウ 訓—

意味 川の名。中国の陝西せんせい省にあり、黄河に注ぐ。潼水どうすい。

氵12 【潑】(15) 印標 音ハツ 訓— 異体 氵9 溌(12)

意味 ❶水がとびはねる。また、水を散らし注ぐ。❷勢いがよいさま。「潑剌はつらつ・活潑」

参考 「活潑」の「潑」は「発」に書き換える。

【潑剌】はつらつ 活発で元気がよいさま。▽「潑溂」とも書く。注意「潑刺」と書き誤らないように。

氵12 【潘】(15) 音ハン 訓—

意味 ❶米のとぎ汁。❷うずまき。

氵12 【濆】(15) 音フン 訓わく 正字 氵13 濆(16)

意味 ❶水ぎわ。みぎわ。❷水がわき出る。わく。

氵12 【澎】(15) 音ホウ 訓—

意味 水がわきたつさま。「澎湃ほうはい」

【澎湃】ほうはい ①水の勢いが盛んなさま。②物事が広い範囲にわたって盛んに起こるさま。

氵12 【潦】(15) 音ロウ 訓にわたずみ

意味 雨が降って路上や庭にたまった水。にわたずみ。

氵12 〔澁〕▸渋(旧)

氵12 〔澑〕▸溜(異)

氵12 〔潴〕▸瀦(異)

氵13 【澳】(16) 音オウ 訓おき

意味 ❶深い入り江。❷沖おき。おき。

氵13 【澣】(16) 音カン 訓あらう

意味 水を流して洗う。あらう。

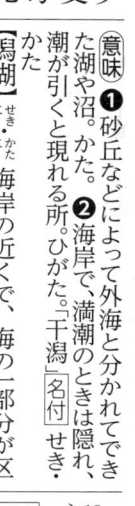

4画

氵13
【激】(16)
6年 音 ゲキ 訓 はげしい

筆順 激

意味 ❶勢いが強い。はげしい。また、そのようになる。げきする。「激突・激流・岩に激する大波」❷ありさまなどの変化が大きい。げきする。「激変・激増・急激」❸強く心を動かす。げきする。「激情・激怒・感激」❹励ます。げきする。「激励・友を激する」

参考 「刺激」は「刺戟」が書き換えられたもの。

【激越】(げきえつ) 声・感情の調子が激しく荒々しいこと。「—な口調」

【激賞】(げきしょう) おおいにほめたたえること。

【激情】(げきじょう) 一時的に激しくわきおこる感情。「—にかられる」

【激甚】(げきじん) 損害などの程度がはなはだしいこと。▽「劇甚」とも書く。

【激動】(げきどう) 激しく揺れ動くこと。「—の戦後史」

【激変】(げきへん) (悪い方向へ)状態が急に変わること。

【激流】(げきりゅう) 水勢の激しい流れ。「—にのまれる」

【激励】(げきれい) はげまして元気づけること。

【激論】(げきろん) 互いに譲らず、激しく議論すること。また、その議論。▽「劇論」とも書く。

【激昂】(げっこう・げきこう) 激しく怒って感情が高ぶること。「—のあまり」▽「激高」とも書く。

氵13
【澡】(16)
音 ソウ 訓 —

意味 ていねいに洗い清める。

氵13
【濁】(16)
常用 略字 氵6 浊(9)
音 ダク・ジョク 訓 にごる・にごす

筆順 濁

意味 ❶透き通らなくなる、またはそのようにする。にごる。にごす。また、そのようになったもの。にごり。「濁流・清濁・濁り酒」❷乱れけがれる。にごる。「濁世(だくせ・じょくせ)・汚濁」❸色や音にまじりけがあってきたなくなる。にごる。「濁声(だくせい・だみごえ)・濁音」❹濁音のこと。「濁点」

【濁音】(だくおん) かなで表すとき濁点「゛」をつけて書き表す音節。

【濁世】(だくせ・じょくせ) 仏教で、けがれの多い世の中のこと。

参考熟語 濁酒(どぶろく・だくしゅ)

氵13
【澹】(16)
音 タン 訓 —

意味 ❶静かで安らかである。❷あっさりしている。「恬澹(てんたん)」

氵13
【澱】(16)
印標 音 デン 訓 おり・よどむ

意味 ❶液体中の物が底に沈んでたまる。よどむ。また、そうなってたまったもの。おり。「沈澱」❷流れがとまって動きがなくなる。よどむ。また、動きのないこと・所。よどみ。❸→澱粉(でんぷん)

参考 ⑴❶の「おり」は「滓」、❷の「よどむ」「よどみ」は「淀む」「淀み」とも書く。⑵「沈澱」の「澱」は「殿」に書き換える。

【澱粉】(でんぷん) じゃがいもなどに多く含まれている炭水化物の一種。

氵13
【濃】(16)
常用 音 ノウ 訓 こい・こまやか

筆順 濃

意味 ❶密度が高くて刺激が強い。こい。↔淡。「濃厚・濃霧・濃縮」❷細かなところまで心がこもっている。こまやか。「濃やかな愛情」

名付 あつ・あつし・のう

【濃艶】(のうえん) なまめかしく美しいようす。「—な姿」

【濃厚】(のうこう) ①味・色・成分などが、こいさま。②ある可能性が強く感じられるさま。「敗色が—になる」③男女の愛情が深いさま。

【濃縮】(のうしゅく) 溶液などの濃度を濃くすること。

【濃密】(のうみつ) ①色合いが濃いこと。②状態の程度が濃くてこまやかなこと。

氵13
【濛】(16)
正字 氵14 濛(17)
音 モウ 訓 —

意味 ❶細かに降る雨。「濛雨」❷薄暗い。

【濛濛】(もうもう) 霧などが立ちこめて薄暗いさま。

氵13
【澪】(16)
人名 音 レイ 訓 みお

筆順 澪

意味 海や川で船が通る水路。みお。「澪標(みおつくし)」

名付 みお・れい

【澪標】(みおつくし) 船に水路を示すために立てるくい。水路標。みおぐい。

氵13 【濂】(16) 音 レン 訓 ―

意味 ❶つつましい。❷大きな川の支流。

氵13 〔澤〕▼沢(旧)

氵13 〔瀆〕▼瀆(正)

氵14 【濠】(17) 印標 音 ゴウ 訓 ほり

意味 ❶城の周りを掘って水をたたえた所。ほり。❷オーストラリアのこと。「日濠貿易」

参考 ❷は「濠州」の略から。▽「豪州」とも書く。

参考熟語 濠太剌利(オーストラリア)

氵14 【濡】(17) 人名 音 ジュ 訓 ぬれる

筆順 氵 氵 汀 泙 渟 湮 濡 濡 濡

意味 ❶水などがかかって湿る。ぬれる。「濡れ紙・濡れ縁」❷男女が情を通ずる。ぬれる。「濡れ場」

氵14 【濬】(17) 音 シュン 訓 ―

意味 ❶水底をさらって深くする。❷奥深い。

氵14 【濯】(17) 常用 音 タク 訓 すすぐ・あらう

旧字 氵14 濯(17)

筆順 氵 氵 泪 浬 浬 澀 濯 濯

意味 水で洗い清める。あらう。すすぐ。「洗濯」

名付 あろう・たく

氵14 【濤】(17) 印標 音 トウ 訓 なみ

異体 氵7 涛(10)

意味 大波。なみ。「濤声・怒濤・波濤」

【濤声】(とうせい) 大波の音。

氵14 【濘】(17) 音 ネイ 訓 ―

意味 道の、ぬかるみ。「泥濘(でいねい・ぬかるみ)」

氵14 【濔】(17) 音 デイ 訓 ―

意味 水が満ちる。

氵14 【濮】(17) 音 ボク 訓 ―

意味 川の名。中国の古代、河南省から河北・山東省を流れていた。濮水(ぼくすい)。

氵14 〔濱〕▼浜(旧)

氵14 〔濟〕▼済(旧)

氵14 〔澀〕▼渋(異)

氵14 〔濕〕▼湿(旧)

氵14 〔瀞〕▼瀞(異)

氵14 〔濶〕▼闊(異)

氵15 【瀉】(18) 音 シャ 訓 そそぐ

意味 ❶水を低い方へ流す。そそぐ。「一瀉千里(いっしゃせんり)」❷腹がくだる。下痢(げり)をする。「吐瀉(としゃ)」

氵15 【瀋】(18) 音 シン 訓 ―

意味 川の名。中国の遼寧(りょうねい)省を流れる川。瀋水(しんすい)。

氵15 【濺】(18) 音 セン 訓 そそぐ

意味 ❶水をふりかける。そそぐ。❷小さい水しぶき。

氵15 【瀆】(18) 印標 音 トク 訓 けがす

異体 氵7 涜(10)

意味 権威を傷つける。けがす。「瀆職・冒瀆」

【瀆職】(とくしょく) 官公吏が職権を利用して賄賂(わいろ)を取るなどの不正な行為をし、職務をけがすこと。汚職。

氵15 【瀑】(18) 印標 音 バク 訓 たき

意味 大きな滝。たき。「瀑布・飛瀑」

【瀑布】(ばくふ) 規模の大きな滝のこと。「ナイアガラ―」

氵15 【濹】(18) 〈国字〉 音 ボク 訓 ―

意味 隅田川(墨田川)のこと。「濹東」

氵15 【瀁】(18) 音 ヨウ 訓 ―

意味 水が、果てしなく広がっているさま。

氵15 【濫】(18) 常用 音 ラン 訓 みだり

筆順 氵 汀 沪 洰 濫 濫 濫 濫

意味 ❶水があふれる。「氾濫(はんらん)」❷程度がはなはだしい。みだり。「濫用・濫作」❸水に浮かべる。「濫觴(らんしょう)」

【濫觴】(らんしょう) 物事のはじまり。▽「觴」は「さかずき」の意。揚子江(ようすこう)のような大河も、その源は杯を浮かべるぐらいの小さな流れであるということから。

氵15 【瀏】(18) 音 リュウ 訓 ―

意味 水の流れが澄んでいるさま。

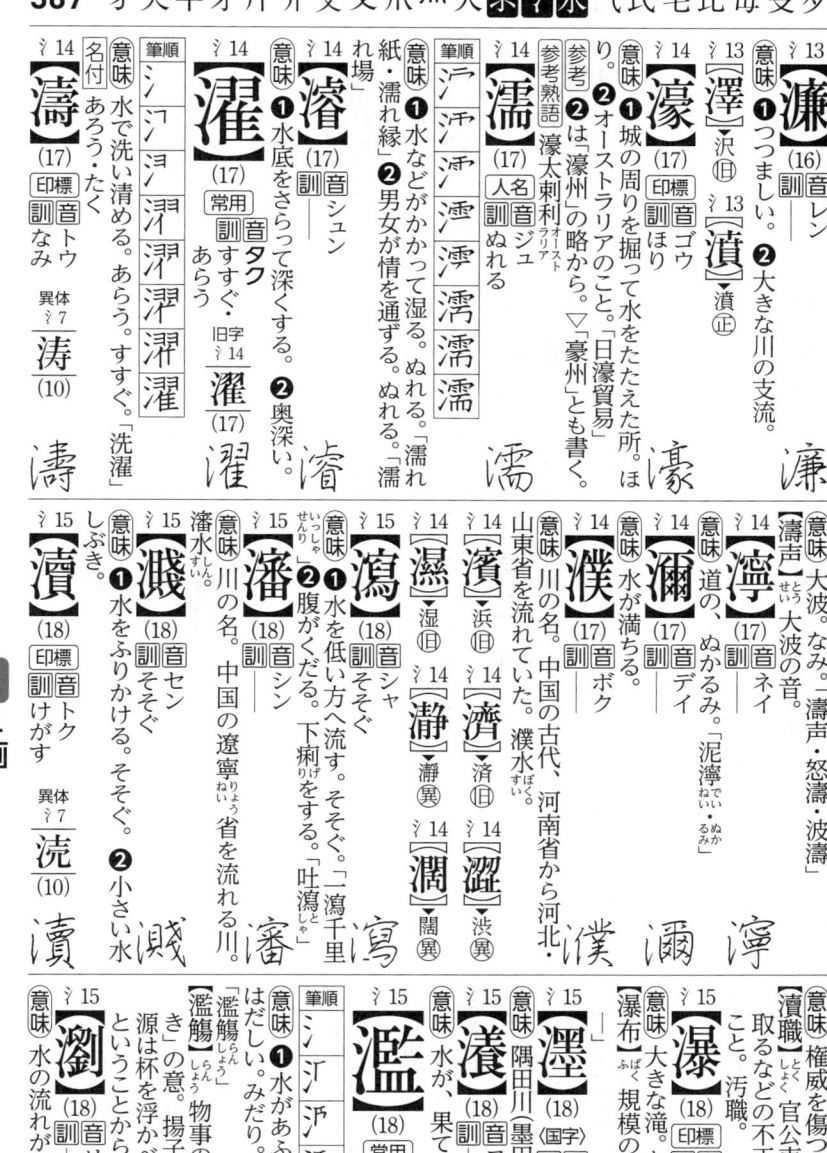

氵15【濾】(18) 印標 異体 氵4 沪(7) 簡慣
音ロ 訓こす
意味 液体中の混ざりものを取り除く。こす。
参考「こす」は「漉す」とも書く。
【濾過】(かろ) 液体をこして混入物を取り除くこと。

氵15［瀦］▼瀦異

氵16【瀛】(19) 音エイ 訓― 正字 氵17 瀛(20)
意味 ゆったりとした海。大海。

氵16【瀚】(19) 音カン 訓―
意味 広々としているさま。「浩瀚(こうかん)」

氵16【瀟】(19) 音ショウ 訓― 正字 氵17 瀟(20)
意味 さっぱりして清らかである。「瀟洒(しょうしゃ)」
【瀟洒】(しょうしゃ) さっぱりしていて清らかなさま。あかぬけしているさま。「―な別荘」

氵16【瀞】(19) 印標 音セイ 訓とろ 異体 氵14 瀞(17)
意味 川の流れが深くよどみ、波の静かな所。とろ。

氵16【瀦】(19) 印標 音チョ 訓― 異体 氵12 潴(15) 異体 氵15 瀦(18)
意味 水がたまった、ため池。

氵16【瀕】(19) 人名 音ヒン 訓― 異体 氵17 瀕(20)
筆順 氵 氵 泩 泩 涉 涉 瀕 瀕
意味 ❶水とすれすれに接した浜辺。みぎわ。ほとり。「海瀕」❷ある状態に近づく。「瀕死」
【瀕死】(ひんし) 死にかかっていること。「―の重傷」
注意「頻死」と書き誤らないように。

氵16【瀬】(19) 常用 音ライ 訓せ 旧字 氵16 瀨(19) 人名
筆順 氵 氵 氵 泝 沖 浃 涑 瀬 瀬
意味 ❶川が浅く、歩いて渡れる所。せ。「浅瀬(あさせ)」❷流れが急で、渡りにくい所。せ。「瀬戸(せと)・早瀬(はやせ)」 名付 せ・らい
【瀬戸】(せと) ①海が陸地にはさまれて狭くなったところ。②「瀬戸物」の略。

氵16【瀝】(19) 音レキ 訓―
意味 ❶しずくをたらす。「披瀝(ひれき)」❷→瀝青
【瀝青】(れきせい) 天然に産出する炭化水素化合物。アスファルト・石油など。

氵16【瀘】(19) 音ロ 訓―
意味 川の名。中国の雲南(うんなん)省を流れ、四川(しせん)省で岷江(びんこう)と合流して長江(ちょうこう)となる。瀘水(ろすい)

氵16［瀧］▼滝旧
氵16［濳］▼潜異

氵17【灌】(20) 印標 音カン 訓そそぐ 旧字 氵18 灌(21) 異体 氵11 潅(14)
意味 ❶水を流し込む。そそぐ。「灌水・灌漑(かんがい)・湯灌(ゆかん)」❷木がむらがりはえる。「灌木」
【灌漑】(かんがい) 田や畑に人工的に水を引き、土地をうるおすこと。
【灌仏会】(かんぶつえ) 四月八日の釈迦(しゃか)の誕生日に、その像をまつって甘茶をそそぎかける行事。花祭り。
【灌木】(かんぼく) つつじ・あじさいなど、背が高くならない木。▽今は「低木」という。

氵17【瀰】(20) 音ビ 訓―
意味 ある風潮などが広がる。「瀰漫」
【瀰漫】(びまん) ある気分・風潮が広い範囲に広がること。「厭戦(えんせん)気分が―する」

氵17【瀾】(20) 印標 音ラン 訓なみ
意味 波がしらを連ねた波。大波。なみ。「狂瀾」

氵17【瀲】(20) 音レン 訓―
意味 さざなみが立つさま。

氵17［瀛］▼瀛正
氵17［瀕］▼瀕異

氵19【灑】(22) 音サイ・シャ 訓そそぐ
意味 ❶水で洗い清める。そそぐ。「灑脱(しゃだつ)(洒脱)」❷さっぱりとしている。こだわりがない。

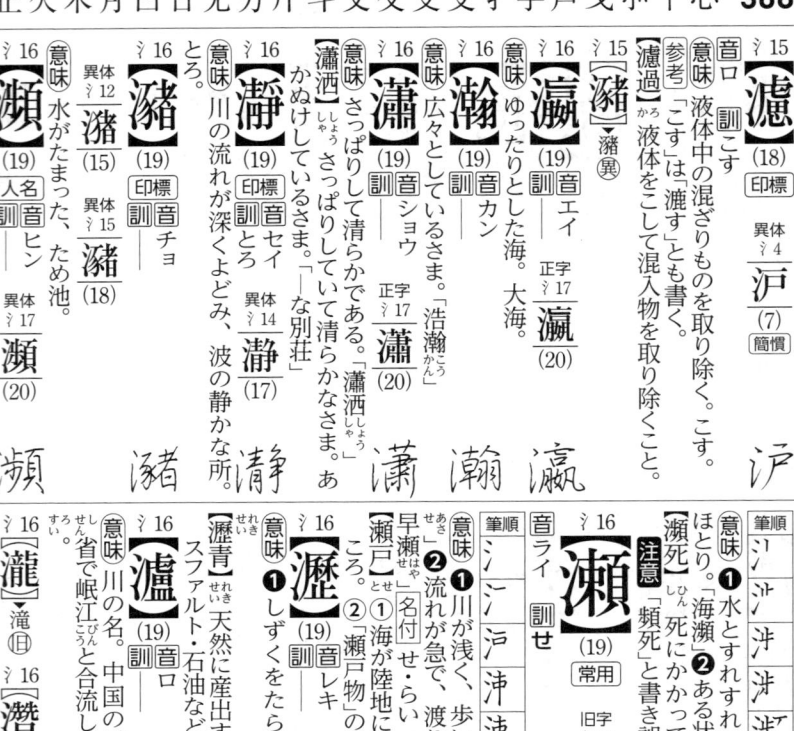

氵19 【灘】(22) 人名 音ダン 訓なだ
異体 氵18 灘(21)
筆順
意味 ❶潮流が強く、波のあらい海。なだ。「玄界灘」❷兵庫県灘(なだ)地方から産する灘酒(なだざけ)のこと。なだ。「灘の生(き)一本（混じりけのない上質の灘酒）」 名付 せ

氵22 【灣】▸湾 旧

火(灬)の部 ひ・ひへん れんが・れっか

火0 【火】(4) 1年 音カ 訓ひ・ほ
筆順
意味 ❶ひ。「火気・火中・発火」❷燃やす。また、物が燃えて害を受けること。「火事・火難・防火」❸あかり。ひ。「灯火・火影(ほかげ)」❹差し迫っていて勢いが激しい。「火急」❺爆発するもの。また、鉄砲などの兵器。「火器・火薬」❻五行(ごぎょう)の一つ。方角では南、四季では夏にあてる。か。❼火曜日のこと。か。 名付 か・ひ
参考 ❸の「ひ」は「灯」とも書く。
【火器(かき)】鉄砲・大砲など、銃砲類の総称。
【火急(かきゅう)】差し迫っていてすぐに処置する必要があること。「―の用」
【火宅(かたく)】苦悩の多いこの世。▽不安で苦しみの多いこの世を火事で燃えている家にたとえたことば。
【火影(ほかげ)】①火の光。ともしび。②ともしびの光で見える姿。
参考熟語 火燵(こたつ) 火照(ほて)り 火屋(ほや) 火傷(やけど・かしょう)

火2 【灰】(6) 6年 音カイ 訓はい
旧字 火2 灰(6)
筆順
意味 燃えたあとに残る、はい。「灰燼(かいじん)・死灰・石灰」 名付 かい・はい
【灰燼に帰する(かいじんにきする)】燃えてすっかりなくなってしまうこと。▽「灰燼」は「灰と燃え残りのもの」の意。
参考熟語 灰汁(あく)

火2 【灯】(6) 4年 音トウ・チン 訓ひ・ともしび・ともす
旧字 火12 燈(16) 人名
筆順
意味 ❶あかりとしてともした火。ひ。ともしび。また、あかりをともす道具。「灯火(とうか)・電灯・提灯(ちょうちん)」❷世を照らすもの。仏の教え。「法灯」❸あかりをつける。ともす。
【灯火親しむべし(とうかしたしむべし)】秋は気候がよくて夜も長く、あかりをともして読書するのに適しているということ。 注意 「灯火」を「灯下」と書き誤らないように。
【灯台下暗し(とうだいもとくらし)】灯明(とうみょう)台のすぐ下は暗いこと。▽身近なことがかえってわかりにくいことにたとえる。
【灯明(とうみょう)】神仏に供えるともしび。みあかし。
【灯籠(とうろう)】①竹などのわくに紙や布を張り、中に火をともしてつるすもの。「盆―」②石などで作り、神社の境内や庭先などに置く照明用具。「石―」
参考熟語 灯影(ほかげ)

火3 【灸】(7) 人名 音キュウ 訓やいと
筆順
意味 漢方で、もぐさを皮膚に置いて焼き、その熱で病気を治す方法。やいと。きゅう。「灸治・鍼灸(しんきゅう)」

火3 【災】(7) 5年 音サイ 訓わざわい
筆順
意味 自然に起こる迷惑となるできごと、またはその人の不幸の原因となる物事。わざわい。また、それが原因となって悪い結果になる。わざわいする。「災害・人災・息災・口は災いのもと」
参考 「わざわい」は「禍」とも書く。
【災害(さいがい)】台風・地震・大雨・洪水・大火などによって受ける、わざわい。また、それによる損害。

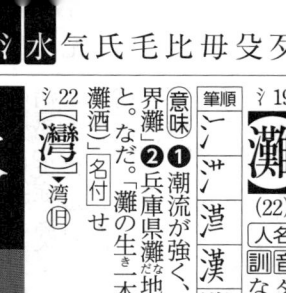

火3 【灼】(7) 人名 音シャク 訓やく 異体 火3 灼(7)

筆順 丶 丷 火 火 灼 灼 灼

意味 ❶まっかに焼く。やく。「灼熱」❷明らかである。

【灼熱】(しゃくねつ) ①焼けて非常に熱くなること。「―の太陽」②情熱や意気が激しいこと。「―の恋」

灼

火3 【灵】▶霊㊥

火4 【炎】(8) 常用 音エン 訓ほのお・ほむら

筆順 丶 丷 少 火 炏 炏 炎 炎

意味 ❶火の先端の部分。ほのお。ほむら。「火炎・気炎」❷激しく燃える。「炎上・炎炎」❸熱気があって非常に熱い。「炎天・炎熱」❹からだの部分に生ずる熱や痛み。また、それらを伴う病気。「炎症・肺炎」

参考 「炎・火炎・気炎」などの「炎」は「焔」が書き換えられたもの。

【炎炎】(えんえん) 火が盛んに燃えるさま。

【炎暑】(えんしょ) 真夏の、激しい暑さ。

【炎症】(えんしょう) からだの組織が赤くはれ、熱をもって痛む状態。

【炎天】(えんてん) 夏の、太陽が激しく照りつける暑い空。「―下(炎天のもと)」

【炎熱】(えんねつ) 夏の、非常に激しい暑さ。

炎

火4 【炙】(8) 音シャ 訓あぶる

意味 ❶食品を火にあてて焼く。あぶる。また、そうした肉。「膾炙(かいしゃ)・炙り物」❷親しみ近づく。「親炙」

参考 ❶の「あぶる」は「焙る」とも書く。

炙

火4 【炒】(8) 印標 音ショウ 訓いためる・いる

意味 ❶粒状の食品を火にあてて動かしながら軽く焼く。いる。「炒り豆」❷火にあてて食品をまぜながら油で軽く焼く。いためる。「炒め物・バター炒め」

参考熟語 炒飯(チャーハン)

炒

火4 【炊】(8) 常用 音スイ 訓たく・かしぐ

筆順 丶 丷 火 火 炒 炊 炊

意味 火に掛けて飯を作る。かしぐ。たく。また、火を使って料理する。「炊事・炊飯・自炊・炊き出し」

名付 い・すい・とぎ

【炊事】(すいじ) 食物のにたきをすること。また、食事のしたくをすること。

炊

火4 【炉】(8) 常用 音ロ 訓いろり 旧字 火16 爐(20)

筆順 丶 丷 火 火 灯 炉 炉

意味 ❶床に設けた、火をたく場所。いろり。ろ。「炉辺(ろへん・ろべ・ろばた)・暖炉・囲炉裏(いろり)」❷火ばち。「懐炉・香炉」❸溶解・反応をさせる装置。ろ。「溶鉱炉・原子炉」

【炉辺】(ろへん) いろりばた。炉端(ろばた)。「―談話」

炉

爫5 【為】(9) 常用 旧字 爪8 爲(12) 人名

音イ 訓ため・なす・なる・する

筆順 丶 ソ 为 為 為 為 為

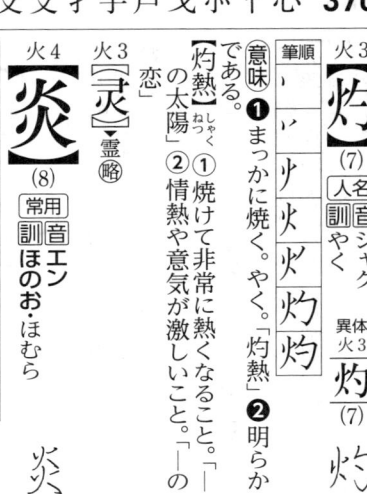

意味 ❶おこなう。なす。なる。する。「為政・行為・作為・無為・人為・為方(せんかた)無い」❷目的や理由を表すことば。ため。「風邪(かぜ)の為欠勤する」❸有利なこと。役に立つこと。「為になる本」

名付 い・さだ・しげ・すけ・た・ため・ち・なり・ゆき・よし・より

参考 ひらがな「ゐ」のもとになった字。

【為政者】(いせいしゃ) 政治を行う人。

【為人】(ひととなり) 生まれつきの性質。

参考熟語 為替(かわせ) 為体(ていたらく) 為人(ひととなり)

為

火5 【炬】(9) 印標 音キョ・コ 訓―

意味 たいまつ。「炬火」

【炬火】(きょか) たいまつ(の火)。かがりび。

参考熟語 炬燵(こたつ) 炬火(たいまつ・きょか)

炬

火5 【炯】(9) 音ケイ 訓― 異体 火7 烱(11)

意味 はっきりしていて明らかである。「炯眼」

【炯眼】(けいがん) ①ぎらぎらと光る目。②物事の本質を見抜くすぐれた力。慧眼(けいがん)。

【炯炯】(けいけい) 目のきらめきが鋭いさま。「眼光―」

炯

4画

火5 **【炸】**(9) 印標 音 サク 訓 ―

意味 火薬で爆発させる。また、爆発する。「炸裂」

【炸裂】さくれつ 爆弾などが爆発し破片が飛び散ること。

火5 **【炻】**(9) 〈国字〉 音 セキ 訓 ―

意味 「炻器(セッキ)」とは、よく焼いて、質が堅い焼き物。陶器と磁器の中間に位置する。

火5 **【炭】**(9) 3年 音 タン 訓 すみ 旧字 火5 炭(9)

筆順 丶 山 屵 屵 岸 岸 炭

意味 ❶木を焼いて作った燃料。すみ。「木炭・薪炭(しんたん)」❷地下からとる黒色の燃料。「炭鉱・炭田・黒炭」❸元素の一つである炭素のこと。「炭化・炭酸」

【炭化】たんか 有機物が分解して炭素だけが残ること。

【炭田】たんでん 石炭の採掘が行われている地域。

参考熟語 炭団(たどん)

灬5 **【点】**(9) 2年 音 テン 訓 たてる・つける・とぼす・ともす 旧字 黒5 點(17) 略字 大5 奌(8)

筆順 丨 ト ト 占 占 占 点 点 点

意味 ❶小さいしるし。てん。「点線・汚点」❷しるしをつける。また、しるしを書き入れる。てんずる。「画竜点睛(がりょうてんせい)・睛(ひとみ)を点ずる」❸漢字の字画の一つ。てん。「点画」❹表記上の補助符号。てん。「訓点・濁点・句読点(くとうてん)」❺評価。また、それを数で表すことば。てん。「評点・平均点」❻位置。場所。「地点・拠点」❼抽象的に位置と考えるもの。てん。「交点・秋分点」❽事柄。てん。「要点・難点・疑問点」❾いちいち調べる。「点検・点呼」❿火をつける。また、あかりをつける。ともす。とぼす。てんずる。「点火・点灯」⓫入れる。たてる。てんずる。「点眼・点茶・点前(てまえ)・野点(のだて)・茶を点ずる」⓬物品を数えることば。てん。「出品点数」⓭スポーツの勝敗を示す数を表すことば。てん。「勝ち点」

【点画】てんかく 漢字を形づくる点と線。

【点眼】てんがん 目薬を目にさすこと。

【点鬼簿】てんきぼ 死者の戒名(かいみょう)・死亡年月日を書き入れる帳面。過去帳。鬼籍。

【点景】てんけい 風景画や写真の風景の中にほどよく人物・動物などをあしらって趣を添えること。また、そのあしらうもの。

【点検】てんけん 一つ一つあたって調べること。

【点呼】てんこ 一人一人の名を呼んで、人員がそろっているかどうかを確かめること。

【点在】てんざい あちこちにちらばってあること。散在。

【点綴】てんてい・てんてつ ①あちこちに散らばってあること。②あちこちにほどよく添える、または添えられていること。「民家が―する山水画」

【点滴】てんてき ①したたり落ちるしずく。また、特に、そのような雨だれ。②薬液を滴下させながら、少量ずつ静脈内に注入すること。点滴注射。

【点頭】てんとう 同意や許可のしるしとしてうなずくこと。

【点描】てんびょう ①絵画で、点だけで描く手法。②文章で、人物・事柄などを簡単に描写すること。

【点滅】てんめつ 灯火がついたり消えたりすること。また、つけたり消したりすること。「ネオンが―する」

火5 **【炳】**(9) 音 ヘイ 訓 ―

意味 光り輝いてはっきりしている。「炳乎」

火5 **【炮】**(9) 音 ホウ 訓 あぶる

意味 ❶丸焼きにする。また、油紙や葉で包んで焼く。あぶる。「炮烙(ほうらく・ほうろく)」❷大砲。

〔畑〕▸田4

灬6 **【烏】**(10) 人名 音 ウ・オ 訓 いずくんぞ・からす

筆順 ノ 亻 户 户 烏 烏 烏 烏

意味 ❶鳥の一種。羽は黒い。からす。「寒烏・烏口」❷黒い。「烏髪」❸どうして…であろうか。いずくんぞ。

名付 う・からす

参考 ❶の「からす」は「鴉」とも書く。

【烏合の衆】うごうのしゅう 寄り集まっただけで、規律や統一がなく、何もできないでいる人々。

4画

【烏有に帰する(うゆうにきする)】火事で焼けて財産などをすっかりなくすこと。▽「烏有」は、「いずくんぞあらんや」と読み、「何かあるだろうか、何もない」の意。

【烏鷺(うろ)】①からすと、さぎ。②黒色と白色。③転じて、囲碁のこと。「―を戦わす」

【烏滸(おこ)】おろかなこと。「―の沙汰(さた)(ばかばかしい事柄)」▽「尾籠」とも書く。

参考熟語 烏賊(いか) 烏竜茶(ウーロンちゃ) 烏帽子(えぼし)

⺣6 【烋】(10) 音 コウ・キュウ 訓 ―― 異体 心6 恷(10)

意味 ❶おごり高ぶる。❷よい。美しい。

⺣6 【烝】(10) 音 ジョウ 訓 むす

意味 ❶湯気にあてて熱する。むす。❷数が多い。もろもろ。「烝民(じょうみん)」

火6 【烙】(10) 音 ラク 訓 やく

意味 鉄を熱してからだに焼きつける。やく。また、火あぶりの刑。「烙印・炮烙(ほうらく・ほうろく)」

【烙印(らくいん)】昔、刑罰として罪人の額などに押してしるしをつけた焼き印。「―を押される(消すことのできない汚名を受ける)」

⺣6 【烈】(10) 常用 音 レツ 訓 はげしい

筆順 一 ア 万 歹 列 列 列 烈

意味 ❶勢い・程度が強くてはなはだしい。はげしい。「烈火・烈烈・猛烈」❷信念を持っていて気性が強い。「烈士・壮烈」❸てがら。「功烈」

名付 いさお・たけ・たけし・つよ・つら・やす・よし・れつ

【烈火(れっか)】はげしく燃えさかっている火。「―のごとく怒る」注意「列火」と書き誤らないように。

【烈日(れつじつ)】はげしく照りつける太陽。「―の意気」▽情熱のこもったはげしい勢いにたとえることもある。

【烈烈(れつれつ)】物事の勢いや人の意気込み、または寒さなどがはげしくきびしいさま。「寒気―」

火6 【烟】▼煙 異

⺣6 【热】▼熱 略

火6 【烬】▼燼 異

⺣7 【焉】(11) 印標 音 エン 訓 いずくんぞ

意味 ❶状態を表すことばに添えることば。「忽焉(こつえん)」❷文末に用いて、調子を整えたり意味を強めたりすることば。えん。「終焉・我関せず焉」❸どうして…であろうか。いずくんぞ。

⺣7 【烹】(11) 音 ホウ 訓 にる

意味 煮てごちそうをつくる。にる。「割烹(かっぽう)」

火7 【烽】(11) 音 ホウ 訓 のろし

意味 敵が攻めて来ることを味方に知らせるために火をたいてあげる煙。のろし。「烽火(ほうか・のろし)」

【黒】▼黒 0

火7 【烱】▼炯 異

火8 【焔】(12) 人名 音 エン 訓 ほのお・ほむら

異体 火10 熖(14)　異体 火7 焰(11)

筆順 火 炉 炉 炉 炉 焔 焔 焔

意味 火の先端の部分。ほむら。ほのお。「火焔・気焔」

参考「焔・火焔・気焔」などの「焔」は「炎」に書き換える。

火8 【焜】(12) 音 コン 訓 ――

意味 →焜炉(こんろ)

【焜炉(こんろ)】炊事用の燃焼器具の一種。しちりん。

⺣8 【煮】(12) 常用 音 シャ 訓 にる・にえる・にやす

旧字 ⺣9 煮(13) 人名

筆順 土 耂 耂 者 者 煮 煮 煮

意味 ❶食物などを水といっしょにして火を通して食べられるようにする。にやす。にる。また、そのようになる。にえる。「雑煮(ぞうに)・業(ごう)を煮やす」❷水を沸かして湯にする。「煮沸」名付 しゃ

【煮沸(しゃふつ)】水をよく煮立たせること。「―消毒」

火8 【焼】(12) 4年 音 ショウ 訓 やく・やける・くべる

旧字 火12 燒(16) 人名

筆順 火 灶 灶 炷 焼 焼 焼 焼

意味 ❶火をつけて燃やす。やく。また、そのよ

4画

うになる。やける。「焼香・焼失・燃焼・夕焼け」❷火熱で加工したり食べられるようにする。やく。また、そのようになる。やける。「焼き飯」❸嫉妬する。やく。また、ねたましく感じる。やける。

参考 ❸❹の「やく」「やける」は「妬く」「妬ける」とも書く。

【焼却】焼き捨てること。

参考熟語 焼売 焼酎

灬8

【焦】

(12) 常用 音 ショウ 訓 こげる・こがす・こがれる・あせる

筆順 亻 亻' 亻" 什 仹 隹 隹 焦

意味 ❶焼けて黒くなる。こげる。また、そのようにする。こがす。「焦熱・焦土」❷思いどおりにならず、いらいらする。あせる。「焦心・焦燥」❸強く望んでそれだけを考える。こがれる。「焦がれ死に」

【焦心】あせっていらいらすること。

【焦燥】思いどおりにゆかず、あせっていらだつこと。▽「焦躁」の書き換え字。

【焦眉の急】非常に差し迫っていて、急いで処理しなければならない事柄。▽「まゆに火がついたような危急」の意。

【焦慮】物事がうまくゆかず、いらだちあせること。「―の色が濃い」

灬8

【然】

(12) 4年 音 ゼン・ネン 訓 さ・しか・しかり・しかる・しかし

筆順 ノ ク タ タ' 外 狄 狄' 然

意味 ❶そのとおり、また、そのままであること。さ。しか。しかり。しかる。「然諾・偶然・自然・然様・然るべし・然にあらず・然しい・然り而して」❷そうではあるが。しかし。❸そのようであることを表すことば。「平然・寂然・学者然」 名付 しか・ぜん・なり・ねん

【然諾】頼みなどを引き受けること。「―を重んずる（引き受けたことは必ずやり遂げる）」

参考熟語 然然

火8

【焚】

(12) 人名 音 フン 訓 たく・やく

筆順 一 十 木 林 林 林' 梦 焚

意味 ❶火をつけて燃やす。やく。「焚書」❷燃料を燃やす。たく。「ふろを焚く」❸香に火をつける。たく。

【焚書坑儒】昔、中国で、秦の始皇帝が、学者の政治批判を禁ずるために書物を集めて焼き捨て、学者を穴に埋めて殺したこと。▽学問・思想の弾圧を形容することば。

火8

【焙】

(12) 音 ホウ・バイ・ホイ 訓 あぶる

意味 ❶火に当てて焼く。あぶる。❷火にかざして乾燥させる。あぶる。ほうじる。「焙烙・焙炉・焙じ茶・焙り出し」

参考 ❶の「あぶる」は「炙る」とも書く。

【焙煎】コーヒー豆などを、あぶりこがすこと。

【焙炉】乾燥器の一つ。炉などにかざして茶の葉や物をかわかすもの。

【焙烙】素焼きの浅い土なべ。食物をいったり、蒸し焼きにしたりするのに使う。▽「炮烙」とも書く。

灬8

【無】

(12) 4年 音 ム・ブ 訓 ない

筆順 ノ 𠂉 仁 午 毎 無 無 無

意味 ❶存在しない、または、所有していない。また、そのこと。む。↔有。「無名・無事・皆無・無一物・無に帰する」❷打ち消しの意を表すことば。ない。「無恥・無慮・無粋」❸必要なものが欠けている。「無礼・無作法・無気力」 名付 な・なし・む

使い分け「ない」

無い…「在る」「有る」の対。存在しない。持っていない。「水が無い・お金が無い・無い袖は振れぬ・無い物ねだり・無きにしも非ず」

亡い…死んでこの世にいない。「もう世に亡い人・母が亡くなる・亡き友をしのぶ」

※「授業がない」「時間がない」「お金がない」などは、「無い」と漢字で書くこともできるが、一般にはかな書きが多い。

【無音】長い間手紙を出さないこと。

【無骨】①礼儀作法をよく知らず、風流を解しないこと。「―者」②骨張ってごつごつしていること。

【無沙汰】(ぶさた) 長い間手紙を出したり訪問したりしないこと。「長の—」

【無勢】(ぶぜい) 人数が少ないこと。「多勢に—」

【無難】(ぶなん) 特によくはないが、欠点もないこと。

【無頼】(ぶらい) 決まった職業がなく、乱暴な行いをしていること。また、そのような者。「—漢」「—の徒」

【無聊】(ぶりょう・むりょう) 特にやることがなくて退屈なこと。

【無為】(むい) ①自然のままで手を加えないこと。②なにもしないでぶらぶらしていること。「—に過ごす」

【無一物】(むいちもつ・むいちぶつ) 金や財産などを持っていないこと。「懐中—」

【無我夢中】(むがむちゅう) そのことだけに熱中して、ほかのことについては何も考えないこと。

【無冠】(むかん) 位を持っていないこと。「—の帝王(ジャーナリストのこと)」

【無辜】(むこ) 罪がないこと。「—の人民」

【無作為】(むさくい) 自分の考えや気持ちを入れないで行うこと。「—に選ぶ」

【無償】(むしょう) 相手のために行った物事に対して報酬がないこと。「—の行為」

【無上】(むじょう) 最上・最良であること。「—の喜び」

【無常】(むじょう) 仏教で、万物は、生じたり滅びたり変化したりして一定せず、はかないということ。「諸行—」

【無心】(むしん) ①邪悪な考えがなくて無邪気なこと。②金品をねだること。

【無尽蔵】(むじんぞう) いくらとっても尽きることがないほど、非常にたくさんあること。

【無双】(むそう・ぶそう) 非常にすぐれていること。無類。「—の豪傑」▽「世の中に二つとない」の意。

【無知蒙昧】(むちもうまい) 知識・教養がなくおろかなこと。▽「無知」は「無智」の書き換え字。

【無二】(むに) 比べるものがないほど非常にすぐれていること。「—の親友」「唯一—」

【無二無三】(むにむさん) いっしょうけんめいにそれだけをひたすら行うさま。

【無比】(むひ) 比べるものがないほどにすぐれていたり激しかったりすること。「痛烈—」

【無筆】(むひつ) 教養がなくて読み書きができないこと。

【無謀】(むぼう) 行いなどに深い考えがなく、むちゃなこと。「—な計画」注意「無暴」と書き誤らないように。

【無味乾燥】(むみかんそう) おもしろみや味わいがないこと。

【無用の長物】(むようのちょうぶつ) じゃまで、役に立たないもの。

【無理無体】(むりむたい) 相手がいやがっているのにむりやり要求するさま。

【無慮】(むりょ) おおよそ。だいたい。「—数千人」

【無量】(むりょう) いい尽くせないほど多いこと。「感慨—」

【無類】(むるい) 比べるものがないほどに程度がはなはだしいこと。「珍—」「—のお人よし」

参考熟語 無花果(いちじく) 無患子(むくろじ) 無闇(むやみ)

火8 【煉】▼煉 異

火9 【煙】(13) 常用 音エン 訓けむる・けむり・けむい・けぶい・けぶる・けむ

旧字 火9 煙(13) 異体 火6 烟(10)

筆順

意味 ❶けむり。けむ。また、その中に含まれているすす。「煙害・煙突・煤煙(ばいえん)」❷ぼんやりと空中に漂うもの。けむり。「煙雨・水煙(すいえん/みずけむり)」❸たばこ。「煙管(えんかん/きせる)・禁煙」❹けむりが盛んに出る。また、遠くのものがかすんで見える。けぶる。けむる。「雨に煙る」❺けむりが顔にかかって苦しい。けぶい。けむたい。けむい。❻親しみが持てず、近づけない。けぶたい。けむたい。

【煙雨】(えんう) 細かくてあたりがかすんで見える雨。

【煙害】(えんがい) 工場や火山の煙によって、人や動植物がうける害。

【煙管】(えんかん・キセル) ①きざみ煙草をつめて吸う道具。②中間の料金をごまかして乗車すること。きせる乗車。

【煙霧】(えんむ) ①あたり一面にたなびいている霧。②スモッグ。

参考熟語 煙草(たばこ)

火9 【煥】(13) 音カン 訓あきらか

意味 光り輝いてはっきりするさま。あきらか。「煥発」
【煥発】(かんぱつ) 物事にすばやく対応して表面に現れること。「才気—」注意「換発」と書き誤らないように。

⺣9
【煦】(13)
音ク 訓—

意味 ❶あたためる。❷大切に育てる。「煦育」

火9
【煢】(13)
音ケイ 訓—

意味 身寄りのないひとりもの。

火9
【煌】(13)
人名 音コウ 訓きらめく

筆順 火 炉 炉 焊 焊 煌

意味 きらきらと光り輝く。きらめく。「煌煌」

名付 あき・あけ・てる

【煌煌】星・電灯などが光り輝くさま。

⺣9
【照】(13)
4年 音ショウ 訓てる・てらす・てれる

筆順 丨 П 日 昭 昭 昭 照

意味 ❶太陽・月などが光る。てる。また、光をあてて明るくする。てらす。「照射・照明・肝胆相照らす」❷太陽の光。「残照・晩照」❸見比べる。てらす。「照合・対照・参照」❹写真。「照影」❺晴天である。てる。「照る日、曇る日」❻恥ずかしく思ってはにかむ。てれる。 名付 あき・あきら・しょう・てらし・てらす・てる

【照応】二つのものが互いにうまく対応していること。「首尾—した文章」

【照会】不明な点をよく調べるために他の機関に問い合わせること。「—状」 参考「紹介」は仲だちをして人と人とを引き合わせること。

【照合】他のものと比較して、調べ確かめること。

【照射】日光などが照りつけること。また、光線や放射線などを当てること。「X線—」

【照準】弾丸があたるようねらいを定めること。

【照覧】①はっきりと見ること。②神仏を尊敬して神仏が見ることをいうことば。「神も—あれ」

⺣9
【煎】(13)
常用 音セン 訓いる

異体 ⺣9 煎(13)

筆順 前 前 煎

意味 ❶火にかけ、動かしながら全体を軽くあぶる。いる。「煎餅」❷煮て成分を出す。せんじる。「煎茶・煎じ薬」

【煎茶】熱い湯で茶の葉をせんじて飲む緑茶。

火9
【煖】(13)
音ダン 訓あたたか・あたたかい・あたためる

意味 ❶火熱で暖める。あたためる。「煖房」❷暖かい。あたたか。あたたかい。「煖衣」

参考「煖房・煖炉」などの「煖」は「暖」に書き換える。

火9
【煤】(13)
人名 音バイ 訓すす

筆順 火 炒 烘 煤

意味 煙にまじっている黒い粉末。すす。「煤煙」

【煤煙】石炭や油を燃やすときに出る、煙とすす。

火9
【煩】(13)
常用 音ハン・ボン 訓わずらう・わずらわす・うるさい

筆順 火 炘 煩

意味 ❶めんどうでいやである。うるさい。わずらわしい。また、そのこと。はん。「煩雑・煩多・煩に堪えない」❷苦しみ悩む。わずらう。「煩悶・煩悩」❸めんどうな事柄で心を悩ます。また、めんどうな物事を人にしてもらう。わずらわす。「御一報を煩わしたい」

使い分け「わずらう」

煩う…思い悩む。「行く末を思い煩う・恋煩い」

患う…病気になる。病む。「胸を患う・二年ほど患う・大病を患う・長患い」

【煩瑣】物事がこまごましていてわずらわしいこと。

【煩雑】物事が複雑でわずらわしいこと。「—な手続き」 参考「繁雑」は、物事が多くてごたごたしていること。

【煩多】めんどうな物事が多くて、わずらわしいこと。 参考「繁多」は、用事が多くて忙しいこと。

4画

【煩悶】(はんもん) 考え悩んで苦しむこと。
【煩悩】(ぼんのう) 仏教で、心身を悩ませ苦しめる欲望。

火9 【煬】(13) 音 ヨウ 訓 —
意味 ❶物を火で焼く。❷金属をとかす。

火9 【煉】(13) 人名 音 レン 訓 ねる 異体 火8 煉(12)
筆順 火 炉 炉 炉 炉 炟 炟 煉
意味 ❶金属を火でとかして、質のよいものにする。ねる。「精煉」❷心身を鍛える。ねる。「洗煉」❸粉状のものをこねる。また、こねて固める。「煉瓦(れんが)・煉乳・煉り薬」
参考 (1)❶❷は「錬」とも書く。(2)「煉炭・煉乳・試煉」などの「煉」は「練」に書き換える。
【煉獄】(れんごく) カトリック教で、天国と地獄との間にあり、この世で比較的軽い罪を犯した者の霊が、天国にはいる前に火によって清められるという所。▽苦しみを受ける場所のたとえとしても使う。

【蒸】▸艸10

灬9 【煮】▸煮㊐

火10 【熕】(14) 〈国字〉 音 コウ 訓 —
意味 「砲熕(ほうこう)」は、大砲のこと。おおづつ。

火10 【煽】(14) 印標 異体 火10 煽(14)
音 セン 訓 あおる・おだてる
意味 ❶そそのかす。あおる。「煽動・煽情」❷うちわなどで風を起こす。あおる。❸人に物事をさせようとしてその人を盛んにほめる。おだてる。
参考 「煽動・煽情」などの「煽」は「扇」に書き換える。

火10 【熄】(14) 音 ソク 訓 やむ
意味 ❶火が消える。❷終わりになる。やむ。「終熄」
参考 「終熄」の「熄」は「息」に書き換える。

灬10 【熊】(14) 4年 音 ユウ 訓 くま
筆順 ⺊ 厶 台 育 育 能 能 熊
意味 獣の一種。くま。「熊虎(ゆうこ)・熊手(くまで)」
名付 くま・ゆう
参考熟語 熊胆(くまのい・ゆうたん)

火10 【熔】(14) 印標 音 ヨウ 訓 とかす・とける
意味 金属が溶ける。とける。また、金属を溶かす。とかす。「熔接・熔岩」
参考 (1)「鎔」の異体字。(2)「熔・熔岩・熔接」などの「熔」は「溶」に書き換える。
【熔解】(ようかい) 金属を溶かすこと。また、金属が溶けること。▽「鎔解」「溶解」とも書く。
【熔岩】(ようがん) 地下のマグマが地表に流れ出たもの。また、それが冷えてかたまった岩石。▽「溶岩」は代用字。

火10 【焰】▸焰㊢

灬10 【熏】▸燻㊣

火11 【熨】(15) 音 ウツ 訓 のし・のす
意味 ❶熱を利用して布などのしわを伸ばす道具。ひのし。のし。❷色紙を折って細長い六角形にしたもの。進物に添える。のし。❸こて・アイロンなどで熱を加えてしわを伸ばす。のす。
参考 ❶❷の意味の「のし」は「熨斗」とも書く。
【熨斗】(のし) ①「のしあわび」の略。あわびの肉をむいて、のばして干したもの。儀式用のさかな。②正方形の色紙を六角形に折り、のしあわびに模した黄色い紙を包んだもの。進物に添える。

熨 ❶

灬11 【熙】(15) 人名 音 キ 訓 ひかる・ひろい
異体 灬10 煕(14) 異体 灬11 熈(15)
筆順 匚 匚 匝 匝 匝 巸 巸 熙
意味 ❶先が広く行き渡る。ひかる。また、そのさま。ひろい。❷なごやかに喜び合うさま。
名付 おき・き・てる・のり・ひかる・ひろ・ひろし・ひろむ

灬11 【熬】(15) 音 ゴウ 訓 いる
意味 ❶水を入れずに火にかけて熱する。いる。「熬煎(ごうせん)」❷つらさや苦しみにたえる。

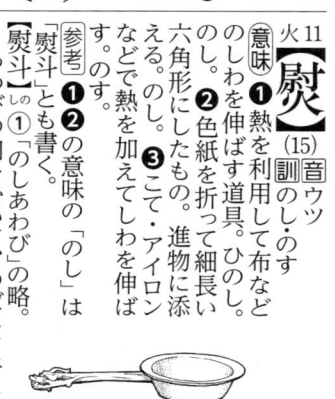

4画

参考「いる」は「炒る」「煎る」とも書く。

灬11 【熟】(15) 6年 音ジュク 訓うれる・つくづく・つらつら・こなれる

筆順 亠 亨 享 享 孰 孰 孰 熟

意味 ❶果実などがじゅうぶんに生長する。じゅくする。うれる。「熟柿(じゅくし)・成熟・爛熟」❷物事がじゅうぶんな状態になる。じゅくする。こなれる。「熟考・熟睡・機未(いま)だ熟せず」❸慣れてじょうずになる。じゅくする。「熟練・円熟」❹煮る。「半熟」❺注意深く考えたり見たりするさま。つらつら。つくづく。「熟(つら)つら惟(おも)みるに」「熟(つくづく)とながめる」❻物事に深く感ずるさま。つくづく。「熟いやになった」

【熟成】(じゅくせい) ①学問・技術などがじゅうぶんに身について巧みになること。②ものがじゅうぶんにできあがること。成熟。「酒が—する」

【熟達】(じゅくたつ) 物事によくなれて上達すること。

【熟知】(じゅくち) 詳しくよく知っていること。

【熟読玩味】(じゅくどくがんみ) よく読んで、じゅうぶんに理解すること。▽「玩味」は「意味をよく考え味わう」の意。

【熟慮断行】(じゅくりょだんこう) じゅうぶんに考えて必ずやり遂げる覚悟で実行すること。

【熟年】(じゅくねん) 人生経験が豊富で円熟した年ごろ。中高年。「—夫婦」

【熟練】(じゅくれん) ある仕事・技術などになれていて、じょうずなこと。練熟。

【熟考】(じゅっこう) 時間をかけてよく考えること。

参考熟語 熟熟(つくづく・つらつら)

灬11 【熱】(15) 4年 略字 灬6 热(10)
音ネツ 訓あつい・ほてる・いきれ

筆順 土 夫 坴 坴 埶 埶 埶 熱

意味 ❶高温の物に触れてあつい。また、そのようにする。ねっする。「熱湯・熱帯」❷心を集中させて行うこと。ねつ。「熱中・熱涙・野球熱」❸物をあたためたり焼いたりする力。ねつ。「熱量・加熱・地熱」❹体温のあつさ、特に、病気などで高くなった体温。ねつ。また、からだがあつくなる。ほてる。「熱病・高熱・解熱(げねつ)・産褥熱(さんじょくねつ)」❺感情が高まっていて激しい。あつい。また、興奮して夢中になる。ねっする。「熱熱(あつあつ)の仲」❻むされるあつさ。いきれ。「人熱れ」

名付 あつ・ねつ

参考 あつい⇩「厚」の〔使い分け〕。

【熱意】(ねつい) 熱心でひたむきな気持ち。強い意気込み。

【熱狂】(ねっきょう) 一つのことに非常に熱心になること。

【熱血】(ねっけつ) 血がわきかえるほどの激しい意気。「—漢」

【熱中】(ねっちゅう) ①一つの物事に精神を集中すること。②ある人に思いこがれること。のぼせること。

【熱弁】(ねつべん) 熱心な弁論・談話。「—をふるう」

【熱望】(ねつぼう) 熱心に希望すること。また、その望み。

【熱涙】(ねつるい) 感激のあまり流れ出る涙。熱い涙。

〔勳〕▶力13

〔默〕▶黑4

灬11 〔熈〕▶熙 異

灬12 【燕】(16) 人名 音エン 訓つばめ・つばくら・つばくらめ・つばくろ

筆順 一 廿 廿 甘 甘 苷 菰 燕

意味 鳥の一種。つばくらめ。つばくら。つばくろ。つばめ。「燕尾服」

名付 てる・なる・やす・やすし・よし

【燕尾服】(えんびふく) 晩さん会などに着る、男性の洋式礼服。

参考熟語 燕子花(かきつばた)

火12 【燗】(16) 音カン 訓— 異体 火12 燗(16)

意味 酒を温めること。かん。「熱燗(あつかん)」

灬12 【熹】(16) 音キ 訓—

意味 ❶熱気で煮たきする。❷ほのぼのとさす、日の光。「熹微(きび)」

火12 【熾】(16) 印標 音シ 訓おき・さかん

意味 ❶勢いが非常に激しい。さかん。「熾烈」❷炭火。また、薪(まき)などが燃えて炭火になったもの。おき。

参考 ❷の「おき」は「燠」とも書く。

【熾烈】(しれつ) 物事の勢いが盛んで非常に激しいこと。「—をきわめた戦い」

火12 【燉】(16) 音トン 訓—

意味 「燉煌（とんこう）」は、中国の甘粛（かんしゅく）省にある地名。敦煌。

火12【𤍠】(16) 〈国字〉 音 — 訓 にき
意味 にき。▽「𤍠田津（にきたつ）」なる地名の表示に使う。万葉集の額田王（ぬかたのおおきみ）の歌にある。

火12【燃】(16) 5年 音 ネン 訓 もえる・もやす・もす
筆順 火 灯 炒 炒 炒 燃 燃 燃
意味 火がついてほのおが立つ。もえる。また、そのようにする。もす。もやす。「燃料・燃焼・不燃」
【燃焼（ねんしょう）】①もえること。②自分の持つ力の限りを出しつくすこと。「青春を—させる」

火12【燔】(16) 音 ハン 訓 —
意味 肉などをあぶる。

火12【燎】(16) 人名 音 リョウ 訓 —
筆順 火 灯 炊 炊 炊 熔 熔 燎
意味 ❶山野などを焼きはらう。また、その火。「燎原」❷かがりび。 名付 あき・あきら・りょう
【燎原の火（りょうげんのひ）】原野を焼く火。野火。▽勢いが盛んで防ぎとめようもないことにたとえる。

火12【燈】▶灯 旧
火12【燒】▶焼 旧
火12【燐】▶燐 旧

火13【燠】(17) 音 イク 訓 おき
意味 赤く燃えている炭火。また、薪（まき）などが燃えて炭火になったもの。おき。
参考 「おき」は「熾」とも書く。

火13【燬】(17) 音 キ 訓 —
意味 火で焼きつくす。また、激しく燃える火。

火13【燦】(17) 人名 音 サン 訓 あきらか・きらめく
筆順 火 灯 炉 炉 炒 炒 燦 燦
意味 光が輝く。きらめく。また、そうしてあざやかなさま。あきらか。「燦然」 名付 あきら・さん
【燦燦（さんさん）】あざやかに輝くさま。「—と降る陽光」
【燦然（さんぜん）】あざやかに光り輝くさま。「—と輝く」
【燦爛（さんらん）】あざやかに輝くさま「光輝—」

火13【燮】(17) 音 ショウ 訓 —
意味 調和させる。「燮理（しょうり）」（穏やかに治めること）

火13【燭】(17) 人名 音 ショク・ソク 訓 ともしび
筆順 灯 炉 炉 焆 燭 燭 燭 燭
意味 ❶照明用にともす火。しょく。ともしび。「華燭・蠟燭（ろうそく）」❷てらす。❸電灯の光度の単位。しょく。
【燭台（しょくだい）】ろうそくを立てる台。燭架（しょっか）。
【燭光（しょっこう）】①ともしびの光。②電灯の光度の単位。

火13【燧】(17) 音 スイ 訓 ひうち
意味 打ち合わせて火を出す石。ひうち。「燧石（ひうちいし・すいせき）」

火13【燥】(17) 常用 音 ソウ 訓 かわく
筆順 丷 火 炉 炉 焊 焊 燥 燥
意味 湿気・水分がなくなる。かわく。また、そのようにする。かわかす。「乾燥・焦燥」
参考 「焦燥」は「焦躁」が書き換えられたもの。

火13【燵】(17) 印標 〈国字〉 音 タツ 訓 —
意味 「炬燵（こたつ）」「火燵（こたつ）」は、暖をとる道具の一つ。

火13【燐】(17) 印標 音 リン 訓 — 旧字 火12 燐(16)
意味 ❶墓場などで見られる青白い火。りん。❷非金属元素の一つ。火がつきやすい。りん。「黄燐」
【燐火（りんか）】墓地や湿地などで自然に発生する青白い火。鬼火（おにび）。狐火（きつねび）。
参考熟語 燐寸（マッチ）

火13【營】▶営 旧

火14【燻】(18) 正字 灬10 熏(14)

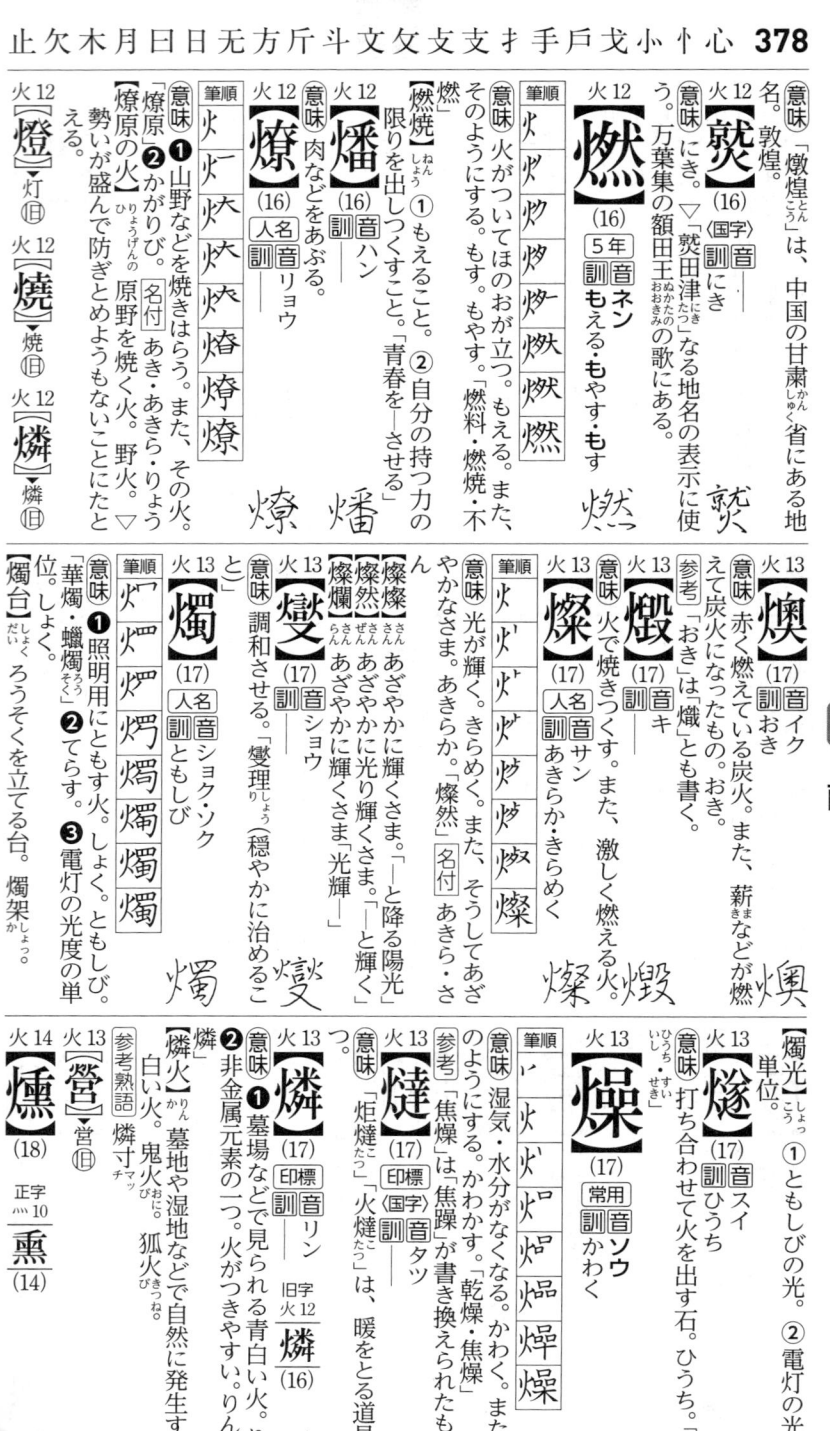

音クン 訓いぶす・くすぶる・くすべる

意味 ❶煙だけを出して燃える、またはそのようにする。くすぶる。くすべる。いぶす。「燻製・燻いぶし銀」❷煙などのすすで黒くなる。くすぶる。また、黒くする。くすべる。「燻ったへや」

参考 「燻製」の「燻」は「薫」に書き換える。

【燻蒸】くんじょう 農作物の病菌や害虫を防いだり除いたりするために、有毒ガスでいぶして蒸すこと。

【燻製】くんせい 塩づけした魚介・肉などをいぶし、乾燥させた食品。▽「薫製」は代用字。

火14 【燼】(18) 音ジン 訓— 異体 火6 烬(10)

意味 燃え残り。「灰燼・余燼」

火14 【燹】(18) 音セン 訓—

意味 ❶野火。❷戦乱によっておこる火事。

火14 【燿】(18) 人名 音ヨウ 訓かがやく 旧字 火14 燿(18)

意味 火が輝く。かがやく。また、火の光。

名付 てる・ひかる・よう

火15 【爍】(19) 音シャク 訓—

意味 ❶燃える火。「灼爍しゃくしゃく」❷金属を熱でとかす。

火15 【爆】(19) 常用 音バク 訓はぜる

意味 ❶破裂する。はぜる。「爆発・爆弾・起爆」❷爆弾のこと。また、爆弾で攻撃する。「爆撃・爆心・原爆」

【爆砕】ばくさい 火薬の力で破壊すること。

【爆笑】ばくしょう 大声でどっと笑うこと。

火16 【爐】▶炉 旧

火17 【爛】(21) 印標 音ラン 訓ただれる

意味 ❶皮膚・肉が腐ってくずれる。ただれる。「爛熟・腐爛・爛れ目」❷あざやかである。「爛漫・絢爛けんらん」

参考 「腐爛」の「爛」は「乱」に書き換える。

【爛熟】らんじゅく ①果物が熟し過ぎること。②物事が発達しきってそれ以上よくならないこと。

【爛漫】らんまん ①花が咲き乱れるさま。「桜花—」②盛んであふれるさま。「天真—」

【爛爛】らんらん 目が光り輝くさま。「—たる眼光」

火25 【爨】(29) 音サン 訓かしぐ

意味 飯をたく。かしぐ。「飯盒炊爨はんごうすいさん」

爪(爫)(⺥) の部 つめ・そうにょう つめかんむり

爪0 【爪】(4) 常用 音ソウ 訓つめ・つま

意味 ❶手足の指先の、つめ。「爪牙そうが・爪切り」❷琴などをひくとき、指先にはめるもの。つめ。

参考 似た字(瓜・爪)の覚え方「瓜うりにつめあり、爪つめにつめなし」

【爪牙】そうが つめと、きば。「—に掛かる(残忍な仕打ちをうけて犠牲になる)」

参考熟語 爪哇ジャワ

【妥】▶女4

爪4 【采】(8) 常用 音サイ 訓とる 旧字 爪4 采(8)

意味 ❶いろどり。「五采」❷外観。また、ありさま。模様。「風采・喝采かっさい」❸選び取る。とる。「采女うねめ」❹さいころ。さい。

名付 あや・うね・こと・さい

【采配】さいはい 昔、武将が戦陣で兵を指揮するときに使った道具。「—を振る(さしずする)」

爪4 【爬】(8) 印標 音ハ 訓かく

意味 ❶つめで強くこする。かく。「掻爬そうは」❷はって進む。「爬虫類」

爪4 【爭】▶争 旧

爪5 【爰】(9) 音エン 訓ここに

4画

意味 ❶この時に。ここに。❷話題を変えるときのことば。さて。ここに。参考「ここに」は「此に」「是に」「茲に」とも書く。

【彩】▶彡8

【愛】▶心9

爪8【爲】▶為㊐

爪13【爵】(17) 常用 音シャク 訓— 旧字 爪14 爵(18)

筆順 … 爵

意味 貴族の身分上の階級。しゃく。「爵位・五等爵」名付 しゃく・たか

【爵位(しゃくい)】貴族の世襲的階級。参考 日本では、華族に公・侯・伯・子・男の五階級があった。

父の部 ちち

父0【父】(4) 2年 音フ・ホ 訓ちち

筆順 ノ ハ ク 父

意味 ❶男親。ちち。↔母。「父母・慈父・父(とう)さん」❷親類の男子の年長者。「伯父(おじ)」❸男子の年長者。年寄り。「田父」名付 ちち・のり・ふ

【父祖(ふそ)】先祖。祖先。

【斧】▶斤4

【釜】▶金2

父9【爺】(13) 印標 音ヤ 訓じい・じじ・じじい

意味 年寄りの男性。じじ。じい。じじい。↔婆(ばば)。「老爺・好好爺・親爺(おやじ)・お爺(じい)さん」

爻の部 こう めめ

爻0【爻】(4) 音コウ 訓—

意味 ❶交差する。❷周易(しゅうえき)で、卦(か)の組み立てのもとになる、⚊印(陽)と⚋印(陰)のこと。

爻5【爼】▶俎㊊

爻7【爽】(11) 常用 音ソウ 訓さわやか

筆順 … 爽

意味 ❶気持ちがさっぱりしていてすがすがしい。さわやか。「爽快・颯爽(さっそう)」❷夜が明けて明るい。「爽昧(そうまい)」名付 あきら・さ・さや・さわ・そう

【爽秋(そうしゅう)】さわやかに感ぜられる秋。「—の候」

【爽涼(そうりょう)】さわやかに感ぜられる涼しさ。

爻10【爾】(14) 人名 異体 小2 尓(5) 音ジ・ニ 訓しかり・なんじ

筆順 … 爾

意味 ❶おまえ。なんじ。❷話し手に近い関係にある事物・時間をさし示すことば。「爾後・爾今・爾余」❸そのとおりである。しかり。「云爾(しかいう)」❹形容の漢語に添える字。「莞爾(かんじ)・卒爾」名付 じ・しか・ちか・ちかし・に・みつる

【爾後(じご)】それ以来。その後。以後。

【爾今(じこん)】今から。この後。▽「自今」とも書く。

【爾余(じよ)】そのほか。「—のことは追って沙汰(さた)する」▽「自余」とも書く。

【爾来(じらい)】それ以来。その後。

爿の部 しょうへん

爿0【爿】(4) 音ショウ 訓—

意味 細長い板を並べた寝台。

爿4【牀】(8) 音ショウ 訓—

意味 ❶細長い寝台。また、横長の台。「牀几」❷ゆか。

【牀几(しょうき)】寝台。または、長いす。

爿13【牆】(17) 音ショウ 訓かき 異体 土13 墻(16)

意味 しきりにするかきね。かき。「牆壁」参考「牆壁」の「牆」は「障」に書き換える。

片の部 かた かたへん

4画

片0
【片】(4)
6年 音 ヘン 訓 かた・ひら・ペンス

筆順 丿 丿 片 片

意味 ❶一つのものの半分。「片務・片方(かたほう)」❷かけら。また、平たくて小さい物を数えることば。ひら。「片雲・破片」❸少量であること。「片言(へんげん)・片鱗(へんりん)」❹イギリスの貨幣単位。ペンス。 名付 かた・へん

【片仮名(かたかな)】漢字の音を借り、筆画の一部を取ってできた表音文字。▽漢文を読むとき、読み方や送りがなを小さく書き添えるために考案された。名称は、漢字の片方一部を取ったことから。

【片雲(へんうん)】ちぎれ雲。

【片言隻語(へんげんせきご)】ちょっとした内容の短いことば。

【片片(へんぺん)】㊀①薄っぺらなさま。「―たる知識」②細かい断片が軽くひるがえるさま。「桜花―と散る」㊁(かたかた)二つで対(つい)になるものの一つ。かたほう。▽「片方」とも書く。

【片鱗(へんりん)】全体のうちのごくわずかの部分。一端。「―を示す」(才能などをちょっと見せる)▽「一片のうろこ」の意。

片4
【版】(8)
5年 音 ハン 訓 ―

筆順 丿 丿 片 片 片 版 版 版

意味 ❶印刷のために文字や図形を彫った板。はん。「版画・活版・版木(はんぎ)」❷印刷して書物を作ること。また、その回数。はん。「版行・出版・再版」❸人口や戸数を書きつけた帳簿。戸籍簿。「版図」

【版権(はんけん)】著作物を出版・販売する権利。出版権。

【版行(はんこう)】図書を印刷して発行すること。刊行。

【版図(はんと)】一国の領土。▽「戸籍簿と地図」の意。

片8
【牌】(12)
印標 音 ハイ 訓 ―
異体 片9 牌(13)

意味 ❶死んだ人の戒名を書いたふだ。「位牌」❷功績を書いて与えるふだ。❸かるたのふだ。「骨牌」

片8 【牋】▶箋 異

片9
【牒】(13)
人名 音 チョウ 訓 ―

筆順 丿 丿 片 片 片 牃 牃 牒

意味 ❶文書を書きつけた板。「符牒」❷役所の文書。「通牒」❸系図を書きしるしたもの。「譜牒」

参考 「符牒」の「牒」は「丁」に書き換える。

片9 【牌】▶牌 異

片15
【牘】(19)
音 トク 訓 ―

意味 ❶文字を書きつけるための木や竹のふだ。❷手紙。「尺牘(せきとく)」

牙 の部 きば きばへん

牙0
【牙】(4)
常用 音 ガ・ゲ 訓 きば
異体 牙1 牙(5)

筆順 一 ㄷ 于 牙

意味 ❶動物の鋭い歯。きば。「爪牙(そうが)・象牙(ぞうげ)」❷大将の立てる旗。「牙城」 名付 かび

【牙城(がじょう)】大将のいる、城の本丸。「資本主義の―」▽相手の根拠地にたとえることもある。

牛(牜) の部 うし うしへん

牛0
【牛】(4)
2年 音 ギュウ・ゴ 訓 うし

筆順 ノ 𠂉 午 牛

意味 ❶家畜の一つ。うし。「牛馬・牛頭(ごず)・乳牛」❷食用のうしの肉。ぎゅう。「牛鍋(ぎゅうなべ)」 名付 うし・ぎゅう・とし

【牛飲馬食(ぎゅういんばしょく)】むやみやたらとたくさん飲み食いすること。鯨飲馬食。▽「牛のように飲み、馬のように食う」の意。

【牛耳を執る(ぎゅうじをとる)】団体・党派などの中心人物となってその団体・党派を支配すること。

▽昔、中国で、諸侯が盟約を結ぶとき、盟主が牛の耳を裂き、互いにその血をすすり合ったという故事から。

【牛歩】(ぎゅうほ) のろい歩み。「—戦術」

【牛酪】(ぎゅうらく) バターのこと。

参考熟語 牛膝(いのこずち) 牛耳(ぎゅうじ)る 牛蒡(ごぼう)

牛2 **【牝】**(6) 印標 音 ヒン 訓 めす

意味 鳥獣虫魚の雌。めす。↔牡(ぼ)。「牝牡(ひんぼ)」

【牝牡】(ひんぼ) けものの、めすとおす。

牝

牛2 **【牟】**(6) 人名 音 ム 訓 —

筆順 ㇜ ム ㇜ 厶 厶 牟

意味 ↓牟尼(むに) 名付 ます・もと

参考 カタカナ「ム」のもとになった字。

【牟尼】(むに) 釈迦(しゃか)の尊称。「釈迦—」

牟

牛3 **【牡】**(7) 人名 音 ボ 訓 おす

筆順 ノ 𠂉 牛 牛 牜 牪 牡

意味 鳥獣虫魚の雄。おす。↔牝(ひん)。「牝牡(ひんぼ)」

【牡丹】(ぼたん) ①きんぽうげ科の落葉低木。②俗に、いのししの肉。

【牡蠣】(かき) 貝の、かき。

参考熟語 牡丹餅(ぼたもち)

牡

牛3 **【牢】**(7) 印標 音 ロウ 訓 かたい

意味 ❶容易にこわれない。かたい。「牢固・堅牢」❷人をとじこめておく所。ろう。「牢獄・牢死・座敷牢」

【牢乎】(ろうこ) ゆるぎないさま。「—たる決意」

【牢固】(ろうこ) じょうぶで堅いさま。

牢

牛4 **【⿱双牛】**(8) 〈国字〉 音 — 訓 ぐし

意味 ぐし。▽人名などに用いる字。

⿱双牛

牛4 **【物】**(8) 3年 音 **ブツ・モツ** 訓 **もの**

筆順 ノ 𠂉 牛 牛 牜 牞 物 物

意味 ❶天地間のいっさいのもの。もの。「物質・万物・書物(しょもつ)」❷ことがら。もの。「事物・文物・禁物(きんもつ)」❸ものの形や性質を知る。「物色・物議」❹なんとなくそういう感じがすることを表すことば。もの。「物静か」 名付 たね・ぶつ・もつ・もの

【物議】(ぶつぎ) 世間の論議や批評。「—をかもす」

【物故】(ぶっこ) 人が死ぬこと。「—者」

【物情騒然】(ぶつじょうそうぜん) 世の中の様子が騒がしくて、ただごとではないこと。

【物色】(ぶっしょく) 多くのものの中から適切なものを得ようとして捜し求めること。「人材を—する」

【物騒】(ぶっそう) 世の中が穏やかでないこと。また、危害のおそれがあって危険なこと。「—な世の中」

【物見遊山】(ものみゆさん) 見物に出かけたり野山に遊びに出かけたりすること。また、見物して遊びまわること。

物

参考熟語 物怪(もっけ) 物体(もったい・ぶったい)

牛4 **【牧】**(8) 4年 音 **ボク** 訓 **まき**

筆順 ノ 𠂉 牛 牛 牜 牞 牧 牧

意味 ❶家畜を放し飼いにする。「牧童・放牧」❷牛や馬を放し飼いにする場所。まき。「牧場(ぼくじょう・まきば)」❸養い導く。「牧師」 名付 ぼく・まき

【牧師】(ぼくし) キリスト教のプロテスタントで、信者を導く職(の人)。

【牧舎】(ぼくしゃ) 牧場で、飼っている家畜を入れる小屋。

【牧童】(ぼくどう) 牧場で家畜の世話をする人・少年。

【牧歌的】(ぼっかてき) そぼくで叙情にあふれているさま。「田園の—な風景」

牧

牛5 **【牲】**(9) 常用 音 **セイ** 訓 いけにえ

筆順 ノ 𠂉 牛 牛 牜 牪 牪 牪 牲

意味 神に供える、牛やその他の生きた動物。いけにえ。「犠牲」

牲

牛5 **【牴】**(9) 音 テイ 訓 ふれる

意味 つきあたってさわる。ふれる。「牴触」

参考 「牴触」の「牴」は「抵」に書き換える。

牴

牛6 **【特】**(10) 4年 音 **トク** 訓 —

特

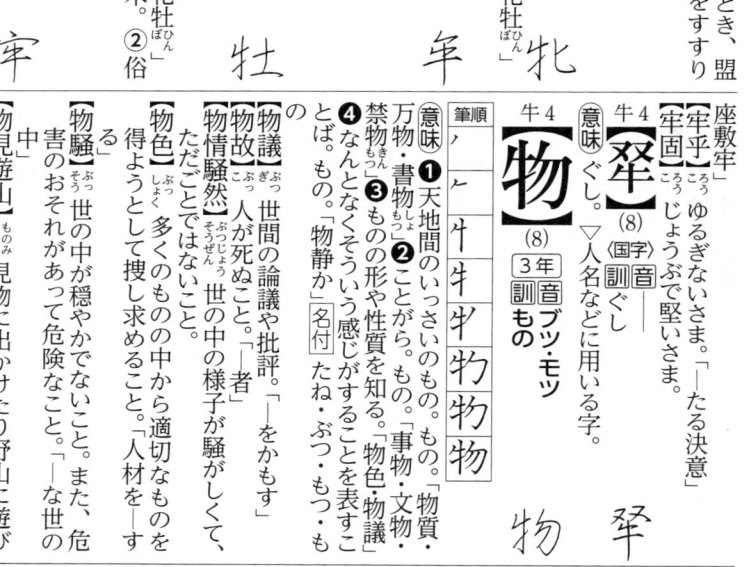

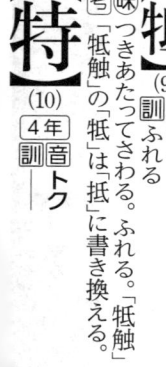

4画

筆順 ノ 𠂉 牛 牛 牛 牜 牪 特 特 特

意味 ❶普通のものとちがっている。また、普通とちがっていてすぐれている。とくに。「特別・特技・独特」❷特別であること。「特急」名付 こと・とく・よし

【特異】(とくい) 普通のものと特に異なっていること。

【特技】(とくぎ) 特別に身につけていて、自信のある技能。

【特赦】(とくしゃ) 恩赦の一種。有罪のいい渡しを受けた特定の者に対して刑の執行を免除すること。

【特需】(とくじゅ) 特別の方面からの需要。「—景気」

【特進】(とくしん) 特別に昇進すること。「二階級—」

【特段】(とくだん) 特別。格別。「—の御愛顧」

【特徴】(とくちょう) ほかのものに比べて特に目立つ点。参考「特長(とくちょう)」は、そのものの他と異なっている長所。

【特典】(とくてん) ①特別の恩典。②特別に優遇される扱い。注意「特点」と書き誤らないように。

【特筆】(とくひつ) 普通と違っているとして特に目立つように書きしるすこと。「—大書」

【特別】(とくべつ) 一般のものとは、(程度が)ちがって区別されるさま。

【特記】(とっき) 特別に問題としてとりあげて書くこと。「—すべき事柄」

【特恵】(とっけい) 特別の恩恵・待遇。「—関税」

【特効】(とっこう) 特にすぐれた効能。「—薬」

牛7 【牽】(11) 人名 音ケン 訓ひく

牽

筆順

意味 ひっぱる。また、ひきつける。ひく。「牽引・牽制」名付 くる・とき・とし・ひき・ひた

【牽引】(けんいん) ①引っぱること。引きよせること。②大勢の人の先頭に立って引っぱっていくこと。

【牽強付会】(けんきょうふかい) 道理に合わないことにむりに理屈をこじつけること。▽「牽強」も「付会」も「こじつける」の意。「付会」は「附会」とも書く。

【牽制】(けんせい) 相手の注意を自分の方へ引きつけて、相手を自由に行動させないこと。

牛7 【牾】(11) 音ゴ 訓—

意味 逆らう。背く。「牴牾(ていご)」

牾

牛7 【犁】▼犂 異

牛8 【犀】(12) 人名 音サイ 訓—

筆順

意味 ❶猛獣の一種。さい。❷堅くて鋭い。「犀利」名付 かた・さい

【犀利】(さいり) ①頭の働きが鋭いさま。②武器が堅くて鋭いさま。

犀

牛8 【犇】(12) 音ホン 訓ひしめく

意味 大勢の人が押し合って騒ぐ。ひしめく。「犇犇(ひしひし)(強く感じるようす)」

犇

牛8 【犂】(12) 音リ 訓すき

異体 牛7 犁 (11)

意味 牛馬に引かせ、田畑の土を掘り起こして耕す農具。すき。

犂

牛10 【犒】(14) 音コウ 訓ねぎらう

意味 苦労を慰労する。ねぎらう。「犒いのことば」

犒

牛10 【犖】(14) 音ラク 訓—

意味 ❶まだら模様の牛。❷一つ一つが目立つさま。

犖

牛11 【犛】(15) 音ボウ 訓—

意味 →犛牛(ぼうぎゅう)

【犛牛】(ぼうぎゅう・ヤク) 牛の一種。アジアの高原地方に産し、乳汁・肉・毛をとる有用な家畜。からうし。

犛

牛13 【犠】(17) 常用

旧字 牛16 犧 (20)

音ギ 訓いけにえ

筆順

意味 祭りのときに神にささげる、牛やその他の生きた動物。いけにえ。「犠牲(ぎせい)・犠打」

【犠牲】(ぎせい) ①いけにえ。②ある目的のために受ける損失。③災難にあって死んだり傷ついたりすること。

【犠打】(ぎだ) (野球で)「犠牲打」の略。

犠

牛15 【犢】(19) 音トク 訓こうし

意味 牛の子。こうし。「犢車(とくしゃ)」

参考熟語 【犢車(とくしゃ)】子牛にひかせる車。犢鼻褌(ふんどし・とくびこん)

犬(犭)の部 いぬ けものへん

犬0 【犬】(4) 1年 音ケン 訓いぬ

筆順 一 ナ 大 犬

意味 ❶家畜の一種。いぬ。「犬歯・犬馬・番犬・犬侍(いぬざむらい)」❷まわし者。スパイ。いぬ。「警察の犬」❸むだなこと。「犬死(いぬじ)に」

【犬猿(けんえん)】犬と、猿。仲が悪いとされる。「―の仲」

【犬歯(けんし)】門歯の左右にある、上下おのおの二本の、とがった歯。糸切り歯。

【犬馬の労を取る(けんばのろうをとる)】相手のために力をつくすことをへりくだっていうことば。

犭2 【犯】(5) 5年 音ハン・ボン 訓おかす

筆順 ノ 犭 犭 犯 犯

意味 ❶法律や規則などにそむく。おかす。「犯罪・違犯」❷犯罪・犯罪人のこと。「防犯・殺人犯」❸刑罰を受けた回数を数えることば。はん。「前科三犯」

【犯意(はんい)】罪を犯すことになると知っていて、あえてその行為をしようとする意志。

【犯行(はんこう)】犯罪にあたる行為。犯罪行為。

使い分け「おかす」

犯す…法律・規則・道徳にそむくことをする。「罪を犯す・過ちを犯す・ミスを犯す・神聖を犯す」

侵す…他人の領域に不法に入り込む。「国境を侵す・権利を侵す・自由を侵す」

冒す…押し切ってする。「危険を冒す・風雨を冒して決行する・病に冒される・尊厳を冒す」

4画

犬3 【状】(7) 5年 旧字 犬4 狀(8) 人名 音ジョウ 訓かたち

筆順 丨 丬 丬 丬 壮 状 状

意味 ❶様子・ありさま。じょう。「状態・状況・罪状」❷外面に見える形・かっこう。かたち。「球状・形状」❸いい表す。「名状」❹手紙。また、文書。じょう。「書状・賞状・状差し」名付 じょう

【状況(じょうきょう)】物事のその時々のようす。

【状態(じょうたい)】(ある時における)人や物事のありさま。

犭3 【犲】▶豺 異

犭4 【狂】(7) 常用 音キョウ 訓くるう・くるおしい

筆順 ノ 犭 犭 犭 犴 犴 狂

意味 ❶精神がおかしくなる。きょうする。くるう。「狂気・狂人・発狂」❷物事が正常な状態でなくなる。くるう。「順序が狂う」❸ある物事に夢中になる。きょうする。くるう。また、そのような人・状態。くるい。「競馬狂」❹とても激しい。くるおしい。「狂喜・熱狂」❺こっけい。「狂歌・酔狂」名付 きょう・よし

【狂歌(きょうか)】こっけいを目的とした短歌。ざれうた。

【狂喜(きょうき)】きわめて喜ぶこと。「優勝に―する」「―乱舞」

【狂態(きょうたい)】正常でないような態度・様子。▽「狂体」とも書く。

【狂奔(きょうほん)】①正常でないように走り回ること。②ある物事に熱中して、あちこちと忙しく動き回って努力すること。

【狂乱(きょうらん)】精神がおかしくなって普通でなくなること。

【狂瀾(きょうらん)】荒れ狂う大波。「―怒濤(どとう)(激しく荒れ狂う大波)」

犭4 【狃】(7) 音ジュウ 訓―

意味 なれ親しむ。なれなれしくする。

犭4 【狆】(7) 音チュウ 訓ちん

意味 犬の一種。からだが小さく、毛が長い。ちん。

犭4 【狄】(7) 音テキ 訓えびす
意味 ❶中国の古代、北方にいた異民族。えびす。「北狄(ほくてき)」❷未開人。

犬4 【狀】▶状(旧)　犭4 【犹】▶猶(略)

犭5 【狗】(8) 印標 音ク 訓いぬ
意味 犬のこと。いぬ。「狗肉・天狗(てんぐ)・喪家の狗」
参考 いやしいもののたとえに用いられる。「走狗」
【狗肉(くにく)】犬の肉。「羊頭―」
参考熟語 狗尾草(えのころぐさ)

犭5 【狎】(8) 音コウ 訓なれる
意味 親しすぎて相手をあなどるような態度をする。なれる。「狎昵(こうじつ)・寵愛(ちょうあい)に狎れる」
【狎昵(こうじつ)】なれ親しむこと。なれなれしくなること。

犭5 【狙】(8) 常用 音ソ 訓ねらう
筆順 ノ 丿 犭 犭丨 犭冂 犭月 犭目 狙
意味 ❶目当ての物を手に入れようとして機会を待つ。ねらう。「狙い所」❷目標に命中させようとかまえる。ねらう。「狙撃」
【狙撃(そげき)】銃で、ねらい撃つこと。

犭5 【狛】(8) 音ハク 訓こま
意味 高麗(こま)(昔の朝鮮)から伝来したものの意を表すことば。こま。「狛犬(神社の前などに置かれる高麗(こま)犬の形をした像)」

犭5 【狒】(8) 音ヒ 訓―
意味 →狒狒(ひひ)
【狒狒(ひひ)】①猿の一種。アフリカに住む。マントヒヒ・マンドリルなどの類。②好色の男性。「―おやじ」③若い女性をさらうという、年老いた猿。

犭5 【狐】▶狐(異)

犭6 【狢】(9) 音カク 訓むじな
意味 たぬきのこと。また、あなぐまのこと。むじな。「一つ穴の狢」

犭6 【狭】(9) 常用　旧字 犭7 狹(10) 人名
音キョウ 訓せまい・せばめる・せばまる
筆順 ノ 丿 犭 犭一 犭丷 犭䒑 犭夹 狭
意味 ❶面積が小さい。せまい。また、小さくする、または小さくなる。せばめる。せばまる。↔広。「狭小」❷幅が短い。せまい。また、短くする、または短くなる。せばめる。せばまる。↔広。「狭軌」❸広く行き渡っていない。せまい。↔広。「狭義・見識が狭い」❹気持ちにゆとりがない。せまい。↔広。「偏狭」
【狭軌(きょうき)】鉄道で、レール幅が国際基準の一・四三五メートルより狭いもの。
【狭隘(きょうあい)】狭苦しいこと。▽「隘」も「狭い」の意。
【狭窄(きょうさく)】間がせばまっていて狭いこと。
【狭小(きょうしょう)】狭くて小さいこと。
【狭量(きょうりょう)】人を受け入れる心が狭いこと。
参考熟語 狭衣(さごろも)　狭間(はざま)

犭6 【狐】(9) 印標 音コ 訓きつね　異体 犭5 狐(8)
意味 ❶獣の一種。きつね。「狐狸(こり)・狐疑・白狐(びゃっこ・しろぎつね)」❷油揚げを使った料理。きつねうどん・いなりずしなど。きつね。
【狐疑(こぎ)】疑ってためらうこと。「―逡巡(しゅんじゅん)」
【狐狸(こり)】きつねと、たぬき。ともに人を化かしたり悪いことをしたりするものとされる。「―妖怪(ようかい)」

犭6 【狡】(9) 印標 音コウ 訓ずるい
意味 悪がしこい。ずるい。「狡知・狡猾(こうかつ)・狡獪(こうかい)」
【狡猾(こうかつ)】悪がしこくてずるいこと。▽「猾」も「悪がしこい」の意。
【狡知(こうち)】悪がしこい知恵。「―に長(た)ける」▽「狡智」とも書く。

犭6 【狠】(9) 音コン 訓―
意味 心がねじれている。ひねくれている。

犭6 【狩】(9) 常用 音シュ 訓かる・かり

4画

筆順 ノ 犭 犭 犭 犭 狞 狩 狩

意味 ❶鳥獣を追い立てて捕らえる。かる。また、そのこと。かり。「狩猟」❷楽しみのために、物をさがしたり見に行ったりすること。かり。「潮干狩り」 名付 かり・しゅ

【狩猟】しゅりょう 野生の鳥やけものをとらえること。かり。りょう。

参考熟語 狩人（かりゅうど・かりうど）

犭6 **【独】**(9) 5年 音 ドク 訓 ひとり 旧字 犭13 獨 (16) 独

筆順 ノ 犭 犭 犭 犸 狆 独 独

意味 ❶相手・配偶者がいなく、自分だけであること。ひとり。「独立・独学・独裁・孤独・独り言（ごと）」❷自分だけでよいと思い込んでいること。「独断・独善」❸ドイツのこと。「独語・日独」

名付 どく

参考 ⑴❸は「独逸（ドイツ）」の略から。⑵**ひとり**⇩「一人」の［使い分け］。

【独学】どくがく ひとりで学問をすること。

【独裁】どくさい 特定の個人や団体が権力を独占し、支配すること。

【独善】どくぜん 自分だけが正しいと思い込んでいること。ひとりよがり。「—的な態度」

【独断】どくだん 他に相談せず、自分ひとりの考えで物事を決めること。また、その判断。「—的」

【独壇場】どくだんじょう ひとりで思うままに活躍できる所。ひとり舞台。▽「独擅場（どくせんじょう）（ほしいままにふるまえる所）」を「どくだんじょう」と誤って読んだことからできたことば。 注意 「独壇上」と書き誤らないように。

【独断専行】どくだんせんこう 他人の意見を聞かないで自分だけでかってに決めて物事を行うこと。

【独白】どくはく 劇で、相手なしにひとりでせりふをいうこと。また、そのせりふ。モノローグ。

【独立自尊】どくりつじそん 自分の力で物事を行い、自分自身をたいせつにすること。

【独立独歩】どくりつどっぽ 他からの影響・支配を受けず、自分の信ずるとおりにすること。

【独居】どっきょ ひとりずまい。

参考熟語 独活（うど） 独楽（こま） 独乙（ドイツ） 独逸（ドイツ）

犭7 **【狷】**(10) 音 ケン 訓 — 狷

意味 ❶気みじかで、心が狭い。❷他の人の意見などに構わず、自分の考えだけをおし通すこと。「狷介」

【狷介】けんかい ひねくれていて、自分の意志を主張して人と協調しないこと。「—孤高の人」▽「介」は「堅い」の意。

犬7 **【倏】**(11) 音 シュク 訓 — 倏

意味 あっという間に。たちまち。

犭7 **【狽】**(10) 印標 音 バイ 訓 — 狽

意味 ❶おおかみの一種。❷よろける。「狼狽（ろうばい）」

犭7 **【狸】**(10) 印標 音 リ 訓 たぬき 狸

意味 ❶獣の一種。たぬき。「狐狸（こり）・狸寝入（たぬきねい）り」❷揚げかすを入れた、うどん・そばのこと。たぬき。

犭7 **【狼】**(10) 人名 音 ロウ 訓 おおかみ 狼

筆順 犭 犭 犭 犭 狛 狼 狼 狼

意味 ❶獣の一種。無慈悲で凶悪とされる。おおかみ。「豺狼（さいろう）・虎狼（ころう）・一匹狼（いっぴきおおかみ）」❷予期しないことが起こって驚きあわてる。「狼狽（ろうばい）」

名付 おおかみ・ろう

【狼藉】ろうぜき ①物が取り散らかしてあって、非常に乱雑なこと。「落花（らっか）—」▽「藉」は「敷く」の意で、狼（おおかみ）が草を敷いて寝た跡が乱れていることから。②乱暴で無法なふるまい。「—者」「—を働く」 注意 「狼籍」と書き誤らないように。

【狼狽】ろうばい 予期しないできごとが起こって、あわてふためくこと。

参考熟語 狼狽（うろた）える 狼煙（のろし・ろうえん）

犭7 【狹】▶狭㊐

犭8 **【猗】**(11) 音 イ 訓 — 猗

意味 ❶感嘆して発する声。❷たおやかで美しい。

犭8 **【猊】**(11) 音 ゲイ 訓 — 猊

意味 高僧がすわる席。「猊下」

【猊下】げいか ①高僧を敬うことば。②僧に送る

4画

手紙のあて名のわきに書き添えて敬意を表すことば。

猜
犭8 (11) 音 サイ 訓 そねむ

意味 ❶他人をすなおに信用せず、疑う。「猜疑心」❷うらやみ憎む。そねむ。「猜忌」

参考 ❷の意味の「そねむ」はふつう「嫉む」と書く。

【猜疑】さいぎ 自分が不利になるのではないかと人の言動などを疑うこと。「—心」

猖
犭8 (11) 音 ショウ 訓 —

意味 たけり狂って乱れる。「猖獗しょうけつ」

【猖獗】しょうけつ 悪いことや、悪者などの勢いが盛んなこと。「インフルエンザが—を極める」

猝
犭8 (11) 音 ソツ 訓 —

意味 だしぬけに。突然。にわかに。

猪
犭8 (11) 人名 旧字 犭9 豬 (12) 人名

音 チョ 訓 い・いのしし・しし

筆順 ノ 犭 … 猪

意味 獣の一種。まっすぐに突進するとされる。い。しし。いのしし。「猪突・猪武者いのししむしゃ」名付 い・しし・ちょ

参考 「豬」の俗字。

【猪突】ちょとつ 猪いのししのように、向こう見ずにまっしぐらに突き進むこと。「—猛進」

参考熟語 猪牙ちょき 猪口ちょこ・ちょく

猫
犭8 (11) 常用 音 ビョウ・ミョウ 訓 ねこ 旧字 犭9 貓 (12)

筆順 ノ 犭 … 猫

意味 家畜の一種。愛玩あいがん用。ねこ。「猫額大・猫舌ねこじた・猫も杓子しゃくしも」名付 ねこ・びょう

【猫額大】びょうがくだい ▽土地などが狭いことを形容することば。「—の土地」

猛
犭8 (11) 常用 音 モウ 訓 たけし・たける

筆順 犭 … 猛

意味 ❶勢いが非常にはげしい。また、強くて勇ましい。たけし。「猛烈・猛虎もうこ・勇猛・猛者もさ・猛猛たけだけしい」❷勇み立ってあばれる。たける。「猛り狂う」名付 たか・たけ・たけお・たけき・たけし・たける・もう

【猛威】もうい 害を与えるほどのすさまじい威力・威勢。「—をふるう」

【猛禽類】もうきんるい わし・たかなど、性質が荒い肉食の鳥のこと。

【猛省】もうせい 深く反省すること。「—を促す」

【猛然】もうぜん 勢いが非常に激しいさま。「—と攻める」

【猛者】もさ 勇敢で荒々しく強い人。

猟
犭8 (11) 常用 音 リョウ 訓 かる 旧字 犭15 獵 (18)

筆順 犭 … 猟

意味 ❶鳥獣を追い捕らえる。かる。また、そのこと。かり。りょう。「狩猟」❷広く捜し求める。「猟奇・渉猟」

【猟官】りょうかん 官職につこうとしていっしょうけんめいに努力すること。「—運動」

【猟奇】りょうき 普通の人には耐えられないような異常なことに興味を感ずること。「—趣味」

献
犬9 (13) 常用 旧字 犬16 獻 (20)

音 ケン・コン 訓 たてまつる・ささげる

筆順 一 十 … 献

意味 ❶目上の人に物を差し上げる。けんずる。ささげる。たてまつる。「献上・献金・貢献・奉献」❷酒を相手にすすめること。「一献いっこん」❸料理の種類と組み合わせ。「献立こんだて」❹賢者のこと。「文献」名付 けん・たけ

【献金】けんきん ある目的を援助するために、すすんで金銭を差し出すこと。また、その金銭。

【献言】けんげん 目上の人に慎んで意見を申し上げること。また、その意見。参考「建言けんげん」は、政府や上役に対して意見を申し述べること。

【献辞】けんじ 著者または発行者が、その本を他人に献呈するために書くことば。献詞。

【献酬】けんしゅう 杯のやりとりをすること。

【献身】けんしん ある事柄・人に対して自分の利益を考えずに尽くすこと。「—的」

【献呈】(けんてい) 物などを目上の人に差し上げること。
【献納】(けんのう) 社寺・公共団体・国などに金品を差し上げること。
【献杯】(けんぱい) 相手に敬意を表して杯をさすこと。▽「献盃」とも書く。
【献立】(こんだて) 料理の種類・品目。また、その取り合わせ・順序。

犭9 【猴】(12) 音 コウ 訓 さる
意味 獣の一種。猿。さる。「猿猴(えんこう)」

犭9 【猩】(12) 音 ショウ 訓 —
意味 ❶赤い色。「猩紅熱」❷→猩猩(しょうじょう)
【猩猩】(しょうじょう) ①オランウータンのこと。②想像上の動物。猿の一種で、人のことばを理解し、酒を好むという。③大酒飲みの人。

犭9 【⿰犭复】(12)〈国字〉 音 — 訓 たじひ
意味 蛇の一種。マムシ。たじひ。▽「たじひ」はマムシの古称。

犭9 【猯】(12) 音 タン 訓 まみ
意味 あなぐま・たぬきなどの獣。まみ。
参考 「まみ」は「狸」とも書く。

犭9 【猥】(12) 印標 音 ワイ 訓 みだら・みだり
意味 ❶秩序がなくて乱れている。みだり。「猥雑」❷性に関してつつしみがない。みだら。「猥褻(わいせつ)・卑猥」❸正当な理由もなくやたらに。みだりに。「猥りに立ち入るべからず」
参考 ❷の「みだら」「みだり」は「淫ら」「淫り」とも、❸の「みだりに」は「妄りに」「濫りに」とも書く。
【猥雑】(わいざつ) ①雑然としていて下品な感じがするさま。②ごたごたと入り乱れているさま。
【猥褻】(わいせつ) 性に関してみだらであること。

犭9 【猶】(12) 常用 音 ユウ 訓 なお
旧字 犭9 猶(12) 略字 犭4 犹(7)
筆順
意味 ❶なかなか決められずにためらう。「猶予」❷相変わらず。なお。「病気になっても猶元気だ」❸それ以上に。なお。「このほうが猶きれいだ」❹つけ加えていうときのことば。なお。「猶詳細は手紙で連絡します」 名付 なお・ゆう
参考 ❷〜❹の「なお」は「尚」とも書く。
【猶予】(ゆうよ) ①期限を延ばすこと。「執行—」②ぐずぐずして決めないこと。

犬9 【猷】(13) 印標 音 ユウ 訓 はかる
異体 犬9 猷(13)
意味 考え図る。はかる。また、はかりごと。「鴻猷(こうゆう)(大きなはかりごと)」

犭9 【猪】▶猪㊖
犭9 【猨】▶猿㊣異

犭10 【猿】(13) 常用 音 エン 訓 さる・ましら
異体 犭9 猨(12)
筆順
意味 ❶獣の一種。ましら。さる。「猿猴(えんこう)・野猿・類人猿・犬猿の仲・猿真似(さるまね)」❷雨戸の桟(さん)に取りつけて戸締りをする用具。さる。❸自在かぎを上げて、とめておく用具。さる。 名付 えん・さる
【猿猴】(えんこう) さるのこと。
【猿臂】(えんぴ) さるのように長いひじ。「—を伸ばす(腕を長く伸ばす)」
参考熟語 猿麻桛(さるおがせ) 猿楽(さるがく・さるごう)

犭10 【猾】(13) 音 カツ 訓 わるがしこい
意味 悪知恵があってずるい。わるがしこい。「狡猾(こうかつ)」

犭10 【獅】(13) 人名 音 シ 訓 —
筆順
意味 ❶ライオン。「獅子」❷獅子舞のこと。しし。 名付 し・たけ
【獅子吼】(ししく) ①真理・正義を主張して大いに弁舌をふるうこと。②悪魔・外道(げどう)を恐れ伏させるという、仏の説法。▽「獅子(しし)のほえごえ」の意。
【獅子身中の虫】(しししんちゅうのむし) 獅子(しし)の体内にいて、恐ろしい獅子をついには殺してしまうという虫。▽組織の内部にいて災いをなすもののにたとえる。
【獅子奮迅】(ししふんじん) 獅子(しし)が荒れ狂うような激し

4画

い勢い。

犭10 【貘】(13) 音バク 訓— 正字 犭11 貘(14)

意味 ❶獣の一種。形は犀(さい)に似ている。ばく。❷中国の想像上の動物。悪夢をくうという。ばく。

参考「獏」とも書く。

【默】▶黒4

犭11 【獄】(14) 常用 音ゴク 訓ひとや

筆順 ノ 犭 犭 犭' 犭言 獄 獄

意味 ❶牢屋(ろうや)。ひとや。ごく。「獄死・獄窓・牢獄・入獄・獄に下る」❷訴える。「獄訴・疑獄」

【獄死】(ごくし) 監獄に入っている間に死ぬこと。獄中死。

【獄窓】(ごくそう) ろうやの窓。また、ろうやの中。

【獄卒】(ごくそつ) ①監獄で、囚人を取り扱う下級の職員。②地獄で、亡者(もうじゃ)を責め苦しめるという鬼。

【獄門】(ごくもん) ①牢獄(ろうごく)の門。②江戸時代の刑の一つ。断罪になった囚人の首をさらすこと。「—台」

犬11 【獎】▶奨(異)

犭12 【獗】(15) 音ケツ 訓—

意味 動物がたけり狂う。「猖獗(しょうけつ)」

犬12 【獣】(16) 常用 旧字 犬15 獸(19) 人名

音ジュウ 訓けもの・けだもの

筆順 ⺍ 㓁 㓁 㓁 単 兽 獣 獣

意味 全身が毛でおおわれている四つ足の動物。けだもの。けもの。「獣類・獣肉・猛獣」

【獣肉】(じゅうにく) けものの肉。

犭13 【獪】(16) 音カイ 訓—

意味 ずるい。わるがしこい。「老獪(ろうかい)」

犭13 【獲】(16) 常用 音カク 訓える・とる 旧字 犭14 獲(17)

筆順 犭 犭 犭 犭 犭 犭 獲 獲

意味 狩りで鳥獣を捕らえる。とる。える。「獲得・捕獲・獲物(えもの)」

【獲物】(えもの) ①漁や狩りでとった動物。②戦争や勝負事で手に入れた物。

【獲得】(かくとく) 自分のものとして手に入れること。

犭13 【獨】▶独(旧)

犭14 【獰】(17) 音ドウ 訓—

意味 性質が凶悪である。「獰猛」

【獰猛】(どうもう) 性質などが凶悪で荒々しいこと。

犭15 【獵】▶猟(旧)

犬15 【獸】▶獣(旧)

犭16 【獺】(19) 音ダツ 訓かわうそ

意味 獣の一種。水にもぐって魚を捕食する。かわうそ。「獺祭(だっさい)・川獺(かわうそ)」

【獺祭】(だっさい) かわうそが自分の捕らえた魚を並べること。▽人が物を供えて祭る姿に似ていることから。

犬16 【獻】▶献(旧)

玄 の部 げん

玄0 【玄】(5) 常用 音ゲン 訓くろ

筆順 丶 亠 玄 玄 玄

意味 ❶赤黒い色。くろ。「玄米」❷奥深いこと。げん。「玄妙・幽玄・玄の又玄(またげん)」名付 くろ・げん・しず・しずか・つね・とら・のり・はじめ・はる・はるか・ひかる・ひろ・ふか・ふかし

【玄黄】(げんこう) 天地のこと。▽昔、天は黒い色、地は黄色であるとされた。

【玄孫】(げんそん・やしゃご) その人のひまごの子。

【玄米】(げんまい) もみがらを取り去っただけの、まだ精白していない米。くろごめ。

【玄妙】(げんみょう) 技芸・道理などが、奥深くて微妙な趣があること。

参考熟語 玄人(くろうと) 玄翁(げんのう)

5画

【畜】▶田5

玄6 【率】(11) 5年 音ソツ・リツ 訓ひきいる

旧字 玄6 率 (11)

筆順 亠 亠 玄 玄 玄 泫 泫 率

意味 ❶引き連れて行く。ひきいる。「率先・引率」❷突然でかるはずみである。「率然・軽率」❸すなおである。「率直」❹全体に対する割合・程度。りつ。「比率・能率・高率」❺おおよそ。「大率（おおむね）」

参考 ❹❺は「りつ」と読む。

名付 そつ・のり・より・りつ

【率爾】（そつじ） 人にものを尋ねたり話しかけたりすることが、突然であって軽々しく失礼なこと。「─ながらお尋ねいたします」▽「卒爾」とも書く。

【率先】（そっせん） 他の人に先立って物事を行うこと。注意「卒先」と書き誤らないように。

【率然】（そつぜん） にわかにそうなるさま。突然。「─と逝（ゆ）く」▽「卒然」とも書く。

【率先躬行】（そっせんきゅうこう） 他の人に先立って実際に物事を行ってみせること。

【率先垂範】（そっせんすいはん） 他の人に先立って手本としての行いを実際にやってみせること。

【率直】（そっちょく） すなおで飾りけがなく、ありのままであること。注意「卒直」と書き誤らないように。

【率土の浜】（そつどのひん） 陸地の続くかぎり。天下じゅう。

玉（王）の部 たま・たまへん おうへん

5画

玉0 【王】(4) 1年 音オウ 訓きみ

筆順 一 丅 干 王

意味 ❶君主。きみ。おう。「王政・王女・帝王・親王（しんのう）」❷皇族。また、皇太子でない、皇族の男性。おう。❸その分野で最もすぐれている人。おう。「発明王・百獣の王」❹将棋の駒（こま）の一つ。おう。

名付 おう・きみ

【王侯】（おうこう） 王と諸侯（しょこう）。「─貴族」

【王政】（おうせい） （民政・軍政に対して）国王・天皇がみずから行う政治。

【王朝】（おうちょう） ①帝王が自ら政治を行う朝廷。②同じ王家に属する帝王の系列。また、その帝王たちが支配する時期。

【王道】（おうどう） ①覇道（はどう）に対して、仁徳によって国を治めるやりかた。「─楽土（らくど）」②その物事をなし遂げるためのらくな方法。「学問に─なし」

玉0 【玉】(5) 1年 音ギョク 訓たま

筆順 一 丅 干 王 玉

意味 ❶宝石。ぎょく。たま。「玉石・玉杯・宝玉・玉に瑕（たまにきず）」❷たまのように美しい。また、そのようなもの。たま。「玉案・金科玉条・玉の顔（かんばせ）」❸天皇に関することばにつけて敬意を表すことば。「玉音・玉座」❹電球・弾丸・ボール・レンズなど、丸い形をしたもの。たま。❺真珠のこと。たま。❻売買物件や芸者など、ある行為の対象になるもの。ぎょく。たま。「玉代・上玉（じょうだま）」❼将棋で、玉将のこと。ぎょく。

名付 ぎょく・たま

使い分け「たま」

玉…宝石。丸い形をしたもの。「玉を磨く・玉にきず・水晶玉・ガラス玉・シャボン玉・玉砂利・善玉悪玉・火の玉・目玉」
球…ボール。ボールのような丸いもの。「速い球・決め球・ピンポン球・電気の球」
弾…弾丸。「鉄砲の弾・拳銃に弾を込める・弾が尽きる・流れ弾」

【玉案下】（ぎょくあんか） 手紙のわきづけに使うことば。▽「お机の下」の意。

【玉音】（ぎょくおん） 天皇のお声。「─放送」

【玉座】（ぎょくざ） 天皇・天子がすわるべき場所・座席。

【玉砕】（ぎょくさい） 名誉や忠義のためにいさぎよく死ぬこと。▽全力を尽くして戦い、大敗することにたとえることもある。「玉のように美しく砕ける」の意。

【玉章】㊀（ぎょくしょう）①すぐれた詩文。②相手を敬ってその人から来た手紙をいうことば。「─を賜る」㊁（たまずさ）手紙のこと。

【玉石混交】（ぎょくせきこんこう） すぐれたものとつまらないも

のとが入り混じっていること。▽「混交」は「混淆」の書き換え字。

【玉杯（ぎょくはい）】①玉（ぎょく）で作った杯。②杯の美称。

【玉楼（ぎょくろう）】①りっぱな美しいたかどの。「金殿―（金や宝石で飾った建物。りっぱな建物のこと）」

参考熟語 玉蜀黍（もろこし・とう）

【全】▸人4

玉3

【玖】(7)

人名 音 キュウ・ク 訓 ―

筆順 一 丁 干 王 玌 玔 玖

意味 ❶美しい黒色の石。❷数で、九。 名付 き・きゅう・く・たま・ひさ

参考 証書などで「九」の代用をすることがある。

参考熟語 玖馬（キューバ）

【弄】▸廾4

玉5

【珂】(9)

人名 音 カ 訓 ―

筆順 一 丁 干 王 玎 玎 珂 珂 珂

意味 ❶宝石の一種。しろめのう。❷くつわ貝。白い殻は馬のくつわ飾りに用いた。

玉5

【珈】(9)

人名 音 カ 訓 ―

筆順 一 丁 王 玎 功 珈 珈 珈 珈

意味 ❶女性が身につけるかみかざり。❷「珈琲（コーヒー）」は飲み物の一種。

玉4

【玩】(8)

常用 音 ガン 訓 もてあそぶ

筆順 一 丁 干 王 玎 玗 玩 玩

意味 ❶慰み物にする。もてあそぶ。「玩具・玩弄（がんろう）」❷心の慰みとして愛する。もてあそぶ。「愛玩」❸深く味わう。「玩味・賞玩」 名付 がん・よし

参考 ❶❷の「もてあそぶ」は「弄ぶ」とも書く。

【玩具（がんぐ・おもちゃ）】子どもが（手に持って）遊ぶ道具。おもちゃ。

【玩味（がんみ）】①食物をよくかみ味わうこと。②文章や話の趣をよく理解し味わうこと。「熟読―」

【玩弄（がんろう）】相手をばかにしてなぶりものにすること。▽「弄」も「もてあそぶ」の意。

玉5

【珊】(9)

人名 音 サン 訓 サンチ

筆順 一 丁 王 玎 玎 珊 珊 珊 珊

意味 ❶長さの単位、センチメートルのこと。サンチ。❷→珊瑚（さんご） 名付 さぶ・さん

【珊瑚（さんご）】さんご虫が作る、石灰質の塊状または枝状のもの。「―礁」「―珠」

玉5

【玳】(9)

音 タイ 訓 ―

意味 「玳瑁（たいまい）」は、熱帯の海にすむ海がめの一種。こうらは鼈甲（べっこう）と呼ばれ、眼鏡など装飾品に用いる。

玉5

【珍】(9)

常用 異体 玉5 珎 (9)

音 チン 訓 めずらしい

筆順 一 丁 干 王 玌 玠 玠 珍 珍

意味 ❶めったになくて貴重である。ちん。めずらしい。また、そのようなもの。ちん。「珍品・珍妙・袖珍（しゅうちん）・山海の珍・珍とするに足る」❷普通と変わっていて、おもしろく思ったり興味を引かれたりするさま。ちん。めずらしい。「珍説・珍芸」❸思いがけない。「珍事」 名付 うず・たか・ちん・のり・はる・よし

【珍事（ちんじ）】思いがけない、珍しいできごと。▽「椿事」とも書く。

【珍説（ちんせつ）】①珍しい話。②とっぴな、ばかばかしい意見。

【珍蔵（ちんぞう）】珍しいものとして大事にしまっておくこと。

【珍重（ちんちょう）】珍しいものとして、たいせつにすること。「高級家具材として―される」

【珍品（ちんぴん）】めったに手に入らない珍しい品物。

【珍妙（ちんみょう）】ひどく変わっていて、こっけいなさま。

【珍無類（ちんむるい）】他に比べるものがないほど非常に変わっていて珍しいこと。「―の話」

玉5

【玻】(9)

音 ハ 訓 ―

意味 →玻璃（はり）

【玻璃（はり）】①七宝（しっぽう）の一つ。水晶。②ガラス。

玉5 【珀】(9) 人名 音ハク 訓―

筆順 一 T 王 玎 珀 珀 珀

意味 「琥珀(こはく)」は地質時代の植物の樹脂などが化石となったもの。装身具などの材料とする。

玉5 【玲】(9) 人名 音レイ 訓―

筆順 一 T 王 玐 玲 玲 玲

意味 玉の鳴る音。「玲瓏(れいろう)」 名付 あきら・たま・れい・りょう

【玲瓏】(れいろう) ①玉などが触れ合って美しい音色で鳴るさま。「―たるひびき」②美しく照り輝くさま。「八面―(どこから見ても欠点がないこと)」▽「瓏」は「玉や金属の鳴る音」の意。

玉6 【珪】(10) 印標 音ケイ 訓―

意味 ❶諸侯の身分を表す、美しい玉。❷化学元素の一つ。珪素(けいそ)。

玉6 【珥】(10) 音ジ 訓―

意味 耳に飾る珠玉。イヤリング。

玉6 【珠】(10) 常用 音シュ 訓たま

筆順 一 T 王 玓 玝 珄 珠 珠

意味 ❶貝の中にできる丸く美しいたま。しんじゅ。たま。「珠玉・真珠・掌中の珠」❷真珠のように丸いもの。「珠算・念珠(ねんじゅ)・数珠(じゅず)」 名付 しゅ・たま・み

【珠玉】(しゅぎょく) 美しい、真珠と宝石。「―の名編」▽美しいものや、尊いものにもたとえる。

【珠算】(しゅざん) そろばんでする計算。たまざん。

玉6 【珮】(10) 音ハイ 訓―

意味 腰の帯につけて飾りとする玉。「珮玉」

玉6 【班】(10) 6年 音ハン 訓―

筆順 一 T 王 玨 玔 班 班 班

意味 ❶幾人かずつ組に分けた、その一つ一つの組。はん。「班長・設営班」❷分け与える。「班田収授」 名付 つら・はん

玉6 【珞】(10) 音ラク 訓―

意味 つないだ玉。「瓔珞(ようらく)」

玉6 〔琉〕▼琉㊐

玉6 〔珱〕▼瓔㊑

玉7 【球】(11) 3年 音キュウ 訓たま

筆順 T 王 玎 玣 玤 玤 球 球

意味 ❶丸い形をしているもの。きゅう。たま。「球面・球根・地球」❷ボール。たま。また、ボールを使う競技。「球技・投球・卓球」❸野球のこと。「球場・球団」 名付 きゅう・たま

参考 たま⇩「玉」の〔使い分け〕。

【球戯】(きゅうぎ) ①たま・ボールを使ってする遊戯。②特に、撞球(どうきゅう)(たまつき)のこと。

【球技】(きゅうぎ) ボールを使ってする競技。野球・蹴球・卓球など。

【球根】(きゅうこん) 地中で、根・茎などが養分をたくわえて球形に近い形になったもの。

玉7 【現】(11) 5年 音ゲン 訓あらわれる・あらわす・うつし・うつつ

筆順 一 T 王 玑 玥 珇 現 現

意味 ❶隠れていたものが表面に出てきて見えるようになる。げんずる。あらわれる。また、そのようにする。げんずる。あらわす。「現象・現出・実現・悪事が現れる」❷今、実際にある。げんに。「現在・現状・現住所」❸実際にあること。うつし。うつつ。「現つし心・夢か現(うつつ)か」❹正気(しょうき)。うつつ。「夢現(ゆめうつつ)」 名付 あり・げん・み

参考 ⑴❶の「あらわれる」「あらわす」は「顕れる」「顕す」とも書く。⑵あらわれる⇩「表」の〔使い分け〕。

【現下】(げんか) 現在。今。「―の情勢」

【現行】(げんこう) 現在行うこと、または行われていること。

【現今】(げんこん) 生きている、ただいま。現在。

【現象】(げんしょう) ①(経験できる)いっさいの出来事。②哲学で、人間の感覚によってとらえられ、経験しうる対象。

【現状】(げんじょう) 現在の状態・状況。現況。

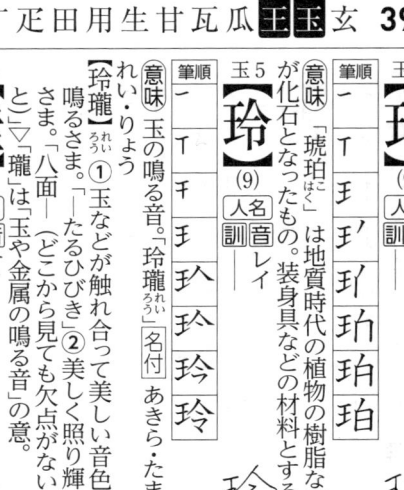

5画

【現世】㊀(げんせ・げんせい・うつしよ) 現在の世。この世。㊁(ぜげん) 仏教で、三世の一つ。現在の世。この世。

【現任】(げんにん) 現在ある職務に任ぜられていること。また、その職務。「—の長官」

【現有】(げんゆう) 現在もっていること。「—勢力」

参考熟語 現人神(あらひとがみ)

玉7 **【琘】**(11) 音ゴ 訓—

意味 「琘琘(こんご)」は、中国の山の名。また、その山から産する美しい石の名。

玉7 **【琢】**(11) 人名 旧字 玉8 琢(12) 人名

音タク 訓みがく

筆順

意味 玉を刻み形を整える。みがく。「琢磨(たくま)・彫琢」 名付 あや・たか・たく・みがく

【琢磨】(たくま) 学問・技芸や人格の向上につとめ励むこと。「切磋(せっさ)—」▽「つちやのみで打って玉の形を整え、砂や石ですりみがく」の意。

玉7 **【理】**(11) 2年 音リ 訓おさめる・ことわり

筆順

意味 ❶物事の筋目を立てて整える。おさめる。また、そのようになる。おさまる。「理事・理髪・整理・代理」❷物事の筋道。り。ことわり。「理由・理窟・理屈・義理・真理・理(り)の当然」❸自然科学のこと。「理科・物理」❹模様。「木理(もくめ)・大理石」 名付 あや・おさむ・さだむ・すけ・たか・ただ・ただし・ただす・とし・のり・まさ・みち・よし・り

【理窟・理屈】(りくつ) ①物事の筋道。道理。②無理につくり出した、こじつけの理由。

【理想郷】(りそうきょう) 想像上の、理想的で完全な社会。ユートピア。

【理非】(りひ) 道理にかなう正しいことと、道理からはずれ正しくないこと。「—曲直」

【理不尽】(りふじん) 道理に合わないこと。また、そのようなことをむりに押し通そうとすること。

【理路整然】(りろせいぜん) 話や文章の論理の筋道がきちんと整っていること。

玉7 **【琉】**(11) 人名 音リュウ・ル 訓— 旧字 玉6 琉(10)

筆順

意味 ❶琉球(りゅうきゅう)(今の沖縄県)のこと。❷→琉璃(るり) 名付 りゅう・る

【琉璃】(るり) ①七宝(しっぽう)の一つ。紺色の美しい宝石。②ガラスのこと。▽「瑠璃」とも書く。

玉7 **【琅】**(11) 音ロウ 訓— 異体 玉10 瑯(14)

意味 美しい玉や石。「琅玕(ろうかん)」

【琅玕】(ろうかん) 暗緑色または青緑色で半透明の美しい宝石。特に中国で、翡翠(ひすい)。

【望】▼月7

玉8 **【瑛】**(12) 人名 音エイ 訓— 旧字 玉9 瑛(13)

筆順

意味 透きとおった玉。また、玉の光。「玉瑛(ぎょくえい)」 名付 あき・あきら・えい・てる

玉8 **【琴】**(12) 常用 音キン・ゴン 訓こと

筆順

意味 弦楽器の一種。長い胴の上に多くの弦を並べ張ってある。きん。こと。「琴曲・琴瑟(きんしつ)・木琴・和琴(わごん)」 名付 きん・こと

【琴瑟相和す】(きんしつあいわす) 夫婦の仲がよいこと。▽「琴と大琴とを合奏して音がよく合う」の意から。 注意 「琴瑟」を「きんひつ」と読み誤らないように。

【琴線】(きんせん) 物事に感動して共鳴する心情。「—に触れる」▽「琴の糸」の意。

玉8 **【琥】**(12) 人名 音コ 訓—

筆順

意味 →琥珀(こはく)

【琥珀】(こはく) 地質時代の植物樹脂などが埋もれて化石化したもの。装身具などの材料。赤玉(あかだま)。

玉8 **【琶】**(12) 人名 音ハ 訓—

筆順

5画

意味「琵琶(びわ)」は東洋の弦楽器の一種。

玉8 **【琲】**(12) 音ハイ 訓—
意味「珈琲(コーヒー)」は飲み物の一種。

玉8 **【琵】**(12) 人名 音ビ 訓—
筆順 … 琵
意味→琵琶(びわ)
【琵琶】(びわ) 東洋の弦楽器の一種。茄子(なす)形の木製の胴に柄がついていて、四弦または五弦。

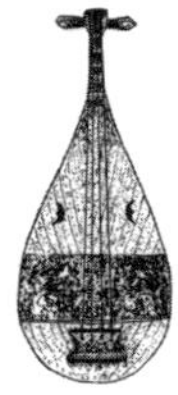

琵琶

玉8 **【珐】**(12) 音ホウ 訓—
意味→珐瑯(ほうろう)
【珐瑯】(ほうろう) 金属器の表面に焼きつける、ガラス質のうわぐすり。「—質(歯の表面をおおう固い物質)」

玉8 **【琳】**(12) 人名 音リン 訓—
筆順 … 琳
意味 青い透明な玉。「琳琅」 名付 りん

玉8 〔琢〕▸琢(旧)

玉9 **【瑕】**(13) 印標 音カ 訓きず
意味 宝石についている傷。また、あやまち。きず。「瑕瑾(かきん)・玉に瑕(きず)」
【瑕瑾】(かきん) 欠点。また、あやまち。▽「瑾」は「美しい玉」の意だが誤って「きず」の意に用いる。
【瑕疵】(かし) ①欠点。短所。②法律または当事者が予期する正常な状態・性質が欠けていること。「—担保責任」

玉9 **【瑚】**(13) 人名 音コ・ゴ 訓—
筆順 … 瑚
意味「珊瑚(さんご)」は、さんご虫が作る、石灰質の骨格。装飾品の材料。 名付 こ・ご

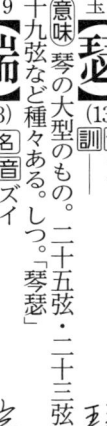

玉9 **【琿】**(13) 音コン・グン 訓—
意味 ❶玉の名。❷「愛琿(あいぐん)」は、中国の黒竜江(こくりゅうこう)省にある地名。

玉9 **【瑟】**(13) 音シツ 訓—
意味 琴の大型のもの。二十五弦・二十三弦・十九弦など種々ある。しつ。「琴瑟」

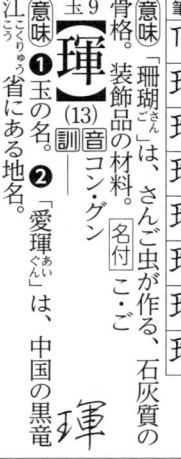

玉9 **【瑞】**(13) 人名 音ズイ 訓しるし・みず
筆順 … 瑞
意味 ❶めでたいしるし。しるし。また、めでたい。「瑞兆・瑞雲・慶瑞」❷若々しくてつややかである。みず。「瑞瑞(みずみず)しい・瑞穂(みずほ)の国(日本の美称)」❸スウェーデン、またはスイスのこと。
名付 ずい・たま・みず
参考 ❸は「瑞典(スウェーデン)」または「瑞西(スイス)」の略から。
【瑞雲】(ずいうん) 吉事が起こるきざしとされる雲。
【瑞気】(ずいき) めでたく神々(こうごう)しいふんいき。また、めでたいしるしとして現れる雲。
【瑞祥】(ずいしょう) めでたいことの前じるし。瑞兆。
【瑞相】(ずいそう) ①めでたいとされるしるし。②福々しい人相。③前兆のこと。
【瑞兆】(ずいちょう) 喜ばしい事柄が起こる、めでたい前ぶれ。

玉9 **【瑇】**(13) 音タイ 訓—
意味→瑇瑁(たいまい)
【瑇瑁】(たいまい) 海がめの一種。甲は鼈甲(べっこう)細工にする。

玉9 **【瑙】**(13) 音ノウ 訓—
意味「瑪瑙(めのう)」は、宝石の一つ。

玉9 **【瑁】**(13) 音マイ 訓—
意味「瑇瑁(たいまい)」「玳瑁(たいまい)」は、熱帯の海にすむ海がめの一種。

玉9 **【瑜】**(13) 音ユ 訓—
意味 美しい玉の光。「瑾瑜」

玉9 **【瑶】**(13) 人名 音ヨウ 訓たま 旧字 玉10 瑤(14)
筆順 … 瑶
意味 白くて美しい玉。たま。 名付 たま・よう

〔斑〕▸文8

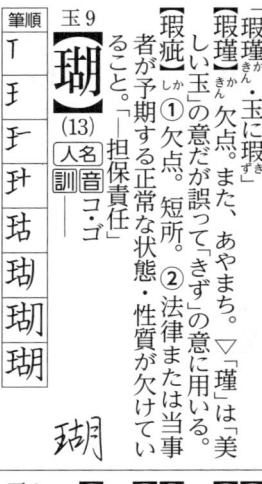

5画

玉10 【瑩】(15) 音エイ 訓―

意味 ❶玉の美しい光。❷玉のように美しい石。

瑩

玉10 【瑰】(14) 音カイ 訓―

意味 ❶「玫瑰（ばいかい・まいかい）」は、赤色の玉の名。❷すぐれている。

瑰

玉10 【瑳】(14) 人名 音サ 訓みがく

筆順 王 … 瑳

意味 みがく。「切瑳（せっさ）」 名付 さ

瑳

玉10 【瑣】(14) 音サ 訓―

意味 細かくて煩わしい。「瑣末・瑣事・煩瑣」

【瑣細】（ささい） 取るに足りない。▽「些細」とも書く。

【瑣事】（さじ） つまらない事柄。「―にこだわる」▽「些事」とも書く。

【瑣末】（さまつ） 細かくて重要でないこと。

瑣

玉10 【瑪】(14) 音メ 訓― 異体 石9 碯(14)

意味 →瑪瑙（めのう）

【瑪瑙】（めのう） 宝石の一つ。赤・白・緑などのしま模様がある。▽「馬脳」とも書く。

瑪

玉10 【瑠】(14) 常用 音ル 訓― 異体 玉12 璢(16)

筆順 王 … 瑠

意味 →瑠璃（るり） 名付 りゅう・る・るり

瑠

【瑠璃】（るり） ①七宝（しっぽう）の一つ。紫紺色の宝石。②ガラスのこと。▽「琉璃」とも書く。

玉10 【瑯】▸琅（異）

玉10 【瑤】▸瑶（旧）

玉11 【瑾】(15) 音キン 訓―

意味 硬くて美しい玉。「瑕瑾（かきん）」

瑾

玉11 【璋】(15) 音ショウ 訓―

意味 臣下が拝謁するときに用いた、玉製の笏（しゃく）。

璋

玉11 【璃】(15) 常用 音リ 訓―

筆順 王 … 璃

意味 ❶「瑠璃（るり）」は、紫紺色の宝石。❷「玻璃（はり）」は、水晶。 名付 あき・り

璃

玉12 【𤩍】(16) 〈国字〉 音― 訓つまごと

意味 つまごと。▽歌舞伎の外題（げだい）に用いる字。

𤩍

玉12 【璞】(16) 音ハク 訓あらたま

意味 掘り出したままで、まだみがいていない玉。あらたま。「璞玉（はくぎょく）」

璞

玉12 【璢】▸瑠（異）

玉13 【環】(17) 常用 旧字 玉13 環(17)

音カン 訓たまき・めぐる・わ

筆順 王 … 環

意味 ❶輪の形。わ。「環状・一環・円環・金環食」❷ぐるりと回る。めぐる。また、周囲。「環境・循環」❸上代に用いた、玉で作った輪形のもの。指輪などとした。たまき。 名付 かん・たま・たまき

参考 ❶の「わ」はふつう「輪」と書く。また、❸の「たまき」は「鐶」とも書く。

【環境】（かんきょう） 周囲をとりまく外界の状況。

【環視】（かんし） 多くの人が周りで見ていること。「衆人―」 注意 「監視」と書き誤らないように。

【環礁】（かんしょう） 環状に発達したさんご礁。

環

玉13 【璧】(18) 常用 音ヘキ 訓たま

筆順 尸 … 璧

意味 ❶傷のない、輪形の平らな玉。たま。「完璧」❷玉のようにりっぱなもの。「双璧」 名付 たま・へき

参考 似た字（璧・癖）の覚え方「かべは土なる辟（へき）（壁）、たまは玉なる辟（璧）、くせは病（やまい）なる辟（癖）」

璧

璧 ❶

玉14 **【瓊】**(18) 音 ケイ 訓 たま・に
意味 光り輝く玉。に。たま。「瓊筵(けいえん)(りっぱな宴会)」
瓊

玉14 **【璽】**(19) 常用 音 ジ 訓 しるし
筆順 璽
意味 ❶天皇の印(いん)。しるし。じ。「御璽(ぎょじ)・国璽」 ❷神器の一つである、八坂瓊曲玉(やさかにのまがたま)のこと。「神璽」 名付 じ
璽

玉16 **【瓏】**(20) 音 ロウ 訓 —
意味 玉や金属が触れ合って鳴る、澄んだ音の形容。「玲瓏(れいろう)」
瓏

玉17 **【瓔】**(21) 音 ヨウ 訓 — 異体 玉6 珱(10)
意味 玉をつないで作った首飾り。「瓔珞(ようらく)」
【瓔珞(ようらく)】珠玉や貴金属などを連ねて編み、仏像の頭・首・胸などにかけて飾るもの。
瓔

瓜(瓜)の部 うり

瓜0 **【瓜】**(6) 人名 音 カ 訓 うり 旧字 瓜0 瓜(5)
筆順 瓜
意味 うり科のつる草のこと。また、その果実のこと。うり。「瓜田・南瓜(かぼちゃ)・瓜実顔(うりざねがお)」 名付 うり
参考 似た字(瓜・爪)の覚え方「瓜(うり)につめあり、爪(つめ)につめなし」
【瓜田の履(かでんのくつ)】疑いを受けやすい行為は避けたほうがよいということ。李下(りか)の冠。▽うり畑で脱げたくつをはこうとすると、うりを盗むと見られるということから。
瓜

瓜6 **【瓠】**(11) 音 コ 訓 ひさご・ふくべ
意味 ❶ゆうがおの変種の一つ。果肉からかんぴょうを作る。ふくべ。❷ひょうたんの実の中身を取り除いて作った容器。ひさご。ひょうたん。ふくべ。❸ひょうたん・ふくべ・ゆうがおのこと。ひさご。
参考 「ひさご」「ふくべ」は「瓢」とも書く。
瓠

瓜11 **【瓢】**(17) 人名 音 ヒョウ 訓 ひさご・ふくべ
筆順 瓢
意味 ❶ゆうがおの変種の一つ。ひょうたん。「瓢簞(ひょうたん)」 ❷ゆうがおの変種の一つ。果肉からかんぴょうを作る。ふくべ。❸ひょうたんの実の中身を除いて作った容器。ひさご。ひょうたん。ふくべ。❹ひょうたん・ふくべ・ゆうがおのこと。ひさご。 名付 ひさご
参考 ❷〜❹の「ひさご」「ふくべ」は「瓠」とも書く。
参考熟語 瓢虫(てんとうむし)
瓢

瓜14 **【瓣】**▸弁(旧)

瓦の部 かわら

瓦0 **【瓦】**(5) 常用 音 ガ 訓 かわら・グラム
筆順 一 丆 工 瓦 瓦
意味 ❶屋根をふくのに用いる、かわら。「瓦礫(がれき)・瓦解(がかい)・煉瓦(れんが)」 ❷重さの単位。一瓦(グラム)は一キログラムの千分の一で、約〇・二六匁。グラム。
【瓦解(がかい)】物事の一部がくずれることによって全体の組織がこわれること。▽屋根がわらの一部が落ちると、残りもくずれ落ちてしまうことから。
【瓦礫(がれき)】かわらと、小石。「—の山」▽あっても役に立たないつまらないものにたとえることもある。
参考熟語 瓦斯(ガス) 瓦落多(がらくた)
瓦

瓦2 **【瓧】**(7) 〈国字〉 音 — 訓 デカグラム
意味 重さの単位。一瓧(デカグラム)は一グラムの十倍。デカグラム。
瓧

瓦3 **【瓩】**(8) 〈国字〉 音 — 訓 キログラム
意味 重さの単位。一瓩(キログラム)は一グラムの千倍。キログラム。
瓩

5画

【瓮】 瓦4 (9) 音 オウ 訓 かめ
意味 瓶(かめ)のこと。かめ。

【瓰】 瓦4 (9) 〈国字〉 音 ― 訓 デシグラム
意味 重さの単位。一瓰(デシグラム)は一グラムの十分の一。デシグラム。

【瓲】 瓦4 (9) 〈国字〉 音 ― 訓 トン
意味 ❶重さの単位。一瓲(トン)は、メートル法で一〇〇〇キログラム、ヤードポンド法で二二四〇ポンド（約一〇一六キログラム）。トン。❷船の積載能力を容積・重量で表す単位。トン。商船では容積で表し、一瓲は一〇〇立方フィートで、約二・八三立方メートル。トン。
参考 「屯」「噸」とも書く。

【瓱】 瓦4 (9) 〈国字〉 音 ― 訓 ミリグラム
意味 重さの単位。一瓱(ミリグラム)は一グラムの千分の一。ミリグラム。

【瓷】 瓦6 (11) 音 ジ 訓 ―
意味 うわぐすりをかけた、きめの細かい焼き物。「青瓷(青磁)」

【瓶】 瓦6 (11) 常用 音 ビン・ヘイ 訓 かめ
旧字 瓦8 甁 (13)
筆順 丷 䒑 兰 并 并 瓶 瓶 瓶
意味 ❶液体を入れる、底の深い容器。かめ。「瓶子(へいし・へいじ)・花瓶・釣瓶(つるべ)」❷液体を入れる、口のすぼまった細長い容器。びん。「ビール瓶」
名付 びん
参考 ❷の意味では「壜」とも書く。
【瓶子】(へいし・へいじ) 酒を入れてつぐ、細長く口のせまい容器。

【瓸】 瓦6 (11) 〈国字〉 音 ― 訓 ヘクトグラム
意味 重さの単位。一瓸(ヘクトグラム)は一グラムの百倍。ヘクトグラム。

【甄】 瓦9 (14) 音 ケン 訓 ―
正字 瓦9 甄 (14)
意味 ❶陶器を作る。❷優劣を見分ける。「甄別(けんべつ)（はっきり見分けること）」

【甃】 瓦9 (14) 音 シュウ 訓 いしだたみ
意味 ❶地面に敷き並べる、平たいかわら。敷き瓦(がわら)。❷平たい石を敷きつめた所。石畳。いしだたみ。

【甅】 瓦9 (14) 〈国字〉 音 ― 訓 センチグラム
意味 重さの単位。一甅(センチグラム)は一グラムの百分の一。センチグラム。

【𤭯】 瓦9 (14) 〈国字〉 音 ― 訓 はそう・はんぞう
意味 はそう。はんぞう。柄が注ぎ口を兼ねる容器。

【甍】 瓦10 (15) 音 ボウ 訓 いらか
正字 瓦11 甍 (16)
意味 ❶かわらぶきの屋根。いらか。❷屋根がわら。いらか。

【甌】 瓦11 (16) 音 オウ 訓 ―
意味 小さな瓶(かめ)。「金甌(きんおう)無欠」

【甎】 瓦11 (16) 音 セン 訓 ―
意味 敷石として用いる、平らなかわら。敷き瓦(がわら)。

【甑】 瓦12 (17) 印標 音 ソウ 訓 こしき
異体 瓦11 甑 (16)
意味 米などを蒸す器具。せいろう。こしき。

【甕】 瓦13 (18) 印標 音 オウ 訓 かめ
意味 酒や水を入れるおおがめ。かめ。

【甓】 瓦13 (18) 音 ヘキ 訓 ―
意味 敷石とする、平らな敷き瓦(がわら)。

甘 の部 あまい

【甘】 甘0 (5) 常用 音 カン 訓 あま-い・あま-える・あま-やかす・うま-い
筆順 一 十 廾 廿 甘
意味 ❶あまい。また、うまい。「甘美・甘露」❷満足する。あまんずる。また、満足させる。「甘言」❸しかたがないと思ってがまんする。あまんずる。「甘受」❹慣れ親しんでわがままな行いを

5画

する、またはそのようにさせる。あまえる。あまやかす。[名付] かん・よし

[参考] ❶の「うまい」は「旨い」「美味い」とも書く。

【甘言(かんげん)】人の心を引きつけようとして使う、うまいことば。「—に乗せられる」

【甘酸(かんさん)】人生の、楽しみと苦しみ。「—をなめる」▽「甘いことと、すっぱいこと」の意味から。

【甘受(かんじゅ)】しかたがないと思って受けること。「批判を—する」

【甘美(かんび)】①甘くておいしいこと。②ロマンチックで非常に快いこと。

【甘藍(かんらん)】キャベツのこと。

【甘露(かんろ)】うまい酒、または、うまい水のたとえ。「ああ、—、—」

[参考熟語] 甘藷(さつまいも・かんしょ)

甘4

【甚】(9)

[常用] [音] ジン [訓] はなはだ・はなはだしい

[筆順] 一 十 廾 甘 甘 其 其 其 甚

[意味] 程度が普通以上で激しい。はなはだ。はなはだしい。「甚大・幸甚・誤解も甚だしい」

[名付] しげ・じん・ふか・やす

[参考] 「蝕甚」は「食尽」に書き換える。

【甚大(じんだい)】程度が非常に激しいこと。「被害—」

【甚六(じんろく)】おっとり育った、お人好しの人。▽多く、世間知らずの長男をあざけっていう。「総領の—」

甘6

【甜】(11)

[音] テン [訓] うまい

異体 甘6 甛(11)

[意味] 味が甘い。また、味がよくて快い。うまい。

【甜菜(てんさい)】砂糖大根のこと。ビート。「—糖」

生の部 いきる うまれる

生0

【生】(5)

[1年] [音] セイ・ショウ [訓] いきる・いかす・いける・うまれる・うむ・おう・はえる・はやす・き・なま・むす

[筆順] ノ 𠂉 仁 牛 生

[意味] ❶いきる。また、そのようにさせる。いける。いかす。「生存・生涯(しょうがい)・長生」❷むす。しょうずる。また、そのようにする。うむ。「生産・誕生(たんじょう)・苔(こけ)の生(む)すまで」❸物事が起こる。また、物事を起こす。しょうずる。「生起・発生」❹伸び出て見えるようになる。しょうずる。おう。はえる。また、そのようにする。はやす。「野生・寄生・実生(みしょう)・生(お)い立ち」❺命。また、いきていること。しょう。せい。「生類(しょうるい)・余生・殺生(せっしょう)」❻自然のままであること。また、ふじゅうぶんであること。なま。「生熟・生木(なまき)・生兵法(なまびょうほう)」❼勉学中の人。「生徒・書生」❽男がへりくだって自分のことをさし示すことば。せい。「小生」❾有効に働く。いきる。また、そのように使う。いかす。「才能を生かす」❿まじりけがなくてそれだけであること。き。「生娘(きむすめ)・生まじめ」

[名付] い・いき・いく・う・うまる・お・おき・き・しょう・すすむ・せい・たか・なり・のう・ふ・ぶ・み・よ

[参考] (1)❾の「いきる」「いかす」は「活きる」「活かす」とも書く。(2)「生息」の「生」は「棲・栖」が書き換えられたもの。

使い分け「うむ」

生む…子をもうける。新しく作りだす。「一男一女を生む・生みの親・利益を生む・記録を生む」

産む…出産・産卵の意。母の体外に出る。「猫が子を産む・卵を産む・男児を産む・産みの苦しみ」

【生一本(きいっぽん)】①酒が純粋でまじりけがないこと。「灘(なだ)の—」②心がすなおで飾りけがないこと。[注意]「気一本」と書き誤らないように。

【生国(しょうごく)】生まれた国。出生地。

【生者必滅(しょうじゃひつめつ)】仏教で、生きているものは必ず死ぬものであるということ。「—会者定離(えしゃじょうり)」

【生得(しょうとく・せいとく)】生まれつき身に備えていること。

【生滅(しょうめつ)】生まれることと、死ぬこと。また、生ずることと、なくなること。

【生薬(しょうやく・きぐすり)】自然界から採取され、原形に近い状態で利用される薬物。

【生育(せいいく)】生まれ育つこと。また、生まれたものを育てること。[参考]「成育(せいいく)」は育って大きくなること。

【生起(せいき)】現象や事件などが起こること。

【生計(せいけい)】収入・支出の面からみた、生活。「—費」

【生硬(せいこう)】表現や態度が未熟でよく練れていな

いこと。「―な文章」

【生彩】(せいさい) 生き生きとした、元気のある様子。「―を欠く」

【生殺与奪】(せいさつよだつ) 生かそうと殺そうと、また、物を与えようと奪おうと、自分の思うままにできること。「―の権」

【生生】(せいせい) ①絶えず活動を続け向上するさま。「―発展」②絶えず変化してゆくさま。「―流転」

【生前】(せいぜん) その人が生きていた時。

【生息】(せいそく) ①生き物が繁殖すること。②生き物がそこに住んで生活すること。▽この場合は「棲息・栖息」の書き換え字。

【生存】(せいぞん) 生きていること。また、生きながらえること。せいそん。

【生態】(せいたい) 生物の生活しているありさま。

【生誕】(せいたん) 人が生まれること。誕生(たんじょう)。「―百年祭」

【生来】(せいらい) ①生まれつき。「―のなまけ者」②生まれて以来。[注意]「性来」と書き誤らないように。

[参考熟語] 生憎(あいにく)　生粋(きっすい)　生業(なりわい・せいぎょう)

生6 **【産】**(11) [4年]　旧字 生6 産(11)　産

[音] **サン**　[訓] **うむ**・**うまれる**・**うぶ**・むす

[筆順] 亠 亣 立 产 产 产 产 産

[意味] ❶子を生む、また、子が生まれる。むす。うむ。うまれる。また、そのこと。さん。うみ。「産婦・出産・安産」❷必要な物資を作り出す。また、そのようなものができる。さんする。「産業・物産・水産」❸生活のもとでになるもの。さん。「財産・産を成す」❹その土地で生まれたことや、作られたことを表すことば。さん。「イギリス産」❺生まれたばかりであること。「うぶ」と読む。「産声(うぶごえ)・産土(うぶすな)」❻産業のこと。「産別会議」

[名付] さん・ただ
[参考] ⑴「むす」は「生す」とも書き、雅語的なことば。⑵**うむ**⇩「生」の[使い分け]。

【産土神】(うぶすながみ) その人の生まれた土地を守る神。鎮守(ちんじゅ)の神。

【産業】(さんぎょう) 人間が必要とする、いろいろな財貨を生産する事業。

【産出】(さんしゅつ) 物をうみ出すこと。また、土地から産物をとり出すこと。

【産褥】(さんじょく) 出産のときに産婦が寝る寝床。「―熱(出産後に起こる発熱性の病気)」

【産婆】(さんば) 「助産師」の旧称。出産を助け、生まれた子の世話をする職業の女性。

生7 **【甥】**(12) [人名]　[音] セイ　[訓] おい　甥

[筆順] 𠂉 牛 生 生丨 生冂 生田 甥 甥

[意味] 兄弟姉妹の生んだ男の子。おい。[名付] おい

生7 **【甦】**(12) [印標]　[音] ソ　[訓] よみがえる　甦

[意味] 生き返る。また、元気をとりもどす。よみがえる。「甦生(こうせい)・記憶が甦る」
[参考] ⑴「よみがえる」は「蘇る」とも書く。⑵「更生」の「甦」は「更」に書き換える。

用 の部　よう　もちいる

用0 **【用】**(5) [2年]　[音] **ヨウ**　[訓] **もち**いる　用

[筆順] 丿 冂 月 月 用

[意味] ❶役立つものとして使う。もちいる。「用意・用心・利用」❷働きがあって役に立つ。また、その働き。よう。「作用・効用・用に供せられる」❸処理する必要のある事柄。よう。「用件・用便・所用・私用・用を足す」❹必要なもの。よう。「用品・費用・用を節する」[名付] ちか・もち・よう
[参考] 「雇用」は「雇傭」が書き換えられたもの。

【用件】(ようけん) さしあたってしなければならない事柄(の内容)。

【用捨】(ようしゃ) ①採用することと、しないこと。取捨。②手加減し、控えめにすること。▽この場合は「容赦」とも書く。

【用箋】(ようせん) 手紙などを書くのに使う、特別の紙。

【用度】(ようど) ①会社・官庁などで、必要な物品を整備・供給すること。「―係」②必要な費用。

【用便】(ようべん) 大小便をすること。

【用命】(ようめい) 用事をいいつけること。また、商品などの注文をすること。「御―」

[参考熟語] 用達(ようたし)

用2 【甫】(7) 人名 音ホ 訓はじめ

筆順 一 丅 冂 冃 甫 甫 甫

意味 ❶苗で育てる畑。❷物事の始め。はじめ。

名付 すけ・とし・なみ・のり・はじめ・ふ・ほ・み・もと・よし

用2 【甬】(7) 音ヨウ 訓――

意味 ❶足ぶみをする。❷通路。輸送路。「甬道(ようどう)(両側に塀を築いた道)」

田の部 た たへん

田0 【甲】(5) 常用 音コウ・カン 訓かぶと・きのえ・よろい

筆順 丨 冂 日 日 甲

意味 ❶堅いから。こう。また、種子の外皮。こう。「甲殻・亀甲(きっこう)」❷かぶと。また、よろい。「甲冑(かっちゅう)・鉄甲・装甲」❸手・足の背面。こう。「甲高(こうだか)」❹名の代わりに用いることば。こう。「某甲」❺二つ以上の事物があるとき、その一つをさしていうことば。こう。「甲乙・甲論乙駁(おつばく)」❻物事の第一番め。また、等級の第一位。❼声の調子の高いこと。「かん」と読む。「甲高い」❽十干(じっかん)の第一位。五行では木、方角では東、時刻では午後八時およびその前後二時間にあてる。きのえ。「甲子(こうし・かっし・きのえね)」❾昔の、甲斐国(かいのくに)。「甲州・甲信越」名付 か・かつ・き・きのえ・こう・まさる

【甲冑】(かっちゅう) よろいと、かぶと。

【甲乙】(こうおつ) すぐれているものと、劣っているもの。優劣。「―をつけがたい」

【甲論乙駁】(こうろんおつばく) 甲が論ずると乙がそれに反対するというように、議論がなかなかまとまらないこと。

参考熟語 甲比丹(カピタン) 甲板(かんぱん・こうはん)

田0 【申】(5) 3年 音シン 訓もうす・さる

筆順 丨 冂 日 日 申

意味 ❶下の者が上の者に対していう。もうす。「申告・上申・追申・申し子」❷十二支の第九。時刻では午後四時またはその前後二時間、方角では西南西にあてる。さる。「庚申(こうしん)」名付 さる・しげる・しん・のぶ・み

【申告】(しんこく) ①申し出ること。②国民が法律上の義務として、役所に申し出ること。「確定―」

【申請】(しんせい) 官庁に許可・認可などを願い出ること。

【申達】(しんたつ) 上級の役所が下級の役所に文書で指令すること。

田0 【田】(5) 1年 音デン 訓た

筆順 丨 冂 冂 田 田

意味 ❶耕作地。また、特に、水をたたえた耕作地。た。「田地・田園・水田」❷物を産する土地。「油田・炭田」❸農業。また、いなか。名付 た・だ・でん・みち

【田舎】(いなか・でんしゃ) ①都会からはなれた、田畑・山林の多い地方。ひな。②生まれ育った地方。郷里。③「素朴な」「あかぬけしない」意を表す。「―紳士」

【田園】(でんえん) 田畑・林・野原などの多い郊外。いなか。

【田地】(でんち・でんじ) 田となっている土地。

【田夫】(でんぷ) 農夫。また、粗野ないなか者。「―野人(やじん)(粗野ないなか者)」

参考熟語 田作(ごまめ) 田鶴(たず) 田螺(たにし) 田圃(たんぼ)

田0 【由】(5) 3年 音ユ・ユウ・ユイ 訓よし・よる

筆順 丨 冂 巾 由 由

意味 ❶そこを通ってゆく。よる。「経由」❷基づく。よる。また、基づくところ。よし。「由来・由緒(ゆいしょ)・理由・知る由もない」❸伝聞した内容を示すことば。よし。「御無事の由」名付 ただ・ゆ・ゆう・ゆき・よし・より

参考 ひらがな「ゆ」、カタカナ「ユ」のもとになった字。

【由緒】(ゆいしょ) 物事のいわれ。また、名誉ある歴史。

【由縁】(ゆえん) ①物事の由来。わけ。「信頼される―

だ」②かかわりあいがあること。ゆかり。「何の—もない」

【由来】①ある物事が今まで経てきた筋道。来歴。②もともと。元来。

田2
【男】(7)
1年 音 ダン・ナン 訓 おとこ・おのこ・お

筆順 丨 冂 冊 田 田 男 男

意味 ❶人のおとこ。お。おのこ。おとこ。↕女。「男女・男装・下男・醜男」❷むすこ。だん。「嫡男・三男・山田氏の男」❸五等級に分けた爵位の第五番め。だん。「男爵」

名付 お・おと・だん

【男手】漢字のこと。真名。▽主に男が用いたことから。

【男装】女性が男性のみなりをすること。「—の麗人」

田2
【町】(7)
1年 音 チョウ 訓 まち

異体 田2 甼(7)

筆順 丨 冂 冊 田 田 町 町

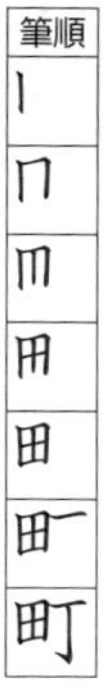

意味 ❶市街。まち。「町人・町筋」❷地方自治体の一つ。まち。「町長・市町村」❸距離の単位。一町は六十間で、約一〇九メートル。ちょう。❹面積の単位。一町は十反で、三千坪（約九九三〇平方メートル）。ちょう。「町歩」 名付 ちょう・まち

【町人】江戸時代、都市に居住した商人・職人の身分階層の人。

【町歩】山林や田畑の面積を町を単位として数えて端数がないときに使うことば。

使い分け「まち」

町…人家がたくさんあって、人が生活している所。「町に出て働く・町並み・町外れ・裏町・城下町」

街…商店などがたくさんある、にぎやかな所。「街を行く人々・若者の街・街の灯」

田2
【甸】(7)
音 デン 訓 —

意味 ❶都の周辺の地。また、郊外。❷農作物。

田3
【画】(8)
2年

旧字 田7 畫(12)

音 ガ・カク 訓 え・えがく・かく

筆順 一 丆 亓 而 両 画 画 画

意味 ❶境をつける。かくする。「画定・区画・時期を画する」❷はかりごとを立てる。かくする。また、はかりごと。「画策・計画」❸絵をかく。かく。えがく。また、絵。え。「画廊・図画・洋画・美人画」❹漢字を組み立てていて一筆で書くべき線または点。かく。「画数」❺線を引く。かくする。「画一・線を画する」

参考 「画・画然・画期的・区画」などの「画」は「劃」が書き換えられたもの。

【画架】油絵をかくとき、カンバスを立てかける三脚の台。イーゼル。

【画一】特別の事情や個性を認めず、すべてを一様に統一すること。「—的」

【画策】いろいろと計画を立てること。

【画然】区切りをしたように、区別がはっきりしているさま。▽「劃然」の書き換え字。

【画定】境界をはっきりと定めること。▽「劃定」とも書く。

【画賛】絵に書き添えてある説明の文書・句。▽「画讃」とも書く。

【画期的】新しい時代を作り出すと思えるほどにすぐれているさま。エポックメーキング。「—な作品」▽「劃期的」の書き換え字。

【画伯】画家を敬っていうことば。

【画餅】実際に役に立たないもののたとえ。「—に帰する（計画などが失敗してだめになること）」▽「絵にかいたもち」の意。

【画竜点睛】物事の、大事な最後の仕上げ。「—を欠く」▽画工の名人が竜を描いて最後に睛を書き入れたら、竜は絵から抜け出て天にのぼったという中国の故事から。

注意 「点睛」を「点晴」「天晴」と書き誤らないように。

【画廊】①絵画を陳列する所。ギャラリー。②画商の店。

参考熟語 画舫ゴンドラ

田3
【畄】▶留(異)

田4
【畏】(9)
常用 音 イ 訓 おそれる・かしこい・かしこまる

意味 ❶おそれはばかる。おそれる。かしこまる。「畏服・畏敬」❷おそれおおい。かしこい。「畏くも」❸敬う。

参考 おそれる・おそれ⇩「恐」の〔使い分け〕。

【畏敬】いけい りっぱだと思い心から尊敬すること。

【畏縮】いしゅく おそれ緊張してかしこまること。

【畏怖】いふ 大いにおそれること。「—の念をいだく」

【畏服】いふく おそれて服従すること。

【畏友】いゆう 尊敬する友。

田4 **【界】**(9) 3年 音 カイ 訓 さかい

異体 田4 畍(9)

界

筆順

意味 ❶くぎり。さかい。「境界・限界」❷限られた範囲。「世界・視界」❸限られた社会。「財界・文学界」名付 かい・さかい

【界隈】かいわい そのあたり。近辺。「日本橋—」

田4 **【畋】**(9) 音 デン 訓 —

畋

意味 狩りをする。

田4 **【畑】**(9) 3年 〈国字〉 音 — 訓 はた・はたけ

畑

筆順

意味 ❶野菜・穀物などを栽培する、水をたたえない土地。はた。はたけ。「畑作はたさく・田畑たはた・でんぱた」❷専門とする分野。はたけ。「畑違い」

参考 ❶の「はたけ」「はた」は「畠」とも書く。

参考熟語 畑芹みつば

田4 **【畉】**(9) 音 フ 訓 —

畉

意味 田をたがやす。

【胃】▶肉5

田4 【畆】▶畝 異

田4 【畊】▶耕 異

田5 **【畛】**(10) 音 シン 訓 —

畛

意味 田と田の間の小道。あぜ道。

田5 **【畜】**(10) 常用 音 チク 訓 たくわえる

畜

筆順

意味 ❶集めてしまっておく。たくわえる。❷動物を飼い養う。また、飼われる動物。「畜類・畜生ちくしょう・牧畜・家畜・人畜無害」名付 ちく

参考 似た字（畜・蓄）の覚え方「食ってしまって草（艹）なしの家畜、草（艹）の下にたくわえる貯蓄」

【畜産】ちくさん 家畜を飼育・繁殖させる産業。

【畜生】ちくしょう ①けだもの。また、広く鳥獣虫魚の総称。②人をののしって言う語。ちきしょう。③おこったとき、くやしいときなどに発する語。ちきしょう。参考 梵語tiryak（＝人に飼われるもの）の漢訳。

田5 **【畠】**(10) 人名 〈国字〉 音 — 訓 はた・はたけ

畠

筆順

意味 野菜などを栽培する耕地。はた。はたけ。

参考 「畑」とも書く。

田5 **【畔】**(10) 常用

旧字 田5 畔(10)

音 ハン 訓 あぜ・くろ・ほとり

畔

筆順

意味 ❶田のさかい。くろ。あぜ。「畔路はんろ・あぜみち」❷水ぎわ。ほとり。「橋畔・湖畔」名付 くろ・はん・べ

田5 **【畢】**(10) 人名 音 ヒツ 訓 おわる

旧字 田6 畢(11)

畢

筆順

意味 ❶おしまいになる。おわる。また、おしまいにする。「畢生」❷ついに。つまり。「畢竟ひっきょう」

【畢竟】ひっきょう 最終的には。結局。つまり。「—するに（つまるところは）」▽文章語で、かたい言い方。「竟」も「終わる」の意。

【畢生】ひっせい 死ぬまでの間。一生。終生。「—の事業」

田5 **【畝】**(10) 常用 音 ホ 訓 うね・せ

異体 田4 畆(9)

畝

筆順

意味 ❶田畑の面積の単位。一畝せは一反の十分の一で、三十歩ぶ（約一アール）。せ。❷畑の、

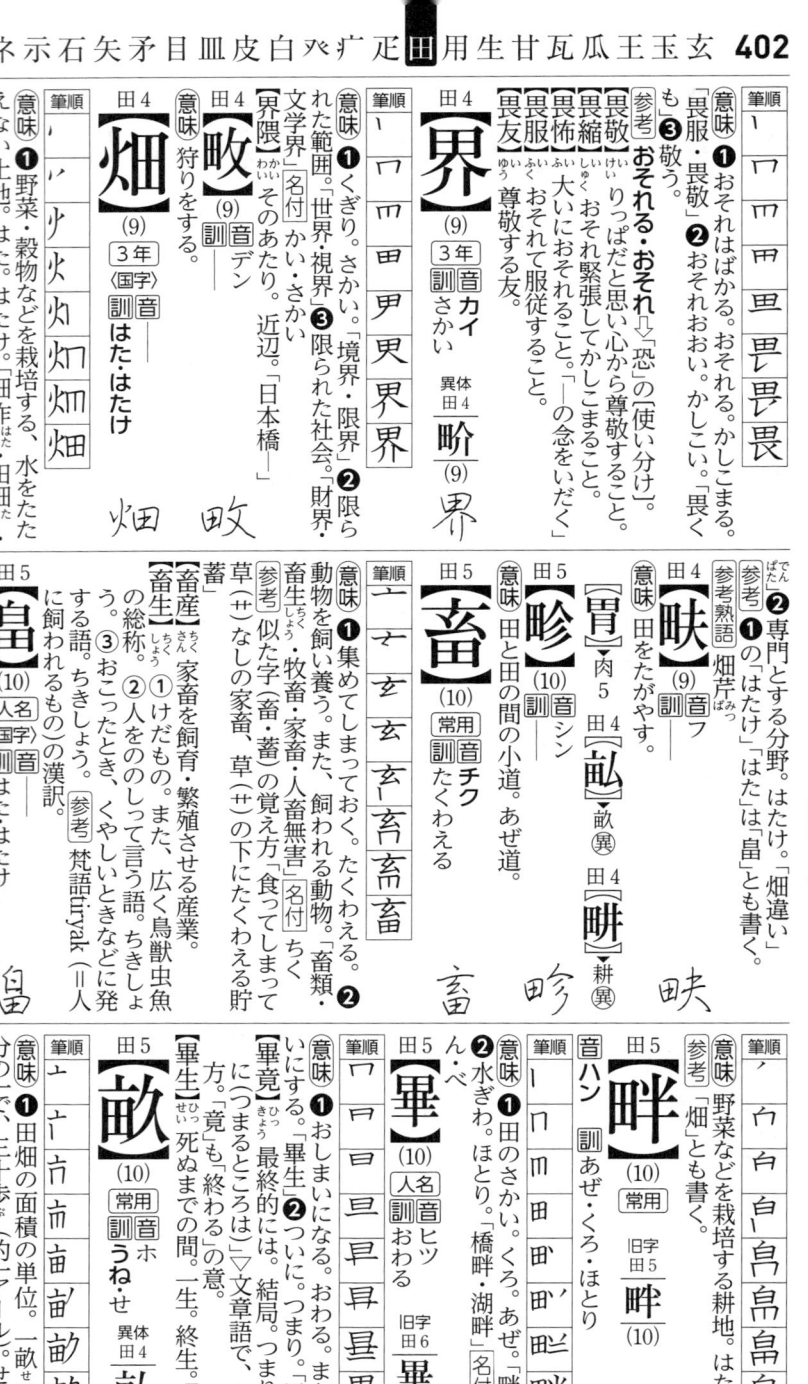

5画

作物を作るために土を盛り上げた所。うね。
名付 うね・せ・ほ

田5【畚】(10) 音ホン 訓もっこ・ふご
意味 縄を編んで作った、土を運ぶ道具。もっこ。ふご。

畚

田5【留】(10) 5年　異体 田3 畄(8)
音リュウ・ル 訓とめる・とまる・とどまる・とどめる・ルーブル
筆順 ノ ㇾ ム ム㇇ 𠂎刀 𠂎刀丨 畄 留
意味 ❶進まないでその所にいる。とどまる。とまる。また、引きとめて帰さない。とどめる。とめる。「留意・留任・留守(する)・保留・留め袖(そで)」❷ロシアの貨幣単位、ルーブルのこと。ルーブル。
名付 たね・と・とめ・ひさ・りゅう
参考 ⑴「乾留・蒸留」の「留」は「溜」が書き換えられたもの。⑵とまる⇩「止」の〔使い分け〕。⑶ひらがな「る」のもとになった字。

留

【留意】(りゅうい) 心にとどめること。気をつけること。「健康に―する」

【留置】(りゅうち) 犯罪の疑いのある者を一時、警察署内に留めて置くこと。「―場」

【留年】(りゅうねん) 学生・生徒が卒業・進級を延期して原級にとどまること。

【留保】(りゅうほ) ①物事を決定しないで一時さしひかえておくこと。保留。②法律で、権利などを譲り渡さないで残し保持すること。

田5〖畔〗▸畔(旧)

田6【異】(11) 6年　旧字 田7 異(12)
音イ 訓こと・あやしい・あやしむ
筆順 冂 罒 田 田一 甲 畀 異 異
意味 ❶同じでない。こと。また、そのような点。「異常・異国・異を立てる」❷普通と違っていて不思議である。あやしい。また、そのこと。い。「異様・異変・怪異・異とするに足りない」❸正当でない。「異学・異端」❹災い。「天変地異」❺普通と違っていて警戒すべきであると思う。あやしむ。
名付 い・こと・より
参考 ❷の「あやしい」、❺の「あやしむ」はそれぞれ「怪しい」「怪しむ」とも書く。

異

【異義】(いぎ) 異なった意味。「同音―」

【異議】(いぎ) 人の意見とは異なった意見。また、特に、ある意見に反対の意見。異論。

【異境】(いきょう) 他国。また、外国。「―の鬼となる(外国で死ぬ)」

【異郷】(いきょう) ①故郷を遠く離れたよその土地。他郷。②外国。

【異形】(いぎょう・いけい) 普通と違った怪しい姿・様子。

【異口同音】(いくどうおん) 多くの人がみな同じ意見をいうこと。注意「異句同音」と書き誤らないように。

【異才】(いさい) 人並みすぐれた才能。また、その持ち主。▽「偉才」とも書く。

【異彩を放つ】(いさいをはなつ) 非常にすぐれていて目立つこと。注意「異彩」を「偉彩」と書き誤らないように。

【異常】(いじょう) 普通と違っていて、よくないこと。

【異状】(いじょう) ふだんと違った状態。

使い分け「いじょう」
異常…普通と異なることで、「正常」の対。「異常な行動・異常気象」
異状…普通と異なる状態。「異状はみられない・異状ありません・異状を呈する」

【異色】(いしょく) 他のものに見られない著しい特色があること。「―の存在」

【異数】(いすう) 特別で他に例がないこと。「―の昇進」

【異相】(いそう) 普通とは異った人相、または姿。「―の持ち主」

【異体】(いたい) ①普通と変わった異様な様子・姿。②同一でないからだ。「雌雄―」「―同心」③通用の漢字と発音も意味も同じであるが、字形が異なること。「―字」

【異端】(いたん) 正当とされている信仰・思想などからかけはなれていて、よくないこと。また、その思想・信仰など。「―者」「―邪説」

【異動】(いどう) 地位や勤務を変えること。「人事―」参考「移動(いどう)」は場所を変えること。⇩「移動」の〔使い分け〕。

【異聞】(いぶん) 変わった珍しい話・うわさ。

【異分子】(いぶんし) ある一団の中で多くの人と思想・意見などを異にする人。

【異変】(いへん) 天災や事変など、変わったできごと。

【異邦】いほう 外国。異国。「—人（じん）」
【異様】いよう 形・ありさま・状態などが、普通と変わっていること。
【異例】いれい 普通と異なっていて前例がないこと。「—の抜擢（ばってき）」 注意 「違例」と書き誤らないように。

田6 【畦】(11) 音ケイ 訓あぜ・うね
意味 ❶水田の仕切りとして土を細長く盛りあげた所。あぜ。「畦道（あぜみち）」❷畑の、作物を栽培するために土を細長く盛りあげた所。うね。

畦

田6 【畩】(11)〈国字〉 音— 訓けさ
意味 僧衣の一つ。けさ。▽地名・人名に用いる字。「畩ケ山（けさがやま）」は、鹿児島県の地名。

畩

田6 【畤】(11) 音ジ 訓—
意味 天を祭る、祭りの場。

畤

田6 【略】(11) 5年 異体 田6 畧(11)
音リャク 訓はぶく・ほぼ
筆順 … 略
意味 ❶支配し治める。「経略」❷計画する。また、計画。「計略・策略」❸不用の物を取り除く。はぶく。りゃくする。また、そのこと。りゃく。「略称・略式・前略」❹攻めとる。りゃくする。「攻略・侵略」❺あらまし。ほぼ。「大略・略（ほぼ）でき上がった」 名付 りゃく

略

参考 「略・略奪・侵略・奪略」などの「略」は「掠」が書き換えられたもの。
【略儀】りゃくぎ 正式な手続きの一部を省略した、てがるなやりかた。略式。「—ながら」
【略字】りゃくじ 筆写を簡便にするため、正字の点画を省略した漢字。
【略式】りゃくしき 正式な手続きの一部を略した形式。「—起訴」
【略綬】りゃくじゅ 勲章・記章の代わりにつける略式のしるし。▽「綬」は「勲章などをつるすひも」の意。
【略称】りゃくしょう 正式の名前の一部をはぶいて簡略にして呼ぶこと。また、その名前。
【略奪】りゃくだつ 権力・武力などを利用してむりに奪いとること。▽「掠奪」の書き換え字。
【略筆】りゃくひつ 主要な部分以外を略して簡単に書くこと。また、その書いたもの。
【略歴】りゃくれき おおよその経歴。
【累】▶糸5 田6【畢】▶畢(旧)

田7 【畬】(12) 音シャ 訓— 異体 田7 畭(12)
意味 山林を焼いてならした耕作地。焼き畑。

畬

田7 【畳】(12) 常用 音ジョウ 訓たたむ・たたみ
旧字 田17 疊(22) 人名 異体 田11 曡(16) 異体 田17 疉(22)
筆順 … 畳

畳

意味 ❶かさねる。かさなる。「畳語・重畳（ちょうじょう）」❷日本間の床（ゆか）に敷くもの。たたみ。また、それを数えることば。じょう。「畳表（たたみおもて）・八畳間」❸折り重ねて広がりを小さくする。たたむ。「折り畳み」 名付 あき・じょう
【畳語】じょうご 同じ単語を重ねて一語としたもの。「刻刻」「村村（むらむら）」「おのおの」など。

田7 【番】(12) 2年 音バン 訓つがい・つがう・つがえる
筆順 … 番
意味 ❶交代で行う。また、その順序・役目。ばん。「当番・週番」❷見張りをすること。また、その役の人。ばん。「番台・下足番・火の番」❸順序・等級・組み合わせ。ばん。「番号・番外・本番・十番勝負・結びの一番」❹二つで一組みにする。つがう。また、そのようになったもの。つがい。「蝶番（ちょうつがい）」❺一組みになっている鳥獣の雌雄。つがい。❻交尾する。つがう。❼矢を弓にあてる。つがえる。 名付 つぎ・つぐ・ばん・ふさ
【番外】ばんがい ①決められた番数・番組・番号以外（のもの）。また、予定外（のもの）。②正式の資格を持たずに、そこに出席すること（人）。
【番台】ばんだい ふろ屋の入り口に高く作ってある見張り台。また、そこにすわる人。

番

田7【畴】▶疇(異) 【塁】▶土9 田7【畫】▶画(旧) 田7【異】▶異(旧)

田8【畸】(13) 音キ 訓―

意味 ❶風変わりである。珍しい。「畸人」❷身体に障害があること。「畸形」

参考「畸・畸形」などの「畸」は「奇」に書き換える。

畸

田8【畷】(13) 音テツ 訓なわて

意味 あぜみち。なわて。

畷

田8【當】▼当㊐

田10【畿】(15) 常用 音キ 訓みやこ

筆順 く 幺 幺 幺幺 畿 畿 畿 畿

意味 天子の直轄地。みやこ。「畿内・近畿」

名付 き・ちか

【畿内きない】京都を中心とした、山城やましろ・大和やまと・河内かわち・和泉いずみ・摂津せっつの五か国。

畿

【奮】▼大13

田11【疂】▼畳異

田14【疆】(19) 印標 音キョウ 訓さかい

意味 土地の境界。さかい。「辺疆へんきょう」

参考「辺疆」の「疆」は「境」に書き換える。

疆

田14【疇】(19) 印標 音チュウ 訓― 異体 田7 畴(12)

意味 ❶畑のうね。また、畑。「田疇でんちゅう」❷以前の。昔の。「疇昔ちゅうせき」❸仲間。同類。「範疇はんちゅう」

疇

田17【疊】▼畳㊐

田17【疉】▼畳異

疋(⺪)の部 ひき ひきへん

疋0【疋】(5) 人名 音ヒツ・ヒキ 訓ひき

筆順 ㇕ ㇖ 下 疋 疋

意味 ❶動物を数えることば。ひき。❷反物二反を単位として反物を数えることば。ひき。❸江戸時代、銭十文を単位として銭を数えたことば。ひき。

名付 き・ただ・むら

参考「ひき」は「匹」とも書く。

疋

疋7【疏】(12) 人名 音ソ 訓うとい・うとむ・とおる

筆順 ㇕ ㇖ 下 疋 疋 疏 疏 疏

意味 ❶流れが通ずる。とおる。「疏水・疏通」❷親しくない。うとい。また、遠ざける。うとむ。うとんずる。「疏遠・疏外」❸まばら。また、あらい。「疏密」❹青物。菜な。「疏食そし」❺詳しく解き明かす。「注疏」

参考 (1)❶〜❸は「疎」とも書く。(2)「疏水・疏通・疏明」などの「疏」は「疎」に書き換える。

疏

疋7【疎】(12) 常用 異体 疋7 踈(14)

疎

音ソ 訓うとい・うとむ・まばら・おろそか

筆順 ㇕ ㇖ 下 疋 疋 疎 疎 疎

意味 ❶親しくない。うとい。また、とおざける。うとんずる。うとむ。「疎遠・疎外」❷あちこちに少しずつあって密でない。まばら。また、あらい。「疎密・疎開・過疎・空疎」❸流れが通ずる。「疎水・疎通」

参考 (1)「疏」とも書く。(2)「疎水・疎通・疎明」などの「疎」は「疏」が書き換えられたもの。

【疎音そいん】久しく便り・訪問をしないこと。ぶさた。「―に打ち過ぎまして」

【疎遠そえん】通信や訪問がとだえて親しみが薄れること。

【疎開そかい】空襲などに備えて、都市の住民が地方へ移り住むこと。「学童―」

【疎外そがい】のけものにして近づけないこと。「―感」

【疎隔そかく】仲が隔たって親しくなくなること。

【疎水そすい】灌漑かんがいなどのため、土地を切り開いて作った水路。▽「疏水」の書き換え字。

【疎通そつう】意見・意思などが相手に通ずること。「意思の―」▽「疏通」の書き換え字。

【疎密そみつ】(密度の)あらいことと、細かいこと。

【疎略そりゃく】やり方がいいかげんなこと。ぞんざい。▽「粗略」とも書く。

【疎漏そろう】やり方がおろそかで手ぬかりがあること。▽「粗漏」とも書く。

【楚】▼木9

5画

疋9 【疑】(14) 6年 音ギ 訓うたがう

筆順 丿 ヒ 𠤕 … 疑

意味 ❶確かでないと思う。うたがう。「疑問・疑心・質疑・半信半疑」❷ほんとうかどうか、確かでない。うたがわしい。

【疑義(ぎぎ)】意味がはっきりせず、疑わしい事柄。

【疑獄(ぎごく)】①真相がはっきりせず、有罪か無罪かを決めにくい裁判事件。②高官などが関係した大規模な贈収賄(ぞうしゅうわい)事件。「造船―」

【疑似(ぎじ)】本物に似ていて、まぎらわしいこと。「―赤痢(せきり)」▽「擬似」とも書く。注意「偽似」と書き誤らないように。

【疑心暗鬼(ぎしんあんき)】疑いの心が起こると、何でもないことまで信じられなくなって恐ろしく感ずるということ。▽「疑心暗鬼を生ず」の略。

【疑念(ぎねん)】ほんとうかどうか疑う心。

【疑惑(ぎわく)】疑いをいだき、惑うこと。

疒の部 やまいだれ

疒2 【疔】(7) 音チョウ 訓―

意味 顔にできる悪性のはれもの。ちょう。「面疔」

疒3 【疚】(8) 音キュウ 訓やましい

意味 気がとがめる。やましい。

疒3 【疝】(8) 音セン 訓―

意味 腹・腰などの筋肉がひきつって痛む病気。「疝気」

【疝気(せんき)】漢方で、腰や腹の内臓が痛む病気。

疒4 【疫】(9) 常用 音エキ・ヤク 訓―

筆順 亠 广 疒 疒 疒 疒 疒 疫

意味 悪性の感染症。「疫病(えきびょう・やくびょう)・悪疫・防疫」

【疫痢(えきり)】幼児に多い急性感染症。赤痢菌によることが多い。

疒4 【疥】(9) 音カイ 訓―

意味 皮膚にできる湿疹(しっしん)の一種。ひぜん。「疥癬(かいせん)」

疒4 【疣】(9) 音ユウ 訓いぼ

意味 皮膚にできる、小さな肉の突起。いぼ。

疒5 【痂】(10) 音カ 訓かさぶた

意味 きずやできものなどが治るのに従ってできる、堅い皮。かさぶた。

参考 「かさぶた」は「瘡蓋」とも書く。

疒5 【疳】(10) 音カン 訓―

意味 ❶小児の慢性胃腸病のこと。「脾疳(ひかん)」❷性病の一種。「下疳」❸小児の神経性の病気。かん。「疳の虫」

疒5 【痃】(10) 音ケン 訓―

意味 筋肉がひきつる病気。「痃癖(けんぺき)(肩こり)」

疒5 【疾】(10) 常用 音シツ 訓はやい・やまい

筆順 丶 亠 广 疒 疒 疒 疒 疾

意味 ❶病気。やまい。「疾病(しっぺい)・疾患・悪疾」❷苦しみ悩む。❸速い。はやい。「疾走・疾風(しっぷう・はやて)」

【疾患(しっかん)】病気。「胸部―」

【疾駆(しっく)】車や馬などを速く走らせること。

【疾走(しっそう)】非常に速く走ること。

【疾風迅雷(しっぷうじんらい)】激しい風やかみなりのように、勢いが激しくて行動がすばやいこと。

【疾病(しっぺい)】病気。やまい。

疒5 【症】(10) 常用 音ショウ 訓―

筆順 亠 广 疒 疒 疒 疒 疒 症

意味 病気の状態・様子。「症状・重症・既往症」

【症状(しょうじょう)】病気やけがなどの状態。

疒5 【疹】(10) 印標 音シン 訓―

意味 皮膚にできる小さな吹き出物。また、それが皮膚にたくさんできる病気。「発疹・湿疹・麻疹」

疒5【疽】(10) 印標 音ソ 訓—
意味 悪性のできもの。「壊疽(えそ)」

疒5【疸】(10) 印標 音タン 訓—
意味 胆汁が血液に混入しておこる病気。「黄疸(おうだん)」

疒5【疼】(10) 印標 音トウ 訓うずく 異体 疒5 疼(10)
意味 傷がずきずき痛む。うずく。「疼痛・古傷が疼く」
【疼痛(とうつう)】傷口の、ずきずきする痛み。

疒5【疲】(10) 常用 音ヒ 訓**つか**れる・**つか**らす
筆順 亠 广 疒 疒 疒 疒 疲 疲
意味 気力が衰え弱る、またはそのようにさせる。つかれる。つからす。「疲労・疲弊」
【疲弊(ひへい)】①疲れ弱ること。②国や団体などが経済的に苦しくなり、窮乏すること。
【疲労(ひろう)】①つかれること。つかれ。②材料に繰り返し力を加えたとき、容易に破壊するようになること。また、その状態。「金属—」

疒5【病】(10) 3年 旧字 疒5 病(10)
音**ビョウ・ヘイ** 訓**やむ・やまい**
筆順 亠 广 疒 疒 疒 疒 病 病
意味 ❶病気になる。また、病気。やまい。「病状・大病・疾病(しっぺい)・恋の病」❷うれえ悩む。❸欠点。「病弊」
【病苦(びょうく)】病気のための苦しみ。
【病躯(びょうく)】病気になっているからだ。病体。
【病根(びょうこん)】病気の原因。病因。▽世の中や団体などの悪習・弊害にたとえることもある。
【病弱(びょうじゃく)】体質的に病気にかかりやすいこと。また、病気でからだが衰弱していること。
【病床(びょうしょう)】病人の寝る床。▽「病牀」とも書く。
【病弊(びょうへい)】物事の内部に生じた弊害。
【病没(びょうぼつ)】病気で死ぬこと。▽「病歿」の書き換え字。
【病膏肓に入る(やまいこうこうにいる)】病勢が進んで、もはや助かる見込みがない。▽物事に熱中して救いがたいことにもたとえる。「肓」を「盲」と誤って、俗に「やまいこうもうにいる」という。「膏」も「肓」も心臓の下の部分で、昔の医者が手当ての施しえないとした所。中国で、昔、晋(しん)の景公が、病魔が名医を恐れて膏肓に隠れた夢を見たという故事から。
参考熟語 病葉(わくらば)

疒5【疱】(10) 印標 音ホウ 訓—
意味 ❶皮膚にできる、できもの。❷顔にできる吹き出もの。にきび。❸天然痘(てんねんとう)。「疱瘡(ほうそう)」

疒6【痍】(11) 音イ 訓きず
意味 傷。きず。また、傷付く。「傷痍」

疒6【痕】(11) 常用 音**コン** 訓**あと**
筆順 广 疒 疒 疒 疒 痕 痕 痕
意味 ❶きずあと。「痕跡・血痕」❷以前に物事があったことを示す跡。
参考 **あと**⇩「後」の[使い分け]。
【痕跡(こんせき)】以前に事物があったり行われたりしたことを示す跡。▽「痕迹」とも書く。

疒6【疵】(11) 印標 音シ 訓きず
意味 からだの傷。また、物の不完全な点。きず。「瑕疵(かし)・疵痕(きずあと)」
参考 「きず」は「傷」とも書く。

疒6【痔】(11) 印標 音ジ 訓—
意味 肛門(こうもん)に炎症などを起こす病気。じ。「痔疾」
【痔疾(じしつ)】肛門(こうもん)部に起こる病気のこと。痔(じ)。

疒6【痊】(11) 音セン 訓—
意味 病気が治る。

疒6【痒】(11) 印標 音ヨウ 訓かさ・かゆい
意味 ❶できもの。かさ。❷皮膚をかきたい感じである。かゆい。また、そのところ。「痛痒・隔靴搔痒(かっかそうよう)」

疒7【痙】(12) 印標 音ケイ 訓—

5画

意味 筋肉が急激に縮んで痛むこと。ひきつり。「痙攣(けいれん)・書痙」

【痙攣】(けいれん) 筋肉が発作的に収縮して激しく痛むこと。

疒7 【痣】(12) 音シ 訓あざ

意味 皮膚にできる、赤や紫の斑点(はんてん)。あざ。

疒7 【痩】(12) 常用 旧字 疒10 瘦 (15) 人名

音ソウ 訓やせる

筆順 疒 疒 疒 疒 疒 疒 疸 痩 痩

意味 ❶からだつきが細くなる。やせる。「夏痩せ」❷土地が作物を育てる力が弱まる。やせる。「痩せ地」

参考 ❶❷の「やせる」は「瘠せる」とも書く。

【痩軀】(そうく) 「痩身」と同じ。

【痩身】(そうしん) やせているからだ。痩軀(そうく)。「―痩軀」

疒7 【痛】(12) 6年 音ツウ 訓いたい・いたむ・いためる

筆順 亠 广 疒 疒 疒 疒 疒 痛 痛

意味 ❶からだが、いたい。また、そのようになる、またはそのようにする。いたむ。いためる。「痛覚・頭痛・苦痛・痛手(いたで)」❷心の悩み。いたみ。また、悲しみ悩む、または悲しませ悩ませる。いたむ。いためる。「痛嘆・心痛・心が痛む」❸非常に激しいさま。いたく。「痛烈・痛飲・痛く心配する」

【痛手】(いたで) ①おもい傷。②(物質的・精神的な)ひどい打撃・損害。

【痛飲】(つういん) 大いに酒を飲むこと。

【痛覚】(つうかく) 痛いと感じ取る感覚。

【痛感】(つうかん) 身にしみて強く心に感ずること。

【痛撃】(つうげき) 手ひどい打撃。

【痛哭】(つうこく) 非常に嘆き悲しむこと。

【痛恨】(つうこん) 非常に残念がること。「―事(じ)」

【痛惜】(つうせき) 非常に惜しみ残念に思うこと。

【痛嘆】(つうたん) ひどく嘆くこと。「政治の腐敗は―の極みである」▽「痛歎」とも書く。

【痛棒】(つうぼう) 仏教で、座禅のとき、落ち着きのない修行者を打ちこらしめるための棒。

【痛痒】(つうよう) 痛みと、かゆみ。また、心の苦しみ。「―を感じない(少しも影響を受けず、困ることはない)」

【痛烈】(つうれつ) 激しい勢いで行われるさま。激しく攻め立てるさま。「―な批判を浴びせる」

使い分け「いたむ」

痛む…肉体的・精神的にいたみを感じる。「足が痛む・心が痛む」

傷む…破損や腐敗などがおこる。「家が傷む・傷んだバナナ」

悼む…人の死を悲しむ。「故人を悼む・友の死を悼む」

疒7 【痘】(12) 常用 音トウ 訓もがさ

筆順 亠 广 疒 疒 疒 疒 疒 痘 痘

意味 急性感染症の一種。高い熱とともに、皮膚に豆粒状の水泡(すいほう)ができ、あばたが残る。疱瘡(ほうそう)。もがさ。「痘瘡(とうそう・もがさ)・痘痕(とうこん・あばた)・種痘・天然痘」

【痘瘡】(とうそう・もがさ) 天然痘(てんねんとう)のこと。

疒7 【痞】(12) 音ヒ 訓つかえ

意味 胃や胸に物がつかえたような症状。つかえ。

疒7 【痢】(12) 常用 音リ 訓―

筆順 亠 广 疒 疒 疒 疒 痢

意味 腹がくだる。また、腹くだし。「下痢・赤痢」

疒8 【痾】(13) 音ア 訓―

意味 こじれて長びく病気。「宿痾(しゅくあ)(長い間治らない病気)」

疒8 【痿】(13) 音イ 訓なえる

意味 手足などの力が抜ける。なえる。「陰痿(いんい)」

参考 「なえる」はふつう「萎える」と書く。

疒8 【痼】(13) 音コ 訓―

意味 長い間治らない病気。「痼疾」

【痼疾】(こしつ) 長い間治らない病気。宿痾(しゅくあ)。持病。

5画

疒8 【瘁】(13) 音スイ 訓―

意味 ❶病気をして、やせる。❷疲れる。

疒8 【痰】(13) 印標 音タン 訓―

意味 気管から出る粘液。たん。「喀痰（かくたん）」

疒8 【痴】(13) 常用 旧字 疒14 癡(19)

音チ 訓おろか・しれる

筆順 亠 广 疒 疒 疟 疾 疾 痴

意味 ❶思慮が足りず、正しい判断ができない。おろか。また、そのようになる。しれる。「痴愚・痴人・痴れ者」❷色情に執着する。「痴漢・痴話・情痴」❸一つのことに夢中になる。「書痴」

【痴情】（ちじょう）男女の間の愛欲に惑う心。

【痴人】（ちじん）愚かな人。

【痴態】（ちたい）ばかげたふるまい・様子。

【痴話】（ちわ）男女のむつごと。情話。「―げんか」

疒8 【痺】(13) 印標 音ヒ 訓しびれる

意味 ❶からだの感覚を失って自由に動かせなくなる。しびれる。「麻痺」❷うずらの雌。

参考 ❶は「痹（ひ）（しびれる）」の誤用が慣用化したもの。

疒8 【痲】(13) 音マ 訓―

意味 ❶からだの感覚を失って、自由に動かせなくなること。「痲酔・痲痺（まひ）」❷→痲疹（ましん）

【痲疹】（はしか・ましん）急性感染症の一種。子どもに多い。▽「麻疹」とも書く。

【痲痺】（まひ）からだの一部分がしびれて感覚がなくなること。「心臓―」▽ものの働きや動きがなくなることにたとえることもある。「痲痹」「麻痺」とも書く。

疒8 【痳】(13) 音リン 訓―

意味 性病の一種。「痳病（りんびょう）」

疒9 【瘧】(14) 音ギャク 訓おこり・わらわやみ

意味 一定の間隔で発熱する病気。わらわやみ。おこり。

疒9 【瘋】(14) 音フウ 訓―

意味 精神障害・神経障害を指したことば。「瘋癲（ふうてん）」

疒9 【瘉】(14) 音ユ 訓いえる・いやす

意味 病気・傷が治る。いえる。また、治す。いやす。「快瘉・治瘉」

疒9 【瘍】(14) 常用 音ヨウ 訓―

筆順 疒 疒 疒 疸 痬 瘍 瘍 瘍

意味 悪性のできもの。よう。「潰瘍（かいよう）」

疒10 【瘟】(15) 音オン 訓―

意味 疫病。はやりやまい。

疒10 【瘠】(15) 音セキ 訓やせる

意味 ❶からだつきが細くなる。やせる。やせる。「夏瘠せ」❷土地が作物を育てる力が弱まる。やせる。「瘠土・瘠せ地」

参考 ❶❷の「やせる」は「痩せる」とも書く。

疒10 【瘡】(15) 印標 音ソウ 訓かさ

意味 ❶できもの。かさ。「疱瘡（ほうそう）」❷傷。「瘡痕（そうこん）・金瘡」❸梅毒のこと。かさ。「瘡毒」

疒10 【瘢】(15) 音ハン 訓きず

意味 傷が治って残ったあと。きず。「瘢痕（はんこん）」

【瘢痕】（はんこん）皮膚に残った傷あと。

疒10 【瘤】(15) 印標 音リュウ 訓こぶ

意味 筋肉が固まったりはれたりして皮膚の一部が盛り上がったもの。こぶ。「動脈瘤・力瘤（ちからこぶ）」

疒10 【瘦】▸痩㊐

疒11 【瘴】(16) 音ショウ 訓―

意味 高温多湿のために起こる病気。「瘴癘（しょうれい）」

疒11 【瘭】(16) 音ヒョウ 訓―

意味 →瘭疽（ひょうそ）

【瘭疽】（ひょうそ）手足の指に起こる、急性の化膿（かのう）性炎症。

疒11 **【瘰】**(16) 音ルイ 訓—

意味 →瘰癧(るいれき)

【瘰癧(るいれき)】首のリンパ腺(せん)がはれる、結核性の病気。ぐりぐり。

疒11 **【瘻】**(16) 印標 音ロウ・ル 訓—

意味 ❶首にぐりぐりしたこぶができる病気。❷治りにくいはれもの。「痔瘻(じろう)」❸背骨が曲がってしまう病気。「痀瘻(くる)」

参考 ❶❷は「ろう」、❸は「る」と読む。

疒12 **【癇】**(17) 音カン 訓— 異体 疒12 癎(17)

意味 ❶感情が激しくてすぐに怒り出す性質。かん。「癇癪(かんしゃく)・癇の虫・癇にさわる」❷筋肉がひきつってけいれんを起こしたりする病気。「癲癇(てんかん)」

【癇癪(かんしゃく)】怒りやすい性質。また、そのような性質で、すぐに激しく怒ること。「—を起こす」

【癇性(かんしょう)】神経質で、激(げき)しやすかったり異常に潔癖だったりすること。

疒12 **【癌】**(17) 音ガン 訓—

意味 内臓や筋肉などにできる悪性のはれもの。内部のなかなか取り除けない欠点・障害にもたとえる。がん。「癌腫(がんしゅ)・肺癌・政治の癌」

疒12 **【癈】**(17) 音ハイ 訓—

意味 ❶治らない病気。「癈疾」❷身体が不自由であること。「癈人・癈兵」

参考 「廃」とも書く。

【癈疾(はいしつ)】①治らない病気。②身体が不自由になる病気。▽「廃疾」とも書く。

疒12 **【療】**(17) 常用 音リョウ 訓いやす

筆順 亠 广 疒 … 療

意味 病気を治す。いやす。「療養・療法・医療・治療」

【療治(りょうじ)】病気を治すこと。治療。

【療法(りょうほう)】治療の方法。「民間—」

【療養(りょうよう)】治療を受け保養すること。「—所」

疒12 **【癘】**(17) 音レイ 訓— 正字 疒13 癘(18)

意味 流行病。はやりやまい。「疫癘(えきれい)(疫病)」

疒12 **【癆】**(17) 音ロウ 訓—

意味 体力を使いはたして衰える。また、その病気。「癆痎(ろうがい)(労咳(ろうがい)。肺結核のこと)」

疒13 **【癜】**(18) 音デン 訓なまず

意味 皮膚病の一種。胸や背などに白や褐色のまだらが現れる。なまず。

疒13 **【癖】**(18) 常用 音ヘキ 訓くせ

筆順 广 疒 … 癖

意味 ❶習慣になっている、悪い傾向や動作。へき。くせ。「性癖・盗癖・悪癖・収集癖」❷病気。「病癖」

参考 似た字(壁・璧・癖)の覚え方「かべは土なる辟(へき)(壁)、たまは玉なる辟(璧)、くせは病(やまい)なる辟(癖)」

疒13 **【癒】**(18) 常用 音ユ 訓いえる・いやす 旧字 疒13 癒(18)

筆順 广 疒 … 癒

意味 病気・傷が治る。いえる。また、病気・傷を治す。いやす。「治癒・快癒・渇(かつ)を癒す」

【癒着(ゆちゃく)】器官が炎症などのために他の器官にくっついてしまうこと。「政界と財界の—」▽無関係であるべき二つの機関・団体が道理に反して密接な関係を持つことにたとえることもある。

疒14 【癡】▶痴(旧)

疒15 **【癢】**(20) 音ヨウ 訓—

意味 ❶皮膚がかゆい。❷心や気持ちがうずうずする。「伎癢(ぎよう)」

疒16 **【癨】**(21) 音カク 訓—

意味 暑さにあたって吐いたり下痢をしたりする病気。

疒16 **【癪】**(21) 〈国字〉 音シャク 訓—

5画

意味 ❶腹・胸が急に激しく痛み、けいれんを起こす病気。しゃく。「癪持ち」❷一時に起こる激しい怒り。しゃく。「癇癪（かんしゃく）・癪の種」❸不愉快で腹が立つさま。しゃく。「癪な奴（やつ）」

疒16 【癩】(21) 音ライ 訓—
意味 かつてハンセン病を指したことば。「癩菌」

疒16 【癧】(21) 音レキ 訓—
意味 首のリンパ腺（せん）がはれ、首にこぶができる病気。ぐりぐり。

疒17 【癬】(22) 印標 音セン 訓—
意味 皮膚病の一種。たむし。ひぜん。「白癬（はくせん）」

疒18 【癰】(23) 音ヨウ 訓—
意味 急性で悪性のできもの。よう。「癰腫（ようしゅ）」

疒19 【癲】(24) 音テン 訓—
意味 →癲癇（てんかん）

【癲癇（てんかん）】急にけいれんを起こして手足が硬直し、意識を失ったり、口からあわを吹いたりする発作的な病気。

癶 の部 はつがしら

癶0 【癶】(5) 音ハツ 訓—
意味 両足を左右に開く。

癶4 【癸】(9) 音キ 訓みずのと
意味 十干（じっかん）の第十番め。みずのと。五行では水、方角では北にあてる。みずのと。

癶4 【発】(9) 3年 旧字 癶7 發(12)
音ハツ・ホツ 訓たつ・あばく・はなつ
筆順

意味 ❶矢・弾丸などを打ち出す。はなつ。はっする。「発射・発砲・爆発」❷外に向けて出す。はっする。また、外に向かって出る。「発火・発動・発作（ほっさ）・突発」❸物事をはじめる。また、公に知らせる。はっする。「発行・発令・発頭人（ほっとうにん）・喪を発する」❹物事を起こす。また、そこから物事が起こる。はっする。「発憤・発起（ほっき）・端（たん）を発する」❺明らかになる。また、明らかにする。あばく。「発見・発揮・開発・摘発」❻成長して盛んになる。「発育・発展」❼出かける。はっする。たつ。また、送り出す。はっする。「発送・先発・九時発」名付 あき・あきら・おき・しげ・ちか・とき・なり・のぶ・のり・はつ・ひらく
参考 ⑴❶の「はなつ」は「放つ」とも書く。また、❺の「あばく」は「暴く」とも書く。⑵「発酵」の「発」、「反発」の「発」、「活発」の「発」は、それぞれ「醱」「撥」「潑」が書き換えられたもの。

【発育（はついく）】動植物が育って大きくなること。

【発覚（はっかく）】人に知られたくない秘密や悪事が人に知られること。露顕（ろけん）。

【発刊（はっかん）】書物を出版すること。

【発揮（はっき）】持っている力・特性を、外に表して見せること。

【発掘（はっくつ）】①土の中にうずまっていた物を掘り出すこと。②かくれている優れたものを探しだすこと。「有望新人を—する」

【発現（はつげん）】物事の表面に実際に現し出すこと。また、現れ出ること。

【発効（はっこう）】法律の効力が発生すること。「条約の—」

【発酵（はっこう）】酵素の作用で糖類などの有機化合物が分解し、アルコール・有機酸・炭酸ガスなどを生ずること。▽「醱酵」の書き換え字。

【発射（はっしゃ）】弾丸やロケットなどを打ち出すこと。「宇宙衛星の—基地」

【発祥（はっしょう）】物事が起こり始めること。「—地」

【発信（はっしん）】通信を発すること。また、発した通信。

【発足（はっそく・ほっそく）】①会・団体が新しく活動を始めたり設立されたりすること。「委員会が—する」②旅行に出発すること。

【発布（はっぷ）】法律などを国民に発表して広く知らせること。「憲法—の日」

【発奮（はっぷん）】「発憤」と同じ。

【発憤（はっぷん）】精神をふるい立たせて励むこと。発奮。注意「発噴」と書き誤らないように。

【発砲（はっぽう）】大砲・鉄砲の弾丸を撃ち出すこと。

【発問（はつもん）】質問を出すこと。

【発揚（はつよう）】精神をひきたててふるいおこして盛んにすること。「国威の—」

【発令（はつれい）】法令・辞令・警報などを出すこと。

5画

【発露】(はつろ) その人の気持ち・考えなどが自然に態度・行動に現れ出ること。「友情の―」

【発起】(ほっき) ①物事をしようとしてその計画を立てること。「―人」②「発心(ほっしん)」と同じ。「一念―」

【発作】(ほっさ) 症状が急に起こってまもなくやむこと。また、その激しい症状。

【発心】(ほっしん) ①思い立つこと。②仏を信ずる心を起こすこと。また、出家すること。発意(ほつい)。発起(ほっき)。

【発疹】(ほっしん・はっしん) 皮膚に吹き出物が出ること。また、その吹き出物。「―チフス」

【発端】(ほったん) 物事のはじまり。「事件の―」

【発頭人】(ほっとうにん) 物事を計画した人。張本人。

参考熟語 発条(ぜんまい・ばね・はつじょう)

癶7
【登】
(12) 3年 音 トウ・ト 訓 のぼる

筆順 フ ヲ ヺ 癶 癶 癶 登 登 登

登

意味 ❶高い所にあがる。のぼる。「登場・登山(とざん)・先登」❷勤めのために公の場所に行く。「登庁・登城(とじょう)」❸高い地位につく。「登用・登竜門」❹書類に書きしるす。「登録・登載」名付 たか・ちか・とう・とみ・とも・なり・なる・のぼる・のり・みのる

参考 のぼる⇩「昇」の〔使い分け〕。

【登載】(とうさい) 新聞・雑誌などに文章を載せること。掲載。

【登仙】(とうせん) ①天に登って仙人になること。「羽化―」②身分の貴い人の死去のこと。

【登頂】(とうちょう・とちょう) 高い山の頂上に登ること。

【登攀】(とうはん) 険しく高い所によじ登ること。

【登用】(とうよう) 人材を今までよりも上の地位に引き上げて用いること。登庸(とうよう)。

【登竜門】(とうりゅうもん・とうりょうもん) 出世の足がかりとなる、通り抜けることの困難な段階。「文壇の―」▽中国の黄河(こうが)の上流の竜門と呼ばれる急流を泳ぎ登った鯉(こい)は化して竜となるという伝説から。

【登録】(とうろく) 地位・資格・権利などを公に証明するために、役所に届け出て帳簿に記載すること。登記。

癶7
【發】▼発㊐

白の部 しろ

白0
【白】
(5) 1年 音 ハク・ビャク 訓 しろ・しら・しろい・もうす

筆順 ノ 亻 白 白 白

白

意味 ❶しろい色。しろ。また、しろい。⇔黒。「白雲・白書・白衣(はくい・びゃくえ)・精白」❷けがれがない。「潔白」❸太陽が照って明るい。「白昼・白熱」❹明らか。「明白」❺何もなくてむなしい。「白文・空白」❻申し上げる。もうす。「建白・敬白」❼告げ語る。「白状・告白」❽ベルギーのこと。

名付 あき・あきら・きよ・きよし・し・しら・しろ・しろし・はく

参考 ❽は「白耳義(ベルギー)」の略から。

【白河夜船】(しらかわよふね) 何も気づかないほどぐっすり眠っていること。▽「白川夜船」とも書く。京都を見物してきたと偽った者が京都の名所白河のことを尋ねられ、川のことだと思って、夜、船で通ったから知らないと答えた話に基づくという。

【白亜】(はくあ) ①白い壁。「―の殿堂」②白色または灰白色の柔らかい石灰質岩石。▽「白堊」とも書く。

【白眼視】(はくがんし) 人をひややかな目つきで見ること。また、冷淡に扱って仲間はずれにすること。

【白玉楼中の人となる】(はくぎょくろうちゅうのひととなる) 文芸・学問に携わる人が死ぬことを形容することば。▽唐の詩人李賀(りが)が、天帝から白玉楼が完成したからその記を書くようにといわれた夢を見、やがて死んだという故事から。

【白砂青松】(はくさせいしょう・はくしゃせいしょう) 白い砂と青い松。海岸の美しいけしきを形容することば。

【白日】(はくじつ) ①真昼の太陽。「青天―」「―の下(もと)にさらされる」②真昼。

【白日夢】(はくじつむ) 非現実的な空想。白昼夢。

【白寿】(はくじゅ) 九十九歳のこと。また、長生きしてその年齢になったことを祝う祝い。▽「百」の字から「一」をとると「白」となることから。

【白書】(はくしょ) 政府や省庁が、現状分析や将来の展望をまとめて出す報告書。▽イギリス政府が議会に出した白色の表紙(white paper)

の報告書から。

【白状】(はくじょう) 自分の犯した罪や隠していたことを、申し述べること。

【白刃】(はくじん・しらは) さやから抜いた刀身。抜き身。「―を踏む思い」

【白皙】(はくせき) 皮膚の色が白いこと。注意「白皙」と書き誤らないように。

【白昼】(はくちゅう) 真昼。「―夢」

【白熱】(はくねつ) ①物体が白色の光を放つほど高温度になること。②競技・感情・雰囲気などが最高潮に達すること。「―戦」

【白髪三千丈】(はくはつさんぜんじょう) 非常に心配してしらがが多くなったことを大げさにいうことば。

【白眉】(はくび) 多くの中で最もすぐれている人・もの。「時代小説の―」▽昔、中国で、蜀(しょく)の馬(ば)氏の優秀な五人兄弟の中でも、眉(まゆ)に白毛のあった長兄の馬良(ばりょう)が最もすぐれていたという故事から。

【白兵戦】(はくへいせん) 敵味方が入り乱れて直接切り合う戦闘。▽「白兵」は「刀剣などの白刃(しらは)」の意。

【白面】㊀(はくめん) ①顔の色が白いこと。「―の貴公子」②年が若くて経験が少ないこと。「―の書生」㊁(しらふ) 酒を飲んでいない状態。▽「素面」とも書く。

参考熟語 白粉(おしろい) 白湯(さゆ) 白髪(しらが・はくはつ) 白膠木(ぬるで)

白1 【百】(6)

1年 音 ヒャク 訓 もも

百

筆順 一 丆 丆 百 百 百

意味 ❶数で、十の十倍。もも。ひゃく。❷数が非常に多いこと。もも。「百科・百千(ひゃくせん・ももち)・百聞・凡百(ぼんぴゃく)」 名付 お・と・はげむ・ひゃく・も・もも

【百尺竿頭一歩を進む】(ひゃくしゃくかんとういっぽをすすむ) すでに努力の極点に達しているが、さらに努力して向上させることを形容することば。▽「百尺竿頭」は「百尺もある長い竿(さお)」の意から、「到達できるぎりぎりの段階」のたとえ。

【百出】(ひゃくしゅつ) 同じようなものがたくさん次から次へと現れ出ること。「議論―」

【百戦】(ひゃくせん) 数多く戦うこと。「―錬磨(れんま)」

【百態】(ひゃくたい) いろいろな姿・形。

【百代の過客】(ひゃくだいのかかく) 永遠の旅人。「光陰は―」▽過ぎてゆく月日にたとえることば。

【百八煩悩】(ひゃくはちぼんのう) 仏教で、百八種あるという、人間の煩悩(ぼんのう)。また、人間のもつすべての欲や迷い。参考 六根(眼(め)・耳・鼻・舌・身・意)の一つ一つに苦・楽・不苦楽の三つがあり、これを貪者と無貪者の二つに配し、さらにこれを過去・現在・未来の三つに配して総計百八となる。

【百聞は一見に如かず】(ひゃくぶんはいっけんにしかず) 他人の話を百たび聞くよりは、自分の目で一度見るほうが確かであるということ。

【百万言】(ひゃくまんげん) 非常に多くのことば。「―を費やす」

【百薬の長】(ひゃくやくのちょう) 最もすぐれた薬。「酒は―」▽酒をほめていうことば。

【百花斉放】(ひゃっかせいほう) 人民が自由な議論を展開すること。▽「多くの花がいっせいに開く」の意。

【百家争鳴】(ひゃっかそうめい) 多くの学者が自由に論争すること。

【百花繚乱】(ひゃっかりょうらん) 美しい花々が咲き乱れること。

【百鬼夜行】(ひゃっきやこう・ひゃっきやぎょう) さまざまな姿をした化け物が夜中に歩き回ること。▽多くの悪者がのさばりはびこることにたとえる。

【百般】(ひゃっぱん) さまざまな方面。「武芸―」「―の事情」

参考熟語 百済(くだら) 百日紅(さるすべり) 百足(むかで) 百舌(もず) 百合(ゆり)

白2 【皀】(7)

音 キュウ 訓 ―

皀

意味 かんばしい。

参考熟語 皀莢(さいかち)

白2 【皃】▶貌 異

白3 【的】(8)

4年 音 テキ 訓 まと

旧字 白3 的 (8)

的

筆順 ノ 亻 白 白 白 的 的 的

意味 ❶ねらって矢・弾丸を当てるもの。また、めあて。まと。「標的・目的・的外れ」❷よく当たる。「的中」❸まちがいがない。たしか。「的確」❹その傾向がある・それに関するなどの意を表すことば。「現実的・哲学的・私的・病的」❺人

の名・職名などの一部に添えて、その者の意を表すことば。「泥的(どろてき)(どろぼう)」名付 あきら・てき・まと

【的中】(てきちゅう) ①矢・弾丸などがまとにあたること。命中。②予想や推測などが、ぴったりあたること。▽②は「適中」とも書く。

【的確】(てっかく・てきかく) まちがいがなく、それにふさわしくて確かなこと。「—な判断」▽「適確」とも書く。

白4 **【皆】**(9) 常用 音 **カイ** 訓 **みな**・みんな

筆順 一 ト 上 比 比 毕 毕 皆 皆

意味 ことごとく。また、だれもかれもすべて。みんな。みな。「皆無・皆勤・皆兵・悉皆(しっかい)」

名付 かい・とも・み・みち・みな

【皆済】(かいさい) 返金や納入などをすべて済ますこと。「ローンを—する」

【皆伝】(かいでん) 武術・芸事などで、師から奥義をすべて伝えられること。「免許—」

【皆目】(かいもく) まったく。全然。「—見当がつかない」

白4 **【皇】**(9) 6年 音 **コウ・オウ** 訓 すめ・すめら

筆順 ′ 𠂉 白 白 白 自 皁 皇 皇

意味 ❶天子。また、君主。「皇帝・皇恩・天皇(てんのう)・法皇(ほうおう)」❷天皇をいただくわが国の。「皇紀・皇典」❸天皇に関する事柄に冠していうことば。すめ。すめら。「皇大神(すめおおかみ)・皇御国(すめらみくに)」❹大きい。「皇考」名付 こう・すべ

参考 「倉皇」は「倉惶」が書き換えられたもの。

【皇紀】(こうき) 神武天皇即位の年を元年とする、日本の紀元。▽皇紀元年は西暦紀元前六六〇年。

【皇宮】(こうぐう・こうきゅう) 皇居。「—警察(こうぐうけいさつ)」

【皇祖】(こうそ) ①天皇の先祖。②天照大神(あまてらすおおみかみ)。また、神武天皇。

【皇帝】(こうてい) 帝国の君主。▽秦(しん)の始皇帝が称したのが始めという。

参考熟語 皇子(みこ・おうじ) 皇女(みこ・おうじょ)

【畠】▶田5　白4【皈】▶帰 異

白6 **【皐】**(11) 人名 音 コウ 訓 —　異体 白5 【皋】(10)

筆順 白 白 白 皀 皀 皀 皐 皐

意味 陰暦の五月のこと。「皐月(こうげつ・さつき)」名付 こう・さつき・すすむ・たか

白6 **【皎】**(11) 音 コウ 訓 —

意味 白く光って明るい。また、月などが白く明るい。しろい。「皎皎(こうこう)」

【兜】▶儿9　【習】▶羽5

白7 **【皖】**(12) 音 カン 訓 —

意味 ❶中国の春秋時代の国名。現在の安徽省にあった。❷安徽(あんき)省の別名。

白7 **【皓】**(12) 人名 音 コウ 訓 しろい　旧字 白7 【皓】(12)　異体 日7 【晧】(11)

筆順 ′ 白 白 白 皓 皓 皓 皓

意味 ❶色が白い。しろい。「皓歯」❷白く光っていて明らかである。「皓皓」名付 あき・あきら・こう・てる・ひかる・ひろ・ひろし

【皓皓】(こうこう) 雪や月の光などが白く明るいさま。

【皓歯】(こうし) 白くて美しい歯。「明眸(めいぼう)—」

白8 **【皙】**(13) 音 セキ 訓 —

意味 肌の色が白い。しろい。「白皙」

白10 **【皚】**(15) 音 ガイ 訓 —

意味 →皚皚(がいがい)

【皚皚】(がいがい) 雪や霜が一面にあって白いこと。「白(はく)—」

皮の部 けがわ ひのかわ

皮0 **【皮】**(5) 3年 音 **ヒ** 訓 **かわ**

筆順 ノ 厂 广 皮 皮

意味 ❶動植物の表面をおおっているもの。かわ。「皮革・皮下・樹皮」❷表面。「皮相」

使い分け「かわ」

皮…動植物の表皮。本質をおおい隠しているもの。「木の皮・りんごの皮をむく・饅頭の皮・面の皮・化けの皮がはがれる」

革…動物の皮をはいでなめしたもの。「革の財布・革製品・革靴・なめし革・革細工」

【皮相】ひそう ①物事の表面。うわべ。うわっつら。②知識・判断などが浅くふじゅうぶんなこと。「―の見解」注意「皮層」と書き誤らないように。

【皮肉】ひにく ①意地の悪い、遠まわしの非難。あてこすり。「―を言う」「―る」②予期に反し、意地の悪い結果になること。「―な世の中」

皮5 **【皰】**(10) 音ホウ 訓―

意味 ❶にきび。「面皰めんぽう・にきび」❷手足などにできる、水の泡のようなもの。

皮7 **【皴】**(12) 音シュン 訓しわ

意味 ❶寒さで皮膚が切れてできる細かい割れ目。ひび。あかぎれ。❷皮膚の、しわ。また、山や岩のひだ。

皮9 **【皸】**(14) 異体 皮9【皹】(14)

音クン 訓あかぎれ・ひび

意味 寒さで皮膚にできる、かさ。ひび。あかぎれ。

皮9【皷】▶鼓 異

皮10 **【皺】**(15) 印標 音シュウ 訓しわ

意味 ❶皮膚の、しわ。「皺面」❷紙・布などの面にできた細かいすじ。しわ。「皺くちゃ」

皿の部 さら

皿0 **【皿】**(5) 3年 音ベイ 訓さら

筆順 丨 冂 冂 罒 皿

意味 食物を盛る平らな入れ物。さら。「灰皿・皿回し」名付 さら

皿3 **【盂】**(8) 印標 音ウ 訓―

意味 中央がまるくくぼんだ器。「腎盂じんう」

参考熟語 盂蘭盆うらぼん

【孟】▶子5

皿4 **【盈】**(9) 音エイ 訓みちる

意味 満ちていっぱいになる。みちる。「盈虚」

皿4 **【盆】**(9) 常用 音ボン 訓―

筆順 八 □ 分 □ □ □ □ □ 盆

意味 ❶茶器・食器などを載せるための、浅くて平たい道具。ぼん。「盆栽・盆地・塗り盆」❷昔中国で、水や酒などをいれる瓦かわら製の容器。ぼん。「覆水盆に返らず」❸盂蘭盆うらぼんのこと。ぼん。「盆踊り」

【盆栽】ぼんさい 観賞用に、手を加えて育てた鉢植えの木。

【盆地】ぼんち 四方を山にかこまれた平地。

皿4【盃】▶杯 異

皿5 **【益】**(10) 5年 旧字 皿5【益】(10)

音エキ・ヤク 訓ます・ますます

筆順 丶 □ □ □ □ □ □ □ 益

意味 ❶ふえて加わる。ます。「増益」❷ためになること。えき。ためになって役に立つ。えきする。「益鳥・裨益ひえき・利益りやく」❸もうけ。えき。「益金・損益・純益」❹前よりもいっそう。ますます。「益益ますます繁盛する」名付 あり・えき・すすむ・のり・ます・また・みつ・やす・よし

【益鳥】えきちょう 農作物などの害虫をたべ、人間に利益を与える鳥。つばめ・きじなど。

参考熟語 益益ますます 益荒男ますらお 益体やくたい

皿5 **【盍】**(10) 音コウ 訓なんぞ

意味 疑問・反語を表すことば。どうして。なんぞ。

皿6 **【盒】**(11) 音ゴウ 訓―

意味 ふたがついている容器。「飯盒(はんごう)」

皿6 **【盛】**(11) 6年 旧字 皿7 盛(12)

音 セイ・ジョウ 訓 もる・さかる・さかん

盛

筆順 ノ 厂 万 成 成 成 成 盛

意味 ❶物を高く積み上げる、または物を器にたくさん入れる。もる。「盛り花」❷勢いが強く栄える。さかる。また、その様子・時期。さかり。さかん。「盛会・盛大・隆盛・繁盛(はんじょう)」❸薬を調合する。もる。「毒を盛る」❹度をきざむ。もる。「目盛り」 名付 さかり・しげ・しげる・じょう・せい・たけ・もり

【盛者必衰】(しょうじゃひっすい・じょうしゃひっすい) 勢いが盛んで栄えている者も、いつかは必ず衰えるということ。 注意 「盛者」を「せいじゃ」と読み誤らないように。

【盛運】(せいうん) よい運命にめぐりあって発展し、どんどん栄えること。「御―を祈る」

【盛宴】(せいえん) 盛大な宴会。

【盛会】(せいかい) 出席者が多く盛んな会合。盛大な会合。

【盛観】(せいかん) りっぱで盛んな様子。また、そのようなながめ。「―をきわめる」

【盛挙】(せいきょ) 大規模でりっぱな事業・行事。

【盛況】(せいきょう) 人が集まって、にぎやかで盛んな様子。

【盛業】(せいぎょう) 事業や商売などの盛んなこと。また、そのような事業・商売。

【盛時】(せいじ) ①国力が盛んで栄えている時代。盛世。②年が若くて元気な壮年時代。

【盛衰】(せいすい) 盛んになることと、衰えること。「栄枯―」

【盛装】(せいそう) 美しく着飾ること。また、その服装。 参考 「正装(せいそう)」は、儀式などに着る正式の服装。

【盛大】(せいだい) (集会・儀式などが)大じかけでりっぱなさま。さかんなさま。

【盛典】(せいてん) 盛大な儀式。盛儀。

【盛年】(せいねん) 若くて元気な年ごろ。「―重ねて来(きた)らず」

【盛名】(せいめい) りっぱだという、よい評判。「―を馳(は)せる」

皿6 **【盗】**(11) 常用 旧字 皿7 盜(12) 人名

音 トウ 訓 ぬすむ

盗

筆順 冫 ン 汐 次 次 咨 盗 盗

意味 人のものをこっそり取る。ぬすむ。また、その人。「盗用・盗難・盗賊・強盗・夜盗」

【盗汗】(とうかん) ねあせ。

【盗作】(とうさく) 他人の文章や意匠などを自分の創作のように見せかけて使うこと。また、その使ったもの。

【盗聴】(とうちょう) 他人の話を盗み聞きすること。

【盗難】(とうなん) 金銭や品物をぬすまれる災難。

【盗用】(とうよう) 他人の物を断らずに自分のものとして使うこと。「デザイン―」

参考熟語 盗人(ぬすっと・ぬすびと)

皿6 【盖】▶蓋(異)

皿7 【盛】▶盛(旧)

皿8 **【盞】**(13) 音 サン 訓 さかずき

盞

意味 小さな杯。さかずき。「一盞(いっさん)の酒」

参考熟語 金盞花(きんせんか)

皿8 **【盟】**(13) 6年 音 メイ 訓 ちかう

盟

筆順 日 日 明 明 明 盟 盟 盟

意味 ❶神前でいけにえの血をすすり合って約束を固める。ちかう。「血盟」❷堅く約束する。ちかう。また、その約束。めい。「盟約・盟友・同盟・盟(めい)を結ぶ」

【盟主】(めいしゅ) 仲間や同盟の、かしらとなる者。「彼を改革派の―と仰ぐ」

【盟邦】(めいほう) その国と同盟を結んだ国。同盟国。

【盟約】(めいやく) 堅く約束し誓うこと。「―を結ぶ」

【盟友】(めいゆう) 堅い約束を結んだ友人・同志。

皿9 【盡】▶尽(旧)

皿10 **【監】**(15) 常用 音 カン 訓 みる

監

筆順 厂 厂 円 臣 臣 臣 監 監

意味 ❶見張る。また、見張って取り締まる。「監視・監督・監獄」❷見張り役の役人。「軍

監・総監」名付 あき・あきら・かね・かん・ただ・てる・み

【監禁】(かんきん) 一定の場所に閉じ込めて自由に行動させないこと。注意「檻禁」と書き誤らないように。

【監獄】(かんごく) 刑事被告人や自由刑に処せられた者を拘禁する施設。刑務所・拘置所など。

【監査】(かんさ) 監督し検査すること。「会計―」

【監察】(かんさつ) 行政や経営などの状態を調べて違法を取り締まること。「―官」

【監視】(かんし) 悪い行為が行われないように、注意して見張ること。また、その人。

【監事】(かんじ) ①団体の庶務を担当する人。②法人の業務を監督する人・機関。

【監修】(かんしゅう) 書物の著述・編集の監督をすること。

【監督】(かんとく) 見張ったり、取り締まったり、さしずしたりすること。また、その人。

皿10 【盤】(15) 常用 音バン 訓―

筆順 ⺆ 舟 舟 舡 般 般 盤 盤 盤

意味 ❶食物を盛る平たく大きな鉢(はち)。ばん。「杯盤・円盤」❷たらい。「盤台」❸平らな面を使うもの。ばん。また、平らな面に部品などを取り付けた器具・機械など。「碁盤・算盤(そろばん)・旋盤」❹わだかまる。また、曲がりくねる。「盤踞(ばんきょ)・盤根」❺岩。「盤石(ばんじゃく)・落盤」名付 ばん・まる

参考「落盤」は「落磐」が書き換えられたもの。

【盤踞】(ばんきょ) そこを根拠地として勢力をふるい、動かないこと。▽「蟠踞」とも書く。

【盤根錯節】(ばんこんさくせつ) 入り組んで複雑になっていて処理・解決の非常に困難な事柄。▽「曲がりくねった木の根と、入り組んだ木の節」の意から。

【盤石】(ばんじゃく) ①大きな岩。②しっかりしていて非常に堅固なこと。「―の備え」▽「磐石」とも書く。

【盤台】(ばんだい) 浅くて大きな長円形のたらい。はんだい。

参考熟語 盤陀(はんだ)

皿11 【盥】(16) 音カン 訓たらい

意味 手を洗ったり洗濯などをしたりするための器。たらい。「金盥(かなだらい)」

皿11 【盧】(16) 音ロ 訓―

意味 →盧生の夢

【盧生の夢】(ろせいのゆめ) 人生の栄枯盛衰のはかないたとえ。▽中国の唐代、盧生(ろせい)という青年が邯鄲(かんたん)の旅宿で道士から枕(まくら)を借りて眠り、栄華(えいが)の一生を送る夢を見たが、目をさますと、炊(た)きかけていた黄粱(こうりょう)がまだ煮える前であったという故事から。「邯鄲の夢」「一炊の夢」ともいう。

皿12 【盪】(17) 音トウ 訓―

意味 ❶揺り動かす。また、揺れ動く。「脳震盪(のうしんとう)」❷洗い流す。「盪尽(とうじん)」

目の部 め めへん

目0 【目】(5) 1年 音モク・ボク 訓め・ま

筆順 丨 冂 月 目 目

意味 ❶物を見る感覚器官。まなこ。ま。め。「目前・耳目・盲目・目深(まぶか)」❷重要な点。かなめ。「眼目・要目」❸人の上に立つ者。かしら。「頭目」❹見る。注視する。「目撃・注目・一目瞭然(いちもくりょうぜん)」❺ねらい。「目的」❻目でする。また、めくばせ。「目送・目算」❼態度。「面目(めんぼく)」❽名まえをつけたもの。名。「題目」❾見出し。「目次・目録・品目」❿分類した小分け。箇条。もく。「項目・細目」⓫いま。「目下」⓬碁盤のめを数えることば。もく。⓭生物学で、分類の単位。綱の下、科の上。もく。⓮認める。見なす。もくする。「巨頭と目せられる」名付 め・もく

【目線】(めせん) 目が見ている方向。視線。

【目鼻】(めはな) 目と鼻。「―が付く(物事のおおよその見通しがたつ)」「―立ち(顔立ち)」

【目撃】(もくげき) 事件や犯人などを、実際にその場で見ること。

【目算】(もくさん) ①見ただけで、およその計算をすること。見積もり。②およその見通しをつけること。見込み。

【目睫の間】(もくしょうのかん) 非常に近いことを形容する

ことば。「—に迫る」▽「目と、まつげの間」の意。

【目送】(もくそう) 注目して見送ること。「英霊を—する」

【目睹】(もくと) 実際に見ること。▽「睹」は「見る」の意。

【目途】(もくと) めあて。目標。

【目録】(もくろく) ①所蔵・在庫・展示の品物の名を、書き並べたもの。②贈り物の品名を書き出したもの。

【目下】[一](もっか) ただいま。現在。「—のところ」[二](めした) 自分より地位・年齢などが低いこと。また、その人。

【目今】(もっこん) ただいま。さしあたり。目下。「—の情勢」

参考熟語 目差(まなざ)し 目出度(めでた)い 目処(めど) 目眩(めまい) 目脂(めやに) 目論見(もくろみ)

目3 【直】(8) 2年

音 チョク・ジキ・ジカ
訓 ただちに・なおす・なおる・あたい・すぐ・ひた

筆順 一 十 𠂇 冇 有 育 直 直

意味 ❶まっすぐである。「直立・鉛直」❷心がよこしまでない。ちょく。すぐ。「正直(しょうじき)・率直」❸まもなく。すぐ。じき。ただちに。「直覚・直前・直様(すぐさま)」❹間に何もはいらない。じか。じき。「直接・直面・直(じか)に渡す」❺ねうち。あたい。「安直」❻番をきめてする勤め。「宿直」❼もとの状態にもどす。なおす。また、もとのようになる。なおる。「仲直り」❽もっぱら。ひた。「直(ひた)隠し」

名付 あたい・じき・すぐ・すなお・ただ・ただし・ただす・ちか・ちょく・なお・なおき・なおし・なが・ね・のぶる・ま・まさ

参考 なおる⇩「治」の[使い分け]。

【直訴】(じきそ) 一定の手続きを踏まずに直接天皇・将軍や上位の人・機関に訴えること。

【直伝】(じきでん) 師が弟子に直接教え伝えること。また、その技術。

【直披】(じきひ・ちょくひ) 封書のあて名に添えて書き、本人が直接開いて読むことを指定することば。親展。▽「披」は「ひらく」の意。

【直筆】[一](じきひつ) 本人が自身で書くこと。また、その書いたもの。自筆。[二](ちょくひつ) ①事実を変えることなく、ありのままに書くこと。②筆を垂直に持って字を書くこと。「懸腕—」

【直往邁進】(ちょくおうまいしん) ひるまずまっすぐ進むこと。

【直言】(ちょくげん) ①他にはばかることなく、信ずるところを述べること。②正直なことば。

【直視】(ちょくし) ①まっすぐに見つめること。②物事の真実を、誤らず正しく見つめること。

【直情径行】(ちょくじょうけいこう) 自分の思ったことをそのままことばや動作に表すこと。▽「径」は「直ちに」の意。

【直截】(ちょくせつ・ちょくさい) ①ためらわずにすぐに決めること。②まわりくどくなく、きっぱりとしていること。「—簡明」▽「ちょくさい」は慣用読み。

【直属】(ちょくぞく) 直接その下に属すること。「—の機関」

【直轄】(ちょっかつ) 直接に管理・支配すること。「—地」

【直感】(ちょっかん) 理性によらず、感覚的にそうであると思うこと。

【直観】(ちょっかん) 推理によらず、直接的・瞬間的に物事の本質を理解し判断すること。「—的」

参考熟語 直衣(のうし) 直垂(ひたたれ)

目3 【盲】(8) 常用

音 モウ
訓 —

旧字 目3 盲 (8)

筆順 丶 亠 亡 亡 肓 肓 盲 盲

意味 ❶目が見えないこと。また、そのような人。「盲人・盲目」❷道理がわからない。また、考えがない。「盲愛・盲従」❸管の先が突き抜けていない。「盲腸・盲管銃創」

参考 「盲動」は「妄動」が書き換えられたもの。

【盲唖】(もうあ) 目が見えない人と、口がきけない人。

【盲愛】(もうあい) むやみにかわいがること。盲目的な愛。

【盲従】(もうじゅう) 是非・善悪の判断もなく、他人の指示・命令や主張に従うこと。

【盲信】(もうしん) わけもわからずに、信じ込むこと。

【盲進】(もうしん) 深い考えもなく、むやみに進むこと。「目標も定めず—する」

【盲腸】(もうちょう) ①小腸から大腸にうつる最初の部分。②「虫様突起」または「虫垂炎」の俗称。

【盲点】(もうてん) ①視神経の束が網膜にはいり込む部分。この部分は視覚がない。②(ひゆ的に)だれもが見落として気づかないところ。「捜査の—を突く」

【盲動】(もうどう) 深い考えもなく、軽々しく行動すること。「軽挙—」▽「妄動」の書き換え字。

【看】 目4 (9) 6年 音カン 訓みる

筆順 一 二 三 手 手 看 看 看 看

意味 注意して見守る。みる。「看護・看病・看板」

名付 あきら・かん・みつ・みる

【看過】(かんか) 見のがすこと。「—し得ない事態」

【看護】(かんご) けが人や病人につきそって、手当てや世話をすること。

【看取】(かんしゅ) 外見・態度などを見て、ある事情などを察知すること。

【看破】(かんぱ) 隠れている物事を見抜くこと。

注意 「観破」と書き誤らないように。

【看板】(かんばん) ①屋号や商標名、題名や芸名などを書いて、かかげる板。②信用を得ている店の名。屋号。「—に傷がつく」③外見。「—に偽りなし(外見と実質とが一致している)」

看

【盻】 目4 (9) 音ケイ 訓——

意味 ❶怒りをこめて見る。❷かえりみる。

盻

【県】 目4 (9) 3年 旧字 糸10 縣 (16) 人名

音ケン 訓あがた

筆順 丨 冂 月 目 且 県 県 県 県

意味 ❶地方行政区画の一つ。市・町・村で構成される。けん。「県政・都道府県」❷大化の改新以前に皇室が直轄した領地。あがた。

名付 あがた・けん・さと・むら

県

【盾】 目4 (9) 常用 音ジュン 訓たて

筆順 一 厂 戸 斤 斤 盾 盾 盾 盾

意味 矢や槍(やり)などから身を守る武具。たて。「矛盾・後ろ盾」

名付 じゅん・たて

盾

【省】 目4 (9) 4年 音セイ・ショウ 訓かえりみる・はぶく

筆順 丿 小 小 少 少 省 省 省 省

意味 ❶注意して見る。「省察」❷自分の内心や行動をよく考える。かえりみる。「内省・反省」❸安否を問う。「帰省」❹取り除いて減らす。はぶく。「省略・省筆」❺内閣の中央官庁。「省令・各省・文部科学省」❻中国の行政区画。「河南省」

名付 あきら・しょう・せい・はぶく・み・よし

参考 (1)❺❻は「しょう」と読む。(2)**かえりみる**⇨「顧」の[使い分け]。

【省察】 一(しょうさつ) よく調べること。 二(せいさつ) 反省して深く考えること。

【省略】(しょうりゃく) ある物事・文章などの一部を省くこと。

【省令】(しょうれい) 各省大臣が出す行政命令。

省

【相】 目4 (9) 3年 音ソウ・ショウ 訓あい・すがた・たすける・みる

筆順 一 十 才 木 札 机 相 相 相

意味 ❶外面に現れたありさま。すがた。そう。「相貌(そうぼう)・真相・人相」❷たがいに。あい。「相互・相異・相手(あいて)・相容(あいい)れない」❸よく見て占う。そうする。みる。「相法」❹前のものを受ける。「相続・相伝」❺補佐する。たすける。また、大臣。「相国(しょうこく)・首相(しゅしょう)」❻語調を整えたり強めたりすることば。あい。「相済まない」

名付 あい・あう・しょう・すけ・そう・たすく・とも・まさ・み

【相伴】(しょうばん) 正客(しょうきゃく)の相手となって、いっしょにもてなしを受けること。「お—にあずかる」

【相違】(そうい) 互いに異なっていること。ちがい。▽「相異」とも書く。

【相応】(そうおう) つり合いがとれていること。「身分—」

【相関】(そうかん) 二つ以上の事物が、変化・影響について互いに密接な関係を持っていること。「—関係」

【相互】(そうご) ①両方が、それぞれ他方の側へ働きかけがあること。たがい。②かわるがわる。交互。

【相克】(そうこく) 対立するものが互いに相手に勝とうとして争うこと。▽「相剋」の書き換え字。

【相殺】(そうさい) 差し引きして、増減・損得のないようにすること。「不足分は値引きで—する」

注意 「そうさつ」と読み誤らないように。

【相思相愛】(そうしそうあい) 互いに慕い合い愛し合うこと。「—の仲」 注意 「想思想愛」と書き誤らないように。

【相承】(そうしょう・そうじょう) 順次に受け継ぐこと。「師資—」

相

【相乗】(そうじょう) 二個以上の数を掛け合わせて積(せき)を求めること。「―効果」

【相即】(そうそく) 一つにとけあって区別がつけにくいこと。

【相対的】(そうたいてき) 他との関連において存在するさま。

【相伝】(そうでん) 代々受け継いで伝えること。「一子―」

【相貌】(そうぼう) ①顔かたち。顔つき。「仁王の―」②様子・状態。「末期的―」

参考熟語 相撲(すもう) 相応(ふさわ)しい

目4【眈】(9) 音 タン 訓 にらむ
意味 ねらいみる。にらむ。「眈眈」
【眈眈】(たんたん) 鋭い目付きでねらうさま。「虎視(こし)―」
眈

目4【眉】(9) 常用 音 ビ・ミ 訓 まゆ
筆順 … 眉
意味 まぶたの上方に生えている毛。まゆ。「眉目・眉間(みけん)・白眉・眉毛(まゆげ)」 名付 び・まゆ・み
【眉宇】(びう) まゆのあたり。「―に決意を漂わせる」▽眉を目の軒(のき)(=宇)に見立てたことば。
【眉目】(びもく) 顔つき。みめ。「―秀麗」
【眉間】(みけん) まゆとまゆとの間。
眉

目4【眇】(9) 音 ビョウ 訓 すがめ・すがめる
意味 ❶片目が見えないこと。❷横目。すがめ。❸よく見るために片目を細くする。すがめる。「矯(た)めつ眇めつ」
眇

目4【眄】(9) 音 ベン 訓 ―

意味 流し目にちらりと見る。「左顧右眄」

眄

目4【冒】(9) 常用 音 ボウ・モウ 訓 おかす
旧字 冂7 冐(9) 異体 冂6 冐(8)
筆順 … 冒
意味 ❶かまわず進む。おかす。「冒険・感冒」❷はじめ。「冒頭」❸そこなって害を与える。侵す。おかす。「霜に冒される」❹仮に名のる。おかす。「冒姓」
参考 おかす⇩「犯」の[使い分け]。
【冒険】(ぼうけん) 危険を押し切って行うこと。また、成功するかわからないことをあえて行うこと。
【冒頭】(ぼうとう) ①文章や談話の初めの部分。「―の挨拶」②物事の初めの部分。
【冒瀆】(ぼうとく) 神聖なもの・権威のあるものを汚すこと。「神を―することば」
冒

目5【眩】(10) 印標 音 ゲン 訓 くらむ・まぶしい・まばゆい
意味 ❶目の前が暗くなって倒れそうになる。くらむ。「眩惑・目が眩む」❷まぶしい。まばゆい。
【眩惑】(げんわく) 目がくらんで惑うこと。また、目をくらまして惑わすこと。参考「幻惑(げんわく)」は、ある物に迷って判断力を失い、本来すべきことを見失うこと。
眩

参考熟語 眩暈(めまい・げんうん)

目5【眤】(10) 音 ジツ 訓 ―

意味 近づき親しむ。なれ親しむ。

眤

目5【真】(10) 3年 旧字 目5 眞(10) 人名
音 シン 訓 ま・まこと
筆順 一 十 … 真
意味 ❶ほんとうであること。しん。まこと。ま。「真偽・真価・写真・真顔(まがお)・真(しん)に迫る」❷自然のままであること。また、生まれたままでよごれていないこと。ま。「天真・純真・真心(まごころ)」❸楷書(かいしょ)のこと。しん。「真行草」❹まじりけのないこと。ま。「真冬(まふゆ)・真新しい」 名付 さだ・さな・さね・しん・ただ・ただし・ちか・ま・まき・まこと・まさ・ます・まな・み
【真意】(しんい) ①その人のほんとうの気持ち・考え。「―をただす」②ほんとうの意味。
【真影】(しんえい) 肖像画、または肖像写真。「御―(天皇の肖像写真)」
【真価】(しんか) その物・人が持っている、本当のねうち。「―を発揮する」
【真贋】(しんがん) ほんものと、にせもの。
【真偽】(しんぎ) 本当かうそか。真否。
【真摯】(しんし) まじめで、いっしょうけんめいにするさま。「―な態度」注意「しんしつ」と読み誤らないように。
【真実】(しんじつ) ①うそいつわりがないこと。ほんとう
真

のこと。②ほんとうに。まったく。

【真書】(しんしょ) 楷書のこと。▽行書や草書に対して、点画が正しいことから。

【真髄】(しんずい) その物事の中心となる、最も大事なよさ・おもしろさ。▽「神髄」とも書く。

【真性】(しんせい) ①生まれつきの性質。②ほんとうにその病気であると認められる症状であること。「―赤痢」

【真正】(しんせい) ほんものであること。正真正銘(しょうしんしょうめい)。「―相続人」

【真跡】(しんせき) その人が実際に書いたほんとうの筆跡。真筆。▽「真蹟」の書き換え字。

【真率】(しんそつ) まじめで飾りけがないこと。

【真如】(しんにょ) 仏教で、仏法の本体である永世不変・平等無差別の絶対の真理のこと。

【真筆】(しんぴつ) 「真跡」と同じ。

【真面目】㊀(しんめんもく・しんめんぼく) そのものの真価・本領。「―を発揮する」㊁(まじめ) ①誠実でまごころがあること。②本気であること。「―な話」

【真顔】(まがお) まじめな顔つき。真剣な表情。

【真名】(まな) 漢字のこと。男手。

参考熟語 真葛(さねかずら) 真っ赤(まっか) 真っ青(まっさお) 真似(まね)

目5 【眛】(10) 音マイ 訓―

意味 目がよく見えないさま。

眛

目5 【眠】(10) 常用 音ミン 訓ねむる・ねむい

筆順

眠

意味 ❶ねむる。また、ねむり。「安眠・睡眠・冬眠・永遠の眠り」❷蚕がある期間活動をやめて動かないこと。「休眠」❸ねむりたい気持ちである。ねむい。

参考 ❶の「ねむる」「ねむり」、❸の「ねむい」は、それぞれ「睡る」「睡り」「睡い」とも書く。

目6 【眼】(11) 5年 音ガン・ゲン 訓まなこ・め

眼

筆順

意味 ❶目のこと。め。がん。まなこ。「眼球・眼前・開眼(かいげん)」❷物事の本質を見抜く力。「眼力・審美眼」❸見ること。「眼中・着眼」❹大事な点。「眼目・主眼」 名付 がん・め

参考 「象眼」は「象嵌」が書き換えられたもの。

【眼窩】(がんか) 頭骨の前面にある、眼球のはいっている穴。「窩」は「あな」の意。「眼窠」とも書く。

【眼界】(がんかい) ①見渡したときの、目に見える範囲。②考えが及ぶ範囲。

【眼光紙背に徹する】(がんこうしはいにてっする) 本を読むときの目のきらめきは紙の裏側にまで通るということ。▽本を読んで得る理解の程度が、深い意までも理解できるほどに深くて鋭いことを形容することば。

【眼識】(がんしき) 物事の善悪・真偽を見抜くことのできる、すぐれた力。

【眼中】(がんちゅう) ①目の中。②関心・意識の及ぶ範囲内。「―にない」

【眼目】(がんもく) 目的となっている最も大事な点。

【眼力】(がんりき) 物事の真偽・善悪・成否を見分ける力。

参考熟語 眼鏡(めがね) 眼差(まなざ)し 眼指(まなざ)し 眼瞼(まぶた・がんけん)

目6 【眷】(11) 音ケン 訓―

眷

意味 ❶親族。「眷属」❷情けをかける。「眷顧」

【眷属】(けんぞく) ①血のつながった一族。眷族。②従者。

【眷族】(けんぞく) 「眷属」と同じ。

目6 【眥】(11) 音サイ 訓まなじり

異体 目6 眦 (11)

眦

意味 ❶めじりのこと。まなじり。「眥を決する(目を大きく見開く。怒ったり決心したりした顔つきを形容することば)」❷にらむ。「睚眥(がいさい)」

目6 【眺】(11) 常用 音チョウ 訓ながめる

眺

筆順

意味 見渡す。ながめる。また、風景。ながめ。「眺望」 名付 ちょう・ながめる

【眺望】(ちょうぼう) 風景をながめること。また、ながめ。みはらし。「―絶佳」

目6 【眸】(11) 人名 音ボウ 訓ひとみ

眸

筆順

意味 目玉の黒い部分。ひとみ。「眸子・明眸」

名付 ひとみ・ぼう

参考 「ひとみ」は「瞳」とも書く。

目6 【罒】▶衆異

目7 **【睇】**(12) 音テイ 訓―
意味 伏し目で盗み見る。

目8 **【睚】**(13) 音ガイ 訓まなじり
意味 ❶にらむ。「睚眦（がいさい）」❷めじりのこと。まなじり。「睚を決する（目を大きく見開く。怒ったり決心したりしたときの顔つきを形容することば）」
参考 ❷の「まなじり」は「眥」とも書く。

目8 **【睨】**(13) 印標 音ゲイ 訓にらむ
意味 ❶横目で見る。「睥睨（へいげい）」❷鋭い目つきで見つめる。にらむ。

目8 **【睫】**(13) 印標 音ショウ 訓まつげ
意味 まぶたのふちに生えている毛。まつげ。「目睫」
参考熟語 睫毛（まつげ）

目8 **【睡】**(13) 常用 音スイ 訓ねむい・ねむる
筆順 睡
意味 ❶ねむる。また、ねむり。「睡眠・睡魔・午睡・熟睡」❷ねむりたい気持ちである。ねむい。
参考 ❶❷の「ねむる」「ねむり」「ねむい」は「眠る」「眠り」「眠い」とも書く。

【睡眠（すいみん）】①ねむること。ねむり。②活動をしばらくやめていること。活動休止。休眠。
【睡余（すいよ）】眠って目がさめたあと。

目8 **【睛】**(13) 音セイ 訓ひとみ
意味 くろめ。ひとみ。「画竜点睛（がりょうてんせい）」

目8 **【督】**(13) 常用 音トク 訓―
筆順 督
意味 ❶人々を取り締まる。とくする。また、その役目の人。「督励・監督・総督」❷せきたてる。とくする。「督促・督戦」名付 おさむ・かみ・こう・すけ・すすむ・ただ・ただす・とく・まさ・よし
【督促（とくそく）】せきたてて促すこと。「―状」
【督励（とくれい）】部下の者などを監督し激励すること。「部下を―して作業を急がせる」

目8 **【睥】**(13) 音ヘイ 訓にらむ
意味 横目でにらむ。「睥睨（へいげい）」
【睥睨（へいげい）】あたりを見回して情勢をよく観察すること。「天下を―する」▽「睨」も「横目で見る」の意。注意 「へいじ」と読み誤らないように。

目8 **【睦】**(13) 常用 音ボク 訓むつぶ・むつまじい・むつむ
筆順 睦
意味 親しくて仲がよい。むつまじい。また、分け隔てなく親しくする。むつぶ。むつむ。「親睦・和睦」名付 あつし・ちか・ちかし・とき・とも・のぶ・ぼく・まこと・む・むつ・むつみ・よし
【睦月（むつき）】陰暦一月のこと。

【鼎】▶鼎0

目9 **【睿】**(14) 音エイ 訓―
意味 ❶道理を知っていて賢い。❷尊敬して天子に関する事柄につけることば。「睿覧（えいらん）（叡覧）」

目9 **【睾】**(14) 印標 音コウ 訓―
意味 きんたま。「睾丸」

目9 **【睹】**(14) 音ト 訓みる 異体 見9 覩(16)
意味 視線を定めてよく見る。みる。「目睹（もくと）」

目10 **【瞎】**(15) 音カツ 訓―
意味 片方の目が見えない。また、目が見えない。

目10 **【瞋】**(15) 音シン 訓いかる
意味 目を見開いて怒る。いかる。「瞋恚（しんい・しんに）」
【瞋恚（しんい・しんに）】①怒り。②仏教で、自分の心にたがうものを怒り憎むこと。▽「恚」も「怒る」の意。注意 「しんけい」と読み誤らないように。

目10 **【瞑】**(15) 印標 音メイ 訓くらい・つぶる

5画

意味 ❶目をつぶる。めいする。「瞑想」❷安らかに死ぬ。めいする。「以(もっ)て瞑すべし(満足してあきらめるべきである)」❸暗くてよく見えない。くらい。
【瞑想】(めいそう) 目を閉じて心静かに考えること。▽「冥想」とも書く。

目11 **【瞠】**(16) 音ドウ 訓みはる
意味 目を大きく見開いて見る。みはる。「瞠目」
【瞠目】(どうもく) すぐれたものを見て、驚き感心すること。
瞠

目11 **【瞞】**(16) 印標 音マン 訓だます
意味 うそをいって、だます。「瞞着・欺瞞」
参考 「だます」はふつう「騙す」と書く。
【瞞着】(まんちゃく) ごまかすこと。だますこと。
瞞

目12 **【瞰】**(17) 印標 音カン 訓—
意味 見おろす。「俯瞰(ふかん)・鳥瞰(ちょうかん)(鳥のように高い所から見おろす)」
瞰

目12 **【瞶】**(17) 音キ・イ 訓—
意味 ❶目を凝らして見る。❷眼病。
瞶

目12 **【瞳】**(17) 常用 音**ドウ** 訓**ひとみ**
筆順 目 … 瞳
意味 眼球の中の黒い部分。ひとみ。「瞳孔」
名付 あきら・ひとみ・どう
参考 「ひとみ」は「眸」とも書く。
【瞳孔】(どうこう) 眼球の中心にある小さなあな。ひとみ。
瞳

目12 **【瞥】**(17) 人名 音ベツ 訓— 異体 目12 瞥(17)
筆順
意味 ちらっと見る。「瞥見・一瞥」
【瞥見】(べっけん) ちらりと見ること。
瞥

目12 **【瞭】**(17) 常用 音**リョウ** 訓あきらか
筆順 目 … 瞭
意味 物事がはっきりして明らかである。あきらか。「瞭然・明瞭」
名付 あき・あきら・りょう
【瞭然】(りょうぜん) 物事がはっきりしていて明らかなさま。「一目(いちもく)—」
瞭

目12 【瞬】▶瞬 旧

目13 **【瞹】**(18) 音アイ 訓—
意味 隠れる。
瞹

目13 **【瞿】**(18) 音ク 訓—
意味 驚き見る。「瞿然(くぜん)」
瞿

目13 **【瞼】**(18) 印標 音ケン 訓まぶた
意味 目の上をおおう皮。まぶた。「眼瞼(がんけん)・瞼(まぶた)の母(記憶に残っている母のおもかげ)」
瞼

目13 **【瞽】**(18) 音コ 訓—
意味 ❶目が見えない人。「瞽者」❷物事の道理がわからない。「瞽説」
瞽

目13 **【瞬】**(18) 常用 旧字 目12 瞬(17)
音**シュン** 訓**またたく**・しばたたく・しばたく・まばたく・まじろぐ
筆順 目 … 瞬
意味 ❶非常に短い時間。「瞬間・一瞬」❷まばたきをする。しばたたく。しばたく。まばたく。まじろぐ。「瞬(また)く間(ま)に」
【瞬間】(しゅんかん) 非常に短い時間。また、～したとたん。
【瞬時】(しゅんじ) またたきをする時間。転じて、きわめてわずかな時間。
瞬

目13 **【瞻】**(18) 音セン 訓—
意味 仰ぎ見る。「瞻仰(せんごう・せんぎょう)」
瞻

目13 **【矇】**(18) 音モウ 訓くらい 正字 目14 矇(19)
意味 道理を分別する能力がない。くらい。「矇昧(もうまい)」
矇

目15 **【矍】**(20) 音カク 訓—
意味 元気がよいさま。「矍鑠(かくしゃく)」
【矍鑠】(かくしゃく) 老いてもじょうぶで元気がよいさま。▽「鑠」は「年老いても元気なさま」の意。
矍

5画

目19 【矗】(24) 音チク 訓―

意味 そびえる。また、まっすぐに立つ。

目21 【矚】(26) 音ショク 訓―

意味 目を付ける。注目する。「矚目（しょくもく）（嘱目）」

矛の部 ほこ ほこへん

矛0 【矛】(5) 常用 音ム・ボウ 訓ほこ

筆順 フ マ ヌ 予 矛

意味 両刃で長い柄のある武器。ほこ。「矛盾・矛先（ほこさき）」 名付 たけ・ぼう・ほこ・む

参考 「ほこ」は「鉾」「戈」とも書く。

【矛盾】（むじゅん） 物事の前後が一致しないこと。▽中国の楚（そ）の時代、矛（ほこ）と盾（たて）を商う者が、その矛をほめて「どんな盾でも突き通せる」といい、次に盾をほめ「どんな矛をもってしても突き通せない」といった。見ていた者が「その矛でその盾を突いたらどうなるか」と聞いたら答えられなかったという説話から。

矛4 【矜】(9) 音キョウ・キン 訓―

意味 自負し誇る。「矜持（きょうじ）」

【矜持】（きょうじ・きんじ） ①自分を抑えつつしむこと。②頼みとするところがあっていだく誇り。矜恃（きょうじ）。▽「きんじ」は誤用による慣用読み。

【務】▼力9

矢の部 や やへん

矢0 【矢】(5) 2年 音シ 訓や

筆順 ノ ㇐ 仁 午 矢

意味 弓の弦にかけて射て飛ばすもの。や。「嚆矢（こうし）・矢印（やじるし）・矢の催促」 名付 し・ちかう・ちこう・や

参考 「や」は「箭」とも書く。

参考熟語 矢鱈（やたら） 矢庭（やにわ）

矢2 【矣】(7) 音イ 訓かな

意味 ❶詠嘆を表すことば。かな。❷漢文で、断定や推量を表すことば。

矢3 【知】(8) 2年 音チ 訓しる

筆順 ノ ㇐ 仁 午 矢 矢 知 知

意味 ❶わかる。しる。また、そのようにさせる。「知識・知者・承知・通知」❷友人。「知友・旧知」❸長として治める。「知事・知行（ちぎょう）」❹頭のすぐれた働き。ち。「知恵・理知・明知」❺計略。ち。「知略」❻気がついて認める。しる。「天命を知る」

名付 あき・あきら・おき・さと・さとし・さとる・しる・ち・ちか・つぐ・とし・とも・のり・はる

参考 ⑴ひらがな「ち」のもとになった字。⑵「知・知能・知謀・無知・理知・機知」などの「知」は「智」が書き換えられたもの。また、「知恵」は「智慧」が、「英知」は「叡智」が、書き換えられたもの。

【知育】（ちいく） 知識を豊かにし知能を高めることを目的とする教育。▽「智育」とも書く。

【知音】（ちいん） ①自分をよく知ってくれる友。親友。▽昔、中国で、琴の名人の伯牙（はくが）が、親友の鍾子期（しょうしき）が死んだとき、自分の琴の音を知る者はもはやないとして琴の弦を絶ったという故事から。②知り合い。知人。

【知恵】（ちえ） ものの道理や善悪を判断して、じょうずに処理する頭の働き。▽「智恵・智慧」とも書く。

【知己】（ちき） 自分をよく知ってくれる人。また、知り合い。知人。 注意 「知巳」と書き誤らないように。

【知行】 ㊀（ちぎょう） 近世、幕府や藩から武士に与えられた土地。また、その代わりとして与えられた扶持米（ふちまい）。㊁（ちこう） 知ることと、行うこと。知識と行為。「―合一（ごういつ）」

【知遇】（ちぐう） 上位の人に人物・才能などが認められて、手厚い待遇を受けること。「―を得る」 注意 「知偶」と書き誤らないように。

【知見】（ちけん） 実際に見て知ること。また、その内容。▽「智見」とも書く。

【知事】（ちじ） 都道府県の長。

5画

【知悉】ちしつ 細かい点まですべて知っていること。▽「悉」は「すべて」の意。
【知情意】ちじょうい すぐれた人間が備えるべき、知性・感情・意思。
【知謀】ちぼう 知恵をめぐらせた巧みな計略。▽「智謀」の書き換え字。
【知名】ちめい 世間にその人がよく知られていること。「―度」
【知命】ちめい 五十歳のこと。▽論語に「五十にして天命を知る」とあるのによる。
【知友】ちゆう 互いに深く理解し合っている友。
【知略】ちりゃく 知恵を働かせたすぐれた計略。知謀。▽「智略」とも書く。

矢4 【矧】(9) 音 シン 訓 はぐ

意味 矢竹に羽をつけて矢を作る。はぐ。

矢5 【矩】(10) 人名 音 ク 訓 かね・のり 旧字 矢5 【矩】(10)

筆順 ノ 𠂉 ケ 矢 矢 矢 矩 矩 矩

意味 ❶大工などが使う、直角に曲がったものさし。かね。「規矩・矩尺かねじゃく」❷四角形。「矩形」❸一尺を鯨尺くじらじゃくの八寸(約三〇・三センチメートル)とするものさし。かね。❹おきて。のり。

名付 かね・く・ただし・ただす・つね・のり

【矩尺】かねじゃく 直角に曲がった金属製のものさし。▽「曲尺かねじゃく」とも書く。

矢7 【短】(12) 3年 音 タン 訓 みじかい

筆順 ノ 𠂉 ケ 矢 矢 矢 矢 短 短

意味 ❶みじかい。⇔長。「短刀・短期・短縮・長短・短夜みじかよ」❷少なくて劣っている。また、欠点。たん。⇔長。「短見・短所・短を捨て長を取る」

【短軀】たんく 背たけの低いからだ。
【短見】たんけん 本質を見抜いていない、あさはかな意見。
【短冊】たんざく 短歌・俳句などを書くための細長い厚紙。また、そのような形。短尺たんざく。
【短尺】たんざく 「短冊」と同じ。
【短時日】たんじじつ 短い日数。
【短日月】たんじつげつ わずかの月日。
【短縮】たんしゅく 時間・距離などを短くちぢめること。
【短艇】たんてい ボートのこと。▽「端艇」とも書く。
【短兵急】たんぺいきゅう 相手に対してだしぬけに物事をするさま。▽「刀などを持って敵に襲いかかる」の意。注意「単兵急」と書き誤らないように。
【短慮】たんりょ ①考えがあさはかなこと。また、そのような考え。②気短であること。「―を慎む」

【智】▼日8

矢8 【矮】(13) 音 ワイ 訓 ―

意味 短い。背たけが低い。「矮小・矮林」

【矮軀】わいく 背の低いからだ。
【矮小】わいしょう 背が低く小さいさま。注意「矮少」と書き誤らないように。
【矮性】わいせい 植物の、大きく生長しない性質。
【矮星】わいせい 同じスペクトル型の恒星のうち、直径や絶対光度の小さいもの。太陽をはじめ多くの恒星がこれに属する。

【雉】▼隹5

矢12 【矯】(17) 常用 音 キョウ 訓 ためる

筆順 𠂉 矢 矢 矢 矢 矯 矯 矯

意味 ❶まっすぐにする。また、正しくする。ためる。「矯正・矯めつ眇すがめつ(よくよく見るさま)」❷強く激しい。「奇矯」❸いつわる。「矯飾」

名付 いさみ・きょう・たけし・ただ

【矯正】きょうせい 誤り・欠点を直して正しくすること。参考「匡正きょうせい」は、好ましくないものを正しいよい状態にすること。注意「嬌正」と書き誤らないように。

石 の部 いし いしへん

石0 【石】(5) 1年 音 セキ・シャク・コク 訓 いし・いわ

筆順 一 ア 不 石 石

意味 ❶岩の小さいかけら。いし。「石材・鉱石・磁石じしゃく」❷堅い大きないし。岩。いわ。❸時計の軸受けの宝石や、電気製品のトランジスター・ダイオードなどを数えることば。せき。❹尺貫法の、容積の単位。一石(こく)は十斗で、約一八〇リットル。こく。❺尺貫法の、材木の容積の単位。一石(こく)は十立方尺で、約〇・二七立方メートル。こく。❻昔、大名・武士の禄高(ろくだか)の単位。こく。「石高(こくだか)」❼昔、和船の積載能力を容積で表す単位。一石(こく)は十立方尺。こく。「千石船」名付 いし・いそ・いわ・こく・し・せき

【石碑】(せきひ) ①記念するために、人の名や物事の内容を表す文などを刻んで建てた石。②墓石のこと。

【石工】(せっく・いしく) 石に細工をする職人。

【石膏】(せっこう) 天然に産する、硫酸石灰の結晶。無色または白色。白墨・セメント・彫刻材料などに使う。

参考熟語 石塊(いしくれ・せっかい) 石首魚(いしもち) 石斑魚(うぐい) 石榴(ざくろ) 石楠花(しゃくなげ) 石蕗(つわぶき) 石竜子(とかげ)

石3 **【矼】**(8) 音 コウ 訓 —

意味 ❶渡るために水中に並べて置いた飛び石。❷気まじめで誠実である。

石4 **【研】**(9) 3年 音 **ケン** 訓 **とぐ**・みがく 旧字 石6 硏(11)

筆順 一 ア 不 石 石 矸 矸 研

意味 ❶刃物をこすって鋭くする。とぐ。「研摩・研ぎ師」❷道理を追求する。「研究・研修」❸すずり。「研北」❹努力してりっぱなものにする。みがく。「腕を研く」❺こすってきれいにする。みがく。とぐ。名付 あき・けん

参考 ❹❺の「みがく」はふつう「磨く」と書く。❶❺の意味の「とぐ」は「磨ぐ」とも書く。

【研鑽】(けんさん) 学問などを深く研究すること。「—を積む」▽「鑽」は「深くきわめる」の意。

【研修】(けんしゅう) 必要な知識・技能を身につけるため、特別な勉強をすること。

【研北】(けんぼく) 手紙で、あて名の左下に書いて敬意を表すことば。▽机を南向きに置くとき、人の位置がすずりの北にあたることから。「硯北」とも書く。

【研磨】(けんま) ①刃物・宝石など、堅い物をとぎみがくこと。②深く研究したり技術を上達させたりして、よりりっぱなものにすること。▽「研摩」とも書く。

石4 **【砂】**(9) 6年 音 **サ・シャ** 訓 **すな**・いさご

筆順 一 ア 不 石 石 矶 砂 砂 砂

意味 鉱物質の細かい粒。いさご。すな。「砂丘・砂利(じゃり)・土砂(どしゃ)・砂煙(すなけむり)」名付 いさご・さ・しゃ・すな

参考 「沙」とも書く。

【砂塵】(さじん・しゃじん) 砂ぼこり。▽「沙塵」とも書く。

【砂礫】(されき・しゃれき) 砂と小石。▽「礫」は「小石」の意。

石4 **【砕】**(9) 常用 旧字 石8 碎(13) 人名 音 **サイ** 訓 **くだく・くだ**ける

筆順 一 ア 不 石 石 砂 砕 砕 砕

意味 ❶打ちこわしてこなごなにする。くだく。また、そのようになる。くだける。「砕氷・粉砕・破砕・腰砕け」❷細かくて煩わしい。「煩砕」

参考 「破砕」は「破摧」が書き換えられたもの。

石4 **【䂖】**(9)〈国字〉 音 ジャク 訓 —

意味 地名などに使う字。「䂖打(うちじゃく)」は福島県の地名。

石4 **【砌】**(9) 音 セイ 訓 みぎり

意味 そのおり。そのとき。みぎり。「酷暑の砌」

石4 **【砒】**(9) 印標 音 ヒ 訓 —

意味 ❶化学元素の一つ。「砒素」❷砒素を含む有毒な鉱物。「砒石」

石5 **【砥】**(10) 人名 音 シ 訓 と

筆順 一 ア 石 石 矴 砥 砥 砥 砥

意味 刃物をとぎみがく、平らな石。と。「砥石(といし)・砥の如(ごと)し(道などが平らなことを形容することば)」

【砥石】(といし) 刃物をとぐための石。

石5 **【砠】**(10) 音 ショ 訓 —

意味 石が重なった山。岩山。

石5 **【砧】**(10) 人名 音 チン 訓 きぬた

筆順 一 厂 石 石 石 石 砧 砧

意味 布のつやを出すために布をのせて打つ、石の台。きぬた。 名付 きぬ・きぬた

石5 【破】(10) 5年 音ハ 訓やぶる・やぶれる

筆順 一 厂 石 石 矿 矿 破 破

意味 ❶引き裂いたり穴をあけたりする。やぶく。やぶる。また、そのようになる。やぶれる。「破裂・破竹・大破」❷今までの形・状態をくずして終わらせる。やぶる。また、そのようになる。やぶれる。「破産・破局・国破れて山河あり」❸制限・規則などを無視して行動する。やぶる。「破門・破廉恥」❹やり遂げる。「読破・突破・破天荒」❺相手を負かす。やぶる。「打破・論破」❻舞楽・能楽の構成で、拍子がだんだん早くなってゆく中間の部分。は。「序破急」

使い分け「やぶれる」
破れる…破壊・破損・失敗の意。「破れた障子・均衡が破れる・夢が破れる・恋に破れる」
敗れる…敗北の意。「強敵に敗れる・試合に敗れる・人生に敗れる・敗れ去る」

【破瓜】(はか) ①女性の十六歳。②男性の六十四歳。▽「瓜(うり)」の字を分けると「八」の字が二つになり、二×八＝十六、または八×八＝六十四にかけたもの。

【破戒】(はかい) 僧や尼などが戒律を破ること。「—僧」

【破顔】(はがん) 顔をほころばせて笑うこと。「—一笑」

【破棄】(はき) ①契約・取り決めなどを一方的に取り消すこと。②上級裁判所が原判決を取り消すこと。▽「破毀」の書き換え字。

【破鏡】(はきょう) 夫婦別れ。離婚。「—の嘆(たん)」▽昔、中国で、夫婦が離れ離れになるとき、鏡を二つに割ってそれぞれ一片を持ち、再会の際の証(あかし)とすることを約束したが、妻が他の男と通じたところ、その鏡がかささぎとなって夫の所に飛んで行ったため不義が知られてしまい、ついに離婚されたという故事から。

【破局】(はきょく) うまくゆかずに終わったみじめな結末。

【破砕】(はさい) 堅い物を砕いて細かくすること。「—機」▽「破摧」の書き換え字。

【破邪顕正】(はじゃけんしょう) 邪道・邪説を打ち破って正しい真理を広めること。

【破損】(はそん) 物がいたんだりこわれたりすること。

【破綻】(はたん) 物事がうまくゆかなくなってだめになること。「—をきたす」▽「綻」は「ほころびる」の意。注意「はじょう」と読み誤らないように。

【破竹の勢い】(はちくのいきおい) とめようのない盛んな勢い。

【破天荒】(はてんこう) いままでだれも思いもよらなかったようなことをすること。前代未聞。未曽有。「—の大事業」注意「破天候」と書き誤らないように。

【破門】(はもん) 師が師弟の縁をたち切って、門人から除名すること。

【破廉恥】(はれんち) 恥を恥とも思わないこと。「—罪」

参考熟語 破落戸(ごろつき・ならずもの) 破風(はふ) 破目(はめ)

石5 【砲】(10) 常用 音ホウ 訓つつ 旧字 石5 【砲】(10)

筆順 一 厂 石 石 矿 矽 砲 砲

意味 火薬で弾丸を打ち出す兵器。また、特に、その大型のもの。つつ。ほう。「砲撃・鉄砲・大砲・砲音(つつおと)」

参考「炮」とも書く。


【砲煙弾雨】(ほうえんだんう) 大砲の煙が立ち込め、弾丸が雨のように落ちてくること。▽激しい戦闘を形容することば。

【砲火】(ほうか) 大砲を撃ったときに出る火。「—を交える(互いに発砲して戦争をする)」

【砲撃】(ほうげき) 大砲で攻撃すること。

【砲門】(ほうもん) ①大砲で、弾丸を打ち出す砲身の筒先。「—を開く(砲撃を開始する)」②軍艦・陣地などに設けた射撃口。

【砲列】(ほうれつ) 砲撃できるように並べた、大砲の隊形。「カメラの—を敷く」▽相手に向けて横に並べた態勢にたとえることもある。「放列」とも書く。

石5 【[砺]】▶礪 異

石5 【[砿]】▶礦 異

石6 【硅】(11) 音ケイ 訓——

意味「硅素(けいそ)」は、非金属元素の一つ。珪素(けいそ)。

石6 【砦】(11) 人名 音サイ 訓とりで

筆順 ｜ ト ⺊ 止 止 此 些 砦

意味 敵を防ぐための小さい城。とりで。「城砦」

参考 「塞」とも書く。

石6 〔研〕▸研㊐

石7 【硴】(12) 〈国字〉 音 — 訓 かき　正字 石8 硴(13)

意味 貝の一種。牡蠣(かき)。▽地名に用いる字。「硴江(かきのえ)」は、熊本県の地名。

硴

石7 【硯】(12) 人名 音 ケン 訓 すずり

筆順 厂 石 矶 矶 硯 硯 硯 硯

意味 墨をする台石。すずり。「硯池・筆硯」

【硯池】(けんち) すずりの、水をためるくぼんだ所。硯海(けんかい)。墨池。

【硯北】(けんぼく) 手紙で、あて名の左下に書いて敬意を表すことば。▽机を南に向けて硯(すずり)を置くと、人はその北側に位置することから。「研北」とも書く。

硯

石7 【硬】(12) 常用 音 コウ 訓 かたい

筆順 厂 石 石 石 硬 硬 硬 硬

意味 ❶たやすく砕けない。かたい。↕軟。「硬球・硬直」❷変化が乏しくて、おもしろくない。かたい。「生硬・硬い文章」❸強くて激しい。かたい。「硬派・強硬・頭が硬い」 名付 かたし・こう

参考 ⑴「硬骨」の「硬」は「鯁」が書き換えられたもの。⑵かたい⇩「固」の[使い分け]。

【硬化】(こうか) ①物が堅くなること。「動脈—」②軟化に対して、意見・態度などが強硬になること。

【硬骨】(こうこつ) ①意志が強くて容易に権勢などに屈しないこと。「—漢」②軟骨に対して、堅い骨。「—魚」▽「鯁骨」の書き換え字。

【硬直】(こうちょく) 堅くなり自由に動かなくなること。「財政が—化する」▽態度・方針などが周囲の情勢の変化に応じられないことにたとえることもある。

【硬派】(こうは) ①極端な意見を主張し、激しい行動に走る党派・集団。②女性関係よりも粗野な格好・言動、暴力などを好む一派。

硬

石7 【硨】(12) 音 シャ 訓 —

意味 ↓硨磲(しゃこ)

【硨磲】(しゃこ) 海産の貝の一種。南の海でとれる大きな二枚貝。貝殻は細工物の材料。

硨

石7 【硝】(12) 常用 音 ショウ 訓 —　旧字 石7 硝(12)

筆順 厂 石 石 石 石 硝 硝 硝

意味 鉱物の一種。ガラス・火薬・肥料などの原料となる。「硝酸・硝石・煙硝」

【硝煙】(しょうえん) 鉄砲などの発射や弾丸の爆発などによって出る煙。「—反応」

硝

参考熟語 硝子(ガラス)

石7 【硲】(12) 〈国字〉 音 — 訓 はざま・さこ

意味 谷間。さこ。はざま。

硲

石7 【硫】(12) 常用 音 リュウ 訓 —

筆順 石 石 石 石 石 硫 硫 硫

意味 ❶火山地帯に産する黄色の鉱物。「硫酸・硫化水素・硫黄(いおう・ゆおう)」❷硫酸のこと。「硫安」

【硫安】(りゅうあん) 化学肥料の一つ。硫酸にアンモニアを吸収させて作ったもの。硫酸アンモニウム。

硫

石8 【𥒎】(13) 〈国字〉 音 セン 訓 うす

意味 うす。▽人名・地名に用いる字。「茶𥒎山(ちゃうすやま)」は京都府の地名。

𥒎

石8 【碍】(13) 音 ガイ 訓 さまたげる　正字 石14 礙(19)

意味 物事のじゃまをする。さまたげる。「障碍」

参考 「障碍・妨碍」などの「碍」は「害」に書き換える。

【碍子】(がいし) 送電線などのはだか線の部分を絶縁して、電柱などに固定するための器具。

碍

石8 【碕】(13) 音 キ 訓 —

意味 海や湖に突き出たみさき。

碕

石8 【碁】(13) 常用 音 ゴ 訓 —

碁

5画

筆順 一 艹 甘 甘 其 其 其 碁

意味 遊戯の一種。ご。「碁盤・囲碁」

石8 【碓】(13) 人名 音タイ 訓からうす

筆順 丆 石 矿 矿 矿 矿 碓 碓

意味 足で杵(きね)の端を踏んでつく臼(うす)。唐臼(からうす)。からうす。名付 うす・たい

石8 【碇】(13) 印標 音テイ 訓いかり

意味 船を停止させておくために水底に沈めるおもり。いかり。また、それを水中におろす。「碇泊」

参考 (1)「いかり」は「錨」とも書く。(2)「碇泊」の「碇」は「停」に書き換える。

石8 【碆】(13) 音ハ 訓—

意味 矢の先に糸や網をつけた狩猟道具につける石。

石8 【碚】(13) 音ハイ 訓—

意味 「碚礧(はいらい)」は、つぼみのこと。

石8 【硼】(13) 音ホウ 訓— 正字 石8 硼 (13)

意味 非金属元素の一つ。「硼酸」

石8 【碌】(13) 音ロク 訓—

意味 ❶石の青い色。「碌青(ろくしょう)」❷正常でじゅうぶんであること。ろく。「碌でもない話」

【碌青】(ろくしょう) 銅・銅合金に生ずる緑色のさび。「緑青(ろくしょう)」とも書く。▽

石8 【碗】(13) 人名 音ワン 訓—

筆順 丆 石 矿 矿 矿 矿 砽 碗

意味 飲食物を盛る陶磁器。わん。

参考 「椀(わん)(木製のわん)」と区別する。

石8 【碎】▼砕 旧　石8 【碑】▼碑 旧

石9 【碣】(14) 音ケツ 訓いしぶみ

意味 文字を彫って建てた、円形の石。いしぶみ。

石9 【磁】(14) 6年 音ジ 訓— 旧字 石10 磁 (15)

筆順 石 石 石 矿 矿 砝 磁 磁

意味 ❶鉄を引きつけ、南北をさす力。また、その性質のある鉱物。「磁気・磁石(じしゃく)・電磁波」❷堅く焼いて作った、目の細かい器。「磁器・青磁・陶磁器」

【磁器】(じき) 白色の非常に堅い上質の焼きもの。

【磁石】(じしゃく) ①鉄を吸いつける性質をもつもの。マグネット。②南北の方位を示す機器。磁針。

石9 【碩】(14) 人名 音セキ 訓おおきい

筆順 丆 石 石 石 矿 碩 碩 碩

意味 非常にすぐれている。おおきい。「碩学・碩徳」名付 せき・ひろ・みち・みつる・ゆたか

【碩学】(せきがく) 身につけた学問が広く深い人。

注意 「けんがく」と読み誤らないように。

石9 【碵】(14) 〈国字〉 音— 訓せき・ひろ

意味 せき。ひろ。▽人名に用いる字。

石9 【碪】(14) 音チン 訓きぬた

意味 布をのせて打つ、石の台。砧(きぬた)。きぬた。

石9 【碑】(14) 常用 音ヒ 訓いしぶみ 旧字 石8 碑 (13) 人名

筆順 石 石 矿 矿 砷 砷 砷 碑

意味 記念として石面に文字を彫って建てた石。いしぶみ。ひ。「碑文・歌碑・記念碑」

【碑文】(ひぶん) 石碑にほりつけた文章。碑銘(ひめい)。

【碑銘】(ひめい) 石碑に彫りつけた銘。

石9 【碧】(14) 人名 音ヘキ 訓あお・あおい・みどり

筆順 丁 王 王 玓 珀 珀 珀 碧

意味 ❶美しい青色の石。「碧玉」❷濃い青色。みどり。あお。また、その色をしている。あおい。「碧空・紺碧」名付 あお・きよし・へき・みどり

【碧海】(へきかい) 青々とした広く大きな海。

【碧眼】(へきがん) 西洋人の青い目。

【碧玉】(へきぎょく) 不純物を含む石英。緑・赤・黄褐

色などのものがある。装身具・印材とする。

【碧空】(へきくう) 青々とした空。青空。

石9【碯】▼瑙 異

石10【磑】(15) 音ガイ 訓—
意味 石で作った臼(うす)。石臼。

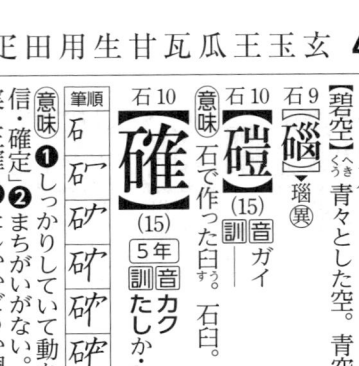

石10【確】(15) 5年 音カク 訓たしか・たしかめる
筆順 石 矿 矿 矿 矿 矿 砕 確
意味 ❶しっかりしていて動かない。「確立・確信・確定」❷まちがいがない。かく。たしか。「確実・正確」❸たしかかどうか調べてはっきりさせる。たしかめる。 名付 あきら・かく・かた・かたし・たい・たしか

【確言】(かくげん) いい切ること。また、そのことば。
【確執】(かくしつ) 自説を主張して譲らないこと。また、そのために生じた争い・不和。
【確証】(かくしょう) 確実で信頼できる証拠。
【確信】(かくしん) 確かだと信じて疑わないこと(心)。
【確定】(かくてい) 変更できないように、はっきりと決まること。また、決めること。「修学旅行の日程が—した」
【確認】(かくにん) 確かめること。はっきり認めること。
【確約】(かくやく) 必ずすると約束すること。また、その約束。
【確乎】(かっこ) 「確固」と同じ。「—不抜」▽「乎」は助字。
【確固】(かっこ) 態度・方針などがしっかりしていて動かないさま。確乎。「—不動」「—たる信念」

石10【磆】(15) 音カツ 訓—
意味 「磆石(かっせき)」は、鉱物の一種。薬とする。滑石。

石10【磋】(15) 印標 音サ 訓みがく
意味 象牙(ぞうげ)・骨・玉などをすりみがく。みがく。「切磋琢磨(せっさたくま)」

石10【碾】(15) 音テン 訓ひく
意味 穀物や茶などをすりつぶして粉にする臼(うす)。ひき臼。また、それを用いて粉にする。ひく。「碾茶(てんちゃ)」
参考 ひく⇩「引」の[使い分け]。

石10【磐】(15) 人名 音バン 訓いわ
筆順 ノ 丿 ⺆ 舟 舟 般 般 磐
意味 大きくてどっしりした石。いわ。「磐石(ばんじゃく)・落磐」
参考 「落磐」の「磐」は「盤」に書き換える。 名付 いわ・いわお・わ

【磐石】(ばんじゃく) ①大きな岩。②非常にがっしりしていて堅固なこと。「—の備え」▽「盤石」とも書く。

石10【磅】(15) 音ホウ 訓ポンド
意味 イギリス・オーストラリアなどの貨幣の単位。一磅(ポンド)は二〇シリング。ポンド。

石10【碼】(15) 音メ・バ 訓ヤード
意味 ❶ヤードポンド法の、長さの単位。一碼(ヤード)は三フィートで、九一・四四センチメートル。ヤード。❷「碼瑙(めのう)」とは、宝石の一種。瑪瑙(めのう)。

石10【磊】(15) 音ライ 訓—
意味 →磊落(らいらく)

【磊落】(らいらく) 細かい事柄にこだわらず、心がさっぱりしていること。「豪放—」

石10【磁】▼磁 旧

石10【磔】▼磔 正

石11【磬】(16) 音ケイ 訓—
意味 中国古代の楽器の一種。「へ」の字形にした玉や石を多数つり下げて打ち鳴らす。

石11【磧】(16) 音セキ 訓かわら
意味 ❶河原。かわら。❷砂漠。

石11【磚】(16) 音セン 訓—
意味 敷石とする平らなかわら。敷き瓦(がわら)。

石11【磔】(16) 音タク 訓はりつけ
意味 昔の刑罰の一つ。はりつけ。「磔刑」
正字 石10 磔 (15)

石11【磨】(16) 常用
音マ 訓みがく・する・とぐ
旧字 石11 磨 (16)

5画

筆順 亠 广 庁 床 府 麻 麽 磨

意味 ❶石や玉をこすってきれいにする。みがく。「研磨・切磋琢磨（せっさたくま）」❷物を触れ合わせたまま動かす。する。また、そのようになって減る。「磨滅」❸刃物などをみがいて鋭くする。とぐ。

名付 おさむ・きよ・ま・みがく

参考 ⑴❶の「みがく」は「研く」とも書く。❷の「する」は「摩る」とも書く。❸の「とぐ」はふつう「研ぐ」と書く。⑵「磨滅・研磨」などの「磨」は「摩」とも書く。⑶**する**⇩「擦」の[使い分け]。

【磨滅】まめつ すり減ること。また、すり減ってなくなること。▽「磨」は「摩」とも書く。

【磨耗】まもう すり減ること。

石12 【磯】(17) 人名 音キ 訓いそ

筆順 石 矿 矽 矽 磁 磯 磯 磯

意味 海・湖などの水べの岩の多い所。いそ。「磯辺（いそべ）・荒磯（あらいそ・ありそ）」

名付 いそ・き・し

参考熟語 磯巾着（いそぎんちゃく） 磯蚯蚓（いそめ） 磯馴松（そなれまつ）

磯

石12 【磽】(17) 音コウ 訓—

意味 石が多くて地味がやせている。また、そのような土地。やせ地。「磽确（こうかく）（やせ地）」

磽

石12 【礁】(17) 常用 音**ショウ** 訓—

筆順 石 石' 矿 矿 矿 矿 碓 礁

礁

意味 水面下にあって航行に危険な岩。「暗礁・座礁・珊瑚礁（さんごしょう）」

石12 【磴】(17) 音トウ 訓—

意味 石を敷きつめた坂道。

磴

石13 【礇】(18) 音イク 訓—

意味 玉に似た石。

礇

石13 【礒】(18) 音ギ 訓いそ

意味 海や湖などの波打ちぎわ。いそ。

礒

石13 【礎】(18) 常用 音**ソ** 訓**いしずえ**

筆順 石 矿 矿 础 础 礎 礎 礎

意味 ❶建物の土台石。いしずえ。「礎石・基礎」❷物事の根本。いしずえ。「国の礎」

名付 き・そ

【礎石】そせき 建造物を支える土台石。「民主化の—」▽物事を成り立たせる基礎にたとえることもある。

礎

石13 【礑】(18) 音トウ 訓はた・はった

意味 動作が急に行われるさま。また、行き詰まって急には考え・ことばが出てこないさま。はったと。はたと。「礑とひざをたたく・礑と行き詰まる」

礑

石13 【[石+鳥]】(18) 〈国字〉 音— 訓はし

意味 はし。▽人名などに用いる字。

[石+鳥]

石14 【礪】(19) 音レイ 訓—

正字 石15 礪(20)

異体 石5 砺(10)

意味 ❶刃物をとぐ、きめの粗い砥石（といし）。粗砥（あらと）。❷砥石でとぐ。❸努める。励む。

礪

石14 【礙】▼碍㊣

石15 【礦】(20) 音コウ 訓あらがね

異体 石5 砿(10)

意味 掘り出したままの鉱石。あらがね。「礦石」

参考 「礦・礦石・礦業・炭礦」などの「礦」は「鉱」に書き換える。

礦

石15 【礬】(20) 音バン 訓—

意味 硫酸塩（りゅうさんえん）を含んだ鉱物の一つ。「明礬（みょうばん）」

礬

石15 【礫】(20) 印標 音レキ 訓つぶて

意味 石ころ。れき。また、投げつける小石。つぶて。「礫土・瓦礫（がれき）」

礫

示（ネ）の部 しめす しめすへん

示0 【示】(5) 5年 音**ジ・シ** 訓**しめす**

筆順 一 二 亍 亍 示

示

意味 ❶実際に見せたり教えたりする。しめす。「示威・示唆・教示」❷指さして教える。しめす。

名付 じ・しめ・しめす・とき

参考 示偏（ネ）の場合の筆順は、上の点→「フ」→縦画→下の点の順。

【示威】(いい) 意志や威力・気勢を示すこと。「―運動」

【示唆】(しさ・しじ) 他のことによってそれとなく示すこと。「―を与える」 注意 「指唆」と書き誤らないように。

【示談】(じだん) 争いごとを話し合いで解決すること。

示1 【礼】(5) 3年 旧字 示13 禮(18) 人名

音 レイ・ライ 訓 ―

筆順 丶 ラ ネ ネ 礼

礼

意味 ❶守らなければならない作法・儀式。れい。「礼服・礼式・婚礼・即位の礼」❷真心をもって待遇し敬意を表すこと。れい。「礼遇・非礼」❸敬っておじぎをすること。また、そのおじぎ。れい。「礼拝(れいはい・らいはい)・目礼・敬礼(けいれい)」❹感謝の気持ちを表すこと。また、そのための贈り物。れい。「礼状・謝礼・返礼」

名付 あき・あきら・あや・いや・うや・かた・なり・のり・ひろ・ひろし・まさ・まさし・みち・ゆき・よし・れい

参考 ひらがな「れ」、カタカナ「レ」のもとになった字。

【礼讃】(らいさん) ①ありがたい、または、すばらしいとしてほめたたえること。②仏や僧を礼拝してその功徳(くどく)をほめたたえること。▽「礼賛」とも書く。

【礼遇】(れいぐう) 礼儀を尽くして手厚くもてなすこと。また、そのもてなし。

【礼節】(れいせつ) 人との交際のときに守らなければならない礼儀と、行いの節度。「―を守る」

【礼典】(れいてん) ①礼儀に関するおきて・決まり。また、それをしるした書物。②儀式のこと。

【礼拝】一(れいはい) キリスト教などで、神を拝むこと。「―堂」二(らいはい) 仏教で、仏を拝むこと。

【礼服】(れいふく) 儀式・儀礼などに着用する正式の衣服。

示3 【祁】(8) 人名 異体 示3 祁(7)

音 キ 訓 ―

筆順 一 二 亍 亓 示 示ᄀ 示阝 祁

祁

意味 大いに。はなはだしい。「祁寒」

示3 【社】(7) 2年 旧字 示3 社(8) 人名

音 シャ 訓 やしろ

筆順 丶 ラ ネ ネ ネ一 ネ十 社

社

意味 ❶人々が集まって作った団体。「社団・結社・会社」❷世間。「社会・社交」❸神を祭る建物。やしろ。「社寺・大社・神社(じんじゃ)」❹土地の神。「社稷(しゃしょく)」❺会社のこと。しゃ。「社員・社説・貴社・入社」

名付 しゃ

【社会】(しゃかい) ①何らかの結びつきによって共同生活をする、人々の集団。②世の中。世間。「―に出る」

【社交】(しゃこう) 人と人との交際。世間のつきあい。

【社稷】(しゃしょく) 国家のこと。「―の臣（国家の重臣）」▽もと「土地の神と五穀の神」の意。

【社是】(しゃぜ) 会社の根本の経営方針。また、それを文章で表したもの。

【社説】(しゃせつ) 新聞・雑誌などで、ある問題について、その社の主張として掲載する論説。

【社中】(しゃちゅう) ①会社の中。社内。②邦楽などで、同門の仲間。③同じ結社の仲間。

【社務所】(しゃむしょ) 神社の境内にあってその神社の事務をつかさどる所。

示3 【祀】(8) 印標

音 シ 訓 まつる

祀

意味 神として祭る。まつる。また、祭り。まつり。「祭祀」

参考 「まつる」「まつり」は「祭る」「祭り」とも書く。

【奈】▶大5

示4 【祈】(8) 常用 旧字 示4 祈(9) 人名

音 キ 訓 いのる

筆順 丶 ラ ネ ネ ネ′ ネ𠂆 ネ斤 祈

祈

意味 ❶神仏に願う。いのる。また、そのこと。いのり。「祈願・祈誓・祈年祭」❷他の人によいことが起こるように心から願う。いのる。「御成功を祈る」

参考 ❶の「いのる」は「禱る」とも書く。▽「禱」も「祈る」の意。

【祈願】(きがん) 神仏に祈り願うこと。

【祈禱】(きとう) 神仏に祈ること。

【祈念】(きねん) 神仏に願をかけて祈ること。

示4 【祇】(9) 人名　異体 示4 祇(8)

音 ギ　訓 —

筆順 一 二 亍 示 示 礼 祇 祇 祇

意味 国土を守る神。地の神。また、単に、神のこと。「地祇・神祇」 名付 けさ・つみ・のり・ひろ・まさ・もと

注意 「祗(し)(つつしむ)」は、別字。

【祇園精舎】(ぎおんしょうじゃ) 昔、インドの須達(すだつ)長者が釈迦(しゃか)のために説教道場として建立した寺。

示4 【祉】(8) 常用　旧字 示4 祉(9) 人名

音 シ　訓 さいわい

筆順 丶 ラ ネ ネ ネ 礼 礻卜 祉

意味 神が下す幸福。さいわい。また、恵み。「福祉」

示4 【𥘉】(8) 〈国字〉

音 —　訓 のと

意味 のと。▽人名などに用いる字。

示5 【祠】(10) 印標

音 シ　訓 ほこら

意味 ❶神を祭っておく建物。ほこら。「社祠・淫祠(いんし)」❷祖先の霊を祭る所。みたまや。「祠堂・先祠」

【祠堂】(しどう) 祖先の霊をまつった、小さいやしろ。

示5 【祗】(10)

音 シ　訓 —

意味 慎む。「祗候」

注意 「祇(ぎ)(地の神)」は、別字。

【祗候】(しこう) ①身分の貴い人のそば近く仕えること。②参上して、目上の人の御機嫌うかがいをすること。▽「伺候」とも書く。

示5 【祝】(9) 4年　旧字 示5 祝(10) 人名

音 シュク・シュウ　訓 いわう・はふり・ほぐ

筆順 丶 ラ ネ ネ ネ 礻口 礻兄 祝 祝

意味 ❶めでたいことを喜ぶ。ほぐ。しゅくする。いわう。「祝賀・祝勝・祝言(しゅうげん)・慶祝」❷幸福であるように祈る。いわう。「門出を祝う」❸神に仕える人。はふり。「巫祝(ふしゅく)」❹神に告げる。「祝禱(しゅくとう)・祝詞(のりと)」 名付 い・いわい・しゅう・しゅく・とき・のり・はじめ・よし

参考 ❶の「ほぐ」は「寿ぐ」とも書く。

【祝儀】(しゅうぎ) ①祝いの儀式。また、特に、婚礼のこと。「—不(ぶ)—」②祝いのとき、人々に贈る金品。③心づけ。チップ。 注意 「祝義」と書き誤らないように。

【祝言】(しゅうげん) 婚礼のこと。

【祝着】(しゅうちゃく) 喜び祝うこと。めでたく思うこと。「—至極(しごく)に存じます」

【祝賀】(しゅくが) (めでたいことを)よろこび祝うこと。

【祝詞】一(しゅくし・しゅうし) 祝いのことば。祝辞。二(のりと) 神に祈るとき神主が神に申し述べることば。

【祝勝】(しゅくしょう) 戦争や試合での勝利を喜び祝うこと。

【祝典】(しゅくてん) 祝いの儀式。

示5 【神】(9) 3年　旧字 示5 神(10) 人名

音 シン・ジン　訓 かみ・かん・こう

筆順 丶 ラ ネ ネ ネ 礻口 礻日 神 神

意味 ❶信仰の対象となる、尊いもの。かみ。「神霊・鬼神・神主(かんぬし)・神神(こうごう)しい」❷人間にはできないような不思議なすぐれた力があること。しん。「神聖・神妙・神通力(じんずうりき・じんつうりき)」❸心の働き。しん。「神経・精神」 名付 か・しん・じん・たる

【神業】(かみわざ) 神でなければできないわざ。人間にはできないようなすぐれた技術。神技(しんぎ)。

【神無月】(かんなづき・かみなづき) 陰暦十月のこと。

【神域】(しんいき) その神社の境内。

【神火】(しんか) 神聖な火。「三原山の御—(ごじんか)」

【神技】(しんぎ) 神のように非常にすぐれた腕前・わざ。神業。

【神器】(じんぎ・しんき・しんぎ) ①神から受け伝えたという宝器。「三種の—」②特に、皇位の象徴として歴代の天皇が受け継いだ鏡・剣・玉の、三種の神器のこと。

【神祇】(じんぎ) 天の神と、地の神。また、神々。

【神宮】(じんぐう) ①神社のこと。また、特に、格式の

5画

高い神社のこと。「—寺」②伊勢の皇大神宮のこと。

【神算】非常にすぐれた計略。「—鬼謀」

【神璽】①三種の神器の一つの、八尺瓊勾玉のこと。②天皇の印。

【神授】神から授かること。「王権—説」

【神出鬼没】鬼神のように自由自在に出没し、所在が容易につかめないこと。「—の怪盗」

【神助】神の助け。「天佑—」

【神髄】①その物事のよさ・おもしろさの中心となる部分。②その方面の奥義。▽「真髄」とも書く。

【神通力】神・魔物などがもつ、普通の人間ではできない事をなしうる不思議な力。

【神聖】清らかでけがれがないこと。尊くておかしがたいこと。

【神仙】不思議な力を持っているという仙人。

【神託】神のお告げ。

【神妙】①けなげで感心な行いをするさま。「—な顔をして座る」②すなおで、おとなしいさま。

【神明】神のこと。「天地—に誓う」▽「明」も「神」の意。

【神佑】神の助け。「—天助」▽「神祐」とも書く。

【神霊】①神のみたま。②霊妙な神の徳。

参考熟語 神楽 神人 お神酒 神子 神輿

示5 【祟】(10) 印標 音スイ 訓たたる

意味 ❶神仏や人の霊などが人に災いを与える。たたる。また、その災い。たたり。❷よくないことをして悪い結果が起こる。たたる。「弱り目に祟り目」

注意 「崇(尊い・尊ぶ)」は、別字。

示5 【祖】(9) 5年 旧字 示5 祖(10) 人名

音ソ 訓おや

筆順 丶 ラ ネ ネ 礻 礻 祖 祖 祖

意味 ❶父母の親。「祖父・外祖・御祖母さん」❷家系の最初の人。また、それ以後で父以前の人。おや。「祖先・始祖・皇祖」❸物事のもとを始めた人。そ。「元祖・医学の祖」❹手本としての昔のものを受け継ぐ。「祖述」❺道路の安全を守護する神。「道祖神」 名付 そ・はじめ・もと

【祖国】先祖から住み続けてきて、自分もそこで生まれた国。母国。

【祖師】①仏教で、一宗一派を開いた人。開祖。②禅宗で、達磨のこと。また、日蓮宗で、日蓮のこと。

【祖述】先人の学説を受け継ぎ、それを補って学問の研究を進めること。

【祖先】①その家系の一番はじめにあたる人。始祖。②初代から先代までの人々。▽「先祖」よりも客観的な立場に立っていう語。

参考熟語 祖母 祖父

示5 【祚】(10) 音ソ 訓—

意味 ❶神が下す幸福。「天祚」❷天皇の位。「践祚・皇祚」

示5 【〓】(10) 〈国字〉 音— 訓はた

意味 はた。▽人名に用いる字。

示5 【祓】(10) 印標 音フツ 訓はらう

意味 神に祈って災いや、身のけがれを除く。はらう。また、そのことばや行事。はらい。「お祓い」

示5 【祐】(9) 人名 旧字 示5 祐(10) 人名

音ユウ 訓たすける

筆順 丶 ラ ネ ネ 礻 礻 祐 祐 祐

意味 ❶神が助ける。たすける。「祐助・天祐」❷人の助け。たすけ。「祐筆」 名付 う・さら・すけ・たすく・ます・むら・ゆう・よし

【祐助】神の助け。「天の—」▽「佑助」とも書く。

【祐筆】①昔、身分の高い人のそばでつかえた書記(の役目)。②文筆にすぐれた才能をもつ者。▽「右筆」とも書く。

示5 〔祢〕▼禰 異

示5 〔祢〕▼禰 異

示5 〔祕〕▼秘 旧

示6 【祭】(11) 3年 音サイ 訓まつる・まつり

筆順　ノ　ク　タ　…　祭

意味 ❶神霊を慰める。まつる。また、その行事。まつり。「祭礼・祭神・大祭・祝祭・地鎮祭」❷記念・祝賀などのにぎやかな催し。まつり。「文化祭」

【祭司】（さいし）①ユダヤ教で、儀式などをつかさどる人のこと。②キリスト教で、司祭のこと。

【祭祀】（さいし）祭りの儀式。祭儀。

【祭壇】（さいだん）①祭りを行うために設けた壇。②物を供えたり、祭器や祭具を置いたりするための壇。

示6【祥】(10) 常用　旧字 示6 祥 (11) 人名

音 ショウ　訓 さいわい

筆順　、　ラ　ネ　ネ　…　祥　祥

意味 ❶めでたいこと。さいわい。「吉祥・嘉祥（かしょう）」❷めでたいことの前ぶれ。「祥気・祥瑞（しょうずい）・発祥」❸服喪中の祭り。「祥月」 名付 あきら・さか・さき・さち・さむ・しょう・ただ・なが・やす・よし

【祥月】（しょうつき）故人のなくなった月にあたる月。「―命日」

示6【票】(11) 4年

音 ヒョウ　訓 ―

筆順　一　…　票

意味 ❶用件などを書き付ける用紙。「伝票・計算票」❷選挙・採決などのときに用いる紙。ひょう。「票数・開票・投票」❸投票数を数えることば。ひょう。

【票決】（ひょうけつ）投票によって決めること。参考「表決（ひょうけつ）」は、議案に対して賛否の意思を表し決めること。

【票田】（ひょうでん）選挙で、ある候補または政党が大量の票を得られる地域。▽地域を田に見たてて言う語。

〔視〕▶見4　〔斎〕▶齊3　示7〔祷〕▶禱 異

示8【祺】(13)

音 キ　訓 ―

意味 めでたい事柄。幸い。

示8【禁】(13) 5年

音 キン　訓 ―

筆順　一　十　オ　木　林　…　禁　禁

意味 ❶おきて・規則などによってさしとめる。きんずる。「禁止・禁酒・厳禁」❷してはならないという、おきて・規則。きん。「国禁・解禁・禁を破る」❸いみきらって避ける。「禁忌」❹天皇の居所。「禁中」

【禁忌】（きんき）①縁起が悪いとしてきらい避けること。②習俗として、犯してはならないとされている事物。タブー。③ある病気について用いてはならないとされている薬品・食品や温泉の質など。

【禁錮】（きんこ）刑務所内に留置するが、労働はさせない刑。禁固。

【禁制】（きんせい・きんぜい）法律などによってある行為を禁止すること。また、その法律。「―品」

【禁足】（きんそく）罰として外出を禁止すること。

【禁断】（きんだん）堅く禁じられていること。「―の木の実」

【禁中】（きんちゅう）宮中のこと。禁裏。

【禁物】（きんもつ）①使ってはならない物。②してはならない事柄。

【禁裏】（きんり）「禁中」と同じ。

【禁令】（きんれい）ある行為をさしとめる法令。

示8【禄】(12) 人名　旧字 示8 祿 (13) 人名

音 ロク　訓 ―

筆順　ラ　ネ　…　禄

意味 ❶天から与えられるさいわい。「天禄・福禄」❷封建武士・官吏の給与。ろく。「微禄・封禄」 名付 さち・とし・とみ・よし・ろく

【禄米】（ろくまい・ろくべい）昔、武士が給与として受けた米。

示8〔禀〕▶稟 異

示9【禍】(13) 常用　旧字 示9 禍 (14) 人名

音 カ　訓 わざわい

筆順　ネ　ネ　…　禍　禍

意味 不幸をひきおこす原因となる物事。わざ

わい。↔福。「禍福・水禍・筆禍」

【禍根】（かこん） わざわいのもと。「—を残す」

【禍福】（かふく） わざわいと幸福。「—は糾（あざな）える（より合わせた）縄（なわ）の如（ごと）し」

参考熟語 禍禍（まがまが）しい

示9 **【禊】** (14) 印標 音ケイ 訓みそぎ

意味 罪やけがれを取り除くため、きれいな水でからだを洗い清めること。みそぎ。

禊

示9 **【禅】** (13) 常用　旧字 示12 禪 (17) 人名

音ゼン 訓—

筆順 ラ ネ ネ ネ ネ 祒 禅 禅

意味 ❶精神を統一して真理をさとること。ぜん。「禅宗・禅定（ぜんじょう）・座禅」❷座禅のこと。また、仏教の一派である禅宗のこと。ぜん。「禅林・参禅」❸天子が有徳者に位を譲る。「禅譲・受禅」

名付 ぜん・よし

【禅師】（ぜんじ） ①禅に通じた僧。②高徳の禅僧に朝廷から賜る呼び名。「一休—」

【禅定】（ぜんじょう） 禅の修行のこと。

【禅譲】（ぜんじょう） 天子がその位を世襲せずに有徳者に譲ること。

【禅門】（ぜんもん） ①禅宗。②出家して仏道修行をする男性。

【禅問答】（ぜんもんどう） 禅宗の僧が求道（ぐどう）悟達のために行う問答。▽よくわからなくて手ごたえのない問答にたとえることもある。

禅

示9 **【禎】** (13) 人名　旧字 示9 禎 (14) 人名

音テイ 訓—

筆順 ラ ネ ネ ネ ネ 祯 禎 禎

意味 めでたいしるし。また、幸い。さいわい。「禎祥」

名付 さだ・さだむ・さち・ただ・ただし・つぐ・てい・とも・よし

禎

示9 **【福】** (13) 3年　旧字 示9 福 (14) 人名

音フク 訓さいわい

筆順 ラ ネ ネ ネ 祀 福 福 福

意味 運がよくて困らないこと。さいわい。ふく。↔禍。「福利・福寿・幸福・祝福・福の神」

名付 さき・さち・たる・とし・とみ・ふく・よ・よし

【福音】（ふくいん） ①喜ばしい知らせ。②キリストが人類を救うというよい知らせ。注意「ふくおん」と読み誤らないように。

【福祉】（ふくし） 幸福な生活環境。「児童—」

【福徳】（ふくとく） 善良な行いをした者に与えられる幸福や利益。「—円満」

【福利】（ふくり） 幸福と利益。「—厚生施設」

福

示10 **【禝】** (15) 音ショク 訓—

意味 五穀の神の名。

禝

示11 **【禦】** (16) 音ギョ 訓ふせぐ

意味 侵されないように、さえぎり守る。ふせぐ。「防禦」

参考「防禦・制禦」などの「禦」は「御」に書き換える。

禦

示12 **【禧】** (17) 音キ 訓—

意味 めでたくて喜ばしい事柄。「恭賀新禧（きょうがしんき）」

禧

示12 **【禪】** ▸禅(旧)

示13 **【禮】** ▸礼(旧)

示14 **【禱】** (19) 人名　異体 示7 祷 (11) 人名

音トウ 訓いのる

筆順 礻 祷 禱 禱 禱 禱 禱 禱

意味 ❶神に祈る。いのる。「祈禱・黙禱」❷祭る。

名付 いのる

参考 ❶の「いのる」はふつう「祈る」と書く。

祷

示14 **【禰】** (19) 人名　異体 示5 祢 (9) 人名　異体 示5 祢 (10)　異体 示14 禰 (18)

音デイ・ネ 訓—

筆順 示 示 示 祢 禰 禰 禰 禰

意味 →禰宜（ねぎ）

名付 ね・や

参考 ひらがな「ね」、カタカナ「ネ」のもとになった字。

【禰宜】（ねぎ） 神宮・神社で、宮司（ぐうじ）の下にあって祭事を行う神職。

禰

示17 **【禳】** (22) 音ジョウ 訓—

禳

5画

意味 神を祭って災いをよける。おはらいをする。

内の部　ぐうのあし

内4 【禹】(9) 音ウ 訓―

意味 中国の夏(か)王朝の開祖とされる、伝説上の聖王の名。

内4 【禺】(9) 音グウ・グ 訓―

意味 頭が大きく長い尾をもった猿。

内8 【禽】(13) 人名 音キン 訓とり

筆順 ^ 亼 今 侖 禽 禽 禽 禽

意味 ❶鳥類のこと。とり。「禽獣・家禽」❷生け捕りにされた人。とりこ。

【禽獣】(きんじゅう) 鳥や獣のこと。▽道理や恩義を知らない者にたとえることもある。

禾の部　のぎ　のぎへん

禾0 【禾】(5) 人名 音カ 訓のぎ

筆順 ノ 二 千 禾 禾

意味 ❶穀物のこと。「禾本」❷穀類の穂の先についている毛。のぎ。名付 いね・とし・のぎ・のぶ・ひいず・ひで

【禾本科】(かほんか) 稲・麦・よし・きびなどのこと。いね科。

禾2 【私】(7) 6年 音シ 訓わたくし・わたし・ひそか

筆順 ノ 二 千 禾 禾 私 私

意味 ❶個人に関していること。わたくし。⇔公。「私設・私立・公私」❷公の利益・習慣に反する個人的なこと。「私腹・私情・公平無私」❸人に知らせないでする。ひそか。「私語・私刑」❹公のものをかってに自分のものとする。わたくしする。「公金を私する」❺自分自身をさすことば。わたくし。わたし。名付 し

参考 ❸の「ひそか」は「密か」「窃か」とも書く。

【私刑】(しけい) 個人が勝手に加える制裁。リンチ。

【私見】(しけん) 自分だけの見解。「―によれば」

【私語】(しご) 私的なささやき。ひそひそ話。

【私行】(しこう) 個人としての、私生活上の行為。

【私淑】(ししゅく) 直接には教えを受けないが、ひそかに敬慕し、手本として学ぶこと。「―している作家」

【私情】(しじょう) 個人として持つ感情。「―をさしはさむ」

【私心】(ししん) 自分の利益だけを考える心。

【私人】(しじん) 公人に対して、国家・公共の地位にある人の、その地位を離れた個人。

【私設】(しせつ) 個人・民間で設立し、経営すること。

【私通】(しつう) 夫婦でない男女が関係を結ぶこと。

【私腹】(しふく) 自分の財産・利益。「―を肥やす(自分の財産を増やす)」

【私憤】(しふん) 個人的な問題から生ずる怒り。

参考熟語 私語(ささめごと)・私語く(ささめく)

禾2 【秀】(7) 常用 音シュウ 訓ひいでる

筆順 ノ 二 千 禾 禾 秀 秀

意味 他よりぬきんでてすぐれている。ひいでる。また、そのようなもの。しゅう。「秀才・秀作・俊秀・優秀」名付 さかえ・しげる・しゅう・ひいず・ひで・ひでし・ほ・ほず・ほら・みのる・よし

【秀逸】(しゅういつ) 他よりずばぬけてすぐれていること。「―な作品」

【秀作】(しゅうさく) できぐあいがすぐれた作品。

【秀抜】(しゅうばつ) 他よりきわだってすぐれていること。

【秀峰】(しゅうほう) 高くそびえている美しい山。

【秀麗】(しゅうれい) すぐれていて美しいこと。「眉目(びもく)―」

禾2 【禿】(7) 印標 音トク 訓かむろ・はげ・はげる・ちびる

意味 ❶頭髪がぬけてなくなる。はげる。また、そのこと・人。はげ。「禿頭(とくとう・はげあたま)」❷山などに木がなくなる。はげる。「禿山(はげやま)」❸先がすり切れる。ちびる。「禿筆(とくひつ)」❹遊女に仕える幼女のこと。かむろ。

【禿頭】(とくとう) はげて髪の毛がなくなった頭。はげ頭。

【禿筆を呵する】(とくひつをかする) 自分が文章を書くことをへりくだっていうことば。▽「穂先のすり切れた筆に息を吹きかける」の意。

【利】▶刀5

禾3 **【秉】**(8) 音ヘイ 訓—

意味 手に持つ。取る。「秉燭(へいしょく)」

【和】▶口5

禾4 **【科】**(9) 2年 音カ 訓しな・とが

筆順 ノ 二 千 禾 禾 禾 科

意味 ❶区分け。か。また、種類。しな。「科目・専科・眼科」❷生物分類上の一単位。か。「きく科」❸法律によって罰を定め負わせる。かする。また、罪。とが。「科料・前科・罪科・科人(とがにん)」❹役者が劇中の人物としてはなすことば。「科白(せりふ)」❺決まり。「金科玉条」名付 か・しな

参考 ❸の「とが」は「咎」とも書く。

【科料】(かりょう) 軽犯罪に対する財産刑。

【科白】(せりふ) 俳優が劇中人物としていうことば。▽「台詞」とも書く。

使い分け 「かりょう」
科料…財産刑の一。罰金より軽い。とが料。
過料…刑罰ではなく、行政上の制裁金。あやまち料。

禾4 **【秄】**(9) 〈国字〉 音シ 訓—

意味 「垓(ガイ)」の一万倍。▽和算(日本の数学)で使われた。

禾4 **【秋】**(9) 2年 音シュウ 訓あき・とき
異体 禾4 秌(9) 異体 禾11 穐(16) 異体 禾16 龝(21)

筆順 ノ 二 千 禾 禾 秒 秋

意味 ❶四季の一つ。あき。「秋月・秋季・晩秋」❷時の一点。また、年月。とき。「千秋・危急存亡の秋(とき)」名付 あき・あきら・おさむ・しゅう・とき・とし・みのる

【秋思】(しゅうし) ものさびしい秋に物思いにふけること。

【秋色】(しゅうしょく) 秋のけしき・けはい。

【秋水】(しゅうすい) 秋のころの清く澄みきった水。「三尺の—(とぎ澄まされた日本刀のこと)」

【秋霜烈日】(しゅうそうれつじつ) 刑罰・権威などがきびしいこと。▽「秋の冷たい霜と、夏の激しい太陽」の意から。

【秋波】(しゅうは) 色っぽい目つき。「—を送る」

【秋霖】(しゅうりん) 秋に降る長雨。▽「霖」は「長雨」の意。

【秋冷】(しゅうれい) 秋の空気が冷え冷えしていること。

参考熟語 秋桜(こすもす・あきざくら) 秋刀魚(さんま)

禾4 **【秕】**(9) 音ヒ 訓しいな 異体 米4 粃(10)

意味 ❶外皮ばかりで中が実っていない米。しいな。❷名ばかりで内容がともなわない。「秕政」

禾4 **【秒】**(9) 3年 音ビョウ 訓—

筆順 ノ 二 千 禾 利 秒 秒

意味 ❶非常にわずかであること。「寸秒」❷時間の単位。一秒(びょう)は一分の六十分の一。びょう。「秒速」❸角度の単位。一秒(びょう)は一分の六十分の一。びょう。

【香】▶香0

禾4 【秌】▶秋(異)

禾5 **【秧】**(10) 音オウ 訓—

意味 草や稲の苗。

参考熟語 秧鶏(くいな)

禾5 **【秬】**(10) 音キョ 訓—

意味 実の黒いきび。

禾5 **【称】**(10) 常用 音ショウ 訓たたえる・となえる 旧字 禾9 稱(14)

筆順 ノ 二 千 禾 禾 秒 称

意味 ❶名づける。しょうする。となえる。また、名前。しょう。「称号・自称・総称」❷ほめことばを述べる。たたえる。「称賛・過称」名付 しょう・な・みつ

【称号】(しょうごう) よび名。また、ある資格などを表す

名称。

【称賛】(しょうさん) 大いにほめること。▽「称讃」の書き換え字。

【称嘆】(しょうたん) 感心してほめたたえること。▽「称歎」とも書く。

【称揚】(しょうよう) 非常にほめたたえること。

禾5 **【秤】**(10) 人名　異体 禾5 秤(10)

音 ショウ・ヒョウ・ビン　訓 はかり

筆順 ニ 千 禾 禾 秆 秆 秤 秤

意味 物の重さをはかる器具。はかり。「天秤(てんびん)」

【秤量】(ひょうりょう・しょうりょう) ①はかりで重さをはかること。②そのはかりで正確にはかることのできる、最大の重さ。

禾5 **【秦】**(10) 人名　音 シン　訓 はた

筆順 一 三 声 夫 夫 奏 奏 秦 秦

意味 ❶中国の春秋戦国時代の国の名。始皇帝のとき、天下を統一した。しん。❷姓に用いる字。はた。名付 しん・はた

禾5 **【租】**(10) 常用　音 ソ　訓 ――

筆順 ノ 二 千 禾 利 和 相 租

意味 ❶田地にかける税。年貢(ねんぐ)。「田租・地租・免租」❷税金。「租税」❸賃借りする。「租借・租界」名付 そ・みつぎ

【租界】(そかい) もと、中国の開港都市で、外国人が行政・警察権を行使していた一定の地域。

【租借】(そしゃく) ある国が他国の領土内の地域を借りて一定期間統治すること。「―権」

【租税】(そぜい) 国や地方公共団体が、法律に基づいて国民から強制的にとりたてる金銭。税金。

禾5 **【秩】**(10) 常用　音 チツ　訓 ついで

筆順 ノ 二 千 禾 禾 秒 秩 秩

意味 ❶順序を立てる。また、順序。ついで。「秩序」❷臣下が君主から受ける給料。「秩禄(ちつろく)」名付 さとし・ちち・ちつ・つね

【秩序】(ちつじょ) 社会生活が整然と行われるための条理。「安寧―」

禾5 **【秡】**(10)　音 ハツ　訓 ――

意味 穀物がいたむ。

禾5 **【秘】**(10) 6年　旧字 示5 祕(10) 人名

音 ヒ　訓 ひめる

筆順 ニ 千 禾 禾 利 秘 秘 秘

意味 ❶隠して人に知らせない。ひする。ひめる。また、そのような事柄。ひ。「極秘・秘中の秘」❷人知でははかり知れない。「神秘」❸通じが悪い。「便秘」

参考 「必」の部分の筆順については「必」参照。

【秘奥】(ひおう) たやすくは知ることのできない、物事の奥深い所。

【秘訣】(ひけつ) 人のあまり知らない、特別に効果的な方法。「上達の―」注意「秘決」と書き誤らないように。

【秘策】(ひさく) 秘密に立てるすぐれた策略。

【秘蔵】(ひぞう) ①たいせつにしてしまっておくこと。②たいせつに育てかわいがること。「―の弟子」

【秘伝】(ひでん) 秘密にして、たやすく人に伝授しない事柄。「―の妙薬」

【秘匿】(ひとく) 人に知られないようにこっそり隠すこと。「取材源の―」

【秘密】(ひみつ) ①他人に知らせないようにしている事柄。②一般の人々に公開しないこと。

参考熟語 秘露(ペルー)

禾5 **【秣】**(10)　音 マツ　訓 まぐさ

意味 牛馬の飼料とする草やわら。まぐさ。「糧秣(りょうまつ)」

禾6 **【移】**(11) 5年　音 イ　訓 うつる・うつす

筆順 千 禾 禾 和 秒 移 移 移

意味 位置・状態が変わる。うつる。また、そのようにする。うつす。「移民・移住・推移・移り変わり」名付 い・のぶ・よき・より・わたる

【移管】(いかん) 管理・管轄の権限を他に移し渡すこと。

【移住】(いじゅう) 他の土地や国へ移り住むこと。

【移譲】(いじょう) 権利・権限などを他に譲り渡すこと。

【移植】(いしょく) ①植物を他の場所に移し植えること。②からだの組織の一部や臓器を移し植えること。

【移籍】(いせき) ①本籍地を他に移すこと。②他の団体に所属を変えること。

【移動】(いどう) 位置を変えること。また、変わること。

使い分け「いどう」

移動…ものを移し動かすこと。「車を移動する・移動図書館」

異動…職場での地位や勤務を変えること。人事の変更に使う。「人事異動」

禾7 **【稈】**(12) 音 カン 訓 わら

意味 稲や麦などの茎を干したもの。藁(わら)。わら。「麦稈(ばっかん)(むぎわら)」

禾7 **【稀】**(12) 人名 音 キ・ケ 訓 まれ

筆順 禾 … 稀

意味 ❶めったになくて珍しい。まれ。「稀少・稀有(けう)・古稀」❷濃くない。「稀薄・稀硫酸」

名付 き・け・まれ

参考 「稀・稀元素・稀釈・稀少・稀代・稀薄・稀硫酸・古稀」などの「稀」は「希」に書き換える。

【稀薄】(きはく) ①液体の濃度や気体の密度が薄いこと。②意欲・熱意が乏しいこと。▽「希薄」とも書く。

【稀有】(けう) 非常にまれで珍しいこと。「—の事件」 注意 「きう」「きゆう」と読み誤らないように。

禾7 **【稍】**(12) 音 ショウ 訓 やや

意味 ❶他に比べて少しあるさま。やや。「稍(やや)進歩した」❷少しの時間。やや。「稍あって(しばらくして)」

参考熟語 稍稍(やや)

禾7 **【税】**(12) 5年 音 ゼイ 訓 — 旧字 禾7 稅(12)

筆順 ノ 二 千 禾 … 税

意味 政府が国民から取り立てる米や金。ぜい。「税金・税率・減税・租税・酒税・間接税」 名付 おさむ・ぜい・ちから・みつぎ

【税率】(ぜいりつ) 税金を割り当てる割合。課税率。

禾7 **【程】**(12) 5年 音 テイ 訓 ほど 旧字 禾7 程(12)

筆順 二 千 禾 和 … 程

意味 ❶ある範囲を定めるもの。ほど。「課程・日程・程遠(ほどとお)い」❷規則。「規程」❸経過する長さ。「道程・里程」❹物事のぐあい。ほど。「程度・程合(ほどあ)い」❺だいたいの見当。ほど。「年の程(ほど)」❻ちょうどよいぐあい。また、極限の限度。ほど。「程程(ほどほど)・身の程」 名付 てい・のり・ほど

参考熟語 道程(みちのり・どうてい)

禾7 **【稉】**▼粳(異)

禾8 **【稘】**(13) 音 キ 訓 —

意味 年・月の一まわり。一周年または一か月。

禾8 **【稚】**(13) 常用 音 チ 訓 おさない・いとけない 異体 禾12 穉(17)

筆順 禾 … 稚

意味 まだじゅうぶん成長していない。いとけない。おさない。「稚魚・稚拙・幼稚・稚児(ちご)」 名付 ち・わか・わく

【稚気】(ちき) おとなになっても残っている、子どもっぽい心または態度。「—愛すべし」

【稚拙】(ちせつ) 未熟でへたなこと。「—な文章」

参考熟語 稚鰤(わらさ)

禾8 **【稠】**(13) 音 チュウ 訓 —

意味 多く集まって込み合っている。「稠密」

【稠密】(ちゅうみつ) ひと所に集まって込み合っていること。「人口—」 注意 「しゅうみつ」と読み誤らないように。

禾8 **【稙】**(13) 音 チョク 訓 わさだ

意味 ❶早まきの稲。❷地名に用いられる字。わさだ。

禾8 **【稗】**(13) 印標 音 ハイ 訓 ひえ 異体 禾9 稗(14)

意味 ❶穀物の一つ。ひえ。❷小さい。「稗史」
【稗史】(はいし) 民間の話などを歴史風に記録したもの。

禾8 【禀】(13) 人名 異体 示8 稟(13)
音 ヒン・リン 訓 ―
筆順
意味 ❶命令を受ける。「禀議」❷生まれながらの性質。生まれつき。「禀性・天禀(てんぴん)」 名付 うくる・ひん・りん
【禀性】(ひんせい) 生まれつきのすぐれた性質。
【禀議】(りんぎ・ひんぎ) 会議にかけずに仕事の主管者が案を作成し、関係の上役に回して承認を求めること。「―書」▽「りんぎ」は慣用的な読み方。

禾8 【稔】(13) 人名
音 ネン 訓 みのる・とし
筆順
意味 ❶穀物が成熟して実がなる。みのる。また、みのり。「稔りの秋」❷穀物が一回実る期間。とし。 名付 じん・とし・なり・なる・ねん・みのる
参考 「みのる」「みのり」は「実る」「実り」とも書く。

禾8 【稜】(13) 人名
音 リョウ 訓 かど
筆順
意味 ❶物のとがったすみ。かど。「稜角」❷数学で、多面体のとなり合った面と面とが交わってなす直線。りょう。❸威光があって神々しい。「稜威」 名付 かど・たか・たる・りょう
【稜線】(りょうせん) 山の峰から峰へ続く線。

禾9 【穀】(14) 6年 旧字 禾10 穀(15) 人名
音 コク 訓 ―
筆順
意味 稲・麦・豆・粟(あわ)・黍(きび)など、実が食料となる植物。「穀物・穀倉・脱穀・米穀・穀潰(ごくつぶ)し」
名付 こく・よし
【穀倉】(こくそう・こくぐら) ①穀物をたくわえておく倉。②穀物を多く産する土地。「―地帯」

禾9 【種】(14) 4年
音 シュ 訓 たね
筆順
意味 ❶植物のたね。また、それを植える。「種子・播種(はしゅ)・接種・種牛(たねうし)」❷ある基準によって分類したもの。しゅ。「種類・種別・人種」❸生物分類上の単位の一つ。しゅ。「変種」❹話・記事・料理・奇術などの材料。たね。「種本(たねほん)・話の種」
名付 かず・くさ・しげ・しゅ・たね・ふさ
【種種相】(しゅじゅそう) いろいろの姿・状態。
【種痘】(しゅとう) 天然痘の免疫を得るために、牛痘を人体に植え付けること。植えぼうそう。
【種苗】(しゅびょう) ①植物のたねと、なえ。②水産業で、稚魚のこと。
【種別】(しゅべつ) 種類によって分けること。
【種類】(しゅるい) ある基準によって区別した、一つ一つの集まり。
参考熟語 種種(いろいろ・くさぐさ・しゅじゅ) 種子(たね・しゅし)

禾9 【稲】(14) 常用 旧字 禾10 稻(15) 人名
音 トウ 訓 いね・いな
筆順
意味 五穀の一つ。いね。「陸稲(りくとう・おかぼ)・早稲(わせ)・稲作(いなさく)」 名付 いな・いね・しね・とう・ね
【稲妻】(いなずま) 空中の放電にともなって生じる光。いなびかり。雷光。
【稲荷】(いなり) ①五穀をつかさどる倉稲魂神(うかのみたまのかみ)。また、その神を祭った神社。稲荷神社。②「きつね」の別称。③「いなりずし」の略。
参考熟語 稲熱病(いもちびょう)

禾9 【稱】▸称 旧
禾9 【稗】▸稗 異

禾10 【稼】(15) 常用
音 カ 訓 かせぐ
筆順
意味 ❶穀物を植える。また、耕作。「稼穡(かしょく)」❷仕事に励んで収入を得る。かせぐ。また、そのこと。かせぎ。「稼動・稼ぎ高」 名付 か・たか・

5画

たね

【稼業】かぎょう 生計を立てるための仕事。「文筆―」

【稼働】かどう ①かせぐために働くこと。「―日数」②機械を動かして仕事をすること。「―日数」▽「稼動」とも書く。

禾10 **【稽】**(15) 常用　異体 禾11 稽(16)

音 ケイ　訓 かんがえる

筆順 禾 … 稽

意味 思いをめぐらす。かんがえる。「稽古・荒唐無稽」 名付 とき・のり・よし

【稽古】けいこ ①学問・武術・芸能などを習うこと。②演劇・映画・放送などの、予行演習。

稽

禾10 **【稿】**(15) 常用　異体 禾10 稾(15)

音 コウ　訓 ―

筆順 ⼆ … 稿

意味 ❶稲や麦などの茎。わら。❷詩文の下書き。こう。「稿料・投稿・原稿・稿を改める」

【稿料】こうりょう 原稿を執筆した報酬。原稿料。

稿

禾10 **【稷】**(15)

音 ショク　訓 きび

意味 ❶穀物の一つ。きび。❷五穀の神。「社稷」

稷

禾10 **【穂】**(15) 常用　旧字 禾12 穗(17) 人名

音 スイ　訓 ほ

穂

筆順 ⼆ … 穂

意味 ❶穀物の茎の先の、実のなる部分。ほ。「穂状・出穂期・稲穂いなほ」❷ほの形をしたもの。ほ。「筆の穂」 名付 お・すい・ほ・みのる

【穂状】すいじょう 植物の穂のような形状。

禾10 **【穃】**(15)

音 ―　訓 ―

意味 音訓・意味ともに未詳。

穃

禾10 〔穀〕▶穀㊐

禾10 〔稲〕▶稲㊐

禾11 **【穎】**(16) 印標　異体 頁7 頴(16) 簡慣

音 エイ　訓 ―

意味 才能がすぐれている。「穎才・秀穎」

参考「穎才」の「穎」は「英」に書き換える。

穎

禾11 **【穏】**(16) 常用　旧字 禾14 穩(19)

音 オン　訓 おだやか

筆順 禾 … 穏

意味 落ち着いて静かである。おだやか。「穏健・穏和・安穏あんのん・平穏」 名付 おん・しず・とし・やす・やすき

参考 似た字(隠・穏)の覚え方「丘(阝)があってかくれる(隠)、稲(禾)があっておだやか(穏)」

【穏健】おんけん 思想や言動が、おだやかでしっかりしているさま。「―派」

【穏当】おんとう おだやかで無理がないさま。

【穏便】おんびん 物事を荒立てずにおだやかに扱うさま。「―な処置」 注意「隠便」と書き誤らないように。

【穏和】おんわ 性質がおだやかでおとなしいこと。

穏

禾11 **【積】**(16) 4年

音 セキ　訓 つむ・つもる

筆順 禾 … 積

意味 ❶重ねる、または重なる。つむ。つもる。「積雪・積載・累積・下積み」❷たくわえる。「蓄積」❸広さ。かさ。また、かさ。「面積・容積」❹数学で、二つ以上の数を掛け合わせた数値。せき。「相乗積」 名付 あつ・かず・かつ・さ・さね・せき・つね・つみ・つむ・つもる・もり

参考 似た字(積・績)の覚え方「稲(禾)ならばつむ(積)、糸ならばつむぐ(績)」

【積怨】せきえん 積もり重なった深い恨み。

【積善】せきぜん 善行を多く積み重ねること。「―の家に余慶(子孫にまで及ぶ幸福)あり」

【積年】せきねん 長い間年月を重ねてきたこと。「―の弊」

積

禾11 **【穆】**(16)

音 ボク　訓 ―

意味 穏やかで慎み深い。

穆

禾11 〔穐〕▶秋㊕

禾11 〔稽〕▶稽㊕

禾12 **【穝】**(17) 〈国字〉

音 サイ　訓 さい

意味 さい。▽地名・人名に用いる字。「穝東さいがし」は、岡山県の地名。

穝

5画

禾12 【稈】▼稚(異)

禾12 【穂】▼穂(旧)

禾13 【穢】(18) 印標 音エ・ワイ 訓けがれる

意味 ❶田の中に雑草が茂って荒れる。また、雑草。「蕪穢(ぶわい)」❷美しさがそこなわれる。けがれる。また、けがれ。「穢土(えど)・汚穢(おわい)」

【穢土】(えど) 仏教で、仏のいる浄土に対して、人間の住む、けがれの多いこの世のこと。「厭離(えんり)—(けがれたこの世をきらって離れること)」注意「さいど」と読み誤らないように。

穢

禾13 【穫】(18) 常用 音カク 訓とる 旧字 禾14 穫(19)

筆順 穫

意味 穀物を刈り取る。とる。「収穫・多穫」

名付 え・かく・みのる

穫

禾13 【穡】(18) 音ショク 訓—

意味 ❶穀物を収穫する。❷農業。「稼穡(かしょく)」

穡

禾13 【穣】(18) 人名 音ジョウ 訓みのる 旧字 禾17 穰(22) 人名

筆順 穣

意味 穀物が豊かに実る。みのる。「豊穣」名付 おさむ・しげ・じょう・みのる・ゆたか

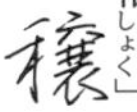

穣

禾14 【穏】▼穏(旧)

禾16 【穐】▼秋(異)

穴の部 あな あなかんむり

穴0 【穴】(5) 6年 音ケツ 訓あな

筆順 穴

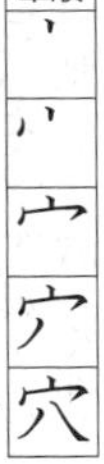

意味 ❶地面などのくぼみ。また、突き抜けている空所。あな。「穴居・墓穴・虎穴(こけつ)」❷鍼(はり)・灸(きゅう)をするときの、人体の急所。「灸穴」❸金銭上の欠損。また、欠けていて不完全な部分。あな。「穴埋め」名付 けつ・これ

穴

穴2 【究】(7) 3年 音キュウ・ク 訓きわめる

筆順 究

意味 ❶最後まで調べて明らかにする。きわめる。「究明・研究・学究」❷その限度にまで達する。「究極」名付 きゅう・きわむ

究

使い分け「きわめる」

究める…深く探究して本質をつかむ。「学を究める・真理を究める・奥義(おうぎ)を究める」

極める…極限に達する。「頂上を極める・見極める・栄華を極める・混雑を極める」

窮める…最後までつきつめる。「道理を窮める・芸を窮め尽くす」

【究極】(きゅうきょく) 物事が進んで行って行き着く本質のところ。「—の目的」▽「窮極」とも書く。

【究明】(きゅうめい) 本質・道理などをよく調べて明らかにすること。注意「究局」と書き誤らないように。

使い分け「きゅうめい」

究明…調べて明らかにすることで、事実や道理について使う。「究」は調べて本質をつかむの意。「真相を究明する・原因の究明」

糾明…問いただして明らかにすることで、犯罪や事件に使う。「糾」は調べてあばくの意。「汚職を糾明する・責任の糾明」

【究理】(きゅうり) 物事の道理をきわめること。

【究竟】(くっきょう・きゅうきょう) ①つまり。結局。②非常に好都合であること。「—の隠れ家」

穴3 【穹】(8) 人名 音キュウ 訓そら

筆順 穹

意味 ❶弓形。「穹窿(きゅうりゅう)」❷大空。そら。「蒼穹(そうきゅう)」名付 きゅう・たか・たかし・ひろ・みひろ

穹

穴3 【空】(8) 1年 旧字 穴3 空(8)

音クウ 訓そら・あく・あける・から・うつろ・むなしい

筆順 空

意味 ❶そら。くう。「空間・上空・滞空・空模

空

5画

様(もよう)」❷実質がなくてさびしい。うつろ。むなしい。また、そのこと。から。くう。「空虚・空洞・真空・色即是空・空穂(うつぼ)」❸飛行機のこと。から。「空港・空襲・防空」❹何もはいっていないこと。から。「空箱(からばこ)」❺すきまができる。あく。また、そのようにする。あく。あける。 名付 くう・そら・たか

参考 あく⇩「開」の〔使い分け〕。

【空箱】(からばこ・あきばこ) 中身を使ってしまって、何もはいっていない箱。

【空閑地】(くうかんち) ①建築や農耕に利用できるのにそうしないでおいてある土地。②あきちのこと。

【空虚】(くうきょ) ①中身・内容が何もないこと。②そこにあるべき価値がなくてさびしいこと。「—な生活」

【空拳】(くうけん) 物事をするとき、役立つ道具、特に武器を持っていないこと。また、人からの援助を受けず、自分ひとりだけであること。「徒手—」

【空襲】(くうしゅう) 飛行機を使って空から攻撃すること。

【空前】(くうぜん) 今までに一度も例がなくて珍しいこと。

【空前絶後】(くうぜんぜつご) 今までになかったし、これからもありそうもないと思われるほど、まれで珍しいこと。

【空疎】(くうそ) 見せかけだけで、しっかりした実質がないこと。「—な理論」

【空中楼閣】(くうちゅうろうかく) ①空中に高い建物を築くような、根拠のない事柄。②蜃気楼(しんきろう)のこと。

【空洞】(くうどう) 穴があいて、からっぽになっている所。

【空漠】(くうばく) ①果てしなく広がっているさま。「—たる原野」②とりとめがなく、要領を得ないこと。

【空費】(くうひ) 金・時間などをむだに使うこと。

【空文】(くうぶん) 実際の役に立たない決まり・法律。

【空理】(くうり) 実際の役に立たない理論。「—空論」

【空論】(くうろん) 実際の役に立たない意見・主張。「空理—」「机上の—」

【空涙】(そらなみだ) 悲しくもないのに悲しそうなふりをして流す涙。うその涙。

穴3 【突】(8) 常用

旧字 穴4 突(9) 人名

音 トツ 訓 つく

筆順 突

突

意味 ❶激しくぶつかる。「衝突・激突」❷激しい勢いで前に出る。また、そのようになったもの。「突撃・突起・猪突(ちょとつ)・煙突」❸だしぬけであるさま。「突然・突如(とつじょ)・突発・唐突」❹先の鋭い物で刺したり激しく押したりする。つく。「一突き・虚を突く」❺細長い物の先を他の物にあててささえる。つく。「杖(つえ)を突く」

【突貫】(とっかん) ①工事などを短期間に一気に進めること。「—工事」②敵陣に突撃すること。

【突出】(とっしゅつ) ①そこだけ特に高く、または長く出ること。②勢いよく前面に出て目立つこと。

【突如】(とつじょ) 急に思わぬ事態が起こるさま。

【突端】(とったん) 突き出た端。「岬(みさき)の—」

【突破】(とっぱ) ①障害となる物を突き破ること。②目標の量以上になること。

【突発】(とっぱつ) 思いがけぬことが急に起こること。「—的」

【突風】(とっぷう) 突然、強く吹きつける風。

参考熟語 突慳貪(つっけんどん)

穴4 【穽】(9)

音 セイ 訓 —

穽

意味 獣を生けどる落とし穴。「陥穽(かんせい)」

穴4 【窃】(9) 常用

旧字 穴17 竊(22)

音 セツ 訓 ぬすむ・ひそか

筆順 窃

窃

意味 ❶他人の物をぬすむ。「窃盗・窃取・剽窃(ひょうせつ)」❷こっそり行うさま。ひそか。

参考 ❶の「ぬすむ」はふつう「盗む」と書く。また、❷の「ひそか」は「密か」「私か」とも書く。

【窃取】(せっしゅ) こっそり盗み取ること。

【窃盗】(せっとう) 金品を盗むこと。また、盗みをする人。

穴4 【穿】(9) 人名

異体 穴5 穿(10)

音 セン 訓 うがつ・はく

筆順 穿

穿

意味 ❶穴をあける。うがつ。「穿孔・穿鑿(せんさく)」❷物事の真相を正確にとらえる。うがつ。「穿ったことをいう」❸下半身につける。うがつ。はく。

5画

「ズボンを穿(は)く」

【穿孔(せんこう)】①穴をあけること。また、その穴。鑽孔(さんこう)。②内臓の膜などが破れて穴があくこと。

【穿鑿(せんさく)】①掘って穴をあけること。「—技術」▽「鑿」は「穴を掘る」の意。②細かい点まで詳しく知ろうとすること。「根掘り葉掘り—する」参考「詮索(せんさく)」は、みだりに調べ知ろうとすること。

穴4 〔突〕▶突 旧

穴5 **【窄】**(10) 人名 音 サク 訓 すぼむ・すぼめる

筆順

意味 ❶狭い。❷小さく狭くなる。すぼむ。すぼまる。また、そのようにする。すぼめる。「狭窄」

穴5 **【窈】**(10) 音 ヨウ 訓 —

意味 ❶奥深い。「窈然」❷→窈窕(ようちょう)

【窈窕(ようちょう)】しとやかで美しいこと。「—たる美女」

穴5 〔穿〕▶穿 異

穴6 **【窓】**(11) 6年 音 ソウ 訓 まど 異体 穴7 窗(12)

筆順

意味 ❶まど。「窓前・車窓・明窓浄机(めいそうじょうき)・天窓(てんまど)」❷へや。また、勉強する所。「深窓・学窓」

名付 そう・まど

穴6 **【窒】**(11) 常用 音 チツ 訓 ふさぐ

筆順

意味 ❶詰まって通らない。ふさがる。また、そのようにする。ふさぐ。「窒息」❷→窒素

【窒素(ちっそ)】気体元素の一つ。肥料・爆薬などの原料。

【窒息(ちっそく)】①呼吸が止まること。息がつまること。②まわりの環境に圧迫され活動が阻害(そがい)されること。「社長と同席して—しそうだ」

参考熟語 窒扶斯(チフス・チブス)

穴6 **【窕】**(11) 音 チョウ 訓 —

意味 しとやかで美しい。「窈窕(ようちょう)」

穴7 **【窘】**(12) 音 キン 訓 たしなめる

意味 ❶動きがとれなくなって苦しむ。❷穏やかに忠告する。たしなめる。

穴7 **【窖】**(12) 音 コウ 訓 —

意味 穀物を収める、地下の貯蔵庫。

穴7 〔窗〕▶窓 異

穴8 **【窟】**(13) 常用 音 クツ 訓 いわや

筆順

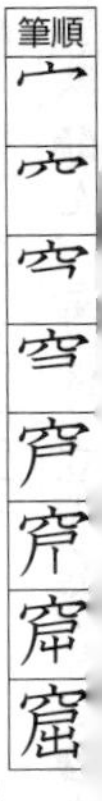

意味 ❶ほら穴。いわや。「岩窟・洞窟」❷人や物の集まる所。「巣窟」

参考 「理窟」の「窟」は「屈」に書き換えてもよい。

穴9 **【窩】**(14) 印標 音 カ 訓 あな

意味 ❶穴。あな。「眼窩(がんか)」❷穴形の巣。「蜂窩(ほうか)(蜂(はち)の巣)」

参考熟語 窩主買(けいずかい)

穴9 **【窪】**(14) 人名 音 ワ 訓 くぼ・くぼむ

筆順

意味 へこんで低くなっている所。くぼ。くぼみ。また、へこんでまん中が低くなる。くぼむ。「窪地(くぼち)」

参考 「くぼ」「くぼむ」は「凹」「凹む」とも書く。

【窪地(くぼち)】周囲より低くなっている土地。くぼんでいる土地。

穴10 **【窮】**(15) 常用 音 キュウ 訓 きわめる・きわまる

筆順

意味 ❶最後のところにまで達する。きわめる。また、その限度にまで達する。きわまる。「窮極・無窮・進退窮まる」❷困って苦しむ。きゅうする。「窮状・窮屈・貧窮・返事に窮する」

名付 きゅう・きわむ

参考 きわめる⇩「究」の〔使い分け〕。

【窮境】(きゅうきょう) 追い詰められてせっぱ詰まった苦しい境遇・立場。注意「窮況」と書き誤らないように。

【窮極】(きゅうきょく) 物事が進んで行って行き着く、本質のところ。「―の目的」▽「究極」とも書く。注意「窮局」と書き誤らないように。

【窮屈】(きゅうくつ) ①せまいさま。「―車から降りる」②かたくるしく気づまりなさま。③不足して余裕のないさま。「家計が―だ」

【窮状】(きゅうじょう) 困り苦しんでいる状態。「―を訴える」

【窮鼠猫を噛む】(きゅうそねこをかむ) 猫に追い詰められた鼠(ねずみ)が必死になって反撃して猫をかむということ。▽弱者でも追い詰められると反撃して強者を苦しめることがあるということにたとえる。

【窮地】(きゅうち) なかなか抜け出せない苦しい立場。「―に立つ」注意「究地」と書き誤らないように。

【窮鳥懐に入る】(きゅうちょうふところにいる) 追い詰められて逃げ場がなくなった鳥が人の懐(ふところ)に飛び込んでくること。▽追い詰められて逃げ場がなくなった人が救いを求めてくることを形容することば。

【窮迫】(きゅうはく) 追い詰められ、どうしようもなくなって困ること。「財政の―」参考「急迫(きゅうはく)」は、事態が差し迫ること。

【窮乏】(きゅうぼう) 貧しくて生活に苦しむこと。

【窮余の一策】(きゅうよのいっさく) 非常に困ったときに、苦し紛れに考え出した一つの方法・手段。

穴10 【窯】(15) 常用 音 ヨウ 訓 かま　異体 穴10 窰(15)

筆順

意味 陶磁器・炭・瓦(かわら)などを焼く装置。かま。「窯業・官窯・窯元(かまもと)」

参考 かま⇩「釜」の〔使い分け〕。

【窯業】(ようぎょう) 陶磁器・瓦・れんがなど、主として粘土を用いる製造業。

穴11 【窺】(16) 人名 音 キ 訓 うかがう

筆順

意味 様子をこっそり探る。また、様子を見ながら機会を待ち受ける。うかがう。「窺知・好機を窺う」

【窺知】(きち) ひそかにうかがい知ること。

穴11 【窶】(16) 音 ク 訓 やつす・やつれる

意味 ❶やせ衰える、またはそのようになってみすぼらしくなる。やつれる。❷変装する。やつす。「乞食(こじき)姿に身を窶す」❸思い悩む。やつす。

穴12 【窿】(17) 音 リュウ 訓 ―

意味 弓のように中央が盛り上がった形。アーチ形。「穹窿(きゅうりゅう)(半球形)」

穴12 〔竃〕▸竈 異

穴13 【竅】(18) 音 キョウ 訓 ―

意味 細い穴。「竅穴」

穴13 【竄】(18) 音 ザン 訓 ―

意味 ❶逃げる。「竄入・逃竄」❷書類などの文字をかってに変える。「改竄」❸島流しにする。ざんする。

【竄入】(ざんにゅう) ①書物の本文に注や不要な字句がまちがって紛れ込むこと。②逃げ込むこと。

穴15 【竇】(20) 音 トウ 訓 ―

意味 出し入れするために壁などにあけた穴。

穴16 【竈】(21) 印標 音 ソウ 訓 かま・かまど・へっつい　異体 穴12 竃(17)

意味 釜(かま)・鍋(なべ)をかけて煮たきする設備。へっつい。かま。かまど。

穴17 〔竊〕▸窃 旧

立 の部 たつ たつへん

立0 【立】(5) 1年 音 リツ・リュウ 訓 たつ・たてる・リットル

筆順

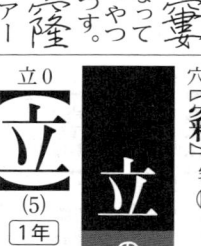

意味 ❶たつ。「立像・立脚・佇立(ちょ…)」❷まっす…

ぐな状態でそこにある。たつ。また、まっすぐに置く。たてる。「立体・立錐(りっすい)・建立(こんりゅう)・立ち木」❸事物が存在して作用が現れる。たつ。また、そのようにさせる。たてる。「立憲・立春・確立・私立」❹起き上がる。たつ。また、そのようにさせる。たてる。「立身・独立・正義のために立つ」❺容積の単位。一立(リットル)は一〇〇〇立方センチメートルで、約五合五勺。リットル。名付 たか・たかし・たつ・たつる・たて・りつ

参考 ❹の「たつ」は、出発するの意では「発つ」とも書く。

使い分け「たつ」

立つ…縦になる。起き上がる。現れる。「立って歩く・居ても立ってもいられない・席を立つ・腹が立つ・見通しが立つ・評判が立つ」

建つ…建物などがつくられる。「家が建つ・銅像が建つ」

【立案】(りつあん) ①計画を立てること。②文章の草案を作ること。

【立願】(りつがん・りゅうがん) 神仏に願い事をかけて祈ること。

【立脚】(りっきゃく) よりどころとして立場を定めること。

【立憲】(りっけん) 国の憲法を定めること。「—政治」

【立言】(りつげん) 意見を公に述べること。

【立志伝】(りっしでん) 大きな目的を定め、努力して成功し、世の中に認められたりっぱな人の伝記。「—中の人(苦労して努力し、世の中に認められた、立志伝にふさわしいほどのりっぱな人物)」

【立春】(りっしゅん) 二十四節気の一つ。太陽暦の二月四日ごろ。暦の上で春が始まる日。

【立証】(りっしょう) 証拠を提出して明らかにすること。

【立身】(りっしん) よい地位につくこと。「—出世」。

【立錐の余地も無い】(りっすいのよちもない) 錐(きり)のとがった先を立てるほどの、小さなすきまもないこと。▽たくさんの人や物が密集していて、非常にこみ合っていることを形容することば。

【立地】(りっち) そこで行われる農業・工業などに影響を与える、その土地の地勢・気候など。「—条件」

【立論】(りつろん) 議論の筋道を組み立てること。

立2 【竍】(7) 〈国字〉 訓音 — デカリットル

意味 容積の単位。一竍(デカリットル)は一〇リットル。デカリットル。

立3 【竏】(8) 〈国字〉 訓音 — キロリットル

意味 容積の単位。一竏(キロリットル)は一〇〇〇リットル。キロリットル。

立4 【竕】(9) 〈国字〉 訓音 — デシリットル

意味 容積の単位。一竕(デシリットル)は一リットルの十分の一。デシリットル。

立4 【竓】(9) 〈国字〉 訓音 — ミリリットル

意味 容積の単位。一竓(ミリリットル)は一リットルの千分の一。ミリリットル。

立4 【竒】▶奇 異

立5 【竚】(10) 訓音 チョ たたずむ

意味 しばらく立ち止まる。たたずむ。「竚立(佇立)」

立5 【站】(10) 訓音 タン —

意味 ❶ひと所に立ち止まる。❷宿駅。「兵站」

【竜】▶龍0

立5 【竝】▶並 旧

立6 【竟】(11) 印標 訓音 キョウ おわる・ついに

意味 ❶物事が終わる。おわる。また、終わり。「竟宴」❷とうとう。つまり。ついに。「畢竟(ひっきょう)・究竟(くっきょう)」

立6 【章】(11) 3年 訓音 ショウ あきらか・あや

筆順

意味 ❶書きつづった文。「文章・玉章」❷作品や文章の中の大きな区切り。しょう。「章節・楽章・序章・章を改める」❸所属・身分・功績などを表すしるし。「印章・帽章・褒章」❹明らかにして人々に知らせる。あきらか。「憲章・表章」❺模様。あや。名付 あき・あきら・あや・しょう・たか・とし・のり・ふさ・ふみ・ゆき

参考熟語 章魚(たこ)

【章節】(しょうせつ) 長い文章の、章や節などの区切り。

立6 【竡】(11) 〈国字〉 訓音 — ヘクトリットル

意味 容積の単位。一竡(ヘクトリットル)は一〇〇リットル。ヘクトリットル。

立7 **【竢】**(12) 音シ 訓まつ
意味 立って待ち受ける。まつ。

立7 **【竣】**(12) 人名 音シュン 訓おわる
筆順 立 … 竣
意味 物事が終わる。おわる。また、終える。「竣工」 名付 しゅん
【竣工】(しゅんこう) 工事が終わって建造物ができ上がること。竣成。「—式」▽「竣功」とも書く。

立7 **【竦】**(12) 印標 音ショウ 訓すくむ
意味 ❶恐れる。「竦然」❷恐れ緊張して動けない。すくむ。「竦み上がる」

立7 **【童】**(12) 3年 音ドウ 訓わらべ・わらわ
筆順 亠 … 童
意味 幼い子ども。わらわ。わらべ。「童話・児童・童歌(わらべうた)」 名付 どう・わらわ
【童顔】(どうがん) 子どものあどけない顔。また、おとなの、子どものようにあどけない顔つき。
【童子】(どうじ) 子どものこと。▽「童児」とも書く。
【童心】(どうしん) ①けがれのない、子どもの心。②子どものような純真で無邪気な心。
【童話】(どうわ) 子どものために作られた話。

【意】▼心9 【靖】▼青5

立9 **【竭】**(14) 音ケツ 訓つくす
意味 出し尽くす。つくす。

立9 **【竪】**(14) 人名 音ジュ 訓たて
筆順 丨 … 竪
意味 ❶子ども。「竪子(じゅし)」❷たて。「竪穴(たてあな)」 名付 たつ・なお 参考 ❷の意味の「たて」はふつう「縦」と書く。

立9 **【竰】**(14) 〈国字〉 音— 訓センチリットル
意味 容積の単位。一竰(センチリットル)は一リットルの百分の一。センチリットル。

立9 **【端】**(14) 常用 音タン 訓はし・は・はた・はした
筆順 亠 … 端
意味 ❶中心部から離れた部分。たん。は。はじ。はし。「先端・極端・舌端・切れ端(はし)・山の端(は)」❷きっかけ。たん。「端緒・戦端・端を発する」❸きちんとしていて正しい。また、そのようにしなければならない事柄。「端座・端正・万端」❹物のふち。はた。「道端(みちばた)・池の端」❺ちょうどの数に余った分。は。はした。「端数(はすう)・端金(はしたがね)」❻布の大きさの単位。反(たん)。たん。 名付 ただ・ただし・ただす・たん・はし・はじめ・まさ・もと

【端倪】(たんげい) 推測すること。「—すべからず(物事が非常に奥深いことを形容することば)」▽もと「物事の限り」の意。注意「たんじ」と読み誤らないように。

【端座】(たんざ) 行儀よくきちんとすわること。正座。「—して待つ」▽「端坐」の書き換え字。

【端子】(たんし) 電気器具などの接続口に取り付ける金具。ターミナル。

【端緒】(たんしょ・たんちょ) 物事を始める、または解決するためのきっかけ。いとぐち。手がかり。「—を開く」▽「端初」とも書く。「たんちょ」は慣用読み。

【端整】(たんせい) 顔だちが整っていて美しいさま。▽「端正」とも書く。

【端正】(たんせい) ①行いが作法に合っていてきちんとしているさま。②顔かたちが美しく整っているさま。「—な顔だち」▽この場合は「端整」とも書く。

【端然】(たんぜん) 姿などがきちんと整っていること。

【端艇】(たんてい) ボートのこと。▽「短艇」とも書く。

【端的】(たんてき) ①明らかではっきりしているさま。「—な表現」②手っ取り早くて簡単なさま。「—にいえば」注意「単的」と書き誤らないように。

【端麗】(たんれい) 姿かたちなどが整っていて美しいさま。「容姿—」

【端境期】(はざかいき) 前年にとれた米が乏しくなり、その年にとれた新しい米がまだ出回らない時期。八、九月ごろ。▽野菜・果物などにも

いう。

立15 【競】(20) 4年　異体 立17 競(22)

音 キョウ・ケイ　訓 きそう・せる・くらべる

筆順 … 競

意味 ❶負けまいとして張り合う。くらべる。きそう。「競争・競技・競馬（けいば）」❷相手より優勢になろうとして激しく争う。せる。「競り合う」❸自分が買い取ろうとして相手がつけた値より高くする。せる。また、そのようにさせて売ること。せり。「競市（せりいち）・競り売り」名付 きそう・きょう

参考 ❷❸の「せる」「せり」は「糶る」「糶り」とも書く。

【競技】（きょうぎ）技術、特に運動の腕前の優劣をきそうこと。

【競合】（きょうごう）相手に負けまいとしてせり合うこと。

【競争】（きょうそう）互いに争うこと。優劣を競い争うこと。▽「競走」は、走って速さをきそうこと。

【競売】㊀（きょうばい）せり売り。㊁（けいばい）差し押さえた物を法律で決められた売買法で売ること。

【競馬】（けいば）馬に騎手が乗って、一定のコースを競走すること。また、それによって行う賭（か）け。

竹の部　たけ　たけかんむり

竹0 【竹】(6) 1年　音 チク　訓 たけ

筆順 ノ ㇒ 𠂉 ⺮ 竹 竹

意味 ❶植物の一つ。たけ。「竹林・破竹・筮竹（ぜいちく）」❷ふえ。「糸竹（しちく・いとたけ）」❸昔、紙のなかった時代に字を書くのに用いた竹のふだ。また、転じて、書物。「竹簡」名付 たか・たけ・ちく

【竹光】（たけみつ）①竹で刀身をつくった刀。②切れ味のわるい刀。▽吉光（よしみつ）・兼光（かねみつ）など、刀工の名になぞらえたもの。

【竹簡】（ちくかん）竹冊（ちくさく）。竹を細長くけずった札。▽これに文字を書き、ひもでつなぎあわせて巻き物とした。

【竹帛】（ちくはく）①竹簡と白絹。昔、書写の材料とした。②転じて、書物のこと。「名を━にとどめる」

【竹馬の友】（ちくばのとも）幼いころからの友。おさなともだち。▽「竹馬（たけうま）に乗って遊んだころの友」の意。「竹馬」は、枝のついた竹の根もとのほうに馬の頭状のものをつけ、竹にまたがって遊ぶもの。

【竹林の七賢】（ちくりんのしちけん）中国の晋（しん）の時代、俗世間を避けて竹林で詩酒を楽しんだという七人の隠者。▽阮籍（げんせき）・嵆康（けいこう）・山濤（さんとう）・向秀（しょうしゅう）・劉伶（りゅうれい）・阮咸（げんかん）・王戎（おうじゅう）をいう。

竹2 【竺】(8) 人名　音 ジク　訓 ━

参考熟語 竹篦（しっぺい・しっぺ）　竹刀（しない）

筆順 ノ ㇒ 𠂉 ⺮ … 竺

意味「天竺（てんじく）」は、インドの古い呼称。名付 あつ・あつし

竹3 【笂】(9) 〈国字〉　音 ━　訓 うつぼ

意味 矢を入れて持ち歩く道具。うつぼ。▽地名に用いる字。

竹3 【竿】(9) 人名　音 カン　訓 さお

筆順 ノ ㇒ 𠂉 ⺮ … 竿

意味 竹のさお。また、広く、さお。「竿頭・釣竿（つりざお）」

参考「さお」は「棹」とも書く。

【竿灯】（かんとう）秋田市などで行われる七夕祭り。また、それに用いる道具で、竹竿に横竹を結び、提灯をつるしたもの。

竿灯

【竿頭】（かんとう）さおのさき。「百尺━一歩を進む」

竹3 【⿱⺮弓】(9) 〈国字〉　音 ━　訓 や

意味 や。▽人名などに用いる字。

竹4 【笈】(10) 人名　音 キュウ　訓 おい

筆順 ノ ㇒ 𠂉 ⺮ … 笈

意味 書物や薬などを入れて背負う、足のついた竹製の箱。きゅう。おい。「書笈」

竹4 【笄】(10) 音ケイ 訓こうがい 異体 竹6 【筓】(12)
意味 髪をかき上げるのに使うもの。また、蒔絵(まきえ)を施した、婦人が髪にさす装飾品。こうがい。

竹4 【笏】(10) 音コツ・シャク 訓—
意味 束帯のとき、帯の前部にはさみ持った細長い薄板。今では神主が用いる。しゃく。
参考 「しゃく」の読みは、「こつ」が「骨(こつ)」に通ずるのを忌み嫌って、日本の笏の長さが約一尺あることから「尺(しゃく)」の音を借りたもの。

笏

竹4 【笑】(10) 4年 音ショウ 訓わらう・えむ
筆順 笑
意味 ❶わらう。また、わらい。「笑声・哄笑(こうしょう)」❷ほほえむ。えむ。また、えみ。「微笑・苦笑・笑顔(えがお)」❸あなどりわらう。あざわらう。「嘲笑(ちょうしょう)」❹他人に贈り物をするときや自分のものを見てもらうときなどにいうへりくだったことば。「笑納・笑覧」 名付 え・えみ・しょう

【笑殺(しょうさつ)】①相手のいい分を笑って問題にしないこと。一笑に付すること。「忠告を—する」②大いに笑うこと。▽この場合は、「殺」は意味を強めるために添えることば。

【笑止(しょうし)】①ばかばかしくて笑うべきであること。「—千万(せんばん)」②気の毒なこと。

【笑納(しょうのう)】他人に贈り物をすることをへりくだっていうことば。「御—下さい」

【笑覧(しょうらん)】自分のものを他人に見てもらうことをへりくだっていうことば。「御—を請う」

竹4 【笊】(10) 音ソウ 訓ざる
意味 ❶細く割った竹を編んで作った容器。抜けた所の多い物事などにたとえる。ざる。「笊法(ざるほう)」❷ざるそばのこと。ざる。

竹4 【笆】(10) 音ハ 訓—
意味 とげがある竹。また、それで作った垣。

竹4 【笋】▼筍(異)

竹5 【笳】(11) 音カ 訓—
意味 葦(あし)の葉を巻いて作った笛。葦笛(あしぶえ)。

竹5 【笹】(11) 人名 〈国字〉 音— 訓ささ
筆順 笹
意味 ❶群生する小さな竹のこと。ささ。「笹藪(ささやぶ)・笹舟(ささぶね)・熊笹(くまざさ)」❷酒のこと。ささ。 名付 ささ

【笹舟(ささぶね)】ささの葉を舟の形につくった舟。

【笹身(ささみ)】にわとりの胸のあたりの、やわらかい肉。▽ささの葉の形をしていることから。

竹5 【笥】(11) 印標 音シ・ス 訓—
意味 飯または衣類を入れる四角い箱。「簞笥(たんす)」

竹5 【笶】(11) 音シ 訓—
意味 竹製の矢。

竹5 【笙】(11) 人名 音ショウ 訓ふえ
筆順 笙
意味 雅楽で用いる管楽器の一種。長さが異なる竹の管を並べ立てたもの。十三本、十四本、十七本、あるいは十九本のものがある。吹き口から吹き、または吸って鳴らす。しょうのふえ。ふえ。しょう。 名付 しょう・ふえ

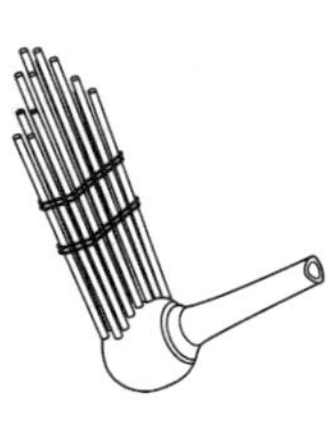
笙

竹5 【笘】(11) 音セン 訓とま
意味 ❶竹のむち。❷菅(すげ)・茅(かや)などで編んだ、小屋や舟などのおおい。苫(とま)。とま。

竹5 【笽】(11) 〈国字〉 音— 訓そうけ
意味 そうけ。竹などで、くぼんだ形に編んだかご。ざる。

6画

竹5 **【第】**(11) 3年 音 ダイ・テイ 訓 —　略字 丶3 才(4)

筆順 ⺮ … 第 第

意味 ❶順序。ついで。「次第(しだい)」❷順序を数えるときに数字の上に付けて使うことば。「第一・第三者」❸やしき。「聚落第(じゅらくだい)」❹試験。「及第・落第」名付 くに・だい・てい

【第一印象(だいいちいんしょう)】ある人や物事に接して、いちばんはじめに受けた感じ。

【第一人者(だいいちにんしゃ)】その社会・分野でいちばんすぐれた人。

【第一線(だいいっせん)】①敵と直接戦闘をまじえる地帯。最前線。②ある分野で、最も重要なことがらが活発に行われる部分。「政界の—で活躍する」

【第三国(だいさんごく)】ある事件に直接関係しない国。

【第三者(だいさんしゃ)】当事者以外の人。関係のない人。

【第六感(だいろっかん)】鋭く本質を感じ取る心の働き。勘(かん)。▽「五感以外の、第六番めの感覚」の意。

竹5 **【笞】**(11) 音 チ 訓 むち

意味 ❶罪人などを打つ竹のむち。むち。また、むちで打つ。❷むちで打つ刑罰。「笞杖(ちじょう)(むちうちの刑と、杖(つえ)で打つ刑)」

【笞辱(ちじょく)】むちでうってはずかしめる。

竹5 **【笛】**(11) 3年 音 テキ 訓 ふえ

筆順 ⺮ … 笛 笛

意味 竹管に幾つかの穴をあけた、吹き鳴らす楽器。ふえ。「笛声・汽笛・警笛・横笛(よこぶえ)」名付 てき・ふえ

竹5 **【笵】**(11) 音 ハン 訓 —

意味 竹製のたが。また、型。

竹5 **【符】**(11) 常用 音 フ 訓 —

筆順 ⺮ … 符 符

意味 ❶札に文字を書き、二つに割って互いに一方を所持し、後日の証拠とするもの。ふ。「符合・符節・割り符」❷神仏の守り札。おふだ。「護符」❸約束のふだ。「切符」❹文字以外の記号。「符号・音符・疑問符」

【符合(ふごう)】事柄などがぴったりと合うこと。

【符号(ふごう)】文字以外のしるし。記号。

【符節(ふせつ)】文字を書いた札を二つに割り、互いに一方を持っていて後日の証拠とするもの。割り符。「—を合わせたよう(ぴったり合致することを形容することば)」

【符丁(ふちょう)】①文字以外の記号によって特別の意味を示すもの。②特定の仲間だけにしかわからない記号やことば。▽「符牒」の書き換え字。

竹5 **【笨】**(11) 音 ホン 訓 —

意味 そまつであらい。「粗笨」

竹5 **【笠】**(11) 人名 音 リュウ 訓 かさ

筆順 ⺮ … 笠 笠

意味 頭に載せて雨・雪や日光を避けるかぶりもの。また、それに似た形のもの。かさ。「陣笠(じんがさ)・松笠(まつかさ)」

【笠懸(かさがけ)】馬に乗って的を射る「騎射」の一つ。▽初め、笠を的とし、後に革の中にわらを入れたものを的とした。

【笠雲(かさぐも)】高い山の頂にかかる笠状の雲。

竹6 **【筈】**(12) 人名 音 カツ 訓 はず

筆順 ⺮ … 筈 筈

意味 ❶矢の末端の、弦を受ける所。やはず。❷弓の、両端の弦を掛ける部分。ゆはず。❸当然そうなるの意、または、確かであるの意を表すことば。はず。「負ける筈だ・知らない筈がない」

竹6 **【筐】**(12) 音 キョウ 訓 かたみ・はこ　異体 竹7 筺(13)

意味 竹で編んで作った、衣服・書物などを入れる四角いかご。はこ。かたみ。「筐底」

【筐体(きょうたい)】機器をおさめている箱。「パソコンの—」

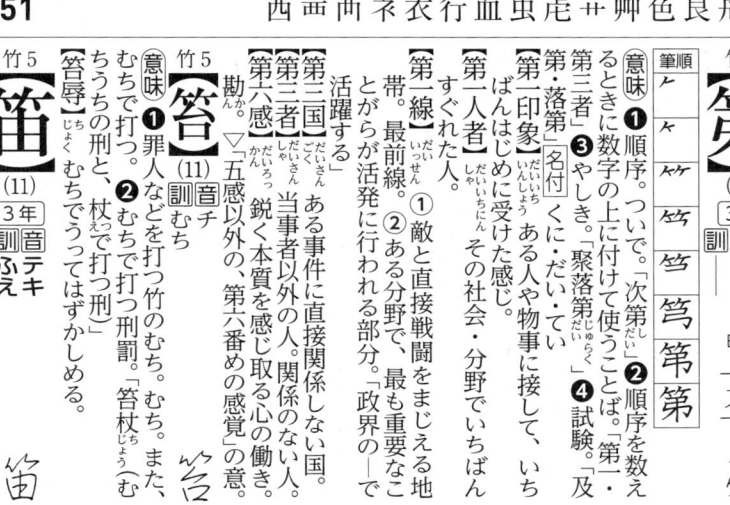

竹6 **【筋】**(12) 6年 音 キン 訓 すじ

筆順 ⺧ ⺮ 𥫗 … 筋

意味 ❶肉の中を通っている繊維。きん。すじ。「筋肉・筋力・随意筋」❷物体の内部にあるすじ状のもの。「鉄筋・木筋」❸血統。すじ。「血筋(ちすじ)」❹物事の道理。すじ。「筋を通す」❺細長いもの。すじ。「一筋(ひとすじ)の糸」❻物語や物事などの続きぐあい。すじ。「筋書き・大筋(おおすじ)」❼その方面。すじ。「政府筋(すじ)」

【筋骨(きんこつ・すじぼね)】筋肉と骨。「―隆々(りゅうりゅう)」

【筋腫(きんしゅ)】筋肉組織に発生する袋状のできもの。

【筋金(すじがね)】①物をじょうぶにするために中に入れる金属の棒。②その人の思想・意志などをしっかりとささえているもの。

参考熟語 筋斗返(とんぼがえ)り

竹6
【策】(12)
6年 音 サク 訓 ―

筆順 ⺧ ⺮ 𥫗 … 策

意味 ❶処置。また、計略。さく。「策士・策略・対策」❷杖(つえ)。また、杖をつく。「散策」❸天子の命令。また、その文書。「策命」

名付 かず・さく・つか

【策士(さくし)】計略を用いることが好きで、巧みに計略をめぐらす人。「―策におぼれる」

【策定(さくてい)】計画を立てて決めること。

【策動(さくどう)】ひそかにたくらんで行動すること。

【策謀(さくぼう)】ひそかに立てた、大規模でよくない計略。

【策略(さくりゃく)】相手をだます計略。

竹6
【筍】(12)
音 ジュン 訓 たけのこ
異体 竹4 笋(10)

意味 竹の子。たけのこ。「石筍・雨後の筍(似たようなものが続々と現れ出ることを形容することば)」

竹6
【筅】(12)
音 セン 訓 ささら

意味 末端を細かく割った、竹製の小さな道具。ささら。「茶筅(ちゃせん)」

竹6
【筌】(12)
音 セン 訓 うえ・うけ

意味 細い竹を編んで作った、魚をとる筒状の道具。うけ。うえ。

竹6
【筑】(12)
人名 音 チク 訓 ―
旧字 竹6 筑(12)

筆順 ⺮ 𥫗 … 筑

意味 楽器の一種。琴に似ていて、竹でうち鳴らす。

名付 つき

参考熟語 筑後(ちくご) 筑前(ちくぜん) 筑紫(つくし) 筑波(つくば)

竹6
【答】(12)
2年 音 トウ 訓 こたえる・こたえ

筆順 ⺮ 𥫗 … 答

意味 返事をする。こたえる。また、その反応。こたえ。「答辞・答案・確答・回答・問答(もんどう)」

名付 さと・とう・とし

使い分け「こたえる」

答える…返事をする。問題を解く。「呼ばれて答える・質問に答える・正確に答える・次の問題に答えなさい」

応える…応じる。「期待に応える・多様なニーズに応える・声援に応える・信頼に応える」

【答辞(とうじ)】祝辞や式辞に対する、答礼のことば。

【答申(とうしん)】上級官庁や上役から聞かれた事柄について意見を述べること。「―書」

【答弁(とうべん)】説明を求められた事柄について事情を述べること。

【答礼(とうれい)】相手の礼に答えて礼をすること。また、その礼。

竹6
【等】(12)
3年 音 トウ 訓 ひとしい・など・ら

筆順 ⺮ 𥫗 … 等

意味 ❶相違・差がない。ひとしい。「等分・平等(びょうどう)・等身大」❷段階。また、順位。とう。「等外・等級・上等」❸同類の他を省略することを表すことば。とう。など。「牛馬等」❹複数・多数を表すことば。ら。「我等(われら)・学生等(がくせいら)」

名付 しな・とう・とし・とも・ひとし

参考 「ひとしい」は「均しい」「斉しい」とも書く。

【等圧線(とうあつせん)】天気図の上で、気圧の等しい地点をむすんだ線。

【等外(とうがい)】競走・品評会などで、きめられた等級に入らないこと。選外(せんがい)。

【等閑】(とうかん・なおざり) 物事をいいかげんにすること。

【等親】(とうしん) 親族の関係で、自分を中心にして数える親疎の区分。親子は一等親、兄弟は二等親の類。▽今は「親等」という。

【等身大】(とうしんだい) 人の身長・体格と等しいくらいの高さ・大きさ。「―の仏像」

竹6 **【筒】** (12) 常用 音 トウ 訓 つつ

筆順 ノ ⺈ ⺈ ⺮ ⺮ 筒 筒 筒

意味 ❶円柱状で中がうつろなもの。つつ。「円筒・水筒・発煙筒・竹筒(たけづつ)」❷細長くて中空のもの。「封筒」❸鉄砲のこと。つつ。「筒音(つつおと)」

名付 つつ・とう・まる

【筒先】(つつさき) ①ホースなど、筒形のものの先。筒口。②銃身・砲身の先。▽②は「銃先」とも書く。

竹6 **【筏】** (12) 印標 音 バツ 訓 いかだ

意味 竹や木を組み並べた、水上を渡るもの。いかだ。

【筏師】(いかだし) いかだをあやつって川を下ることを職業としている人。いかだ乗り。いかだ流し。

竹6 **【筆】** (12) 3年 音 ヒツ 訓 ふで

筆順 ⺈ ⺮ 竺 笁 筀 筀 筆

意味 ❶文字や絵をかく道具。ふで。「筆墨・筆記・毛筆・鉛筆」❷文字・文章または絵などをかくこと。また、かいた文字・文章・絵など。ふで。ひつ。「筆写・筆跡・自筆・空海の筆(ふで)」❸能書家。「三筆(さんぴつ)」

名付 ひつ・ふで

【筆禍】(ひっか) 自分が書いた文章のために災難を受けること。また、その災難。「―事件」

【筆画】(ひっかく) 文字(特に漢字)の画(かく)。字画(じかく)。

【筆硯】(ひっけん) ①ふでと、すずり。「―を新たにする(構想を一新して著述に取りかかる)」②手紙文で、文筆を業とする人の起居についていうことば。「―益(ます)ます御隆昌(ごりゅうしょう)の段」▽「筆研」とも書く。

【筆耕】(ひっこう) 報酬をもらって筆写をすること。また、その人。

【筆算】(ひっさん) 数字を紙などに書いて計算すること。

【筆紙】(ひっし) 筆と紙。「―に尽くしがたい(程度がはなはだしくて文章では表現し得ない)」

【筆陣】(ひつじん) ①文章で鋭く議論し合う構え。「―を張る」②社説や論文集などの執筆者の顔触れ。

【筆跡】(ひっせき) 書かれた文字のあと。また、その書きぶり。

【筆舌】(ひつぜつ) 書くことと話すこと。「―に尽くしがたい(程度がはなはだしくて、文章やことばでは表現し得ない)」

【筆端】(ひったん) 文章や書画の書きぶりのたとえ。▽「筆の穂先」の意。

【筆談】(ひつだん) 口で話すかわりに、文字を書いて意思を伝え合うこと。

【筆致】(ひっち) 文字・文章・絵の書きぶり。「巧妙な―」

【筆誅】(ひっちゅう) 他の人の罪悪・陰謀などを書き立てて、きびしく責めること。「―を加える」

【筆頭】(ひっとう) 名前を書き連ねた中の第一番め。また、その人。「戸籍の―者」

【筆法】(ひっぽう) ①文字を書くときの筆の使い方。②文章の表現の仕方。③物事のやり方。

【筆鋒】(ひっぽう) 相手を攻撃する文章の勢い。「―鋭く非難する」▽「筆の穂先」の意から。

【筆墨】(ひつぼく) ①ふでと、すみ。②文字を書いたあと。

【筆無精】(ふでぶしょう) 手紙などの文章を書くのをめんどうがること。また、そのような人。▽「筆不精」とも書く。

竹6 【筓】▸笄 異

竹6 【筝】▸箏 異

竹7 **【筵】** (13) 印標 音 エン 訓 むしろ

意味 ❶竹を編んで作った敷物。むしろ。❷敷物。「瓊筵(けいえん)」❸座席。「講筵」

竹7 **【筥】** (13) 音 キョ 訓 はこ

意味 米などを入れる丸いかご。また、箱。はこ。

【筥迫】(はこせこ) 和装の時、婦人がふところにはさんでもつ、箱形・布製の紙入れ。▽現在は、婚礼、七五三などの礼装時に装飾として

筥 迫

使う。

竹7 【筧】(13) 音ケン 訓かけい

意味 竹をかけ渡して水を導くもの。かけい。かけひ。

竹7 【筰】(13) 音サク 訓―

意味 細い竹、または竹を細く割ったもので作った縄。

竹7 【筴】(13) 音サク 訓―

意味 占いに用いる細い棒。筮竹(ぜいちく)。めどぎ。

竹7 【筬】(13) 音セイ 訓おさ

意味 機織りの道具の一つ。縦糸を整え、横糸を織りこむのに用いる。おさ。

竹7 【筮】(13) 音ゼイ 訓めどぎ

意味 ❶占いに用いる細い五十本の竹。めどぎ。「筮竹」❷占う。また、占い。「卜筮(ぼくぜい)」

【筮竹(ぜいちく)】易占いで使う、竹で作った五十本の細い棒。めどぎ。

【筮法(ぜいほう)】筮竹(ぜいちく)を使って吉凶を占う方法。

竹7 【節】(13) 4年 音セツ・セチ 訓ふし・ノット

旧字 竹9 節(15)　異体 竹9 節(15) 人名

筆順 ⺈ ⺮ 竺 笁 笛 節 節 節

意味 ❶竹の幹枝にあるくびれ。ふし。❷物の結合している部分。ふし。「関節・末節」❸音楽の調子。ふし。「節奏・曲節・追分節(おいわけぶし)」❹詩歌・文章のひとくぎり。せつ。「章節」❺志や行いを変えないこと。せつ。「節操・忠節・変節」❻控えめにして度を過ごさない。せっする。「節約・節倹・節水」❼気候の変わり目。「節分・季節・二十四節気」❽時期。また、機会。せつ。「時節・当節」❾祝い日。「節句・節会(せちえ)・天長節」❿割り符。「符節」⓫船の速度の単位。一節(ノット)は一時間一海里(一八五二メートル)の速さ。ノット。名付 お・さだ・せつ・たか・たかし・たけ・とき・のり・ふ・ふし・ほど・まこと・みさ・みさお・みね・よ・よし

【節会(せちえ)】昔、季節の変わり目や、公式の行事の日に行われた宴会。節(せち)。

【節季(せっき)】①年末。「―大売り出し」②商店などが支払い勘定のしめくくりをする時期。ふつう盆と暮れの二回。③季節の終わり。▽「季」は「末」の意。

【節気(せっき)】陰暦で、気候の変わり目を示す日。立春・啓蟄(けいちつ)・春分・夏至(げし)・立秋・白露・秋分・冬至(とうじ)・大寒など二十四ある。二十四節。二十四気。

【節義(せつぎ)】節操と道義。「―に悖(もと)る」

【節倹(せっけん)】節約してつつましく暮らすこと。

【節減(せつげん)】節約して使用量などを減らすこと。

【節制(せっせい)】欲望におぼれないよう、適当に抑えて控えめにすること。

【節操(せっそう)】自分の信ずる主義・主張などを堅く守って変えない心。

【節度(せつど)】度を越さない、よい程度。「―を守る」

【節約(せつやく)】費用などのむだをなくして、きりつめること。倹約。「ガスを―する」

竹7 〔筺〕▼筐(異)

竹7 〔筱〕▼篠(異)

竹7 〔[竹/法]〕▼簿(略)

竹8 【[竹/長]】(14) 〈国字〉 音― 訓おさ

意味 おさ。▽地名などに用いる字。「[竹/長]作(おさがさく)」は、福島県の地名。

竹8 【箇】(14) 常用 音カ・コ 訓―

筆順 ⺈ ⺮ 竺 笛 笛 箇 箇 箇

意味 物を数えるとき、数詞につけることば。また、物事を一つ一つさし示すことば。こ。か。「箇条・箇所・一箇(いっこ)・二箇月」名付 か・こ

【箇条(かじょう)】①いくつかに分けて書き並べたときの一つ一つ。項目。「―書き」②項目の数を表すことば。▽「か条」と書くことが多い。

竹8 【管】(14) 4年 音カン 訓くだ

筆順 ⺈ ⺮ 竺 笁 笁 管 管 管

意味 ❶細長い筒状のもの。かん。くだ。「管状・管見・血管・水道管」❷吹いて鳴らす楽器。「管弦・管楽器」❸つかさどる。「管理・管財・保管」❹筆の軸。「筆管」❺真空管のこと。「管球」名付 うち・かん・すげ

【管下】(かんか) ある機関などの権限がおよぶ範囲。

【管轄】(かんかつ) 権限によって支配すること。また、その支配する範囲。「―区域」 注意 「管括」と書き誤らないように。

【管区】(かんく) 管轄する区域。「第十―」

【管見】(かんけん) 自分の見識を謙遜していうことば。▽「管を通して物を見る」の意。

【管弦楽】(かんげんがく) 弦楽器・管楽器・打楽器で合奏する大がかりな音楽。オーケストラ。

【管財】(かんざい) 財産などを管理したり、財務をつかさどったりすること。

【管制】(かんせい) ①非常時に、国家があることがらを強制的に管理・制限すること。統制。「報道―」②航空機の航行を管理・規制すること。「航空―塔」

【管玉】(くだたま) 管のような形をした細長い玉。古代の装身具の一つ。多く連ねてひもに通し、首飾りにした。

竹8 **【箝】**(14) 音 カン 訓 ―

意味 ❶はさみこんで動かなくする。❷口を閉じる。また、口を封じて発言させない。かんする。「箝口(かんこう)令」

【箝口】(かんこう) ①口を閉じて言わないこと。②発言を禁ずること。「―令」▽「鉗口」とも書く。

竹8 **【箕】**(14) 人名 音 キ 訓 み

筆順

意味 ❶農具の一種。穀物をふるい、もみがらや、ごみなどを取り除くもの。み。❷ちりとり。

名付 み・みる

竹8 **【箘】**(14) 音 キン 訓 ―　異体 竹8 【箟】(14)

意味 しのだけ。矢がらとして用いた。

竹8 **【箜】**(14) 音 ク 訓 ―

意味 →箜篌(くご)

【箜篌】(くご) ハープに似た、東洋の弦楽器。百済琴(くだらごと)。

竹8 **【箍】**(14) 音 コ 訓 たが

意味 桶(おけ)や樽(たる)のまわりにはめて締める輪。たが。

竹8 **【箚】**(14) 音 サツ・トウ 訓 ―　正字 竹8 【劄】(14)

意味 感想・所見の要点をしるしたもの。

【箚記】(さっき・とうき) 書物を読んだ感想を、随時書きしるしたもの。札記。

竹8 **【算】**(14) 2年 音 サン 訓 かぞえる

筆順

意味 ❶勘定して数を調べる。かぞえる。さんする。また、そのこと。さん。「算出・算数・計算・暗算」❷年齢の数。「宝算」❸和算で、運算に用いる短い角棒。さん。「―を乱す（多くの人が逃げるときなどにばらばらになることを形容することば）」❹てだて。また、見込み。さん。「算段・公算・成算・算が狂う」

名付 かず・さん

【算木】(さんぎ) ①易(えき)で占いに使う、長さ九センチぐらいの角柱状の六個の木。②中国から伝わり、和算で運算に使われた角柱状の小さな木。

【算段】(さんだん) 手段・方法を苦労して考える。くめんする。

【算定】(さんてい) 計算して数字で示すこと。「工事費を―する」「―方式」

参考熟語 算盤(そろばん)

竹8 **【箋】**(14) 常用 音 セン 訓 ―　異体 片8 【牋】(12)

筆順

意味 ❶注釈などを書いて書物の間に張りつける紙。「付箋」❷注釈。「箋注」❸詩文や手紙などを書く紙。「便箋・詩箋」

竹8 **【箒】**(14) 印標 音 ソウ 訓 ほうき

意味 ちりなどをはき除く用具。ほうき。「箒星(ほうきぼし)」

竹8 **【箏】**(14) 印標 音 ソウ 訓 こと　異体 竹6 【筝】(12)

意味 弦楽器の一つ。そう。こと。琴柱(ことじ)を立てて弾く十三弦の琴。「箏曲・箏(そう)の琴」

竹8 **【箔】**(14) 人名 音 ハク 訓 ―

筆順

意味 金属を薄く平たく延ばしたもの。はく。「金箔・箔が付く（貫禄かんろくが付く）」

竹8 【箙】(14) 音フク 訓えびら　正字 竹8 箙(14)
意味 矢を入れて背負う武具。えびら。

竹8 〔箸〕▸箸 異

竹8 〔箆〕▸篦 異

竹9 【篋】(15) 音キョウ 訓はこ
意味 直方体の箱。はこ。

竹9 【篌】(15) 音ゴ 訓―
意味 「箜篌くご」は、ハープに似た、東洋の弦楽器。百済琴くだらごと。

竹9 【篁】(15) 音コウ 訓たかむら
意味 竹の林。たかむら。
参考 「たかむら」は「竹叢」とも書く。

竹9 【箴】(15) 音シン 訓―
意味 ❶医療に用いる石針いしばり。❷戒める。また、戒めを書いたもの。「箴言」
【箴言】しんげん 教訓の意味をもつ短いことば。

竹9 【箭】(15) 印標 音セン 訓や　異体 竹9 箭(15)
意味 ❶矢を作るのに適する竹。やだけ。❷矢のこと。や。「弓箭」

竹9 【箱】(15) 3年 音ソウ 訓**はこ**

筆順 ⺅ ⺈ ⺮ 竺 笁 箱 箱 箱

意味 四角の容器。はこ。「百葉箱ひゃくようばこ・箱庭はこにわ・箱入はこいり」 名付 しょう・はこ
【箱庭】はこにわ 箱に土や砂を入れ、家・橋などの模型や小さな樹木をあしらって、庭園や山水のけしきに見たてたもの。

竹9 【箸】(15) 常用 音チョ 訓**はし**　異体 竹8 箸(14)

筆順 ⺮ ⺮ 竺 笋 箸 箸 箸

意味 食物をはさむ一対の細い棒。はし。「割り箸」 名付 あき・あきら・つく
参考 二本一組として、「一膳いちぜん」「一揃ひとそろい」と数える。

竹9 【篆】(15) 印標 音テン 訓―
意味 漢字の書体の一つ。てん。「篆書・小篆」
【篆刻】てんこく 木・石・金属などに、印として文字をほりつけること。印刻。▽その文字に、多く篆書てんしょ体を使ったことから。
【篆書】てんしょ 漢字の書体の一つ。大篆と小篆の二種がある。小篆は、大篆が簡略化されたもので、始皇帝の丞相李斯りしが作ったとされる。隷書れいしょ・草書・行書・楷書かいしょのもととなり、現在は印章などに使われる。

竹9 【範】(15) 常用 音**ハン** 訓のり

筆順 ⺅ ⺮ ⺮ 笪 笪 範 範 範

意味 ❶手本。はん。のり。「模範・垂範・範はんを仰ぐ」❷一定の区切り。「範囲・範疇はんちゅう・広範」 名付 すすむ・のり・はん
参考 「広範」は「広汎」が書き換えられたもの。
【範囲】はんい ある物・物事によって限られた広さ（の中）。「勢力―」
【範疇】はんちゅう 事物が属すべき種類・部門。範囲。カテゴリー。「経済学の―に属する問題」▽「疇」は「分類されたもの」の意。
【範例】はんれい 模範になる例。手本。

竹9 【篇】(15) 人名 音ヘン 訓―　異体 竹9 篇(15)

筆順 ⺮ 笞 笞 篇 篇 篇 篇

意味 ❶一つにまとまった詩歌・文章。「篇章・短篇」❷書物の部分け。へん。「前篇」❸詩文などを数えることば。へん。 名付 あむ・かく
参考 「篇・長篇・短篇」などの「篇」は「編」に書き換える。

竹9 〔篏〕▸嵌 異

竹9 〔節〕▸節 旧

竹9 〔節〕▸節 異

竹9 〔箪〕▸簞 異

竹10 【簒】(16) 音サン 訓うばう　異体 竹11 簒(17)
意味 たくらんでよこどりする。うばう。「簒奪」
【簒奪】さんだつ 臣下が君主の地位を奪い取ること。▽政権を奪うことにたとえることもある。

6画

竹10【篝】(16) 印標 音コウ 訓かがり 異体 竹10 篝(16)

意味 ❶夜間照明のためにたく火。かがり。「篝火（かがりび）」❷かがり火をたく鉄の器。かがり。

【篝火（かがりび）】夜間の照明などのために、屋外でたく火。かがり。

竹10【篩】(16) 音シ 訓ふるい・ふるう

意味 粉などを振り動かして分ける道具。ふるい。また、それを用いてより分ける。ふるう。「篩に掛ける（多くのものの中から選び分ける）」

竹10【築】(16) 5年 旧字 竹10 築(16)

音チク 訓きずく・つく

筆順

意味 基礎を固めて建造物を建てる。つく。きずく。「築城・築造・建築・築山（つきやま）・築地（ついじ・つきじ）」

【築造（ちくぞう）】土手・ダムなどを築いて造ること。建造。

【築地（ついじ）】㊀板をしんにしてその上に土を塗りかためて、瓦（かわら）で屋根をふいた垣根。㊁（つきじ）海などを埋めたてた土地。

竹10【篤】(16) 常用 音トク 訓あつい

筆順

意味 ❶誠意があって熱心である。あつい。「篤実・篤学」❷病気がひどい。「危篤」名付 あつ・あつし・すみ・とく

参考 あつい⇩「厚」の[使い分け]。

【篤学（とくがく）】学問することに熱心なこと。「―の士」

【篤志（とくし）】①親切な心。②社会事業などに特別な志を持っていること。「―家」

【篤実（とくじつ）】親切で、誠実なこと。「温厚―」

【篤農（とくのう）】農業生産に励み、その研究に熱心なこと。また、そのような人。「―家」

竹10【篦】(16) 音ヘイ 訓の・へら 異体 竹8 篦(14)

意味 ❶竹・木・金属などでできた細長く平らなもの。へら。「竹篦（しっぺい・たけべら）」❷矢にする竹。の。

竹10【篥】(16) 音リキ 訓―

意味 「篳篥（ひちりき）」は雅楽用の管楽器の一つ。

竹10【篠】▶篠(異)　竹10【篭】▶籠(異)　竹10【簑】▶蓑(異)

竹11【篶】(17) 音エン 訓すず

意味 全体に細い竹。すず竹。すず。

竹11【簀】(17) 印標 音サク 訓す

意味 ❶竹・あしなどで編んだむしろ。す。「簀子（すのこ）」❷すだれ。す。

【簀子（すのこ）】①葦や細い竹を横に並べて編んだもの。②細長い板をすきまをあけて枠に張ったもの。

竹11【簓】(17)〈国字〉音― 訓ささら

意味 竹の先を細かく割って作った道具。ささら。

竹11【篠】(17) 人名 音ショウ 訓しの 異体 竹7 筱(13) 異体 竹10 篠(16)

筆順

意味 竹の一種。幹が細い。しの。「篠竹（しのだけ）・篠突く雨（篠を束ねて突くような激しい勢いで降る雨）」名付 しの

参考熟語 篠懸（すずかけ）

竹11【簇】(17) 音ソウ・ゾク 訓むらがる

意味 群がり集まる。むらがる。「簇生」

参考 「簇生」の「簇」は「族」に書き換える。

竹11【篳】(17) 音ヒチ 訓―

意味 ❶柴（しば）を編んだ垣根。しばがき。❷→篳篥（ひちりき）

【篳篥（ひちりき）】雅楽用の管楽器の一つ。縦に吹く。

篳篥

竹11【篷】(17) 音ホウ 訓とま

意味 竹や茅（かや）などで編んだ、舟や車のおおい。とま。

竹11【簗】(17)〈国字〉音― 訓やな

意味 水流を木・竹などを並べてせきとめ、魚

を捕らえる仕掛け。やな。
参考「やな」は「梁」とも書く。

竹11 【簍】(17) 音ロウ 訓—
意味 竹で編んだかご。竹かご。

竹11 【篡】▼簒 異

竹11 【簑】▼蓑 異

竹12 【簡】(18) 6年 音カン 訓ふだ
旧字 竹12 簡(18)
筆順
意味 ❶手紙や書物。「手簡・書簡・木簡・断簡」 ❷手軽なこと。かん。「簡単・簡易・簡略・繁簡・簡にして要を得る」 ❸選び出す。「簡抜」 ❹調べる。「簡閲」 ❺中国で紙の発明前に文字を書いた竹のふだ。かん。
名付 あきら・かん・ひろ・ふみ・やすし
参考「書簡」の「簡」は「翰」が書き換えられたもの。

簡 ❺

【簡閲】(かんえつ) 人数や身分を調べること。「—点呼」
【簡潔】(かんけつ) 簡単な形式に要領よくまとまっているさま。手短で、要点をとらえているさま。
【簡素】(そかん) 飾りけがなくて質素なこと。「—な生活」
【簡体字】(かんたいじ) 現代中国で使われている、公に定めた略字。簡化字。▽以前の字体を「繁体字(はんたいじ)」という。
【簡牘】(かんとく) 昔、文字を書くのに用いた竹や木のふだ。▽「簡」は、幅のせまいもの、「牘」は、幅の広いもの。
【簡便】(かんべん) 簡単で便利なこと。
【簡明】(かんめい) 簡単でわかりやすいこと。簡単明瞭(めいりょう)。「—な解説」
【簡約】(かんやく) 要点を簡単にまとめること。
【簡略】(かんりゃく) 略して簡単にするようす。簡単で手短なようす。簡潔。「表現を—化する」

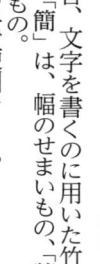

竹12 【簣】(18) 音キ 訓あじか
意味 土を運ぶのに用いる、竹のかご。あじか。「九仞(きゅうじん)の功を一簣(いっき)に欠(か)く」

竹12 【簧】(18) 音コウ 訓した
意味 ❶笛の舌。リード。した。❷笙(しょう)の笛。

竹12 【簞】(18) 人名 音タン 訓—
異体 竹9 箪(15)
筆順
意味 ひきだし・戸のある箱状の入れ物。「簞笥(たんす)」
【簞笥】(たんす) 引き出し・開き戸などのある箱状の木製家具。

竹12 【簟】(18) 音テン 訓たかむしろ
正字 竹12 簟(18)
意味 竹で編んだむしろ。たかむしろ。

竹12 【簱】(18) 〈国字〉 音— 訓はた
意味 はた。▽人名に用いる字。

竹13 【簷】(19) 音エン 訓のき
意味 屋根の軒(のき)。のき。

竹13 【簫】(19) 音ショウ 訓—
意味 東洋の管楽器の一つ。竹管を横にならべて作ったもの。しょう。

竹13 【簽】(19) 音セン 訓ふだ
意味 ❶標題・見出しなどを書きしるす札。ふだ。「題簽(だいせん)」 ❷名をしるす。「簽書(せんしょ)」

竹13 【籀】(19) 音チュウ 訓—
正字 竹15 籒(21)
意味 漢字の書体の一つ。字画が繁雑で、装飾的。大篆(だいてん)。籀文(ちゅうぶん)。

竹13 【簸】(19) 音ハ 訓ひる
意味 箕(み)を左右に振って、穀物のくず・もみがらやごみなどを除き去る。ひる。

竹13 【簿】(19) 常用 音ボ 訓—
旧字 竹13 簿(19)
略字 竹7 [illegible](13)
筆順
意味 物事を書き込むために紙をとじて作ったもの。「簿記・原簿・名簿・出納簿」

竹13 【簾】(19) 人名
異体 竹13 簾(19)

音レン　訓す・すだれ

筆順

意味 竹を編んで作ったとばり。す。すだれ。「簾台・御簾・玉簾」 名付 きよし・せん・みす

竹14【簪】(20) 音サン 訓かんざし　正字 竹12 簪(18)

意味 女性の髪にさす飾り物。かんざし。

竹14【籍】(20) 常用 音セキ 訓ふみ　旧字 竹14 籍(20)

筆順

意味 ❶書き物。ふみ。「書籍」❷人別・戸別・地所などをしるした帳簿。また、ある団体の一員としての所在。せき。「戸籍・入籍・船籍」

竹14【籌】(20) 音チュウ 訓かずとり

意味 ❶数を数える竹の棒。かずとり。「一籌(いっちゅう)を輸(ゆ)する（勝負に負ける）」❷はかりごと。「籌策(ちゅうさく)」

【籌策(ちゅうさく)】計略。はかりごと。

竹14【籏】(20)〈国字〉音― 訓はた

意味 旗。はた。▽多く、姓や地名に用いる字。

［纂］▼糸14

竹15【籔】(21) 音ソウ 訓―

意味 米をとぐとき使う、竹のざる。

竹15【𥶡】(21)〈国字〉音― 訓たが

意味 たが。▽人名・地名などに用いる字。

竹15【籐】(21) 音トウ 訓―　正字 竹15 籐(21)　異体 竹16 籘(22)

意味 つる性の植物。材は家具などに適している。とう。

竹15【籃】(21) 音ラン 訓―

意味 取っ手のあるかご。「揺籃(ようらん)（ゆりかご）」

竹15［籖］▼籤異

竹15［籒］▼籀正

竹16【籡】(22)〈国字〉音― 訓しんし

意味 しんし。布を洗ったり染めたりして干すとき、布が縮まないようにぴんと張る竹製の棒。▽「しんし」は伸子の音から。

竹16【籟】(22) 音ライ 訓―

意味 ❶穴の三つある笛。❷響き。風が吹いて鳴る音などにいう。「松籟(しょうらい)」

竹16【籠】(22) 常用 音ロウ 訓かご・こもる・こめる　異体 竹10 篭(16)

筆順

意味 ❶竹やつるなどで編んだ入れ物。かご。「籠球・薬籠・屑籠(くずかご)」❷ある場所にはいったきりでそこから外出しないでいる。こもる。また、そのようにさせる。こめる。「籠城・参籠」

【籠球(ろうきゅう)】バスケットボールのこと。

【籠城(ろうじょう)】城などにこもって外に出ないこと。

【籠絡(ろうらく)】巧みに他の人をごまかして自分の思うままにあやつること。

竹16［籘］▼籐異

竹17【籤】(23) 音セン 訓くじ　異体 竹15 籖(21)

意味 紙などに番号・印などをつけた、くじ。「抽籤・富籤(とみくじ)」

竹17【籥】(23) 音ヤク 訓―

意味 笛の一種。尺八に似ている。

竹19【籬】(25) 印標 音リ 訓かき・まがき

意味 竹や柴(しば)などを編んだ垣根。まがき。かき。

【籬垣(りえん・ませがき)】かきね。まがき。

米の部　こめ　こめへん

米0【米】(6) 2年 音ベイ・マイ 訓こめ・メートル・よね

筆順

意味 ❶稲の実。よね。こめ。「米作・飯米(はんまい)・

米粒(こめつぶ)」❷アメリカのこと。「米国・英米・親米」❸長さの単位。一米(メートル)は一〇〇センチメートル。メートル。名付 こめ・べい・まい・みつ・よね

参考 ❷はアメリカを意味する「米利堅(メリケン)」の略から。「べい」と読む。

【米所(こめどころ)】よい米が多くとれる土地・地方。

【米塩(べいえん)】生活に必要な米と塩。「—の資(生活費)」

【米穀(べいこく)】①米のこと。②米とその他の穀物。穀類。

【米寿(べいじゅ)】数え年八十八歳のこと。また、長生きしてその年齢になったことを祝う祝い。▽「八十八」をまとめると「米」の字に似ることから。

米2 【籵】(8) 〈国字〉 訓音 デカメートル —

意味 長さの単位。一籵(デカメートル)は一〇メートル。デカメートル。

米3 【粁】(9) 〈国字〉 訓音 キロメートル —

意味 距離の単位。一粁(キロメートル)は一〇〇〇メートル。キロメートル。

米3 【粂】(9) 〈国字〉 訓 くめ 音 —

意味 人名・地名に用いる字。くめ。

米3 【𥸮】(9) 〈国字〉 訓 くわ 音 —

意味 くわ。▽人名などに用いる字。

米3 【籾】(9) 人名 〈国字〉 訓 もみ 音 —

異体 米3 籾 (9)

筆順 丶 丷 半 米 米 籾 籾 籾

意味 ❶まだ外皮を除いてない、稲の実。もみ。❷もみ米をついたあとに残る外皮。もみがら。もみ。名付 もみ

米4 【粋】(10) 常用 旧字 米8 粹 (14) 人名

音 スイ 訓 いき

筆順 丶 丷 半 米 米 粁 粋 粋

意味 ❶まじりけがない。また、そのようなもの。すい。「純粋・文化の粋」❷人情に通じていて、ものわかりがよいこと。すい。いき。「粋人・不粋(ぶすい)・粋(いき)な扱い」名付 きよ・すい

参考 「抜粋」は「抜萃」が書き換えられたもの。

【粋狂(すいきょう)】風変わりなことを好んですること。ものずき。「—な男」「—にもほどがある」▽「酔狂」とも書く。

【粋人(すいじん)】①風流を好む人。②よく人情に通じていてものわかりのよい人。③花柳界や芸人社会などに通じている人。

米4 【粏】(10) 〈国字〉 訓 音 ダ —

意味 「糂粏(じんだ)」は、食品の名。ぬかみそ。また、ぬかにこうじと塩を加えた食品。

米4 【粐】(10) 〈国字〉 訓 ぬか 音 —

意味 ぬか。▽地名に用いる字。「粐蒔沢(ぬかまきざわ)」は、秋田県秋田市にある地名。

米4 【粉】(10) 5年 訓音 フン こ・こな・デシメートル

筆順 丶 丷 半 米 米 米 粉 粉

意味 ❶穀物を微細に砕いたもの。こ。こな。「製粉・米粉・小麦粉(こむぎこ)」❷物を微細に砕いたもの。こな。また、微細に砕く。「粉末・粉砕・粉雪(こなゆき)」❸おしろい。また、おしろいを塗る。「粉黛(ふんたい)・粉飾」❹長さの単位。一粉(デシメートル)は一メートルの十分の一で、一〇センチメートル。デシメートル。

【粉骨砕身(ふんこつさいしん)】全力を尽くして努力すること。▽「骨を粉にし、身を砕く」の意。

【粉砕(ふんさい)】①細かく砕くこと。②完全に相手を打ち負かすこと。注意 「紛砕」と書き誤らないように。

【粉飾(ふんしょく)】①りっぱに見せようとして表面を飾ること。「—決算」②おしろいを塗って化粧すること。

【粉塵(ふんじん)】岩石・コンクリートなどがくだけて粉になったもの。

【粉黛(ふんたい)】①おしろいとまゆずみ。また、化粧。②うわべを美しく見せるために塗りかくすもの。

米4 【粍】(10) 〈国字〉 訓音 ミリメートル —

意味 長さの単位。一粍(ミリメートル)は一メートルの千分の一。ミリメートル。

【料】▶斗6

米4 【粃】▶秕 異

米5 【粄】(11)〈国字〉 音ハ 訓すくも

意味 すくも。もみがら。▽地名に用いる字。「粄塚(すくもづか)」は、鳥取県にある地名。

粄

米5 【粗】(11) 常用 音ソ 訓あらい・ほぼ

筆順 丷 䒑 半 米 米 粌 粗 粗

意味 ❶物事がこまかでない。そ。あらい。「粗雑・粗忽(そこつ)・精粗」❷質が悪い。そ。「粗末・粗食・粗製」❸他人に物を贈るときや物をすすめるときに使う謙遜のことば。「粗品(そしな)(そひん)・粗餐(そさん)・粗茶」❹大体。ほぼ。

参考 (1)❹の「ほぼ」は「略」とも書く。(2)あらい⇨「荒」の[使い分け]。

粗

【粗悪】(そあく) 品物がそまつで質が悪いさま。

【粗衣】(そい) そまつな着物。「―粗食」

【粗肴】(そこう) 客にすすめる料理などを謙遜していうことば。

【粗忽】(そこつ) ①言動に落ち着きがないこと。そそっかしいこと。軽はずみ。「―者(もの)」②不注意で起こすあやまち。粗相。

【粗雑】(そざつ) 考え方ややり方などが、いいかげんで大ざっぱなさま。雑駁(ざっぱく)。

【粗餐】(そさん) 他人にふるまう食事を謙遜していうことば。「―を呈したく」

【粗品】(そしな) (謙遜して)粗末な品物。▽贈り物の上書きに用いる。「―進呈」

【粗食】(そしょく) 粗末な食事。「粗衣―に甘んじる」

【粗製濫造】(そせいらんぞう) 粗雑な作りの品物をむやみに多く作ること。▽「粗製乱造」とも書く。

【粗相】(そそう) 不注意やそそっかしさのために、あやまちをおかすこと。また、そのあやまち。粗忽(そこつ)。

【粗朶】(そだ) 小枝を切り取ったもの。たきぎにする。

【粗放】(そほう) やり方などが綿密でなく大ざっぱなこと。▽「疎放」とも書く。

【粗暴】(そぼう) 動作があらあらしくて、乱暴なさま。

【粗密】(そみつ) 密度のあらいことと、細かいこと。

【粗野】(そや) 言語動作があらあらしくて、洗練されていないこと。

【粗略】(そりゃく) 物事のやり方がていねいでなくていい加減なこと。おろそか。▽「疎略」とも書く。

【粗漏】(そろう) 物事のやり方が大ざっぱで、手落ちがあること。▽「疎漏」とも書く。

参考熟語 粗目(ざらめ)

米5 【粘】(11) 常用 音ネン 訓ねばる　異体 黍5 黏(17)

筆順 丷 䒑 半 米 米 粁 粘 粘

意味 ねばねばする。ねばる。「粘土・粘着・粘膜」

粘

【粘着】(ねんちゃく) ねばりつくこと。「―力」

【粘膜】(ねんまく) 鼻・口・内臓などの内面をおおう、やわらかい湿った膜。つねに粘液でうるおっている。

米5 【粕】(11) 印標 音ハク 訓かす

意味 ❶酒のもろみを漉(こ)してあとに残ったもの。酒かす。かす。「糟粕(そうはく)」❷よいものを絞り取ってあとに残ったもの。かす。「油粕(あぶらかす)」

参考 「かす」は「糟」とも書く。

粕

米5 【粒】(11) 常用 音リュウ 訓つぶ

筆順 丷 䒑 半 米 米 粁 粒 粒

意味 ❶穀物の種子。つぶ。「穀粒・粟粒(ぞくりゅう)(あわつぶ)」❷丸くて小さな形のもの。つぶ。「粒状・顆粒(かりゅう)・微粒子」❸穀物や丸薬のつぶを数えることば。りゅう。つぶ。

粒

【粒粒辛苦】(りゅうりゅうしんく) 仕事の完成のために非常につらく苦しい思いをすること。▽米の一粒一粒がみな農民の辛苦の結果であるということから。

米6 【粫】(12) 音― 訓うるち

意味 うるち。▽「粫田(うるちだ)」は、福島県白河市の地名であったが、「糯田(もちだ・うるちだ)」の誤りという。

粫

米6 【粤】(12) 音エツ 訓―

意味 中国の広東(カントン)省・広西チワン族自治区。また、特に、広東省。

粤

米6 【粢】(12) 音シ 訓しとぎ

意味 神に供える穀物や餅(もち)。しとぎ。

粢

米6 【粥】(12) 人名 音シュク 訓かゆ

粥

6画

筆順 ㇇ ㇉ 弓 … 粥

意味 米を柔らかく煮た水分の多いもの。かゆ。「芋粥(いもがゆ)」

米6 【粧】(12) 常用 音 ショウ・ソウ 訓 よそおう

筆順 丷 䒑 半 米 米' 粁 粧 粧

意味 おしろいを塗って顔を美しく見せる。よそおう。「化粧(けしょう)・盛粧(せいそう)」

【粧飾(しょうしょく)】よそおい飾ること。また、飾り。装飾。

米6 【粭】(12) 〈国字〉 音 ― 訓 すくも

意味 もみがら。すくも。▽地名に用いる字。「粭嶋(すくもじま)」は、山口県にある地名。

米6 【粟】(12) 人名 音 ゾク 訓 あわ

筆順 一 亓 襾 西 覀 粟 粟 粟

意味 穀物の一つ。五穀のうち実が最も小さい。あわ。「粟粒(ぞくりゅう・あわつぶ)・粟飯(あわめし)」名付 あわ

米6 【粡】(12) 音 トウ 訓 あら

意味 ❶ちまき。❷精白していない米。❸地名に用いる字。あら。

米6 【粨】(12) 〈国字〉 音 ― 訓 ヘクトメートル

意味 長さの単位。一粨(ヘクトメートル)は一〇〇メートル。ヘクトメートル。

米7 【粳】(13) 音 コウ 訓 うるち 異体 禾7 稉(12)

意味 たいて粘りけの少ない、普通の米。うるち。

【粳糧(こうりょう)】うるちの食糧。

米7 【糀】(13) 〈国字〉 音 ― 訓 こうじ 正字 米8 糀(14)

意味 米・麦・豆などを蒸して、こうじ菌(きん)を繁殖させたもの。酒・みそなどの醸造に用いる。こうじ。

米7 【粲】(13) 音 サン 訓 ―

意味 鮮やかではっきりしている。「粲然(さんぜん)」

【粲然(さんぜん)】①くっきりとしてあざやかなさま。②美しい白い歯を出してあざやかに笑うさま。

米7 【粱】(13) 音 リョウ 訓 ―

意味 粒の大きい良質の粟(あわ)。「黄粱(こうりょう)」

【数】▶攴9

米7 【粮】▶糧 異

米8 【精】(14) 5年 旧字 米8 精(14)

音 セイ・ショウ 訓 くわしい・しらげる

筆順 丷 䒑 半 米 米+ 粁 精 精

意味 ❶玄米をついて白くする。しらげる。「精白・精米」❷念入りに行う。くわしい。「精密・精読・不精(ぶしょう)」❸まじりけがない。また、そのようなもの。せい。「精兵・精髄・精鋭・精を採る」❹自然物に宿って不思議な力をあらわすもの。せい。「精霊(せいれい・しょうりょう)・山の精」❺心身がもっている気力。せい。「精神・精根・精進(しょうじん)」❻生殖のもととなるもの。せい。「精液」名付 あき・あきら・きよ・きよし・くわし・しげ・すぐる・せい・ただ・ただし・つとむ・ひとし・まこと・まさし・よし

【精進(しょうじん)】①ある事に心を打ちこんで努力すること。専心。②肉を食べず野菜だけを食べること。「―料理」③雑念を捨て、一心に仏道を修行すること。④身をきよめ行いを慎しむこと。潔斎。

【精進潔斎(しょうじんけっさい)】神仏を祭る前に、酒・肉類などを断って沐浴(もくよく)し、身を清めて行いを慎むこと。

【精霊会(しょうりょうえ)】陰暦七月十五日に祖先の霊を祭る仏事。盂蘭盆会(うらぼんえ)のこと。

【精鋭(せいえい)】①すぐれていて勢いが鋭いこと。②より抜きの強い兵士。

【精華(せいか)】ある物事を代表するいちばんすぐれた部分。「国体の―」

【精確(せいかく)】詳しくて、まちがいがないこと。参考「正確(せいかく)」はまちがいがなく正しいこと。

【精悍(せいかん)】動作や顔つきが鋭くて勇ましいさま。

【精気(せいき)】①万物に備わる純粋な力・気。霊気。②心身を活動させるもとになる力。

【精強(せいきょう)】特にすぐれていて強いこと。

【精根(せいこん)】物事をするときの、心身の活動力。「―尽き果てる」

【精魂(せいこん)】全精神。たましい。「―を傾ける」

【精査(せいさ)】細かな点まで詳しく調べること。

【精彩】(せいさい) 光り輝くような美しい色どり。「―を放つ(目立ってすぐれている)」参考「生彩(せいさい)」は、生き生きとして元気なこと。

【精細】(せいさい) 非常に細かな点まで注意が行き届いていること。

【精算】(せいさん) 金額を細かにきちんと計算すること。「運賃を―する」参考 ⇩「清算(せいさん)」の〔使い分け〕。

【精粋】(せいすい) まじりけがなくて最もすぐれている部分。

【精髄】(せいずい) 物事の中心となる最もたいせつな部分。神髄。

【精製】(せいせい) ①細部にまで気を配ってつくること。②純粋な品質にすること。「石油を―する」

【精選】(せいせん) 特にすぐれたものを選び出すこと。えりぬき。「―された問題」

【精緻】(せいち) 非常に細かい点にまで注意が行き届き、よく整っていること。

【精通】(せいつう) 細かなところまでよく知っていること。「手続きに―している」

【精肉】(せいにく) 品質をえらんだ上等の食用肉。

【精白】(せいはく) 米や麦などのうす皮をとり、白くすること。

【精妙】(せいみょう) よくできていて巧妙なさま。

【精励】(せいれい) 力を尽くしていっしょうけんめいに努め励むこと。「―恪勤(かっきん)」

【精霊】一(せいれい) 草木など、万物に宿るたましい。二(しょうりょう) 仏教で、死者のたましい。

米8 【粽】(14) 音 ソウ 訓 ちまき

意味 糯米(もちごめ)などを茅(ち)・(ちがや)や笹(ささ)の葉などに包んで蒸して作った餅(もち)。ちまき。

米8 【粹】▶粋 旧

米9 【糊】(15) 人名 音 コ 訓 のり

筆順 丷 丷 米 米 粐 粘 糊 糊

意味 ❶澱粉(でんぷん)質のものを煮て粘りを出したもの。のり。「糊代(のりしろ)」❷かゆをすする。のりする。

「糊口」 名付 こ・のり

【糊口】(ここう) やっと暮らしを立ててゆくこと。「―を凌(しの)ぐ」▽「餬口」とも書く。

【糊塗】(こと) 一時しのぎにうわべだけとりつくろってごまかしておくこと。「その場を―する」▽もと、「ぼんやりする」の意。

米9 【糅】(15) 音 ジュウ 訓 かつ

意味 まぜる。まじる。かつ。「雑糅・糅(か)てて加えて」

米9 【糂】(15) 音 ジン 訓 ―

意味 「糂粏(じんだ)」は、ぬかみそ。

米9 【糎】(15) 〈国字〉 音 ― 訓 センチメートル

意味 長さの単位。一糎(センチメートル)は一メートルの百分の一。センチメートル。

米10 【糘】(16) 〈国字〉 音 ― 訓 すくも

意味 もみがら。すくも。▽地名に用いる字。「糘地(すくも)」は、広島県にある地名。

米10 【糖】(16) 6年 音 トウ 訓 ― 旧字 米10 糖 (16)

筆順 米 粐 粧 粐 糖 糖 糖 糖

意味 ❶さとうきびから製した甘味料。とう。「砂糖・製糖・糖衣錠」❷炭水化物のうち、水に溶け甘味のあるもの。とう。「糖分・糖類・果糖・葡萄糖(ぶどうとう)」 名付 あら・とう

【糖衣錠】(とういじょう) 薬をのみやすくするため、砂糖でつつんだ錠剤。

【糖尿病】(とうにょうびょう) 血液中に糖が多くなり、尿の中に糖が排泄(はいせつ)される病気。生活習慣病の一つ。

米10 【糒】(16) 音 ビ 訓 ほしいい・ほしい

意味 飯をほしたもの。非常用または携行用。ほしい。ほしいい。

米10 【糢】▶模 異

米11 【糠】(17) 印標 音 コウ 訓 ぬか

意味 玄米をついて白くするときに出る、果皮や胚芽(はいが)の混ざった粉。ぬか。「糟糠(そうこう)・糠雨(ぬかあめ)・糠喜(ぬかよろこ)び」

米11 【糟】(17) 音 ソウ 訓 かす

意味 ❶酒のもろみを漉(こ)してあとに残ったもの。酒かす。かす。「糟糠(そうこう)・糟汁(かすじる)」❷よいも

6画

のを絞り取ってあとに残ったもの。かす。「豆糟」

参考「かす」は「粕」とも書く。

【糟糠の妻】貧しいときから苦労を共にしてきた妻。「—は堂より下さず」▽「糟糠」は、「酒かすと米ぬか」の意で、粗末な食事にたとえる。

【糟粕】①酒のかす。②(ひゆ的に)良いところをとりさった、役に立たないもの。不用物。

米11 【糜】(17) 音 ビ 訓 ただれる

意味 皮膚や肉が炎症のためにやぶれくずれる。ただれる。「糜爛」

【糜爛】皮膚や肉がただれくずれること。▽「爛」も「ただれる」の意。

米11 【糞】(17) 印標 音 フン 訓 くそ

意味 ❶大便。ふん。くそ。「糞尿・馬糞」❷きたない。また、きたないもの。「糞土」❸肥料を施す。「糞壌」❹卑しめたり強調したりする気持ちを表すことば。くそ。「糞力・糞真面目・下手糞・自棄糞」

【糞壌】①よごれた土。②ごみをつみあげてつくった肥料。堆肥。③耕地にこやしを施すこと。

【糞尿】汚物としての、大小便。「—処理」

米12 【[米無]】(18) 〈国字〉 音 — 訓 しいな

意味 しいな。▽地名などに用いる字。「[米無]塚」は、宮城県角田市にある地名。

米12 【糧】(18) 常用 音 リョウ・ロウ 訓 かて　異体 米7 粮(13)

筆順 丷 半 米 粐 粡 粮 糧 糧 糧

意味 生きてゆくのに必要な食料。かて。「糧食・食糧・兵糧・心の糧」名付 りょう

【糧食】食べ物。食料。特に、特殊な場合のためにたくわえたり、携行した食料。「たくわえた—が尽きる」

【糧道】軍隊などの食糧を送ったり得たりする道筋。「—を断つ」

【糧米】食糧としての米。

【糧秣】兵士の食糧と、馬の飼料。

【類】▸頁9

米14 【糯】(20) 音 ダ 訓 もちごめ

意味 粘りけの多い、餅を作る米。もちごめ。

米14 【糲】(20) 音 レイ 訓 —　正字 米15 糲(21)

意味 玄米。

米15 【[米慮]】(21) 〈国字〉 音 — 訓 はぜ

意味 はぜ。▽人名などに用いる字。

米16 【糴】(22) 音 テキ 訓 —

意味 穀物を買う。

米19 【糶】(25) 音 チョウ 訓 せり・せる

意味 ❶相手がつけた値よりも高くする。せる。また、そのようにして売ること。せり。「糶市」❷相手より優勢になろうとして激しく争う。せる。

参考「せる」「せり」はふつう「競る」「競り」と書く。

糸の部　いと　いとへん

糸0 【糸】(6) 1年 音 シ・ベキ 訓 いと　旧字 糸6 絲(12)

筆順 く 幺 幺 糸 糸 糸

意味 ❶繊維をより合わせて作った細い物。また、一般に、そのように細い物。いと。「製糸・絹糸・柳糸・蜘蛛の糸」❷弦楽器。また、その弦。いと。「糸竹」❸割合の単位。一糸は一毛の十分の一で、一の一万分の一。し。❹わずかである。名付 いと・し

参考 ❶～❸は、もと「絲」を使った。❹は、「べき」と読み、新旧字体の区別がなく、もともと「糸」である。

【糸口】①糸のはし。②物事の始まり。てがかり。

参考熟語 糸遊 糸瓜

糸1 【糺】(7) 音 キュウ 訓 あざなう・ただす

意味 ❶縄などを作るために糸をより合わせ

6画

る。あざなう。❷きびしく取り調べて正す。ただす。「糺明・糺弾」❸もつれる。「紛糾」参考 ⑴「糾」とも書く。⑵「糺・糺弾・糺明」などの「糺」は「糾」に書き換える。

糸1
【系】
(7) 6年 音 ケイ 訓 ―

筆順 一 ㇜ 幺 玄 系 系 系

意味 ❶一続きのつながり。「系統・系図・体系・直系・太陽系」❷秩序立てて分類した部門。「文学系・神経系」❸哲学・数学で、一つの命題・定理から直ちに推定できる他の命題・定理。けい。

名付 いと・けい・つぎ・とし

【系図】(けいず) ①先祖からの代々の人名と血縁関係を記した表。系譜。②現在に至るまでの流れ。由来。

【系統】(けいとう) ①すじみち。「―をたてて研究する」②血のつながり。血統。「皇室の―」

【系譜】(けいふ) 祖先から代々続く血縁関係。また、それを書きしるした表。系図。「我が家の―」▽影響・関係のある物事のつながりにたとえることもある。

【系列】(けいれつ) 由来・影響関係などから見た、物事の順序。「―会社」

糸2
【糺】▶糾(旧)

糸3
【紆】
(9) 音 ウ 訓 ―

意味 曲がる。「紆余曲折」

【紆余曲折】(うよきょくせつ) ①道などが曲がりくねっていること。②事情が複雑で、いろいろに変化すること。「―を経て完成した」注意「迂余曲折」と書き誤らないように。

糸3
【紀】
(9) 5年 音 キ 訓 しるす・のり

筆順 く 幺 幺 糸 糸 紀 紀 紀

意味 ❶順序立てて記録する。しるす。また、その記録。「紀行・紀要・本紀」❷筋道。また、筋道を立てて決めた決まり。のり。「紀律・風紀・綱紀」❸年代。「紀元・世紀・西紀」❹地質時代の区分の一つ。き。「白亜紀」❺日本書紀のこと。「記紀」❻昔の、紀伊国(きいのくに)のこと。「紀州・南紀」

名付 あき・おさ・おさむ・かず・かなめ・き・こと・しるす・すみ・ただ・ただし・つぐ・つな・とし・のり・はじめ・もと・よし

【紀伝体】(きでんたい) 歴史書の編纂(へんさん)形式の一つで、人物の伝記ごとに記述するもの。

【紀要】(きよう) 大学や研究所などで、そこに所属する研究者の論文などを集成して刊行する出版物。

【紀律】(きりつ) 秩序を保つための、行為の基準。▽「規律」とも書く。

糸3
【級】
(9) 3年 音 キュウ 訓 ―

旧字 糸4 級 (10)

筆順 く 幺 幺 糸 糸 級 級 級

意味 ❶価値の位づけをする区切り。きゅう。「級数・階級・上級・一線級」❷学校で、クラス。きゅう。「級友・学級」❸昔、戦闘で討ち取った首。「首級」

名付 きゅう・しな

糸3
【糾】
(9) 常用

旧字 糸2 糺 (8)

音 キュウ 訓 あざなう・ただす

筆順 く 幺 幺 糸 糸 糸 糾 糾

意味 ❶縄などを作るために糸をより合わせる。あざなう。「糾合」❷きびしく取り調べて正す。ただす。「糾問・糾明」❸もつれ乱れる。「紛糾」

名付 きゅう・ただ・ただし・ただす

参考 ⑴「糺」とも書く。⑵「糾・糾弾・糾明」などの「糾」は「糺」が書き換えられたもの。

【糾合】(きゅうごう) ある目的のために呼びかけて人を寄せ集めること。「同志を―する」

【糾弾】(きゅうだん) 責任・罪などをきびしく問いただして非難すること。▽「糺弾」の書き換え字。

注意「きょうだん」と読み誤らないように。

【糾明】(きゅうめい) 犯罪・責任などをきびしく追及して事情や罪状などを明らかにすること。▽「糺明」の書き換え字。参考 ⇨「究明(きゅうめい)」の〔使い分け〕。

【糾問】(きゅうもん) きびしく取り調べて罪や責任を追及すること。▽「糺問」とも書く。

糸3
【紅】
(9) 6年 音 コウ・ク・グ 訓 べに・くれない・あかい・もみ

筆順　く 幺 幺 糸 糸 紅 紅

意味 ❶濃い赤い色。べに。くれない。また、そのような色である。あかい。「紅白・紅梅・紅蓮・真紅・暗紅色・紅一点」❷化粧品として使う赤色の染料。べに。「紅唇・紅粉・口紅」❸べにで無地に染めた薄い絹布。もみ。「紅裏」名付 あか・くれ・こう・べに・もみ

【紅蓮】燃えるようなまっかな色。「—の炎」▽「まっかな蓮の花」の意。

【紅一点】多くの男性の中にまじっている、ただひとりの女性。▽「青葉の中に一輪の紅の花が咲いている」の意。

【紅顔】少年の、血色のよい顔。「—の美少年」

【紅玉】①ルビー。②りんごの品種の一つ。

【紅潮】顔が赤みを帯びること。

【紅毛碧眼】西洋人。欧米人。▽「赤い髪の毛と青い目」の意。

【紅涙】美人が流す涙。「—をしぼる」

参考熟語 紅殻 紅絹 紅葉

糸3 【紂】(9) 音チュウ 訓—

意味 中国の殷の王朝最後の王の名。暴君とされる。ちゅう。

紂

糸3 【約】(9) 4年　旧字 糸3 約(9)

音ヤク 訓つづまやか・つづめる

筆順　く 幺 幺 糸 糸 糸 約 約

約

意味 ❶取り決める。やくする。また、その取り決めた事柄。やく。「約束・規約・契約・公約・婚約・再会を約する」❷縮めて簡略にする。やくする。つづめる。また、そのようなさま。つづまやか。「要約・大約」❸控えめにする。やくする。つづめる。また、そのようなさま。つづまやか。「倹約・節約」❹数学で、分子・分母を公約数で割る。やくする。「約分」❺数量が大体その程度であることを表すことば。やく。「約二時間」名付 なり・やく

【約言】短くして簡略にいうこと。また、要点だけを述べること。

【約定】約束して取り決めること。「—書」

【約諾】引き受けて、それを約束すること。

【約款】法令・条約・契約などに定められた一つ一つの条項。

糸4 【紜】(10) 音ウン 訓—

意味 多くのものが入り乱れてもつれる。

紜

糸4 【紣】(10) 〈国字〉 音— 訓かせ

意味 紡いだ糸を巻く道具。かせ。▽多く人名などに用いる字。

紣

糸4 【紘】(10) 人名 音コウ 訓ひろい

筆順　く 幺 幺 糸 糸 紘 紘 紘

意味 ❶冠のひも。❷大づな。❸なわばり。境界。「八紘一宇」❹広い。ひろい。名付 こう・ひろ・ひろし

紘

糸4 【紗】(10) 人名 音サ・シャ 訓—

筆順　く 幺 幺 糸 糸 糸 紗 紗

意味 あらく織った薄くて軽い絹織物。しゃ。「紗綾」名付 さ・すず

紗

糸4 【索】(10) 常用 音サク 訓もとめる

筆順　一 十 声 壱 壱 索 索

意味 ❶太い綱。さく。「索道・鉄索・係留索」❷捜し求める。もとめる。「索引・捜索・模索」❸ものさびしい。「索然・索漠」名付 さく・もと

索

【索引】本の中の事項・語句などを、一定の順序に並べ、そのページ数などを記した表。「総画—」

【索然】物足りなくて興味が感じられないさま。「興味—」

【索道】空中ケーブル。また、ロープウエー。

【索漠】心を慰めてくれるものがなく物さびしいさま。「—たる思い」▽「索莫」「索寞」とも書く。

参考熟語 索麺

糸4 【紙】(10) 2年 音シ 訓かみ　異体 巾4 帋(7)

筆順　く 幺 幺 糸 糸 紅 紙 紙

紙

6画

意味 ❶かみ。「紙幣・和紙・製紙」❷文字が書いてある、かみ。「紙背・紙幅」❸新聞、または新聞紙のこと。「紙面・本紙・日刊紙」名付 かみ・し

【紙一重(かみひとえ)】紙一枚の厚さほどの、わずかな隔たりや差異。「―で助かる」

【紙背(しはい)】ものが書いてある紙の裏。「眼光―に徹する（本を読むときの理解が深く鋭いことを形容することば）」

【紙幅(しふく)】原稿を書くために提供された、紙面の分量。「―が尽きる」

参考熟語 紙縒(こより) 紙撚(こより) 紙魚(しみ) 紙鳶(たこ・いかのぼり)

糸4 **【純】**(10) 6年 音ジュン 訓―

筆順 く 幺 幺 糸 糸 紅 紅 純

意味 ❶まじりけがなくてその物だけである。「純粋・純金・純文学」❷飾り気がなくて正直である。じゅん。「純真・純情・清純・純な人」名付 あつ・あつし・あや・いたる・いと・きよし・じゅん・すなお・すみ・つな・とう・まこと・よし

【純潔(じゅんけつ)】①心にけがれがなくて清らかなこと。②異性との性的な交わりがないこと。「―を守る」

【純血(じゅんけつ)】同種のおすとめすの間に生まれたもの。純粋な血筋。「―種」

【純真(じゅんしん)】すなおで飾り気や偽りがなく、清らかなこと。注意「純心」と書き誤らないように。

【純正(じゅんせい)】本来の要素だけで、まじりけがなくて正しいこと。「―部品」

【純然(じゅんぜん)】まじりけがなく、その物・状態に違いないさま。「―たる背任行為」

【純朴(じゅんぼく)】すなおで飾り気・偽りがないさま。▽「淳朴」「醇朴」とも書く。

【純良(じゅんりょう)】まじりけがなくて質がよいさま。「―バター」参考「淳良(じゅんりょう)」は、善良で飾り気がないこと。

糸4 **【素】**(10) 5年 音ソ・ス 訓もと

筆順 十 キ 主 丰 耒 耒 素 素

意味 ❶生地のままで他の物がまじっていないこと。また、そうするだけで他のことをしないこと。「素朴・素材・質素・素直(すなお)」❷事物のもとになるもの。もと。「素数・元素・要素」❸常であること。「素行・素懐・平素」❹特別の地位・財産などがないこと。「素浪人(すろうにん)」❺化学で、元素の名につけることば。「酸素」名付 しろ・しろし・す・すなお・そ・はじめ・もと

【素姓(すじょう)】①家柄・育ち。②今までの経歴。また、物の由来。▽「素性」とも書く。

【素因(そいん)】①ある結果をもたらすもとになるもの。原因。②その病気にかかりやすい素質。

【素懐(そかい)】平素からいだいている願い。素志。

【素行(そこう)】ふだんの行い。平素の品行。身持ち。「―調査」

【素志(そし)】「素懐」と同じ。

【素地(そじ)】①塗料などを塗る以前の、はじめの状態。②物事の、今までにでき上がっている基礎。

【素描(そびょう)】①鉛筆などで下絵を描くこと。②物事のようすをざっと書くこと。また、その文章。

【素封家(そほうか)】大金持ちで、代々続いている家柄の人。注意「そふうか」と読み誤らないように。

【素養(そよう)】修養によって身につけた学問・知識。

参考熟語 素面(しらふ・すめん) 素人(しろうと) 素裸(すっぱだか・すはだか) 素敵(すてき) 素晴(すば)らしい 素麺(そうめん) 素見(ひやかし・そけん)

糸4 **【紐】**(10) 人名 音チュウ 訓ひも

筆順 く 幺 幺 糸 紅 紉 紐 紐

意味 ひも。「紐帯・細紐(ほそひも)・紐付(ひもつ)き」名付 くみ・ちゅう

【紐釦(ちゅうこう)】ひもを曲げてつくったボタン。

【紐帯(ちゅうたい)】①結びつける、紐(ひも)と帯。②二つのものを関連づけるたいせつなもの。

参考熟語 紐育(ニューヨーク) 紐約克(ニューヨーク)

糸4 **【納】**(10) 6年 旧字 糸4 【納】(10)

音ノウ・ナッ・ナ・ナン・トウ 訓おさめる・おさまる・いれる

筆順 く 幺 幺 糸 糸 紅 納 納

意味 ❶渡すべき物を渡す。おさめる。また、

渡される。おさまる。「納入・納期・完納・奉納」❷中にしまう。おさめる。また、中にきちんとはいる。おさまる。「納骨・収納・納戸(なんど)・納屋(なや)」❸中に受け入れる。いれる。「納受・納得(なっとく)・出納(すいとう)」❹それで終わりとする。おさめる。「納会・年貢(ねんぐ)の納め時」名付 おさむ・とう・とも・な・のう・のり

参考 おさまる⇨「収」の[使い分け]。

【納屋】(なや) 物置小屋。

【納戸】(なんど) 衣服や道具をしまっておく部屋。

【納会】(のうかい) その年の最後に催す会。また、ある行事の終わりに行う会合。おさめ会。「寒げいこの―」

【納骨】(のうこつ) 遺骨を墓地や納骨堂におさめること。

【納受】(のうじゅ) ①受け取って納めること。②願いなどを聞き入れること。

【納付】(のうふ) 公の機関に金を納めること。▽「納附」とも書く。

【納涼】(のうりょう) 夏の夜などに暑さを避けて涼むこと。

参考熟語 納言(なごん) 納豆(なっとう)

糸4 【紕】(10) 音 ヒ 訓 ―

意味 まちがい。あやまち。「紕繆(ひびゅう)」

【紕繆】(ひびゅう) あやまり。あやまち。

糸4 【紊】(10) 音 ビン・ブン 訓 みだれる

意味 秩序が失われて乱れる。みだれる。また、乱す。みだす。「紊乱」

【紊乱】(びんらん・ぶんらん) 風紀・道徳・価値などが乱れること。また、それらを乱すこと。

糸4 【紛】(10) 常用 音 フン 訓 まぎれる・まぎらす・まぎらわす・まぎらわしい・まがう

筆順 ㄑ 幺 幺 糸 糸 糹 紒 紛 紛

意味 ❶入りまじって区別がつかなくなる。まがう。まぎれる。また、そのようにする。まぎらす。まぎらわす。「紛失・紛い物」❷入り乱れる。まがう。「紛争・紛糾・内紛・梅花散り紛う」❸よく似ていてまちがいやすい。まぎらわしい。

名付 ふん・もろ

【紛議】(ふんぎ) 議論がもつれること。また、もつれた議論。

【紛糾】(ふんきゅう) 物事が乱れもつれてまとまらないこと。▽「紛紏」とも書く。

【紛争】(ふんそう) ことがもつれて互いに争うこと。もめごと。紛擾(ふんじょう)。

【紛紛】(ふんぷん) たくさんの物が入り乱れてまとまらないさま。「諸説―としている」 注意 「粉粉」と書き誤らないように。

糸4 【紡】(10) 常用 音 ボウ 訓 つむぐ

筆順 ㄑ 幺 幺 糸 糸 糹 紅 紡 紡

意味 絹・麻・綿などの繊維をより合わせて糸にする。つむぐ。また、そうして作った糸。「紡績・紡錘・混紡」名付 つむ・ぼう

【紡錘】(ぼうすい) 原料から糸をつむいで巻き取るための細長い紡績用具。錘(つむ)。「―形」

【紡績】(ぼうせき) 糸をつむぐこと。製糸。

糸4 【紋】(10) 常用 音 モン 訓 ―

筆順 ㄑ 幺 幺 糸 糸 糹 紅 紋 紋

意味 ❶模様。もん。「紋様・波紋」❷その家・氏族としてのしるし。もん。「紋章・家紋・紋所」

名付 あや・もん

【紋章】(もんしょう) その家・氏族・団体を表すしるしの、一定の図がら。

【紋所】(もんどころ) その家のしるしとしてきめられている紋章。家々の定紋。家紋。

【紋服】(もんぷく) 紋所をつけた、和装の礼服。紋付き。

【紋様】(もんよう) かざりとしてほどこした、いろいろな形。▽「文様」とも書く。

糸4 【級】▼級(旧)

糸5 【[糸+布]】(11)〈国字〉 音 ― 訓 かたびら

意味 かたびら。▽歌舞伎の外題(げだい)に用いる字。

糸5 【経】(11) 5年 旧字 糸7 經(13)

音 ケイ・キョウ 訓 へる・たつ・たていと

筆順 ㄑ 幺 幺 糸 糸 紀 経 経

6画

意味 ❶仏の教えを書きしるした書物。きょう。また、昔の聖人の教えを書きしるした書物。「経文(きょうもん)・経典・読経(どきょう)・四書五経(ししょごきょう)」❷時間がたつ。また、その場所や段階を通ってゆく。へる。「経過・経歴」❸治め整える。「経営・経済」❹一定している筋道。「経常・経費」❺南北の方向。↔緯。「経線・東経」❻織物の縦糸。たていと。けい。↔緯。「経緯(けいい・いきさつ)」名付 おさむ・きょう・けい・つね・のぶ・のり・ふる

【経緯】(けいい) ①(織物の)たて糸と、よこ糸。②経線と緯線。また、東西と南北。③事件・物事などの筋道や事情。いきさつ。

【経営】(けいえい) 営利的な事業を運営すること。

【経過】(けいか) ①年月・時間がすぎてゆくこと。「二〇年の年月が―する」②時間が過ぎるのにしたがって変化してゆく、ものごとのありさま。過程。

【経書】(けいしょ) 儒教の教えをしるした基本的な書物。四書五経など。

【経常】(けいじょう) いつも一定の状態で続くこと。「―費」

【経世】(けいせい) 世の中をうまく治めること。「―済民(世を治め人民を救うという政治のこと)」

【経典】(けいてん) 一 聖人・賢人の教えを書いた書物。▽多く、儒教の書物についていう。二(きょうてん) ①宗教上の教えを書いた書物。②仏の教えを書いたもの。また、その文章。

【経費】(けいひ) あることを行うために必要な費用。

【経歴】(けいれき) その人が今までに経てきた学校・仕事・地位などについての事柄。

【経路】(けいろ) 物事が目的とする所に到着するまでの筋道。▽「径路」とも書く。

糸5 絅 (11)

音 ケイ　訓 ―

意味 ひとえの着物。

糸5 絃 (11)

人名　音 ゲン　訓 いと・つる

筆順 く 幺 幺 糸 糸 糹 絃 絃

意味 楽器に張って打ち鳴らす糸。げん。つる。いと。また、糸を張った楽器。「絃歌・三絃・管絃」名付 いと・げん・つる

参考 「絃・絃歌・三絃・管絃楽」などの「絃」は「弦」に書き換える。

糸5 紺 (11)

常用　音 コン　訓 ―

筆順 く 幺 幺 糸 糸 糸 紺 紺 紺

意味 赤みを帯びた濃い青色。こん。「紺青(こんじょう)・紫紺・濃紺・紺色(こんいろ)」

【紺青】(こんじょう) あざやかな明るい青色。紺碧(こんぺき)。

【紺碧】(こんぺき) 黒ずんだ濃い青色。「―の空」

糸5 細 (11)

2年　音 サイ　訓 ほそい・ほそる・こまか・こまかい・くわしい・ささ・さざれ

筆順 く 幺 幺 糸 糸 糸 細 細 細

意味 ❶ほそい。また、そのようになる。ほそる。「細流・細道(ほそみち)」❷一つ一つが小さい。こまかい。「細字・細大・微細」❸行き届いている。くわしい。こまやか。こまかい。また、そのこと。さい。「細論・詳細・微に入り細に入る」❹小さくて煩わしい。こまかい。「細事・瑣細(ささい)・細細(こまごま)」❺小さい。かわいらしいの意を表すことば。さざれ。ささ。「細石(さざれいし)・細雪(ささめゆき)」名付 くわし・さい

参考 ❸の「こまやか」「くわしい」は、ふつうそれぞれ「濃やか」「詳しい」と書く。

【細工】(さいく) ①細かい物を作ること(技術)。また、作られた物。②人目をごまかすたくらみ。

【細君】(さいくん) ①同輩以下の他人の妻のこと。②自分の妻をへりくだっていうことば。▽「妻君」とも書く。

【細事】(さいじ) ちょっとしたつまらない事柄。

【細心】(さいしん) 注意が細かく行き届いていること。

【細説】(さいせつ) 細かい所まで詳しく説明すること。

【細大】(さいだい) 細かくてつまらない事柄と、大きくて重要な事柄。「―漏らさず(残さずに行うことを形容することば)」注意 「最大」と書き誤らないように。

【細緻】(さいち) 行き届いていて非常に綿密なこと。

【細微】(さいび) ①ごく小さいようす。非常に細かいようす。微細(びさい)。②身分のいやしいこと。微賤(びせん)。

【細密】(さいみつ) やり方において注意が細かい所まで行き届いていること。

【細目】(さいもく) 細かい事柄について決めてある項目。

参考熟語 細螺(きさご・きしゃご)　細工(さいく)　細波(さざなみ)

糸5 紮 (11)

印標　音 サツ　訓 からげる

意味 しばってたばねる。からげる。「結紮（けっさつ）」

糸5
【終】
(11) 3年　旧字 糸5 終 (11)

音 シュウ　訓 おわる・おえる・ついに

筆順 ㄑ 幺 幺 糸 糸 糸 紗 終 終

意味 ❶物事がしまいになる。おわる。また、そのようにする。おえる。⇔始。「終末・終止・始終（しじゅう）」 ❷物事がしまいになる状態・部分。おわり。⇔始。「終電・最終」 ❸物事のしまいまで行うさま。「終日・終身」 ❹ついに。「終に完成した・終に来なかった」 名付 しゅう・のち

参考 ❹の「ついに」は「遂に」「竟に」とも書く。

【終焉（しゅうえん）】命が終わって死ぬこと。「—の地」▽事物が滅び絶えることにたとえることもある。「焉」は助字。

【終局（しゅうきょく）】①碁を打ち終わって勝負がつくこと。②物事が終わりになって結末がつくこと。

【終極（しゅうきょく）】結果が現れる、物事の終わり。

使い分け 「しゅうきょく」

終局…終わりの段階。結末。「局」は部分・場面の意。「戦争は終局を迎える・終局的な段階」

終極…物事のいちばん終わり。終末。「極」は果ての意。「終極の目的」

【終始（しゅうし）】最後までその態度・行動を変えないで行うこと。「弁解に—する」

【終始一貫（しゅうしいっかん）】初めに決めた態度・方針で最後までやり通し、態度・方針を変えないこと。

【終止符（しゅうしふ）】①欧文で、文末にうつ点。ピリオド。②物事の終わり。結末。「—を打つ」

【終身（しゅうしん）】死ぬまでの間。一生涯。「—保険」

【終世（しゅうせい）】「終生」と同じ。

【終生（しゅうせい）】死ぬまでそうするさま。終世。「—忘れません」▽「一生を終えて死ぬまでの間」の意。

【終息（しゅうそく）】終わりになってすっかり絶えること。▽「終熄」の書き換え字。

参考熟語 終日（ひねもす・ひもすがら・しゅうじつ）　終夜（よもすがら・しゅうや）

糸5
【紹】
(11) 常用

音 ショウ　訓 —

筆順 ㄑ 幺 幺 糸 糸 糸 紹 紹 紹

意味 ❶引き合わせる。「紹介」 ❷先人の事業などを受け継ぐ。「継紹」 名付 あき・しょう・つぎ・つぐ

参考 似た字（紹・招）の覚え方「糸で合わせて（紹）、手（扌）でまねく（招）」

【紹介（しょうかい）】知らない人どうしを引き合わせること。「—状」 注意 「招介」と書き誤らないように。 参考 「照会（しょうかい）」は、問い合わせて確かめること。

糸5
【紳】
(11) 常用

音 シン　訓 —

筆順 ㄑ 幺 幺 糸 糸 糸 紳 紳 紳

意味 地位・教養などの高いりっぱな人。「紳士・貴紳」 名付 しん

糸5
【紲】
(11)

音 セツ　訓 きずな

意味 ❶犬馬や罪人をつなぐ綱。きずな。 ❷縄でつなぐ。

糸5
【組】
(11) 2年

音 ソ　訓 くむ・くみ

筆順 ㄑ 幺 幺 糸 糸 糸 組 組 組

意味 ❶いろいろな物をまとめて一つのものを作る。くむ。「組成・組閣・徒党を組む」 ❷同じ目的のために仲間になる。くむ。また、人々の集まり。くみ。「改組・組合（くみあい）・赤組（あかぐみ）」 ❸組合のこと。「労組」 ❹学校の学級単位。クラス。くみ。「三年一組」 名付 くみ・くむ・そ

【組閣（そかく）】内閣を組織すること。

【組織（そしき）】①ある目的のために、まとまっている人や物の集団。また、それを形作ること。「軍隊を—する」②生物の細胞の集まり。

【組成（そせい）】いくつかの要素・成分から組み立てること。また、その組み立て。構成。

糸5
【紿】
(11)

音 タイ　訓 —

意味 あざむく。いつわる。

糸5
【紬】
(11) 人名

音 チュウ　訓 つむぎ

筆順 ㄑ 幺 幺 糸 糸 糸 紬 紬 紬

6画

意味 ❶綿・繭などから繊維を引き出す。❷くず繭・真綿をつむいで作った絹糸で織った絹布。つむぎ。「大島紬（おおしまつむぎ）」 名付 ちゅう・つむぎ

糸5 **【紵】**(11) 音 チョ 訓 ―

意味 麻織物。麻布。

糸5 **【絆】**(11) 人名 音 ハン・バン 訓 きずな

筆順 く 幺 幺 糸 糸丶 糸丷 糸䒑 絆

意味 ❶動物や物などをつなぎとめておく綱。きずな。「羈絆（きはん）・絆創膏（ばんそうこう）」❷絶とうとしても絶てない、人と人とのつながり。きずな。「恩愛の絆」

参考 「きずな」は「紲」とも書く。

糸5 **【⿰糸支】**(11)〈国字〉 音 ― 訓 ひきづな

意味 ひきづな。▽歌舞伎の外題（げだい）に用いる字。

糸5 **【累】**(11) 常用 音 **ルイ** 訓 かさねる

筆順 冂 罒 田 田 罒 罒 罣 累

意味 ❶さらに加え重ねる。かさねる。また、重なる。かさなる。「累積・累計」❷煩わしい関係・影響。るい。「俗累・係累・累を及ぼす」❸しばしば。「累進」 名付 たか・るい

【累計】（るいけい）部分部分の計を次々に加えて合計を出すこと。累算（るいさん）。総計。

【累月】（るいげつ）何か月も続くこと。

【累次】（るいじ）次々と何度も起こること。「―の災害」

【累進】（るいしん）①地位などがしだいに進んで上位になること。②数量の増加につれてそれに対する比率が増すこと。「―税」

【累積】（るいせき）前からあるものに次々と積み重なること。また、積み重ねること。「―赤字」

【累代】（るいだい）何代も代を重ねること。代々。累世。

【累年】（るいねん）毎年。また、年々。

【累卵の危うき】（るいらんのあやうき）非常に危険な状態であること。▽積み重ねた卵が不安定であることから。

【累累】（るいるい）あたり一面にたくさんの物が重なり合っているさま。「死屍（しし）―」

糸5 〔絋〕▶纊 異

糸6 **【絵】**(12) 2年 音 **カイ・エ** 訓 ― 旧字 糸13 繪(19)

筆順 く 幺 幺 糸 糸八 絵 絵 絵

意味 物の形・姿を描いたもの。え。「絵画・絵図（えず）・油絵（あぶらえ）・絵解き」 名付 え・かい

参考 「え」は「画」とも書く。

【絵馬】（えま）願い事をするためや、願い事のかなえられたお礼として神社や寺に奉納する、馬の絵をかいた額（がく）。

絵 馬

糸6 **【⿰糸旨】**(12)〈国字〉 音 ― 訓 きぬ

意味 きぬ。▽人名などに用いる字。

糸6 **【給】**(12) 4年 音 **キュウ** 訓 たまう・たまわる

筆順 く 幺 幺 糸 糸 糸人 糸合 給

意味 ❶目下に与える。たまわる。たまう。きゅうする。また、分け与える。「給付・給料・配給」❷じゅうぶんに足りるようにする。「給水・自給」❸世話をする。「給仕・女給」❹給料のこと。「月給・恩給・時間給」❺目上の人からもらう。たまわる。「給わり物」 名付 きゅう・たり・はる

参考 ❶❺の「たまう」「たまわる」は、「賜う」「賜る」とも書く。

【給費】（きゅうひ）国や会社などが費用を与えること。

【給付】（きゅうふ）役所や目上の人が金品を一般の人や目下の者に与えること。▽「給附」とも書く。

糸6 **【結】**(12) 4年 音 **ケツ・ケチ** 訓 **むすぶ・ゆう・ゆわえる**

筆順 く 幺 幺 糸 糸 糸十 糸土 結

意味 ❶つなぎ合わせる。ゆわえる。むすぶ。「結果・連結」❷つながり合って一つにかたまる。「結集・凝結」❸関係を作ったり約束を取り決めたりする。むすぶ。「結婚・縁結び」❹つなぎ合わせて整えたり作ったりする。ゆう。「結構・結成・髪結い」❺ある物が生ずる。むすぶ。「結果・夢

を結ぶ」❻しめくくりをつける。むすぶ。また、しめくくり。けつ。むすび。「結論・起承転結」

名付 かた・けつ・ひとし・ゆい

【結縁】《けちえん》仏道修行をして成仏の因縁を得ること。

【結語】《ごけつ》文章などで、しめくくりのことば。

【結構】《けっこう》①すぐれてみごとであるさま。立派。②十分であるさま。「もう―です」③かなり。なんとか。相当。「―高い」▽もとは「組み立て」の意。

【結社】《けっしゃ》何人かがある共通の目的の達成のために作った団体。「政治―」

【結集】《けっしゅう》ばらばらになっているものを一か所に集めること。また、一か所にまとまり集まること。「総力を―する」

【結束】《けっそく》①結んで束ねること。②同じ目的・考えの者が一つにまとまること。「―を固める」

【結託】《けったく》物事をするために団結すること。「業者が―する」▽多く、悪事をしそうであるとして非難していうことば。

参考熟語 結納《ゆいのう》

糸6

【絢】

(12) 人名 音 ケン 訓 あや

筆順

意味 ❶美しい模様。あや。❷あやがあって美しい。「絢爛《けんらん》」 名付 あや・けん・じゅん

【絢爛】《けんらん》目がくらむほどはなやかで美しいさま。「―豪華」 注意 「じゅんらん」と読み誤らないように。

糸6

【絞】

(12) 常用 音 コウ 訓 しぼる・しめる・しまる

筆順

意味 ❶巻きつけたり押さえつけたりして圧力を加える。しめる。また、そのようになってゆるみがなくなる。しまる。「絞殺・絞首」❷ねじって水分を出す。また、出ない物をむりに出させる。しぼる。「絞り染め・知恵を絞る」❸範囲を狭くする。しぼる。「問題を絞る」

参考 しめる⇩「閉」の〔使い分け〕。

使い分け「しぼる」

絞る…ねじって水分を出す。せばめる。「タオルを絞る・知恵を絞る・油を絞る(きつくしかる)・声を振り絞る・人数を絞る」

搾る…しめつけて液を出す。むりに出させる。「牛乳を搾る・油を搾る・税金を搾り取る」

【絞殺】《こうさつ》首をしめて殺すこと。「―死体」

糸6

【絳】

(12) 音 コウ 訓 ―

意味 濃い赤色。また、赤い。

糸6

【絖】

(12) 音 コウ 訓 ぬめ

意味 地が薄くてつやがある、絹布の一種。日本画などを描き、また、装飾品を作るのに使う。ぬめ。

糸6

【絎】

(12) 音 コウ 訓 くける

意味 縫い目が表に出ないように縫う。くける。

糸6

【紫】

(12) 常用 音 シ 訓 むらさき

筆順

意味 ❶赤と青の間の色。むらさき。「紫紺・紫煙・紅紫・紫外線・千紫万紅」❷醤油《しょうゆ》のこと。むらさき。 名付 し・むら・むらさき

【紫衣】《しい・しえ》高位の僧が着る、むらさき色の僧衣。

【紫煙】《しえん》たばこの煙。「―をくゆらす」

【紫蘇】《しそ》しそ科の一年草。葉は、緑または暗紫色で、よい香りがあり、薬味などに用いる。

【紫電】《しでん》①とぎすました刀の、するどい光。「―一閃」②するどい眼光。

参考熟語 紫陽花《あじさい・しょうか》 紫苑《しおん・しおに》 紫雲英《れんげそう》

糸6

【絨】

(12) 印標 音 ジュウ 訓 ―

意味 厚地の柔らかい毛織物。「絨緞《じゅうたん》」

糸6

【絮】

(12) 音 ジョ 訓 ―

意味 ❶まわた。❷種子にある綿毛。「柳絮《りゅうじょ》」

糸6

【絏】

(12) 音 セツ 訓 ―

意味 ❶なわ。❷つなぐ。

糸6

【絶】

(12) 5年

旧字 糸6 絕 (12)

絶 音ゼツ 訓たえる・たやす・たつ

筆順 幺 糸 糹 紒 紒 絈 絈 絶

意味 ❶つながりをそこでなくす。たつ。たやす。「断絶・中絶・命を絶つ」❷動作・状態がそこでしまいになる。ぜっする。たえる。「絶望・絶無・廃絶・言語に絶する(はなはだしくていい表しようがない)」❸物事をそこでやめる。また、こばむ。「絶交・絶筆・謝絶」❹遠く隔たる。「絶海・隔絶」❺非常にすぐれている。「絶対・絶景・冠絶」❻程度がはなはだしい。「絶叫・絶頂」❼絶句のこと。ぜつ。「五絶(五言絶句)」

参考 ⑴たえる⇩「耐」の[使い分け]。⑵たつ⇩「断」の[使い分け]。

【絶縁】ぜつえん ①関係をたつこと。絶交。②電気や熱の伝導をたつこと。

【絶佳】ぜっか けしきなどが非常によいこと。「眺望—」

【絶海】ぜっかい 陸地から遠く離れている海。「—の孤島」

【絶句】ぜっく ①話をしている途中で、ことばに詰まること。②漢詩の形式の一種。起・承・転・結の四句から成り、各句が五字のものと七字のものとがある。

【絶景】ぜっけい 非常に美しいけしき。

【絶後】ぜつご 今後同じような例がないと思われるほどにはなはだしいこと。「空前—」「空前にして—」

【絶交】ぜっこう 今までのつきあいをやめること。絶縁。

【絶好】ぜっこう その物事を行うのに、非常に都合がよいこと。「ハイキングに—の天気」

【絶賛】ぜっさん 非常に激しくほめたたえること。「—の拍手」▽「絶讃」の書き換え字。

【絶勝】ぜっしょう けしきが非常によいこと。また、そのような土地。「—の地」

【絶唱】ぜっしょう ①比べるものがないほどすぐれた詩歌。②悲痛な気持ちを込めて作ったすぐれた詩歌。

【絶世】ぜっせい 女性の美しさが比べるものがないほどすぐれていること。「—の美人」

【絶大】ぜつだい 程度が非常に大きくて激しいさま。「—なる御支援」

【絶体絶命】ぜったいぜつめい どうにものがれられない困難な場合や立場。「—の危機」注意「絶対絶命」と書き誤らないように。

【絶頂】ぜっちょう ①山のいちばん高い所。②物事の最も激しくなった状態のたとえ。「得意の—」

【絶美】ぜつび 比べるものがないほど美しいこと。

【絶筆】ぜっぴつ ①一生のうちの最後に、または死ぬときに書いた作品や筆跡。②一つの作品などを書くのを途中でやめて、あとを書かないこと。

【絶品】ぜっぴん 非常にすぐれている品物や作品。

【絶妙】ぜつみょう 非常にじょうずなこと。

【絶無】ぜつむ 同類の事物が全くないこと。皆無。

【絶倫】ぜつりん 力が普通の人以上にあってすぐれていること。「精力—」

糸6 **【統】**(12) 5年 音トウ 訓すべる 旧字 糸5 統(11)

筆順 く 幺 幺 糸 糸 紅 紘 統

意味 ❶全体をまとめて支配する。すべる。「統一・統治・統帥」❷一続きになっているもの。「血統・正統・伝統」名付 おさむ・かね・すみ・すめる・つづき・つな・つね・とう・のり・むね・もと

参考 ❶の「すべる」は「総べる」とも書く。

【統括】とうかつ ばらばらのものを一つにまとめること。「事務を—する」

【統轄】とうかつ 多くの人または機関を統一して支配すること。

【統御】とうぎょ 全体をひとまとめにして支配すること。「全軍を—する」

【統帥】とうすい 軍隊をまとめ、さしずをすること。「—権」注意「統師」と書き誤らないように。

【統率】とうそつ 多くの人を一つにまとめてうまく率いること。注意「統卒」と書き誤らないように。

糸6 **【⿰糸如】**(12) 〈国字〉 音— 訓のみ

意味 船などの水漏れを防ぐために詰める、柔らかい木の繊維。のみ。

糸6 **【絣】**(12) 印標 音ホウ 訓かすり 異体 糸8 絣(14)

意味 かすったように所々にある模様。また、その模様のある織物。かすり。「紺絣(こんがすり)」

参考 「かすり」は「飛白」とも書く。

糸6 **【絡】**(12) 常用 音ラク 訓からむ・からまる・からめる・からげる

筆順 く 幺 幺 糸 糸' 紗 紋 絡

意味 ❶物に巻きついて離れない。からむ。また、そのようになる。からまる。「籠絡（ろうらく）」❷つなぎ合わせる。また、つながっている筋道。「連絡・脈絡」❸まとめてくくる。からげる。 名付 なり・らく

参考 ❸の「からげる」は「紮げる」とも書く。

糸6【絲】▼糸 旧

糸7【綛】(13) 〈国字〉 正字 糸7 綛 (13)

音 ―― 訓 かすり・かせ

意味 ❶かすらせた模様。また、その模様のある織物。かすり。❷つむいだ糸を決まった回数巻きとって束にしたもの。かせ。

参考 ❶の「かすり」はふつう「絣」と書く。

糸7【継】(13) 常用 音 ケイ 訓 つぐ・まま 旧字 糸14 繼 (20)

筆順 幺 幺 糸 糸 糸' 糸'' 絆 絆 継

意味 ❶あとを受けて続ける。つぐ。「継承・継走・後継・跡継ぎ」❷つなぎあわせる。つぐ。「継ぎ歯・骨継ぎ」❸血のつながりがない。まま。「継子（ままこ）」 名付 けい・つぎ・つぐ・つね・ひで

【継起】（けいき） 同じような物事が相次いで起こること。

【継嗣】（けいし） あとつぎ。あととり。後継者。

【継承】（けいしょう） 前代の身分ややり方などを受け継ぐこと。「皇位―」

参考熟語 継接（つぎはぎ） 継父（ままちち・けいふ） 継母（ままはは・けいぼ）

使い分け「つぐ」

継ぐ…あとを受けて続ける。「家業を継ぐ・遺志を継ぐ・跡を継ぐ・息を継ぐ・引き継ぐ」

次ぐ…あとに続く。「前回に次いで入賞する・徹夜に次ぐ徹夜・東京に次ぐ大都会・取り次ぐ」

接ぐ…つなぎ合わせる。「骨を接ぐ・接ぎ木」

糸7【絹】(13) 6年 音 ケン 訓 きぬ

筆順 く 幺 幺 糸 糸 糸' 絹 絹

意味 蚕の繭からとった糸。また、それで織った布。きぬ。「絹布・絹糸（けんし・きぬいと）・人絹・薄絹（うすぎぬ）」 名付 きぬ・けん・まさ

糸7【絛】(13) 音 ジョウ 訓 ―

意味 平たく編んだひも。真田紐（さなだひも）。「絛虫（じょうちゅう）（さなだ虫）」

糸7【続】(13) 4年 音 ゾク・ショク 訓 つづく・つづける 旧字 糸15 續 (21)

筆順 く 幺 幺 糸 糸 糸+ 絓 続

意味 ❶絶え間なく連なる。つづく。また、そのようにする。つづける。「続編・続行・継続・連続・続き物」❷つづく部分・ぐあい。つづき。「続日本紀（しょくにほんぎ）」 名付 ぞく・つぎ・つぐ・つづく

【続出】（ぞくしゅつ） 物事が次々に続いて起こったり現れたりすること。

【続続】（ぞくぞく） 次々と続いて絶えないさま。

【続発】（ぞくはつ） 事件などが続いて次々に起こること。

糸7【綏】(13) 音 スイ 訓 やすんずる

意味 安らかである。また、安らかになる。安らかにする。やすんずる。「綏静」

糸7【綟】(13) 音 レイ 訓 もじ 正字 糸8 綟 (14)

意味 ❶もえぎ色。❷麻糸をよって目を粗く織った布。もじ。

糸7【絽】(13) 音 リョ・ロ 訓 ―

意味 織物の一種。糸目が透くように織った絹地の織物。夏着に用いる。ろ。「絽羽織（ろばおり）」

糸7【經】▼経 旧

糸7【綉】▼繡 異

糸8【綳】(14) 〈国字〉 音 ― 訓 あけ

意味 あけ。あき。▽人名などに用いる字。

糸8【維】(14) 常用 音 イ 訓 これ・つなぐ・つな

筆順 糸 糸' 糸' 糸' 糸' 糸' 維 維

意味 ❶結びつける。つなぐ。「維持」❷綱。つな。

「纖維」❸語調をととのえ、強調の意を添えるときに使うことば。これ。「維新」名付 い・これ・しげ・すけ・すみ・ただ・たもつ・つな・つなぐ・ふさ・まさ・ゆき

【維持】(いじ) ある状態をたもちつづけること。

【維新】(いしん) ①政治上の制度が新しくなること。②明治維新のこと。▽「これ新たなり」の意。

参考熟語 維納(ウィーン)

糸8 **【綺】**(14) 人名 音 キ 訓 あや

筆順 綺

意味 ❶美しい模様のある絹織物。あや。「綺羅(きら)」❷美しくはなやかである。「綺麗」❸たくみで飾りのあること。「綺語・綺談」名付 あや・き

参考 「綺談」の「綺」は「奇」に書き換える。

【綺羅】(きら) 美しい衣服。「━を飾る(美しく着飾ることを形容することば)」

【綺羅星】(きらぼし) 夜空に美しくきらめく無数の星。「━のように立ちならぶ」▽「綺羅、星の如(ごと)し」を続けた誤用が慣用化したもの。

糸8 **【綮】**(14) 音 ケイ 訓 ― 正字 糸8 綮(14)

意味 筋肉と骨とのつなぎめ。「肯綮(こうけい)」

糸8 **【綣】**(14) 音 ケン 訓 ―

意味 まといついて離れない。

糸8 **【綱】**(14) 常用 音 コウ 訓 つな

筆順 綱

意味 ❶太くてじょうぶなひも。つな。「綱引き」❷物事の根本となる決まり。「綱領・大綱」❸物事の大きな分類。「綱目」❹生物学上の分類の階級の一つ。「門」と「目(もく)」の間の階級。こう。

名付 こう・つな

参考 似た字(綱・網)の覚え方「山でつな(綱)、亡(な)くしたらあみ(網)」

【綱紀】(こうき) 国家の秩序を保つための規律。「━粛正」

【綱目】(こうもく) 物事の、大きな区わけ(綱)と小さな区わけ(目)。大綱と細目。

【綱要】(こうよう) 物事の根本となる大事な点。

【綱領】(こうりょう) ①物事のいちばんもとになる事がら。要点。②政党や組合などの、基本的な政策・方針・主張など。また、それをしるした文書。

糸8 **【綵】**(14) 音 サイ 訓 あや

意味 ❶美しい模様。あや。「綵雲(さいうん)」❷美しい模様のある絹織物。

糸8 **【緇】**(14) 音 シ 訓 ― 正字 糸9 緇(15)

意味 黒色。「緇衣(しい・しえ)(僧の墨染めの衣)」

糸8 **【綽】**(14) 印標 音 シャク 訓 ―

意味 ゆったりと落ち着いているさま。「綽綽・綽然」

【綽綽】(しゃくしゃく) ゆとりがあって落ち着いているさま。「余裕━」

参考熟語 綽名(あだな)

糸8 **【綬】**(14) 印標 音 ジュ 訓 ―

意味 勲章などをさげるひも。じゅ。「印綬・略綬・綬を帯びる(官職につく)」

糸8 **【緒】**(14) 常用 音 ショ・チョ 訓 お・いとぐち 旧字 糸9 緖(15) 人名

筆順 緒

意味 ❶物事のはじめ・起こり。いとぐち。しょ。「緒言・端緒・緒に就(つ)く」❷細いひもや糸。お。「鼻緒(はなお)」名付 お・しょ・つぐ

参考 「ちょ」は慣用読み。

【緒言】(しょげん・ちょげん) 書物の前書き。序文。

【緒戦】(しょせん・ちょせん) 戦争・試合・勝負ごとなどが始まったばかりのころ。また、その戦い。

【緒論】(しょろん・ちょろん) 本論にはいるための前おき。序論。

糸8 **【綜】**(14) 人名 音 ソウ 訓 すべる

筆順 綜

意味 多くの物を集めて一つにする。すべる。「綜合」名付 おさ・そう

参考 「綜合」の「綜」は「総」に書き換える。

【綜覧】(そうらん) ①全体を残らず見ること。②ある事物・分野に関係のあるものを一つにまとめて説明した本。▽「総覧」とも書く。

6画

糸8
【総】(14) 5年 旧字 糸11 總(17)
音ソウ 訓すべる・すべて・ふさ
筆順 ㇛ 幺 糸 糸 糹八 糹公 総 総
意味 ❶集めてひとまとめにする。「総合・総計・総括」❷全体をひとまとめにしてとりしまる。すべる。「総長・総轄・総務」❸全体。すべて。「総員・総意・総選挙」❹全体がすべてそうであること。「総天然色・総革(そうがわ)」❺糸や毛などをたばねて、その一端を散らして飾りにした物。ふさ。「総飾り」名付 おさ・さ・すぶる・そう・のぶ・ふさ・みち
参考「総・総菜」などの「総」は「惣」が、「総合」の「総」は「綜」が書き換えられたもの。
【総括】(そうかつ) 個々のものをひとまとめにしたり、そのようにして扱ったりすること。「―質問」
【総轄】(そうかつ) 全体をまとめ、とりしまること。
【総裁】(そうさい) ある団体・機関の長として全体の仕事や人々をまとめ治める役。また、その役の人。
【総帥】(そうすい) 全軍を指揮・統率する人。注意「総師」と書き誤らないように。
【総則】(そうそく) ある規則全体を通して、根本となる規則。
【総代】(そうだい) 関係者の全員を代表する人。「卒業生―」
【総督】(そうとく) 植民地などの政治・軍事などを本国政府から任されて監督する役目。また、その人。
【総攬】(そうらん) 権力を一手におさめて支配すること。「国政を―する」
【総論】(そうろん) 全体のあらましをのべた論。また、それを論文などの冒頭にしるした文。総説。「民法―」
参考熟語 総角(あげまき・そうかく)

糸8
【綻】(14) 常用
音タン 訓ほころびる・ほころぶ
筆順 幺 糸 糸' 綻 綻 綻 綻 綻
意味 ❶縫い目が解ける。ほころぶ。ほころびる。また、そのようにする。ほころばす。「破綻」❷つぼみが少し開く。ほころぶ。ほころびる。また、そのようにする。ほころばす。「顔を綻ばす(思わず笑い顔をする)」

糸8
【綢】(14)
音チュウ 訓―
意味 目が細かくて詰まっている。「綢密(ちゅうみつ)」

糸8
【綴】(14) 人名
音テイ・テツ 訓つづる・とじる
筆順 ㇛ 幺 糸 綴 綴 綴 綴 綴
意味 ❶次々と、つなぎ合わせる。とじる。つづる。「点綴(てんてい・てんてつ)・綴れ織り・綴じ代(とじしろ)」❷詩や文章を書く。つづる。「綴り方(作文)」❸ことばの書き表し方。スペリング。つづり。

糸8
【綯】(14)
音トウ 訓なう
意味 筋状の物を交え合わせる。なう。「縄を綯う」

糸8
【緋】(14) 人名
音ヒ 訓あか・あけ・あかい
筆順 ㇛ 幺 糸 糸 緋 緋 緋 緋
意味 濃く明るい紅色。あけ。あか。ひ。また、そのような色である。あかい。「緋鯉(ひごい)」名付 あけ・ひ

糸8
【綿】(14) 5年 異体 糸9 緜(15)
音メン 訓わた
筆順 幺 糸 糸 糸' 綿 綿 綿 綿
意味 ❶草の一種。種子を包む白色の長い繊毛は製糸・織物用。わた。❷わたの繊維を精製した糸。めん。わた。「綿布・綿業・純綿・綿毛(わたげ)」❸長く続くこと。「綿綿・連綿」❹細かくて詳しいこと。「綿密」名付 つら・まさ・めん・やす・わた
参考 ⑴「緜」は「綿」のもとの字形。⑵❶の「わた」は「棉」とも書く。⑶「綿花」の「綿」は「棉」が書き換えられたもの。
【綿綿】(めんめん) ながながと続いて絶え間がないさま。「―として尽きない話」

糸8
【網】(14) 常用
音モウ 訓あみ
筆順 糸 糸 網 網 網 網 網 網

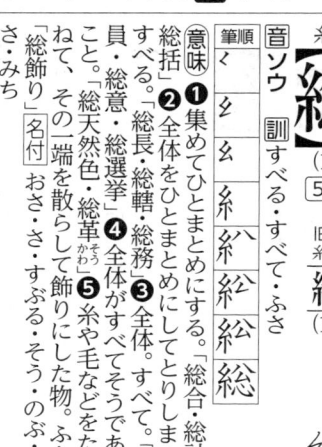

6画

意味 ❶糸・なわなどであらく編んで作った道具。また、その道具のようにはりめぐらしたもの。あみ。「網膜・魚網・法網・鉄道網」❷残らず集める。「網羅」

参考 似た字（綱・網）の覚え方「山でつな（綱）、亡なくしたらあみ（網）」

【網膜】もうまく 眼球の最も奥にある透明な膜。光を感じて大脳に伝え、視覚をおこさせる。

【網羅】もうら 関係のあるものを残らず集めること。「—的」▽「羅」は「鳥をとるあみ」の意。

参考熟語 網代あじろ

糸8 【綾】(14) 人名 音 リョウ 訓 あや

筆順

意味 ❶形や色彩。また、特に、斜めに交わった線条模様。あや。「綾羅錦繡りょうらきんしゅう・綾織り」❷ことばや文章の巧みないいまわし。あや。「文章の綾」名付 あや・りょう

参考熟語 綾子りんず

糸8 【緑】(14) 3年　旧字 糸8 綠 (14) 人名

音 リョク・ロク 訓 みどり

筆順

意味 黄色と青色の間の色。みどり。「緑地・緑青ろくしょう・新緑・緑の黒髪（若い女性の、黒くつやがある髪）」名付 みどり・りょく

【緑陰】りょくいん 青葉の茂った涼しげな木かげ。

【緑風】りょくふう 初夏の、青葉を吹き渡るさわやかな風。

糸8 【綸】(14) 人名 音 リン 訓 いと

筆順

意味 ❶糸。「綸子りんず」❷天皇や君主のことば。「綸旨・綸言」❸治める。「経綸」名付 いと・お・りん

【綸言】りんげん 天皇や君主のことば。「—汗の如ごとし（綸言は取り消すことができないということ）」

糸8 【練】(14) 3年　旧字 糸9 練 (15) 人名

音 レン 訓 ねる

筆順

意味 ❶手を加えて質のよいものにする。ねる。「練習・練兵・訓練・熟練」❷絹を灰汁あくで煮て柔らかくする。「練り糸」❸よくまぜ合わせる。ねる。「練り薬」名付 ねり・よし・れん

参考「練炭・練乳・試練」などの「練」は「煉」が書き換えられたもの。

【練達】れんたつ 物事によく慣れていてじょうずなこと。「—の士」

【練磨】れんま 精神や技術をきたえみがくこと。

糸8 【綰】(14) 音 ワン 訓 わがねる

意味 ❶つなぐ。むすぶ。❷曲げて輪にする。わがねる。

糸8 〔絣〕▼絣 異

糸8 〔綟〕▼綟 正

糸8 〔綫〕▼線 異

糸8 〔綪〕▼綪 異

糸9 【縁】(15) 常用　旧字 糸9 緣 (15) 人名

音 エン 訓 ふち・えにし・よすが・へり・よる

筆順

意味 ❶男女・親子などの関係。えにし。えん。「縁者・縁故・良縁・遠縁とおえん」❷日本建築で、座敷の外側についている細長い板敷き。えん。「縁先」❸たよりにする。よる。また、そのたより。よすが。「縁由・縁語・木に縁りて魚を求む」❹物の周辺。へり。ふち。「外縁」❺仏教で、まわりあわせ。えん。「縁起・宿縁・前世の縁」名付 えん・まさ・むね・やす・ゆか・ゆかり・よし・より

【縁起】えんぎ ①吉凶の前ぶれ。「—直し」②物事の起源。由来ゆらい。③神社や寺の由来。また、それをしるした書画。「北野天神—」

【縁故】えんこ ①血縁や姻戚関係によってつながっていること。また、その人。②あることによって生じた、人と人の関係。コネクション。コネ。「—採用」

【縁談】えんだん 結婚・養親子などの縁組みをするための相談。「—がもちあがる」

【縁由】えんゆ・えんゆう ゆかり。また、関係。

6画

糸9 【縅】(15)〈国字〉 音― 訓おどし・おどす

意味 よろいの札(さね)を革・糸でつづり合わせる。おどす。また、そのつづり合わせたもの。おどし。「緋縅(ひおどし)」

糸9 【緩】(15) 常用 旧字 糸9 緩(15)

音カン 訓ゆるい・ゆるやか・ゆるむ・ゆるめる

筆順

意味 ❶変化のしかたが急でない。ゆるやか。ゆるい。「緩急・緩慢」❷穏やかになる。ゆるめる。ゆるむ。また、そのようにする。ゆるめる。「緩和・弛緩(しかん)」

名付 かん・のぶ・ひろ・ふさ・やす

【緩急】(かんきゅう) ①ゆるやかなことと、きびしいこと。また、おそいことと、早いこと。「―自在」②非常にさしせまった場合。「一旦(いったん)―あれば」

【緩下剤】(かんげざい) ゆっくりとききめが現れる、便通をよくするための内服薬。

【緩衝】(かんしょう) 二つのものの間にあって不和・衝突をやわらげること。また、そのようなもの。「―地帯」

【緩慢】(かんまん) ①処置などがきびしくないさま。「―な制裁」②速度がのろくてぐずぐずしているさま。「―な動作」注意「緩漫」と書き誤らないように。

【緩和】(かんわ) きびしい状態やはげしい状態が、ゆるやかな状態になること。「渋滞が―される」

糸9 【緘】(15) 音カン 訓とじる

意味 ❶口や手紙などを閉じる。とじる。「緘口・封緘(ふうかん)」❷封筒の封じ目に記す字。

【緘口】(かんこう) 発言や話をすべきときにそうしないこと。

糸9 【緊】(15) 常用 音キン 訓しまる・しめる

筆順

意味 ❶引っ張って締める。しめる。また、ゆるんだ所がなくなる。しまる。「緊張・緊縛・緊縮」❷さしせまる。「緊急・緊迫」

【緊褌一番】(きんこんいちばん) 心をひき締めて物事に当たること。▽「緊褌」は「ふんどしをかたく締める」の意。

【緊縮】(きんしゅく) 財政をしっかりさせるため、支出をきりつめること。「―予算」

【緊張】(きんちょう) ①心がゆるみなく張りつめていること。「―をほぐす」②今にも争いが起こりそうな状態であること。「両国間に―が続く」

【緊縛】(きんばく) きつくしばること。

【緊迫】(きんぱく) 非常にさし迫っていること。「―した情勢」

【緊要】(きんよう) 非常にたいせつで、まっさきに行わなければならないさま。

糸9 【緝】(15) 音シュウ 訓―

意味 ❶麻を糸につむぐ。❷集める。「編緝(へんしゅう)」

糸9 【縄】(15) 4年 旧字 糸13 繩(19) 音ジョウ 訓なわ

筆順

意味 ❶わら・麻などをより合わせて作った太いひも。なわ。「縄文(じょうもん)・捕縄・縄張り」❷すみなわ。「準縄」 名付 じょう・ただ・つぐ・つな・なお・なわ・のり・まさ

【縄墨】(じょうぼく) ①すみなわ。②基準。規則。

【縄文】(じょうもん) 古代の土器にほどこされた、縄(なわ)やむしろの編み目のような模様。

糸9 【緤】(15) 音セツ 訓きずな

意味 犬や馬などをつなぎとめる綱。きずな。

糸9 【線】(15) 2年 異体 糸8 綫(14) 音セン 訓―

筆順

意味 ❶糸すじ。また、そのような形のもの。「線画・曲線・視線・鉄線」❷決められた道筋。「線路・単線・ローカル線」

糸9 【緞】(15) 音タン・ドン 訓―

意味 絹織物の一種。厚地で光沢がある。「緞子」

【緞子】(どんす) 紋織物の一種。地が厚く光沢のある絹織物。「金襴(きんらん)―」

6画

【緞帳】どんちょう ①厚地の、模様のはいった幕。②劇場で、巻いて上げおろしする、厚地の幕。

糸9 **【締】**(15) 常用 音 テイ 訓 しまる・しめる

筆順 締

意味 ❶かたく結ぶ。「結締」❷国家間で約束を結ぶ。「締結・締盟」❸圧力を加えてゆるまないようにする。しめる。またはそのようになる。しまる。「締め鯖さば」❹戸・窓などを閉じる。しめる。また、そのようになる。しまる。「店を締める」

参考 しめる⇩「閉」の〔使い分け〕。

【締結】ていけつ 国家間で条約・協定などを結ぶこと。

【締約】ていやく 条約を結ぶこと。また、その条約。

糸9 **【緲】**(15) 音 ビョウ 訓 ―

意味 かすかでよく見えない。「縹緲ひょうびょう」

糸9 **【緡】**(15) 音 ビン 訓 さし

意味 穴のあいた銭を通す細いひも。ぜにさし。

糸9 **【編】**(15) 5年 音 ヘン 訓 あむ 旧字 糸9 編(15)

筆順 編

意味 ❶文章を集めて書物とする。あむ。また、そのこと。へん。「編集・共編・文科省編」❷ばらばらのものを一つに組み立て、その中に組み入れる。あむ。「編入・編曲」❸互い違いに組み合わせて作る。あむ。「編み笠がさ」❹書物などの内容を大きく分けたうちの一つ。へん。「前編・第一編」❺書物のとじ糸。「韋編いへん」 名付 つら・へん・よし

参考 「編・短編・長編」などの「編」は「篇」が書き換えられたもの。

【編纂】へんさん いろいろの材料を集めて書物にまとめること。「資料の―」▽「纂」は「集める」の意。

【編集】へんしゅう 出版などの目的で情報を収集・整理・構成すること。▽「編輯」の書き換え字。

【編制】へんせい ①団体・軍隊の組織内容を改めること。また、その改められた組織内容。「戦時―」②軍隊を制度として組織すること。

【編成】へんせい 個々のものを統一のある組織にまとめること。「予算―」

【編入】へんにゅう 別の団体などに組み入れること。

【編年体】へんねんたい 歴史書の書き方の一つで、年月の順に、事実を追って書きしるすもの。

糸9 **【緬】**(15) 音 メン 訓 ―

意味 ビルマ(ミャンマー)のこと。

参考熟語 緬甸ビルマ

糸9 【緒】▼緒㊐

糸9 【練】▼練㊐

糸9 【緇】▼緇㊣

糸10 **【緯】**(16) 常用 音 イ 訓 よこいと・ぬき 旧字 糸9 緯(15)

筆順 緯

意味 ❶東西の方向。↕経。「緯度・緯線・北緯」❷織物の横糸。い。よこいと。ぬき。↕経。「経緯けいい・いきさつ」 名付 い・つかね

糸10 **【縊】**(16) 音 イ 訓 くびる・くびれる

意味 ひもなどで首をしめて殺す。くびる。また、首をくくって死ぬ。くびれる。「縊死」 注意 「えきし」と読み誤らないように。

【縊死】いし 首をくくって死ぬこと。

糸10 **【縞】**(16) 人名 音 コウ 訓 しま

筆順 縞

意味 布地に筋模様を織り出したもの。また、その筋に似た模様。しま。「縞馬しまうま・格子縞こうしじま」

糸10 **【縡】**(16) 音 サイ 訓 こと

意味 事柄。物事。こと。「縡こと切れる(息が絶える)」

糸10 **【縒】**(16) 音 シ・サ 訓 よる

意味 ❶繊維など、細いものをねじってからませる。よる。「糸を縒る」❷よったもの。また、ねじれた状態。より。「紙縒こより・縒よりを戻す」

糸10 **【[糸鳥]】**(16) 〈国字〉 音 ― 訓 しま

意味 しま。▽黄表紙の題名に用いる字。「[糸鳥]回しまめぐり」

糸10 **【縦】**(16) 6年　旧字 糸11 縱(17) 人名

音 ジュウ・ショウ　訓 **たて**・ほしいまま

筆順 糸 糹 紒 紒 紒 紒 紒 縦

意味 ❶方向で、たて。たて。↕横。「縦横・縦断・縦貫・縦隊」❷かって気ままにする。ほしいまま。「放縦(ほうじゅう・ほうしょう)・操縦」名付 じゅう・しょう・たて

【縦横無尽(じゅうおうむじん)】自由自在にふるまうさま。

【縦断(じゅうだん)】①たてに断ち切ること。②たて、または南北に通り抜けること。「大陸を—する」

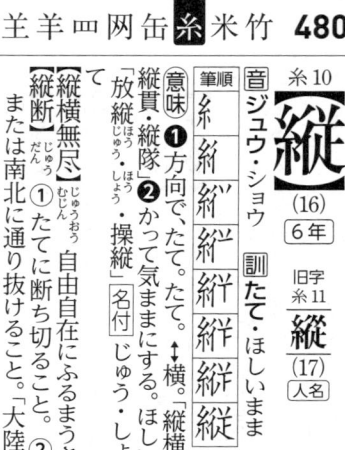

【縦覧(じゅうらん)】施設・名簿などを自由に見ること。「名簿を—に供する」

参考熟語 縦令(たとい・たとえ)

糸10 **【縟】**(16)　音 ジョク　訓 —

意味 ❶たくさんの色を使った模様。❷わずらわしい。「繁文縟礼(はんぶんじょくれい)」

糸10 **【縉】**(16)　音 シン　訓 —

意味 笏(しゃく)を大帯(おおび)(紳)にはさむ。さしはさむ。「縉紳(しんしん)(身分の高い人)」

糸10 **【緻】**(16) 常用　音 **チ**　訓 —

筆順 く 糸 紅 紆 経 緻 緻 緻

意味 物事が念入りできめが細かい。「緻密・巧緻」名付 ち

【緻密(ちみつ)】①きめが細かいさま。「—な頭脳」②細かい部分まで注意が行き届いているさま。「—な計算」

糸10 **【縋】**(16)　音 ツイ　訓 すがる

意味 たよりにしてつかまる。また、つかまえて離すまいとする。すがる。「人の情けに縋る」

糸10 **【縢】**(16)　正字 糸10 縢(16)　音 トウ　訓 かがる

意味 ❶ほつれないように、糸や紐(ひも)でからげて縫う。かがる。❷きゃはん。「行縢(こう・むかばき)」

糸10 **【縛】**(16) 常用　旧字 糸10 縛(16)　音 **バク**　訓 **しばる**

筆順 糸 糸 紅 絔 緬 縛 縛 縛

意味 ❶縄・ひもなどで結ぶ。しばる。「束縛・捕縛・縛り首」❷罪人をしばる縄。ばく。また、罪人をしばる。ばくする。「縛に就く(罪人として捕らえられる)」

糸10 **【繁】**(16) 常用　旧字 糸11 繁(17) 人名

音 ハン　訓 しげみ・しげる

筆順 ⺅ 𠂉 勹 毎 毎 敏 繁

意味 ❶草木が盛んに茂る。しげる。また、草木が茂っている所。しげみ。「繁茂・繁殖」❷ごたごたしてわずらわしい。「繁多・繁雑・頻繁(ひんぱん)」❸非常に多くて盛んである。「繁栄・繁盛(はんじょう)」名付 えだ・しげ・しげし・しげる・とし・はん

参考 「繁殖」の「繁」は「蕃」が書き換えられたもの。

【繁華(はんか)】人通りが多く、にぎわうさま。「—街」

【繁簡(はんかん)】繁雑で込み入っていることと、簡略でさっぱりしていること。「—よろしきを得る」

【繁雑(はんざつ)】物事が多く、ごたごたしてわずらわしいこと。参考「煩雑(はんざつ)」は、複雑に込み入っていてわずらわしいこと。

【繁盛(はんじょう)】商店などが、にぎわい栄えること。▽「繁昌」とも書く。

【繁多(はんた)】仕事が非常に多くて忙しいこと。

【繁文縟礼(はんぶんじょくれい)】規則・礼式などが複雑でわずらわしいこと。▽「こまごまとわずらわしい規則と、ごたごたわずらわしい礼式」の意。

【繁忙(はんぼう)】非常に忙しいこと。「—をきわめる」

【繁茂(はんも)】草木が枝葉をのばして生い茂ること。

参考熟語 繁縷(はこべ・はこべら)

糸10 **【縫】**(16) 常用　旧字 糸11 縫(17)

音 **ホウ**　訓 **ぬう**

筆順 糸 糸 紇 紇 絳 絳 縫 縫

意味 ❶糸と針で布などをつづり合わせる。ぬう。「縫合・縫製・裁縫・天衣無縫」❷物事をとりつくろう。「彌縫(びほう)」名付 ぬい・ほう

【縫合(ほうごう)】傷口や手術のあとの切り口をぬい合

6画

わせること。「―手術」

【縫製】（ほうせい）縫って作ること。「―作業」

糸10【縨】(16)〈国字〉 音 ― 訓 ほろ

意味 ❶矢を防ぐ、よろいの背につける布製の袋。ほろ。❷風雨や日光を防ぐ、車にかぶせる幕。ほろ。

糸10【縣】▸県(旧)

糸11【繈】(17) 音 キョウ 訓 むつき　異体 糸12 繦(18)

意味 おしめ。むつき。「繈褓（きょうほう・むつき）」

糸11【縮】(17) 6年 音 シュク 訓 ちぢむ・ちぢまる・ちぢめる・ちぢれる・ちぢらす

筆順 く 幺 糸 紵 紵 紵 縮 縮

意味 ❶小さくなる。ちぢれる。ちぢむ。ちぢまる。また、そのようにする。ちぢらす。ちぢめる。↔伸。「縮図・縮尺・伸縮・縮れ毛」❷おじけてくじける。ちぢまる。ちぢむ。「畏縮・恐縮」

名付 しゅく

【縮小】（しゅくしょう）規模を小さくすること。また、規模が小さくなること。注意「縮少」と書き誤らないように。

【縮図】（しゅくず）実物の大きさを縮めて小さく写した図面。「人生の―」▽物事の状態・性質はもとのままで、規模を小さく表したものにたとえることもある。

参考熟語 縮緬（ちりめん）

糸11【績】(17) 5年 音 セキ 訓 うむ

筆順 く 幺 糸 紸 紸 緒 績 績

意味 ❶繭・綿・麻から繊維を引き出し、よりをかけて糸にする。うむ。「紡績」❷仕上げた結果。「事績・業績・功績」 名付 いさ・いさお・せき

参考 似た字(積・績)の覚え方「稲(禾)ならばつむ(積)、糸ならばつむぐ(績)」

糸11【繊】(17) 常用 音 セン 訓 ―　旧字 糸17 纖(23) 人名　異体 糸15 纎(21)

筆順 糸 紅 紆 紆 紼 緋 繊 繊

意味 ❶細かい。また、細くてしなやかである。「繊細・繊維・繊手」❷繊維のこと。「化繊」

糸11【縻】(17) 音 ビ 訓 ―

意味 ❶牛をつなぐ綱。❷しばる。つなぐ。

糸11【繆】(17) 音 ビュウ 訓 ―

意味 あやまり。あやまる。「誤繆（ごびゅう）(誤謬)」

糸11【縹】(17) 音 ヒョウ 訓 はなだ

意味 ❶薄いあい色。はなだ。❷→縹緲（ひょうびょう）

【縹緲】（ひょうびょう）①果てしなく広々としているさま。「―たる原野」②ぼんやりとしてかすかなさま。「神韻―」▽「縹渺」とも書く。

糸11【繃】(17) 音 ホウ 訓 ―　正字 糸11 繃(17)

意味 巻きつける。「繃帯」

参考「繃帯」は「包帯」に書き換える。

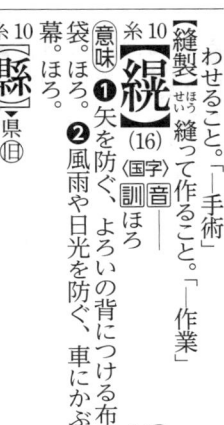

糸11【縵】(17) 音 マン 訓 ―　正字 糸11 縵(17)

意味 ゆったりしている。ゆるやか。「縵縵（まんまん）」

【縵縵】（まんまん）①ゆったりと遠くまでのび広がっているさま。②ゆったりしたさま。のんびりかまえるさま。

糸11【縷】(17) 音 ル 訓 ―

意味 ❶糸。また、糸のように細長く続くもの。「縷縷」❷ぼろ。「襤縷（らんる）」

【縷言】（るげん）細かい点まで詳しく説明すること。縷説。

【縷述】（るじゅつ）細かく詳しく述べること。縷陳（るちん）。

【縷縷】（るる）①こまごまと詳しく話すさま。「―と語る」②切れずに細く長く続くさま。

糸11【縲】(17) 音 ルイ 訓 ―

意味 罪人をしばる縄。「縲紲（るいせつ）」

【縲紲】（るいせつ）罪人をしばる長い縄。また、転じて牢屋。

糸11【縺】(17) 音 レン 訓 もつれる

意味 ❶糸がからまって解けなくなる。もつれ

る。❷ことばや動作が自由にならなくなる。もつれる。「舌が縺れる」❸物事が入り乱れておさまりがつかなくなる。もつれる。「感情の縺れ」

糸11【總】▼総㊐

糸11【縱】▼縦㊐

糸11【繁】▼繁㊐

糸11【縫】▼縫㊐

糸11【繍】▼繡㊖

糸11【繋】▼繫㊖

糸12【繧】(18)〈国字〉音 ウン 訓 ―
意味「繧繝(うんげん)」は、ある色をぼかしながらくりかえして塗ること。また、縦じまの境をぼかして織った織物。

糸12【繭】(18) 常用 音 ケン 訓 まゆ 旧字 糸13 繭(19)
筆順 艹 芇 芇 芇 繭 繭 繭 繭
意味❶昆虫が蛹(さなぎ)の時期を過ごすために作る巣。まゆ。❷特に、蚕が作るまゆ。まゆ。「繭糸(けんし)・玉繭(たままゆ)」名付 けん・まゆ

糸12【繝】(18) 音 ケン 訓 ―
意味「繧繝(うんげん)」は、縦じまの境をぼかして織った織物。

糸12【繖】(18) 音 サン 訓 ―
意味 きぬ張りのかさ。

糸12【繞】(18) 音 ジョウ・ニョウ 訓 めぐる
意味 囲む。めぐる。また、回す。「囲繞(いにょう)・(いじょう)」

糸12【織】(18) 5年 音 ショク・シキ 訓 おる
筆順 糸 紅 紸 紿 絬 織 織 織
意味❶機(はた)で布を作る。おる。「織機・織女・紡織・織物(おりもの)」❷物を組み立てる。「組織(そしき)」名付 おり・おる・しょく

糸12【繕】(18) 常用 音 ゼン 訓 つくろう
筆順 糸 紅 紸 絆 絆 絲 繕 繕
意味 破れたりこわれたりした箇所を直す。つくろう。「修繕・営繕・繕い物」名付 ぜん

糸12【繙】(18) 音 ハン・ホン 訓 ひもとく
意味 巻き物のひもを解く。また、転じて、書物を開いて読む。ひもとく。「繙読」
【繙読(はんどく)】本を開き読むこと。書物をひもとくこと。

糸12【繚】(18) 音 リョウ 訓 ―
意味 もつれみだれる。「繚乱」
【繚乱(りょうらん)】①花などが散り乱れるさま。また、咲き乱れるさま。「百花―」②もつれみだれるさま。

糸12【繦】▼繈㊖

糸13【繹】(19) 音 エキ 訓 ―
意味❶引き出す。「演繹(えんえき)」❷連なる。「絡繹(らくえき)」

糸13【繫】(19) 人名 音 ケイ 訓 つなぐ・つながる・かかる 異体 糸11 繋(17)
筆順 車 軎 軎 軗 毄 繫 繫 繫
意味❶綱などで結びつける。つなぐ。「繫船・繫留」❷関係を持つ。つながる。かかる。また、関係づける。つなぐ。「繫争・繫累・連繫」名付 つぐ・つな・つなぐ
参考「繫船・繫争・繫属・繫留・連繫」などの「繫」は「係」に書き換える。
【繫累(けいるい)】自分がめんどうをみなければならない家族。▽「係累」とも書く。

糸13【繡】(19) 人名 音 シュウ 訓 ぬいとり 異体 糸11 繍(17) 簡慣 異体 糸7 綉(13)
筆順 紻 紻 紻 繍 繍 繍 繍 繡
意味 布に色糸で模様を縫いつづる。また、そのようにした布。ぬいとり。「刺繡・錦繡(きんしゅう)・繡(ぬいとり)を着て夜行く(富や名声を得ても故郷に帰らないことのたとえ)」名付 しゅう・ぬい

糸13【繰】(19) 常用 音 ソウ 訓 くる

6画

筆順 幺 幺 糸 紀 綛 縕 繰 繰

意味 ❶繭から糸を引き出す。くる。「繰り糸」❷順に送り出したり引き出したりする。くる。「繰り越し・繰り言(ごと)(くりかえし言う同じことば。ぐち、不平。)・繰り戸・ページを繰る」

糸13 〖繪〗▸絵㊐

糸13 〖繩〗▸縄㊐

糸14 【纂】(20) 人名 音サン 訓—

筆順 ⺮ 笞 筸 算 箕 篡 簒 纂

意味 文書などを集め整理して書物を作る。「編纂」 名付 あつ・さん

糸14 【縡】(20) 〈国字〉 音シ 訓かすり 異体 糸8 絣(14)

意味 輪郭がかすったあとのようになった模様。また、その模様の着物。かすり。

参考 「かすり」はふつう「絣」「飛白」と書く。

糸14 【繻】(20) 音シュ 訓—

意味 目の細かい薄地の絹織物。「繻子(しゅす)」

【繻子(しゅす)】絹織物の一種。地が厚くなめらかで、つやがある布。

糸14 【繽】(20) 音ヒン 訓—

意味 多くて盛んなさま。「繽紛(ひんぷん)」

【繽紛(ひんぷん)】乱れ飛ぶさま。

糸14 【辮】(20) 音ベン 訓—

意味 ひもを編む。「辮髪(べんぱつ)(中国の清(しん)代の、髪を編んで背に垂れ下げた髪型)」

糸14 〖繼〗▸継㊐

糸15 【纈】(21) 音ケツ・ケチ 訓—

意味 しぼり染め。「纐纈(こうけち・こうけつ)」

糸15 【纐】(21) 〈国字〉 音コウ 訓—

意味 しぼり染め。くくり染め。「纐纈(こうけち・こうけつ)」

【纐纈(こうけち・こうけつ)】しぼり染めのこと。

糸15 【纊】(21) 音コウ 訓— 異体 糸5 紘(11)

意味 まわた。

糸15 【纘】(21) 音サン 訓— 正字 糸19 纘(25)

意味 受け継ぐ。

糸15 【纏】(21) 人名 異体 糸16 纏(22)

音テン 訓まつわる・まとい・まとう

筆順 糸 纩 纑 纒 纏 纏 纏 纏

意味 ❶からみつく。まつわる。また、巻きつける。「纏綿」❷包むようにして身につける。まとう。「服を纏う」❸さおの先に飾りを付けたもの。まとい。 名付 まき・まとむ

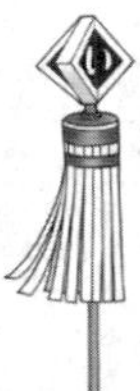

纏❸

【纏綿(てんめん)】①まといつくこと。②愛情が深くこまやかで、離れがたいさま。「情緒纏綿」

糸15 〖續〗▸続㊐

糸15 〖纖〗▸繊㊊

糸15 〖艦〗▸襤㊊

糸17 【纓】(23) 音エイ 訓—

意味 ❶あごの下で結ぶ、冠のひも。えい。❷冠の後ろに垂れる、細長い飾りの布。えい。

糸17 【纔】(23) 音サイ 訓わずか

意味 ❶やっと。わずかに。❷非常に少ない。わずか。

糸17 〖纖〗▸繊㊐

糸18 【纛】(24) 音トウ 訓—

意味 さおの先を、ヤクの尾や雉(きじ)の羽・尾で飾った旗。

糸19 〖纉〗▸纘㊣

糸22 【纜】(28) 音ラン 訓ともづな

意味 舟のともにある、舟を岸につなぎとめるための綱。ともづな。「解纜(出帆すること)」

缶 の部 ほとぎ・ほとぎへん みずがめ

缶0 【缶】(6) 常用 音カン 訓ほとぎ・もたい

6画

旧字 缶18 **罐** (24)　異体 缶17 **鑵** (23)

筆順 ノ 𠂉 𠂉 午 缶 缶

意味 ❶金属製の容器。かん。「缶詰《かんづめ》・製缶・石油缶」❷金属製の湯わかし器。「薬缶《やかん》」❸蒸気を発生させる装置。ボイラー。かま。「汽缶《きかん》」❹酒などを入れる小さなかめ。ほとぎ。もたい。

名付 かん

参考 (1)❶～❸は、もと「罐」を使った。(2)❹は新旧字体の区別がなく、もともと「缶」である。

缶3 **【缸】** (9) 音 コウ 訓 —

意味 素焼きの大きなかめ。

缶4 **【缺】**▶欠㊐

缶11 **【罅】** (17) 音 カ 訓 ひび

意味 器物などにはいった割れ目。ひび。

缶14 **【罌】** (20) 音 オウ 訓 —

意味 →罌粟《けし》

【罌粟】《けし》 けし科の二年草。薬用・観賞用。▽「芥子」とも書く。

缶15 **【罍】** (21) 音 ライ 訓 —

意味 雷雲の彫刻のあるかめ。酒を入れた。

缶16 **【罎】** (22) 音 タン 訓 びん

意味 ガラス製のとっくり形の容器。びん。

参考 「びん」は「壜」「瓶」とも書く。

网（罒）の部　あみがしら　よこめ

网0 **【网】** (6) 音 モウ・ボウ 訓 —

意味 網。

网3 **【罕】** (7) 音 カン 訓 —

意味 めったにない。まれ。

网3 **【罔】** (8) 音 モウ 訓 くらい・ない

意味 ❶道理に通じていない。くらい。❷ない。なかれ。

网4 **【罘】** (9) 音 フ 訓 —

意味 うさぎをとる網。

网5 **【罟】** (10) 音 コ 訓 —

意味 上からかぶせる網。また、広く、網。

网5 **【罠】** (10) 印標 音 ビン 訓 わな

意味 ❶鳥獣を生け捕りにする仕掛け。わな。❷人を陥れる計略。わな。

网8 **【罨】** (13) 音 アン 訓 —

意味 上からかぶせる。「罨法」

【罨法】《あんぽう》 炎症・充血を除き去るために薬液などで患部を冷やしたり暖めたりする療法。

网8 **【罫】** (13) 音 ケイ 訓 —

意味 文字をまっすぐに書くために等間隔に設けた線。けい。「罫線・横罫《よこけい》」

网8 **【罪】** (13) 5年 音 ザイ 訓 つみ

筆順 冂 罒 罒 罒 罪 罪 罪 罪

意味 ❶法律・規律に反する行い。また、それに対して加えられる罰。つみ。「罪人・無罪・犯罪・罪に服する」❷道徳・戒律に反する行い。つみ。「罪悪・罪障・謝罪」

【罪科】《ざいか》 ①道徳・戒律・法律などに反する悪い行い。罪。②法律によって行われる刑罰。

【罪業】《ざいごう》 仏教で、罪となる悪い行い。▽身《しん》・口《く》(ことば)・意《い》(心)によるとされる。

【罪状】《ざいじょう》 犯罪が行われたときの様子。「—認否」

网8 **【署】** (13) 6年　旧字 网9 **署** (14) 人名

音 ショ 訓 —

筆順 冂 罒 罒 罜 罗 罘 署 署

意味 ❶認めたしるしとして名前を書く。しょする。「署名・連署」❷役目の割り当て。また、ある役目をする役所。「署長・部署・支署」❸警察署など、署のつく役所のこと。しょ。「税務署・消防署」

6画

网8 【罧】(13) 音シン 訓―
意味 柴(ふし)を水中に積んで魚をとるしかけ。

网8 【置】(13) 4年 音チ 訓おく
筆順
意味 ❶その場所にすえる。おく。「置換・処置・安置」❷間を隔てる。おく。「二時間置き」❸露・霜などがおりてそこにある。おく。名付 おき・ち
【置換】(ちかん) 他の物と置きかえること。

网8 【罩】(13) 音トウ 訓―
意味 ❶魚を捕らえる竹製のかご。❷中にこめる。

【蜀】▼虫7

网9 【罰】(14) 常用 音バツ・バチ 訓―　異体 网10 罸(15)
筆順
意味 ❶こらしめ。ばつ。また、神仏が人に加えるこらしめ。ばち。「罰金・天罰・賞罰・処罰・罰(ばち)が当たる」❷刑やこらしめを与える。ばっする。「懲罰・信賞必罰」
【罰則】(ばっそく) 規定に違反したものに対する処罰を定めた規則。

网9 【署】▼署 旧

网10 【罵】(15) 常用 音バ 訓ののしる
筆順
意味 下品なことばで悪口をいう。ののしる。「罵倒・罵声・悪罵」
【罵声】(ばせい) 人をののしる声。「―を浴びせる」
【罵倒】(ばとう) 激しくののしること。
【罵詈】(ばり) 激しくののしること。また、そのような悪口。「―雑言(ぞうごん)」「―讒謗(ざんぼう)」▽「詈」も「悪口をいう」の意。

网10 【罷】(15) 常用 音ヒ 訓まかる・やむ・やめる
筆順
意味 ❶職・仕事をやめる。また、職をやめさせる。「罷業・罷免」❷行われなくなる。やむ。❸謙譲・強調を表すことば。まかる。「罷りならぬ・罷りまちがえば」
参考 ❶の「やめる」は「辞める」とも書く。❷の「やむ」は「止む」「已む」とも書く。
【罷業】(ひぎょう) ストライキ。「同盟―」注意「のうぎょう」と読み誤らないように。
【罷免】(ひめん) 職をやめさせること。免職。

网10 【罸】▼罰 異

网11 【罹】(16) 印標 音リ 訓かかる
意味 病気や災難などにあう。かかる。「罹病・罹災」
参考 かかる⇩「掛」の[使い分け]。
【罹患】(りかん) 「罹病」と同じ。
【罹災】(りさい) 災難・災害にあうこと。「―者」注意 (1)「らさい」と読み誤らないように。(2)「羅災」と書き誤らないように。
【罹病】(りびょう) 病気にかかること。罹患。

网13 【羂】(18) 音ケン 訓―
意味 獣や鳥を捕らえる罠(わな)。

网13 【羃】▼冪 異

网14 【羆】(19) 音ヒ 訓ひぐま
意味 熊の一種。北海道に住む。ひぐま。

网14 【羅】(19) 常用 音ラ 訓―
筆順
意味 ❶並べる。また、並ぶ。「羅列・羅針盤」❷薄い絹織物。「綺羅(きら)・綾羅錦繡(りょうらきんしゅう)」❸鳥を捕るあみ。また、あみで残らず捕らえる。「雀羅(じゃくら)・網羅」❹ラテンまたはルーマニアのこと。❺梵語(ぼんご)や外国語にあてて用いる字。「羅紗(ラシャ)・羅馬(ローマ)」名付 つら・ら
参考 ❹は「羅甸(ラテン)」「羅馬尼亜(ルーマニア)」の略から。

【羅紗】らしゃ 織り目がつまった厚地の毛織物。また、厚地の毛織物の総称。

【羅針盤】らしんばん 磁石の針が北をさす性質を利用して方位を知る装置。おもに船で使う。

【羅刹】らせつ 足が速く大力で、人を食うとされる悪鬼。▽のち、仏教の守護神となる。

【羅列】られつ 多くのものをただ並べること。

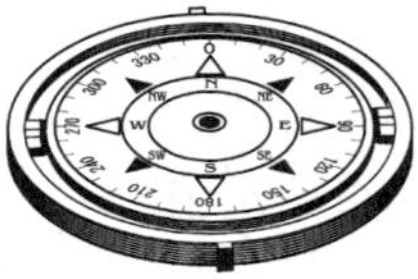

羅針盤

网17 【羇】(22) 音キ 訓―

意味 旅をする。旅。

网19 【羈】(24) 音キ 訓― 異体 襾19 【覊】(25)

意味 ❶旅。「羈旅」❷つないで自由にさせない。「羈絆きはん」❸たづな。

【羈絆】きはん その人自身に関係があって、その人の活動を束縛するもの。

羊（⺷）の部 ひつじ ひつじへん

羊0 【羊】(6) 3年 音ヨウ 訓ひつじ

筆順 丶 丷 𦍌 兰 羊

意味 家畜の一つ。ひつじ。「羊毛・羊腸・綿羊・牧羊・羊頭狗肉ようとうくにく」

【羊羹】ようかん あんと砂糖とを煮つめ、寒天を加えて練ったり蒸したりして固めた和菓子。

【羊水】ようすい 子宮内の羊膜の中にあって、胎児を保護する液。

【羊腸】ようちょう 山道などが羊のはらわたのように曲がりくねっていること。「―たる山道」

【羊頭狗肉】ようとうくにく 羊の頭を看板にして、実際は犬の肉を売ること。▽見かけはりっぱだが、実質が伴わず、内容がそまつなことにたとえる。 注意 「羊頭苦肉」と書き誤らないように。

参考熟語 羊蹄ぎしぎし 羊歯しだ

羊2 【羌】(8) 音キョウ 訓―

意味 中国の北西部に住んでいた民族の名。

羊3 【美】(9) 3年 音ビ・ミ 訓うつくしい・よい

筆順 丶 丷 𦍌 兰 羊 美

意味 ❶うつくしい。また、そのこと。び。「美人・美名・優美・肉体美・自然の美」↔醜。❷内容がりっぱで好ましい。よい。うつくしい。また、そのこと。び。「美味・美食・美談・性質の美」❸よいとしてほめる。また、その価値があること。び。「賛美・褒美ほうび・有終の美」 名付 うま・うまし・きよし・とみ・はし・はる・び・ふみ・み・みつ・よ・よし

6画

参考 ひらがな「み」のもとになった字。

【美意識】びいしき 美を感じとる心のはたらき。

【美形】びけい 顔かたちが美しいこと。また、そのような人。美人。

【美酒】びしゅ 味のよい、すぐれた酒。

【美称】びしょう ほめていういい方。

【美丈夫】びじょうふ 顔かたちの美しい、りっぱな若者。

【美食】びしょく うまくてぜいたくな食事。「―家」

【美辞麗句】びじれいく 美しく飾り立てた、うわべだけのことばや文句。「―を連ねる」

【美談】びだん 人の心をうつような、感心する話。

【美点】びてん 性質などのすぐれたところ。

【美田】びでん 地味の肥えたよい田。「子孫のために―を買わず」

【美徳】びとく りっぱな徳（から出た美しい行い）。

【美風】びふう ほめられるべきよい風俗・風習。美俗。

【美禄】びろく ①よい給与。高給。②酒。▽「酒は天の美禄」という後漢書ごかんじょのことばから。

参考熟語 美味うまい 美味おいしい 美人局つつもたせ

羊4 【羔】(10) 音コウ 訓―

意味 羊の子。子羊。

【差】→工7

羊5 【羞】(11) 常用 音シュウ 訓はじる・はじらう

筆順 𦍌 兰 羊 差 羞

意味 恥ずかしく思う。はじらう。はじる。「羞恥・含羞」

参考 「はじる」「はじらう」はふつう「恥じる」「恥じらう」と書く。

羊5 【羝】(11) 音テイ 訓—

意味 雄の羊。牡羊(おひつじ)。

羝

羊5 【羚】(11) 人名 音レイ 訓—

筆順 丷 䒑 兰 羊 羊 羚 羚 羚

意味 かもしかのこと。

参考熟語 羚羊(かもしか・れいよう)

羚

羊6 【着】(12) 3年 音チャク・ジャク 訓きる・きせる・つく・つける

筆順 丷 䒑 兰 羊 羊 羊 着 着

意味 ❶衣類を身につける。ちゃくする。きる。また、そのようにさせる。きせる。「着用・着衣・着物(きもの)」❷付く。つく。また、付ける。つける。「着目・執着(しゅうじゃく・しゅうちゃく)」❸目的の場所に達し届く。ちゃくする。つく。「着岸・到着・先着・東京着」❹ある位置に身を置く。つく。また、そのようにさせる。つける。「着席」❺ゆったりしている。「着実・着着・横着」❻碁で、石を打つこと。「敗着」❼身に引き受ける。きる。また、そのようにさせる。きせる。「着服・恩に着る」❽衣服を数えることば。また、到着の順序をいうことば。「ちゃく」と読む。

着

参考 ⑴「著」とも書く。常用漢字では、「着」を「ちゃく・じゃく(きる・つく)」、「著」を「ちょ(あらわす・いちじるしい)」として使い分ける。⑵つく⇩「付」の[使い分け]。

【着衣】(ちゃくい) 着物を着ること。また、着ている着物。

【着眼】(ちゃくがん) 手がかり・きっかけを得るために注意して見ること。「—点」

【着手】(ちゃくしゅ) その仕事に取りかかること。

【着想】(ちゃくそう) ある物事に対するくふう・思いつき。

【着着】(ちゃくちゃく) 物事が順をおって確実にはかどるさま。だんだん。「—と進行する」

【着服】(ちゃくふく) 他人の物を不正な手段で自分の物にすること。

【着目】(ちゃくもく) 気をつけて見ること。着眼。「未知の分野に—する」

【着工】(ちゃっこう) 工事にとりかかること。起工。

羊7 【羨】(13) 常用 音セン・エン 訓うらやむ・うらやましい

筆順 丷 䒑 兰 羊 𦍌 羨 羨 羨

意味 ❶ねたましく思う。うらやむ。「羨望」❷人をうらやむ気持ちである。うらやましい。❸昔の墳墓の、入り口から玄室までの通路。「羨道(えんどう・せんどう)」 名付 のぶ・よし

【羨望】(せんぼう) うらやましく思うこと。「—の的」

羨

羊7 【義】(13) 5年 音ギ 訓よし

義

筆順 䒑 兰 羊 羊 義 義 義 義

意味 ❶人として行うべき正しい筋道。ぎ。また、道理に合っていて正しい。よし。「義理・義憤・正義・信義・義を見てせざるは勇なきなり」❷その関係を持っていないのに、その関係を結ぶ。「義父・義足・義兄弟」❸意味。ぎ。「語義・講義」

名付 あき・ぎ・しげ・たけ・ただし・ちか・つとむ・とも・のり・みち・よし・より

参考 「恩義・情義」などの「義」は「誼」が書き換えられたもの。

【義捐】(ぎえん) 不幸な人を助けるための寄付。義援。「—金」▽「捐」は「捨てる」の意。注意「義損」と書き誤らないように。

【義援】(ぎえん) 「義捐」と同じ。

【義侠】(ぎきょう) 正義の心を持ち、弱い者に同情して助けようとすること。また、そのような気性。「—心」

【義士】(ぎし) ①正義を守り行う人・武士。②赤穂義士(あこうぎし)のこと。

【義肢】(ぎし) 失った手足の代わりにつける、人工の手足。義手と義足。

【義絶】(ぎぜつ) 肉親・友人・君臣などの縁を切ってその関係をやめること。

【義賊】(ぎぞく) 金持ちからうばった金品を貧しい人に与えるような、義侠心(ぎきょうしん)に富んだ盗賊。義盗。

【義憤】(ぎふん) 不正・悪などに対するいきどおり。公憤(こうふん)。

【義勇】(ぎゆう) 正義を守り、国や世の中のために尽

くすこと。「—軍」

【義理】(りぎ) ①物事の正しい道理・筋道。「—をわきまえる」②さけられないつきあい・礼儀。「—で出席する」③血のつながりはないが、血族と同じような関係があること。「—の兄」

羊7 **【群】** (13) 4年　異体 羊7 羣(13)

音 グン　訓 **むれる・むれ・むら**

筆順 ㇇ ㇌ ヨ 尹 君 君' 君' 群

意味 ❶多くのものが一か所に集まる。むれる。むらがる。また、そうなってできた集団。むれ。ぐん。「群衆・群居・大群・群雲(むらくも)・群(ぐん)を抜く(他と比べて非常にすぐれている)」❷数多くいる。「群臣」

名付 ぐん・とも・むら・むれ

参考 ❶の「むらがる」は「叢る」「簇る」とも書く。

【群衆】(ぐんしゅう) 一か所に群がり集まった人々。

【群集】(ぐんしゅう) ①たくさんのものが群がり集まること。②組織や秩序なく集まっている人々。「—心理」

【群小】(ぐんしょう) 多くの、力の弱いもの。「—国家」

注意 「郡小」「群少」と書き誤らないように。

【群青】(ぐんじょう) あざやかな、藍色(あいいろ)がかった青色。ウルトラマリン。群青色。

【群棲】(ぐんせい) 動物が一か所に集まって生活すること。

【群生】(ぐんせい) 同種の植物などが群がり生えること。

【群発】(ぐんぱつ) ある地域や期間で、何度も繰り返し起こること。「—地震」

【群雄割拠】(ぐんゆうかっきょ) 多くの英雄がそれぞれの領地を基盤にして勢力を持ち、互いに対立し合うこと。

【群落】(ぐんらく) ①同一の自然環境に生育している植物の集団。②多くの村落。

使い分け「ぐんしゅう」

群衆…一か所に群がっている大勢の人々。「衆」は人々の意。「群衆が殺到する・群衆の一人」

群集…大勢の人々が群がり集まること。集団。「群れ集まる」の意。「群集心理」

羊9 **【羯】** (15)

音 カツ　訓 —

意味 昔、中国の北方の民族の名。「羯鼓(かっこ)」

羊9 [羮] ▶羹 異

羊10 **【羲】** (16)

音 ギ　訓 —

意味 ❶古代の中国の伝説上の天子、伏羲(ふくぎ)のこと。❷中国の書家、王羲之(おうぎし)のこと。

羊13 **【羹】** (19)　異体 羊9 羮(15)

音 カン　訓 あつもの

意味 肉・野菜を入れた熱い吸い物。あつもの。「羊羹(ようかん)・羹に懲りて膾(なます)を吹く(一度失敗したのに懲りて用心しすぎる)」

羊13 **【羶】** (19)

音 セン　訓 —

意味 ❶羊の生肉。❷なまぐさい。

羊13 **【羸】** (19)　正字 羊14 羸(20)

音 ルイ　訓 —

意味 やせる。また、疲れる。「羸弱」

【羸弱】(るいじゃく) からだが弱いこと。また、そのさま。

羊14 [羸] ▶羸 正

羽 の部　はね

羽0 **【羽】** (6) 2年　旧字 羽0 羽(6)

音 ウ　訓 **は・はね**

筆順 ㇆ ㇆ ㇋ 羽 羽 羽

意味 ❶鳥の毛。はね。「羽毛」❷鳥・虫のつばさ。はね。「羽化・羽翼(味方になって助けてくれる人のたとえ)・羽音(はおと)」❸鳥類・うさぎを数えることば。わ。ば。ぱ。「一羽(いちわ)・三羽(さんば)・六羽(ろっぱ)」

名付 う・は

【羽化登仙】(うかとうせん) 中国の古い信仰で、人間に羽がはえて仙人となり、天に上るということ。

【羽目】(はめ) ①板を縦または横に並べて張って壁のようにしたもの。羽目板。②なりゆきから生じた、いやな局面。追いつめられた事態。▽②は「破目」とも書く。

参考熟語 羽交(はが)い締(じ)め　羽撃(はばた)く

羽4 **【翁】** (10) 常用　旧字 羽4 翁(10)

音 **オウ**　訓 おきな

6画

筆順 八 公 公 ⺍ ⺍ ⺍ ⺍ 翁 翁

意味 年をとった男性。また、年をとった男性を敬っていうことば。おう。おきな。「老翁・蕉翁（しょうおう）（松尾芭蕉のこと）・竹取の翁（おきな）」 名付 おう・おき・おきな・とし・ひと

羽4 【翅】(10) 印標 音 シ 訓 はね

意味 鳥や虫などの羽。はね。「翅翅(飛ぶさま)・双翅・展翅板」

【扇】▸戸6

羽4 【翆】▸翠 異

羽5 【習】(11) 3年 音 シュウ 訓 ならう　旧字 羽5 習(11)

筆順 ㇆ ㇇ 习 羽 羽 羽 羽 習 習

意味 ❶くり返しまねをして身につける。ならう。「習熟・習字・学習・復習」❷世のしきたり。ならわし。ならい。「習俗・風習」❸ある人がいつもする癖。ならい。「習慣・習性・常習」 名付 しげ・しゅう

使い分け「ならう」

習う…教わって覚える。学習。「ピアノを習う・書道を習う・見習う」

倣う…手本にしてまねる。模倣（もほう）。「前例に倣う・先輩に倣う」

【習作】（しゅうさく） 練習のために作った芸術作品。

【習熟】（しゅうじゅく） くり返し習って上達すること。

【習性】（しゅうせい） ①長い間の習慣によってできてしまった性質。くせ。②その種類の動物が持つ特有の性質。

【習得】（しゅうとく） 習い覚えて身につけること。 参考「修得（しゅうとく）」は、学問・技術などを修めて身につけること。

羽5 【翌】(11) 6年 音 ヨク 訓 ―　旧字 羽5 翌(11)

筆順 ㇆ ㇇ 习 羽 羽 羽 翌 翌 翌

意味 話題になった時の次の意を表すことば。「翌日・翌朝・翌月（よくげつ）・翌春・翌翌日・翌十八日」 名付 あきら・よく 参考熟語 翌檜（あすなろ）

羽5 【翊】(11) 音 ヨク 訓 ―

意味 ❶鳥が飛ぶさま。❷補佐する。「輔翊（ほよく）」

羽6 【翕】(12) 音 キュウ 訓 ―

意味 多くのものが一か所に寄り集まる。「翕然」

羽6 【翔】(12) 人名 音 ショウ 訓 かける・とぶ　旧字 羽6 翔(12)

筆順 丷 䒑 ⺷ 羊 羊 翔 翔 翔

意味 鳥が空高く飛び回る。とぶ。かける。「翔破・飛翔」 名付 かける・しょう

【翔破】（しょうは） 鳥・飛行機が長い距離を飛びきること。

羽8 【翠】(14) 人名 音 スイ 訓 みどり　旧字 羽8 翠(14)　異体 羽4 翆(10)

筆順 ㇆ ㇇ 羽 羽 翇 翇 翠 翠

意味 ❶黄色がかった青色。もえぎ色。みどり。「翠柳」❷かわせみ（鳥の一種）の雌。「翡翠（ひすい）・（かわせみ）」 名付 あきら・すい・みどり

【翠玉】（すいぎょく） エメラルドのこと。

【翠嵐】（すいらん） みどり色につつまれたような山のけはい。

羽8 【翡】(14) 音 ヒ 訓 ―

意味 かわせみ（鳥の一種）の雄。「翡翠（ひすい）」

【翡翠】 ㊀（かわせみ） 鳥の一種。かわせみ。青色や暗緑色の美しい羽をもつ。▽雌を「翠」という。㊁（ひすい） 濃緑色で光沢のある硬い宝石の名。

羽9 【翫】(15) 印標 音 ガン 訓 もてあそぶ　異体 羽9 翫(15)

意味 慰みものとする。もてあそぶ。「翫弄（がんろう）」

羽9 【翦】(15) 音 セン 訓 きる

意味 切りそろえる。きる。 参考 ふつう「剪」と書く。

羽9 【翩】(15) 音 ヘン 訓 ―　正字 羽9 翩(15)

意味 ひらひらする。翻る。「翩翻（へんぽん）」

【翩翻】（へんぽん） 旗などが風にひるがえるさま。

羽10 **【翰】**(16) 印標 音 カン 訓 ―　異体 羽10 翰(16)

意味 ❶筆。「翰墨」❷手紙。また、書き物。「翰林・書翰・宸翰（しんかん）」

参考 「書翰」の「翰」は「簡」に書き換える。

【翰墨】（かんぼく）①筆とすみ。②詩文を書くこと。また、広く文学のこと。

【翰林院】（かんりんいん）①昔、中国で、詔勅の作成をつかさどった官庁。②アカデミーのこと。

羽11 **【翳】**(17) 印標 音 エイ 訓 かげ・かげる・かざす

意味 ❶おおわれて陰になる。かげる。また、陰。かげ。「陰翳」❷頭上におおいかける。かざす。「扇を翳す」

羽11 **【翼】**(17) 常用　旧字 羽12 翼(18)

音 ヨク 訓 つばさ・たすける

筆順 ㇆ ㇆ ㇆㇆ ㇆㇆ 習 翠 翌 翼

意味 ❶鳥の左右のはね。また、昆虫や飛行機のはね。よく。つばさ。「羽翼・鵬翼（ほうよく）・尾翼」❷本隊の左右にある部隊。「左翼・右翼」❸そばについて補佐する。たすける。「翼賛・輔翼（ほよく）・扶翼」❹→翼翼（よくよく）

名付 すけ・たすく・つばさ・よく

【翼賛】（よくさん）①力を添えて助けること。②天子の政治を補佐すること。「大政―」

【翼翼】（よくよく）慎み深くて用心深いさま。「小心―」

羽12 **【翹】**(18) 音 ギョウ 訓 ―

意味 ❶あげる。「翹望」❷才能がすぐれる。翹首（ぎょうしゅ）。

【翹望】（ぎょうぼう）しきりに待ち望むこと。

羽12 **【翻】**(18) 常用　旧字 羽12 翻(18)　異体 飛12 飜(21) 人名

音 ホン 訓 ひるがえる・ひるがえす

筆順 ㇒ 平 釆 番 番 翻 翻 翻

意味 ❶風に吹かれてひらひらする。ひるがえる。また、そのようにする。ひるがえす。「翩翻（へんぽん）」❷物事が反対になる。ひるがえる。また、そのようにする。ひるがえす。「翻倒・翻意・翻然」❸同じものを再び作る。「翻刻」❹同じものを形を変えて作り直す。「翻案・翻訳」

【翻案】（ほんあん）原作の内容をいかして、改作すること。おもに、小説・戯曲などについていう。

【翻意】（ほんい）決心を変えること。「―を促す」

【翻刻】（ほんこく）本をそのままの内容で組み、再び出版すること。

【翻然】（ほんぜん）①旗などがひるがえるさま。②急に心を改めるさま。「―として悟る」

【翻弄】（ほんろう）思うままにもてあそぶこと。「荒波に―される船」

羽14 **【耀】**(20) 人名　旧字 羽14 耀(20)

音 ヨウ 訓 かがやく

筆順 ⺌ 光 光 光 光 光 光 耀

意味 光り輝く。かがやく。また、輝き。「光耀・栄耀」 名付 あき・あきら・てる・よう

老（耂）の部　おいかんむり　おいがしら

老0 **【老】**(6) 4年

音 ロウ 訓 おいる・ふける

筆順 一 十 土 耂 耂 老

意味 ❶年を経る。ふける。おいる。「老境・老朽・老衰」❷年を取った人。おい。「老幼・長老・敬老」❸年取った人を敬っていうことば。また、年取った人の自称。「老生・山田老」❹古くなって機能が衰える。「老化・老廃物」❺経験を積んで抜け目がない。「老巧・老練」❻古くから伝わる。「老舗（しにせ・ろうほ）」❼道家の祖とされる、中国の思想家老子のこと。「老荘」 名付 おい・おゆ・ろう

参考 ふける⇩「更」の[使い分け]。

【老獪】（ろうかい）種々の経験を積んでいて悪賢いこと。「―な人物」

【老朽】（ろうきゅう）長く使って役に立たなくなること。また、その物。「―化」

【老境】（ろうきょう）世事から遠ざかって静かな毎日を送る、老人の心境・境地。

【老軀】（ろうく）年老いて弱ったからだ。「―にむちうって」▽多く老人が自分を謙遜していうことば。

【老骨】（ろうこつ）年老いて衰え弱ったからだ。「―にむちうつ」▽多く老人が自分を謙遜していうことば。

【老残】（ろうざん） 年を取っておいぼれ衰えて生き長らえること。「―の身」

【老若】（ろうじゃく・ろうにゃく） 年寄りと若者。「―男女（なんにょ）（たくさんの人々をさしていうことば）」

【老醜】（ろうしゅう） 年を取って容貌（ようぼう）・心などが醜くなった様子。「―をさらす」

【老熟】（ろうじゅく） 経験を多く積み、物事に慣れて巧みなこと。「―の域に達する」

【老少不定】（ろうしょうふじょう） 老人も若い者もいつどちらが先に死ぬかわからず、人の寿命は定めがなくてはかないということ。

【老衰】（ろうすい） 年をとって心身がおとろえること。

【老成】（ろうせい） ①経験を多く積み、物事によく慣れていること。「―した大家の画風」②若いのに言動がおとなびていること。

【老生】（ろうせい） 老人が自分を謙遜していうことば。「どうか―の願いをお聞き届け下さい」▽おもに手紙で使う。

【老体】（ろうたい） ①年老いた人のからだ。②老人を敬っていうことば。「御―」

【老台】（ろうだい） 年を取った男子を敬っていうことば。▽男性の手紙の用語。

【老大家】（ろうたいか） 年を取って経験を多く積み、物事に巧みになった、その分野の専門家。

【老廃物】（ろうはいぶつ） 物質代謝の結果つくり出され、体外に排出される不用物。

【老婆心】（ろうばしん） 好意からする、必要以上の親切。「―ながら」

【老来】（ろうらい） 年を取ってから今まで。年を取ってこのかた。「―ますます壮健」

参考熟語 老耄（おいぼれ・ろうもう） 老成（ませ）る 老酒（ラオチュー） 老頭児（ロートル）

老2 【考】(6) 2年 音 コウ 訓 かんがえる

筆順 一 + 土 耂 耂 考

意味 ❶頭を働かせる。かんがえる。また、そうして得た結果。かんがえ。「考慮・考案・勘考・熟考」❷調べる。「考究・考査・考古学」❸死んだ父。「先考」

名付 こう・たか・なか・なる・やす

参考 「選考」は「銓衡」が書き換えられたもの。

【考課】（こうか） 部下の成績・操行などを判定して上申すること。「―表」

【考究】（こうきゅう） 深く考え調べて明らかにすること。

【考古学】（こうこがく） 遺跡や遺物にもとづいて古い時代の人間の生活・文化などを研究する学問。

【考査】（こうさ） ①人の性質・能力などを、考えしらべること。②学校で、生徒の学力などをしらべ評価するための試験。「期末―」

【考察】（こうさつ） 物事を明らかにするために、よく考えて調べること。

【考証】（こうしょう） 昔の事柄を、古い文書などを調べて証拠によって明らかにすること。「―学」

【考慮】（こうりょ） よく考えること。考えてみること。

老4 【耆】(10) 印標 音 キ 訓 ―

意味 年を取る。また、年を取った人。としより。「耆宿」

【耆宿】（きしゅく） 学問・経験ともにすぐれた老大家。宿老。

老4 【者】(8) 3年 旧字 老5 者 (9) 人名 音 シャ 訓 もの

筆順 一 + 土 耂 耂 者 者 者

意味 ❶何かである人。また、何かをする人。もの。「愚者・王者（おうじゃ）・猛者（もさ）・作者・発見者・曲者（くせもの）」❷特定の事物・場所。「前者・後者」

名付 しゃ・ひと

老4 【耄】(10) 音 モウ 訓 ―

意味 ❶年を取って心身が衰え弱る。「耄碌（もうろく）・老耄（ろうもう・おいぼれ）」❷八十歳または九十歳のこと。

老5 【者】▼者㊐

老6 【耋】(12) 音 テツ 訓 ―

意味 八十歳の老人。

而の部 しかして しこうして

而0 【而】(6) 人名 音 ジ 訓 しこうして・しかして・しかも・しかるに

筆順 一 丆 丆 丙 丙 而

意味 そうして。しかして。しこうして。また、それなのに。ところが。しかも。しかるに。
名付 しか・ゆき・なお
【而立】三十歳のこと。▽論語の「三十而立（さんじゅうにしてたつ）」によることば。

而3 【耐】(9) 常用 音 タイ 訓 たえる

筆順 一 ア 丆 丙 而 而一 耐 耐

意味 ❶もちこたえる。たえる。「耐久・耐震・耐性」❷がまんしおおせる。たえる。「耐寒・耐乏・忍耐」名付 たい・たえる・つよし

使い分け「たえる」
耐える…こらえる。もちこたえる。「苦痛に耐える・悲しみに耐える・風雪に耐える」
堪える…それに応じてできる。値する。「任に堪える・鑑賞に堪える作品・聞くに堪えない話」
絶える…とぎれる。「消息が絶える・送金が絶える・絶え間なく」

【耐久】長く持ちこたえること。「―消費財」
【耐乏】物が少なくて暮らしにくいのをがまんすること。「戦時の―生活」

耒の部 すき・すきへん らいへん

耒0 【耒】(6) 音 ライ 訓 すき
意味 田畑の土を掘り起こす農具。すき。

耒4 【耘】(10) 音 ウン 訓 ―
意味 田畑の雑草をとり除く。「耕耘」

耒4 【耕】(10) 5年 音 コウ 訓 たがやす
旧字 耒4 耕(10) 異体 田4 畊(9)

筆順 一 三 丰 耒 耒一 耒二 耕 耕

意味 ❶すきやくわで田畑の土を掘り返す。たがやす。「耕地・耕作・農耕」❷仕事をして生活する。「筆耕」名付 おさむ・こう・たがやす・つとむ・やす
【耕耘】田畑を耕したり雑草を取ったりすること。「―機」▽「耘」は「田畑の雑草を取り除く」の意。

耒4 【耙】(10) 音 ハ 訓 ―
意味 牛馬に引かせて田畑の土をならすのに使う農具。馬鍬（まぐわ）。

耒4 【耗】(10) 常用 音 モウ・コウ 訓 へる
旧字 耒4 耗(10)

筆順 一 三 丰 耒 耒 耒 耗

意味 使って減る。へる。また、使い減らす。「消耗（しょうもう・しょうこう）・心神耗弱（しんしんこうじゃく）」
参考 「もう」は慣用読み。

耒5 【耜】(11) 音 シ 訓 ―
意味 田畑の土を掘り起こす農具。すき。

耒7 【耡】(13) 音 ジョ 訓 すく
意味 田畑を耕す。すく。

耒10 【耨】(16) 音 ドウ 訓 ―
意味 田畑の雑草を刈り除く。

耳の部 みみ みみへん

耳0 【耳】(6) 1年 音 ジ 訓 みみ・のみ

筆順 一 丅 F F 巨 耳

意味 ❶聴覚器官。みみ。「耳目・耳朶（じだ）・俗耳・耳鼻科」❷耳のような形をしたもの。「木耳（きくらげ）」❸…だけ。…のみ。名付 じ・み・みみ
【耳順】六十歳のこと。▽論語の「六十にして耳順（したが）う（何を聞いても逆らわず、すなおに受け入れる）」によることば。
【耳朶】耳の下部の柔らかい部分。「―に触れる(聞いて知っている)」
【耳目】①物音を聞く耳と、物を見る目。「―を驚かす」②聞くことと、見ること。「―を広める」「―の欲(見聞きすることによって起こる欲望)」

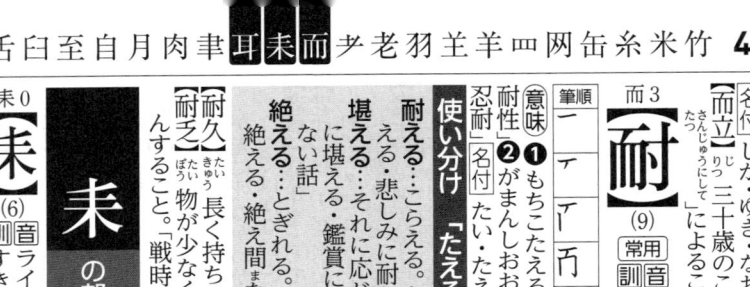

【耳学問】(みみがくもん) 人から聞きかじって得た知識。

【取】▶又6　耳2【聀】▶職㊅

耳3 【耶】(9) 人名 音ヤ 訓—

筆順 一 丅 F Ｅ 耳 耳フ 耳阝 耶

耶

意味 →耶蘇(ソヤ) 名付 や

【耶蘇】(ソヤ) イエス=キリストのこと。「—教(キリスト教)」

耳4 【耘】(10) 音ウン 訓—

意味 ❶耳鳴り。❷鐘や鼓の音の形容。❸「職」の略字。

参考 「職」の略字とするが、本来は別字。

耘

耳4 【耿】(10) 音コウ 訓—

意味 ❶光が明るい。「耿光(こうこう)」❷しんが強い。

耿

耳4 【耽】(10) 人名 音タン 訓ふける

筆順 一 丅 F Ｅ 耳 耳冖 耿 耽

耽

意味 度を過ごして夢中になる。ふける。「耽溺(たんでき)・耽読・耽美」

参考 ふける⇩「更」の[使い分け]。

【耽溺】(たんでき) 不健全な物事に夢中になって抜け出せなくなること。「酒色に—する」

【耽読】(たんどく) 書物を夢中になって読みふけること。「推理小説を—する」

【耽美】(たんび) 美に最高の価値を認め、ただそれだけを追求すること。「—主義」

【恥】▶心6　耳4【耻】▶恥㊄

耳5 【聊】(11) 印標 音リョウ 訓いささか

意味 ❶楽しむ。また、楽しみ。「無聊(ぶりょう)」❷すこしばかり。わずか。いささか。

聊

耳5 【聆】(11) 音レイ 訓—

意味 耳を澄まして聞く。

聆

耳6 【聒】(12) 音カツ 訓—

意味 やかましい。かまびすしい。

聒

耳7 【聖】(13) 6年　旧字 耳7 聖(13)

音セイ・ショウ 訓ひじり・セント

筆順 一 丅 F Ｅ 耳 耳口 耳口 聖

聖

意味 ❶知徳がすぐれ、人々から尊敬される人。ひじり。「聖人(せいじん)・聖賢・大聖」❷神のようにとうとい。また、神。「神聖」❸けがれがない。せい。「聖火・聖地・聖なる祈り」❹その分野で最もすぐれた人。「楽聖・詩聖」❺天皇に関する事物を表すことばに添えて、尊敬の意を表すことば。「聖断・列聖」❻仏教で、高徳の僧。ひじり。「聖人(しょうにん)」❼キリスト教で、宗教的にとうとい。「聖書・聖母・聖家族」❽聖人。セント。「聖フランチェスコ」名付 あきら・きよ・さと・さとし・さとる・しょう・せい・たから・とし・ひじり・まさ

【聖域】(せいいき) 侵してはならない、神聖な地域・区域。

【聖賢】(せいけん) 最高の人格者としての、聖人と賢人。

【聖職】(せいしょく) (人を導き教える) 神聖な職業。教師・神官・僧など。特に、キリスト教の僧職。

【聖断】(せいだん) 天皇が下す裁断。「—を仰ぐ」

【聖誕祭】(せいたんさい) キリスト教で、キリストの誕生を祝う祭典。十二月二十五日に行う。クリスマス。

【聖地】(せいち) 神仏などに関係のある、神聖な土地。

【聖哲】(せいてつ) 知徳がすぐれ、道理に通じている人。

【聖典】(せいてん) ①神聖な書物。②ある宗教での教えなどを説いた神聖な書物。

参考熟語 聖林(ハリウッド)

耳7 【聘】(13) 印標 音ヘイ 訓—

意味 ❶贈り物を持って訪問する。「聘問(へいもん)」❷賢者を招く。「招聘(しょうへい)」

聘

耳8 【聚】(14) 印標 音ジュ・シュウ 訓あつまる・あつめる

意味 ❶ひとところに寄る。あつまる。また、寄せ集める。あつめる。「聚散」❷集まった多くのもの。また、集めたもの。「聚落・類聚(るいじゅう)」

参考 「聚落」の「聚」は「集」に書き換える。

聚

耳8 【聡】(14) 人名 音ソウ 訓さとい　旧字 耳11 聰(17)

筆順 丅 F Ｅ 耳 耳八 耳公 聡 聡

聡

意味 耳でよく聞き分けて賢い。さとい。また、賢くて物事を理解する力がある。さとい。「聡明・聡敏」

名付 あき・あきら・さ・さと・さとし・さとる・

そう・とき・とみ

【聡敏】そうびん 賢くて物わかりが早い。聡悟そうご。

【聡明】そうめい 物事の理解が早く、賢いこと。

耳8 【聢】(14) 〈国字〉 音 ― 訓 しかと

意味 たしかに。また、しっかりと。しかと。

耳8 【聞】(14) 2年 音 ブン・モン 訓 きく・きこえる

筆順 戸 門 門 門 門 閂 閆 聞

意味 ❶音や声をきく。また、きこえる。「聞知・見聞・聴聞ちょうもん」❷告げ知らせる。「上聞・新聞」❸評判。きこえ。「名聞・旧聞・醜聞」❹香このかおりをかぐ。また、酒の味をためしてみる。きく。「聞香ぶんこう・もんこう」 名付 ひろ・ぶん

使い分け「きく」

聞く…音などを自然に感じとる。一般的に用いる。問う。「話し声を聞く・うわさを聞く・忠告を聞く・理由を聞く・道を聞く」

聴く…注意してきく。「講義を聴く・国民の声を聴く・演奏を聴く」

【聞香】ぶんこう・もんこう 香のかおりをかぎ分けること。香を聞くこと。

【聞知】ぶんち 聞いて知ること。聞き及んで知っていること。

参考熟語 聞道きくならく 聞説きくならく

耳8 【聟】▶婿 異

耳11 【聳】(17) 印標 音 ショウ 訓 そびえる

意味 ❶他を見おろすように高く立つ。そびえる。「聳立」❷恐れる。「聳動」

【聳動】しょうどう 激しく驚くこと。また、激しく驚かすこと。「一世を―させた事件」

耳11 【聴】(17) 常用 旧字 耳16 【聽】(22) 人名

音 チョウ 訓 きく・ゆるす

筆順 一 Γ 耳 耳 耳 耳 耳 聴 聴

意味 ❶注意してよく聞く。きく。「聴覚・聴取・聴衆・謹聴・視聴」❷ききいれる。ゆるす。「聴許」

名付 あき・あきら・ちょう・とし・より

参考 きく⇩「聞」の[使い分け]。

【聴許】ちょうきょ 意見や願いを聞き入れること。聞き届けて許すこと。

【聴講】ちょうこう 講義をきくこと。「―生」

【聴取】ちょうしゅ きき取ること。「事情―」

【聴衆】ちょうしゅう 演説などをきく多人数のきき手。

【聴診】ちょうしん 呼吸音・心音など体内の諸器官の音をきき、病気診断の手がかりとすること。「―器」

【聴聞】ちょうもん ①仏教で、説教をきくこと。②キリスト教で、信者の懺悔ざんげをきくこと。「―僧」③行政機関が利害関係者の意見をきくこと。「―会」

耳11 【聯】(17) 異体 耳9 【聨】(15)

音 レン 訓 つらなる・つらねる

意味 ❶続き連なる。つらなる。また、続け連ねる。つらねる。「聯合・聯邦・関聯」❷二枚の細長い板に書画などを対ついになるように書き、左右の柱に相対して掛けるもの。れん。「柱聯」❸律詩の対句ついく。れん。

参考 「聯・聯合・聯想・聯珠・聯邦・聯盟・聯絡・聯立」などの「聯」は「連」に書き換える。

【聯綿】れんめん 長く連なり続いて絶えないさま。「皇統―」▽「連綿」とも書く。

耳11 【聲】▶声 旧

耳11 【聰】▶聡 旧

耳12 【聶】(18) 音 ショウ 訓 ―

意味 耳もとで小声で話す。ひそひそとささやく。

耳12 【職】(18) 5年 略字 耳2 【耺】(8)

音 ショク・シキ 訓 ―

筆順 一 Γ 耳 耳 耳 聀 聕 職 職

意味 ❶役目。しょく。「職務・官職・辞職」❷もと、役所の名。しき。「大膳職だいぜんしき」❸生計を立てるための仕事。しょく。「職業・職工・職人しょくにん・植木職うえきしょく」 名付 しょく・つね・もと・よし・より

【職掌】しょくしょう 職務として担当すること。また、その仕事。役目。「―柄がら（その職務を遂行する関係上）」

【職制】(しょくせい) ①職務分担上の、身分や指揮監督権などに関する制度。②現場の管理職の職員のこと。

【職能】(しょくのう) ①職務を果たす上での能力。「―給」②それぞれの職業に固有の機能。「―別組合」③物事の働き。「助動詞の―」

【職分】(しょくぶん) 職務上のつとめ・役目。

耳14 【聹】(20) 音 ネイ 訓 ―

意味 耳あか。耳くそ。

耳16 【聾】(22) 印標 音 ロウ 訓 ―

意味 耳が聞こえないこと、またはその人。ろう。耳を聞こえなくする。ろうする。「聾唖(ろうあ)・耳を聾する」

【聾唖】(ろうあ) 耳が聞こえない人と口がきけない人。

【聾盲】(ろうもう) 耳が聞こえない人と目が見えない人。

耳16 【聽】▶聴(旧)

聿の部 ふでづくり

聿0 【聿】(6) 音 イツ 訓 ―

意味 ❶筆。❷書く。述べる。

聿6 【粛】(11) 常用 旧字 聿7 肅(13)

音 シュク 訓 つつしむ

筆順

意味 ❶つつしみ深く静かにしている。つつしむ。「粛粛・粛然・静粛」❷不正をただす。「粛清・厳粛」 名付 きよし・しゅく・すすむ・ただ・たり・とし・まさ

【粛啓】(しゅくけい) 手紙のはじめに書く挨拶のことば。▽「うやうやしく申し上げる」の意。

【粛粛】(しゅくしゅく) ①おごそかでひきしまったさま。「―と進む行列」②静かなさま。

【粛正】(しゅくせい) きびしくとりしまって不正を正すこと。「綱紀―」

【粛清】(しゅくせい) きびしくとりしまって反対者を追放すること。

使い分け 「しゅくせい」

粛正…制度や規則などを基準にしていう。「選挙の不正を粛正する・綱紀粛正」

粛清…対立者・異分子などに対して行うときに使う。「反対分子を粛清する・血の粛清」

【粛然】(しゅくぜん) ①ひっそりと静かなさま。②恐れつつしんで身がひきしまるさま。「―として襟(えり)を正す」

聿7 【肄】(13) 音 イ 訓 ―

意味 練習する。学ぶ。ならう。

聿7 【肆】(13) 音 シ 訓 ―

意味 ❶店。「書肆・酒肆」❷自分かってにふるまうさま。ほしいまま。「放肆」❸数で、よっつ。四。

参考 証書などで「四」の代用をすることがある。

聿8 【肇】(14) 人名 旧字 聿8 肇(14)

音 チョウ 訓 はじめ・はじめる

筆順

意味 新たに物をおこす。はじめる。また、始め。はじめ。「肇国」 名付 こと・ただ・ただし・ちょう・とし・はじめ・はじむ・はつ

肉(月)の部 にく にくづき

肉0 【肉】(6) 2年 音 ニク 訓 しし

筆順

意味 ❶動植物の、上皮組織に包まれている柔らかい部分。しし。にく。「肉片・筋肉・果肉」❷食用にする鳥獣のにく。にく。「肉食・牛肉」❸精神に対する物質的要素。にく。「肉体・肉欲」❹本質的なものに最も近い。「肉親・肉薄」❺道具などを使わず、直接である。「肉声・肉眼・肉筆」❻印肉のこと。にく。

【肉眼】(にくがん) 眼鏡・顕微鏡・望遠鏡などを使わない、人間自身にそなわっている目。また、その視力。

【肉親】(にくしん) 親子・兄弟など非常に近い血縁の人。

【肉弾】(にくだん) 捨て身になって激しく敵陣に突入すること。「—戦」▽「肉体を代わりとした弾丸」の意。

【肉薄】(にくはく) 鋭い勢いで激しく迫ること。「敵陣に—する」▽「薄」は「迫る」の意。「肉迫」とも書く。

【肉筆】(にくひつ) その人の手で直接に書いた文字や絵。

【肉欲】(にくよく) 肉体上の欲望。とくに異性間の性欲。

参考熟語 肉刺(まめ)

肉1 【肊】▶臆 異

肉2 【肌】(6) 常用 音 キ 訓 はだ・はだえ

筆順 丿 几 月 月 刖 肌

意味 ❶人間の皮膚。はだえ。はだ。「肌膚」❷物の表面。はだ。「山肌(やまはだ)」❸気質。はだ。「学者肌」

名付 き・はだ

参考 「はだ」「はだえ」は「膚」とも書く。

参考熟語 肌理(きめ)

肌

肉2 【肋】(6) 人名 音 ロク 訓 あばら

筆順 丿 几 月 月 肋 肋

意味 あばら骨。あばら。「肋骨・肋膜・肋木」

【肋木】(ろくぼく) 体操用具の一つ。数本の柱の間に、たくさんの横棒を通したもの。

【肋骨】(ろっこつ) ①胸部の内臓をかこんでいる骨。あばら骨。②船体の外形をかたちづくる骨組み。

肋

肉3 【肝】(7) 常用 音 カン 訓 きも

筆順 丿 几 月 月 肝 肝 肝

意味 ❶五臓の一つ。きも。「肝臓・肝油」❷心。きも。「肝胆・心肝・肝っ玉」❸いちばんたいせつなところ。「肝心(かんじん)・肝要」

参考 「きも」は「胆」とも書く。

【肝心】(かんじん) 中心となり、いちばん大切であるさま。▽肝(きも)と心、または、肝臓(かんぞう)と腎臓(じんぞう)は、からだの中で欠かせないものであることから。「肝腎」とも書く。

【肝胆相照らす】(かんたんあいてらす) 心の奥底から知り合って真心をもって交わることを形容することば。▽「肝胆」は、「なくてはならない、肝臓と胆臓」の意。

【肝銘】(かんめい) 忘れることのできないほど、心に深く感じること。▽「感銘」とも書く。

【肝要】(かんよう) もっともたいせつであるさま。

【肝煎】(きもいり) 二つのものの間にはいり、世話をしたり取り持ったりすること(人)。▽「肝入り」とも書く。

肝

肉3 【肛】(7) 印標 音 コウ 訓 —

意味 しりのあな。「肛門・脱肛」

肛

肉3 【肓】(7) 音 コウ 訓 —

意味 心臓の下の部分。「膏肓(こうこう)」

肓

肉3 【肖】(7) 常用 旧字 肉3 肖(7) 音 ショウ 訓 あやかる・にる

筆順 丨 ⺌ ⺌ 肖 肖 肖 肖

意味 ❶顔・形・からだつきが似ている。にる。また、にせる。「肖像・不肖」❷自分もそのようになる。あやかる。

名付 あえ・あゆ・しょう

【肖像】(しょうぞう) ある人の顔や姿をうつした像。「—画」

肖

肉3 【肘】(7) 常用 音 チュウ 訓 ひじ

筆順 丿 几 月 月 肘 肘 肘

意味 ❶腕の、ひじ。「肘掛け」❷つかまえる。「掣肘(せいちゅう)」

参考 「ひじ」は「肱」「臂」とも書く。

肘

肉3 【肚】(7) 訓 はら 音 ト

意味 考え・気持ちや気力があるとされた、腹。はら。「肚裏(心の中)・肚が太い」

参考 「はら」はふつう「腹」と書く。

肚

肉4 【育】(8) 3年 音 イク 訓 そだつ・そだてる・はぐくむ

旧字 肉3 育(7)

異体 毋9 毓(14)

育

筆順 丶 亠 云 云 产 育 育 育

意味 ❶世話をして生長させる。はぐくむ。そだてる。「育児・育成・体育・養育」❷大きく生長する。そだつ。「生育・発育」名付 いく・すけ・なり・なる・やす

【育英(いくえい)】①才能のすぐれている人を教育すること。②学資を援助して勉学させること。

【育成(いくせい)】育てて大きくりっぱにすること。

肉4 【肩】(8) 常用 音ケン 訓かた 旧字 肉4 肩(8)

筆順 一 ㇇ ⺕ 戸 戸 肩 肩 肩

意味 ❶腕のつけ根の上部。かた。「肩章・比肩・双肩」❷物の上。また、物の上の端。かた。「路肩・文字の肩」

肉4 【股】(8) 常用 音コ 訓また・もも

筆順 丿 刀 月 月 肌 股 股 股

意味 ❶胴から足が分かれ出ている所。また。「股間・小股(こまた)」❷足の、ひざより上の部分。もも。「股肱(ここう)・四股・股引(ももひき)」❸一つのもとから二つ以上に分かれ出ている所。また、そういうもの。また。「三つ股」

参考 ❷の「もも」は「腿」とも書く。

【股間(こかん)】またの間。またぐら。

【股肱(ここう)】最もたのみになるもの。「―の臣」▽「行動のたのみとなる、股(もも)と肱(ひじ)」の意。

肉4 【肯】(8) 常用 音コウ 訓がえんずる・うべなう

筆順 丨 ト 止 止 止 肯 肯 肯

意味 ❶承知して引き受ける。うべなう。がえんずる。「肯定・首肯」❷骨に付く筋肉。「肯綮」名付 こう・むね

【肯綮(こうけい)】物事の急所。「―に中(あ)たる」▽「筋肉と骨とのつながりめ」の意。

【肯定(こうてい)】そのとおりであると認めること。

肉4 【肴】(8) 人名 音コウ 訓さかな

筆順 ノ メ 乄 产 肴 肴 肴 肴

意味 酒を飲むときに添えて食べる物。さかな。「酒肴・美肴」

肉4 【肱】(8) 音コウ 訓ひじ

意味 腕の、ひじ。「股肱(ここう)」

参考 「ひじ」は「肘」「臂」とも書く。

肉4 【肢】(8) 常用 音シ 訓―

筆順 丿 刀 月 月 肝 肚 肢 肢

意味 ❶胴から分かれ出た手足。「肢体・四肢・上肢」❷分かれた部分。「分肢・選択肢」

【肢体(したい)】手足。また、手足とからだ。▽四肢と五体の意から。

肉4 【肭】(8) 音ドツ 訓―

意味 「膃肭臍(おっとせい)」は海獣の一種。

肉4 【肥】(8) 5年 音ヒ 訓こえる・こえ・こやす・こやし・ふとる

筆順 丿 刀 月 月 肌 肌 肌 肥

意味 ❶肉がついて太る。ふとる。こえる。また、そのようにする。こやす。「肥大・肥満」❷地味が豊かである。こえる。また、そのようにする。こやす。「肥土・肥沃(ひよく)」❸こやし。こえ。「肥料・堆肥(たいひ)」名付 うま・こえ・とも・ひ・みつ・ゆたか

【肥育(ひいく)】家畜の肉量をふやすために、運動を制限してえさを多量にやって太らせること。

【肥大(ひだい)】太って大きくなること。「心臓―」

【肥沃(ひよく)】土地がよく肥えていること。▽「沃」は「地味が肥えている」の意。注意「ひよう」と読み誤らないように。

肉4 【肪】(8) 常用 音ボウ 訓あぶら

筆順 丿 刀 月 月 肚 肪 肪 肪

意味 動物の体内のあぶら。あぶら。「脂肪」

肉4 【肬】(8) 音ユウ 訓いぼ

意味 皮膚の上にできた小さな突起物。いぼ。

参考 「いぼ」は「疣」とも書く。

肉4 【肺】▶肺旧

肉5 【胃】(9) 6年 音イ 訓—

筆順

意味 消化器の一つ。い。「胃腸・胃弱・健胃」

【胃潰瘍】胃の内壁がただれる病気。

肉5 【胤】(9) 人名 音イン 訓たね

筆順

意味 血筋を受けた子孫。たね。「後胤・落胤」

名付 いん・かず・たね・つぎ・つぐ・み

肉5 【胡】(9) 人名 音コ・ゴ・ウ 訓えびす

筆順

意味 ❶でたらめである。「胡乱・胡散」❷中国で、北方の異民族のこと。また、一般に、外国人。えびす。「胡弓・胡粉」 名付 えびす・こ・ご・ひさ

【胡散】様子・態度が変で怪しいさま。「—くさい」

【胡乱】疑わしくて怪しいさま。「—なやつ」

【胡蝶】蝶のこと。

【胡粉】絵の具・塗料・おしろいなどに用いる、貝殻を焼いて作った白い粉。

参考熟語 胡座 胡瓜 胡頽子 胡桃 胡獱 胡簶

肉5 【胛】(9) 音コウ 訓—

意味 肩の後ろにある、逆三角形の骨。かいがらぼね。「肩胛骨」

肉5 【胥】(9) 音ショ 訓—

意味 下級役人。「胥吏(小役人)」

肉5 【胙】(9) 音ソ 訓ひもろぎ

意味 祭りのとき、神に供えた肉。ひもろぎ。

肉5 【胎】(9) 常用 音タイ 訓はらむ

筆順

意味 ❶母体の中の、子のやどるところ。「母胎」❷子が母親の体内にやどる。はらむ。「胎児・胎生・受胎」 名付 たい・はら・もと

【胎内】子どもをみごもっている母親の腹の中。胎中。

【胎盤】胎児を母体の子宮内につなぎ、栄養供給・呼吸・排泄などの作用を行う器官。

肉5 【胆】(9) 常用 音タン 訓い・きも 旧字 肉13 膽(17)

筆順

意味 ❶消化器官の一つ。い。きも。「胆汁・胆囊・臥薪嘗胆・熊の胆」❷決断力や勇気の生まれるもと。たん。きも。また、本心。きも。「胆力・大胆・落胆・胆斗の如し」 名付 い・たん

参考 「きも」は「肝」とも書く。

【胆大心小】どんな物事にも動揺せず、それでいて細心なこと。

【胆力】恐れたり驚いたりしない強い気力。

肉5 【胝】(9) 音チ 訓—

意味 皮膚が固く厚くなったもの。たこ。「胼胝」

肉5 【胄】(9) 印標 音チュウ 訓—

意味 跡を継ぐ子。また、子孫。

注意 「冑」は、別字。

肉5 【背】(9) 6年 音ハイ 訓せ・せい・そむく・そむける

筆順

意味 ❶腹の反対側。また、もののうしろ側。せ。「背囊・背後・背景・腹背・背中」❷さからう。そむく。また、反対のほうに向ける。そむける。「背任・背信・違背」❸身長。せ。せい。「上背」

名付 しろ・せ・はい

参考 「背徳」は「悖徳」が書き換えられたもの。

【背景】①絵画・写真などで、テーマになるものの後ろの部分。②演劇などで舞台の奥

6画

に描いた景色。③ある物事の背後にある事情。

【背信】信義・信頼を裏切ること。「―行為」

【背水の陣】海・川などを背にした、退却できない陣。「―を敷く(失敗すれば滅びる覚悟で事にあたる)」▽漢の韓信が、趙との戦いで川を背に陣を敷き、味方に決死の覚悟をさせた故事から。

【背徳】道徳にそむくこと。▽「悖徳」の書き換え字。

【背任】①任務にそむくこと。特に、任務にそむき損害を与えること。②「背任罪」の略。

【背反】物事の道理に合わないこと。「二律―」

【背離】考え方や気持ちの上で互いに隔たりができて離れること。

参考熟語 背負う

肉5 【肺】(9) 6年 音ハイ 訓― 旧字 肉4 肺(8)

筆順

意味 ❶五臓の一つ。はい。「肺臓」❷心。「肺腑」

【肺肝】心の奥底のこと。「―を砕く(非常に苦心することを形容することば)」

【肺腑】心の奥底。「―を衝く(深い感動を与えることば)」

肉5 【胚】(9) 印標 音ハイ 訓―

意味 ❶胎内に子をもつ。「胚胎」❷卵や種子などの内部の、幼生物のもととなるもの。はい。「胚芽・胚乳」

【胚胎】①身ごもること。②物事が始まる原因がそこに含まれて存在すること。

肉5 【胖】(9) 音ハン 訓―

意味 からだつきがゆったりしている。

肉5 【胞】(9) 常用 音ホウ 訓えな 旧字 肉5 胞(9)

筆順

意味 ❶胎児を包む薄い膜。えな。「胞衣」❷胎児のやどるところ。母体。「同胞」❸生物体を組織する微細な原形質。「胞子・細胞」

【胞衣】胎児を包んでいる膜と胎盤。

【胞子】こけ・しだ・きのこなど、花が咲かない植物にできる生殖細胞。芽胞。

肉5 【脉】▶脈(異)

肉6 【胸】(10) 6年 音キョウ 訓むね・むな

筆順

意味 ❶首と腹との間の部分。むね。「胸部・胸像・気胸・胸板・胸座」❷心。「胸中・胸襟・度胸」名付 きょう・むね

【胸襟を開く】心の中の思いを打ち明けること。▽「襟」は「えり」の意。

【胸中】心の中。また、ひそかに思っていること。

【胸裏】心の中。▽「胸裡」とも書く。

【胸算用】ひそかに心の中で見積もりをすること。胸勘定。ふところ勘定。

【胸三寸】胸の中。また、胸中にある考え。

肉6 【脅】(10) 常用 音キョウ 訓おびやかす・おどす・おどかす・おびえる

筆順

意味 ❶威力で恐れさせる。おびやかす。おどす。おどかす。「脅迫・脅威」❷びっくりさせる。おどかす。❸こわがってびくびくする。おびえる。

参考 ❶❷の「おどす」「おどかす」は「威す」「嚇す」「威かす」とも書く。

【脅威】おびやかすこと。また、おびやかされたときの恐ろしさ。「―を感ずる」

【脅迫】刑法で、相手に恐怖を与えるために、不法な害悪を加えることを予告すること。「―罪」参考「強迫」は、自由にさせずに強制すること。

肉6 【脇】(10) 常用 音キョウ 訓わき

筆順

6画

意味 ❶腕のつけねの下の部分。また、衣服のその部分。わき。「脇の下」❷物の側面。わき。「脇腹(わきばら)」❸そば。わき。「脇息」❹本筋からそれた方向。わき。「脇見(わきみ)」❺能楽で、シテの相手役。ワキ。 名付 わき

参考 (1)❶のからだの「わき」の意味では「腋」とも書く。(2)❺の意味では「ワキ」と書く。

【脇息(きょうそく)】すわったとき、肘(ひじ)をかけ、からだをよりかからせて楽にするための道具。

脇息

肉6 【胯】(10) 音 コ 訓 また

意味 両ももの間。またぐら。また。「胯間・胯座(またぐら)」

参考 「また」は「股」とも書く。

肉6 【胱】(10) 印標 音 コウ 訓 ―

意味 「膀胱(ぼうこう)」は、尿を一時ためておく袋状の器官。

肉6 【脂】(10) 常用 音 シ 訓 あぶら・やに

筆順 丿 冂 月 月 月 月 脂 脂

意味 ❶動物性のあぶら。あぶら。「脂肪・油脂・脂性(あぶらしょう)」❷植物から出る粘液。やに。「脂燭・樹脂・松脂(まつやに)」❸化粧用の紅。「脂粉・臙脂(えんじ)」

参考 あぶら⇩「油」の[使い分け]。

【脂粉(しふん)】化粧のこと。▽「紅とおしろい」の意から。

肉6 【脊】(10) 常用 音 セキ 訓 せ

筆順 一 二 ヲ 夫 夫 夫 脊 脊

意味 背骨。また、背中。せ。「脊椎(せきつい)・脊髄・山脊」

参考 「せ」はふつう「背」と書く。

【脊柱(せきちゅう)】せぼね。脊椎(せきつい)。脊梁(せきりょう)。

【脊椎(せきつい)】せぼねを構成する骨。脊椎骨。

肉6 【胴】(10) 常用 音 ドウ 訓 ―

筆順 丿 冂 月 月 月 月 胴 胴 胴 胴

意味 ❶からだの、手足を除いた中間部分。どう。「胴体・胴揚げ」❷物の中心の太い部分。どう。「双胴」❸着物・鎧(よろい)などの、腹部をおおう部分。どう。

【胴間声(どうまごえ)】下品で調子はずれの太い声。

【胴欲(どうよく)】非常に欲が深くて残酷なこと。

肉6 【能】(10) 5年 音 ノウ 訓 あたう・よく

筆順 ム ム ム 台 自 自 能 能 能

意味 ❶ある物事をする力がある。よくする。あたう。また、その力。のう。「能弁・可能・才能・文を能(よ)くする」❷ききめ。「効能」❸能楽のこと。のう。「能面」 名付 ちから・のう・のり・ひさ・みち・やす・よき・よし

【能事(のうじ)】なすべき事柄。「―終われり」

【能書(のうしょ)】文字を巧みに書くこと。「―家」

【能動的(のうどうてき)】自分から他に働きかけるさま。

【能筆(のうひつ)】文字をじょうずに書くこと。また、その人。

【能弁(のうべん)】弁舌が巧みなこと。「―の士」

肉6 【胼】(10) 音 ヘン 訓 ― 正字 肉8 胼 (12)

意味 →胼胝(たこ)

【胼胝(たこ)】手足などの絶えず使う部分の皮がすれて堅くなり、少し盛り上がったもの。「ペン―」

肉6 【脈】(10) 5年 音 ミャク 訓 すじ 旧字 肉6 脈 (10) 異体 肉5 脉 (9)

筆順 丿 刀 月 月 月 月 脈 脈 脈 脈

意味 ❶血管。また、血管の鼓動。みゃく。「脈拍・動脈」❷一つながりになって続くもの。すじ。「脈絡・山脈・文脈」

【脈動(みゃくどう)】周期的に絶えず続いている動き。

【脈脈(みゃくみゃく)】絶えずに続いているさま。「―と続く」

【脈絡】（みゃくらく） ①血管のこと。「―膜」②物事の一貫したつながり。

肉6 脆（10） 印標

音 ゼイ　訓 もろい

意味 抵抗する力が弱くてこわれやすい。また、いくじがない。もろい。「脆弱・情に脆い人」

【脆弱】（ぜいじゃく） 非常にこわれやすいこと。注意「きじゃく」と読み誤らないように。

肉7 脚（11） 常用

音 キャク・キャ・カク　訓 あし

筆順 刀 月 肚 肚 胠 胠 脚

意味 ❶人・動物の足。また、歩く力。あし。「脚力・脚気（かっけ）・脚絆（きゃはん）・健脚・船脚（ふなあし）」❷物の下にあってその物をささえている細長い物。きゃく。あし。「脚本・失脚・三脚」❸いす・机などを数えることば。きゃく。名付 あし・きゃく

参考 あし⇩「足」の［使い分け］。

【脚気】（かっけ） ビタミンB_1の欠乏で起こる病気。足がむくんだり、口・指先などにしびれがおこる。

【脚注】（きゃくちゅう） 書物で、本文の下のほうにしるした注釈。▽「脚註」とも書く。

【脚立】（きゃたつ） 二つのはしごを両側から合わせた踏み台。▽「脚榻」の書き換え字。

【脚下】（きゃっか） 足もと。

【脚光を浴びる】（きゃっこうをあびる） 世間から注目されることを形容することば。「時代の―」▽「脚光」は、舞台上の俳優を足もとから照らす照明灯。

【脚絆】（きゃはん） 昔、長い道のりを歩くとき、歩きやすいように、すねに巻きつけた布。はばき。

肉7 脛（11） 印標

音 ケイ　訓 すね・はぎ

意味 膝（ひざ）からくるぶしまでの部分。はぎ。すね。「脛巾（はばき）・向こう脛（ずね）・臑脛（すねはぎ）」

参考「すね」は「臑」とも書く。

肉7 脩（11） 人名

音 シュウ　訓 おさめる・ながい

筆順 亻 亻 仆 攸 攸 脩 脩

意味 ❶肉を干して細長くさいたもの。「束脩」❷正しい行いをする。おさめる。「脩身（修身）」❸すらりと長い。ながい。名付 おさ・おさむ・しゅ・しゅう・なが・のぶ・はる

肉7 脱（11） 常用

旧字 肉7 脫（11）

音 ダツ　訓 ぬぐ・ぬげる・ぬける

筆順 刀 月 月 肸 肸 脫 脱

意味 ❶からだにつけている物を取り去る。ぬぐ。また、そのようになる。ぬげる。「脱衣・脱皮」❷束縛からのがれ出る。ぬける。だっする。「脱退・脱俗・離脱・窮地を脱する」❸それを取り除く。「脱毛・脱臭」❹忘れて抜かす。だっする。また、抜け落ちる。「脱字・脱落・誤脱」❺はずれる。「脱線・脱臼（だっきゅう）」

【脱却】（だっきゃく） 悪い点や危険な状態などから抜け出ること。「旧弊を―する」注意「脱脚」と書き誤らないように。

【脱稿】（だっこう） 原稿を書き終えること。

【脱穀】（だっこく） ①穀物の粒を穂からとり去ること。②穀物の粒から外側の皮をとりのぞくこと。

【脱兎】（だっと） 追われて逃げるうさぎ。非常にすばやいことのたとえ。「―の勢い」

【脱帽】（だつぼう） ①敬意を表して、帽子をぬぐこと。②敬服すること。

【脱漏】（だつろう） 書物・書類・原稿などで、本来あるべき字句・文章がそこにはいっていないこと。

肉7 脳（11） 6年

旧字 肉9 腦（13）

音 ノウ　訓 ―

筆順 刀 月 月 月 肸 脳 脳

意味 ❶のう。「脳膜・大脳・首脳・脳貧血」❷精神の働き。のう。「脳裏・洗脳・頭脳」❸頭。「脳天」

【脳死】（のうし） 死の判定の一つ。脳の機能が完全に停止し、再生が不可能な状態。

【脳漿】（のうしょう） 脳の粘液。「―を絞る（ありったけの知恵を働かせる）」▽「漿」は「液状のもの」の意。

【脳震盪】（のうしんとう） 頭を激しく打って一時的に意識不明になること。▽「脳振盪」とも書く。

【脳髄】（のうずい） 脳。注意「脳随」と書き誤らないように。

【脳裏】（のうり） 頭の中。「―にひらめく」▽「脳裡」とも書く。

肉7 【脯】(11) 音ホ 訓ほじし
意味 肉を細く切って干したもの。ほじし。

肉7 【脵】(11) 〈国字〉 音— 訓また
意味 脚の分かれているところ。またぐら。また。

肉7 【脣】▸唇異

肉8 【腋】(12) 印標 音エキ 訓わき
意味 腕のつけねの下側の部分。わき。「腋窩(えきか)・腋臭(えきしゅう・わきが)・腋の下」
参考 「わき」は「脇」とも書く。

肉8 【腔】(12) 人名 音コウ 訓—
筆順 丿 月 月 腔
意味 ❶体内の中空になっている部分。「腹腔・鼻腔・腔腸動物」❷身のうち。「満腔」

肉8 【脹】(12) 人名 音チョウ 訓ふくらむ・ふくれる・はれる
筆順 月 脹
意味 ❶盛り上がって弓形になる。ふくれる。また、そのようになって大きくなる。ふくらむ。「脹満・膨脹」❷炎症などのために皮膚がふくれ上がる。はれる。
参考 ❶の「ふくれる」「ふくらむ」は「膨れる」「膨らむ」とも書く。❷の「はれる」は「腫れる」とも書く。

肉8 【腆】(12) 音テン 訓—
意味 手あつい。ていねいである。

肉8 【脾】(12) 印標 音ヒ 訓—
意味 ❶内臓の一つ。胃の後ろ側にあり、古くなった赤血球を破壊する。ひ。「脾臓」❷股(もも)。「脾肉」

肉8 【腓】(12) 音ヒ 訓こむら
意味 脛(すね)の後ろ側の、筋肉のふくれた部分。ふくらはぎ。こむら。「腓返り」

肉8 【腐】(14) 常用 音フ 訓くさる・くされる・くさらす
筆順 广 府 腐
意味 ❶古くなって使用できない。くされる。くさる。また、そのようにする。くさらす。「腐敗・腐肉・不貞腐(ふてくさ)れる」❷古臭かったり役に立たなかったりしてよくない。「腐儒・陳腐」❸心を悩ます。「腐心」
【腐植】(ふしょく) 土の中で植物の葉などが腐ってできた、作物の生育に必要な黒褐色の物質。「—土」
【腐食】(ふしょく) ①金属などがさびて変化すること。②金属などを薬品などで変化させること。▽「腐蝕」の書き換え字。
【腐敗】(ふはい) ①物がくさること。②道義が低下し、悪いことが平気で行われること。「警察の—」
【腐乱】(ふらん) 腐りただれて形がくずれること。「—死体」▽「腐爛」の書き換え字。

肉8 【腑】(12) 印標 音フ 訓—
意味 ❶内臓。ふ。「臓腑・五臓六腑・胃の腑」❷心の奥底。ふ。「肺腑・腑に落ちない(納得できない)」

肉8 【腕】(12) 常用 音ワン 訓うで・かいな
筆順 月 腕
意味 ❶うで。かいな。「腕力・鉄腕・切歯扼腕(せっしやくわん)」❷それをなしうる技術・能力。うで。「手腕・敏腕・腕前(うでまえ)」

肉8 【腁】▸胼異

肉9 【腱】(13) 印標 音ケン 訓—
意味 筋肉を骨格に結びつけている組織。けん。「アキレス腱」

肉9 【腫】(13) 常用 音シュ 訓はれる・はらす
筆順 月 腫
意味 ❶炎症などのために皮膚の一部がふくれ上がる。はれる。「腫物(しゅもつ)・浮腫(ふしゅ)」❷できもの。「腫瘍(しゅよう)」

肉9
【腎】(13)
常用　音 ジン　訓 ―

筆順 丨 厂 ⺁ 戸 戸 臣 臤 腎

意味 ❶内臓の一つ。尿の排泄をつかさどる器官。じん。「腎臓・副腎」❷たいせつな所。かなめ。「肝腎」

参考 「肝腎」は「肝心」に書き換えてもよい。

【腎虚】漢方で、過度の房事による、男子の全身の衰弱のこと。

肉9
【腥】(13)
音 セイ　訓 なまぐさい

意味 血・魚・獣肉などのなまなましいにおいがするさま。なまぐさい。また、そのような物。なまぐさ。

参考 「なまぐさい」は「生臭い」とも書く。

肉9
【腺】(13)
常用　〈国字〉　音 セン　訓 ―

筆順 月 ⺼ 肑 胊 胞 腺 腺 腺

意味 生物体内で、物質を分泌したり、不要な物質を排泄したりする器官。せん。「汗腺・腺病質」

参考 国字だが、今は中国でもつかう。江戸時代の蘭医宇田川榛斎が造った字。

【腺病質】神経過敏で、病気にかかりやすい体質。注意「線病質」と書き誤らないように。

肉9
【腸】(13)
6年　異体 肉11 膓(15)
音 チョウ　訓 はらわた・わた

筆順 刀 月 肌 胆 胆 腸 腸 腸

意味 ❶内臓の一つ。曲がりくねった消化器官。はらわた。ちょう。「腸炎・大腸・羊腸・脱腸」❷腹部にある消化器官のこと。わた。はらわた。「断腸」

肉9
【腹】(13)
6年　音 フク　訓 はら

筆順 刀 月 肌 肜 胙 腹 腹 腹

意味 ❶はら。「腹痛・腹背・満腹・船腹」❷物の中央のふくらんだ部分。はら。「山腹・中腹」❸その人を産んだ母親。また、子が宿る胎内。はら。「同腹・妾腹・腹違い」❹心・気持ち。また、度量。はら。「腹案・剛腹・立腹・腹黒い」名付 はら・ふく

参考 ❹の「はら」は「肚」とも書く。

【腹心】①非常にたよりになり、信頼していること。また、そのような人。「―の部下」▽「自分の腹とも胸とも頼む」の意。②心の奥底の考え・気持ち。「―を開く（心の中を打ちあける）」注意「服心」と書き誤らないように。

【腹蔵】自分の考えを表面に現さず、人に知らせないこと。「―なく話し合う」

【腹背】前と後ろ。前後。「―に敵を受ける」

参考熟語 腹癒せ

肉9
【腴】(13)
音 ユ　訓 ―

意味 ❶下腹部が太る。❷土地が肥えている。「膏腴」

肉9
【腰】(13)
常用　旧字 肉9 腰(13)
音 ヨウ　訓 こし

筆順 月 肀 肟 腪 腪 腰 腰 腰

意味 ❶こし。「腰椎・細腰・腰抜け」❷物の、中間よりやや下の部分。こし。「腰折れ・腰の句」❸物事をするときの態度。こし。「物腰・けんか腰」❹はかま・刀など、腰につける物を数えることば。こし。

【腰間】腰のあたり。「―の秋水（腰に差した日本刀のこと）」

肉9 【腦】▸脳㊐

肉9 【腮】▸顋㊢

肉10
【膃】(14)
音 オツ　訓 ―

意味 →膃肭臍

【膃肭臍】海獣の一種。

肉10
【膈】(14)
音 カク　訓 ―

意味 胸部と腹部との間。「横膈膜」

肉10
【膏】(14)
人名　音 コウ　訓 あぶら

筆順 亠 亠 亩 亭 高 膏 膏 膏

6画

意味 ❶動物の脂肪。あぶら。「膏血・膏薬」❷脂肪で練り合わせた薬。「軟膏」❸漢方で、心臓の下の部分。「膏肓(こうこう)」❹土地が肥える。「膏土」

【膏血】(こうけつ) 働いて得た利益・財産。「—を絞る」

【膏肓】(こうこう) 治療しにくい、からだの中でいちばん奥深い部分。「病(やまい)—に入る(病が重くなり治療ができなくなる。物事に夢中になりやめられなくなる)」▽「肓」は膈膜(かくまく)の上部。

【膏薬】(こうやく) 打ち身やできものなどにつける、ぬり薬。

肉10 【腿】(14) 印標 音タイ 訓もも　異体 肉9 腿(13)

意味 足の上部の、腰に連なる部分。もも。また、ももと、脛(はぎ)のこと。「下腿・大腿骨」

参考「もも」は「股」とも書く。

肉10 【膊】(14) 音ハク 訓うで

意味 肩から手首までの部分。うで。「上膊(じょうはく)」

肉10 【膀】(14) 印標 音ボウ 訓—

意味 →膀胱(ぼうこう)

【膀胱】(ぼうこう) 腎臓から送られてくる尿を一時たくわえておく、袋状の器官。

肉10 【膜】(14) 常用 音マク 訓—　旧字 肉11 膜(15)

意味 体内の器官をおおう薄い層。また、物の表面をおおう薄い皮。まく。「膜壁・粘膜・被膜」

肉10 【膂】(14) 音リョ 訓—

意味 背骨。「膂力(りょりょく)(腕・肩などの筋肉の力)」

肉11 【膕】(15) 音カク 訓ひかがみ

意味 膝(ひざ)の裏のくぼんだ部分。ひかがみ。

肉11 【膠】(15) 印標 音コウ 訓にかわ

意味 ❶動物の皮・骨などを煮詰めた汁で作る接着剤。にかわ。「膠質」❷にかわで付けたように、ぴったりと付く。「膠着」

【膠着】(こうちゃく) にかわで付けたように、ぴったりと粘り付いて離れなくなること。「交渉が—状態になる」▽「膠著」とも書く。

肉11 【膝】(15) 常用 音シツ 訓ひざ

意味 ひざ。「膝下・膝行・下膝部・膝頭(ひざがしら)」

【膝下】(しっか) ひざのすぐ近く。ひざもと。「父母の—を離れる」▽庇護(ひご)のおよぶ範囲にあることを表すことば。

【膝行】(しっこう) 神前や身分の尊い人の前で、敬意を表してひざをついて進退すること。

肉11 【膵】(15) 印標 〈国字〉 音スイ 訓—　異体 肉12 膵(16)

意味 消化器官の一つ。胃の後ろ下にあり、消化液とホルモンを分泌する。「膵臓・膵液」

肉11 【膣】(15) 印標 音チツ 訓—　異体 肉9 腟(13)

意味 女性の生殖器の一部。ちつ。

肉11 【膚】(15) 常用 音フ 訓はだ・はだえ

意味 ❶からだの表皮。はだえ。はだ。「皮膚・髪膚(はっぷ)」❷あさはかである。「膚浅」❸物の表面。はだ。「山膚(やまはだ)」

参考「はだ」「はだえ」はふつう「肌」と書く。

肉11 【腌】(15) 〈国字〉 音— 訓わき

意味 わき。▽人名などに用いる字。

肉11 【膤】(15) 〈国字〉 音— 訓ゆき

意味 ゆき。▽地名に用いる字。「膤割(ゆきわり)」は、熊本県水俣市にある地名。

肉11 〔膓〕▼腸(異)

肉12 【膩】(16) 音ジ 訓—

意味 ❶ねっとりした脂肪。❷きめこまかい。

肉12 【膳】(16) 常用 音ゼン 訓—

意味 ❶料理し整えられた飲食物。ぜん。「膳

6画

部」❷料理を載せて供する台。また、その台に載せた料理。ぜん。「食膳・配膳・本膳」❸茶碗(ちゃわん)に盛った飯や、組みになった箸(はし)などを数えることば。ぜん。名付 かしわで・よし

肉12 【膰】(16) 音 ハン 訓 ひもろぎ

意味 祖先の祭りに供えた焼き肉。ひもろぎ。

肉12 【膨】(16) 常用 音 ボウ 訓 ふくらむ・ふくれる

筆順 月 … 膨

意味 盛り上がって弓形になる。ふくれる。そのように大きくなる。ふくらむ。「膨大・膨脹」

参考 ⑴「ふくれる」「ふくらむ」は「脹れる」「脹らむ」とも書く。⑵「膨大」の「膨」は「厖」が書き換えられたもの。

【膨大】(ぼうだい) ①規模・量が、驚くほどに大きいこと。▽「厖大」の書き換え字。②ふくれて大きくなること。

【膨脹】(ぼうちょう) ①ふくれて大きくなること。②発展して規模・量などが大きくなること。「人口の—」▽「膨張」とも書く。

肉12 【膓】▶腸(異)

肉13 【臆】(17) 常用 音 オク 訓 — 異体 肉1 肊(5)

筆順 月 … 臆

意味 ❶考え・気持ちが宿る所としての胸。「胸臆」❷かってにおしはかる。おくする。「臆断・臆説」❸恐れて気おくれする。おくする。「臆病・臆面・臆することなく」

参考 ⑴「臆説・臆測」などの「臆」は「憶」に書き換えてもよい。⑵もと、「肊」とも書いた。

【臆断】(おくだん) 根拠もなく、推測によって判断すること。

【臆病】(おくびょう) ちょっとしたことにも、こわがるさま。「—風に吹かれる(おじけづく)」

【臆面も無く】(おくめんもなく) 気おくれした様子もなく。ずうずうしくも。

肉13 【膾】(17) 音 カイ 訓 なます

意味 ❶食べるために細かく切った生の肉。なます。「膾炙(かいしゃ)」❷細かく切った生の魚肉や野菜を酢に浸した食品。なます。「羹(あつもの)に懲りて膾を吹く(一度の失敗に懲りてひどく用心しすぎること)」

【膾炙】(かいしゃ) 世間の人々にそのよさが広くもてはやされ知れ渡ること。「人口に—する」▽「なます」と、あぶり肉(炙)」の意で、ともに人々に賞味されるものの代表であることから。

肉13 【臉】(17) 音 ケン 訓 —

意味 ❶下まぶた。❷顔。顔面。

肉13 【臀】(17) 印標 音 デン 訓 しり

意味 しり。「臀部」

参考 「しり」は「尻」とも書く。

肉13 【膿】(17) 印標 音 ノウ 訓 うみ・うむ

意味 できものや傷などによって生ずる臭い液。うみ。また、できものや傷がそのような液を持つようになる。うむ。「膿汁・化膿」

肉13 【臂】(17) 印標 音 ヒ 訓 ひじ

意味 腕の、ひじ。「半臂・猿臂(えんぴ)・いすの臂」

参考 「ひじ」は「肘」「肱」とも書く。

肉13 【膺】(17) 音 ヨウ 訓 —

意味 ❶胸。「服膺」❷うける。「膺受」❸征伐する。「膺懲(ようちょう)」

【膺懲】(ようちょう) 敵を征伐してこらしめること。

肉13 【膽】▶胆(旧)

肉13 【膸】▶髄(異)

肉14 【臍】(18) 印標 音 サイ・セイ 訓 へそ・ほぞ

意味 ❶へそ。ほぞ。「臍帯・臍(ほぞ)を噛(か)む(後悔する)」❷物の中央にある、小さな突き出た部分。へそ。

【臍下丹田】(せいかたんでん) へそのすぐ下の腹部。ここに力を入れると元気が出るという。「—に力を込める(下腹に力を入れて気力をみなぎらせる)」

【臍帯】(せいたい・さいたい) 胎児と胎盤とをつなぎ、母体から胎児に栄養・酸素を補給する管状のもの。へそのお。

肉14 【臑】(18) 音 ジュ 訓 すね

意味 すね。「臑脛（すねはぎ）・臑当て・臑噛（すねかじ）り」

参考 「すね」は「脛」とも書く。

肉15 **【臓】**(19) 6年 音ゾウ 訓―

旧字 肉19 臟(23)　異体 肉18 臟(22) 人名

筆順 月 肝 肝 肝 臓 臓 臓

意味 胴体内にあるいろいろな器官のこと。「臓物（ぞうもつ）・心臓・内臓・五臓六腑（ごぞうろっぷ）」

【臓器】（ぞうき）胸と腹の内部にある器官。

【臓腑】（ぞうふ）内臓のこと。▽「五臓と六腑（ろっぷ）」の意。

肉15 **【臘】**(19) 印標 音ロウ 訓―

意味 年の暮れ。「臘月・旧臘」

【臘月】（ろうげつ）陰暦十二月のこと。

肉16 **【臙】**(20) 音エン 訓―

意味 黒みを帯びた赤色。べに。「臙脂（えんじ）」

肉16 **【臚】**(20) 音ロ 訓―

意味 ❶ならべる。「臚列（ろれつ）」❷伝える。告げる。

肉19 **【臠】**(25) 音レン 訓―

意味 細かく切った肉。こまぎれの肉。

自の部 みずから

自0 **【自】**(6) 2年 音ジ・シ 訓みずから・おのずから・より

筆順 ′ ｲ 𠂉 白 自 自

意味 ❶当のその人。また、自分でするさま。みずから。「自身・自活・独自・自画自賛」❷ひとりでにそうなるさま。おのずから。「自然（しぜん・じねん）・自明・自動」❸思いのままであること。「自由・自在」❹起点を示すことば。より。「自今・自江戸至京（えどよりきょうにいたる）」

名付 おの・これ・じ・より

【自戒】（じかい）自分で自分を戒めて注意すること。

【自学自習】（じがくじしゅう）先生につかずに自分で学習すること。

【自画自賛】（じがじさん）①自分で描いた絵に自分で賛を書き入れること。②自分の仕事を自分でほめること。▽「自賛」は「自讃」とも書く。

【自家撞着】（じかどうちゃく）同じ人の言行が前とあとで矛盾していること。自己矛盾。

【自虐】（じぎゃく）自分で自分をいじめ苦しめること。

【自給自足】（じきゅうじそく）自分に必要なものを自分で作って満たすこと。

【自供】（じきょう）容疑者・犯人が、取り調べに対し、自分がしたことを申し述べること。また、その事柄。

【自決】（じけつ）①自分で自分の態度を決めること。「民族―」②責任をとるために自殺すること。

【自業自得】（じごうじとく）仏教で、自分がした悪い行いの報いを自分の身に受けること。

【自今】（じこん）今からのち。今後。▽「爾今」とも書く。

【自失】（じしつ）われを忘れてぼんやりすること。「茫然―」

【自若】（じじゃく）落ちついて、ものに動じないさま。「泰然―」

【自粛】（じしゅく）自分から進んで言行を改め、慎むこと。

【自署】（じしょ）自分で自分の名を書き記すこと。また、自分で書いた署名。

【自縄自縛】（じじょうじばく）自分のいったことや行為がかえって自分を苦しめるようになること。「―に陥る」▽「自分の作った縄で自分を縛る」の意。

【自責】（じせき）自分で自分のあやまちを責めること。「―の念」

【自薦】（じせん）自分で自分を推薦すること。自己推薦。

【自然淘汰】（しぜんとうた）生物は、外界の状況に適するものだけが生存し、適しないものは絶滅するということ。注意「自然陶汰」と書き誤らないように。

【自足】（じそく）①これでじゅうぶんであると自分で満足すること。②自分で必要を満たすこと。「自給―」

【自堕落】（じだらく）生活態度がだらしないこと。

【自治】（じち）①自分たちの事を、自分たちで処理すること。②地方公共団体や学校などが、自ら選んだ代表者を通して行政・事務運営などを行うこと。

【自嘲】（じちょう）自分で自分を軽蔑し、あざけること。

【自重】(じちょう) 自分自身をたいせつにし、軽率な行いを慎むこと。また、健康に注意すること。

【自適】(じてき) 何事にも束縛(そくばく)されず、心のなすままに、のんびりとたのしむこと。「悠悠―」

【自任】(じにん) その資格・能力などがあると自分で思い込むこと。「芸術家をもって―する」

【自認】(じにん) そうであることを自分で認めること。

使い分け「じにん」

自任…自分が能力や資格の上で適任だと思う。「幹事役を自任する・天才を自任する」

自認…自分のした失策などを、自分で認める。「過失を自認する・職権乱用を自認する」

【自暴自棄】(じぼうじき) 自分で自分の身をそまつに扱って見捨てること。やけくそ。

【自明】(じめい) あらためて説明したり、実際にやってみなくても、わかりきっていること。「―の理」

【自問自答】(じもんじとう) 自分が出した問題に自分で答えること。

【自余】(じよ) このほか。それ以外。▽「爾余」とも書く。

参考熟語 自惚(うぬぼ)れ 自棄(やけ)

自3 【臭】(9) 常用　旧字 自4 臭(10) 人名

音 シュウ　訓 **くさい・におう**・におい

筆順 ′ 丨 冂 白 自 自 臭 臭

臭

意味 ❶いやなにおい。におい。また、いやなにおいがする、またはそうして不快である。におう。くさい。「臭気・悪臭・腐臭・体臭・脱臭剤」❷そのものらしい感じ。また、特に、いやな感じ。「官僚臭」

参考 **におい**⇨「匂」の[使い分け]。

【臭気】(しゅうき) くさいにおい。いやなにおい。くさみ。

【臭味】(しゅうみ) ①くさみ。臭気。②身にしみついていて他人にいやな感じを与えるもの。「官僚の―」

〔息〕▸心6　〔鼻〕▸鼻0

至の部 いたる

至0 【至】(6) 6年　音 **シ**　訓 **いた**る

筆順 一 𠫔 云 云 至 至

至

意味 ❶だんだん進んでその場所・状態に行き着く。いたる。「必至・乃至(ないし)・至大阪(おおさかにいたる)」❷物事の極点。いたり。「夏至(げし)・冬至(とうじ)・感激の至り」❸この上ない。きわめて。いたって。「至近・至急・至極(しごく)」

名付 いたる・し・ちか・みち・むね・ゆき・よし

【至芸】(しげい) 非常にすぐれた芸。最高の芸。

【至言】(しげん) ①事実・道理にかなっている、もっともなことば。②最上の教え。

【至高】(しこう) この上なくすぐれていること。「―善」

【至極】(しごく) きわめて。この上もなく。いたって。

【至上】(しじょう) この上ないこと。最高。「―命令（絶対に従わなければならない命令）」

【至当】(しとう) きわめて当然または適当であること。「―の処置」

【至難】(しなん) 非常にむずかしいこと。「―の業(わざ)」

【至福】(しふく) この上ない幸福。

【至便】(しべん) 非常に便利がよいこと。「交通―の地」

【至宝】(しほう) 価値があって非常にたいせつな宝。

〔到〕▸刀6

至4 【致】(10) 常用　音 **チ**　訓 **いた**す　旧字 至3 致(9)

筆順 一 𠫔 云 至 到 致 致

致

意味 ❶そこまで行き着かせる。いたす。「誘致・拉致(らち)・送致・不徳の致す所」❷その状態に至らせる。「致死・一致・合致・極致」❸おもむき。ありさま。「雅致・風致」❹官を辞する。「致仕」❺「する」をていねいにいうことば。いたす。「お伺い致します」

名付 いたす・いたる・ち・とも・のり・むね・ゆき・よし

【致仕】(ちし) (老齢になって)官職を辞すること。

【致死】(ちし) 人を死に至らせること。「過失―」「―量」

【致命】(ちめい) 生命にかかわること。「―的」「―傷」

至8 〔臺〕▸台㊐

至10 **【臻】**(16) 音シン 訓—
意味 到達する。至る。

臼（臼）の部 うす

臼0 **【臼】**(6) 常用 音キュウ 訓うす
筆順
意味 ❶杵でつくのに用いる道具。うす。「石臼・碾き臼」❷うすにた形をしたもの。うす。「臼歯・脱臼」

臼2 **【臾】**(9) 音ユ 訓—
意味 「須臾」は、わずかな時間。

臼3 **【舁】**(9) 音ヨ 訓かく・かつぐ 正字 臼4 舁(11)
意味 駕籠・輿などを二人で担ぐ。かつぐ。かく。「駕籠舁き」

臼5 **【舂】**(11) 音ショウ 訓うすづく・つく
意味 うすで穀物をつく。うすづく。つく。

臼6 **【與】**▸与㊐

臼7 **【舅】**(13) 印標 音キュウ 訓しゅうと
意味 夫の父。また、妻の父。しゅうと。「舅姑」

臼9 **【興】**(16) 5年 音コウ・キョウ 訓おこる・おこす
筆順
意味 ❶盛んになる。おこる。また、盛んにする。おこす。「興奮・興国・復興・興信所」❷愉快に思う。きょうがる。きょうずる。また、おもしろみ。おもむき。きょう。「興味・不興・座興・興を催す」
名付 おき・き・こう・さかん・とも
参考 ⑴❷は「きょう」と読む。⑵「興奮」の「興」は「昂・亢」が書き換えられたもの。⑶上部の筆順は、「同」の次に左右に分けた「臼」を書いてもよい。⑷**おこる**⇩「起」の[使い分け]。

【興趣】心に愉快に感ずるおもしろみ。おもむき。「—が尽きない」

【興業】産業を興して盛んにすること。

【興行】芝居・相撲などを催し、入場料を取って客に見せること。また、その催し物。

【興信所】調査料を取り、依頼に応じて、個人や企業を秘密に調査・報告する機関。

【興廃】国家などが興隆することと、滅亡すること。「皇国の—此の一戦に在り」

【興奮】①刺激によって感情が高ぶること。②刺激によって神経が高ぶる。▽「昂奮」「亢奮」の書き換え字。

【興亡】国などが興ったり滅びたりすること。「治乱—」

【興隆】勢いが盛んになって栄えること。「文化の—」

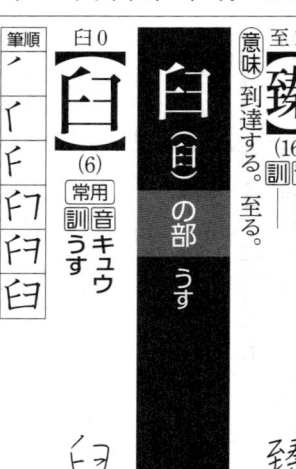

【輿】▸車10
臼9 **【舉】**▸挙㊈
臼12 **【舊】**▸旧㊐

舌の部 した したへん

舌0 **【舌】**(6) 6年 音ゼツ 訓した
筆順
意味 ❶口中にある、した。「舌端・舌頭」❷楽器などの内部にあって振動して音を出すもの。❸ものをいうこと。また、ことば。「舌戦・弁舌・筆舌・広長舌」
名付 した・ぜつ
参考 ❷の「した」は「簧」とも書く。

【舌禍】①しゃべったことが法律や道徳・常識などに反しているとされ、攻撃される災い。②他の人からの中傷・悪口などによって受ける災い。

【舌戦】ことばに出して激しく争うこと。

【舌端】舌の先。「—火を吐く（激しい口調で説き立てる）」

【舌鋒】鋭い弁舌のこと。「—鋭く」▽舌の先を鋒にたとえたことば。

【乱】▸乙6
舌2 **【舍】**▸舎㊐

舌4 **【舐】**(10) 印標 音シ 訓なめる・ねぶる

意味 ❶舌の先でなでるようにする。ねぶる。なめる。❷つらいことを経験する。なめる。「辛酸を舐める」
参考 「なめる」は「嘗める」とも書く。

舌6 【舒】(12) 音ジョ 訓のべる・のびる
意味 ❶伸ばし広げる。のべる。また、伸び広がる。のびる。「展舒」❷気持ちが穏やかである。

【辞】▶辛6　舌9【舗】▶舗㊐　舌10【舘】▶館㊫

舛 の部　ます　まいあし

舛0 【舛】(6) 音セン 訓―
意味 ❶くいちがう。❷まじり乱れる。

舛6 【舜】(13) 人名 音シュン 訓―　旧字 舛6 舜(12)
筆順 … 舜
意味 中国古代の、伝説上の聖天子の名。しゅん。 名付 きよ・しゅん・とし・ひとし・みつ・よし

舛8 【舞】(15) 常用 音ブ 訓まう・まい　旧字 舛8 舞(14)
筆順 ⺈ 𠂉 … 舞
意味 ❶踊る。まう。また、踊り。まい。「舞踏・舞台・舞楽・歌舞・剣舞・舞妓（まいこ）」❷励ます。「鼓舞」
【舞妓】㊀（きぶ）舞をまう女性。おどり子。舞姫。㊁（まいこ）舞をまって酒席に興を添える職業の少女。

舟 の部　ふね　ふねへん

舟0 【舟】(6) 常用 音シュウ 訓ふね・ふな
筆順 ノ 丿 … 舟
意味 ❶ふね。「舟行・舟艇・漁舟（ぎょしゅう）・呉越同舟」❷水・湯・酒などを入れる箱・おけ。ふね。「湯舟（ゆぶね）」 名付 しゅう・のり・ふね
参考 ふね⇩「船」の[使い分け]。
【舟歌】（ふなうた）船乗りが船を漕ぎながら艪（ろ）や櫂（かい）の調子に合わせてうたう歌。船頭歌。▽「舟唄」とも書く。

舟4 【𦨞】(10) 〈国字〉 音― 訓かわら
意味 かわら。船底をへさきからともまで通した材木。竜骨。明治以降「航」と書くようになる。

舟4 【航】(10) 5年 音コウ 訓―
筆順 ノ 丿 … 航
意味 ❶舟で水上・水中を行く。こうする。「航行・航海・航路・就航・密航」❷空を飛んで行く。「航空」 名付 こう・わたる
【航海】（こうかい）船で海をわたること。
【航路】（こうろ）船や飛行機が通る一定の道筋。

舟4 【般】(10) 常用 音ハン 訓―
筆順 ノ 丿 … 般
意味 ❶同類の物事。「一般・全般・百般」❷ある時期を漠然と表すことば。「今般・先般」❸→般若（はんにゃ） 名付 かず・つら・はん
【般若】（はんにゃ）①仏教で、迷いを去って悟りを開く、真の知恵。②二本の角（つの）のある鬼女の能面。
【般若湯】（はんにゃとう）僧の隠語で、酒のこと。

舟4 【舫】(10) 音ホウ 訓もやう・もやい
意味 船を杭（くい）などにつなぎ止める。もやう。また、そのための綱。もやい。「舫（もや）いを解く（出航する）」

舟4【舩】▶船㊫　舟4【舮】▶艫㊫

舟5 【舸】(11) 音カ 訓―
意味 大きな船。

舟5 【舷】(11) 常用 音ゲン 訓ふなばた
筆順 ノ 丿 … 舷

意味 船の側面。ふなばた。「舷側・舷灯・左舷」

【舷舷相摩す】(げんげんあいます) 敵味方の船が接近して激しく戦うことを形容することば。▽「ふなばたとふなばたが互いにすれ合う」の意。

舟5 【舳】(11) 音ジク 訓とも・へさき

意味 ❶船尾。とも。「舳艫(じくろ)」❷船首。へさき。

【舳艫相銜む】(じくろあいふくむ) 多くの船がいっせいに並んで進むことを形容することば。▽「ともとへさきが互いに触れ合う」の意。

舟5 【船】(11) 2年 音セン 訓ふね・ふな 異体 舟4 舩(10)

筆順 丿 ⺆ 月 舟 舟 舟 舡 船

意味 ❶ふね。「船舶・船長・客船・貨物船・船旅(ふなたび)」❷空を航行するもの。「飛行船」❸水・湯・酒などを入れる箱・おけ。ふね。「湯船(ゆぶね)」 名付 せん・ふな・ふね

使い分け「ふね」

船…動力で動かす大型のふね。「船の甲板・船旅・船乗り・船出・船酔い・助け船・渡りに船」
舟…主に手でこぐ小型のふね。「舟をこぐ・小舟・ささ舟・丸木舟」
※原則として、大きさや動力によって書き分けるが、一般には「船」で代用できる。

【船渠】(せんきょ) 船を建造したり修理したりする施設。ドック。

【船倉】(せんそう・ふなぐら) 船の上甲板の下にあって貨物を積み込んでおく所。▽「船艙」の書き換え字。

【船舶】(せんぱく) (大型の)船。

参考熟語 船暈(ふなよい)

舟5 【舵】(11) 人名 音ダ 訓かじ

筆順 丿 ⺆ 月 舟 舟 舟 舵 舵 舵

意味 船の方向を定める装置。かじ。「舵手・面舵(おもかじ)」

【舵手】(だしゅ) 船のかじをとる人。

舟5 【舶】(11) 常用 音ハク 訓—

筆順 丿 ⺆ 月 舟 舟 舟 舶 舶 舶

意味 海を渡る大きな船。「舶用・舶来・船舶」

【舶載】(はくさい) 船に載せて外国から運んで来たこと。また、その物。「—品」

【舶来】(はくらい) 外国から(船で運んで)くること。外国製。

舟7 【艇】(13) 常用 音テイ 訓—

筆順 丿 ⺆ 月 舟 舟 舟 艇 艇 艇

意味 小型の船。てい。「艇身・競艇・短艇・潜航艇」

【艇身】(ていしん) 長さ・距離をはかる基準にする、ボートの長さ。「一—の差」

舟7 【艀】(13) 音フ 訓はしけ

意味 波止場(はとば)と本船との間を行き来して人や貨物を運ぶ小舟。はしけ。

舟10 【艘】(16) 印標 音ソウ 訓ふね 異体 舟9 艘(15)

意味 ❶船。ふね。❷小舟を数えることば。そう。

舟10 【艙】(16) 音ソウ 訓ふなぐら

意味 船の、荷物を積む所。ふなぐら。「船艙」

参考 「船艙」の「艙」は「倉」に書き換える。

舟11 【艚】(17) 音ソウ 訓—

意味 小舟。

舟11 【艝】(17) 〈国字〉 音— 訓そり

意味 雪の上を行くのに使う乗り物。そり。

参考 ふつう「橇」と書く。

舟11 【舟奇】(17) 〈国字〉 音— 訓のりあい

意味 のりあい。▽歌舞伎の外題(げだい)に用いる字。

舟12 【艠】(18) 〈国字〉 音— 訓いかだ

意味 木や竹を並べて水に浮かべ、人や物をのせて運ぶもの。いかだ。

舟12 【艟】(18) 音ドウ 訓—

意味 敵船に衝突して沈める軍船。

舟13 【艤】(19) 音ギ 訓—

意味 出船の用意をすること。ふなよそおい。「艤舟・艤装」

【艤装】ぎそう 進水した艦船に、航海ができるように種々の設備・装備をすること。

舟13 【艢】(19) 音 ショウ 訓 ―

意味 船の帆をはる柱。帆柱（ほばしら）。檣（ほばしら）。

舟13 【艨】(19) 音 モウ 訓 ― 正字 舟14 艨(20)

意味 敵船に衝突して沈める軍船。「艨艟（もうどう）（軍船）」

舟15 【艦】(21) 常用 音 カン 訓 ―

筆順

意味 海上で戦闘に用いる船。かん。「艦隊・艦載・軍艦・戦艦・巨艦」

【艦船】かんせん 軍艦と、一般の船舶のこと。

【艦隊】かんたい 軍艦を編制して隊を組んだ海軍部隊。

【艦艇】かんてい 大小各種の軍艦のこと。

舟15 【艪】(21) 音 ロ 訓 ―

意味 こいで船を進めるもの。かい。ろ。

参考 「ろ」は「櫓」とも書く。

舟16 【艫】(22) 音 ロ 訓 へさき・とも 異体 舟4 舮(10)

意味 ❶船首。へさき。「舳艫（じくろ）」❷船尾。とも。

艮の部 うしとら こん

艮0 【艮】(6) 音 コン 訓 うしとら

意味 十二支で表した方位の丑寅（うしとら）（北東）のこと。陰陽道（おんみょうどう）で鬼門（きもん）とする。うしとら。

艮1 【良】(7) 4年 音 リョウ 訓 よい・いい

筆順

意味 ❶すぐれている、またはふさわしくてじゅうぶんである。いい。よい。また、そのこと。りょう。「良否・良縁・良心・温良・改良」❷りっぱな人。「選良・賢良」 名付 あきら・お・かず・かた・すけ・たか・つかさ・なおし・なが・ながし・はる・ひさ・まこと・よし・ら・りょう・ろう

参考 ひらがな「ら」、カタカナ「ラ」のもとになった字。

使い分け「よい」

良い…他よりまさっている。すぐれている。「良い成績・記憶が良い・病気が良くなる・仲が良い」

善い…道徳的にみて望ましい。「善い行い・善い政治・善い悪い」

【良縁】りょうえん よい縁組み。「―にめぐまれる」

【良妻賢母】りょうさいけんぼ 夫に対してはよい妻であり、子どもに対しては賢い母であること。また、そのような妻・母である女性。

【良識】りょうしき 健全な判断力。

【良俗】りょうぞく 守るべき、よい風俗・習慣。

【良風】りょうふう 世の中のよい風俗・習慣。「―美俗」

【良夜】りょうや ①月の明るい夜。②中秋の名月の夜。

【良薬】りょうやく よくきく薬。「―は口に苦（にが）し（人の忠言は聞きづらいが、自分のためになるということを形容することば）」

艮11 【艱】(17) 音 カン 訓 ―

意味 困難に出会って悩み苦しむ。また、悩み。「艱苦・艱難」

【艱苦】かんく 困難に出会って経験する、難儀と苦労。「―に耐える」

【艱難】かんなん 困難に出会って苦しむこと。「―辛苦」

色の部 いろ

色0 【色】(6) 2年 音 ショク・シキ 訓 いろ

筆順

意味 ❶いろ。また、いろを塗る。「着色・色紙（しきし・いろがみ）・保護色」❷人の顔の表情。また、顔かたち。いろ。「顔色（がんしょく・かおいろ）・容色」❸様子。いろ。「景色（けしき）・秋色・特色・敗色」❹傾向。要素。いろ。「野

党色・疲労の色が濃い」❺調子。ひびき。「音色」❻男女間の愛欲の情。いろ。「色欲(しきよく)・色魔(しきま)・好色・色女(いろおんな)」❼仏教で、かたちに現れたいっさいのもの。物質。「色即是空(しきそくぜくう)」名付 いろ・しき・しょく

【色彩(しきさい)】①色。また、いろどり。②事物の性質・傾向。「野武士的―」

【色情(しきじょう)】男女間の、性欲の感情。

【色即是空(しきそくぜくう)】仏教で、この世におけるいっさいの事物・現象は本来無であるということ。

【色調(しきちょう)】色彩の強弱・濃淡の調子。色あい。トーン。

【色欲(しきよく)】①性的な欲望。情欲。②色情と利欲。色と欲。▽「色慾」の書き換え字。

色13 **【艶】**(19) 常用　旧字 色18 艷(24)

音 エン　訓 つや・あでやか・なまめかしい

筆順 … 艶

意味 ❶女性が上品で美しい。あでやか。また、女性が美しくてふっくらとしている。なまめかしい。「艶麗・艶姿(あですがた)・妖艶(ようえん)」❷男女間の情事に関すること。つや。「艶聞・艶福・艶事(つやごと)」❸光沢。つや。「艶出(つやだ)し」名付 えん・つや・もろ・よし

【艶書(えんしょ)】恋い慕う心を述べた手紙。恋文(こいぶみ)。

【艶福(えんぷく)】男性が多くの女性にほれられること。「―家」

【艶聞(えんぶん)】男女間の情事に関する、なまめかしいうわさ。「―が絶えない」

【艶麗(えんれい)】女性がはなやかで美しいさま。

艸(艹)(艹)の部　くさ　くさかんむり

艸0 **【艸】**(6)　音 ソウ　訓 ―

意味 草。

艸2 **【艾】**(5)　音 ガイ　訓 もぐさ・よもぎ

意味 ❶草の一種。若葉は草もちの材料にし、葉でもぐさを作る。もぐさ。よもぎ。❷よもぎの葉から作った綿状のもの。灸(きゅう)をすえるのに用いる。もぐさ。

参考「よもぎ」は「蓬」とも書く。

艸3 **【芋】**(6) 常用　音 ウ　訓 いも　旧字 艸3 芋(7)

筆順 一 十 艹 艹 芏 芋

意味 いも。また、さつまいも・じゃがいも・やまのいもなどのこと。いも。「芋粥(いもがゆ)・里芋(さといも)・芋を洗うよう」

参考「いも」は「薯」「藷」とも書く。

【芋粥(いもがゆ)】①やまいもに甘葛(あまずら)のあまい汁をまぜてたいたかゆ。②さつまいもを入れてたいたかゆ。

【芋蔓式(いもづるしき)】ある一つのことから、それに関係した多くのものがつぎつぎに現れること。

参考熟語 芋幹(いもがら)　芋茎(ずいき)

艸3 **【芝】**(6) 常用　音 シ　訓 しば　旧字 艸3 芝(7)

筆順 一 十 艹 艹 芝 芝

意味 ❶土手・庭などに植える草の一種。しば。「芝生(しばふ)・芝草(しばくさ)」❷きのこの一種。ひじりだけ。「芝蘭(しらん)」名付 し・しげ・しば

【芝居(しばい)】①演劇の総称。特に、歌舞伎(かぶき)・文楽などをさす。②演技すること。③転じて、人をだますためのつくりごと。たくらみ。

【芝生(しばふ)】芝が一面に植えてある所。

【芝蘭(しらん)】①霊芝(れいし)と蘭(らん)。ともに芳香のある植物。②人格者や徳のすぐれた君子のたとえ。

艸3 **【芍】**(6)　音 シャク　訓 ―　正字 艸3 芍(7)

意味 →芍薬(しゃくやく)

【芍薬(しゃくやく)】草の一種。初夏、ぼたんの花に似た、紅または白色の花が咲く。根は漢方薬に使われる。

艸3 **【芒】**(6) 印標　音 ボウ　訓 すすき・のぎ　旧字 艸3 芒(7)

意味 ❶稲・麦などの実の外側にある堅い毛。のぎ。❷光。「光芒」❸薄(すすき)のこと。すすき。

艸4 **【花】**(7) 1年　音 カ　訓 はな　旧字 艸4 花(8)

筆順 一 十 艹 ナ 花 花 花

意味 ❶草木の茎の先につく、はな。「花弁・花瓶・開花・花見(はなみ)」❷美しくてすぐれているもの。はな。「花押・名花・人生の花」❸芸者の揚げ代。「花代(はなだい)」 名付 か・はな・はる

使い分け「はな」

花…植物の花。花のように美しいもの。「花が咲く・花を生ける・花道を飾る・花も恥じらう・花を持たせる・両手に花・花の都・花形」

華…美しくきらびやかな様子。そのものの優れた本質。「華がある役者・職場の華・華やかな舞・武士道の華・王朝文化の華・火事と喧嘩は江戸の華」

【花押】(かおう) 昔、文書で、発行者の名の下に、または発行者の署名として名前の字の草書体をデザイン化して書いた、独特の形のもの。書き判。

【花卉】(かき) 観賞用の、花の咲く草のこと。▽「卉」は「草」の意。

【花器】(かき) 花をいける入れ物。花入れ。

【花信】(かしん) 花が咲いたという知らせ。

【花鳥風月】(かちょうふうげつ) 風流の対象としての、自然界の美しい風景のこと。

【花道】㊀(かどう) 草花や木などを美しくいける技術・作法。生け花の道。▽「華道」とも書く。㊁(はなみち) ①舞台や相撲場で、役者や力士が登場・退場する通路。②物事のもっとも華々しい部分。「—をかざる」

【花柳】(かりゅう) 芸者や遊女。また、そういう人が多くいる所。「—界」

参考熟語 花魁(おいらん) 花梨(かりん) 花車(きゃしゃ)

艸4 **【芥】**(7) 人名 音 カイ・ケ 訓 あくた

旧字 艸4 芥(8)

筆順 一 十 艹 艹 艾 芥 芥

意味 ❶からし菜のこと。「芥子(かいし・けし)」❷ごみ。ちり。あくた。「塵芥(じんかい)」 名付 からしな

【芥子】㊀(からし・かいし) からしなの小さい実。粉末にして香辛料とする。㊁(けし) 草の名。未熟な果実の乳液を乾燥させ、阿片(あへん)をとる。

艸4 **【芹】**(7) 人名 音 キン 訓 せり

旧字 艸4 芹(8)

筆順 一 十 艹 艹 芒 芹 芹

意味 春の七草の一つ。かおりがある。食用。せり。 名付 きん・せり

艸4 **【芸】**(7) 4年 音 ゲイ 訓 —

旧字 艸15 藝(19)

異体 艸15 藝(18) 人名

筆順 一 十 艹 芒 芸 芸 芸

意味 ❶修練して身につけた技能・技術。げい。「芸術・武芸・無芸」❷演劇・音楽・舞踏などに関していること。「芸能・芸人・遊芸」 名付 き・げい・すけ・のり・まさ・よし

注意 「芸(うん)(香草の一種)」は、別字。

【芸文】(げいぶん) 学問と文芸。また、文芸のこと。

艸4 **【芫】**(7) 音 ゲン 訓 —

正字 艸4 芫(8)

意味 木の一種。ふじもどき。さつまふじ。

艸4 **【芟】**(7) 音 サン・セン 訓 —

正字 艸4 芟(8)

意味 雑草を刈る。「芟除(さんじょ・せんじょ)」

艸4 **【芯】**(7) 常用 音 シン 訓 —

旧字 艸4 芯(8)

筆順 一 十 艹 艹 芯 芯 芯

意味 物の中心。また、そこにあってそれ全体をささえているもの。しん。「帯芯(おびしん)・真芯(ましん)」

参考 「しん」は「心」とも書く。

艸4 **【芻】**(10) 印標 音 スウ 訓 —

異体 艸10 蒭(13)

意味 ❶牛馬の飼料とする草。秣(まぐさ)。「反芻(はんすう)」❷草を刈る人。

艸4 **【苆】**(7) 〈国字〉 音 — 訓 すさ

正字 艸4 苆(8)

意味 すさ。壁土にまぜて、ひび割れを防ぐつなぎとする、わらや紙などを細かく切ったもの。

艸4 **【芭】**(7) 人名 音 バ 訓 —

旧字 艸4 芭(8)

筆順 一 十 艹 艹 芭 芭 芭

意味 →芭蕉(ばしょう)

【芭蕉（ばしょう）】草の一種。葉は長楕円（ちょうだえん）形で大きい。葉や根は薬用となる。中国原産。

艸4【芙】(7) 人名 旧字 艸4 芙(8)
音フ 訓はす

筆順 一 十 艹 艹 芏 芙 芙

意味 →芙蓉（ふよう） 名付 はす・ふ

【芙蓉（ふよう）】①蓮（はす）の花。②木の一種。初秋、淡紅・白色の五弁花が咲く。木芙蓉（もくふよう）。

艸4【芬】(7) 正字 艸4 芬(8)
音フン 訓――

意味 ❶かおりがよい。かんばしい。「芬芬（ふんぷん）」❷かおり。❸よい評判。名声。「芬芳（ふんぽう）」

【芬芬（ふんぷん）】においが強く感じられるさま。「悪臭―」▽本来は芳香についていった。

参考熟語 芬蘭（フィンランド）

艸4【芳】(7) 常用 旧字 艸4 芳(8)
音ホウ 訓かんばしい・こうばしい・よし

筆順 一 十 艹 艹 芏 芳 芳

意味 ❶よいかおりがするさま。こうばしい。かんばしい。「芳香・芳醇（ほうじゅん）」❷行為や志が美しくてよい。よし。かんばしい。「遺芳」❸相手に関する事物を示すことばにつける美称のことば。「芳名・芳志・芳情」❹こんがりやけたようなよいにおいである。こうばしい。名付 か・かおる・かんばし・はな・ふさ・ほう・みち・よし

参考 ❶❹の「かんばしい」「こうばしい」は「香ばしい」「馨しい」とも書く。

【芳恩（ほうおん）】相手を敬ってその人から受けた恩をいうことば。

【芳紀（ほうき）】うら若い女性の年齢。「―まさに十九歳」

【芳志（ほうし）】相手を敬ってその人から自分に対する心づかいをいうことば。芳情。芳心。

【芳醇（ほうじゅん）】酒などの味・かおりがすぐれていてよいこと。▽「芳純」とも書く。

【芳書（ほうしょ）】相手を敬ってその人の手紙をいうことば。

【芳情（ほうじょう）】「芳志」と同じ。

【芳信（ほうしん）】①敬ってその人から来た手紙をいうことば。「御―拝受いたしました」②花が咲いたことを知らせる手紙。花信。

【芳心（ほうしん）】「芳志」と同じ。

【芳墨（ほうぼく）】相手を尊敬してその筆跡・手紙をいうことば。「―帳」▽「かおりのよい墨」の意。

【芳名（ほうめい）】相手の姓名をほめていうことば。

【芳烈（ほうれつ）】よいかおりがしきりにするさま。

艸4【苅】▸刈 異　艸4【芽】▸芽 旧　艸4【芦】▸蘆 異

艸5【苡】(8) 正字 艸5 苡(9)
音イ 訓――

意味 ❶「芣苡（ふい）」は、草の一種。おおばこ。❷「薏苡（よくい）」は、はとむぎ。

艸5【英】(8) 4年 旧字 艸5 英(9)
音エイ 訓はなぶさ

筆順 一 十 艹 艹 芇 苎 英 英

意味 ❶花。また、花が房（ふさ）になって咲いているもの。はなぶさ。「石英・蒲公英（たんぽぽ）」❷他よりすぐれている。また、そのような人。「英雄・英才・俊英」❸イギリスのこと。「英語・日英」名付 あきら・あや・えい・すぐる・たけし・つね・てる・とし・はな・はなぶさ・ひで・ひでる・ひら・ふさ・よし

参考 ⑴❸は「英吉利（イギリス）」の略から。⑵「英才」の「英」は「穎」が書き換えられたもの。また、「英知」は「叡智」が書き換えられたもの。

【英気（えいき）】すぐれた才気・気性。参考「鋭気（えいき）」は、すばやく判断・行動するすぐれた気性。

【英傑（えいけつ）】世の中のためになる仕事を成し遂げる才知を持ったすぐれた人物。

【英断（えいだん）】思い切りのよい、すぐれた決断。「大―」

【英知（えいち）】道理・本質を見抜くすぐれた知恵。▽「叡智」の書き換え字。「叡知」とも書く。

【英邁（えいまい）】才知が人よりきわだってすぐれていること。

【英明（えいめい）】才能・能力などがすぐれていて賢いこと。

【英霊（えいれい）】①死者を敬ってその霊をいうことば。②戦死者またはその霊のこと。

参考熟語 英吉利（イギリス） 英蘭（イングランド）

艸5【苑】(8) 人名 旧字 艸5 苑(9)
音エン・オン 訓その

筆順 一 十 艹 艹 芍 芍 苑 苑

意味 ❶草木などを植え、鳥獣などを飼うところ。その。「苑地・遊苑・御苑(ぎょえん)」❷文筆家・芸能家などの集まる所。「文苑・芸苑」 名付 えん・おん・その

参考 「苑地」は「園地」に書き換える。

艸5 **【茄】**(8) 人名 旧字 艸5 茄(9)

音 カ 訓 なす・なすび

筆順 一 十 艹 艹 艻 茄 茄 茄

意味 野菜の一種。なすび。なす。「茄子(なす・なすび)」

名付 か・け・なす・なすび

艸5 **【苛】**(8) 常用 音 **カ** 訓 いら・からい 旧字 艸5 苛(9)

筆順 一 十 艹 艹 芒 苎 苛 苛

意味 ❶むごいほどにきびしい。からい。「苛酷・苛政」❷皮膚を刺激する。「苛性」❸草木のとげ。いら。「苛苛(いらいら)する」

【苛酷(かこく)】他に対する態度・やり方などが無慈悲できびしいさま。▽「苛刻」とも書く。
参考 「過酷(かこく)」は、普通よりきびしいさま。

【苛性(かせい)】薬品の、皮膚その他の組織をただれさせる性質。「—ソーダ」

【苛政(かせい)】人民を苦しめる、きびしくてむごい政治。

【苛烈(かれつ)】程度が激しくて非常にきびしいこと。

【苛斂誅求(かれんちゅうきゅう)】税金などをきびしく取り立てること。▽「斂」は「収める」、「誅」は「きびしく責め立てる」の意。

艸5 **【芽】**(8) 4年 音 **ガ** 訓 **め** 旧字 艸4 芽(8)

筆順 一 十 艹 艹 芒 芽 芽 芽

意味 草木の、め。「発芽・肉芽・萌芽(ほうが)・悪の芽」

名付 が・め・めい

参考熟語 芽出度(めでた)い

艸5 **【苣】**(8) 音 キョ 訓 — 正字 艸5 苣(9)

意味 野菜の一種。ちしゃ。「萵苣(ちしゃ・ちさ)」

艸5 **【苦】**(8) 3年 旧字 艸5 苦(9)

音 **ク** 訓 **くるしい・くるしむ・くるしめる・にがい・にがる**

筆順 一 十 艹 艹 芏 苎 苦 苦

意味 ❶くるしい。また、くるしがる。くるしむ。くるしめる。「苦悩・苦戦・病苦・了解に苦しむ」❷からだや心の痛み。くるしみ。く。「苦楽・四苦八苦・苦(く)にする」❸非常な努力をする。「苦心・苦学」❹味が、にがい。また、不愉快でいやである、またはそのように思う。にがい。にがる。「苦味・苦笑(くしょう)・苦い経験」

【苦役(くえき)】①苦しい肉体労働。②懲役。

【苦境(くきょう)】苦しい立場・境遇。「—に立つ」

【苦吟(くぎん)】苦心して詩歌を作ること。また、そうして作った詩歌。

【苦言(くげん)】聞かされるほうでは快くないが、従ったほうが当人のためになる忠告。「—を呈する」

【苦汁(くじゅう)】苦い汁(しる)。「—を嘗(な)める(=二度としたくないようなつらい経験をすることを形容することば)」

【苦渋(くじゅう)】物事がうまく進まず、苦しんでつらい思いをすること。「—に満ちた表情」

【苦心惨憺(くしんさんたん)】物事をうまくやろうとして迷ったり考えたりして非常に苦心すること。

【苦節(くせつ)】苦しみに耐えて自分の態度・主張を守り通すこと。「—十年」

【苦衷(くちゅう)】苦しんだり悲しんだりしている人の心のうち。「—を察する」

【苦難(くなん)】身に受ける苦しみ・難儀。「—の道」

【苦肉(くにく)】つらい立場からのがれ出るために、自分の身を苦しめて物事を行うこと。「—の策」

【苦悩(くのう)】精神的に苦しみ悩むこと。また、その苦しみや悩み。

【苦杯(くはい)】苦い液を入れた杯。「—を嘗(な)める(つらい経験をすることを形容することば)」
注意 「苦敗」と書き誤らないように。

【苦悶(くもん)】①身もだえして苦しむこと。②どうにもならなくて非常に悩み苦しむこと。
注意 「苦問」と書き誤らないように。

【苦慮(くりょ)】苦心し、いろいろ考え悩むこと。

参考熟語 苦力(クーリー) 苦汁(にがり) 苦塩(にがり) 苦竹(まだけ・にがたけ)

艸5 **【茎】**(8) 常用 音ケイ 訓くき　旧字 艸7 莖(11)

筆順 一 十 艹 サ 艾 苂 苳 茎

意味 草木の、くき。「球茎・地下茎・歯茎(はぐき)」

名付 くき・けい

艸5 **【苟】**(8) 音コウ 訓いやしくも　正字 艸5 苟(9)

意味 ❶一時のまにあわせであること。「苟且(こうしょ)・かりそめ」❷仮にも。また、もしも。いやしくも。

艸5 **【若】**(8) 6年　旧字 艸5 若(9)

音ジャク・ニャク・ニャ　訓わかい・もしくは・ごとし・もし

筆順 一 十 艹 艹 芒 芐 若 若

意味 ❶わかい。「若年・若輩・老若(ろうにゃく・ろうじゃく)」❷物事を仮定するときのことば。もし。❸どちらか一つを選択するときのことば。または。もしくは。❹よく似ている。ごとし。❺梵語(ぼんご)の音訳に用いる字。「般若(はんにゃ)」

名付 じゃく・より・わか・わく

参考 ❹の「ごとし」は「如し」とも書く。

【若輩(じゃくはい)】①年が若くて未熟な者。②へりくだって自分をいうことば。▽「弱輩」とも書く。

【若干(じゃっかん)】①数量がさほど多くはないが、不定であること。「―名」②程度はさほど激しくないが、少しその気味があること。「その傾向が―ある」参考「弱冠(じゃっかん)」は、若いこと。また、男子の二十歳。

【若気(わかげ)】若い人の、血気にはやって思慮分別を忘れがちな心。わかぎ。「―の至り」

参考熟語 若衆(わかしゅ・わかしゅう)　若布(わかめ)　若人(わこうど)

艸5 **【苴】**(8) 音ショ 訓つと　正字 艸5 苴(9)

意味 ❶麻。❷わらで包んだもの。わらづと。つと。

艸5 **【苫】**(8) 印標 音セン 訓とま　旧字 艸5 苫(9)

意味 菅(すげ)・茅(ちがや)などで編んだ、小屋や舟などをおおって雨露をしのぐむしろ。とま。「苫屋(とまや)」

【苫屋(とまや)】とまで屋根をふいたそまつな小屋。

艸5 **【苒】**(8) 音ゼン 訓―　正字 艸5 苒(9)

意味 じわじわとのびるさま。「荏苒(じんぜん)」

艸5 **【苔】**(8) 人名 音タイ 訓こけ　旧字 艸5 苔(9)

筆順 一 十 艹 艹 苎 苎 苔 苔

意味 こけ。「青苔・舌苔・苔(こけ)むす」

艸5 **【苧】**(8) 音チョ 訓からむし・お　正字 艸5 苧(9)

意味 ❶草の一種。茎の皮の繊維で布を織る。からむし。「苧麻(ちょま・からむし)」❷❶の繊維から作った糸。お。

艸5 **【苳】**(8) 音トウ 訓ふき　正字 艸5 苳(9)

意味 草の一種。食用。蕗(ふき)。ふき。

6画

艸5 **【苺】**(8) 人名 音バイ 訓いちご　旧字 艸5 苺(9)　異体 艸7 莓(11)

筆順 一 十 艹 艹 芍 芍 苺 苺

意味 紅色の果実を食用にする植物。いちご。

艸5 **【范】**(8) 音ハン 訓―　正字 艸5 范(9)

意味 ❶草の一種。❷金属を鋳造する型。鋳型(いがた)。

艸5 **【苗】**(8) 常用　旧字 艸5 苗(9)

音ビョウ・ミョウ　訓なえ・なわ

筆順 一 十 艹 艹 芢 苗 苗 苗

意味 ❶芽が出て少したった、移植用の植物。なえ。「種苗・苗代(なわしろ)・早苗(さなえ)」❷子孫。「苗裔・苗字」

名付 え・たね・なえ・なり・びょう・みつ

参考 稲については「苗代(なわしろ)」という。

【苗床(なえどこ)】野菜や草花などの種をまいて苗を育てる所。

【苗裔(びょうえい)】遠い子孫。末裔。

【苗字(みょうじ)】その家を表す名。姓。▽「名字」とも書く。

艸5 **【苻】**(8) 音フ 訓―　正字 艸5 苻(9)

意味 木の一種。のうぜんかずら。

艸5 **【苹】**(8) 音ヘイ 訓―　正字 艸5 苹(9)

意味 水草の一種。浮き草。「浮苹（ふへい）」

艸5【苞】(8) 印標 音ホウ 訓つと 旧字艸5 苞(9)

意味 ❶わらなどで包んだもの。つと。「苞苴（ほうしょ・つと）」❷みやげ。つと。「家苞（いえづと）」

艸5【茅】(8) 人名 音ボウ 訓かや・ち・ちがや 旧字艸5 茅(9)

筆順 一 十 艹 艹 芧 芧 茅 茅

意味 ❶菅（すげ）・薄（すすき）などのこと。かや。「茅野（かやの）」「茅屋」❷草の一種。原野に自生する。ち。ちがや。「茅萱（ちがや）」 名付 かや・ち・ぼう

参考 ❶の「かや」は「萱」とも書く。

【茅屋（ぼうおく）】①草ぶきのそまつな家。②自分の家をへりくだっていうことば。

参考熟語 茅草（ちがや） 茅花（つばな） 茅蜩（ひぐらし） 茅蟬（ひぐらし）

艸5【茆】(8) 音ボウ 訓― 正字艸5 茆(9)

意味 ❶水草の一種。ぬなわ。じゅんさい。❷かや。ちがや・すすきなど。

艸5【茉】(8) 人名 音マツ 訓― 旧字艸5 茉(9)

筆順 一 十 艹 艹 芏 芊 茉 茉

意味 「茉莉花（まつりか）」は、ジャスミンの一種。香りのよい白い花が咲く。 名付 ばつ・まち・まつ

艸5【茂】(8) 常用 音モ 訓しげる 旧字艸5 茂(9)

筆順 一 十 艹 艹 芦 茂 茂 茂

意味 ❶葉・枝などが盛んに生長して重なり合う。しげる。「繁茂・生茂」❷草木がしげった所。しげみ。 名付 あり・しげ・しげみ・しげる・たか・とも・も・もち・もと

参考 ❶の「しげる」は「繁る」とも書く。❷の「しげみ」は「繁み」とも書く。

【茂盛（もせい）】物事が非常にさかんなこと。

【茂林（もりん）】樹木がよく茂った林。

艸5【苜】(8) 音モク 訓― 正字艸5 苜(9)

意味 「苜蓿（もくしゅく・うまごやし）」は草の一種。肥料・牧草とする。

艸5【苙】(8) 音リュウ 訓― 正字艸5 苙(9)

意味 ❶家畜を飼う囲い。❷植物の一種。よろいぐさ。

艸5【苓】(8) 音レイ・リョウ 訓― 正字艸5 苓(9)

意味 ❶「茯苓（ぶくりょう）」は、きのこの一種。薬用。❷落ちる。「苓落（れいらく）（零落）」

艸6【茵】(9) 音イン 訓しとね 正字艸6 茵(10)

意味 敷物。しとね。「草を茵に寝る」

艸6【茡】(9)〈国字〉 音ウ 訓― 正字艸6 茡(10)

意味 人名・地名に用いる字。「下茡坪（しもうつぼ）」は青森県階上（はしかみ）町、「茡畑（うばたけ）」は宮崎県えびの市にある地名。

艸6【茴】(9) 音ウイ 訓― 正字艸6 茴(10)

意味 「茴香（ういきょう）」は、草の一種。全体にかおりがあり、薬用・食用にする。

艸6【茖】(9) 音カク 訓― 正字艸6 茖(10)

意味 「茖葱（かくそう）」は、草の一種。ぎょうじゃにんにく。

艸6【荊】(9) 印標 音ケイ 訓いばら 旧字艸6 荊(10) 異体刀7 荆(9)

意味 とげのある低木。また、そのとげ。いばら。「荊冠」

参考 「いばら」は「茨」「棘」とも書く。

【荊冠（けいかん）】キリストが十字架にかけられたときにかぶせられた、いばらでできた冠。

【荊棘（けいきょく）】①いばら。また、いばらがはえて荒れた土地。②苦しみや困難にみちた状態。

【荊妻（けいさい）】自分の妻を謙遜していうことば。いばらのかんざしをさした妻の意。▽

艸6【荒】(9) 常用 音コウ 訓あらい・あれる・あらす・すさぶ・すさむ 旧字艸6 荒(10)

筆順 一 十 艹 芒 芒 芒 荒 荒

意味 ❶激しくなったり乱雑になったりする。すさぶ。すさむ。あれる。また、そのようにする。

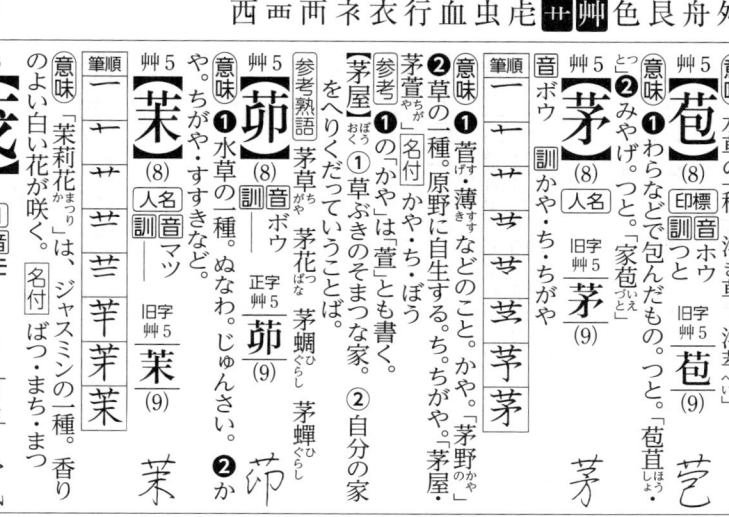

あらす。「荒涼・荒野(こうや・あらの)・吹き荒(すさ)ぶ」❷すたれてだめになる。「荒廃」❸でたらめである。「荒唐無稽(こうとうむけい)」❹勢いが激しくて穏やかでない。「荒瀬(あらせ)・荒稼(あらかせ)ぎ」名付 あら・こう・ら

使い分け「あらい」

荒い…勢いがはげしい。「荒」はあれはてているの意。「気性が荒い・金遣いが荒い・波が荒い」

粗い…ばらばらで、こまやかでない。「粗雑・精粗」などの「粗」の意味に対応している。「網の目が粗い・粒が粗い・肌が粗い・粗い計画」

【荒波】(あらなみ) ①荒く激しい波。②世の中のきびしさやつらさ。「世間の―にもまれる」

【荒天】(こうてん) 風雨の激しい、荒れ模様の天候。

【荒土】(こうど) 荒れたままの土地。不毛の地。

【荒唐無稽】(こうとうむけい) いっていることに何の根拠もなくてでたらめであること。

【荒廃】(こうはい) 荒れ果ててだめになること。

【荒野】(こうや) 荒れた野原。荒れ野。

【荒涼】(こうりょう) 荒れ果てていてさびしいこと。▽「荒寥」とも書く。

参考熟語 荒布(あらめ) 荒磯(ありそ・あらいそ)

艸6 **【茨】**(9) 4年 音 シ 訓 いばら 旧字 艸6 茨(10)

筆順 一 艹 … 茨

意味 ❶とげのある低木。いばら。❷植物のとげ。いばら。❸屋根をふくのに用いるかや。「茅茨(ぼうし)」

参考 ❶❷の意味の「いばら」は「荊」「棘」とも書く。

艸6 **【兹】**(9) 音 ジ 訓 ここ・ここに 正字 艸6 茲(10)

意味 ❶草木が茂る。❷この場所。ここ。また、このときに。ここに。

艸6 **【茱】**(9) 音 シュ 訓 ― 正字 艸6 茱(10)

意味 →茱萸(しゅゆ・ぐみ)

【茱萸】 一(ぐみ) 木の一種。赤く熟した実は食べられる。▽「胡頽子」とも書く。二(しゅゆ) 木の一種。果実は健胃・利尿剤などに用いる。かわはじかみ。

艸6 **【荀】**(9) 音 ジュン 訓 ― 正字 艸6 荀(10)

意味 「荀子(じゅんし)」は、中国の戦国時代の思想家の名。性悪説を唱えた。

艸6 **【茹】**(9) 音 ジョ 訓 ゆでる 正字 艸6 茹(10)

意味 熱湯で煮る。ゆでる。「茹で卵・生茹で」

艸6 **【茸】**(9) 人名 音 ジョウ 訓 きのこ・たけ 旧字 艸6 茸(10)

筆順 一 艹 … 茸

意味 きのこ。たけ。「松茸(まつたけ)・茸狩(きのこが)り」

名付 たけ

艸6 **【荏】**(9) 音 ジン 訓 え 正字 艸6 荏(10)

意味 ❶草の一種。実から油をとる。えごま。え。「荏胡麻(えごま)」❷→荏苒(じんぜん)

【荏苒】(じんぜん) だんだんと月日がたつさま。また、物事がのびのびになるさま。「―と日を送る」

艸6 **【茜】**(9) 人名 音 セン 訓 あかね 旧字 艸6 茜(10)

筆順 一 艹 … 茜

意味 ❶つる草の一種。根から赤い染料をとる。あかね。「茜染め」❷ややくすんだ赤色。あかね。「茜雲(あかねぐも)」

名付 あかね・せん

艸6 **【荐】**(9) 音 セン 訓 ― 正字 艸6 荐(10)

意味 ❶むしろ。こも。❷しばしば。たびたび。

艸6 **【草】**(9) 1年 音 ソウ 訓 くさ 旧字 艸6 草(10)

筆順 一 艹 … 草

意味 ❶くさ。「草原(そうげん・くさはら)・除草・毒草」❷そまつである。「草屋・草庵(そうあん)」❸詩歌・文章などを作ったりその下書きを書いたりする。また、下書き。そう。「草稿・起草・一文を草する」❹書体の一つ。行書体をさらに早書きしたもの。そう。「草書・真行草」❺物事のはじまり。「草創」❻本格的でないことを表すことば。くさ。「草競馬(くさけいば)」❼→草草(そうそう)

名付 くさ・しげ・そう

6画

【草庵】(そうあん) 草でふいたそまつな家。草のいおり。

【草案】(そうあん) 詩歌・文章などの下書き。

【草屋】(そうおく) ①草ぶきの家。②貧しい家。③自分の家をへりくだっていうことば。

【草根木皮】(そうこんもくひ・そうこんぼくひ) 漢方で薬剤とする、草の根や木の皮。

【草稿】(そうこう) 文章の下書き。原稿。

【草子】(そうし) ①とじた書物のこと。②昔の、かな書きの日記・物語など。③絵が多くはいった、江戸時代の大衆向きの本。▽「草紙」「双紙」「冊子」とも書く。

【草書】(そうしょ) 漢字の書体の一つ。篆書・隷書をくずしてつくられた字。草(そう)。▽楷書がくずれて行書、行書がさらにくずれて草書へと簡略化が進んだとするのは誤り。

【草創】(そうそう) ①その物事のはじまり。「―期」②寺・神社を初めて建てること。

【草草】(そうそう) ①急であって行き届いていないさま。②じゅうぶんな時間がなくて忙しいさま。「―の間(かん)」③手紙の末尾に書き添える挨拶のことば。▽この場合は、「走り書きをお許し下さい」の意。

参考熟語 草叢(くさむら) 草臥(くたび)れる 草履(ぞうり) 草鞋(わらじ)

艸6 【荘】(9) 常用 音 ソウ・ショウ 訓 ―
旧字 艸7 莊(11)
異体 艸7 荘(10) 人名
筆順 一 十 艹 艹 艹 茳 荘 荘

意味 ❶おごそかで重々しい。「荘厳(そうごん)・荘重(そうちょう)」❷別宅。また、宿泊設備。「別荘・山荘・旅荘・富士荘」❸中国の思想家荘子(そうし)のこと。「老荘」❹→荘園(しょうえん) 名付 さこう・しょう・そう・たか・たかし・ただし・まさ
【荘園】(しょうえん) 奈良時代から室町時代にかけて、貴族や社寺などが私有した土地。▽「庄園」とも書く。
【荘厳】一(そうごん) 威厳があっておごそかなこと。注意「壮厳」と書き誤らないように。二(しょうごん) 寺院・仏像などを飾りつけること。また、その飾り。
【荘重】(そうちょう) おごそかで重々しいこと。注意「壮重」と書き誤らないように。

艸6 【茶】(9) 2年 音 チャ・サ 訓 ―
旧字 艸6 茶(10)
筆順 一 艹 艹 艾 苳 茶 茶 茶 茶

意味 ❶飲料用品の一種。また、それに湯を注いで煎(せん)じ出した飲み物。ちゃ。「茶菓(さか)・紅茶・喫茶(きっさ)・茶請(ちゃう)け」❷茶をたてて飲む作法。ちゃ。「茶室・茶道・茶の湯」❸茶色のこと。ちゃ。「茶褐色(ちゃかっしょく)」❹おどけていること。「茶番・茶目(ちゃめ)」

【茶菓】(さか・ちゃか) 茶と菓子。

【茶飯事】(さはんじ) 日常経験する、普通でありふれている事柄。「日常―」▽「毎日の食事やお茶」の意。

【茶房】(さぼう) 喫茶店(きっさてん)。

【茶話】一(さわ・ちゃわ) 茶菓を飲んだり食べたりしながらくつろいでする話・討論。「―会」二(ちゃばなし) いっしょに茶を飲みながら気軽にする世間話。茶飲み話。

【茶器】(ちゃき) ①茶道で用いる道具。②広く、茶をたてるときに用いる道具。

【茶人】(ちゃじん) ①茶の湯を好み、茶道に心得のある人。②風流なことをたしなむ人。風流人士。

【茶筅】(ちゃせん) 茶の湯で、抹茶(まっちゃ)をたてるとき、茶をかきまわして泡をたてる道具。

茶筅

【茶托】(ちゃたく) 客に茶を出すときなどに茶わんを載せる小さな皿。▽「托」は「物を載せる台」の意。
【茶茶】(ちゃちゃ) 他人の話の途中で、横から言う冗談(じょうだん)・ひやかし。「―を入れる」
参考熟語 茶化(ちゃか)す

艸6 【荅】(9) 音 トウ 訓 ―
正字 艸6 荅(10)
意味 ❶豆の一つ。あずき。❷こたえる。

艸6 【茯】(9) 音 ブク 訓 ―
正字 艸6 茯(10)
意味 「茯苓(ぶくりょう)」は、きのこの一種。薬用。

艸6 【茫】(9) 印標 音 ボウ 訓 ―
旧字 艸6 茫(10)
意味 ❶広々としていて果てしない。「茫茫・茫洋・茫漠(ぼうばく)」❷ぼんやりしていてはっきりしない。「茫然・渺茫(びょうぼう)」
【茫然】(ぼうぜん) ①気抜けして、ぼんやりしているさ

ま。「—自失」▽「呆然」とも書く。②とりとめがなくてはっきりしないさま。

【茫漠】(ぼうばく) ①果てしなく広々としているさま。「—たる原野が広がる」②とりとめがなくてはっきりしないさま。「—たる話」

【茫茫】(ぼうぼう) ①広々としていて果てしないさま。②とりとめがなくてはっきりしないさま。

【茫洋】(ぼうよう) 見当がつかないほどに広々としているさま。▽「芒洋」とも書く。

艸6 【茠】(9) 〈国字〉 音— 訓みの 正字 艸6 茠(10)

意味 みの。▽人名などに用いる字。

艸6 【茗】(9) 音ミョウ・メイ 訓— 正字 艸6 茗(10)

意味 ❶茶のこと。「茗園(めいえん)」❷→茗荷(みょうが)

【茗荷】(みょうが) 草の一種。地下茎から出る花茎は芳香があり、食用。▽「蘘荷」とも書く。

艸6 【莽】(9) 音モウ 訓— 正字 艸8 莽(12)

意味 草深い野。「草莽」

艸6 【荔】(9) 音レイ 訓— 正字 艸6 荔(10)

意味 「荔枝(れいし)」は木の一種。果実は食用。ライチ。

艸7 【莚】(10) 音エン 訓むしろ 正字 艸7 莚(11)

意味 ❶草が伸びてはびこる。「蔓莚(まんえん)」❷わらなどで編んだ敷物。むしろ。

艸7 【荷】(10) 3年 音カ 訓に・になう 旧字 艸7 荷(11)

筆順 一 艹 艹 芢 芢 芢 荇 荷 荷

意味 ❶運搬する品物。に。「出荷・荷物(にもつ)・初荷(はつに)」❷肩にかついで運ぶ。になう。「荷担・負荷」❸自分の負担・責任として引き受ける。になう。また、その負担・責任。に。「衆望を荷う」❹蓮(はす)のこと。「荷葉(蓮の葉)」❺運搬する品物の数を数えることば。か。名付 か・もち

参考 ❷❸の「になう」は「担う」とも書く。

【荷重】(かじゅう) 構造物が耐えうる重さ。「—試験」参考 ⇩「加重(かじゅう)」の〔使い分け〕。

【荷担】(かたん) 力添えをして味方すること。▽「加担」とも書く。

【荷駄】(にだ) 馬で運送する荷物。

【荷物】(にもつ) ①持ち運んだり、送ったりする品物。②やっかいなもの。「お—になる」

【荷役】(にやく) 船の荷物を積み込んだりおろしたりすること。また、その人。

艸7 【華】(10) 常用 音カ・ケ 訓はな 旧字 艸8 華(12)

筆順 一 艹 艹 芏 芏 苹 莁 華 華

意味 ❶草木の花。はな。「華道・香華(こうげ)・華華(はなばな)しい」❷はなやかで美しい。また、そのようなりっぱなもの。か。「華美・繁華・栄華(えいが)」❸中国のこと。「華北・華僑・中華」❹白い粉。「昇華・亜鉛華」名付 か・は・はな・はる

参考 ⑴❶の「はな」はふつう「花」と書く。⑵はな⇩「花」の〔使い分け〕。

【華僑】(かきょう) 外国に移住して商業を営む中国人。

【華燭の典】(かしょくのてん) 他人の結婚式の美称。▽「華燭」は「婚礼の席のはなやかなともしび」の意。

【華族】(かぞく) もと、爵位を持つ人と、その家族のこと。

【華美】(かび) はなやかで美しいこと。

【華麗】(かれい) はなやかで美しいさま。「—な衣装」

【華奢】(きゃしゃ) 姿形などがほっそりとして、品がよく弱々しいさま。

艸7 【莪】(10) 音ガ 訓— 正字 艸7 莪(11)

意味 よもぎの一種。つのよもぎ。

艸7 【莞】(10) 人名 音カン 訓— 旧字 艸7 莞(11)

意味 →莞爾(かんじ) 名付 かん

【莞爾】(かんじ) にっこりと笑うさま。「—とほほえむ」

筆順 一 艹 艹 芦 芦 苎 莞 莞

艸7 【莟】(10) 音ガン 訓つぼみ

意味 花の、つぼみ。

艸7 【莢】(10) 印標 音キョウ 訓さや 旧字 艸7 莢(11)

意味 豆の実を包む外皮。さや。「莢豌豆(さやえんどう)」

艸7 【茣】(10) 音ゴ 訓—

意味 「茣蓙(ござ)」は、藺草(いぐさ)で編んだ敷物。

艸7 【𦯶】(10) 〈国字〉 音— 訓こも 正字 艸7 𦯶(11)

意味 こも。▽人名などに用いる字。

艸7 【莎】(10) 音サ 訓― 正字 艸7 莎(11)
意味 草の一種。はますげ。

艸7 【莇】(10) 音ジョ 訓あざみ 正字 艸7 莇(11)
意味 ❶草の一種。あざみ。❷木の一種。枸杞(くこ)。
参考 ❶の「あざみ」はふつう「薊」と書く。

艸7 【荼】(10) 印標 音ダ・ト 訓― 旧字 艸7 荼(11)
意味 ❶苦菜(にがな)。葉・茎に苦味がある。❷→茶毘(だび)
【荼毘】(だび) 火葬。「―に付する」▽「茶毗」とも書く。

艸7 【荻】(10) 人名 音テキ 訓おぎ 旧字 艸7 荻(11)
筆順 … 荻
意味 草の一種。銀白色の穂をつける。おぎ。
名付 おぎ・てき

艸7 【荳】(10) 音トウ・ズ 訓― 正字 艸7 荳(11)
意味 「肉荳蔲(にくずく)」は木の一種。種子はナツメグ。

艸7 【荵】(10) 音ニン 訓― 正字 艸7 荵(11)
意味 「荵冬(にんとう)」は、つる性の木の一種。薬用にする。忍冬(すいかずら)。すいかずら。

艸7 【莫】(10) 人名 音バク 訓なかれ・なし 旧字 艸7 莫(11)
筆順 … 莫
意味 ❶静かで物寂しいさま。「寂莫(せきばく)・索莫」❷禁止や否定の意を表すことば。なかれ。なし。「莫大」
名付 さた・さだむ・とお・とし・なか
【莫逆の友】(ばくぎゃくのとも・ばくげきのとも) 互いに心が通い合っていて争うことのない、非常に親しい友。▽「心に逆らう莫(な)き友」の意。
【莫大】(ばくだい) 数・量などが非常に多いさま。「―な金額」▽「これより大なるは莫(な)し」の意。
参考熟語 莫迦(ばか) 莫大小(メリヤス) 莫斯科(モスクワ・モスコー)

艸7 【莠】(10) 音ユウ 訓はぐさ 正字 艸7 莠(11)
意味 水田に生える雑草。はぐさ。

艸7 【莉】(10) 人名 音リ 訓― 旧字 艸7 莉(11)
筆順 … 莉
意味 「茉莉花(まつりか)」は、木の一種。ジャスミン。
名付 らい・れい・り

艸7 【莅】(10) 音リ 訓― 正字 艸7 莅(11)
意味 身分の高い者がその場に臨む。

艸7 【莨】(10) 音ロウ 訓たばこ 正字 艸7 莨(11)
意味 たばこ。

艸7〔莓〕▼苺(異)　艸7〔莖〕▼茎(旧)　艸7〔莊〕▼荘(旧)
艸7〔莊〕▼荘(異)　艸7〔萊〕▼莱(異)　艸7〔莵〕▼菟(異)
艸7〔菟〕▼菟(異)

艸8 【菴】(11) 音アン 訓いおり 正字 艸8 菴(12)
意味 草ぶきの粗末な家。いおり。
参考 「いおり」はふつう「庵」と書く。

艸8 【萎】(11) 常用 音イ 訓なえる・しおれる・しなびる・しぼむ 旧字 艸8 萎(12)
筆順 … 萎
意味 ❶水分を失って弱る。しおれる。しぼむ。なえる。「萎縮」❷気力を失って、衰える。しおれる。❸ふくらんでいた物が縮む。しぼむ。しなびる。
【萎縮】(いしゅく) ①しなびて縮むこと。「―腎(じん)」②気力が衰えること。「気持ちが―する」参考「畏縮(いしゅく)」は、恐れて小さくなること。
【萎靡】(いび) なえてしおれること。活気がなくなり、衰えること。

艸8 【菓】(11) 常用 音カ 訓― 旧字 艸8 菓(12)
筆順 … 菓
意味 ❶間食として食べる甘味食品。「菓子(かし)・製菓・茶菓」❷くだもの。

艸8 【菅】(11) 人名 音カン 訓すげ・すが 旧字 艸8 菅(12)

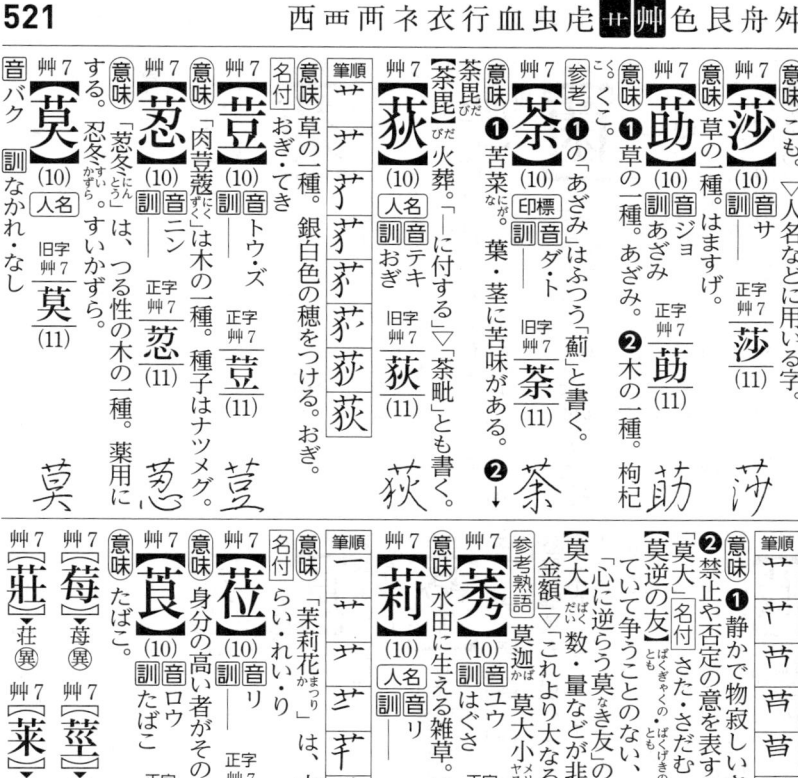

6画

意味 草の一種。葉は笠(かさ)・みの・むしろなどを作るのに使う。すが。すげ。「菅笠(すげがさ)・菅畳(すがだたみ)」
名付 すが・すげ
【菅笠】すげがさ すげの葉を編んだかぶりがさ。すががさ。

艸8 【萓】(11) 音 ギ 訓 ― 正字 艸8 萓(12)
意味 草の一種。わすれぐさ。

艸8 【菊】(11) 常用 音 キク 訓 ― 旧字 艸8 菊(12)
意味 草の一種。きく。「菊花・春菊・残菊・野菊(のぎく)・十日の菊」 名付 きく
【菊月】きくづき 陰暦九月。▽「菊の花が咲く月」の意。
【菊花節】きっかせつ 重陽(ちょうよう)(陰暦九月九日)の節句。

艸8 【菌】(11) 常用 音 キン 訓 きのこ 旧字 艸8 菌(12)
意味 ❶発酵・腐敗・病気などの原因となる微生物。きん。「細菌・殺菌・保菌・赤痢菌」❷きのこ・かびの類。「菌類・菌糸」
【菌糸】きんし 菌類のからだをつくっている細い糸状のもの。

艸8 【菫】(11) 人名 音 キン 訓 すみれ 旧字 艸8 菫(12)
意味 草の一種。春、濃い紫紅色の花をつける。すみれ。「星菫派(明治時代、浪漫(ローマン)派の詩人のグループ)」 名付 きん・すみれ

艸8 【椛】(11) 〈国字〉 正字 艸8 椛(12)
音 ― 訓 くたびれ・くたびれる
意味 くたびれ。くたびれる。

艸8 【菎】(11) 音 コン 訓 ― 正字 艸8 菎(12)
意味 香草の一種。
参考熟語 菎蒻(こんにゃく)

艸8 【菜】(11) 4年 音 サイ 訓 な 旧字 艸8 菜(12)
意味 ❶葉・茎・根などを食用にする草。な。「菜園・菜食・野菜・白菜・青菜(あおな)」❷副食物。おかず。「惣菜(そうざい)・一汁一菜」 名付 さい・な
【菜園】さいえん 野菜をつくる畑。「家庭―」
【菜食】さいしょく 野菜類・果物類だけを食べること。
【菜箸】さいばし 料理を作るときや、副食物を皿に取り分けるときに使う、はし。
【菜種】なたね 「あぶらな」の種。「―油」

艸8 【菽】(11) 音 シュク 訓 まめ 正字 艸8 菽(12)
意味 まめ類。まめ。「菽水(しゅくすい)(粗末な食べ物)」

艸8 【菖】(11) 人名 音 ショウ 訓 ― 旧字 艸8 菖(12)
意味 →菖蒲(しょうぶ) 名付 あやめ・しょう
【菖蒲】一 しょうぶ 草の一種。全体に芳香がある。端午(たんご)の節句に用いる。二 あやめ 草の一種。初夏、青紫色または白色などの美しい花を咲かせる。

艸8 【萃】(11) 音 スイ 訓 ― 正字 艸8 萃(12)
意味 あつまる。また、あつまったもの。「抜萃」
参考 「抜萃」の「萃」は「粋」に書き換える。

艸8 【菘】(11) 音 スウ 訓 すずな 正字 艸8 菘(12)
意味 ❶野菜の一つ。とうな。❷春の七草の一つ。かぶら。すずな。

艸8 【菁】(11) 音 セイ 訓 ― 正字 艸8 菁(12)
意味 青菜(あおな)。「蕪菁(ぶせい・かぶら)」

艸8 【萋】(11) 音 セイ 訓 ― 正字 艸8 萋(12)
意味 ❶草が盛んに茂るさま。「萋萋(せいせい)」❷慎み深い。

艸8 【著】(11) 6年 旧字 艸9 著(13) 人名
音 チョ・チャク 訓 あらわす・いちじるしい・きる・つく

6画

筆順

意味 ❶知られる。あらわれる。「著名・著聞」❷書物として書く。あらわす。また、その人が書いた書物。ちょ。「著作・著書・名著・晩年の著」❸程度がはなはだしい。いちじるしい。「顕著」❹衣服などを身につける。きる。「著衣(ちゃくい)」❺他の物にくっつく。つく。「接著(せっちゃく)」❻落ち着く。つく。「落著(らくちゃく)」名付 あき・あきら・ちょ・つぎ・つぐ

参考 ❹〜❻はふつう「着」と書く。常用漢字では「著」を「ちょ(あらわす・いちじるしい)」、「着」を「ちゃく・じゃく(きる・つく)」と使い分ける。

【著述(ちょじゅつ)】書物を書き著すこと。また、書き著した書物。「―業」

【著聞(ちょぶん・ちょもん)】話などが世間によく知られること。

【著名(ちょめい)】世の中にその名がよく知られていること。「―人(じん)」

艸8 【萇】(11) 音 チョウ 訓 ― 正字 艸8 萇(12)

意味 「萇楚(ちょうそ)」は、草の一種。いらくさ。

艸8 【萄】(11) 人名 音 ドウ 訓 ― 旧字 艸8 萄(12)

筆順

意味 「葡萄(ぶどう)」は、果樹の一種。実は食用。

艸8 【菠】(11) 音 ハ 訓 ― 正字 艸8 菠(12)

意味 「菠薐草(ほうれんそう)」は、野菜の一種。

艸8 【菲】(11) 音 ヒ 訓 うすい 正字 艸8 菲(12)

意味 程度などが少ない。うすい。「菲才」

【菲才(ひさい)】自分の才能をへりくだっていうことば。「浅学―」▽「非才」とも書く。

艸8 【萍】(11) 音 ヘイ 訓 うきくさ 正字 艸8 萍(12)

意味 水草の一種。浮き草。うきくさ。

艸8 【菩】(11) 人名 音 ボ 訓 ― 旧字 艸8 菩(12)

筆順

意味 ❶→菩提(ぼだい) ❷→菩薩(ぼさつ)

【菩薩(ぼさつ)】①仏教で、仏に次ぐ位置。②昔、朝廷から高徳の僧に与えられた称号。③昔、仏教になぞらえて使った、神を尊ぶ称号。「八幡(はちまん)大―」

【菩提(ぼだい)】①仏教で、迷いを断って得た悟りの境地。②仏道修行の結果、極楽往生すること。「―を弔う(死者の冥福(めいふく)を祈る)」

【菩提樹(ぼだいじゅ)】①木の一種。庭木用。②木の一種。この木の下で釈迦(しゃか)が悟りを開いたといわれる。

【菩提心(ぼだいしん)】仏教で、仏の道を求める心。

艸8 【萌】(11) 人名 音 ホウ・ボウ 訓 きざし・きざす・もえる 旧字 艸8 萌(12) 異体 艸8 萠(11) 人名

筆順

意味 ❶草木の芽が出る。きざす。もえる。❷これから起ころうとする物事のしるしが見える。きざす。また、そのしるし。きざし。「萌芽」名付 きざし・ほう・みょう・め・めぐみ・めみ・もえ・もゆ

【萌芽(ほうが・ぼうが)】①草木が芽を出すこと。また、出たばかりの芽。②物事の起こりはじめ。きざし。

【萌葱(もえぎ)】黄色がかった緑色。▽「萌黄」とも書く。

艸8 【萢】(11) 〈国字〉 音 ― 訓 やち 正字 艸8 萢(12)

意味 湿地。やち。▽地名に用いる字。「萢中(やちなか)」は、青森県にある地名。

艸8 【萊】(11) 人名 音 ライ 訓 ― 旧字 艸8 萊(12) 異体 艸7 莱(10)

筆順

意味 ❶草の一種。あかざ。❷草の茂った荒れ地。

【萊蕪(らいぶ)】雑草のおい茂った荒れ地。

艸8 【菱】(11) 人名 音 リョウ 訓 ひし 旧字 艸8 菱(12) 異体 艸11 蔆(14)

筆順

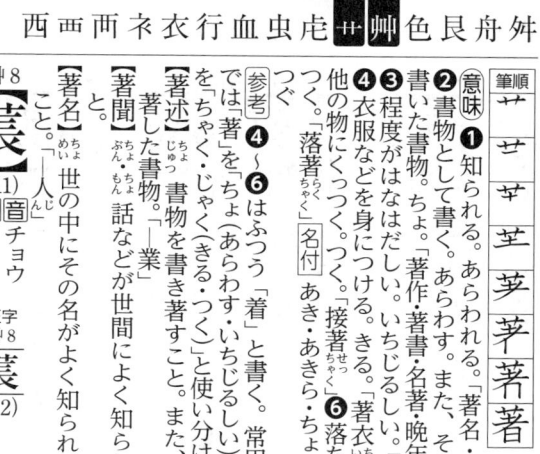

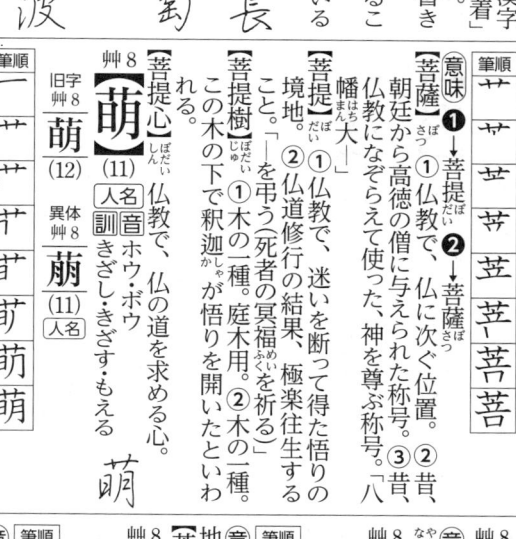

意味 水草の一種。実は角状。ひし。「菱形(りょうけい)・

ひしがた」

艸8【菻】(11) 音リン 訓―― 正字 艸8 菻(12)
名付 ひし・みち・ゆう
意味 よもぎの一種。きつねあざみ。

艸8〔莽〕▼莽 正
艸8〔華〕▼華 旧
艸8〔萠〕▼萌 異
艸8〔葛〕▼葛 異
艸8〔菰〕▼菰 旧
艸8〔菟〕▼菟 異
艸8〔蒂〕▼蔕 異

艸9【葭】(12) 音カ 訓あし・よし 正字 艸9 葭(13)
意味 ❶水辺に生える草の一種。よし。あし。❷あしぶえ。
参考 「あし」「よし」は「葦」とも書く。

艸9【萪】(12) 音カ 訓しだ 正字 艸9 萪(13)
意味 ❶「萪藤(かとう)」は、つる草の一種。❷地名に用いられる字。しだ。

艸9【萼】(12) 印標 音ガク 訓うてな 旧字 艸9 萼(13) 異体 艸12 蕚(15)
意味 花びらの外側にあって、花びらやしべを保護するもの。うてな。がく。「花萼」

艸9【葛】(12) 常用 音カツ 訓くず・かずら・つづら 旧字 艸9 葛(13) 異体 艸8 葛(11)

筆順 艹 芀 芎 芎 芦 芎 葛 葛

意味 ❶秋の七草の一つ。つる性で、八月ごろ紫紅色の花が咲く。くず。「葛藤(かっとう)・葛湯(くずゆ)」❷つる草のこと。かずら。❸葛藤(つづらふじ)のこと。つづら。
名付 かず・かつ・かつら・かど・くず・さち・ずら・つら・ふじ
【葛根湯(かっこんとう)】漢方薬の一つ。葛根・麻黄・しょうが・桂皮などを煎じて飲む。発汗・解熱剤。
【葛藤】㊀(かっとう) もつれて争う、人と人との対立。「両者の―が深まる」「心の―」㊁(つづらふじ) つる草の一種。つるはかごなどを編むのに使われる。
【葛粉(くずこ)】くずの根からとった白い粉。

艸9【蒄】(12) 音カン 訓―― 正字 艸9 蒄(13)
意味 草の一種。

艸9【葵】(12) 人名 音キ 訓あおい 旧字 艸9 葵(13)

筆順 艹 艹 艹 苂 苂 菼 葵

意味 ❶草の一種。あおい。❷あおいの葉をかたどった紋所(もんどころ)。あおい。
名付 あおい・き・まもる

艸9【葷】(12) 音クン 訓―― 正字 艸9 葷(13)
意味 ねぎ・にんにく・にら・らっきょうなど、臭い、または辛い野菜のこと。「葷菜・葷酒」
【葷酒(くんしゅ)】臭い野菜と、酒。仏道修行の妨げになるとされる。「不許葷酒入山門(くんしゅさんもんにいるをゆるさず)」(禅寺の門前に標示することば)

艸9【萱】(12) 人名 音ケン 訓かや 旧字 艸9 萱(13)

筆順 艹 芦 芦 苎 菅 萱 萱

意味 ちがや・すすきなど、稲に似た植物のこと。かや。
名付 かや・ただ・まさ
参考 「かや」は「茅」とも書く。

艸9【菰】(12) 印標 音コ 訓こも 旧字 艸8 菰(12)
意味 ❶水草の一種。まこも。こも。❷むしろ。こも。

艸9【葫】(12) 音コ 訓―― 正字 艸9 葫(13)
意味 にんにく。

艸9【𦰩】(12) 〈国字〉 音―― 訓ざ 正字 艸9 𦰩(13)
意味 ざ。▽人名などに用いる字。

艸9【葹】(12) 音シ 訓なもみ 正字 艸9 葹(13)
意味 ❶草の一種。なもみ。❷地名に用いられる字。なもみ。

艸9【萩】(12) 人名 音シュウ 訓はぎ 旧字 艸9 萩(13)

筆順 艹 芏 芊 芣 茱 荻 萩

意味 秋の七草の一つ。はぎ。
名付 しゅう・はぎ

艸9【葺】(12) 人名 音シュウ 訓ふく 旧字 艸9 葺(13)

筆順 艹 芇 苴 苴 茸 葺 葺

6画

意味 ❶屋根をおおう。ふく。「葺屋(しゅうおく)・草葺き」❷草木を軒に見えるようにさす。ふく。「菖蒲(しょうぶ)を葺く」 名付 ふき・ふく

艸9 【蒅】(12) 〈国字〉 音― 訓すくも 正字 艸9 蒅(13)

意味 藍(あい)の葉を発酵させて作った、濃い青色の染料。すくも。

艸9 【葬】(12) 常用 旧字 艸9 葬(13)

音ソウ 訓ほうむる

筆順 艹 艹 芦 苑 菀 菀 葬 葬

意味 ❶遺体や遺骨を土中に埋める。ほうむる。「葬式・葬儀・埋葬・火葬・国葬」❷世間に知られないように処理してしまう。ほうむる。「事件を闇(やみ)に葬る」

【葬儀(そうぎ)】死者をほうむる儀式。葬式。

【葬祭(そうさい)】葬式と先祖の祭り。

【葬列(そうれつ)】葬式の行列。

艸9 【葱】(12) 印標 音ソウ 訓ねぎ 旧字 艸9 葱(13) 異体 艸11 蔥(14)

意味 ❶野菜の一種。ねぶか。ねぎ。「葱花輦(そうかれん)」❷うすい青色。

艸9 【葮】(12) 音ダン 訓あし・よし 正字 艸9 葮(13)

意味 ❶木の一種。むくげ。❷地名に用いられる字。あし。よし。

艸9 【菟】(12) 音ト 訓― 正字 艸8 菟(12) 異体 艸7 莵(10) 異体 艸7 莬(11)

意味 「菟糸(とし)」は、つる草の一種。ねなしかずら。

艸9 【董】(12) 人名 音トウ 訓― 旧字 艸9 董(13)

筆順 艹 芏 芏 苦 菩 菫 董 董

意味 中心になる、たいせつなもの。「骨董(こっとう)」

名付 しげ・しげる・ただ・ただし・ただす・なお・のぶ・まこと・まさ・よし

艸9 【葩】(12) 音ハ 訓― 正字 艸9 葩(13)

意味 花びら。また、花。

艸9 【葡】(12) 人名 音ホ・ブ 訓― 旧字 艸9 葡(13)

筆順 艹 芀 芍 芍 葡 葡 葡

意味 ❶ポルトガルのこと。「日葡(にっぽ)」❷→葡萄(ぶどう)

参考 ❶は「葡萄牙(ポルトガル)」の略から。

【葡萄茶(えびちゃ)】黒みがかった赤茶色。

【葡萄(ぶどう)】果樹の一種。つる性で、夏、球状の実がふさになってつく。実は食用。

艸9 【葆】(12) 音ホウ・ホ 訓― 正字 艸9 葆(13)

意味 ❶草木が伸びる。❷包み隠す。❸保つ。

艸9 【葯】(12) 音ヤク 訓― 正字 艸9 葯(13)

意味 おしべの先端にある、花粉を作る部分。やく。

艸9 【萸】(12) 音ユ 訓― 正字 艸9 萸(13)

意味 ❶「茱萸(ぐみ)」は、木の一種。赤く熟した実は食べられる。❷「茱萸(しゅゆ)」は、木の一種。かわはじかみ。

艸9 【葉】(12) 3年 音ヨウ 訓は 旧字 艸9 葉(13)

筆順 艹 艹 苹 苹 茁 茁 笹 葉

意味 ❶草木の、は。「葉脈・落葉・針葉樹・枯れ葉」❷時代を三つに分けたそれぞれの時期。「明治時代中葉」❸飛行機の翼。「単葉」❹脳・肺などの一区切り。「前頭葉」❺葉・紙など、薄く平たいものを数えることば。よう。 名付 のぶ・は・ば・ふさ・よう

【葉月(はづき)】陰暦八月のこと。

【葉脈(ようみゃく)】葉に水分や養分を送るため、葉の中を走っている細い管。

参考熟語 葉書(はがき)

艸9 【落】(12) 3年 音ラク 訓おちる・おとす 旧字 艸9 落(13)

筆順 一 艹 艹 芢 茫 莎 茨 落

意味 ❶おちる。また、おとす。「落石・落下・落盤・堕落」❷付いているべきものが離れる、またはそのようにする。おちる。おとす。「落丁・脱

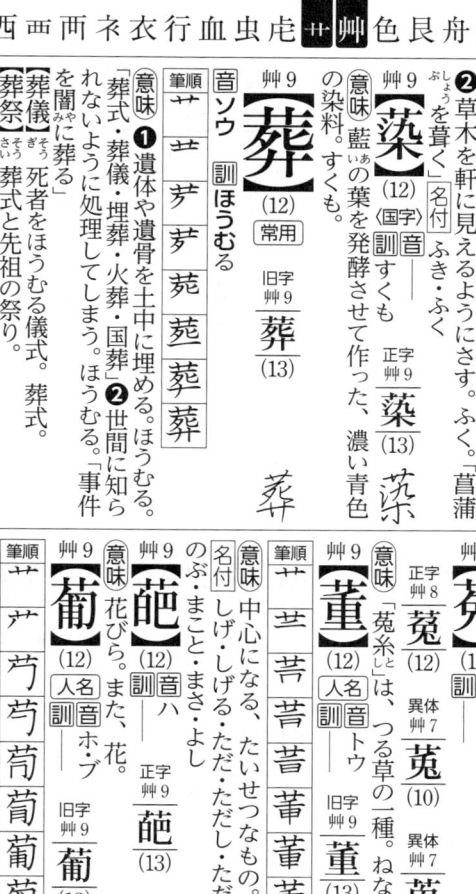

6画

落」❸最終の状態になる。おちる。また、そのようにする。おとす。「落手・落城」❹人家の集まっている所。「部落・集落・村落」❺建物などができ上がる。「落成・落着」❻さびしい。「落莫(らくばく)」❼落語の、話の結びとするしゃれ。おち。
名付 おち・らく

【落胤】(らくいん) 身分の高い男性が正妻でない女性に産ませた子。

【落伍】(らくご) 仲間について行けなくなること。落後。

【落差】(らくさ) ①高い所から低い所へ水が流れ落ちるときの、二つの水面の高さの差。②物事の程度の差。

【落札】(らくさつ) 入札して、目的の物や権利を得ること。

【落日】(らくじつ) 西方に沈んでゆく太陽。入り日。

【落手】(らくしゅ) ①手紙などを受け取ること。②碁・将棋などで、見落とした手。

【落掌】(らくしょう) 手紙などを受け取ること。落手。

【落城】(らくじょう) 敵に城を攻め落とされること。

【落飾】(らくしょく) 髪をそり落として出家すること。

【落成】(らくせい) 建造物の工事が終わり、完成すること。

【落籍】(らくせき) 芸者などを身請けしてやめさせること。

【落胆】(らくたん) がっかりすること。

【落着】(らくちゃく) 物事の結末がつくこと。「一件―」▽「落著」とも書く。

【落丁】(らくちょう) 本のページが一部分抜けていること。

【落剝】(らくはく) 塗料などがはげ落ちること。

【落魄】(らくはく) おちぶれること。

【落莫】(らくばく) ものさびしいさま。「秋風―」

【落命】(らくめい) 不慮の災難で命をなくすこと。

【落涙】(らくるい) 涙を流すこと。

【落花狼藉】(らっかろうぜき) 花びらが乱れ散るように、物が散乱しているさま。

【落款】(らっかん) 書画をかいた人が、その作品に署名したり印を押したりすること。また、その署名や印。

参考熟語 落霜紅(うめもどき) 落魄(おち)れる 落人(おちゅうど・おちうど) 落葉松(からまつ) 落籍(ひか)す

艸9 【葎】(12) 音 リツ 訓 むぐら
正字 艸9 葎(13)

意味 生い茂って藪(やぶ)のようになる、つる草のこと。やえむぐら・かなむぐらなど。むぐら。

艸9 【萵】(12) 音 ワ 訓 ―
正字 艸9 萵(13)

意味 →萵苣(ちさ・ちしゃ)

【萵苣】(ちさ・ちしゃ) 野菜の一つ。葉は食用。レタス。

〔募〕▶力10
〔韮〕▶韭3
艸9〔萬〕▶万(旧)
艸9〔萬〕▶万(異)
艸9〔著〕▶著(旧)
艸9〔葢〕▶蓋(異)
艸9〔蔕〕▶蔕(異)

艸10 【葦】(13) 人名 音 イ 訓 あし・よし
旧字 艸9 葦(13)

筆順

意味 草の一種。水辺に生え、形がすすきに似ている。茎は編んですだれにする。よし。あし。「葦原(あしはら)」 名付 あし・よし

【葦毛】(あしげ) 馬の毛色の名。体全体に白い毛が混生しているもの。また、その毛色の馬。

【葦簾】(よしず) よしの茎を編んで作ったすだれ。よしすだれ。

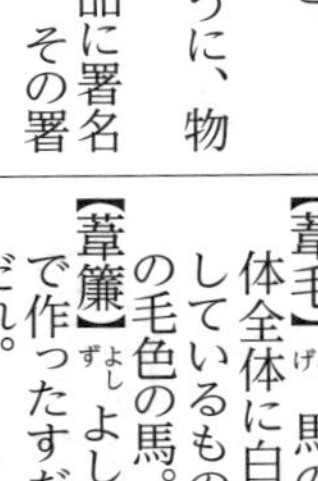
葦簾

艸10 【蓊】(13) 音 オウ 訓 ―
正字 艸10 蓊(14)

意味 草花の茎が伸びて花をつける部分。とう。

艸10 【蓋】(13) 常用 音 ガイ 訓 ふた・おおう・けだし
旧字 艸10 蓋(14)
異体 皿6 盖(11)
異体 艸9 葢(12)

筆順

意味 ❶かぶせて隠す。おおう。また、上をおおうもの。ふた。「蓋世・天蓋・無蓋車」❷おおむね確かなこと。また、推量していうことば。けだし。「蓋然性」 名付 がい・ふた

参考 ❶の「おおう」はふつう「被う」「覆う」と書く。

【蓋世】(がいせい) 世界をおおうほど盛んな気力があること。

【蓋然性】(がいぜんせい) 実際に起こるかどうかについての確かさの度合い。たしからしさ。プロバビリティー。

艸10【蒹】(13) 音ケン 訓― 正字 艸10 蒹(14)
意味 葦（あし）のまだ生長しきっていないもの。

艸10【蒿】(13) 音コウ 訓― 正字 艸10 蒿(14)
意味 草の一種。よもぎ。

艸10【蒟】(13) 音コン 訓― 正字 艸10 蒟(14)
意味 →蒟蒻（こんにゃく）
【蒟蒻（こんにゃく）】①草の一種。地下茎は丸く、こんにゃく玉という。②こんにゃく玉の粉を煮て固めた食品。▽「菎蒻」とも書く。

艸10【蓑】(13) 人名 音サ 訓みの 旧字 艸10 蓑(14) 異体 竹10 簑(16) 異体 竹11 簔(17)
筆順
意味 かや・すげなどで編んで作った、雨・雪を防ぐために着物の上におおい着るもの。みの。「蓑笠（さりゅう・みのかさ）」
【蓑亀（みのがめ）】甲らに藻類をつけた亀。長寿のしるしといわれ、めでたいものとされる。

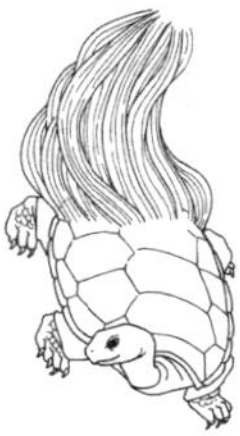
蓑亀

【蓑虫（みのむし）】みのが科の昆虫の幼虫。

艸10【蓙】(13)〈国字〉 音ザ 訓ござ 正字 艸10 蓙(14)
意味 いぐさで編んだ敷物。ござ。「茣蓙（ござ）」

艸10【蒜】(13) 音サン 訓ひる 正字 艸10 蒜(14)
意味 にんにく・のびるなど、強いにおいのある草のこと。ひる。「大蒜（だいさん・にんにく）」

艸10【蒔】(13) 人名 音シ・ジ 訓まく 旧字 艸10 蒔(14)
筆順
意味 ❶植えかえる。「蒔植（ししょく）」❷種を地に散らし植える。まく。「種蒔き」❸蒔絵（まきえ）をする。まく。
名付 し・じ・まき
【蒔植（じしょく）】草木を移しうえること。移植。
【蒔絵（まきえ）】漆（うるし）に金・銀などをまきつける工芸。

蒔絵

艸10【蓍】(13) 音シ 訓めどぎ 正字 艸10 蓍(14)
意味 ❶草の一種。めどはぎ。❷占いに用いる筮竹（ぜいちく）のこと。めどぎ。

艸10【蒐】(13) 人名 音シュウ 訓あつめる 旧字 艸10 蒐(14)
筆順
意味 ひと所に寄せる。あつめる。「蒐集・蒐荷」
名付 あつむ
参考 「蒐集」「蒐荷」などの「蒐」は、それぞれ「収」「集」に書き換える。

艸10【蓚】(13) 音シュウ 訓― 正字 艸10 蓚(14)
意味 「蓚酸（しゅうさん）」は化学物質の一種。有毒。

艸10【蒸】(13) 6年 旧字 艸10 蒸(14)
音 ジョウ 訓 むす・むれる・むらす・ふかす
筆順
意味 ❶湯気が立ちのぼる。むす。むれる。また、そのようになって不快に思う。むす。むれる。「蒸気・蒸発・蒸留・蒸し暑い」❷湯気をじゅうぶんに通す。ふかす。むす。むらす。また、そのようになる。むれる。
名付 じょう・つぐ・つまき
【蒸散（じょうさん）】植物が水分を水蒸気として排出すること。また、その現象。▽液体の蒸発と区別する。
【蒸発（じょうはつ）】①液体がその表面から気体になること。②人がゆくえ不明になること。「友人が―した」
【蒸留（じょうりゅう）】溶液を加熱して蒸気とし、不純物を含まない液体にすること。▽「蒸溜」の書き換え字。
参考熟語 蒸籠（せいろう・せいろ）

艸10【蓐】(13) 音ジョク 訓しとね 正字 艸10 蓐(14)
意味 草を編んで作った柔らかい敷物。しとね。「蓐瘡（じょくそう）（床ずれ）」
参考 「しとね」はふつう「褥」と書く。

艸10【蓁】(13) 音シン 訓― 正字 艸10 蓁(14)
意味 草が盛んに茂るさま。「蓁蓁」

艸10 【蓆】(13) 音セキ 訓むしろ　正字 艸10 蓆(14)

意味 藺(い)・藁(わら)などで編んだ敷物。むしろ。

艸10 【蒼】(13) 人名 音ソウ 訓あおい　旧字 艸10 蒼(14)

筆順

意味 ❶濃い青色。あお。また、その色である。あおい。「蒼白・蒼海」❷年老いている。また、白髪まじりである。「蒼蒼・老蒼」❸あわただしい。「蒼惶」

名付 しげる・そう

参考 「蒼惶」は「倉皇」に書き換える。

【蒼穹】(そうきゅう) 青々とした大きな空。▽「穹」は「弓形に盛り上がった空」の意。

【蒼惶】(そうこう) あわただしく落ち着かないさま。また、ひどくあわてるさま。

【蒼然】(そうぜん) ①薄暗くてぼんやり見えるさま。「暮色—」②古びていて色などがあせているさま。「古色—」

【蒼天】(そうてん) ①青い大きな空。②春の空。

【蒼白】(そうはく) 血の気が失せて青白いこと。「顔面—」

艸10 【蓄】(13) 常用　旧字 艸10 蓄(14)

音チク 訓たくわえる

筆順

意味 ❶物を集め、ためる。たくわえる。また、ためた物。たくわえ。「蓄積・蓄財・貯蓄・蘊蓄(うんちく)・蓄電池」❷養う。「蓄妾(ちくしょう)」

参考 似た字(畜・蓄)の覚え方「食ってしまって草(艹)なしの家畜、草(艹)の下にたくわえる貯蓄」

【蓄財】(ちくざい) 財産を蓄えること。また、その蓄えた財産。

【蓄積】(ちくせき) 役立たせるために蓄えておくこと。また、たまること。「戦力の—」「疲労が—する」

注意 「畜積」と書き誤らないように。

【蓄電】(ちくでん) 電気を蓄えること。ふつう、蓄電器や蓄電池に電気を蓄えること。

艸10 【蒻】(13)　正字 艸10 蒻(14)

音ニャク・ジャク 訓—

意味 「蒟蒻(こんにゃく)」は、草の一種。また、その地下茎を原料とした食品。

艸10 【蓜】(13) 〈国字〉 音ハイ 訓—　正字 艸10 蓜(14)

意味 姓に用いる字。

艸10 【蓖】(13) 音ヒ 訓—　正字 艸10 蓖(14)

意味 →蓖麻(ひま)

【蓖麻】(ひま) 草の一種。種から蓖麻子油(ひましゆ)をとる。唐胡麻(とうごま)。

艸10 【蒲】(13) 人名 音ブ・ホ 訓かば・がま　旧字 艸10 蒲(14)

筆順

意味 草の一種。沼・池などに自生する。葉は長く厚く、干してむしろなどを作る。かば。がま。

名付 がま

【蒲柳の質】(ほりゅうのしつ) からだが弱くて病気にかかりやすい体質。▽「蒲柳」は、かわやなぎのこと。かわやなぎが弱々しく見えることから。

参考熟語 蒲鉾(かまぼこ) 蒲公英(たんぽぽ) 蒲団(ふとん)

艸10 【蒡】(13) 音ボウ 訓—　正字 艸10 蒡(14)

意味 「牛蒡(ごぼう)」は野菜の一種。

艸10 【蒙】(13) 人名　旧字 艸10 蒙(14)

音モウ 訓くらい・こうむる

筆順

意味 ❶身に受ける。こうむる。「損害を蒙る」❷道理をよく知らない。くらい。また、そのこと。もう。「蒙昧(もうまい)・啓蒙・蒙を啓(ひら)く」❸幼い。また、幼い者。「童蒙」❹蒙古(もうこ)のこと。「外蒙・満蒙」

【蒙昧】(もうまい) 物事の道理をよく知らないこと。「無知—」▽「昧」も「道理にくらい」の意。

注意 「蒙味」と書き誤らないように。

艸10 【蓉】(13) 人名 音ヨウ 訓—　旧字 艸10 蓉(14)

筆順

意味 「芙蓉(ふよう)」は蓮(はす)の花。また、木の一種。木芙蓉(もくふよう)。

名付 はす・ゆう・よう

艸10 【蓮】(13) 人名　旧字 艸11 蓮(15)

音レン 訓はす・はちす

筆順

6画

意味 水草の一種。葉は円形で、水面に浮く。夏、白または淡紅色の花を開く。根は蓮根(れんこん)といい、食用。はちす。はす。「蓮華(れんげ)・蓮根・白蓮(びゃくれん)」名付 はす・れん

【蓮華】(れんげ) ①蓮(はす)の花。②れんげ草のこと。緑肥用。

【蓮台】(れんだい) 仏像の台座。はすの花をかたどっている。蓮華座(れんげざ)。はすのうてな。

【墓】▶土10 【夢】▶夕10 【幕】▶巾10

艸10【蒭】▶芻 異　艸10【蒋】▶蔣 異　艸10【蓬】▶蓬 異

艸11 【蔭】(14) 人名 音 イン 訓 かげ　旧字 艸11 蔭(15)

筆順 艹 艹 芓 芦 苡 蔭 蔭 蔭

意味 ❶日光などの直接当たらない所・部分。かげ。「樹蔭・緑蔭・木蔭(こかげ)」❷物にさえぎられて見えない所。かげ。「本箱の蔭」❸助け。かげ。「庇蔭・御蔭(おかげ)」名付 おおう・かげ

参考 「陰」とも書く。

艸11 【蔚】(14) 音 ウツ 訓 ―　正字 艸11 蔚(15)

意味 草木がこんもり茂るさま。「蔚然(うつぜん)」

【蔚然】(うつぜん) ①草や大きな木が茂っているさま。鬱蒼(うっそう)。②勢いがさかんなさま。③気がめいるさま。▽「鬱然」とも書く。

艸11 【[艹+細]】(14) 〈国字〉 音 ― 訓 くご・くごい　正字 艸11 [艹+細](15)

意味 くご。くごい。▽人名・地名に用いる字。

艸11 【蔡】(14) 音 サイ 訓 ―　正字 艸11 蔡(15)

意味 ❶雑草。草むら。❷中国の周代の国名。さい。

艸11 【蔗】(14) 音 シャ・ショ 訓 ―　正字 艸11 蔗(15)

意味 草の一種。茎の汁から砂糖をとる。さとうきび。「蔗糖(しょとう)・甘蔗(かんしょ・かんしゃ)(さとうきび)」

【蔗糖】(しょとう・しゃとう) さとうきびから精製する砂糖。

参考 「しょ」は慣用読み。

艸11 【蓿】(14) 音 シュク 訓 ―　正字 艸11 蓿(15)

意味 「苜蓿(もくしゅく)(うまごやし)」は、草の一種。肥料・牧草とする。

艸11 【蓴】(14) 音 ジュン 訓 ぬなわ　正字 艸11 蓴(15)

意味 水草の一種。若葉・若芽は食用。ぬなわ。「蓴菜(じゅんさい)」

艸11 【蔣】(14) 人名 音 ショウ 訓 ―　旧字 艸11 蔣(15)　異体 艸10 蒋(13) 簡慣

筆順 艹 艹 芇 芇 芇 蔣 蔣 蔣

意味 水草の一種。まこも。

艸11 【蔘】(14) 音 シン 訓 ―　正字 艸11 蔘(15)

意味 「人蔘(にんじん)」は、ちょうせんにんじん。根を薬用にする。また、野菜の一つ。

艸11 【蔬】(14) 音 ソ 訓 ―　正字 艸11 蔬(15)

意味 ❶食用とする草や、野菜のこと。「蔬菜」❷きめがあらくて粗末である。「蔬食(そし)」

【蔬菜】(そさい) 副食物にする野菜。あおもの。

艸11 【蔟】(14) 音 ゾク・ソク 訓 まぶし　正字 艸11 蔟(15)

意味 ❶集まり群れる。❷蚕を移し入れて繭を作らせるもの。まぶし。

艸11 【蔕】(14) 音 タイ 訓 へた　異体 艸9 蒂(12)

意味 茄子(なす)・柿(かき)などの実に付いている萼(がく)。へた。

艸11 【蔦】(14) 人名 音 チョウ 訓 つた　旧字 艸11 蔦(15)

筆順 艹 艹 艹 苗 茑 蔦 蔦 蔦

意味 つる草の一種。秋に紅葉する。つた。「蔦葛(つたかずら)」名付 ちょう・つた

艸11 【蔔】(14) 音 フク 訓 ―　正字 艸11 蔔(15)

意味 「蘿蔔(らふく)」は、大根(だいこん)のこと。

艸11 【蔑】(14) 常用 音 ベツ 訓 さげすむ・ないがしろ　旧字 艸11 蔑(15)

筆順 艹 芇 芇 苗 茂 蔑 蔑

意味 人を軽んじ、ばかにする。さげすむ。また、そのこと。ないがしろ。「蔑視・軽蔑・侮蔑」

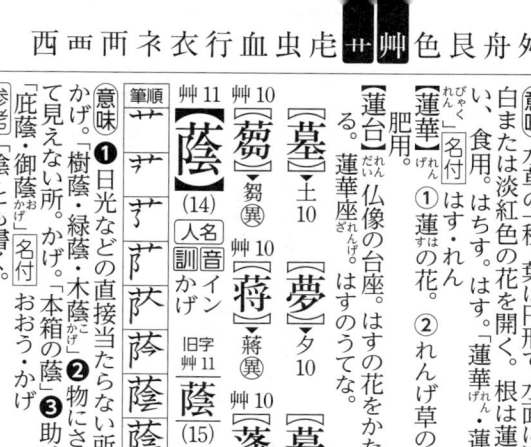

6画

【蔑視】(べっし) 人を見くだし、ばかにして扱うこと。

【蔑称】(べっしょう) 人や物などを軽蔑の気持ちをこめて呼ぶ名称。卑称。

艸11 **【蓬】**(14) 人名 音 ホウ 訓 よもぎ
旧字 艸11 蓬(15) 異体 艸10 蓬(13)

意味 ❶草の一種。山野に自生する。葉は餅(もち)につき入れて食べる。また、もぐさの原料。もちぐさ。よもぎ。「蓬餅(よもぎもち)」❷物が乱れているさま。「蓬髪」❸→蓬萊(ほうらい) 名付 とも・ほ

参考 ❶の「よもぎ」は「艾」とも書く。

【蓬髪】(ほうはつ) (よもぎのように)のびて乱れた髪。

【蓬萊】(ほうらい) ①中国で、東海にあって仙人が住むという霊山。蓬萊山。②蓬萊台のこと。蓬萊山にかたどり、松竹梅・鶴亀(つるかめ)などを飾った台。③蓬萊飾りのこと。新年の祝いに、三方(さんぽう)の上に米を盛り、のしあわび・こんぶ・かちぐりなどを飾ったもの。

【蓬生】(よもぎう) よもぎなどの茂った荒れはてた土地。

艸11 **【蔀】**(14) 音 ホウ 訓 しとみ
正字 艸11 蔀(15)

意味 昔の建具の一種。日光や風雨をよける格子組みの裏に板を張った戸。しとみ。

艸11 **【蔓】**(14) 人名 音 マン 訓 かずら・つる
旧字 艸11 蔓(15)

意味 ❶伸び広がる。はびこる。「蔓延」❷細長く伸びて物にからまったり地にはったりする茎。つる。❸つる草のこと。かずら。「蔦蔓(つたかずら)」

名付 し・つる

【蔓延】(まんえん) よくない物事が広がりはびこること。「コレラが─する」

参考熟語 蔓延る(はびこる)

艸11 **【蓼】**(14) 印標 音 リョウ 訓 たで
旧字 艸11 蓼(15)

意味 野草の一種。葉・茎は非常に辛い。たで。「蓼食う虫も好き好き」

【慕】▼心10

【暮】▼日10

艸11 【蔥】▼葱(異)

艸11 【蓮】▼蓮(旧)

艸11 【蔆】▼菱(異)

艸11 【蕭】▼蕭(異)

艸12 **【蕎】**(15) 人名 音 キョウ 訓 ─
旧字 艸12 蕎(16)

意味 →蕎麦(そば) 名付 たかし

【蕎麦】(そば) ①草の一種。実からそば粉を作る。そばむぎ。②食品の一種。そば粉で作る。そばきり。

艸12 **【蕀】**(15) 音 キョク 訓 ─
正字 艸12 蕀(16)

意味 ❶いばら。❷とげ。

艸12 **【蕨】**(15) 人名 音 ケツ 訓 わらび
旧字 艸12 蕨(16)

意味 草の一種。春先に出る巻いた葉は食用。わらび。「早蕨(さわらび)」

艸12 **【蕣】**(15) 音 シュン 訓 あさがお
正字 艸12 蕣(16)

意味 草の一種。朝顔(あさがお)。あさがお。

艸12 **【蕉】**(15) 人名 音 ショウ 訓 ─
旧字 艸12 蕉(16)

意味 「芭蕉(ばしょう)」は、草の一種。葉は長楕円(ちょうだえん)形。名付 しょう

艸12 **【蕘】**(15) 音 ジョウ 訓 ─
正字 艸12 蕘(16)

意味 きこり。「芻蕘(すうじょう)(草刈りときこり)」

艸12 **【蕈】**(15) 音 ジン 訓 きのこ
正字 艸12 蕈(16)

意味 きのこ。

艸12 **【蕁】**(15) 音 ジン 訓 ─
正字 艸12 蕁(16)

意味 いらくさ。茎・葉にとげがある。「蕁麻疹」

【蕁麻疹】(じんましん) 強いかゆみをともなって、急に皮膚が赤く発疹(ほっしん)する病気。▽皮膚に蕁麻(いらくさ)のとげにさされたような発疹ができることから。

艸12 **【蕊】**(15) 音 ズイ 訓 しべ
正字 艸12 蕊(16) 異体 艸12 蕋(15) 異体 艸16 蘂(19)

6画

意味 花の生殖器官。ずい。しべ。「雄蕊(ゆうずい・おしべ)」

艸12 【蔵】(15) 6年 音ゾウ 訓くら・おさめる
旧字 艸15 藏(19) 異体 艸15 蔵(18) 人名

筆順 艹 芦 芦 芦 蔵 蔵 蔵

意味 ❶物をしまっておく。おさめる。ぞうする。また、そのこと。ぞう。「蔵書・愛蔵・貯蔵・国会図書館蔵」❷隠す。「蔵匿・退蔵・埋蔵」❸物をしまっておく建物。くら。「土蔵・宝蔵・酒蔵(さかぐら)」❹仏教で、すべてをおおい包んでいるもの。「三蔵・地蔵(じぞう)」名付 おさむ・くら・ぞう・ただ・とし・よし

【蔵匿(ぞうとく)】人に知られないように隠すこと。

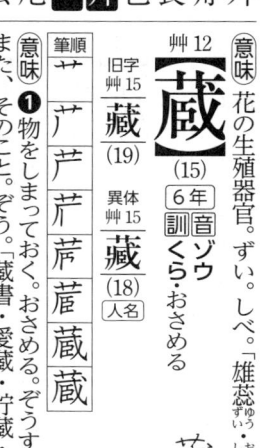

参考 くら⇩「倉」の[使い分け]。

艸12 【蕩】(15) 印標 音トウ 訓―
旧字 艸12 蕩(16) 異体 艸17 蘯(20)

意味 ❶ゆらゆら動く。うごく。「飄蕩(ひょうとう)」❷酒色などにふけってとめどがない。「蕩児・放蕩・遊蕩」❸ゆったりしていて穏やかである。「蕩蕩・駘蕩(たいとう)」❹すっかりなくなるようにする。「蕩尽・掃蕩」

【蕩児(とうじ)】①酒色にふけって家業をかえりみない人。②放蕩(ほうとう)むすこのこと。

【蕩尽(とうじん)】道楽や遊びで全財産を使いはたすこと。

【蕩蕩(とうとう)】①広々として大きいさま。②おだやかなさま。

艸12 【蕃】(15) 人名 音ハン・バン 訓しげる・ふえる
旧字 艸12 蕃(16)

筆順 艹 艹 苎 苹 菜 蕃 蕃 蕃

意味 ❶草が生い茂る。しげる。また、生物が繁殖する。ふえる。「蕃殖」❷かきね。❸野蛮人。「蕃族(ばんぞく)」名付 しく・しげ・しげり・しげる・ば・ふさ・みつ・もり

参考「蕃殖・蕃族」の「蕃」はそれぞれ「繁」「蛮」に書き換える。

艸12 【蕪】(15) 人名 音ブ 訓あれる・かぶ・かぶら
旧字 艸12 蕪(16)

筆順 艹 芒 芒 芒 蕪 蕪 蕪 蕪

意味 ❶雑草が生い茂って土地が荒れる。あれる。また、荒れ地。「荒蕪・田園将(まさ)に蕪れなんとす」❷入り乱れてごたごたになる。「蕪雑」❸野菜の一つ。かぶら。かぶ。「蕪菜(かぶらな)」

【蕪雑(ぶざつ)】物事の順序や筋道が乱れていていてごたごたしていること。「―な文章」

参考熟語 蕪菁(かぶら)

艸12 【蔽】(15) 常用 音ヘイ 訓おおう
旧字 艸12 蔽(16)

筆順 艹 艹 芇 芇 苘 蔽 蔽 蔽

意味 物の上にかぶせる。おおう。また、おおうもの。おおい。「掩蔽(えんぺい)・隠蔽(いんぺい)」

艸12 【蕕】(15) 音ユウ 訓―
正字 艸12 蕕(16)

意味 草の一種。悪臭がある。かりがねそう。

艸12 【蕚】▸萼(異)

艸12 【蕋】▸蕊(異)

艸13 【薀】(16) 音ウン 訓―
正字 艸13 蘊(17)

意味 積む。また、奥深い。「蘊蓄(うんちく)・蘊奥(うんのう)」

参考「蘊」とも書く。

艸13 【薤】(16) 音カイ 訓―
正字 艸13 薤(17)

意味 野菜の一つ。らっきょう。

艸13 【薑】(16) 音キョウ 訓はじかみ
正字 艸13 薑(17)

意味 野菜の一つ。しょうが。はじかみ。「生薑(しょうが・しょうきょう)」

艸13 【薫】(16) 常用 音クン 訓かおる
旧字 艸14 薰(18) 異体 艸14 薰(17) 人名

筆順 艹 艹 艹 菁 菁 菫 薫

意味 ❶よいにおいがする。くんずる。かおる。また、よいにおい。かおり。「薫風・薫煙・余薫」❷人によい感化を与える。「薫育・薫陶」❸香(こう)をたいてよいかおりを立てる。くんずる。名付 かおる・くん・しげ・ただ・つとむ・にお・のぶ・ひ

で・ふさ・ほう・ゆき

【参考】「薫製」は「燻製」が書き換えられたもの。

【薫育】(くんいく) 徳をもっておしえみちびくこと。人格によって感化し教育すること。

【薫製】(くんせい) 塩づけにした魚肉・獣肉をいぶしてかわかして作った食品。▽「燻製」の書き換え字。

【薫陶】(くんとう) すぐれた人格で人を感化し、りっぱな人間にすること。「師の―を受ける」

【薫風】(くんぷう) 初夏に吹くさわやかな風のこと。

艸13 **【薊】**(16) 音ケイ 訓あざみ 正字 艸13 薊(17)

意味 草の一種。葉のふちにとげがある。あざみ。

艸13 **【薨】**(16) 印標 旧字 艸13 薨(17)

音コウ 訓みまかる

意味 貴人が死ぬ。こうずる。みまかる。「薨去」

【薨去】(こうきょ) 皇族や三位(さんみ)以上の人が死去すること。薨逝(こうせい)。

艸13 **【蕺】**(16) 訓― 音シュウ 正字 艸13 蕺(17)

意味 どくだみのこと。草の一種。日陰に自生する。全体に悪臭がある。地下茎は薬用。

参考熟語 蕺草(どくだみ)

艸13 **【蕭】**(16) 印標 訓― 音ショウ 旧字 艸13 蕭(17) 異体 艸11 蕭(14)

意味 ひっそりとしていてものさびしい。「蕭然・蕭蕭・蕭条」

【蕭蕭】(しょうしょう) 風や雨の音がものさびしいさま。「風―として易水(えきすい)(中国の川の名)寒し」

【蕭然】(しょうぜん) 風景などがひっそりとしてものさびしいさま。

艸13 **【薔】**(16) 印標 旧字 艸13 薔(17)

音ショウ・ソウ 訓―

意味 →薔薇(ばら・そうび・しょうび)

【薔薇】(ばら・そうび・しょうび) 花木の一種。枝にとげがあり、香りのある花を開く。

艸13 **【薪】**(16) 常用 音シン 訓たきぎ・まき 旧字 艸13 薪(17)

筆順 艹 … 薪

意味 燃料にするために切って整えた木。まき。たきぎ。「薪炭・薪水・臥薪嘗胆(がしんしょうたん)」

【薪水の労】(しんすいのろう) 炊事のための、たきぎをとったり水をくんだりする仕事。「―をとる(人のために炊事の世話をすることを形容することば)」

【薪炭】(しんたん) たきぎと、すみ。また、燃料。

艸13 **【薛】**(16) 訓― 音セツ 正字 艸13 薛(17)

意味 ❶草の一種。よもぎ。❷草の一種。はますげ。

艸13 **【薦】**(16) 常用 旧字 艸13 薦(17)

音セン 訓すすめる・こも

筆順 艹 … 薦

意味 ❶人物を選び推す。すすめる。「推薦・自薦」❷草で編んだ敷物。こも。

参考 すすめる⇩「勧」の[使い分け]。

艸13 **【薙】**(16) 人名 旧字 艸13 薙(17)

音テイ 訓かる・なぐ

筆順 艹 … 薙

意味 刃物などで草を横に払って切り倒す。かる。なぐ。「薙刀(なぎなた)」

艸13 **【薄】**(16) 常用 旧字 艸13 薄(17)

音ハク 訓うすい・うすめる・うすまる・うすらぐ・うすれる・すすき・せまる

筆順 艹 … 薄

意味 ❶厚くない、または多くない。うすい。また、そのようになる、またはそのようにする。うすまる。うすらぐ。うすめる。うすれる。「薄氷(はくひょう・うすごおり)・薄幸・軽薄」❷近づく。せまる。「薄暮・薄明・肉薄」❸秋の七草の一つ。尾花(おばな)。すすき。「枯れ薄」名付 いたる・うす・はく

【薄志】(はくし) 礼として贈り物をするとき、その贈り物を謙遜していうことば。寸志。▽「わずかの志」の意。

【薄志弱行】(はくしじゃっこう) 意志が弱く、進んで物事を行う気力に乏しいこと。

【薄謝《はくしゃ》】①わずかの謝礼。②謝礼を謙遜していうことば。

【薄弱《はくじゃく》】①からだや意志が弱々しくてしっかりしていないこと。「意志―」②確かでなくて信用できないこと。「根拠―」

【薄情《はくじょう》】思いやりの気持ちがとぼしいこと。

【薄氷を履むが如し《はくひょうをふむがごとし》】非常に危険な場面・場合にのぞむことを形容することば。▽「薄い氷を踏んで歩くようである」の意。

【薄暮《はくぼ》】日が沈んで薄暗くなるころ。夕暮れ。

【薄命《はくめい》】①巡り合わせが悪くて不運であること。「佳人―」②命が短いこと。

【薄明《はくめい》】日の出前や、日の入り後のぼんやりした明るさ。

【薄幸《はっこう》】不運でふしあわせなこと。▽「薄倖」の書き換え字。

参考熟語 薄鈍《うすのろ》　薄荷《はっか》

艸13
【薇】(16)
音 ビ
訓 ぜんまい
旧字 艸13 薇(17)
意味 ❶草の一種。うずまき形の若葉は食用。ぜんまい。❷「薔薇《ばら・しょうび・そうび》」は花木の一種。
薇

艸13
【薭】(16)
〈国字〉
音 ―
訓 ひえ
正字 艸13 薭(17)
意味 イネ科の草。穀物の一つ。ひえ。
薭

艸13
【薜】(16)
音 ヘイ
訓 ―
正字 艸13 薜(17)
意味 つる草のかずらのこと。
薜

艸13
【薬】(16)
3年
音 ヤク
訓 くすり
旧字 艸15 藥(19)
異体 艸15 藥(18) 人名
筆順
意味 ❶病気・傷を治す草。また、治療のために飲んだり塗ったり注射したりする物。くすり。「薬石・薬効・良薬・内服薬」❷他の物質に化学作用を及ぼす物質。「薬品・火薬・爆薬・消毒薬」
名付 くす・くすし・くすり・やく
【薬餌《やくじ》】病人に与える、薬と栄養のある食物。また、単に、薬のこと。「―に親しむ（病気がちである）」
【薬石《やくせき》】病気の治療に用いる、薬と鍼《はり》。「―効なく（種々手当てをしたかいもなく）」
【薬舗《やくほ》】薬を売る店。薬屋。薬局。
【薬味《やくみ》】料理の風味を増したり食欲をそそらせたりするための香辛料。ねぎ・わさび・しょうが・とうがらしなど。
【薬籠《やくろう》】①薬箱。「自家―中の物（自分の薬箱の中の薬のように、いつでも思うままに使える人または物）」②腰にさげて携帯する、小形の薬入れ。印籠《いんろう》。
【薬研《やげん》】漢方で、薬種《やくしゅ》（漢方薬の材料）を細かく砕くために使う舟形の鉄製の容器。
参考熟語 薬玉《くすだま》　薬師《くすし》　薬缶《やかん》
薬

薬研

艸13
【蕷】(16)
音 ヨ
訓 ―
正字 艸13 蕷(17)
意味 「薯蕷《しょよ》」は、野菜の一種。やまいも。
蕷

艸13
【蕾】(16)
人名
音 ライ
訓 つぼみ
旧字 艸13 蕾(17)
筆順
意味 ❶花の、つぼみ。「あたら蕾の花を散らす」❷花がつぼみを持つ。つぼむ。
蕾

艸13
【蕗】(16)
人名
音 ロ
訓 ふき
旧字 艸13 蕗(17)
筆順
意味 草の一種。山野に自生する。葉柄は食用。春先に出る花芽を蕗の薹《とう》といい、食用になる。ふき。
名付 ふき・ろ
蕗

艸13
【薐】(16)
音 ロウ・リョウ
訓 ―
正字 艸13 薐(17)
意味 「菠薐《はりょう》」は、野菜の一つ。ほうれんそう。
薐

艸13
【臈】(16)
印標
音 ロウ
訓 ―
旧字 艸13 臈(17)
異体 肉12 臈(16)
意味 ❶年のくれ。「臈月」❷年功や経験を積むこと。「臈長《ろうた》ける」
参考 日本では古くから「臘」の異体字として使われた。
臈

艸13
【薈】(16)
音 ワイ
訓 ―
正字 艸13 薈(17)
意味 草木が集まり茂る。
薈

6画

艸13 〔薗〕▼園 異

艸14 【⿱艹⿰犭奄】(17) 〈国字〉 音 ― 訓 おぎ・はぎ 正字 艸14 ⿱艹⿰犭奄(18)
意味 おぎ。はぎ。▽人名などに用いる字。

艸14 【藁】(17) 人名 音 コウ 訓 わら 旧字 艸14 藳(18)
筆順 艹 䒑 苎 蒿 蒿 蒿 蒿 藁
意味 ❶稲・麦などの茎を干したもの。わら。「藁灰(わらばい)・藁苞(わらづと)・麦藁(むぎわら)」❷詩文の下書き。
【藁苞(わらづと)】わらをたばね、中に物を包み込むもの。

艸14 【薩】(17) 人名 音 サツ 訓 ― 旧字 艸14 薩(18) 異体 艸14 薩(17)
筆順 艹 艹 䕃 陸 薩 薩 薩 薩
意味 →薩埵(さった)
【薩埵(さった)】①仏教で、生命あるもの。②仏に次ぐ地位。菩薩(ぼさつ)。

艸14 【藉】(17) 音 シャ・セキ 訓 かりる 正字 艸14 藉(18)
意味 ❶借りて用いる。かりる。「藉口(しゃこう)」(口実とすること) ❷踏みにじる。また、乱雑である。「狼藉(ろうぜき)」❸いたわる。「慰藉(いしゃ)」
参考 「慰藉料」の「藉」は「謝」に書き換える。

艸14 【薯】(17) 印標 音 ショ 訓 いも 旧字 艸14 薯(18) 異体 艸13 藷(16)
意味 芋類のこと。また、やまのいも。いも。「甘薯・自然薯(じねんじょ)・馬鈴薯」
参考熟語 薯蕷(やまのいも・やまいも・とろろ)

艸14 【薺】(17) 音 セイ 訓 なずな 正字 艸14 薺(18)
意味 春の七草の一つ。春、小さな白い花を開く。若葉は食用。ぺんぺん草。三味線草。なずな。

艸14 【⿱艹蜒】(17) 〈国字〉 音 タン 訓 ― 正字 艸14 ⿱艹蜒(18)
意味 人名などに用いる字。

艸14 【薹】(17) 音 トウ 訓 ― 正字 艸14 薹(18)
意味 菜・蕗(ふき)などの花軸。とう。「蕗(ふき)の薹(とう)・薹が立つ(人が盛りの時期を過ぎる)」

艸14 【⿱艹⿰歹男】(17) 〈国字〉 音 ― 訓 なぎ 正字 艸14 ⿱艹⿰歹男(18)
意味 なぎ。▽人名などに用いる字。

艸14 【藐】(17) 音 バク・ビョウ 訓 ― 正字 艸14 藐(18)
意味 ❶遠くてはるかである。「藐然(ばくぜん)」❷軽んずる。

艸14 〔薰〕▼薫 旧

艸15 【藕】(18) 音 グウ 訓 ― 正字 艸15 藕(19)
意味 蓮(はす)の根。蓮根(れんこん)。「藕糸(ぐうし)」

艸15 【藪】(18) 印標 音 ソウ 訓 やぶ 旧字 艸15 藪(19) 異体 艸13 薮(16)
意味 ❶背の低い木やつる草などが茂っている所。また、竹の群生している所。やぶ。「淵藪(えんそう)・藪蚊(やぶか)」❷へたな医者のこと。やぶ。「藪医者」
【藪蛇(やぶへび)】「藪をつついて蛇を出す(よけいなことをして、かえって面倒なことを引き出す)」の略。

艸15 【藤】(18) 常用 音 トウ 訓 ふじ 旧字 艸15 藤(19)
筆順 艹 䒑 䓕 䔍 蕂 藤 藤 藤
意味 ❶木の一種。薄紫色または白色の花がふさ状にたれて咲く。ふじ。❷つる草のこと。「葛藤(かっとう)」❸藤原氏のこと。とう。「源平藤橘(げんぺいとうきつ)」
名付 かつら・つ・とう・ふじ

艸15 【藩】(18) 常用 音 ハン 訓 ― 旧字 艸15 藩(19)
筆順 艹 芝 茫 蒁 蒁 萍 薬 藩
意味 ❶境を隔てる垣。「藩屏(はんぺい)」❷江戸時代、大名が治めた土地・人民。はん。「藩主・藩閥・雄藩」
【藩校(はんこう)】江戸時代、各藩で行った藩士の子弟の教育施設。藩学(はんがく)。
【藩札(はんさつ)】江戸時代、多くの藩が発行し、その藩内にだけ通用した紙幣(しへい)。
【藩閥(はんばつ)】明治維新の時に、薩摩(さつま)藩・長門(ながと)

6画

藩などの出身者によってつくられた、政治的な派閥。

【藩屏（はんぺい）】守りとなる、かきね。「皇室の—（朝廷の守りとなる諸侯（しょこう））」▽「屏」も「かきね」の意。

艸15 **【藍】**(18) 常用 音 ラン 訓 あい 旧字 艸15 藍(19)

筆順 艹 芦 芦 芦 芦 苣 萨 藍

意味 草の一種。青色の染料をとる。あい。また、その染料。あい。「出藍・甘藍・青は藍より出（い）でて藍より青し」名付 あい・らん

【藍本（らんぽん）】原本。原典。

艸15 **【藜】**(18) 音 レイ 訓 あかざ 正字 艸15 藜(19)

意味 草の一種。茎は杖（つえ）にする。あかざ。「藜杖（れいじょう）（老人用の、あかざの杖）」

艸15【繭】▶糸12

艸15【藝】▶芸㊐

艸15【藝】▶芸㊙異

艸15【藏】▶蔵㊐

艸15【藥】▶薬㊐

艸15【藷】▶藷㊙異

艸16 **【藹】**(19) 音 アイ 訓 — 正字 艸16 藹(20)

意味 ❶盛んに茂るさま。❷穏やかなさま。「藹藹」

【藹藹（あいあい）】①なごやかで穏やかなさま。「和気—」②草木が茂っているさま。

艸16 **【蘊】**(19) 音 ウン 訓 — 正字 艸16 蘊(20)

意味 積みたくわえる。また、奥深い。「蘊蓄・蘊奥」

参考「薀」とも書く。

【蘊蓄（うんちく）】研究・勉強して積みたくわえた深い学問・知識。「—を傾ける」

【蘊奥（うんのう・うんおう）】学問・技芸などの奥義。

艸16 **【藷】**(19) 印標 音 ショ 訓 いも 旧字 艸16 藷(20) 異体 艸15 藷(18)

意味 芋類のこと。また、やまのいも。いも。「甘藷」

艸16 **【藻】**(19) 常用 音 ソウ 訓 も 旧字 艸16 藻(20)

筆順 艹 艹 茫 茫 藻 藻 藻 藻

意味 ❶水中に生える草。も。「藻類・海藻・藻屑（もくず）」❷詩歌・文章の美しいことば。「詞藻・文藻・才藻」名付 そう・も

【藻屑（もくず）】藻の切れはし。水中のごみくず。「海の—」

艸16 **【蘇】**(19) 人名 音 ス・ソ 訓 よみがえる 旧字 艸16 蘇(20) 異体 艸16 蘓(19)

筆順 艹 艹 苏 苏 苗 蕉 蘇 蘇

意味 ❶しそのこと。かおりがよく、食用にする。「紫蘇」❷紅色の染料をとる熱帯産の植物。「蘇芳（すおう）」❸生き返る。よみがえる。「蘇生」❹ソビエトのこと。「蘇聯（ソれん）・日蘇」名付 いき・はる

参考 (1)❸の「よみがえる」は「甦る」とも書く。(2)❹は「蘇維埃（ソビエト）」の略から。

【蘇芳（すおう）】①木の一種。インド・マレー原産。紅色の染料をとる。②「蘇芳①」の材・さやから得た染料の黒っぽい紅色。▽「蘇方」「蘇枋」とも書く。

【蘇生（そせい）】生き返ること。「—の思い」

参考熟語 蘇格蘭（スコットランド）

艸16 **【蘋】**(19) 音 ヒン 訓 — 正字 艸16 蘋(20)

意味 水草の一種。浮き草。

艸16 **【藾】**(19) 音 ライ 訓 — 正字 艸16 藾(20)

意味 草の一種。かわらよもぎ。

艸16 **【蘭】**(19) 人名 音 ラン 訓 — 旧字 艸17 蘭(21)

筆順 艹 艹 芦 芦 萠 蔄 蘭 蘭

意味 ❶香草の一つ。らん。❷オランダのこと。「蘭学」名付 か・らん

参考 ❷は「和蘭陀（オランダ）」の略から。

【蘭学（らんがく）】オランダ語の書物によって西洋の学術を研究した学問。

【蘭麝（らんじゃ）】蘭の花の香りと麝香（じゃこう）の香り。よい香りのこと。

艸16 **【藺】**(19) 音 リン 訓 い 正字 艸16 藺(20)

意味 草の一種。畳表・ござ・ぞうりなどを作る。

6画

髄は灯心の材料。いぐさ。い。

艸16 【蘆】(19) 印標 音ロ 訓あし・よし
旧字 艸16 蘆(20)
異体 艸4 芦(7) 人名

筆順 一 十 艹 芏 芦 芦

意味 草の一種。水辺に生える。茎は編んですだれにする。よし。あし。「蘆笛(あしぶえ)」 名付 あし・よし

参考 (1)「あし」「よし」は「葦」とも書く。(2)「芦」は別字だが、俗に「蘆」の略字として用いる。

艸16 【蘢】(19) 音ロウ 訓—
正字 艸16 蘢(20)

意味 草の一種。いぬたで。

艸16 〔蘂〕▶蕊㊕異
艸16 〔蘒〕▶蘒異

艸17 【蘰】(20) 〈国字〉 音— 訓かずら
正字 艸17 蘰(21)

意味 草花で作った髪飾り。かずら。

艸17 【蘗】(20) 音ゲツ・ケツ 訓ひこばえ
正字 艸17 蘗(21)

意味 切り株から出た芽。ひこばえ。「分蘗(ぶんけつ)」

艸17 【蘚】(20) 音セン 訓こけ
正字 艸17 蘚(21)

意味 苔(こけ)。こけ。「蘚苔(せんたい)(こけ)」

艸17 【[艹+縮]】(20) 〈国字〉 音— 訓つづら
正字 艸17 [艹+縮](21)

意味 つづら。▽地名に用いる字。「[艹+縮]川(つづらかわ)」は、愛媛県にある地名。

艸17 【蘩】(20) 音ハン 訓—
正字 艸17 蘩(21)

意味 →蘩蔞(はこべ)

【蘩蔞】(はこべ・はこべら) 春の七草の一つ。葉は柔らかく食用。小鳥のえさにもする。▽「蘩縷」とも書く。

〔驀〕▶馬10
艸17 〔蘖〕▶檗異
艸17 〔蘯〕▶蕩異
艸17 〔蘭〕▶蘭旧

艸19 【蘿】(22) 音ラ 訓—
正字 艸19 蘿(23)

意味 つる性の植物のこと。

参考熟語 蘿蔔(すずしろ)

艸21 【蘒】(24) 〈国字〉 音— 訓はぎ
異体 艸16 蘒(19)

意味 草の名。はぎ。

虍の部 とらかんむり とらがしら

虍0 【虍】(6) 音コ 訓—

意味 とらの声。

虍2 【虎】(8) 常用 音コ 訓とら
異体 ノ6 乕(7)

筆順 丨 ト 卜 广 卢 虍 虎 虎

意味 ❶猛獣の一種。勇ましくて凶暴とされる。とら。「虎口・虎狼・猛虎」❷酔っ払い。とら。

名付 こ・たけ・とら

【虎穴】(こけつ) とらが住んでいる穴。「—に入らずんば虎児(こじ)を得ず(危険を冒さなければ、すばらしい結果や利益を得ることはできない)」

【虎口】(ここう) 非常に危険な場所・場合。「—を脱する」

【虎視眈眈】(こしたんたん) 目的をとげようとして、じっと好機をうかがっているさま。「—とねらう」

【虎狼】(ころう) とらと、おおかみ。「—の心(残忍な心)」

参考熟語 虎杖(いたどり) 虎魚(おこぜ) 虎列刺(コレラ) 虎落笛(もがりぶえ)

虍3 【虐】(9) 常用 音ギャク 訓しいたげる
旧字 虍3 虐(9)

筆順 丨 ト 卜 广 卢 卢 虐

意味 むごい扱いをして苦しめる。しいたげる。「虐待・虐殺・残虐」

【虐殺】(ぎゃくさつ) むごたらしい方法で殺すこと。

【虐待】(ぎゃくたい) 人間・動物などをむごく取り扱うこと。いじめること。

虍4 【虔】(10) 音ケン 訓つつしむ

意味 おごそかにうやうやしくする。つつしむ。「敬虔・恭虔」

虍5 【虚】(11) 常用
旧字 虍6 虛(12) 人名

6画

音 キョ・コ 訓 むなしい・うつろ・うろ

筆順

意味 ❶中にものが充実していない。うつろ。むなしい。「虚無・虚空(こくう)・空虚」❷真実がない。「虚名・虚栄・虚勢」❸邪心をもたない。「虚心・謙虚」❹油断。きょ。「虚をつかれる」❺中がからになっているところ。うろ。

参考 ❶の「むなしい」は「空しい」とも書く。

【虚栄(きょえい)】うわべをかざって、人によく見せようとすること。みえ。

【虚偽(きょぎ)】いつわり。うそ。

【虚虚実実(きょきょじつじつ)】互いにかけひきをしてすきをねらい、あらゆる力とわざを尽くして競い合うさま。「—の選挙戦」

【虚言(きょげん・きょごん)】ほんとうでないことば。うそ。

【虚構(きょこう)】①事実ではないものを事実として作り上げること。「—の世界」②事実らしく印象づけるために作意によって事実のように作り上げること。フィクション。

【虚実(きょじつ)】①うそと、まこと。②互いに策略を練り、かけひきをして戦うこと。「—を尽くして戦う」

【虚弱(きょじゃく)】からだが弱いこと。「—体質」

【虚飾(きょしょく)】内容がないのに、表面だけを飾って体裁を繕うこと。

【虚心坦懐(きょしんたんかい)】心にわだかまりがなく、すなおでさっぱりした気持ち。また、そのような気持ちで臨むさま。注意「虚心担懐」と書き誤らないように。

【虚像(きょぞう)】平面鏡や凹(おう)レンズなどによってできる像のこと。▽実体・実質がなくて存在しないものにたとえることもある。

【虚脱(きょだつ)】気力がなくなってぼんやりすること。「—状態」

【虚無(きょむ)】①何もなくてむなしいこと。②価値のある本質的なものが存在しないこと。「—主義」

【虚名(きょめい)】実際に合わない、実力以上の名声。虚聞。「—を博する」

【虚空(こくう)】何もない空間。また、大空。

【虚仮(こけ)】①思慮のたりないこと。おろかなこと。「人を—にする(ばかにする)」②うわべだけで、中身のないこと。「—おどし」

参考熟語 虚無僧(こむそう)

虍5 〔處〕▼処(旧)

虍7 【虞】(13) 常用 音 グ 訓 おそれ 旧字 虍7 虞 (13)

筆順

意味 悪いことが起こるのではないかという心配。おそれ。「虞犯・水害の虞」名付 ぐ・すけ・もち・やす

参考 おそれる・おそれ⇩「恐」の[使い分け]。

【虞犯(ぐはん)】罪を犯すおそれがあること。「—少年」

【虞美人草(ぐびじんそう)】「ひなげし」の別名。参考「虞美人」は、中国の武将項羽(こうう)の愛人。その自殺した場所に生えたということから。

虍7 【虜】(13) 常用 旧字 虍6 虜 (12) 人名

音 リョ 訓 とりこ

筆順

意味 戦争などでいけどりになること。また、いけどりになった人。とりこ。「虜囚・捕虜・恋の虜」

【虜囚(りょしゅう)】戦争に敗れて捕らえられた人。とりこ。「—の辱めを受ける」

〔慮〕▼心11

〔膚〕▼肉11

虍7 〔號〕▼号(旧)

虍11 【虧】(17) 音 キ 訓 かける・かく

意味 こわれる。なくなる。かける。また、こわす。なくす。かく。「虧損(きそん)」

【虧欠(きけつ)】穴があくこと。かけること。また、物事などが完全でないこと。

【虧損(きそん)】物がかけていたむこと。また、法令などがかけて不完全になること。

虫 の部 むし むしへん

虫0 【虫】(6) 1年 音 チュウ 訓 むし 旧字 虫12 蟲 (18)

筆順 丶 口 口 中 虫 虫

意味 ❶鳥・獣・魚・貝類以外の小動物のこと。

また、特に、昆虫のこと。むし。「虫類・害虫・昆虫・虫歯（むしば）」❷意識や感情を起こすもとになると考えられているもの。むし。「虫が好かない（なんとなくきらいである）」❸あることに熱中する人。むし。「本の虫」❹人をいやしめていうことば。むし。「弱虫（よわむし）・泣き虫」名付 ちゅう・むし

【虫酸】（むしず）胸がむかむかしたときなどに胃から口に出るすっぱい液。「—が走る（ひどく不快になる）」▽「虫唾」とも書く。

参考熟語 虫唾（むしず）

虫2 【虱】(8) 音 シツ 訓 しらみ 正字 虫9 蝨(15)

意味 昆虫の一種。小形で、人や動物の皮膚に寄生して血を吸う。しらみ。「虱潰（つぶ）し」

虫3 【虹】(9) 常用 音 コウ 訓 **にじ**

筆順 口 口 中 虫 虫 虹 虹

意味 にじ。大気中に現れる、七色の半円の帯。「虹彩」名付 こう・にじ

【虹霓】（こうげい）にじ。▽「虹蜺」とも書く。

【虹彩】（こうさい）ひとみの周りにある膜。

虫3 【虻】(9) 印標 音 ボウ 訓 あぶ 異体 虫9 蝱(15)

意味 昆虫の一種。雌は人・牛馬などの血を吸う。あぶ。

虫4 【蚓】(10) 音 イン 訓 —

意味 「蚯蚓（きゅういん・みみず）」は、環形動物の一種。

虫4 【蚣】(10) 音 コウ 訓 —

意味 「蜈蚣（ごこう・むかで）」は、節足動物の一種。

虫4 【蚕】(10) 6年 音 **サン** 訓 **かいこ** 旧字 虫18 蠶(24) 異体 虫20 蠺(26)

筆順 一 二 天 天 吞 吞 蚕 蚕

意味 かいこがの幼虫。桑の葉を食って成長し、生糸がとれる繭を作る。かいこ。「蚕糸・蚕食・養蚕」

【蚕食】（さんしょく）蚕が桑の葉を端からだんだん食べるように、他の領地などをしだいに侵略すること。

参考熟語 蚕豆（そらまめ）

虫4 【蚩】(10) 音 シ 訓 —

意味 ❶愚かである。❷ばかにする。「蚩笑」

虫4 【蚋】(10) 音 ゼイ 訓 ぶゆ・ぶよ

意味 昆虫の一種。水辺などに住み、人や家畜などの血を吸う。ぶゆ。ぶよ。

虫4 【蚤】(10) 印標 音 ソウ 訓 のみ

意味 昆虫の一種。人や家畜などの血を吸う。のみ。「蚤の夫婦（妻のほうがからだの大きい夫婦のこと）」

虫4 【蚪】(10) 音 ト 訓 —

意味 「蝌蚪（かと・おたまじゃくし）」は、蛙（かえる）の幼生。

虫4 【蚊】(10) 常用 音 ブン 訓 **か**

筆順 口 中 虫 虫 虫' 虫亠 蚊 蚊

意味 昆虫の一種。夏、人や家畜の血を吸う。か。「蚊帳（かや）・藪蚊（やぶか）」名付 か・ぶん

虫4 【蚌】(10) 音 ボウ 訓 はまぐり

意味 貝の一種。はまぐり。「鷸蚌（いつぼう）（しぎとはまぐり）」

虫5 【蚶】(11) 音 カン 訓 —

意味 貝の一種。あかがい。

虫5 【蚯】(11) 音 キュウ 訓 —

意味 ↓蚯蚓（きゅういん・みみず）

【蚯蚓】（きゅういん・みみず）環形動物の一種。土の中に住む。

虫5 【蛍】(11) 常用 音 **ケイ** 訓 **ほたる** 旧字 虫10 螢(16)

筆順 ⺍ ⺍ ⺍ 𫝆 𫝆 𫝆 蛍 蛍

意味 昆虫の一種。腹端の発光器から光を出す。ほたる。「蛍火（けいか・ほたるび）・蛍光灯・蛍狩り」名付 けい・ほたる

【蛍雪】（けいせつ）苦心・苦労して学問することのたと

え。「—の功」▽「光を出す蛍と、光を反射する雪」の意。昔、中国で、車胤(しゃいん)は蛍の出す光で、孫康(そんこう)は雪明かりで、それぞれ読書したという故事から。

虫5 **【蛄】**(11) 音 コ 訓 —

意味 ❶「螻蛄(ろうこ・けら)」は、昆虫の一種。❷「蟪蛄(けいこ・つくつくぼうし)」は蟬(せみ)の一種。

虫5 **【蛇】**(11) 常用 音 ジャ・ダ 訓 へび

筆順 口 中 虫 虫 虫' 虫宀 虫宀 蛇

意味 爬虫(はちゅう)類の一種。じゃ。へび。「蛇行(だこう)・毒蛇・蛇(じゃ)の道は蛇(へび)(同類の者は互いの事情に通じている)」

【蛇腹(じゃばら)】ひだがあって、自由に伸縮できる部分。

【蛇蝎(だかつ)】蛇と、さそり。ともに非常に忌みきらわれるもの。「—の如くいみきらう」

【蛇行(だこう)】蛇のように、曲がりくねって行くこと。

【蛇足(だそく)】あとから付け加える、よけいなもの。「—ながら」▽昔、中国で、早く蛇の絵を描いた者が酒を飲めることにして競争したが、いちばん早く描いた者が、得意になって蛇に足まで描き足してしまって酒が飲めなくなったという故事から。

虫5 **【蛆】**(11) 音 ショ 訓 うじ

意味 はえの幼虫。うじ。「蛆虫(うじむし)」

【蛆虫(うじむし)】①うじ。②つまらない人をののしって言うことば。

虫5 **【蛋】**(11) 印標 音 タン 訓 —

意味 鳥の卵。「蛋白(たんぱく)・蛋黄」

【蛋白(たんぱく)】①卵の白身。②たんぱく質から成る物。「尿—」

虫5 **【⿰虫生】**(11)〈国字〉 音 — 訓 に・にい

意味 に。にい。▽人名などに用いる字。

虫5 **【蚫】**(11)〈国字〉 音 ホウ 訓 あわび

意味 貝の一種。あわび。

参考「あわび」はふつう「鮑」「鰒」と書く。

虫5 **【蚰】**(11) 音 ユウ 訓 —

意味 →蚰蜒(げじ)

【蚰蜒(げじ・げじげじ)】節足動物の一種。むかでに似ている。気味悪く不快な虫とされる。「—眉(げじまゆ)」

虫5 **【蛉】**(11) 印標 音 レイ 訓 —

意味「蜻蛉(せいれい・とんぼ)」は、昆虫の一種。

虫5 **【蛎】**▶蠣 異

虫6 **【蛙】**(12) 印標 音 ア 訓 かえる・かわず

意味 両棲(りょうせい)類の一種。水田・池などに住む。かわず。かえる。「蛙鳴・井蛙(せいあ)・雨蛙(あまがえる)」

【蛙鳴蟬噪(あめいせんそう)】①やかましく騒ぐこと。②へたな文章や、くだらない議論をあざけっていうことば。

虫6 **【蛯】**(12)〈国字〉 音 — 訓 えび

意味 海老(えび)。えび。

虫6 **【蛔】**(12) 音 カイ 訓 —

意味 消化器官に寄生する虫。「蛔虫」

参考「蛔虫」の「蛔」は「回」に書き換える。

虫6 **【蛞】**(12) 音 カツ 訓 —

意味 →蛞蝓(かつゆ・なめくじ)

【蛞蝓(かつゆ・なめくじ・なめくじら)】軟体動物の一種。湿った所に住む。

虫6 **【蛩】**(12) 音 キョウ 訓 こおろぎ　正字 虫6 【蛩】(12)

意味 ❶こおろぎ。❷いなご。

参考 ❶の「こおろぎ」はふつう「蟋蟀」と書く。

虫6 **【蛬】**(12) 音 キョウ 訓 —

意味 こおろぎ。また、きりぎりす。

虫6 **【蛤】**(12) 印標 音 コウ 訓 はまぐり

意味 二枚貝の一種。食用。はまぐり。

参考熟語 蛤仔(あさり)

虫6 **【蛟】**(12) 音 コウ 訓 みずち

意味 竜に似た想像上の動物の一。みずち。水を好み、洪水を起こすという。「蛟竜(こうりゅう)」

【蛟竜】（こうりゅう・こうりょう） みずちと、竜。水中にひそみ、雲や雨にあうと天にのぼるといわれる。

虫6 【蛭】(12) 印標 音 シツ 訓 ひる
意味 環形動物の一種。湿地などに住み、吸盤で他の動物に吸いついて血液を吸う。ひる。

虫6 【蛛】(12) 印標 音 チュ・チュウ 訓 —
意味 「蜘蛛（ちちゅ・くも）」は節足動物の一種。

虫6 【蛮】(12) 常用 音 バン 訓 えびす 旧字 虫19 蠻(25)
筆順 亠 ナ 亣 亦 峦 峦 蛮 蛮
意味 ❶荒々しくて洗練されていない。「蛮声・蛮風・野蛮」❷文化の開けていない民族。「蛮人・蛮語・南蛮」❸昔、中国で、南方の異民族。えびす。「蛮夷」
参考 「蛮族」の「蛮」は「蕃」が書き換えられたもの。
【蛮夷】（ばんい） 未開地の民族。野蛮（やばん）人。また、外国人。
【蛮行】（ばんこう） 野蛮で乱暴な行い。
【蛮声】（ばんせい） 荒々しくて品のない大声。
【蛮勇】（ばんゆう） 向こうみずな勇気。「—を振るう」

虫7 【蜒】(13) 音 エン 訓 —
意味 →蜒蜒（えんえん）
【蜒蜒】（えんえん） うねって長く続くさま。「—長蛇（ちょうだ）の列」▽「蜿蜒」「蜿蜿」とも書く。

虫7 【蛾】(13) 印標 音 ガ 訓 —
意味 昆虫の一種。蝶（ちょう）に似る。が。「蛾眉（がび）・毒蛾」
【蛾眉】（がび） ①三日月形の、女性の美しい眉（まゆ）。②転じて、美人のこと。

虫7 【蜆】(13) 音 ケン 訓 しじみ
意味 二枚貝の一種。淡水に住む。食用。しじみ。

虫7 【蜈】(13) 音 ゴ 訓 —
意味 →蜈蚣（ごこう・むかで）
【蜈蚣】（ごこう・むかで） 節足動物の一種。多数の足がある。▽「むかで」は「百足」とも書く。

虫7 【蛼】(13) 音 シャ 訓 こおろぎ
意味 昆虫の一種。秋の夜美しい声で鳴く。こおろぎ。
参考 「こおろぎ」は「蟋蟀」とも書く。

虫7 【蜍】(13) 音 ジョ 訓 —
意味 「蟾蜍（せんじょ・ひきがえる）」は、蛙（かえる）の一種。

虫7 【蛸】(13) 印標 音 ショウ 訓 たこ 異体 虫7 蛸(13)
意味 海産の軟体動物の一種。たこ。「蛸壺（たこつぼ）」
参考 「たこ」は「章魚」とも書く。

虫7 【蜀】(13) 印標 音 ショク 訓 —
意味 昔、中国の四川地方のこと。「蜀犬」
【蜀犬日に吠ゆ】（しょっけんひにほゆ） 中国の蜀（しょく）地方は雨が多くて太陽が出ていることが少ないので、犬は太陽が出ると怪しんで吠（ほ）えること。▽見識の狭い人が賢人の行為に対して非難することを形容することば。

虫7 【蜃】(13) 印標 音 シン 訓 —
意味 はまぐりのこと。「蜃気楼（しんきろう）」
【蜃気楼】（しんきろう） 大気中の空気の密度のちがいによって、光線が異常に屈折し、そこに実際にはない物があるように見える現象。▽昔、蜃（はまぐり）が吐く気によって生じると考えられたことから。

虫7 【蛻】(13) 音 ゼイ 訓 もぬけ・ぬけがら
意味 蟬（せみ）などの、ぬけがら。もぬけ。「蟬蛻（せんぜい）・蛻の殻」

虫7 【蜑】(13) 音 タン 訓 あま
意味 ❶漁師。あま。❷中国の南方地方に住む種族。水上に生活し、漁業を営む。「蜑民」

虫7 【蜉】(13) 音 フ 訓 —
意味 →蜉蝣（ふゆう・かげろう）
【蜉蝣】（ふゆう・かげろう） 昆虫の一種。成虫は、産卵を終えると数時間で死ぬ。▽短命、はかないものなどにたとえる。「かげろう」は「蜻蛉」とも書く。

虫7 【蜂】(13) 常用 音 ホウ 訓 はち

筆順 口 中 虫 虫 虫夂 蚉 蜂

意味 昆虫の一種。尾部の先端に針がある。はち。「蜂窩(ほうか)・蜂起・蜜蜂(みつばち)」

【蜂起(ほうき)】いっせいに暴動などを起こすこと。「武装—」▽「蜂(はち)が巣からいっせいに飛び立つ」の意。

虫7 **【蛹】**(13) 音 ヨウ 訓 さなぎ

意味 完全変態する昆虫の、幼虫から成虫に移る途中で活動休止の状態にあるもの。さなぎ。

虫7 **【蜊】**(13) 音 リ 訓 あさり

意味 二枚貝の一種。小形で、砂地の海浜に住む。食用。あさり。

参考「あさり」は「浅蜊」とも書く。

虫8 **【蜴】**(14) 音 エキ 訓 —

意味「蜥蜴(せきえき・とかげ)」は、爬虫(はちゅう)類の一種。石竜子(とかげ)。

虫8 **【蜿】**(14) 音 エン 訓 —

意味 →蜿蜒(えんえん)

【蜿蜒(えんえん)】曲がりながら長く続くさま。「—長蛇(ちょうだ)の列」▽「蜿蜿」「蜒蜒」とも書く。

虫8 **【蜾】**(14) 音 カ 訓 —

意味 →蜾蠃(か・すがる)

【蜾蠃(から・すがる)】じがばちのこと。

虫8 **【蜷】**(14) 音 ケン 訓 にな・みな

意味 淡水産の巻き貝の一種。みな。にな。

虫8 **【蜻】**(14) 印標 音 セイ 訓 —

意味 昆虫の、とんぼのこと。「蜻蛉(せいれい・とんぼ)」

参考熟語 蜻蛉(せいれい・とんぼ・かげろう)　蜻蜓(せいてい・とんぼ)

虫8 **【蜥】**(14) 音 セキ 訓 —

意味 →蜥蜴(せきえき・とかげ)

【蜥蜴(せきえき・とかげ)】爬虫(はちゅう)類の一種。昆虫などを捕食する。▽「石竜子」「蝘蜓」とも書く。

虫8 **【蜘】**(14) 音 チ 訓 —

意味 →蜘蛛(ちちゅ・くも)

【蜘蛛(ちちゅ・くも)】節足動物の一種。体内から糸を出して巣を張り、虫を捕らえて食う。

虫8 **【蜩】**(14) 音 チョウ 訓 ひぐらし

意味 蟬(せみ)の一種。早朝・夕方に「かなかなかな」と鳴く。かなかなぜみ。ひぐらし。「茅蜩(ひぐらし)」

参考「ひぐらし」は「日暮」「茅蜩」とも書く。

虫8 **【蜚】**(14) 音 ヒ 訓 とぶ

意味 飛ぶ。とぶ。「蜚語」

参考「蜚語」は「飛語」に書き換える。

参考熟語 蜚蠊(ごきぶり)

虫8 **【蜱】**(14) 音 ヒ 訓 だに

意味 節足動物の一種。動植物に寄生して体液を吸う害虫。生活をおびやかして人にきらわれる者にたとえることもある。だに。「町の蜱」

参考「だに」はふつう「壁蝨」と書く。

虫8 **【蜜】**(14) 常用 音 ミツ 訓 —

筆順 宀 宓 宓 宓 宓 宻 蜜 蜜

意味 みつばちが作ってたくわえた甘い液。また、そのような液。みつ。「蜜月・糖蜜・蜜蜂(みつばち)・花の蜜」

【蜜月(みつげつ)】結婚したばかりの時期。「—旅行」

参考熟語 蜜柑(みかん)

虫8 【蝕】▶蝕 異　虫8 【蝋】▶蠟 異

虫9 **【蝟】**(15) 音 イ 訓 はりねずみ

意味 ❶獣の一種。針のような剛毛が全身をおおっている。はりねずみ。❷群がり集まる。「蝟集」

参考 ❶の「はりねずみ」は「針鼠」「猬」とも書く。

【蝟集(いしゅう)】たくさんのものが寄り集まること。

虫9 **【蝘】**(15) 音 エン 訓 —

意味 →蝘蜓(とかげ)

【蝘蜓(とかげ)】爬虫(はちゅう)類の一種。昆虫を捕食する。▽「蜥蜴」「石竜子」とも書く。

虫9 **【蝦】**(15) 人名 音 カ・ガ 訓 えび

筆順 虫 … 蝦

意味 ❶甲殻動物の一種。水中に住む。食用にする。えび。❷→蝦蟇(がま)

参考 ❶の「えび」は「海老」とも書く。

【蝦蟇】(がま) ひきがえるのこと。「—口(ぐち)(口金のついた袋形の銭入れ)」▽「蝦蟆」とも書く。

参考熟語 蝦夷(えぞ・えみし) 蝦蛄(しゃこ)

虫9 【蝸】(15) 印標 音カ 訓—

意味 →蝸牛(かぎゅう・かたつむり)

【蝸牛】(かぎゅう・かたつむり) 軟体動物の一種。渦巻き形の貝殻を背部にもつ。でんでんむし。

【蝸牛角上の争い】(かぎゅうかくじょうのあらそい) かたつむりの左右の小さな角の上で争う争い。▽細かなことで争うつまらない争いにたとえる。

虫9 【蝌】(15) 音カ 訓—

意味 →蝌蚪(かと・おたまじゃくし)

【蝌蚪】(かと・おたまじゃくし) 蛙(かえる)の幼生。

虫9 【蝎】(15) 音カツ 訓さそり

意味 毒虫の一種。さそり。

参考 ふつう「蠍」と書く。

虫9 【蝴】(15) 音コ 訓—

意味 →蝴蝶(こちょう)

【蝴蝶】(こちょう) 蝶(ちょう)のこと。▽「胡蝶」とも書く。

虫9 【蝗】(15) 音コウ 訓いなご

意味 昆虫の一種。稲を食い荒らす害虫。食用にもなる。いなご。

参考 「いなご」は「稲子」とも書く。

虫9 【蝕】(15) 印標 音ショク 訓むしばむ 異体 虫8 蝕(14)

意味 ❶虫などが食う。むしばむ。また、少しずつ侵して悪くする。「蝕害・侵蝕・蚕蝕」❷天体が他の天体にさえぎられて見えなくなる。しょくする。また、そのこと。しょく。「日蝕・皆既蝕」

参考 (1)❶の「むしばむ」は「虫食む」とも書く。(2)「日蝕・月蝕・腐蝕・浸蝕・侵蝕・皆既蝕」などの「蝕」は「食」に書き換える。また、「蝕甚」は「食尽」に書き換える。

虫9 【蝶】(15) 人名 音チョウ 訓—

筆順 虫 … 蝶

意味 昆虫の一種。美しい四枚の羽を持ち、花に集まる。ちょう。「蝶蝶・胡蝶(こちょう)・紋白蝶(もんしろちょう)」

名付 ちょう

虫9 【蝪】(15) 音トウ 訓—

意味 「蝪蝪(てっとう)」は、くもの一種。つちぐも。じぐも。

虫9 【蝠】(15) 音フク 訓—

意味 「蝙蝠(へんぷく・こうもり)」は、哺乳(ほにゅう)動物の一種。

虫9 【蝮】(15) 音フク 訓くちばみ・まむし

意味 毒蛇の一種。くちばみ。まむし。「蝮酒(まむしざけ)」

参考熟語 蝮蛇(まむし)

虫9 【蝙】(15) 音ヘン 訓— 正字 虫9 蝙(15)

意味 →蝙蝠(へんぷく・こうもり)

【蝙蝠】㊀(へんぷく・こうもり・かわほり) 哺乳(ほにゅう)動物の一種。前足の指の間に皮膜があり、飛ぶことができる。㊁(こうもり) こうもり傘のこと。

虫9 【蟒】(15) 音ボウ 訓うわばみ 正字 虫12 蟒(18) 異体 虫11 蟒(17)

意味 ❶大きな蛇。酒を好むという。うわばみ。「蟒蛇(うわばみ)」❷大酒飲みの人のこと。うわばみ。

虫9 【蝓】(15) 音ユ 訓—

意味 「蛞蝓(かつゆ・なめくじ)」は、軟体動物の一種。

虫9 【蝣】(15) 音ユウ 訓—

意味 「蜉蝣(ふゆう・かげろう)」は、昆虫の一種。

虫9 【蝨】▼虱㊣

虫9 【蝱】▼虻㊖

虫9 【蝉】▼蟬㊖

虫9 【蝿】▼蠅㊖

虫10 【⿰虫耆】(16) 〈国字〉 音— 訓えび・ひれ

意味 ❶甲殻類の名。えび。❷魚類のひれ。ひれ。

虫10 【⿱討虫】(16) 〈国字〉 音— 訓きさ

意味 きさ。キサガイ。アカガイの古名。

6画

虫10 **【蟇】**(16) 印標 音 マ 訓 ひき
旧字 虫11 蟇(17) 異体 虫10 蟆(16)
意味 蛙(かえる)の一種。がま。ひきがえる。ひき。「蝦蟇(がま)」

虫10 **【螟】**(16) 音 メイ 訓 ―
意味 稲の茎のしんを食う小さな害虫。ずいむし。「螟虫(めいちゅう・ずいむし)」

虫10 **【融】**(16) 常用 音 **ユウ** 訓 とおる・とかす・とく・とける
筆順 融
意味 ❶固体を液体にする。とく。とかす。また、そのようになる。とく。とける。「融解・溶融」❷抵抗なく通る。とおる。「融資・融通・金融」❸心がとけあって親しくなる。「融和」名付 あき・あきら・すけ・とお・とおる・みち・ゆう・よし
参考 ⑴❶の「とかす」「とける」は「溶かす」「解かす」「溶ける」「解ける」とも書く。「とく」は「溶く」とも書く。⑵似た字(融・隔)の覚え方「ひとくち(一口)まきがまえ(冂)、ルして丁して虫となる(融)、こざと(阝)にへだてるかなえ(鬲)かな(隔)」
【融解】(ゆうかい) ①溶けること。また、溶かすこと。②特に、固体が熱によって液体に変化すること。「―点」
【融合】(ゆうごう) 性質の異なるものがいっしょになって一つになること。「核―」
【融通無碍】(ゆうずうむげ) 滞りなく通じていてなんの障害もないこと。▽「融通無礙」とも書く。
【融和】(ゆうわ) うちとけて仲よくなること。

虫10 **【螂】**(16) 音 ロウ 訓 ―
意味 「蟷螂(とうろう・かまきり)」は昆虫の一種。

虫10 **【螢】**▸蛍㊐ (17)

虫11 **【螯】**(17) 音 ゴウ 訓 はさみ
意味 かに・えび・さそりなどの、はさみ。

虫11 **【蟋】**(17) 音 シツ 訓 ―
意味 →蟋蟀(しっしゅつ・こおろぎ)
【蟋蟀】㊀(しっしゅつ・こおろぎ) 昆虫の一種。黒褐色で、つやがある。雄は秋の夜に美しい声で鳴く。㊁(きりぎりす) 昆虫の一種。いなごに似た形で、緑色・茶色。雄は鳴く。▽「螽蟖」とも書く。

虫11 **【螽】**(17) 音 シュウ 訓 ―
正字 虫11 螽(17)
意味 きりぎりすのこと。
参考熟語 螽蟖(きりぎりす)

虫11 **【蟀】**(17) 音 シュツ 訓 ―
意味 「蟋蟀(しっしゅつ・こおろぎ)」は、昆虫の一種。
【蟀谷】(こめかみ) 耳の上の髪のはえぎわの部分。▽米をかむときに動く部分の意。

虫11 **【螫】**(17) 音 セキ 訓 さす
意味 毒虫が刺す。さす。

虫11 **【蟄】**(17) 音 チツ 訓 ―
意味 虫などが土中にとじこもる。ちっする。また、土中で冬ごもりしている虫。「蟄居・啓蟄」
【蟄居】(ちっきょ) ①家にとじこもり外出しないこと。②江戸時代、武士を家にとじこもらせ、謹慎させる刑。

虫11 **【螳】**(17) 音 トウ 訓 ―
意味 →螳螂(とうろう・かまきり)
【螳螂】(とうろう・かまきり) 昆虫の一種。蟷螂(とうろう)。

虫11 **【蟐】**(17) 〈国字〉 音 ― 訓 もみ
意味 赤蛙(あかがえる)のこと。もみ。

虫11 **【螺】**(17) 人名 音 ラ 訓 つぶ・にし
筆順 螺
意味 巻き貝のこと。つぶ。にし。「螺旋・法螺貝(ほらがい)」
【螺子】(ねじ) ①円柱にななめのみぞをつけたもの。物をしめつけて固定するのに使う。②ぜんまいを巻く装置。▽「捩子」「捻子」「螺旋」とも書く。
【螺旋】㊀(らせん) 螺(にな)の殻のうずまきのように、ぐるぐる巻いた形をしたもの。㊁(ねじ) 「螺子(ねじ)」に同じ。
【螺鈿】(らでん) おうむ貝・やく貝などの貝殻の光る部分を薄く切って器物の表面にはめ込んだ

飾り。

虫11 【螻】(17) 音ロウ 訓―
意味 けらのこと。昆虫の一種。「螻蛄(ろうこ・けら・おけら)」

虫11 【[蠎]】▸蟒異

虫12 【蟵】(18)〈国字〉音― 訓かや
意味 ❶「蜘蟵(チチュウ)」とは、クモ。❷かや。蚊帳。

虫12 【蟯】(18) 音ギョウ 訓―
意味 寄生虫の一種。人の腸内に寄生する。「蟯虫」

【蟯虫(ぎょうちゅう)】寄生虫の一つ。一センチほどの白い糸くずのような形で、人間の腸に寄生する。夜間、肛門からはい出てその周囲に卵をうみつける。

虫12 【蟪】(18) 音ケイ 訓―
意味 →蟪蛄(けいこ)

【蟪蛄(けいこ・つくつくぼうし)】蟬(せみ)の一種。「つくつくぼうし」と鳴く。▽「つくつくぼうし」は「寒蟬」とも書く。

虫12 【蟬】(18) 人名 音セン 訓せみ 異体 虫9 蝉(15)

筆順 虫 虫ᐟ 虫吅 虫吅 蛆 蛆 蟬 蟬

意味 昆虫の一種。せみ。「蟬脱・寒蟬(つくつくぼうし)」
名付 せみ

【蟬時雨(せみしぐれ)】多くのせみがいっせいに鳴き立てるようすを、しぐれにたとえていう語。

【蟬噪(せんそう)】せみが鳴きさわぐこと。転じて、やかましいこと。また、やかましく言い立てること。

【蟬脱(せんだつ)】①古い考えや習慣・しきたりなどから抜け出すこと。「旧套(きゅうとう)を―する」②俗世から離れて超然としていること。▽「蟬蛻(せんぜい)(俗世から抜け出る)」の誤用が慣用化したもの。

虫12 【蟫】(18) 音タン 訓しみ
意味 昆虫の一種。小形で細長く、銀白色。書物・衣類などを食い荒らす。しみ。
参考 「しみ」は「衣魚」「紙魚」「蠹魚」とも書く。

虫12 【蟠】(18) 音バン 訓わだかまる
意味 ❶とぐろを巻く。わだかまる。「蟠踞(ばんきょ)」❷心の中に不平・不満が残る。わだかまる。「蟠りが解ける」

【蟠踞(ばんきょ)】その土地を根拠地として勢力を振るうこと。「豪族が―する」▽「踞」は「うずくまる」の意。「盤踞」とも書く。

虫12 【[蟲]】▸虫旧

虫12 【[蟒]】▸蟒異

虫13 【蟹】(19) 人名 音カイ 訓かに 異体 虫13 蠏(19)

筆順 ⺈ 角 角 角ᐟ 角刀 解 蟹 蟹

意味 節足動物の一種。一対のはさみをもつ。横に進む。かに。「蟹行・蟹工船(かにこうせん)」
名付 かに

【蟹行(かいこう)】かにのように横に進むこと。「―文字(ローマ字など、横に順に書き連ねる文字)」

参考熟語 蟹屎(かにばば・かにくそ)

虫13 【蠖】(19) 音カク 訓― 正字 虫14 蠖(20)
意味 「尺蠖(しゃくとり)」は、昆虫の幼虫の一つ。

虫13 【蠍】(19) 音カツ 訓さそり
意味 毒虫の一種。毒針をもつ。さそり。「蛇蠍(だかつ)」

虫13 【蟻】(19) 印標 音ギ 訓あり
意味 昆虫の一種。あり。「蟻酸・蟻集・蟻塚(ありづか)」

【蟻集(ぎしゅう)】蟻(あり)が群がり集まるように多くのものが一か所に寄り集まること。

虫13 【蟾】(19) 音セン 訓―
意味 ひきがえるのこと。「蟾蜍(せんじょ・ひきがえる)」

虫13 【蟶】(19) 音テイ 訓まて
意味 貝の一種。まて貝。まて。「蟶貝(まてがい)」

虫13 【蟷】(19) 音トウ 訓―
意味 →蟷螂(とうろう・かまきり)

【蟷螂(とうろう・かまきり)】昆虫の一種。鎌(かま)に似た前足をもつ。▽「螳螂」とも書く。

【蟷螂の斧(とうろうのおの)】かまきりが敵に立ち向かうためにあげた鋭い前足。▽自分の力をわきまえずに強者に立ち向かうはかない抵抗にたとえる。「螳螂の斧」とも書く。

虫13 【蠅】(19) 印標 音ヨウ 訓はえ 異体 虫9 蝿(15)
意味 昆虫の一種。幼虫はうじ。はい。はえ。「蠅帳(はいちょう)・蠅叩(はえたた)き」

虫13 【蠏】▸蟹(異)

虫14 【蠑】(20) 音エイ 訓—
意味 ❶→蠑螈(えいげん・いもり) ❷→蠑螺(えいら・さざえ)
【蠑螈】(えいげん・いもり) 両生類の一種。池・沼などに住む。あかはら。▽「いもり」は「井守」とも書く。
【蠑螺】(えいら・さざえ) 海産の巻き貝の一種。食用。▽「栄螺」とも書く。

虫14 【蠕】(20) 音ゼン 訓—
意味 虫などが小さくゆっくり動く。「蠕動」
【蠕動】(ぜんどう) ①虫などがくねくねと動くこと。②物がうごめくこと。③腸が食物を下へ移動させるときの運動。「—運動」

虫14 【蠣】(20) 印標 音レイ 訓— 旧字 虫15 蠇(21) 異体 虫5 蛎(11)
意味 貝の一種。かき。「牡蠣(れい・かき)」

虫15 【蠢】(21) 音シュン 訓うごめく
意味 小虫がもぞもぞと動く。うごめく。うごめくこと。「蠢動」
【蠢動】(しゅんどう) ①虫などがうごめくこと。②取るに足りない人が、こそこそと陰でたくらみ行動すること。「反対派が—する」

虫15 【蠡】(21) 音レイ・ラ 訓—
意味 ❶ひょうたんを割って作った容器。ひさご。❷巻き貝のこと。

虫15 【蠟】(21) 人名 音ロウ 訓— 異体 虫8 蝋(14) 簡慣
筆順 
意味 脂肪に似た、溶けやすく燃えやすい物質。ろう。「蠟纈(ろうけつ)・蠟燭(ろうそく)・蜜蠟(みつろう)」
【蠟纈】(ろうけつ・ろうけち) 染色法の一つ。白い布地に溶かした蠟で模様を描き、染料に浸した後、蠟を取り去ってその部分を白抜きにする。蠟纈染め。▽「﨟纈」とも書く。
【蠟燭】(ろうそく) 糸などを芯(しん)にして、円筒状にろうを固めたもの。芯に火をつけて、あかりに使う。

虫17 【蠱】(23) 音コ 訓—
意味 人を惑わす。「蠱惑」
【蠱惑】(こわく) 人の心を惑わし乱すこと。「男を—する」

虫18 【蠹】(24) 音ト 訓— 異体 虫16 蠧(22)
意味 書物・衣類を食い荒らす、しみ。「蠹魚」
【蠹魚】(とぎょ・しみ) 虫の名。衣類や書物を食い破る。▽「しみ」は「蟫」「紙魚」「衣魚」とも書く。

虫18 【蠶】▸蚕(旧)
虫19 【蠻】▸蛮(旧)
虫20 【蠺】▸蚕(異)

血の部 ち

血0 【血】(6) 3年 音ケツ・ケチ 訓ち
筆順 ノ 丿 𠂆 𦉭 皿 血
意味 ❶ち。「血液・血圧・鮮血・輸血・血潮(ちしお)」❷親子などのつながり。「血統・血脈(けつみゃく・けちみゃく)」❸盛んな勢い。また、きびしくて激しい。「血気・血戦・熱血」名付 けつ・ち
【血縁】(けつえん) 親・兄弟など、血筋のつながっている関係。また、そのような関係にある人。
【血気】(けっき) 物事に感じやすい盛んな意気。「—に逸(はや)る(勢い込んで向こう見ずに物事をする)」
【血書】(けっしょ) かたい決意を示すため、自分の血で文字を書くこと。また、その文字や文書。
【血税】(けつぜい) ①非常な苦労をして納める重税。②兵役義務のこと。▽②は「血を租税とする」の意。
【血相】(けっそう) 驚き・怒りなどの激しい表情が表れている顔つき。「—を変える」
【血肉】(けつにく) ①血と肉。②親子・兄弟など、血のつながった人々。「—の間柄」
【血判】(けっぱん) 堅い約束にそむかない意志を示すために、自分の指先を切ってその血を記名の下に押すこと。また、その押したしるし。「—

状」

【血脈】㊀けつみゃく ①血筋。②血管。㊁けつみゃく・けちみゃく 代々伝えるべき、仏教の伝統。

【血盟】けつめい 血をすすり合ったり血判をしたりして同志として堅く誓うこと。

【血涙】けつるい 非常に悲しく思ったり激しく怒ったりして流す涙。血の涙。「—をしぼる」

【血路】けつろ 敵の囲みを決死の覚悟で戦い切り抜けて逃げる道。「—を開く」▽非常に困難な立場から逃げる方法・手段にたとえることもある。

血4 【衄】(10) 音 ジク 訓 —— 異体 血3 衂(9)

意味 ❶くじける。❷鼻血。

血6 【衆】(12) 6年 音 シュウ・シュ 訓 おおい 異体 目6 眾(11)

意味 ❶人数が多い。おおい。また、そのこと。しゅう。「衆知・衆生しゅじょう・衆を頼む」❷多くの人。しゅう。「衆人・衆論・民衆・聴衆」❸一群の人々の名称に添えて敬意を表すことば。「しゅう」「しゅ」と読む。「旦那だんな衆」 名付 しゅう・とも・ひろ・もろ

【衆寡】しゅうか 多人数と少人数。「—敵せず（人数の少ないものは多いものに勝ち目がない）」

【衆議】しゅうぎ 多くの人々による話し合い。「—一決」

【衆愚】しゅうぐ 多くの愚かな人々。「—政治（多数決で決める民主主義の政治を軽蔑していうことば）」

【衆口】しゅうこう 世間の人々の評判。「—一致して」

【衆人】しゅうじん おおぜいの人。「—環視」

【衆人環視】しゅうじんかんし 多くの人々が取りまいて見ていること。「—の中で」 注意 「衆人監視」と書き誤らないように。

【衆知】しゅうち 多くの人々の知恵。「—を集める」▽「衆智」とも書く。 参考 「周知しゅうち」は、一般の多くの人々に知られていること。

【衆望】しゅうぼう 多くの人々の期待。「—を担う」

【衆目】しゅうもく 多くの人々の、事物を観察する目。「—の見るところ」

【衆生】しゅじょう 仏の救済の対象である、人間をふくむすべての生き物。

【衆生済度】しゅじょうさいど 仏が衆生を迷いの苦しみから救い、悟りの境地へ導くこと。

行の部 ゆきがまえ ぎょうがまえ

行0 【行】(6) 2年 音 コウ・ギョウ・アン 訓 いく・ゆく・おこなう

意味 ❶目的地に向かう。いく。ゆく。また、そのこと。こう。「行進・行幸ぎょうこう・直行・行方ゆくえ・行こうを共にする」❷そちらに向かわせる。「行軍」❸物事をする。おこなう。また、ふるまい。おこない。「行使・行事ぎょうじ・善行・修行しゅぎょう」❹文字を書くときの縦または横の並び。ぎょう。「行間・改行」❺持ち歩く。「行宮あんぐう・行灯あんどん・あんどう」❻仏教で、修行。ぎょう。また、それをする。ぎょうずる。「行者ぎょうじゃ・苦行」❼仏教で、この世に存在するもの。「諸行無常しょぎょうむじょう」❽仲買業。また、銀行のこと。「行員・銀行」❾書体の一つ。書きやすくするために早書きしたもの。ぎょう。「行書・真行草」❿漢詩の一体。こう。「琵琶行びわこう」⓫位が高くて官が低いことを表すことば。「ぎょう」と読む。「正二位行大納言」 名付 き・ぎょう・こう・つら・のり・ひら・みち・もち・やす・ゆき 参考 ❺は「あん」と読む。

使い分け「いく・ゆく」

行く…「来る」の対。移動する。進む。過ぎ去る。「買い物に行く・大阪に行った・うまく行く・通りを行く人びと・行く秋を惜しむ」

※「いく」よりも「ゆく」のほうが、あらたまった言い方。「去りゆく」「ふけゆく」のように他の動詞についたり、「行く人」「行く年くる年」のように名詞を修飾する場合は、多く「ゆく」と読む。

逝く…亡くなる。「大女優が逝く・安らかに逝った・若くして逝く」

※「ゆく」とも読む。

【行脚】あんぎゃ ①僧が諸国を巡って仏道を修行すること。②徒歩で各地を旅行すること。

【行宮】あんぐう 天皇がお出ましのときに仮に住む御殿。行在所あんざいしょ。

【行行子】(ぎょうぎょうし) 小鳥の、葦切(よしきり)のこと。

【行啓】(ぎょうけい) 太皇太后・皇太后・皇后・皇太子・皇太子妃・皇太孫などを敬ってその外出をいうことば。

【行幸】(ぎょうこう・みゆき) 天皇を敬ってその外出をいうことば。

【行者】(ぎょうじゃ) 仏道・修験道(しゅげんどう)の修行をする人。

【行住坐臥】(ぎょうじゅうざが) ①日常のふるまい。「歩くことと、家にいることと、すわることと、横になること」の意。②ふだん。▽「坐臥」は「座臥」とも書く。

【行書】(ぎょうしょ) 漢字の書体の一つ。隷書(れいしょ)を速書きのためにくずした書体から生まれたという。楷書と草書の中間の筆勢をもち、最も実用的な書体。

【行商】(ぎょうしょう) 商品をたずさえて、各地を売り歩くこと。また、その人。

【行状】(ぎょうじょう) ある人の日常の行為・行動。

【行跡】(ぎょうせき) 人のふだんの行い。「不―」

【行年】(ぎょうねん・こうねん) 死んだときの年齢。享年(きょうねん)。「―八十一」

【行雲流水】(こううんりゅうすい) 物事にこだわらず、自然の成り行きのままに行動すること。▽「自然のままに動く、空の雲と、川の水」の意。

【行程】(こうてい) 目的地までの距離。

【行路】(こうろ) 道を行くこと。「人生―」▽世渡りにたとえることもある。

【行路病者】(こうろびょうしゃ) 飢えや病気などのために道ばたで倒れ、引き取り人のない人。

参考熟語 行火(あんか) 行衛(ゆくえ)

行3 【衍】(9) 音 エン 訓 ―

意味 ❶いっぱいになって伸び広がる。また、伸べ広げる。「敷衍」❷余分である。「衍文」
【衍文】(えんぶん) 文章の中にまちがって入った不要の文。

行5 【術】(11) 5年 音 ジュツ 訓 すべ 旧字 行5 術(11)

筆順 術

意味 ❶身についた技能。じゅつ。「術語・技術・芸術」❷物事の方法。すべ。じゅつ。「剣術・秘術・なす術(すべ)を知らない」❸はかりごと。じゅつ。「術策・術中」❹魔法。じゅつ。「術を使う」 名付 じゅつ・てだて・みち・やす・やすし
【術語】(じゅつご) 学問上の専門用語。学術用語。テクニカルターム。

【術策】(じゅっさく) よくないはかりごと。

【術数】(じゅっすう) はかりごと。たくらみ。

【術中に陥る】(じゅっちゅうにおちいる) 相手の計略にかかること。

行5 【衒】(11) 音 ゲン 訓 てらう

意味 すぐれた知識・才能があるかのようにふるまう。てらう。「衒学・衒気・奇を衒う」

【衒学】(げんがく) 学識を自慢し、見せびらかすこと。「―的」

【衒気】(げんき) じっさい以上によく見せようとする気持ち。てらい。

行6 【街】(12) 4年 音 ガイ・カイ 訓 まち

筆順 街

意味 商店などが並んだにぎやかな大通り。また、にぎやかな所。まち。「街灯・街路・街道(かいどう)・市街・官庁街・街中(まちなか)」
参考 まち⇩「町」の[使い分け]。
【街談巷説】(がいだんこうせつ) あてにならない世間のうわさ話。
【街頭】(がいとう) 人の往来の激しい街の中。「―演説」

行7 【衙】(13) 印標 音 ガ 訓 つかさ

意味 役所。官庁。つかさ。「官衙(かんが)」

行9 【衝】(15) 常用 音 ショウ 訓 つく

筆順 衝

意味 ❶激しい勢いでぶつかる。また、鋭い物で刺す。つく。「衝突・衝撃・衝天・不意を衝く」❷物事の中心となる大事な所。しょう。「要衝・折衝・衝に当たる(大事な部分を担当する)」

名付 しょう・つぎ・みち・ゆく
【衝心】(しょうしん) 脚気(かっけ)のために心臓を害し、動悸(どうき)が激しくなって苦しくなること。「脚気―」

【衝天】(しょうてん) 勢いが盛んなこと。「意気―」▽「天を突く」の意。

【衝動】(しょうどう) 目的・動機などを意識せずに物事

を行おうとする、本能的・感情的な激しい心の動き。「—にかられる」

参考熟語 衝立(ついたて)

行10 【衛】(16) 5年　旧字 行10 衞 (16) 人名

音 エイ・エ　訓 まもる

筆順 … 衛

意味 防ぎ守る。まもる。「衛生・衛兵・護衛・守衛・衛門府(えもんふ)」 名付 えい・ひろ・まもり・まもる・もり・よし

【衛視】(えいし) 国会の警備にあたる職員。

【衛戍】(えいじゅ) 陸軍の部隊が長期間一定の地方に駐留して警備すること。▽「戍」も「守る」の意。

【衛星】(えいせい) ①惑星のまわりを公転する天体。地球をまわる月など。②中心になるもののまわりにあり、その中心に従属しているもの。「—都市」

【衛兵】(えいへい) 警備担当の兵士。番兵。

行10 【衡】(16) 常用

音 コウ　訓 はかり

筆順 … 衡

意味 ❶物の重さを計る道具。はかり。「度量衡」❷つりあい。「平衡・均衡」❸物の重さを計る。「銓衡(せんこう)」❹横。「合従連衡(がっしょうれんこう)」 名付 こう・ちか・ひで・ひとし・ひら・ひろ・まもる

参考 「銓衡」は「選考」に書き換える。

行18 【衢】(24)

音 ク　訓 ちまた

意味 人の往来の激しい所。ちまた。「衢の声」

参考 「ちまた」は「巷」とも書く。

衣(衤)の部　ころも　ころもへん

衣0 【衣】(6) 4年

音 イ・エ　訓 ころも・きぬ

筆順 … 衣

意味 ❶着て身にまとうもの。きぬ。ころも。「衣服・衣装・着衣・法衣(ほうえ)・衣食住・地衣類・歯に衣(きぬ)を着せない」❷僧服。ころも。「衣鉢(いはつ・えはつ)」

名付 い・きぬ

参考 ひらがな「え」のもとになった字。

使い分け「おもて」

表…「裏」の対。二つの面の主だった方。公式のこと。家の外。「表と裏・表玄関・表看板・表街道・畳の表替え・表向きの理由・事件が表沙汰になる・表で遊ぶ」

面…顔。表面。「面を上げる・細面・水の面に映る姿・批判の矢面に立つ」

【衣冠】(いかん) 昔の装束(しょうぞく)の一種。束帯(そくたい)に次ぐ盛装で、貴族が宮中に出仕するときなどに着た。「—束帯」▽現在の神宮の装束。

【衣桁】(いこう・えこう) 着物などを掛けるために、部屋のすみなどに置く家具。

【衣食住】(いしょくじゅう) ①着る物と、食べる物と、住むところ。生活にもっとも必要なもの。②暮らし向き。生活。生計。

【衣鉢】(いはつ・えはつ) 師から弟子に伝えられた学問・芸術・宗教などの奥義。「—を継ぐ」▽「師僧から伝えられた、袈裟(けさ)と托鉢(たくはつ)に使う鉄鉢(てっぱつ)」の意。

【衣紋】(えもん) 着物の、胸で合わせた両方の襟。「—掛け(和服などを掛けてつるしておく棒状の道具)」

【衣魚】(しみ) 「蠹魚(とぎょ・しみ)」に同じ。

参考熟語 衣更(ころもがえ)

【初】▶刀5

衣2 【表】(8) 3年

音 ヒョウ　訓 おもて・あらわす・あらわれる

筆順 … 表

意味 ❶二つの面のうち、外側・正式・最初の面。おもて。↔裏。「表面・表皮・表記・地表・意表」❷気持ち・考えなどを示す。ひょうする。あらわす。また、そのようになる。あらわれる。「表情・表出・表敬・謝意を表する」❸知られていないものをわかるように示す。あらわす。また、そのようになる。あらわれる。「表現・表彰・発表」❹事柄を図示したもの。ひょう。「年表・図表・成績表・一覧表」❺君主や上位の人に出す文章。ひょう。「辞表・上表文・出師(すい)の表」❻物事の

正式の面に出る。「代表」 名付 あき・あきら・きぬ・こずえ・と・ひょう・よし

使い分け「あらわれる」

表れる…内面のものが外に出る。「気持ちが顔に表れる・誠意が結果に表れる」

現れる…見えなかったものが具体的な形で出てくる。「うわさの人物が現れる・効果が現れる」

【表記】ひょうき ①必要な事項を物の表に書くこと。また、そこに書かれたもの。「—の住所」②文字や記号で書き表すこと。「仮名で—する」「—法」 参考「標記ひょうき」は、題目として書くこと。また、めじるしとする符号。

【表具】ひょうぐ 「表装」と同じ。「—師」

【表敬】ひょうけい 団体や国が相手の団体や国に対して敬意を表すこと。「—訪問」

【表決】ひょうけつ 議案に対して賛否の意志を示して採用・不採用を決めること。 参考「票決ひょうけつ」は、投票して議案の採用・不採用を決めること。

【表示】ひょうじ ①はっきりと表し示すこと。「意思—」②表ひょうにして示すこと。

使い分け「ひょうじ」

表示…はっきり表して示すこと。「意思を表示する・価格表示」

標示…目印として示すこと。「標」は目印の意。「危険箇所を標示する・道路標示・標示板」

【表出】ひょうしゅつ 気持ち・考えなどを表し出すこと。

【表象】ひょうしょう 観念として思い浮かべること。また、そうして思い浮かべたもの。

【表装】ひょうそう 書画に紙や布をはって掛け物・巻き物・屏風びょうぶ・ふすまなどに仕立てること。表具。

【表白】ひょうはく 気持ち・考えをことば・文章に表して述べること。▽「白」は「申す」の意。

【表明】ひょうめい 意見・意志などを人にわかるようにはっきりと表し示すこと。「所信—」

参考熟語 表衣うわぎ・うえのきぬ 表着うわぎ

ネ3 【衫】(8) 音 サン 訓 —

意味 裏地のない薄い着物。「汗衫かざみ」

ネ3 【𧘕】(8) 〈国字〉 音 — 訓 —

意味「𧘕𧘔かみしも」とは、江戸時代の礼服。裃。

ネ3 【𧘔】(8) 〈国字〉 音 — 訓 —

意味「𧘕𧘔かみしも」とは、江戸時代の礼服。裃。

衣4 【袁】(10) 印標 音 エン 訓 —

意味 衣服が長くゆったりしているさま。

ネ4 【衿】(9) 人名 音 キン 訓 えり

筆順（8段）

意味 衣服の首回りの部分。えり。「衿元えりもと」

名付 きん・えり

参考「えり」は「襟」とも書く。

衣4 【衾】(10) 音 キン 訓 ふすま

意味 寝るときにかける夜具。ふすま。「同衾」

参考「ふすま」は「被」とも書く。

ネ4 【衵】(9) 音 ジツ 訓 あこめ

意味 ❶昔、男性が束帯そくたい姿のときにつけた中着。あこめ。❷昔の、女性や女の子の肌着。あこめ。

参考「あこめ」は「袙」とも書く。

ネ4 【衽】(9) 音 ジン 訓 おくみ　異体 ネ6 袵 (11)

意味 ❶和服で、前身頃まえみごろに縫いつける細長い布。おくみ。❷えり。「左衽」

衣4 【衰】(10) 常用 音 スイ 訓 おとろえる

筆順（7段）

意味 勢い・力などが弱くなる。おとろえる。「衰弱・衰勢・盛衰・老衰」

【衰運】すいうん 衰えてゆく運命・傾向。「—をたどる」

【衰残】すいざん 衰えて弱り果てること。「—の身」

【衰弱】すいじゃく 肉体的な力がおとろえ弱くなること。

【衰勢】すいせい 勢いが衰えた状態。「—に向かう」

【衰退】すいたい しだいに勢いが弱くなって衰えること。「—の一途をたどる」▽「衰頽」の書き換え字。

【衰微】すいび 盛んだった勢力などが衰えて弱くな

6画

ること。注意「衰微」と書き誤らないように。【衰亡(すいぼう)】力が弱まってついに滅びること。

衣4 【衷】(9) 常用 音チュウ 訓―
筆順 衷
意味 ❶真心。「衷心・苦衷」❷まんなか。「折衷」
名付 あつ・ただ・ただし・ちゅう・よし
【衷情(ちゅうじょう)】偽りのない真心。「―を訴える」
【衷心(ちゅうしん)】本心。真心。「―よりおわびいたします」

ネ4 【衲】(9) 音ノウ 訓―
意味 ❶僧の衣(ころも)。また、僧。❷衣服の破れを繕う。

ネ4 【𧘱】(9)〈国字〉音― 訓ふき
意味 着物のすそなどの裏地を折り返して縁のようにしたもの。ふき。

ネ4 【袂】(9) 印標 音ベイ 訓たもと
意味 ❶和服の、たもと。「袂を分かつ(絶交する)」❷中心部からはずれた部分。たもと。「橋の袂」

衣4 【[衮]】▾袞㊣

ネ5 【袪】(10) 音キョ 訓―
意味 取り除く。「袪痰剤(きょたんざい)(痰(たん)を取り除く薬)」

衣5 【袈】(11) 人名 音ケ 訓―
筆順 袈
意味 →袈裟(けさ)
名付 け・けさ
【袈裟(けさ)】僧が左肩から右脇(みぎわき)にかけて衣の上から着用する布。

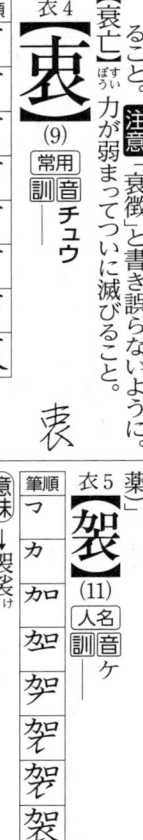

袈裟

衣5 【袞】(11) 音コン 訓― 正字 衣4 【衮】(10)
意味 天子や、最高位の臣下(三公)が着る礼服。竜のぬいとり模様がある。「袞竜(こんりょう)」

ネ5 【袖】(10) 常用 音シュウ 訓そで
筆順 袖
意味 衣服の、そで。「袖珍・長袖(ちょうしゅう・ながそで)」
名付 そで
【袖手傍観(しゅうしゅぼうかん)】解決に努力すべきなのに、何もせずに成り行きをながめること。拱手傍観(きょうしゅぼうかん)。▽「袖手」は「袖(そで)の中に手を入れる」の意。
【袖珍本(しゅうちんぼん)】袖(そで)やポケットの中に入れて持ち歩けるくらいの小形の書物。袖珍。

ネ5 【袗】(10) 音シン 訓―
意味 ❶ぬいとりをする。また、ぬいとりした衣服。❷ひとえの衣服。

衣5 【袋】(11) 常用 音タイ 訓ふくろ
筆順 袋
意味 中に物を入れて口をしめる入れ物。ふくろ。「郵袋・布袋(ほてい)・胃袋(いぶくろ)」

ネ5 【袒】(10) 音タン 訓―
意味 上半身だけ着物を脱いで肌を出す。肌脱ぎになる。「左袒(さたん)」

ネ5 【袮】(10) 音チ 訓―
意味 縫いとりする。刺繡(ししゅう)する。

ネ5 【袙】(10) 音バク 訓あこめ
意味 ❶昔、男性が束帯(そくたい)姿のときにつけた中着。あこめ。❷昔の、女性の肌着。あこめ。
参考 「衵(あこめ)」の誤用が慣用化したもの。

ネ5 【袢】(10) 印標 音ハン 訓―
意味 肌着。あせとり。「襦袢(じゅばん)・袢纏(はんてん)(半纏)」

ネ5 【被】(10) 常用
音ヒ 訓こうむる・おおい・おおう・かずく・かぶる・ふすま・らる・る

筆順 ラ ネ ネ ネ ネ ネ 衤 被

意味 ❶身に受ける。かぶる。こうむる。「被害・被告」❷上にかける。かずく。かぶる。おおう。また、上にかける物。おおい。「被服・外被・被り物」❸他のもののせいにする。かずける。「罪を人に被ける」❹寝るときにかける夜具。ふすま。❺受身・尊敬を表すことば。る。らる。「被選挙権」

参考 ❶の「こうむる」は「蒙る」とも書く。❷の「おおう」「おおい」は「覆う」「覆い」とも書く。また、❹の「ふすま」は「衾」とも書く。

【被疑者】犯罪のうたがいを受け、捜査の対象とされているが、まだ起訴されていない者。容疑者。

【被災】災害を受けること。罹災。「台風で—した地域」「—者」

【被曝】放射線にさらされること。「—時間」

【被爆】①爆撃を受けること。②原子爆弾・水素爆弾の爆撃を受けてその放射能の害を受けること。

【被服】衣服のこと。

【被覆】物を他の物でおおい包むこと。また、おおい包むもの。「銅線をビニールで—する」

【被膜】物をおおい包んでいる膜。

ネ5 【袍】(10) 音 ホウ 訓 うえのきぬ

意味 昔、貴族が衣冠・束帯のときに着た上着。うえのきぬ。ほう。

参考 「うえのきぬ」は「表衣」とも書く。

衣5 【袤】(11) 音 ボウ 訓 —

意味 土地の南北方向の長さ。「広袤千里」

参考 東西方向の長さを「広」という。

衣5 【袰】(11) 〈国字〉 音 — 訓 ほろ

意味 昔、よろいの背に負って矢を防いだ、布製の袋のようなもの。ほろ。▽多く地名・人名に用いる字。

参考 「ほろ」は「母衣」とも書く。

ネ6 【裃】(11) 〈国字〉 音 — 訓 かみしも

意味 江戸時代の武士の礼装。肩の張った肩衣と袴とを同じ色に染めたもの。かみしも。▽「上下」とも書く。

ネ6 【袿】(11) 音 ケイ 訓 うちぎ

意味 平安時代、男性が直衣や狩衣の下に着た衣服。また、女性が襲の上に着た衣服。うちぎ。

ネ6 【袴】(11) 人名 音 コ 訓 はかま

筆順 ラ ネ ネ ネ 衤 衤 袴 袴

意味 和服の上に着けて腰から足までをおおう、ひだのある衣服。はかま。

ネ6 【袷】(11) 音 コウ 訓 あわせ

意味 単・綿入れに対して、裏をつけた着物。あわせ。

衣6 【裁】(12) 6年 音 サイ 訓 たつ・さばく

筆順 土 圭 者 表 耒 裁 裁 裁

意味 ❶衣服を仕立てるために布を切る。たつ。「裁縫・断裁」❷是非・善悪を判断して決める。さばく。「裁判・決裁・総裁」❸処理してできた型。「体裁」❹裁縫のこと。また、裁判所のこと。「洋裁・最高裁」

参考 ⑴たつ⇩「断」の〔使い分け〕。⑵似た字（栽・裁）の覚え方「木は栽る、衣裁つなり」

【裁可】君主が臣下から出された議案に許可を与えること。

【裁許】役所などが審査して許可すること。

【裁決】上役などが、事柄の是非・善悪を判断して決定すること。参考 「採決」は、議案の採否を決めること。⇩「採決」の〔使い分け〕。

【裁断】①布や紙などを一定の形に切ること。カッティング。②よしあしを判断して決めること。「—を仰ぐ」注意 「栽断」と書き誤らないように。

【裁定】取り調べて物事の是非を決めること。

【裁量】自分の考えどおりに処置すること。「自由—」

衣6 【装】(12) 6年 旧字 衣7 裝 (13) 人名

音ソウ・ショウ　訓**よそお**う・よそう

筆順 丨 丬 丬 壮 壮 奘 奘 装

意味 ❶身なりを整える。よそう。よそおう。また、そのようにした身なり。そう。よそおい。「装束(しょうぞく)・盛装・衣装(いしょう)・装(よそお)いを凝らす」❷飾ったり設備したりする。また、そのようにした設備・飾り。そう。よそおい。「装備・装弾・表装・装身具」❸書物の体裁。「和装・クロース装」❹器に盛る。よそう。名付 しょう・そう

参考 「衣装」の「装」は「裳」が書き換えられたもの。

【装具(そうぐ)】①化粧の道具。②武装したときに身につける道具。

【装着(そうちゃく)】身につけること。また、器具などをとりつけること。

【装丁(そうてい)】書物を綴(と)じて表紙をつけ、装飾を施して外形を整えること。また、本の外装のデザインのこと。▽「装幀」「装釘」の書き換え字。

【装塡(そうてん)】弾丸やフィルムを中に詰め込んで装置すること。

ネ6 **【袱】** (11) 音フク 訓—

意味 物を包む布。「袱紗(ふくさ)」

【袱紗(ふくさ)】絹製の小さなふろしき。贈り物の上にかぶせたり、茶器のほこりをはらったりする。

ネ6 **【裄】** (11) 〈国字〉 音— 訓ゆき

意味 衣服の背縫いからそで口までの長さ。ゆき。「裄丈(ゆきたけ)」

衣6 **【裂】** (12) 常用 音レツ 訓さく・さける・きれ

筆順 歹 歹 歹 列 列 列 裂 裂

意味 ❶引っ張って破る。さく。また、切れ切れになる。さく。さける。「裂傷・破裂・四分五裂」❷割れ目。「亀裂(きれつ)」❸織物。また、布。きれ。「裂地(きれじ)」

参考 ❸の「きれ」は「布」「切」とも書く。

使い分け「さく」

裂く…布をたちきる。強引に引きやぶる。「裂」は分裂の意。「布を裂く・仲を裂く・引き裂く」

割く…(刀で)切り分ける。一部を分けて他に用いる。「割」は分割の意。「鶏を割く・時間を割く・人手を割く」

【裂帛(れっぱく)】絹布を引き裂く音のように、声が鋭く激しいこと。「―の気合い」

ネ6 [袵]▸衽(異)

衣7 **【裔】** (13) 印標 音エイ 訓すえ

意味 ❶衣服のすそ。❷遠い子孫。えい。すえ。「後裔・末裔・平氏の裔(えい・すえ)」

ネ7 **【衤希】** (12) 〈国字〉 音— 訓かみこ

意味 紙衣(かみこ)。▽浄瑠璃の外題(げだい)に用いる字。

衣7 **【裘】** (13) 音キュウ 訓かわごろも

意味 獣の毛皮で作った服。かわごろも。「狐裘(こきゅう)」

ネ7 **【裙】** (12) 音クン 訓—

意味 着物のすそ。裳裾(もすそ)。「紅裙(こうくん)」

衣7 **【裟】** (13) 人名 音サ 訓—

筆順 氵 氵 沙 沙 沙 娑 裟 裟

意味 「袈裟(けさ)」は、僧が肩からかける布。

名付 さ・しゃ

ネ7 **【裑】** (12) 音シン 訓みごろ

意味 衣服の、そで・えり・おくみなどを除いた、前面・背面の部分。みごろ。「前裑(まえみごろ)」

参考 「みごろ」は「身頃」とも書く。

ネ7 **【補】** (12) 6年 音**ホ**・フ 訓**おぎな**う

筆順 ネ ネ ネ 衤 衤 衤 補 補 補

意味 ❶不足を満たす。おぎなう。また、そのこと・もの。ほ。おぎない。「補欠・補充・修補」❷助ける。「補助・補導」❸役人に職務を命ずる。ほする。「補任(ぶにん・ほにん)・親補」❹ある地位につく前の資格。「候補・判事補」名付 すけ・たすく・ほ

参考 「補佐・補導」などの「補」は「輔」が書き換えられたもの。

【補遺】(ほい) 書物などの書き漏らした部分を後から補い足すこと。また、その補ったもの。「—版」

【補記】(ほき) あとから補足としてしるすこと。また、そのしるしたもの。

【補欠】(ほけつ) 足りない部分を補うこと。また、欠員にそなえてそろえておく人員。「—選挙」「—選手」

【補償】(ほしょう) 与えた損害などを償うこと。「—金」

参考 ⇩「保証(ほしょう)」の[使い分け]。

【補整】(ほせい) よくないところを補って整えること。

【補正】(ほせい) 不十分な点を後から直すこと。「—予算」

【補綴】(ほてい・ほてつ) ①破れた部分を繕って元どおりにすること。②文章などの足りない部分を補ってよくすること。③字句をつなぎ合わせて詩文を作ること。

【補塡】(ほてん) 不足分を補充すること。「損失—」

【補導】(ほどう) 正しい方向に進むように教え導くこと。▽「輔導」の書き換え字。

【補任】(ほにん・ぶにん) 官に任じて職務に就かせること。

【補筆】(ほひつ) あとから書き加えること。

ネ7 **【裕】** (12) 常用 音 ユウ 訓 ゆたか

筆順 ラ ネ ネ ネ ネ ネ 裕

意味 ❶じゅうぶんにあってゆとりがある。ゆたか。「裕福・富裕・余裕」❷心がゆったりとしている。「寛裕」

名付 すけ・ひろ・ひろし・まさ・みち・やす・ゆう・ゆたか

【裕福】(ゆうふく) 財産があったり収入が多かったりして、生活が豊かなこと。

衣7 **【裏】** (13) 6年 音 リ 訓 うら・うち　異体 ネ7 裡 (12) 人名

筆順 亠 亩 亩 重 重 重 裏 裏

意味 ❶二つの面のうち、内側・非公式・最後の面。うら。⇔表。「裏面・表裏・裏切り」❷物の内部。うち。「脳裏・内裏(だいり)」❸そのような状態であることを表すことば。「暗暗裏・成功裏」

名付 うら・り

【裏腹】(うらはら) ①背中あわせ。②相反するさま。あべこべ。さかさま。「公約とは—な政策」

【裏目】(うらめ) ①さいをふって出た目に対し、その反対側の目。「—に出る（予想と反対の結果が出ること）」②表目に対して、編み物などの、裏側の目。

衣7 【装】▼装(旧)

衣8 **【裹】** (14) 音 カ 訓 つつむ

意味 包む。つつむ。また、包んだもの。つつみ。「裹頭(かとう)」

ネ8 **【褂】** (13) 音 カイ 訓 —

意味 肩からかける上着。

ネ8 **【褐】** (13) 常用 音 カツ・カチ 訓 かち　旧字 ネ9 褐 (14)

筆順 ネ ネ ネ 衵 衵 褐 褐 褐

意味 ❶そまつな衣服。また、その衣服を着る卑しく貧しい人。❷黒ずんだ茶色。こげ茶色。「褐色・褐炭」❸濃い褐色。かち。かちん。

名付 かつ

【褐色】 一 (かっしょく) 黒っぽい茶色。こげ茶色。 二 (かちいろ) こい紺色。かち。

ネ8 **【裾】** (13) 常用 音 キョ 訓 すそ

筆順 ラ ネ ネ ネ 衤 裾 裾 裾

意味 ❶衣服の下部のふちのあたり。すそ。❷一般に、物の下方の部分。すそ。「裾野(すその)・山裾(やますそ)」

名付 すそ

【裾野】(すその) 山のふもとに広がった、野原。

衣8 **【裳】** (14) 人名 音 ショウ 訓 も

筆順 丶 ⺌ 尚 尚 堂 裳 裳 裳

意味 昔、女性が下半身にまとった衣。も。「衣裳・裳裾(もすそ)（着物の裾）」

参考 「衣裳」の「裳」は「装」に書き換える。

衣8 **【製】** (14) 5年 音 セイ 訓 つくる

筆順 𠂉 𠂉 午 制 制 制 製 製

意味 物品をこしらえる。つくる。せいする。また、そのこと・物。せい。「製造・製糖・作製・英国製」

名付 せい・のり

【製作】(せいさく) 機械・道具などを作ること。「—所」

使い分け「せいさく」

製作…機械・道具をつくること。プロデュース。「航空機の製作・家具を製作する・番組の製作者」

制作…芸術的な作品をつくること。「絵画の制作・工芸品を制作する・卒業制作」

【製錬】(せいれん) 鉱石から金属をとり出すこと。

ネ8 **【褄】** (13) 〈国字〉 音 — 訓 つま

意味 着物の衽(おくみ)の、腰から下のへりの部分。つま。

ネ8 **【裼】** (13) 音 テイ 訓 —

意味 おむつ。むつき。

衣8 **【裴】** (14) 音 ハイ 訓 —

意味 衣服が長くて、ひらひらとするさま。

ネ8 **【裨】** (13) 音 ヒ 訓 —

意味 ❶不足している部分を満たす。補う。❷補佐する。助ける。「裨益・裨助」

【裨益】(ひえき) ある物事に補い・助けとなって役に立つこと。「—するところ大」

【裨助】(ひじょ) 補佐する。また、補佐。

ネ8 **【裸】** (13) 常用 音 ラ 訓 **はだか**

筆順 ㇇ ネ ネ ネ 袒 袒 裨 裸

意味 衣服を脱いで肌をあらわしていること。はだか。「裸体・裸出・裸婦・全裸・赤裸裸・裸馬(はだかうま)」

【裸一貫】(はだかいっかん) 仕事・事業などを始めるとき、元手とするものとして、自分のからだ以外何も持っていないこと。

【裸眼】(らがん) 眼鏡などを使わないときの目。

【裸出】(らしゅつ) むき出しになっていること。

ネ8 **【裲】** (13) 音 リョウ 訓 —

意味 →裲襠(りょうとう・うちかけ)

【裲襠】(りょうとう・うちかけ) 武家の婦人の礼服の一つ。帯をしめた上から掛けて着る、裾(すそ)の長い衣服。今は花嫁の衣裳に用いる。打ち掛け。

衣9 **【褜】** (15) 〈国字〉 音 — 訓 えな

意味 胞衣(えな)。

ネ9 **【褌】** (14) 印標 音 コン 訓 ふんどし

意味 ふんどし。「緊褌(ふんどしを堅く締めること)」

ネ9 **【複】** (14) 5年 音 **フク** 訓 かさねる

筆順 ㇇ ネ ネ 袙 袙 複 複 複

意味 ❶あるものの上に加える。かさねる。また、二つ以上から成る。かさなる。「複合・複眼・複雑・重複」❷もう一度する。「複写・複製」

【複合】(ふくごう) 二つ以上のものが結合して、新しく一つのものになること。「—語」

【複製】(ふくせい) 原物と、見かけ上はそっくりのものを別に作ること。また、その物。

【複本】(ふくほん) 原本のとおりに書き写したもの。

【複葉】(ふくよう) ①小さい葉が集まって一枚の大きな葉を形作っているもの。南天の葉など。②飛行機の主翼が二枚あるもの。「—機」

【複利】(ふくり) 一定の期間がすぎるごとに元金に利子を加え、その合計を次の期間の元金として利子を計算してゆく方式。複利法。

ネ9 **【褊】** (14) 音 ヘン 訓 — 正字 ネ9 褊 (14)

意味 狭くてゆとりがない。狭い。「褊狭(偏狭)」

衣9 **【褒】** (15) 常用 音 **ホウ** 訓 **ほめる** 旧字 衣11 襃 (17)

筆順 亠 广 庐 庠 㾖 褎 褒 褒

意味 たたえる。ほめる。「褒美・褒貶(ほうへん)・過褒」

名付 ほう・よし

【褒章】(ほうしょう) 社会に貢献した人に対して、国が与える表彰の記章。「紫綬(しじゅ)—」

【褒賞】(ほうしょう) 世の中に対する貢献をほめること。また、そのしるしとして与える金品。

6画

【褒貶(ほうへん)】ほめることと、けなすこと。「毀誉(きよ)—」

ネ9 【褓】(14) 音ホウ 訓—
意味 おしめ。むつき。「襁褓(きょうほう・むつき)」

ネ9 〔褐〕▶褐 旧

ネ9 〔⿰衤単〕▶襌 異

ネ10 【褞】(15) 音オン 訓—
意味 もめんの綿入れ。布子(ぬのこ)。「褞袍(おんぼう・どてら)」

ネ10 【褥】(15) 印標 音ジョク 訓しとね
意味 布団(ふとん)。しとね。「産褥」

ネ10 【褪】(15) 音タイ 訓あせる
意味 色が薄くなる。あせる。「褪色・褪紅色」
参考「褪色」の「褪」は「退」に書き換える。
【褪紅色(たいこうしょく)】うすもも色。鴇色(ときいろ)。

ネ10 【褫】(15) 音チ 訓—
意味 むりに取り上げる。奪い取る。「褫奪(ちだつ)」

ネ10 〔⿰衤挙〕▶襷 異

ネ11 【襁】(16) 音キョウ 訓—
意味 おしめ。むつき。「襁褓(きょうほう・むつき)」
参考「繦」とも書く。
【襁褓(きょうほう・むつき・おしめ)】大小便をとるため、乳児などの尻に当てる布。

ネ11 【褶】(16) 音シュウ 訓ひだ
意味 衣服を細くたたんでできた折り目。また、そのような形のもの。ひだ。「褶曲」
【褶曲(しゅうきょく)】平らな地層が横からの圧力でひだを作り、山や谷ができること。「—山脈」
参考「ひだ」は「襞」とも書く。

衣11 【襄】(17) 音ジョウ 訓—
意味 上る。また、上げる。

衣11 【褻】(17) 音セツ 訓け
意味 ❶ふだん。日常。け。「褻(け)にも晴れにも(ふだんの場合も改まった場合も)」❷けがれる。「猥褻(わいせつ)」

ネ11 【襅】(16)〈国字〉 音— 訓ちはや
意味 ❶巫女(みこ)が用いるたすき。ちはや。❷巫女や女官が着る、花鳥の模様を出した衣服。千早(ちはや)。ちはや。

ネ11 【褸】(16) 音ル 訓—
意味 ぼろきれ。ぼろ。「襤褸(らんる・ぼろ)」

ネ12 【襌】(17) 音タン 訓—
意味 ひとえの着物。
異体 ネ9 ⿰衤単(14)

ネ12 〔襍〕▶雑 異

ネ13 【襖】(18) 人名 音オウ 訓ふすま
異体 ネ12 ⿰衤奥(17)
筆順 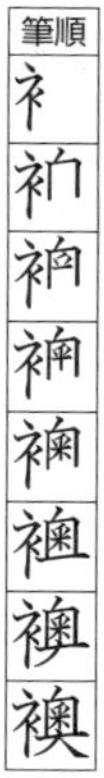
意味 建具の一つ。木で骨組みを作り、両面に紙や布を張ったもの。ふすま。

ネ13 【襟】(18) 常用 音キン 訓えり
筆順 
意味 ❶衣服の、えり。「開襟・襟章(えりしょう)・襟足(えりあし)」❷心のうち。「襟度・胸襟・宸襟(しんきん)」 名付 えり・きん・ひも
参考 ❶の「えり」は「衿」とも書く。
【襟足(えりあし)】首の後ろの、髪の毛の生えぎわ。
【襟章(えりしょう)】襟につけて、階級・所属を表す記章(きしょう)。
【襟度(きんど)】異なる意見などを受け入れる心の広さ。

ネ13 【襠】(18) 音トウ 訓まち
意味 衣服にゆとりを持たすために足す布。また、袴(はかま)の内股(うちまた)の部分。まち。

衣13 【襞】(19) 印標 音ヘキ 訓ひだ
意味 衣服を細くたたんでできた折り目。また、そのような形のもの。ひだ。「山襞(やまひだ)」
参考「ひだ」は「褶」とも書く。

ネ14 【襦】(19) 印標 音ジュ 訓—
意味 短い下着。「襦袢(じゅばん)」
【襦袢(じゅばん・じばん)】和服用の肌着。「長(なが)—」▽「袢」も「はだぎ」の意。

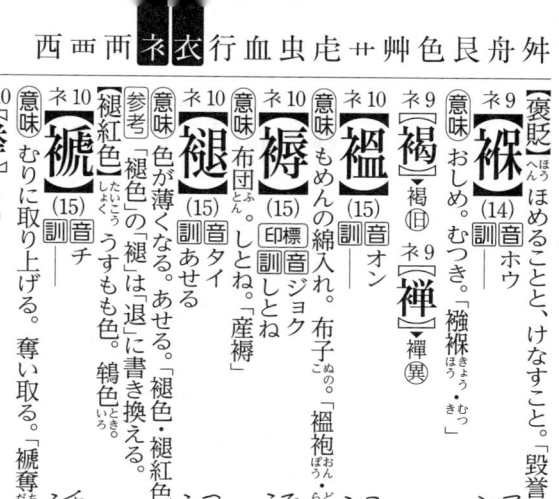

6画

衤14 **【襪】**(19) 正字 衤15 襪(20)
音 ベツ 訓 したぐつ・したうず
意味 昔用いたくつした。したうず。したぐつ。

衤15 **【襭】**(20)
音 ケツ 訓 ―
意味 着物の褄を帯にはさむ。

衤15 **【襤】**(20) 異体 糸15 繿(21)
音 ラン 訓 ―
意味 やぶれた着物。また、その布切れ。ぼろ。
【襤褸】やぶれた着物。また、その布切れ。

衣16 **【襲】**(22) 常用 旧字 衣16 襲(22)
音 シュウ 訓 おそう・かさね・かさねる
筆順 音 音 背 背 龍 龍 龍 襲
意味 ❶不意に攻めて相手を侵す。おそう。「襲撃・襲来・急襲・空襲」❷あとを受け継ぐ。おそう。「襲名・世襲・踏襲・因襲」❸衣服を重ねて着る。かさねる。また、上下そろいの衣服。かさね。❹中古、袍の下に着た衣服。かさね。「下襲」 名付 しゅう・そ・つぎ
【襲名】芸人などが、その系列のあとを受け継いで親や師匠の名を継ぐこと。「―披露」
【襲来】多くの敵や暴風雨など、害を及ぼすものがはげしくおそいかかってくること。

衤16 **【襯】**(21)
音 シン 訓 ―
意味 肌着。
参考熟語 襯衣(シャツ・しんい)

衤17 **【襷】**(22) 印標 〈国字〉 異体 衤10 衤挙(15)
音 ― 訓 たすき
意味 着物の両袖をたくし上げるために両肩から両脇へ掛けて結ぶ、細長い紐。また、一方の肩から斜めに掛けた幅の狭い布。たすき。

衤17 **【襴】**(22)
音 ラン 訓 ―
意味 「金襴」は、金糸模様を織り出した錦。

襾（覀）（西）の部 にし かなめのかしら

襾0 **【襾】**(6)
音 カ 訓 ―
意味 おおいかぶさる。

襾0 **【西】**(6) 2年
音 セイ・サイ 訓 にし
筆順 一 一 冂 丙 两 西
意味 ❶方角で、にし。また、西に向かって行く。にしする。↔東。「西方・西走・東西」❷西洋。「西欧・西暦・泰西」❸スペインのこと。「米西」 名付 あき・さい・せい・にし
参考 ❸は「西班牙」の略から。
【西方浄土】仏教で、西方十万億土のかなたにあり、阿弥陀如来の主宰するという清浄な国土。極楽浄土。
【西域】中国の西方の小アジア・中央アジア・インド地域の諸国のこと。また、中国の新疆ウイグル自治区一帯の地域のこと。
【西下】東京から関西方面に行くこと。
【西哲】西洋のすぐれた哲学者・思想家。
【西暦】キリスト生誕の年を元年として数える西洋の年の数え方。西紀。
参考熟語 西貢(サイゴン) 西瓜(すいか) 西班牙(スペイン) 西蔵(チベット・せいぞう)

襾3 **【要】**(9) 4年 旧字 襾3 要(9)
音 ヨウ 訓 かなめ・いる
筆順 一 一 冂 襾 襾 要 要 要 要
意味 ❶物事のしめくくりとなるたいせつな部分。かなめ。「要所・要素・要人・重要」❷大事な点をまとめる。ようする。また、そのこと。よう。「要約・要領・大要・要を得る」❸もとめる。いる。ようする。また、そのこと。よう。「要員・要請・必要・需要・要注意」❹待ち伏せする。ようする。「要撃・道に要して討つ」 名付 かなめ・とし・め・もとむ・やす・よう
参考 いる⇩「入」の[使い分け]。
【要因】その物事のおもな原因。
【要害】地勢が険しくて敵を防ぐのに有利であること。また、その場所。「―の地」
【要件】①しなければならないたいせつな用事。②欠くことのできないたいせつな条件。

6画

参考 「用件」は、用事、またはその内容。

【要綱】根本となる重要な事柄をまとめたもの。

【要項】必要な、たいせつな事柄。

【要旨】文章や話の最も大事な点。

【要衝】軍事上・交通上などの、重要な場所。

【要職】重要な役職。「―に在る」

【要人】その組織の重要な地位についている人。

【要請】そうしてほしいと強く願い求めること。

【要談】重要な事柄に関する話し合い。

【要務】なすべきたいせつな仕事。「―を帯びて」

【要約】文章や話などの要点をまとめて短くすること。

【要用】たいせつな要件。

【要覧】ある事柄・施設などについて重要な点を見やすいようにまとめて掲げた印刷物。

【要略】重要で必要な点だけをまとめること。また、そのようにしたもの。要約。

【要領】①物事の肝心な点。要点。「―を得ない」②物事をうまく処理する方法。こつ。「―をつかむ」▽「要」は腰、「領」は首筋で、共に大事な所の意。

〔票〕▸示6

襾6 【覃】(12) 音 タン 訓 ―

意味 ❶深い。❷及ぶ。「覃及」

襾12 【覆】(18) 常用 旧字 襾12 覆(18)

音 フク 訓 おおう・くつがえす・くつがえる

筆順

意味 ❶かぶせ包む。おおう。また、おおうもの。おおい。「覆面・覆蔵・被覆」❷ひっくり返す。くつがえす。また、そのようになる。くつがえる。「覆轍・転覆」❸もう一度する。「覆製・覆刻・反覆」

【覆水盆に返らず】こぼれた水は二度と容器にはもどらない。▽一度したことは取り返しがつかないことのたとえ。

【覆轍を踏む】前人の失敗と同じ失敗をする。▽「ひっくり返った車のわだちを踏む」の意。

【覆面】布などで顔をおおいかくすこと。また、その布など。

【覆刻】出版物を原本と同じ体裁でもう一度出版すること。▽「復刻」とも書く。

襾13 【覈】(19) 音 カク 訓 ―

意味 ❶調べて確かめる。❷厳しい。

襾13 【覇】(19) 常用 音 ハ 訓 ― 異体 雨13 霸(21) 旧字 襾13 覇(19)

筆順

意味 ❶武力で諸侯を従え、天下を治めること。は。また、その人。「覇権・覇者・制覇・覇を唱える」❷競技などで優勝すること。は。「覇を争う」名付 は・はる

【覇気】①覇者になろうとする意気。②進んで物事をしようとする意気込み。「―がない」

【覇業】他をしりぞけて、最もすぐれたものとなる行い。覇者となる行い。

【覇権】①他を征服してかちとった支配の権力。②競技などで優勝して得る栄誉。「―を争う」

【覇者】①王者に対して、武力によって天下を征服した者。②競技で優勝したいちばん強いもの。

襾19 〔覊〕▸羈異

臣の部 しん

臣0 【臣】(7) 4年 音 シン・ジン 訓 おみ

筆順

意味 ❶朝廷・主君に仕えるけらい。おみ。しん。「臣下・臣籍・大臣・股肱の臣」❷君主に対し家来が自分をへりくだっていうことば。しん。「臣等」名付 お・おみ・しげ・しん・とみ・み・

みつ
参考 もとの画数は六画。
【臣下】しんか 君主・天子に仕える人。
【臣事】しんじ 臣下として仕えること。
【臣籍】しんせき 臣民としての身分。「—降嫁」
【臣服】しんぷく 臣下として服従すること。
【臣民】しんみん 君主国の国民のこと。

臣2 **【臥】**(9) 人名 音ガ 訓ふす・ふせる

筆順 … 臣 臥

意味 横になって寝る。ふせる。ふす。「臥床・横臥」名付 お
【臥薪嘗胆】がしんしょうたん 復讐を志して非常に苦労すること。▽中国の春秋時代、呉王の夫差が薪の上に寝て越に復讐することを忘れまいとし、また越王の勾践が苦い肝をなめて呉への復讐を忘れまいとした故事から。
【臥竜】がりょう 伏している竜。「—鳳雛」▽世間に知られず隠れている英雄にたとえる。中国の三国時代、蜀の諸葛亮を臥竜にたとえた故事から。

臥

臣8 **【臧】**(15) 音ゾウ 訓—
意味 ❶よい。「臧否(よしあし)」❷男性の召使。

臧

臣10 **【𦣪】**(17) 〈国字〉 音— 訓しお
意味 しお。▽人名に用いる字。

𦣪

臣11 **【臨】**(18) 6年 音リン 訓のぞむ

筆順 … 臨

意味 ❶四方を見おろす。また、君主が治める。のぞむ。「照臨・君臨」❷上位の人が下位の人の居る所へ行く。のぞむ。「臨幸・親臨・来臨」❸その場所へ行く。また、その場所にある。のぞむ。「臨席・臨床・臨海」❹物事にあたる。また、その時に及ぶ。のぞむ。「臨戦・臨終・臨時」❺手本を見て写す。「臨写・臨書」名付 りん・み
参考 のぞむ⇩「望」の[使い分け]。
【臨界】りんかい 次の状態に変化する極限にあること。「—温度(気体が液化しうる最高の温度)」
【臨機応変】りんきおうへん その場合場合に応じて適切な手段をとること。「—の処置」
【臨月】りんげつ 出産間近の月。産み月。
【臨検】りんけん 実際にその場に行って調べること。
【臨幸】りんこう 天皇がその場へおいでになること。
【臨終】りんじゅう 人の、今にも死のうとする間際。死にぎわ。末期。「—のことば」
【臨書】りんしょ 手本を見てそのとおりに書くこと。
【臨床】りんしょう 理論研究だけではなく、実際に患者に接して、診察・治療をすること。「—実験」
【臨場】りんじょう ①会場などへ出席すること。「御—ください」②その場所に居ること。「—感(実際にその場に居るかのような感じ)」
【臨席】りんせき 会合などに出席すること。「御—を賜る」
【臨戦】りんせん 戦争にのぞむこと。「—態勢」
【臨池】りんち 書道。習字。手習い。▽後漢の名筆、張芝が、池のそばで書を学び、とうとう池の水が真っ黒になったという故事から。

臨

見 の部 みる

見0 **【見】**(7) 1年 音ケン・ゲン 訓みる・みえる・みせる・あらわれる・まみえる

筆順 … 見

意味 ❶目でみる。みえる。また、人がみるようにする。みせる。「見物・見聞・書見・完成を見る」❷よく調べて判断・評価する、またはそのようにできる。みる。みえる。また、そのこと・人・考え方。けん。「見解・意見・先見・愚見」❸人に会う。まみえる。「見参・引見・会見」❹隠れていたものが現れる。あらわれる。「露見」
名付 あき・あきら・けん・ちか・みる

使い分け 「みる」
見る…眺める。調べる。世話する。「遠くの景色を見る・エンジンの調子を見る・顔色を見る・面倒を見る・親を見る」
診る…診察する。「患者を診る・脈を診る・内視鏡で診る・医者に診てもらう」

【見解】けんかい 物事に対する評価や見方・考え方。

見

7画

【見参】(げんざん・けんざん) 面会することを謙遜していうことば。

【見識】(けんしき) ①物事の本質・将来を見通す、すぐれた意見。「—が高い」②気ぐらい。「—にかかわる」

【見地】(けんち) ものを考えて判断するよりどころ。観点。

【見聞】(けんぶん・けんもん) 実際に見たり聞いたりすること。また、それによって得た知識や経験。「—を広める」

【見幕】(けんまく) 怒ったりいきり立ったりしたときの荒々しい顔つきや態度。▽「剣幕」「権幕」とも書く。

【見料】(けんりょう) ①見物料。観覧料。②手相・人相・運勢などを見てもらったときに払う料金。

【見境】(みさかい) 区別して考えること。分別。「—がない」

参考熟語 見得(みえ) 見栄(みえ) 見世(みせ)

見4 **【規】** (11) 5年 音 キ 訓 ただす・のり

筆順 ニ ナ 夫 夫 知 規 規 規

意味 ❶コンパス。「規矩(きく)・定規(じょうぎ)」❷決まり。また、手本。のり。「規則・規律・規模(きぼ)・法規・新規」❸正しくする。ただす。「規正」名付 き・ただ・ただし・ただす・ちか・なり・のり・もと
【規格】(きかく) 機械・製品の寸法・品質・数量などについて定められた標準。「—品」

【規矩】(きく) 行いの標準となるもの。「—準縄(じゅんじょう)」▽「コンパスとものさし」の意。

【規準】(きじゅん) 行いや考え方などの標準となるもの。参考「基準(きじゅん)」は、比較のよりどころ。

【規正】(きせい) ふつごうな点や悪い所などを正すこと。

【規定】(きてい) ①物事をあるはっきりした形に定めること。②規則を定めること。また、その定めた規則。

【規程】(きてい) ①定められた一連の決まりの全体。②官公庁などの執務に関する規則。

使い分け「きてい」
規定…全体の中の一つ一つの決まり。「第五条の規定に従う・前項の規定によると」
規程…定められた一連の決まりの全体。「図書貸し出し規程・事務規程」

【規範】(きはん) ①行動の手本。②判断・評価・行為などの基準となるもののこと。▽「軌範」とも書く。

【規模】(きぼ) 物事の構造やしくみの大きさ。スケール。「—の大きな計画」

【規約】(きやく) 団体などの、協議して決めた規則。

【規律】(きりつ) 行為や態度のよりどころになる決まり。

見4 **【視】** (11) 6年 旧字 見5 視 (12) 人名 音 シ 訓 みる

筆順 丶 ラ ネ ネ ネ 礻冂 祖 視

意味 ❶注意して、みる。「視覚・視察・注視」❷そう考えて取り扱う。する。みる。「敵視・重大視」名付 し・のり・み
【視界】(しかい) 目で見通すことのできる範囲。限界。

【視覚】(しかく) 五感の一つ。光を網膜に受けることで、事物を見る感覚。

【視察】(しさつ) その場所に行って実際に事情を細かく調べること。「—団」

【視聴】(しちょう) 見ることと聞くこと。見たり聞いたりすること。聴視。「テレビの—者」

【視点】(してん) ①絵画の遠近法で、人の目と直角を成す地平線上の仮定の一点。②ものを見る立場。

【視野】(しや) ①目で見ることのできる範囲。②考えや知識の及ぶ範囲。

見4 **【覓】** (11) 音 ベキ 訓 —
意味 探し求める。

【現】▼玉7

見5 **【覚】** (12) 4年 旧字 見13 覺 (20) 音 カク 訓 おぼえる・さます・さめる・さとる

筆順 ⺍ ⺍ ⺍ 党 党 覚 覚 覚

意味 ❶おぼえる。また、記憶・経験。おぼえ。「知覚・才覚・幻覚」❷自然にそう感ずる。おぼえる。「感覚・寒さを覚える」❸はっきりわかる。さとる。「覚悟・自覚」❹あらわれる。「発覚」❺悟り。

7画

また、悟った人。「先覚・大覚」❻眠りから起きる。さめる。また、そのようにする。さます。「覚醒・目覚め」名付 あき・あきら・かく・さだ・さと・さとし・さとる・ただ・ただし・よし

使い分け「さめる」
覚める…正常な意識にもどる。「目が覚める・迷いから覚める・興奮が覚める」
醒める…酔いが去る。「覚める」とも書く。「酔いが醒める」
冷める…熱、また熱意がなくなる。「湯が冷める・料理が冷める・興奮が冷める」

【覚書】①忘れないように簡単に書きとめた文書。②希望・意見などを相手国に伝える外交文書。

【覚悟】①どんな事態にもあわてないように心構えをすること。②迷いを去り道理をさとること。

【覚醒】①目がさめること。また、目をさますこと。「―剤」②自分のあやまちに気づくこと。

見5【覗】(12) 印標 音シ 訓のぞく・うかがう
意味 ❶すきまなどからそっと見る、またはほんの少し見る。うかがう。のぞく。❷高い所から低い所を見る。のぞく。「谷底を覗く」
参考「のぞく」は「覘く」とも書く。

見5【覘】(12) 音テン 訓のぞく
意味 ❶すきまなどからそっと見る、またはほんの少し見る。のぞく。❷高い所から低い所をみる。のぞく。
参考「のぞく」は「覗く」とも書く。
【覘望】遠くからようすを見ること。

見5【視】▶視㊐

見7【覡】(14) 音ゲキ 訓かんなぎ
意味 神に仕える、男性のみこ。かんなぎ。

見9【親】(16) 2年 音シン 訓おや・したしい・したしむ・みずから
筆順 亠 亡 立 辛 亲 新 親 親
意味 ❶父母。おや。「親権・両親・親子」❷血縁関係。しん。「親戚・親族・肉親・大義親を滅す」❸中心となるもの。おや。「親会社」❹仲よくする。したしむ。また、仲がよい。したしい。「親友・親愛・懇親」❺自分でする。したしく。みずから。「親展・親任」名付 いたる・しん・ちか・ちかし・なる・み・もと・よしみ・より
【親愛】好意や親しみを感じること。「―の情」

【親衛】天子や国家元首などの身辺を守ること。「―隊」

【親権】親が子に対して持つ、身分上・財産上の教育・監督・保護の権利・義務。

【親交】親しい交際。参考「深交」は、隠しだてのない、深い交際のこと。

【親書】①身分の高い人自身が書いた手紙。②天皇の手紙。

【親善】互いに理解を深めて、仲良くすること。

【親疎】親しい間柄と、親しくない間柄。

【親展】手紙で、封書に書き添えて、あて名の本人が開封し自分で読むことを指定することば。

【親等】親族関係の近さを区分して示す尺度。親子関係を一親等とし、兄弟関係は二親等となる。▽もと「等親」といった。

【親任】天皇みずからが大臣などの高官を任命すること。「―式」

【親筆】身分の高い人がみずから書いた筆跡。

【親睦】うちとけ合って仲よくすること。「―会」

【親身】①親子や兄弟など、近い身内。②身内の者に対するように親切なこと。「―な世話」

【親密】非常に親しいこと。

【親和】①互いに親しみ、仲良くすること。②異種の物質が化合すること。

参考熟語 親父 親爺 親仁 親王

見9【覦】(16) 音ユ 訓――
意味 ひそかに願い望む。

見9【覩】▶睹㊜

見10【覬】(17) 音キ 訓――
意味 身分不相応なことを望む。

7画

見10 【覯】(17) 音コウ 訓— 正字 見10 覯(17)

意味 思いがけなくであう。「希覯本(きこうぼん)」

見10 【覧】(17) 6年 旧字 見15 覽(22) 人名

音ラン 訓みる

筆順 … 覧

意味 ❶高い所から見渡す。また、広く見る。みる。「観覧・上覧」❷吟味してよく見る。みる。「博覧・回覧」名付 み・みる・らん

見11 【観】(18) 4年 音カン 訓みる 旧字 見18 觀(25) 異体 見17 觀(24)

筆順 … 観

意味 ❶物事の状態をよく見る。みる。「観察・観覧・傍観」❷物の考え方。「観念・主観・楽観・人生観」❸いろいろと思いめぐらす。かんずる。「世相を観ずる」❹ありさま。状態。かん。「壮観・景観・別人の観がある」名付 あき・かん・しめす・み・みる

【観光】(かんこう) 景色・名所・文物などを見て回ること。

【観照】(かんしょう) ①物事を、主観を捨ててありのままにながめ、その真の意味を認識すること。「人生を―する」②美を直観によって統一的にとらえること。

【観賞】(かんしょう) 動植物などを見て楽しむこと。参考「鑑賞(かんしょう)」は、作品などを見てその本質を味わうこと。

使い分け「かんしょう」

観照…本質を見極めること。「人生を観照する」

観賞…自然の風景や動植物にいう。「名月を観賞する・観賞魚」

鑑賞…芸術作品にいう。「名曲を鑑賞する・映画鑑賞」

【観測】(かんそく) ①自然現象などの変化を観察・測定すること。②物事の成り行きを推測すること。「希望的―」

【観点】(かんてん) 物事を観察・考察する立場。「教育的な―から発言する」

【観念】(かんねん) ①それ以上を望まずにあきらめること。②その事柄についての意識。「―的」

【観覧】(かんらん) ながめ見ること。「―料」「―車」

見11 【覲】(18) 音キン 訓まみえる

意味 天子に会う。まみえる。「朝覲・参覲」

見13 〔覺〕▶覚(旧)

見15 【覿】(22) 音テキ 訓—

意味 会う。「覿面」

【覿面】(てきめん) 効果や報いがすぐ現れること。「天罰―」

見15 〔覽〕▶覧(旧)

見17 〔觀〕▶観(異)

見18 〔觀〕▶観(旧)

角 の部 つの つのへん

角0 【角】(7) 2年 音カク 訓かど・つの・すみ

筆順 … 角

意味 ❶動物の頭部にある、つの。「頭角・皮角」❷とがっている所。また、囲まれたはしのほう。すみ。かど。「角材・街角(まちかど)」❸まじわる二直線が作る図形。かく。「角度・直角」❹競争する。「角逐・角力(かくりき・すもう)」❺相撲のこと。「角道・角界」❻将棋の駒(こま)の一つ。かく。名付 かく・かど・すみ・つぬ・つの・ふさ・み

【角界】(かくかい・かっかい) 相撲の社会。

【角質】(かくしつ) 毛・爪などを作る硬たんぱく質。ケラチン。

【角逐】(かくちく) 相手を負かそうとして互いに競争し合うこと。

【角膜】(かくまく) 眼球の最前部にある、薄い透明な膜。

角5 【觚】(12) 音コ 訓—

意味 昔、中国で、二升(〇・三八リットル)入るさかずき。こ。「觚、觚ならず(名ばかりで

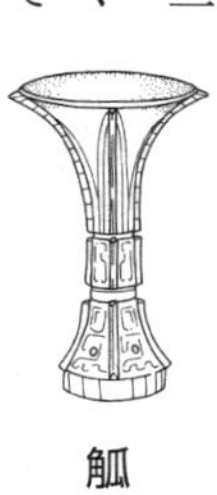

觚

7画

実質がともなわないことのたとえ」

角5 **【觝】**(12) 音テイ 訓——

意味 触れさわる。「觝触」
参考「觝触」は「抵触」に書き換える。

觝

角6 **【解】**(13) 5年 異体 角6 觧(13)

音 **カイ・ゲ** 訓 **とく・とかす・とける・ほどく・わかる**

解

筆順 ⺈ … 解

意味 ❶部分に分ける。ほどく。とく。また、そのようになる。「解剖・解散・分解」❷説明してわかるようにする、またはそのようになる。かいする。とく。とける。わかる。また、その答え。かい。「解明・解釈・理解・難解・絵解き」❸制限・約束などをとりのぞく。とく。また、そのようになる。とける。「解雇・解約・解毒(げどく)・和解」❹固まっている物などを液状にする。とかす。とく。また、そのようになる。とける。「氷解・油で解く」
名付 かい・さとる・とき・ひろ
参考 **とく**⇩「溶」の[使い分け]。

【解禁(かいきん)】禁止の命令をとくこと。「あゆ漁の—」

【解釈(かいしゃく)】①意味をあきらかにして、説明すること。また、その説明。②文章や言動を判断し、理解すること。「善意に—する」

【解除(かいじょ)】禁止・制限をとりやめて、もとの状態にもどすこと。「武装—」

【解消(かいしょう)】今まで続いてきた、一定の関係・状態などを取り消すこと。

【解析(かいせき)】①物事を細かく分けて論理的に研究すること。②数学で、関数の連続性についての性質を研究する学問。解析学。

【解題(かいだい)】書物の著者・内容・成立事情などについての解説。

【解答(かいとう)】問題をといて答えを出すこと。また、その答え。参考 ⇩「回答(かいとう)」の[使い分け]。

【解放(かいほう)】制限や束縛をとりのぞいて、自由にすること。

使い分け「かいほう」
解放…政治的・社会的束縛を脱して自由に行動できること。「奴隷解放・人質の解放・仕事から解放される」
開放…制限せずに自由にすること。「学校を一般に開放する・門戸開放・開放的な雰囲気」

【解剖(かいぼう)】①生物のからだを切り開いて、内部を調べること。②物事を細かく分解・分析して調べること。「心理の—」

【解明(かいめい)】物事の不明な点をはっきりさせること。

【解纜(かいらん)】船が出港すること。▽「纜(ともづな)を解く」の意。

【解脱(げだつ)】仏教で、いろいろの悩みや束縛から抜け出て安らかな悟りの境地に達すること。注意「かいだつ」と読み誤らないように。

【解毒(げどく)】体内の毒を、消したり弱めたりすること。

【解熱(げねつ)】病気で異常に高くなった体温を平熱にまでさげること。「—剤」注意(1)「かいねつ」と読み誤らないように。(2)「下熱」と書き誤らないように。

角6 **【觜】**(13) 音シ 訓くちばし

意味 ❶鳥の、くちばし。❷二十八宿の一つ。とろきぼし。
参考 ❶の意味の「くちばし」はふつう「嘴」と書く。

觜

角6 **【触】**(13) 常用 旧字 角13 觸(20)

音 **ショク** 訓 **ふれる・さわる**

触

筆順 ⺈ … 触

意味 ❶近づいてその物に少しくっつく。さわる。ふれる。「触角・接触・感触・法に触れる」❷物にくっついて感ずる。さわる。ふれる。「触感・触覚・手触(てざわ)り」

使い分け「さわる」
触る…そっとふれる。「肩に触る・寄ると触ると・肌触り」
障る…さしつかえる。害する。「体に障る・健康に障る・気に障る・差し障り・耳障り」
※「〜触り」は良い意味に、「〜障り」は悪い意味に使う。

【触手(しょくしゅ)】下等動物の周辺にある、ひも状の突起。「—を伸ばす(ある物を得ようと働きか

7画

けること)」

【触診】(しょくしん) 患者を手でさわって診察すること。

【触媒】(しょくばい) 化学反応のとき、他のものの化学変化を早めたり遅らせたりする働きをする物質。

【触発】(しょくはつ) ある物事が刺激となってある感情や行動が引き起こされること。

角6 【鮮】▶解 異

角11 【觴】(18) 音 ショウ 訓 —

意味 さかずき。「濫觴(らんしょう)」

言 の部 ごんべん いう

言0 【言】(7) 2年 音 ゲン・ゴン 訓 いう・こと

筆順

意味 ❶ことばに出して話す。いう。「言明・言論・言上(ごんじょう)・他言(たごん)」❷いったことば。げん。こと。「言語・失言・無言(むごん)・寝言(ねごと)」名付 あき・あや・げん・こと・ごん・とき・とし・とも・のぶ・のり・ゆき

【言下】(げんか) いい終わるとすぐに。「—に断る」

【言外】(げんがい) 直接ことばに言い表されていない部分。

【言及】(げんきゅう) その事柄にまで話が及ぶこと。

【言行】(げんこう) ①いっている事柄と、それに基づく行い。「—不一致」②日常のふるまい。「—を慎む」

【言辞】(げんじ) ことば。また、ことばづかい。

【言質】(げんち・げんしつ) のちの証拠となることば。「—をとる」

【言文一致】(げんぶんいっち) 文章を文語体で書かず、口語体で書くこと。また、その文体。

【言明】(げんめい) 公にはっきりと述べること。

【言論】(げんろん) 言語によって意見や思想を発表し、論じること。また、その議論。

【言霊】(ことだま) 昔、ことばの中に宿っていると考えられた霊力。「—信仰」

【言語道断】(ごんごどうだん) 正道からはずれていること。「—のふるまい」▽「道」も「いう」の意。注意「言語」を「げんご」と読み誤らないように。

【言上】(ごんじょう) 身分の高い人に申し上げること。

参考熟語 言伝(ことづて) 言葉(ことば)

言2 【計】(9) 2年 音 ケイ 訓 はかる・はからう

筆順

意味 ❶数・長さ・重さ・量などを調べる。はかる。「計算・計量・合計・家計」❷あれこれ考えて企てる。はかる。また、企て。けい。「計画・計略・早計・百年の計」❸推測する。はかる。「計り知れない」❹計量の器具。「寒暖計・体温計」❺合計。けい。「計一千万円」名付 かず・かずえ・けい・はかる

参考 ひらがな「け」のもとになった字。

使い分け「はかる」

計る…時間や数を数える。計画する。「時間を計る・機会を計る・将来を計る・まんまと計られた」

測る…大小・長短・高低・深浅などを測定・測量する。推測する。「面積を測る・気圧を測る・能力を測る」

量る…容積・軽重などを計量する。推量する。「目方(めかた)を量る・量り売り・気持ちを量る」

図る…企画・意図する。「合理化を図る・解決を図る・便宜を図る」

謀る…良くないことをたくらむ。だます。「暗殺を謀る・悪事を謀る・敵を謀る」

諮る…上の者が下の者に意見を聞く。「会議に諮る・審議会に諮る」

【計上】(けいじょう) ある物事を全体の中に組み入れて考え計算すること。

【計数】(けいすう) 数値を計算すること。「—に明るい」

【計測】(けいそく) いろいろな器械を使って物の量・目方・長さなどを計ること。

【計略】(けいりゃく) 計画を実現するためのはかりごと。

言2 【訂】(9) 常用 音 テイ 訓 ただす

筆順

意味 文字や文章の誤りを正す。ただす。「訂正・校訂・改訂・再訂」名付 ただ・ただす・てい・た

だす・てい

【訂正】ていせい 内容・字句などの誤りを正しく直すこと。

言2
【訃】
(9) 常用 音フ 訓―

意味 人の死を急いで知らせる。また、死の知らせ。ふ。「訃報・訃音・訃に接する」

【訃音】ふいん 死亡の知らせ。

【訃報】ふほう 人の死亡の知らせ。訃音。

言3
【記】
(10) 2年 音キ 訓しるす

意味 ❶ものに書きつける。きする。しるす。また、書きつけた文字・文章など。き。「記帳・記録・日記・思い出の記」❷おぼえる。きする。「記憶・暗記」❸古事記のこと。き。「記紀」名付 き・しるす・とし・なり・のり・ふさ・ふみ・よし

参考 「記章」は「徽章」が書き換えられたもの。

【記紀】きき 古事記と日本書紀のこと。

【記載】きさい 文書や書類などに書きしるすこと。

【記帳】きちょう ①帳簿に記入すること。②名などを帳面に書きつけること。

言3
【訖】
(10) 音キツ 訓おわる

意味 ❶終わる。おわる。❷至る。

言3
【訓】
(10) 4年 音クン・キン 訓おしえる・よむ

意味 ❶教えさとす。おしえる。「訓練・訓示・教訓・庭訓」❷文章・文字の意味を説明する。よむ。「訓釈」❸漢字を日本語の意味にあてて読む。くんする。よむ。また、その読み方。くん。↔音。「訓読・音訓」名付 くに・くん・しる・とき・のり・みち

【訓戒】くんかい 悪いことをしないように戒めさとすこと。▽「訓誡」の書き換え字。

【訓詁】くんこ 古典の一つ一つの字句の意義を解釈すること。▽「詁」は「古いことばの意義をとく」の意。

【訓告】くんこく 教え戒めること。また、その戒め。

【訓示】くんじ 目上の人が教え示すこと。「部下に―する」

【訓点】くんてん 漢文を訓読するためにつける送りがな・返り点などの総称。

【訓電】くんでん 政府が外交官などに電報で命令すること。また、その電報。

【訓導】くんどう ①もと、小学校の教師のこと。②教えさとして導くこと。

【訓令】くんれい 内閣や各省が下す、職務に関する命令。

言3
【訐】
(10) 音ケツ 訓―

意味 人の秘密や悪事をあばく。

言3
【訌】
(10) 音コウ 訓―

意味 仲間同士で争うこと。内輪もめ。「内訌（ないこう）」

言3
【訊】
(10) 人名 音ジン 訓たずねる

意味 聞き出して明らかにする。たずねる。「訊問」

参考 「訊問」は「尋問」に書き換える。

言3
【託】
(10) 常用 音タク 訓かこつ・かこつける

意味 ❶物事を任せる。たくする。「託送・委託・嘱託」❷他の物事を利用して表す。たくする。かこつ。かこつける。「託宣・神託・仮託・病に託して」❸境遇を不満に思って嘆く。かこつ。

名付 たく・より

【託宣】たくせん 神のお告げ。

【託送】たくそう 運送店などに頼んで物を送ること。

言3
【討】
(10) 6年 音トウ 訓うつ

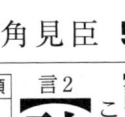

意味 ❶武力で攻める。うつ。「討伐・征討・敵討（かたきう）ち」❷問いただして調べる。「討議・討論・

検討」

使い分け「うつ」

討つ…罪を言いたて攻め滅す。「敵を討つ・賊を討つ・大将を討ち取る・討ち入り」

撃つ…発射する。攻撃する。「銃を撃つ・鳥を撃つ・撃ち殺す」

打つ…手でたたく。強く当てる。あることを行う。「平手で打つ・頭を打つ・注射を打つ・先手を打つ」

【討議(とうぎ)】ある問題について意見をたたかわせること。討論。

【討伐(とうばつ)】さからう者を攻めうつこと。

参考熟語 討っ手(うって)

言4 **【訛】**(11) 印標 異体 言12 譌(19)

音 カ　訓 なまり・なまる

意味 ❶正しくない。「訛伝」❷言語の標準の発音がくずれる。なまる。また、その音。なまり。「転訛」❸その地方のことばの発音が標準とちがったいい方になる。なまる。また、その発音やことば。なまり。「訛音・東北訛り」

訛

言4 **【訝】**(11) 印標 異体 言5 訝(12)

音 ガ・ゲン　訓 いぶかる

意味 疑い怪しむ。いぶかる。「怪訝(けげん)」

訝

言4 **【許】**(11) 5年

音 **キョ**　訓 **ゆる**す・ばかり・もと

筆順 丶 亠 亖 言 言 訁 訐 許

許

意味 ❶願いなどを聞き入れる。ゆるす。「許可・許諾・特許・免許」❷そば。もと。「親許(おやもと)・手許(てもと)」❸物事の程度・範囲・数量などが大体その程度であることを表すことば。ばかり。「少し許りの品」 名付 きょ・もと・ゆく

【許諾(きょだく)】聞き入れて許すこと。「所有者の―を得る」

【許否(きょひ)】許すことと許さないこと。「―を決定する」

【許容(きょよう)】しかたがないとして認めること。「―量」

参考熟語 許多(あまた)・許嫁(いいなずけ)

言4 **【訣】**(11) 人名

音 ケツ　訓 わかれる

筆順 丶 亠 亖 言 言 訁 訣 訣

訣

意味 ❶人と別れる。わかれる。また、別れ。わかれ。「訣別・永訣」❷秘密にされている方法。「秘訣・要訣」

参考「訣別」の「訣」は「決」に書き換える。

言4 **【訟】**(11) 常用

音 **ショウ**　訓 うったえる

筆順 丶 亠 亖 言 言 訁 訟 訟

訟

意味 裁判所に訴えて是非を争う。うったえる。また、訴え。「訴訟・争訟」

言4 **【設】**(11) 5年

音 **セツ**　訓 **もう**ける・しつらえる

筆順 丶 亠 亖 言 言 言 訁 設 設

設

意味 ❶準備してその機会を作る。もうける。「一席設ける」❷物・組織・規則などを作る。しつらえる。もうける。「設計・設備・建設・施設・常設」 名付 おき・せつ・のぶ

【設営(せつえい)】必要な施設などを作って準備すること。「会場の―」

【設置(せっち)】①設備を備えつけること。②機関をこしらえること。

【設定(せってい)】事物や規則などを作り定めること。

【設問(せつもん)】問題や質問を作って出すこと。また、出された問題や質問。設題。

【設立(せつりつ)】新たに会社・団体などの組織を作ること。「会社の―資金」

言4 **【訥】**(11)

音 トツ　訓 ―

訥

意味 つかえつかえものをいう。「訥弁・木訥」

【訥弁(とつべん)】思うようにことばが出ず、つかえながら話す話し方。

言4 **【訪】**(11) 6年

音 **ホウ**　訓 **おとず**れる・**たず**ねる・とう

筆順 丶 亠 亖 言 言 言 訁 訪 訪

訪

意味 ❶人に会うためにそこに行く。とう。たずねる。おとずれる。「訪問・訪米・来訪」❷行ってさがし求める。「探訪・採訪」 名付 ほう・みる

【訪問(ほうもん)】人をたずねること。他家をおとずれること。「―看護」

7画

使い分け「たずねる」

訪ねる…訪問の意。「友人を訪ねる・故郷を訪ねる・遺跡を訪ねる」

尋ねる…質問・追究の意。「道順を尋ねる・真相を尋ねる・尋ね人」

言4
【訳】(11)
6年 音 ヤク 訓 わけ　旧字 言13 譯(20)

筆順

意味 ❶外国語や古文をその国の言語や現代語に置きかえて意味を通じさせる。やくす。やくする。また、そうしたもの。やく。「訳文・訳出・翻訳・英訳」❷事情や理由・原因。わけ。「訳無い・申し訳」名付 つぐ・やく

【訳出】(やくしゅつ) 訳して表すこと。翻訳。

【訳注】(やくちゅう) 翻訳した文章などについている、翻訳者がつけた注釈。▽「訳註」とも書く。

言5
【詠】(12)
常用 音 エイ 訓 よむ・うたう

筆順

意味 ❶詩歌を作る。えいずる。よむ。また、その詩歌。えい。「詠進・遺詠」❷詩歌を声を長く引いて歌う。うたう。えいずる。「詠吟」❸感動などを声に出す。「詠嘆」名付 うた・えい・かね・なが

参考 よむ⇩「読」の[使い分け]。

【詠歌】(えいか) ①詩歌を作ること。また、その詩歌。②浄土宗の信者や巡礼が歌う、仏教の歌。「御―」

【詠唱】(えいしょう) ①節をつけて歌を歌うこと。②オペラなどで歌う、叙情的な独唱曲。アリア。

【詠進】(えいしん) 宮中や神社などの公募に応じて詩歌を作って差し出すこと。

【詠草】(えいそう) 和歌の草稿。

言5
【訶】(12)
印標 音 カ 訓 ―

意味 ❶どなってしかる。「訶責(かせき)」❷責めとがめる。

【訶責】(かせき・かしゃく) しかりせめる。しかって原因などを追及する。▽「呵責」とも書く。

言5
【詁】(12)
音 コ 訓 ―

意味 昔のことば。また、それを解釈する。「訓詁(くんこ)」

言5
【詐】(12)
常用 音 サ 訓 いつわる

筆順

意味 うそをいってだます。いつわる。「詐欺」

【詐取】(さしゅ) 金品などをだまして取ること。

【詐称】(さしょう) 人をだますために住所・氏名・職業などを偽っていうこと。

言5
【詞】(12)
6年 音 シ 訓 ことば

筆順

意味 ❶詩文に使われることば。ことば。「詞章・作詞・祝詞(しゅくし・のりと)・枕詞(まくらことば)」❷文法上の語類。「品詞・名詞」❸歌劇や語り物で、節を付けずに会話のように語る部分。ことば。❹中国の韻文の一体。「宋詞(そうし)」名付 こと・し・ふみ

【詞書】(ことばがき) 和歌の初めに、その歌をよんだ背景などを書きそえた文章。

【詞章】(ししょう) ①詩歌や文章のこと。②歌謡や浄瑠璃(じょうるり)などの文章。

【詞藻】(しそう) ①詩歌や文章。また、その中の美しい語句。②詩や文章にたくみな才能。

言5
【証】(12)
5年 音 ショウ 訓 あかす　旧字 言12 證(19)

筆順

意味 ❶よりどころによって、明らかにする。しょうする。あかす。また、そのよりどころ。あかし。しょう。「証拠・証明・保証・実証・後日の証(しょう)とする」❷証拠だてるための書きつけ。しょう。「受領証・学生証」名付 あかし・あきら・しょう

【証券】(しょうけん) 株券や債券など、財産に関する権利や義務を示す文書。「有価―」

【証左】(しょうさ) 証拠。▽「左」は「証拠になるしるし」の意。

【証票】(しょうひょう) 証拠となる伝票や札。

【証文】(しょうもん) 金品を借りたときや約束事をしたときなどの、証拠にする文書。証書。

言5 【詔】(12) 常用 音 ショウ 訓 みことのり

筆順 亠 言 言 訁 訒 詔 詔 詔 詔

意味 文書による天皇の仰せ。みことのり。「詔書」名付 しょう

【詔書】しょうしょ 天皇のおことばをしるした公文書。

【詔勅】しょうちょく 天皇が意思・命令を告げ伝える公文書。

言5 【診】(12) 常用 音 シン 訓 みる

筆順 亠 言 言 訁 訡 診 診 診

意味 医者が患者の病気の様子を調べる。みる。「診察・診断・診療・検診」名付 しん・みる

参考 みる⇩「見」の[使い分け]。

【診断】しんだん ①医師が患者を診察してその病状を判断すること。②物事に欠陥があるかどうかを調べて先行きを判断すること。「企業―」

【診療】しんりょう 病人を診察し治療すること。

言5 【訴】(12) 常用 音 ソ 訓 うったえる

筆順 亠 言 言 訁 訂 訢 訴 訴

意味 ❶理非・正邪の判定を裁判所や上位者に申し出る。うったえる。「訴訟・訴状・上訴・告訴」❷不満や苦しみなどを人に告げる。うったえる。「哀訴・愁訴」❸解決の手段としてその力をたよりにする。うったえる。「武力に訴える」

【訴願】そがん 国会・行政官庁などに訴えて、処分の取り消しや変更を求めること。

【訴追】そつい 検察官が刑事事件について公訴を提起すること。起訴。

言5 【詛】(12) 音 ソ 訓 のろう

意味 ❶恨みのある人に災いが起こるように神仏に祈る。のろう。「呪詛じゅそ」❷強く恨む。のろう。「世を詛う」

言5 【詑】(12) 音 タ 訓 ―

意味 あざむく。

言5 【詒】(12) 音 タイ・イ 訓 あざむく

意味 ❶人をだます。あざむく。❷後世に残す。

言5 【註】(12) 人名 音 チュウ 訓 ―

筆順 丶 亠 言 言 訁 訐 註 註

意味 ❶ことばの字句の意味を説明する。ちゅうする。また、その説明。ちゅう。「註釈・註解・頭註」❷書きつける。「註文」

参考 「註・註釈・註解・註文」などの「註」は「注」に書き換える。

言5 【詆】(12) 音 テイ 訓 ―

意味 悪口をいって、そしる。「詆毀ていき(そしること)」

言5 【評】(12) 5年 音 ヒョウ 訓 ―

旧字 言5 【評】(12)

筆順 亠 言 言 訁 訂 評 評

意味 善悪・価値などを公平に論じ定める。ひょうする。また、その文章。ひょう。「評価・評判・評論・合評・好評・下馬評」名付 ただ・ひょう

【評議】ひょうぎ 会社や団体などの重要な地位の人々が集まって相談すること。

【評決】ひょうけつ 何人かの人が評議して決めること。

【評定】㊀ひょうてい 価値や品質を評価し決定すること。「勤務―」㊁ひょうじょう 相談して決めること。「小田原おだわら―」

【評点】ひょうてん 成績の評価を表す点数。

【評伝】ひょうでん 評論を交えて書かれた伝記。

言5 【詈】(12) 音 リ 訓 ののしる

意味 悪口をいって、ののしる。「罵詈雑言ばりぞうごん」

言5 【訝】▸訝 異

言6 【詼】(13) 音 カイ 訓 ―

意味 おどける。たわむれる。

言6 【該】(13) 常用 音 ガイ 訓 ―

筆順 亠 言 言 訁 訁 詃 該 該

意味 ❶あてはまる。「該当・当該」❷知識を広く備える。「該博」❸問題になっている事柄を指示することば。「該案・該事件」名付 がい・かた・かね・もり

【該当】(がいとう) その条件にあてはまること。「—者」

【該博】(がいはく) 広く物事に通じているさま。「—な知識」

言6

【詭】(13)

音 キ 訓 いつわる

意味 欺きだます。いつわる。「詭弁」

【詭弁】(きべん) ①こじつけていう議論。「—を弄(ろう)する」②巧みに人をだまし迷わす、正しそうな論理。

詭

言6

【詰】(13)

常用 音 キツ 訓 つめる・つまる・つむ・なじる

筆順 詰

意味 ❶問い責める。なじる。「詰問・難詰」❷かがむ。「詰屈」❸中にぎっしり入れる。つめる。また、そのようになる。つまる。「詰め物・行き詰まる」❹ある場所に出勤して控えている。つめる。「詰め所」

【詰責】(きっせき) 問いつめて責めること。

【詰問】(きつもん) 問いつめて返事をさせること。

詰

言6

【詣】(13)

常用 音 ケイ 訓 もうでる

筆順 詣

詣

意味 ❶神仏にお参りする。もうでる。「参詣・初詣(はつもうで)」❷行き着く。至る。「造詣」名付 ゆき

言6

【誇】(13)

常用 音 コ 訓 ほこる

筆順 誇

意味 ❶自慢しておおげさにいう。ほこる。「誇示・誇大・誇張」❷みずから名誉とする。ほこる。また、その気持ち。ほこり。「誇らしい」

【誇示】(こじ) 自慢してみせびらかすこと。

【誇称】(こしょう) 自慢しておおげさにいうこと。「東洋一と—する」

【誇大】(こだい) 実際よりおおげさであること。「—宣伝」

【誇大妄想】(こだいもうそう) 自分を実際よりもすぐれたものと空想し、それを事実と思い込むこと。

【誇張】(こちょう) 大げさに表現すること。

誇

言6

【詬】(13)

音 コウ 訓 —

意味 ののしって辱める。

詬

言6

【詩】(13)

3年 音 シ 訓 うた

筆順 詩

意味 ❶心に感じたことを一定の韻律によって言語に表現したもの。うた。し。「詩歌(しいか・しか)・詩作・訳詩・叙事詩」❷中国の韻文の一体。し。「漢詩・唐詩・律詩・古詩」❸中国最古の詩集詩経(しきょう)のこと。名付 うた・し

【詩境】(しきょう) ①詩にうたわれている境地。②詩の巧みさの段階。

【詩興】(しきょう) ①詩が作りたくなる気持ち。②詩のおもしろみ。

【詩吟】(しぎん) 漢詩を訓読し、節をつけてうたうこと。

【詩才】(しさい) 詩を作る才能。「—のある人」

【詩趣】(ししゅ) ①詩に表したいようなすぐれた趣。②詩にうたわれた趣。

【詩情】(しじょう) ①心の感動を詩に表したいと思う心。「—がわく」②詩を味わうような楽しい気分。

【詩聖】(しせい) 唐の詩人杜甫(とほ)のこと。

【詩仙】(しせん) ①詩作のみを行って世事をかえりみないすぐれた老詩人。②唐の詩人李白(りはく)のこと。

詩

言6

【試】(13)

4年 音 シ 訓 こころみる・ためす

筆順 試

意味 ❶実際にやってみる。こころみる。ためす。「試食・試験・試運転」❷試験のこと。「入試・追試」名付 し

【試金石】(しきんせき) ①ある物事の価値や人の力量をためす事柄。②金属の品質を調べるのに使う、硅酸(けいさん)を主成分にした鉱物。

【試行錯誤】(しこうさくご) 失敗をしながら学習して少し

試

ずつ適応し、目標に到達すること。

【試問】(しもん) 試験をすること。「口頭―」

【試練】(しれん) 信仰・決意・力の強さなどをためすためのつらい苦難。「―に耐える」▽「試煉」の書き換え字。

【試論】(しろん) 試みに述べた論説・評論。参考「エッセー」の訳語として使うことも多い。

言6 【詢】(13) 人名 音ジュン・シュン 訓はかる・まこと

筆順 亠 言 言 訂 訇 詢 詢

意味 ❶相談する。はかる。「諮詢(しじゅん)」❷まことに。名付 じゅん・まこと

詢

言6 【詳】(13) 常用 音ショウ 訓くわしい・つまびらか

筆順 亠 言 言 言' 言' 言' 言' 詳

意味 知識・考察・説明などが行き届いている。つまびらか。くわしい。「詳細・詳述・詳論・不詳・未詳」名付 しょう・みつ

参考「くわしい」は「精しい」「委しい」とも書く。「つまびらか」は「審らか」とも書く。

【詳解】(しょうかい) 語句・文章などを詳しく解釈すること。また、その解釈したもの。

【詳密】(しょうみつ) 説明などが細かい点まで行き届いていて落ちがないさま。

詳

言6 【誠】(13) 6年 音セイ 訓まこと 旧字 言7 誠(14)

誠

筆順 亠 言 訁 訂 訪 試 誠 誠

意味 ❶偽りがない。また、偽りのない心。まこと。「誠実・誠意・赤誠・忠誠」❷ほんとうに。まことに。名付 あき・あきら・かね・さね・しげ・すみ・せい・たか・たかし・たね・とも・なり・なる・のぶ・のり・まこと・まさ・み・もと・よし

参考 ❶の「まこと」は「実」「真」とも書く。

【誠実】(せいじつ) まごころがこもっていること。

【誠心】(せいしん) まごころ。「―誠意」

言6 【詮】(13) 常用 音セン 訓―

筆順 丶 亠 言 訃 訡 詅 詮 詮

意味 つきつめていろいろと考えてみる。せんずる。「詮索・詮議・所詮・詮ずる所（要するに）」名付 あき・あきら・さと・さとし・さとる・とし・とも・のり・はる

【詮方】(せんかた) なすべき方法。「―ない」▽「為(せ)ん方」の意で、「詮」はあて字。

【詮議】(せんぎ) ①評議して決めること。②犯人などの行方を調べ捜すこと。また、犯行などを調べること。

【詮衡】(せんこう) 人物や才能をよく調べて適任者を選び出すこと。▽「銓衡」「選考」とも書く。

【詮索】(せんさく) 細かいところまで調べさがすこと。▽「穿鑿」とも書く。

詮

言6 【詫】(13) 人名 音タ 訓わびる

詫

筆順 丶 亠 言 言' 訁 詝 詫 詫

意味 相手にあやまる。わびる。また、そのことば。わび。「詫び言・詫びを入れる」

言6 【誅】(13) 印標 音チュウ 訓―

意味 罪のある者をきびしく責める、または責めて殺す。ちゅうする。また、そのこと。ちゅう。「誅伐・誅戮(ちゅうりく)・天誅・筆誅・逆賊を誅する」

【誅伐】(ちゅうばつ) 罪のある者を攻め討つこと。

【誅戮】(ちゅうりく) 罪のある者を責めて殺すこと。

誅

言6 【誂】(13) 音チョウ 訓あつらえる

意味 注文して作らせる。あつらえる。「誂え物・別誂え」

誂

言6 【誉】(13) 常用 旧字 言13 譽(20)

音ヨ 訓ほまれ・ほめる

筆順 丶 ⺌ 兴 兴 兴 誉 誉

意味 ❶たたえる。ほめる。「毀誉(きよ)・称誉」❷人からよくいわれて光栄であること。ほまれ。「名誉・栄誉」名付 しげ・たか・たかし・のり・ほまる・ほまれ・もと・やす・よ・よし

誉

言6 【誄】(13) 音ルイ 訓―

意味 ❶死者の徳行などをたたえてその死をいたむことば。「誄詞」❷幸福を求めて神に祈ることば。

誄

7画

言6
【話】
(13) 2年 音ワ 訓はなす・はなし

筆順

意味 ❶はなす。また、はなし。「話術・会話・談話・電話・話し合い」❷筋を追って語られるもの。はなし。「話題・童話・神話・昔話(むかしばなし)」

【話頭】(わとう) 話の内容。話題。「—を転ずる」

【話柄】(わへい) 話の材料・種。話題。

言7
【誨】
(14) 音カイ 訓—

意味 教えてさとす。「誨淫(かいいん)・教誨」

参考 「教誨」は「教戒」に書き換える。

【誨淫】(かいいん) みだらなことを教えること。「—の書」

言7
【誡】
(14) 音カイ 訓いましめる

意味 あやまちを犯さないように注意を与える。いましめる。「誡告・訓誡」

参考 「誡・誡告・訓誡」などの「誡」は「戒」に書き換える。

言7
【誑】
(14) 音キョウ 訓たぶらかす・たらす

意味 欺きだます。たぶらかす。たぶらかす。たらす。「女誑(おんなたら)し」

言7
【語】
(14) 2年 音ゴ・ギョ 訓かたる・かたらう

筆順

意味 ❶ものをいい話す。かたる。「語気・独語・私語」❷ことば。ご。「語句・語釈・単語・言語(げんご・ごんご・げんぎょ)・英語」❸親しく話し合う。かたらう。「喃語(なんご)」❹節(ふし)をつけて読む。かたる。また、そのこと。かたり。「語部(かたりべ)・物語(ものがたり)」❺物語のこと。「勢語(せいご)(伊勢(いせ)物語)」名付 かたり・ご・つぐ

【語彙】(ごい) ①ある個人、またはある範囲に用いられる単語の全体。また、それを集めたもの。②単語のこと。▽「彙」は「種類」の意。

【語気】(ごき) 話すことばの調子・勢い。語勢。

【語源】(ごげん) ある語が現在の形や意味になる前の、もとの形・意味。

【語釈】(ごしゃく) ことばの意味の解釈。

【語弊】(ごへい) 用語が適切でないために起こるさしさわり。「—がある」

【語呂】(ごろ) ことばの続きぐあいから生じる調子。

【語録】(ごろく) 偉人や有名人などのことばを集めた書物。

言7
【誤】
(14) 6年 旧字 言7 誤 (14)
音ゴ 訓あやまる

筆順

意味 ❶まちがえる。あやまる。「誤字・誤算・正誤」❷不幸におちいらせる。あやまる。「国を誤る」

【誤差】(ごさ) 真の値と計算や測定で出した数値との差。

【誤算】(ごさん) ①計算違い。②見込み違い。

【誤信】(ごしん) まちがって真実と信じ込むこと。

【誤認】(ごにん) まちがって他のものをそうであると認めること。「—逮捕」

【誤謬】(ごびゅう) 知識や論理のまちがい。あやまり。「—を犯す」注意「ごびょう」と読み誤らないように。

【誤聞】(ごぶん) ①聞きまちがい。②事実とちがううわさ。

使い分け「あやまる」
誤る…間違う。失敗する。「使い方を誤る・誤って書き写す・誤りを正す・身を誤る」
謝る…わびる。「素直に謝る・落ち度を謝る」

言7
【誥】
(14) 音コウ 訓—

意味 ❶下位の者に告げる。❷戒める。「誥誡(こうかい)」

言7
【誌】
(14) 6年 音シ 訓しるす

筆順

意味 ❶書きとめる。しるす。❷書きしるしたもの。「日誌・地誌・雑誌」❸雑誌のこと。「誌上・機関誌」

言7
【誦】
(14) 印標 音ジュ・ショウ 訓となえる

意味 書いてあるものを声に出していう。となえる。しょうする。じゅする。「誦経(じゅきょう・ずきょう)・暗誦・

7画

読誦・経を誦する」
参考「暗誦・吟誦」などの「誦」は「唱」に書き換える。
【誦経】「読経」に同じ。

言7 **【誚】**(14) 音 ショウ 訓 ―
意味 とがめる。責める。

誚

言7 **【誓】**(14) 常用 音 **セイ** 訓 **ちか**う
筆順 扌 扌 扩 扩 折 折 哲 誓 誓
意味 神仏や他人に堅く約束する。ちかう。また、そのこと・ことば。ちかい。「誓願・誓約・宣誓」
名付 せい・ちか・ちかう
【誓願】①誓いを立て、神仏に願い祈ること。②仏・菩薩が、すべての生きものの苦しみを救おうとして願いを立てて誓うこと。悲願。
【誓紙】誓いのことばを紙に書いたもの。誓詞。
【誓詞】①誓いのことば。②「誓紙」と同じ。
【誓約】堅く約束すること。また、その約束。

誓

言7 **【説】**(14) 4年 音 **セツ**・**ゼイ** 訓 **と**く
旧字 言7 說(14)
筆順 ニ ミ 言 言 訁 訁 訁 訁 説
意味 ❶考えや筋道などを述べて相手を納得させる。とく。「説教・説明・力説・遊説」❷とかれた意見。せつ。「学説・論説・小説・説を為す」
名付 かね・こと・せつ・つぐ・とき・のぶ・ひさ
【説得】よく話して納得させること。「―力」
【説法】①僧が宗門の教理を説き聞かせること。「辻―」②物事の道理をいい聞かせること。
【説諭】目下の人にいい聞かせさとすこと。
【説話】民間に伝えられた伝説・童話などのこと。

説

言7 **【読】**(14) 2年 音 **ドク**・**トク**・**トウ** 訓 **よ**む
旧字 言15 讀(22)
筆順 ニ ミ 言 言 言 言 言 訪 読
意味 ❶文字・文章を見て意味を理解する、または文字・文章を見て声に出していう。よむ。「読書・読本・読経・黙読・愛読」❷推察して見抜く。よむ。また、そのこと。よみ。「読心術・読みが深い」❸文章中の区切り。「読点・句読」
名付 とく・どく・よみ

読

使い分け「よむ」
読む…声に出して言う。文章や図表を見て内容を理解する。人の心などを推測する。「大きな声で読む・グラフを読む・地図を読む・体温計のメモリを読む・人の心を読む・手の内を読む・世界の先を読む」
詠む…詩歌を作る。「俳句を詠む・紅葉を歌に詠む・詠み人知らず」

【読点】文章の切れ目に打つ点。「、」で表す。
【読経】声に出して経を読むこと。読誦。
【読後感】文章・本を読んで得た感想。
【読破】難解な、または分厚い本を終わりまで読み通すこと。
【読本】①平易に解説した書物。「人生―」②学校で、講読に使う国語の教科書。
【読解】文章を読んでその意味を理解すること。「―力」

言7 **【認】**(14) 6年 音 **ニン** 訓 **みと**める・したためる
旧字 言7 認(14)
筆順 ニ ミ 言 訁 訒 訒 認 認
意味 ❶許可する。みとめる。「認可・認定・承認」❷見て判断する。みとめる。「認識・認知・確認」❸手紙などを書く。また、食事をする。したためる。
名付 にん・もろ
【認可】よいと認めて許可すること。認許。「―状」「―幼稚園」
【認証】①文書の成立・内容について公の機関が証明すること。②内閣の行為を天皇が公的に証明すること。「―式」
【認知】①ある事柄をみとめ知ること。②婚姻外で生まれた子を自分の子であると認めること。
【認定】ある事柄の内容や程度などを公の機関が調べて資格などを決定すること。「―試

認

7画

験」

【認否】認めることと、認めないこと。「罪状―」

【認容】公の機関が認めて許すこと。

言7 **【誣】**(14) 音フ・ブ 訓しいる

意味 人をおとしいれるために事実を偽っていう。しいる。「誣言・誣告」

【誣告】他人を罪におとしいれようとして虚偽の事実を申し立てること。「―罪」

言7 **【誮】**(14) 〈国字〉 音― 訓やさしい 正字 言8 誮(15)

意味 やさしい。

言7 **【誘】**(14) 常用 音ユウ 訓さそう・いざなう

筆順 誘

意味 ❶ある物事をするように勧める。いざなう。さそう。「誘惑・誘導・勧誘」❷呼び出す。また、おびき寄せる。さそう。「誘致・誘拐・誘蛾灯・誘い水」❸ある結果を引き起こす。「誘発・誘因」

【誘因】ある結果を引き起こす原因。

【誘致】①そこに来るように誘い勧めること。「工場―」②それを結果としてもたらすこと。

【誘発】ある事柄がきっかけとなってその事柄を引き起こすこと。

言7〔誠〕▶誠(旧) 言7〔誕〕▶誕(旧)

言8 **【謁】**(15) 常用 旧字 言9 謁(16) 人名

音エツ 訓まみえる

筆順 謁

意味 身分の高い人に面会する。まみえる。えっする。また、そのこと。えつ。「謁見・親謁・拝謁・謁を賜う」名付 えつ・つく・ゆく

【謁見】身分の高い人に面会すること。謁。

言8 **【課】**(15) 4年 音カ 訓―

筆順 課

意味 ❶仕事・税金などを割り当てる。かする。また、割り当て。か。「課題・日課・宿題を課する」❷役所・会社などで、事務の分担区分の一つ。か。「課長・庶務課」

【課業】割り当てられた仕事・学科など。

【課税】税金を割り当てること。また、その税金。

【課徴金】国が行政権・司法権に基づき徴収する金銭。▽租税はふくまれない。

【課程】修得すべき物事の一定の範囲とその順序。「学習―」

言8 **【誼】**(15) 人名 音ギ 訓よしみ

筆順 誼

意味 親しい交わり。また、ゆかりがあること。よしみ。「交誼・友誼・恩誼・昔の誼で」名付 ぎ・こと・よし・よしみ

参考 「恩誼・情誼」などの「誼」は「義」に書き換える。

言8 **【諏】**(15) 人名 音シュ・ス 訓―

筆順 諏

意味 相談する。諮る。

言8 **【諄】**(15) 人名 音ジュン 訓くどい

筆順 諄

意味 ❶→諄諄。❷しつこい。くどい。名付 あつ・さね・しげ・じゅん・とも・のぶ・まこと

【諄諄】㊀よくわかるようにていねいに教えるさま。「―として説く」㊁何度もしつこくいうさま。

言8 **【諸】**(15) 6年 旧字 言9 諸(16) 人名

音ショ 訓もろ・もろもろ

筆順 諸

意味 ❶同類の物が多くある。また、多くのもの。もろもろ。もろ。「諸国・諸君・諸問題・諸共・諸諸」❷両方。もろ。「諸手」名付 しょ・つら・もろ

7画

【諸行無常】(しょぎょうむじょう) 仏教で、宇宙の万物は常に変転してとどまるところがないということ。

【諸兄】(しょけい) 多くの男性に対する敬称。みなさん。

【諸賢】(しょけん) ①多くの賢人。②多くの人々に対し敬意を含めて呼びかけることば。

【諸姉】(しょし) 多くの女性に対する敬称。みなさん。

【諸氏】(しょし) 敬って多くの人々をいうことば。

【諸事】(しょじ) いろいろな用事。「—万端」

【諸般】(しょはん) さまざまであること。「—の情勢」

【諸肌】(もろはだ) 左右の肩から腕にかけての肌。「—脱ぎ」

言8 **【諚】**(15)〈国字〉 音—— 訓じょう
意味 主君・上位の人の命令。仰せ。「勅諚(ちょくじょう)」

言8 **【誰】**(15) 常用 音スイ 訓**だれ**・たれ
筆順 言 言 訁 訁 訐 詳 誰 誰
意味 名を知らない人、または不定の人を示すことば。だれ。たれ。「誰何・誰彼(だれかれ)・誰誰(だれだれ)」
名付 これ
【誰何】(すいか) 歩哨(ほしょう)・番人などが呼びとがめ、氏名・所属・身許(みもと)などを調べること。

言8 **【請】**(15) 常用 旧字 言8 請(15)
音**セイ**・シン・ショウ 訓**こう**・**うける**
筆順 言 言 言一 言十 言丰 言圭 請 請
意味 ❶願い求める。こう。また、頼む。「請求・請願・普請(ふしん)・懇請・起請(きしょう)」また、引き取る。うける。「請負(うけおい)」❷引き受ける。
参考 **うける**⇨「受」の[使い分け]。

使い分け「こう」
請う…許可を求める。「許可を請(乞)う・案内を請(乞)う・紹介を請(乞)う」
乞う…ねだる。「乞う御期待・命乞いをする・雨乞いの儀式・慈悲を乞う」
※「請う」よりも強く頼み求める場合は、「乞う」を当てることもできる。

【請願】(せいがん) ①こうしてもらいたいと請い願うこと。②国民が役所などに要望を文書で願い出ること。

【請訓】(せいくん) 外国に駐在する大使・公使などが本国政府に指示や命令を求めること。

【請託】(せいたく) 権力のある人に特別の配慮を頼むこと。

言8 **【諍】**(15) 音ソウ 訓あらそう・いさかう
意味 ❶直言していさめる。「諍臣」❷人といい合う。あらそう。いさかう。「紛諍」

言8 **【諾】**(15) 常用 旧字 言9 諾(16)
音**ダク** 訓うべなう
筆順 言 言 言一 言十 言廾 言艹 言若 諾
意味 ❶返事をする。「諾諾・応諾」❷承知して引き受ける。うべなう。だくする。「諾否・承諾・受諾・快諾」名付 だく・つく・つぐ
【諾意】(だくい) 承知する意思・意向。「—を漏らす」
【諾諾】(だくだく) 文句なしに人の言に従うこと。「唯唯(いい)—」
【諾否】(だくひ) 承諾することと、しないこと。
参考熟語 諾威(ノルウェー)

言8 **【誕】**(15) 6年 旧字 言7 誕(14)
音**タン** 訓いつわる
筆順 言 言 言丿 言千 言正 誕 誕 誕
意味 ❶生まれる。「誕生・生誕・降誕」❷大言を吐いてあざむく。いつわる。また、でたらめ。いつわり。「虚誕・荒誕・妄誕(もうたん)」❸ほしいままである。「放誕」名付 たん・のぶ
【誕生】(たんじょう) ①生まれること。出生。②新しく物事がおこること。
【誕生仏】(たんじょうぶつ) 釈迦(しゃか)が生まれたときの姿をかたどった像。右手で天を、左手で地を指している。

誕生仏

【誕辰】(たんしん) 誕生日のこと。

言8 **【談】**(15) 3年 音**ダン** 訓かたる
筆順 言 言 言丷 言火 談 談 談 談

意味 話をしたり物語をしたりする。かたる。だんずる。また、話や物語。だん。「談話・談判（だんぱん）・相談・雑談」名付 かたり・だん

【談義】（だんぎ）①物事の道理を説き聞かせること。また、その話。②意見されて、聞いているのがいやになる話。「長（なが）―」

【談議】（だんぎ）話し合うこと。「政治―」

【談合】（だんごう）物事を取り決めるために話し合うこと。

【談笑】（だんしょう）打ち解けて話し合うこと。「―裏に」

【談論】（だんろん）話し合ったり議論したりすること。「―風発（互いに盛んに論じ立てること）」

言8 **【調】**(15) 3年 旧字 言8 調(15)

音 チョウ 訓 しら-べる・ととの-う・ととの-える

筆順

意味 ❶つりあいがとれる。ととのう。また、そのようにする。ととのえる。「調和・調節・順調・協調」❷作ったり求めたりしてそろえる。ととのえる。「調製・調達・調度」❸詳しく見きわめる。しらべる。「調査・調書」❹音楽を演奏する。しらべる。また、その趣。しらべ。「音調・曲調」❺音階の種類。ちょう。「ハ長調」❻ことばの音節数による韻律。「七五調」❼音声や詩歌・文章などで、そのものの特徴的な趣。しらべ。「調子・口調（くちょう）・万葉調」❽古代、産物で納める税。「租庸調」名付 しげ・ちょう・つき・つぎ・つぐ・みつぎ

使い分け「ととのう」

調う…もれなくそろう。「資金が調う・支度が調う・縁談が調う・材料が調う」

整う…乱れがなく、きちんとそろう。「文章が整う・足並みが整う・体調が整う」

【調印】（ちょういん）条約や契約などの文書に双方の代表者が署名し、印を押すこと。

【調剤】（ちょうざい）薬剤を調合して、薬を作ること。調薬。

【調書】（ちょうしょ）調べた結果を記した文書。

【調進】（ちょうしん）注文に応じて物品を調え届けること。

【調達】（ちょうたつ・ちょうだつ）必要な金品などを集め調えること。また、そうして要求者に届けること。

【調停】（ちょうてい）対立する両者を和解させること。

【調度】（ちょうど）日常生活に使うため、家の中に調えておく、身の回りの道具類。

【調伏】（ちょうぶく・ちょうふく）①仏教で、祈禱（きとう）によって敵・悪魔を降参させること。②のろい殺すこと。

【調法】（ちょうほう）使うのに便利なこと。「―な道具」▽「重宝」とも書く。

言8 **【諂】**(15) 音 テン 訓 へつらう

意味 こびて、おべっかをいう。へつらう。

言8 **【誹】**(15) 印標 音 ヒ 訓 そしる

意味 人を非難して悪くいう。そしる。「誹謗（ひぼう）」

【誹諧】（はいかい）①俳句のこと。②こっけいを中心とした連歌（れんが）。▽「俳諧」とも書く。

【誹謗】（ひぼう）他人の悪口をいうこと。

言8 **【諛】**(15) 音 ユ 訓 へつらう 正字 言9 諛(16)

意味 人に気に入られようとして、おべっかをいう。へつらう。

参考「へつらう」は「諂う」とも書く。

言8 **【諒】**(15) 人名 音 リョウ 訓 まこと

筆順

意味 ❶もっともであるとして認める。また、そのこと。りょう。「諒解・諒察・諒承・諒とする」❷誠実であること。まこと。「忠諒」❸実に。まことに。「諒闇（りょうあん）」名付 あき・まこと・まさ・りょう

参考「諒・諒解・諒承」などの「諒」は「了」に書き換える。

【諒闇】（りょうあん）天皇または太皇太后・皇太后の崩御によって皇室・国民が服喪する期間。

【諒察】（りょうさつ）相手の立場を察してそれを認めること。「何とぞ御―のほどをお願いいたします」▽「了察」とも書く。

言8 **【論】**(15) 6年 音 ロン 訓 あげつらう

筆順

意味 ❶筋道を立てて見解を述べる。あげつらう。ろんずる。また、その判断や見解。ろん。「論

議・論証・論理・議論・人生論・論より証拠」❷罪を決する。「論功」❸論蔵（菩薩の教理を弟子たちが述べたもの）のこと。❹論語のこと。「論孟」名付 とき・のり・ろん

【論外】①議論の範囲外。「―に置く」②つまらなくて議論する価値もないこと。

【論客】①好んでよく議論をする人。②すぐれた評論などをしばしば世に発表する人。

【論及】論を進めてその事柄まで論ずること。

【論功行賞】功績の有無や程度をはかり決め、それに相応した賞を与えること。

【論告】刑事裁判で、検事が被告の罪について意見を述べて求刑すること。

【論陣】筋道をめぐらした、議論の組み立て。「―を張る」

【論説】物事を論じて意見を述べること。また、その文章。「―文」

【論断】あれこれ議論して判断を下すこと。

【論難】相手の誤りを論じ立てて非難すること。

【論破】論争して相手の説を言い負かすこと。

【論駁】相手の説を非難し、反論して攻撃すること。

【論評】内容を論じ批評すること。また、その批評。

【論鋒】議論のほこさき。また、相手を攻撃する議論の勢い。「鋭い―」▽「鋒」は「ほこさき」の意。

言9 【諳】(16) 音 アン 訓 そらんずる

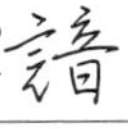

意味 書いたものを見ずに記憶だけでいう。そらんずる。「諳誦・諳記」

言9 【謂】(16) 人名 音 イ 訓 いい・いう・いわれ・おもう・おもえらく

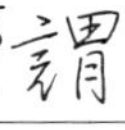

筆順 言 言 訁 訁 訁 謂 謂 謂

意味 ❶述べる。いう。また、意味・わけ。いい。「所謂・何の謂ぞ」❷事情。いわれ。「謂れなき非難」❸考え思う。おもう。また、考えるところでは。おもえらく。

参考 ❸の意味の「おもえらく」は「以為」とも書く。

言9 【諧】(16) 常用 音 カイ 訓 ―

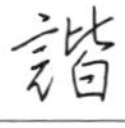

筆順 言 言 言 訁 訁 訁 諧 諧

意味 ❶他としっくり調和する。「諧調・和諧」❷おどけること。「諧謔・俳諧」名付 かい・かのう・なり・ゆき

【諧謔】しゃれ・冗談。ユーモア。「―を弄する」

言9 【諤】(16) 印標 音 ガク 訓 ―

意味 遠慮せずにずけずけものをいう。「侃侃諤諤」

言9 【諫】(16) 印標 音 カン 訓 いさめる 異体 言8 諌(15)

意味 目上の人の悪い点を指摘し、しないように忠告する。いさめる。「諫言・諫止・直諫」

【諫言】目上の人をいさめること。また、そのことば。「面を冒して―する」

【諫止】いさめて、思いとどまらせること。

【諫死】自殺することによって目上の人をいさめること。また、感情を害して殺されることを覚悟して、目上の人をいさめること。

言9 【謔】(16) 音 ギャク 訓 たわむれる

意味 冗談をいう。たわむれる。「諧謔」

言9 【諠】(16) 音 ケン 訓 やかましい・かまびすしい

意味 音や声がうるさい。やかましい。かまびすしい。「諠伝・諠譁」

参考 ふつう「喧」と書く。

言9 【諺】(16) 人名 音 ゲン 訓 ことわざ 異体 言9 諺(16)

筆順 言 言 言 言 訁 諺 諺 諺

意味 昔からいい伝えられてきた、教訓や風刺などの意味が含まれている短い句。ことわざ。「里諺・古諺」名付 おう・こと・たけし

【諺文】朝鮮の表音文字。ハングル。

言9 【諢】(16) 音 コン 訓 ―

意味 冗談をいう。

参考熟語 諢名(あだな)

言9 【諮】(16) 常用 音シ 訓はかる 旧字 言9 諮(16)

筆順 言 諮

意味 上の者が下の者に相談する。はかる。「諮問」

参考 はかる⇩「計」の[使い分け]。

【諮問(しもん)】専門家である下の者に対して意見を尋ね問うこと。「—機関」

言9 【諡】(16) 音シ 訓おくりな 異体 言10 謚(17)

意味 死者に対し、その生前の行いによって贈る名。おくりな。「諡号」

【諡号(しごう)】その人の死後におくる名。おくり名。

言9 【諜】(16) 印標 音チョウ 訓—

意味 ❶敵の様子を探りうかがう。また、その者。スパイ。「諜報・間諜」❷よくしゃべる。「諜諜」

【諜報(ちょうほう)】ひそかに敵の様子を探って味方に知らせること。また、その知らせ。「—機関」

言9 【諦】(16) 常用 音テイ・タイ 訓あきらめる

筆順 言 諦

意味 ❶だめだと思って、あきらめる。「諦観」❷真理。「真諦・要諦(ようてい・ようたい)」❸明らかにする。

名付 あき・あきら

【諦観(ていかん)】①俗世間での希望をあきらめて超然とすること。「—の境地」②よく見て本質を明らかにすること。諦視。

言9 【諷】(16) 印標 音フウ 訓—

意味 ❶声を出してうたう。「諷誦(ふうしょう)・吟諷」❷それとなく遠まわしにいう。ふうする。「諷諭・諷刺」

参考 「諷刺」は「風刺」に書き換える。

【諷詠(ふうえい)】詩や歌を作ること。「花鳥—」

【諷諭(ふうゆ)】他のことにかこつけて、それとなくさとすこと。▽「諷喩」とも書く。

言9 【諞】(16) 音ヘン 訓— 正字 言9 諞(16)

意味 ことば巧みにいう。

言9 【謀】(16) 常用 音ボウ・ム 訓はかる・はかりごと

筆順 言 謀

意味 ❶方法・計画などを考える。はかる。また、計略。はかりごと。「謀略・参謀・深謀・無謀」❷相談してたくらむ。「謀反(むほん)・陰謀・共謀」

名付 こと・はかる・ぼう

参考 (1)❶の意味の「はかる」は「計る」「図る」とも書く。(2)はかる⇩「計」の[使い分け]。

【謀議(ぼうぎ)】幾人かの者が犯罪の計画や実行手段などを相談すること。「共同—」

【謀殺(ぼうさつ)】計画して人を殺すこと。

【謀略(ぼうりゃく)】相手をおとしいれるはかりごと。

言9 【諭】(16) 常用 音ユ 訓さとす 旧字 言9 諭(16)

筆順 言 諭

意味 ❶よくいい聞かせて教える。さとす。「諭旨・説諭・教諭」❷官から人民に告げさとす。「勅諭」

名付 さと・さとし・さとす・ゆ

【諭旨(ゆし)】下の者にさとし聞かせること。「—退学」

言9 【謡】(16) 常用 音ヨウ 訓うたい・うたう 旧字 言10 謠(17) 人名

筆順 言 謡

意味 ❶節をつけて歌う。うたう。また、その歌。「歌謡・民謡・童謡」❷能楽の歌詞。うたい。「謡曲・謡物(うたいもの)」❸うわさ。「謡言」

参考 うたう⇩「歌」の[使い分け]。

【謡曲(ようきょく)】能の詞章に節をつけてうたうこと。うたい。またその詞章。

言9 【謎】▶謎(許)

言9 【謁】▶謁(旧)

言9 【諸】▶諸(旧)

言9 【諛】▶諛(正)

言10 【諱】(17) 印標 音キ 訓いみな・いむ 異体 言9 諱(16)

意味 ❶死んだ人の、生前の本名。いみな。❷

7画

人の死後、その人を尊敬して付ける称号。いみな。諡(おくりな)。いみな。❸身分の高い人の実名。いみな。❹きらって避ける。いむ。「忌諱(きき・きい)」

言10【譁】(17) 正字 言12 譁(19)
音カ 訓かまびすしい
意味 声や音がやかましい。かまびすしい。「諠譁(けんか)」
譁

言10【謹】(17) 常用 旧字 言11 謹(18) 人名
音キン 訓つつしむ
筆順 訁 言 言一 言艹 詌 謹 謹 謹
意味 あやまちを犯さないように注意深くする。また、敬意を表す。つつしむ。「謹告・謹慎・謹賀新年」

名付 きん・すすむ・ちか・なり・のり・もり
参考 つつしむ⇩「慎」の[使い分け]。

【謹啓(きんけい)】手紙の初めに書く挨拶のことば。▽「つつしんで申し上げます」の意。

【謹厳(きんげん)】行いがつつしみ深くて態度がまじめで正しいこと。「―実直」

【謹言(きんげん)】手紙の終わりに書く挨拶のことば。「恐惶(きょうこう)―」▽「つつしんで申し上げました」の意。

【謹上(きんじょう)】手紙で、あて名に添えて敬意を表すことば。▽「つつしんで差し上げます」の意。

【謹上再拝(きんじょうさいはい)】手紙の終わりに添える挨拶のことば。

【謹慎(きんしん)】①反省して言動をつつしむこと。②罰として、一定期間、家にひきこもっていること。「自宅―」

【謹製(きんせい)】目上の人や客に差し上げるために心をこめて作ること。また、そのようにして作った品物。

【謹聴(きんちょう)】まじめな態度でよく聞くこと。

謹

言10【謙】(17) 常用 旧字 言10 謙(17)
音ケン 訓へりくだる
筆順 訁 言 言 言 言 言 謙 謙
意味 相手を敬うために自分の立場を相手より低く扱う。へりくだる。「謙虚・謙遜(けんそん)・恭謙」
名付 あき・かた・かね・けん・しず・のり・ゆずる・よし
参考 「へりくだる」は「遜る」とも書く。
【謙虚(けんきょ)】自分の能力や知識などを誇らず、控え目で素直なさま。「―に耳を傾ける」
【謙譲(けんじょう)】へりくだって控え目な態度をとり、出過ぎた行いをしないこと。「―の美徳」
【謙遜(けんそん)】へりくだること。控え目な態度でふるまうこと。
謙

言10【謇】(17) 音ケン 訓―
意味 ありのままにいう。直言する。
謇

言10【講】(17) 5年 旧字 言10 講(17)

音コウ 訓―

筆順 訁 言 言 言 講 講 講 講
意味 ❶説いて明らかにする。こうずる。「講義・講演・輪講・休講」❷習い修める。「講習・講武」❸神仏の参詣(さんけい)のための団体。こう。「講中(こうじゅう)・伊勢講(いせこう)」❹金銭の相互扶助の組合。こう。「頼母子講(たのもしこう)」❺仲直りする。「講和」❻考えて手段・方法をとる。こうずる。「対策を講ずる」

名付 こう・つぐ・のり・みち・みな
参考 「講和」は「媾和」が書き換えられたもの。

【講究(こうきゅう)】熱心に研究すること。

【講釈(こうしゃく)】①書物の語句や文章の意味をわかりやすく説明すること。②軍記・武勇談などをおもしろく話して聞かせる演芸。講談。

【講読(こうどく)】書物などを読み、その意味・内容を明らかにして理解すること。「原書―」「―師」

【講評(こうひょう)】上位の人や指導する人が、理由などの説明をしながら批評すること。

【講和(こうわ)】戦争をやめて、仲直りすること。

【講話(こうわ)】講義の形式で説明して聞かせること。また、その話。

講

言10【謝】(17) 5年
音シャ 訓あやまる・ことわる
筆順 訁 言 言 訂 訥 詢 謝 謝
意味 ❶礼を述べる。しゃする。また、礼としての金品。「謝恩・謝礼・感謝・薄謝」❷わびる。しゃする。あやまる。「謝罪・陳謝」❸相手の申し出
謝

7画

を退ける。ことわる。しゃする。「謝絶・申し出を謝する」❹暇乞い（いとまごい）をして去る。しゃする。「新陳代謝（しんちんたいしゃ）」

参考 ⑴❸の「ことわる」はふつう「断る」と書く。⑵「慰謝料」は「慰藉料」が書き換えられたもの。⑶あやまる⇨「誤」の[使い分け]。

【謝意（しゃい）】①感謝してお礼をする気持ち。②おわびの気持ち。

【謝恩（しゃおん）】日ごろ受けた恩に感謝すること。「―会」

【謝罪（しゃざい）】自分が犯した罪やあやまちをわびること。「被害者に―する」

【謝辞（しゃじ）】①お礼のことば。②おわびのことば。

【謝絶（しゃぜつ）】申し出などを断ること。「面会―」

【謝礼（しゃれい）】感謝の気持ちを表して金品をおくること。また、その金品。

言10 **【謖】**(17) 音 ショク 訓 ―

意味 起き上がる。

言10 **【謄】**(17) 常用 音 **トウ** 訓 うつす　旧字 言10 謄(17)

筆順 月 月' 月丷 月䒑 月关 胅 謄 謄

意味 原本を写して書く。うつす。「謄写・謄本」

参考 似た字（勝・騰・謄）の覚え方「力でかつ(勝)、馬でのぼる(騰)、ことばでうつす(謄)」

【謄写（とうしゃ）】書き写すこと。「―印刷」注意「騰写」と書き誤らないように。

【謄本（とうほん）】①文書の原本の内容をすべて書き写した文書。「戸籍―」②特に、戸籍謄本のこと。注意「騰本」と書き誤らないように。

言10 **【謐】**(17) 音 ヒツ 訓 しずか

意味 静かで安らかである。しずか。「静謐（せいひつ）」

言10 **【謨】**(17) 音 ボ 訓 ―　正字 言11 謨(18)

意味 計画。また、計画を立てる。

言10 **【謗】**(17) 印標 音 ボウ 訓 そしる

意味 人のことを悪くいう。非難する。そしる。「誹謗（ひぼう）」

参考「そしる」は「誹る」「譏る」とも書く。

言10 **【謎】**(17) 常用 音 メイ 訓 **なぞ**　許容 言9 謎(16)

筆順 言 言' 言䒑 訁半 訁米 訁迷 謎

意味 ❶ことばに予想外の事物の意を含め隠して他の人に考え当てさせる遊び。なぞ。「謎語（なぞを含んだことば）・謎謎（なぞなぞ）」❷内容・実体がよくわからず不思議なこと。なぞ。「謎の女」

言10 【謌】▸歌 異

言10 【謚】▸諡 異

言10 【謠】▸謡 旧

言11 **【謳】**(18) 印標 音 オウ 訓 うたう

意味 ほめたたえて歌う。うたう。「謳歌」

【謳歌（おうか）】自分がその中にいる境遇をよいものとして味わい受けとめること。「青春を―する」

言11 **【謦】**(18) 音 ケイ 訓 しわぶき

意味 せき。しわぶき。「謦咳（けいがい）」

【謦咳に接する（けいがいにせっする）】せき払いに接すること。▽目上の人にお目にかかることを形容することば。

言11 **【謫】**(18) 音 タク 訓 ―

意味 官位を下げて遠方へ追放する。たくする。「謫居・流謫（るたく）」

【謫居（たっきょ）】流罪（るざい）になり、その地に住むこと。

言11 **【謬】**(18) 印標 音 ビュウ 訓 あやまる

意味 まちがえる。あやまる。「謬見・誤謬（まちがい）」

【謬見（びゅうけん）】まちがった考えや意見。

言11 **【謾】**(18) 音 マン 訓 ―　正字 言11 謾(18)

意味 ❶あざむく。❷あなどる。

言11 【謹】▸謹 旧

言12 **【譏】**(19) 音 キ 訓 そしる

意味 人の欠点などを取り上げて悪くいう。そしる。

参考「そしる」は「誹る」「謗る」とも書く。

言12 **【警】**(19) 6年　旧字 言13 警(20)

音 ケイ 訓 いましめる

7画

筆順 艹 芍 苟 苟 敬 敬 警 警

意味 ❶注意を与えて用心する。いましめる。「警告・警察・夜警」❷頭の働きが鋭くてすぐれている。「警句・警抜」❸警察・警察官のこと。「国警」

【警句】(けいく) 物事の真理や奇抜なすぐれた考えなどを簡潔な形で鋭く表現したことば。アフォリズム。

【警固】(けいご) 非常事態が起こらないようにしっかりと守ること。また、その役。参考「警護(けいご)」は、警戒して事件などから守ること。

【警鐘】(けいしょう) 人々に危険を知らせるために打ち鳴らす鐘。「―を乱打する」▽人々の迷いを破って危機を自覚させる警告にたとえることもある。

【警世】(けいせい) 世の人々に警告を発すること。「―の言(げん)」

【警醒】(けいせい) 警告を発して人々の迷いを戒め、注意するようにさせること。

【警邏】(けいら) 警戒してあたりを見回ること。また、その人。パトロール。▽「邏」は「見回る」の意。

言12 【譎】(19) 音 ケツ 訓 いつわる

意味 ❶欺いてだます。いつわる。❷怪しい。

言12 【識】(19) 5年 音 シキ・シ 訓 しる・しるす

筆順 言 訁 訁 訁 諳 識 識 識

意味 ❶物事を見分けて知る。しる。「識別・識字・認識」❷正しく判断する。また、そのもとになる習得したもの。しき。「識見・常識・学識」❸書きつける。しるす。また、めじるし。「識語(しきご・しご)・標識」❹互いに知り合っていること。しき。「一面の識もない」名付 さと・しき・しょく・つね・のり

【識閾】(しきいき) 心理学で、意識作用が起こったり消滅したりする境めのこと。

【識見】(しきけん) 物事の本質を見通し正しく判断する力。

【識者】(しきしゃ) 物事に精通していて、正しい判断力とすぐれた意見を持っている人。

【識別】(しきべつ) 物事の性質・種類などを見分けること。

言12 【譖】(19) 音 シン 訓 ―　異体 言12 譛(19)

意味 悪口をいう。そしる。

言12 【譚】(19) 印標 音 タン 訓 ―　異体 言12 譚(19)

意味 物語。話。「譚詩(バラード)・冒険譚」

言12 【譜】(19) 常用 音 フ 訓 ―　旧字 言13 譜(20)

筆順 言 訁 訁 訁 諳 譜 譜 譜

意味 ❶物事を系統立てて書き並べたもの。「系譜・年譜」❷音楽の曲節を符号で書き表したもの。ふ。「楽譜・暗譜」❸代々続く。「譜代」名付 つぐ・ふ

【譜代】(ふだい) ①先祖以来代々その主家に仕えること。②江戸時代、関ケ原の戦い以前から徳川家に仕えてきた家臣。▽「譜第」とも書く。

【譜面】(ふめん) 楽譜。また、楽譜が書かれた紙。

言12【譌】▶訛㊀異　言12【證】▶証㊀旧　言12【譁】▶譁㊣　言12【譛】▶譖㊀異

言13 【議】(20) 4年 音 ギ 訓 はかる

筆順 言 訁 訁 訁 詳 詳 議 議

意味 ❶意見を出し合って相談する。ぎする。はかる。また、相談。ぎ。「議題・議決・会議」❷相談の内容。ぎ。「議案・異議・解散の議」❸論ずる。「議論・討議」名付 かた・ぎ・のり

【議定】(ぎてい・ぎじょう) 審議して決めること。また、決めたおきて。「―書」

【議了】(ぎりょう) 議事を審議し終えること。

言13 【護】(20) 5年 音 ゴ 訓 まもる　旧字 言14 護(21)

筆順 言 訁 訁 訁 訁 誰 護 護

意味 そばに付き添ってかばい守る。まもる。「護衛・護憲・警護・保護」名付 ご・まもる・もり

参考「まもる」はふつう「守る」と書く。

【護持】(ごじ) しっかりと守って保つこと。「仏法―」

7画

【護身】危険から身を守ること。「―術」
【護送】見張りながら送り届けること。「―車両」
【護符】災いを除いて人間を守るという、神仏のふだ。▽「御符」とも書く。
【護摩】真言宗で行われる秘法の一つ。火をたいて仏に祈り、いっさいの欲望や迷いを焼いてしまうという法。「―を焚く」
参考熟語 護謨ゴム

言13 【譲】(20) 常用 旧字 言17 讓(24) 人名
音 ジョウ 訓 ゆずる
筆順 譲
意味 ❶自分のものを人に与える。ゆずる。「譲渡・譲位・禅譲・親譲り」❷へりくだったり控え目にしたりする。ゆずる。「譲歩・互譲・謙譲・譲り合い」 名付 じょう・まさ・ゆずり・ゆずる
【譲与】他人に譲り与えること。

言13 【譫】(20) 音 セン 訓 ―
意味 うわごと。「譫語(うわごと)」
参考熟語 譫言うわごと・せんげん

言13 【譟】(20) 音 ソウ 訓 ―
意味 騒ぐ。また、騒がしい。

言13 【譬】(20) 音 ヒ 訓 たとえ・たとえる
意味 ❶わかりやすく説明するために似ている他の事物を引き合いに出す。たとえる。また、そのこと・物。たとえ。「譬喩」❷例。たとえ。「その譬えにも漏れず」
参考 「たとえる」「たとえ」は「喩える」「喩え」とも書く。
【譬喩】わかりやすく説明するために似ている他の事物を例にあげること。▽「比喩」とも書く。

言13 〔譱〕▶善(異)
言13 〔譯〕▶訳(旧)
言13 〔譽〕▶誉(旧)
言13 〔譜〕▶譜(旧)

言14 【譴】(21) 音 ケン 訓 とがめる
意味 失敗・罪を責める。とがめる。「譴責・天譴」
参考 「とがめる」はふつう「咎める」と書く。
【譴責】①あやまちや悪い行いをとがめること。②公務員の懲戒処分の一つ。非行や失敗を監督官が戒める処分。現在は「戒告」という。

言15 【讃】(22) 人名 異体 言19 讚(26)
音 サン 訓 ほめる・たたえる
筆順 讃
意味 ❶高く評価してよくいう。さんする。たたえる。ほめる。「讃嘆・讃辞・賞讃」❷ほめる詩文。さん。「和讃」❸日本画などで、絵に書き入れた文。さん。また、それを書き入れる。さんする。「自画自讃」 名付 ささ・さん
参考 「讃・讃仰・讃辞・讃嘆・讃美・賞讃・称讃・絶讃」などの「讃」は「賛」に書き換える。
【讃歌】讃美の気持ちを表した歌。「山の―」▽「賛歌」とも書く。

言15 〔讀〕▶読(旧)

言16 【讌】(23) 音 エン 訓 ―
意味 ❶酒盛り。❷くつろぐ。

言16 【讐】(23) 印標 音 シュウ 訓 あだ 異体 言16 讎(23)
意味 ❶仕返しをする。「復讐」❷仕返しをすべき憎い相手。また、恨み。あだ。「恩讐・讐敵」
参考 ❷の「あだ」はふつう「仇」と書く。

言16 〔變〕▶変(旧)

言17 【讙】(24) 音 カン 訓 ― 正字 言18 讙(25)
意味 ❶がやがやと騒がしい。❷声をあげて喜ぶ。

言17 【讒】(24) 音 ザン 訓 ―
意味 告げ口して悪くいう。ざんする。「讒言・讒臣」
【讒言】人をおとしいれるために、悪くいったり事実を偽ったりして目上の人に告げること。また、そのことば。
【讒謗】他人のことをひどくいうこと。「罵詈―」

7画

言17 【讖】(24) 音シン 訓――

意味 未来についての予言。また、それを記した書物。未来記。しん。

【讖緯】(しんい) 未来の事を書き記した書物と、神秘的なことを書き記した書物。

言17【讓】▶譲(旧)　言19【讚】▶讃(異)

谷の部 たに たにへん

谷0 【谷】(7) 2年 音コク 訓たに・きわまる

筆順 ノ ハ … 谷 谷

意味 ❶山と山との間の低く細長い土地。たに。「峡谷・渓谷・谷間(たにま・たにあい)」❷終わりにまで行く。きわまる。「進退谷まる(きわまる)」 名付 こく・たに・や

参考 ❶の「たに」は「渓」「谿」とも書く。また、❷の「きわまる」は「窮まる」「極まる」とも書く。

谷5【谺】(12) 音カ 訓こだま　正字 谷4【谺】(11)

意味 やまびこ。こだま。

参考 「こだま」は「木霊」とも書く。

谷10【豁】(17) 音カツ 訓ひろい

意味 広々としている。ひろい。また、広く見渡せる。「豁達・豁然」

【豁然】(かつぜん) ①視界が急に開けるさま。「――と眼界が開ける」②迷いが消え突然悟るさま。「――として悟る」

【豁達】(かったつ) 心が広くて物事にこだわらないさま。▽「闊達」とも書く。

谷10【谿】(17) 音ケイ 訓たに

意味 谷。たに。「谿谷」

参考 「渓」とも書く。

【谿谷】(けいこく) 谷のこと。▽「渓谷」とも書く。

豆の部 まめ まめへん

豆0【豆】(7) 3年 音トウ・ズ 訓まめ

筆順 一 … 豆

意味 ❶五穀の一つ。まめ。「豆腐・大豆(だいず)・豆本(まめほん)」❷こすれて手足にできる、豆のような水ぶくれ。まめ。

参考 ❷の「まめ」は「肉刺」とも書く。

【豆乳】(とうにゅう) ひきくだいた大豆を煮て、布でこしてできる白い液。凝固剤(ぎょうこざい)を入れるととうふになる。

参考熟語 小豆(あずき)　豆幹(まめがら)

豆3【豈】(10) 音キ・ガイ 訓あに

意味 反語を表すことば。どうして。あに。「豈(あに)図らんや(意外にも)」

豆6【豊】(13) 5年　旧字 豆11【豐】(18)

音ホウ・ブ 訓ゆたか・とよ

筆順 … 豊

意味 ❶満たされていて不足がない。とよ。ゆたか。また、そのような状態で気持ちがゆったりしている。ゆたか。「豊富・豊漁・豊葦原(とよあしはら)」❷穀物の実りがよい。「豊年・豊熟」❸昔の、豊前国(ぶぜんのくに)・豊後国(ぶんごのくに)のこと。「筑豊(ちくほう)」❹豊臣(とよとみ)氏のこと。「織豊時代」 名付 あつ・かた・と・とよ・のぼる・ひろ・ひろし・ほう・みのる・もり・ゆたか・よし

【豊葦原】(とよあしはら) 日本国の美称。

【豊頬】(ほうきょう) ふっくらとした美しいほお。

【豊熟】(ほうじゅく) 穀物が豊かに実ること。

【豊穣】(ほうじょう) 穀物がよく実り収穫が豊かなこと。「五穀――」▽「穣」は「穀物が豊かに実る」の意。

【豊饒】(ほうじょう) ①農作物がよく実って収穫が豊かであること。②地味がよく肥えていること。「――の地」

【豊年】(ほうねん) 穀物の実りの多い年。豊作の年。当たり年。豊歳。熟歳。富年。

【豊満】(ほうまん) ①からだの肉づきがよいこと。②豊かでじゅうぶんにあること。「――な色彩」

【豊沃】(ほうよく) 土地がよく肥えていること。

豆8【豌】(15) 音エン 訓――

意味 →豌豆

【豌豆】草の一種。種子の豆と若いさやは食用。

豆9 **【豎】**(16) 音ジュ 訓―

意味 子ども。「豎子」

【豎子】未熟で取るに足りない者。「―をして名を成さしむ」▽もと「子ども」の意。

豆7 **【頭】**▶頁7

豆11 **【豐】**▶豊(旧)

豕の部 いのこ いのこへん

豕0 **【豕】**(7) 音シ 訓いのこ

意味 いのしし。また、ぶた。いのこ。

豕4 **【豚】**(11) 常用 音トン 訓ぶた

筆順

意味 ❶家畜の一種。肉は食用。ぶた。「豚肉・豚児・養豚」❷食用にするぶた肉のこと。とん。「豚カツ」

【豚児】自分の子を他人に対してへりくだっていうことば。▽「豚のように愚かな子」の意。

豕5 **【象】**(12) 5年 異体 豕5 象(12)

音ショウ・ゾウ 訓かたち・かたどる

筆順

意味 ❶獣の一種。大形で鼻が長い。ぞう。「象牙・巨象・アフリカ象」❷現れた物の形。かたち。「現象・気象」❸形に表す。かたどる。「象徴・象形文字」名付 かた・さき・しょう・ぞう・たか

【象形】①物の形に似せて作ること。「―文字」②漢字の六書の一つ。「山」「月」など、物の形をかたどって作った字。

【象徴】形がない観念的なものを形ある具体物により表現すること。また、その具体物。表象。シンボル。「平和の―」

【象眼】①金属・木材・陶磁器などの表面に模様を刻み、そこに金や銀などをはめ込むこと。②印刷で、版の訂正したい部分を切り抜き、別の活字などをはめ込むこと。▽「象嵌」の書き換え字。

【象牙】ぞうのきば。印鑑・工芸品に使われる。

豕6 **【豢】**(13) 音カン 訓―

意味 家畜を飼う。また、飼われている家畜。

豕7 **【豪】**(14) 常用 音ゴウ 訓―

筆順

意味 ❶知力・勢力などがすぐれている。また、そのような人。「豪族・豪快・強豪・文豪」❷規模が大きくて程度が激しい。「豪雨」❸オーストラリアのこと。「日豪」名付 かた・かつ・ごう・たけ・たけし・つよ・つよし・とし・ひで

参考 ❸は「豪州」の略から。

【豪毅】気性がすぐれて強いこと。

【豪気】㊀意気が盛んで大胆なさま。「―に構える」㊁規模が大きくてすばらしいさま。豪儀。「そいつは―だね」▽「強気」とも書く。

【豪儀】「豪気㊁」と同じ。

【豪傑】①力が強く武芸にすぐれた、太っ腹の人。②大胆で、細事にこだわらない人。

【豪語】いかにも自信ありげに大きなことをいうこと。大言壮語。

【豪奢】非常にぜいたくで、はでなこと。▽「奢」は「おごる」の意。

【豪商】大資本を持ち、手広く商売をしている商人。大商人。

【豪勢】非常にぜいたくで素晴らしいさま。豪華。

【豪壮】建物・物事などが大きくてりっぱなさま。「―な邸宅」

【豪胆】勇気があって物に恐れずに落ち着いているさま。▽「剛胆」とも書く。

【豪放】気持ちが大きく、小さなことにこだわったりこせこせしたりしないこと。「―磊落」

【豪遊】多額の金銭を使って豪勢に遊ぶこと。また、その遊び。

豕9 **【豬】**(16) 音チョ 訓い・いのしし

意味 ❶獣の一種。い。いのしし。❷豚のこと。

豕9 【豫】▶予(旧)

豸の部 むじな むじなへん

豸0 【豸】(7) 音チ 訓―

意味 地面をはう動物。

豸3 【豺】(10) 音サイ 訓― 異体 犬3 犲(6)

意味 山犬のこと。残酷で貪欲(どんよく)とされる。「豺狼(さいろう)」

【豺狼(さいろう)】山犬と、おおかみ。ともに残酷で欲深いとされる。▽残酷で欲の深い人にたとえる。

豸3 【豹】(10) 人名 音ヒョウ 訓― 異体 豸3 豹(10)

筆順 ノ ⺈ 乡 豸 豸 豹 豹

意味 猛獣の一種。からだは黄色で黒の斑紋(はんもん)がある。ひょう。「豹変・一斑(いっぱん)を見て全豹を卜(ぼく)す(物事の一部分の様子から全体のありさまを知ることを形容することば)」名付 はだら・ひょう

【豹変(ひょうへん)】①あやまちを直ちに改めること。「君子―」▽「豹(ひょう)の斑紋(はんもん)がはなはだしく目立つように、はなはだしく一変する」の意から。②転じて、意見・態度などが節操なくがらりと変わること。「彼の―ぶりに驚く」

豸5 【貂】(12) 音チョウ 訓てん

意味 獣の一種。毛皮は珍重される。てん。

豸5 【⿰豸占】(12) 〈国字〉 音― 訓てん

意味 てん。▽人名などに用いる字。

豸6 【貉】(13) 音カク 訓むじな

意味 たぬき。また、あなぐま。むじな。

参考 「むじな」は「狢」とも書く。

豸6 【貅】(13) 音キュウ 訓―

意味 猛獣の名。昔、戦争に用いたという。

豸6 【貊】(13) 音ハク・バク 訓―

意味 古代、中国の東北地方から北朝鮮にかけて住んでいた民族の名。

豸7 【貌】(14) 常用 音ボウ 訓かたち 異体 白2 皃(7)

筆順 ノ 乡 豸 豸 豹 貎 貌 貌

意味 ❶物の形。また、顔かたち。かたち。「容貌・美貌・変貌」❷ありさま。「全貌」名付 かた・とお

豸7 【貍】(14) 音リ 訓まみ

意味 ❶あなぐま。まみ。❷たぬき。まみ。

参考 「まみ」は「猯」とも書く。

豸8 【貎】(15) 音ゲイ 訓―

意味 小形の獅子(しし)。

豸10 【貘】(17) 音バク 訓― 正字 豸11 貘(18)

意味 ❶獣の一種。ばく。❷中国の想像上の動物の一つ。悪夢を食うという。ばく。

参考 「獏」とも書く。

豸10 【貔】(17) 音ヒ 訓― 異体 豸4 豼(11)

意味 猛獣の一種。豹(ひょう)に似た動物。昔、飼いならして戦争に用いたという。

貝の部 かい・かいへん こがい

貝0 【貝】(7) 1年 音バイ 訓かい

筆順 丨 冂 冃 目 目 貝 貝

意味 ❶水中に住む、堅い殻をもった軟体動物のこと。また、その堅い殻のこと。かい。「貝貨(ばいか)(原始時代に用いられたかいがら製の貨幣)・貝柱(かいばしら)」❷海産の巻き貝の一種。殻はこまや貝細工用。ばい。名付 かい・ばい

参考熟語 貝独楽(べいごま・ばいごま)

貝2 【貞】(9) 常用 音テイ・ジョウ 訓ただしい

7画

筆順

意味 ❶節義を守って変えない。また、みさおが正しい。ただしい。「貞女・貞操・不貞」❷異性と接しない。「童貞」 名付 さだ・ただ・ただし・ただす・てい・みさお

【貞淑】（ていしゅく） 節操が正しくて態度がしとやかなこと。

【貞潔】（ていけつ） みさおが堅くて行いが正しいこと。

【貞節】（ていせつ） みさおを堅く守っていて正しいこと。

貝2 **【負】** (9) 3年 旧字 貝2 負 (9)

音 フ 訓 まける・まかす・おう

筆順

意味 ❶背中に載せて持つ。おう。「負担・負荷・背負う」❷身に受ける。おう。「負債・負傷・負い目」❸争って相手に敗れる、または相手を破る。まける。まかす。また、そのこと。まけ。↔勝。「勝負・負け犬」❹頼みとする。「抱負・自負」❺数学で、数値が0より小さいこと。マイナス。ふ。↔正。「負号」 名付 え・おい・ひ・ふ

参考 ❸の「まける」は「敗ける」とも書く。

【負荷】（かふ） ①荷物などを背負ったりかついだりすること。また、負わされた任務。②エネルギーを消費し仕事をするもの。また、その仕事の量。「—率」

【負債】（ふさい） 借りて、返さなければならない金銭や物。借金。借財。

【負傷】（ふしょう） けがをすること。「—者」

【負担】（ふたん） ①仕事や責任などを引き受けること。「費用を—する」②その人の力量から見て、過重な仕事や責任を持つこと。重荷。「—になる」

【則】▶刀7 【頁】▶頁0 貝2【貟】▶員(異)

貝3 **【貢】** (10) 常用

音 コウ・ク 訓 みつぐ

筆順

意味 強国や君主・政府に差し上げる。こうする。みつぐ。「貢献・朝貢・年貢（ねんぐ）・貢ぎ物」 名付 こう・すすむ・つぐ・みつぎ・みつぐ

【貢献】（こうけん） その物事のために努力し役立つこと。▽「貢ぎ物を献上する」意から。

【貢納】（こうのう） みつぎものを差し出すこと。

貝3 **【財】** (10) 5年 異体 貝4 戝 (11)

音 ザイ・サイ 訓 たから

筆順

意味 お金や、お金に換えられる価値のある物品。たから。ざい。「財産・財布（さいふ）・資財・文化財・財を成す」 名付 ざい・たから

【財貨】（ざいか） ①金銭や価値のある物品。②人間の生活に役立つ金銭・物資のこと。

【財界】（ざいかい） 資本家・実業家・金融業者などの社会。経済界。「—の大立者」

【財源】（ざいげん） 金銭の出どころ。お金を生みだすもと。

【財団】（ざいだん） ①ある目的のために結合された財産の集まり。②「財団法人」の略。

【財閥】（ざいばつ） 大資本・大企業を支配する一族・一団。

【財物】（ざいぶつ） ①金銭と、価値のある品物。②宝物。

【員】▶口7

貝4 **【貨】** (11) 4年 旧字 貝4 貨 (11)

音 カ 訓 —

筆順

意味 ❶財産。また、特に、金銭。「貨幣・貨殖・通貨・金貨」❷荷物・品物。「貨物・雑貨・滞貨」 名付 か・たか

【貨客】（かきゃく） 貨物と旅客。

【貨殖】（かしょく） 財産をふやすこと。「—の道」

貝4 **【貫】** (11) 常用

音 カン 訓 つらぬく

筆順

意味 ❶突き通す。また、突き通る。つらぬく。「貫通・一貫・突貫」❷終わりまでやって成し遂げる。つらぬく。「貫徹・初志を貫く」❸ならわし。「旧貫」❹もと使われた重さの単位。一貫（かん）は千匁で、三・七五キログラム。かん。「貫禄（かんろく）・尺貫法」❺江戸時代の通貨の単位。一貫（かん）は銭（ぜに）千文。かん。 名付 かん・つら・とおる・ぬき

【貫通】かんつう 穴をあけて反対側まで貫き通すこと。また、そのようになること。「—銃創」
【貫徹】かんてつ 最後までやってそれを成し遂げること。「初志—」 注意 「完徹」と書き誤らないように。
【貫入】かんにゅう 陶磁器の表面に細かく出るひび。
【貫流】かんりゅう 川などがある地域を通って流れること。
【貫禄】かんろく 身についた風格や重々しさ。

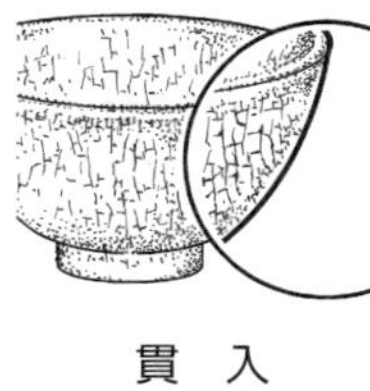

貫入

貝4 【責】 (11) 5年 音 セキ 訓 せめる

筆順 一 十 キ 圭 圭 青 青 責

意味 ❶あやまちや罪をとがめる。せめる。「問責・叱責しっせき」 ❷しなければならない任務。せめ。「責任・重責・職責・責めを塞ふさぐ」 ❸こらしめとして苦痛を与える。せめる。「責め苦」
参考 せめる⇨「攻」の[使い分け]。
【責任】せきにん ①任されてしなければならない務め。責務。「—を果たす」②償いとして、負わねばならない務め。「—をとって辞職する」
【責任転嫁】せきにんてんか しなければならない任務や、受けなければならない損失・制裁を他に押しつけること。 注意 「責任転化」と書き誤らないように。
【責務】せきむ ①責任と義務。②果たすべき責任。

貝4 【貪】 (11) 常用 音 ドン 訓 むさぼる

筆順 ノ 人 亼 今 今 今 貪 貪

意味 ❶欲深くてひどくほしがる。むさぼる。「貪欲・貪婪どんらん」 ❷欲深くていつまでもそれを続ける。むさぼる。「惰眠を貪る」
【貪欲】どんよく 満足することなく、欲が深いこと。「—に知識を吸収する」▽「貪慾」とも書く。
【貪婪】どんらん 欲が深くて卑しいこと。▽「婪」も「むさぼる」の意。

貝4 【販】 (11) 常用 音 ハン 訓 ひさぐ

筆順 冂 月 目 貝 貝 貝 貶 販 販

意味 職業として物を売る。ひさぐ。また、商売。「販売・販路・市販」 名付 はん・ひさ
【販売】はんばい 商品を売りさばくこと。
【販路】はんろ 商品を売りさばく方面。「—を開拓する」

貝4 【貧】 (11) 5年 音 ヒン・ビン 訓 まずしい

筆順 八 分 分 分 貧 貧 貧 貧

意味 ❶金銭・物資が少なくて生活が苦しい。まずしい。また、そのようになる。ひんする。「貧民・貧乏びんぼう・清貧・貧すれば鈍どんする（まずしくなるとその苦労のために愚かになりがちである）」 ❷少なくて劣っている。まずしい。「貧血・貧弱・貧しい経験」
【貧寒】ひんかん 貧しくてみすぼらしいこと。
【貧窮】ひんきゅう 貧乏のために生活に困ること。
【貧苦】ひんく 貧しくて生活に苦しむこと。また、その苦しみ。
【貧困】ひんこん ①貧しくて生活が苦しいこと。「—家庭」②知識・思想・経験などが不足していること。
【貧弱】ひんじゃく ①貧しくて弱いこと。力やスケールが小さいこと。「—なボキャブラリー」②やせて、みすぼらしいこと。「—な体」
【貧賤】ひんせん 貧しくて、身分が低いこと。▽「賤」は「身分が卑しい」の意。
【貧相】ひんそう ①貧乏そうな顔つきや姿かたち。②いかにも貧乏らしくてみすぼらしいこと。「—な身なり」

貝4 【貶】 (11) 音 ヘン 訓 おとしめる・けなす

意味 つまらないものとして扱う。おとしめる。また、悪くいう。へんする。けなす。「毀誉褒貶きよほうへん」

【敗】▶攴7
貝4 【貮】▶弐 異
貝4 【戝】▶財 異
貝4 【貭】▶質 異

貝5 【貽】 (12) 音 イ 訓 —

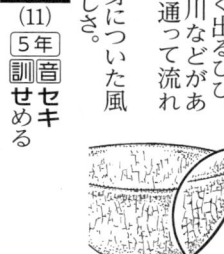

意味 あとに残す。「貽訓いくん」

貝5 **【賀】**(12) 4年 音 **ガ** 訓 よろこぶ

筆順 フ カ 加 加 㔛 賀 賀 賀

意味 ❶喜び、祝いのことばを述べる。よろこぶ。がする。「賀正・賀状・年賀・新年を賀する」❷長生きしたことを祝うこと。また、その祝い。が。「五十の賀」名付 か・が・しげ・のり・よし

【賀詞】(がし) 祝いのことば。祝詞。

【賀正】(がしょう) 新年を祝うこと。賀春。▽年賀状などに書く挨拶のことば。

【賀状】(がじょう) 祝いを述べる手紙。特に年賀状。

貝5 **【貴】**(12) 6年 音 **キ** 訓 **たっとい・とうとい・**たっとぶ・**とうと**ぶ

筆順 口 中 虫 虫 冉 貴 貴 貴

意味 ❶身分が高くて敬うべきである。たっとい。とうとい。また、敬う。たっとぶ。とうとぶ。「貴族・高貴・富貴(ふっき・ふうき)・貴婦人」❷価値があってたいせつである。たっとい。とうとい。また、たいせつにする。たっとぶ。とうとぶ。「貴重・騰貴」❸相手方に関することばの上につけて、敬意を表すことば。「貴君・貴社・貴意」名付 あつ・あて・き・たか・たかし・たけ・よし

参考 **とうとい**⇩「尊」の[使い分け]。

【貴意】(きい) 相手を敬ってその人の意志・意見をいうことば。

【貴下】(きか) 手紙などで、男性が同等またはそれ以下の相手の男性をさす、ていねいなことば。

【貴簡】(きかん) 相手を敬ってその人からの手紙をいうことば。貴翰。

【貴翰】(きかん)「貴簡」と同じ。

【貴君】(きくん) 手紙などで、男性が対等またはやや目下の相手の男性をさす、ていねいなことば。

【貴兄】(きけい) 手紙などで、男性が同等またはやや目上の男性をさす、ていねいなことば。

【貴顕】(きけん) 身分が高くて名声があること。また、そのような人。

【貴公】(きこう) 男性が同輩またはそれ以下の男性相手をさすことば。▽もとは目上の人に対して用いた。

【貴公子】(きこうし) 身分の貴い家の、若いりっぱな男子。

【貴書】(きしょ) 相手を敬ってその人の手紙・著書をいうことば。

【貴紳】(きしん) 身分の高いりっぱな人。

【貴賤】(きせん) 身分の高い人と低い人。また、とうといことと、いやしいこと。「職業に―はない」

【貴台】(きだい) 手紙で、相手を敬っていうことば。

【貴重】(きちょう) 非常に大切であるさま。「―な体験」

【貴殿】(きでん) 男性が同輩またはそれ以上の相手の男性をさすことば。▽多く、手紙で用いる。

【貴賓】(きひん) 身分や地位が非常に高い客。「―室」

【貴覧】(きらん) 相手を敬ってその人が見ることをいうことば。「―に供する」

【貴慮】(きりょ) 手紙などで、相手を敬ってその人の考えをいうことば。

参考熟語 貴女(あなた) 貴方(あなた)

貝5 **【貰】**(12) 人名 音 セイ 訓 もらう

筆順 一 艹 廿 丗 昔 貰 貰 貰

意味 与えられたり贈られたりした物を受けて自分の物にする。もらう。「貰い物」

貝5 **【貸】**(12) 5年 音 **タイ** 訓 **かす**

筆順 亻 仁 代 代 代 岱 貸 貸

意味 返させる約束で相手に与え利用させる。かす。⇕借。「貸借・貸費・賃貸・貸家(かしや)」

【貸借】(たいしゃく) ①貸すことと借りること。貸し借り。②簿記で貸方(かしかた)と借方(かりかた)。「―対照表」

【貸費】(たいひ) 学費などの費用を貸すこと。「―生」

【貸与】(たいよ) 無償で貸して利用させること。「制服―」

貝5 **【貯】**(12) 5年 音 **チョ** 訓 たくわえる・ためる

筆順 丨 冂 目 貝 貝 貯 貯 貯

意味 物・金銭をしまっておく。ためる。たくわえる。また、その物・金銭。たくわえ。「貯金・貯蓄・貯水池」名付 おさむ・ちょ

参考「たくわえる」は「蓄える」とも書く。

【貯蔵】(ちょぞう) 物をたくわえておくこと。しまっておくこと。

【貯蓄】(ちょちく) 金銭などをたくわえること。また、た

7画

くわえた財物。貯金。

貝5 **【貼】**(12) 常用 音 チョウ・テン 訓 はる

筆順 冂 目 貝 貝| 貝ト 貝ト 貼 貼

意味 ❶ぴったりとくっつける。はる。「貼付(ちょうふ・てんぷ)・貼り紙」❷散薬の包みを数えることば。ちょう。

参考 (1)「てん」は慣用読み。(2)❶の「はる」は「張る」とも書く。**はる**⇩「張」の[使い分け]。

【貼付】(ちょうふ・てんぷ) 紙などをのりで張りつけること。▽「貼附」とも書く。

貼

貝5 **【買】**(12) 2年 音 バイ 訓 かう

筆順 丶 冖 罒 罒 罒 罒 冒 買

意味 ❶代金を払って自分の物にする。かう。⇔売。「買価・買収・売買・購買・不買同盟」❷身に受ける。かう。「顰蹙(ひんしゅく)を買う」❸高く評価する。かう。「才能を買う」

【買価】(ばいか) 品物を買うとき、または買ったときの値段。買い値。

【買収】(ばいしゅう) ①大規模なものを買い取ること。②有利になるように取り計らわせるために、金品をひそかに与えて味方にすること。

買

貝5 **【費】**(12) 5年 音 ヒ 訓 ついやす・ついえる

筆順 一 ｺ 弓 弗 弗 弗 費 費

意味 ❶金品を使う、または使ってなくす。ついやす。また、使われて少なくなる。ついえる。「費用・費途・消費」❷ある用途に使われる金銭。また、特に、むだに使われる金銭。ついえ。「学費・出費・人件費」名付 ひ・もち

【費消】(ひしょう) 金をすっかり使い果たすこと。「公金―」

【費途】(ひと) 金の使いみち。

【費目】(ひもく) 支出される費用の名目。

【費用】(ひよう) あることのためにかかる金銭。

費

貝5 **【賁】**(12) 音 ヒ・ホン 訓 ― 異体 貝6 賁(13)

意味 ❶はなやかに飾る。「賁臨(ひりん)(来臨)」❷勢いよく走る。「虎賁(こほん)」

賁

貝5 **【貿】**(12) 5年 音 ボウ 訓 ―

筆順 ノ ㇀ 㔾 卯 卯 貿 貿 貿

意味 互いに売り買いする。また、互いに物と物とを取り換える。「貿易」

【貿易】(ぼうえき) 外国との商品の取り引き。交易。通商。「自由―」「―摩擦」

貿

貝5 【貳】⇒弐(旧)

貝6 **【賈】**(13) 音 カ・コ 訓 あきなう

意味 ❶売ったり買ったりする。あきなう。「商賈(しょうこ)」❷店売りをする。また、その人。商人。「賈人(こじん)」

【賈市】(こし) ①市場。②商売。あきない。估市(こし)。

賈

貝6 **【資】**(13) 5年 音 シ 訓 もと 旧字 貝6 資(13)

筆順 冫 冫 次 次 咨 資 資 資

意味 ❶もとになる費用・材料。し。もと。「資産・資源・物資・学資・修養の資」❷生まれつき。し。「資性・資質・天資・英邁(えいまい)の資」❸一定の地位・身分・条件など。「資格」❹それをするのに役に立つ。しする。「発展に資する」❺資本家のこと。「労資」名付 し・すけ・たすく・とし・もと・やす・より

【資源】(しげん) 生産のもとになる物資。「地下―」「人的―」▽労働力や技術などもいう。

【資財】(しざい) 生活や事業などのもとどなる財産。

【資質】(ししつ) 生まれつき持っている性質・才能。「指導者としての―に欠ける」

【資性】(しせい) 生まれつきの性質。天性。「―明朗」

【資料】(しりょう) 研究・判断のもとになる材料。

【資力】(しりょく) もとでを出すことのできる経済力。財力。「―にものを言わせる」

資

貝6 **【貲】**(13) 音 シ 訓 ―

意味 財産。「貲財(しざい)(資財)」

貲

貝6 **【賊】**(13) 常用 旧字 貝6 賊(13)

賊

7画

音ゾク 訓そこなう

筆順 目 貝 貝一 貝二 貯 賊 賊 賊

意味 ❶無道・不法なことを行う。また、その者。ぞく。「賊徒・盗賊・山賊」❷朝廷・国家に反逆する者。ぞく。「賊軍・賊将・逆賊・国賊」❸傷を負わせる。ぞくする。そこなう。「賊害」

【賊軍】(ぞくぐん) 朝廷・国家にそむく軍隊。

【賊臣】(ぞくしん) 主君の身を滅ぼすような悪い臣下。謀反を起こした家来。乱臣。

【賊徒】(ぞくと) ①盗賊など、悪者の仲間。②朝敵。

貝6 【賃】(13) 6年 音チン 訓——

筆順 亻 亻一 仁 仟 任 賃 賃 賃

意味 ❶金銭を払って人を雇う。「賃金・賃銭」❷代価として払う金銭。「賃貸(ちんたい)・運賃・家賃(やちん)・電車賃」名付 ちん

【賃金】(ちんぎん) 仕事に対して支払われる金銭。

【賃借】(ちんしゃく) 使用料を払って他人の物を使うこと。

【賃銭】(ちんせん) 仕事の報酬として受け取る金銭。

【賃貸】(ちんたい) 使用料をとって物を使わせること。

貝6 【賂】(13) 常用 音ロ 訓まいない

筆順 目 貝 貝ノ 貝夂 貝夂 貝各 賂 賂

意味 利益を図ってもらうために、ひそかに金品を贈って頼み事をする。また、その贈る金品。まいない。「賄賂(わいろ・まいない)」

貝6 【賄】(13) 常用 音ワイ 訓まかなう・まいない

筆順 冂 目 貝 貝ノ 貝ナ 財 賄 賄

意味 ❶利益を図ってもらうためにひそかに金品を贈る。また、その贈り物。まいない。「賄賂(わいろ・まいない)・贈賄・収賄」❷食事の世話をする。まかなう。「賄い付き」

【賄賂】(わいろ・まいない) 不正な利益を得るために他人に金品を贈ること。またその金品。袖(そで)の下。

貝6 〔貭〕▶質 異

貝6 〔賎〕▶賤 異

貝6 〔賍〕▶贓 異

貝7 【賑】(14) 人名 音シン 訓にぎやか・にぎわう

筆順 冂 目 貝一 貝厂 貝ㄏ 賑 賑 賑

意味 ❶活気があって繁盛する。にぎわう。「殷賑(いんしん)」❷人などがたくさんいて、活気がある。にぎやか。また、そのこと。にぎわい。「枯れ木も山の賑わい」❸金品を施して救い恵む。にぎわす。「賑給・賑恤(しんじゅつ)」名付 しん・とみ・とも

【賑恤】(しんじゅつ) 貧困者に金品を与え救うこと。

貝7 〔賔〕▶賓 旧

貝8 【𧶠】(15) 音イク 訓ひさぐ 異体 貝12 [illegible](19)

意味 売る。あきなう。ひさぐ。

参考 「賣(売)」は別字。

貝8 【賛】(15) 5年 旧字 貝12 贊(19)

音サン 訓たたえる

筆順 二 ヂ 夫 夫二 扶 替 賛 賛

意味 ❶力を添えて助ける。さんする。「賛助・協賛」❷同意する。さんする。「賛成・賛否」❸ほめる。たたえる。さんする。「賛美・絶賛」❹画中に詩文を書き添える。さんする。また、その詩文。さん。「画賛・自画自賛」名付 さん・じ・すけ・たすく・よし

参考 「賛・賛仰・賛辞・賛嘆・賛美・称賛・賞賛・絶賛」などの「賛」は「讃」が書き換えられたもの。

【賛意】(さんい) 賛成する気持ち・意見。「—を表する」

【賛仰】(さんぎょう) 徳のある人を尊敬し慕うこと。▽「讃仰」の書き換え字。「鑽仰」とも書く。

【賛辞】(さんじ) 称賛のことば。ほめことば。「—を呈する」▽「讃辞」の書き換え字。

【賛助】(じょ) 会・仕事などを、わきから力を添えて助けること。「—会員」

【賛嘆】(さんたん) 感動してほめること。▽「讃嘆」の書き換え字。

【賛同】(さんどう) 他人の意見に同意すること。

【賛否】(さんぴ) 賛成と不賛成。また、賛成か不賛成かということ。「—を問う」

貝8 【賜】(15) 常用 音シ 訓たまわる・たまう・たまもの・たもう

7画

筆順 賜

意味 ❶目上の人が与える。たもう。たまう。また、目上の人からもらう。たまわる。「賜杯・下賜・恩賜」❷たまわったもの。たまもの。「天の賜《たまもの》」

名付 し・たま・たもう

【賜杯】《しはい》 天皇・皇族から競技の優勝者に賜る優勝カップ。▽「賜盃」とも書く。

【賜物】《たまもの》 ①（神や高貴の人から）いただいたもの。「子どもは神の—だ」②ある行為・ものに対してあらわれたよい結果。「努力の—」

貝8

【質】

(15) 5年

異体 貝4 貭 (11)

音 シツ・シチ・チ　訓 ただす・たち

筆順 質

意味 ❶借金・約束などの保証として預けておくもの。抵当。しち。「質屋《しちや》・言質《げんしつ・げんち》・人質《ひとじち》」❷ほんとうかどうかを尋ねる。ただす。「質問・質疑」❸生まれつき。たち。しつ。「性質・本質・悪質・蒲柳《ほりゅう》の質《しつ》」❹物が成り立つもと。しつ。「質量・物質・蛋白質《たんぱくしつ》」❺もとのままで飾りけがない。「質実・質朴《しつぼく》・質素」

名付 かた・しち・しつ・すなお・ただ・ただし・み・もと

【質物】《しちぶつ》・《しちもつ》・《しちもの》 質《しち》に入れる品物。また、質として預かった品物。質草《しちぐさ》。

【質疑】《しつぎ》 不明な点などを、人に問いただすこと。質問。「—応答」

【質実】《しつじつ》 飾りけがなく、まじめなこと。「—剛健」

【質素】《しっそ》 ①（態度・身なりが）飾りけのないさま。②ぜいたくでなく、つましいさま。「—に暮らす」

【質朴】《しつぼく》 うわべを飾らず、すなおなこと。▽「質樸」とも書く。

【質量】《しつりょう》 ①質と量。「—ともに」②物理で、物体が有する物質の分量のこと。

貝8

【賞】

(15) 5年

音 ショウ　訓 ほめる

筆順 賞

意味 ❶ほうび。しょう。また、ほうびを与える。しょうする。「賞与・賞品・恩賞・受賞」❷すぐれた点を認めてよくいう。ほめる。しょうする。「賞賛・賞嘆・激賞」❸ほめて愛し味わう。しょうする。「賞美・賞味・賞翫《しょうがん》・鑑賞・月を賞する」

名付 しょう・たか・たかし・よし

【賞翫】《しょうがん》 ①物の美を愛して楽しみ味わうこと。②うまい食べ物の味をめで味わうこと。

【賞賛】《しょうさん》 すぐれているとしてほめたたえること。▽「賞讃」の書き換え字。「称賛」とも書く。

【賞嘆】《しょうたん》 感心してほめること。▽「賞歎」とも書く。

【賞杯】《しょうはい》 ほうびとして与えるさかずき。カップ。

【賞牌】《しょうはい》 ほうびとして与えるメダル。

【賞美】《しょうび》 ①ほめたたえること。▽「称美」とも書く。②めで楽しみ、味わうこと。

【賞味】《しょうみ》 食べ物のうまさをほめて味わうこと。

【賞与】《しょうよ》 給料以外に支給する一時金。ボーナス。

【賞揚】《しょうよう》 ほめたたえること。▽「称揚」とも書く。

貝8

【賤】

(15) 印標

異体 貝6 賎 (13)

音 セン　訓 いやしい・しず

意味 ❶身分・生活程度が低く卑しい。いやしい。また、そのこと。しず。「賤民・貴賤・微賤」❷軽蔑すべきである。いやしい。「賤業」

【賤業】《せんぎょう》 いやしい職業。「—に身を投ずる」

貝8

【賠】

(15) 常用

音 バイ　訓 つぐなう

筆順 賠

意味 他人に与えた損害を金品で補償する。つぐなう。また、その金品。つぐない。「賠償」

参考 「つぐなう」はふつう「償う」と書く。

【賠償】《ばいしょう》 相手に与えた損害を金銭などで償うこと。「—金」

貝8

【賓】

(15) 常用

旧字 貝7 賔 (14) 人名

音 ヒン　訓 まろうど

筆順 賓

意味 ❶敬いもてなすべき客。まろうど。「賓客・

来賓・国賓・迎賓」❷従う。また、従える。「賓従・賓辞」[名付] うら・ひん

【賓客】㊀ひんかく・ひんきゃく 客のこと。㊁まろうど 正式の、または大事な客。▽「客人」とも書く。

[参考熟語] 賓頭盧びんずる

貝8 **【賦】**(15) 常用 音 フ 訓 —

筆順 貝 貝一 貝十 貝千 貝斤 貝斤 賦 賦

意味 ❶財物や労力を人民に割り当てて納めさせる。ふする。また、そのもの。貢ぎ物。ふ。「賦課」❷代金などを割り当てて支払う。「月賦」❸分け与える。ふする。「賦与・天賦」❹詩を作る。また、声に出して詩を読む。ふする。「賦詠・詩を賦する」❺漢詩の一体。六義りくぎの一つ。ふ。「詩賦」❻長い詩歌。ふ。「早春賦」

【賦課】ふか 租税を割り当てること。

【賦与】ふよ 天が運命や才能を分け与えること。

貝8 **【賚】**(15) 音 ライ 訓 —

意味 上位の人が下位の者に授け与える。「賚賜らいし」

貝8 【賣】▶売㊐

貝8 【賭】▶賭㊔

貝9 **【賢】**(16) 常用 音 ケン 訓 かしこい・さかしい

筆順 丨 厂 戸 戸 臣 臤 賢 賢

意味 ❶才知などがすぐれている。さかしい。かしこい。また、そのような人。「賢人・賢明・聖賢」❷相手に関する物事に付けて敬意を表すことば。「賢察・賢弟」[名付] かた・けん・さか・さかし・さと・さとし・さとる・すぐる・たか・ただ・ただし・とし・のり・まさ・まさる・ます・やす・よし

【賢愚】けんぐ 賢いことと愚かなこと。また、賢人と愚人。

【賢兄】けんけい ①賢い兄。「愚弟—」②相手を敬ってその兄をいうことば。③手紙などで、自分の兄に対して敬っていうことば。④手紙などで、同輩または年長の友人に対して敬っていうことば。

【賢察】けんさつ 「推察」の尊敬語。御推察。お察し。

【賢台】けんだい 手紙などで、同輩またはそれ以上の人に対して敬っていうことば。

【賢弟】けんてい ①賢い弟。「愚兄—」②相手を敬ってその弟をいうことば。

【賢答】けんとう りっぱな返答または解答。「愚問—」

【賢夫人】けんぷじん よく行き届く賢い妻。

【賢慮】けんりょ ①賢明な思慮。②相手を敬ってその人の考えをいうことば。お考え。

貝9 【賴】▶頼㊐

貝9 **【賭】**(16) 常用 音 ト 訓 かける・かけ　異体 貝8 賭(15)

筆順 貝 貝一 貝十 貝土 貝尹 貝夬 賭 賭

意味 ❶勝負のとき、金品をかける。また、その勝負。かけ。「賭博とばく・賭場とば」❷失敗したら失う決心である行為をする。かける。とする。「国運を賭する」

貝10 **【購】**(17) 常用　旧字 貝10 購(17)

音 コウ 訓 あがなう

筆順 貝 貝一 貝艹 貝冓 購 購 購 購

意味 買う。あがなう。「購読・購入・購買」

【購読】こうどく 新聞・雑誌・書物などを買って読むこと。

【購買】こうばい 日常の消費財などを買うこと。「—組合」注意「購売」と書き誤らないように。

貝10 **【賽】**(17) 印標 音 サイ 訓 —

意味 ❶福を受けたお礼として神を祭る。また、そのこと。さい。「賽銭・賽の河原かわら」❷さいころ。さい。

【賽子】さいころ すごろく・ばくちなどで使う、小さな立方体の遊び道具。六つの面に一から六までの数をそれぞれ刻んである。▽「骰子」とも書く。

【賽銭】さいせん 神仏に参拝したとき奉納する金銭。「—箱」▽多く「お賽銭」と言う。

貝10 **【賺】**(17) 音 タン 訓 すかす

意味 なだめて機嫌をとる。すかす。

貝10 **【賻】**(17) 音 フ 訓 —

7画

意味 死んだ人の家族に金品を贈る。「賻贈」

【贄】
貝11 (18) 印標 音シ 訓にえ

意味 神・朝廷にささげる食用の魚・鳥など。にえ。

【贅】
貝11 (18) 印標 音ゼイ 訓—

意味 よけいで役に立たないもの。「贅沢・贅肉・贅言」

【贅言】いう必要のないよけいなことば。また、それをいうこと。「—を要しない」

【贅沢】①必要以上に費用をかけること。②必要な限度や身のほどをわきまえないこと。「—三昧」

【贅肉】太りすぎの余分な肉。「—を落とす」

【贈】
貝11 (18) 常用　旧字 貝12 贈 (19) 人名

音ゾウ・ソウ 訓おくる

筆順 貝 … 贈

意味 ❶金品を人に与える。おくる。「贈呈・贈答・寄贈・贈り物」❷死後、朝廷から官位を与える。「贈位・追贈・贈正四位」

参考 おくる⇩「送」の[使い分け]。

【贈官】死後に朝廷から官職を贈ること。また、その官職。

【贈呈】人に物を差し上げること。「—式」

【贈与】金品・財産を与えること。「—税」

【贈賄】わいろを贈ること。

【贇】
貝12 (19) 音イン 訓—

意味 バランスがとれていて美しい。

【贋】
貝12 (19) 印標 音ガン 訓にせ

意味 ほんものでない。にせ。「贋造・贋札・真贋」

【贋作】作品を似せて作ること。また、その作品。

【贋造】本物に似せて造ること。また、そのもの。偽造。「—紙幣」

貝12 【賷】▶賫 異

貝12 【贊】▶賛 旧

貝12 【贈】▶贈 旧

【贏】
貝13 (20) 音エイ 訓—　異体 貝14 贏 (21)

意味 ❶余る。また、余り。❷勝つ。「輸贏(勝ち負け)」

【贍】
貝13 (20) 音セン 訓—

意味 ❶不足を補う。「贍給」❷足りている。

【贍給】不足分を足してあたえること。あたえ満たすこと。

【贐】
貝14 (21) 音ジン 訓はなむけ

意味 旅立つ人に贈る金品。餞別。はなむけ。

【贔】
貝14 (21) 音ヒ 訓—

意味 →贔屓

【贔屓】気に入った人を引き立てたり援助したりすること。また、その人。「依怙—」

【贖】
貝15 (22) 音ショク 訓あがなう

意味 金品を出して罪を免れる。あがなう。「贖罪」

【贖罪】①金品を出して罪を免じてもらうこと。②罪の償いとして善行をすること。つみほろぼし。③キリストが人類に代わって十字架にかかって死に、人類の神に対する罪を救ったという教義。

【贓】
貝15 (22) 音ゾウ 訓—　異体 貝6 賍 (13)

意味 不正の手段で金品を手に入れる。また、その金品。「贓品・贓物」

【贓物】盗んで得た品物。贓品。「—故買」

赤 の部 あか

【赤】
赤0 (7) 1年 音セキ・シャク 訓あか・あかい・あからむ・あからめる

筆順 一 十 土 … 赤

意味 ❶色の一つ。あか。また、その色である。あかい。「赤面・赤銅・赤十字・真っ赤」❷真心。「赤心・赤誠」❸余分なものが何一つない。また、ありのままである。「赤貧・赤裸裸」❹共産主義思想。「赤化」❺あかくする。あからめる。また、そのようになる。あからむ。「赤ら顔」

名付 あか・か・せき・はに・はにう・わに

7画

使い分け「あからむ」
赤らむ…赤みをおびる。「顔が赤らむ・つぼみが赤らむ・夕焼けで西の空が赤らむ」
明らむ…空が明るくなる。「東の空が明らむ」

【赤銅】しゃくどう 銅に少量の金・銀を加えた合金。「―色」
【赤子】せきし 一 天子・天皇の立場から見て、人民のこと。▽「子である人民」の意。二 あかご・せきし 赤ん坊。
【赤心】せきしん 偽りのない真心。丹心。
【赤誠】せきせい うわべをかざらず、いつわりのない心。
【赤熱】せきねつ 金属などがまっかに熱すること。
【赤貧】せきひん 非常に貧乏なこと。「―洗うが如ごとし(残らず洗い流したように何もない。ひどく貧しいことを形容することば)」
【赤裸裸】せきらら ①まるはだか。②転じて、ありのままで隠し事のないこと。▽「赤裸せきら」を強めたいい方。
参考熟語 赤魚鯛あこうだい 赤口しゃっく・しゃっこう 赤棟蛇やまかがし

赤4 **【赦】**(11) 常用 音 **シャ** 訓 ゆるす
筆順 土 ナ 才 赤 赤 赤 赦 赦
意味 罪を許す。ゆるす。「赦免・容赦・恩赦」
【赦免】しゃめん 罪を許すこと。「―状」
赦

赤5 **【赧】**(12) 音 タン 訓 あからめる
意味 顔を赤くする。あからめる。「赧然」
赧

赤7 **【赫】**(14) 音 カク 訓 あかい
意味 ❶火が燃えて赤い。あかい。また、光り輝く。かがやく。❷勢いが盛んなさま。「赫赫・赫怒」
【赫怒】かくど 激しく怒ること。激怒。
【赫赫】かっかく ①光り輝くさま。②日照りがきびしいさま。③功績などがかがやかしいさま。「―たる戦果」
赫

赤9 **【赭】**(16) 音 シャ 訓 あか・あかい・そほ
意味 赤い色の土。そほ。また、そのように赤い。あか。あかい。「赭顔・代赭」
赭

走の部 そうにょう

走0 **【走】**(7) 2年 音 **ソウ** 訓 **はし**る
異体 走0 赱(6)
筆順 一 十 土 キ 丰 卡 走
意味 ❶はしる。「走行・走路・滑走・疾走」❷逃げる。はしる。「逃走・敗走・遁走とんそう」❸早く動かす。はしる。「走筆」❹使いとして使われる者。「走狗そうく」 名付 そう・ゆき
【走狗】そうく ①よく走る猟犬。②人の手先として使われる者。
【走査】そうさ テレビなどで、画面を構成している点の明暗を電気信号に変えること。また、その電気信号から点を並べて画面を再現すること。「―線」
【走破】そうは 長く遠い道のりを全部走り切ること。
【走馬灯】そうまとう 回るにつれて幾つかの影絵が映る仕掛けの灯籠とうろう。まわりどうろう。▽人生の激しい変転にたとえることもある。
赱

走2 **【赴】**(9) 常用 音 **フ** 訓 **おもむ**く
筆順 十 土 キ 丰 卡 走 赴 赴
意味 ある所に向かって行く。おもむく。「赴任」
名付 はや・ふ・ゆく
参考 「おもむく」は「趣く」とも書く。
【赴任】ふにん 任地に向かって行くこと。
赴

走2 【赳】▸赳 旧

走3 **【起】**(10) 3年 音 **キ** 訓 **お**きる・**お**こる・**お**こす・たつ
旧字 走3 起(10)
筆順 土 キ 丰 卡 走 起 起 起
意味 ❶立ちあがる。たつ。おきる。また、そのようにさせる。おこす。「起立・起床・勃起ぼっき」❷もりあがって高くなる。「起伏・隆起・突起」❸生ずる、またはそのようにする。おこる。おきる。おこす。また、そのこと。おこり。「起因・起源・縁起えんぎ」❹物事を始める。おこす。「起工・起訴・
起

起稿・喚起」❺奮い立つ。「奮起・決起」名付 おき・おこす・かず・き・たつ・ゆき

使い分け「おこる」
起こる…生じる。「風が起こる・歓声が起こる・事件が起こる」
興る…盛んになる。「新勢力が興る・産業が興る」

【起因】(きいん) ある物事が起こる原因となること。また、物事の起こった原因。

【起臥】(きが) ①起きることと寝ること。②日常の生活。

【起居】(ききょ) ①日常ふだんの動作。たちいふるまい。②日常の生活。「―を共にする」

【起死回生】(きしかいせい) ①死にかけていた人を生き返らせること。②だめになった物事をもとに戻すこと。

【起請】(きしょう) 神仏に対し偽りのない旨を誓うこと。また、それをしるした文書。誓紙。起請文(きしょうもん)。

【起承転結】(きしょうてんけつ) 漢詩の絶句・律詩の構成法で、起句・承句・転句・結句の四段階のこと。▽文章・物事などの構成・調子に強弱があって全体がきちんとまとまっていることの意にも用いられる。

【起訴】(きそ) 検察官が事件を調査して、犯罪の疑いがあると考えた場合、裁判所に訴えを起こすこと。

【起草】(きそう) ①草案を作ること。②文章を書き始めること。

【起動】(きどう) ①働きを起こすこと。②機関が運転を開始すること。

【起伏】(きふく) ①(土地などが)高くなったり、低くなったりしていること。②栄えたり、衰えたりすること。

【起用】(きよう) 人をある仕事に取り立てて用いること。「新人を―する」

走3
【赳】
(10) 人名 音 キュウ 訓 たけし
旧字 走2 赳 (9)

筆順 土 キ キ 未 走 赴 赳

意味 勇ましくて強い。たけし。名付 きゅう・たけ・たけし

走5
【越】
(12) 常用 音 **エツ**・オチ・オツ 訓 **こ**す・**こ**える

筆順 土 キ 走 走 赴 越 越 越

意味 ❶物の上を通り過ぎる、または順序を踏まないで進む。こえる。こす。「越訴(そ・えっ・おっ・そ)・山越え」❷ある限度を過ぎる。こえる。こす。「越権・越度(おち・ど)・超越」❸ある変わり目・境界を通り過ぎる。こえる。こす。「越冬」❹昔の、越前国(えちぜんのくに)・越中国・越後国のこと。「越州」名付 えつ・お・おち・こえ・こし

【越訴】(おっそ・えっそ) 手続きを踏まず、直接上位の人に訴え出ること。

【越境】(えっきょう) 国境や境界線をこえること。

【越権】(えっけん) 与えられた権限をこえること。

参考熟語 越南(ベトナム)

使い分け「こえる」
越える…こえて、より先に行く。「越境・越年・越権」などを思い浮かべるとよい。「山を越える・国境を越える・冬を越える・順番を越える・権限を越える・乗り越える」
超える…基準・限界を上回る。「超過・超人・超越」などを思い浮かべるとよい。「越える」と書くこともある。「一万人を超える・想像を超える・目標を超える・常人を超える才能」

走5
【超】
(12) 常用 音 **チョウ** 訓 **こ**える・**こ**す

筆順 土 キ キ 未 走 起 超 超

意味 ❶ある限度を過ぎる。こえる。こす。「超越・超過・入超」❷他とかけはなれる。「超然・超俗・超人」❸比較の対象がないほどにはなはだしいことを表すことば。極端な。「超満員・超弩級(ちょうどきゅう)・超国家主義」名付 こえる・こゆる・ちょう・とおる・ゆき
参考 **こえる**⇩「越」の[使い分け]。

【超越】(ちょうえつ) ①他のものより、はるかにぬきんでること。②ある限界・範囲をはるかにこえること。また、かけ離れること。「俗事を―する」

【超克】(ちょうこく) 困難を乗り越えてそれに打ちかつこと。

【超人】(ちょうじん) 人間とは思えないほどなみはずれた能力を持つ人。

7画

【超絶】(ちょうぜつ) 他と比較にならないほど、ぬきんでてすぐれていること。

【超然】(ちょうぜん) 物事にこだわらないさま。

【超俗】(ちょうぞく) 俗世間を超越していること。

【超弩級】(ちょうどきゅう) 同類のものより非常に大きかったりすぐれていたりすること。▽「イギリスの戦艦ドレッドノート号型よりさらに大きい」の意。「弩」は音訳。

【超凡】(ちょうぼん) 普通の人以上にすぐれていること。

走5 【趁】(12) 音 チン 訓 ―
意味 ❶追いかける。❷つけこむ。すきに乗じる。

走7 【趙】(14) 印標 音 チョウ 訓 ―
意味 中国の戦国時代の国の一つ。晋(しん)が三つに分かれて独立した国の一つ。ちょう。

走8 【趣】(15) 常用 音 シュ 訓 おもむき・おもむく
筆順 土 キ 走 走 赱 趄 趄 趣
意味 ❶ある所に向かって行く。おもむく。❷内容・要点。おもむき。「趣意・趣旨」❸物事の様子・おもしろみ。おもむき。おもむき。「趣向・趣味・野趣・興趣」
名付 しゅ・とし
参考 ❶の「おもむく」は「赴く」とも書く。
【趣意】(しゅい) 「趣旨」と同じ。
【趣向】(しゅこう) ①平凡でない思いつき。「―を凝らす」②意向。こころばせ。「―をただす」
【趣旨】(しゅし) ①その事をするわけ。趣意。「緊急理事会開催の―」②文章・話でいおうとしている、内容。参考「主旨(しゅし)」は、中心となるおもな意味・ねらい。
【趣味】(しゅみ) ①(感興をわかせる)おもむき。おもしろみ。また、それを理解する力。「―がいい」②楽しみとして興味を持つ事柄。「―が広い」

走10 【趨】(17) 印標 音 スウ 訓 おもむく・はしる
意味 ❶足ばやに行く。はしる。おもむく。「趨勢・趨向・帰趨」「拝趨」❷向かって行く。
【趨向】(すうこう) 成り行きの方向に向かうこと。「―性」
【趨勢】(すうせい) 世の中や物事のこれからの変化の傾向。

足(⻊)の部 あし あしへん

足0 【足】(7) 1年 音 ソク 訓 あし・たりる・たる・たす
筆順 丶 ワ 口 口 早 𧾷 足
意味 ❶人や動物の下肢(かし)。あし。「足下・足跡・土足・足許(あしもと)」❷物の下部にあってそれをささえるもの。あし。「猫足(ねこあし)」❸歩くこと。あし。「遠足・禁足」❹じゅうぶんにある。たる。たりる。「満足・不足・舌足らず」❺補充する。たす。「補足」❻弟子。「高足」❼両足につけて一組みになるものを数えることば。そく。
名付 あし・そく・たり・たる

使い分け「あし」
足…足全体。特に、足首から先を指すこともある。また、足の動作に見立てたもの。「足が長い・足が速い・足しげく通う・足が向く・出足が鈍い・客足が遠のく・足が出る・廃線で足がなくなる」

脚…足全体。特に、腰から足首までの部分。また、物を支える部分。「美しい脚のライン・机の脚・顕微鏡の脚」
※元々「足」「脚」とも部位により区別したが、日本語の「あし」は全体を指したため、どちらも「あし」が訓となった。哺乳類には「肢」、昆虫には「脚」と使い分けることもある。

【足跡】(そくせき) ①歩いたあとに残る足の形。②逃げた道すじ。③業績。「偉大な―」

【足労】(そくろう) 人にわざわざ来てもらうことを言う敬語。▽多く「御足労」の形で使う。

【足下】(そっか) ①足もと。②手紙の脇付の一。▽「おそば」の意。

参考熟語 足掻(あが)く 足蹴(あしげ) 足袋(たび)

足4 【跂】(11) 音 キ 訓 ―
意味 つまさきで立って遠くを見る。「跂望(きぼう)」

足4 【趾】(11) 印標 音 シ 訓 あと
意味 物事の行われた跡。あと。「遺趾・城趾」

足4 【趺】(11) 音 フ 訓 ―

意味 ❶足の甲。❷足を組んですわる。「趺坐《ふざ》」

【趺坐《ふざ》】仏教で、足を組みあわせて、あぐらのような形ですわること。

趺坐

足5【跏】(12) 印標 音 カ 訓 ―

意味 足を組んですわる。あぐらをかく。「結跏《けっか》」

跏

足5【距】(12) 常用　旧字 足5 距(12)

音 キョ 訓 へだたる・へだてる

筆順 ロ 𠯁 𠯁 𧾷 𧾷一 𧾷匚 𧾷巨 距

意味 間がある。へだたる。また、そのようにする。へだてる。「距離」

距

足5【跚】(12) 音 サン 訓 ―

意味「蹣跚《まんさん》」はよろめくさま。

跚

足5【跖】(12) 音 セキ 訓 ―

意味「盗跖《とうせき》」は、中国の昔の大どろぼうの名。

跖

足5【跌】(12) 音 テツ 訓 つまずく

意味 足が物に突き当たってよろめく。つまずく。「蹉跌《さてつ》」

参考「つまずく」はふつう「躓く」と書く。

跌

【跌蕩《てっとう》】思いのままにふるまうこと。のびのびして、こせこせしないこと。

足5【跛】(12) 音 ハ 訓 ―

意味 片足が不自由なこと。また、そのような人。「跛行」

【跛行《はこう》】①つりあいがとれない状態で進むこと。②片足をひきながら歩くこと。

跛

足5【跋】(12) 印標 音 バツ 訓 ―

意味 ❶踏みつけて歩く。「跋渉・跋扈《ばっこ》」❷書物の終わりに書く文章。ばつ。「跋文・序跋」

【跋扈《ばっこ》】悪いものが思うままにふるまうこと。

【跋渉《ばっしょう》】山野を歩き回ること。

【跋文《ばつぶん》】書物の本文のあとに書き記す文章。

跋

足5【跑】(12) 音 ホウ 訓 だく

意味 ❶走る。「跑足《だくあし》」❷だくあしのこと。だく。

【跑足《だくあし》】馬が速度をやや速めて駆けること。跑《だく》。

跑

足6【跪】(13)　正字 足6 跪(13)

音 キ 訓 ひざまずく

意味 拝んだり祈ったりするために膝《ひざ》をついて身をかがめる。ひざまずく。「跪拝・仏前に跪く」

【跪坐《きざ》】ひざまずいてすわること。

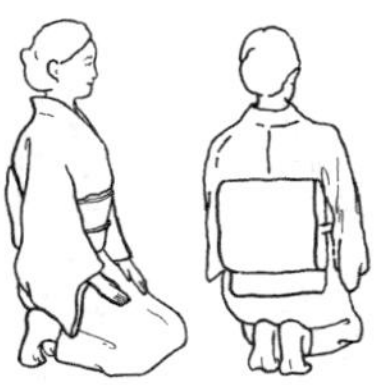

跪坐

跪

【跪拝《きはい》】ひざまずいて拝むようにして敬意を表すこと。拝跪《はいき》。

足6【跫】(13)　正字 足6 跫(13)

音 キョウ 訓 ―

意味 足音。「跫音《きょうおん・あしおと》」

跫

足6【跨】(13) 人名 音 コ 訓 またがる・またぐ

筆順 ロ 𠯁 𠯁 𧾷 𧾷一 𧾷大 𧾷夸 跨

意味 ❶またを広げて物の上に乗る。またがる。❷またを広げて物の上を通り越える。またぐ。

【跨線橋《こせんきょう》】鉄道線路の上にかけ渡した橋。

跨

足6【跟】(13) 音 コン 訓 くびす

意味 ❶足のかかと。くびす。❷人につき従う。

【跟随《こんずい》】人につき従うこと。また、その人。従者。

跟

足6【跡】(13) 常用 音 セキ・シャク 訓 あと

筆順 ロ 𠯁 𠯁 𧾷 𧾷亠 𧾷亣 𧾷亦 跡

意味 ❶人の歩いた後《あと》に残るしるし。あと。「足跡《そくせき・あしあと》・追跡・垂跡《すいじゃく》」❷物事の行われたしるし。あと。「筆跡・遺跡」❸家督。あと。「跡取り」

名付 あと・せき・ただ・と・みち

参考 (1)「跡・手跡・史跡・奇跡・旧跡・古跡・遺跡・筆跡・真跡」などの「跡」は、「蹟」が書き換えられたもの。(2)**あと**⇩「後」の[使い分け]。

【跡目《あとめ》】ゆずり継ぐべき家名・家業・地位。「―を継ぐ」

跡

【践】 足6 (13) 常用 音 セン 訓 ふむ 旧字 足8 踐 (15)

筆順 … 足 … 践

意味 ❶実際に行う。ふむ。「実践」❷位につく。「践祚」

【践祚】せんそ 天皇が崩御したとき、すぐに皇太子が天皇の位につくこと。

【跣】 足6 (13) 音 セン 訓 はだし

意味 足に何もはかないこと。はだし。「跣足」

【跳】 足6 (13) 常用 音 チョウ 訓 はねる・とぶ・おどる

筆順 … 足 … 跳

意味 ❶けって飛び上がる。おどる。はねる。とぶ。「跳躍・縄跳(なわと)び」❷水や泥が飛び散る。はねる。とぶ。

参考 とぶ⇨「飛」の[使い分け]。

【跳梁】ちょうりょう ①かってきままにはねまわること。②よくないものが思うままにのさばること。「―跋扈(ばっこ)」

【路】 足6 (13) 3年 音 ロ 訓 じ・みち

筆順 … 足 … 路

意味 ❶人や車の通る道。みち。「路上・路線・道路・迷路・山路(やまじ)」❷物事の筋道。道理。みち。「理路」❸たいせつな地位。「要路・当路」❹十歳を単位として、その年ごろの意を表すことば。「四十路(よそじ)」 名付 じ・のり・みち・ろ

【路銀】ろぎん 旅費。

【路地】ろじ ①人家の間の狭い通路。「―裏」②茶室への通路。 参考 「露地(ろじ)」は、屋根などのおおいがなくて雨などが直接当たる地面のこと。「―栽培」

【路程】ろてい みちのり。

【路頭】ろとう みちばた。「―に迷う（生活の手段を急に失って暮らしに困ることを形容することば）」

【路傍】ろぼう 道ばた。「―の石仏」

【路用】ろよう 旅行の費用。

【跼】 足7 (14) 音 キョク 訓 せぐくまる

意味 からだを曲げてかがむ。せぐくまる。「跼蹐(きょくせき)」

【跿】 足7 (14) 音 ト 訓 ―

意味 はだし。「跿跔(とく)(はだし)」

【踊】 足7 (14) 常用 異体 足9 踴 (16) 音 ヨウ 訓 おどる・おどり

筆順 … 足 … 踊

意味 音楽に合わせて手足やからだを動かす。おどる。また、そのようなもの。おどり。「舞踊・踊り場」 名付 おどり・よう

使い分け「おどる」

踊る…ダンスをする。操られて動く。「ワルツを踊る・盆踊り・人に踊らされる」

躍る…はねあがる。とびあがる。「魚が躍る・躍り上がって喜ぶ・小躍りする・胸が躍る」

【踉】 足7 (14) 音 ロウ 訓 ―

意味 「蹌踉(そうろう)」は、よろめくさま。

【踈】 足7 ▶疎(異)

【踝】 足8 (15) 音 カ 訓 くるぶし

意味 足首の左右に丸く突き出た部分。くるぶし。

【踞】 足8 (15) 音 キョ 訓 うずくまる

意味 からだを丸く小さくしてしゃがむ。うずくまる。「蹲踞(そんきょ)」

【踪】 足8 (15) 常用 音 ソウ 訓 ―

筆順 … 足 … 踪

意味 あしあと。「踪跡(足跡)・失踪」

【踟】 足8 (15) 音 チ 訓 ―

意味 ためらって立ち止まる。「踟躕(ちちゅう)（ためらう）」

7画

足8 **【踏】**(15) 常用 音トウ 訓ふむ・ふまえる

筆順

意味 ❶足で物を上から押しつける。ふまえる。ふむ。また、足を交互に上げおろしする。ふむ。「踏査・踏襲・舞踏」❷よりどころとする。ふまえる。「事実を踏まえる」❸詩に韻を使う。ふむ。「韻を踏む」

参考 「踏・踏襲」などの「踏」は「蹈」が、「雑踏」の「踏」は「沓」が、それぞれ書き換えられたもの。

【踏査】(とうさ) 実際にその場所に行って調べること。「実地—」

【踏襲】(とうしゅう) 今までの方針・制度をそのまま受け継ぐこと。▽「蹈襲」の書き換え字。

【踏破】(とうは) 困難な道のりなどを歩き通すこと。

足8 **【踐】**▶践(旧)

足9 **【蹂】**(16) 音ジュウ 訓ふむ

意味 踏みにじる。ふむ。「蹂躙(じゅうりん)」

【蹂躙】(じゅうりん) ①踏みつけてめちゃめちゃにすること。「敵地を—する」②人の権利を暴力的に傷つけること。「人権—」▽「蹂躪」とも書く。

足9 **【踵】**(16) 印標 音ショウ 訓かかと・きびす・くびす

意味 足の裏の後ろ。また、はき物のその部分。きびす。かかと。くびす。「踵(くびす)を接する(次々と続く)」

足9 **【蹄】**(16) 人名 音テイ 訓ひづめ

筆順

意味 牛馬などの、ひづめ。「蹄鉄・馬蹄」

【蹄鉄】(ていてつ) 馬のひづめの裏側にうちつける鉄。

足9 **【踰】**(16) 音ユ 訓こえる

意味 物や境界をのりこえる。こえる。「踰越(ゆえつ)」

足10 **【蹊】**(17) 印標 音ケイ 訓こみち

意味 細い道。こみち。けい。「山蹊」

足10 **【蹇】**(17) 音ケン 訓—

意味 ❶片方の足が不自由でうまく歩けないこと。「蹇歩」❷悩み苦しむ。

足10 **【蹉】**(17) 音サ 訓つまずく

意味 ❶足が物に突き当たってよろめく。つまずく。❷物事が途中でだめになる。つまずく。「蹉跌(さてつ)」

参考 ❶❷の「つまずく」は「躓く」とも書く。

【蹉跌】(さてつ) 失敗してだめになること。

足10 **【蹐】**(17) 音セキ 訓—

意味 音を立てずにそっと歩く。「跼蹐(きょくせき)」

足10 **【蹌】**(17) 音ソウ 訓—

意味 足もとが乱れてよろめく。「蹌踉(そうろう)」

【蹌踉】(そうろう) 足もとがよろめくさま。

足10 **【蹈】**(17) 音トウ 訓ふむ

意味 ❶足で踏む。ふむ。❷実行する。ふむ。「蹈襲」

参考 「蹈・蹈襲」などの「蹈」は「踏」に書き換える。

参考熟語 蹌踉(よろ)ける 蹌踉(よろ)めく

足11 **【蹙】**(18) 音シュク 訓しかめる

意味 ❶さし迫る。❷顔をしかめる。「顰蹙(ひんしゅく)」

足11 **【蹤】**(18) 音ショウ 訓—

意味 物事のあとかた。「事蹤・先蹤」

足11 **【蹟】**(18) 人名 音セキ 訓あと

筆順

意味 物事が行われた場所・しるし。あと。「史蹟・筆蹟」 名付 ただ

参考 「蹟・手蹟・史蹟・奇蹟・真蹟・筆蹟・旧蹟・古蹟・遺蹟」などの「蹟」は「跡」に書き換える。

足11 **【蹠】**(18) 音セキ 訓あしうら

意味 足の裏。あしうら。「対蹠(たいせき・たいしょ)」

足11 **【蹕】**(18) 音ヒツ 訓—

意味 天子が通行するとき、行く手の通行人を退かせること。「警蹕(けいひつ)」

足11 **【蹣】**(18) 音マン 訓—

意味「蹣跚(まんさん)」は、よろめくさま。

足12【蹶】(19) 音ケツ 訓―
意味 奮い立って、はねおきる。「蹶起・蹶然」
参考「蹶起」の「蹶」は「決」に書き換える。
【蹶然(けつぜん)】勢いよく立ち上がるさま。転じて、激しく事を起こすさま。

足12【蹴】(19) 常用 音シュウ 訓ける
筆順 𧾷 … 蹴 蹴
意味 物を足ではねとばす。ける。また、そのこと。け。けり。「蹴球・一蹴・蹴飛(けと)ばす・足蹴(あしげ)」
名付 しゅう・け

足12【蹲】(19) 音ソン 訓うずくまる・つくばう
意味 からだを丸く小さくしてしゃがむ。つくばう。うずくまる。「蹲踞(そんきょ)」
【蹲踞(そんきょ)】①相撲で、腰をおろし、つま先立ちで膝(ひざ)を開いて上体を正した姿勢をとること。「―の姿勢」②うずくまってしゃがむこと。

足12【躇】(19) 印標 音チョ 訓― 異体 土12【墸】(15)
意味 ためらって立ち止まる。「躊躇(ちゅうちょ)」

足12【蹼】(19) 音ボク 訓みずかき
意味 水鳥などの足の水掻(みずか)き。みずかき。

足13【躁】(20) 印標 音ソウ 訓さわぐ
意味 急に騒がしくなる。さわぐ。「狂躁」
参考「焦躁」の「躁」は「燥」に書き換える。
【躁鬱病(そううつびょう)】双極性障害の旧称。陽気になったり憂鬱(ゆううつ)になったりする状態が交互に表れる病気。

足13【躅】(20) 音チョク 訓―
意味「躑躅(つつじ)」は木の一種。

足13【躄】(20) 音ヘキ 訓いざる
意味 ❶足が悪くて立って歩けない人。❷すわったままや尻(しり)を下につけたままで進む。いざる。

足14【躋】(21) 音セイ 訓―
意味 高い所へ上る。

足14【躊】(21) 印標 音チュウ 訓ためらう
意味 ある事に対して、決心がなかなかつかない。ためらう。「躊躇(ちゅうちょ)」
【躊躇(ちゅうちょ)】ある事に対して決心がなかなかつかないこと。ためらうこと。「―せずに出発する」
▽「躇」も「ためらう」の意。
参考熟語 躊躇(ためら)う

足14【躍】(21) 常用 音ヤク 訓おどる 旧字 足14【躍】(21)
筆順 𧾷 … 躍
意味 ❶高くとびはねる。おどる。「躍動・飛躍・跳躍・躍り上がる」❷激しく揺れ動く。おどる。
参考 おどる⇩「踊」の[使い分け]。
【躍如(やくじょ)】①生き生きとしていてはっきり現れているさま。「面目―」②生き生きとしていて勢いよく動くさま。躍然。「―たる行動」
【躍進(やくしん)】目立って進歩発展すること。「―著しい企業」「―を遂げる」
【躍動(やくどう)】生き生きと活動すること。「精神の―」
【躍起(やっき)】①あせって必死になること。②むきになること。「―になって打ち消す」注意「躍気」と書き誤らないように。

足15【躓】(22) 音チ 訓つまずく
意味 ❶足が物にあたってよろめく。つまずく。「蹴躓(けつまず)く」❷物事が失敗してだめになる。つまずく。
参考「つまずく」は「蹉く」「跌く」とも書く。

足15【躑】(22) 音テキ 訓―
意味 →躑躅(つつじ)
【躑躅(つつじ)】木の一種。春から夏にかけてじょうご形の花が咲く。

足15【躔】(22) 音テン 訓―
意味 あちこちをめぐる。また、天体が運行する。

足16【躙】(23) 音リン 訓にじる 異体 足19【躪】(26)
意味 ❶足で踏んでつぶす。にじる。「蹂躙(じゅうりん)・踏み躙(にじ)る」❷ひざを動かして少しずつ進む。にじる。「躙(にじ)り寄る」

7画

足18【躡】(25) 音ジョウ 訓―
意味 跡をつけて追いかける。「追躡(ついじょう)」

身の部 み みへん

身0【身】(7) 3年 音シン 訓み
筆順 

意味 ❶肉体。み。「身心・身体(しんたい・からだ)・全身・身支度(みじたく)」❷ある地位を占めている人。み。「身上・身代・前身・立身・身持(みも)ち」❸おおわれていたり、その中にはいっていたりするもの。み。「刀身・中身(なかみ)」❹自分をさすことば。み。「身ども」

名付 しん・ちか・のぶ・み・む・もと
【身魂】(しんこん) からだと心のすべて。「―をなげうって」

【身上】㊀(しんしょう) ①財産。「―持ち」②所帯。「―道具」㊁(しんじょう) ①その人自身に関した事柄。②その人の価値としての長所。取りえ。

【身心】(しんしん) からだと心。「―ともに疲れた」▽「心身」とも書く。

【身代】(しんだい) その人の、またはその人の家の財産。身上(しんしょう)。「―を築く」

【身体髪膚】(しんたいはっぷ) からだ全体。からだのすべて。

【身辺】(しんぺん) 日常の生活のこと。また、その範囲。「―多忙」

【身命】(しんめい・しんみょう) その人の命。「不惜―(ふしゃくしんみょう)(仏のために命をささげて惜しまないこと)」「―を賭(と)する」▽「からだと命」の意。

【身内】(みうち) ①血縁関係の近い親類。②その親分に属している子分。③からだの内部。「―が締まる」

【身重】(みおも) 妊娠(にんしん)していること。

【身柄】(みがら) (拘留・保護された)その人のからだ。当人自身。

【身空】(みそら) 身のうえ。「若い―で、よく働く」

参考熟語 身動(みじろ)ぎ 身形(みなり)

身3【躬】(10) 印標 音キュウ 訓み・みずから
意味 ❶自分で行うさま。みずから。「躬行」❷からだをかがめてつつしむ。「鞠躬如(きっきゅうじょ)」❸からだ。み。
【躬行】(きゅうこう) 自分自身が実際に行うこと。「実践―」

【射】▼寸7

身4【躮】(11) 〈国字〉 音― 訓せがれ
意味 自分の息子を卑下していうことば。せがれ。

身4【躯】▼軀異 身5【躰】▼体異

身6【躱】(13) 音タ 訓かわす
意味 ❶からだ。❷からだを動かしてよける。かわす。
【躱避】(たひ) ①からだをかわして避けること。②責任を避けて逃げること。

身7【⿰身忍】(14) 〈国字〉 音― 訓しのぶ・こらえる・ねらう
意味 しのぶ。こらえる。ねらう。

身8【⿰身空】(15) 〈国字〉 音― 訓うつけ
意味 ばかもの。うつけ。

身9【躾】(16) 〈国字〉 音― 訓しつけ・しつける
意味 礼儀作法。しつけ。また、礼儀作法を教え込む。しつける。

身10【⿰身容】(17) 〈国字〉 音ヨウ 訓しかた
意味 しかた。▽歌舞伎の外題(げだい)に用いる字。

身11【軀】(18) 印標 音ク 訓からだ 異体 身4【躯】(11)
意味 身体。からだ。「軀幹・体軀・病軀」
【軀幹】(くかん) からだつき。体格。

身12【⿰身黒】(19) 〈国字〉 音シ 訓―
意味 白土三平(漫画家)がつくった字。「栬⿰身黒傈潢(いしみつ)」(書名)の「し」にあてられる。

身12【軅】(19) 〈国字〉 音― 訓たか
意味 たか。▽地名に用いる字。「軅飛(たかとぶ)」は、福島県にある地名(現在は「鷹飛(たかとび)」)。

身13【軆】▼体異

7画

身17
【軈】(24)〈国字〉
音 ——
訓 やがて

意味 ❶そのうちに。そろそろ。やがて。「軈て来るだろう・軈て三年になる」❷それがそのまま。やがて。

車の部　くるま　くるまへん

車0
【車】(7) 1年
音 シャ
訓 くるま

筆順 一 ｢ 冂 日 目 亘 車

意味 ❶回転する輪状のもの。くるま。「車輪・水車・滑車」❷車輪の回転によって動く、乗り物。また、特に、人力車・自動車のこと。くるま。「車両・車掌・馬車・停車」❸将棋の駒の飛車のこと。しゃ。名付 くら・くるま・しゃ

【車座】くるまざ　おおぜいの人が輪になって内がわを向いて座ること。
【車軸】しゃじく　車の心棒。「—を流すよう（車軸のような太い雨が、激しく強く降る様子を形容することば）」
【車塵】しゃじん　車などが通ったときに立つほこり。
【車馬】しゃば　乗り物としての、車や馬。また、乗り物。「—賃」
【車両】しゃりょう　汽車・電車・自動車などの車。▽「車輌」の書き換え字。
参考熟語 車前草 おおばこ・しゃぜんそう

車1
【軋】(8) 印標
音 アツ
訓 きしる・きしむ

意味 なめらかに動かず、すれ合っていやな音を立てる。きしる。きしむ。「軋轢あつれき」
参考「きしる」は「轢る」「輾る」とも書く。
【軋轢】あつれき　不和・争い。▽「轢」も「きしる」の意。
注意 (1)「あつらく」と読み誤らないように。(2)「圧轢」と書き誤らないように。

車2
【軌】(9) 常用
音 キ
訓 ——

筆順 一 ｢ 冂 日 目 亘 車 軋 軌

意味 ❶車輪の跡。わだち。また、車が通るべき線路。「軌道・軌跡・広軌」❷物事のやり方。また、守るべきおきて。き。「軌範・常軌・軌を一にする」名付 き・のり

【軌条】きじょう　鉄道のレール。
【軌範】きはん　(1)手本として守り従うべき規律。「道徳—」(2)判断・価値などの基準。▽「規範」とも書く。

車2
【軍】(9) 4年
音 グン
訓 いくさ

筆順 ′ 冖 冖 冖 冒 冒 冒 軍

意味 ❶兵士の集団。ぐん。「軍隊・軍使・大軍・陸軍」❷戦争。ぐん。いくさ。「軍事・軍力・従軍・軍の庭（戦場）」名付 いくさ・いさ・すすむ・むら・むれ

参考 ❷の「いくさ」は「戦」とも書く。
【軍師】ぐんし　一軍の大将のもとで作戦・用兵の計画・指導をする人。▽団体に属していて、勝つための計略・手段を考える人にたとえることもある。
【軍資金】ぐんしきん　軍事に必要な資金。「海外旅行の—」▽実行するのに必要な資金にたとえることもある。
【軍需】ぐんじゅ　(1)軍事上の需要。「—景気」(2)軍事上で必要な物資。「—工場」
【軍政】ぐんせい　(1)戦時・事変に、または占領地で、軍隊が軍事力をもって行う統治。(2)国の政務のうち、軍事に関する政務。
【軍勢】ぐんぜい　(1)人数・整備などの立場から見た、軍隊の勢力。(2)単に、軍隊のこと。
【軍属】ぐんぞく　軍に所属する文官や、軍人でなくて軍に勤務する者などのこと。
【軍手】ぐんて　太い白木綿であんだ作業用手袋。左右の別がない。▽もと軍人用のものに似せて作った。
【軍部】ぐんぶ　政府・民間などに対して、軍の当局。
【軍門に降る】ぐんもんにくだる　敵に降参することを形容することば。▽「軍門」は「陣営の出入り口」の意。
【軍律】ぐんりつ　軍隊内で軍人として守らなければならない規律。軍紀。
参考熟語 軍鶏 しゃも

車3
【軒】(10) 常用
音 ケン
訓 のき

7画

筆順 一 亠 亓 亘 亘 車 軒 軒

意味 ❶屋根の、下端の張り出た部分。のき。「軒灯・軒先(のきさき)」❷高く飛び上がる。「軒昂(けんこう)」❸家。また、家を数えるときのことば。けん。「軒別・一軒家」❹雅号・屋号などに用いることば。「軒」「けん」と読む。 名付 けん・のき

【軒昂】(けんこう) 気持ちが奮い立つさま。「意気―」▽「昂」は「気が高ぶる」の意。「軒高」とも書く。

車4 【転】(11) 3年 旧字 車11 轉 (18) 人名

音 テン 訓 **ころ**がる・**ころ**げる・**ころ**がす・**ころ**ぶ・うたた・こける・まろぶ

筆順 一 亘 亘 車 車 転 転 転

意味 ❶回り巡る。まろぶ。ころぶ。ころげる。ころがる。また、回して動かす。ころがす。「回転・自転・運転」❷ひっくりかえる。こける。まろぶ。ころげる。ころがる。ころぶ。また、ひっくりかえす。ころがす。「転倒・転覆・逆転」❸方向・状態などが変わる、またはそれらを変える。てんずる。また、そのこと。てん。「転向・転職・移転・有為転変(ういてんぺん)」❹漢詩で、承句を受け、詩の流れを変化させる句。「起承転結」❺激しく感動するさま。うたた。「転た感慨に堪えない」❻ますます。うたた。「山川草木、転た荒涼」❼なんとなく。うたた。「転た寝」 名付 うたた・てん・ひろ

参考 「転倒・転覆・七転八倒」などの「転」は「顚」が書き換えられたもの。

【転移】(てんい) 他の場所に移ること、または移すこと。

【転嫁】(てんか) 自分が負うべき罪・責任を他人に負わせること。「責任―」▽「二度めの嫁入りをする」の意から。 注意 「転化」と書き誤らないように。

【転機】(てんき) 物事の状態・方向を今までとは違ったものに転換すべききっかけ。「人生の一大―」

【転向】(てんこう) ①方向や方針を変えること。「―点」②それまで持っていた思想、特に共産主義思想を捨てて別の思想を持つようになること。「―者」

【転身】(てんしん) 身分・職業や主張などを今までのものとすっかり変えること。

【転進】(てんしん) 戦場に出ている軍隊が方向を変えて他の場所に移動すること。

【転成】(てんせい) 性質の違った物に変わること。

【転生】(てんせい・てんしょう) 一度死んで生まれ変わること。「―譚(たん)」

【転転】(てんてん) ①次々にあちこちを移り回るさま。「各地を―とする」②物がころがるさま。

【転覆】(てんぷく) ①車両・船舶などがひっくり返ること。また、ひっくり返すこと。②(政府などが)倒れほろびること。倒しほろぼすこと。

【転変】(てんぺん) 事物の状態が次々に移り変わってやまないこと。「有為(うい)―」

【転用】(てんよう) 本来の用途と違った目的に使うこと。

参考熟語 転寝(うたたね)

車4 【軟】(11) 常用 音 ナン 訓 **やわ**らか・**やわ**らかい

筆順 一 亘 亘 車 車 軟 軟 軟

意味 形が変わりやすく、しなやかである。やわらかい。やわらか。↔硬。「軟禁・軟派・柔軟・硬軟」

参考 **やわらかい**⇩「柔」の[使い分け]。

【軟化】(なんか) ①物が柔らかくなること。②硬化に対して、考え方や態度が穏やかになること。

【軟禁】(なんきん) 外部との交渉や外出を禁ずる程度の、あまりきびしくない監禁をすること。「―状態」

【軟骨】(なんこつ) 主としてにかわ質をふくみ、やわらかく弾性に富む骨。鼻・耳などにある。すじぼね。

【軟弱】(なんじゃく) 弱々しくてしっかりしていないこと。「―外交」

【軟水】(なんすい) カルシウム・マグネシウムの塩類の含有量が比較的少ない水。

【軟派】(なんぱ) 異性との交際を好んだりして、弱々しい行動をとる一派。

車4 【軛】(11) 音 ヤク 訓 くびき

意味 車のながえの端にあって、車をひく牛馬の首にかける横木。くびき。

参考 「くびき」は「頸木」とも書く。

【斬】▸斤7

車4 【軣】▸轟 異

車5
【軼】(12)　音 イツ　訓 ―
意味 ❶ぬけおちる。「軼文(いつぶん)」❷ぬきんでる。
軼

車5
【軻】(12)　音 カ　訓 ―
意味 ❶車がなめらかに進まない。「轗軻(かんか)」❷孟子(もうし)の名。
軻

車5
【軽】(12)　3年　旧字 車7 輕(14)
音 ケイ・キン　訓 **かるい・かろやか**
筆順 一　亘　亘　車　軒　軽　軽　軽
意味 ❶目方が少ない。かるい。↔重。「軽量・軽重(けいちょう)・軽金属・軽石(かるいし)」❷重苦しくなくてのびのびしている。かろやか。かるい。↔重。「軽装・軽快・軽工業・身軽(みがる)」❸行いが慎重でない。↔重。「軽率(けいそつ)・軽薄・剽軽(ひょうきん)」❹価値のないものとして扱う。かろんじる。↔重。「軽視・軽蔑(けいべつ)」名付 かる・きょう・けい
軽

【軽挙妄動】(けいきょもうどう) よく考えずに向こう見ずの軽々しい行動をすること。また、その行動。

【軽軽】一(けいけい) 考えが浅く、行い・態度に慎重さや落ち着きがないさま。二(かるがる) いかにも軽そうなさま。

【軽減】(けいげん) 負担などを少なくして軽くすること。また、そのようになること。

【軽少】(けいしょう) 数量・程度が少なくて重要でないさま。

【軽率】(けいそつ) 物事に対する態度が慎重でなく、不注意で軽はずみなさま。注意 (1)「けいりつ」と読み誤らないように。(2)「軽卒」と書き誤らないように。

【軽重】(けいちょう・けいじゅう) 物が軽いことと、重いこと。また、重要であることと、そうでないこと。「鼎(かなえ)の―(けいちょう)を問う」

【軽佻浮薄】(けいちょうふはく) 考えが浅く、態度が軽々しくて落ち着きがないこと。▽「浮薄」は、あさはかで軽々しいこと。軽薄。「―の徒(と)」

【軽輩】(けいはい) 身分が低かったり経験が浅かったりする人。

【軽微】(けいび) 程度が軽く、それほど重要でないさま。

【軽便】(けいべん) ①手軽に使えて便利なさま。「―鉄道(小型の機関車・車両を使う鉄道)」②軽便鉄道。

【軽妙】(けいみょう) 快いほどに気がきいていてうまいさま。「―洒脱(しゃだつ)」

車5
【軸】(12)　常用　音 ジク　訓 ―
筆順 亘　亘　車　車　軋　軸　軸　軸
意味 ❶回転する物の心棒。また、広く、活動するものの中心になっているもの。じく。「地軸・枢軸・新機軸」❷巻き物の芯(しん)になる棒。また、巻き物。じく。「巻軸・掛け軸」❸先端または中心にあって、用をしたりそれをささえたりしている部分。じく。「軸先(じくさき)・マッチの軸」❹対称図形・座標で、基準となる直線。じく。「Y軸・座標軸」❺俳句・川柳の集の最後にしるす、選者の句。じく。
軸

車5
【軫】(12)　音 シン　訓 ―
意味 ❶車の後部の横木。❷うれえる。❸二十八宿の一つ。みつかけ星。
軫

車6
【較】(13)　常用　音 **カク・コウ**　訓 くらべる
筆順 一　亘　亘　車　軒　軟　較　較
意味 ❶相互間の大小・優劣・違いなどを調べる。くらべる。「較差(こうさ)・比較」❷あらまし。「大較(たいこう)」名付 あつ・かく
参考 ❶の「くらべる」はふつう「比べる」と書く。
【較差】(こうさ・かくさ) 最高と最低、最大と最小、よい物と悪い物など、両極にあるものの間の違い。「気温―」▽「かくさ」は慣用読み。
較

車6
【載】(13)　常用　音 **サイ**　訓 **のせる・のる**
筆順 土　吉　吉　壹　載　載　載　載
意味 ❶持ち上げて物の上に置く。また、運ぶために運搬用の車・船などに積む。のせる。「積載・満載・船載」❷記事として掲げる。のせる。また、掲げられる。のる。「載録・掲載・連載」❸一年間。「千載一遇」名付 こと・さい・のり
参考 **のる**⇨「乗」の[使い分け]。
【載積】(さいせき) 「積載」と同じ。
載

【載録】(さいろく) 書物・記録などに、書いてのせること。

車6 【軾】(13) 音 ショク 訓 ―
意味 車の前部にある横木。

車6 【輊】(13) 音 チ 訓 ―
意味 車の前部が低い車。

車6 【⿰車因】(13) 〈国字〉 音 ― 訓 とこ
意味 牛車(ぎっしゃ)の、人が乗るところ。車の箱。とこ。

車6 【輅】(13) 音 ロ 訓 ―
意味 天子が乗る車。

車6 【輌】▶輛 異

車7 【輒】(14) 音 チョウ 訓 すなわち　異体 車8 輙 (15)
意味 そのたびごとに。また、すぐに。すなわち。

車7 【輔】(14) 人名 音 ホ 訓 すけ・たすける
筆順
意味 ❶力を添えて助ける。たすける。「輔佐・輔弼(ほひつ)」❷ほお骨。「唇歯輔車(しんしほしゃ)」❸昔、四等官の制で、八省の第二等官。すけ。 名付 すけ・たすく・たすけ・ふ・ほ
参考 「輔佐・輔導」などの「輔」は「補」に書き換える。

車7 【輓】(14) 音 バン 訓 ひく
意味 ❶車を引っ張る。ひく。また、人を推薦する。「輓馬・推輓」❷時代がおそくて今の世に近い。「輓近」
参考 ❶の「ひく」は「挽く」とも書く。

【輓歌】(ばんか) ①葬送のとき、死者をいたんで、ひつぎをひきながらうたう歌。②人の死を悲しんで作った詩歌。▽「挽歌」とも書く。

【輓馬】(ばんば) 車を引かせる馬。「―競走」

車7 【輕】▶軽 旧

車8 【輝】(15) 常用 音 キ 訓 かがやく・てる
筆順
意味 ❶かがやく。てる。また、その光。かがやき。「輝石・光輝」❷晴れやかに見える。かがやく。また、そのようである。かがやかしい。「勝利の栄冠に輝く」 名付 あきら・かがやき・き・てる・ひかり・ひかる
参考 ❶の「てる」はふつう「照る」と書く。また、❶❷の「かがやく」「かがやかしい」は「耀く」「耀かしい」とも書く。

【輝光】(きこう) てりかがやく光。

車8 【輜】(15) 音 シ 訓 ―　正字 車9 ⿰車甾 (16)
意味 荷物・食料を運ぶ車。「輜重(しちょう)」

【輜重】(しちょう) もと、陸軍で、前線に輸送・補給する軍需品。また、その輸送・管理を担当した兵科。

車8 【輟】(15) 音 テツ 訓 やめる
意味 途中でやめる。やめる。

車8 【輩】(15) 常用 音 ハイ 訓 ともがら・やから
筆順
意味 ❶仲間。はい。やから。ともがら。「先輩・軽輩・吾輩(わがはい)・不逞(ふてい)の輩(やから)」❷続いて並ぶ。「輩出」 名付 とも・はい

【輩出】(はいしゅつ) すぐれた人が次々に世に出ること。「芸術家が―する名門」

車8 【輛】(15) 音 リョウ 訓 ―　異体 車6 輌 (13)
意味 ❶車。「車輛」❷車を数えることば。りょう。
参考 「輛・車輛」などの「輛」は「両」に書き換える。

車8 【輪】(15) 4年 音 リン 訓 わ
筆順
意味 ❶軸を中心にして回る円形のもの。また、そのような形をしたもの。わ。「車輪・五輪・日輪・輪転機」❷順番に回る。「輪唱・輪番」❸物のまわり。「輪郭・大輪」❹自動車・自転車のこと。「輪禍・競輪(けいりん)」❺花を数えることば。りん。「一輪挿(ざ)し」 名付 りん・わ

【輪禍】(かりん) 自動車などにひかれたりはねられたりする災難。

【輪郭】(りんかく) ①物の周囲の形を表す線。②顔だち。③物事のあらまし。概要。

【輪講】(りんこう) 一つの書物を数人が分担して順番に講義すること。

【輪作】(りんさく) 一定年限ごとに、同じ耕地に性質の異なる作物を順番に栽培すること。

【輪廻】(りんね) 仏教で、霊魂が次々に他の生を受けて永久に迷いの世界を生き変わり死に変わりすること。「―転生(てんしょう)」「六道―」 注意 「りんかい」と読み誤らないように。

【輪番】(りんばん) 順番に物事を担当すること。「―制」

【輪舞】(りんぶ) おおぜいの人が輪を作って回りながら踊ること。また、その踊り。

車8 **【輦】** (15) 音 レン 訓 てぐるま

意味 ❶天皇が乗る車・輿(こし)。れん。また、昔、特に許された貴族が乗った、手で引く二輪車。てぐるま。「鳳輦(ほうれん)」❷上に乗せてかついで運ぶ輿。「輦台」

【輦車】(れんしゃ) 人がひく車。てぐるま。

【輦台】(れんだい) 昔、川を渡る人を乗せ、人足がかついで川を渡すときに用いた台。

車8 〔輙〕▸輒(異)

車9 **【輯】** (16) 人名 音 シュウ 訓 あつめる

筆順

意味 材料を集める。あつめる。「輯録・編輯」

名付 あつむ・むつ

参考 「輯・編輯・特輯」などの「輯」は「集」に書き換える。

【輯録】(しゅうろく) 資料を集めて、記録したり記事にして載せたりすること。▽「集録」とも書く。

車9 **【輳】** (16) 音 ソウ 訓 ―

意味 多くのものが一か所に集まる。「輻輳(ふくそう)」

車9 **【輻】** (16) 音 フク 訓 や

意味 車輪の、車軸から放射状に出ている棒。スポーク。や。「輻射・輻湊(ふくそう)」

【輻射】(ふくしゃ) 一点から周りに放射すること。「―熱」

【輻湊】(ふくそう) 「輻輳」と同じ。

【輻輳】(ふくそう) 方々から一か所に集まって込み合うこと。輻湊。「記事―」

車9 **【輹】** (16) 音 フク 訓 ―

意味 車軸と車体とをつなぐ部分。

車9 **【輸】** (16) 5年 音 ユ・シュ 訓 ― 旧字 車9 輸 (16)

筆順

意味 ❶物を運ぶ。ゆする。「輸送・輸入・運輸」❷負ける。ゆする。「一籌(いっちゅう)を輸する(負ける)」

【輸血】(ゆけつ) 患者の静脈に、健康な人の血液または血液成分を注入すること。

【輸送】(ゆそう) (大量の)人や貨物を運ぶこと。

車9 〔輼〕▸轀(正)

車10 **【轅】** (17) 音 エン 訓 ながえ

意味 馬車・牛車(ぎっしゃ)の前方に長く突き出た二本の棒。牛馬の背につないでひかせる。ながえ。

車10 **【轄】** (17) 常用 音 カツ 訓 くさび 旧字 車10 轄 (17)

筆順

意味 ❶取りまとめて取り締まる。「管轄・統轄・所轄・直轄」❷物を割ったり締めつけたりする、V字形のもの。くさび。

参考 「くさび」はふつう「楔」と書く。

車10 **【轂】** (17) 音 コク 訓 こしき

意味 ❶車輪の、輻(や)が集まる、中心の太く丸い部分。こしき。❷車。「輦轂(れんこく)」

車10 **【輾】** (17) 音 テン 訓 きしる

意味 ❶反転して向きが変わる。「輾転」❷すれ合っていやな音を立てる。きしる。

参考 ❷の「きしる」は「軋る」「轢る」とも書く。

【輾転】(てんてん) ①寝苦しくて左右に寝返りをすること。「―反側」②ころがること。

車10 **【輿】** (17) 人名 音 ヨ 訓 こし

筆順

7画

意味 ❶昔の、貴族の乗り物の一つ。かついだり手に持ったりして運ぶ。こし。「神輿（しんよ・みこし）」❷乗り物。また、乗り物に乗せる。「輿地・車輿・乗輿」❸多くの人々。「輿論・輿説」❹みこしのこと。こし。 名付 こし・よ

【輿望（よぼう）】世間の人々がその人に寄せる信頼・期待。「―を担（にな）う」▽「与望」とも書く。

【輿論（よろん）】世間の多くの人々の意見。▽「世論（よろん）」とも書く。

車11 【轌】(18) 〈国字〉 音 ― 訓 そり

意味 雪や氷の上を行くのに用いる乗り物。そり。

参考 「そり」はふつう「橇」と書く。

車11 【轆】(18) 音 ロク 訓 ―

意味 →轆轤（ろくろ）

【轆轤（ろくろ）】①重い物を上げ下げしたり引いたりするのに用いる滑車。②円形の陶器を作るのに用いる、回転する円盤の装置。

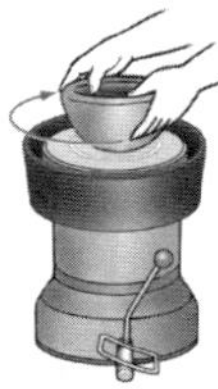

轆轤 ②

車11 [轉] ▶転(旧)

車12 【轎】(19) 音 キョウ 訓 ―

意味 駕籠（かご）。輿（こし）。

車12 【轍】(19) 印標 音 テツ 訓 わだち

意味 車輪の跡。わだち。「轍鮒（てっぷ）・覆轍・転轍機」

【轍鮒の急（てっぷのきゅう）】危難が差し迫っていること。▽車の轍（わだち）の水たまりで死にそうになってあえいでいるふなの意。

車13 【轗】(20) 音 カン 訓 ―

意味 車がくぼみにはまって進まない。「轗軻（かんか）（物事が思いどおりに運ばず、不遇であること）」

車14 【𨏍】(21) 〈国字〉 音 ― 訓 いえづと

意味 家にもちかえるみやげ。家苞（いえづと）。いえづと。

車14 【轜】(21) 音 ジ 訓 ―

意味 ひつぎを乗せる車。▽歌舞伎の外題（げだい）に用いる字。

車14 【轟】(21) 人名 音 ゴウ 訓 とどろく 異体 車4 【軣】(11)

筆順 一 冂 冃 冃 亘 車 𨏥 轟

意味 大きな音が広く響き渡る。とどろく。「轟音・轟然・轟轟・勇名が天下に轟く」

【轟音（ごうおん）】激しく鳴り響く大きな音。

【轟轟（ごうごう）】大きな音がとどろき響くさま。

【轟然（ごうぜん）】非常に大きな音がとどろき響くさま。

【轟沈（ごうちん）】艦船を攻撃して短時間で沈めること。

車15 【轡】(22) 音 ヒ 訓 くつばみ・くつわ

意味 馬の口にはめて手綱をつける道具。くつばみ。くつわ。「轡形（くつわがた）（円の中に十文字を入れた形）」

車15 【轢】(22) 印標 音 レキ 訓 きしる・ひく

意味 ❶車輪で押しつけて通る。ひく。「轢死・轢き逃げ」❷すれ合っていやな音を出す。きしる。「軋轢（あつれき）」

参考 (1)❷の「きしる」は「軋る」「轢る」とも書く。(2)ひく⇩「引」の［使い分け］。

【轢死（れきし）】車にひかれて死ぬこと。「―体」

【轢断（れきだん）】車が、ひいてからだを断ち切ること。

車16 【轣】(23) 音 レキ 訓 ―

意味 車でふみ砕く。また、車が音をたてて通る。

車16 【轤】(23) 音 ロ 訓 ―

意味 「轆轤（ろくろ）」は、重い物を動かすのに用いる滑車。また、陶器を作るのに用いる、回転する円盤の装置。

辛 の部 からい

辛0 【辛】(7) 常用 音 シン 訓 からい・かのと・つらい

筆順 丶 亠 亠 立 立 辛 辛

意味 ❶味として、からい。「辛酸・香辛料・辛党（からとう）」❷心身に苦痛を感じて苦しい。つらい。

7画

「辛苦・辛抱」❸十干（じっかん）の第八位。かのと。「辛酉（かのととり）」名付 かのと・しん

【辛苦】（しんく）仕事・生活についての苦しみ。「粒々―」

【辛酸】（しんさん）つらく苦しい苦労。「―をなめる」

【辛勝】（しんしょう）競技などで、かろうじて勝つこと。

【辛辣】（しんらつ）ものの見方やいうことが非常にきびしいこと。▽「辣」は「きびしい」の意。

【辛労】（しんろう）つらい苦労。

辛5 【辜】(12) 音 コ 訓 つみ

意味 重い罪。つみ。「無辜（むこ）」

辛6 【辞】(13) 4年 音 ジ 訓 やめる・ことば　旧字 辛12 辭(19)

筆順

意味 ❶言語・文章。じ。ことば。「辞書・美辞・祝辞・開会の辞」❷今まで続けていたことを打ち切る。やめる。「辞表・辞任」❸受け入れない。じする。「辞退・固辞・死をも辞せず」❹その場所を去る。じする。「辞去・辞世」❺漢文の文章の様式の一つ。じ。「帰去来の辞」名付 こと・じ

【辞意】（じい）辞退・辞任しようとする意思。「―を表明する」

【辞去】（じきょ）訪ねて行った人の家を、挨拶をして立ち去ること。

【辞世】（じせい）死にぎわに詠む和歌や俳句。

【辞表】（じひょう）職をやめるときに差し出す文書。

【辞令】（じれい）①役所や会社などで、人を仕事や役目につけるときや、やめさせるとき、そのことを書いて本人に渡す書類。②応対のことば。「外交―」

辛6 【辟】(13) 音 ヘキ 訓 ―

意味 ❶退く。「辟易」❷主君。「復辟」

【辟易】（へきえき）①相手に圧倒されて恐れたじろぐこと。②困ること。「自慢話に―する」▽「退いて道をあける」の意。

辛7 【辣】(14) 常用 音 ラツ 訓 ―

筆順

意味 ひどく辛い。また、きびしい。「辛辣・悪辣」

【辣腕】（らつわん）俊敏に仕事を処理するすぐれた能力。また、その能力があること。「―をふるう」

参考熟語 辣油（ラーユ） 辣韮（らっきょう）

辛9 【辧】▸弁㊕

辛12 【辭】▸辞㊐

辛14 【辯】▸弁㊐

辛14 【辮】▸弁㊐

辰の部 たつ しんのたつ

辰0 【辰】(7) 人名 音 シン 訓 たつ・とき

筆順

意味 ❶十二支の第五番め。動物では竜、方角では東南東、時刻では午前八時およびその前後二時間にあてる。たつ。「辰巳（たつみ）・辰の刻」❷日。とき。「佳辰・芳辰」❸天体。星。「三辰・北辰」名付 しん・たつ・とき・のぶ・のぶる・よし

【辰宿】（しんしゅく）星のやどる所。星宿。

【辰巳】（たつみ）方角の名。東南。▽「巳」は「南南東」の意。「巽」とも書く。

辰3 【辱】(10) 常用 音 ジョク・ニク 訓 はずかしめる・かたじけない・はじ

筆順

意味 ❶恥をかかせる。はずかしめる。また、そのこと。はじ。はずかしめ。「恥辱・侮辱・忍辱（にんじょく・にんにく）」❷相手の好意を受けてありがたい。かたじけない。「辱知」

参考 ❷の「かたじけない」は「忝い」とも書く。

【辱知】（じょくち）親しくつき合ってもらっていること。

【脣】▸口7

辰6 【農】(13) 3年 音 ノウ 訓 ―

筆順

意味 ❶田畑を耕して穀物や野菜などをつくる。また、その仕事に携わること・人。のう。「農業・農民・帰農・豪農・農繁期」❷農学のこと。「農

学士」❸農業高校・農業大学のこと。名付 あつ・たみ・とき・のう

【農芸】（のうげい）①農業と園芸。②農事についての技術。

【農耕】（のうこう）田畑を耕して農業をすること。

辵（辶）（辶）の部　しんにゅう　しんにょう

辵1 【辷】(5) 〈国字〉 訓すべる 音―

意味 ❶物の表面をなめらかに動く。すべる。「口が辷る」❷ころびそうになる。すべる。「辷ってころぶ」

参考 「すべる」は「滑る」とも書く。

辵2 【込】(5) 常用 〈国字〉 旧字 辵2 込(6)

音― 訓こむ・こめる

筆順 ノ 入 入 入 込 込

意味 ❶いっぱいで混雑している。こむ。❷精巧である。こむ。「手の込んだ仕事」❸中に入る。こむ。また、中に含める。こめる。「税込み・弾丸を込める」

参考 (1)❶の「こむ」は「混む」とも書く。こむ⇩「混」の［使い分け］。(2)❸の「こめる」は「籠める」とも書く。

辵2 【辻】(6) 人名 〈国字〉 訓つじ 音― 異体 辵2 辻(5)

筆順 一 十 十 汁 汁 辻

意味 ❶十字路。つじ。「四辻（よつじ）」❷みちばた。街頭。つじ。「辻占（つじうら）」名付 つじ

【辻褄】（つじつま）終始一貫すべき、物事の道理・筋道。

辵2 【辺】(5) 4年 訓あたり・べ・ほとり・わたり 音ヘン 旧字 辵15 邊(19) 異体 辵13 邉(17)

筆順 フ 刀 刀 刃 辺 辺

意味 ❶ある物の近く。へん。ほとり。わたり。あたり。「身辺・海辺（かいへん・うみべ）・近辺」❷都会から離れた地域。「辺地・辺境」❸大体の程度。あたり。へん。「この辺でよい」❹等号の左右にある式。へん。「左辺・両辺」❺数学で、多角形をつくる直線。へん。「底辺」名付 へん・ほとり

【辺境】（へんきょう）中央から遠く離れた国ざかい。

【辺地】（へんち）都会から遠く離れた、交通の不便な住みにくい地方。「―教育」

【辺鄙】（へんぴ）都会から遠く離れていて不便なこと。▽「鄙」は「いなか」の意。

【辺幅】（へんぷく）人の外観。「―を飾る」

辵3 【迂】(7) 人名 訓― 音ウ 異体 辵3 迂(6)

筆順 一 二 于 于 汙 汙 迂

意味 ❶道が遠回りである。「迂回・迂路」❷ぼんやりしていて実情に合わない。「迂愚・迂生」

名付 う・とお・ゆき

【迂遠】（うえん）行う物事が直接的でないさま。

【迂回】（うかい）遠まわりすること。まわりみち。「―路」

【迂闊】（うかつ）不注意で気づかないさま。「―にもい忘れる」▽「闊」は「気持ちがおおらかである」の意。

【迂曲】（うきょく）うねり曲がること。また、遠回りすること。▽「紆曲」とも書く。

【迂生】（うせい）のろまな人間のこと。▽手紙などで自分のことを謙遜していうことば。

辵3 【迄】(7) 人名 訓まで 音キツ 異体 辵3 迄(6)

筆順 ノ 𠂉 乞 乞 汔 迄

意味 場所・時・範囲などの広がりの限界点を表すことば。まで。「九時迄に集合」

辵3 【迅】(6) 常用 訓はやい 音ジン 旧字 辵3 迅(7)

筆順 乁 九 卂 汛 汛 迅

意味 動きが急である。はやい。「迅速・獅子奮迅（ししふんじん）」名付 じん・とき・とし・はや

【迅速】（じんそく）速くてすばやいさま。「―に事を運ぶ」

【迅雷】（じんらい）突然激しく鳴る雷。「疾風―の勢い」

辵3 【辿】(7) 人名 訓たどる 音テン 異体 辵3 辿(6)

筆順 丨 山 山 山 汕 汕 辿

意味 ❶たずねながら行く。たどる。「地図を辿って行く」❷苦労しながら歩く。たどる。「山道を辿る」名付 たどる

辶3【𨑕】(6)〈国字〉音 ― 訓 はさ・はざ
意味 はさ。はざ。▽人名などに用いる字。

辶3〖巡〗▶巛3

辶3〖过〗▶過 略

辶3〖达〗▶達 略

辶3〖迁〗▶遷 略

辶4【近】(7) 2年 音 キン・コン 訓 ちかい 旧字 辶4 近(8)
筆順 ノ 厂 斤 斤 斤 沂 近
意味 ❶距離・時間の隔たりが少ない。ちかい。↔遠。「近所・近況・近衛(この え)・付近・最近」❷ちかづける。また、ちかづく。「接近・側近」❸親しい。ちかい。「彼女とは近い間柄」名付 きん・ちか

【近影】(きんえい) その人を最近写した写真。「著者―」

【近詠】(きんえい) その人が最近詠んだ詩歌。

【近況】(きんきょう) 近ごろのようす。最近の状況。

【近業】(きんぎょう) 最近の業績。

【近近】(きんきん・ちかぢか) 近いうちに。

【近在】(きんざい) その都市に近い村里。「近郷―」

【近似】(きんじ) 基準によく似ていること。「―値(ち)」

【近時】(きんじ) 最近。近ごろ。

【近親】(きんしん) (親・兄弟など) 血のつながりが特に近い親族。「―に不幸があった」

【近隣】(きんりん) となり近所。

辶4【迎】(7) 常用 音 ゲイ・ゴウ 訓 むかえる 旧字 辶4 迎(8)
筆順 ノ 𠂉 卬 卬 卬 迎 迎
意味 ❶人を待ちうける。むかえる。「迎賓・迎撃・歓迎・来迎(らいごう)」❷人の心に合わせる。むかえる。「迎合・意を迎える」❸時期に臨む。むかえる。「迎春」

【迎撃】(げいげき) 攻めて来る敵を迎え撃つこと。

【迎合】(げいごう) 人に気に入られるように調子を合わせること。「大衆に―する」

【迎賓】(げいひん) (外国からの) 重要な客を丁重に迎え、もてなすこと。「―館」

辶4【返】(8)〈国字〉音 ― 訓 そり
意味 そり。▽地名・人名に用いる字。

辶4【迚】(8)〈国字〉音 ― 訓 とても
意味 ❶とうてい。とても。❷非常に。とても。

辶4【返】(7) 3年 音 ヘン 訓 かえす・かえる 旧字 辶4 返(8)
筆順 一 厂 F 反 反 返 返
意味 ❶もとの状態にもどす。かえす。また、そのようになる。かえる。「返却・返済・我に返る」❷受けた行為に見合う行為をする。かえす。「返事・返礼・仕返し」名付 のぶ・へん

使い分け「かえる」
返る…元の状態になる。向きが変わる。「持ち主に返る・原点に返る・正気に返る・軍配が返る」
帰る…元の場所にもどる。ひきかえす。「客が帰る・故郷に帰る・帰らぬ人となる」

【返還】(へんかん) 一度手に入れたものを返すこと。

【返照】(へんしょう) ①光が照り返すこと。②夕日の光。③過去に照らして考えること。

【返上】(へんじょう) 借りたものなどを返すこと。また、単に、返すこと。▽もと、「お返し申し上げます」の意。

【返納】(へんのう) 公の所から借りていたものを返すこと。

【返杯】(へんぱい) 差された杯の酒を飲みほしてその杯を相手に返し、酒を差すこと。▽「返盃」とも書く。

【返礼】(へんれい) 受けた礼や贈り物に対して礼や品物を返すこと。また、その礼や品物。

辶4〖还〗▶還 略

辶5【迦】(9) 人名 音 カ 訓 ― 異体 辶5 迦(8)
筆順 フ カ か 加 加 㘉 迦 迦
意味 梵語(ぼんご)の「カ」の音を表す字。「釈迦(しゃか)」

辶5【迥】(9) 音 ケイ 訓 はるか

意味 遠くへだたっている。はるか。「迥然けいぜん」

辵5 【述】(8) 5年 音ジュツ 訓のべる 旧字 辵5 述(9)

筆順 一 十 才 木 朮 朮 沭 述

意味 書いたり話したりして表現する。のべる。「述語・述作・陳述・著述・山田氏述」 名付 あきら・じゅつ・とも・のぶ・のぶる

【述懐】じゅっかい 心中の思いや思い出を述べること。

【述作】じゅっさく 自分の考えを述べて本を書き著すこと。また、その本。

辵5 【迢】(9) 音チョウ 訓―

意味 ❶はるかに遠い。❷高い。

辵5 【迪】(8) 人名 音テキ 訓みち・すすむ 旧字 辵5 迪(9) 異体 辵5 廸(8)

筆順 丨 口 巾 由 由 由 油 迪

意味 ❶道。みち。❷進む。すすむ。 名付 じゃく・すすむ・ただす・てき・ひら・みち

辵5 【迭】(8) 常用 音テツ 訓― 旧字 辵5 迭(9)

筆順 ノ 𠂉 仁 牛 失 失 泆 迭

意味 かわりあう。また、かえる。「更迭」

【迭立】てつりつ かわるがわる地位につくこと。

辵5 【迫】(8) 常用 音ハク 訓せまる・せり 旧字 辵5 迫(9)

筆順 ノ 亻 白 白 白 泊 迫 迫

意味 ❶間隔が狭くなる。せまる。また、そうして余裕がなくなる。せまる。「迫力・迫撃・切迫・窮迫」❷強い態度で求め苦しめる。せまる。「迫害・圧迫・脅迫」❸舞台設備の一つ。舞台や花道の一部を切り抜いてその部分が上下する仕掛け。せり。 名付 せり・はく

【迫害】はくがい 害を加えて苦しめること。「―を受ける」

【迫撃】はくげき 敵に迫って撃つこと。

【迫真】はくしん 表現などが真実のようであること。「―の演技」

【迫力】はくりょく 見る者聞く者の心に強く迫ってくる力。

参考熟語 迫せり出だす　迫間はざま

辵5 【迯】▶逃 異　辵5 【迩】▶邇 異

辵6 【迴】(10) 音カイ・エ 訓めぐる

意味 ぐるぐると回る。めぐる。

辵6 【逆】(9) 5年 音ギャク・ゲキ 訓さか・さからう 旧字 辵6 逆(10)

筆順 丷 𠂉 屰 屰 屰 逆 逆 逆

意味 ❶反対の方向に進もうとする。さからう。また、そのこと。ぎゃく。さか。「逆縁・逆上・逆流・逆光線・逆様さかさま」❷命令や注意などに反抗する。さからう。「逆臣・反逆・大逆」❸まちうける。「逆旅げきりょ」❹前もって。「逆睹ぎゃくと」❺論理学で、ある命題の仮説と帰結とを反対にしたもの。ぎゃく。 名付 ぎゃく・さか

【逆縁】ぎゃくえん ①年長者が縁のある年少者の供養をすること。②仏教で、悪い事をしたことがかえって仏道にはいる因縁となること。③縁のない者がついでに死者を供養すること。

【逆上】ぎゃくじょう かっとなってとり乱すこと。

【逆臣】ぎゃくしん 主君にそむく臣下。

【逆説】ぎゃくせつ 矛盾しているようであるが、よく考えてみると真理を述べている説。

【逆風】ぎゃくふう 進む方向から吹いてくる風。向かい風。

【逆境】ぎゃっきょう 不運で順調にいかない境遇。

【逆旅】げきりょ 旅館のこと。

【逆鱗に触れる】げきりんにふれる 天子の怒りを受けること。▽竜のあごの下に逆さにはえている鱗うろこに触れると、竜は怒ってその人を殺すということから。上位者の激しい怒りを買うことにもたとえる。

【逆夢】さかゆめ 夢で見たことが現実では反対のこととして起こった時、その夢をさして言う語。

参考熟語 逆上のぼせる

辵6 【逅】(10) 音コウ 訓―

意味 めぐりあう。「邂逅かいこう」

辵6 【迹】(10) 音 セキ・シャク 訓 あと

意味 ❶足あと。「本地垂迹(ほんじすいじゃく)」❷物事が行われた、また、存在したしるし。あと。

参考 「跡」と同じ。

辵6 【送】(9) 3年 音 ソウ 訓 おくる 旧字 辵6 送(10)

筆順 丷 䒑 兰 关 关 关 送 送

意味 ❶物を運び届ける。おくる。「送金・送付・運送」❷人に付き添って案内する。おくる。「送別・送迎・葬送」❸時を過ごす。おくる。「日を送る」

使い分け「おくる」

送る…人や物を送り届ける。過ごす。「荷物を送る・声援を送る・見送る・友を駅まで送る・卒業生を送る・幸せな日々を送る」

贈る…人に物を与える。「記念品を贈る・感謝状を贈る・博士号を贈る」

【送還】(そうかん) 捕虜・抑留者などを送り返すこと。

【送迎】(そうげい) 帰る人を見送ったり、来る人を迎えたりすること。送り迎え。「―バス」

【送葬】(そうそう) 死者を墓地まで送ること。

【送達】(そうたつ) 文書を相手に送り届けること。

【送付】(そうふ) 品物や書類を送り届けること。

辵6 【退】(9) 6年 旧字 辵6 退(10)

音 タイ 訓 しりぞく・しりぞける・しさる・しざる・どく・のく・ひく

筆順 ㇇ ヨ 㢀 艮 艮 艮 退 退 退

意味 ❶あとへさがる。しさる。しざる。のく。どく。しりぞく。また、そのようにさせる。のける。どける。しりぞける。↔進。「退出・退席・撃退・進退・立ち退(の)く」❷組織に関係することをやめる。しりぞく。また、やめさせる。しりぞける。「退学・退職・脱退」❸勢いが弱まる。「退屈・減退・衰退」❹受け入れることをやめる。しりぞく。また、そのようにする。しりぞける。「辞退」

名付 たい・のき

参考 (1)「退勢・退廃・衰退」などの「退」は「頽」が、「退色」の「退」は「褪」が、書き換えられたもの。(2)ひく⇨「引」の[使い分け]。

【退嬰】(たいえい) 旧来のものをそのまま受け継ぎ、新しいものを進んでとりいれることをしないこと。

【退去】(たいきょ) ある場所から立ちのくこと。

【退屈】(たいくつ) ①何もすることがなく、時間をもてあますこと。②あきること。また、つまらないこと。

【退散】(たいさん) 追われて逃げ去ること。ちりぢりに去ること。▽俗に、その場を引きあげることにもいう。

【退陣】(たいじん) ①重要な地位をやめること。②軍隊を陣地から後方へ退かせること。

【退勢】(たいせい) 物事が衰えてゆく形勢。▽「頽勢」の書き換え字。

【退蔵】(たいぞう) 物資を使わないでしまっておくこと。

【退廃】(たいはい) 健全な気風が失われて乱れること。「―した社会」▽「頽廃」の書き換え字。

【退避】(たいひ) 退いて、危険を避けること。「―勧告」

使い分け「たいひ」

退避…別の場所に行って、危険をさけること。「退避命令・緊急退避」

待避…わきによけて通過を待つこと。「普通列車が待避する・待避線」

【退路】(たいろ) 逃げ道。「―を絶つ」

辵6 【迺】(10) 音 ダイ 訓 すなわち・の 異体 辶6 廼(9)

意味 ❶そこで。すなわち。❷助詞「の」に当てた字。「曽我迺屋(そがのや)」

辵6 【追】(9) 3年 音 ツイ 訓 おう 旧字 辵6 追(10)

筆順 ′ 亻 𠂤 户 自 㠯 追 追 追

意味 ❶前にあるものに達しようとして進む。おう。「追求・追跡・追い抜く」❷強制的に遠くの方へ行かせる。おう。「追放・追い払う」❸あとからもう一度つけ加える。おう。「追加・追伸・訴追・追試験・追って書き」❹死んだ人に対して何かをする。「追悼・追慕」

【追憶】(ついおく) 過去のことをなつかしく思い出すこと。

【追及】(ついきゅう) ①事件の責任や犯行などをきびしく追い詰めること。②あとから追いかけること。

【追求】（ついきゅう）目的の物を追い求めること。

【追究】（ついきゅう）学問・真理などをどこまでもつきつめて明らかにすること。追窮。

使い分け「ついきゅう」

追及…犯人や責任・原因を追う場合にいう。「犯人を追及する・責任追及」

追求…利益や幸福を追う場合にいう。「理想の追求・利潤の追求」

追究…真理・真実を追う場合にいう。「真理の追究・本質の追究」

【追従】㊀（ついじゅう）①人のいうとおりに従うこと。②人のしたことをまねて行動すること。㊁（ついしょう）人にこびへつらって、きげんをとること。

【追伸】（ついしん）手紙で、本文のあとにつけ足して述べる文。また、その初めに書くことば。追って書き。二伸。

【追随】（ついずい）追いつこうとして人のあとからついていくこと。「他の—を許さない」

【追善】（ついぜん）死んだ人の死後の幸福を祈って、仏事や供養の催しをすること。追福。

【追想】（ついそう）死んだ人のことや過ぎた日のことを思い出してしのぶこと。

【追弔】（ついちょう）死者の生前をしのんで弔うこと。

【追徴】（ついちょう）不足額をあとから取り立てること。

【追悼】（ついとう）死んだ人をしのび、その死をいたむこと。

【追福】（ついふく）「追善」と同じ。

参考熟語 追風（おいて） 追分（おいわけ） 追而書（おってがき）

辶6 **【逃】**(9) 常用 音 **トウ・チョウ** 訓 **にげる・にがす・のがす・のがれる**

旧字 辶6 逃(10) 異体 辶5 迯(9)

筆順 ノ ｿ ｽ 兆 兆 兆 逃 逃 逃

意味 つかまらないように遠くへ去る。のがれる。にげる。また、そのようにさせる。のがす。にがす。「逃走・逃亡・逃散（ちょうさん）・逃げ道」

【逃避】（とうひ）直面しなければならない物事を避けてのがれること。

辶6 **【迸】**(10) 音 ホウ 訓 ほとばしる 異体 辶8 迸(12)

意味 水などが飛び散る。ほとばしる。「迸散」

辶6 **【迷】**(9) 5年 音 **メイ** 訓 **まよう** 旧字 辶6 迷(10)

筆順 丷 亠 半 米 米 米 迷 迷 迷

意味 ❶決断がつかずに困る。まよう。「迷惑・迷信・低迷」❷行く方向がわからなくなる。まよう。「迷路・迷子（まいご）」❸珍妙である。「迷論」

参考 ❸は「名（めい）（すぐれている）」のもじりから。

【迷宮】（めいきゅう）犯罪事件などが複雑で、たやすく解決がつかない状態。「—入り」▽もと、その中にはいると、出口がわからなくなるように造った宮殿。

【迷彩】（めいさい）敵をごまかすために周囲の色と同じ色を塗って区別しにくくすること。カムフラージュ。

【迷妄】（めいもう）道理がわからずに持つ、誤った考え。

辶7 **【逑】**(11) 音 キュウ 訓 —

意味 夫または妻。配偶者。「好逑（こうきゅう）」

辶7 **【這】**(11) 人名 音 シャ 訓 この・はう 異体 辶7 這(10)

筆順 丶 二 三 言 言 這 這 這

意味 ❶からだを地面・床に密着させて少しずつ進む。はう。「這って歩く」❷この。これ。「這般」

名付 これ・ちか

【這般】（しゃはん）①このような。「—の事情」②このたび。

辶7 **【逧】**(11) 〈国字〉 音 — 訓 さこ

意味 小さな狭い谷。さこ。

辶7 **【逡】**(11) 音 シュン 訓 **ためらう**

意味 迷ってしりごみする。ためらう。「逡巡」

【逡巡】（しゅんじゅん）なかなか決心がつかずに、ためらうこと。「狐疑（こぎ）—」

辶7 **【逍】**(11) 印標 音 ショウ 訓 —

意味 あてもなく歩き回る。さまよう。「逍遥（しょうよう）」

【逍遥】（しょうよう）ぶらぶらとさまよい歩くこと。

辶7 **【逝】**(10) 常用 音 **セイ** 訓 **ゆく・いく** 旧字 辶7 逝(11)

7画

筆順 扌 扌 扩 扩 折 折 逝 逝

意味 遠くへ行ってもどってこない。また、死ぬ。ゆく。「逝去・逝く年」

参考 いく⇩「行」の〔使い分け〕。

【逝去】(せいきょ) その人を敬ってその人の死をいうことば。

辵7 【造】(10) 5年 旧字 辵7 造(11)

音 ゾウ 訓 つくる・みやつこ

筆順 ノ 𠂉 牛 生 告 告 浩 造

意味 ❶こしらえる。つくる。「造船・造営・製造・造り酒屋」❷行き着く。「造詣(ぞうけい)」❸にわかである。「造次」❹古代の姓(かばね)の一つ。みやつこ。「国造(くにのみやつこ)」

参考 つくる⇩「作」の〔使い分け〕。 名付 いたる・ぞう・なり

【造化】(ぞうか) ①宇宙のすべてのものをつくったという神。②宇宙や万物。自然。

【造詣】(ぞうけい) その学問・芸術・技術などについて知識が深くて経験が豊かですぐれていること。「現代音楽に—が深い」

【造語】(ぞうご) 新しくことばをつくること。

【造作】(ぞうさ) 何かをするのに手数がかかること。めんどう。「—ない」

【造次顛沛】(ぞうじてんぱい) とっさの場合とつまずき倒れる場合で、わずかな時間のたとえ。▽「顛沛」は「つまずいて倒れるわずかな時間」の意。

【造反】(ぞうはん) さからうこと。反逆。▽一九六六年の文化大革命以後に多用され、日本にも輸入された。

【造物主】(ぞうぶつしゅ) 宇宙のすべてのものをつくったという神。造化の神。

【造幣】(ぞうへい) 貨幣をつくること。「—局」

辵7 【速】(10) 3年 旧字 辵7 速(11)

音 ソク 訓 はやい・はやめる・はやまる・すみやか

筆順 一 𠂉 戸 申 束 束 涑 速

意味 ❶動きが急でそれに要する時間が短い。すみやか。はやい。また、そのようにする。はやめる。↔遅。「速力・速記・急速」❷はやさ。「速度・時速・風速」 名付 そく・ちか・はや・はやし・はやみ

参考 はやい⇩「早」の〔使い分け〕。

【速成】(そくせい) 物事を早く仕上げること。

【速戦即決】(そくせんそっけつ) 長々と戦わないで、一気に勝負をきめてしまうこと。また、すばやく戦いをしかけ、すばやく勝負をきめること。

【速断】(そくだん) ①すばやく判断・決断すること。②よく考えないで、早まって判断すること。

参考 ⇩「即断(そくだん)」の〔使い分け〕。

【速決】(そっけつ) 短い時間のうちに決定すること。

参考 「即決(そっけつ)」は、即座に決定すること。

【速効】(そっこう) 効果がすぐに現れること。

辵7 【逐】(10) 常用 旧字 辵7 逐(11)

音 チク 訓 おう

筆順 一 丆 了 豸 豕 豕 逐 逐

意味 ❶追い払う。おう。「逐電・駆逐・放逐」❷順に従う。おう。「逐一・逐語・逐次」❸競い合う。「角逐」

【逐一】(ちくいち) ①一つ一つ順番に。②詳しく。

【逐次】(ちくじ) 順序に従って。順々に。

【逐条】(ちくじょう) 一つ一つ箇条の順を追ってすること。「—審議」

【逐電】(ちくでん) いられなくなって逃げ隠れること。

【逐鹿】(ちくろく) 政権や地位などを得ようとして莫大な金・時間・労力を投入して争うこと。

辵7 【通】(10) 2年 旧字 辵7 通(11)

音 ツウ・ツ 訓 とおる・とおす・かよう

筆順 乛 マ 丙 甬 甬 涌 通 通

意味 ❶ある所を過ぎて向こう・奥・中へ行く。つうずる。かよう。また、そのようにする。とおる。とおす。「通過・通風・開通・融通(ゆうずう)」❷行き来する。かよう。「通勤・通商・交通・通い路(じ)」❸知らせる。「通知・通告・内通」❹広く行き渡る。つうずる。「通用・通俗・共通」❺終わりまで続ける。とおす。「通読・通夜(つや)・通夜(よもすがら)・夜通し」❻自由に働く。また、そのような力。つう。「神通力」❼男女が交わる。つうずる。また、その交わり。「密通・姦通(かんつう)」❽詳しく知っている。また、そのこと・人。つう。「食通・野球通」❾さばけていて粋(いき)である。また、そのこと・人。つう。

「通人」❿道路のこと。とおり。「大通り」⓫手紙・文書などを数えることば。つう。名付 つう・とお・とおる・ひらく・みち・みつ・ゆき

【通運】(つううん) 会社などが仕事として貨物を運ぶこと。

【通観】(つうかん) 全体を見渡すこと。

【通暁】(つうぎょう) ①ある物事について非常に詳しく知っていること。②夜通し。

【通計】(つうけい) 全体を計算すること。また、その合計。

【通常】(つうじょう) 特別でないこと。普通。常。

【通性】(つうせい) 同類のものに共通する性質。

【通説】(つうせつ) 世間一般に認められている説。

【通俗】(つうぞく) ①わかり易く、一般の人にも親しまれること。②世間一般。世間並み。

【通念】(つうねん) 社会一般が共通に持っている考え。

【通弊】(つうへい) 同類のもの全般に共通して見られる、よくない事柄。

【通覧】(つうらん) 全体をひととおり見ること。

【通例】(つうれい) ①生活習慣としての、いつもの例。②多くの場合。一般に。

参考熟語 通草(あけび)

辵7 **【逓】** (10) 常用 音 テイ 訓 ―　旧字 辵10 遞 (14)

筆順 ノ 厂 厂 戶 后 乕 逓 逓

意味 ❶順次に。「逓信・逓送」❷しだいに。「逓減」❸宿場。「駅逓」

【逓減】(ていげん) しだいに減ること、または減らすこと。

【逓信】(ていしん) 郵便・電信などの事務。「―省」

【逓送】(ていそう) 郵便物・荷物を順次にある場所から他の場所へ送ること。

【逓増】(ていぞう) しだいに増えること、また増やすこと。

辵7 **【逞】** (11) 人名　異体 辵7 逞 (11)

音 テイ 訓 たくましい

筆順 口 口 早 呈 呈 逞 逞 逞

意味 ❶筋骨が発達している。たくましい。「商魂逞しい」❷勢いが盛んである。たくましい。❸思う存分にする。たくましくする。「不逞・想像を逞しくする」名付 たくま・とし・ゆき・ゆた・よし

辵7 **【逖】** (11) 音 テキ 訓 ―

意味 ❶遠ざかる。❷遠い。はるか。

辵7 **【途】** (10) 常用 音 ト・ズ 訓 みち　旧字 辵7 途 (11)

筆順 ノ 八 今 全 余 余 途 途

意味 そのものが通って行く道筋。と。みち。「途中・前途・帰途・三途(さんず)・帰国の途(と)につく」

名付 と・みち

参考 「途絶」は「杜絶」が書き換えられたもの。

【途次】(とじ) 目的地に行く途中。

【途上】(とじょう) 目的地に行く途中。「発展―国」

【途絶】(とぜつ) 今まで続いていたものがとだえること。「通信が―する」▽「杜絶」の書き換え字。

【途轍】(とてつ) 物事の道理。筋道。「―もない(道理に合わない)」

辵7 **【透】** (10) 常用　旧字 辵7 透 (11)

音 トウ 訓 すく・すかす・すける・とおる

筆順 一 二 千 禾 禾 秀 透 透

意味 ❶間があく。すく。また、そのようにする。すかす。「透き間」❷物を通して見える。とおる。すく。また、そのような状態である。すける。「透視・透明」❸物の間を通す。すかす。また、通す。「透過・浸透」名付 すき・すく・とう・とおる・ゆき

【透過】(とうか) ①透き通ること。②物の内部を光や放射能が通り抜けること。

【透析】(とうせき) 半透膜の性質を利用して、コロイドや高分子溶液を精製する方法。「人工―(血液中の不要成分を取り除くこと)」

【透徹】(とうてつ) 筋が通っていてはっきりしていること。「―した理論」

辵7 **【逗】** (11) 人名 音 ズ・トウ 訓 とどまる　異体 辵7 逗 (10)

筆順 一 戸 豆 逗 逗 逗 逗

意味 一か所に滞在する。とどまる。「逗留(とうりゅう)」

【逗留】(とうりゅう) 旅行先で長くとどまること。

辵7 **【逋】** (11) 音 ホ 訓 ―

7画

意味 逃げる。「逋税」

辵7 【逢】(11) 人名 音ホウ 訓あう
異体 辵7 逄 (10)

筆順 ク 夂 夅 夆 夆 逄 逢 逢

逢

意味 思いがけなく会う。また、約束して会う。「逢着・逢い引き」名付 あい・ほう

参考 「あう」は「会う」とも書く。また、特に、「思いがけなく会う」の意味の「あう」は「遇う」「遭う」とも書く。

【逢瀬】おうせ 恋人どうしがひそかに会う時・機会。

【逢着】ほうちゃく 解決しなければならない事柄に出くわすこと。

辵7 【連】(10) 4年
旧字 辵7 連 (11)

音レン 訓つらなる・つらねる・つれる・むらじ

筆順 一 ｢ 亘 亘 車 車 連 連

連

意味 ❶並んで続く。つらなる。また、そのようにする。つらねる。「連山・連合・連続・関連」❷ひきつづいて。「連日・連作」❸いっしょに行動する仲間。「連中・常連」❹いっしょについて来させる。つれる。また、その相手。つれ。「連行」❺関係する。「連座」❻古代の姓(かばね)の一つ。むらじ。「大伴連(おおとものむらじ)」❼連邦・連合・連盟のこと。「ソ連・国連・全学連」❽つらなったもの・編んだものなどを数えることば。れん。❾印刷用紙を数える単位。一連(れん)は全紙五百枚または千枚。れん。

名付 つぎ・つら・まさ・むらじ・やす・れん

参考 ⑴❾は「嗹」とも書く。⑵「連・連合・連想・連珠・連邦・連盟・連絡・連立」などの「連」は「聯」が書き換えられたもの。

【連関】れんかん 密接なつながりがあること。また、そのつながり。▽「聯関」とも書く。

【連係】れんけい 同じ物事をする者が密接な関係をもつこと。「—動作」▽「連繋」の書き換え字。

【連携】れんけい 同じ目的で行動しようとするものが連絡をとり合って協力すること。

【連鎖】れんさ くさりのようにつながること。また、そのようなつながり。「—反応」

【連座】れんざ 他人の犯罪に関係してその人とともに処罰されること。▽「連坐」の書き換え字。

【連載】れんさい 小説・記事などを新聞・雑誌などに続き物として掲載すること。

【連署】れんしょ ふたり以上の人が一つの書類や手紙に署名すること。また、その署名。

【連判状】れんぱんじょう・れんばんじょう ある誓いのためにふたり以上の人が名前を連ねて書きこみ、印を押した書状。

【連盟】れんめい 共同の目的のために行動をいっしょにすることを誓い合うこと。また、その団体。▽「聯盟」の書き換え字。

【連綿】れんめん ①長く続いて絶えないさま。「皇統—」②二字以上の文字をつなげて書くこと。「—体」

【連理】れんり 一本の木の枝が他の木の枝とくっついていっしょになっていること。「—の枝」「比翼—(比翼の鳥と連理の枝)」▽夫婦・男女の仲がむつまじいことにたとえる。

辵7 〔逕〕▼径(異)

辵7 〔逎〕▼遒(異)

辵8 【逶】(12) 音イ 訓—

意味 曲がりくねる。

逶

辵8 【逸】(11) 常用
旧字 辵8 逸 (12) 人名

音イツ・イチ 訓それる・はやる

筆順 ノ ク 名 名 㑒 免 逸 逸

逸

意味 ❶手に入れそこなう。また、逃げたり失われたりする。いっする。「後逸・散逸・好機を逸する」❷世間に知られないでいる。「逸話・逸事」❸すぐれている。「逸材・逸物(いちもつ・いちぶつ)・秀逸」❹気ままに楽しむ。また、そのこと。いつ。「逸楽・安逸」❺違ったほうに進む。それる。「逸脱・逸れ玉」❻勇み立つ。はやる。「逸り気」名付 いち・いつ・すぐる・とし・はつ・はや・まさ・やす

参考 「安逸」の「逸」は「佚」が書き換えられたもの。

【逸物】一 いちもつ・いちぶつ 特にすぐれた馬・犬・鷹(たか)など。二 いちぶつ すぐれた人物。

【逸材】いつざい すぐれた才能。また、それを持っている人。

【逸散】いっさん 夢中になっていっしょうけんめいに逃げたり走ったりすること。「—に」▽「一散」とも書く。

【逸事】いつじ その人・事物について世間に知られていない事柄。

【逸脱】いつだつ ①本筋・本分からそれること。②まちがって抜かすこと。
【逸品】いっぴん すぐれた作品・品物。
【逸聞】いつぶん 世間一般に伝わっていない話。
【逸楽】いつらく 不健全な遊びをして楽しむこと。

辵8 【逵】(12) 音キ 訓―
意味 たくさんの方向に通じている道。「逵路」

辵8 【週】(11) 2年 音シュウ 訓めぐる 旧字 辵8 週(12)
筆順 丿 冂 月 円 周 周 周 凋 週
意味 ❶七日間を一単位とする時間の単位。しゅう。「週間・週番・隔週・来週」❷周囲を回る。めぐる。
【週日】しゅうじつ 一週間のうち、休息日の日曜日以外の日。平日。

辵8 【進】(11) 3年 音シン 訓すすむ・すすめる 旧字 辵8 進(12)
筆順 亻 亻 亻 仁 仹 隹 進 進
意味 ❶前・先に向かって出たり行ったりする。すすむ。また、そのようにさせる。すすめる。↕退。「進行・進軍・前進・急進」❷程度・状態がよくなったり、次・上の段階に行ったりする。すすむ。また、そのようにさせる。すすめる。「進歩・進学・精進(しょうじん)・日進月歩」❸物を差し上げる。しんずる。また、相手に勧める。「進呈・進物(しんもつ)・勧進(かんじん)」❹人にそうしてあげるの意を表すことば。しんずる。「書いて進ずる」名付 しん・す・すす・すすみ・すすむ・のぶ・みち・ゆき
参考 すすめる⇩「勧」の[使い分け]。
【進境】しんきょう 進歩・向上の様子・程度。「―が著しい」
【進言】しんげん 上位者に意見を申し述べること。また、その意見。
【進取】しんしゅ 新しい物事を積極的に行うこと。「―の気性」
【進出】しんしゅつ 勢力を広げたりよりよく活躍するために新しい方面に進み出たりすること。「海外―」
【進上】しんじょう 目上の人に物を差し上げること。
【進退】しんたい ①進むことと、退くこと。「―谷(きわ)まる」②日常の立ち居ふるまい。「挙措―」③職をやめるべきか、またはどのような態度・行動をとるべきかということについての処置・判断。「―伺(うかが)い」
【進駐】しんちゅう 軍隊が他国の領土へ進入して滞在していること。「―軍」
【進捗】しんちょく 物事が進みはかどること。「―状況」▽「捗」は「はかどる」の意。注意「進渉」と書き誤らないように。
【進展】しんてん ①物事が進行して次の段階になること。②物事が進歩し発展すること。
参考 ⇩「伸展(しんてん)」の[使い分け]。
【進物】しんもつ 他人に差し上げる品物。
【進路】しんろ 進んでいく方向・道。

使い分け「しんろ」
進路…進んでいく方向・道。「台風の進路・卒業後の進路・進路指導」
針路…めざす方向。「船の針路・針路を北に取る・日本の針路」

辵8 【逮】(11) 常用 音タイ 訓およぶ 旧字 辵8 逮(12)
筆順 フ ヲ ヨ 尹 肀 隶 隶 逮 逮
意味 ❶追う。「逮捕」❷届き及ぶ。「逮夜」
【逮夜】たいや 荼毘(だび)または忌日の前夜。

辵8 〔逬〕▼迸 異
辵8 〔逹〕▼達 異

辵9 【遏】(13) 音アツ 訓―
意味 さえぎってとどめる。「防遏」

辵9 【遖】(13) 〈国字〉 音― 訓あっぱれ
意味 実力以上のことをしてみごとである。また、すぐれたできばえをほめていうことば。あっぱれ。
参考「あっぱれ」は「天晴」とも書く。

辵9 【運】(12) 3年 音ウン 訓はこぶ・めぐる 旧字 辵9 運(13)
筆順 冖 冖 冐 冒 冒 軍 運 運
意味 ❶他の場所に移す。はこぶ。「運送・運搬・

海運」❷動かして働かせる。めぐる。「運転・運筆」❸回ったり動いたりして移る。「運行・運動」❹巡り合わせ。うん。「運命・運勢・幸運・武運」
名付 うん・かず・はこぶ・やす・ゆき

【運航】うんこう 船・飛行機が一定の航路を進むこと。

【運行】うんこう 天体や交通機関が定まった道筋を進むこと。

【運漕】うんそう 職業として貨物を船で運ぶこと。

【運筆】うんぴつ 筆やペンの運び方。筆遣い。

【運否天賦】うんぷてんぷ 幸・不幸や物事の成否は天が与える運によって決まるということ。注意「うんぴてんぷ」と読み誤らないように。

【運命】うんめい 人の意志で変えることができない、物事のなりゆきや人間の身の上。めぐりあわせ。

【運輸】うんゆ 運送のこと。「―業」

【運用】うんよう うまく使って働かせること。「―資本」

辵9 **【過】**(12) 5年 音 カ 訓 すぎる・すごす・あやまつ・あやまち・よぎる

旧字 辵9 過(13) 略字 辵3 过(6)

筆順 冂 冋 冋 冎 咼 咼 渦 過

意味 ❶そこを通って行く。よぎる。すぎる。「過渡・通過・一過」❷時間がたつ。すぎる。また、時間を費やす。すごす。「過日・過去」❸普通の程度を越える。すぎる。また、越す。すごす。「過激・過労・過不足・過酸化物」❹失敗したりまちがったりする。あやまつ。また、失敗や、道徳的なまちがい。あやまち。「過失・大過・過ちを犯す」❺罪。「過料・罪過」❻仏教で、過去のこと。「過現未」

【過誤】かご 失敗。あやまち。「医療―」

【過酷】かこく 普通よりきびしくてひどいこと。

【過言】かごん・かげん いい過ぎ。「…といっても―ではない」

【過日】かじつ このあいだ。先日。

【過重】かじゅう 重さ・負担などが限度を越していること。「―労働」参考 ⇩「加重（じゅう）」の[使い分け]。

【過小】かしょう 過大に対して、実際の価値より低く評価すること。「―評価」

【過少】かしょう 過多に対して、普通より少なくて必要量に達していないこと。

【過称】かしょう 「過賞」と同じ。

【過賞】かしょう 実際以上に、または必要以上に価値を認めてほめること。過称。

【過剰】かじょう 必要以上にあって余っていること。「人口―」

【過信】かしん 価値を実際以上に評価してそれを信用・信頼すること。

【過多】かた 過少に対して、普通以上で多すぎること。「胃酸―」

【過大】かだい 過小に対して、実際の価値より高く評価すること。「―視」

【過渡】かと ある状態から他の新しい状態に移り変わってゆく途中。「―的」「―期」

【過度】かど 普通の程度以上ではなはだしいこと。

【過当】かとう その事物の適切な程度を越えていてよくないこと。「―競争」

【過般】かはん このあいだ。先ごろ。「―来（らい）」

【過不及】かふきゅう 多すぎることと、足りないこと。「―なく(適度に)」

【過分】かぶん 自分の才能・能力・資格以上であること。「―の賛辞をいただく」▽多く、自分のことを謙遜していう場合に使う。

【過料】かりょう 行政上、法令に違反した者に償いとして出させる金。参考 ⇩「科料（かりょう）」の[使い分け]。

辵9 **【遐】**(13) 音 カ 訓 ―

意味 ❶遠い。はるかである。「遐齢（かれい）(長生き)」❷どうして。なんぞ。

辵9 **【遇】**(12) 常用 音 グウ 訓 あう

旧字 辵9 遇(13)

筆順 日 日 旦 禺 禺 禺 遇 遇

意味 ❶思いがけなく出会う。あう。「遭遇・千載一遇」❷人をもてなす。ぐうする。「待遇・優遇・不遇」
名付 あい・あう・ぐう・はる
参考 (1)❶の「あう」は「逢う」「遭う」とも書く。(2)似た字(偶・隅・遇)の覚え方「ひと(イ)、さと(阝)に行き(⻌)てたまたま(偶)すみ(隅)にあう(遇)」

辵9 **【遑】**(13) 音 コウ 訓 いとま

意味 ❶あわただしい。❷ひま。いとま。「枚挙に遑（いとま）がない」

参考 ❷の「いとま」は「暇」とも書く。

辶9 【⿺辶申】(13) 〈国字〉 音― 訓しめ

意味 しめ。▽人名などに用いる字。

辶9 【遒】(13) 音シュウ 訓―　異体 辶7 ⿺辶酉 (11)

意味 文章が引き締まっている。「遒勁（しゅうけい）」

辶9 【遂】(12) 常用 音スイ 訓とげる・ついに　旧字 辶9 遂 (13)

筆順 丷 䒑 䒑 㒸 豙 遂 遂

意味 ❶成し終える。とげる。「遂行・完遂・未遂」❷とうとう。ついに。 名付 かつ・すい・とげる・なる

参考 ❷の「ついに」は「竟に」「終に」とも書く。

【遂行】（すいこう）物事を目的どおりに成し終えること。 注意「ついこう」と読み誤らないように。

辶9 【達】(12) 4年 音タツ・タチ 訓―　旧字 辶9 達 (13)　異体 辶8 逹 (12)　略字 辶3 达 (6)

筆順 土 𡈼 圭 幸 幸 達 達

意味 ❶目的の場所・段階に届く。たっする。「達意・到達・配達」❷成し遂げる。たっする。「達成・栄達・調達」❸知識や技能がじゅうぶんになってすぐれる。たっする。「達人・達者・達筆・上達」❹下の者に知らせる。たっする。また、そのこと・通知。たっし。「下達・推達」❺どこまでも通じている。「四通八達」❻複数を表す「たち」に当てて用いる字。たち。「友達（ともだち）」 名付 いたる・さと・さとし・さとる・しげ・すすむ・ただ・たつ・たて・と・とおる・のぶ・ひろ・みち・よし

【達意】（たつい）その人がいおうとしている内容がよく他人に通ずること。「―の文章」

【達観】（たっかん）①細かいことにとらわれず、全体の情勢を見通すこと。②本質・真理を見きわめ、悟りを得ること。「人生を―する」 注意「達感」と書き誤らないように。

【達見】（たっけん）全体・将来を見通すすぐれた見識。

【達示】（たっし）官庁から民衆に、または上級の官から下級の官に通知すること。また、その通知。▽「達示」はあて字。

【達識】（たっしき）広く物事に通じていて本質・全体を見通すすぐれた見識。

【達者】（たっしゃ）からだが丈夫なこと。健康なこと。

【達人】（たつじん）①物事の道理を知り、人生を達観した人。②武芸や技芸のある分野に深く通じ、すぐれたうでまえをもつ人。

【達成】（たっせい）大きな計画や目的などをなしとげること。

【達筆】（たっぴつ）じょうずな字を書くこと。また、その書いた字。

【達弁】（たつべん）よどみのない弁舌。

参考熟語 達磨（だるま） 達摩（だるま）

辶9 【遅】(12) 常用　旧字 辶12 遲 (16)

音チ 訓おくれる・おくらす・おそい

筆順 ㇆ コ 尸 尸 屖 屖 遅 遅

意味 ❶時間がかかってゆっくりしている。おそい。↔速。「遅日・遅遅・巧遅」❷他のものや基準よりあとになる。おくれる。また、そのようにする。おくらす。「遅刻・遅滞」 名付 ち・まつ

使い分け「おくれる」

遅れる…決まった時刻・時期よりあとになる。「電車が遅れる・会社に遅れる・時計が遅れる」

後れる…他よりあとになる。「流行に後れる・技術が後れる・気後れ」

【遅延】（ちえん）予定の時刻・時期より遅れること。

【遅疑】（ちぎ）疑ったり迷ったりして判断や行動をためらい、ぐずぐずすること。「―逡巡（しゅんじゅん）」

【遅参】（ちさん）きめられた時刻に遅れて来ること。

【遅日】（ちじつ）なかなか暮れない、春の一日。

【遅滞】（ちたい）処理などが滞って進行が予定・期限より遅れること。 注意「遅帯」と書き誤らないように。

【遅遅】（ちち）物事の進行がゆっくりしていて時間がかかるさま。「―として進まない」

【遅配】（ちはい）配給・配達などが予定の期日より遅れること。

【遅筆】（ちひつ）速筆に対して、文章を書くのが普通よりおそいこと。

辶9 【遉】(13) 音テイ 訓さすが

意味 ❶様子をさぐる。❷そうはいうものの。さすが。

辶9 【道】(12) 2年 音 ドウ・トウ 訓 みち 旧字 辶9 道 (13)

筆順 丷 䒑 丷 丫 䒑 首 首 道 道

意味 ❶人・車が通行する所。みち。「道路・道中・国道・鉄道」❷行いの基準・教え。みち。「道理・道心・邪道・神道」❸専門の学芸・技芸。また、専門の分野。みち。「道楽・柔道・芸道・斯道」❹中国の道教のこと。「道学・道家」❺いう。「道破・報道・言語道断」❻昔の地方区画の一つ。「道州制・東海道」❼北海道のこと。「道立・道庁・道産子」 名付 おさむ・おさめ・じ・ち・つな・つね・どう・なおし・のり・まさ・みち・ゆき・より・わたる

【道義】人としての道理。「—心」

【道教】中国の宗教の一つ。老子・荘子の思想や神仙説などを混合して成立。老子を祖とする。

【道心】①仏教を信じ悟りを得ようとする心。②道徳心。

【道祖神】道路と旅の安全を守るという神。手向けの神。塞の神。

【道聴塗説】手本になるようなよい話を聞いても、受け売りするだけで自分では実行しないこと。▽いいかげんな世間の受け売り話にたとえることもある。「道で聞いたことを、そのまま道で話す」の意。

【道程】目的地までの距離。「人生の—」▽「どうてい」は、物事がある状態に行き着くまでの途中の段階にたとえることもある。

【道破】物事の本質や問題点などを指摘して述べること。

辶9 【遁】(13) 人名 音 トン 訓 にげる・のがれる 異体 辶9 遁 (12)

筆順 厂 戶 斤 盾 盾 遁 遁 遁

意味 つかまらないように遠くへ離れ去る。にげる。のがれる。「遁走・遁辞・隠遁・難を遁れる」

参考 「のがれる」「にげる」は「逃れる」「逃げる」とも書く。

【遁辞】責任などをのがれようとしていうことばのこと。逃げ口上。

【遁世】①煩わしい俗世間から離れること。②俗世を避けて出家すること。③隠居すること。

【遁走】いやなものから逃げること。「—曲(音楽の、フーガ)」

辶9 【逼】(13) 印標 音 ヒツ 訓 せまる 異体 辶9 逼 (12)

意味 ❶近づいて来て余裕がなくなる。せまる。「逼迫」❷そうすることを求める。せまる。「逼塞」

【逼塞】落ちぶれて世間から隠れること。

【逼迫】①重大な事態などが近づいて余裕がなくなること。②経済状態が行き詰まって苦しくなること。 注意 「ふくはく」と読み誤らないように。

辶9 【遍】(12) 常用 音 ヘン 訓 あまねし 旧字 辶9 遍 (13)

筆順 一 ㇀ ⺕ 戸 肩 肩 扁 遍

意味 ❶行き渡っている。あまねく。あまねし。「遍在・遍路・普遍」❷度数・回数を数えることば。へん。

参考 似た字(遍・偏)の覚え方「道(辶)はあまねし(遍)、人(亻)はかたよる(偏)」

【遍在】広く行き渡っていて方々に存在すること。 参考 「偏在」は、一部分にかたよって存在すること。

【遍歴】祈願・修行などのためにいろいろな地方を巡り歩くこと。「諸国—の旅」▽人生のさまざまな体験をすることにたとえることもある。

【遍路】祈願のため、四国の八十八か所の霊場を巡り歩くこと。また、その人。巡礼。 注意 「偏歴」と書き誤らないように。「お—さん」

辶9 【逾】(13) 音 ユ 訓 こえる・いよいよ

意味 ❶越えて渡る。こえる。❷ますます。いよいよ。

辶9 【遊】(12) 3年 音 ユウ・ユ 訓 あそぶ・すさぶ 旧字 辶9 遊 (13)

7画

筆順 …遊

意味 ❶好きなことをして楽しむ、またはそのようにさせる。すさぶ。あそぶ。あそばせる。また、慰みとしてする楽しみ・わざ。あそび。「遊戯・遊楽・豪遊・手遊（てすさ）び」❷酒色・ばくちなどで慰める。あそぶ。「遊里・遊蕩（ゆうとう）」❸そこに行って風景を楽しんだり学問したりする。あそぶ。「遊学・遊山（ゆさん）・外遊・漱石（そうせき）の門に遊ぶ」❹仕事や価値のあることをせず、役に立たない。あそぶ。また、そのようにさせておく。あそばせる。「遊民・遊休」❺自由に動ける。「遊牧・遊軍・浮遊」❻互いにつきあう。「交遊」❼野球で、遊撃手のこと。「三遊間」名付 なが・ゆう・ゆき

【遊泳（ゆうえい）】泳ぐこと。水泳。「―術」▽世渡りにたとえることもある。「游泳」とも書く。

【遊郭（ゆうかく）】遊女屋が集まっている地域。くるわ。▽「遊廓」とも書く。

【遊学（ゆうがく）】自分の家から遠くはなれた他の土地や国へ勉強をしに行くこと。▽「游学」とも書く。

【遊技（ゆうぎ）】娯楽として行う遊び。「―場」参考「遊戯（ゆうぎ）」は、子どもなどの遊び・ダンス。

【遊休（ゆうきゅう）】設備・資金などが実際に使われないでいること。「―施設」

【遊興（ゆうきょう）】料理屋・待合などで女性をはべらせたり飲食したりして遊ぶこと。「―費」

【遊芸（ゆうげい）】遊びごと・趣味として身につける芸能。

【遊説（ゆうぜい）】政治家などが各地に行って演説し、主義や主張を人々に説明すること。

【遊蕩（ゆうとう）】酒や女遊びに夢中になること。

【遊弋（ゆうよく）】警戒や敵の発見のために艦船がその海域をあちこち航行すること。▽「游弋」とも書く。

【遊離（ゆうり）】密接な関係があるはずのものが、一方のものとつながりを持たないで離れて存在すること。

【遊歴（ゆうれき）】各地を巡り歩くこと。

【遊山（ゆさん）】楽しみや気晴らしのために他の土地に出かけること。「物見（ものみ）―」

辶9 **【遥】**(12) 人名　旧字 辶10 遙 (14) 人名

音 ヨウ　訓 はるか

筆順 …遥

意味 ❶遠く隔たっている。はるか。「遥拝・遥遠・遥かな昔」❷さまよう。ぶらぶらする。「逍遥（しょうよう）」名付 はるか・よう

【遥拝（ようはい）】遠くから拝礼すること。

辶10 **【違】**(13) 常用　旧字 辶9 違 (13)

音 イ　訓 ちがう・ちがえる・たがう・たがえる

筆順 …違

意味 ❶他と同じでない、またはそのようにする。たがう。ちがう。たがえる。ちがえる。また、そのこと・差。ちがい。「違和・相違・差違」❷決めたものと一致しない。たがう。ちがう。また、そのようにする。たがえる。ちがえる。「違憲・違反・約束を違（たが）える」❸誤っていて正しくない。たがう。ちがう。また、そのようにする。たがえる。ちがえる。「非違・間違（まちが）い」

【違背（いはい）】規則・命令などにそむくこと。

【違犯（いはん）】法律にそむいて、罪になる行いをすること。参考「違反（いはん）」は、規則・約束などにそむくこと。

【違約（いやく）】約束にそむくこと。「―金」

【違和（いわ）】いつもと違ってからだの調子がよくないこと。「―感（今までと、または周りと違っていて、不自然でぴったりしない感じ）」

注意「異和感」と書き誤らないように。

辶10 **【遠】**(13) 2年　旧字 辶10 遠 (14)

音 エン・オン　訓 とおい・おち

筆順 …遠

意味 ❶距離・時間の隔たりが大きい。とおい。また、そのような所。おち。↔近。「遠征・遠方（えんぽう）・遠国（えんごく・おんごく）・永遠」❷関係が浅い。とおい。↔近。「遠因・疎遠」❸とおくに離れて行く。とおのく。とおざかる。また、そのようにする。とおのける。とおざける。「敬遠・遠心力」❹昔の、遠江国（とおとうみのくに）のこと。「遠州」名付 えん・とお・とおし

参考 ひらがな「を」のもとになった字。

【遠因（えんいん）】近因に対して、その物事を起こした間接の原因。

【遠交近攻】えんこうきんこう 遠い国と親しくし、近い国を攻め取る政策。▽中国の戦国時代、秦しんの范雎はんしょが唱えた外交政策。
【遠征】えんせい ①遠い所へ攻めていくこと。②目的をもって、遠い所まで旅行すること。
【遠祖】えんそ 何代も前の祖先。遠い祖先。
【遠大】えんだい 将来の見通しまで立てていて望みや計画などの規模が大きいさま。
【遠望】えんぼう 高い場所から遠くを見渡すこと。
【遠謀】えんぼう 遠い将来の事柄まで見通し考慮した計画。「深慮―」注意「遠望」と書き誤らないように。
【遠来】えんらい 人が遠くからやって来ること。「―の客」
【遠慮】えんりょ ①将来の事柄までを考えに入れた深い考え。「深謀―」②関係者に対する行いを控え目にしたりとりやめたりすること。「―深い」
【遠路】えんろ ①遠い道のり。②人が遠方の地から長い道のりをやって来ること。「―御苦労でした」
【遠忌】おんき・えんき 仏教で、その宗派の宗祖しゅうそなどの、五十年忌以後に五十年ごとに行われる法会ほうえ。▽「えんき」は主として真宗でいう。注意「御忌」と書き誤らないように。
参考熟語 遠近おちこち・えんきん

辵10【遣】(13) 常用
旧字 辵10 遣(14)
音 ケン 訓 つかう・つかわす・やる
筆順 口 中 虫 冉 冉 冉 胄 遣
意味 ❶使いとして行かせる。つかわす。「遣外・派遣・遣唐使」❷いいつけて用をさせる。つかう。また、使者。つかい。❸材料・手段として役に立てる。つかう。また、その使い方・使う人。つかい。「遣い手・小遣い」❹物を与える。つかわす。やる。「花に水を遣る」❺一方から他方に進ませる。やる。「遣り場・思い遣る」
参考 つかう⇩「使」の[使い分け]。
【遣外】けんがい 外国に派遣すること。「―使節」

辵10【遘】(14)
正字 辵10 遘(14)
音 コウ 訓 ―
意味 出あう。行きあう。

辵10【遡】(14) 常用
許容 辵10 遡(13) 異体 水10 溯(13)
音 ソ・サク 訓 さかのぼる
筆順 䒑 屰 屰 朔 朔 溯 遡 遡
意味 上流に向かって川を進む。また、過去・根本にもどる。さかのぼる。「遡源そげん・さくげん・十年前に遡る」
参考「さく」は慣用読み。
【遡及】そきゅう 過去にさかのぼって影響を及ぼすこと。▽「溯及」とも書く。
【遡源】そげん・さくげん 深く考えるためにその物事の根本までさかのぼること。▽「溯源」とも書く。
【遡行】そこう 川をさかのぼって行くこと。▽「溯行」とも書く。

辵10【遜】(14) 常用
許容 辵10 遜(13)
音 ソン 訓 へりくだる
筆順 孑 孖 孫 孫 孫 孫 孫 遜
意味 ❶相手を敬うために自分を低いものとする。へりくだる。「遜譲・謙遜・不遜」❷劣る。「遜色」❸人に譲る。名付 やす・ゆずる
参考 ❶の「へりくだる」は「謙る」とも書く。
【遜譲】そんじょう 自分があとへひいて、譲ること。
【遜色が無い】そんしょくがない 他と比べて見劣りすることがなく、じゅうぶんに対抗できること。
注意「遜色」を「孫色」と書き誤らないように。

辵10【遞】▶逓㊐
辵10【遙】▶遥㊐

辵11【遨】(15)
音 ゴウ 訓 ―
意味 気ままに楽しむ。「遨遊」

辵11【遮】(14) 常用
旧字 辵11 遮(15)
音 シャ 訓 さえぎる
筆順 广 户 庐 庐 庶 庶 遮 遮
意味 じゃまをして止める。さえぎる。「遮光・遮断」
【遮蔽】しゃへい 他から見えないようにおおいをすること。「―物」

参考熟語 遮莫（さもあらばあれ）

辶11 **【遭】**(14) 常用 音ソウ 訓あう 旧字 辶11 遭(15)

筆順

意味 偶然に、人に会ったり事件を経験したりする。あう。「遭遇・遭難」

参考 あう⇨「会」の〔使い分け〕。

【遭遇】（そうぐう） 敵・事件などに思いがけず出会うこと。

辶11 **【適】**(14) 5年 旧字 辶11 適(15)

音テキ 訓かなう・たま・たまさか・たまたま・ゆく

筆順

意味 ❶基準・対象によく合う。てきする。かなう。「適当・適合・不適・適材適所・理に適う」❷気に入って快い。「快適・自適」❸そこに向かう。ゆく。「適従」❹能力・資格がある。てきする。「課長に適した人」❺時々であって、めったにないさま。たまたま。たまさか。たま。「適（たま）の日曜日・適（たま）さか起こった事件」❻思いがけなく起こるさま。たまさか。たまたま。 名付 あつ・かなお・かのう・てき・まさ・ゆき・ゆく・より

参考 ❺の「たま」は「偶」、❺❻の「たまさか」は「偶さか」、「たまたま」は「偶」「偶偶」とも書く。

【適応】（てきおう） ①状況や条件によくあてはまること。「—性」②生物が、変化してゆく自然環境に合うようにその構造や機能を変えてゆくこと。

【適格】（てきかく・てっかく） 必要な能力を持っていてその資格にあてはまっていること。

【適確】（てきかく・てっかく） その本質に合っていて正確であり、まちがいや狂いがないこと。▽「的確」とも書く。

【適宜】（てきぎ） ①その人の判断に任せて物事をすること。「—にお引き取りください」②その場に合っていてちょうどよいこと。「—の処置」

【適材適所】（てきざいてきしょ） 各人の能力・才能に応じて適切な地位・任務に割り当てること。

【適者生存】（てきしゃせいぞん） 外界の状況に適したものだけが生き残り、適しなかったものは滅びるということ。

【適中】（てきちゅう） 予想・予言などがあたること。▽「的中」とも書く。

【適否】（てきひ） それが基準や対象と比べて適当であるかどうかということ。

【適役】（てきやく） (芝居や仕事などで) その人に適した役。はまり役。

【適齢】（てきれい） ある物事の規定・条件にあてはまる年齢。「結婚—期」

参考熟語 適適（たまたま）

辶11 **【遯】**(15) 音トン 訓—

意味 のがれる。「遯世」

辶11 〔遷〕▼遷(旧)

辶12 **【遺】**(15) 6年 旧字 辶12 遺(16)

音イ・ユイ 訓のこす・のこる・わすれる

筆順

意味 ❶人に死なれてあとにとどまる。のこる。また、そのようにする。のこす。「遺品・遺留・遺言（いごん・ゆいごん）」❷うっかりして置いてきたり落としたりする。わすれる。また、その物。い。「遺失・遺（わす）れ物」❸行うべきことを気がつかずにしない。また、手抜かり。「遺漏・拾遺・補遺」❹漏らす。「遺尿」❺後世に伝わる。のこる。また、後世に伝える。のこす。「名を遺す」 名付 い・おく・ゆい

参考 ❶❺の「のこる」「のこす」は「残る」「残す」とも書く。❷の「わすれる」は「忘れる」とも書く。

【遺愛】（いあい） 故人が生前に愛用していたこと。

【遺影】（いえい） 慎み敬うべき、故人の写真・肖像画。

【遺憾】（いかん） じゅうぶんにできずに残念であること。「—千万（せんばん）」「—の意」「—なく(心残りがないようにじゅうぶんに)」▽「憾」は「恨み」の意。

注意 「遺感」と書き誤らないように。

【遺棄】（いき） 捨てて放置しておくこと。「死体—」

【遺業】（いぎょう） 故人が生前にやり遂げてまたはやりかけて残していった、規模の大きなすぐれた仕事。

【遺恨】（いこん） 忘れることのできない恨み。

【遺志】（いし） 故人が生前に成し遂げようとしていて果たせなかった志。また、故人が生前に残

した、死後の事柄についての望み。「—を継ぐ」

【遺児】(いじ) 親が死んで、あとに残された子ども。遺子。

【遺失】(いしつ) 持ってくるべき物をうっかりして置いてきたり落としたりして失うこと。「—物」

【遺書】(いしょ) 自分の死後にしてほしい事や、死に際しての感想などを書いた文書。遺言状(ゆいごんじょう)。

【遺跡】(いせき) 歴史的な事件や建物などがあった跡。▽「遺蹟」の書き換え字。

【遺贈】(いぞう) 遺言によって相続人以外の人に財産を与えること。

【遺徳】(いとく) 死後も影響を及ぼし慕われている、故人の人徳。

【遺風】(いふう) ①後世に受け継がれている昔の風俗・習慣。②故人が残して、死後も影響を及ぼしているすぐれた感化・やり方・教え。

【遺留】(いりゅう) ①置き忘れること。「—品」②財産などを死後に残すこと。

【遺漏】(いろう) 注意がよく行き届いていなくて、すべきことをうっかりしてしないでしまうこと。手落ち。手ぬかり。遺脱。「万(ばん)—なきを期する」

辶12 【〔辶+景〕】(16) 〈国字〉 音 キョウ 訓 —

意味 「〔辶+景〕迹(きょうじゃく)」は、人がおこなった跡。行跡。

辶12 【遵】(15) 常用 旧字 辶12 遵(16)

音 ジュン 訓 したがう

筆順 丷 䒑 芇 芮 酋 酋 尊 遵

意味 規則に従って行う。したがう。「遵守・遵法」

名付 じゅん・ちか・のぶ・より

【遵守】(じゅんしゅ) 法律・命令などに従い、それをよく守ること。▽「順守」とも書く。

【遵法】(じゅんぽう) 法律・規則に従い、そむかないこと。▽「順法」とも書く。

辶12 【遶】(16) 音 ジョウ・ニョウ 訓 —

意味 取り囲む。「囲遶(いじょう・いにょう)(囲繞)」

辶12 【選】(15) 4年 旧字 辶12 選(16)

音 セン 訓 えらぶ・える・よる

筆順 ㇆ コ 己 巳巳 𢁉 巺 巽 選

意味 目的に合うものを取り出す。える。よる。えらぶ。また、そのこと・物。せん。「選択・選考・選(え)り好み」

名付 かず・せん・のぶ・より

参考 (1)「えらぶ」は「択ぶ」とも書く。(2)「選考」は「銓衡」が書き換えられたもの。

【選外】(せんがい) 作品などが選にもれること。「—佳作」

【選集】(せんしゅう) 個人またはある分野の代表的な著作を選んで作った作品集。参考「撰集(せんしゅう)」は、すぐれた作品を集めて作った歌集。

【選奨】(せんしょう) すぐれたものとして人にすすめること。

【選任】(せんにん) 適切な人を選んで職務につけること。

【選抜】(せんばつ) 多くのものの中からすぐれたものを選ぶこと。「—試験」

【選良】(せんりょう) 代議士のこと。▽「選び出されたすぐれた人」の意。

辶12 【遷】(15) 常用 旧字 辶11 遷(15) 略字 辶3 迁(6)

音 セン 訓 うつす・うつる

筆順 覀 覀 覀 覀 䙴 䙴 䙴 遷

意味 ❶他の場所に移る。うつる。また、そのようにする。うつす。「遷都・遷化(せんげ)・孟母三遷(もうぼさんせん)」❷罰として低い地位に移す。うつす。「左遷」❸時が移り変わる。「遷延・変遷」

【遷宮】(せんぐう) 神社の改築・修理のとき、神霊を仮殿またはでき上がった本殿に移すこと。「—式」

【遷化】(せんげ) 高僧が死去すること。

【遷都】(せんと) 都を他の地に移すこと。

辶12 【邁】(16) 印標 異体 辶13 邁(17)

音 マイ 訓 ゆく

意味 ❶進み行く。ゆく。「邁進」❷すぐれる。「高邁・英邁」

【邁進】(まいしん) ひるまず、勇ましく進むこと。「一路—」

注意 「まんしん」と読み誤らないように。

辶12 【遼】(15) 人名 旧字 辶12 遼(16)

音 リョウ 訓 はるか

筆順 一 大 大 夵 夵 夵 尞 遼

意味 ❶距離・時間が遠く隔たっている。はるか。

7画

「遼遠」❷中国の川の名。「遼東」名付 はるか・りょう

参考 ❶の「はるか」はふつう「遥か」と書く。

【遼遠(りょうえん)】はるかに遠いさま。「前途―」

【遼東の豕(りょうとうのいのこ)】見識が狭くてひとりよがりであること。また、そのような人。▽遼東(りょうとう)（中国の遼河の東側の地）で豚が生んだ白頭の子豚を珍しがったが、他の地方では豚はすべて白頭であって少しも珍しくなかったという説話から。

辵12 【遲】▼遅㊐

辵13 【邂】(17) 音 カイ 訓 あう

意味 めぐりあう。あう。「邂逅(かいこう)」

【邂逅(かいこう・かいごう)】思いがけなく出会うこと。▽「逅」も「めぐりあう」の意。

辵13 【還】(16) 常用 音 カン・ゲン 訓 かえす・かえる　旧字 辵13 還(17)　略字 辵4 还(7)

筆順 冂 罒 罒 罒 睘 睘 睘 還

意味 もとの状態・位置にもどる。かえる。また、そのようにする。かえす。「還元・還俗(げんぞく)・生還・往還」

参考 「かえる」「かえす」は「返る」「返す」とも書く。

【還元(かんげん)】①もとの状態・位置にもどすこと。また、もどること。②化学で、酸化に対して、酸素化合物から酸素を奪うこと。また、ある物質に水素を加えること。

【還付(かんぷ)】政府・役所などが所有または借りていたものを返すこと。「―金」▽「還附」とも書く。

【還暦(かんれき)】数え年の六十一歳のこと。本卦還(ほんけがえ)り。▽六十年で干支(えと)が一回りしてもとにもどることから。注意「還歴」と書き誤らないように。

【還俗(げんぞく)】一度僧となった人が僧籍を離れて俗人に戻ること。注意「かんぞく」と読み誤らないように。

辵13 【遽】(17) 印標 音 キョ 訓 あわただしい・にわか

意味 ❶急な、または重大なことがあって落ち着かない。あわただしい。「急遽」❷思いがけないことが急に起こるさま。にわかに。

参考 ❶の「あわただしい」は「慌ただしい」とも書く。❷の「にわか」はふつう「俄」と書く。

辵13 【避】(16) 常用 音 ヒ 訓 さける・よける　旧字 辵13 避(17)

筆順 ㇇ コ 尸 吕 辟 辟 避 避

意味 害を受けないように離れる。よける。さける。「避難・避暑・退避・不可避」

参考 「よける」は「除ける」とも書く。

【避妊(ひにん)】妊娠しないように処置すること。

【避雷針(ひらいしん)】落雷による被害を防ぐために、建物などの頂に立てる金属の棒。導線で地下に導いて放電する。

辵13 【邀】(17) 音 ヨウ 訓 むかえる

意味 来るものを待ち受ける。むかえる。「邀撃」

【邀撃(ようげき)】敵の来そうな所に待ち受けていて攻撃すること。迎えうつこと。迎撃。

辵13 【邉】▼辺㊉異

辵14 【邇】(18) 印標 音 ジ 訓 ちかい　異体 辵5 迩(8)

意味 近い。また、身近である。ちかい。「邇来」

【邇来(じらい)】①近来。ちかごろ。②その後。それ以来。

辵14 【邃】(18) 音 スイ 訓 ―　正字 辵14 邃(18)

意味 ❶奥深い。「幽邃」❷学問に詳しい。「深邃」

辵15 【邊】▼辺㊐

辵19 【邏】(23) 音 ラ 訓 めぐる

意味 見回る。めぐる。また、その役の人。「邏卒・警邏」

邑(阝)の部　おおざと　ゆう

邑0 【邑】(7) 人名 音 ユウ 訓 むら

筆順 丶 口 口 吕 吕 邑 邑

意味 ❶小さな都。「都邑」❷人の多く集まる所。むら。「邑落(むらざと)」 名付 くに・さと・さとし・すみ・むら・ゆう

邑4 【那】(7) 常用 音ナ 訓— 旧字 邑4 那(7)

筆順 フ ヲ ヨ 刃 刃 那 那

意味 ❶なに。どの。どこ。「那辺」❷梵語(ぼんご)の「ナ」の音を表す字。「那落・旦那(だんな)」 名付 とも・な・やす

【那辺(なへん)】どのあたり。どこ。▽「奈辺」とも書く。

【那落(ならく)】①仏教で、地獄。②舞台の床下に設けた、仕掛けのある部屋。▽「奈落」とも書く。

邑4 【邦】(7) 常用 音ホウ 訓くに 旧字 邑4 邦(7)

筆順 一 二 三 丰 丰 邦 邦

意味 ❶国家。また、諸侯の領土。くに。「邦土・友邦・連邦・本邦」❷わが国の、または特に、日本の、の意を表すことば。「邦文・邦人・邦訳」

名付 くに・ほう

【邦貨(ほうか)】自分の国の貨幣。

【邦人(ほうじん)】①自国の人。②外国に居住する日本人。「在米―」

【邦訳(ほうやく)】外国語の文章を日本文に翻訳すること。また、その翻訳したもの。

邑4 【邨】▼村 異

邑4 【邪】▼邪 旧

邑5 【邯】(8) 音カン 訓—

意味 →邯鄲(かんたん)の夢(ゆめ)

【邯鄲の夢(かんたんのゆめ)】人生の栄枯盛衰のはかないことのたとえ。▽中国の唐代、盧生(ろせい)という若者が邯鄲(かんたん)の町の宿で老人に枕(まくら)を借りて眠り、出世をして栄華(えいが)の長い一生を送る夢を見たが、目をさますと、炊(た)きかけていた黄粱(こうりょう)がまだ煮える前であったという説話から。「一炊(いっすい)の夢」「盧生(ろせい)の夢」ともいう。

邑5 【邱】(8) 印標 音キュウ 訓おか

意味 丘。おか。

邑5 【邪】(8) 常用 旧字 邑4 邪(7)

音ジャ 訓よこしま

筆順 一 ㇗ 㔾 牙 牙 邪 邪 邪

意味 ❶心がねじれていて正しくない。よこしま。「邪悪・邪説・邪慳(じゃけん)・正邪」❷害を与える。「邪鬼・邪魔・風邪(ふうじゃ・かぜ)」

【邪悪(じゃあく)】心や考えがねじけていて悪いこと。

【邪気(じゃき)】①ねじけた心。悪意。「無―」②病気を引き起こすという悪い気。「―を払う」

【邪慳(じゃけん)】相手の気持ちを考えずに意地悪く無慈悲に扱うさま。

【邪宗(じゃしゅう)】人心を惑わす宗教。邪法。邪教。

【邪心(じゃしん)】人をおとしいれようとする悪い心。

【邪推(じゃすい)】他の人の行いを、かってに推測して悪意でしたかのように疑うこと。

【邪道(じゃどう)】①本来と違った正しくないやり方。②正しくない道理。「―に陥る」

【邪念(じゃねん)】①よこしまな考え。②不純な考え。

【邪恋(じゃれん)】人としての道理にはずれた、よくない恋。

邑5 【邵】(8) 音ショウ 訓—

意味 中国の春秋時代、晋(しん)の地名。現在の河南省済源県の西。

邑5 【邸】(8) 常用 音テイ 訓やしき

筆順 ノ 匚 ㇇ 氏 氐 氐 邸 邸

意味 ❶官舎。「官邸・公邸」❷大きくてりっぱな住宅。てい。やしき。「邸宅・別邸」❸やどや。「旅邸」 名付 いえ・てい

【邸宅(ていたく)】大きな住宅。屋敷。

邑6 【郁】(9) 人名 音イク 訓—

筆順 ノ ナ 冇 有 有 郁 郁

意味 香気が盛んである。また、文化が盛んである。「郁郁・馥郁(ふくいく)」 名付 あや・いく・か・かおる・たかし・ふみ

7画

【郁郁】いくいく ①香気が盛んであるさま。「—たる梅の花」②すぐれた文化が盛んであるさま。

邑6 **【郊】**(9) 常用 音 コウ 訓 —
筆順 亠 亠 六 交 交 交 郊 郊 郊
意味 都市のはずれの、都市に接する地域。町はずれ。「郊外・近郊」 名付 こう・さと

郊

邑6 **【郎】**(9) 常用　旧字 邑7 郞(10) 人名
音 ロウ 訓 —
筆順 丶 ㇇ ㇋ 自 良 良 郎 郎 郎
意味 ❶男性、または若者。また、妻が夫をさしていうことば。「郎君・野郎・新郎・遊冶郎(ゆうやろう)」❷仕えている人。「郎等・下郎・女郎」❸男性の名に用いる字。「浦島太郎・鎮西八郎(ちんぜいはちろう)」
名付 お・ろう
【郎党】ろうどう・ろうとう 武家の家来。郎等。「家の子—」

郎

邑7 **【郢】**(10) 音 エイ 訓 —
意味 中国の春秋・戦国時代の楚(そ)の都の名。現在の湖北省江陵県の北西。

郢

邑7 **【郡】**(10) 4年 音 グン 訓 こおり
筆順 ㇆ ㇋ ㇋ 尹 君 君 郡 郡 郡

郡

意味 ❶昔、国の小区分で、地方行政区画の一つ。幾つかの郷・村・町を含む。こおり。ぐん。「郡司(ぐんじ・こおりのつかさ)・郡代・信濃国安曇郡(しなののくにあずみごおり)」❷都道府県の下の行政上の区画。ぐん。「郡部」
名付 くに・ぐん・さと・とも

邑7 **【郤】**(10) 音 ゲキ 訓 —
意味 くぼみ。また、すきま。
【郤地】げきち 両国の境目になっている空き地。

郤

邑7 **【郛】**(10) 音 フ 訓 —
意味 町の外囲い。城の外囲い。

郛

邑7 **【𨛗】**(10) 〈国字〉 音 — 訓 むら
意味 むら。▽人名などに用いる字。

𨛗

邑8 **【郭】**(11) 常用 音 カク 訓 くるわ
筆順 亠 亠 亨 享 享 郭 郭 郭
意味 ❶城・都市のまわりを囲む土や石の壁。また、外まわり。囲い。くるわ。「郭外・城郭・外郭・輪郭」❷ひろびろとしている。「郭大」❸遊里。くるわ。「遊郭」 名付 かく・ひろ
参考 「郭・郭大・外郭・輪郭」などの「郭」は「廓」が書き換えられたもの。
参考熟語 郭公(かっこう)

郭

邑8 **【郷】**(11) 6年 音 キョウ・ゴウ 訓 さと

郷

旧字 邑10 鄕(13)　異体 邑10 鄉(13)
筆順 ㇜ ㇜ 乡 乡 组 组 组 郷 郷
意味 ❶生まれた土地。ふるさと。「郷里・郷土・故郷(こきょう・ふるさと)・望郷」❷村里。さと。「郷人・近郷(きんごう)」❸土地。「他郷・水郷(すいきょう・すいごう)・理想郷」❹昔の行政区画の一つ。郡内の数村を合わせたもの。ごう。「郷士(ごうし)」・郷に入りては郷に従え」
名付 あき・あきら・きょう・さと・のり
【郷愁】きょうしゅう 故郷をなつかしく思い、心にさびしく感ずる気持ち。
【郷党】きょうとう ①出身地である村。「—の誇り」②出身地を同じくする仲間。同郷人。
【郷土色】きょうどしょく その地方らしい趣。ローカルカラー。
【郷里】きょうり 自分が生まれ育った土地。ふるさと。

邑8 **【都】**(11) 3年　旧字 邑9 都(12) 人名
音 ト・ツ 訓 みやこ
筆順 土 耂 耂 者 者 者 都 都
意味 ❶天子の宮城のある地。みやこ。「都人・旧都・奠都(てんと)」❷人口の多い町。みやこ。「都会・都市・商都」❸みやびやかである。「都雅」❹すべて。「都合(つごう)」❺とりしまる。「都督」❻地方公共団体の一つ。また、東京都のこと。と。「都知事・都道府県」
名付 いち・くに・さと・つ・と・ひろ・みやこ

都

【都塵】(とじん) 都会のよごれたほこり。
【都鄙】(とひ) 都会といなか。
参考熟語 都都逸(どどいつ)

邑8 【部】(11) 3年 音ブ 訓べ

筆順 亠 立 音 音 咅 部

意味 ❶全体を区分けする。また、その分けた一つ。ぶ。「部分・部落・一部・恥部」❷組織区分の一つ。ぶ。「部課・部長・本部・野球部」❸書物・新聞の数・分量を表すことば。ぶ。「大部・一部三冊」❹上代、世襲的な職に従事した集団。べ。「語部(かたりべ)」 名付 ぶ・もと

参考 ひらがな「へ」、カタカナ「へ」のもとになった字。

【部位】(ぶい) 全体のうち、ある部分が占める位置。
【部局】(ぶきょく) 事務を分担する所。局・部・課など。
【部首】(ぶしゅ) 漢字の字書で、字を検索するときに共通の目じるしとなる、漢字の構成の一部分。偏(へん)・旁(つくり)・冠(かんむり)・脚(あし)・構(かまえ)・垂(たれ)など。
【部署】(ぶしょ) 組織の中で、割り当てられた役目・任務。
参考熟語 部屋(へや)

邑8 【郵】(11) 6年 音ユウ 訓—

筆順 一 二 三 弁 乒 垂 垂 郵

意味 ❶宿場。❷文書や小型の荷物の輸送制度。日本では、官営事業から、公社化を経て民営化。「郵便・郵送・郵政」

【郵券】(ゆうけん) 郵便切手のこと。
【郵袋】(ゆうたい) 郵便局で、郵便物を入れて輸送する袋。郵便行嚢(こうのう)。

邑9 【鄂】(12) 音ガク 訓—

意味 ❶中国の春秋時代の楚(そ)の地名。❷直言する。

邑9 【都】▼都㊐

邑10 【鄒】(13) 音スウ 訓—

意味 中国の戦国時代の国の名。孟子(もうし)の出身地。

邑10 【鄉】▼郷㊐

邑10 【鄕】▼郷㊀異

邑11 【鄙】(14) 印標 音ヒ 訓いやしい・ひな

意味 ❶いなか。ひな。また、いなか風である。ひなびる。「都鄙・辺鄙」❷品性が下劣で洗練されていない。いやしい。「鄙劣・鄙猥(ひわい)・野鄙」❸自分のことについてへりくだっていうことば。「鄙見」

参考 「野鄙」は「野卑」に書き換える。

【鄙見】(ひけん) 自分の意見を謙遜していうことば。▽「卑見」とも書く。
【鄙劣】(ひれつ) 性質や行いなどが卑しいこと。▽「卑劣」とも書く。
【鄙猥】(ひわい) 下品でみだらなこと。▽「卑猥」とも書く。

邑12 【鄲】(15) 音タン 訓—

意味 「邯鄲(かんたん)」は中国戦国時代の趙(ちょう)の都。現在の河北省邯鄲市。

邑12 【鄭】(15) 人名 音テイ 訓—
異体 邑12 鄭 (15)

筆順 𠂉 台 俞 酋 奠 奠 鄭 鄭

意味 ねんごろである。「鄭重(ていちょう)」

参考 「鄭重」は「丁重」に書き換える。

邑12 【鄰】▼隣㊐異

酉の部 とり・とりへん ひよみのとり

酉0 【酉】(7) 人名 音ユウ 訓とり

筆順 一 丅 丙 丙 两 西 酉

意味 十二支の第十番め。方角では西、時刻では午後六時、またはその前後の二時間にあてる。とり。「辛酉(しんゆう・かのととり)・酉(とり)の刻」 名付 とり・なが・みのる・ゆう

酉2 【酋】(9) 印標 音シュウ 訓—
異体 酉2 酋 (9)

意味 部族のかしら。「酋長」

酉2 【酊】(9) 音テイ 訓よう

意味 ひどく酔う。よう。「酩酊(めいてい)」

酉3 **【酌】**(10) 常用 音 シャク 訓 くむ　旧字 酉3 酌(10)

筆順

意味 ❶酒を杯につぐ、またはそうして酒を飲む。くむ。また、そのこと。しゃく。「酌婦・晩酌・独酌・手酌(てじゃく)」❷あれこれと照らし合わせて加減する。「酌量・斟酌(しんしゃく)・参酌・媒酌」名付 くむ・しゃく

【酌婦】(しゃくふ) ①料理屋などで、客の酒の相手をする女性。②私娼宿(ししょうやど)に雇われて売春を行う女性。

【酌量】(しゃくりょう) 事情をくみ取って手加減をすること。「情状—」

酉3 **【酒】**(10) 3年 音 シュ 訓 さけ・さか・き

筆順

意味 飲むと酔う飲料。さけ。また、さけを飲む。「酒量・酒宴・清酒・禁酒・葡萄酒(ぶどうしゅ)・酒屋(さかや)・御酒(おみき)」名付 さか・さけ・しゅ・み

【酒家】(しゅか) ①酒を売る店。酒屋。②飲み屋。酒場。③酒好きの人。

【酒興】(しゅきょう) ①酒を飲んでいい気分になること。「—に乗じて」②酒宴の座興。「—を添える」

【酒肴】(しゅこう) 酒と、酒のための料理。「—料」▽「肴」は「酒のおかず」の意。

【酒豪】(しゅごう) 非常に酒に強い人。大酒飲み。

【酒色】(しゅしょく) 酒をよく飲み、女遊びにふけること。「—におぼれる」

【酒食】(しゅしょく) 酒と食物。

【酒精】(しゅせい) 酒類の主成分であるアルコールのこと。

【酒仙】(しゅせん) ①酒ばかり飲んでいて世間の俗事にかかずらわない人。②大酒飲みの人。

【酒池肉林】(しゅちにくりん) 非常にぜいたくな酒宴のこと。▽昔、中国で、殷(いん)の紂(ちゅう)王が酒を池のようにたたえ、肉を林のようにつるし掛けて豪遊の限りを尽くしたという故事から。

【酒母】(しゅぼ) 酒のもととなるもの。こうじのこと。

酉3 **【酎】**(10) 常用 音 チュウ 訓 —

筆順

意味 ❶濃いよい酒。「芳酎」❷米・芋・雑穀などから製した蒸留酒の一種。ちゅう。「焼酎」

酉3 **【配】**(10) 3年 音 ハイ 訓 くばる

筆順

意味 ❶分けて与える。はいする。くばる。「配給・配電・配慮・分配・心配」❷取り合わせる。くばる。はいする。「配色・配合・配置・交配」❸並べる。はいする。「配列」❹従える。はいする。「配属・配下・支配」❺流刑にする。はいする。「配流(はいる)・配所」名付 あつ・はい

【配下】(はいか) その人の支配の下にあること。また、その者。てした。「—の者」

【配給】(はいきゅう) ①割り当てて配ること。②統制経済で、ある物資などを一定量ずつ消費者に売ること。

【配偶】(はいぐう) ①取り合わせること。「好—」「—者」②夫婦の一方。つれあい。

【配合】(はいごう) 二種以上のものを適当にまぜたり組み合わせたりすること。

【配剤】(はいざい) ①薬を調合すること。②転じて、ほどよく取り合わせること。「天の—」

【配属】(はいぞく) 人を配置して、それぞれの役目に付けること。

【配当】(はいとう) ①割り当てて分けること。「時間の—」②会社・銀行などが純益金を株主に配分すること。また、その金。「—金」

【配付】(はいふ) めいめいに配って渡すこと。▽「配附」とも書く。

【配布】(はいふ) 広く行き渡るように配ること。

【配慮】(はいりょ) 手落ちがないように気を配ること。

【配流】(はいる) 島流し。流罪(るざい)。

酉4 **【酔】**(11) 常用 音 スイ 訓 よう　旧字 酉8 醉(15) 人名

筆順

意味 ❶酒を飲んで心身が正常でなくなったり、乗り物の動揺などのため気分が悪くなった

りする。よう。また、そのこと。よい。「酔漢・酔狂・泥酔(でいすい)・乱酔・船酔(ふなよ)い」❷薬物で知覚を失わせる。「麻酔」❸物事に夢中になる。よう。「心酔・陶酔・勝利に酔う」

【酔漢】(すいかん) 酔っ払った男性。

【酔眼】(すいがん) 酒に酔ったときのとろんとした目つき。「—朦朧(もうろう)」

【酔狂】(すいきょう) (狂ったかと思われるほど)ものずきなこと(人)。▽「粋狂」とも書く。

【酔生夢死】(すいせいむし) 世のためになるような仕事をすることもなく、平凡な一生を終えること。

【酔態】(すいたい) 酔っ払ったときのぶざまな様子。

【酔余】(すいよ) 酒に酔ったあと。また、酒に酔ったあげく。「—の暴言」

酉4 **【酖】**(11) 音 タン 訓 —

意味 酒びたりになる。酒におぼれる。

酉4 **【酘】**(11) 音 トウ 訓 そえ・そい

意味 清酒を醸造するとき、酛(もと)に加える蒸し米・こうじ・水。そい。そえ。

酉4 **【酛】**(11) 〈国字〉 音 — 訓 もと

意味 水・蒸し米・こうじに酵母を加えたもの。酒母。もと。「生酛(きもと)・山廃酛(やまはいもと)・速醸酛(そくじょうもと)」

酉5 **【酣】**(12) 音 カン 訓 たけなわ

意味 物事の最も盛んな時。また、盛りを少し過ぎた時。たけなわ。「宴酣(えんたけなわ)」

酉5 **【酢】**(12) 常用 音 サク 訓 す・すい

筆順

意味 ❶酸味があってすっぱい。すい。「酢酸」❷すっぱみのある調味料の一種。す。 名付 さく・す・そ

参考 「酢酸」は「醋酸」が書き換えられたもの。

【酢酸】(さくさん) 刺激性のあるにおいと酸味をもった無色の液体。食用酢の主成分。薬品の原料にする。

参考熟語 酢漿草(かたばみ)

酉5 **【酥】**(12) 音 ソ 訓 —

意味 牛や羊の乳を煮つめて作った食品。そ。

酉6 **【酬】**(13) 常用 音 シュウ 訓 むくいる

筆順

意味 ❶受けた杯を返す。むくいる。「献酬」❷他からしてもらったことに対して見合うことをして返す。むくいる。「報酬・応酬・貴酬」 名付 あつ・しゅう

参考 ❷の「むくいる」は「報いる」とも書く。

酉6 **【酩】**(13) 音 メイ 訓 よう

意味 ひどく酒に酔う。よう。「酩酊(めいてい)」

【酩酊】(めいてい) 酒にひどく酔うこと。▽「酊」も「ひどく酔う」の意。

酉6 **【酪】**(13) 常用 音 ラク 訓 —

筆順

意味 牛や羊などの乳を発酵させて作った飲料・乳製品。「酪農・乾酪・牛酪」

【酪農】(らくのう) 乳牛を飼って、牛乳や乳製品などを製造する農業。

酉7 **【酳】**(14) 音 イン 訓 —

意味 酒で口をすすぐ。

酉7 **【酵】**(14) 常用 音 コウ 訓 —

筆順

意味 ❶酒がかもされてあわだつ。「発酵」❷酒のもと。「酵母・酵素」

【酵素】(こうそ) 生物の体内で作られ、体内で起こる化学変化の触媒(しょくばい)作用をする物質。ペプシン・リパーゼ・カタラーゼなど。

【酵母】(こうぼ) 「酵母菌」の略。

酉7 **【酷】**(14) 常用 旧字 酉7 【酷】(14)

筆順

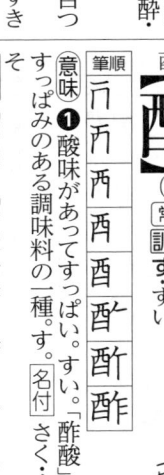

音 コク 訓 きびしい・ひどい・むごい

意味 ひととおりでなく、はなはだしい。こく。きびしい。ひどい。むごい。「酷寒・酷使・酷吏・冷酷・残酷・酷な命令」

【酷使】(こくし) (人や物を)手加減せず激しく使うこと。「肉体を―する」

【酷似】(こくじ) 非常によく似ていること。

【酷暑】(こくしょ) 夏のきびしい暑さ。「―の候」

【酷薄】(はくはく) 思いやりがなく、むごいこと。

【酷吏】(こくり) 人々を苦しめる冷酷な役人。

【酷烈】(こくれつ) 非常にきびしくて激しいこと。

【酷寒】(こっかん) 冬のきびしい寒さ。「―の折(おり)」

酉7 **【酸】** (14) 5年 音 サン 訓 す い・す

筆順 冂 丙 酉 酉 酢 酸 酸 酸

意味 ❶すっぱい。すい。また、すっぱい味の液体。す。「酸味・酸敗・甘酸」❷いたましい。「酸鼻・辛酸」❸貧しい。「寒酸」❹すっぱみがあり、青色リトマス液を赤色に変える化合物。さん。「酸性・塩酸」

【酸化】(さんか) ある物質が酸素と化合すること。また、ある物質から水素をうばうこと。

【酸敗】(さんぱい) 食べ物が腐ってすっぱくなること。

【酸鼻】(さんび) 非常に残酷でいたましいこと。「―をきわめる事故現場」

参考熟語 酸葉(すいば)　酸模(すかんぽ・すいば)　酸漿(ほおずき)

酉7 **【酲】** (14) 音 テイ 訓 ―

意味 悪酔いする。また、二日酔い。

酉8 **【醋】** (15) 音 サク 訓 す・すい

意味 味としてすっぱい。すい。また、酸味のある調味料の一つ。す。「醋酸」

参考 「醋酸」の「醋」は「酢」に書き換える。

酉8 **【醇】** (15) 人名 音 ジュン 訓 ―

筆順 西 西 酉 酉 酢 酢 醇 醇

意味 ❶酒がよく熟していて味が濃い。また、濃い酒。「芳醇」❷まじりけがない。「醇乎(じゅんこ)・醇化」❸人情味が厚い。「醇厚」 名付 あつ・あつし・じゅん

【醇化】(じゅんか) ①手厚く教えて感化すること。②まじりものを除いて純粋なものにすること。▽②の場合は「純化」とも書く。

【醇乎】(じゅんこ) まじりけがなくて純粋ですぐれているさま。「―たる日本精神」▽「純乎」とも書く。

【醇朴】(じゅんぼく) 人情が厚く、飾りけがなくてすなおなさま。▽「純朴」「淳朴」とも書く。

酉8 **【醂】** (15) 音 リン 訓 さわす

意味 ❶柿(かき)の実の渋をぬく。さわす。❷「味醂(みりん)」は酒の一種。調味料として使う。

酉8 〔醉〕 ▶酔(旧)

酉9 **【醐】** (16) 人名 音 ゴ 訓 ―

筆順 冂 丙 西 酉 酤 酤 醐 醐 醐

意味 「醍醐(だいご)」は、牛乳・羊乳から製した食品。

酉9 **【醒】** (16) 常用 音 セイ 訓 さめる

筆順 冂 丙 酉 酉 酲 醒 醒 醒

意味 酒の酔いが消える。さめる。また、通常の意識に戻る。さめる。「覚醒」 名付 さめ・さむる

参考 **さめる**⇩「覚」の[使い分け]。

酉9 **【醍】** (16) 人名 音 ダイ 訓 ―

筆順 冂 丙 酉 酉 醍 醍 醍 醍

意味 →醍醐(だいご)

【醍醐】(だいご) 乳製品の一つ。牛乳または羊乳から製した純良な食品。

【醍醐味】(だいごみ) ①非常に美味な味。②非常に尊い、仏の教えのこと。③妙味。

酉9 〔醗〕 ▶醱(異)

酉10 **【醞】** (17) 音 ウン 訓 かもす

意味 発酵させて酒を造る。かもす。「醞醸」

【醞醸】(うんじょう) ①酒をかもして造ること。醸造。②だんだんとある状態になるように図ること。

酉10 **【醢】** (17) 音 カイ 訓 ひしお

意味 ❶肉のしおから。ひしお。❷殺して塩づけにする。また、その刑。

7画

酉10 【醜】(17) 常用 音シュウ 訓みにくい・しこ

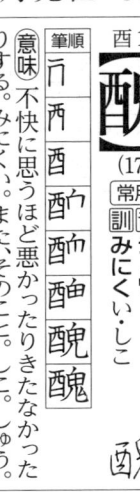

意味 不快に思うほど悪かったりきたなかったりする。みにくい。また、そのこと。しこ。しゅう。↔美。「醜怪・醜名(しこな)・美醜・醜(しゅう)をさらす」

【醜悪(しゅうあく)】①姿・顔つきなどが醜いこと。②行いや精神が見苦しくて憎むべきであること。

【醜怪(しゅうかい)】姿などが無気味なほど醜いこと。

【醜態(しゅうたい)】見苦しい態度・行動。恥ずべき状態。

【醜聞(しゅうぶん)】聞き苦しい評判。スキャンダル。

酉11 【醬】(18) 人名 異体 酉10 醤(17) 簡慣 音ショウ 訓ひしお

意味 麦・米・豆などを塩と混ぜ、発酵させた食品。みその類。ひしお。「醬油」

参考熟語 醬蝦(あみ)

酉11 【醪】(18) 音ロウ 訓もろみ

意味 酒・醬油(しょうゆ)などで、醸造してまだかすをこしていないもの。もろみ。「濁醪(だくろう・どぶろく)」

酉11 〔醫〕▶医㊐

酉12 【醯】(19) 音ケイ 訓――

意味 かゆに酒をまぜて発酵させた、すっぱい酒。

酉12 【醱】(19) 印標 音ハツ 訓かもす 異体 酉9 醗(16)

意味 酒を造る。かもす。「醱酵」

参考 (1)「かもす」はふつう「醸す」と書く。(2)「醱酵」の「醱」は「発」に書き換える。

酉13 【醵】(20) 音キョ 訓――

意味 ❶金銭を出し合って飲食する。また、その金銭。❷転じて、ある目的で金銭を出し合う。「醵金」

【醵出(きょしゅつ)】ある目的のために何人かの人が金銭や品物を出し合うこと。「―者」▽「拠出」とも書く。

【醵金(きょきん)】ある目的のために何人かの人が金銭を出し合うこと。▽「拠金」とも書く。

酉13 【醸】(20) 常用 旧字 酉17 釀(24) 人名 音ジョウ 訓かもす

意味 発酵させて酒を造る。かもす。「醸造・醸成・醞醸(うんじょう)・物議を醸す(事件・問題を起こす)」

参考 「かもす」は「醱す」とも書く。

【醸成(じょうせい)】①麹(こうじ)を発酵させて酒などを造ること。②ある機運・情勢などをだんだんと作り出すこと。

酉13 【醴】(20) 音レイ 訓あまざけ

意味 ❶一晩だけでつくる甘い酒。あまざけ。「醴酒」❷うまい水。「醴泉」

酉14 【醺】(21) 音クン 訓よう

意味 少し酔う。よう。「微醺」

酉17 〔釀〕▶醸㊐

酉18 【釁】(25) 音キン 訓――

意味 ❶武器や祭りに用いる銅器ができあがったとき、いけにえの血を塗って神に祈る。❷すき。「釁隙(きんげき)」❸欠点。「瑕釁(かきん)」

釆 の部 のごめ のごめへん

釆0 【釆】(7) 音ハン 訓――

意味 ばらばらに開いて散る。

〔采〕▶爪4

釆4 【釈】(11) 常用 音シャク・セキ 訓とく 旧字 釆13 釋(20)

意味 ❶意味をときあかす。しゃくする。とく。「釈義・解釈・注釈」❷いいわけをする。「釈明」❸疑い・恨みなどが消えてなくなる。「釈然・氷釈」❹とかして薄くする。「希釈」❺ゆるす。「釈

放・保釈」❻供え物を置く。「釈奠(せきてん)」❼釈迦(しゃか)のこと。「釈尊・釈教」名付 しゃく・とき
【釈然】(しゃくぜん) 疑いや恨みが消えて気持ちがさっぱりするさま。「―としない」

【釈尊】(しゃくそん) 釈迦(しゃか)を敬っていうことば。

【釈放】(しゃくほう) とらえられていた者を放して、自由にさせること。

【釈明】(しゃくめい) 非難や誤解などに対して事情を説明し理解を求めること。

釆5
【釉】
(12) 人名 音 ユウ 訓 うわぐすり
筆順 釉
意味 陶磁器の表面に塗って光沢を出す薬。うわぐすり。「釉薬(ゆうやく・うわぐすり)」名付 つや・ゆう

釆13 【釋】▶釈(旧)

里の部 さと さとへん

里0
【里】
(7) 2年 音 リ 訓 さと
筆順 丨 口 日 日 甲 甲 里
意味 ❶人が集まって住む所。さと。「里道・郷里・村里(むらざと)」❷他家の一員となっている人の実家。さと。「里方(さとかた)」❸子の養育をたのむ家。さと。「里子(さとご)・里親(さとおや)」❹距離の単位。一里は三十六町で、約三・九キロメートル。り。「一里塚(いちりづか)・里程標」名付 さと・さとし・のり・り
参考 「里謡」の「里」は「俚」が書き換えられたもの。
【里程】(りてい) 道のり。「―標」

里2
【重】
(9) 3年 音 ジュウ・チョウ 訓 え・おもい・かさねる・かさなる
筆順 重
意味 ❶目方が多い。おもい。また、おもさ。↔軽。「重量・過重・重荷(おもに)」❷落ち着いている。「重厚・自重(じちょう)」❸大事である。また、そのように扱う。おもんずる。↔軽。「重大・重要・尊重(そんちょう)」❹程度がはなはだしい。おもい。↔軽。「重病・重税・厳重」❺物の上に物をのせる。かさねる。また、そのようになる。かさなる。「重複・二重」❻かさなったものを数えることば。え。「八重桜(やえざくら)」❼重箱。じゅう。「重詰(じゅうづ)め」名付 あつし・え・おもし・かさぬ・かさね・かず・かたし・しげ・しげし・しげる・じゅう
【重圧】(じゅうあつ) 押さえつける、強い力。

【重重】(じゅうじゅう) ①同じことがくり返されるさま。「―の不始末(ふしまつ)」②じゅうぶんに。よくよく。「―心得ている」

【重出】(じゅうしゅつ・ちょうしゅつ) 同じ事物が二つまたは二度以上出ること。

【重代】(じゅうだい) 先祖から代々伝わっていること。

【重鎮】(じゅうちん) その分野で重要な働きをしている、中心的な人物。

【重任】(じゅうにん) ①任期が終わってもまた同じ任務につくこと。②重要な任務・役目。

【重箱読み】(じゅうばこよみ) 湯桶(ゆとう)読みに対して、漢字二字から成る熟語を上の字を音(おん)で、下の字を訓で読む読み方。「重箱(ジュウばこ)」「総身(ソウみ)」など。

【重用】(じゅうよう・ちょうよう) 重い地位につけて用いること。

【重畳】(ちょうじょう) ①山などが、幾重にも重なるようにしてあること。「山岳―」②非常に満足していること。

【重複】(ちょうふく・じゅうふく) 同じ物事が二つまたは二度以上重なり合うこと。「話が―する」

【重陽】(ちょうよう) 陰暦九月九日の節句。菊の節句。

参考熟語 重石(おもし) 重宝(ちょうほう・じゅうほう)

里4
【野】
(11) 2年 音 ヤ 訓 の
異体 土8 埜 (11) 人名
筆順 野
意味 ❶広い平地。や。の。「野外・野球・平野・山野」❷区分した範囲。「分野・視野」❸自然のままである。「野鳥・野性」❹洗練されていない。「野蛮・野暮・粗野」❺民間。や。「野党・在野・朝野・野(や)に下る」名付 の・とお・なお・ぬ・ひろ・や
【野放図】(のほうず) 際限がないこと。野方図。
【野合】(やごう) 正式に結婚の手続きをしないで男女が夫婦となること。
【野趣】(やしゅ) 自然のままの素朴な味わい。
【野性】(やせい) 自然のままの荒々しい性質。

【野生】(やせい) 動植物が山や野で自然に育つこと。

使い分け「やせい」
野性…野の性質の意。「野性味・野性に返る・野性的な魅力」
野生…野に生きるの意。「野生の馬・猿が野生する山」

【野卑】(やひ) ことばや動作が下品なこと。▽「野鄙」の書き換え字。

【野望】(やぼう) ①達成が困難な、大きな望み。②身分・地位を越えている、不届きな望み。

参考熟語 野老(ところ) 野点(のだて) 野良(のら) 野分(のわき・のわけ)

〔黒〕▶黑0

里5
【量】(12) 4年 音 リョウ 訓 はかる

筆順 冂 日 旦 昌 昌 量 量 量

意味 ❶重さ・量・長さなどを調べる。はかる。「量刑・計量」❷めかた・かさ。りょう。「量産・少量・分量」❸心中をおしはかる。「推量」❹心や能力の大きさ。「力量・度量」❺かさをはかる器具。「度量衡」名付 かず・さと・とも・はかり・はかる・りょう

参考 ⑴「技量」は「技倆」が書き換えられたもの。⑵**はかる**⇩「計」の[使い分け]。

【量感】(りょうかん) 人や物から受ける、厚みや重みなどの感じ。

【量刑】(りょうけい) 刑罰の程度を決めること。

〔默〕▶黑4 〔童〕▶立7

8画

里11
【釐】(18) 音 リ 訓 ――

意味 ❶筋道を通す。「釐正(りせい)」❷長さ・重さの単位。一釐は一分(ぶ)の十分の一。り。「毫釐(ごうり)(わずか)」

金の部 かね かねへん

金0
【金】(8) 1年 音 キン・コン 訓 かね・かな

筆順 ノ 入 亼 今 全 全 金 金

意味 ❶金属鉱物。また、金属。かね。「金工・鋳金・金具(かなぐ)」❷金属の一つ。こがね。きん。「金銀・金剛(こんごう)・純金・金殿玉楼」❸貨幣または通貨のこと。きん。かね。「金銭・金融・賃金・現金・金一封」❹金の純度を示すことば。きん。「二十四金」❺金額を示すとき、数の上につけることば。「金二万円」❻将棋の駒(こま)の金将。きん。「成金(なりきん)」❼七曜の一つ。きん。「金曜日」名付 か・かな・かね・きん

【金一封】(きんいっぷう) 一包みの金。参考 金額をあからさまにしないときに言う。

【金員】(きんいん) 金高のこと。

【金甌無欠】(きんおうむけつ) 黄金で作った、欠点のないかめ。▽国家が一度も外国の侵略を受けたことがないことにたとえる。

【金科玉条】(きんかぎょくじょう) 方針・よりどころとして守り従わねばならないおきて。▽「金の玉のように尊ぶべき科条(=法律)」の意。

【金環食】(きんかんしょく) 日食の一種。月が太陽の中央部をおおい、太陽の光が月のまわりに金の輪のように見えるもの。

【金玉】(きんぎょく) 価値があって珍重すべきもの。「―の作品」

【金権】(きんけん) すべてを財力によって解決・処理しようとすること。「―政治」

【金言】(きんげん) 本質を指摘していたり教えを含んでいたりして尊重すべきりっぱなことば。

【金婚式】(きんこんしき) 結婚して、ともに五〇年を迎えた夫婦の記念の祝い。

【金枝玉葉】(きんしぎょくよう) 皇族のこと。▽「枝」も「葉」も子孫の意。

【金字塔】(きんじとう) ピラミッドのこと。▽その分野での、後世まで伝わるような偉大な著作・業績・事業などにたとえることもある。

【金主】(きんしゅ) 必要なお金を出してくれる人。

【金城鉄壁】(きんじょうてっぺき) 非常に守りの堅い城のこと。▽「非常に守りの堅い物事」にもたとえる。

【金城湯池】(きんじょうとうち) 非常に守りの堅い城のこと。▽「金属で造った城と、熱湯をたたえた池」の意。

【金子】(きんす) お金のこと。

【金殿玉楼】(きんでんぎょくろう) りっぱな御殿のこと。

【金牌】(きんぱい) 金製または金めっきのメダル。金メダル。

【金満家（きんまんか）】富豪のこと。

【金襴（きんらん）】絹の繻子（しゅす）地に平金糸（ひらきんし）を織り込んだ織物。金襴緞子（どんす）。

【金剛不壊（こんごうふえ）】非常に堅くてこわれないこと。

【金剛力（こんごうりき）】金剛力士のような非常に強い力。

【金剛力士（こんごうりきし）】仏教で、仏法を守るという勇猛な一対の仏神。仁王（におう）。金剛神（こんごうじん）。

【金泥（こんでい・きんでい）】金粉をにかわの溶液に溶かしたもの。書画を書くのに使う。

【金銅（こんどう）】銅に金めっきしたもの。「―仏」

【金輪際（こんりんざい）】①仏教で、大地のいちばん下の地底。大地の果て。②どんなことがあっても。断じて。どこまでも。「―付き合わない」

【金策（さんさく）】苦労して、必要な金銭をそろえること。また、そのための方法。金のくめん。

参考熟語 金雀児（エニシダ） 金糸雀（カナリア） 金海鼠（きんこ） 金春流（こんぱるりゅう）

金2 【釛】(10) 音 コク 訓 ―
意味 金属。かね。

金2 【針】(10) 6年 音 シン 訓 はり
筆順 ノ 𠆢 亼 今 全 余 金 金一 針
意味 ❶糸を通して布地などを縫う、はり。「運針・針小棒大」❷はりのように細長く先のとがったもの。はり。「長針・磁針・指針・針葉樹・針金（はりがね）」❸医療用のはり。はり。「針灸（しんきゅう）・針術」
名付 しん・はり
参考 (1)❸の「はり」は「鍼」とも書く。(2)「針術」の「針」は「鍼」が書き換えられたもの。
【針灸（しんきゅう）】からだに刺激を与えて病気を治す、鍼（はり）と灸（きゅう）のこと。「―術」▽「鍼灸」とも書く。
【針小棒大（しんしょうぼうだい）】特に問題になるほどでもない、ちょっとしたことをおおげさにいうこと。▽「針のように小さいことを棒のように大きくいう」の意。
【針路（しんろ）】船や航空機の進む方向。▽行動を進めるべき方向にたとえることもある。
参考 ⇩「進路（しんろ）」の[使い分け]。
参考熟語 針魚（さより） 針穴（めど・はりあな） 針孔（めど・はりあな）

金2 【釘】(10) 人名 音 テイ 訓 くぎ
筆順 ノ 𠆢 亼 今 全 余 金 金一 釘
意味 鉄・木・竹などの先をとがらせた、くぎ。「装釘」
参考 「装釘」の「釘」は「丁」に書き換える。

金2 【釖】(10) 音 トウ 訓 ―
意味 かたな。

金2 【釟】(10) 音 ハツ 訓 ―
意味 金属をきたえる。

金2 【釜】(10) 常用 音 フ 訓 かま
異体 金2 【釡】(10)
筆順 八 父 爻 𠔿 斧 斧 斧 釜
意味 飲食物を煮る、かま。「釜飯（かまめし）・釜中の魚」
名付 かま・ふ

使い分け「かま」

釜…炊飯や湯を沸かすための器具。「鍋と釜・釜飯・釜炊き・風呂釜・茶釜・同じ釜の飯を食う」

窯…陶磁器や炭などを作る装置。「炭焼き窯・有田焼の窯元・登り窯」


【釜竈（ふそう）】かまと、かまど。炊事用具のこと。

【釜中の魚（ふちゅうのうお）】釜（かま）の中でゆでられようとしている魚。▽死が間近に迫っていることにたとえる。

金3 【釦】(11) 音 コウ 訓 ボタン
意味 ❶シャツ・洋服などの合わせ目をとめる物。ボタン。「鈕釦（ちゅうこう）・金釦（きんボタン）」❷電鈴を鳴らしたり機械を動かしたりするときに動かす突起物。ボタン。

金3 【釵】(11) 音 サイ 訓 かんざし
意味 ふたまたに分かれた髪飾り。かんざし。

金3 【𨥉】(11) 〈国字〉 音 サン 訓 ―
意味 やすり。

金3 【釶】(11) 音 シャ 訓 ―
意味 短いほこ。

金3 【釧】(11) 人名 音セン 訓くしろ

筆順 ノ 𠆢 亼 牟 余 金 釒 釧 釧

意味 古代人の腕飾りの一種。くしろ。「玉釧(たまくしろ)」

金3 【釣】(11) 常用 音チョウ 訓つる 旧字 金3 釣(11)

筆順 𠆢 亼 牟 余 金 釒 釣 釣

意味 ❶魚を針に掛けて取る。つる。また、そのこと。つり。「釣果・釣魚・釣り竿(ざお)」❷だまして仕向ける。つる。「甘言で人を釣る」❸ぶらさげる。「釣り鐘」❹釣り銭のこと。つり。名付 ちょう・つり・つる

【釣果(ちょうか)】つりの獲物。

参考熟語 釣瓶(つるべ)

金3 【釻】(11) 〈国字〉 音— 訓つく

意味 ❶弓の弭(はず)。また、弓の弭にかぶせる金具。つく。❷担い棒の先の突き出た部分。つく。

金3 〔釼〕▶剣 異

金4 【鈞】(12) 音キン 訓ひとしい

意味 等しい。ひとしい。また、等しくする。

金4 【釿】(12) 音キン 訓—

意味 断ち切る。また、おのなど、断ち切る道具。

金4 【鈔】(12) 印標 音ショウ 訓—

意味 本などを抜き書きする。また、その抜き書きしたもの。「鈔本・鈔録」

【鈔本(しょうほん)】本の必要な部分だけを抜きだして作った本。▽「抄本」とも書く。

【鈔録(しょうろく)】要点を抜き出して書くこと。▽「抄録」とも書く。

金4 【鈕】(12) 音チュウ 訓ボタン

意味 ❶シャツ・洋服などの合わせ目をとめる物。ボタン。「鈕釦(ちゅうこう)」❷電鈴を鳴らしたり機械を動かしたりするときに押す突起物。ボタン。

金4 【鈍】(12) 常用 音ドン 訓にぶい・にぶる・のろい・なまる・にび

筆順 亼 牟 余 金 釒 釒 釒 鈍

意味 ❶切れ味が悪い。にぶい。また、そのようになる。なまる。にぶる。「鈍刀・利鈍」❷角度が直角より大きい。「鈍角」❸頭の働きや動作がすばやくない。のろい。どん。にぶい。また、そのようになる。どんする。なまる。にぶる。「鈍才・鈍感・愚鈍・貧すれば鈍する」❹灰色がかったあざやかでない色。にび。「青鈍(あおにび)」

【鈍感(どんかん)】物事に対する感じ方が鈍いさま。

【鈍器(どんき)】①よく切れない刃物。②こん棒・かなづちなど、刃のついていない棒状の道具。

【鈍根(どんこん)】頭の働きが鈍いこと。

【鈍才(どんさい)】頭の働きが鈍いこと。また、その人。

【鈍重(どんじゅう)】頭の働きが鈍く動作がのろいこと。

【鈍磨(どんま)】すり減って鈍くなること。

【鈍色(にびいろ・にぶいろ)】染め色の名。濃いねずみ色。

参考熟語 鈍間(のろま)

金4 【鈨】(12) 〈国字〉 音— 訓はばき

意味 刀身が抜けないよう、つばもとではめこむ金具。はばき。

金4 【鈑】(12) 音ハン 訓—

意味 金属の延べ板。いたがね。「鈑金(ばんきん)」

〔欽〕▶欠8

金4 〔鈎〕▶鉤 異

金4 〔鈬〕▶鐸 異

金4 〔鈩〕▶鑪 異

金5 【鉞】(13) 音エツ 訓まさかり

意味 大きなおの。まさかり。「斧鉞(ふえつ)」

金5 【鉛】(13) 常用 音エン 訓なまり

筆順 𠆢 亼 牟 余 金 釒 鈆 鉛

意味 金属の一種。なまり。「鉛筆・鉛毒・黒鉛」

【鉛直(えんちょく)】水平面に直角であること。

金5 【鉗】(13) 印標 音カン 訓—

意味 ❶くびかせ。❷口を閉じる。「鉗口令(かんこうれい)」❸物をはさむ道具。「鉗子(かんし)」

【鉗口(かんこう)】①口を閉じてものを言わないこと。

8画

②口どめ。▽①は「緘口(かんこう)」とも書く。

【鉗子(かんし)】医療器具の一つ。手術のとき、臓器などをはさんだりおさえたりするのに使う、はさみのような形をした金属製の器具。

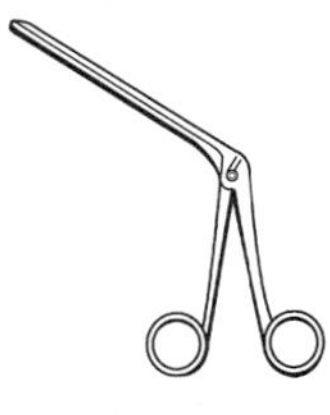
鉗子

金5 【鉅】(13) 音 キョ 訓 —

意味 大きい。多い。「鉅万(きょまん)」

【鉅万(きょまん)】金銭や財産などが非常に多いこと。▽「巨万」とも書く。

鉅

金5 【鉉】(13) 音 ゲン 訓 つる

意味 鍋(なべ)・土瓶(どびん)などの、弓形の取っ手。つる。

鉉

金5 【鈷】(13) 音 コ 訓 —

意味 仏具の一つ。煩悩を打ち破るという。もと、インドの護身用の武器。「独鈷(どっこ・とっこ)」

鈷

金5 【鉱】(13) 5年 旧字 金15 鑛(23)

音 コウ 訓 あらがね

筆順

意味 ❶金属を含む地中の岩石。また、掘り出したままで、精練されていない金属。あらがね。「鉱石・鉱夫・採鉱・鉄鉱」❷鉱山のこと。「炭鉱」 名付 かね・こう

鉱

参考 「鉱・鉱業・鉱石・炭鉱」などの「鉱」は「礦」が書き換えられたもの。

【鉱山(こうざん)】役に立つ鉱物を掘り出す山。

【鉱脈(こうみゃく)】岩石の割れ目に板状にかたまってできた、鉱物の層。

金5 【鉤】(13) 印標 音 コウ 訓 かぎ 異体 金4 鈎(12)

意味 物を掛ける、先の曲がった金属製の道具。また、そのような形のもの。かぎ。「鉤針(かぎばり)・鉤裂(かぎざ)き」

【鉤爪(かぎづめ)】鳥やとかげなどの足にある、先が曲がった鋭いつめ。

【鉤鼻(かぎばな)】鼻先が内側に曲がった鼻。わしばな。

鉤

金5 【鉈】(13) 音 シ 訓 なた

意味 まきなどを割るのに用いる、刃が厚くて幅の広い刃物。なた。

鉈

金5 【鉦】(13) 印標 音 ショウ 訓 かね

意味 円くて平たい金属製の打楽器。かね。しょう。「鉦鼓」

【鉦鼓(しょうこ)】①仏具の一つ。念仏のときにたたく丸い青銅製のかね。②雅楽に使う打楽器の一つ。金属製のさら形のかねで、ばちでたたく。

鉦

金5 【鉐】(13) 音 セキ 訓 —

意味 「鍮鉐(とうせき・ちゅうせき)」は真鍮(しんちゅう)のこと。

鉐

金5 【鉄】(13) 3年 音 テツ 訓 かね・くろがね

鉄

旧字 金13 鐵(21) 異体 金6 銕(14) 異体 金12 鐡(20)

筆順

意味 ❶金属の一つ。くろがね。かね。てつ。「鉄鉱・鉄板・鉄則・製鉄・鋼鉄」❷刃物。「寸鉄」❸鉄道のこと。「私鉄・地下鉄」 名付 かね・きみ・てつ・とし

【鉄火(てっか)】①まっかに焼けた鉄。②ばくち。また、ばくちうち。「—場(ば)」③料理で、なまのまぐろを使ったもの。「—巻」④気性が激しいこと。「—肌(はだ)」

【鉄血(てっけつ)】兵器と、人の血。「—宰相」▽兵力と軍備にたとえる。

【鉄拳(てっけん)】正しいことを行おうとする人がふるう堅いにぎりこぶし。「—制裁」

【鉄鎖(てっさ)】鉄製の鎖。「—の生活」▽きびしい束縛にたとえることもある。

【鉄条網(てつじょうもう)】敵の侵入を防ぐ障害物としてとげのある鉄線を網のようにはりめぐらしたもの。

【鉄心(てっしん)】①鉄の芯(しん)。また、コイルの中に入れた鉄。②鉄のように堅固な精神。「—石腸」

【鉄人(てつじん)】鉄のように力・からだ・精神力の強い人。

【鉄石(てっせき)】鉄と石。「—心」▽しっかりしていることにたとえる。

【鉄則(てっそく)】必ず守るべき、絶対的な規則・法則。

【鉄鎚(てっつい)】大形のかなづち。「—を下す(きびしい制裁や処置をする)」▽「鉄槌」とも書く。

8画

【鉄壁】てっぺき 鉄製の壁。「金城—」「—の守備」▽非常に堅固な守備にたとえる。

【鉄砲玉】てっぽうだま ①鉄砲の弾丸。②外出や使いに行ったきりなかなかもどってこないこと。また、その人。

【鉄面皮】てつめんぴ ずうずうしくてあつかましいこと。また、そのような人。▽「鉄でできた面らつの皮」の意。

【鉄路】てつろ 鉄道または鉄道線路のこと。

【鉄腕】てつわん 鉄のように強い腕の力。

参考熟語 鉄漿おはぐろ・かね 鉄葉ブリキ

金5 【鈿】(13) 音デン 訓—

意味 金きんや貝をはめこむ細工。「螺鈿らでん」

金5 【鉢】(13) 常用 音ハチ・ハツ 訓—

筆順 ノ 𠆢 牟 余 金 針 鉢 鉢

意味 ❶皿形の深くて大きい器。はち。「摺すり鉢」❷頭の横まわり。また、かぶとの頭の部分。はち。「鉢巻き」❸僧の使う食器。「托鉢たくはつ」

名付 はち・ほ

金5 【鉋】(13) 音ホウ 訓かんな

意味 材木の表面を削って平らにする大工道具。かんな。「鉋屑かんなくず」

金5 【鉚】(13) 音リュウ 訓—

意味 良質の金属。

金5 【鈴】(13) 常用 音レイ・リン 訓すず

筆順 𠆢 牟 余 金 金' 鈴 鈴 鈴

意味 ❶中空の球に小さな玉や石などを入れ、振って鳴らすもの。すず。「金鈴」❷合図などのために振って鳴らす、鐘の形をしたもの。りん。「振鈴・風鈴ふうりん」❸よびりんのこと。ベル。りん。「電鈴」❹仏具の一つ。読経のときにたたく、金属製の鉢はち形のもの。りん。

名付 すず・りん・れい

金5 〖銃〗▼銃㊐

金6 【⿰金曲】(14)〈国字〉 音— 訓いかり・なた

意味 いかり。なた。▽人名などに用いる字。

金6 【⿰金系】(14)〈国字〉 音— 訓かすがい

意味 ❶戸をしめる金具。かけがね。かすがい。❷物の合わせ目をつなぎとめるくぎ。鎹かすがい。かすがい。

金6 【銜】(14) 異体 口9 啣(12) 音カン 訓くつわ・くつばみ・はみ・くわえる・ふくむ

意味 ❶馬の轡くつわ。くつわ。くつばみ。また、馬の口にくわえさせる部分。はみ。❷口にくわえる。ふくむ。

参考 ❷の「くわえる」は「啣える」とも書く。

金6 【銀】(14) 3年 音ギン 訓しろがね

筆順 𠆢 牟 金 釕 鈤 鉬 鉬 銀

意味 ❶金属の一種。しろがね。ぎん。「銀貨・銀山・水銀・純銀」❷銀のような光沢のある白色。ぎん。「銀河・銀輪・銀世界」❸貨幣。金銭。「銀行・賃銀」❹将棋の駒こまの銀将。ぎん。❺「銀行」の略。「日銀」

名付 かね・ぎん・しろがね

【銀杏】一いちょう 木の名。葉は扇形で秋に黄葉する。「公孫樹」とも。二ぎんなん いちょうの実。

【銀漢】ぎんかん 天の川のこと。銀河。

【銀世界】ぎんせかい 雪が一面に降り積もった景色。

【銀盤】ぎんばん ①銀製の皿や盆。②アイススケートリンクの、氷の表面。また、アイススケートリンク。

【銀幕】ぎんまく ①映写幕。スクリーン。②転じて、映画または映画界のこと。「—のスター」「—の女王」

【銀翼】ぎんよく ①航空機の、銀色に輝いている翼。②航空機を美しくいうことば。

【銀輪】ぎんりん 自転車を美しくいうことば。「—部隊」

【銀鱗】ぎんりん 銀色に光る、魚のうろこ。また、魚。

【銀嶺】ぎんれい 雪が降り積もって銀色に輝く、山のみね。

参考熟語 銀杏いちょう・ぎんなん

金6 【銖】(14) 音シュ 訓—

意味 ❶昔の重さの単位。一銖しゅは一両の二十四分の一。朱(しゅ)。❷江戸時代の貨幣の単位。一銖(しゅ)は一両の十六分の一。朱(しゅ)。

金6【銃】(14) 常用 音 ジュウ 訓 つつ　旧字 金5 銃(13)

意味 鉄砲。つつ。じゅう。「銃砲・銃声・銃殺・小銃・空気銃・捧(ささ)げ銃(つつ)」名付 じゅう

【銃火(じゅうか)】銃を撃つときに出る火。「―を浴びる(銃の射撃による攻撃を受ける)」

【銃器(じゅうき)】大砲に比べて小型の、小銃・ピストル・機関銃などのこと。

【銃撃(じゅうげき)】銃で撃って攻撃すること。

【銃後(じゅうご)】直接戦闘には参加しないが、戦争に協力する一般国民のこと。「―の守り」▽「戦場の後方」の意。

【銃創(じゅうそう)】撃った銃弾で受けた傷。「貫通―」

【銃砲(じゅうほう)】銃と大砲。また、小銃。

金6【銭】(14) 6年 音 セン 訓 ぜに　旧字 金8 錢(16)

意味 ❶小額の金属貨幣。また、お金のこと。ぜに。「金銭・借銭・天保銭」❷通貨の単位。一銭(せん)は一円の百分の一。せん。「銭湯」❸昔の通貨の単位。一銭(せん)は一貫の千分の一で、一文(いちもん)。せん。

金6【銑】(14) 人名 音 セン 訓 ずく

意味 鉄鉱石を溶かして取り出された、不純物の多い鉄。鋳鉄(ちゅうてつ)・鋼鉄の原料。ずく。「銑鉄(せんてつ・ずくてつ)・熔銑(ようせん)」名付 さね・せん

金6【銓】(14) 音 セン 訓 はかる

意味 物の目方を計器などで調べる。また、人物をよく調べる。はかる。「銓衡」

参考「銓衡」は「選考」に書き換える。

金6【銛】(14) 音 セン 訓 もり

意味 投げつけて魚や鯨を刺しとる道具。もり。

金6【銚】(14) 音 チョウ 訓 ―

意味 飲食物を温める器。「銚子」

【銚子(ちょうし)】①酒を入れて杯につぐ、長い柄のついた器。②酒の徳利(とっくり)。

参考熟語 銚釐(ちろり)

金6【銅】(14) 5年 音 ドウ 訓 あか・あかがね

意味 金属の一つ。あか。あかがね。どう。「銅山・銅鑼(どら)・銅像・赤銅(しゃくどう)・精銅」名付 かね・どう

【銅壺(どうこ)】火ばちの中などにいけて置く、銅または鉄製の湯沸かし用容器。

【銅臭(どうしゅう)】財産を誇る者や、財貨で社会的地位を得た者などをののしっていうことば。

【銅鐸(どうたく)】古代に用いられた、青銅製のつりがね形をした祭器や楽器類。▽「鐸(たく)」は、昔、中国で、命令を出すときに鳴らした大きな鈴。

金6【鉾】(14) 印標 音 ボウ 訓 ほこ

意味 ❶昔の武器の一種。両刃の剣に長い柄をつけたもの。ほこ。「鉾先(ほこさき)」❷ほこを立てて飾った、祭りの山車(だし)。ほこ。「山鉾(やまぼこ)」

参考 ❶の「ほこ」は「矛」「戈」「鋒」とも書く。

金6【鋩】(14) 音 ボウ 訓 ―　正字 金7 鋩(15)

意味 刃物の先端。きっさき。「鋒鋩(ほうぼう)」

金6【銘】(14) 常用 音 メイ 訓 しるす

意味 ❶功績や由来を金属器・石碑などに刻みつける。めいずる。また、その文。めい。「銘文・碑銘・墓碑銘」❷戒めのことば。めい。「座右銘」❸器物にしるされた、その器物の作者の名。めい。「無銘・刻銘」❹上等の品。「銘茶・銘菓・銘柄(めいがら)」❺心にとどめて忘れない。しるす。めいずる。「銘記・感銘・肝(きも)に銘ずる」名付 あき・かた・な・めい

【銘記(めいき)】深く心にとどめて忘れられないこと。

参考「明記(めいき)」は、はっきりと書きしるすこと。

【銘文】めいぶん 金属器や石碑などにしるされた文。
【銘木】めいぼく 形・色つや・材質などのすぐれた木材。
【銘銘】めいめい ひとりひとり。おのおの。「―皿ざら」

金6 【銕】▼鉄 異

金7 【鋭】(15) 常用 旧字 金7 銳(15)
音 エイ 訓 するどい・とし
筆順
意味 ❶先がとがっている。また、そうしてよく切れる状態である。とし。するどい。「鋭利・鋭角・尖鋭せんえい」❷勢いが激しくて強い。するどい。「鋭気・精鋭」❸頭・感覚の働きがすばやい。とし。「鋭敏」 名付 えい・さとき・さとし・とき・とし
参考 ❶❸の「とし」は「利し」とも書く。
【鋭意】えいい いっしょうけんめいに努力すること。「―専心」「―研究に努める」
【鋭気】えいき 強くて激しい気性・意気込み。「―に満ちた行動」 参考 「英気えいき」はすぐれた才気のこと。
【鋭鋒】えいほう 鋭いほこさき。▽言論などによる鋭い攻撃にたとえることもある。

金7 【錺】(15) 〈国字〉 音 ― 訓 かざり 正字 金8 錺(16)
意味 金属の細かい装飾品。かざり。「錺職かざりしょく」

金7 【⿰金邑】(15) 〈国字〉 音 ― 訓 かな・かま
意味 かな。かま。▽人名などに用いる字。

金7 【鋏】(15) 印標 音 キョウ 訓 はさみ
意味 ❶物を切る道具の一つ。はさみ。「剪定鋏せんていばさみ」❷切符などにしるしとして穴をあける道具。パンチ。はさみ。「入鋏」

金7 【銹】(15) 音 シュウ 訓 さび 異体 金11 鏽(19)
意味 金属の、さび。「不銹鋼(ステンレススチール)」
参考 「さび」は「錆」とも書く。

金7 【鋤】(15) 印標 音 ジョ 訓 すき・すく
意味 ❶農具の一種。土を掘り起こすのに用いる。すき。「鋤簾じょれん・鋤鍬すきくわ」❷すきを用いて畑を耕す。すく。
【鋤簾】じょれん 土・小石などをかき集める農具。長い柄の先に箕みをつけたもの。

金7 【銷】(15) 音 ショウ 訓 けす
意味 ❶取り除いて消す。けす。「銷夏・銷却」❷衰える。「銷沈」
参考 「銷・銷夏・銷却・銷沈」などの「銷」は「消」に書き換える。

金7 【鋳】(15) 常用 旧字 金14 鑄(22) 人名
音 チュウ 訓 いる
筆順
意味 溶かした金属を型に流し込んで器物を作る。いる。「鋳造・鋳鉄・新鋳・鋳物いもの」
【鋳金】ちゅうきん 溶かした金属を鋳型いがたに流し込んで工芸品を作ること。また、その技法。
【鋳造】ちゅうぞう 溶かした金属を鋳型いがたに流し込んでその形の物を作ること。
【鋳鉄】ちゅうてつ 鋳物いものに用いる鉄。銑鉄せんてつ。

金7 【⿰金男】(15) 〈国字〉 音 ― 訓 なた
意味 なた。▽地名などに用いる字。「十⿰金男平となたひら」は、秋田県にある地名。

金7 【錵】(15) 〈国字〉 音 ― 訓 にえ 正字 金8 錵(16)
意味 日本刀の、刃と地肌との境めに現れた雲形などの模様。にえ。
参考 「にえ」は「沸」とも書く。

金7 【鋲】(15) 〈国字〉 音 ― 訓 びょう
意味 ❶物をとめるための、頭部が平たくて大きなくぎ。びょう。「画鋲」❷金属板などをつなぐのに用いる、リベット。びょう。

金7 【鋪】(15) 音 ホ 訓 しく
意味 ❶一面に敷く。しく。「鋪装・鋪道」❷店。「店鋪・老鋪」
参考 「鋪装」は「舗装」に書き換える。
【鋪道】ほどう 舗装した道路。▽「舗道」とも書く。

金7 【鋒】(15) 人名 音 ホウ 訓 きっさき・ほこ・ほこさき

筆順 鋒

意味 ❶昔の武器の一種。長い柄に両刃の剣をつけたもの。ほこ。❷刃物の先端のよく切れる部分。きっさき。また、ほこの、その部分。ほこさき。「鋭鋒・筆鋒」名付 ほこ・さき

参考 ❶の「ほこ」は「矛」「戈」「鉾」とも書く。

金8 **【錏】**(16) 音 ア 訓 しころ

意味 かぶとの、左右・後方にたれさがっていて首をおおう部分。しころ。

参考 「しころ」は「錣」とも書く。

金8 **【鋺】**(16) 音 エン・ワン 訓 かなまり

意味 金属製のわん。かなまり。

金8 **【鋸】**(16) 人名 音 キョ 訓 のこ・のこぎり

筆順 鋸

意味 材木などを引き切る道具。のこ。のこぎり。「鋸歯・糸鋸(いとのこ)」

【鋸歯(きょし)】のこぎりの鋭くとがった歯。「―状」

金8 **【錦】**(16) 常用 音 キン 訓 にしき

筆順 錦

意味 いろいろな色糸で美しい模様を織り出した高級な織物。にしき。「錦旗・蜀錦(しょっきん)・錦絵(にしきえ)・錦を飾る(成功し出世して故郷に帰る)」

名付 かね・きん・にしき

【錦旗(きんき)】赤地の錦(にしき)に日月を描いた、天皇の旗。錦の御旗(みはた)。

【錦秋(きんしゅう)】もみじが照りかがやく秋。

【錦繡(きんしゅう)】錦(にしき)と刺繡(ししゅう)をした織物。また広く、豪華で色どりの美しい織物・衣服のこと。▽美しいもみじ・花・詩文にもたとえる。

【錦上花を添える(きんじょうはなをそえる)】美しい錦(にしき)の上に美しい花を置く。▽りっぱなものを、さらにりっぱにすることを形容することば。

金8 **【錮】**(16) 常用 音 コ 訓 ―

筆順 錮

意味 閉じ込める。「禁錮」

金8 **【鋼】**(16) 6年 音 コウ 訓 はがね

筆順 鋼

意味 鉄と炭素とを基本とする合金。こう。はがね。「鋼鉄・鋼材・製鋼・特殊鋼」名付 かた・こう

【鋼玉(こうぎょく)】鉱物の一種。ルビー・サファイアなど、ダイヤモンドに次いで硬い宝玉。

【鋼索(こうさく)】鋼鉄の針金をより合わせて作った綱。ワイヤロープ。「―鉄道(ケーブルカーのこと)」

【鋼鉄(こうてつ)】かたくてじょうぶな鉄。はがね。

金8 **【錯】**(16) 常用 音 サク・ソ 訓 あやまる・まじる

筆順 錯

意味 ❶他の物がそこにはいって区別がつかなくなる。まじる。「錯雑・錯綜(さくそう)・交錯」❷区別がつかなくなってまちがう。あやまる。「錯誤・錯覚・失錯」❸順序を入れ違う。「倒錯」❹そこに置く。「挙錯(きょそ)」

参考 ❹は「そ」と読み、「措」とも書く。

【錯誤(さくご)】①まちがい。②事実と観念・認識とが一致しないこと。「時代―」

【錯雑(さくざつ)】いろいろなものが複雑に入りまじっていてまとまりがないこと。

【錯綜(さくそう)】いろいろなものが複雑に入りまじること。▽「綜」は「寄せ集めて一つにする」の意。

【錯乱(さくらん)】いろいろなものが入り乱れて混乱し、正常でなくなること。「精神―」

【錯覚(さっかく)】①外界の事物を客観的に正しく知覚できないこと。また、その知覚。▽おもに、視覚・聴覚についていう。②思い違い。かんちがい。

金8 **【錙】**(16) 音 シ 訓 ―　正字 金9 錙(17)

意味 古代中国の重さの単位。一錙(し)は六銖(しゅ)。

金8 **【錫】**(16) 人名 音 シャク 訓 すず

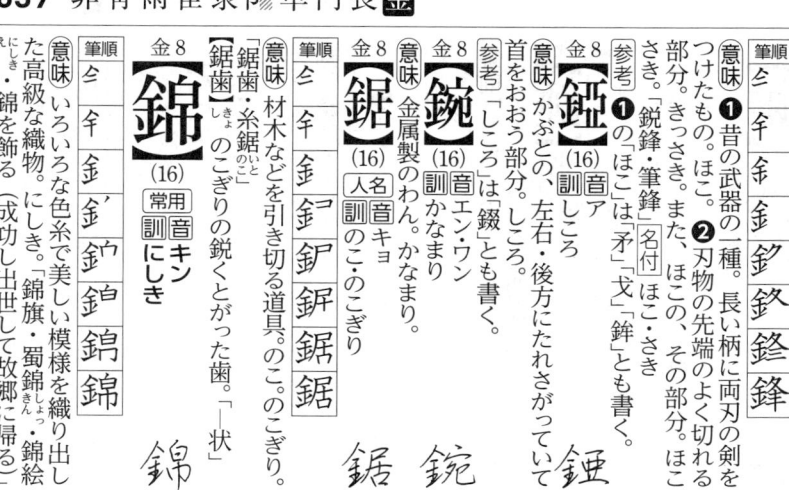

筆順 錫

意味 ❶金属の一つ。すず。❷僧侶・道士が用いる杖の一種。しゃく。「錫杖（しゃくじょう）」 名付 あと・う・すず・たまう・ます・やす・ゆたか

【錫杖】しゃくじょう 僧や修験者が持ち歩く杖。頭部に金属製の輪があり、杖を突くたびにその輪が鳴る。

参考熟語 錫蘭（セイロン）

金8 【錠】(16) 常用 音ジョウ 訓—

筆順

意味 ❶戸・ふたなどにつけ、かぎを用いて開閉する金具。じょう。「施錠・南京錠・錠前」❷薄く平たく丸めた薬。また、それを数えることば。じょう。「錠剤・糖衣錠」

【錠剤】じょうざい 服用しやすくするために、小さくまるい形に固めた薬。タブレット。

【錠前】じょうまえ 戸やふたなどが容易にあかないようにするためにつける金属の器具。錠。

金8 【錘】(16) 人名 音スイ 訓つむ・おもり

筆順

意味 ❶紡績機械で、糸によりをかけながら巻き取る装置。つむ。「紡錘」❷はかりのおもり。おもり。

参考 ❶の「つむ」は「紡錘」とも書く。

金8 【錐】(16) 人名 音スイ 訓きり

筆順

意味 板などに穴をあける、先の鋭くとがった道具。きり。「立錐・円錐・錐揉み」

金8 【錆】(16) 人名 異体 金8 錆(16) 音セイ・ショウ 訓さび・さびる

筆順

意味 金属の、さび。また、それが金属の表面にできる。さびる。「錆色」

参考 「さび」は「銹」とも書く。

金8 【錚】(16) 音ソウ 訓—

意味 金属が触れ合って鳴る快い音。「錚錚」

【錚錚】そうそう その人物が世間によく知られていてすぐれているさま。「—たる連中」

金8 【⿰金忠】(16) 〈国字〉 音チュウ 訓ただ・ただし・ちゅう

意味 ただ。ただし。ちゅう。▽人名に用いる字。

金8 【錣】(16) 音テツ 訓しころ

意味 かぶとの、左右・後方にたれさがっていて首をおおう部分。しころ。

参考 「しころ」は「錏」とも書く。

金8 【錨】(16) 音ビョウ 訓いかり 正字 金9 錨(17)

意味 船を止めておくおもり。いかり。「投錨・抜錨」

参考 「いかり」は「碇」とも書く。

金8 【錻】(16) 〈国字〉 音ブ 訓—

意味 →錻力

【錻力】ブリキ 薄い鉄板に錫をめっきしたもの。▽オランダ語 blik にあてた字。

金8 【錝】(16) 音リョウ 訓かすがい

意味 ❶打楽器の一つ。❷かすがい。▽地名に用いる字。「小錝（こかすがい）」は、山形県山形市にある地名。

金8 【錬】(16) 常用 旧字 金9 鍊(17) 人名 音レン 訓ねる

筆順

意味 ❶金属を、溶かしたり焼きを入れたりして質のよいものにする。ねる。「錬鉄・鍛錬・錬金術」❷人物・学問・技芸などを鍛えてりっぱなものにする。ねる。「錬磨・修練・精錬」

名付 れん

参考 ❶の「ねる」は「煉る」とも書く。❷の「ねる」は「練る」「煉る」とも書く。

【錬金術】れんきんじゅつ ①銅・鉛などの普通の金属を金・銀などの貴金属に変えようとした、原始的な化学技術。②金もうけの方法。▽「煉金術」とも書く。

【錬成】れんせい 心身を鍛えすぐれた人間にすること。

【錬磨】れんま 人格・学問・技芸などを鍛えてすぐれたものにすること。「百戦—の士」▽「練磨」

8画

とも書く。

金8 【録】(16) 4年 音ロク 訓しるす

旧字 金8 錄 (16) 人名

筆順 亼 牟 金 … 録

意味 ❶書きとどめる。しるす。ろくする。また、物にしるして残す。「録音・記録・抄録」❷書きしるした文書。「目録・実録・住所録」名付 とし・ふみ・ろく

金8 【錢】▸銭(旧)

金9 【鍋】(17) 常用 音カ 訓なべ

筆順 亼 牟 金 … 鍋

意味 ❶食物を煮る、なべ。「鍋底(なべぞこ)・鍋物(なべもの)・土鍋(どなべ)」❷なべで煮ながら食べる料理。なべ。「牛鍋(ぎゅうなべ)」名付 か・なべ

金9 【鍜】(17) 音カ 訓—

意味「錏鍜(あか)」は、かぶとのしころ。かぶとの後ろに垂れて首を守る。

金9 【鍔】(17) 音ガク 訓つば

意味 刀の、刀身と柄との間にはさむ平たい鉄板。つば。「鍔際(つばぎわ)・鍔鳴り」参考「つば」は「鐔」とも書く。

金9 【鍵】(17) 常用 音ケン 訓かぎ

筆順 金 … 鍵

意味 ❶錠を開閉する金具。かぎ。「秘鍵・鍵穴(かぎあな)」❷ピアノ・オルガン・タイプライター・電信器などで、指で押さえて働きをさせる部分。キー。けん。「鍵盤・電鍵・黒鍵」❸問題を解決する大事な要素。キー。かぎ。❹錠(じょう)のこと。「—を開ける」名付 かぎ・けん 参考 ❶❸の「かぎ」は「鑰」とも書く。

金9 【鍠】(17) 音コウ 訓—

意味 鐘や太鼓の音を表すことば。

金9 【鍬】(17) 人名 音シュウ 訓くわ

筆順 亼 牟 金 … 鍬

意味 農具の一種。土を掘り起こしたり、ならしたりするのに用いる。くわ。「鍬形(くわがた)・鋤鍬(すきくわ)」名付 くわ・すき

金9 【[金+春]】(17)〈国字〉音シュン 訓—

意味 人名に用いる字。

金9 【鍾】(17) 印標 音ショウ 訓—

意味 固め集める。また、固まり集まる。「鍾愛・鍾乳洞(しょうにゅうどう)」

【鍾愛(しょうあい)】たいそうかわいがること。

【鍾乳洞(しょうにゅうどう)】地下の石灰岩が雨水や地下水によって溶かされてできたほら穴。

【鍾馗(しょうき)】中国で、疫病神(やくびょうがみ)を追い払うという神。▽日本では、その像を端午の節句にかざる。

鍾馗

金9 【鍼】(17) 印標 音シン 訓はり

意味 漢方で、患部に刺して刺激を与える針。はり。また、その針を患部に刺すこと。「鍼術・鍼灸(しんきゅう)」参考「鍼術」は「針術」に書き換える。

【鍼灸(しんきゅう)】からだに刺激を与えて病気を治療する、鍼(はり)と灸(きゅう)。「—術」▽「針灸」とも書く。

金9 【鍛】(17) 常用 音タン 訓きたえる

筆順 牟 金 … 鍛

意味 ❶金属に焼きを入れて強くする。きたえる。「鍛鉄・鍛冶(たんや・かじ)」❷激しい練習・修練をさせて人格・技術などをすぐれたものにする。きたえる。「鍛練」名付 かじ・きたえ・たん

【鍛造(たんぞう)】材料の金属を熱して、つちで打ち延ばしながら必要な形にすること。「—機械」

【鍛練(たんれん)】①激しい練習・修練をして人格・技術や体力・気力をすぐれたものにすること。

8画

❷金属に焼きを入れて強くすること。▽「鍛錬」とも書く。

金9 【鍮】(17) 音チュウ 訓―
意味「真鍮(しんちゅう)」は金属の一種。

金9 【鍖】(17) 音チン 訓―
意味 当て木。

金9 【鍍】(17) 音ト 訓―
意味 金属を保護するために、その金属の表面に金・銀・クロームなどの薄い層を固着させる。「鍍金(ときん・めっき)」

【鍍金】(ときん・めっき) 金や銀などのうすい層を金属の表面に固着させること。また、そうしたもの。▽表面だけ飾り立ててよく見せかけることにたとえることもある。

金9 〔錙〕▶錙(正)

金9 〔鍊〕▶錬(旧)

金9 〔鎚〕▶鎚(異)

金10 【鎰】(18) 音イツ 訓―
意味 ❶中国の古代の重さの単位。一鎰(いつ)は二十四両、または二十両。❷鍵(かぎ)。

金10 【鎧】(18) 人名 音ガイ 訓よろい・よろう
筆順
意味 昔、戦争のとき、身を守るために付けた武具。よろい。また、それを身につけて武装する。よろう。「鎧袖一触(がいしゅういっしょく)・鎧戸(よろいど)」
参考「よろい」は「甲」とも書く。

【鎧袖一触】(がいしゅういっしょく) 簡単に相手を負かすこと。▽「敵から加えられた攻撃をよろいの袖(そで)でちょっと打ち払っただけで撃退する」の意。

【鎧戸】(よろいど) 細長い薄い板を、透き間ができるように何枚も斜めに並べてとりつけた戸。

金10 【鎹】(18)〈国字〉 音― 訓かすがい
意味 二つの材木などをつなぎとめるために打ち込む、コの字形の金具。かすがい。「子は鎹」

金10 【鎬】(18) 音コウ 訓しのぎ
意味 刀の両面の、みねと刃の中間の一線を成している部分。しのぎ。「鎬を削る(激しく争い合う)」

金10 【鎖】(18) 常用 音サ 訓くさり・とざす
旧字 金10 鎖(18) 異体 金10 鎻(18) 異体 金11 鏁(19)
筆順
意味 ❶金属製の輪をつなぎ合わせた、ひも状のもの。くさり。「鎖骨・連鎖・鉄鎖」❷通れなくする。とざす。「鎖国・封鎖」❸錠のこと。「鎖鑰(さやく)」❹門・戸をしめて錠をかける。とざす。
参考 ❶の「くさり」は「鏈」とも書く。❷❹の「とざす」は「閉ざす」とも書く。

【鎖国】(さこく) 外国との貿易・交通・外交をしないこと。

【鎖骨】(さこつ) 胸の上部にあり、胸骨と肩とをつないでいる骨。

金10 【(金+逆)】(18)〈国字〉 音― 訓さかほこ
意味 さかほこ。「天(あま)の逆鉾(さかほこ)」の略。神代にある天瓊矛(あまのぬほこ)のこと。

金10 【鎗】(18) 音ソウ 訓やり
意味 ❶武器の一種。やり。❷金属や石の触れ合うさわやかな音。「鏗鎗(こうそう)」
参考 ❶の「やり」は「槍」「鑓」とも書く。

金10 【鎮】(18) 常用 音チン 訓しずめる・しずまる
旧字 金10 鎭(18) 人名
筆順
意味 ❶活動が終わって穏やかになる。しずまる。また、抑えつけてそのようにする。しずめる。「鎮圧・鎮火」❷動いたり乱れたりしないように押さえつけるもの。しずめ。「文鎮・重鎮」❸神などが祭られて静かにいる。しずまる。また、そのようにする。しずめる。「鎮座」❹中国で、大きな都市のこと。「武漢三鎮」
名付 おさむ・しげ・しず・しずむ・しずめ・ちん・つね・まさ・まもる・やす・やすし
参考 しずまる⇩「静」の〔使い分け〕。

【鎮圧】(ちんあつ) 暴動・騒ぎなどを抑え鎮めること。「内乱を―する」

【鎮護】(ちんご) 反乱や災禍をしずめて、国をまもること。

【鎮魂】《ちんこん》 死者の魂を慰めて鎮め落ち着けること。

【鎮座】《ちんざ》 神霊が、自分がいるべき場所としてそこにいること。▽人がどっかりとそこにすわっていることや、物が非常に目立つ様子でそこにあることにたとえることもある。

【鎮守】《ちんじゅ》 土地・寺・氏などを守る神。また、その社。「—の杜《もり》」

【鎮静】《ちんせい》 高ぶっている気持ちが静まり落ち着くこと。また、そうさせること。「—剤」参考「沈静《ちんせい》」は、落ち着いていて静かなこと。

【鎮痛】《ちんつう》 痛みをしずめること。「—剤」

【鎮定】《ちんてい》 暴動・反乱などを抑え鎮めること。また、そうなって世の中が穏やかになること。

【鎮撫】《ちんぶ》 国などが、反乱や暴動などを鎮めて人心を安らかにすること。

金10 【鎚】(18) 印標 音ツイ 訓つち 異体 金9 鎚(17)

意味 ❶物をたたくための、柄のついた工具。つち。❷頭部が金属製のつち。つち。「鉄鎚」

参考 ❶❷の「つち」は「槌」「椎」とも書く。

金10 【鎺】(18) 〈国字〉 音— 訓はばき

意味 刀身が抜けないように、つばもとにはめる金具。はばき。

金10 【鎔】(18) 音ヨウ 訓とかす・とける

意味 金属が熱せられて溶ける。とける。また、そのようにする。とかす。「鎔解・鎔鉱炉」

参考「鎔・鎔解・鎔鉱炉」などの「鎔」は「溶」に書き換える。

金10 【鎌】(18) 常用 音レン 訓かま 旧字 金10 鎌(18)

筆順

意味 農具の一種。草を刈るのに用いる。かま。「鎖鎌」名付 かた・かね・かま・れん

【鎌首】《かまくび》 鎌のようにまげた首。▽蛇などが攻撃するときにもちあげた首をいう。

金11 【鏖】(19) 音オウ 訓みなごろし

意味 ひとり残らず殺す。また、みなごろし。「鏖殺」

金11 【鏡】(19) 4年 音キョウ 訓かがみ

筆順

意味 ❶姿などを映し見る道具。かがみ。「鏡台・明鏡・反射鏡」❷レンズのこと。また、レンズを通して物を見る道具。「眼鏡《がんきょう・めがね》・望遠鏡」❸行いの模範となるもの。かがみ。「亀鏡《ききょう》・武士の鏡」名付 あき・あきら・かがみ・かね・きょう・とし

参考 ❸の「かがみ」はふつう「鑑」「鑒」と書く。

【鏡花水月】《きょうかすいげつ》 美人や幻、また、つかみどころのない事柄のたとえ。▽鏡にうつった花と、水にうつった月の意。

金11 【鏨】(19) 音ザン 訓たがね

意味 金属・石などを切ったり穴をあけたりするのに用いる、鋼鉄製ののみ。たがね。

参考「たがね」は「鑽」とも書く。

金11 【鏘】(19) 音ショウ 訓—

意味 金属・鈴・石などが鳴る音。「鏘鏘《そうそう》」

金11 【鏃】(19) 音ゾク 訓やじり

意味 矢の先の鋭くとがった部分。やじり。「石鏃」

参考「やじり」は「矢尻」とも書く。

金11 【鏑】(19) 音テキ 訓かぶら

意味 ❶鏃《やじり》の代わりにつけ、矢を飛ばすと鳴るようにした、蕪《かぶら》形のもの。かぶら。「鏑矢《かぶらや》」❷鏑矢のこと。かぶら。

金11 【鏝】(19) 音マン 訓こて 正字 金11 鏝(19)

意味 ❶熱して、衣服のしわを伸ばしたり折り目をつけたりするのに使う用具。こて。❷壁を塗るのに使う道具。こて。

金11 【鏐】(19) 音リュウ 訓—

意味 黄金。金《きん》。

金11 【鏈】(19) 音レン 訓くさり

意味 くさり。

参考「くさり」はふつう「鎖」と書く。

金11【鏤】(19) 音ル・ロウ 訓ちりばめる
意味 ❶刻みつける。「鏤骨るこつ・鏤刻ろうこく・るこく」❷彫ってそこに一面にはめ込む。ちりばめる。
【鏤骨】るこつ よい文章にするのに非常に苦心し努力すること。「彫心―(非常に苦労して詩文を練りあげること)」▽「骨を刻む」の意。
【鏤刻】ろうこく・るこく ①金属や木に、模様をちりばめてほりつけること。②文章などに技巧をこらすこと。
鏤

金11〔鏥〕▶銹異

金11〔鏁〕▶鎖異

金11〔[illegible]〕▶[illegible]異

金12【鐚】(20) 音ア 訓びた
意味 質の悪い銭。びた。「鐚銭びたせん・鐚一文びたいちもん(ごくわずかなお金)」
【鐚銭】びたせん すり減った粗悪な銭。
鐚

金12【鏗】(20) 音コウ 訓―

意味 金属や石などが触れ合って鳴る音。「鏗鏗こうこう」

鏗

金12【鐘】(20) 常用 音ショウ・シュ 訓かね
筆順 ⺈ 午 金 鉝 錇 鐘 鐘 鐘
意味 撞木しゅもくでついたりたたいたりして鳴らす、金属製の道具。かね。「鐘鼓・鐘楼しょうろう・しゅろう・晩鐘」
名付 あつむ・かね・しょう
【鐘楼】しょうろう・しゅろう 鐘をつるしておいてつき鳴らす堂。鐘撞つき堂。
鐘

金12【鐓】(20) 音タイ 訓―

意味 矛ほこ・槍やりの柄の下端にかぶせる金具。石突き。

鐓

金12【鐔】(20) 音タン 訓つば 正字 金12 鐔(20)
意味 刀の、刀身と柄との間にはさむ平たい鉄板。つば。
参考「つば」は「鍔」とも書く。
鐔

金12【鐙】(20) 音トウ 訓あぶみ
意味 馬具の一種。馬の鞍くらの両側につるして馬に乗るときに足を掛けるもの。あぶみ。
鐙

金12【鐃】(20) 音ドウ・ニョウ 訓―

意味 青銅製の、二枚の皿形の打楽器。「鐃鈸にょうはち(法会に用いる鐃)」

鐃

金12【鐇】(20) 音ハン 訓たつぎ
意味 刃の幅の広い斧おの。たつぎ。
鐇

金12【鐐】(20) 音リョウ 訓―

意味 銀ぎん。「南鐐なんりょう(江戸時代の銀貨の一種)」

鐐

金12〔鐵〕▶鉄異

金13【鐶】(21) 音カン 訓―

意味 金属製の輪。指輪・耳輪や、引き出しの取っ手など。かん。

鐶

金13【鐫】(21) 音セン 訓える・ほる
意味 彫り刻む。ほる。える。
鐫

金13【鐸】(21) 印標 音タク 訓― 異体 金4 鈬(12)
意味 ❶昔、祭器として用い、また、命令を発するときに鳴らした、鐘に似た形をした鈴。たく。「銅鐸・木鐸」❷風鈴のこと。「風鐸」
鐸

金13【鐺】(21) 音トウ 訓こじり
意味 刀剣のさやの末端の部分。こじり。
鐺

金13【鑁】(21) 音バン 訓―

意味 「鑁阿寺ばんなじ」は、寺の名。栃木県足利あしかが市にある、真言宗大日派の寺。

鑁

金13〔鐵〕▶鉄旧

金14【鑓】(22) 印標 〈国字〉 音― 訓やり 異体 金13 鑓(21)
意味 武器の一種。やり。
参考「やり」は「槍」「鎗」とも書く。
鑓

金14〔鑄〕▶鋳旧

金15【鑑】(23) 常用 異体 金15 鑒(23)
音カン 訓かんがみる・かがみ
筆順 金 釗 釒 鈩 鉅 鉅 鑑 鑑
意味 ❶行いの手本となるもの。かがみ。「亀鑑
鑑

8画

・殷鑑(いんかん)」❷本質を考え見きわめる。「鑑別・鑑札(かんさつ)」❸同類のものを集めて分類・編集した本。「名鑑・大鑑」❹先例や実状を比べ合わせてよく考える。かんがみる。❺姿を映し見る道具。かがみ。 名付 あき・あきら・かた・かね・かん・しげ・のり・み・みる

参考 ❺の「かがみ」はふつう「鏡」と書く。

【鑑査】(かんさ) よく調べてそのものの適否・優劣・価値などを決めること。「無―出品」 参考 「監査(かんさ)」は、会計などを監督し検査すること。

【鑑識】(かんしき) ①物の良否・真偽を見分けること。また、その力。「―眼(がん)」②犯罪科学で、犯人の遺留品を調査して犯人を割り出すこと。

【鑑賞】(かんしょう) 芸術作品を理解し、よさを味わうこと。 参考 「観賞(かんしょう)」は、動植物の美しさを見て味わい楽しむこと。⇩「観照(かんしょう)」の[使い分け]。

【鑑定】(かんてい) 美術品や資料などについてその真偽・価値・良否などを見分けること。また、その判定内容。「―書」

【鑑別】(かんべつ) よく調べて真偽・良否などを見分けること。

金15 【鑠】(23) 音 シャク 訓 とかす・とける

意味 ❶金属を溶かす。とかす。また、金属が溶ける。とける。❷生き生きして元気がよい。「矍鑠(かくしゃく)」

金15 【⿰金樋】(23) 〈国字〉 音 ― 訓 ひ 異体 金11 ⿰金通(19)

意味 ひ。鉱脈。

金15 【⿰金遺】(23) 〈国字〉 音 ― 訓 やり

意味 やり。「⿰金遺合内屋敷(やりごうちやしき)」は、福島県の地名。

参考 「鑓」の誤記か。

金15 【鑢】(23) 音 リョ 訓 やすり

意味 表面に細かい目を刻んだ、棒状・板状の鋼鉄製のもの。金属の研摩などに用いる。やすり。「紙鑢(かみやすり)」

金15 【鑞】(23) 音 ロウ 訓 ―

意味 はんだなど、錫(すず)と鉛の合金。ろう。「白鑞(はくろう・びゃくろう・しろめ)」

金15 【鑛】▸鉱(旧)

金15 【鑚】▸鑽(異)

金16 【鑪】(24) 音 ロ 訓 ― 異体 金4 鈩(12)

意味 炉(ろ)。いろり。こんろなど。また、鉱石を溶かす炉。

金17 【鑵】(25) 音 カン 訓 ― 正字 金18 鑵(26)

意味 筒形の金属製の容器。かん。「鑵子(かんす)」

【鑵子】(かんす) ①茶の湯に使う茶釜(ちゃがま)。②青銅・真鍮(しんちゅう)製の湯わかし。

金17 【鑰】(25) 音 ヤク 訓 かぎ

意味 ❶錠を開閉する金具。かぎ。「鎖鑰」❷問題を解決するのに必要な大事な要素。かぎ。

参考 ❶❷の「かぎ」はふつう「鍵」と書く。

金18 【鑷】(26) 音 ジョウ 訓 けぬき

意味 ❶毛髪・ひげなどをはさんで抜き取る道具。毛抜き。けぬき。❷かんざし。

金19 【鑽】(27) 音 サン 訓 きる・たがね 異体 金15 鑚(23)

意味 ❶穴をあける。「鑽孔機」❷深く研究する。「研鑽」❸すり合わせたり、打ち合わせたりして火を取る。きる。「鑽り火」❹金属・石などを切ったり穴をあけたりする、鋼鉄製ののみ。たがね。

参考 ❹の「たがね」は「鏨」とも書く。

【鑽仰】(さんぎょう) 聖人や偉人の徳を、ほめたたえること。▽「讃仰」「賛仰」とも書く。

金19 【鑼】(27) 音 ラ 訓 ―

意味 銅で作った、盆状の楽器。「銅鑼(どら)」

金19 【鑾】(27) 音 ラン 訓 ―

意味 ❶天子の馬や馬車につけるすず。❷天子の乗り物。また、天子。

金20 【钁】(28) 音 カク 訓 ―

意味 農具の一つ。くわ。

金20 【鑿】(28) 音 サク 訓 うがつ・のみ

意味 ❶穴をあけたり削ったりする工具。のみ。❷穴をあける。また、切り開いて通す。うがつ。「穿鑿(せんさく)・鑿岩・開鑿」❸深く追求する。うがつ。

8画

参考 (1)❷❸の「うがつ」は「穿つ」とも書く。(2)「開鑿・掘鑿」などの「鑿」は「削」に書き換える。

長 の部 ながい

長0
【長】(8) 2年 音チョウ 訓ながい・おさ・たける
長

筆順 長

意味 ❶指揮・統率する立場の人。おさ。ちょう。「長官・社長・工場長・一家の長」❷年齢が多い、または年齢が多くなる。ちょうずる。また、年上・目上。ちょう。「長老・年長・成長・長ずるに及び」❸いちばん年上。「長子・長兄」❹すぐれている。また、すぐれている点・もの。ちょう。↔短。「長所・一長一短・一日(いちじつ)の長」❺距離・時間の隔たりが多い。ながい。↔短。「長命・身長・冗長」❻のびる。また、のばす。「延長・消長」❼ある方面にすぐれている。たける。「才長ける」❽昔の、長門国(ながとのくに)のこと。「長州・薩長(さっちょう)」名付 おさ・たけ・たけし・たつ・ちょう・つかさ・つね・なが・ながし・のぶ・ひさ・ひさし・まさ・まさる

使い分け「ながい」
長い…物の長さや時間の隔たりにいう。「長いひも・長い道のり・気が長い・長い年月」
永い…いつまでも続く時間にいう。永久。「永い眠りにつく(死ぬ)・末永くお幸せに」

【長久】(ちょうきゅう) 長くいつまでも続くこと。「武運―」

【長駆】(ちょうく) ①馬を走らせて遠くまで行くこと。②遠くまで敵を追って行くこと。③長い道のりを乗り物に乗って急いでやって来ること。

【長兄】(ちょうけい) いちばん年上の兄。

【長広舌】(ちょうこうぜつ) 長々とした弁舌・おしゃべり。「―をふるう」注意「長口舌」と書き誤らないように。

【長上】(ちょうじょう) 目上の人。

【長征】(ちょうせい) ①遠くまで征伐に行くこと。②遠くへ行くこと。

【長逝】(ちょうせい) 人が死ぬことを婉曲(えんきょく)にいうことば。永眠。

【長足】(ちょうそく) ①長い足。②歩幅の大きいこと。③物事の進み方が非常に速いこと。「―の進歩」

【長蛇】(ちょうだ) ①長くて大きな蛇。「―を逸する(大事なものを手に入れそこなう)」②長くうねって続くもののたとえ。「―の列」

【長大】(ちょうだい) ①驚くほどに長くて大きいこと。②背が高くて大きいこと。

【長大息】(ちょうたいそく) 大きなためいきをつくこと。

【長嘆】(ちょうたん) 大きなためいきをついて嘆くこと。長嘆息。▽「長歎」とも書く。

【長汀曲浦】(ちょうていきょくほ) 長く続く海岸と、曲がりくねった入り江。▽けしきのよい海べが長く続いていることを形容することば。

【長途】(ちょうと) 旅の、長いみちのり。「―の旅」

【長物】(ちょうぶつ) むだで役に立たないもの。「無用の―」

【長丁場】(ながちょうば) 仕事などが、一段落するまでに長い時間がかかること。また、時間の長くかかる物事。

【長月】(ながつき) 陰暦九月のこと。

【長押】(なげし) 鴨居(かもい)の上、または敷居(しきい)の下に長く水平に横にわたす材木。

【長閑】(のどか) ①心が落ち着いてゆったりしているさま。②天気がよくて穏やかなさま。

参考熟語 長刀(なぎなた・ちょうとう)

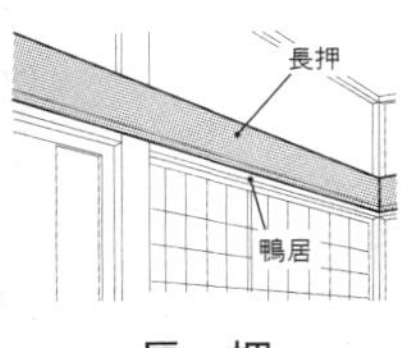

長押

門 の部 もんがまえ かどがまえ

門0
【門】(8) 2年 音モン 訓かど・と
門

筆順 門

意味 ❶敷地の囲いの一部に設ける出入り口。また、出入り口に設ける構造物。かど。もん。「門前・門番・校門・通用門・門出(かどで)」❷海流の出入りする所。と。「水門(みと)・明石(あかし)の門(と)」❸物の通過する狭い所。「門歯・肛門(こうもん)」❹学問などに進むために通る所。もん。「入門・関門・登竜門(とうりゅうもん)」❺教えを受ける、師の一派。もん。また、同じ師から教えを受けること。「門下・門弟・破門・蕉門(しょうもん)」❻家柄。「門閥・一門・名門」❼学問などのそれぞれの方面。「仏門・部門・専門・

「門外漢」❽生物分類上の一階級。綱の上。もん。「節足動物門」❾大砲を数えることば。もん。
名付 かど・と・ひろ・もん

【門外漢】(もんがいかん) ①その事柄に関して専門でない人。②その事柄に直接関係のない人。

【門外不出】(もんがいふしゅつ) 貴重な品を所持していて家の外へは持ち出さないこと。「―の家宝」

【門戸】(もんこ) ①家の出入り口である、門と戸。「―開放（すべての国と自由に通商すること）」②その人なりの流派。「―を成す」

【門跡】(もんぜき) ①一門派の教義を受け継いでいる寺院。また、その僧。②皇族・貴族などが出家して住持となっている寺院。③俗に、本願寺管長のこと。

【門前市を成す】(もんぜんいちをなす) 門前に市ができる。▽その人の名声を慕って、その家を訪れる人が非常に多いことを形容することば。

【門前雀羅を張る】(もんぜんじゃくらをはる) 人通りが少なくて門前に雀(すずめ)が集まるので、雀を捕らえる網を張る。▽訪れる人が非常に少ないことを形容することば。

【門地】(もんち) 家柄のこと。家格。

【門徒】(もんと) ①門下の者。門人。②仏教で、真宗の信徒。「―宗（真宗のこと）」

【門閥】(もんばつ) 家柄のよい家同士でつくる閥。

門1 【閂】(9) 音サン 訓かんぬき
意味 門や戸を締めるときの横棒。かんぬき。

門2 【閃】(10) 人名 音セン 訓ひらめく
筆順
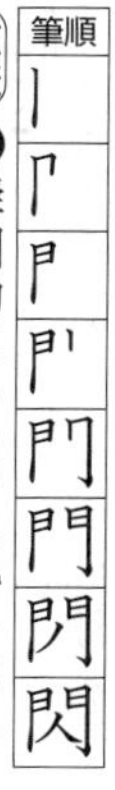
意味 ❶瞬間的にちらっと見える。ひらめく。❷瞬間的にぴかっと光る。ひらめく。「閃光・紫電一閃」

【閃光】(せんこう) 瞬間的にするどくきらめく光。

門3 【𨳝】(11) 〈国字〉 音― 訓じん
意味 じん。▽人名などに用いる字。

門3 【閊】(11) 〈国字〉 音― 訓つかえる
意味 詰まったりふさがったりして先へ進まない。つかえる。「のどに閊える」

門3 【閉】(11) 6年 異体 門3 閇(11)
音ヘイ 訓とじる・とざす・しめる・しまる
筆順

意味 ❶動かしてすきまをなくする。たてる。しめる。とじる。とざす。また、そのようになる。しまる。とじる。⇔開。「閉門・閉鎖・開閉」❷中に入れて出られないようにする。また、中にずっといる。「閉塞(へいそく)・閉居・密閉」❸終える。また、やめる。「閉会・閉店」
参考 ❶の「とざす」は「鎖す」とも書く。

【閉居】(へいきょ) 家の中に閉じこもって外出しないこと。

【閉口】(へいこう) 相手や状況が手におえなくて、ひどく困ること。「がんこさに―する」

使い分け「しめる」
閉める…開いているものをとじる。「窓を閉める・ふたを閉める・店を閉める」
絞める…しぼるようにして、首の回りをくくる。「首を絞める・鶏を絞める・ネクタイを絞める」
締める…ひもを結ぶ。ゆるみをなくす。区切りをつける。「帯を締める・ねじを締める・心を引き締める・出費を締める・月末で締める」

【閉塞】(へいそく) ①閉じこめて外に出られないようにすること。②閉じふさがること。「腸―」

【問】▶口8

門3 【閇】▶閉 異

門4 【開】(12) 3年 音カイ 訓ひらく・ひらける・あく・あける
筆順

意味 ❶動かしてすきまを作る。あける。また、そのようになる。あく。ひらく。⇔閉。「開閉・開花・展開・満開」❷はじめる。あける。また、はじまる。あく。ひらく。「開始・開会・開業」❸手を加えて有用なものとする。ひらく。また、よい方向に向かう。ひらける。「開拓・開運・新開地・蒙(もう)を開く」名付 かい・はる・はるき・ひらき・ひらく

【開化】(かいか) 先進国の文物を取り入れて世の中を進歩発展させること。「文明―」

使い分け「あく」

開く…閉じていたものがひらく。「幕が開く・店が開く・ドアが開く・初日が開く」

明く…明らかになる。かたがつく。「目が明く・らちが明かない」

空く…からになる。あきができる。「部屋が空く・手が空く・ポストが空く」

【開眼】㊀(かいがん) 目が見えるようになること。「—手術」㊁(かいげん) ①新たに仏像・仏画が完成したとき、これを供養して目を入れる儀式。開眼供養。「大仏—」②芸道で、悟りを得てより高い境地に達すること。

【開基】(かいき) ①事業などの基礎を作り上げること。②「開山」と同じ。

【開口一番】(かいこういちばん) いい始めに特にある事柄を取り上げていうこと。口が開くやいなや。

【開削】(かいさく) 山などを切り開いて道路や運河を通すこと。▽「開鑿」の書き換え字。

【開山】(かいさん) ①寺を創立すること。また、その寺の創立者。開基。②仏教の一宗派の創始者。開祖。注意「かいざん」と読み誤らないように。

【開祖】(かいそ) 「開山」と同じ。

【開帳】(かいちょう) ①厨子を開いて中の秘仏を人々に拝ませること。ご開帳。②賭博の座を開くこと。

【開陳】(かいちん) 自分の意見や考えを発表すること。

【開闢】(かいびゃく) 混沌としたものの中から天と地が分かれて出て来たこと。天地の始まり。「—以来」▽「闢」も「開く」の意。

【開放】(かいほう) ①戸などをすっかりあけること。②制限を設けないで、自由に出入り・利用できるようにすること。「門戸—」参考⇩「解放」の[使い分け]。

門4 **【間】** (12) 2年　旧字 門4 閒 (12)

音 カン・ケン　訓 あいだ・ま・あい

筆順

意味 ❶すきま。ま。あい。かん。あいだ。「間隔・間食・山間・世間・居間・間狂言・間、髪を入れず」❷ひそかに様子をうかがう。「間者・間諜」❸ひまがある。また、ひま。「間暇」❹機会。かん。「間に乗ずる」❺柱と柱とのあいだを数えることば。けん。「三十三間堂」❻尺貫法の、長さの単位。一間は六尺で、約一・八メートル。けん。名付 かん・けん・ちか・ま

【間一髪】(かんいっぱつ) 事態が非常に切迫していること。「—で急停車した」▽「髪の毛一本がはいるほどの、ごくわずかなすきま」の意。

【間居】(かんきょ) ①仕事がなくてひまで家にいること。また、人を避けてひとりでいること。「小人—して不善を為す」②静かな住まい。▽「閑居」とも書く。

【間隙】(かんげき) 物と物との間のすきま。「—を生ずる(仲が悪くなる)」

【間欠】(かんけつ) 決まった時間をおいて起こったりやんだりすること。「—泉」▽「間歇」の書き換え。

【間然する所が無い】(かんぜんするところがない) 完全で、批判や非難をする余地がないこと。

【間断無く】(かんだんなく) 間が途切れることなく、いつも。

【間諜】(かんちょう) スパイ。

【間髪を入れず】(かんはつをいれず) ほとんど間をおかずに物事をするさま。直ちに。すぐに。▽「間に髪の毛一本入れるすきまもない」の意。

門4 **【閑】** (12) 常用

音 カン　訓 しずか・のどか・ひま

筆順

意味 ❶ひっそりしている。しずか。「閑静・閑散・閑職・森閑」❷心がのんびりとして落ち着いている。のどか。「閑雲・閑閑・長閑」❸することがない。また、そのこと。ひま。かん。「閑居・閑話・安閑・農閑期・忙中、閑あり」❹なおざりにする。「閑却・等閑」名付 かん・しず・のり・もり・やす・より

【閑雲野鶴】(かんうんやかく) 都会を離れ、自然を楽しみながらゆうゆうと毎日を送っていること。▽「のどかな空に浮かぶ雲と野原に遊ぶ鶴」の意。

【閑暇】(かんか) ひま。いとま。▽「間暇」とも書く。

【閑雅】(かんが) ①静かで奥ゆかしいさま。②閑静でけしきに趣があるさま。

【閑却】(かんきゃく) いい加減に打ち捨てておくこと。

【閑居】(かんきょ) ①ひまで、何もしないで家にいること。②閑静な住まい。▽「間居」とも書く。

8画

【閑散】かんさん ①ある場所が、人の動きや活気がなくてひっそりとしていること。②ひまで仕事がないこと。
【閑日月】かんじつげつ ①することのない、ひまな毎日。②心にゆとりのある生活。「英雄—あり」
【閑寂】かんじゃく 騒々しい世間から離れていてものしずかなこと。
【閑談】かんだん ①重要な話ではない話。また、むだ話をすること。②静かに話をすること。
【閑話休題】かんわきゅうだい 横道にそれた話を本筋にもどすときに使うことば。それはさておき。

門4 **【閏】**(12) 人名 音ジュン 訓うるう　異体 門5 閠(13)
筆順
意味 ❶余りの月・日。うるう。「閏年（じゅんねん・うるうどし）」❷正統でない天子の位。「閏位」名付 うる・じゅん

門4 **【閔】**(12) 音ビン 訓—
意味 同情していたわる。

門4 **【閖】**(12) 〈国字〉 音— 訓ゆり
意味 水門。ゆり。▽地名に用いる字。「閖上（ゆりあげ）」は、宮城県にある地名。

〔悶〕▼心8

門5 **【閘】**(13) 音コウ 訓ひのくち
意味 開閉して、用水を通す門。ひのくち。「閘門」
【閘門】こうもん 運河や貯水池などで、水量を調節するために開閉する門。水門。また、水門のとびら。

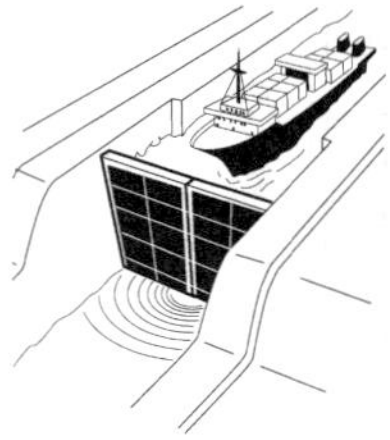
閘門

門5 〔閙〕▼鬧㊮

門6 **【閣】**(14) 6年 音カク 訓おく・たかどの
筆順
意味 ❶高くてりっぱな建物。たかどの。また、貴人の家。「閣下・楼閣・天守閣」❷そこでとどめてやめる。おく。「筆を閣おく（詩文を書くのをそこでやめる）」❸内閣のこと。「閣僚・閣外・組閣」名付 かく・はる
参考 ❷の「おく」は「擱く」「措く」とも書く。
【閣議】かくぎ 内閣が政治について相談する会議。
【閣僚】かくりょう 内閣を構成している各国務大臣。閣員。
【閣下】かっか 位の高い人を敬っていうことば。▽高殿（たかどの）の下（もと）の意。

門6 **【関】**(14) 4年　旧字 門11 關(19)
音カン 訓せき・かかわる
筆順
意味 ❶戸締まりの道具。かんぬき。かん。「関鍵（かんけん）（かんぬきと錠前）」❷出入りをとりしまる。また、その所。せき。「関門・難関・玄関・関所（せきしょ）」❸だいじなしくみ。「関節・機関」❹ある事物にあずかる。かんする。かかわる。「関係・関連・関心・連関」❺相撲で、十両以上の者。せき。「関取（せきとり）」名付 かん・せき・とおる・もり
参考 ❹の「かかわる」は「係わる」とも書く。
【関知】かんち ある物事に関係して知ること。
【関頭】かんとう 二つの地域の境にある関門のあたり。「生死の—に立つ」
【関与】かんよ ある物事に関係をもってそれに携わること。▽「干与」とも書く。
参考熟語 関脇（せきわけ）

門6 **【閨】**(14) 音ケイ 訓ねや
意味 ❶女性のへや。ねや。「閨房」❷上品な女性。「閨秀」
【閨秀】けいしゅう 学芸にひいでた女性。「—作家」
【閨閥】けいばつ 妻の親類間の勢力を中心に結んだ仲間。
【閨房】けいぼう ①女性の居間。②寝室。

門6 **【閤】**(14) 人名 音コウ 訓—
筆順
意味 ごてん。「閤下（身分の高い人を敬っていうことば）・太閤（たいこう）」

8画

門6 【閧】(14) 音コウ 訓とき

意味 戦いのときにあげる叫び声。ときの声。とき。

参考 「とき」はふつう「鬨」と書く。

門6 【閥】(14) 常用 音バツ 訓—

筆順

意味 ❶家の格式。「閥族・門閥」❷利害を共通にする者の仲間。ばつ。「財閥・派閥・軍閥」

【聞】▸耳8

門7 【閲】(15) 常用 旧字 門7 閱(15)

音エツ 訓けみする

筆順

意味 ❶よく調べたり読んだりする。けみする。えっする。また、調べること。えつ。「閲兵・校閲・検閲・閲を受ける」❷経過する。けみする。「閲年・閲歴」 名付 えつ・かど

【閲読】えつどく よく調べ読むこと。

【閲覧】えつらん 図書館などで、調べるために書物や新聞を見ること。「—室」

【閲歴】えつれき その人の経歴。履歴。

門7 【閫】(15) 音コン 訓しきみ

意味 敷居。しきみ。

参考 「しきみ」は「閾」とも書く。

門7 【閭】(15) 音リョ 訓—

意味 村里。「里閭」

門8 【閼】(16) 音ア・アツ 訓—

意味 ↓閼伽あか

【閼伽】あか 仏前に供える水。また、その容器。「—棚あかだな」

門8 【閻】(16) 印標 音エン 訓—

意味 ↓閻魔えんま

【閻魔】えんま 仏教で、亡者の生前の罪を裁くという地獄の王。閻魔大王。▽「閻羅えんら」ともいう。

【閻魔帳】えんまちょう ①仏教で、閻魔が、死んだ人の生前の罪を書きとめておく帳面。②教師が生徒の成績を書きこむ帳面。

門8 【閹】(16) 音エン 訓—

意味 去勢された男子。宦官かんがん。「閹人えんじん」

門8 【閾】(16) 印標 音ヨク・イキ 訓しきい・しきみ

意味 敷居。しきみ。しきい。

参考 「しきみ」は「閫」とも書く。

門9 【闇】(17) 常用 音アン 訓やみ・くらい

筆順

意味 ❶夜、月が出なくて暗い。くらい。また、暗い夜。やみ。「闇夜あんや・やみよ・暗闇くらやみ」❷知恵が足りない。くらい。「闇愚」❸喪に服すること。「諒闇りょうあん」❹正当でない取り引き・品・値段など。やみ。「闇値やみね」

参考 「闇・闇夜」などの「闇」は「暗」に書き換えてもよい。

門9 【闉】(17) 〈国字〉 音— 訓かずき

意味 かずき。▽地名などに用いる字。「野闉のかずき」は広島県にある地名。

門9 【闊】(17) 印標 音カツ 訓ひろい 異体 水14 濶(17)

意味 ❶ひろびろとしている。また、心が広い。ひろい。「闊達・闊歩・寛闊・闊葉樹」❷うとい。「迂闊うかつ」❸久しく会わない。「久闊」

【闊達】かったつ 心が広くて物事にこだわらないさま。▽「豁達」とも書く。

【闊歩】かっぽ 遠慮せずに堂々と大またに歩くこと。「大手を振って—する」

【闊葉樹】かつようじゅ 平たくて幅の広い葉を持つ木のこと。▽今は「広葉樹」という。

門9 【闃】(17) 音ゲキ 訓—

意味 人けがなくて、ひっそりしているさま。「闃寂げきせき」

門9 【闍】(17) 印標 音ジャ 訓—

意味 梵語ぼんごの「ジャ」の音に当てて使う字。「阿闍梨あじゃり(高徳の僧)」

8画

門9 **【闌】**(17) 音ラン 訓たけなわ・たける

意味 ❶盛りになる、または盛りを少し過ぎる。たける。また、物事のまっさかり。たけなわ。「春闌(はるたけなわ)の野山」❷てすり。「闌干」

参考 「たけなわ」は「酣」とも書く。

門10 **【闕】**(18) 音ケツ 訓かける

意味 ❶宮城の門。また、転じて、宮城。「宮闕」❷不足する。かける。また、除き去る。「闕本」

【闕画(けっかく)】天子や高貴な人の名と同じ字を使うのをさけて、主に最後の一画を略し敬意を表すこと。

【闕本(けっぽん)】そろっているべき巻数の一部がかけて、完全でない書物。端本(はほん)。▽「欠本」とも書く。

門10 **【闔】**(18) 音コウ 訓なんぞ

意味 ❶門の扉。❷扉を閉じる。❸どうして。なんぞ。

門10 **【闖】**(18) 音チン 訓―

意味 様子をうかがって突然はいり込む。「闖入」

【闖入(ちんにゅう)】突然、無断ではいり込むこと。「―者」

門10 **【闘】**(18) 常用 旧字 門10 鬭(20)

音**トウ** 訓**たたかう**

筆順 門 門 門 門 閗 閗 闘 闘

意味 ❶相手と争う。たたかう。また、その争い。たたかい。「闘争・闘士・戦闘・健闘」❷たたかわせて勝負を楽しむ。「闘牛」

参考 (1)「たたかう」「たたかい」の意味で俗に「斗」を用いることがある。(2)**たたかう**⇩「戦」の[使い分け]。

【闘魂(とうこん)】闘おうとする盛んな意気込み。闘争精神。

【闘志(とうし)】闘おうとする強い意志。「―満々」

【闘病(とうびょう)】病人が、積極的に治療に努力すること。

門11 **【關】**▶関㊐

門12 **【闡】**(20) 音セン 訓―

意味 開いて明らかにする。「闡明」

【闡明(せんめい)】今まではっきりしていなかった事柄・道理などを明らかにすること。

門13 **【闥】**(21) 音タツ 訓―

意味 くぐり門。また、宮中の小門。

門13 **【闢】**(21) 音ビャク 訓ひらく

意味 開く。ひらく。また、開ける。「開闢」

阜(阝)の部 こざとへん

阜0 **【阜】**(8) 4年 音**フ** 訓おか

筆順 ㇒ 𠂆 户 户 白 𠂤 阜 阜

意味 小高く盛り上がった土地。丘。「丘阜」

名付 あつ・あつし・おか・たか・とおる・な

阜3 **【阡】**(6) 音セン 訓―

意味 ❶南北に通ずるあぜみち。↔陌(はく)。「阡陌(せんぱく)」❷数で、千。せん。

参考 証書などで「千」の代用をすることがある。

阜4 **【阨】**(7) 音アイ・ヤク 訓せまい

意味 ❶道などの狭くなった所。❷困難にであって苦しむ。

阜4 **【阮】**(7) 音ゲン 訓―

意味 中国の周代の国の名。現在の甘粛(かんしゅく)省にあった。

阜4 **【阪】**(7) 4年 音**ハン** 訓さか

筆順 ㇇ 了 阝 阝 阞 阪 阪

意味 ❶坂(さか)。さか。❷大阪(おおさか)のこと。「阪神(大阪と神戸)・京阪(京都と大阪)」

阜4 **【防】**(7) 5年 音**ボウ** 訓**ふせぐ**

筆順 ㇇ 了 阝 阝 阝 防 防

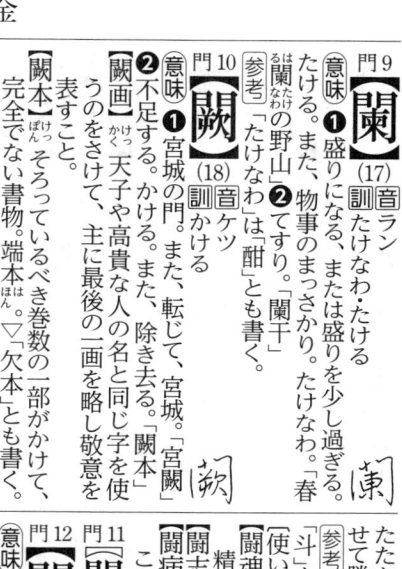

意味 ❶侵されないようにさえぎり守る。ふせ

ぐ。「防寒・防止・国防・消防」❷つつみ。「堤防」
名付 ふせ・ぼう
参考 ❶の「ふせぐ」は「禦ぐ」とも書く。
【防疫】感染症の発生や侵入を防ぐこと。
【防御】敵の攻撃などを防ぎ守ること。また、その準備。▽「防禦」の書き換え字。
【防災】地震や暴風などによる災害を防ぐこと。
【防除】災害の予防のための処置をすること。
【防食】金属の表面の腐食を防ぐこと。「―剤」▽「防蝕」とも書く。
【防備】敵・災害を防ぎ守ること。また、その準備。
参考熟語 防人

阜4【阴】▶陰異
阜4【阥】▶陰異
阜4【阳】▶陽異
阜4【阦】▶陽異
阜4【阯】▶址異

阜5【阿】(8) 人名 音ア 訓おもねる
筆順 阿
意味 ❶人にへつらう。おもねる。「阿諛」❷梵語やその他の外国語の「ア」の音にあてて使う字。「阿片・阿弥陀」❸アフリカのこと。「南阿共和国」名付 あ・くま
参考 ⑴❸は「阿弗利加」の略から。⑵カタカナ「ア」のもとになった字。
【阿吽】①出す息と吸う息。「―の呼吸（物事をしようとする両者の同じ気持ち）」②寺の山門の仁王や狛犬が一方は口を開いて他方は口を閉じている様子。▽「阿」は、梵字の、口を開いて出す音を表し、「吽」は、口を閉じて出す音を表す。「阿呍」とも書く。
【阿呍】「阿吽」と同じ。
【阿世】世間にこびへつらうこと。「曲学―の徒」
【阿鼻叫喚】苦しみ、泣き叫ぶこと。「―の巷と化す」▽もと「阿鼻地獄の苦しみを受けて泣き叫ぶ」の意。
【阿諛】気にいられようとしてへつらうこと。「―追従」
参考熟語 阿漕 阿婆擦れ 阿弗利加 阿房 阿呆 阿亀 阿蘭陀

阜5【阻】(8) 常用 音ソ 訓はばむ
筆順 阻
意味 ❶通過・通行のじゃまをする。はばむ。「阻止・阻害」❷道などが険しい。「険阻」

参考 「阻・阻止・阻喪」などの「阻」は「沮」が、「険阻」は「嶮岨」が、それぞれ書き換えられたもの。

【阻害】じゃまをして妨げること。「発展を―する」▽「阻碍」「阻礙」とも書く。

【阻隔】両者の関係がまずくなって気持ちに隔たりが生ずること。

【阻止】じゃまをしてくいとめること。▽「沮止」の書き換え字。

【阻喪】気力がくじけて元気がなくなること。「意気―」▽「沮喪」の書き換え字。

阜5【陀】(8) 人名 音ダ 訓―
筆順 陀
意味 →陀羅尼
【陀羅尼】梵語のまま呪文として唱える、経文中の長い句。

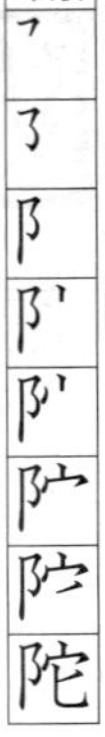

阜5【⿰阝平】(8) 〈国字〉 音― 訓なる 
意味 なる。▽地名などに用いる字。

阜5【附】(8) 常用 音フ 訓つく・つける
筆順 附
意味 ❶添え加える。ふする。つける。「附加・送附」❷従う。つく。「附属・附随・畏附」❸ぴったり触れる。つく。また、そのようにする。つける。「附着・添附」名付 ちか・つく・ふ・より・よる
参考 「付」とも書く。

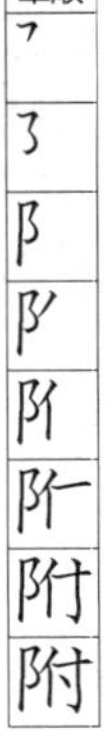

阜5【陂】▶坡異

阜6【限】(9) 5年 音ゲン 訓かぎる
筆順 限
意味 範囲を定める。かぎる。また、一定の範囲。かぎり。「限定・限界・制限・分限・喜びの限り」

8画

【限定（げんてい）】物事の及ぶ範囲・数量などを定めて、そこまでとおさえること。

阜6 【陌】(9) 音ハク・ヒャク 訓―

意味 ❶東西に通ずるあぜみち。⇔阡（せん）。「阡陌（せんぱく）(あぜみち)」❷数で、百。ひゃく。

参考 証書などで「百」の代用をすることがある。

阜6 【陋】(9) 音ロウ 訓いやしい

意味 ❶場所が狭い。「陋屋」❷物の考え方や知識が深くない。「固陋」❸下品である。いやしい。「陋習・卑陋」

【陋屋（ろうおく）】①狭くてきたない家。②自分の家をへりくだっていうことば。▽「陋居」ともいう。

【陋巷（ろうこう）】狭くてきたない町なか。

【陋習（ろうしゅう）】よくない風習。「旧来の―を断つ」

阜6【降】▶降 旧

阜6【陏】▶隋 異

阜7 【院】(10) 3年 音イン 訓―

筆順 ⺆ 阝 阝 阝' 阝宀 院 院

意味 ❶役所・学校・寺など、公共の施設・機関。「院議・病院・養老院」❷戒名（かいみょう）に使うことば。「院号」❸上皇（じょうこう）・法皇（ほうおう）・女院（にょいん）などを敬って呼ぶことば。また、それらの人の御所。いん。「院政・建礼門院」

【院外団（いんがいだん）】国会議員でない政党員の団体。

【院号（いんごう）】戒名（かいみょう）に「院」の字のあるもの。

阜7 【陥】(10) 常用 旧字 阜8 陷 (11) 人名 音カン 訓おちいる・おとしいれる

筆順 ⺆ 阝 阝 阝' 阝ク 陥 陥

意味 ❶落ち込む、またはよくない状態になる。おちいる。また、そのようにする。おとしいれる。「陥没・陥穽（かんせい）」❷敵に攻め落とされる。おちいる。また、攻め落とす。おとしいれる。「陥落」❸あやまち。また、足らない部分。「欠陥」

【陥穽（かんせい）】①落とし穴。②人を欺き、おとしいれるための計略。

【陥没（かんぼつ）】地面が落ち込んで穴があくこと。

【陥落（かんらく）】①地面などが落ち込むこと。②説得されてついに承知すること。③敵の攻撃にあって攻め落とされること。

阜7 【陜】(10) 音キョウ 訓―

意味 ❶狭い。❷山にはさまれた狭い所。

注意 「陝（せん）(中国の陝西（せんせい）省)」は、別字。

阜7 【降】(10) 6年 旧字 阜6 降 (9) 音コウ・ゴウ 訓おりる・おろす・ふる・くだす・くだる

筆順 ⺆ 阝 阝 阝夂 降 降 降 降

意味 ❶雪・雨などが、ふる。「降雨」❷高い所からさがる。くだる。おりる。また、そのようにする。くだす。おろす。⇔昇。「降臨・降下・昇降」❸乗り物から出る。おりる。また、おろす。「降車」❹敗れて敵に従う。くだる。また、敵を従える。くだす。「降参・降伏（こうふく）・投降」❺過去のある時点から現在に向かう。「以降」名付 こう・ふる

使い分け「おりる」

降りる…低い所にさがる。しりぞく。乗り物から出る。「演壇を降りる・飛び降りる・霜が降りる・仕事を降りる・次の駅で降りる」

下りる…下に移る。「幕が下りる・許可が下りる・錠が下りる」

【降嫁（こうか）】皇女・王女が臣下にとつぐこと。

【降誕（こうたん）】神仏や聖人が生まれること。「―祭」

【降伏】㊀（こうふく）戦いに負けて敵に服従すること。降服。降参。㊁（ごうぶく）仏教で、神仏に祈って法力で悪魔をおさえつけしずめること。調伏。

【降魔（ごうま）】仏教で、悪魔を捕らえて服従させること。

【降臨（こうりん）】神仏などが天上から地上に降りてくること。「天孫―」

阜7 【除】(10) 6年 音ジョ・ジ 訓のぞく・のける・よける

筆順 ⺆ 阝 阝 阝' 阝ᄉ 除 除 除

意味 ❶取り去る。よける。のける。のぞく。「除外・除夜・免除・掃除（そうじ）」❷割り算をする。じょ

8画

する。「除法・加減乗除」❸新しい官職を授ける。「除目《じもく》」 名付 きよ・さる・じょ 参考 似た字(徐・除)の覚え方「行く(彳)ことのおもむろに(徐)、階段(阝)あればのぞく(除)」

【除去《じょきょ》】不必要なものを取り除くこと。

【除籍《じょせき》】名簿や戸籍からその人の名前を取り除いて構成員として認めなくすること。

阜7 **【陞】**(10) 音 ショウ 訓 のぼす・のぼる

意味 官位を上位に引き上げる。のぼす。また、官位が上位になる。のぼる。「陞叙」

参考 「陞・陞叙」などの「陞」は、「昇」に書き換える。

阜7 **【陣】**(10) 常用 音 ジン 訓 —

筆順

意味 ❶軍勢を配置する。じんする。また、軍勢の配置。じん。「陣頭・円陣・報道陣・背水の陣」❷軍勢が集まっているところ。じん。「陣地・陣営・敵陣・論陣」❸戦い。じん。「戦陣・出陣・夏の陣」❹ひとしきりである。「陣痛・一陣の風」

名付 じん・つら・ぶる

【陣笠《じんがさ》】昔、足軽《あしがる》・雑兵《ぞうひょう》などの下級武士が、戦場でかぶとの代わりにかぶった笠《かさ》。「—議員」▽勢力者に対して下っぱの者にたとえることもある。

【陣中《じんちゅう》】①陣営の中。②戦争中。「—見舞」

【陣痛《じんつう》】出産のときに起こる腹部の痛み。▽物事を作り出すときのいろいろな苦しみにたとえることもある。

【陣頭《じんとう》】戦闘部隊のまっ先。「—指揮」

【陣容《じんよう》】①部隊の構え方。陣立て。②会社・団体などの、主要な人員の配置。

阜7 **【陝】**(10) 印標 音 セン 訓 —

意味 中国の陝西《せんせい》省のこと。

注意 「陜《きょう》(狭い)」は、別字。

阜7 **【陟】**(10) 音 チョク 訓 のぼる

意味 ❶高い所へ上る。のぼる。❷官位が上に進む。「黜陟《ちゅっちょく》(官位を下げたり上げたりすること)」

阜7 **【陦】**(10) 音 トウ 訓 しま 正字 阜14 隯(17)

意味 島。▽地名に用いる字。「高陦《たかしま》」は、福島県にある地名。

阜7 **【陛】**(10) 6年 音 ヘイ 訓 きざはし

筆順

意味 天皇の宮殿の階段。きざはし。「陛下」

名付 のぼる・はし・へい・より

【陛下《へいか》】天皇・太皇太后・皇太后・皇后の敬称。 参考 外国の王室にも用いる。

阜8 **【陰】**(11) 常用 音 イン・オン 訓 かげ・かげる

異体 阜4 阴(7) 異体 阜4 阥(7) 異体 阜9 隂(12)

筆順

意味 ❶光の当たらない部分。かげ。「陰影・緑陰・山陰・島陰《しまかげ》」❷人に知られないこと。また、そのような所。いん。かげ。「陰部・陰謀・陰《いん》に陽に」❸移り行く日影。時間。「寸陰・光陰」❹対《つい》になるもののうち、働きや作用が消極的である片方。いん。↕陽。「陰陽・陰画」❺光が暗くなる。また、日が没する。かげる。「陰晴・陰陰」❻月のこと。↕陽。「陰暦」❼他の助け。かげ。「お陰」

名付 いん・おん・かげ

参考 (1)❶❷の「かげ」は「蔭」「翳」とも書く。❺の「かげる」は「翳る」とも書く。❼は「蔭」とも書く。(2)かげ⇩「影」の[使い分け]。

【陰陰《いんいん》】①うす暗くてものさびしいさま。②陰気なさま。「—滅々《めつめつ》」

【陰鬱《いんうつ》】空模様や気分などが、陰気で晴れ晴れしないさま。

【陰影《いんえい》】①日の当たらない部分。かげ。②物事のよさとしての、深みや変化。▽「陰翳」の書き換え字。

【陰険《いんけん》】表面はりっぱに見せかけながら陰でこっそりよくないことをするさま。

【陰惨《いんさん》】陰気でむごたらしいさま。

【陰湿《いんしつ》】うす暗くてじめじめしているさま。

【陰謀《いんぼう》】ひそかにたくらむ悪い計画。

【陰陽道《おんようどう・おんみょうどう》】中国より伝来した陰陽五行の説に基づいて、天文・暦などを研究

8画

する学問。

阜8 【険】(11) 5年 旧字 阜13 險(16) 人名

音 ケン 訓 けわしい

筆順 ㇇ 了 阝 … 険

意味 ❶傾斜が急であぶない。けわしい。また、そのような場所。けん。「険阻・峻険(しゅんけん)・天下の険」❷状態があぶない。けわしい。「険悪・危険」❸顔つきがとげとげしい。けわしい。また、そのこと。けん。「険のある顔」名付 けん・たか・のり

参考 (1)❶の「けわしい」は「嶮しい」とも書く。(2)「険阻」は「嶮岨」が書き換えられたもの。

【険悪】(けんあく) 顔つきや物事の状態がけわしくて油断できないさま。「―な形相(ぎょうそう)」

【険峻】(けんしゅん) 山や坂などがけわしくて高いこと。また、その場所。▽「嶮峻」とも書く。

【険阻】(けんそ) 山などがけわしいこと。また、そのような場所。▽「嶮岨」の書き換え字。

【険難】(けんなん) ①地形が険しく、行くのが困難なこと。②人生が困難で苦しいこと。▽「嶮難」とも書く。

【険呑】(けんのん) 危険に思われてあぶないさま。「―な話」▽「剣呑」とも書く。

阜8 【[阝采]】(11) 〈国字〉 音 ― 訓 さい・さえ

意味 さい。さえ。▽地名・人名に用いる字。「滝ノ[阝采](たきのさい)」は長崎県にある地名。

阜8 【陲】(11) 音 スイ 訓 ―

意味 辺境の地。「遠陲」

阜8 【陬】(11) 音 スウ 訓 ―

意味 ❶囲いの隅。❷辺境。かたいなか。「陬遠」

阜8 【陳】(11) 常用 音 チン 訓 のべる

筆順 ㇇ 了 阝 … 陳

意味 ❶並べて見せる。「陳列・出陳」❷理由を示して申し述べる。ちんずる。のべる。「陳述・陳情・開陳・陳者(のぶれば)」❸古くなる。「陳腐・新陳代謝(しんちんたいしゃ)」名付 かた・ちん・つら・のぶ・のぶる・よし

【陳謝】(ちんしゃ) わけを話してあやまること。

【陳情】(ちんじょう) 役所などに行って困っている事情を訴えてその解決を頼むこと。「―団」

【陳腐】(ちんぷ) ありふれていてつまらないこと。古くさいこと。「―なセリフ」

【陳弁】(ちんべん) 事情を説明して弁解すること。

阜8 【陶】(11) 常用 音 トウ 訓 すえ

筆順 阝 … 陶

意味 ❶焼き物を作る。また、焼き物。すえ。「陶器・陶芸・製陶」❷人を教え導く。「陶冶(とうや)・薫陶」❸うっとりとする。「陶酔・陶然」名付 すえ・とう

【陶酔】(とうすい) ①気持ちよく酒に酔うこと。②心を引きつけられてうっとりすること。

【陶然】(とうぜん) ①心地よく酒に酔うさま。②心を引きつけられてうっとりするさま。「名曲に―となる」

【陶冶】(とうや) 学力を高めて才能を伸ばし、人格や品性を鍛えること。注意「陶治」と書き誤らないように。

阜8 【陪】(11) 常用 音 バイ 訓 ―

筆順 ㇇ 了 阝 … 陪

意味 ❶主となる者につき従う。「陪食・陪席」❷重なる。「陪臣」名付 すけ・ばい・ます

【陪食】(ばいしょく) 身分の高い人といっしょに食事をすること。

【陪審】(ばいしん) 裁判の審理に一般の民間人が参加する制度。「―員」

【陪臣】(ばいしん) ①ある人の家来である人を主人として仕えている人。②江戸時代、諸大名の家来のことを将軍に対していうときのことば。

【陪席】(ばいせき) 身分の高い人や目上の人と同席すること。「―裁判官」

阜8 【陸】(11) 4年 音 リク・ロク 訓 おか・くが

筆順 ㇇ 了 阝 … 陸

意味 ❶地表のうちで、水におおわれていない部分。くが。おか。りく。「陸地・陸送・大陸・上陸」❷水平または垂直で正しい。ろく。「陸屋根(ろくやね)」❸数で、むっつ。ろく。❹陸軍のこと。「陸将」

名付 あつし・くが・たかし・ひとし・みち・む・むつ・りく

参考 証書などで「六」の代用をすることがある。

【陸棲(りくせい)】動物などが陸上にすむこと。▽「陸生」とも書く。

【陸続(りくぞく)】人などが押し寄せてくる状態が絶えることなく続くさま。

【陸離(りくり)】光が美しくきらめくさま。「光彩―」

【陸路(りくろ)】陸上の道。また、それを通って行くこと。

参考熟語 陸稲(おかぼ・りくとう)

阜8 【隆】(11) 常用　旧字 阜9 隆(12)

音 リュウ　**訓** さかん・たかい

筆順 阝 阝' 阝夂 阝夅 阝夅 降 隆

意味 ❶中央が高い。たかい。また、高くなる、高くする。「隆起・隆鼻」❷盛んになる。さかん。「隆盛・興隆」

名付 お・しげ・たか・たかし・なが・もり・ゆたか・りゅう

【隆昌(りゅうしょう)】栄えて盛んになること。

【隆盛(りゅうせい)】勢いが盛んなこと。「国家の―」

【隆隆(りゅうりゅう)】①筋肉がたくましく盛り上がっているさま。「筋骨―たる男」②勢いが盛んなさま。

隆

阜8 【陵】(11) 常用

音 リョウ　**訓** みささぎ・おか・しのぐ

筆順 阝 阝 阝 阝 阝 陵 陵 陵

意味 ❶大きな丘。おか。「丘陵」❷他の者より優位になる。しのぐ。また、人を侮ってかってなふるまいをする。「陵駕(りょうが)・陵辱」❸天皇・皇后などの墓。りょう。みささぎ。「陵墓」

名付 おか・たか・りょう

参考 ❷の「しのぐ」は「凌ぐ」とも書く。

【陵雲の志(りょううんのこころざし)】①俗世間をはるかに超越した遠大な志。②出世して高い位につこうとする志。

【陵駕(りょうが)】他をしのいでその上位に出ること。▽「凌駕」とも書く。

【陵辱(りょうじょく)】①人をはずかしめること。②婦女子を暴力によって犯すこと。▽「凌辱」とも書く。

【陵墓(りょうぼ)】天皇・皇后・皇太后などの墓と、他の皇族の墓のこと。

陵

阜8 【陷】▸陥(旧)

阜9 【階】(12) 3年

音 カイ　**訓** きざはし

筆順 阝 阝 阝 阝 阝 阝 阝 階 階

意味 ❶上り降りするための段。きざはし。「階段・階上・石階」❷順序や等級。「階級・位階・段階」❸層をなす建築物の各層。かい。「地階・四階建て」

名付 かい・とも・はし・より

【階層(かいそう)】①社会において、経済的・職業的な条件が等しいことを基準にグループ分けされる、人間の集団。②建物の階のかさなり。

【階梯(かいてい)】物事を学ぶときの初歩的な手引き。「漢詩―」▽「階段」の意。

階

8画

阜9 【隅】(12) 常用

音 グウ　**訓** すみ

筆順 ㇇ 了 阝 阝 阝 隅 隅 隅 隅

意味 囲まれたかどの内側。すみ。「一隅・四隅(よすみ)」

名付 ぐう・すみ・ふさ

参考 似た字(偶・隅・遇)の覚え方「ひと(亻)さと(阝)に行き(⻌)てたまたま(偶)すみ(隅)にあう(遇)」

隅

阜9 【隍】(12)

音 コウ　**訓** ―

意味 城壁の周りの、からぼり。

隍

阜9 【随】(12) 常用　旧字 阜13 隨(16)

音 ズイ　**訓** したがう・まにまに・まま

筆順 阝 阝 阝 阝 阝 陏 随 随 随

意味 ❶あとにつき従う。したがう。「随行・随員・付随」❷その動きや変化にさからわない。したがう。まにまに。まま。「随意・随筆・気随・夫唱婦随」

名付 あや・ずい・みち・ゆき・より

随

【随意】ずいい 自分の思いのままであること。「—筋」
【随一】ずいいち 仲間の中で最もすぐれていること。
【随感】ずいかん その時々に感じたままの感想。
【随喜】ずいき 喜んで心からありがたく感ずること。
【随行】ずいこう 目上の人の旅行につき従って行くこと。また、そのつき従う人。「—員」
【随順】ずいじゅん その人のいうことに従うこと。
【随所】ずいしょ どこでも。いたる所。▽「随処」とも書く。
【随想】ずいそう 折にふれて感じた感想。また、その文章。
【随伴】ずいはん ①目上の人に供としてつき従うこと。②ある物事に伴い間接的に起こること。
参考熟語 随神（かんながら・かみながら）

阜9 【隋】(12) 印標 音ズイ 訓— 異体 阜6 陏(9)
意味 昔の中国の国の名。ずい。「隋書・遣隋使」

阜9 【隊】(12) 4年 音タイ 訓— 旧字 阜9 隊(12)
筆順 阝 阝' 阝" 阝䒑 阝㒸 隊 隊 隊
意味 ❶多くの人間が集まって一団となったもの。たい。「隊商・軍隊・編隊」❷兵士の一団。たい。「隊長・隊列・連隊・騎兵隊」
【隊伍】たいご きちんと並んだ隊列。「—を組む」
【隊商】たいしょう 隊を組んで旅する商人。キャラバン。

阜9 【陽】(12) 3年 音ヨウ 訓ひ 異体 阜4 阳(7) 異体 阜4 阦(7)
筆順 ㇇ 了 阝 阝日 阝旦 阝昜 陽 陽
意味 ❶太陽のこと。ひ。↔陰。「陽光・陽暦・落陽」❷日光。ひ。また、日の当たるところ。「山陽」❸表から見える部分。よう。「陽動・陰（いん）に陽に」❹対（つい）となるもののうち、その働き・作用などが積極性のある片方。よう。↔陰。「陽極・陰陽」
名付 あき・あきら・お・おき・きよ・きよし・たか・なか・はる・ひ・や・よう
参考 ❶❷の「ひ」はふつう「日」と書く。
【陽気】ようき ①性格が明るくて元気なこと。②晴れ晴れしくてにぎやかなこと。③時候。「—がいい」
【陽春】ようしゅん ①気候がよくなってくる春のこと。②陰暦正月のこと。
【陽動作戦】ようどうさくせん 本来の作戦とは無関係な行動を目立つようにして、敵の注意をそれに向けさせ、まどわせたり、攪乱（かくらん）したりしようとする作戦。
参考熟語 陽炎（かげろう・ようえん）

阜9 【隈】(12) 人名 音ワイ 訓くま
筆順 ㇇ 了 阝 阝冂 阝罒 阝畏 隈 隈
意味 ❶物の隅。また、奥深くはいり込んだ所。くま。「隈隈（くまぐま）」❷濃い色と薄い色との境め。また、役者の顔のいろどり。くま。「隈取（くまどり）」
名付 くま

阜9 【隂】▼陰(異)　阜9 【隆】▼隆(旧)

阜10 【隘】(13) 音アイ 訓せまい
意味 場所が狭くて通りにくい。せまい。「隘路・狭隘」
【隘路】あいろ 山間の道幅が狭くて通りにくい道路。「事業の—」▽物事の妨げとなる障害にたとえることもある。注意「えきろ」と読み誤らないように。

阜10 【隕】(13) 印標 音イン 訓おちる
意味 ころがり落ちる。おちる。「隕石」
【隕石】いんせき 流星が大気中で燃えきらず、地上に落ちてきたもの。

阜10 【隗】(13) 音カイ 訓—
意味 古代中国の燕（えん）の人、郭隗（かくかい）の名。かい。
【隗より始めよ】かいよりはじめよ 事をなすにはいい出した当人から始めるのが最もよいということ。▽燕の昭王が賢者を招こうとしたとき、隗が「まず、私のような凡人から用いられよ。そうすれば賢者は招かずして集まるであろう」といったという故事から。

阜10 【隔】(13) 常用 旧字 阜10 隔(13)
音カク 訓へだてる・へだたる
筆順 阝 阝一 阝戸 阝鬲 隔 隔 隔 隔

8画

意味 ❶間を置いて遠ざける、またはそのようになる。へだてる。へだたる。また、その物・度合い。へだて。へだたり。「隔離・隔意・間隔・遠隔」❷一つへだてて次の。「隔世・隔月」

参考 似た字（融・隔）の覚え方「ひと口まきがまえ（冂）、ルして丁して虫となる（融）、こざと（阝）にへだてるかなえ（鬲）かな（隔）」

【隔意】（かくい）うちとけない心。「―なく話す」

【隔月】（かくげつ）ひと月おき。「―刊」

【隔世】（かくせい）①時代をへだてること。「―の感（時代が違っていると思えるほどに違いが大きいと思う感じ）」②世代を一つへだてること。「―遺伝」

【隔絶】（かくぜつ）遠くにへだたり離れていて違っていること。「俗世間から―した別天地」

【隔離】（かくり）①へだて遠ざけること。②他に感染するのを避けるため、病人を特別な場所に移すこと。

【隔靴掻痒】（かっかそうよう）思いどおりにならなくて、もどかしいこと。▽「くつの上からかゆい所をかく」の意。

阜10 【隙】(13) 常用 音 ゲキ 訓 すき・ひま 異体 阜11 隙(14)

筆順 ７ ３ 阝 阝' 阝'' 陥 隙 隙 隙

意味 ❶物と物との間のあいている部分。ひま。すき。「間隙・空隙・隙間（すきま）」❷両者の心が通じ合わないこと。不和。すき。げき。名付 ひま・ま

阜11 【隠】(14) 常用 旧字 阜14 隱(17)

音 イン・オン 訓 かくす・かくれる

筆順 阝 阝' 阝'' 阝'' 阝⺕ 阝彐 隠 隠

意味 ❶表から見えないようになる。かくれる。「隠見・隠密（おんみつ）」❷知られたり見られたりしないようにする。かくす。「隠語・隠匿」❸人目につかなくなる。かくれる。「隠者・隠退」❹あわれむ。「惻隠（そくいん）」名付 いん・おん・やす

参考 似た字（隠・穏）の覚え方「丘（阝）があってかくれる（隠）、稲（禾）があっておだやか（穏）」

【隠逸】（いんいつ）世の中のわずらわしさから、のがれかくれること。

【隠見】（いんけん）隠れたり見えたりすること。隠顕。

【隠棲】（いんせい）俗世間から隠れて静かに暮らすこと。▽「陰栖」とも書く。

【隠然】（いんぜん）直接表立って行動しないが、強い影響力を持っているさま。「―たる勢力」

【隠退】（いんたい）社会的活動をやめ、俗世間の雑事を避けて暮らすこと。参考 ⇩「引退（いんたい）」の[使い分け]。

【隠匿】（いんとく）見つかると罪になるようなものを隠すこと。「―罪」

【隠遁】（いんとん）山の中にはいったりして俗世間からのがれ、ひっそりと暮らすこと。「―生活」

【隠忍】（いんにん）じっとがまんして、軽々しい行動をしないこと。「―自重」

【隠蔽】（いんぺい）見えないようにおおい隠すこと。

【隠喩】（いんゆ）「ごとし」「ようだ」などの語を使わずに、たとえる方法。

【隠密】（おんみつ）①ひそかに行うさま。こっそり。「―に事を運ぶ」②戦国時代から江戸時代にかけて、幕府や藩に属して諜報活動を行った下級武士。

阜11 【際】(14) 5年 音 サイ 訓 きわ

筆順 阝 阝' 阝ク 阝夕 阝夕' 阝祭 際 際

意味 ❶非常に近接している境めの所。きわ。「際限・水際（すいさい・みずぎわ）」❷他とつきあう。「交際・国際」❸時機。さい。「実際・この際」❹偶然に出あわす。「際会」名付 きわ・さい

【際会】（さいかい）めったにない事件・機会にであうこと。

阜11 【障】(14) 6年 音 ショウ 訓 さわる

筆順 阝 阝亠 阝立 阝产 陪 陪 障 障

意味 ❶じゃまになる。さわる。また、じゃまになるもの。さわり。「障害・障子（しょうじ）・故障・差し障り」❷害になる。さわる。「深酒はからだに障る」

参考 (1)「障壁」の「障」は「牆」が書き換えられたもの。(2)さわる⇩「触」の[使い分け]。

【障害】（しょうがい）ある事を行うのにじゃまになる事柄。

【障壁】（しょうへき）仕切りにする壁や、隔てにするもの。

▽物事の活動・進行の妨げになるものにたとえることもある。「牆壁」の書き換え字。

参考熟語 障泥(あおり)

阜11 【隙】▸隙 異

阜13 【隧】(16) 印標 音 スイ・ズイ 訓 ―

意味 地中に掘った通路。「隧道」

【隧道】(すいどう・ずいどう・トンネル) 山腹・地中などを掘って作った通路。

阜13 【隣】(16) 常用 音 リン 訓 となる・となり

旧字 阜12 隣(15) 異体 邑12 鄰(15)

筆順 阝 阝丷 阝米 阝𠂉 隣 隣 隣 隣

意味 ❶両横で最も近い位置にある。となる。また、その関係。となり。「隣家・隣接・四隣・隣り合う」❷となりの家。となり。名付 ただ・ちか・となり・なが・りん

【隣接】(りんせつ) すぐとなりに位置していて密接な関係をもっていること。

阜13 【險】▸険 旧

阜13 【隨】▸随 旧

阜14 【隰】(17) 音 シツ 訓 ―

意味 低くて湿った土地。沢。

阜14 【隱】▸隠 旧

阜14 【隲】▸騭 異

阜14 【隯】▸陦 正

阜16 【隴】(19) 音 ロウ 訓 ―

意味 中国の甘粛(かんしゅく)省のこと。ろう。「隴を得て蜀(しょく)を望む」(隴を征服してさらに蜀の地方を得たいと思う。一つの望みがかなうと、次の望みが生まれ、人の欲に限りがないことを形容することば)」

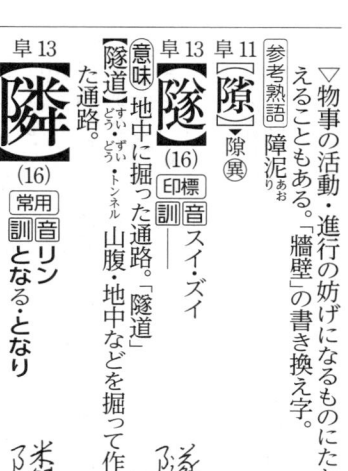

隶 の部 たい れいづくり

隶0 【隶】(8) 音 タイ 訓 ―

意味 及んで届く。

隶8 【隷】(16) 常用 音 レイ 訓 ―

旧字 隶9 隸(17)

筆順 士 圭 隷 隷 隷 隷 隷 隷

意味 ❶つき従っていいなりになる。また、つき従う身分の卑しい者。「隷属・奴隷」❷漢字の書体の一つ。篆書(てんしょ)を簡略化したもの。れい。「隷書・篆隷(てんれい)」

【隷従】(れいじゅう) 部下としてその人に従うこと。

【隷書】(れいしょ) 漢字の書体の一つ。名称は、隷卒(役人)が大量の行政文書を速記するために、篆書(てんしょ)を簡略化して作られたことからという。楷書のもととなり、現在は新聞の題字や紙幣などに使われる。

【隷属】(れいぞく) 他に支配されてそのいいなりになること。

隹 の部 ふるとり

隹0 【隹】(8) 音 スイ 訓 ―

意味 尾の短い鳥。

隹2 【隼】(10) 人名 音 ジュン 訓 はやぶさ

筆順 亻 亻' 亻' 仁 隹 隹 隼 隼

意味 猛鳥の一種。鷹(たか)狩りに用いた。はやぶさ。

名付 じゅん・たか・とし・はや・はやと

参考熟語 隼人(はやと)

隹2 【隻】(10) 常用 音 セキ 訓 ―

筆順 亻 亻' 仁 仁 隹 隹 隻 隻

意味 ❶対(つい)になっているものの一方。「隻眼・隻手」❷ただ一つである。また、ことば・文字などがわずかである。「隻影・隻語」❸船などを数えることば。せき。

【隻影】(せきえい) 一つの、物の姿。「―すら認められない」

【隻眼】(せきがん) ①二つのうち、一つしか目が開いていないこと。片目。独眼。②人とはちがったすぐれた見識。ひとかどの見識。

【隻語】(せきご) ちょっとした内容のわずかなことば。「片言―」

8画

隹3

【雀】

(11) 人名 音ジャク 訓すずめ

筆順 亅 小 … 雀

意味 小鳥の一種。すずめ。「雀躍・燕雀（えんじゃく）・山雀（やまがら）」 名付 す・さぎ

【雀躍】（じゃくやく） おどり上がるほどに非常に喜ぶこと。「欣喜（きんき）――」▽「雀（すずめ）がおどり上がる」の意。

【雀羅】（じゃくら） 雀（すずめ）を捕らえる網。「門前――を張る」

参考熟語 雀斑（そばかす）

雀

隹3【隺】▸鶴 異

隹4

【雁】

(12) 人名 音ガン 訓かり　異体 鳥2 鳫 (13)

筆順 厂 … 雁

意味 水鳥の一種。渡り鳥で、列を作って鳴きながら飛ぶ。かり。がん。「雁行・帰雁・雁（かり）が音（ね）」

名付 がん・かり

参考 「がん」「かり」ともに「鳫」とも書く。

【雁行】（がんこう） 幾つかのものが、斜めにまたは横一列に並んで行くこと。

【雁字搦め】（がんじがらめ） ①なわなどを幾重にも堅く巻きつけ、動けなくすること。②強い束縛をうけて、ぬけ出す方法がなくなること。

【雁書】（がんしょ） 手紙のこと。雁（かり）の使い。▽前漢の蘇武（そぶ）が匈奴（きょうど）にとらわれたとき、手紙を雁（がん）の足につけて故国に送ったという故事から。

参考熟語 雁皮（がんぴ） 雁来紅（はげいとう・がんらいこう）

雁

隹4

【雇】

(12) 常用 音コ 訓やとう　旧字 隹4 雇 (12)

筆順 ㇇ ヨ 戸 戸 戸 屛 屛 雇

意味 賃金・料金を払って人や乗り物を使う。やとう。「雇用・雇員・解雇・雇い主」

参考 「やとう」は「傭う」とも書く。

【雇員】（こいん） 官庁や会社などで、正規の職員・社員などの仕事を手伝うために一時的にやとわれた人。

【雇用】（こよう） 仕事をさせるために、報酬を与えて人を雇うこと。

雇

隹4

【集】

(12) 3年 音シュウ 訓あつまる・あつめる・つどう

筆順 亻 亻 仁 什 隹 隹 隼 集

意味 ❶多くのものが一つの所に寄って来る、またはそのようにする。つどう。あつまる。あつめる。また、そのこと。つどい。あつまり。「集合・集金・集解（しゅうかい・しっかい）・編集」❷詩歌・文集などをあつめて作った書物。しゅう。「歌集・全集・作品集・家の集」 名付 あい・い・しゅう・ちか・つどい

参考 「集・特集・編集」などの「集」は「輯」が、「集荷」は「蒐荷」が、「集落」は「聚落」が書き換えられたもの。

【集解】（しっかい・しゅうかい・しゅうげ） 多くの人の注釈を集めて、ある書物の注釈書を作ること。また、その注釈書。

集

【集荷】（しゅうか） 生産地から荷としての農水産物などが市場に集まること、または集めること。また、その荷。▽「蒐荷」の書き換え字。

【集貨】（しゅうか） 貨物や商品が市場に集まること、または集めること。また、その貨物や商品。

【集結】（しゅうけつ） 次の活動のために一か所に集まること。また、集めること。

【集権】（しゅうけん） 権力を一か所に集めること。「中央――」

【集散】（しゅうさん） ①人が集まって仲間を作ったり、別れて仲間を解消したりすること。「離合――」②生産地から産物を集め、消費地に送り出すこと。「――地」

【集成】（しゅうせい） 多くの同類のものを集めて一つにまとめること。また、そうして作った書物。

【集積】（しゅうせき） ①品物・材料などを各地から大量に集めて保管すること。「――地」②品物・材料などが大量に集まること。「――回路」

【集大成】（しゅうたいせい） すべての資料を取り入れてまとめること。また、そうしてまとめ作ったもの。

【集配】（しゅうはい） 郵便物を集めたり配ったりすること。

【集約】（しゅうやく） 多くのものを集めて一つにまとめること。「――農業」

隹4

【雄】

(12) 常用 音ユウ 訓お・おす・おん

筆順 一 ナ … 雄

意味 ❶動物の、おす。おん。お。おす。⇔雌。「雄

雄

8画

性・雌雄・雄牛(おうし)・雄鶏(おんどり)」❷規模が大きくて堂々としている。また、実力があってすぐれている人。ゆう。「雄大・雄姿・英雄・群雄・一方の雄」

名付 お・かず・かつ・たか・たけ・たけし・のり・ゆう・よし

参考 ❶の「おす」「お」は「牡」とも書く。

【雄渾】(ゆうこん) 書いた文字・文章などが、気力がこもっていて力強く勢いがよいこと。注意「ゆうぐん」と読み誤らないように。

【雄姿】(ゆうし) 堂々としたりっぱな姿。「富士の―」

【雄志】(ゆうし) 大いに発展しようとする意気込み。「―を抱く」

【雄壮】(ゆうそう) 勇ましくて意気盛んなこと。「―活発」

【雄大】(ゆうだい) 景色や構想などの規模が大きく、堂々としているさま。

【雄図】(ゆうと) 世の中のためになるような、規模の大きなりっぱな計画。「―むなしく挫折(ざせつ)する」注意「勇図」と書き誤らないように。

【雄途】(ゆうと) りっぱな仕事・任務のための、期待に満ちた出発・かどで。「―に就く」

【雄飛】(ゆうひ) 新しい活躍場所で勢い盛んに活動すること。「海外―」注意「勇飛」と書き誤らないように。

【雄弁】(ゆうべん) 説得力をもってよどみなく話すこと。また、そのようなすぐれた弁舌。「―家」「―をふるう」

参考熟語 雄叫(おたけ)び

隹5
【雅】
(13) 常用
旧字 隹4 雅 (12)

雅

音 ガ 訓 みやび・みやびやか

筆順 ア ェ 牙 牙 牙 牙 牙 雅

意味 ❶上品で美しい。また、そうであっておおらかである。みやび。みやびやか。「雅号・雅趣・優雅」❷系統が正しくて上品である。「雅語・雅楽(ががく)」❸相手を尊敬して添えることば。「雅兄」

名付 か・が・ただ・ただし・つね・なり・のり・ひとし・まさ・まさし・まさり・まさる・みやび・もと

【雅楽】(ががく) 平安時代以後、宮中で行われてきた音楽。日本古来の音楽と、朝鮮・中国より伝来した音楽とからなる。

【雅兄】(がけい) 手紙で、相手の男性を敬って呼ぶことば。

【雅語】(がご) ①詩歌などに使われて、上品であるとされることばのこと。②上品なことばのこと。▽「雅言」ともいう。

【雅号】(がごう) 画家・歌人・俳人などが本名以外につける名。

【雅趣】(がしゅ) 上品で風流な趣。「―に富む」

【雅量】(がりょう) 他人に対する寛大な心。「―を示す」「―に富む」

参考熟語 雅典(アテネ)

隹5
【雋】
(13) 音 シュン 訓 ―

意味 すぐれている。「雋良(しゅんりょう)」

隹5
【雎】
(13) 音 ショ 訓 ―

意味 →雎鳩(みさご)

雎　雋

【雎鳩】(みさご) 鳥の一種。大形で、海岸の岩や木の枝に巣を作り、魚類を捕らえて食う。▽「鶚」とも書く。

隹5
【雉】
(13) 印標 音 チ 訓 きぎす・きじ

意味 野鳥の一種。きぎす。きじ。日本の国鳥。雄は尾が長くて羽が美しい。

参考熟語 雉子(きぎす・きじ)

隹5
【雍】
(13) 音 ヨウ 訓 ―

意味 なごやかになる。「雍和」

隹6
【雑】
(14) 5年
旧字 隹10 雜 (18) 人名
異体 ネ12 襍 (17)

音 ザツ・ゾウ 訓 まじえる・まじる・まざる・まぜる

筆順 九 杂 刹 刹 新 雑 雑

意味 ❶他の物の中にはいって一つになる。まざる。まじる。また、そのようにする。まじえる。まぜる。「雑種・雑炊(ぞうすい)・夾雑物(きょうざつぶつ)」❷統一なく集まっている。「雑学・雑踏・混雑・乱雑」❸いろいろであって重要な役目がない。「雑事・雑巾(ぞうきん)」❹注意が行き届いていない。ざつ。「雑駁(ざっぱく)・粗雑」❺いろいろなものがはいっていて区別しにくいこと。ざつ。また、一定の分類にはいらないものをまとめて一つの部類としたもの。ぞう。「雑費・雑収入・雑(ざつ)の部」

名付 ざつ

参考 ❶の「まじる」「まざる」「まぜる」は「混じる」「混ざる」「混ぜる」とも書く。

雑　雍　雉

8画

【雑魚】ざこ・じゃこ ①価値のない小魚。②つまらない人物。
【雑詠】ぞうえい 題を決めずにいろいろな事物を素材として詩歌を作ること。また、そうして作った詩歌。
【雑役】ぞうえき 正規の主要な仕事以外のこまごました仕事。
【雑感】ざっかん まとまりのないさまざまな感想。
【雑居】ざっきょ ①一つの家に二つ以上の家族の人がいっしょに住むこと。②一つの地域にいろいろな人種の人々がまじって住むこと。
【雑穀】ざっこく ①米・麦以外の、いろいろな穀物。ひえ・あわなど。②穀物以外の、食用になる、豆・そば・ごまなどのこと。
【雑食】ざっしょく 動物性・植物性のどちらにかたよることなく、なんでも食べること。
【雑然】ざつぜん 入りまじっていてまとまりがないさま。
【雑多】ざった 性質・価値の違うものなど、いろいろなものが入りまじっていること。「種々―」
【雑踏】ざっとう 多くの人でこみあうこと。また、人ごみ。▽「雑沓」の書き換え字。
【雑念】ざつねん・ぞうねん その物事に無関係でじゃまになるいろいろな思い。
【雑嚢】ざつのう いろいろな物を入れて、肩から掛けたり腰に下げたりする布製の袋。
【雑駁】ざっぱく 考えや知識などがまとまりがなくてがさつなこと。
【雑言】㊀ぞうごん いろいろな無責任な悪口。「悪口あっこう―」「罵詈ばり―」㊁ざつげん 雑談。むだ話。

隹6 【雌】(14) 常用 音シ 訓め・めす・めん

筆順 

意味 動物の、めす。めん。め。めす。↔雄。「雌雄・雌伏・雌花めばな・雌鶏めんどり」
参考 「めす」「め」は「牝」とも書く。
【雌伏】しふく 実力のある人が、今の低い地位などにがまんしながら活躍できる機会がやって来るのを待つこと。「―十年」▽「雌のように服従する」の意。 注意 「雌服」と書き誤らないように。
【雌雄】しゆう 雌と雄のこと。「―異株いしゅ」「―を決する(争って優劣を決める)」

【截】▸戈10

隹8 【雕】(16) 音チョウ 訓える

意味 彫り刻む。える。
参考 「える」はふつう「彫る」と書く。

隹9 【雖】(17) 印標 音― 訓いえども

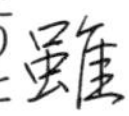

意味 そうとはいっても。いえども。「老いたりと雖も」
注意 「言えども」と書き誤らないように。

隹10 【雛】(18) 人名 音スウ 訓ひな・ひよこ

筆順 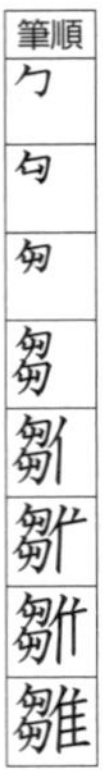

意味 ❶鳥、特に鶏の、子。ひよっこ。ひよこ。ひな。「鳳雛ほうすう・雛鳥ひなどり」❷紙・土などで作った人形に着物を着せたもの。ひな。「雛人形ひなにんぎょう」❸小さい・愛らしいの意を表すことば。ひな。「雛形ひながた・雛菊ひなぎく」 名付 すう・ひな
【雛形】ひながた ①実物の模型・見本として作った小形のもの。②書類などの決まった書き方を示した見本。

隹10 【難】(18) 6年 音ナン 訓かたい・むずかしい・にくい
旧字 隹11 難(19) 人名

筆順 

意味 ❶むずかしい。にくい。かたい。むつかしい。また、そのこと・事柄。なん。↔易。「難問・難解・難儀・困難・至難・難に当たる」❷苦しみ。また、災い。なん。「難船・災難・遭難・就職難」❸欠点を責める。なんずる。また、欠点。なん。「難点・難詰・非難・難をいえば」
参考 ⑴❶の「にくい」は「悪い」とも書く。⑵「かたい」⇩「固」の[使い分け]。
【難儀】なんぎ ①困難。面倒。迷惑。「―をかける」②苦しみ悩むこと。「どろ道を歩くのに―する」
【難詰】なんきつ 欠点を取り上げて非難し、なじること。
【難行苦行】なんぎょうくぎょう ある物事を達成するために、非常に苦しくてつらい経験をすること。
【難航】なんこう 船や飛行機が、気象や海洋の悪条

8画

件のために航行困難なこと。「会議が—する」▽物事が、障害が多くてなかなかはかどらないことにたとえることもある。注意「難行」と書き誤らないように。

【難攻不落】(なんこうふらく) 城や要塞(ようさい)などが、攻撃することがむずかしくて攻め落としにくいこと。▽承知させるのがむずかしくて思いどおりにならないことにたとえることもある。

【難事】(なんじ) 取り扱い・解決がむずかしい事柄。

【難治】(なんち・なんじ) 病気がむずかしくて治りにくいこと。

【難渋】(なんじゅう) 障害にあって物事が思うように進行しないこと。また、そのために苦しむこと。「事件の解決に—する」

【難色】(なんしょく) 承知しにくくて不賛成であると思っている様子。「—を示す」

【難点】(なんてん) ①欠点・失敗など、非難すべき点。②物事をするのに不利でむずかしいと思われる点。

【難破】(なんぱ) 暴風雨にあって船がひどくこわれたり沈没したりすること。「—船」注意「難波」と書き誤らないように。

隹10【雙】▶双 旧

隹10【雜】▶雑 旧

隹10【雞】▶鶏 異

隹11【離】(19) 常用 音 リ 訓 はなれる・はなす

筆順 离 離

意味 ❶くっついていたものがばらばらになる。はなれる。また、そのようにする。はなす。「離合・離陸・分離・支離滅裂」❷関係をやめて別れる。はなれる。「離別・離婚・別離・会者定離(えしゃじょうり)」❸遠ざかって隔たりができる。はなれる。また、そのようにする。はなす。「離島・距離」❹母屋(おもや)からはなれて別棟(べつむね)になっている座敷・建物。はなれ。名付 あきら・つら・り

使い分け「はなれる」

離れる…分かれて間があく。「五キロ離れている・年が離れる・親元を離れる・人心が離れる・離れ小島」

放れる…束縛がなくなって自由になる。「犬が鎖から放れる・弦を放れた矢」

【離間】(りかん) 仲たがいさせること。「—策」

【離合】(りごう) 人が集まって仲間を作ったり別れて仲間を解消したりすること。「—集散」

【離婚】(りこん) 夫婦が婚姻を解消すること。離縁。離別。

【離散】(りさん) いっしょにいた人たちが別れて離れ離れになること。「一家—する」

【離脱】(りだつ) それまでの関係をやめて所属していたところから抜け出すこと。「党を—する」

【離反】(りはん) 人心が、属していたものに対する信頼を失って離れること。▽「離叛」の書き換え字。

【離別】(りべつ) ①人と別れること。別離。②夫婦がその関係をやめて別れること。離婚。

【讐】▶言16

隹11【難】▶難 旧

雨 の部 あめ あめかんむり

雨0【雨】(8) 1年 音 ウ 訓 あめ・あま

筆順 一 冂 帀 雨

意味 あま。あめ。また、それが降ってくること。「雨天・雨水・晴雨・降雨・春雨(はるさめ)・雨宿(あまやど)り」名付 う・さめ・ふる

【雨後の筍】(うごのたけのこ) 雨が降ったあとに勢いよく次々に伸び出てくる筍(たけのこ)。▽次々にたくさん現れ出る、似たような価値のない物にたとえる。

【雨滴】(うてき) ①降ってくる雨の粒。②物からしたたり落ちる雨の水。雨垂れ。

雨3【雪】(11) 2年 旧字 雨3 雪(11)

音 セツ 訓 ゆき・すすぐ・そそぐ

筆順 一 帀 雨 雪

意味 ❶ゆき。「雪原・雪中・積雪・新雪」❷恥の償いをする。そそぐ。すすぐ。「雪辱・汚名を雪ぐ」参考 ❷の「すすぐ」「そそぐ」は「濯ぐ」とも書く。名付 きよみ・きよむ・せつ・そそぐ・ゆき

【雪月花】(せつげつか) おりおりの季節にながめ楽しむべき、雪と月と花。

【雪辱】せつじょく 以前に受けた恥をはらすこと。「—戦」

【雪隠】せっちん・せついん 便所。かわや。▽もと禅宗の用語。

【雪洞】一 せつどう 雪を掘ったほらあな。
二 ぼんぼり 紙ばりのおおいのある手燭てしょく。また、小さいあんどん。

二 雪洞

【雪白】せっぱく 雪のようにまっ白であること。「—の肌」▽行いが正しく潔白であることにもたとえる。

【雪崩】なだれ 山の斜面に積もった雪が、激しい勢いでくずれ落ちること。また、その雪。

参考熟語 雪花菜おから・きらず

雨3 【雫】(11) 人名 音ダ 訓しずく

筆順 一 冖 帀 帀 雨 雫 雫

意味 垂れ落ちる、水や液体の粒。しずく。「涙の雫」 名付 しずく

雨4 【雲】(12) 2年 音ウン 訓くも

筆順 一 冖 帀 帀 雨 雲 雲 雲

意味 くも。「雲海・雲集・風雲・密雲・積乱雲」 名付 うん・くも・も・ゆく

【雲丹】うに うにの卵巣らんそうを塩づけにしたもの。▽動物のウニは「海胆」と書く。

【雲煙過眼】うんえんかがん 雲や霞かすみがたちまち過ぎ去るように、長く心に留めず、物事に執着しないこと。▽「雲烟過眼」とも書く。

【雲霞】うんか 雲と霞かすみ。「—の如ごとき大軍」▽人が非常に多く集まる様子にたとえることもある。

【雲散霧消】うんさんむしょう あとかたもなく消え去ること。

【雲集】うんしゅう 雲のようにたくさん集まること。

【雲上】うんじょう 宮中のこと。「—人びと（宮中に奉仕する公卿くぎょうのこと）」

【雲水】うんすい 雲や水が定めなく流れるように、あてどもなく各地を修行して歩く禅宗の僧。

【雲泥】うんでい 空にある白い雲と、地にあるよごれた泥どろ。「—の差」▽違い・差が非常にはなはだしいものにたとえる。

参考熟語 雲母きらら・うんも 雲雀ひばり 雲呑ワンタン

雨4 【雰】(12) 常用 音フン 訓——

筆順 一 冖 帀 帀 雨 雰 雰

意味 大気。「雰囲気」 名付 きり・ふん

【雰囲気】ふんいき その場から自然に作り出される気分。空気。気け。気配。ムード。

雨5 【電】(13) 2年 音デン 訓いなずま

筆順 一 冖 帀 帀 雨 雷 電

意味 ❶電気のこと。「電力・電化・電車・発電」❷空中に起こる、瞬間的な放電の強い光。いなずま。「電光・電撃・雷電・逐電」❸電信・電報のこと。でん。「打電・外電・ウナ電」❹電車のこと。「市電・終電」 名付 あきら・でん・ひかり

参考 ❷の「いなずま」は「稲妻」とも書く。

【電機】でんき 電力で運転する機械。

【電撃】でんげき ①強い電流をからだに受けたときの激しい衝撃。「—療法」②いなずまのように激しい勢いで急に行うこと。「—作戦」

【電光石火】でんこうせっか いなずまと、火打ち石を打って出した火花。「—の早業はやわざ」▽動作が非常にすばやいことにたとえる。

【電飾】でんしょく 電気の発光作用を利用した装飾。ネオンサイン・イルミネーションなど。

雨5 【雹】(13) 音ハク 訓ひょう

意味 積乱雲から降ってくる、氷の粒。ひょう。「雹害」「降雹こうひょう」

雨5 【雷】(13) 常用 音ライ 訓かみなり・いかずち

筆順 一 冖 帀 帀 雨 雷 雷

意味 ❶かみなり。らい。いかずち。「雷雨・雷神・落雷・春雷・鼾声かんせい雷らいの如ごとし」❷大音響を発して爆発する仕掛けの兵器。また、特に、魚雷のこと。「雷撃・地雷」❸かみなりを起こすという神。かみなり。「雷様かみなりさま」 名付 あずま・いかずち・らい

【雷管】らいかん 火薬に点火して爆発させる発火具。

8画

【雷撃】(らいげき) 魚雷で敵艦を攻撃すること。

【雷電】(らいでん) 雷と、いなずま。

【雷同】(らいどう) よく考えずに、他の人の意見に同意すること。「付和―」▽「雷が鳴るとその音に万物が応じて響く」の意。

【雷名】(らいめい) 世間に広く知れ渡っているよい評判。「―をとどろかせる」

【雷鳴】(らいめい) 雷の激しい音。

雨5
【零】(13)
常用 音 レイ 訓 こぼす・こぼれる・ゼロ

筆順 零

意味 ❶非常にわずかである。「零細・零本・断簡零墨」❷落ちぶれる。「零落」❸正と負との境の数。また、物が一つもないこと。ゼロ。れい。「零下五度・午前零時・三対零(れい・ゼロ)」❹ひっくり返したり傾けたりして中にはいっている物を外に出す。こぼす。また、いっぱいになった中の物が外にあふれ出る。こぼれる。「零れ話・涙を零す」
参考 ❹の「こぼす」「こぼれる」は「溢す」「溢れる」とも書く。
【零細】(れいさい) 物事の規模が小さいこと。「―企業」
【零墨】(れいぼく) 昔書いたものの大部分が失われてしまって、わずかに残っている切れ端。「断簡―」
【零落】(れいらく) 栄えていたものがおちぶれること。
参考熟語 零落(おち)ぶれる 零余子(むかご・ぬかご)

雨6
【需】(14)
常用 音 ジュ 訓 もとめる

筆順 需

意味 必要として求める。もとめる。また、その求め。「需要・需給・軍需・必需・応需」名付 じゅ・まち・もとめ
【需用】(じゅよう) 商品としての電気・ガスなどを受け入れていろいろな用途に使うこと。
【需要】(じゅよう) 供給に対して、購買力のある人が商品を買い入れようとする欲求。

雨7
【霄】(15)
音 ショウ 訓 ―

意味 遠く高い空。「霄壌」
【霄壌】(しょうじょう) 天と地。天地。

雨7
【震】(15)
常用 音 シン 訓 ふるう・ふるえる

筆順 震

意味 ❶細かく揺れ動く。ふるう。ふるえる。「震動・震災・地震・耐震・震天動地」❷恐ろしかったり寒かったりしてからだが小さく揺れ動く。ふるう。ふるえる。「震駭(しんがい)・身震い」名付 しん・なり・なる・のぶ
参考 ふるう⇩「振」の[使い分け]。

【震駭】(しんがい) 恐れ驚いて激しく震えること。「一世を―させる」

【震撼】(しんかん) 天地・世の中などを震え動かすこと。また、それらが震え動くこと。「世を―させた事件」

【震天動地】(しんてんどうち) 天地を震動させること。「―の大事件」

【震盪】(しんとう) 激しく揺れ動くこと。また、激しく振り動かすこと。「脳―」▽「振盪」とも書く。

【震動】(しんどう) 震え動くこと。また、ゆり動かすこと。

雨7
【霆】(15)
音 テイ 訓 ―

意味 雷の光。稲妻。「雷霆」

雨7
【霈】(15)
音 ハイ 訓 ―

意味 雨が激しく降るさま。また、大雨。「霈然(はいぜん)(沛然)」
【霈然】(はいぜん) 雨が一時にはげしく降るようす。

雨7
【霊】(15)
常用 音 レイ・リョウ 訓 たま・たましい

旧字 雨16 靈(24) 略字 火3 灵(7)

筆順 霊

意味 ❶神秘的な働きをする。また、そのような、目に見えないもの。れい。「霊妙・霊山・霊薬」❷肉体に宿っていて肉体を支配するもの。また、精神のこと。たましい。れい。「霊魂・霊肉・心霊・武士の霊(たま)(刀のこと)」❸肉体を離れた、死者の魂。たま。たましい。れい。「霊前・英霊・死霊(しりょう)・霊祭(たままつ)り」名付 よし・れい
参考 ❷❸の「たましい」「たま」は「魂」とも書く。

【霊屋】(たまや) 祖先や死者の霊魂が祭ってある堂。

【霊域】(れいいき) 社寺などがある神聖な場所。

【霊感】(れいかん) ①神仏が乗り移ったかのように突然

何かを感ずる、心の微妙な働き。インスピレーション。②神仏が人の祈願に応じて現す不思議な働き。

【霊柩車】(れいきゅうしゃ) 遺体を納めた棺を火葬場や墓地に運ぶ車。

【霊験】(れいげん・れいけん) 人の祈願に応じて神仏が示す、不思議な反応。御利益(ごりやく)。「―あらたか」

注意「霊顕」と書き誤らないように。

【霊魂】(れいこん) 肉体の活動を支配し、死後は肉体からはなれて滅びずに残ると考えられているもの。たましい。霊。魂魄(こんぱく)。

【霊場】(れいじょう) 社寺があって、神仏の霊が神秘的な力を発揮するという神聖な場所。霊地。

【霊前】(れいぜん) ①死者の霊をまつった場所の前。②神仏をまつってある場所の前。神前。仏前。

【霊長】(れいちょう) 霊妙な力を持つ、最もすぐれたもの。「―類」

【霊媒】(れいばい) 神や死者の霊魂と意思を通じ合い、それを人間に伝える人。口寄せ・巫女(みこ)など。

【霊廟】(れいびょう) 先祖や聖人の霊を祭った神聖な建物。

【霊峰】(れいほう) 神仏などが祭ってあって人々が神聖なものとしている山。「―富士」

【霊妙】(れいみょう) 人間の理解を超えるほど、神秘的、また優れていること。「―不可思議」

【霊薬】(れいやく) 不思議なききめのある薬。

雨8 【霙】(16) 音 エイ 訓 みぞれ 正字 雨9 霙(17)

意味 雨と雪とがまじって降ってくるもの。みぞれ。

雨8 【霍】(16) 音 カク 訓 ―

意味 急であって激しい。「霍乱」

【霍乱】(かくらん) 暑気あたりや、激しく吐き下しをする急性の病気。

雨8 【霓】(16) 音 ゲイ 訓 にじ

意味 虹(にじ)のこと。にじ。「霓裳(げいしょう)」

参考 中国では、「霓」は雌のにじ、「虹(こう)」は雄のにじとされる。

雨8 【霎】(16) 音 ショウ 訓 ―

意味 ❶こさめ。❷短い時間。ちょっとの間。

雨8 【霑】(16) 音 テン 訓 うるおう

意味 ❶湿る。うるおう。❷恩恵を受ける。うるおう。「均霑(平等に利益・恩恵を受けること)」

雨8 【霏】(16) 音 ヒ 訓 ―

意味 雨や雪が降るさま。「霏霏」

【霏霏】(ひひ) 雪や細かい雨が絶え間なく降り続くさま。「雪―として降りしきる」

雨8 【霖】(16) 音 リン 訓 ―

意味 幾日も降り続く雨。長雨。「秋霖」

【霖雨】(りんう) 何日も降り続く雨。長雨。

雨9 【霞】(17) 人名 音 カ 訓 かすみ・かすむ

筆順

意味 ❶遠方のけしきなどをぼんやりさせてしまう、かすみ。「煙霞・霞網(かすみあみ)・春霞(はるがすみ)」❷かすみが立ち込めてはっきり見えなくなる。また、目立たなくなる。かすむ。❸朝焼け。また、夕焼け。かすみ。「霞光・晩霞」名付 か・かすみ

雨9 【霜】(17) 常用 音 ソウ 訓 しも

筆順

意味 ❶しも。「霜害・降霜・秋霜」❷年月(としつき)。「星霜」名付 しも・そう

【霜月】(しもつき) 陰暦十一月のこと。

【霜露】(そうろ) 霜と露。▽「―の病」とは、風邪のこと。

雨10 【霤】(18) 音 リュウ 訓 ―

意味 雨垂れ。

雨11 【霪】(19) 音 イン 訓 ―

意味 幾日も降り続く雨。長雨。「霪雨(いんう)(長雨)」

【霪雨】(いんう) 「淫雨」に同じ。

雨11 【霧】(19) 常用 音 ム 訓 きり

筆順

意味 きり。「霧氷・霧笛(むてき)・濃霧・五里霧中」名付 きり・む

【霧散】(むさん) 霧が散るように、消えてなくなるこ

と。雲散霧消。

【霧消】(むしょう) 霧が消えるように、たちまちのうちにあとかたもなく消え失せること。「雲散―」

【霧中】(むちゅう) 霧の中。「―信号」「五里―」

【霧笛】(むてき) 霧が深いとき、航海中に事故が起こらないように、灯台や船舶でならす汽笛。きりぶえ。

【霧氷】(むひょう) 気温が氷点下のとき、霧の粒や水蒸気が木の枝などに付着して生じる白色・不透明な氷。

参考熟語 霧雨(きりさめ・きりあめ・むう)

雨12 **【霰】** (20) 印標 音サン 訓あられ

意味 秋・冬などに、大気中の水蒸気が急に氷結して降ってくる粒状のもの。あられ。「霰弾」

【霰弾】(さんだん) 多数の微小な弾丸が飛び出して広い範囲に散らばるしくみの弾丸。▽「散弾」とも書く。

雨13 **【霹】** (21) 音ヘキ 訓―

意味 激しく鳴り響く雷。「霹靂(へきれき)」

【霹靂】(へきれき) 急に激しく鳴り響く雷。「青天の―(突然起こった思いがけない事件・衝撃)」

雨13 **【露】** (21) 常用 音ロ・ロウ 訓つゆ・あらわ・あらわす・あらわれる

筆順 … 露

意味 ❶つゆ。「露命・雨露・甘露」❷屋根におおいがない。「露天・露営」❸むき出しにして現す。あらわす。また、そのようになる。あらわれる。「露出・露骨・披露」❹隠れていないではっきりと見えるさま。また、隠さないではっきりと見せるさま。あらわ。「肌も露に」❺少しも。つゆ。「露、知らず」❻ロシアのこと。「露都・日露」

名付 あきら・つゆ・ろ

参考 ⑴❹の「あらわ」は「顕」とも書く。⑵❻は「露西亜(ロシア)」の略から。❻は「魯」とも書く。

【露悪】(ろあく) 自分の欠点などをわざと他人に見せびらかすこと。「―趣味」

【露営】(ろえい) 野外にテントを張って野宿すること。▽もと「軍隊が野外に陣営を張る」の意。

【露見】(ろけん) 「露顕」と同じ。

【露顕】(ろけん) 隠していた秘密や悪事が人に知られること。露見。「旧悪が―する」

【露骨】(ろこつ) 感情・欲望などを、ひかえめにしたり隠したりすることなくそのままに表すこと。あからさま。

【露地】(ろじ) ①屋根・おおいなどのない地面。「―栽培」②茶室や門内の庭に通じた通路。▽この場合は「路地」とも書く。参考「路地(ろじ)」は、家と家との間の狭い通路のこと。

【露呈】(ろてい) 隠していた事物が表に現れ出ること。また、そのようにすること。

【露天】(ろてん) 屋根やおおいがない所。「―掘り」

【露店】(ろてん) 道ばたにござを敷いたり台を置いたりして、品物を売る店。

【露命】(ろめい) 太陽が出るとすぐに消えてしまう露のように、いつ死ぬかわからないはかない命。「―を繋(つな)ぐ(やっとのことで細々と暮らす)」

雨13 [霸]▶覇 異

雨14 **【霽】** (22) 音セイ 訓はれる

意味 雨がやんで晴れる。はれる。また、心がさっぱりする。「光風霽月(こうふうせいげつ)(さわやかな風と、雨上がりの月。心が清らかでわだかまりがないことのたとえ)」

雨14 **【霾】** (22) 音バイ 訓―

意味 風に吹き上げられて砂が降る。また、その砂。

雨16 **【靄】** (24) 印標 音アイ 訓もや

意味 空中にたちこめてあたりをぼんやりとしか見えないようにしてしまう、霧や霞(かすみ)。もや。「暮靄・夕靄(ゆうもや)」

雨16 **【靆】** (24) 音タイ 訓―

意味 「靉靆(あいたい)」は、雲がたなびくさま。

雨16 **【靂】** (24) 音レキ 訓―

意味 「霹靂(へきれき)」は、急に激しく鳴り響く雷。

雨16 [靈]▶霊 旧

雨17 **【靉】** (25) 音アイ 訓―

意味 「靉靆(あいたい)」は、雲がたなびくさま。

雨19 **【靏】** (27) 〈国字〉 音― 訓つる

8画

意味 つる。▽多く人名・地名に用いる字。

雨21 【靏】(29) 〈国字〉 音 ―― 訓 つる 異体 雨19 靍(27)
意味 つる。▽多く人名に用いる字。

青(靑)の部 あお あおへん

青0 【青】(8) 1年 旧字 青0 靑(8)
音 セイ・ショウ 訓 あお・あおい
筆順 一 十 キ 主 青 青 青 青
意味 ❶あお。また、あおい。「青天・青銅・緑青《ろくしょう》・真《ま》っ青《さお》」❷東・春・少年、また、若いの意を表すことば。「青竜《せいりゅう》・青春・青年」❸未熟である。あお。「青二才《あおにさい》」 名付 あお・きよ・しょう・せい・はる
【青息吐息】《あおいきといき》 苦しいときや困りはてたときなどに出るため息。また、その息が出るような状態。「資金不足で―だ」
【青二才】《あおにさい》 年が若く経験に乏しい、未熟な男性。
【青雲の志】《せいうんのこころざし》 出世して高い地位にのぼろうとする功名心。「いささか―なきにしもあらず」▽「青雲」は「高い空にある雲」の意。
【青眼】《せいがん》 人を喜んで迎えるときの目つき。▽昔、中国の晋《しん》の阮籍《げんせき》が、自分の好きな人が来るときは青眼で迎え、きらいな人が来たときは白眼で迎えたという故事から。
【青山】《せいざん》 ①青々と樹木の茂った山。②自分の墓所とする地のこと。「人間《じんかん》(人が住んでいる世間)到《いた》る処《ところ》―あり」
【青史】《せいし》 歴史(書)。記録(書)。 参考 昔、紙のない時代に青竹に書き記したことから。
【青磁】《せいじ》 青緑色のうわぐすりをかけて焼いた磁器。
【青天の霹靂】《せいてんのへきれき》 晴れ渡った空に突然起こる雷。「―の解雇通告」▽突然起こる大事・変動などにたとえる。
【青天白日】《せいてんはくじつ》 ①青空に太陽が輝いていること。②後ろ暗いことがないこと。③疑いが晴れて無罪であることが明らかになること。「―の身となる」 注意 「青天」を「晴天」と書き誤らないように。
【青銅】《せいどう》 銅と錫《すず》の合金。ブロンズ。
【青票】《せいひょう》 国会で記名投票による表決をする時に使う、反対の意思を表す青色の票。青票《あおひょう》。
【青嵐】《せいらん・あおあらし》 青葉のころに吹く、さわやかなやや強い風。
【青竜】《せいりゅう》 ①四神《しじん》の一つ。竜をかたどった、東方の守護神。②青い竜。中国で、めでたいしるしとされる。

青5 【靖】(13) 人名 旧字 青5 靖(13)
音 セイ 訓 やすい・やすんずる
筆順 立 立 立 立 立 立 靖 靖
意味 安らかである。やすい。また、安らかにする。やすんずる。「靖国《せいこく・やすくに》」 名付 おさむ・きよし・しず・せい・のぶ・やす・やすし
【靖国】《せいこく・やすくに》 国家を安らかにしずめ、おさめる。鎮国。

青6 【静】(14) 4年 旧字 青8 靜(16) 人名
音 セイ・ジョウ 訓 しず・しずか・しずまる・しずめる
筆順 十 主 青 青 青 青 静
意味 ❶じっとして動かない。しずか。また、動かないこと。せい。「静止・静物・静脈《じょうみゃく》・安静・静中動あり」❷音がなくひっそりしている。しず。しずか。また、そのようになる、またはそのようにする。しずまる。しずめる。「静寂《せいじゃく・しじま》・静穏・静謐《せいひつ》・鎮静・静静《しずしず》」 名付 きよ・しず・しずか・せい・つぐ・ひで・やす・やすし・よし

使い分け 「しずまる」
静まる…物音や動きが止まってしずかになる。「場内が静まる・風が静まる・怒りが静まる・寝静まる」
鎮まる…物事がおさえられてしずかになる。鎮座する。「内乱が鎮まる・騒ぎが鎮まる・痛みが鎮まる・神々が鎮まる」

【静穏】《せいおん》 事件などが起こらず、静かなこと。
【静観】《せいかん》 物事の成り行きを、行動したり働き

かけたりせずに見守ること。「事態を―する」

【静寂】(せいじゃく) さびしく感じるほど、ひっそりと静かなこと。閑寂(かんじゃく)。寂莫(せきばく)。寂寥(せきりょう)。

【静粛】(せいしゅく) 物音を立てたり動いたりせず、静かにしていること。

【静態】(せいたい) 変化する事物の、静止している状態。

【静中動有り】(せいちゅうどうあり) 静かな中に動きがあることが真の静であるということ。

【静聴】(せいちょう) 人の話を静かに聞くこと。

【静謐】(せいひつ) ①静かでひっそりしていること。②事件がなく、世の中が穏やかなこと。

【静養】(せいよう) 健康を害した人が、心身を静かに休ませて療養すること。

青8【靜】▼静(旧)

非 の部 あらず

非0【非】(8) 5年 音 ヒ 訓 あらず

筆順 丿 ｊ ｷ ｷ 刲 非 非 非

意味 ❶欠点をあげて責める。また、そのこと。ひ。「非難・非議・非の打ち所がない」❷正しくない。また、そのこと。ひ。「非行・非望・是非・非を認める」❸うまくゆかない。また、そのこと。ひ。「非運・形勢我に非なり」❹道理にはずれる。「非道・非礼」❺そうでないの意を表すことば。あらず。「非番・非常・非常識」

【非運】(ひうん) 運が悪いこと。ふしあわせ。不運。「―に泣く」▽「悲運」とも書く。

【非行】(ひこう) 道義にはずれた行い。また、社会規範からはずれた正しくない行い。

【非業】(ひごう) 仏教で、前世の報いでないこと。「―の最期(さいご)を遂げる（思いがけない災難で死ぬ）」

【非才】(ひさい) 自分の才能を謙遜していうことば。「浅学―」▽「菲才」とも書く。

【非道】(ひどう) 道理・人情にはずれていてよくないこと。「極悪―」

【非売品】(ひばいひん) 一般の人には売らない品物。

【非凡】(ひぼん) 平凡でなくて普通よりすぐれていること。「―の腕前」

【非命】(ひめい) 天命にはずれた形で死ぬこと。「―の死(思いがけない災難による死)」

【非力】(ひりき) その物事を実行できる実力がないこと。

【非礼】(ひれい) 礼儀にはずれていてよくないこと。

参考熟語 非道(ひど)い

【悲】▼心8

非7【靠】(15) 音 コウ 訓 もたれる

意味 ❶よりかかる。もたれる。❷食べた物がよくこなれず、胃につらく感ぜられる。もたれる。

参考「もたれる」は「凭れる」とも書く。

非11【靡】(19) 印標 音 ビ 訓 なびく

意味 ❶細かく砕く。「靡爛(びらん)」❷衰え滅びる。「萎靡(いび)」❸順応して従う。なびく。「風靡」❹あでやかで美しい。「淫靡(いんび)」

【靡爛】(びらん) ただれること。▽「糜爛」とも書く。

面 の部 めん

面0【面】(9) 3年 音 メン 訓 おも・おもて・つら・も

筆順 一 ア 丆 丙 而 而 而 面 面

意味 ❶顔。つら。めん。おもて。おも。「面相・面上・顔面・面持(おもも)ち」❷会う。また、向かい合う。めんする。「面会・直面・君子南面・危機に面する」❸向いている方向。めん。「正面・方面・一面」❹顔につけるもの。おもて。めん。「仮面・能面」❺物の外側のたいらな部分。も。めん。「面積・表面・田の面(も)」、また、❻平たいものであることを表すことば。また、平たいものを数えることば。めん。「帳面・書面」

名付 おも・つら・めん・も

参考 おもて⇩「表」の[使い分け]。

【面詰】(めんきつ) 面と向かって相手の罪やあやまちをなじること。

【面識】(めんしき) 会ったことがあって、互いに顔を知っていること。「―がある」

【面従腹背】(めんじゅうふくはい) 表面では服従しているように見せかけて、内心では反抗していること。

【面責】(めんせき) 面と向かって相手の罪やあやまちを非難すること。
【面相】(めんそう) 顔つき。また、特に、普通と違った変な顔つき。「百―」
【面体】(めんてい) 職業・性格・品行を表している顔つき。「怪しい―の男」
【面罵】(めんば) 相手を目の前に置いてののしること。
【面皮】(めんぴ) 顔の皮。つらの皮。「―を剝(は)ぐ(相手の悪事を暴露して恥をかかせる)」
【面面】(めんめん) おのおの。ひとりひとり。「一座の―」
【面妖】(めんよう) 怪しくて不思議であるさま。「はて―な」
参考熟語 面白(おもしろ)い 面皰(にきび) 面子(メンツ・めんこ)

面5 【靤】(14) 音 ホウ 訓 ―
意味 にきび。

面7 【靦】(16) 音 テン 訓 ―
意味 ❶あつかましい。❷はじる。

面14 【靨】(23) 音 ― 訓 えくぼ
意味 笑うと、ほおにできる小さいくぼみ。えくぼ。

革 の部 かわへん・かくのかわ つくりかわ

革0 【革】(9) 6年 音 カク 訓 かわ・あらたまる・あらためる
筆順 一 卄 廿 廿 芇 芇 苎 苩 革
意味 ❶獣の皮をなめしたもの。かわ。「革質・皮革・牛革・吊(つ)り革」❷前のものをとりやめて新しく変える。あらたまる。あらためる。また、そのようになる。「革命・革新・変革・沿革」
参考 かわ⇨「皮」の[使い分け]。
【革質】(かくしつ) 皮のようなかたい性質。
【革新】(かくしん) 古い制度・組織・方法などを大きくあらためて、新しいものにすること。「技術の―」「―政党」
【革命】(かくめい) ①(「天命が革(あらた)まる」の意から)古代中国で、王朝が倒れ、新しい王朝がおこって統治すること。②政治形態や社会が根本的に大きく変わること。「フランス―」③方法・考え方などで、急激で大きな変化。「IT―」「産業―」

革3 【靫】(12) 音 サイ 訓 うつぼ・ゆぎ
意味 矢を入れて腰に帯びる道具。うつぼ。また、矢を入れて背負う道具。ゆぎ。

革3 【靱】(12) 印標 音 ジン 訓 しなやか・うつぼ・ゆぎ
異体 革3 靭(12) 異体 革3 靭(12)
意味 ❶柔らかで強い。しなやか。「靱帯・強靱」❷矢を入れて腰に帯びる道具。うつぼ。また、矢を入れて背負う道具。ゆぎ。
【靱帯】(じんたい) 関節の骨をつないでいる、強くて弾力性のある筋肉。

革4 【靴】(13) 常用 音 カ 訓 くつ
筆順 卄 廿 苎 苩 革 靪 靴 靴
意味 革で作った履物。くつ。「軍靴・長靴(ちょうか)・製靴(せいか)・隔靴搔痒(かっかそうよう)」
名付 か・くつ

革5 【鞅】(14) 音 オウ 訓 むながい
意味 ❶馬の胸から鞍(くら)にかけ渡す革緒(かわお)、または組み紐(ひも)。むながい。❷になう。「鞅掌(休む暇がないほど、せわしく働くこと)」

革5 【靼】(14) 音 タン 訓 なめしがわ
意味 ❶獣の皮をなめしたもの。なめしがわ。❷「韃靼(だったん)」は、昔、中国の北方に居住していたモンゴル系民族のこと。タタール族。

革5 【鞆】(14) 〈国字〉 音 ― 訓 とも
異体 革4 鞆(13)
意味 弓を射るとき、左のひじにつけ、弦がひじに触れるのを防ぐ革製の道具。とも。

革5 【鞁】(14) 音 ヒ 訓 ―
意味 車を引く馬につける革ひも。

革5 【鞄】(14) 人名 音 ホウ 訓 かばん
異体 革5 鞄(14)
筆順 卄 廿 苎 革 靮 靮 鞄 鞄
意味 物を入れて持ち歩く用具。かばん。「手提げ鞄」

9画

革5 【靺】(14) 音 マツ 訓 ―
意味 「靺鞨(まっかつ)」は、昔、中国の東北地方に居住していたツングース系民族のこと。

革6 【鞋】(15) 印標 音 アイ 訓 ―
意味 先のとがったくつ。また、履物。「草鞋(そうあい・わらじ)」

革6 【鞍】(15) 人名 音 アン 訓 くら
筆順
意味 馬や牛の背に置く、くら。 名付 あん・くら
【鞍馬(あんば)】革製の細長い台の上にとっ手を二つつけた体操用具。また、それを使う競技。
【鞍部(あんぶ)】山の尾根の、鞍(くら)のように中くぼみになっている所。

革6 【鞏】(15) 音 キョウ 訓 かたい 正字 革6 鞏(15)
意味 堅くて強い。かたい。「鞏固」
参考 「鞏固」は「強固」に書き換える。

革6 【鞐】(15) 〈国字〉 音 ― 訓 こはぜ
意味 書物の帙(ちつ)や足袋(たび)の端に付けて、上下を合わせる爪(つめ)形のもの。こはぜ。

革6 【鞔】(15) 〈国字〉 音 ― 訓 ぬめかわ
意味 牛皮をタンニンでなめしたもの。光沢がある。ぬめかわ。

革7 【𩋡】(16) 〈国字〉 音 ― 訓 しころ
意味 かぶとの後ろに垂れて首筋をおおうもの。しころ。

革7 【鞘】(16) 人名 音 ショウ 訓 さや 異体 革7 鞘(16)
筆順
意味 ❶刀身をおさめる筒状のもの。また、筆や鉛筆の先端にかぶせるもの。さや。「鞘翅目(しょうしもく)(こがねむし・ほたるなどの昆虫類のこと)・鞘巻(さやまき)」❷取り引きで、二つの値の差額。さや。「利鞘(りざや)」 名付 さや

革8 【鞠】(17) 人名 音 キク 訓 まり 異体 毛8 毱(12)
筆順
意味 ❶遊戯に使う丸い球(たま)。けまり。まり。「蹴鞠(しゅうきく・けまり)」❷身をかがめる。「鞠躬如(きっきゅうじょ)」
名付 きく・つぐ・まり・みつ
【鞠躬如(きっきゅうじょ)】身をかがめて恐れつつしむさま。「―としてもてなす」▽「躬」も「身をかがめる」の意。

革8 【鞜】(17) 音 トウ 訓 くつ
意味 革ぐつ。くつ。

革9 【鞨】(18) 音 カツ 訓 ―
意味 「靺鞨(まっかつ)」は、昔、中国の東北地方に居住していたツングース系民族のこと。

革9 【鞫】(18) 音 キク 訓 ―
意味 罪をきびしく問いただす。「鞫訊(きくじん)」

革9 【鞦】(18) 音 シュウ 訓 しりがい
意味 馬の尾から鞍(くら)にかけて掛ける革紐(かわひも)。しりがい。

革9 【鞣】(18) 音 ジュウ 訓 なめす・なめしがわ
意味 獣皮の毛と脂を取り除いて皮を柔らかくする。なめす。また、そのようにして柔らかくした皮。なめし。なめしがわ。「鞣革(なめしがわ)」

革9 【鞳】(18) 音 トウ 訓 ― 正字 革10 鞳(19)
意味 「鞺鞳(とうとう)」は、鐘や鼓を打つ音。

革9 【鞭】(18) 人名 音 ベン 訓 むち・むちうつ
筆順
意味 馬などを打って進ませたりするために使う、革紐(かわひも)または細長い竹の棒など。むち。また、むちで打つ。むちうつ。「鞭撻(べんたつ)・先鞭」 名付 べん・むち
【鞭撻(べんたつ)】強く励ますこと。「御指導御―の賜物(たまもの)」▽「撻」も「むちうつ」の意。

革10 【鞴】(19) 音 ハイ 訓 ふいご
意味 火力を強くするために風を送る道具。ふいご。
参考 「ふいご」は「韛」とも書く。

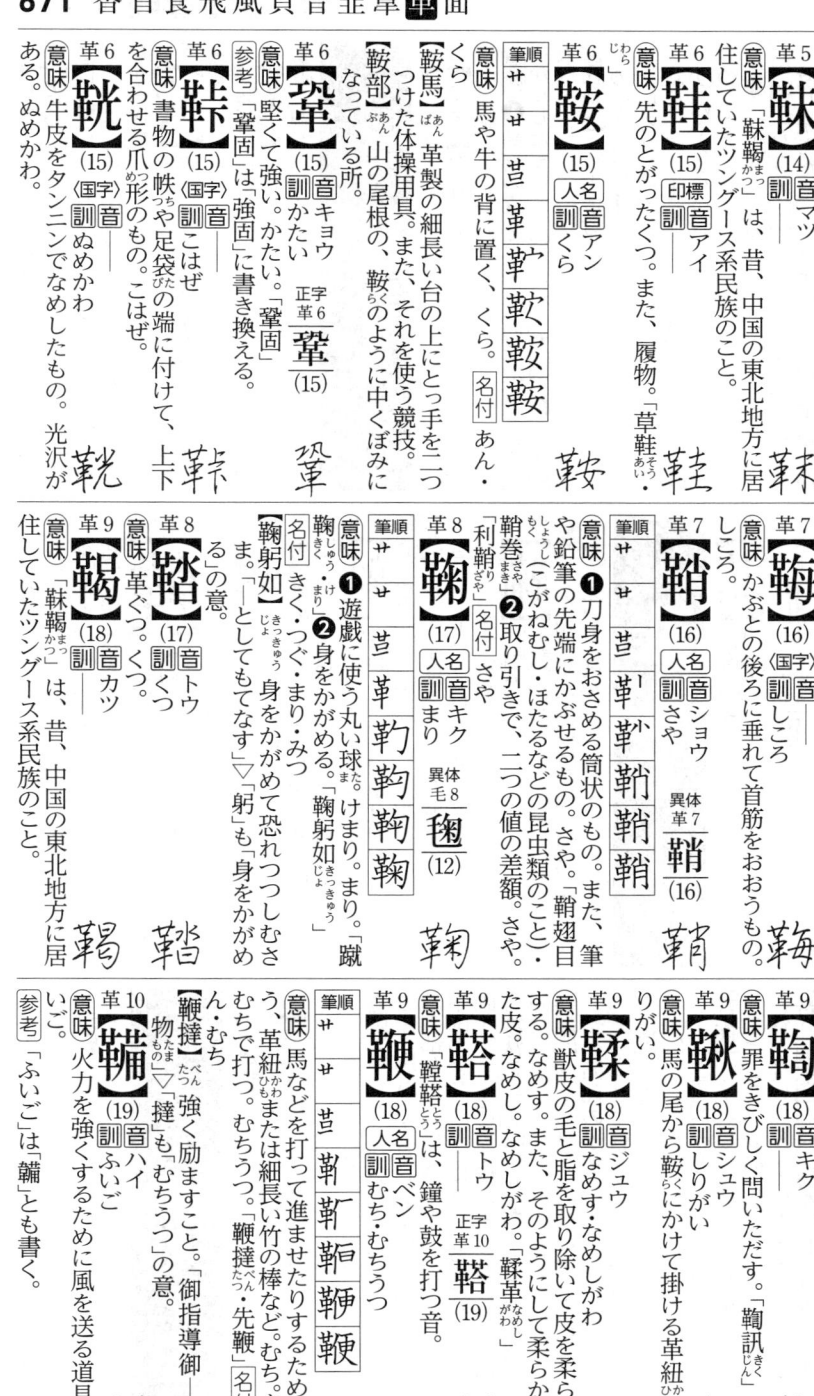

9画

革13 **【韃】**(22) 音 ダツ・タツ 訓 —

意味 ❶革の、むち。また、むち打つ。❷「韃靼（だったん）」は、昔、中国の北方に居住していたモンゴル系民族のこと。タタール族。

韃

革14 **【韈】**(23) 音 ベツ 訓 — 正字 革15 韤(24)

意味 くつした。

韈

革15 **【韆】**(24) 音 セン 訓 —

意味 「鞦韆（しゅうせん・ぶらんこ）」は、遊び道具の一つ。

韆

韋の部 なめしがわ

韋1 **【韋】**(10) 印標 旧字 韋0 韋(9)

音 イ 訓 なめしがわ

意味 ❶動物の皮から毛・脂肪を取り除いて柔らかくしたもの。なめしがわ。「韋編」❷→韋駄天

韋

【韋駄天（いだてん）】①走るのが非常に速いという仏法の守護神。「—走り」②はやく走る者のたとえ。

韋駄天 ①

【韋編三絶（いへんさんぜつ）】「韋編三たび絶つ」と同じ。

【韋編三たび絶つ（いへんみたびたつ）】孔子が「易（えき）」をくり返し読んだためそれを綴（と）じていた革紐（かわひも）が三度も切れたという故事。▽同じ本を何遍もくり返して読むことにたとえる。「韋編三絶」ともいう。「韋編」は竹簡をなめしがわの紐（ひも）で綴じた書籍のこと。

9画

韋8 **【韓】**(18) 常用 音 カン 訓 から 旧字 韋8 韓(17)

筆順 韓

意味 ❶中国の戦国時代の国の名。かん。❷昔、朝鮮南部の地。から。「三韓」❸大韓民国のこと。韓国。かん。「日韓会談」名付 から・かん

韓

韋10 **【韜】**(20) 音 トウ 訓 — 正字 韋10 韜(19)

意味 包み隠して表さない。「韜晦（とうかい）」

【韜晦（とうかい）】①才能・地位・本心などを隠して表さないこと。②行方をくらますこと。▽「晦」は「くらます」の意。

韜

韋10 **【韛】**(19) 音 ハイ 訓 ふいご

意味 火を起こすために風を送る道具。ふいご。

参考 「ふいご」は「鞴」とも書く。

韛

韭の部 にら

韭3 **【韮】**(12) 印標 音 キュウ 訓 にら 旧字 韭4 韮(13) 異体 韭0 韭(9)

韮

意味 草の一種。強い臭気がある。茎・葉は食用。にら。

韭10 **【韲】**▸齏 異

音の部 おと

音0 **【音】**(9) 1年 音 オン・イン 訓 おと・ね

筆順 音

音

意味 ❶おと。ね。おん。「音楽・音色（おんしょく・ねいろ）・音読・騒音・子音（しいん）」❷漢字音で、初めの子音（しいん）の部分。「音韻」❸漢字の読み方の一つ。昔の中国の発音がもとになったもの。おん。↔訓。「音訓・字音・漢音」❹たより。おと。「音信（おんしん・いんしん）・音沙汰（おとさた）」名付 いん・お・おと・おん・と・なり・ね

【音韻（おんいん）】①音とそのひびき。音色。②漢字音の頭部の子音（しいん）と、末尾の母音（ぼいん）のひびき。③ことばを組み立てる音声。「—学」

【音信（おんしん・いんしん）】手紙などによる知らせ。「—不通」

【音声（おんせい・おんじょう）】人の発音器官によって生ずる音。「—言語（話しことば）」「大—（だいおんじょう）」

【音痴（おんち）】①音感が鈍くて歌が正確に歌えないこと。また、そのような人。②ある特定の感覚が鈍いこと。またそのような人。「方向—」

【音吐朗朗（おんとろうろう）】詩を吟じたり文章を朗読し

たりするとき、音声が大きくて遠くまでひびき、さわやかで快いさま。

【音訳】他国語の音を、漢字の音または訓によって表すこと。

参考熟語 音頭

音5 **【韶】**(14) 音ショウ 訓――

意味 明るくてきれい。「韶光（春のうららかな光）」

音10 **【韻】**(19) 常用 音イン 訓――　異体 音4 韵(13)

筆順 立 产 音 音 音 韵 韵 韻 韻

意味 ❶音の鳴り始めに聞こえる響き。「余韻・松韻」❷漢字音で、初めの子音を除いた残りの音の響き。いん。「音韻」❸詩歌・文章で、句の末や初めにくり返して置く、同一または類似の音。いん。「韻文・頭韻」❹趣があること。また、風流。「韻事・風韻」名付 いん・おと

【韻事】詩歌を作る風流な遊び。「風流―」

【韻文】①韻を踏んだ文・文章。漢詩・賦など。②韻律を持った文・文章。詩・和歌・俳句など。

【韻律】韻文で、音声の長短・強弱・抑揚などの組み合わせや音節数の形式で表す、ことばの調子。

音11 **【響】**(20) 常用 音キョウ 訓ひびく　旧字 音13 響(22) 人名　異体 音13 響(22)

筆順 乡 乡 纟 组 郷 郷 郷 響

意味 ❶音・声が広がり伝わる。ひびく。また、その音。ひびき。「音響・反響」❷他へ及ぶ。ひびく。ひびき。「影響」❸交響楽団のこと。「新響」

名付 おと・きょう・ひびき

【響応】（ひびきが声に応じて起こるように）一つのことに、多くの人が一度に応じること。

頁の部 おおがい いちのかい

頁0 **【頁】**(9) 人名 音ケツ 訓ページ

筆順 一 丆 丆 丙 百 百 頁 頁

意味 ❶人間の頭。かしら。こうべ。❷書物・帳面などの紙の片面。また、それを数えることば。ページ。

頁2 **【頃】**(11) 常用 音ケイ 訓ころ

筆順 ‐ 匕 匕 匕 匕 𠤎 𠤎 頃

意味 ❶ある時の前後を漠然とさし示すことば。ころ。「頃日・近頃」❷ある物事にちょうどよい時機。ころ。「頃合」

【頃日】このごろ。ひごろ。

頁2 **【頂】**(11) 6年 音チョウ 訓いただく・いただき

筆順 一 丁 丁 丁 丁 頂 頂 頂

意味 ❶頭のてっぺん。また、物のいちばん高い部分。いただき。「頂上・頂点・絶頂・登頂」❷頭部に物を載せる。いただく。「雪を頂く山々」❸目上の人からもらう。いただく。また、何かをしてもらう。いただく。「頂戴・頂き物」❹「食う」「飲む」をていねいにいうことば。いただく。名付 かみ・ちょう

参考 ❷～❹の「いただく」は「戴く」とも書く。

【頂門の一針】人の弱点や欠点などをついたきびしい内容の教訓。▽「頭のてっぺんに刺した一本の針」の意。

頁3 **【項】**(12) 常用 音コウ 訓うなじ

筆順 丅 工 工 工 项 項 項 項

意味 ❶首筋のうしろ。うなじ。「項背」❷区分けした一つ一つ。また、一つ一つの条文。こう。「項目・事項・第一項」❸数学で、プラスまたはマイナスの符号で結ばれている代数式の一つ一つの数。「単項式」名付 こう

【項背】首筋のうしろ。うなじ。

頁3 **【須】**(12) 常用 音ス・シュ 訓すべからく・べし・もちいる

筆順 須

意味 ❶必要として用いる。もちいる。「必須」❷わずかの間。しばらく。「須臾《しゅゆ》」❸当然しなくてはならない。すべからく。べし。「須く勉強すべし」❹梵語《ぼんご》の音訳に使う字。「須弥山《しゅみせん》」名付 しゅ・す・まつ・もち・もとむ

参考 カタカナ「ス」のもとになった字。

【須弥壇】《しゅみだん》 仏殿に設けられた、仏像を安置する台座。

【須臾】《しゅゆ・すゆ》 わずかの間。「―の間《かん》」

頁3 【順】(12) 4年

音 ジュン 訓 したがう

順

筆順 順

意味 ❶成り行きに従う。したがう。「順応・順法・柔順」❷物事の進行のきまり。じゅん。「順序・順次・手順・五十音順」❸都合よくゆく。「順調・順風」名付 あや・あり・おさ・おさむ・かず・しげ・したがう・じゅん・す・すなお・とし・なお・のぶ・のり・はじめ・まさ・みち・みつ・もと・ゆき・よし・より

【順延】《じゅんえん》 順ぐりに期日を延ばすこと。「雨天―」

【順縁】《じゅんえん》 ①逆縁に対して、年をとった人から順に死んでゆくこと。②逆縁に対して、善事を行ったことが縁になって仏道を修行すること。

【順境】《じゅんきょう》 逆境に対して、不自由なことがなく、すべてがぐあいよくできる境遇。

【順守】《じゅんしゅ》 法律や目上の人からいわれたことをよく守ること。▽「遵守」とも書く。

【順当】《じゅんとう》 道理にかなっていて物事の成り行きとして当然であること。「―の結果」

【順応】《じゅんのう》 周囲の事情や環境などに合うように変えること。また、変わること。「―性」

【順法】《じゅんぽう》 法律に従い、そむかないこと。▽「遵法」とも書く。

【順礼】《じゅんれい》 諸方の聖地や霊場を順次に参拝して回ること。また、その人。▽「巡礼」とも書く。

頁4 【頑】(13) 常用

音 ガン 訓 かたくな

頑

筆順 頑

意味 ❶片意地である。がん。かたくな。「頑固・頑迷・頑として」❷じょうぶで強い。「頑丈・頑健」

名付 がん・かたくな

【頑強】《がんきょう》 主義・主張などを堅く守って考えや行動などをなかなか変えないさま。

【頑健】《がんけん》 からだがしっかりして非常に健康なさま。

【頑迷】《がんめい》 がんこで他人のいうことを受け入れる気持ちがないこと。頑冥。「―固陋《ころう》」

参考熟語 頑張《がんば》る

頁4 【頏】(13)

音 コウ 訓 ―

頏

意味 ❶鳥が舞い降りる。「拮頏《きっこう》」❷のど。くび。

頁4 【頌】(13) 人名

音 ジュ・ショウ 訓 ほめる

頌

筆順 頌

意味 ❶人格や功績をたたえる。ほめる。「頌徳・頌詞」❷仏の功徳《くどく》をたたえる、四句から成る詩。じゅ。名付 じゅ・しょう・つぐ・のぶ

【頌詞】《しょうし》 その人の徳やりっぱな人格などをほめたたえることば。

【頌徳】《しょうとく》 その人のてがらやりっぱな人格などをほめたたえること。「―碑」

頁4 【頓】(13) 常用

音 トン 訓 とみに

頓

筆順 頓

意味 ❶突然行われるさま。とみに。「頓知・頓死」❷一度に。「頓服」❸整え落ち着ける。「整頓」❹物事が順調に進まない。「頓着・停頓」❺くじける。「頓挫《とんざ》」❻頭を地面につけておじぎをする。「頓首」名付 とん・はや

【頓狂】《とんきょう》 だしぬけにまのぬけた調子はずれな言動をするさま。頓興。「素《す》っ―」

【頓挫】《とんざ》 物事の勢いや進行が急に悪くなること。

【頓死】《とんし》 思いがけなく急に死ぬこと。

【頓首】《とんしゅ》 手紙文の最後に書く挨拶のことば。「―再拝」▽「頭を地につけて敬意を表す」の意から。

【頓知】《とんち》 時と場合に応じてすばやく働く奇抜

な知恵。ウイット。▽「頓智」とも書く。

【頓着】(とんちゃく・とんじゃく) 気にかけて心配すること。「無―」

【頓服】(とんぷく) 薬を何回かに分けて飲むのではなく、その時一度だけ飲むこと。また、そのような薬。「―薬」

参考熟語 頓珍漢(とんちんかん) 頓馬(とんま)

頁4 **【頒】** (13) 常用 音 ハン 訓 わかつ・わける

筆順 八 分 分 分 分 頒 頒 頒

意味 分けてそれぞれに与える。わかつ。わける。「頒布」

【頒価】(はんか) 特定の会員に頒布(はんぷ)する品物の価格。頒布価格。

【頒布】(はんぷ) 広く配って行き渡らせること。注意「頒付」と書き誤らないように。

頒

頁4 **【預】** (13) 6年 音 ヨ 訓 あずける・あずかる・あらかじめ

筆順 マ ヌ 予 予 予 預 預 預

意味 ❶人に金品を保管してもらう。あずける。また、人の金品を保管する。あずかる。「預金・預託」❷前もって。あらかじめ。「預言」 名付 まさ・やす・よ・よし

参考 ❷の「あらかじめ」は「予め」とも書く。

【預言】(よげん) ①未来のことを予測していうこと。②キリスト教で、神のお告げを述べること。また、そのお告げ。▽「予言」とも書く。

預

【預託】(よたく) 人に預けて保管・処置を任せること。

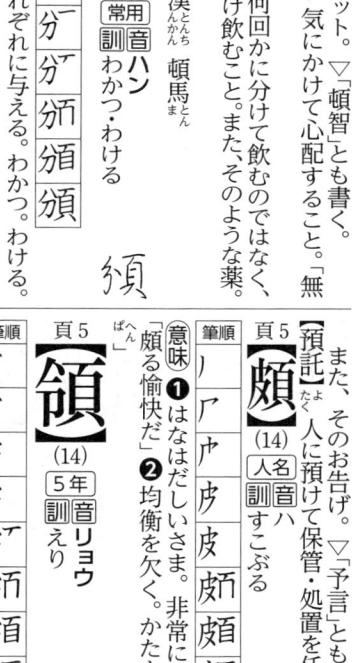

頁5 **【頗】** (14) 人名 音 ハ 訓 すこぶる

筆順 丿 厂 广 皮 皮 頗 頗 頗

意味 ❶はなはだしいさま。非常に。すこぶる。❷均衡を欠く。かたよる。「偏頗(へんぱ)」

頗

頁5 **【領】** (14) 5年 音 リョウ 訓 えり

筆順 人 今 今 令 令 領 領 領

意味 ❶首筋。えり。「領巾(ひれ)」❷中心となる重要な部分。「要領・綱領」❸支配・所有する。りょうする。また、その土地。りょう。「領有・領地・占領・英国領」❹中心になって支配・指導する人。「領事・首領・総領」❺受け取って手に入れる。「領収・受領・拝領」❻理解し承知する。りょうする。「領会・領承」❼装束やよろい・かぶとなどを数えることば。りょう。 名付 おさ・むね・りょう

領

【領域】(りょういき) ①その国の勢力が及ぶ範囲。②そのものが関係する範囲・分野。「研究の―」

【領会】(りょうかい) 物事の内容や事情が理解できて納得すること。領解。▽「了解」「諒解」とも書く。

【領事】(りょうじ) 外国に駐在して自国の通商の促進と在留自国民の保護などにあたる官吏。「―館」

【領袖】(りょうしゅう) その団体・組織を指導・支配する長。▽「衣服の、えりとそで」の意。えりとそでは、衣服のたいせつな、かつ目立つ部分であることから。

【領承】(りょうしょう) 理解し、承知すること。領掌。▽「了承」とも書く。

【領有】(りょうゆう) 土地などを自分のものとして所有すること。

頁5 【頚】▼頸(異)

頁6 **【頡】** (15) 音 キツ・ケツ 訓 ―

意味 ❶鳥が舞い上がる。❷首すじ。

頡

頁6 【頬】▼頰(異)

頁6 【頥】▼頤(異)

頁7 **【頷】** (16) 印標 音 ガン 訓 あご・うなずく

意味 ❶理解し納得できるの意を表すために首をたてにふる。うなずく。❷あご。

頷

頁7 **【頰】** (16) 常用 音 キョウ 訓 ほお・ほほ

異体 頁6 頬 (15)

筆順 一 ア 夾 夾 夾 頰 頰 頰

意味 顔のほっぺた。ほお。ほほ。「豊頰・頰骨(ほおぼね)」 名付 きょう・つら・ほ

頰

頁7 **【頸】** (16) 印標 音 ケイ 訓 くび

異体 頁5 頚 (14)

意味 頭と胴をつなぐ細い部分。くび。また、そのような形をしたもの。「頸部・刎頸(ふんけい)・頸飾り」

頸

9画

頁7 【頽】(16) 印標 音 タイ 訓 くずれる・くずおれる

意味 ❶くずれ衰える。くずれる。「頽廃・衰頽」❷くずれるようにすわりこむ。くずおれる。

参考 「頽廃・頽勢・衰頽」などの「頽」は「退」に書き換える。

【頽唐】(たいとう) 気風・道徳が乱れて不健康になること。退廃。「―期」

頁7 【頭】(16) 2年 音 トウ・ズ・ト 訓 あたま・かしら・かみ・こうべ

筆順 … 頭

意味 ❶あたま。かしら。こうべ。ず。「頭部・頭痛(ずつう)・低頭」❷物の上の部分。「頭書・頭注」❸物事の最初。かみ。かしら。「年頭・冒頭・音頭(おんど)」❹多くの人を支配・指導する者。かしら。「頭領・船頭(せんどう)」❺そば。あたり。「店頭・街頭」❻昔、四等官の制で、寮の第一等官。かみ。❼動物を数えることば。とう。「頭数」名付 あきら・かみ・とう

【頭角を現す】(とうかくをあらわす) すぐれた学識・才能が、他の人を抜いて目立つようになること。

【頭書】(とうしょ) ①書類の初めに書き出してあること。「―のとおり」②書類の上欄に書き加えること。

【頭注】(とうちゅう) 本文の上のほうに書き出してある注。▽「頭註」とも書く。

【頭目】(とうもく) 団体、特に悪人の仲間のかしら。頭領。

頁7 【頼】(16) 常用 旧字 貝9 【賴】(16) 人名 音 ライ 訓 たのむ・たのもしい・たよる・よる

筆順 … 頼

意味 ❶あてにする。よる。たのむ。たよる。「依頼・信頼・無頼(ぶらい)」❷そうしてくれるように願う。たのむ。また、その願い。たのみ。❸期待できる感じである。たのもしい。名付 たのむ・のり・よ・よし・より・らい

【頼信紙】(らいしんし) 電報を打つとき、その文句を書いて出す規定の用紙。

参考熟語 頼母子講(たのもしこう)

頁7 【頸】▶頚(異)

頁8 【頤】(17) 異体 頁6 【頣】(15) 音 イ 訓 あご・おとがい

意味 ❶あご。また、特に、下あごのこと。おとがい。❷あごをしゃくる。「頤使」

頁8 【顆】(17) 印標 音 カ 訓 ―

意味 ❶丸くて小さいもの。粒。「顆粒」❷果物・宝石などを数えることば。か。

【顆粒】(かりゅう) 丸くて小さな粒。

頁8 【頻】(17) 常用 旧字 頁7 【頻】(16) 音 ヒン・ビン 訓 しきりに・しきる

筆順 … 頻

意味 ❶同じような物事がたびたび起こるさま。しきりに。「頻度・頻繁・頻回」❷さかんにする。しきる。「降り頻る」名付 かず・しげ・つら・はや

【頻出】(ひんしゅつ) 同じ物事がくり返し現れ出ること。「―問題」

【頻発】(ひんぱつ) 事件・事故などがたびたび発生すること。

【頻繁】(ひんぱん) 同じ物事がくり返し行われるさま。

【頻頻】(ひんぴん) 同じ物事がしきりに起こるさま。

頁9 【額】(18) 5年 音 ガク 訓 ひたい・ぬか

筆順 … 額

意味 ❶顔の、ひたい。ぬか。「前額・額(ぬか)ずく」❷金銭の数値。がく。「額面・金額・多額」❸壁や家の入り口などに掲げてある書画。がく。「扁額(へんがく)・額縁(がくぶち)」名付 がく・ぬか

頁9 【顎】(18) 常用 音 ガク 訓 あご・あぎと

筆順 … 顎

意味 あご。あぎと。「下顎骨」

参考 「あご」は「頤」とも書く。

【顎門】(あぎと) ①あご。②魚のえら。

【顎骨】(がっこつ) あごの骨。

9画

頁9 **【顔】**(18) 2年 旧字 頁9 顏(18)

音 ガン 訓 かお・かんばせ

筆順 亠 立 产 彦 彦 彦 顔 顔 顔

意味 かお。かおつき。かんばせ。「顔面・顔色・童顔・拝顔・花の顔(かんばせ)」

【顔役】(かおやく) ある土地・仲間などの中で、名前が知れていて、勢力のある人。

【顔色無し】(がんしょくなし) 圧倒されてすっかり元気がなくなること。

【顔貌】(がんぼう) かおかたち。かおつき。

【顔料】(がんりょう) ①鉱物質の着色剤。塗料・インキ・化粧品などに使う。②えのぐ。

顔

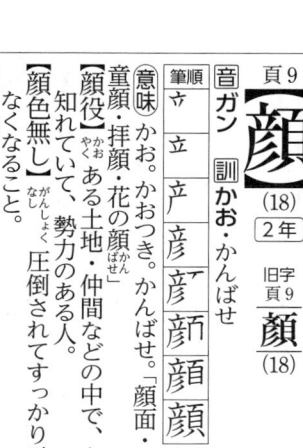

頁9 **【顕】**(18) 常用 旧字 頁14 顯(23) 人名

音 ケン 訓 あきらか・あらわす・あらわれる

筆順 日 旦 显 显 显 顕 顕 顕

意味 ❶隠れているものをはっきりと見せ知らせる。あらわす。また、そのようになる。あらわれる。「顕彰・露顕・顕微鏡」❷はっきりしていて目立つさま。あきらか。「顕著・顕在」❸密教以外の仏教。「顕密」名付 あき・あきら・けん・たか・てる

【顕官】(けんかん) 地位の高い官職。また、その人。

【顕現】(けんげん) はっきりと現れること。また、現すこと。「理想の—」

【顕在】(けんざい) 潜在に対して、形に現れてはっきりと存在すること。

【顕示】(けんじ) よくわかるようにはっきりと示すこと。「自己—欲」

【顕彰】(けんしょう) 今まで知られなかった功績などを明らかにして表彰すること。「—碑」

【顕然】(けんぜん) はっきりと現れていて明らかなさま。

【顕著】(けんちょ) その状態・様子が他のものよりいちじるしく目立つさま。

顕

頁9 **【顋】**(18) 音 サイ 訓 えら 異体 肉9 腮(13)

意味 ❶あごの先の細い部分。❷魚の、えら。❸下あごの左右の角ばった部分。

参考 ❷の「えら」はふつう「鰓」と書く。

顋

頁9 **【題】**(18) 3年 音 ダイ 訓 —

筆順 日 旦 早 是 是 題 題 題 題

意味 ❶タイトル。だい。また、それを決める、またはそうして書きしるす。だいする。「題名・題材・標題・主題」❷解決すべき事柄。だい。「課題・命題・例題」❸テーマなどを決めて詩歌を作る。「題詠」名付 だい・みつ

【題詠】(だいえい) 前もって題を決めて詩歌を作ること。また、そうして作った詩歌。

【題言】(だいげん) ①書物などの巻頭のことばのこと。②絵の上部に書くことばのこと。

【題辞】(だいじ) 書物の巻頭や絵画・石碑などに書きしるしたことば。題詞。

題

頁9 **【類】**(18) 4年 旧字 頁10 類(19) 人名

音 ルイ 訓 たぐい・たぐう・たぐえる

筆順 丷 半 米 类 类 类 類 類 類

意味 ❶同じような性質をもったものの集まり。たぐい。るい。「類例・類推・種類・同類」❷似通った性質がある。るいする。また、そのようなもの。るい。「類似・類型・無類・類は友を呼ぶ(似たような者は自然に集まる)」❸並べ比べる。たぐう。たぐえる。❹血のつながりのある人々。「親類」❺同じような目にあう。「類火・類焼」❻動植物の分類の一つとして「綱」「目」の代わりに慣用されていることば。るい。「昆虫(こんちゅう)類」名付 とも・よし・るい

【類縁】(るいえん) ①同じ血統の身内の者。②生物が形・性質が似ていて近い関係にあること。

【類型】(るいけい) ①似かよった形・形式。②個性のみられないありふれた型。

【類従】(るいじゅう) 同じ種類のものを集めること。また、そうして集めたもの。

【類焼】(るいしょう) ある家からの出火によって他の家まで火事が広がって焼けること。

【類人猿】(るいじんえん) さる類のなかで、最もひとに近いなかま。ゴリラ・チンパンジー・オランウータンなど。

【類推】(るいすい) 似た点をもとにして、他のことを推しはかること。

【類同】(るいどう) 大体の点が似通っていること。

類

【類比】(るいひ) 同じようなものと比較すること。
【類別】(るいべつ) 種類によって分けること。分類。

頁10 **【願】** (19) 4年 音 ガン 訓 ねがう

筆順 一 厂 戸 戸 原 原 原 願 願

意味 ❶望み求める。ねがう。また、その望み。ねがい。「願望・願書・請願」❷望みがかなうことを神仏に求め祈る。ねがう。また、その望み。ねがい。がん。「願文・願力・祈願・願懸け」❸実現したらいいと期待するさま。ねがわしい。

【願望】(がんぼう) その実現を強く願い望むこと。また、その願い。
【願文】(がんもん) 神仏への願いをしるした文。

頁10 **【顚】** (19) 人名 異体 頁10 顛 (19)

音 テン 訓 たおす・たおれる

筆順 一 ヒ 旨 眞 眞 顛 顚 顚

意味 ❶倒れる。たおれる。また、倒す。たおす。「顚倒・顚覆(てんぷく)」❷物事のはじめ。「顚末」❸山頂。「山顚」 名付 あき・かみ

参考 (1)❶の「たおれる」「たおす」はふつう「倒れる」「倒す」と書く。(2)「顚倒・顚覆・七顚八倒」などの「顚」は「転」に書き換える。

【顚沛】(てんぱい) わずかな時間。とっさのとき。「造次―」
【顚末】(てんまつ) 物事のはじめから終わりまでの詳しい事情。「事の―を話す」

頁10 【[類]】▸類(旧)

頁12 **【顧】** (21) 常用 旧字 頁12 顧 (21)

音 コ 訓 かえりみる

筆順 ヨ 戸 戸 戸 戸 雇 顧 顧

意味 ❶ふりかえって見る。かえりみる。また、以前のことを思い返す。かえりみる。「後顧・回顧・右顧左眄(うこさべん)」❷思いをその方向にむける。また、世話をする。かえりみる。「顧問・顧客(こきゃく・こかく)・顧慮・愛顧」 名付 こ・み

使い分け「かえりみる」
顧みる…過ぎ去った昔を思い返す。心配する。「幼い日を顧みる・家庭を顧みない・危険を顧みず遂行する」
省みる…自らの言動を振り返って考える。反省する。「自分を省みる・一日を省みる」

【顧慮】(こりょ) あれこれ思いやること。

頁13 **【顫】** (22) 音 セン 訓 ふるえる

意味 こきざみに振動する。ふるえる。「顫動」

参考 「ふるえる」はふつう「震える」と書く。

【顫動】(せんどう) 細かくふるえ動くこと。

頁14 【[顯]】▸顕(旧)

頁15 **【顰】** (24) 音 ヒン 訓 しかめる・ひそめる

意味 まゆ毛のあたりにしわを寄せて不快な表情をする。しかめる。ひそめる。「顰蹙(ひんしゅく)・眉を顰める」

【顰蹙】(ひんしゅく) 不快のために顔をしかめていやな顔をすること。「―を買う」

頁16 **【顱】** (25) 音 ロ 訓 ―

意味 頭の骨。こうべ。

頁17 **【顴】** (26) 音 カン・ケン 訓 ― 正字 頁18 顴 (27)

意味 ほおの上部の骨。ほお骨。「顴骨」

頁18 **【顳】** (27) 音 ショウ 訓 ―

意味 →顳顬(こめかみ)

【顳顬】(こめかみ) 目と耳の中間の、やや上の部分。

風の部 かぜ

風0 **【風】** (9) 2年 音 フウ・フ 訓 かぜ・かざ・ふり

筆順 丿 几 凡 凡 凨 凬 風 風

意味 ❶空気・大気の動き。かぜ。「風向・風雨・風前・防風・季節風」❷様式や習慣。ふり。ふう。「風俗・風潮・家風・西洋風・万葉風(まんようふう)」❸外面に現れた様子。ふり。ふう。かぜ。また、その物の傾向・趣。ふう。「風景・風土・風情(ふぜい)・威風・大人物の風(ふう)」❹話などが世間に広まる。「風評・

9画

風聞」❺ほのめかしていう。「風刺・風喩(ふうゆ)」❻なびかせる。「風教・風靡(ふうび)」❼かぜによって起こるとされる病気。「風邪(ふうじゃ・かぜ)・中風」名付 かぜ・ふう

参考「風刺」は「諷刺」が書き換えられたもの。

【風雲】(ふううん) ①物を吹き散らす風と、流れ行く雲。②変事の起こりそうなけはい。「—急を告げる(変事が起こりそうな状態であって差し迫っている)」③竜が風と雲とを得て天に上るように、世に現れるのによい、変動の時期。「—の志」「—に乗ずる」

【風雲児】(ふううんじ) 世の中の変動の時期に活躍して成功した人。

【風化】(ふうか) 岩石が長い間空気にさらされてくずれ、変質すること。▽年月がたって、記憶が薄れたり考えが変化したりすることにたとえることもある。

【風雅】(ふうが) ①俗世間を離れた趣があって上品で落ち着いていること。②風流とされる、詩歌・文章・書画などの方面。「—の道」

【風格】(ふうかく) ①その人が備えている、人柄や容姿。「大人(たいじん)の—」②そのものが持っているすぐれた趣。品格。「—のある字」

【風紀】(ふうき) ①世の中の秩序を保つために守らなければならない規律。②特に、男女の交際に関する規律。注意「風記」と書き誤らないように。

【風儀】(ふうぎ) ①行儀作法。②男女の交際で守らなければならない道徳。③ならわし。

【風琴】(ふうきん) ①オルガンのこと。②「手風琴」の略。アコーディオンのこと。

【風月】(ふうげつ) 心の慰めや風流の対象としての、自然界の風物。「花鳥—」

【風光明媚】(ふうこうめいび) 自然のけしきが美しくて清らかなこと。「—の地」注意「明媚」を「名媚」「明美」「名美」と書き誤らないように。

【風采】(ふうさい) 身なりなど、人の、表面に現れた様子。「—が上がらない」

【風刺】(ふうし) 社会・他人などの欠点を他の事物にかこつけて遠回しに非難すること。「—劇」▽「諷刺」の書き換え字。

【風趣】(ふうしゅ) そのものから感じられるすぐれた趣。「—に富んだ庭」

【風樹の嘆】(ふうじゅのたん) 孝行をしようとするときにはすでに親は死んでいて、孝行ができないという嘆き。▽「樹(き)静かならんと欲すれども風止(や)まず、子養わんと欲すれども親待たず」という漢詩に基づく。

【風声鶴唳】(ふうせいかくれい) 風の吹く音と、鶴(つる)の鳴き声。▽おじけづいた人がちょっとしたことにも驚き恐れることを形容することば。

【風説】(ふうせつ) 世間で行われる、無責任なうわさ。

【風霜】(ふうそう) つらい、風と霜。「—に耐える」▽世間から与えられるきびしい試練にたとえる。

【風俗】(ふうぞく) ①ある時代、ある社会における、生活上のしきたり。風習。習俗。②その時代、その社会の人々の服装・みなり。

【風袋】(ふうたい) はかりで品物の重さをはかるとき、品物の容器になっている箱・袋などのこと。

【風致】(ふうち) 自然のけしきのおもしろみ。「—地区」

【風潮】(ふうちょう) その時々の社会の傾向。

【風体】(ふうてい・ふうたい) その人の人格・職業などの表れとしての、みなりなどの様子。風態。「怪しい—の男」

【風馬牛】(ふうばぎゅう) 自分には関係がないとして無視する態度をとること。▽「馬や牛の雌雄が発情して互いに誘い合っても、会うことができないほど隔たっている」の意から。

【風発】(ふうはつ) 風が吹き起こるように、意見・批評などが盛んに口をついて出ること。「談論—」

【風靡】(ふうび) 人々をある傾向に従わせること。「一世を—する」▽「風が草木をなびかせる」の意。

【風評】(ふうひょう) 世間で行われている、よくないうわさ。「とかくの—がある」

【風物】(ふうぶつ) ①目に見える、自然のけしき。「海外の—」②その季節季節またはその土地土地に特有の事物。「秋の—さんま」

【風物詩】(ふうぶつし) ①季節または風景を歌った詩。②その季節の感じを表しているもの。「夏の—」

【風聞】(ふうぶん) どこからともなく伝わって来る、世間のうわさ。「—が立つ」

【風貌】(ふうぼう) 顔かたち・身なりなど、その人の様子。「大家の—がある」

【風味】(ふうみ) 食べ物の上品な味。

参考熟語 風信子(ヒヤシンス) 風呂(ふろ) 風呂敷(ふろしき)

風3 【颪】(12) 〈国字〉 音 — 訓 おろし

意味 山から吹きおろす風。おろし。「高嶺颪(たかねおろし)」

9画

風5 【颯】(14) 人名 音サツ 訓―

筆順 立 立 竌 竌 颯 颯 颯 颯

意味 ❶風が吹くさま。「颯颯(さっさつ)」❷さわやかなさま。「颯爽(さっそう)」 名付 さつ・そう

【颯爽(さっそう)】人の姿・態度や行動などがすっきりとしていて勇ましく、活動的であるさま。

風5 【颱】(14) 音タイ 訓―

意味 夏から秋にかけて日本列島などを襲って害を与える熱帯性低気圧。「颱風」

参考 「颱風」の「颱」は「台」に書き換える。

風8 【颶】(17) 音グ 訓―

意味 暴風のこと。「颶風」

風11 【飄】(20) 異体 風11 【飃】(20) 音ヒョウ 訓つむじかぜ・ひるがえす・ひるがえる

意味 ❶さまよい漂う。「飄然」❷ゆったりとしている。「飄逸」❸旗などが風でひらめく。ひるがえる。また、そのようにする。ひるがえす。「飄飄」❹うずを巻いて吹く強い風。つむじかぜ。

【飄逸(ひょういつ)】俗事にこだわらず、のんきで気軽なこと。「―な人物」

【飄然(ひょうぜん)】特に目的もなく、ぶらりとやって来たり立ち去って行ったりするさま。

【飄飄(ひょうひょう)】①旗・落花など、平たいものが風に吹かれて翻るさま。②あてもなくさまよい歩くさま。「―として旅を続ける」③人の性格などが世間離れしていてつかまえどころがないさま。「―乎(こ)」

【飄零(ひょうれい)】落ちぶれること。

風12 【飆】(21) 音ヒョウ 訓つむじかぜ

意味 うずを巻いて吹く強い風。つむじかぜ。「飆風」

飛 の部 とぶ

飛0 【飛】(9) 4年 音ヒ 訓とぶ・とばす

筆順 ⺄ ⺄ ⺄ 飞 飞 飞 飛 飛 飛

意味 ❶空中を、とぶ。また、そのようにする。とばす。「飛行・飛鳥・雄飛」❷空中にはね上がったりそのようにして物を越えたりする。とぶ。また、そのようにする。とばす。「飛躍・飛沫(ひまつ)・突飛・口角(こうかく)泡を飛ばす」❸とぶように速い。「飛脚・飛報」❹将棋の駒(こま)の飛車。ひ。「飛落ち」

名付 たか・ひ

参考 「飛語」は「蜚語」が書き換えられたもの。

【飛語(ひご)】根拠のない、無責任なうわさ。「流言―」▽「蜚語」の書き換え字。

【飛散(ひさん)】こなごなになって飛び散ること。

【飛翔(ひしょう)】空中を飛び行くこと。

【飛瀑(ひばく)】大きな滝。

使い分け「とぶ」

飛ぶ…空中を速やかに移動する。「鳥が飛ぶ・火花が飛ぶ・うわさが飛ぶ・飛び込む」

跳ぶ…足ではね、上・前へ行く。「かえるが溝(みぞ)を跳ぶ・跳び上がって喜ぶ・跳びはねる」

【飛躍(ひやく)】①高く飛び上がること。②急激に進歩・発展すること。「―的」③正しい順序・段階を経ずに、急に進むこと。「論理の―」

【飛来(ひらい)】①飛んで来ること。②飛行機に乗ってやって来ること。

参考熟語 飛白(かすり・ひはく) 飛沫(しぶき・ひまつ) 飛礫(つぶて) 飛蝗(ばった)

飛12 【飜】▼翻 異

食(飠)(食) の部 しょく しょくへん

食0 【食】(9) 2年 旧字 食0 【食】(9) 音ショク・ジキ・シ 訓くう・くらう・たべる・はむ

筆順 ノ 人 𠆢 今 今 食 食 食 食

意味 ❶たべる。しょくする。はむ。くらう。くう。また、そのこと・物。し。しょく。「食料・食通・飲食・主食・断食(だんじき)・衣食住・一簞(いったん)の食(し)(わずかな食べ物)」❷生活のための俸給(ほうきゅう)などを

9画

受ける。はむ。「食禄《しょくろく》」❸くわせて養う。「食客」❹相手を侵して負かす。くう。「食害・腐食」❺その天体が他の天体にさえぎられて見えなくなる。しょくする。また、そのこと。しょく。「日食・皆既食」名付 あき・うけ・くら・しょく・みけ

参考 (1)❶❹の「くう」「くらう」は「喰う」「喰らう」とも書く。(2)「食」が偏になった場合、新字体の漢字の偏は「𩙿」、新旧字体の区別がない漢字の偏は「飠」。(3)「日食・月食・腐食・侵食・浸食・皆既食」などの「食」は「蝕」が、「食尽」は「蝕甚」が書き換えられたもの。

【食育】《しょくいく》 食生活に関する種々の教育。

【食害】《しょくがい》 虫やけものが農作物などを食い荒らすこと。また、その害。▽「蝕害」とも書く。

【食言】《しょくげん》 前にいったことや約束と違ったことをいうこと。▽「いったことばを口の中にしまう」の意。

【食指】《しょくし》 人さし指のこと。「—が動く（それがほしいという気持ちが起きる）」

【食傷】《しょくしょう》 ①食あたりのこと。②同じ事物のくり返しで、飽きていやになること。「—気味」

【食餌療法】《しょくじりょうほう》 食べ物の量や内容などを調節して病気を治す方法。注意「食餌」を「食事」と書き誤らないように。

【食糧】《しょくりょう》 主食としての食物のこと。「—難」
参考「食料《しょくりょう》」は、食物となる物。

【食客】《しょっかく・しょっきゃく》 ①他人の家で、客の待遇を受けて生活している人。②他人に食わせてもらっている人。いそうろう。

使い分け「しょくりょう」
食料…主食以外の食べ物。副食物。「生鮮食料・食料品店」
食糧…主食となる食べ物。米など。「食糧事情・食糧難・食糧の自給」

食2
【飢】
(10) 常用
旧字 食2 飢 (11)

音 キ 訓 うえる・かつえる

筆順 ノ 𠆢 今 今 𩙿 𩙿 𩙿 飢

意味 ❶飲食物が不足して腹が減る。かつえる。うえる。また、そのようになってがまんできないこと。うえ。「飢餓・飢渇」❷その年の作物がよく実らない。「飢饉」

参考 (1)❶の「うえる」は「餓える」「饑える」とも書く。(2)「飢餓」は「饑餓」が書き換えられたもの。

飢

【飢餓】《きが》 食べ物が不足して飢えること。▽「饑餓」の書き換え字。

【飢渇】《きかつ》 食べ物・飲み物が不足し、じゅうぶんに飲食できずに苦しむこと。飢えと渇《かわ》き。

【飢饉】《ききん》 その年の農作物がよく実らず、食糧が不足すること。「水《みず》—」▽必要な物が極度に不足することにたとえることもある。「饉」も「作物が実らない」の意。「饑饉」とも書く。

食4
【飲】
(12) 3年
旧字 食4 飲 (13)

音 イン・オン 訓 のむ

飲

筆順 ノ 𠆢 今 今 𩙿 𩙿 飲 飲

意味 ❶液体などを、のむ。「飲用・飲酒《いんしゅ・おんじゅ》・痛飲」❷飲み物、特に酒のこと。いん。「一瓢《いっぴょう》の飲」

参考 ❶の「のむ」は「呑む」とも書く。

【飲料】《いんりょう》 のみもの。

食4
【飭】
(13)

音 チョク 訓 —

意味 きちんと整える。「改飭《かいちょく》」

飭

食4
【飩】
(13)

音 ドン 訓 —

意味 「饂飩《うんどん・うどん》」は、めん類の一つ。

飩

食4
【飯】
(12) 4年
旧字 食4 飯 (13)

音 ハン 訓 めし・いい・まま・まんま

筆順 ノ 𠆢 今 今 𩙿 𩙿 飯 飯

意味 米・麦などをたいて作った食べ物。いい。まま。まんま。めし。また、食事。めし。「飯米・飯台・炊飯・赤飯・一宿一飯」名付 いい・はん

飯

【飯盒】《はんごう》 野外で飯をたくときに用いる、底の深い金属製の容器。

【飯店】《はんてん》 中国料理店のこと。▽中国語では、ホテルのこと。

【飯米】《はんまい》 飯の材料としての米。

参考熟語 飯事《ままごと》

食4
【飫】
(13) 印標

音 ヨ 訓 —

飫

意味 じゅうぶんに食べて満足する。

食5 【飴】(14) 印標 音イ 訓あめ 異体 食5 飴(13)

意味 なめて食べる甘い菓子。あめ。「飴玉（あめだま）・綿飴（わたあめ）」

食5 【飼】(13) 5年 音シ 訓かう 旧字 食5 飼(14)

筆順

意味 動物にえさを与えて養い育てる。かう。「飼育・飼料・飼い葉」

参考 旁（つくり）を「可」と書かない。

【飼育（しいく）】家畜などを飼い育てること。

【飼養（しよう）】家畜・魚などを飼うこと。

食5 【飾】(13) 常用 音ショク 訓かざる 旧字 食5 飾(14) 異体 食7 餝(16)

筆順

意味 ❶美しく見せるために巧みに配置する。かざる。また、その物。かざり。「装飾・修飾・満艦飾・髪飾り」❷頭髪のこと。「落飾」 名付 あきら・しょく

食5 【飽】(13) 常用 音ホウ 訓あきる・あかす 旧字 食5 飽(14)

筆順

意味 じゅうぶんに満足する、またはそうなってそれ以上続けるのがいやになる。あく。あきる。また、そのようにさせる。あかす。「飽食・飽和・飽満・金（かね）に飽かして・飽く迄（まで）」 名付 あき・あきら・ほう

参考 「あきる」「あく」「あかす」は、「厭きる」「厭く」「厭かす」とも書く。

【飽食（ほうしょく）】じゅうぶんに食べて満足すること。また、満足するほどじゅうぶんに食べること。

【飽和（ほうわ）】①含みうる最大限度の量まで満ちること。「—状態」②蒸気・電流・溶質・磁気などが最大限度まで満たされている状態。「—溶液」

食6 【餃】(15) 音コウ 訓—

意味 →餃子（ギョーザ）

【餃子（ギョーザ）】中国料理の一つ。小麦粉の薄皮に豚肉や野菜を包んで蒸したり焼いたりしたもの。

食6 【餌】(15) 常用 音ジ 訓えさ・え 許容 食6 餌(14)

筆順

意味 ❶鳥獣・魚などの、えさ。え。「好餌・餌食（えじき）」❷食べ物。「食餌・薬餌」

食6 【餉】(15) 音ショウ 訓かれい・かれいい・け

意味 ❶飯を干したもの。昔、旅行などのときに携帯して食べた。かれいい。かれい。❷食べ物。「夕餉（ゆうげ）」

参考 ❶の「かれいい」は「乾飯」とも書く。

食6 【餅】(15) 常用 音ヘイ 訓もち 旧字 食8 餠(17) 許容 食6 餅(14)

筆順

意味 粘り気の多い米を蒸してついて作った食べ物。もち。「画餅・煎餅（せんべい）・鏡餅（かがみもち）」

食6 【養】(15) 4年 音ヨウ 訓やしなう 旧字 食6 養(15)

筆順

意味 ❶食物を与えて育てたり生活させたりする。やしなう。「養育・養殖・養豚・扶養」❷だんだんと力や習慣をつけてゆく。やしなう。「養成・教養・栄養・鋭気を養う」❸実子でない者を子として育てる。やしなう。「養子・養家・養い親」 名付 おさ・かい・きよ・すけ・のぶ・まもる・やす・よう・よし

【養家（ようか）】養子になって行った先の家。

【養護（ようご）】からだの弱い子どもなどを特別に保護し鍛えて一人前に成長させること。「—教育」

【養生】(ようじょう) ①からだをたいせつにしてより健康になるようにすること。②病気の手当てをし、体力を回復させて早く治るようにすること。

【養殖】(ようしょく) 水生の動植物を人工的に飼育・増殖させること。「うなぎの―」

【養老】(ようろう) 老人をいたわり世話すること。「―院」

〔蝕〕▶虫9

食7【𩚵】(16) 〈国字〉 音― 訓あさる

意味 えさを探し求める。あさる。

食7【餓】(15) 常用 旧字 食7 餓(16)

音ガ 訓うえる・かつえる

筆順

意味 飲食物が不足して腹が減る。かつえる。うえる。また、そのようになってがまんできないこと。うえ。「餓死・餓鬼・飢餓」

参考 「うえる」は「飢える」「饑える」とも書く。

食7【餐】(16) 印標 音サン 訓―

意味 ごちそう。「晩餐・正餐」

食7【餒】(16) 音ダイ 訓―

意味 飢えて衰える。

食7【餔】(16) 音ホ 訓―

意味 ❶夕食。❷食べる。

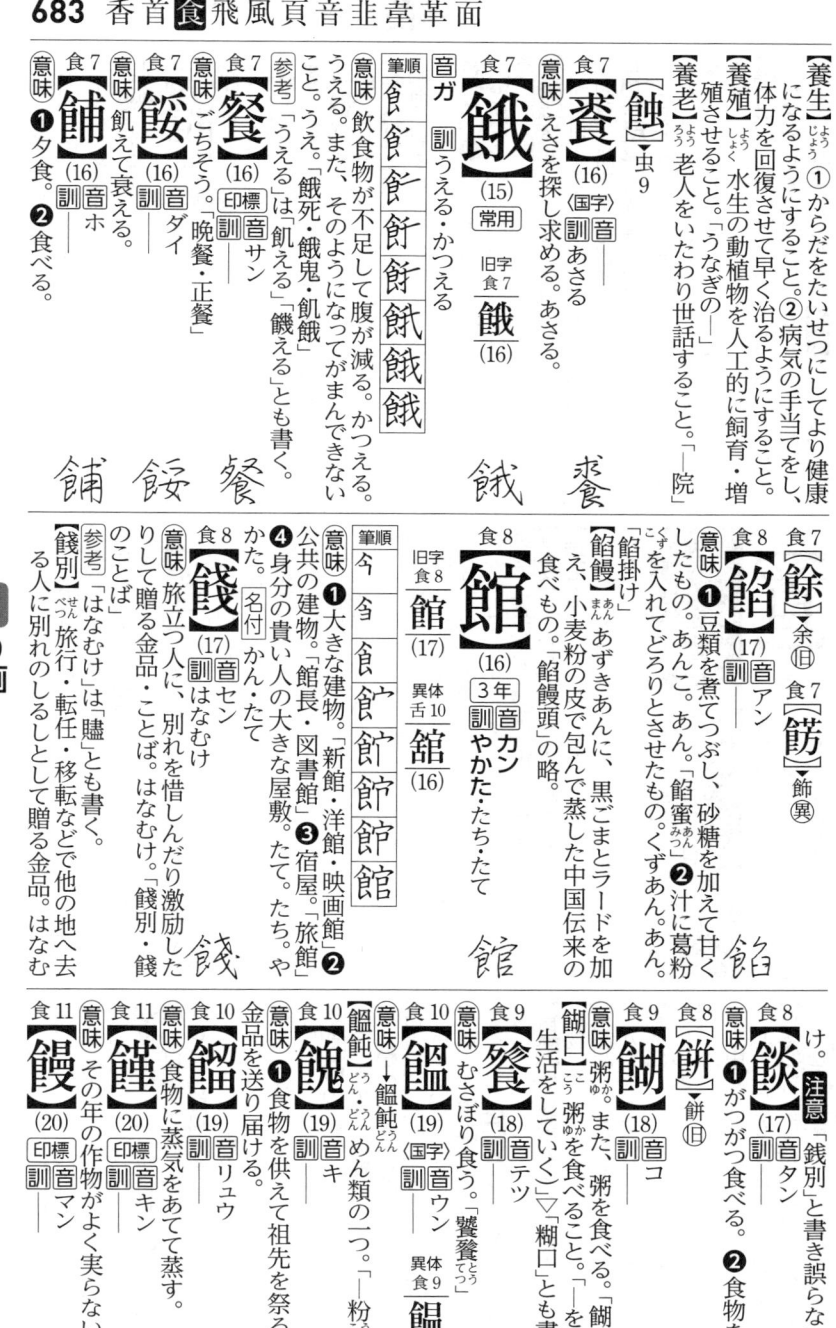

食7〔餘〕▶余㊐

食7〔餝〕▶飾㊒

食8【餡】(17) 音アン 訓―

意味 ❶豆類を煮てつぶし、砂糖を加えて甘くしたもの。あんこ。あん。「餡蜜(あんみつ)」❷汁に葛粉(くずこ)を入れてどろりとさせたもの。くずあん。あん。「餡掛け」

【餡饅】(あんまん) あずきあんに、黒ごまとラードを加え、小麦粉の皮で包んで蒸した中国伝来の食べもの。「餡饅頭」の略。

食8【館】(16) 3年 旧字 食8 館(17) 異体 舌10 舘(16)

音カン 訓やかた・たち・たて

筆順

意味 ❶大きな建物。「新館・洋館・映画館」❷公共の建物。「館長・図書館」❸宿屋。「旅館」❹身分の貴い人の大きな屋敷。たて。たち。やかた。

名付 かん・たて

食8【餞】(17) 音セン 訓はなむけ

意味 旅立つ人に、別れを惜しんだり激励したりして贈る金品・ことば。はなむけ。「餞別・餞のことば」

参考 「はなむけ」は「贐」とも書く。

【餞別】(せんべつ) 旅行・転任・移転などで他の地へ去る人に別れのしるしとして贈る金品。はなむけ。 注意 「銭別」と書き誤らないように。

食8【餤】(17) 音タン 訓―

意味 ❶がつがつ食べる。❷食物をすすめる。

食8〔餅〕▶餅㊐

食9【餬】(18) 音コ 訓―

意味 粥(かゆ)。また、粥を食べる。「餬口」

【餬口】(ここう) 粥(かゆ)を食べること。「―を凌(しの)ぐ(やっと生活をしていく)」▽「糊口」とも書く。

食9【餮】(18) 音テツ 訓―

意味 むさぼり食う。「饕餮(とうてつ)」

食10【饂】(19) 〈国字〉 音ウン 訓― 異体 食9 (18)

意味 →饂飩(うどん)

【饂飩】(うどん) めん類の一つ。「―粉(うどんこ)(小麦粉)」

食10【餽】(19) 音キ 訓―

意味 ❶食物を供えて祖先を祭る。❷食物や金品を送り届ける。

食10【餾】(19) 音リュウ 訓―

意味 食物に蒸気をあてて蒸す。

食11【饉】(20) 印標 音キン 訓―

意味 その年の作物がよく実らない。「飢饉」

食11【饅】(20) 印標 音マン 訓―

意味

意味 ↓饅頭(まんじゅう)

【饅頭】(まんじゅう) 小麦粉をこね、中に餡(あん)を包み入れて蒸した菓子。

食11 〖饗〗▼饗 異

食12 【饐】(21) 音イ 訓すえる

意味 食べ物が腐ってすっぱくなる。すえる。

食12 【饋】(21) 音キ 訓―

意味 食物や金品を贈る。また、その贈り物。

食12 【饑】(21) 音キ 訓うえる

意味 ❶飲食物が不足して腹が減る。うえる。❷その年の作物がよく実らない。「饑饉(ききん)」「饑餓」

参考 (1)❶の「うえる」はふつう「飢える」「餓える」と書く。(2)「饑餓」の「饑」は「飢」に書き換える。

【饑饉】(ききん) その年の農作物がよく実らず、食糧が不足すること。「飢饉」とも書く。▽「饉」も「作物が実らない」の意。

食12 【饒】(21) 印標 音ジョウ 訓ゆたか

意味 あり余るほどにたくさんあって豊かである。また、地味が肥えている。ゆたか。「饒舌・豊饒」

【饒舌】(じょうぜつ) 盛んにしゃべること。おしゃべり。また、そうしてさわがしいこと。「―をふるう」「―家」▽「冗舌」とも書く。注意「ぎょうぜつ」と読み誤らないように。

9画

食12 【饌】(21) 音セン 訓そなえる

意味 飲食物を供える。そなえる。また、その供えた飲食物。

食13 【饕】(22) 音トウ 訓―

意味 食物や金品をむさぼる。「饕餮(とうてつ)」(食物や財を貪る架空の怪獣)

食13 【饗】(22) 人名 音キョウ 訓もてなす

旧字 食13 饗(22)　異体 食11 饗(20)

筆順 乡 … 饗 饗

意味 客にごちそうをして応対する。もてなす。きょうする。また、そのこと。もてなし。「饗応・饗宴」 名付 きょう・あえ

参考 「饗応」の「饗」は「供」に書き換える。

【饗宴】(きょうえん) 客にもてなすための酒盛り。

【饗応】(きょうおう) 酒・食事などをふるまってもてなすこと。「業者から―を受ける」▽「供応」とも書く。

首の部 くび

首0 【首】(9) 2年 音シュ 訓くび・おさ・こうべ・しるし・はじめ

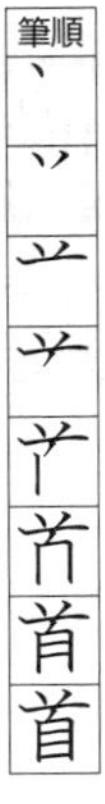

筆順 丶 丷 … 首 首

意味 ❶頭と胴とをつなぐ細い部分。くび。また、頭のこと。こうべ。くび。「首尾・首肯・斬首」❷最上位。「首席・首都」❸団体の長。おさ。「首脳・首領・元首」❹事物の最初の段階・部分。はじめ。「首唱・首途(かどで・しゅと)・巻首」❺罪を白状する。「自首」❻昔、戦場で敵を殺した証拠として切り取る、敵の頭部。しるし。❼漢詩・和歌を数えることば。しゅ。名付 かみ・しゅ・はじめ

参考 ❶の「頭と胴とをつなぐ部分」の「くび」は「頸」とも書く。❶の「こうべ」はふつう「頭」と書く。❸の「おさ」はふつう「長」と書く。

【首実検】(くびじっけん) ①昔、戦場で討ち取った敵の首を検査してその者かどうかを確かめること。②実際に会って本人かどうかを確かめること。注意「首実験」と書き誤らないように。

【首魁】(しゅかい) 悪事などをたくらみ実行する中心人物。

【首肯】(しゅこう) よいとして承知し認めること。「―しがたい」▽「うなずく」の意。

【首座】(しゅざ) ①その場の最上位の席。②その場にいる人のうちの、最上位の身分・地位の人。

【首唱】(しゅしょう) 意見を人々に対してまっ先に主張し出すこと。「―者」参考「主唱(しゅしょう)」は、中心人物となってその意見を主張すること。

【首席】(しゅせき) 最上位の身分・地位・成績。「―奏者」参考「主席(しゅせき)」は、政府の最高責任者のこ

と。

【首足処を異にす】(しゅそくところをことにす) 首を切られて首と足とが別々の場所にあること。▽首を切られて死ぬことを形容することば。

【首鼠両端】(しゅそりょうたん) 迷って決心をためらい、物事の形勢をうかがうこと。「—を持する」▽「鼠(ねずみ)が穴から首を出して周囲の様子をうかがう」の意から。

【首長】(しゅちょう) 組織・団体の長。また、特に、地方自治体の長のこと。

【首班】(しゅはん) ①その団体の、最上位の席次・地位。②総理大臣になるべき、内閣の首長。「—指名」

【首尾一貫】(しゅびいっかん) 始めから終わりまで考えや態度などを変えずに一つの方針でやり通すこと。注意「首尾」を「主尾」と書き誤らないように。

【首謀】(しゅぼう) 悪事・陰謀などを中心になってたくらむ人。「—者」▽「主謀」とも書く。

参考熟語 首肯(うなず)く 首途(かどで・しゅと)

首2 【馗】(11) 音キ 訓—

意味 「鍾馗(しょうき)」は、災いを除くという神。端午(たんご)の節句に飾る。

馗

首8 【馘】(17) 音カク 訓くび・くびきる

意味 ❶首を切る。くびきる。「馘首」❷免職・解雇すること。くび。

馘

【馘首】(かくしゅ) ①首を切ること。②免職・解雇すること。

香の部 かおり

香0 【香】(9) 4年 音コウ・キョウ 訓か・かおり・かおる・かぐわしい・かんばしい・こうばしい

香

筆順 一 二 千 禾 禾 香 香 香

意味 ❶よいにおい。か。かおり。また、よいにおいがする。かおる。「香気・香水・香辛料」❷たくとよいにおいがするように作ったもの。こう。「香炉・線香・麝香(じゃこう)・焼香」❸においがよい。かんばしい。かぐわしい。また、すぐれていてりっぱである。かんばしい。「成績は香しくない」❹こんがり焼けたようなよいにおいである。こうばしい。❺将棋の駒(こま)の香車(きょうしゃ)。きょう。「成り香」

名付 か・かおる・こう・よし

参考 (1)❶の「かおり」「かおる」は「薫り」「馨り」「薫る」「馨る」とも書く。❸❹の「かんばしい」「かぐわしい」「こうばしい」はそれぞれ「芳しい」「馨しい」とも書く。(2)❺は「きょう」と読む。

【香華】(こうげ) 仏前に供える、香(こう)と花。

【香煎】(こうせん) 穀類、特に麦を煎(い)って粉にした食品。

【香典】(こうでん) 死者の霊前に供える金品。「—返し」▽「香奠」の書き換え字。

【香道】(こうどう) 香木をたいてその香りを楽しむ技芸。香。香合わせ。聞香(ぶんこう)。

使い分け「かおる・かおり」

香る…良い匂いがする。「梅の花が香る・新茶が香る・香水が香る・墨の香り」

薫る…良い匂いがする。また、辺りに立ち込める良い雰囲気を、かおりにたとえた言い方。「風薫る五月・薫り高い・文化の薫り・初夏の薫り・菊薫る佳日」

【香味】(こうみ) 飲食物の、かおりと味わい。「—料」

【香料】(こうりょう) ①よいかおりのするもの。②香典。

【香炉】(こうろ) 香をたくときに使う、いれ物。

参考熟語 香魚(あゆ・こうぎょ) 香具師(やし)

香9 【馥】(18) 音フク 訓—

意味 香気が盛んでかんばしい。「馥郁(ふくいく)」

【馥郁】(ふくいく) よいかおりが漂うさま。

馥

香11 【馨】(20) 人名 音ケイ 訓かおり・かおる・かぐわしい・かんばしい・こうばしい

馨

筆順 士 声 声 声 殸 殸 殸 馨 馨

意味 ❶よいにおい。かおり。また、よいにおいがする。かおる。❷においがよい。かんばしい。かぐわしい。「馨(かぐわ)しい名声」❸こんがり焼けたようなよいにおいである。こうばしい。

名付 か・かおり・かおる・きよ・きょう・けい・よし

参考 ❶の「かおり」「かおる」はふつう「薫り」「香り」「薫る」「香る」と書く。❷❸の「かんばしい」「こうばしい」は「香しい」「芳しい」とも書く。

9画

馬の部 うま うまへん

馬0

【馬】(10)

2年 音 バ・マ・メ 訓 うま・ま

筆順 馬

意味 ❶家畜の一つ。乗用・運搬用にする。うま。「馬上・馬車・乗馬・駿馬(しゅんめ)」❷将棋で、竜馬(りゅうめ)(角の成ったもの)・桂馬(けいま)のこと。うま。

名付 うま・たけし・ば・ま

参考 初二画の筆順は上の横画が先でもよい。また、初二画のあとの筆順は、貫く縦画より先に中の二本の横画を書いてもよい。

【馬脚を露す(ばきゃくをあらわす)】包み隠していた物事の本性がばれる。化けの皮がはがれる。

【馬喰(ばくろう)】①馬の良否を巧みに見分ける人。②馬の仲買い商人。▽「伯楽(はくらく)」のあて字。「博労」とも書く。

【馬耳東風(ばじとうふう)】人の意見や批評を全く気にかけずに聞き流すこと。

【馬謖(ばしょく)】昔、中国の蜀(しょく)の武将の名。諸葛亮(しょかつりょう)に信頼されていたが、諸葛亮の軍令にそむいて大敗し、見せしめのために衆人の前で斬(き)られた。「泣いて—を斬る(集団の秩序・規律を乱した者に対しては、その者がいかに有能であっても厳重に処罰することを形容することば)」

【馬賊(ばぞく)】馬に乗った盗賊。

【馬丁(ばてい)】①馬の轡(くつわ)を取って引く人。②馬の世話をする人。

【馬蹄(ばてい)】馬のひづめ。

【馬齢(ばれい)】老人が自分の年齢を謙遜していうことば。「—を重ねる」

【馬子にも衣装(まごにもいしょう)】どんな人でも、外見をこぎれいにすると、立派な人に見えるということ。▽馬子は、馬に人や荷物をのせて運ぶことを仕事にした人。馬方。

参考熟語 馬酔木(あせび・あしび) 馬鹿(ばか) 馬穴(バケツ) 馬尾藻(ほんだわら) 馬刀貝(まてがい) 馬蛤貝(まてがい) 馬尼刺(マニラ) 馬来(マラヤ) 馬克(マルク) 馬耳塞(マルセイユ) 馬手(めて) 馬陸(やすで)

馬2

【馭】(12)

音 ギョ 訓 —

意味 馬を扱いあやつる。ぎょする。「馭者・統馭」

参考 「馭・馭者・制馭」の「馭」は「御」に書き換える。

馬2

【馮】(12)

音 ヒョウ 訓 —

意味 ❶歩いて川を渡る。「馮河(ひょうが)」❷よる。よりどころとする。

馬3

【馴】(13)

人名 音 ジュン 訓 ならす・なれる

筆順 馴

意味 しだいに親しむ。なれる。また、そうなるようにする。ならす。「馴化・馴れ馴れしい」

名付 なれ・よし

【馴化(じゅんか)】気候・風土になれて適応すること。

参考熟語 馴鹿(トナカイ) 馴染(なじみ)

馬3

【馳】(13)

人名 音 チ 訓 はせる

筆順 馳

意味 車馬を速く走らせる。また、車馬が速く走る。はせる。「馳走・思いを馳せる」

名付 とし・はやし

【馳走(ちそう)】①飲食物を出して人をもてなすこと。②うまい、またはうまそうな食べ物・料理。▽もと「馬や馬車を走らせる」の意。

馬3

【馯】▼駻 異

馬4

【駅】(14)

3年 音 エキ 訓 うまや

旧字 馬13 驛(23)

筆順 駅

意味 ❶昔、街道(かいどう)に設けた馬継ぎ場。宿場。えき。うまや。「駅舎・駅伝・宿駅」❷列車の発着所。えき。「駅長・駅頭・通過駅・貨物駅」

【駅舎(えきしゃ)】①駅の建物。②昔、宿場のはたごや。

【駅頭(えきとう)】駅の所。駅前。「—の別れ」

馬4

【駆】(14)

常用 音 ク 訓 かける・かる

旧字 馬11 驅(21)

異体 馬5 駈(15) 人名

筆順 駆

意味 ❶馬にむちうって速く走らせる。かる。「疾駆・長駆」❷馬が走る。また、人が走る。かける。「駆け足」❸追い立てる。また、追い払う。かる。「駆使・駆除・駆虫」❹軍隊の列。「先駆・前駆」

【駆使】(くし) ①駆り立てて追い払うこと。②能力や機能をじゅうぶんに発揮させて自分の思うままに使うこと。「五か国語を—する」

【駆除】(くじょ) 害になるものを殺したり追い払ったりして、取り除くこと。

【駆逐】(くちく) 敵などを追い払うこと。「—艦」 注意 「駆遂」と書き誤らないように。

馬4 **【駄】** (14) 常用 音 ダ・タ 訓 — 異体 馬3 駄 (13)

筆順

意味 ❶馬の背に荷物を載せて運ばせる。また、その荷。「駄馬・駄賃・荷駄(にだ)」❷つまらない・そまつである・下等であるなどの意を表すことば。「駄作・駄文・駄菓子」❸はきもの。「下駄(げた)・足駄(あしだ)」

【駄洒落】(だじゃれ) 深みのない、へたなしゃれ。

【駄賃】(だちん) ①馬に荷をつけて運んだ代金。②使いなどの労力に対する報酬。

【駄馬】(だば) ①荷物をつけて運ばせる馬。荷馬(にうま)。②劣っていて役に立たない馬。

【駄弁】(だべん) つまらないおしゃべり。「—を弄(ろう)する」

馬4 **【駁】** (14) 音 ハク・バク 訓 —

意味 ❶入りまじる。「雑駁(ざっぱく)」❷反対意見を述べて非難する。ばくする。「駁論・駁撃・反駁」

【駁雑】(ばくざつ) 「雑駁」に同じ。

【駁論】(ばくろん) 他人の言説をまちがっているとしてそれを攻撃する論説。また、反対意見を述べること。

馬4 **【駇】** (14) 音 ブン 訓 —

意味 たてがみが赤く、目が黄金色のしまうま。

馬5 **【駕】** (15) 人名 音 ガ・カ 訓 —

筆順

意味 ❶馬を車につける。また、馬車やその他の乗り物に乗る。がする。「繋駕(けいが)」❷乗り物。が。「車駕・来駕・駕を枉(ま)げる(わざわざおいでになる)」❸他人をしのいでその上に出る。がする。「凌駕」 名付 のり

【駕籠】(かご) 昔、竹や木で作った台の上に人を乗せ、かついでいった乗り物。かご。

参考熟語 駕籠(かご)

馬5 **【駒】** (15) 常用 音 ク 訓 こま

筆順

意味 ❶若い、または小さい馬。また、馬のこと。こま。「白駒(はっく)・若駒(わかごま)・春駒(はるごま)」❷将棋で、盤上に置き並べて動かす木片。こま。「駒組み」❸三味線などで、糸と胴との間に置いて糸を張りさえるもの。こま。 名付 く・こま

馬5 **【駟】** (15) 音 シ 訓 —

意味 四頭立ての馬車。し。「駟馬(しば)・駟も舌に及ばず(いったん口にしたことばは、速い四頭立ての馬車でも追いつけない。ことばを慎むべきであるということ)」

馬5 **【駛】** (15) 音 シ 訓 —

意味 ❶馬を速く走らせる。❷速い。「駛足(しそく)」

馬5 **【駝】** (15) 音 ダ 訓 —

意味 ❶らくだのこと。「駱駝(らくだ)」❷だちょうのこと。「駝鳥」

馬5 **【駘】** (15) 音 タイ 訓 —

意味 →駘蕩(たいとう)

【駘蕩】(たいとう) けしき・雰囲気などがのどかで、のびのびとしたさま。「春風—」

馬5 **【駐】** (15) 常用 音 チュウ 訓 とどまる・とどめる 旧字 馬5 駐 (15)

筆順

意味 ❶他の土地にある期間、車・軍隊などをとどめておく。とどめる。また、そこにしばらくいて動かない。とどまる。「駐車・駐留・進駐」❷派遣された者が一定期間その地に滞在する。「駐在」

【駐屯】(ちゅうとん) 軍隊がある土地にとどまること。

【駐留】ちゅうりゅう 軍隊がある地に長くとどまること。

馬5 【駑】(15) 音ド 訓—
意味 ❶のろい下等の馬。「駑馬」❷才能が劣っていて鈍い。「駑鈍・愚駑」
【駑馬】ばど ①のろくて役に立たない馬。②才能の劣っている者。また、自分を謙遜していうことば。
駑

馬5 【駈】▶駆 異

馬6 【駭】(16) 音ガイ 訓おどろく
意味 驚く。おどろく。「震駭しんがい」
駭

馬6 【駮】(16) 音ハク 訓—
意味 ❶馬の毛色がまだらである。また、まだらの馬。❷反論して非難する。
駮

馬6 【𩧐】(16) 〈国字〉 音— 訓ばち
意味 ばち。▽地名に用いる字。「𩧐川原ばちがわら」は、秋田県の地名。
𩧐

馬6 【駢】(16) 音ベン 訓ならぶ 正字 馬8 駢(18)
意味 二つ並ぶ、または並べる。ならぶ。また、対句にする。「駢儷体べんれいたい」
【駢儷体】べんれいたい 中国の六朝りくちょうのころに盛んに行われた文体。四字句・六字句の対句を用いる。四六駢儷体。四六文。
駢

馬6 【駱】(16) 音ラク 訓—
意味 →駱駝らくだ
【駱駝】らくだ 獣の一種。砂漠の生活に適する。
駱

馬6 【駲】(16) 音— 訓—
意味 音訓、意味ともに未詳。
駲

馬7 【駻】(17) 音カン 訓— 異体 馬3 馯(13)
意味 性質のあらい馬。荒馬あらうま。「駻馬」
駻

馬7 【駿】(17) 人名 音シュン 訓はやい

筆順
厂
𠃍
甲
馬
馬
馬ム
馬允
駿

意味 ❶足の速いすぐれた馬。「駿馬しゅんめ」❷すぐれている。また、すぐれた者。「駿才」❸速い。はやい。「駿足」❹険しい。また、きびしい。「駿嶮しゅんけん・駿厳」❺昔の、駿河国するがのくにのこと。「駿州すんしゅう・駿遠すんえん」
名付 しゅん・たかし・とし・はやお・はやし
参考 「駿才」の「駿」は「俊」に書き換える。
【駿足】しゅんそく ①馬の足が速いこと。また、そのような馬。②転じて、足が速くて速く走れること。また、そのような人。「—を利して」③すぐれた人物。
【駿馬】しゅんめ・しゅんば 足の速い、すぐれた馬。
駿

馬7 【駸】(17) 音シン 訓—
意味 →駸駸しんしん
【駸駸】しんしん ①馬が疾走するさま。②転じて、物事の進み具合が速いさま。また、進歩が急速なさま。
駸

10画〜

馬7 【騁】(17) 音テイ 訓—
意味 ❶馬をまっすぐに走らせる。はせる。❷思いをはせる。また、思いのままに行う。
騁

馬8 【騎】(18) 常用 音キ 訓のる

筆順
𠃍
甲
馬
馬
馬大
馬立
騎
騎

意味 ❶馬に乗る。のる。「騎馬・騎乗・騎士」❷馬に乗った人を数えることば。き。「単騎」
名付 き・のり
【騎虎の勢い】きこのいきおい 虎とらの背に乗って走る勢い。▽勢いがついて、始めた物事がやめられなくなることや、その勢いを形容することば。
騎

馬8 【騏】(18) 音キ 訓—
意味 良馬。「騏驎きりん」
【騏驎】きりん ①一日に千里を走るというすぐれた馬。「—の衰うるや駑馬どこれに先んず(英雄も老いては役に立たなくなる)」②中国の想像上の動物の一つ。形は鹿しかに似る。聖人が出て王道が行われれば現れるという。▽この場合は「麒麟」とも書く。
騏

馬8 【験】(18) 4年 旧字 馬13 驗(23) 人名
音ケン・ゲン 訓しるし・ためす

筆順
𠃍
甲
馬
馬
馬𠆢
馬亼
騐
験

験

意味 ❶証拠。「証験・経験・体験」❷兆候。また、効能。しるし。げん。「効験・霊験(れいげん)・修験者(しゅげんじゃ)・験(げん)がいい」❸こころみる。ためす。けんする。「験算(けんざん)・実験・試験・実地に験する」

馬8 【騅】(18) 音スイ 訓—

意味 ❶あしげの馬。❷楚(そ)の項羽(こうう)の愛馬の名。

馬8 【騒】(18) 常用 旧字 馬10 騷(20) 人名

音ソウ 訓さわぐ

筆順 𠂆 厓 馬 馬 馭 騒 騒 騒

意味 ❶大声を出す、またはそうしてあばれる。さわぐ。また、そのこと。さわぎ。「騒動・騒音・物騒・騒騒(そうそう)しい」❷漢詩の一体。そう。❸詩文。また、風流。「騒人・風騒」

【騒擾(そうじょう)】多くの人が集まって騒動を起こし、社会の秩序を乱すこと。「—罪」

【騒然(そうぜん)】①たくさんの人が騒がしくするさま。「満場—」②世の中が騒がしくて事件などが起こりそうなさま。「物情—」

【騒乱(そうらん)】①騒ぎが起こって秩序が乱れること。②騒動を起こして秩序を乱すこと。「—罪」

参考熟語 騒騒(ざわざわ)しい

馬8 【駢】▼駢(正)

馬9 【騙】(19) 印標 異体 馬9 騙(19)

音ヘン 訓かたる・だます

意味 ❶うまいことをいって欺き、人から金品を取る。かたる。また、そのこと・人。かたり。「騙取」❷うそをいって、真実であると思わせる。だます。

【騙取(へんしゅ)】人からだまし取ること。詐取(さしゅ)。

馬9 【騨】▼驒(異)

馬10 【騫】(20) 音ケン 訓—

意味 ❶欠けて損なわれる。❷つまんで引き上げる。

馬10 【騭】(20) 音シツ 訓— 異体 阜14 隲(17)

意味 ❶雄の馬。❷高く上げる。

馬10 【騰】(20) 常用 旧字 馬10 騰(20)

音トウ 訓あがる・のぼる

筆順 月 胖 胖 胖 勝 騰 騰 騰

意味 上昇する。はね上がる。あがる。のぼる。「騰貴・高騰・沸騰」名付 とう・のぼる

参考 似た字(勝・騰・謄)の覚え方「力でかつ(勝)、馬でのぼる(騰)、ことばでうつす(謄)」

【騰貴(とうき)】物価が高くなること。

馬10 【驀】(20) 音バク 訓— 正字 馬11 驀(21)

意味 速い速度でまっすぐに進むさま。「驀進」

【驀進(ばくしん)】非常な勢いでまっすぐに突き進むこと。

馬10 【騷】▼騒(旧)

馬11 【驂】(21) 音サン 訓—

意味 ❶四頭立ての馬車で、外側の二頭の馬。❷身分の高い人の馬車に護衛として乗る人。

馬11 【驃】(21) 音ヒョウ 訓—

意味 馬が軽々と走るさま。

馬11 【騾】(21) 音ラ 訓—

意味 雌馬と雄の驢馬(ろば)との混血雑種。らば。「騾馬」

馬11 【驅】▼駆(旧)

馬12 【驚】(22) 常用 旧字 馬13 驚(23)

音キョウ 訓おどろく・おどろかす

筆順 芍 苟 敬 敬 警 警 驚 驚

意味 びっくりして心が動揺する、またはそのようにさせる。おどろく。おどろかす。また、そのこと。おどろき。「驚喜・驚嘆・一驚・喫驚・驚天動地」名付 きょう・とし

【驚異(きょうい)】すぐれていたり異常だったりして、驚くべきであること。また、その事柄。「—の進歩」

【驚愕(きょうがく)】非常に驚くこと。また、非常な驚き。

【驚喜(ききょう)】予期せぬうれしいことにあって喜ぶ

10画〜

こと。参考「狂喜(きょうき)」は、非常に喜ぶこと。

【驚嘆】(きょうたん) すぐれたものにあって驚き、非常に感心すること。▽「驚歎」とも書く。

【驚天動地】(きょうてんどうち) 世間を大いに驚かすこと。「—の大事件」▽天を驚かし地を動かすの意。

【驚倒】(きょうとう) 非常に驚くこと。「一世を—させた事件」

馬12 【驕】(22) 音 キョウ 訓 おごる

意味 権勢・財力をたよりにほしいままにする。おごる。「驕慢・驕児」

参考「おごる」は「傲る」とも書く。

【驕児】(きょうじ) ①わがままなむすこ。②わがままを押し通して世を渡る若者。「一代の—」

【驕奢】(きょうしゃ) おごりたかぶって贅沢(ぜいたく)であること。「—な生活」

【驕慢】(きょうまん) 他よりすぐれているとして、おごりたかぶって人をあなどること。

馬12 【驍】(22) 人名 音 ギョウ 訓 —

筆順

意味 勇ましくて強い。「驍将・驍名」 名付 いさ・たかし・たけし・すぐる・つよし

【驍名】(ぎょうめい) 勇ましく強いというすぐれた評判。

馬12 【驒】(22) 印標 音 ダ 訓 — 異体 馬9 騨(19)

意味「飛驒(ひだ)」は、旧国名の一つ。

馬13 【驛】▶駅 旧

馬13 【驗】▶験 旧

10画〜

馬14 【驟】(24) 音 シュウ 訓 —

意味 速い。また、突然である。「驟雨」

【驟雨】(しゅうう) 突然降り出す雨。にわか雨。

馬16 【驥】(26) 音 キ 訓 — 正字 馬17 驥(27)

意味 ❶一日に千里を走るというすぐれた馬。「驥尾」❷才能のすぐれた者。俊才。

【驥足】(きそく) ①駿馬の足。②すぐれた才能(のある人)。

【驥尾】(きび) 駿馬(しゅんめ)の尾。「—に付して(すぐれた人の業績を見習って)」

馬16 【驢】(26) 音 ロ 訓 —

意味 →驢馬(ろば)

【驢馬】(ろば) 獣の一種。馬に似ている。うさぎうま。

馬17 【驤】(27) 音 ジョウ 訓 —

意味 馬が首を上げて走る。また、転じて、高く上がる。

馬17 【驩】(27) 音 カン 訓 よろこぶ 正字 馬18 驩(28)

意味 喜ぶ。よろこぶ。また、喜び。よろこび。「交驩(互いに打ち解けて楽しむこと)」

参考「交驩」は「交歓」に書き換える。

馬19 【驪】(29) 音 リ 訓 —

意味 毛並みにつやのある、黒毛の馬。

馬20 【驫】(30) 音 ヒョウ 訓 —

意味 たくさんの馬。また、たくさんの馬が走るさま。

骨 の部 ほね ほねへん

骨0 【骨】(10) 6年 音 コツ 訓 ほね

筆順

意味 ❶人や動物の、ほね。「骨格・骨折・筋骨」❷火葬後の人骨。ほね。こつ。「納骨・お骨(こつ)」❸物事の要点。「骨子・骨髄」❹からだ。「老骨」❺物事に耐える気力・気質。ほね。「気骨・奇骨」❻要領。こつ。「骨法・骨(こつ)を覚える」

【骨柄】(こつがら) 人のからだつき。「人品—」

【骨幹】(こっかん) 骨組みのこと。

【骨子】(こっし) 物事の中心となる最も重要な点。

【骨頂】(こっちょう) 程度がこの上ないこと。骨張。「愚の—」

【骨肉】(こつにく) 親子・兄弟など、血を分けた間柄である者。「—相争う」

【骨法】(こっぽう) 物事の要領。こつ。

参考熟語 骨牌(カルタ)

骨3 【骭】(13) 音 カン 訓 —

意味 ❶あばらぼね。❷すねの骨。

骨4 【骰】(14) 音 トウ 訓 さい

意味 すごろくなどに使う用具。さいころ。さい。「骰子」

参考熟語 骰子(さいころ・さい・とうし)

骨6 【骸】(16) 常用 音ガイ 訓むくろ

筆順 冂 冎 骨 骨亠 骨𠂉 骨亥 骸

意味 死体。死者の骨。むくろ。また、からだ。「骸骨・遺骸」

【骸骨を乞う】(がいこつをこう) 高官が辞職を願い出る。▽「骸」は「からだ」で、「主君に差し上げた自分のからだを返してくださいと願う」の意。

骨6 【骼】(16) 音カク 訓―

意味 骨組み。また、骨。「骨骼」

参考 「骨骼」の「骼」は「格」に書き換える。

骨8 【髀】(18) 音ヒ 訓もも

意味 ひざより上の部分。もも。また、ももの骨。「髀骨・髀肉の嘆」

【髀肉の嘆】(ひにくのたん) 腕前を発揮する機会がなくて、むだに時を過ごす嘆き。▽中国の蜀(しょく)の劉備(りゅうび)が、長い間の平和のために戦場で馬に乗る機会がなく、ももの肉が肥えてしまったのを嘆いたという故事から。「髀肉の歎」とも書く。

骨9 【髄】(19) 常用 音ズイ 訓―

旧字 骨13 髓(23)　異体 肉13 膸(17)

筆順 冂 冎 骨 骨 骨ノ 骨ナ 骨有 髄

意味 ❶動物の骨の中にある、黄色い油のような組織。ずい。「髄膜・骨髄・骨の髄まで」❷高等動物の中枢神経の部分。「髄脳・脊髄(せきずい)・脳髄」❸植物の茎・根の中心部にある柔らかい部分。ずい。「葦(よし)の髄から天井のぞく(狭い見識で広い世界を判断しようとすること)」❹物事の中心をなす最も重要な部分。「神髄・精髄」

名付 ずい・すね・なか

【髄脳】(ずいのう) 「脳髄」に同じ。

【髄膜】(ずいまく) せきつい動物の脳と脊髄(せきずい)の表面を包む膜状の組織。

骨11 【髏】(21) 音ロ 訓―

意味 「髑髏(どくろ・されこうべ・しゃれこうべ)」は、風雨にさらされて骨だけになった頭蓋骨(ずがいこつ)。

骨13 【髑】(23) 音ドク 訓―

意味 →髑髏

【髑髏】(どくろ・されこうべ・しゃれこうべ) 風雨にさらされて骨だけになっている頭蓋骨(ずがいこつ)。

骨13 〔體〕▶体 旧

骨13 〔髓〕▶髄 旧

高 の部 たかい

高0 【高】(10) 2年　異体 高0 髙(11)

音コウ 訓たかい・たか・たかまる・たかめる

筆順 丶 亠 亠 亡 亣 高 高 高

意味 ❶上方への差が大きい。たかい。また、そのこと。こう。⇔低。「高所・高原・標高」❷身分・地位が上である。また、程度などがすぐれていたり激しかったりする。たかい。⇔低。「高貴・高価・高弟・崇高」❸盛んになる、または程度が進む。たかまる。こうずる。また、そのようにする。たかめる。「高揚・わがままが高ずる」❹いばる。たかぶる。「高言・高慢」❺分量。数量。たか。「生産高」❻相手を敬ってその行為や相手に属する事物につけることば。「高説・高著」❼心がけだかい。「高潔」❽高等学校のこと。「女子高」

名付 うえ・こう・たか・たかい・たかし

参考 「高騰・高揚」などの「高」は「昂」が書き換えられたもの。

【高遠】(こうえん) 考え・理想などがすぐれていて普通の人にはついて行けないさま。「―な理想」

【高雅】(こうが) けだかくてみやびやかなさま。

【高貴】(こうき) ①身分などが高くてとうといさま。②人柄が、気高く上品であるさま。

【高誼】(こうぎ) 手紙文などで、相手からの友情・厚意を尊敬していうことば。▽「厚誼」とも書く。

【高吟】(こうぎん) 高い声で吟詠すること。「放歌―」

【高見】(こうけん) 一 ①すぐれた識見。②相手を敬ってその人の意見をいうことば。「御―を承る」

[二](たかみ) 高い所。「—の見物」

【高察】(こうさつ) 相手を敬ってその人のすぐれた推察をいうことば。

【高尚】(こうしょう) ①卑俗でなくて品がよいさま。「—な趣味」②学問や芸術などの内容の程度が高いさま。

【高進】(こうしん) たかぶってゆくこと。「心悸(しんき)—」▽「亢進」「昂進」とも書く。

【高潮】[一](こうちょう) 物事の激しい勢いが最も高まること。「最—」 [二](たかしお) 台風の通過が満潮時といっしょになるときなどに起こる、異常に高い上げ潮。

【高調】(こうちょう) 気分や調子が高まること。

【高踏】(こうとう) 世間とかかわり合いを持たないで、気位を高くしていること。「—派」▽「高蹈」とも書く。

【高騰】(こうとう) 価格が高く上がること。▽「昂騰」の書き換え字。

【高庇】(こうひ) 相手を敬ってその人から受けた庇護(ひご)をいうことば。

【高風】(こうふう) けだかい風格。

【高邁】(こうまい) 精神がけだかく、高い理想を目ざしてすぐれているさま。「—な理想」

【高名】[一](こうめい・こうみょう) 評判がよくて、有名なこと。[二](こうめい) 相手を敬ってその人の名前をいうことば。「御—はかねがね承っております」

【高揚】(こうよう) ある精神や気分が高まり強くなること。▽「昂揚」の書き換え字。

【高飛車】(たかびしゃ) 相手をはじめから威圧するような態度をとること。高圧的。

[参考熟語] 高粱(コーリャン) 高麗(こま・こうらい) 高砂(たかさご) 高天原(たかまがはら)

高13 【髞】(23) 音 ソウ 訓 —

意味 高い。

髟 の部 かみかんむり かみがしら

髟0 【髟】(10) 音 ヒョウ 訓 —

意味 髪が長く垂れ下がっているさま。

髟3 【髢】(13) 音 テイ 訓 かもじ

意味 女性の髪の毛に添え加える毛。入れ髪。かもじ。

髟4 【髪】(14) 常用 旧字 髟5 髮(15) 人名

音 ハツ 訓 かみ・くし

筆順

意味 ❶頭にはえる毛。くし。かみ。「髪膚・理髪・頭髪・白髪(はくはつ・しらが)・御髪(おぐし)」❷頭の毛を結った形。かみかたち。かみ。「日本髪(にほんがみ)」 名付 かみ・はつ

【髪膚】(はっぷ) からだの全部。「身体—、これを父母に受く」▽「髪の毛から皮膚に至るまで」の意。

髟4 【髣】(14) 音 ホウ 訓 —

意味 →髣髴(ほうふつ)

【髣髴】(ほうふつ) ①そのものを思い出させるほどよく似かよっているさま。「故人の面影に—としている」②はっきりと思い浮かべること。「亡(な)き母を—させる」③遠くにあってぼんやりと見えるさま。「—として眼前に浮かぶ」▽「彷彿」とも書く。

髟4 【髦】(14) 音 ボウ 訓 —

意味 ❶眉(まゆ)の近くまで垂らした、子供の前髪。❷すぐれている。❸馬のたてがみ。

髟5 【髯】(15) 正字 髟5 髥(15) 音 ゼン 訓 ひげ・ほおひげ

意味 ほおに生えたひげ。ほおひげ。ひげ。「美髯」

【髯鬚】(ぜんしゅ) 「鬚髯(しゅぜん)」に同じ。

髟5 【髱】(15) 音 ホウ 訓 たぼ・つと

意味 日本髪の、後方に張り出した部分。つと。たぼ。

髟5 【髫】(15) 音 チョウ 訓 —

意味 うなじまで垂れ下がった、子供の髪。また、転じて、幼い子供。

髟5 【髴】(15) 音 フツ 訓 —

意味 「髣髴(ほうふつ)」は、よく似かよっているさま。また、遠くにあってぼんやりと見えるさま。

髟6 【髷】(16) 印標 音 キョク 訓 まげ・わげ

10画〜

意味 束ねた髪をいろいろな形に結んだもの。また、まるまげのこと。わげ。まげ。「髷物(まげもの)・丸髷(まるまげ)」

髟6【髻】(16) 印標 音 ケイ 訓 たぶさ・もとどり

意味 髪を頭上で束ねた所。たぶさ。もとどり。

【髻華(うず)】古代、小枝・花・造花などを髪や冠にさして飾りとしたもの。かざし。

髟6【髭】(16) 印標 音 シ 訓 ひげ

意味 ひげ。また、特に、くちひげ。ひげ。

髟8【鬆】(18) 音 ショウ 訓 す

意味 ❶根菜や煮過ぎた豆腐などのしんに生ずる細かいあな。す。❷ゆるんでいる。「骨粗鬆症(こつそしょうしょう)」

髟11【鬘】(21) 印標 音 マン 訓 かずら・かつら

意味 ❶つる草などを頭に飾ったもの。かずら。「華鬘(けまん)」❷扮装(ふんそう)用や髪型を変えたりするときに頭にかぶるもの。かつら。

髟12【鬚】(22) 印標 音 シュ 訓 ひげ

意味 あごに生えるひげ。あごひげ。ひげ。「美鬚」

【鬚髯(しゅぜん)】あごひげとほおひげ。ひげ。髯鬚。

髟13【鬟】(23) 音 カン 訓 みずら

意味 髪をたばねて丸く輪にしたもの。みずら。

髟14【鬢】(24) 印標 音 ビン 訓 —

意味 耳ぎわの髪の毛。びん。「鬢髪・両鬢」

【鬢糸(びんし)】鬢の毛がまばらになり、白髪になっていること。▽老境にあることをいう。

髟15【鬣】(25) 音 リョウ 訓 たてがみ

意味 馬・ライオンなどの首の後ろに生えている毛。たてがみ。

鬥 の部 たたかいがまえ とうがまえ

鬥0【鬥】(10) 音 トウ 訓 —

意味 たたかう。

鬥5【鬧】(15) 音 ドウ 訓 — 異体 門5 閙(13)

意味 騒がしい。また、にぎやかで盛んである。「鬧熱(どうねつ)(にぎやかなこと)」

鬥6【鬨】(16) 音 コウ 訓 とき

意味 昔、戦場で、戦闘開始の合図や突撃・勝利のしるしとしてみんなで発した声。とき。「鬨の声」

参考 「とき」は「鯨波」とも書く。

鬥8【鬩】(18) 音 ゲキ 訓 せめぐ

意味 互いに争う。せめぐ。「兄弟(けいてい)牆(かき)に鬩ぐ(うちわもめをする)」

【鬩牆(げきしょう)】兄弟で争うこと。また、うちわの争い。

鬥10【鬪】▸闘(旧)

鬥16【鬮】(26) 音 キュウ 訓 くじ

意味 吉凶・当落・勝敗などを決めるくじ。くじ。

参考 「くじ」はふつう「籤」と書く。

鬯 の部 ちょう においざけ

鬯0【鬯】(10) 音 チョウ 訓 —

意味 ❶香草の一つ。鬱金香(うっこんこう)。❷鬱金を入れてかもした酒。神に供える。

鬯19【鬱】(29) 常用 音 ウツ 訓 ふさぐ 異体 木21 欝(25)

筆順

意味 ❶心が晴れ晴れしない。うっする。ふさぐ。また、そのこと。うつ。ふさぎ。「憂鬱・気が鬱する」❷一か所に集まる。「鬱血・鬱積」❸物事が盛んなさま。「鬱然・鬱勃(うつぼつ)」❹木が群がり茂る。「鬱蒼(うっそう)」

参考 ❶の「ふさぐ」は「塞ぐ」とも書く。

【鬱鬱(うつうつ)】①心がふさいで晴れ晴れしないさま。「—として楽しまない」②草木がこんもりと茂るさま。

【鬱屈(うっくつ)】不満や悩みがたまって、ふさぎこむこと。

【鬱積】(うっせき) 不平・不満が心にたまること。

【鬱蒼】(うっそう) 薄暗くなるほど、草木が茂っているさま。

【鬱憤】(うっぷん) 心の中にわだかまっていて晴らしようがない怒り・不満。「―を晴らす」

【鬱勃】(うつぼつ) ①意気が体内に盛んにわき起こるさま。「―たる闘志」②雲が盛んにわき上がるさま。

参考熟語 鬱陶(うっとう)しい

鬲 の部 れき れきのかなえ

鬲0 【鬲】(10) 音 レキ 訓 かなえ
意味 ❶三脚の蒸し器。かなえ。❷へだたる。へだてる。

鬲12 【鬻】(22) 音 イク 訓 ひさぐ・かゆ
意味 ❶かゆ。❷売る。ひさぐ。

鬼 の部 おに きにょう

鬼0 【鬼】(10) 常用 音 **キ** 訓 **おに**
筆順 ノ ｲ 白 白 由 鬼 鬼 鬼
意味 ❶死んだ人の魂。おに。「鬼神・鬼籍・餓鬼」❷想像上の怪物の一つ。角・牙(きば)がある。おに。「鬼面・百鬼夜行」❸人間わざを越えたすぐれた働き。「鬼才・神出鬼没」❹残忍なもの。おに。「殺人鬼」 名付 おに・き
【鬼気】(きき) この世のものとも思われない恐ろしい気配。「―迫る演技」
【鬼哭】(きこく) 死者の魂がこの世に心残りがあってうらめしげに泣くこと。また、その泣き声。「―啾々(しゅうしゅう)」
【鬼才】(きさい) 人間のものとは思われないようなすぐれた才能。また、その才能を持った人。
【鬼子母神】(きしぼじん・きしもじん) 子宝や安産の願いをかなえるという美しい女神。もと鬼神の妻で、人の子をとって食べたが、のち、釈迦にさとされて仏教に帰依(きえ)した。訶梨帝母(かりていも)。

鬼子母神

【鬼神】㊀(きしん・きじん・おにがみ) ①目に見えない超人的な力をもつ神。「断じて行えば―(きしん)もこれを避く」②死者の霊。㊁(きじん) 荒々しい化け物。

【鬼籍】(きせき) 死者の戒名(かいみょう)や死亡年月日をしるす名簿。過去帳。「―に入る(死ぬ)」

【鬼畜】(きちく) 無慈悲で残酷な人。▽「鬼と畜生」の意。

【鬼面】(きめん) 鬼の顔。また、鬼の顔をした仮面。「―人を驚かす(見せかけで人を驚かす)」

【鬼門】(きもん) ①何事をするにも忌み避けなければならないという、北東の方角のこと。②その人にとって避けたほうがよい、相手・場所・事柄。

参考熟語 鬼灯(ほおずき)

鬼4 【魂】(14) 常用 音 **コン** 訓 **たましい・たま**
筆順 二 云 云 云 䰟 䰟 魂 魂
意味 ❶生物体に宿り、生命の原動力と考えられるもの。たま。たましい。「魂魄(こんぱく)・亡魂・霊魂・魂祭(たままつ)り」❷人間の精神。たましい。「魂胆・商魂」 名付 こん・たま
【魂胆】(こんたん) 心中でひそかに考えるたくらみ。
【魂魄】(こんぱく) 死者から抜け出した魂。霊魂。「―この世にとどまりて」
参考熟語 魂消(たまげ)る

鬼4 【魁】(14) 人名 音 カイ 訓 さきがけ・さきがける
筆順 白 由 申 鬼 鬼 鬿 魁
意味 ❶他より先に始める。さきがける。また、そのこと。さきがけ。❷首領。かしら。「首魁」❸大きくてすぐれている。「魁偉・魁奇」 名付 いさお・いさむ・かい・かしら・さきがけ・つとむ
【魁偉】(かいい) 体格や顔が人並みはずれて大きく、たくましくてりっぱなさま。「容貌(ようぼう)―」

鬼5 【魄】(15) 音 ハク 訓 たましい
意味 ❶人の精神・心。たましい。「魂魄・気魄」❷落ちぶれる。「落魄」

10画～

【魄然】(はくぜん) 外形だけあって中がうつろなさま。

鬼5 **【魃】** (15) 音 バツ 訓 ―
意味 日照り。「旱魃(かんばつ)」
魃

鬼5 **【魅】** (15) 常用 音 ミ 訓 ―
筆順 白 由 由 鬼 鬼 鬿 魅 魅
意味 ❶物の精が人の形をとって現れた化け物。「魑魅(ちみ)」❷不思議な力で人の心をひきつけ迷わす。みする。「魅力・魅惑・魅入(い)る」
【魅了】(みりょう) 人の心を引きつけて夢中にさせること。
魅

鬼8 **【魏】** (18) 印標 音 ギ 訓 ―
意味 古代中国の国の名。ぎ。
魏

鬼8 **【魍】** (18) 音 モウ 訓 ―
意味 山や川にいるといわれる精。すだま。「魍魎(もうりょう)」
【魍魎】(もうりょう) ①山・川などに住む化け物。「魑魅(ちみ)―」②水の神。
魍

鬼8 **【魎】** (18) 音 リョウ 訓 ―
意味 山・川・木・石の精。「魍魎(もうりょう)」
魎

鬼11 **【魑】** (21) 音 チ 訓 すだま
意味 木・石などの精。すだま。「魑魅魍魎(ちみもうりょう)(さまざまの化け物のこと)」
魑

鬼11 **【魔】** (21) 常用 音 マ 訓 ―　旧字 鬼11 魔 (21)

筆順 广 庥 麻 麻 麻 磨 魔 魔
意味 ❶不思議な力で人の心を迷わすもの。ま。「魔神・魔境・悪魔」❷人の心を迷わし乱すもの。ま。「魔法・邪魔・睡魔・魔がさす」❸趣味などの普通の程度を越した人。「収集魔」

【魔手】(ましゅ) 人を破滅におとしいれるもののこと。「―にかかる」▽「悪魔の手」の意。

【魔性】(ましょう) 悪魔のような、人を迷わせる性質。「―の女」

【魔神】(まじん) わざわいを起こす悪い神。

【魔羅】(まら) ①仏道修行のさまたげとなるもの。②陰茎。▽もと僧侶の隠語。

魔

鬼14 **【魘】** (24) 音 エン 訓 うなされる
意味 夢の中で恐ろしいものを見て、苦しそうな声を上げる。うなされる。「夢魘」
魘

魚 の部
うお・うおへん
さかなへん

魚0 **【魚】** (11) 2年 音 ギョ 訓 うお・さかな　異体 魚0 𩵋 (10)
筆順 ノ ク 个 各 角 角 魚 魚
意味 さかな。うお。「魚肉・魚雷・鮮魚・熱帯魚・魚屋(うおや・さかなや)」 名付 いお・うお・お・な
【魚心あれば水心】(うおごころあればみずごころ) 相手の出方次第で、こちらにも応じ方があるということ。▽もと「魚、心あれば」が「魚心」と一語化した。
【魚介】(ぎょかい) 魚・貝など、海産動物のこと。「―類」▽「介」は「貝」の意。
【魚腹に葬られる】(ぎょふくにほうむられる) 魚の腹の中に葬られること。▽水死することを形容することば。
参考熟語 魚籃(びく・ぎょらん) 魚籠(びく) 魚子(ななこ)
魚

魚2 **【魞】** (13) 〈国字〉 音 ― 訓 えり
意味 中にはいった魚が出られなくなるようにして、魚を捕らえる仕掛け。えり。
魞

魚4 **【魦】** (15) 音 サ 訓 いさざ
意味 淡水魚の一種。琵琶(びわ)湖の特産。いさざ。
魦

魚4 **【魳】** (15) 音 ソウ 訓 かます
意味 海水魚の一種。からだは細長い。かます。
魳

魚4 **【魹】** (15) 〈国字〉 音 ― 訓 とど
意味 あしかに似た海獣。胡獱(とど)。
魹

魚4 **【魸】** (15) 〈国字〉 音 ― 訓 なまず
意味 淡水魚の一種。鯰(なまず)。
魸

魚4 **【魴】** (15) 音 ホウ 訓 ―
意味 →魴鮄(ほうぼう)
【魴鮄】(ほうぼう) 海水魚の一種。胸びれの変形したもので歩行する。海底に住む。食用。
魴

魚4 【魯】(15) 人名 音ロ 訓—

筆順 ノ ク 彷 角 角 魚 魯 魯

意味 ❶頭の働きが鈍くて愚かである。「魯鈍」❷ロシアのこと。「日魯」❸中国の古代の国の名。ろ。

参考 ⑴❷は「露」とも書く。⑵❷は「魯西亜(ロシア)」の略から。

【魯魚の誤り】(ろぎょのあやまり) 似た文字の誤り。▽「魯」と「魚」は字形が似ていることから。

【魯鈍】(ろどん) 愚かで頭の働きが鈍いこと。愚鈍。

魚5 【鮇】(16)〈国字〉音— 訓いさざ

意味 ❶海水魚の一種。いさざ。▽シロウオの異名。❷淡水魚の一種。琵琶(ビワ)湖の特産。いさざ。

魚5 【鮖】(16)〈国字〉音— 訓かじか

意味 淡水魚の一種。清流にすむ。かじか。

参考 「かじか」はふつう「鰍」と書く。

魚5 【鮗】(16)〈国字〉音— 訓このしろ　正字 魚5 鮗(16)

意味 海水魚の一種。近海にすむ。小さいものは「こはだ」という。このしろ。

参考 「このしろ」は「鰶」とも書く。

魚5 【鮓】(16) 音サ 訓すし

意味 ❶酢飯に魚肉・野菜などを載せた食品。また、酢飯を握って形を整え、魚・貝の肉などを載せた食品。すし。❷昔、酢につけた魚肉。すし。

参考 ❶❷の「すし」は「鮨」「寿司」とも書く。

魚5 【鮎】(16) 人名 音デン 訓あゆ

筆順 ク 各 角 角 魚 魚丨 魚ト 鮎

意味 ❶清流に住む魚の一種。あゆ。「落ち鮎」❷中国で、なまずのこと。

名付 あゆ・でん

参考 ❶の「あゆ」は「年魚」「香魚」とも書く。

魚5 【鮒】(16) 印標 音フ 訓ふな

意味 淡水魚の一種。小形で、鯉(こい)に似ている。食用・釣り用。ふな。「寒鮒(かんぶな)・轍鮒(てっぷ)の急」

魚5 【鮃】(16) 音ヘイ 訓ひらめ

意味 海水魚の一種。平たく、鰈(かれい)に似た形をしている。両眼は左側にある。ひらめ。

参考 「ひらめ」は「平目」「比目魚」とも書く。

魚5 【鮑】(16) 音ホウ 訓あわび

意味 海産の巻き貝の一種。貝殻は耳形。あわび。

参考 「あわび」は「鰒」とも書く。

魚6 【鮟】(17) 音アン 訓—

意味 →鮟鱇(あんこう)

【鮟鱇】(あんこう) 深海魚の一種。口が大きい。

魚6 【鮱】(17)〈国字〉音— 訓おおぼら

意味 海水魚の一種。ぼらの、じゅうぶんに成長したもの。おおぼら。

魚6 【鮠】(17) 音ガイ 訓はい・はえ・はや

意味 ❶淡水魚の一種。鮎(あゆ)に似る。うぐい。追河(おいかわ)。はえ。はい。はや。❷中国で、なまずのこと。

魚6 【鮭】(17) 印標 音ケイ 訓さけ・しゃけ

意味 海水魚の一種。北海にすみ、秋、川をさかのぼって産卵する。しゃけ。さけ。

魚6 【鮫】(17) 印標 音コウ 訓さめ

意味 海産の軟骨魚の一種。大形のものを「ふか」という。さめ。「鮫皮(さめがわ)・鮫肌(さめはだ)」

魚6 【鮲】(17)〈国字〉音— 訓こち・まて

意味 ❶海水魚の一種。こち。❷海産の二枚貝の一種。馬刀貝(まてがい)。まて。

参考 ❶の「こち」は「鯒」とも書く。

魚6 【鮴】(17)〈国字〉音— 訓ごり

意味 ❶鰍(かじか)のこと。ごり。❷海水魚の一種。めばる。▽地名に用いる字。「鮴崎(めばるざき)」は、広島県の地名。

魚6 【鮨】(17) 印標 音シ 訓すし

意味 ❶酢飯に魚肉・野菜などを載せた食品。また、酢飯を握って形を整え、魚・貝の肉などを載せた食品。すし。「握り鮨」❷昔、酢につけた魚肉。すし。

参考 ❶❷の「すし」は「鮓」「寿司」とも書く。

魚6 【鮞】(17) 音ジ 訓はららご

意味 魚類、特に鮭(さけ)の卵の塊を塩づけにした食品。腹子(はらご)。はららご。

魚6 【鮮】(17) 常用 音セン 訓あざやか・すくない

筆順 ク ⺈ 㐆 角 魚 魚' 鮏 鮮

意味 ❶新しくてなまなましい。「鮮魚・鮮度・新鮮・生鮮」❷色・形などがはっきりしていて美しい。また、動作・やり方などが感心させられるほど巧みである。あざやか。「鮮明・鮮紅」❸少なくて乏しい。すくない。「鮮少・巧言令色、鮮(すく)なし仁」❹朝鮮のこと。名付 あきら・せん

【鮮麗】(せんれい) 色・形などがあざやかで美しいさま。

【鮮烈】(せんれつ) 印象などがあざやかで、強烈なさま。

魚6 【鮪】(17) 音ユウ 訓しび・まぐろ

意味 ❶海水魚の一種。大形で、外洋を回遊する。まぐろ。❷まぐろの、特に大きなもの。しび。

魚7 【鯏】(18) 〈国字〉 音— 訓あさり

意味 ❶二枚貝の一種。あさり。❷淡水魚の名。うぐい。▽地名に用いる字。「鯏浦(うぐいうら)」は、愛知県の地名。

参考 「あさり」はふつう「浅蜊」と書く。

魚7 【鯎】(18) 〈国字〉 音— 訓うぐい

意味 淡水魚の一種で、鮠(はや)のこと。うぐい。

参考 「うぐい」は「石斑魚」とも書く。

魚7 【鯑】(18) 〈国字〉 音— 訓かずのこ

意味 鰊(にしん)の卵を乾燥・塩づけにした食品。かずのこ。

魚7 【鯇】(18) 音カン 訓あめのうお

意味 淡水魚の一種で、やまめのこと。あめのうお。

魚7 【鯁】(18) 音コウ 訓—

意味 ❶魚の堅い骨格。❷遠慮なく述べて人にへつらわない。「鯁骨」

参考 「鯁骨」の「鯁」は「硬」に書き換える。

魚7 【鯒】(18) 〈国字〉 音— 訓こち

意味 海水魚の一種。こち。

参考 「こち」は「鮲」とも書く。

魚7 【魶】(18) 〈国字〉 音— 訓こち

意味 海水魚の一種。こち。▽地名に用いる字。「魶尾(こちお)」は、愛知県の地名。

魚7 【鯀】(18) 音コン 訓—

意味 想像上の大魚の名。鯤(こん)。

魚7 【鯊】(18) 音サ 訓はぜ

意味 魚の一種。川口に近い海にすむ。はぜ。

参考 「はぜ」は「沙魚」とも書く。

魚7 【鮹】(18) 音ショウ 訓たこ

意味 海産の軟体動物の一種。足は八本。たこ。

参考 「たこ」はふつう「蛸」「章魚」と書く。

魚7 【鯐】(18) 〈国字〉 音— 訓すばしり

意味 ぼらの幼魚で、「いな」よりも小さいもの。すばしり。

魚7 【鯆】(18) 音ホ 訓—

意味 いるか。

魚7 【𩸽】(18) 〈国字〉 音— 訓ほっけ

意味 海水魚の一種。北洋にすむ。ほっけ。

正字 魚8 【𩸽】(19)

魚7 【鯉】(18) 人名 音リ 訓こい

筆順 ク ⺈ 㐆 角 魚 魚日 鯉 鯉

意味 淡水魚の一種。食用・観賞用。こい。「鯉魚・鯉幟(こいのぼり)・真鯉(まごい)」名付 こい・り

魚8 【鯣】(19) 音エキ 訓するめ

意味 いかを割いて、かわかした食品。するめ。

魚8 【鯨】(19) 常用 音ゲイ 訓くじら

筆順 ク ⺈ 㐆 角 魚 魚亠 鯨 鯨

意味 ❶海産の哺乳(ほにゅう)動物の一種。くじら。「鯨油・鯨飲・巨鯨・捕鯨」❷鯨尺(くじらじゃく)のこと。一尺

10画〜

は曲尺(かねじゃく)の一尺二寸五分。くじら。 名付 くじら・げい

【鯨飲馬食(げいいんばしょく)】一度にたくさん飲み食いすること。▽「鯨が海水を飲むように酒を飲み、馬が餌(えさ)を食うように食べる」の意から。

【鯨波(げいは)】㊀大きな波。㊁(とき・げいは)昔、戦場などで、士気を鼓舞したり、戦勝を宣言する目的で大勢(おおぜい)の人がいっせいにあげる叫び声。ときの声。▽「とき」は「鬨」とも書く。

参考熟語 鯨波(とき・げいは)

魚8 【鯢】(19) 音ゲイ 訓—
意味 ❶両生類の一種。さんしょううお。❷雌のくじら。↕鯨(げい)(雄のくじら)。

魚8 【鯔】(19) 音シ 訓いな・ぼら　正字 魚9 鯔(20)
意味 ❶海水魚の一種。出世魚で、順に、おぼこ・いな・ぼら・とどと呼ぶ。ぼら。❷ぼらの幼魚。いな。
参考 ❶の「ぼら」は「鰡」とも書く。
【鯔背(いなせ)】勇み肌でいきなこと。またそのすがた。

魚8 【鯤】(19) 音コン 訓—
意味 想像上の大魚の名。鯀(こん)。

魚8 【鰙】(19)〈国字〉 音ジャク 訓わかさぎ　正字 魚9 鰙(20)
意味 淡水、または海水と淡水がまじりあう水域にすむ魚の一種。腹は銀白色。わかさぎ。「公魚(こうぎょ)」とも。

魚8 【鯱】(19)〈国字〉 音— 訓しゃち・しゃちほこ
意味 ❶海獣の一種。大形で、性質は凶暴。さかまた。しゃち。❷想像上の海魚の一種。頭は虎(とら)に似ていて、背にはとげがある。しゃち。しゃちほこ。「鯱立(しゃちほこだ)ち・しゃっちょこだち(逆立ち)」

鯱 ❷

魚8 【鯳】(19)〈国字〉 音— 訓すけとうだら
意味 海水魚の一種。たらより小形。卵巣の塩漬けをたらこという。すけとうだら。すけそうだら。「介党鱈」「介宗鱈」とも。

魚8 【鯖】(19) 印標 音セイ 訓さば　異体 魚8 鯖(19)
意味 海水魚の一種。さば。「鯖を読む(数をごまかす)」

魚8 【⿰魚近】(19)〈国字〉 音— 訓ちか
意味 海水魚の一種。わかさぎに似るが、やや大きい。腹は銀白色。北日本に産する。ちか。

魚8 【鯛】(19) 人名 音チョウ 訓たい　旧字 魚8 鯛(19)
筆順 ク … 魚 … 鯛
意味 海水魚の一種。多く紅色。めでたい魚とされる。食用・慶祝用。たい。「黒鯛(くろだい)・腐っても鯛」 名付 たい・ちょう

魚8 【鯲】(19)〈国字〉 音— 訓どじょう
意味 淡水魚の一種。どじょう。
参考 「どじょう」はふつう「泥鰌」と書く。

魚8 【鯰】(19)〈国字〉 音— 訓なまず
意味 淡水魚の一種。泥(どろ)の中にすむ。口に長いひげがある。なまず。「鯰髭(なまずひげ)(細長い口ひげ)」

魚8 【⿰魚長】(19)〈国字〉 音— 訓はも・きびなご
意味 ❶海水魚の一種。体はうなぎのように細長い。はも。❷海水魚の一種。体は細長い。黍魚子(きびなご)。

魚8 【鯡】(19) 音ヒ 訓にしん
意味 海水魚の一種。北洋にすむ。その卵を「かずのこ」という。食用・肥料用。にしん。
参考 「にしん」は「鰊」とも書く。

魚8 【鯥】(19) 音リク 訓むつ
意味 海水魚の一種。深海にすむ。むつ。

魚8 【鯵】▼鰺(異)

魚9 【⿰魚荒】(20)〈国字〉 音— 訓あら　正字 魚10 ⿰魚荒(21)
意味 海水魚の一種。すずきに似る。口はとがって大きい。背は灰褐色で、尾びれに黒斑がある。あら。

魚9 【鰄】(20) 音イ 訓かいらぎ

意味 鮫(さめ)の皮。刀の柄(つか)や鞘(さや)の装飾に用いられる。かいらぎ。

魚9 【鰕】(20) 音 カ 訓 えび
意味 甲殻動物の一種。水中にすむ。えび。
参考 「えび」は「蝦」「海老」とも書く。

魚9 【鰐】(20) 印標 音 ガク 訓 わに
意味 ❶爬虫(はちゅう)類の一種。熱帯の沼・川などにすむ。わに。「鰐皮(わにがわ)」❷さめのこと。わに。「鰐鮫(わにざめ)(凶暴なさめのこと)」

魚9 【鰔】(20) 音 カン 訓 ―
意味 海水魚の一種。かれい。また、たら。

魚9 【鰉】(20) 音 コウ 訓 ひがい
意味 淡水魚の一種。琵琶(びわ)湖などに産する。ひがい。
参考 明治天皇が食したことからこの字をあてた。

魚9 【鰓】(20) 印標 音 サイ 訓 えら
意味 水中動物の呼吸器。えら。「鰓蓋(えらぶた)・鰓孔(えらあな)」

魚9 【鰍】(20) 音 シュウ 訓 いなだ・かじか
意味 ❶淡水魚の一種。清流にすむ。かじか。❷ぶりの幼魚。いなだ。

魚9 【鰌】(20) 音 シュウ 訓 どじょう
意味 淡水魚の一種。小川・沼などにすむ。からだは筒形で、口ひげがある。どじょう。「泥鰌(どじょう)」

魚9 【鰆】(20) 音 シュン 訓 さわら
意味 海水魚の一種。さわら。

魚9 【鰈】(20) 音 チョウ 訓 かれい
意味 海水魚の一種。形は、ひらめに似ていて平たい。両眼は右側にある。かれい。

魚9 【鰚】(20) 〈国字〉 音 ― 訓 はらか
意味 ます、または、にべの別名。腹赤(はらか)。

魚9 【鰒】(20) 音 フク 訓 あわび・ふぐ
意味 ❶海産の巻き貝の一種。あわび。❷海水魚の一種。ふぐ。
参考 ❶の「あわび」は「鮑」とも、❷の「ふぐ」は「河豚」とも書く。

魚9 【鰘】(20) 〈国字〉 音 ― 訓 むろあじ
意味 海水魚の一種。むろあじ。からだは紡錘形で、背は青緑色。干物に利用。

魚9 【鰊】(20) 印標 音 レン 訓 にしん
意味 海水魚の一種。北洋にすむ。その卵を「かずのこ」という。食用・肥料用。にしん。
参考 「にしん」は「鯡」とも書く。

魚9 【〔鰡〕】▶鰡㊣

魚10 【鰯】(21) 人名 〈国字〉 音 ― 訓 いわし 異体 魚10 鰯(21)
筆順
意味 海水魚の一種。食用・肥料用。いわし。「真鰯(まいわし)・鰯の頭も信心から(つまらない物でも、信心の対象となればありがたく思われる)」
参考 「いわし」は「鰮」とも書く。

魚10 【鰮】(21) 音 オン 訓 いわし 異体 魚9 鰛(20)
意味 海水魚の一種、鰯(いわし)のこと。いわし。
参考 「いわし」はふつう「鰯」と書く。

魚10 【鰥】(21) 音 カン 訓 やもお
意味 妻を失った男性。やもお。「鰥寡孤独(かんかこどく)」
【鰥寡孤独(かんかこどく)】妻のない男性、夫のない女性、親のない子ども、年老いて子のない者。よるべのない者のこと。
【鰥夫(やもお・やもめ)】妻を失って独りでいる男性。男やもめ。

魚10 【鰭】(21) 音 キ 訓 ひれ
意味 魚類・鯨類の運動器官の一つ。ひれ。「背鰭(せびれ)」

魚10 【鰤】(21) 音 シ 訓 ぶり
意味 海水魚の一種。出世魚(しゅっせうお)の一つで、関東では、わかし・いなだ・わらさ・ぶり、関西では、つばす・はまち・めじろ・ぶりと名が変わる。ぶり。「寒鰤(かんぶり)」

魚10 【鰰】(21) 〈国字〉 音 — 訓 はたはた
意味 海水魚の一種。北海道・北日本の日本海側でとれる。かみなりうお。はたはた。
参考 「はたはた」は「鱩」とも書く。

魚10 【鰡】(21) 音 リュウ 訓 ぼら
意味 海水魚の一種。出世魚の一つ。ぼら。
参考 「ぼら」は「鯔」とも書く。

魚11 【⿰魚崇】(22) 〈国字〉 音 — 訓 かじか
意味 かじか。▽地名に用いる字。「⿰魚崇沢(かじかさわ)」は、秋田県の地名。

魚11 【鱇】(22) 〈国字〉 音 コウ 訓 —
意味 「鮟鱇(あんこう)」は、深海魚の一種。

魚11 【鰶】(22) 音 サイ 訓 このしろ
意味 海水魚の一種。近海にすむ。小さいのは「こはだ」という。このしろ。
参考 「このしろ」は「鮗」とも書く。

魚11 【鱆】(22) 音 ショウ 訓 —
意味 海産の軟体動物の一種。たこ。
参考 「たこ」はふつう「蛸」「章魚」と書く。

魚11 【鰺】(22) 印標 音 ソウ 訓 あじ 異体 魚8 鯵(19)
意味 海水魚の一種。あじ。「室鰺(むろあじ)」

魚11 【鱈】(22) 〈国字〉 音 — 訓 たら
意味 海水魚の一種。北洋にすむ。肉・卵は食用。また、肝臓から肝油をとる。たら。「鱈子(たらこ)・干鱈(ひだら)」
参考熟語 鱈腹(たらふく)

魚11 【鰾】(22) 音 ヒョウ 訓 ふえ
意味 魚の腹中にある浮き袋。ふえ。

魚11 【鰻】(22) 印標 音 マン 訓 うなぎ
意味 魚の一種。夏の土用の丑(うし)の日に食べる風習がある。うなぎ。「鰻登り(程度が急速に上がること)」

魚11 〔鰲〕 ▼鼇 異

魚12 【⿰魚惠】(23) 〈国字〉 音 — 訓 あおさば・さば
意味 海水魚の一種。さば。あおさば。「⿰魚惠(さば)の生き腐れ」「⿰魚惠(さば)を読む」▽「鯖」とも書く。

魚12 【鱛】(23) 〈国字〉 音 — 訓 えそ
意味 海水魚の一種。からだは細長い。口は大きく、鋭い歯がある。かまぼこの原料。えそ。

魚12 【鱚】(23) 〈国字〉 音 — 訓 きす
意味 海水魚の一種。近海の砂泥底にすむ。きす。しろぎす。

魚12 【鰹】(23) 印標 音 ケン 訓 かつお
意味 海水魚の一種。黒潮など暖流に乗って回遊する。かつお。「鰹節(かつおぶし)・初鰹(はつがつお)」

魚12 【鱏】(23) 音 ジン 訓 えい
意味 海産の軟骨魚の一種。からだは上下に平たくて菱形(ひしがた)で、尾は長い。えい。

魚12 【鱓】(23) 音 セン 訓 うつぼ・ごまめ
意味 ❶海水魚の一種。うなぎに似た形をしている。性質は凶暴。うつぼ。❷かたくちいわしを干したもの。祝儀に用いる。ごまめ。「鱓の歯軋(はぎし)り(能力の劣る者がいくら意気込んでもむだであること)」
参考熟語 鱓魚(うつぼ)

魚12 【鱒】(23) 人名 音 ソン 訓 ます 異体 魚12 鱒(23)
筆順

意味 海水魚の一種。鮭(さけ)に似た形で、北の海にすむ。産卵期には川をさかのぼる。ます。「養鱒」 名付 ます

魚12 【⿰魚歯】(23) 〈国字〉 音 — 訓 まぐろ・しび
意味 海水魚の一種。まぐろ。しび。

魚13 【鱫】(24) 〈国字〉 音 アイ 訓 —
意味 「鱫鱜(あいきょう)」は、越年した鮎(あゆ)。また、子持ちの鮎を酢漬けにして干した食品。

魚13 【鱠】(24) 音 カイ 訓 なます
意味 ❶魚肉を細かく切り、盛り合わせたもの。❷大根・にんじんなどを細切りにしてなます。

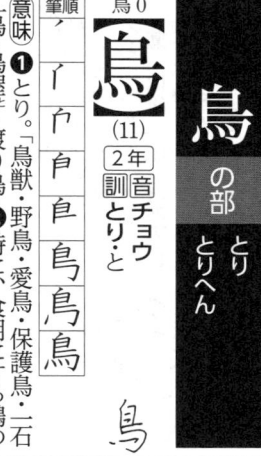

酢に浸した食品。なます。
参考「なます」は「膾」とも書く。

魚13 【鱜】(24) 〈国字〉 音キョウ 訓— 異体 魚12 鱜(23)
意味「鰀鱜(あいきょう)」は、越年した鮎(あゆ)。また、子もちの鮎を酢漬けにして干した食品。

魚13 【鱰】(24) 〈国字〉 音— 訓しいら
意味 海水魚の一種。頭部は高く大きい。背びれは長い。しいら。

魚13 【鱮】(24) 音ショ 訓たなご
意味 淡水魚の一種。小形で、ふなに似た形をしている。たなご。

魚13 【鱩】(24) 〈国字〉 音— 訓はたはた
意味 海水魚の一種。北海道・北日本の日本海側でとれる。かみなりうお。はたはた。
参考「はたはた」は「鰰」とも書く。

魚13 【鱗】(24) 人名 旧字 魚12 鱗(23)
音リン 訓うろくず・うろこ・こけら
筆順 魚 魚' 魚'' 魚米 鮗 鱗 鱗 鱗
意味 ❶うろこ。うろくず。こけら。「鱗粉・魚鱗・逆鱗(げきりん)」❷魚類のこと。うろくず。「鱗介(りんかい)」
【鱗羽】(うりん) うろこと羽。魚類と鳥類。

魚13 【鱧】(24) 音レイ 訓はも
意味 ❶海水魚の一種。からだは細長い。はも。❷東北・北陸地方で、あなごのこと。

魚15 【鱶】(26) 音ショウ 訓ふか
意味 さめの大形のもの。ふか。

魚15 【鱵】(26) 音シン 訓さより
意味 海水魚の一種。からだは細長くてやや平たく、下あごが長い。近海にすむ。さより。
参考「さより」は「針魚」とも書く。

魚15 【鱲】(26) 音リョウ 訓—
意味 →鱲子(からすみ)
【鱲子】(からすみ) ぼら・さわら・ぶりなどの卵巣を塩づけにして干した食品。酒のさかなとして食べる。

魚16 【鱸】(27) 音ロ 訓すずき
意味 海水魚の一種。出世魚(しゅっせうお)の一つで、せいご・ふっこ・すずきと名が変わる。すずき。

鳥の部 とり とりへん

鳥0 【鳥】(11) 2年 音チョウ 訓とり・と
筆順 ノ 亻 户 白 自 鳥 鳥 鳥
意味 ❶とり。「鳥獣・野鳥・愛鳥・保護鳥・一石二鳥・鳥屋(やと)・渡り鳥」❷特に、食用にする鶏のこと。とり。
名付 ちょう・とり
【鳥瞰】(ちょうかん) 空中または高い所から下を見おろすこと。「—図(高い所から地上を広く見下ろしたように描いた図・地図)」
【鳥跡】(ちょうせき) ①鳥の足跡。②文字。特に漢字。▽鳥の足跡を見て文字が作られたという中国の故事から。
【鳥屋】(やと) ①鳥を飼っておく小屋。②鳥の羽が抜け替わること。「—に就(つ)く」▽「塒」とも書く。
参考熟語 鳥渡(ちょっと)

【烏】▶火6

鳥2 【鳩】(13) 人名 音キュウ 訓はと
筆順 ノ 九 九' 九户 九白 九自 鳩 鳩
意味 ❶鳥の一種。はと。「鳩舎・伝書鳩(でんしょばと)」❷集める。「鳩合・鳩首」
名付 きゅう・はと・やす
【鳩合】(きゅうごう) 活動を始めるために人々を寄せ集めること。▽「糾合」とも書く。
【鳩首】(きゅうしゅ) 数人が集まって親しく熱心に相談すること。「幹部が—協議する」「—凝議」▽「首を集める」の意。
参考熟語 鳩尾(みぞおち・みずおち)

鳥2 【鳰】(13) 〈国字〉 音— 訓にお
意味 小形の水鳥の一種。かいつぶり。にお。「鳰鳥(におどり)(におのこと)・鳰の海(琵琶湖(びわこ)のこと)」

鳥2
【鳧】
(13) 音フ 訓けり　異体 鳥2 鳬(9)

意味 ❶渡り鳥の一種。水辺に住み、冬は南方に渡る。けり。❷物事の終わり。けり。「鳧がつく」❸文語の助動詞「けり」にあてる字。けり。

鳥2
【[鳫]】▸雁 異

鳥3
【鳶】
(14) 人名 音エン 訓とび・とんび

筆順 一 弋 … 鳶

意味 ❶猛鳥の一種。輪を描きながら空中を飛ぶ。とんび。とび。「鳶色(とびいろ)」❷鳶職(とびしょく)のこと。とび。

参考 ❶の「とび」「とんび」は「鵄」とも書く。

【鳶職(とびしょく)】①建築の基礎工事や土木工事などに従事する職人。鳶(とび)。②江戸時代の消防夫。▽鳶口(とびぐち)(先に鉤のついた、木材を引き落とす消防用具)を使ったことから。

鳥3
【鳳】
(14) 人名 音ホウ 訓おおとり

筆順 几 凡 凧 … 鳳

意味 ❶想像上の鳥の一つ。聖王の世に現れるとされる。おおとり。また、特に、その雄。ほう。おおとり。「鳳凰(ほうおう)・瑞鳳(ずいほう)」❷天子に関する事物を表すことばにつけることば。「鳳輦(ほうれん)」❸相手に関する事物を表すことばにつけることば。「鳳声」❹大形の鳥。おおとり。名付 おおとり・たか・ほう

参考 (1)❶の雄のおおとりに対し、雌のおおとりを「凰(おう)」という。(2)❹の「おおとり」は「鵬」「鴻」「大鳥」とも書く。

【鳳凰(ほうおう)】想像上の鳥の一つ。りっぱな天子の世に現れるというめでたい鳥。▽「鳳」は雄、「凰」は雌をいう。

【鳳声(ほうせい)】手紙などで、相手を尊敬してその人がしてくれる音信や伝言をいうことば。

【鳳輦(ほうれん)】屋根の上に金色の鳳凰(ほうおう)の飾りをつけた輿(こし)。昔、天皇の乗用。

鳳　凰

鳥3
【鳴】
(14) 2年 音メイ 訓なく・なる・ならす

筆順 口 … 鳴

意味 ❶鳥・獣・虫などが声を出す。なく。また、そのようにさせる。なかす。「鳴禽(めいきん)・悲鳴」❷音が出る。なく。また、音を出す。ならす。「鳴動・共鳴・鳴子(なるこ)」❸すぐれているという評判が広く知れ渡る。なる。また、そのようにする。ならす。「昔は野球で鳴らしたものだ」名付 なり・なる・めい

参考 ❶の「なく」「なかす」は「啼く」「啼かす」とも書く。

【鳴禽(めいきん)】ひばり・めじろ・うぐいすなど、鳴き声のよい小鳥のこと。

【鳴動(めいどう)】大きな物が音を立てて揺れ動くこと。「天地—」「大山—して鼠(ねずみ)一匹」

鳥4
【鴉】
(15) 印標 音ア 訓からす　異体 鳥5 鵶(16)

意味 鳥の一種。からす。「寒鴉・鵜(う)の真似(まね)をする鴉」

参考 「からす」は「烏」とも書く。

【鴉片(あへん)】麻薬の一種。けしの若い実の汁をかわかして作る茶色の粉末。

鳥4
【鴈】
(15) 音ガン 訓かり

意味 渡り鳥の一種。水鳥で、列を作って鳴きながら飛ぶ。かり。がん。

参考 「がん」「かり」は「雁」とも書く。

鳥4
【鴃】
(15) 音ゲキ 訓もず

意味 野鳥の一種。秋、人家近くに現れ、鋭い声で鳴く。もず。「鴃舌」

参考 「もず」はふつう「百舌」「鵙」と書く。

鳥4
【鴆】
(15) 音チン 訓—

意味 鳥の名。毒鳥で、その羽を浸した酒を飲むと死ぬという。ちん。「鴆毒・鴆酒」

鳥4
【鴇】
(15) 音ホウ 訓とき

意味 ❶鳥の一種。鷺(さぎ)に似た形で、羽は淡紅色で美しい。天然記念物。とき。「鴇色(ときいろ)」❷鴇色のこと。とき。

参考 「とき」は「鴾」「朱鷺」とも書く。

鳥4
【[鴎]】▸鷗 異

鳥5 【鴪】(16) 音イツ 訓―　正字 鳥5 鴥(16)
意味 鳥が速く飛ぶさま。
鴪

鳥5 【鴛】(16) 音エン 訓―
意味 →鴛鴦(えんおう)
【鴛鴦】(おしどり・おし・えんおう) 水鳥の一種。雌雄が常にいっしょにいると信じられている。「―夫婦(おしどりふうふ)」「―(えんおう)の契りを結ぶ（夫婦になる）」▽仲のよい夫婦にたとえることもある。「鴛」は雄、「鴦」は雌という。
鴛

鳥5 【鴨】(16) 人名 音オウ 訓かも
筆順 日 甲 … 鴨 鴨
意味 水鳥の一種。渡り鳥。かも。「野鴨(のがも)・家鴨(あひる)」 名付 かも・まさ
【鴨居】(かもい) 引き戸や障子などを立てる、上に渡した横木。
参考熟語 鴨脚樹(いちょう)
鴨

鳥5 【鴦】(16) 音オウ 訓―
意味 「鴛鴦(えんおう・おし・おしどり)」は、水鳥の一種。
鴦

鳥5 【鴣】(16) 音コ 訓―
意味 「鷓鴣(しゃこ)」は、鳥の一種。やまうずら。
鴣

鳥5 【鴟】(16) 音シ 訓とび・とんび
意味 ❶猛鳥の一種。とんび。とび。「鴟尾(しび)」❷鳥の一種。夜行性。ふくろう。
参考 ❶の「とび」「とんび」はふつう「鳶」と書く。❷の「ふくろう」はふつう「梟」と書く。
【鴟梟】(しきょう) ①ふくろう。②凶悪な人のたとえ。
【鴟尾】(しび) 宮殿・仏殿などの棟(むね)の両端にとりつける、鳥や魚の尾をあげた形のかざり。しゃちほこ。沓形(くつがた)。
鴟

鳥5 【鴫】(16)〈国字〉 音― 訓しぎ
意味 渡り鳥の一種。くちばしと足が長い。水辺にすむ。しぎ。「鴫焼き」
参考 「しぎ」は「鷸」とも書く。
鴫

鳥5 【鴕】(16) 音ダ 訓―
意味 鳥の一種。だちょう。「鴕鳥」
鴕

鳥5 【鴒】(16) 音レイ 訓―
意味 「鶺鴒(せきれい)」は、小鳥の一種。
鴒

鳥5 〔鴉〕▸鴉(異)　鳥5 〔鴬〕▸鶯(異)

鳥6 【鵈】(17)〈国字〉 音― 訓うそ
意味 うそ。▽人名・地名に用いる字。「鵈張(うそばり)」は、福島県の地名。
鵈

鳥6 【鴻】(17) 人名 音コウ 訓おおとり・ひしくい
筆順 氵 江 … 鴻 鴻
意味 ❶水鳥の一種。かもに似た形で、大形。渡り鳥の一つ。おおとり。ひしくい。「鴻毛」❷規模が大きくて盛んである。「鴻恩・鴻業・鴻図」❸大形の鳥のこと。おおとり。 名付 おおとり・こう・とき・ひろ・ひろし
参考 ❸の「おおとり」は「鳳」「鵬」「大鳥」とも書く。
【鴻恩】(こうおん) 目上の人から受けた大きな恩。▽「洪恩」とも書く。
【鴻鵠の志】(こうこくのこころざし) 壮大な志。
【鴻毛】(こうもう) 鴻(ひしくい)の、軽い羽毛。「死は―より軽し」
鴻

鳥6 【鵁】(17) 音コウ 訓―
意味 鳥の一種。鷺(さぎ)の仲間。
鵁

鳥6 【鴿】(17) 音コウ 訓どばと・はと
意味 神社・寺などで放し飼いにしている家鳩(いえばと)のこと。はと。どばと。
参考 「どばと」は「土鳩」とも書く。
鴿

鳥6 【鵄】(17) 音シ 訓とび・とんび
意味 猛鳥の一種。とんび。とび。「金鵄(きんし)」
参考 「とび」「とんび」はふつう「鳶」と書く。
鵄

鳥6 【鵆】(17)〈国字〉 音― 訓ちどり
意味 鳥の一種。水辺にすみ、小形。ちどり。
参考 「ちどり」はふつう「千鳥」と書く。
鵆

鳥6 【鴾】(17)〈国字〉 音― 訓とき
意味 ❶鳥の一種。さぎに似ている。背は灰色で、羽の裏はやや黄色味をおびた淡紅色。とき。「鴇」とも。❷ときの羽の裏のような色。淡紅色。ときいろ。
鴾

鳥6 【鵈】(17) 〈国字〉 音 — 訓 とび・とんび

意味 猛鳥の一種。とんび。とび。

参考 「とび」「とんび」はふつう「鳶」と書く。

鵈

鳥6 【鴾】(17) 音 ボウ 訓 とき

意味 鳥の一種。鷺（さぎ）に似た形をしていて、羽は淡紅色で美しい。天然記念物。とき。

参考 「とき」は「鴇」「朱鷺」とも書く。

鴾

鳥7 【鵤】(18) 〈国字〉 音 — 訓 いかる・いかるが

意味 野鳥の一種。雀（すずめ）よりやや大形で、くちばしが太くて黄色い。三光鳥。いかるが。いかる。

参考 「いかる」「いかるが」は「斑鳩」とも書く。

鵤

鳥7 【鵝】(18) 音 ガ 訓 — 異体 鳥7 鵞(18)

意味 がちょうのこと。大形の飼い鳥。「鵝鳥」

鵞

鳥7 【鵥】(18) 〈国字〉 音 — 訓 かけす

意味 鳥の一種。はとに似ているが、少し小さい。ほかの鳥の声を聞きわけて、まねるのがうまいという。かしどり。かけす。

鵥

鳥7 【鵙】(18) 音 ゲキ 訓 もず

意味 野鳥の一種。秋、人家近くに現れ、鋭い声で鳴く。もず。

参考 「もず」は「鴃」「百舌」とも書く。

鵙

鳥7 【鵑】(18) 音 ケン 訓 —

意味 「杜鵑（とけん・ほととぎす）」は鳥の一種。

鵑

10画～

鳥7 【鵠】(18) 印標 音 コク 訓 くぐい 異体 鳥7 鵠(18)

意味 ❶白鳥のこと。くぐい。「鴻鵠（こうこく）」❷弓の的の、射るべき黒い星。「正鵠」

鵠

鳥7 【鵜】(18) 人名 音 テイ 訓 う

筆順 鵜

意味 水鳥の一種。黒色で大形。巧みに潜水して魚を捕らえる。鵜飼（うかい）いに用いる。う。「鵜匠・鵜呑（うの）み」 名付 う

【鵜匠（うしょう）】鵜を飼い慣らし、操って、漁をする人。

鵜

鳥7 【鵐】(18) 音 ブ 訓 しとど

意味 鳥の一種。ほおじろの類。しとど。

鵐

鳥8 【鶍】(19) 〈国字〉 音 — 訓 いすか

意味 渡り鳥の一種。くちばしの先端は上下に食い違っている。いすか。「鶍の嘴（はし）（物事が食い違って思いどおりにならないこと）」

鶍

鳥8 【鶎】(19) 〈国字〉 音 — 訓 きくいただき

意味 鳥の一種。頭に菊の花に似た赤黄色の羽毛がある。日本で最小の鳥。きくいただき。

鶎

鳥8 【鶏】(19) 常用 音 **ケイ** 訓 **にわとり・とり** 旧字 鳥10 鷄(21) 人名 異体 隹10 雞(18)

鶏

筆順 鶏

意味 にわとり。とり。「鶏卵・鶏鳴・養鶏」

名付 けい・とり

【鶏群の一鶴（けいぐんのいっかく）】鶏の群れの中にいる美しい一羽の鶴（つる）。▽多くの凡人の中に一人だけいるすぐれた人物にたとえる。

【鶏口となるも牛後となる勿れ（けいこうとなるもぎゅうごとなるなかれ）】大きな団体にいて支配される部下になるよりも、小さな団体でもその長となるべきであるということ。

【鶏鳴狗盗（けいめいくとう）】鶏の鳴きまねをして人をだましたり、犬のまねをして物をぬすんだりするいやしい人。▽斉の孟嘗君（もうしょうくん）の故事から。

【鶏肋（けいろく）】たいしたねうちはないが、捨てがたいもののたとえ。▽鶏肋は「にわとりのあばら骨」の意。

参考熟語 矮鶏（ちゃぼ） 鶏冠（とさか・けいかん）

鳥8 【鵼】(19) 音 コウ 訓 ぬえ

意味 ❶渡り鳥の一種。とらつぐみ。ぬえ。❷想像上の怪獣の一つ。頭は猿、胴は狸（たぬき）、足は虎（とら）、尾は蛇に似るという。ぬえ。「鵼的存在」

参考 ❶❷ともに「ぬえ」は「鵺」とも書く。

鵼

鳥8 【鵲】(19) 音 ジャク 訓 かささぎ

意味 鳥の一種。七夕（たなばた）伝説で、牽牛（けんぎゅう）・織女の二星が天の川で会うとき、翼を広げて橋として渡すといわれる。かささぎ。「烏鵲（うじゃく）・鵲の橋」

鵲

鳥8 【鶉】(19) 音 ジュン 訓 うずら
意味 鳥の一種。鶏に似た形で、小形。肉用・卵用として飼育もされる。うずら。「鶉豆(うずらまめ)」

鳥8 【鶇】(19) 音 トウ 訓 つぐみ
意味 小鳥の一種。渡り鳥で、秋に飛来する。つぐみ。

鳥8 【鵯】(19) 音 ヒ 訓 ひよどり
意味 野鳥の一種。鳴き声はやかましい。ひよどり。

鳥8 【鵡】(19) 印標 音 ム 訓 —
意味 「鸚鵡(おうむ)」は、鳥の一種。人や動物の声をまねる。

鳥8 【鵬】(19) 人名 音 ホウ 訓 おおとり 旧字 鳥8 鵬(19)
筆順 月 朋 鵬 鵬
意味 ❶想像上の鳥の一つ。巨大で、一度に九万里も飛ぶという。おおとり。「鵬程・大鵬」❷大形の鳥のこと。おおとり。名付 おおとり・とも・ほう・ゆき
参考 ❷の「おおとり」は「鳳」「鴻」「大鳥」とも書く。
【鵬程(ほうてい)】遠いはるかな道のりのこと。
【鵬翼(ほうよく)】大型の飛行機のこと。

鳥8 【鵺】(19) 音 ヤ 訓 ぬえ
意味 ❶渡り鳥の一種。とらつぐみ。ぬえ。❷想像上の怪獣の一つ。頭は猿、胴は狸(たぬき)、足は虎(とら)、尾は蛇に似るという。ぬえ。「鵺的存在」
参考 ❶❷ともに「ぬえ」は「鵼」とも書く。

鳥9 【鶚】(20) 音 ガク 訓 みさご
意味 鷹(たか)の一種。海岸にすみ、魚を捕食する。みさご。
参考 「みさご」は「雎鳩」とも書く。

鳥9 【鶤】(20) 音 コン 訓 —
意味 鶏の一種。大形。唐丸(とうまる)。

鳥9 【鶫】(20) 〈国字〉 音 — 訓 つぐみ
意味 小鳥の一種。渡り鳥で、秋に飛来する。つぐみ。
参考 「鶇(つぐみ)」に似せてつくった字。

鳥9 【鶩】(20) 音 ボク 訓 あひる
意味 飼い鳥の一種。まがもの変種で、足は短い。肉・卵とも食用。あひる。
参考 「あひる」はふつう「家鴨」と書く。

鳥10 【鶯】(21) 印標 音 オウ 訓 うぐいす 異体 鳥5 鴬(16)
意味 鳥の一種。羽は緑褐(りょくかっ)色。春の初めに「ホーホケキョ」と美しい声で鳴く。春告げ鳥。うぐいす。「春鶯・鶯色(うぐいすいろ)」

鳥10 【鶲】(21) 音 オウ 訓 ひたき
意味 鳥の一種。雄に美しいものが多い。ひたき。

鳥10 【鶴】(21) 常用 音 カク 訓 つる・たず 異体 鳥11 鶴(22) 異体 隹3 寉(11)
筆順 鶴 鶴
意味 鳥の一種。大形で、首と足が長く、翼は白い。千年も長生きするめでたい鳥とされている。たず。つる。「鶴翼・鶴亀(つるかめ)・鶴の一声(ひとこえ)(権勢のある人の一言)」名付 かく・ず・たず・つ・つる
【鶴首(かくしゅ)】人や物事を待ちわびること。「—して待つ」▽「鶴(つる)の首のように首を長くする」の意から。
【鶴翼(かくよく)】①つるの翼。②つるが翼を広げたような陣形。

鳥10 【鷁】(21) 音 ゲキ 訓 —
意味 水鳥の一種。鷺(さぎ)に似て、白い。風波に耐えてよく飛ぶことから、水難よけの鳥とされる。「竜頭鷁首(りゅうとうげきしゅ)」

鳥10 【鶻】(21) 音 コツ 訓 はやぶさ
意味 鷹(たか)の一種。はやぶさ。
参考 「はやぶさ」はふつう「隼」と書く。

鳥10 【鶸】(21) 音 ジャク 訓 ひわ
意味 ❶小鳥の一種。全身黄緑色。美しい声で鳴く。ひわ。「鶸色(ひわいろ)」❷鶸色のこと。ひわ。

鳥10 **【鶺】** (21) 音セキ 訓―
意味 →鶺鴒（せきれい）
【鶺鴒】（せきれい）小鳥の一種。水辺にすみ、長い尾を上下に動かす習性がある。いしたたき。

鳥10 **【鷆】** (21) 音テン 訓― 異体 鳥10 鷏 (21)
意味 夜行性の鳥の一種。夜鷹（よたか）。蚊吸い鳥。

鳥10 **【鷂】** (21) 音ヨウ 訓はいたか・はしたか
意味 鷹（たか）の一種。鷹狩りに用いる。はしたか。はいたか。

鳥10 ［鷄］▶鶏 旧

鳥11 **【鷗】** (22) 人名 音オウ 訓かもめ 異体 鳥4 鴎 (15) 簡慣
筆順 一 … 區 … 鷗 鷗
意味 海鳥の一種。港や河口に群れて住み、魚類を捕食。かもめ。「白鷗」名付 おう・かもめ

鳥11 **【鷙】** (22) 音シ 訓―
意味 ❶小鳥や小動物を捕らえる猛鳥。鷲（わし）・鷹（たか）など。❷荒々しい。たけだけしい。

鳥11 **【鷓】** (22) 音シャ 訓―
意味「鷓鴣（しゃこ）」は、鳥の一種。やまうずら。

鳥11 ［鶴］▶鶴 異

鳥12 **【鷸】** (23) 音イツ 訓しぎ
意味 渡り鳥の一種。くちばしと足が長い。水辺に住む。しぎ。「鷸蚌（いつぼう）」
参考「しぎ」は「鴫」とも書く。
【鷸蚌の争い】（いつぼうのあらそい）第三者に利益を奪われて、争っている両者が共倒れになる争い。▽鷸（しぎ）とどぶがいが争っている間に、両者ともに漁夫に捕らえられたという説話から。

鳥12 **【鷲】** (23) 人名 音ジュ・シュウ 訓わし
筆順 … 鷲 鷲
意味 猛鳥の一種。大形で、くちばし・つめは鋭く、性質は荒々しい。鳥獣を捕らえて食う。わし。「鷲鼻（わしばな）・鷲掴み（わしづかみ）」名付 しゅう・わし

鳥12 **【鷦】** (23) 音ショウ 訓―
意味 →鷦鷯（しょうりょう）
【鷦鷯】（しょうりょう・みそさざい）野鳥の一種。鳴き声が美しい。

鳥12 **【⿰集鳥】** (23) 〈国字〉 音― 訓とり
意味 鳥。▽歌舞伎の外題（げだい）に用いられる。

鳥12 **【鷭】** (23) 音バン 訓―
意味 鳥の一種。全体は灰黒色でくちばしが赤い。湖沼・水田などにすみ、泳ぎがうまい。ばん。

鳥12 **【鷯】** (23) 音リョウ 訓―
意味「鷦鷯（しょうりょう・みそさざい）」は、野鳥の一種。

鳥13 **【鷽】** (24) 音ガク 訓うそ
意味 小鳥の一種。鳴き声が美しい。うそ。

鳥13 **【鷿】** (24) 音ヘキ 訓― 異体 鳥13 鸊 (24)
意味 →鷿鷉（へきてい）
【鷿鷉】（かいつぶり・へきてい）水鳥の一種。湖沼にすみ、潜水して魚などを捕食する。浮き巣を作る。にお。

鳥13 **【鷹】** (24) 人名 音ヨウ・オウ 訓たか
筆順 广 … 鷹
意味 猛鳥の一種。くちばしとつめが鋭く、鳥獣を襲って捕食する。飼育してたか狩りに用いる。たか。「鷹揚（おうよう）・鷹狩（たかがり）」名付 おう・たか・よう
【鷹揚】（おうよう）小さいことにこだわらず、おっとりとしているさま。▽「大様（おおよう）」ともいう。「―に構える」
【鷹匠】（たかじょう）江戸時代、たかを飼いならしてたか狩りに従った役。たか飼い。たかつかい。

鳥13 **【鷺】** (24) 人名 音ロ 訓さぎ
筆順 … 路 … 鷺 鷺
意味 鳥の一種。鶴（つる）に似た形をしていてやや小さい。水辺にすむ。さぎ。「烏鷺（うろ）・白鷺（しらさぎ）」

鳥17 **【鸚】** (28) 印標 音イン・オウ 訓―

意味 ❶→鸚鵡 ❷→鸚哥

【鸚哥】 鸚鵡科のうち、毛冠がなくて尾が長く、色彩の美しい鳥のこと。人のことばをまねるものもある。飼い鳥とする。

【鸚鵡】 鳥の一種。頭に毛冠があり、尾は短い。人や動物の声をまねる。飼い鳥とされる。熱帯原産。「—返し」

鳥17 【鸛】(28) 音 カン 訓 こうのとり 正字 鳥18 鸛(29)

意味 鳥の一種。鶴に似ている。天然記念物。ヨーロッパでは、赤ん坊を運んで来るという俗信がある。こうのとり。

鳥19 【鸞】(30) 印標 音 ラン 訓 —

意味 ❶想像上の鳥の一つ。羽の色は五色がまじっていて、鳴き声は音階に合うという。らん。「鸞鳥」 ❷天子の馬車や旗につける鈴。「鸞駕」

鹵の部 ろ しお

鹵0 【鹵】(11) 音 ロ 訓 しお

意味 ❶塩類。しお。また、塩分・アルカリを含んだ土地。「鹵田・鹵沢」 ❷大形の楯。「鹵簿」 ❸かすめ奪う。「鹵獲」

【鹵獲】 敵の軍用品などを奪い取ること。

鹵8 [鹸] ▼鹼 異

鹵9 【鹹】(20) 音 カン 訓 しおからい・からい

意味 ❶味として塩けが多い。からい。しおからい。 ❷塩分。「鹹水」

【鹹水】 海の、しおからい水。「—魚」

鹵13 【鹼】(24) 印標 音 ケン 訓 — 異体 鹵8 鹸(19) 簡慣

意味 植物の灰。また、灰を溶かした水のうわずみ。あく。「鹼化・石鹼」

鹵14 [鹽] ▼塩 旧

鹿の部 しか

鹿0 【鹿】(11) 4年 音 ロク 訓 しか・か・かのしし・しし

筆順 广 … 鹿

意味 獣の一種。雄には枝のように分かれた角がある。か。しし。かのしし。しか。「神鹿・逐鹿・鹿毛」 名付 か・しか・しし・ろく

【鹿毛】 馬の毛色の一種。鹿の毛のように茶褐色で、たてがみ・尾・足の下部の黒いもの。また、そのような毛色の馬。

【鹿苑】 ㊀しかを放し飼いにした庭園。㊁「鹿野苑」の略。釈迦が悟りをひらいた後、はじめて教えを説いたという所。▽インドのバラナシの北、サルナートの地といわれる。

【鹿茸】 しかの袋角。初夏に角が落ちたあと、柔らかいこぶ状の角が生えてくる。また、それを干して作った強壮剤。

【鹿野苑】 「鹿苑㊁」と同じ。

参考熟語 鹿子 鹿尾菜

鹿2 [麁] ▼麤 異

鹿5 【麈】(16) 音 シュ 訓 —

意味 大形の鹿の一種。尾で払子を作る。

鹿6 【麋】(17) 音 ビ 訓 おおじか

意味 鹿の一種。大形で、斑紋がない。おおじか。

鹿7 【麌】(18) 音 ゴ 訓 —

意味 雄の鹿。牡鹿。

鹿8 【麒】(19) 人名 音 キ 訓 —

筆順 广 … 麒

意味 →麒麟

【麒麟】 ①動物の一種。首と足とが非常に長く、背が高い。アフリカに住む。ジラフ。②中国の想像上の動物の一つ。形は鹿に似る。聖人が出て王道が行

麒麟②

われれば現れるという。▽この場合は「騏驎」とも書く。「麒」は雄、「麟」は雌という。

【麒麟児(きりんじ)】才能・技芸などが非常にすぐれていて将来が期待できる少年。

鹿8 **【麕】**(19) 音キン 訓のろ

意味 鹿(か)の一種。小形で、角がない。のろ。のろじか。

鹿8 **【麑】**(19) 音ゲイ 訓―

意味 ❶鹿(しか)の子。❷鹿児島(かごしま)のこと。「帰麑(鹿児島県に帰ること)」

鹿8 **【麗】**(19) 常用 音**レイ** 訓**うるわしい**・うららか

筆順 丽 丽 丽丽 严 麗 麗 麗 麗 麗

意味 ❶形が整っていて美しい。うるわしい。「麗人・麗句・端麗・華麗・綺麗(きれい)」❷空が晴れていて穏やかである。うららか。「麗日」❸心が晴れ晴れとしていて気分がよい。うららか。名付 あきら・かず・つぐ・よし・より・れい

【麗人(れいじん)】すっきりとした美人。「男装の―」

【麗句(れいく)】美しいことばを連ねた文句。「美辞―」

【麗姿(れいし)】美しく整った姿。

【麗質(れいしつ)】生まれつきの美しい、またはすぐれた素質。

【麗筆(れいひつ)】書画などのよく整ったきれいな筆跡。また、その筆づかい。「―をふるう」

【麗容(れいよう)】美しい姿。

【麗麗(れいれい)】わざと人目につくように派手にするさま。「―しい」「―と飾り立てる」

鹿8 **【麓】**(19) 常用 音**ロク** 訓**ふもと**

筆順 木 林 林 林 林 林 麓 麓 麓

意味 山のすそ。ふもと。「山麓・岳麓」名付 ふもと・ろく

鹿10 **【麝】**(21) 音ジャ 訓―

意味 鹿(しか)の一種。雄からは香料の麝香(じゃこう)をとる。じゃこうじか。「麝香・蘭麝(らんじゃ)」

【麝香(じゃこう)】じゃこうじかの雄の腹部の分泌器官からとった香料。強くよい香りで、香料・薬用にする。

鹿11 **【麞】**(22) 音ショウ 訓のろ

意味 鹿(か)の一種。小形で、角はない。のろじか。のろ。

鹿13 **【麟】**(24) 人名 音リン 訓― 旧字 鹿12 麟(23)

筆順 广 户 声 鹿 鹿 麟 麟 麟

意味 「麒麟(きりん)」は、中国の想像上の動物の一つ。また、動物の一種。ジラフ。名付 りん

鹿22 **【麤】**(33) 音ソ 訓あらい 異体 鹿2 麁(13)

意味 まばらである。また、雑である。

【麤枝大葉(そしたいよう)】あらくて大きな枝と葉。細部にこだわらず、自由に筆をふるった文章のたとえ。

麥(麦)の部 むぎ・むぎへん ばくにょう

麦0 **【麦】**(7) 2年 音**バク** 訓**むぎ** 旧字 麥0 麥(11)

筆順 一 十 丰 主 声 麦 麦

意味 五穀の一つ。むぎ。「麦芽・麦秋・精麦・米麦」名付 ばく・むぎ

【麦芽(ばくが)】①麦の芽。②大麦を人工的に発芽させたもの。ビールなどの原料。モルト。

【麦秋(ばくしゅう・むぎあき)】陰暦で、四月のこと。また、一般に、麦の熟する初夏のころのこと。

【麦粒腫(ばくりゅうしゅ)】まぶたにできる小さなはれもの。ものもらい。

【麦藁(むぎわら)】麦の実をとったあとの茎(くき)。麦稈(ばっかん)。

参考熟語 麦酒(ビール・ばくしゅ)

麦4 **【麩】**(15) 音フ 訓ふすま 異体 麦4 麸(11) 異体 麦5 麬(16)

意味 ❶小麦を粉にするときに出る、皮のかす。ふ。ふすま。❷小麦粉の中の蛋白質(たんぱくしつ)で作った食品。ふ。

麦4 【麪】▶麺 異

10画～

麦5 【麭】(16) 音ホウ 訓―

意味 粉を練ってふかした食べ物。

麦8 【麴】(19) 印標 異体 麦8 麹(15) 簡慣

音キク 訓こうじ

意味 米・麦などを蒸して麴菌(こうじきん)を繁殖させたもの。酒・味噌(みそ)などの原料。こうじ。「糟麴(そうきく)・米麴」

参考 「こうじ」は「糀」とも書く。

麦9 【麺】(16) 常用 音メン 訓― 旧字 麥9 麵(20) 異体 麦4 麪(15)

筆順 一 十 主 麦 麪 麺 麺 麺

意味 ❶小麦粉のこと。❷小麦粉・そば粉などを練ってひも状にした食品。うどん・そばの類。めん。「麺類・索麺(そうめん)」

参考熟語 麺麭(パン)

麻（麻）の部 あさ あさかんむり

麻0 【麻】(11) 常用 音マ 訓あさ・お 旧字 麻0 麻(11)

筆順 丶 亠 广 广 庁 床 床 麻

意味 ❶草の一種。茎の繊維から糸を作る。お。あさ。また、その繊維から作った糸、またはその糸で織った布。あさ。「麻布(まふ・あさぬの)・快刀乱麻を断つ（あざやかに処理することのたとえ）」❷あさの類。「亜麻・胡麻(ごま)」❸しびれる。「麻痺(まひ)・麻酔・麻薬」 名付 あさ・お・ぬさ・ま

参考 ❸の意味では「痲」とも書く。

【麻酔】(ますい) 針や薬の作用で、一時的に、からだの全身、または一部の知覚を失わせること。「局所―」

【麻痺】(まひ) ①しびれて感覚を失うこと。「心臓―」②働きが鈍くなったり止まったりすること。「良心が―する」▽「痲痺」とも書く。

参考熟語 麻疹(はしか・ましん) 麻雀(マージャン)

麻3 【麼】(14) 音マ・モ 訓― 異体 麻3 麽(14)

意味 疑問や指示を表すことば。「什麼生(そもさん)（いかに）」

麻4 【麾】(15) 音キ 訓―

意味 大将が指揮に用いる旗。「麾下」

【麾下】(きか) 大将の指揮に従って行動する兵隊。▽「大将の旗のもと」の意。「旗下」とも書く。

麻7 【麿】(18) 人名 〈国字〉 音― 訓まろ 旧字 麻7 麿(18)

筆順 亠 广 床 麻 麿 麿 麿 麿

意味 昔使われた、自分をさし示すことば。また、男性の名前に使う字。まろ。 名付 まろ

参考 「まろ」は「麻呂」とも書く。

黄（黄）の部 きいろ

黄0 【黄】(11) 2年 音コウ・オウ 訓き・こ 旧字 黄0 黃(12) 人名

筆順 一 艹 丗 芇 芇 苗 苗 黄

意味 色で、きいろ。き。また、そのような色である。「黄葉・黄金(おうごん・こがね)・卵黄(らんおう)・黄身(きみ)」

名付 かつみ・こう

【黄熟】(こうじゅく) 稲・麦などの実が熟して黄色くなること。

【黄銅】(おうどう) 真鍮(しんちゅう)のこと。

【黄昏】(こうこん・たそがれ) ①夕暮れ。②物事が勢いを失った終末。

【黄塵】(こうじん) 黄色の激しい土煙。「―万丈」「―にまみれる」▽世間の煩わしい俗事にたとえることもある。

【黄泉】(こうせん・よみ) 日本の神話で、死者が行くという所。あの世。「―路(よみじ)（あの世へ行く道）」

【黄土】(こうど) 中国北部の黄河流域に層をなす細かい土。

参考熟語 黄粉(きなこ) 黄蘗(きはだ・おうばく) 黄昏(たそがれ) 黄楊(つげ) 黄櫨(はぜのき・はじ) 黄葉(もみじ・こうよう)

黄13 【黌】(25) 音コウ 訓―

意味 学校。学舎。

黍の部　きび

黍0 【黍】(12) 音 ショ 訓 きび

意味 五穀の一つ。きび。「黍団子(きびだんご)」

参考 「きび」は「稷」とも書く。

黍3 【黎】(15) 人名 音 レイ 訓 くろい

筆順 禾 秒 秒 黎 黎 黎 黎 黎

意味 ❶黒い。くろい。「黎老(老人のこと)」❷その状態が及ぶころ。「黎明」 名付 たみ・れい

【黎明(れいめい)】夜明け。「近代科学の―期」▽新しい時代の始まりにたとえることもある。

黍5 【黏】▶粘 異

黍11 【黐】(23) 音 チ 訓 もち

意味 鳥などを捕らえるのに用いる、粘りけのあるもの。もち。「黐木(もちのき)・鳥黐(とりもち)」

黑(黒)の部　くろ　くろへん

黒0 【黒】(11) 2年 旧字 黑0 黑(12) 人名 音 コク 訓 くろ・くろい

筆順 丨 冂 日 甲 甲 里 里 黒

意味 ❶色の、くろ。また、くろい。くろむ。「黒色・黒白(こくびゃく)・黒板・漆黒」❷くろみを帯びている。くろい。「黒人・黒土」❸暗い。「黒夜・暗黒」

名付 くろ・こく

【黒死病(こくしびょう)】ペストのこと。

【黒白(こくびゃく)】①黒と白。②悪と善。また、有罪と無罪。「―を争う(相手と対決して、物事の正邪・善悪をはっきりさせる)」

参考熟語 黒子(ほくろ・こくし・くろこ・くろご)

【墨】▶土11

黒4 【黔】(16) 音 ケン 訓 ―

意味 黒い。また、黒ずむ。

黒4 【黙】(15) 常用 旧字 黑4 默(16) 人名 音 モク 訓 だまる・だんまり・もだす

筆順 日 甲 甲 里 里 默 默 黙

意味 ❶ものをいわない。また、いうのをやめる。もだす。もくする。だまる。「黙読・黙礼・黙想・沈黙・黙(もだ)し難し・黙(もく)して語らず」❷歌舞伎(かぶき)で、無言で暗中でさぐり合うしぐさ。だんまり。

【黙殺(もくさつ)】問題とせず無視すること。▽「殺」は強めのことば。

【黙示(もくし・もくじ)】①はっきりいわずに、それとなく自分の考えを示すこと。②キリスト教で、神が人に真理をさとし示すこと。啓示(けいじ)。「―録」

【黙視(もくし)】そのことに関係しないで、発言しないまま見ていること。「―するに忍びない」

【黙然(もくぜん・もくねん)】黙ったままじっとしているさま。

【黙想(もくそう)】だまって静かに思いにふけること。黙思。「―にふける」

【黙諾(もくだく)】口に出してはいわずに承諾すること。

【黙禱(もくとう)】無言のまま目をつぶって祈ること。「―をささげる」

【黙読(もくどく)】声を出さずに読むこと。

【黙認(もくにん)】特にとがめたりせず、見のがすこと。

【黙秘(もくひ)】黙ったままで、知っていることをいわないこと。「―権」

【黙黙(もくもく)】ものをいわずに、いっしょうけんめいに行っているさま。

【黙約(もくやく)】はっきりいわないで、互いに了解し合った約束。暗黙の約束。

【黙礼(もくれい)】だまって礼をすること。「遺族に―する」

【黙過(もっか)】とがめだてせず、見のがすこと。「―することのできない行為」

【黙契(もっけい)】表向きには話し合わないで、互いに認め合った約束。暗黙の約束。

【黙考(もっこう)】黙って深く考えること。「沈思―」

黒5 【黒ム】(17) 〈国字〉 音 ― 訓 くろ・くろい

意味 黒。黒い。

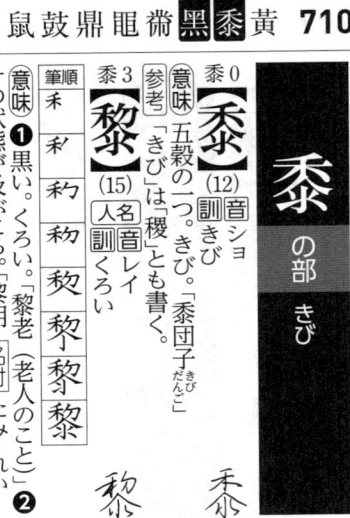

黒5 【黛】(16) 人名 旧字 黑5 黛(17) 音 タイ 訓 まゆずみ

筆順 亻 代 代 代 代 代 代 代 黛

意味 化粧品の一つ。眉(まゆ)を整えるための墨または鉛筆状のもの。眉墨(まゆずみ)。まゆずみ。「翠黛(すいたい)・粉黛(化粧。また、化粧をこらした美人。)」

名付 たい・まゆ・まゆずみ

黑5【黜】(17) 音チュツ 訓—

意味 官位を下げる。また、職をやめさせる。「黜陟(ちゅっちょく)(官位を上げ下げすること)」

黑5【黝】(17) 音ユウ 訓—

意味 ❶青黒い。❷うすぐらい。

黑5〔點〕▸点(旧)

黑6【黠】(18) 音カツ 訓—

意味 腹黒い。わるがしこい。「狡黠(こうかつ)」

黑8【黥】(20) 音ゲイ 訓—

意味 罪人の顔にいれずみをする刑罰。

黑8〔黨〕▸党(旧)

黑9【黯】(21) 音アン 訓—

意味 陰気で暗い。「黯然(暗然)」

黑11【黴】(23) 音バイ 訓かび・かびる

意味 動植物や衣類・食物などに寄生する菌類。かび。また、それがはえる。かびる。「黴菌」

【黴雨(ばいう)】六月上旬から七月上旬にかけて降る長雨。つゆの雨。つゆ。▽「梅雨」とも書く。

黑14【黶】(26) 音エン 訓—

意味 ほくろ。

黑15【黷】(27) 音トク 訓—

意味 名誉や職務を汚す。「黷職(=瀆職(とくしょく))(役人が地位を利用し、不正行為をすること)」

黹の部 ち ぬいとり

黹0【黹】(12) 音チ 訓—

意味 細かいししゅう。

黹5【黻】(17) 音フツ 訓—

意味 ❶「弓」の字を二つ背中合わせにした模様のぬいとり。❷ひざおおい。ひざかけ。

黹7【黼】(19) 音フ・ホ 訓—

意味 ししゅう。ぬいとり。また、ぬいとりをした衣服。

黽の部 おおがえる

黽0【黽】(13) 音モウ・ビン 訓—

意味 ❶大きな蛙(かえる)。❷努力する。努める。「黽勉(びんべん)」

黽11【鼇】(24) 音ゴウ 訓— 異体 魚11【鰲】(22)

意味 中国の想像上の大亀(おおがめ)。海中に住み、蓬莱(ほうらい)山を背負っているという。

黽12【鼈】(25) 音ベツ 訓すっぽん

意味 ❶亀(かめ)の一種。甲は円形で柔らかい。すっぽん。「月と鼈(物事にひどく違いがあること)」❷→鼈甲(べっこう)

【鼈甲(べっこう)】玳瑁(たいまい)(うみがめの一種)の甲羅(こうら)。櫛(くし)・笄(こうがい)など服飾品の材料とする。

鼎の部 かなえ

鼎0【鼎】(13) 人名 音テイ 訓かなえ

筆順 目 旦 早 鼎 鼎 鼎 鼎 鼎 鼎

意味 ❶昔、中国で用いられた、青銅製の深い器。三本の脚(あし)がある。祭器とされ、王位・帝業の象徴ともされた。かなえ。「鼎の軽重(けいちょう)を問う(権力者の実力を軽視・否定してその権力者に取って代わろうとする)」❷三者が向かい

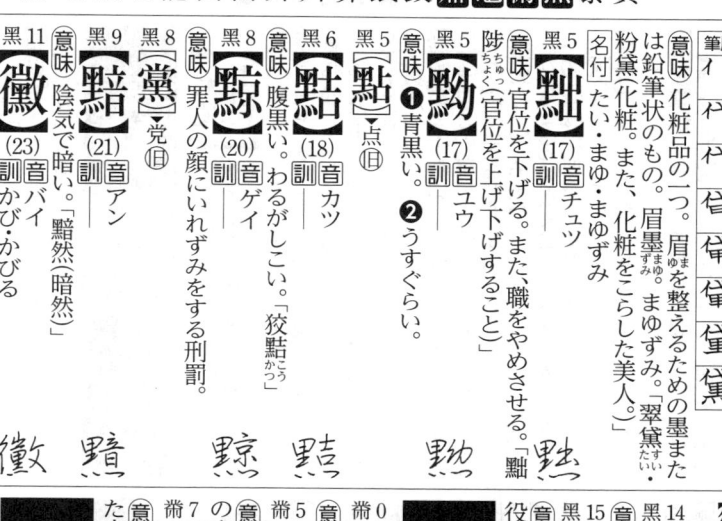

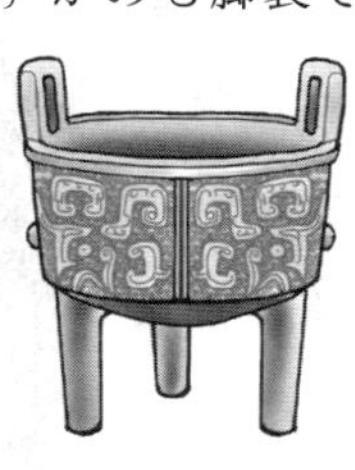

鼎 ❶

10画～

合う。「鼎立・鼎談」名付 かなえ・かね

【鼎談】(ていだん) 三人がいっしょになって話をすること。「三党首の―」

【鼎立】(ていりつ) すぐれた三つのもの、または勢力などが互いに対立し合うこと。

鼓 の部 つづみ

鼓0 【鼓】(13) 常用 音 コ 訓 つづみ　異体 皮9 皷(14)

筆順 士 吉 吉 壴 壴 壴 鼓 鼓

意味 ❶木などの胴に革(かわ)を張った打楽器。つづみ。「鼓笛・鼓動・鼓膜・太鼓」❷つづみをたたいて音を出す。また、ふるいたたせる。こする。「鼓舞・鼓腹撃壌・勇を鼓する」

【鼓吹】(こすい) ①勢いづけること。「士気を―する」②自分の意見を盛んに主張し宣伝すること。「民主主義を―する」

【鼓動】(こどう) ①活気やエネルギーにより、心や物などがふるえ動くこと。「春の―が聞こえる」②心臓が血液を送りだすために動くこと。脈打つこと。また、その音。

【鼓舞】(こぶ) 励まして奮い立たせること。「士気を―する」

【鼓腹撃壌】(こふくげきじょう) 満腹して腹つづみを打ち、喜んで地面をたたくこと。▽人民が太平の世を楽しむ様子を形容することば。

鼓5 【鼕】(18) 音 トウ 訓 ―

意味 トントンという、太鼓や鼓の音。「鼕鼕(とうとう)」

鼠 の部 ねずみ

鼠0 【鼠】(13) 印標 音 ソ 訓 ねずみ　異体 ツ5 鼡(8)

意味 ❶小動物の一種。ねずみ。「鼠算・鼠講・窮鼠・殺鼠」❷ひそかに害をなす者、またはつまらない者のたとえ。「鼠賊・鼠輩」

【鼠蹊部】(そけいぶ) 人体の、ももの付け根の部分。そけい。

鼠5 【鼬】(18) 音 ユウ 訓 いたち　正字 鼠5 鼬(18)

意味 小動物の一種。いたち。敵に会うと尻(しり)から悪臭を放って逃げる。いたち。「鼬の最後っ屁(苦しまぎれに取る非常手段のこと)」

参考熟語 鼬鼠(いたち・ゆうそ)

鼠7 【鼯】(20) 音 ゴ 訓 ―　正字 鼠7 鼯(20)

意味 むささびのこと。

参考熟語 鼯鼠(むささび・ごそ)

鼠9 【鼴】(22) 音 エン 訓 ―　正字 鼠9 鼴(22)

意味 →鼴鼠(えんそ)

【鼴鼠】(もぐら・もぐらもち・えんそ) 小動物の一種。鼠(ねずみ)に似た形で、常に地中に穴を掘って住む。

鼻（鼻）の部 はな はなへん

鼻0 【鼻】(14) 3年 音 ビ 訓 はな　旧字 鼻0 鼻(14)

筆順 白 自 畠 畠 畠 畠 畠 鼻

意味 ❶動物の、はな。「鼻孔・耳鼻・鼻濁音・鼻歌(はなうた)」❷はじめ。「鼻祖」名付 はな・び

【鼻薬】(はなぐすり) ①鼻の治療に使う薬。②ちょっとした便宜をはかってもらうための、少額のわいろ。袖の下。「―をかがせる」

【鼻祖】(びそ) その物事を最初に始めた人。元祖。「医学の―と仰がれる人」

【鼻梁】(びりょう) 鼻筋のこと。

鼻3 【鼾】(17) 音 カン 訓 いびき

意味 眠っているときに出る、いびき。「鼾声」

齊（斉）の部 せい

斉0 【斉】(8) 常用　旧字 齊0 齊(14) 人名

音 セイ 訓 ととのえる・ひとしい

筆順 丶 亠 ナ 文 文 斉 斉 斉

10画〜

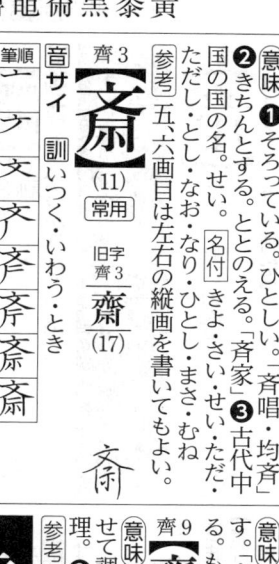

意味 ❶そろっている。ひとしい。「斉唱・均斉」❷きちんとする。ととのえる。「斉家」❸古代中国の国の名。せい。名付 きよ・さい・せい・ただ・ただし・とし・なお・なり・ひとし・まさ・むね

参考 五、六画目は左右の縦画を書いてもよい。

斉3 【斎】(11) 常用 旧字 齊3 齋(17)

音 サイ 訓 いつく・いわう・とき

筆順 亠 ナ 文 文 产 斉 斉 斎 斎

意味 ❶飲食・行為を慎み、身を清めて心を統一する、またはそうして神を祭る。いわう。いつく。「斎宮（さいぐう・いつきのみや）・斎場・潔斎」❷仏教で、心身を慎んで法事を行うこと。また、僧の午前の食事や、法事に出す食事。とき。「斎会（さいえ）・斎食（さいじき）」❸読み書きする部屋。「書斎」❹書斎の名や雅号・芸名などに付けることば。「六無斎」名付 いつ・いつき・いわい・さい・とき・ひとし・よし

参考 下部の筆順は、「示」を左右の縦画の次に書いても左右の縦画の先に書いてもよい。

【斎戒沐浴（さいかいもくよく）】神を祭るとき、または神聖な行事に従うとき、飲食・行為を慎み、また水を浴びて心身のけがれを去ること。

【斎宮（さいぐう・いつきのみや）】昔、伊勢神宮に奉仕した未婚の皇女。

【斎場（さいじょう）】①神を祭るために清めた場所。②葬式の式場。

齊7 【齎】(21) 音 セイ 訓 もたらす

意味 ❶持って来る。また、持って行く。もたらす。「吉報を齎す」❷ある状態・結果を生じさせる。もたらす。「災害を齎す」

齊9 【齏】(23) 音 セイ 訓 あえる 異体 韭10 韲(19)

意味 ❶野菜や魚を、酢・みそなどと混ぜ合わせて調理する。あえる。また、そうして作った料理。❷漬け物。

参考 ❶の「あえる」はふつう「和える」と書く。

歯（齒）の部 は はへん

歯0 【歯】(12) 3年 音 シ 訓 は・よわい 旧字 齒0 齒(15)

筆順 ト 卜 止 歨 歨 歩 歯 歯 歯

意味 ❶は。「歯牙（しが）・歯列・乳歯・義歯」❷並んだもの。また、歯の働きをするもの。は。「鋸歯（きょし）・歯車（はぐるま）」❸年齢。よわい。また、年齢を数える。よわいする。「年歯」❹仲間に入れる。よわいする。名付 し・は

【歯牙（しが）】歯のこと。「―にもかけない（全く問題にしない）」

【歯槽（しそう）】顎（あご）の骨にある、歯根のはまっている穴。「―膿漏（のうろう）（歯槽に膿（うみ）のたまる病気）」

歯2 【齔】(17) 音 シン 訓 ―

意味 ❶子どもの歯が抜けかわる。❷歯が抜けかわるころの子ども。

歯5 【齣】(20) 音 シュツ 訓 こま

意味 ❶ひとくぎり。また、一場面。こま。「芝居の一齣・人生の一齣」❷映画のフィルムの一画面。また、漫画のひとかこみ。こま。「四齣漫画」

歯5 【齟】(20) 印標 音 ソ 訓 ―

意味 ❶かむ。❷→齟齬（そご）

【齟齬（そご）】①上下の歯がかみ合わないこと。②物事がくいちがってうまく行かないこと。「―をきたす」

歯5 【齠】(20) 音 チョウ 訓 ―

意味 ❶乳歯。❷歯が抜けかわる年ごろの子ども。

歯5 【齢】(17) 常用 音 レイ 訓 とし・よわい 旧字 齒5 齡(20)

筆順 ト 止 歨 歨 歯 歯 歯 齢 齢

意味 年を経たこと。とし。よわい。「年齢・高齢・樹齢・適齢期・齢（よわい）を重ねる」名付 とし・よ・れい

参考 小学校では、「令」に書き換えることがある。「年令」

歯6 【齧】(21) 音 ケツ・ゲツ 訓 かむ・かじる 異体 口21 囓(24)

意味 上下の歯を強く合わせる、または歯車などの歯と歯がくい合う。かじる。かむ。「齧歯類」

(ねずみ・りすなど、鋭い門歯をもつ動物)」

歯6 【齦】(21) 音ギン 訓—
意味 歯茎(はぐき)。「歯齦(しぎん)」

歯7 【齬】(22) 印標 音ゴ 訓—
意味 上下の歯がくいちがう。「齟齬(そご)」

歯7 【齪】(22) 音セク・サク 訓—
意味 「齷齪(あくせく・あくさく)」は、こせこせしていて落ち着かないさま。

歯9 【齷】(24) 音アク 訓—
意味 →齷齪(あくせく・あくさく)
【齷齪】(あくせく・あくさく) こせこせしていて落ち着かないさま。▽「偓促」とも書く。

歯9 【齲】(24) 音ウ・ク 訓—
意味 歯がむしばまれる。「齲歯」

歯9 【齶】(24) 音ガク 訓—
意味 ❶歯がぶつかり合う。❷あご。

龍(竜)の部 りゅう

龍0 【竜】(10) 常用 旧字 龍0 龍(16) 人名
音リュウ・リョウ 訓たつ

筆順 亠 亠 立 产 产 音 竜

意味 ❶想像上の動物の一つ。水中に住み、天にのぼって雲を起こし雨を呼ぶという。中国ではめでたい動物とされる。りょう。りゅう。たつ。「竜神・飛竜・臥竜(がりゅう・がりょう)・画竜点睛(がりょうてんせい)」❷天子または天子に関する事物を表すことばにつけることば。「竜顔・袞竜(こんりゅう・こんりょう)」❸非常にすぐれている。「竜馬(りゅうめ)」❹将棋で、飛車の成ったもの。りゅう。名付 きみ・しげみ・たつ・とおる・りゅう・りょう

【竜虎】(りゅうこ・りょうこ) 竜と虎(とら)。ともに強くて優劣がないとされる。「—相打つ」▽優劣のつけがたいすぐれた二人の勇者にたとえる。
【竜骨】(りゅうこつ) 船底を船首から船尾へ貫く材。キール。
【竜頭】(りゅうず) 腕時計や懐中時計などのねじを巻く、小さなつまみ。
【竜頭蛇尾】(りゅうとうだび) 竜の頭と、蛇の尾。▽物事の初めは勢いが盛んであるが、終わりが振るわないことにたとえる。
【竜馬】(りゅうめ・りゅうば・りょうば) ①足が速く、たくましい、すぐれた馬。②老いてなお壮健な人のたとえ。

参考熟語 竜胆(りんどう)

龍6 【龕】(22) 音ガン 訓—
意味 神仏を安置する小箱。「龕灯(がんどう)」
【龕灯】(がんどう) ちょうちんの一種。中のろうそく立てが自由に回転するようにしたもの。前方だけを照らす。がんどうぢょうちん。

龜(亀)の部 かめ

亀0 【亀】(11) 常用 音キ 訓かめ 旧字 龜0 龜(16)

筆順 ノ ⺈ ⺈ 㐫 㐫 亀 亀 亀

意味 ❶爬虫(はちゅう)類の一種。丸くて堅い甲羅(こうら)がある。長寿の動物とされる。かめ。「亀甲(きっこう)・神亀・海亀(うみがめ)」❷かめの甲羅。占いに用いる。「亀卜(きぼく)・亀鑑」名付 かめ・き・すすむ・ながし・ひさ・ひさし

【亀鑑】(きかん) 見習うべき手本。▽「亀(かめの甲)」は吉凶を占い、「鑑(かがみ)」は美醜を映し、ともに規準となることから。
【亀裂】(きれつ) 物にできたひび割れ。ひび。「—を生ずる」▽「亀の甲の模様のように裂ける」の意。

龠の部 やく

龠0 【龠】(17) 音ヤク 訓—
意味 笛。

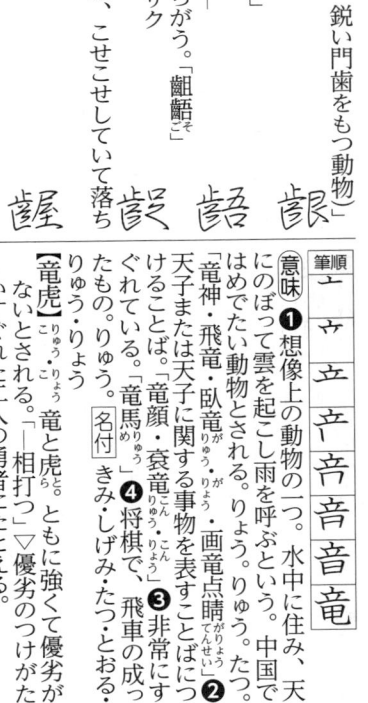

10画〜

常用漢和辞典

付録

時刻・方位 …… 716

筆順の手びき …… 717

簡体字・常用漢字対応表 …… 720

四字熟語索引 …… 727

時刻・方位

●時刻

わが国の時法には、古く定時法と不定時法の二種があった。定時法は一日を十二等分するもので、一時(ひととき)は二時間に当たる。不定時法は昼と夜をそれぞれ六等分するもので、季節により、一時の長さが異なる。これは江戸時代に広く行われていた。

●方位

三百六十度を十二等分して、それぞれに十二支を当てはめ、北を「子(ね)」、南を「午(うま)」などと呼んだ。また、北東を「艮(うしとら)」、南東を「巽(たつみ)」、南西を「坤(ひつじさる)」、北西を「乾(いぬい)」と呼んだ。陰陽道(おんみょうどう)では、艮を「鬼門」、坤を「裏鬼門」と称し、不吉な方角とした。

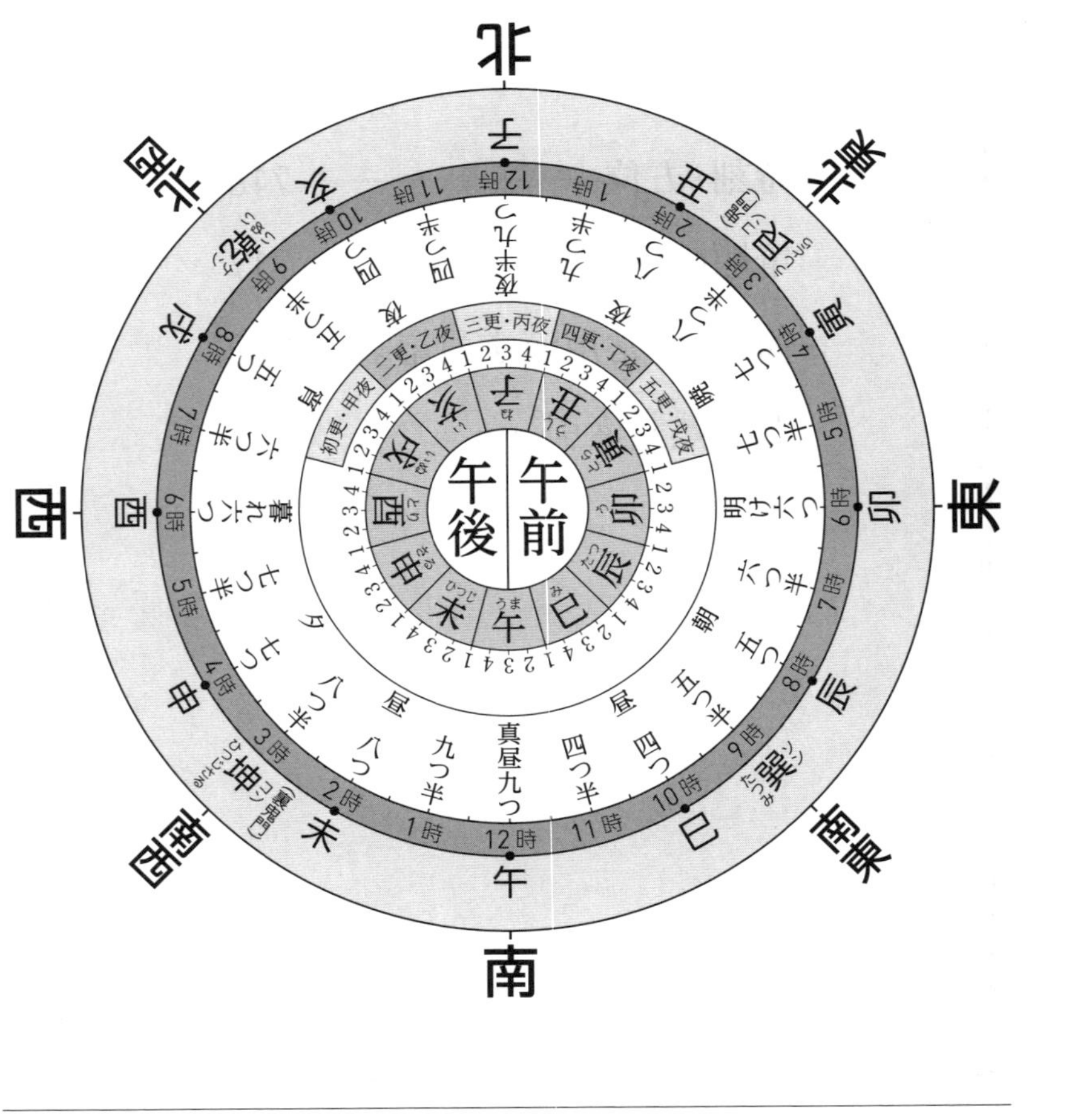

筆順の手びき

漢字の筆順には大体のきまりがあるが、一定しておらず、幾通りかの筆順が行われていることをもある。次にあげる筆順のきまりは、文部省（現文部科学省）の「筆順指導の手びき」（昭和三十三年）によってまとめたものである。（　）内の字は同じ筆順、または同じ型の筆順の例である。

前掲手びきの冒頭、「学習指導上に混乱をきたさないようにとの配慮から定められたものであって、ここに取り上げなかった筆順についても、これを誤りとするものでもなく、また否定しようとするものでもない」とあるように、筆順には様々あり、正誤の区別があるわけではない。

本文に掲載する筆順は、前掲手びきに準じるが、このほかにも書き方はあるであろうし、さらに、ペン字の行書手本においても様々な書き方があり、楷書の筆順とは全く異なる場合が多いことも付け加えておく。

1 上から下へ

上の点画・部分から下へと書く。

（例）三＝一 二 三（工・言）

喜＝士 吉 壴 喜（客・築）

2 左から右へ

左の点画・部分から右へと書く。

（例）川＝丿 〢 川（学・魚・脈）

竹＝𠂉 竹（休・語・例）

3 横画が先

横画と縦画とが交差する場合、次項の場合を除いて横画を先に書く。

（例）十＝一 十（土・寸・木・七・大）

共＝一 十 卄 𠀎 共（花・算・帯）

用＝冂 月 月 用（末・耕・夫）

4 横画が後

横画と縦画とが交差する場合、「田」と「王」、およびこれらに類した字に限って横画を後に書く。

（例1）「田」および「田」に類した字の場合

田＝冂 冂 冊 田 田（男・町・細）

由＝冂 巾 由 由（曲・角・再）

（例2）「王」および「王」に類した字の場合

王＝一 丁 干 王（玉・主・美）

進＝亻 仆 仕 隹 進（集・確・観）

生＝𠂉 牛 牛 生（麦・清・星）

寒＝宀 宀 寉 実 寒（構）

5 中が先

中と左右とがあって、左右の部分が、ほぼ同じ形で画数がそれぞれ一、二画の場合、中の部分を先に書く。

(例)小＝亅 亅 小(少・示・糸)

水＝亅 才 水(氷・永・緑・衆)

業＝" 丷 业 丵 業(赤・変)

楽＝白 泊 泊 楽(承・率)

ただし、例外として、「忄(りっしんべん)」や「火」は左→右→中の順で書く。

(例)性＝丶 ⺗ 忄 性

火＝丶 丷 火(秋・炭・焼)

6 外側が先

「囗(くにがまえ)」のように囲む形のものは外側のその囲みから書く。

(例)国＝冂 国 国 国(日・月・目)

同＝冂 冂 同(円・内・司)

付録

ただし、「匚(はこがまえ)」「匸(かくしがまえ)」の場合は「匚」→中の部分→「L」の順で書く。

(例)区＝一 ヌ 区(医)

7 左払いが先

左払いと右払いとが交差する場合は、左払いを先に書く。

(例)文＝亠 ナ 文(父・収・処)

人＝ノ 人(入・欠・金)

8 貫く縦画は最後

字全体を突き抜けて貫く縦画、または上か下かの一方にのみ突き抜けて貫く縦画は、最後に書く。

(例)中＝口 中(車・半・建)

書＝亖 聿 書(妻)

平＝亚 平(羊・拝・手)

ただし、上にも下にも突き抜けない縦画をもつ字の場合は、上部→縦画→下部の順で書く。

(例)里＝日 甲 里(重・勤)

※「菫」と「莫」の違いに注意。

謹＝訁 訁 謹

漢＝氵 氵 漢

9 貫く横画は最後

字の全体を左右に突き抜けて貫く横画は最後に書く。

(例)女＝く 女 女

母＝く 口 母 母(毎・船)

ただし、「世」だけは貫く横画を最初に書く。

世＝一 十 廾 廿 世

10 垂れが先

垂れがある場合は垂れを先に書く。

(例) 圧＝厂圧（広・病）

11

横画と左払いとが交差するとき、その先後関係には次の二つの場合がある。

(1) 横画が長くて左払いが短い字の場合は左払いを先に書く。

(例) 右＝ノナ右（有・布・希）

(2) 横画が短くて左払いが長い字の場合は横画を先に書く。

(例) 左＝一ナ左（友・在・存）

12

「にょう・にゅう」とその他の部分との先後関係には次の二つの場合がある。

(1) 先に書くにょう

走（起）　免（勉）　是（題）　久（処）

(2) 後に書くにょう

辶（近）　廴（建）　𠃊（直・置）

13

左払いとその他の部分との先後関係には二つの場合がある。

(1) 左払いを先に書く場合

(例) 九＝ノ九

及＝ノ乃及

(2) 左払いを後に書く場合

(例) 力＝フ力（刀）

万＝一丂万（方・別）

14

筆順が二通り以上あって、いずれも正しいとされている字の場合の筆順は、次のとおりである。（前掲の「筆順指導の手びき」では(イ)の筆順を採用している。）

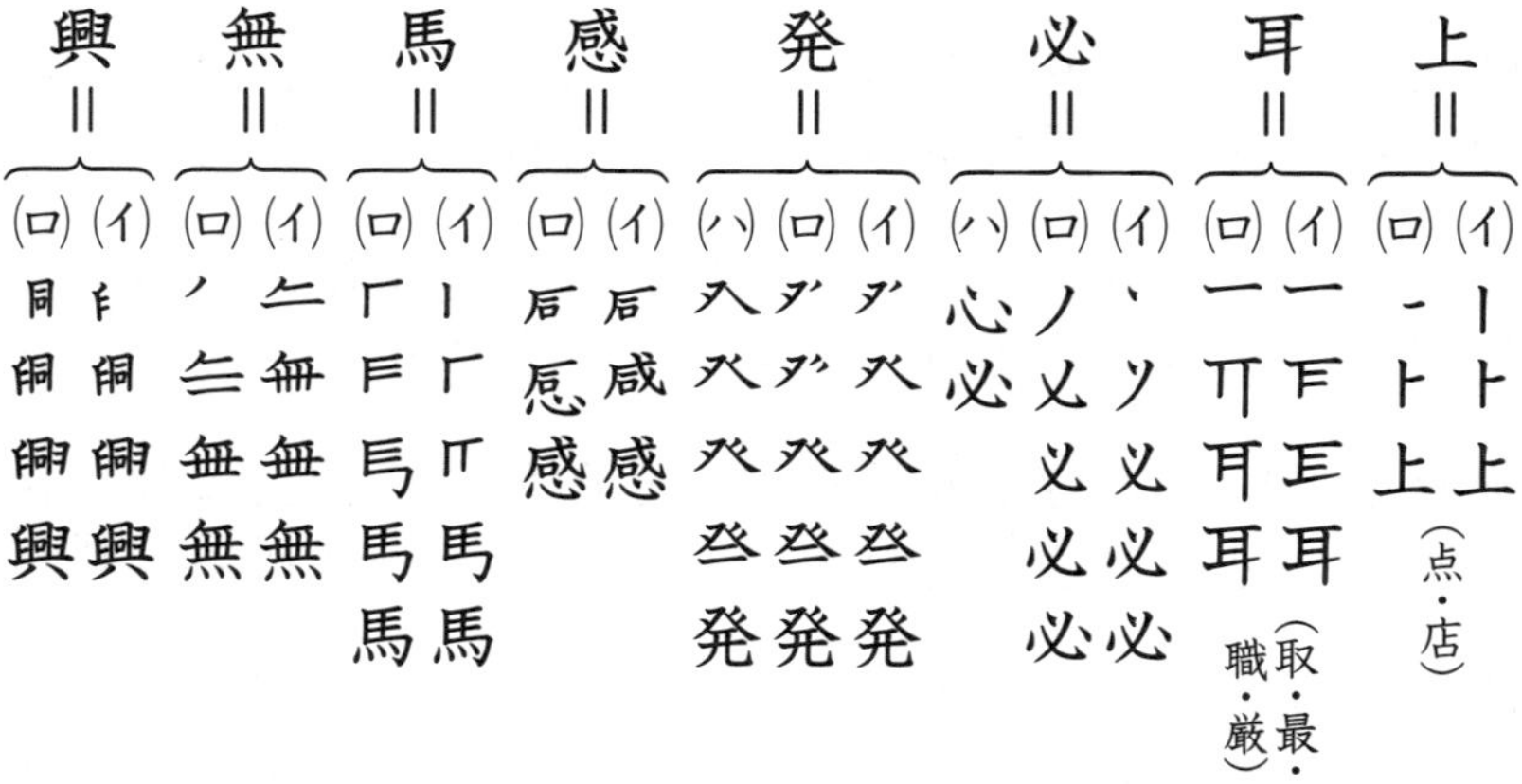

付録

簡体字・常用漢字対応表

● この表は、中国の簡体字と日本の常用漢字の対応表である。簡体字が複数の文字に対応する場合は、重複掲載せず省略した。
● 配列・画数は、原則「通用規範漢字表」に従った。①は1級字、②は2級字、③は3級字、㊀はそれ以外を表す。★は画数の数え方に注意を要する字。－は該当字なし。（ ）は許容字体を表す。

級 / 簡体字 / 常用漢字

1画 ①
乙一
乙一

2画 ①
九几儿入人八七丁十二
九幾児入人八七丁十二

3画 ①
又力刀了
又力刀了

丈大寸下才士土工　干三
丈大寸下才士土工乾干幹三

及丸凡久夕　个亿川乞千巾山口小上万与
及丸凡久夕箇個億川乞千巾山口小上万与

乡马习飞刃女卫子弓己义门亡广
郷馬習飛刃女衛子弓己義門亡広

4画 ①
王丰
王豊

区太犬不厅支五木艺★专云无元夫天　井开
区太犬不庁支五木芸専雲無元夫天丼井開

冈贝中日少止瓦切互比屯牙★巨车匹友　历
岡貝中日少止瓦切互比屯牙巨車匹友暦歴

凶今从父介反爪斤仅币化仆片仁★长　升毛气手牛午见水内
凶今従父介反爪斤僅幣化僕片仁長昇升毛気手牛午見水内

尺心冗认户订计忆　斗为火方文六勾丹风欠氏月仓公乏分
尺心冗認戸訂計憶闘斗為火方文六勾丹風欠氏月倉公乏分

幻书双劝予★以★队孔丑引
幻書双勧予以隊孔醜引

② 讣刈厄
訃刈厄

㊀ －
匂

5画 ①
正巧打击示末未刊玉
正巧打撃示末未刊玉

帅旧业凸占北东灭平龙布右石左丙可术本节古世甘去功扑
帥旧業凸占北東滅平竜布右石左丙可術本節古世甘去功撲

丘失矢生四囚凹皿叹叫兄央史只由田号电申甲叶且目旦归
丘失矢生四囚凹皿嘆叫兄央史隻由田号電申甲葉且目旦帰

玄立市主饥包务★鸟冬处外犯册句乐★印用令斥他白仪仙代付
玄立市主飢包務鳥冬処外犯冊句楽印用令斥他白儀仙代付

边皮加召奴出民尼司永记必议训礼让写讨穴宁汉头汇汁半
辺皮加召奴出民尼司永記必議訓礼譲写討穴寧漢頭彙汁半

①	6画	他	②	①	級
动刑式★邦		-	尻仕叱札	丝幼母纠矛台对圣　发	簡体字
働動刑式邦		込	尻仕叱札	糸幼母糾矛台対聖髪発	常用漢字

再吏★臣过权　机朴朽芝亚共芋耳★扬★场地扫扩执老托考吉寺
再吏臣過権机機朴朽芝亜共芋耳揚場地掃拡執老託考吉寺

吐早当光劣师贞至★邪轨成死列达灰夺夸匠存有百在压西协
吐早当光劣師貞至邪軌成死列達灰奪誇匠存有百在圧西協

伟迁竹舌★廷先朱年肉网刚则回帆岁吸因吃吊同吕团曲虫吓
偉遷竹舌廷先朱年肉網剛則回帆歳吸因喫弔同呂団曲虫嚇

舟行　后似向血自伪仿仰华伦价伤任件仲★延伐臼优伏休★传
舟行后後似向血自偽倣仰華倫価傷任件仲延伐臼優伏休伝

冰妆　冲壮色争多各名负旨旬危杂肌创伞众企兆合杀会全
氷粧衝沖壮色争多各名負旨旬危雑肌創傘衆企兆合殺会全

忙★汤池江污汗州灯米关　并羊问闭妄充决产次衣交齐庆庄
忙湯池江汚汗州灯米関併並羊問閉妄充決産次衣交斉慶荘

★阶收★阳★阵孙异导尽迅★那寻访设★农讼论许军讲安字宅守宇兴
階収陽陣孫異導尽迅那尋訪設農訟論許軍講安字宅守宇興

①	7画	他	②	
弄寿		扱	★阪伎	巡纪级约纤驮红买欢观羽戏好妃妇如★防★阴
弄寿		扱	阪伎	巡紀級約繊駄紅買歓観羽戯好妃婦如防陰

坑坟投抑均孝折赤攻贡抄走批★拒坏技坛扶运违远戒进形麦
坑墳投抑均孝折赤攻貢抄走批拒壊技壇扶運違遠戒進形麦

更求极杉村材克劳芯严芳花芽却★拟报把声块　志壳护坊抗
更求極杉村材克労芯厳芳花芽却擬報把声塊誌志殻護坊抗

★邮足围园　里县助吴时呈肖坚步轩连来还否励医丽两豆束
郵足囲園裏里県助呉時呈肖堅歩軒連来還否励医麗両豆束

作伸但佐何体兵每私秀利乱我告针财★帐别吹吟听员串困男
作伸但佐何体兵毎私秀利乱我告針財帳別吹吟聴員串困男

																								①	級
★肠	肘	肝	★邻	含	妥		谷	希	余	返	役	彻	近	佛	伺	身	伴	位	住	低	伯				簡体字
腸	肘	肝	隣	含	妥	毅	谷	希	余	返	役	徹	近	仏	伺	身	伴	位	住	低	伯				常用漢字
辛	序	冷	应	疗	库	床	况	亩	状	冻	言		系	饮	饭	迎	★岛	卵	条	角	犹	狂	★免	龟	
辛	序	冷	応	療	庫	床	況	畝	状	凍	言	系	係	飲	飯	迎	島	卵	条	角	猶	狂	免	亀	
证	良	灾	穷	究	完	快	忧	怀	沉	沟	没		泛	沃	汽	沙	汰	弟	判	间	闲	忘	冶	弃	
証	良	災	窮	究	完	快	憂	懐	沈	溝	没	汎	氾	沃	汽	沙	汰	弟	判	間	閑	忘	冶	棄	
★陈	★陆	★际	忌	★张	改	局	迟	尾	尿	层	即	灵	君	译	词	诊	诉	诈	识	社	初	补	评	启	
陳	陸	際	忌	張	改	局	遅	尾	尿	層	即	霊	君	訳	詞	診	訴	詐	識	社	初	補	評	啓	
			②																						
岐	呗	町	坂	纺	纹	纸	纷	纵	纳	纲	纯	驱	纬	★鸡	忍	努	妒	妨	姊	妖	妙	★坠	★附	★阻	
岐	唄	町	坂	紡	紋	紙	紛	縦	納	綱	純	駆	緯	鶏	忍	努	妬	妨	姉	妖	妙	墜	附	阻	
																		①							
拍	者	拐	抽	押	担	坪	拔	拓	抹	规	表	现	责	青	武	环	玩	奉	8画		妊	诏	★邸	岚	
拍	者	拐	抽	押	担	坪	抜	拓	抹	規	表	現	責	青	武	環	玩	奉			妊	詔	邸	嵐	
林	茎	直	范	英	苗	茂	若	苛	昔	苦	取	择	披	招	拙	拂	幸	拉	抱	势	拘	抵	拥	顶	
林	茎	直	範	英	苗	茂	若	苛	昔	苦	取	択	披	招	拙	払	幸	拉	抱	勢	拘	抵	擁	頂	
欧	态	奋	奇	奔	奈	矿	★郁	卖	雨	刺	事	画	丧	枕	述	杰	构	松	板	析	枚	枢	杯	枝	
欧	態	奮	奇	奔	奈	鉱	鬱	売	雨	刺	事	画	喪	枕	述	傑	構	松	板	析	枚	枢	杯	枝	
昆		果	味	具	旺	尚	贤	肾	虏	虎	卓	齿	肯	歧	叔	非	到	软	轮	斩	★转	顷	妻	殴	
昆	菓	果	味	具	旺	尚	賢	腎	虜	虎	卓	歯	肯	岐	叔	非	到	軟	輪	斬	転	頃	妻	殴	
垂	氛	迭	知		制	钓	图	贮	购	贩	败	罗	岩	岸	咏	★鸣	呼	咒	忠	固	典	易	明	国	
垂	雰	迭	知	製	制	釣	図	貯	購	販	敗	羅	岩	岸	詠	鳴	呼	呪	忠	固	典	易	明	国	
彼	往		征	质	迫	的	★卑	依	货	侧	侣	侦	版	例	使	供	岳	侍	佳	委	季	和	物	牧	
彼	往	徴	征	質	迫	的	卑	依	貨	側	侶	偵	版	例	使	供	岳	侍	佳	委	季	和	物	牧	
周		胁	服	肥	肪	股	肿	肢	★肺	肤	贫	念	贪	乳	受		采	命	刹	金		舍	所	径	
週	脇	脅	服	肥	肪	股	腫	肢	肺	膚	貧	念	貪	乳	受	采	採	命	刹	金	捨	舎	所	径	
单	卷	券	育	刻	放	盲	净	废	★郊	卒	剂	底	府	夜	店	享	京	变	饲	饱	饰	备	鱼		
単	巻	券	育	刻	放	盲	浄	廃	郊	卒	剤	底	府	夜	店	享	京	変	飼	飽	飾	備	魚	周	

級																						①
簡体字	怖	治	泽	波	沼	沸	泥	泳	泌	泣	注	泡	沿	泊	油	泪	河	法	浅	炉	炎	炊
常用漢字	怖	治	沢	波	沼	沸	泥	泳	泌	泣	注	泡	沿	泊	油	涙	河	法	浅	炉	炎	炊

簡体字	详	该	★诞	话	祈	视	诚	房	肩	诗	★郎	试	实	宛	空	官	宙	审	宜	定	宗	宝	学	怪	性
常用漢字	詳	該	誕	話	祈	視	誠	房	肩	詩	郎	試	実	宛	空	官	宙	審	宜	定	宗	宝	学	怪	性

簡体字	织	细	绅	组	练	线	参	始	姓	妹	★限	★降	★孤	承	弦	弥	★弧	屈	刷	届	居	隶	录	肃	★建
常用漢字	織	細	紳	組	練	線	参	始	姓	妹	限	降	孤	承	弦	弥	弧	屈	刷	届	居	隷	録	粛	建

級		①	9画	他													②						
簡体字	贰	契		-	驿	绀	诣	诠	祉	戾	诘	泷	劾	★疡	狙	阜	岬	昙	贯	经	绍	驻	终	驹
常用漢字	弐	契		枠	駅	紺	詣	詮	祉	戻	詰	滝	劾	瘍	狙	阜	岬	曇	貫	経	紹	駐	終	駒

簡体字	带	荐	革	甚	某	挥	指	挑	拾	括	赴	政	挟	城	项	拷	持	封	挂	拭	型	毒	珍	春	奏
常用漢字	帯	薦	革	甚	某	揮	指	挑	拾	括	赴	政	挟	城	項	拷	持	封	掛	拭	型	毒	珍	春	奏

簡体字	研	威	要	勃	树	栏	柿	柱	柳	栅	查	相	栋	柄	枯	栈	标	药	南	故	荣	荒	茶	茧	草
常用漢字	研	威	要	勃	樹	欄	柿	柱	柳	柵	査	相	棟	柄	枯	桟	標	薬	南	故	栄	荒	茶	繭	草

簡体字	昨	星	映	冒	显	是	昧	削	省	览	临	虐	点	战	背	皆	轻	轴	残	耐		面	砂	厚	厘
常用漢字	昨	星	映	冒	顕	是	昧	削	省	覧	臨	虐	点	戦	背	皆	軽	軸	残	耐	麺	面	砂	厚	厘

簡体字	牲	看	拜	卸	钢	钟	钝	幽	骨	贴	罚	峡	炭	响	勋	骂	咽	品	思	虹	界	贵	胃	畏	昭
常用漢字	牲	看	拝	卸	鋼	鐘	鈍	幽	骨	貼	罰	峡	炭	響	勲	罵	咽	品	思	虹	界	貴	胃	畏	昭

簡体字	侵	★鬼	泉	皇	信	俗	俭	侮	促	保	修	顺	贷	便	段		复	重	科	秋	种	香	秒	适	选
常用漢字	侵	鬼	泉	皇	信	俗	倹	侮	促	保	修	順	貸	便	段	複	復	重	科	秋	種	香	秒	適	選

簡体字	饵	急	怨	贸	狱	独	狭	★勉	胎	脉	胞	胜	胆	盆	食	逃	剑	叙	须	律	待	盾	俊	追	侯
常用漢字	餌	急	怨	貿	獄	独	狭	勉	胎	脈	胞	勝	胆	盆	食	逃	剣	叙	須	律	待	盾	俊	追	侯

簡体字	迷	类	送	美	★养	★差	阁	阀	闻	施	帝	音	亲	姿	疫	★庭	迹	度	亭	哀	奖	将		饼	
常用漢字	迷	類	送	美	養	差	閣	閥	聞	施	帝	音	親	姿	疫	庭	跡	度	亭	哀	奨	将	(餅)	餅	(餌)

簡体字	宣	觉	举	恨	恼	恒	津	★浓	洋	济	染	派	活	洗	测	洞	浊	洪	洁	炮	炼	总	逆	首	前
常用漢字	宣	覚	挙	恨	悩	恒	津	濃	洋	済	染	派	活	洗	測	洞	濁	洪	潔	砲	錬	総	逆	首	前

簡体字	★除	眉		逊	费	屏	昼	屋	既	退	垦	说	诱	误	祝	神	祖	语	冠	客	窃	突	宪	宫	室
常用漢字	除	眉	(遜)	遜	費	塀	昼	屋	既	退	墾	説	誘	誤	祝	神	祖	語	冠	客	窃	突	憲	宮	室

付録

級	②	①
簡体字	★郡狩笃茨垣	统绞绝络给绘结垒柔怠勇贺架怒姻★院★险
常用漢字	郡狩篤茨垣	統絞絶絡給絵結塁柔怠勇賀架怒姻院険

	①	**10画**	㊀他	③	
簡体字	捉埋盐起载振捕栽顽蚕匿素班珠泰艳耗耕		-　-　枥	拶	★陛
常用漢字	捉埋塩起載振捕栽頑蚕匿素班珠泰艶耗耕		峠畑栃	拶	陛

簡体字	样核校格桃栓桥株真恶　获荷恭耻挨恐热挚换挫逝哲★都损
常用漢字	様核校格桃栓橋株真悪穫獲荷恭恥挨恐熱摯換挫逝哲都損

簡体字	党紧监虑　致顿较顾殉殊烈逐原破础夏唇辱配酌栗速索根
常用漢字	党緊監慮緻致頓較顧殉殊烈逐原破礎夏唇辱配酌慄速索根

簡体字	积租敌乘造牺特铅铃铁钱赂贿贼圆峰罢唆唤恩蚊畔哺晓眠
常用漢字	積租敵乗造犠特鉛鈴鉄銭賂賄賊円峰罷唆喚恩蚊畔哺暁眠

簡体字	航般舰徐徒息射臭★健倍赁候倒倾俺值借债　笑笔透秘称秩
常用漢字	航般艦徐徒息射臭健倍賃候倒傾俺値借債咲笑筆透秘称秩

簡体字	脊疲斋疾病症座准席★郭高★衷衰恋凄饿留脑脏胸脂翁颁爱途
常用漢字	脊疲斎疾病症座准席郭高衷衰恋凄餓留脳臓胸脂翁頒愛途

簡体字	涉酒浦递烟烧烦兼益料粉拳★瓶★羞阅畜旅★部竞剖凉资唐离效
常用漢字	渉酒浦逓煙焼煩兼益料粉拳瓶羞閲畜旅部競剖涼資唐離効

簡体字	请案宰容宾宴宵家宽害悦悔悟涌涩浸浪润流浮浴涂海涡消
常用漢字	請案宰容賓宴宵家寛害悦悔悟湧渋浸浪潤流浮浴塗海渦消

簡体字	娘娱★陪★陷★陶★陵弱剧展恳剥谈调谁冥课祥被袖扇读诺诸朗
常用漢字	嬢娘娯陪陥陶陵弱劇展懇剝談調誰冥課祥被袖扇読諾諸朗

11画	㊀他	③	②	
簡体字	捗	酎	娠★姬冢恣玺朕胴釜俳俵俸钵桁	继验绢桑预难能通
常用漢字	捗	酎	娠姫塚恣璽朕胴釜俳俵俸鉢桁	継験絹桑預難能通

	①
簡体字	黄著勘基职掘　据探控接培教捻授推堆赦排域描措琉理球
常用漢字	黄著勘基職掘拠拠探控接培教捻授推堆赦排域描措瑠理球

簡体字	眼常堂虚雪盛袭爽戚票副曹救检梅梗梦械乾营萤菊菜萎菌
常用漢字	眼常堂虚雪盛襲爽戚票副曹救検梅梗夢械乾営蛍菊菜萎菌

付録

級	①																				
簡体字	梨	矫	银	铭	铜	圈	崇	崩	崎	崖	唯	唾	患	唱	累	蛇	略	跃	★距	晚	野	悬
常用漢字	梨	矯	銀	銘	銅	圏	崇	崩	崎	崖	唯	唾	患	唱	累	蛇	略	躍	距	晩	野	懸

★象	脱	豚	脚	领	彩	欲	斜	船	舶	盘	得	假	偏	停	偶	偿	悠	袋	敏	第	符	笛	笼	移
象	脱	豚	脚	領	彩	欲	斜	船	舶	盤	得	仮	偏	停	偶	償	悠	袋	敏	第	符	笛	籠	移

粗	粘	盖	★着	率	望	旋	族	商	章	盗	鹿	庸	康	★廊	痕	麻	庶	减	馆	祭	猛	猫	猎	★逸
粗	粘	蓋	着	率	望	旋	族	商	章	盗	鹿	庸	康	廊	痕	麻	庶	減	館	祭	猛	猫	猟	逸

寂	寄	惯	惨	惊	惧	悼	惜	情	婆	深	淡	液	渔	淫	淮	混	淑	渐	涯	添	清	兽	断	粒
寂	寄	慣	惨	驚	惧	悼	惜	情	婆	深	淡	液	漁	淫	準	混	淑	漸	涯	添	清	獣	断	粒

维	绳	骑	续	绪	绩	婚	★隐	★隆	★隅	★随	★堕	弹	尉	敢	逮		谜	祸	谐	谋	密	窑	窒	宿
維	縄	騎	続	緒	績	婚	隠	隆	隅	随	堕	弾	尉	敢	逮	(謎)	謎	禍	諧	謀	密	窯	窒	宿

					①	12画		他	③									②					
塔	堪	款	替	斑	琴		谘	堀	埼	翌	谛	谕	谒	渍	舷	笺	铳	眺	敕	巢	绿	绽	绵
塔	堪	款	替	斑	琴		諮	堀	埼	翌	諦	諭	謁	漬	舷	箋	銃	眺	勅	巣	緑	綻	綿

朝	韩	落	敬	葛	募	葬	散	欺	期	握	壹	裁	援	煮	搜	插	喜	揭	博	提	堤	超	越	搭
朝	韓	落	敬	葛	募	葬	散	欺	期	握	壱	裁	援	煮	捜	挿	喜	掲	博	提	堤	超	越	搭

辉	紫	悲	辈	雅	暂	频	雄	裂	殖	硫	确	硝	硬	惑	惠	棺	棚	椎	椅	森	植		棋	棒
輝	紫	悲	輩	雅	暫	頻	雄	裂	殖	硫	確	硝	硬	惑	恵	棺	棚	椎	椅	森	植	碁	棋	棒

锁	铺	铸	黑	赔	赐	赌	赋	帽	幅	喻	喉	喝	遗	践	景	遇	晶	喷	量	最	暑	晴	掌	赏
鎖	舗	鋳	黒	賠	賜	賭	賦	帽	幅	喩	喉	喝	遺	践	景	遇	晶	噴	量	最	暑	晴	掌	賞

腕	释	番	★艇	循	御	惩	街	奥	傍	焦	集	★傲	筋	答	筒	策	筑	等	税	程	剩	短	锐	锅
腕	釈	番	艇	循	御	懲	街	奥	傍	焦	集	傲	筋	答	筒	策	築	等	税	程	剰	短	鋭	鍋

渡	湾	滑	溃	渴	温	湿	湖	滞	港	曾	遂	道	尊	普	羡	善	童	痛	痢	痘	就	蛮	装	然
渡	湾	滑	潰	渇	温	湿	湖	滞	港	曽	遂	道	尊	普	羨	善	童	痛	痢	痘	就	蛮	装	然

婿	媒	★隙	★隔	疏	强	属	谦	谣	谢	禅	裕	雇	遍	窗	富	寒	割	慨	愉	惰	慌	愤	滋	游
婿	媒	隙	隔	疎	強	属	謙	謡	謝	禅	裕	雇	遍	窓	富	寒	割	慨	愉	惰	慌	憤	滋	遊

													①	13画	他		②						
蒸	蓄	幕	墓	蓝	靴	勤	摇	搬	携	鼓	填	摄	★魂		雰	媛	扉	缘	骚	编	缔	缓	登
蒸	蓄	幕	墓	藍	靴	勤	揺	搬	携	鼓	塡	摂	魂		雰	媛	扉	縁	騒	編	締	緩	登

																					①	級
睡	睦	鉴	龄	频	督	输	雾	零	雷	碎	★碑	感	酬	酪	赖	概	楼	想	楷	禁	献	簡体字
睡	睦	鑑	齢	頻	督	輸	霧	零	雷	砕	碑	感	酬	酪	頼	概	楼	想	楷	禁	献	常用漢字

★像	催	毁	简	愁	稚	辞	★键	锦	错	罪	置	署	嗅	蜂	遗	路	跳	照	暇		暗	盟	暖	愚
像	催	毀	簡	愁	稚	辞	鍵	錦	錯	罪	置	署	嗅	蜂	遺	路	跳	照	暇	闇	暗	盟	暖	愚

溪	滥	源	漠	满	慈	塑	煎	数	粮	誊	意	韵	新	廉	痴	解	触	猿	腾	腺	腹	腰	愈	微
渓	濫	源	漠	満	慈	塑	煎	数	糧	謄	意	韻	新	廉	痴	解	触	猿	騰	腺	腹	腰	癒	微

		②																						
锢	嗣	虞	缝	缚	叠	嫁	嫌	嫉	★障	殿	群	福	裸	谨	寝	窟	塞	誉	慎	溺	溶	滨		溯
錮	嗣	虞	縫	縛	畳	嫁	嫌	嫉	障	殿	群	福	裸	謹	寝	窟	塞	誉	慎	溺	溶	浜	(遡)	遡

																			①		㊉他		
需	愿	磁	酸	酿	酷	酵	遭	歌	榨	模	★蔽	蔑	暮	慕	摘	境	誓	璃	静	14画	働	裾	锭
需	願	磁	酸	醸	酷	酵	遭	歌	搾	模	蔽	蔑	暮	慕	摘	境	誓	璃	静		働	裾	錠

精	旗	端	彰	辣	瘦	腐	遮	豪	疑	鲜	膜	貌	★魅	鼻	僧	僚	管	算	稳	舞	锻	踊	雌	辖
精	旗	端	彰	辣	痩	腐	遮	豪	疑	鮮	膜	貌	魅	鼻	僧	僚	管	算	穏	舞	鍛	踊	雌	轄

		①					②															
撤	撮	趣	15画	嫡	塾	箸	暧	缩	熊	谱	褐	蜜	察	寡	慢	漏	演	滴	漫	漂	漆	★弊	粹
撤	撮	趣		嫡	塾	箸	曖	縮	熊	譜	褐	蜜	察	寡	慢	漏	演	滴	漫	漂	漆	弊	粋

熟	膝	德	箱	稼	稿	稻	稽	镇	墨	嘱	踪	踏	影	嘲	暴	题	震	醉	醋	敷	樱	槽	横	增
熟	膝	徳	箱	稼	稿	稲	稽	鎮	墨	嘱	踪	踏	影	嘲	暴	題	震	酔	酢	敷	桜	槽	横	増

		①									②											
薄	薪	操	16画	畿	缮	寮	憧	憬	潟	骸	颚	履	慰	★鹤	额	憎	澄	潮	潜	遵	颜	褒	摩
薄	薪	操		畿	繕	寮	憧	憬	潟	骸	顎	履	慰	鶴	額	憎	澄	潮	潜	遵	顔	褒	摩

		②																					
濑	膳	憩	避	壁	憾	激	燃	糖	辩	凝	磨	鲸	雕	膨	衡	儒	赞	镜	默	赠	器	醒	融	整
瀬	膳	憩	避	壁	憾	激	燃	糖	弁	凝	磨	鯨	彫	膨	衡	儒	賛	鏡	黙	贈	器	醒	融	整

			①				②												①		
翻	镰	覆	藤	18画	濯	臆	薰	翼	燥	爵	繁	穗	瞳	瞬	瞭	霜	礁	藏	擦	戴	17画	缲
翻	鎌	覆	藤		濯	臆	薫	翼	燥	爵	繁	穂	瞳	瞬	瞭	霜	礁	蔵	擦	戴		繰

		①				①			②				①				②		
髓	露	霸	21画	★魔	籍	壤	20画	蹴	麓	爆	簿	藻	警	19画	癖	曜	藩	璧	襟
髄	露	覇		魔	籍	壌		蹴	麓	爆	簿	藻	警		癖	曜	藩	璧	襟

①	
罐	23画
缶	

四字熟語索引

- この索引は、本辞典に収録した表現に役立つ四字熟語を五十音順に配列し、そのページを示したものである。
- 熟語見出しの解説の中で用例として示されているものは、収録しなかった。

あ行

愛別離苦（あいべつりく） 224
青息吐息（あおいきといき） 668
悪戦苦闘（あくせんくとう） 220
阿鼻叫喚（あびきょうかん） 652
蛙鳴蟬噪（あめいせんそう） 539
安心立命（あんしんりつめい） 158
暗中飛躍（あんちゅうひやく） 284
暗中模索（あんちゅうもさく） 284
唯唯諾諾（いいだくだく） 111
意気軒昂（いきけんこう） 225
意気消沈（いきしょうちん） 225
意気衝天（いきしょうてん） 225
意気投合（いきとうごう） 225
意気揚揚（いきようよう） 225
異口同音（いくどうおん） 403
以心伝心（いしんでんしん） 24
一意専心（いちいせんしん） 1
一衣帯水（いちいたいすい） 1
一言居士（いちげんこじ） 1
一言半句（いちごんはんく） 1
一日千秋（いちじつせんしゅう） 1
一汁一菜（いちじゅういっさい） 1
一部始終（いちぶしじゅう） 1
一網打尽（いちもうだじん） 1
一目瞭然（いちもくりょうぜん） 1
一陽来復（いちようらいふく） 1
一利一害（いちりいちがい） 1
一蓮托生（いちれんたくしょう） 1
一攫千金（いっかくせんきん） 1
一喜一憂（いっきいちゆう） 2
一気呵成（いっきかせい） 2
一騎当千（いっきとうせん） 2
一挙一動（いっきょいちどう） 2
一挙両得（いっきょりょうとく） 2
一刻千金（いっこくせんきん） 2
一切合切（いっさいがっさい） 2
一視同仁（いっしどうじん） 2
一瀉千里（いっしゃせんり） 2
一宿一飯（いっしゅくいっぱん） 2
一生懸命（いっしょうけんめい） 2
一触即発（いっしょくそくはつ） 2
一所懸命（いっしょけんめい） 2
一進一退（いっしんいったい） 2
一心同体（いっしんどうたい） 2
一心不乱（いっしんふらん） 2
一石二鳥（いっせきにちょう） 2
一知半解（いっちはんかい） 2
一朝一夕（いっちょういっせき） 2
一刀両断（いっとうりょうだん） 2
意馬心猿（いばしんえん） 225
韋編三絶（いへんさんぜつ） 672
意味深長（いみしんちょう） 225
倚門之望（いもんのぼう） 42
因果応報（いんがおうほう） 119
慇懃無礼（いんぎんぶれい） 227
有為転変（ういてんぺん） 289
右往左往（うおうさおう） 96
羽化登仙（うかとうせん） 488
右顧左眄（うこさべん） 96
有象無象（うぞうむぞう） 289
海千山千（うみせんやません） 344
紆余曲折（うよきょくせつ） 465
雲煙過眼（うんえんかがん） 664
雲散霧消（うんさんむしょう） 664
運否天賦（うんぷてんぷ） 616
栄枯盛衰（えいこせいすい） 299
永字八法（えいじはっぽう） 335
依怙贔屓（えこひいき） 36
会者定離（えしゃじょうり） 27
遠交近攻（えんこうきんこう） 620
円卓会議（えんたくかいぎ） 60
円転滑脱（えんてんかつだつ） 60
厭離穢土（えんりえど） 91
椀飯振舞（おうばんぶるまい） 312
岡目八目（おかめはちもく） 178
温故知新（おんこちしん） 355
音吐朗朗（おんとろうろう） 672

か行

開口一番（かいこういちばん） 648
鎧袖一触（がいしゅういっしょく） 642
外柔内剛（がいじゅうないごう） 138
街談巷説（がいだんこうせつ） 547
偕老同穴（かいろうどうけつ） 45
下学上達（かがくじょうたつ） 4
呵呵大笑（かかたいしょう） 103
格物致知（かくぶつちち） 304
臥薪嘗胆（がしんしょうたん） 558
佳人薄命（かじんはくめい） 36
花鳥風月（かちょうふうげつ） 513
隔靴搔痒（かっかそうよう） 658
活殺自在（かっさつじざい） 345
合従連衡（がっしょうれんこう） 99
我田引水（がでんいんすい） 235
唐草模様（からくさもよう） 108
画竜点睛（がりょうてんせい） 401
苛斂誅求（かれんちゅうきゅう） 515
夏炉冬扇（かろとうせん） 137
閑雲野鶴（かんうんやかく） 648
感慨無量（かんがいむりょう） 225
鰥寡孤独（かんかこどく） 699
侃侃諤諤（かんかんがくがく） 36
汗牛充棟（かんぎゅうじゅうとう） 337
換骨奪胎（かんこつだったい） 257
冠婚葬祭（かんこんそうさい） 62
寒山拾得（かんざんじっとく） 165
勧善懲悪（かんぜんちょうあく） 80
完全無欠（かんぜんむけつ） 159
官尊民卑（かんそんみんぴ） 159
歓天喜地（かんてんきち） 326
閑話休題（かんわきゅうだい） 649
気炎万丈（きえんばんじょう） 334
祇園精舎（ぎおんしょうじゃ） 433
危機一髪（ききいっぱつ） 88
奇奇怪怪（ききかいかい） 144
危急存亡（ききゅうそんぼう） 88
起死回生（きしかいせい） 593
旗幟鮮明（きしせんめい） 275
鬼子母神（きしぼじん） 694
起承転結（きしょうてんけつ） 593
喜色満面（きしょくまんめん） 111
疑心暗鬼（ぎしんあんき） 406
奇想天外（きそうてんがい） 144
気息奄奄（きそくえんえん） 334
佶屈聱牙（きっくつごうが） 36
喜怒哀楽（きどあいらく） 111
牛飲馬食（ぎゅういんばしょく） 381
旧態依然（きゅうたいいぜん） 276
急転直下（きゅうてんちょっか） 215
鏡花水月（きょうかすいげつ） 643
恐恐謹言（きょうきょうきんげん） 218
恐惶謹言（きょうこうきんげん） 218

行住坐臥（ぎょうじゅうざが） 547
教条主義（きょうじょうしゅぎ） 268
驚天動地（きょうてんどうち） 690
強迫観念（きょうはくかんねん） 201
器用貧乏（きようびんぼう） 115
虚虚実実（きょきょじつじつ） 537
曲学阿世（きょくがくあせい） 287
玉石混交（ぎょくせきこんこう） 390
挙国一致（きょこくいっち） 248
虚心坦懐（きょしんたんかい） 537
毀誉褒貶（きよほうへん） 331
金甌無欠（きんおうむけつ） 632
金科玉条（きんかぎょくじょう） 632
欣喜雀躍（きんきじゃくやく） 324
緊褌一番（きんこんいちばん） 478
金枝玉葉（きんしぎょくよう） 632
謹上再拝（きんじょうさいはい） 577
金城鉄壁（きんじょうてっぺき） 632
金城湯池（きんじょうとうち） 632
金殿玉楼（きんでんぎょくろう） 632
空前絶後（くうぜんぜつご） 444
空中楼閣（くうちゅうろうかく） 444
苦心惨憺（くしんさんたん） 515
虞美人草（ぐびじんそう） 537
九分九厘（くぶくりん） 15
群雄割拠（ぐんゆうかっきょ） 488
鯨飲馬食（げいいんばしょく） 698
軽挙妄動（けいきょもうどう） 602
軽佻浮薄（けいちょうふはく） 602
鶏鳴狗盗（けいめいくとう） 704
月下氷人（げっかひょうじん） 289
減価償却（げんかしょうきゃく） 356
牽強付会（けんきょうふかい） 383
喧喧囂囂（けんけんごうごう） 112
拳拳服膺（けんけんふくよう） 248
乾坤一擲（けんこんいってき） 16
厳正中立（げんせいちゅうりつ） 210
源泉課税（げんせんかぜい） 359
巻土重来（けんどじゅうらい） 184
捲土重来（けんどじゅうらい） 253
堅忍不抜（けんにんふばつ） 130
言文一致（げんぶんいっち） 563
権謀術策（けんぼうじゅっさく） 318
権謀術数（けんぼうじゅっすう） 318
行雲流水（こううんりゅうすい） 547
厚顔無恥（こうがんむち） 90
巧言令色（こうげんれいしょく） 183
光彩陸離（こうさいりくり） 54
曠日弥久（こうじつびきゅう） 286
広大無辺（こうだいむへん） 192
荒唐無稽（こうとうむけい） 518
光風霽月（こうふうせいげつ） 54
公平無私（こうへいむし） 58
公明正大（こうめいせいだい） 58
紅毛碧眼（こうもうへきがん） 466
合目的的（ごうもくてきてき） 100
功利主義（こうりしゅぎ） 76
行路病者（こうろびょうしゃ） 547
甲論乙駁（こうろんおつばく） 400
呉越同舟（ごえつどうしゅう） 102
国際場裏（こくさいじょうり） 121
孤軍奮闘（こぐんふんとう） 157
古今東西（ここんとうざい） 97
古今無双（ここんむそう） 97
虎視眈眈（こしたんたん） 536
後生大事（ごしょうだいじ） 205
孤城落日（こじょうらくじつ） 157
古色蒼然（こしょくそうぜん） 97
故事来歴（こじらいれき） 267
五臓六腑（ごぞうろっぷ） 18
誇大妄想（こだいもうそう） 568
刻苦勉励（こっくべんれい） 71
木端微塵（こっぱみじん） 292
小春日和（こはるびより） 171
五風十雨（ごふうじゅうう） 18
鼓腹撃壌（こふくげきじょう） 712
五里霧中（ごりむちゅう） 18
欣求浄土（ごんぐじょうど） 324
金剛不壊（こんごうふえ） 633
金剛力士（こんごうりきし） 633
言語道断（ごんごどうだん） 563

さ行

斎戒沐浴（さいかいもくよく） 713
才気煥発（さいきかんぱつ） 238
才色兼備（さいしょくけんび） 238
西方浄土（さいほうじょうど） 556
左顧右眄（さこうべん） 183
娑羅双樹（さらそうじゅ） 151
沙羅双樹（さらそうじゅ） 338
三寒四温（さんかんしおん） 4
三三九度（さんさんくど） 4
三三五五（さんさんごご） 4
山紫水明（さんしすいめい） 176
三拝九拝（さんぱいきゅうはい） 5
三百代言（さんびゃくだいげん） 5
三位一体（さんみいったい） 5
三面六臂（さんめんろっぴ） 5
尸位素餐（しいそさん） 172
四海兄弟（しかいけいてい） 118
四海同胞（しかいどうほう） 118
自学自習（じがくじしゅう） 506
四角四面（しかくしめん） 118
自画自賛（じがじさん） 506
自家撞着（じかどうちゃく） 506
時期尚早（じきしょうそう） 281
色即是空（しきそくぜくう） 512
自給自足（じきゅうじそく） 506
四苦八苦（しくはっく） 118
試行錯誤（しこうさくご） 568
自業自得（じごうじとく） 506
事後承諾（じごしょうだく） 17
時時刻刻（じじこっこく） 281
師資相承（ししそうしょう） 187
子子孫孫（ししそんそん） 155
獅子奮迅（ししふんじん） 388
自縄自縛（じじょうじばく） 506
自然淘汰（しぜんとうた） 506
時代錯誤（じだいさくご） 281
事大主義（じだいしゅぎ） 17
七転八起（しちてんはっき） 3
七転八倒（しちてんばっとう） 3
七堂伽藍（しちどうがらん） 3
四通八達（しつうはったつ） 118
十中八九（じっちゅうはっく） 83
疾風迅雷（しっぷうじんらい） 406
櫛風沐雨（しっぷうもくう） 322
四分五裂（しぶんごれつ） 118
自暴自棄（じぼうじき） 507
四面楚歌（しめんそか） 118
自問自答（じもんじとう） 507
杓子定規（しゃくしじょうぎ） 295
弱肉強食（じゃくにくきょうしょく） 200
寂光浄土（じゃっこうじょうど） 164
縦横無尽（じゅうおうむじん） 480
終始一貫（しゅうしいっかん） 470
袖手傍観（しゅうしゅぼうかん） 550
周章狼狽（しゅうしょうろうばい） 104
衆人環視（しゅうじんかんし） 546
秋霜烈日（しゅうそうれつじつ） 438
十人十色（じゅうにんといろ） 84
主客転倒（しゅかくてんとう） 12
熟読玩味（じゅくどくがんみ） 377
熟慮断行（じゅくりょだんこう） 377
取捨選択（しゅしゃせんたく） 94

衆生済度（しゅじょうさいど）546
首鼠両端（しゅそりょうたん）685
酒池肉林（しゅちにくりん）627
首尾一貫（しゅびいっかん）685
春日遅遅（しゅんじつちち）280
春風駘蕩（しゅんぷうたいとう）280
盛者必衰（しょうじゃひっすい）416
生者必滅（しょうじゃひつめつ）398
常住坐臥（じょうじゅうざが）187
情状酌量（じょうじょうしゃくりょう）223
精進潔斎（しょうじんけっさい）462
正真正銘（しょうしんしょうめい）327
小心翼翼（しょうしんよくよく）171
諸行無常（しょぎょうむじょう）573
食餌療法（しょくじりょうほう）681
白河夜船（しらかわよふね）412
支離滅裂（しりめつれつ）265
四六時中（しろくじちゅう）118
人海戦術（じんかいせんじゅつ）21
心機一転（しんきいってん）211
心悸亢進（しんきこうしん）211
人権蹂躙（じんけんじゅうりん）21
深山幽谷（しんざんゆうこく）352
人事不省（じんじふせい）22
唇歯輔車（しんしほしゃ）108
神出鬼没（しんしゅつきぼつ）434
信賞必罰（しんしょうひつばつ）40
針小棒大（しんしょうぼうだい）633
心神喪失（しんしんそうしつ）211
身体髪膚（しんたいはっぷ）599
新陳代謝（しんちんたいしゃ）273
震天動地（しんてんどうち）665
人文科学（じんぶんかがく）22
深謀遠慮（しんぼうえんりょ）353
人面獣心（じんめんじゅうしん）22
森羅万象（しんらばんしょう）311
酔生夢死（すいせいむし）628
寸善尺魔（すんぜんしゃくま）167
臍下丹田（せいかたんでん）505
晴耕雨読（せいこううどく）283
生殺与奪（せいさつよだつ）399
青天白日（せいてんはくじつ）668
清廉潔白（せいれんけっぱく）353
責任転嫁（せきにんてんか）585
是是非非（ぜぜひひ）280
切磋琢磨（せっさたくま）67
切歯扼腕（せっしやくわん）67
絶体絶命（ぜったいぜつめい）473
刹那主義（せつなしゅぎ）72
浅学非才（せんがくひさい）346
千客万来（せんきゃくばんらい）84
千軍万馬（せんぐんばんば）84
千言万語（せんげんばんご）84
前後不覚（ぜんごふかく）72
千載一遇（せんざいいちぐう）84
千差万別（せんさばんべつ）84
千思万考（せんしばんこう）84
千紫万紅（せんしばんこう）84
千姿万態（せんしばんたい）84
全身全霊（ぜんしんぜんれい）29
千辛万苦（せんしんばんく）84
戦戦恐恐（せんせんきょうきょう）236
前代未聞（ぜんだいみもん）72
全知全能（ぜんちぜんのう）29
前途有為（ぜんとゆうい）73
前途洋洋（ぜんとようよう）73
前途遼遠（ぜんとりょうえん）73
善男善女（ぜんなんぜんにょ）112
千波万波（せんぱばんぱ）84
千篇一律（せんぺんいちりつ）84
千変万化（せんぺんばんか）84
草根木皮（そうこんもくひ）519
相思相愛（そうしそうあい）419
造次顛沛（ぞうじてんぱい）612
即戦即決（そくせんそっけつ）89
速戦即決（そくせんそっけつ）612
則天去私（そくてんきょし）73
麤枝大葉（そしたいよう）708
粗製濫造（そせいらんぞう）461
率先躬行（そっせんきゅうこう）390
率先垂範（そっせんすいはん）390
尊皇攘夷（そんのうじょうい）170

た行

第一印象（だいいちいんしょう）451
第一人者（だいいちにんしゃ）451
大器晩成（たいきばんせい）140
大義名分（たいぎめいぶん）140
大言壮語（たいげんそうご）140
大死一番（たいしいちばん）140
大慈大悲（だいじだいひ）140
大所高所（たいしょこうしょ）140
泰然自若（たいぜんじじゃく）342
大同小異（だいどうしょうい）141
大日如来（だいにちにょらい）141
多岐亡羊（たきぼうよう）138
多士済済（たしせいせい）138
多事多端（たじたたん）138
多事多難（たじたなん）138
多種多様（たしゅたよう）138
多情多感（たじょうたかん）139
多情多恨（たじょうたこん）139
他力本願（たりきほんがん）25
暖衣飽食（だんいほうしょく）284
胆大心小（たんだいしんしょう）498
単刀直入（たんとうちょくにゅう）210
治外法権（ちがいほうけん）341
昼夜兼行（ちゅうやけんこう）280
朝三暮四（ちょうさんぼし）291
彫心鏤骨（ちょうしんるこつ）203
喋喋喃喃（ちょうちょうなんなん）113
丁丁発止（ちょうちょうはっし）3
長汀曲浦（ちょうていきょくほ）646
朝令暮改（ちょうれいぼかい）291
直往邁進（ちょくおうまいしん）418
直情径行（ちょくじょうけいこう）418
治乱興亡（ちらんこうぼう）341
津津浦浦（つつうらうら）346
亭主関白（ていしゅかんぱく）21
適材適所（てきざいてきしょ）621
適者生存（てきしゃせいぞん）621
敵本主義（てきほんしゅぎ）270
徹頭徹尾（てっとうてつび）209
手練手管（てれんてくだ）239
天衣無縫（てんいむほう）141
天涯孤独（てんがいこどく）141
天下無双（てんかむそう）142
天空海闊（てんくうかいかつ）142
電光石火（でんこうせっか）664
天壌無窮（てんじょうむきゅう）142
天神地祇（てんしんちぎ）142
天真爛漫（てんしんらんまん）142
天地開闢（てんちかいびゃく）142
天罰覿面（てんばつてきめん）142
天変地異（てんぺんちい）142
当意即妙（とういそくみょう）171
同工異曲（どうこういきょく）100
同床異夢（どうしょういむ）100
道聴塗説（どうちょうとせつ）618
東奔西走（とうほんせいそう）298
同盟罷業（どうめいひぎょう）100
党利党略（とうりとうりゃく）56
独断専行（どくだんせんこう）386
独立自尊（どくりつじそん）386
独立独歩（どくりつどっぽ）386

徒手空拳 としゅくうけん 206

な行

内憂外患 ないゆうがいかん 60
南無三宝 なむさんぼう 86
難行苦行 なんぎょうくぎょう 662
難攻不落 なんこうふらく 663
南船北馬 なんせんほくば 86
二者択一 にしゃたくいつ 17
二束三文 にそくさんもん 17
日常茶飯 にちじょうさはん 276
日進月歩 にっしんげっぽ 276
女人禁制 にょにんきんせい 146
二律背反 にりつはいはん 17
二六時中 にろくじちゅう 17
人三化七 にんさんばけしち 22
拈華微笑 ねんげみしょう 245
年年歳歳 ねんねんさいさい 190

は行

杯盤狼藉 はいばんろうぜき 298
廃仏毀釈 はいぶつきしゃく 195
博引旁証 はくいんぼうしょう 87
白砂青松 はくさせいしょう 412
薄志弱行 はくしじゃっこう 532
拍手喝采 はくしゅかっさい 246
博聞強記 はくぶんきょうき 87
博覧強記 はくらんきょうき 87
馬耳東風 ばじとうふう 686
破邪顕正 はじゃけんしょう 427
八面玲瓏 はちめんれいろう 57
八面六臂 はちめんろっぴ 57
抜山蓋世 ばつざんがいせい 242
八方美人 はっぽうびじん 57
抜本塞源 ばっぽんそくげん 242
波瀾万丈 はらんばんじょう 343
判官贔屓 はんがんびいき 69
盤根錯節 ばんこんさくせつ 417
半死半生 はんしはんしょう 85
半信半疑 はんしんはんぎ 85
半身不随 はんしんふずい 85
万世一系 ばんせいいっけい 6
万世不易 ばんせいふえき 6
坂東太郎 ばんどうたろう 125
半農半漁 はんのうはんぎょ 85
繁文縟礼 はんぶんじょくれい 480
備荒作物 びこうさくもつ 48
美辞麗句 びじれいく 486
匹夫匹婦 ひっぷひっぷ 83
人身御供 ひとみごくう 22
百八煩悩 ひゃくはちぼんのう 413
百花斉放 ひゃっかせいほう 413
百家争鳴 ひゃっかそうめい 413
百花繚乱 ひゃっかりょうらん 413
百鬼夜行 ひゃっきやこう 413
比翼連理 ひよくれんり 332
風光明媚 ふうこうめいび 679
風声鶴唳 ふうせいかくれい 679
不可抗力 ふかこうりょく 7
不倶戴天 ふぐたいてん 8
伏竜鳳雛 ふくりゅうほうすう 30
不言実行 ふげんじっこう 8
富国強兵 ふこくきょうへい 165
不承不承 ふしょうぶしょう 8
夫唱婦随 ふしょうふずい 142
不即不離 ふそくふり 8
二股膏薬 ふたまたごうやく 17
物情騒然 ぶつじょうそうぜん 382
不撓不屈 ふとうふくつ 8
不得要領 ふとくようりょう 8
不眠不休 ふみんふきゅう 8
不立文字 ふりゅうもんじ 9
不老不死 ふろうふし 9
付和雷同 ふわらいどう 26
粉骨砕身 ふんこつさいしん 460
文質彬彬 ぶんしつひんぴん 270
焚書坑儒 ふんしょこうじゅ 373
文房四宝 ぶんぼうしほう 271
弊衣破帽 へいいはぼう 197
平身低頭 へいしんていとう 190
平平凡凡 へいへいぼんぼん 190
片言隻語 へんげんせきご 381
変体仮名 へんたいがな 137
砲煙弾雨 ほうえんだんう 427
某月某日 ぼうげつぼうじつ 302
暴虎馮河 ぼうこひょうが 285
傍若無人 ぼうじゃくぶじん 48
旁若無人 ぼうじゃくぶじん 274
抱腹絶倒 ほうふくぜっとう 247
本地垂迹 ほんじすいじゃく 293

ま行

未来永劫 みらいえいごう 294
無我夢中 むがむちゅう 374
夢幻泡影 むげんほうえい 139
武者修行 むしゃしゅぎょう 327
無知蒙昧 むちもうまい 374
無二無三 むにむさん 374
無味乾燥 むみかんそう 374
無理無体 むりむたい 374
明鏡止水 めいきょうしすい 279
明窓浄机 めいそうじょうき 279
明眸皓歯 めいぼうこうし 279
明明白白 めいめいはくはく 279
滅私奉公 めっしほうこう 361
面従腹背 めんじゅうふくはい 669
孟母三遷 もうぼさんせん 157
孟母断機 もうぼだんき 157
物見遊山 ものみゆさん 382
門外不出 もんがいふしゅつ 647

や行

夜郎自大 やろうじだい 139
唯我独尊 ゆいがどくそん 111
勇往邁進 ゆうおうまいしん 78
優柔不断 ゆうじゅうふだん 52
優勝劣敗 ゆうしょうれっぱい 52
融通無碍 ゆうずうむげ 543
有職故実 ゆうそくこじつ 290
有名無実 ゆうめいむじつ 290
悠悠閑閑 ゆうゆうかんかん 222
悠悠自適 ゆうゆうじてき 222
余韻嫋嫋 よいんじょうじょう 35
羊頭狗肉 ようとうくにく 486
陽動作戦 ようどうさくせん 657
容貌魁偉 ようぼうかいい 163
余裕綽綽 よゆうしゃくしゃく 35

ら行

洛中洛外 らくちゅうらくがい 347
落花狼藉 らっかろうぜき 526
柳暗花明 りゅうあんかめい 303
流言飛語 りゅうげんひご 349
竜頭蛇尾 りゅうとうだび 714
粒粒辛苦 りゅうりゅうしんく 461
良妻賢母 りょうさいけんぼ 511
理路整然 りろせいぜん 393
臨機応変 りんきおうへん 558
老少不定 ろうしょうふじょう 491
六根清浄 ろっこんしょうじょう 58
論功行賞 ろんこうこうしょう 575

わ行

和気藹藹 わきあいあい 105
和敬清寂 わけいせいじゃく 105
和光同塵 わこうどうじん 105
和魂漢才 わこんかんさい 105
和洋折衷 わようせっちゅう 106

7800

大きな字の**常用漢和辞典**
改訂第五版・美装版　モネバージョン

1976年4月1日　常用漢和辞典初版発行
2000年3月27日　大きな字の常用漢和辞典改訂新版発行
2020年9月8日　大きな字の常用漢和辞典
改訂第五版・美装版 モネバージョン　初刷発行

発行人　土屋　徹
編集人　土屋　徹
発行所　株式会社　学研プラス
〒141-8415　東京都品川区西五反田2-11-8
印刷所　図書印刷株式会社
製本所　株式会社難波製本

●この本に関する各種お問い合わせ先
本の内容については、下記サイトのお問い合わせフォームよりお願いします。
https://gakken-plus.co.jp/contact/
在庫については　Tel 03-6431-1199（販売部）
不良品（落丁、乱丁）については　Tel 0570-000577
学研業務センター
〒354-0045 埼玉県入間郡三芳町上富279-1
上記以外のお問い合わせは　Tel 0570-056-710（学研グループ総合案内）

〔使い分け〕の索引

あう〔会・合・遭〕27
あからむ〔赤・明〕592
あがる〔上・挙・揚〕5
あく〔開・明・空〕648
あし〔足・脚〕594
あたい〔値・価〕44
あたたかい〔暖・温〕284
あつい〔厚・暑・熱・篤〕90
あてる〔当・充・宛〕171
あと〔後・跡・痕〕205
あぶら〔油・脂〕344
あやしい〔怪・妖〕215
あやまる〔誤・謝〕570
あらい〔荒・粗〕518
あらわれる〔表・現〕549
ある〔有・在〕289
あわせる〔合・併〕99
いく・ゆく〔行・逝〕546
いし〔意志・意思〕225
いじょう〔異常・異状〕403
いたむ〔痛・傷・悼〕408
いどう〔移動・異動〕440
いる〔入・要・居〕56
いんたい〔引退・隠退〕198
うける〔受・請〕95
うた〔歌・唄〕325
うたう〔歌・謡〕325
うつ〔討・撃・打〕565
うつる〔写・映〕61
うむ〔生・産〕398
うれえる〔憂・愁〕230
おかす〔犯・侵・冒〕384
おくる〔送・贈〕610
おくれる〔遅・後〕617
おこる〔起・興〕593
おさえる〔抑・押〕243
おさまる〔収・治・修・納〕92
おじ・おば〔伯父・伯母・叔父・叔母〕34
おす〔押・推〕243
おそれる・おそれ〔恐・畏・虞〕218
おどる〔踊・躍〕596
おもて〔表・面〕548
おりる〔降・下〕653
かいこ〔懐古・回顧〕232
かいてい〔改定・改訂〕266
かいとう〔回答・解答〕120
かいほう〔解放・開放〕562
かえりみる〔顧・省〕678
かえる〔返・帰〕608
かおる・かおり〔香・薫〕685
かかる〔掛・係・架・罹・懸〕252
かく〔書・描〕288
かげ〔影・陰〕203
かじゅう〔加重・荷重・過重〕76
かた〔形・型〕202
かたい〔固・堅・硬・難〕121
がっか〔学科・学課〕156
かま〔釜・窯〕633
かりょう〔科料・過料〕438
かわ〔皮・革〕415
かわく〔乾・渇〕16
かわる〔代・変・換・替〕25
かんしょう〔観照・観賞・鑑賞〕561
きうん〔気運・機運〕334
きかい〔機械・器械〕320
きく〔利・効〕70
きく〔聞・聴〕494
きせい〔既成・既製〕276
きてい〔規定・規程〕559
きゅうめい〔究明・糾明〕443
きょうどう〔共同・協同〕58
きる〔切・斬・伐〕67
きわめる〔究・極・窮〕443
くら〔倉・蔵・庫〕44
ぐんしゅう〔群衆・群集〕488
こう〔請・乞〕573
こうい〔好意・厚意〕147
こうせい〔公正・更正・更生・厚生〕57
こえる〔越・超〕593
こたえる〔答・応〕452
こむ〔混・込〕351
さいけつ〔採決・裁決〕253
さいご〔最期・最後〕289
さがす〔捜・探〕250
さく〔裂・割〕552
さくせい〔作成・作製〕32
さげる〔下・提〕3
さす〔差・刺・指・挿〕183
さめる〔覚・醒・冷〕560
さわる〔触・障〕562
じき〔時季・時期・時機〕281
しこう〔志向・指向〕212
しずまる〔静・鎮〕668